W0265010

Steuerrichtlinien

Anweisung zum Einordnen
182. Ergänzungslieferung Dezember 2021
(Anschluss an die 181. Ergänzungslieferung September 2021)

Herauszunehmen:	Zahl der Blätter	Einzufügen:	Zahl der Blätter
Titelblatt, Geleitwort	2	Titelblatt, Geleitwort	2
1 25/26	1	**1** 25/26	1
33/34	1	33/34	1
51/52	1	51/52	1
59/60	1	59/60	1
67/68	1	67/68	1
91–104	7	91–104	7
115–120	3	115–120	3
153/154	1	153/154	1
177/178	1	177/178	1
191–194	2	191–194	2
203/204	1	203/204	1
211–220	5	211–220	5
255/256	1	255/256	1
275–296	11	275–296	11
323–334	6	323–334	6
343–350	4	343–350	4
397/398	1	397/398	1
425/426	1	425/426	1
441–446	3	441–446	3
479–492	7	479–492	7
499/500	1	499/500	1
509–514	3	509–514	3
521–530	5	521–530	5
539/540	1	539/540	1
547–576	15	547–576	15
639–646	4	639–646	4
667–672	3	667–672	3
20 29/30	1	**20** 29/30	1
55–70	8	55–70	8
81/82	1	81/82	1
99–102	2	99–102	2
143/144	1	143/144	1
183/184	1	183/184	1
Übertrag:	107	Übertrag:	107

Herauszunehmen:	Zahl der Blätter
Übertrag:	107
250 1/2	1
23/24	1
31/32	1
39–40a	2
51–56	3
73/74	1
89–94a	4
105/106	1
169/170	1
189/190	1
229/230	1
239/240	1
257–266	5
281–292	6
305–308	2
323/324	1
349–352	2
250 Anl. 2 15/16	1
450 41–44	2
500 1–890	473
500 Anl. 8 1–10	5
500/100 1–62	31
800 1/2	1
14/14a	1
21–28	4
133/134	1
144/144a	1
151/152	1
189/190	1
199–207c	16
219–229a	8
249–252	2
285–292	5
315–324a	6
335–340	3
347–367a	13
Insgesamt herauszunehmen:	716

Einzufügen:	Zahl der Blätter
Übertrag:	107
250 1/2	1
23/24	1
31/32	1
39–40a	2
51–56a	4
73/74	1
89–94a	4
105/106	1
169/170	1
189/190	1
229/230	1
239/240	1
257–266	5
281–292	6
305–308	2
323/324	1
349–352	2
250 Anl. 2 15/16	1
450 41–44	2
500 1–946	473
500 Anl. 8 1–8	4
500/100 1–62	31
800 1/2	1
14/14a	1
21–28	4
133/134	1
144/144a	1
151/152	1
189/190	1
199–207a	17
219–229a	8
249–252a	3
285–292	5
315–324a	7
335–340	3
347–367a	13
Insgesamt herauszunehmen:	719

STEUERRICHTLINIEN

Einkommensteuer-Richtlinien, Lohnsteuer-Richtlinien,
Wohnungsbau-Prämienrichtlinien, Körperschaftsteuer-Richtlinien,
Bewertungsrichtlinien, Erbschaftsteuer-Richtlinien,
Grundsteuer-Richtlinien, Gewerbesteuer-Richtlinien,
Umsatzsteuer-Anwendungserlass,
Anwendungserlass zur Abgabenordnung

Textsammlung
der Richtlinien des Bundes zum Steuerrecht
mit Verweisungen und Sachverzeichnissen

Stand: 31. Dezember 2021
(182. Ergänzungslieferung)

C.H.BECK

Dieses Titelblatt stammt aus der 182. Ergänzungslieferung Dezember 2021
ISBN 978 3 406 78128 5
die an die 181. Ergänzungslieferung September 2021 anschließt.

Redaktioneller Hinweis

Vom Verlag erstellte Fußnoten sind urheber- und wettbewerbsrechtlich geschützt; amtliche Fußnoten sind als solche gekennzeichnet.
Die Angaben zum Stand der Sammlung auf dem Titelblatt beziehen sich auf das Verkündungsdatum der maßgeblichen Veröffentlichungsblätter.
Verbesserungsvorschläge und Fehlerhinweise sind jederzeit willkommen.

Verlag C. H. Beck
Wilhelmstraße 9, 80801 München
Fax: (0 89) 3 81 89-3 98 · Internet: www.beck.de
E-Mail: kundenservice@beck.de

www.beck.de

ISBN 978 3 406 46020 3 (Grundwerk zur Fortsetzung)
ISBN 978 3 406 73770 1 (Grundwerk ohne Fortsetzung)
Ergänzt bis 978 3 406 78128 5

Wilhelmstraße 9, 80801 München
Druck: Druckerei C. H. Beck Nördlingen
(Adresse wie Verlag)

CO_2 neutral
chbeck.de/nachhaltig

Gedruckt auf säurefreiem, alterungsbeständigem Papier
(hergestellt aus chlorfrei gebleichtem Zellstoff)

Geleitwort

zur 182. Ergänzungslieferung Dezember 2021

Mit der vorliegenden 182. Ergänzungslieferung erhält die Sammlung den Stand 31. Dezember 2021. Vereinzelt konnten noch aktuellere Hinweise auf Rechtsprechung und Verwaltungsanweisungen aufgenommen werden.

Hauptbestandteil der Lieferung ist der **Umsatzsteuer-Anwendungserlass** (UStAE), der wegen der vielfältigen und teils umfangreichen Änderungen komplett ausgetauscht wird. Das Sachregister zum UStAE wurde vollständig aktualisiert. Auch der **Anwendungserlass zur Abgabenordnung** (AEAO) wurde wieder durch zwei BMF-Schreiben umfangreich geändert.

Mit dem Austausch weiterer zahlreicher Einzelblätter u. a. in den Bereichen Einkommensteuer, Erbschaftsteuer, Lohnsteuer wird die rasch fortschreitende Rechtsentwicklung in Gesetzgebung, Rechtsprechung und Verwaltung dokumentiert und das Werk durchgehend aktualisiert.

Informationen zu aktuellen Gesetzen und Verwaltungsanweisungen sowie sonstige aktuelle steuerliche Fachinformationen finden Sie in der Rubrik Fach-News auf unseren Internetseiten unter www.dstr.de.

München, im Februar 2022 VERLAG C. H. BECK

H 3.2 Zu § 3 Nr. 2

Existenzgründerzuschuss. Zuschüsse zur Förderung von Existenzgründern aus Mitteln des Europäischen Sozialfonds und aus Landesmitteln sind nicht steuerfrei, wenn sie nicht der Aufstockung des Überbrückungsgeldes nach dem SGB III dienen (→ BFH vom 26.6.2002 – BStBl. II S. 697).

Leistungen nach dem SGB III. → R 3.2 LStR 2015.

H 3.5 Zu § 3 Nr. 5

Geld- und Sachbezüge an Wehrpflichtige und Zivildienstleistende. → H 3.5 LStH 2020.

H 3.6 Zu § 3 Nr. 6

Bezüge aus EU-Mitgliedstaaten. § 3 Nr. 6 EStG ist auch auf Bezüge von Kriegsbeschädigten und gleichgestellten Personen anzuwenden, die aus öffentlichen Mitteln anderer EU-Mitgliedstaaten gezahlt werden (→ BFH vom 22.1.1997 – BStBl. II S. 358).

Gesetzliche Bezüge der Wehr- und Zivildienstbeschädigten, Kriegsbeschädigten, ihrer Hinterbliebenen und der ihnen gleichgestellten Personen. → R 3.6 LStR 2015.

H 3.7 Zu § 3 Nr. 7

Allgemeines. Steuerfrei sind insbesondere folgende Leistungen, soweit sie nicht in Form zurückzahlbarer Darlehen, z. B. Eingliederungsdarlehen, gewährt werden:

Flüchtlingshilfegesetz (FlüHG).
- Laufende Beihilfe – Beihilfe zum Lebensunterhalt.
- Besondere laufende Beihilfe (§§ 10 bis 16a FlüHG).

Lastenausgleichsgesetz (LAG).
- Hauptentschädigung – einschließlich des Zinszuschlags i. S. d. § 250 Abs. 3 und des § 252 Abs. 2 LAG – (§§ 243 bis 252, 258 LAG).
- Kriegsschadenrente – Unterhaltshilfe und Entschädigungsrente – (§§ 261 bis 292c LAG).
- Hausratentschädigungen (§§ 293 bis 297 LAG), Leistungen aus dem Härtefonds (§§ 301, 301a, 301b LAG).
- Leistungen auf Grund sonstiger Förderungsmaßnahmen (§ 302 LAG).

H 3.8 Zu § 3 Nr. 8

Wiedergutmachungsleistungen. → Bundesentschädigungsgesetz; → Bundesgesetz zur Wiedergutmachung nationalsozialistischen Unrechts in der Kriegsopferversorgung; → Bundesgesetz zur Wiedergutmachung nationalsozialistischen Unrechts in der Kriegsopferversorgung für Berechtigte im Ausland; → Entschädigungsrentengesetz; → Wiedergutmachungsrecht der Länder.

H 3.11 **Zu § 3 Nr. 11**

Beihilfen. Entscheidendes Merkmal der Beihilfe ist ihre Unentgeltlichkeit und Einseitigkeit. Leistungen, die im Rahmen eines entgeltlichen Austauschgeschäfts erbracht werden, können nicht als Beihilfe qualifiziert werden. Danach sind die von den Jugendämtern an Vollzeitpflegeeltern geleisteten → Pflegegelder nach § 3 Nr. 11 EStG steuerfrei. Demgegenüber sind Pflegesätze, die an ein erwerbsmäßig betriebenes Kinderhaus für die Unterbringung von Kindern gezahlt werden, keine Beihilfen i. S. d. § 3 Nr. 11 EStG (→ BFH vom 23.9.1998 – BStBl. 1999 II S. 133).

Beihilfen und Unterstützungen, die wegen Hilfsbedürftigkeit gewährt werden. → R 3.11 LStR 2015.

Beihilfen zu Lebenshaltungskosten können die Erziehung und Ausbildung, nicht aber die Wissenschaft und Kunst unmittelbar fördern (→ BFH vom 27.4.2006 – BStBl. II S. 755).

Erziehungs- und Ausbildungsbeihilfen. → H 3.11 (Steuerfreiheit nach § 3 Nr. 11 EStG) LStH 2020.

Öffentliche Stiftung. Eine öffentliche Stiftung liegt vor, wenn

a) die Stiftung selbst juristische Person des öffentlichen Rechts ist **oder**

b) das Stiftungsvermögen im Eigentum einer juristischen Person des öffentlichen Rechts steht **oder**

c) die Stiftung von einer juristischen Person des öffentlichen Rechts verwaltet wird.

Zur Definition der öffentlichen Stiftung → BVerfGE 15 S. 46, 66.[1] Im Übrigen richtet sich der Begriff nach Landesrecht.

Pflegegeld.

- Zur einkommensteuerrechtlichen Behandlung der Geldleistungen für Kinder in **Vollzeitpflege,** für die Erziehung in einer Tagesgruppe, für Heimerziehung/Erziehung in sonstiger betreuter Wohnform, für die intensive sozialpädagogische Einzelbetreuung sowie für die Unterbringung/Betreuung bei Inobhutnahme von Kindern und Jugendlichen → *BMF vom 22.10.2018 (BStBl. I S. 1109).*[2]
- Zur Behandlung der Geldleistungen für Kinder in **Kindertagespflege** → BMF vom 11.11.2016 (BStBl. I S. 1236).
- → Beihilfen.

H 3.12 **Zu § 3 Nr. 12**

Aufwandsentschädigungen aus öffentlichen Kassen. → R 3.12 LStR 2015.
→ H 3.11 (Öffentliche Kassen) LStH 2020.

H 3.13 **Zu § 3 Nr. 13**

Reisekostenvergütungen, Umzugskostenvergütungen und Trennungsgelder aus öffentlichen Kassen. → R 3.13 LStR 2015.
→ H 3.11 (Öffentliche Kassen) LStH 2020.

---

[1] BVerfG v. 6.11.1962 2 BvR 151/60, DÖV 1963, 262.

[2] *Ersetzt durch BMF v. 31.8.2021*, BStBl. I 2021, 1802. – Zur Zahlung aus öffentlichen Mitteln bei Zwischenschaltung eines freien Trägers der Jugendhilfe siehe BFH v. 25.3.2021 VIII R 37/19, BStBl. II 2021, 685.

hält, noch einen ständigen Vertreter bestellt hat, ist der Gewinn der Personengesellschaft zur Ermittlung der Höhe der Gewinnanteile der unbeschränkt steuerpflichtigen Personen nach § 4 Abs. 1 oder 3 EStG zu ermitteln. [2]Eine Buchführungspflicht nach § 140 AO kann auch eine ausländische Rechtsnorm begründen. [3]Bei der Gewinnermittlung nach § 4 Abs. 1 EStG sind alle Geschäftsvorfälle unter Beachtung der Grundsätze ordnungsmäßiger Buchführung zu berücksichtigen, auch wenn sie in einer ausländischen Währung ausgewiesen sind. [4]Das Ergebnis einer in ausländischer Währung aufgestellten Steuerbilanz ist in Euro nach einem Umrechnungsverfahren umzurechnen, das nicht gegen die deutschen Grundsätze ordnungsmäßiger Buchführung verstößt.

Ordnungsmäßigkeit der Buchführung

(5) [1]Für die Ordnungsmäßigkeit der Buchführung bei Gewinnermittlung nach § 4 Abs. 1 EStG gelten R 5.2 bis 5.4 sinngemäß. [2]§ 141 Abs. 1 und § 142 AO bleiben unberührt.

H 4.1

Aufzeichnungs- und Buchführungspflichten

- von Angehörigen der freien Berufe → H 18.2 (Aufzeichnungspflicht);
- für das steuerliche Sonderbetriebsvermögen einer Personengesellschaft (→ R 4.2 Abs. 2) nach § 141 Abs. 1 AO obliegen nicht dem einzelnen Gesellschafter, sondern der Personengesellschaft (→ BFH vom 23.10.1990 – BStBl. 1991 II S. 401); Übertragung auf die Mitunternehmer ist nicht zulässig (→ BFH vom 11.3.1992 – BStBl. II S. 797). Die Gewinnermittlung für das Sonderbetriebsvermögen hat hierbei nach dem gleichen Gewinnermittlungszeitraum und nach der gleichen Gewinnermittlungsart wie bei der Personengesellschaft zu erfolgen (→ BFH vom 11.12.1986 – BStBl. 1987 II S. 553 und vom 11.3.1992 – BStBl. II S. 797).

Gewinnermittlung.

- Bei Beteiligung an ausländischer Personengesellschaft:
  - → R 4.1 Abs. 4 und BFH vom 13.9.1989 – BStBl. 1990 II S. 57.
  - Für Zwecke der Anwendung des Progressionsvorbehalts auf Gewinnanteile ist R 4.1 Abs. 4 entsprechend anzuwenden (→ BFH vom 22.5.1991 – BStBl. 1992 II S. 94).
  - Ist die Personengesellschaft zur Buchführung und zur Aufstellung von Abschlüssen verpflichtet oder tut sie dies freiwillig, steht dem Mitunternehmer für die inländische Gewinnermittlung kein eigenes Wahlrecht zu, seinen Gewinn durch Einnahmenüberschussrechnung zu ermitteln (→ BFH vom 25.6.2014 – BStBl. 2015 II S. 141).[1)]
- *Bei Handelsschiffen* im internationalen Verkehr: → BMF vom 12.6.2002 (BStBl. I S. 614) unter Berücksichtigung der Änderungen durch BMF vom 31.10.2008 (BStBl. I S. 956) und vom 10.9.2013 (BStBl. I S. 1152).
- Bei Land- und Forstwirtschaft:
  - → R 13.5;
  - → Buchführung in land- und forstwirtschaftlichen Betrieben → BMF vom 15.12.1981 (BStBl. I S. 878).

---

1) Bestätigt durch BFH v. 10.12.2014 I R 3/13, BFH/NV 2015, 667; s. auch BFH v. 12.9.2018 I B 15/18, BFH/NV 2022, 8.

Gewinnschätzung.

- Bei einem gewerblichen Betrieb, für den keine Buchführungspflicht besteht, für den freiwillig keine Bücher geführt werden und für den nicht festgestellt werden kann, dass der Stpfl. die Gewinnermittlung nach § 4 Abs. 3 EStG gewählt hat (→ BFH vom 30.9.1980 – BStBl. 1981 II S. 301), ist der Gewinn nach § 4 Abs. 1 EStG unter Berücksichtigung der Verhältnisse des Einzelfalles, unter Umständen unter Anwendung von Richtsätzen,[1] zu schätzen. Hat der Stpfl. dagegen für den Betrieb zulässigerweise die Gewinnermittlung nach § 4 Abs. 3 EStG gewählt, ist auch eine Gewinnschätzung in dieser Gewinnermittlungsart durchzuführen (→ BFH vom 2.3.1982 – BStBl. 1984 II S. 504);
- bei abweichendem Wj. → R 4a Abs. 4;
- bei einem Freiberufler, der seinen Gewinn für ein vom Kj. abweichendes Wj. ermittelt hat, → H 4a (Freiberufler).

R 4.2 Betriebsvermögen

Allgemeines

(1) [1]Wirtschaftsgüter, die ausschließlich und unmittelbar für eigenbetriebliche Zwecke des Stpfl. genutzt werden oder dazu bestimmt sind, sind **notwendiges Betriebsvermögen.** [2]Eigenbetrieblich genutzte Wirtschaftsgüter sind auch dann notwendiges Betriebsvermögen, wenn sie nicht in der Buchführung und in den Bilanzen ausgewiesen sind. [3]Wirtschaftsgüter, die in einem gewissen objektiven Zusammenhang mit dem Betrieb stehen und ihn zu fördern bestimmt und geeignet sind, können – bei Gewinnermittlung durch Betriebsvermögensvergleich (→ R 4.1) oder durch Einnahmenüberschussrechnung (→ R 4.5) – als **gewillkürtes Betriebsvermögen** behandelt werden. [4]Wirtschaftsgüter, die nicht Grundstücke oder Grundstücksteile sind und die zu mehr als 50% eigenbetrieblich genutzt werden, sind in vollem Umfang notwendiges Betriebsvermögen. [5]Werden sie zu mehr als 90% privat genutzt, gehören sie in vollem Umfang zum notwendigen Privatvermögen. [6]Bei einer betrieblichen Nutzung von mindestens 10% bis zu 50% ist eine Zuordnung dieser Wirtschaftsgüter zum gewillkürten Betriebsvermögen in vollem Umfang möglich. [7]Wird ein Wirtschaftsgut in mehreren Betrieben des Stpfl. genutzt, ist die gesamte eigenbetriebliche Nutzung maßgebend.

H 4.2 (1)

Anwartschaften auf Hinterbliebenenversorgung bei Betriebsaufspaltung. Im Fall einer Betriebsaufspaltung sind Anwartschaften auf Hinterbliebenenversorgung, die auf einer dem Geschäftsführer der Betriebs-Kapitalgesellschaft erteilten Pensionszusage beruhen, im Besitzunternehmen auch dann nicht bereits während der Anwartschaftszeit zu aktivieren, wenn in der Betriebs-Kapitalgesellschaft die Zuführungsbeträge zur Pensionsrückstellung, soweit sie auf die Hinterbliebenenversorgung entfallen, als verdeckte Gewinnausschüttung zu beurteilen sind (→ BFH vom 23.3.2011 – BStBl. 2012 II S. 188).

---

[1] Siehe zuletzt BMF v. 20.1.2021, BStBl. I 2021, 198, v. 20.12.2021, BStBl. I 2022, 4.

Land- und forstwirtschaftlicher Betrieb.

- Erwirbt ein Landwirt einen langfristig verpachteten landwirtschaftlichen Betrieb in der erkennbaren Absicht, die Bewirtschaftung dieses Betriebes alsbald zu übernehmen, entsteht vom Erwerb an notwendiges Betriebsvermögen, wenn der Bewirtschaftungswille sich auch in einem überschaubaren Zeitraum verwirklichen lässt (→ BFH vom 12.9.1991 – BStBl. 1992 II S. 134).[1]
- Eine vom Verpächter hinzuerworbene landwirtschaftliche Nutzfläche wird notwendiges Betriebsvermögen des verpachteten Betriebs, wenn sie nach dem Erwerb in das Pachtverhältnis einbezogen wird, und zwar selbst dann, wenn sie im Zeitpunkt des Erwerbs noch anderweitig verpachtet war (→ BFH vom 24.9.1998 – BStBl. 1999 II S. 55).[2]
- Zum Vorliegen eines Forstbetriebs oder Forstteilbetriebs und zur Betriebsvermögenseigenschaft von forstwirtschaftlichen Flächen → BMF vom 18.5.2018 (BStBl. I S. 689).

Miteigentum. Gehört ein Grundstück nur teilweise dem Betriebsinhaber, kann es nur insoweit Betriebsvermögen sein, als es dem Betriebsinhaber gehört; das gilt auch dann, wenn ein Grundstück Ehegatten gemeinsam gehört (→ BFH vom 23.11.1995 – BStBl. 1996 II S. 193).

Rettung einer betrieblichen Forderung. Ein Grundstück, das zur Rettung einer betrieblichen Forderung ersteigert wird, ist notwendiges Betriebsvermögen (→ BFH vom 11.11.1987 – BStBl. 1988 II S. 424).

Umlegungsverfahren. Die Betriebsvermögenseigenschaft eines in das Umlegungsverfahren eingebrachten Grundstücks setzt sich nur insoweit an dem zugeteilten Grundstück fort, als dieses in Erfüllung des Sollanspruchs gem. § 56 Abs. 1 Satz 1 BauGB zugeteilt wird. Die Zuordnung des den Sollanspruch übersteigenden ideellen Teils des Grundstücks zum Betriebs- oder Privatvermögen ist eigenständig nach den allgemeinen Grundsätzen zu beurteilen (→ BFH vom 23.9.2009 – BStBl. 2010 II S. 270).

Vermietung an Arbeitnehmer. Grundstücke, die an Arbeitnehmer vermietet werden, sind notwendiges Betriebsvermögen des Arbeitgebers, wenn für die Vermietung gerade an Arbeitnehmer betriebliche Gründe maßgebend waren (→ BFH vom 1.12.1976 – BStBl. 1977 II S. 315).

Zeitpunkt der erstmaligen Zugehörigkeit zum Betriebsvermögen. Eigenbetrieblich genutzte Grundstücke und Grundstücksteile sind ab ihrer endgültigen Funktionszuweisung notwendiges Betriebsvermögen, auch wenn der konkrete Einsatz im Betrieb erst in der Zukunft liegt; das gilt auch dann, wenn es an einer Willenserklärung des Stpfl. oder eines Ausweises in der Buchführung und in den Bilanzen fehlt (→ BFH vom 6.3.1991 – BStBl. II S. 829).

R 4.2 (8)

Grundstücksteile von untergeordnetem Wert

(8) [1]Eigenbetrieblich genutzte Grundstücksteile brauchen nicht als Betriebsvermögen behandelt zu werden, wenn ihr Wert nicht mehr als ein Fünf-

---

[1] Siehe auch BFH v. 17.6.1993 IV R 110/91, BStBl. II 1993, 752.

[2] Siehe auch BFH v. 19.12.2019 VI R 53/16, BStBl. II 2021, 427.

tel des gemeinen Werts des gesamten Grundstücks und nicht mehr als 20 500 Euro beträgt (§ 8 EStDV). [2]Dabei ist auf den Wert des Gebäudeteiles zuzüglich des dazugehörenden Grund und Bodens abzustellen. [3]Bei der Prüfung, ob der Wert eines Grundstücksteiles mehr als ein Fünftel des Werts des ganzen Grundstücks beträgt, ist in der Regel das Verhältnis der Nutzflächen zueinander zugrunde zu legen. [4]Ein Grundstücksteil ist mehr als 20 500 Euro wert, wenn der Teil des gemeinen Werts des ganzen Grundstücks, der nach dem Verhältnis der Nutzflächen zueinander auf den Grundstücksteil entfällt, 20 500 Euro übersteigt. [5]Führt der Ansatz der Nutzflächen zu einem unangemessenen Wertverhältnis der beiden Grundstücksteile, ist bei ihrer Wertermittlung anstelle der Nutzflächen der Rauminhalt oder ein anderer im Einzelfall zu einem angemessenen Ergebnis führender Maßstab zugrunde zu legen. [6]Sind → Zubehörräume (Nebenräume) vorhanden, kann der Stpfl. die Auftei-lung auch nach dem Verhältnis der Haupträume vornehmen. [7]Beträgt der Wert eines eigenbetrieblich genutzten Grundstücksteiles nicht mehr als ein Fünftel des gesamten Grundstückswerts und nicht mehr als 20 500 Euro, besteht ein Wahlrecht, den Grundstücksteil weiterhin als Betriebsvermögen zu behandeln oder zum Teilwert zu entnehmen. [8]Zur Berücksichtigung von Betriebsausgaben, wenn der Grundstücksteil zu Recht nicht als Betriebsvermögen behandelt wird → R 4.7 Abs. 2 Satz 4.

H 4.2 (8)

Einlage des Grundstücksteils im Zeitpunkt des Überschreitens der absoluten Wertgrenze. → BFH vom 21.7.1967 (BStBl. III S. 752).

Zubehörräume

- i. S. d. § 2 Abs. 3 Nr. 1 WoFlV[1)] brauchen in die Berechnung des eigenbetrieblich genutzten Anteils nicht einbezogen zu werden (→ BFH vom 21.2.1990 – BStBl. II S. 578).[2)]
- → H 4.7 (Nebenräume).

R 4.2 (9)

Grundstücke und Grundstücksteile als gewillkürtes Betriebsvermögen

(9) [1]Grundstücke oder Grundstücksteile, die nicht eigenbetrieblich genutzt werden und weder eigenen Wohnzwecken dienen, noch Dritten zu Wohnzwecken unentgeltlich überlassen sind, sondern z. B. zu Wohnzwecken oder zur gewerblichen Nutzung an Dritte vermietet sind, können als gewillkürtes Betriebsvermögen behandelt werden, wenn die Grundstücke oder die Grundstücksteile in einem gewissen objektiven Zusammenhang mit dem Betrieb stehen und ihn zu fördern bestimmt und geeignet sind. [2]Wegen dieser Voraussetzungen bestehen für den Ansatz von Wirtschaftsgütern als **gewillkürtes Betriebsvermögen** Einschränkungen, die sich nicht nur aus den Besonderheiten des einzelnen Betriebs, sondern auch aus der jeweiligen Einkunftsart ergeben können. [3]Daher können Land- und Forstwirte Mietwohn- und Ge-

---

1) **Steuergesetze** Nr. **444**.
2) Ergänzend siehe BFH v. 5.9.1990 X R 3/89, BStBl. II 1991, 389.

schafter aber Zinsen für fortbestehende Gesellschaftsverbindlichkeiten, so muss er sich nicht entgegenhalten lassen, dass er die Aktivwerte seines Sonderbetriebsvermögens zur Tilgung dieser Verbindlichkeiten hätte einsetzen können (→ BFH vom 13.2.1996 – BStBl. II S. 291).

Betriebsschuld.

- Eine Verbindlichkeit gehört zum Betriebsvermögen, wenn sie durch den Betrieb veranlasst ist (Betriebsschuld). Für die Bestimmung des Veranlassungszusammenhangs ist allein die Verwendung der aufgenommenen Mittel ausschlaggebend. Eine für Betriebszwecke aufgenommene Verbindlichkeit ist unabhängig davon eine Betriebsschuld, ob der Stpfl. die fremdfinanzierten betrieblichen Aufwendungen auch durch eigene Mittel hätte bestreiten können oder ob der Betrieb über aktives Betriebsvermögen oder stille Reserven verfügt. Die betriebliche Veranlassung einer Verbindlichkeit wird nicht dadurch berührt, dass der betriebliche Fremdmittelbedarf auf Entnahmen beruht; → aber Finanzierung von Entnahmen. Eine Verbindlichkeit ist aber nicht deshalb eine Betriebsschuld, weil Eigenmittel für betriebliche Zwecke eingesetzt worden sind und aus diesem Grunde Fremdmittel für private Zwecke aufgenommen werden mussten; → Umschuldung Privatschuld in Betriebsschuld (→ BFH vom 8.12.1997 – BStBl. 1998 II S. 193).
- Werden die von einem Versicherungsmakler für Rechnung der Versicherungsgesellschaften vereinnahmten Versicherungsbeiträge (durchlaufende Posten) abredewidrig für private Zwecke verwendet und damit dessen Betriebsvermögen entzogen, werden zugleich die Auskehrungsverbindlichkeiten in Privatschulden umqualifiziert (→ BFH vom 15.5.2008 – BStBl. II S. 715).

Finanzierung von Entnahmen. Werden Fremdmittel nicht zur Finanzierung betrieblicher Aufwendungen, sondern tatsächlich zur Finanzierung einer Entnahme aufgenommen, liegt keine Betriebsschuld vor. Ein solcher Fall ist gegeben, wenn dem Betrieb keine entnahmefähigen Barmittel zur Verfügung stehen und die Entnahme erst dadurch möglich wird, dass Fremdmittel in das Unternehmen fließen. Unerheblich ist, ob die Fremdmittel einem betrieblichen Konto zufließen, von welchem zuvor wegen fehlender Barmittel mit schulderhöhender Wirkung aus privaten Gründen Beträge abgebucht wurden (→ BFH vom 8.12.1997 – BStBl. 1998 II S. 193).

Fortfall der Rentenverpflichtung. Der Wegfall einer zum Erwerb eines betrieblichen Grundstücks eingegangenen Rentenverpflichtung infolge des Todes des Rentenberechtigten führt zu ihrer erfolgswirksamen Ausbuchung in der Bilanz zum Ende des betreffenden Wj. Das gilt auch, wenn die Rentenverpflichtung in früheren Wj. im Rahmen einer Bilanzberichtigung erfolgsneutral eingebucht worden ist (→ BFH vom 26.6.1996 – BStBl. II S. 601).

Gemischt genutztes Grundstück. Wird durch einheitlichen Kaufvertrag ein gemischt genutztes Grundstück erworben und die Kaufpreisschuld teils mit Fremd-, teils mit Eigenmitteln beglichen, ohne dass eine Zuordnung der Finanzierungsmittel erfolgt, sind die Zinszahlungen nur im Verhältnis des betrieblich zum privat genutzten Anteil als Betriebsausgabe abziehbar.

Keine vorrangige Tilgung des privat veranlassten Teils (→ BFH vom 7.11.1991 – BStBl. 1992 II S. 141). Im Falle einer Zuordnung der Finanzierungsmittel gelten die Grundsätze des BMF-Schreibens vom 16.4.2004 (BStBl. I S. 464) entsprechend für Grundstücke, die teilweise betrieblich und privat genutzt werden.

Optionsprämie. Für die Verpflichtung des Veräußerers einer Option (Stillhalter), auf Verlangen des Optionsberechtigten innerhalb der Optionsfrist den Optionsgegenstand zu verkaufen oder zu kaufen (Call/Put-Option), ist eine Verbindlichkeit in Höhe der dafür vereinnahmten Prämie auszuweisen; die Verbindlichkeit ist erst bei Ausübung oder Verfall der Option auszubuchen. Für das die Höhe der Optionsprämie übersteigende Risiko darf nach § 5 Abs. 4a Satz 1 EStG keine Rückstellung für drohende Verluste gebildet werden (→ BMF vom 12.1.2004 – BStBl. I S. 192).

Passivierungsverbot nach § 5 Abs. 2a EStG. → H 5.1.

Rangrücktrittsvereinbarungen. Zur Passivierung von Verbindlichkeiten bei Vereinbarung eines einfachen oder qualifizierten Rangrücktritts → BMF vom 8.9.2006 (BStBl. I S. 497).[1]

Rückverkaufsoption. Zur bilanzsteuerrechtlichen Beurteilung der Rückverkaufsoption im Kfz-Handel → BMF vom 12.10.2011 (BStBl. I S. 967).

Schadensersatz für GmbH-Verbindlichkeiten.

– Wird der Gesellschafter einer vermögenslosen GmbH für deren Verbindlichkeiten im Wege des Durchgriffs in Anspruch genommen, sind die Verbindlichkeiten in seinem Einzelunternehmen Gewinn mindernd zu passivieren, wenn seine zum Ersatz verpflichtende Handlung dessen Betriebseinnahmen erhöhte (→ BFH vom 6.3.2003 – BStBl. II S. 658).
– → H 6.2 (Beteiligung an einer Kapitalgesellschaft).

Schuldzinsenabzug nach § 4 Abs. 4a EStG.[2]

– → *BMF vom 2.11.2018 (BStBl. I S. 1207) unter Berücksichtigung der Änderungen durch BMF vom 18.1.2021 (BStBl. I S. 119);*[3]
– → BMF vom 12.6.2006 (BStBl. I S. 416) zur Berücksichtigung von vor dem 1.1.1999 entstandenen Unterentnahmen.

Sekundärfolgenrechtsprechung. → H 4.7 (Schuldzinsen).

Umsatzsteuer. Zu Unrecht ausgewiesene Umsatzsteuer ist, wenn keine Steuerhinterziehung vorliegt, in dem Jahr zu passivieren, in dem sie durch den Ausweis in der Rechnung entstanden ist (→ BFH vom 15.3.2012 – BStBl. II S. 719).

Umschuldung Privatschuld in Betriebsschuld. Werden Eigenmittel für betriebliche Zwecke und deshalb Fremdmittel für private Zwecke verwendet, begründet die Fremdmittelaufnahme keine Betriebsschuld. Ein privates

---

[1] Siehe auch BFH v. 30.11.2011 I R 100/10, BStBl. II 2012, 332, v. 15.4.2015 I R 44/14, BStBl. II 2015, 769, und v. 19.8.2020 XI R 32/18, BStBl. II 2021, 279.

[2] *Zu einer kurzfristigen* Einlage als Gestaltungsmissbrauch siehe BFH v. 21.8.2012 VIII R 32/09, BStBl. II 2013, 16.

[3] Geänd. durch BMF v. 5.11.2021, BGBl. I 2021, 2211.

solche Nutzungsänderung allein keine Entnahme darstellt (→ BFH vom 21.8.2012 – BStBl. 2013 II S. 117).

Nutzungsentnahme.

- Grundstücke oder Grundstücksteile → BFH vom 11.11.1988 (BStBl. 1989 II S. 872) und → H 4.7 (Teilentgeltliche Überlassung).
- Betrieblicher Pkw bei Unfall auf Privatfahrt → BFH vom 24.5.1989 (BStBl. 1990 II S. 8); → R 4.7 Abs. 1 Satz 3 bis 5.
- Betrieblicher Pkw bei Diebstahl auf Privatfahrt → BFH vom 18.4.2007 (BStBl. II S. 762); → Private Kraftfahrzeugnutzung.

Personengesellschaften.

- Die Übertragung eines Einzelwirtschaftsguts aus dem betrieblichen Gesamthandsvermögen einer Personengesellschaft oder anderen Gesamthandsgemeinschaft in das Privatvermögen eines Gesellschafters gegen Minderung von Gesellschaftsrechten stellt keine Entnahme, sondern einen tauschähnlichen Vorgang dar (→ BMF vom 29.3.2000 – BStBl. I S. 462 und vom 11.7.2011 – BStBl. I S. 713 unter Berücksichtigung BMF vom 26.7.2016 – BStBl. I S. 684).
- Eine (anteilige) Entnahme liegt nicht vor, wenn ein Wirtschaftsgut des Gesamthandsvermögens einer Personengesellschaft zu fremdüblichen Bedingungen an einen Gesellschafter veräußert wird (→ BFH vom 28.7.1998 – BStBl. 1999 II S. 53).
- Eine Entnahme liegt vor, wenn ein zum Gesamthandsvermögen einer Personengesellschaft gehörendes Betriebsgrundstück durch einen oder mehrere Gesellschafter mit Zustimmung der Gesellschaft für private Wohnzwecke des oder der Gesellschafter bebaut wird (→ BFH vom 30.6.1987 – BStBl. 1988 II S. 418). Eine Entnahme des Grundstücks liegt dagegen nicht vor, wenn der Gesellschafter ein der Personengesellschaft gehörendes Grundstück für private Zwecke bebaut und nachfolgend zu fremdüblichen Bedingungen erwirbt (→ BFH vom 28.7.1998 – BStBl. 1999 II S. 53).
- Wird ein Wirtschaftsgut aus dem Gesamthandsvermögen einer Personengesellschaft mit Zustimmung aller Gesellschafter derart entnommen, dass es Eigentum nur eines Gesellschafters wird, wird der Entnahmegewinn allen Gesellschaftern zugerechnet, falls die stillen Reserven dem begünstigten Gesellschafter geschenkt worden sind (→ BFH vom 28.9.1995 – BStBl. 1996 II S. 276).
- Gewährt eine Personengesellschaft einem Gesellschafter ein Darlehen ohne betriebliche Veranlassung, gehört dieses Darlehen privatrechtlich weiter zum Gesamthandsvermögen. Da das Darlehen steuerlich nicht zum Betriebsvermögen gehört, ist es als Entnahme zu behandeln, die allen Gesellschaftern anteilig unter Minderung ihrer Kapitalkonten zuzurechnen ist (→ BFH vom 9.5.1996 – BStBl. II S. 642). Eine Entnahme und kein Darlehen liegt auch vor, wenn neben dem festen Kapitalkonto lediglich ein weiteres Konto zur Erfassung von Gewinnen, Einlagen und Entnahmen der Gesellschafter geführt wird, auf dem auch Verluste verbucht werden (→ BFH vom 27.6.1996 – BStBl. 1997 II S. 36).
- Werden die Mittel zur Begleichung der Beiträge zu einer Lebensversicherung von der Personengesellschaft dem Gesellschafter in Form eines Darlehens überlassen und dient die Versicherungsprämie der Absicherung

von Verbindlichkeiten der Personengesellschaft, kann eine betriebliche Veranlassung für die Darlehensgewährung vorliegen, auch wenn der Versicherungsanspruch selbst nicht Betriebsvermögen ist (→ BFH vom 16.10.2014 – BStBl. 2015 II S. 267).

Private Kraftfahrzeugnutzung.

– Ertragsteuerliche Erfassung der Nutzung eines betrieblichen Kraftfahrzeugs zu Privatfahrten, zu Fahrten zwischen Wohnung und Betriebsstätte sowie zu Familienheimfahrten nach § 4 Abs. 5 Satz 1 Nr. 6 und § 6 Abs. 1 Nr. 4 Satz 1 bis 3 EStG (→ BMF vom 18.11.2009 – BStBl. I S. 1326 unter Berücksichtigung der Änderungen durch BMF vom 15.11.2012 – BStBl. I S. 1099).
– Nutzung eines betrieblichen Kraftfahrzeugs für private Fahrten, Fahrten zwischen Wohnung und Betriebsstätte/erster Tätigkeitsstätte und Familienheimfahrten; Nutzung von Elektro- und Hybridelektrofahrzeugen *(→ BMF vom 5.6.2014 – BStBl. I S. 835).*[1]
– Zerstörung eines betrieblichen Kraftfahrzeugs anlässlich einer Privatfahrt → BFH vom 24.5.1989 (BStBl. 1990 II S. 8) und R 4.7 Abs. 1 Satz 3 bis 5.
– Wird der zum Betriebsvermögen gehörende Pkw während einer privat veranlassten Nutzung gestohlen, ist der Vermögensverlust nicht gewinnmindernd zu berücksichtigen (→ BFH vom 18.4.2007 – BStBl. II S. 762).
– → Nutzungsänderung.

Schenkung.

– Bei der schenkweisen Übertragung eines Wirtschaftsguts fehlt es an einer → Entnahmehandlung, wenn der Stpfl. wirtschaftlicher Eigentümer bleibt (→ BFH vom 5.5.1983 – BStBl. II S. 631).
– → Personengesellschaften.

Verlagswert.

– Entnahme als Einzelwirtschaftsgut möglich (→ BFH vom 24.11.1982 – BStBl. 1983 II S. 113).
– → Geschäfts- oder Firmenwert.

Verlustdeckung bei einer Schwester-KG. Die Gewinnverwendung zur Deckung des Verlusts einer Schwester-KG ist eine Entnahme (→ BFH vom 26.1.1995 – BStBl. II S. 589).

Vorbehaltsnießbrauch.

– Wird ein Wirtschaftgut aus außerbetrieblichen Gründen einem Dritten unter Vorbehalt des Nießbrauchs unentgeltlich übereignet und auf Grund des Nießbrauchsrechts weiterhin betrieblich genutzt, wird das Wirtschaftsgut insgesamt entnommen, nicht nur ein um den Wert des Nießbrauchs geminderter Teil des Wirtschaftsguts (→ BFH vom 28.2.1974 – BStBl. II S. 481, vom 2.8.1983 – BStBl. II S. 735 und vom 8.12.1983 – BStBl. 1984 II S. 202).
– → Nutzungsentnahme.

Wettbewerbsverbot. Wird der Gesellschafter einer Personengesellschaft oder der Gesellschafter-Geschäftsführer ihrer Komplementär-GmbH im Handelszweig der Personengesellschaft tätig, kann dadurch ein Schadensersatzan-

---

[1] Siehe jetzt BMF v. 5.11.2021, BStBl. I 2021, 2205, mit Anwendungsregelungen in Tz. 5.

rung der Schätzungsmethode, wie z. B. durch Anlehnung an die Richtsatzsammlung[1] oder anhand von Erfahrungswerten der Finanzverwaltung bezüglich bestimmten Aufwandes, bestehen. Die geltend gemachten Betriebsausgaben sind um angemessene Unsicherheitsabschläge zu kürzen. Nach der Schätzung ist zu prüfen, ob und inwieweit die fehlende Benennung der Zahlungsempfänger gem. § 160 AO dem Abzug der geschätzten Ausgaben entgegensteht (→ BFH vom 24.6.1997 – BStBl. 1998 II S. 51).
- → Verhältnis von Betriebsausgaben und Werbungskostenpauschale.

Schuldzinsen.
- Schuldzinsenabzug nach § 4 Abs. 4a EStG, → BMF vom 2.11.2018 (BStBl. I S. 1207) unter Berücksichtigung der Änderungen durch BMF vom 18.1.2021 (BStBl. I S. 119); → BMF vom 12.6.2006 (BStBl. I S. 416) zur Berücksichtigung von vor dem 1.1.1999 entstandenen Unterentnahmen.
- Schuldzinsen aus der Finanzierung von
  - Pflichtteilsverbindlichkeiten,
  - Vermächtnisschulden,
  - Erbersatzverbindlichkeiten,
  - Zugewinnausgleichsschulden,
  - Abfindungsschulden nach der Höfeordnung,
  - Abfindungsschulden im Zusammenhang mit der Vererbung eines Anteils an einer Personengesellschaft im Wege der qualifizierten Nachfolgeklausel oder im Wege der qualifizierten Eintrittsklausel,

  dürfen nicht als Betriebsausgaben oder Werbungskosten abgezogen werden (→ BMF vom 11.8.1994 – BStBl. I S. 603).
- → H 4.2 (15) (Betriebsschuld).

Sonderbetriebseinnahmen und -ausgaben.
- Erträge und Aufwendungen des Gesellschafters einer in § 15 Abs. 1 Satz 1 Nr. 2 EStG genannten Personengesellschaft, die durch seine Beteiligung an der Gesellschaft veranlasst sind, sind bei ihm als Sonderbetriebseinnahmen oder -ausgaben zu erfassen und müssen auch Eingang in die einheitliche Gewinnfeststellung finden. Von Sonderbetriebsausgaben, die den Gewinnanteil des Gesellschafters mindern, sind die Betriebsausgaben abzugrenzen, die nur den Gewinn des eigenen Gewerbebetriebs des Gesellschafters mindern, z. B. eigene Rechts- und Beratungskosten (→ BFH vom 18.5.1995 – BStBl. 1996 II S. 295).
- Schuldzinsen für vom Gesellschafter übernommene Darlehensschulden der *Mitunternehmerschaft* sind als Sonderbetriebsausgaben des Gesellschafters abziehbar, wenn mit der Schuldübernahme eine vom Gesellschafter zu erbringende Einlageverpflichtung erfüllt wird. Wird eine andere Verpflichtung durch die Schuldübernahme erfüllt, liegen Sonderbetriebsausgaben vor, wenn mit der Schuldübernahme eine das Sonder-

---

[1] Siehe zuletzt BMF v. 20.1.2021, BStBl. I 2021, 198, für das Kj. 2019, BMF v. 20.12. 2021, BStBl. I 2022, 4, für das Kj. 2020.

betriebsvermögen betreffende Verbindlichkeit des Gesellschafters erfüllt wird (→ BFH vom 28.10.1999 – BStBl. 2000 II S. 390).
- Die Berücksichtigung von Gewinnanteilen eines Unterbeteiligten als Sonderbetriebsausgaben des Hauptbeteiligten setzt voraus, dass der Unterbeteiligte eine Einlage leistet (→ BFH vom 7.11.2018 – BStBl. 2019 II S. 224).
- → H 15.8 (3) (Tätigkeitsvergütungen).
- → Eigenprovisionen.

Sponsoring.[1] → BMF vom 18.2.1998 (BStBl. I S. 212).

Steuerberatungskosten. Zuordnung der Steuerberatungskosten zu den Betriebsausgaben, Werbungskosten oder Kosten der Lebensführung → BMF vom 21.12.2007 (BStBl. 2008 I S. 256).

Technische Sicherheitseinrichtung – TSE. Aus Vereinfachungsgründen wird es nicht beanstandet, wenn die Kosten für die nachträgliche erstmalige Ausrüstung bestehender Kassen mit einer TSE und die Kosten für die erstmalige Implementierung der einheitlichen digitalen Schnittstelle eines bestehenden elektronischen Aufzeichnungssystems in voller Höhe sofort als Betriebsausgaben abgezogen werden (→ BMF vom 21.8.2020 – BStBl. I S. 1047).

Teilentgeltliche Überlassung. Die teilentgeltliche Überlassung von Grundstücken oder Grundstücksteilen aus außerbetrieblichen Gründen ist als Nutzungsentnahme zu behandeln (→ BFH vom 24.3.2011 – BStBl. II S. 692).

Unentgeltliche Übertragung eines Grundstücks oder Grundstücksteils an eine betriebsfremde Person unter Vorbehalt eines Nutzungsrechts für betriebliche Zwecke. Aufwendungen des Stpfl. im Zusammenhang mit dem betrieblich genutzten Grundstück oder Grundstücksteil sind Betriebsausgaben (→ BFH vom 26.10.1987 – BStBl. 1988 II S. 348); hierzu gehört auch die AfA auf Anschaffungs- oder Herstellungskosten, die der Stpfl. selbst getragen hat (→ BFH vom 16.12.1988 – BStBl. 1989 II S. 763 und vom 20.9.1989 – BStBl. 1990 II S. 368); Bemessungsgrundlage für die künftige AfA ist der Entnahmewert (Teilwert/Buchwert → R 7.3 Abs. 6, R 7.4 Abs. 11; → BFH vom 20.9.1989 – BStBl. 1990 II S. 368).

Veräußerung eines zum Betriebsvermögen gehörenden auch privat genutzten Wirtschaftsguts. Wird ein zum Betriebsvermögen gehörendes Wirtschaftsgut, das teilweise privat genutzt worden ist, veräußert, ist der gesamte Veräußerungserlös Betriebseinnahme (→ BFH vom 24.9.1959 – BStBl. III S. 466).[2]

Verhältnis von Betriebsausgaben und Werbungskostenpauschale. Aufwendungen für unterschiedliche Einkunftsarten sind – ggf. im Schätzungswege – in Betriebsausgaben und Werbungskosten aufzuteilen und den jeweiligen Einkunftsarten, durch die sie veranlasst sind, zuzuordnen. Der Stpfl. kann keine beliebige Bestimmung treffen und neben der Werbungskostenpauschale sämtliche nachgewiesenen Aufwendungen als Betriebsausgaben geltend machen (→ BFH vom 10.6.2008 – BStBl. II S. 937).

---

[1] *Siehe auch BFH v. 14.7.2020 VIII R 28/17, BStBl. II 2021, 14.*

[2] Siehe auch BFH v. 16.6.2020 VIII R 9/18, BStBl. II 2020, 845 (teilweise privat genutztes Kfz).

Veruntreute Betriebseinnahmen.

- Veruntreut ein Gesellschafter Betriebseinnahmen der Personengesellschaft, indem er veranlasst, dass in Kundenrechnungen der Gesellschaft ein Konto angegeben wird, von dem die übrigen Gesellschafter keine Kenntnis haben, und verwendet er anschließend die dortigen Zahlungseingänge für private Zwecke, ist die nach Aufdeckung des Vorgangs an die Mitgesellschafter geleistete Ausgleichszahlung nicht betrieblich veranlasst, wenn Inhaber des Kontos die Gesellschaft ist, die Zahlungseingänge als Betriebseinnahme der Gesellschaft behandelt werden und der Gewinn nach dem allgemeinen Schlüssel verteilt wird. Eine betriebliche Veranlassung liegt vor, wenn die veruntreuten Gelder dem Gesellschafter allein als Einkünfte zugerechnet worden sind (→ BFH vom 8.6.2000 – BStBl. II S. 670).
- Entgehen der Gesellschaft Einnahmen, weil ein Mitunternehmer die der Gesellschaft zustehenden Einnahmen auf ein eigenes Konto leitet, handelt es sich bei den Einnahmen um Sonderbetriebseinnahmen des ungetreuen Mitunternehmers (→ BFH vom 22.6.2006 – BStBl. II S. 838).
- Unberechtigte Entnahmen führen beim ungetreuen Gesellschafter, anders als im Fall der Umleitung von der Gesellschaft zustehenden Betriebseinnahmen auf das eigene Konto, nicht zu Betriebseinnahmen (→ BFH vom 14.12.2000 – BStBl. 2001 II S. 238).

VIP-Logen.

- Aufwendungen für VIP-Logen in Sportstätten → BMF vom 22.8.2005 (BStBl. I S. 845) unter Berücksichtigung der Änderungen durch BMF vom 19.5.2015 (BStBl. I S. 468), Rz. 15.
- Anwendung der Vereinfachungsregelungen auf ähnliche Sachverhalte → BMF vom 11.7.2006 (BStBl. I S. 447) unter Berücksichtigung der Änderungen durch BMF vom 19.5.2015 (BStBl. I S. 468), Rz. 15.

Vorweggenommene Betriebsausgaben

- sind abziehbar bei ausreichend bestimmbarem Zusammenhang zwischen den Aufwendungen und der Einkunftsart (→ BFH vom 15.4.1992 – BStBl. II S. 819); die Zahlung einer in einem Ausbildungsverhältnis begründeten Vertragsstrafe kann zu Betriebsausgaben führen (→ BFH vom 22.6.2006 – BStBl. 2007 II S. 4),
- bei Aufwendungen für eine berufliche Fort- und Weiterbildung → BMF vom 22.9.2010 (BStBl. I S. 721),
- bei vergeblicher Investition in ein betrügerisches Modell über den Erwerb von tatsächlich nicht existierenden Blockheizkraftwerken → BFH vom 7.2.2018 (BStBl. II S. 630).

Wahlkampfkosten eines Bewerbers um ein ehrenamtliches Stadtratsmandat, aus dem Einkünfte i. S. d. § 18 Abs. 1 Nr. 3 EStG bezogen werden, können als Betriebsausgaben abzugsfähig sein (→ BFH vom 25.1.1996 – BStBl. II S. 431).

Zwangsverwaltung. Zur Ermittlung der Einkünfte für den Zeitraum einer Zwangsverwaltung → BMF vom 3.5.2017 (BStBl. I S. 718), Rn. 28–32.

R 4.8 Rechtsverhältnisse zwischen Angehörigen

Arbeitsverhältnisse zwischen Ehegatten

(1) Arbeitsverhältnisse zwischen Ehegatten können steuerrechtlich nur anerkannt werden, wenn sie ernsthaft vereinbart und entsprechend der Vereinbarung tatsächlich durchgeführt werden.

Arbeitsverhältnisse mit Personengesellschaften

(2) [1]Für die einkommensteuerrechtliche Beurteilung des Arbeitsverhältnisses eines Ehegatten mit einer Personengesellschaft, die von dem anderen Ehegatten auf Grund seiner wirtschaftlichen Machtstellung beherrscht wird, z.B. in der Regel bei einer Beteiligung zu mehr als 50%, gelten die Grundsätze für die steuerliche Anerkennung von Ehegattenarbeitsverhältnissen im Allgemeinen entsprechend. [2]Beherrscht der Mitunternehmer-Ehegatte die Personengesellschaft nicht, kann allgemein davon ausgegangen werden, dass der mitarbeitende Ehegatte in der Gesellschaft die gleiche Stellung wie ein fremder Arbeitnehmer hat und das Arbeitsverhältnis deshalb steuerrechtlich anzuerkennen ist.

Arbeitsverhältnisse zwischen Eltern und Kindern

(3) [1]Für die bürgerlich-rechtliche Wirksamkeit eines Arbeits- oder Ausbildungsvertrages mit einem minderjährigen Kind ist die Bestellung eines Ergänzungspflegers nicht erforderlich. [2]Arbeitsverhältnisse mit Kindern unter 15 Jahren verstoßen jedoch im Allgemeinen gegen das Jugendarbeitsschutzgesetz;[1)] sie sind nichtig und können deshalb auch steuerrechtlich nicht anerkannt werden. [3]Die Gewährung freier Wohnung und Verpflegung kann als Teil der Arbeitsvergütung zu behandeln sein, wenn die Leistungen auf arbeitsvertraglichen Vereinbarungen beruhen.

H 4.8

Arbeitsverhältnisse mit Kindern.

– → Aushilfstätigkeiten von Kindern.
– Beruht die Mitarbeit von Kindern im elterlichen Betrieb auf einem Ausbildungs- oder Arbeitsverhältnis, so gelten für dessen steuerrechtliche Anerkennung den Ehegatten-Arbeitsverhältnissen entsprechende Grundsätze (→ BFH vom 10.3.1988 – BStBl. II S. 877 und vom 29.10.1997 – BStBl. 1998 II S. 149).
– → Bildungsaufwendungen für Kinder.
– Ein steuerrechtlich anzuerkennendes Arbeitsverhältnis bei Hilfeleistungen von Kindern im elterlichen Betrieb liegt nicht vor bei geringfügigen oder typischerweise privaten Verrichtungen (→ BFH vom 9.12.1993 – BStBl. 1994 II S. 298); → Gelegentliche Hilfeleistung.
– → Unterhalt.

Arbeitsverhältnisse zwischen Ehegatten.

– **Betriebliche Altersversorgung, Direktversicherung.** → H 4b (Arbeitnehmer-Ehegatten).

---

1) G v. 12.4.1976, BGBl. I 1976, 965, zuletzt geänd. durch G v. 16.7.2021, BGBl. I 2021, 2970 (**Arbeitsrecht I** Nr. **420**).

– **Der steuerrechtlichen Anerkennung eines Arbeitsverhältnisses steht entgegen:**
  - Arbeitnehmer-Ehegatte hebt monatlich vom betrieblichen Bankkonto des Arbeitgeber-Ehegatten einen größeren Geldbetrag ab und teilt diesen selbst auf in das benötigte Haushaltsgeld und den ihm zustehenden monatlichen Arbeitslohn (→ BFH vom 20.4.1989 – BStBl. II S. 655).
  - Fehlen einer Vereinbarung über die Höhe des Arbeitslohns (→ BFH vom 8.3.1962 – BStBl. III S. 218).
  - Langzeitige Nichtauszahlung des vereinbarten Arbeitslohns zum üblichen Zahlungszeitpunkt; stattdessen z. B. jährliche Einmalzahlung (→ BFH vom 14.10.1981 – BStBl. 1982 II S. 119). Das gilt auch dann, wenn das Arbeitsverhältnis bereits seit mehreren Jahren ordnungsgemäß durchgeführt wurde und im Veranlagungsjahr Lohnsteuer und Sozialabgaben abgeführt wurden (→ BFH vom 25.7.1991 – BStBl. II S. 842).
  - Wechselseitige Verpflichtung zur Arbeitsleistung; ein Arbeitsvertrag ist nicht durchführbar, wenn sich Ehegatten, die beide einen Betrieb unterhalten, wechselseitig verpflichten, mit ihrer vollen Arbeitskraft jeweils im Betrieb des anderen tätig zu sein. Wechselseitige Teilzeitarbeitsverträge können jedoch anerkannt werden, wenn die Vertragsgestaltungen insgesamt einem → Fremdvergleich standhalten (→ BFH vom 12.10.1988 – BStBl. 1989 II S. 354).
  - Die Überlassung eines Dienstwagens zur unbeschränkten und selbstbeteiligungsfreien Privatnutzung des Arbeitnehmer-Ehegatten im Rahmen eines geringfügigen Beschäftigungsverhältnisses i. S. d. § 8 Abs. 1 Nr. 1 SGB IV (→ BFH vom 10.10.2018 – BStBl. 2019 II S. 203).

– **Der steuerrechtlichen Anerkennung eines Arbeitsverhältnisses kann entgegenstehen:**
  - Arbeitslohnzahlung in Form von Schecks, die der Arbeitnehmer-Ehegatte regelmäßig auf das private Konto des Arbeitgeber-Ehegatten einzahlt (→ BFH vom 28.2.1990 – BStBl. II S. 548).
  - Überweisung des Arbeitsentgelts des Arbeitnehmer-Ehegatten auf ein Konto des Arbeitgeber-Ehegatten, über das dem Arbeitnehmer-Ehegatten nur ein Mitverfügungsrecht zusteht (→ BFH vom 24.3.1983 – BStBl. II S. 663), oder auf ein Bankkonto des Gesellschafterehegatten, über das dem Arbeitnehmer-Ehegatten nur ein Mitverfügungsrecht zusteht (→ BFH vom 20.10.1983 – BStBl. 1984 II S. 298).

– **Der steuerrechtlichen Anerkennung eines Arbeitsverhältnisses steht nicht entgegen:**
  - *Darlehensgewährung* des Arbeitnehmer-Ehegatten an den Arbeitgeber-Ehegatten in Höhe des Arbeitsentgelts ohne rechtliche Verpflichtung, nachdem dieses in die Verfügungsmacht des Arbeitnehmer-Ehegatten gelangt ist. Das gilt auch, wenn der Arbeitnehmer-Ehegatte jeweils im Fälligkeitszeitpunkt über den an ihn ausgezahlten Nettoarbeitslohn ausdrücklich dadurch verfügt, dass er den Auszahlungsanspruch in eine Darlehensforderung umwandelt (→ BFH vom 17.7.1984 – BStBl. 1986 II S. 48). Werden dagegen Arbeits- und Darlehensvereinbarungen von Ehegatten in einer Weise miteinander verknüpft, dass das Arbeitsentgelt ganz oder teilweise bereits als Darlehen behandelt wird, bevor es in die

Verfügungsmacht des Arbeitnehmer-Ehegatten gelangt ist, so ist zur Anerkennung des Arbeitsverhältnisses erforderlich, dass auch der Darlehensvertrag wie ein unter Fremden üblicher Vertrag mit eindeutigen Zins- und Rückzahlungsvereinbarungen abgeschlossen und durchgeführt wird (→ BFH vom 23.4.1975 – BStBl. II S. 579).

- Schenkung – Laufende Überweisung des Arbeitsentgelts auf ein Sparbuch des Arbeitnehmer-Ehegatten, von dem dieser ohne zeitlichen Zusammenhang mit den Lohnzahlungen größere Beträge abhebt und dem Arbeitgeber-Ehegatten schenkt (→ BFH vom 4.11.1986 – BStBl. 1987 II S. 336).
- Teilüberweisung des Arbeitsentgelts als vermögenswirksame Leistungen nach dem Vermögensbildungsgesetz auf Verlangen des Arbeitnehmer-Ehegatten auf ein Konto des Arbeitgeber-Ehegatten oder auf ein gemeinschaftliches Konto beider Ehegatten (→ BFH vom 19.9.1975 – BStBl. 1976 II S. 81).
- Überweisung des Arbeitsentgelts auf ein Bankkonto des Arbeitnehmer-Ehegatten, für das der Arbeitgeber-Ehegatte unbeschränkte Verfügungsvollmacht besitzt (→ BFH vom 16.1.1974 – BStBl. II S. 294).
- Vereinbartes Arbeitsentgelt ist unüblich niedrig, es sei denn, das Arbeitsentgelt ist so niedrig bemessen, dass es nicht mehr als Gegenleistung für eine begrenzte Tätigkeit des Arbeitnehmer-Ehegatten angesehen werden kann, weil ein rechtsgeschäftlicher Bindungswille fehlt (→ BFH vom 22.3.1990 – BStBl. II S. 776); → Gehaltsumwandlung, -verzicht.
- Zahlung des Arbeitsentgelts auf ein „Oder-Konto" bei im Übrigen ernsthaft vereinbarten und tatsächlich durchgeführten Ehegatten-Arbeitsverhältnissen (→ BVerfG vom 7.11.1995 – BStBl. 1996 II S. 34).

– **Direktversicherung.** → H 4b (Arbeitnehmer-Ehegatten).

– **Gehaltsumwandlung, -verzicht.**

- Begnügt sich der Arbeitnehmer-Ehegatte mit unangemessen niedrigen Aktivbezügen, ist die Dienstleistung in einen entgeltlichen und einen unentgeltlichen Teil zu zerlegen. Betrieblich veranlasst ist nur der entgeltliche Teil. Verzichtet der Arbeitnehmer-Ehegatte ganz auf sein Arbeitsentgelt, ist von einer in vollem Umfang privat veranlassten familiären Mitarbeit auszugehen. Entsprechendes gilt, wenn ein Arbeitnehmer-Ehegatte ohne entsprechende Absicherung seines Anspruchs zugunsten eines erst viele Jahre später fällig werdenden Ruhegehalts auf seine Aktivbezüge verzichtet (→ BFH vom 25.7.1995 – BStBl. 1996 II S. 153).
- → BMF vom 9.1.1986 (BStBl. I S. 7).

– **Rückstellungen für Pensionsverpflichtungen.**

- Bei einer Pensionszusage an den Arbeitnehmer-Ehegatten, die an die Stelle einer fehlenden Anwartschaft aus der gesetzlichen Rentenversicherung getreten ist, können sich die Rückstellungsbeträge grundsätzlich nicht gewinnmindernd auswirken, soweit die Aufwendungen die wirtschaftliche Funktion der Arbeitnehmerbeiträge haben. Fiktive Arbeitgeberbeiträge in der Zeit zwischen dem Beginn des steuerrechtlich anerkannten Arbeitsverhältnisses und der Erteilung der Pensionszusage können nicht als Betriebsausgaben berücksichtigt werden (→ BFH vom 14.7.1989 – BStBl. II S. 969).
- → H 6a (9).

– **Rückwirkung.** Rückwirkende Vereinbarungen sind steuerrechtlich nicht anzuerkennen (→ BFH vom 29.11.1988 – BStBl. 1989 II S. 281).
– **Sonderzuwendungen** wie z. B. Weihnachts- und Urlaubsgelder, Sonderzulagen, Tantiemen, können dann als Betriebsausgaben abgezogen werden, wenn sie vor Beginn des Leistungsaustauschs klar und eindeutig vereinbart worden sind und auch einem → Fremdvergleich standhalten (→ BFH vom 26.2.1988 – BStBl. II S. 606 und vom 10.3.1988 – BStBl. II S. 877).
– **Unterarbeitsverhältnis.** Ist ein Arbeitnehmer wegen anderer beruflicher Verpflichtungen nicht in der Lage, ein Aufgabengebiet in vollem Umfang selbst zu betreuen, kommt ein Ehegatten-Unterarbeitsverhältnis hierüber jedenfalls dann nicht in Betracht, wenn solche Tätigkeiten sonst ehrenamtlich von Dritten unentgeltlich übernommen werden (→ BFH vom 22.11.1996 – BStBl. 1997 II S. 187).
– **Zukunftssicherung.** Voraussetzungen für die Anerkennung von Maßnahmen zur Zukunftssicherung bei Ehegatten-Arbeitsverhältnissen → H 6a (9) und H 4b (Arbeitnehmer-Ehegatten).

Aushilfstätigkeiten von Kindern. Bei Verträgen über Aushilfstätigkeiten von Kindern ist der → Fremdvergleich im Einzelfall vorzunehmen (→ BFH vom 9.12.1993 – BStBl. 1994 II S. 298).

Bildungsaufwendungen für Kinder.
– Ausbildungs- oder Fortbildungsaufwendungen für Kinder sind in der Regel nicht abziehbare Lebenshaltungskosten. Aufwendungen für die Fortbildung von im Betrieb mitarbeitenden Kindern (z. B. für den Besuch einer Meisterfachschule) sind Betriebsausgaben, wenn die hierzu getroffenen Vereinbarungen klar und eindeutig sind und nach Inhalt und Durchführung dem zwischen Fremden Üblichen entsprechen, insbesondere auch Bindungsfristen und Rückzahlungsklauseln enthalten (→ BFH vom 14.12.1990 – BStBl. 1991 II S. 305).
– Aufwendungen für den Meisterlehrgang eines nicht im Betrieb mitarbeitenden Kindes sind nicht allein deshalb Betriebsausgaben, weil sie eine spätere Unternehmensnachfolge vorbereiten sollen (→ BFH vom 29.10.1997 – BStBl. 1998 II S. 149).
– Die Aufwendungen für die Facharztausbildung des als Nachfolger vorgesehenen Kindes sind ohne den Nachweis, dass sie auch für fremde Dritte im Betrieb des Stpfl. oder üblicherweise in anderen – nach Größe und Branche – vergleichbaren Betrieben getätigt worden wären, nicht betrieblich veranlasst (→ BFH vom 6.11.2012 – BStBl. 2013 II S. 309).

Darlehensverhältnisse zwischen Angehörigen.
– → BMF vom 23.12.2010 (BStBl. 2011 I S. 37) unter Berücksichtigung *der Änderungen durch BMF vom* 29.4.2014 (BStBl. I S. 809).
– → Personengesellschaften; – Abtretung.
– → Personengesellschaften; – Darlehen.
– Vertragsbeziehungen zwischen verschwägerten Personen → Fremdvergleich.
– **Schenkungsbegründetes Darlehen.**
  • Die Kürze der zwischen Schenkung und Darlehensgewährung liegenden Zeit begründet keine unwiderlegbare Vermutung für die gegenseitige

Abhängigkeit der beiden Verträge (→ BFH vom 18.1.2001 – BStBl. II S. 393 und BMF vom 23.12.2010 – BStBl. 2011 I S. 37, Rdnr. 12). Demgegenüber kann bei einem längeren Abstand zwischen Schenkungs- und Darlehensvertrag eine auf einem Gesamtplan beruhende sachliche Verknüpfung bestehen (→ BFH vom 22.1.2002 – BStBl. II S. 685).[1]

- Geht dem Darlehen eines minderjährigen Kindes an einen Elternteil eine Schenkung des anderen Elternteils voraus, und liegt diesen Rechtsgeschäften ein Gesamtplan der Eltern zur Schaffung von steuerlich abziehbaren Aufwendungen zugrunde (= sachliche Abhängigkeit), so kann hierin auch bei zeitlicher Unabhängigkeit zwischen Schenkung und Darlehen ein Missbrauch von Gestaltungsmöglichkeiten des Rechts (§ 42 AO) liegen (→ BFH vom 26.3.1996 – BStBl. II S. 443).
- Ein Darlehensvertrag zwischen einer Personengesellschaft und dem Kind des beherrschenden Gesellschafters über einen Geldbetrag, den das Kind zuvor von diesem geschenkt bekommen hat, ist nicht anzuerkennen, wenn zwischen Schenkung und Darlehensvertrag eine auf einem Gesamtplan beruhende sachliche Verknüpfung besteht (→ BFH vom 22.2.2002 – BStBl. II S. 685).[1]

– → Sicherung des Darlehensanspruchs.

– **Verknüpfung von Arbeits- und Darlehensvereinbarungen zwischen Ehegatten.**
→ Arbeitsverhältnisse zwischen Ehegatten, – Der steuerrechtlichen Anerkennung eines Arbeitsverhältnisses steht nicht entgegen, • Darlehensgewährung.

Eheschließung. Mehrere Jahre vor der Ehe abgeschlossene ernsthafte Arbeitsverträge zwischen den Ehegatten sind steuerrechtlich in der Regel auch nach der Eheschließung anzuerkennen, wenn sich mit der Eheschließung in der Tätigkeit des im Betrieb beschäftigten Ehegatten nichts ändert und auch die Auszahlung des Arbeitsentgelts vor und nach der Heirat in gleicher Weise vollzogen wird (→ BFH vom 21.10.1966 – BStBl. 1967 III S. 22).

Erbfolgeregelungen.

– Ertragsteuerliche Behandlung der Erbengemeinschaft und ihrer Auseinandersetzung → BMF vom 14.3.2006 (BStBl. I S. 253) unter Berücksichtigung der Änderungen durch BMF vom 27.12.2018 (BStBl. 2019 I S. 11).

– Ertragsteuerliche Behandlung der vorweggenommenen Erbfolge → BMF vom 13.1.1993 (BStBl. I S. 80) unter Berücksichtigung der Änderungen durch BMF vom 26.2.2007 (BStBl. I S. 269).

– Einkommensteuerrechtliche Behandlung von wiederkehrenden Leistungen im Zusammenhang mit einer Vermögensübertragung → BMF vom 11.3.2010 (BStBl. I S. 227)[2] unter Berücksichtigung der Änderungen durch BMF vom 6.5.2016 (BStBl. I S. 476).

---

[1] *Ergänzend siehe BFH* v. 19.2.2002 IX R 32/98, BStBl. II 2002, 674.

[2] Ergänzend siehe BMF v. 20.11.2019, BStBl. I 2019, 1291, geänd. durch BMF v. 5.5. 2021, BStBl. I 2021, 696, Rn. 40.

Fremdvergleich.

- **Angehörigen** steht es frei, ihre Rechtsverhältnisse untereinander so zu gestalten, dass sie steuerlich möglichst günstig sind. Die steuerrechtliche Anerkennung des Vereinbarten setzt voraus, dass die Verträge zivilrechtlich wirksam zustande gekommen sind (→ BMF vom 23.12.2010 – BStBl. 2011 I S. 37 unter Berücksichtigung der Änderungen durch BMF vom 29.4.2014 – BStBl. I S. 809), inhaltlich dem zwischen Fremden Üblichen entsprechen und so auch durchgeführt werden. Maßgebend für die Beurteilung ist die Gesamtheit der objektiven Gegebenheiten. Dabei kann einzelnen dieser Beweisanzeichen je nach Lage des Falles im Rahmen der Gesamtbetrachtung eine unterschiedliche Bedeutung zukommen. Dementsprechend schließt nicht jede Abweichung vom Üblichen notwendigerweise die steuerrechtliche Anerkennung des Vertragsverhältnisses aus. An den Nachweis, dass es sich um ein ernsthaftes Vertragsverhältnis handelt, sind umso strengere Anforderungen zu stellen, je mehr die Umstände auf eine private Veranlassung des Rechtsverhältnisses hindeuten (→ BFH vom 28.1.1997 – BStBl. II S. 655).
- Auch Vertragsbeziehungen zwischen **verschwägerten Personen** müssen steuerrechtlich einem Fremdvergleich standhalten (→ BFH vom 22.5.2019 – BStBl. II S. 795).
- Die Grundsätze des sog. Fremdvergleichs rechtfertigen es nicht, an Stelle der im Vertrag tatsächlich vereinbarten Leistung der Besteuerung eine höhere Gegenleistung unter Hinweis darauf zugrunde zu legen, dass eine solche unter fremden Dritten gefordert (und erbracht) worden wäre (→ BFH vom 31.5.2001 – BStBl. II S. 756).
- Leistet der als Arbeitnehmer beschäftigte Angehörige unbezahlte Mehrarbeit über seine vertragliche Stundenzahl hinaus, steht dies der Annahme, das Arbeitsverhältnis sei tatsächlich durchgeführt worden, grundsätzlich nicht entgegen. Etwas anderes gilt nur, wenn die vereinbarte Vergütung nicht mehr als Gegenleistung für die Tätigkeit des Angehörigen angesehen werden kann und deshalb auf das Fehlen eines Rechtsbindungswillens zu schließen ist (→ BFH vom 17.7.2013 – BStBl. II S. 1015).
- → H 6a (9).
- **Personengesellschaften.** Die Grundsätze des Fremdvergleichs gelten entsprechend für die Verträge einer Personengesellschaft, die von nahen Angehörigen des anderen Vertragspartners beherrscht wird. Hierbei kommt es auf den rechtlichen und wirtschaftlichen Gehalt des jeweiligen Geschäfts und nicht auf die Bezeichnung durch die Vertragsparteien an (→ BFH vom 9.5.1996 – BStBl. II S. 642). Schließt eine Personengesellschaft aufeinander abgestimmte Arbeitsverträge mit den Angehörigen ihrer Gesellschafter, bei denen keiner der Gesellschafter als allein beherrschend angesehen werden kann, ist der Fremdvergleich bei jedem einzelnen Arbeitsvertrag durchzuführen (→ BFH vom 20.10.1983 – BStBl. 1984 II S. 298). Ein Gesellschafter, der nicht in der Lage ist, für sich allein einen beherrschenden Einfluss auszuüben, ist dann einem beherrschenden Gesellschafter gleichzustellen, wenn er gemeinsam mit anderen Gesellschaftern einen Gegenstand von gemeinsamem Interesse in gegenseitiger Abstimmung regelt (→ BFH vom 18.12.2001 – BStBl. 2002 II S. 353).

– → Personengesellschaften; – Abtretung.
– → Personengesellschaften; – Darlehen.
– → Umdeutung.
– **Umfang.**
  • Der Fremdvergleich ist nur einheitlich für den gesamten Vertrag anzustellen. Das Herauslösen einzelner Vertragsteile, wie z.B. einzelner Tätigkeiten aus einem Arbeitsvertrag, ist nicht möglich. Der Vertrag kann auch nicht mit Blick auf diese Vertragsteile teilweise steuerrechtlich anerkannt werden, wenn der Vertrag im Übrigen dem Fremdvergleich nicht standhält (→ BFH vom 9.12.1993 – BStBl. 1994 II S. 298).
  • Wird zur Finanzierung eines Kaufvertrags zwischen nahen Angehörigen ein Darlehensvertrag mit einer Bank abgeschlossen, sind die in dem Darlehensvertrag getroffenen Vereinbarungen auch dann nicht in den Fremdvergleich hinsichtlich des Kaufvertrags einzubeziehen, wenn der Verkäufer zugleich Sicherungsgeber ist (→ BFH vom 15.10.2002 – BStBl. 2003 II S. 243).
  • → Mehrere Verträge zwischen Angehörigen.

Gelegentliche Hilfeleistung. Arbeitsverträge über gelegentliche Hilfeleistungen durch Angehörige sind steuerrechtlich nicht anzuerkennen, weil sie zwischen fremden Personen nicht vereinbart worden wären (→ BFH vom 9.12.1993 – BStBl. 1994 II S. 298).

Gesellschaftsverträge zwischen Angehörigen.
– → R 15.9.
– → Umdeutung.

Gewinnanteile aus geschenkter typisch stiller Beteiligung. Werden Geldbeträge vom Betriebsinhaber an seine minderjährigen Kinder mit der Auflage zugewendet, diese ihm wieder als Einlage im Rahmen einer typisch stillen Beteiligung zur Verfügung zu stellen, sind die Gewinnanteile nicht als Betriebsausgaben abziehbar, wenn eine Verlustbeteiligung ausgeschlossen ist (→ BFH vom 21.10.1992 – BStBl. 1993 II S. 289).

Mehrere Verträge zwischen Angehörigen. Bei der Prüfung, ob die Leistungsbeziehungen zwischen nahen Angehörigen dem → Fremdvergleich standhalten, sind mehrere zeitlich und sachlich zusammenhängende Verträge nicht isoliert, sondern in ihrer Gesamtheit zu würdigen (→ BFH vom 13.12.1995 – BStBl. 1996 II S. 180).

Miet- und Pachtverträge zwischen Angehörigen.
– → R 21.4.
– → Sonstige Rechtsverhältnisse zwischen Angehörigen.

Minderjährige Kinder.
– **Ergänzungspfleger.** Bei Verträgen zwischen Eltern und minderjährigen Kindern, die nicht Arbeitsverträge sind (→ R 4.8 Abs. 3), ist ein Ergänzungspfleger zu bestellen, damit die Vereinbarungen bürgerlich-rechtlich wirksam zustande kommen und so eine klare Trennung bei der Verwaltung des Kindesvermögens und des elterlichen Vermögens gewährleistet ist (→ BFH vom 23.4.1992 – BStBl. II S. 1024 und BMF vom 30.9.2013 – BStBl. I S. 1184, Rz. 4).

– **Schwebend unwirksame Verträge, Insichgeschäfte.** Die klaren und ernsthaft gewollten Vereinbarungen (→ Fremdvergleich) müssen zu Beginn des maßgeblichen Rechtsverhältnisses oder bei Änderung des Verhältnisses für die Zukunft getroffen werden. Ein Insichgeschäft i. S. d. § 181 BGB ist so lange – schwebend – unwirksam, bis die Wirksamkeit z. B. durch Bestellung eines Ergänzungspflegers oder mit Erreichen der Volljährigkeit eines minderjährigen Kindes nachgeholt wird. Die nachträgliche Genehmigung des Rechtsgeschäftes hat zivilrechtlich zur Folge, dass die schwebende Unwirksamkeit des Vertrages rückwirkend entfällt (§ 108 Abs. 3, § 184 Abs. 1 BGB). Steuerrechtlich entfaltet sie grundsätzlich keine Rückwirkung. Im Regelfall sind die steuerrechtlichen Folgerungen erst von dem Zeitpunkt an zu ziehen, zu dem die schwebende Unwirksamkeit entfallen ist (→ BFH vom 31.10.1989 – BStBl. 1992 II S. 506), es sei denn, die steuerrechtliche Rückwirkung ist ausdrücklich gesetzlich zugelassen (§ 41 Abs. 1 AO).

Nichteheliche Lebensgemeinschaften. Die für die steuerrechtliche Beurteilung von Verträgen zwischen Ehegatten geltenden Grundsätze können nicht auf Verträge zwischen Partnern einer nichtehelichen Lebensgemeinschaft – ausgenommen eingetragene Lebenspartnerschaften – übertragen werden (→ BFH vom 14.4.1988 – BStBl. II S. 670 und → R 21.4).

Personengesellschaften.

– **Abtretung.** Tritt der Gesellschafter einer Personengesellschaft ihm gegen die Gesellschaft zustehende Darlehensansprüche zur Ablösung von Pflichtteilsansprüchen an einen Angehörigen ab, der die Beträge der Gesellschaft weiterhin als Darlehen belässt, so sind die an den neuen Darlehensgläubiger gezahlten Darlehenszinsen Betriebsausgaben der Personengesellschaft. Der Betriebsausgabenabzug kann nicht vom Ergebnis eines → Fremdvergleichs hinsichtlich der Darlehensbedingungen abhängig gemacht werden, wenn der Abtretende die Gesellschaft nicht beherrscht (→ BFH vom 15.12.1988 – BStBl. 1989 II S. 500).
– → Arbeitsverhältnisse zwischen Ehegatten.
– → Darlehensverhältnisse zwischen Angehörigen.
– → Fremdvergleich.
– **Vermögen einer Personengesellschaft** kann nicht als Vermögen des Gesellschafterehegatten angesehen werden. Deshalb liegt ein Vermögenszugang beim Arbeitnehmer-Ehegatten auch dann vor, wenn das Arbeitsentgelt auf ein gemeinschaftliches Konto der Ehegatten überwiesen wird, über das jeder Ehegatte ohne Mitwirkung des anderen verfügen kann (→ BFH vom 24.3.1983 – BStBl. II S. 663).
– Keine betriebliche Veranlassung bei Vergabe eines zinslosen und ungesicherten **Darlehens** durch eine Personengesellschaft an ihren Gesellschafter. Die Frage der betrieblichen Veranlassung der Geldhingabe ist auf der Grundlage eines Fremdvergleichs zu beurteilen (→ BFH vom 9.5.1996 – BStBl. II S. 642). Wird neben dem (festen) Kapitalkonto lediglich ein weiteres Konto zur Erfassung von Gewinnen, Einlagen und Entnahmen der Gesellschafter geführt, handelt es sich nicht um ein Darlehenskonto, wenn auf dem Konto auch Verluste verbucht werden (→ BFH vom 27.6.1996 – BStBl. 1997 II S. 36).

– → Sicherung des Darlehensanspruchs.
– Unterbeteiligung von Kindern an einer vermögensverwaltenden Personengesellschaft → H 21.6 (Unterbeteiligung an einer Personengesellschaft).

Rechtsfolgen bei fehlender Anerkennung.

– Ist ein **Arbeitsverhältnis** steuerrechtlich nicht anzuerkennen, so sind Lohnzahlungen einschließlich einbehaltener und abgeführter Lohn- und Kirchensteuerbeträge, für den mitarbeitenden Ehegatten einbehaltene und abgeführte Sozialversicherungsbeiträge (Arbeitgeber- und Arbeitnehmeranteil) und vermögenswirksame Leistungen, die der Arbeitgeber-Ehegatte nach dem Vermögensbildungsgesetz erbringt, nicht als Betriebsausgaben abziehbar (→ BFH vom 8.2.1983 – BStBl. II S. 496 und vom 10.4.1990 – BStBl. II S. 741).
– Zinsen aus einem ertragsteuerlich nicht anzuerkennenden **Darlehen** unter nahen Angehörigen sind keine Betriebsausgaben; beim Empfänger sind sie keine Einkünfte aus Kapitalvermögen (→ BFH vom 2.8.1994 – BStBl. 1995 II S. 264).

Scheidungsklausel. Erwirbt ein Ehegatte (A) mit vom anderen Ehegatten (B) geschenkten Mitteln ein Grundstück, welches für betriebliche Zwecke an B vermietet wird, begründet weder die Schenkung der Mittel, die Vereinbarung zwischen den Ehegatten für den Fall der Beendigung des Güterstandes auf andere Weise als den Tod, das erworbene Grundstück auf den anderen Ehegatten zu übertragen (sog. Scheidungsklausel), noch die B eingeräumte Möglichkeit zu seinen Gunsten oder zugunsten eines Dritten eine Auflassungsvormerkung in das Grundbuch eintragen zu lassen, wirtschaftliches Eigentum des B (→ BFH vom 4.2.1998 – BStBl. II S. 542).

Schenkung.

– → Arbeitsverhältnisse zwischen Ehegatten, – Der steuerrechtlichen Anerkennung eines Arbeitsverhältnisses steht nicht entgegen, • Schenkung.
– → Darlehensverhältnisse zwischen Angehörigen, – Schenkungsbegründetes Darlehen.

Sicherung des Darlehensanspruchs.

– Bei einem Darlehen einer Personengesellschaft an ihren Gesellschafter kann nicht ein künftiger Gewinnanteil des Gesellschafters als Sicherheit angesehen werden. Unüblich ist auch die Unverzinslichkeit eines Darlehens (→ BFH vom 9.5.1996 – BStBl. II S. 642).
– Die fehlende verkehrsübliche Sicherung des Darlehensanspruchs wird bei langfristigen Darlehen zwischen nahen Angehörigen als Indiz für die außerbetriebliche Veranlassung des Darlehens gewertet, wobei als langfristig jedenfalls Darlehen mit einer Laufzeit von mehr als vier Jahren angesehen werden (→ BFH vom 9.5.1996 – BStBl. II S. 642). Eine langfristige Darlehensvereinbarung zwischen Eltern und Kindern kann trotz teilweise fehlender Sicherheiten steuerrechtlich anerkannt werden, wenn die Kinder bei Darlehensabschluss bereits volljährig sind, nicht mehr im Haushalt der Eltern leben und wirtschaftlich von den Eltern unabhängig sind (→ BFH vom 18.12.1990 – BStBl. 1991 II S. 911).

Sonstige Rechtsverhältnisse zwischen Angehörigen.
- Für die einkommensteuerrechtliche Beurteilung von Miet- und Pachtverträgen, Darlehensverträgen und ähnlichen Verträgen sind die Grundsätze zur steuerlichen Anerkennung von Ehegatten-Arbeitsverhältnissen entsprechend anzuwenden (→ BFH vom 28.1.1997 – BStBl. II S. 655).
- → Fremdvergleich.

Umdeutung. Die steuerliche Beurteilung muss von dem ausgehen, was die Stpfl. rechtsgültig vereinbart haben, und zwar auch dann, wenn die Vereinbarung aus privater Veranlassung von dem abweicht, was unter fremden Dritten üblich ist. Haben die Beteiligten einen Gesellschaftsvertrag über eine Unterbeteiligung abgeschlossen, und kann der Gesellschaftsvertrag wegen der nicht fremdüblichen Ausgestaltung zu Lasten der Unterbeteiligung steuerlich nicht anerkannt werden, kann an die Stelle des wirksam abgeschlossenen Gesellschaftsvertrags für die steuerliche Beurteilung **nicht** ein tatsächlich **nicht** existenter Vertrag über ein partiarisches Darlehen gesetzt werden (→ BFH vom 6.7.1995 – BStBl. 1996 II S. 269).

Unterhalt. Beschränkt sich der Stpfl. darauf, dem mitarbeitenden Kind Unterhalt zu gewähren (Beköstigung, Bekleidung, Unterkunft und Taschengeld), so liegen steuerlich nicht abziehbare Lebenshaltungskosten vor (→ BFH vom 19.8.1971 – BStBl. 1972 II S. 172).

Wirtschaftsüberlassungsvertrag.
- Bei nach dem 31.12.2007 abgeschlossenen Wirtschaftsüberlassungsverträgen liegt keine begünstigte Vermögensübertragung im Zusammenhang mit Versorgungsleistungen vor (→ BMF vom 11.3.2010 – BStBl. I S. 227, Rzn. 22, 81).[1)·2)]
- Die auf einem nach dem 31.12.2007 abgeschlossenen Wirtschaftsüberlassungsvertrag beruhenden Leistungen können als Betriebsausgaben abziehbar sein. Dies gilt auch, wenn einzelne Regelungen im Wirtschaftsüberlassungsvertrag einem Fremdvergleich nicht standhalten, solange diesen nicht ein derartiges Gewicht zukommt, dass dies unter Berücksichtigung des Gesamtbilds der Verhältnisse die Nichtanerkennung des gesamten Vertragsverhältnisses rechtfertigt (→ BFH vom 12.7.2017 – BStBl. 2018 II S. 461).

Wohnungsüberlassung an geschiedenen oder dauernd getrennt lebenden Ehegatten. → H 21.4 (Vermietung an Unterhaltsberechtigte).

R 4.9 Abziehbare Steuern *(unbesetzt)*

H 4.9

Änderung von bestandskräftigen Veranlagungen. Mehrbeträge an abziehbaren Steuern, die sich durch eine Betriebsprüfung ergeben haben, sind *für sich allein keine neuen Tatsachen* i. S. d. § 173 Abs. 1 Nr. 2 AO, die eine Änderung der bestandskräftigen Veranlagungen der Jahre rechtfertigen würden, zu denen die → Mehrsteuern wirtschaftlich gehören (→ BFH vom 10.8.1961 – BStBl. III S. 534).

---

1) Geänd. durch BMF v. 6.5.2016, BStBl. I 2016, 476, mit Übergangsregelung.

2) Ergänzend siehe BMF v. 20.11.2019, BStBl. I 2019, 1291, geänd. durch BMF v. 5.5. 2021, BStBl. I 2021, 696, Rn. 40.

Mehrsteuern. Ändern sich die Mehrsteuern bis zur Bestandskraft der Veranlagungen, sind die Änderungen bei diesen Veranlagungen zu berücksichtigen (→ BFH vom 19.12.1961 – BStBl. 1962 III S. 64).

Rückstellung für künftige Steuernachforderungen. Die Behauptung des Stpfl., dass nach allgemeiner Erfahrung bei einer Betriebsprüfung mit Steuernachforderungen zu rechnen ist, rechtfertigt nicht die Bildung einer Rückstellung (→ BFH vom 13.1.1966 – BStBl. III S. 189). Abzugsfähige Steuern sind grundsätzlich dem Jahr zu belasten, zu dem sie wirtschaftlich gehören (→ BFH vom 3.12.1969 – BStBl. 1970 II S. 229). Dagegen ist eine Rückstellung für hinterzogene Steuern bis zur Bilanzaufstellung erst zu dem Bilanzstichtag zu bilden, zu dem der Stpfl. mit der Aufdeckung der Steuerhinterziehung rechnen musste, bei einer Außen- oder Steuerfahndungsprüfung frühestens mit der Beanstandung einer bestimmten Sachbehandlung durch den Prüfer (→ BFH vom 27.11.2001 – BStBl. 2002 II S. 731 und vom 22.8.2012 – BStBl. 2013 II S. 76).

R 4.10 Geschenke, Bewirtung, andere die Lebensführung berührende Betriebsausgaben

Allgemeines

(1) [1] Durch § 4 Abs. 5 Satz 1 Nr. 1 bis 7 i. V.m. Abs. 7 EStG wird der Abzug von betrieblich veranlassten Aufwendungen, die die Lebensführung des Stpfl. oder anderer Personen berühren, eingeschränkt. [2] Vor Anwendung dieser Vorschriften ist stets zu prüfen, ob die als Betriebsausgaben geltend gemachten Aufwendungen z. B. für Repräsentation, Bewirtung und Unterhaltung von Geschäftsfreunden, Reisen, Kraftfahrzeughaltung bereits zu den nicht abziehbaren Kosten der Lebensführung i. S. d. § 12 Nr. 1 EStG gehören. [3] Die nach § 4 Abs. 5 und 7 EStG nicht abziehbaren Betriebsausgaben sind keine Entnahmen i. S. d. § 4 Abs. 1 Satz 2 EStG.

H 4.10 (1)

Abgrenzung der Betriebsausgaben von den Lebenshaltungskosten. → H 12.1 und H 12.2.

Ähnliche Zwecke i. S. d. § 4 Abs. 5 Satz 1 Nr. 4 EStG.

- Unter den Begriff der Aufwendungen für ähnliche Zwecke fallen Aufwendungen, die der sportlichen Betätigung, der Unterhaltung von Geschäftsfreunden, der Freizeitgestaltung oder der Repräsentation des Stpfl. dienen. Die Ähnlichkeit mit den im Gesetz genannten Zwecken (Jagd, Fischerei, Segel- oder Motorjacht) kann sich entweder aus Besonderheiten hinsichtlich des Ortes und Rahmens der Veranstaltung (Beschaffenheit, Lage, Ausstattung) oder einem besonderen qualitativ hochwertigen Unterhaltungsprogramm am Ort der Veranstaltung ergeben (→ BFH vom 13.7.2016 – BStBl. 2017 II S. 161).
- → Golfturnier.

Ferienwohnung. Mehraufwendungen für Verpflegung und Reisekosten im Zusammenhang mit einem mehrwöchigen Aufenthalt in der eigenen, sonst gewerblich genutzten Ferienwohnung sind nur dann Betriebsausgaben, wenn der Aufenthalt während der normalen Arbeitszeit vollständig mit Ar-

Satz 1 AO als offenbare Unrichtigkeit darstellt (→ BFH vom 19.8.1999 – BStBl. 2000 II S. 203).

R 4.12 Entfernungspauschale, nicht abziehbare Fahrtkosten, Reisekosten und Mehraufwendungen bei doppelter Haushaltsführung

Aufwendungen für Wege zwischen Wohnung und Betriebsstätte

(1) [1]Die Regelungen in den LStR zu Aufwendungen für Wege zwischen Wohnung und *regelmäßiger Arbeitsstätte*[1)] sind entsprechend anzuwenden.[2)] [2]Ein Betriebsausgabenabzug in Höhe der Entfernungspauschale nach § 4 Abs. 5 Satz 1 Nr. 6 Satz 2 EStG kommt auch dann in Betracht, wenn die nach § 4 Abs. 5 Satz 1 Nr. 6 Satz 3 EStG ermittelten Werte geringer sind als die Entfernungspauschale. [3]Wird an einem Tag aus betrieblichen oder beruflichen Gründen der Weg zwischen Wohnung und Betriebsstätte mehrfach zurückgelegt darf die Entfernungspauschale nur einmal pro Tag berücksichtigt werden. [4]Die Regelung des § 4 Abs. 5 Satz 1 Nr. 6 EStG gilt nicht für Fahrten zwischen Betriebsstätten. [5]Unter Betriebsstätte ist im Zusammenhang mit Geschäftsreisen (Absatz 2), anders als in § 12 AO, die (von der Wohnung getrennte) Betriebsstätte zu verstehen. [6]Das ist der Ort, an dem oder von dem aus die betrieblichen Leistungen erbracht werden. [7]Die Betriebsstätte eines See- und Hafenlotsen ist danach nicht das häusliche Arbeitszimmer, sondern das Lotsrevier oder die Lotsenstation.

Reisekosten

(2) [1]Die Regelungen in den LStR zu Reisekosten sind sinngemäß anzuwenden. [2]Der Ansatz pauschaler Kilometersätze ist nur für private Beförderungsmittel zulässig.

Mehraufwendungen bei doppelter Haushaltsführung

(3) Die Regelungen in den LStR zu Mehraufwendungen bei doppelter Haushaltsführung sind entsprechend anzuwenden.

H 4.12

Abzug als Werbungskosten. Zum Abzug von Aufwendungen für Wege zwischen Wohnung und erster Tätigkeitsstätte sowie Fahrten nach § 9 Abs. 1 Satz 3 Nr. 4a Satz 3 EStG und von Mehraufwendungen bei doppelter Haushaltsführung von Arbeitnehmern als Werbungskosten → R 9.10 und 9.11 LStR 2015 sowie → H 9.10 und H 9.11 LStH 2020.

Behinderte Menschen.
- Auch bei Stpfl., die zu dem in § 9 Abs. 2 EStG bezeichneten Personenkreis gehören, kann grundsätzlich nur eine Hin- und Rückfahrt für jeden Arbeitstag berücksichtigt werden (→ BFH vom 2.4.1976 – BStBl. II S. 452).
- Nachweis der Behinderung → § 65 EStDV, H 33b (Nachweis der Behinderung).

---

1) **[Amtl. Anm.:]** Jetzt: erster Tätigkeitsstätte.
2) Siehe R 9.4–R 9.6 (Nr. **20**).

Betriebsstätte. → BMF vom 23.12.2014 (BStBl. 2015 I S. 26).

Doppelte Haushaltsführung.[1] → BMF vom 23.12.2014 (BStBl. 2015 I S. 26).

Gesamtaufwendungen für das Kraftfahrzeug.

– → BMF vom 18.11.2009 (BStBl. I S. 1326 unter Berücksichtigung der Änderungen durch BMF vom 15.11.2012 – BStBl. I S. 1099), Rdnr. 32.
– Bei Nutzung von Elektro- und Hybridelektrofahrzeugen → *BMF vom 5.6.2014 (BStBl. I S. 835).*[2]
– Bei Nutzung von Brennstoffzellenfahrzeugen → *BMF vom 24.1.2018 (BStBl. I S. 272).*[2]

Miterledigung betrieblicher Angelegenheiten. Werden anlässlich einer Fahrt zwischen Wohnung und Betriebsstätte oder umgekehrt andere betriebliche oder berufliche Angelegenheiten miterledigt, können die dadurch bedingten Mehraufwendungen in voller Höhe als Betriebsausgaben abgezogen werden (→ BFH vom 17.2.1977 – BStBl. II S. 543).

Motorboot. Aufwendungen für Wege zwischen Wohnung und Betriebsstätte mit einem Motorboot (Jacht) sind nicht generell nach § 4 Abs. 5 Satz 1 Nr. 4 EStG vom steuerlichen Abzug ausgeschlossen, sondern unterliegen der Abzugsbegrenzung nach § 4 Abs. 5 Satz 1 Nr. 6 EStG (→ BFH vom 10.5.2001 – BStBl. II S. 575).

Pauschbeträge für Verpflegungsmehraufwendungen bei Auslandsgeschäftsreisen. → BMF vom 15.11.2019 (BStBl. I S. 1254).[3]

Pkw-Nutzung für Familienheimfahrten. Die Abzugsbegrenzung für Familienheimfahrten nach § 4 Abs. 5 Satz 1 Nr. 6 EStG ist verfassungsgemäß (→ BFH vom 19.6.2013 – BStBl. II S. 812).

Reisekosten. → BMF vom 23.12.2014 (BStBl. 2015 I S. 26).

Wege zwischen Wohnung und Betriebsstätte.

– → BMF vom 23.12.2014 (BStBl. 2015 I S. 26).
– → BMF vom 18.11.2009 (BStBl. I S. 1326 unter Berücksichtigung der Änderungen durch BMF vom 15.11.2012 – BStBl. I S. 1099).
– Bei Nutzung von Elektro- und Hybridelektrofahrzeugen → *BMF vom 5.6.2014 (BStBl. I S. 835).*[2]
– Bei Nutzung von Brennstoffzellenfahrzeugen → *BMF vom 24.1.2018 (BStBl. I S. 272).*[2]

R 4.13 Abzugsverbot für Sanktionen

Abzugsverbot

(1) [1]Geldbußen, Ordnungsgelder und Verwarnungsgelder, die von einem Gericht oder einer Behörde in der Bundesrepublik Deutschland oder von Organen der Europäischen Gemeinschaften festgesetzt werden, dürfen nach § 4 Abs. 5 Satz 1 Nr. 8 Satz 1 EStG den Gewinn auch dann nicht mindern,

---

[1] Zum Mittelpunkt der Lebensinteressen bei einer Familie, die am Beschäftigungsort wohnt, siehe BFH v. 1.10.2019 VIII R 29/16, BFH/NV 2020, 349.

[2] *Siehe jetzt BMF* v. *5.11.2021*, BStBl. I 2021, 2205, mit Anwendungsregelungen in Tz. 5.

[3] Für Auslandsreisen ab 1.1.2021 siehe BMF v. 3.12.2020, BStBl. I 2020, 1256; Geltung auch für Kj. 2022 (BMF v. 27.9.2021).

wenn sie betrieblich veranlasst sind. [2]Dasselbe gilt für Leistungen zur Erfüllung von Auflagen oder Weisungen, die in einem berufsgerichtlichen Verfahren erteilt werden, soweit die Auflagen oder Weisungen nicht lediglich der Wiedergutmachung des durch die Tat verursachten Schadens dienen (§ 4 Abs. 5 Satz 1 Nr. 8 Satz 2 EStG). [3]Dagegen gilt das Abzugsverbot nicht für Nebenfolgen vermögensrechtlicher Art, z.B. die Abführung des Mehrerlöses nach § 8 des Wirtschaftsstrafgesetzes, den Verfall nach § 29a OWiG und die Einziehung nach § 22 OWiG.

Geldbußen

(2) [1]Zu den Geldbußen rechnen alle Sanktionen, die nach dem Recht der Bundesrepublik Deutschland so bezeichnet sind, insbesondere Geldbußen nach dem Ordnungswidrigkeitenrecht einschließlich der nach § 30 OWiG vorgesehenen Geldbußen gegen juristische Personen oder Personenvereinigungen, Geldbußen nach den berufsgerichtlichen Gesetzen des Bundes oder der Länder, z.B. der Bundesrechtsanwaltsordnung, der Bundesnotarordnung, der Patentanwaltsordnung, der Wirtschaftsprüferordnung oder dem Steuerberatungsgesetz sowie Geldbußen nach den Disziplinargesetzen des Bundes oder der Länder. [2]Geldbußen, die von Organen der Europäischen Union festgesetzt werden, sind Geldbußen nach den Artikeln 101, 102, 103 Abs. 2 des Vertrages über die Arbeitsweise der Europäischen Union (AEUV) insbesondere i.V.m. Artikel 23 Abs. 2 der Verordnung (EG) Nr. 1/2003 des Rates vom 16.12.2002. [3]Betrieblich veranlasste Geldbußen, die von Gerichten oder Behörden anderer Staaten festgesetzt werden, fallen nicht unter das Abzugsverbot.[1)]

Einschränkung des Abzugsverbotes für Geldbußen

(3) [1]Das Abzugsverbot für Geldbußen, die von Gerichten oder Behörden in der Bundesrepublik Deutschland oder von Organen der Europäischen Union verhängt werden, gilt uneingeschränkt für den Teil, der die rechtswidrige und vorwerfbare Handlung ahndet. [2]Für den Teil, der den rechtswidrig erlangten wirtschaftlichen Vorteil abschöpft, gilt das Abzugsverbot für die Geldbuße nur dann uneingeschränkt, wenn bei der Berechnung des Vermögensvorteils die darauf entfallende ertragsteuerliche Belastung – ggf. im Wege der Schätzung – berücksichtigt worden ist. [3]Macht der Stpfl. durch geeignete Unterlagen glaubhaft, dass diese ertragsteuerliche Belastung nicht berücksichtigt und der gesamte rechtswidrig erlangte Vermögensvorteil abgeschöpft wurde, darf der auf die Abschöpfung entfallende Teil der Geldbuße als Betriebsausgabe abgezogen werden. [4]Die von der Europäischen Kommission festgesetzten Geldbußen wegen Verstoßes gegen das Wettbewerbsrecht enthalten keinen Anteil, der den rechtswidrig erlangten wirtschaftlichen Vorteil abschöpft und unterliegen in vollem Umfang dem Betriebsausgabenabzugsverbot.

Ordnungsgelder

(4) [1]Ordnungsgelder sind die nach dem Recht der Bundesrepublik Deutschland so bezeichneten Unrechtsfolgen, die namentlich in den Verfahrensordnungen oder in verfahrensrechtlichen Vorschriften anderer Gesetze vorgesehen sind,

---

1) **[Amtl. Anm.:]** Überholt für Geldbußen, die von einem Mitgliedstaat der Europäischen Union festgesetzt werden → § 4 Abs. 5 Satz 1 Nr. 8 Satz 1 EStG.

z. B. das Ordnungsgeld gegen einen Zeugen wegen Verletzung seiner Pflicht zum Erscheinen und das Ordnungsgeld nach § 890 ZPO wegen Verstoßes gegen eine nach einem Vollstreckungstitel (z. B. Urteil) bestehende Verpflichtung, eine Handlung zu unterlassen oder die Vornahme einer Handlung zu dulden. [2] Nicht unter das Abzugsverbot fallen Zwangsgelder.

Verwarnungsgelder

(5) Verwarnungsgelder sind die in § 56 OWiG[1)] so bezeichneten geldlichen Einbußen, die dem Betroffenen aus Anlass einer geringfügigen Ordnungswidrigkeit, z. B. wegen falschen Parkens, mit seinem Einverständnis auferlegt werden, um der Verwarnung Nachdruck zu verleihen.

H 4.13

Abschöpfung.

– Bemisst sich die wegen eines Wettbewerbsverstoßes festgesetzte Geldbuße – über den regulären gesetzlichen Höchstbetrag hinaus – unter Einbeziehung des durch die Zuwiderhandlung erlangten Mehrerlöses, wird zugleich der erlangte wirtschaftliche Vorteil abgeschöpft. Hat die Bußgeldbehörde die Ertragsteuern, die auf diesen Vorteil entfallen, bei der Festsetzung nicht berücksichtigt, mindert die Geldbuße bis zu den gesetzlich zulässigen Höchstbeträgen den Gewinn. Darauf, dass sich der abschöpfende Teil der einheitlichen Geldbuße eindeutig abgrenzen lässt, kommt es nicht an (→ BFH vom 9.6.1999 – BStBl. II S. 658).
– Die bloße Heranziehung des tatbezogenen Umsatzes zur Ermittlung der Höhe einer am Bilanzstichtag angedrohten und nachfolgend auch festgesetzten Kartellgeldbuße bewirkt keine Abschöpfung des unrechtmäßig erlangten wirtschaftlichen Vorteils i. S. d. § 4 Abs. 5 Satz 1 Nr. 8 Satz 4 Halbsatz 1 EStG (→ BFH vom 22.5.2019 – BStBl. II S. 663).
– § 4 Abs. 5 Satz 1 Nr. 8 Satz 4 Halbsatz 1 EStG ist dahingehend auszulegen, dass es auf die objektive Abschöpfungswirkung der Geldbuße ankommt; der Wille der Kartellbehörde ist dabei nicht entscheidend (→ BFH vom 22.5.2019 – BStBl. II S. 663).

Abzugsverbot für Geldstrafen, die in einem anderen Staat festgesetzt werden. → R 12.3.

Ausländisches Gericht. Von ausländischem Gericht verhängte Geldstrafe kann bei Widerspruch zu wesentlichen Grundsätzen der deutschen Rechtsordnung Betriebsausgabe sein (→ BFH vom 31.7.1991 – BStBl. 1992 II S. 85).

EU-Geldbußen. Eine von der Europäischen Kommission wegen eines Kartellrechtsverstoßes verhängte Geldbuße, die sich nach dem Grundbetrag i. S. d. Art. 23 Abs. 3 EG-Verordnung 1/2003 bemisst, enthält keinen Abschöpfungsanteil (→ BFH vom 7.11.2013 – BStBl. 2014 II S. 306).

Leistungen zur Erfüllung von Auflagen oder Weisungen. Hinsichtlich des Abzugsverbots von Leistungen zur Erfüllung von Auflagen und Weisungen, die in einem berufsgerichtlichen Verfahren erteilt werden, → H 12.3.

Rückstellungen. → H 5.7 (1) Nicht abziehbare Betriebsausgaben.

---

1) **Habersack** Nr. **94**.

R 4.14 Abzugsverbot für Zuwendungen i. S. d. § 4 Abs. 5 Satz 1 Nr. 10 EStG

[1]Zuwendungen i. S. d. § 4 Abs. 5 Satz 1 Nr. 10 EStG dürfen nicht als Betriebsausgaben abgezogen werden, wenn mit der Zuwendung von Vorteilen objektiv gegen das Straf- oder Ordnungswidrigkeitenrecht verstoßen wird; auf ein Verschulden des Zuwendenden, auf die Stellung eines Strafantrags oder auf eine tatsächliche Ahndung kommt es nicht an.[1)] [2]Mit der Anknüpfung an die Tatbestände des Straf- und Ordnungswidrigkeitenrechts werden auch Leistungen an ausländische Amtsträger und Abgeordnete vom Abzugsverbot erfasst. [3]Wird dem Finanzamt auf Grund einer Mitteilung des Gerichts, der Staatsanwaltschaft oder einer Verwaltungsbehörde nach § 4 Abs. 5 Satz 1 Nr. 10 Satz 2 EStG erstmals bekannt, dass eine rechtswidrige Handlung i. S. d. § 4 Abs. 5 Satz 1 Nr. 10 Satz 1 EStG vorliegt, ist der Steuerbescheid nach den Vorschriften der AO zu ändern.

H 4.14

Mitteilungspflicht. Bei Vorteilszuwendungen, die als Betriebsausgaben berücksichtigt wurden, besteht ein Verdacht i. S. d. § 4 Abs. 5 Satz 1 Nr. 10 Satz 3 EStG, der die Information der Strafverfolgungsbehörden gebietet, wenn ein Anfangsverdacht i. S. d. Strafrechts gegeben ist. Es müssen also zureichende tatsächliche Anhaltspunkte für eine Tat nach § 4 Abs. 5 Satz 1 Nr. 10 Satz 1 EStG vorliegen (→ BFH vom 14.7.2008 – BStBl. II S. 850).

Umfang des Abzugsverbots. Das für die „Zuwendung von Vorteilen sowie damit zusammenhängende Aufwendungen" geltende Abzugsverbot des § 4 Abs. 5 Satz 1 Nr. 10 EStG erfasst nicht nur die Bestechungsgelder als solche, sondern auch die Kosten eines nachfolgenden Strafverfahrens sowie Aufwendungen, die auf Grund einer im Strafurteil ausgesprochenen Verfallsanordnung entstehen. Zur Vermeidung einer verfassungswidrigen Doppelbelastung gilt das Abzugsverbot für verfallene Beträge jedoch nicht, wenn das Strafgericht die Ertragsteuerbelastung bei der Bemessung des Verfallsbetrags nicht mindernd berücksichtigt hat (→ BFH vom 14.5.2014 – BStBl. II S. 684).

Zuwendungen.

- Abzugsverbot für die Zuwendung von Vorteilen i. S. d. § 4 Abs. 5 Satz 1 Nr. 10 EStG → BMF vom 10.10.2002 (BStBl. I S. 1031).
- Tatbestände des Straf- und Ordnungswidrigkeitenrechts i. S. d. § 4 Abs. 5 Satz 1 Nr. 10 EStG sind:
  - § 108b StGB (Wählerbestechung),
  - § 108e StGB (Bestechung von Mandatsträgern),
  - § 265c Abs. 2 und 4 StGB (Sportwettbetrug),
  - § 265d Abs. 2 und 4 StGB (Manipulation von berufssportlichen Wettbewerben),
  - § 299 Abs. 2 StGB (Bestechung im geschäftlichen Verkehr),
  - § 299b StGB (Bestechung im Gesundheitswesen),
  - § 333 StGB (Vorteilsgewährung),

---

1) Überholt durch BFH v. 15.4.2021 IV R 25/18, BStBl. II 2021, 703.

- § 334 StGB (Bestechung),
- § 335a StGB (Vorteilsgewährung und Bestechung ausländischer und internationaler Bediensteter),
- Artikel 2 § 2 des Gesetzes zur Bekämpfung internationaler Bestechung[1] (Bestechung ausländischer Abgeordneter im Zusammenhang mit internationalem geschäftlichen Verkehr),
- § 119 Abs. 1 des Betriebsverfassungsgesetzes[2] (Straftaten gegen Betriebsverfassungsorgane und ihre Mitglieder),
- § 81 Abs. 3 Nr. 2 i. V. m. § 21 Abs. 2 des Gesetzes gegen Wettbewerbsbeschränkungen[3] (Vorteilsgewährung für wettbewerbsbeschränkendes Verhalten),
- § 405 Abs. 3 Nr. 7 AktG[3] (Vorteilsgewährung in Bezug auf das Stimmverhalten in der Hauptversammlung),
- § 152 Abs. 1 Nr. 2 GenG[3] (Vorteilsgewährung in Bezug auf das Abstimmungsverhalten in der Generalversammlung),
- § 23 Abs. 1 Nr. 3 des Gesetzes über Schuldverschreibungen aus Gesamtemissionen – SchVG[4] (Vorteilsgewährung in Bezug auf die Abstimmung in der Gläubigerversammlung).

H 4.15

Abzugsverbot für Gewerbesteuer.

– Das Abzugsverbot für die Gewerbesteuer ist verfassungsgemäß (→ BFH vom 16.1.2014 – BStBl. II S. 531 und vom 10.9.2015 – BStBl. II S. 1046).

– § 4 Abs. 5b EStG steht dem Abzug als Betriebsausgabe nur bei dem Schuldner der Gewerbesteuer entgegen, nicht auch bei demjenigen, der sich vertraglich zur Übernahme der Gewerbesteuer verpflichtet (→ BFH vom 7.3.2019 – BStBl. II S. 696).

Zu § 4a EStG
(§§ 8b und 8c EStDV)

R 4a. Gewinnermittlung bei einem vom Kalenderjahr abweichenden Wirtschaftsjahr

Umstellung des Wirtschaftsjahres

(1) [1]Eine Umstellung des Wirtschaftsjahres liegt nicht vor, wenn ein Stpfl., der Inhaber eines Betriebs ist, einen weiteren Betrieb erwirbt und für diesen Betrieb ein anderes Wirtschaftsjahr als der Rechtsvorgänger wählt. [2]Werden mehrere bisher getrennt geführte Betriebe eines Stpfl. zu einem Betrieb zusammengefasst, und führt der Stpfl. das abweichende Wirtschaftsjahr für einen der Betriebe fort, liegt keine zustimmungsbedürftige Umstellung des Wirtschaftsjahres vor.

---

[1] G v. 22.9.1998, BGBl. II 1998, 2327.

[2] **Habersack Ergänzungsband** Nr. **82**.

[3] ***Habersack*** *Nr.* ***74*** *(GWB)*; Nr. **51** (AktG); Nr. **53** (GenG).

[4] G v. 31.7.2009, BGBl. I 2009, 2512, zuletzt geänd. durch G v. 3.6.2021, BGBl. I 2021, 1423.

und Kinostartkosten (Vermarktungskostenzuschuss), kann darin ungeachtet der Bezeichnung als verlorener Zuschuss die Gewährung eines partiarischen Darlehens gesehen werden, wenn mit der Zahlung eine Erhöhung der Lizenzgebühren verbunden und die Rückzahlung des Betrages abgesichert ist. Folglich dürfen weder in Höhe des vollen Vermarktungskostenzuschusses Betriebsausgaben angesetzt noch ein aktiver Rechnungsabgrenzungsposten berücksichtigt werden (→ BFH vom 21.5.2015 – BStBl. II S. 772).
- Zur Passivierung eines nur aus zukünftigen Verwertungserlösen zu bedienenden Filmförderdarlehens → H 5.1 (Passivierungsverbot nach § 5 Abs. 2a EStG).

Finanzierungskosten.[1)]
- Für ein bei der Ausgabe einer festverzinslichen Schuldverschreibung mit bestimmter Laufzeit vereinbartes Disagio ist in der Steuerbilanz ein Rechnungsabgrenzungsposten zu aktivieren (→ BFH vom 29.11.2006 – BStBl. 2009 II S. 955).
- → H 6.10 (Damnum, Kreditbedingungen, Umschuldung, Vermittlungsprovision, Zinsfestschreibung).

Forfaitierung von Forderungen aus Leasing-Verträgen. → BMF vom 9.1.1996 (BStBl. I S. 9) und → BFH vom 24.7.1996 (BStBl. 1997 II S. 122). Abweichend von Abschnitt III 2 Buchstabe b des BMF-Schreibens vom 9.1.1996 ist bei der sog. Restwertfortfaitierung aus Teilarmortisationsverträgen die Zahlung des Dritten an den Leasinggeber steuerlich als ein Darlehen an den Leasinggeber zu beurteilen. Die Forfaitierungserlöse sind von ihm nicht als Erträge aus zukünftigen Perioden passiv abzugrenzen, sondern als Verbindlichkeiten auszuweisen und bis zum Ablauf der Grundmietzeit ratierlich aufzuzinsen (→ BFH vom 8.11.2000 – BStBl. 2001 II S. 722).

Garantiegebühr. Wegen vereinnahmter Garantiegebühr gebildeter passiver Rechnungsabgrenzungsposten ist während der Garantiezeit insoweit aufzulösen, als die Vergütung auf den bereits abgelaufenen Garantiezeitraum entfällt (→ BFH vom 23.3.1995 – BStBl. II S. 772).

Gewinnermittlung nach § 4 Abs. 1 EStG. R 5.6 gilt bei der Gewinnermittlung nach § 4 Abs. 1 EStG sinngemäß (→ § 141 Abs. 1 Satz 2 AO, BFH vom 20.11.1980 – BStBl. 1981 II S. 398).

Honorare. Sind im Voraus erhaltene Honorare zeitraumbezogen und besteht für den gesamten Zeitraum eine Dauerverpflichtung, ist für die anteilig auf folgende Wj. entfallenden Honorare ein passiver Rechnungsabgrenzungsposten zu bilden (→ BFH vom 10.9.1998 – BStBl. 1999 II S. 21).

Investitionszuschüsse.
- Soweit Zuschüsse zu Anschaffungs- oder Herstellungskosten eines Wirtschaftsgutes geleistet werden, sind sie nicht passiv abzugrenzen (→ BFH vom 22.1.1992 – BStBl. II S. 488).
- → R 6.5.

[1)] Zur Rechnungsabgrenzung bei einem vom Darlehensnehmer zu zahlenden „Bearbeitungsentgelt" siehe BFH v. 22.6.2011 I R 7/10, BStBl. II 2011, 870.

Kraftfahrzeugsteuer. Für gezahlte Kraftfahrzeugsteuer ist ein Rechnungsabgrenzungsposten zu aktivieren, soweit die Steuer auf die voraussichtliche Zulassungszeit des Fahrzeuges im nachfolgenden Wj. entfällt (→ BFH vom 19.5.2010 – BStBl. II S. 967).[1)]

Leasingvertrag mit degressiven Leasingraten – Behandlung beim Leasingnehmer.

- **Immobilienleasing.** Bilanzsteuerrechtlich ist die Summe der während der vertraglichen Grundmietzeit geschuldeten Jahresmieten in jährlich gleichbleibenden Beträgen auf die Grundmietzeit zu verteilen und demgemäß der Teil der vertraglichen Jahresmieten, der in den ersten Jahren der Grundmietzeit über den sich für die gesamte Grundmietzeit ergebenden Jahresaufwand hinausgeht, zu aktivieren (→ BFH vom 12.8.1982 – BStBl. II S. 696 und → BMF vom 10.10.1983 – BStBl. I S. 431).
- **Mobilienleasing.** Für degressive Raten beim Leasing beweglicher Wirtschaftsgüter des Anlagevermögens ist kein aktiver Rechnungsabgrenzungsposten zu bilden (→ BFH vom 28.2.2001 – BStBl. II S. 645).

Maklerprovision. Für Maklerprovisionen im Zusammenhang mit dem Abschluss eines Mietvertrages kann kein aktiver Rechnungsabgrenzungsposten gebildet werden (→ BFH vom 19.6.1997 – BStBl. II S. 808).

Mobilfunkdienstleistungsverträge. Vergünstigungen im Zusammenhang mit dem Abschluss von Mobilfunkdienstleistungsverträgen → BMF vom 20.6.2005 (BStBl. I S. 801) und → BFH vom 15.5.2013 (BStBl. II S. 730).

Öffentlich Private Partnerschaft – ÖPP – (auch Public Private Partnership – PPP –).

- Zum A-Modell → BMF vom 4.10.2005 (BStBl. I S. 916).
- Zur Anwendbarkeit auf andere Modelle und zur Bildung eines Passivpostens für künftige Instandhaltungsaufwendungen → BMF vom 27.5.2013 (BStBl. I S. 722).

Öffentlich-rechtliche Verpflichtungen. Die Bildung passiver Rechnungsabgrenzungsposten ist nicht auf Fälle beschränkt, in denen Vorleistungen im Rahmen eines gegenseitigen Vertrags erbracht werden (→ BFH vom 26.6.1979 – BStBl. II S. 625). Sie kann auch in Fällen geboten sein, in denen die gegenseitigen Verpflichtungen ihre Grundlage im öffentlichen Recht haben (→ BFH vom 17.9.1987 – BStBl. 1988 II S. 327).

Urlaubsgeld bei abweichendem Wirtschaftsjahr. Es hängt von den Vereinbarungen der Vertragspartner ab, ob Urlaubsgeld, das bei einem abweichenden Wj. vor dem Bilanzstichtag für das gesamte Urlaubsjahr bezahlt wird, anteilig aktiv abzugrenzen ist (→ BFH vom 6.4.1993 – BStBl. II S. 709).

Zeitbezogene Gegenleistung. Der Vorleistung des einen Vertragsteils muss eine zeitbezogene Gegenleistung des Vertragspartners gegenüberstehen (→ BFH vom 11.7.1973 – BStBl. II S. 840 und vom 4.3.1976 – BStBl. 1977 II S. 380) und der Zeitraum, auf den sich die Vorleistung des einen Vertragsteils bezieht, muss bestimmt sein (→ BFH vom 7.3.1973 – BStBl. II S. 565).

---

1) Zur Aktivierungspflicht bei geringfügigen Beträgen siehe BFH v. 16.3.2021 X R 34/19, BStBl. II 2021, 844.

H 6.3

Abraumvorrat. Kosten der Schaffung eines Abraumvorrats bei der Mineralgewinnung sind Herstellungskosten (→ BFH vom 23.11.1978 – BStBl. 1979 II S. 143).

Ausnutzung von Produktionsanlagen. Die nicht volle Ausnutzung von Produktionsanlagen führt nicht zu einer Minderung der in die Herstellungskosten einzubeziehenden Fertigungsgemeinkosten, wenn sich die Schwankung in der Kapazitätsausnutzung aus der Art der Produktion, wie z. B. bei einer Zuckerfabrik als Folge der Abhängigkeit von natürlichen Verhältnissen, ergibt (→ BFH vom 15.2.1966 – BStBl. III S. 468); → R 6.3 Abs. 7.

Bewertungswahlrecht. Ein handelsrechtliches Bewertungswahlrecht führt steuerrechtlich zum Ansatz des höchsten nach Handels- und Steuerrecht zulässigen Werts, soweit nicht auch steuerrechtlich ein inhaltsgleiches Wahlrecht besteht (→ BFH vom 21.10.1993 – BStBl. 1994 II S. 176).

Geldbeschaffungskosten gehören nicht zu den Herstellungskosten (→ BFH vom 24.5.1968 – BStBl. II S. 574).

Halbfertige Arbeiten.

- Bei Wirtschaftsgütern, die am Bilanzstichtag noch nicht fertiggestellt sind, mit deren Herstellung aber bereits begonnen worden ist, sind die bis zum Bilanzstichtag angefallenen Herstellungskosten zu aktivieren, soweit nicht von ihrer Einbeziehung abgesehen werden kann (→ BFH vom 23.11.1978 – BStBl. 1979 II S. 143).
- → H 6.1 und → H 6.7 (Halbfertige Bauten auf fremdem Grund und Boden).

Herstellungskosten. Begriff und Umfang → § 255 Abs. 2 HGB sowie BFH vom 4.7.1990 (BStBl. II S. 830).

Kalkulatorische Kosten. Kalkulatorische Kosten sind nicht tatsächlich entstanden und rechnen deshalb **nicht** zu den Herstellungskosten. Das gilt z. B. für:

- **Zinsen für Eigenkapital** (→ BFH vom 30.6.1955 – BStBl. III S. 238).
- **Wert der eigenen Arbeitsleistung** (fiktiver Unternehmerlohn des Einzelunternehmers → BFH vom 10.5.1995 – BStBl. II S. 713); nicht dagegen Tätigkeitsvergütung i. S. d. § 15 Abs. 1 Satz 1 Nr. 2 EStG, die dem Gesellschafter von der Gesellschaft im Zusammenhang mit der Herstellung eines Wirtschaftsguts gewährt wird (→ BFH vom 8.2.1996 – BStBl. II S. 427) → H 6.4 (Arbeitsleistung).

Vorsteuerbeträge. Zur Behandlung von Vorsteuerbeträgen, die nach dem UStG nicht abgezogen werden können, als Herstellungskosten → § 9b Abs. 1 EStG.[1]

Zinsen für Fremdkapital. → § 255 Abs. 3 HGB sowie R 6.3 Abs. 5.

---

[1] Vgl. auch R 9b EStR und H 9b EStH.

R 6.4 Aufwendungen im Zusammenhang mit einem Grundstück

Anschaffungsnahe Herstellungskosten

(1) [1]Zu den Instandsetzungs- und Modernisierungsmaßnahmen i. S. d. § 6 Abs. 1 Nr. 1a EStG gehört auch die Beseitigung versteckter Mängel. [2]Bei teilentgeltlichem Erwerb des Gebäudes können anschaffungsnahe Herstellungskosten nur im Verhältnis zum entgeltlichen Teil des Erwerbsvorgangs gegeben sein.

Kinderspielplatz

(2) [1]Entstehen dem Stpfl. Aufwendungen für die Anlage eines Kinderspielplatzes im Zusammenhang mit der Errichtung eines Wohngebäudes, liegen nur dann Herstellungskosten des Gebäudes vor, wenn die Gemeinde als Eigentümerin den Kinderspielplatz angelegt und dafür Beiträge von den Grundstückseigentümern erhoben hat. [2]In allen anderen Fällen (Errichtung des Spielplatzes auf einem Grundstück des Stpfl. oder als gemeinsamer Spielplatz mit anderen Hauseigentümern) entsteht durch die Aufwendungen ein selbständig zu bewertendes Wirtschaftsgut, dessen Nutzungsdauer im Allgemeinen mit zehn Jahren angenommen werden kann.

H 6.4

Abbruchkosten.[1)] Wird ein Gebäude oder ein Gebäudeteil abgerissen, sind für die steuerrechtliche Behandlung folgende Fälle zu unterscheiden:

1. Der Stpfl. hatte das Gebäude auf einem ihm bereits gehörenden Grundstück errichtet,
2. der Stpfl. hat das Gebäude in der Absicht erworben, es als Gebäude zu nutzen (Erwerb ohne Abbruchabsicht),
3. der Stpfl. hat das Gebäude zum Zweck des Abbruchs erworben (Erwerb mit Abbruchabsicht),[2)]
4. der Stpfl. plant den Abbruch eines zum Privatvermögen gehörenden Gebäudes und die Errichtung eines zum Betriebsvermögen gehörenden Gebäudes (Einlage mit Abbruchabsicht),

aber: → Abbruchkosten bei vorheriger Nutzung außerhalb der Einkünfteerzielung.

In den Fällen der **Nr. 1 und 2** sind im Jahr des Abbruchs die Abbruchkosten und der Restbuchwert des abgebrochenen Gebäudes sofort abziehbare Betriebsausgaben (zu Nr. 1 → BFH vom 21.6.1963 – BStBl. III S. 477 und vom 28.3.1973 – BStBl. II S. 678, zu Nr. 2 → BFH vom 12.6.1978 – BStBl. II S. 620). Dies gilt auch bei einem in Teilabbruchabsicht erworbenen Gebäude für die Teile, deren Abbruch nicht geplant war. Die darauf entfallenden Abbruchkosten und der anteilige Restbuchwert sind ggf. im Wege der Schätzung zu ermitteln (→ BFH vom 15.10.1996 – BStBl. 1997 II S. 325).

Im Fall der **Nr. 3** gilt Folgendes:

a) War das Gebäude technisch oder wirtschaftlich nicht verbraucht, gehören sein Buchwert und die Abbruchkosten, wenn der Abbruch des Ge-

---

1) Vgl. auch H 6b.1 EStH (Abbruchkosten).

2) Zum Erwerb in Abbruchabsicht bei unentgeltlicher Betriebsübertragung nach § 6 Abs. 3 EStG siehe BFH v. 27.5.2020 III R 17/19, BStBl. II 2021, 748.

ist zu **verneinen**

– bei Ausübung eines Wiederkaufsrechts durch die Gemeinde (→ BFH vom 21.2.1978 – BStBl. II S. 428),
– bei Aufstellung eines Bebauungsplans, der die bisherige Nutzung des Grundstücks wegen Bestandsschutzes unberührt lässt, selbst wenn dadurch eine sinnvolle Betriebserweiterung oder -umstellung ausgeschlossen wird; bei Veräußerungen zur Durchführung erforderlicher Maßnahmen zur Strukturanpassung kann aber eine Gewinnverwirklichung unter den Voraussetzungen der §§ 6b, 6c EStG vermieden werden (→ BFH vom 14.11.1990 – BStBl. 1991 II S. 222),
– bei Veräußerung infolge einer wirtschaftlichen Zwangslage, selbst wenn die Unterlassung der Veräußerung unter Berücksichtigung aller Umstände eine wirtschaftliche Fehlmaßnahme gewesen wäre (→ BFH vom 20.8.1964 – BStBl. III S. 504),
– bei Tausch von Grundstücken oder Veräußerung eines Grundstücks und Erwerb eines Ersatzgrundstücks, wenn lediglich ein gewisses öffentliches Interesse an den Maßnahmen besteht (→ BFH vom 29.3.1979 – BStBl. II S. 412),
– bei privatrechtlich bedingten Zwangssituationen auf Grund zivilrechtlicher Vorgaben, z.B. bei der Übertragung von Aktien gegen Barabfindung gem. § 327a AktG, sog. Squeeze-out (→ BFH vom 13.10.2010 – BStBl. 2014 II S. 943).

Höhere Gewalt

ist zu **bejahen**

– bei Abriss eines Gebäudes wegen erheblicher, kurze Zeit nach der Fertigstellung auftretender Baumängel (→ BFH vom 18.9.1987 – BStBl. 1988 II S. 330),
– bei Ausscheiden eines Wirtschaftsgutes infolge eines unverschuldet erlittenen Verkehrsunfalls (→ BFH vom 14.10.1999 – BStBl. 2001 II S. 130); → auch R 6.6 Abs. 2 Satz 1;

ist zu **verneinen**

– bei Unbrauchbarwerden einer Maschine infolge eines Material- oder Konstruktionsfehlers oder eines Bedienungsfehlers (→ BFH vom 15.5.1975 – BStBl. II S. 692).

R 6.6 (3)

Übertragung aufgedeckter stiller Reserven

(3) [1]Bei einem ausgeschiedenen Betriebsgrundstück mit aufstehendem Gebäude können beim Grund und Boden und beim Gebäude aufgedeckte stille Reserven jeweils auf neu angeschafften Grund und Boden oder auf ein neu angeschafftes oder hergestelltes Gebäude übertragen werden. [2]Soweit eine Übertragung der bei dem Grund und Boden aufgedeckten stillen Reserven auf die Anschaffungskosten des erworbenen Grund und Bodens nicht möglich ist, können die stillen Reserven auf die Anschaffungs- oder Herstellungskosten des Gebäudes übertragen werden. [3]Entsprechendes gilt für die bei dem Gebäude aufgedeckten stillen Reserven.

H 6.6 (3)

Buchwert. Wegen des Begriffs Buchwert → R 6b.1 Abs. 2.

Mehrentschädigung. Scheidet ein Wirtschaftsgut gegen Barzahlung und gegen Erhalt eines Ersatzwirtschaftsguts aus dem Betriebsvermögen aus oder wird die für das Ausscheiden eines Wirtschaftsguts erhaltene Entschädigung nicht in voller Höhe zur Beschaffung eines Ersatzwirtschaftsguts verwendet, dürfen die aufgedeckten stillen Reserven nur anteilig auf das Ersatzwirtschaftsgut übertragen werden (→ BFH vom 3.9.1957 – BStBl. III S. 386).

Beispiel:

Letzter Buchwert des ausgeschiedenen Wirtschaftsguts	30 000 €
Entschädigung oder Gegenleistung für das ausgeschiedene Wirtschaftsgut (Wert des Ersatzwirtschaftsguts zuzüglich der erhaltenen Barzahlung)	50 000 €
Aufgedeckte stille Reserven	20 000 €
Anschaffungs- oder Herstellungskosten des Ersatzwirtschaftsguts	40 000 €
Zu übertragende stille Reserven anteilig $\frac{20\,000 \times 40\,000}{50\,000}$	16 000 €
Das Ersatzwirtschaftsgut wird angesetzt mit (40 000 € – 16 000 € =)	24 000 €
Steuerpflichtiger Gewinn in Höhe der nicht übertragbaren stillen Reserven (20 000 € – 16 000 € =)	4 000 €

Teilwertabschreibung. Eine Teilwertabschreibung auf das Ersatzwirtschaftsgut ist nur möglich, wenn der nach der Übertragung der stillen Reserven verbleibende Betrag höher ist als der Teilwert (→ BFH vom 5.2.1981 – BStBl. II S. 432).

Übertragung aufgedeckter stiller Reserven. Die zu übertragenden stillen Reserven bemessen sich auch dann nach dem Unterschied zwischen der Entschädigung und dem Buchwert des ausgeschiedenen Wirtschaftsguts, wenn die Entschädigung höher ist als der Teilwert (→ BFH vom 9.12.1982 – BStBl. 1983 II S. 371).

Vorherige Anschaffung. Die Gewinnverwirklichung wegen eines behördlichen Eingriffs kann auch vermieden werden, wenn das Ersatzwirtschaftsgut vor dem Eingriff angeschafft oder hergestellt wurde. Erforderlich ist jedoch ein ursächlicher Zusammenhang zwischen Veräußerung und Ersatzbeschaffung (→ BFH vom 12.6.2001 – BStBl. II S. 830).

R 6.6 (4)

Rücklage für Ersatzbeschaffung[1)]

(4) [1]Soweit am Schluss des Wirtschaftsjahres, in dem das Wirtschaftsgut aus dem Betriebsvermögen ausgeschieden ist, noch keine Ersatzbeschaffung vorgenommen wurde, kann in Höhe der aufgedeckten stillen Reserven eine steu-

---

[1)] BMF v. 15.12.2021, BStBl. I 2021, 2475: Die in Abs. 4 Satz 3 bis 6 EStR geregelten Fristen für die Ersatzbeschaffung verlängern sich jeweils um zwei Jahre, wenn sie in einem *nach dem 29.2.2020* und vor dem 1.1.2021 endenden Wj. ablaufen würden; sie verlängern sich um ein Jahr, wenn sie in einem nach dem 31.12.2020 und vor dem 1.1.2022 endenden Wj. ablaufen würden.

erfreie Rücklage gebildet werden, wenn zu diesem Zeitpunkt eine Ersatzbeschaffung ernstlich geplant und zu erwarten ist. [2]Die Nachholung der Rücklage für Ersatzbeschaffung in einem späteren Wirtschaftsjahr ist nicht zulässig. [3]Eine Rücklage, die auf Grund des Ausscheidens eines beweglichen Wirtschaftsgutes gebildet wurde, ist am Schluss des ersten auf ihre Bildung folgenden Wirtschaftsjahres gewinnerhöhend aufzulösen, wenn bis dahin ein Ersatzwirtschaftsgut weder angeschafft noch hergestellt worden ist. [4]Die Frist von einem Jahr verlängert sich bei einer Rücklage, die auf Grund des Ausscheidens eines Wirtschaftsgutes i. S. d. § 6b Abs. 1 Satz 1 EStG gebildet wurde, auf vier Jahre; bei neu hergestellten Gebäuden verlängert sich die Frist auf sechs Jahre. [5]Die Frist von einem Jahr kann im Einzelfall angemessen auf bis zu vier Jahre verlängert werden, wenn der Stpfl. glaubhaft macht, dass die Ersatzbeschaffung noch ernstlich geplant und zu erwarten ist, aber aus besonderen Gründen noch nicht durchgeführt werden konnte. [6]Eine Verlängerung auf bis zu sechs Jahre ist möglich, wenn die Ersatzbeschaffung im Zusammenhang mit der Neuherstellung eines Gebäudes i. S. d. Satzes 4 2. Halbsatz erfolgt. [7]Zur Erfüllung der Aufzeichnungspflichten nach § 5 Abs. 1 Satz 2 EStG ist bei der Bildung der steuerfreien Rücklage der Ansatz in der Steuerbilanz ausreichend. [8]Im Zeitpunkt der Ersatzbeschaffung ist die Rücklage durch Übertragung auf die Anschaffungs- oder Herstellungskosten des Ersatzwirtschaftsgutes aufzulösen. [9]Absatz 3 gilt entsprechend.

H 6.6 (4)

Betriebsaufgabe/Betriebsveräußerung. Wegen der Besteuerung eines Gewinns aus der Auflösung einer Rücklage für Ersatzbeschaffung anlässlich der Veräußerung oder Aufgabe eines Betriebs → H 16 (9) Rücklage.

R 6.6 (5)

Gewinnermittlung nach § 4 Abs. 3 EStG[1)]

(5) [1]Die vorstehenden Grundsätze gelten bei Gewinnermittlung durch Einnahmenüberschussrechnung sinngemäß. [2]Ist die Entschädigungsleistung höher als der im Zeitpunkt des Ausscheidens noch nicht abgesetzte Teil der Anschaffungs- oder Herstellungskosten, kann der darüber hinausgehende Betrag im Wirtschaftsjahr der Ersatzbeschaffung von den Anschaffungs- oder Herstellungskosten des Ersatzwirtschaftsgutes sofort voll abgesetzt werden. [3]Fließt die Entschädigungsleistung nicht in dem Wirtschaftsjahr zu, in dem der Schaden entstanden ist, ist es aus Billigkeitsgründen nicht zu beanstanden, wenn der Stpfl. den noch nicht abgesetzten Betrag der Anschaffungs- oder Herstellungskosten des ausgeschiedenen Wirtschaftsgutes in dem Wirtschaftsjahr berücksichtigt, in dem die Entschädigung geleistet wird. [4]Wird der Schaden nicht in dem Wirtschaftsjahr beseitigt, in dem er eingetreten ist oder in dem die Entschädigung gezahlt wird, ist es aus Billigkeitsgründen auch nicht zu beanstanden, wenn sowohl der noch nicht abgesetzte Betrag der Anschaffungs- oder Herstellungskos-

1) BMF v. 15.12.2021, BStBl. I 2021, 2475: Die in Abs. 7 Satz 3 bis 4 EStR geregelten Fristen für die Ersatzbeschaffung verlängern sich jeweils um zwei Jahre, wenn sie in einem nach dem 29.2.2020 und vor dem 1.1.2021 endenden Wj. ablaufen würden; sie verlängern sich um ein Jahr, wenn sie in einem nach dem 31.12.2020 und vor dem 1.1.2022 endenden Wj. ablaufen würden.

ten des ausgeschiedenen Wirtschaftsgutes als auch die Entschädigungsleistung erst in dem Wirtschaftsjahr berücksichtigt werden, in dem der Schaden beseitigt wird. [5] Voraussetzung ist, dass die Anschaffung oder Herstellung eines Ersatzwirtschaftsgutes am Schluss des Wirtschaftsjahres, in dem der Schadensfall eingetreten ist, ernstlich geplant und zu erwarten ist und das Ersatzwirtschaftsgut bei beweglichen Gegenständen bis zum Schluss des ersten, bei Wirtschaftsgütern i. S. d. § 6b Abs. 1 Satz 1 EStG bis zum Schluss des vierten und bei neu hergestellten Gebäuden bis zum Schluss des sechsten Wirtschaftsjahres, das auf das Wirtschaftsjahr des Eintritts des Schadensfalles folgt, angeschafft oder hergestellt oder bestellt worden ist. [6] Absatz 4 Satz 5 und 6 gilt entsprechend.

H 6.6 (5)

Wechsel der Gewinnermittlungsart. Eine Rücklage für Ersatzbeschaffung kann auch fortgeführt werden, wenn der Stpfl. von der Gewinnermittlung durch Betriebsvermögensvergleich zur Einnahmenüberschussrechnung übergeht (→ BFH vom 29.4.1999 – BStBl. II S. 488).

R 6.6 (6, 7)

Gewinnermittlung nach Durchschnittssätzen

(6) Wird der Gewinn nach Durchschnittssätzen gem. § 13a EStG ermittelt, sind das zwangsweise Ausscheiden von Wirtschaftsgütern und die damit zusammenhängenden Entschädigungsleistungen auf Antrag nicht zu berücksichtigen, wenn eine Ersatzbeschaffung zeitnah vorgenommen wird; die Fristen in Absatz 4 Satz 3 bis 6 gelten entsprechend.

Beschädigung[1)]

(7) [1] Erhält der Stpfl. für ein Wirtschaftsgut, das infolge höherer Gewalt oder eines behördlichen Eingriffs beschädigt worden ist, eine Entschädigung, kann in Höhe der Entschädigung eine Rücklage gebildet werden, wenn das Wirtschaftsgut erst in einem späteren Wirtschaftsjahr repariert wird. [2] Die Rücklage ist im Zeitpunkt der Reparatur in voller Höhe aufzulösen. [3] Ist die Reparatur bei beweglichen Gegenständen am Ende des ersten und bei Wirtschaftsgütern i. S. d. § 6b Abs. 1 Satz 1 EStG Ende des vierten auf die Bildung der Rücklage folgenden Wirtschaftsjahres noch nicht durchgeführt, ist die Rücklage zu diesem Zeitpunkt aufzulösen. [4] Absatz 4 Satz 5 und 7 gilt entsprechend.

H 6.6 (7)

Beispiel für den Fall der Beschädigung:

Beschädigung des Wirtschaftsguts im Jahr 01, Versicherungsleistung auf Grund der Beschädigung im Jahr 01 50 000 €; Schadensbeseitigung im Jahr 02, Reparaturaufwand 49 000 €.

Rücklage für Ersatzbeschaffung im Jahr 01 (Entschädigung 50 000 €)	50 000 €
Reparaturaufwand im Jahr 02	49 000 €
Erfolgswirksame Rücklagenauflösung im Jahr 02 in voller Höhe	50 000 €
Steuerpflichtiger Gewinn	1 000 €

---

1) BMF v. 15.12.2021, BStBl. I 2021, 2475: Die in Abs. 4 Satz 3 bis 6 EStR geregelten Fristen für die Ersatzbeschaffung verlängern sich jeweils um zwei Jahre, wenn sie in einem nach dem 29.2.2020 und vor dem 1.1.2021 endenden Wj. ablaufen würden; sie verlängern sich um ein Jahr, wenn sie in einem nach dem 31.12.2020 und vor dem 1.1.2022 endenden Wj. ablaufen würden.

Methoden der Lifo-Bewertung

(4) [1]Die Bewertung nach der Lifo-Methode kann sowohl durch permanente Lifo als auch durch Perioden-Lifo erfolgen. [2]Die permanente Lifo setzt eine laufende mengen- und wertmäßige Erfassung aller Zu- und Abgänge voraus. [3]Bei der Perioden-Lifo wird der Bestand lediglich zum Ende des Wirtschaftsjahres bewertet. [4]Dabei können Mehrbestände mit dem Anfangsbestand zu einem neuen Gesamtbestand zusammengefasst oder als besondere Posten (Layer) ausgewiesen werden. [5]Bei der Wertermittlung für die Mehrbestände ist von den Anschaffungs- oder Herstellungskosten der ersten Lagerzugänge des Wirtschaftsjahres oder von den durchschnittlichen Anschaffungs- oder Herstellungskosten aller Zugänge des Wirtschaftsjahres auszugehen. [6]Minderbestände sind beginnend beim letzten Layer zu kürzen.

Wechsel der Bewertungsmethoden

(5) [1]Von der Lifo-Methode kann in den folgenden Wirtschaftsjahren nur mit Zustimmung des Finanzamts abgewichen werden (§ 6 Abs. 1 Nr. 2a Satz 3 EStG). [2]Der Wechsel der Methodenwahl bei Anwendung der Lifo-Methode (→ Absatz 4) bedarf nicht der Zustimmung des Finanzamts. [3]Der Grundsatz der Bewertungsstetigkeit ist jedoch zu beachten.

Niedrigerer Teilwert

(6) [1]Wird der Ansatz des niedrigeren Teilwerts gewählt (§ 6 Abs. 1 Nr. 2 Satz 2 EStG), ist der Teilwert der zu einer Gruppe zusammengefassten Wirtschaftsgüter mit dem Wertansatz, der sich nach Anwendung der Lifo-Methode ergibt, zu vergleichen. [2]Hat der Stpfl. Layer gebildet (→ Absatz 4), ist der Wertansatz des einzelnen Layer mit dem Teilwert zu vergleichen und kann gegebenenfalls gesondert auf den niedrigeren Teilwert abgeschrieben werden.

Übergang zur Lifo-Methode

(7) Der beim Übergang zur Lifo-Methode vorhandene Warenbestand ist mit dem steuerrechtlich zulässigen Wertansatz fortzuführen, den der Stpfl. in der Handelsbilanz des Wirtschaftsjahres gewählt hat, das dem Wirtschaftsjahr des Übergangs zur Lifo-Methode vorangeht (Ausgangswert).

H 6.9

Bewertungsstetigkeit. → § 252 Abs. 1 Nr. 6 HGB.[1)]

Gebrauchtwagen. Keine Anwendung der sog. Lifo-Methode → BFH vom 20.6.2000 (BStBl. 2001 II S. 636).

Grundsätze ordnungsmäßiger Buchführung. Eine Bewertung nach der sog. Lifo-Methode entspricht nicht den handelsrechtlichen Grundsätzen ordnungsmäßiger Buchführung und ist deshalb auch steuerrechtlich ausgeschlossen, wenn Vorräte mit – absolut betrachtet – hohen Erwerbsaufwendungen in Frage stehen, die Anschaffungskosten ohne Weiteres identifiziert und den einzelnen Vermögensgegenständen angesichts derer individueller Merkmale ohne Schwierigkeiten zugeordnet werden können (→ BFH vom 20.6.2000 – BStBl. 2001 II S. 636).

---

1) **Habersack** Nr. **50**.

Lifo-Methode. → BMF vom 12.5.2015 (BStBl. I S. 462).

R 6.10 Bewertung von Verbindlichkeiten *(unbesetzt)*

H 6.10

Abzinsung. Grundsätze für die Abzinsung von Verbindlichkeiten nach § 6 Abs. 1 Nr. 3 EStG → BMF vom 26.5.2005 (BStBl. I S. 699).[1]

Anschaffungskosten. Als Anschaffungskosten einer Verbindlichkeit gilt der Nennwert (Rückzahlungsbetrag) der Verbindlichkeit (→ BFH vom 4.5. 1977 – BStBl. II S. 802).

Bearbeitungsgebühren. Gebühren, die ein Schuldner an ein Kreditinstitut für die Übernahme einer Bürgschaft zu zahlen hat, sind auf die Zeit, für die sich das Kreditinstitut vertraglich verbürgt hat, aktiv abzugrenzen → BFH vom 19.1.1978 (BStBl. II S. 262).

Damnum.[2)]

– Darlehensschulden, bei denen der dem Schuldner zugefallene Betrag (Ausgabebetrag) niedriger als der Rückzahlungsbetrag ist, sind mit dem Rückzahlungsbetrag anzusetzen; der Unterschiedsbetrag (Agio, Disagio, Damnum, Abschluss-, Bearbeitungs- oder Verwaltungsgebühren) ist als Rechnungsabgrenzungsposten auf die Laufzeit des Darlehens zu verteilen (→ BFH vom 19.1.1978 – BStBl. II S. 262).
– → aber Zinsfestschreibung.

Eiserne Verpachtung. Zur Gewinnermittlung bei der Verpachtung von Betrieben mit Substanzerhaltungspflicht des Pächters nach §§ 582a, 1048 BGB → BMF vom 21.2.2002 (BStBl. I S. 262).

Fremdwährungsverbindlichkeiten. Voraussichtlich dauernde Werterhöhung bei Kursschwankungen unterliegenden Verbindlichkeiten → BMF vom 2.9.2016 (BStBl. I S. 995).[3)]

Kreditbedingungen. Eine Verbesserung der allgemeinen Kreditbedingungen seit der Darlehensaufnahme rechtfertigt es nicht, einen bei der Kreditaufnahme aktivierten Rechnungsabgrenzungsposten niedriger anzusetzen (→ BFH vom 20.11.1969 – BStBl. 1970 II S. 209).

Optionsprämie. → H 4.2 (15).

Passivierungsverbot nach § 5 Abs. 2a EStG. → H 5.1.

Pfandverbindlichkeiten. → H 6.1 (Leergut in der Getränkeindustrie).

[1)] Zur Abzinsung unverzinslicher Gesellschafterdarlehen siehe auch BFH v. 6.10.2009 I R 4/08, BStBl. II 2010, 177, und v. 27.1.2010 I R 35/09, BStBl. II 2010, 478. – Zur Abzinsung unverzinslicher Angehörigendarlehen siehe BFH v. 13.7.2017 VI R 62/15, BStBl. II 2018, 15. – Zu einer Verzinsungsabrede vor dem Bilanzstichtag und Beginn des Zinslaufs erst nach dem Bilanzstichtag siehe BFH v. 18.9.2018 XI R 30/16, BStBl. II 2019, 67. – Zu einer rückwirkend vereinbarten Verzinsung eines zunächst unverzinslich gewährten Darlehens siehe BFH v. 22.5.2019 X R 19/17, BStBl. II 2019, 795.

[2)] *Siehe auch BFH v. 29.11.2006* I R 46/05, BStBl. II 2009, 955.

[3)] Zur Teilwertzuschreibung bei fundamentaler Änderung der wirtschaftlichen oder währungspolitischen Daten siehe BFH v. 10.6.2021 IV R 18/18, DStR 2021, 2518.

Einlagewert nach vorangegangener Entnahme. Der Einlagewert nach § 6 Abs. 1 Nr. 5 Satz 3 EStG ist auch dann anzusetzen, wenn die vorangegangene Entnahme aus dem Betriebsvermögen steuerfrei gewesen ist (→ BFH vom 20.4.2005 – BStBl. II S. 698).

Geringwertiges Wirtschaftsgut. Sind bei Einlage innerhalb von drei Jahren nach der Anschaffung oder Herstellung die Anschaffungs- oder Herstellungskosten während der Zugehörigkeit des Wirtschaftsguts zum Privatvermögen nach § 9 Abs. 1 Satz 3 Nr. 7 Satz 2 EStG in voller Höhe als Werbungskosten abgesetzt worden, beträgt der Einlagewert 0 € (→ BFH vom 27.1.1994 – BStBl. II S. 638).

Nutzungen. Die Entnahme von Nutzungen ist mit den tatsächlichen Selbstkosten des Stpfl. zu bewerten (→ BFH vom 24.5.1989 – BStBl. 1990 II S. 8).

Private Kraftfahrzeugnutzung.
- → BMF vom 18.11.2009 (BStBl. I S. 1326) unter Berücksichtigung der Änderungen durch BMF vom 15.11.2012 (BStBl. I S. 1099).[1]
- Bei Nutzung von Elektro- und Hybridelektrofahrzeugen → *BMF vom 5.6.2014 (BStBl. I S. 835).*[2]
- Bei Nutzung von Brennstoffzellenfahrzeugen → *BMF vom 24.1.2018 (BStBl. I S. 272).*[2]
- → H 12.4 (Umsatzsteuer bei Anwendung der 1%-Regelung).

Teilwert.
- Bei Einlagen im Zusammenhang mit einer Betriebseröffnung entspricht der Teilwert grundsätzlich dem gemeinen Wert der eingelegten Wirtschaftsgüter. Anschaffungsnebenkosten sind dabei zu berücksichtigen (→ BFH vom 29.4.1999 – BStBl. 2004 II S. 639).
- Ein geschenktes Wirtschaftsgut ist auch dann mit dem Teilwert ins Betriebsvermögen des Beschenkten einzulegen, wenn der Schenker das eingelegte Wirtschaftsgut innerhalb der letzten drei Jahre vor der Einlage angeschafft, hergestellt oder entnommen hat (→ BFH vom 14.7.1993 – BStBl. 1994 II S. 15).

Übertragung eines Kommanditanteils unter dem Buchwert des Anteils. Annahme einer Einlage in Höhe der Differenz zwischen fortzuführendem Buchwert und fehlendem oder niedrigerem Erwerbspreis bei privat veranlasster unentgeltlicher oder teilentgeltlicher Übertragung eines Kommanditanteils unter dem Buchwert des Anteils (→ BFH vom 7.2.1995 – BStBl. II S. 770).

Verdeckte Einlage.
- Die Bewertung der verdeckten Einlage einer Beteiligung i. S. d. § 17 Abs. 1 Satz 1 EStG bei der aufnehmenden Kapitalgesellschaft erfolgt mit

---

[1] Zur Anwendung der 1%-Regelung bei privater Nutzung mehrerer betrieblicher Fahrzeuge durch eine Person siehe auch BFH v. 9.3.2010 VIII R 24/08, BStBl. II 2010, 903. – Zur Verfassungsmäßigkeit der 1%-Regelung siehe BFH v. 13.12.2012 VI R 51/11, BStBl. II 2013, 385; siehe auch BFH v. 15.5.2018 X R 28/15, BFH/NV 2018, 1107 (keine Begrenzung der nach der 1%-Regelung ermittelten Nutzungsentnahme auf 50% der Gesamtaufwendungen für das Kfz). – Zum „Listenpreis" im Taxigewerbe siehe BFH v. 8.11.2018 III R 13/16, BStBl. II 2019, 229.

[2] Siehe jetzt BMF v. 5.11.2021, BStBl. I 2021, 2205, mit Anwendungsregelungen in Tz. 5.

dem Teilwert (→ BMF vom 2.11.1998 – BStBl. I S. 1227 und BFH vom 4.3.2011 – BStBl. 2012 II S. 341).

– Behandlung der Einbringung zum Privatvermögen gehörender Wirtschaftsgüter in das betriebliche Gesamthandsvermögen einer Personengesellschaft → BMF vom 29.3.2000 (BStBl. I S. 462) und BMF vom 11.7.2011 (BStBl. I S. 713) unter Berücksichtigung BMF vom 26.7.2016 (BStBl. I S. 684).

– Anteile an einer Kapitalgesellschaft, die eine juristische Person des öffentlichen Rechts in eine Tochtergesellschaft eingelegt hat, sind bei der Tochtergesellschaft mit dem Teilwert und nicht mit den Anschaffungskosten anzusetzen (→ BFH vom 14.3.2011 – BStBl. 2012 II S. 281).

R 6.13 Bewertungsfreiheit für geringwertige Wirtschaftsgüter und Bildung eines Sammelpostens

(1) [1] Die Frage, ob ein Wirtschaftsgut des Anlagevermögens selbständig nutzungsfähig ist, stellt sich regelmäßig für solche Wirtschaftsgüter, die in einem Betrieb zusammen mit anderen Wirtschaftsgütern genutzt werden. [2] Für die Entscheidung in dieser Frage ist maßgeblich auf die betriebliche Zweckbestimmung des Wirtschaftsgutes abzustellen. [3] Hiernach ist ein Wirtschaftsgut des Anlagevermögens einer selbständigen Nutzung nicht fähig, wenn folgende Voraussetzungen kumulativ vorliegen:

1. Das Wirtschaftsgut kann nach seiner betrieblichen Zweckbestimmung nur zusammen mit anderen Wirtschaftsgütern des Anlagevermögens genutzt werden,
2. das Wirtschaftsgut ist mit den anderen Wirtschaftsgütern des Anlagevermögens in einen ausschließlichen betrieblichen Nutzungszusammenhang eingefügt, d. h., es tritt mit den in den Nutzungszusammenhang eingefügten anderen Wirtschaftsgütern des Anlagevermögens nach außen als einheitliches Ganzes in Erscheinung, wobei für die Bestimmung dieses Merkmals im Einzelfall die Festigkeit der Verbindung, ihre technische Gestaltung und ihre Dauer von Bedeutung sein können,
3. das Wirtschaftsgut ist mit den anderen Wirtschaftsgütern des Anlagevermögens technisch abgestimmt.

[4] Dagegen bleiben Wirtschaftsgüter, die zwar in einen betrieblichen Nutzungszusammenhang mit anderen Wirtschaftsgütern eingefügt und technisch aufeinander abgestimmt sind, dennoch selbständig nutzungsfähig, wenn sie nach ihrer betrieblichen Zweckbestimmung auch ohne die anderen Wirtschaftsgüter im Betrieb genutzt werden können (z. B. Müllbehälter eines Müllabfuhrunternehmens). [5] Auch Wirtschaftsgüter, die nach ihrer betrieblichen Zweckbestimmung nur mit anderen Wirtschaftsgütern genutzt werden können, sind selbständig nutzungsfähig, wenn sie nicht in einen Nutzungszusammenhang eingefügt sind, so dass die zusammen nutzbaren Wirtschaftsgüter des Betriebs nach außen nicht als ein einheitliches Ganzes in Erscheinung treten (z. B. Bestecke, Trivialprogramme). [6] Selbständig nutzungsfähig sind ferner Wirtschaftsgüter, die nach ihrer betrieblichen Zweckbestimmung nur zusammen mit anderen Wirtschaftsgütern genutzt werden können, technisch mit diesen Wirtschaftsgütern aber nicht abgestimmt sind (z. B. Paletten, Einrichtungsgegenstände).

(2) Bei der Beurteilung der Frage, ob die Anschaffungs- oder Herstellungskosten für das einzelne Wirtschaftsgut *150 Euro,*[1] *410 Euro*[2] oder 1000 Euro nicht übersteigen, ist,

1. wenn von den Anschaffungs- oder Herstellungskosten des Wirtschaftsgutes ein Betrag nach § 6b oder § 6c EStG abgesetzt worden ist, von den nach § 6b Abs. 6 EStG maßgebenden
2. wenn die Anschaffungs- oder Herstellungskosten nach § 7g Abs. 2 Satz 2 EStG Gewinn mindernd herabgesetzt wurden, von den geminderten
3. wenn das Wirtschaftsgut mit einem erfolgsneutral behandelten Zuschuss aus öffentlichen oder privaten Mitteln nach R 6.5 angeschafft oder hergestellt worden ist, von den um den Zuschuss gekürzten
4. und wenn von den Anschaffungs- oder Herstellungskosten des Wirtschaftsgutes ein Betrag nach R 6.6 abgesetzt worden ist, von den um diesen Betrag gekürzten

Anschaffungs- oder Herstellungskosten auszugehen.

(3) Stellt ein Stpfl. ein selbständig bewertungsfähiges und selbständig nutzungsfähiges Wirtschaftsgut aus erworbenen Wirtschaftsgütern her, muss die Sofortabschreibung gem. § 6 Abs. 2 EStG oder die Einstellung in den Sammelposten gem. § 6 Abs. 2a EStG in dem Wirtschaftsjahr erfolgen, in dem das Wirtschaftsgut fertig gestellt worden ist.

(4) [1]Wurden die Anschaffungs- oder Herstellungskosten eines Wirtschaftsguts gem. § 6 Abs. 2 oder Abs. 2a Satz 4 EStG im Jahr der Anschaffung oder Herstellung in voller Höhe als Betriebsausgaben abgesetzt, sind in späteren Wirtschaftsjahren nachträgliche Anschaffungs- oder Herstellungskosten im Jahr ihrer Entstehung ebenfalls in voller Höhe als Betriebsausgaben zu behandeln. [2]Dies gilt unabhängig davon, ob sie zusammen mit den ursprünglichen Anschaffungs- oder Herstellungskosten den Betrag von *410 Euro*[2] bzw. im Falle der Bildung des Sammelpostens gem. § 6 Abs. 2a EStG von *150 Euro*[1] übersteigen.

(5) [1]Für jedes Wirtschaftsjahr, in dem vom einheitlich für alle Anlagegüter i. S. d. § 6 Abs. 2a EStG auszuübenden Antragsrecht zur Bildung eines Sammelpostens Gebrauch gemacht wurde, ist ein gesonderter Sammelposten zu bilden. [2]Nachträgliche Anschaffungs- oder Herstellungskosten, die nicht im Wirtschaftsjahr der Anschaffung oder Herstellung angefallen sind, erhöhen den Sammelposten des Wirtschaftsjahres, in dem die nachträglichen Anschaffungs- oder Herstellungskosten anfallen. [3]Macht der Stpfl. in diesem Wirtschaftsjahr vom Wahlrecht nach § 6 Abs. 2a EStG keinen Gebrauch, beschränkt sich der Sammelposten auf die nachträglichen Anschaffungs- oder Herstellungskosten der betroffenen Wirtschaftsgüter. [4]Dies gilt unabhängig davon, ob die nachträglichen Anschaffungs- oder Herstellungskosten zusam-

---

[1] **[Amtl. Anm.:]** Bei Anschaffung, Herstellung oder Einlage in das Betriebsvermögen ab 1.1.2018: 250 Euro → § 52 Abs. 12 Satz 6 EStG.

[2] **[Amtl. Anm.:]** Bei Anschaffung, Herstellung oder Einlage in das Betriebsvermögen ab 1.1.2018: 800 Euro → § 52 Abs. 12 Satz 4 EStG.

men mit den ursprünglichen Anschaffungs- oder Herstellungskosten den Betrag von 1000 Euro übersteigen.

(6) [1]Der Sammelposten i. S. d. § 6 Abs. 2a EStG ist kein Wirtschaftsgut, sondern eine Rechengröße und damit beispielsweise einer Teilwertabschreibung nicht zugänglich. [2]Ein Sammelposten i. S. d. § 6 Abs. 2a EStG wird nicht dadurch vermindert, dass ein oder mehrere darin erfasste Wirtschaftsgüter durch Veräußerung oder Entnahme oder auf Grund höherer Gewalt (R 6.6 Abs. 2) aus dem Betriebsvermögen des Stpfl. ausscheiden. [3]Dies gilt auch für Wirtschaftsgüter, die nach § 6 Abs. 3 EStG zusammen mit einem Teilbetrieb übertragen, nach § 6 Abs. 5 EStG in ein anderes Betriebsvermögen überführt oder übertragen oder nach den §§ 20, 24 UmwStG zusammen mit einem Teilbetrieb in eine Kapital- oder Personengesellschaft eingebracht werden.

H 6.13

Allgemeines. Zweifelsfragen zur bilanziellen Behandlung geringwertiger Wirtschaftsgüter und zum Sammelposten → BMF vom 30.9.2010 (BStBl. I S. 755).

Einlage. Zur Einlage von geringwertigen Wirtschaftsgütern, für die die Bewertungsfreiheit bereits während der Zugehörigkeit zum Privatvermögen in Anspruch genommen wurde → H 6.12 (Geringwertiges Wirtschaftsgut).

Private Mitbenutzung. Hat ein Stpfl. die Anschaffungs- oder Herstellungskosten eines geringwertigen Wirtschaftsguts im Jahr der Anschaffung oder Herstellung in voller Höhe als Betriebsausgaben abgesetzt, muss er den Teil der Aufwendungen, der dem privaten Nutzungsanteil entspricht, während der Nutzungszeit des Wirtschaftsguts dem Gewinn jeweils in dem Umfang hinzurechnen, der der tatsächlichen Nutzung in jedem Wj. entspricht (→ BFH vom 13.3.1964 – BStBl. III S. 455).

Selbständige Bewertbarkeit bzw. Nutzungsfähigkeit. Die selbständige Nutzungsfähigkeit verbundener oder gemeinsam genutzter Wirtschaftsgüter ist kein Kriterium bei der Beurteilung der selbständigen Bewertbarkeit. Ein selbständig bewertbares Wirtschaftsgut liegt vor, wenn es in seiner Einzelheit von Bedeutung und bei einer Veräußerung greifbar ist. Ob es auch selbständig genutzt werden kann, hängt neben dem Zweck, den zwei oder mehrere bewegliche Sachen gemeinsam zu erfüllen haben, vor allem vom Grad der Festigkeit einer eventuell vorgenommenen Verbindung (§ 93 BGB), dem Zeitraum, auf den eine eventuelle Verbindung oder die gemeinsame Nutzung angelegt sind, sowie dem äußeren Erscheinungsbild ab. Erscheinen die beweglichen Gegenstände danach für sich genommen unvollständig oder erhält ein Gegenstand ohne den oder die anderen gar ein negatives Gepräge, ist regelmäßig von einem einheitlichen Wirtschaftsgut auszugehen; Entsprechendes gilt für Sachen, die in einen unbeweglichen Gegenstand eingebaut werden (→ BFH vom 5.9.2002 – BStBl. II S. 877).

ABC der selbständig nutzungsfähigen Wirtschaftsgüter.

– *Ausstellungsgegenstände* – einzelne Gegenstände, die zu einer Verkaufsausstellung (z. B. Sanitärausstellung) zusammengefasst sind, es sei denn, einzelne der zu der Ausstellung zusammengefassten Wirtschaftsgüter haben ihre selbständige Bewertbarkeit dadurch ver-

loren, dass sie fest und auf längere Dauer mit anderen Gegenständen verbunden sind und nur in dieser technischen Verbundenheit ihren bestimmungsgemäßen Zweck erfüllen können, z. B. Badewanne und Armaturen (→ BFH vom 9.8.2001 – BStBl. II S. 842),
- Bestecke in Gaststätten, Hotels, Kantinen (→ BFH vom 19.11.1953 – BStBl. 1954 III S. 18),
- Bibliothek eines Rechtsanwalts (→ BFH vom 17.5.1968 – BStBl. II S. 566),
- Bücher einer Leih- oder Fachbücherei (→ BFH vom 8.12.1967 – BStBl. 1968 II S. 149),
- Einrichtungsgegenstände in Läden, Werkstätten, Büros, Hotels, Gaststätten u. ä. – auch als Erstausstattung und in einheitlichem Stil (→ BFH vom 29.7.1966 – BStBl. 1967 III S. 61),
- Fässer/Flaschen (→ BFH vom 1.7.1981 – BStBl. 1982 II S. 246),
- Grundausstattung einer Kfz-Werkstatt mit Spezialwerkzeugen (→ BFH vom 17.5.1968 – BStBl. II S. 571),
- Instrumentarium eines Arztes, auch als Grundausstattung (→ BFH vom 17.5.1968 – BStBl. II S. 566),
- Kisten (→ BFH vom 1.7.1981 – BStBl. 1982 II S. 246),
- Lampen als selbständige Wirtschaftsgüter (Steh-, Tisch- und Hängelampen; → BFH vom 17.5.1968 – BStBl. II S. 567),
- Leergut (→ BFH vom 1.7.1981 – BStBl. 1982 II S. 246),
- Legehennen in eiererzeugenden Betrieben,
- Möbel in Hotels und Gaststätten, auch als Erstausstattung (→ BFH vom 17.5.1968 – BStBl. II S. 566),
- Müllbehälter eines Müllabfuhrunternehmens, auch Systemmüllbehälter,
- Musterbücher und -kollektionen im Tapeten- und Buchhandel (→ BFH vom 25.11.1965 – BStBl. 1966 III S. 86),
- Notfallkoffer eines Arztes und darin enthaltene Geräte wie Sauerstoffflasche, Beatmungsbeutel, Absauggerät (→ BFH vom 7.9.2000 – BStBl. 2001 II S. 41),
- Paletten zum Transport und zur Lagerung von Waren (→ BFH vom 9.12.1977 – BStBl. 1978 II S. 322 und vom 25.8.1989 – BStBl. 1990 II S. 82),
- Regale, die aus genormten Stahlregalteilen zusammengesetzt und nach ihrer betrieblichen Zweckbestimmung in der Regel auf Dauer in dieser Zusammensetzung genutzt werden (→ BFH vom 26.7.1979 – BStBl. 1980 II S. 176), sowie Regale, die zu Schrankwänden zusammengesetzt sind (→ BFH vom 9.8.2001 – BStBl. 2002 II S. 100),
- Ruhebänke als Werbeträger,
- Schallplatten,
- Schreibtischkombinationsteile, die nicht fest miteinander verbunden sind, wie z. B. Tisch, Rollcontainer, Computerbeistelltisch (→ BFH vom 21.7.1998 – BStBl. II S. 789) sowie einzelne Elemente einer aus genormten Teilen zusammengesetzten und verschraubten Schreibtischkombination, es sei denn, das einzelne Element ist aus technischen Gründen (z. B. wegen fehlender Standfestigkeit) nicht selbständig nutzungsfähig (→ BFH vom 9.8.2001 – BStBl. 2002 II S. 100),
- Schriftenminima in einem Druckereibetrieb (→ BFH vom 18.11.1975 – BStBl. 1976 II S. 214),
- Spezialbeleuchtungsanlagen in einem Schaufenster (→ BFH vom 5.3.1974 – BStBl. II S. 353),
- Spinnkannen einer Weberei (→ BFH vom 9.12.1977 – BStBl. 1978 II S. 322),
- Straßenleuchten (→ BFH vom 28.3.1973 – BStBl. 1974 II S. 2),
- Tonbandkassetten,
- Transportkästen in einer Weberei zum Transport von Garnen (→ BFH vom 17.5.1968 – BStBl. II S. 568),
- *Trivial*programme (→ R 5.5 Abs. 1),
- Videokassetten,
- Wäsche in Hotels (→ BFH vom 17.5.1968 – BStBl. II S. 566).

ABC der nicht selbständig nutzungsfähigen Wirtschaftsgüter.

- Beleuchtungsanlage als Lichtband zur Beleuchtung in Fabrikräumen und Werkhallen (→ BFH vom 5.10.1956 – BStBl. III S. 376) oder zur Beleuchtung einzelner Stockwerke eines Wohnhauses (→ BFH vom 5.3.1974 – BStBl. II S. 353),
- Bestuhlung in Kinos und Theatern (→ BFH vom 5.10.1966 – BStBl. III S. 686),
- Bohrer i. V. m. Werkzeugmaschinen (→ Maschinenwerkzeuge),

– Drehbank mit als Antrieb eingebautem Elektromotor (→ BFH vom 14.12.1966 – BStBl. 1967 III S. 247),
– Drehstähle i. V. m. Werkzeugmaschinen (→ Maschinenwerkzeuge),
– EDV-Kabel nebst Zubehör zur Vernetzung einer EDV-Anlage: Kabel, die als Verlängerung der Verbindung der Peripheriegeräte mit der Zentraleinheit genutzt werden, sind zwar selbständig bewertungsfähig, nicht jedoch selbständig nutzungsfähig und somit keine geringwertigen Wirtschaftsgüter (→ BFH vom 25.11.1999 – BStBl. 2002 II S. 233),
– Elektromotor zum Einzelantrieb einer Maschine, einer Drehbank oder eines Webstuhls (→ BFH vom 16.12.1958 – BStBl. 1959 III S. 77),
– Ersatzteile für Maschinen usw. (→ BFH vom 17.5.1968 – BStBl. II S. 568),
– Formen (→ BFH vom 9.3.1967 – BStBl. III S. 283),
– Formplatten (→ BFH vom 30.3.1967 – BStBl. III S. 302),
– Fräser i. V. m. Werkzeugmaschinen (→ Maschinenwerkzeuge),
– Gerüst- und Schalungsteile sowie Schalungstafeln, die genormt und technisch aufeinander abgestimmt sind (→ BFH vom 29.7.1966 – BStBl. 1967 III S. 151),
– Kühlkanäle (→ BFH vom 17.4.1985 – BStBl. 1988 II S. 126),
– Leuchtstoffröhren (→ Beleuchtungsanlage),
– Lichtbänder (→ Beleuchtungsanlage),
– Lithographien (→ BFH vom 15.3.1991 – BStBl. II S. 682),
– Maschinenwerkzeuge und -verschleißteile (→ BFH vom 6.10.1995 – BStBl. 1996 II S. 166),
– Peripheriegeräte einer PC-Anlage; dies gilt nicht für so genannte Kombinations-Geräte und für externe Datenspeicher (→ BFH vom 19.2.2004 – BStBl. II S. 958),
– Pflanzen von Dauerkulturen (→ BFH vom 30.11.1978 – BStBl. 1979 II S. 281),
– Regalteile (→ BFH vom 20.11.1970 – BStBl. 1971 II S. 155; zu Regalen aus genormten Stahlregalteilen → Beispiele für selbständig nutzungsfähige Wirtschaftsgüter),
– Sägeblätter in Diamantsägen und -gattern (→ BFH vom 19.10.1972 – BStBl. 1973 II S. 53),
– Stanzwerkzeuge i. V. m. Werkzeugmaschinen (→ Maschinenwerkzeuge),
– Technische Sicherheitseinrichtung – TSE → BMF vom 21.8.2020 (BStBl. I S. 1047),
– Webstuhlmotor (→ Elektromotor),
– Werkzeuge (→ Maschinenwerkzeuge).

R 6.14 Unentgeltliche Übertragung von Betrieben, Teilbetrieben und Mitunternehmeranteilen *(unbesetzt)*

H 6.14

Anteile an einer Betriebskapitalgesellschaft sind wesentliche Betriebsgrundlagen i. S. d. funktionalen Betrachtungsweise (→ BFH vom 4.7.2007 – BStBl. II S. 772).

Beteiligung an einer Kapitalgesellschaft. Eine das gesamte Nennkapital umfassende Beteiligung an einer Kapitalgesellschaft ist kein Teilbetrieb i. S. d. § 6 Abs. 3 EStG (→ BFH vom 20.7.2005 – BStBl. 2006 II S. 457).

Realteilung. → BMF vom 19.12.2018 (BStBl. 2019 I S. 6).[1]

Unentgeltliche Übertragung von Mitunternehmeranteilen mit Sonderbetriebsvermögen. → BMF vom 20.11.2019 (BStBl. I S. 1291).[2]

R 6.15 Überführung und Übertragung von Einzelwirtschaftsgütern

In den Fällen des § 6 Abs. 5 Satz 4 EStG ist rückwirkend auf den Zeitpunkt der Übertragung der Teilwert auch dann anzusetzen, wenn die bis zur Übertragung entstandenen stillen Reserven durch Erstellung einer Ergän-

[1] *Siehe aber auch BFH v. 17.5.2018* VI R 66/15, DStR 2018, 2135, u. VI R 73/15, BFH/NV 2018, 1249, sowie nunmehr § 14 Abs. 3 i. V. m. § 52 Abs. 22c EStG.
[2] Geänd. durch BMF v. 5.5.2021, BStBl. I 2021, 696.

zungsbilanz dem übertragenden Gesellschafter zugeordnet worden sind, durch die Übertragung jedoch keine Änderung des Anteils des übertragenden Gesellschafters an dem übertragenen Wirtschaftsgut eingetreten ist.[1)]

H 6.15

Allgemeines. Zu Zweifelsfragen zur Überführung und Übertragung von einzelnen Wirtschaftsgütern → BMF vom 8.12.2011 (BStBl. I S. 1279).[2)]

Einmann-GmbH & Co. KG. Wird ein Wirtschaftsgut durch den an einer KG zu 100% beteiligten Kommanditisten aus dessen (Sonder-)Betriebsvermögen nach § 6 Abs. 5 Satz 3 EStG in das Gesamthandsvermögen der KG übertragen, ist für die Übertragung nicht deshalb rückwirkend der Teilwert anzusetzen, weil die KG – bei unveränderten Beteiligungsverhältnissen – das Wirtschaftsgut innerhalb der Sperrfrist des § 6 Abs. 5 Satz 4 EStG veräußert. Dies gilt auch dann, wenn das Wirtschaftsgut in der Gesamthandsbilanz der KG mit dem bisherigen Buchwert ausgewiesen und deshalb für den Übertragenden keine negative Ergänzungsbilanz erstellt worden ist (→ BFH vom 31.7.2013 – BStBl. 2015 II S. 450 und vom 26.6.2014 – BStBl. 2015 II S. 463).

Zu § 6a EStG[3)]

R 6a. Rückstellungen für Pensionsverpflichtungen

Zulässigkeit von Pensionsrückstellungen

(1) [1]Nach § 249 HGB müssen für unmittelbare Pensionszusagen Rückstellungen in der Handelsbilanz gebildet werden. [2]Entsprechend dem Grundsatz der Maßgeblichkeit der Handelsbilanz hat die handelsrechtliche Passivierungspflicht die Passivierungspflicht für Pensionszusagen in der Steuerbilanz dem Grunde, aber nicht der Höhe nach zur Folge, wenn die Voraussetzungen des § 6a Abs. 1 und 2 EStG vorliegen.[4)] [3]Für laufende Pensionen und Anwart-schaften auf Pensionen, die vor dem 1.1.1987 rechtsverbindlich zugesagt worden sind (Altzusagen), gilt nach Artikel 28 des Einführungsgesetzes zum HGB in der durch Gesetz vom 19.12.1985 (BGBl. I S. 2355, BStBl. 1986 I S. 94) geänderten Fassung weiterhin das handels- und steuerrechtliche Passivierungswahlrecht; insoweit sind die Anweisungen in Abschnitt 41 EStR 1984 mit Ausnahme des Absatzes 24 Satz 5 und 6 weiter anzuwenden. [4]Für die Frage, wann eine Pension oder eine Anwartschaft auf eine Pension rechtsverbindlich zugesagt worden ist, ist die erstmalige, zu einem Rechtsanspruch führende arbeitsrechtliche Verpflichtungserklärung maßgebend. [5]Für Pensionsverpflichtungen, für die der Berechtigte *einen* Rechtsanspruch auf Grund einer unmittelbaren Zusage nach dem 31.12. 1986 erworben hat (Neuzusagen), gelten die folgenden Absätze.

---

1) **[Amtl. Anm.:]** → aber H 6.15 (Einmann-GmbH & Co. KG).

2) Rn. 19 BMF v. 8.12.2011 teilweise überholt, siehe BMF v. 20.11.2019, BStBl. I 2019, 1291, geänd. durch BMF v. 5.5.2021, BStBl. I 2021, 696, Rn. 40.

3) Zur Verfassungsmäßigkeit des Rechnungszinsfußes von 6 % im Jahr 2015 siehe Vorlagebeschluss FG Köln v. 12.10.2017 10 K 997/15, DStR 2017, 2792 (Az. BVerfG 2 BvL 22/17).

4) Siehe auch BFH v. 13.2.2008 I R 44/07, BStBl. II 2008, 673.

H 6a (1)

Beihilfen an Pensionäre.
- Die Verpflichtung, Pensionären und aktiven Mitarbeitern während der Zeit ihres Ruhestandes in Krankheits-, Geburts- und Todesfällen Beihilfen zu gewähren, ist keine Pensionsverpflichtung (→ BFH vom 30.1.2002 – BStBl. 2003 II S. 279).
- → H 5.7 (5).

Einstandspflicht. Die Verpflichtung des Arbeitgebers, wegen des nicht ausreichenden Vermögens einer Unterstützungskasse für den Ausfall von Versorgungsleistungen gegenüber seinen Arbeitnehmern einstehen zu müssen, erfüllt die Voraussetzungen für eine Pensionsrückstellung nicht. Das gilt auch für Versorgungsverpflichtungen des Erwerbers eines Betriebs, auf den die Arbeitsverhältnisse mit den durch die Unterstützungskasse begünstigten Arbeitnehmern nach § 613a BGB übergegangen sind (→ BFH vom 16.12. 2002 – BStBl. 2003 II S. 347).

Gewinnabhängige Pensionsleistungen.
- Am Bilanzstichtag bereits feststehende gewinnabhängige Pensionsleistungen sind zu berücksichtigen, wenn und soweit sie dem Grunde und der Höhe nach eindeutig bestimmt sind und die Erhöhung der Versorgungsleistungen schriftlich durch eine Ergänzung der Pensionszusage festgeschrieben wurde (→ BMF vom 18.10.2013 – BStBl. I S. 1268).
- → H 6a (7) Schriftformerfordernis.

Hinterbliebenenversorgung für den Lebensgefährten. → BMF vom 25.7. 2002 (BStBl. I S. 706).

Jahreszusatzleistungen. Für Jahreszusatzleistungen im Jahr des Eintritts des Versorgungsfalls darf eine Rückstellung nach § 6a EStG nicht gebildet werden (→ BMF vom 11.11.1999 – BStBl. I S. 959, RdNr. 23).

Nur-Pensionszusagen. Für eine sog. Nur-Pensionszusage kann keine Rückstellung nach § 6a EStG gebildet werden, wenn dieser Verpflichtung keine ernsthaft vereinbarte Entgeltumwandlung zugrunde liegt (→ BMF vom 13.12.2012 – BStBl. 2013 I S. 35).

Pensionsleistungen ohne Ausscheiden aus dem Dienstverhältnis. Zur bilanzsteuerrechtlichen Berücksichtigung von Versorgungsleistungen, die ohne die Voraussetzung des Ausscheidens aus dem Dienstverhältnis gewährt werden → BMF vom 18.9.2017 (BStBl. I S. 1293).

Pensionsverpflichtungen innerhalb einer GmbH & Co. KG.
- Zur Pensionszusage an einen Gesellschafter durch die Komplementär-GmbH → BMF vom 29.1.2008 (BStBl. I S. 317), RdNrn. 12–14.
- Sagt die Komplementär-GmbH einer GmbH & Co. KG ihrem gesellschaftsfremden Geschäftsführer eine Pension zu und kann sie nach dem Gesellschaftsvertrag von der KG Ersatz der Versorgungsleistungen verlangen, ist die bei der GmbH zu bildende Pensionsrückstellung durch einen Aufwendungsersatzanspruch zu neutralisieren. Bei der KG ist eine Rückstellung für ungewisse Verbindlichkeiten zu bilden, deren Höhe sich nach § 6a EStG bestimmt (→ BFH vom 7.2.2002 – BStBl. 2005 II S. 88).

Personengesellschaft. Bilanzsteuerliche Behandlung von Pensionszusagen einer Personengesellschaft an einen Gesellschafter und dessen Hinterbliebene → BMF vom 29.1.2008 (BStBl. I S. 317).

Vererbliche Versorgungsanwartschaften und Versorgungsleistungen. Sieht eine Pensionszusage die Vererblichkeit von Versorgungsanwartschaften oder Versorgungsleistungen vor und sind nach der Zusage vorrangig Hinterbliebene entsprechend der Rdnr. 4 des *BMF vom 6.12.2017 (BStBl. 2018 I S. 147)*[1] Erben, ist die Pensionsverpflichtung nach § 6a EStG anzusetzen und zu bewerten. Im Vererbungsfall ist für die Bewertung der Leistungen, soweit sie nicht an Hinterbliebene im o.g. Sinne erbracht werden, § 6 EStG maßgebend (→ BMF vom 18.9.2017 – BStBl. I S. 1293).

Verpflichtungsübernahmen, Schuldbeitritte und Erfüllungsübernahmen. Zur bilanziellen Berücksichtigung von Verpflichtungsübernahmen, Schuldbeitritten und Erfüllungsübernahmen mit vollständiger oder teilweiser Schuldfreistellung im Zusammenhang mit Pensionsverpflichtungen → BMF vom 30.11.2017 (BStBl. I S. 1619).

Versorgungsausgleich. Zu den Auswirkungen des Gesetzes zur Strukturreform des Versorgungsausgleiches (VAStrRefG) auf Pensionszusagen → BMF vom 12.11.2010 (BStBl. I S. 1303).

R 6a (2, 3)

Rechtsverbindliche Verpflichtung[2]

(2) [1]Eine rechtsverbindliche Pensionsverpflichtung ist z.B. gegeben, wenn sie auf Einzelvertrag, Gesamtzusage (Pensionsordnung), Betriebsvereinbarung, Tarifvertrag oder Besoldungsordnung beruht. [2]Bei Pensionsverpflichtungen, die nicht auf Einzelvertrag beruhen, ist eine besondere Verpflichtungserklärung gegenüber dem einzelnen Berechtigten nicht erforderlich. [3]Ob eine rechtsverbindliche Pensionsverpflichtung vorliegt, ist nach arbeitsrechtlichen Grundsätzen zu beurteilen. [4]Für ausländische Arbeitnehmer sind Pensionsrückstellungen unter den gleichen Voraussetzungen zu bilden wie für inländische Arbeitnehmer.

Schädlicher Vorbehalt

(3) [1]Ein schädlicher Vorbehalt i.S.d. § 6a Abs. 1 Nr. 2 EStG liegt vor, wenn der Arbeitgeber die Pensionszusage nach freiem Belieben, d.h. nach seinen eigenen Interessen ohne Berücksichtigung der Interessen des Pensionsberechtigten widerrufen kann. [2]Ein Widerruf nach freiem Belieben ist nach dem Urteil des Bundesarbeitsgerichtes (BAG) vom 14.12.1956 (BStBl. 1959 I S. 258)[3] *gegenüber einem noch aktiven Arbeitnehmer* im Allgemeinen zulässig, wenn die Pensionszusage eine der folgenden Formeln

---

[1] Siehe jetzt BMF v. 12.8.2021, BStBl. I 2021, 1050; zur Anwendung siehe Rn. 176, 177.

[2] Zur Pensionszusage an einen GmbH-Geschäftsführer und zu den Auswirkungen des BGH-Urteils v. 25.3.1991 II ZR 169/90, DStR 1991, 751, auf Pensionsrückstellungen siehe BMF v. 21.12.1995, BStBl. I 1996, 50.

[3] Verfahren 1 AzR 531/55.

„freiwillig und ohne Rechtsanspruch",
„jederzeitiger Widerruf vorbehalten",
„ein Rechtsanspruch auf die Leistungen besteht nicht",
„die Leistungen sind unverbindlich"
oder ähnliche Formulierungen enthält, sofern nicht besondere Umstände eine andere Auslegung rechtfertigen. [3]Solche besonderen Umstände liegen nicht schon dann vor, wenn das Unternehmen in der Vergangenheit tatsächlich Pensionszahlungen geleistet oder eine Rückdeckungsversicherung abgeschlossen hat oder Dritten gegenüber eine Verpflichtung zur Zahlung von Pensionen eingegangen ist oder wenn die unter den oben bezeichneten Vorbehalten gegebene Pensionszusage die weitere Bestimmung enthält, dass der Widerruf nur nach „billigem Ermessen" ausgeübt werden darf oder dass im Falle eines Widerrufes die gebildeten Rückstellungen dem Versorgungszweck zu erhalten sind. [4]Vorbehalte der oben bezeichneten Art in einer Pensionszusage schließen danach die Bildung von Rückstellungen für Pensionsanwartschaften aus. [5]Befindet sich der Arbeitnehmer bereits im Ruhestand oder steht er unmittelbar davor, ist der Widerruf von Pensionszusagen, die unter den oben bezeichneten Vorbehalten erteilt worden sind, nach dem BAG-Urteil vom 14.12.1956 nicht mehr nach freiem Belieben, sondern nur noch nach billigem Ermessen (→ Absatz 4) zulässig. [6]Enthält eine Pensionszusage die oben bezeichneten allgemeinen Widerrufsvorbehalte, ist die Rückstellungsbildung vorzunehmen, sobald der Arbeitnehmer in den Ruhestand tritt; dies gilt auch hinsichtlich einer etwa zugesagten Hinterbliebenenversorgung.

H 6a (3)

Abfindungsklauseln.

– Zu schädlichen Abfindungsklauseln in Pensionszusagen → BMF vom 6.4.2005 (BStBl. I S. 619) und vom 1.9.2005 (BStBl. I S. 860).
– Lassen sich Abfindungsklauseln nicht dahingehend auslegen, dass die für die Berechnung der jeweiligen Abfindungshöhe maßgebenden Sterbetafeln und Abzinsungssätze ausreichend sicher bestimmt sind, liegt ein schädlicher Vorbehalt i. S. d. § 6a Abs. 1 Nr. 2 EStG vor (→ BFH vom 23.7.2019 – BStBl. II S. 763).

Externe Versorgungsträger. Werden die künftigen Pensionsleistungen aus einer Versorgungszusage voraussichtlich von einem externen Versorgungsträger (z. B. Versorgungskasse) erbracht, scheidet die Bildung einer Rückstellung nach § 6a EStG aus (→ BFH vom 5.4.2006 – BStBl. II S. 688 und vom 8.10.2008 – BStBl. 2010 II S. 186). Zur Anwendung der vorgenannten Urteile, zur Abgrenzung des sog. Umlageverfahrens vom sog. Erstattungsverfahren und allgemein zur Bildung von Pensionsrückstellungen nach § 6a EStG bei Erbringung der Versorgungsleistungen durch externe Versorgungsträger → BMF vom 26.1.2010 (BStBl. I S. 138).

Übertragung auf eine Unterstützungskasse. Ist vereinbart, dass die Pensionsverpflichtung nach Eintritt des Versorgungsfalles auf eine Unterstützungskasse übertragen wird, kann eine Rückstellung nicht gebildet werden (→ BMF vom 2.7.1999 – BStBl. I S. 594).

H 7.3

Anschaffungskosten.[1]

- Bei Erbauseinandersetzung[2] → BMF vom 14.3.2006 (BStBl. I S. 253) unter Berücksichtigung der Änderungen durch BMF vom 27.12.2018 (BStBl. 2019 I S. 11).
- Bei Modernisierung von Gebäuden → BMF vom 18.7.2003 (BStBl. I S. 386).
- Bei vorweggenommener Erbfolge → BMF vom 13.1.1993 (BStBl. I S. 80) unter Berücksichtigung der Änderungen durch BMF vom 26.2. 2007 (BStBl. I S. 269).
- Bei Tieren in land- und forstwirtschaftlich tätigen Betrieben sind die Anschaffungs- oder Herstellungskosten zur Berechnung der AfA um den Schlachtwert zu mindern → BMF vom 14.11.2001 (BStBl. I S. 864), Rn. 24.
- Bei Schiffen sind die Anschaffungs- oder Herstellungskosten zur Berechnung der AfA um den Schrottwert zu mindern (→ BFH vom 22.7.1971 – BStBl. II S. 800).
- Aufwendungen für Baumaßnahmen, mit denen der Verkäufer einer Eigentumswohnung oder eine seiner Firmen zeitgleich mit dem Abschluss des Kaufvertrags beauftragt wird, gehören zu den Anschaffungskosten der Eigentumswohnung (→ BFH vom 17.12.1996 – BStBl. 1997 II S. 348).
- Bei Erwerb einer Eigentumswohnung gehört der im Kaufpreis enthaltene Anteil für das in der Instandhaltungsrückstellung angesammelte Guthaben nicht zu den Anschaffungskosten der Eigentumswohnung (→ BFH vom 9.10.1991 – BStBl. 1992 II S. 152).
- Zu den Anschaffungskosten gehören auch die Übernahme von Verbindlichkeiten des Veräußerers sowie Aufwendungen des Erwerbers zur Beseitigung bestehender Beschränkungen seiner Eigentümerbefugnis i. S. d. § 903 BGB (z. B. Ablösung dinglicher Nutzungsrechte wie Erbbaurecht, Vermächtnisnießbrauch oder Wohnungsrecht) oder Zahlungen aufgrund der Anfechtung des Kaufvertrags durch einen Gläubiger nach § 3 Abs. 2 AnfG (→ BFH vom 17.4.2007 – BStBl. II S. 956).
- Anschaffungskosten bei Einbringung von Miteigentumsanteilen an Grundstücken in eine vermögensverwaltende Personengesellschaft bemessen sich nach dem gemeinen Wert des hingegebenen Gebäudeteils. Soweit ein Gesellschafter an zwei Gebäuden Anteile (hinzu)erworben hat, ist der gemeine Wert des hingegebenen Gebäudeteils nach dem Verhältnis der gemeinen Werte der erworbenen Anteile aufzuteilen (→ BFH vom 2.4.2008 – BStBl. II S. 679).
- Bringen die Miteigentümer mehrerer Grundstücke ihre Miteigentumsanteile in eine Personengesellschaft mit Vermietungseinkünften ein, sind keine Anschaffungsvorgänge gegeben, soweit die den Gesellschaftern nach der Übertragung ihrer Miteigentumsanteile nach § 39 Abs. 2 Nr. 2 AO zuzurechnenden Anteile an den Grundstücken ihre bisherigen Miteigentumsanteile nicht übersteigen (→ BFH vom 2.4.2008 – BStBl. II S. 679).

---

[1] Zu Erbauseinandersetzungskosten als Anschaffungsnebenkosten bei unentgeltlichem Erwerb siehe BFH v. 9.7.2013 IX R 43/11, BStBl. II 2014, 878.

[2] Zur Erbauseinandersetzung bei zivilrechtlicher Nachlassspaltung siehe BFH v. 10.10.2018 IX R 1/17, BStBl. II 2019, 170.

Dachgeschoss. Baumaßnahmen an einem Dachgeschoss → BMF vom 10.7. 1996 (BStBl. I S. 689).

Einlage eines Wirtschaftsguts.
- Zur Bemessungsgrundlage für die AfA nach Einlage von zuvor zur Erzielung von Überschusseinkünften genutzten Wirtschaftsgütern → BMF vom 27.10.2010 (BStBl. I S. 1204).
- Die Einbringung von Wirtschaftsgütern des Privatvermögens in eine gewerbliche Personengesellschaft gegen die Gewährung von Gesellschaftsrechten begründet keine Einlage i. S. v. § 7 Abs. 1 Satz 5 EStG (→ BFH vom 24.1.2008 – BStBl. 2011 II S. 617).

Fertigstellung von Teilen eines Gebäudes zu verschiedenen Zeitpunkten. Bei der Errichtung eines zur unterschiedlichen Nutzung bestimmten Gebäudes sind die Herstellungskosten des noch nicht fertig gestellten selbständigen Gebäudeteils in die AfA-Bemessungsgrundlage des bereits fertig gestellten Gebäudeteils einzubeziehen (→ BFH vom 9.8.1989 – BStBl. 1991 II S. 132). Vgl. aber das Wahlrecht nach → R 7.3 Abs. 2.

Kaufpreisaufteilung.[1]
- Eine vertragliche Kaufpreisaufteilung ist der Berechnung der AfA zu Grunde zu legen, sofern sie zum einen nicht nur zum Schein getroffen wurde sowie keinen Gestaltungsmissbrauch darstellt und zum anderen unter Berücksichtigung der Gesamtumstände die realen Wertverhältnisse widerspiegelt und wirtschaftlich haltbar erscheint (→ BFH vom 16.9. 2015 – BStBl. 2016 II S. 397).
- Fehlt eine vertragliche Kaufpreisaufteilung oder kann diese nicht der Besteuerung zugrunde gelegt werden, sind die Anschaffungskosten eines bebauten Grundstücks nicht nach der sog. Restwertmethode, sondern nach dem Verhältnis der Verkehrswerte oder Teilwerte auf den Grund und Boden und auf das Gebäude aufzuteilen (→ BFH vom 10.10.2000 – BStBl. 2001 II S. 183 und vom 16.9.2015 – BStBl. 2016 II S. 397). Das gilt auch bei der Anschaffung von Eigentumswohnungen; dabei rechtfertigt die eingeschränkte Nutzungs- und Verfügungsmöglichkeit des Wohnungseigentümers hinsichtlich seines Bodenanteils keinen niedrigeren Wertansatz des Bodenanteils (→ BFH vom 15.1.1985 – BStBl. II S. 252).
- Aufteilung der Anschaffungskosten bei Erwerb eines Gebäudes mit mehreren Wohnungen, von denen eine Wohnung mit einem Wohnrecht belastet ist → BMF vom 30.9.2013 (BStBl. I S. 1184, Rz. 50).

Mittelbare Grundstücksschenkung. Bei mittelbarer Grundstücksschenkung bemisst sich die AfA nach den vom Schenker getragenen Anschaffungskosten (→ BFH vom 4.10.2016 – BStBl. 2017 II S. 343).

Nachträgliche Anschaffungs- oder Herstellungskosten.
- Sind für ein Wirtschaftsgut nachträgliche Anschaffungs- oder Herstellungskosten aufgewendet worden, ohne dass hierdurch ein anderes Wirtschaftsgut entstanden ist, bemisst sich die weitere AfA

[1] Arbeitshilfe zur Aufteilung eines Gesamtkaufpreises für ein bebautes Grundstück (https://www.bundesfinanzministerium.de/Content/DE/Standardartikel/Themen/Steuern/Steuerarten/Einkommensteuer/2020-04-02-Berechnung-Aufteilung-Grundstueckskaufpreis.html).

2. Minderung der Anschaffungs- oder Herstellungskosten

An einem Gebäude werden im Jahr 01 Baumaßnahmen i. S. d. § 7i EStG durchgeführt. Im Februar 03 wird ein Zuschuss bewilligt.

Herstellungskosten	100 000 €
Erhöhte Absetzungen 01 bis 02: 2 × 9% von 100 000 €	– 18 000 €
Buchwert 31.12.02	82 000 €
Zuschuss 03	– 40 000 €
	42 000 €
Erhöhte Absetzungen 03 bis 08: 6 × 9% von 60 000 € =	– 32 400 €
Erhöhte Absetzungen 09 bis 10: 2 × 7% von 60 000 € =	– 8 400 €
Erhöhte Absetzungen 11 (Rest)	– 1 200 €
Buchwert 31.12.11	0 €

3. Rückforderung eines Zuschusses

Sachverhalt wie in Beispiel 2 mit der Ergänzung, dass der Zuschuss im Jahr 04 zurückgefordert wird.

Herstellungskosten	100 000 €
Erhöhte Absetzungen 01 bis 02: 2 × 9% von 100 000 €	– 18 000 €
Buchwert 31.12.02	82 000 €
Zuschuss 03	– 40 000 €
	42 000 €
Erhöhte Absetzungen 03: 9% von 60 000 €	– 5 400 €
Buchwert 31.12.03	36 600 €
Rückforderung Zuschuss 04	+ 40 000 €
	76 600 €
Erhöhte Absetzungen 04 bis 08: 5 × 9% von 100 000 €	– 45 000 €
Erhöhte Absetzungen 09 bis 12: 4 × 7% von 100 000 €	– 28 000 €
Restwert 31.12.12	3 600 €

4. AfA bei Gebäuden nach Ablauf des Begünstigungszeitraums

Für ein im Januar 01 hergestelltes Wirtschaftsgebäude sind in den Jahren 01 bis 03 die nach § 4 FördG zulässigen Sonderabschreibungen vorgenommen worden. Nach Ablauf des Begünstigungszeitraums am 31.12.05 beträgt die restliche Abschreibungsdauer des Gebäudes noch 20 Jahre.

Herstellungskosten	500 000 €
Abschreibungen 01 bis 03: 3 × 4% = 12% =	– 60 000 €
Sonderabschreibungen 50% =	– 250 000 €
Abschreibungen 04 und 05: 2 × 4% = 8% =	– 40 000 €
Restwert 31.12.05 = Bemessungsgrundlage ab 06	150 000 €

Vom Jahr 06 an beträgt die AfA jeweils 5% = 7500 € jährlich.

Degressive AfA. Die AfA nach § 7 Abs. 5 EStG gehört nicht zu den erhöhten Absetzungen (→ BFH vom 25.5.2004 – BStBl. II S. 783). § 7a Abs. 4 EStG bezieht sich nur auf die kumulative Inanspruchnahme von Sonderabschreibungen und degressiver AfA in ein und demselben VZ (→ BFH vom 14.3.2006 – BStBl. II S. 799).

Mehrere Beteiligte.

- Sind Wirtschaftsgüter mehreren Beteiligten zuzurechnen, so können erhöhte Absetzungen und Sonderabschreibungen grundsätzlich nur einheitlich von allen Beteiligten in Anspruch genommen werden (→ BFH vom 7.8.1986 – BStBl. II S. 910).
- → R 21.6 Satz 3.

– Nur der Gesellschafter, nicht die Personengesellschaft, ist zur Inanspruchnahme der erhöhten Absetzungen berechtigt. Scheidet ein Gesellschafter nach Durchführung der begünstigten Maßnahmen aus der Gesellschaft aus und übernehmen die übrigen Gesellschafter dessen Anteil (Anwachsung), so sind jedem der verbliebenen Gesellschafter nur in Höhe seiner ursprünglichen Beteiligung begünstigte Herstellungskosten zuzurechnen (→ BFH vom 17.7.2001 – BStBl. II S. 760).
– Übernimmt im Rahmen der Liquidation einer vermögensverwaltenden Personengesellschaft ein Gesellschafter das weitgehend aus einem einzigen Wirtschaftsgut bestehende Gesellschaftsvermögen im Wege der Übertragung von Aktiva und Passiva, liegt hierin keine Anschaffung eines Unternehmens, sondern eine Gesamtrechtsnachfolge des zuletzt verbleibenden Gesellschafters in das Gesellschaftsvermögen der Gesellschaft (→ BFH vom 25.6.2002 – BStBl. II S. 756).

Teilherstellungskosten. Teilherstellungskosten sind die Aufwendungen, die bis zum Ende des Wj. durch den Verbrauch von Gütern und die Inanspruchnahme von Diensten für die Herstellung eines Wirtschaftsgutes entstanden sind (→ BFH vom 15.11.1985 – BStBl. 1986 II S. 367).
Anzahlungen auf Teilherstellungskosten sind nicht begünstigt (→ BFH vom 10.3.1982 – BStBl. II S. 426).

Verzeichnis. Das nach § 7a Abs. 8 EStG erforderliche Verzeichnis braucht erst im Zeitpunkt der Inanspruchnahme der erhöhten Absetzungen oder Sonderabschreibungen erstellt zu werden (→ BFH vom 9.8.1984 – BStBl. 1985 II S. 47).

Willkürlich geleistete Zahlungen. Willkürlich geleistete Zahlungen sind keine Anzahlungen (→ BFH vom 3.2.1987 – BStBl. II S. 492).

Zu § 7b EStG

H **7b**

Anwendungsschreiben. → BMF vom 7.7.2020 (BStBl. I S. 623).[1]

Zu § 7d EStG[2]

R 7d. Weitergeltung der Anordnungen zu § 7d EStG

R 77 EStR 1993 ist weiter anzuwenden.

R 77 EStR 1993. Erhöhte Absetzungen für Wirtschaftsgüter, die dem Umweltschutz dienen

(1) [1]Der in § 7d Abs. 1 EStG genannte Vomhundertsatz für die erhöhten Absetzungen darf auch dann nicht überschritten werden, wenn die AfA nach § 7 Abs. 1 oder 4 EStG höher wäre; § 7a Abs. 3 EStG ist insoweit nicht anwendbar. [2]In den zurückliegenden Wirtschaftsjahren nicht voll in Anspruch genommene erhöhte Absetzungen können aber nachgeholt werden.

(2) [1]Die Zweckbindungsvoraussetzung des § 7d Abs. 6 EStG ist grundsätzlich nicht erfüllt, wenn der Stpfl. ein Wirtschaftsgut vor Ablauf des Fünfjahreszeitraums veräußert, vermietet oder verpachtet oder in eine ausländische Betriebsstätte, in das Umlaufvermögen oder in das Privatvermögen überführt. [2]Im Übrigen gelten bei der Auslegung des § 7d Abs. 6 EStG die

---

[1] Geänd. durch BMF v. 21.9.2021, BStBl. I 2021, 1805.
[2] § 7d EStG aufgeh. durch G v. 22.12.2014, BGBl. I 2014, 2417, mWv 1.1.2015.

Tz. 13 und 15 bis 18 der Verwaltungsanweisungen zu § 3 ZRFG mit der Maßgabe, dass an die Stelle der Betriebsstätte des Stpfl. im Zonenrandgebiet der im Inland belegene Betrieb des Stpfl. tritt. [3]Wird bei einem Wirtschaftsgut, für das erhöhte Absetzungen in Anspruch genommen worden sind, die Zweckbindungsvoraussetzung nicht erfüllt, so sind die erhöhten Absetzungen durch Änderung des Steuerbescheids nach § 175 Abs. 1 Satz 1 Nr. 2 AO rückwirkend zu versagen.

Zu § 7f EStG[1)]

R 7f. Weitergeltung der Anordnungen zu § 7f EStG

R 82 EStR 1999 ist weiter anzuwenden.

R 82 EStR 1999. Bewertungsfreiheit für abnutzbare Wirtschaftsgüter des Anlagevermögens privater Krankenhäuser

(1) [1]Der Begriff des Krankenhauses bestimmt sich nach § 2 Nr. 1 KHG. [2]Eine Einrichtung ist als → Krankenhaus anzusehen, soweit sie als Krankenhaus in den Krankenhausbedarfsplan aufgenommen ist oder soweit in ihr auf Grund eines Vertrags mit einem Sozialleistungsträger oder einem sonstigen öffentlich-rechtlichen Kostenträger ausschließlich zum Zweck stationärer oder teilstationärer medizinischer Behandlung ärztliche Leistungen, Pflege, Verpflegung, Unterkunft, Nebenleistungen, z. B. die Versorgung mit Arzneimitteln, Heilmitteln oder Hilfsmitteln, und gegebenenfalls sonstige Leistungen, z. B. nichtärztliche psychotherapeutische oder sozialtherapeutische Leistungen, soziale Betreuung und Beratung der Patienten, erbracht werden. [3]Ein Hochschulkrankenhaus ist stets als Krankenhaus anzusehen.

(2) [1]Soweit ein Fall nach Absatz 1 nicht vorliegt, sind die Voraussetzungen für das Vorliegen eines Krankenhauses im Einzelfall zu prüfen. [2]Danach ist die Einrichtung ein Krankenhaus, wenn sie folgende Merkmale erfüllt:

1. Die ärztliche und die pflegerische Hilfeleistung nach Absatz 1 müssen in der Einrichtung gegenüber den zu versorgenden Personen planmäßig und regelmäßig erbracht werden, dem einzelnen Patienten gewidmet sein und die Versorgung in der Einrichtung wesentlich mitbestimmen.
2. [1]Die Einrichtung darf nur Patienten und deren Begleitpersonen offen stehen. [2]Begleitperson ist eine nicht in der Einrichtung beschäftigte Person, die im Einzelfall an der Versorgung des Patienten – in der Regel durch pflegerische Hilfeleistung – beteiligt ist und deren Unterbringung in der Einrichtung für die Erbringung von Leistungen im Sinne der Begriffsbestimmung des § 2 Nr. 1 KHG (Behandlung) oder für den Behandlungserfolg medizinisch notwendig oder medizinisch zweckmäßig ist; davon ist stets auszugehen bei Kindern bis zu 14 Jahren und bei Schwerbehinderten.
3. Mit der Aufnahme in die Einrichtung muss die Lebensweise der aufgenommenen Patienten und Begleitpersonen den medizinisch begründeten Verhaltensregeln unterworfen sein.
4. [1]Ein wesentlicher Teil der Gesamtleistung der Einrichtung muss auf stationäre oder teilstationäre Leistungen im Sinne der Begriffsbestimmung des § 2 Nr. 1 KHG entfallen. [2]Dabei ist auf das Verhältnis der Entgelte abzustellen. [3]Teilstationäre Leistungen liegen vor, soweit die in die Einrichtung aufgenommenen Patienten dort zur Behandlung nicht ständig, sondern z. B. nur während des Tages für mehrere Stunden, während der Nacht oder an Wochenenden untergebracht und gegebenenfalls verpflegt werden.
5. [1]Die Einrichtung muss zur stationären oder teilstationären Behandlung der Personen, die nach der Zweckbestimmung der Einrichtung in ihr versorgt werden sollen, geeignet sein. [2]Sie muss auf die dazu notwendige Betreuung durch jederzeit rufbereite Ärzte und qualifiziertes Pflegepersonal eingerichtet sein und über die dazu notwendige medizinisch-technische Ausstattung verfügen.

[3]Treffen die genannten Voraussetzungen nur auf einen Teil der Einrichtung zu, ist die Einrichtung insoweit als Krankenhaus anzusehen, wenn dieser Teil räumlich oder nach seiner Versorgungsaufgabe als Einheit, z. B. als Abteilung oder besondere Einrichtung, abgrenzbar ist.

(3) Zu den Krankenhäusern gehören unter den genannten Voraussetzungen z. B. auch:

---

1) § 7f EStG aufgeh. durch G v. 22.12.2014, BGBl. I 2014, 2417, mWv 1.1.2015.

1. Krankenhäuser, die nur Kranke bestimmter Krankheitsarten oder bestimmter Altersstufen aufnehmen (Fach- oder Sonderkrankenhäuser),
2. Anstalten, in denen unheilbar Erkrankte untergebracht sind, die der ständigen ärztlichen Beaufsichtigung bedürfen,
3. Krankenhäuser, in denen ärztliche Hilfeleistung durch niedergelassene Ärzte erbracht wird (Belegkrankenhäuser),
4. Säuglingsheime, in denen nur kranke Kinder aufgenommen werden und die unter verantwortlicher ärztlicher Leitung stehen,
5. Entbindungsheime, die unter verantwortlicher ärztlicher Leitung stehen,
6. Diagnosekliniken,
7. Einrichtungen zur Erbringung teilstationärer Leistungen, z. B. Tages-, Nacht- und Wochenendkliniken,
8. Kurkrankenhäuser,
9. Vorsorge- und Rehabilitationseinrichtungen.

(4) Nicht zu den Krankenhäusern gehören z. B. Alten- und Pflegeheime sowie Einrichtungen, in denen nur ambulante Leistungen erbracht werden, z. B. Röntgeninstitute.

(5) [1] Die Sonderabschreibungen können nur für Wirtschaftsgüter in Anspruch genommen werden, die der Stpfl. vor dem 1.1.1996 bestellt oder herzustellen begonnen hat. [2] Als Beginn der Herstellung gilt bei Baumaßnahmen, für die eine Baugenehmigung erforderlich ist, der Zeitpunkt, in dem der Bauantrag (→ § 42a Abs. 4 und 5) gestellt worden ist. [3] Tritt ein Stpfl. in den Vertrag über die Anschaffung eines Wirtschaftsguts ein, so ist als Zeitpunkt der Bestellung nicht der Zeitpunkt der Bestellung durch den Dritten, sondern der Zeitpunkt des Vertragseintritts durch den Stpfl. maßgebend. [4] Stellt ein Stpfl. ein Wirtschaftsgut fertig, mit dessen Herstellung ein Dritter begonnen hat, so ist als Herstellungsbeginn nicht der Zeitpunkt des Herstellungsbeginns durch den Dritten, sondern der Zeitpunkt maßgebend, in dem der Stpfl. mit der Fertigstellung des Wirtschaftsguts beginnt. [5] Das gilt auch dann, wenn das Wirtschaftsgut auf Grund einer Baugenehmigung fertiggestellt wird, die der Dritte beantragt hat.

Zu § 7g EStG

H 7g

Investitionsabzugsbetrag. Zu Zweifelsfragen zu den Investitionsabzugsbeträgen nach § 7g Abs. 1 bis 4 und 7 EStG i. d. F. des StÄndG 2015 vom 2.11.2015 (BGBl. I S. 1834) → BMF vom 20.3.2017 (BStBl. I S. 423) unter Berücksichtigung der Änderungen durch BMF vom 26.8.2019 (BStBl. I S. 870).

Zu § 7h EStG

R 7h. Erhöhte Absetzungen nach § 7h EStG von Aufwendungen für bestimmte Maßnahmen an Gebäuden in Sanierungsgebieten und städtebaulichen Entwicklungsbereichen

(1) Den Miteigentümern eines Gebäudes stehen erhöhte Absetzungen nach § 7h EStG grundsätzlich im Verhältnis ihrer Eigentumsanteile zu; auf R 21.6 wird hingewiesen.

(2) Wird ein Gebäude, bei dem erhöhte Absetzungen nach § 7h EStG vorgenommen werden, aus dem Betriebsvermögen in das Privatvermögen oder umgekehrt überführt, ist eine sich dabei ergebende Erhöhung oder Minderung der Bemessungsgrundlage dem Teil des Gebäudes zuzuordnen, für den keine erhöhten Absetzungen nach § 7h EStG gewährt werden.

(3) [1]Werden erhöhte Absetzungen nach § 7h EStG in Anspruch genommen, braucht aus Vereinfachungsgründen das Vorliegen der Voraussetzungen nur für den VZ geprüft zu werden, in dem die begünstigten Baumaßnahmen fertig gestellt worden sind. [2]Die Nachholung versehentlich unterlassener erhöhter Absetzungen nach § 7h EStG ist nicht möglich.

(4) [1]Die zuständige Gemeindebehörde hat nach den länderspezifischen Bescheinigungsrichtlinien zu prüfen,

1. ob das Gebäude in einem förmlich festgelegten Sanierungsgebiet oder städtebaulichen Entwicklungsbereich belegen ist,
2. ob Modernisierungs- und Instandsetzungsmaßnahmen i. S. d. § 177 BauGB oder andere Maßnahmen i. S. d. § 7h Abs. 1 Satz 2 EStG durchgeführt worden sind,
3. in welcher Höhe Aufwendungen, die die vorstehenden Voraussetzungen erfüllen, angefallen sind,[1)]
4. inwieweit Zuschüsse aus öffentlichen Mitteln durch eine der für Sanierungsgebiete oder städtebaulichen Entwicklungsbereiche zuständigen Behörde bewilligt worden sind oder nach Ausstellung der Bescheinigung bewilligt werden (Änderung der Bescheinigung).

[2]Die Bescheinigung unterliegt weder in rechtlicher noch in tatsächlicher Hinsicht der Nachprüfung durch die Finanzbehörden. [3]Es handelt sich hierbei um einen Verwaltungsakt in Form eines Grundlagenbescheides, an den die Finanzbehörden im Rahmen des gesetzlich vorgegebenen Umfangs gebunden sind (§ 175 Abs. 1 Satz 1 Nr. 1 AO). [4]Ist jedoch offensichtlich, dass die Bescheinigung für Maßnahmen erteilt worden ist, bei denen die Voraussetzungen nicht vorliegen, hat die Finanzbehörde ein Remonstrationsrecht, d. h. sie kann die Gemeindebehörde zur Überprüfung veranlassen sowie um Rücknahme oder Änderung der Bescheinigung nach Maßgabe des § 48 Abs. 1 VwVfG bitten.[2)] [5]Die Gemeindebehörde ist verpflichtet, dem Finanzamt die Rücknahme oder Änderung der Bescheinigung mitzuteilen (§ 4 Mitteilungsverordnung).[3)]

(5) Die Finanzbehörden haben zu prüfen,

1. ob die vorgelegte Bescheinigung von der zuständigen Gemeindebehörde ausgestellt worden ist,
2. ob die bescheinigten Aufwendungen steuerrechtlich dem Gebäude i. S. d. § 7h Abs. 1 EStG zuzuordnen sind,
3. ob die bescheinigten Aufwendungen zu den Herstellungskosten oder den nach § 7h Abs. 1 Satz 3 EStG begünstigten Anschaffungskosten, zu den sofort abziehbaren Betriebsausgaben oder Werbungskosten, insbesondere zum Erhaltungsaufwand, oder zu den nicht abziehbaren Ausgaben gehören,

---

1) Siehe aber auch H 7h „Bindungswirkung der Bescheinigung" EStH.

2) **[Amtl. Anm.:]** Für offensichtlich rechtswidrige Bescheinigungen, die nach dem 31.12.2020 erteilt werden → § 7h Abs. 2 Satz 1 EStG i. d. F. des Artikel 1 des JStG 2020 i. V. m. § 52 Abs. 16a Satz 4 EStG.

3) VO v. 7.9.1993, BGBl. I 1993, 1554, zuletzt geänd. durch VO v. 23.9.2021, BGBl. I 2021, 4386 (**Steuergesetze** Nr. **800 f**).

4. ob weitere Zuschüsse für die bescheinigten Aufwendungen gezahlt werden oder worden sind,
5. ob die Aufwendungen bei einer Einkunftsart oder bei einem zu eigenen Wohnzwecken genutzten Gebäude wie Sonderausgaben (→ § 10f EStG) berücksichtigt werden können,
6. in welchem VZ die erhöhten Absetzungen, die Verteilung von Erhaltungsaufwand (→ § 11a EStG) oder der Abzug wie Sonderausgaben (→ § 10f EStG) erstmals in Anspruch genommen werden können.

(6) [1] Eine begünstigte Maßnahme i. S. d. § 7h Abs. 1 Satz 1 EStG liegt auch vor, wenn die Modernisierungs- und Instandhaltungsmaßnahmen auf Grund einer konkreten vertraglichen Vereinbarung zwischen Eigentümer und Gemeinde durchgeführt werden. [2] Die Prüfungs- und Bescheinigungspflicht i. S. d. Absatzes 4 besteht auch in diesen Fällen. [3] Baumaßnahmen, die ohne konkrete vertragliche Vereinbarung auf freiwilliger Grundlage durchgeführt werden, sind von dem Begünstigungstatbestand des § 7h Abs. 1 Satz 1 EStG nicht erfasst.

(7) Für die Begünstigung von Modernisierungs- und Instandsetzungsmaßnahmen i. S. d. § 177 BauGB ist es unschädlich, wenn die zugrunde liegende Sanierungssatzung während oder nach Durchführung der Maßnahmen aufgehoben wird.

H 7h

Bauherrenmodelle. Zu den Besonderheiten bei Baumaßnamen i. S. d. §§ 7h und 7i EStG im Rahmen von Bauherrenmodellen → BMF vom 20.10.2003 (BStBl. I S. 546), RdNr. 10.

Begünstigte Baumaßnahmen.

- Begünstigt sind nur Herstellungskosten an einem im Sanierungsgebiet liegenden, bestehenden Gebäude, nicht hingegen der Neubau oder Wiederaufbau von Gebäuden (→ BFH vom 2.9.2008 – BStBl. 2009 II S. 596).
- Auch Aufwendungen für eine Eigentumswohnung, mit der neuer Wohnraum geschaffen wird, können begünstigt sein, wenn und soweit sie sich auf den Altbaubestand beziehen und die Voraussetzungen des § 7h Abs. 1 und 2 EStG erfüllen. Es ist unerheblich, ob und mit welchem Anteil die begünstigten Aufwendungen das Sondereigentum oder das Gemeinschaftseigentum betreffen (→ BFH vom 10.10.2017 – BStBl. 2018 II S. 272).

Bescheinigungsrichtlinien. Übersicht über die Veröffentlichung der länderspezifischen Bescheinigungsrichtlinien → BMF vom 21.1.2020 (BStBl. I S. 169).

Bindungswirkung der Bescheinigung.

- Die Bindungswirkung der Bescheinigung umfasst nicht die persönliche Abzugsberechtigung (→ BFH vom 21.8.2001 – BStBl. 2003 II S. 910).
- Allein die Gemeinde prüft, ob Modernisierungs- und Instandsetzungsmaßnahmen i. S. d. § 177 BauGB durchgeführt wurden. Auf Grund der Wertungen des BauGB ist zu entscheiden, wie die Begriffe „Modernisierung" und „Instandsetzung" zu verstehen sind und ob darunter auch ein Neubau im bautechnischen Sinne zu subsumieren ist. Es besteht keine

Bindungswirkung in Bezug auf die Höhe der begünstigten Kosten (→ BFH vom 22.10.2014 – BStBl. 2015 II S. 367, vom 6.12.2016 – BStBl. 2017 II S. 523 und vom 17.4.2018 – BStBl. II S. 597).

Gleichstehender Rechtsakt. An den einem obligatorischen Erwerbsvertrag gleichstehenden Rechtsakt sind hinsichtlich seiner Rechtsbindung und der Rechtsklarheit dieselben Anforderungen zu stellen wie an den obligatorischen Erwerbsvertrag. Es bedarf einer formgerechten schuldrechtlichen Erwerbsverpflichtung, von der sich kein Beteiligter mehr einseitig lösen kann. Hierzu zählt insbesondere der Erbfall, der Zuschlag im Zwangsversteigerungsverfahren oder der Erwerb von Anteilen an einer Personengesellschaft. Ein unwiderrufliches Kaufangebot begründet weder eine beidseitige Verpflichtung noch definiert es einen konkreten Erwerbszeitpunkt und stellt mithin keinen gleichstehenden Rechtsakt i. S. d. §§ 7h, 7i EStG dar (→ BFH vom 19.2.2013 – BStBl. II S. 482).

Nichtvorliegen der Bescheinigung.

- Fehlt es an einer Bescheinigung nach § 7h Abs. 2 EStG, z.B. weil die Gemeindebehörde keine den formellen Anforderungen entsprechende Bescheinigung erstellt hat, geht die Prüfungsbefugnis nicht auf das Finanzamt über; dieses ist allenfalls zur vorläufigen Schätzung nach § 162 Abs. 5 AO befugt (→ BFH vom 10.10.2017 – BStBl. 2018 II S. 272).
- → H 7i.

Objektbezogenheit der Bescheinigung.

- Erhöhte Absetzungen können für eine Eigentumswohnung geltend gemacht werden, wenn die Bescheinigung objektbezogen ausgestellt wird. Bei einem aus mehreren Eigentumswohnungen bestehenden Gebäude muss für jede einzelne Eigentumswohnung eine Bescheinigung ausgestellt werden (→ BFH vom 6.5.2014 – BStBl. 2015 II S. 581 und vom 10.10.2017 – BStBl. 2018 II S. 272).
- Besteht ein Gebäude aus mehreren selbständigen unbeweglichen Wirtschaftsgütern, weil es in verschiedenen Nutzungs- und Funktionszusammenhängen steht (z.B. fremde Wohnzwecke; eigene Wohnzwecke), ist eine objektbezogene Bescheinigung für den jeweiligen Gebäudeteil erforderlich. Eine Bescheinigung, die sich lediglich auf das Gesamtgebäude bezieht, genügt nicht (→ BFH vom 6.12.2016 – BStBl. 2017 II S. 523).

Personengesellschaft. Erhöhte Absetzungen nach Ausscheiden eines Gesellschafters → H 7a (Mehrere Beteiligte).

Verwaltungsverfahrensgesetz:

§ 48 VwVfG – Rücknahme eines rechtswidrigen Verwaltungsaktes

„(1) [1] Ein rechtswidriger Verwaltungsakt kann, auch nachdem er unanfechtbar geworden ist, ganz oder teilweise mit Wirkung für die Zukunft oder für die Vergangenheit zurückgenommen werden. [2] Ein Verwaltungsakt, der ein Recht oder einen rechtlich erheblichen Vorteil begründet oder bestätigt hat (begünstigender Verwaltungsakt), darf nur unter den Einschränkungen der Absätze 2 bis 4 zurückgenommen werden.

(2) [1] Ein rechtswidriger Verwaltungsakt, der eine einmalige oder laufende Geldleistung oder teilbare Sachleistung gewährt oder hierfür Voraussetzung ist, darf nicht zurückgenommen werden, soweit der Begünstigte auf den Bestand des Verwaltungsaktes vertraut hat und sein Vertrauen unter Abwägung mit dem öffentlichen Interesse an einer Rücknahme schutzwürdig ist. [2] Das Vertrauen ist in der Regel schutzwürdig, wenn der Begünstigte gewährte Leistungen verbraucht oder eine Vermögensdisposition getroffen hat, die er nicht

mehr oder nur unter unzumutbaren Nachteilen rückgängig machen kann. [3] Auf Vertrauen kann sich der Begünstigte nicht berufen, wenn er

1. den Verwaltungsakt durch arglistige Täuschung, Drohung oder Bestechung erwirkt hat;
2. den Verwaltungsakt durch Angaben erwirkt hat, die in wesentlicher Beziehung unrichtig oder unvollständig waren;
3. die Rechtswidrigkeit des Verwaltungsaktes kannte oder infolge grober Fahrlässigkeit nicht kannte.

[4] In den Fällen des Satzes 3 wird der Verwaltungsakt in der Regel mit Wirkung für die Vergangenheit zurückgenommen.

(3) [1] Wird ein rechtswidriger Verwaltungsakt, der nicht unter Absatz 2 fällt, zurückgenommen, so hat die Behörde dem Betroffenen auf Antrag den Vermögensnachteil auszugleichen, den dieser dadurch erleidet, dass er auf den Bestand des Verwaltungsaktes vertraut hat, soweit sein Vertrauen unter Abwägung mit dem öffentlichen Interesse schutzwürdig ist. [2] Absatz 2 Satz 3 ist anzuwenden. [3] Der Vermögensnachteil ist jedoch nicht über den Betrag des Interesses hinaus zu ersetzen, das der Betroffene an dem Bestand des Verwaltungsaktes hat. [4] Der auszugleichende Vermögensnachteil wird durch die Behörde festgesetzt. [5] Der Anspruch kann nur innerhalb eines Jahres geltend gemacht werden; die Frist beginnt, sobald die Behörde den Betroffenen auf sie hingewiesen hat.

(4) [1] Erhält die Behörde von Tatsachen Kenntnis, welche die Rücknahme eines rechtswidrigen Verwaltungsaktes rechtfertigen, so ist die Rücknahme nur innerhalb eines Jahres seit dem Zeitpunkt der Kenntnisnahme zulässig. [2] Dies gilt nicht im Falle des Absatzes 2 Satz 3 Nr. 1.

(5) Über die Rücknahme entscheidet nach Unanfechtbarkeit des Verwaltungsaktes die nach § 3 zuständige Behörde; dies gilt auch dann, wenn der zurückzunehmende Verwaltungsakt von einer anderen Behörde erlassen worden ist."

Zu § 7i EStG

R 7i. Erhöhte Absetzungen nach § 7i EStG von Aufwendungen für bestimmte Baumaßnahmen an Baudenkmalen

(1) R 7h Abs. 1 bis 3 gilt entsprechend.

(2) [1] Die nach Landesrecht zuständige Denkmalbehörde hat zu prüfen und zu bescheinigen,

1. ob das Gebäude oder der Gebäudeteil nach den landesrechtlichen Vorschriften ein Baudenkmal ist,
2. ob die Baumaßnahmen nach Art und Umfang
   a) zur Erhaltung des Gebäudes oder Gebäudeteiles als Baudenkmal oder zu seiner sinnvollen Nutzung,
   b) bei einem Gebäude, das Teil einer geschützten Gesamtanlage oder Gebäudegruppe ist, zur Erhaltung des schützenswerten äußeren Erscheinungsbildes der Gesamtanlage oder Gebäudegruppe

   erforderlich waren,
3. ob die Arbeiten vor Beginn und bei Planungsänderungen vor Beginn der geänderten Vorhaben mit der Bescheinigungsbehörde abgestimmt waren,[1)]
4. in welcher Höhe Aufwendungen, die die vorstehenden Voraussetzungen erfüllen, angefallen sind,

[1)] Zum Verzicht auf die vorherige Abstimmung mit der nach Landesrecht zuständigen oder von der Landesregierung bestimmten Stelle bei Baumaßnahmen zur Beseitigung der durch die Flutkatastrophe vom Juli 2021 in mehreren Regionen entstandenen Schäden an Baudenkmalen siehe BMF v. 14.10.2021, BStBl. I 2021, 1806.

5. ob und in welcher Höhe Zuschüsse aus öffentlichen Mitteln durch eine der für den Denkmalschutz oder Denkmalpflege zuständigen Behörden bewilligt worden sind oder nach Ausstellung der Bescheinigung bewilligt werden (Änderung der Bescheinigung).

[2]R 7h Abs. 4 Satz 2 bis 5 gilt entsprechend.

(3) [1]Die Finanzbehörden haben zu prüfen,

1. ob die vorgelegte Bescheinigung von der nach Landesrecht zuständigen oder der von den Landesregierungen bestimmten Behörde ausgestellt worden ist,
2. ob die bescheinigten Aufwendungen zu den Herstellungskosten oder den nach § 7i Abs. 1 Satz 5 EStG begünstigten Anschaffungskosten, zu den sofort abziehbaren Betriebsausgaben oder Werbungskosten, insbesondere zum Erhaltungsaufwand, oder zu den nicht abziehbaren Ausgaben gehören,
3. ob die bescheinigten Aufwendungen steuerrechtlich dem Gebäude oder Gebäudeteil i. S. d. § 7i Abs. 1 EStG zuzurechnen sind,
4. ob weitere Zuschüsse für die bescheinigten Aufwendungen gezahlt werden oder worden sind,
5. ob die Aufwendungen bei einer Einkunftsart oder bei einem zu eigenen Wohnzwecken genutzten Gebäude wie Sonderausgaben (→ § 10f EStG) berücksichtigt werden können,
6. in welchem VZ die erhöhten Absetzungen, die Verteilung von Erhaltungsaufwand (→ § 11b EStG) oder der Abzug wie Sonderausgaben (→ § 10f EStG) erstmals in Anspruch genommen werden können.

[2]Fällt die Eigenschaft als Baudenkmal innerhalb des Begünstigungszeitraums weg, können die erhöhten Absetzungen ab dem Jahr, das auf den Wegfall folgt, nicht weiter in Anspruch genommen werden.

H 7i

Bauherrenmodelle. Zu den Besonderheiten bei Baumaßnahmen i. S. d. §§ 7h und 7i EStG im Rahmen von Bauherrenmodellen → BMF vom 20.10.2003 (BStBl. I S. 546), RdNr. 10.

Bescheinigungsbehörde. Übersicht über die zuständigen Bescheinigungsbehörden → BMF vom 4.6.2015 (BStBl. I S. 506).

Bescheinigungsrichtlinien. Übersicht über die Veröffentlichung der länderspezifischen Bescheinigungsrichtlinien → BMF vom 21.1.2020 (BStBl. I S. 169).

Bindungswirkung der Bescheinigung.

– Sind die bescheinigten Aufwendungen steuerrechtlich den (nachträglichen) Herstellungskosten eines selbständigen, vom Baudenkmal getrennten Wirtschaftsguts (z. B. den Außenanlagen, dem Grund und Boden, einer getrennt vom Baudenkmal errichteten Tiefgarage) zuzurechnen, sind die Finanzbehörden nicht an die Bescheinigung gebunden (→ BFH vom 15.10.1996 – BStBl. 1997 II S. 176). Ob ein zusätzlich errichtetes Bauwerk einen Bestandteil des als Denkmal geschützten Gebäudes oder ein selbständiges neues Gebäude bildet, ist keine denkmalrechtliche, sondern

eine steuerrechtliche Frage, die von den Finanzbehörden eigenständig zu prüfen ist (→ BFH vom 14.1.2003 – BStBl. II S. 916).
- Sind die bescheinigten Aufwendungen den nachträglichen Herstellungskosten des Baudenkmals zuzurechnen, sind die Finanzbehörden an die Bescheinigung auch dann gebunden, wenn diese unzutreffend ist. Das Remonstrationsrecht der Finanzbehörden (→ R 7i Abs. 2 Satz 2) bleibt unberührt (→ BFH vom 5.11.1996 – BStBl. 1997 II S. 244).
- Die Bindungswirkung der Bescheinigung umfasst nicht die persönliche Abzugsberechtigung (→ BFH vom 6.3.2001 – BStBl. II S. 796).
- Die Voraussetzungen des § 7i EStG sind nicht erfüllt, wenn die Bescheinigung keine Angaben zur Höhe der begünstigten Aufwendungen enthält (→ BFH vom 11.6.2002 – BStBl. 2003 II S. 578).

Gleichstehender Rechtsakt. → H 7h.

Neubau. Denkmal i. S. d. § 7i EStG kann steuerrechtlich auch ein Neubau im bautechnischen Sinne sein. Nicht förderungsfähig sind hingegen der Wiederaufbau oder die völlige Neuerrichtung des Gebäudes (→ BFH vom 24.6.2009 – BStBl. II S. 960).

Nichtvorliegen der Bescheinigung.
- Das Finanzamt hat bei Nichtvorliegen der Bescheinigung eine überprüfbare Ermessensentscheidung darüber zu treffen, ob und in welcher Höhe es die erhöhten Absetzungen im Wege der Schätzung nach § 162 Abs. 5 AO anerkennt. Gegen die vorläufige Anerkennung spricht, wenn die vom Stpfl. vorgelegten Unterlagen keine Informationen darüber enthalten, auf welche einzelnen Baumaßnahmen sich die Kosten bezogen haben und ob die Aufwendungen konkret Herstellungskosten für begünstigte Maßnahmen darstellen (→ BFH vom 14.5.2014 – BStBl. 2015 II S. 12).
- → H 7h.

Objektbezogenheit der Bescheinigung. → H 7h.

Personengesellschaft. Erhöhte Absetzungen nach Ausscheiden eines Gesellschafters → H 7a (Mehrere Beteiligte).

Teilherstellungskosten. Die erhöhten Absetzungen nach § 7i EStG können hinsichtlich einzelner Baumaßnahmen bereits im Jahr des Abschlusses der jeweiligen Maßnahme und nicht erst bei Beendigung der Gesamtbaumaßnahme vorgenommen werden, wenn die einzelne Baumaßnahme von anderen sachlich abgrenzbar und als solche abgeschlossen ist (→ BFH vom 20.8.2002 – BStBl. 2003 II S. 582).

Veräußerung. Im Jahr der Veräußerung des Baudenkmals kann der Stpfl. die erhöhten Absetzungen mit dem vollen Jahresbetrag in Anspruch nehmen (→ BFH vom 18.6.1996 – BStBl. II S. 645).

Zu § 9a EStG

R 9a. Pauschbeträge für Werbungskosten

Die Pauschbeträge für Werbungskosten sind nicht zu ermäßigen, wenn die unbeschränkte Steuerpflicht lediglich während eines Teiles des Kalenderjahres bestanden hat.

H 9a

Beschränkt Einkommensteuerpflichtige. Zur Anwendung der Pauschbeträge für Werbungskosten bei beschränkt Einkommensteuerpflichtigen → § 50 Abs. 1 Satz 3 bis 5 EStG.

Zu § 9b EStG

R 9b. Auswirkungen der Umsatzsteuer auf die Einkommensteuer

Allgemeines

(1) [1] Soweit ein Vorsteuerbetrag nach § 15 UStG umsatzsteuerrechtlich nicht abgezogen werden darf, ist er den Anschaffungs- oder Herstellungskosten des zugehörigen Wirtschaftsgutes zuzurechnen. [2] Diese Zurechnung gilt sowohl für Wirtschaftsgüter des Anlagevermögens als auch für Wirtschaftsgüter des Umlaufvermögens. [3] In die Herstellungskosten sind die auf den Materialeinsatz und die Gemeinkosten entfallenden nicht abziehbaren Vorsteuerbeträge einzubeziehen.

Wertgrenzen

(2) [1] Für die Frage, ob bei den Wirtschaftsgütern i. S. d. § 6 Abs. 2 oder 2a oder § 9 Abs. 1 Satz 3 Nr. 7 Satz 2 EStG die Grenzen von *150,*[1)] 1000 oder *410*[2)] Euro überschritten sind, ist stets von den Anschaffungs- oder Herstellungskosten abzüglich eines darin enthaltenen Vorsteuerbetrags, also von dem reinen Warenpreis ohne Vorsteuer (Nettowert), auszugehen. [2] Ob der Vorsteuerbetrag umsatzsteuerrechtlich abziehbar ist, spielt in diesem Fall keine Rolle. [3] Dagegen sind für die Bemessung der Freigrenze für Geschenke[3)] nach § 4 Abs. 5 Satz 1 Nr. 1 EStG die Anschaffungs- oder Herstellungskosten einschließlich eines umsatzsteuerrechtlich nicht abziehbaren Vorsteuerbetrags maßgebend; dabei bleibt § 15 Abs. 1a UStG unberücksichtigt.

Nicht abziehbare Vorsteuerbeträge nach § 15 Abs. 1a UStG

(3) [1] Die nach § 15 Abs. 1a UStG nicht abziehbaren Vorsteuerbeträge unterliegen dem Abzugsverbot des § 12 Nr. 3 EStG. [2] § 9b EStG findet insoweit keine Anwendung.

H 9b

Freigrenze für Geschenke nach § 4 Abs. 5 Satz 1 Nr. 1 EStG.

Beispiele:

Ein Unternehmer erwirbt ein Geschenk, dessen Bruttokaufpreis 40,46 € beträgt (darin enthaltene Vorsteuer 19% = 6,46 €).

a) *Bei Unternehmern mit Umsätzen,* die zum Vorsteuerabzug berechtigen, ist für die Bemessung der Freigrenze auf den Nettowarenwert i. H. v. 34 € abzustellen. Die Freigrenze von 35 € wird nicht überschritten.

---

1) **[Amtl. Anm.:]** Bei Anschaffung oder Herstellung ab 1.1.2018: 250 Euro → § 52 Abs. 12 Satz 6 EStG.

2) **[Amtl. Anm.:]** Bei Anschaffung oder Herstellung ab 1.1.2018: 800 Euro → § 52 Abs. 12 Satz 4 EStG.

3) 35 € für Wirtschaftsjahre, die nach dem 31.12.2003 beginnen.

b) Bei Unternehmern mit Umsätzen, die nicht zum Vorsteuerabzug berechtigen, ist für die Bemessung der Freigrenze auf den Bruttowarenwert abzustellen. Die Freigrenze von 35 € wird überschritten.

Gewinnermittlung nach § 4 Abs. 3 EStG und Ermittlung des Überschusses der Einnahmen über die Werbungskosten. Die vereinnahmten Umsatzsteuerbeträge (für den Umsatz geschuldete Umsatzsteuer und vom Finanzamt erstattete Vorsteuer) gehören im Zeitpunkt ihrer Vereinnahmung zu den Betriebseinnahmen oder Einnahmen, die verausgabten Umsatzsteuerbeträge (gezahlte Vorsteuer und an das Finanzamt abgeführte Umsatzsteuerbeträge) im Zeitpunkt ihrer Verausgabung zu den Betriebsausgaben oder Werbungskosten, es sei denn, dass die Vorsteuerbeträge nach R 9b Abs. 1 den Anschaffungs- oder Herstellungskosten des zugehörigen Wirtschaftsguts zuzurechnen sind und diese nicht sofort abziehbar sind (→ BFH vom 29.6.1982 – BStBl. II S. 755). § 4 Abs. 3 Satz 2 EStG findet insoweit keine Anwendung (→ BFH vom 19.2.1975 – BStBl. II S. 441). Hierbei spielt es keine Rolle, ob der Stpfl. zum Vorsteuerabzug berechtigt ist und ob er seine Umsätze nach den allgemeinen umsatzsteuerrechtlichen Vorschriften versteuert oder ob die Umsatzsteuer nach § 19 Abs. 1 UStG nicht erhoben wird.

Irrtümlich erstattete Vorsteuerbeträge. Nicht abziehbare Vorsteuerbeträge sind auch bei zunächst irrtümlicher Erstattung Herstellungskosten des Wirtschaftsguts (→ BFH vom 4.6.1991 – BStBl. II S. 759).

Umsatzsteuerlich fehlgeschlagene Option. Bei umsatzsteuerlich fehlgeschlagener Option führt die Rückzahlung der Vorsteuererstattung nicht zu Werbungskosten bei den Einkünften aus Vermietung und Verpachtung (→ BFH vom 13.11.1986 – BStBl. 1987 II S. 374).

Zu § 10 EStG
(§§ 29 und 30 EStDV)

R 10.1 Sonderausgaben (Allgemeines)

Bei Ehegatten, die nach § 26b EStG zusammen zur Einkommensteuer veranlagt werden, kommt es für den Abzug von Sonderausgaben nicht darauf an, ob sie der Ehemann oder die Ehefrau[1] geleistet hat.

H 10.1

Abkürzung des Zahlungsweges. Bei den Sonderausgaben kommt der Abzug von Aufwendungen eines Dritten auch unter dem Gesichtspunkt der Abkürzung des Vertragswegs nicht in Betracht (→ BMF vom 7.7.2008 – BStBl. I S. 717).

Abzugshöhe/Abzugszeitpunkt.
– Sonderausgaben sind in dem VZ abziehbar, in dem sie geleistet worden sind (§ 11 Abs. 2 EStG). Dies gilt auch, wenn sie der Stpfl. mit Darlehensmitteln bestritten hat (→ BFH vom 15.3.1974 – BStBl. II S. 513).

[1] *[Amtl. Anm.:] Gilt auch* für gleichgeschlechtliche Ehegatten (→ Gesetz zur Einführung des Rechts auf Eheschließung für Personen gleichen Geschlechts vom 20.7.2017 – BGBl. I S. 2787).

Sie dürfen nur dann bei der Ermittlung des Einkommens abgezogen werden, wenn der Stpfl. tatsächlich und endgültig wirtschaftlich belastet ist. Steht im Zeitpunkt der Zahlung, ggf. auch im Zeitpunkt der Erstattung noch nicht fest, ob der Stpfl. durch die Zahlung endgültig wirtschaftlich belastet bleibt (z. B. bei Kirchensteuer im Falle der Aufhebung der Vollziehung), sind sie im Jahr des Abflusses abziehbar (→ BFH vom 24.4.2002 – BStBl. II S. 569).
Werden gezahlte Sonderausgaben in einem späteren VZ an den Stpfl. erstattet, ist der Erstattungsbetrag aus Gründen der Praktikabilität im Erstattungsjahr mit gleichartigen Sonderausgaben zu verrechnen mit der Folge, dass die abziehbaren Sonderausgaben des Erstattungsjahres entsprechend gemindert werden. Ob die Sonderausgaben gleichartig sind, richtet sich nach deren Sinn und Zweck sowie deren wirtschaftlichen Bedeutung und Auswirkungen für den Stpfl. Bei Versicherungsbeiträgen kommt es auf die Funktion der Versicherung und das abgesicherte Risiko an (→ BFH vom 21.7.2009 – BStBl. 2010 II S. 38).
- Kirchensteuer → H 10.7 (Willkürliche Zahlungen).

Erstattungsüberhänge.
- → BMF vom 24.5.2017 (BStBl. I S. 820), Rz. 203, 204.[1)]
- Die Hinzurechnung nach § 10 Abs. 4b Satz 3 EStG erfolgt auch dann, wenn sich die erstattete Zahlung im Zahlungsjahr nicht steuermindernd ausgewirkt hat (→ BFH vom 12.3.2019 – BStBl. II S. 658).

R 10.2 Unterhaltsleistungen an den geschiedenen oder dauernd getrennt lebenden Ehegatten

(1) Der Antrag nach § 10 Abs. 1 Nr. 1 EStG[2)] kann auf einen Teilbetrag der Unterhaltsleistungen beschränkt werden.

(2) [1]Die Zustimmung wirkt auch dann bis auf Widerruf, wenn sie im Rahmen eines Vergleichs erteilt wird. [2]Die Zustimmung zum Abzug von Unterhaltsleistungen als Sonderausgaben dem Grunde nach wirkt auch für die Erhöhung des Höchstbetrags nach § 10 Abs. 1 Nr. 1 Satz 2 EStG.[3)] [3]Dies gilt unabhängig davon, wann die Zustimmung erteilt wurde.

(3) Leistet jemand Unterhalt an mehrere Empfänger, sind die Unterhaltsleistungen an jeden bis zum Höchstbetrag abziehbar.

H 10.2

Allgemeines.
- Durch Antrag und Zustimmung werden alle in dem betreffenden VZ geleisteten Unterhaltsaufwendungen zu Sonderausgaben umqualifiziert. Für den Abzug ist es unerheblich, ob es sich um einmalige oder laufende Leistungen bzw. Nachzahlungen oder Vorauszahlungen handelt. Ein Abzug als außergewöhnliche Belastung ist nicht möglich, auch nicht, soweit

---

1) Geänd. durch BMF v. 6.11.2017, BStBl. I 2017, 1455, v. 28.9.2021, BStBl. I 2021, 1833, v. 16.12.2021, DStR 2021, 2972.
2) **[Amtl. Anm.:]** Jetzt § 10 Abs. 1a Nr. 1 EStG.
3) **[Amtl. Anm.:]** Jetzt § 10 Abs. 1a Nr. 1 Satz 2 EStG.

sie den für das Realsplitting geltenden Höchstbetrag übersteigen (→ BFH vom 7.11.2000 – BStBl. 2001 II S. 338).

- Antrag und Zustimmung zum begrenzten Realsplitting können nicht – auch nicht übereinstimmend – zurückgenommen oder nachträglich beschränkt werden (→ BFH vom 22.9.1999 – BStBl. 2000 II S. 218).
- Ein Einkommensteuerbescheid ist nach § 175 Abs. 1 Satz 1 Nr. 2 AO zu ändern, wenn nach Eintritt der Bestandskraft
  - sowohl die Zustimmung erteilt als auch der Antrag nach § 10 Abs. 1a Nr. 1 Satz 1 EStG gestellt werden (→ BFH vom 12.7.1989 – BStBl. II S. 957) oder
  - der Antrag i.V.m. einer nachträglichen Zustimmungserweiterung ausgedehnt wird (→ BFH vom 28.6.2006 – BStBl. 2007 II S. 5).
- Ein Einkommensteuerbescheid ist nach § 175 Abs. 1 Satz 1 Nr. 2 AO nicht zu ändern, wenn der Antrag auf Realsplitting erst nach Bestandskraft des Einkommensteuerbescheids gestellt wird, obwohl die Zustimmungserklärung des Unterhaltsempfängers dem Geber bereits vor Eintritt der Bestandskraft vorlag (→ BFH vom 20.8.2014 – BStBl. 2015 II S. 138).

Erbe. Unterhaltsleistungen, die der Erbe nach § 1586b BGB an den geschiedenen Ehegatten des Erblassers zu erbringen hat, sind nicht als Sonderausgaben abzugsfähig (→ BFH vom 12.11.1997 – BStBl. 1998 II S. 148).

Nicht unbeschränkt steuerpflichtiger Empfänger. Ist der Empfänger nicht unbeschränkt steuerpflichtig, kann ein Abzug der Unterhaltsleistungen bei Vorliegen der Voraussetzungen des § 1a Abs. 1 Nr. 1 EStG oder auf Grund eines DBA in Betracht kommen. Entsprechende Regelungen gibt es z.B. in den DBA Kanada, Artikel 18 Abs. 3 Buchst. d und Protokoll Nr. 8 (BStBl. 2002 I S. 505, 521) und den USA, Artikel 18 Abs. 3 und Protokoll Nr. 15 (BStBl. 2008 I S. 766) sowie in der mit der Schweiz getroffenen Verständigungsvereinbarung, § 21 Abs. 2 Deutsch-Schweizerische Konsultationsvereinbarungsverordnung (BStBl. 2011 I S. 146).[1]

Rechtsanwaltskosten. Rechtsanwaltskosten, die ein Stpfl. aufwendet, um die Zustimmung seines geschiedenen oder dauernd getrennt lebenden unbeschränkt steuerpflichtigen Ehegatten zum begrenzten Realsplitting zu erlangen, sind keine Unterhaltsleistungen (→ BFH vom 10.3.1999 – BStBl. II S. 522).

Unterhaltsleistungen. Es ist unerheblich, ob die Unterhaltsleistungen freiwillig oder auf Grund gesetzlicher Unterhaltspflicht erbracht werden. Auch als Unterhalt erbrachte Sachleistungen sind zu berücksichtigen (→ BFH vom 12.4.2000 – BStBl. 2002 II S. 130).

Wohnungsüberlassung.

- Bei unentgeltlicher Wohnraumüberlassung kann der Mietwert als Sonderausgabe abgezogen werden. Befindet sich die überlassene Wohnung im Miteigentum des geschiedenen oder dauernd getrennt lebenden Ehegatten, kann der überlassende Ehegatte neben dem Mietwert seines Miteigentumsanteils auch die von ihm auf Grund der Unterhaltsvereinba-

[1] In der Loseblattsammlung **Doppelbesteuerungsabkommen** sind sämtliche DBA mit Vereinbarungen und die wichtigsten Verwaltungsanweisungen abgedruckt.

rung getragenen verbrauchsunabhängigen Kosten für den Miteigentumsanteil des anderen Ehegatten als Sonderausgabe abziehen (→ BFH vom 12.4.2000 – BStBl. 2002 II S. 130).
– Zur Wohnungsüberlassung an den geschiedenen oder dauernd getrennt lebenden Ehegatten bei Abschluss eines Mietvertrages → H 21.4 (Vermietung an Unterhaltsberechtigte).

Zustimmung.
– Die Finanzbehörden sind nicht verpflichtet zu prüfen, ob die Verweigerung der Zustimmung rechtsmissbräuchlich ist (→ BFH vom 25.7.1990 – BStBl. II S. 1022).
– Im Fall der rechtskräftigen Verurteilung zur Erteilung der Zustimmung (§ 894 Abs. 1 ZPO; → BFH vom 25.10.1988 – BStBl. 1989 II S. 192) wirkt sie nur für das Kj., das Gegenstand des Rechtsstreits war.
– Stimmt der geschiedene oder dauernd getrennt lebende Ehegatte dem der Höhe nach beschränkten Antrag auf Abzug der Unterhaltszahlungen als Sonderausgaben zu, beinhaltet dies keine der Höhe nach unbeschränkte Zustimmung für die Folgejahre (→ BFH vom 14.4.2005 – BStBl. II S. 825).
– Der **Widerruf** der Zustimmung muss vor Beginn des Kj., für den er wirksam werden soll, erklärt werden. Er ist gegenüber dem Wohnsitzfinanzamt sowohl des Unterhaltsleistenden als auch des Unterhaltsempfängers möglich. Wird er gegenüber dem Wohnsitzfinanzamt des Unterhaltsempfängers erklärt, ist das Wissen dieser Behörde für die Änderungsbefugnis nach § 173 Abs. 1 Nr. 1 AO des für die Veranlagung des Unterhaltsleistenden zuständigen Finanzamtes ohne Bedeutung (→ BFH vom 2.7.2003 – BStBl. II S. 803).

R 10.3 Versorgungsleistungen

(1) Versorgungsleistungen, die mit steuerbefreiten Einkünften, z.B. auf Grund eines DBA, in wirtschaftlichem Zusammenhang stehen, können nicht als Sonderausgaben abgezogen werden.

(2) Versorgungsleistungen, die freiwillig oder auf Grund einer freiwillig begründeten Rechtspflicht geleistet werden, sind grundsätzlich nicht als Sonderausgaben abziehbar. [2]Das gilt auch für Zuwendungen an eine gegenüber dem Stpfl. oder seinem Ehegatten gesetzlich unterhaltsberechtigte Person oder an deren Ehegatten (§ 12 Nr. 2 EStG).

H 10.3

Ablösung eines Nießbrauchs oder eines anderen Nutzungsrechts.
– → BMF vom 11.3.2010 (BStBl. I S. 227)[1] unter Berücksichtigung der Änderungen durch BMF vom 6.5.2016 (BStBl. I S. 476), Rz. 25 und 85.
– → BMF vom 30.9.2013 (BStBl. I S. 1184), Rz. 55–67.

Altenteilsleistung. Der Wert unbarer Altenteilsleistungen ist nach § 2 Abs. 2 SvEV vom 21.12.2006 (BGBl. I S. 3385)[2] in der für den jeweiligen VZ

---

[1] Ergänzend siehe BMF v. 20.11.2019, BStBl. I 2019, 1291, geänd. durch BMF v. 5.5. 2021, BStBl. I 2021, 696, Rn. 40.

[2] Fassung für **2020** durch VO v. 29.11.2019, BGBl. I 2019, 1997, für **2021** durch VO v. 15.12.2020, BGBl. I 2020, 2933, für **2022** durch VO v. 6.12.2021, BGBl. I 2021, 5187 (**Steuergesetze** Nr. **21**).

geltenden Fassung zu schätzen (→ BFH vom 18.12.1990 – BStBl. 1991 II S. 354).

Beerdigungskosten. Soweit der Vermögensübernehmer kein Erbe und vertraglich zur Übernahme der durch den Tod des letztverstorbenen Vermögensübergebers entstandenen Beerdigungskosten verpflichtet ist, kann er die durch den Tod des letztverstorbenen Vermögensübergebers entstandenen Beerdigungskosten als dauernde Last abziehen (→ BFH vom 19.1.2010 – BStBl. II S. 544). Ist er hingegen Alleinerbe, sind die Beerdigungskosten auch dann nicht abziehbar, wenn er sich vertraglich zur Übernahme dieser Kosten verpflichtet hat (→ BFH vom 19.1.2010 – BStBl. 2011 II S. 162).

Erbbauzinsen. Erbbauzinsen, die im Zusammenhang mit der Selbstnutzung einer Wohnung im eigenen Haus anfallen, können nicht als dauernde Last abgezogen werden (→ BFH vom 24.10.1990 – BStBl. 1991 II S. 175).

Schuldzinsen. Schuldzinsen zur Finanzierung von als Sonderausgaben abziehbaren privaten Versorgungsleistungen sind nicht als Versorgungsleistungen abziehbar (→ BFH vom 14.11.2001 – BStBl. 2002 II S. 413).

Vermögensübertragung im Zusammenhang mit Versorgungsleistungen. → BMF vom 11.3.2010 (BStBl. I S. 227)[1] unter Berücksichtigung der Änderungen durch BMF vom 6.5.2016 (BStBl. I S. 476).

Vorweggenommene Erbfolge. Zur ertragsteuerlichen Behandlung der vorweggenommenen Erbfolge → BMF vom 13.1.1993 (BStBl. I S. 80) unter Berücksichtigung der Änderungen durch BMF vom 26.2.2007 (BStBl. I S. 269).

R 10.3a Versorgungsausgleich *(unbesetzt)*

H 10.3a

Versorgungsausgleich i. S. d. § 10 Abs. 1a Nr. 4 EStG. Zur einkommensteuerrechtlichen Behandlung der Leistungen auf Grund eines schuldrechtlichen Versorgungsausgleichs → BMF vom 9.4.2010 (BStBl. I S. 323).

R 10.4 Vorsorgeaufwendungen (Allgemeines)

[1] Nach § 10 Abs. 1 Nr. 3 Satz 2 EStG können eigene Beiträge des Kindes zur Basiskranken- und gesetzlichen Pflegeversicherung im Rahmen des Sonderausgabenabzugs bei den Eltern berücksichtigt werden, wenn diese das Kind, für das sie Anspruch auf einen Freibetrag nach § 32 Abs. 6 EStG oder auf Kindergeld haben, durch Unterhaltsleistungen in Form von Bar- oder Sachleistungen (z. B. Unterkunft und Verpflegung) unterstützen. [2] Ob das Kind über eigene Einkünfte verfügt, ist insoweit ohne Bedeutung. [3] Allerdings können die Basiskranken- und gesetzlichen Pflegeversicherungsbeiträge des Kindes insgesamt nur einmal als Vorsorgeaufwendungen berücksichtigt werden. [4] Entweder erfolgt die Berücksichtigung nach § 10 Abs. 1 Nr. 3 Satz 2 EStG bei den Eltern oder nach § 10 Abs. 1 Nr. 3 Satz 1 EStG beim Kind.

---

[1] Ergänzend siehe BMF v. 20.11.2019, BStBl. I 2019, 1291, geänd. durch BMF v. 5.5. 2021, BStBl. I 2021, 696, Rn. 40.

H 10.4

Abzug von Vorsorgeaufwendungen.[1)·2)]
- Zum Sonderausgabenabzug für Beiträge nach § 10 Abs. 1 Nr. 2 bis 3a EStG → BMF vom 24.5.2017 (BStBl. I S. 820) unter Berücksichtigung der Ergänzung durch BMF vom 6.11.2017 (BStBl. I S. 1455).[3)]
- Zum Sonderausgabenabzug für im Rahmen einer Unterhaltsverpflichtung getragene Basiskranken- und Pflegepflichtversicherungsbeiträge eines Kindes bei den Eltern → BMF vom 3.4.2019 (BStBl. I S. 254).
- Zur Verfassungsmäßigkeit der beschränkten Abziehbarkeit von Altersvorsorgeaufwendungen → BFH vom 18.11.2009 (BStBl. 2010 II S. 414) und vom 9.12.2009 (BStBl. 2010 II S. 348).

Beitragsrückerstattungen.[4)] Zur steuerlichen Behandlung von Bonusleistungen einer gesetzlichen Krankenversicherung (§ 65a SGB V)[5)] → BMF vom 24.5.2017 (BStBl. I S. 820), Rz. 88, 89.[3)]

Berufsständische Versorgungseinrichtungen.
- Liste der berufsständischen Versorgungseinrichtungen, die den gesetzlichen Rentenversicherungen vergleichbare Leistungen i. S. d. § 10 Abs. 1 Nr. 2 Satz 1 Buchstabe a EStG erbringen → BMF vom 19.6.2020 (BStBl. I S. 617).
- Zum Sonderausgabenabzug bei beschränkt Stpfl. für Pflichtbeiträge an berufsständische Versorgungseinrichtungen (§ 10 Abs. 1 Nr. 2 Buchstabe a, § 50 Abs. 1 Satz 3 EStG) → BMF vom 26.6.2019 (BStBl. I S. 624).

Höchstbetragsregelung. Die Regelung über die beschränkte Abziehbarkeit von sonstigen Vorsorgeaufwendungen (§ 10 Abs. 1 Nr. 3a EStG) ist verfassungsrechtlich nicht zu beanstanden (→ BFH vom 9.9.2015 – BStBl. II S. 1043).

R 10.5 Versicherungsbeiträge

[1]Wird ein Kraftfahrzeug teils für berufliche und teils für private Zwecke benutzt, kann der Stpfl. den Teil seiner **Aufwendungen für die Kfz-Haftpflichtversicherung,** der dem Anteil der privaten Nutzung entspricht, im Rahmen des § 10 EStG als Sonderausgaben abziehen. [2]Werden Aufwendungen für Wege zwischen Wohnung und Arbeitsstätte oder Familienheimfahrten mit eigenem Kraftfahrzeug in Höhe der Entfernungspauschale nach § 9 Abs. 1 Satz 3 Nr. 4 EStG abgezogen, können die Aufwendungen für die Kfz-Haftpflichtversicherung zur Vereinfachung in voller Höhe als Sonderausgaben anerkannt werden.

H 10.5

Beiträge an ausländische Sozialversicherungsträger. Zur Aufteilung der an ausländische Sozialversicherungsträger geleisteten Globalbeiträge zur Be-

---

1) Zu den Auswirkungen der Anhebung des Mindestrentenalters vom 60. auf das 62. Lebensjahr ab 2012 siehe BMF v. 6.3.2012, BStBl. I 2012, 238.

2) Zu Vorsorgeeinrichtungen nach der zweiten Säule der schweizerischen Altersvorsorge siehe BMF v. 27.7.2016, BStBl. I 2016, 759.

3) Geänd. durch BMF v. 6.11.2017, BStBl. I 2017, 1455, v. 28.9.2021, BStBl. I 2021, 1833, v. 16.12.2021, DStR 2021, 2972.

4) Prämienzahlungen aufgrund von § 53 Abs. 1 SGB V mindern wie Beitragsrückerstattungen den Sonderausgabenabzug; siehe BFH v. 6.6.2018 X R 41/17, BStBl. II 2018, 648.

5) **Aichberger SGB** Nr. **5**.

rücksichtigung der Vorsorgeaufwendungen im Rahmen des Sonderausgabenabzugs → BMF vom 15.10.2019 (BStBl. I S. 985).[1]

Erbschaftsteuerversicherung.

– Zum Begriff der Erbschaftsteuerversicherung → BMF vom 1.10.2009 (BStBl. I S. 1172),[2] Rz. 30.
– Die Beiträge gehören zu den sonstigen Vorsorgeaufwendungen nach § 10 Abs. 1 Nr. 3a EStG (→ BMF vom 24.5.2017 – BStBl. I S. 820, Rz. 121–124).[3]

Kapitalwahlrecht. Für vor dem 1.10.1996 abgeschlossene Verträge ist Abschnitt 88 Abs. 1 Satz 4 EStR 1987 weiter anzuwenden. Abschnitt 88 Abs. 1 Satz 4 EStR 1987 lautet: „Beiträge zu Rentenversicherungen mit Kapitalwahlrecht gegen laufende Beitragsleistung können als Sonderausgaben abgezogen werden, wenn die Auszahlung des Kapitals frühestens zu einem Zeitpunkt nach Ablauf von zwölf Jahren seit Vertragsabschluß verlangt werden kann."

Keine Sonderausgaben. Die als Sonderausgaben zu berücksichtigenden Aufwendungen sind in § 10 EStG abschließend aufgezählt. Nicht benannte Aufwendungen können nicht als Sonderausgaben abgezogen werden (→ BFH vom 4.2.2010 – BStBl. II S. 617). Hierzu zählen z.B. Beiträge für eine

– Hausratversicherung,
– Kaskoversicherung,
– Rechtsschutzversicherung,
– Sachversicherung.

Krankentagegeldversicherung. Die Beiträge gehören zu den sonstigen Vorsorgeaufwendungen nach § 10 Abs. 1 Nr. 3a EStG (→ BMF vom 24.5.2017 – BStBl. I S. 820, Rz. 121–124).[3]

Lebensversicherung (Vertragsabschluss vor dem 1.1.2005).

– Allgemeines/Grundsätze
  - → BMF vom 22.8.2002 (BStBl. I S. 827) unter Berücksichtigung der Änderungen durch BMF vom 1.10.2009 (BStBl. I S. 1188).
  - → Auszug aus dem EStG 2002 in der am 31.12.2004 geltenden Fassung.
  - → Verzeichnis der ausländischen Versicherungsunternehmen, denen die Erlaubnis zum Betrieb eines nach § 10 Abs. 1 Nr. 2 EStG a. F. begünstigten Versicherungszweigs im Inland erteilt ist – Stand: 1.1.2004.[4]
– Beiträge zu Lebensversicherungen mit Teilleistungen auf den Erlebensfall vor Ablauf der Mindestvertragsdauer von zwölf Jahren sind auch nicht teilweise als Sonderausgaben abziehbar (→ BFH vom 27.10.1987 – BStBl. 1988 II S. 132).

---

[1] Für **VZ 2021** siehe BMF v. 13.11.2020, BStBl. I 2020, 1215, für **VZ 2022** siehe BMF v. 19.11.2021, BStBl. I 2021, 2275.

[2] Geänd. durch BMF v. 6.3.2012, BStBl. I 2012, 238 v. 11.11.2016, BStBl. I 2016, 1238, und v. 29.9.2017, BStBl. I 2017, 1314.

[3] Geänd. durch BMF v. 6.11.2017, BStBl. I 2017, 1455, v. 28.9.2021, BStBl. I 2021, 1833, v. 16.12.2021, DStR 2021, 2972.

[4] Siehe auch EESSI-Verzeichnis der EU-Kommission (Öffentliches Verzeichnis der europäischen Institutionen der sozialen Sicherheit).

– Einsatz von Lebensversicherungen zur Tilgung oder Sicherung von Darlehen → BMF vom 15.6.2000 (BStBl. I S. 1118) und vom 16.7.2012 (BStBl. I S. 686).

Loss-of-Licence-Versicherung. Beiträge zur Berufsunfähigkeitsversicherung eines Flugzeugführers sind regelmäßig Sonderausgaben, keine Werbungskosten (→ BFH vom 13.4.1976 – BStBl. II S. 599).

Pflegekrankenversicherung. Die Beiträge zu einer ergänzenden Pflegekrankenversicherung gehören zu den sonstigen Vorsorgeaufwendungen nach § 10 Abs. 1 Nr. 3a EStG (→ BMF vom 24.5.2017 – BStBl. I S. 820, Rz. 121–124).[1)]

Pflegerentenversicherung. Die Beiträge gehören zu den sonstigen Vorsorgeaufwendungen nach § 10 Abs. 1 Nr. 3a EStG (→ BMF vom 24.5.2017 – BStBl. I S. 820, Rz. 121–124).[1)]

Unfallversicherung.

– Zuordnung von Versicherungsbeiträgen zu Werbungskosten oder Sonderausgaben → BMF vom 28.10.2009 (BStBl. I S. 1275), Tz. 4.
– Soweit die Beiträge nicht den Werbungskosten zuzuordnen sind, liegen sonstige Vorsorgeaufwendungen nach § 10 Abs. 1 Nr. 3a EStG vor (→ BMF vom 24.5.2017 – BStBl. I S. 820, Rz. 121–124).[1)]

Versorgungsbeiträge Selbständiger. Beiträge, für die eine gesetzliche Leistungspflicht besteht, stellen, auch soweit sie auf die sog. „alte Last" entfallen, regelmäßig keine Betriebsausgaben dar, wenn sie gleichzeitig der eigenen Versorgung oder der Versorgung der Angehörigen dienen (→ BFH vom 13.4.1972 – BStBl. II S. 728 und 730).
Sie können in diesem Fall als Sonderausgaben im Rahmen des § 10 EStG abgezogen werden.

Vertragseintritt. Wer in den Lebensversicherungsvertrag eines anderen eintritt, kann nur die nach seinem Eintritt fällig werdenden Beiträge als Sonderausgaben abziehen; der Eintritt gilt nicht als neuer Vertragsabschluss (→ BFH vom 9.5.1974 – BStBl. II S. 633).

R 10.6 Nachversteuerung von Versicherungsbeiträgen

[1] Bei einer Nachversteuerung nach § 30 EStDV wird der Steuerbescheid des Kalenderjahres, in dem die Versicherungsbeiträge für Versicherungen i. S. d. § 10 Abs. 1 Nr. 3 Buchstabe b EStG als Sonderausgaben berücksichtigt worden sind, nicht berichtigt. [2] Es ist lediglich festzustellen, welche Steuer für das jeweilige Kalenderjahr festzusetzen gewesen wäre, wenn der Stpfl. die Versicherungsbeiträge nicht geleistet hätte. [3] Der Unterschiedsbetrag zwischen dieser Steuer und der seinerzeit festgesetzten Steuer ist als Nachsteuer für das Kalenderjahr zu erheben, in dem das steuerschädliche Ereignis eingetreten ist.

H 10.6

Nachsteuer. Bei Berechnung der Nachsteuer nach § 10 Abs. 5 EStG findet § 177 AO keine Anwendung; bisher nicht geltend gemachte Aufwendun-

---

1) Geänd. durch BMF v. 6.11.2017, BStBl. I 2017, 1455, v. 28.9.2021, BStBl. I 2021, 1833, v. 16.12.2021, DStR 2021, 2972.

gen können nicht nachgeschoben werden (→ BFH vom 15.12.1999 – BStBl. 2000 II S. 292).

Nachversteuerung für Versicherungsbeiträge bei Ehegatten im Falle ihrer getrennten Veranlagung. Sind die Ehegatten in einem dem VZ 1990 vorangegangenen Kj. nach § 26a EStG in der für das betreffende Kj. geltenden Fassung getrennt veranlagt worden und waren in ihren zusammengerechneten Sonderausgaben mit Ausnahme des Abzugs für den steuerbegünstigten nicht entnommenen Gewinn und des Verlustabzugs Versicherungsbeiträge enthalten, für die eine Nachversteuerung durchzuführen ist, ist nach Abschnitt 109a EStR 1990 zu verfahren.

Veräußerung von Ansprüchen aus Lebensversicherungen. Die Veräußerung von Ansprüchen aus Lebensversicherungen führt weder zu einer Nachversteuerung der als Sonderausgaben abgezogenen Versicherungsbeiträge noch zur Besteuerung eines etwaigen Überschusses des Veräußerungserlöses über die eingezahlten Versicherungsbeiträge (→ BMF vom 22.8.2002 – BStBl. I S. 827, RdNr. 32 unter Berücksichtigung der Änderungen durch BMF vom 1.10.2009 – BStBl. I S. 1188).

R **10.7** Kirchensteuern und Kirchenbeiträge

(1) [1]Beiträge der Mitglieder von Religionsgemeinschaften (Kirchenbeiträge), die mindestens in einem Land als Körperschaft des öffentlichen Rechts anerkannt sind, aber während des ganzen Kalenderjahres keine Kirchensteuer erheben, sind aus Billigkeitsgründen wie Kirchensteuern abziehbar. [2]Voraussetzung ist, dass der Stpfl. über die geleisteten Beiträge eine Empfangsbestätigung der Religionsgemeinschaft vorlegt. [3]Der Abzug ist bis zur Höhe der Kirchensteuer zulässig, die in dem betreffenden Land von den als Körperschaften des öffentlichen Rechts anerkannten Religionsgemeinschaften erhoben wird. [4]Bei unterschiedlichen Kirchensteuersätzen ist der höchste Steuersatz maßgebend. [5]Die Sätze 1 bis 4 sind nicht anzuwenden, wenn der Stpfl. gleichzeitig als Mitglied einer öffentlich-rechtlichen Religionsgemeinschaft zur Zahlung von Kirchensteuer verpflichtet ist.

(2) Kirchenbeiträge, die nach Absatz 1 nicht wie Kirchensteuer als Sonderausgaben abgezogen werden, können im Rahmen des § 10b EStG steuerlich berücksichtigt werden.

H **10.7**

Beiträge an Religionsgemeinschaften (R 10.7 Abs. 1 Satz 1 bis 3 EStR). Die in R 10.7 Abs. 1 getroffene Regelung stellt eine Billigkeitsmaßnahme (§ 163 AO) dar, die zwingend anzuwenden ist. Der höchstmögliche Abzug beträgt 8% bzw. 9% der festgesetzten Einkommensteuer auf das um die Beiträge geminderte z. v. E.; § 51a Abs. 1 und 2 EStG ist anzuwenden (→ BFH vom 10.10.2001 – BStBl. 2002 II S. 201 und vom 12.6.2002 – BStBl. 2003 II S. 281).

Kirchensteuern an Religionsgemeinschaften in EU-/EWR-Staaten. Auch Kirchensteuerzahlungen an Religionsgemeinschaften, die in einem anderen EU-Mitgliedstaat oder in einem EWR-Staat belegen sind und die bei Inlandsansässigkeit als Körperschaften des öffentlichen Rechts anzuerkennen wären, sind als Sonderausgabe nach § 10 Abs. 1 Nr. 4 EStG abziehbar. Das betrifft die Staaten Finnland (evangelisch-lutherische und orthodoxe Staatskirchen) und Dänemark (evangelisch-lutherische Staatskirche). Soweit in den vorgenannten Staaten andere Religionsgemeinschaften ansässig sind, sind für die fiktive Einordnung als Körperschaft des öffentlichen Rechts die zuständigen Innen- oder Kultusbehörden einzubeziehen (→ BMF vom 16.11.2010 – BStBl. I S. 1311).

Kirchensteuern des Erblassers. Zahlungen auf offene Kirchensteuern des Erblassers durch den Erben sind bei diesem im Jahr der Zahlung als Sonderausgabe abziehbar (→ BFH vom 21.7.2016 – BStBl. 2017 II S. 256).

Kirchensteuern i. S. d. § 10 Abs. 1 Nr. 4 EStG. Sie sind Geldleistungen, die von den als Körperschaften des öffentlichen Rechts anerkannten Religionsgemeinschaften von ihren Mitgliedern auf Grund gesetzlicher Vorschriften erhoben werden. Die Kirchensteuer wird in der Regel als Zuschlagsteuer zur Einkommen- bzw. Lohnsteuer erhoben. Kirchensteuern können aber nach Maßgabe der Gesetze auch erhoben werden als Kirchensteuern vom Einkommen, vom Vermögen, vom Grundbesitz und als Kirchgeld. **Keine Kirchensteuern** sind freiwillige Beiträge, die an öffentlich-rechtliche Religionsgemeinschaften oder andere religiöse Gemeinschaften entrichtet werden.

Willkürliche Zahlungen. Kirchensteuern sind grundsätzlich in dem VZ als Sonderausgabe abzugsfähig, in dem sie tatsächlich entrichtet wurden, soweit es sich nicht um willkürliche, die voraussichtliche Steuerschuld weit übersteigende Zahlungen handelt (→ BFH vom 25.1.1963 – BStBl. III S. 141).

R 10.8 Kinderbetreuungskosten[1] *(unbesetzt)*

H 10.8

Abzugsbeschränkung. Die Beschränkung des Abzugs von Kinderbetreuungskosten auf zwei Drittel der Aufwendungen und einen Höchstbetrag von 4000 Euro je Kind ist verfassungsgemäß (→ BFH vom 9.2.2012 – BStBl. II S. 567).

Anwendungsschreiben. → BMF vom 14.3.2012 (BStBl. I S. 307).

R 10.9 Aufwendungen für die Berufsausbildung

(1) [1] Erhält der Stpfl. zur unmittelbaren Förderung seiner Ausbildung steuerfreie Bezüge, mit denen Aufwendungen i. S. d. § 10 Abs. 1 Nr. 7 EStG abgegolten werden, entfällt insoweit der Sonderausgabenabzug. [2] Das gilt auch dann, wenn die zweckgebundenen steuerfreien Bezüge erst nach Ablauf des betreffenden Kalenderjahres gezahlt werden. [3] Zur Vereinfachung ist eine Kürzung der für den Sonderausgabenabzug in Betracht kommenden Aufwendungen nur dann vorzunehmen, wenn die steuerfreien Bezüge ausschließlich zur Bestreitung der in § 10 Abs. 1 Nr. 7 EStG bezeichneten Aufwendungen bestimmt sind. [4] Gelten die steuerfreien Bezüge dagegen ausschließlich oder teilweise Aufwendungen für den Lebensunterhalt ab – ausgenommen solche für auswärtige Unterbringung –, z. B.

[1] Als Sonderausgaben abziehbare Kinderbetreuungskosten sind um steuerfreie Arbeitgeberzuschüsse (§ 3 Nr. 33 EStG) zur kürzen; BFH v. 14.4.2021 III R 30/20, BStBl. II 2021, 772.

Berufsausbildungsbeihilfen nach § 59 SGB III,[1] Leistungen nach den §§ 12 und 13 BAföG,[2] sind die als Sonderausgaben geltend gemachten Berufsausbildungsaufwendungen nicht zu kürzen.

Nachlaufende Studiengebühren

(2) Staatlich gestundete Studienbeiträge, die erst nach Abschluss des Studiums gezahlt werden (sog. nachlaufende Studiengebühren), sind nach den allgemeinen Grundsätzen des § 11 Abs. 2 EStG im Jahr der Zahlung der gestundeten Beiträge und somit auch nach Abschluss der Berufsausbildung als Sonderausgaben abziehbar.

H 10.9

Aufwendungen i. S. d. § 10 Abs. 1 Nr. 7 EStG:

- **Arbeitsmittel.** Die für Arbeitsmittel i. S. d. § 9 Abs. 1 Satz 3 Nr. 6 EStG geltenden Vorschriften sind sinngemäß anzuwenden. Schafft ein Stpfl. abnutzbare Wirtschaftsgüter von mehrjähriger Nutzungsdauer an, sind im Rahmen des § 10 Abs. 1 Nr. 7 EStG nur die auf die Nutzungsdauer verteilten Anschaffungskosten als Sonderausgaben abziehbar (→ BFH vom 7.5.1993 – BStBl. II S. 676).
  Die Anschaffungs- oder Herstellungskosten von Arbeitsmitteln einschließlich der Umsatzsteuer können im Jahr der Anschaffung oder Herstellung in voller Höhe als Sonderausgaben abgesetzt werden, wenn sie ausschließlich der Umsatzsteuer für das einzelne Arbeitsmittel 800 € nicht übersteigen (→ R 9.12 LStR 2015),[3]
- **häusliches Arbeitszimmer**[4] → BMF vom 6.10.2017 (BStBl. I S. 1320),
- **Fachliteratur** → BFH vom 28.11.1980 (BStBl. 1981 II S. 309),
- **Mehraufwand für Verpflegung** → BFH vom 3.12.1974 (BStBl. 1975 II S. 356), → R 9.6 LStR 2015,[3]
- **Mehraufwand wegen doppelter Haushaltsführung** → R 9.11 LStR 2015.[3]

Ausbildungsdarlehen/Studiendarlehen.

- Abzugshöhe/Abzugszeitpunkt → H 10.1.
- Aufwendungen zur Tilgung von Ausbildungs-/Studiendarlehen gehören nicht zu den abziehbaren Aufwendungen i. S. d. § 10 Abs. 1 Nr. 7 EStG (→ BFH vom 15.3.1974 – BStBl. II S. 513).
- Zinsen für ein Ausbildungsdarlehen gehören zu den abziehbaren Aufwendungen, auch wenn sie nach Abschluss der Berufsausbildung gezahlt werden (→ BFH vom 28.2.1992 – BStBl. II S. 834).
- Ist ein Ausbildungsdarlehen nebst Zuschlag zurückzuzahlen, sind die Aufwendungen für den Zuschlag Ausbildungs- und keine Werbungskosten, wenn damit nachträglich die im Zusammenhang mit der Berufsausbildung gewährten Vorteile abgegolten werden sollen und wenn der Zuschlag nicht weitaus überwiegend als Druckmittel zur Einhaltung der

---

[1] **Aichberger SGB** Nr. 3.
[2] **Sartorius** Nr. 420.
[3] *Nr. 20.*
[4] Zum Begriff des häuslichen Arbeitszimmers siehe BFH-Beschluss v. 27.7.2015 GrS 1/14, BStBl. II 2016, 265.

des Geltungsbereichs des Gesetzes verhängt, angeordnet oder festgesetzt werden, es sei denn, sie widersprechen wesentlichen Grundsätzen der deutschen Rechtsordnung (ordre public). [2]Die Einziehung von Gegenständen, die – neben der Hauptstrafe oder nachträglich nach § 76 StGB oder unter den Voraussetzungen des § 76a StGB selbständig – in den Fällen des § 74 Abs. 2 Nr. 1 oder § 76a StGB angeordnet oder festgesetzt worden ist, stellt eine Rechtsfolge vermögensrechtlicher Art mit überwiegendem Strafcharakter dar. [3]Die mit dem Verfall von Gegenständen bzw. dem Verfall von Tatentgelten (§ 73 StGB) verbundene Vermögenseinbuße dient hingegen der Gewinnabschöpfung und damit in erster Linie dem Ausgleich unrechtmäßiger Vermögensverschiebungen. [4]Ein Strafcharakter kann deshalb in der Regel nicht angenommen werden.

H 12.3

Abführung von Mehrerlösen. → R 4.13.

Geldbußen. → R 4.13.

Leistungen zur Erfüllung von Auflagen oder Weisungen

– sind **nicht abziehbar:**
  - bei Strafaussetzung zur Bewährung,
  - bei Verwarnung mit dem Strafvorbehalt, einen Geldbetrag zugunsten einer gemeinnützigen Einrichtung oder der Staatskasse zu zahlen oder sonst gemeinnützige Leistungen zu erbringen (§ 56b Abs. 2 Satz 1 Nr. 2 und 3, § 59a Abs. 2 StGB),
  - bei Einstellung des Verfahrens (§ 153a Abs. 1 Satz 1 Nr. 2 und 3 StPO); Gleiches gilt bei Einstellung des Verfahrens nach dem Jugendgerichtsgesetz und im Gnadenverfahren;

– sind **ausnahmweise abziehbar:**
  bei Ausgleichszahlungen an das geschädigte Tatopfer zur Wiedergutmachung des durch die Tat verursachten Schadens auf Grund einer Auflage nach § 56b Abs. 2 Satz 1 Nr. 1 StGB (→ BFH vom 15.1.2009 – BStBl. 2010 II S. 111).

Ordnungsgelder. → R 4.13.

Verwarnungsgelder. → R 4.13.

R 12.4 Nichtabziehbare Steuern und Nebenleistungen *(unbesetzt)*

H 12.4

Nebenleistungen.

Die folgenden Nebenleistungen (§ 3 Abs. 4 AO) sind nicht abziehbar, soweit sie auf die in § 12 Nr. 3 EStG genannten Steuerarten entfallen:

– Aussetzungszinsen (§ 237 AO),
– Gebühren für verbindliche Auskünfte (§ 89 Abs. 3 AO),
– Hinterziehungszinsen (§ 235 AO),
– Kosten bei Inanspruchnahme von Finanzbehörden (§ 178a AO),

– Nachforderungszinsen (§ 233a AO),[1]
– Säumniszuschläge (§ 240 AO),
– Stundungszinsen (§ 234 AO),
– Verspätungszuschläge (§ 152 AO),
– Verzögerungsgelder (§ 146 Abs. 2b AO),
– Zuschlag wegen der Nichtvorlage oder Unbrauchbarkeit von Aufzeichnungen (§ 162 Abs. 4 AO),
– Zwangsgelder (§ 329 AO).

Personensteuern.
– Einkommensteuer, einschl. ausländische Steuern vom Einkommen, soweit nicht § 34c Abs. 2 oder 3 EStG anzuwenden ist,
– Erbschaftsteuer,
– Kapitalertragsteuer,
– Kirchensteuer,
– Lohnsteuer,
– Solidaritätszuschlag,
– Vermögensteuer.

Umsatzsteuer bei Anwendung der 1%-Regelung. Die nach § 12 Nr. 3 EStG nicht abziehbare Umsatzsteuer ist bei Anwendung der 1%-Regelung (§ 6 Abs. 1 Nr. 4 Satz 2 EStG) nach umsatzsteuerrechtlichen Maßstäben zu ermitteln. Dabei kommt es nicht auf die tatsächlich festgesetzte Umsatzsteuer an, weil der Umsatzsteuerbescheid kein Grundlagenbescheid für den Einkommensteuerbescheid ist (→ BFH vom 7.12.2010 – BStBl. 2011 II S. 451).

R 12.5 Zuwendungen

[1]Spenden und Mitgliedsbeiträge gehören auch dann zu den Kosten der Lebensführung, wenn sie durch betriebliche Erwägungen mit veranlasst werden. [2]Der Stpfl. kann sie nur im Rahmen der §§ 10b, 34g EStG abziehen.

R 12.6 Wiederkehrende Leistungen *(unbesetzt)*

H 12.6

Abgrenzung zwischen Unterhalts- und Versorgungsleistungen. Einkommensteuerrechtliche Behandlung von wiederkehrenden Leistungen im Zusammenhang mit einer Vermögensübertragung → BMF vom 11.3.2010 (BStBl. I S. 227)[2] unter Berücksichtigung der Änderungen durch BMF vom 6.5.2016 (BStBl. I S. 476).

Gesetzlich unterhaltsberechtigt sind alle Personen, die nach bürgerlichem Recht gegen den Stpfl. oder seinen Ehegatten einen gesetzlichen Unterhaltsanspruch haben können. Die Unterhaltsberechtigung setzt insoweit zivilrechtlich die Unterhaltsbedürftigkeit der unterhaltenen Person voraus (sog. konkrete Betrachtungsweise) (→ BFH vom 5.5.2010 – BStBl. 2011 II S. 115), → H 33a.1 (Unterhaltsberechtigung).

---

[1] *Vgl. auch BFH v. 2.9.2008* VIII R 2/07, BStBl. II 2010, 25.
[2] Ergänzend siehe BMF v. 20.11.2019, BStBl. I 2019, 1291, geänd. durch BMF v. 5.5.2021, BStBl. I 2021, 696, Rn. 40.

Unterhaltsleistungen

- an den geschiedenen oder dauernd getrennt lebenden Ehegatten fallen unter das Abzugsverbot des § 12 Nr. 2 EStG;
- die den Rahmen der gesetzlichen Unterhaltspflicht übersteigen, fallen unter das Abzugsverbot des § 12 Nr. 2 EStG (→ BFH vom 10.4.1953 – BStBl. III S. 157).

Ausnahmen:

- → § 10 Abs. 1a Nr. 1 EStG.
- → § 33a Abs. 1 EStG.

Zu § 13 EStG
(§ 51 EStDV)

R 13.1 Freibetrag für Land- und Forstwirte

[1]Sind mehrere Personen an dem Betrieb beteiligt (Gesellschaft, Gemeinschaft), steht der Freibetrag jedem der Beteiligten zu. [2]§ 13 Abs. 3 EStG gilt auch für nachträgliche Einkünfte aus Land- und Forstwirtschaft. [3]Der Freibetrag wird auch einem Stpfl. ungeschmälert gewährt, der einen Betrieb der Land- und Forstwirtschaft im Laufe eines VZ übernommen hat oder veräußert bzw. aufgibt.

H 13.1

Zusammenveranlagung. Alle Einkünfte aus Land- und Forstwirtschaft sind vor Berücksichtigung des Freibetrags nach § 13 Abs. 3 EStG zusammenzurechnen (→ BFH vom 25.2.1988 – BStBl. II S. 827).

R 13.2 Abgrenzung der gewerblichen und landwirtschaftlichen Tierzucht und Tierhaltung

Feststellung der Tierbestände

(1)[1)] [1]Bei der Feststellung der Tierbestände ist von den regelmäßig und nachhaltig im Wirtschaftsjahr **erzeugten** und den **im Durchschnitt** des Wirtschaftsjahres gehaltenen Tieren auszugehen. [2]Als erzeugt gelten Tiere, deren Zugehörigkeit zum Betrieb sich auf eine Mastperiode oder auf einen Zeitraum von weniger als einem Jahr beschränkt und die danach verkauft oder verbraucht werden. [3]Die übrigen Tiere sind mit dem **Durchschnittsbestand** des Wirtschaftsjahres zu erfassen. [4]Abweichend von den Sätzen 2 und 3 ist bei Mastrindern mit einer Mastdauer von weniger als einem Jahr, bei Kälbern und Jungvieh, bei Schafen unter einem Jahr und bei Damtieren unter einem Jahr stets vom Jahresdurchschnittsbestand auszugehen. [5]Der ermittelte Tierbestand ist zum Zwecke der Abgrenzung der landwirtschaftlichen Tierzucht und Tierhaltung von der gewerblichen in Vieheinheiten (VE) umzurechnen, wobei folgender Umrechnungsschlüssel maßgebend ist

---

1) Züchtung und Haltung von Kleintieren zum Verkauf als Haustiere oder als Lebendfutter ist Gewerbebetrieb; siehe BFH v. 16.12.2004 IV R 4/04, BStBl. II 2005, 347.

1. Für Tiere, die nach dem **Durchschnittsbestand** zu erfassen sind:[1]

Alpakas:	0,08 VE
Damtiere:	
Damtiere unter 1 Jahr	0,04 VE
Damtiere 1 Jahr und älter	0,08 VE
Geflügel:	
Legehennen (einschließlich einer normalen Aufzucht zur Ergänzung des Bestandes)	0,02 VE
Legehennen aus zugekauften Junghennen	0,0183 VE
Zuchtputen, -enten, -gänse	0,04 VE
Kaninchen:	
Zucht- und Angorakaninchen	0,025 VE
Lamas:	0,10 VE
Pferde:	
Pferde unter drei Jahren und Kleinpferde	0,70 VE
Pferde drei Jahre und älter	1,10 VE
Rindvieh:	
Kälber und Jungvieh unter 1 Jahr (einschließlich Mastkälber, Starterkälber und Fresser)	0,30 VE
Jungvieh 1 bis 2 Jahre alt	0,70 VE
Färsen (älter als 2 Jahre)	1,00 VE
Masttiere (Mastdauer weniger als 1 Jahr)	1,00 VE
Kühe (einschließlich Mutter- und Ammenkühe mit den dazugehörigen Saugkälbern)	1,00 VE
Zuchtbullen, Zugochsen	1,20 VE
Schafe:	
Schafe unter 1 Jahr (einschließlich Mastlämmer)	0,05 VE
Schafe 1 Jahr und älter	0,10 VE
Schweine:	
Zuchtschweine (einschließlich Jungzuchtschweine über etwa 90 kg)	0,33 VE
Strauße:	
Zuchttiere 14 Monate und älter	0,32 VE
Jungtiere/Masttiere unter 14 Monate	0,25 VE
Ziegen:	0,08 VE

[1] **Altweltkameliden** (Trampeltiere und Dromedare) ... 0,70 VE; siehe FM Ba-Wü v. 30.8.1999, DB 1999, 1832.

2. Für Tiere, die nach ihrer **Erzeugung** zu erfassen sind:

Geflügel:

Jungmasthühner (bis zu 6 Durchgänge je Jahr – schwere Tiere)	0,0017 VE
(mehr als 6 Durchgänge je Jahr – leichte Tiere)	0,0013 VE
Junghennen	0,0017 VE
Mastenten	0,0033 VE
Mastenten in der Aufzuchtphase	0,0011 VE
Mastenten in der Mastphase	0,0022 VE
Mastputen	
aus selbst erzeugten Jungputen	0,0067 VE
aus zugekauften Jungputen	0,0050 VE
Jungputen (bis etwa 8 Wochen)	0,0017 VE
Mastgänse	0,0067 VE

Kaninchen:

Mastkaninchen	0,0025 VE

Rindvieh:

Masttiere (Mastdauer 1 Jahr und mehr)	1,00 VE

Schweine:

Leichte Ferkel (bis etwa 12 kg)	0,01 VE
Ferkel (über etwa 12 bis etwa 20 kg)	0,02 VE
Schwere Ferkel und leichte Läufer (über etwa 20 bis etwa 30 kg)	0,04 VE
Läufer (über etwa 30 bis etwa 45 kg)	0,06 VE
Schwere Läufer (über etwa 45 bis etwa 60 kg)	0,08 VE
Mastschweine	0,16 VE
Jungzuchtschweine bis etwa 90 kg	0,12 VE

Wenn Schweine aus zugekauften Tieren erzeugt werden, ist dies bei der Umrechnung in VE entsprechend zu berücksichtigen:

Beispiel:

Mastschweine aus zugekauften Läufern
0,16 VE – 0,06 VE = 0,10 VE.

Zuordnung

(2) [1] Übersteigt die Zahl der Vieheinheiten nachhaltig den für die maßgebende Fläche angegebenen Höchstsatz, gehört der darüber hinausgehende Tierbestand zur gewerblichen Tierzucht und Tierhaltung. [2] Es kann jedoch ein *Zweig des Tierbestandes immer* nur im Ganzen zur landwirtschaftlichen oder gewerblichen Tierzucht und Tierhaltung gehören. [3] Hat ein Betrieb einen Tierbestand mit mehreren Zweigen, richtet sich deren Zuordnung nach ihrer Flächenabhängigkeit. [4] Der gewerblichen Tierzucht und Tierhaltung sind zunächst die weniger flächenabhängigen Zweige des Tierbestandes zuzurechnen. [5] Weniger flächenabhängig ist die Erzeugung und Haltung von Schweinen und Geflügel, mehr flächenabhängig die Erzeugung und Haltung von Pferden, Rindvieh und Schafen. [6] Innerhalb der beiden Gruppen der weniger oder mehr

flächenabhängigen Tierarten ist jeweils zuerst der Zweig der gewerblichen Tierzucht und Tierhaltung zuzurechnen, der die größere Zahl von VE hat. [7] Für die Frage, ab wann eine landwirtschaftliche oder eine gewerbliche Tierzucht und Tierhaltung vorliegt, ist R 15.5 Abs. 2 entsprechend anzuwenden.

Regelmäßig landwirtschaftlich genutzte Fläche (→ § 51 Abs. 1a BewG)[1)]

(3) [1] **Dazu** gehören:
- die selbstbewirtschafteten eigenen Flächen,
- die selbstbewirtschafteten zugepachteten Flächen,
- Flächen, die auf Grund öffentlicher Förderungsprogramme stillgelegt werden.

[2] **Nicht dazu** gehören:
- Abbauland,
- Geringstland,
- Unland,
- Hof- und Gebäudeflächen,
- weinbaulich genutzte Flächen,
- forstwirtschaftlich genutzte Flächen,
- innerhalb der gärtnerischen Nutzung die Nutzungsteile Gemüse-, Blumen- und Zierpflanzenbau und Baumschulen.

[3] Mit der **Hälfte** sind zu berücksichtigen:
- Obstbaulich genutzte Flächen, die so angelegt sind, dass eine regelmäßige landwirtschaftliche Unternutzung stattfindet.

[4] Mit einem **Viertel** sind zu berücksichtigen:
- Almen,
- Hutungen.

Gemeinschaftliche Tierhaltung

(4) Die vorstehenden Grundsätze der Absätze 1 bis 3 sind bei gemeinschaftlicher Tierhaltung entsprechend anzuwenden.

H 13.2

Hektarberechnung. Bei der Anwendung des § 13 Abs. 1 Nr. 1 EStG ist der letzte angefangene Hektar anteilig zu berücksichtigen (→ BFH vom 13.7. 1989 – BStBl. II S. 1036).

Pferdehaltung.
- Die Ausbildung von Pferden zu Renn- und Turnierpferden ist dem Bereich der Land- und Forstwirtschaft zuzurechnen, wenn der Betrieb seiner Größe nach eine ausreichende Futtergrundlage bietet, die Pferde nicht nur ganz kurzfristig dort verbleiben und nach erfolgter Ausbildung an Dritte veräußert werden. Das gilt auch dann, wenn die Tiere nicht im Betrieb selbst aufgezogen, sondern als angerittene Pferde erworben werden (→ BFH vom 31.3.2004 – BStBl. II S. 742).
- Ein landwirtschaftlicher Betrieb wird nicht dadurch zu einem Gewerbebetrieb, dass er Pferde zukauft, sie während einer nicht nur kurzen Auf-

---

1) **Steuergesetze** Nr. **200**.

enthaltsdauer zu hochwertigen Reitpferden ausbildet und dann weiterverkauft (→ BFH vom 17.12.2008 – BStBl. 2009 II S. 453).

Zweige des Tierbestandes bei jeder Tierart. → § 51 Abs. 3 BewG[1] (als Zweig gilt bei jeder Tierart für sich):
- Zugvieh
- Zuchtvieh
- Mastvieh
- übriges Nutzvieh.

Zuchtvieh gilt nur dann als eigener Zweig, wenn die erzeugten Jungtiere überwiegend zum Verkauf bestimmt sind, andernfalls ist es dem Zweig zuzurechnen, dessen Zucht und Haltung es überwiegend dient.

R 13.3 Land- und forstwirtschaftliches Betriebsvermögen *(unbesetzt)*

H 13.3

Baumbestand. Zur steuerlichen Behandlung des Baumbestandes → BMF vom 16.5.2012 (BStBl. I S. 595).

Betrieb.
- Lag nach der Einheitswertfeststellung ein landwirtschaftlicher Betrieb mit Wohn- und Wirtschaftsteil vor und überstieg die Größe der bewirtschafteten Fläche die für die Abgrenzung von einer privaten Gartenbewirtschaftung entwickelte Grenze von 3000 m², ist auch einkommensteuerrechtlich von einem landwirtschaftlichen Betrieb auszugehen, sofern die Beweisanzeichen nicht erschüttert werden (→ BFH vom 5.5.2011 – BStBl. II S. 792).
- Ein Grundstück, welches mehr als 100 km von der Hofstelle entfernt liegt, kann regelmäßig weder dem notwendigen noch dem gewillkürten Betriebsvermögen eines aktiv bewirtschafteten oder eines verpachteten landwirtschaftlichen Betriebs zugeordnet werden (→ BFH vom 19.7. 2011 – BStBl. 2012 II S. 93).
- Zum Vorliegen eines Forstbetriebs oder Forstteilbetriebs → BMF vom 18.5.2018 (BStBl. I S. 689).
- → Nießbrauch.

Bewertung von Pflanzenbeständen in Baumschulen. → BMF vom 27.6.2014 (BStBl. I S. 1094)[2] und vom 5.10.2018 (BStBl. I S. 1037).

Bewertung von Tieren. → BMF vom 14.11.2001 (BStBl. I S. 864).

Bewertungswahlrecht. Das einmal in Anspruch genommene Wahlrecht bindet den Landwirt grundsätzlich auch für die Zukunft (→ BFH vom 14.4.1988 – BStBl. II S. 672 und vom 17.3.1988 – BStBl. II S. 770).

Eiserne Verpachtung. Zur Gewinnermittlung bei der Verpachtung von Betrieben mit Substanzerhaltungspflicht des Pächters nach §§ 582a, 1048 BGB → BMF vom 21.2.2002 (BStBl. I S. 262).

---

[1] **Steuergesetze** Nr. **200**.
[2] Zeitlich verlängert durch BMF v. 26.11.2021, BStBl. I 2021, 2451, bis zum Ablauf des 2023 endenden Wj.

Forstwirtschaft. Zur Behandlung von forstwirtschaftlichen Flächen als Betriebsvermögen eines Erwerbsbetriebs → BMF vom 18.5.2018 (BStBl. I S. 689).

Jagd. Die Einkünfte aus der Jagd stehen im Zusammenhang mit einem land- und forstwirtschaftlichen Pachtbetrieb, wenn sich das gepachtete Jagdausübungsrecht auf die bewirtschafteten Pachtflächen erstreckt. Bilden die Flächen eines land- und forstwirtschaftlichen Pachtbetriebs einen Eigenjagdbezirk und werden diesem durch Vertrag gestützt auf § 5 Abs. 1 Bundesjagdgesetz Flächen angegliedert, so ist der Zusammenhang der Jagd in dem vergrößerten gepachteten Eigenjagdbezirk mit dem land- und forstwirtschaftlichen Pachtbetrieb jedenfalls dann noch zu bejahen, wenn die Jagd überwiegend auf eigenbetrieblich genutzten Flächen ausgeübt wird. Ist Inhaberin des land- und forstwirtschaftlichen Betriebs eine Personengesellschaft, kann der erforderliche Zusammenhang der Einkünfte aus der Jagd mit dem Betrieb der Personengesellschaft regelmäßig nur gegeben sein, wenn das Jagdausübungsrecht einem Gesellschafter zusteht (→ BFH vom 22.5.2019 – BStBl. II S. 607).

Nießbrauch. Bei den Einkünften aus Land- und Forstwirtschaft hat die Bestellung eines Nießbrauchs zur Folge, dass zwei Betriebe entstehen, nämlich ein ruhender Betrieb in der Hand des nunmehrigen Eigentümers (des Nießbrauchsverpflichteten) und ein wirtschaftender Betrieb in der Hand des Nießbrauchsberechtigten und bisherigen Eigentümers. Die Rechtsprechung zur unentgeltlichen Übertragung eines land- und forstwirtschaftlichen Betriebs unter Nießbrauchsvorbehalt gilt auch für die Übertragung eines Verpachtungsbetriebs (→ BFH vom 8.5.2019 – BStBl. II S. 660).

Übergang zur Buchführung.

- Bei Übergang zur Buchführung haben Land- und Forstwirte ein Wahlrecht, ob sie das Vieh in der Übergangsbilanz nach § 6 Abs. 1 EStG mit einzeln ermittelten Anschaffungs-/Herstellungskosten oder mit Durchschnittswerten bewerten, wenn bis zum Zeitpunkt des Übergangs zur Buchführung der Gewinn nach Durchschnittssätzen auf Grund des §13a EStG ermittelt (→ BFH vom 1.10.1992 – BStBl. 1993 II S. 284) oder geschätzt worden ist (→ BFH vom 4.6.1992 – BStBl. 1993 II S. 276).[1]
- Wechselt der Stpfl. zur Gewinnermittlung nach § 4 Abs. 1 EStG, nachdem er von der Gewinnermittlung nach § 13a EStG zur Gewinnermittlung nach § 4 Abs. 3 EStG übergegangen war, ist bei der Bewertung der Tiere die Bewertungsmethode zugrunde zu legen, die beim Wechsel der Gewinnermittlung zu § 4 Abs. 3 EStG angewandt wurde (→ BFH vom 16.6.1994 – BStBl. II S. 932).

Wiederbepflanzungsrechte im Weinbau. Wiederbepflanzungsrechte im Weinbau sind immaterielle Wirtschaftsgüter. Es handelt sich bei diesen Rechten um nichtabnutzbare Wirtschaftsgüter, wenn ein Ende der Beschränkung des Weinbaus in der EU zum maßgeblichen Bilanzstichtag nicht absehbar ist (→ BFH vom 6.12.2017 – BStBl. 2018 II S. 353).

---

[1] Siehe ferner BFH v. 6.8.1998 IV R 67/97, BStBl. II 1999, 14.

Zuordnung zum Betriebsvermögen eines im Zeitpunkt des Erwerbs verpachteten Grundstücks.
- Ein landwirtschaftliches Grundstück, welches im Zeitpunkt des Erwerbs an einen Dritten verpachtet ist, gehört unmittelbar zum notwendigen Betriebsvermögen eines land- und forstwirtschaftlichen Betriebs, wenn die beabsichtigte Eigenbewirtschaftung in einem Zeitraum von bis zu zwölf Monaten erfolgt.
- Dies gilt gleichermaßen bei einem Verpachtungsbetrieb, wenn das hinzuerworbene Grundstück, welches im Zeitpunkt des Erwerbs an einen Dritten verpachtet ist, in einem Zeitraum von bis zu zwölf Monaten von dem bisherigen Betriebspächter bewirtschaftet wird.
- Ist eine Eigen- bzw. Fremdnutzung des hinzuerworbenen Grundstücks durch den Inhaber bzw. den Pächter des land- und forstwirtschaftlichen Betriebs nicht innerhalb von zwölf Monaten möglich, kann dieses durch eine eindeutige Zuweisungsentscheidung dem gewillkürten Betriebsvermögen des Eigen- bzw. Verpachtungsbetriebs zugeordnet werden.

(→ BFH vom 19.7.2011 – BStBl. 2012 II S. 93).

R 13.4 Rechtsverhältnisse zwischen Angehörigen in einem landwirtschaftlichen Betrieb *(unbesetzt)*

H 13.4

Alleinunternehmerschaft. Hat ein Ehegatte sein Nutzungsrecht an seinen eigenen Grundstücken dem anderen Ehegatten auf Grund eines nachgewiesenen Nutzungsüberlassungsvertrags überlassen, kann dies die Alleinunternehmerschaft des anderen Ehegatten begründen (→ BFH vom 14.8.1986 – BStBl. 1987 II S. 20 und vom 22.1.2004 – BStBl. II S. 500).

Arbeitsverhältnisse zwischen Angehörigen. → R 4.8.

Familiengesellschaft. Eine Familiengesellschaft ist auch auf dem Gebiet der Land- und Fortwirtschaft grundsätzlich anzuerkennen (→ BFH vom 29.5.1956 – BStBl. III S. 246). → R 15.9 ist entsprechend anzuwenden.

Gütergemeinschaft.
- → H 4.2 (12).
- → H 15.9 (1).

Mitunternehmerschaft zwischen Ehegatten. Ehegatten können in der Land- und Forstwirtschaft ohne ausdrücklichen Gesellschaftsvertrag eine Mitunternehmerschaft bilden, wenn jeder der Ehegatten einen erheblichen Teil der selbst bewirtschafteten land- und forstwirtschaftlichen Grundstücke zur Verfügung stellt. Dabei kommt es nicht darauf an, ob dem Ehegatten das Fruchtziehungsrecht an den zur Verfügung gestellten Grundstücken als Alleineigentümer, als Miteigentümer oder als Pächter zusteht. Der zur Begründung einer konkludenten Mitunternehmerschaft erhebliche Teil der selbst bewirtschafteten Flächen muss mindestens 10% der insgesamt land- und forstwirtschaftlich genutzten Eigentums- und Pachtflächen betragen. Dagegen kann ohne vorliegende Vereinbarungen über ein Gesellschaftsverhältnis nicht von einer Mitunternehmerschaft ausgegangen werden, wenn

jeder Ehegatte einen eigenen landwirtschaftlichen Betrieb unterhält. Für diesen Fall genügt die Selbstbewirtschaftung von landwirtschaftlichen Flächen der Ehegatten nicht, um eine konkludente Mitunternehmerschaft zu begründen. Vielmehr ist erforderlich, dass die Ehegatten die Grundstücke gemeinsam in einem Betrieb bewirtschaften, so dass von einer gemeinsamen Zweckverfolgung ausgegangen werden kann (→ BFH vom 25.9.2008 – BStBl. 2009 II S. 989 und vom 16.5.2018 – BStBl. 2019 II S. 60). Bei der Ermittlung des selbst bewirtschafteten land- und forstwirtschaftlichen Grundbesitzes, den jeder Ehegatte zur Verfügung stellt, sind nicht nur landwirtschaftlich, sondern auch forstwirtschaftlich genutzte Flächen einzubeziehen (→ BFH vom 16.5.2018 – BStBl. 2019 II S. 60).
Von einer Mitunternehmerschaft kann ohne vorliegende Vereinbarungen über ein Gesellschaftsverhältnis **nicht** ausgegangen werden, wenn
- den Ehegatten gemeinsam gehörende Grundstücke für Zwecke einer Baumschule genutzt werden, weil die Erzeugnisse einer Baumschule weder Früchte noch wesentliche Bestandteile des Grundstücks darstellen (→ BFH vom 14.8.1986 – BStBl. 1987 II S. 23),
- einem Ehegatten der Grund und Boden und dem anderen Ehegatten das Inventar gehört (→ BFH vom 26.11.1992 – BStBl. 1993 II S. 395),
- ein Ehegatte lediglich auf der familiären Grundlage der ehelichen Lebensgemeinschaft geringfügige Flächen des anderen Ehegatten mitbewirtschaftet (→ BFH vom 2.2.1989 – BStBl. II S. 504),
- einem Ehegatten der Grund und Boden und dem anderen Ehegatten nur die Hofstelle oder ein Anteil daran gehört (→ BFH vom 27.1.1994 – BStBl. II S. 462).

Nutzungsüberlassungsvertrag zwischen Ehegatten. → Alleinunternehmerschaft.

Rechtsverhältnisse zwischen Angehörigen.
- → R 4.8.
- Ein nachträglich vor dem Arbeitsgericht mit Erfolg geltend gemachter Vergütungsanspruch wegen fehlgeschlagener Hofübergabe führt im steuerlichen Sinne nicht automatisch zu Einkünften aus nichtselbständiger Arbeit oder Einkünften aus Land- und Forstwirtschaft. Die Zahlungen sind als sonstige Einkünfte i. S. d. § 22 Nr. 3 EStG zu erfassen (→ BFH vom 8.5.2008 – BStBl. II S. 868).

Wirtschaftsüberlassungsvertrag.
- Ein Wirtschaftsüberlassungsvertrag kann auch vorliegen, wenn die Nutzung einer anderen Person als dem künftigen Hoferben überlassen wird (→ BFH vom 26.11.1992 – BStBl. 1993 II S. 395).
- → H 4.8.
- → H 7.1.

R 13.5 Ermittlung des Gewinns aus Land- und Forstwirtschaft

Gewinnschätzung

(1) [1]Bei Land- und Forstwirten, die zur Buchführung verpflichtet sind, aber keine ordnungsmäßigen Bücher führen, ist der Gewinn im Einzelfall zu schätzen. [2]Land- und Forstwirte, die weder zur Buchführung verpflichtet sind

noch die Voraussetzungen des § 13a Abs. 1 Satz 1 Nr. 2 bis 4 EStG[1] erfüllen, können den Gewinn entweder nach § 4 Abs. 1 EStG oder nach § 4 Abs. 3 EStG ermitteln. [3]Haben sie keine Bücher i. S. d. § 4 Abs. 1 EStG geführt und auch die Betriebseinnahmen und Betriebsausgaben i. S. d. § 4 Abs. 3 EStG nicht aufgezeichnet, ist der Gewinn zu schätzen. [4]Richtsätze, die von den Finanzbehörden aufgestellt werden, können dabei als Anhalt dienen.

Wechsel der Gewinnermittlungsart

(2) [1]Geht ein Land- und Forstwirt zur Gewinnermittlung durch Betriebsvermögensvergleich über, ist für die Aufstellung der Übergangsbilanz nach den Grundsätzen in R 4.6 zu verfahren. [2]Bei einem Wechsel der Gewinnermittlung ist zu beachten, dass die Gewinnermittlung nach § 13a Abs. 3 bis 5 EStG[2] in diesem Zusammenhang der nach § 4 Abs. 1 EStG gleichzustellen ist. [3]Beim Übergang von der Gewinnermittlung nach § 13a Abs. 3 bis 5 EStG[2] zur Gewinnermittlung durch Betriebsvermögensvergleich sind die in die Übergangsbilanz einzustellenden Buchwerte der abnutzbaren Anlagegüter zu schätzen. [4]Dazu sind die Anschaffungs- oder Herstellungskosten beweglicher Anlagegüter um die üblichen Absetzungen zu mindern, die den amtlichen AfA-Tabellen zu entnehmen sind. [5]Geringwertige Wirtschaftsgüter i. S. d. § 6 Abs. 2 EStG, die nach dem 31.12.2007 und vor dem 1.1.2010 angeschafft oder hergestellt worden sind, sind nicht anzusetzen. [6]Der Sammelposten nach § 6 Abs. 2a EStG für Wirtschaftsgüter, die nach dem 31.12.2007 und vor dem 1.1.2010 angeschafft oder hergestellt worden sind, ist mit dem Wert zu berücksichtigen, der sich bei Gewinnermittlung nach § 4 Abs. 1 EStG ergeben hätte.

Nichtanwendung der Nutzungswertbesteuerung nach § 13 Abs. 2 Nr. 2 i. V. m. Abs. 4 EStG im Beitrittsgebiet

(3) § 13 Abs. 2 Nr. 2 EStG kommt im Beitrittsgebiet nicht zur Anwendung.

Entnahme nach § 13 Abs. 5 EStG

(4) [1]Die Steuerfreiheit des Entnahmegewinns nach § 13 Abs. 5 EStG kommt bei Land- und Forstwirten auch dann in Betracht, wenn der entsprechende Grund und Boden erst nach dem 31.12.1986 Betriebsvermögen geworden ist. [2]§ 13 Abs. 5 EStG findet auch im Beitrittsgebiet Anwendung.

H 13.5

Amtliche AfA-Tabellen. Die besonderen betrieblichen Verhältnisse sind auch dann unbeachtlich, wenn für diesen Zeitraum amtliche AfA-Tabellen nicht mehr zur Verfügung gestanden haben (→ BFH vom 10.12.1992 – BStBl. 1993 II S. 344).

Anbauverzeichnis.[3] → § 142 AO.

Beteiligung am allgemeinen wirtschaftlichen Verkehr. Die Annahme von Einkünften aus Land- und Forstwirtschaft setzt eine Beteiligung am allgemeinen wirtschaftlichen Verkehr voraus (→ BFH vom 13.12.2001 – BStBl. 2002 II S. 80).

---

[1] **[Amtl. Anm.:]** Jetzt § 13a Abs. 1 Satz 1 Nr. 2 bis 5 oder Satz 2 EStG.

[2] **[Amtl. Anm.:]** Jetzt § 13a Abs. 4 und 6 EStG.

[3] Siehe auch BMF v. 15.12.1981, BStBl. I 1981, 878.

Ersatzflächenpool. Einrichtung von Ersatzflächenpools durch Land- und Forstwirte für die Vornahme von Ausgleichsmaßnahmen nach den Naturschutzgesetzen → BMF vom 3.8.2004 (BStBl. I S. 716).[1]

Forstwirtschaft. Der erhöhte Betriebsausgabenpauschsatz nach § 4 Abs. 1 Forstschäden-Ausgleichsgesetz ist nicht von Einnahmen aus Kalamitätsnutzungen abzusetzen, die in einem Wj. nach Auslaufen einer Einschlagsbeschränkung steuerlich zu erfassen sind (→ BFH vom 3.2.2010 – BStBl. II S. 546).

Liebhaberei. → H 15.3.

Schätzung nach Richtsätzen.
- Auch bei Gewinnermittlung nach § 4 Abs. 3 EStG berechtigt eine Verletzung der Mitwirkungspflicht zur Schätzung nach Richtsätzen (→ BFH vom 15.4.1999 – BStBl. II S. 481).
- Bei einer Richtsatzschätzung können keine individuellen gewinnmindernden Besonderheiten des Betriebs berücksichtigt werden (→ BFH vom 29.3.2001 – BStBl. II S. 484).

Wechsel der Gewinnermittlungsart.
- → R 4.6.
- → H 7.4 (AfA-Volumen).
- → Anlage (zu R 4.6).[2]

Wohnungen im land- und forstwirtschaftlichen Betriebsvermögen, die unter § 13 Abs. 4 und 5 EStG fallen.
- Zum erforderlichen und üblichen Umfang des zur Wohnung gehörenden Grund und Bodens → BMF vom 4.6.1997 (BStBl. I S. 630) und vom 2.4.2004 (BStBl. I S. 442).
- Bei Abwahl der Nutzungswertbesteuerung ist für die Frage der steuerfreien Entnahme des Grund und Bodens auf den Nutzungs- und Funktionszusammenhang zum Entnahmezeitpunkt abzustellen. Der Nutzungs- und Funktionszusammenhang mit der Wohnung ist auch dann bereits im Zeitpunkt der Abwahl der Nutzungsbesteuerung gelöst, wenn die Nutzungsänderung der Grundstücksfläche tatsächlich erst nach dem Abwahlzeitpunkt erfolgt, die Kausalkette für die spätere Nutzungsänderung indes schon vor dem Abwahlzeitpunkt unwiderruflich in Gang gesetzt worden ist (→ BFH vom 24.4.2008 – BStBl. II S. 707).
- Für die Bestimmung des zur Wohnung gehörenden Grund und Bodens sind die tatsächlichen örtlichen Verhältnisse zum Entnahmezeitpunkt und die zukünftige mögliche Nutzung maßgebend (→ BFH vom 26.9.2001 – BStBl. II S. 762).
- Der zur Wohnung gehörende Grund und Boden kann auch eine in einiger Entfernung vom Hofgrundstück belegene Gartenfläche umfassen, sofern diese vor und nach der Entnahme des Wohnhauses als Hausgarten genutzt wurde (→ BFH vom 26.9.2001 – BStBl. 2002 II S. 78).

---

[1] Geänd. durch BMF v. 11.10.2021, BStBl. I 2021, 2025.
[2] Nr. **1** Anl. 1.

einzelne Wirtschaftsgüter des Feldinventars/der stehenden Ernte, sondern nur einheitlich, bezogen auf das gesamte Feldinventar/die stehende Ernte eines Betriebs, angewendet werden. [5]Das gilt auch dann, wenn sich der Umfang der Wirtschaftsgüter Feldinventar/stehende Ernte ändert (z. B. durch Erwerb oder Zupachtung von Flächen, Änderung der Anbauverhältnisse). [6]Hat ein Verpächter die Vereinfachungsregelung angewendet, kann er im Fall der eisernen Verpachtung seines Betriebs von einer Aktivierung der auf Rückgabe des Feldinventars/der stehenden Ernte gerichteten Sachwertforderung absehen. [7]Die Verpachtung führt insoweit zu keiner Gewinnrealisierung.

Teilbetrieb

(4) [1]Die Veräußerung eines land- und forstwirtschaftlichen → Teilbetriebs liegt vor, wenn ein organisatorisch mit einer gewissen Selbständigkeit ausgestatteter Teil eines Betriebs der Land- und Forstwirtschaft veräußert wird. [2]Der veräußerte Teilbetrieb muss im Wesentlichen die Möglichkeit bieten, künftig als selbständiger Betrieb geführt werden zu können, auch wenn dies noch einzelne Ergänzungen oder Änderungen bedingen sollte.

Veräußerung forstwirtschaftlicher Betriebe, Teilbetriebe oder einzelner forstwirtschaftlicher Grundstücksflächen

(5) Hinsichtlich des Verkaufserlöses, der auf das stehende Holz entfällt, gilt das Folgende:

1. Gewinne, die bei der **Veräußerung** oder Aufgabe **eines** forstwirtschaftlichen **Betriebs oder Teilbetriebs** für das stehende Holz erzielt werden, sind nach § 14 EStG zu versteuern. [2]Veräußerungsgewinn ist hierbei der Betrag, um den der Veräußerungspreis nach Abzug der Veräußerungskosten den Wert des Betriebsvermögens übersteigt, der nach § 4 Abs. 1 EStG für den Zeitpunkt der Veräußerung ermittelt wird. [3]Ist kein Bestandsvergleich für das stehende Holz vorgenommen worden[1)] und hat der Veräußerer den forstwirtschaftlichen Betrieb oder Teilbetrieb schon am 21.6.1948[2)] besessen, ist der Gewinn aus der Veräußerung des stehenden Holzes so zu ermitteln, dass dem auf das stehende Holz entfallenden Veräußerungspreis der Betrag gegenübergestellt wird, mit dem das stehende Holz in dem für den 21.6.1948[2)] maßgebenden Einheitswert des forstwirtschaftlichen Betriebs oder Teilbetriebs enthalten war. [4]Hat der Veräußerer den forstwirtschaftlichen Betrieb oder Teilbetrieb nach dem 20.6.1948[3)] erworben, sind bei der Ermittlung des Veräußerungsgewinns die steuerlich noch nicht berücksichtigten Anschaffungs- oder Erstaufforstungskosten für das stehende Holz dem auf das stehende Holz entfallenden Veräußerungserlös gegenüberzustellen. [5]Bei Veräußerungen im Beitrittsgebiet ist der Buchwert zum 1.7.1990 in den Fällen, in denen kein Bestandsvergleich für das stehende Holz vorgenommen wurde, gem. § 52 Abs. 1 DMBilG[4)] unter Anwendung der Richtlinien für die Ermittlung und Prüfung des Verkehrswertes von Waldflächen und für Nebenentschädigungen (Waldwertermittlungs-Richt-

---

1) Vgl. § 141 Abs. 1 Satz 4 AO.
2) **[Amtl. Anm.:]** Im Saarland: 20.11.1947.
3) **[Amtl. Anm.:]** Im Saarland: 19.11.1947.
4) **Habersack II** Nr. **50**.

linien 1991 – WaldR91 – BAnZ 100a vom 5.6.1991 zu ermitteln. [6]Die Steuer auf den Veräußerungsgewinn ist nach § 34 Abs. 1 oder auf Antrag nach § 34 Abs. 3 EStG zu berechnen (§ 34 Abs. 2 Nr. 1 EStG).

2. Die auf das stehende Holz entfallenden Einnahmen aus der **Veräußerung einzelner forstwirtschaftlicher Grundstücksflächen,** die keinen forstwirtschaftlichen → Teilbetrieb bilden, gehören zu den laufenden Einnahmen des Wirtschaftsjahres. [2]Für die Ermittlung des Gewinns gelten die Grundsätze des § 4 Abs. 1 EStG. [3]Nummer 1 Satz 3 bis 5 ist entsprechend anzuwenden.

Freibetrag

(6) Die Gewährung des Freibetrags nach § 14 Satz 2 i. V. m. § 16 Abs. 4 EStG ist ausgeschlossen, wenn dem Stpfl. für eine Veräußerung oder Aufgabe, die nach dem 31.12.1995 erfolgt ist, ein Freibetrag nach § 14 Satz 2, § 16 Abs. 4 oder § 18 Abs. 3 EStG bereits gewährt worden ist.

H 14

Betriebsverkleinerung.[1])

– Eine Verkleinerung eines land- und forstwirtschaftlichen Betriebs führt nicht zu einer Betriebsaufgabe (→ BFH vom 12.11.1992 – BStBl. 1993 II S. 430).
– Zur Verkleinerung eines Forstbetriebs oder forstwirtschaftlichen Teilbetriebs → BMF vom 18.5.2018 (BStBl. I S. 689), Tz. V.

Eiserne Verpachtung. Zur Gewinnermittlung bei der Verpachtung von Betrieben mit Substanzerhaltungspflicht des Pächters nach §§ 582a, 1048 BGB → BMF vom 21.2.2002 (BStBl. I S. 262).

Feldinventar. Ein Landwirt, der das Feldinventar aktiviert hat, ist daran grundsätzlich auch für die Zukunft gebunden und hat keinen Anspruch darauf, aus Billigkeitsgründen zu einem Verzicht auf die Bewertung wechseln zu können (→ BFH vom 18.3.2010 – BStBl. 2011 II S. 654). Andererseits bindet das in R 14 Abs. 3 eingeräumte Wahlrecht, auf die Aktivierung der Feldbestände zu verzichten, den Landwirt nicht für die Zukunft (→ BFH vom 6.4.2000 – BStBl. II S. 422).

Körperschaft des öffentlichen Rechts als Erbin. Setzt ein Stpfl. eine Körperschaft des öffentlichen Rechts zur Erbin seines land- und forstwirtschaftlichen Betriebes ein, so führt das im Zeitpunkt des Todes zu einer Betriebsaufgabe in der Person des Erblasers (→ BFH vom 19.2.1998 – BStBl. II S. 509).

Parzellenweise Verpachtung. → H 16 (5).

Rückverpachtung. Eine Betriebsveräußerung liegt auch vor, wenn alle wesentlichen Grundlagen eines Betriebs veräußer und sogleich an den Veräußerer zurückverpachtet werden (→ BFH vom 283.1985 – BStBl. II S. 508).

Teilbetrieb.

– → R 14 Abs. 4 und 5 sowie → R 16 Abs. 3.

---

1) Bei Verpachtungsbetrieben siehe aber BFH v. 17.5.2018 VI R 73/15, BFH/NV 2018, 1249.

– Zur Teilbetriebseigenschaft einzelner forstwirtschaftlicher Flächen → BMF vom 18.5.2018 (BStBl. I S. 689), Tz. III.

Verpachtung.[1] Verpächter hat ein Wahlrecht zwischen Betriebsaufgabe und Fortführung des Betriebs (→ BFH vom 15.10.1987 – BStBl. 1988 II S. 260 und vom 28.11.1991 – BStBl. 1992 II S. 521).

Zu § 15 EStG

R 15.1 Selbständigkeit

Versicherungsvertreter

(1) [1]Versicherungsvertreter, die Versicherungsverträge selbst vermitteln (sog. Spezialagenten), sind in vollem Umfang als selbständig anzusehen. [2]Das gilt auch dann, wenn sie neben Provisionsbezügen ein mäßiges festes Gehalt bekommen. [3]Soweit ein Spezialagent nebenbei auch Verwaltungsaufgaben und die Einziehung von Prämien oder Beiträgen übernommen hat, sind die Einnahmen daraus als Entgelte für selbständige Nebentätigkeit zu behandeln. [4]Es ist dabei unerheblich, ob sich z. B. Inkassoprovisionen auf Versicherungen beziehen, die der Spezialagent selbst geworben hat, oder auf andere Versicherungen. [5]Versicherungsvertreter, die mit einem eigenen Büro für einen bestimmten Bezirk sowohl den Bestand zu verwalten als auch neue Geschäfte abzuschließen haben und im Wesentlichen auf Provisionsbasis arbeiten, sind in der Regel Gewerbetreibende.

Hausgewerbetreibende und Heimarbeiter

(2) [1]Hausgewerbetreibende sind im Gegensatz zu Heimarbeitern, deren Tätigkeit als nichtselbständige Arbeit anzusehen ist, selbständige Gewerbetreibende. [2]Die Begriffe des Hausgewerbetreibenden und des Heimarbeiters sind im HAG[2] bestimmt. [3]Wie bei Heimarbeitern ist die Tätigkeit der nach § 1 Abs. 2 Buchstabe a HAG gleichgestellten Personen, „die in der Regel allein oder mit ihren Familienangehörigen in eigener Wohnung oder selbstgewählter Betriebsstätte eine sich in regelmäßigen Arbeitsvorgängen wiederholende Arbeit im Auftrag eines anderen gegen Entgelt ausüben, ohne dass ihre Tätigkeit als gewerblich anzusehen oder dass der Auftraggeber ein Gewerbetreibender oder Zwischenmeister ist", als nichtselbständige Arbeit anzusehen. [4]Dagegen sind die nach § 1 Abs. 2 Buchstaben b bis d HAG gleichgestellten Personen wie Hausgewerbetreibende selbständige Gewerbetreibende. [5]Über die Gleichstellung mit Hausgewerbetreibenden entscheiden nach dem HAG die von den zuständigen Arbeitsbehörden errichteten Heimarbeitsausschüsse. [6]Für die Unterscheidung von Hausgewerbetreibenden und Heimarbeitern ist von dem Gesamtbild des einzelnen Falles auszugehen. [7]Heimarbeiter ist nicht, wer

---

[1] Zur Verpachtung eines land- und forstwirtschaftlichen Betriebs bei gleichzeitiger Schenkung des Inventars an den Pächter siehe BFH v. 8.4.1991 IV R 7/89, BStBl. II 1991, 833. – Zur Verpachtung von Stückländereien siehe BFH v. 18.3.1999 IV R 65/98, BStBl. II 1999, 398. – Zum Verpächterwahlrecht nach Realteilung siehe BFH v. 17.5.2018 VI R 66/15, DStR 2018, 2135.

[2] **Nipperdey I** Nr. **450**.

fremde Hilfskräfte beschäftigt oder die Gefahr des Unternehmens, insbesondere auch wegen wertvoller Betriebsmittel, trägt. [8] Auch eine größere Anzahl von Auftraggebern und ein größeres Betriebsvermögen können die Eigenschaft als Hausgewerbetreibender begründen. [9] Die Tatsache der Zahlung von Sozialversicherungsbeiträgen durch den Auftraggeber ist für die Frage, ob ein Gewerbebetrieb vorliegt, ohne Bedeutung.

Sozialversicherungspflicht

(3) Arbeitnehmerähnliche Selbständige i. S. d. § 2 Satz 1 Nr. 9 SGB VI[1] sind steuerlich regelmäßig selbständig tätig.

H 15.1

Allgemeines.

– Voraussetzung für die Annahme eines Gewerbebetriebes ist die Selbständigkeit der Tätigkeit, d. h., die Tätigkeit muss auf eigene Rechnung (Unternehmerrisiko) und auf eigene Verantwortung (Unternehmerinitiative) ausgeübt werden (→ BFH vom 27.9.1988 – BStBl. 1989 II S. 414).
– Eine nur schwach ausgeprägte, aber im Kern gleichwohl gegebene Unternehmerinitiative kann durch ein eindeutig vorhandenes Unternehmerrisiko dergestalt ausgeglichen werden, dass in der Gesamtschau die für die Annahme gewerblicher Einkünfte erforderliche Selbständigkeit der Betätigung zu bejahen ist (→ BFH vom 7.2.2018 – BStBl. II S. 630).

Freie Mitarbeit. Vertraglich vereinbarte freie Mitarbeit kann ein Arbeitsverhältnis begründen (→ BFH vom 24.7.1992 – BStBl. 1993 II S. 155).

Generalagent. Bei den sog. Generalagenten kommt eine Aufteilung der Tätigkeit in eine selbständige und in eine nichtselbständige Tätigkeit im Allgemeinen nicht in Betracht. Im Allgemeinen ist der Generalagent ein Gewerbetreibender, wenn er das Risiko seiner Tätigkeit trägt, ein Büro mit eigenen Angestellten unterhält, trotz der bestehenden Weisungsgebundenheit in der Gestaltung seines Büros und seiner Zeiteinteilung weitgehend frei ist, der Erfolg seiner Tätigkeit nicht unerheblich von seiner Tüchtigkeit und Initiative abhängt und ihn die Beteiligten selbst als Handelsvertreter und nicht als Arbeitnehmer bezeichnen (→ BFH vom 3.10.1961 – BStBl. III S. 567). Dies gilt auch für Generalagenten eines Krankenversicherungsunternehmens (→ BFH vom 13.4.1967 – BStBl. III S. 398).

Gesamtbeurteilung. Für die Frage, ob ein Stpfl. selbständig oder nichtselbständig tätig ist, kommt es nicht allein auf die vertragliche Bezeichnung, die Art der Tätigkeit oder die Form der Entlohnung an. Entscheidend ist das Gesamtbild der Verhältnisse. Es müssen die für und gegen die Selbständigkeit sprechenden Umstände gegeneinander abgewogen werden; die gewichtigeren Merkmale sind dann für die Gesamtbeurteilung maßgebend (→ BFH vom 12.10.1989 – BStBl. 1990 II S. 64 und vom 18.1.1991 – BStBl. II S. 409).

Handelsvertreter. Ein Handelsvertreter ist auch dann selbständig tätig, wenn Betriebsvermögen nur in geringem Umfang vorhanden ist (→ BFH vom

[1] **Aichberger SGB** Nr. **6**.

31.10.1974 – BStBl. 1975 II S. 115 und BVerfG vom 25.10.1977 – BStBl. 1978 II S. 125).

Hausgewerbetreibender. Hausgewerbetreibender ist, „wer in eigener Arbeitsstätte (eigener Wohnung oder Betriebsstätte) mit nicht mehr als zwei fremden Hilfskräften oder Heimarbeitern im Auftrag von Gewerbetreibenden oder Zwischenmeistern Waren herstellt, bearbeitet oder verpackt, wobei er selbst wesentlich am Stück mitarbeitet, jedoch die Verwertung der Arbeitsergebnisse dem unmittelbar oder mittelbar auftraggebenden Gewerbetreibenden überlässt. Beschafft der Hausgewerbetreibende die Roh- und Hilfsstoffe selbst oder arbeitet er vorübergehend unmittelbar für den Absatzmarkt, wird hierdurch seine Eigenschaft als Hausgewerbetreibender nicht beeinträchtigt" (→ § 2 Abs. 2 HAG).[1)]

Heimarbeiter. Heimarbeiter ist, „wer in selbstgewählter Arbeitsstätte (eigener Wohnung oder selbstgewählter Betriebsstätte) allein oder mit seinen Familienangehörigen im Auftrag von Gewerbetreibenden oder Zwischenmeistern erwerbsmäßig arbeitet, jedoch die Verwertung der Arbeitsergebnisse dem unmittelbar oder mittelbar auftraggebenden Gewerbetreibenden überlässt. Beschafft der Heimarbeiter die Roh- und Hilfsstoffe selbst, wird hierdurch seine Eigenschaft als Heimarbeiter nicht beeinträchtigt" (→ § 2 Abs. 1 HAG).[1)]

Natürliche Personen. Natürliche Personen können z. T. selbständig, z. T. nichtselbständig tätig sein (→ BFH vom 3.7.1991 – BStBl. II S. 802).

Nebentätigkeit und Aushilfstätigkeit. Zur Abgrenzung zwischen selbständiger und nichtselbständiger Tätigkeit → R 19.2 LStR 2015.

Reisevertreter. Bei einem Reisevertreter ist im Allgemeinen Selbständigkeit anzunehmen, wenn er die typische Tätigkeit eines Handelsvertreters i. S. d. § 84 HGB ausübt, d. h. Geschäfte für ein anderes Unternehmen vermittelt oder abschließt und ein geschäftliches Risiko trägt. Nichtselbständigkeit ist jedoch gegeben, wenn der Reisevertreter in das Unternehmen seines Auftraggebers derart eingegliedert ist, dass er dessen Weisungen zu folgen verpflichtet ist. Ob eine derartige Unterordnung unter den geschäftlichen Willen des Auftraggebers vorliegt, richtet sich nach der von dem Reisevertreter tatsächlich ausgeübten Tätigkeit und der Stellung gegenüber seinem Auftraggeber (→ BFH vom 16.1.1952 – BStBl. III S. 79). Der Annahme der Nichtselbständigkeit steht nicht ohne weiteres entgegen, dass die Entlohnung nach dem Erfolg der Tätigkeit vorgenommen wird. Hinsichtlich der Bewegungsfreiheit eines Vertreters kommt es bei der Abwägung, ob sie für eine Selbständigkeit oder Nichtselbständigkeit spricht, darauf an, ob das Maß der Bewegungsfreiheit auf der eigenen Machtvollkommenheit des Vertreters beruht oder Ausfluss des Willens des Geschäftsherrn ist (→ BFH vom 7.12.1961 – BStBl. 1962 III S. 149).

Selbständigkeit.

- Ein **Arztvertreter** kann selbständig tätig sein (→ BFH vom 10.4.1953 – BStBl. III S. 142).
- **Bauhandwerker** sind bei nebenberuflicher **„Schwarzarbeit"** in der Regel nicht Arbeitnehmer des Bauherrn (→ BFH vom 21.3.1975 – BStBl. II S. 513).

[1)] **Nipperdey I** Nr. **450**.

– Übt der **Beratungsstellenleiter eines Lohnsteuerhilfevereins** seine Tätigkeit als freier Mitarbeiter aus, ist er selbständig tätig (→ BFH vom 10.12.1987 – BStBl. 1988 II S. 273).
– Ein früherer **Berufssportler,** der wiederholt entgeltlich bei industriellen Werbeveranstaltungen mitwirkt, ist selbständig tätig (→ BFH vom 3.11.1982 – BStBl. 1983 II S. 182).
– Ein **Bezirksstellenleiter bei Lotto- und Totogesellschaften** ist regelmäßig selbständig tätig (→ BFH vom 14.9.1967 – BStBl. 1968 II S. 193).
– Ein **Fahrlehrer,** der gegen eine tätigkeitsbezogene Vergütung unterrichtet, ist in der Regel selbständig tätig, auch wenn ihm keine Fahrschulerlaubnis erteilt worden ist (→ BFH vom 17.10.1996 – BStBl. 1997 II S. 188).
– Ein **ausländisches Fotomodell,** das zur Produktion von Werbefilmen kurzfristig im Inland tätig wird, kann selbständig tätig sein (→ BFH vom 14.6.2007 – BStBl. 2009 II S. 931).
– Ein **(Berufs-)Fotomodell,** das nur von Fall zu Fall und vorübergehend zu Werbeaufnahmen herangezogen wird, ist selbständig tätig (→ BFH vom 8.6.1967 – BStBl. III S. 618).
– Ein **Fußball-Nationalspieler,** dem der DFB Anteile an den durch die zentrale Vermarktung der Fußball-Nationalmannschaft erwirtschafteten Werbeeinnahmen überlässt, kann selbständig tätig sein (→ BFH vom 22.2.2012 – BStBl. II S. 511).
– Ein **Gerichtsreferendar,** der neben der Tätigkeit bei Gericht für einen Rechtsanwalt von Fall zu Fall tätig ist, steht zu diesem nicht in einem Arbeitsverhältnis, sondern ist selbständig tätig (→ BFH vom 22.3.1968 – BStBl. II S. 455).
– Ein **Gesellschafter-Geschäftsführer** einer Baubetreuungs-GmbH, der neben dieser Tätigkeit als Makler und Finanzierungsvermittler tätig ist, ist auch insoweit selbständig tätig, als er sich zu Garantieleistungen nicht nur Dritten, sondern auch seiner Gesellschaft gegenüber gesondert verpflichtet und sich solche Dienste gesondert vergüten lässt (→ BFH vom 8.3.1989 – BStBl. II S. 572).
– Ein **Knappschaftsarzt,** der neben dieser Tätigkeit eine freie Praxis ausübt, ist auch hinsichtlich seiner Knappschaftspraxis in der Regel selbständig tätig (→ BFH vom 3.7.1959 – BStBl. III S. 344).
– Zur **Abgrenzung zwischen selbständiger und nichtselbständiger Tätigkeit** von **Künstlern** und verwandten Berufen → BMF vom 5.10.1990 (BStBl. I S. 638) unter Berücksichtigung der Neufassung der Anlage durch BMF vom 9.7.2014 (BStBl. I S. 1103); bei der Beurteilung darf nicht einseitig auf die Verpflichtung zur Teilnahme an Proben abgestellt werden (→ BFH vom 30.5.1996 – BStBl. II S. 493).
– Eine **nebenberufliche Lehrkraft** erzielt in der Regel Einkünfte aus selbständiger Arbeit (→ BFH vom 4.10.1984 – BStBl. 1985 II S. 51).
– Ein **Notar,** der außerdem zum **Notariatsverweser** bestellt ist, übt auch dieses Amt selbständig aus (→ BFH vom 12.9.1968 – BStBl. II S. 811).
– Ein **Rechtsanwalt,** der zudem eine Tätigkeit **als Lehrbeauftragter** an einer Hochschule ausübt, kann auch insoweit selbständig tätig sein (→ BFH vom 17.7.1958 – BStBl. III S. 360).
– Bestimmt ein **Rundfunkermittler** im Wesentlichen selbst den Umfang der Tätigkeit und sind seine Einnahmen weitgehend von der Eigeninitiative abhängig, ist er selbständig tätig (→ BFH vom 2.12.1998 – BStBl. 1999 II S. 534).
– Ein **Spitzensportler,** der Sportgeräte öffentlich deutlich sichtbar benutzt, ist mit dem entgeltlichen Werben selbständig tätig (→ BFH vom 19.11.1985 – BStBl. 1986 II S. 424).
– **Nebenberufliche Vertrauensleute einer Buchgemeinschaft** sind keine Arbeitnehmer des Buchclubs, sondern selbständig tätig (→ BFH vom 11.3.1960 – BStBl. III S. 215).
– Eine **Werbedame,** die von ihren Auftraggebern von Fall zu Fall für jeweils kurzfristige Werbeaktionen beschäftigt wird, kann selbständig tätig sein (→ BFH vom 14.6.1985 – BStBl. II S. 661).
– → H 19.0 LStH 2020.[1)]

[1)] Nr. **20**.

Versicherungsvertreter. Selbständige Versicherungsvertreter üben auch dann eine gewerbliche Tätigkeit aus, wenn sie nur für ein einziges Versicherungsunternehmen tätig sein dürfen (→ BFH vom 26.10.1977 – BStBl. 1978 II S. 137).
→ Generalagent.

R **15.2** Nachhaltigkeit *(unbesetzt)*

H **15.2**

Einmalige Handlung.
- Eine einmalige Handlung stellt keine nachhaltige Betätigung dar, wenn sie nicht weitere Tätigkeiten des Stpfl. (zumindest Dulden, Unterlassen) auslöst (→ BFH vom 14.11.1963 – BStBl. 1964 III S. 139).
- → Wiederholungsabsicht.

Mehrzahl selbständiger Handlungen. Nachhaltig sind auch Einzeltätigkeiten, die Teil einer in organisatorischer, technischer und finanzieller Hinsicht aufeinander abgestimmten Gesamttätigkeit sind (→ BFH vom 21.8.1985 – BStBl. 1986 II S. 88).

Nachhaltigkeit – Einzelfälle.
- Bankgeschäfte eines **Bankangestellten,** die in fortgesetzter Untreue zu Lasten der Bank getätigt werden, sind nachhaltig (→ BFH vom 3.7.1991 – BStBl. II S. 802).
- Zur Nachhaltigkeit bei Veräußerung von Grundstücken im Rahmen eines **gewerblichen Grundstückshandels** → BMF vom 26.3.2004 (BStBl. I S. 434).[1)]
- → H 18.1 (Nachhaltige Erfindertätigkeit).
- Zu den Voraussetzungen, unter denen der Erwerb eines Wirtschaftsguts **zum Zweck** der späteren **Veräußerung** als nachhaltige Tätigkeit zu beurteilen ist → BFH vom 28.4.1977 (BStBl. II S. 728) und vom 8.7.1982 (BStBl. II S. 700).

Wertpapiere. Besteht beim An- und Verkauf festverzinslicher Wertpapiere eine Wiederholungsabsicht, kann die Tätigkeit nachhaltig sein (→ BFH vom 31.7.1990 – BStBl. 1991 II S. 66 und vom 6.3.1991 – BStBl. II S. 631).

Wiederholungsabsicht. Eine Tätigkeit ist nachhaltig, wenn sie auf Wiederholung angelegt ist. Da die Wiederholungsabsicht eine innere Tatsache ist, kommt den tatsächlichen Umständen besondere Bedeutung zu. Das Merkmal der Nachhaltigkeit ist daher bei einer Mehrzahl von gleichartigen Handlungen im Regelfall zu bejahen (→ BFH vom 23.10.1987 – BStBl. 1988 II S. 293 und vom 12.7.1991 – BStBl. 1992 II S. 143). Bei **erkennbarer** Wiederholungsabsicht kann bereits eine einmalige Handlung den Beginn einer fortgesetzten Tätigkeit begründen (→ BFH vom 31.7.1990 – BStBl. 1991 II S. 66).

Zeitdauer. Die Zeitdauer einer Tätigkeit allein lässt nicht auf die Nachhaltigkeit schließen (→ BFH vom 21.8.1985 – BStBl. 1986 II S. 88).

---

1) Ergänzend siehe BFH v. 19.2.2009 IV R 10/06, BStBl. II 2009, 533, und v. 30.9.2010 IV R 44/08, BStBl. II 2011, 645.

Zurechnung der Tätigkeit eines Anderen. Bedingen sich die Aktivitäten zweier selbständiger Rechtssubjekte gegenseitig und sind sie derart miteinander verflochten, dass sie nach der Verkehrsanschauung als einheitlich anzusehen sind, können bei der Prüfung der Nachhaltigkeit die Handlungen des Einen dem Anderen zugerechnet werden (→ BFH vom 12.7.2007 – BStBl. II S. 885).

R 15.3 Gewinnerzielungsabsicht *(unbesetzt)*

H 15.3

Abgrenzung der Gewinnerzielungsabsicht zur Liebhaberei[1)]

- bei einem **Architekten** → BFH vom 12.9.2002 (BStBl. 2003 II S. 85),
- bei einem **Bootshandel** mit langjährigen Verlusten → BFH vom 21.7.2004 (BStBl. II S. 1063),
- bei einem **Erfinder** → BFH vom 14.3.1985 (BStBl. II S. 424),
- bei Vermietung einer **Ferienwohnung** → BFH vom 5.5.1988 (BStBl. II S. 778),
- beim Betrieb eines **Gästehauses** → BFH vom 13.12.1984 (BStBl. 1985 II S. 455),
- bei einem als sog. **Generationenbetrieb** geführten Unternehmen → BFH vom 24.8.2000 (BStBl. II S. 674),
- bei einem **gewerblichen Grundstückshandel** → BFH vom 5.4.2017 (BStBl. II S. 1130),
- bei einem unverändert fortgeführten regelmäßig Verluste bringenden **Großhandelsunternehmen** → BFH vom 19.11.1985 (BStBl. 1986 II S. 289),
- bei einem **Künstler** → BFH vom 6.3.2003 (BStBl. II S. 602),
- bei Vercharterung eines **Motorbootes** → BFH vom 28.8.1987 (BStBl. 1988 II S. 10),
- bei einer **Pferdezucht** → BFH vom 27.1.2000 (BStBl. II S. 227),
- bei einem hauptberuflich tätigen **Rechtsanwalt** → BFH vom 22.4.1998 (BStBl. II S. 663) und vom 14.12.2004 (BStBl. 2005 II S. 392),
- bei Betrieb einer **Reitschule** → BFH vom 15.11.1984 (BStBl. 1985 II S. 205),
- bei einem **Schriftsteller** → BFH vom 23.5.1985 (BStBl. II S. 515),
- bei einem **Steuerberater** → BFH vom 31.5.2001 (BStBl. 2002 II S. 276),
- bei Betrieb eines **Trabrennstalls** → BFH vom 19.7.1990 (BStBl. 1991 II S. 333).

Anlaufverluste.

- Verluste der Anlaufzeit sind steuerlich nicht zu berücksichtigen, wenn die Tätigkeit von Anfang an erkennbar ungeeignet ist, auf Dauer einen Gewinn zu erbringen (→ BFH vom 23.5.1985 – BStBl. II S. 515 und vom 28.8.1987 – BStBl. 1988 II S. 10).

---

1) *„Liebhaberei" ist erst nach* Festlegung der Einkunftsart zu überprüfen; siehe BFH v. 29.3.2001 IV R 88/99, BStBl. II 2002, 791. – Zu kleinen Fotovoltaikanlagen und vergleichbaren Blockheizkraftwerken siehe BMF v. 29.10.2021, BStBl. I 2021, 2202.

BStBl. II S. 751, S. 769). Ein Kommanditist ist beispielsweise dann mangels Mitunternehmerinitiative kein Mitunternehmer, wenn sowohl sein Stimmrecht als auch sein Widerspruchsrecht durch Gesellschaftsvertrag faktisch ausgeschlossen sind (→ BFH vom 11.10.1988 – BStBl. 1989 II S. 762).

Mitunternehmerrisiko.

- Mitunternehmerrisiko trägt im Regelfall, wer am Gewinn und Verlust des Unternehmens und an den **stillen Reserven** einschließlich eines etwaigen Geschäftswerts beteiligt ist (→ BFH vom 25.6.1984 – BStBl. II S. 751). Je nach den Umständen des Einzelfalls können jedoch auch andere Gesichtspunkte, z. B. eine besonders ausgeprägte unternehmerische Initiative, verbunden mit einem bedeutsamen Beitrag zur Kapitalausstattung des Unternehmens in den Vordergrund treten (→ BFH vom 27.2. 1980 – BStBl. 1981 II S. 210). Eine Vereinbarung über die Beteiligung an den stillen Reserven ist nicht ausschlaggebend, wenn die stillen Reserven für den Gesellschafter keine wesentliche wirtschaftliche Bedeutung haben (→ BFH vom 5.6.1986 – BStBl. II S. 802). Ein Kommanditist, der nicht an den stillen Reserven einschließlich eines etwaigen Geschäftswerts beteiligt ist und nach dem Gesellschaftsvertrag nur eine übliche Verzinsung seiner Kommanditeinlage erhält, trägt kein Mitunternehmerrisiko und ist deshalb auch dann nicht Mitunternehmer, wenn seine gesellschaftsrechtlichen Mitwirkungsrechte denjenigen eines Kommanditisten entsprechen (→ BFH vom 28.10.1999 – BStBl. 2000 II S. 183).
- Eine Beteiligung am unternehmerischen Risiko liegt bei beschränkt haftenden Gesellschaftern von Personenhandelsgesellschaften, insbesondere bei Kommanditisten, und bei atypisch stillen Gesellschaftern nicht vor, wenn wegen der rechtlichen oder tatsächlichen **Befristung** ihrer gesellschaftlichen Beteiligung eine Teilhabe an der von der Gesellschaft beabsichtigten Betriebsvermögensmehrung in Form eines entnahmefähigen laufenden Gewinns oder eines die Einlage übersteigenden Abfindungsguthabens oder eines Gewinns aus der Veräußerung des Gesellschaftsanteils nicht zu erwarten ist (→ BFH vom 25.6.1984 – BStBl. II S. 751). Die zeitliche Befristung und die fehlende Gewinnerwartung können sich aus den Umständen des Einzelfalls ergeben (→ BFH vom 10.11.1977 – BStBl. 1978 II S. 15).
- Mitunternehmerrisiko setzt voraus, dass der Gesellschafter zugunsten der Gesellschaft sein **eigenes Vermögen** belastet, sei es in Gestalt einer Haftung gegenüber Gläubigern der Gesellschaft, sei es durch Erbringung eines sein Vermögen belastenden Gesellschafterbeitrags (→ BFH vom 13.7.2017 – BStBl. II S. 1133).

***Nachversteuerung des negativen* Kapitalkontos.** Der Betrag des beim Ausscheiden aus der Gesellschaft oder bei Auflösung der Gesellschaft zu versteuernden negativen Kapitalkontos (→ BFH vom 10.11.1980 – BStBl. 1981 II S. 164) ist kein Gewinn aus einer Betriebsvermögensmehrung. Der beim Wegfall eines negativen Kapitalkontos des Kommanditisten zu erfassende Gewinn erlaubt es deshalb nicht, die Teilnahme an einer Betriebsvermögensmehrung im Sinne einer Beteiligung am unternehmerischen Risiko als gegeben anzusehen (→ BFH vom 25.6.1984 – BStBl. II S. 751).

Nießbrauch. Bei Bestellung eines Nießbrauchs am Gesellschaftsanteil bleibt der Nießbrauchsverpflichtete Mitunternehmer (→ BFH vom 1.3.1994 – BStBl. 1995 II S. 241).

Organgesellschaft. Einer Mitunternehmereigenschaft der Komplementär-GmbH steht nicht entgegen, dass sie Organ des Kommanditisten ist (→ BFH vom 10.11.1983 – BStBl. 1984 II S. 150).

Partnerschaftsgesellschaft. Zur zivilrechtlichen Rechtsform der Partnerschaftsgesellschaft → Partnerschaftsgesellschaftsgesetz (PartGG) vom 25.7. 1994 (BGBl. I S. 1744),[1] zuletzt geändert durch Artikel 1 des Gesetzes zur Einführung einer Partnerschaftsgesellschaft mit beschränkter Berufshaftung und zur Änderung des Berufsrechts der Rechtsanwälte, Patentanwälte, Steuerberater und Wirtschaftsprüfer vom 15.7.2013 (BGBl. I S. 2386).

Stiller Gesellschafter.[2]

- Bei einem stillen Gesellschafter ohne Unternehmerinitiative kommt der vermögensrechtlichen Stellung besondere Bedeutung zu (→ BFH vom 25.6.1981 – BStBl. 1982 II S. 59). Um als Mitunternehmer angesehen werden zu können, muss ein solcher stiller Gesellschafter einen Anspruch auf Beteiligung am tatsächlichen Zuwachs des Gesellschaftsvermögens unter Einschluss der stillen Reserven und eines Geschäftswerts haben (→ BFH vom 27.5.1993 – BStBl. 1994 II S. 700). Ohne eine Beteiligung an den stillen Reserven kann ein stiller Gesellschafter dann Mitunternehmer sein, wenn der Unternehmer ihm abweichend von der handelsrechtlichen Regelung ermöglicht, wie ein Unternehmer auf das Schicksal des Unternehmens Einfluss zu nehmen (→ BFH vom 28.1.1982 – BStBl. II S. 389). Beteiligt sich der beherrschende Gesellschafter und alleinige Geschäftsführer einer GmbH an dieser auch noch als stiller Gesellschafter mit einer erheblichen Vermögenseinlage unter Vereinbarung einer hohen Gewinnbeteiligung sowie der Verpflichtung, die Belange bestimmter Geschäftspartner persönlich wahrzunehmen, so handelt es sich um eine atypisch stille Gesellschaft – Mitunternehmerschaft – (→ BFH vom 15.12. 1992 – BStBl. 1994 II S. 702). Gesamthandsvermögen braucht nicht vorhanden zu sein (→ BFH vom 8.7.1982 – BStBl. II S. 700).
- Bei einer GmbH und Still kann sich die Entfaltung einer stark ausgeprägten Mitunternehmerinitiative des stillen Gesellschafters auch aus dessen Stellung als Geschäftsführer der GmbH als Inhaberin des Handelsgewerbes ergeben (→ BFH vom 13.7.2017 – BStBl. II S. 1133).

Strohmannverhältnis. Wer in eigenem Namen, aber für Rechnung eines anderen ein Einzelunternehmen führt oder persönlich haftender Gesellschafter einer Personengesellschaft ist, wird, sofern das Treuhandverhältnis den Geschäftspartnern gegenüber nicht offengelegt wird, regelmäßig allein wegen seiner unbeschränkten Haftung zum (Mit-)Unternehmer. Dies gilt auch dann, wenn er den Weisungen des Treugebers unterliegt und im In-

---

[1] *Zuletzt geänd. durch G v.* 10.8.2021, BGBl. I 2021, 3436 (**Habersack** Nr. **50b**).

[2] Zur Mitunternehmerinitiative eines atypisch still Beteiligten siehe BFH v. 19.7.2018 IV R 10/17, BFH/NV 2018, 1268.

bürgenden Gesellschafter intern von der Inanspruchnahme aus der Bürgschaft freistellen (→ BFH vom 25.7.1995 – BStBl. 1996 II S. 128).
- Zur Haftungsbeschränkung bei einer GbR → BMF vom 18.7.2000 (BStBl. I S. 1198) und vom 28.8.2001 (BStBl. I S. 614).

Wechsel der Rechtsstellung eines Gesellschafters.
- Allein auf Grund des Wechsels der Rechtsstellung eines Kommanditisten in diejenige eines unbeschränkt haftenden Gesellschafters (z.B. auf Grund der Umwandlung der Gesellschaft) ist der für ihn bisher festgestellte verrechenbare Verlust nicht in einen ausgleichsfähigen Verlust umzuqualifizieren (→ BFH vom 14.10.2003 – BStBl. 2004 II S. 115). Die bisher festgestellten verrechenbaren Verluste können jedoch über den Wortlaut des § 15a Abs. 2 EStG hinaus mit künftigen Gewinnanteilen des Gesellschafters verrechnet werden (→ BFH vom 14.10.2003 – BStBl. 2004 II S. 115). Findet der Wechsel in die Rechtsstellung eines unbeschränkt haftenden Gesellschafters innerhalb eines Wj. statt, ist § 15a EStG für das gesamte Wj. nicht anzuwenden (→ BFH vom 14.10.2003 – BStBl. 2004 II S. 118).
- Wechselt der Komplementär während des Wj. in die Rechtsstellung eines Kommanditisten, ist § 15a EStG für das gesamte Wj. und damit für den dem Gesellschafter insgesamt zuzurechnenden Anteil am Ergebnis der KG zu beachten (→ BFH vom 14.10.2003 – BStBl. 2004 II S. 118).
- Der Wechsel der Gesellschafterstellung findet zum Zeitpunkt des entsprechenden Gesellschafterbeschlusses statt. Der Zeitpunkt des Antrages auf Eintragung im Handelsregister ist unmaßgeblich (→ BFH vom 12.2.2004 – BStBl. II S. 423).

Zu § 15b EStG

H 15b

Anwendungsschreiben. → BMF vom 17.7.2007 (BStBl. I S. 542).[1)]

Verfassungsmäßigkeit. § 15b EStG ist bezogen auf das Tatbestandsmerkmal einer „modellhaften Gestaltung“ hinreichend bestimmt (→ BFH vom 6.2. 2014 – BStBl. II S. 465).

Verlustabzug in Erbfällen. → R 10d Abs. 9 Satz 12.

Zu § 16 EStG

R 16. Veräußerung des gewerblichen Betriebs

Betriebsveräußerung im Ganzen

(1) [1] Eine Veräußerung des ganzen Gewerbebetriebs liegt vor, wenn der Betrieb mit seinen wesentlichen Grundlagen gegen Entgelt in der Weise auf einen Erwerber übertragen wird, dass der Betrieb als geschäftlicher Organismus fortgeführt werden kann. [2] Nicht erforderlich ist, dass der Erwerber den Betrieb tatsächlich fortführt.

---

1) Ergänzend siehe BMF v. 29.1.2008, DStR 2008, 561.

H **16** (1)

Aufgabe der bisherigen Tätigkeit.

– Voraussetzung einer Betriebsveräußerung ist, dass der Veräußerer die mit dem veräußerten Betriebsvermögen verbundene Tätigkeit aufgibt (→ BFH vom 12.6.1996 – BStBl. II S. 527).
– Die gelegentliche Vermittlung von Verträgen durch einen aus dem aktiven Erwerbsleben ausgeschiedenen Versicherungsvertreter kann sich in finanzieller, wirtschaftlicher und organisatorischer Hinsicht grundlegend von dem Gewerbebetrieb, den er als Versicherungsbezirksdirektor unterhalten hat, unterscheiden und steht in diesem Fall einer Betriebsveräußerung nicht entgegen (→ BFH vom 18.12.1996 – BStBl. 1997 II S. 573).
– Eine Aufgabe der bisherigen Tätigkeit und somit eine begünstigte Veräußerung i. S. d. § 16 EStG liegt auch dann vor, wenn der Veräußerer als selbständiger Unternehmer nach der Veräußerung des Betriebs für den Erwerber tätig wird (→ BFH vom 17.7.2008 – BStBl. 2009 II S. 43).
– Die Tarifbegünstigung eines Veräußerungsgewinns setzt nicht voraus, dass der Stpfl. jegliche gewerbliche Tätigkeit einstellt. Erforderlich ist lediglich, dass er die in dem veräußerten Betrieb bislang ausgeübte Tätigkeit einstellt und die diesbezüglich wesentlichen Betriebsgrundlagen veräußert (→ BFH vom 3.4.2014 – BStBl. II S. 1000).
– → H 18.3 (Veräußerung).

Betriebsfortführung. Werden nicht der Betriebsorganismus, sondern nur wichtige Betriebsmittel übertragen, während der Stpfl. das Unternehmen in derselben oder in einer veränderten Form fortführt, liegt keine Betriebsveräußerung vor (→ BFH vom 3.10.1984 – BStBl. 1985 II S. 131).

Betriebsübertragung im Zusammenhang mit wiederkehrenden Leistungen. → BMF vom 11.3.2010 (BStBl. I S. 227)[1] unter Berücksichtigung der Änderungen durch BMF vom 6.5.2016 (BStBl. I S. 476).

Funktionsfähiger Betrieb. Eine Betriebsveräußerung setzt voraus, dass im Veräußerungszeitpunkt schon ein funktionsfähiger Betrieb gegeben ist, jedoch nicht, dass der Veräußerer mit den veräußerten wesentlichen Betriebsgrundlagen tatsächlich bereits eine gewerbliche Tätigkeit ausgeübt hat (→ BFH vom 3.4.2014 – BStBl. II S. 1000).

Gewerblich geprägte Personengesellschaft. Besteht die Tätigkeit einer gewerblich geprägten Personengesellschaft sowohl in der Nutzung von Grundbesitz als auch in der Nutzung von Kapitalvermögen, liegt eine nach §§ 16, 34 EStG begünstigte Betriebsveräußerung nur vor, wenn die wesentlichen Grundlagen beider Tätigkeitsbereiche veräußert werden (→ BFH vom 12.12.2000 – BStBl. 2001 II S. 282).

Gewinnermittlung. Hält der Veräußerer Wirtschaftsgüter, die nicht zu den wesentlichen Betriebsgrundlagen gehören, zurück, um sie später bei sich bietender Gelegenheit zu veräußern, ist eine Gewinnermittlung auf Grund Betriebsvermögensvergleichs hinsichtlich dieser Wirtschaftsgüter nach der Betriebsveräußerung nicht möglich (→ BFH vom 22.2.1978 – BStBl. II S. 430).

---

[1] Ergänzend siehe BMF v. 20.11.2019, BStBl. I 2019, 1291, geänd. durch BMF v. 5.5.2021, BStBl. I 2021, 696, Rn. 40.

ßerungs- oder Aufgabegewinn. Soweit jedoch schon früher feststeht, dass ein Ausgleich des negativen Kapitalkontos des Kommanditisten mit künftigen Gewinnanteilen nicht mehr in Betracht kommt, ist dieser Zeitpunkt für die Auflösung des negativen Kapitalkontos maßgebend (→ BFH vom 30.3.2017 – BStBl. II S. 896). Dieser Gewinn ist als laufender Gewinn zu erfassen (→ BFH vom 10.11.1980 – BStBl. 1981 II S. 164). Ist das negative Kapitalkonto des Kommanditisten zu Unrecht nicht aufgelöst worden und die Veranlagung bestandskräftig, kann die Auflösung im Folgejahr nach den Grundsätzen des formellen Bilanzenzusammenhangs nachgeholt werden (→ BFH vom 10.12.1991 – BStBl. 1992 II S. 650 und vom 30.6.2005 – BStBl. II S. 809).

– Die Besteuerung des Veräußerungsgewinns aus der Auflösung eines negativen Kapitalkontos ist sachlich unbillig, wenn dieses durch Verluste entstanden ist, für die die Möglichkeit des Verlustabzugs nach § 10d EStG nicht genutzt werden konnte (→ BFH vom 26.10.1994 – BStBl. 1995 II S. 297), oder durch Verluste aus gewerblicher Tierzucht entstanden ist, die sich wegen § 15 Abs. 4 EStG nicht ausgewirkt haben (→ BFH vom 25.1.1996 – BStBl. II S. 289).

Realteilung. → BMF vom 19.12.2018 (BStBl. 2019 I S. 6).

Sonderbetriebsvermögen.

– Die §§ 16, 34 EStG finden bei der Veräußerung oder Aufgabe eines Mitunternehmeranteils keine Anwendung, wenn gleichzeitig wesentliche Betriebsgrundlagen des Sonderbetriebsvermögens zum Buchwert in ein anderes Betriebs- oder Sonderbetriebsvermögen des Mitunternehmers überführt (→ BFH vom 19.3.1991 – BStBl. II S. 635 und vom 2.10.1997 – BStBl. 1998 II S. 104) oder unentgeltlich auf den Erwerber des Mitunternehmeranteils übertragen werden (→ BFH vom 6.12.2000 – BStBl. 2003 II S. 194). Zur Überführung einer 100%-Beteiligung an einer Kapitalgesellschaft → H 34.5 (Ausgliederung einer 100%-Beteiligung an einer Kapitalgesellschaft).

– Eine nach §§ 16, 34 EStG begünstigte Aufgabe des gesamten Mitunternehmeranteils liegt auch vor, wenn anlässlich der unentgeltlichen Übertragung eines Mitunternehmeranteils ein Wirtschaftsgut des Sonderbetriebsvermögens, das zu den wesentlichen Betriebsgrundlagen gehört, zurückbehalten und in das Privatvermögen überführt wird; zum Mitunternehmeranteil zählt neben dem Anteil am Vermögen der Gesellschaft auch etwaiges Sonderbetriebsvermögen (→ BMF vom 20.11.2019 – BStBl. I S. 1291,[1] Rn. 8 und 9).

– → R 4.2 Abs. 2.

Tausch von Mitunternehmeranteilen. Der Tausch von Mitunternehmeranteilen führt grundsätzlich zur Gewinnrealisierung (→ BFH vom 8.7.1992 – BStBl. II S. 946).

Tod eines Gesellschafters. Die entgeltliche Übernahme aller Wirtschaftsgüter einer Personengesellschaft durch die verbleibenden Gesellschafter bei Ableben eines Gesellschafters führt zur Veräußerung eines Mitunternehmeran-

[1] Geänd. durch BMF v. 5.5.2021, BStBl. I 2021, 696.

teils (→ BFH vom 6.8.2019 – BStBl. 2020 II S. 378). Ein nach R 4.5 Abs. 6 zu ermittelnder Übergangsgewinn ist anteilig dem verstorbenen Gesellschafter zuzurechnen, auch wenn er im Wesentlichen auf der Zurechnung auf die anderen Gesellschafter übergehender Honorarforderungen beruht (→ BFH vom 13.11.1997 – BStBl. 1998 II S. 290).

Unentgeltliche Übertragung an Dritte. Die unentgeltliche Übertragung eines Mitunternehmeranteils auf einen fremden Dritten führt zu einem Veräußerungsverlust in Höhe des Buchwerts des Kapitalkontos, sofern der Übertragende nicht die Absicht hatte, den Empfänger unentgeltlich zu bereichern (→ BFH vom 26.6.2002 – BStBl. 2003 II S. 112).

Veräußerung eines Teils eines Mitunternehmeranteils. Im Fall der Veräußerung eines Teils eines Mitunternehmeranteils ist die positive Ergänzungsbilanz oder -rechnung korrespondierend in Höhe des veräußerten Bruchteils des Anteils aufzulösen und das Mehrkapital insoweit in das anteilige Buchkapital des veräußerten Teilanteils einzubeziehen (→ BFH vom 6.8.2019 – BStBl. 2020 II S. 378).

R 16 (5)

Betriebsverpachtung im Ganzen *(unbesetzt)*

H 16 (5)

Betriebsaufgabeerklärung. Erklärt der Unternehmer ausdrücklich, den Betrieb endgültig eingestellt zu haben, kann er sich später nicht darauf berufen, diese rechtsgestaltende Erklärung sei wirkungslos, weil ihm nicht bewusst gewesen sei, dass mit der Betriebsaufgabe auch die stillen Reserven des verpachteten Betriebsgrundstücks aufzudecken seien (→ BFH vom 22.9.2004 – BStBl. 2005 II S. 160).

Betriebsfortführungsfiktion. Anwendungsschreiben zu § 16 Abs. 3b EStG → BMF vom 22.11.2016 (BStBl. I S. 1326).

Betriebsgrundstück als alleinige wesentliche Betriebsgrundlage.[1] Wird nur das Betriebsgrundstück, ggf. i. V. m. Betriebsvorrichtungen, verpachtet, liegt nur dann eine Betriebsverpachtung im Ganzen vor, wenn das Grundstück die alleinige wesentliche Betriebsgrundlage darstellt (→ BFH vom 17.4.2019 – BStBl. II S. 745). Dies ist regelmäßig bei Groß- und Einzelhandelsunternehmen sowie bei Hotel- und Gaststättenbetrieben der Fall (→ BFH vom 28.8.2003 – BStBl. 2004 II S. 10).

Betriebsüberlassungsvertrag. Ein unentgeltlicher Betriebsüberlassungsvertrag steht einem Pachtvertrag gleich (→ BFH vom 7.8.1979 – BStBl. 1980 II S. 181).

Betriebsvermögen. → H 4.2 (7) Land- und forstwirtschaftlicher Betrieb.

Branchenfremde Verpachtung. Bei einer branchenfremden Verpachtung kommt es nicht zu einer Zwangsbetriebsaufgabe, wenn der Verpächter den Betrieb nach Ablauf des Nutzungsverhältnisses ohne wesentliche Änderung fortführen kann (→ BFH vom 28.8.2003 – BStBl. 2004 II S. 10).

---

[1] Zum Grundstück im Sonderbetriebsvermögen siehe BFH v. 6.11.2008 IV R 51/07, BStBl. II 2009, 303.

Eigenbewirtschaftung. Eine Betriebsverpachtung setzt voraus, dass der Betrieb zuvor von dem Verpächter oder im Fall des unentgeltlichen Erwerbs von seinem Rechtsvorgänger selbst bewirtschaftet worden ist (→ BFH vom 20.4.1989 – BStBl. II S. 863 und BMF vom 23.11.1990 – BStBl. I S. 770).[1]

Eiserne Verpachtung. Zur Gewinnermittlung bei der Verpachtung von Betrieben mit Substanzerhaltungspflicht des Pächters nach §§ 582a, 1048 BGB → BMF vom 21.2.2002 (BStBl. I S. 262).

Form und Inhalt der Betriebsaufgabeerklärung. Zu Form und Inhalt der Betriebsaufgabeerklärung → BFH vom 15.10.1987 (BStBl. 1988 II S. 257, 260).

Gaststättenverpachtung. Eine gewerbliche Gaststättenverpachtung wird nicht bereits deshalb zum „Gaststättenhandel", weil innerhalb von fünf Jahren mehr als drei der verpachteten Gaststätten verkauft werden; für die verbleibenden Teilbetriebe erlischt das Verpächterwahlrecht nicht (→ BFH vom 18.6.1998 – BStBl. II S. 735).

Gemeinsames Eigentum von Pächter und Verpächter an wesentlichen Betriebsgrundlagen. Die Fortführung eines Betriebes im Wege der Betriebsverpachtung ist grundsätzlich nicht möglich, wenn wesentliche Betriebsgegenstände von einem Miteigentümer an einen anderen Miteigentümer verpachtet werden und der Betrieb vor der Verpachtung vom Verpächter und Pächter gemeinsam (z.B. in der Rechtsform einer GbR) geführt worden ist (→ BFH vom 22.5.1990 – BStBl. II S. 780).

Geschäfts- oder Firmenwert. Wird zu Beginn oder während der Verpachtung des Gewerbebetriebs die Betriebsaufgabe erklärt, ist bei der Ermittlung des Aufgabegewinns weder ein originärer noch ein derivativer Geschäfts- oder Firmenwert anzusetzen. Der Geschäfts- oder Firmenwert ist dann zur Versteuerung heranzuziehen, wenn bei einer späteren Veräußerung des Unternehmens ein Entgelt für ihn geleistet wird (→ BFH vom 30.1.2002 – BStBl. II S. 387).

Mitunternehmer. Die Fortführung eines Betriebs im Wege der Verpachtung ist auch dann möglich, wenn ein Gesellschafter bei der Beendigung einer gewerblich tätigen Personengesellschaft wesentliche Betriebsgegenstände behält und an einen früheren Mitgesellschafter verpachtet (→ BFH vom 14.12.1978 – BStBl. 1979 II S. 300).

Parzellenweise Verpachtung. Die parzellenweise Verpachtung der Grundstücke eines land- und forstwirtschaftlichen Betriebs steht der Annahme einer Betriebsverpachtung nicht grundsätzlich entgegen (→ BFH vom 28.11.1991 – BStBl. 1992 II S. 521).

Personengesellschaft. Das Verpächterwahlrecht kann bei Personengesellschaften nur einheitlich ausgeübt werden (→ BFH vom 17.4.1997 – BStBl. 1998 II S. 388).

Produktionsunternehmen. Wird bei Verpachtung eines Produktionsunternehmens der gesamte, umfangreiche Maschinenpark veräußert, hat unbeschadet einer möglichen kurzfristigen Wiederbeschaffbarkeit einzelner

---

[1] Siehe ergänzend BFH v. 19.10.1995 IV R 111/94, BStBl. II 1996, 188.

Produktionsmaschinen der Verpächter jedenfalls eine wesentliche Betriebsgrundlage nicht zur Nutzung überlassen, so dass die übrigen Wirtschaftsgüter zwangsweise entnommen werden und eine Betriebsaufgabe vorliegt (→ BFH vom 17.4.1997 – BStBl. 1998 II S. 388).

Rechtsnachfolger. Im Fall des unentgeltlichen Erwerbs eines verpachteten Betriebs hat der Rechtsnachfolger des Verpächters das Wahlrecht, das erworbene Betriebsvermögen während der Verpachtung fortzuführen (→ BFH vom 17.10.1991 – BStBl. 1992 II S. 392).

Sonderbetriebsvermögen. Ein Wirtschaftsgut des Sonderbetriebsvermögens, das bisher alleinige wesentliche Betriebsgrundlage des Betriebs einer Personengesellschaft war, kann auch dann Gegenstand einer Betriebsverpachtung sein, wenn die Personengesellschaft liquidiert wurde (→ BFH vom 6.11.2008 – BStBl. 2009 II S. 303).

Umgestaltung wesentlicher Betriebsgrundlagen.
- Werden anlässlich der Verpachtung eines Gewerbebetriebs die wesentlichen Betriebsgrundlagen so umgestaltet, dass sie nicht mehr in der bisherigen Form genutzt werden können, entfällt grundsätzlich die Möglichkeit, das Betriebsvermögen fortzuführen; damit entfällt auch die Möglichkeit der Betriebsverpachtung (→ BFH vom 15.10.1987 – BStBl. 1988 II S. 257, 260).
  → Branchenfremde Verpachtung.
- Veräußerungen und Entnahmen von Grundstücken berühren das Fortbestehen eines im Ganzen verpachteten land- und forstwirtschaftlichen Betriebs nur dann, wenn die im Eigentum des Verpächters verbleibenden Flächen nicht mehr ausreichen, um nach Beendigung des Pachtverhältnisses einen land- und forstwirtschaftlichen Betrieb zu bilden. Das Schicksal der Wirtschaftsgebäude ist für die Annahme einer Zwangsbetriebsaufgabe unerheblich (→ BMF vom 1.12.2000 – BStBl. I S. 1556). Ein verpachteter landwirtschaftlicher Betrieb wird nicht mit der Folge einer Zwangsbetriebsaufgabe dadurch zerschlagen, dass der Verpächter nach einem Brandschaden die mitverpachteten Wirtschaftsgebäude nicht wieder aufbaut, sondern die landwirtschaftlichen Nutzflächen nach Auflösung der ursprünglichen Pachtverträge erneut verpachtet und die Hofstelle veräußert (→ BFH vom 26.6.2003 – BStBl. II S. 755).

Verpächterwahlrecht.
- Zweifelsfragen im Zusammenhang mit der Ausübung des Verpächterwahlrechts → BMF vom 17.10.1994 (BStBl. I S. 771).
- Wird ein im Ganzen verpachteter Betrieb teilentgeltlich veräußert, setzt sich das Verpächterwahlrecht beim Erwerber fort (→ BFH vom 6.4.2016 – BStBl. II S. 710).
- Die Grundsätze über das Verpächterwahlrecht gelten sowohl bei Beendigung einer echten als auch einer unechten Betriebsaufspaltung (→ BFH vom 17.4.2019 – BStBl. II S. 745).

Wesentliche Betriebsgrundlagen.
- *Wesentliche* Betriebsgrundlagen sind jedenfalls die Wirtschaftsgüter, die zur Erreichung des Betriebszwecks erforderlich sind und denen ein be-

sonderes wirtschaftliches Gewicht für die Betriebsführung zukommt (→ BFH vom 17.4.1997 – BStBl. 1998 II S. 388). Dabei ist maßgeblich auf die sachlichen Erfordernisse des Betriebs abzustellen – sog. funktionale Betrachtungsweise (→ BFH vom 11.10.2007 – BStBl. 2008 II S. 220). Für diese Beurteilung kommt es auf die Verhältnisse des verpachtenden, nicht auf diejenigen des pachtenden Unternehmens an (→ BFH vom 28.8.2003 – BStBl. 2004 II S. 10).

– Bei einem Autohaus (Handel mit Neu- und Gebrauchtfahrzeugen einschließlich angeschlossenem Werkstattservice) sind das speziell für dessen Betrieb hergerichtete Betriebsgrundstück samt Gebäuden und Aufbauten sowie die fest mit dem Grund und Boden verbundenen Betriebsvorrichtungen im Regelfall die alleinigen wesentlichen Betriebsgrundlagen. Demgegenüber gehören die beweglichen Anlagegüter, insbesondere die Werkzeuge und Geräte, regelmäßig auch dann nicht zu den wesentlichen Betriebsgrundlagen, wenn diese im Hinblick auf die Größe des Autohauses ein nicht unbeträchtliches Ausmaß einnehmen (→ BFH vom 11.10.2007 – BStBl. 2008 II S. 220 und vom 18.8.2009 – BStBl. 2010 II S. 222).

– → Produktionsunternehmen.

R 16 (6)

Unentgeltliche Betriebsübertragung[1] *(unbesetzt)*

H 16 (6)

Betriebsaufgabe. Werden nicht die wesentlichen Grundlagen eines Betriebs oder Teilbetriebs, sondern nur Teile des Betriebsvermögens unentgeltlich übertragen, während der andere Teil der Wirtschaftsgüter in das Privatvermögen übernommen wird, liegt eine Betriebsaufgabe vor. Der begünstigte Veräußerungsgewinn ist in diesem Fall der Unterschiedsbetrag zwischen den Buchwerten und den gemeinen Werten sowohl der unentgeltlich übertragenen als auch der in das Privatvermögen übernommenen Wirtschaftsgüter, vermindert um etwaige Veräußerungskosten (→ BFH vom 27.7.1961 – BStBl. III S. 514).

Erbauseinandersetzung. Zur Annahme einer unentgeltlichen Betriebsübertragung mit der Folge der Anwendung des § 6 Abs. 3 EStG im Zusammenhang mit einer Erbauseinandersetzung → BMF vom 14.3.2006 (BStBl. I S. 253) unter Berücksichtigung der Änderungen durch BMF vom 27.12. 2018 (BStBl. 2019 I S. 11).

Körperschaft als Erbin. → H 16 (2).

Nießbrauch.[2]

– Unentgeltlichkeit liegt auch vor, wenn sich der Übertragende den Nießbrauch an dem Betrieb vorbehält (→ BMF vom 13.1.1993 – BStBl. I S. 80, Tz. 24 i. V. m. Tz. 10).
– Zum Nießbrauch bei land- und forstwirtschaftlichen Betrieben → H 13.3.

---

[1] Zur Fortführung einer § 6b-Rücklage siehe BFH v. 22.9.1994 IV R 61/93, BStBl. II 1995, 367.

[2] Siehe auch BFH v. 25.1.2017 X R 59/14, BStBl. II 2019, 730 und BMF v. 20.11.2019, BStBl. I 2019, 1291, geänd. durch BMF v. 5.5.2021, BStBl. I 2021, 696, Rn. 7.

Übertragung der wesentlichen Betriebsgrundlagen. Für die unentgeltliche Übertragung eines Betriebs oder Teilbetriebs ist Voraussetzung, dass mindestens die wesentlichen Grundlagen des Betriebs oder Teilbetriebs unentgeltlich übertragen worden sind (→ BFH vom 7.8.1979 – BStBl. 1980 II S. 181). Die wesentlichen Betriebsgrundlagen müssen durch einen einheitlichen Übertragungsakt auf den Erwerber überführt werden; eine in mehrere, zeitlich aufeinanderfolgende Einzelakte aufgespaltene Gesamtübertragung kann nur dann als einheitlicher Übertragungsakt angesehen werden, wenn sie auf einem einheitlichen Willensentschluss beruht und zwischen den einzelnen Übertragungsvorgängen ein zeitlicher und sachlicher Zusammenhang besteht (→ BFH vom 12.4.1989 – BStBl. II S. 653).

Übertragung zwischen Ehegatten. Die Übertragung eines Betriebs zwischen Ehegatten auf Grund eines Vermögensauseinandersetzungsvertrags im Zusammenhang mit der Beendigung einer Zugewinngemeinschaft ist ein entgeltliches Geschäft (→ BFH vom 31.7.2002 – BStBl. 2003 II S. 282).

Unentgeltliche Übertragung eines Mitunternehmeranteils.

- Zweifelsfragen zu § 6 Abs. 3 EStG im Zusammenhang mit der unentgeltlichen Übertragung von Mitunternehmeranteilen mit Sonderbetriebsvermögen und von Anteilen an Mitunternehmeranteilen mit Sonderbetriebsvermögen sowie mit der unentgeltlichen Aufnahme in ein Einzelunternehmen → BMF vom 20.11.2019 (BStBl. I S. 1291).[1)]
- Überträgt ein Vater einen Kommanditanteil unentgeltlich auf seine Kinder und wird der Anteil alsbald von den Kindern an Dritte veräußert, kann in der Person des Vaters ein Aufgabegewinn entstehen (→ BFH vom 15.7.1986 – BStBl. II S. 896).

Verdeckte Einlage. Keine unentgeltliche Betriebsübertragung liegt bei verdeckter Einlage eines Einzelunternehmens in eine GmbH vor (→ BMF vom 20.11.2019 – BStBl. I S. 1291, Rn. 2).

Vorweggenommene Erbfolge. Zur Betriebsübertragung im Rahmen der vorweggenommenen Erbfolge → BMF vom 13.1.1993 (BStBl. I S. 80) unter Berücksichtigung der Änderungen durch BMF vom 26.2.2007 (BStBl. I S. 269) und BMF vom 11.3.2010 (BStBl. I S. 227).[2)]

Zurückbehaltene Wirtschaftsgüter. Werden die wesentlichen Grundlagen eines Betriebs, eines Teilbetriebs oder eines Mitunternehmeranteils unentgeltlich übertragen und behält der Stpfl. Wirtschaftsgüter zurück, die innerhalb eines kurzen Zeitraums veräußert oder in das Privatvermögen überführt werden, ist die teilweise Aufdeckung der stillen Reserven nicht steuerbegünstigt (→ BFH vom 19.2.1981 – BStBl. II S. 566).
→ Betriebsaufgabe.

R 16 (7)

Teilentgeltliche Betriebsübertragung *(unbesetzt)*

---

1) *Geänd. durch BMF v. 5.5.2021*, BStBl. I 2021, 696.

2) Ergänzend siehe BMF v. 20.11.2019, BStBl. I 2019, 1291, geänd. durch BMF v. 5.5.2021, BStBl. I 2021, 696, Rn. 40.

– ein Geldgeschäft, das ein Rechtsanwalt, Notar oder Steuerberater tätigt, um einen Mandanten neu zu gewinnen oder zu erhalten (→ BFH vom 22.1.1981 – BStBl. II S. 564),
– eine Beteiligung, die ein Steuerberater zusammen mit einem Mandanten auf dessen Veranlassung an einer Kapitalgesellschaft eingeht, deren Unternehmensgegenstand der freiberuflichen Betätigung wesensfremd ist, und die eigenes wirtschaftliches Gewicht hat (→ BFH vom 23.5.1985 – BStBl. II S. 517),[1]
– eine Lebensversicherung, die ein Rechtsanwalt als Versicherungsnehmer und Versicherungsempfänger im Erlebensfall auf sein Leben oder das seines Sozius abschließt (→ BFH vom 21.5.1987 – BStBl. II S. 710).

Gewillkürtes Betriebsvermögen.
– Der Umfang des Betriebsvermögens wird durch die Erfordernisse des Berufs begrenzt; ein Angehöriger der freien Berufe kann nicht in demselben Umfang gewillkürtes Betriebsvermögen bilden wie ein Gewerbetreibender (→ BFH vom 24.8.1989 – BStBl. 1990 II S. 17).
– Zur Bildung und zum Nachweis → BMF vom 17.11.2004 (BStBl. I S. 1064).

Leibrente. Eine Leibrente als Gegenleistung für anwaltliche Betreuung ist den Einkünften aus freiberuflicher Tätigkeit zuzurechnen (→ BFH vom 26.3. 1987 – BStBl. II S. 597).

Versorgungskasse. Besondere Zuschläge für einen Fürsorgefonds sind Betriebsausgaben, wenn die berufstätigen Ärzte keinerlei Rechte auf Leistungen aus dem Fürsorgefonds haben. Beiträge an die berufsständische Versorgungskasse zur Erlangung einer späteren Altersversorgung oder anderer Versorgungsansprüche sind Sonderausgaben (→ BFH vom 13.4.1972 – BStBl. II S. 728). Wegen der Behandlung als Sonderausgaben → H 10.5 (Versorgungsbeiträge Selbständiger).

R 18.3 Veräußerungsgewinn nach § 18 Abs. 3 EStG

Allgemeines

(1) Bei einer → Veräußerung oder Aufgabe i. S. d. § 18 Abs. 3 EStG gelten die Ausführungen in R 16 entsprechend.

Einbringung

(2) Bei Einbringung einer freiberuflichen Praxis in eine Personengesellschaft ist § 24 UmwStG anzuwenden.

Aufgabe

(3) *Eine Aufgabe einer selbständigen Tätigkeit ist dann anzunehmen, wenn* sie der betreffende Stpfl. mit dem Entschluss einstellt, die Tätigkeit weder fortzusetzen noch das dazugehörende Vermögen an Dritte zu übertragen.

Freibetrag

(4) Die Gewährung des Freibetrags nach § 18 Abs. 3 i. V. m. § 16 Abs. 4 EStG ist ausgeschlossen, wenn dem Stpfl. für eine Veräußerung oder Aufgabe,

[1] Siehe auch BFH v. 1.12.2020 VIII R 21/17, BStBl. II 2021, 609, zu einer Managementbeteiligung eines freiberuflich tätigen Beraters.

die nach dem 31.12.1995 erfolgt ist, ein Freibetrag nach § 14 Satz 2, § 16 Abs. 4 oder § 18 Abs. 3 EStG bereits gewährt worden ist.

H 18.3

Einbringungsgewinn.

– Bei einer Einbringung nach § 24 UmwStG besteht die Möglichkeit der steuerbegünstigten Auflösung sämtlicher stiller Reserven auch dann, wenn der Einbringende und die aufnehmende Gesellschaft ihren Gewinn nach § 4 Abs. 3 EStG ermitteln. Die steuerliche Begünstigung des Einbringungsgewinns setzt voraus, dass der Einbringungsgewinn auf der Grundlage einer Einbringungs- und einer Eröffnungsbilanz ermittelt worden ist (→ BFH vom 5.4.1984 – BStBl. II S. 518 und vom 18.10.1999 – BStBl. 2000 II S. 123); → auch R 4.5 Abs. 6 Satz 2.
– Zur entgeltlichen Aufnahme eines Sozius in eine freiberufliche Einzelpraxis → BMF vom 11.11.2011 (BStBl. I S. 1314), Rdnr. 24.09.

Gesellschaftereintritt in bestehende freiberufliche Sozietät. § 24 UmwStG umfasst auch die Aufnahme weiterer Gesellschafter (→ BFH vom 23.5.1985 – BStBl. II S. 695).

Veräußerung.[1)]

1. Einzelunternehmen.

a) Eine **Veräußerung** i. S. d. § 18 Abs. 3 EStG **liegt vor,** wenn die für die Ausübung wesentlichen wirtschaftlichen Grundlagen, insbesondere die immateriellen Wirtschaftsgüter wie Mandantenstamm und Praxiswert, entgeltlich und definitiv auf einen anderen übertragen werden. Die freiberufliche Tätigkeit in dem bisherigen örtlichen Wirkungskreis muss wenigstens für eine gewisse Zeit eingestellt werden. Die „definitive" Übertragung des Mandantenstamms lässt sich erst nach einem gewissen Zeitablauf abschließend beurteilen. Neben der Dauer der Einstellung der freiberuflichen Tätigkeit sind insbesondere die räumliche Entfernung einer wieder aufgenommenen Berufstätigkeit zur veräußerten Praxis, die Vergleichbarkeit der Betätigungen, die Art und Struktur der Mandate, eine zwischenzeitliche Tätigkeit des Veräußerers als Arbeitnehmer oder freier Mitarbeiter des Erwerbers sowie die Nutzungsdauer des erworbenen Praxiswerts zu berücksichtigen (→ BFH vom 21.8.2018 – BStBl. 2019 II S. 64).[2)]

Unschädlich ist

– wenn der Veräußerer nach der Veräußerung frühere Mandanten auf Rechnung und im Namen des Erwerbers berät oder eine nichtselbständige Tätigkeit in der Praxis des Erwerbers ausübt (→ BFH vom 18.5.1994 – BStBl. II S. 925).
– die Fortführung einer freiberuflichen Tätigkeit in geringem Umfang, wenn die darauf entfallenden Umsätze in den letzten drei Jahren weniger als 10% der gesamten Einnahmen ausmachten (→ BFH vom 7.11.1991 – BStBl. 1992 II S. 457 und vom 29.10.1992 – BStBl. 1993 II S. 182).

[1)] Zum Zeitpunkt der Betriebsveräußerung siehe BFH v. 23.1.1992 IV R 88/90, BStBl. II 1992, 525.

[2)] Siehe dazu auch BFH v. 11.2.2020 VIII B 131/19, BFH/NV 2020, 507.

b) Eine **Veräußerung** i. S. d. § 18 Abs. 3 EStG **liegt nicht vor,** wenn
- ein Steuerberater von seiner einheitlichen Praxis den Teil veräußert, der lediglich in der Erledigung von Buchführungsarbeiten bestanden hat (→ BFH vom 14.5.1970 – BStBl. II S. 566),
- ein Steuerbevollmächtigter, der am selben Ort in einem einheitlichen örtlichen Wirkungskreis, jedoch in organisatorisch getrennten Büros, eine landwirtschaftliche Buchstelle und eine Steuerpraxis für Gewerbetreibende betreibt, die Steuerpraxis für Gewerbetreibende veräußert (→ BFH vom 27.4.1978 – BStBl. II S. 562),
- ein unheilbar erkrankter Ingenieur aus diesem Grund sein technisches Spezialwissen und seine Berufserfahrung entgeltlich auf seinen einzigen Kunden überträgt (→ BFH vom 26.4.1995 – BStBl. 1996 II S. 4).

2. **Mitunternehmeranteil.** Wird der gesamte Mitunternehmeranteil an einer freiberuflich tätigen Personengesellschaft veräußert, muss die Tätigkeit im bisherigen Wirkungskreis für eine gewisse Zeit eingestellt werden (→ BFH vom 23.1.1997 – BStBl. II S. 498).

3. **Teilbetrieb.**
   - Eine begünstigte Teilbetriebsveräußerung setzt neben der Ausübung mehrerer ihrer Art nach verschiedener Tätigkeiten auch eine organisatorische Selbständigkeit der Teilbetriebe voraus. Ist ein Arzt als Allgemeinmediziner und auf arbeitsmedizinischem Gebiet tätig, übt er zwei verschiedene Tätigkeiten aus. Die Veräußerung eines dieser Praxisteile stellt eine tarifbegünstigte Teilpraxisveräußerung dar, sofern den Praxisteilen die notwendige organisatorische Selbständigkeit zukommt (→ BFH vom 4.11.2004 – BStBl. 2005 II S. 208).
   - Eine begünstigte Teilpraxisveräußerung kann vorliegen, wenn ein Steuerberater eine Beratungspraxis veräußert, die er (neben anderen Praxen) als völlig selbständigen Betrieb erworben und bis zu ihrer Veräußerung im Wesentlichen unverändert fortgeführt hat (→ BFH vom 26.6.2012 – BStBl. II S. 777).
   - Keine Teilbetriebsveräußerung bei Veräußerung der „Großtierpraxis" und Rückbehalt der „Kleintierpraxis" (→ BFH vom 29.10.1992 – BStBl. 1993 II S. 182).[1)]

Verpachtung. Beim Tod des Freiberuflers führt die vorübergehende Verpachtung einer freiberuflichen Praxis durch den Erben oder Vermächtnisnehmer bei fehlender Betriebsaufgabeerklärung nicht zur Betriebsaufgabe, wenn der Rechtsnachfolger im Begriff ist, die für die beabsichtigte Praxisfortführung erforderliche freiberufliche Qualifikation zu erlangen (→ BFH vom 12.3.1992 – BStBl. 1993 II S. 36).[2)]

---

1) Ebenso bei Veräußerung einer Kassenpraxis unter Beibehaltung der Privatpatienten; siehe BFH v. 6.3.1997 IV R 28/96, DStRE 1997, 712.

2) Siehe auch BFH v. 14.12.1993 VIII R 13/93, BStBl. II 1994, 922.

Zu § 20 EStG

R 20.1 Werbungskosten bei Einkünften aus Kapitalvermögen

(1) [1] Aufwendungen sind, auch wenn sie gleichzeitig der Sicherung und Erhaltung des Kapitalstamms dienen, insoweit als Werbungskosten zu berücksichtigen, als sie zum Erwerb, Sicherung und Erhaltung von Kapitaleinnahmen dienen. [2] Aufwendungen, die auf Vermögen entfallen, das nicht zur Erzielung von Kapitaleinkünften angelegt ist oder bei dem Kapitalerträge nicht mehr zu erwarten sind, können nicht als Werbungskosten berücksichtigt werden.

(2) [1] Nach den allgemeinen Grundsätzen können u. a. Bankspesen für die Depotverwaltung, Gebühren, Fachliteratur, Reisekosten zur Hauptversammlung, Verfahrensauslagen und Rechtsanwaltskosten als Werbungskosten berücksichtigt werden. [2] Zum Abzug ausländischer Steuern wie Werbungskosten → R 34c.

(3) Absatz 1 und 2 gelten vorbehaltlich des § 2 Abs. 2 Satz 2 EStG.

H 20.1

Abgeltungsteuer – Allgemeines. Zu Einzelfragen zur Abgeltungsteuer → BMF vom 18.1.2016 (BStBl. I S. 85) unter Berücksichtigung der Änderungen durch BMF vom 20.4.2016 (BStBl. I S. 475), vom 16.6.2016 (BStBl. I S. 527), vom 3.5.2017 (BStBl. I S. 739), vom 19.12.2017 (BStBl. 2018 I S. 52), vom 12.4.2018 (BStBl. I S. 624), vom 17.1.2019 (BStBl. I S. 51), vom 10.5.2019 (BStBl. I S. 464) und vom 16.9.2019 (BStBl. I S. 889).[1)]

Anschaffungskosten.

- Ein beim Erwerb einer stillen Beteiligung an den Geschäftsinhaber entrichtetes Ausgabeaufgeld gehört zu den Anschaffungskosten der stillen Beteiligung (→ BFH vom 23.11.2000 – BStBl. 2001 II S. 24).
- Gutachtenkosten im Zusammenhang mit der Anschaffung von GmbH-Geschäftsanteilen sind Anschaffungsnebenkosten, wenn sie nach einer grundsätzlich gefassten Erwerbsentscheidung entstehen und die Erstellung des Gutachtens nicht lediglich eine Maßnahme zur Vorbereitung einer noch unbestimmten, erst später zu treffenden Erwerbsentscheidung darstellt (→ BFH vom 27.3.2007 – BStBl. 2010 II S. 159).
- Zahlt ein Stpfl., der einem Vermögensverwalter Vermögen zur Anlage auf dem Kapitalmarkt überlässt, ein gesondertes Entgelt für die Auswahl zwischen mehreren Gewinnstrategien des Vermögensverwalters (sog. Strategieentgelt), ist das Entgelt den Anschaffungskosten für den Erwerb der Kapitalanlagen zuzurechnen (→ BFH vom 28.10.2009 – BStBl. 2010 II S. 469).

Bond-Stripping. → BMF vom 11.11.2016 (BStBl. I S. 1245).

Gesellschafterdarlehen. Ein Verzicht des Gesellschafters auf ein Gesellschafterdarlehen gegen Besserungsschein kann für Schuldzinsen, die auf ein Refinanzierungsdarlehen gezahlt werden, bis zum Eintritt des Besserungsfalls zu einem Wechsel des Veranlassungszusammenhangs der Aufwendungen hin zu den Beteiligungserträgen gem. § 20 Abs. 1 Nr. 1 EStG führen. Dieser

---

1) Erneut geänd. durch BMF v. 19.2.2021, BStBl. I 2021, 296, und v. 3.6.2021, BStBl. I 2021, 723.

tritt insbesondere dann ein, wenn der Gesellschafter durch den Verzicht auf Zins- und Tilgungsansprüche aus dem Gesellschafterdarlehen die Eigenkapitalbildung und Ertragskraft der Gesellschaft stärken will (→ BFH vom 24.10.2017 – BStBl. 2019 II S. 34).

Sinngemäße Anwendung des § 15a EStG.

– Erst wenn die Gesellschaft endgültig von einer Schuld befreit wird, handelt es sich im Falle der Übernahme einer Gesellschaftsschuld durch den stillen Gesellschafter um die allein maßgebliche „geleistete Einlage" i. S. d. § 15a Abs. 1 Satz 1 EStG. Eine erst später erteilte Genehmigung einer Schuldübernahme durch den Gläubiger wirkt steuerrechtlich nicht auf den Zeitpunkt zurück, in dem der stille Gesellschafter sich dazu verpflichtet hatte (→ BFH vom 16.10.2007 – BStBl. 2008 II S. 126).
– → H 21.2.

Stiller Gesellschafter.

– Die Vereinbarung einer Beteiligung des stillen Gesellschafters am Gewinn des Geschäftsinhabers gilt im Zweifel auch für seine Beteiligung am Verlust. Der Verlustanteil ist dem stillen Gesellschafter nicht nur bis zum Verbrauch seiner Einlage, sondern auch in Höhe seines negativen Einlagekontos zuzurechnen. Spätere Gewinne sind gem. § 15a EStG zunächst mit den auf diesem Konto ausgewiesenen Verlusten zu verrechnen (→ BFH vom 23.7.2002 – BStBl. II S. 858).
– Ein an einer GmbH typisch still beteiligter Gesellschafter kann seinen Anteil an dem laufenden Verlust der GmbH nur dann berücksichtigen, wenn der Verlustanteil im Jahresabschluss der GmbH festgestellt oder vom Finanzamt geschätzt und von der Kapitaleinlage des stillen Gesellschafters abgebucht worden ist (→ BFH vom 28.5.1997 – BStBl. II S. 724 und vom 16.10.2007 – BStBl. 2008 II S. 126). Die Abbuchung als Voraussetzung für die Verlustberücksichtigung entfällt jedoch, soweit durch den Verlustanteil ein negatives Einlagekonto entsteht. Der Verlustanteil entsteht mit seiner Berechnung nach § 232 Abs. 1 HGB auf der Grundlage des Jahresabschlusses des Geschäftsinhabers (→ BFH vom 23.7.2002 – BStBl. II S. 858).
– Zur Behandlung von Verlusten aus stillen Gesellschaften an Kapitalgesellschaften → BMF vom 19.11.2008 (BStBl. I S. 970).
– → Anschaffungskosten.

Verlustabzug in Erbfällen. Verluste i. S. d. § 20 Abs. 6 EStG → R 10d Abs. 9 Satz 9.

Werbungskostenabzugsverbot nach § 20 Abs. 9 EStG.[1]

– **Schuldzinsen, die nach der Veräußerung oder der Aufgabe einer wesentlichen Beteiligung** i. S. d. § 17 Abs. 1 EStG anfallen, sind ab *dem VZ 2009 grundsätzlich nicht* mehr als Werbungskosten bei den Einkünften aus Kapitalvermögen abziehbar (→ BFH vom 1.7.2014 – BStBl. II S. 975 und vom 21.10.2014 – BStBl. 2015 II S. 270).
– Das Werbungskostenabzugsverbot findet auch dann Anwendung, wenn Ausgaben, die nach dem 31.12.2008 getätigt wurden, mit **Kapitalerträ-**

[1] Zu negativen Einlagezinsen siehe BMF v. 18.1.2016, BStBl. I 2016, 85, zuletzt geänd. durch BMF v. 3.6.2021, BStBl. I 2021, 723.

gen zusammenhängen, die bereits **vor dem 1.1.2009** zugeflossen sind (→ BFH vom 2.12.2014 – BStBl. 2015 II S. 387 und vom 9.6.2015 – BStBl. 2016 II S. 199).

– Gegen das Werbungskostenabzugsverbot bestehen **keine verfassungsrechtlichen Bedenken** (→ BFH vom 1.7.2014 – BStBl. II S. 975, vom 28.1.2015 – BStBl. II S. 393 und vom 9.6.2015 – BStBl. 2016 II S. 199).

– Das Werbungskostenabzugsverbot kommt in den Fällen des § 32d Abs. 2 Nr. 1 Satz 1 Buchst. b Satz 1 EStG nicht zur Anwendung (§ 32d Abs. 2 Nr. 1 Satz 2 EStG). Dies gilt grundsätzlich auch dann, wenn von der Gesellschaft die geschuldeten Kapitalerträge nicht gezahlt werden (→ BFH vom 24.10.2017 – BStBl. 2019 II S. 34).

– Zu einer Sicherheits-Kompakt-Rente → H 22.4 (Werbungskosten).

R 20.2 Einnahmen aus Kapitalvermögen

[1] Auf Erträge aus Versicherungen auf den Erlebens- oder Todesfall ist bei Verträgen, die vor dem 1.1.2005 abgeschlossen worden sind, R 154 EStR 2003 weiter anzuwenden. [2] R 154 Satz 4 Buchstabe a EStR 2003 gilt nicht für Zinsen, die nach Ablauf der Mindestlaufzeit von 12 Jahren bei Weiterführung des Versicherungsvertrages gezahlt werden.

R 154 EStR 2003. Einnahmen aus Kapitalvermögen

[1] Zu den Einnahmen aus Kapitalvermögen rechnen nach § 20 Abs. 1 Nr. 6 EStG die außerrechnungsmäßigen und rechnungsmäßigen Zinsen aus den Sparanteilen, die in den Beiträgen zu Versicherungen auf den Erlebens- oder Todesfall enthalten sind. [2] Zu den Einnahmen aus Kapitalvermögen gehören stets Zinsen aus

1. Kapitalversicherungen gegen Einmalbeitrag,
2. Rentenversicherungen mit Kapitalwahlrecht gegen Einmalbeitrag,
3. Rentenversicherungen mit Kapitalwahlrecht gegen laufende Beitragsleistung, bei denen das Kapitalwahlrecht vor Ablauf von 12 Jahren nach Vertragsabschluss ausgeübt werden kann,
4. Kapitalversicherungen gegen laufende Beitragsleistung, wenn der Vertrag nicht für die Dauer von mindestens 12 Jahren abgeschlossen ist,
5. Versicherungen im Sinne des § 10 Abs. 1 Nr. 2 Buchstabe b EStG in den Fällen des § 10 Abs. 2 Satz 2 EStG, wenn die Voraussetzungen für den Sonderausgabenabzug nicht erfüllt sind,
6. Versicherungen auf den Erlebens- oder Todesfall in den Fällen des § 10 Abs. 1 Nr. 2 Buchstabe b *Satz 5* [ab VZ 2004: Satz 6] EStG, wenn die Voraussetzungen für den Sonderausgabenabzug nicht erfüllt sind.

[3] Zinsen aus Versicherungen im Sinne des § 10 Abs. 1 Nr. 2 Buchstabe b EStG rechnen grundsätzlich nicht zu den steuerpflichtigen Einnahmen, wenn die Voraussetzungen für den Sonderausgabenabzug erfüllt sind. [4] Die Zinsen gehören bei diesen Verträgen jedoch zu den Einnahmen aus Kapitalvermögen, soweit sie

a) zu dem laufenden Vertrag oder
b) im Falle des Rückkaufs des Vertrages vor Ablauf von 12 Jahren nach Vertragsabschluss mit dem Rückkaufwert

ausgezahlt werden. [5] Die Höhe der steuerpflichtigen Kapitalerträge ist von dem Versicherer zu ermitteln.

H 20.2

Abtretung. Zur Zurechnung von Zinsen bei Abtretung einer verzinslichen Forderung → BFH vom 8.7.1998 (BStBl. 1999 II S. 123).

American Depository Receipts (ADRs). Zur Besteuerung von ADRs auf inländische Aktien und vergleichbaren Hinterlegungsscheinen, die Aktien vertreten → BMF vom 24.5.2013 (BStBl. I S. 718) unter Berücksichtigung der Änderungen durch BMF vom 18.12.2018 (BStBl. I S. 1400).

Betriebsaufspaltung. → H 15.7 (4) Gewinnausschüttungen.

Einlagenrückgewähr.

– Rückgewähr von Einlagen durch eine unbeschränkt steuerpflichtige Körperschaft; bilanzsteuerrechtliche Behandlung beim Empfänger → BMF vom 9.1.1987 (BStBl. I S. 171).
– Der aus dem steuerlichen Einlagekonto i. S. d. § 27 KStG stammende Gewinnanteil ist beim Gesellschafter gemäß § 20 Abs. 1 Nr. 1 Satz 3 EStG als nicht steuerbare Einnahme zu behandeln. Dies gilt auch dann, wenn der Stpfl. an der ausschüttenden Körperschaft gemäß § 17 EStG beteiligt ist. Der Teil der Ausschüttung einer Körperschaft, der aus dem steuerlichen Einlagekonto i. S. d. § 27 KStG finanziert ist, führt zu einer Minderung der Anschaffungskosten der Beteiligung. Zur Veräußerung von Anteilen i. S. d. § 17 EStG (→ BFH vom 19.7.1994 – BStBl. 1995 II S. 362); zu den Auswirkungen bei § 20 Abs. 2 EStG → BMF vom 18.1.2016 (BStBl. I S. 85),[1] Rz. 92.
– Zur Bescheinigung der Leistungen, die als Abgang auf dem steuerlichen Einlagekonto zu berücksichtigen sind, durch die Kapitalgesellschaft → § 27 Abs. 3 KStG.

Erstattungszinsen nach § 233a AO.

– Erstattungszinsen sind steuerbare Einnahmen (→ BFH vom 12.11.2013 – BStBl. 2014 II S. 168 und vom 24.6.2014 – BStBl. II S. 998).
– Aus Gründen sachlicher Härte sind auf Antrag Erstattungszinsen i. S. d. § 233a AO nach § 163 AO nicht in die Steuerbemessungsgrundlage einzubeziehen, soweit ihnen nicht abziehbare Nachforderungszinsen gegenüberstehen, die auf ein- und demselben Ereignis beruhen (→ BMF vom 5.10.2000 – BStBl. I S. 1508).[2]

Erträge aus Lebensversicherungen (Vertragsabschluss vor dem 1.1. 1974). Zinsen aus Sparanteilen aus Beiträgen für vor dem 1.1.1974 abgeschlossene Lebensversicherungen sind nicht steuerbar (→ BFH vom 29.5. 2012 – BStBl. 2013 II S. 115).

Erträge aus Lebensversicherungen (Vertragsabschluss vor dem 1.1.2005).

– → BMF vom 31.8.1979 (BStBl. I S. 592) zur steuerlichen Behandlung der rechnungsmäßigen und außerrechnungsmäßigen Zinsen aus Lebensversicherungen.
– → BMF vom 13.11.1985 (BStBl. I S. 661) zum Näherungsverfahren zur Berechnung der rechnungsmäßigen und außerrechnungsmäßigen Zinsen.
– → BMF vom 16.7.2012 (BStBl. I S. 686) zur gesonderten Feststellung der Steuerpflicht von Zinsen aus einer Lebensversicherung.
– → BMF vom 15.6.2000 (BStBl. I S. 1118) zu Finanzierungen unter Einsatz von Lebensversicherungsverträgen (Policendarlehen).

---

[1] Geänd. durch BMF v. 20.4.2016, BStBl. I 2016, 475, v. 16.6.2016, BStBl. I 2016, 527, v. 3.5.2017, BStBl. I 2017, 739, v. 19.12.2017, BStBl. I 2018, 52, v. 12.4.2018, BStBl. I 2018, 624, v. 17.1.2019, BStBl. I 2019, 51, v. 10.5.2019, BStBl. I 2019, 464, v. 16.9.2019, BStBl. I 2019, 889, v. 19.2.2021, BStBl. I 2021, 296, v. 3.6.2021, BStBl. I 2021, 723.

[2] Neugef. durch BMF v. 16.3.2021, BStBl. I 2021, 353.

– Zinsen aus einer vor dem 1.1.2005 abgeschlossenen Kapitallebensversicherung, die nach Ablauf eines Zeitraums von mehr als 12 Jahren nach Vertragsabschluss bei Weiterführung gezahlt werden, sind in entsprechender Anwendung des § 20 Abs. 1 Nr. 6 Satz 2 EStG in der am 31.12.2004 geltenden Fassung steuerfrei (→ BFH vom 12.10.2005 – BStBl. 2006 II S. 251).
– Die Steuerbefreiung in § 20 Abs. 1 Nr. 6 Satz 2 EStG in der am 31.12. 2004 geltenden Fassung für Zinsen aus Lebensversicherungen ist nicht an die Voraussetzungen des Sonderausgabenabzugs für die Versicherungsbeiträge geknüpft. Es ist daher unschädlich, wenn der ausländischen Lebensversicherungsgesellschaft die Erlaubnis zum Betrieb eines nach § 10 Abs. 2 Satz 1 Nr. 2 Buchstabe a EStG in der am 31.12.2004 geltenden Fassung begünstigten Versicherungszweigs im Inland nicht erteilt worden ist (→ BFH vom 1.3.2005 – BStBl. 2006 II S. 365).

Erträge aus Lebensversicherungen (Vertragsabschluss nach dem 31.12. 2004). Zur Besteuerung von Versicherungserträgen i. S. d. § 20 Abs. 1 Nr. 6 EStG → BMF vom 1.10.2009 (BStBl. I S. 1172) unter Berücksichtigung der Änderungen durch BMF vom 6.3.2012 (BStBl. I S. 238), vom 29.9.2017 (BStBl. I S. 1314) und vom 9.8.2019 (BStBl. I S. 829) und → BMF vom 18.6.2013 (BStBl. I S. 768).

Ferienwohnung. Überlässt eine AG satzungsgemäß ihren Aktionären Ferienwohnungen zur zeitlich vorübergehenden Nutzung nach Maßgabe eines Wohnberechtigungspunktesystems, erzielt der Aktionär mit der Nutzung Kapitalerträge (→ BFH vom 16.12.1992 – BStBl. 1993 II S. 399).

Hochzins- und Umtauschanleihen. → BMF vom 2.3.2001 (BStBl. I S. 206).

Investmentanteile. Zu Anwendungsfragen zum Investmentsteuergesetz in der ab dem 1.1.2018 geltenden Fassung → BMF vom 21.5.2019 (BStBl. I S. 527) unter Berücksichtigung der Änderungen durch BMF vom 19.12. 2019 (BStBl. 2020 I S. 85) und vom 29.10.2020 (BStBl. I S. 1167).[1)]

Pflichtteilsansprüche.
– Verzichtet ein Kind gegenüber seinen Eltern auf künftige Pflichtteilsansprüche und erhält es dafür im Gegenzug von den Eltern wiederkehrende Zahlungen, so liegt darin kein entgeltlicher Leistungsaustausch und keine Kapitalüberlassung des Kindes an die Eltern, so dass in den wiederkehrenden Zahlungen auch kein einkommensteuerbarer Zinsanteil enthalten ist (→ BFH vom 9.2.2010 – BStBl. II S. 818).
– Erhält das Kind für den Verzicht auf künftige Pflichtteilsansprüche einen fälligen Zahlungsanspruch, führt die Verzinsung dieses Zahlungsanspruches zu steuerpflichtigen Kapitalerträgen i. S. d. § 20 Abs. 1 Nr. 7 EStG (→ BFH vom 6.8.2019 – BStBl. 2020 II S. 92).
– Ist der Erbfall bereits eingetreten und erhält ein Pflichtteilsberechtigter vom Erben unter Anrechnung auf seinen Pflichtteil wiederkehrende Leistungen, ist das Merkmal der Überlassung von Kapital zur Nutzung i. S. d. § 20 Abs. 1 Nr. 7 EStG jedenfalls dann erfüllt, wenn der Bedachte rechtlich

---

[1)] Erneut ergänzt und geänd. durch BMF v. 20.1.2021, BStBl. I 2021, 156, v. 29.4.2021, BStBl. I 2021, 735, v. 1.6.2021, BStBl. I 2021, 773.

befugt ist, den niedrigeren Barwert im Rahmen seines Pflichtteilsanspruchs geltend zu machen (→ BFH vom 26.11.1992 – BStBl. 1993 II S. 298).

Rückgängigmachung einer Gewinnausschüttung. Die Gewinnausschüttung einer Kapitalgesellschaft bleibt bei dem Gesellschafter auch dann eine Einnahme aus Kapitalvermögen, wenn der Gewinnverteilungsbeschluss auf Grund eines Rückforderungsanspruchs der Gesellschaft rückgängig gemacht werden kann oder aufgehoben wird (→ BFH vom 1.3.1977 – BStBl. II S. 545). Das gilt auch bei einer Verpflichtung zur Rückzahlung einer offenen Gewinnausschüttung; die Rückzahlung stellt keine negative Einnahme dar (→ BFH vom 29.8.2000 – BStBl. 2001 II S. 173).

Schenkung unter Auflage. Wird ein geschenkter Geldbetrag entsprechend der Auflage des Schenkers vom Beschenkten angelegt, erzielt dieser hieraus auch dann Einkünfte aus Kapitalvermögen, wenn er die Erträge entsprechend einer weiteren Auflage weiterzuleiten hat (→ BFH vom 26.11.1997 – BStBl. 1998 II S. 190).

Schneeballsystem.

– Beteiligt sich ein Kapitalanleger an einem sog. Schneeballsystem, mit dem ihm vorgetäuscht wird, in seinem Auftrag und für seine Rechnung würden Geschäfte auf dem Kapitalmarkt getätigt, ist der vom Kapitalanleger angenommene Sachverhalt der Besteuerung zugrunde zu legen (→ BFH vom 14.12.2004 – BStBl. 2005 II S. 739 und S. 746).[1)]
– Gutschriften aus Schnellballsystemen führen zu Einnahmen aus Kapitalvermögen, wenn der Betreiber des Schneeballsystems bei entsprechendem Verlangen des Anlegers zur Auszahlung der gutgeschriebenen Beträge leistungsbereit und leistungsfähig gewesen wäre. An der Leistungsbereitschaft des Betreibers des Schneeballsystems kann es fehlen, wenn er auf einen Auszahlungswunsch des Anlegers hin eine sofortige Auszahlung ablehnt und stattdessen über anderweitige Zahlungsmodalitäten verhandelt. Entscheidend ist, ob der Anleger in seinem konkreten Fall eine Auszahlung hätte erreichen können. Auf eine hypothetische Zahlung an alle Anleger ist nicht abzustellen (→ BFH vom 16.3.2010 – BStBl. 2014 II S. 147, vom 11.2.2014 – BStBl. II S. 461 und vom 2.4.2014 – BStBl. II S. 698).

Stiftung.

– Können die Leistungsempfänger einer Stiftung unmittelbar oder mittelbar Einfluss auf das Ausschüttungsverhalten der Stiftung nehmen, handelt es sich bei den Leistungen um Einkünfte aus Kapitalvermögen i. S. d. § 20 Abs. 1 Nr. 9 EStG (→ BFH vom 3.11.2010 – BStBl. 2011 II S. 417).
– Unter § 20 Abs. 1 Nr. 9 EStG fallen alle wiederkehrenden oder einmaligen Leistungen einer Stiftung, die von den Beschluss fassenden Stif*tungsgremien* aus den Erträgen der Stiftung an den Stifter, seine Angehörigen oder deren Abkömmlinge ausgekehrt werden. Dies gilt auch, wenn die Leistungen anlässlich der Auflösung der Stiftung erbracht werden (→ BMF vom 27.6.2006 – BStBl. I S. 417).

Stiller Gesellschafter.

– Zu den Einnahmen aus Kapitalvermögen gehören auch alle Vorteile, die ein typischer stiller Gesellschafter als Gegenleistung für die Überlassung der

---

1) Zur Abgeltungswirkung eines vermeintlichen Kapitalertragsteuerabzugs siehe BFH v. 29.9.2020 VIII R 17/17, BStBl. II 2021, 468; v. 27.10.2020 VIII R 3/20, BStBl. II 2021, 472.

Einlage erhält, z. B. Bezüge auf Grund von Wertsicherungsklauseln oder von Kursgarantien, ein Damnum und ein Aufgeld. Dazu gehört auch ein im Fall der Veräußerung der stillen Beteiligung über den Betrag der Einlage hinaus erzielter Mehrerlös, soweit dieser auf einen Anteil am Gewinn eines bereits abgelaufenen Wj. entfällt (→ BFH vom 11.2.1981 – BStBl. II S. 465) oder soweit er ein anders bemessenes Entgelt für die Überlassung der Einlage darstellt (→ BFH vom 14.2.1984 – BStBl. II S. 580).

- Gewinnanteile aus einer stillen Beteiligung, die zur Wiederauffüllung einer durch Verluste geminderten Einlage dienen, sind Einnahmen aus Kapitalvermögen (→ BFH vom 24.1.1990 – BStBl. 1991 II S. 147); bei negativem Einlagekonto → H 20.1.
- Auch der Mehrheitsgesellschafter einer Kapitalgesellschaft kann daneben typisch stiller Gesellschafter der Kapitalgesellschaft sein, dessen Gewinnanteil zu den Einnahmen aus Kapitalvermögen gehört (→ BFH vom 21.6.1983 – BStBl. II S. 563).
- § 20 Abs. 1 Nr. 4 EStG ist auf Gewinnanteile aus typischen Unterbeteiligungen entsprechend anzuwenden (→ BFH vom 28.11.1990 – BStBl. 1991 II S. 313).
- Für die Annahme einer stillen Gesellschaft können – vor allem in Grenzfällen – von den Vertragsparteien gewählte Formulierungen indizielle Bedeutung haben; entscheidend ist, was die Vertragsparteien wirtschaftlich gewollt haben und ob der – unter Heranziehung aller Umstände zu ermittelnde – Vertragswille auf die Merkmale einer (stillen) Gesellschaft gerichtet ist (→ BFH vom 28.10.2008 – BStBl. 2009 II S. 190). Dabei darf der für eine stille Gesellschaft erforderliche gemeinsame Zweck der Gesellschafter nicht mit deren Motiven für ihre Beteiligung vermengt werden. Dass Kapitalanleger und Fondsgesellschaft beide das Ziel verfolgen, durch Handel an internationalen Finanzterminmärkten mittelfristig einen Kapitalzuwachs zu erreichen, reicht für die Annahme eines gemeinsamen Zwecks nicht aus. Ein gemeinsamer Zweck verlangt zwischen Anleger und Anlagegesellschaft ein substantielles „Mehr" als die bloße Kapitalhingabe und dessen Verwendung (→ BFH vom 8.4.2008 – BStBl. II S. 852).
- Stellt ein Kapitalanleger einem Unternehmer unter Gewährung einer Erfolgsbeteiligung Geldbeträge zur Verfügung, die dieser an Brokerfirmen für Börsentermingeschäfte oder an Fonds weiterleiten soll, kann eine solche Vereinbarung eine typisch stille Gesellschaft begründen (→ BFH vom 28.10.2008 – BStBl. 2009 II S. 190).

Stückzinsen. → BMF vom 18.1.2016 (BStBl. I S. 85),[1] Rzn. 49–51.

Treuhandverhältnis. Der Treugeber als wirtschaftlicher Inhaber einer Kapitalforderung erzielt die Einkünfte aus Kapitalvermögen (→ BFH vom 24.11.2009 – BStBl. 2010 II S. 590).

Umqualifizierung von Einkünften i. S. d. § 20 Abs. 2 Satz 1 Nr. 1 EStG in Einkünfte i. S. d. § 17 EStG. → BMF vom 16.12.2014 (BStBl. 2015 I S. 24).

[1] Geänd. durch BMF v. 20.4.2016, BStBl. I 2016, 475, v. 16.6.2016, BStBl. I 2016, 527, v. 3.5.2017, BStBl. I 2017, 739, v. 19.12.2017, BStBl. I 2018, 52, v. 12.4.2018, BStBl. I 2018, 624, v. 17.1.2019, BStBl. I 2019, 51, v. 10.5.2019, BStBl. I 2019, 464, v. 16.9.2019, BStBl. I 2019, 889, v. 19.2.2021, BStBl. I 2021, 296, v. 3.6.2021, BStBl. I 2021, 723.

Unverzinsliche Kaufpreisraten. Ein Zinsanteil ist auch in unverzinslichen Forderungen enthalten, deren Laufzeit mehr als ein Jahr beträgt und die zu einem bestimmten Zeitpunkt fällig werden (→ BFH vom 21.10.1980 – BStBl. 1981 II S. 160). Dies gilt auch dann, wenn die Vertragsparteien eine Verzinsung ausdrücklich ausgeschlossen haben (→ BFH vom 25.6.1974 – BStBl. 1975 II S. 431).

Verdeckte Gewinnausschüttung an nahestehende Personen. Die der nahestehenden Person zugeflossene verdeckte Gewinnausschüttung ist stets dem Gesellschafter als Einnahme zuzurechnen (→ BMF vom 20.5.1999 – BStBl. I S. 514).[1]

Vermächtnisanspruch. Zinsen, die auf einer testamentarisch angeordneten Verzinsung eines erst fünf Jahre nach dem Tode des Erblassers fälligen betagten Vermächtnisanspruchs beruhen, sind beim Vermächtnisnehmer Einkünfte aus Kapitalvermögen (→ BFH vom 20.10.2015 – BStBl. 2016 II S. 342).

Zahlungseinstellung des Emittenten. Zur Behandlung der Einnahmen aus der Veräußerung oder Abtretung einer Kapitalanlage bei vorübergehender oder endgültiger Zahlungseinstellung des Emittenten → BMF vom 14.7.2004 (BStBl. I S. 611).

Zinsen aus Rentennachzahlungen. Nicht zu den Rentennachzahlungen zählen darauf entfallende Zinsen. Diese gehören zu den Einkünften aus Kapitalvermögen gem. § 20 Abs. 1 Nr. 7 EStG (→ BMF vom 19.8.2013 – BStBl. I S. 1087[2] unter Berücksichtigung der Änderungen durch BMF vom 4.7.2016 – BStBl. I S. 645, Rz. 196).

Zinsen und Nebenleistungen aus einer durch Versteigerung realisierten Grundschuld. Zinsen i. S. v. § 1191 Abs. 2 BGB, denen kein Kapitalnutzungsverhältnis zugrunde liegt, unterliegen wegen ihrer ausdrücklichen Erwähnung in § 20 Abs. 1 Nr. 5 EStG der Besteuerung. Sie sind demjenigen zuzurechnen, der im Zeitpunkt des Zuschlagsbeschlusses aus der Grundschuld berechtigt ist und bei dem deshalb erstmals der Anspruch auf Ersatz des Wertes der Grundschuld aus dem Versteigerungserlös entsteht. Dagegen ist der dem Grundschuldgläubiger aus dem Versteigerungserlös zufließende Betrag nicht steuerbar, soweit er auf eine Nebenleistung i. S. v. § 1191 Abs. 2 BGB entfällt (→ BFH vom 11.4.2012 – BStBl. II S. 496).

Zuflusszeitpunkt bei Gewinnausschüttungen.
- **Grundsatz.** Einnahmen aus Kapitalvermögen sind zugeflossen, sobald der Stpfl. über sie wirtschaftlich verfügen kann (→ BFH vom 8.10.1991 – BStBl. 1992 II S. 174). Gewinnausschüttungen sind dem Gesellschafter schon dann zugeflossen, wenn sie ihm z. B. auf einem Verrechnungskonto bei der leistungsfähigen Kapitalgesellschaft gutgeschrieben worden sind, über das der Gesellschafter verfügen kann, oder wenn der Gesellschafter aus eigenem Interesse (z. B. bei einer Novation) seine Gewinnanteile in der Gesellschaft belässt (→ BFH vom 14.2.1984 – BStBl. II S. 480).

---

[1] Siehe auch BFH v. 19.6.2007 VIII R 54/05, BStBl. II 2007, 830.

[2] Geänd. durch BMF v. 10.1.2014, BStBl. I 2014, 70, v. 10.4.2015, BStBl. I 2015, 256, v. 1.6.2015, BStBl. I 2015, 475, v. 4.7.2016, BStBl. I 2016, 645, v. 6.12.2016, BStBl. I 2016, 1426, v. 19.12.2016, BStBl. I 2016, 1433, v. 24.5.2017, BStBl. I 2017, 820, v. 28.9.2021, BStBl. I 2021, 1831.

– **Beherrschender Gesellschafter/Alleingesellschafter.** Gewinnausschüttungen an den beherrschenden Gesellschafter oder an den Alleingesellschafter einer zahlungsfähigen Kapitalgesellschaft sind diesen in der Regel auch dann zum Zeitpunkt der Beschlussfassung über die Gewinnverwendung i. S. d. § 11 Abs. 1 Satz 1 EStG zugeflossen, wenn die Gesellschafterversammlung eine spätere Fälligkeit des Auszahlungsanspruchs beschlossen hat (→ BFH vom 17.11.1998 – BStBl. 1999 II S. 223). Die Zahlungsfähigkeit einer Kapitalgesellschaft ist auch dann gegeben, wenn diese zwar mangels eigener Liquidität die von ihr zu erbringende Ausschüttung nicht leisten kann, sie sich als beherrschende Gesellschafterin einer Tochter-Kapitalgesellschaft mit hoher Liquidität indes jederzeit bei dieser bedienen kann, um sich selbst die für ihre Ausschüttung erforderlichen Geldmittel zu verschaffen (→ BFH vom 2.12.2014 – BStBl. 2015 II S. 333).
– **Verschiebung des Auszahlungstags.** Zur Frage des Zeitpunkts des Zuflusses bei Verschiebung des Auszahlungstags, wenn eine Kapitalgesellschaft von mehreren Personen gemeinsam beherrscht wird oder die Satzung Bestimmungen über Gewinnabhebungen oder Auszahlungen zu einem späteren Zeitpunkt als dem Gewinnverteilungsbeschluss enthält, → BFH vom 21.10.1981 (BStBl. 1982 II S. 139).

Zu § 21 EStG
(§§ 82a, 82f, 82g und 82i EStDV)

R 21.1 Erhaltungsaufwand und Herstellungsaufwand[1)]

(1) [1] Aufwendungen für die Erneuerung von bereits vorhandenen Teilen, Einrichtungen oder Anlagen sind regelmäßig Erhaltungsaufwand. [2] Zum Erhaltungsaufwand gehören z. B Aufwendungen für den Einbau messtechnischer Anlagen zur verbrauchsabhängigen Abrechnung von Heiz- und Wasserkosten oder für den Einbau einer privaten Breitbandanlage und einmalige Gebühren für den Anschluss privater Breitbandanlagen an das öffentliche Breitbandnetz bei bestehenden Gebäuden.

(2) [1] Nach der Fertigstellung des Gebäudes ist Herstellungsaufwand anzunehmen, wenn Aufwendungen durch den Verbrauch von Gütern und die Inanspruchnahme von Diensten für die Erweiterung oder für die über den ursprünglichen Zustand hinausgehende wesentliche Verbesserung eines Gebäudes entstehen (→ § 255 Abs. 2 Satz 1 HGB). [2] Betragen die Aufwendungen nach Fertigstellung eines Gebäudes für die einzelne Baumaßnahme nicht mehr als 4000 Euro (Rechnungsbetrag ohne Umsatzsteuer) je Gebäude, ist auf Antrag dieser Aufwand stets als Erhaltungsaufwand zu behandeln. [3] Auf Aufwendungen, die der endgültigen Fertigstellung eines neu errichteten Gebäudes dienen, ist die Vereinfachungsregelung jedoch nicht anzuwenden.

(3) [1] Kosten für die gärtnerische Gestaltung der Grundstücksfläche bei einem Wohngebäude gehören nur zu den Herstellungskosten des Gebäudes, soweit diese Kosten für das Anpflanzen von Hecken, Büschen und Bäumen an den Grundstücksgrenzen („lebende Umzäunung") entstanden sind. [2] Im Übri-

---

1) Zur Abgrenzung zwischen Erhaltungsaufwand und Herstellungsaufwand bei Versorgungsleitungen siehe BFH v. 10.6.1992 I R 9/91, BStBl. II 1993, 41. – Zur Abgrenzung zwischen Erhaltungsaufwand und Herstellungsaufwand bei Umbau eines Flachdachs zu einem Satteldach siehe BFH v. 15.5.2013 IX R 36/12, BStBl. II 2013, 732.

gen bildet die bepflanzte Gartenanlage ein selbständiges Wirtschaftsgut. [3] Bei Gartenanlagen, die die Mieter mitbenutzen dürfen, und bei Vorgärten sind die Herstellungskosten der gärtnerischen Anlage gleichmäßig auf deren regelmäßig 10 Jahre betragende Nutzungsdauer zu verteilen. [4] Aufwendungen für die Instandhaltung der Gartenanlagen können sofort abgezogen werden. [5] Absatz 2 Satz 2 ist sinngemäß anzuwenden. [6] Soweit Aufwendungen für den Nutzgarten des Eigentümers und für Gartenanlagen, die die Mieter nicht nutzen dürfen, entstehen, gehören sie zu den nach § 12 Nr. 1 EStG nicht abziehbaren Kosten (grundsätzlich Aufteilung nach der Zahl der zur Nutzung befugten Mietparteien). [7] Auf die in Nutzgärten befindlichen Anlagen sind die allgemeinen Grundsätze anzuwenden.

(4) Die Merkmale zur Abgrenzung von Erhaltungs- und Herstellungsaufwand bei Gebäuden gelten bei selbständigen Gebäudeteilen (→ hierzu R 4.2 Abs. 4 und Abs. 5) entsprechend.

(5) [1] Werden Teile der Wohnung oder des Gebäudes zu eigenen Wohnzwecken genutzt, sind die Herstellungs- und Anschaffungskosten sowie die Erhaltungsaufwendungen um den Teil der Aufwendungen zu kürzen, der nach objektiven Merkmalen und Unterlagen leicht und einwandfrei dem selbst genutzten Teil zugeordnet werden kann. [2] Soweit sich die Aufwendungen nicht eindeutig zuordnen lassen, sind sie um den Teil, der auf eigene Wohnzwecke entfällt, nach dem Verhältnis der Nutzflächen zu kürzen.

(6) [1] Bei der Verteilung von Erhaltungsaufwand nach § 82b EStDV kann für die in dem jeweiligen VZ geleisteten Erhaltungsaufwendungen ein besonderer Verteilungszeitraum gebildet werden. [2] Wird das Eigentum an einem Gebäude unentgeltlich auf einen anderen übertragen, kann der Rechtsnachfolger Erhaltungsaufwand noch in dem von seinem Rechtsvorgänger gewählten restlichen Verteilungszeitraum geltend machen. [3] Dabei ist der Teil des Erhaltungsaufwands, der auf den VZ des Eigentumswechsels entfällt, entsprechend der Besitzdauer auf den Rechtsvorgänger und den Rechtsnachfolger aufzuteilen.[1)]

H 21.1

Abgrenzung von Anschaffungs-, Herstellungskosten und Erhaltungsaufwendungen.

- Bei Instandsetzung und Modernisierung von Gebäuden → BMF vom 18.7.2003 (BStBl. I S. 386).
- Instandsetzungs- und Modernisierungsaufwendungen für ein Gebäude sind nicht allein deshalb als Herstellungskosten zu beurteilen, weil das Gebäude wegen Abnutzung und Verwahrlosung nicht mehr vermietbar ist, sondern nur bei schweren Substanzschäden an den für die Nutzbarkeit als Bau und die Nutzungsdauer des Gebäudes bestimmenden Teilen (→ BFH vom 13.10.1998 – BStBl. 1999 II S. 282).
- Bei der Prüfung, ob Herstellungsaufwand vorliegt, darf nicht auf das gesamte Gebäude abgestellt werden, sondern nur auf den entsprechenden Gebäudeteil, wenn das Gebäude in unterschiedlicher Weise genutzt wird und deshalb mehrere Wirtschaftsgüter umfasst (→ BFH vom 25.9.2007 – BStBl. 2008 II S. 218).

---

1) R 21.1 Abs. 6 Sätze 2 und 3 überholt durch BFH v. 10.11.2020 IX R 31/19, BStBl. II 2021, 474.

Anschaffungsnahe Herstellungskosten. → R 6.4 Abs. 1 und H 6.4.

Erhaltungsaufwand.
- Bei Instandsetzung und Modernisierung von Gebäuden → BMF vom 18.7.2003 (BStBl. I S. 386).
- → H 21.2.

Herstellungsaufwand nach Fertigstellung.
- → BMF vom 18.7.2003 (BStBl. I S. 386).
- Zu den Besonderheiten bei Teileigentum → BFH vom 19.9.1995 (BStBl. 1996 II S. 131).

Verteilung des Erhaltungsaufwands nach § 82b EStDV.
- Keine Übertragung des Anteils eines Jahres auf ein anderes Jahr (→ BFH vom 26.10.1977 – BStBl. 1978 II S. 367).
- Größere Erhaltungsaufwendungen, die das Finanzamt im Jahr ihrer Entstehung bestandskräftig zu Unrecht als Herstellungskosten behandelt hat, können gleichmäßig anteilig auf die Folgejahre verteilt werden. Der auf das Jahr der Entstehung entfallende Anteil der Aufwendungen bleibt dabei unberücksichtigt. Die AfA-Bemessungsgrundlage ist insoweit für die Folgejahre zu korrigieren (→ BFH vom 27.10.1992 – BStBl. 1993 II S. 591).
- Die Ausübung des Wahlrechts ist auch nach Eintritt der Festsetzungsverjährung für das Aufwandsentstehungsjahr möglich. Aufwendungen, die auf VZ entfallen, für die die Festsetzungsverjährung bereits eingetreten ist, dürfen dabei nicht abgezogen werden (→ BFH vom 27.10.1992 – BStBl. 1993 II S. 589). Dies gilt auch, wenn die Erhaltungsaufwendungen im Entstehungsjahr zu Unrecht als Herstellungskosten und in Form der AfA berücksichtigt worden sind (→ BFH vom 24.11.1992 – BStBl. 1993 II S. 593).

R 21.2 Einnahmen und Werbungskosten

(1) [1]Werden Teile einer selbst genutzten Eigentumswohnung, eines selbst genutzten Einfamilienhauses oder insgesamt selbst genutzten anderen Hauses vorübergehend vermietet und übersteigen die Einnahmen hieraus nicht 520 Euro im VZ, kann im Einverständnis mit dem Stpfl. aus Vereinfachungsgründen von der Besteuerung der Einkünfte abgesehen werden. [2]Satz 1 ist bei vorübergehender Untervermietung von Teilen einer angemieteten Wohnung, die im Übrigen selbst genutzt wird, entsprechend anzuwenden.

(2) Zinsen, die Beteiligte einer Wohnungseigentümergemeinschaft aus der Anlage der Instandhaltungsrücklage erzielen, gehören zu den Einkünften aus Kapitalvermögen.

(3) Die Berücksichtigung von Werbungskosten aus Vermietung und Verpachtung kommt auch dann in Betracht, wenn aus dem Objekt im VZ noch keine Einnahmen erzielt werden, z. B. bei einem vorübergehend leer stehenden Gebäude.

(4) [1]Die Tätigkeit eines Stpfl. zur Erzielung von Einkünften aus Vermietung und Verpachtung besteht im Wesentlichen in der Verwaltung seines Grundbesitzes. [2]Bei nicht umfangreichem Grundbesitz erfordert diese Verwaltung in der Regel keine besonderen Einrichtungen, z. B. Büro, sondern erfolgt von der Wohnung des Stpfl. aus. [3]Regelmäßige Tätigkeitsstätte ist dann die

Fonds, geschlossene.[1]

- Zur Abgrenzung zwischen Werbungskosten, Anschaffungskosten und Herstellungskosten → BMF vom 20.10.2003 (BStBl. I S. 546).
- Provisionsrückzahlungen, die der Eigenkapitalvermittler Fondsgesellschaftern gewährt, mindern die Anschaffungskosten der Immobilie, weil die Provisionszahlungen zu den Anschaffungskosten gehören (→ BFH vom 26.2.2002 – BStBl. II S. 796).

Negative Einnahmen. Mietentgelte, die der Verfügungsberechtigte nach § 7 Abs. 7 Satz 2 VermG an den Restitutionsberechtigten herausgibt, sind im Jahr des Abflusses negative Einnahmen (→ BFH vom 11.1.2005 – BStBl. II S. 456).

Nießbrauch und andere Nutzungsrechte. Zur einkommensteuerrechtlichen Behandlung des Nießbrauchs und anderer Nutzungsrechte bei Einkünften aus Vermietung und Verpachtung → BMF vom 30.9.2013 (BStBl. I S. 1184).

Sinngemäße Anwendung des § 15a EStG.

- Zur Haftung und zur Unwahrscheinlichkeit der Inanspruchnahme eines Gesellschafters einer GbR mit Einkünften aus Vermietung und Verpachtung → BMF vom 30.6.1994 (BStBl. I S. 355).
- Zur sinngemäßen Anwendung des § 15a EStG bei vermögensverwaltenden Kommanditgesellschaften → BMF vom 15.9.2020 (BStBl. I S. 919).

Sonderabschreibung für Mietwohnungsneubau. → BMF vom 7.7.2020 (BStBl. I S. 623).[2]

Sozialpädagogische Lebensgemeinschaft. Bei der Vermietung von gemeinschaftlich genutzten Räumen an den Betrieb einer sozialpädagogischen Lebensgemeinschaft stellt die Aufteilung nach der Zahl der Nutzer einer Wohnung einen objektiven Maßstab dar, der eine sichere und leichte Abgrenzung einer steuerbaren Raumnutzung von der privaten Wohnnutzung ermöglicht (→ BFH vom 25.6.2009 – BStBl. 2010 II S. 122).

Treuhandverhältnisse.

- Zur Zurechnung von Einkünften aus Vermietung und Verpachtung bei Treuhandverhältnissen → BMF vom 1.9.1994 (BStBl. I S. 604).
- Zur sinngemäßen Anwendung von § 15a Abs. 5 Nr. 2 EStG bei Treuhandverhältnissen → BFH vom 25.7.1995 (BStBl. 1996 II S. 128).

Werbungskosten.[3]

- → Erhaltungsaufwand.
- → Finanzierungskosten.
- → Sonderabschreibung für Mietwohnungsneubau.
- → Zweitwohnungssteuer.
- Die nach dem WEG an den Verwalter gezahlten **Beiträge zur Instandhaltungsrücklage** sind erst bei Verausgabung der Beträge für Erhaltungsmaßnahmen als Werbungskosten abziehbar (→ BFH vom 26.1.1988 – BStBl. II S. 577).

---

[1] Zur gesetzlichen Neuregelung zu Fondsetablierungskosten siehe §§ 6e, 9 Abs. 5 Satz 2 EStG (G v. 12.12.2019, BGBl. I 2019, 2451), anzuwenden auch in vor dem 18.12.2019 endenden Wj. (§ 52 Abs. 14a EStG).

[2] Geänd. durch BMF v. 21.9.2021, BStBl. I 2021, 1805.

[3] Siehe ferner BFH v. 12.12.1996 X R 65/95, BStBl. II 1997, 603.

– Als **dauernde Last** zu beurteilende wiederkehrende Leistungen zum Erwerb eines zum Vermieten bestimmten Grundstücks führen nur in Höhe des in ihnen enthaltenen **Zinsanteils** zu sofort abziehbaren Werbungskosten; in Höhe des Barwerts der dauernden Last liegen Anschaffungskosten vor, die, soweit der Barwert auf das Gebäude entfällt, in Form von AfA als Werbungskosten abziehbar sind (→ BFH vom 9.2. 1994 – BStBl. 1995 II S. 47).
– **Aussetzungszinsen für Grunderwerbsteuer** eines zur Erzielung von Mieteinkünften dienenden Gebäudes gehören zu den sofort abzugsfähigen Werbungskosten (→ BFH vom 25.7.1995 – BStBl. II S. 835).
– Ein gesondertes Honorar für tatsächlich **nicht erbrachte Architektenleistung** gehört nicht zu den Herstellungskosten eines später errichteten anderen Gebäudes, sondern ist als Werbungskosten abziehbar (→ BFH vom 8.9.1998 – BStBl. 1999 II S. 20).
– **Vergütungen** für einen ausschließlich zur Vermögenssorge bestellten **Betreuer** stellen Werbungskosten bei den mit dem verwalteten Vermögen erzielten Einkünften dar, sofern die Tätigkeit des Betreuers weder einer kurzfristigen Abwicklung des Vermögens noch der Verwaltung ertraglosen Vermögens dient (→ BFH vom 14.9.1999 – BStBl. 2000 II S. 69).
– Auch nach Aufgabe der Einkünfteerzielungsabsicht können vorab entstandene **vergebliche Werbungskosten** abziehbar sein, wenn sie getätigt worden sind, um sich aus einer gescheiterten Investition zu lösen und so die Höhe der vergeblich aufgewendeten Kosten zu begrenzen (→ BFH vom 15.11.2005 – BStBl. 2006 II S. 258 und vom 7.6.2006 – BStBl. II S. 803).
– Aufwendungen für ein **Schadstoff-Gutachten,** das der Feststellung der durch einen Mieter verursachten Bodenverunreinigungen dient, können als Werbungskosten abziehbar sein (→ BFH vom 17.7.2007 – BStBl. II S. 941).
– **Grunderwerbsteuer** nach § 1 Abs. 2a GrEStG **bei Gesellschafterwechsel** (→ BFH vom 2.9.2014 – BStBl. 2015 II S. 260).
– Aufwendungen für eine auf Dauer angelegte **Testamentsvollstreckung** können bei den aus der Verwaltung des Nachlasses erzielten Einkünften aus Vermietung und Verpachtung als Werbungskosten abgezogen werden. Werden aus dem Nachlass noch andere Einkünfte erzielt, kommt es für die Aufteilung der Aufwendungen auf die verschiedenen Einkunftsarten auf die Zusammensetzung des Nachlasses im jeweiligen VZ an, wenn sich der Anspruch des Testamentsvollstreckers nach dem Nachlasswert bemisst (→ BFH vom 8.11.2017 – BStBl. 2018 II S. 191).
– Zu **verlorenen Aufwendungen** bei gescheitertem Immobilienerwerb → BFH vom 9.5.2017 (BStBl. 2018 II S. 168).

Keine Werbungskosten.[1)]
– Aufwendungen zur **Schadensbeseitigung,** zu denen sich der Verkäufer im Kaufvertrag über sein Mietwohngrundstück verpflichtet hat (→ BFH vom 23.1.1990 – BStBl. II S. 465).

[1)] *Kursverluste bei Fremdwährungsdarlehen* sind nicht als Werbungskosten abziehbar; siehe BFH v. 9.11.1993 IX R 81/90, BStBl. II 1994, 289, und v. 23.11.2016 IX B 42/16, BFH/NV 2017, 287.

Unterbeteiligung an einer Personengesellschaft. Ein Unterbeteiligter an einer Personengesellschaft erzielt dann keine Einkünfte aus Vermietung und Verpachtung, wenn er nicht nach außen als Vermieter in Erscheinung tritt und der Hauptbeteiligte ihn nur auf schuldrechtlicher Grundlage am Einnahmeüberschuss und am Auseinandersetzungsguthaben beteiligt sowie ihm nur in bestimmten Gesellschaftsangelegenheiten Mitwirkungsrechte einräumt (→ BFH vom 17.12.1996 – BStBl. 1997 II S. 406).

R **21.7** **Substanzausbeuterecht** *(unbesetzt)*

H **21.7**

Abgrenzung Pacht-/Kaufvertrag.

– Die zeitlich begrenzte Überlassung von Grundstücken zur Hebung der darin ruhenden Bodenschätze (sog. Ausbeuteverträge) ist grundsätzlich als Pachtvertrag zu beurteilen. Nur wenn sich der zu beurteilende Sachverhalt als Übertragung des überlassenen Gegenstands/Rechts darstellt und der Vertrag keine wesentlichen veräußerungsatypischen Elemente enthält, können Ausbeuteverträge als Veräußerungsvorgänge angesehen werden. Ein solcher Ausnahmefall kann z. B. vorliegen
  - bei einem zeitlich begrenzten Abbau und der Lieferung einer fest begrenzten Menge an Bodensubstanz (→ BFH vom 19.7.1994 – BStBl. II S. 846),
  - bei endgültiger und unwiederbringlicher Veräußerung und Übertragung eines Rechts/einer Abbaugerechtigkeit (→ BFH vom 11.2.2014 – BStBl. II S. 566).
– Einnahmen aus Vermietung und Verpachtung sind:
  - Entgelte für die Ausbeute von Bodenschätzen (→ BFH vom 21.7.1993 – BStBl. 1994 II S. 231 und vom 4.12.2006 – BStBl. 2007 II S. 508),
  - Entgelt für die Überlassung eines Grundstücks, wenn dieses zwar bürgerlich-rechtlich übereignet wird, die Vertragsparteien aber die Rückübertragung nach Beendigung der Ausbeute vereinbaren (→ BFH vom 5.10.1973 – BStBl. 1974 II S. 130); dies gilt auch bei zusätzlicher Vereinbarung einer Steuerklausel, wenn diese dem Finanzamt nicht rechtzeitig offenbart wird (→ BFH vom 24.11.1992 – BStBl. 1993 II S. 296),
  - Entgelt aus dem Verkauf eines bodenschatzführenden Grundstücks, wenn die Auslegung der Bestimmungen des Kaufvertrags ergibt oder aus außerhalb des Vertrags liegenden Umständen zu ersehen ist, dass die Vertragsparteien keine dauerhafte Eigentumsübertragung, sondern eine zeitlich begrenzte Überlassung zur Substanzausbeute anstreben (→ BFH vom 11.2.2014 – BStBl. II S. 566).

Entschädigungen. Neben Förderzinsen zum Abbau von Bodenschätzen gezahlte Entschädigungen für entgangene/entgehende Einnahmen sind keine Einnahmen aus Vermietung und Verpachtung, sondern Betriebseinnahmen, wenn die Flächen im Betriebsvermögen bleiben (→ BFH vom 15.3.1994 – BStBl. II S. 840).

Wertminderung des Grund und Bodens. Wird die Substanz bislang land- und forstwirtschaftlich genutzten Grund und Bodens durch den Abbau eines

Bodenvorkommens zerstört oder wesentlich beeinträchtigt, steht die Verlustausschlussklausel des § 55 Abs. 6 EStG der Berücksichtigung der Wertminderung als Werbungskosten bei den Einkünften aus Vermietung und Verpachtung entgegen (→ BFH vom 16.10.1997 – BStBl. 1998 II S. 185).

Zu § 22 EStG
(§ 55 EStDV)

R 22.1 Besteuerung von wiederkehrenden Bezügen mit Ausnahme der Leibrenten

(1) [1]Wiederkehrende Bezüge sind als sonstige Einkünfte nach § 22 Nr. 1 Satz 1 EStG zu erfassen, wenn sie nicht zu anderen Einkunftsarten gehören und soweit sie sich bei wirtschaftlicher Betrachtung nicht als Kapitalrückzahlungen, z.B. Kaufpreisraten, darstellen. [2]Wiederkehrende Bezüge setzen voraus, dass sie auf einem einheitlichen Entschluss oder einem einheitlichen Rechtsgrund beruhen und mit einer gewissen Regelmäßigkeit wiederkehren. [3]Sie brauchen jedoch nicht stets in derselben Höhe geleistet zu werden. [4]Deshalb können Studienzuschüsse, die für einige Jahre gewährt werden, wiederkehrende Bezüge sein.

(2) [1]Wiederkehrende Zuschüsse und sonstige Vorteile sind entsprechend der Regelung in § 12 Nr. 2 EStG und § 22 Nr. 1 Satz 2 EStG entweder vom Geber oder vom Empfänger zu versteuern. [2]Soweit die Bezüge nicht auf Grund des § 3 EStG steuerfrei bleiben, sind sie vom Empfänger als wiederkehrende Bezüge zu versteuern, wenn sie der unbeschränkt steuerpflichtige Geber als Betriebsausgaben oder Werbungskosten abziehen kann.

H 22.1

Stiftung. → H 20.2.

Verpfändung eines GmbH-Anteils. Verpfändet ein an einem Darlehensverhältnis nicht beteiligter Dritter einen GmbH-Anteil zur Sicherung des Darlehens, kann die Vergütung, die der Dritte dafür erhält, entweder zu Einkünften aus wiederkehrenden Bezügen i. S. d. § 22 Nr. 1 Satz 1 1. Halbsatz EStG oder zu Einkünften aus Leistungen i. S. d. § 22 Nr. 3 EStG führen (→ BFH vom 14.4.2015 – BStBl. II S. 795).

Vorweggenommene Erbfolge.
- → BMF vom 11.3.2010 (BStBl. I S. 227),[1)·2)] Rz. 81.
- Ein gesamtberechtigter Ehegatte versteuert ihm zufließende Altenteilsleistungen anlässlich einer vorweggenommenen Erbfolge im Regelfall auch dann nach § 22 Nr. 1 Satz 1 EStG, wenn er nicht Eigentümer des übergebenen Vermögens war. Der Abzugsbetrag nach § 24a EStG und der Pauschbetrag nach § 9a Satz 1 Nr. 3 EStG kann jedem Ehegatten gewährt werden, wenn er Einkünfte aus wiederkehrenden Bezügen hat (→ BFH vom 22.9.1993 – BStBl. 1994 II S. 107).

---

1) *Geänd. durch BMF v.* 6.5.2016, BStBl. I 2016, 476, mit Übergangsregelung.
2) Ergänzend siehe BMF v. 20.11.2019, BStBl. I 2019, 1291, geänd. durch BMF v. 5.5. 2021, BStBl. I 2021, 696, Rn. 40.

Wiederkehrende Bezüge sind nicht:

- Bezüge, die sich zwar wiederholen, bei denen aber die einzelne Leistung jeweils von einer neuen Entschlussfassung oder Vereinbarung abhängig ist (→ BFH vom 20.7.1971 – BStBl. 1972 II S. 170),
- Schadensersatzrenten zum Ausgleich vermehrter Bedürfnisse; sog. Mehrbedarfsrenten nach § 843 Abs. 1 2. Alternative BGB (→ BMF vom 15.7.2009 – BStBl. I S. 836),
- Schadensersatzrenten, die nach § 844 Abs. 2 BGB für den Verlust von Unterhaltsansprüchen oder nach § 845 BGB für entgangene Dienste gewährt werden (→ BMF vom 15.7.2009 – BStBl. I S. 836),
- Schmerzensgeldrenten nach § 253 Abs. 2 BGB (→ BMF vom 15.7.2009 – BStBl. I S. 836),
- Unterhaltsleistungen, die ein unbeschränkt Stpfl. von seinem nicht unbeschränkt steuerpflichtigen geschiedenen oder dauernd getrennt lebenden Ehegatten erhält (→ BFH vom 31.3.2004 – BStBl. II S. 1047),
- wiederkehrende Leistungen in schwankender Höhe, die ein pflichtteilsberechtigter Erbe auf Grund letztwilliger Verfügung des Erblassers vom Erben unter Anrechnung auf seinen Pflichtteil für die Dauer von 15 Jahren erhält; sie sind mit ihrem Zinsanteil steuerbar (→ BFH vom 26.11.1992 – BStBl. 1993 II S. 298),
- wiederkehrende Zahlungen als Gegenleistung für den Verzicht eines zur gesetzlichen Erbfolge Berufenen auf seinen potentiellen künftigen Erb- und/oder Pflichtteil (→ BFH vom 9.2.2010 – BStBl. II S. 818).

R 22.2 *(unbesetzt)*

R 22.3 Besteuerung von Leibrenten und anderen Leistungen i. S. d. § 22 Nr. 1 Satz 3 Buchstabe a Doppelbuchstabe aa EStG[1)]

(1) [1]Eine Leibrente kann vorliegen, wenn die Bemessungsgrundlage für die Bezüge keinen oder nur unbedeutenden Schwankungen unterliegt. [2]Veränderungen in der absoluten Höhe, die sich deswegen ergeben, weil die Bezüge aus gleichmäßigen Sachleistungen bestehen, stehen der Annahme einer Leibrente nicht entgegen.

(2) [1]Ist die Höhe einer Rente von mehreren selbständigen Voraussetzungen abhängig, kann einkommensteuerrechtlich eine lebenslängliche Leibrente erst ab dem Zeitpunkt angenommen werden, in dem die Voraussetzung für eine fortlaufende Gewährung der Rente in gleichmäßiger Höhe bis zum Lebensende des Berechtigten erstmals vorliegt. [2]Wird die Rente schon vor diesem Zeitpunkt zeitlich begrenzt nach einer anderen Voraussetzung oder in geringerer Höhe voraussetzungslos gewährt, handelt es sich um eine abgekürzte Leibrente.

H 22.3

Allgemeines. Der Besteuerung nach § 22 Nr. 1 Satz 3 Buchstabe a Doppelbuchstabe aa EStG unterliegen Leibrenten und andere Leistungen aus den gesetzlichen Rentenversicherungen, den landwirtschaftlichen Alterskassen,

---

1) Zu Vorsorgeeinrichtungen nach der zweiten Säule der schweizerischen Altersvorsorge siehe BMF v. 27.7.2016, BStBl. I 2016, 759.

den berufsständischen Versorgungseinrichtungen und aus Rentenversicherungen i.S.d. § 10 Abs. 1 Nr. 2 Buchstabe b EStG. Für die Besteuerung ist eine Unterscheidung dieser Leistungen zwischen Leibrente, abgekürzter Leibrente und Einmalzahlungen nur bei Anwendung der Öffnungsklausel von Bedeutung. Zu Einzelheiten zur Besteuerung → BMF vom 19.8.2013 (BStBl. I S. 1087),[1] insbesondere Rz. 190–237.

Begriff der Leibrente.

– Der Begriff der Leibrente i.S.d. § 22 Nr. 1 Satz 3 Buchstabe a EStG ist ein vom bürgerlichen Recht (§§ 759ff. BGB) abweichender steuerrechtlicher Begriff. Er setzt gleich bleibende Bezüge voraus, die für die Dauer der Lebenszeit einer Bezugsperson gezahlt werden (→ BFH vom 15.7.1991 – BStBl. 1992 II S. 78).

– Aus dem Erfordernis der Gleichmäßigkeit ergibt sich, dass eine Leibrente nicht gegeben ist, wenn die Bezüge von einer wesentlich schwankenden Größe abhängen, z.B. vom Umsatz oder Gewinn eines Unternehmens; das gilt auch dann, wenn die Bezüge sich nach einem festen Prozentsatz oder einem bestimmten Verteilungsschlüssel bemessen (→ BFH vom 10.10.1963 – BStBl. III S. 592, vom 27.5.1964 – BStBl. III S. 475 und vom 25.11.1966 – BStBl. 1967 III S. 178).

– Die Vereinbarung von Wertsicherungsklauseln oder so genannten Währungsklauseln, die nur der Anpassung der Kaufkraft an geänderte Verhältnisse dienen sollen, schließen die Annahme einer Leibrente nicht aus (→ BFH vom 2.12.1966 – BStBl. 1967 III S. 179 und vom 11.8.1967 – BStBl. III S. 699). Unter diesem Gesichtspunkt liegt eine Leibrente auch dann vor, wenn ihre Höhe jeweils von der für Sozialversicherungsrenten maßgebenden Bemessungsgrundlage abhängt (→ BFH vom 30.11.1967 – BStBl. 1968 II S. 262). Ist auf die wertgesicherte Leibrente eine andere – wenn auch in unterschiedlicher Weise – wertgesicherte Leibrente anzurechnen, hat die Differenz zwischen beiden Renten ebenfalls Leibrentencharakter (→ BFH vom 5.12.1980 – BStBl. 1981 II S. 265).

– Eine grundsätzlich auf Lebensdauer einer Person zu entrichtende Rente bleibt eine Leibrente auch dann, wenn sie unter bestimmten Voraussetzungen, z.B. Wiederverheiratung, früher endet (→ BFH vom 5.12.1980 – BStBl. 1981 II S. 265).

– Durch die Einräumung eines lebenslänglichen Wohnrechts und die Versorgung mit elektrischem Strom und Heizung wird eine Leibrente nicht begründet (→ BFH vom 2.12.1966 – BStBl. 1967 III S. 243 und vom 12.9.1969 – BStBl. II S. 706).

Nachzahlung.

– Eine Rentennachzahlung aus der gesetzlichen Rentenversicherung, die dem Rentenempfänger nach dem 31.12.2004 zufließt, wird mit dem Besteuerungsanteil gem. § 22 Nr. 1 Satz 3 Buchstabe a Doppelbuchstabe aa EStG besteuert, auch wenn sie für einen Zeitraum gezahlt wird, der vor

[1] Geänd. durch BMF v. 10.1.2014, BStBl. I 2014, 70, v. 10.4.2015, BStBl. I 2015, 256, *v. 1.6.2015, BStBl. I 2015*, 475, v. 4.7.2016, BStBl. I 2016, 645, v. 6.12.2016, BStBl. I 2016, 1426, v. 19.12.2016, BStBl. I 2016, 1433, v. 24.5.2017, BStBl. I 2017, 820, v. 28.9.2021, BStBl. I 2021, 1831.

dem Inkrafttreten des AltEinkG liegt (→ BMF vom 19.8.2013 – BStBl. I S. 1087,[1] Rz. 191).

– Nicht zu den Rentennachzahlungen zählen darauf entfallende Zinsen. Diese gehören zu den Einkünften aus Kapitalvermögen gem. § 20 Abs. 1 Nr. 7 EStG (→ BMF vom 19.8.2013 – BStBl. I S. 1087[1] unter Berücksichtigung der Änderungen durch BMF vom 4.7.2016 – BStBl. I S. 645, Rz. 196).
– Erfolgt die Nachzahlung einer rückwirkend zugebilligten Rente durch Erstattung an den Sozialleistungsträger für eine bisher gezahlte Sozialleistung (z. B. Kranken- oder Arbeitslosengeld), unterliegt die Rente bereits im Zeitpunkt des Zuflusses dieser Sozialleistung im Umfang der Erfüllungsfiktion nach § 103 Abs. 1 und 2, § 107 Abs. 1 SGB X mit dem zum rückwirkend zugebilligten Zeitpunkt der Rentenzahlung geltenden Besteuerungsanteil der Besteuerung nach § 22 Nr. 1 Satz 3 Buchstabe a Doppelbuchstabe aa EStG (→ BMF vom 19.8.2013 – BStBl. I S. 1087,[1] Rz. 192). Sofern die Sozialleistungen dem Progressionsvorbehalt unterlegen haben, ist dieser rückgängig zu machen, soweit die Beträge zu einer Rente umgewidmet werden → R 32b Abs. 4.

Öffnungsklausel. Soweit die Leistungen auf vor dem 1.1.2005 gezahlten Beiträgen oberhalb des Betrags des Höchstbeitrags zur gesetzlichen Rentenversicherung beruhen und der Höchstbeitrag bis zum 31.12.2004 über einen Zeitraum von mindestens 10 Jahren überschritten wurde, unterliegt dieser Teil der Leistung auf Antrag der Besteuerung mit dem Ertragsanteil. Nur in diesen Fällen ist es von Bedeutung, ob es sich bei der Leistung um eine Leibrente (z. B. eine Altersrente), um eine abgekürzte Leibrente (z. B. eine Erwerbsminderungsrente oder eine kleine Witwenrente) oder um eine Einmalzahlung handelt. Für diesen Teil der Leistung ist R 22.4 zu beachten. Zu Einzelheiten zur Anwendung der Öffnungsklausel → BMF vom 19.8.2013 (BStBl. I S. 1087),[1] Rz. 238–269.

Verfassungsmäßigkeit. Die Besteuerung der Altersrenten mit dem Besteuerungsanteil des § 22 Nr. 1 Satz 3 Buchst. a Doppelbuchst. aa EStG ist verfassungsmäßig, sofern nicht gegen das Verbot der Doppelbesteuerung verstoßen wird (→ BFH vom 6.4.2016 – BStBl. II S. 733).

Werbungskosten. Einkommensteuerrechtliche Behandlung von **Beratungs-, Prozess- und ähnlichen Kosten** im Zusammenhang mit Rentenansprüchen → BMF vom 20.11.1997 (BStBl. 1998 I S. 126).

R 22.4 Besteuerung von Leibrenten i. S. d. § 22 Nr. 1 Satz 3 Buchstabe a Doppelbuchstabe bb EStG[2]

Erhöhung der Rente

(1) [1]Bei *einer* Erhöhung der Rente ist, falls auch das Rentenrecht eine zusätzliche Werterhöhung erfährt, der Erhöhungsbetrag als selbständige Rente

[1] Geänd. durch BMF v. 10.1.2014, BStBl. I 2014, 70, v. 10.4.2015, BStBl. I 2015, 256, v. 1.6.2015, BStBl. I 2015, 475, v. 4.7.2016, BStBl. I 2016, 645, v. 6.12.2016, BStBl. I 2016, 1426, v. 19.12.2016, BStBl. I 2016, 1433, v. 24.5.2017, BStBl. I 2017, 820, v. 28.9.2021, BStBl. I 2021, 1831.

[2] Zu Vorsorgeeinrichtungen nach der zweiten Säule der schweizerischen Altersvorsorge siehe BMF v. 27.7.2016, BStBl. I 2016, 759.

anzusehen, für die der Ertragsanteil vom Zeitpunkt der Erhöhung an gesondert zu ermitteln ist; dabei ist unerheblich, ob die Erhöhung von vornherein vereinbart war oder erst im Laufe des Rentenbezugs vereinbart wird. [2] Ist eine Erhöhung der Rentenzahlung durch eine Überschussbeteiligung von vornherein im Rentenrecht vorgesehen, sind die der Überschussbeteiligung dienenden Erhöhungsbeträge Erträge dieses Rentenrechts; es tritt insoweit keine Werterhöhung des Rentenrechts ein. [3] Eine neue Rente ist auch nicht anzunehmen, soweit die Erhöhung in zeitlichem Zusammenhang mit einer vorangegangenen Herabsetzung steht oder wenn die Rente lediglich den gestiegenen Lebenshaltungskosten angepasst wird (Wertsicherungsklausel).

Herabsetzung der Rente

(2) Wird die Rente herabgesetzt, sind die folgenden Fälle zu unterscheiden:

1. Wird von vornherein eine spätere Herabsetzung vereinbart, ist zunächst der Ertragsanteil des Grundbetrags der Rente zu ermitteln, d. h. des Betrags, auf den die Rente später ermäßigt wird. [2] Diesen Ertragsanteil muss der Berechtigte während der gesamten Laufzeit versteuern, da er den Grundbetrag bis zu seinem Tod erhält. [3] Außerdem hat er bis zum Zeitpunkt der Herabsetzung den Ertragsanteil des über den Grundbetrag hinausgehenden Renteneiles zu versteuern. [4] Dieser Teil der Rente ist eine abgekürzte Leibrente (§ 55 Abs. 2 EStDV), die längstens bis zum Zeitpunkt der Herabsetzung läuft.
2. Wird die Herabsetzung während des Rentenbezugs vereinbart und sofort wirksam, bleibt der Ertragsanteil unverändert.
3. Wird die Herabsetzung während des Rentenbezugs mit der Maßgabe vereinbart, dass sie erst zu einem späteren Zeitpunkt wirksam wird, bleibt der Ertragsanteil bis zum Zeitpunkt der Vereinbarung unverändert. [2] Von diesem Zeitpunkt an ist Nummer 1 entsprechend anzuwenden. [3] Dabei sind jedoch das zu Beginn des Rentenbezugs vollendete Lebensjahr des Rentenberechtigten und insoweit, als die Rente eine abgekürzte Leibrente (§ 55 Abs. 2 EStDV) ist, die beschränkte Laufzeit ab Beginn des Rentenbezugs zugrunde zu legen.

Besonderheit bei der Ermittlung des Ertragsanteiles

(3) Setzt der Beginn des Rentenbezugs die Vollendung eines bestimmten Lebensjahres der Person voraus, von deren Lebenszeit die Dauer der Rente abhängt, und wird die Rente schon vom Beginn des Monats an gewährt, in dem die Person das bestimmte Lebensjahr vollendet hat, ist dieses Lebensjahr bei der Ermittlung des Ertragsanteiles nach § 22 Nr. 1 Satz 3 Buchstabe a Doppelbuchstabe bb EStG zugrunde zu legen.

Abrundung der Laufzeit abgekürzter Leibrenten

(4) Bemisst sich bei einer abgekürzten Leibrente die beschränkte Laufzeit nicht auf volle Jahre, ist bei Anwendung der in § 55 Abs. 2 EStDV aufgeführten Tabelle die Laufzeit aus Vereinfachungsgründen auf volle Jahre abzurunden.

Besonderheiten bei Renten wegen teilweiser oder voller Erwerbsminderung

(5) [1] Bei Renten wegen verminderter Erwerbsfähigkeit handelt es sich regelmäßig um abgekürzte Leibrenten. [2] Für die Bemessung der Laufzeit kommt

Freigrenze – höchstens jedoch bis zur Höhe seiner Einkünfte i. S. d. § 22 Nr. 3 EStG – zu berücksichtigen.

H 22.8

Allgemeines.[1)]

– Leistung i. S. d. § 22 Nr. 3 EStG ist jedes Tun, Dulden oder Unterlassen, das Gegenstand eines entgeltlichen Vertrags sein kann und das eine Gegenleistung auslöst (→ BFH vom 21.9.2004 – BStBl. 2005 II S. 44 und vom 8.5.2008 – BStBl. II S. 868), sofern es sich nicht um Veräußerungsvorgänge oder veräußerungsähnliche Vorgänge im privaten Bereich handelt, bei denen ein Entgelt dafür erbracht wird, dass ein Vermögenswert in seiner Substanz endgültig aufgegeben wird (→ BFH vom 28.11.1984 – BStBl. 1985 II S. 264 und vom 10.9.2003 – BStBl. 2004 II S. 218).

– Für das Vorliegen einer Leistung i. S. d. § 22 Nr. 3 EStG kommt es entscheidend darauf an, ob die Gegenleistung (das Entgelt) durch das Verhalten des Stpfl. ausgelöst wird. Allerdings setzt § 22 Nr. 3 EStG wie die übrigen Einkunftsarten die allgemeinen Merkmale der Einkünfteerzielung voraus. Der Leistende muss aber nicht bereits beim Erbringen seiner Leistung eine Gegenleistung erwarten. Für die Steuerbarkeit ist ausreichend, dass er eine im wirtschaftlichen Zusammenhang mit seinem Tun, Dulden oder Unterlassen gewährte Gegenleistung als solche annimmt (→ BFH vom 21.9.2004 – BStBl. 2005 II S. 44).

– Hat der Stpfl. nicht die Möglichkeit, durch sein Verhalten (Leistung) das Entstehen des Anspruchs auf die Leistung des Vertragspartners positiv zu beeinflussen, genügt die Annahme der Leistung der Gegenseite nicht, um den fehlenden besteuerungsrelevanten Veranlassungszusammenhang zwischen Leistung und Gegenleistung herzustellen (→ BFH vom 13.3.2018 – BStBl. II S. 531).

Einnahmen aus Leistungen i. S. d. § 22 Nr. 3 EStG sind:

– **Bindungsentgelt (Stillhalterprämie),** das beim Wertpapieroptionsgeschäft dem Optionsgeber gezahlt wird (→ BFH vom 17.4.2007 – BStBl. II S. 608),

– **Einmalige Bürgschaftsprovision** (→ BFH vom 22.1.1965 – BStBl. III S. 313),

– Entgelt für ein freiwilliges **Einsammeln und Verwerten leerer Flaschen** (→ BFH vom 6.6.1973 – BStBl. II S. 727),

– Entgelt für eine **Beschränkung der Grundstücksnutzung** (→ BFH vom 9.4.1965 – BStBl. III S. 361 und vom 26.8.1975 – BStBl. 1976 II S. 62),

– *Entgelt für die **Einräumung** eines **Vorkaufsrechts*** (→ BFH vom 30.8.1966 – BStBl. 1967 III S. 69 und vom 10.12.1985 – BStBl. 1986 II S. 340); bei späterer Anrechnung des Entgelts auf den Kaufpreis entfällt der Tatbestand des § 22 Nr. 3 EStG rückwirkend nach § 175 Abs. 1 Satz 1 Nr. 2 AO (→ BFH vom 10.8.1994 – BStBl. 1995 II S. 57),

---

[1)] Zu Einkünften aus echten Edelmetall-Pensionsgeschäften im Privatvermögen siehe BFH v. 23.4.2021 IX R 20/19, BStBl. II 2021, 687.

- Entgelt für den **Verzicht** auf Einhaltung des gesetzlich vorgeschriebenen **Grenzabstands** eines auf dem Nachbargrundstück errichteten Gebäudes (→ BFH vom 5.8.1976 – BStBl. 1977 II S. 26),
- Entgelt für die **Abgabe eines zeitlich befristeten Kaufangebots** über ein Grundstück (→ BFH vom 26.4.1977 – BStBl. II S. 631),
- Entgelt für den **Verzicht** des Inhabers eines eingetragenen Warenzeichens auf seine **Abwehrrechte** (→ BFH vom 25.9.1979 – BStBl. 1980 II S. 114),
- Entgelt für ein vertraglich vereinbartes umfassendes **Wettbewerbsverbot** (→ BFH vom 12.6.1996 – BStBl. II S. 516 und vom 23.2.1999 – BStBl. II S. 590),
- Entgelt für eine Vereinbarung, das **Bauvorhaben** des Zahlenden zu **dulden** (→ BFH vom 26.10.1982 – BStBl. 1983 II S. 404),
- Entgelt für die regelmäßige **Mitnahme eines Arbeitskollegen** auf der Fahrt zwischen Wohnung und Arbeitsstätte (→ BFH vom 15.3.1994 – BStBl. II S. 516),
- Vergütungen für die **Rücknahme des Widerspruchs** gegen den Bau und Betrieb eines Kraftwerks (→ BFH vom 12.11.1985 – BStBl. 1986 II S. 890),
- Entgelt für die **Duldung der Nutzung** von Teileigentum zum Betrieb eines Spielsalons an einen benachbarten Wohnungseigentümer (→ BFH vom 21.11.1997 – BStBl. 1998 II S. 133),
- **Eigenprovisionen,** wenn sie aus einmaligem Anlass und für die Vermittlung von Eigenverträgen gezahlt werden (→ BFH vom 27.5.1998 – BStBl. II S. 619),
- Entgelt für die **zeitweise Vermietung eines Wohnmobils** an wechselnde Mieter (→ BFH vom 12.11.1997 – BStBl. 1998 II S. 774); zur gewerblichen Wohnmobilvermietung → H 15.7 (3) Wohnmobil,
- **Bestechungsgelder,** die einem Arbeitnehmer von Dritten gezahlt worden sind (→ BFH vom 16.6.2015 – BStBl. II S. 1019),
- **Provision** für die Bereitschaft, mit seinen Beziehungen einem Dritten bei einer geschäftlichen Transaktion behilflich zu sein (→ BFH vom 20.4.2004 – BStBl. II S. 1072),
- Belohnung für einen **„werthaltigen Tipp“** (Hinweis auf die Möglichkeit einer Rechtsposition) durch Beteiligung am Erfolg bei Verwirklichung (→ BFH vom 26.10.2004 – BStBl. 2005 II S. 167),
- **Fernseh-Preisgelder,** wenn der Auftritt des Kandidaten und das gewonnene Preisgeld in einem gegenseitigen Leistungsverhältnis stehen (→ BMF vom 30.5.2008 – BStBl. I S. 645 und BFH vom 24.4.2012 – BStBl. II S. 581),
- Nachträglich wegen fehlgeschlagener Hofübergabe geltend gemachte **Vergütungen für geleistete Dienste** (→ BFH vom 8.5.2008 – BStBl. II S. 868),
- Provisionen aus der ringweisen **Vermittlung von Lebensversicherungen** (→ BFH vom 20.1.2009 – BStBl. II S. 532),
- Vergütungen, die ein an einem Darlehensverhältnis nicht beteiligter Dritter dafür erhält, dass er einen GmbH-Anteil zur **Sicherung des Darlehens** verpfändet, soweit sie nicht zu den Einkünften nach § 22 Nr. 1 Satz 1 1. Halbsatz EStG gehören (→ BFH vom 14.4.2015 – BStBl. II S. 795).

Keine Einnahmen aus Leistungen i. S. d. § 22 Nr. 3 EStG sind:[1)]

- **Abfindungen an den Mieter einer Wohnung,** soweit er sie für vermögenswerte Einschränkungen seiner Mietposition erhält (→ BFH vom 5.8.1976 – BStBl. 1977 II S. 27),
- Entgeltliche **Abtretungen von Rückkaufsrechten** an Grundstücken (→ BFH vom 14.11.1978 – BStBl. 1979 II S. 298),
- Entschädigungen für eine **faktische Bausperre** (→ BFH vom 12.9.1985 – BStBl. 1986 II S. 252),
- Gewinne aus **Errichtung und Veräußerung von Kaufeigenheimen,** auch wenn die Eigenheime bereits vor Errichtung verkauft worden sind (→ BFH vom 1.12.1989 – BStBl. 1990 II S. 1054),
- **Streikunterstützungen** (→ BFH vom 24.10.1990 – BStBl. 1991 II S. 337),
- **Verzicht auf** ein testamentarisch vermachtes obligatorisches **Wohnrecht** gegen Entgelt im privaten Bereich (→ BFH vom 9.8.1990 – BStBl. II S. 1026),
- Vereinbarung wertmindernder Beschränkung des Grundstückseigentums gegen Entgelt zur **Vermeidung eines** ansonsten zulässigen **Enteignungsverfahrens** (→ BFH vom 17.5.1995 – BStBl. II S. 640),
- Zahlungen von einem pflegebedürftigen Angehörigen für seine **Pflege im Rahmen des familiären Zusammenlebens** (→ BFH vom 14.9.1999 – BStBl. II S. 776),
- Entgelte aus der **Vermietung eines** in die Luftfahrzeugrolle eingetragenen **Flugzeugs** (→ BFH vom 2.5.2000 – BStBl. II S. 467); → H 15.7 (3) (Flugzeug),
- Entgelte aus **Telefonsex** (→ BFH vom 23.2.2000 – BStBl. II S. 610); → H 15.4 (Sexuelle Dienstleistungen),
- Entgelte für den **Verzicht auf ein dingliches Recht** (Aufhebung einer eingetragenen Dienstbarkeit alten Rechts) eines Grundstückseigentümers am Nachbargrundstück (→ BFH vom 19.12.2000 – BStBl. 2001 II S. 391),
- Erlöse aus der **Veräußerung einer Zufallserfindung** (→ BFH vom 10.9.2003 – BStBl. 2004 II S. 218),
- Entgelte für die Inanspruchnahme eines Grundstücks im Zuge **baulicher Maßnahmen auf dem Nachbargrundstück** (→ BFH vom 2.3.2004 – BStBl. II S. 507); → aber H 21.2 (Einnahmen),
- an den Versicherungsnehmer **weitergeleitete Versicherungsprovisionen** des Versicherungsvertreters (→ BFH vom 2.3.2004 – BStBl. II S. 506),
- Entgelte für **Verzicht auf Nachbarrechte** im Zusammenhang mit der *Veräußerung des betreffenden* Grundstücks (→ BFH vom 18.5.2004 – BStBl. II S. 874),
- Provision an den **Erwerber eines Grundstücks,** wenn der Provision keine eigene Leistung des Erwerbers gegenübersteht (→ BFH vom 16.3. 2004 – BStBl. II S. 1046),

---

1) Zur Verwendung bereits erwirtschafteter Provisionseinnahmen für die Teilnahme an einer betrieblichen Losveranstaltung siehe BFH v. 2.9.2008 X R 8/06, BStBl. II 2010, 548.

- **Reugeld** wegen Rücktritts vom Kaufvertrag z. B. über ein Grundstück des Privatvermögens (→ BFH vom 24.8.2006 – BStBl. 2007 II S. 44),
- Zahlungen für den **Verzicht auf** ein sich aus einem Aktienkauf- und Übertragungsvertrag ergebenden **Anwartschaftsrecht** (→ BFH vom 19.2.2013 – BStBl. II S. 578),
- **einmalige Entschädigungen** für ein zeitlich nicht begrenztes Recht auf **Überspannung eines zum Privatvermögen gehörenden Grundstücks** mit einer Hochspannungsleitung. Sie sind keine steuerbaren Einnahmen (→ BFH vom 2.7.2018 – BStBl. II S. 759).

Rückzahlung von Einnahmen. Die Rückzahlung von Einnahmen i. S. d. § 22 Nr. 3 EStG in einem späteren VZ ist im Abflusszeitpunkt in voller Höhe steuermindernd zu berücksichtigen. Das Verlustausgleichsverbot und Verlustabzugsverbot des § 22 Nr. 3 Satz 3 EStG steht nicht entgegen (→ BFH vom 26.1.2000 – BStBl. II S. 396).

Steuerfreie Einnahmen nach § 3 Nr. 26a EStG. → BMF vom 21.11. 2014 (BStBl. I S. 1581), Tz. 10.

Verfassungsmäßigkeit. Die Verlustausgleichsbeschränkung des § 22 Nr. 3 Satz 3 EStG ist verfassungsgemäß (→ BFH vom 16.6.2015 – BStBl. II S. 1019).

Verlustabzug in Erbfällen. Verluste i. S. d. § 22 Nr. 3 Satz 4 EStG → R 10d Abs. 9 Satz 9.

Verlustvor- und -rücktrag. Zur Anwendung des § 10d EStG im Rahmen des § 22 Nr. 3 EStG → BMF vom 29.11.2004 (BStBl. I S. 1097).

Werbungskosten. Treffen mehrere Stpfl. die Abrede, sich ringweise Lebensversicherungen zu vermitteln und die dafür erhaltenen Provisionen an den jeweiligen Versicherungsnehmer weiterzugeben, kann die als Gegenleistung für die Vermittlung von der Versicherungsgesellschaft vereinnahmte und nach § 22 Nr. 3 EStG steuerbare Provision nicht um den Betrag der Provision als Werbungskosten gemindert werden, die der Stpfl. an den Versicherungsnehmer weiterleiten muss, wenn er umgekehrt einen Auskehrungsanspruch gegen denjenigen hat, der den Abschluss seiner Versicherung vermittelt (→ BFH vom 20.1.2009 – BStBl. II S. 532).

Zeitpunkt des Werbungskostenabzugs. Werbungskosten sind bei den Einkünften aus einmaligen (sonstigen) Leistungen auch dann im Jahre des Zuflusses der Einnahme abziehbar, wenn sie vor diesem Jahr angefallen sind oder nach diesem Jahr mit Sicherheit anfallen werden. Entstehen künftig Werbungskosten, die im Zuflussjahr noch nicht sicher vorhersehbar waren, ist die Veranlagung des Zuflussjahres gem. § 175 Abs. 1 Satz 1 Nr. 2 AO zu ändern (→ BFH vom 3.6.1992 – BStBl. II S. 1017).

R 22.9 Besteuerung von Bezügen i. S. d. § 22 Nr. 4 EStG

[1] § 22 Nr. 4 EStG umfasst nur solche Leistungen, die auf Grund des Abgeordnetengesetzes, des Europaabgeordnetengesetzes oder der entsprechenden Gesetze der Länder gewährt werden. [2] Leistungen, die außerhalb dieser Gesetze erbracht werden, z. B. Zahlungen der Fraktionen, unterliegen hingegen den allgemeinen Grundsätzen steuerlicher Beurteilung. [3] Gesondert gezahlte Tage-

oder Sitzungsgelder sind nur dann nach § 3 Nr. 12 EStG steuerfrei, wenn sie nach bundes- oder landesrechtlicher Regelung als Aufwandsentschädigung gezahlt werden.

H 22.9

Werbungskosten. Soweit ein Abgeordneter zur Abgeltung von durch das Mandat veranlassten Aufwendungen eine nach § 3 Nr. 12 EStG steuerfreie Aufwandsentschädigung erhält, schließt dies nach § 22 Nr. 4 Satz 2 EStG den Abzug jeglicher mandatsbedingter Aufwendungen, auch von Sonderbeiträgen an eine Partei, als Werbungskosten aus (→ BFH vom 29.3.1983 – BStBl. II S. 601, vom 3.12.1987 – BStBl. 1988 II S. 266, vom 8.12.1987 – BStBl. 1988 II S. 433 und vom 23.1.1991 – BStBl. II S. 396). Derzeit werden nur in Brandenburg, Nordrhein-Westfalen und Schleswig-Holstein keine steuerfreien Aufwandsentschädigungen gezahlt.
Auch Kosten eines erfolglosen Wahlkampfes dürfen nach § 22 Nr. 4 Satz 3 EStG nicht als Werbungskosten abgezogen werden. Für ein Bundestagsmandat → BFH vom 8.12.1987 (BStBl. 1988 II S. 435), für ein Mandat im Europäischen Parlament → BFH vom 10.12.2019 (BStBl. 2020 II S. 389).

R 22.10 Besteuerung von Leistungen i. S. d. § 22 Nr. 5 EStG *(unbesetzt)*

H 22.10

Besteuerung von Leistungen nach § 22 Nr. 5 EStG. → BMF vom 21.12.2017 (BStBl. 2018 I S. 93, Rz. 126–194).[1]

Mitteilung über steuerpflichtige Leistungen aus einem Altersvorsorgevertrag oder aus einer betrieblichen Altersversorgung. Amtlich vorgeschriebenes Vordruckmuster für Jahre ab 2020 → BMF vom 9.11.2020 (BStBl. I S. 1061).

Zu § 22a EStG

H 22a

Anwendungsschreiben. → BMF vom 7.12.2011 (BStBl. I S. 1223).

Zu § 23 EStG

H 23

Anschaffung. Zu Anschaffungen im Rahmen der vorweggenommenen Erbfolge und bei Erbauseinandersetzung → BMF vom 13.1.1993 (BStBl. I S. 80) unter Berücksichtigung der Änderungen durch BMF vom 26.2.2007 (BStBl. I S. 269) und → BMF vom 14.3.2006 (BStBl. I S. 253) unter Berücksichtigung der Änderungen durch BMF vom 27.12.2018 (BStBl. 2019 I S. 11).
→ Enteignung.

---

[1] Geänd. durch BMF v. 17.2.2020, BStBl. I 2020, 213. Siehe auch BMF v. 6.12.2017, BStBl. I 2018, 147.

Anschaffung ist **auch**

– die Abgabe eines Meistgebots in einer Zwangsversteigerung (→ BFH vom 27.8.1997 – BStBl. 1998 II S. 135),
– der Erwerb auf Grund eines Ergänzungsvertrags, wenn damit erstmalig ein Anspruch auf Übertragung eines Miteigentumsanteils rechtswirksam entsteht (→ BFH vom 17.12.1997 – BStBl. 1998 II S. 343),
– der entgeltliche Erwerb eines Anspruchs auf Rückübertragung eines Grundstücks nach dem VermG (Restitutionsanspruch) (→ BFH vom 13.12.2005 – BStBl. 2006 II S. 513),
– der Erwerb eines parzellierten und beplanten Grundstücks, das der Eigentümer auf Grund eines Rückübertragungsanspruchs dafür erhält, dass er bei der Veräußerung eines nicht parzellierten Grundstücks eine Teilfläche ohne Ansatz eines Kaufpreises überträgt (→ BFH vom 13.4.2010 – BStBl. II S. 792).

Keine Anschaffung ist

– der unentgeltliche Erwerb eines Wirtschaftsguts, z. B. durch Erbschaft, Vermächtnis oder Schenkung (→ BFH vom 4.7.1950 – BStBl. 1951 III S. 237, vom 22.9.1987 – BStBl. 1988 II S. 250 und vom 12.7.1988 – BStBl. II S. 942, → Veräußerungsfrist). Ein unentgeltlicher Erwerb liegt auch vor, wenn im Rahmen der Übertragung eines Grundstücks im Wege der vorweggenommenen Erbfolge dem Übergeber ein dingliches Wohnrecht eingeräumt wird und die durch Grundschulden auf dem Grundstück abgesicherten Darlehen des Rechtsvorgängers nicht übernommen werden (→ BFH vom 3.9.2019 – BStBl. 2020 II S. 122),
– der Erwerb kraft Gesetzes oder eines auf Grund gesetzlicher Vorschriften ergangenen Hoheitsaktes (→ BFH vom 19.4.1977 – BStBl. II S. 712 und vom 13.4.2010 – BStBl. II S. 792),
– die Rückübertragung von enteignetem Grundbesitz oder dessen Rückgabe nach Aufhebung der staatlichen Verwaltung auf Grund des VermG vom 23.9.1990 i. d. F. der Bekanntmachung vom 21.12.1998 (BGBl. I S. 4026, § 52 Abs. 2 Satz 2 D-Markbilanzgesetz i. d. F. vom 28.7.1994 – DMBilG – BGBl. I S. 1842); → hierzu auch BMF vom 11.1.1993 – BStBl. I S. 18,
– die Einbringung von Grundstücken durch Bruchteilseigentümer zu unveränderten Anteilen in eine personenidentische GbR mit Vermietungseinkünften (→ BFH vom 6.10.2004 – BStBl. 2005 II S. 324 und BFH vom 2.4.2008 – BStBl. II S. 679),
– die unentgeltliche Einräumung eines Erbbaurechts an einem Grundstück. Vom Erbbauberechtigten getragene Erbbaurechtsvertragskosten, Kosten des Vollzugs der Urkunde und die Grunderwerbsteuer stellen lediglich Anschaffungsnebenkosten des Erbbaurechts und keine Gegenleistung für die Einräumung des Erbbaurechts dar (→ BFH vom 8.11.2017 – BStBl. 2018 II S. 518).

Anschaffungskosten.

– Der Begriff „Anschaffungskosten" in § 23 Abs. 3 Satz 1 EStG ist mit dem Begriff der Anschaffungskosten in § 6 Abs. 1 Nr. 1 und 2 EStG identisch (→ BFH vom 19.12.2000 – BStBl. 2001 II S. 345).

– Nachträgliche Anschaffungskosten entstehen nicht, wenn der Erwerber des Grundstücks zwecks Löschung eines Grundpfandrechts Schulden tilgt, die er zunächst nicht vom Übergeber übernommen hat (→ BFH vom 3.9.2019 – BStBl. 2020 II S. 122).

Eintrittskarten. Eintrittskarten (z. B. Champions League Tickets) zählen zu den anderen Wirtschaftsgütern i. S. d. § 23 Abs. 1 Satz 1 Nr. 2 Satz 1 EStG, die Gegenstand eines privaten Veräußerungsgeschäfts sein können. Sie sind keine Gegenstände des täglichen Gebrauchs i. S. d. § 23 Abs. 1 Satz 1 Nr. 2 Satz 2 EStG (→ BFH vom 29.10.2019 – BStBl. 2020 II S. 258).

Enteignung.

– Veräußert ein Stpfl. zur Abwendung einer unmittelbar drohenden Enteignung ein Grundstück und erwirbt er in diesem Zusammenhang ein Ersatzgrundstück, liegt hierin keine Veräußerung und Anschaffung i. S. d. § 23 EStG (→ BFH vom 29.6.1962 – BStBl. III S. 387 und vom 16.1.1973 – BStBl. II S. 445). Veräußertes und angeschafftes Grundstück bilden in diesem Fall für die Anwendung des § 23 EStG eine Einheit. Für die Berechnung der Veräußerungsfrist ist daher nicht der Tag der Anschaffung des Ersatzgrundstücks, sondern der Tag maßgebend, zu dem das veräußerte Grundstück angeschafft wurde (→ BFH vom 5.5.1961 – BStBl. III S. 385).
– Ersetzt der Stpfl. im Zusammenhang mit der drohenden Enteignung einer Teilfläche auch die nicht unmittelbar betroffenen Grundstücksteile, handelt es sich insoweit um eine Anschaffung und Veräußerung i. S. d. § 23 EStG (→ BFH vom 7.12.1976 – BStBl. 1977 II S. 209).
– Eine Anschaffung bzw. Veräußerung i. S. d. § 23 EStG liegt nicht vor, wenn der Verlust des Eigentums am Grundstück ohne maßgeblichen Einfluss des Stpfl. stattfindet. Ein Entzug des Eigentums durch Sonderungsbescheid nach dem Bodensonderungsgesetz ist deshalb keine Veräußerung i. S. d. § 23 EStG (→ BFH vom 23.7.2019 – BStBl. II S. 701).

Fondsbeteiligung bei Schrottimmobilien. Zahlungen bei der Rückabwicklung von Immobilienfonds mit Schrottimmobilien können in ein steuerpflichtiges Veräußerungsentgelt und eine nicht steuerbare Entschädigungsleistung aufzuteilen sein. Maßgebend für die Kaufpreisaufteilung ist der Wert des Fonds im Veräußerungszeitpunkt. Als Veräußerungserlös auf Ebene des Gesellschafters ist alles anzusehen, was der Anleger vom Erwerber für seine Beteiligung erhalten hat. Eine Erhöhung des Veräußerungserlöses um anteilige Verbindlichkeiten der Fondsgesellschaft erfolgt dann nicht, wenn der Veräußerer nicht von einer ihn belastenden Verbindlichkeit befreit wurde. Zum Veräußerungspreis gehört die Freistellung des Veräußerers von einer ihn betreffenden Verbindlichkeit, wenn der Veräußerer für die Verbindlichkeit zumindest haftete und der Erwerber in die Haftung eintritt (→ BFH vom 6.9.2016 – BStBl. 2018 II S. 323, 329 und 335, vom 31.1.2017 – BStBl. 2018 II S. 341 und vom 11.7.2017 – BStBl. 2018 II S. 348).

Freigrenze.

– Haben beide zusammenveranlagten Ehegatten Veräußerungsgewinne erzielt, steht jedem Ehegatten die Freigrenze des § 23 Abs. 3 EStG –

höchstens jedoch bis zur Höhe seines Gesamtgewinns aus privaten Veräußerungsgeschäften – zu (→ BVerfG vom 21.2.1961 – BStBl. I S. 55).
– → BMF vom 5.10.2000 (BStBl. I S. 1383),[1] Rz. 41.

Fremdwährungsgeschäfte. Fremdwährungsbeträge können Gegenstand eines privaten Veräußerungsgeschäfts sein (→ BMF vom 18.1.2016 – BStBl. I S. 85,[2] Rz. 131). Sie werden insbesondere angeschafft, indem sie gegen Umtausch von nationaler Währung erworben werden, und veräußert, indem sie in die nationale Währung zurückgetauscht oder in eine andere Fremdwährung umgetauscht werden. Werden Fremdwährungsguthaben als Gegenleistung für die Veräußerung von Wertpapieren entgegengenommen, werden beide Wirtschaftsgüter getauscht, d.h. die Wertpapiere veräußert und das Fremdwährungsguthaben angeschafft (→ BFH vom 21.1.2014 – BStBl. II S. 385).

Fristberechnung. → Veräußerungsfrist.

Grundstücksgeschäfte. Zweifelsfragen bei der Besteuerung privater Grundstücksgeschäfte → BMF vom 5.10.2000 (BStBl. I S. 1383)[3], [4] unter Berücksichtigung der Änderungen durch BMF vom 7.2.2007 (BStBl. I S. 262) und vom 3.9.2019 (BStBl. I S. 888).

Identisches Wirtschaftsgut.
- Ein privates Veräußerungsgeschäft ist auch anzunehmen, wenn ein unbebautes Grundstück parzelliert und eine Parzelle innerhalb der Veräußerungsfrist veräußert wird (→ BFH vom 19.7.1983 – BStBl. 1984 II S. 26).
- Die Aufteilung eines Hausgrundstücks in Wohneigentum ändert nichts an der wirtschaftlichen Identität von angeschafftem und veräußertem Wirtschaftsgut (→ BFH vom 23.8.2011 – BStBl. 2013 II S. 1002).
- Eine wirtschaftliche Teilidentität zwischen angeschafftem und veräußertem Wirtschaftsgut ist ausreichend. Diese ist z. B. gegeben, wenn ein bei Anschaffung mit einem Erbbaurecht belastetes Grundstück lastenfrei veräußert wird (→ BFH vom 12.6.2013 – BStBl. II S. 1011).
- → Enteignung.

Schuldzinsen. → Werbungskosten.

Spekulationsabsicht. Für das Entstehen der Steuerpflicht ist es unerheblich, ob der Stpfl. in spekulativer Absicht gehandelt hat (→ Beschluss des BVerfG vom 9.7.1969 – BStBl. 1970 II S. 156 und BFH vom 2.5.2000 – BStBl. II S. 469).

Veräußerung. → Enteignung.
Als Veräußerung i. S. d. § 23 Abs. 1 EStG ist **auch** anzusehen

---

[1] Geänd. durch BMF v. 7.2.2007, BStBl. I 2007, 262, und v. 3.9.2019, BStBl. I 2019, 888; siehe auch BMF v. 17.6.2020, BStBl. I 2020, 576.

[2] Geänd. durch BMF v. 20.4.2016, BStBl. I 2016, 475, v. 16.6.2016, BStBl. I 2016, 527, v. 3.5.2017, BStBl. I 2017, 739, v. 19.12.2017, BStBl. I 2018, 52, v. 12.4.2018, BStBl. I 2018, 624, v. 17.1.2019, BStBl. I 2019, 51, v. 10.5.2019, BStBl. I 2019, 464, v. 16.9.2019, BStBl. I 2019, 889, v. 19.2.2021, BStBl. I 2021, 296.

[3] Zu Rz. 25 (2. Tiret) des BMF v. 5.10.2000 siehe aber auch BMF vom 17.6.2020, BStBl. I 2020, 576.

[4] *Keine Besteuerung des bei Verkauf einer Eigentumswohnung auf das häusliche Arbeitszimmer entfallenden Veräußerungsgewinns; BFH v. 1.3.2021 IX R 27/19, BStBl. II 2021, 680 (gegen Rz. 31 BMF v. 5.10.2020).*

– unter besonderen Umständen die Abgabe eines bindenden Angebots (→ BFH vom 23.9.1966 – BStBl. 1967 III S. 73, vom 7.8.1970 – BStBl. II S. 806 und vom 19.10.1971 – BStBl. 1972 II S. 452);
– der Abschluss eines bürgerlich-rechtlich wirksamen, beide Vertragsparteien bindenden Vorvertrags (→ BFH vom 13.12.1983 – BStBl. 1984 II S. 311);
– unter den Voraussetzungen des § 41 Abs. 1 AO der Abschluss eines unvollständig beurkundeten und deswegen nach den § 313 Satz 1 BGB, § 125 HGB formunwirksamen Kaufvertrags (→ BFH vom 15.12.1993 – BStBl. 1994 II S. 687);
– die Übertragung aus dem Privatvermögen eines Gesellschafters in das betriebliche Gesamthandsvermögen einer Personengesellschaft gegen Gewährung von Gesellschaftsrechten (→ BMF vom 29.3.2000 – BStBl. I S. 462 und vom 11.7.2011 – BStBl. I S. 713 unter Berücksichtigung von BMF vom 26.7.2016 – BStBl. I S. 684);
– die Veräußerung des rückübertragenen Grundstücks bei entgeltlichem Erwerb des Restitutionsanspruchs nach dem VermG (→ BFH vom 13.12.2005 – BStBl. 2006 II S. 513).

Keine Veräußerung i. S. d. § 23 Abs. 1 EStG ist
– die Rückabwicklung eines Anschaffungsgeschäfts wegen irreparabler Vertragsstörungen (→ BFH vom 27.6.2006 – BStBl. 2007 II S. 162);
– die in Erfüllung des Sachleistungsanspruches aus einer XETRA-Gold Inhaberschuldverschreibung erfolgte Einlösung und Auslieferung physischen Goldes (→ BFH vom 6.2.2018 – BStBl. II S. 525).

Veräußerungsfrist.[1]
– → Enteignung.
– Die **nachträgliche Genehmigung** eines zunächst schwebend unwirksamen Vertrags durch einen der Vertragspartner wirkt für die Fristberechnung nicht auf den Zeitpunkt der Vornahme des Rechtsgeschäfts zurück (→ BFH vom 2.10.2001 – BStBl. 2002 II S. 10).
– Bei Veräußerung eines im Wege der **Gesamtrechtsnachfolge** erworbenen Wirtschaftsguts ist bei der Berechnung der Veräußerungsfrist von dem Zeitpunkt des entgeltlichen Erwerbs durch den Rechtsvorgänger auszugehen (→ BFH vom 12.7.1988 – BStBl. II S. 942). Das Gleiche gilt auch für ein im Wege der unentgeltlichen Einzelrechtsnachfolge erworbenes Wirtschaftsgut → § 23 Abs. 1 Satz 3 EStG.
– Für die Berechnung der Veräußerungsfrist des § 23 Abs. 1 EStG ist grundsätzlich das der → Anschaffung oder → Veräußerung zu Grunde liegende **obligatorische Geschäft** maßgebend (→ BFH vom 15.12.1993 – BStBl. 1994 II S. 687 und vom 8.4.2014 – BStBl. II S. 826); ein außerhalb der Veräußerungsfrist liegender Zeitpunkt des Eintritts einer aufschiebenden Bedingung des Veräußerungsgeschäfts ist unmaßgeblich (→ BFH vom 10.2.2015 – BStBl. II S. 487).[2]

---

[1] Zur rückwirkenden Verlängerung der Veräußerungsfrist für Grundstücksveräußerungen von 2 auf 10 Jahre siehe BVerfG v. 7.7.2010 2 BvL 14/02, 2 BvL 2/04, 2 BvL 13/05, BStBl. II 2011, 76, und BMF v. 20.12.2010, BStBl. I 2011, 14, geänd. durch BMF v. 18.5.2015, BStBl. I 2015, 464.

[2] Ebenso BFH v. 25.3.2021 IX R 10/20, BStBl. II 2021, 758 (öffentlich-rechtliche Genehmigung eines zunächst schwebend-unwirksamen Veräußerungsgeschäfts).

Veräußerungspreis.

– Wird infolge von Meinungsverschiedenheiten über die Formgültigkeit des innerhalb der Veräußerungsfrist abgeschlossenen Grundstückskaufvertrages der Kaufpreis erhöht, kann der erhöhte Kaufpreis auch dann Veräußerungspreis i. S. v. § 23 Abs. 3 Satz 1 EStG sein, wenn die Erhöhung nach Ablauf der Veräußerungsfrist vereinbart und beurkundet wird (→ BFH vom 15.12.1993 – BStBl. 1994 II S. 687).
– Zum Veräußerungspreis gehört auch das Entgelt für den Verzicht auf Nachbarrechte im Zusammenhang mit der Veräußerung des betreffenden Grundstücks (→ BFH vom 18.5.2004 – BStBl. II S. 874).

Veräußerungsverlust bei Ratenzahlung. Bei Zahlung des Veräußerungserlöses in verschiedenen VZ fällt der Veräußerungsverlust anteilig nach dem Verhältnis der Teilzahlungsbeträge zu dem Gesamtveräußerungserlös in den jeweiligen VZ der Zahlungszuflüsse an (→ BFH vom 6.12.2016 – BStBl. 2017 II S. 676).

Verfassungsmäßigkeit. Die Beschränkung des Verlustausgleichs bei privaten Veräußerungsgeschäften durch § 23 Abs. 3 Satz 8 (jetzt: Satz 7) EStG ist verfassungsgemäß (→ BFH vom 18.10.2006 – BStBl. 2007 II S. 259).

Verlustabzug in Erbfällen. Verluste i. S. d. § 22 Nr. 2 i. V. m. § 23 Abs. 3 Satz 7 bis 10 EStG → R 10d Abs. 9 Satz 10.

Verlustvor- und -rücktrag. Zur Anwendung des § 10d EStG im Rahmen des § 23 EStG → BMF vom 29.11.2004 (BStBl. I S. 1097).

Werbungskosten.

– Werbungskosten sind grundsätzlich alle durch ein Veräußerungsgeschäft i. S. d. § 23 EStG veranlassten Aufwendungen (z. B. Schuldzinsen), die weder zu den (nachträglichen) Anschaffungs- oder Herstellungskosten des veräußerten Wirtschaftsguts gehören noch einer vorrangigen Einkunftsart zuzuordnen sind oder wegen privater Nutzung unter das Ab-zugsverbot des § 12 EStG fallen (→ BFH vom 12.12.1996 – BStBl. 1997 II S. 603).
– Durch ein privates Veräußerungsgeschäft veranlasste Werbungskosten sind – abweichend vom Abflussprinzip des § 11 Abs. 2 EStG – in dem Kj. zu berücksichtigen, in dem der Verkaufserlös zufließt (→ BFH vom 17.7.1991 – BStBl. II S. 916).
– Fließt der Verkaufserlös in mehreren VZ zu, sind sämtliche Werbungskosten zunächst mit dem im ersten Zuflussjahr erhaltenen Teilerlös und ein etwa verbleibender Werbungskostenüberschuss mit den in den Folgejahren erhaltenen Teilerlösen zu verrechnen (→ BFH vom 3.6.1992 – BStBl. II S. 1017).
– Planungsaufwendungen zur Baureifmachung eines unbebauten Grundstücks (Baugenehmigungsgebühren, Architektenhonorare) können abziehbar sein, wenn von Anfang an Veräußerungsabsicht bestanden hat (→ BFH vom 12.12.1996 – BStBl. 1997 II S. 603).
– Erhaltungsaufwendungen können abziehbar sein, soweit sie allein oder ganz überwiegend durch die Veräußerung des Mietobjekts veranlasst sind (→ BFH vom 14.12.2004 – BStBl. 2005 II S. 343).
– Wird ein Gebäude, das zu eigenen Wohnzwecken genutzt werden sollte, vor dem Selbstbezug und innerhalb der Veräußerungsfrist wieder veräu-

Beispiel 2:

Wie Beispiel 1, jedoch hat der Stpfl. im VZ 2019 das 64. Lebensjahr vollendet.
Der Altersentlastungsbetrag beträgt 16,0% des Arbeitslohnes (14 000 € abzüglich Versorgungsbezüge 6000 € = 8000 €), das sind 1280 €, höchstens jedoch 760 €.

Lohnsteuerabzug. Die Berechnung des Altersentlastungsbetrags beim Lohnsteuerabzug hat keine Auswirkung auf die Berechnung im Veranlagungsverfahren (→ R 39b.4 Abs. 3 LStR 2015).[1]

Zu § 24b EStG

H 24b

Anwendungsschreiben. → BMF vom 23.10.2017 (BStBl. I S. 1432).

Zu § 25 EStG
(§§ 56 und 60 EStDV)

R 25. Verfahren bei der Veranlagung von Ehegatten nach § 26a EStG

(1) [1]Hat ein Ehegatte nach § 26 Abs. 2 Satz 1 EStG die Einzelveranlagung (§ 26a EStG) gewählt, ist für jeden Ehegatten eine Einzelveranlagung durchzuführen, auch wenn sich jeweils eine Steuerschuld von 0 Euro ergibt. [2]*Der bei einer Zusammenveranlagung der Ehegatten in Betracht kommende Betrag der außergewöhnlichen Belastungen ist grundsätzlich von dem Finanzamt zu ermitteln, das für die Veranlagung des Ehemannes zuständig ist.*[2]

(2)[2] *Für den VZ 2012 ist R 25 EStR 2008 weiter anzuwenden.*

H 25

Anlage EÜR.

– Der amtlich vorgeschriebene Datensatz ist durch Datenfernübertragung authentifiziert zu übermitteln.
  Die Anlage AVEÜR sowie bei Mitunternehmerschaften die entsprechenden Anlagen sind notwendiger Bestandteil der EÜR.
  Übersteigen die im Wj. angefallenen Schuldzinsen, ohne die Berücksichtigung der Schuldzinsen für Darlehen zur Finanzierung von Anschaffungs- oder Herstellungskosten von Wirtschaftsgütern des Anlagevermögens, den Betrag von 2050 Euro, sind bei Einzelunternehmen die in der Anlage SZ enthaltenen Angaben als notwendiger Bestandteil der EÜR an die Finanzverwaltung zu übermitteln.
  (→ BMF vom 16.9.2020 – BStBl. I S. 995).[3]
– § 60 Abs. 4 EStDV stellt eine wirksame Rechtsgrundlage für die Pflicht zur Abgabe der Anlage EÜR dar. Die Aufforderung zur Einreichung der Anlage EÜR ist ein Verwaltungsakt (→ BFH vom 16.11.2011 – BStBl. 2012 II S. 129).

---

[1] Nr. **20**.
[2] **[Amtl. Anm.:]** Für VZ ab 2013 ohne Bedeutung.
[3] Für VZ 2021 siehe BMF v. 31.8.2021, BStBl. I, 2021, 1464.

Härteregelung. § 46 Abs. 3 und 5 EStG ist auch bei solchen Arbeitnehmern anzuwenden, die mangels Vornahme eines Lohnsteuerabzugs nicht gem. § 46 EStG, sondern nach § 25 Abs. 1 EStG zu veranlagen sind, z. B. bei ausländischem Arbeitgeber (→ BFH vom 27.11.2014 – BStBl. 2015 II S. 793).

Steuererklärungspflicht gem. § 56 Satz 2 EStDV. Die Verpflichtung zur Abgabe der Einkommensteuererklärung nach § 56 Satz 2 EStDV wegen Feststellung eines verbleibenden Verlustvortrags gilt nur für den unmittelbar auf den festgestellten Verlustabzug folgenden VZ.
Ist der Stpfl. nach § 46 Abs. 2 Nr. 8 EStG nur auf seinen Antrag hin zur Einkommensteuer zu veranlagen, kommt er mit der Abgabe der Einkommensteuererklärung nicht nur seiner Erklärungspflicht gem. § 56 Satz 2 EStDV nach, sondern stellt zugleich einen Veranlagungsantrag i. S. d. § 46 Abs. 2 Nr. 8 Satz 2 EStG, der wiederum die Ablaufhemmung des § 171 Abs. 3 AO auslöst (→ BFH vom 30.3.2017 – BStBl. II S. 1046).

Unterzeichnung durch einen Bevollmächtigten. Kehrt ein ausländischer Arbeitnehmer auf Dauer in sein Heimatland zurück, kann dessen Einkommensteuer-Erklärung ausnahmsweise durch einen Bevollmächtigten unter Offenlegung des Vertretungsverhältnisses unterzeichnet werden (→ BFH vom 10.4.2002 – BStBl. II S. 455).

Zu § 26 EStG[1)]

R 26. Voraussetzungen für die Anwendung des § 26 EStG

Nicht dauernd getrennt lebend

(1) [1]Bei der Frage, ob Ehegatten als dauernd getrennt lebend anzusehen sind, wird einer auf Dauer herbeigeführten räumlichen Trennung regelmäßig eine besondere Bedeutung zukommen. [2]Die eheliche Lebens- und Wirtschaftsgemeinschaft ist jedoch im Allgemeinen nicht aufgehoben, wenn sich die Ehegatten nur vorübergehend räumlich trennen, z. B. bei einem beruflich bedingten Auslandsaufenthalt eines der Ehegatten. [3]Sogar in Fällen, in denen die Ehegatten infolge zwingender äußerer Umstände für eine nicht absehbare Zeit räumlich voneinander getrennt leben müssen, z. B. infolge Krankheit oder Verbüßung einer Freiheitsstrafe, kann die eheliche Lebens- und Wirtschaftsgemeinschaft noch weiterbestehen, wenn die Ehegatten die erkennbare Absicht haben, die eheliche Verbindung in dem noch möglichen Rahmen aufrechtzuerhalten und nach dem Wegfall der Hindernisse die volle eheliche Gemeinschaft wiederherzustellen. [4]Ehegatten, von denen einer vermisst ist, sind im Allgemeinen nicht als dauernd getrennt lebend anzusehen.

Zurechnung gemeinsamer Einkünfte

(2) Gemeinsame Einkünfte der Ehegatten, z. B. aus einer Gesamthandsgesellschaft oder Gesamthandsgemeinschaft sind jedem Ehegatten, falls keine andere Aufteilung in Betracht kommt, zur Hälfte zuzurechnen.

(3)[2)] Für den VZ 2012 ist R 26 EStR 2008 weiter anzuwenden.

---

1) *§ 26 EStG* neugef. durch SteuervereinfachungsG 2011 v. 1.11.2011, BGBl. I 2011, 2131, mWv VZ 2013.

2) **[Amtl. Anm.:]** Für VZ ab 2013 ohne Bedeutung.

im Verhältnis zur Republik Kroatien, zur Republik Slowenien und zur Republik Mazedonien;

– Türkei. Abkommen zwischen der Bundesrepublik Deutschland und der Republik Türkei über Soziale Sicherheit vom 30.4.1964 (BGBl. 1965 II S. 1169 ff.), in Kraft getreten am 1.11.1965 (BGBl. II S. 1588), i. d. F. des Zusatzabkommens vom 2.11.1984 zur Änderung des Abkommens (BGBl. 1986 II S. 1040 ff.), in Kraft getreten am 1.4.1987 (BGBl. II S. 188);
– Tunesien. Abkommen zwischen der Bundesrepublik Deutschland und der Tunesischen Republik über Kindergeld vom 20.9.1991 (BGBl. 1995 II S. 642 ff.), in Kraft getreten am 1.8.1996 (BGBl. II S. 2522).

Höhe des inländischen Kindergelds für Kinder in einzelnen Abkommensstaaten:

Angaben in Euro je Monat	1. Kind	2. Kind	3. Kind	4. Kind	5. Kind	6. Kind	ab 7. Kind
Bosnien und Herzegowina	5,11	12,78	30,68	30,68	35,79	35,79	35,79
Kosovo	5,11	12,78	30,68	30,68	35,79	35,79	35,79
Marokko	5,11	12,78	12,78	12,78	12,78	12,78	–
Montenegro	5,11	12,78	30,68	30,68	35,79	35,79	35,79
Serbien	5,11	12,78	30,68	30,68	35,79	35,79	35,79
Türkei	5,11	12,78	30,68	30,68	35,79	35,79	35,79
Tunesien	5,11	12,78	12,78	12,78	–	–	–

Zivilrechtlicher Ausgleich. Verzichtet der zum Barunterhalt verpflichtete Elternteil durch gerichtlichen oder außergerichtlichen Vergleich auf die Anrechnung des hälftigen Kindergeldes auf den Kindesunterhalt, ist sein zivilrechtlicher Ausgleichsanspruch gleichwohl in die Prüfung der Steuerfreistellung des § 31 EStG einzubeziehen (→ BFH vom 16.3.2004 – BStBl. 2005 II S. 332). Sieht das Zivilrecht eines anderen Staates nicht vor, dass das Kindergeld die Unterhaltszahlung an das Kind mindert, ist der für das Kind bestehende Kindergeldanspruch dennoch bei der Prüfung der Steuerfreistellung nach § 31 EStG anzusetzen (→ BFH vom 13.8.2002 – BStBl. II S. 867 und vom 28.6.2012 – BStBl. 2013 II S. 855).

Zurechnung des Kindergelds. Bei der Prüfung der Steuerfreistellung ist der gesamte Anspruch auf Kindergeld dem vollen Kinderfreibetrag gegenüberzustellen, wenn der halbe Kinderfreibetrag auf den betreuenden Elternteil übertragen wurde, weil der andere Elternteil seiner Unterhaltsverpflichtung gegenüber dem Kind nicht nachkam (→ BFH vom 16.3.2004 – BStBl. 2005 II S. 594).

Zu § 32 EStG

R 32.1 Im ersten Grad mit dem Steuerpflichtigen verwandte Kinder

(unbesetzt)

H 32.1

Anerkennung der Vaterschaft. Die Anerkennung der Vaterschaft begründet den gesetzlichen Vaterschaftstatbestand des § 1592 Nr. 2 BGB und bestätigt das zwischen dem Kind und seinem Vater von der Geburt an bestehende echte Verwandtschaftsverhältnis i. S. d. § 32 Abs. 1 Nr. 1 EStG. Bestandskräftige Einkommensteuerbescheide sind nach § 175 Abs. 1 Satz 1 Nr. 2 AO zu ändern und kindbedingte Steuervorteile zu berücksichtigen (→ BFH vom 28.7.2005 – BStBl. 2008 II S. 350).

Annahme als Kind. → A 10.2 Abs. 1 und 3 DA-KG 2020:[1)]

„(1) Ein angenommenes minderjähriges Kind ist mit dem Berechtigten im ersten Grad verwandt (vgl. § 32 Abs. 1 Nr. 1 EStG). Die Annahme wird vom Familiengericht ausgesprochen und durch Zustellung des Annahmebeschlusses an die annehmende Person rechtswirksam (§ 197 Abs. 2 FamFG). Mit der Annahme als Kind erlischt das Verwandtschaftsverhältnis des Kindes zu seinen bisherigen Verwandten. Nimmt ein Ehegatte oder Lebenspartner das Kind seines Ehegatten oder Lebenspartners an, erlischt das Verwandtschaftsverhältnis nur zu dem anderen Elternteil und dessen Verwandten (§ 1755 BGB).

(3) Wird eine volljährige Person als Kind angenommen, gilt diese ebenfalls als im ersten Grad mit der annehmenden Person verwandt. Das Verwandtschaftsverhältnis zu bisherigen Verwandten erlischt jedoch nur dann, wenn das Familiengericht der Annahme die Wirkung einer Minderjährigenannahme beigelegt hat (§ 1772 BGB). …"

R 32.2 Pflegekinder

Pflegekindschaftsverhältnis

(1) [1] Ein Pflegekindschaftsverhältnis (§ 32 Abs. 1 Nr. 2 EStG) setzt voraus, dass das Kind im Haushalt der Pflegeeltern sein Zuhause hat und diese zu dem Kind in einer familienähnlichen, auf längere Dauer angelegten Beziehung wie zu einem eigenen Kind stehen, z. B. wenn der Stpfl. ein Kind im Rahmen von Hilfe zur Erziehung in Vollzeitpflege (§§ 27, 33 SGB VIII) oder im Rahmen von Eingliederungshilfe (§ 35a Abs. 2 Nr. 3 SGB VIII) in seinen Haushalt aufnimmt, sofern das Pflegeverhältnis auf Dauer angelegt ist. [2] Hieran fehlt es, wenn ein Kind von vornherein nur für eine begrenzte Zeit im Haushalt des Stpfl. Aufnahme findet. [3] Kinder, die mit dem Ziel der Annahme vom Stpfl. in Pflege genommen werden (§ 1744 BGB), sind regelmäßig Pflegekinder. [4] Zu Erwerbszwecken in den Haushalt aufgenommen sind z. B. Kostkinder. [5] Hat der Stpfl. mehr als sechs Kinder in seinem Haushalt aufgenommen, spricht eine Vermutung dafür, dass es sich um Kostkinder handelt.

Kein Obhuts- und Pflegeverhältnis zu den leiblichen Eltern

(2) [1] Voraussetzung für ein Pflegekindschaftsverhältnis zum Stpfl. ist, dass das Obhuts- und Pflegeverhältnis zu den leiblichen Eltern nicht mehr besteht, d. h. die familiären Bindungen zu diesen auf Dauer aufgegeben sind. [2] Gelegentliche Besuchskontakte allein stehen dem nicht entgegen.

Altersunterschied

(3) [1] Ein Altersunterschied wie zwischen Eltern und Kindern braucht nicht unbedingt zu bestehen. [2] Dies gilt auch, wenn das zu betreuende Geschwister

1) BStBl. I 2020, 702. – Hinweis auf DA-KG 2021, BStBl. I 2021, 1598.

von Kind an wegen Behinderung pflegebedürftig war und das betreuende Geschwister die Stelle der Eltern, z. B. nach deren Tod, einnimmt. [3] Ist das zu betreuende Geschwister dagegen erst im Erwachsenenalter pflegebedürftig geworden, wird im Allgemeinen ein dem Eltern-Kind-Verhältnis ähnliches Pflegeverhältnis nicht mehr begründet werden können.

H 32.2

Familienähnliches, auf längere Dauer berechnetes Band; nicht zu Erwerbszwecken. → A 11.3 DA-KG 2020:[1)]

„(1) Ein familienähnliches Band wird allgemein dann angenommen, wenn zwischen der Pflegeperson und dem Kind ein Aufsichts-, Betreuungs- und Erziehungsverhältnis wie zwischen Eltern und leiblichem Kind besteht. Es kommt nicht darauf an, ob die Pflegeeltern die Personensorge innehaben.

(2) Die nach § 32 Abs. 1 Nr. 2 EStG erforderliche familienähnliche Bindung muss von vornherein auf mehrere Jahre angelegt sein. Maßgebend ist nicht die tatsächliche Dauer der Bindung, wie sie sich aus rückschauender Betrachtung darstellt, sondern vielmehr die Dauer, die der Bindung nach dem Willen der Beteiligten bei der Aufnahme des Kindes zugedacht ist. Dabei kann bei einer von den Beteiligten beabsichtigten Dauer von mindestens zwei Jahren im Regelfall davon ausgegangen werden, dass ein Pflegekindschaftsverhältnis i. S. d. EStG begründet worden ist. Das Gleiche gilt, wenn ein Kind mit dem Ziel der Annahme als Kind in Pflege genommen wird.

(3) Ein familienähnliches Band kann auch noch begründet werden, wenn ein Kind kurz vor Eintritt der Volljährigkeit in den Haushalt der Pflegeperson aufgenommen wird. Die Aufnahme einer volljährigen Person, insbesondere eines volljährigen Familienangehörigen, in den Haushalt und die Sorge für diese Person begründet für sich allein regelmäßig kein Pflegekindschaftsverhältnis, selbst wenn es sich um eine Person mit Behinderung handelt. Wenn es sich bei der Person jedoch um einen Menschen mit schwerer geistiger oder seelischer Behinderung handelt, der in seiner geistigen Entwicklung einem Kind gleichsteht, kann ein Pflegekindschaftsverhältnis unabhängig vom Alter dieser Person und der Pflegeeltern begründet werden. Die Wohn- und Lebensverhältnisse der Person mit Behinderung müssen den Verhältnissen leiblicher Kinder vergleichbar sein und eine Zugehörigkeit dieser Person zur Familie widerspiegeln, außerdem muss ein dem Eltern-Kind-Verhältnis vergleichbares Erziehungsverhältnis bestehen (siehe auch BFH vom 9.2.2012, III R 15/09, BStBl. II S. 739).

(4) Anhaltspunkt für das Vorliegen einer familienähnlichen Bindung kann eine vom Jugendamt erteilte Pflegeerlaubnis nach § 44 SGB VIII sein. Sie ist jedoch nicht in jedem Fall vorgeschrieben, z. B. dann nicht, wenn das Kind der Pflegeperson vom Jugendamt vermittelt worden ist, wenn Pflegekind und Pflegeperson miteinander verwandt oder verschwägert sind, oder wenn es sich um eine nicht gewerbsmäßige Tagespflege handelt. Wird eine amtliche Pflegeerlaubnis abgelehnt bzw. eine solche widerrufen, kann davon ausgegangen werden, dass ein familienähnliches, auf längere Dauer angelegtes Band zwischen Pflegeperson und Kind nicht bzw. nicht mehr vorliegt. Endet die Pflegeerlaubnis nur deshalb, weil das Pflegekind eine bestimmte Altersgrenze erreicht (z. B. Vollendung des 18. Lebensjahres), ist dies allein kein Grund anzunehmen, dass ein familienähnliches, auf längere Dauer angelegtes Band zwischen Pflegeperson und Kind nicht mehr vorliegt.

(5) Ein Altersunterschied wie zwischen Eltern und Kindern braucht nicht unbedingt zu bestehen. Ein Pflegekindschaftsverhältnis kann daher auch zwischen Geschwistern, z. B. Waisen, gegeben sein (BFH vom 5.8.1977, VI R 187/74, BStBl. II S. 832). Das Gleiche gilt ohne Rücksicht auf einen Altersunterschied, wenn der zu betreuende Geschwisterteil von Kind an wegen Behinderung pflegebedürftig war und der betreuende Teil die Stelle der Eltern, etwa nach deren Tod, einnimmt. Ist der zu betreuende Geschwisterteil dage-

---

1) BStBl. I 2020, 702. – Hinweis auf DA-KG 2021, BStBl. I 2021, 1598.

gen erst nach Eintritt der Volljährigkeit pflegebedürftig geworden, so wird im Allgemeinen ein dem Eltern-Kind-Verhältnis ähnliches Pflegeverhältnis nicht mehr begründet werden können.

(6) Werden von einer Pflegeperson bis zu sechs Kinder in ihren Haushalt aufgenommen, ist davon auszugehen, dass die Haushaltsaufnahme nicht zu Erwerbszwecken erfolgt. Keine Pflegekinder sind sog. Kostkinder. Hat die Pflegeperson mehr als sechs Kinder in ihren Haushalt aufgenommen, spricht eine Vermutung dafür, dass es sich um Kostkinder handelt, vgl. R 32.2 Abs. 1 EStR 2012. In einem erwerbsmäßig betriebenen Heim (Kinderhaus) oder in einer sonstigen betreuten Wohnform nach § 34 SGB VIII untergebrachte Kinder sind keine Pflegekinder (BFH vom 23.9.1998, XI R 11/98, BStBl. 1999 II S. 133 und BFH vom 2.4.2009, III R 92/06, BStBl. 2010 II S. 345). Die sozialrechtliche Einordnung hat Tatbestandswirkung (BFH vom 2.4.2009, III R 92/06, BStBl. 2010 II S. 345), d. h. sie ist ein Grundlagenbescheid, dem Bindungswirkung zukommt (vgl. V 20)[1]."

Fehlendes Obhuts- und Pflegeverhältnis zu den Eltern. → A 11.4 DA-KG 2020:[2]

„(1) Ein Pflegekindschaftsverhältnis setzt des Weiteren voraus, dass ein Obhuts- und Pflegeverhältnis zu den Eltern nicht mehr besteht. Ob ein Obhuts- und Pflegeverhältnis zu den Eltern noch besteht, hängt vom Einzelfall ab und ist insbesondere unter Berücksichtigung des Alters des Kindes, der Anzahl und der Dauer der Besuche der Eltern bei dem Kind sowie der Frage zu beurteilen, ob und inwieweit vor der Trennung bereits ein Obhuts- und Pflegeverhältnis des Kindes zu den Eltern bestanden hat (BFH vom 20.1.1995, III R 14/94, BStBl. II S. 582 und BFH vom 7.9.1995, III R 95/93, BStBl. 1996 II S. 63).

(2) Ein Pflegekindschaftsverhältnis liegt nicht vor, wenn die Pflegeperson nicht nur mit dem Kind, sondern auch mit einem Elternteil des Kindes in häuslicher Gemeinschaft lebt, und zwar selbst dann nicht, wenn der Elternteil durch eine Schul- oder Berufsausbildung in der Obhut und Pflege des Kindes beeinträchtigt ist (BFH vom 9.3.1989, VI R 94/88, BStBl. II S. 680). Ein zwischen einem allein erziehenden Elternteil und seinem Kind im Kleinkindalter begründetes Obhuts- und Pflegeverhältnis wird durch die vorübergehende Abwesenheit des Elternteils nicht unterbrochen (BFH vom 12.6.1991, III R 108/89, BStBl. 1992 II S. 20). Die Auflösung des Obhuts- und Pflegeverhältnisses des Kindes zu den Eltern kann i. d. R. angenommen werden, wenn ein noch nicht schulpflichtiges Kind mindestens ein Jahr lang bzw. ein noch schulpflichtiges Kind über zwei Jahre und länger keine ausreichenden Kontakte mehr hat (BFH vom 20.1.1995, III R 14/94, BStBl. II S. 582 und BFH vom 7.9.1995, III R 95/93, BStBl. 1996 II S. 63). Das Pflegekindschaftsverhältnis besteht dann nicht erst nach Ablauf dieses Zeitraums, sondern ab Aufnahme des Kindes in den Haushalt der Pflegeperson und Bestehen des familienähnlichen, auf längere Dauer berechneten Bandes. Diese Grundsätze gelten auch für Prognoseentscheidungen. Die Prognoseentscheidung basiert auf der Bewertung, ob zum Zeitpunkt der Entscheidung das Obhuts- und Pflegeverhältnis zu den abstammungsrechtlich zugeordneten Eltern besteht. Kein ausreichendes Obhuts- und Pflegeverhältnis liegt beispielsweise vor, wenn:
- ein Pflegekind von seinen Eltern nur gelegentlich im Haushalt der Pflegeperson besucht wird bzw. wenn es seine Eltern ebenfalls nur gelegentlich besucht,
- Besuche allein dem Zweck dienen, die vom Gericht oder Jugendamt festgelegten Besuchszeiten einzuhalten, oder
- die Kontakte mit den Eltern nicht geeignet sind, einen Beitrag für die Pflege und Obhut des Kindes zu leisten und Obhut und Pflege also im Wesentlichen durch die Pflegeperson erbracht werden.

(3) Bei unbegleiteten minderjährigen Flüchtlingen kann das fehlende Obhuts- und Pflegeverhältnis zu den Eltern unterstellt werden. Als unbegleiteter minderjähriger Flüchtling gilt ein minderjähriges Kind, das ohne Begleitung eines nach dem Gesetz oder der Praxis des betreffenden Staates für das Kind verantwortlichen Erwachsenen geflüchtet ist."

---

[1] *V 20 DA-KG 2020* (ebenso DA-KG 2021) regelt die Korrektur von Folgebescheiden nach § 175 Abs. 1 Satz 1 Nr. 1 AO.

[2] BStBl. I 2020, 702. – Hinweis auf DA-KG 2021, BStBl. I 2021, 1598.

R 32.3 Allgemeines zur Berücksichtigung von Kindern

[1] Ein Kind wird vom Beginn des Monats an, in dem die Anspruchsvoraussetzungen erfüllt sind, berücksichtigt. [2] Entsprechend endet die Berücksichtigung mit Ablauf des Monats, in dem die Anspruchsvoraussetzungen wegfallen (Monatsprinzip). [3] Für die Frage, ob ein Kind lebend geboren wurde, ist im Zweifel das Personenstandsregister des Standesamtes maßgebend. [4] Eine Berücksichtigung außerhalb des Zeitraums der unbeschränkten Steuerpflicht der Eltern ist – auch in den Fällen des § 2 Abs. 7 Satz 3 EStG – nicht möglich. [5] Ein vermisstes Kind ist bis zur Vollendung des 18. Lebensjahres zu berücksichtigen.

R 32.4 Kinder, die Arbeit suchen *(unbesetzt)*

H 32.4

Erkrankung und Mutterschaft. → A 14.2 DA-KG 2020:[1)]

„(1) Eine Berücksichtigung ist auch in einem Zeitraum möglich, in dem das Kind wegen Erkrankung nicht bei einer Agentur für Arbeit im Inland arbeitsuchend gemeldet ist. Die Erkrankung und das voraussichtliche Ende der Erkrankung sind durch eine Bescheinigung des behandelnden Arztes nachzuweisen; die Bescheinigung ist jeweils nach Ablauf von sechs Monaten zu erneuern. Ist nach den ärztlichen Feststellungen das voraussichtliche Ende der Erkrankung nicht absehbar, ist zu prüfen, ob das Kind wegen einer Behinderung nach § 32 Abs. 4 Satz 1 Nr. 3 EStG berücksichtigt werden kann. Wurde das Kind nicht bereits vor der Erkrankung nach § 32 Abs. 4 Satz 1 Nr. 1 EStG berücksichtigt, muss es seinen Willen, sich unmittelbar nach Wegfall der Hinderungsgründe bei der zuständigen Agentur für Arbeit im Inland arbeitsuchend zu melden, durch eine schriftliche Erklärung glaubhaft machen (vgl. V 6.1 Abs. 1 Satz 8). Meldet sich das Kind nach Wegfall der Hinderungsgründe nicht unmittelbar bei der zuständigen Agentur für Arbeit im Inland arbeitsuchend, ist die Festsetzung ab dem Monat, der dem Monat folgt, in dem die Hinderungsgründe wegfallen, nach § 70 Abs. 2 Satz 1 EStG aufzuheben. Für die Bearbeitung und Nachweisführung stehen die Vordrucke „Erklärung für ein erkranktes volljähriges Kind" und „Bearbeitungsbogen für ein erkranktes volljähriges Kind"[2)] zur Verfügung.

(2) Ein Kind, das wegen eines Beschäftigungsverbots nach §§ 3, 13 Abs. 1 Nr. 3 oder 16 MuSchG nicht bei einer Agentur für Arbeit im Inland arbeitsuchend gemeldet ist, kann nach § 32 Abs. 4 Satz 1 Nr. 1 EStG berücksichtigt werden. Das Gleiche gilt, wenn das Kind wegen unzulässiger Tätigkeiten und Arbeitsbedingungen nach §§ 11, 12 MuSchG nicht arbeitssuchend gemeldet ist. Die Schwangerschaft und der voraussichtliche Tag der Entbindung sind durch ein ärztliches Zeugnis oder das Zeugnis einer Hebamme oder eines Entbindungshelfers nachzuweisen. Ein Beschäftigungsverbot nach § 16 MuSchG ist durch ärztliches Zeugnis zu bestätigen. Die Nichtvermittelbarkeit wegen unzulässiger Tätigkeit nach §§ 11, 12 MuSchG ist durch eine Bescheinigung der Arbeitsvermittlung nachzuweisen. Satz 1 und 2 gelten unabhängig davon, ob das Kind nach dem Ende des Beschäftigungsverbots nach §§ 3, 13 Abs. 1 Nr. 3 oder 16 MuSchG die Meldung als Arbeitsuchender im Inland erneut vornimmt (BFH vom 13.6.2013, III R 58/12, BStBl. 2014 II S. 834). Befindet sich das Kind jedoch in Elternzeit nach dem BEEG, wird es nur berücksichtigt, wenn es arbeitsuchend gemeldet ist."

Kinder, die Arbeit suchen. → A 14.1 Abs. 1 und 2 DA-KG 2020:[1)]

„(1) Ein Kind, das das 18., aber noch nicht das 21. Lebensjahr vollendet hat, kann nach § 32 Abs. 4 Satz 1 Nr. 1 EStG berücksichtigt werden, wenn es nicht in einem Beschäftigungsverhältnis steht und bei einer Agentur für Arbeit im Inland arbeitsuchend gemeldet ist.
Einer Berücksichtigung stehen nicht entgegen:

[1)] BStBl. I 2020, 702. – Hinweis auf DA-KG 2021, BStBl. I 2021, 1598.

[2)] **[Amtl. Anm.:]** Vordrucke der Familienkasse.

– eine geringfügige Beschäftigung i. S. v. § 8 SGB IV bzw. § 8a SGB IV (vgl. A 20.3.3 Abs. 1 und 2),
– eine selbständige oder gewerbliche Tätigkeit von insgesamt weniger als 15 Stunden wöchentlich (vgl. BFH vom 18.12.2014, III R 9/14, BStBl. 2015 II S. 653),
– die Zuweisung in Arbeitsgelegenheiten nach § 16d SGB II,
– wenn die Meldung als Arbeitssuchender nicht im Inland, sondern bei der staatlichen Arbeitsvermittlung in einem anderen EU- bzw. EWR-Staat oder in der Schweiz erfolgt ist.

A 23 und V 1.5.2 sind zu beachten.

(2) Der Nachweis, dass ein Kind bei einer Agentur für Arbeit im Inland arbeitsuchend gemeldet ist, hat über eine Bescheinigung der zuständigen Agentur für Arbeit im Inland zu erfolgen. Hierfür steht der Vordruck „Bescheinigung für ein volljähriges Kind ohne Ausbildungs- oder Arbeitsplatz“[1] zur Verfügung. Es sind diesbezüglich keine weiteren Prüfungen durch die Familienkasse erforderlich. Auch der Nachweis der Arbeitslosigkeit oder des Bezugs von Arbeitslosengeld nach § 136 SGB III dient als Nachweis der Meldung als arbeitsuchend.“

R 32.5 Kinder, die für einen Beruf ausgebildet werden *(unbesetzt)*

H 32.5

Allgemeines.

– → A 15 DA-KG 2020;[2]
– Als Berufsausbildung ist die Ausbildung für einen künftigen Beruf zu verstehen. In der Berufsausbildung befindet sich, wer sein Berufsziel noch nicht erreicht hat, sich aber ernstlich darauf vorbereitet (→ BFH vom 9.6.1999 – BStBl. II S. 706). Dem steht nicht entgegen, dass das Kind auf Grund der Art der jeweiligen Ausbildungsmaßnahme die Möglichkeit der Erzielung eigener Einkünfte erlangt (→ BFH vom 16.4.2002 – BStBl. II S. 523).

Beginn und Ende der Berufsausbildung.

– Das Referendariat im Anschluss an die erste juristische Staatsprüfung gehört zur Berufsausbildung (→ BFH vom 10.2.2000 – BStBl. II S. 398).
– Ein Kind befindet sich nicht in Ausbildung, wenn es sich zwar an einer Universität immatrikuliert, aber tatsächlich das Studium noch nicht aufgenommen hat (→ BFH vom 23.11.2001 – BStBl. 2002 II S. 484).
– Ein Universitätsstudium ist in dem Zeitpunkt abgeschlossen, in dem eine nach dem einschlägigen Prüfungsrecht zur Feststellung des Studienerfolgs vorgesehene Prüfungsentscheidung ergangen ist oder ein Prüfungskandidat von der vorgesehenen Möglichkeit, sich von weiteren Prüfungsabschnitten befreien zu lassen, Gebrauch gemacht hat (→ BFH vom 21.1.1999 – BStBl. II S. 141). Die Berufsausbildung endet bereits vor Bekanntgabe des Prüfungsergebnisses, wenn das Kind nach Erbringung aller Prüfungsleistungen eine Vollzeiterwerbstätigkeit aufnimmt (→ BFH vom 24.5.2000 – BStBl. II S. 473).
– → A 15.10 DA-KG 2020.[2]
– → A 20.2.4 Abs. 2 und 3 DA-KG 2020.[2]

---

[1] **[Amtl. Anm.:]** Vordruck der Familienkasse.
[2] BStBl. I 2020, 702. – Hinweis auf DA-KG 2021, BStBl. I 2021, 1598.

Kinder mit Behinderung, die für einen Beruf ausgebildet werden. → A 15.4 DA-KG 2020:[1]

„Ein Kind mit Behinderung wird auch dann für einen Beruf ausgebildet, wenn es durch gezielte Maßnahmen auf eine – wenn auch einfache – Erwerbstätigkeit vorbereitet wird, die nicht spezifische Fähigkeiten oder Fertigkeiten erfordert. Unter diesem Gesichtspunkt kann z. B. auch der Besuch einer Schule für Menschen mit Behinderung, einer Heimsonderschule, das Arbeitstraining in einer Anlernwerkstatt oder die Förderung im Berufsbildungsbereich einer Werkstatt für behinderte Menschen den Grundtatbestand des § 32 Abs. 4 Satz 1 Nr. 2 Buchst. a EStG erfüllen."

Praktikum, Volontariat und Trainee-Programm.
– → A 15.8 DA-KG 2020:[1]

„(1) Während eines Praktikums wird ein Kind für einen Beruf ausgebildet, sofern dadurch Kenntnisse, Fähigkeiten und Erfahrungen vermittelt werden, die als Grundlagen für die Ausübung des angestrebten Berufs geeignet sind (vgl. BFH vom 9.6.1999, IV R 16/99, BStBl. II S. 713) und es sich nicht lediglich um ein gering bezahltes Arbeitsverhältnis handelt. Das Praktikum muss für das angestrebte Berufsziel förderlich sein (BFH vom 15.7.2003, VIII R 79/99, BStBl. II S. 843). Es sind auch der Vervollkommnung und Abrundung von Fähigkeiten und Kenntnissen dienende Maßnahmen einzubeziehen, die außerhalb eines geregelten Bildungsganges ergriffen werden und damit über das vorgeschriebene Maß hinausgehen. Es ist nicht erforderlich, dass die Ausbildungsmaßnahme einem im BBiG geregelten fest umrissenen Bildungsgang entspricht, sie in einer Ausbildungs- oder Studienordnung vorgeschrieben ist oder auf ein deutsches Studium angerechnet wird.

(2) Ein vorgeschriebenes Praktikum ist als notwendige fachliche Voraussetzung oder Ergänzung der eigentlichen Ausbildung an einer Schule, Hochschule oder sonstigen Ausbildungsstätte ohne weiteres anzuerkennen. Gleiches gilt für ein durch die Ausbildungs- oder Studienordnung empfohlenes Praktikum sowie für ein Praktikum, das in dem mit der späteren Ausbildungsstätte abgeschlossenen schriftlichen Ausbildungsvertrag oder der von dieser Ausbildungsstätte schriftlich gegebenen verbindlichen Ausbildungszusage vorgesehen ist.

(3) Ein Praktikum, das weder vorgeschrieben noch empfohlen ist, kann unter den Voraussetzungen des Abs. 1 für die Dauer berücksichtigt werden, in der ein ausreichender Bezug zum Berufsziel glaubhaft gemacht wird, längstens für zwölf Monate. Von einem ausreichenden Bezug kann ausgegangen werden, wenn dem Praktikum ein detaillierter Ausbildungsplan zu Grunde liegt, der darauf zielt, unter fachkundiger Anleitung für die Ausübung des angestrebten Berufs wesentliche Kenntnisse und Fertigkeiten zu vermitteln.

(4) Eine Tätigkeit kann für eine Dauer von bis zu drei Monaten als Praktikum berücksichtigt werden, wenn sie im Rahmen der Berufsorientierung dazu dient, Einblicke in Inhalte, Anforderungen, Strukturen und Themen des jeweiligen Berufsbildes zu vermitteln und es sich dabei nicht lediglich um ein gering bezahltes Arbeitsverhältnis handelt.

(5) Eine Volontärtätigkeit, die ein ausbildungswilliges Kind vor Annahme einer voll bezahlten Beschäftigung gegen geringe Entlohnung absolviert, ist berücksichtigungsfähig, wenn das Volontariat der Erlangung der angestrebten beruflichen Qualifikation dient und somit der Ausbildungscharakter im Vordergrund steht (vgl. BFH vom 9.6.1999, VI *R 50/98, BStBl. II S. 706; vgl. auch* Anlernverhältnis, A 15.2 Satz 2); Gleiches gilt für eine Tätigkeit als Trainee. Für eine Prägung durch Ausbildungszwecke spricht es, dass ein detaillierter Ausbildungsplan zu Grunde liegt, dass die Unterweisung auf qualifizierte Tätigkeiten ausgerichtet ist, dass auf der Grundlage der Ausbildung dem Kind eine den Lebensunterhalt selbständig sichernde Berufstätigkeit ermöglicht wird und dass die Höhe des Arbeitslohns dem eines Auszubildenden vergleichbar ist. Es darf sich dagegen nicht lediglich um ein gering bezahltes Arbeitsverhältnis handeln."

---

[1] BStBl. I 2020, 702. – Hinweis auf DA-KG 2021, BStBl. I 2021, 1598.

– Das Anwaltspraktikum eines Jurastudenten ist Berufsausbildung, auch wenn es weder gesetzlich noch durch die Studienordnung vorgeschrieben ist (→ BFH vom 9.6.1999 – BStBl. II S. 713).
– Zur Berufsausbildung eines Studenten der Anglistik, der einen Abschluss in diesem Studiengang anstrebt, gehört auch ein Auslandspraktikum als Fremdsprachenassistent an einer Schule in Großbritannien während eines Urlaubssemesters (→ BFH vom 14.1.2000 – BStBl. II S. 199).

Schulbesuch.
– Zur Berufsausbildung gehört auch der Besuch von Allgemeinwissen vermittelnden Schulen wie Grund-, Haupt- und Oberschulen sowie von Fach- und Hochschulen. Auch der Besuch eines Colleges in den USA kann zur Berufsausbildung zählen (→ BFH vom 9.6.1999 – BStBl. II S. 705).
– → A 15.5 DA-KG 2020.[1]

Soldat in Aus-/Weiterbildung. → A 15.2 Satz 3 bis 5 DA-KG 2020:[1]

„In den Laufbahngruppen der Bundeswehr können folgende Berufsausbildungsmaßnahmen berücksichtigungsfähig sein:
– die Ausbildung eines Soldaten auf Zeit für seine spätere Verwendung in der Laufbahngruppe Mannschaft, wenn sie zu Beginn der Verpflichtungszeit erfolgt; die Ausbildung umfasst die Grundausbildung und die sich anschließende Dienstpostenausbildung (vgl. BFH vom 10.5.2012 – BStBl. II S. 895); dies gilt auch für den freiwilligen Wehrdienst nach § 58b SG,
– die Ausbildung eines Soldaten auf Zeit oder Berufssoldaten in der Laufbahngruppe Unteroffizier (mit oder ohne Portepee) bzw. in der Laufbahngruppe Offizier (BFH vom 16.4.2002 und 15.7.2003 – BStBl. 2002 II S. 523 und BStBl. 2007 II S. 247); zur Ausbildung können auch zivilberufliche Aus- und Weiterbildungsmaßnahmen (sog. ZAW-Maßnahmen), das Studium an einer Bundeswehrhochschule oder an einer zivilen Hochschule zählen, auch wenn diese Maßnahmen über die jeweilige Ernennung hinaus andauern,
– die während des Wehrdienstes stattfindende Ausbildung zum Reserveoffizier (BFH vom 8.5.2014 – BStBl. II S. 717),
– zusätzliche Weiterbildungen bzw. Ausbildungsmaßnahmen eines Soldaten, die grundsätzlich dazu geeignet sind, den Aufstieg in eine höhere Laufbahngruppe, den Einstieg in eine Laufbahngruppe oder den Laufbahnwechsel vom Unteroffizier ohne Portepee zum Unteroffizier mit Portepee zu ermöglichen (darunter fallen nicht in der Bundeswehr übliche Verwendungslehrgänge, die nach dem Erwerb der Laufbahnbefähigung absolviert werden, vgl. BFH vom 16.9.2015 – BStBl. 2016 II S. 281).

Findet eine der oben genannten Maßnahmen zu Beginn der Verpflichtungszeit statt, können die ersten vier Monate ohne näheren Nachweis anerkannt werden, lediglich der Dienstantritt ist glaubhaft zu machen. Für die Prüfung der weiteren Berücksichtigung steht der Vordruck „Bescheinigung über die Ausbildung bei der Bundeswehr“[2] zur Verfügung.“

Sprachaufenthalte im Ausland. → A 15.9 DA-KG 2020:[1]

„(1) Sprachaufenthalte im Ausland sind regelmäßig berücksichtigungsfähig, wenn der Erwerb der Fremdsprachenkenntnisse nicht dem ausbildungswilligen Kind allein überlassen bleibt, sondern Ausbildungsinhalt und Ausbildungsziel von einer fachlich autorisierten Stelle vorgegeben werden. Davon ist ohne weiteres auszugehen, wenn der Sprachaufenthalt mit anerkannten Formen der Berufsausbildung verbunden wird (z. B. Besuch einer allgemeinbildenden Schule, eines Colleges oder einer Universität). In allen anderen Fällen – insbesondere bei Auslandsaufenthalten im Rahmen von Au-pair-Verhältnissen – setzt die Anerkennung voraus, dass der Aufenthalt von einem theore-

---

[1] BStBl. I 2020, 702. – Hinweis auf DA-KG 2021, BStBl. I 2021, 1598.
[2] **[Amtl. Anm.:]** Vordruck der Familienkasse.

tisch-systematischen Sprachunterricht in einer Fremdsprache begleitet wird (vgl. BFH vom 9.6.1999, VI R 33/98 und VI R 143/98, BStBl. II S. 701 und S. 710 und BFH vom 19.2.2002, VIII R 83/00, BStBl. II S. 469).

(2) Es kann regelmäßig eine ausreichende Ausbildung angenommen werden, wenn ein begleitender Sprachunterricht von wöchentlich zehn Unterrichtsstunden stattfindet. Das Leben in der Gastfamilie zählt nicht dazu. Ein Sprachaufenthalt im Ausland kann ebenfalls berücksichtigt werden, wenn der begleitende Sprachunterricht weniger als wöchentlich zehn Unterrichtsstunden umfasst, der Auslandsaufenthalt aber von einer Ausbildungs- oder Prüfungsordnung vorausgesetzt wird. Gleiches gilt, wenn der Sprachaufenthalt der Vorbereitung auf einen für die Zulassung zum Studium oder zu einer anderen Ausbildung erforderlichen Fremdsprachentest dient. Im Einzelnen gilt A 15.3."

→ Umfang der zeitlichen Inanspruchnahme durch die Berufsausbildung.

Umfang der zeitlichen Inanspruchnahme durch die Berufsausbildung. → A 15.3 Abs. 1 bis 3 DA-KG 2020:[1]

„(1) Die Ausbildung ist berücksichtigungsfähig, wenn sich das Kind ernsthaft und nachhaltig auf das Erreichen eines bestimmten Berufsziels vorbereitet. Anders als z. B. bei einem Sprachunterricht im Ausland (vgl. A 15.9), ist bei einer Ausbildung in einem öffentlich-rechtlich geordneten Ausbildungsgang eine Prüfung der Ernsthaftigkeit, beispielsweise anhand zeitlicher Kriterien, regelmäßig nicht erforderlich (vgl. BFH vom 8.9.2016, III R 27/15, BStBl. II 2017 S. 278).

(2) Sind bei Studenten die Semesterbescheinigungen aussagekräftig (durch Ausweis der Hochschulsemester), sind diese als Nachweis grundsätzlich ausreichend. Bestehen trotz aussagekräftiger Semesterbescheinigungen Zweifel an der Ernsthaftigkeit des Studiums, sollte die Ernsthaftigkeit durch Vorlage von Leistungsnachweisen („Scheine", Bescheinigungen des Betreuenden über Einreichung von Arbeiten zur Kontrolle), die Aufschluss über die Fortschritte des Lernenden geben, in den in A 15.10 Abs. 13 festgelegten Zeitpunkten belegt werden. Bei Ausbildungsgängen, die keine regelmäßige Präsenz an einer Ausbildungsstätte erfordern (insbesondere bei als Fernstudium angebotenen Fernlehrgängen), sollte die Ernsthaftigkeit nach Satz 2 geprüft werden.

(3) Es ist zwar kein zeitliches Mindestmaß an einer Ausbildungsmaßnahme zu fordern, gleichwohl kann die tatsächliche zeitliche Inanspruchnahme als Anhaltspunkt für die Ernsthaftigkeit der Ausbildung herangezogen werden. So kann beispielsweise eine tatsächliche Unterrichts- bzw. Ausbildungszeit von zehn Wochenstunden regelmäßig als ausreichende Ausbildung anerkannt werden. Eine Unterrichts- bzw. Ausbildungszeit von weniger als zehn Wochenstunden kann als ausreichende Ausbildung anerkannt werden, wenn z. B.

- das Kind zur Teilnahme am Schulunterricht zur Erfüllung der Schulpflicht verpflichtet ist (BFH vom 28.4.2010, III R 93/08, BStBl. II S. 1060),
- der zusätzliche ausbildungsbezogene Zeitaufwand (z. B. für Vor- und Nachbereitung) über das übliche Maß hinausgeht oder
- die besondere Bedeutung der Maßnahme für das angestrebte Berufsziel dies rechtfertigt.

Üblich ist ein Zeitaufwand für die häusliche Vor- und Nacharbeit, welcher der Dauer der Unterrichts- bzw. Ausbildungszeit entspricht, sowie ein Zeitaufwand für den Weg von und zur Ausbildungsstätte bis zu einer Stunde für die einfache Wegstrecke. Über das übliche Maß hinaus geht der ausbildungsbezogene Zeitaufwand z. B.

- bei besonders umfangreicher Vor- und Nacharbeit oder
- wenn neben die Unterrichtseinheiten zusätzliche ausbildungsfördernde Aktivitäten bzw. die praktische Anwendung des Gelernten treten.

Die besondere Bedeutung der Maßnahme für das angestrebte Berufsziel rechtfertigt eine geringere Stundenanzahl, z. B. bei

- Erwerb einer qualifizierten Teilnahmebescheinigung,
- Prüfungsteilnahme,
- regelmäßigen Leistungskontrollen oder

[1] BStBl. I 2020, 702. – Hinweis auf DA-KG 2021, BStBl. I 2021, 1598.

– berufszielbezogener Üblichkeit der Durchführung einer solchen Maßnahme, wenn die Ausbildungsmaßnahme der üblichen Vorbereitung auf einen anerkannten Prüfungsabschluss dient oder wenn die einschlägigen Ausbildungs- oder Studienordnungen bzw. entsprechende Fachbereiche die Maßnahme vorschreiben oder empfehlen."

Unterbrechungszeiten.

– Zur Berufsausbildung zählen Unterbrechungszeiten wegen Erkrankung oder Mutterschaft, nicht jedoch Unterbrechungszeiten wegen der Betreuung eines eigenen Kindes (→ BFH vom 15.7.2003 – BStBl. II S. 848).

– Ist für den Zeitraum eines Urlaubssemesters der Besuch von Vorlesungen und der Erwerb von Leistungsnachweisen nach hochschulrechtlichen Bestimmungen untersagt, sind für diesen Zeitraum die Voraussetzungen einer Berufsausbildung nicht erfüllt (→ BFH vom 13.7.2004 – BStBl. II S. 999).

– → A 15.10 Abs. 8 und A 15.11 DA-KG 2020.[1]

R 32.6 Kinder, die sich in einer Übergangszeit befinden *(unbesetzt)*

H 32.6

Übergangszeit nach § 32 Abs. 4 Satz 1 Nr. 2 Buchst. b EStG. → A 16 Abs. 1 bis 4 DA-KG 2020:[1]

„(1) Nach § 32 Abs. 4 Satz 1 Nr. 2 Buchst. b EStG besteht für ein Kind, das das 18., aber noch nicht das 25. Lebensjahr vollendet hat, Anspruch auf Kindergeld, wenn es sich in einer Übergangszeit von höchstens vier Monaten befindet, die zwischen zwei Ausbildungsabschnitten oder zwischen einem Ausbildungsabschnitt und der Ableistung

– des freiwilligen Wehrdienstes nach § 58b SG (für Anspruchszeiträume ab 1.1.2015) oder
– eines geregelten Freiwilligendienstes i. S. d. § 32 Abs. 4 Satz 1 Nr. 2 Buchst. d EStG (vgl. A 18)

liegt.

Kinder sind auch in Übergangszeiten von höchstens vier Monaten zwischen dem Abschluss der Ausbildung und dem Beginn eines der in Satz 1 genannten Dienste und Tätigkeiten zu berücksichtigen (vgl. BFH vom 25.1.2007, III R 23/06, BStBl. 2008 II S. 664). Die Übergangszeit beginnt am Ende des unmittelbar vorangegangenen Ausbildungsabschnittes oder Dienstes, auch wenn das Kind zu diesem Zeitpunkt das 18. Lebensjahr noch nicht vollendet hat (BFH vom 16.4.2015, III R 54/13, BStBl. 2016 II S. 25). Die Übergangszeit von höchstens vier Monaten ist nicht taggenau zu berechnen, sondern umfasst vier volle Kalendermonate (BFH vom 15.7.2003, VIII R 105/01, BStBl. II S. 847). Endet z. B. ein Ausbildungsabschnitt im Juli, muss der nächste spätestens im Dezember beginnen.

(2) Übergangszeiten ergeben sich als vom Kind nicht zu vermeidende Zwangspausen, z. B. durch Rechtsvorschriften über den Ausbildungsverlauf, aus den festen Einstellungsterminen der Ausbildungsbetriebe oder den Einstellungsgewohnheiten staatlicher Ausbildungsinstitutionen. Eine Übergangszeit im Sinne einer solchen Zwangspause kann auch in Betracht kommen, wenn das Kind den vorangegangenen Ausbildungsplatz – ggf. aus von ihm zu vertretenden Gründen – verloren oder die Ausbildung abgebrochen hat. Als Ausbildungsabschnitt gilt jeder Zeitraum, der nach § 32 Abs. 4 Satz 1 Nr. 2 Buchst. a EStG zu berücksichtigen ist.

(3) Eine Berücksichtigung des Kindes während der Übergangszeit hat zu erfolgen, wenn es entweder bereits einen Ausbildungsplatz hat oder sich um einen Platz im nachfolgenden Ausbildungsabschnitt, der innerhalb des zeitlichen Rahmens des § 32 Abs. 4 Satz 1 Nr. 2 Buchst. b EStG beginnt, beworben hat. Gleichermaßen ist zu verfahren, wenn

[1] BStBl. I 2020, 702. – Hinweis auf DA-KG 2021, BStBl. I 2021, 1598.

der Berechtigte bei Beendigung der Ausbildung des Kindes an einer allgemeinbildenden Schule oder in einem sonstigen Ausbildungsabschnitt glaubhaft erklärt, dass sich das Kind um einen solchen Ausbildungsplatz sobald wie möglich bewerben wird, und die Familienkasse unter Würdigung aller Umstände zu der Überzeugung gelangt, dass die Fortsetzung der Ausbildung zu dem angegebenen Zeitpunkt wahrscheinlich ist. Entsprechend ist bei Übergangszeiten zwischen einem Ausbildungsabschnitt und einem Dienst bzw. einer Tätigkeit i. S. d. Abs. 1 Satz 1 zu verfahren.

(4) Eine Übergangszeit liegt nicht vor, wenn das Kind sich nach einem Ausbildungsabschnitt oder einem Dienst bzw. einer Tätigkeit i. S. d. Abs. 1 Satz 1 wegen Kindesbetreuung nicht um einen Anschlussausbildungsplatz bemüht."

R 32.7 Kinder, die mangels Ausbildungsplatz ihre Berufsausbildung nicht beginnen oder fortsetzen können

Allgemeines

(1) [1] Grundsätzlich ist jeder Ausbildungswunsch des Kindes anzuerkennen, es sei denn, dass seine Verwirklichung wegen der persönlichen Verhältnisse des Kindes ausgeschlossen erscheint. [2] Dies gilt auch dann, wenn das Kind bereits eine abgeschlossene Ausbildung in einem anderen Beruf besitzt. [3] Das Finanzamt kann verlangen, dass der Stpfl. die ernsthaften Bemühungen des Kindes um einen Ausbildungsplatz durch geeignete Unterlagen nachweist oder zumindest glaubhaft macht.

Ausbildungsplätze

(2) Ausbildungsplätze sind neben betrieblichen und überbetrieblichen insbesondere solche an Fach- und Hochschulen sowie Stellen, an denen eine in der Ausbildungs- oder Prüfungsordnung vorgeschriebene praktische Tätigkeit abzuleisten ist.

Ernsthafte Bemühungen um einen Ausbildungsplatz

(3) [1] Für die Berücksichtigung eines Kindes ohne Ausbildungsplatz ist Voraussetzung, dass es dem Kind trotz ernsthafter Bemühungen nicht gelungen ist, seine Berufsausbildung zu beginnen oder fortzusetzen. [2] Als Nachweis der ernsthaften Bemühungen kommen z. B. Bescheinigungen der Agentur für Arbeit über die Meldung des Kindes als Bewerber um eine berufliche Ausbildungsstelle, Unterlagen über eine Bewerbung bei der Zentralen Vergabestelle von Studienplätzen, Bewerbungsschreiben unmittelbar an Ausbildungsstellen sowie deren Zwischennachricht oder Ablehnung in Betracht.

(4) [1] Die Berücksichtigung eines Kindes ohne Ausbildungsplatz ist ausgeschlossen, wenn es sich wegen Kindesbetreuung nicht um einen Ausbildungsplatz bemüht. [2] Eine Berücksichtigung ist dagegen möglich, wenn das Kind infolge Erkrankung oder wegen eines Beschäftigungsverbots nach den §§ 3 und 6 Mutterschutzgesetz daran gehindert ist, seine Berufsausbildung zu beginnen oder fortzusetzen.

H 32.7

Erkrankung und Mutterschaft. → A 17.2 Abs. 1 Satz 1 bis 3 und Abs. 2 Satz 1 bis 4 DA-KG 2020:[1])

[1]) BStBl. I 2020, 702. – Hinweis auf DA-KG 2021, BStBl. I 2021, 1598.

„(1) Eine Berücksichtigung ist nach § 32 Abs. 4 Satz 1 Nr. 2 Buchst. c EStG auch möglich, wenn das Kind infolge einer Erkrankung daran gehindert ist, sich um eine Berufsausbildung zu bemühen, sie zu beginnen oder fortzusetzen. Die Erkrankung und das voraussichtliche Ende der Erkrankung sind durch eine Bescheinigung des behandelnden Arztes nachzuweisen; die Bescheinigung ist jeweils nach Ablauf von sechs Monaten zu erneuern. Ist nach den ärztlichen Feststellungen das voraussichtliche Ende der Erkrankung nicht absehbar, ist zu prüfen, ob das Kind wegen einer Behinderung nach § 32 Abs. 4 Satz 1 Nr. 3 EStG berücksichtigt werden kann.

(2) Ein Kind, das sich wegen eines Beschäftigungsverbots nach §§ 3, 13 Abs. 1 Nr. 3 oder 16 MuSchG nicht um eine Berufsausbildung bemüht, sie beginnt oder fortsetzt, kann nach § 32 Abs. 4 Satz 1 Nr. 2 Buchst. c EStG berücksichtigt werden. Das Gleiche gilt, wenn sich das Kind wegen unzulässiger Tätigkeiten und Arbeitsbedingungen nach §§ 11, 12 MuSchG nicht um den Ausbildungsplatz bewerben kann. Die Schwangerschaft und der voraussichtliche Tag der Entbindung sind durch ein ärztliches Zeugnis oder das Zeugnis einer Hebamme oder eines Entbindungshelfers nachzuweisen. Ein Beschäftigungsverbot nach § 16 MuSchG ist durch ärztliches Zeugnis zu bestätigen."

Kinder ohne Ausbildungsplatz. → A 17.1 Abs. 1 bis 3 DA-KG 2020:[1]

„(1) Nach § 32 Abs. 4 Satz 1 Nr. 2 Buchst. c EStG ist ein Kind, das das 18., aber noch nicht das 25. Lebensjahr vollendet hat, zu berücksichtigen, wenn es eine Berufsausbildung – im Inland oder Ausland – mangels Ausbildungsplatz nicht beginnen oder fortsetzen kann. Der angestrebte Ausbildungsplatz muss nach § 32 Abs. 4 Satz 1 Nr. 2 Buchst. a EStG zu berücksichtigen sein. Ein Mangel eines Ausbildungsplatzes liegt sowohl in Fällen vor, in denen das Kind noch keinen Ausbildungsplatz gefunden hat, als auch dann, wenn ihm ein solcher bereits zugesagt wurde, es diesen aber aus schul-, studien- oder betriebsorganisatorischen Gründen erst zu einem späteren Zeitpunkt antreten kann (BFH vom 15.7.2003, VIII R 77/00, BStBl. II S. 845). Kein Mangel eines Ausbildungsplatzes liegt dagegen vor, wenn das Kind die objektiven Anforderungen an den angestrebten Ausbildungsplatz nicht erfüllt oder wenn es im Falle des Bereitstehens eines Ausbildungsplatzes aus anderen Gründen am Antritt gehindert wäre, z. B. wenn es im Ausland arbeitsvertraglich gebunden ist (BFH vom 15.7.2003, VIII R 79/99, BStBl. II S. 843). Hat das Kind noch keinen Ausbildungsplatz gefunden, hängt die Berücksichtigung davon ab, dass es ihm trotz ernsthafter Bemühungen nicht gelungen ist, seine Berufsausbildung zu beginnen oder fortzusetzen. Die Suche nach einem Ausbildungsplatz muss also bisher erfolglos verlaufen sein oder der nächste Ausbildungsabschnitt einer mehrstufigen Ausbildung kann mangels Ausbildungsplatz nicht begonnen werden. Beispiele für eine üblicherweise noch nicht abgeschlossene Berufsausbildung sind die Beendigung der Schulausbildung und die Ablegung des ersten Staatsexamens, wenn das zweite Staatsexamen für die Berufsausübung angestrebt wird. Grundsätzlich ist jeder Ausbildungswunsch des Kindes anzuerkennen. Die Bewerbung muss für den nächstmöglichen Ausbildungsbeginn erfolgen. Kann eine Bewerbung nicht abgegeben werden, z. B. für Studierwillige, weil das Verfahren bei der SfH noch nicht eröffnet ist, genügt zunächst eine schriftliche Erklärung des Kindes (vgl. V 6.1 Abs. 1 Satz 8), sich so bald wie möglich bewerben zu wollen.

(2) Der Berechtigte muss der Familienkasse die ernsthaften Bemühungen des Kindes um einen Ausbildungsplatz zum nächstmöglichen Beginn durch geeignete Unterlagen nachweisen oder zumindest glaubhaft machen. Eine Ausbildung wird nicht zum nächstmöglichen Zeitpunkt angestrebt, wenn das Kind aus von ihm zu vertretenden Gründen, z. B. wegen einer Erwerbstätigkeit oder der Ableistung eines freiwilligen Wehrdienstes, die Ausbildung erst zu einem späteren Zeitpunkt beginnen möchte. Ist eine Bewerbung erfolglos geblieben, sind für den anschließenden Zeitraum übliche und zumutbare Bemühungen nachzuweisen.

Als Nachweis kommen insbesondere folgende Unterlagen in Betracht:

– schriftliche Bewerbungen unmittelbar an Ausbildungsstellen sowie deren Zwischennachricht oder Ablehnung,

---

[1] BStBl. I 2020, 702. – Hinweis auf DA-KG 2021, BStBl. I 2021, 1598.

– die schriftliche Bewerbung bei der SfH,
– die schriftliche Bewerbung für den freiwilligen Wehrdienst,
– die schriftliche Zusage einer Ausbildungsstelle,
– die Bescheinigung über die Registrierung als Bewerber für einen Ausbildungsplatz oder für eine Bildungsmaßnahme bei einer Agentur für Arbeit oder bei einem anderen zuständigen Leistungsträger (Jobcenter; hierfür steht der Vordruck „Bescheinigung für ein volljähriges Kind ohne Ausbildungs- oder Arbeitsplatz"[1] zur Verfügung); in Zweifelsfällen ist die tatsächliche Bewerbereigenschaft, ggf. nach Rücksprache mit der zuständigen Agentur für Arbeit bzw. dem zuständigen Leistungsträger, festzustellen (vgl. BFH vom 18.6.2015, VI R 10/14, BStBl. II S. 940),
– die von der Agentur für Arbeit für den Rentenversicherungsträger erstellte Bescheinigung über Anrechnungszeiten der Ausbildungssuche i. S. d. § 58 Abs. 1 Satz 1 Nr. 3a SGB VI.

(3) Das Kind kann für den Zeitraum berücksichtigt werden, in dem es auf einen Ausbildungsplatz wartet (BFH vom 7.8.1992, III R 20/92, BStBl. 1993 II S. 103). Die Wartezeit beginnt beispielsweise mit der Beendigung der Schulausbildung, einer (ersten) Ausbildung oder eines Ausbildungsabschnitts. Nimmt das Kind ernsthafte Bemühungen erst nach Ablauf des Folgemonats nach Wegfall eines anderen Berücksichtigungstatbestandes i. S. d. § 32 Abs. 4 Satz 1 Nr. 2 EStG auf, ist es ab dem Monat der ersten Bewerbung oder Registrierung zu berücksichtigen; Abs. 1 Satz 9 bleibt unberührt.

Beispiel 1:

Das Kind legt die Abiturprüfung im April eines Jahres ab (offizielles Schuljahresende in diesem Land). Unmittelbar nach Ablegung der Abiturprüfung beabsichtigt das Kind, im Oktober des Jahres ein Studium zu beginnen, und bewirbt sich im Juli (Eröffnung des Verfahrens bei der SfH) um einen Studienplatz. Im September erhält das Kind jedoch die Absage der SfH. Das Kind möchte sich zum Sommersemester des nächsten Jahres erneut um einen Studienplatz bewerben.
Das Kind kann wie folgt berücksichtigt werden:
– bis einschließlich April als Kind, das für einen Beruf ausgebildet wird (§ 32 Abs. 4 Satz 1 Nr. 2 Buchst. a EStG),
– ab Mai durchgängig als Kind ohne Ausbildungsplatz (§ 32 Abs. 4 Satz 1 Nr. 2 Buchst. c EStG), von Mai bis September, weil es nach dem Schulabschluss die Ausbildung aufgrund des Vergabeverfahrens der SfH zunächst nicht fortsetzen konnte, und für den Zeitraum ab Oktober aufgrund der Absage der SfH und des weiter bestehenden Ausbildungswunsches. Abs. 1 Satz 9 und 10 und Abs. 2 Satz 3 sind zu beachten.

Beispiel 2:

Das Kind legt die Abiturprüfung im April eines Jahres ab (offizielles Schuljahresende in diesem Land). Das Kind möchte sich zunächst orientieren und beabsichtigt, danach eine Berufsausbildung zu beginnen. Im August bewirbt sich das Kind schriftlich zum nächstmöglichen Zeitpunkt um einen Ausbildungsplatz, erhält im Januar des nachfolgenden Jahres eine schriftliche Zusage und nimmt im August die Ausbildung auf.
Das Kind kann nur in folgenden Zeiträumen berücksichtigt werden:
– bis einschließlich April als Kind, das für einen Beruf ausgebildet wird (§ 32 Abs. 4 Satz 1 Nr. 2 Buchst. a EStG),
– von August bis Juli des nachfolgenden Jahres als Kind ohne Ausbildungsplatz (§ 32 *Abs. 4 Satz 1 Nr. 2 Buchst. c EStG*),
– ab August des nachfolgenden Jahres als Kind, das für einen Beruf ausgebildet wird (§ 32 Abs. 4 Satz 1 Nr. 2 Buchst. a EStG)."

R 32.8 Kinder, die ein freiwilliges soziales oder ökologisches Jahr oder freiwillige Dienste leisten *(unbesetzt)*

[1] **[Amtl. Anm.:]** Vordruck der Familienkasse.

H 32.8

Geregelte Freiwilligendienste. → A 18 DA-KG 2020.[1)]

R 32.9 Kinder, die wegen körperlicher, geistiger oder seelischer Behinderung außerstande sind, sich selbst zu unterhalten

[1] Als Kinder, die wegen körperlicher, geistiger oder seelischer Behinderung außerstande sind, sich selbst zu unterhalten, kommen insbesondere Kinder in Betracht, deren Schwerbehinderung (§ 2 Abs. 2 SGB IX)[2)] festgestellt ist oder die einem schwer behinderten Menschen gleichgestellt sind (§ 2 Abs. 3 SGB IX). [2] Ein Kind, das wegen seiner Behinderung außerstande ist, sich selbst zu unterhalten, kann bei Vorliegen der sonstigen Voraussetzungen über das 25. Lebensjahr hinaus ohne altersmäßige Begrenzung berücksichtigt werden. [3] Eine Berücksichtigung setzt voraus, dass die Behinderung, deretwegen das Kind nicht in der Lage ist, sich selbst zu unterhalten, vor Vollendung des 25. Lebensjahres eingetreten ist.

H 32.9

Altersgrenze. Die Altersgrenze, innerhalb derer die Behinderung eingetreten sein muss, ist nicht auf Grund entsprechender Anwendung des § 32 Abs. 5 Satz 1 EStG z. B. um den Zeitraum des vom Kind in früheren Jahren geleisteten Grundwehrdienstes zu verlängern (→ BFH vom 2.6.2005 – BStBl. II S. 756).

Außerstande sein, sich selbst zu unterhalten. → A 19.4 DA-KG 2020:[1)]

„(1) Bei Kindern mit Behinderung ist grundsätzlich der notwendige Lebensbedarf den kindeseigenen Mitteln gegenüberzustellen (vgl. aber Abs. 3). Übersteigen die kindeseigenen Mittel nicht den notwendigen Lebensbedarf, ist das Kind außerstande, sich selbst zu unterhalten. Falls die kindeseigenen Mittel den notwendigen Lebensbedarf überschreiten und ungleichmäßig zufließen (z. B. durch eine Nachzahlung oder die erstmalige Zahlung einer Rente), ist zu prüfen, ab welchem vollen Monat das Kind in der Lage ist, sich selbst zu unterhalten. Führt eine Nachzahlung dazu, dass das Kind nicht länger außerstande ist, sich selbst zu unterhalten, ist die Kindergeldfestsetzung erst ab dem Folgemonat des Zuflusses aufzuheben (vgl. BFH vom 11.4.2013, III R 35/11, BStBl. II S. 1037).

(2) Der notwendige Lebensbedarf des Kindes mit Behinderung setzt sich aus dem allgemeinen Lebensbedarf und dem individuellen behinderungsbedingten Mehrbedarf zusammen (vgl. BFH vom 15.10.1999, VI R 40/98 und VI R 182/98, BStBl. 2000 II S. 75 und 79). Als allgemeiner Lebensbedarf ist der Grundfreibetrag nach § 32a Abs. 1 Satz 2 Nr. 1 EStG i. H. v. 9408 Euro[3)] (für 2019: 9168 Euro, für 2018: 9000 Euro, für 2017: 8820 Euro, für 2016: 8652 Euro) anzusetzen; zum behinderungsbedingten Mehrbedarf vgl. Abs. 4 und 5. Die kindeseigenen Mittel setzen sich aus dem verfügbaren Nettoeinkommen nach A 19.5 und sämtlichen Leistungen Dritter nach A 19.6 zusammen; das Vermögen des Kindes gehört nicht zu den kindeseigenen Mitteln (BFH vom 19.8.2002, VIII R 17/02 und VIII R 51/01, BStBl. 2003 II S. 88 und 91). Einzelheiten insbesondere zu Sonderzuwendungen und einmaligen Nachzahlungen siehe BMF-Schreiben vom 22.11.2010 Abschnitt VI – BStBl. I S. 1346. Die Umrechnung von nicht auf Euro lautenden kindeseigenen Mitteln erfolgt nach H 8.1 (1–4) „Ausländische Währung" LStH 2020.

[1)] *BStBl. I 2020, 702.* – Hinweis auf DA-KG 2021, BStBl. I 2021, 1598.

[2)] **Aichberger SGB** Nr. **9**.

[3)] Für 2021: 9744 Euro.

(3) Übersteigen die kindeseigenen Mittel nicht den allgemeinen Lebensbedarf, ist davon auszugehen, dass das Kind außerstande ist, sich selbst zu unterhalten. Bei dieser vereinfachten Berechnung zählen zum verfügbaren Nettoeinkommen und den Leistungen Dritter keine Leistungen, die dem Kind wegen eines behinderungsbedingten Bedarfs zweckgebunden zufließen, insbesondere sind dies:
- Pflegegeld bzw. -zulage aus der gesetzlichen Unfallversicherung, nach § 35 BVG oder nach § 64a SGB XII,
- Ersatz der Mehrkosten für den Kleider- und Wäscheverschleiß (z. B. § 15 BVG),
- die Grundrente und die Schwerstbeschädigtenzulage nach § 31 BVG,
- Leistungen der Pflegeversicherung (§ 3 Nr. 1a EStG),
- Leistungen nach dem ContStifG,[1)]
- die Eingliederungshilfe (§§ 90 ff. SGB IX).

Wird nach dieser Berechnung der allgemeine Lebensbedarf überschritten, ist eine ausführliche Berechnung (vgl. Abs. 1 Satz 1 und Vordruck „Berechnungsbogen zur Überprüfung der Selbstunterhaltsfähigkeit eines volljährigen Kindes mit Behinderung“[2)]) vorzunehmen.

(4) Zum behinderungsbedingten Mehrbedarf gehören alle mit einer Behinderung zusammenhängenden außergewöhnlichen Belastungen, z. B. Aufwendungen für die Hilfe bei den gewöhnlichen und regelmäßig wiederkehrenden Verrichtungen des täglichen Lebens, für die Pflege sowie für einen erhöhten Wäschebedarf. Sofern kein Einzelnachweis erfolgt, bemisst sich der behinderungsbedingte Mehrbedarf grundsätzlich in Anlehnung an den Pauschbetrag für behinderte Menschen des § 33b Abs. 3 EStG. Als Einzelnachweis sind beispielsweise zu berücksichtigen:
- sämtliche Leistungen nach dem SGB XII, ggf. abzüglich des Taschengeldes und des Verpflegungsanteils (vgl. Abs. 6 Satz 4 und Abs. 7 Satz 2),
- Pflegegeld aus der Pflegeversicherung (BFH vom 24.8.2004, VIII R 50/03, BStBl. 2010 II S. 1052),
- Landespflegegeld nach dem Bayerischen Landespflegegeldgesetz,
- Blindengeld (BFH vom 31.8.2006, VIII R 71/05, BStBl. 2010 II S. 1054),
- Leistungen nach dem ContStifG,[1)]
- Leistungen der Beihilfe zur Unterbringung,
- Leistungen der Eingliederungshilfe (§§ 90 ff. SGB IX).

Die Sätze 1 bis 3 sind bei allen Kindern mit Behinderung unabhängig von ihrer Wohn- oder Unterbringungssituation anzuwenden. Erhält das Kind Leistungen nach SGB XII und ggf. der Eingliederungshilfe nach SGB IX zur Unterbringung, sind Abs. 6 und 7 zu beachten.

(5) Neben dem nach Abs. 4 ermittelten behinderungsbedingten Mehrbedarf (einschließlich Eingliederungshilfe nach SGB IX und Kosten der Unterbringung nach SGB XII) kann ein weiterer behinderungsbedingter Mehrbedarf angesetzt werden. Hierzu gehören alle übrigen durch die Behinderung bedingten Aufwendungen wie z. B. Operationskosten und Heilbehandlungen, Kuren, Arzt- und Arzneikosten; bestehen Zweifel darüber, ob die Aufwendungen durch die Behinderung bedingt sind, ist eine ärztliche Bescheinigung hierüber vorzulegen. Zum weiteren behinderungsbedingten Mehrbedarf zählen bei allen Kindern mit Behinderung auch Betreuungsleistungen, soweit sie nach Bescheinigung des Amtsarztes oder des behandelnden Arztes unbedingt erforderlich sind. Der hierfür anzusetzende Stundensatz beträgt 9 Euro; der sich daraus ergebende Betrag ist nur zu berücksichtigen, soweit er das nach Abs. 4 Satz 3 anzusetzende Pflegegeld übersteigt. Für die Bescheinigung des behandelnden Arztes steht der Vordruck „Ärztliche Bescheinigung über unbedingt erforderliche Betreuungsleistungen“[2)] zur Verfügung. Aufwendungen für durch die Behinderung veranlasste unvermeidbare Fahrten sind anzuerkennen, soweit sie nachgewiesen oder glaubhaft gemacht werden und angemessen sind; ein Aufwand für Fahrten bis zu 3000 km im Jahr kann als angemessen angesehen werden.

---

1) **[Amtl. Anm.:]** Gesetz über die Conterganstiftung für behinderte Menschen (Conterganstiftungsgesetz) idF v. 25.6.2009, BGBl. I 2009, 1537, zuletzt geänd. durch G v. 9.7.2021, BStBl. I 2021, 2512.

2) **[Amtl. Anm.:]** Vordruck der Familienkasse.

Dies gilt über H 33.1–H 33.4 (Fahrtkosten behinderter Menschen) EStH 2019[1] hinaus auch in Fällen, in denen kein GdB von mindestens 80 oder GdB von mindestens 70 und Merkzeichen G vorliegen. Liegen die Merkzeichen aG, Bl oder H vor, dürfen nicht nur die Aufwendungen für durch die Behinderung veranlasste unvermeidbare Fahrten, sondern auch für Freizeit-, Erholungs- und Besuchsfahrten abgezogen werden. In Fällen des Satzes 8 ist ein Aufwand für Fahrten bis zu 15 000 km im Jahr angemessen; die tatsächliche Fahrtleistung ist nachzuweisen oder glaubhaft zu machen. Mehraufwendungen, die einem Kind mit Behinderung anlässlich einer Urlaubsreise durch Kosten für Fahrten, Unterbringung und Verpflegung einer Begleitperson entstehen und nachgewiesen werden, können ebenfalls i. H. v. bis zu 767 Euro pro Kalenderjahr als behinderungsbedingter Mehrbedarf berücksichtigt werden, sofern die Notwendigkeit ständiger Begleitung durch das Merkzeichen B im Ausweis nach SGB IX, den Vermerk „Die Notwendigkeit ständiger Begleitung ist nachgewiesen" im Feststellungsbescheid der nach § 152 Abs. 1 SGB IX zuständigen Behörde (vgl. BFH vom 4.7.2002, III R 58/98, BStBl. II S. 765) oder durch Bescheinigung des behandelnden Arztes nachgewiesen ist. Wurden für nachgewiesenen bzw. glaubhaft gemachten behinderungsbedingten Mehrbedarf Leistungen durch einen Sozialleistungsträger erbracht, ist darauf zu achten, dass der Mehrbedarf nur einmal berücksichtigt wird. Die kindeseigenen Mittel, die an einen Sozialleistungsträger abgezweigt, übergeleitet oder diesem erstattet werden, mindern nicht den behinderungsbedingten Mehrbedarf des Kindes, sondern die Leistungen des Sozialleistungsträgers in entsprechender Höhe. Dies gilt auch für einen Kostenbeitrag der Eltern.

(6) Ein Kind ist vollstationär oder auf vergleichbare Weise untergebracht, wenn es nicht im Haushalt der Eltern lebt, sondern anderweitig auf Kosten eines Dritten untergebracht ist. Dies ist z. B. der Fall, wenn Leistungen nach SGB XII erbracht werden, beispielsweise existenzsichernde Leistungen der Grundsicherung für die Unterbringung oder Leistungen der Eingliederungshilfe für die Betreuung, nicht aber bei Leistungen nach SGB II. Dabei ist es unerheblich, ob das Kind vollstationär versorgt wird, in einer eigenen Wohnung oder in sonstigen Wohneinrichtungen (z. B. betreutes Wohnen) lebt. Vollstationäre oder vergleichbare Unterbringung liegt auch dann vor, wenn sich das Kind zwar zeitweise (z. B. am Wochenende oder in den Ferien) im Haushalt der Eltern aufhält, der Platz in der Einrichtung für Menschen mit Behinderung, im Rahmen des betreuten Wohnens usw. aber durchgehend auch während dieser Zeit zur Verfügung steht. Die Ermittlung des behinderungsbedingten Mehrbedarfs erfolgt regelmäßig durch Einzelnachweis der Aufwendungen, indem die z. B. im Wege der Grundsicherung nach SGB XII und ggf. durch die Eingliederungshilfe nach SGB IX übernommenen Kosten für die vollstationäre oder vergleichbare Unterbringung ggf. abzüglich des Taschengeldes und des nach der SvEV zu ermittelnden Wertes der Verpflegung angesetzt werden. Der Pauschbetrag für behinderte Menschen ist nicht neben den Kosten der Unterbringung zu berücksichtigen, da deren Ansatz einem Einzelnachweis entspricht. Liegt eine vollstationäre Unterbringung in einer Einrichtung für Menschen mit Behinderung vor, kann evtl. gezahltes Pflege- oder Blindengeld nicht neben der Eingliederungshilfe als behinderungsbedingter Mehrbedarf berücksichtigt werden. Der Berechtigte kann weiteren behinderungsbedingten Mehrbedarf glaubhaft machen (vgl. Abs. 5).

Beispiel:

Die 27-jährige Tochter (Grad der Behinderung 100 seit Geburt, Merkzeichen „H") eines Berechtigten ist 24 Stunden am Tag, sieben Tage die Woche (vollstationär) in einer Einrichtung für Menschen mit Behinderung untergebracht; dort erhält sie täglich drei Mahlzeiten. An zwei Wochenenden im Monat und während des Urlaubs hält sie sich im Haushalt des Berechtigten auf. Die Kosten der Unterbringung und Betreuung in der Einrichtung von jährlich 40 000 Euro tragen der Träger der Eingliederungshilfe (Betreuung) sowie der Sozialleistungsträger (notwendiger Lebensunterhalt) i. H. v. 34 300 Euro (Grundsicherung nach SGB XII) und die Pflegeversicherung i. H. v. 5 700 Euro. Die Tochter bezieht eine private Rente von monatlich 850 Euro (ohne Abzüge). Diese rechnet der Sozialleistungsträger auf den notwendigen Lebensunterhalt an.

[1] **[Amtl. Anm.:]** → Jetzt EStH 2020.

Die Tochter erhält neben ihrer Rente vom Sozialleistungsträger ergänzend den Betrag, der für den notwendigen Lebensbedarf erforderlich ist und nicht aus der Rente gedeckt werden kann, hier 150 Euro monatlich. Der Berechtigte macht Fahrtkosten (2 000 km im Jahr) glaubhaft, für die kein Kostenersatz geleistet wird.

Lösung:

vereinfachte Berechnung für 2020

Brutto-Renteneinnahmen (850 Euro × 12)	10 200 Euro
Werbungskosten-Pauschbetrag (§ 9a Satz 1 Nr. 3 EStG)	– 102 Euro
Kostenpauschale	– 180 Euro
Summe	9 918 Euro

Da die kindeseigenen Mittel nach der vereinfachten Berechnung den allgemeinen Lebensbedarf in Höhe des Grundfreibetrags von 9408 Euro übersteigen, muss eine ausführliche Berechnung durchgeführt werden.

ausführliche Berechnung für 2020

notwendiger Lebensbedarf

allgemeiner Lebensbedarf in Höhe des Grundfreibetrags	9 408 Euro
behinderungsbedingter Mehrbedarf[1]	
Kosten der vollstationären Unterbringung	+ 40 000 Euro
Verpflegungsanteil (SvEV; 258 Euro × 12)	– 3 096 Euro
glaubhaft gemachte Fahrtkosten (2000 km × 0,30 Euro)	+ 600 Euro
Summe	46 912 Euro

kindeseigene Mittel

Brutto-Renteneinnahmen (850 Euro × 12)		10 200 Euro
Werbungskosten-Pauschbetrag (§ 9a Satz 1 Nr. 3 EStG)		– 102 Euro
Kostenpauschale		– 180 Euro
Eingliederungshilfe und Grundsicherung	34 300 Euro	
abzüglich angerechnete Rente (850 Euro × 12)	10 200 Euro	
zuzüglich Ergänzungsbetrag 150 Euro × 12	1 800 Euro	
Zwischensumme	25 900 Euro	+ 25 900 Euro
Pflegegeld		+ 5 700 Euro
Summe		41 518 Euro

Das Kind ist außerstande, sich selbst zu unterhalten, da die kindeseigenen Mittel den notwendigen Lebensbedarf nicht übersteigen. Es besteht ein Anspruch auf Kindergeld nach § 32 Abs. 4 Satz 1 Nr. 3 EStG.

(7) Ein Kind ist teilstationär untergebracht, wenn es z. B. bei seinen Eltern lebt und zeitweise in einer Einrichtung (beispielsweise Werkstatt für behinderte Menschen) betreut wird. Die Leistungen im Rahmen der Eingliederungshilfe für die Betreuung und nach SGB XII für die Kosten der Unterbringung, ggf. abzüglich des nach SvEV zu bestimmenden Wertes der Verpflegung sind als behinderungsbedingter Mehrbedarf anzusetzen. Für die Pflege und Betreuung außerhalb der teilstationären Unterbringung ist neben dem behinderungsbedingten Mehrbedarf nach Satz 2 mindestens ein Betrag in Höhe des Pauschbetrags für behinderte Menschen nach § 33b Abs. 3 EStG als Bedarf des Kindes zu berücksichtigen. Der Berechtigte kann weiteren behinderungsbedingten Mehrbedarf glaubhaft machen (vgl. Abs. 5).

Beispiel:

Im Haushalt eines Berechtigten lebt dessen 39-jähriger Sohn, der durch einen Unfall im Alter von 21 Jahren schwerbehindert wurde (Grad der Behinderung 100, Merkzeichen „H“ und „B“). Er arbeitet tagsüber in einer Werkstatt für behinderte Menschen. Hierfür erhält er ein monatliches Arbeitsentgelt von 250 Euro. Die Kosten für die Beschäfti-

[1] **[Amtl. Anm.:]** Kein Ansatz des Pauschbetrags für behinderte Menschen nach § 33b Abs. 3 EStG (vgl. A 19.4 Abs. 6 Satz 6).

gung in der Werkstatt von monatlich 1250 Euro und die Fahrtkosten von 100 Euro monatlich für den arbeitstäglichen Transport zur Werkstatt trägt der Sozialleistungsträger im Rahmen der Eingliederungshilfe nach SGB IX. Der Sohn bezieht daneben eine Rente wegen voller Erwerbsminderung aus der gesetzlichen Rentenversicherung von monatlich 300 Euro, wovon nach Abzug eines Eigenanteils zur gesetzlichen Kranken- und Pflegeversicherung i. H. v. 29 Euro noch 271 Euro ausgezahlt werden. Außerdem erhält er eine private Rente von monatlich 520 Euro. Der Berechtigte hat Mehraufwendungen von 767 Euro nachgewiesen, die anlässlich einer Urlaubsreise des Sohnes für Fahrten, Unterbringung und Verpflegung einer Begleitperson entstanden sind. Der Sohn erhält Mittagessen in der Werkstatt.

Lösung:

vereinfachte Berechnung für 2020

Einkünfte aus nichtselbständiger Tätigkeit § 19 EStG (250 Euro × 12)		3 000 Euro
Arbeitnehmer-Pauschbetrag (§ 9a Satz 1 Nr. 1 Buchst. a EStG)	–	1 000 Euro
Brutto-Renteneinnahmen (300 Euro × 12 und 520 Euro × 12)	+	9 840 Euro
Werbungskosten-Pauschbetrag (§ 9a Satz 1 Nr. 3 EStG)	–	102 Euro
Kostenpauschale	–	180 Euro
Sozialversicherungsbeiträge (29 Euro × 12)	–	348 Euro
Summe		11 210 Euro

Da die kindeseigenen Mittel nach der vereinfachten Berechnung den allgemeinen Lebensbedarf in Höhe des Grundfreibetrags von 9408 Euro übersteigen, muss eine ausführliche Berechnung durchgeführt werden.

ausführliche Berechnung für 2020

notwendiger Lebensbedarf

allgemeiner Lebensbedarf in Höhe des Grundfreibetrags		9 408 Euro
behindertungsbedingter Mehrbedarf Pauschbetrag für behinderte Menschen (§ 33b Abs. 3 EStG)	+	3 700 Euro
Kosten der Beschäftigung in der Werkstatt (1 250 Euro × 12)	+	15 000 Euro
Verpflegungsanteil (SvEV für Mittag; 102 Euro × 12)	–	1 224 Euro
Fahrtkosten zur Werkstatt (100 Euro × 12)	+	1 200 Euro
Aufwendungen für Begleitperson anlässlich einer Urlaubsreise	+	767 Euro
Summe		28 851 Euro

kindeseigene Mittel

Einkünfte aus nichtselbständiger Tätigkeit § 19 EStG (250 Euro × 12)		3 000 Euro
Arbeitnehmer-Pauschbetrag (§ 9a Satz 1 Nr. 1 Buchst. a EStG)	–	1 000 Euro
Brutto-Renteneinnahmen (300 Euro × 12 und 520 Euro × 12)	+	9 840 Euro
Werbungskosten-Pauschbetrag (§ 9a Satz 1 Nr. 3 EStG)	–	102 Euro
Kostenpauschale	–	180 Euro
Eingliederungshilfe für Werkstatt (1 250 Euro × 12)	+	15 000 Euro
Leistungen der Eingliederungshilfe für Fahrten zur Werkstatt (100 Euro × 12)	+	1 200 Euro
Sozialversicherungsbeiträge (29 Euro × 12)	–	348 Euro
Summe		27 410 Euro

Das Kind ist außerstande, sich selbst zu unterhalten, da die kindeseigenen Mittel den notwendigen Lebensbedarf nicht übersteigen. Es besteht ein Anspruch auf Kindergeld nach § 32 Abs. 4 Satz 1 Nr. 3 EStG."

Nachweis der Behinderung. → A 19.2 Abs. 1 DA-KG 2020:[1)]

„Den Nachweis einer Behinderung kann der Berechtigte erbringen:

1. bei einer Behinderung, deren Grad auf mindestens 50 festgestellt ist, durch einen Ausweis nach dem SGB IX oder durch einen Bescheid der nach § 152 Abs. 1 SGB IX zuständigen Behörde,

---

[1)] BStBl. I 2020, 702. – Hinweis auf DA-KG 2021, BStBl. I 2021, 1598.

2. bei einer Behinderung, deren Grad auf weniger als 50, aber mindestens 25 festgestellt ist,
   a) durch eine Bescheinigung der nach § 152 Abs. 1 SGB IX zuständigen Behörde auf Grund eines Feststellungsbescheids nach § 152 Abs. 1 des SGB IX, die eine Äußerung darüber enthält, ob die Behinderung zu einer dauernden Einbuße der körperlichen Beweglichkeit geführt hat oder auf einer typischen Berufskrankheit beruht,
   b) wenn dem Kind wegen seiner Behinderung nach den gesetzlichen Vorschriften Renten oder andere laufende Bezüge zustehen, durch den Rentenbescheid oder einen entsprechenden Bescheid,
3. bei einer Einstufung in den Pflegegrad 4 oder 5 (bis 31.12.2016: in Pflegestufe III) nach dem SGB XI oder diesem entsprechenden Bestimmungen durch den entsprechenden Bescheid.

Der Nachweis der Behinderung kann auch in Form einer Bescheinigung bzw. eines Zeugnisses des behandelnden Arztes oder eines ärztlichen Gutachtens erbracht werden (BFH vom 16.4.2002, VIII R 62/99, BStBl. II S. 738). Aus der Bescheinigung bzw. dem Gutachten muss Folgendes hervorgehen:
– Vorliegen der Behinderung,
– Beginn der Behinderung, soweit das Kind das 25. Lebensjahr vollendet hat, und
– Auswirkungen der Behinderung auf die Erwerbsfähigkeit des Kindes."

Suchtkrankheiten. Suchtkrankheiten können Behinderungen darstellen (→ BFH vom 16.4.2002 – BStBl. II S. 738).

Ursächlichkeit der Behinderung. → A 19.3 DA-KG 2020:[1)]

„(1) Die Behinderung muss ursächlich für die Unfähigkeit des Kindes sein, sich selbst zu unterhalten. Allein die Feststellung eines sehr hohen Grades der Behinderung rechtfertigt die Annahme der Ursächlichkeit jedoch nicht.

(2) Die Ursächlichkeit ist anzunehmen, wenn:
– das Kind in einer Werkstatt für behinderte Menschen betreut wird,
– das Kind vollstationär in einer Einrichtung für Menschen mit Behinderung untergebracht ist,
– Leistungen der Grundsicherung im Alter und bei Erwerbsminderung nach dem SGB XII bezogen werden,
– der Grad der Behinderung 50 oder mehr beträgt (vgl. A 19.2 Abs. 1 Satz 1 Nr. 1) und das Kind für einen Beruf ausgebildet wird,
– im Ausweis über die Eigenschaft als schwerbehinderter Mensch das Merkmal „H" (hilflos) eingetragen oder im Feststellungsbescheid festgestellt ist, dass die Voraussetzungen für das Merkmal „H" (hilflos) vorliegen oder
– eine volle Erwerbsminderungsrente gegenüber dem Kind bewilligt ist oder eine dauerhafte volle Erwerbsminderung nach § 45 SGB XII festgestellt ist.

Dem Merkzeichen „H" steht die Einstufung in die Pflegegrade 4 oder 5 (bis 31.12. 2016: in Pflegestufe III) nach dem SGB XI oder diesem entsprechenden Bestimmungen gleich. Die Einstufung als schwerstpflegebedürftig ist durch Vorlage des entsprechenden Bescheides nachzuweisen.

(3) Liegt kein Fall des Absatzes 2 vor, ist zur Feststellung der Ursächlichkeit entweder
1. durch die Familienkassen eine Stellungnahme der Reha/SB-Stelle der Agentur für Arbeit (ggf. unter Beteiligung des Ärztlichen Dienstes bzw. des Berufspsychologischen Services der Bundesagentur für Arbeit) einzuholen (siehe Abs. 4) oder
2. durch den Berechtigten eine Bescheinigung des behandelnden Arztes beizubringen (siehe Abs. 5).

Eine Feststellung nach Nr. 1 schließt eine Feststellung nach Nr. 2 aus. Zur Überprüfung der Festsetzung vgl. A 19.1 Abs. 7 und 8.

(4) Über die Beteiligung der Reha/SB-Stelle der Agentur für Arbeit ist zu ermitteln,

---

1) BStBl. I 2020, 702. – Hinweis auf DA-KG 2021, BStBl. I 2021, 1598.

– ob die Voraussetzungen für eine Mehrfachanrechnung gem. § 159 Abs. 1 SGB IX erfüllt sind oder
– ob das Kind nach Art und Umfang seiner Behinderung in der Lage ist, eine arbeitslosenversicherungspflichtige, mindestens 15 Stunden wöchentlich umfassende Beschäftigung unter den üblichen Bedingungen des für ihn in Betracht kommenden Arbeitsmarktes auszuüben.

Liegen die Voraussetzungen für eine Mehrfachanrechnung vor, kann unterstellt werden, dass die Ursächlichkeit der Behinderung gegeben ist, auch wenn es eine Erwerbstätigkeit von mehr als 15 Stunden wöchentlich ausüben könnte. Ist das Kind nicht in der Lage eine mindestens 15 Stunden wöchentlich umfassende Beschäftigung unter den üblichen Bedingungen des für ihn in Betracht kommenden Arbeitsmarktes auszuüben, kann unterstellt werden, dass die Ursächlichkeit der Behinderung gegeben ist. Für die Anfrage steht der Vordruck „Anfrage an die Reha/SB-Stelle für ein Kind mit Behinderung“[1] zur Verfügung. Der Nachweis der Behinderung (vgl. A 19.2 Abs. 1) und ggf. vorhandene ärztliche Bescheinigungen sind beizufügen. Ist der Reha/SB-Stelle der Agentur für Arbeit allein aufgrund der vorgelegten Unterlagen eine Stellungnahme nicht möglich, teilt sie dies der Familienkasse auf der Rückseite des Vordrucks „Anfrage an die Reha/SB-Stelle für ein Kind mit Behinderung“[1] mit und verweist auf die Möglichkeit der Einschaltung des Ärztlichen Dienstes bzw. des Berufspsychologischen Services der Bundesagentur für Arbeit. In diesem Fall schlägt die Familienkasse dem Berechtigten unter Verwendung des Vordrucks „Anfrage an den Ärztlichen Dienst bzw. Berufspsychologischen Service der Bundesagentur für Arbeit für ein Kind mit Behinderung“[1] vor, das Kind durch den Ärztlichen Dienst bzw. Berufspsychologischen Service der Bundesagentur für Arbeit begutachten zu lassen. Dabei ist er auf die Rechtsfolgen der Nichtfeststellbarkeit der Anspruchsvoraussetzungen hinzuweisen. Sofern der Berechtigte innerhalb der gesetzten Frist nicht widerspricht, leitet die Familienkasse erneut eine Anfrage der Reha/SB-Stelle zu, die ihrerseits die Begutachtung durch den Ärztlichen Dienst und ggf. den Berufspsychologischen Service veranlasst. Das Gutachten ist an die Reha/SB-Stelle zu senden, damit diese die Anfrage der Familienkasse beantworten kann. Das Gutachten verbleibt bei der Reha/SB-Stelle. Erscheint das Kind ohne Angabe von Gründen nicht zur Begutachtung, gibt der Ärztliche Dienst/Berufspsychologische Service die Unterlagen an die Reha/SB-Stelle zurück, die ihrerseits die Familienkasse unterrichtet. Wird die Begutachtung verweigert, ist die Ursächlichkeit nicht festgestellt.

(5) Wird zur Feststellung der Ursächlichkeit eine Bescheinigung des behandelnden Arztes beigebracht, muss aus dieser hervorgehen, in welchem zeitlichen Umfang das Kind aufgrund seiner Behinderung in der Lage ist, eine Erwerbstätigkeit auszuüben. Für die Bescheinigung des behandelnden Arztes steht der Vordruck „Ärztliche Bescheinigung zum möglichen Umfang der Erwerbstätigkeit“[1] zur Verfügung. Abs. 4 Satz 3 gilt entsprechend.

(6) Die Behinderung muss nicht die einzige Ursache dafür sein, dass das Kind außerstande ist, sich selbst zu unterhalten. Eine Mitursächlichkeit ist ausreichend, wenn ihr nach den Gesamtumständen des Einzelfalls erhebliche Bedeutung zukommt (BFH vom 19.11.2008, III R 105/07, BStBl. 2010 II S. 1057). Die Prüfung der Mitursächlichkeit kommt in den Fällen zum Tragen, in denen das Kind grundsätzlich in der Lage ist, eine Erwerbstätigkeit auf dem allgemeinen Arbeitsmarkt auszuüben (d. h. eine mindestens 15 Stunden wöchentlich umfassende Beschäftigung), die Behinderung der Vermittlung einer Arbeitsstelle jedoch entgegensteht. Eine allgemein ungünstige Situation auf dem Arbeitsmarkt oder andere Umstände (z. B. mangelnde Mitwirkung bei der Arbeitsvermittlung, Ablehnung von Stellenangeboten), die zur Arbeitslosigkeit des Kindes führen, begründen hingegen keine Berücksichtigung nach § 32 Abs. 4 Satz 1 Nr. 3 EStG. Auch wenn das Kind erwerbstätig ist, kann die Behinderung mitursächlich sein. Ist das Kind trotz seiner Erwerbstätigkeit nicht in der Lage, seinen notwendigen Lebensbedarf zu bestreiten (vgl. A 19.4), ist im Einzelfall zu prüfen, ob die Behinderung für die mangelnde Fähigkeit zum Selbstunterhalt mitursächlich ist (BFH vom 15.3.2012, III R 29/09, BStBl. II S. 892).

---

[1] **[Amtl. Anm.:]** Vordruck der Familienkasse.

(7) Die Ursächlichkeit der Behinderung für die Unfähigkeit des Kindes, sich selbst zu unterhalten, kann nicht angenommen werden, wenn es sich in Untersuchungs- oder Strafhaft befindet, auch dann nicht, wenn die Straftat durch die Behinderung gefördert wurde (BFH vom 30.4.2014, XI R 24/13, BStBl. II S. 1014)."

R 32.10 Erwerbstätigkeit *(unbesetzt)*

H 32.10

Ausschluss von Kindern auf Grund einer Erwerbstätigkeit.

– → BMF vom 8.2.2016 (BStBl. I S. 226).

– Zu einer mehraktigen Berufsausbildung → BZSt vom 26.2.2020 (BStBl. I S. 251).

– → A 20 DA-KG 2020:[1)]

„A 20.1 Allgemeines

(1) Ein über 18 Jahre altes Kind, das eine erstmalige Berufsausbildung oder ein Erststudium abgeschlossen hat und
- weiterhin für einen Beruf ausgebildet wird (§ 32 Abs. 4 Satz 1 Nr. 2 Buchst. a EStG),
- sich in einer Übergangszeit befindet (§ 32 Abs. 4 Satz 1 Nr. 2 Buchst. b EStG),
- seine Berufsausbildung mangels Ausbildungsplatz nicht beginnen oder fortsetzen kann (§ 32 Abs. 4 Satz 1 Nr. 2 Buchst. c EStG) oder
- einen Freiwilligendienst leistet (§ 32 Abs. 4 Satz 1 Nr. 2 Buchst. d EStG),

wird nach § 32 Abs. 4 Satz 2 EStG nur berücksichtigt, wenn es keiner anspruchsschädlichen Erwerbstätigkeit i. S. d. § 32 Abs. 4 Satz 3 EStG nachgeht (vgl. A 20.3).
Dies gilt auch, wenn die erstmalige Berufsausbildung vor Vollendung des 18. Lebensjahres abgeschlossen worden ist.

(2) Die Einschränkung des § 32 Abs. 4 Satz 2 EStG gilt nicht für Kinder ohne Arbeitsplatz i. S. v. § 32 Abs. 4 Satz 1 Nr. 1 EStG (vgl. A 14) und Kinder mit Behinderung i. S. d. § 32 Abs. 4 Satz 1 Nr. 3 EStG (vgl. A 19).

A 20.2 Erstmalige Berufsausbildung und Erststudium

A 20.2.1 Berufsausbildung nach § 32 Abs. 4 Satz 2 EStG

(1) Eine Berufsausbildung i. S. d. § 32 Abs. 4 Satz 2 EStG liegt vor, wenn das Kind durch eine berufliche Ausbildungsmaßnahme die notwendigen fachlichen Fertigkeiten und Kenntnisse erwirbt, die zur Aufnahme eines Berufs befähigen. Voraussetzung ist, dass der Beruf durch eine Ausbildung in einem öffentlich-rechtlich geordneten Ausbildungsgang erlernt wird (BFH vom 6.3.1992, VI R 163/88, BStBl. II S. 661) und der Ausbildungsgang durch eine Prüfung abgeschlossen wird.
Das Tatbestandsmerkmal „Berufsausbildung" nach § 32 Abs. 4 Satz 2 EStG ist enger gefasst als das Tatbestandsmerkmal „für einen Beruf ausgebildet werden" nach § 32 Abs. 4 Satz 1 Nr. 2 Buchst. a EStG (vgl. A 15). Es handelt sich bei einer „Berufsausbildung" i. S. v. Satz 2 stets auch um eine Maßnahme, in der das Kind nach Satz 1 „für einen Beruf ausgebildet wird". Jedoch ist nicht jede allgemein berufsqualifizierende Maßnahme gleichzeitig auch eine „Berufsausbildung". Der Abschluss einer solchen Maßnahme (z. B. der Erwerb eines Schulabschlusses, ein Volontariat oder ein freiwilliges Berufspraktikum) führt nicht bereits dazu, dass ein Kind, das im Anschluss weiterhin die Anspruchsvoraussetzungen nach § 32 Abs. 4 Satz 1 Nr. 2 EStG erfüllt, nur noch unter den weiteren Voraussetzungen der Sätze 2 und 3 berücksichtigt wird.

Beispiel:

Nach dem Abitur absolvierte ein 20-jähriges Kind ein Praktikum. Danach kann es eine Berufsausbildung mangels Ausbildungsplatz nicht beginnen und geht zur Überbrückung

1) BStBl. I 2020, 702. – Hinweis auf DA-KG 2021, BStBl. I 2021, 1598.

des Zeitraums zwischen Praktikum und Berufsausbildung einer Erwerbstätigkeit nach (30 Wochenstunden).
In der Zeit zwischen Praktikum und Beginn der Berufsausbildung erfüllt das Kind den Grundtatbestand des § 32 Abs. 4 Satz 1 Nr. 2 Buchst. c EStG. § 32 Abs. 4 Satz 2 und 3 EStG ist nicht einschlägig, da das Praktikum zwar das Tatbestandsmerkmal des § 32 Abs. 4 Satz 1 Nr. 2 Buchst. a EStG („für einen Beruf ausgebildet werden") erfüllt, jedoch keine „Berufsausbildung" i. S. d. § 32 Abs. 4 Satz 2 EStG darstellt. Der Kindergeldanspruch besteht somit unabhängig davon, wie viele Stunden das Kind in der Woche arbeitet.

(2) Zur Berufsausbildung zählen insbesondere:

1. Berufsausbildungsverhältnisse gem. § 1 Abs. 3, §§ 4 bis 52 BBiG bzw. §§ 21 bis 40 HwO. Der erforderliche Abschluss besteht hierbei in der erfolgreich abgelegten Abschlussprüfung i. S. d. § 37 BBiG und § 31 HwO. Gleiches gilt, wenn die Abschlussprüfung nach § 43 Abs. 2 BBiG ohne ein Ausbildungsverhältnis auf Grund einer entsprechenden schulischen Ausbildung abgelegt wird, die gem. den Voraussetzungen des § 43 Abs. 2 BBiG als im Einzelnen gleichwertig anerkannt ist;
2. mit Berufsausbildungsverhältnissen vergleichbare betriebliche Ausbildungsgänge außerhalb des Geltungsbereichs des BBiG (z. B. die Ausbildung zum Schiffsmechaniker nach der See-Berufsausbildungsverordnung);
3. die Ausbildung auf Grund der bundes- oder landesrechtlichen Ausbildungsregelungen für Berufe im Gesundheits- und Sozialwesen;
4. landesrechtlich geregelte Berufsabschlüsse an Berufsfachschulen;
5. die Berufsausbildung von Menschen mit Behinderung in anerkannten Berufsausbildungsberufen oder auf Grund von Regelungen der zuständigen Stellen in besonderen Ausbildungsberufen für Menschen mit Behinderung;
6. die Berufsausbildung in einem öffentlich-rechtlichen Dienstverhältnis und
7. Maßnahmen zur Behebung von amtlich festgestellten Unterschieden zwischen einem im Ausland erworbenen Berufsabschluss und einem entsprechenden im Inland geregelten Berufsabschluss, z. B. Anpassungslehrgänge nach § 11 Berufsqualifikationsfeststellungsgesetz. Informationen zur Anerkennung ausländischer Berufsqualifikationen (z. B. zu den zuständigen Stellen) sind unter www.anerkennung-in-deutschland.de und www.bq-portal.de zu finden.

(3) Von Abs. 2 nicht erfasste Bildungsmaßnahmen werden einer Berufsausbildung i. S. d. § 32 Abs. 4 Satz 2 EStG gleichgestellt, wenn sie dem Nachweis einer Sachkunde dienen, die Voraussetzung zur Aufnahme einer fest umrissenen beruflichen Betätigung ist. Die Ausbildung muss in einem geordneten Ausbildungsgang erfolgen und durch eine staatliche oder staatlich anerkannte Prüfung abgeschlossen werden. Der erfolgreiche Abschluss der Prüfung muss Voraussetzung für die Aufnahme der beruflichen Betätigung sein. Die Ausbildung und der Abschluss müssen von Umfang und Qualität der Ausbildungsmaßnahmen und Prüfungen her grundsätzlich mit den Anforderungen vergleichbar sein, die bei Berufsausbildungsmaßnahmen i. S. d. Abs. 2 gestellt werden. Dazu gehört z. B. die Ausbildung zu Berufspiloten auf Grund der JAR-FCL 1 deutsch vom 15.4.2003, BAnz 2003 Nr. 80a.

(4) Abs. 1 bis 3 gelten entsprechend für Berufsausbildungen im Ausland, deren Abschlüsse inländischen Abschlüssen gleichgestellt sind. Bei Abschlüssen aus einem Mitgliedstaat der EU oder des EWR oder der Schweiz ist i. d. R. davon auszugehen, dass diese gleichgestellt sind.

A 20.2.2 Erstmalige Berufsausbildung

(1) Die Berufsausbildung ist als erstmalige Berufsausbildung anzusehen, wenn ihr keine andere abgeschlossene Berufsausbildung bzw. kein abgeschlossenes Hochschulstudium vorausgegangen ist. Wird ein Kind ohne entsprechende Berufsausbildung in einem Beruf tätig und führt es die zugehörige Berufsausbildung nachfolgend durch (nachgeholte Berufsausbildung), handelt es sich dabei um eine erstmalige Berufsausbildung.

(2) Maßnahmen nach A 20.2.1 Abs. 2 Nr. 7 sind als Teil der im Ausland erfolgten Berufsausbildung anzusehen.

A 20.2.3 Erststudium

(1) Ein Studium i. S. d. § 32 Abs. 4 Satz 2 EStG liegt vor, wenn es an einer Hochschule i. S. d. Hochschulgesetze der Länder absolviert wird. Hochschulen i. S. dieser Vorschrift sind Universitäten, Pädagogische Hochschulen, Kunsthochschulen, Fachhochschulen und sonstige Einrichtungen des Bildungswesens, die nach dem jeweiligen Landesrecht staatliche Hochschulen sind. Gleichgestellt sind private und kirchliche Bildungseinrichtungen sowie Hochschulen des Bundes, die nach dem jeweiligen Landesrecht als Hochschule anerkannt werden. Nach Landesrecht kann vorgesehen werden, dass bestimmte an Berufsakademien oder anderen Ausbildungseinrichtungen erfolgreich absolvierte Ausbildungsgänge einem abgeschlossenen Studium an einer Fachhochschule gleichwertig sind und die gleichen Berechtigungen verleihen. Soweit dies der Fall ist, stellt ein entsprechendes Studium ein Studium i. S. d. § 32 Abs. 4 Satz 2 EStG dar. Studien können auch als Fernstudien durchgeführt werden.

(2) Ein Studium stellt ein Erststudium i. S. d. § 32 Abs. 4 Satz 2 EStG dar, wenn es sich um eine Erstausbildung handelt. Es darf ihm kein anderes durch einen berufsqualifizierenden Abschluss beendetes Studium bzw. keine andere abgeschlossene nichtakademische Berufsausbildung i. S. v. A 20.2.1 und A 20.2.2 vorangegangen sein.

(3) Bei einem Wechsel des Studiums ohne Abschluss des zunächst betriebenen Studiengangs stellt das zunächst aufgenommene Studium kein abgeschlossenes Erststudium dar. Bei einer Unterbrechung eines Studiengangs ohne einen berufsqualifizierenden Abschluss und seiner späteren Weiterführung stellt der der Unterbrechung vorangegangene Studienteil kein abgeschlossenes Erststudium dar.

(4) Studien- und Prüfungsleistungen an ausländischen Hochschulen, die zur Führung eines ausländischen akademischen Grades berechtigen, der nach dem Recht des Landes, in dem der Gradinhaber seinen Wohnsitz oder gewöhnlichen Aufenthalt hat, anerkannt wird, sowie Studien- und Prüfungsleistungen, die von Staatsangehörigen eines Mitgliedstaats der EU oder von Vertragsstaaten des EWR oder der Schweiz an Hochschulen dieser Staaten erbracht werden, sind nach diesen Grundsätzen inländischen Studien- und Prüfungsleistungen gleichzustellen. Für die Gleichstellung von Studien- und Prüfungsleistungen werden die in der Datenbank „anabin“ (www.anabin.kmk.org) der Zentralstelle für ausländisches Bildungswesen beim Sekretariat der Kultusministerkonferenz aufgeführten Bewertungsvorschläge zugrunde gelegt.

A 20.2.4 Abschluss einer erstmaligen Berufsausbildung oder eines Erststudiums[1)]

(1) Eine erstmalige Berufsausbildung oder ein Erststudium sind grundsätzlich abgeschlossen, wenn sie das Kind zur Aufnahme eines Berufs befähigen. Wenn das Kind später eine weitere Ausbildung aufnimmt (z. B. Meisterausbildung nach mehrjähriger Berufstätigkeit aufgrund abgelegter Gesellenprüfung oder Masterstudium nach mehrjähriger Berufstätigkeit), handelt es sich um eine Zweitausbildung.

(2) Ist aufgrund objektiver Beweisanzeichen erkennbar, dass das Kind sein angestrebtes Berufsziel (vgl. A 15.1 Abs. 2) noch nicht erreicht hat, kann auch eine weiterführende Ausbildung noch als Teil der Erstausbildung zu qualifizieren sein (BFH vom 3.7.2014, III R 52/13, BStBl. 2015 II S. 152). Entscheidend ist, dass die objektiven Beweisanzeichen (z. B. Bewerbungen) vor dem Beginn des nachfolgenden Ausbildungsabschnittes entstanden sind. Ein verspätetes Bekanntwerden bei der Familienkasse ist nicht schädlich. *Fehlt es an anderen objektiven* Beweisanzeichen, kann die schriftliche Willenserklärung des Kindes (vgl. V 6.1 Abs. 1 Satz 8) als objektives Beweisanzeichen dienen (BFH vom 20.2.2019, III R 42/18, BStBl. II S. 769). Die weiterführende Ausbildung ist noch als Teil der Erstausbildung zu qualifizieren, wenn sie in einem engen sachlichen Zusammenhang mit der nichtakademischen Ausbildung oder dem Erststudium steht und im engen zeitlichen Zusammenhang durchgeführt wird (BFH vom 15.4.2015, V R 27/14, BStBl. 2016 II S. 163). Ein enger sachlicher Zusammenhang liegt vor, wenn die

---

1) Zu einer mehraktigen Berufsausbildung siehe BZSt v. 26.2.2020, BStBl. I 2020, 251.

nachfolgende Ausbildung z. B. dieselbe Berufssparte oder denselben fachlichen Bereich betrifft. Ein enger zeitlicher Zusammenhang liegt vor, wenn das Kind die weitere Ausbildung zum nächstmöglichen Zeitpunkt aufnimmt oder sich bei mangelndem Ausbildungsplatz zeitnah zum nächstmöglichen Zeitpunkt für die weiterführende Ausbildung bewirbt. Unschädlich sind Verzögerungen, die z. B. aus einem zunächst fehlenden oder einem aus schul-, studien- oder betriebsorganisatorischen Gründen erst zu einem späteren Zeitpunkt verfügbaren Ausbildungsplatz resultieren. In Fällen von Erkrankung und Mutterschaft siehe A 17.2. Setzt die weiterführende Ausbildung eine Berufstätigkeit voraus oder nimmt das Kind vor Beginn der weiterführenden Ausbildung eine Berufstätigkeit aus anderen Gründen auf, die zu einem verzögerten Beginn der weiteren Ausbildung führt, liegt regelmäßig mangels notwendigen engen Zusammenhangs keine einheitliche Erstausbildung vor (BFH vom 4.2.2016, III R 14/15, BStBl. II S. 615). Der notwendige enge Zusammenhang entfällt nicht dadurch, dass der nachfolgende Ausbildungsabschnitt erst für die Zulassung zur Abschlussprüfung oder für deren Bestehen eine Berufstätigkeit voraussetzt (BFH vom 11.12.2018, III R 26/18, BStBl. 2019 II S. 765). Die Ausbildungsmaßnahme darf dabei nicht von der Erwerbstätigkeit geprägt sein (siehe Abs. 3). Einer einheitlichen Erstausbildung steht nicht entgegen, dass diese neben öffentlich-rechtlich geordneten Ausbildungsmaßnahmen auch nicht öffentlich-rechtlich geordnete Ausbildungsmaßnahmen umfasst (BFH vom 21.3.2019, III R 17/18, BStBl. II S. 772).

(3) Nimmt ein volljähriges Kind nach Erlangung eines ersten Abschlusses in einem öffentlich-rechtlich geordneten Ausbildungsgang eine Erwerbstätigkeit auf, ist zwischen einer mehraktigen einheitlichen Erstausbildung mit daneben ausgeübter Erwerbstätigkeit und einer berufsbegleitend durchgeführten Weiterbildung (Zweitausbildung) abzugrenzen. Eine einheitliche Erstausbildung ist nicht mehr anzunehmen, wenn die vom Kind aufgenommene Erwerbstätigkeit bei einer Gesamtwürdigung der Verhältnisse im Vordergrund steht und die weitere Ausbildungsmaßnahme als Weiterbildung oder Aufstieg im bereits ausgeübten Beruf hinter den vorrangigen Erwerbscharakter der Tätigkeit zurücktritt (BFH vom 11.12.2018, III R 26/18, BStBl. 2019 II S. 765). Dies ist insbesondere der Fall, wenn:

- die Tätigkeit im erlernten Beruf ausgeübt wird,
- sich das Kind längerfristig an einen Arbeitgeber bindet (mehr als 26 Wochen),
- der zeitliche Umfang der Erwerbstätigkeit den zeitlichen Umfang der Ausbildungsmaßnahme übersteigt oder
- die Ausbildungsmaßnahme in ihrem Ablauf der Erwerbstätigkeit untergeordnet ist, z. B. weil die Ausbildung nur nach Feierabend und an den Wochenenden durchgeführt wird.

Die Familienkasse hat ihre Entscheidung über den Charakter der Tätigkeit unter Würdigung aller Umstände des Einzelfalls zu treffen.

(4) Für die Frage, ob eine erstmalige Berufsausbildung oder ein Erststudium nach § 32 Abs. 4 Satz 2 EStG abgeschlossen sind, kommt es nicht darauf an, ob die Berufsausbildung bzw. das Studium die besonderen Voraussetzungen für eine Erstausbildung im Sinne des § 9 Abs. 6 EStG erfüllen.

(5) Eine erstmalige Berufsausbildung ist grundsätzlich abgeschlossen, wenn die entsprechende Abschlussprüfung bestanden wurde (vgl. A 15.10 Abs. 3 ff.).

(6) Ein Studium wird, sofern zwischen Prüfung und Bekanntgabe des Prüfungsergebnisses noch keine Vollzeiterwerbstätigkeit im angestrebten Beruf ausgeübt wird, regelmäßig erst mit Bekanntgabe des Prüfungsergebnisses abgeschlossen (vgl. A 15.10 Abs. 9 ff.). Mit bestandener Prüfung wird i. d. R. ein Hochschulgrad verliehen. Hochschulgrade sind u. a. der Diplom-, Magister-, Bachelor- oder Mastergrad. Zwischenprüfungen stellen keinen Abschluss eines Studiums i. S. d. § 32 Abs. 4 Satz 2 EStG dar. Die von den Hochschulen angebotenen Studiengänge führen i. d. R. zu einem berufsqualifizierenden Abschluss. Im Zweifel ist davon auszugehen, dass die entsprechenden Prüfungen berufsqualifizierend sind.

(7) Der Bachelor- oder Bakkalaureusgrad einer inländischen Hochschule ist ein berufsqualifizierender Abschluss. Daraus folgt, dass der Abschluss eines Bachelorstudiengangs

den Abschluss eines Erststudiums darstellt und ein nachfolgender Studiengang als weiteres Studium anzusehen ist. Wird hingegen ein Masterstudiengang besucht, der zeitlich und inhaltlich auf den vorangegangenen Bachelorstudiengang abgestimmt ist, so ist dieser Teil der Erstausbildung (BFH vom 3.9.2015, VI R 9/15, BStBl. 2016 II S. 166). Bei sog. konsekutiven Masterstudiengängen an einer inländischen Hochschule ist von einem engen sachlichen Zusammenhang auszugehen.

(8) Werden zwei (oder ggf. mehrere) Studiengänge parallel studiert, die zu unterschiedlichen Zeiten abgeschlossen werden oder wird während eines Studiums eine Berufsausbildung abgeschlossen, stellt der nach dem Erreichen des ersten berufsqualifizierenden Abschlusses weiter fortgesetzte Studiengang vom Zeitpunkt dieses Abschlusses an grundsätzlich kein Erststudium mehr dar. Etwas anderes gilt nur, wenn die Studiengänge bzw. das Studium und die Berufsausbildung in einem engen sachlichen Zusammenhang stehen.

(9) Postgraduale Zusatz-, Ergänzungs- und Aufbaustudiengänge setzen den Abschluss eines ersten Studiums voraus und stellen daher grundsätzlich kein Erststudium dar. Dies gilt nicht, wenn ein solches Zusatz-, Ergänzungs- oder Aufbaustudium auf dem ersten Studienabschluss des Kindes aufbaut und in einem engen zeitlichen Zusammenhang aufgenommen wird. In diesen Fällen ist von einem einheitlichen Erststudium auszugehen.

(10) Als berufsqualifizierender Studienabschluss gilt auch der Abschluss eines Studiengangs, durch den die fachliche Eignung für einen beruflichen Vorbereitungsdienst oder eine berufliche Einführung vermittelt wird. Dazu zählt insbesondere der Vorbereitungsdienst der Rechts- oder Lehramtsreferendare. Daher ist z. B. mit dem ersten juristischen Staatsexamen die erstmalige Berufsausbildung grundsätzlich abgeschlossen. Ein in einem engen zeitlichen Zusammenhang aufgenommenes Referendariat zur Vorbereitung auf das zweite Staatsexamen ist jedoch Teil der erstmaligen Berufsausbildung.

(11) Dem Promotionsstudium und der Promotion durch die Hochschule geht regelmäßig ein abgeschlossenes Studium voran, sodass die erstmalige Berufsausbildung grundsätzlich bereits abgeschlossen ist. Wird die Vorbereitung auf die Promotion jedoch in einem engen zeitlichen Zusammenhang mit dem Erststudium durchgeführt, ist sie noch Teil der erstmaligen Ausbildung.

A 20.3 Anspruchsunschädliche Erwerbstätigkeit

Nach Abschluss einer erstmaligen Berufsausbildung oder eines Erststudiums wird ein Kind in den Fällen des § 32 Abs. 4 Satz 1 Nr. 2 EStG nur berücksichtigt, wenn es keiner anspruchsschädlichen Erwerbstätigkeit nachgeht. Ein Kind ist erwerbstätig, wenn es einer auf die Erzielung von Einkünften gerichteten Beschäftigung nachgeht, die den Einsatz seiner persönlichen Arbeitskraft erfordert (BFH vom 16.5.1975, VI R 143/73, BStBl. II S. 537). Das ist der Fall bei einem Kind, das eine nichtselbständige Tätigkeit, eine land- und forstwirtschaftliche, eine gewerbliche oder eine selbständige Tätigkeit ausübt. Keine Erwerbstätigkeit ist insbesondere:
- ein Au-Pair-Verhältnis,
- die Verwaltung eigenen Vermögens.

Anspruchsunschädlich nach § 32 Abs. 4 Satz 3 EStG ist
- eine Erwerbstätigkeit mit bis zu 20 Stunden regelmäßiger wöchentlicher Arbeitszeit (vgl. A. 20.3.1),
- ein Ausbildungsdienstverhältnis (vgl. A 20.3.2) oder
- ein geringfügiges Beschäftigungsverhältnis i. S. d. §§ 8 und 8a SGB IV (vgl. A 20.3.3).

Eine Erwerbstätigkeit im Rahmen eines geregelten Freiwilligendienstes nach § 32 Abs. 4 Satz 1 Nr. 2 Buchst. d EStG ist unschädlich.

A 20.3.1 Regelmäßige wöchentliche Arbeitszeit bis zu 20 Stunden

(1) Unschädlich für den Kindergeldanspruch ist eine Erwerbstätigkeit, wenn die regelmäßige wöchentliche Arbeitszeit insgesamt nicht mehr als 20 Stunden beträgt. Bei der Ermittlung der regelmäßigen wöchentlichen Arbeitszeit ist grundsätzlich die individuell vertraglich vereinbarte Arbeitszeit zu Grunde zu legen. Es sind nur Zeiträume ab dem Folgemonat nach Abschluss einer erstmaligen Berufsausbildung bzw. eines Erststudiums einzubeziehen.

(2) Eine vorübergehende (höchstens zwei Monate andauernde) Ausweitung der Beschäftigung auf mehr als 20 Stunden ist unbeachtlich, wenn während des Zeitraumes innerhalb eines Kalenderjahres, in dem einer der Grundtatbestände des § 32 Abs. 4 Satz 1 Nr. 2 EStG erfüllt ist, die durchschnittliche wöchentliche Arbeitszeit nicht mehr als 20 Stunden beträgt. Durch einen Jahreswechsel wird eine vorübergehende Ausweitung nicht unterbrochen. Bei der Ermittlung der durchschnittlichen wöchentlichen Arbeitszeit sind nur volle Kalenderwochen mit gleicher Arbeitszeit anzusetzen.

Beispiel:

Die Tochter eines Berechtigten hat die Erstausbildung abgeschlossen und beginnt im Oktober 2019 mit dem Masterstudium. Gem. vertraglicher Vereinbarung ist sie ab dem 1. April 2020 mit einer wöchentlichen Arbeitszeit von 20 Stunden als Bürokraft beschäftigt. In den Semesterferien arbeitet sie – auf Grund einer zusätzlichen vertraglichen Vereinbarung – vom 1. August bis zur Kündigung am 30. September 2020 in Vollzeit mit 40 Stunden wöchentlich. Im Oktober 2020 vollendet sie ihr 25. Lebensjahr.
Somit ergeben sich folgende Arbeitszeiten pro voller Woche:

vom 1. April bis 31. Juli 2020 (16 Wochen und 10 Tage):	20 Stunden pro Woche
vom 1. August bis 30. September 2020 (8 Wochen und 5 Tage):	40 Stunden pro Woche (= Ausweitung der Beschäftigung)

Die durchschnittliche wöchentliche Arbeitszeit beträgt 15,2 Stunden; Berechnung:

$$\frac{(16 \text{ Wochen} \times 20 \text{ Std.}) + (8 \text{ Wochen} \times 40 \text{ Std.})}{42 \text{ Wochen}} = 15{,}2 \text{ Std.}$$

Das Kind ist aufgrund des Studiums bis einschließlich Oktober 2020 nach § 32 Abs. 4 Satz 1 Nr. 2 Buchst. a EStG zu berücksichtigen. Das Studium wird jedoch nach Abschluss einer Erstausbildung durchgeführt, so dass das Kind nach § 32 Abs. 4 Satz 2 und 3 EStG nur berücksichtigt werden kann, wenn die ausgeübte Erwerbstätigkeit anspruchsunschädlich ist. Da die Ausweitung der Beschäftigung des Kindes lediglich vorübergehend ist und gleichzeitig während des Vorliegens des Grundtatbestandes nach § 32 Abs. 4 Satz 1 Nr. 2 EStG die durchschnittliche wöchentliche Arbeitszeit 20 Stunden nicht übersteigt, ist die Erwerbstätigkeit anspruchsunschädlich. Das Kind ist von Januar bis einschließlich Oktober 2020 zu berücksichtigen.

Variante:

Würde das Kind während der Semesterferien dagegen vom 15. Juli bis 27. September 2020 (= mehr als zwei Monate) vollzeiterwerbstätig sein, wäre die Ausweitung der Erwerbstätigkeit nicht nur vorübergehend und damit diese Erwerbstätigkeit als anspruchsschädlich einzustufen. Dies gilt unabhängig davon, dass auch hier die durchschnittliche wöchentliche Arbeitszeit von 20 Stunden nicht überschritten würde. Das Kind könnte demnach für den Monat August 2020 nicht berücksichtigt werden (vgl. auch A 20.4).

(3) Führt eine vorübergehende (höchstens zwei Monate andauernde) Ausweitung der Beschäftigung auf über 20 Wochenstunden dazu, dass die durchschnittliche wöchentliche Arbeitszeit insgesamt mehr als 20 Stunden beträgt, ist der Zeitraum der Ausweitung anspruchsschädlich, nicht der gesamte Zeitraum der Erwerbstätigkeit.

Beispiel:

Ein Kind hat seine Erstausbildung bereits abgeschlossen und befindet sich während des gesamten Kalenderjahres im Studium. Neben dem Studium übt das Kind ganzjährig eine Beschäftigung mit einer vertraglich vereinbarten Arbeitszeit von 20 Stunden wöchentlich aus. In der vorlesungsfreien Zeit von Juli bis August weitet das Kind seine wöchentliche Arbeitszeit vorübergehend auf 40 Stunden aus. Ab September beträgt die wöchentliche Arbeitszeit wieder 20 Stunden.
Durch die vorübergehende Ausweitung seiner Arbeitszeit erhöht sich die durchschnittliche wöchentliche Arbeitszeit des Kindes auf über 20 Stunden. Aus diesem Grund ist der Zeitraum der Ausweitung als anspruchsschädlich anzusehen. Für die Monate Juli und August entfällt daher nach § 32 Abs. 4 Satz 2 und 3 EStG der Anspruch.

(4) Mehrere nebeneinander ausgeübte Tätigkeiten (z. B. eine Erwerbstätigkeit nach Abs. 1 Satz 1 und eine geringfügige Beschäftigung nach A 20.3.3) sind anspruchsunschädlich, wenn dadurch insgesamt die 20-Stunden-Grenze des § 32 Abs. 4 Satz 3 EStG nicht überschritten wird. Hingegen ist eine innerhalb eines Ausbildungsdienstverhältnisses erbrachte Erwerbstätigkeit außer Betracht zu lassen.

A 20.3.2 Ausbildungsdienstverhältnis

(1) Die Erwerbstätigkeit im Rahmen eines Ausbildungsdienstverhältnisses ist stets anspruchsunschädlich. Ein solches liegt vor, wenn die Ausbildungsmaßnahme Gegenstand des Dienstverhältnisses ist (vgl. R 9.2 LStR 2015 und H 9.2 „Ausbildungsdienstverhältnis" LStH 2020; BFH vom 23.6.2015, III R 37/14, BStBl. 2016 II S. 55). Hierzu zählen z. B.
– die Berufsausbildungsverhältnisse gemäß § 1 Abs. 3, §§ 4 bis 52 BBiG,
– ein Praktikum bzw. ein Volontariat, bei dem die Voraussetzungen nach A 15.8 vorliegen,
– das Referendariat bei Lehramtsanwärtern und Rechtsreferendaren zur Vorbereitung auf das zweite Staatsexamen,
– duale Studiengänge (siehe aber Abs. 2),
– das Dienstverhältnis von Beamtenanwärtern und Aufstiegsbeamten,
– eine Berufsausbildungsmaßnahme in einer Laufbahngruppe der Bundeswehr i. S. v. A 15.2 Satz 3,
– das Praktikum eines Pharmazeuten im Anschluss an den universitären Teil des Pharmaziestudiums,
– das im Rahmen der Ausbildung zum Erzieher abzuleistende Anerkennungsjahr.

Dagegen liegt kein Ausbildungsdienstverhältnis vor, wenn die Ausbildungsmaßnahme nicht Gegenstand des Dienstverhältnisses ist, auch wenn sie seitens des Arbeitgebers gefördert wird, z. B. durch ein Stipendium oder eine Verringerung der vertraglich vereinbarten Arbeitszeit.

(2) Bei berufsbegleitenden und berufsintegrierten dualen Studiengängen fehlt es häufig an einer Ausrichtung der Tätigkeit für den Arbeitgeber auf den Inhalt des Studiums, so dass in solchen Fällen die Annahme eines Ausbildungsdienstverhältnisses ausscheidet. Liegt hingegen eine Verknüpfung zwischen Studium und praktischer Tätigkeit vor, die über eine bloße thematische Verbindung zwischen der Fachrichtung des Studiengangs und der in dem Unternehmen ausgeübten Tätigkeit oder eine rein organisatorische Verzahnung hinausgeht, ist die Tätigkeit als im Rahmen eines Ausbildungsdienstverhältnisses ausgeübt zu betrachten. Eine entsprechende Ausrichtung der berufspraktischen Tätigkeit kann z. B. anhand der Studienordnung oder der Kooperationsvereinbarung zwischen Unternehmen und Hochschule glaubhaft gemacht werden.

A 20.3.3 Geringfügiges Beschäftigungsverhältnis

(1) Geringfügige Beschäftigungsverhältnisse nach § 32 Abs. 4 Satz 3 EStG sind:
– geringfügig entlohnte Beschäftigungen (§§ 8 Abs. 1 Nr. 1 und 8a SGB IV) und
– kurzfristige Beschäftigungen (§§ 8 Abs. 1 Nr. 2 und 8a SGB IV).

(2) Bei der Beurteilung, ob ein geringfügiges Beschäftigungsverhältnis vorliegt, ist grundsätzlich die Einstufung des Arbeitgebers maßgeblich.

(3) Eine neben einem Ausbildungsdienstverhältnis ausgeübte geringfügige Beschäftigung ist unschädlich. Hinsichtlich einer neben einer Erwerbstätigkeit ausgeübten geringfügigen Beschäftigung vgl. A 20.3.1 Abs. 4 Satz 1.

A 20.4 Monatsprinzip

Liegen die Anspruchsvoraussetzungen des § 32 Abs. 4 Satz 1 bis 3 EStG wenigstens an einem Tag im Kalendermonat vor, besteht nach § 66 Abs. 2 EStG für diesen Monat Anspruch auf Kindergeld. Hat ein Kind eine erstmalige Berufsausbildung oder ein Erststudium abgeschlossen und erfüllt es weiterhin einen Anspruchstatbestand des § 32 Abs. 4 Satz 1 Nr. 2 EStG, entfällt der Kindergeldanspruch nur in den Monaten, in denen die anspruchsschädliche Erwerbstätigkeit den gesamten Monat umfasst. V 14.2 ist zu beachten.

Beispiel:

Ein Kind hat seine Erstausbildung abgeschlossen und im Oktober des Vorjahres mit dem Masterstudium begonnen. Ab dem 20. Juli des laufenden Jahres nimmt es unbefristet eine anspruchsschädliche Erwerbstätigkeit auf.

Aufgrund des Studiums ist das Kind nach § 32 Abs. 4 Satz 1 Nr. 2 Buchst. a EStG zu berücksichtigen. Das Studium wird jedoch nach Abschluss einer erstmaligen Berufsausbildung durchgeführt, so dass das Kind nach § 32 Abs. 4 Satz 2 EStG nur berücksichtigt werden kann, wenn es keiner anspruchsschädlichen Erwerbstätigkeit nachgeht. Für die Monate August bis Dezember kann das Kind nicht berücksichtigt werden. Neben den Monaten Januar bis Juni kann das Kind auch im Juli berücksichtigt werden, da es wenigstens an einem Tag die Anspruchsvoraussetzung – keine anspruchsschädliche Erwerbstätigkeit – erfüllt."

R 32.11 Verlängerungstatbestände bei Arbeit suchenden Kindern und Kindern in Berufsausbildung *(unbesetzt)*

H 32.11

Dienste im Ausland. → A 21 Abs. 5 DA-KG 2020:[1]

„(5) Als Verlängerungstatbestände sind nicht nur der nach deutschem Recht geleistete GWD bzw. ZD sowie die Entwicklungshilfedienste nach dem EhfG oder dem ZDG zu berücksichtigen, sondern auch entsprechende Dienste nach ausländischen Rechtsvorschriften. Eine Berücksichtigung der nach ausländischen Rechtsvorschriften geleisteten Dienste ist jedoch grundsätzlich nur bis zur Dauer des deutschen gesetzlichen GWD oder ZD möglich. Dabei ist auf die zu Beginn des Auslandsdienstes maßgebende Dauer des deutschen GWD oder ZD abzustellen. Wird der gesetzliche GWD oder ZD in einem anderen EU- bzw. EWR-Staat geleistet, so ist nach § 32 Abs. 5 Satz 2 EStG die Dauer dieses Dienstes maßgebend, auch wenn dieser länger als die Dauer des entsprechenden deutschen Dienstes ist."

Entwicklungshelfer.

– → Gesetz vom 18.6.1969 (BGBl. I S. 549 – EhfG), zuletzt geändert durch Artikel 21 des Gesetzes vom 20.12.2011 (BGBl. I S. 2854).[2]
– Entwicklungshelfer sind deutsche Personen, die nach Vollendung ihres 18. Lebensjahres und auf Grund einer Verpflichtung für zwei Jahre gegenüber einem anerkannten Träger des Entwicklungsdienstes Tätigkeiten in Entwicklungsländern ohne Erwerbsabsicht ausüben (→ § 1 EhfG). Als Träger des Entwicklungsdienstes sind anerkannt:
  a) Deutsche Gesellschaft für internationale Zusammenarbeit (GIZ), Bonn/Eschborn,
  b) Arbeitsgemeinschaft für Entwicklungshilfe e. V. (AGEH), Köln,
  c) Evangelischer Entwicklungsdienst e. V. (EED/DÜ), Berlin,
  d) Internationaler Christlicher Friedensdienst e. V. (EIRENE), Neuwied,
  e) Weltfriedensdienst e. V. (WFD), Berlin,
  f) Christliche Fachkräfte International e. V. (CFI), Stuttgart,
  g) Forum Ziviler Friedensdienst e. V. (forumZFD), Bonn.

---

[1] *BStBl. I 2020, 702.* – Hinweis auf DA-KG 2021, BStBl. I 2021, 1598.

[2] Entwicklungshelfer-Gesetz zuletzt geänd. durch G v. 23.5.2017, BGBl. I 2017, 1228 (**Aichberger SGB** Nr. **40/10**).

Ermittlung des Verlängerungszeitraums. → A 21 Abs. 3 DA-KG 2020:[1])

„(3) Bei der Ermittlung des Verlängerungszeitraums sind zunächst die Monate zu berücksichtigen, in denen mindestens an einem Tag ein Dienst bzw. eine Tätigkeit i. S. d. § 32 Abs. 5 Satz 1 EStG geleistet wurde. Dabei sind auch die Monate zu berücksichtigen, für die Anspruch auf Kindergeld bestand (vgl. BFH vom 5.9.2013, XI R 12/12, BStBl. 2014 II S. 39)."

R 32.12 Höhe der Freibeträge für Kinder in Sonderfällen

Einem Stpfl., der die vollen Freibeträge für Kinder erhält, weil der andere Elternteil verstorben ist (§ 32 Abs. 6 Satz 3 EStG), werden Stpfl. in Fällen gleichgestellt, in denen

1. der Wohnsitz oder gewöhnliche Aufenthalt des anderen Elternteiles nicht zu ermitteln ist oder
2. der Vater des Kindes amtlich nicht feststellbar ist.

H 32.12

Lebenspartner und Freibeträge für Kinder. → BMF vom 17.1.2014 (BStBl. I S. 109).

R 32.13 Übertragung der Freibeträge für Kinder

Barunterhaltsverpflichtung

(1) [1]Bei dauernd getrennt lebenden oder geschiedenen Ehegatten sowie bei Eltern eines nichtehelichen Kindes ist der Elternteil, in dessen Obhut das Kind sich nicht befindet, grundsätzlich zur Leistung von Barunterhalt verpflichtet. [2]Wenn die Höhe nicht durch gerichtliche Entscheidung, Verpflichtungserklärung, Vergleich oder anderweitig durch Vertrag festgelegt ist, können dafür die von den Oberlandesgerichten als Leitlinien aufgestellten Unterhaltstabellen, z. B. „Düsseldorfer Tabelle", einen Anhalt geben.

Der Unterhaltsverpflichtung im Wesentlichen nachkommen

(2) [1]Ein Elternteil kommt seiner Barunterhaltsverpflichtung gegenüber dem Kind im Wesentlichen nach, wenn er sie mindestens zu 75% erfüllt. [2]Der Elternteil, in dessen Obhut das Kind sich befindet, erfüllt seine Unterhaltsverpflichtung in der Regel durch die Pflege und Erziehung des Kindes (§ 1606 Abs. 3 BGB).

Maßgebender Verpflichtungszeitraum

(3) [1]Hat aus Gründen, die in der Person des Kindes liegen, oder wegen des Todes des Elternteiles die Unterhaltsverpflichtung nicht während des ganzen Kalenderjahres bestanden, ist für die Frage, inwieweit sie erfüllt worden ist, nur auf den Verpflichtungszeitraum abzustellen. [2]Wird ein Elternteil erst *im Laufe des Kalenderjahres* zur Unterhaltszahlung verpflichtet, ist für die Prüfung, ob er seiner Barunterhaltsverpflichtung gegenüber dem Kind zu mindestens 75% nachgekommen ist, nur der Zeitraum zu Grunde zu legen, für den der Elternteil zur Unterhaltsleistung verpflichtet wurde. [3]Im Übrigen kommt es nicht darauf an, ob die unbeschränkte Steuerpflicht des Kindes oder der Eltern während des ganzen Kalenderjahres bestanden hat.

---

[1]) BStBl. I 2020, 702. – Hinweis auf DA-KG 2021, BStBl. I 2021, 1598.

Verfahren

(4)[1] [1]Wird die Übertragung des dem anderen Elternteil zustehenden Kinderfreibetrags beantragt, weil dieser seiner Unterhaltsverpflichtung gegenüber dem Kind für das Kalenderjahr nicht im Wesentlichen nachgekommen ist oder mangels Leistungsfähigkeit nicht unterhaltspflichtig ist, muss der Antragsteller die Voraussetzungen dafür darlegen; eine Übertragung des dem anderen Elternteil zustehenden Kinderfreibetrags scheidet für Zeiträume aus, in denen Unterhaltsleistungen nach dem Unterhaltsvorschussgesetz gezahlt worden sind. [2]Dem betreuenden Elternteil ist auf Antrag der dem anderen Elternteil, in dessen Wohnung das minderjährige Kind nicht gemeldet ist, zustehende Freibetrag für den Betreuungs- und Erziehungs- oder Ausbildungsbedarf zu übertragen. [3]Die Übertragung scheidet aus, wenn der Elternteil, bei dem das Kind nicht gemeldet ist, der Übertragung widerspricht, weil er Kinderbetreuungskosten trägt (z.B., weil er als barunterhaltsverpflichteter Elternteil ganz oder teilweise für einen sich aus Kindergartenbeiträgen ergebenden Mehrbedarf des Kindes aufkommt) oder das Kind regelmäßig in einem nicht unwesentlichen Umfang betreut (z.B., wenn eine außergerichtliche Vereinbarung über einen regelmäßigen Umgang an Wochenenden und in den Ferien vorliegt). [4]Die Voraussetzungen für die Übertragung sind monatsweise zu prüfen. [5]In Zweifelsfällen ist dem anderen Elternteil Gelegenheit zu geben, sich zum Sachverhalt zu äußern (§ 91 AO). [6]In dem Kalenderjahr, in dem das Kind das 18. Lebensjahr vollendet, ist eine Übertragung des Freibetrags für den Betreuungs- und Erziehungs- oder Ausbildungsbedarf nur für den Teil des Kalenderjahres möglich, in dem das Kind noch minderjährig ist. [7]Werden die Freibeträge für Kinder bei einer Veranlagung auf den Stpfl. übertragen, teilt das Finanzamt dies dem für den anderen Elternteil zuständigen Finanzamt mit. [8]Ist der andere Elternteil bereits veranlagt, ist die Änderung der Steuerfestsetzung, sofern sie nicht nach § 164 Abs. 2 Satz 1 oder § 165 Abs. 2 AO vorgenommen werden kann, nach § 175 Abs. 1 Satz 1 Nr. 2 AO durchzuführen. [9]Beantragt der andere Elternteil eine Herabsetzung der gegen ihn festgesetzten Steuer mit der Begründung, die Voraussetzungen für die Übertragung der Freibeträge für Kinder auf den Stpfl. lägen nicht vor, ist der Stpfl. unter den Voraussetzungen des § 174 Abs. 4 und 5 AO zu dem Verfahren hinzuzuziehen. [10]Obsiegt der andere Elternteil, kommt die Änderung der Steuerfestsetzung beim Stpfl. nach § 174 Abs. 4 AO in Betracht. [11]Dem Finanzamt des Stpfl. ist zu diesem Zweck die getroffene Entscheidung mitzuteilen.

H 32.13

Beispiele zu R 32.13 Abs. 3:

A. Das Kind beendet im Juni seine Berufsausbildung und steht ab September in einem Arbeitsverhältnis. Seitdem kann es sich selbst unterhalten. Der zum Barunterhalt verpflichtete Elternteil ist seiner Verpflichtung nur für die Zeit bis einschließlich Juni nachgekommen. Er hat seine für 8 Monate bestehende Unterhaltsverpflichtung für 6 Monate, also zu 75% erfüllt.

---

[1] **[Amtl. Anm.:]** Die bisher in R 32.13 Abs. 4 Satz 2 EStR 2008 enthaltene Regelung, *dass die Übertragung des Kinderfreibetrags* stets auch zur Übertragung des Freibetrags für den Betreuungs- und Erziehungs- oder Ausbildungsbedarf führt, gilt weiterhin (→ BMF vom 28.6.2013 – BStBl. I S. 845, Rz. 5).

von der Aktivierung des eingeschlagenen und unverkauften Kalamitätsholzes ganz oder teilweise abgesehen werden.

Weisungen im Rahmen einer Vielzahl von Einzelfällen

(4) [1]Die in § 34b Abs. 5 EStG vorgesehenen Billigkeitsmaßnahmen können nach Maßgabe der Absätze 1 bis 3 auch bei größeren, regional begrenzten Schadensereignissen, die nicht nur Einzelfälle betreffen, im Wege typisierender Verwaltungsanweisungen auf der Grundlage des § 163 der AO entsprechend angewendet werden. [2]Darüber hinaus gehende Billigkeitsmaßnahmen sind nur in begründeten Einzelfällen unter Berücksichtigung der sachlichen und persönlichen Unbilligkeit zulässig.

H 34b.7

Beispiel:

Ein Forstwirt hat im Wj. 01 eine Holzmenge von 10 000 fm aufgearbeitet. Davon sind 9000 fm auf Grund eines besonders großen Sturmschadens als Kalamitätsholz angefallen. Der Vorrat an aufgearbeitetem und unverkauftem Kalamitätsholz vorangegangener Wj. beträgt 350 fm.

Der für die Wj. 00 bis 09 festgesetzte Nutzungssatz beträgt 1500 fm.

Eine Einschlagsbeschränkung nach dem Forstschäden-Ausgleichsgesetz wurde nicht angeordnet. Die Bundesregierung hat mit Zustimmung des Bundesrats eine Rechtsverordnung erlassen, wonach zum Ausgleich des Sturmschadens das im Wj. 01 angefallene Kalamitätsholz einheitlich mit einem Viertel des durchschnittlichen Steuersatzes zu besteuern ist.

Im Wj. 01 veräußert er die ordentliche Holznutzung von 1000 fm, das Kalamitätsholz vorangegangener Wj. von 350 fm und 3000 fm Kalamitätsholz des Schadensjahres.

Im Wj. 02 veräußert er weitere 4000 fm Kalamitätsholz aus dem Wj. 01.

Im Wj. 03 fallen weitere 500 fm Kalamitätsholz an, die er sofort veräußert. Zudem veräußert er noch die gesamte restliche Holzmenge von 2000 fm.

Lösung:

Wj. 01

Die veräußerte ordentliche Holznutzung von 1000 fm ist ohne Tarifvergünstigung zu besteuern. Das Kalamitätsholz im Umfang von 9000 fm unterliegt im Wj. der Holznutzung infolge der Anordnung einem Viertel des durchschnittlichen Steuersatzes. Davon sind im Wj. 01 3000 fm veräußert worden und unterliegen der besonderen Tarifvergünstigung. Dies gilt auch für den im Wj. 01 veräußerten Holzvorrat an Kalamitätsholz vorangegangener Wj. von 350 fm. Das verbleibende Begünstigungsvolumen nach § 34b Abs. 5 EStG beträgt 5650 fm.

Wj. 02

Das veräußerte Kalamitätsholz von 4000 fm unterliegt in vollem Umfang einem Viertel des durchschnittlichen Steuersatzes. Das verbleibende Begünstigungsvolumen nach § 34b Abs. 5 EStG beträgt 1650 fm.

Wj. 03

Das veräußerte Kalamitätsholz von 2500 fm unterliegt im Umfang von 1650 fm dem besonderen Steuersatz nach § 34b Abs. 5 EStG. Die verbleibenden 850 fm liegen innerhalb des im Wj. 03 gültigen Nutzungssatzes; hierfür gilt der Steuersatz nach § 34b Abs. 3 Nr. 1 EStG.

R 34b.8 Rücklage nach § 3 des Forstschäden-Ausgleichsgesetzes[1)]

[1]Die Bildung einer steuerfreien Rücklage nach § 3 des Forstschäden-Ausgleichsgesetzes ist von den nutzungssatzmäßigen Einnahmen der vorangegangenen drei Wirtschaftsjahre abhängig. [2]Dabei sind Über- und Unternutzungen

---

[1)] G v. 26.8.1985, BGBl. I 1985, 1756, zuletzt geänd. durch G v. 10.8.2021, BGBl. I 2021, 3436 (**Steuergesetze** Nr. **720**). – Siehe auch BMF v. 27.7.2021, BStBl. I 2021, 1044, Rn. 17 ff.

in den jeweiligen Wirtschaftsjahren nicht auszugleichen. [3]Übersteigt die tatsächliche Holznutzung eines Wirtschaftsjahres den Nutzungssatz nicht, so sind alle Einnahmen aus Holznutzungen des Wirtschaftsjahres als nutzungssatzmäßige Einnahmen zu berücksichtigen. [4]Übersteigt dagegen die tatsächliche Holznutzung im Wirtschaftsjahr den Nutzungssatz, sind zur Ermittlung der nutzungssatzmäßigen Einnahmen alle Einnahmen aus Holznutzungen im Verhältnis des Nutzungssatzes zur gesamten Holznutzung aufzuteilen. [5]Dies setzt voraus, dass für das Wirtschaftsjahr der Bildung einer Rücklage und der drei vorangegangenen Wirtschaftsjahre jeweils ein Nutzungssatz gültig ist. [6]Der durch die Rücklage verursachte Aufwand oder Ertrag ist bei der Ermittlung der Einkünfte aus außerordentlichen Holznutzungen nach § 34b Abs. 2 EStG zu berücksichtigen.

Zu § 34c EStG
(§§ 68a und 68b EStDV)

R 34c. Anrechnung und Abzug ausländischer Steuern

Umrechnung ausländischer Steuern

(1) [1]Die nach § 34c Abs. 1 und Abs. 6 EStG auf die deutsche Einkommensteuer anzurechnende oder nach § 34c Abs. 2, 3 und 6 EStG bei der Ermittlung der Einkünfte abzuziehende ausländische Steuer ist auf der Grundlage der von der Europäischen Zentralbank täglich veröffentlichten Euro-Referenzkurse umzurechnen. [2]Zur Vereinfachung ist die Umrechnung dieser Währungen auch zu den Umsatzsteuer-Umrechnungskursen zulässig, die monatlich im Bundessteuerblatt Teil I veröffentlicht werden.[1)]

Zu berücksichtigende ausländische Steuer

(2) [1]Entfällt eine zu berücksichtigende ausländische Steuer auf negative ausländische Einkünfte, die unter die Verlustausgleichsbeschränkung des § 2a Abs. 1 EStG fallen, oder auf die durch die spätere Verrechnung gekürzten positiven ausländischen Einkünfte, ist sie im Rahmen des Höchstbetrags (→ Absatz 3) nach § 34c Abs. 1 EStG anzurechnen oder auf Antrag nach § 34c Abs. 2 EStG bei der Ermittlung der Einkünfte abzuziehen. [2]Bei Abzug erhöhen sich die – im VZ nicht ausgleichsfähigen – negativen ausländischen Einkünfte. [3]Die nach § 34c Abs. 1 und 6 anzurechnende ausländische Steuer ist nicht zu kürzen, wenn die entsprechenden Einnahmen nach § 3 Nr. 40 EStG teilweise steuerfrei sind.

H 34c (1, 2)

Anrechnung ausländischer Steuern bei Bestehen von DBA.
→ H 34c (5) Anrechnung.

Festsetzung ausländischer Steuern. Eine Festsetzung i. S. d. § 34c Abs. 1 EStG kann auch bei einer Anmeldungssteuer vorliegen. Die Anrechnung solcher Steuern hängt von einer hinreichend klaren Bescheinigung des An-

---

1) Zusammenstellung in **Steuererlasse** Nr. **500** § 16/6 und § 16/7.

meldenden über die Höhe der für den Stpfl. abgeführten Steuer ab (→ BFH vom 5.2.1992 – BStBl. II S. 607).

Nichtanrechenbare ausländische Steuern. → § 34c Abs. 3 EStG.

Verzeichnis ausländischer Steuern in Nicht-DBA-Staaten, die der deutschen Einkommensteuer entsprechen. → Anlage 6;[1] die Entsprechung nicht aufgeführter ausländischer Steuern mit der deutschen Einkommensteuer wird erforderlichenfalls vom BMF festgestellt.

R 34c (3)

Ermittlung des Höchstbetrags für die Steueranrechnung

(3) [1]Bei der Ermittlung des Höchstbetrags nach § 34c Abs. 1 Satz 2 EStG bleiben ausländische Einkünfte, die nach § 34c Abs. 5 EStG pauschal besteuert werden, und die Pauschsteuer außer Betracht. [2]Ebenfalls nicht zu berücksichtigen sind nach § 34c Abs. 1 Satz 3 EStG die ausländischen Einkünfte, die in dem Staat, aus dem sie stammen, nach dessen Recht nicht besteuert werden. [3]Die ausländischen Einkünfte sind für die deutsche Besteuerung unabhängig von der Einkünfteermittlung im Ausland nach den Vorschriften des deutschen Einkommensteuerrechts zu ermitteln. [4]Dabei sind alle Betriebsausgaben und Werbungskosten zu berücksichtigen, die mit den im Ausland erzielten Einnahmen in wirtschaftlichem Zusammenhang stehen. [5]Die § 3 Nr. 40 und § 3c Abs. 2 EStG sind zu beachten. [6]*Bei zusammenveranlagten Ehegatten (→ § 26b EStG) ist für die Ermittlung des Höchstbetrags eine einheitliche S. d. E. zu bilden.*[2] [7]Haben zusammenveranlagte Ehegatten ausländische Einkünfte aus demselben Staat bezogen, sind für die nach § 68a EStDV für jeden einzelnen ausländischen Staat gesondert durchzuführende Höchstbetragsberechnung der anrechenbaren ausländischen Steuern die Einkünfte und anrechenbare Steuern der Ehegatten aus diesem Staat zusammenzurechnen. [8]Bei der Ermittlung des Höchstbetrags ist § 2a Abs. 1 EStG sowohl im VZ des Entstehens von negativen Einkünften als auch in den VZ späterer Verrechnung zu beachten.

H 34c (3)

Anrechnung (bei)

- **abweichender ausländischer Bemessungsgrundlage.** Keinen Einfluss auf die Höchstbetragsberechnung, wenn Einkünfteidentität dem Grunde nach besteht (→ BFH vom 2.2.1994, Leitsatz 8 – BStBl. II S. 727),
- **abweichender ausländischer Steuerperiode möglich** → BFH vom 4.6.1991 (BStBl. 1992 II S. 187),
- **schweizerischer Steuern bei sog. Pränumerando-Besteuerung** mit Vergangenheitsbemessung → BFH vom 31.7.1991 (BStBl. II S. 922),
- **schweizerischer Abzugssteuern bei Grenzgängern.** § 34c EStG nicht einschlägig. Die Anrechnung erfolgt in diesen Fällen entsprechend § 36 EStG (→ Artikel 15a Abs. 3 DBA Schweiz).[3]

---

[1] Nr. **1** Anl. 6.

[2] **[Amtl. Anm.:]** Satz 6 für VZ ab 2015 ohne Bedeutung.

[3] Abgedruckt in **Doppelbesteuerungsabkommen.**

Ermittlung des Höchstbetrags für die Steueranrechnung.

Beispiel:

Ein verheirateter Stpfl., der im Jahr 2005 das 65. Lebensjahr vollendet hatte, hat im Jahr 2019

Einkünfte aus Gewerbebetrieb	101 900 €
Einkünfte aus Vermietung und Verpachtung	5 300 €
Sonderausgaben	6 140 €

In den Einkünften aus Gewerbebetrieb sind Darlehenszinsen von einem ausländischen Schuldner im Betrag von 20 000 € enthalten, für die im Ausland eine Einkommensteuer von 2500 € gezahlt werden musste. Nach Abzug der hierauf entfallenden Betriebsausgaben einschließlich Refinanzierungskosten betragen die ausländischen Einkünfte 6500 €. Die auf die ausländischen Einkünfte entfallende anteilige deutsche Einkommensteuer ist wie folgt zu ermitteln:

S. d. E. (101 900 € + 5 300 € =)	107 200 €
Altersentlastungsbetrag	– 1 900 €
G. d. E.	105 300 €
Sonderausgaben	– 6 140 €
z. v. E.	99 160 €
Einkommensteuer nach dem Splittingtarif	24 260 €
Durchschnittlicher Steuersatz: 24 260 € × 100/99 160 € =	24,4655 %
Höchstbetrag: 24,4655 % von 6500 € = 1590,26 €, aufgerundet	1 591 €

Nur bis zu diesem Betrag kann die ausländische Steuer angerechnet werden.

R 34c (4, 5)

Antragsgebundener Abzug ausländischer Steuern

(4) [1]Das Antragsrecht auf Abzug ausländischer Steuern bei der Ermittlung der Einkünfte nach § 34c Abs. 2 EStG muss für die gesamten Einkünfte und Steuern aus demselben Staat einheitlich ausgeübt werden. [2]Zusammenveranlagte Ehegatten müssen das Antragsrecht nach § 34c Abs. 2 EStG für ausländische Steuern auf Einkünfte aus demselben Staat nicht einheitlich ausüben. [3]Werden Einkünfte gesondert festgestellt, ist über den Steuerabzug im Feststellungsverfahren zu entscheiden. [4]Der Antrag ist grundsätzlich in der Feststellungserklärung zu stellen. [5]In Fällen der gesonderten und einheitlichen Feststellung kann jeder Beteiligte einen Antrag stellen. [6]Hat ein Stpfl. in einem VZ neben den festzustellenden Einkünften andere ausländische Einkünfte aus demselben Staat als Einzelperson und/oder als Beteiligter bezogen, ist die Ausübung oder Nichtausübung des Antragsrechts in der zuerst beim zuständigen Finanzamt eingegangenen Feststellungs- oder Steuererklärung maßgebend. [7]Der Antrag kann noch im Rechtsbehelfsverfahren mit Ausnahme des Revisionsverfahrens und, soweit es nach der AO zulässig ist, im Rahmen der Änderung von Steuerbescheiden nachgeholt oder zurückgenommen werden. [8]Die abzuziehende ausländische Steuer ist zu kürzen, soweit die entsprechenden Einnahmen nach § 3 Nr. 40 EStG teilweise steuerfrei sind.

Bestehen von DBA[1]

(5) Sieht ein DBA die Anrechnung ausländischer Steuern vor, kann dennoch auf Antrag der nach innerstaatlichem Recht wahlweise eingeräumte Abzug der ausländischen Steuern bei der Ermittlung der Einkünfte beansprucht werden.

H 34c (5)

Allgemeines/Doppelbesteuerungsabkommen. Stand der DBA.[2]

Anrechnung. Die Höhe der anzurechnenden ausländischen Steuern (§ 34c Abs. 6 Satz 2 EStG) ergibt sich aus den jeweiligen DBA. Danach ist regelmäßig die in Übereinstimmung mit dem DBA erhobene und nicht zu erstattende ausländische Steuer anzurechnen. Bei Dividenden, Zinsen und Lizenzgebühren sind das hiernach die nach den vereinbarten Quellensteuersätzen erhobenen Quellensteuern, die der ausländische Staat als Quellenstaat auf diese Einkünfte erheben darf. Nur diese Steuern sind in Übereinstimmung mit dem jeweiligen DBA erhoben und nicht zu erstatten. Eine Anrechnung von ausländischer Steuer kommt auch dann nur in Höhe der abkommensrechtlich begrenzten Quellensteuer in Betracht, wenn eine darüber hinausgehende ausländische Steuer wegen Ablaufs der Erstattungsfrist im ausländischen Staat nicht mehr erstattet werden kann (→ BFH vom 15.3.1995 – BStBl. II S. 580). Dies gilt nach der Neufassung des § 34c Abs. 1 Satz 1 EStG auch für Nicht-DBA-Fälle.

H 34c (6)

Pauschalierung.
- Pauschalierung der Einkommensteuer für ausländische Einkünfte gem. § 34c Abs. 5 EStG → BMF vom 10.4.1984 (BStBl. I S. 252);
- Steuerliche Behandlung von Arbeitnehmereinkünften bei Auslandstätigkeiten (ATE) → BMF vom 31.10.1983 (BStBl. I S. 470).[3]

Zu § 34d EStG

H 34d

Ausländische Betriebsstätteneinkünfte.
- Ausländische Einkünfte aus Gewerbebetrieb, die durch eine in einem ausländischen Staat belegene Betriebsstätte erzielt worden sind, liegen auch dann vor, wenn der Stpfl. im Zeitpunkt der steuerlichen Erfassung dieser Einkünfte die Betriebsstätte nicht mehr unterhält. Voraussetzung ist, dass die betriebliche Leistung, die den nachträglichen Einkünften zugrunde liegt, von der ausländischen Betriebsstätte während der Zeit ihres Bestehens erbracht worden ist.

---

[1] Vgl. auch BFH v. 24.3.1998 I R 38/97, BStBl. II 1998, 471.

[2] Stand der DBA am 1.1.2021 siehe BMF v. 18.2.2021, BStBl. I 2021, 265, am 1.1.2022 siehe BMF v. 19.1.2022. – Übersicht sowie alle DBA abgedruckt in **Doppelbesteuerungsabkommen.**

[3] Geänd. durch BMF v. 14.3.2017, BStBl. I 2017, 473.

– → § 34d Nr. 2 Buchstabe a EStG.
– → BFH vom 15.7.1964 (BStBl. III S. 551).
– → BFH vom 12.10.1978 (BStBl. 1979 II S. 64).
– → BFH vom 16.7.1969 (BStBl. 1970 II S. 56); dieses Urteil ist nur i. S. d. vorzitierten Rechtsprechung zu verstehen.

Zu § 34g EStG

H **34g**

Kommunale Wählervereinigungen. Spenden an kommunale Wählervereinigungen sind nicht nach § 10b Abs. 2 EStG begünstigt (→ BFH vom 20.3.2017 – BStBl. II S. 1122).

Nachweis von Zuwendungen an politische Parteien. → BMF vom 7.11.2013 (BStBl. I S. 1333) ergänzt durch BMF vom 26.3.2014 (BStBl. I S. 791).[1]

Zuwendungen an unabhängige Wählervereinigungen. → BMF vom 16.6.1989 (BStBl. I S. 239):

„Durch das Gesetz zur steuerlichen Begünstigung von Zuwendungen an unabhängige Wählervereinigungen vom 25. Juli 1988 (BStBl. I S. 397) ist § 34g EStG ausgeweitet worden. Wie für Zuwendungen an politische Parteien wird nach § 34g Nr. 2 EStG auch für Mitgliedsbeiträge und Spenden an unabhängige Wählervereinigungen, die bestimmte Voraussetzungen erfüllen, eine Tarifermäßigung von 50 v.H. der Ausgaben, höchstens *600 DM bzw. 1200 DM*[2] im Falle der Zusammenveranlagung von Ehegatten, gewährt. Die Vorschrift gilt nach Artikel 4 Nr. 11c des Haushaltsbegleitgesetzes 1989 (BStBl. I S. 19) rückwirkend ab 1984.

Unter Bezugnahme auf das Ergebnis der Erörterungen mit den obersten Finanzbehörden der Länder gilt für die Anwendung der Vorschrift Folgendes:

1. Die Höchstbeträge von *600 DM und 1200 DM*[2] im Fall der Zusammenveranlagung von Ehegatten gelten für Mitgliedsbeiträge und Spenden (Zuwendungen) an politische Parteien nach § 34g Nr. 1 EStG und für Zuwendungen an unabhängige Wählervereinigungen nach § 34g Nr. 2 EStG gesondert und nebeneinander.
   Als Ausgabe gilt auch die Zuwendung von Wirtschaftsgütern mit Ausnahme von Nutzungen und Leistungen. Zur Bewertung von Sachzuwendungen wird auf § 10b Abs. 3 EStG hingewiesen.
2. Die Tarifermäßigung nach § 34g Nr. 2 EStG wird nur für Mitgliedsbeiträge und Spenden an unabhängige Wählervereinigungen in der Rechtsform des eingetragenen oder des nichtrechtsfähigen Vereins gewährt. Ein Sonderausgabenabzug nach § 10b Abs. 2 EStG ist nicht möglich. Der Zweck einer unabhängigen Wählervereinigung ist auch dann als ausschließlich auf die in § 34g Nr. 2 Buchstabe a EStG genannten politischen Zwecke gerichtet anzusehen, wenn sie gesellige Veranstaltungen durchführt, die im Vergleich zu ihrer politischen Tätigkeit von untergeordneter Bedeutung sind, und wenn eine etwaige wirtschaftliche Betätigung ihre politische Tätigkeit nicht überwiegt. Ihr Zweck ist dagegen zum Beispiel nicht ausschließlich auf die politische Tätigkeit gerichtet, wenn sie neben dem politischen Zweck einen anderen Satzungszweck zum Beispiel gemeinnütziger oder wirtschaftlicher Art hat.
3. Die nach § 34g Nr. 2 Buchstabe b EStG ggf. erforderliche Anzeige gegenüber der zuständigen Wahlbehörde oder dem zuständigen Wahlorgan kann formlos in der Zeit vom ersten Tag nach der letzten Wahl bis zu dem Tag erfolgen, an dem die Anmeldefrist für die nächste Wahl abläuft. Die Anzeige kann der zuständigen Wahlbehörde oder dem zu-

[1] Nr. **1** Anl. 4.
[2] **[Amtl. Anm.:]** Ab 2002 **825 €** bzw. **1650 €.**

ständigen Wahlorgan bereits mehrere Jahre vor der nächsten Wahl zugehen. Sie muss ihr spätestens am Ende des Jahres vorliegen, für das eine Tarifermäßigung für Zuwendungen an die unabhängige Wählervereinigung beantragt wird. Spendenbestätigungen dürfen erst ausgestellt werden, wenn die Anzeige tatsächlich erfolgt ist.

4. Nach § 34g Satz 3 EStG wird die Steuerermäßigung für Beiträge und Spenden an eine unabhängige Wählervereinigung, die an der jeweils nächsten Wahl nicht teilgenommen hat, erst wieder gewährt, wenn sie sich mit eigenen Wahlvorschlägen an einer Wahl beteiligt hat. Diese einschränkende Regelung gilt nur für Beiträge und Spenden an unabhängige Wählervereinigungen, die der zuständigen Wahlbehörde vor einer früheren Wahl ihre Teilnahme angekündigt und sich dann entgegen dieser Mitteilung nicht an der Wahl beteiligt haben. Sie gilt nicht für unabhängige Wählervereinigungen, die sich an einer früheren Wahl zwar nicht beteiligt, eine Beteiligung an dieser Wahl aber auch nicht angezeigt haben.

Beispiele:

a) Der neugegründete Verein A teilt der zuständigen Wahlbehörde im Jahr 01 mit, dass er an der nächsten Kommunalwahl am 20.5.03 teilnehmen will. Er nimmt an dieser Wahl jedoch nicht teil, ebenso nicht an der folgenden Wahl im Jahr 08. Im Jahr 09 teilt er der Wahlbehörde mit, dass er an der nächsten Wahl am 5.4.13 teilnehmen will. An dieser Wahl nimmt er dann auch tatsächlich teil.
Die Steuerermäßigung nach § 34g Nr. 2 EStG kann gewährt werden für Beiträge und Spenden, die in der Zeit vom 1.1.01 bis zum 20.5.03 und vom 1.1.13 bis zum 5.4.13 an den Verein geleistet worden sind. In der Zeit vom 21.5.03 bis zum 31.12.12 geleistete Beiträge und Spenden sind nicht begünstigt. Nach dem 5.4.13 geleistete Beiträge und Spenden sind begünstigt, wenn der Verein bei der Wahl am 5.4.13 ein Mandat errungen hat oder noch im Jahr 13 anzeigt, dass er an der nächsten Wahl teilnehmen will.

b) Der Verein B ist in der Wahlperiode 1 mit einem Mandat im Stadtrat vertreten. An der Wahl für die Wahlperiode 2 am 15.10.05 nimmt er nicht teil. Er hatte eine Teilnahme auch nicht angekündigt. Am 20.11.05 teilt er der zuständigen Wahlbehörde mit, dass er an der Wahl für die Wahlperiode 3 am 9.9.10 teilnehmen will.
Die Steuerermäßigung kann für alle bis zum 9.9.10 an den Verein geleisteten Beiträge und Spenden gewährt werden. Nach diesem Termin geleistete Beiträge und Spenden sind nur begünstigt, wenn der Verein an der Wahl am 9.9.10 teilgenommen hat.

c) Der Verein C wird im Jahr 01 gegründet. An der nächsten Kommunalwahl am 10.2.03 nimmt er nicht teil. Er hatte eine Teilnahme an dieser Wahl auch nicht angekündigt. Am 11.2.03 teilt er der zuständigen Wahlbehörde mit, dass er an der nächsten Wahl am 15.3.08 teilnehmen will.
Die Steuerermäßigung kann für Beiträge und Spenden gewährt werden, die ab dem 1.1.03 an den Verein geleistet worden sind. Nach dem 15.3.08 geleistete Beiträge und Spenden sind nur begünstigt, wenn der Verein tatsächlich an der Wahl am 15.3.08 teilgenommen hat und entweder erfolgreich war (mindestens ein Mandat) oder bei erfolgloser Teilnahme der zuständigen Wahlbehörde mitteilt, dass er auch an der folgenden Wahl teilnehmen will.

5. Eine Teilnahme an einer Wahl liegt nur vor, wenn die Wähler die Möglichkeit haben, die Wählervereinigung zu wählen. Der Wahlvorschlag der Wählervereinigung muss also auf dem Stimmzettel enthalten sein.

6. Der Stpfl. hat dem Finanzamt durch eine Spendenbestätigung der unabhängigen Wählervereinigung nachzuweisen, dass alle Voraussetzungen des § 34g EStG für die Gewährung der Tarifermäßigung erfüllt sind."[1)]

---

1) Siehe BMF v. 7.11.2013, BStBl. I 2013, 1333, ergänzt durch BMF v. 26.3.2014, BStBl. I 2014, 791 (Nr. **1** Anl. 4).

Zu § 35 EStG

R 35. Steuerermäßigung bei Einkünften aus Gewerbebetrieb

(unbesetzt)

H 35

Allgemeines. → BMF vom 3.11.2016 (BStBl. I S. 1187) unter Berücksichtigung der Änderungen durch BMF vom 17.4.2019 (BStBl. I S. 459).

Zu § 35a EStG

H 35a

Anwendungsschreiben. → BMF vom 9.11.2016 (BStBl. I S. 1213).[1]

Zu § 35b EStG

H 35b

Allgemeines. Die nach § 35b Satz 1 EStG begünstigten Einkünfte müssen aus der Veräußerung eines Vermögensgegenstandes herrühren, der sowohl von Todes wegen erworben worden ist als auch tatsächlich der Erbschaftsteuer unterlegen hat; der in Anspruch genommene persönliche Freibetrag (§ 16 ErbStG) ist anteilig abzuziehen.
Die auf die begünstigten Einkünfte anteilig entfallende Einkommensteuer ist nach dem Verhältnis der begünstigten Einkünfte zur S. d. E. zu ermitteln (→ BFH vom 13.3.2018 – BStBl. II S. 593).

Zusammentreffen von Erwerben von Todes wegen und Vorerwerben. Beim Zusammentreffen von Erwerben von Todes wegen und Vorerwerben ermittelt sich der Ermäßigungsprozentsatz des § 35b Satz 2 EStG durch Gegenüberstellung der anteiligen, auf die von Todes wegen erworbenen Vermögensteile entfallenden Erbschaftsteuer und des Betrags, der sich ergibt, wenn dem anteiligen steuerpflichtigen Erwerb (§ 10 Abs. 1 ErbStG) der anteilige Freibetrag nach § 16 ErbStG hinzugerechnet wird (→ BFH vom 13.3.2018 – BStBl. II S. 593).

Zu § 35c EStG

H 35c

Anwendungsschreiben. → BMF vom 14.1.2021 (BStBl. I S. 103).

Bescheinigungen. Zur Bescheinigung des Fachunternehmens gem. § 35c Abs. 1 Satz 7 EStG und zur Bescheinigung für Personen mit Ausstellungsberechtigung nach § 21 EnEV[2] → *BMF vom 31.3.2020 (BStBl. I S. 484).*[3]

Zu § 36 EStG

R 36. Anrechnung von Steuervorauszahlungen und von Steuerabzugsbeträgen

[1]Die Anrechnung von Kapitalertragsteuer setzt voraus, dass die der Anrechnung zugrunde liegenden Einnahmen bei der Veranlagung erfasst werden

---

[1] Geänd. durch BMF v. 1.9.2021, BStBl. I 2021, 1494.

[2] *Siehe jetzt mWv 1.11.2020* GebäudeenergieG v. 8.8.2020, BGBl. I 2020, 1728.

[3] Ersetzt durch BMF v. 15.10.2021, BStBl. I 2021, 2026, für energetische Maßnahmen, mit denen nach dem 31.12.2020 begonnen wurde.

Zu § 50i EStG

H 50i

Anwendung der DBA auf Personengesellschaften. → BMF vom 26.9. 2014 (BStBl. I S. 1258).

Anwendung des § 50i Abs. 2 EStG. → BMF vom 5.1.2017 (BStBl. I S. 32).

Zu § 55 EStG

R 55. Bodengewinnbesteuerung

Zu den Wirtschaftsgütern und Nutzungsbefugnissen nach § 55 Abs. 1 Satz 2 EStG gehören insbesondere Milchlieferrechte, Zuckerrübenlieferrechte, Weinanbaurechte, Bodenschätze und Eigenjagdrechte.[1]

H 55

Abschreibung auf den niedrigeren Teilwert.

- Abschreibung auf den niedrigeren Teilwert ist bei Grund und Boden, der mit dem Zweifachen des Ausgangsbetrags als Einlage anzusetzen war, auch dann ausgeschlossen, wenn für die Minderung des Werts des Grund und Bodens eine Entschädigung gezahlt und diese als Betriebseinnahme erfasst wird (→ BFH vom 10.8.1978 – BStBl. 1979 II S. 103).
- Ein außer Betracht bleibender Veräußerungs- oder Entnahmeverlust kann nicht im Wege der Teilwertabschreibung vorweggenommen werden (→ BFH vom 16.10.1997 – BStBl. 1998 II S. 185).

Ackerprämienberechtigung (Ackerquote). Ein immaterielles Wirtschaftsgut Ackerquote entsteht erst, wenn es in den Verkehr gebracht wurde (→ BFH vom 30.9.2010 – BStBl. 2011 II S. 406).

Ausschlussfrist. Versäumt ein Land- und Forstwirt es, rechtzeitig vor Ablauf der Ausschlussfrist die Feststellung des höheren Teilwerts nach § 55 Abs. 5 EStG zu beantragen, und ist auch die Wiedereinsetzung in den vorigen Stand wegen Ablaufs der Jahresfrist nicht mehr möglich, kann er aus Billigkeitsgründen nicht so gestellt werden, als hätte das Finanzamt den höheren Teilwert festgestellt (→ BFH vom 26.5.1994 – BStBl. II S. 833).

Bodengewinnbesteuerung. Zu Fragen der Bodengewinnbesteuerung → BMWF vom 29.2.1972 (BStBl. I S. 102), Tz. 1 bis 6 und 9 bis 13.

Verlustausschlussklausel.

- Verlustausschlussklausel des § 55 Abs. 6 EStG zwingt bei Hinzuerwerb eines Miteigentumsanteils dazu, für den neu erworbenen Anteil als Buchwert die Anschaffungskosten getrennt von dem schon bisher diesem Miteigentümer gehörenden Anteil anzusetzen; gilt entsprechend bei Gesamthandseigentum. Bei einer **späteren Veräußerung** dieser Grundstücksflächen ist der **Veräußerungsgewinn** für beide Buchwerte gesondert zu ermitteln (→ BFH vom 8.8.1985 – BStBl. 1986 II S. 6).

---

[1] Siehe BMF v. 23.6.1999, BStBl. I 1999, 593.

– Für die Anwendung des § 55 Abs. 6 EStG ist unerheblich, auf welchen Umständen der Veräußerungsverlust oder Entnahmeverlust oder die Teilwertabschreibung des Grund und Bodens beruhen. Demgemäß sind vom Abzugsverbot auch Wertminderungen betroffen, die nicht auf eine Veränderung der Preisverhältnisse, sondern auf tatsächliche Veränderungen am Grundstück zurückgehen. Überlässt ein Landwirt einem Dritten das Recht, ein Sandvorkommen – das in einem bisher landwirtschaftlich genutzten und weiterhin zum Betriebsvermögen rechnenden Grundstück vorhanden ist – abzubauen, so vollzieht sich die Nutzung des Sandvorkommens im Privatbereich und der Landwirt erzielt hieraus Einkünfte aus Vermietung und Verpachtung. Die von den Einnahmen aus dem Sandvorkommen abzuziehenden Werbungskosten können auch das Betriebsvermögen des Landwirts betreffen. Die dadurch bewirkte Vermögensminderung kann jedoch, weil nicht betrieblich veranlasst, den betrieblichen Gewinn nicht mindern. Ihr ist deswegen eine gewinnerhöhende Entnahme gegenüberzustellen. Die Höhe der Entnahme legt insoweit den Umfang der Werbungskosten bei den Einkünften aus Vermietung und Verpachtung fest (→ BFH vom 16.10.1997 – BStBl. 1998 II S. 185).

Zu § 62 EStG

H 62

Anspruchsberechtigung.
– → A 1–6 DA-KG 2020.[1]
– → BZSt vom 13.8.2020 (BStBl. I S. *658*).[2]

Zu § 63 EStG

H 63

Berücksichtigung von Kindern.
– → R 32.1 bis R 32.11.
– → A 7–23 DA-KG 2020.[1]

Territoriale Voraussetzungen.
– → A 23.1 DA-KG 2020.[1]
– Die territorialen Voraussetzungen gelten nicht, wenn die Voraussetzungen nach einem zwischenstaatlichen Abkommen über die Soziale Sicherheit → H 31 (Über- und zwischenstaatliche Rechtsvorschriften) erfüllt sind → A 23.2 Abs. 2 DA-KG 2020.[1]

Zu § 64 EStG

H 64

Haushaltsaufnahme. → A 9 und A 25.2 DA-KG 2020.[1]

Zusammentreffen mehrerer Ansprüche. → A 24–27 DA-KG 2020.[1]

[1] BStBl. I 2020, 702. – Hinweis auf DA-KG 2021, BStBl. I 2021, 1598.
[2] BStBl. I 2020, 661.

Zu § 65 EStG

H 65

Leistungen, die den Kindergeldanspruch ausschließen. → A 28 DA-KG 2020.[1)]

Teilkindergeld. → A 29 DA-KG 2020.[1)]

Vergleichbare ausländische Leistungen. → BZSt vom 16.1.2017 (BStBl. I S. 151).

Zu § 66 EStG

H 66

Anspruchszeitraum. → A 31 DA-KG 2020.[1)]

Festsetzungsverjährung. → V 12 DA-KG 2020.[1)]

Höhe des Kindergeldes. → A 30 DA-KG 2020.[1)]

Kinderbonus. → BZSt vom 6.8.2020 (BStBl. I S. 657).

Zählkinder.

Beispiel:

Ein Berechtigter hat aus einer früheren Beziehung zwei Kinder, für die die Mutter das Kindergeld erhält. Diese Kinder werden bei dem Berechtigten, der aus seiner jetzigen Beziehung zwei weitere Kinder hat, als Zählkinder berücksichtigt. Somit erhält er für sein zweitjüngstes (also sein drittes) Kind Kindergeld in Höhe von 210 € und für sein jüngstes (also sein viertes) Kind Kindergeld in Höhe von 235 €.

Zu § 67 EStG

H 67

Antrag bei volljährigen Kindern. → V 5.4 DA-KG 2020.[1)]

Antragstellung. → V 5 DA-KG 2020.[1)]

Auskunfts- und Beratungspflicht der Familienkassen. → V 8 DA-KG 2020.[1)]

Mitwirkungspflichten.
- → § 68 EStG.
- → V 7 DA-KG 2020.[1)]

Zuständigkeit. *Dem BZSt obliegt die Durchführung des Familienleistungsausgleichs nach Maßgabe der §§ 31, 62 bis 78 EStG. Die Bundesagentur für Arbeit stellt dem BZSt zur Durchführung dieser Aufgaben ihre Dienststellen als Familienkassen zur Verfügung; die Fachaufsicht obliegt dem BZSt (§ 5 Abs. 1 Satz 1 Nr. 11 FVG).*[2)]

---

1) BStBl. I 2020, 702. – Hinweis auf DA-KG 2021, BStBl. I 2021, 1598.

2) **Steuergesetze** Nr. **803**.

Zu § 68 EStG

H 68

Bescheinigungen für Finanzämter. → O 4.3 DA-KG 2020.[1]

Auskunftserteilung an Bezügestellen des öffentlichen Dienstes. → O 4.4 DA-KG 2020.[1]

Zu § 70 EStG

H 70

Festsetzung des Kindergeldes durch Bescheid. → V 10 DA-KG 2020.[1]

Zu § 71 EStG

H 71

Vorläufige Zahlungseinstellung. → V 23.3 DA-KG 2020.[1]

Zu § 72 EStG

H 72

Festsetzung und Zahlung des Kindergeldes an Angehörige des öffentlichen Dienstes. → V 1.2–3.3 DA-KG 2020.[1]

Zu § 74 EStG

H 74

Zahlung des Kindergeldes in Sonderfällen. → V 33–34 DA-KG 2020.[1]

Zu § 75 EStG

H 75

Aufrechnung. → V 28 DA-KG 2020.[1]

Zu § 76 EStG

H 76

Pfändung. → V 24 DA-KG 2020.[1]

---

[1] BStBl. I 2020, 702. – Hinweis auf DA-KG 2021, BStBl. I 2021, 1598.

Zu § 77 EStG

H 77

Rechtsbehelfsverfahren. → R 1–14 DA-KG 2020.[1)]

Zu § 78 EStG

H 78

Sonderregelung für Berechtigte in den neuen Ländern. → A 27 DA-KG 2020.[1)]

Zu § 79 EStG

H 79

Private Altersvorsorge. → BMF vom 21.12.2017 (BStBl. 2018 I S. 93) unter Berücksichtigung der Änderungen durch BMF vom 17.2.2020 (BStBl. I S. 213).

---

1) BStBl. I 2020, 702. – Hinweis auf DA-KG 2021, BStBl. I 2021, 1598.

Familienangehörige, genügt nicht. 5 Soweit Arbeitgeberleistungen auch den Unterricht eines Kindes ermöglichen, sind sie nicht steuerfrei. 6 Das Gleiche gilt für Leistungen, die nicht unmittelbar der Betreuung eines Kindes dienen, z. B. die Beförderung zwischen Wohnung und Kindergarten.

(3) 1 Begünstigt sind nur Leistungen zur Unterbringung und Betreuung von nicht schulpflichtigen Kindern. 2 Ob ein Kind schulpflichtig ist, richtet sich nach dem jeweiligen landesrechtlichen Schulgesetz. 3 Die Schulpflicht ist aus Vereinfachungsgründen nicht zu prüfen bei Kindern, die

1. das 6. Lebensjahr noch nicht vollendet haben oder
2. im laufenden Kalenderjahr das 6. Lebensjahr nach dem 30. Juni vollendet haben, es sei denn, sie sind vorzeitig eingeschult worden, oder
3. im laufenden Kalenderjahr das 6. Lebensjahr vor dem 1. Juli vollendet haben, in den Monaten Januar bis Juli dieses Jahres.

4 Den nicht schulpflichtigen Kindern stehen schulpflichtige Kinder gleich, solange sie mangels Schulreife vom Schulbesuch zurückgestellt oder noch nicht eingeschult sind.

(4) 1 Sachleistungen an den Arbeitnehmer, die über den nach § 3 Nr. 33 EStG steuerfreien Bereich hinausgehen, sind regelmäßig mit dem Wert nach § 8 Abs. 2 Satz 1 EStG dem Arbeitslohn hinzuzurechnen. 2 Barzuwendungen an den Arbeitnehmer sind nur steuerfrei, soweit der Arbeitnehmer dem Arbeitgeber die zweckentsprechende Verwendung nachgewiesen hat. 3 Der Arbeitgeber hat die Nachweise im Original als Belege zum Lohnkonto aufzubewahren.

(5) 1 Die Zusätzlichkeitsvoraussetzung erfordert, dass die zweckbestimmte Leistung zu dem Arbeitslohn hinzukommt, den der Arbeitgeber arbeitsrechtlich schuldet. 2 Wird eine zweckbestimmte Leistung unter Anrechnung auf den arbeitsrechtlich geschuldeten Arbeitslohn oder durch dessen Umwandlung gewährt, liegt keine zusätzliche Leistung vor. 3 Eine zusätzliche Leistung liegt aber dann vor, wenn sie unter Anrechnung auf eine andere freiwillige Sonderzahlung, z. B. freiwillig geleistetes Weihnachtsgeld, erbracht wird. 4 Unschädlich ist es, wenn der Arbeitgeber verschiedene zweckgebundene Leistungen zur Auswahl anbietet oder die übrigen Arbeitnehmer die freiwillige Sonderzahlung erhalten.

H 3.33

Zusätzlichkeitsvoraussetzung. → BMF vom 5.2.2020 (BStBl. I S. 222).[1)]

H 3.34 Zu § 3 Nr. 34 EStG

Zusätzlichkeitsvoraussetzung. → BMF vom 5.2.2020 (BStBl. I S. 222).[1), 2)]

Familienangehörige, genügt nicht. 5 Soweit Arbeitgeberleistungen auch den

H 3.34a Zu § 3 Nr. 34a EStG

Zusätzlichkeitsvoraussetzung. → BMF vom 5.2.2020 (BStBl. I S. 222).[1)]

---

1) Das BMF-Schreiben regelt die Anwendung von BFH v. 1.8.2019 VI R 32/18, BStBl. II 2020, 106, VI R 21/17, BFH/NV 2019, 1339 u. VI R 40/17, BFH/NV 2019, 1341, zur Lohnsteuerpauschalierung bei zusätzlich zum ohnehin geschuldeten Arbeitslohn erbrachten Leistungen des Arbeitgebers; siehe auch § 8 Abs. 4 EStG.

2) Siehe auch BMF v. 20.4.2021, BStBl. I 2021, 700, betr. Umsetzungshilfe zur steuerlichen Anerkennung von Arbeitgeberleistungen nach § 3 Nr. 34 EStG.

H 3.37 Zu § 3 Nr. 37 EStG

Zusätzlichkeitsvoraussetzung.

– → BMF vom 5.2.2020 (BStBl. I S. 222).[1]
– Zur Bewertung der steuerpflichtigen Fahrradgestellung in den Fällen der Gehaltsumwandlung → Gleich lautende Ländererlasse vom 9.1.2020 (BStBl. I S. 174).

H 3.39 Zu § 3 Nr. 39 EStG

Allgemeine Grundsätze. → *BMF vom 8.12.2009 (BStBl. I S. 1513).*[2]

Darlehensforderung. Darlehensforderungen i. S. d. § 2 Abs. 1 Nr. 1 Buchstabe k des 5. VermBG können in der Regel dann unter dem Nennwert bewertet werden, wenn die Forderung unverzinslich ist (→ R B 12.1 Abs. 1 Nr. 1 ErbStR); eine Bewertung über dem Nennwert ist im Allgemeinen dann gerechtfertigt, wenn die Forderung hochverzinst und von Seiten des Schuldners (Arbeitgebers) für längere Zeit unkündbar ist (→ R B 12.1 Abs. 1 Nr. 2 ErbStR).

Wert der Vermögensbeteiligung.

– Veräußerungssperren mindern den Wert der Vermögensbeteiligung nicht (→ *BMF vom 8.12.2009 – BStBl. I S. 1513,*[2] *Tz. 1.3*).
– Der gemeine Wert nicht börsennotierter Aktien lässt sich nicht i. S. d. § 11 Abs. 2 Satz 2 BewG aus Verkäufen ableiten, wenn nach den Veräußerungen, aber noch vor dem Bewertungsstichtag weitere objektive Umstände hinzutreten, die dafür sprechen, dass diese Verkäufe nicht mehr den gemeinen Wert der Aktien repräsentieren, und es an objektiven Maßstäben für Zu- und Abschläge fehlt, um von den festgestellten Verkaufspreisen der Aktien auf deren gemeinen Wert zum Bewertungsstichtag schließen zu können (→ BFH vom 29.7.2010 – BStBl. 2011 II S. 68).
– Der gemäß § 11 Abs. 2 Satz 2 BewG zu ermittelnde gemeine Wert nicht börsennotierter Aktien ist vorrangig aus der Wertbestätigung am Markt abzuleiten, also von dem Preis, der bei einer Veräußerung im gewöhnlichen Geschäftsverkehr tatsächlich erzielt wurde. Bei nicht börsennotierten Aktien kann der gemeine Wert grundsätzlich vom Wert der börsennotierten gattungsgleichen Aktien abgeleitet werden. Die grundsätzlich auf den Zeitpunkt des Lohnzuflusses stichtagsbezogen vorzunehmende Bewertung von Sachlohn gebietet es, den gemeinen Wert nicht börsennotierter Aktien aus Verkäufen abzuleiten, die am Bewertungsstichtag oder, wenn solche Verkäufe nicht feststellbar sind, möglichst in zeitlicher Nähe zum Bewertungsstichtag getätigt wurden (→ BFH vom 1.9.2016 – BStBl. 2017 II S. 149).

Zuflusszeitpunkt der Vermögensbeteiligung. → *BMF vom 8.12.2009 (BStBl. I S. 1513),*[2] *Tz. 1.6.*

---

[1] Das BMF-Schreiben regelt die Anwendung von BFH v. 1.8.2019 VI R 32/18, BStBl. II 2020, 106, VI R 21/17, BFH/NV 2019, 1339 u. VI R 40/17, BFH/NV 2019, 1341, zur *Lohnsteuerpauschalierung* bei zusätzlich zum ohnehin geschuldeten Arbeitslohn erbrachten Leistungen des Arbeitgebers; siehe auch § 8 Abs. 4 EStG.

[2] Ab. 1.1.2021 siehe BMF v. 16.11.2021, BStBl. I 2021, 2308.

Fahrrad.[1)]
- Zur Ermittlung des geldwerten Vorteils bei Überlassung von (Elektro-) Fahrrädern → Gleich lautende Ländererlasse vom 9.1.2020 (BStBl. I S. 174).
- Zur lohnsteuerlichen Behandlung der Überlassung von (Elektro-)Fahrrädern an Arbeitnehmer in Leasingfällen → BMF vom 17.11.2017 (BStBl. I S. 1546).

Gehaltsumwandlung.
- Die Umwandlung von Barlohn in Sachlohn (Gehaltsumwandlung) setzt voraus, dass der Arbeitnehmer unter Änderung des Anstellungsvertrages auf einen Teil seines Barlohns verzichtet und ihm der Arbeitgeber stattdessen Sachlohn gewährt. Ob ein Anspruch auf Barlohn oder Sachlohn besteht, ist auf den Zeitpunkt bezogen zu entscheiden, zu dem der Arbeitnehmer über seinen Lohnanspruch verfügt (→ BFH vom 6.3.2008 – BStBl. II S. 530).
- → BMF vom 5.2.2020 (BStBl. I S. 222).

Geldleistung oder Sachbezug.[2)]
- Sachbezüge i. S. d. § 8 Abs. 2 Satz 1 und 11 EStG[2)] sind alle nicht in Geld bestehenden Einnahmen. Ob Barlöhne oder Sachbezüge vorliegen, entscheidet sich nach dem Rechtsgrund des Zuflusses, also auf Grundlage der arbeitsvertraglichen Vereinbarungen danach, was der Arbeitnehmer vom Arbeitgeber beanspruchen kann. Es kommt nicht darauf an, auf welche Art und Weise der Arbeitgeber den Anspruch erfüllt und seinem Arbeitnehmer den zugesagten Vorteil verschafft (→ BFH vom 11.11.2010 – BStBl. 2011 II S. 383, 386 und 389, vom 7.6.2018 – BStBl. 2019 II S. 371 und vom 4.7.2018 – BStBl. 2019 II S. 373).
- Leistet der Arbeitgeber im Rahmen eines ausgelagerten Optionsmodells zur Vermögensbeteiligung der Arbeitnehmer Zuschüsse an einen Dritten als Entgelt für die Übernahme von Kursrisiken, führt dies bei den Arbeitnehmern zu Sachlohn, wenn die Risikoübernahme des Dritten auf einer vertraglichen Vereinbarung mit dem Arbeitgeber beruht; die Freigrenze des § 8 Abs. 2 Satz 11 EStG ist anwendbar (→ BFH vom 13.9. 2007 – BStBl. 2008 II S. 204).

Geltung der Sachbezugswerte.
- Die Sachbezugswerte nach der SvEV[3)] gelten nach § 8 Abs. 2 Satz 7 EStG auch für Arbeitnehmer, die nicht der gesetzlichen Rentenversicherungspflicht unterliegen.
- Die Sachbezugswerte gelten nicht, wenn die vorgesehenen Sachbezüge *durch Barvergütungen abgegolten* werden; in diesen Fällen sind grund-

---

[1)] Siehe auch § 40 Abs. 2 Satz 1 Nr. 7 EStG i. d. F. des „JStG 2019" v. 12.12.2019, BGBl. I 2019, 2451, zur Möglichkeit der Pauschalversteuerung bei Übereignung betrieblicher Fahrräder.

[2)] Zur Abgrenzung zwischen Geldleistung und Sachbezug siehe BMF v. 13.4.2021, BStBl. I 2021, 624.

[3)] VO v. 21.12.2006, BGBl. I 2006, 3385, zuletzt geänd. durch VO v. 6.12.2021, BGBl. I 2021, 5187 **(Steuergesetze** Nr. **21).**

sätzlich die Barvergütungen zu versteuern (→ BFH vom 16.3.1962 – BStBl. III S. 284).

GmbH-Anteile. Veräußert der Arbeitgeber oder eine diesem nahestehende Person eine Beteiligung an einer Kapitalgesellschaft an einen Arbeitnehmer oder umgekehrt, handelt es sich in der Regel nicht um eine Veräußerung im gewöhnlichen Geschäftsverkehr, da ein Einfluss des Arbeitsverhältnisses auf die Verkaufsmodalitäten jedenfalls nahe liegt. Eine Ableitung des gemeinen Werts aus Verkäufen kommt in diesem Fall regelmäßig nicht in Betracht. Er ist ggf. anhand eines Sachverständigengutachtens zu schätzen (→ BFH vom 15.3.2018 – BStBl. II S. 550).

Job-Ticket.[1)]

- → BMF vom 15.8.2019 (BStBl. I S. 875).
- Ein geldwerter Vorteil ist nicht anzunehmen, wenn der Arbeitgeber seinen Arbeitnehmern ein Job-Ticket zu dem mit dem Verkehrsträger vereinbarten Preis überlässt (→ BMF vom 27.1.2004 – BStBl. I S. 173, Tz. II.1).
- Die Steuerbefreiung nach § 3 Nr. 15 EStG kommt bei einer Gehaltsumwandlung nicht in Betracht. In diesem Fall liegt ein Sachbezug vor, soweit der Arbeitnehmer das Job-Ticket verbilligt oder unentgeltlich vom Arbeitgeber erhält. § 8 Abs. 2 Satz 11 EStG (44-Euro-Freigrenze) findet Anwendung.

  Beispiel zu einer Gehaltsumwandlung i. H. v. 45,00 €:

Üblicher Preis für eine Monatsfahrkarte	50,00 €
Vom Verkehrsträger eingeräumte Job-Ticketermäßigung 10 %	5,00 €
Differenz	45,00 €
davon 96 % (→ R 8.1 Abs. 2 Satz 3)	43,20 €
Vorteil	43,2 €

  Unter der Voraussetzung, dass keine weiteren Sachbezüge im Sinne von § 8 Abs. 2 Satz 1 EStG im Monat gewährt werden, die zu einer Überschreitung der 44-Euro-Grenze führen, bleibt der Vorteil von 43,20 € außer Ansatz.
- Gilt das Job-Ticket für einen längeren Zeitraum (z. B. Jahreskarte), fließt der Vorteil insgesamt bei Überlassung des Job-Tickets zu (→ BFH vom 12.4.2007 – BStBl. II S. 719). Zum Zuflusszeitpunkt → H 38.2 (Zufluss von Arbeitslohn). Zur Minderung der Entfernungspauschale → BMF vom 15.8.2019 (BStBl. I S. 875).

Rabatte von dritter Seite. → BMF vom 20.1.2015 (BStBl. I S. 143).

Sachbezugswerte im Bereich der Seeschifffahrt und Fischerei. → Gleich lautende Erlasse der Länder Bremen, Hamburg, Mecklenburg-Vorpommern, Niedersachsen und Schleswig-Holstein vom 15.6.2015 (BStBl. I S. 512).

Üblicher Endpreis.

- → BMF vom 16.5.2013 (BStBl. I S. 729, Tz. 3.1).

---

1) Zur lohnsteuerlichen Behandlung und zum Zuflusszeitpunkt des Sachbezugs „Job-Ticket" siehe BayLfSt v. 12.8.2015 – S 2334.2.1 – 98/5 St 32, DStR 2015, 2287.

– Beim Erwerb eines Gebrauchtwagens vom Arbeitgeber ist nicht auf den Händlereinkaufspreis abzustellen, sondern auf den Preis, den das Fahrzeug unter Berücksichtigung der vereinbarten Nebenleistungen auf dem Gebrauchtwagenmarkt tatsächlich erzielen würde (Händlerverkaufspreis). Wird zur Bestimmung des üblichen Endpreises eine Schätzung erforderlich, kann sich die Wertermittlung an den im Rechtsverkehr anerkannten Marktübersichten für gebrauchte Pkw orientieren (→ BFH vom 17.6.2005 – BStBl. II S. 795).
– Der Wert einer dem Arbeitnehmer durch den Arbeitgeber zugewandten Reise kann grundsätzlich anhand der Kosten geschätzt werden, die der Arbeitgeber für die Reise aufgewendet hat (→ BFH vom 18.8.2005 – BStBl. 2006 II S. 30).
– Zur Einbeziehung von Versandkosten → BFH vom 6.6.2018 (BStBl. II S. 764).

Wandeldarlehensvertrag. Der geldwerte Vorteil bemisst sich im Falle der Ausübung des Wandlungsrechts aus der Differenz zwischen dem Börsenpreis der Aktien an dem Tag, an dem der Arbeitnehmer die wirtschaftliche Verfügungsmacht über die Aktien erlangt, und den Erwerbsaufwendungen (→ BFH vom 23.6.2005 – BStBl. II S. 770 und vom 20.5.2010 – BStBl. II S. 1069).

Wandelschuldverschreibung. → H 38.2.

Warengutscheine.
– Zum Zuflusszeitpunkt bei Warengutscheinen → R 38.2 Abs. 3.

Zinsersparnisse. → Arbeitgeberdarlehen.

Zukunftssicherungsleistungen.
– → BFH vom 7.6.2018 – BStBl. 2019 II S. 371;
– → BFH vom 4.7.2018 – BStBl. 2019 II S. 373.

Zusätzlichkeitsvoraussetzung. → BMF vom 5.2.2020 (BStBl. I S. 522).

R 8.1 (5, 6)

Unterkunft oder Wohnung

(5) [1] Für die Bewertung einer Unterkunft, die keine Wohnung ist (→ Absatz 6 Satz 2 bis 4), ist der amtliche Sachbezugswert nach der SvEV[1)] maßgebend, soweit nicht zulässigerweise § 8 Abs. 3 EStG angewandt wird. [2] Dabei ist der amtliche Sachbezugswert grundsätzlich auch dann anzusetzen, wenn der Arbeitgeber die dem Arbeitnehmer überlassene Unterkunft gemietet und gegebenenfalls mit Einrichtungsgegenständen ausgestattet hat. [3] Eine Gemeinschaftsunterkunft liegt vor, wenn die Unterkunft beispielsweise durch Gemeinschaftswaschräume oder Gemeinschaftsküchen Wohnheimcharakter hat *oder Zugangsbeschränkungen unterworfen ist.*

(6) [1] Soweit nicht zulässigerweise § 8 Abs. 3 EStG angewandt wird, ist für die Bewertung einer Wohnung der ortsübliche Mietwert maßgebend.[2)] [2] Eine

---

1) VO v. 21.12.2006, BGBl. I 2006, 3385, zuletzt geänd. durch VO v. 6.12.2021, BGBl. I 2021, 5187 **(Steuergesetze** Nr. **21).**

2) **[Amtl. Anm.:]** Zum Bewertungsabschlag auf den ortsüblichen Mietwert → § 8 Abs. 2 Satz 12 EStG.

Wohnung ist eine in sich geschlossene Einheit von Räumen, in denen ein selbständiger Haushalt geführt werden kann. [3]Wesentlich ist, dass eine Wasserversorgung und -entsorgung, zumindest eine einer Küche vergleichbare Kochgelegenheit sowie eine Toilette vorhanden sind. [4]Danach stellt z. B. ein Einzimmerappartement mit Küchenzeile und WC als Nebenraum eine Wohnung dar, dagegen ist ein Wohnraum bei Mitbenutzung von Bad, Toilette und Küche eine Unterkunft. [5]Als ortsüblicher Mietwert ist die Miete anzusetzen, die für eine nach Baujahr, Art, Größe, Ausstattung, Beschaffenheit und Lage vergleichbare Wohnung üblich ist (Vergleichsmiete). [6]In den Fällen, in denen der Arbeitgeber vergleichbare Wohnungen in nicht unerheblichem Umfang an fremde Dritte zu einer niedrigeren als der üblichen Miete vermietet, ist die niedrigere Miete anzusetzen. [7]Die Vergleichsmiete gilt unabhängig davon, ob die Wohnung z. B. als Werks- oder Dienstwohnung im Eigentum des Arbeitgebers oder dem Arbeitgeber auf Grund eines Belegungsrechts zur Verfügung steht oder von ihm angemietet worden ist. [8]Gesetzliche Mietpreisbeschränkungen sind zu beachten. [9]Stehen solche einem Mieterhöhungsverlangen entgegen, gilt dies jedoch nur, soweit die maßgebliche Ausgangsmiete den ortsüblichen Mietwert oder die gesetzlich zulässige Höchstmiete nicht unterschritten hat. [10]Überlässt der Arbeitgeber dem Arbeitnehmer im Rahmen einer Auslandstätigkeit eine Wohnung im Ausland, deren ortsübliche Miete 18% des Arbeitslohns ohne Kaufkraftausgleich übersteigt, so ist diese Wohnung mit 18% des Arbeitslohns ohne Kaufkraftausgleich zuzüglich 10% der darüber hinausgehenden ortsüblichen Miete zu bewerten.[1)]

H 8.1 (5, 6)

Erholungsheim. Wird ein Arbeitnehmer in einem Erholungsheim des Arbeitgebers oder auf Kosten des Arbeitgebers zur Erholung in einem anderen Beherbergungsbetrieb untergebracht oder verpflegt, so ist die Leistung mit dem entsprechenden Pensionspreis eines vergleichbaren Beherbergungsbetriebs am selben Ort zu bewerten; dabei können jedoch Preisabschläge in Betracht kommen, wenn der Arbeitnehmer z. B. nach der Hausordnung Bedingungen unterworfen wird, die für Hotels und Pensionen allgemein nicht gelten (→ BFH vom 18.3.1960 – BStBl. III S. 237).

Ortsüblicher Mietwert.

- Überlässt der Arbeitgeber seinem Arbeitnehmer eine Wohnung zu einem Mietpreis, der innerhalb der Mietpreisspanne des örtlichen Mietspiegels für vergleichbare Wohnungen liegt, scheidet die Annahme eines geldwerten Vorteils regelmäßig aus (→ BFH vom 17.8.2005 – BStBl. 2006 II S. 71 und vom 11.5.2011 – BStBl. II S. 946).
- Überlässt ein Arbeitgeber seinen Arbeitnehmern Wohnungen und werden Nebenkosten (z. T.) nicht erhoben, liegt eine verbilligte Überlassung und damit ein Sachbezug nur vor, soweit die tatsächlich erhobene Miete zusammen mit den tatsächlich abgerechneten Nebenkosten die ortsübliche Miete (Kaltmiete plus umlagefähige Nebenkosten) unterschreitet (→ BFH vom 11.5.2011 – BStBl. II S. 946).

[1)] **[Amtl. Anm.:]** Für die Anwendung des § 8 Abs. 2 Satz 12 EStG gilt der nach R 8.1 Abs. 6 Satz 10 LStR ermittelte Wert als ortsüblicher Mietwert.

– Zum Bewertungsabschlag auf den ortsüblichen Mietwert → § 8 Abs. 2 Satz 12 EStG.

Persönliche Bedürfnisse des Arbeitnehmers. Persönliche Bedürfnisse des Arbeitnehmers, z.B. hinsichtlich der Größe der Wohnung, sind bei der Höhe des Mietwerts nicht zu berücksichtigen (→ BFH vom 8.3.1968 – BStBl. II S. 435 und vom 2.10.1968 – BStBl. 1969 II S. 73).

Steuerfreie Mietvorteile. → R 3.59.

R 8.1 (7)

Kantinenmahlzeiten und Essenmarken

(7) Für die Bewertung von Mahlzeiten, die arbeitstäglich an die Arbeitnehmer abgegeben werden, gilt Folgendes:

1. [1]Mahlzeiten, die durch eine vom Arbeitgeber selbst betriebene Kantine, Gaststätte oder vergleichbare Einrichtung abgegeben werden, sind mit dem maßgebenden amtlichen Sachbezugswert nach der SvEV[1)] zu bewerten. [2]Alternativ kommt eine Bewertung mit dem Endpreis i.S.d. § 8 Abs. 3 EStG in Betracht, wenn die Mahlzeiten überwiegend nicht für die Arbeitnehmer zubereitet werden.
2. [1]Mahlzeiten, die die Arbeitnehmer in einer nicht vom Arbeitgeber selbst betriebenen Kantine, Gaststätte oder vergleichbaren Einrichtung erhalten, sind vorbehaltlich der Nummer 4 ebenfalls mit dem maßgebenden amtlichen Sachbezugswert zu bewerten, wenn der Arbeitgeber auf Grund vertraglicher Vereinbarung durch Barzuschüsse oder andere Leistungen an die die Mahlzeiten vertreibende Einrichtung, z.B. durch verbilligte Überlassung von Räumen, Energie oder Einrichtungsgegenständen zur Verbilligung der Mahlzeiten beiträgt. [2]Es ist nicht erforderlich, dass die Mahlzeiten im Rahmen eines Reihengeschäfts zunächst an den Arbeitgeber und danach von diesem an die Arbeitnehmer abgegeben werden.
3. In den Fällen der Nummern 1 und 2 ist ein geldwerter Vorteil als Arbeitslohn zu erfassen, wenn und soweit der vom Arbeitnehmer für eine Mahlzeit gezahlte Preis (einschließlich Umsatzsteuer) den maßgebenden amtlichen Sachbezugswert unterschreitet.
4.[2)] Bestehen die Leistungen des Arbeitgebers im Falle der Nummer 2 aus Barzuschüssen in Form von Essenmarken (Essensgutscheine, Restaurantschecks), die vom Arbeitgeber an die Arbeitnehmer verteilt und von einer Gaststätte oder vergleichbaren Einrichtung (Annahmestelle) bei der Abgabe einer Mahlzeit in Zahlung genommen werden, so gilt Folgendes:
   a) [1]*Es ist nicht die Essenmarke* mit ihrem Verrechnungswert, sondern vorbehaltlich des Buchstaben b die Mahlzeit mit dem maßgebenden Sachbezugswert zu bewerten, wenn

---

1) VO v. 21.12.2006, BGBl. I 2006, 3385, zuletzt geänd. durch VO v. 6.12.2021, BGBl. I 2021, 5187 **(Steuergesetze Nr. 21).**

2) Siehe BMF v. 18.1.2019, BStBl. I 2019, 66, zu arbeitstäglichen Zuschüssen zu Mahlzeiten. Siehe auch BMF v. 13.4.2021, BStBl. I 2021, 624.

aa) tatsächlich eine Mahlzeit abgegeben wird. [2]Lebensmittel sind nur dann als Mahlzeit anzuerkennen, wenn sie zum unmittelbaren Verzehr geeignet oder zum Verbrauch während der Essenpausen bestimmt sind,

bb) für jede Mahlzeit lediglich eine Essenmarke täglich in Zahlung genommen wird,

cc) der Verrechnungswert der Essenmarke den amtlichen Sachbezugswert einer Mittagsmahlzeit um nicht mehr als 3,10 Euro übersteigt und

dd) die Essenmarke nicht an Arbeitnehmer ausgegeben wird, die eine Auswärtstätigkeit ausüben.[1)]

[2]Dies gilt auch dann, wenn zwischen dem Arbeitgeber und der Annahmestelle keine unmittelbaren vertraglichen Beziehungen bestehen, weil ein Unternehmen eingeschaltet ist, das die Essenmarken ausgibt. [3]Zur Erfüllung der Voraussetzungen nach Doppelbuchstabe bb hat der Arbeitgeber für jeden Arbeitnehmer die Tage der Abwesenheit z. B. infolge von Auswärtstätigkeiten, Urlaub oder Erkrankung festzustellen und die für diese Tage ausgegebenen Essenmarken zurückzufordern oder die Zahl der im Folgemonat auszugebenden Essenmarken um die Zahl der Abwesenheitstage zu vermindern. [4]Die Pflicht zur Feststellung der Abwesenheitstage und zur Anpassung der Zahl der Essenmarken im Folgemonat entfällt für Arbeitnehmer, die im Kalenderjahr durchschnittlich an nicht mehr als drei Arbeitstagen je Kalendermonat Auswärtstätigkeiten ausüben, wenn keiner dieser Arbeitnehmer im Kalendermonat mehr als 15 Essenmarken erhält.

b) Bestehen die Leistungen des Arbeitgebers ausschließlich in der Hingabe von Essenmarken, so ist auch unter den Voraussetzungen des Buchstaben a der Verrechnungswert der Essenmarke als Arbeitslohn anzusetzen, wenn dieser Wert den geldwerten Vorteil nach Nummer 3 unterschreitet.

c) [1]Wird der Arbeitsvertrag dahingehend geändert, dass der Arbeitnehmer anstelle von Barlohn Essenmarken erhält, so vermindert sich dadurch der Barlohn in entsprechender Höhe. [2]Die Essenmarken sind mit dem Wert anzusetzen, der sich nach den Buchstaben a oder b ergibt. [3]Ohne Änderung des Arbeitsvertrags führt der Austausch von Barlohn durch Essenmarken nicht zu einer Herabsetzung des steuerpflichtigen Barlohns. [4]In diesem Fall ist der Betrag, um den sich der ausgezahlte Barlohn verringert, als Entgelt für die Mahlzeit oder Essenmarke anzusehen und von dem nach Nummer 4 Buchstabe a oder b maßgebenden Wert abzusetzen.

d) [1]Die von Annahmestellen eingelösten Essenmarken brauchen nicht an den Arbeitgeber zurückgegeben und von ihm nicht aufbewahrt zu werden, wenn der Arbeitgeber eine Abrechnung erhält, aus der sich ergibt, wie viel Essenmarken mit welchem Verrechnungswert eingelöst worden sind, und diese aufbewahrt. [2]Dasselbe gilt, wenn ein Essenmarkenemittent eingeschaltet ist und der Arbeitgeber von diesem eine entsprechende Abrechnung erhält und aufbewahrt.

---

1) **[Amtl. Anm.:]** Siehe aber H 8.1 (7) Essenmarken nach Ablauf der Dreimonatsfrist bei Auswärtstätigkeit.

5. [1]Wenn der Arbeitgeber unterschiedliche Mahlzeiten zu unterschiedlichen Preisen teilentgeltlich oder unentgeltlich an die Arbeitnehmer abgibt oder Leistungen nach Nummer 2 zur Verbilligung der Mahlzeiten erbringt und die Lohnsteuer nach § 40 Abs. 2 EStG pauschal erhebt, kann der geldwerte Vorteil mit dem Durchschnittswert der Pauschalbesteuerung zugrunde gelegt werden. [2]Die Durchschnittsbesteuerung braucht nicht tageweise durchgeführt zu werden, sie darf sich auf den gesamten Lohnzahlungszeitraum erstrecken. [3]Bietet der Arbeitgeber bestimmte Mahlzeiten nur einem Teil seiner Arbeitnehmer an, z. B. in einem Vorstandskasino, so sind diese Mahlzeiten nicht in die Durchschnittsberechnung einzubeziehen. [4]Unterhält der Arbeitgeber mehrere Kantinen, so ist der Durchschnittswert für jede einzelne Kantine zu ermitteln. [5]Ist die Ermittlung des Durchschnittswerts wegen der Menge der zu erfassenden Daten besonders aufwendig, kann die Ermittlung des Durchschnittswerts für einen repräsentativen Zeitraum und bei einer Vielzahl von Kantinen für eine repräsentative Auswahl der Kantinen durchgeführt werden.
6. [1]Der Arbeitgeber hat die vom Arbeitnehmer geleistete Zahlung grundsätzlich in nachprüfbarer Form nachzuweisen. [2]Der Einzelnachweis der Zahlungen ist nur dann nicht erforderlich,
   a) wenn gewährleistet ist, dass
      aa) die Zahlung des Arbeitnehmers für eine Mahlzeit den anteiligen amtlichen Sachbezugswert nicht unterschreitet oder
      bb) nach Nummer 4 der Wert der Essenmarke als Arbeitslohn zu erfassen ist oder
   b) wenn der Arbeitgeber die Durchschnittsberechnung nach Nummer 5 anwendet.

H 8.1 (7)

Arbeitstägliche Zuschüsse zu Mahlzeiten. → BMF vom 18.1.2019 (BStBl. I S. 66).[1)]

Begriff der Mahlzeit. Zu den Mahlzeiten gehören alle Speisen und Lebensmittel, die üblicherweise der Ernährung dienen, einschließlich der dazu üblichen Getränke (→ BFH vom 21.3.1975 – BStBl. II S. 486 und vom 7.11.1975 – BStBl. 1976 II S. 50).

Essenmarken.[2)]

Beispiele zu R 8.1 Abs. 7 Nr. 4 Buchst. b

Beispiel 1:

Ein Arbeitnehmer erhält eine Essenmarke mit einem Wert von 1 €. Die Mahlzeit kostet 2 €.

Preis der Mahlzeit	2,00 €
./. Wert der Essenmarke	1,00 €
Zahlung des Arbeitnehmers	1,00 €
Sachbezugswert der Mahlzeit	3,47 €
./. Zahlung des Arbeitnehmers	1,00 €
Verbleibender Wert	2,47 €
Anzusetzen ist der niedrigere Wert der Essenmarke	1,00 €

1) Siehe auch BMF v. 13.4.2021, BStBl. I 2021, 624.

2) Sachbezugswert **2021** (BMF v. 28.12.2020, BStBl. I 2021, 59). Sachbezugswert der Mahlzeit für **2022:** 3,57 € (BMF v. 20.12.2022, BStBl. I 2021, 60).

Beispiel 2:

Ein Arbeitnehmer erhält eine Essenmarke mit einem Wert von 4 €. Die Mahlzeit kostet 4 €.

Preis der Mahlzeit	4,00 €
./. Wert der Essenmarke	4,00 €
Zahlung des Arbeitnehmers	0,00 €
Sachbezugswert der Mahlzeit	3,47 €
./. Zahlung des Arbeitnehmers	0,00 €
Verbleibender Wert	3,47 €
Anzusetzen ist der Sachbezugswert	3,40 €

Beispiel 3:

Ein Arbeitnehmer erhält eine Essenmarke mit einem Wert von 6,50 €. Die vom Arbeitnehmer in einer Gaststätte eingenommene Mahlzeit kostet 10,00 €.

Wert der Essenmarke	6,50 €
Anzusetzender Sachbezugswert	3,47 €
./. Zahlung des Arbeitnehmers	3,50 €
Geldwerter Vorteil	0,00 €

Essenmarken nach Ablauf der Dreimonatsfrist bei Auswärtstätigkeit. Üben Arbeitnehmer eine längerfristige berufliche Auswärtstätigkeit an derselben Tätigkeitsstätte aus, sind nach Ablauf von drei Monaten (§ 9 Abs. 4a Satz 6 und 7 EStG) an diese Arbeitnehmer ausgegebene Essenmarken (Essensgutscheine, Restaurantschecks) abweichend von R 8.1 Abs. 7 Nr. 4 Buchstabe a Satz 1 Doppelbuchstabe dd und Rz. 76 des BMF-Schreibens vom 25.11.2020 (BStBl. I S. 1228) mit dem maßgebenden Sachbezugswert zu bewerten. Der Ansatz des Sachbezugswerts setzt voraus, dass die übrigen Voraussetzungen des R 8.1 Abs. 7 Nr. 4 Buchstabe a vorliegen (→ BMF vom 5.1.2015 – BStBl. I S. 119).

Essenmarken und Gehaltsumwandlung.

– **Änderung des Arbeitsvertrags.** Wird der Arbeitsvertrag dahingehend geändert, dass der Arbeitnehmer anstelle von Barlohn Essenmarken erhält, so vermindert sich dadurch der Barlohn in entsprechender Höhe (→ BFH vom 20.8.1997 – BStBl. II S. 667).

  Beispiel:

  Der Arbeitgeber gibt dem Arbeitnehmer monatlich 15 Essenmarken. Im Arbeitsvertrag ist der Barlohn von 3500 € im Hinblick auf die Essenmarken um 60 € auf 3440 € herabgesetzt worden.

  a) Beträgt der Verrechnungswert der Essenmarken jeweils 5 €, so ist dem Barlohn von 3440 € der Wert der Mahlzeit mit dem Sachbezugswert (15 × 3,47 € =) 52,05 € hinzuzurechnen.

  b) Beträgt der Verrechnungswert der Essenmarken jeweils 7 €, so ist dem Barlohn von 3440 € der Verrechnungswert der Essenmarken (15 × 7 € =) 105 € hinzuzurechnen.

– **Keine Änderung des Arbeitsvertrags.** Ohne Änderung des Arbeitsvertrags führt der Austausch von Barlohn durch Essenmarken nicht zu einer Herabsetzung des steuerpflichtigen Barlohns. In diesem Fall ist der Betrag, um den sich der ausgezahlte Barlohn verringert, als Entgelt für die Mahlzeit oder Essenmarke anzusehen und von dem für die Essenmarke maßgebenden Wert abzusetzen.

Beispiel:
Ein Arbeitnehmer mit einem monatlichen Bruttolohn von 3500 € erhält von seinem Arbeitgeber monatlich 15 Essenmarken. Der Arbeitsvertrag bleibt unverändert. Der Arbeitnehmer zahlt für die Essenmarken monatlich 60 €.

a) Auf den Essenmarken ist jeweils ein Verrechnungswert von 7 € ausgewiesen. Der Verrechnungswert der Essenmarke übersteigt den Sachbezugswert von 3,47 € um mehr als 3,10 €. Die Essenmarken sind deshalb mit ihrem Verrechnungswert anzusetzen:

15 Essenmarken × 7 €	105,00 €
./. Entgelt des Arbeitnehmers	60,00 €
Vorteil	45,00 €

Dieser ist dem bisherigen Arbeitslohn von 3500 € hinzuzurechnen.

b) Auf den Essenmarken ist jeweils ein Verrechnungswert von 5 € ausgewiesen. Der Verrechnungswert der Essenmarke übersteigt den Sachbezugswert von 3,47 € um nicht mehr als 3,10 €. Es ist deshalb nicht der Verrechnungswert der Essenmarken, sondern der Wert der erhaltenen Mahlzeiten mit dem Sachbezugswert anzusetzen:

15 Essenmarken × Sachbezugswert 3,47 €	51,00 €
./. Entgelt des Arbeitnehmers	60,00 €
Vorteil	0,00 €

Dem bisherigen Arbeitslohn von 3500 € ist nichts hinzuzurechnen.

Sachbezugsbewertung.[1)]

– Bewertung einer einzelnen Mahlzeit → BMF vom 17.12.2019 (BStBl. 2020 I S. 89) für 2020 und vom 28.12.2020 (BStBl. 2021 I S. 59) für 2021.[2)]

– **Beispiel zu R 8.1 Abs. 7 Nr. 3:**

Der Arbeitnehmer zahlt 2 € für ein Mittagessen im Wert von 4 €.

Sachbezugswert der Mahlzeit	3,47 €
./. Zahlung des Arbeitnehmers	2,00 €
geldwerter Vorteil	1,47 €

Hieraus ergibt sich, dass die steuerliche Erfassung der Mahlzeiten entfällt, wenn gewährleistet ist, dass der Arbeitnehmer für jede Mahlzeit mindestens einen Preis in Höhe des amtlichen Sachbezugswerts zahlt.

R 8.1 (8)

Mahlzeiten aus besonderem Anlass

(8) Für die steuerliche Erfassung und Bewertung von Mahlzeiten, die der Arbeitgeber oder auf dessen Veranlassung ein Dritter aus besonderem Anlass an Arbeitnehmer abgibt, gilt Folgendes:

1. [1]Mahlzeiten, die im ganz überwiegenden betrieblichen Interesse des Arbeitgebers an die Arbeitnehmer abgegeben werden, gehören nicht zum Arbeitslohn. [2]Dies gilt für Mahlzeiten im Rahmen herkömmlicher Betriebsveranstaltungen nach Maßgabe der R 19.5,[3)] für ein sog. Arbeitsessen i. S. d. R 19.6 Abs. 2 sowie für die Beteiligung von Arbeitnehmern an einer geschäftlich veranlassten Bewirtung i. S. d. § 4 Abs. 5 Satz 1 Nr. 2 EStG.

---

1) Bereitstellung unbelegter Backwaren wie Brötchen oder Rosinenbrot nebst Heißgetränk kein Frühstück i. S. v. § 2 Abs. 1 Satz 2 Nr. 1 SvEV; siehe BFH v. 3.7.2019 VI R 36/17, BStBl. II 2020, 788.

2) Für 2022 siehe BMF v. 20.12.2021, BStBl. I 2022, 60.

3) **[Amtl. Anm.:]** Überholt ab 2015 durch § 19 Abs. 1 Satz 1 Nr. 1a EStG.

2. [1] Mahlzeiten, die der Arbeitgeber als Gegenleistung für das Zurverfügungstellen der individuellen Arbeitskraft an seine Arbeitnehmer abgibt, sind mit ihrem tatsächlichen Preis anzusetzen. [2] Dies gilt z. B. für eine während einer beruflich veranlassten Auswärtstätigkeit oder doppelten Haushaltsführung gestellte Mahlzeit, deren Preis die 60-Euro-Grenze i. S. d. § 8 Abs. 2 Satz 8 EStG übersteigt. [3] Ein vom Arbeitnehmer an den Arbeitgeber oder an den Dritten gezahltes Entgelt ist auf den tatsächlichen Preis anzurechnen. [4] Wird vom Arbeitgeber oder auf dessen Veranlassung von einem Dritten nur ein Essen, aber kein Getränk gestellt, ist das Entgelt, das der Arbeitnehmer für ein Getränk bei der Mahlzeit zahlt, nicht auf den tatsächlichen Preis der Mahlzeit anzurechnen.

H 8.1 (8)

Allgemeines. Zur Behandlung der Mahlzeitengestellung nach der Reform des steuerlichen Reisekostenrechts → BMF vom 25.11.2020 (BStBl. I S. 1228).

Individuell zu versteuernde Mahlzeiten. Mahlzeiten, die im Rahmen regelmäßiger Geschäftsleitungssitzungen abgegeben werden, sind mit dem tatsächlichen Preis anzusetzen (→ BFH vom 4.8.1994 – BStBl. 1995 II S. 59).

Reisekostenabrechnungen. → BMF vom 25.11.2020 (BStBl. I S. 1228), Rz. 77 Beispiel 50 und Rz. 58 ff.

R 8.1 (9, 10)

Gestellung von Kraftfahrzeugen[1)]

(9) Überlässt der Arbeitgeber oder auf Grund des Dienstverhältnisses ein Dritter dem Arbeitnehmer ein Kraftfahrzeug zur privaten Nutzung, gilt Folgendes:

1. [1] Der Arbeitgeber hat den privaten Nutzungswert mit monatlich 1% des inländischen Listenpreises des Kraftfahrzeugs anzusetzen. [2] Kann das Kraftfahrzeug auch zu Fahrten zwischen Wohnung und erster Tätigkeitsstätte genutzt werden, ist grundsätzlich diese Nutzungsmöglichkeit unabhängig von der Nutzung des Fahrzeugs zu Privatfahrten zusätzlich mit monatlich 0,03% des inländischen Listenpreises des Kraftfahrzeugs für jeden Kilometer der Entfernung zwischen Wohnung und erster Tätigkeitsstätte zu bewerten und dem Arbeitslohn zuzurechnen. [3] Wird das Kraftfahrzeug zu Familienheimfahrten im Rahmen einer doppelten Haushaltsführung genutzt, erhöht sich der Wert nach Satz 1 für jeden Kilometer der Entfernung zwischen dem Beschäftigungsort und dem Ort des eigenen Hausstands um 0,002% des inländischen Listenpreises für jede Fahrt, für die der Werbungskostenabzug nach § 9 Abs. 1 Satz 3 Nr. 5 Satz 5 EStG ausgeschlossen ist. [4] Die Monatswerte nach den Sätzen 1 und 2 sind auch dann anzusetzen, wenn das Kraftfahrzeug dem Arbeitnehmer im Kalendermonat nur zeitweise zur Verfügung steht. [5] Kürzungen der Werte, z. B. wegen einer Beschriftung des

---

1) **[Amtl. Anm.:]** Zur Sonderregelung für Elektro- und Hybridelektrofahrzeuge siehe § 6 Abs. 1 Nr. 4 Satz 2 ff. EStG.

Kraftwagens, oder wegen eines privaten Zweitwagens, sind nicht zulässig. [6]Listenpreis i. S. d. Sätze 1 bis 3 ist – auch bei gebraucht erworbenen oder geleasten Fahrzeugen – die auf volle hundert Euro abgerundete unverbindliche Preisempfehlung des Herstellers für das genutzte Kraftfahrzeug im Zeitpunkt seiner Erstzulassung zuzüglich der Kosten für werkseitig im Zeitpunkt der Erstzulassung eingebaute Sonderausstattungen (z. B. Navigationsgeräte, Diebstahlsicherungssysteme) und der Umsatzsteuer; der Wert eines Autotelefons einschl. Freisprecheinrichtung sowie der Wert eines weiteren Satzes Reifen einschl. Felgen bleiben außer Ansatz. [7]Bei einem Kraftwagen, der aus Sicherheitsgründen gepanzert ist, kann der Listenpreis des leistungsschwächeren Fahrzeugs zugrunde gelegt werden, das dem Arbeitnehmer zur Verfügung gestellt würde, wenn seine Sicherheit nicht gefährdet wäre. [8]Kann das Kraftfahrzeug auch im Rahmen einer anderen Einkunftsart genutzt werden, ist diese Nutzungsmöglichkeit mit dem Nutzungswert nach Satz 1 abgegolten. [9]Nummer 2 Satz 9 bis 16 gilt entsprechend.

2. [1]Der Arbeitgeber kann den privaten Nutzungswert abweichend von Nummer 1 mit den für das Kraftfahrzeug entstehenden Aufwendungen ansetzen, die auf die nach Nummer 1 zu erfassenden privaten Fahrten entfallen, wenn die Aufwendungen durch Belege und das Verhältnis der privaten zu den übrigen Fahrten durch ein ordnungsgemäßes Fahrtenbuch nachgewiesen werden. [2]Dabei sind die dienstlich und privat zurückgelegten Fahrtstrecken gesondert und laufend im Fahrtenbuch nachzuweisen. [3]Für dienstliche Fahrten sind grundsätzlich die folgenden Angaben erforderlich:

   a) Datum und Kilometerstand zu Beginn und am Ende jeder einzelnen Auswärtstätigkeit,

   b) Reiseziel und bei Umwegen auch die Reiseroute,

   c) Reisezweck und aufgesuchte Geschäftspartner.

   [4]Für Privatfahrten genügen jeweils Kilometerangaben; für Fahrten zwischen Wohnung und erster Tätigkeitsstätte genügt jeweils ein kurzer Vermerk im Fahrtenbuch. [5]Die Führung des Fahrtenbuchs kann nicht auf einen repräsentativen Zeitraum beschränkt werden, selbst wenn die Nutzungsverhältnisse keinen größeren Schwankungen unterliegen. [6]Anstelle des Fahrtenbuchs kann ein Fahrtenschreiber eingesetzt werden, wenn sich daraus dieselben Erkenntnisse gewinnen lassen. [7]Der private Nutzungswert ist der Anteil an den Gesamtkosten des Kraftwagens, der dem Verhältnis der Privatfahrten zur Gesamtfahrtstrecke entspricht. [8]Die insgesamt durch das Kraftfahrzeug entstehenden Aufwendungen i. S. d. § 8 Abs. 2 Satz 4 EStG *(Gesamtkosten) sind als Summe* der Nettoaufwendungen zuzüglich Umsatzsteuer zu ermitteln; dabei bleiben vom Arbeitnehmer selbst getragene Kosten außer Ansatz.[1)] [9]Zu den Gesamtkosten gehören nur solche Kosten, die dazu bestimmt sind, unmittelbar dem Halten und dem Betrieb des Kraftfahrzeugs zu dienen und im Zusammenhang mit seiner Nutzung typischerweise entstehen. [10]Absetzungen für Abnutzung sind stets in die Ge-

1) **[Amtl. Anm.:]** → BMF v. 4.4.2018, BStBl. I 2018, 592, Rdnrn. 54–55.

samtkosten einzubeziehen; ihnen sind die tatsächlichen Anschaffungs- oder Herstellungskosten einschließlich der Umsatzsteuer zugrunde zu legen. [11] Nicht zu den Gesamtkosten gehören z.B. Beiträge für einen auf den Namen des Arbeitnehmers ausgestellten Schutzbrief, Straßen- oder Tunnelbenutzungsgebühren und Unfallkosten. [12] Verbleiben nach Erstattungen durch Dritte Unfallkosten bis zur Höhe von 1000 Euro (zuzüglich Umsatzsteuer) je Schaden ist es aber nicht zu beanstanden, wenn diese als Reparaturkosten in die Gesamtkosten einbezogen werden; Satz 15 ist sinngemäß anzuwenden. [13] Ist der Arbeitnehmer gegenüber dem Arbeitgeber wegen Unfallkosten nach allgemeinen zivilrechtlichen Regeln schadensersatzpflichtig (z.B. Privatfahrten, Trunkenheitsfahrten) und verzichtet der Arbeitgeber (z.B. durch arbeitsvertragliche Vereinbarungen) auf diesen Schadensersatz, liegt in Höhe des Verzichts ein gesonderter geldwerter Vorteil vor (§ 8 Abs. 2 Satz 1 EStG). [14] Erstattungen durch Dritte (z.B. Versicherung) sind unabhängig vom Zahlungszeitpunkt zu berücksichtigen, so dass der geldwerte Vorteil regelmäßig in Höhe des vereinbarten Selbstbehalts anzusetzen ist. [15] Hat der Arbeitgeber auf den Abschluss einer Versicherung verzichtet oder eine Versicherung mit einem Selbstbehalt von mehr als 1000 Euro abgeschlossen, ist aus Vereinfachungsgründen so zu verfahren, als bestünde eine Versicherung mit einem Selbstbehalt in Höhe von 1000 Euro, wenn es bei bestehender Versicherung zu einer Erstattung gekommen wäre. [16] Liegt keine Schadensersatzpflicht des Arbeitnehmers vor (z.B. Fälle höherer Gewalt, Verursachung des Unfalls durch einen Dritten) oder ereignet sich der Unfall auf einer beruflich veranlassten Fahrt (Auswärtstätigkeit, die wöchentliche Familienheimfahrt bei doppelter Haushaltsführung oder Fahrten zwischen Wohnung und erster Tätigkeitsstätte), liegt vorbehaltlich Satz 13 kein geldwerter Vorteil vor.

3. [1] Der Arbeitgeber muss in Abstimmung mit dem Arbeitnehmer die Anwendung eines der Verfahren nach den Nummern 1 und 2 für jedes Kalenderjahr festlegen; das Verfahren darf bei demselben Kraftfahrzeug während des Kalenderjahrs nicht gewechselt werden.[1)] [2] Soweit die genaue Erfassung des privaten Nutzungswerts nach Nummer 2 monatlich nicht möglich ist, kann der Erhebung der Lohnsteuer monatlich ein Zwölftel des Vorjahresbetrags zugrunde gelegt werden. [3] Nach Ablauf des Kalenderjahres oder nach Beendigung des Dienstverhältnisses ist der tatsächlich zu versteuernde Nutzungswert zu ermitteln und eine etwaige Lohnsteuerdifferenz nach Maßgabe der § 41c, 42b EStG auszugleichen. [4] Bei der Veranlagung zur Einkommensteuer ist der Arbeitnehmer nicht an das für die Erhebung der Lohnsteuer gewählte Verfahren gebunden; Satz 1 2. Halbsatz gilt entsprechend.

4.[2)] [1] Zahlt der Arbeitnehmer an den Arbeitgeber oder auf dessen Weisung an einen Dritten zur Erfüllung einer Verpflichtung des Arbeitgebers (abgekürzter Zahlungsweg) für die außerdienstliche Nutzung (Nutzung zu priva-

---

[1)] Siehe auch BFH v. 3.8.2000 III R 2/00, BStBl. II 2001, 332, zur 1-%-Regelung bei Führung von Fahrtenbüchern nur für einzelne von mehreren auch privat genutzten betrieblichen Kfz.

[2)] Siehe hierzu BMF v. 4.4.2018, BStBl. I 2018, 592. – Siehe aber BFH v. 16.12.2020 VI R 19/18, BStBl. II 2021, 761 (gegen R 8.1 Abs. 9 Nr. 4 Satz 2 u. 3 und BMF v. 4.4.2018).

ten Fahrten, zu Fahrten zwischen Wohnung und erster Tätigkeitsstätte und zu Familienheimfahrten im Rahmen einer doppelten Haushaltsführung) des Kraftfahrzeugs ein Nutzungsentgelt, mindert dies den Nutzungswert. [2] Zuschüsse des Arbeitnehmers zu den Anschaffungskosten können im Zahlungsjahr ebenfalls auf den privaten Nutzungswert angerechnet werden; in den Fällen der Nummer 2 gilt dies nur, wenn die für die AfA-Ermittlung maßgebenden Anschaffungskosten nicht um die Zuschüsse gemindert worden sind. [3] Nach der Anrechnung im Zahlungsjahr verbleibende Zuschüsse können in den darauf folgenden Kalenderjahren auf den privaten Nutzungswert für das jeweilige Kraftfahrzeug angerechnet werden. [4] Zuschussrückzahlungen sind Arbeitslohn, soweit die Zuschüsse den privaten Nutzungswert gemindert haben.

5. Die Nummern 1 bis 4 gelten bei Fahrten nach § 9 Abs. 1 Satz 3 Nr. 4a Satz 3 EStG entsprechend.

Gestellung eines Kraftfahrzeugs mit Fahrer

(10) [1] Wenn ein Kraftfahrzeug mit Fahrer zur Verfügung gestellt wird, ist der geldwerte Vorteil aus der Fahrergestellung zusätzlich zum Wert nach Absatz 9 Nr. 1 oder 2 als Arbeitslohn zu erfassen. [2] Dieser geldwerte Vorteil bemisst sich grundsätzlich nach dem Endpreis i. S. d. § 8 Abs. 2 Satz 1 EStG einer vergleichbaren von fremden Dritten erbrachten Leistung. [3] Es ist aus Vereinfachungsgründen nicht zu beanstanden, wenn der geldwerte Vorteil abweichend von Satz 2 wie folgt ermittelt wird:

1. [1] Stellt der Arbeitgeber dem Arbeitnehmer für Fahrten zwischen Wohnung und erster Tätigkeitsstätte oder Fahrten nach § 9 Abs. 1 Satz 3 Nr. 4a Satz 3 EStG ein Kraftfahrzeug mit Fahrer zur Verfügung, ist der für diese Fahrten nach Absatz 9 Nr. 1 oder 2 ermittelte Nutzungswert des Kraftfahrzeugs um 50% zu erhöhen. [2] Für die zweite und jede weitere Familienheimfahrt im Rahmen einer beruflich veranlassten doppelten Haushaltsführung erhöht sich der auf die einzelne Familienheimfahrt entfallende Nutzungswert nur dann um 50%, wenn für diese Fahrt ein Fahrer in Anspruch genommen worden ist.
2. Stellt der Arbeitgeber dem Arbeitnehmer für andere Privatfahrten ein Kraftfahrzeug mit Fahrer zur Verfügung, ist der entsprechende private Nutzungswert des Kraftfahrzeugs wie folgt zu erhöhen:
   a) um 50%, wenn der Fahrer überwiegend in Anspruch genommen wird,
   b) um 40%, wenn der Arbeitnehmer das Kraftfahrzeug häufig selbst steuert,
   c) um 25%, wenn der Arbeitnehmer das Kraftfahrzeug weit überwiegend selbst steuert.[1)]
3. Bei Begrenzung des pauschalen Nutzungswertes i. S. d. § 8 Abs. 2 Satz 2, 3 und 5 EStG auf die Gesamtkosten, ist der anzusetzende Nutzungswert um 50 % zu erhöhen, wenn das Kraftfahrzeug mit Fahrer zur Verfügung gestellt worden ist.

---

1) **[Amtl. Anm.:]** Dies gilt auch, wenn der Arbeitnehmer das Kfz ausschließlich selbst steuert (→ BMF v. 4.4.2018, BStBl. I 2018, 592, Rdnr. 40).

4. [1] Wenn einem Arbeitnehmer aus Sicherheitsgründen ein sondergeschütztes (gepanzertes) Kraftfahrzeug, das zum Selbststeuern nicht geeignet ist, mit Fahrer zur Verfügung gestellt wird, ist von der steuerlichen Erfassung der Fahrergestellung abzusehen. [2] Es ist dabei unerheblich, in welcher Gefährdungsstufe der Arbeitnehmer eingeordnet ist.

H 8.1 (9, 10)

1%-Regelung. Die 1%-Regelung ist verfassungsrechtlich nicht zu beanstanden (→ BFH vom 13.12.2012 – BStBl. 2013 II S. 385).
→ Gebrauchtwagen.

Abgrenzung Kostenerstattung – Nutzungsüberlassung.
- Erstattet der Arbeitgeber dem Arbeitnehmer für dessen eigenen PKW sämtliche Kosten, wendet er Barlohn und nicht einen Nutzungsvorteil i. S. d. § 8 Abs. 2 EStG zu (→ BFH vom 6.11.2001 – BStBl. 2002 II S. 164).
- Eine nach § 8 Abs. 2 Satz 2 bis 5 EStG zu bewertende Nutzungsüberlassung liegt vor, wenn der Arbeitnehmer das Kraftfahrzeug auf Veranlassung des Arbeitgebers least, dieser sämtliche Kosten des Kraftfahrzeugs trägt und im Innenverhältnis allein über die Nutzung des Kraftfahrzeugs bestimmt (→ BFH vom 6.11.2001 – BStBl. 2002 II S. 370).
- Eine nach § 8 Abs. 2 Satz 2 bis 5 EStG zu bewertende Nutzungsüberlassung liegt nicht vor, wenn das vom Arbeitgeber geleaste Fahrzeug dem Arbeitnehmer auf Grund einer Sonderrechtsbeziehung im Innenverhältnis zuzurechnen ist, weil er gegenüber dem Arbeitgeber die wesentlichen Rechte und Pflichten des Leasingnehmers hat. Gibt der Arbeitgeber in diesem Fall vergünstigte Leasingkonditionen an den Arbeitnehmer weiter, liegt hierin ein nach § 8 Abs. 2 Satz 1 EStG zu bewertender geldwerter Vorteil (→ BFH vom 18.12.2014 – BStBl. 2015 II S. 670 – sog. Behördenleasing). Zur Dienstwagenbesteuerung in Leasingfällen, insbesondere bei Gehaltsumwandlung → BMF vom 4.4.2018 (BStBl. I S. 592), Rdnr. 46 ff.

Allgemeine Grundsätze. → BMF vom 4.4.2018 (BStBl. I S. 592).

Anscheinsbeweis.
- Die unentgeltliche oder verbilligte Überlassung eines Dienstwagens durch den Arbeitgeber an den Arbeitnehmer für dessen Privatnutzung führt unabhängig davon, ob und in welchem Umfang der Arbeitnehmer das Fahrzeug tatsächlich privat nutzt, zu einem lohnsteuerlichen Vorteil. Ob der Arbeitnehmer den Beweis des ersten Anscheins, dass dienstliche Fahrzeuge, die zu privaten Zwecken zur Verfügung stehen, auch tatsächlich privat genutzt werden, durch die substantiierte Darlegung eines atypischen Sachverhalts zu entkräften vermag, ist für die Besteuerung des Nutzungsvorteils nach § 8 Abs. 2 Satz 2 EStG unerheblich (→ BFH vom 21.3.2013 – BStBl. II S. 700).
- → Nutzungsmöglichkeit.

Elektro- und Hybridelektrofahrzeug.
- → § 6 Abs. 1 Nr. 4 Satz 2 ff. EStG.

– → *BMF vom 5.6.2014 (BStBl. I S. 835) und vom 24.1.2018 (BStBl. I S. 272).*[1]
– → BMF vom 29.9.2020 (BStBl. I S. 972).

Garage für den Dienstwagen. Wird ein Dienstwagen in der eigenen oder angemieteten Garage des Arbeitnehmers untergestellt und trägt der Arbeitgeber hierfür die Kosten, so ist bei der 1%-Regelung kein zusätzlicher geldwerter Vorteil für die Garage anzusetzen (→ BFH vom 7.6.2002 – BStBl. II S. 829).

Gebrauchtwagen. Die 1%-Regelung auf Grundlage des Bruttolistenneupreises begegnet insbesondere im Hinblick auf die dem Steuerpflichtigen zur Wahl gestellte Möglichkeit, den Nutzungsvorteil auch nach der Fahrtenbuchmethode zu ermitteln und zu bewerten, keinen verfassungsrechtlichen Bedenken (→ BFH vom 13.12.2012 – BStBl. 2013 II S. 385).[2]

Kraftfahrzeuge i. S. d. § 8 Abs. 2 EStG sind auch:
– Campingfahrzeuge (→ BFH vom 6.11.2001 – BStBl. 2002 II S. 370),
– Elektrofahrräder, die verkehrsrechtlich als Kraftfahrzeug einzuordnen sind → Gleich lautende Ländererlasse vom 9.1.2020 (BStBl. I S. 174),
– Kombinationskraftwagen, z. B. Geländewagen (→ BFH vom 13.2.2003 – BStBl. II S. 472), siehe aber auch → Werkstattwagen,
– Elektrokleinstfahrzeuge i. S. d. § 1 Elektrokleinstfahrzeuge-Verordnung vom 6.6.2019 (BGBl. I S. 756) z. B. E-Scooter, Elektro-Tretroller.

Nutzungsentgelt. Die zwingend vorgeschriebene Bewertung nach der 1%-Regelung, sofern nicht von der Möglichkeit, ein Fahrtenbuch zu führen, Gebrauch gemacht wird, kann nicht durch Zahlung eines Nutzungsentgelts vermieden werden, selbst wenn dieses als angemessen anzusehen ist. Das vereinbarungsgemäß gezahlte Nutzungsentgelt ist von dem entsprechend ermittelten privaten Nutzungswert in Abzug zu bringen (→ BFH vom 7.11.2006 – BStBl. 2007 II S. 269).

Nutzungsmöglichkeit.
– Die unentgeltliche oder verbilligte Überlassung eines Dienstwagens durch den Arbeitgeber an den Arbeitnehmer für dessen Privatnutzung führt unabhängig davon, ob und in welchem Umfang der Arbeitnehmer das Fahrzeug tatsächlich privat nutzt, zu einem lohnsteuerlichen Vorteil (→ BFH vom 21.3.2013 – BStBl. II S. 700).
– Bei der Beurteilung der Nutzungsmöglichkeit ist unter Berücksichtigung sämtlicher Umstände des Einzelfalls zu entscheiden, ob und welches betriebliche Fahrzeug dem Arbeitnehmer ausdrücklich oder doch zumindest konkludent auch zur privaten Nutzung überlassen ist. Steht nicht fest, dass der Arbeitgeber dem Arbeitnehmer einen Dienstwagen zur privaten Nutzung überlassen hat, kann auch der Beweis des ersten Anscheins diese fehlende Feststellung nicht ersetzen (→ BFH vom 21.3.2013 – BStBl. II S. 918 und S. 1044 und vom 18.4.2013 – BStBl. II S. 920).

---

[1] Siehe jetzt BMF v. 5.11.2021, BStBl. I 2021, 2205.
[2] Bestätigt durch BFH v. 15.5.2018 X R 28/15, BFH/NV 2018, 1107.

Ordnungsgemäßes Fahrtenbuch.

– Ein ordnungsgemäßes Fahrtenbuch muss zeitnah und in geschlossener Form geführt werden und die zu erfassenden Fahrten einschließlich des an ihrem Ende erreichten Gesamtkilometerstands vollständig und in ihrem fortlaufenden Zusammenhang wiedergeben (→ BFH vom 9.11.2005 – BStBl. 2006 II S. 408). Kleinere Mängel führen nicht zur Verwerfung des Fahrtenbuchs, wenn die Angaben insgesamt plausibel sind (→ BFH vom 10.4.2008 – BStBl. II S. 768).
– Die erforderlichen Angaben müssen sich dem Fahrtenbuch selbst entnehmen lassen. Ein Verweis auf ergänzende Unterlagen ist nur zulässig, wenn der geschlossene Charakter der Fahrtenbuchaufzeichnungen dadurch nicht beeinträchtigt wird (→ BFH vom 16.3.2006 – BStBl. II S. 625).
– Ein ordnungsgemäßes Fahrtenbuch muss insbesondere Datum und hinreichend konkret bestimmt das Ziel der jeweiligen Fahrt ausweisen. Dem ist nicht entsprochen, wenn als Fahrtziele nur Straßennamen angegeben sind und diese Angaben erst mit nachträglich erstellten Aufzeichnungen präzisiert werden (→ BFH vom 1.3.2012 – BStBl. II S. 505).
– Mehrere Teilabschnitte einer einheitlichen beruflichen Reise können miteinander zu einer zusammenfassenden Eintragung verbunden werden, wenn die einzelnen aufgesuchten Kunden oder Geschäftspartner im Fahrtenbuch in der zeitlichen Reihenfolge aufgeführt werden (→ BFH vom 16.3.2006 – BStBl. II S. 625).
– Der Übergang von der beruflichen zur privaten Nutzung des Fahrzeugs ist im Fahrtenbuch durch Angabe des bei Abschluss der beruflichen Fahrt erreichten Gesamtkilometerstands zu dokumentieren (→ BFH vom 16.3.2006 – BStBl. II S. 625).
– Kann der Arbeitnehmer den ihm überlassenen Dienstwagen auch privat nutzen und wird über die Nutzung des Dienstwagens kein ordnungsgemäßes Fahrtenbuch geführt, ist der zu versteuernde geldwerte Vorteil nach der 1%-Regelung zu bewerten. Eine Schätzung des Privatanteils anhand anderer Aufzeichnungen kommt nicht in Betracht (→ BFH vom 16.11.2005 – BStBl. 2006 II S. 410).[1)]

Schätzung des Privatanteils. Kann der Arbeitnehmer den ihm überlassenen Dienstwagen auch privat nutzen und wird über die Nutzung des Dienstwagens kein ordnungsgemäßes Fahrtenbuch geführt, ist der zu versteuernde geldwerte Vorteil nach der 1%-Regelung zu bewerten. Eine Schätzung des Privatanteils anhand anderer Aufzeichnungen kommt nicht in Betracht (→ BFH vom 16.11.2005 – BStBl. 2006 II S. 410).

Schutzbrief. Übernimmt der Arbeitgeber die Beiträge für einen auf seinen Arbeitnehmer ausgestellten Schutzbrief, liegt darin die Zuwendung eines geldwerten Vorteils, der nicht von der Abgeltungswirkung der 1%-Regelung erfasst wird (→ BFH vom 14.9.2005 – BStBl. 2006 II S. 72).

Straßenbenutzungsgebühren. Übernimmt der Arbeitgeber die Straßenbenutzungsgebühren für die mit einem Firmenwagen unternommenen

1) Siehe auch BFH v. 21.3.2013 VI R 26/10, BFH/NV 2013, 1396, u. VI R 49/11, BFH/NV 2013, 1399.

Krankheitskosten. Aufwendungen in Zusammenhang mit der Beseitigung oder Linderung von Körperschäden, die durch einen Unfall auf einer beruflich veranlassten Fahrt zwischen Wohnung und erster Tätigkeitsstätte eingetreten sind, können gemäß § 9 Abs. 1 Satz 1 EStG als Werbungskosten abgezogen werden (→ BFH vom 19.12.2019 – BStBl. 2020 II S. 291).

Kunstgegenstände. Aufwendungen für die Ausschmückung eines Dienstzimmers sind nicht als Werbungskosten abziehbar (→ BFH vom 12.3.1993 – BStBl. II S. 506).

Nachträgliche Werbungskosten. Werbungskosten können auch im Hinblick auf ein früheres Dienstverhältnis entstehen (→ BFH vom 14.10.1960 – BStBl. 1961 III S. 20).

Psychoseminar.[1] Aufwendungen für die Teilnahme an psychologischen Seminaren, die nicht auf den konkreten Beruf zugeschnittene psychologische Kenntnisse vermitteln, sind auch dann nicht als Werbungskosten abziehbar, wenn der Arbeitgeber für die Teilnahme an den Seminaren bezahlten Bildungsurlaub gewährt (→ BFH vom 6.3.1995 – BStBl. II S. 393).

Reinigung von typischer Berufskleidung in privater Waschmaschine. → H 9.12 (Berufskleidung).

Sammelbeförderung. → *BMF vom 31.10.2013 (BStBl. I S. 1376).*[2]

Schulgeld. Schulgeldzahlungen an eine fremdsprachige Schule im Inland sind auch dann nicht als Werbungskosten abziehbar, wenn sich die ausländischen Eltern aus beruflichen Gründen nur vorübergehend im Inland aufhalten (→ BFH vom 23.11.2000 – BStBl. 2001 II S. 132).

Statusfeststellungsverfahren. Aufwendungen im Zusammenhang mit dem Anfrageverfahren nach § 7a SGB IV[3] (sog. Statusfeststellungsverfahren) sind durch das Arbeitsverhältnis veranlasst und deshalb als Werbungskosten bei den Einkünften aus nichtselbständiger Arbeit zu berücksichtigen (→ BFH vom 6.5.2010 – BStBl. II S. 851).

Strafverteidigungskosten. Aufwendungen für die Strafverteidigung können Werbungskosten sein, wenn der Schuldvorwurf durch berufliches Verhalten veranlasst war (→ BFH vom 19.2.1982 – BStBl. II S. 467 und vom 18.10.2007 – BStBl. 2008 II S. 223).

Übernachtung an der ersten Tätigkeitsstätte. Die Kosten für gelegentliche Hotelübernachtungen am Ort der erster Tätigkeitsstätte sind Werbungskosten, wenn sie beruflich veranlasst sind. Für eine Tätigkeit an diesem Ort sind Verpflegungsmehraufwendungen nicht zu berücksichtigen *(→ BFH vom* 5.8.2004 – BStBl. II S. 1074).

Verlorener Zuschuss eines Gesellschafter-Geschäftsführers. Gewährt der Gesellschafter-Geschäftsführer einer GmbH, an der er nicht nur un-

---

1) Vgl. auch H 9.2 „Fortbildung" zu Supervisionsseminaren bzw. zu Kommunikationskursen („NLP").

2) Ab 1.1.2021 siehe BMF v. 18.11.2021, BStBl. I 2021, 2315.

3) **Aichberger SGB** Nr. **4.**

wesentlich beteiligt ist, einen verlorenen Zuschuss, ist die Berücksichtigung als Werbungskosten regelmäßig abzulehnen (→ BFH vom 26.11.1993 – BStBl. 1994 II S. 242).

Verlust einer Beteiligung am Unternehmen des Arbeitgebers.

– Der Verlust einer Beteiligung an einer GmbH kann selbst dann nicht als Werbungskosten berücksichtigt werden, wenn die Beteiligung am Stammkapital der GmbH Voraussetzung für die Beschäftigung als Arbeitnehmer der GmbH war (→ BFH vom 12.5.1995 – BStBl. II S. 644).

– Der Veräußerungsverlust aus einer Kapitalbeteiligung am Unternehmen des Arbeitgebers führt nur dann zu Werbungskosten, wenn ein erheblicher Veranlassungszusammenhang zum Dienstverhältnis besteht und nicht auf der Nutzung der Beteiligung als Kapitalertragsquelle beruht (→ BFH vom 17.9.2009 – BStBl. 2010 II S. 198).

Verlust einer Darlehensforderung gegen den Arbeitgeber.

– Der Verlust einer Darlehensforderung gegen den Arbeitgeber ist als Werbungskosten zu berücksichtigen, wenn der Arbeitnehmer das Risiko, die Forderung zu verlieren, aus beruflichen Gründen bewusst auf sich genommen hat (→ BFH vom 7.5.1993 – BStBl. II S. 663).

– Die berufliche Veranlassung eines Darlehens wird nicht zwingend dadurch ausgeschlossen, dass der Darlehensvertrag mit dem alleinigen Gesellschafter-Geschäftsführer der Arbeitgeberin (GmbH) statt mit der insolvenzbedrohten GmbH geschlossen worden und die Darlehensvaluta an diesen geflossen ist. Maßgeblich sind der berufliche Veranlassungszusammenhang und der damit verbundene konkrete Verwendungszweck des Darlehens (→ BFH vom 7.2.2008 – BStBl. 2010 II S. 48).

– Auch wenn ein Darlehen aus im Gesellschaftsverhältnis liegenden Gründen gewährt wurde, kann der spätere Verzicht darauf durch das zugleich bestehende Arbeitsverhältnis veranlasst sein und dann insoweit zu Werbungskosten bei den Einkünften aus nichtselbständiger Arbeit führen, als die Darlehensforderung noch werthaltig ist (→ BFH vom 25.11.2010 – BStBl. 2012 II S. 24).

– Der Verlust einer aus einer Gehaltsumwandlung entstandenen Darlehensforderung eines Arbeitnehmers gegen seinen Arbeitgeber kann insoweit zu Werbungskosten bei den Einkünften aus nichtselbständiger Arbeit führen, als der Arbeitnehmer ansonsten keine Entlohnung für seine Arbeitsleistung erhalten hätte, ohne seinen Arbeitsplatz erheblich zu gefährden. Dabei ist der Umstand, dass ein außenstehender Dritter, insbesondere eine Bank, dem Arbeitgeber kein Darlehen mehr gewährt hätte, lediglich ein Indiz für eine beruflich veranlasste Darlehenshingabe, nicht aber unabdingbare Voraussetzung für den Werbungskostenabzug eines Darlehensverlustes (→ BFH vom 10.4.2014 – BStBl. II S. 850).

Versorgungszuschlag. Zahlt der Arbeitgeber bei beurlaubten Beamten ohne Bezüge einen Versorgungszuschlag, handelt es sich um steuerpflichtigen Arbeitslohn. In gleicher Höhe liegen beim Arbeitnehmer Werbungskosten vor; dies gilt auch, wenn der Arbeitnehmer den Versorgungszuschlag zahlt (→ BMF vom 22.2.1991 – BStBl. I S. 951).

Beziehungen bestehen. [7]Die persönlichen Beziehungen können ihren Ausdruck besonders in Bindungen an Personen, z. B. Eltern, Verlobte, Freundes- und Bekanntenkreis, finden, aber auch in Vereinszugehörigkeiten und anderen Aktivitäten. [8]Sucht der Arbeitnehmer diese Wohnung im Durchschnitt mindestens zweimal monatlich auf, ist davon auszugehen, dass sich dort der Mittelpunkt seiner Lebensinteressen befindet. [9]Die Sätze 4 bis 8 gelten unabhängig davon, ob sich der Lebensmittelpunkt im Inland oder im Ausland befindet.

Fahrten mit einem zur Nutzung überlassenen Kraftfahrzeug

(2) [1]Ein Kraftfahrzeug ist dem Arbeitnehmer zur Nutzung überlassen, wenn es dem Arbeitnehmer vom Arbeitgeber unentgeltlich oder teilentgeltlich überlassen worden ist (→ R 8.1 Abs. 9) oder wenn es der Arbeitnehmer von dritter Seite geliehen, gemietet oder geleast hat. [2]Wird ein Kraftfahrzeug von einer anderen Person als dem Arbeitnehmer, dem das Kraftfahrzeug von seinem Arbeitgeber zur Nutzung überlassen ist, für Wege zwischen Wohnung und erster Tätigkeitsstätte benutzt, kann die andere Person die Entfernungspauschale nach § 9 Abs. 1 Satz 3 Nr. 4 EStG geltend machen; Entsprechendes gilt für den Arbeitnehmer, dem das Kraftfahrzeug von seinem Arbeitgeber überlassen worden ist, für Wege zwischen Wohnung und erster Tätigkeitsstätte im Rahmen eines anderen Dienstverhältnisses.

Behinderte Menschen i. S. d. § 9 Abs. 2 Satz 3 EStG

(3) [1]Ohne Einzelnachweis der tatsächlichen Aufwendungen können die Fahrtkosten nach den Regelungen in § 9 Abs. 1 Satz 3 Nr. 4a Satz 2 EStG angesetzt werden. [2]Wird ein behinderter Arbeitnehmer im eigenen oder ihm zur Nutzung überlassenen Kraftfahrzeug arbeitstäglich von einem Dritten, z. B. dem Ehegatten, zu seiner ersten Tätigkeitsstätte gefahren und wieder abgeholt, können auch die Kraftfahrzeugkosten, die durch die Ab- und Anfahrten des Fahrers – die so genannten Leerfahrten – entstehen, in tatsächlicher Höhe oder in sinngemäßer Anwendung von § 9 Abs. 1 Satz 3 Nr. 4a Satz 2 EStG als Werbungskosten abgezogen werden. [3]Für den Nachweis der Voraussetzungen des § 9 Abs. 2 Satz 3 EStG ist § 65 EStDV entsprechend anzuwenden.[1)] [4]Für die Anerkennung der tatsächlichen Aufwendungen oder der Kilometersätze aus § 9 Abs. 1 Satz 3 Nr. 4a Satz 2 EStG und für die Berücksichtigung von Leerfahrten ist bei rückwirkender Festsetzung oder Änderung des Grads der Behinderung das Gültigkeitsdatum des entsprechenden Nachweises maßgebend.

Sammelpunkt oder weiträumiges Tätigkeitsgebiet i. S. d. § 9 Abs. 1 Satz 3 Nr. 4a Satz 3 EStG

(4) Die Absätze 1 bis 3 gelten bei Fahrten nach § 9 Abs. 1 Satz 3 Nr. 4a Satz 3 EStG entsprechend.

H 9.10

Allgemeine Grundsätze. → *BMF vom 31.10.2013 (BStBl. I S. 1376).*[2)]

Anrechnung von Arbeitgeberleistungen auf die Entfernungspauschale. – → *BMF vom 31.10.2013 (BStBl. I S. 1376), Tz. 1.9.*[2)]

[1)] Zum Nachweis siehe auch BMF v. 1.3.2021, BStBl. I 2021, 300.
[2)] Ab 1.1.2021 siehe BMF v. 18.11.2021, BStBl. I 2021, 2315.

– → BMF vom 15.8.2019 (BStBl. I S. 875).

Behinderte Menschen.

– → *BMF vom 31.10.2013 (BStBl. I S. 1376), Tz. 3.*[1]
– Auch bei Arbeitnehmern mit Behinderungen darf grundsätzlich nur eine Hin- und Rückfahrt arbeitstäglich, gegebenenfalls zusätzlich eine Rück- und Hinfahrt als Leerfahrt, berücksichtigt werden (→ BFH vom 2.4.1976 – BStBl. II S. 452).
– Zur Ermittlung der Absetzungen für Abnutzung sind die Anschaffungskosten um Zuschüsse nach der Kraftfahrzeughilfe-Verordnung zu mindern (→ BFH vom 14.6.2012 – BStBl. II S. 835).
– Wird bei einem behinderten Menschen der Grad der Behinderung herabgesetzt und liegen die Voraussetzungen des § 9 Abs. 2 Satz 3 EStG nach der Herabsetzung nicht mehr vor, ist dies ab dem im Bescheid genannten Zeitpunkt zu berücksichtigen. Aufwendungen für Wege zwischen Wohnung und erster Tätigkeitsstätte sowie für Fahrten nach § 9 Abs. 1 Satz 3 Nr. 4a Satz 3 EStG können daher ab diesem Zeitpunkt nicht mehr nach § 9 Abs. 2 Satz 3 EStG bemessen werden (→ BFH vom 11.3.2014 – BStBl. II S. 525).

Benutzung verschiedener Verkehrsmittel. → *BMF vom 31.10.2013 (BStBl. I S. 1376), Tz. 1.6.*[1]

Dienstliche Verrichtungen auf der Fahrt. Eine Fahrt zwischen Wohnung und erster Tätigkeitsstätte liegt auch vor, wenn diese gleichzeitig zu dienstlichen Verrichtungen für den Arbeitgeber genutzt wird, z.B. Abholen der Post, sich dabei aber der Charakter der Fahrt nicht wesentlich ändert und allenfalls ein geringer Umweg erforderlich wird; die erforderliche Umwegstrecke ist als Auswärtstätigkeit zu werten (→ BFH vom 12.10.1990 – BStBl. 1991 II S. 134).

Fahrgemeinschaften. → *BMF vom 31.10.2013 (BStBl. I S. 1376), Tz. 1.5.*[1]

Fahrtkosten

– **bei Antritt einer Auswärtstätigkeit von der ersten Tätigkeitsstätte.** Hat der Arbeitnehmer eine erste Tätigkeitsstätte, ist die Entfernungspauschale auch dann anzusetzen, wenn der Arbeitnehmer seine erste Tätigkeitsstätte deshalb aufsucht, um von dort eine Auswärtstätigkeit anzutreten (→ BFH vom 18.1.1991 – BStBl. II S. 408);
– **bei einfacher Fahrt.** Die Entfernungspauschale für Wege zwischen Wohnung und erster Tätigkeitsstätte gilt arbeitstäglich zwei Wege (einen Hin- und einen Rückweg) ab. Legt ein Arbeitnehmer nur einen Weg zurück, so ist nur die Hälfte der Entfernungspauschale je Entfernungskilometer und Arbeitstag als Werbungskosten zu berücksichtigen. Dies gilt, wenn sich z.B. an die Hinfahrt eine Auswärtstätigkeit anschließt, die an der Wohnung des Arbeitnehmers endet (→ BFH vom 26.7.1978 – BStBl. II S. 661); wenn Hin- und Rückfahrt sich auf unterschiedliche Wohnungen beziehen (→ BFH vom 9.12.1988 – BStBl. 1989 II S. 296) oder wenn die Rückfahrt erst an einem späteren Tag erfolgt (→ BFH vom 12.2.2020 – BStBl. II S. 473);

---

[1] Ab 1.1.2021 siehe BMF v. 18.11.2021, BStBl. I 2021, 2315.

– **bei mehreren ersten Tätigkeitsstätten.** Zum Ansatz der Entfernungspauschale bei mehreren ersten Tätigkeitsstätten in **mehreren Dienstverhältnissen** (→ *BMF vom 31.10.2013 – BStBl. I S. 1376, Tz. 1.8);*[1]
– **bei Nutzung verschiedener Verkehrsmittel.** → *BMF vom 31.10. 2013 (BStBl. I S. 1376), Tz. 1.6;*[1]
– **zu einem bestimmten Sammelpunkt.**[2] → § 9 Abs. 1 Satz 3 Nr. 4a Satz 3 EStG und BMF vom 25.11.2020 (BStBl. I S. 1228), Rz. 38 ff.;
– **zu einem weiträumigen Tätigkeitsgebiet.**[2] → § 9 Abs. 1 Satz 3 Nr. 4a Satz 3 EStG und BMF vom 25.11.2020 (BStBl. I S. 1228), Rz. 41 ff.

Leasingsonderzahlung. Durch die Entfernungspauschale wird auch eine Leasingsonderzahlung abgegolten (→ BFH vom 15.4.2010 – BStBl. II S. 805).

Leerfahrten.
– Wird ein Arbeitnehmer im eigenen Kraftfahrzeug von einem Dritten zu seiner ersten Tätigkeitsstätte gefahren oder wieder abgeholt, so sind die so genannten Leerfahrten selbst dann nicht zu berücksichtigen, wenn die Fahrten wegen schlechter öffentlicher Verkehrsverhältnisse erforderlich sind (→ BFH vom 7.4.1989 – BStBl. II S. 925).
– Bei behinderten Menschen i. S. d. § 9 Abs. 2 Satz 3 EStG → R 9.10 Abs. 3.

Mehrere Dienstverhältnisse. → *BMF vom 31.10.2013 (BStBl. I S. 1376), Tz. 1.8.*[1]

Mehrere Wege an einem Arbeitstag.
– → *BMF vom 31.10.2013 (BStBl. I S. 1376), Tz. 1.7.*[1]
– Die Abgeltungswirkung der Entfernungspauschale greift auch dann ein, wenn wegen atypischer Dienstzeiten Wege zwischen Wohnung und erster Tätigkeitsstätte zweimal arbeitstäglich erfolgen (→ BFH vom 11.9.2003 – BStBl. II S. 893).

Parkgebühren. → *BMF vom 31.10.2013 (BStBl. I S. 1376), Tz. 4.*[1]

Park and ride. → *BMF vom 31.10.2013 (BStBl. I S. 1376), Tz. 1.6.*[1]

Umwegfahrten. → Dienstliche Verrichtungen auf der Fahrt; → Fahrgemeinschaften.

Unfallschäden. Neben der Entfernungspauschale **können** nur Aufwendungen **berücksichtigt werden** für die Beseitigung von Unfallschäden bei einem Verkehrsunfall
– auf der Fahrt zwischen Wohnung und erster Tätigkeitsstätte (→ BFH vom 23.6.1978 – BStBl. II S. 457 und vom 14.7.1978 – BStBl. II S. 595),
– auf einer Umwegfahrt zum Betanken des Fahrzeugs (→ BFH vom 11.10.1984 – BStBl. 1985 II S. 10),
– unter einschränkenden Voraussetzungen auf einer Leerfahrt des Ehegatten/Lebenspartners zwischen der Wohnung und der Haltestelle eines öffentlichen Verkehrsmittels oder auf der Abholfahrt des Ehegatten/Lebenspartners (→ BFH vom 26.6.1987 – BStBl. II S. 818 und vom 11.2.1993 – BStBl. II S. 518),

---

[1] Ab 1.1.2021 siehe BMF v. 18.1.2021, BStBl. I 2021, 2315.

[2] Die Anwendung der Entfernungspauschale setzt typischerweise arbeitstägliches (nicht fahrtägliches) dauerhaftes Aufsuchen eines vom Arbeitgeber festgelegten Sammelpunkts voraus; siehe BFH v. 19.4.2021 VI R 6/19, DStR 2021, 1999.

– auf einer Umwegstrecke zur Abholung der Mitfahrer einer Fahrgemeinschaft unabhängig von der Gestaltung der Fahrgemeinschaft (→ BFH vom 11.7.1980 – BStBl. II S. 655).

Nicht berücksichtigt werden können die Folgen von Verkehrsunfällen

– auf der Fahrt unter Alkoholeinfluss (→ BFH vom 6.4.1984 – BStBl. II S. 434),
– auf einer Probefahrt (→ BFH vom 23.6.1978 – BStBl. II S. 457),
– auf einer Fahrt, die nicht von der Wohnung aus angetreten oder an der Wohnung beendet wird (→ BFH vom 25.3.1988 – BStBl. II S. 706),
– auf einer Umwegstrecke, wenn diese aus privaten Gründen befahren wird, z.B. zum Einkauf von Lebensmitteln oder um ein Kleinkind unmittelbar vor Arbeitsbeginn in den Hort zu bringen (→ BFH vom 13.3.1996 – BStBl. II S. 375).

Zu den **berücksichtigungsfähigen Unfallkosten** gehören auch **Schadensersatzleistungen,** die der Arbeitnehmer unter Verzicht auf die Inanspruchnahme seiner gesetzlichen Haftpflichtversicherung selbst getragen hat.

Nicht berücksichtigungsfähig sind dagegen

– die in den Folgejahren erhöhten Beiträge für die Haftpflicht- und Fahrzeugversicherung, wenn die Schadensersatzleistungen von dem Versicherungsunternehmen erbracht worden sind (→ BFH vom 11.7.1986 – BStBl. II S. 866),
– Finanzierungskosten, und zwar auch dann, wenn die Kreditfinanzierung des Fahrzeugs wegen Verlusts eines anderen Kraftfahrzeugs auf einer Fahrt von der Wohnung zur ersten Tätigkeitsstätte erforderlich geworden ist (→ BFH vom 1.10.1982 – BStBl. 1983 II S. 17),
– der so genannte merkantile Minderwert eines reparierten und weiterhin benutzten Fahrzeugs (→ BFH vom 31.1.1992 – BStBl. II S. 401),
– Reparaturaufwendungen infolge der Falschbetankung eines Kraftfahrzeugs auf der Fahrt zwischen Wohnung und erster Tätigkeitsstätte sowie auf Fahrten nach § 9 Abs. 1 Satz 3 Nr. 4a Satz 3 EStG (→ BFH vom 20.3.2014 – BStBl. II S. 849).

Lässt der Arbeitnehmer das unfallbeschädigte Fahrzeug nicht reparieren, kann die Wertminderung durch Absetzungen für außergewöhnliche Abnutzung (§ 7 Abs. 1 letzter Satz i.V.m. § 9 Abs. 1 Satz 3 Nr. 7 EStG) berücksichtigt werden (→ BFH vom 21.8.2012 – BStBl. 2013 II S. 171); Absetzungen sind ausgeschlossen, wenn die gewöhnliche Nutzungsdauer des Fahrzeugs bereits abgelaufen ist (→ BFH vom 21.8.2012 – BStBl. 2013 II S. 171).
→ H 9.12 (Absetzung für Abnutzung).

Soweit die unfallbedingte Wertminderung durch eine Reparatur behoben worden ist, sind nur die tatsächlichen Reparaturkosten zu berücksichtigen (→ BFH vom 27.8.1993 – BStBl. 1994 II S. 235).

Verkehrsgünstigere Strecke.

– → *BMF vom 31.10.2013 (BStBl. I S. 1376), Tz. 1.4.*[1)]
– Für die Entfernungspauschale ist die kürzeste Straßenverbindung auch dann maßgeblich, wenn diese mautpflichtig ist oder mit dem vom Ar-

[1)] Ab 1.1.2021 siehe BMF v. 18.11.2021, BStBl. I 2021, 2315.

re Monatsgehälter gezahlt werden, weil es sich hierbei dem Grunde nach nur um die ratenweise Zahlung eines Einmalbetrags handelt. [3]Die laufende Zahlung von Witwen- oder Hinterbliebenengeldern i. S. d. § 19 Abs. 1 Satz 1 Nr. 2 EStG durch den Arbeitgeber ist demgegenüber regelmäßig als laufender Arbeitslohn (Versorgungsbezug) zu behandeln.

4. [1]Soweit es sich bei den Zahlungen an die Erben oder Hinterbliebenen nicht um Versorgungsbezüge handelt, ist zu prüfen, ob der Altersentlastungsbetrag (§ 24a EStG) zum Ansatz kommt. [2]Dabei ist auf das Lebensalter des jeweiligen Zahlungsempfängers abzustellen. [3]Absatz 2 ist entsprechend anzuwenden.
5. [1]Soweit Zahlungen an im Ausland wohnhafte Erben oder Hinterbliebene erfolgen, bei denen die Voraussetzungen des § 1 Abs. 2 oder 3, § 1a EStG nicht vorliegen, ist bei beschränkt steuerpflichtigen Arbeitnehmern beim Steuerabzug nach den für Lohnzahlungen geltenden Vorschriften zu verfahren; wegen der Besonderheiten wird auf § 38b Abs. 1 Satz 2 Nr. 1 Buchstabe b, § 39 Abs. 2 und 3, § 39a Abs. 2 und 4, § 39b Abs. 1 und 2, § 39c Abs. 2 EStG hingewiesen. [2]Dabei ist jedoch zu beachten, dass auf Grund eines Doppelbesteuerungsabkommens das Besteuerungsrecht dem Ansässigkeitsstaat zustehen kann.[1)]

H 19.9

Erben als Arbeitnehmer. Durch die Zahlung von dem Erblasser zustehenden Arbeitslohn an die Erben oder Hinterbliebenen werden diese steuerlich zu Arbeitnehmern; der Lohnsteuerabzug ist nach den Lohnsteuerabzugsmerkmalen (ggf. Steuerklasse VI) der Erben oder Hinterbliebenen durchzuführen (§ 1 Abs. 1 Satz 2 LStDV).

Weiterleitung von Arbeitslohn an Miterben.

Beispiel:

Nach dem Tod des Arbeitnehmers A ist an die Hinterbliebenen B, C, D und E ein Sterbegeld von 4000 € zu zahlen. Der Arbeitgeber zahlt den Versorgungsbezug an B im Jahr 2021 aus. Dabei wurde die Lohnsteuer nach den Lohnsteuerabzugsmerkmalen des B unter Berücksichtigung der Freibeträge für Versorgungsbezüge von 950 € (15,2 % von 4000 € = 608 € zuzüglich 342 €) erhoben. B gibt im Jahr 2022 je ¼ des Bruttoversorgungsbezugs an C, D und E weiter (insgesamt 3000 €).

Im Jahr 2021 ergeben sich lohnsteuerpflichtige Versorgungsbezüge:

Versorgungsbezüge	4000 €
./. Versorgungsfreibetrag	608 €
./. Zuschlag zum Versorgungsfreibetrag	342 €
lohnsteuerpflichtige Versorgungsbezüge	3050 €

Durch die Weiterleitung im Jahr 2022 verbleibt B ein Anteil an den Versorgungsbezügen von 1000 €. Hierauf entfällt ein Versorgungsfreibetrag in Höhe von 152 € (15,2 % von 1000 €) zuzüglich eines Zuschlags zum Versorgungsfreibetrag von 342 €, also steuerpflichtige Versorgungsbezüge von 506 €. Bei B sind in 2022 negative Einnahmen in Höhe von 2494 € (3000 € ./. 506 €) anzusetzen.

---

1) Alle DBA abgedruckt in der Loseblattsammlung **Doppelbesteuerungsabkommen.**

Zu § 19a EStG[1]

R **19a. Steuerbegünstigte Überlassung von Vermögensbeteiligungen**[2]

Soweit § 19a EStG nach der Übergangsregelung in § 52 Abs. 27 EStG weiter anzuwenden ist, gelten die Anweisungen in R 19a LStR 2008 fort.

H **19a**

Anwendungsregelung § 19a EStG. Die Übergangsregelung in § 52 Abs. 27 EStG zur Weiteranwendung des § 19a EStG in der am 31.12.2008 geltenden Fassung ist zum 31.12.2015 abgelaufen.

Nachfolgeregelung. → § 3 Nr. 39 EStG.

Zu § 24a EStG

H **24a**

Allgemeines. → R 24a EStR, H 24a EStH.[3]

Zu § 24b EStG

H **24b**

Allgemeine Grundsätze. → BMF vom 23.10.2017 (BStBl. I S. 1432).

Freibetrag bei mehreren Kindern. → H 39a.1 (Beispiele).

Zu § 32 EStG

H **32**

Berücksichtigung von Kindern. → R 32 EStR, H 32 EStH.[3]

Zu § 32b EStG

H **32b**

Progressionsvorbehalt. → R 32b EStR, H 32b EStH.[3]

Zu § 33 EStG

H **33**

Außergewöhnliche Belastungen allgemeiner Art. → R 33 EStR, H 33 EStH.[3]

Zu § 33a EStG[4]

H **33a**

Außergewöhnliche Belastung in besonderen Fällen. → R 33a EStR, H 33a EStH.[3]

---

[1] Zur lohnsteuerlichen Behandlung der Überlassung bzw. Übertragung von Vermögensbeteiligungen ab 2021 (§ 3 Nr. 39, § 19a EStG) siehe BMF v. 16.11.2021, BStBl. I 2021, 2308.

[2] Überholt, siehe H 19a.

[3] Nr. 1.

[4] Zur Berücksichtigung ausländischer Verhältnisse (Ländergruppeneinteilung ab 1.1.2021) vgl. BMF v. 11.11.2020, BStBl. I 2020, 1212; zur Berücksichtigung von Unterhaltsaufwendungen vgl. BMF v. 7.6.2010, BStBl. I 2010, 582; zur Berücksichtigung von Aufwendungen für den Unterhalt von Personen im Ausland vgl. BMF v. 7.6.2010, BStBl. I 2010, 588.

H 40.2

Abwälzung der pauschalen Lohnsteuer

– bei bestimmten Zukunftssicherungsleistungen → H 40b.1 (Abwälzung der pauschalen Lohnsteuer);
– bei Fahrtkosten (→ BMF vom 10.1.2000 – BStBl. I S. 138);

Beispiel:

Ein Arbeitnehmer hat Anspruch auf einen Zuschuss zu seinen Pkw-Kosten für Fahrten zwischen Wohnung und erster Tätigkeitsstätte in Höhe der gesetzlichen Entfernungspauschale, so dass sich für den Lohnabrechnungszeitraum ein Fahrtkostenzuschuss von insgesamt 210 € ergibt. Arbeitgeber und Arbeitnehmer haben vereinbart, dass diese Arbeitgeberleistung pauschal besteuert werden und der Arbeitnehmer die pauschale Lohnsteuer tragen soll.

Bemessungsgrundlage für die Anwendung des gesetzlichen Pauschsteuersatzes von 15 % ist der Bruttobetrag von 210 €.

Als pauschal besteuerte Arbeitgeberleistung ist der Betrag von 210 € zu bescheinigen. Dieser Betrag mindert den nach § 9 Abs. 1 Satz 3 Nr. 4 EStG als Werbungskosten abziehbaren Betrag von 210 € auf 0 €;

– bei Teilzeitbeschäftigten → H 40a.1 (Abwälzung der pauschalen Lohnsteuer).

Bescheinigungspflicht für Fahrgeldzuschüsse. → § 41b Abs. 1 Satz 2 Nr. 7 EStG.

Betriebsveranstaltung.

– Zum Begriff → BMF vom 14.10.2015 (BStBl. I S. 832).
– Zur Pauschalversteuerung → BMF vom 14.10.2015 (BStBl. I S. 832), Tz. 5.
– Eine nur Führungskräften eines Unternehmens vorbehaltene Abendveranstaltung ist mangels Offenheit des Teilnehmerkreises keine Betriebsveranstaltung i. S. d. § 40 Abs. 2 Satz 1 Nr. 2 EStG (→ BFH vom 15.1.2009 – BStBl. II S. 476).
– Im Rahmen einer Betriebsveranstaltung an alle Arbeitnehmer überreichte Goldmünzen unterliegen nicht der Pauschalierungsmöglichkeit des § 40 Abs. 2 Satz 1 Nr. 2 EStG (→ BFH vom 7.11.2006 – BStBl. 2007 II S. 128).
– Während einer Betriebsveranstaltung überreichte Geldgeschenke, die kein zweckgebundenes Zehrgeld sind, können nicht nach § 40 Abs. 2 EStG pauschal besteuert werden (→ BFH vom 7.2.1997 – BStBl. II S. 365).

Erholungsbeihilfen. → H 3.11 (Erholungsbeihilfen und andere Beihilfen).

Fahrten zwischen Wohnung und erster Tätigkeitsstätte. → BMF vom 4.4.2018 (BStBl. I S. 592).

Fahrtkostenzuschüsse

– als zusätzlich erbrachte Leistung → R 3.33 Abs. 5, BMF vom 5.2.2020 (BStBl. I S. 222);
– können auch bei Anrechnung auf andere freiwillige Sonderzahlungen pauschal versteuert werden (→ BFH vom 1.10.2009 – BStBl. 2010 II S. 487);

– sind auch bei Teilzeitbeschäftigten i. S. d. § 40a EStG unter Beachtung der Abzugsbeschränkung bei der Entfernungspauschale nach § 40 Abs. 2 Satz 2 EStG pauschalierbar. Die pauschal besteuerten Beförderungsleistungen und Fahrtkostenzuschüsse sind in die Prüfung der Arbeitslohngrenzen des § 40a EStG nicht einzubeziehen (→ § 40 Abs. 2 Satz 3 EStG).
– Zur Pauschalbesteuerung von Fahrtkostenzuschüssen → *BMF vom 31.10.2013 (BStBl. I S. 1376).*[1)]

Fehlerhafte Pauschalversteuerung. → H 40a.1 (Fehlerhafte Pauschalversteuerung).

Gestellung von Kraftfahrzeugen.
– Die Vereinfachungsregelung von 15 Arbeitstagen monatlich gilt nicht bei der Einzelbewertung einer Kraftfahrzeuggestellung nach der sog. 0,002%-Methode → BMF vom 4.4.2018 (BStBl. I S. 592), Rdnr. 10.
– Zur Pauschalbesteuerung bei der Gestellung von Kraftfahrzeugen → *BMF vom 31.10.2013 (BStBl. I S. 1376).*[1)]

Kirchensteuer bei Pauschalierung der Lohn- und Einkommensteuer. → Gleich lautende Ländererlasse vom 8.8.2016 (BStBl. I S. 773).

Ladevorrichtung. Zur Pauschalversteuerung → BMF vom 29.9.2020 (BStBl. I S. 972), Rdnr. 27–31.

Pauschalversteuerung von Reisekosten.
– → BMF vom 25.11.2020 (BStBl. I S. 1228), Rz. 58 ff.

– **Beispiel:**
Ein Arbeitnehmer erhält wegen einer Auswärtstätigkeit von Montag 11 Uhr bis Mittwoch 20 Uhr mit kostenloser Übernachtung mit Frühstück lediglich pauschalen Fahrtkostenersatz von 250 €, dem eine Fahrstrecke mit eigenem Pkw von 500 km zugrunde liegt.

Steuerfrei sind	
– eine Fahrtkostenvergütung von (500 × 0,30 € =)	150,00 €
– Verpflegungspauschalen von (14 € + 22,40 € [28 € ./. 5,60 €] + 8,40 € [14 € ./. 5,60 €]=)	44,80 €
insgesamt	194,80 €.

Der Mehrbetrag von (350 € ./. 194,80 € =) 155,20 € kann mit einem Teilbetrag von 56 € pauschal mit 25 % versteuert werden. Bei einer Angabe in der Lohnsteuerbescheinigung sind 44,80 € in die Zeile 20 „steuerfreie Verpflegungszuschüsse bei Auswärtstätigkeit" einzutragen (→ § 41b Abs. 1 Satz 2 Nr. 10 EStG).

Wahlrecht. Das Wahlrecht des Arbeitgebers, die Lohnsteuer für geldwerte Vorteile bei Fahrten zwischen Wohnung und erster Tätigkeitsstätte nach § 40 Abs. 2 Satz 2 EStG zu pauschalieren, wird nicht durch einen Antrag, sondern durch Anmeldung der mit einem Pauschsteuersatz erhobenen Lohnsteuer ausgeübt. Ein dahingehender Antrag, der im finanzgerichtlichen Verfahren gestellt wird, ist unbeachtlich (→ BFH vom 24.9.2015 – BStBl. 2016 II S. 176).

---

1) Siehe ab 1.1.2021 BMF v. 18.11.2021, BStBl. I 2021, 2315.

250. Erbschaftsteuer-Richtlinien 2019 (ErbStR 2019)

Allgemeine Verwaltungsvorschrift zur Anwendung des Erbschaftsteuer- und Schenkungsteuerrechts

Vom 16. Dezember 2019 (BStBl. I 2019 Sondernummer 1, 2)

Mit den Erbschaftsteuer-Hinweisen 2019[1)]

Nach Artikel 108 Absatz 7 des Grundgesetzes wird folgende allgemeine Verwaltungsvorschrift erlassen:

Inhaltsübersicht

1) Gleich lautender Ländererlass v. 16.12.2019, BStBl. I 2019 Sondernummer 1, 151.

2) Zur Anwendung der durch das JStG 2020 geänderten Vorschriften des ErbStG für Erwerbe mit einer Steuerentstehung nach dem 28.12.2020 siehe gleich lautenden Ländererlass v. 13.9.2021, BStBl. I 2021, 1837.

H E 3.1 (6)

Erwerb eines nicht geltend gemachten Pflichtteilsanspruchs durch Erbanfall. → BFH vom 7.12.2016 II R 21/14, BStBl. 2018 II S. 196.

R E 3.2[1] Erwerb durch Vermächtnis – *unbesetzt* –

H E 3.2

Formunwirksames Vermächtnis. → BFH vom 15.3.2000 II R 15/98, BStBl. II S. 588.

Kaufrechtsvermächtnis. → BFH vom 13.8.2008 II R 7/07, BStBl. II S. 982.

Testamentsvollstreckervergütung im Regelfall kein Vermächtnis, auch soweit sie die angemessene Höhe übersteigt. → BFH vom 2.2.2005 II R 18/03, BStBl. II S. 489.

Vermächtnis, das auf einen nicht zum Nachlass gehörenden Gegenstand gerichtet ist. → BFH vom 28.3.2007 II R 25/05, BStBl. II S. 461.

Wahlvermächtnis. → BFH vom 6.6.2001 II R 14/00, BStBl. II S. 725.

R E 3.3 Schenkung auf den Todesfall

¹Die Schenkung auf den Todesfall (§ 3 Absatz 1 Nummer 2 Satz 1 ErbStG) erfordert trotz der Zuordnung zu den Erwerben von Todes wegen die Tatbestandsmerkmale einer freigebigen Zuwendung (→ R E 7.1). ²Die vom Erwerber übernommenen Verbindlichkeiten sind nach § 10 Absatz 1 Satz 2 ErbStG vom steuerlichen Wert des Erwerbsgegenstandes abzuziehen.

H E 3.3

Überhöhte Zugewinnausgleichsforderung bei güterrechtlichem Zugewinnausgleich. → R E 5.2.

Objektive und subjektive Voraussetzungen einer Schenkung auf den Todesfall. → BFH vom 5.12.1990 II R 109/86, BStBl. 1991 II S. 181.

Wert des Erwerbs.

Beispiel:

A erwirbt mit dem Tod des Erblassers E durch Schenkung auf den Todesfall ein zum Nachlass des E gehörendes Grundstück mit einem Grundbesitzwert von 900 000 EUR gegen Übernahme der auf dem Grundstück lastenden, mit 300 000 EUR valutierenden Hypothekenschulden.

Wert des Erwerbs des A durch Schenkung auf den Todesfall:

Grundbesitzwert des Grundstücks	900 000 EUR
abzüglich Verbindlichkeiten	./. 300 000 EUR
Bereicherung	600 000 EUR

R E 3.4 Gesellschaftsanteil beim Tod eines Gesellschafters

(1) ¹Geht beim Tode eines Gesellschafters sein Anteil am Gesellschaftsvermögen nicht auf seine Erben, sondern auf die verbleibenden Gesellschafter bzw. die Gesellschaft selbst über und ist der Wert der Abfindung, die diese dafür zu

[1] Zur Auslegung einer Vermächtnisanordnung siehe BFH v. 25.11.2020 II R 36/18, BFH/NV 2021, 933.

leisten haben, geringer als der sich nach § 12 ErbStG ergebende Wert des Anteils, gilt die insoweit eintretende Bereicherung der Gesellschafter als Schenkung auf den Todesfall (§ 3 Absatz 1 Nummer 2 Satz 2 ErbStG). [2]Dies betrifft sowohl Anteile an einer Personengesellschaft als auch Anteile an einer Kapitalgesellschaft. [3]Auf das subjektive Merkmal eines Willens zur Unentgeltlichkeit (→ R E 7.1) seitens des verstorbenen Gesellschafters kommt es nicht an.

H E 3.4 (1)

Wille zur Unentgeltlichkeit. → BFH vom 1.7.1992 II R 20/90, BStBl. II S. 912.

R E 3.4 (2)

(2)[1)] [1]Bei Personengesellschaften betrifft der Tatbestand des § 3 Absatz 1 Nummer 2 Satz 2 ErbStG insbesondere den Anwachsungserwerb (§ 738 Absatz 1 BGB, § 105 Absatz 2, § 161 Absatz 2 HGB), aber auch den Übergang des Gesamthandseigentums in das Alleineigentum des übernehmenden Gesellschafters im Fall einer zweigliedrigen Personengesellschaft. [2]Als Erwerber sind stets die verbleibenden Gesellschafter anzusehen.

H E 3.4 (2)

Anwachsungserwerb.

Beispiel:

Gesellschafter der gewerblich tätigen X-OHG sind die natürlichen Personen A, B und C zu je einem Drittel. Beim Tod des Gesellschafters A wird die Gesellschaft durch die verbleibenden Gesellschafter B und C fortgesetzt. Der Gesellschaftsvertrag sieht die Abfindung der Erben zum Buchwert vor. Der Gesellschaftsanteil des A hatte bei seinem Tod einen steuerlichen Wert von 500 000 EUR und einen Buchwert von 300 000 EUR.

Der Anwachsungserwerb von B und C unterliegt als Schenkung auf den Todesfall der Erbschaftsteuer mit folgendem Wert:

Steuerwert des Gesellschaftsanteils A	500 000 EUR
abzüglich Abfindung an die Erben zum Buchwert	./. 300 000 EUR
Übersteigender Wert	200 000 EUR
davon entfallen auf B bzw. C (je $^1/_2$) =	100 000 EUR

Der Erwerb von B und C ist in Höhe von je 100 000 EUR steuerbegünstigt nach §§ 13a, 19a ErbStG (→ R E 13b.1 Absatz 1 Satz 4 Nummer 3, R E 13b.5, R E 19a.1, H E 13b.1).

Entlastungen beim Erwerb von Betriebsvermögen. → R E 13b.5.

Übernahmeklausel bei zweigliedriger Personengesellschaft. → BFH vom 1.7.1992 II R 12/90, BStBl. II S. 925, 928.

Vermögensanfall an eine Gesamthandsgemeinschaft. → BFH vom 14.9.1994 II R 95/92, BStBl. 1995 II S. 81.

R E 3.4 (3)

(3)[1] Eine Anwachsung auf die verbleibenden Gesellschafter ist bei Anteilen an Kapitalgesellschaften nicht möglich. [2]Im Recht der GmbH kann die Vererblichkeit des Geschäftsanteils durch Gesellschaftsvertrag nicht abbedungen werden (§ 15 GmbHG). [3]§ 3 Absatz 1 Nummer 2 Satz 2 ErbStG erfasst aber

---

[1)] Zur erbschaftsteuerrechtlichen Behandlung der Anwachsung eines KG-Anteils bei übersteigendem Abfindungsanspruch siehe BFH v. 8.6.2021 II R 2/19, DStR 2021, 2635.

Zu § 5 ErbStG[1)]

R E 5.1 Erbrechtlicher Zugewinnausgleich

(1) [1]Kommt es mit Beendigung der Zugewinngemeinschaft zur erbrechtlichen Abwicklung, weil die Eheleute bis zum Tod eines Ehegatten im Güterstand der Zugewinngemeinschaft gelebt und der überlebende Ehegatte das Vermögen des verstorbenen Ehegatten ganz oder teilweise durch Erbanfall oder Vermächtnis erworben hat, ist nur für steuerliche Zwecke fiktiv eine steuerfrei zu stellende Ausgleichsforderung zu ermitteln und vom Erwerb des Ehegatten abzuziehen. [2]Ist abzusehen, dass der Erwerb des überlebenden Ehegatten einschließlich etwaiger Vorschenkungen (§ 14 ErbStG) die persönlichen Freibeträge (§§ 16, 17 ErbStG) nicht überschreiten wird, kann eine Berechnung der fiktiven Ausgleichsforderung unterbleiben.

(2)[2)] [1]Die fiktive Ausgleichsforderung ist für die tatsächliche Dauer der Zugewinngemeinschaft nach den Bestimmungen der §§ 1373 bis 1383 und 1390 BGB zu ermitteln; von diesen Vorschriften abweichende ehevertragliche Vereinbarungen bleiben hierbei unberücksichtigt. [2]Für jeden Ehegatten ist das Anfangs- und Endvermögen nach Verkehrswerten gegenüberzustellen. [3]Die Zu- und Abrechnungen nach §§ 1374 ff. BGB sind dabei zu beachten. [4]Bei Überschuldung ist das Vermögen mit seinem negativen Wert anzusetzen (§ 1374 Absatz 1, § 1375 Absatz 1 BGB). [5]Die infolge des Kaufkraftschwunds nur nominale Wertsteigerung des Anfangsvermögens eines Ehegatten während der Ehe stellt keinen Zugewinn dar; das gilt auch in Fällen eines negativen Anfangsvermögens. [6]Für die Wertsteigerung bei Hinzurechnungen zum Anfangsvermögen gilt dies entsprechend.

H E 5.1 (2)

Wertsteigerung infolge des Kaufkraftschwundes. Der auf allgemeiner Geldentwertung beruhende unechte Wertzuwachs des Anfangsvermögens ist aus der Berechnung der Ausgleichsforderung zu eliminieren, indem das Anfangsvermögen der Ehegatten mit dem Lebenshaltungskostenindex (→ Statistisches Jahrbuch für die Bundesrepublik Deutschland) zur Zeit der Beendigung des Güterstandes multipliziert und durch die für den Zeitpunkt des Beginns des Güterstandes geltende Indexzahl dividiert wird (→ BGH vom 14.11.1973 IV ZR 147/72, BGHZ 61 S. 385; BFH vom 27.6.2007 II R 39/05, BStBl. II S. 783).
Sind dem Anfangsvermögen Vermögensgegenstände nach § 1374 Absatz 2 BGB zuzurechnen, ist bei der Berechnung des Vermögenszuwachses der Kaufkraftschwund des Geldes seit dem Zeitpunkt des Erwerbs der Gegenstände zu berücksichtigen (→ BGH vom 20.5.1987 IVb ZR 62/86, BGHZ 101 S. 65). In Fällen einer Hinzurechnung von Vermögensgegenständen zum Endvermögen nach § 1375 Absatz 2 BGB ist bei der Berechnung des Vermögens-

---

1) Zu § 5 Abs. 1 ErbStG siehe gleich lautenden Ländererlass v. 13.9.2021, BStBl. I 2021, 1837.

2) Zur Indizierung eines negativen Anfangsvermögens im Rahmen der Berechnung der Ermittlung des erbrechtlichen Zugewinnausgleichsanspruchs siehe BayLfSt v. 28.12.2020 – S 3804 – 2.1 – 2/5 St 34, ZEV 2021, 127. – Zum Pflichtteilsanspruch bei Berechnung der fiktiven Zugewinnausgleichsforderung siehe BFH v. 22.7.2020 II R 42/18, BStBl. II 2021, 617.

zuwachses der Kaufkraftschwund des Geldes seit dem Zeitpunkt der Minderung des Vermögens um die Gegenstände zu berücksichtigen.

Preisindex für die Lebenshaltung aller privaten Haushalte[1)]

2015 = 100

1958	**1959**	**1960**	**1961**	**1962**	**1963**	**1964**	**1965**	**1966**	**1967**
23,3	23,4	23,7	24,4	24,6	25,4	26,0	26,8	27,7	28,3
1968	**1969**	**1970**	**1971**	**1972**	**1973**	**1974**	**1975**	**1976**	**1977**
28,6	29,2	30,2	31,8	33,6	35,9	38,4	40,7	42,4	44,0
1978	**1979**	**1980**	**1981**	**1982**	**1983**	**1984**	**1985**	**1986**	**1987**
45,2	47,1	49,6	52,7	55,5	57,2	58,7	59,9	59,9	59,9
1988	**1989**	**1990**	**1991**	**1992**	**1993**	**1994**	**1995**	**1996**	**1997**
60,8	62,4	64,1	65,5	68,8	71,9	73,8	75,1	76,1	77,6
1998	**1999**	**2000**	**2001**	**2002**	**2003**	**2004**	**2005**	**2006**	**2007**
78,3	78,8	79,9	81,5	82,6	83,5	84,9	86,2	87,6	89,6
2008	**2009**	**2010**	**2011**	**2012**	**2013**	**2014**	**2015**	**2016**	**2017**
91,9	92,2	93,2	95,2	97,1	98,5	99,5	100,0	100,5	102,0
2018									
103,8									

Aktuelle Indexzahlen: Statistisches Bundesamt, Fachserie 17, Reihe 7, Eilbericht (erscheint monatlich, abrufbar unter https: //www.destatis.de)

Beispiel:

Bei Eheschließung 1970 hatte das Anfangsvermögen des Ende 2016 verstorbenen Ehegatten einen Wert von umgerechnet 180 000 EUR.

Der um die allgemeine Geldentwertung bereinigte Wert des Anfangsvermögens ist wie folgt zu berechnen:

$$\frac{180\,000 \text{ EUR} \times 100{,}5}{30{,}2} = 599\,007 \text{ EUR}$$

R E 5.1 (3)

(3) [1]Anfangsvermögen ist das Vermögen, das einem Ehegatten – nach Abzug von Verbindlichkeiten – beim Eintritt des Güterstandes gehörte (§ 1374 Absatz 1 BGB). [2]Im Fall des § 5 Absatz 1 ErbStG gilt als Tag des Eintritts des Güterstands

1. für alle Ehen, die nach dem 1.7.1958 geschlossen wurden oder werden und die nicht durch Ehevertrag einen anderen Güterstand vereinbart haben, der Tag der Eheschließung;
2. für vor dem 1.7.1958 geschlossene Ehen der 1.7.1958 (Art. 8 Abschn. I Nummer 3 und 4 Gleichberechtigungsgesetz);
3. für Ehen, bei denen die Eheleute (aus einem zunächst vertraglich vereinbarten anderen Güterstand) später durch ehevertragliche Vereinbarung in den Güterstand der Zugewinngemeinschaft wechseln, der Tag des Vertragsabschlusses;
4. für Ehen, für die im Beitrittsgebiet der gesetzliche Güterstand nach § 13 des Familiengesetzbuchs der DDR (Errungenschaftsgemeinschaft) galt und die

1) **Aktualisierte Werte** siehe Anlage 3 (Nr. **250 Anl. 3**).

H E 6

Festsetzung der Erbschaftsteuer für den Vorerbfall nach dem Tod des Vorerben. Die Erbschaftsteuer für den Vorerbfall ist nach dem Tod des Vorerben regelmäßig gegen den Nacherben und nur ausnahmsweise gegen den Erben des Vorerben festzusetzen (→ BFH vom 13.4.2016 II R 55/14, BStBl. II S. 746).

Zu § 7 ErbStG

R E 7.1[1] Freigebige Zuwendungen

(1) [1] Der steuerliche Schenkungsbegriff unterscheidet sich vom zivilrechtlichen Schenkungsbegriff (§ 516 BGB) darin, dass eine Einigung zwischen Schenker und Beschenktem über die Unentgeltlichkeit der Zuwendung nicht erforderlich ist. [2] Eine freigebige Zuwendung setzt voraus, dass sie unentgeltlich erfolgt und der Empfänger objektiv auf Kosten des Zuwendenden bereichert ist. [3] Der Zuwendende muss diese Unentgeltlichkeit subjektiv gewollt haben.

(2) [1] Bereicherung kann jede Vermögensvermehrung und jede Minderung von Schulden oder Belastungen beim Bedachten sein. [2] Ob eine Bereicherung vorliegt, ist zunächst anhand der gemeinen Werte (Verkehrswerte) der Zuwendungsgegenstände und der gegebenenfalls vom Bedachten zu erfüllenden Gegenleistungen und Auflagen zu beurteilen. [3] Unentgeltlich ist ein Erwerb, soweit er nicht rechtlich abhängig ist von einer den Erwerb ausgleichenden Gegenleistung, die sowohl nach Art eines gegenseitigen Vertrags als auch durch Setzen einer Auflage oder Bedingung begründet sein kann. [4] Eine Bereicherung tritt nicht ein, soweit der Empfänger das Erhaltene rechtlich beanspruchen konnte, z. B. infolge einer entsprechenden Forderung oder als Entlohnung für vereinbarte Dienste.

(3) [1] Der Zuwendende muss in dem Bewusstsein handeln, dass er zu der Vermögenshingabe rechtlich nicht verpflichtet ist, er also seine Leistung ohne rechtlichen Zusammenhang mit einer Gegenleistung oder einem Gemeinschaftszweck erbringt. [2] Ein auf die Bereicherung des Bedachten gerichteter Wille im Sinne einer Bereicherungsabsicht ist nicht erforderlich. [3] Der Wille zur Unentgeltlichkeit ist auf der Grundlage der dem Zuwendenden bekannten Umstände nach den Maßstäben des allgemein Verkehrsüblichen festzustellen. [4] Es genügt,

---

[1] Zur Würdigung einer Steuerklausel in einem deutsch-niederländischen Schenkungsteuerfall siehe BFH v. 23.5.2019 II B 97/18, ZEV 2019, 654. – Zur steuerlichen Einordnung von Zuwendungen einer Schweizer Stiftung siehe BFH v. 3.7.2019 II R 6/16, BStBl. II 2020, 61. – Zu den Voraussetzungen für einen inländischen Wohnsitz und damit für die unbeschränkte Steuerpflicht im Hinblick auf freigebige, schenkungsteuerpflichtige Zuwendungen siehe BFH v. 17.7.2019 II B 30, 32-34, 38/18, BStBl. II 2019, 620. – Zur Schenkungsteuer bei disquotaler Einlage in das Gesellschaftsvermögen einer KG siehe BFH v. 5.2.2020 II R 9/17, BStBl. II 2020, 658; Vb. nicht zur Entscheidung angenommen, BVerfG v. 19.4.2021 1 BvR 2072/20. – Zur steuerlichen Einordnung von Leistungen ausländischer Stiftungen an inländische Destinatäre siehe BayLfSt v. 5.3.2020 – S 3806.2.1-104/42 St 34, DStR 2020, 599. – Zum Erwerb eines Geschäftsanteils durch Pooltreuhänder im Rahmen eines Managermodells siehe BFH v. 6.5.2020 II R 34/17, BStBl. II 2020, 744. – Zum Zuwendungsgegenstand bei mehrmonatiger Reise mit zugebuchten Leistungen siehe BFH v. 16.9.2020 II R 24/18, BStBl. II 2021, 621.

wenn der Zuwendende die Tatsachen und Umstände kennt, auf Grund derer eine Zuwendung als objektiv unentgeltlich qualifiziert werden kann.

(4) Liegt eine freigebige Zuwendung vor, richtet sich die Bewertung der zugewendeten Vermögensgegenstände und der gegebenenfalls vom Bedachten zu erfüllenden Gegenleistungen und Auflagen nach § 12 ErbStG.

H E 7.1

Abfindung für den Verzicht auf einen künftigen Pflichtteilsanspruch. → BFH vom 10.5.2017 II R 25/15, BStBl. 2018 II S. 201.

Beginn der Festsetzungsverjährung bei mittelbarer Schenkung. In der unentgeltlichen Übertragung eines Kommanditanteils durch den Schenker und der nachfolgenden Veräußerung des Anteils durch den Bedachten kann die mittelbare Schenkung des Veräußerungserlöses liegen (mittelbare Geldschenkung). Bei einer mittelbaren Schenkung hat die Finanzbehörde erst dann Kenntnis von der vollzogenen Schenkung, wenn sie alle Umstände kennt, die die mittelbare Schenkung begründen. Dazu gehört auch die Kenntnis von der Veräußerung des vom Schenker übertragenen Gegenstands (→ BFH vom 8.3.2017 II R 2/15, BStBl. II S. 751).

Bereicherung in den Fällen des Nießbrauchsverzichts, in denen der Nießbrauch bei früheren Erwerben teilweise einem Abzugsverbot unterlag. → H E 10.1.

Bestellung eines Erbbaurechts ohne oder gegen zu niedrigen Erbbauzins. In der Bestellung eines Erbbaurechts gegen einen unter dem angemessenen Erbbauzins liegenden vertraglichen Erbbauzins liegt eine freigebige Zuwendung nach § 7 Absatz 1 Nummer 1 ErbStG. Bemessungsgrundlage ist der für das eingeräumte Erbbaurecht auf die Laufzeit des Erbbaurechts kapitalisierte Unterschiedsbetrag zwischen dem angemessenen Erbbauzins und dem tatsächlich vereinbarten Erbbauzins.

Einräumung der Gesamtgläubigerstellung an Rentenrechten.[1)] → BFH vom 22.8.2007 II R 33/06, BStBl. 2008 II S. 28.

Einräumung einer typischen Unterbeteiligung noch keine Schenkung. → BFH vom 16.1.2008 II R 10/06, BStBl. II S. 631.

Frei verfügbarer Anspruch aus einem Vertrag zu Gunsten Dritter. → BFH vom 20.1.2005 II R 20/03, BStBl. II S. 408.

Gemischte Schenkung/Schenkungen unter einer Auflage. → R E 7.4.

Missverhältnis von Leistung und Gegenleistung. Stehen bei einer Vermögensübertragung Leistung und Gegenleistung in einem auffallenden Missverhältnis und liegt es nach den Umständen des Falles nahe, anzunehmen, den Vertragschließenden sei dieses Missverhältnis bekannt gewesen, muss derjenige, der behauptet, dass zumindest dem Zuwendenden das Missverhältnis nicht bekannt gewesen sei, dies durch konkreten Vortrag untermauern (→ BFH vom 10.9.1986 II R 81/84, BStBl. 1987 II S. 80).

[1)] *Zu den Voraussetzungen einer freigebigen* Zuwendung iSd § 7 Abs. 1 Nr. 1 ErbStG bei Verschaffung einer Gesamtgläubigerstellung bezüglich eines Nießbrauchsrechts an den anderen Ehegatten siehe BFH v. 8.6.2021 II R 23/19, BFH/NV 2022, 21.

Mittelbare Schenkung des Erlöses aus dem Verkauf übertragener Gesellschaftsanteile. → BFH vom 23.3.2012 II R 39/10, BStBl. II S. 712.

Nachträgliche entgeltliche Ablösung eines Nießbrauchsrechts. → BFH vom 19.12.2007 II R 34/06, BStBl. 2008 II S. 260.

Übernahme einer Bürgschaft. → BFH vom 12.7.2000 II R 26/98, BStBl. II S. 596.

Unentgeltliche Übertragung eines bebauten Grundstücks nach Errichtung eines Gebäudes durch den Beschenkten. Bei der Ermittlung der Bereicherung des Beschenkten ist der Grundbesitzwert des bebauten Grundstücks anzusetzen und um den Differenzbetrag zwischen diesem und dem Grundbesitzwert für das unbebaute Grundstück zu mindern (→ BFH vom 1.7.2008 II R 38/07, BStBl. II S. 876). Der Grundbesitzwert des bebauten Grundstücks ist gesondert festzustellen (§ 151 Absatz 1 Satz 1 Nummer 1 BewG); der Grundbesitzwert für das unbebaute Grundstück ist

(Fortsetzung S. 41)

H E 7.4 (2)

Bemessungsgrundlage bei der Inanspruchnahme einer Steuerbefreiung.

Beispiel:

A überträgt im Jahr 01 B ein Mietwohngrundstück mit einem Grundbesitzwert von 750 000 EUR. Aus der Anschaffung resultiert noch eine Verbindlichkeit in Höhe von 150 000 EUR, die B übernimmt. A behält sich den Nießbrauch an den Erträgen vor. Der Kapitalwert des Nießbrauchs unter Berücksichtigung der Begrenzung nach § 16 BewG beträgt 100 000 EUR.

Grundbesitzwert				750 000 EUR
Befreiung § 13d ErbStG 10 % von 750 000 EUR			./.	75 000 EUR
Verbleiben				675 000 EUR
Gegenleistung in wirtschaftlichem Zusammenhang mit dem Grundstück		150 000 EUR		
Nießbrauch	+	100 000 EUR		
Summe		250 000 EUR		
Nicht abzugsfähig 10 % von 250 000 EUR =	./.	25 000 EUR		
Abzugsfähig		225 000 EUR	./.	225 000 EUR
Bereicherung				450 000 EUR

R E 7.4 (3)

(3) [1] Sind mehrere Vermögensgegenstände Gegenstand einer freigebigen Zuwendung, sind unabhängig davon, ob die Gegenstände zu einer oder zu mehreren Vermögensarten gehören, die steuerlichen Einzelwerte zu einem einheitlichen Steuerwert der Gesamtschenkung zusammenzufassen, soweit die einzelnen Zuwendungen nicht zu unterschiedlichen Zeitpunkten ausgeführt wurden. [2] Soweit ein Teil des zugewendeten Vermögens nach §§ 13, 13a, 13c oder 13d ErbStG begünstigt ist (→ R E 13.1 ff., R E 13a.1 ff., R E 13c.1 ff, R E 13d), sind die Befreiungen bei dem einzelnen begünstigten Vermögen vorzunehmen. [3] Absatz 2 ist mit der Maßgabe anzuwenden, dass die Gegenleistungen, Leistungs-, Nutzungs- oder Duldungsauflagen entsprechend ihrem wirtschaftlichen Zusammenhang den einzelnen geschenkten Vermögensgegenständen zuzurechnen sind. [4] Steht eine Gegenleistung, Leistungs-, Nutzungs- oder Duldungsauflage im Zusammenhang mit allen Vermögensgegenständen, ohne dass sie wirtschaftlich einem einzelnen Vermögensgegenstand oder einzelnen Vermögensgegenständen zugeordnet werden kann, ist sie auf die einzelnen Vermögensgegenstände nach dem Verhältnis der Steuerwerte aufzuteilen; Absatz 2 gilt entsprechend.[1)]

H E 7.4 (3)

Bemessungsgrundlage bei der gemischten Schenkung und Schenkung unter Auflage in Mischfällen und Inanspruchnahme einer Steuerbefreiung.

Beispiel 1:

A überträgt im Jahr 01 B ein Mietwohngrundstück mit einem Grundbesitzwert von 750 000 EUR und Aktien im Streubesitz mit einem gemeinen Wert von 500 000 EUR.

---

1) Nicht mehr anzuwenden für Erwerbe nach dem 28.12.2020, siehe gleich lautenden Ländererlass v. 13.9.2021, BStBl. I 2021, 1837.

Aus der Anschaffung des Grundstücks resultiert noch eine Verbindlichkeit in Höhe von 150 000 EUR, die B übernimmt. A behält sich den Nießbrauch an den Erträgen des Grundstücks vor. Der Kapitalwert des Nießbrauchs unter Berücksichtigung der Begrenzung nach § 16 BewG beträgt 100 000 EUR. Aus der Anschaffung der Aktien resultiert noch eine Verbindlichkeit in Höhe von 120 000 EUR, die B ebenfalls übernimmt.

Grundbesitzwert		750 000 EUR
Aktien		+ 500 000 EUR
Gesamtwert		1 250 000 EUR
Befreiung § 13d ErbStG 10 % von 750 000 EUR		./. 75 000 EUR
Verbleiben		1 175 000 EUR
Gegenleistung in wirtschaftlichem Zusammenhang mit dem Grundstück	150 000 EUR	
Nießbrauch	+ 100 000 EUR	
Summe	250 000 EUR	
Nicht abzugsfähig 10 % von 250 000 EUR =	./. 25 000 EUR	
Abzugsfähig	225 000 EUR	./. 225 000 EUR
Gegenleistung in wirtschaftlichem Zusammenhang mit den Aktien (keine Kürzung)		./. 120 000 EUR
Bereicherung		830 000 EUR

Beispiel 2:[1]

A überträgt im Jahr 01 B ein Mietwohngrundstück mit einem Grundbesitzwert von 750 000 EUR und Aktien im Streubesitz mit einem gemeinen Wert von 500 000 EUR. Aus der Anschaffung des Grundstücks resultiert noch eine Verbindlichkeit in Höhe von 150 000 EUR, die B übernimmt. Aus der Anschaffung der Aktien resultiert noch eine Verbindlichkeit in Höhe von 120 000 EUR, die B ebenfalls übernimmt. Zusätzlich hat sich A ausbedungen, dass B ihm eine lebenslange Rente zahlt, deren Kapitalwert 100 000 EUR beträgt.

Grundbesitzwert		750 000 EUR
Aktien		+ 500 000 EUR
Gesamtwert		1 250 000 EUR
Befreiung § 13d ErbStG 10 % von 750 000 EUR		./. 75 000 EUR
Verbleiben		1 175 000 EUR
Gegenleistung in wirtschaftlichem Zusammenhang mit dem Grundstück	150 000 EUR	
Teil der Leistungsauflage, die auf das Grundstück entfällt 750 000 EUR : 1 250 000 EUR × 100 000 EUR	+ 60 000 EUR	
Summe	210 000 EUR	
Nicht abzugsfähig 10 % von 210 000 EUR =	./. 21 000 EUR	
Abzugsfähig	189 000 EUR	./. 189 000 EUR
Gegenleistung in wirtschaftlichem Zusammenhang mit den Aktien	120 000 EUR	
Teil der Leistungsauflage, die auf die Aktien entfällt 500 000 EUR : 1 250 000 EUR × 100 000 EUR	+ 40 000 EUR	
Summe (keine Kürzung)	160 000 EUR	./. 160 000 EUR
Bereicherung		826 000 EUR

[1] Nicht mehr anzuwenden für Erwerbe nach dem 28.12.2020, siehe gleich lautenden Ländererlass v. 13.9.2021, BStBl. I 2021, 1837.

Bemessungsgrundlage bei der gemischten Schenkung und Schenkung unter Auflage in Mischfällen und Inanspruchnahme mehrerer Steuerbefreiungen.[1)]

Beispiel 1:[1)]

A überträgt im Jahr 01 B ein Mietwohngrundstück mit einem Grundbesitzwert von 750 000 EUR und begünstigungsfähige GmbH-Anteile mit einem gemeinen Wert von 4 500 000 EUR. Das begünstigte Vermögen nach § 13b Absatz 2 ErbStG beträgt 4 000 000 EUR. Ein Antrag nach § 13a Absatz 10 ErbStG wurde nicht gestellt. Aus der Anschaffung des Grundstücks resultiert noch eine Verbindlichkeit in Höhe von 150 000 EUR, die B übernimmt. Aus der Anschaffung der GmbH-Anteile resultiert noch eine Verbindlichkeit in Höhe von 200 000 EUR, die B ebenfalls übernimmt. Zusätzlich hat sich A ausbedungen, dass B ihm eine lebenslange Rente zahlt, deren Kapitalwert 800 000 EUR beträgt.

Grundbesitzwert			750 000 EUR
GmbH-Anteile			+ 4 500 000 EUR
Gesamtwert			5 250 000 EUR
Befreiung § 13d ErbStG 10 % von 750 000 EUR			./. 75 000 EUR
Befreiung § 13a ErbStG 85 % von 4 000 000 EUR			./. 3 400 000 EUR
Verbleiben			1 775 000 EUR
Gegenleistung in wirtschaftlichem Zusammenhang mit dem Grundstück		150 000 EUR	
Teil der Leistungsauflage, die auf das Grundstück entfällt 750 000 EUR : 5 250 000 EUR × 800 000 EUR		+ 114 286 EUR	
Summe		264 286 EUR	
Nicht abzugsfähig 10 % von 264 286 EUR =		./. 26 428 EUR	
Abzugsfähig		237 858 EUR	./. 237 858 EUR
Gegenleistung in wirtschaftlichem Zusammenhang mit den GmbH-Anteilen		200 000 EUR	
Teil der Leistungsauflage, die auf die GmbH-Anteile entfällt 4 500 000 EUR : 5 250 000 EUR × 800 000 EUR		+ 685 714 EUR	
Summe		885 714 EUR	
Nicht abzugsfähig			
Auf begünstigtes Vermögen entfallen 4 000 000 EUR : 4 500 000 EUR × 885 714 EUR		787 301 EUR	
GmbH-Anteile vor Anwendung des § 13a ErbStG	4 000 000 EUR		
Verschonungsabschlag 85% (§ 13a Absatz 1 i. V. m. § 13 b Absatz 4 ErbStG	./. 3 400 000 EUR		
Vermögen nach Anwendung des § 13a ErbStG	600 000 EUR		

[1)] Nicht mehr anzuwenden für Erwerbe nach dem 28.12.2020, siehe gleich lautenden Ländererlass v. 13.9.2021, BStBl. I 2021, 1837.

Abziehbar 600 000 EUR : 4 000 000 EUR × 787 301 EUR =	118 096 EUR	
Nicht abzugsfähig	669 205 EUR	
Abziehbar 1 100 000 EUR : 4 500 000 EUR × 885 714 EUR	216 508 EUR	./. 216 508 EUR
Bereicherung		1 320 633 EUR

Beispiel 2:[1]

A überträgt im Jahr 01 seinem Sohn B durch Schenkung einen land- und forstwirtschaftlichen Betrieb. Der festgestellte land- und forstwirtschaftliche Grundbesitzwert des Betriebs (§ 160 BewG) beträgt 3 500 000 EUR. Darin ist der Wirtschaftsteil mit einem Wert von 3 100 000 EUR und der Wohnteil mit einem Wert von 400 000 EUR enthalten. Geldforderungen und Geschäftsguthaben des Betriebs belaufen sich auf 300 000 EUR. B übernimmt die auf den Wirtschaftsteil entfallenden Schulden des Betriebs in Höhe von 100 000 EUR (§ 158 Absatz 5 BewG) und hat Altenteilerleistungen mit einem Kapitalwert von 380 000 EUR zu erbringen.

Die Geldforderungen und Geschäftsguthaben des Betriebs gehören nicht zum land- und forstwirtschaftlichen Vermögen (§ 158 Absatz 4 BewG) und sind nicht im festgestellten Grundbesitzwert enthalten. Der Verkehrswert des land- und forstwirtschaftlichen Betriebs entspricht dem Steuerwert. Die Altenteilerleistungen sind nicht Teil des land- und forstwirtschaftlichen Vermögens.

Als Gegenleistung sind die Altenteilerleistungen in Höhe von 380 000 EUR zu berücksichtigen. Die auf den Wirtschaftsteil entfallenden Schulden in Höhe von 100 000 EUR sind im Fall der Bewertung des Betriebs im Reingewinnverfahren (§ 163 BewG) mit dem Ansatz des Reingewinns abgegolten. Im Falle einer Bewertung mit dem Mindestwert (§ 164 BewG) werden sie bei der Berechnung des Mindestwertes abgezogen. Nachdem die Schulden in beiden Fällen bereits bei der Bewertung des Betriebs der Land- und Forstwirtschaft berücksichtigt sind, stellt die Schuldübernahme schenkungsteuerrechtlich keine Gegenleistung dar.

Wert des Wohnteils	400 000 EUR
Wert des übrigen Vermögens	+ 300 000 EUR
Wert des Wirtschaftsteils	+ 3 100 000 EUR
Gesamtwert	3 800 000 EUR

Befreiung § 13a ErbStG			
Wirtschaftsteil	3 100 000 EUR		
Verschonungsabschlag § 13a Absatz 1 ErbStG 85 %	./. 2 635 000 EUR	2 635 000 EUR	
Verbleiben	465 000 EUR		
Abzugsbetrag § 13a Absatz 2 ErbStG	./. 0 EUR	+ 0 EUR	
Summe der Steuerbefreiung		2 635 000 EUR	./. 2 635 000 EUR
Verbleibender Wert			1 165 000 EUR

Teil der Altenteilerleistung, der auf den Wirtschaftsteil entfällt 3 100 000 EUR: 3 800 000 EUR × 380 000 EUR =	310 000 EUR
Wirtschaftsteil vor Anwendung des § 13a ErbStG	3 100 000 EUR
Steuerbefreiung § 13a ErbStG	./. 2 635 000 EUR

[1] Nicht mehr anzuwenden für Erwerbe nach dem 28.12.2020, siehe gleich lautenden Ländererlass v. 13.9.2021, BStBl. I 2021, 1837.

Vermögen nach Anwendung des § 13a ErbStG	465 000 EUR	
Abzugsfähiger Teilbetrag 465 000 EUR : 3 100 000 EUR × 310 000 EUR =		./. 46 500 EUR
Teil der Altenteilerleistung, der auf Wohnteil und übriges Vermögen entfällt (keine Kürzung) 700 000 EUR : 3 800 000 EUR × 380 000 EUR		./. 70 000 EUR
Bereicherung		1 048 500 EUR

Wirtschaftlicher Zusammenhang von Gegenleistungen, übernommenen Schulden, Leistungsauflagen, Nutzungs- und Duldungsauflagen mit der Schenkerleistung. In entsprechender Anwendung des § 10 Absatz 6 ErbStG gilt für Schenkungen Folgendes:

1. Gegenleistungen, die der Beschenkte aufgrund des Schenkungsvertrags erbringen muss, stehen in wirtschaftlichem Zusammenhang mit allen zugewendeten Gegenständen und sind auf diese *nach dem Verhältnis der Steuerwerte* aufzuteilen (→ R E 7.4 Absatz 3).[1]
2. Ein wirtschaftlicher Zusammenhang von Schulden mit einem Vermögensgegenstand liegt nur vor, wenn die Entstehung der Schuld ursächlich und unmittelbar auf Vorgängen beruht, die diesen Vermögensgegenstand betreffen (→ BFH vom 28.1.1972 III R 4/71, BStBl. II S. 416) und die Schuld den Vermögensgegenstand wirtschaftlich belastet (→ BFH vom 19.5.1967 III 319/63, BStBl. III S. 596). Bei der Belastung eines Grundstücks muss die Schuldaufnahme dem Erwerb (z. B. Belegung des Restkaufpreises durch Aufnahme einer Hypothek), der Herstellung, der Erhaltung oder Verbesserung des belasteten Grundstücks gedient haben (→ BFH vom 28.9.1962 III 242/60 U, BStBl. III S. 535). Die hypothekarische Sicherung der Schuld an einem Grundstück begründet eine widerlegbare Vermutung, dass ein solcher wirtschaftlicher Zusammenhang besteht. Der wirtschaftliche Zusammenhang mit dem Vermögensgegenstand muss im Zeitpunkt der Ausführung der Zuwendung bereits bestanden haben; er wird durch die Zuwendung nicht herbeigeführt, wenn er beim Schenker nicht bestanden hat. Das gilt für Schuldverhältnisse aus bereits bestehenden Leistungs- oder Duldungsauflagen entsprechend. Ihr Kapitalwert ist nach §§ 13 ff. BewG auf den Besteuerungszeitpunkt der aktuellen Zuwendung zu ermitteln. Besteht kein wirtschaftlicher Zusammenhang mit nur einem einzelnen Vermögensgegenstand, stehen die Schulden in wirtschaftlichem Zusammenhang mit allen zugewendeten Gegenständen und sind auf diese *nach dem Verhältnis der Steuerwerte* aufzuteilen (→ R E 7.4 Absatz 3).[1]
3. Ein wirtschaftlicher Zusammenhang mit allen zugewendeten Gegenständen ist bei Leistungsauflagen (z. B. Rentenleistungen), die erst mit dem Erwerb begründet werden, stets gegeben. Sie sind auf diese *nach dem Verhältnis der Steuerwerte* aufzuteilen (→ R E 7.4 Absatz 3).[1]

[1] Bezüglich der Aufteilung ausschließlich nach dem Verhältnis der Steuerwerte nicht mehr anzuwenden für Erwerbe nach dem 28.12.2020, siehe gleich lautenden Ländererlass v. 13.9.2021, BStBl. I 2021, 1837.

4. Bei Nutzungs- und Duldungsauflagen (Nießbrauch, Wohnrecht), die erst mit dem Erwerb begründet werden, ist ein wirtschaftlicher Zusammenhang mit dem oder den Vermögensgegenständen begründet, auf die sich die Verpflichtung bezieht. Steht die Nutzungs- oder Duldungsauflage in wirtschaftlichem Zusammenhang mit der Gesamtheit der zugewendeten Vermögensgegenstände, ist sie auf diese *nach dem Verhältnis der Steuerwerte* aufzuteilen (→ R E 7.4 Absatz 3).[1)]

R E 7.4 (4)

(4) [1]Im Zusammenhang mit der Ausführung der Schenkung anfallende Erwerbsnebenkosten, z. B. für Notar, Grundbuch oder Handelsregister, sind aus Vereinfachungsgründen unbeschränkt abzugsfähig. [2]Steuerberatungskosten und Rechtsberatungskosten im Vorfeld einer Schenkung sind keine abzugsfähigen Erwerbsnebenkosten.

H E 7.4 (4)

Erwerbsnebenkosten im Zusammenhang mit einer Schenkung. Allgemeine Erwerbsnebenkosten, z. B. für den Notar, das Grundbuch oder Handelsregister, sind keine Gegenleistung, sondern Folgekosten der Schenkung. Im Falle einer gemischten Schenkung oder Schenkung unter Auflage sind sie in vollem Umfang als Minderung der Bereicherung zu berücksichtigen. Ebenso sind Steuerberatungskosten für die Schenkungsteuererklärung und die Feststellungserklärung in vollem Umfang bereicherungsmindernd zu berücksichtigen. Die bei einer gemischten Schenkung oder Schenkung unter Auflage anfallende Grunderwerbsteuer ist vom Abzug ausgeschlossen. → H E 10.7 „Behandlung von Erwerbsnebenkosten und Steuerberatungskosten sowie Rechtsberatungskosten im Zusammenhang mit einer Schenkung".

Beispiel:

A überträgt im Jahr 01 dem Neffen B ein Mietwohngrundstück mit einem Grundbesitzwert von 750 000 EUR. Aus der Anschaffung resultiert noch eine Verbindlichkeit in Höhe von 150 000 EUR, die B übernimmt. A behält sich den Nießbrauch an den Erträgen vor. Der Kapitalwert des Nießbrauchs unter Berücksichtigung der Begrenzung nach § 16 BewG beträgt 100 000 EUR. Die Erwerbsnebenkosten (für Notar, Grundbuch) belaufen sich auf 5 500 EUR, die Grunderwerbsteuer auf 8750 EUR. An Steuerberatungskosten für die Schenkungsteuererklärung sind 2000 EUR angefallen.

Grundbesitzwert				750 000 EUR
Befreiung § 13d ErbStG 10 % v. 750 000 EUR			./.	75 000 EUR
Verbleiben				675 000 EUR
Gegenleistung in wirtschaftlichem Zusammenhang mit dem Grundstück		150 000 EUR		
Nießbrauch	+	100 000 EUR		
Summe		250 000 EUR		
Nicht abzugsfähig 10 % von 250 000 EUR =	./.	25 000 EUR		
Abzugsfähig		225 000 EUR	./.	225 000 EUR
verbleiben				450 000 EUR

---

1) *Bezüglich der Aufteilung* ausschließlich nach dem Verhältnis der Steuerwerte nicht mehr anzuwenden für Erwerbe nach dem 28.12.2020, siehe gleich lautenden Ländererlass v. 13.9.2021, BStBl. I 2021, 1837.

Abzugsfähige Erwerbsnebenkosten (ohne Grunderwerbsteuer)		5500 EUR	
Steuerberatungskosten	+	2000 EUR	
Summe (keine Kürzung)		7500 EUR	./. 7500 EUR
Bereicherung			442 500 EUR

R E 7.5 Schenkungen unter Beteiligung von Kapitalgesellschaften und Genossenschaften

(1) [1]Im Verhältnis einer Kapitalgesellschaft zu ihren Gesellschaftern gibt es neben betrieblich veranlassten Rechtsbeziehungen lediglich offene und verdeckte Gewinnausschüttungen sowie Kapitalrückzahlungen, aber keine nach § 7 Absatz 1 Nummer 1 ErbStG freigebigen Zuwendungen. [2]Bei Leistungen an Kapitalgesellschaften können die Regelungen der § 7 Absatz 8 und § 15

(Fortsetzung S. 57)

sind ggf. zu ändern. [6]Soweit nicht feststeht, wie und in welcher Höhe der Anspruch erfüllt werden wird und welche Gegenansprüche des Verpflichteten dabei zu erfüllen sind (→ Absatz 1 Satz 2 bis 4), ist eine Bewertung des Anspruchs zunächst nicht möglich. [7]Die Erbschaftsteuer ist hinsichtlich des Anspruchs und möglicher Gegenansprüche nach § 165 AO vorläufig zu veranlagen. [8]Die Besteuerung ist endgültig nach derjenigen Sach- und Rechtslage vorzunehmen, wie sie durch die einvernehmliche Regelung zwischen dem Berechtigten und dem Verfügungsberechtigten oder die unanfechtbare Entscheidung der zuständigen Behörde oder des Schiedsgerichts konkretisiert wird, weil sich Art und Inhalt des Anspruchs eines Berechtigten (Rückübertragung bzw. Entschädigung) nicht schon aus § 3 VermG und dem Antrag des Berechtigten ergeben, sondern sich erst mit der endgültigen Entscheidung gemäß §§ 32, 33 VermG konkretisieren lassen. [9]Diese wirkt auf den Stichtag der Steuerentstehung zurück.

(4) [1]Das Vermögen ist dem Rückübertragungsverpflichteten bis zur unanfechtbaren Entscheidung über die Rückübertragung zuzurechnen (§ 34 VermG) und im Nachlass zu erfassen. [2]Hat ein Berechtigter oder ein Rechtsnachfolger einen Antrag nach § 30 VermG gestellt, ist das Vermögen des Verpflichteten ab Inkrafttreten des VermG mit einer Rückübertragungsverpflichtung belastet. [3]Dies gilt, wenn zwischenzeitlich mehrere Erbfälle eingetreten sind, für alle diese Erbfälle. [4]Bereits durchgeführte Erbschaftsteuerveranlagungen sind ggf. zu ändern. [5]Die Belastung ist zunächst mit dem Steuerwert des zurückgeforderten Vermögens abzuziehen. [6]Da nicht feststeht, ob eine Rückübertragung tatsächlich erfolgt und dabei Gegenansprüche des Verpflichteten zu erfüllen sind (→ Absatz 1 Satz 2 bis 4), ist die Erbschaftsteuer hinsichtlich der Rückübertragungsverpflichtung und möglicher Gegenansprüche nach § 165 AO vorläufig zu veranlagen. [7]Die Besteuerung des Verpflichteten ist endgültig nach derjenigen Sach- und Rechtslage vorzunehmen, wie sie durch die einvernehmliche Regelung zwischen dem Berechtigten und dem Verfügungsberechtigten oder die unanfechtbare Entscheidung der zuständigen Behörde oder des Schiedsgerichts konkretisiert wird (→ Absatz 3 Satz 8 und 9).

(5) Absatz 1 bis 4 gilt für die schenkungsteuerrechtliche Behandlung der Ansprüche nach dem VermG entsprechend.

R E 10.3 Private Steuererstattungsansprüche des Erblassers

(1) Die Einkommensteuer entsteht mit Ablauf des Veranlagungszeitraums (§ 36 Absatz 1 in Verbindung mit § 25 Absatz 1 EStG).

(2) [1]Einkommensteuererstattungsansprüche aus Veranlagungszeiträumen, die vor dem Todeszeitpunkt des Erblassers endeten, sind mit Ablauf des jeweiligen Kalenderjahrs entstanden. [2]Sie gehören mit dem materiell-rechtlich zutreffenden Wert zum steuerpflichtigen Erwerb nach § 10 Absatz 1 ErbStG, ohne dass es auf ihre Durchsetzbarkeit (Festsetzung in einem Steuerbescheid) zum Todeszeitpunkt ankommt. [3]Die Überzahlungen, die zu den Steuererstattungsansprüchen geführt haben, muss noch der Erblasser geleistet haben.

(3) [1]Einkommensteuererstattungsansprüche aus dem Veranlagungszeitraum, in den der Todeszeitpunkt des Erblassers fällt, entstehen erst mit Ablauf des

Kalenderjahrs. [2]Sie gehören daher nicht zum steuerpflichtigen Erwerb nach § 10 Absatz 1 ErbStG.[1)]

(4) [1]Erstattungszinsen gehören zum steuerpflichtigen Erwerb nach § 10 Absatz 1 ErbStG, soweit der Bescheid über den zu verzinsenden Steueranspruch vor dem Todestag des Erblassers ergangen ist. [2]Wenn die die Erstattungszinsen auslösenden Bescheide erst nach dem Todestag wirksam geworden sind, sind die Zinsansprüche nicht mehr in der Person des Erblassers, sondern bereits originär in der Person des Gesamtrechtsnachfolgers entstanden und gehören damit nicht zum steuerpflichtigen Erwerb nach § 10 Absatz 1 ErbStG.

H E 10.3

Steuererstattungsansprüche bei Gesamtgläubigern. Stehen Steuererstattungsansprüche mehreren Gläubigern als Gesamtgläubiger zu, z. B. zusammen veranlagte Ehegatten, ist es aus Vereinfachungsgründen nicht zu beanstanden, wenn die Forderung nach Köpfen auf die einzelnen Gläubiger aufgeteilt wird.

Steuererstattungsansprüche für den Veranlagungszeitraum, in den der Todeszeitpunkt des Erblassers fällt.[1)] → BFH vom 16.1.2008 II R 30/06, BStBl. II S. 626.

Steuererstattungsansprüche für Veranlagungszeiträume, die vor dem Todeszeitpunkt des Erblassers endeten. → BFH vom 16.1.2008 II R 30/06, BStBl. II S. 626.

R E 10.4 Übertragung eines Anteils an einer vermögensverwaltenden Personengesellschaft

(1) [1]Bei einem Erwerb eines Gesellschaftsanteils an einer vermögensverwaltenden Personengesellschaft können die Besitzposten und Gesellschaftsschulden der Gesamthandsgemeinschaft nicht zu einer wirtschaftlichen Einheit zusammengefasst werden. [2]Den Gesellschaftern sind die einzelnen Wirtschaftsgüter und sonstigen Besitzposten des Gesamthandsvermögens und die Gesellschaftsschulden anteilig als Bruchteilseigentum zuzurechnen (§ 10 Absatz 1 Satz 4 ErbStG, § 39 Absatz 2 Nummer 2 AO). [3]In Fällen des § 15 Absatz 3 Nummer 2 EStG tritt unter Berücksichtigung zivilrechtlicher Grundsätze für Zwecke der Erbschaft- und Schenkungsteuer erst zum Zeitpunkt der Eintragung der KG im Handelsregister die gewerbliche Prägung ein. [4]Vor der Eintragung ins Handelsregister handelt es sich um eine vermögensverwaltende GbR unabhängig davon, dass ertragsteuerlich rückwirkend von einer gewerblichen Prägung ausgegangen wird.

(2) [1]Der unmittelbare oder mittelbare Erwerb eines solchen Gesellschaftsanteils gilt als Erwerb der Miteigentumsanteile an den zum Gesamthandsvermögen gehörenden Wirtschaftsgütern und sonstigen Besitzposten. [2]Daneben tritt die mit dem Übergang des Gesellschaftsanteils verbundene Verpflichtung des Erwerbers, für die Gesellschaftsschulden einzustehen. [3]Sie kann nicht unmittelbar durch Abzug vom Wert der Besitzposten, sondern nur im Rahmen

[1)] Nicht mehr anzuwenden für Erwerbe nach dem 28.12.2020, siehe gleich lautenden Ländererlass v. 13.9.2021, BStBl. I 2021, 1837.

hinsichtlich der noch vom Erblasser abgegebenen Steuererklärungen, soweit er deren Unrichtigkeit erkennt. Beauftragt der Erbe zur Erfüllung seiner vom Erblasser herrührenden steuerlichen Pflichten einen Steuerberater, rühren die Beratungskosten, anders als die privaten Steuerschulden des Erblassers (→ BFH vom 4.7.2012 II R 15/11, BStBl. II S. 790), gerade nicht vom Erblasser her, sondern werden erst in der Person des Erben begründet. Sie sind nicht als Erblasserschulden i. S. d. § 10 Absatz 5 Nummer 1 ErbStG abzugsfähig.

Steuerberatungskosten und Rechtsberatungskosten im Rahmen des Besteuerungs- und Wertfeststellungsverfahrens bei der Erbschaftsteuer.[1] Steuerberatungsgebühren für die von den Erben in Auftrag gegebene Erstellung der Erbschaftsteuererklärung oder der Erklärung zur gesonderten Feststellung nach § 157 i. V. m. § 151 BewG sind unter Berücksichtigung der den Erben unmittelbar durch den Erbfall treffenden, von der späteren Verwaltung und Verwertung des Nachlasses unabhängigen öffentlich-rechtlichen Verpflichtung zur Abgabe einer Erbschaftsteuererklärung als Nachlassregelungskosten zum Abzug zugelassen. Gleiches gilt, wenn Kosten eines Gutachtens für die Ermittlung des gemeinen Wertes beim Grundbesitz, beim Betriebsvermögen und bei nicht notierten Anteilen an Kapitalgesellschaften anfallen und vom Erwerber getragen worden sind (→ BFH vom 19.6.2013 II R 20/12, BStBl. II S. 738). Der Abzug dieser Kosten ist nicht nach § 10 Absatz 6 ErbStG zu kürzen, soweit zum Erwerb steuerbefreites oder teilweise steuerbefreites Vermögen gehört.
Bei Feststellungen im Zusammenhang mit dem Wert des Anteils am Betriebsvermögen (§ 151 Absatz 1 Satz 1 Nummer 2 BewG) und dem Wert nicht notierter Anteile an einer Kapitalgesellschaft (§ 151 Absatz 1 Satz 1 Nummer 3 BewG) ist Folgendes zu beachten:
Ist eine gesonderte Feststellung nach § 151 Absatz 1 BewG durchzuführen, kann das Feststellungsfinanzamt von jedem, für dessen Besteuerung eine gesonderte Feststellung von Bedeutung ist, die Abgabe einer Feststellungserklärung verlangen (§ 153 Absatz 1 BewG).

Anteil am Betriebsvermögen
Bei Feststellungen des Werts von Beteiligungen an Personengesellschaften ist die Feststellungserklärung vorrangig von der Gesellschaft anzufordern (§ 153 Absatz 2 BewG i. V. m. R B 153 Absatz 3 Satz 1). Fordert das Feststellungsfinanzamt die Personengesellschaft zur Abgabe der Erklärung auf, ergibt sich eine unmittelbare gesetzliche Verpflichtung der Gesellschaft zur Abgabe der Feststellungserklärung. Die im Zusammenhang mit der Erstellung der Feststellungserklärung anfallenden Kosten (insbesondere Steuerberatungskosten und Kosten für Verkehrswertgutachten) stehen im Zusammenhang mit der Erbschaftsteuer des jeweiligen Gesellschafters und können somit nicht als Betriebsausgaben der Gesellschaft abgezogen werden (§ 12 EStG). Die Kosten sind als Nachlassregelungskosten bei der Erbschaftsteuer abziehbar, soweit sie dem Erwerber als Entnahmen zugerechnet werden.

---

[1] Zu Steuerberatungskosten und Räumungskosten als Nachlassregelungskosten siehe BFH v. 14.10.2020 II R 30/19, DStR 2021, 718.

Nicht notierte Anteile an einer Kapitalgesellschaft
Bei Feststellungen des Werts von nicht notierten Anteilen an Kapitalgesellschaften ist nur die Kapitalgesellschaft zur Abgabe der Feststellungserklärung aufzufordern (§ 153 Absatz 3 BewG). Mit der Aufforderung durch das Feststellungsfinanzamt entsteht für die Gesellschaft unmittelbar eine gesetzliche Verpflichtung zur Abgabe der Feststellungserklärung. Die im Zusammenhang mit der Erstellung der Feststellungserklärung entstehenden Kosten (insbesondere Steuerberatungskosten und Kosten für Verkehrswertgutachten) stellen daher für den Erwerber keine abzugsfähigen Nachlassregelungskosten dar, soweit die Gesellschaft diese nicht an ihn weitergibt.
Die Grundsätze gelten entsprechend auch für den Fall, dass im Rahmen des Feststellungsverfahrens weitere Feststellungen erforderlich sind, weil einzelne Vermögensgegenstände ihrerseits der gesonderten Feststellung nach § 151 Absatz 1 BewG unterliegen und die Gesellschaft auch für diese Feststellungserklärungen abgabeverpflichtet ist.
Keine Nachlassregelungskosten sind Steuerberatungs- und Rechtsberatungskosten, die in einem sich an die Steuerfestsetzung oder Wertfeststellung anschließenden Rechtsbehelfsverfahren oder einem finanzgerichtlichen Verfahren anfallen und vom Erwerber getragen worden sind; sie sind – wie auch die festgesetzte Erbschaftsteuer selbst – nicht zum Abzug zugelassen (→ BFH vom 20.6.2007 II R 29/06, BStBl. II S. 722). Das gilt auch für andere Verfahren, in denen Änderungen der Steuerfestsetzung oder Wertfeststellung beantragt werden. Abzugsfähig sind jedoch auch hier Kosten eines Gutachtens, die für die Ermittlung des gemeinen Wertes beim Grundbesitz, beim Betriebsvermögen und bei nicht notierten Anteilen an Kapitalgesellschaften anfallen (→ BFH vom 19.6.2013 II R 20/12, BStBl. II S. 738). Der Abzug dieser Kosten ist nicht nach § 10 Absatz 6 ErbStG zu kürzen, soweit zum Erwerb steuerbefreites oder teilweise steuerbefreites Vermögen gehört.

Zahlungen des Beschenkten zur Abwendung des Herausgabeanspruchs eines Pflichtteilsberechtigten.[1] → BFH vom 8.10.2003 II R 46/01, BStBl. 2004 II S. 234.

Zugewinnausgleichsverbindlichkeit beim Tod des erstversterbenden Ehegatten. → BFH vom 1.7.2008 II R 71/06, BStBl. II S. 874.

R E 10.8[2] Private Steuerschulden des Erblassers

(1) Die Einkommensteuer entsteht mit Ablauf des Veranlagungszeitraums (§ 36 Absatz 1 in Verbindung mit § 25 Absatz 1 EStG).

(2) [1] Einkommensteuerschulden aus Veranlagungszeiträumen, die vor dem Todeszeitpunkt des Erblassers endeten, sind mit Ablauf des jeweiligen Kalenderjahrs entstanden. [2] Sie sind unabhängig davon, ob sie am Todeszeitpunkt des Erblassers bereits festgesetzt waren oder nicht, mit dem materiell-rechtlich zutreffenden Wert als Nachlassverbindlichkeiten nach § 10 Absatz 5 Num-

---

[1] Zur Abzugsfähigkeit von Zahlungen des Beschenkten zur Abwendung von Ansprüchen des beeinträchtigten Vertragserben bzw. Nacherben siehe BFH v. 6.5.2021 II R 24/19, DStR *2021, 2401*.

[2] Zur Berücksichtigung der vom Erblasser herrührenden Einkommensteuerschuld als Nachlassverbindlichkeit siehe BFH v. 11.7.2019 II R 36/16, BStBl. II 2020, 391.

mer 1 ErbStG abzugsfähig. [3]Steuerschulden sind im Falle einer Steuerhinterziehung nur als Nachlassverbindlichkeiten nach § 10 Absatz 5 Nummer 1 ErbStG abzuziehen, soweit sie tatsächlich festgesetzt werden.

(3) Einkommensteuerschulden aus dem Veranlagungszeitraum, in den der Todeszeitpunkt des Erblassers fällt, rühren vom Erblasser her und sind unter den Voraussetzungen des Absatzes 2 ebenfalls abzugsfähig.

(4) [1]Die Einkommensteuer-Vorauszahlungen entstehen jeweils mit Beginn des Kalendervierteljahres, in dem die Vorauszahlungen zu entrichten sind. [2]Soweit bis zum Todeszeitpunkt des Erblassers festgesetzte und entstandene Vorauszahlungsbeträge in diesem Zeitpunkt noch nicht entrichtet sind, sind diese abzugsfähig.

(5) Absatz 2 und 4 gilt für Zinsen nach §§ 233a und 235 AO entsprechend, soweit diese auf den Zeitraum vom Beginn des Zinslaufs bis zum Todestag des Erblassers entfallen.

H E 10.8

Steuerschulden für das Todesjahr als Nachlassverbindlichkeiten. → BFH vom 4.7.2012 II R 15/11, BStBl. II S. 790.

Steuerschulden als Nachlassverbindlichkeiten bei Aussetzung der Vollziehung. → BFH vom 14.11.2018 II R 34/15, BStBl. 2019 II S. 674.

R E 10.9 Pauschbetrag für Nachlassverbindlichkeiten

(1) [1]Für die in § 10 Absatz 5 Nummer 3 ErbStG angeführten Nachlassverbindlichkeiten können insgesamt 10 300 Euro als Pauschbetrag bei der Ermittlung des Werts des Nachlasses abgezogen werden, wenn dem Erwerber dem Grunde nach solche Kosten entstanden sind, ihre Höhe aber nicht nachgewiesen ist. [2]Wird der Pauschbetrag geltend gemacht, können einzelne Kosten daneben nicht mehr selbstständig berücksichtigt werden. [3]Sofern höhere Nachlassverbindlichkeiten der genannten Art angefallen sind, sind sie im Einzelnen nachzuweisen. [4]Der Pauschbetrag ist nicht zu kürzen, soweit zum Nachlass nicht der Besteuerung unterliegendes Vermögen gehört.

(2) [1]Abweichend von § 1968 BGB, wonach die Kosten der standesgemäßen Beerdigung des Erblassers nur den Erben treffen, unterscheidet § 10 ErbStG bei der Ermittlung des steuerpflichtigen Erwerbs nicht zwischen Erwerben durch Erbanfall und anderen Erwerben. [2]Deshalb besteht grundsätzlich für jeden Erwerber, also z. B. auch für den Vermächtnisnehmer oder Pflichtteilsberechtigten, die Möglichkeit, die genannten Kosten steuermindernd geltend zu machen. [3]Voraussetzung für den Abzug beim einzelnen Erwerber ist allerdings, dass eine Verpflichtung zur Kostenübernahme besteht, wobei neben einer rechtlichen auch eine sittliche Verpflichtung ausreichend ist.

(3) [1]Der Pauschbetrag bezieht sich auf den gesamten Erbfall und kann demzufolge auch von mehreren am Erbfall beteiligten Erwerbern insgesamt nur einmal in Anspruch genommen werden. [2]Dies gilt auch dann, wenn ein-

zelne oder mehrere der am Erbfall beteiligten Erwerber die in § 10 Absatz 5 Nummer 3 ErbStG angeführten Nachlassverbindlichkeiten zu erfüllen haben. [3]Soweit diese Nachlassverbindlichkeiten den Pauschbetrag nicht übersteigen, sind sie damit abgegolten. [4]Die einzelnen Erwerber sind in diesen Fällen in geeigneter Weise, z. B. entsprechend einem gemeinsamen Antrag der Erwerber, an der Pauschbetragsregelung zu beteiligen. [5]Sollen höhere Kosten abgezogen werden, sind sie insgesamt für alle Erwerber nachzuweisen.

(4) [1]Eine beschränkte Steuerpflicht des Erwerbers (§ 2 Absatz 1 Nummer 3 ErbStG) steht dem Abzug des Pauschbetrags nicht entgegen. [2]Ebenso ist der Abzug des Pauschbetrags nicht durch § 10 Absatz 6 Satz 2 ErbStG ausgeschlossen.

(5) Hatte ein Erwerber Aufwendungen, die sich allein auf die Erlangung seines Erwerbs beziehen und nicht den Nachlass belasten, können diese neben dem Pauschbetrag selbstständig abgezogen werden, soweit sie nachgewiesen werden.

H E 10.9

Aufteilung des Pauschbetrags.

Beispiel:

Der Alleinerbe macht Kosten für die Grabstelle geltend in Höhe von	2 000 EUR
Der Vermächtnisnehmer hat aus sittlicher Verpflichtung die Kosten übernommen für den Grabstein in Höhe von	+ 3 300 EUR
Summe der nachgewiesenen Aufwendungen	5 300 EUR
Abzugsfähig sind	
beim Vermächtnisnehmer	3 300 EUR
beim Erben (10 300 EUR – 3 300 EUR)	+ 7 000 EUR
insgesamt (Pauschbetrag)	10 300 EUR

In Betracht kommt auch eine quotenmäßige Aufteilung des Pauschbetrags im Verhältnis der tatsächlich übernommenen Kosten.

Pauschbetrag je Erbfall. → BFH vom 24.2.2010 II R 31/08, BStBl. II S. 491.

R E 10.10[1)] Beschränkung des Abzugs von Schulden und Lasten

(1) Zur Behandlung von Schulden und Lasten, die im Rahmen der Ermittlung des Besteuerungswerts einer gemischten Schenkung oder Schenkung unter Auflage als Gegenleistung/Leistungsauflage oder Duldungsauflage berücksichtigt werden, und von Erwerbsnebenkosten → R E 7.4.

(2)[2)] [1]Der Abzug von Schulden und Lasten ist grundsätzlich nur dann eingeschränkt, wenn diese in wirtschaftlichem Zusammenhang mit Vermögensgegenständen stehen, die bei der Besteuerung nicht angesetzt werden (§ 2 Absatz 1 Nummer 3, § 19 Absatz 2 ErbStG) oder nach § 13 Absatz 1 Num-

---

1) Zur Berücksichtigung von Pflichtteilsansprüchen sowie des steuerfreien fiktiven Zugewinnausgleichs bei beschränkter Steuerpflicht siehe BayLfSt v. 9.4.2020 – S 3804.1.1-4/11 St 34, *DStR 2020, 883.*

2) Teilweise überholt durch das JStG 2020, zur Anwendung für Erwerbe nach dem 28.12.2020 siehe gleich lautenden Ländererlass v. 13.9.2021, BStBl. I 2021, 1837.

mer 2, Nummer 3, Nummer 4b oder 4c sowie § 13d ErbStG voll oder teilweise befreit sind. [2]Vermögensgegenstände, für die der Erwerber lediglich im Rahmen der Wertermittlung nach § 13 Absatz 1 Nummer 1 ErbStG einen pauschalen Freibetrag erhält, unterliegen dagegen selbst uneingeschränkt der Besteuerung, so dass die Einschränkung des Schuldenabzugs nicht in Betracht kommt. [3]In den Fällen des § 13 Absatz 1 Nummer 4b Sätze 2 bis 4 ErbStG, § 13 Absatz 1 Nummer 4c Sätze 2 bis 4 ErbStG, § 13a Absatz 5 Satz 2 ErbStG, § 13c Absatz 2 Satz 1 ErbStG in Verbindung mit § 13a Absatz 5 Satz 2 ErbStG und des § 13d Absatz 2 ErbStG ist beim Erwerber, dem die entsprechende Steuerbefreiung nicht gewährt wird, keine Kürzung des Abzugs von Schulden und Lasten vorzunehmen.

(3) Bei Pflichtteilsansprüchen und anderen allgemeinen Nachlassverbindlichkeiten (z. B. Konsumentendarlehen, Steuerschulden, Erbfallkosten oder die Pflicht des Erben zur Zahlung des Zugewinnausgleichs) besteht kein wirtschaftlicher Zusammenhang mit den einzelnen erworbenen Vermögensgegenständen.

(4)[1)] [1]Schulden und Lasten, die mit dem nach §§ 13a, 13c ErbStG befreiten Vermögen in wirtschaftlichem Zusammenhang stehen, sind nur mit dem Betrag abzugsfähig, der dem Verhältnis des nach Anwendung der §§ 13a und 13c ErbStG anzusetzenden Werts des gesamten begünstigten Vermögens (§ 13b Absatz 2 ErbStG) zu dem Wert dieses Vermögens vor Anwendung der §§ 13a und 13c ErbStG entspricht (§ 10 Absatz 6 Satz 4 ErbStG). [2]Zu diesen Schulden und Lasten können nur solche gehören, die nicht bereits bei der Ermittlung des Werts des begünstigten Vermögens berücksichtigt worden sind. [3]Bei land- und forstwirtschaftlichem begünstigten Vermögen ist § 158 Absatz 5 BewG zu berücksichtigen. [4]Ist das begünstigte Vermögen in vollem Umfang von der Steuer befreit, ist kein Abzug vorzunehmen. [5]Ein Erlass nach § 28a ErbStG führt nicht zu einer Kürzung der Schulden und Lasten nach § 10 Absatz 6 ErbStG. [6]In den Fällen des § 13a Absatz 9 ErbStG in Verbindung mit § 28a ErbStG → R E 13a.20 Absatz 6. [7]Soweit die Befreiung nach §§ 13a, 13c ErbStG wegen Verstoßes gegen die Behaltensvoraussetzungen oder die Lohnsummenregelung nachträglich ganz oder teilweise entfällt, sind die bisher nicht abzugsfähigen Schulden und Lasten entsprechend zum Abzug zuzulassen. [8]Gleiches gilt, soweit sich die Höhe der Steuerbefreiung nach §§ 13a, 13c ErbStG ändert, weil der Vorwegabschlag (§ 13a Absatz 9 ErbStG) ganz oder teilweise wegfällt.

(5)[1)] [1]Schulden und Lasten, die mit den nach § 13d ErbStG befreiten Grundstücken oder Grundstücksteilen in wirtschaftlichem Zusammenhang stehen, können nur mit dem Betrag abgezogen werden, der dem Verhältnis des nach Anwendung des § 13d ErbStG anzusetzenden Werts dieses Vermögens zu dem Wert vor Anwendung des § 13d ErbStG entspricht (§ 10 Absatz 6 Satz 5 ErbStG). [2]Somit ergibt sich im Regelfall ein Abzug in Höhe von 90 Prozent; das gilt nicht in den Fällen des § 13d Absatz 2 ErbStG (→ R E 13d).

(6) [1]Für zum Erwerb gehörende wirtschaftliche Einheiten des Grundvermögens kann nach § 198 BewG der niedrigere gemeine Wert u. a. durch ein Gutachten nachgewiesen werden. [2]Da für diese Gutachten grundsätzlich die

---

[1)] Teilweise überholt durch das JStG 2020, zur Anwendung für Erwerbe nach dem 28.12.2020 siehe gleich lautenden Ländererlass v. 13.9.2021, BStBl. I 2021, 1837.

auf Grund von § 199 Absatz 1 des Baugesetzbuches ergangenen Vorschriften und damit die Immobilienwertermittlungsverordnung gelten, sind auf dem Objekt lastende Nutzungsrechte anders als bei der Bewertung des Grundvermögens nach § 179 und §§ 182 bis 197 BewG bei der Ermittlung des Werts zu berücksichtigen. [3]Auch beim Nachweis eines niedrigeren gemeinen Werts über den Kaufpreis (§ 198 BewG) haben sich auf dem Objekt lastende Nutzungsrechte grundsätzlich bereits auf den Kaufpreis ausgewirkt. [4]Beim Nachweis des niedrigeren gemeinen Werts für Betriebswohnungen und den Wohnteil eines Betriebs der Land- und Forstwirtschaft nach § 167 Absatz 4 BewG gilt Entsprechendes. [5]Da sich die Nutzungsrechte bereits über den festgestellten Grundbesitzwert bereicherungsmindernd ausgewirkt haben, können sie bei der Erbschaftsteuer nicht abgezogen werden (§ 10 Absatz 6 Satz 6 ErbStG). [6]Hierdurch wird eine Doppelberücksichtigung vermieden. [7]Das für die Erbschaft- oder Schenkungsteuerfestsetzung zuständige Finanzamt ist vom Lagefinanzamt darüber zu unterrichten, dass die Belastung im Rahmen der Feststellung des Grundstückswerts berücksichtigt wurde.

H E 10.10

Abzug eines Nutzungsrechts

Beispiel:

A vererbt B ein Grundstück, das mit einer Duldungsauflage belastet ist (lebenslanges Wohnrecht zugunsten der Schwester des A), deren Steuerwert (Kapitalwert) 96 000 EUR beträgt. Für das Grundstück ist ein Grundbesitzwert von 500 000 EUR festgestellt worden, der dem nachgewiesenen, unter Berücksichtigung der Duldungsauflage ermittelten Verkehrswert entspricht.

Steuerlich ist die Bereicherung des B ohne zusätzlichen Abzug des Kapitalwerts des Wohnrechts vom Grundbesitzwert des Grundstücks mit 500 000 EUR zu erfassen.

Kürzung des Schuldenabzugs bei steuerbefreitem Vermögen. → H E 13.4, H E 13a.11, H E 13d; → BFH vom 22.7.2015 II R 21/13, BStBl. 2016 II S. 228 sowie vom 22.7.2015 II R 12/14, BStBl. 2016 II S. 230.[1)]

Wirtschaftlicher Zusammenhang von Schulden und Lasten mit Vermögensgegenständen. Ein wirtschaftlicher Zusammenhang von Schulden (Lasten) mit Vermögensgegenständen im Sinne des § 10 Absatz 6 ErbStG liegt nur vor, wenn die Entstehung der Schuld ursächlich und unmittelbar auf Vorgängen beruht, die diesen Vermögensgegenstand betreffen (→ BFH vom 28.1.1972 III R 4/71, BStBl. II S. 416) und die Schuld den Vermögensgegenstand wirtschaftlich belastet (→ BFH vom 19.5.1967 III 319/63, BStBl. III S. 596). Bei der Belastung eines Grundstücks muss die Schuldaufnahme dem Erwerb (z. B. Belegung des Restkaufpreises durch Aufnahme einer Hypothek), der Herstellung, der Erhaltung oder Verbesserung des belasteten Grundstücks gedient haben (→ BFH vom 28.9.1962 III 242/60 U, BStBl. III S. 535). Die hypothekarische Sicherung der Schuld an einem Grundstück reicht deshalb für sich allein noch nicht aus, um den wirtschaft-

---

[1)] Urteile überholt durch das JStG 2020, zur Anwendung für Erwerbe nach dem 28.12.2020 siehe gleich lautenden Ländererlass v. 13.9.2021, BStBl. I 2021, 1837.

lichen Zusammenhang mit dem Grundstück herbeizuführen (→ BFH vom 28.9.1962 III 242/60 U, BStBl. III S. 535). Der wirtschaftliche Zusammenhang mit dem Vermögensgegenstand muss beim Erbfall bereits bestanden haben; er wird durch die Gesamtrechtsnachfolge nicht herbeigeführt, wenn er beim Erblasser nicht bestanden hat (BFH vom 28.9.1962 III 242/60 U, BStBl. III S. 535). Ein wirtschaftlicher Zusammenhang ist auch gegeben, wenn die Schuld oder Last erst mit dem Erwerb (z. B. Duldungsauflage) begründet wird.

R E 10.11 Eigene Erbschaftsteuer des Erwerbers – *unbesetzt* –

H E 10.11

Ausländische Erbschaftsteuer. Auch ausländische Erbschaftsteuer und Schenkungsteuer einschließlich der deutschen Steuer entsprechende ausländische Steuer ist vom Abzug ausgeschlossen. Abzugsfähig ist dagegen z. B. kanadische „capital gains tax" (→ BFH vom 26.4.1995 II R 13/92, BStBl. II S. 540).

R E 10.12 Auflagen, die dem Beschwerten selbst zugutekommen – *unbesetzt* –

H E 10.12

Auflagen, die dem Beschwerten selbst zugutekommen. → BFH vom 28.6.1995 II R 89/92, BStBl. II S. 786.

R E 10.13 Gesellschaftsanteil beim Tod eines Gesellschafters mit Weiterübertragungsverpflichtung

(1) [1]Kraft Gesetzes sind die Mitgliedschaftsrechte an Personengesellschaften mit Ausnahme der Kommanditistenstellung nicht vererblich. [2]Da es sich dabei um dispositives Recht handelt, können sie jedoch gesellschaftsvertraglich vererblich gestellt werden. [3]Der Gesellschaftsvertrag kann vorsehen, dass Erben aus bestimmten darin festgelegten Gründen (z. B. Nichtzugehörigkeit zum

(Fortsetzung S. 95)

5. Befreiung von einer Schuld des einen Ehegatten gegenüber dem anderen Ehegatten, die im Zusammenhang mit dem Kauf oder der Herstellung des Familienheims gegenüber dem anderen Ehegatten eingegangen wurde,
6. Begleichung nachträglicher Herstellungs- oder Erhaltungsaufwendungen am Familienheim aus Mitteln eines Ehegatten, wenn der andere Ehegatte Eigentümer oder Miteigentümer ist.

(5) [1]Der Güterstand der Ehegatten ist ohne Bedeutung. [2]Die Befreiung ist wertmäßig nicht begrenzt. [3]Eine Prüfung der Angemessenheit findet nicht statt. [4]Die Steuerbefreiung kann auch für Zuwendungen im Zusammenhang mit dem gegenwärtigen Familienheim in Anspruch genommen werden, auch wenn der Empfänger früher eine steuerbegünstigte Zuwendung im Zusammenhang mit dem damaligen, inzwischen als solches aufgegebenen Familienheim (§ 13 Absatz 1 Nummer 4a ErbStG) erhalten hatte. [5]Für das begünstigt erworbene Grundstück besteht keine Behaltenspflicht. [6]Die spätere Veräußerung oder eine Nutzungsänderung ist unbeachtlich, sofern kein Missbrauch von Gestaltungsmöglichkeiten nach § 42 AO vorliegt.

H E 13.3

Arbeitszimmer. Ein im Wohnbereich belegenes Arbeitszimmer stellt bewertungsrechtlich lediglich einen Raum dar, dem innerhalb der Nutzung zu Wohnzwecken eine dieser Nutzung nicht widersprechende Funktion zugewiesen ist (→ BFH vom 9.11.1988 II R 61/87, BStBl. 1989 II S. 135).
Ein von einem der Ehegatten genutztes häusliches Arbeitszimmer, das im Wohnbereich belegen ist, ist auch dann der Wohnnutzung der Ehegatten zuzurechnen, wenn es an den Arbeitgeber des Ehegatten vermietet ist (→ BFH vom 26.2.2009 II R 69/06, BStBl. II S. 480). Entsprechendes gilt für andere haushaltszugehörige Personen.

Befreiung von einer Schuld gegenüber dem anderen Ehegatten. → BFH vom 27.10.2010 II R 37/09, BStBl. 2011 II S. 134.

Europäischer Wirtschaftsraum. Dem Europäischen Wirtschaftsraum gehören Island, Liechtenstein und Norwegen sowie die Mitgliedstaaten der Europäischen Union an.

Keine Steuerbefreiung für Familienheim bei Zweit- oder Ferienwohnung. → BFH vom 18.7.2013 II R 35/11, BStBl. II S. 1051.

Wohnfläche. → Wohnflächenverordnung vom 25.11.2003 (BGBl. I S. 2346).

R E 13.4[1)] Erwerb eines Familienheims von Todes wegen

(1) Der Erwerb eines Familienheims von Todes wegen durch den überlebenden Ehegatten ist von der Steuer befreit (§ 13 Absatz 1 Nummer 4b ErbStG).

(2) [1]*Ein begünstigtes* Familienheim liegt unter den weiteren Voraussetzungen des R E 13.3 Absatz 2 vor, soweit der Erblasser bis zu seinem Tod in einem bebauten Grundstück eine Wohnung zu eigenen Wohnzwecken genutzt hat. [2]Es ist unschädlich, wenn der Erblasser aus objektiv zwingenden Grün-

---

[1)] Zur Steuerbefreiung des Erwerbs eines Familienheims bei Renovierung siehe BFH v. 28.5.2019 II R 37/16, BStBl. II 2019, 678. – Zum Wegfall der Steuerbefreiung für ein Familienheim bei Aufgabe des Eigentums siehe BFH v. 11.7.2019 II R 38/16, BStBl. II 2020, 314. – Zum Begriff des Grundstücks beim Erwerb eines Familienheims siehe BFH v. 23.2.2021 II R 29/19, DStR 2021, 1816. – Zur Steuerbegünstigung für ein Familienheim bei Zuerwerb siehe BFH v. 6.5.2021 II R 46/19, DStR 2021, 2729.

den an einer Selbstnutzung gehindert war. [3]Objektiv zwingende Gründe liegen im Fall einer Pflegebedürftigkeit vor, die die Führung eines eigenen Haushalts nicht mehr zulässt, nicht dagegen z. B. bei einer beruflichen Versetzung. [4]Der überlebende Ehegatte muss in der erworbenen Wohnung unverzüglich, d. h. ohne schuldhaftes Zögern, die Nutzung zu eigenen Wohnzwecken aufnehmen. [5]Die Steuerbefreiung ist auch zu gewähren, wenn der überlebende Ehegatte aus objektiv zwingenden Gründen im Sinne des Satzes 3 bereits im Zeitpunkt des Erwerbs an der Nutzung des Objekts zu eigenen Wohnzwecken gehindert war. [6]Entfallen diese Hinderungsgründe innerhalb des Zehnjahreszeitraums nach dem Erwerb, ist die Nutzung zu eigenen Wohnzwecken unverzüglich aufzunehmen.

(3) Die Ausführungen in R E 13.3 Absatz 2 und 3 zum Wohnungsbegriff, zur Grundstücksart und zur Belegenheit des Familienheims gelten entsprechend.

(4)[1)] Wird das Familienheim steuerfrei erworben, sind die damit in wirtschaftlichem Zusammenhang stehenden Schulden und Lasten nicht abzugsfähig (§ 10 Absatz 6 ErbStG; → R E 10.10).

(5) [1]Der Erwerber kann die Befreiung nicht in Anspruch nehmen, soweit er verpflichtet ist, das begünstigte Familienheim auf Grund einer letztwilligen oder rechtsgeschäftlichen Verfügung des Erblassers auf einen Dritten zu übertragen (Weitergabeverpflichtung). [2]Letztwillige Verfügung ist das Testament, rechtsgeschäftliche Verfügung ist z. B. der Erbvertrag. [3]Anwendungsfälle sind insbesondere

1. Sachvermächtnisse, die auf begünstigtes Vermögen gerichtet sind,
2. Vorausvermächtnisse, die auf begünstigtes Vermögen gerichtet sind,
3. ein Schenkungsversprechen auf den Todesfall oder
4. Auflagen des Erblassers, die auf die Weitergabe begünstigten Vermögens gerichtet sind.

[4]Sind Miterben auf Grund einer Teilungsanordnung des Erblassers verpflichtet, das begünstigte Familienheim auf einen Miterben zu übertragen, können die übertragenden Miterben die Befreiung nicht in Anspruch nehmen; das gilt unabhängig davon, wann die Auseinandersetzungsvereinbarung geschlossen wird. [5]Den übernehmenden Erwerber oder Miterben, der die Begünstigung für das Familienheim oder den Teil des Familienheims in Anspruch nehmen kann, trifft die Pflicht zur Einhaltung der Befreiungsvoraussetzungen (zehnjährige Selbstnutzung); er hat die steuerlichen Folgen eines Verstoßes hiergegen zu tragen. [6]Gibt der nachfolgende Erwerber für den Erwerb des begünstigten Familienheims nicht begünstigtes Vermögen hin, das er vom Erblasser erworben hat, wird er so gestellt, als habe er von Anfang an begünstigtes Vermögen erworben. [7]Als hingegebenes Vermögen gilt nicht die Übernahme von Nachlassverbindlichkeiten, die mit dem begünstigten Vermögen oder Teilen davon in wirtschaftlichem Zusammenhang stehen. [8]Der Steuerwert des begünstigten Familienheims darf jedoch nicht überschritten werden. [9]Durch diese Regelung wird lediglich die Bemessungsgrundlage für die Steuerbefreiung verändert; sie führt nicht zu einer Veränderung der Zurechnung der Erwerbsgegenstände. [10]Der Grundsatz, dass die Erbauseinandersetzung unbeachtlich ist (→ R E 3.1), gilt unverändert fort. [11]Sätze 4 bis 10 gelten entsprechend auch

---

[1)] Teilweise überholt durch JStG 2020, zur Anwendung für Erwerbe nach dem 28.12.2020 siehe gleich lautenden Ländererlass v. 13.9.2021, BStBl. I 2021, 1837.

Verstoß gegen die Behaltensregelungen durch einen Miterwerber.

Beispiel:

E und F haben einen Gewerbebetrieb zu gleichen Teilen geerbt und fortgeführt. Der Verschonungsabschlag und Abzugsbetrag wurden jeweils berücksichtigt. Nach drei Jahren veräußert einer der Erben seinen Anteil an dem Gewerbebetrieb.

Die Steuerfestsetzung ist in diesem Fall nur bei dem Erben zu ändern, der gegen die Behaltensregelung verstoßen hat. Die Entlastung des anderen Erben durch Verschonungsabschlag und Abzugsbetrag bleibt unberührt.

R E 13a.20 Vorwegabschlag bei Familienunternehmen

(1) [1] Erwerber von Beteiligungen oder Anteilen an Familienunternehmen in der Rechtsform von Personen- oder Kapitalgesellschaften, die zum begünstigungsfähigen Vermögen (§ 13b Absatz 1 ErbStG) gehören, haben einen Rechtsanspruch auf einen Vorwegabschlag bis zu 30 Prozent vom Wert des begünstigten Vermögens (§ 13a Absatz 9 in Verbindung mit § 13b Absatz 2 ErbStG). [2] Ein Antrag des Erwerbers ist nicht erforderlich, der Erwerber ist aber verpflichtet, die Voraussetzungen nachzuweisen. [3] Der Vorwegabschlag kommt auch in Betracht in den Fällen des § 3 Absatz 1 Nummer 2 Satz 2 und § 7 Absatz 7 Satz 1 ErbStG (→ R E 13b.1 Absatz 1 Satz 4 Nummer 3 und R E 13b.2 Absatz 1 Satz 2 Nummer 7). [4] Der Vorwegabschlag kommt insbesondere nicht in Betracht

1. bei einem Einzelunternehmen,
2. bei Anteilen an einer Aktiengesellschaft, weil das Aktiengesetz keine entsprechenden Einschränkungen in der Satzung zulässt,
3. in den Fällen des § 3 Absatz 1 Nummer 2 Satz 3 und § 7 Absatz 7 Satz 2 ErbStG, weil es sich nicht um einen Erwerb begünstigten Vermögens handelt (→ R E 3.4 Absatz 3 Satz 7 bis 9).

[5] Der Vorwegabschlag ist vorrangig vor Anwendung des Verschonungsabschlags nach § 13a Absatz 1 oder 10 bzw. § 13c ErbStG oder der Verschonungsbedarfsprüfung nach § 28a ErbStG zu berücksichtigen. [6] Daher ist der Wert des begünstigten Vermögens (§ 13b Absatz 2 ErbStG) vor der Prüfung des Schwellenwerts für Großerwerbe von 26 Millionen EUR (§ 13a Absatz 1 Satz 1 bis 3 ErbStG) stets um den sich im Einzelfall ergebenden Vorwegabschlag zu verringern. [7] Bei Vorliegen der Voraussetzungen ist der Vorwegabschlag auch im Fall der Optionsverschonung anwendbar, auch wenn beides zusammen zu einer Vollverschonung des begünstigten Vermögens führt. [8] Es gelten aber unterschiedliche Voraussetzungen und Behaltensregelungen. [9] Hinsichtlich der Voraussetzungen des Vorwegabschlags erfolgt keine Feststellung. [10] Das Betriebsfinanzamt teilt das Vorliegen der Voraussetzungen und den Prozentsatz des Abschlags nachrichtlich mit (→ R E 13b.30 Absatz 5 Satz 1 Nummer 2).[1)]

(2) [1] Der Vorwegabschlag setzt das Vorliegen bestimmter Beschränkungen *von Entnahmen/Ausschüttungen*, Verfügungsmöglichkeiten und Abfindungen im Gesellschaftsvertrag oder der Satzung voraus (§ 13a Absatz 9 Satz 1 ErbStG); es genügt nicht, wenn diese Regelungen lediglich in einem Poolvertrag enthalten sind. [2] Der Gesellschaftsvertrag oder die Satzung müssen Bestimmungen enthalten, welche

---

1) Sätze 9 und 10 nicht mehr anzuwenden für Erwerbe nach dem 28.12.2020, siehe gleich lautenden Ländererlass v. 13.9.2021, BStBl. I 2021, 1837.

1. die Entnahme oder Ausschüttung auf höchstens 37,5 Prozent des um die auf den Gewinnanteil oder die Ausschüttungen aus der Gesellschaft entfallenden Steuern vom Einkommen gekürzten Betrages des steuerrechtlichen Gewinns im Sinne des § 4 Absatz 1 Satz 1 EStG beschränken. [2] Dabei bleiben bei einem Anteil am Betriebsvermögen Ergebnisse aus den Sonderbilanzen und Ergänzungsbilanzen unberücksichtigt. [3] Wenn in dem Gesellschaftsvertrag oder der Satzung auf den handelsrechtlichen Gewinn abgestellt wird, ist es unschädlich, wenn die nach § 13a Absatz 9 Satz 1 Nummer 1 ErbStG genannte Grenze bezogen auf den steuerrechtlichen Gewinn offensichtlich nicht überschritten wird;
2. die Verfügung zu Lebzeiten oder von Todes wegen über die Beteiligung an der Personengesellschaft oder den Anteil an der Kapitalgesellschaft auf Mitgesellschafter, auf Angehörige im Sinne des § 15 AO oder auf eine inländische Familienstiftung im Sinne des § 1 Absatz 1 Nummer 4 ErbStG oder eine entsprechende ausländische Familienstiftung beschränken. [2] Einzelheiten zu den betroffenen Verfügungen → R E 13b.6 Absatz 4. [3] Die Voraussetzung ist nach dem Wortlaut nicht erfüllt, wenn eine Verfügung auf andere Personen nach Zustimmung der übrigen Gesellschafter möglich ist oder eine Verfügung auf eine vermögensverwaltende Familiengesellschaft, an der Angehörige des Gesellschafters beteiligt sind, vorgesehen ist;
3. für den Fall des Ausscheidens aus der Gesellschaft eine Abfindung vorsehen, die unter dem gemeinen Wert der Beteiligung an der Personengesellschaft oder des Anteils an der Kapitalgesellschaft liegt. [2] Es reicht nicht aus, dass ein Verkauf an die unter Nummer 2 genannten Personen unter dem gemeinen Wert zulässig ist.

[3] Diese Beschränkungen müssen kumulativ vorliegen. [4] Sie müssen in jedem Fall in einem Zeitraum von zwei Jahren vor dem Zeitpunkt der Steuerentstehung (§§ 9, 11 ErbStG) gegeben sein und in dem Zeitraum von 20 Jahren nach diesem Zeitpunkt bestehen und tatsächlich eingehalten werden (§ 13a Absatz 9 Satz 4 und 5 ErbStG).

(3) [1] Maßgebend für die Prüfung der Entnahmebeschränkung ist der Gewinn des jeweiligen Wirtschaftsjahres, in dem die Entnahme erfolgt ist. [2] Bei der Ermittlung der Steuerbemessungsgrundlage auf den Gewinnanteil sind die außerbilanziellen Hinzu- und Abrechnungen zu berücksichtigen. [3] Aus Vereinfachungsgründen kann bei einer Personengesellschaft die auf den Gewinnanteil entfallende Steuer oder bei einer Kapitalgesellschaft die auf die Ausschüttung entfallende Steuer mit einem Steuersatz von 30 Prozent (vgl. § 202 Absatz 3 BewG) angenommen werden, es sei denn, die auf den Gewinn des Jahres entfallende Steuer ist nachgewiesen höher. [4] Entnahmen zur Begleichung der auf den Gewinnanteil oder die Ausschüttungen aus der Gesellschaft entfallenden Steuern vom Einkommen bleiben von der Beschränkung der Entnahme oder Ausschüttung unberücksichtigt; die Steuer nach Satz 3 gilt dabei als unschädliche Entnahme zur Begleichung der Steuer. [5] Bei einem Anteil am Betriebsvermögen bleiben dabei die Steuern auf Ergebnisse aus den Sonderbilanzen und Ergänzungsbilanzen unberücksichtigt. [6] Entnahmen oder Ausschüttungen zur Begleichung der Erbschaft- oder Schenkungsteuer werden dagegen bei der Ermittlung der schädlichen Entnahmen einbezogen. [7] Die Begriffe Entnahme und Ausschüttung sind nach den Grundsätzen des Ertragsteuerrechts zu beurteilen.

Ermittlung der Beteiligungsquote bei Einziehung von Geschäftsanteilen an einer GmbH und ausstehender Angleichung der Summe der Geschäftsanteile an das Stammkapital. Werden Geschäftsanteile an einer GmbH eingezogen (§ 34 GmbHG), erlöschen diese. Dies führt dazu, dass die Summe der Nennbeträge der Geschäftsanteile der GmbH nicht mehr dem Betrag des Stammkapitals der GmbH entspricht. Diese Divergenz kann durch eine Kapitalherabsetzung, einen Aufstockungsbeschluss oder durch Neubildung eines Geschäftsanteils beseitigt werden.

Steht bei der Übertragung von Geschäftsanteilen an einer GmbH nach einer Einziehung die Angleichung der Summe der Geschäftsanteile an das Stammkapital noch aus, ist das Nennkapital der GmbH um die Summe der Nennbeträge der eingezogenen Geschäftsanteile zu mindern und erhöht damit die Beteiligungsquote des Gesellschafters.

Formerfordernis einer Poolvereinbarung. → BFH vom 20.2.2019 II R 25/16, BStBl. II S. 779.

Stimmrechtslose Vorzugsaktien.

Beispiel 1:

S schenkt B unmittelbar gehaltene stimmrechtslose Vorzugsaktien der S-AG. Seine Beteiligung am Nennkapital (Stammaktien und Vorzugsaktien) beträgt

a) mehr als 25 %

b) weniger als 25 %.

Bei der Beurteilung der Mindestbeteiligung im Sinne des § 13b Absatz 1 Nummer 3 Satz 1 ErbStG kommt es nicht auf die mit den Anteilen verbundenen Stimmrechte an, sodass auch stimmrechtslose Anteile begünstigungsfähiges Vermögen sein können.

a) Die Anteile sind begünstigungsfähiges Vermögen, weil die Beteiligung mehr als 25 % beträgt.

b) Die Anteile sind nicht begünstigungsfähiges Vermögen, weil die Beteiligung nicht mehr als 25 % beträgt.

Beispiel 2:

S schenkt B gleichzeitig unmittelbar gehaltene stimmberechtigte Stammaktien an der S-AG in Höhe von 8 % sowie unmittelbar gehaltene stimmrechtslose Vorzugsaktien in Höhe von 20 %.

Die von S unmittelbar gehaltenen Stamm- und Vorzugsaktien erfüllen die Mindestbeteiligung von mehr als 25 % nach § 13b Absatz 1 Nummer 3 Satz 1 ErbStG. Die übertragenen Anteile (Stamm- und Vorzugsaktien) sind begünstigungsfähiges Vermögen.

Stimmrechtslose Vorzugsaktien und Poolregelung.

Beispiel 1:

S schenkt B gleichzeitig unmittelbar gehaltene stimmberechtigte Stammaktien an der S-AG in Höhe von 8 % sowie unmittelbar gehaltene stimmrechtslose Vorzugsaktien in Höhe von 20 %. Die Stammaktien von 8 % sind mit stimmberechtigten Anteilen anderer Gesellschafter gepoolt; der Pool erfüllt die Mindestbeteiligung von mehr als 25 %. Die stimmrechtslosen Vorzugsaktien sind in den Pool nicht einbezogen.

Die von S unmittelbar gehaltenen Stamm- und Vorzugsaktien erfüllen die Mindestbeteiligung von mehr als 25 % nach § 13b Absatz 1 Nummer 3 Satz 1 ErbStG. Die übertragenen Anteile (Stamm- und Vorzugsaktien) sind begünstigungsfähiges Vermögen. Dass die Stammaktien gepoolt sind, bleibt hierbei ohne Bedeutung.

Beispiel 2:

S schenkt B gleichzeitig unmittelbar gehaltene stimmberechtigte Stammaktien an der S-AG in Höhe von 8 % sowie unmittelbar gehaltene stimmrechtslose Vorzugsaktien in Höhe von 10 %. Die Stammaktien von 8 % sind mit stimmberechtigten Anteilen anderer Gesellschafter gepoolt; der Pool erfüllt die Mindestbeteiligung von mehr als 25 %.

Über die gepoolten stimmberechtigten Stammaktien erfüllt S die Mindestbeteiligung von mehr als 25% nach § 13b Absatz 1 Nummer 3 Satz 2 ErbStG. Die insgesamt übertragenen Anteile (Stamm- und Vorzugsaktien) sind begünstigungsfähiges Vermögen. Dass die stimmrechtslosen Vorzugsaktien nicht in den Pool mit einbezogen werden, bleibt hierbei ohne Bedeutung.

R E 13b.7 Begünstigtes Vermögen

[1]Das begünstigungsfähige Vermögen im Sinne des § 13b Absatz 1 ErbStG ist begünstigt, soweit sein gemeiner Wert den um das unschädliche Verwaltungsvermögen im Sinne des § 13b Absatz 7 ErbStG gekürzten Nettowert des Verwaltungsvermögens im Sinne des § 13b Absatz 6 ErbStG übersteigt (§ 13b Absatz 2 Satz 1 ErbStG). [2]Sämtliches Vermögen, das nicht zum begünstigten Vermögen gehört, ist ohne Verschonungsmöglichkeit steuerpflichtig. [3]Ist der festgestellte Wert des (Anteils des) Betriebsvermögens positiv, aber die Summe der gemeinen Werte des festgestellten Verwaltungsvermögens zuzüglich der festgestellten (jungen) Finanzmittel negativ (→ R E 13b.9 Abs. 2 I), liegt kein Verwaltungsvermögen vor. [4]Damit ist der 90-Prozent-Test bestanden und begünstigtes Vermögen im Sinne des § 13b Absatz 2 ErbStG gegeben. [5]Wenn der Wert des (Anteils des) Betriebsvermögens negativ ist, liegt insoweit kein begünstigtes Vermögen vor.

R E 13b.8 Erwerb unterschiedlicher Arten begünstigten Vermögens

(1) [1]Umfasst das auf einen Erwerber übertragene begünstigte Vermögen (→ R E 13b.7) mehrere selbstständig zu bewertende wirtschaftliche Einheiten einer Vermögensart (z. B. mehrere Gewerbebetriebe) oder mehrere Arten begünstigten Vermögens (land- und forstwirtschaftliches Vermögen, Betriebsvermögen, Anteile an Kapitalgesellschaften), sind deren Werte vor der Anwendung der §§ 13a, 13c und 28a ErbStG zusammenzurechnen. [2]Der Verschonungsabschlag nach § 13a Absatz 1 oder 10 oder § 13c ErbStG und der Abzugsbetrag nach § 13a Absatz 2 ErbStG können nur von einem insgesamt positiven Steuerwert des gesamten begünstigten Vermögens abgezogen werden. [3]Liegt nur eine wirtschaftliche Einheit mit einem negativen gemeinen Wert vor, kommt keine Verschonung in Betracht.

(2)[1)] [1]Soweit Schulden und Lasten mit dem nach § 13a oder § 13c ErbStG befreiten Vermögen in wirtschaftlichem Zusammenhang stehen, sind diese nach § 10 Absatz 6 Satz 4 ErbStG nur mit dem Betrag abzugsfähig, der dem Verhältnis des nach Anwendung des § 13a oder § 13c ErbStG anzusetzenden Werts des gesamten begünstigten Vermögens zu dem Wert vor Anwendung des § 13a oder § 13c ErbStG entspricht (→ R E 10.10 Absatz 4). [2]Zu diesen Schulden und Lasten können nur solche gehören, die nicht bereits bei der Ermittlung des gemeinen Werts berücksichtigt worden sind, und soweit sie dem begünstigten Vermögen wirtschaftlich zugeordnet werden können. [3]Bei begünstigtem land- und forstwirtschaftlichen Vermögen ist § 158 Absatz 5 BewG zu berücksichtigen.

---

1) Teilweise überholt durch das JStG 2020, zur Anwendung für Erwerbe nach dem 28.12.2020 siehe gleich lautenden Ländererlass v. 13.9.2021, BStBl. I 2021, 1837.

Beispiel 2:

Sachverhalt wie in Beispiel 1. Zudem hält die A GmbH & Co. KG noch 10% der Anteile an der Z GmbH. Die Anteile haben einen Wert von 16 500 EUR. Die Z GmbH hat Finanzmittel in Höhe von 25 000 EUR.

Da die A GmbH & Co. KG nicht zu mehr als 25% an der Z GmbH beteiligt ist, gehören die Anteile an der Z GmbH im vollen Umfang zum Verwaltungsvermögen der A GmbH & Co. KG (§ 13b Absatz 4 Nummer 2 ErbStG).

A GmbH & Co. KG

Verwaltungsvermögen eigenes		10 000 EUR	
Anteil an der Z GmbH	+	16 500 EUR	
B GmbH	+	23 000 EUR	
C AG	+	7 500 EUR	
		57 000 EUR	
100%			57 000 EUR

Hinsichtlich des jungen Verwaltungsvermögens, der Finanzmittel, der jungen Finanzmittel und der Schulden ergeben sich bei der A GmbH & Co. KG keine Änderungen.

R E 13b.30 Feststellungsverfahren

(1) [1] Festzustellen sind gemäß § 13b Absatz 10 ErbStG die Summe der gemeinen Werte

- der Finanzmittel,
- der jungen Finanzmittel,
- des Verwaltungsvermögens,
- des jungen Verwaltungsvermögens und
- der Schulden.

[2] Eine Feststellung erfolgt, wenn und soweit diese Werte für die Erbschaftsteuer oder eine andere Feststellung im Sinne des § 13b Absatz 10 ErbStG von Bedeutung sind. [3] Die Entscheidung, ob die Werte von Bedeutung sind, trifft das für die Erbschaftsteuer oder das für die andere Feststellung zuständige Finanzamt. [4] Die Feststellungen erfolgen auch dann, wenn es sich um ein börsennotiertes Unternehmen (§ 11 Absatz 1 BewG) handelt und deshalb keine Feststellung des Wertes des Anteils nach § 151 Absatz 1 Satz 1 Nummer 3 BewG erfolgt.

(2) Bei einer Beteiligung an einer Personengesellschaft erfolgen die Feststellungen bezogen auf den übertragenen Teil der Beteiligung, bei einem Anteil an einer Kapitalgesellschaft auf den übertragenen Anteil.

(3) [1] Festzustellen sind die Summen der gemeinen Werte der Finanzmittel, des Verwaltungsvermögens und des jungen Verwaltungsvermögens; maßgebend sind die Werte nach Anwendung des § 13b Absatz 3 ErbStG (Altersversorgungsverpflichtungen). [2] Bei der Feststellung der Summe der gemeinen *Werte der Schulden ist der Wert nach* Anwendung von § 13b Absatz 3 und Absatz 8 Satz 2 ErbStG anzusetzen. [3] Eine Verrechnung von Altersversorgungsverpflichtungen mit jungen Finanzmitteln erfolgt nicht (→ R E 13b.11 Absatz 2 Satz 3). [4] Der Wert der Finanzmittel und des Verwaltungsvermögens beinhaltet jeweils die jungen Finanzmittel beziehungsweise das junge Verwaltungsvermögen. [5] Der Wert der festzustellenden jungen Finanzmittel ist auf den Wert der festzustellenden Finanzmittel zu begrenzen. [6] Bei mehrstufigen Beteiligungsverhältnissen findet die Begrenzung ausschließlich auf der obers-

ten Feststellungsebene statt. [7]Feststellungen aus nachgeordneten Feststellungsebenen sind einzubeziehen. [8]Auf der obersten Feststellungsebene erfolgen die Feststellungen auf Basis der Verbundvermögensaufstellung.

(4) Wegen der nicht in das Feststellungsverfahren einzubeziehenden Berechnungen → R E 13b.29 Absatz 7.

(5) [1]Zusätzlich zu den in Absatz 1 genannten Feststellungen teilt das Betriebsfinanzamt dem Erbschaftsteuerfinanzamt folgende Angaben nachrichtlich mit:

1.[1)] Das Vorliegen der Voraussetzungen für die Inanspruchnahme eines Sockelbetrags im Sinne des § 13b Absatz 4 Nummer 5 Satz 4 ErbStG. [2]Bei mehrstufigen Beteiligungsverhältnissen ist auf jeder Beteiligungsstufe zu prüfen, ob das Vermögen des jeweiligen Unternehmens nach seinem Hauptzweck einer land- und forstwirtschaftlichen, gewerblichen oder freiberuflichen Tätigkeit dient (§ 13 Absatz 1, § 15 Absatz 1 Satz 1 Nummer 1, § 18 Absatz 1 Nummer 1 und 2 EStG). [3]Dabei sind die nachrichtlichen Mitteilungen der nachgeordneten Feststellungsebenen einzubeziehen. [4]Liegt ein Hauptzweck in diesem Sinne vor, ist dies nachrichtlich dem Betriebsfinanzamt auf der darüber liegenden Feststellungsebene mitzuteilen. [5]Auf der Ebene des übertragenen Unternehmens, der übertragenen Beteiligung an einer Personengesellschaft oder der übertragenen Anteile an einer Kapitalgesellschaft erfolgt eine Zusammenfassung inklusive der eigenen Tätigkeit. [6]Zum Hauptzweck → R E 13b.23 Absatz 6.

2.[1)] Das Vorliegen der Voraussetzungen und den Prozentsatz des Vorwegabschlags nach § 13a Absatz 9 ErbStG.

3.[1)] Bei Einzelunternehmen bzw. Beteiligungen an Personengesellschaften den Umfang und den Wert des ausländischen Vermögens, welches im festgestellten Wert des Betriebsvermögens enthalten ist, jedoch einer Betriebstätte in einem Drittstaat dient (→ R E 13b.5 Absatz 4).

4. Bei Einzelunternehmen bzw. Beteiligungen an Personengesellschaften für Grundstücke, die sowohl dem Betriebsvermögen als auch dem Grundvermögen zuzuordnen sind, den Wert des dem Grundvermögen zuzuordnenden Anteils.

[2]Erfolgt die Feststellung auf der obersten Feststellungsebene hinsichtlich einer Personengesellschaft, teilt das Betriebsfinanzamt mit, welche Teilbeträge der festgestellten Werte auf den übertragenen Anteil am Gesamthandsvermögen und das übertragene Sonderbetriebsvermögen entfallen.

(6) [1]Wenn ein Nutzungsrecht an einer Beteiligung an einer Personengesellschaft erworben wird, liegt begünstigungsfähiges Betriebsvermögen im Sinne des § 13b Absatz 1 Nummer 2 ErbStG vor, wenn es so ausgestaltet ist, dass der Nießbraucher ertragsteuerrechtlich als Mitunternehmer der Personengesellschaft anzusehen ist (→ R B 97.3). [2]Satz 1 gilt entsprechend, wenn ein Nießbraucher auf seinen Nießbrauch verzichtet und dadurch eine Mitunternehmerstellung des Nießbrauchers auf den Gesellschafter übergeht. [3]In diesen

---

[1)] Nicht mehr anzuwenden für Erwerbe nach dem 28.12.2020, siehe gleich lautenden Ländererlass v. 13.9.2021, BStBl. I 2021, 1837.

(5) Gehören zum Vermögen einer Kapitalgesellschaft, deren Anteile erworben werden, zu Wohnzwecken vermietete Grundstücke oder Grundstücksteile, ist die Anwendung des § 13d ErbStG stets ausgeschlossen, weil Gegenstand des Erwerbs der Anteil an der Kapitalgesellschaft ist und nicht die von der Kapitalgesellschaft zu Wohnzwecken vermieteten Grundstücke oder Grundstücksteile.

(6) [1]Zu den bebauten Grundstücken oder Grundstücksteilen, die zu Wohnzwecken vermietet werden, gehören z. B. Ein- und Zweifamilienhäuser, Mietwohngrundstücke, Wohnungseigentum oder entsprechende Grundstücksteile anderer Grundstücksarten (vgl. § 181 BewG); dies schließt auch Garagen, Nebenräume und Nebengebäude ein, die sich auf dem Grundstück befinden und mit den vermieteten Wohnungen gemeinsam genutzt werden. [2]Vermietet ist ein Grundstück, wenn für die Nutzungsüberlassung ein Entgelt, unabhängig von dessen Höhe, geschuldet wird. [3]Die unentgeltliche Überlassung ist nicht begünstigt. [4]Ist ein zur Vermietung zu Wohnzwecken bestimmtes Grundstück oder ein dazu bestimmter Teil eines Grundstücks im Besteuerungszeitpunkt nicht vermietet, z. B. wegen Leerstands bei Mieterwechsel oder wegen Modernisierung, kann für das Grundstück oder den Grundstücksteil der Befreiungsabschlag in Anspruch genommen werden. [5]Befinden sich in einem Gebäude neben zu Wohnzwecken vermieteten Grundstücksteilen andere Teile, die z. B. zu eigenen Wohnzwecken oder zu gewerblichen, freiberuflichen oder zu öffentlichen Zwecken genutzt werden, sind diese nicht begünstigt. [6]Der Befreiungsabschlag ist nach den tatsächlichen Nutzungsverhältnissen zum Besteuerungszeitpunkt nur auf den Teil des Grundbesitzwerts zu gewähren, der auf den zu Wohnzwecken vermieteten Teil des Gebäudes entfällt. [7]Die Aufteilung erfolgt nach dem Verhältnis der zu Wohnzwecken vermieteten Wohnfläche des Gebäudes zur gesamten Wohn-/Nutzfläche; Garagen, Nebenräume und Nebengebäude sind hierbei nicht einzubeziehen. [8]Das Lagefinanzamt hat die gesamte Wohn-/Nutzfläche des Grundstücks und die zu Wohnzwecken vermietete Fläche zu ermitteln und bei der Feststellung des Grundbesitzwerts nachrichtlich mitzuteilen.

(7) [1]Die Nutzung der vermieteten Wohnung auch zu anderen als Wohnzwecken ist unschädlich, wenn sie von untergeordneter Bedeutung ist, z. B. durch Nutzung eines Arbeitszimmers. [2]Eine gewerbliche oder freiberufliche Mitbenutzung einer Wohnung ist unschädlich, wenn die Wohnnutzung überwiegt.

(8) [1]Der Erwerber kann die Befreiung nicht in Anspruch nehmen, soweit er verpflichtet ist, das begünstigte Vermögen auf Grund einer letztwilligen Verfügung des Erblassers oder einer rechtsgeschäftlichen Verfügung des Erblassers *oder Schenkers auf einen Dritten* zu übertragen (Weitergabeverpflichtung). [2]Letztwillige Verfügung ist das Testament, rechtsgeschäftliche Verfügung ist z. B. der Erbvertrag des Erblassers oder der Schenkungsvertrag. [3]Anwendungsfälle sind insbesondere

1. Sachvermächtnisse, die auf begünstigtes Vermögen gerichtet sind,
2. Vorausvermächtnisse, die auf begünstigtes Vermögen gerichtet sind,
3. ein Schenkungsversprechen auf den Todesfall oder

4. Auflagen des Erblassers oder Schenkers, die auf die Weitergabe begünstigten Vermögens gerichtet sind.

[4] Sind Miterben auf Grund einer Teilungsanordnung des Erblassers verpflichtet, das begünstigte Vermögen auf einen Miterben zu übertragen, können die übertragenden Miterben die Befreiung nicht in Anspruch nehmen; das gilt unabhängig davon, wann die Auseinandersetzungsvereinbarung geschlossen wird. [5] Gibt der nachfolgende Erwerber für den Erwerb des begünstigten Vermögens nicht begünstigtes Vermögen hin, das er vom Erblasser erworben hat, wird er so gestellt, als habe er von Anfang an begünstigtes Vermögen erworben. [6] Dies gilt auch dann, wenn die einzelnen Vermögensgegenstände nach derselben Vorschrift, z. B. nach § 13d ErbStG, begünstigt sind, da der überlassende Miterbe die Begünstigung nicht mehr in Anspruch nehmen kann (§ 13d Absatz 2 ErbStG). [7] Als hingegebenes Vermögen gilt nicht die Übernahme von Nachlassverbindlichkeiten, die mit dem begünstigten Vermögen in wirtschaftlichem Zusammenhang stehen. [8] Der gemeine Wert des begünstigten Vermögens darf jedoch nicht überschritten werden. [9] Durch diese Regelung wird lediglich die Bemessungsgrundlage für die Steuerbefreiung verändert; sie führt nicht zu einer Veränderung der Zurechnung der Erwerbsgegenstände. [10] Der Grundsatz, dass die Erbauseinandersetzung unbeachtlich ist (→ R E 3.1), gilt unverändert fort. [11] Satz 4 bis 10 gelten entsprechend auch für die freie Erbauseinandersetzung unter den Erben, wenn diese zeitnah zum Erbfall erfolgt. [12] Erfolgt die Übertragung und Hingabe des Vermögens in diesem Fall nach Ergehen des jeweiligen Erbschaftsteuerbescheids, ist dies als Ereignis mit steuerlicher Rückwirkung auf den Zeitpunkt der Steuerentstehung anzusehen, so dass die Steuerfestsetzungen nach § 175 Absatz 1 Nummer 2 AO zu ändern sind.

(9) [1] Muss der Erwerber im Zusammenhang mit dem Erwerb begünstigten Vermögens einem Dritten ein Nutzungsrecht, z. B. den Nießbrauch, an dem Grundstück oder einem Teil des Grundstücks einräumen, kann der Erwerber des Vermögens den Befreiungsabschlag in Anspruch nehmen, soweit eine Vermietung zu Wohnzwecken vorliegt. [2] Entsprechendes gilt auch, wenn sich der Schenker ein solches Nutzungsrecht vorbehalten hat. [3] Der Befreiungsabschlag ist auch in einem solchen Fall nach den tatsächlichen Nutzungsverhältnissen im Besteuerungszeitpunkt nur auf den Teil des Grundbesitzwerts zu gewähren, der auf den zu Wohnzwecken vermieteten Teil des Gebäudes entfällt. [4] Absatz 6 Satz 7 und 8 gilt entsprechend. [5] Der Erwerb des Nutzungsrechts ist nicht begünstigt, weil kein begünstigtes Vermögen in seiner Substanz übertragen wird.

(10)[1] Soweit das begünstigte Vermögen steuerfrei erworben wird, sind die damit in wirtschaftlichem Zusammenhang stehenden Schulden und Lasten nicht abzugsfähig (§ 10 Absatz 6 Satz 5 ErbStG; → R E 10.10 Absatz 5).

H E 13d

Aufteilung des Grundbesitzwerts.

Beispiel:

Im Nachlass des H befindet sich ein bebautes Grundstück. In dem Gebäude sind drei Wohnungen zu Wohnzwecken vermietet. Außerdem befindet sich in dem Gebäude eine

---

[1] Teilweise überholt durch das JStG 2020, zur Anwendung für Erwerbe nach dem 28.12.2020 siehe gleich lautenden Ländererlass v. 13.9.2021, BStBl. I 2021, 1837.

Auf begünstigtes Vermögen entfällt			
208 981 EUR × 20,00 %		./. 41 796 EUR	
Unterschiedsbetrag		11 750 EUR	./. 11 750 EUR
Steuer 2018			255 980 EUR
Mindeststeuer nach § 14 Absatz 1 Satz 4 ErbStG			
Steuerpflichtiges Betriebsvermögen	225 000 EUR		
Weiteres Vermögen	+ 900 000 EUR		
Gesamterwerb	1 125 000 EUR		
Bestattungskosten usw. pauschal	./. 10 300 EUR		
Persönlicher Freibetrag	./. 20 000 EUR		
Steuerpflichtiger Erwerb	1 094 700 EUR		
Anteil des begünstigten Vermögens: 225 000 EUR : 1 125 000 EUR = 20,00 %			
Steuersatz 30 %		328 410 EUR	
Auf begünstigtes Vermögen entfällt 328 410 EUR × 20,00 %	65 682 EUR		
Steuer 2018 nach Stkl. I 19 % von 1 094 700 EUR = 207 993 EUR			
Auf begünstigtes Vermögen entfällt 207 993 EUR × 20,00 %	./. 41 598 EUR		
Entlastungsbetrag nach § 19a ErbStG	24 084 EUR	./. 24 084 EUR	
Mindeststeuer 2018		304 326 EUR	
Festzusetzende Steuer 2018			304 326 EUR

R E 14.3 Berücksichtigung früherer Erwerbe; Mindeststeuer und Festsetzungsfrist

(1) Nach § 14 Absatz 1 Satz 4 ErbStG darf durch den Abzug der fiktiven Steuer auf den Vorerwerb (§ 14 Absatz 1 Satz 2 ErbStG) oder den Abzug der tatsächlich zu entrichtenden Steuer (§ 14 Absatz 1 Satz 3 ErbStG) die Steuer, die sich für den letzten Erwerb allein ergeben würde, nicht unterschritten werden (Mindeststeuer).

(2) [1]Die Aufhebung oder Änderung des Schenkungsteuerbescheides für den Vorerwerb stellt für sich bei der Besteuerung des Letzterwerbs kein Ereignis mit steuerlicher Rückwirkung nach § 175 Absatz 1 Satz 1 Nummer 2 AO dar.[1)] [2]Hat sich jedoch der Wert des früheren Erwerbs durch den Eintritt eines Ereignisses mit steuerlicher Rückwirkung geändert, ist auch der Bescheid über den Letzterwerb nach § 175 Absatz 1 Satz 1 Nummer 2 AO zu ändern. [3]Die Festsetzungsfrist endet nach § 14 Absatz 2 ErbStG nicht vor Ablauf der Festsetzungsfrist für den früheren Erwerb.

H E 14.3

***Änderung* der Schenkungsteuerfestsetzung für den Vorerwerb für sich kein rückwirkendes Ereignis.** → BFH vom 12.7.2017 II R 45/15, BStBl. II S. 1120.[1)]

Festsetzungsfrist. Grundsätzlich beginnt die Festsetzungsfrist bei einem rückwirkenden Ereignis gemäß § 175 Absatz 1 Satz 2 AO mit dem Ein-

[1)] Nicht mehr anzuwenden für Erwerbe nach dem 28.12.2020, siehe gleich lautenden Ländererlass v. 13.9.2021, BStBl. I 2021, 1837.

tritt des Ereignisses. Der Beginn wird jedoch in Fällen des Unterschreitens der Lohnsummengrenze und des Verstoßes gegen die Behaltensregelungen gemäß § 13a Absatz 6 Satz 3 ErbStG a. F. bzw. § 13a Absatz 7 Satz 3 ErbStG und § 19a Absatz 5 Satz 3 ErbStG auf den Zeitpunkt der Kenntnis der Finanzbehörde hinausgeschoben. Für diese Fälle wird analog in § 14 Absatz 2 ErbStG auch die Festsetzungsfrist für den Nacherwerb hinausgeschoben.

Beispiel:

Ein Unternehmer verschenkt in 2015 einen nach §§ 13a, 13b ErbStG a. F. begünstigten Betrieb. In 2018 überträgt er weiteres nicht begünstigtes Vermögen an denselben Erwerber. Der Erwerber veräußert 2019 (während der Behaltensfrist) den in 2015 erworbenen Betrieb und verstößt damit gegen die Behaltensregelung des § 13a Absatz 5 ErbStG.

Die Steuerfestsetzung für den Erwerb 2015 ist zu ändern. Auch die Steuerfestsetzung für den Erwerb 2018 ist zu ändern, soweit sich die Verminderung der Verschonung für den Erwerb 2015 auf den Wert des Vorerwerbs auswirkt. Die Festsetzungsfrist für eine Änderung der Steuerfestsetzung zum Erwerb 2018 endet nicht vor Ablauf der Festsetzungsfrist für eine Änderung der Steuerfestsetzung zum Vorerwerb 2015.

Mindeststeuer.

Beispiel:

S hatte 2015 seiner damaligen Lebensgefährtin Barvermögen von 120 000 EUR geschenkt. Nach der Heirat 2018 schenkt er ihr weiteres Barvermögen von 550 000 EUR.

Erwerb 2015		
Barvermögen 2015		120 000 EUR
Persönlicher Freibetrag (§ 16 Absatz 1 Nummer 5 ErbStG)		./. 20 000 EUR
Steuerpflichtiger Erwerb		100 000 EUR
Steuersatz 30 %		
Steuer 2015		30 000 EUR
Erwerb 2018		
Barvermögen 2018		550 000 EUR
Barvermögen 2015		+ 120 000 EUR
Gesamterwerb		670 000 EUR
Persönlicher Freibetrag (§ 16 Absatz 1 Nummer 1 ErbStG)		./. 500 000 EUR
Steuerpflichtiger Erwerb		170 000 EUR
Steuersatz 11 %		
Steuer auf Gesamterwerb		18 700 EUR
Fiktive Abzugssteuer 2018 auf Vorerwerb 2015		
Barvermögen 2015	120 000 EUR	
Persönlicher Freibetrag 2018 (500 000 EUR), höchstens beim Erwerb 2015 verbrauchter Freibetrag	./. 20 000 EUR	
Steuerpflichtiger Erwerb	100 000 EUR	
Steuersatz 11 %		
Fiktive Abzugssteuer 2018	11 000 EUR	
Abzuziehen ist die höhere tatsächliche Steuer 2015		./. 30 000 EUR
Steuer 2018		0 EUR
Mindeststeuer nach § 14 Absatz 1 Satz 4 ErbStG		
Barvermögen 2018	550 000 EUR	
Persönlicher Freibetrag	./. 500 000 EUR	
Steuerpflichtiger Erwerb	50 000 EUR	
Steuersatz 7 %		
Mindeststeuer 2018	3 500 EUR	
Festzusetzende Steuer 2018		3 500 EUR

Zu § 15 ErbStG

R E 15.1 Steuerklassen – *unbesetzt* –

H E 15.1[1)]

Steuerklasse bei Adoptivkindern und Stiefkindern von Kindern und Geschwistern. Als Abkömmlinge i. S. d. § 15 ErbStG (Steuerklasse I Nummer 3 und Steuerklasse II Nummer 3) sind auch Adoptivkinder und Stiefkinder anzusehen.

Steuerklasse bei ehemaligem Adoptionsverhältnis. → BFH vom 17.3.2010 II R 46/08, BStBl. II S. 554.

Steuerklasse bei Ehegatten von Stiefkindern und Stiefkinder von Geschwistern. Der Begriff „Kind“ wird im Erbschaftsteuer- und Schenkungsteuergesetz als eigenständiger Begriff verwendet. Er setzt, wie die Einbeziehung der mit dem Stiefelternteil nur verschwägerten Stiefkinder in die Steuerklasse I Nummer 2 zeigt, das Bestehen verwandtschaftlicher Verhältnisse im zivilrechtlichen Sinne nicht zwingend voraus.
Die Stiefkinder von Geschwistern sind als „Abkömmlinge“ i. S. d. Steuerklasse II Nummer 3 anzusehen.
Zu den Schwiegerkindern i. S. d. § 15 Absatz 1 Steuerklasse II Nummer 5 ErbStG sind deshalb auch die Ehegatten von Stiefkindern (Stiefschwiegerkinder) zu rechnen (→ BFH vom 6.9.1989 II R 87/87, BStBl. II S. 898).

Steuerklasse beim Erwerb einer Abfindung für den Verzicht auf einen künftigen Pflichtteilsanspruch. → BFH vom 10.5.2017 II R 25/15, BStBl. 2018 II S. 201.

Steuerklasse bei Verlobten. → BFH vom 23.3.1998 II R 41/96, BStBl. II S. 396.

Steuerklasse des Schlusserben aus einem gemeinschaftlichen Testament. → BFH vom 16.6.1999 II R 57/96, BStBl. II S. 789 und vom 27.8.2008 II R 23/06, BStBl. 2009 II S. 47.

R E 15.2 Maßgebliche Steuerklasse bei Familienstiftungen

(1) [1]Bei der Errichtung einer Familienstiftung richtet sich die Steuerklasse nach dem Verwandtschaftsverhältnis des nach der Stiftungsurkunde entferntest Berechtigten zu dem Erblasser oder Schenker (§ 15 Absatz 2 Satz 1 ErbStG). [2]Bei der Bestimmung der Steuerklasse ist daher auf den nach der Satzung möglichen entferntest Berechtigten abzustellen, auch wenn dieser im Zeitpunkt der Errichtung der Familienstiftung noch nicht unmittelbar bezugsberechtigt ist, sondern es erst in der Generationenfolge wird. [3]Bei der Errichtung einer Familienstiftung ist deshalb als „entferntest Berechtigter“ derjenige anzusehen, der – ohne einen klagbaren Anspruch haben zu müssen – nach der Satzung Vermögensvorteile aus der Stiftung erlangen kann.

---

1) Zur maßgebenden Steuerklasse beim Erwerb vom biologischen Vater siehe BFH v. 5.12.2019 II R 5/17, BStBl. II 2020, 322.

(2) Die nach Absatz 1 geltende Steuerklasse ist auch für den anzuwendenden Freibetrag nach § 16 ErbStG maßgebend.

(3) Überträgt der Stifter nach Errichtung einer Familienstiftung später weiteres Vermögen auf die Stiftung, wird die Zustiftung nach Steuerklasse III besteuert.

H E 15.2

Entferntest Berechtigter. → RFH vom 23.1.1930 (RStBl S. 115).

Freibetrag bei Errichtung einer Familienstiftung. Der Übergang von Vermögen auf eine zu errichtende Familienstiftung ist nach der Steuerklasse I Nummer 2 i. V. m. § 16 Absatz 1 Nummer 2 ErbStG zu versteuern, wenn (neben dem Stifter) nur die Kinder sowie Kinder vorverstorbener Kinder bezugsberechtigt sein sollen. Sollen Enkel des Stifters bereits zu Lebzeiten ihrer Eltern oder entferntere Abkömmlinge des Stifters – unabhängig davon, ob ihre Eltern jeweils noch leben oder nicht – bezugsberechtigt sein, ist dagegen die Besteuerung der Errichtung der Familienstiftung nach der Steuerklasse I Nummer 3 i. V. m. § 16 Absatz 1 Nummer 3 oder 4 ErbStG durchzuführen. Erfolgt die Errichtung der Familienstiftung nur allgemein zugunsten der Familie des Stifters und ihrer Angehörigen, ist für ihre Besteuerung die Steuerklasse III i. V. m. § 16 Absatz 1 Nummer 7 ErbStG maßgebend.

Steuerklasse bei Auflösung einer Familienstiftung. → BFH vom 30.11.2009 II R 6/07, BStBl. 2010 II S. 237.

Steuerklasse bei einer Zustiftung. → BFH vom 9.12.2009 II R 22/08, BStBl. 2010 II S. 363.

R E 15.3 Umfang des begünstigten Vermögens in den Fällen des § 15 Absatz 3 ErbStG

[1]Nach § 15 Absatz 3 ErbStG sind im Falle des § 2269 BGB und soweit der überlebende Ehegatte an die Verfügung gebunden ist, die mit dem verstorbenen Ehegatten näher verwandten Erben und Vermächtnisnehmer als seine Erben anzusehen, soweit sein Vermögen beim Tode des überlebenden Ehegatten noch vorhanden ist. [2]Das beim Tod des länger lebenden Ehegatten dem Werte nach noch vorhandene Vermögen des zuerst verstorbenen Ehegatten ist im Rahmen der Bindungswirkung der getroffenen Verfügungen erbschaftsteuerrechtlich vorrangig und ohne weitere Quotelung den mit dem Erstverstorbenen näher verwandten Schlusserben zuzuordnen. [3]Im Einzelnen gilt Folgendes:

1. [1]Wertsteigerungen und reine Vermögensumschichtungen des noch vorhandenen Vermögens zwischen dem Todestag des Erstversterbenden und dem des Letztversterbenden sind auf Grund des Surrogationsprinzips wie bei § 6 Absatz 2 ErbStG auch bei § 15 Absatz 3 ErbStG begünstigt. [2]Es ist deshalb auf den Wert dieses Vermögens am Todestag des Letztversterbenden abzustellen.
2. Erträge des Vermögens zwischen dem Todestag des Erstversterbenden und dem des Letztversterbenden sind erst in der Person des Letztversterbenden

entstanden und deshalb, soweit sie nicht verbraucht wurden, nicht im begünstigten Vermögen zu berücksichtigen.

3. Die Erbfallkostenpauschale nach § 10 Absatz 5 Nummer 3 ErbStG muss dem begünstigten Vermögen anteilig zugeordnet werden.

H E 15.3

Umfang des begünstigten Vermögens in den Fällen des § 15 Absatz 3 ErbStG. → BFH vom 27.8.2008 II R 23/06, BStBl. 2009 II S. 47.

R E 15.4 Steuerklasse bei Zuwendungen von Kapitalgesellschaften oder Genossenschaften

(1) [1]In den Fällen des § 7 Absatz 8 ErbStG richtet sich bei Zuwendungen von Kapitalgesellschaften bzw. Genossenschaften die Steuerklasse nach § 15 Absatz 4 ErbStG. [2]Danach ist das persönliche Verhältnis des Erwerbers (unmittelbar oder mittelbar an der Kapitalgesellschaft oder Genossenschaft beteiligte natürliche Person oder Stiftung) zu der die Zuwendung veranlassenden Person maßgebend. [3]Diese Regelung betrifft nur die Rechtsfolgen der Steuerermittlung. [4]Die Kapitalgesellschaft bzw. Genossenschaft bleibt Zuwendende.

(2) [1]Bei der Zusammenrechnung mit früheren Erwerben nach § 14 ErbStG ist ebenfalls auf die Verhältnisse zu dem veranlassenden Gesellschafter abzustellen. [2]Die Zuwendung der Kapitalgesellschaft ist ebenso bei späteren Schenkungen des veranlassenden Gesellschafters, der Kapitalgesellschaft oder Genossenschaft oder anderer Kapitalgesellschaften oder Genossenschaften, an der der veranlassende Gesellschafter beteiligt ist, nach § 14 ErbStG zu berücksichtigen.

(3) [1]Kommen mehrere Personen als Veranlassende in Betracht (z.B. Vater und Onkel des Begünstigten), kann eine quotale Mitveranlassung aller Beteiligten angenommen werden. [2]Es kann jedoch konkret dargelegt werden, welche Person die Zuwendung veranlasst hat.

(4) [1]Das für die Besteuerung der Zuwendung einer Kapitalgesellschaft oder Genossenschaft zuständige Erbschaftsteuerfinanzamt hat sich für Zwecke der Anwendung des § 15 Absatz 4 ErbStG mit dem Erbschaftsteuerfinanzamt in Verbindung zu setzen, das für die Besteuerung einer Direktzuwendung des veranlassenden Gesellschafters nach § 35 ErbStG zuständig wäre. [2]Das letztgenannte Finanzamt teilt dem für die Besteuerung zuständigen Finanzamt die Vorschenkungen und die für die Zusammenrechnung notwendigen Informationen mit und ist in ein etwaiges Rechtsbehelfsverfahren, soweit es um die Anwendung des § 15 Absatz 4 ErbStG geht, von dem zuständigen Finanzamt im Wege der Amtshilfe einzubinden. [3]Zum Zweck der künftigen zutreffenden Zusammenrechnung aller Vorerwerbe i. S. d. § 14 ErbStG sind die Erkenntnisse bei dem Finanzamt zusammenzuführen, das für eine Direktzuwendung des veranlassenden Gesellschafters zuständig wäre. [4]Das für die Besteuerung der Zuwendung der Kapitalgesellschaft oder Genossenschaft zuständige Finanzamt teilt diesem daher die insoweit benötigten Veranlagungsdaten mit. [5]Zudem haben alle beteiligten Finanzämter einander zeitnah über eventuell später eintretende Änderungen zu unterrichten, die Auswirkungen im Rahmen des § 14 ErbStG haben können.

Zu § 16 ErbStG

R E 16 Freibeträge[1] – *unbesetzt* –

H E 16

Freibetrag bei beschränkter Steuerpflicht.

Beispiel:

E und F sind verheiratet und leben beide seit 20 Jahren in Spanien. Im Jahr 2017 hat E seiner Frau ein Familienheim in Spanien geschenkt. Das Grundstück hat einen Wert von 200 000 EUR.

Im Jahr 2018 stirbt E und hinterlässt F ein Grundstück in Spanien im Wert von 400 000 EUR sowie ein zu Wohnzwecken vermietetes Grundstück in Deutschland im Wert von 800 000 EUR.

Erwerb 2017

Der Erwerb unterliegt in Deutschland nicht der Steuerpflicht, da es sich nicht um einen Fall der unbeschränkten Steuerpflicht handelt und auch kein Inlandsvermögen im Sinne von § 121 BewG vorliegt.

Erwerb 2018

Der Erwerb des inländischen Grundstücks unterliegt in Deutschland der beschränkten Steuerpflicht gemäß § 2 Absatz 1 Nummer 3 ErbStG, da es sich um Inlandsvermögen im Sinne von § 121 BewG handelt.

Ermittlung des Kürzungsbetrags nach § 16 Absatz 2 ErbStG

$$\frac{\text{Nicht beschränkt steuerpflichtiges Vermögen (10 Jahreszeitraum)} \times \text{Freibetrag § 16 Absatz 1 ErbStG}}{\text{Gesamter Vermögensanfall (10 Jahreszeitraum)}}$$

600 000 EUR × 500 000 EUR : 1 400 000 EUR = 214 285 EUR (Kürzungsbetrag)

Grundstück (Inland)		800 000 EUR
Steuerbefreiung nach § 13d ErbStG		80 000 EUR
Vermögensanfall (beschränkte Steuerpflicht)		720 000 EUR
Erbfallkostenpauschale		./. 10 300 EUR
Persönlicher Freibetrag (§ 16 Absatz 1 ErbStG)	500 000 EUR	
Persönlicher Freibetrag (Kürzungsbetrag)	./. 214 285 EUR	
Persönlicher Freibetrag (abzugsfähiger Teil)	285 715 EUR	./. 285 715 EUR
Steuerpflichtiger Erwerb (abgerundet)		423 900 EUR
Steuersatz 15 %		
Steuer		63 585 EUR

Bei der Kürzung des Freibetrags nach § 16 Absatz 2 ErbStG bleibt unberücksichtigt, dass das im Jahr 2017 geschenkte Familienheim in Spanien nach § 13 Absatz 1 Nummer 4a ErbStG steuerfrei wäre, wenn es sich um einen Fall der unbeschränkten Steuerpflicht handeln würde. Auch die für das zu Wohnzwecken vermietete Grundstück vom Erwerb 2018 gewährte Steuerbefreiung nach § 13d ErbStG bleibt bei der Kürzung des Freibetrags unberücksichtigt.

Zu § 17 ErbStG

R E 17 Besonderer Versorgungsfreibetrag

(1) ¹Der besondere Versorgungsfreibetrag für den überlebenden Ehegatten und für Kinder ist um den Kapitalwert der nicht der Erbschaftsteuer unterlie-

---

[1] Zum Schenkungsteuerfreibetrag für Urenkel siehe BFH v. 27.7.2020 II B 39/20, BStBl. II 2021, 28.

genden Versorgungsbezüge zu kürzen. [2]Zu den nicht der Erbschaftsteuer unterliegenden Bezügen (→ R E 3.5) gehören insbesondere

1. Versorgungsbezüge der Hinterbliebenen von Beamten auf Grund der Beamtengesetze des Bundes und der Länder,
2. Versorgungsbezüge, die den Hinterbliebenen von Angestellten und Arbeitern aus der gesetzlichen Rentenversicherung zustehen; dies gilt auch in den Fällen freiwilliger Weiter- und Höherversicherung,
3. Versorgungsbezüge, die den Hinterbliebenen von Angehörigen der freien Berufe aus einer berufsständischen Pflichtversicherung zustehen; dies gilt auch in den Fällen freiwilliger Weiter- und Höherversicherung,
4. Versorgungsbezüge, die den Hinterbliebenen von Abgeordneten auf Grund der Diätengesetze des Bundes und der Länder zustehen,
5. Hinterbliebenenbezüge, die auf Tarifvertrag, Betriebsordnung, Betriebsvereinbarung, betrieblicher Übung oder dem Gleichbehandlungsgrundsatz beruhen und
6. Hinterbliebenenbezüge auf Grund eines zwischen dem Erblasser und seinem Arbeitgeber geschlossenen Einzelvertrags, soweit diese angemessen sind (→ R E 3.5 Absatz 3).

(2) Bei der Kürzung des Versorgungsfreibetrags sind alle von der Erbschaftsteuer nicht erfassten Versorgungsleistungen zu berücksichtigen, und zwar unabhängig davon, ob es sich bei den Versorgungsleistungen um lebenslängliche Leistungen, um Leistungen auf eine bestimmte Zeit oder um Leistungen in einem Einmalbetrag handelt.

(3) [1]Bei der Berechnung des Kapitalwerts der Versorgungsbezüge ist von der Höhe der jährlichen Bruttobezüge auszugehen, die dem Hinterbliebenen unmittelbar nach dem Tod des Erblassers gezahlt werden. [2]Handelt es sich dabei um eine Rente aus der gesetzlichen Rentenversicherung, ist grundsätzlich auf den Rentenbetrag abzustellen, der dem Berechtigten nach Ablauf des Sterbevierteljahrs zusteht. [3]Dieser kann den Rentenberechnungen der Rentenversicherungsträger entnommen werden. [4]Zusätzliche Leistungen (z.B. 13. Monatsgehalt) sind zu berücksichtigen. [5]Anzurechnen sind auch Einmalbeträge (z.B. Sterbegelder oder die Summe der Zahlungen für das Sterbevierteljahr), Kapitalabfindungen sowie Leistungen nach § 107 SGB VI (Abfindung bei Wiederverheiratung) und § 210 SGB VI (Beitragserstattung bei nicht erfüllter Wartezeit). [6]Der Umstand, dass die Versorgungsbezüge beim Hinterbliebenen dem Lohnsteuerabzug oder der Einkommensteuer unterliegen, bleibt bei der Ermittlung der jährlichen Bruttobezüge unberücksichtigt. [7]Spätere Änderungen in der Höhe dieser Bezüge sind nur zu berücksichtigen, wenn sie schon zur Zeit des Todes des Erblassers mit Sicherheit vorauszusehen waren. [8]Soweit auf die Versorgungsbezüge des Hinterbliebenen eigenes Einkommen anzurechnen ist, ruhen für einen ungewissen Zeitraum die Bezüge in Höhe des angerechneten Einkommens. [9]Als jährliche Bruttobezüge sind die entsprechend geminderten Bezüge anzusetzen, die dem Hinterbliebenen unmittelbar nach dem Tod des Erblassers bzw. nach Ablauf des Sterbevierteljahrs zustehen.

(4) [1]Nach § 17 Absatz 3 ErbStG wird einem Kind sowie dem überlebenden Ehegatten des Erblassers der besondere Versorgungsfreibetrag auch in den Fällen der beschränkten Steuerpflicht gewährt. [2]Der Erwerber ist verpflichtet, die für die Prüfung der Steuerbefreiung notwendigen Angaben zu machen und zu belegen. [3]Die Gewährung des Versorgungsfreibetrags setzt voraus, dass der Ansässigkeitsstaat des Erblassers bzw. Erwerbers Amtshilfe leistet. [4]Die Einholung von Informationen beim ausländischen Staat im Wege der Amtshilfe ist insbesondere in Fällen bedeutsam, in denen Anzeichen bestehen, dass der Erwerber unvollständige Angaben gemacht hat.

H E 17

Anwendung auf Schenkungen. → R E 1.1 Satz 3 Nummer 7.

Einmalbeträge als anrechenbare Versorgungsleistungen. → BFH vom 2.7.1997 II R 43/94, BStBl. II S. 623.

Zugewinnausgleich. Die Vorschrift des § 17 ErbStG wird durch die Einbeziehung der erbschaftsteuerpflichtigen privaten Versorgungsbezüge in die Berechnung der fiktiven Zugewinnausgleichsforderung nach § 5 Absatz 1 ErbStG (→ R E 5.1) nicht berührt. Der Versorgungsfreibetrag ist deshalb auch nicht um den Teil der Versorgungsbezüge zu kürzen, der als Zugewinnausgleich im Ergebnis erbschaftsteuerfrei bleibt. Die Vorschrift in § 17 Absatz 1 Satz 2 ErbStG ist insoweit nicht anzuwenden.

Zu § 19 ErbStG

R E 19[1)] Steuersätze – *unbesetzt* –

H E 19

Doppelbesteuerungsabkommen mit Progressionsvorbehalt. Ein Progressionsvorbehalt i. S. d. § 19 Absatz 2 ErbStG muss im Doppelbesteuerungsabkommen selbst vorgesehen sein (→ BFH vom 9.11.1966 I 29/65, BStBl. 1967 III S. 88). Das ist gegenwärtig in Artikel 10 Absatz 1 des DBA-Schweiz (→ H E 2.1) teilweise der Fall. Bei DBA, die das Anrechnungsverfahren vorsehen, ist der Progressionsvorbehalt ohne Bedeutung.

Härteausgleich. Der Härteausgleich nach § 19 Absatz 3 ErbStG ist fester Bestandteil der Tarifvorschrift. Er ist in allen Fällen anzuwenden, in denen eine Steuerberechnung tatsächlich oder fiktiv erfolgt, d. h. auch in Fällen der § 6 Absatz 2, § 10 Absatz 2, § 14, § 15 Absatz 3 sowie §§ 19a und 23 ErbStG.

---

1) Keine Erbschaftsteuerpause: Die Regelungen des ErbStG i. d. F. des Wachstumsbeschleunigungsgesetzes 2009 betr. den Erwerb von Privatvermögen und den Steuersatz sind über den 30.6.2016 hinaus weiter anwendbar; vgl. hierzu BFH v. 6.5.2021 II R 1/19, BStBl. II 2022, 77.

Tabelle der maßgebenden Grenzwerte für die Anwendung des Härteausgleichs.

Wertgrenze gemäß § 19 Absatz 1 ErbStG	Härteausgleich gemäß § 19 Absatz 3 ErbStG bei Überschreiten der letztvorhergehenden Wertgrenze bis einschließlich ... EUR in Steuerklasse		
EUR	I	II	III
75 000	–	–	–
300 000	82 600	87 400	–
600 000	334 200	359 900	–
6 000 000	677 400	749 900	–
13 000 000	6 888 800	6 749 900	10 799 900
26 000 000	15 260 800	14 857 100	–
über 26 000 000	29 899 900	28 437 400	–

Zu § 19a ErbStG

R E 19a.1 Tarifbegünstigte Erwerber und tarifbegünstigtes Vermögen

(1) [1]Die Tarifbegrenzung kommt nur beim Erwerb durch eine natürliche Person der Steuerklasse II oder III in Betracht (§ 19a Absatz 1 ErbStG). [2]Erwerbe durch juristische Personen und Vermögensmassen (vgl. auch § 97 Absatz 2 BewG) sind nicht begünstigt.

(2) [1]Der Entlastungsbetrag wird nur für den Teil des zu einem Erwerb gehörenden begünstigten Vermögens im Sinne des § 13b Absatz 2 ErbStG gewährt, für den kein Verschonungsabschlag nach §§ 13a oder 13c ErbStG gewährt wird (tarifbegünstigtes Vermögen). [2]Das ist bei der Regelverschonung nach § 13a Absatz 1 ErbStG der nach Abzug des Verschonungsabschlags von 85 Prozent verbleibende Betrag des begünstigen Vermögens im Sinne des § 13b Absatz 1 und 2 ErbStG (→ R E 13a.1 ff.). [3]Bei der Optionsverschonung nach § 13a Absatz 10 ErbStG kommt die Tarifbegrenzung nicht zum Tragen. [4]Beim Abschmelzmodell nach § 13c ErbStG wird der Entlastungsbetrag für den nach Abzug des geminderten Verschonungsabschlags verbleibenden Betrag des begünstigten Vermögens im Sinne des § 13b Absatz 1 und 2 ErbStG (→ R E 13a.1 ff.) gewährt. [5]Im Fall der Verschonungsbedarfsprüfung nach § 28a ErbStG wird der Entlastungsbetrag für das gesamte begünstigte Vermögen gewährt. [6]In den Fällen, in denen die 90-Prozent-Grenze des § 13b Absatz 2 Satz 2 ErbStG überschritten wird, kann der Entlastungsbetrag nicht gewährt werden. [7]Der Entlastungsbetrag kommt auch nicht für das nach *Abzug des unschädlichen* Verwaltungsvermögens verbleibende Nettoverwaltungsvermögen (§ 13b Abs. 2 Satz 1 ErbStG) zur Anwendung. [8]Umfasst das auf einen Erwerber übertragene tarifbegünstigte Vermögen mehrere selbstständig zu bewertende wirtschaftliche Einheiten einer Vermögensart (z. B. mehrere Gewerbebetriebe) oder mehrere Arten begünstigten Vermögens (Betriebsvermögen, land- und forstwirtschaftliches Vermögen, Anteile an Kapitalgesellschaften), ist vor der Anwendung des § 19a Absatz 3 ErbStG die Summe des tarifbegünstigten Vermögens zu bilden.

(3) [1] Wenn ein Erwerber tarifbegünstigtes Vermögen auf Grund einer letztwilligen Verfügung des Erblassers oder einer rechtsgeschäftlichen Verfügung des Erblassers oder Schenkers auf einen Dritten übertragen muss, kommt insoweit für ihn der Entlastungsbetrag nicht in Betracht; R E 13a.11 ist entsprechend anzuwenden. [2] Der zur Weitergabe des begünstigten Vermögens verpflichtete Erwerber ist so zu besteuern, als sei das herauszugebende Vermögen auf ihn als nicht tarifbegünstigtes Vermögen übergegangen. [3] Muss der Erwerber nicht das gesamte auf ihn übergegangene tarifbegünstigte Vermögen, sondern nur einen Teil davon weiter übertragen, ist der Entlastungsbetrag zu gewähren, soweit das ihm verbleibende tarifbegünstigte Vermögen einen insgesamt positiven Wert hat.

R E 19a.2 Berechnung des Entlastungsbetrags

(1)[1)] [1] Der auf das tarifbegünstigte Vermögen entfallende Teil der tariflichen Steuer ergibt sich aus dem Verhältnis des Werts des tarifbegünstigten Vermögens nach Anwendung der §§ 13a oder 13c ErbStG und nach Abzug der mit diesem Vermögen in wirtschaftlichem Zusammenhang stehenden abzugsfähigen Schulden und Lasten (§ 10 Absatz 5 und 6 ErbStG) zum Wert des gesamten Vermögensanfalls nach Abzug der mit diesem Vermögen in wirtschaftlichem Zusammenhang stehenden abzugsfähigen Schulden und Lasten. [2] Maßgebend ist der Vermögensanfall, soweit er der Besteuerung nach diesem Gesetz unterliegt (§ 10 Absatz 1 Satz 2 ErbStG). [3] Dazu ist der Steuerwert des gesamten übertragenen Vermögens um die Befreiungen nach §§ 13, 13a, 13c und 13d ErbStG und die Nachlassverbindlichkeiten oder die bei Schenkungen abzugsfähigen Schulden und Lasten zu kürzen, die im wirtschaftlichen Zusammenhang mit einzelnen Vermögensgegenständen stehen. [4] Nachlassverbindlichkeiten oder die bei Schenkungen abzugsfähigen Schulden und Lasten einschließlich der abzugsfähigen Erwerbsnebenkosten (→ R E 7.4), die nicht mit einzelnen Vermögensgegenständen des erworbenen Vermögens im wirtschaftlichen Zusammenhang stehen, sowie die persönlichen Freibeträge sind nicht abzuziehen.

(2) [1] In den Fällen des § 28a ErbStG gilt Absatz 1 entsprechend. [2] Ein Verschonungsabschlag nach §§ 13a und 13c ErbStG kommt dabei nicht zur Anwendung.

(3) [1] Der Entlastungsbetrag ergibt sich als Unterschiedsbetrag zwischen der auf das tarifbegünstigte Vermögen entfallenden tariflichen Steuer nach den Steuersätzen der tatsächlichen Steuerklasse des Erwerbers und nach den Steuersätzen der Steuerklasse I. [2] In beiden Fällen ist die Härteausgleichsregelung nach § 19 Absatz 3 ErbStG zu beachten. [3] Für die Höhe des persönlichen Freibetrags bleibt im Rahmen der Ermittlung des steuerpflichtigen Erwerbs die tatsächliche Steuerklasse des Erwerbers maßgebend.

H E 19a.2

Berechnung des Entlastungsbetrags.

Beispiel:

Unternehmer U hat seinen Großneffen G (Steuerklasse III) zum Alleinerben eingesetzt. Zum Nachlass gehört ein Gewerbebetrieb (Steuerwert 800 000 EUR) und ein Anteil von

[1)] Teilweise überholt durch das JStG 2020, zur Anwendung für Erwerbe nach dem 28.12.2020 siehe gleich lautenden Ländererlass v. 13.9.2021, BStBl. I 2021, 1837.

(4) [1]Der vorzeitige unentgeltliche Verzicht auf ein vorbehaltenes Nießbrauchs- oder anderes Nutzungsrecht erfüllt als Rechtsverzicht den Tatbestand des § 7 Absatz 1 Nummer 1 ErbStG, soweit dabei eine Bereicherung des Erwerbers eintritt, die bisher noch nicht der Steuer unterlag. [2]Eine steuerliche Doppelerfassung des Nutzungsrechts kann grundsätzlich im Gegensatz zu Übertragungen, bei denen § 25 ErbStG noch anzuwenden war, nicht mehr eintreten, so dass in diesen Fällen der Wert des Nießbrauchs- oder anderen Nutzungsrechts im Zeitpunkt des Verzichts ungeschmälert als eigenständige Schenkung anzusetzen ist.

(5) [1]Lebenslängliche Nutzungen und Leistungen sind gemäß § 14 Absatz 1 BewG zu bewerten. [2]In Fällen des § 25 ErbStG wurde bisher die gestundete Steuer nicht gemäß § 14 Absatz 2 BewG berichtigt, wenn die Last durch Tod in den Grenzen des § 14 Absatz 2 BewG vorzeitig weggefallen ist, weil dies keinen Einfluss auf die Höhe der gestundeten Steuer hatte (→ R 85 Absatz 6 Satz 8 und 9 ErbStR 2003). [3]Diese Voraussetzungen liegen für Erwerbe, für die die Steuer nach dem 31.12.2008 entsteht, nicht mehr vor, so dass § 14 Absatz 2 BewG in diesen Fällen zu beachten ist.

H E 25

Berechnung des Ablösungsbetrags.[1)] → Gleich lautende Ländererlasse vom 9.6.2008 (BStBl. I S. 646), vom 18.11.2016 (BStBl. I S. 1246) und vom 7.12.2017 (BStBl. I S. 1625).

Berechnung des Ablösungsbetrags in Fällen der Gesamtgläubigerschaft.

Beispiel:

Vater V schenkt einem Kind im Jahr 2007 ein Mietwohngrundstück unter Vorbehalt des Nießbrauchs für sich selbst bzw. Einräumung eines Nießbrauchs zugunsten seiner Ehefrau E als Gesamtgläubiger bis zum Tod des Längstlebenden. Der gesamte Jahreswert der Nutzung beträgt 36 000 EUR. Auf den Zeitpunkt der Steuerentstehung ergeben sich folgende Kapitalwerte der Belastung bzw. der Teilbeträge:

Berechtigter	Lebensalter	Vervielfältiger lt. Anlage 9 zum BewG a. F.	Jahreswert EUR	Kapitalwert EUR	Summe EUR	Anteil
V	62	9,889	18 000	178 002	178 002	39,39%
E	58	12,553	18 000	225 954		
		12,553 – 9,889 = 2,664	18 000	47 952	273 906	60,61%
Summe					451 908	100,00%

Bei einem angenommenen Steuersatz von 19 % errechnet sich ein Stundungsbetrag auf den abgerundeten Erwerb von 451 900 EUR × 19 % = 85 861 €, der anteilig mit 39,39 % bzw. 60,61 % auf die einzelnen Ansprüche der Gesamtgläubiger entfällt. V und E beantragen *nachträglich die Ablösung* der gestundeten Steuer im Jahr 2018.
Ablösungsbetrag für V (73 Jahre): 33 820 EUR × 0,523 = 17 687 EUR
Ablösungsbetrag für E (69 Jahre): 52 041 EUR × 0,389 = 20 243 EUR

---

1) Zur Sterbetafel 2014/2016 und 2015/2017 siehe gleich lautenden Ländererlass v. 30.11.2018, BStBl. I 2018, 1309, zur Sterbetafel 2016/2018 siehe gleich lautenden Ländererlass v. 20.12.2019, BStBl. I 2019, 1373, zur Sterbetafel 2017/2019 siehe gleich lautenden Ländererlass v. 6.11.2020, BStBl. I 2020, 1164, zur Sterbetafel 2018/2020 siehe gleich lautenden Ländererlass v. 20.9.2021, BStBl. I 2021, 1834.

Berichtigung der Steuerfestsetzung.

Beispiel:

Am 10. Januar 2018 verschenkt der 58-jährige A ein Grundstück an B und behält sich ein lebenslängliches Nießbrauchsrecht vor. Sollte A vor dem 10. Januar 2026 versterben, ist die Nießbrauchslast, deren Kapitalwert unter Berücksichtigung der für Erwerbe im Jahr 2018 maßgebenden Sterbetafel des Statistischen Bundesamts kapitalisiert wurde, nach § 14 Absatz 2 BewG mit dem nach der wirklichen Dauer des Nießbrauchsrechts ermittelten Kapitalwert zu ändern.

Fortbestehen der Stundung bei ausgetauschtem Zuwendungsgegenstand. Wird ein nießbrauchsbelasteter Zuwendungsgegenstand veräußert, führt die Entgeltlichkeit zur Fälligkeit der gestundeten Steuer, auch soweit ein Nießbrauch oder sonstiges Nutzungsrecht an einem Surrogat bestellt wird. Etwas anderes gilt dann, wenn sich der Schenker bereits bei der Schenkungsabrede die Fortsetzung des Nießbrauchs am Erlös ausbedungen hat (→ BFH vom 11.11.2009 II R 31/07, BStBl. 2010 II S. 504).

Verzicht auf Nießbrauchsrecht. → H E 10.1 „Bereicherung in den Fällen des Nießbrauchsverzichts, in denen der Nießbrauch bei früheren Erwerben teilweise einem Abzugsverbot unterlag".

Verzicht auf Nutzungs- oder Rentenrecht. → BFH vom 17.3.2004 II R 3/01, BStBl. II S. 429.

Verzicht auf Nutzungsrechte in den Fällen des § 25 ErbStG a. F. bei Steuerentstehungszeitpunkten für die Vermögenszuwendung unter Nießbrauchsvorbehalt vor dem 1.1.2009. Der vorzeitige unentgeltliche Verzicht auf ein vorbehaltenes Nießbrauchs- oder anderes Nutzungsrecht erfüllt als Rechtsverzicht den Tatbestand des § 7 Absatz 1 Nummer 1 ErbStG, soweit dabei eine Bereicherung des Erwerbers eintritt, die bisher noch nicht der Steuer unterlag. Eine steuerliche Doppelerfassung des Nutzungsrechts als Folge der Nichtberücksichtigung als Abzugsposten nach § 25 Absatz 1 Satz 1 ErbStG a. F. einerseits und seiner Erfassung beim späteren Verzicht des Berechtigten andererseits ist bei der Besteuerung des Verzichts durch den Abzug des bei der Besteuerung des nutzungsrechtsbelasteten Gegenstandes tatsächlich unberücksichtigt gebliebenen Steuerwerts des Nutzungsrechts vom Steuerwert des Nutzungsrechts im Zeitpunkt des Rechtsverzicht zu beseitigen (→ BFH vom 17.3.2004 II R 3/01, BStBl. II S. 429). Ist der erstgenannte Wert höher als der letztgenannte Wert, ist von einer Bereicherung aus dem Verzicht von 0 Euro auszugehen, weil der Erwerber hinsichtlich des übersteigenden Werts des Nutzungsrechts nicht doppelt belastet wird.

Beispiel:

Vater V schenkte seinem Sohn im Jahr 2006 ein Grundstück mit einem Grundbesitzwert von 500 000 EUR (Verkehrswert 700 000 EUR), unter Nießbrauchsvorbehalt. Der Nießbrauch blieb bei der Feststellung des Grundbesitzwerts unberücksichtigt. Der Jahreswert des Nießbrauchs beträgt 40 000 EUR. Zum Zeitpunkt der Ausführung der Zuwendung ist V 65 Jahre alt. Im Jahr 2018 verzichtet er unentgeltlich auf den Nießbrauch. Zum Zeitpunkt der Ausführung dieser Zuwendung ist V 77 Jahre alt. Der Grundbesitzwert beträgt 710 000 EUR und entspricht dem Verkehrswert. Der Jahreswert des Nießbrauchs beträgt unverändert 40 000 EUR.

Erwerb 2006		
Bruttowert des Erwerbs		500 000 EUR
Persönlicher Freibetrag		./. 205 000 EUR
Steuerpflichtiger Erwerb		295 000 EUR
Steuersatz 15 %		
Steuer 2006		44 250 EUR
Bruttowert des Erwerbs	500 000 EUR	
Jahreswert Nießbrauch 500 000 EUR : 18,6 (§ 16 BewG) = 26 882 EUR (tatsächlicher Wert höher)		
Kapitalwert Nießbrauch (§ 14 BewG) 26 882 EUR × 9,019	./. 242 449 EUR	
Nettowert des Erwerbs	257 551 EUR	
Persönlicher Freibetrag	./. 205 000 EUR	
Steuerpflichtiger Nettoerwerb	52 551 EUR	
Abgerundet	52 500 EUR	
Sofort fällige Steuer 2006 nach Härteausgleich (§ 19 Absatz 3 ErbStG)		./. 3 890 EUR
Zu stundende Steuer		40 360 EUR
Erwerb 2018		
Erwerb aus Nießbrauchsverzicht		
Jahreswert Nießbrauch 2018 710 000 EUR : 18,6 (§ 16 BewG) = 38 172 EUR (tatsächlicher Wert höher)		
Kapitalwert Nießbrauch 2018 (§ 14 BewG) 38 172 EUR × 7,478		285 450 EUR
Kapitalwert Nießbrauch 2006 (siehe oben)		./. 242 449 EUR
Bereicherung 2018		43 001 EUR

Wegfall eines Teils der Belastung bei Gesamtgläubigerschaft in Fällen der Steuerentstehung vor dem 1.1.2009

Beispiel:

Vater V schenkte einem Kind im Jahr 2000 ein Mietwohngrundstück unter Vorbehalt des Nießbrauchs für sich selbst bzw. Einräumung eines Nießbrauchs zugunsten seiner Ehefrau E als Gesamtgläubiger bis zum Tod des Längstlebenden. Der gesamte Jahreswert der Nutzung beträgt 36 000 EUR. Auf den Zeitpunkt der Steuerentstehung ergeben sich folgende Kapitalwerte der Belastung bzw. der Teilbeträge:

Berechtigter	Lebensalter	Vervielfältiger lt. Anlage 9 zum BewG a. F.	Jahreswert EUR	Kapitalwert EUR	Summe EUR	Anteil
V	62	9,889	18 000	178 002	178 002	39,39%
E	58	12,553	18 000	225 954		
		12,553 – 9,889 = 2,664	18 000	47 952	273 906	60,61%
Summe					451 908	100,00%

Bei einem angenommenen Steuersatz von 19 % errechnet sich ein Stundungsbetrag auf den abgerundeten Erwerb von 451 900 EUR × 19 % = 85 861 €, der anteilig mit 39,39 % bzw. 60,61 % auf die einzelnen Ansprüche der Gesamtgläubiger entfällt.

Als V 2018 stirbt, wird der gestundete Betrag in Höhe von (85 861 EUR × 39,39 % =) 33 820 EUR fällig. Der Restbetrag in Höhe von (85 861 EUR – 33 820 EUR =) 52 041 EUR bleibt weiter gestundet.

Zusammenrechnung nach § 14 ErbStG. → H E 14.1 (1).

Zu § 27 ErbStG

R E 27 Mehrfacher Erwerb desselben Vermögens

(1) [1]Ist die Erbschaftsteuer nach § 27 ErbStG zu ermäßigen, wird das begünstigte Vermögen bei der Berechnung des darauf entfallenden Steuerbetrags höchstens mit dem Wert angesetzt, mit dem es beim Vorerwerber tatsächlich schon einmal der Besteuerung unterlag. [2]Eine zwischen den beiden Erwerben eingetretene Wertsteigerung kann nicht in die Ermäßigung einbezogen werden, weil dasselbe Vermögen im Umfang dieser Wertsteigerung gerade nicht mehrfach besteuert wird. [3]Ist zwischen den beiden Erwerben eine Wertminderung eingetreten, darf nur der geminderte Wert im Zeitpunkt des Nacherwerbs in die Ermäßigung einbezogen werden.

(2)[1)] [1]Stehen Schulden und Lasten im wirtschaftlichen Zusammenhang mit mehrfach erworbenem Vermögen in Sinne des § 27 Absatz 1 ErbStG (begünstigtes Vermögen) und anderem Vermögen, ist die Steuer für den Gesamterwerb gemäß § 27 Absatz 2 ErbStG in dem Verhältnis aufzuteilen, in dem der Nettowert des begünstigten Vermögens nach Abzug der mit diesem Vermögen zusammenhängenden Schulden und Lasten zu dem Wert des steuerpflichtigen Gesamterwerbs nach Abzug aller Schulden und Lasten (→ R E 10.1) und vor Abzug des dem Erwerber zustehenden Freibetrags steht. [2]Dabei können die in unmittelbarem Zusammenhang stehenden Schulden und Lasten direkt zugeordnet werden. [3]Die nicht unmittelbar zuzuordnenden Schulden und Lasten bleiben nur bei der Ermittlung des Aufteilungsverhältnisses unberücksichtigt.

(3) In den Fällen des § 6 Absatz 3 ErbStG ist der Erwerb des Vorerben, der in der Steuerklasse I besteuert wurde, nicht als belasteter Erwerb im Sinne des § 27 ErbStG zu berücksichtigen.

H E 27

Begrenzung des Ermäßigungsbetrags bei mehreren Erwerbern. Nach § 27 Absatz 3 ErbStG darf die Steuerermäßigung bei mehrfachem Erwerb desselben Vermögens den Betrag nicht überschreiten, der sich bei Anwendung des maßgebenden Ermäßigungssatzes nach § 27 Absatz 1 ErbStG auf die Steuer ergibt, die der Vorerwerber für den Erwerb desselben Vermögens entrichtet hat. Bei mehreren Erwerbern darf die Summe der Ermäßigungsbeiträge der einzelnen Erwerber nach § 27 Absatz 1 ErbStG nicht höher sein als der sich nach § 27 Absatz 3 ErbStG ergebende Höchstbetrag. Ist dies der Fall, ist der Höchstbetrag der Ermäßigung auf die einzelnen Erwerber entsprechend ihrem jeweiligen Anteil am mehrfach erworbenen Vermögen zu verteilen.

Berechnung des Ermäßigungsbetrags.

Beispiel 1:

Großvater G (verstorben am 2.2.2015) vermachte seinem Enkel E ein Wertpapierdepot mit einem Steuerwert von 1 000 000 EUR. Das Depot war mit einer Restschuld aus der Anschaffung von 100 000 EUR belastet. Diese Schuld musste E mit übernehmen. Als E selbst am 1.8.2018 durch einen Unfall ums Leben kommt, erbt seine Ehefrau F das Wertpapierdepot, Wert zu diesem Zeitpunkt 1 000 000 EUR, und ein Geschäftsgrundstück (ohne

---

1) Teilweise überholt durch das JStG 2020, zur Anwendung für Erwerbe nach dem 28.12.2020 siehe gleich lautenden Ländererlass v. 13.9.2021, BStBl. I 2021, 1837.

Vermietung zu Wohnzwecken) mit einem Grundbesitzwert von 1 200 000 EUR. Auf dem Wertpapierdepot ruht noch eine Restschuld von 100 000 EUR, auf dem Grundstück noch eine Restschuld von 500 000 EUR. Eine steuerfrei zu stellende Ausgleichsforderung nach § 5 ErbStG ist nicht gegeben.

Besteuerung des Vermächtnisnehmers E 2015

Wertpapiere		1 000 000 EUR
Nachlassverbindlichkeiten	./.	100 000 EUR
Bereicherung		900 000 EUR
Persönlicher Freibetrag	./.	200 000 EUR
Steuerpflichtiger Erwerb		700 000 EUR
Steuersatz 19 %		
Erbschaftsteuer		133 000 EUR

Besteuerung des Erwerbs der F 2018

Wertpapiere		1 000 000 EUR
Weiteres Vermögen	+	1 200 000 EUR
Gesamterwerb		2 200 000 EUR
Nachlassverbindlichkeiten	./.	600 000 EUR
Erbfallkostenpauschale	./.	10 300 EUR
Wert des Erwerbs		1 589 700 EUR
Persönlicher Freibetrag	./.	500 000 EUR
Versorgungsfreibetrag	./.	256 000 EUR
Steuerpflichtiger Erwerb		833 700 EUR
Steuersatz 19 %		
Erbschaftsteuer		158 403 EUR

Ermäßigungsbetrag nach § 27 Absatz 2 ErbStG
Auf den mehrfach besteuerten Teil des Vermögens (= begünstigtes Vermögen) entfallender Steuerbetrag:

Abzug der unmittelbar zuzuordnenden Schulden				
Begünstigtes Vermögen 2018 1 000 000 EUR – 100 000 EUR =		900 000 EUR		900 000 EUR
Maximal Nettowert beim Erwerb 2015	./.	900 000 EUR		
Dem nicht begünstigten Vermögen 2018 zuzurechnen		0 EUR		
Nicht begünstigtes Vermögen 2018 1 200 000 EUR – 500 000 EUR =		700 000 EUR		
Werterhöhung begünstigtes Vermögen (wie oben)	+	0 EUR		
		700 000 EUR	+	700 000 EUR
Summe				1 600 000 EUR

Anteil des begünstigten Nettovermögens 2018
900 000 EUR : 1 600 000 EUR = 56,25 %

Anteil der auf begünstigtes Vermögen entfallenden Erbschaftsteuer 2018
158 403 EUR × 56,25 % = 89 102 EUR
Maßgeblicher Ermäßigungssatz für 4 Jahre = 35 %
Ermäßigungsbetrag 89 102 EUR × 35 % = 31 186 EUR

Höchstbetrag nach § 27 Absatz 3 ErbStG
Erbschaftsteuer 2015 = 133 000 EUR
Höchstbetrag 133 000 EUR × 35 % = 46 550 EUR
Der Höchstbetrag wird hier nicht überschritten.

Wenn das Vermögen 2015 beim nachfolgenden Erwerb 2018 nicht vollständig übergeht (z. B. wegen Verbrauchs), muss auch die Steuer 2015 nach dem Nettowert des begünstigten Vermögens 2015 zum gesamten Nettowert 2015 aufgeteilt werden. Die Berechnung mit den unmittelbar bzw. nicht unmittelbar zuzurechnenden Schulden muss analog der obigen Darstellung erfolgen, allerdings nur auf der Basis der Werte 2015.

Erbschaftsteuer 2018		
Erbschaftsteuer vor Ermäßigung		158 403 EUR
Ermäßigungsbetrag § 27 ErbStG	./.	31 186 EUR
Festzusetzende Erbschaftsteuer		127 217 EUR

Beispiel 2:

Großvater G (verstorben am 2.2.2015) vermachte seinem Enkel E ein Wertpapierdepot mit einem Steuerwert von 1 000 000 EUR. Das Depot war mit einer Restschuld aus der Anschaffung von 100 000 EUR belastet. Diese Schuld musste E mit übernehmen. Als E selbst am 1.8.2018 durch einen Unfall ums Leben kommt, erbt seine Ehefrau F das Wertpapierdepot, Wert zu diesem Zeitpunkt 1 500 000 EUR, und ein Geschäftsgrundstück (ohne Vermietung zu Wohnzwecken) mit einem Grundbesitzwert von 1 200 000 EUR. Auf dem Wertpapierdepot ruht noch eine Restschuld von 50 000 EUR, auf dem Grundstück noch eine Restschuld von 500 000 EUR. Eine steuerfrei zu stellende Ausgleichsforderung nach § 5 ErbStG ist nicht gegeben.

Besteuerung des Vermächtnisnehmers E 2015

Wertpapiere		1 000 000 EUR
Nachlassverbindlichkeiten	./.	100 000 EUR
Bereicherung		900 000 EUR
Persönlicher Freibetrag	./.	200 000 EUR
Steuerpflichtiger Erwerb		700 000 EUR
Steuersatz 19 %		
Erbschaftsteuer		133 000 EUR

Besteuerung des Erwerbs der F 2018

Wertpapiere		1 500 000 EUR
Weiteres Vermögen	+	1 200 000 EUR
Gesamterwerb		2 700 000 EUR
Nachlassverbindlichkeiten	./.	550 000 EUR
Erbfallkostenpauschale	./.	10 300 EUR
Wert des Erwerbs		2 139 700 EUR
Persönlicher Freibetrag	./.	500 000 EUR
Versorgungsfreibetrag	./.	256 000 EUR
Steuerpflichtiger Erwerb		1 383 700 EUR
Steuersatz 19 %		
Erbschaftsteuer		262 903 EUR

Ermäßigungsbetrag nach § 27 ErbStG

Auf den mehrfach besteuerten Teil des Vermögens (= begünstigtes Vermögen) entfallender Steuerbetrag:

Abzug der unmittelbar zuzuordnenden Schulden

Begünstigtes Vermögen 2018 1 500 000 EUR – 50 000 EUR =		1 450 000 EUR		
Maximal Nettowert beim Erwerb 2015	./.	900 000 EUR		900 000 EUR
Dem nicht begünstigten Vermögen 2018 zuzurechnen (Die Wertsteigerung nimmt nicht Teil an der Ermäßigung, → R E 27)		550 000 EUR		
Nicht begünstigtes Vermögen 2018 1 200 000 EUR – 500 000 EUR =		700 000 EUR		
Werterhöhung begünstigtes Vermögen (wie oben)	+	550 000 EUR		
		1 250 000 EUR	+	1 250 000 EUR
Summe				2 150 000 EUR

Anteil des begünstigten Nettovermögens
900 000 EUR : 2 150 000 EUR = 41,87 %
Anteil der auf begünstigtes Vermögen entfallenden Erbschaftsteuer 2018
262 903 EUR × 41,87 % = 110 078 EUR
Maßgeblicher Ermäßigungssatz für 4 Jahre = 35 %

Ermäßigungsbetrag 110 078 EUR × 35 % =	38 528 EUR

Höchstbetrag nach § 27 Absatz 3 ErbStG
Erbschaftsteuer 2015 = 133 000 EUR
Höchstbetrag 133 000 EUR × 35 % = 46 550 EUR
Der Höchstbetrag wird hier nicht überschritten.

Erbschaftsteuer 2018	
Erbschaftsteuer vor Ermäßigung	262 903 EUR
Ermäßigungsbetrag § 27 ErbStG	./. 38 528 EUR
Festzusetzende Erbschaftsteuer	224 375 EUR

Beispiel 3:

Großvater G (verstorben am 2.2.2015) vermachte seinem Enkel E ein Wertpapierdepot mit einem Steuerwert von 1 000 000 EUR. Das Depot war mit einer Restschuld aus der Anschaffung von 100 000 EUR belastet. Diese Schuld musste E mit übernehmen. Als E selbst am 1.8.2018 durch einen Unfall ums Leben kommt, erbt seine Ehefrau F das Wertpapierdepot, Wert zu diesem Zeitpunkt 800 000 EUR, und ein Geschäftsgrundstück (ohne Vermietung zu Wohnzwecken) mit einem Grundbesitzwert von 1 200 000 EUR. Auf dem Wertpapierdepot ruht noch eine Restschuld von 50 000 EUR, auf dem Grundstück noch eine Restschuld von 500 000 EUR. Eine steuerfrei zu stellende Ausgleichsforderung nach § 5 ErbStG ist nicht gegeben.

Besteuerung des Vermächtnisnehmers E 2015	
Wertpapiere	1 000 000 EUR
Nachlassverbindlichkeiten	./. 100 000 EUR
Bereicherung	900 000 EUR
Persönlicher Freibetrag	./. 200 000 EUR
Steuerpflichtiger Erwerb	700 000 EUR
Steuersatz 19 %	
Erbschaftsteuer	133 000 EUR

Besteuerung des Erwerbs der F 2018	
Wertpapiere	800 000 EUR
Weiteres Vermögen	+ 1 200 000 EUR
Gesamterwerb	2 000 000 EUR
Nachlassverbindlichkeiten	./. 550 000 EUR
Erbfallkostenpauschale	./. 10 300 EUR
Wert des Erwerbs	1 439 700 EUR
Persönlicher Freibetrag	./. 500 000 EUR
Versorgungsfreibetrag	./. 256 000 EUR
Steuerpflichtiger Erwerb	683 700 EUR
Steuersatz 19 %	
Erbschaftsteuer	129 903 EUR

Ermäßigungsbetrag nach § 27 ErbStG
Auf den mehrfach besteuerten Teil des Vermögens (= begünstigtes Vermögen) entfallender Steuerbetrag nach § 27 Absatz 2 ErbStG:
Abzug der unmittelbar zuzuordnenden Schulden

Begünstigtes Vermögen 2018 800 000 EUR – 50 000 EUR =	750 000 EUR	750 000 EUR
Maximal Nettowert beim Erwerb 2015	./. 900 000 EUR	
Dem nicht begünstigten Vermögen 2018 zuzurechnen	0 EUR	

Die Wertminderung führt zu einer Minderung der Ermäßigung (→ R E 27)		
Nicht begünstigtes Vermögen 2018		
1 200 000 EUR – 500 000 EUR	700 000 EUR	
Werterhöhung begünstigtes Vermögen (wie oben)	+ 0 EUR	
	700 000 EUR	+ 700 000 EUR
Summe		1 450 000 EUR
Anteil des begünstigten Nettovermögens		
750 000 EUR : 1 450 000 EUR = 51,73 %		
Anteil der auf begünstigtes Vermögen entfallenden Erbschaftsteuer 2018		
129 903 EUR × 51,73% = 67 199 EUR		
Maßgeblicher Ermäßigungssatz für 4 Jahre = 35 %		
Ermäßigungsbetrag 67 199 EUR × 35 %		23 520 EUR
Höchstbetrag nach § 27 Absatz 3 ErbStG		
Erbschaftsteuer 2015 = 133 000 EUR		
133 000 EUR × 35% = 46 550 EUR		
Der Höchstbetrag wird hier nicht überschritten.		
Erbschaftsteuer 2018		
Erbschaftsteuer vor Ermäßigung		129 903 EUR
Ermäßigungsbetrag § 27 ErbStG		./. 23 520 EUR
Festzusetzende Erbschaftsteuer		106 383 EUR

Keine Anwendung § 27 ErbStG bei einem ausschließlich nach ausländischem Recht besteuerten Vorerwerb. → BFH vom 27.9.2016 II R 37/13, BStBl. 2017 II S. 411.

Zusammentreffen von § 14 Absatz 2, § 21 und § 27 ErbStG in einem Steuerfall. → R E 14.1 Absatz 5.

Zu § 28 ErbStG

R E 28 Stundung

(1) [1]Beim Erwerb von begünstigtem Vermögen im Sinne des § 13b Absatz 2 ErbStG von Todes wegen ist die darauf entfallende festgesetzte Steuer auf Antrag des Erwerbers bis zu sieben Jahre zu stunden. [2]Wird die Steuerfestsetzung geändert und erhöht sich hierdurch die auf das begünstigte Vermögen entfallende Steuer, beginnt hinsichtlich des Änderungsbetrags ein neuer Siebenjahreszeitraum. [3]Die Stundung kommt insbesondere in Betracht

1. in den Fällen der Regelverschonung für die Steuer auf begünstigtes Vermögen nach Abzug des Verschonungsabschlags (§ 13a Absatz 1 ErbStG) und des Abzugsbetrags (§ 13a Absatz 2 ErbStG);
2. in den Fällen des § 13c ErbStG für die Steuer auf begünstigtes Vermögen nach Abzug des abgeschmolzenen Verschonungsabschlags;
3. in den Fällen des § 28a ErbStG für die nicht erlassene Steuer auf begünstigtes Vermögen;
4. in den Fällen, in denen weder eine Verschonung nach § 13c noch nach § 28a ErbStG beantragt wurde.

[4]Die auf das nicht begünstigte Vermögen entfallende Steuer kann nicht nach § 28 Absatz 1 ErbStG gestundet werden.

(2) [1]Die gestundete Steuer ist in gleichen Jahresbeträgen zu entrichten. [2]Die erste Jahresrate ist zinslos zu stunden. [3]Die weiteren Jahresraten sind zinspflichtig (§§ 234, 238 AO).

(3) [1]Die Stundung endet stets, wenn

1. das erworbene begünstigte Vermögen im Sinne des § 13b Absatz 2 ErbStG verschenkt oder veräußert wird;
2. der Erwerber den Betrieb, die Beteiligung an der Personengesellschaft oder den Anteil an der Kapitalgesellschaft aufgibt;
3. der Erwerber gegen die Lohnsummenregelung des § 13a Absatz 3 ErbStG oder die Behaltensregelungen nach § 13a Absatz 6 ErbStG verstößt. [2]Im Falle eines Antrags auf Optionsverschonung nach § 13a Absatz 10 i.V.m. § 13c ErbStG oder auf Verschonungsbedarfsprüfung nach § 28a ErbStG gelten die verlängerte Lohnsummenfrist, die höheren Mindestlohnsummen und die verlängerte Behaltensfrist des § 13a Absatz 10 ErbStG. [3]Die Stundung endet bei einem Verstoß gegen die Lohnsummenregelung bzw. die Behaltensregelungen nach § 13a Absatz 6 Satz 1 Nummer 1, 2, 4 und 5 ErbStG in vollem Umfang. [4]Soweit aufgrund einer Reinvestition (§ 13a Absatz 6 Satz 3 und 4 ErbStG) insgesamt von einer rückwirkenden Besteuerung abgesehen wird, endet die Stundung nicht. [5]Bei einem Verstoß gegen die Entnahmebegrenzung nach § 13a Absatz 6 Satz 1 Nummer 3 ErbStG endet die Stundung in vollem Umfang.

[2]Eine Stundung kann nicht erfolgen für die Steuer, die aufgrund eines Verstoßes gegen die Lohnsummenregelung oder die Behaltensregelung zu entrichten ist. [3]Es bleibt dem Erwerber unbenommen, in den Fällen des Satzes 1 einen Antrag auf Fortführung der Stundung zu stellen, soweit begünstigtes Vermögen verbleibt, für das die Stundungsvoraussetzungen erfüllt sind. [4]Wird das begünstigte Vermögen im Sinne des § 13b Absatz 2 ErbStG innerhalb des noch laufenden Stundungszeitraums von Todes wegen übertragen, endet die Stundung erst, wenn der nachfolgende Erwerber die Voraussetzung für die Stundung nicht mehr erfüllt.

(4) Die auf das begünstigte Vermögen nach § 13b Absatz 2 ErbStG entfallende Steuer ist wie folgt zu berechnen:

1. Die tarifliche Steuer nach § 19 ErbStG auf den gesamten steuerpflichtigen Erwerb ist um die anzurechnende Steuer auf einen Vorerwerb nach § 14 Absatz 1 ErbStG zu kürzen.
2. [1)] Die danach verbleibende Steuer ist nach dem Verhältnis des Werts des begünstigten Vermögens – gegebenenfalls nach den Verschonungen nach § 13a ErbStG (Vorwegabschlag, Verschonungsabschlag, Abzugsbetrag) oder § 13c ErbStG und nach Abzug der damit in wirtschaftlichem Zusammenhang stehenden abzugsfähigen Schulden und Lasten (§ 10 Absatz 5 und 6 ErbStG) – zum Wert des gesamten Vermögensanfalls nach Abzug der mit diesem Vermögen in wirtschaftlichem Zusammenhang stehenden abzugsfähigen Schulden und Lasten aufzuteilen.

[1)] Teilweise überholt durch das JStG 2020, zur Anwendung für Erwerbe nach dem 28.12.2020 siehe gleich lautenden Ländererlass v. 13.9.2021, BStBl. I 2021, 1837.

3. Sind für das begünstigte Vermögen die Voraussetzungen der §§ 19a, 21 oder 27 ErbStG erfüllt, sind der Ermäßigungsbetrag nach § 19a ErbStG, die darauf entfallende Ermäßigung nach § 27 ErbStG bzw. die darauf entfallende, nach § 21 ErbStG anrechenbare Steuer abzuziehen.

H E 28 (4)

Berechnung der auf begünstigtes Vermögen entfallenden Steuer.

Beispiel:

Unternehmerin U hat ihre Tochter T zur Alleinerbin eingesetzt. Zum Nachlass gehören sämtliche Anteile an einer GmbH mit einem Steuerwert 1 400 000 EUR. Das begünstigte Vermögen hat einen gemeinen Wert von 1 300 000 EUR. Ein Antrag auf Optionsverschonung nach § 13a Absatz 10 ErbStG wurde nicht gestellt. Zum Nachlass gehört Kapitalvermögen im Wert von 750 000 EUR. Ein im Zusammenhang mit der Anschaffung der GmbH-Anteile aufgenommener Kredit valutiert noch in Höhe von 200 000 EUR.

Für T ergibt sich folgende Steuerberechnung:

GmbH-Anteile				
nicht begünstigtes Vermögen				100 000 EUR
begünstigtes Vermögen		1 300 000 EUR		
Verschonungsabschlag (85 %)		./. 1 105 000 EUR		
Verbleiben		195 000 EUR		
Abzugsbetrag		./. 127 500 EUR		
steuerpflichtiges begünstigtes Unternehmensvermögen		67 500 EUR	+	67 500 EUR
Abzugsbetrag		150 000 EUR		
Verbleibender Wert (15 %)	195 000 EUR			
Abzugsbetrag	./. 150 000 EUR			
Unterschiedsbetrag	45 000 EUR			
Davon 50 %		./. 22 500 EUR		
Verbleibender Abzugsbetrag		127 500 EUR		
Kapitalvermögen			+	750 000 EUR
Gesamter Vermögensanfall				917 500 EUR
Schuld aus der GmbH-Beteiligung				
Kürzung nach § 10 Absatz 6 ErbStG		200 000 EUR		
Abziehbare Schuld				
auf nicht begünstigtes Vermögen entfallender Teil der Schuld				
200 000 EUR × 100 000 EUR : 1 400 000 EUR = 14 285 EUR				
ungekürzt abziehbarer Teil der Schuld			./.	14 285 EUR
auf begünstigtes Vermögen entfallender Teil der Schuld				
200 000 EUR ./. 14 285 EUR = 185 715 EUR				
185 715 EUR × 67 500 EUR : 1 300 000 EUR =			./.	9 643 EUR
Vermögensanfall nach Abzug der Schulden				893 572 EUR
Erbfallkostenpauschale			./.	10 300 EUR
persönlicher Freibetrag			./.	400 000 EUR
steuerpflichtiger Erwerb				483 272 EUR
abgerundet				483 200 EUR

Anteil des begünstigten Vermögens:
(67 500 EUR ./. 9 643 EUR) : 893 572 EUR = 6,48 %

Steuer nach Stkl. I (15 %)	72 480 EUR
Auf begünstigtes Vermögen entfällt 72 480 EUR × 6,48 %	4 697 EUR

R E 28 (5–8)

(5) [1]Beim Erwerb von bebauten Grundstücken oder Grundstücksteilen, die

1. zu Wohnzwecken vermietet werden (§ 13d ErbStG),
2. im Inland, einem Mitgliedstaat der Europäischen Union oder in einem Staat des Europäischen Wirtschaftsraums belegen sind und
3. nicht zum begünstigten Betriebsvermögen oder begünstigten Vermögen eines Betriebs der Land- und Forstwirtschaft im Sinne des § 13b Absatz 2 ErbStG gehören,

hat der Erwerber auf Antrag einen Rechtsanspruch auf Stundung der darauf entfallenden festgesetzten Steuer bis zu zehn Jahren, soweit er sie nur durch Veräußerung dieses Vermögens aufbringen kann (§ 28 Absatz 3 Satz 1 ErbStG). [2]Dies gilt sowohl für Erwerbe von Todes wegen als auch für Schenkungen unter Lebenden.

(6) [1]Unter den in Absatz 5 Satz 1 Nummer 2 und 3 genannten Voraussetzungen besteht ein Rechtsanspruch auf Stundung auch dann, wenn zum Erwerb ein Ein- oder Zweifamilienhaus oder Wohneigentum gehört, das der Erwerber nach dem Erwerb zu eigenen Wohnzwecken nutzt, längstens für die Dauer der Selbstnutzung. [2]Diese Stundungsmöglichkeit erstreckt sich ausdrücklich nur auf ein Grundstück, das zu den genannten Grundstücksarten gehört. [3]Eine Wohnung in einem Mietwohn-, Geschäfts- oder gemischt genutzten Grundstück oder in einem sonstigen bebauten Grundstück ist nicht begünstigt. [4]Voraussetzung ist nicht, dass der Erblasser oder Schenker dieses Grundstück vor der Übertragung als Familienheim selbst genutzt hat. [5]Nach Aufgabe der Selbstnutzung durch den Erwerber und anschließender Vermietung zu Wohnzwecken ist die Stundung bis zum Ende des ursprünglichen Zehnjahreszeitraums weiter zu gewähren.

(7) [1]Ein Anspruch auf Stundung nach Absatz 5 und 6 besteht nicht, wenn der Erwerber die Steuer für den Erwerb aus erworbenem weiterem Vermögen oder aus eigenem Vermögen aufbringen kann. [2]Dazu muss der Erwerber auch die Möglichkeit der Kreditaufnahme ausschöpfen. [3]Die Feststellungslast dafür, dass kein eigenes Vermögen vorhanden und keine Kreditaufnahme möglich ist, obliegt dem Steuerpflichtigen. [4]Kann der Schenker zur Zahlung der Schenkungsteuer herangezogen werden, sei es, weil er die Steuer übernommen hat (§ 10 Absatz 2 ErbStG), sei es, weil er als Gesamtschuldner in Anspruch genommen werden kann, bleibt eine Stundung ebenfalls ausgeschlossen. [5]Dem Erwerber ist zuzumuten, aus den Vermietungseinnahmen oder aus seinen sonstigen Einnahmen die gestundete Steuer kontinuierlich zu tilgen. [6]Bei der Prüfung der Frage, ob durch die sofortige Entrichtung der Erbschaftsteuer die Veräußerung des Grundvermögens notwendig wird, bleiben Nachlassverbindlichkeiten, z. B. Grundschulden, Pflichtteile oder Vermächtnisse, außer Betracht. [7]Wird die Veräußerung des Grundvermögens dadurch

notwendig, dass neben der Erbschaftsteuer in erheblichem Umfang solche Nachlassverbindlichkeiten zu übernehmen sind, kann zwar § 28 ErbStG nicht angewendet werden, es kann jedoch eine Stundung nach § 222 AO in Betracht kommen. [8]In den Fällen des Absatzes 5 gelten Absatz 3 Satz 1 Nummer 1 und Satz 4 sowie Absatz 4 entsprechend. [9]In den Fällen des Absatzes 6 gelten Absatz 3 Satz 1 Nummer 1 und Absatz 4 entsprechend.

(8) [1]Bei einem Erwerb von Todes wegen erfolgt die Stundung nach Absatz 5 bis 7 zinslos. [2]In allen übrigen Fällen ist die Stundung zinspflichtig (§§ 234, 238 AO).

Zu § 28a ErbStG

R E 28a.1 Verschonungsbedarfsprüfung – Allgemeines

(1) [1]Wenn der Wert des erworbenen begünstigten Vermögens im Sinne des § 13b Absatz 2 ErbStG den Schwellenwert von 26 Millionen EUR überschreitet und der Erwerber keinen Antrag nach § 13c ErbStG gestellt hat, wird die Steuer ohne Verschonung für das begünstigte Vermögen festgesetzt. [2]Auf Antrag des Erwerbers wird eine Verschonungsbedarfsprüfung nach § 28a ErbStG durchgeführt. [3]Diese kann zu einem teilweisen oder vollständigen Erlass der auf das begünstigte Vermögen entfallenden Steuer führen. [4]Der Vorwegabschlag bis zu 30 Prozent nach § 13a Absatz 9 ErbStG ist vor Prüfung des Schwellenwerts von 26 Millionen EUR und vor Anwendung der Verschonungsbedarfsprüfung zu berücksichtigen (§ 13a Absatz 9 ErbStG; → R E 13a.20).

(2) [1]Der Erwerber muss den Antrag auf Erlass nach § 28a Absatz 1 Satz 1 ErbStG bei dem für die Erbschaft- oder Schenkungsteuer zuständigen Finanzamt schriftlich stellen oder zur Niederschrift erklären. [2]Er kann den Antrag unabhängig vom Eintritt der materiellen Bestandskraft der Erbschaft- oder Schenkungsteuerfestsetzung bis zum Eintritt der Zahlungsverjährung stellen; ein Widerruf des Antrags ist möglich. [3]Der Antrag ist ausgeschlossen, wenn der Erwerber bereits unwiderruflich beantragt hat, das Abschmelzmodell nach § 13c ErbStG anzuwenden (§§ 13c Absatz 2 Satz 6, 28a Absatz 8 ErbStG).

(3) Für die Anwendung des § 28a ErbStG ist die auf das insgesamt erworbene begünstigte Vermögen entfallende Steuer maßgeblich.

(4) Entfällt der Vorwegabschlag nach § 13a Absatz 9 Satz 5 ErbStG mit Wirkung für die Vergangenheit, ist für die festgesetzte, auf den geänderten Wert des begünstigten Vermögens entfallende Steuer auf Antrag die Verschonungsbedarfsprüfung durchzuführen.

(5) Die auf das begünstigte Vermögen nach § 13b Absatz 2 ErbStG entfallende Steuer ist wie folgt zu berechnen:

1. Die tarifliche Steuer nach § 19 ErbStG auf den gesamten steuerpflichtigen Erwerb ist um die anzurechnende Steuer auf einen Vorerwerb nach § 14 Absatz 1 ErbStG zu kürzen.
2.[1] Die danach verbleibende Steuer ist nach dem Verhältnis des Werts des begünstigten Vermögens – gegebenenfalls nach Abzug des Vorwegabschlags

[1] Teilweise überholt durch das JStG 2020, zur Anwendung für Erwerbe nach dem 28.12.2020 siehe gleich lautenden Ländererlass v. 13.9.2021, BStBl. I 2021, 1837.

für die die Steuer nach dem 5.11.2015 entstanden ist bzw. auf alle offenen Fälle.

- **§ 13 Absatz 1 Nummer 2 Buchst. b Doppelbuchst. bb ErbStG** i. d. F. des Artikels 8 des Gesetzes zur Neuregelung des Kulturgutschutzrechts vom 31.7.2016 (BGBl. I S. 1914):
  Anwendung nach Maßgabe des § 37 Absatz 11 ErbStG i. d. F. des Gesetzes zur Neuregelung des Kulturgutschutzrechts vom 31.7.2016 (BGBl. I S. 1914) auf Erwerbe, für die die Steuer nach dem 5.8.2016 entstanden ist.
- **§ 10 Absatz 1 Satz 1 und Absatz 6 Sätze 4 und 5, § 13a, § 13b, § 13c, § 13d, § 19a Absatz 2, 3 und 5, § 28 Absatz 1 und 3, § 28a ErbStG** i. d. F. des Artikels 1 des Gesetzes zur Anpassung des ErbStG an die Rechtsprechung des BVerfG vom 4.11.2016 (BGBl. I S. 2464):
  Anwendung nach Maßgabe des § 37 Absatz 12 ErbStG i. d. F. des Gesetzes zur Anpassung des ErbStG an die Rechtsprechung des BVerfG vom 4.11.2016 (BGBl. I S. 2464) auf Erwerbe, für die die Steuer nach dem 30.6.2016 entstanden ist.
- **§ 2 Absatz 1 Nummer 3, § 3 Absatz 2 Nummer 4, § 9 Absatz 1 Nummer 1 Buchst. f, § 13 Absatz 1 Nummer 16 Buchst. c Satz 2, § 16 Absatz 1 und 2, § 17 Absatz 1 Satz 1, Absatz 2 Satz 1 und Absatz 3, § 19 Absatz 2, § 21 Absatz 1 Satz 1, § 35 Absatz 4 ErbStG** i. d. F. des Artikels 4 des Steuerumgehungsbekämpfungsgesetzes vom 23.6.2017 (BGBl. I S. 1682):
  Anwendung nach Maßgabe des § 37 Absatz 14 ErbStG i. d. F. des Steuerumgehungsbekämpfungsgesetzes vom 23.6.2017 (BGBl. I S. 1682) auf Erwerbe, für die die Steuer nach dem 24.6.2017 entstanden ist, bzw. § 17 nach Maßgabe des § 37 Absatz 13 ErbStG i. d. F. des Steuerumgehungsbekämpfungsgesetzes vom 23.6.2017 (BGBl. I S. 1682) auf alle offenen Fälle.
- **§ 13 Absatz 1 Nummer 18 Buchst. a ErbStG** i. d. F. des Artikels 6 des Gesetzes zum Ausschluss verfassungsfeindlicher Parteien von der Parteienfinanzierung vom 18.7.2017 (BGBl. I S. 2730):
  Anwendung nach Maßgabe des § 37 Absatz 15 ErbStG i. d. F. des Gesetzes zum Ausschluss verfassungsfeindlicher Parteien von der Parteienfinanzierung vom 18.7.2017 (BGBl. I S. 2730) auf Erwerbe, für die die Steuer nach dem 29.7.2017 entstanden ist.
- **§§ 19a, 28, 28a ErbStG** i. d. F. des Artikels 18 des Gesetzes zur Vermeidung von Umsatzsteuerausfällen beim Handel mit Waren im Internet und zur Änderung weiterer steuerlicher Vorschriften vom 11.12.2018 (BGBl. I S. 2338):
  Anwendung nach Maßgabe des § 37 Absatz 16 ErbStG i. d. F. des Gesetzes zur Vermeidung von Umsatzsteuerausfällen beim Handel mit Waren im Internet und zur Änderung weiterer steuerlicher Vorschriften vom 11.12.2018 (BGBl. I S. 2338) auf Erwerbe, für die die Steuer nach dem 14.12.2018 entstanden ist bzw. auf Erwerbe, für die ein Erlass erstmals nach dem 14.12.2018 ausgesprochen wurde.
- **ErbStG in Bezug auf einen Mitgliedstaat der Europäischen Union:**

Anwendung nach Maßgabe des § 37 Absatz 17 ErbStG i. d. F. des Brexit-Steuerbegleitgesetzes vom 25.3.2019 (BGBl. I S. 357) auf Erwerbe, für die die Steuer vor dem Zeitpunkt entstanden ist, ab dem das Vereinigte Königreich Großbritannien und Nordirland nicht mehr Mitgliedstaat der Europäischen Union ist und auch nicht wie ein solcher zu behandeln ist.

Redaktionelle Ergänzung:

– **§ 3 Absatz 2 Nummer 5, § 5 Absatz 1 Satz 6, § 10 Absatz 1 Satz 3 sowie Absatz 6 und 8, § 13 Absatz 1 Nummer 9a, § 13a Absatz 9a, § 13b Absatz 10 Satz 1, § 14 Absatz 2, § 29 Absatz 1 Nummer 4 Satz 2, § 30 Absatz 5, § 31 Absatz 1, § 35 Absatz 1, 4 und 5** i. d. F. des Artikels 34 des Jahressteuergesetzes 2020 vom 21.12.2020 (BGBl. I S. 3096):

  Anwendung nach Maßgabe des § 37 Absatz 18 i. d. F. des Jahressteuergesetzes 2020 vom 21.12.2020 (BGBl. I S. 3096) auf Erwerbe, für die die Steuer nach dem 28.12.2020 entsteht. Zur Anwendung der durch das JStG 2020 geänderten Vorschriften des ErbStG für Erwerbe mit einer Steuerentstehung nach dem 28.12.2020 siehe *gleich lautenden Ländererlass v. 13.9.2021, BStBl. I 2021, 1837.*

– **§ 13 Absatz 1 Nummer 19** i. d. F. des Grundsteuerreform-Umsetzungsgesetzes vom 16.7.2021 (BGBl. I S. 2931):

  Anwendung nach Maßgabe des § 37 Abs. 19 i. d. F. des Artikels 6 des Grundsteuerreform-Umsetzungsgesetzes vom 16.7.2021 (BGBl. I S. 2931) auf alle offenen Fälle.

III. Bewertungsgesetz

A. Allgemeine Bewertungsvorschriften

Zu §§ 4 bis 8 BewG

R B 4 Bedingung und Befristung[1)]

(1) [1]Bei einer aufschiebenden Bedingung (§§ 158ff. BGB) tritt die Wirkung eines Rechtsgeschäfts erst mit dem Eintritt der Bedingung ein; solange die Bedingung noch nicht eingetreten ist, besteht hinsichtlich des beabsichtigten Rechtserfolgs ein Schwebezustand. [2]Bei einer auflösenden Bedingung tritt umgekehrt die Wirkung des Rechtsgeschäfts sofort ein, endigt jedoch mit dem Eintritt der Bedingung für die Zukunft. [3]Die einem Rechtsgeschäft beigefügte Zeitbestimmung ist nach § 163 BGB der Bedingung – der aufschiebenden wie der auflösenden – unter der Voraussetzung gleichgestellt, dass durch sie ebenfalls die Wirkung des Rechtsgeschäfts beeinflusst, also auch bei ihr der Beginn oder die Beendigung der Wirkung vom Eintritt eines Zeitpunkts abhängig gemacht wird. [4]Die Vorschriften der §§ 158ff. BGB über die Bedingungen finden auf die Zeitbestimmungen entsprechend Anwendung. [5]Ein vertraglich vereinbartes Rücktrittsrecht wirkt bewertungsrechtlich wie eine auflösende Bedingung, ein vertraglich vereinbartes Erwerbsrecht oder eine vertraglich eingeräumte Erwerbspflicht wie eine aufschiebende Bedingung.

(2) [1]Nach den §§ 4 bis 8 BewG, die sich an die bürgerlich-rechtliche Regelung anschließen, werden Wirtschaftsgüter, deren Erwerb vom Eintritt einer aufschiebenden Bedingung abhängt, steuerlich erst berücksichtigt, wenn die Bedingung eingetreten ist (§ 4 BewG). [2]Umgekehrt kann auch derjenige, der aufschiebend bedingt belastet ist, die Last nicht abziehen, mit der Maßgabe, dass bei Eintritt der Bedingung die Festsetzung der nicht laufend veranlagten Steuern, z.B. der Erbschaftsteuer oder Schenkungsteuer, auf Antrag zu berichtigen ist (§ 6 Absatz 2 BewG). [3]Diese Grundsätze sind auch anzuwenden, wenn die Entstehung oder der Wegfall einer Last von einem Ereignis abhängt, bei dem nur der Zeitpunkt ungewiss ist (§ 8 BewG). [4]Ob die Entstehung als aufschiebend oder auflösend bedingt anzusehen ist, hängt nicht davon ab, ob der Eintritt des maßgebenden Ereignisses wahrscheinlich oder unwahrscheinlich ist. [5]Auf das Maß der Aussichten für den Eintritt oder Nichteintritt einer Bedingung kommt es nicht an. [6]Insoweit wird durch § 6 BewG die wirtschaftliche Betrachtungsweise ausdrücklich ausgeschaltet.

H B 4

Keine wirtschaftliche Betrachtungsweise. Eine Last, deren Entstehung vom Eintritt einer aufschiebenden Bedingung abhängt, wird nicht dadurch zu einer auflösend bedingten Last, dass der Eintritt der Bedingung wahrscheinlich ist und der Verkehr mit der Schuld als ihrem Grunde nach ge-

[1)] Keine Abzinsung einer aufschiebend bedingten Last; siehe BFH v. 15.7.2021 II R 26/19, ZEV 2021, 785.

genwärtig schon bestehend rechnet → BFH vom 30.4.1959 III 121/58 S, BStBl. III S. 315, und vom 14.7.1967 III R 74/66, BStBl. III S. 770.

Optionsrecht. → BFH vom 5.3.1971 III R 130/68, BStBl. II S. 481.

Rücktrittsrecht. → BFH vom 27.10.1967 III R 43/67, BStBl. 1968 II S. 116.

Zu § 9 BewG

R B 9.1 Gemeiner Wert

[1]Der gemeine Wert wird durch den Preis bestimmt, der im gewöhnlichen Geschäftsverkehr nach der Beschaffenheit des Wirtschaftsguts bei einer Veräußerung zu erzielen wäre. [2]Unter gewöhnlichem Geschäftsverkehr ist nach der Rechtsprechung der Handel zu verstehen, der sich nach den marktwirtschaftlichen Grundsätzen von Angebot und Nachfrage vollzieht und bei dem jeder Vertragspartner ohne Zwang und nicht aus Not oder besonderen Rücksichten, sondern freiwillig in Wahrung seiner eigenen Interessen zu handeln in der Lage ist.

H B 9.1

Gewöhnlicher Geschäftsverkehr. → BFH vom 14.10.1966 III 281/63, BStBl. 1967 III S. 82, vom 14.2.1969 III 88/65, BStBl. II S. 395, vom 6.5.1977 III R 17/75, BStBl. II S. 626, und vom 28.11.1980 III R 86/78, BStBl. II S. 353.

R B 9.2 Ungewöhnliche oder persönliche Verhältnisse

(1) [1]Zu den ungewöhnlichen Verhältnissen, die bei der Ermittlung des gemeinen Werts unberücksichtigt bleiben, zählen insbesondere Umstände, mit denen im Geschäftsverkehr bei der Schätzung des Werts eines Wirtschaftsguts üblicherweise nicht gerechnet werden muss. [2]Für die Ermittlung des gemeinen Werts können nur solche Verkaufspreise berücksichtigt werden, die unter üblichen Bedingungen im gewöhnlichen Geschäftsverkehr zustande gekommen sind. [3]Vertragliche Preisvorgaben für die Übertragung von Beteiligungen an Personengesellschaften oder Anteilen an Kapitalgesellschaften unterhalb des gemeinen Werts zählen zu den ungewöhnlichen Verhältnissen.

(2) [1]Zu den persönlichen Verhältnissen, die bei der Ermittlung des gemeinen Werts unberücksichtigt bleiben, zählen insbesondere Verfügungsbeschränkungen. [2]Verfügung in diesem Sinne ist die Übertragung des Eigentums an einem Vermögensgegenstand. [3]Zu den Verfügungsbeschränkungen zählen z.B. eine angeordnete Testamentsvollstreckung, die Anordnung einer Vor- oder Nacherbschaft oder einer Nachlassverwaltung. [4]Vertraglich vereinbarte Verfügungsbeschränkungen für Übertragungen von Beteiligungen an Personengesellschaften oder Anteilen an Kapitalgesellschaften durch Geschäfte unter Lebenden und im Todesfall gehören zu den persönlichen Verhältnissen, die bei der Wertermittlung nicht zu berücksichtigen sind. [5]Hierzu zählen insbesondere Regelungen, die eine Verfügung nur auf
– Mitgesellschafter,
– Angehörige,

Absatz 1 Satz 1 BewG). 2 Liegt am Besteuerungszeitpunkt keine Kursnotierung vor, ist der letzte innerhalb von 30 Tagen vor dem Besteuerungszeitpunkt im amtlichen Handel notierte Kurs maßgebend.

(2) 1 Nichtnotierte Zero-Bonds sind in Anlehnung an die Kursnotierungen von in Ausstattung und Laufzeit vergleichbaren Anleihen zu bewerten. 2 Können für nichtnotierte Zero-Bonds keine Vergleichskurse festgestellt werden, berechnet sich ihr Wert aus dem Ausgabebetrag zuzüglich der bis zum Besteuerungszeitpunkt aufgelaufenen Zinsen (Rückzahlungswert). 3 Der Rückzahlungswert ist entsprechend der Berechnung in R B 12.2 für Finanzierungsschätze zu ermitteln.

(3) Beträgt die Emissionsrendite mehr als 9 Prozent und ist die Einlösung des Zero-Bonds im Besteuerungszeitpunkt für mindestens 4 Jahre ausgeschlossen, ist bei der Berechnung des Rückzahlungswerts ein Renditekurs zugrunde zu legen, der sich nach dem im Besteuerungszeitpunkt bestehenden Kapitalmarktzinssatz für vergleichbare Anleihen bestimmt.

R B 12.4 Einlage des typischen stillen Gesellschafters

1 Die Einlage eines typischen stillen Gesellschafters ist eine Kapitalforderung und grundsätzlich mit dem Nennwert anzusetzen. 2 Ist die Kündbarkeit der Einlage am Besteuerungszeitpunkt für längere Zeit ausgeschlossen und liegt der Durchschnittsertrag über 9 Prozent, ist der Nennwert der Vermögenseinlage um den fünffachen Unterschiedsbetrag zwischen dem Durchschnittsertrag und der Verzinsung um 9 Prozent zu erhöhen. 3 Bei einem Durchschnittsertrag unter 3 Prozent der Vermögenseinlage ist, soweit die Kündbarkeit der Einlage am Bewertungsstichtag für längere Zeit ausgeschlossen ist, der Nennwert um den fünffachen Unterschiedsbetrag zwischen 3 Prozent und dem Durchschnittsertrag zu mindern. 4 Der Durchschnittsertrag ist möglichst aus den Gewinnanteilen der letzten drei vor dem Besteuerungszeitpunkt endenden Wirtschaftsjahre herzuleiten. 5 Ein Abschlag wegen Unwägbarkeiten kommt dabei nicht in Betracht. 6 Die Kündbarkeit ist für längere Zeit ausgeschlossen, wenn das Gesellschaftsverhältnis im Besteuerungszeitpunkt noch mehr als 5 Jahre währen wird.

H B 12.4

Einlage des typischen stillen Gesellschafters.

Beispiel:

Nennwert der Einlage	40 000 EUR
Durchschnittsertrag	7 000 EUR

„Verzinsung der Einlage“ $\frac{7000 \text{ EUR}}{40000 \text{ EUR}} = 17{,}5\%$

Wert der stillen Beteiligung:	
100 % + 5 × (17,5 % – 9 %) =	142,5 %
Bezogen auf den Nennwert der Einlage von 40 000 EUR =	57 000 EUR.

Zu §§ 13 bis 16 BewG

R B 13 Renten-, Nießbrauchs- und Nutzungsrechte[1)]

[1]Der Kapitalwert von Renten oder anderen wiederkehrenden Nutzungen und Leistungen richtet sich nach der am Besteuerungsstichtag noch laufenden Bezugsberechtigung. [2]Bei der Ermittlung des Kapitalwerts können später eintretende Umstände nur dann berücksichtigt werden, wenn sie am Besteuerungszeitpunkt bereits voraussehbar waren. [3]Bei Nutzungen oder Leistungen, deren Jahreswert ungewiss ist oder schwankt, ist nach § 15 Absatz 3 BewG als Jahreswert der Betrag anzusetzen, der im Durchschnitt der Jahre voraussichtlich erzielt wird. [4]Bei der Schätzung des Durchschnittswerts können ausnahmsweise Ereignisse berücksichtigt werden, die in nicht allzu langer Zeit nach dem Besteuerungszeitpunkt eingetreten sind. [5]Die Bewertung von wiederkehrenden Nutzungen und Leistungen ist beim Verpflichteten entsprechend vorzunehmen.

H B 13

Bewertung von wiederkehrenden Nutzungen und Leistungen. Wegen der Berechnung des Kapitalwerts von wiederkehrenden Nutzungen und Leistungen → gleich lautende Ländererlasse vom 10.10.2010, BStBl. I S. 810.

Laufende Bezugsberechtigung. → BFH vom 31.10.1969 III R 45/66, BStBl. 1970 II S. 196.

Lebenslängliche Rente als Gegenleistung bei einer Grundstücksveräußerung. Eine lebenslängliche Rente, die bei einer Grundstücksveräußerung als Gegenleistung ausbedungen wird, stellt kein Nutzungsrecht am Grundstück dar. Die Rente ist ohne Anwendung des § 16 BewG zu bewerten (→ BFH vom 2.12.1971 II 82/65, BStBl. 1972 II S. 473).

Nießbrauch an einer Beteiligung an einer Personengesellschaft. → R B 97.3.

Umstände nach dem Besteuerungszeitpunkt. → BFH vom 9.9.1960 III 277/57 U, BStBl. 1961 III S. 18.

Wertsicherungsklausel. → BFH vom 14.11.1967 II 166/63, BStBl. 1968 II S. 43.

B. Betriebsvermögen

Zu §§ 95 und 96 BewG

R B 95 Begriff und Umfang des Betriebsvermögens

(1) [1]Das Betriebsvermögen umfasst alle Teile eines Gewerbebetriebs im Sinne des § 15 Absatz 1 und 2 EStG, das sind grundsätzlich alle Wirtschaftsgüter und sonstigen aktiven Ansätze sowie Schulden und sonstigen Abzüge, die bei der steuerlichen Gewinnermittlung zum Betriebsvermögen gehören, soweit das Erbschaftsteuer- und Schenkungsteuergesetz in Verbindung mit dem Be-

[1)] Zur Berechnung einer lebenslänglichen Nutzung oder Leistung und zu den Vervielfältigern für Bewertungsstichtage ab 1.1.2021 siehe BMF v. 28.10.2020, BStBl. I 2020, 1048; für Bewertungsstichtage ab 1.1.2022 siehe BMF v. 4.10.2021, BStBl. I 2021, 1821. – Zum Jahreswert von Nießbrauchsrechten siehe BFH v. 28.5.2019 II R 4/16, BStBl. II 2020, 326. – Zum Höchstbetrag des Werts eines Nießbrauchsrechts siehe BFH v. 2.12.2020 II B 38/20, BFH/NV 2021, 636.

R B 151.8 Basiswert

(1) [1]In den Fällen des § 151 Absatz 1 Satz 1 Nummer 1 BewG hat das jeweilige Lagefinanzamt bei mehrmaligem Erwerb einer wirtschaftlichen Einheit innerhalb eines Jahres der Wertermittlung einen bereits festgestellten Grundbesitzwert (sog. Basiswert, § 151 Absatz 3 BewG) zu Grunde zu legen, wenn innerhalb dieses Jahres keine wesentlichen Änderungen eingetreten sind. [2]Der Basiswert ist der für den ersten Erwerbsfall auf den jeweiligen Bewertungsstichtag ermittelte Grundbesitzwert. [3]Die Basiswertregelung kann nur in den Fällen angewandt werden, in denen für beide Bewertungsstichtage ein Grundbesitzwert nach der gleichen Bewertungsmethode zu ermitteln ist. [4]Dieser Basiswert gilt ab diesem Zeitpunkt für einen Zeitraum von einem Jahr. [5]Nach Ablauf der Jahresfrist ist für den jeweils nächsten Erwerbsfall eine Bewertung nach den Verhältnissen vom Bewertungsstichtag durchzuführen und damit zugleich ein neuer Basiswert zu ermitteln. [6]Der Erklärungspflichtige kann eine von dem Basiswert abweichende Feststellung des Grundbesitzwerts nach den Verhältnissen zum Bewertungsstichtag durch Abgabe einer Feststellungserklärung mit den dafür erforderlichen stichtagsbezogenen Grundstücksdaten beantragen. [7]Sofern der festgestellte Grundbesitzwert innerhalb einer Jahresfrist als Basiswert einer weiteren Feststellung zu Grunde gelegt wird, verlängert sich hierdurch nicht die Jahresfrist des § 151 Absatz 3 BewG.

(2) [1]Entsprechendes gilt für festgestellte Werte nach § 151 Absatz 1 Satz 1 Nummer 2, 3 und 4 BewG. [2]Bei Personengesellschaften gilt der Basiswert nur hinsichtlich des Wertes des Gesamthandsvermögens. [3]Der Wert des Sonderbetriebsvermögens ist grundsätzlich gesondert zu ermitteln und anzusetzen. [4]Der Erklärungspflichtige kann eine von dem Basiswert abweichende Feststellung nach den Verhältnissen am Bewertungsstichtag durch Abgabe einer Feststellungserklärung beantragen. [5]Dies ist für jede der einzelnen Feststellungen nach § 151 BewG, § 13a Absatz 4 oder § 13b Absatz 10 ErbStG unabhängig voneinander möglich.

R B 151.9 Nachrichtliche Angaben zu den Feststellungen nach § 151 Absatz 1 Satz 1 Nummer 2 und 3 BewG – *unbesetzt* –

H B 151.9

Nachrichtliche Angaben. Zusätzlich zu den in § 151 Absatz 1 BewG genannten Feststellungen teilt das Betriebsfinanzamt dem Erbschaftsteuerfinanzamt folgende Angaben nachrichtlich mit:

1. Bei Feststellungen für Einzelunternehmen
   a) Umfang der betrieblichen Nutzung bei gemischt genutzten Grundstücken
   Wird ein Grundstück nicht nur zu betrieblichen Zwecken genutzt, ist der nicht betriebliche Teil bei der Erbschaft- bzw. Schenkungsteuer als zusätzliches Vermögen anzusetzen. Das Feststellungsfinanzamt teilt dem Erbschaftsteuerfinanzamt mit, in welchem Umfang das Grundstück zum Grundvermögen gehört.

b)[1] Umfang und Wert von ausländischem Vermögen
Im Feststellungsbescheid sind der Umfang und der Wert des ausländischen Vermögens auszuweisen, das im festgestellten Wert des Betriebsvermögens des Einzelunternehmens enthalten ist, aber einer Betriebstätte in einem Drittland dient.

c)[1] Hauptzweck des Unternehmens i. S. d. § 13b Absatz 4 Nummer 5 ErbStG
Im Feststellungsbescheid ist nachrichtlich mitzuteilen, ob das Unternehmen nach seinem Hauptzweck einer land- und forstwirtschaftlichen, gewerblichen oder freiberuflichen Tätigkeit dient (§ 13 Absatz 1, § 15 Absatz 1 Satz 1 Nummer 1, § 18 Absatz 1 Nummer 1 und 2 EStG).

2. Bei Feststellungen für Personengesellschaften

a) Umfang der betrieblichen Nutzung bei gemischt genutzten Grundstücken
Wird ein Grundstück nicht nur zu betrieblichen Zwecken genutzt, ist der nicht betriebliche Teil bei der Erbschaft- bzw. Schenkungsteuer als zusätzliches Vermögen anzusetzen. Das Feststellungsfinanzamt teilt dem Erbschaftsteuerfinanzamt mit, in welchem Umfang das Grundstück zum Grundvermögen gehört.

b)[1] Umfang und Wert von ausländischem Vermögen
Im Feststellungsbescheid sind der Umfang und der Wert des ausländischen Vermögens auszuweisen, das im festgestellten Wert des Betriebsvermögens der Personengesellschaft enthalten ist, aber einer Betriebstätte in einem Drittland dient.

c)[1] Hauptzweck des Unternehmens i. S. d. § 13b Absatz 4 Nummer 5 ErbStG
Im Feststellungsbescheid ist nachrichtlich mitzuteilen, ob das Unternehmen nach seinem Hauptzweck einer land- und forstwirtschaftlichen, gewerblichen oder freiberuflichen Tätigkeit dient (§ 13 Absatz 1, § 15 Absatz 1 Satz 1 Nummer 1, § 18 Absatz 1 Nummer 1 und 2 EStG).

d)[1] Vorwegabschlag i. S. d. § 13a Absatz 9 ErbStG
Im Feststellungsbescheid ist nachrichtlich mitzuteilen, ob und in welcher Höhe ein Vorwegabschlag zu gewähren ist. Soweit erforderlich sind auch die Werte des Gesamthandsvermögens mitzuteilen. Satz 1 und 2 gelten bei mehrstufigen Feststellungsverfahren nur auf der ersten Stufe.

3. Bei Feststellungen für Anteile an Kapitalgesellschaften

a)[1] Hauptzweck des Unternehmens i. S. d. § 13b Absatz 4 Nummer 5 ErbStG
Im Feststellungsbescheid ist nachrichtlich mitzuteilen, ob das Unternehmen nach seinem Hauptzweck einer land- und forstwirtschaftlichen, gewerblichen oder freiberuflichen Tätigkeit dient (§ 13 Absatz 1, § 15 Absatz 1 Satz 1 Nummer 1, § 18 Absatz 1 Nummer 1 und 2 EStG).

---

[1] Überholt durch das JStG 2020, zur Anwendung für Erwerbe nach dem 28.12.2020 siehe gleich lautenden Ländererlass v. 13.9.2021, BStBl. I 2021, 1837.

b)[1] Vorwegabschlag i. S. d. § 13a Absatz 9 ErbStG
Im Feststellungsbescheid ist nachrichtlich mitzuteilen, ob und in welcher Höhe ein Vorwegabschlag zu gewähren ist. Dies gilt bei mehrstufigen Feststellungsverfahren nur auf der ersten Stufe.

Das Feststellungsfinanzamt hat die nachrichtlichen Angaben auch dann mitzuteilen, wenn hierfür zusätzliche Ermittlungen durch das Feststellungsfinanzamt erforderlich sind.

R B 151.10 Mitteilungen der Betriebsfinanzämter – *unbesetzt* –

H B 151.10

Angaben im Zusammenhang mit der Überwachung der Voraussetzungen der Steuerbegünstigungen nach §§ 13a, 13c, 19a und 28a ErbStG.

1. Das Betriebsfinanzamt teilt auf Anforderung dem Erbschaftsteuerfinanzamt nach Ablauf der Behaltensfrist den Umfang der Entnahmen mit (§ 13a Absatz 6 Satz 1 Nummer 3 ErbStG).
2. Das Betriebsfinanzamt teilt dem Erbschaftsteuerfinanzamt mit, ob innerhalb der Behaltensfrist (§ 13a Absatz 6 Satz 1 ErbStG bzw. § 13a Absatz 10 Satz 1 Nummer 6 ErbStG)
   a) wesentliche Betriebsgrundlagen veräußert, ins Privatvermögen überführt oder anderen betriebsfremden Zwecken zugeführt wurden oder der Betrieb aufgegeben oder veräußert wurde (schädliche Verfügung nach § 13a Absatz 6 Satz 1 Nummer 1 und 4 ErbStG).
   In diesem Zusammenhang ist auch mitzuteilen, ob
   – eine dieser wesentlichen Betriebsgrundlagen zum jungen Verwaltungsvermögen (§ 13b Absatz 7 Satz 2 ErbStG) oder zum jungen Betriebsvermögen (§ 200 Absatz 4 BewG) gehörte,
   – in diesen Fällen eine Reinvestition vorgenommen wurde (§ 13a Absatz 6 Satz 3 ErbStG).

   b) andere Verfügungen getätigt wurden, die nach § 13a Absatz 6 ErbStG zu einem Wegfall der Verschonungen führen.
3. Das Betriebsfinanzamt teilt dem Erbschaftsteuerfinanzamt mit, **ob innerhalb der zwanzigjährigen Frist** des § 13a Absatz 9 Satz 5 ErbStG die Voraussetzungen für den Vorwegabschlag nicht mehr vorliegen.

Die Mitteilungen nach Nummer 2 oder 3 sind zu fertigen, sobald das zuständige Betriebsfinanzamt von einer schädlichen Verfügung bzw. dem Verstoß Kenntnis erlangt. Dies gilt auch, wenn die Behaltensfrist oder die Frist von 20 Jahren noch nicht abgelaufen ist.

Zu § 152 BewG

R B 152 Örtliche Zuständigkeit

(1) [1] Für die Wertermittlung ausländischen Vermögens, das nicht Teil eines inländischen Betriebsvermögens ist oder zum Vermögen einer Kapitalgesell-

---

[1] Überholt durch das JStG 2020, zur Anwendung für Erwerbe nach dem 28.12.2020 siehe gleich lautenden Ländererlass v. 13.9.2021, BStBl. I 2021, 1837.

schaft oder einer vermögensverwaltenden Gemeinschaft/Gesellschaft mit Sitz oder Geschäftsleitung im Inland gehört und das somit nicht der gesonderten Feststellung unterliegt (§ 151 Absatz 4 BewG), bleibt das jeweilige Erbschaftsteuerfinanzamt zuständig. [2] Gehört ausländisches Vermögen zu einem inländischen Betriebsvermögen oder zum Vermögen einer Kapitalgesellschaft mit Sitz oder Geschäftsleitung im Inland, ist das Betriebsfinanzamt unabhängig von der Art des Vermögens (Grundbesitz oder Beteiligungen) für die Wertermittlung zuständig (§ 152 Nummer 2 und 3 BewG). [3] Gehört ausländisches Vermögen zum Vermögen einer vermögensverwaltenden Gemeinschaft/Gesellschaft, gilt Satz 2 entsprechend für das Verwaltungsfinanzamt (§ 152 Nummer 4 BewG).

(2) Absatz 1 ist auch bei Feststellungen nach § 13a Absatz 4 ErbStG und nach § 13b Absatz 10 ErbStG anzuwenden.

H B 152

Zeitpunkt der Festlegung der örtlichen Zuständigkeit für gesonderte Feststellungen im Sinne des § 151 Absatz 1 Satz 1 Nummer 2 bis 4 BewG. Örtlich zuständig für die gesonderten Feststellungen im Sinne des § 151 Absatz 1 Satz 1 Nummer 2 bis 4 BewG ist das Betriebs- oder Verwaltungsfinanzamt, in dessen Bezirk im Zeitpunkt der Durchführung der gesonderten Feststellungen die jeweiligen Voraussetzungen erfüllt sind. Nach dem Bewertungsstichtag erfolgte örtliche Änderungen des Sitzes der Geschäftsleitung des Gewerbebetriebs oder der Kapitalgesellschaft, der vorwiegenden Ausübung der freiberuflichen Tätigkeit bzw. der Verwaltung des Vermögens in den Bezirk eines anderen Finanzamts führen zu einem Wechsel der örtlichen Zuständigkeit für die gesonderten Feststellungen, wenn sie bis zu diesem Zeitpunkt noch nicht durchgeführt wurden.

Zu § 153 BewG

R B 153 Erklärungspflicht

(1) Grundsätzlich kann das zuständige Finanzamt von jedem, für dessen Besteuerung eine gesonderte Feststellung von Bedeutung ist, die Abgabe einer Feststellungserklärung verlangen.

(2) Bei der Bewertung nicht notierter Anteile an Kapitalgesellschaften ist die Erklärung von der Kapitalgesellschaft anzufordern.

(3) [1] In den Fällen, in denen der Gegenstand der Feststellung einer Personengesellschaft im Sinne des § 97 Absatz 1 Satz 1 Nummer 5 BewG zuzurechnen ist, ist die Feststellungserklärung vorrangig von der Gesellschaft anzufordern. [2] In den Fällen, in denen der Gegenstand der Feststellung (insbesondere Grundbesitz) einer Kapitalgesellschaft zuzurechnen ist, ist die Feststellungserklärung nur von der Kapitalgesellschaft anzufordern.

(4) Absatz 3 gilt entsprechend bei vermögensverwaltenden Grundstücksgesellschaften bzw. -gemeinschaften und anderen vermögensverwaltenden Gesellschaften bzw. -gemeinschaften im Sinne des § 151 Absatz 1 Satz 1 Nummer 4 BewG.

Standarddeckungsbeiträge nach der EU-Typologie		Sachsen-Anhalt			Thüringen	Stadtstaaten
		Dessau	Halle	Magdeburg		
Code	Merkmal (folgende Angaben in €/ha)					
D/21	Schwarzbrache (einschl. Grünbrache), für die keine Beihilfe gewährt wird	50	50	50	50	50
D/22	Schwarzbrache (einschl. Grünbrache), die einer Beihilferegelung unterliegt und nicht wirtschaftlich genutzt wird	190	190	190	214	204
D/23	Tabak	6.448	6.448	6.448	6.448	6.448
D/24	Hopfen	4.003	4.003	4.003	4.003	4.003
D/26	Raps und Rübsen	613	676	643	629	610
D/27	Sonnenblumen	394	442	405	450	378
D/28	Soja	355	345	372	337	378
D/29	Leinsamen (Öllein)	555	555	555	555	555
D/30	Andere Ölfrüchte	614	678	647	639	652
D/31	Flachs	628	628	628	628	628
D/32	Hanf	632	632	632	632	632
D/33	Andere Textilpflanzen	628	628	628	628	628
D/35	Andere Handelsgewächse, die noch nicht aufgeführt wurden	613	676	643	629	610
F/01	Grünland und Weiden ohne ertragsarme Weiden	244	255	252	285	352
F/02	Ungepflegtes Weideland	99	99	99	99	99
	Durchschnittlicher Standarddeckungsbeitrag nach R B 164 Abs. 9 ErbStR	543	598	564	619	605
	Merkmal für die Regelung nach § 160 Abs. 2 Satz 2 BewG (folgende Angaben in €/ha)					
D/14a	Spargel	11.111	11.111	11.111	11.111	11.111
D/23	Tabak	6.448	6.448	6.448	6.448	6.448
D/24	Hopfen	4.003	4.003	4.003	4.003	4.003

Anlage 3. Schreiben betr. Wertsteigerungen infolge des Kaufkraftschwunds bei der Berechnung der Zugewinnausgleichsforderung nach § 5 Absatz 1 ErbStG

Vom 1. Februar 2022

(BMF IV C 7 – S 3804/20/10001:002)

Hiermit übersende ich eine aktualisierte Zusammenstellung der Verbraucherpreisindizes für Deutschland, Stand 19. Januar 2022. Auf H E 5.1 (2) „Wertsteigerung infolge des Kaufkraftschwundes" ErbStH 2019 und das BMF-Schreiben vom 29. Januar 2021 (BStBl. I S. 247) nehme ich Bezug.

Verbraucherpreisindex für Deutschland

2015 = 100

Jahre 1958 bis 1990

1958 23,3	**1959** 23,4	**1960** 23,7	**1961** 24,4	**1962** 24,6	**1963** 25,4	**1964** 26,0	**1965** 26,8	**1966** 27,7	**1967** 28,3
1968 28,6	**1969** 29,2	**1970** 30,2	**1971** 31,8	**1972** 33,6	**1973** 35,9	**1974** 38,4	**1975** 40,7	**1976** 42,4	**1977** 44,0
1978 45,2	**1979** 47,1	**1980** 49,6	**1981** 52,7	**1982** 55,5	**1983** 57,2	**1984** 58,7	**1985** 59,9	**1986** 59,9	**1987** 59,9
1988 60,8	**1989** 62,4	**1990** 64,1							

Jahre ab 1991

1991 65,5	**1992** 68,8	**1993** 71,9	**1994** 73,8	**1995** 75,1	**1996** 76,1	**1997** 77,6	**1998** 78,3	**1999** 78,8	**2000** 79,9
2001 81,5	**2002** 82,6	**2003** 83,5	**2004** 84,9	**2005** 86,2	**2006** 87,6	**2007** 89,6	**2008** 91,9	**2009** 92,2	**2010** 93,2
2011 95,2	**2012** 97,1	**2013** 98,5	**2014** 99,5	**2015** 100,0	**2016** 100,5	**2017** 102,0	**2018** 103,8	**2019** 105,3	**2020** 105,8
2021 109,1									

2021[1)]

Januar	**Februar**	**März**	**April**	**Mai**	**Juni**
106,3	107,0	107,5	108,2	108,7	109,1
Juli	**August**	**September**	**Oktober**	**November**	**Dezember**
110,1	110,1	110,1	110,7	110,5	111,1

1) Redaktionell ergänzt; Quelle: Statistisches Bundesamt.

fasst auch die Vermarktung und den Absatz, soweit die Tätigkeit im Bereich der Land- und Forstwirtschaft liegt. Nicht unter die Steuerbefreiung fällt dagegen die Rechts- und Steuerberatung (→ R 5.11 Abs. 4 Satz 2 bis 4 KStR).

– Werden landwirtschaftliche Nutzungs- und Verwertungsgenossenschaften sowie Vereine auf Grund gesetzlicher Vorschriften oder behördlicher Anordnungen gezwungen, Geschäfte mit Nichtmitgliedern zu machen, bleiben die Gewinne aus den Mitgliedergeschäften körperschaftsteuerfrei. Die Gewinne aus dem erzwungenen Nichtmitgliedergeschäft können, sofern eine Ermittlung im Einzelnen nur schwer oder nur mit erheblichem Arbeitsaufwand möglich wäre, für die Zwecke der Körperschaftsteuer im Schätzungswege ermittelt werden (→ R 5.11 Abs. 8 KStR). Der so ermittelte Gewinn aus Gewerbebetrieb ist auch bei der Ermittlung des Gewerbeertrags zugrunde zu legen.

H 3.9 Zu § 3 Nr. 9 GewStG

Pensions-, Sterbe-, Kranken- und Unterstützungskassen. Mit der Bezugnahme auf § 5 Abs. 1 Nr. 3 KStG sind die Grundsätze der → R 5.2 und 6 KStR[1] zu beachten.

H 3.11 Zu § 3 Nr. 11 GewStG

Steuerbefreiung öffentlich-rechtlicher Versicherungs- und Versorgungseinrichtungen von Berufsgruppen. Für die Steuerbefreiung der berufsständischen Versicherungs- und Versorgungseinrichtungen ist es entsprechend § 187a SGB VI unschädlich, wenn aus einer vom Arbeitgeber gezahlten Entlassungsentschädigung wegen Altersteilzeit neben den in § 5 Abs. 1 Nr. 8 KStG, § 3 Nr. 11 GewStG festgelegten Höchstbeträgen zur Reduzierung des versicherungsmathematischen Abschlags beim vorgezogenen Altersruhegeld Leistungen in die berufsständische Versorgungseinrichtung entrichtet werden (→ BMF vom 20.10.2003 – BStBl. I S. 558).

Umfang der Gewerbesteuerbefreiung. Die Steuerbefreiung für öffentlich-rechtliche Versorgungseinrichtungen erstreckt sich auch auf Einkünfte, die sie aus der ihr gesetzlich erlaubten Anlage ihres Vermögens erzielen (→ BFH vom 9.2.2011 – BStBl. 2012 II S. 601).

H 3.13 Zu § 3 Nr. 13 GewStG

Allgemeines.[2] → Abschnitte 4.21.1 bis 4.21.5 UStAE.[3]

Betrieb einer Unterrichtsanstalt als Ausübung eines freien Berufs. Ist der Betrieb einer Unterrichtsanstalt als Ausübung eines freien Berufs anzusehen, unterliegt dieser bereits aus diesem Grunde schon nicht der Gewerbesteuer.
→ H 15.6 (Erzieherische Tätigkeit) EStH; → H 15.6 (Unterrichtende Tätigkeit) EStH.[4]

---

[1] Nr. **100**.
[2] Im Rahmen der praktischen Ausbildung von Psychotherapeuten erbrachte Behandlungsleistungen sind gewstpflichtig; s. BFH v. 26.5.2021 V R 25/20, DStR 2021, 2832.
[3] Nr. **500**.
[4] Nr. **1**.

H **3.14** Zu § 3 Nr. 14 GewStG

Landwirtschaftliche Produktionsgenossenschaften: Verlustvortrag. Der Wechsel in der Steuerpflicht eines Gewerbesteuersubjekts aufgrund einer persönlichen Steuerbefreiung (hier § 3 Nr. 14 Buchst. a GewStG) führt nicht zum Wegfall des Gewerbesteuersubjekts. Bleibt das Steuersubjekt bei Beendigung und nachfolgendem erneuten Beginn der Gewerbesteuerpflicht bestehen, ist sowohl die Unternehmens- als auch die Unternehmeridentität gewahrt. Gewerbeverluste aus vorangegangenen, nicht steuerbefreiten Erhebungszeiträumen sind deshalb nach Wiedereintritt in die Steuerpflicht abzugsfähig (→ BFH vom 9.6.1999 – BStBl. II S. 733).

R **3.20** Krankenhäuser, Altenheime, Altenwohnheime, Pflegeheime und Pflegeeinrichtungen

(1) Krankenhäuser, Altenheime, Altenwohnheime, Pflegeheime, Einrichtungen zur vorübergehenden Aufnahme pflegebedürftiger Personen und Einrichtungen zur ambulanten Pflege kranker und pflegebedürftiger Personen sind nach § 3 Nr. 20 Buchstabe a GewStG ohne weitere Voraussetzungen von der Gewerbesteuer befreit, wenn diese Einrichtungen von juristischen Personen des öffentlichen Rechts betrieben werden.

(2) [1] Andere Einrichtungen sind unbeschadet des § 3 Nr. 6 GewStG jeweils unter den in § 3 Nr. 20 Buchstabe b bis d GewStG bezeichneten Voraussetzungen von der Gewerbesteuer befreit.[1)] [2] Bei diesen Einrichtungen ist es einerlei, ob sie von einer Körperschaft, einer natürlichen Person oder einer Personengesellschaft betrieben werden. [3] Die Befreiung gilt auch für einen Teil der Einrichtung, wenn dieser Teil räumlich oder nach seiner Versorgungsaufgabe als Einheit, z. B. als Abteilung oder besondere Einrichtung, abgrenzbar ist.

(3) Krankenhäuser, Altenheime, Altenwohnheime und Pflegeheime, die nach § 3 Nr. 20 GewStG von der Gewerbesteuer befreit sind, werden nicht dadurch gewerbesteuerpflichtig, dass sie, ohne ihr Wesen als Krankenhaus, Altenheim, Altenwohnheim oder Pflegeheim zu ändern, noch an einem anderen gewerblichen Betrieb beteiligt sind.

(4) [1] Teilstationäre Vorsorge- und Rehabilitationseinrichtungen sind von der Gewerbesteuer befreit, soweit sie die Voraussetzungen der §§ 107, 111 SGB V[2)] erfüllen. [2] Ambulante Vorsorgeeinrichtungen erfüllen dagegen nicht die Voraussetzungen für die Steuerbefreiung nach § 3 Nr. 20 Buchstabe d GewStG.

H **3.20** Zu § 3 Nr. 20 GewStG

Ambulantes Rehabilitationszentrum.

– Ein ambulantes Rehabilitationszentrum ist weder ein Krankenhaus gemäß § 3 Nr. 20 Buchst. b GewStG (→ BFH vom 22.10.2003 – BStBl. 2004 II S. 300 und vom 9.9.2015 – BStBl. 2016 II S. 286), noch eine Einrichtung

---

[1)] Keine GewSt-Befreiung für Einrichtungen, in denen gesunde Kinder und Säuglinge betreut werden; siehe OFD Magdeburg v. 13.10.2011, DStR 2012, 465. – Zur GewStPflicht eines ausschließlich ambulanten Dialysezentrums siehe BFH v. 25.1.2017 I R 74/14, BStBl. II 2017, 650, dagegen eingelegte Vb. vom BVerfG (Beschl. v. 13.8.2018 1 BvR 1211/17) nicht zur Entscheidung angenommen. – Zur GewStPflicht ambulanter Eingliederungshilfe für behinderte und kranke Menschen siehe BFH v. 29.9.2020 VIII R 10/17, BStBl. II 2021, 387.

[2)] **Aichberger SGB** Nr. **5**.

zur vorübergehenden Aufnahme pflegebedürftiger Personen im Sinne des § 3 Nr. 20 Buchst. d GewStG.

– Zur Steuerbefreiung für EZ ab 2015 → § 3 Nr. 20 Buchst. e GewStG.

Ärztliche Wahlleistungen. Der Gewinn aus dem Klinikbetrieb als solchem ist nicht von der Gewerbesteuer befreit, wenn die Patienten einer Privatklinik ausschließlich auch ärztliche Wahlleistungen gemäß § 7 BPflV 1985 [jetzt BPflV vom 26.9.1994 – BGBl. I S. 2750, zuletzt geändert durch Artikel 4 des Gesetzes vom 17.3.2009 – BGBl. I S. 534][1] in Anspruch nehmen (→ BFH vom 2.10.2003 – BStBl. 2004 II S. 363).

Beteiligung an einem gewerblichen Betrieb. Ein Krankenhaus, das nach § 3 Nr. 20 GewStG von der Gewerbesteuer befreit ist, wird nicht dadurch gewerbesteuerpflichtig, dass es, ohne sein Wesen als Krankenhaus zu ändern, noch an einem anderen gewerblichen Betrieb beteiligt ist (→ RFH vom 25.11.1942 – RStBl. 1943 S. 43).

Betrieb eines Krankenhauses als Ausübung eines freien Berufs.

– → H 15.6 (Heil- und Heilhilfsberufe) EStH.[2]

– Ein Arzt, der eine Privatklinik betreibt, erzielt jedenfalls dann gewerbliche Einkünfte aus dem Betrieb der Klinik und freiberufliche Einkünfte aus den von ihm erbrachten stationären ärztlichen Leistungen, wenn die Leistungen der Klinik einerseits und die ärztlichen Leistungen andererseits gesondert abgerechnet werden (→ BFH vom 2.10.2003 – BStBl. 2004 II S. 363).

Krankenhäuser.

– Zum Begriff → R 7 f EStR 2005.[2]

Merkmalserstreckung bei Betriebsaufspaltung. Die Befreiung der Betriebskapitalgesellschaft von der Gewerbesteuer nach § 3 Nr. 20 Buchst. c GewStG erstreckt sich bei einer Betriebsaufspaltung auch auf die Vermietungs- oder Verpachtungstätigkeit des Besitzpersonenunternehmens (→ BFH vom 29.3.2006 – BStBl. II S. 661).[3] Ebenso im Falle einer nach § 3 Nr. 20 Buchst. b GewStG von der Gewerbesteuer befreiten Betriebskapitalgesellschaft (→ BFH vom 20.8.2015 – BStBl. 2016 II S. 408).

Organschaft.

– Die Befreiung einer Organgesellschaft von der Gewerbesteuer gemäß § 3 Nr. 20 GewStG 1984 erstreckt sich auch dann nicht auf eine andere Organgesellschaft desselben Organkreises, die die Befreiungsvoraussetzungen ihrerseits nicht erfüllt, wenn die Tätigkeiten der Gesellschaften sich gegenseitig ergänzen. Die tatbestandlichen Voraussetzungen einer gesetzlichen Steuerbefreiung müssen von der jeweiligen Organgesellschaft selbst erfüllt werden (→ BFH vom 4.6.2003 – BStBl. 2004 II S. 244).

– Die Befreiung einer Organträgerin von der Gewerbesteuer gem. § 3 Nr. 20 GewStG erstreckt sich nicht auf den ihr von der Organgesellschaft

---

[1] **Aichberger SGB** Nr. 5/30.

[2] Nr. 1.

[3] Ebenso zu § 3 Nr. 6 GewStG BFH v. 19.10.2006 IV R 22/02, DStR 2006, 2207; dagegen eingelegte Vb. vom BVerfG (Beschl. v. 14.2.2008 1 BvR 19/07) nicht angenommen. – Siehe zur Abgrenzung („Merkmalsübertragung") aber auch BFH v. 22.6.2016 X R 54/14, BStBl. II 2017, 529.

zuzurechnenden Gewerbeertrag, wenn die Organgesellschaft ihrerseits die Befreiungsvoraussetzungen nicht erfüllt (→ BFH vom 10.3.2010 – BStBl. 2011 II S. 181).

Rettungsdienste und Krankentransporte. Der Rettungsdienst und der Krankentransport sind nicht von der Gewerbesteuer befreit (→ BFH vom 18.9.2007 – BStBl. 2009 II S. 126).

Umfang der Gewerbesteuerbefreiung.[1] Die Gewerbesteuerbefreiung des § 3 Nr. 20 Buchst. c und d GewStG umfasst nur Tätigkeiten, die für den Betrieb einer der dort aufgeführten Altenheime, Altenwohnheime und Pflegeeinrichtungen notwendig sind. Nicht erfasst von der Steuerbefreiung werden daher Überschüsse aus Tätigkeiten, die bei einer von der Körperschaftsteuer befreiten Körperschaft als steuerpflichtige wirtschaftliche Geschäftsbetriebe zu behandeln sind (→ BFH vom 22.6.2011 – BStBl. II S. 892).

H 3.25 Zu § 3 Nr. 25 GewStG

Allgemeines.

- Wirtschaftsförderung i. S. des § 5 Abs. 1 Nr. 18 KStG setzt eine ausschließliche und unmittelbare Förderung von Unternehmen voraus (→ BFH vom 26.2.2003 – BStBl. II S. 723).
- Eine Wirtschaftsförderungsgesellschaft, deren hauptsächliche Tätigkeit sich darauf erstreckt, Grundstücke zu erwerben, hierauf Gebäude nach den Wünschen und Vorstellungen ansiedlungswilliger Unternehmen zu errichten und an diese zu verleasen, ist nicht nach § 5 Abs. 1 Nr. 18 KStG steuerbefreit (→ BFH vom 3.8.2005 – BStBl. 2006 II S. 141).

Zu § 4 GewStG
(§§ 14, 15 GewStDV)

R 4.1 Hebeberechtigung

Allgemeines

(1) [1]Die Hebeberechtigung ist das Recht einer Gemeinde, den Gewerbesteueranspruch unmittelbar dem Steuerpflichtigen gegenüber geltend zu machen, wenn ihr die Festsetzung und Erhebung der Gewerbesteuer durch ein Landesgesetz übertragen ist. [2]Hebeberechtigte Gemeinde für den stehenden Gewerbebetrieb ist diejenige Gemeinde, in der der Gewerbebetrieb seine Betriebsstätte hat. [3]Befinden sich Betriebsstätten desselben Gewerbebetriebs in mehreren Gemeinden oder erstreckt sich eine Betriebsstätte über mehrere Gemeinden, so ist jede dieser Gemeinden nach dem Teil des Steuermessbetrags hebeberechtigt, der auf sie entfällt. [4]Dieser Teil wird im Wege der Zerlegung des Steuermessbetrags (→ §§ 28 bis 34 GewStG) ermittelt.

Bindungswirkung

(2) [1]Für den Erlass des Gewerbesteuerbescheids ist der zugrunde liegende Gewerbesteuermessbescheid bindend (→ § 184 Abs. 1 Satz 2 i. V. m. § 182 Abs. 1 AO). [2]Nach § 184 Abs. 3 AO teilen deshalb die Finanzämter den Inhalt des Gewerbesteuermessbescheids den Gemeinden mit, denen die Steuerfestsetzung obliegt.

---

[1] Zur Abgrenzung siehe BFH v. 1.9.2021 III R 20/19, BStBl. II 2022, 83 (Zuordnung trennbarer Erträge).

500. Umsatzsteuer-Anwendungserlass (UStAE)

Vom 1. Oktober 2010 (BStBl. I 2010, 846)[1)]

(BMF IV D 3 – S 7015/10/10002; DOK 2010/0815152)

Geändert durch BMF-Schreiben vom 21.10.2010 (BStBl. I 2010, 1192), vom 26.10.2010 (BStBl. I 2010, 1197) vom 27.10.2010 (BStBl. I 2010, 1273), vom 1.12.2010 (BStBl. I 2010, 1375), vom 8.12.2010 (BStBl. I 2010, 1501), vom 15.12.2010 (BStBl. I 2010, 1502), vom 17.12.2010 (BStBl. I 2010, 1512), vom 21.12.2010 (BStBl. I 2011, 46), vom 4.2.2011 (BStBl. I 2011, 156 und 162), vom 2.3.2011 (BStBl. I 2011, 232), vom 3.3.2011 (BStBl. I 2011, 233), vom 14.3.2011 (BStBl. I 2011, 254), vom 25.3.2011 (BStBl. I 2011, 304), vom 7.4.2011 (BStBl. I 2011, 306), vom 8.4.2011 (BStBl. I 2011, 307), vom 11.4.2011 (BStBl. I 2011, 459), vom 15.4.2011 (BStBl. I 2011, 489), vom 2.5.2011 (BStBl. I 2011, 490), vom 12.5.2011 (BStBl. I 2011, 535), vom 7.6.2011 (BStBl. I 2011, 581), vom 8.6.2011 (BStBl. I 2011, 582), 2 Schreiben vom 10.6.2011 (BStBl. I 2011, 583), vom 22.6.2011 (BStBl. I 2011, 597), vom 23.6.2011 (BStBl. I 2011, 677), vom 24.6.2011 (BStBl. I 2011, 687), vom 29.6.2011 (BStBl. I 2011, 702), vom 5.7.2011 (BStBl. I 2011, 703), vom 6.7.2011 (BStBl. I 2011, 738), vom 7.7.2011 (BStBl. I 2011, 739), vom 27.7.2011 (BStBl. I 2011, 752), vom 2.8.2011 (BStBl. I 2011, 754), vom 8.8.2011 (BStBl. I 2011, 755), vom 31.8.2011 (BStBl. I 2011, 825), vom 22.9.2011 (BStBl. I 2011, 910), vom 26.9.2011 (BStBl. I 2011, 980), vom 30.9.2011 (BStBl. I 2011, 981), vom 5.10.2011 (BStBl. I 2011, 982), vom 11.10.2011 (BStBl. I 2011, 983), vom 14.11.2011 (BStBl. I 2011, 1158), vom 9.12.2011 (BStBl. I 2011, 1272, 1273 und 1288), vom 12.12.2011 (BStBl. I 2011, 1289), vom 2.1.2012 (BStBl. I 2012, 59 und 60), vom 3.1.2012 (BStBl. I 2012, 76), vom 18.1.2012 (BStBl. I 2012, 139), vom 19.1.2012 (BStBl. I 2012, 209), vom 6.2.2012 (BStBl. I 2012, 212), vom 21.3.2012 (BStBl. I 2012, 343, 344), vom 28.3.2012 (BStBl. I 2012, 481, 482), vom 29.3.2012 (BStBl. I 2012, 483), vom 2.4.2012 (BStBl. I 2012, 484), vom 3.4.2012 (BStBl. I 2012, 486), vom 24.4.2012 (BStBl. I 2012, 533), vom 19.6.2012 (BStBl. I 2012, 682), vom 2.7.2012 (BStBl. I 2012, 726), vom 25.7.2012 (BStBl. I 2012, 876), vom 20.8.2012 (BStBl. I 2012, 877), vom 31.8.2012 (BStBl. I 2012, 932), vom 24.10.2012 (BStBl. I 2012, 1086), vom 13.11.2012 (BStBl. I 2012, 1169), vom 14.11.2012 (BStBl. I 2012, 1170), vom 21.11.2012 (BStBl. I 2012, 1229), vom 30.11.2012 (BStBl. I 2012, 1230), vom 12.12.2012 (BStBl. I 2012, 1259), vom 17.12.2012 (BStBl. I 2012, 1260), vom 18.12.2012 (BStBl. I 2012, 1272), vom 22.1.2013 (BStBl. I 2013, 178), vom 22.2.2013 (BStBl. I 2013, 268), vom 7.3.2013 (BStBl. I 2013, 333), vom 20.3.2013 (BStBl. I 2013, 335 und 444), vom 25.3.2013 (BStBl. I 2013, 449), vom 26.3.2013 (BStBl. I 2013, 450), vom 27.3.2013 (BStBl. I 2013, 452), vom 2.4.2013 (BStBl. I 2013, 454), vom 9.4.2013 (BStBl. I 2013, 517), vom 12.4.2013 (BStBl. I 2013, 518), vom 26.4.2013 (BStBl. I 2013, 714), vom 10.6.2013 (BStBl. I 2013, 780), vom 28.6.2013 (BStBl. I 2013, 852), vom 8.7.2013 (BStBl. I 2013, 860), vom 12.7.2013 (BStBl. I 2013, 923), vom 31.7.2013 (BStBl. I 2013, 964), vom 26.8.2013 (BStBl. I 2013, 1018), vom 12.9.2013 (BStBl. I 2013, 1176), vom 13.9.2013 (BStBl. I 2013, 1179), vom 16.9.2013 (BStBl. I 2013, 1192), vom 19.9.2013 (BStBl. I 2013, 1212), vom 24.9.2013 (BStBl. I 2013, 1219), vom 23.10.2013 (BStBl. I 2013, 1303 und 1304), vom 25.10.2013 (BStBl. I 2013, 1305), vom 28.10.2013 (BStBl. I 2013, 1382), vom 31.10.2013 (BStBl. I 2013, 1383 und 1384), vom 4.11.2013 (BStBl. I 2013, 1385), vom 5.11.2013 (BStBl. I 2013, 1386), vom 8.11.2013 (BStBl. I 2013, 1389), vom 15.11.2013 (BStBl. I 2013, 1475 und 1477), vom 20.11.2013 (BStBl. I 2013, 1581), vom 21.11.2013 (BStBl. I 2013, 1583 und 1584), vom 22.11.2013 (BStBl. I 2013, 1590), vom 28.11.2013 (BStBl. I 2013, 1594), vom 29.11.2013 (BStBl. I 2013, 1596), vom 9.12.2013 (BStBl. I 2013, 1620), vom 10.12.2013 (BStBl. I 2013, 1621 und 1623), vom 11.12.2013 (BStBl. I 2013, 1625), vom 12.12.2013 (BStBl. I 2013, 1627), vom 16.12.2013 (BStBl. I 2013, 1638), vom 2.1.2014 (BStBl. I 2014, 119), vom 6.1.2014 (BStBl. I 2014, 152), vom 20.1.2014

[1)] Auch Änderungen von Anwendungsregelungen sind in den Änderungsnachweis aufgenommen.

(BStBl. I 2014, 154), vom 31.1.2014 (BStBl. I 2014, 217), vom 4.2.2014 (BStBl. I 2014, 229), vom 5.2.2014 (BStBl. I 2014, 233), vom 6.2.2014 (BStBl. I 2014, 267 und 269), vom 7.2.2014 (BStBl. I 2014, 271), vom 28.2.2014 (BStBl. I 2014, 279), vom 20.3.2014 (BStBl. I 2014, 603), vom 4.4.2014 (BStBl. I 2014, 801), vom 10.4.2014 (BStBl. I 2014, 802), vom 29.4.2014 (BStBl. I 2014, 814), vom 30.4.2014 (BStBl. I 2014, 816), vom 5.5.2014 (BStBl. I 2014, 820), vom 8.5.2014 (BStBl. I 2014, 823), vom 5.6.2014 (BStBl. I 2014, 896), vom 12.6.2014 (BStBl. I 2014, 909), vom 1.7.2014 (BStBl. I 2014, 1111), vom 22.7.2014 (BStBl. I 2014, 1113), vom 25.7.2014 (BStBl. I 2014, 1114), vom 31.7.2014 (BStBl. I 2014, 1073), vom 26.8.2014 (BStBl. I 2014, 1216), vom 27.8.2014 (BStBl. I 2014, 1218), vom 19.9.2014 (BStBl. I 2014, 1287), vom 26.9.2014 (BStBl. I 2014, 1297), vom 1.10.2014 (BStBl. I 2014, 1322), vom 17.10.2014 (BStBl. I 2014, 1369), vom 20.10.2014 (BStBl. I 2014, 1372), vom 28.10.2014 (BStBl. I 2014, 1439), vom 4.12.2014 (BStBl. I 2014, 1617), vom 8.12.2014 (BStBl. I 2014, 1619), vom 9.12.2014 (BStBl. I 2014, 1620), vom 10.12.2014 (BStBl. I 2014, 1622), vom 11.12.2014 (BStBl. I 2014, 1631), vom 18.12.2014 (BStBl. I 2015, 44), vom 22.1.2015 (BStBl. I 2015, 123), vom 23.1.2015 (BStBl. I 2015, 144), vom 27.1.2015 (BStBl. I 2015, 164), vom 4.2.2015 (BStBl. I 2015, 166), vom 19.2.2015 (BStBl. I 2015, 217), vom 27.2.2015 (BStBl. I 2015, 232), vom 13.3.2015 (BStBl. I 2015, 234), vom 2.4.2015 (BStBl. I 2015, 272), vom 24.4.2015 (BStBl. I 2015, 456), vom 5.5.2015 (BStBl. I 2015, 458), vom 21.5.2015 (BStBl. I 2015, 491), vom 17.6.2015 (BStBl. I 2015, 513), vom 19.6.2015 (BStBl. I 2015, 559), vom 7.7.2015 (BStBl. I 2015, 562), vom 3.8.2015 (BStBl. I 2015, 624), vom 27.8.2015 (BStBl. I 2015, 656), vom 31.8.2015 (BStBl. I 2015, 737), vom 4.9.2015 (BStBl. I 2015, 738), vom 7.10.2015 (BStBl. I 2015, 782), vom 14.10.2015 (BStBl. I 2015, 832), vom 21.10.2015 (BStBl. I 2015, 835), vom 4.11.2015 (BStBl. I 2015, 886), vom 12.11.2015 (BStBl. I 2015, 887), vom 2.12.2015 (BStBl. I 2015, 1012), vom 7.12.2015 (BStBl. I 2015, 1014), vom 8.12.2015 (BStBl. I 2015, 1066), vom 15.12.2015 (BStBl. I 2015, 1067),[1] vom 21.1.2016 (BStBl. I 2016, 150), vom 16.2.2016 (BStBl. I 2016, 239), vom 23.2.2016 (BStBl. I 2016, 240), vom 2.3.2016 (BStBl. I 2016, 287), vom 25.4.2016 (BStBl. I 2016, 484), vom 18.5.2016 (BStBl. I 2016, 506), vom 2.6.2016 (BStBl. I 2016, 531), vom 10.8.2016 (BStBl. I 2016, 820), vom 28.9.2016 BStBl. I 2016, 1043), 2 Schreiben v. 4.10.2016 (BStBl. I 2016, 1059 und 1074), vom 24.11.2016 (BStBl. I 2016, 1328), vom 2.12.2016 (BStBl. I 2016, 1450), vom 16.12.2016 (BStBl. I 2016, 1451), vom 19.12.2016 (BStBl. I 2016, 1459), vom 17.1.2017 (BStBl. I 2017, 104), vom 23.1.2017 (BStBl. I 2017, 108), vom 26.1.2017 (BStBl. I 2017, 175), vom 3.2.2017 (BStBl. I 2017, 180), vom 10.2.2017 (BStBl. I 2017, 350), vom 21.3.2017 (BStBl. I 2017, 482), vom 12.4.2017 (BStBl. I 2017, 710), vom 8.5.2017 (BStBl. I 2017, 745), vom 9.5.2017 (BStBl. I 2017, 780), vom 26.5.2017 (BStBl. I 2017, 790), vom 2.6.2017 (BStBl. I 2017, 850), vom 6.6.2017 (BStBl. I 2017, 853), vom 8.6.2017 (BStBl. I 2017, 858), vom 3.7.2017 (BStBl. I 2017, 885), vom 10.7.2017 (BStBl. I 2017, 888), vom 13.7.2017 (BStBl. I 2017, 992), vom 14.7.2017 (BStBl. I 2017, 997), vom 26.7.2017 (BStBl. I 2017, 1001), vom 2.8.2017 (BStBl. I 2017, 1240), vom 22.9.2017 (BStBl. I 2017, 1299), vom 6.10.2017 (BStBl. I 2017, 1349), vom 10.10.2017 (BStBl. I 2017, 1442), vom 8.11.2017 (BStBl. I 2017, 1517), vom 15.11.2017 (BStBl. I 2017, 1518), vom 30.11.2017 (BStBl. I 2017, 1599), vom 5.12.2017 (BStBl. I 2017, 1658), vom 6.12.2017 (BStBl. I 2017, 1660), vom 7.12.2017 (BStBl. I 2017, 1662), vom 8.12.2017 (BStBl. I 2017, 1664), vom 8.12.2017 (BStBl. I 2017, 1665), vom 13.12.2017 (BStBl. I 2017, 1667), vom 13.12.2017 (BStBl. I 2018, 72), vom 14.12.2017 (BStBl. I 2017, 1673), vom 7.2.2018 (BStBl. I 2018, 302), vom 27.2.2018 (BStBl. I 2018, 316), vom 23.4.2018 (BStBl. I 2018, 638), vom 18.5.2018 (BStBl. I 2018, 695), vom 17.7.2018 (BStBl. I 2018, 820), vom 5.9.2018 (BStBl. I 2018, 1012), vom 4.10.2018 (BStBl. I 2018, 1090), vom 31.10.2018 (BStBl. I 2018, 1203), vom 27.11.2018 (BStBl. I 2018, 1363), vom 3.12.2018 (BStBl. I 2018, 1365), vom 7.12.2018 (BStBl. I 2018, 1401), 2 Schreiben vom 14.12.2018 (BStBl. I 2018, 1402 und 1429), vom 2.1.2019 (BStBl. I 2019, 17), vom 23.5.2019 (BStBl. I 2019, 510), vom 23.5.2019 (BStBl. I 2019, 511), vom 27.5.2019 (BStBl. I 2019, 512), vom 18.6.2019 (BStBl. I 2019, 591), vom 17.7.2019 (BStBl. I 2019, 835), vom 18.12.2019 (BStBl. I 2019, 1396), vom 19.12.2019 (BStBl. I 2019, 1399), vom 10.1.2020 (BStBl. I 2020, 184), vom 14.1.2020 (BStBl. I 2020, 196), vom 6.2.2020 (BStBl. I

[1] Die Änderungen des UStAE sind sämtlich eingearbeitet; die Ersetzung der Begriffe „Abgabe, abgeben" usw. durch „Übermittlung, übermitteln" usw. wurde durchgeführt, aber nicht einzeln durch Fußnoten nachgewiesen.

2020, 235), vom 18.3.2020 (BStBl. I 2020, 286), vom 23.3.2020 (BStBl. I 2020, 288), vom 24.3.2020 (BStBl. I 2020, 291), vom 7.5.2020 (BStBl. I 2020, 530), vom 2.6.2020 (BStBl. I 2020, 545), vom 3.6.2020 (BStBl. I 2020, 546), vom 15.6.2020 (BStBl. I 2020, 580), vom 17.6.2020 (BStBl. I 2020, 581), vom 25.6.2020 (BStBl. I 2020, 582), vom 2.7.2020 (BStBl. I 2020, 610), vom 7.7.2020 (BStBl. I 2020, 642), vom 9.7.2020 (BStBl. I 2020, 643), vom 13.7.2020 (BStBl. I 2020, 644), vom 16.7.2020 (BStBl. I 2020, 645), vom 3.8.2020 (BStBl. I 2020, 646), vom 5.8.2020 (BStBl. 2020, 669), vom 20.8.2020 (BStBl. I 2020, 671), vom 28.8.2020 (BStBl. I 2020, 928), vom 3.9.2020 (BStBl. I 2020, 940), vom 18.9.2020 (BStBl. I 2020, 976), vom 30.9.2020 (BStBl. I 2020, 982), vom 1.10.2020 (BStBl. I 2020, 983), vom 9.10.2020 (BStBl. I 2020, 1038), vom 14.10.2020 (BStBl. I 2020, 1043), vom 28.10.2020 (BStBl. I 2020, 1120), vom 2.11.2020 (BStBl. I 2020, 1121), vom 6.11.2020 (BStBl. I 2020, 1202), vom 12.11.2020 (BStBl. I 2020, 1265), vom 16.11.2020 (BStBl. I 2020, 1267), vom 23.11.2020 (BStBl. I 2020, 1335), vom 15.12.2020 (BStBl. I 2020, 1374), vom 16.12.2020 (BStBl. I 2020, 1379) vom 18.12.2020 (BStBl. I 2021, 64), vom 23.12.2020 (BStBl. I 2021, 92), vom 11.1.2021 (BStBl. I 2021, 120), vom 18.1.2021 (BStBl. I 2021, 121), vom 29.1.2021 (BStBl. I 2021, 250), vom 4.2.2021 (BStBl. I 2021, 312), vom 10.2.2021 (BStBl. I 2021, 314), vom 4.3.2021 (BStBl. I 2021, 316), vom 11.3.2021 (BStBl. I 2021, 380), vom 12.3.2021 (BStBl. I 2021, 380), vom 15.3.2021 (BStBl. I 2021, 381), vom 18.3.2021 (BStBl. I 2021, 384), vom 26.3.2021 (BStBl. I 2021, 385), vom 29.3.2021 (BStBl. I 2021, 386), vom 1.4.2021 (BStBl. I 2021, 629), vom 20.4.2021 (BStBl. I 2021, 705), vom 22.4.2021 (BStBl. I 2021, 712), vom 3.5.2021 (BStBl. I 2021, 713), vom 11.5.2021 (BStBl. I 2021, 781), vom 3.6.2021 (BStBl. I 2021, 777), vom 9.6.2021 (BStBl. I 2021, 778 und 780), vom 18.6.2021 (BStBl. I 2021, 871), vom 22.6.2021 (BStBl. I 2021, 856), vom 24.6.2021 (BStBl. 2021, 857), vom 28.6.2021 (BStBl. I 2021, 868), vom 2.7.2021 (BStBl. I 2021, 918), vom 8.7.2021 (BStBl. I 2021, 919), vom 22.7.2021 (BStBl. I 2021, 1023), vom 19.8.2021 (BStBl. I 2021, 1088), vom 7.9.2021 (BStBl. I 2021, 1591), vom 9.9.2021 (BStBl. I 2021, 1593), vom 27.9.2021 (BStBl. I 2021, 1810, 1812 und 1856), vom 28.9.2021 (BStBl. I 2021, 1858), vom 1.10.2021 (BStBl. I 2021, 1859), vom 4.10.2021 (BStBl. I 2021, 1861), vom 18.10.2021 (BStBl. I 2021, 2142), vom 27.10.2021 (BStBl. I 2021, 2137 und 2139), vom 16.11.2021 (BStBl. I 2021, 2329), vom 1.12.2021 (BStBl. I 2021, 2486 und 2488), vom 10.12.2021 (BStBl. I 2021, 2492), vom 17.12.2021 (BStBl. I 2021, 2502 und 2504)

Inhaltsübersicht

Zu § 3a UStG (§ 1 UStDV)

Zu § 3b UStG (§§ 2 bis 7 UStDV)

Zu § 3c UStG

Zu § 3d UStG

Zu § 3e UStG

Zu § 3f UStG

Zu § 3g UStG

Seite

Zu § 13 UStG

Zu § 13b UStG
(§ 30a UStDV)

Zu § 13c UStG

Zu § 14 UStG
(§§ 31 bis 34 UStDV)

Zu § 14a UStG

Zu § 14b UStG

Zu § 14c UStG

Zu § 15 UStG
(§§ 35 bis 43 UStDV)

Zu § 15a UStG
(§§ 44 und 45 UStDV)

Zu § 1 UStG

1.1 Leistungsaustausch

Allgemeines

(1) [1] Ein Leistungsaustausch setzt voraus, dass Leistender und Leistungsempfänger vorhanden sind und der Leistung eine Gegenleistung (Entgelt) gegenübersteht. [2] Für die Annahme eines Leistungsaustauschs müssen Leistung und Gegenleistung in einem wechselseitigen Zusammenhang stehen. [3] § 1 Abs. 1 Nr. 1 UStG setzt für den Leistungsaustausch einen unmittelbaren, nicht aber einen inneren (synallagmatischen) Zusammenhang zwischen Leistung und Entgelt voraus (BFH-Urteil vom 15.4.2010, V R 10/08, BStBl. II S. 879). [4] Bei Leistungen, zu deren Ausführung sich die Vertragsparteien in einem gegenseitigen Vertrag verpflichtet haben, liegt grundsätzlich ein Leistungsaustausch vor (BFH-Urteil vom 8.11.2007, V R 20/05, BStBl. 2009 II S. 483). [5] Auch wenn die Gegenleistung für die Leistung des Unternehmers nur im nichtunternehmerischen Bereich verwendbar ist (z. B. eine zugewendete Reise), kann sie Entgelt sein. [6] Der Annahme eines Leistungsaustauschs steht nicht entgegen, dass sich die Entgelterwartung nicht erfüllt, dass das Entgelt uneinbringlich wird oder dass es sich nachträglich mindert (vgl. BFH-Urteil vom 22.6.1989, V R 37/84, BStBl. II S. 913). [7] Dies gilt regelmäßig auch bei – vorübergehenden – Liquiditätsschwierigkeiten des Entgeltschuldners (vgl. BFH-Urteil vom 16.3.1993, XI R 52/90, BStBl. II S. 562). [8] Auch wenn eine Gegenleistung freiwillig erbracht wird, kann ein Leistungsaustausch vorliegen (vgl. BFH-Urteil vom 17.2.1972, V R 118/71, BStBl. II S. 405). [9] Leistung und Gegenleistung brauchen sich nicht gleichwertig gegenüberzustehen (vgl. BFH-Urteil vom 22.6.1989, V R 37/84, a. a. O.). [10] An einem Leistungsaustausch fehlt es in der Regel, wenn eine Gesellschaft Geldmittel nur erhält, damit sie in die Lage versetzt wird, sich in Erfüllung ihres Gesellschaftszwecks zu betätigen (vgl. BFH-Urteil vom 20.4.1988, X R 3/82, BStBl. II S. 792; vgl. auch Abschnitt 1.6).[1)]

(2) [1] Zur Prüfung der Leistungsbeziehungen zwischen nahen Angehörigen, wenn der Leistungsempfänger die Leistung für Umsätze in Anspruch nimmt, die den Vorsteuerabzug nicht ausschließen, vgl. BFH-Urteil vom 15.3.1993, V R 109/89, BStBl. II S. 728. [2] Zur rechtsmissbräuchlichen Gestaltung nach § 42 AO bei „Vorschaltung" von Minderjährigen in den Erwerb und die Vermietung von Gegenständen vgl. BFH-Urteile vom 21.11.1991, V R 20/87, BStBl. 1992 II S. 446, und vom 4.5.1994, XI R 67/93, BStBl. II S. 829. [3] Ist der Leistungsempfänger ganz oder teilweise nicht zum Vorsteuerabzug berechtigt, ist der Missbrauch von rechtlichen Gestaltungsmöglichkeiten sowohl bei der „Vorschaltung" von Ehegatten als auch bei der „Vorschaltung" von Gesellschaften nach den Grundsätzen der BFH-Urteile vom 22.10.1992, V R 33/90, BStBl. 1993 II S. 210, vom 4.5.1994, a. a. O., und vom 18.12.1996, XI R 12/96, BStBl. 1997 II S. 374, zu prüfen.

---

1) Zur Besteuerung von Verwaltungsgemeinschaften siehe BayLfSt v. 27.4.2020 – S 7106.1.1 – 21/4 St 33, DStR 2020, 1131.

(3) [1]Der Leistungsaustausch umfasst alles, was Gegenstand eines Rechtsverkehrs sein kann. [2]Leistungen im Rechtssinne unterliegen aber nur insoweit der Umsatzsteuer, als sie auch Leistungen im wirtschaftlichen Sinne sind, d.h. Leistungen, bei denen ein über die reine Entgeltentrichtung hinausgehendes eigenes wirtschaftliches Interesse des Entrichtenden verfolgt wird (vgl. BFH-Urteil vom 31.7.1969, V 94/65, BStBl. II S. 637). [3]Die bloße Entgeltentrichtung, insbesondere die Geldzahlung oder Überweisung, ist keine Leistung im wirtschaftlichen Sinne. [4]Das Anbieten von Leistungen (Leistungsbereitschaft) kann eine steuerbare Leistung sein, wenn dafür ein Entgelt gezahlt wird (vgl. BFH-Urteil vom 27.8.1970, V R 159/66, BStBl. 1971 II S. 6). [5]Unter welchen Voraussetzungen bei der Schuldübernahme eine Leistung im wirtschaftlichen Sinne anzunehmen ist vgl. die BFH-Urteile vom 18.4.1962, V 246/59 S, BStBl. III S. 292, und vom 31.7.1969, V 94/65, a.a.O.

(4) [1]Ein Leistungsaustausch liegt nicht vor, wenn eine Lieferung rückgängig gemacht wird (Rückgabe). [2]Ob eine nicht steuerbare Rückgabe oder eine steuerbare Rücklieferung vorliegt, ist aus der Sicht des ursprünglichen Lieferungsempfängers und nicht aus der Sicht des ursprünglichen Lieferers zu beurteilen (vgl. BFH-Urteile vom 27.6.1995, V R 27/94, BStBl. II S. 756, und vom 12.11.2008, XI R 46/07, BStBl. 2009 II S. 558).

(5) Zur Errichtung von Gebäuden auf fremdem Boden vgl. BMF-Schreiben vom 23.7.1986, BStBl. I S. 432, zur umsatzsteuerrechtlichen Behandlung von Erschließungsmaßnahmen vgl. BMF-Schreiben vom 7.6.2012, BStBl. I S. 621, und zu Kraftstofflieferungen im Kfz-Leasingbereich vgl. BMF-Schreiben vom 15.6.2004, BStBl. I S. 605.

(5a) Zur umsatzsteuerrechtlichen Behandlung von Bitcoin und anderen sog. virtuellen Währungen vgl. BMF-Schreiben vom 27.2.2018, BStBl. I S. 316.

(5b)[1)] Zur umsatzsteuerrechtlichen Beurteilung des Verlegeranteils an den Einnahmen aus gesetzlichen Vergütungsansprüchen nach § 27 sowie §§ 54, 54a und 54c UrhG sowie aus urheberrechtlichen Nutzungsrechten vgl. BMF-Schreiben vom 14.10.2021, BStBl. I S. 2133.

Beistellungen

(6)[2)] [1]Bei der Abgrenzung zwischen steuerbarer Leistung und nicht steuerbarer Beistellung von Personal des Auftraggebers ist unter entsprechender Anwendung der Grundsätze der sog. Materialbeistellung (vgl. Abschnitt 3.8 Abs. 2 bis 4) darauf abzustellen, ob der Auftraggeber an den Auftragnehmer selbst eine Leistung (als Gegenleistung) bewirken oder nur zur Erbringung der Leistung durch den Auftragnehmer beitragen will. [2]Soweit der Auftraggeber mit der Beistellung seines Personals an der Erbringung der bestellten Leistung mitwirkt, wird dadurch zugleich auch der Inhalt der gewollten Leistung näher bestimmt. [3]Ohne entsprechende Beistellung ist es Aufgabe des Auftragnehmers, sämtliche Mittel für die Leistungserbringung selbst zu beschaffen. [4]Daher sind Beistellungen nicht Bestandteil des Leistungsaustauschs, wenn sie

---

1) A 1.1 Abs. 5b angef. durch BMF v. 17.10.2021, BStBl. I 2021, 2504.

2) Zu juristischen Personen des öff. Rechts vgl. A 2.11 Abs. 15 UStAE.

nicht im Austausch für die gewollte Leistung aufgewendet werden (vgl. BFH-Urteil vom 15.4.2010, V R 10/08, BStBl. II S. 879).

(7) [1]Eine nicht steuerbare Beistellung von Personal des Auftraggebers setzt voraus, dass das Personal nur im Rahmen der Leistung des Auftragnehmers für den Auftraggeber eingesetzt wird (vgl. BFH-Urteil vom 6.12.2007, V R 42/06, BStBl. 2009 II S. 493). [2]Der Einsatz von Personal des Auftraggebers für Umsätze des Auftragnehmers an Drittkunden muss vertraglich und tatsächlich ausgeschlossen sein. [3]Der Auftragnehmer hat dies sicherzustellen und trägt hierfür die objektive Beweislast. [4]Die Entlohnung des überlassenen Personals muss weiterhin ausschließlich durch den Auftraggeber erfolgen. [5]Ihm allein muss auch grundsätzlich das Weisungsrecht obliegen. [6]Dies kann nur in dem Umfang eingeschränkt und auf den Auftragnehmer übertragen werden, soweit es zur Erbringung der Leistung erforderlich ist.

Beispiele für einen Leistungsaustausch

(8) [1]Die Übernahme einer Baulast gegen ein Darlehen zu marktunüblich niedrigen Zinsen kann einen steuerbaren Umsatz darstellen (vgl. BFH-Beschluss vom 12.11.1987, V B 52/86, BStBl. 1988 II S. 156). [2]Vereinbart der Bauherr einer Tiefgarage mit einer Gemeinde den Bau und die Zurverfügungstellung von Stellplätzen für die Allgemeinheit und erhält er dafür einen Geldbetrag, ist in der Durchführung dieses Vertrags ein Leistungsaustausch mit der Gemeinde zu sehen (vgl. BFH-Urteil vom 13.11.1997, V R 11/97, BStBl. 1998 II S. 169).

(8a) Die Zustimmung zur vorzeitigen Auflösung eines Beratervertrages gegen „Schadensersatz" kann eine sonstige Leistung sein (BFH-Urteil vom 7.7.2005, V R 34/03, BStBl. 2007 II S. 66).

(9) [1]Die geschäftsmäßige Ausgabe nicht börsengängiger sog. Optionen (Privatoptionen) auf Warenterminkontrakte gegen Zahlung einer Prämie ist eine steuerbare Leistung (BFH-Urteil vom 28.11.1985, V R 169/82, BStBl. 1986 II S. 160). [2]Die entgeltliche Anlage und Verwaltung von Vermögenswerten ist grundsätzlich steuerbar. [3]Dies gilt auch dann, wenn sich der Unternehmer im Auftrag der Geldgeber treuhänderisch an einer Anlagegesellschaft beteiligt und deren Geschäfte führt (BFH-Urteil vom 29.1.1998, V R 67/96, BStBl. II S. 413).

(10) Zahlt ein Apotheker einem Hauseigentümer dafür etwas, dass dieser Praxisräume einem Arzt (mietweise oder unentgeltlich) überlässt, kann zwischen dem Apotheker und dem Hauseigentümer ein eigener Leistungsaustausch vorliegen (BFH-Urteile vom 20.2.1992, V R 107/87, BStBl. II S. 705, und vom 15.10.2009, XI R 82/07, BStBl. 2010 II S. 247).

(11) [1]Die Freigabe eines Fußballvertragsspielers oder Lizenzspielers gegen Zahlung einer Ablöseentschädigung vollzieht sich im Rahmen eines Leistungsaustauschs zwischen abgebendem und aufnehmendem Verein (vgl. BFH-Urteil vom 31.8.1955, V 108/55 U, BStBl. III S. 333). [2]Das gilt auch, wenn die Ablöseentschädigung für die Abwanderung eines Fußballspielers in das Ausland von dem ausländischen Verein gezahlt wird; zum Ort der Leistung in derartigen Fällen vgl. Abschnitt 3a.9 Abs. 2 Satz 4.

(12) [1]Für die Frage, ob im Verhältnis zwischen Gesellschaft und Gesellschafter entgeltliche Leistungen vorliegen, gelten keine Besonderheiten, so dass es nur darauf ankommt, ob zwischen Leistenden und Leistungsempfänger ein Rechtsverhältnis besteht, das einen unmittelbaren Zusammenhang zwischen der Leistung und einem erhaltenen Gegenwert begründet (vgl. BFH-Urteile vom 6.6.2002, V R 43/01, BStBl. 2003 II S. 36, und vom 5.12.2007, V R 60/05, BStBl. 2009 II S. 486, und Abschnitt 1.6). [2]Entgeltliche Geschäftsführungs- und Vertretungsleistungen sind unabhängig von der Rechtsform des Leistungsempfängers auch dann steuerbar, wenn es sich beim Leistenden um ein Organ des Leistungsempfängers handelt. [3]Geschäftsführungs- und Vertretungsleistungen, die ein Mitglied des Vereinsvorstands gegenüber dem Verein gegen Gewährung von Aufwendungsersatz erbringt, sind deshalb ebenso steuerbar wie die entgeltliche Tätigkeit eines Kassenarztes als Vorstandsmitglied einer kassenärztlichen Vereinigung (vgl. BFH-Urteil vom 14.5.2008, XI R 70/07, BStBl. II S. 912).

(13) [1]Werden auf Grund des BauGB[1)] Betriebsverlagerungen vorgenommen, handelt es sich dabei um umsatzsteuerbare Leistungen des betreffenden Unternehmers an die Gemeinde oder den Sanierungsträger; das Entgelt für diese Leistungen besteht in den Entschädigungsleistungen. [2]Reichen die normalen Entschädigungsleistungen nach dem BauGB nicht aus und werden zur anderweitigen Unterbringung eines von der städtebaulichen Sanierungsmaßnahme betroffenen gewerblichen Betriebs zusätzliche Sanierungsfördermittel in Form von Zuschüssen eingesetzt, sind sie als Teil des Entgelts für die oben bezeichnete Leistung des Unternehmers anzusehen.

(13a) Zur umsatzsteuerrechtlichen Behandlung des Staatsdrittels bei Maßnahmen nach §§ 3, 13 des EBKrG vgl. BMF-Schreiben vom 1.2.2013, BStBl. I S. 182.

(13b) Ein Unternehmer, der die Verpflichtung eines kommunalen Zweckverbands zur Versorgung der Bevölkerung mit Trinkwasser übernimmt und dafür einen vertraglichen Anspruch gegen den Zweckverband auf Weiterleitung von Fördermitteln erlangt, die dieser erhält, erbringt grundsätzlich eine steuerbare Leistung gegen Entgelt (vgl. BFH-Urteil vom 10.8.2016, XI R 41/14, BStBl. 2017 II S. 590).

Kein Leistungsaustausch

(14) Die Unterhaltung von Giro-, Bauspar- und Sparkonten stellt für sich allein keine Leistung im wirtschaftlichen Sinne dar (vgl. BFH-Urteil vom 1.2.1973, V R 2/70, BStBl. II S. 172).

(15) [1]Eine Personengesellschaft erbringt bei der Aufnahme eines Gesellschafters gegen Bar- oder Sacheinlage an diesen keinen steuerbaren Umsatz (vgl. BFH-Urteil vom 1.7.2004, V R 32/00, BStBl. II S. 1022). [2]Nicht steuerbar sind auch die Ausgabe von neuen Aktien zur Aufbringung von Kapital, die Aufnahme von atypisch stillen Gesellschaftern und die Ausgabe von nicht

[1)] Baugesetzbuch i. d. F. v. 3.11.2017, BGBl. I 2017, 3634, zuletzt geänd. durch G v. 10.9.2021, BGBl. I 2021, 4147 (**Sartorius** Nr. **300**).

verbrieften Genussrechten, die ein Recht am Gewinn eines Unternehmens begründen.

(15a) Die Gewährung einer Mitgliedschaft in einem Verein, die eine Beitragspflicht auslöst, stellt keinen Umsatz dar (vgl. BFH-Urteil vom 12.12. 2012, XI R 30/10, BStBl. 2013 II S. 348).

(16) [1] Personalgestellungen und -überlassungen gegen Entgelt, auch gegen Aufwendungsersatz, erfolgen grundsätzlich im Rahmen eines Leistungsaustauschs. [2] Jedoch liegt u. a. in den folgenden Beispielsfällen bei der Freistellung von Arbeitnehmern durch den Unternehmer gegen Erstattung der Aufwendungen wie Lohnkosten, Sozialversicherungsbeiträge und dgl. mangels eines konkretisierbaren Leistungsempfängers kein Leistungsaustausch vor:

Freistellung

1. für Luftschutz- und Katastrophenschutzübungen;
2. für Sitzungen des Gemeinderats oder seiner Ausschüsse;
3. an das Deutsche Rote Kreuz, das Technische Hilfswerk, den Malteser Hilfsdienst, die Johanniter Unfallhilfe oder den Arbeiter Samariter Bund;
4. an die Feuerwehr für Zwecke der Ausbildung, zu Übungen und zu Einsätzen;
5. für Wehrübungen;
6. zur Teilnahme an der Vollversammlung einer Handwerkskammer, an Konferenzen, Lehrgängen und dgl. einer Industriegewerkschaft, für eine Tätigkeit im Vorstand des Zentralverbands Deutscher Schornsteinfeger e. V., für die Durchführung der Gesellenprüfung im Schornsteinfegerhandwerk, zur Mitwirkung im Gesellenausschuss nach § 69 Abs. 4 HwO;[1)]
7. für Sitzungen der Vertreterversammlung und des Vorstands der Verwaltungsstellen der Bundesknappschaft;
8. für die ehrenamtliche Tätigkeit in den Selbstverwaltungsorganen der Allgemeinen Ortskrankenkassen, bei Innungskrankenkassen und ihren Verbänden;
9. als Heimleiter in Jugenderholungsheimen einer Industriegewerkschaft;
10. von Bergleuten für Untersuchungen durch das Berufsgenossenschaftliche Forschungsinstitut für Arbeitsmedizin;
11. für Kurse der Berufsgenossenschaft zur Unfallverhütung;
12. von Personal durch den Arbeitgeber an eine Betriebskrankenkasse gegen Personalkostenerstattung nach § 147 Abs. 2a SGB V;[2)]
13. für die Entsendung von Mitgliedern in die Arbeitsrechtliche Kommission des Diakonischen Werks und des Deutschen Caritasverbandes.

[3] Dies gilt entsprechend für Fälle, in denen der Unternehmer zur Freistellung eines Arbeitnehmers für öffentliche oder gemeinnützige Zwecke nach einem

---

1) Handwerksordnung i. d. F. v. 24.9.1998, BGBl. I 1998, 3074, ber. I 2006, 2095, zuletzt geänd. durch G v. 9.6.2021, BGBl. I 2021, 1654 (**Sartorius** Nr. **815**).

2) **Aichberger SGB** Nr. 5.

Gesetz verpflichtet ist, soweit dieses Gesetz den Ersatz der insoweit entstandenen Lohn- und Lohnnebenkosten vorschreibt.

(17) [1]Das Bestehen einer Gewinngemeinschaft (Gewinnpoolung) beinhaltet für sich allein noch keinen Leistungsaustausch zwischen den Beteiligten (vgl. BFH-Urteil vom 26.7.1973, V R 42/70, BStBl. II S. 766). [2]Bei einer Innengesellschaft ist kein Leistungsaustausch zwischen Gesellschaftern und Innengesellschaft, sondern nur unter den Gesellschaftern denkbar (vgl. BFH-Urteil vom 27.5.1982, V R 110 und 111/81, BStBl. II S. 678).

(18) [1]Nach § 181 BauGB[1)] soll die Gemeinde bei der Durchführung des BauGB zur Vermeidung oder zum Ausgleich wirtschaftlicher Nachteile, die für den Betroffenen in seinen persönlichen Lebensumständen eine besondere Härte bedeuten, auf Antrag einen Geldausgleich im Billigkeitswege gewähren. [2]Ein solcher Härteausgleich ist, wenn er einem Unternehmer gezahlt wird, nicht als Entgelt für eine steuerbare Leistung des Unternehmers gegenüber der Gemeinde anzusehen; es handelt sich vielmehr um eine nicht steuerbare Zuwendung. [3]Das Gleiche gilt, wenn dem Eigentümer eines Gebäudes ein Zuschuss gewährt wird

1. für Modernisierungs- und Instandsetzungsmaßnahmen nach § 177 BauGB;
2. für Modernisierungs- und Instandsetzungsmaßnahmen im Sinne des § 177 BauGB, zu deren Durchführung sich der Eigentümer gegenüber der Gemeinde vertraglich verpflichtet hat;
3. für andere der Erhaltung, Erneuerung und funktionsgerechten Verwendung dienende Maßnahmen an einem Gebäude, das wegen seiner geschichtlichen, künstlerischen oder städtebaulichen Bedeutung erhalten bleiben soll, zu deren Durchführung sich der Eigentümer gegenüber der Gemeinde vertraglich verpflichtet hat;
4. [1]für die Durchführung einer Ordnungsmaßnahme nach § 146 Abs. 3 BauGB, soweit der Zuschuss dem Grundstückseigentümer als Gebäude-Restwertentschädigung gezahlt wird. [2]Werden im Rahmen der Maßnahme die beim Grundstückseigentümer anfallenden Abbruchkosten gesondert vergütet, sind diese Beträge Entgelt für eine steuerbare und steuerpflichtige Leistung des Grundstückseigentümers an die Gemeinde.

[4]Voraussetzung ist, dass in den Fällen der Nummern 2 und 3 der Zuschuss aus Sanierungsförderungsmitteln zur Deckung der Kosten der Modernisierung und Instandsetzung nur insoweit gewährt wird, als diese Kosten nicht vom Eigentümer zu tragen sind.

(19) [1]Der Übergang eines Grundstücks im Flurbereinigungsverfahren nach dem FlurbG[2)] und im Umlegungsverfahren nach dem BauGB unterliegt grundsätzlich nicht der Umsatzsteuer. [2]In den Fällen der Unternehmensflurbereinigung (§§ 87 bis 89 FlurbG) ist die Bereitstellung von Flächen insoweit umsatzsteuerbar, als dafür eine Geldentschädigung gezahlt wird. [3]Ggf. kommt die Steuerbefreiung nach § 4 Nr. 9 Buchstabe a UStG in Betracht.

---

1) Baugesetzbuch i. d. F. v. 3.11.2017, BGBl. I 2017, 3634, zuletzt geänd. durch G v. 10.9.2021, BGBl. I 2021, 4147 (**Sartorius** Nr. **300**).

2) Flurbereinigungsgesetz i. d. F. v. 16.3.1976, BGBl. I 1976, 546, zuletzt geänd. durch G v. 19.12.2008, BGBl. I 2008, 2794 (**Sartorius Ergänzungsband** Nr. **866**).

(20) [1] Die Teilnahme eines Händlers an einem Verkaufswettbewerb seines Lieferanten, dessen Gegenstand die vertriebenen Produkte sind, begründet regelmäßig keinen Leistungsaustausch (BFH-Urteil vom 9.11.1994, XI R 81/92, BStBl. 1995 II S. 277). [2] Zur umsatzsteuerlichen Behandlung von Verkaufswettbewerben vgl. auch Abschnitte 10.1 und 10.3.

(21) In den Fällen des Folgerechts beim Weiterverkauf des Originals eines Werks der bildenden Künste (vgl. § 26 UrhG) besteht zwischen dem Anspruchsberechtigten (Urheber bzw. Rechtsnachfolger) und dem Zahlungsverpflichteten (Veräußerer) auf Grund mangelnder vertraglicher Beziehungen kein Leistungsaustauschverhältnis.

(22) [1] Das Rechtsinstitut der „Fautfracht" (§ 415 Abs. 2 HGB) versteht sich als eine gesetzlich festgelegte, pauschale Kündigungsentschädigung, die weder Leistungsentgelt noch Schadensersatz ist. [2] Entsprechendes gilt für andere vergleichbare pauschale Kündigungsentschädigungen wie z. B. sog. Bereitstellungsentgelte, die ein Speditionsunternehmen erhält, wenn eine Zwangsräumung kurzfristig von dem Gerichtsvollzieher abgesagt wird (vgl. BFH-Urteil vom 30.6.2010, XI R 22/08, BStBl. II S. 1084).

(23) [1] Weist der Empfänger von Zuwendungen aus einem Sponsoringvertrag auf Plakaten, in Veranstaltungshinweisen, in Ausstellungskatalogen, auf seiner Internetseite oder in anderer Weise auf die Unterstützung durch den Sponsor lediglich hin, erbringt er insoweit keine Leistung im Rahmen eines Leistungsaustausches. [2] Dieser Hinweis kann unter Verwendung des Namens, Emblems oder Logos des Sponsors, jedoch ohne besondere Hervorhebung oder Verlinkung zu dessen Internetseiten, erfolgen. [3] Dies gilt auch, wenn der Sponsor auf seine Unterstützung in gleicher Art und Weise lediglich hinweist. [4] Dagegen ist von einer Leistung des Zuwendungsempfängers an den Sponsor auszugehen, wenn dem Sponsor das ausdrückliche Recht eingeräumt wird, die Sponsoringmaßnahme im Rahmen eigener Werbung zu vermarkten.

(24) [1] Die Teilnahme an einem Wettbewerb (Pferderennen, Pokerturnieren, sportlichen Wettbewerben, Schönheitskonkurrenzen, Ausscheidungsspielen und Ähnlichem) stellt nur dann eine gegen Entgelt erbrachte Dienstleistung dar, wenn der Veranstalter für sie eine von der Platzierung unabhängige Vergütung zahlt (z. B. Antrittsgelder oder platzierungsunabhängige Preisgelder). [2] Eine Staffelung der Vergütung ist insoweit unschädlich. [3] Platzierungsabhängige Preisgelder des Veranstalters stellen kein Entgelt für die Teilnahme an einem Wettbewerb dar, da sie nicht für die Teilnahme gezahlt werden, sondern für die Erzielung eines bestimmten Wettbewerbsergebnisses (vgl. EuGH-Urteil vom 10.11.2016, C-432/15, Baštová,[1] sowie BFH-Urteile vom 30.8. 2017, XI R 37/14, BStBl. 2019 II S. 336, und vom 2.8.2018, V R 21/16, BStBl. 2019 II S. 339).

(25)[2] Die sonstige Leistung der Veranstalter von Glücksspielen (Automatenaufsteller, Spielbankbetreiber etc.) besteht in der Zulassung zum Spiel ge-

[1] MwStR 2016, 991.

[2] Die USt-Besteuerung von Geldspielautomaten mit Gewinnmöglichkeit ist mit Unionsrecht vereinbar; siehe BFH v. 11.12.2019 XI R 13/18, BStBl. II 2020, 296.

gen Gewinnchance; der Einsatz der Spieler steht im unmittelbaren Zusammenhang mit der Durchführung des Spiels und ist daher entgeltliche Gegenleistung für die Teilnahme.

1.2 Verwertung von Sachen

(1) [1]Bei der Sicherungsübereignung erlangt der Sicherungsnehmer zu dem Zeitpunkt, in dem er von seinem Verwertungsrecht Gebrauch macht, auch die Verfügungsmacht über das Sicherungsgut. [2]Die Verwertung der zur Sicherheit übereigneten Gegenstände durch den Sicherungsnehmer außerhalb des Insolvenzverfahrens führt zu zwei Umsätzen (sog. Doppelumsatz), und zwar zu einer Lieferung des Sicherungsgebers an den Sicherungsnehmer und zu einer Lieferung des Sicherungsnehmers an den Erwerber (vgl. BFH-Urteil vom 4.6.1987, V R 57/79, BStBl. II S. 741, und BFH-Beschluss vom 19.7.2007, V B 222/06, BStBl. 2008 II S. 163). [3]Entsprechendes gilt bei der Versteigerung verfallener Pfandsachen durch den Pfandleiher (vgl. BFH-Urteil vom 16.4.1997, XI R 87/96, BStBl. II S. 585). [4]Zwei Umsätze liegen vor, wenn die Verwertung vereinbarungsgemäß vom Sicherungsgeber im Namen des Sicherungsnehmers vorgenommen wird oder die Verwertung zwar durch den Sicherungsnehmer, aber im Auftrag und für Rechnung des Sicherungsgebers in dessen Namen stattfindet.

(1a) [1]Veräußert der Sicherungsgeber das Sicherungsgut im eigenen Namen auf Rechnung des Sicherungsnehmers, erstarkt die ursprüngliche Sicherungsübereignung hingegen zu einer Lieferung des Sicherungsgebers an den Sicherungsnehmer, während zugleich zwischen dem Sicherungsnehmer (Kommittent) und dem Sicherungsgeber (Kommissionär) eine Lieferung nach § 3 Abs. 3 UStG vorliegt, bei der der Sicherungsgeber (Verkäufer, Kommissionär) als Abnehmer gilt; die entgeltliche Lieferung gegenüber dem Dritten wird in der Folge vom Sicherungsgeber ausgeführt (Dreifachumsatz, vgl. BFH-Urteile vom 6.10.2005, V R 20/04, BStBl. 2006 II S. 931, und vom 30.3.2006, V R 9/03, BStBl. II S. 933). [2]Voraussetzung für die Annahme eines Dreifachumsatzes ist, dass das Sicherungsgut erst nach Eintritt der Verwertungsreife durch den Sicherungsgeber veräußert wird und es sich hierbei nach den Vereinbarungen zwischen Sicherungsgeber und Sicherungsnehmer um ein Verwertungsgeschäft handelt, um die vom Sicherungsnehmer gewährten Darlehen zurückzuführen. [3]Nicht ausreichend ist eine Veräußerung, die der Sicherungsgeber im Rahmen seiner ordentlichen Geschäftstätigkeit vornimmt und bei der er berechtigt ist, den Verwertungserlös anstelle zur Rückführung des Kredits anderweitig, z.B. für den Erwerb neuer Waren, zu verwenden (BFH-Urteil vom 23.7.2009, V R 27/07, BStBl. 2010 II S. 859), oder wenn die Veräußerung zum Zwecke der Auswechslung des Sicherungsgebers unter Fortführung des Sicherungseigentums durch den Erwerber erfolgt (vgl. BFH-Urteil vom 9.3.1995, V R 102/89, BStBl. II S. 564). [4]In diesen Fällen liegt eine bloße Lieferung des Sicherungsgebers an den Erwerber vor.

(2) Wird im Rahmen der Zwangsvollstreckung eine Sache durch den Gerichtsvollzieher oder ein anderes staatliches Vollstreckungsorgan öffentlich versteigert oder freihändig verkauft, liegt darin keine Lieferung des Vollstreckungsschuldners an das jeweilige Bundesland, dem die Vollstreckungsorgane

angehören, und keine Lieferung durch dieses an den Erwerber, sondern es handelt sich um eine Lieferung des Vollstreckungsschuldners unmittelbar an den Erwerber (vgl. BFH-Urteile vom 19.12.1985, V R 139/76, BStBl. 1986 II S. 500, und vom 16.4.1997, XI R 87/96, BStBl. II S. 585).

(3) Zur Steuerschuldnerschaft des Leistungsempfängers bei der Lieferung sicherungsübereigneter Gegenstände durch den Sicherungsgeber an den Sicherungsnehmer außerhalb des Insolvenzverfahrens vgl. § 13b Abs. 2 Nr. 2 UStG und Abschnitt 13b.1 Abs. 2 Satz 1 Nr. 4.

Verwertung von Sicherungsgut im Insolvenzverfahren

(4) [1]Die Grundsätze zum Doppel- und Dreifachumsatz finden auch bei der Verwertung von sicherungsübereigneten Gegenständen im Insolvenzverfahren Anwendung. [2]Veräußert hingegen ein Insolvenzverwalter ein mit einem Grundpfandrecht belastetes Grundstück freihändig auf Grund einer mit dem Grundpfandgläubiger getroffenen Vereinbarung, liegt neben der Lieferung des Grundstücks durch die Masse an den Erwerber auch eine steuerpflichtige entgeltliche Geschäftsbesorgungsleistung der Masse an den Grundpfandgläubiger vor, wenn der Insolvenzverwalter vom Veräußerungserlös einen bestimmten Betrag zugunsten der Masse einbehalten darf. [3]Der für die Masse einbehalten Betrag ist Entgelt für diese Leistung. [4]Vergleichbares gilt für die freihändige Verwaltung grundpfandrechtsbelasteter Grundstücke durch den Insolvenzverwalter (BFH-Urteil vom 28.7.2011, V R 28/09, BStBl. 2014 II S. 406). [5]Zur umsatzsteuerrechtlichen Behandlung der Verwertung von Sicherungsgut vgl. BMF-Schreiben vom 30.4.2014, BStBl. I S. 816.

1.3 Schadensersatz

Allgemeines

(1) [1]Im Falle einer echten Schadensersatzleistung fehlt es an einem Leistungsaustausch. [2]Der Schadensersatz wird nicht geleistet, weil der Leistende eine Lieferung oder sonstige Leistung erhalten hat, sondern weil er nach Gesetz oder Vertrag für den Schaden und seine Folgen einzustehen hat. [3]Echter Schadensersatz ist insbesondere gegeben bei Schadensbeseitigung durch den Schädiger oder durch einen von ihm beauftragten selbständigen Erfüllungsgehilfen, bei Zahlung einer Geldentschädigung durch den Schädiger, bei Schadensbeseitigung durch den Geschädigten oder in dessen Auftrag durch einen Dritten ohne einen besonderen Auftrag des Ersatzverpflichteten; in Leasingfällen vgl. Absatz 17. [4]Ein Schadensersatz ist dagegen dann nicht anzunehmen, wenn die Ersatzleistung tatsächlich die – wenn auch nur teilweise – Gegenleistung für eine Lieferung oder sonstige Leistung darstellt (vgl. BFH-Urteile vom 22.11.1962, V 192/60 U, BStBl. 1963 III S. 106, und vom 19.10.2001, V R 48/00, BStBl. 2003 II S. 210, sowie Abschnitt 10.2 Abs. 3 Satz 6). [5]Von echtem Schadensersatz ist ebenfalls nicht auszugehen, wenn der Besteller eines Werks, das sich als mangelhaft erweist, vom Auftragnehmer Schadensersatz wegen Nichterfüllung verlangt; in der Zahlung des Auftragnehmers liegt vielmehr eine Minderung des Entgelts i.S. von § 17 Abs. 1 UStG (vgl. BFH-Urteil vom 16.1.2003, V R 72/01, BStBl. II S. 620).

(2) [1]Wegen der Einzelheiten bei der umsatzsteuerrechtlichen Beurteilung von Garantieleistungen und Freiinspektionen in der Kraftfahrzeugwirtschaft vgl. BMF-Schreiben vom 3.12.1975, BStBl. I S. 1132. [2]Zur umsatzsteuerlichen Behandlung von Garantieleistungen in der Reifenindustrie vgl. BMF-Schreiben vom 21.11.1974, BStBl. I S. 1021.

Echter Schadensersatz

(3) [1]Vertragsstrafen, die wegen Nichterfüllung oder wegen nicht gehöriger Erfüllung (§§ 340, 341 BGB) geleistet werden, haben Schadensersatzcharakter (vgl. auch BFH-Urteil vom 10.7.1997, V R 94/96, BStBl. II S. 707). [2]Hat der Leistungsempfänger die Vertragsstrafe an den leistenden Unternehmer zu zahlen, ist sie deshalb nicht Teil des Entgelts für die Leistung. [3]Zahlt der leistende Unternehmer die Vertragsstrafe an den Leistungsempfänger, liegt darin keine Entgeltminderung (vgl. BFH-Urteil vom 4.5.1994, XI R 58/93, BStBl. II S. 589). [4]Die Entschädigung, die ein Verkäufer nach den Geschäftsbedingungen vom Käufer verlangen kann, wenn dieser innerhalb bestimmter Fristen seinen Verpflichtungen aus dem Kaufvertrag nicht nachkommt (Schadensersatz wegen Nichterfüllung), ist nicht Entgelt, sondern Schadensersatz (vgl. BFH-Urteil vom 27.4.1961, V 263/58 U, BStBl. III S. 300).

(4) [1]Eine Willenserklärung, durch die der Unternehmer seinem zur Übertragung eines Vertragsgegenstands unfähig gewordenen Schuldner eine Ersatzleistung in Geld gestattet, kann nicht als sonstige Leistung (Rechtsverzicht) beurteilt werden. [2]Die Ersatzleistung ist echter Schadensersatz (vgl. BFH-Urteil vom 12.11.1970, V R 52/67, BStBl. 1971 II S. 38).

(5)[1)] [1]Die Vergütung, die der Unternehmer nach Kündigung oder vertraglicher Auflösung eines Werklieferungsvertrags vereinnahmt, ohne an den Besteller die bereitgestellten Werkstoffe oder das teilweise vollendete Werk geliefert zu haben, ist kein Entgelt (vgl. BFH-Urteil vom 27.8.1970, V R 159/66, BStBl. 1971 II S. 6). [2]Zum Leistungsgegenstand bei noch nicht abgeschlossenen Werklieferungen vgl. Abschnitt 3.9.

(6) [1]Erhält ein Unternehmer die Kosten eines gerichtlichen Mahnverfahrens erstattet, handelt es sich dabei nicht um einen Teil des Entgelts für eine steuerbare Leistung, sondern um Schadensersatz. [2]Die Mahngebühren oder Mahnkosten, die ein Unternehmer von säumigen Zahlern erhebt und auf Grund seiner Geschäftsbedingungen oder anderer Unterlagen – z.B. Mahnschreiben – als solche nachweist, sind ebenfalls nicht das Entgelt für eine besondere Leistung. [3]Verzugszinsen, Fälligkeitszinsen und Prozesszinsen (vgl. z.B. §§ 288, 291 BGB; § 353 HGB) sind als Schadensersatz zu behandeln. [4]Das Gleiche gilt für Nutzungszinsen, die z.B. nach § 641 Abs. 4 BGB von der Abnahme des Werkes an erhoben werden. [5]Als Schadensersatz sind auch die nach den Artikeln 48 und 49 WG[2)] sowie den Artikeln 45 und 46 ScheckG[3)] im Falle

[1)] Zur Abrenzung von Schadensersatz und Engelt bei Zahlungen nach Aufhebung eines Architektenvertrages siehe BFH v. 26.8.2021 V R 13/19, DStR 2021, 2967.

[2)] Wechselgesetz v. 21.6.1933, BGBl. III 4133-1, zuletzt geänd. durch VO v. 31.8.2015, BGBl. I 2015, 1474 (**Habersack Ergänzungsband** Nr. **54**).

[3)] Scheckgesetz v. 14.8.1933, BGBl. III 4132-1, zuletzt geänd. durch VO v. 31.8.2015, BGBl. I 2015, 1474 (**Habersack** Nr. **56**).

des Rückgriffs zu zahlenden Zinsen, Kosten des Protestes und Vergütungen zu behandeln.

(7) [1]Die Ersatzleistung auf Grund einer Warenkreditversicherung stellt nicht die Gegenleistung für eine Lieferung oder sonstige Leistung dar, sondern Schadensersatz. [2]Zur Frage des Leistungsaustauschs bei Zahlungen von Fautfrachten wegen Nichterfüllung eines Chartervertrags vgl. BFH-Urteil vom 30.6.2010, XI R 22/08, BStBl. II S. 1084, und Abschnitt 1.1 Abs. 22.

(8)[1)] [1]In Gewährleistungsfällen ist die Erstattung der Material- und Lohnkosten, die ein Vertragshändler auf Grund vertraglicher Vereinbarungen für die Beseitigung von Mängeln an den bei ihm gekauften Gegenständen vom Hersteller ersetzt bekommt, echter Schadensersatz, wenn sich der Gewährleistungsanspruch des Kunden nicht gegen den Hersteller, sondern gegen den Vertragshändler richtet (vgl. BFH-Urteil vom 16.7.1964, V 23/60 U, BStBl. III S. 516). [2]In diesen Fällen erfüllt der Händler mit der Garantieleistung unentgeltlich eine eigene Verpflichtung gegenüber dem Kunden aus dem Kaufvertrag und erhält auf Grund seiner Vereinbarung mit dem Herstellerwerk von diesem den durch den Materialfehler erlittenen, vom Werk zu vertretenden Schaden ersetzt (BFH-Urteil vom 17.2.1966, V 58/63, BStBl. III S. 261).

(9) Weitere Einzelfälle des echten Schadensersatzes sind:

1. die Entschädigung der Zeugen (vgl. Absatz 15) und der ehrenamtlichen Richter nach dem JVEG;[2)]
2. Stornogebühren bei Reiseleistungen (vgl. Abschnitt 25.1 Abs. 14);
3. Zahlungen zum Ersatz des entstandenen Schadens bei Leistungsstörungen in Transporthilfsmittel-Tauschsystemen (z. B. Euro-Flachpaletten und Euro-Gitterboxpaletten; vgl. BMF-Schreiben vom 5.11.2013, BStBl. I S. 1386).

(10) *(aufgehoben)*

Kein Schadensersatz

(11) [1]Beseitigt der Geschädigte im Auftrag des Schädigers einen ihm zugefügten Schaden selbst, ist die Schadensersatzleistung als Entgelt im Rahmen eines Leistungsaustauschs anzusehen (vgl. BFH-Urteil vom 11.3.1965, V 37/62 S, BStBl. III S. 303). [2]Zur Abgrenzung zur sonstigen Leistung vgl. auch Abschnitt 3.1.

(12) [1]Die Ausgleichszahlung für Handelsvertreter nach § 89b HGB ist kein Schadensersatz, sondern eine Gegenleistung des Geschäftsherrn für erlangte Vorteile aus der Tätigkeit als Handelsvertreter. [2]Dies gilt auch dann, wenn der Ausgleichsanspruch durch den Tod des Handelsvertreters fällig wird (BFH-Urteile vom 26.9.1968, V 196/65, BStBl. 1969 II S. 210, und vom 25.6.1998, V R 57/97, BStBl. 1999 II S. 102).

[1)] Zur Steuerpflicht von Garantiezusagen eines Autoverkäufers siehe BFH v. 14.11.2018 XI R 16/17, BStBl. II 2021, 461; A 3.10 Abs. 6 Nr. 3, A 4.8.12 und A 4.10.2 UStAE sowie BMF v. 11.5.2021, BStBl. I 2021, 781, geänd. durch BMF v. 18.10.2021, BStBl. I 2021, 2142.

[2)] Justizvergütungs- und -entschädigungsgesetz v. 5.5.2004, BGBl. I 2004, 718, 776, zuletzt geänd. durch G v. 25.6.2021, BGBl. I 2021, 2154 (**Habersack** Nr. **116**).

(13) [1]Entschädigungen an den Mieter oder Vermieter für die vorzeitige Räumung der Mieträume und die Aufgabe des noch laufenden Mietvertrags sind nicht Schadensersatz, sondern Leistungsentgelt (vgl. BFH-Urteil vom 27.2.1969, V 102/65, BStBl. II S. 386 und Abschnitt 4.12.1).[1)] [2]Das gilt auch dann, wenn der Unternehmer zur Vermeidung einer Enteignung auf die vertragliche Regelung eingegangen ist. [3]Ob die Vertragsparteien die Zahlung als Schadensersatz bezeichnen oder vereinbaren, nur die durch die Freimachung entstandenen tatsächlichen Aufwendungen zu erstatten, ist unbeachtlich (vgl. BFH-Urteile vom 27.2.1969, V 144/65, BStBl. II S. 387, und vom 7.8.1969, V 177/65, BStBl. II S. 696).

(14) Entschädigungen, die als Folgewirkung einer Enteignung nach § 96 BauGB[2)] gezahlt werden, sind kein Schadensersatz und daher steuerbar (BFH-Urteil vom 10.2.1972, V R 119/68, BStBl. II S. 403; vgl. auch BFH-Urteil vom 24.6.1992, V R 60/88, BStBl. II S. 986).

(15) [1]Die Vergütung von Sachverständigen, Dolmetschern und Übersetzern nach Abschnitt 3 JVEG[3)] ist Entgelt für eine Leistung. [2]Ob jemand als Zeuge, sachverständiger Zeuge oder Sachverständiger anzusehen ist, richtet sich nach der tatsächlich erbrachten Tätigkeit. [3]Für die Einordnung ist ausschlaggebend, ob er als Zeuge „unersetzlich“ oder als Sachverständiger „auswechselbar“ ist. [4]Bei ärztlichen Befundberichten kann regelmäßig auf die Abrechnung nach dem JVEG abgestellt werden.

Beispiel 1:

[1]Der behandelnde Arzt erteilt einem Gericht einen Bericht über den bei seinem Patienten festgestellten Befund und erhält eine Vergütung nach § 10 Abs. 1 JVEG in Verbindung mit Anlage 2 Nr. 200 bzw. Nr. 201 des JVEG.
[2]Der Arzt handelt als „unersetzlicher“ sachverständiger Zeuge. [3]Die Vergütung ist echter Schadensersatz (vgl. Absatz 9).

Beispiel 2:

[1]Ein hinzugezogener Arzt erstellt für ein Gericht ein Gutachten über den Gesundheitszustand einer Person und erhält eine Vergütung nach § 10 Abs. 1 JVEG in Verbindung mit Anlage 2 Nr. 202 bzw. Nr. 203 des JVEG.
[2]Der Arzt handelt als „auswechselbarer“ Sachverständiger. [3]Die Vergütung ist Leistungsentgelt.

(16) Die Ausgleichszahlung für beim Bau einer Überlandleitung entstehende Flurschäden durch deren Betreiber an den Grundstückseigentümer ist kein Schadensersatz, sondern Entgelt für die Duldung der Flurschäden durch den Eigentümer (vgl. BFH-Urteil vom 11.11.2004, V R 30/04, BStBl. 2005 II S. 802).

(16a)[4)] [1]Zahlungen, die an einen Unternehmer als Aufwendungsersatz aufgrund von urheberrechtlichen Abmahnungen zur Durchsetzung seines Unter-

---

1) Ebenso BFH v. 25.5.2019 XI R 20/17, BFH/NV 2019, 1256.

2) Baugesetzbuch i. d. F. v. 3.11.2017, BGBl. I 2017, 3634, zuletzt geänd. durch G v. 10.9.2021, BGBl. I 2021, 4147 (**Sartorius** Nr. **300**).

3) Justizvergütungs- und -entschädigungsgesetz v. 5.5.2004, BGBl. I 2004, 718, 776, zuletzt geänd. durch G v. 25.6.2021, BGBl. I 2021, 2154 (**Habersack** Nr. **116**).

4) A 1.3 UStAE Abs. 16a eingef. durch BMF v. 1.10.2021, BStBl. I 2021, 1859, anzuwenden in allen offenen Fällen.

lassungsanspruchs geleistet werden, und Zahlungen, die an einen Unternehmer von dessen Wettbewerbern als Aufwendungsersatz aufgrund von wettbewerbsrechtlichen Abmahnungen geleistet werden, sind umsatzsteuerrechtlich als Entgelt im Rahmen eines umsatzsteuerbaren Leistungsaustauschs zwischen dem Unternehmer und dem von ihm abgemahnten Rechtsverletzer zu qualifizieren (vgl. BFH-Urteile vom 21.12.2016, XI R 27/14, BStBl. 2021 II S. 779, und vom 13.2.2019, XI R 1/17, BStBl. 2021 II S. 785). [2]Im Fall einer unberechtigten Abmahnung schuldet der Abmahnende die Steuer nach § 14c Abs. 2 UStG, wenn und solange er diese in einer Rechnung ausgewiesen hat.

Leasing

(17) [1]Für die Beurteilung von Ausgleichszahlungen im Zusammenhang mit der Beendigung von Leasingverträgen ist entscheidend, ob der Zahlung für den jeweiligen „Schadensfall“ eine mit ihr eng verknüpfte Leistung gegenübersteht. [2]Verpflichtet sich der Leasingnehmer im Leasingvertrag, für am Leasinggegenstand durch eine nicht vertragsgemäße Nutzung eingetretene Schäden nachträglich einen Minderwertausgleich zu zahlen, ist diese Zahlung beim Leasinggeber als Schadensersatz nicht der Umsatzsteuer zu unterwerfen (vgl. BFH-Urteil vom 20.3.2013, XI R 6/11, BStBl. 2014 II S. 206). [3]Ausgleichszahlungen, die darauf gerichtet sind, Ansprüche aus dem Leasingverhältnis an die tatsächliche Nutzung des Leasinggegenstandes durch den Leasingnehmer anzupassen (z. B. Mehr- und Minderkilometervereinbarungen bei Fahrzeugleasingverhältnissen), stellen hingegen je nach Zahlungsrichtung zusätzliches Entgelt oder aber eine Entgeltminderung für die Nutzungsüberlassung dar. [4]Dies gilt entsprechend für Vergütungen zum Ausgleich von Restwertdifferenzen in Leasingverträgen mit Restwertausgleich. [5]Nutzungsentschädigungen wegen verspäteter Rückgabe des Leasinggegenstandes stellen ebenfalls keinen Schadensersatz dar, sondern sind Entgelt für die Nutzungsüberlassung zwischen vereinbarter und tatsächlicher Rückgabe des Leasinggegenstandes. [6]Soweit bei Kündigung des Leasingverhältnisses Ausgleichszahlungen für künftige Leasingraten geleistet werden, handelt es sich um echten Schadensersatz, da durch die Kündigung die vertragliche Hauptleistungspflicht des Leasinggebers beendet und deren Erbringung tatsächlich nicht mehr möglich ist. [7]Dies gilt nicht für die Fälle des Finanzierungsleasings, bei denen eine Lieferung an den Leasingnehmer vorliegt, vgl. Abschnitt 3.5 Abs. 5.

1.4 Mitgliederbeiträge[1)]

(1)[2)] [1]Soweit eine Vereinigung zur Erfüllung ihrer den Gesamtbelangen sämtlicher Mitglieder dienenden satzungsgemäßen Gemeinschaftszwecke tätig wird und dafür echte Mitgliederbeiträge erhebt, die dazu bestimmt sind, ihr die Erfüllung dieser Aufgaben zu ermöglichen, fehlt es an einem Leistungsaustausch mit dem einzelnen Mitglied. [2]Erbringt die Vereinigung dagegen

---

[1)] Zu Sportvereinen vgl. A 2.1 Abs. 6, A 2.10, A 4.12.11, A 4.22.2 u. A 12.9 Abs. 6 UStAE.

[2)] Vgl. aber BFH v. 9.8.2007 V R 27/04, DStR 2007, 1719 (Flugzeugüberlassung durch Luftsportverein an seine Mitglieder). – Zu entgeltlichen Leistungen eines Vereins an seine Mitglieder vgl. auch BFH v. 29.10.2008 XI R 59/07, DStRE 2009, 292. – Siehe auch BFH v. 20.3.2014 V R 4/13, DStR 2014, 1539, zu steuerbaren Leistungen eines Sportvereins.

Leistungen, die den Sonderbelangen der einzelnen Mitglieder dienen, und erhebt sie dafür Beiträge entsprechend der tatsächlichen oder vermuteten Inanspruchnahme ihrer Tätigkeit, liegt ein Leistungsaustausch vor (vgl. BFH-Urteile vom 4.7.1985, V R 107/76, BStBl. 1986 II S. 153, und vom 7.11.1996, V R 34/96, BStBl. 1997 II S. 366).

(2) [1] Voraussetzung für die Annahme echter Mitgliederbeiträge ist, dass die Beiträge gleich hoch sind oder nach einem für alle Mitglieder verbindlichen Bemessungsmaßstab gleichmäßig errechnet werden. [2] Die Gleichheit ist auch dann gewahrt, wenn die Beiträge nach einer für alle Mitglieder einheitlichen Staffel erhoben werden oder die Höhe der Beiträge nach persönlichen Merkmalen der Mitglieder, z. B. Lebensalter, Stand, Vermögen, Einkommen, Umsatz, abgestuft wird (vgl. BFH-Urteil vom 8.9.1994, V R 46/92, BStBl. II S. 957). [3] Allein aus der Gleichheit oder aus einem gleichen Bemessungsmaßstab kann auf die Eigenschaft der Zahlungen als echte Mitgliederbeiträge nicht geschlossen werden (vgl. BFH-Urteil vom 8.9.1994, a. a. O.).

(3) [1] Beitragszahlungen, die Mitglieder einer Interessenvereinigung der Lohnsteuerzahler, z. B. Lohnsteuerhilfeverein, erbringen, um deren in der Satzung vorgesehene Hilfe in Lohnsteuersachen in Anspruch nehmen zu können, sind Entgelte für steuerbare Sonderleistungen dieser Vereinigung. [2] Dies gilt auch dann, wenn ein Mitglied im Einzelfall trotz Beitragszahlung auf die Dienste der Interessenvereinigung verzichtet, weil die Bereitschaft der Interessenvereinigung, für dieses Mitglied tätig zu werden, eine Sonderleistung ist (vgl. BFH-Urteil vom 9.5.1974, V R 128/71, BStBl. II S. 530).

(4) Umlagen, die ein Wasserversorgungszweckverband satzungsgemäß zur Finanzierung der gemeinsamen Anlagen, der betriebsnotwendigen Vorratshaltung und der Darlehenstilgung entsprechend der Wasserabnahme durch die Mitgliedsgemeinden erhebt, sind Leistungsentgelte (BFH-Urteil vom 4.7.1985, V R 35/78, BStBl. II S. 559).

(5) [1] Eine aus Mietern und Grundstückseigentümern eines Einkaufszentrums bestehende Werbegemeinschaft erbringt gegenüber ihren Gesellschaftern steuerbare Leistungen, wenn sie Werbemaßnahmen für das Einkaufszentrum vermittelt oder ausführt und zur Deckung der dabei entstehenden Kosten entsprechend den Laden- bzw. Verkaufsflächen gestaffelte Umlagen von ihren Gesellschaftern erhebt (BFH-Urteil vom 4.7.1985, V R 107/76, BStBl. 1986 II S. 153). [2] Allein die unterschiedliche Höhe der von Mitgliedern erhobenen Umlagen führt nicht zur Annahme eines Leistungsaustauschs zwischen der Gemeinschaft und ihren Mitgliedern (vgl. BFH-Urteil vom 18.4.1996, V R 123/93, BStBl. II S. 387).

(6) [1] Die Abgabe von Druckerzeugnissen an die Mitglieder ist nicht als steuerbare Leistung der Vereinigung anzusehen, wenn es sich um Informationen und Nachrichten aus dem Leben der Vereinigung handelt. [2] Steuerbare Sonderleistungen liegen jedoch vor, wenn es sich um Fachzeitschriften handelt, die das Mitglied andernfalls gegen Entgelt im freien Handel beziehen müsste.

(7) [1] Bewirkt eine Vereinigung Leistungen, die zum Teil den Einzelbelangen, zum Teil den Gesamtbelangen der Mitglieder dienen, sind die Beitragszahlungen in Entgelte für steuerbare Leistungen und in echte Mitglieder-

beiträge aufzuteilen (vgl. BFH-Urteil vom 22.11.1963, V 47/61 U, BStBl. 1964 III S. 147). [2]Der auf die steuerbaren Leistungen entfallende Anteil der Beiträge entspricht der Bemessungsgrundlage, die nach § 10 Abs. 5 Nr. 1 i. V. m. § 10 Abs. 4 UStG anzusetzen ist (vgl. Abschnitt 10.7 Abs. 1).

1.5 Geschäftsveräußerung

Geschäftsveräußerung im Ganzen

(1) [1]Eine Geschäftsveräußerung im Sinne des § 1 Abs. 1a UStG liegt vor, wenn die wesentlichen Grundlagen eines Unternehmens oder eines gesondert geführten Betriebs an einen Unternehmer für dessen Unternehmen übertragen werden, wobei die unternehmerische Tätigkeit des Erwerbers auch erst mit dem Erwerb des Unternehmens oder des gesondert geführten Betriebs beginnen kann (vgl. Abschnitt 2.6 Abs. 1). [2]Entscheidend ist, dass die übertragenen Vermögensgegenstände ein hinreichendes Ganzes bilden, um dem Erwerber die Fortsetzung einer bisher durch den Veräußerer ausgeübten unternehmerischen Tätigkeit zu ermöglichen, und der Erwerber dies auch tatsächlich tut (vgl. BFH-Urteil vom 18.9.2008, V R 21/07, BStBl. 2009 II S. 254). [3]Dabei sind im Rahmen einer Gesamtwürdigung die Art der übertragenen Vermögensgegenstände und der Grad der Übereinstimmung oder Ähnlichkeit zwischen den vor und nach der Übertragung ausgeübten Tätigkeiten zu berücksichtigen (BFH-Urteil vom 23.8.2007, V R 14/05, BStBl. 2008 II S. 165). [4]Für die Geschäftsveräußerung ist es unerheblich, dass der Erwerber nicht den Namen des übernommenen Unternehmens weiterführt; entscheidend ist, dass der Erwerber die Tätigkeit des Veräußerers nunmehr im Rahmen seiner bisherigen eigenen Geschäftstätigkeit fortführt (vgl. BFH-Urteil vom 29.8.2012, XI R 1/11, BStBl. 2013 II S. 301). [5]Die für die Geschäftsveräußerung notwendige Fortführung der Geschäftstätigkeit muss bei einer im engen zeitlichen und sachlichen Zusammenhang stehenden mehrstufigen Übertragung nur dem Grunde nach, nicht aber auch höchstpersönlich beim jeweiligen Erwerber vorliegen (vgl. BFH-Urteil vom 25.11.2015, V R 66/14, BStBl. 2020 II S. 793). [6]Für das Vorliegen der Rechtsfolgen einer Geschäftsveräußerung auf jeder Stufe ist erforderlich, dass auf jeder Stufe der Übertragung der jeweilige Erwerber Unternehmer im Sinne des § 2 UStG ist.

(1a) [1]Der Fortsetzung der bisher durch den Veräußerer ausgeübten Tätigkeit steht es nicht entgegen, wenn der Erwerber den von ihm erworbenen Geschäftsbetrieb in seinem Zuschnitt ändert oder modernisiert (vgl. BFH-Urteil vom 23.8.2007, V R 14/05, BStBl. 2008 II S. 165). [2]Die sofortige Abwicklung der übernommenen Geschäftstätigkeit schließt jedoch eine Geschäftsveräußerung aus (vgl. EuGH-Urteil vom 27.11.2003, C-497/01, Zita Modes).[1)] [3]Das Vorliegen der Voraussetzungen für eine nicht steuerbare Geschäftsveräußerung kann nicht mit der Begründung verneint werden, es werde noch kein „lebendes Unternehmen" übertragen, da der tatsächliche Betrieb des Unternehmens noch nicht aufgenommen worden sei (vgl. BFH-Urteil vom 8.3.2001, V R 24/98, BStBl. 2003 II S. 430). [4]Eine Geschäftsveräuße-

[1)] IStR 2004, 53.

rung setzt keine Beendigung der unternehmerischen Betätigung des Veräußerers voraus (BFH-Urteil vom 29.8.2012, XI R 10/12, BStBl. 2013 II S. 221).

(2)[1] [1]Die Übertragung eines vermieteten Grundstücks führt zu einer nicht umsatzsteuerbaren Geschäftsveräußerung im Ganzen, wenn der Erwerber durch den mit dem Grundstückserwerb verbundenen Eintritt in bestehende Mietverträge vom Veräußerer ein Vermietungsunternehmen übernimmt. [2]Das ist auch dann der Fall, wenn der Veräußerer ein Bauträger ist, der ein Gebäude erworben, saniert, weitgehend vermietet und sodann veräußert hat, falls im Zeitpunkt der Veräußerung infolge einer nachhaltigen Vermietungstätigkeit beim Veräußerer ein Vermietungsunternehmen vorliegt, das vom Erwerber fortgeführt wird (vgl. BFH-Urteil vom 12.8.2015, XI R 16/14, BStBl. 2020 II S. 790). [3]Eine anfängliche, weiter bestehende und dem Unternehmenszweck entsprechende Absicht eines Bauträgers, das Objekt wieder zu verkaufen, steht einer nachhaltigen Vermietungstätigkeit im Sinne des § 2 Abs. 1 Satz 3 UStG nicht zwingend entgegen (vgl. BFH-Urteil vom 12.8.2015, XI R 16/14, a. a. O.). [4]Eine nachhaltige Vermietungstätigkeit ist widerlegbar anzunehmen, wenn die Vermietungsdauer mindestens 6 Monate betragen hat. [5]Keine Geschäftsveräußerung im Ganzen liegt hinsichtlich eines Bauträgers als Veräußerer vor, wenn die unternehmerische Tätigkeit des veräußernden Bauträgers im Wesentlichen darin besteht, ein Gebäude zu errichten und Mieter/Pächter für die einzelnen Einheiten zu finden, um es im Anschluss an die Fertigstellung aufgrund bereits erfolgter Vermietung ertragssteigernd zu veräußern (vgl. BFH-Urteil vom 12.8.2015, XI R 16/14, a. a. O.). [6]Für die umsatzsteuerrechtliche Behandlung nicht entscheidend ist, ob das Objekt bilanzsteuerrechtlich dem Umlaufvermögen oder Anlagevermögen zuzuordnen ist (vgl. BFH-Urteil vom 12.8.2015, XI R 16/14, a. a. O.). [7]Die vorgenannten Grundsätze gelten z. B. auch für einen in eine mehrstufige Übertragung eingebundenen Grundstückshändler.

(2a)[1] [1]Die Lieferung eines weder vermieteten noch verpachteten Grundstücks ist im Regelfall keine Geschäftsveräußerung (BFH-Urteil vom 11.10.2007, V R 57/06, BStBl. 2008 II S. 447). [2]Ist der Gegenstand der Geschäftsveräußerung ein Vermietungsunternehmen, muss der Erwerber umsatzsteuerrechtlich die Fortsetzung der Vermietungstätigkeit beabsichtigen (vgl. BFH-Urteil vom 6.5.2010, V R 26/09, BStBl. II S. 1114). [3]Bei der Veräußerung eines vermieteten Objekts an den bisherigen Mieter zu dessen eigenen wirtschaftlichen Zwecken ohne Fortführung des Vermietungsunternehmens liegt daher keine Geschäftsveräußerung vor (vgl. BFH-Urteil vom 24.9.2009, V R 6/08, BStBl. 2010 II S. 315). [4]Ebenso führt die Übertragung eines an eine Organgesellschaft vermieteten Grundstücks auf den Organträger nicht zu einer Geschäftsveräußerung, da der Organträger umsatzsteuerrechtlich keine Vermietungstätigkeit fortsetzt, sondern das Grundstück im Rahmen seines Unternehmens selbst nutzt (vgl. BFH-Urteil vom 6.5.2010, V R 26/09, BStBl. II S. 1114). [5]Überträgt ein Veräußerer ein verpachtetes Geschäftshaus und setzt der Erwerber die Verpachtung nur hinsichtlich eines Teils des Gebäudes fort, liegt hinsichtlich dieses Grundstücksteils eine Geschäftsveräuße-

[1] Zur Geschäftsveräußerung bei Erwerb eines vom Veräußerer zunächst gepachteten und teilweise untervermieteten Grundstücks siehe BFH v. 24.2.2021 XI R 8/19, BStBl. II 2022, 34.

rung im Sinne des § 1 Abs. 1a UStG vor. [6]Dies gilt unabhängig davon, ob der verpachtete Gebäudeteil „zivilrechtlich selbständig“ ist oder nicht (vgl. BFH-Urteil vom 6.7.2016, XI R 1/15, BStBl. II S. 909).

(2b) [1]Bei der Übertragung von nur teilweise vermieteten oder verpachteten Grundstücken liegt eine Geschäftsveräußerung vor, wenn die nicht genutzten Flächen zur Vermietung oder Verpachtung bereitstehen und die Vermietungstätigkeit vom Erwerber für eine nicht unwesentliche Fläche fortgesetzt wird (vgl. BFH-Urteil vom 30.4.2009, V R 4/07, BStBl. II S. 863). [2]Entsteht eine Bruchteilsgemeinschaft durch Einräumung eines Miteigentumsanteils an einem durch den bisherigen Alleineigentümer in vollem Umfang vermieteten Grundstück, liegt eine Geschäftsveräußerung vor (vgl. BFH-Urteil vom 6.9.2007, V R 41/05, BStBl. 2008 II S. 65). [3]Zum Vorliegen einer Geschäftsveräußerung, wenn das Grundstück, an dem der Miteigentumsanteil eingeräumt wird, nur teilweise vermietet ist und im Übrigen vom vormaligen Alleineigentümer weiterhin für eigene unternehmerische Zwecke genutzt wird, vgl. BFH-Urteil vom 22.11.2007, V R 5/06, BStBl. 2008 II S. 448.

Wesentliche Grundlagen

(3) [1]Bei entgeltlicher oder unentgeltlicher Übereignung eines Unternehmens oder eines gesondert geführten Betriebs im Ganzen ist eine nicht steuerbare Geschäftsveräußerung auch dann anzunehmen, wenn einzelne unwesentliche Wirtschaftsgüter davon ausgenommen werden (vgl. BFH-Urteil vom 1.8.2002, V R 17/01, BStBl. 2004 II S. 626). [2]Eine nicht steuerbare Geschäftsveräußerung im Ganzen liegt z.B. bei einer Einbringung eines Betriebs in eine Gesellschaft auch dann vor, wenn einzelne wesentliche Wirtschaftsgüter, insbesondere auch die dem Unternehmen dienenden Grundstücke, nicht mit dinglicher Wirkung übertragen, sondern an den Erwerber vermietet oder verpachtet werden und eine dauerhafte Fortführung des Unternehmens oder des gesondert geführten Betriebs durch den Erwerber gewährleistet ist (vgl. BFH-Urteile vom 15.10.1998, V R 69/97, BStBl. 1999 II S. 41, und vom 4.7.2002, V R 10/01, BStBl. 2004 II S. 662). [3]Hierfür reicht eine langfristige Vermietung oder Verpachtung für z.B. acht Jahre aus (vgl. BFH-Urteil vom 23.8.2007, V R 14/05, BStBl. 2008 II S. 165). [4]Ebenfalls ausreichend ist eine Vermietung oder Verpachtung auf unbestimmte Zeit (vgl. EuGH-Urteil vom 10.11.2011, C-444/10, Schriever, BStBl. 2012 II S. 848,[1)] und BFH-Urteil vom 18.1.2012, XI R 27/08, BStBl. II S. 842);[2)] die Möglichkeit, den Miet- oder Pachtvertrag kurzfristig zu kündigen, ist hierbei unschädlich. [5]Überträgt ein Veräußerer sein Unternehmensvermögen mit Ausnahme des Anlagevermögens auf einen Erwerber, der die bisherige Unternehmenstätigkeit fortsetzt, und das Anlagevermögen auf einen Dritten, der das Anlagevermögen dem Erwerber unentgeltlich zur Verfügung stellt, liegt nur im Verhältnis zum Erwerber, nicht aber auch zu dem Dritten eine nicht steuerbare Geschäftsveräußerung vor (vgl. BFH-Urteil vom 3.12.2015, V R 36/13, BStBl. 2017 II S. 563).

[1)] DStR 2011, 2196.

[2)] Siehe auch BFH v. 4.2.2015 XI R 42/13, BStBl. II 2015, 616, und zur Abgrenzung BFH v. 29.8.2018 XI R 37/17, BStBl. II 2019, 378.

(4) [1]Die Übertragung aller wesentlichen Betriebsgrundlagen und die Möglichkeit zur Unternehmensfortführung ohne großen finanziellen Aufwand ist im Rahmen der Gesamtwürdigung zu berücksichtigen, aus der sich ergibt, ob das übertragene Unternehmensvermögen als hinreichendes Ganzes die Ausübung einer wirtschaftlichen Tätigkeit ermöglicht (vgl. BFH-Urteil vom 23.8. 2007, V R 14/05, BStBl. 2008 II S. 165). [2]Welches die wesentlichen Grundlagen sind, richtet sich nach den tatsächlichen Verhältnissen im Zeitpunkt der Übereignung (BFH-Urteil vom 25.11.1965, V 173/63 U, BStBl. 1966 III S. 333). [3]Auch ein einzelnes Grundstück kann wesentliche Betriebsgrundlage sein. [4]Bei einem Herstellungsunternehmer bilden die Betriebsgrundstücke mit den Maschinen und sonstigen der Fertigung dienenden Anlagen regelmäßig die wesentlichen Grundlagen des Unternehmens (vgl. BFH-Urteil vom 5.2. 1970, V R 161/66, BStBl. II S. 365). [5]Gehören zu den wesentlichen Grundlagen des Unternehmens bzw. des Betriebs nicht eigentumsfähige Güter, z.B. Gebrauchs- und Nutzungsrechte an Sachen, Forderungen, Dienstverträge, Geschäftsbeziehungen, muss der Unternehmer diese Rechte auf den Erwerber übertragen, soweit sie für die Fortführung des Unternehmens erforderlich sind. [6]Wird das Unternehmen bzw. der Betrieb in gepachteten Räumen und mit gepachteten Maschinen unterhalten, gehört das Pachtrecht zu den wesentlichen Grundlagen. [7]Dieses Pachtrecht muss der Veräußerer auf den Erwerber übertragen, indem er ihm die Möglichkeit verschafft, mit dem Verpächter einen Pachtvertrag abzuschließen, so dass der Erwerber die dem bisherigen Betrieb dienenden Räume usw. unverändert nutzen kann (vgl. BFH-Urteil vom 19.12.1968, V 225/65, BStBl. 1969 II S. 303). [8]Das in einem Unternehmenskaufvertrag vereinbarte Wettbewerbsverbot kann als Umsatz im Rahmen einer Geschäftsveräußerung nicht steuerbar sein (vgl. BFH-Urteil vom 29.8.2012, XI R 1/11, BStBl. 2013 II S. 301).

(5) [1]Eine nicht steuerbare Geschäftsveräußerung kann auf mehreren zeitlich versetzten Kausalgeschäften beruhen, wenn diese in einem engen sachlichen und zeitlichen Zusammenhang stehen und die Übertragung des ganzen Vermögens auf einen Erwerber zur Beendigung der bisherigen gewerblichen Tätigkeit – insbesondere auch für den Erwerber – offensichtlich ist (BFH-Urteil vom 1.8.2002, V R 17/01, BStBl. 2004 II S. 626). [2]Eine nicht steuerbare Geschäftsveräußerung eines Unternehmens kann auch vorliegen, wenn im Zeitpunkt der Veräußerung eines verpachteten Grundstücks oder später aus unternehmerischen Gründen vorübergehend auf die Pachtzinszahlungen verzichtet wird (vgl. BFH-Urteil vom 7.7.2005, V R 78/03, BStBl. II S. 849). [3]Eine Übereignung in mehreren Akten ist dann als eine Geschäftsveräußerung anzusehen, wenn die einzelnen Teilakte in wirtschaftlichem Zusammenhang stehen und der Wille auf Erwerb des Unternehmens gerichtet ist (vgl. BFH-Urteil vom 16.3.1982, VII R 105/79, BStBl. II S. 483). [4]Eine Übereignung ist auch anzunehmen, wenn der Erwerber beim Übergang des Unternehmens Einrichtungsgegenstände, die ihm bereits vorher zur Sicherung übereignet worden sind, und Waren, die er früher unter Eigentumsvorbehalt geliefert hat, übernimmt (vgl. BFH-Urteil vom 20.7.1967, V 240/64, BStBl. III S. 684).

In der Gliederung des Unternehmens gesondert geführte Betriebe

(6) [1]Ein in der Gliederung eines Unternehmens gesondert geführter Betrieb liegt vor, wenn der veräußerte Teil des Unternehmens vom Erwerber als selbständiges wirtschaftliches Unternehmen fortgeführt werden kann (vgl. BFH-Urteil vom 19.12.2012, XI R 38/10, BStBl. 2013 II S. 1053). [2]Nicht entscheidend ist, dass bereits im Unternehmen, das eine Übertragung vornimmt, ein (organisatorisch) selbständiger Unternehmensteil bestand. [3]Es ist nicht Voraussetzung, dass mit dem Unternehmen oder mit dem in der Gliederung des Unternehmens gesondert geführten Teil in der Vergangenheit bereits Umsätze erzielt wurden; die Absicht, Umsätze erzielen zu wollen, muss jedoch anhand objektiver, vom Unternehmer nachzuweisender Anhaltspunkte spätestens im Zeitpunkt der Übergabe bestanden haben (vgl. BFH-Urteil vom 8.3.2001, V R 24/98, BStBl. 2003 II S. 430). [4]Soweit einkommensteuerrechtlich eine Teilbetriebsveräußerung angenommen wird (vgl. R 16 Abs. 3 EStR),[1)] kann vorbehaltlich des Absatzes 9 umsatzsteuerrechtlich von der Veräußerung eines gesondert geführten Betriebs ausgegangen werden.

(7) [1]Eine nicht steuerbare Geschäftsveräußerung ist kein Verwendungsumsatz im Sinne des § 15 Abs. 2 UStG (BFH-Urteil vom 8.3.2001, V R 24/98, BStBl. 2003 II S. 430). [2]Zur Vorsteuerberichtigung des Erwerbers vgl. Abschnitt 15a.4 ff.

(8) Liegen bei einer unentgeltlichen Übertragung die Voraussetzungen für eine Geschäftsveräußerung nicht vor, kann eine steuerbare unentgeltliche Wertabgabe (vgl. Abschnitt 3.2) in Betracht kommen.

Gesellschaftsrechtliche Beteiligungen

(9) [1]Die Übertragung eines Gesellschaftsanteils kann – unabhängig von dessen Höhe – nur dann einer nicht steuerbaren Geschäftsveräußerung gleichgestellt werden, wenn der Gesellschaftsanteil Teil einer eigenständigen Einheit ist, die eine selbständige wirtschaftliche Betätigung ermöglicht, und diese Tätigkeit vom Erwerber fortgeführt wird. [2]Eine bloße Veräußerung von Anteilen ohne gleichzeitige Übertragung von Vermögenswerten versetzt den Erwerber nicht in die Lage, eine selbständige wirtschaftliche Tätigkeit als Rechtsnachfolger des Veräußerers fortzuführen (vgl. EuGH-Urteil vom 30.5. 2013, C-651/11, X).[2)]

1.6 Leistungsaustausch bei Gesellschaftsverhältnissen

(1) [1]Zwischen Personen- und Kapitalgesellschaften und ihren Gesellschaftern ist ein Leistungsaustausch möglich (vgl. BFH-Urteile vom 23.7.1959, V 6/58 U, BStBl. III S. 379, und vom 5.12.2007, V R 60/05, BStBl. 2009 II S. 486). [2]Unentgeltliche Leistungen von Gesellschaften an ihre Gesellschafter werden durch § 3 Abs. 1b und Abs. 9a UStG erfasst (vgl. Abschnitte 3.2 bis 3.4). [3]An einem Leistungsaustausch fehlt es in der Regel, wenn eine Gesellschaft Geldmittel nur erhält, damit sie in die Lage versetzt wird, sich in Erfül-

1) Nr. **1.**
2) DStR 2013, 1166.

lung ihres Gesellschaftszwecks zu betätigen (vgl. BFH-Urteil vom 20.4.1988, X R 3/82, BStBl. II S. 792). [4]Das ist z. B. der Fall, wenn ein Gesellschafter aus Gründen, die im Gesellschaftsverhältnis begründet sind, die Verluste seiner Gesellschaft übernimmt, um ihr die weitere Tätigkeit zu ermöglichen (vgl. BFH-Urteil vom 11.4.2002, V R 65/00, BStBl. II S. 782).

Gründung von Gesellschaften, Eintritt neuer Gesellschafter

(2) [1]Eine Personengesellschaft erbringt bei der Aufnahme eines Gesellschafters an diesen keinen steuerbaren Umsatz (vgl. BFH-Urteil vom 1.7.2004, V R 32/00, BStBl. II S. 1022). [2]Dies gilt auch für Kapitalgesellschaften bei der erstmaligen Ausgabe von Anteilen (vgl. EuGH-Urteil vom 26.5.2005, C-465/03, Kretztechnik).[1)] [3]Zur Übertragung von Gesellschaftsanteilen vgl. Abschnitt 3.5 Abs. 8. [4]Dagegen sind Sacheinlagen eines Gesellschafters umsatzsteuerbar, wenn es sich um Lieferungen und sonstige Leistungen im Rahmen seines Unternehmens handelt und keine Geschäftsveräußerung im Sinne des § 1 Abs. 1a UStG vorliegt. [5]Die Einbringung von Wirtschaftsgütern durch den bisherigen Einzelunternehmer in die neu gegründete Gesellschaft ist auf die Übertragung der Gesellschaftsrechte gerichtet (vgl. BFH-Urteile vom 8.11.1995, XI R 63/94, BStBl. 1996 II S. 114, und vom 15.5.1997, V R 67/94, BStBl. II S. 705). [6]Als Entgelt für die Einbringung von Wirtschaftsgütern in eine Gesellschaft kommt neben der Verschaffung der Beteiligung an der Gesellschaft auch die Übernahme von Schulden des Gesellschafters durch die Gesellschaft in Betracht, wenn der einbringende Gesellschafter dadurch wirtschaftlich entlastet wird (vgl. BFH-Urteil vom 15.5.1997, a. a. O.). [7]Zum Nachweis der Voraussetzung, dass der Leistungsaustausch zwischen Gesellschafter und Gesellschaft tatsächlich vollzogen worden ist, vgl. BFH-Urteil vom 8.11.1995, XI R 63/94, a. a. O.

Leistungsaustausch oder nicht steuerbarer Gesellschafterbeitrag

(3) [1]Ein Gesellschafter kann an die Gesellschaft sowohl Leistungen erbringen, die ihren Grund in einem gesellschaftsrechtlichen Beitragsverhältnis haben, als auch Leistungen, die auf einem gesonderten schuldrechtlichen Austauschverhältnis beruhen. [2]Die umsatzsteuerrechtliche Behandlung dieser Leistungen richtet sich danach, ob es sich um Leistungen handelt, die als Gesellschafterbeitrag durch die Beteiligung am Gewinn oder Verlust der Gesellschaft abgegolten werden, oder um Leistungen, die gegen Sonderentgelt ausgeführt werden und damit auf einen Leistungsaustausch gerichtet sind. [3]Entscheidend ist die tatsächliche Ausführung des Leistungsaustauschs und nicht allein die gesellschaftsrechtliche Verpflichtung. [4]Dabei ist es unerheblich, dass der Gesellschafter zugleich seine Mitgliedschaftsrechte ausübt. [5]Umsatzsteuerrechtlich maßgebend für das Vorliegen eines Leistungsaustauschs ist, dass ein Leistender und ein Leistungsempfänger vorhanden sind und der Leistung eine Gegenleistung gegenübersteht. [6]Die Steuerbarkeit der Geschäftsführungs- und Vertretungsleistungen eines Gesellschafters an die Gesellschaft setzt das Bestehen eines unmittelbaren Zusammenhangs zwischen der erbrachten Leistung und dem empfangenen Sonderentgelt voraus (vgl. BFH-Urteile vom

---

1) DStR 2005, 965.

6.6.2002, V R 43/01, BStBl. 2003 II S. 36, und vom 16.1.2003, V R 92/01, BStBl. II S. 732). [7] Für die Annahme eines unmittelbaren Zusammenhangs im Sinne eines Austauschs von Leistung und Gegenleistung genügt es nicht schon, dass die Mitglieder der Personenvereinigung lediglich gemeinschaftlich die Kosten für den Erwerb und die Unterhaltung eines Wirtschaftsguts tragen, das sie gemeinsam nutzen wollen oder nutzen (vgl. BFH-Urteil vom 28.11. 2002, V R 18/01, BStBl. 2003 II S. 443). [8] Der Gesellschafter einer Personengesellschaft kann grundsätzlich frei entscheiden, in welcher Eigenschaft er für die Gesellschaft tätig wird. [9] Der Gesellschafter kann wählen, ob er einen Gegenstand verkauft, vermietet oder ihn selbst bzw. seine Nutzung als Einlage einbringt (vgl. BFH-Urteil vom 18.12.1996, XI R 12/96, BStBl. 1997 II S. 374). [10] Eine sonstige Leistung durch Überlassung der Nutzung eines Gegenstands muss beim Leistungsempfänger die Möglichkeit begründen, den Gegenstand für seine Zwecke zu verwenden. [11] Soweit die Verwendung durch den Leistungsempfänger in der Rücküberlassung der Nutzung an den Leistenden besteht, muss deutlich erkennbar sein, dass dieser nunmehr sein Recht zur Nutzung aus dem Nutzungsrecht des Leistungsempfängers ableitet (BFH-Urteil vom 9.9.1993, V R 88/88, BStBl. 1994 II S. 56).

(4) [1] Auf die Bezeichnung der Gegenleistung z. B. als Gewinnvorab/Vorabgewinn, als Vorwegvergütung, als Aufwendungsersatz, als Umsatzbeteiligung oder als Kostenerstattung kommt es nicht an.

Beispiel 1:

[1] Den Gesellschaftern einer OHG obliegt die Führung der Geschäfte und die Vertretung der OHG. [2] Diese Leistungen werden mit dem nach der Anzahl der beteiligten Gesellschafter und ihrem Kapitaleinsatz bemessenen Anteil am Ergebnis (Gewinn und Verlust) der OHG abgegolten.

[3] Die Ergebnisanteile sind kein Sonderentgelt; die Geschäftsführungs- und Vertretungsleistungen werden nicht im Rahmen eines Leistungsaustauschs ausgeführt, sondern als Gesellschafterbeitrag erbracht.

[2] Dies gilt auch, wenn nicht alle Gesellschafter tatsächlich die Führung der Geschäfte und die Vertretung der Gesellschaft übernehmen bzw. die Geschäftsführungs- und Vertretungsleistungen mit einem erhöhten Anteil am Ergebnis (Gewinn und Verlust) oder am Gewinn der Gesellschaft abgegolten werden.

Beispiel 2:

[1] Die Führung der Geschäfte und die Vertretung der aus den Gesellschaftern A, B und C bestehenden OHG obliegt nach den gesellschaftsrechtlichen Vereinbarungen ausschließlich dem C.

a) Die Leistung des C ist mit seinem nach der Anzahl der beteiligten Gesellschafter und ihrem Kapitaleinsatz bemessenen Anteil am Ergebnis (Gewinn und Verlust) der OHG abgegolten; A, B und C sind zu gleichen Teilen daran beteiligt.

b) C ist mit 40 %, A und B mit jeweils 30 % am Ergebnis (Gewinn und Verlust) der OHG beteiligt.

c) C erhält im Gewinnfall 25 % des Gewinns vorab, im Übrigen wird der Gewinn nach der Anzahl der Gesellschafter und ihrem Kapitaleinsatz verteilt; ein Verlust wird ausschließlich nach der Anzahl der Gesellschafter und ihrem Kapitaleinsatz verteilt.

[2] Die ergebnisabhängigen Gewinn- bzw. Verlustanteile des C sind kein Sonderentgelt; C führt seine Geschäftsführungs- und Vertretungsleistungen nicht im Rahmen eines Leistungsaustauschs aus, sondern erbringt jeweils Gesellschafterbeiträge.

Beispiel 3:

[1] Eine Beratungsgesellschaft betreibt verschiedene Beratungsstellen, an denen ortsansässige Berater jeweils atypisch still beteiligt sind. [2] Diese sind neben ihrer Kapitalbeteiligung zur Erbringung ihrer Arbeitskraft als Einlage verpflichtet. [3] Sie erhalten für ihre Tätigkeit einen Vorabgewinn. [4] Die auf den Vorabgewinn getätigten Entnahmen werden nicht als Aufwand behandelt. [5] Die Zuweisung des Vorabgewinns und die Verteilung des verbleibenden Gewinns erfolgen im Rahmen der Gewinnverteilung.
[6] Der Vorabgewinn ist kein Sonderentgelt; die Gesellschafter führen ihre Tätigkeiten im Rahmen eines gesellschaftsrechtlichen Beitragsverhältnisses aus.

[3] Bei Leistungen auf Grund eines gegenseitigen Vertrags (vgl. §§ 320 ff. BGB), durch den sich der Gesellschafter zu einem Tun, Dulden oder Unterlassen und die Gesellschaft sich hierfür zur Zahlung einer Gegenleistung verpflichtet, sind die Voraussetzungen des § 1 Abs. 1 Nr. 1 Satz 1 UStG für einen steuerbaren Leistungsaustausch hingegen regelmäßig erfüllt, falls der Gesellschafter Unternehmer ist; dies gilt auch, wenn Austausch- und Gesellschaftsvertrag miteinander verbunden sind. [4] Ein Leistungsaustausch zwischen Gesellschafter und Gesellschaft liegt vor, wenn der Gesellschafter z.B. für seine Geschäftsführungs- und Vertretungsleistung an die Gesellschaft eine Vergütung erhält (auch wenn diese als Gewinnvorab bezeichnet wird), die im Rahmen der Ergebnisermittlung als Aufwand behandelt wird. [5] Die Vergütung ist in diesem Fall Gegenleistung für die erbrachte Leistung.

Beispiel 4:

[1] Der Gesellschafter einer OHG erhält neben seinem nach der Anzahl der Gesellschafter und ihrem Kapitaleinsatz bemessenen Gewinnanteil für die Führung der Geschäfte und die Vertretung der OHG eine zu Lasten des Geschäftsergebnisses verbuchte Vorwegvergütung von jährlich 120 000 € als Festbetrag.
[2] Die Vorwegvergütung ist Sonderentgelt; der Gesellschafter führt seine Geschäftsführungs- und Vertretungsleistungen im Rahmen eines Leistungsaustauschs aus.

Beispiel 5:

[1] Wie Beispiel 3, jedoch erhält ein atypisch stiller Gesellschafter im Rahmen seines Niederlassungsleiter-Anstellungsvertrags eine Vergütung, die handelsrechtlich als Aufwand behandelt werden muss.
[2] Die Vergütung ist Sonderentgelt; die Geschäftsführungs- und Vertretungsleistungen werden im Rahmen eines Leistungsaustauschverhältnisses ausgeführt. [3] Zur Frage der unabhängig von der ertragsteuerrechtlichen Beurteilung als Einkünfte aus Gewerbebetrieb nach § 15 Abs. 1 Nr. 2 EStG zu beurteilenden Frage nach der umsatzsteuerrechtlichen Selbständigkeit vgl. Abschnitt 2.2. [4] Im Rahmen von Niederlassungsleiter-Anstellungsverträgen tätige Personen sind danach im Allgemeinen selbständig tätig.

[6] Ist die Vergütung für die Leistungen des Gesellschafters im Gesellschaftsvertrag als Teil der Ergebnisverwendung geregelt, liegt ein Leistungsaustausch vor, wenn sich aus den geschlossenen Vereinbarungen und deren tatsächlicher Durchführung ergibt, dass die Leistungen nicht lediglich durch eine Beteiligung am Gewinn und Verlust der Gesellschaft abgegolten, sondern gegen Sonderentgelt ausgeführt werden. [7] Ein Leistungsaustausch zwischen Gesellschaft und Gesellschafter liegt demnach auch vor, wenn die Vergütung des Gesellschafters zwar nicht im Rahmen der Ergebnisermittlung als Aufwand behandelt wird, sich jedoch gleichwohl ergebnismindernd auswirkt oder es sich aus den Gesamtumständen des Einzelfalls ergibt, dass sie nach den Vorstellungen der Gesellschafter als umsatzsteuerrechtliches Sonderentgelt gewährt werden soll.

Beispiel 6:

[1] Eine GmbH betreut als alleinige Komplementärin einer Fonds-KG ohne eigenen Vermögensanteil die Geschäfte der Fonds-KG, deren Kommanditanteile von Investoren (Firmen und Privatpersonen) gehalten werden. [2] Nach den Regelungen im Gesellschaftsvertrag zur Ergebnisverteilung, zum Gewinnvorab und zu den Entnahmen erhält die GmbH

a) [1] eine jährliche Management-Fee. [2] Bei der Fonds-KG handelt es sich um eine vermögensverwaltende Gesellschaft, bei der grundsätzlich nur eine Ermittlung von Kapitaleinkünften durch die Gegenüberstellung von Einnahmen und Werbungskosten vorgesehen ist. [3] Sie verbucht die Zahlung der Management-Fee in der Ergebnisermittlung nicht als Aufwand, sondern ordnet sie bei der Ermittlung der Einnahmen aus Kapitalvermögen und Werbungskosten für die Anleger, die ihre Anteile im Privatvermögen halten, in voller Höhe den Werbungskosten der Anleger zu;

b) [1] eine als gewinnabhängig bezeichnete Management-Fee. [2] Da die erwirtschafteten Jahresüberschüsse jedoch zur Finanzierung der Management-Fee nicht ausreichen, wird ein Bilanzgewinn durch die Auflösung von eigens dafür gebildeten Kapitalrücklagen ausgewiesen;

c) [1] eine als gewinnabhängig bezeichnete Jahresvergütung. [2] Der für die Zahlung der Vergütung bereitzustellende Bilanzgewinn wird aus einer Gewinnrücklage gebildet, welche aus Verwaltungskostenvorauszahlungen der Kommanditisten gespeist wurde. [3] Die Verwaltungskosten stellen Werbungskosten der Kommanditisten dar;

d) [1] eine einmalige Gebühr („Konzeptions-Fee"). [2] Die Fonds-KG hat die Zahlung in der Ergebnisermittlung nicht als Aufwand verbucht. [3] Die Gebühr wird neben dem Agio in dem Beteiligungsangebot zur Fonds-KG als Kosten für die Investoren ausgewiesen. [4] Gebühr/Konzeptions-Fee sowie Aufwendungen und Kosten der Fonds-KG werden auf die zum letzten Zeichnungsschluss vorhandenen Gesellschafter umgelegt.

[3] Die Vergütungen sind jeweils Sonderentgelt; die GmbH führt die Leistungen jeweils im Rahmen eines Leistungsaustauschs aus.

Beispiel 7:

[1] Der Gesellschafter einer OHG erhält neben seinem nach der Anzahl der Gesellschafter und ihrem Kapitaleinsatz bemessenen Gewinnanteil für die Führung der Geschäfte und die Vertretung der OHG im Rahmen der Gewinnverteilung auch im Verlustfall einen festen Betrag von 120 000 € vorab zugewiesen (Vorabvergütung).
[2] Der vorab zugewiesene Gewinn ist Sonderentgelt; der Gesellschafter führt seine Geschäftsführungs- und Vertretungsleistungen im Rahmen eines Leistungsaustauschs aus.

[8] Gewinnabhängige Vergütungen können auch ein zur Steuerbarkeit führendes Sonderentgelt darstellen, wenn sie sich nicht nach den vermuteten, sondern nach den tatsächlich erbrachten Gesellschafterleistungen bemessen. [9] Verteilt eine Gesellschaft bürgerlichen Rechts nach dem Gesellschaftsvertrag den gesamten festgestellten Gewinn je Geschäftsjahr an ihre Gesellschafter nach der Menge der jeweils gelieferten Gegenstände, handelt es sich – unabhängig von der Bezeichnung als Gewinnverteilung – umsatzsteuerrechtlich um Entgelt für die Lieferungen der Gesellschafter an die Gesellschaft (vgl. BFH-Urteil vom 10.5.1990, V R 47/86, BStBl. II S. 757). [10] Zur Überlassung von Gegenständen gegen jährliche Pauschalvergütung vgl. BFH-Urteil vom 16.3.1993, XI R 44/90, BStBl. II S. 529, und gegen Gutschriften auf dem Eigenkapitalkonto vgl. BFH-Urteil vom 16.3.1993, XI R 52/90, BStBl. II S. 562. [11] Ohne Bedeutung ist, ob der Gesellschafter zunächst nur Abschlagszahlungen erhält und der ihm zustehende Betrag erst im Rahmen der Überschussermittlung verrechnet wird. [12] Entnahmen, zu denen der Gesellschafter nach Art eines Abschlags auf den nach der Anzahl der Gesellschafter und ihrem Kapital-

einsatz bemessenen Anteil am Gewinn der Gesellschaft berechtigt ist, begründen grundsätzlich kein Leistungsaustauschverhältnis. [13]Ein gesellschaftsvertraglich vereinbartes garantiertes Entnahmerecht, nach dem die den Gewinnanteil übersteigenden Entnahmen nicht zu einer Rückzahlungsverpflichtung führen, führt wie die Vereinbarung einer Vorwegvergütung zu einem Leistungsaustausch (vgl. Beispiele 4 und 7). [14]Die Tätigkeit eines Kommanditisten als Beiratsmitglied, dem vor allem Zustimmungs- und Kontrollrechte übertragen sind, kann eine Sonderleistung sein (vgl. BFH-Urteil vom 24.8.1994, XI R 74/93, BStBl. 1995 II S. 150). [15]Ein zwischen Gesellschafter und Gesellschaft vorliegender Leistungsaustausch hat keinen Einfluss auf die Beurteilung der Leistungen der Gesellschaft Dritten gegenüber. [16]Insbesondere sind in der Person des Gesellschafters vorliegende oder an seine Person geknüpfte Tatbestandsmerkmale, wie z. B. die Zugehörigkeit zu einer bestimmten Berufsgruppe (z. B. Land- und Forstwirt) oder die Erlaubnis zur Führung bestimmter Geschäfte (z. B. Bankgeschäfte) hinsichtlich der Beurteilung der Leistungen der Gesellschaft unbeachtlich. [17]Da der Gesellschafter bei der Geschäftsführung und Vertretung im Namen der Gesellschaft tätig wird und somit nicht im eigenen Namen gegenüber den Kunden der Gesellschaft auftritt, liegt auch kein Fall der Dienstleistungskommission (§ 3 Abs. 11 UStG) vor.

Beispiel 8:

[1]Bei einem in der Rechtsform der KGaA geführten Kreditinstitut ist ausschließlich dem persönlich haftenden Gesellschafter-Geschäftsführer die Erlaubnis zur Führung der Bankgeschäfte erteilt worden.

[2]Die für die Leistungen des Kreditinstituts geltende Steuerbefreiung des § 4 Nr. 8 UStG ist nicht auf die Geschäftsführungs- und Vertretungsleistung des Gesellschafters anwendbar.

(5) [1]Wird für Leistungen des Gesellschafters an die Gesellschaft neben einem Sonderentgelt auch eine gewinnabhängige Vergütung (vgl. Absatz 4 Satz 2 Beispiele 1 und 2) gezahlt (sog. Mischentgelt), sind das Sonderentgelt und die gewinnabhängige Vergütung umsatzsteuerrechtlich getrennt zu beurteilen. [2]Das Sonderentgelt ist als Entgelt einzuordnen, da es einer bestimmten Leistung zugeordnet werden kann. [3]Diese gewinnabhängige Vergütung ist dagegen kein Entgelt.

Beispiel:

[1]Der Gesellschafter einer OHG erhält für die Führung der Geschäfte und die Vertretung der OHG im Rahmen der Gewinnverteilung 25% des Gewinns, mindestens jedoch 60 000 € vorab zugewiesen.

[2]Der Festbetrag von 60 000 € ist Sonderentgelt und wird im Rahmen eines Leistungsaustauschs gezahlt; im Übrigen wird der Gesellschafter auf Grund eines gesellschaftsrechtlichen Beitragsverhältnisses tätig.

(6) [1]Auch andere gesellschaftsrechtlich zu erbringende Leistungen der Gesellschafter an die Gesellschaft können bei Zahlung eines Sonderentgelts als Gegenleistung für diese Leistung einen umsatzsteuerbaren Leistungsaustausch begründen. [2]Sowohl die Haftungsübernahme als auch die Geschäftsführung und Vertretung besitzen ihrer Art nach Leistungscharakter und können daher auch im Fall der isolierten Erbringung Gegenstand eines umsatzsteuerbaren Leistungsaustausches sein.

Beispiel:

[1] Der geschäftsführungs- und vertretungsberechtigte Komplementär einer KG erhält für die Geschäftsführung, Vertretung und Haftung eine Festvergütung.
[2] Die Festvergütung ist als Entgelt für die einheitliche Leistung, die Geschäftsführung, Vertretung und Haftung umfasst, umsatzsteuerbar und umsatzsteuerpflichtig (vgl. BFH-Urteil vom 3.3.2011, V R 24/10, BStBl. II S. 950). [3] Weder die Geschäftsführung und Vertretung noch die Haftung nach §§ 161, 128 HGB haben den Charakter eines Finanzgeschäfts im Sinne des § 4 Nr. 8 Buchst. g UStG.

(6a) [1] Erbringt eine Gesellschaft auf schuldrechtlicher Grundlage an ihre Gesellschafter Leistungen gegen Entgelt und stellen ihr die Gesellschafter in unmittelbarem Zusammenhang hiermit auf gesellschaftsrechtlicher Grundlage Personal zur Verfügung, liegt ein tauschähnlicher Umsatz vor. [2] Um eine Beistellung anstelle eines tauschähnlichen Umsatzes handelt es sich nur dann, wenn das vom jeweiligen Gesellschafter überlassene Personal ausschließlich für Zwecke der Leistungserbringung an den jeweiligen Gesellschafter verwendet wird (vgl. BFH-Urteil vom 15.4.2010, V R 10/08, BStBl. II S. 879).

Einzelfälle

(7) Ein Gesellschafter kann seine Verhältnisse so gestalten, dass sie zu einer möglichst geringen steuerlichen Belastung führen (BFH-Urteil vom 16.3.1993, XI R 45/90, BStBl. II S. 530).

1. [1] Der Gesellschafter erwirbt einen Gegenstand, den er der Gesellschaft zur Nutzung überlässt. [2] Der Gesellschafter ist nur als Gesellschafter tätig.
   a) Der Gesellschafter überlässt den Gegenstand zur Nutzung gegen Sonderentgelt.

Beispiel 1:

[1] Der Gesellschafter erwirbt für eigene Rechnung einen Pkw, den er in vollem Umfang seinem Unternehmen zuordnet, auf seinen Namen zulässt und den er in vollem Umfang der Gesellschaft zur Nutzung überlässt. [2] Die Gesellschaft zahlt dem Gesellschafter für die Nutzung des Pkw eine besondere Vergütung, z. B. einen feststehenden Mietzins oder eine nach der tatsächlichen Fahrleistung bemessene Vergütung.
[3] Nach den Grundsätzen der BFH-Urteile vom 7.11.1991, V R 116/86, BStBl. 1992 II S. 269, und vom 16.3.1993, XI R 52/90, BStBl. II S. 562, ist die Unternehmereigenschaft des Gesellschafters zu bejahen. [4] Er bewirkt mit der Überlassung des Pkw eine steuerbare Leistung an die Gesellschaft. [5] Das Entgelt dafür besteht in der von der Gesellschaft gezahlten besonderen Vergütung. [6] Die Mindestbemessungsgrundlage ist zu beachten. [7] Ein Leistungsaustausch kann auch dann vorliegen, wenn der Gesellschafter den Pkw ausschließlich selbst nutzt (vgl. BFH-Urteil vom 16.3.1993, XI R 45/90, BStBl. II S. 530).
[8] Der Gesellschafter, nicht die Gesellschaft, ist zum Vorsteuerabzug aus dem Erwerb des Pkw berechtigt (vgl. Abschnitt 15.20 Abs. 1).

Beispiel 2:

[1] Sachverhalt wie Beispiel 1, jedoch mit der Abweichung, dass der Pkw nur zu 70 % der Gesellschaft überlassen und zu 30 % für eigene unternehmensfremde (private) Zwecke des Gesellschafters genutzt wird.
[2] Ein Leistungsaustausch zwischen Gesellschafter und Gesellschaft findet nur insoweit statt, als der Gegenstand für Zwecke der Gesellschaft überlassen wird. [3] Das Entgelt dafür besteht in der von der Gesellschaft gezahlten besonderen Vergütung. [4] Die Mindestbemessungsgrundlage ist zu beachten. [5] Insoweit als der Gesellschafter den Gegenstand für eigene unternehmensfremde (private) Zwecke verwendet, liegt bei ihm eine nach § 3 Abs. 9a Nr. 1 UStG steuerbare unentgeltliche Wertabgabe vor.

b) Der Gesellschafter überlässt den Gegenstand zur Nutzung gegen eine Beteiligung am Gewinn oder Verlust der Gesellschaft.

Beispiel 3:

[1] Der Gesellschafter erwirbt für eigene Rechnung einen Pkw, den er auf seinen Namen zulässt und den er in vollem Umfang der Gesellschaft zur Nutzung überlässt. [2] Der Gesellschafter erhält hierfür jedoch keine besondere Vergütung; ihm steht lediglich der im Gesellschaftsvertrag bestimmte Gewinnanteil zu.

[3] Überlässt der Gesellschafter der Gesellschaft den Gegenstand gegen eine Beteiligung am Gewinn oder Verlust der Gesellschaft zur Nutzung, handelt er insoweit nicht als Unternehmer. [4] Weder der Gesellschafter noch die Gesellschaft sind berechtigt, die dem Gesellschafter beim Erwerb des Gegenstands in Rechnung gestellte Umsatzsteuer als Vorsteuer abzuziehen (vgl. Abschnitt 15.20 Abs. 1 Satz 7). [5] Eine Zuordnung zum Unternehmen kommt daher nicht in Betracht.

2. [1] Der Gesellschafter ist selbst als Unternehmer tätig. [2] Er überlässt der Gesellschaft einen Gegenstand seines dem Unternehmen dienenden Vermögens zur Nutzung.

   a) [1] Der Gesellschafter überlässt den Gegenstand zur Nutzung gegen Sonderentgelt.

   [2] Bei der Nutzungsüberlassung gegen Sonderentgelt handelt es sich um einen steuerbaren Umsatz im Rahmen des Unternehmens. [3] Das Entgelt besteht in der von der Gesellschaft gezahlten besonderen Vergütung. [4] Die Mindestbemessungsgrundlage ist zu beachten.

   [5] Zum Vorsteuerabzug des Gesellschafters und der Gesellschaft vgl. Abschnitt 15.20 Abs. 2 und 3.

   b) Der Gesellschafter überlässt den Gegenstand zur Nutzung gegen eine Beteiligung am Gewinn oder Verlust der Gesellschaft.

   Beispiel 4:

   [1] Ein Bauunternehmer ist Mitglied einer Arbeitsgemeinschaft und stellt dieser gegen eine Beteiligung am Gewinn oder Verlust der Gesellschaft Baumaschinen zur Verfügung.

   [2] Die Überlassung des Gegenstands an die Gesellschaft gegen eine Beteiligung am Gewinn oder Verlust der Gesellschaft ist beim Gesellschafter keine unentgeltliche Wertabgabe, wenn dafür unternehmerische Gründe ausschlaggebend waren. [3] Es handelt sich mangels Sonderentgelt um eine nicht steuerbare sonstige Leistung im Rahmen des Unternehmens (vgl. auch Absatz 8).

   [4] Wird der Gegenstand aus unternehmensfremden Gründen überlassen, liegt beim Gesellschafter unter den Voraussetzungen des § 3 Abs. 9a UStG eine unentgeltliche Wertabgabe vor. [5] Das kann beispielsweise im Einzelfall bei der Überlassung von Gegenständen an Familiengesellschaften der Fall sein. [6] Unternehmensfremde Gründe liegen nicht allein deshalb vor, weil der Gesellschafter die Anteile an der Gesellschaft nicht in seinem Betriebsvermögen hält (vgl. BFH-Urteil vom 20.12.1962, V 111/61 U, BStBl. 1963 III S. 169).

   [7] Zum Vorsteuerabzug des Gesellschafters und der Gesellschaft vgl. Abschnitt 15.20 Abs. 2 und 3.

3. [1] Der Gesellschafter ist selbst als Unternehmer tätig. [2] Er liefert der Gesellschaft einen Gegenstand aus seinem Unternehmen unentgeltlich. [3] Er ist nur am Gewinn oder Verlust der Gesellschaft beteiligt.

   a) [1] Der Gesellschafter ist zum Vorsteuerabzug aus dem Erwerb des Gegenstands berechtigt, weil bei Leistungsbezug die Absicht bestand, den Gegenstand weiterzuverkaufen.

   [2] Es liegt eine unentgeltliche Wertabgabe nach § 3 Abs. 1b Satz 1 Nr. 1 oder 3 UStG vor.

b) [1]Der Gesellschafter ist nicht zum Vorsteuerabzug aus dem Erwerb des Gegenstands berechtigt, weil die unentgeltliche Weitergabe an die Gesellschaft bereits bei Leistungsbezug beabsichtigt war (vgl. Abschnitt 15.15).
[2]Es liegt nach § 3 Abs. 1b Satz 2 UStG keine einer entgeltlichen Lieferung gleichgestellte unentgeltliche Wertabgabe vor.

Leistungsaustausch bei Arbeitsgemeinschaften des Baugewerbes

(8) [1]Überlassen die Gesellschafter einer Arbeitsgemeinschaft des Baugewerbes dieser für die Ausführung des Bauauftrags Baugeräte (Gerätevorhaltung), kann sich die Überlassung im Rahmen eines Leistungsaustauschs vollziehen. [2]Vereinbaren die Gesellschafter, dass die Baugeräte von den Partnern der Arbeitsgemeinschaft kostenlos zur Verfügung zu stellen sind, ist die Überlassung der Baugeräte keine steuerbare Leistung, wenn der die Geräte beistellende Gesellschafter die Überlassung der Geräte der Arbeitsgemeinschaft nicht berechnet und sich mit dem ihm zustehenden Gewinnanteil begnügt. [3]Wird die Überlassung der Baugeräte seitens des Bauunternehmers an die Arbeitsgemeinschaft vor der Verteilung des Gewinns entsprechend dem Geräteeinsatz ausgeglichen oder wird der Gewinn entsprechend der Gerätevorhaltung aufgeteilt, obwohl sie nach dem Vertrag „kostenlos" zu erbringen ist, handelt es sich im wirtschaftlichen Ergebnis um besonders berechnete sonstige Leistungen (vgl. BFH-Urteil vom 18.3.1988, V R 178/83, BStBl. II S. 646, zur unentgeltlichen Gegenstandsüberlassung vgl. Absatz 7 Nr. 2 Buchstabe b Beispiel 4). [4]Das gilt auch dann, wenn die Differenz zwischen vereinbarter und tatsächlicher Geräteüberlassung unmittelbar zwischen den Arbeitsgemeinschaftspartnern abgegolten (Spitzenausgleich) und der Gewinn formell von Ausgleichszahlungen unbeeinflusst verteilt wird (BFH-Urteile vom 21.3.1968, V R 43/65, BStBl. II S. 449, und vom 11.12.1969, V R 91/68, BStBl. 1970 II S. 356). [5]In den Fällen, in denen im Arbeitsgemeinschaftsvertrag ein Spitzenausgleich der Mehr- und Minderleistungen und der darauf entfallenden Entgelte außerhalb der Arbeitsgemeinschaft zwischen den Partnern unmittelbar vereinbart und auch tatsächlich dementsprechend durchgeführt wird, ist ein Leistungsaustausch zwischen den Arbeitsgemeinschaftsmitgliedern und der Arbeitsgemeinschaft nicht feststellbar. [6]Die Leistungen (Gerätevorhaltungen) der Partner an die Arbeitsgemeinschaft sind in diesen Fällen nicht steuerbar (BFH-Urteil vom 11.12.1969, V R 129/68, BStBl. 1970 II S. 358). [7]Die Anwendung der in den Sätzen 1 bis 6 genannten Grundsätze ist nicht auf Gerätevorhaltungen im Rahmen von Arbeitsgemeinschaften des Baugewerbes beschränkt, sondern allgemein anwendbar, z. B. auf im Rahmen eines Konsortialvertrags erbrachte Arbeitsanteile (vgl. EuGH-Urteil vom 29.4.2004, C-77/01, EDM).[1)]

1.7 Lieferung von Gas, Elektrizität oder Wärme/Kälte

(1)[2)] [1]Die Abgabe von Energie durch einen Übertragungsnetzbetreiber im Rahmen des sog. Bilanzkreis- oder Regelzonenausgleichs vollzieht sich nicht

---

[1)] DStRE 2004, 1095.

[2)] A 1.7 UStAE Abs. 1 neugef. durch BMF v. 20.8.2020, BStBl. I 2020, 671, anzuwenden in allen offenen Fällen; zur **Übergangsregelung** siehe Anlage 8.

als eigenständige Lieferung, sondern im Rahmen einer sonstigen Leistung und bleibt dementsprechend bei der Beurteilung der Wiederverkäufereigenschaft unberücksichtigt (vgl. Abschnitt 3g.1 Abs. 2). [2]Das gilt entsprechend für Bilanzkreisabrechnungen beim Betrieb von Gasleitungsnetzen zwischen dem Marktgebietsverantwortlichen und dem Bilanzkreisverantwortlichen, wobei es sich ausschließlich um sonstige Leistungen des Marktgebietsverantwortlichen an den Bilanzkreisverantwortlichen unter Leistungsbeistellung durch den Bilanzkreisverantwortlichen handelt. [3]Die zwischen den Netzbetreibern zum Ausgleich der unterschiedlichen Kosten für die unentgeltliche Durchleitung der Energie gezahlten Beträge (sog. Differenzausgleich) sind kein Entgelt für eine steuerbare Leistung des Netzbetreibers. [4]Gibt ein Energieversorger seine am Markt nicht mehr zu einem positiven Kaufpreis veräußerbaren überschüssigen Kapazitäten in Verbindung mit einer Zuzahlung ab, um sich eigene Aufwendungen für das Zurückfahren der eigenen Produktionsanlagen zu ersparen, liegt keine Lieferung von z. B. Elektrizität vor, sondern eine sonstige Leistung des Abnehmers.

(2) [1]Der nach § 9 KWKG[1)] zwischen den Netzbetreibern vorzunehmende Belastungsausgleich vollzieht sich nicht im Rahmen eines Leistungsaustauschs. [2]Gleiches gilt für den ab dem 1. Januar 2010 vorzunehmenden Belastungsausgleich nach der Verordnung zur Weiterentwicklung des bundesweiten Ausgleichsmechanismus vom 17. Juli 2009 (AusglMechV, BGBl. I S. 2101) bezüglich des Ausgleichs zwischen Übertragungsnetzbetreibern und Elektrizitätsversorgungsunternehmen (Zahlung der EEG-Umlage nach § 3 AusglMechV). [3]Bei diesen Umlagen zum Ausgleich der den Unternehmen entstehenden unterschiedlichen Kosten im Zusammenhang mit der Abnahme von Strom aus KWK- bzw. EEG-Anlagen handelt es sich nicht um Entgelte für steuerbare Leistungen.

(3) [1]Soweit der Netzbetreiber nach § 5a KWKG[1)] verpflichtet ist, dem Wärme- oder Kältenetzbetreiber für den Neu- oder Ausbau des Wärme- oder Kältenetzes einen Zuschlag zu zahlen, handelt es sich grundsätzlich um einen echten Zuschuss. [2]Die Zuschläge werden aus einem überwiegenden öffentlichen Interesse heraus, nämlich zur Förderung des Ausbaus der Nutzung der Kraft-Wärme-Kopplung bzw. Kraft-Wärme-Kälte-Kopplung im Interesse von Energieeinsparung und Klimaschutz, gewährt. [3]Dies gilt jedoch nicht, soweit die Zuschläge nach § 5a KWKG die Verbindung des Verteilungsnetzes mit dem Verbraucherabgang (Hausanschluss), der an der Abzweigstelle des Verteilungsnetzes beginnt und mit der Übergabestelle endet, betreffen. [4]Hier ist der entsprechende Anteil des Zuschlags durch den Netzbetreiber nach § 7a Abs. 3 KWKG mit der Rechnungstellung des Wärme- oder Kältenetzbetreibers an den Verbraucher wirtschaftlich und rechtlich verknüpft. [5]Der Anteil des Zuschlags, der auf die Verbindung des Verteilungsnetzes mit dem Verbraucherabgang entfällt, ist von dem Betrag, der dem Verbraucher für die Anschlusskosten in Rechnung gestellt wird, in Abzug zu bringen. [6]Der Zuschlag des Netzbetreibers hängt insoweit unmittelbar mit dem Preis einer steuerbaren

[1)] Kraft-Wärme-Kopplungsgesetz v. 21.12.2015, BGBl. I 2015, 2498, zuletzt geänd. durch G v. 10.8.2021, BGBl. I 2021, 3436 (**Sartorius Ergänzungsband** Nr. **834**).

Leistung (Anschluss an das Verteilungsnetz) zusammen und hat preisauffüllenden Charakter. [7]Das gilt auch dann, wenn der Verbraucher wegen des Abzugs nach § 7a Abs. 3 KWKG für den Anschluss an das Verteilungsnetz selbst nichts bezahlen muss. [8]Der vom Netzbetreiber an den Wärme- oder Kältenetzbetreiber gezahlte Zuschlag ist entsprechend aufzuteilen. [9]Werden bei der Verbindung zwischen Verteilungsnetz und Verbraucherabgang entgeltlich die betreffenden Leitungen vom Wärme- oder Kältenetzbetreiber auf den Verbraucher übertragen, liegt eine Lieferung der entsprechenden Anlagen durch den Wärme- oder Kältenetzbetreiber an den Wärme- oder Kälteabnehmer vor. [10]Soweit der Netzbetreiber nach § 5b KWKG verpflichtet ist, dem Betreiber eines Wärme- bzw. Kältespeichers für den Neu- oder Ausbau von Wärme- bzw. Kältespeichern einen Zuschlag zu zahlen, handelt es sich um einen echten Zuschuss.

(4) [1]Zahlungen des Übertragungsnetzbetreibers an den (Verteil-)Netzbetreiber nach § 35 Abs. 1 EEG[1)] stellen Entgeltzahlungen dar, da diesen Beträgen tatsächliche Stromlieferungen gegenüberstehen. [2]Ausgleichszahlungen des Übertragungsnetzbetreibers nach § 35 Abs. 1a EEG für die vom (Verteil-)Netzbetreiber nach §§ 33g und 33i EEG gezahlten Prämien vollziehen sich hingegen nicht im Rahmen eines Leistungsaustausches. [3]Hat der Netzbetreiber nach § 35 Abs. 2 EEG einen Ausgleich an den Übertragungsnetzbetreiber für vermiedene Netzentgelte zu leisten, da die Stromeinspeisung nach § 16 EEG vergütet oder in den Formen des § 33b Nr. 1 oder Nr. 2 EEG direkt vermarktet wird (Marktprämienmodell oder Grünstromprivileg), handelt es sich bei diesen Ausgleichszahlungen nicht um Entgelte für steuerbare Leistungen.

Ausgleich von Mehr- bzw. Mindermengen Gas

(5) [1]Soweit Ausspeisenetzbetreiber und Transportkunde nach § 25 GasNZV[2)] Mehr- bzw. Mindermengen an Gas ausgleichen, handelt es sich um eine Lieferung entweder vom Ausspeisenetzbetreiber an den Transportkunden (Mindermenge) oder vom Transportkunden an den Ausspeisenetzbetreiber (Mehrmenge), weil jeweils Verfügungsmacht an dem zum Ausgleich zur Verfügung gestellten Gas verschafft wird. [2]Gleiches gilt für das Verhältnis zwischen Marktgebietsverantwortlichem und Ausspeisenetzbetreiber. [3]Der Marktgebietsverantwortliche beschafft die für die Mehr- bzw. Mindermengen benötigten Gasmengen von Händlern am Regelenergiemarkt und stellt diese den Ausspeisenetzbetreibern in seinem Marktgebiet als Mehr- bzw. Mindermenge zur Verfügung bzw. nimmt sie entgegen.

Ausgleich von Mehr- bzw. Mindermengen Strom

(6) [1]Soweit Verteilnetzbetreiber und Lieferant bzw. Kunde nach § 13 StromNZV[3)] Mehr- oder Mindermengen an Strom ausgleichen, handelt es sich um eine Lieferung entweder vom Verteilnetzbetreiber an den Lieferanten

---

1) EEG 2021 v. 21.7.2014, BGBl. I 2014, 1066, zuletzt geänd. durch G v. 16.7.2021, BGBl. I 2021, 3026 (jetzt „EEG 2021") (**Sartorius Ergänzungsband** Nr. **833**).

2) Gasnetzzugangsverordnung v. 3.9.2010, BGBl. I 2010, 1261, zuletzt geänd. durch G v. 16.7.2021, BGBl. I 2021, 3026.

3) Stromnetzzugangsverordnung v. 25.7.2005, BGBl. I 2005, 2243, zuletzt geänd. durch G v. 16.7.2021, BGBl. I 2021, 3026.

bzw. Kunden (Mindermenge) oder vom Lieferanten bzw. Kunden an den Verteilnetzbetreiber (Mehrmenge). [2]Die Verfügungsmacht an dem zum Ausgleich zur Verfügung gestellten Strom wird verschafft.

1.8 Sachzuwendungen und sonstige Leistungen an das Personal

Allgemeines

(1) [1]Wendet der Unternehmer (Arbeitgeber) seinem Personal (seinen Arbeitnehmern) als Vergütung für geleistete Dienste neben dem Barlohn auch einen Sachlohn zu, bewirkt der Unternehmer mit dieser Sachzuwendung eine entgeltliche Leistung im Sinne des § 1 Abs. 1 Nr. 1 Satz 1 UStG, für die der Arbeitnehmer einen Teil seiner Arbeitsleistung als Gegenleistung aufwendet. [2]Wegen des Begriffs der Vergütung für geleistete Dienste vgl. Abschnitt 4.18.1 Abs. 7. [3]Ebenfalls nach § 1 Abs. 1 Nr. 1 Satz 1 UStG steuerbar sind Lieferungen oder sonstige Leistungen, die der Unternehmer an seine Arbeitnehmer oder deren Angehörige auf Grund des Dienstverhältnisses gegen besonders berechnetes Entgelt, aber verbilligt, ausführt. [4]Von einer entgeltlichen Leistung in diesem Sinne ist auszugehen, wenn der Unternehmer für die Leistung gegenüber dem einzelnen Arbeitnehmer einen unmittelbaren Anspruch auf eine Geldzahlung oder eine andere – nicht in der Arbeitsleistung bestehende – Gegenleistung in Geldeswert hat. [5]Für die Steuerbarkeit kommt es nicht darauf an, ob der Arbeitnehmer das Entgelt gesondert an den Unternehmer entrichtet oder ob der Unternehmer den entsprechenden Betrag vom Barlohn einbehält. [6]Die Gewährung von Personalrabatt durch den Unternehmer beim Einkauf von Waren durch seine Mitarbeiter ist keine Leistung gegen Entgelt, sondern Preisnachlass (BFH-Beschluss vom 17.9.1981, V B 43/80, BStBl. II S. 775).

(2) [1]Zuwendungen von Gegenständen (Sachzuwendungen) und sonstige Leistungen an das Personal für dessen privaten Bedarf sind nach § 3 Abs. 1b Satz 1 Nr. 2 und § 3 Abs. 9a UStG auch dann steuerbar, wenn sie unentgeltlich sind (vgl. Abschnitt 3.3 Abs. 9). [2]Die Steuerbarkeit setzt voraus, dass Leistungen aus unternehmerischen (betrieblichen) Gründen für den privaten, außerhalb des Dienstverhältnisses liegenden Bedarf des Arbeitnehmers ausgeführt werden (vgl. BFH-Urteile vom 11.3.1988, V R 30/84, BStBl. II S. 643, und V R 114/83, BStBl. II S. 651). [3]Der Arbeitnehmer erhält Sachzuwendungen und sonstige Leistungen unentgeltlich, wenn er seine Arbeit lediglich für den vereinbarten Barlohn und unabhängig von dem an alle Arbeitnehmer gerichteten Angebot (vgl. BFH-Urteil vom 10.6.1999, V R 104/98, BStBl. II S. 582) oder unabhängig von dem Umfang der gewährten Zuwendungen leistet. [4]Hieran ändert der Umstand nichts, dass der Unternehmer die Zuwendungen zur Ablösung tarifvertraglicher Verpflichtungen erbringt (vgl. BFH-Urteil vom 11.5.2000, V R 73/99, BStBl. II S. 505). [5]Steuerbar sind auch Leistungen an ausgeschiedene Arbeitnehmer auf Grund eines früheren Dienstverhältnisses sowie Leistungen an Auszubildende. [6]Bei unentgeltlichen Zuwendungen eines Gegenstands an das Personal oder der Verwendung eines dem Unternehmen zugeordneten Gegenstands für den privaten Bedarf des Personals setzt die Steuerbarkeit voraus, dass der Gegenstand oder seine Bestandteile zumindest zu einem teilweisen Vorsteuerabzug berechtigt haben

(vgl. Abschnitte 3.3 und 3.4). [7] Keine steuerbaren Umsätze sind Aufmerksamkeiten (vgl. Absatz 3) und Leistungen, die überwiegend durch das betriebliche Interesse des Arbeitgebers veranlasst sind (vgl. Absatz 4 und BFH-Urteil vom 9.7.1998, V R 105/92, BStBl. II S. 635).

(3) [1] Aufmerksamkeiten sind Zuwendungen des Arbeitgebers, die nach ihrer Art und nach ihrem Wert Geschenken entsprechen, die im gesellschaftlichen Verkehr üblicherweise ausgetauscht werden und zu keiner ins Gewicht fallenden Bereicherung des Arbeitnehmers führen (vgl. BFH-Urteil vom 22.3.1985, VI R 26/82, BStBl. II S. 641, R 19.6 LStR).[1)] [2] Zu den Aufmerksamkeiten rechnen danach gelegentliche Sachzuwendungen bis zu einem Wert von 60 €, z. B. Blumen, Genussmittel, ein Buch oder ein Tonträger, die dem Arbeitnehmer oder seinen Angehörigen aus Anlass eines besonderen persönlichen Ereignisses zugewendet werden. [3] Gleiches gilt für Getränke und Genussmittel, die der Arbeitgeber den Arbeitnehmern zum Verzehr im Betrieb unentgeltlich überlässt.

(4) [1] Nicht steuerbare Leistungen, die überwiegend durch das betriebliche Interesse des Arbeitgebers veranlasst sind, liegen vor, wenn betrieblich veranlasste Maßnahmen zwar auch die Befriedigung eines privaten Bedarfs der Arbeitnehmer zur Folge haben, diese Folge aber durch die mit den Maßnahmen angestrebten betrieblichen Zwecke überlagert wird (vgl. EuGH-Urteil vom 11.12.2008, C-371/07, Danfoss und AstraZeneca).[2)] [2] Dies ist regelmäßig anzunehmen, wenn die Maßnahme die dem Arbeitgeber obliegende Gestaltung der Dienstausübung betrifft (vgl. BFH-Urteil vom 9.7.1998, V R 105/92, BStBl. II S. 635). [3] Hierzu gehören insbesondere:

1. [1] Leistungen zur Verbesserung der Arbeitsbedingungen, z. B. die Bereitstellung von Aufenthalts- und Erholungsräumen sowie von betriebseigenen Duschanlagen, die grundsätzlich von allen Betriebsangehörigen in Anspruch genommen werden können. [2] Auch die Bereitstellung von Bade- und Sportanlagen kann überwiegend betrieblich veranlasst sein, wenn in der Zurverfügungstellung der Anlagen nach der Verkehrsauffassung kein geldwerter Vorteil zu sehen ist. [3] Z. B. ist die Bereitstellung von Fußball- oder Handballsportplätzen kein geldwerter Vorteil, wohl aber die Bereitstellung von Tennis- oder Golfplätzen (vgl. auch BFH-Urteil vom 27.9.1996, VI R 44/96, BStBl. 1997 II S. 146);
2. die betriebsärztliche Betreuung sowie die Vorsorgeuntersuchung des Arbeitnehmers, wenn sie im ganz überwiegenden betrieblichen Interesse des Arbeitgebers liegt (vgl. BFH-Urteil vom 17.9.1982, VI R 75/79, BStBl. 1983 II S. 39);
3. betriebliche Fort- und Weiterbildungsleistungen;
4. die Überlassung von Arbeitsmitteln zur beruflichen Nutzung einschließlich der Arbeitskleidung, wenn es sich um typische Berufskleidung, insbesondere um Arbeitsschutzkleidung, handelt, deren private Nutzung so gut wie ausgeschlossen ist;

---

1) Nr. **20**.
2) DStRE 2009, 168.

5. das Zurverfügungstellen von Parkplätzen auf dem Betriebsgelände;
6. [1] Zuwendungen im Rahmen von Betriebsveranstaltungen, soweit sie sich im üblichen Rahmen halten. [2] Die Üblichkeit der Zuwendungen ist bis zu einer Höhe von 110 € einschließlich Umsatzsteuer je Arbeitnehmer und Betriebsveranstaltung nicht zu prüfen. [3] Satz 2 gilt nicht bei mehr als zwei Betriebsveranstaltungen im Jahr. [4] Die lohnsteuerrechtliche Beurteilung gilt entsprechend;
7. das Zurverfügungstellen von Betriebskindergärten;
8. das Zurverfügungstellen von Übernachtungsmöglichkeiten in gemieteten Zimmern, wenn der Arbeitnehmer an weit von seinem Heimatort entfernten Tätigkeitsstellen eingesetzt wird (vgl. BFH-Urteil vom 21.7.1994, V R 21/92, BStBl. II S. 881);
9. Schaffung und Förderung der Rahmenbedingungen für die Teilnahme an einem Verkaufswettbewerb (vgl. BFH-Urteil vom 16.3.1995, V R 128/92, BStBl. II S. 651);
10. die Sammelbeförderung unter den in Absatz 15 Satz 2 bezeichneten Voraussetzungen;
11. die unentgeltliche Abgabe von Speisen anlässlich und während eines außergewöhnlichen Arbeitseinsatzes, z. B. während einer außergewöhnlichen betrieblichen Besprechung oder Sitzung (vgl. EuGH-Urteil vom 11.12.2008, C-371/07, Danfoss und AstraZeneca);[1)]
12. die Übernahme von Umzugskosten durch den Arbeitgeber für die hiervon begünstigten Arbeitnehmer, wenn die Kostenübernahme im ganz überwiegenden betrieblichen Interesse des Arbeitgebers liegt (vgl. BFH-Urteil vom 6.6.2019, V R 18/18, BStBl. 2020 II S. 293).

(4a) [1] Zum Vorsteuerabzug bei Aufmerksamkeiten, die die Grenze in Absatz 3 überschreiten, und bei Leistungen, die nicht durch das betriebliche Interesse (Absatz 4) veranlasst sind, vgl. Abschnitt 3.3 Abs 1 Satz 7 und Abschnitt 15.15. [2] Eine Wertabgabe an Arbeitnehmer unterliegt in diesen Fällen nicht der Umsatzsteuer.

(5) [1] Nach § 1 Abs. 1 Nr. 1 Satz 1, § 3 Abs. 1b oder § 3 Abs. 9a UStG steuerbare Umsätze an Arbeitnehmer können steuerfrei, z. B. nach § 4 Nr. 10 Buchstabe b, Nr. 12 Satz 1, 18, 23 bis 25 UStG, sein. [2] Die Überlassung von Werkdienstwohnungen durch Arbeitgeber an Arbeitnehmer ist nach § 4 Nr. 12 Satz 1 Buchstabe a UStG steuerfrei (vgl. BFH-Urteile vom 30.7.1986, V R 99/76, BStBl. II S. 877, und vom 7.10.1987, V R 2/79, BStBl. 1988 II S. 88), wenn sie mehr als sechs Monate dauert. [3] Überlässt ein Unternehmer in seiner Pension Räume an eigene Saison-Arbeitnehmer, ist diese Leistung nach § 4 Nr. 12 Satz 2 UStG steuerpflichtig, wenn diese Räume wahlweise zur vorübergehenden Beherbergung von Gästen oder zur Unterbringung des Saisonpersonals bereitgehalten werden (vgl. BFH-Urteil vom 13.9.1988, V R 46/83, BStBl. II S. 1021); vgl. auch Abschnitt 4.12.9 Abs. 2.

---

1) DStRE 2009, 168.

Bemessungsgrundlage

(6) [1]Bei der Ermittlung der Bemessungsgrundlage für die entgeltlichen Lieferungen und sonstigen Leistungen an Arbeitnehmer (Absatz 1) ist die Vorschrift über die Mindestbemessungsgrundlage in § 10 Abs. 5 Nr. 2 UStG zu beachten. [2]Danach ist als Bemessungsgrundlage mindestens der in § 10 Abs. 4 UStG bezeichnete Wert (Einkaufspreis, Selbstkosten, Ausgaben, vgl. Absatz 7) abzüglich der Umsatzsteuer anzusetzen, wenn dieser den vom Arbeitnehmer tatsächlich aufgewendeten (gezahlten) Betrag abzüglich der Umsatzsteuer übersteigt. [3]Der Umsatz ist jedoch höchstens nach dem marktüblichen Entgelt zu bemessen (vgl. Abschnitt 10.7 Abs. 1). [4]Beruht die Verbilligung auf einem Belegschaftsrabatt, z. B. bei der Lieferung von sog. Jahreswagen an Werksangehörige in der Automobilindustrie, liegen die Voraussetzungen für die Anwendung der Vorschrift des § 10 Abs. 5 Nr. 2 UStG regelmäßig nicht vor; Bemessungsgrundlage ist dann der tatsächlich aufgewendete Betrag abzüglich Umsatzsteuer. [5]Zuwendungen, die der Unternehmer in Form eines Sachlohns als Vergütung für geleistete Dienste gewährt, sind nach den Werten des § 10 Abs. 4 UStG zu bemessen; dabei sind auch die nicht zum Vorsteuerabzug berechtigenden Ausgaben in die Bemessungsgrundlage einzubeziehen. [6]Eine Leistung unterliegt nur dann der Mindestbemessungsgrundlage nach § 10 Abs. 5 Nr. 2 UStG, wenn sie ohne Entgeltvereinbarung als unentgeltliche Leistung steuerbar wäre (vgl. BFH-Urteile vom 15.11.2007, V R 15/06, BStBl. 2009 II S. 423, vom 27.2.2008, XI R 50/07, BStBl. 2009 II S. 426, und vom 29.5.2008, V R 12/07, BStBl. 2009 II S. 428 sowie Abschnitt 10.7).

(7) [1]Die Bemessungsgrundlage für die unentgeltlichen Lieferungen und sonstigen Leistungen an Arbeitnehmer (Absatz 2) ist in § 10 Abs. 4 UStG geregelt. [2]Bei der Ermittlung der Bemessungsgrundlage für unentgeltliche Lieferungen (§ 10 Abs. 4 Satz 1 Nr. 1 UStG) ist vom Einkaufspreis zuzüglich der Nebenkosten für den Gegenstand oder für einen gleichartigen Gegenstand oder mangels eines Einkaufspreises von den Selbstkosten, jeweils zum Zeitpunkt des Umsatzes, auszugehen. [3]Der Einkaufspreis entspricht in der Regel dem Wiederbeschaffungspreis des Unternehmers. [4]Die Selbstkosten umfassen alle durch den betrieblichen Leistungsprozess entstehenden Ausgaben. [5]Bei der Ermittlung der Bemessungsgrundlage für unentgeltliche sonstige Leistungen (§ 10 Abs. 4 Satz 1 Nr. 2 und 3 UStG) ist von den bei der Ausführung dieser Leistungen entstandenen Ausgaben auszugehen. [6]Hierzu gehören auch die anteiligen Gemeinkosten. [7]In den Fällen des § 10 Abs. 4 Satz 1 Nr. 2 UStG sind aus der Bemessungsgrundlage solche Ausgaben auszuscheiden, die nicht zum vollen oder teilweisen Vorsteuerabzug berechtigt haben.

(8) [1]Die in § 10 Abs. 4 UStG vorgeschriebenen Werte weichen grundsätzlich von den für Lohnsteuerzwecke anzusetzenden Werten (§ 8 Abs. 2 und 3 EStG, R 8.1 und R 8.2 LStR)[1)] ab. [2]In bestimmten Fällen (vgl. Absätze 9, 11, 14, 18) ist es jedoch aus Vereinfachungsgründen nicht zu beanstanden, wenn für die umsatzsteuerrechtliche Bemessungsgrundlage von den lohnsteuerrechtlichen Werten ausgegangen wird. [3]Diese Werte sind dann als Bruttowerte anzusehen, aus denen zur Ermittlung der Bemessungsgrundlage die Umsatzsteuer

---

1) Nr. **20.**

herauszurechnen ist. [4]Der Freibetrag nach § 8 Abs. 3 Satz 2 EStG von 1080 € bleibt bei der umsatzsteuerrechtlichen Bemessungsgrundlage unberücksichtigt.

Einzelfälle

(9) [1]Erhalten Arbeitnehmer von ihrem Arbeitgeber freie Verpflegung, freie Unterkunft oder freie Wohnung, ist von den Werten auszugehen, die in der SvEV[1)] in der jeweils geltenden Fassung festgesetzt sind. [2]Für die Gewährung von Unterkunft und Wohnung kann unter den Voraussetzungen des § 4 Nr. 12 Satz 1 Buchstabe a UStG Steuerfreiheit in Betracht kommen (vgl. Absatz 5). [3]Die Gewährung der Verpflegung unterliegt dem allgemeinen Steuersatz (vgl. BFH-Urteil vom 24.11.1988, V R 30/83, BStBl. 1989 II S. 210; Abschnitt 3.6).

(10) [1]Bei der Abgabe von Mahlzeiten an die Arbeitnehmer ist hinsichtlich der Ermittlung der Bemessungsgrundlage zu unterscheiden, ob es sich um eine unternehmenseigene Kantine oder um eine vom Unternehmer (Arbeitgeber) nicht selbst betriebene Kantine handelt. [2]Eine unternehmenseigene Kantine ist nur anzunehmen, wenn der Unternehmer die Mahlzeiten entweder selbst herstellt oder die Mahlzeiten vor der Abgabe an die Arbeitnehmer mehr als nur geringfügig be- oder verarbeitet bzw. aufbereitet oder ergänzt. [3]Von einer nicht selbst betriebenen Kantine ist auszugehen, wenn die Mahlzeiten nicht vom Arbeitgeber/Unternehmer selbst (d. h. durch eigenes Personal) zubereitet und an die Arbeitnehmer abgegeben werden. [4]Überlässt der Unternehmer (Arbeitgeber) im Rahmen der Fremdbewirtschaftung Küchen- und Kantinenräume, Einrichtungs- und Ausstattungsgegenstände sowie Koch- und Küchengeräte u. ä., ist der Wert dieser Gebrauchsüberlassung bei der Ermittlung der Bemessungsgrundlage für die Mahlzeiten nicht zu berücksichtigen.

(11)[2)] [1]Bei der unentgeltlichen Abgabe von Mahlzeiten an die Arbeitnehmer durch **unternehmenseigene Kantinen** ist aus Vereinfachungsgründen bei der Ermittlung der Bemessungsgrundlage von dem Wert auszugehen, der dem amtlichen Sachbezugswert nach der SvEV[1)] entspricht (vgl. R 8.1 Abs. 7 LStR).[3)] [2]Werden die Mahlzeiten in unternehmenseigenen Kantinen entgeltlich abgegeben, ist der vom Arbeitnehmer gezahlte Essenspreis, mindestens jedoch der Wert der Besteuerung zu Grunde zu legen, der dem amtlichen Sachbezugswert nach der SvEV entspricht (vgl. R 8.1 Abs. 7 LStR). [3]Abschläge für Jugendliche, Auszubildende und Angehörige der Arbeitnehmer sind nicht zulässig.

Beispiel 1:

Wert der Mahlzeit	3,47 €
Zahlung des Arbeitnehmers	1,00 €
maßgeblicher Wert	3,47 €
darin enthalten $^{19}/_{119}$ Umsatzsteuer (Steuersatz 19 %)	./. 0,55 €
Bemessungsgrundlage	2,92 €

[1)] Sozialversicherungsentgeltverordnung v. 21.12.2006, BGBl. I 2006, 3385, zuletzt geänd. durch VO v. 6.12.2021, BGBl. I 2021, 5187 (**Steuergesetze** Nr. **21**).

[2)] A 1.8 UStAE Abs. 11 Satz 3 Bsp. 1 u. 2 sowie Satz 4 neugef. durch BMF v. 17.12.2021, BStBl. I 2021, 2504.

[3)] Nr. **20**.

Beispiel 2:

Wert der Mahlzeit	3,47 €
Zahlung des Arbeitnehmers	3,50 €
maßgeblicher Wert	3,50 €
darin enthalten $^{19}/_{119}$ Umsatzsteuer (Steuersatz 19 %)	./. 0,56 €
Bemessungsgrundlage	2,94 €

[4]In den Beispielen 1 und 2 wird von den Sachbezugswerten 2021 ausgegangen (vgl. BMF-Schreiben vom 28.12.2020, BStBl. 2021 I S. 59).[1)] [5]Soweit unterschiedliche Mahlzeiten zu unterschiedlichen Preisen verbilligt an die Arbeitnehmer abgegeben werden, kann bei der umsatzsteuerrechtlichen Bemessungsgrundlage von dem für Lohnsteuerzwecke gebildeten Durchschnittswert ausgegangen werden.

(12) Bei der Abgabe von Mahlzeiten durch eine **vom Unternehmer (Arbeitgeber) nicht selbstbetriebene Kantine oder Gaststätte** gilt Folgendes:

1. [1]Vereinbart der Arbeitgeber mit dem Kantinenbetreiber bzw. Gastwirt die Zubereitung und die Abgabe von Essen an die Arbeitnehmer zum Verzehr an Ort und Stelle und hat der Kantinenbetreiber bzw. Gastwirt einen Zahlungsanspruch gegen den Arbeitgeber, liegt einerseits ein Leistungsaustausch zwischen Kantinenbetreiber bzw. Gastwirt und Arbeitgeber und andererseits ein Leistungsaustausch des Arbeitgebers gegenüber dem Arbeitnehmer vor. [2]Der Arbeitgeber bedient sich in diesen Fällen des Kantinenbetreibers bzw. Gastwirts zur Beköstigung seiner Arbeitnehmer. [3]Sowohl in dem Verhältnis Kantinenbetreiber bzw. Gastwirt – Arbeitgeber als auch im Verhältnis Arbeitgeber – Arbeitnehmer liegt eine sonstige Leistung vor.

   Beispiel 1:

   [1]Der Arbeitgeber vereinbart mit einem Gastwirt die Abgabe von Essen an seine Arbeitnehmer zu einem Preis von 5,00 € je Essen. [2]Der Gastwirt rechnet über die ausgegebenen Essen mit dem Arbeitgeber auf der Grundlage dieses Preises ab. [3]Die Arbeitnehmer haben einen Anteil am Essenspreis von 2,00 € zu entrichten, den der Arbeitgeber von den Arbeitslöhnen einbehält.

   [4]Nach § 3 Abs. 9 UStG erbringen der Gastwirt an den Arbeitgeber und der Arbeitgeber an den Arbeitnehmer je eine sonstige Leistung. [5]Der Preis je Essen beträgt für den Arbeitgeber 5,00 €. [6]Als Bemessungsgrundlage für die Abgabe der Mahlzeiten des Arbeitgebers an den Arbeitnehmer ist der Betrag von 4,20 € (5,00 € abzüglich $^{19}/_{119}$ Umsatzsteuer) anzusetzen. [7]Der Arbeitgeber kann die ihm vom Gastwirt für die Beköstigungsleistungen gesondert in Rechnung gestellte Umsatzsteuer unter den Voraussetzungen des § 15 UStG als Vorsteuer abziehen.

2. [1]Bestellt der Arbeitnehmer in einer Gaststätte selbst sein gewünschtes Essen nach der Speisekarte und bezahlt dem Gastwirt den – ggf. um einen Arbeitgeberzuschuss geminderten – Essenspreis, liegt eine sonstige Leistung des Gastwirts an den Arbeitnehmer vor. [2]Ein Umsatzgeschäft zwischen Arbeitgeber und Gastwirt besteht nicht. [3]Im Verhältnis des Arbeitgebers zum Arbeitnehmer ist die Zahlung des Essenszuschusses ein nicht umsatzsteuerbarer Vorgang. [4]Bemessungsgrundlage der sonstigen Leistung des Gastwirts an den Arbeitnehmer ist der von dem Arbeitnehmer an den Gastwirt gezahlte Essenspreis zuzüglich des ggf. gezahlten Arbeitgeberzuschusses (Entgelt von dritter Seite).

[1)] **Sachbezugswerte 2022** siehe BMF v. 20.12.2021, BStBl. I 2022, 60.

Beispiel 2:

[1] Der Arbeitnehmer kauft in einer Gaststätte ein Mittagessen, welches mit einem Preis von 4 € ausgezeichnet ist. [2] Er übergibt dem Gastwirt eine Essensmarke des Arbeitgebers im Wert von 1 € und zahlt die Differenz i. H. v. 3 €. [3] Der Gastwirt lässt sich den Wert der Essensmarken wöchentlich vom Arbeitgeber erstatten.

[4] Bemessungsgrundlage beim Gastwirt ist der Betrag von 4 € abzüglich Umsatzsteuer. [5] Die Erstattung der Essensmarke (Arbeitgeberzuschuss) führt nicht zu einer steuerbaren Sachzuwendung an den Arbeitnehmer. [6] Der Arbeitgeber kann aus der Abrechnung des Gastwirts keinen Vorsteuerabzug geltend machen.

3. Vereinbart der Arbeitgeber mit einem selbständigen Kantinenpächter (z. B. Caterer), dass dieser die Kantine in den Räumen des Arbeitgebers betreibt und die Verpflegungsleistungen an die Arbeitnehmer im eigenen Namen und für eigene Rechnung erbringt, liegt ein Leistungsaustausch zwischen Caterer und Arbeitnehmer vor (vgl. BFH-Beschluss vom 18.7.2002, V B 112/01, BStBl. 2003 II S. 675).

Beispiel 3:

[1] Der Arbeitgeber und der Caterer vereinbaren, dass der Caterer die Preise für die Mittagsverpflegung mit dem Arbeitgeber abzustimmen hat. [2] Der Arbeitgeber zahlt dem Caterer einen jährlichen (pauschalen) Zuschuss (Arbeitgeberzuschuss). [3] Der Zuschuss wird anhand der Zahl der durchschnittlich ausgegebenen Essen je Kalenderjahr ermittelt oder basiert auf einem prognostizierten „Verlust" (Differenz zwischen den voraussichtlichen Zahlungen der Arbeitnehmer und Kosten der Mittagsverpflegung).

[4] Ein Leistungsaustausch zwischen Arbeitgeber und Caterer sowie zwischen Arbeitgeber und Arbeitnehmer besteht nicht. [5] Bemessungsgrundlage der sonstigen Leistung des Caterers an den Arbeitnehmer ist der von dem Arbeitnehmer an den Caterer gezahlte Essenspreis zuzüglich des ggf. gezahlten Arbeitgeberzuschusses. [6] Diese vom Arbeitgeber in pauschalierter Form gezahlten Beträge sind Entgelt von dritter Seite (vgl. Abschnitt 10.2 Abs. 5 Satz 5). [7] Da der Arbeitgeber keine Leistung vom Caterer erhält, ist er nicht zum Vorsteuerabzug aus der Zahlung des Zuschusses an den Caterer berechtigt.

(13) [1] In den Fällen, in denen Verpflegungsleistungen anlässlich einer unternehmerisch bedingten Auswärtstätigkeit des Arbeitnehmers vom Arbeitgeber empfangen und in voller Höhe getragen werden, kann der Arbeitgeber den Vorsteuerabzug aus den entstandenen Verpflegungskosten in Anspruch nehmen, wenn die Aufwendungen durch Rechnungen mit gesondertem Ausweis der Umsatzsteuer auf den Namen des Unternehmers oder durch Kleinbetragsrechnungen im Sinne des § 33 UStDV belegt sind. [2] Es liegt keine einer entgeltlichen Leistung gleichstellte unentgeltliche Wertabgabe vor. [3] Übernimmt der Arbeitgeber die Kosten des Arbeitnehmers für eine dienstlich veranlasste Hotelübernachtung einschließlich Frühstück und kürzt der Arbeitgeber wegen des Frühstücks dem Arbeitnehmer den ihm zustehenden Reisekostenzuschuss auch um einen höheren Betrag als den maßgeblichen Sachbezugswert, liegt keine entgeltliche Frühstücksgestellung des Arbeitgebers an den Arbeitnehmer vor.

(14) [1] Zu den unentgeltlichen Wertabgaben rechnen auch unentgeltliche Deputate, z. B. im Bergbau und in der Land- und Forstwirtschaft, und die unentgeltliche Abgabe von **Getränken und Genussmitteln** zum häuslichen Verzehr, z. B. Haustrunk im Brauereigewerbe, Freitabakwaren in der Tabakwarenindustrie. [2] Das Gleiche gilt für Sachgeschenke, Jubiläumsgeschenke und ähnliche Zuwendungen aus Anlass von Betriebsveranstaltungen, soweit diese

Zuwendungen weder Aufmerksamkeiten (vgl. Absatz 3) noch Leistungen im überwiegenden betrieblichen Interesse des Arbeitgebers (vgl. Absatz 4) sind. [3]Als Bemessungsgrundlage sind in diesen Fällen grundsätzlich die in § 10 Abs. 4 Satz 1 Nr. 1 UStG bezeichneten Werte anzusetzen. [4]Aus Vereinfachungsgründen kann von den nach den lohnsteuerrechtlichen Regelungen (vgl. R 8.1 Abs. 2, R 8.2 Abs. 2 LStR)[1)] ermittelten Werten ausgegangen werden.

(15) [1]Unentgeltliche **Beförderungen der Arbeitnehmer** von ihrem Wohnsitz, gewöhnlichen Aufenthaltsort oder von einer Sammelhaltestelle, z. B. einem Bahnhof, zum Arbeitsplatz durch betriebseigene Kraftfahrzeuge oder durch vom Arbeitgeber beauftragte Beförderungsunternehmer sind nach § 3 Abs. 9a Nr. 2 UStG steuerbar, sofern sie nicht im überwiegenden betrieblichen Interesse des Arbeitgebers liegen. [2]Nicht steuerbare Leistungen im überwiegenden betrieblichen Interesse sind z. B. in den Fällen anzunehmen, in denen

1. die Beförderung mit öffentlichen Verkehrsmitteln nicht oder nur mit unverhältnismäßig hohem Zeitaufwand durchgeführt werden könnte (vgl. BFH-Urteil vom 15.11.2007, V R 15/06, BStBl. 2009 II S. 423),
2. die Arbeitnehmer an ständig wechselnden Tätigkeitsstätten oder an verschiedenen Stellen eines weiträumigen Arbeitsgebiets eingesetzt werden, oder
3. im Einzelfall die Beförderungsleistungen wegen eines außergewöhnlichen Arbeitseinsatzes erforderlich werden oder wenn sie hauptsächlich dem Materialtransport an die Arbeitsstelle dienen und der Arbeitgeber dabei einige Arbeitnehmer unentgeltlich mitnimmt (vgl. BFH-Urteil vom 9.7.1998, V R 105/92, BStBl. II S. 635).

[3]Ergänzend wird auf das BFH-Urteil vom 11.5.2000, V R 73/99, BStBl. II S. 505, verwiesen. [4]Danach ist das Gesamtbild der Verhältnisse entscheidend. [5]Die Entfernung zwischen Wohnung und Arbeitsstätte ist nur ein Umstand, der neben anderen in die tatsächliche Würdigung einfließt.

(16) [1]Die Bemessungsgrundlage für die unentgeltlichen Beförderungsleistungen des Arbeitgebers richtet sich nach den bei der Ausführung der Umsätze entstandenen Ausgaben (§ 10 Abs. 4 Satz 1 Nr. 3 UStG). [2]Es ist nicht zu beanstanden, wenn der Arbeitgeber die entstandenen Ausgaben schätzt, soweit er die Beförderung mit betriebseigenen Fahrzeugen durchführt. [3]Die Bemessungsgrundlage für die Beförderungsleistungen eines Monats kann z. B. pauschal aus der Zahl der durchschnittlich beförderten Arbeitnehmer und aus dem Preis für eine Monatskarte für die kürzeste und weiteste gefahrene Strecke (Durchschnitt) abgeleitet werden.

Beispiel:

[1]Ein Unternehmer hat in einem Monat durchschnittlich 6 Arbeitnehmer mit einem betriebseigenen Fahrzeug unentgeltlich von ihrer Wohnung zur Arbeitsstätte befördert. [2]Die kürzeste Strecke von der Wohnung eines Arbeitnehmers zur Arbeitsstätte beträgt 10 km, die weiteste 30 km (Durchschnitt 20 km).

[1)] Nr. **20.**

[3] Die Bemessungsgrundlage für die Beförderungsleistungen in diesem Monat berechnet sich wie folgt:
6 Arbeitnehmer × 76 € (Monatskarte für 20 km) = 456 € abzüglich 29,83 € Umsatzsteuer (Steuersatz 7 %) = 426,17 €.

[4] Zur Anwendung der Steuerermäßigung des § 12 Abs. 2 Nr. 10 Buchstabe b UStG vgl. Abschnitt 12.15.

(17) [1] Werden von Verkehrsbetrieben die **Freifahrten** aus betrieblichen Gründen für den privaten, außerhalb des Dienstverhältnisses liegenden Bedarf der Arbeitnehmer, ihrer Angehörigen und der Pensionäre gewährt, sind die Freifahrten nach § 3 Abs. 9a Nr. 2 UStG steuerbar. [2] Die als Bemessungsgrundlage anzusetzenden Ausgaben sind nach den jeweiligen örtlichen Verhältnissen zu ermitteln und können im Allgemeinen mit 25 % des normalen Preises für den überlassenen Fahrausweis oder eines der Fahrberechtigung entsprechenden Fahrausweises angenommen werden. [3] Die Umsatzsteuer ist herauszurechnen.

(18) [1] Zur umsatzsteuerrechtlichen Behandlung der Überlassung von Fahrzeugen an Arbeitnehmer zu deren privater Nutzung vgl. Abschnitt 15.23 Abs. 8 bis 12. [2] Leistet der Arbeitnehmer in diesen Fällen Zuzahlungen, vgl. BMF-Schreiben vom 30.12.1997, BStBl. 1998 I S. 110.

(19) [1] Zur umsatzsteuerrechtlichen Behandlung unentgeltlicher oder verbilligter Reisen für Betriebsangehörige vgl. Abschnitt 25.3 Abs. 4. [2] Wendet ein Hersteller bei einem Verkaufswettbewerb ausgelobte Reiseleistungen seinen Vertragshändlern unter der Auflage zu, die Reisen bestimmten Arbeitnehmern zu gewähren, kann der Händler steuerbare Reiseleistungen an seine Arbeitnehmer ausführen. [3] Wendet der Hersteller Reiseleistungen unmittelbar Arbeitnehmern seiner Vertragshändler zu, erbringt der Vertragshändler insoweit keine steuerbaren Leistungen an seine Arbeitnehmer (vgl. BFH-Urteil vom 16.3.1995, V R 128/92, BStBl. II S. 651).

1.9 Inland – Ausland

(1) [1] Das Inland umfasst das Hoheitsgebiet der Bundesrepublik Deutschland mit Ausnahme der in § 1 Abs. 2 Satz 1 UStG bezeichneten Gebiete, zu denen unter anderem die Freizonen im Sinne des Artikels 243 UZK[1)] gehören. [2] Es handelt sich dabei um die Freihäfen Bremerhaven und Cuxhaven, die vom übrigen deutschen Teil des Zollgebiets der Union getrennt sind. [3] Botschaften, Gesandtschaften und Konsulate anderer Staaten gehören selbst bei bestehender Exterritorialität zum Inland. [4] Das Gleiche gilt für Einrichtungen, die von Truppen anderer Staaten im Inland unterhalten werden. [5] Zum Inland gehört auch der Transitbereich deutscher Flughäfen (vgl. BFH-Urteil vom 3.11.2005, V R 63/02, BStBl. 2006 II S. 337).

(2) [1] Zum Ausland gehören das Drittlandsgebiet (einschließlich der Gebiete, die nach § 1 Abs. 2 Satz 1 UStG vom Inland ausgenommen sind) und das übrige Gemeinschaftsgebiet (vgl. Abschnitt 1.10). [2] Die österreichischen Gemeinden Mittelberg (Kleines Walsertal) und Jungholz in Tirol gehören zum Ausland im Sinne des § 1 Abs. 2 Satz 2 UStG; die Einfuhr in diesen Gebieten unterliegt jedoch der deutschen Einfuhrumsatzsteuer (§ 1 Abs. 1 Nr. 4 UStG).

[1)] **Zölle und Verbrauchsteuern** Nr. 1.

(3) Als Strandlinie im Sinne des § 1 Abs. 2 Satz 1 UStG gelten die normalen und geraden Basislinien im Sinne der Artikel 5 und 7 des Seerechtsübereinkommens der Vereinten Nationen vom 10.12.1982, das für Deutschland am 16.11.1994 in Kraft getreten ist (BGBl. 1994 II S. 1798, BGBl. 1995 II S. 602).

1.10 Gemeinschaftsgebiet – Drittlandsgebiet

(1)[1] [1]Das Gemeinschaftsgebiet umfasst das Inland der Bundesrepublik Deutschland im Sinne des § 1 Abs. 2 Satz 1 UStG sowie die unionsrechtlichen Inlandsgebiete der übrigen EU-Mitgliedstaaten (übriges Gemeinschaftsgebiet). [2]Zum übrigen Gemeinschaftsgebiet gehören:
- Belgien,
- Bulgarien,
- Dänemark (ohne Grönland und die Färöer),
- Estland,
- Finnland (ohne die Åland-Inseln),
- Frankreich (ohne Guadeloupe, Französisch-Guayana, Martinique, Mayotte, Réunion, Saint-Barthélemy und Saint Martin) zuzüglich des Fürstentums Monaco,
- Griechenland (ohne Berg Athos),
- Irland,
- Italien (ohne Livigno, Campione d'Italia und den zum italienischen Hoheitsgebiet gehörenden Teil des Luganer Sees),
- Kroatien,
- Lettland,
- Litauen,
- Luxemburg,
- Malta,
- Niederlande (ohne das überseeische Gebiet Aruba und ohne die Inseln Curaçao, Sint Maarten, Bonaire, Saba und Sint Eustatius),
- Österreich,
- Polen,
- Portugal (einschließlich Madeira und der Azoren),
- Rumänien,
- Schweden,
- Slowakei,
- Slowenien,
- Spanien (einschließlich Balearen, ohne Kanarische Inseln, Ceuta und Melilla),
- Tschechien,
- Ungarn,
- bis zum 31.12.2020: Vereinigtes Königreich Großbritannien und Nordirland (ohne die überseeischen Länder und Gebiete und die Selbstverwal-

---

[1] A 1.10 UStAE Abs. 1 Satz 2 26. und 27. Spiegelstrich neugef. durch BMF v. 10.12.2021, BStBl. I 2021, 2492; Anwendungsregelung siehe Anlage 8.

tungsgebiete der Kanalinseln Jersey und Guernsey) zuzüglich der Insel Man; zum umsatzsteuerrechtlichen Status von Nordirland ab dem 1.1.2021 vgl. Absatz 3,
– Zypern (ohne die Landesteile, in denen die Regierung der Republik Zypern keine tatsächliche Kontrolle ausübt) einschließlich der Hoheitszonen des Vereinigten Königreichs Großbritannien und Nordirland (Akrotiri und Dhekalia) auf Zypern; zu den ab dem 1.1.2021 geltenden Sonderregelungen hinsichtlich der Hoheitszonen vgl. Absatz 3.

(2)[1] [1] Das Drittlandsgebiet umfasst die Gebiete, die nicht zum Gemeinschaftsgebiet gehören, u. a. auch Andorra, Gibraltar, San Marino und den Vatikan. [2] Das Drittlandsgebiet umfasst nach dem 31.12.2020 grundsätzlich auch das Vereinigte Königreich Großbritannien und Nordirland. [3] Zu den ab dem 1.1.2021 geltenden Sonderregelungen vgl. Absatz 3.

(3)[1] [1] Für die Umsatzbesteuerung des Warenverkehrs wird Nordirland auch nach dem 31.12.2020 als zum Gemeinschaftsgebiet zugehörig behandelt. [2] Im Warenverkehr mit Nordirland finden daher auch nach diesem Zeitpunkt die für den innergemeinschaftlichen Handel geltenden Vorschriften zur Umsatzsteuer Anwendung (vgl. BMF-Schreiben vom 10.12.2020, BStBl. I S. 1370). [3] Nach dem 31.12.2020 ausgeführte Umsätze mit Ursprungs- oder Bestimmungsort in den britischen Hoheitszonen Akrotiri und Dhekelia auf Zypern gelten als Umsätze mit Ursprungs- oder Bestimmungsort in der Republik Zypern.

1.11 Umsätze in Freihäfen usw. (§ 1 Abs. 3 Satz 1 Nr. 1 bis 3 UStG)

(1) Unter § 1 Abs. 3 Satz 1 Nr. 1 UStG fallen z. B. der Verkauf von Tabakwaren aus Automaten in Freizonen im Sinne des Artikels 243 UZK[2] (Freihäfen) sowie Lieferungen und innergemeinschaftliche Erwerbe von Schiffsausrüstungsgegenständen, Treibstoff und Proviant an private Schiffseigentümer zur Ausrüstung und Versorgung von Wassersportfahrzeugen.

(2) Unter § 1 Abs. 3 Satz 1 Nr. 2 UStG fallen z. B. die Abgabe von Speisen und Getränken zum Verzehr an Ort und Stelle, Beförderungen für private Zwecke, Reparaturen an Wassersportfahrzeugen, die Veranstaltung von Wassersport-Lehrgängen und die Vermietung eines Röntgengerätes an einen Arzt.

(3) [1] Bei Lieferungen und sonstigen Leistungen an juristische Personen des öffentlichen Rechts sowie bei deren innergemeinschaftlichem Erwerb in den bezeichneten Gebieten enthält § 1 Abs. 3 Satz 2 UStG eine Vermutung, dass die Umsätze an diese Personen für ihren hoheitlichen und nicht für ihren unternehmerischen Bereich ausgeführt werden. [2] Der Unternehmer kann jedoch anhand von Aufzeichnungen und Belegen, z. B. durch eine Bescheinigung des Abnehmers, das Gegenteil glaubhaft machen.

---

[1] A 1.10 UStAE Abs. 2 Sätze 2 und 3 sowie Abs. 3 angef. durch BMF v. 10.12.2021, BStBl. I 2021, 2492; Anwendungsregelung siehe Anlage 8.

[2] **Zölle und Verbrauchsteuern** Nr. 1.

1.12 Freihafen-Veredelungsverkehr, Freihafenlagerung und einfuhrumsatzsteuerrechtlich freier Verkehr (§ 1 Abs. 3 Satz 1 Nr. 4 und 5 UStG)

(1) [1]Der Freihafen-Veredelungsverkehr im Sinne von § 12b EUStBV[1)] dient der Veredelung von Unionswaren (Artikel 5 Nr. 23 UZK),[1)] die in einer Freizone im Sinne des Artikels 243 UZK[1)] (Freihafen) bearbeitet oder verarbeitet und anschließend im Inland oder in den österreichischen Gebieten Jungholz und Mittelberg eingeführt werden. [2]Die vorübergehende Lagerung von Unionswaren kann nach § 12a EUStBV im Freihafen zugelassen werden, wenn dort für den Außenhandel geschaffene Anlagen sonst nicht wirtschaftlich ausgenutzt werden können und der Freihafen durch die Lagerung seinem Zweck nicht entfremdet wird. [3]Bei der Einfuhr der veredelten oder vorübergehend gelagerten Gegenstände im Inland oder in den österreichischen Gebieten Jungholz und Mittelberg wird keine Einfuhrumsatzsteuer erhoben.

(2) Steuerbare Lieferungen liegen nach § 1 Abs. 3 Satz 1 Nr. 4 Buchstabe a UStG vor, wenn sich der Lieferungsgegenstand im Zeitpunkt der jeweiligen Lieferung in einem zollamtlich bewilligten Freihafen-Veredelungsverkehr oder in einer zollamtlich besonders zugelassenen Freihafenlagerung befindet.

Beispiel:

[1]Der Unternehmer A in Hannover übersendet dem Freihafen-Unternehmer B Rohlinge. [2]Er beauftragt ihn, daraus Zahnräder herzustellen. [3]B versendet die von ihm im Rahmen eines bewilligten Freihafen-Veredelungsverkehrs gefertigten Zahnräder auf Weisung des A an dessen Abnehmer C in Lübeck. [4]Für die Einfuhr wird keine Einfuhrumsatzsteuer erhoben.

[5]Die nach § 3 Abs. 6 UStG im Freihafen bewirkte Lieferung des A an C ist nach § 1 Abs. 3 Satz 1 Nr. 4 Buchstabe a UStG wie eine Lieferung im Inland zu behandeln.

(3) Steuerbare Lieferungen nach § 1 Abs. 3 Satz 1 Nr. 4 Buchstabe a UStG liegen nicht vor, wenn der Lieferungsgegenstand nicht in das Inland gelangt oder wenn die Befreiung von der Einfuhrumsatzsteuer auf anderen Vorschriften als den §§ 12a oder 12b EUStBV[1)] beruht.

(4) Durch die Regelung des § 1 Abs. 3 Satz 1 Nr. 4 Buchstabe b UStG werden insbesondere in Abholfällen technische Schwierigkeiten beim Abzug der Einfuhrumsatzsteuer als Vorsteuer vermieden.

Beispiel:

[1]Ein Importeur lässt einen im Freihafen lagernden, aus dem Drittlandsgebiet stammenden Gegenstand bei einer vorgeschobenen Zollstelle (§ 21 Abs. 2a UStG) in den freien Verkehr überführen (Artikel 201 UZK).[1)] [2]Anschließend veräußert er den Gegenstand. [3]Der Abnehmer holt den Gegenstand im Freihafen ab und verbringt ihn in das Inland.

[4]Die Lieferung des Importeurs unterliegt nach § 1 Abs. 3 Satz 1 Nr. 4 Buchstabe b UStG der Umsatzsteuer. [5]Er kann die entstandene Einfuhrumsatzsteuer nach § 15 Abs. 1 Satz 1 Nr. 2 UStG als Vorsteuer abziehen. [6]Der Abnehmer ist unter den Voraussetzungen des § 15 UStG zum Vorsteuerabzug berechtigt.

(5) [1]Unter § 1 Abs. 3 Satz 1 Nr. 5 UStG fallen insbesondere die sonstigen Leistungen des Veredelers, des Lagerhalters und des Beförderungsunternehmers im Rahmen eines zollamtlich bewilligten Freihafen-Veredelungsverkehrs oder einer zollamtlich besonders zugelassenen Freihafenlagerung. [2]Beförde-

---

[1)] **Steuergesetze** Nr. **518** (EUStBV), **Zölle und Verbrauchsteuern** Nr. **1** (UZK).

rungen der veredelten Gegenstände aus dem Freihafen in das Inland sind deshalb insgesamt steuerbar und auf Grund des § 4 Nr. 3 Satz 1 Buchstabe a Doppelbuchstabe bb Satz 2 UStG auch insgesamt steuerpflichtig.

Zu § 1a UStG

1a.1 Innergemeinschaftlicher Erwerb[1)]

(1) [1]Ein innergemeinschaftlicher Erwerb setzt insbesondere voraus, dass an den Erwerber eine Lieferung ausgeführt wird und der Gegenstand dieser Lieferung aus dem Gebiet eines EU-Mitgliedstaates in das Gebiet eines anderen EU-Mitgliedstaates oder aus dem übrigen Gemeinschaftsgebiet in die in § 1 Abs. 3 UStG bezeichneten Gebiete gelangt. [2]Zum Begriff Gegenstand vgl. Abschnitt 3.1 Abs. 1. [3]Ein Gegenstand gelangt aus dem Gebiet eines EU-Mitgliedstaates in das Gebiet eines anderen EU-Mitgliedstaates, wenn die Beförderung oder Versendung durch den Lieferer oder durch den Abnehmer im Gebiet des einen EU-Mitgliedstaates beginnt und im Gebiet des anderen EU-Mitgliedstaates endet. [4]Dies gilt auch dann, wenn die Beförderung oder Versendung im Drittlandsgebiet beginnt und der Gegenstand im Gebiet eines EU-Mitgliedstaates der Einfuhrumsatzsteuer unterworfen wird, bevor er in das Gebiet des anderen EU-Mitgliedstaates gelangt. [5]Kein Fall des innergemeinschaftlichen Erwerbs liegt demnach vor, wenn die Ware aus einem Drittland im Wege der Durchfuhr durch das Gebiet eines anderen EU-Mitgliedstaates in das Inland gelangt und erst hier einfuhrumsatzsteuerrechtlich zur Überlassung zum freien Verkehr abgefertigt wird. [6]Als innergemeinschaftlicher Erwerb gegen Entgelt gilt auch das innergemeinschaftliche Verbringen eines Gegenstands in das Inland (vgl. Abschnitt 1a.2). [7]Bei der Lieferung von Gas über das Erdgasnetz und von Elektrizität liegt kein innergemeinschaftlicher Erwerb und kein innergemeinschaftliches Verbringen vor (vgl. Abschnitt 3g.1 Abs. 6). [8]Zur Bemessungsgrundlage eines innergemeinschaftlichen Erwerbs von werthaltigen Abfällen vgl. Abschnitt 10.5 Abs. 2.

(2) [1]Ein innergemeinschaftlicher Erwerb ist bei einem Unternehmer, der ganz oder zum Teil zum Vorsteuerabzug berechtigt ist, unabhängig von einer Erwerbsschwelle steuerbar. [2]Bei

a) einem Unternehmer, der nur steuerfreie Umsätze ausführt, die zum Ausschluss vom Vorsteuerabzug führen,

b) einem Unternehmer, für dessen Umsätze Umsatzsteuer nach § 19 Abs. 1 UStG nicht erhoben wird,

c) einem Unternehmer, der den Gegenstand zur Ausführung von Umsätzen verwendet, für die die Steuer nach den Durchschnittssätzen des § 24 UStG festgesetzt ist, oder

d) einer juristischen Person des öffentlichen oder privaten Rechts, die nicht Unternehmer ist oder den Gegenstand nicht für ihr Unternehmen erwirbt,

1) Zum Vorsteuerabzug vgl. A 15.10 Abs. 2 und 3 UStAE.

liegt ein steuerbarer innergemeinschaftlicher Erwerb nur vor, wenn der Gesamtbetrag der innergemeinschaftlichen Erwerbe nach § 1a Abs. 1 Nr. 1 und Abs. 2 UStG aus allen EU-Mitgliedstaaten mit Ausnahme der Erwerbe neuer Fahrzeuge und verbrauchsteuerpflichtiger Waren über der Erwerbsschwelle von 12 500 € liegt oder wenn nach § 1a Abs. 4 UStG zur Erwerbsbesteuerung optiert wird. [3]Bei dem in Satz 2 genannten Personenkreis unterliegt der innergemeinschaftliche Erwerb neuer Fahrzeuge und verbrauchsteuerpflichtiger Waren unabhängig von der Erwerbsschwelle stets der Erwerbsbesteuerung. [4]Liegen die Voraussetzungen der Sätze 2 und 3 nicht vor, ist die Besteuerung des Lieferers zu prüfen (vgl. Abschnitt 3c.1). [5]Wurde die Erwerbsschwelle im vorangegangenen Kalenderjahr nicht überschritten und ist zu erwarten, dass sie auch im laufenden Kalenderjahr nicht überschritten wird, kann die Erwerbsbesteuerung unterbleiben, auch wenn die tatsächlichen innergemeinschaftlichen Erwerbe im Laufe des Kalenderjahres die Grenze von 12 500 € überschreiten. [6]Der Erwerber kann auf die Anwendung der Erwerbsschwelle verzichten; als Verzicht gilt auch die Verwendung einer dem Erwerber erteilten USt-IdNr. gegenüber dem Lieferer. [7]Der Verzicht bindet den Erwerber mindestens für zwei Kalenderjahre. [8]Bei einem Verzicht auf die Anwendung der Erwerbsschwelle unterliegt der Erwerb in jedem Fall der Erwerbsbesteuerung nach § 1a Abs. 1 und 2 UStG.

(3) [1]Juristische Personen des öffentlichen Rechts haben grundsätzlich alle in ihrem Bereich vorgenommenen innergemeinschaftlichen Erwerbe zusammenzufassen. [2]Bei den Gebietskörperschaften Bund und Länder können auch einzelne Organisationseinheiten (z. B. Ressorts, Behörden, Ämter) für ihre innergemeinschaftlichen Erwerbe als Steuerpflichtige behandelt werden. [3]Dabei wird aus Vereinfachungsgründen davon ausgegangen, dass die Erwerbsschwelle überschritten ist. [4]In diesem Fall können die einzelnen Organisationseinheiten eine eigene USt-IdNr. erhalten (vgl. Abschnitt 27a.1 Abs. 3).

1a.2 Innergemeinschaftliches Verbringen

Allgemeines

(1)[1)] [1]Das innergemeinschaftliche Verbringen eines Gegenstands gilt unter den Voraussetzungen des § 3 Abs. 1a UStG als Lieferung und unter den entsprechenden Voraussetzungen des § 1a Abs. 2 UStG als innergemeinschaftlicher Erwerb gegen Entgelt. [2]Satz 1 gilt nicht in den Fällen des § 6b Abs. 1 UStG. [3]Ein innergemeinschaftliches Verbringen liegt vor, wenn ein Unternehmer

- einen Gegenstand seines Unternehmens aus dem Gebiet eines EU-Mitgliedstaates (Ausgangsmitgliedstaat) zu seiner Verfügung in das Gebiet eines anderen EU-Mitgliedstaates (Bestimmungsmitgliedstaat) befördert oder versendet und
- den Gegenstand im Bestimmungsmitgliedstaat nicht nur vorübergehend verwendet.

---

1) A 1a.2 UStAE Abs. 1 Satz 2 eingef., bish. Sätze 2 und 3 werden Sätze 3 und 4 durch BMF v. 10.12.2021, BStBl. I 2021, 2492; Anwendungsregelung siehe Anlage 8.

[4]Der Unternehmer gilt im Ausgangsmitgliedstaat als Lieferer, im Bestimmungsmitgliedstaat als Erwerber.

(2) [1]Ein innergemeinschaftliches Verbringen, bei dem der Gegenstand vom Inland in das Gebiet eines anderen EU-Mitgliedstaates gelangt, ist nach § 3 Abs. 1a UStG einer Lieferung gegen Entgelt gleichgestellt. [2]Diese Lieferung gilt nach § 6a Abs. 2 UStG als innergemeinschaftliche Lieferung, die unter den weiteren Voraussetzungen des § 6a UStG nach § 4 Nr. 1 Buchstabe b UStG steuerfrei ist. [3]Ein innergemeinschaftliches Verbringen, bei dem der Gegenstand aus dem übrigen Gemeinschaftsgebiet in das Inland gelangt, gilt nach § 1a Abs. 2 UStG als innergemeinschaftlicher Erwerb gegen Entgelt. [4]Lieferung und innergemeinschaftlicher Erwerb sind nach dem Einkaufspreis zuzüglich der Nebenkosten für den Gegenstand oder mangels eines Einkaufspreises nach den Selbstkosten, jeweils zum Zeitpunkt des Umsatzes und ohne Umsatzsteuer, zu bemessen (§ 10 Abs. 4 Satz 1 Nr. 1 UStG). [5]§ 3c UStG ist bei einem innergemeinschaftlichen Verbringen nicht anzuwenden.

Voraussetzungen

(3) [1]Ein Verbringen ist innergemeinschaftlich, wenn der Gegenstand auf Veranlassung des Unternehmers vom Ausgangsmitgliedstaat in den Bestimmungsmitgliedstaat gelangt. [2]Es ist unerheblich, ob der Unternehmer den Gegenstand selbst befördert oder ob er die Beförderung durch einen selbständigen Beauftragten ausführen oder besorgen lässt.

(4) [1]Ein innergemeinschaftliches Verbringen setzt voraus, dass der Gegenstand im Ausgangsmitgliedstaat bereits dem Unternehmen zugeordnet war und sich bei Beendigung der Beförderung oder Versendung im Bestimmungsmitgliedstaat weiterhin in der Verfügungsmacht des Unternehmers befindet. [2]Diese Voraussetzung ist insbesondere dann erfüllt, wenn der Gegenstand von dem im Ausgangsmitgliedstaat gelegenen Unternehmensteil erworben, hergestellt oder in diesen EU-Mitgliedstaat eingeführt, zur Verfügung des Unternehmers in den Bestimmungsmitgliedstaat verbracht und anschließend von dem dort gelegenen Unternehmensteil auf Dauer verwendet oder verbraucht wird.

Beispiel:

[1]Der französische Unternehmer F verbringt eine Maschine aus seinem Unternehmen in Frankreich in seinen Zweigbetrieb nach Deutschland, um sie dort auf Dauer einzusetzen. [2]Der deutsche Zweigbetrieb kauft in Deutschland Heizöl und verbringt es in die französische Zentrale, um damit das Bürogebäude zu beheizen.

[3]F bewirkt mit dem Verbringen der Maschine nach § 1a Abs. 2 UStG einen innergemeinschaftlichen Erwerb in Deutschland. [4]Das Verbringen des Heizöls ist in Deutschland eine innergemeinschaftliche Lieferung im Sinne des § 3 Abs. 1a i. V. m. § 6a Abs. 2 UStG.

(5) [1]Weitere Voraussetzung ist, dass der Gegenstand zu einer nicht nur vorübergehenden Verwendung durch den Unternehmer in den Bestimmungsmitgliedstaat gelangt. [2]Diese Voraussetzung ist immer dann erfüllt, wenn der Gegenstand in dem dort gelegenen Unternehmensteil entweder dem Anlagevermögen zugeführt oder als Roh-, Hilfs- oder Betriebsstoff verarbeitet oder verbraucht wird.

(6)[1)] [1]Eine nicht nur vorübergehende Verwendung liegt auch dann vor, wenn der Unternehmer den Gegenstand mit der konkreten Absicht in den Bestimmungsmitgliedstaat verbringt, ihn dort (unverändert) an einen noch nicht feststehenden Abnehmer weiterzuliefern. [2]In den vorgenannten Fällen ist es nicht erforderlich, dass der Unternehmensteil im Bestimmungsmitgliedstaat die abgabenrechtlichen Voraussetzungen einer Betriebsstätte (vgl. Abschnitt 3a.1 Abs. 3) erfüllt. [3]Verbringt der Unternehmer Gegenstände zum Zweck des Verkaufs außerhalb einer Betriebsstätte in den Bestimmungsmitgliedstaat und gelangen die nicht verkauften Waren unmittelbar anschließend wieder in den Ausgangsmitgliedstaat zurück, kann das innergemeinschaftliche Verbringen aus Vereinfachungsgründen auf die tatsächlich verkaufte Warenmenge beschränkt werden.

Beispiel:

[1]Der niederländische Blumenhändler N befördert im eigenen Lkw Blumen nach Köln, um sie dort auf dem Wochenmarkt zu verkaufen. [2]Die nicht verkauften Blumen nimmt er am selben Tag wieder mit zurück in die Niederlande.

[3]N bewirkt in Bezug auf die verkauften Blumen einen innergemeinschaftlichen Erwerb nach § 1a Abs. 2 UStG in Deutschland. [4]Er hat den Verkauf der Blumen als Inlandslieferung zu versteuern. [5]Das Verbringen der nicht verkauften Blumen ins Inland muss nicht als innergemeinschaftlicher Erwerb im Sinne des § 1a Abs. 2 UStG, das Zurückverbringen der nicht verkauften Blumen nicht als innergemeinschaftliche Lieferung im Sinne des § 3 Abs. 1a in Verbindung mit § 6a Abs. 2 UStG behandelt werden.

[4]Steht der Abnehmer bei der im übrigen Gemeinschaftsgebiet beginnenden Beförderung oder Versendung bereits fest, liegt kein innergemeinschaftliches Verbringen, sondern eine Beförderungs- oder Versendungslieferung vor, die grundsätzlich mit Beginn der Beförderung oder Versendung im übrigen Gemeinschaftsgebiet als ausgeführt gilt (§ 3 Abs. 6 Satz 1 UStG). [5]Hiervon ist auszugehen, wenn der Abnehmer die Ware bei Beginn der Beförderung oder Versendung bereits verbindlich bestellt oder bezahlt hat (vgl. BFH-Urteil vom 16.11.2016, V R 1/16, BStBl. 2017 II S. 1079) und § 6b UStG bereits dem Grunde nach keine Anwendung findet bzw. von Seiten des liefernden Unternehmers und späteren Erwerbers § 6b UStG keine Anwendung finden soll. [6]In diesem Fall steht es der Annahme einer Beförderungs- oder Versendungslieferung nicht entgegen, wenn

- die Ware von dem mit der Versendung Beauftragten zunächst in ein inländisches Lager des Lieferanten gebracht und erst nach Eingang der Zahlung durch eine Freigabeerklärung des Lieferanten an den Abnehmer („shipment on hold") herausgegeben wird (vgl. BFH-Urteil vom 30.7.2008, XI R 67/07, BStBl. 2009 II S. 552), oder
- [1]die Ware kurzzeitig (für einige Tage oder Wochen) in einem auf Initiative des Abnehmers eingerichteten Auslieferungs- oder Konsignationslager im Inland, welches nicht in den Anwendungsbereich der Konsignationslagerregelung nach § 6b UStG fällt, zwischengelagert wird und der Abnehmer vertraglich ein uneingeschränktes Zugriffsrecht auf die Ware hat (vgl. BFH-Urteil vom 20.10.2016, V R 31/15, BStBl. 2017 II S. 1076). [2]Es liegt dann

---

[1)] A 1a.2 UStAE Abs. 6 Satz 5 und Satz 6 2. Spiegelstrich Satz 1 neugef., Satz 10 angef. durch BMF v. 10.12.2021, BStBl. I 2021, 2492; Anwendungsregelung siehe Anlage 8.

nur eine kurze Unterbrechung, aber kein Abbruch der begonnenen Beförderung oder Versendung vor.
[7]Ein im Zeitpunkt des Beginns der Beförderung oder Versendung nur wahrscheinlicher Abnehmer ohne tatsächliche Abnahmeverpflichtung ist nicht einem zu diesem Zeitpunkt bereits feststehenden Abnehmer gleichzustellen (vgl. BFH-Urteil vom 20.10.2016, V R 31/15, a.a.O.). [8]In derartigen Fällen stellt die Einlagerung von Ware aus dem übrigen Gemeinschaftsgebiet in ein inländisches Auslieferungs- oder Konsignationslager ein innergemeinschaftliches Verbringen durch den liefernden Unternehmer im Sinne des § 1a Abs. 2 UStG dar. [9]Die Lieferung an den Abnehmer findet in derartigen Fällen erst mit der Entnahme der Ware aus dem Lager statt und ist folglich im Inland steuerbar. [10]Die Sätze 4, 5, 7 und 8 finden bei Anwendung der Konsignationslagerregelung nach § 6b UStG keine Anwendung.

(7)[1)] [1]Bei der Verkaufskommission liegt zwar eine Lieferung des Kommittenten an den Kommissionär erst im Zeitpunkt der Lieferung des Kommissionsguts an den Abnehmer vor (vgl. BFH-Urteil vom 25.11.1986, V R 102/78, BStBl. 1987 II S. 278). [2]Gelangt das Kommissionsgut bei der Zurverfügungstellung an den Kommissionär vom Ausgangs- in den Bestimmungsmitgliedstaat, kann die Lieferung des Kommittenten an den Kommissionär jedoch nach dem Sinn und Zweck der Regelung bereits zu diesem Zeitpunkt als erbracht angesehen werden. [3]Gleichzeitig ist demnach der innergemeinschaftliche Erwerb beim Kommissionär der Besteuerung zu unterwerfen. [4]Die Sätze 1 bis 3 gelten nicht in den Fällen des § 6b UStG.

(8) Bei einer grenzüberschreitenden Organschaft (vgl. Abschnitt 2.9) sind Warenbewegungen zwischen den im Inland und den im übrigen Gemeinschaftsgebiet gelegenen Unternehmensteilen Lieferungen, die beim liefernden inländischen Unternehmensteil nach § 3 Abs. 1 i.V.m. § 6a Abs. 1 UStG, beim erwerbenden inländischen Unternehmensteil nach § 1a Abs. 1 Nr. 1 UStG zu beurteilen sind.

Ausnahmen

(9) [1]Nach dem Wortlaut der gesetzlichen Vorschriften ist das Verbringen zu einer nur vorübergehenden Verwendung von der Lieferungs- und Erwerbsfiktion ausgenommen. [2]Diese Ausnahmeregelung ist unter Beachtung von Artikel 17 und 23 MwStSystRL[2)] auszulegen. [3]Danach liegt kein innergemeinschaftliches Verbringen vor, wenn die Verwendung des Gegenstands im Bestimmungsmitgliedstaat

- ihrer Art nach nur vorübergehend ist (vgl. Absätze 10 und 11) oder
- befristet ist (vgl. Absätze 12 und 13).

Der Art nach vorübergehende Verwendung

(10) Eine ihrer Art nach vorübergehende Verwendung liegt in folgenden Fällen vor:

---

1) A 1a.2 UStAE Abs. 7 Satz 4 angef. durch BMF v. 10.12.2021, BStBl. I 2021, 2492; Anwendungsregelung siehe Anlage 8.

2) **Steuergesetze** Nr. **550.**

1. [1]Der Unternehmer verwendet den Gegenstand bei einer Werklieferung, die im Bestimmungsmitgliedstaat steuerbar ist. [2]Es ist gleichgültig, ob der Gegenstand Bestandteil der Lieferung wird und im Bestimmungsmitgliedstaat verbleibt oder ob er als Hilfsmittel verwendet wird und später wieder in den Ausgangsmitgliedstaat zurückgelangt.

Beispiel 1:

[1]Der deutsche Bauunternehmer D errichtet in Frankreich ein Hotel. [2]Er verbringt zu diesem Zweck Baumaterial und einen Baukran an die Baustelle. [3]Der Baukran gelangt nach Fertigstellung des Hotels nach Deutschland zurück.
[4]Das Verbringen des Baumaterials und des Baukrans ist keine innergemeinschaftliche Lieferung im Sinne des § 3 Abs. 1a und § 6a Abs. 2 UStG. [5]Beim Zurückgelangen des Baukrans in das Inland liegt ein innergemeinschaftlicher Erwerb im Sinne des § 1a Abs. 2 UStG nicht vor.

2. Der Unternehmer verbringt den Gegenstand im Rahmen oder in unmittelbarem Zusammenhang mit einer sonstigen Leistung in den Bestimmungsmitgliedstaat.

Beispiel 2:

a) Der deutsche Unternehmer D vermietet eine Baumaschine an den niederländischen Bauunternehmer N und verbringt die Maschine zu diesem Zweck in die Niederlande.

b) Der französische Gärtner F führt im Inland Baumschneidearbeiten aus und verbringt zu diesem Zweck Arbeitsmaterial und Leitern in das Inland.

In beiden Fällen ist ein innergemeinschaftliches Verbringen nicht anzunehmen (vgl. zu Buchstabe a BFH-Urteil vom 21.5.2014, V R 34/13, BStBl. II S. 914).

3. Der Unternehmer lässt an dem Gegenstand im Bestimmungsmitgliedstaat eine sonstige Leistung (z. B. Reparatur) ausführen und der reparierte Gegenstand gelangt wieder in den Ausgangsstaat zurück (vgl. EuGH-Urteil vom 6.3.2014, C-606/12 und C-607/12, Dresser-Rand).[1)]

4. Der Unternehmer überlässt einen Gegenstand an eine Arbeitsgemeinschaft als Gesellschafterbeitrag und verbringt den Gegenstand dazu in den Bestimmungsmitgliedstaat.

(11) [1]Bei einer ihrer Art nach vorübergehenden Verwendung kommt es auf die Dauer der tatsächlichen Verwendung des Gegenstands im Bestimmungsmitgliedstaat nicht an. [2]Geht der Gegenstand unter, nachdem er in den Bestimmungsmitgliedstaat gelangt ist, gilt er in diesem Zeitpunkt als geliefert. [3]Das Gleiche gilt, wenn zunächst eine ihrer Art nach vorübergehende Verwendung vorlag, der Gegenstand aber dann im Bestimmungsmitgliedstaat veräußert wird (z. B. wenn ein Gegenstand zunächst vermietet und dann verkauft wird; vgl. BFH-Urteil vom 21.5.2014, V R 34/13, BStBl. II S. 914).

Befristete Verwendung

(12) [1]Von einer befristeten Verwendung ist auszugehen, wenn der Unternehmer einen Gegenstand in den Bestimmungsmitgliedstaat im Rahmen eines Vorgangs verbringt, für den bei einer entsprechenden Einfuhr im Inland wegen vorübergehender Verwendung eine vollständige Befreiung von den Einfuhrabgaben bestehen würde. [2]Die zu der zoll- und einfuhrumsatzsteuerrecht-

---

1) MwStR 2014, 237.

lichen Abgabenbefreiung erlassenen Rechts- und Verwaltungsvorschriften sind entsprechend anzuwenden. ³Dies gilt insbesondere für

- Artikel 250 bis 253 UZK[1] und
- Artikel 161 bis 183 und 204 bis 238 UZK-DA[2] sowie Artikel 258 bis 271, 322 und 323 UZK-IA.[2]

⁴Die Höchstdauer der Verwendung (Verwendungsfrist) ist danach grundsätzlich auf 24 Monate festgelegt (Artikel 251 Abs. 2 UZK); für bestimmte Gegenstände gelten kürzere Verwendungsfristen. ⁵Fälle der vorübergehenden Verwendung mit einer Verwendungsfrist von 24 Monaten sind z. B. die Verwendung von

- Paletten (Artikel 208 und 209 UZK-DA sowie Artikel 322 Abs. 2 UZK-IA);
- Container (Artikel 210 und 211 UZK-DA sowie Artikel 322 Abs. 3 UZK-IA);
- persönlichen Gebrauchsgegenständen und zu Sportzwecken verwendeter Waren (Artikel 219 UZK-DA);
- Betreuungsgut für Seeleute (Artikel 220 UZK-DA);
- Material für Katastropheneinsätze (Artikel 221 UZK-DA);
- medizinisch-chirurgischer und labortechnischer Ausrüstung (Artikel 222 UZK-DA);
- lebenden Tieren (Artikel 223 UZK-DA);
- in Grenzzonen verwendeten Waren im Sinne des Artikels 224 UZK-DA;
- Waren, die als Träger von Ton, Bild oder Informationen der Datenverarbeitung dienen oder ausschließlich zur Werbung verwendet werden (Artikel 225 UZK-DA);
- Berufsausrüstung (Artikel 226 UZK-DA);
- pädagogischem Material und wissenschaftlichem Gerät (Artikel 227 UZK-DA);
- Umschließungen (Artikel 228 UZK-DA);
- Formen, Matrizen, Klischees, Zeichnungen, Modellen, Geräten zum Messen, Überprüfen oder Überwachen und ähnlicher Gegenstände (Artikel 229 UZK-DA);
- Spezialwerkzeugen und -instrumenten (Artikel 230 UZK-DA);
- Waren, die Gegenstand von Tests, Experimenten oder Vorführungen sind (Artikel 231 Buchstabe a UZK-DA), sowie Waren, die im Rahmen eines Kaufvertrags einer Erprobung unterzogen werden (Artikel 231 Buchstabe b UZK-DA);
- Mustern in angemessenen Mengen, die ausschließlich zu Vorführ- und Ausstellungszwecken verwendet werden (Artikel 232 UZK-DA);
- Waren, die im Rahmen einer öffentlich zugänglichen Veranstaltung ausgestellt oder verwendet oder auf einer solchen Veranstaltung aus in das Verfahren der vorübergehenden Verwendung übergeführten Waren gewonnen werden (Artikel 234 Abs. 1 UZK-DA);
- Kunstgegenständen, Sammlungsstücken und Antiquitäten, die ausgestellt und gegebenenfalls verkauft werden, sowie anderer als neu hergestellter

[1] **Zölle und Verbrauchsteuern** Nr. **1.**
[2] **Zölle und Verbrauchsteuern** Nr. **4** bzw. **8.**

Waren, die im Hinblick auf ihre Versteigerung eingeführt wurden (Artikel 234 Abs. 3 UZK-DA);[1)]
- Ersatzteilen, Zubehör und Ausrüstungen, die für Zwecke der Ausbesserung, Wartungsarbeiten und Maßnahmen zum Erhalt für in das Verfahren der vorübergehenden Verwendung übergeführte Waren verwendet werden (Artikel 235 UZK-DA).

[6]Eine Verwendungsfrist von 18 Monaten gilt für zum eigenen Gebrauch verwendete Beförderungsmittel der See- und Binnenschifffahrt (Artikel 217 Buchstabe e UZK-DA).

[7]Eine Verwendungsfrist von 12 Monaten gilt für Schienenbeförderungsmittel (Artikel 217 Buchstabe a UZK-DA) sowie für Container, deren Ausrüstung und Zubehör (Artikel 217 Buchstabe f UZK-DA).

[8]Eine Verwendungsfrist von 6 Monaten gilt u. a. für
- Straßenbeförderungsmittel und Beförderungsmittel des Luftverkehrs, die jeweils zum eigenen Gebrauch verwendet werden (Artikel 217 Buchstaben c und d UZK-DA);
- Waren, die zur Durchführung von Tests, Experimenten oder Vorführungen ohne Gewinnabsicht verwendet werden (Artikel 231 Buchstabe c UZK-DA);
- Austauschproduktionsmittel, die einem Kunden vom Lieferanten oder Ausbesserer bis zur Lieferung oder Reparatur gleichartiger Waren vorübergehend zur Verfügung gestellt werden (Artikel 233 UZK-DA);
- Waren, die einer Person in der Union vom Eigentümer der Waren zur Ansicht geliefert werden, wobei diese Person das Recht hat, die Waren nach Ansicht zu erwerben (Artikel 234 Abs. 2 UZK-DA).

(13) [1]Werden die in Absatz 12 bezeichneten Verwendungsfristen überschritten, ist im Zeitpunkt des Überschreitens ein innergemeinschaftliches Verbringen mit den sich aus § 1a Abs. 2 und § 3 Abs. 1a UStG ergebenden Wirkungen anzunehmen. [2]Entsprechendes gilt, wenn der Gegenstand innerhalb der Verwendungsfrist untergeht oder veräußert (geliefert) wird. [3]Das Zurückgelangen des Gegenstands in den Ausgangsmitgliedstaat nach einer befristeten Verwendung ist umsatzsteuerrechtlich unbeachtlich.

(14) *(aufgehoben)*

Belegaustausch und Aufzeichnungspflichten

(15) Wegen des Belegaustauschs und der Aufzeichnungspflichten in Fällen des innergemeinschaftlichen Verbringens vgl. Abschnitte 14a.1 Abs. 5 und 22.3 Abs. 1.

Zu § 1b UStG

1b.1 Innergemeinschaftlicher Erwerb neuer Fahrzeuge

[1]Der entgeltliche innergemeinschaftliche Erwerb eines neuen Fahrzeugs unterliegt auch bei Privatpersonen, nichtunternehmerisch tätigen Personenvereinigungen und Unternehmern, die das Fahrzeug für ihren nichtunternehmeri-

---

1) **Zölle und Verbrauchsteuern** Nr. 4.

schen Bereich beziehen, der Besteuerung. [2]Fahrzeuge im Sinne des § 1b UStG sind zur Personen- oder Güterbeförderung bestimmte Wasserfahrzeuge, Luftfahrzeuge und motorbetriebene Landfahrzeuge, die die in § 1b Abs. 2 UStG bezeichneten Merkmale aufweisen. [3]Zu den Landfahrzeugen gehören insbesondere Personenkraftwagen, Lastkraftwagen, Motorräder, Motorroller, Mopeds, sog. Pocket-Bikes (vgl. BFH-Urteil vom 27.2.2014, V R 21/11, BStBl. II S. 501), motorbetriebene Wohnmobile und Caravans sowie landwirtschaftliche Zugmaschinen. [4]Die straßenverkehrsrechtliche Zulassung ist nicht erforderlich. [5]Keine Landfahrzeuge sind dagegen Wohnwagen, Packwagen und andere Anhänger ohne eigenen Motor, die nur von Kraftfahrzeugen mitgeführt werden können, sowie selbstfahrende Arbeitsmaschinen, die nach ihrer Bauart oder ihren besonderen, mit dem Fahrzeug fest verbundenen Einrichtungen nicht zur Beförderung von Personen oder Gütern bestimmt und geeignet sind. [6]Ein Fahrzeug im Sinne des § 1b Abs. 2 UStG ist neu, wenn ein Merkmal des § 1b Abs. 3 UStG erfüllt ist. [7]Der maßgebende Beurteilungszeitpunkt ist der Zeitpunkt der Lieferung im übrigen Gemeinschaftsgebiet und nicht der Zeitpunkt des Erwerbs im Inland (vgl. EuGH-Urteil vom 18.11.2010, C-84/09, X).[1] [8]Als erste Inbetriebnahme eines Fahrzeugs ist die erste Nutzung zur Personen- oder Güterbeförderung zu verstehen; bei Fahrzeugen, die einer Zulassung bedürfen, ist grundsätzlich davon auszugehen, dass der Zeitpunkt der Zulassung mit dem Zeitpunkt der ersten Inbetriebnahme identisch ist.

Zu § 1c UStG

1c.1 Ausnahme vom innergemeinschaftlichen Erwerb bei diplomatischen Missionen usw. (§ 1c Abs. 1 UStG)[2]

[1]Ständige diplomatische Missionen und berufskonsularische Vertretungen, zwischenstaatliche Einrichtungen und Streitkräfte anderer Vertragsparteien des Nordatlantikvertrags sind nach Maßgabe des § 1c Abs. 1 UStG vom innergemeinschaftlichen Erwerb nach § 1a UStG ausgenommen. [2]Diese Einrichtungen werden nicht dem in § 1a Abs. 1 Nr. 2 UStG genannten Personenkreis zugeordnet. [3]Dies hat zur Folge, dass
- diesen Einrichtungen grundsätzlich keine USt-IdNr. zu erteilen ist,
- bei Lieferungen aus anderen EU-Mitgliedstaaten an diese Einrichtungen der Ort der Lieferung unter den Voraussetzungen des § 3c UStG in das Inland verlagert wird und
- diese Einrichtungen nur beim innergemeinschaftlichen Erwerb eines neuen Fahrzeugs der Erwerbsbesteuerung nach § 1b UStG unterliegen.

[4]Soweit die genannten Einrichtungen Unternehmer im Sinne des § 2 UStG sind und den Gegenstand für ihr Unternehmen erwerben, ist die Ausnahmeregelung des § 1c Abs. 1 UStG nicht anzuwenden.

---

1) IStR 2010, 910.

2) Zu steuerfreien Lieferungen an zwischenstaatliche Einrichtungen vgl. § 4 Nr. 7 UStG und A 4.7.1 UStAE.

Zu § 2 UStG

2.1 Unternehmer

Allgemeines

(1) 1 Natürliche und juristische Personen sowie Personenzusammenschlüsse können Unternehmer sein. 2 Unternehmer ist jedes selbständig tätige Wirtschaftsgebilde, das nachhaltig Leistungen gegen Entgelt ausführt (vgl. BFH-Urteil vom 4.7.1956, V 56/55 U, BStBl. III S. 275) oder die durch objektive Anhaltspunkte belegte Absicht hat, eine unternehmerische Tätigkeit gegen Entgelt und selbständig auszuüben und erste Investitionsausgaben für diesen Zweck tätigt (vgl. BFH-Urteile vom 22.2.2001, V R 77/96, BStBl. 2003 II S. 426, und vom 8.3.2001, V R 24/98, BStBl. 2003 II S. 430). 3 Dabei kommt es weder auf die Rechtsform noch auf die Rechtsfähigkeit des Leistenden an (vgl. BFH-Urteil vom 21.4.1994, V R 105/91, BStBl. II S. 671). 4 Auch eine Personenvereinigung, die nur gegenüber ihren Mitgliedern tätig wird, kann z. B. mit der entgeltlichen Überlassung von Gemeinschaftsanlagen unternehmerisch tätig sein (vgl. BFH-Urteil vom 28.11.2002, V R 18/01, BStBl. 2003 II S. 443).

Gesellschaften und Gemeinschaften

(2) 1 Für die Unternehmereigenschaft einer Personengesellschaft ist es unerheblich, ob ihre Gesellschafter Mitunternehmer im Sinne des § 15 Abs. 1 Nr. 2 EStG sind (vgl. BFH-Urteil vom 18.12.1980, V R 142/73, BStBl. 1981 II S. 408). 2 Unternehmer kann auch eine Bruchteilsgemeinschaft sein.[1)] 3 Vermieten Ehegatten mehrere in ihrem Bruchteilseigentum stehende Grundstücke, ist die jeweilige Bruchteilsgemeinschaft ein gesonderter Unternehmer, wenn auf Grund unterschiedlicher Beteiligungsverhältnisse im Vergleich mit den anderen Bruchteilsgemeinschaften eine einheitliche Willensbildung nicht gewährleistet ist (vgl. BFH-Urteile vom 25.3.1993, V R 42/89, BStBl. II S. 729, und vom 29.4.1993, V R 38/89, BStBl. II S. 734). 4 Ob der Erwerber eines Miteigentumsanteils eines vermieteten Grundstücks Unternehmer ist oder nicht, hängt von der Art der Überlassung seines Miteigentumsanteils an die Gemeinschaft ab. 5 Die zivilrechtliche Stellung als Mitvermieter ist für die Unternehmereigenschaft allein nicht ausreichend (vgl. BFH-Urteil vom 27.6.1995, V R 36/94, BStBl. II S. 915). 6 Überträgt ein Vermietungsunternehmer das Eigentum an dem vermieteten Grundstück zur Hälfte auf seinen Ehegatten, ist nunmehr allein die neu entstandene Bruchteilsgemeinschaft Unternehmer (vgl. BFH-Urteil vom 6.9.2007, V R 41/05, BStBl. 2008 II S. 65).

Leistender

(3) 1 Wem eine Leistung als Unternehmer zuzurechnen ist, richtet sich danach, wer dem Leistungsempfänger gegenüber als Schuldner der Leistung auftritt. 2 Dies ergibt sich regelmäßig aus den abgeschlossenen zivilrechtlichen Vereinbarungen. 3 Leistender ist in der Regel derjenige, der die Lieferungen

---

1) Siehe aber BFH v. 22.11.2018 V R 65/17, DStR 2019, 265: „Eine Bruchteilsgemeinschaft kann nicht Unternehmer sein." (Änderung der Rspr.).

oder sonstigen Leistungen im eigenen Namen gegenüber einem anderen selbst oder durch einen Beauftragten ausführt. [4]Ob eine Leistung dem Handelnden oder einem anderen zuzurechnen ist, hängt grundsätzlich davon ab, ob der Handelnde gegenüber Dritten im eigenen Namen oder berechtigterweise im Namen eines anderen bei Ausführung entgeltlicher Leistungen aufgetreten ist. [5]Somit ist ein sog. Strohmann, der im eigenen Namen Gegenstände verkauft und dem Abnehmer die Verfügungsmacht einräumt, umsatzsteuerrechtlich Leistender (vgl. BFH-Urteil vom 28.1.1999, V R 4/98, BStBl. II S. 628, und BFH-Beschluss vom 31.1.2002, V B 108/01, BStBl. 2004 II S. 622). [6]Bei Schein- oder Strohmanngeschäften können die Leistungen jedoch auch einer anderen als der nach außen auftretenden Person (Strohmann) zuzurechnen sein.[1)] [7]Das ist jedenfalls dann der Fall, wenn das Rechtsgeschäft zwischen dem Leistungsempfänger und dem Strohmann nur zum Schein abgeschlossen worden ist und der Leistungsempfänger wusste oder davon ausgehen musste, dass der als Leistender Auftretende (Strohmann) keine eigene Verpflichtung aus dem Rechtsgeschäft eingehen und dementsprechend auch keine eigenen Leistungen versteuern wollte (BFH-Beschluss vom 31.1.2002, V B 108/01, a. a. O.). [8]Zur Frage des Vorsteuerabzugs aus Rechnungen über Strohmanngeschäfte vgl. Abschnitt 15.2a Abs. 2.

Einzelfälle

(4) [1]Schließt eine Arbeitsgemeinschaft des Baugewerbes allein die Bauverträge mit dem Auftraggeber ab, entstehen unmittelbare Rechtsbeziehungen nur zwischen dem Auftraggeber und der Arbeitsgemeinschaft, nicht aber zwischen dem Auftraggeber und den einzelnen Mitgliedern der Gemeinschaft. [2]In diesem Fall ist die Arbeitsgemeinschaft Unternehmer (vgl. BFH-Urteil vom 21.5.1971, V R 117/67, BStBl. II S. 540). [3]Zur Frage des Leistungsaustauschs zwischen einer Arbeitsgemeinschaft des Baugewerbes und ihren Mitgliedern vgl. Abschnitt 1.6 Abs. 8. [4]Nach außen auftretende Rechtsanwaltsgemeinschaften können auch mit den Notariatsgeschäften ihrer Mitglieder Unternehmer sein (vgl. BFH-Urteile vom 5.9.1963, V 117/60 U, BStBl. III S. 520, vom 17.12.1964, V 228/62 U, BStBl. 1965 III S. 155, und vom 27.8. 1970, V R 72/66, BStBl. II S. 833). [5]Zur Bestimmung des Leistenden, wenn in einer Sozietät zusammengeschlossene Rechtsanwälte Testamentsvollstreckungen ausführen, vgl. BFH-Urteil vom 13.3.1987, V R 33/79, BStBl. II S. 524. [6]Zur Frage, wer bei einem Sechs-Tage-Rennen Werbeleistungen an die Prämienzahler bewirkt, vgl. BFH-Urteil vom 28.11.1990, V R 31/85, BStBl. 1991 II S. 381. [7]Zur Frage, wer bei der Durchführung von Gastspielen (z. B. Gastspiel eines Theaterensembles) als Veranstalter anzusehen ist, vgl. BFH-Urteil vom 11.8.1960, V 188/58 U, BStBl. III S. 476. [8]Zur steuerlichen Behandlung einer aus Mietern und Grundstückseigentümern bestehenden Werbegemeinschaft vgl. Abschnitt 1.4 Abs. 5. [9]Zur steuerlichen Behandlung der Teilnahme an einem Wettbewerb zur Erzielung von Preisgeldern oder anderen Vergütungen vgl. Abschnitt 1.1 Abs. 24. [10]Zur Frage des Leistungsaustausches bei der Veranstaltung von Glücksspielen vgl. Abschnitt 1.1 Abs. 25.

[1)] Zur Rspr.-Änderung siehe aber BFH v. 10.11.2010 XI R 15/09, BFH/NV 2011, 867.

Innengesellschaften

(5) [1] Innengesellschaften, die ohne eigenes Vermögen, ohne Betrieb, ohne Rechtsfähigkeit und ohne Firma bestehen, sind umsatzsteuerrechtlich unbeachtlich, weil ihnen mangels Auftretens nach außen die Unternehmereigenschaft fehlt. [2] Unternehmer sind – beim Vorliegen der sonstigen Voraussetzungen – nur die an der Innengesellschaft beteiligten Personen oder Personenzusammenschlüsse (BFH-Urteil vom 11.11.1965, V 146/63 S, BStBl. 1966 III S. 28). [3] Zu den Innengesellschaften gehört auch die – typische oder atypische – stille Gesellschaft. [4] Eine besondere Art der Innengesellschaft ist die Meta-Verbindung (vgl. BFH-Urteil vom 21.12.1955, V 161/55 U, BStBl. 1956 III S. 58). [5] Bei einer Gewinnpoolung sind Unternehmer nur die beteiligten Personen, die ihre Geschäfte ebenfalls nach außen in eigenem Namen betreiben, im Gegensatz zur Meta-Verbindung aber nicht in einem Leistungsaustauschverhältnis miteinander stehen (vgl. BFH-Urteil vom 12.2.1970, V R 50/66, BStBl. II S. 477).

Sportveranstaltungen[1)]

(6) [1] Bei Sportveranstaltungen auf eigenem Sportplatz ist der Platzverein als Unternehmer anzusehen und mit den gesamten Einnahmen zur Umsatzsteuer heranzuziehen. [2] Der Gastverein hat die ihm aus dieser Veranstaltung zufließenden Beträge nicht zu versteuern. [3] Bei Sportveranstaltungen auf fremdem Platz hat der mit der Durchführung der Veranstaltung und insbesondere mit der Erledigung der Kassengeschäfte und der Abrechnung beauftragte Verein als Unternehmer die gesamten Einnahmen der Umsatzsteuer zu unterwerfen, während der andere Verein die ihm zufließenden Beträge nicht zu versteuern hat. [4] Tritt bei einer Sportveranstaltung nicht einer der beteiligten Vereine, sondern der jeweilige Verband als Veranstalter auf, hat der veranstaltende Verband die Gesamteinnahmen aus der jeweiligen Veranstaltung zu versteuern, während die Einnahmeanteile der beteiligten Vereine nicht der Umsatzsteuer unterworfen werden.

Insolvenzverwalter, Testamentsvollstrecker

(7)[2)] [1] Wird ein Unternehmen von einem Zwangsverwalter im Rahmen seiner Verwaltungstätigkeit nach § 152 Abs. 1 ZVG,[3)] einem vorläufigen Insolvenzverwalter oder einem Insolvenzverwalter geführt, ist nicht dieser der Unternehmer, sondern der Inhaber der Vermögensmasse, für die er tätig wird (vgl. BFH-Urteil vom 23.6.1988, V R 203/83, BStBl. II S. 920, für den Zwangsverwalter und BFH-Urteile vom 20.2.1986, V R 16/81, BStBl. II S. 579, und vom 16.7.1987, V R 80/82, BStBl. II S. 691, für den Konkursverwalter nach der KO). [2] Dieselben Grundsätze gelten auch dann, wenn ein zum Nachlass gehörendes Unternehmen vom Testamentsvollstrecker als solchem für den Erben fortgeführt wird. [3] Führt ein Testamentsvollstrecker jedoch ein Handelsgeschäft als Treuhänder der Erben im eigenen Namen

---

1) Zu Sportvereinen vgl. A 1.4, A 2.10, A 4.12.11, A 4.22.2 u. A 12.9 Abs. 6 UStAE.

2) Zur Zwangsverwaltung von Grundstücken vgl. A 16.1 Abs. 1 Satz 2 UStAE und BMF v. 8.6.1992, BStBl. I 1992, 397.

3) **Schönfelder** Nr. **108**.

weiter, ist er der Unternehmer und Steuerschuldner (vgl. BFH-Urteil vom 11.10.1990, V R 75/85, BStBl. 1991 II S. 191). [4]Zur verfahrensrechtlichen Besonderheit bei der Zwangsverwaltung von mehreren Grundstücken vgl. Abschnitt 18.6 Abs. 4.

2.2 Selbständigkeit

Allgemeines

(1) [1]Eine selbständige Tätigkeit liegt vor, wenn sie auf eigene Rechnung und auf eigene Verantwortung ausgeübt wird. [2]Ob Selbständigkeit oder Unselbständigkeit anzunehmen ist, richtet sich grundsätzlich nach dem Innenverhältnis zum Auftraggeber. [3]Aus dem Außenverhältnis zur Kundschaft lassen sich im Allgemeinen nur Beweisanzeichen herleiten (vgl. BFH-Urteil vom 6.12.1956, V 137/55 U, BStBl. 1957 III S. 42). [4]Dabei kommt es nicht allein auf die vertragliche Bezeichnung, die Art der Tätigkeit oder die Form der Entlohnung an. [5]Entscheidend ist das Gesamtbild der Verhältnisse. [6]Es müssen die für und gegen die Selbständigkeit sprechenden Umstände gegeneinander abgewogen werden; die gewichtigeren Merkmale sind dann für die Gesamtbeurteilung maßgebend (vgl. BFH-Urteile vom 24.11.1961, VI 208/61 U, BStBl. 1962 III S. 125, und vom 30.5.1996, V R 2/95, BStBl. II S. 493). [7]Arbeitnehmer und damit nicht selbständig tätig kann auch sein, wer nach außen wie ein Kaufmann auftritt (vgl. BFH-Urteil vom 15.7.1987, X R 19/80, BStBl. II S. 746). [8]Unternehmerstellung und Beitragspflicht zur gesetzlichen Sozialversicherung schließen sich im Regelfall aus (vgl. BFH-Urteil vom 25.6.2009, V R 37/08, BStBl. II S. 873).

Natürliche Personen

(2)[1)] [1]Die Frage der Selbständigkeit natürlicher Personen ist für die Umsatzsteuer, Einkommensteuer und Gewerbesteuer nach denselben Grundsätzen zu beurteilen (vgl. BFH-Urteile vom 2.12.1998, X R 83/96, BStBl. 1999 II S. 534, und vom 11.10.2007, V R 77/05, BStBl. 2008 II S. 443, sowie H 19.0 (Allgemeines) LStH).[2)] [2]Dies gilt jedoch nicht, wenn Vergütungen für die Ausübung einer bei Anwendung dieser Grundsätze nicht selbständig ausgeübten Tätigkeit ertragsteuerrechtlich auf Grund der Sonderregelung des § 15 Abs. 1 Satz 1 Nr. 2 EStG zu Gewinneinkünften umqualifiziert werden, sowie bei der Beurteilung der Selbständigkeit von Aufsichtsratsmitgliedern, deren Tätigkeit nach § 18 Abs. 1 Nr. 3 EStG als selbständig qualifiziert wird. [3]Zur Nichtselbständigkeit des Gesellschafters einer Personengesellschaft bei der Wahrnehmung von Geschäftsführungs- und Vertretungsleistungen vgl. BFH-Urteil vom 14.4.2010, XI R 14/09, BStBl. 2011 II S. 433. [4]Geschäftsführungsleistungen eines GmbH-Geschäftsführers können als selbständig im Sinne des § 2 Abs. 2 Nr. 1 UStG zu beurteilen sein. [5]Die Organstellung des GmbH-Geschäftsführers steht dem nicht entgegen (BFH-Urteil vom 10.3.2005, V R 29/03,

---

1) A 2.2 UStAE Abs. 2 Satz 2 neugef., Satz 7 aufgeh. durch BMF v. 8.7.2021, BStBl. I 2021, 919, mit Übergangsregelung für alle **bis einschl. 31.12.2021** ausgeführten Leistungen; siehe Anlage 8.

2) Nr. **20**.

BStBl. II S. 730). [6]Auch ein Mitglied eines Vereinsvorstands kann im Rahmen seiner Geschäftsführungstätigkeit gegenüber dem Verein selbständig tätig werden (vgl. BFH-Urteil vom 14.5.2008, XI R 70/07, BStBl. II S. 912).

Beispiel 1:

[1]Der Aktionär einer AG erhält von dieser eine Tätigkeitsvergütung für seine Geschäftsführungsleistung gegenüber der AG. [2]Zwischen den Parteien ist ein Arbeitsvertrag geschlossen, der u. a. Urlaubsanspruch, feste Arbeitszeiten, Lohnfortzahlung im Krankheitsfall und Weisungsgebundenheit regelt und bei Anwendung der für das Ertrag- und Umsatzsteuerrecht einheitlichen Abgrenzungskriterien zu Einkünften aus nichtselbständiger Arbeit führt.
[3]Der Aktionär ist auch umsatzsteuerrechtlich nicht selbständig tätig.

Beispiel 2:

[1]Der Kommanditist einer KG erhält von dieser eine Tätigkeitsvergütung für seine Geschäftsführungsleistung gegenüber der KG. [2]Zwischen den Parteien ist ein Arbeitsvertrag geschlossen, der u. a. Urlaubsanspruch, feste Arbeitszeiten, Lohnfortzahlung im Krankheitsfall und Weisungsgebundenheit regelt und bei Anwendung der für das Ertrag- und Umsatzsteuerrecht einheitlichen Abgrenzungskriterien zu Einkünften aus nichtselbständiger Arbeit führen würde.
[3]Einkommensteuerrechtlich erzielt der Kommanditist aus der Tätigkeit Einkünfte aus Gewerbebetrieb nach § 15 Abs. 1 Satz 1 Nr. 2 EStG; umsatzsteuerrechtlich ist er dagegen nicht selbständig tätig.

Beispiel 3:

[1]Ein bei einer Komplementär-GmbH angestellter Geschäftsführer, der gleichzeitig Kommanditist der GmbH & Co. KG ist, erbringt Geschäftsführungs- und Vertretungsleistungen gegenüber der GmbH.
[2]Aus ertragsteuerrechtlicher Sicht wird unterstellt, dass die Tätigkeit selbständig ausgeübt wird; die Vergütung für die Geschäftsführungs- und Vertretungsleistung gegenüber der Komplementär-GmbH gehört zu den Einkünften als (selbständiger) Mitunternehmer der KG und wird zu gewerblichen Einkünften im Sinne des § 15 Abs. 1 Satz 1 Nr. 2 EStG umqualifiziert.
[3]In umsatzsteuerrechtlicher Hinsicht ist die Frage der Selbständigkeit jedoch weiterhin unter Anwendung der allgemeinen Grundsätze zu klären.

(3)[1)] [1]Fahrlehrer, denen keine Fahrschulerlaubnis erteilt ist, können im Verhältnis zu dem Inhaber der Fahrschule selbständig sein (vgl. BFH-Urteil vom 17.10.1996, V R 63/94, BStBl. 1997 II S. 188). [2]Ein Rundfunksprecher, der einer Rundfunkanstalt auf Dauer zur Verfügung steht, kann auch dann nicht als Unternehmer beurteilt werden, wenn er von der Rundfunkanstalt für jeden Einzelfall seiner Mitwirkung durch besonderen Vertrag verpflichtet wird (BFH-Urteil vom 14.10.1976, V R 137/73, BStBl. 1977 II S. 50). [3]Wegen der Behandlung der Versicherungsvertreter, Hausgewerbetreibenden und Heimarbeiter vgl. R 15.1 Abs. 1 und 2 EStR.[2)] [4]Eine natürliche Person ist mit ihrer Tätigkeit im Rahmen eines Arbeitnehmer-Überlassungsvertrages Arbeitnehmer und nicht Unternehmer im Rahmen eines Werk- oder Dienstvertrages (vgl. BFH-Urteil vom 20.4.1988, X R 40/81, BStBl. II S. 804). [5]Ein Rechtsanwalt, der für eine Rechtsanwaltskanzlei als Insolvenzverwalter tätig wird, ist insoweit nicht als Unternehmer zu beurteilen. [6]Dies gilt sowohl für einen angestellten als auch für einen an der Kanzlei als Gesellschafter beteiligten Rechtsanwalt, selbst wenn dieser ausschließlich als Insolvenzverwalter tätig ist und im eigenen Namen handelt.

---

1) A 2.2 UStAE Abs. 3 Satz 1 aufgeh., bish. Sätze 2 bis 7 werden Sätze 1 bis 6 durch BMF v. 8.7.2021, BStBl. I 2021, 919, mit Übergangsregelung für alle **bis einschl. 31.12.2021** ausgeführten Leistungen; siehe Anlage 8.

2) Nr. **1**.

(3a)[1)] [1]Trägt das Mitglied eines Aufsichtsrats aufgrund einer nicht variablen Festvergütung kein Vergütungsrisiko, ist es nicht selbständig tätig. [2]Die Vergütung kann sowohl in Geldzahlungen als auch in Sachzuwendungen bestehen. [3]Eine Festvergütung im Sinne des Satzes 1 liegt insbesondere im Fall einer pauschalen Aufwandsentschädigung vor, die für die Dauer der Mitgliedschaft im Aufsichtsrat gezahlt wird. [4]Sitzungsgelder, die das Mitglied des Aufsichtsrats nur erhält, wenn es tatsächlich an der Sitzung teilnimmt, sowie nach dem tatsächlichen Aufwand bemessene Aufwandsentschädigungen sind keine Festvergütung im Sinne des Satzes 1. [5]Besteht die Vergütung des Aufsichtsratsmitglieds sowohl aus festen als auch variablen Bestandteilen, ist es grundsätzlich selbständig tätig, wenn die variablen Bestandteile im Kalenderjahr mindestens 10 % der gesamten Vergütung, einschließlich erhaltener Aufwandsentschädigungen, betragen. [6]Reisekostenerstattungen sind keine Vergütungsbestandteile und demzufolge bei der Ermittlung der 10 %-Grenze nicht zu berücksichtigen. [7]Die Sätze 1 bis 6 sind für jedes Mandat eines Aufsichtsrates separat zu prüfen. [8]Ausnahmen von der Festlegung in Satz 5 sind in begründeten Fällen möglich. [9]Das Mitglied eines Aufsichtsrats trägt nicht schon deshalb ein Vergütungsrisiko, weil seine Vergütung nachträglich für mehrere Jahre ausgezahlt wird. [10]Trägt das Mitglied des Aufsichtsrats kein Vergütungsrisiko, ist es nicht deshalb selbständig tätig, weil es unter den Voraussetzungen des § 116 AktG für pflichtwidriges Verhalten haftet. [11]Bei Beamten und anderen Bediensteten einer Gebietskörperschaft, die die Tätigkeit als Aufsichtsratsmitglied auf Verlangen, Vorschlag oder Veranlassung ihres Arbeitgebers oder Dienstherren übernommen haben und nach beamten- oder dienstrechtlichen Vorschriften verpflichtet sind, die Vergütung bis auf einen festgelegten Betrag an den Arbeitgeber bzw. Dienstherren abzuführen, ist es bei einem bestehenden Vergütungsrisiko nicht zu beanstanden, wenn diese allein auf Grund dieser Tätigkeit ebenfalls als nicht selbständig tätig behandelt werden. [12]Für Mitglieder der Bundes- oder einer Landesregierung gilt Satz 11 entsprechend, soweit sie im Zusammenhang mit ihrer Zugehörigkeit zur Regierung einem Aufsichtsrat angehören und einer zumindest teilweisen öffentlich-rechtlichen Abführungspflicht unterliegen. [13]Die Sätze 1 bis 12 gelten auch für Mitglieder von Ausschüssen, die der Aufsichtsrat nach § 107 Abs. 3 AktG bestellt hat und für Mitglieder von anderen Gremien, die nicht der Ausübung, sondern der Kontrolle der Geschäftsführung einer juristischen Person oder Personenvereinigung dienen.

(4) [1]Natürliche Personen können zum Teil selbständig, zum Teil unselbständig sein. [2]In Krankenhäusern angestellte Ärzte sind nur insoweit selbständig tätig, als ihnen für die Behandlung von Patienten ein von dem Krankenhaus unabhängiges Liquidationsrecht zusteht (vgl. BFH-Urteil vom 5.10.2005, VI R 152/01, BStBl. 2006 II S. 94). [3]Auch die Tätigkeit der Honorarprofessoren ohne Lehrauftrag wird selbständig ausgeübt. [4]Ein Arbeitnehmer kann mit der Vermietung seines Pkw an den Arbeitgeber selbständig tätig werden (vgl. BFH-Urteil vom 11.10.2007, V R 77/05, BStBl. 2008 II S. 443). [5]Zur

---

1) A 2.2 UStAE Abs. 3a eingef. durch BMF v. 8.7.2021, BStBl. I 2021, 919, mit Übergangsregelung für alle **bis einschl. 31.12.2021** ausgeführten Leistungen; siehe Anlage 8.

Frage, ob eine Neben- und Aushilfstätigkeit selbständig oder unselbständig ausgeübt wird, vgl. H 19.2 LStH.[1)]

Personengesellschaften

(5) [1] Eine Personengesellschaft ist selbständig, wenn sie nicht ausnahmsweise nach § 2 Abs. 2 UStG in das Unternehmen eines Organträgers eingegliedert ist (vgl. Abschnitt 2.8 Abs. 2 Satz 5). [2] Nicht rechtsfähige Personenvereinigungen können als kollektive Zusammenschlüsse von Arbeitnehmern zwecks Anbietung der Arbeitskraft gegenüber einem gemeinsamen Arbeitgeber unselbständig sein (vgl. BFH-Urteil vom 8.2.1979, V R 101/78, BStBl. II S. 362).

Juristische Personen

(6) [1] Eine Kapitalgesellschaft ist stets selbständig, wenn sie nicht nach § 2 Abs. 2 UStG in das Unternehmen eines Organträgers eingegliedert ist; dies gilt insbesondere hinsichtlich ihrer gegen Entgelt ausgeübten Geschäftsführungs- und Vertretungsleistungen gegenüber einer Personengesellschaft (BFH-Urteil vom 6.6.2002, V R 43/01, BStBl. 2003 II S. 36). [2] Auch das Weisungsrecht der Gesellschafterversammlung gegenüber der juristischen Person als Geschäftsführerin führt nicht zur Unselbständigkeit. [3] Ist eine KG mehrheitlich an ihrer Komplementär-GmbH beteiligt, kann die Komplementär-GmbH ihre Tätigkeit jedoch nicht selbständig ausüben, vgl. Abschnitt 2.8 Abs. 2 Satz 8.

Beispiel 1:

[1] Die Komplementär-GmbH erbringt Geschäftsführungs- und Vertretungsleistungen gegen Sonderentgelt an die KG. [2] Der Kommanditist dieser KG ist gleichzeitig Geschäftsführer der Komplementär-GmbH.

[3] Die Komplementär-GmbH ist mit ihren Geschäftsführungs- und Vertretungsleistungen selbständig tätig. [4] Diese werden von der Komplementär-GmbH an die KG im Rahmen eines umsatzsteuerbaren Leistungsaustausches erbracht, auch wenn z. B. die Vergütung unmittelbar an den Geschäftsführer der Komplementär-GmbH gezahlt wird.

Beispiel 2:

[1] Die Komplementär-GmbH einer GmbH & Co. KG erbringt Geschäftsführungs- und Vertretungsleistungen gegen Sonderentgelt an die KG, die gleichzeitig Alleingesellschafterin ihrer Komplementär-GmbH ist, wodurch die Mehrheit der Stimmrechte in der Gesellschafterversammlung der Komplementär-GmbH gewährleistet ist. [2] Die Komplementär-GmbH ist finanziell in das Unternehmen der KG eingegliedert.

[3] Bei Vorliegen der übrigen Eingliederungsvoraussetzungen übt sie ihre Geschäftsführungs- und Vertretungsleistungen gegenüber der KG nicht selbständig (§ 2 Abs. 2 Nr. 2 UStG) aus.

(7) [1] Regionale Untergliederungen (Landes-, Bezirks-, Ortsverbände) von Großvereinen sind neben dem Hauptverein selbständige Unternehmer, wenn sie über eigene satzungsgemäße Organe (Vorstand, Mitgliederversammlung) verfügen und über diese auf Dauer nach außen im eigenen Namen auftreten sowie eine eigene Kassenführung haben. [2] Es ist nicht erforderlich, dass die regionalen Untergliederungen – neben der Satzung des Hauptvereins – noch eine eigene Satzung haben. [3] Zweck, Aufgabe und Organisation der Untergliederungen können sich aus der Satzung des Hauptvereins ergeben.

---

1) Nr. **20**.

2.3 Gewerbliche oder berufliche Tätigkeit

(1) [1]Der Begriff der gewerblichen oder beruflichen Tätigkeit im Sinne des UStG geht über den Begriff des Gewerbebetriebes nach dem EStG und dem GewStG hinaus (vgl. BFH-Urteil vom 5.9.1963, V 117/60 U, BStBl. III S. 520). [2]Eine gewerbliche oder berufliche Tätigkeit setzt voraus, dass Leistungen im wirtschaftlichen Sinn ausgeführt werden. [3]Betätigungen, die sich nur als Leistungen im Rechtssinn, nicht aber zugleich auch als Leistungen im wirtschaftlichen Sinne darstellen, werden von der Umsatzsteuer nicht erfasst. [4]Leistungen, bei denen ein über die reine Entgeltentrichtung hinausgehendes eigenes wirtschaftliches Interesse des Entrichtenden nicht verfolgt wird, sind zwar Leistungen im Rechtssinn, aber keine Leistungen im wirtschaftlichen Sinn (vgl. BFH-Urteil vom 31.7.1969, V 94/65, BStBl. II S. 637). [5]Die Unterhaltung von Giro-, Bauspar- und Sparkonten sowie das Eigentum an Wertpapieren begründen für sich allein noch nicht die Unternehmereigenschaft einer natürlichen Person (vgl. BFH-Urteile vom 1.2.1973, V R 2/70, BStBl. II S. 172, und vom 11.10.1973, V R 14/73, BStBl. 1974 II S. 47).

(1a) [1]Von der gewerblichen oder beruflichen Tätigkeit sind die nichtunternehmerischen Tätigkeiten zu unterscheiden. [2]Diese Tätigkeiten umfassen die nichtwirtschaftlichen Tätigkeiten i. e. S. und die unternehmensfremden Tätigkeiten. [3]Als unternehmensfremde Tätigkeiten gelten Entnahmen für den privaten Bedarf des Unternehmers als natürliche Person, für den privaten Bedarf seines Personals oder für private Zwecke des Gesellschafters (vgl. BFH-Urteile vom 3.3.2011, V R 23/10, BStBl. 2012 II S. 74 und vom 12.1.2011, XI R 9/08, BStBl. 2012 II S. 58). [4]Nichtwirtschaftliche Tätigkeiten i. e. S. sind alle nichtunternehmerischen Tätigkeiten, die nicht unternehmensfremd (privat) sind, z. B.:

- unentgeltliche Tätigkeiten eines Vereins, die aus ideellen Vereinszwecken verfolgt werden (vgl. BFH-Urteil vom 6.5.2010, V R 29/09, BStBl. II S. 885),
- hoheitliche Tätigkeiten juristischer Personen des öffentlichen Rechts (vgl. BFH-Urteil vom 3.3.2011, V R 23/10, BStBl. 2012 II S. 74),
- bloßes Erwerben, Halten und Veräußern von gesellschaftsrechtlichen Beteiligungen (vgl. Abs. 2 bis 4),
- Leerstand eines Gebäudes verbunden mit dauerhafter Nichtnutzung (vgl. BFH-Urteil vom 19.7.2011, XI R 29/09, BStBl. 2012 II S. 430; vgl. Abschnitt 15.2c Abs. 8 Beispiel 1).

Gesellschaftsrechtliche Beteiligungen

(2) [1]Das bloße Erwerben, Halten und Veräußern von gesellschaftsrechtlichen Beteiligungen ist keine unternehmerische Tätigkeit (vgl. EuGH-Urteile vom 14.11.2000, C-142/99, Floridienne und Berginvest,[1)] vom 27.9.2001, C-16/00, Cibo Participations[1)] und vom 29.4.2004, C-77/01, EDM).[1)] [2]Wer sich an einer Personen- oder Kapitalgesellschaft beteiligt, übt zwar eine „Tätigkeit zur Erzielung von Einnahmen" aus. [3]Gleichwohl ist er im Regelfall nicht Unternehmer im Sinne des UStG, weil Dividenden und andere Ge-

---

[1)] DStRE 2000, 1268. – DStR 2001, 1795. – DStRE 2004, 1095.

winnbeteiligungen aus Gesellschaftsverhältnissen nicht als umsatzsteuerrechtliches Entgelt im Rahmen eines Leistungsaustauschs anzusehen sind (vgl. EuGH-Urteil vom 21.10.2004, C-8/03, BBL).[1] [4]Soweit daneben eine weitergehende Geschäftstätigkeit ausgeübt wird, die für sich die Unternehmereigenschaft begründet, ist diese vom nichtunternehmerischen Bereich zu trennen. [5]Unternehmer, die neben ihrer unternehmerischen Betätigung auch Beteiligungen an anderen Gesellschaften halten, können diese Beteiligungen grundsätzlich nicht dem Unternehmen zuordnen. [6]Bei diesen Unternehmern ist deshalb eine Trennung des unternehmerischen Bereichs vom nichtunternehmerischen Bereich geboten. [7]Dieser Grundsatz gilt für alle Unternehmer gleich welcher Rechtsform (vgl. BFH-Urteil vom 20.12.1984, V R 25/76, BStBl. 1985 II S. 176).

(3) [1]Auch Erwerbsgesellschaften können gesellschaftsrechtliche Beteiligungen im nichtunternehmerischen Bereich halten. [2]Dies bedeutet, dass eine Holding, deren Zweck sich auf das Halten und Verwalten gesellschaftsrechtlicher Beteiligungen beschränkt und die keine Leistungen gegen Entgelt erbringt (sog. Finanzholding), nicht Unternehmer im Sinne des § 2 UStG ist. [3]Demgegenüber ist eine Holding, die im Sinne einer einheitlichen Leitung aktiv in das laufende Tagesgeschäft ihrer Tochtergesellschaften eingreift (sog. Führungs- oder Funktionsholding), unternehmerisch tätig. [4]Wird eine Holding nur gegenüber einigen Tochtergesellschaften geschäftsleitend tätig, während sie Beteiligungen an anderen Tochtergesellschaften lediglich hält und verwaltet (sog. gemischte Holding), hat sie sowohl einen unternehmerischen als auch einen nichtunternehmerischen Bereich. [5]Das Erwerben, Halten und Veräußern einer gesellschaftsrechtlichen Beteiligung stellt nur dann eine unternehmerische Tätigkeit dar (vgl. EuGH-Urteil vom 6.2.1997, C-80/95, Harnas & Helm),[2]

1. soweit Beteiligungen im Sinne eines gewerblichen Wertpapierhandels gewerbsmäßig erworben und veräußert werden und dadurch eine nachhaltige, auf Einnahmeerzielungsabsicht gerichtete Tätigkeit entfaltet wird (vgl. BFH-Urteil vom 15.1.1987, V R 3/77, BStBl. II S. 512 und EuGH-Urteil vom 29.4.2004, C-77/01, EDM)[3] oder
2. wenn die Beteiligung nicht um ihrer selbst willen (bloßer Wille, Dividenden zu erhalten) gehalten wird, sondern der Förderung einer bestehenden oder beabsichtigten unternehmerischen Tätigkeit (z. B. Sicherung günstiger Einkaufskonditionen, Verschaffung von Einfluss bei potenziellen Konkurrenten, Sicherung günstiger Absatzkonditionen) dient (vgl. EuGH-Urteil vom 11.7.1996, C-306/94, Régie dauphinoise),[4] oder
3. [1]wenn, abgesehen von der Ausübung der Rechte als Gesellschafter oder Aktionär, unmittelbar in die Verwaltung der Gesellschaften, an denen die Beteiligung besteht, eingegriffen wird (vgl. EuGH-Urteil vom 20.6.1991, C-60/90, Polysar Investments Netherlands).[5] [2]Die Eingriffe müssen dabei

---

[1] DStRE 2005, 45.
[2] DStRE 1997, 210.
[3] DStRE 2004, 1095.
[4] EuZW 1997, 220.
[5] EuZW 1992, 702.

zwingend durch unternehmerische Leistungen im Sinne der § 1 Abs. 1 Nr. 1 und § 2 Abs. 1 UStG erfolgen. [3]Hierbei kann es sich z. B. um administrative, finanzielle, kaufmännische oder technische Dienstleistungen an die jeweilige Beteiligungsgesellschaft handeln (vgl. EuGH-Urteile vom 27.9.2001, C-16/00, Cibo Participations,[1)] vom 12.7.2001, C-102/00, Welthgrove,[1)] und vom 16.7.2015, C-108/14, Larentia + Minerva, und C-109/14, Marenave, BStBl. 2017 II S. 604).[2)]

(4) [1]Das Innehaben einer gesellschaftsrechtlichen Beteiligung fällt, abgesehen von den Fällen des gewerblichen Wertpapierhandels, nur dann in den Rahmen des Unternehmens, wenn die gesellschaftsrechtliche Beteiligung im Zusammenhang mit einer unternehmerischen Tätigkeit erworben, gehalten und veräußert wird. [2]Dabei reicht jedoch nicht jeder beliebige Zusammenhang zwischen dem Erwerb und Halten der gesellschaftsrechtlichen Beteiligung und der unternehmerischen Tätigkeit aus. [3]Vielmehr muss zwischen der gesellschaftsrechtlichen Beteiligung und der unternehmerischen Tätigkeit ein erkennbarer und objektiver wirtschaftlicher Zusammenhang bestehen (vgl. Abschnitt 15.2b Abs. 3). [4]Das ist der Fall, wenn die Aufwendungen für die gesellschaftsrechtliche Beteiligung zu den Kostenelementen der steuerbaren Ausgangsumsätze gehören (vgl. EuGH-Urteile vom 26.5.2005, C-465/03, Kretztechnik,[3)] und vom 16.7.2015, C-108/14, Larentia + Minerva, und C-109/14, Marenave, BStBl. 2017 II S. 604,[4)] sowie BFH-Urteile vom 10.4.1997, V R 26/96, BStBl. II S. 552, und vom 6.4.2016, V R 6/14, BStBl. 2017 II S. 577). [5]Zum Vorsteuerabzug beim Halten und Veräußern von gesellschaftsrechtlichen Beteiligungen siehe Abschnitt 15.22.

Nachhaltigkeit

(5) [1]Die gewerbliche oder berufliche Tätigkeit wird nachhaltig ausgeübt, wenn sie auf Dauer zur Erzielung von Entgelten angelegt ist (vgl. BFH-Urteile vom 30.7.1986, V R 41/76, BStBl. II S. 874, und vom 18.7.1991, V R 86/87, BStBl. II S. 776). [2]Ob dies der Fall ist, richtet sich nach dem Gesamtbild der Verhältnisse im Einzelfall. [3]Die für und gegen die Nachhaltigkeit sprechenden Merkmale müssen gegeneinander abgewogen werden. [4]Als Kriterien für die Nachhaltigkeit einer Tätigkeit kommen nach dem BFH-Urteil vom 18.7.1991, V R 86/87, a. a. O., insbesondere in Betracht:

- mehrjährige Tätigkeit,
- planmäßiges Handeln,
- auf Wiederholung angelegte Tätigkeit,
- die Ausführung mehr als nur eines Umsatzes,
- Vornahme mehrerer gleichartiger Handlungen unter Ausnutzung derselben Gelegenheit oder desselben dauernden Verhältnisses,
- langfristige Duldung eines Eingriffs in den eigenen Rechtskreis,
- Intensität des Tätigwerdens,

---

1) DStR 2001, 1795. – DStRE 2001, 1180.
2) DStR 2015, 1673.
3) DStR 2005, 965.
4) DStR 2015, 1673.

- Beteiligung am Markt,
- Auftreten wie ein Händler,
- Unterhalten eines Geschäftslokals,
- Auftreten nach außen, z. B. gegenüber Behörden.

(6) [1] Nachhaltig ist in der Regel:

- eine Verwaltungs- oder eine Auseinandersetzungs-Testamentsvollstreckung, die sich über mehrere Jahre erstreckt, auch wenn sie aus privatem Anlass vorgenommen wird (vgl. BFH-Urteile vom 7.8.1975, V R 43/71, BStBl. 1976 II S. 57, vom 26.9.1991, V R 1/87, vom 30.5.1996, V R 26/93, und vom 7.9.2006, V R 6/05, BStBl. 2007 II S. 148),
- die einmalige Bestellung eines Nießbrauchs an seinem Grundstück – Duldungsleistung – (vgl. BFH-Urteil vom 16.12.1971, V R 41/68, BStBl. 1972 II S. 238),
- die Vermietung allein eines Gegenstands durch den Gesellschafter einer Gesellschaft des bürgerlichen Rechts an die Gesellschaft (vgl. BFH-Urteil vom 7.11.1991, V R 116/86, BStBl. 1992 II S. 269),
- der An- und Verkauf mehrerer neuer Kfz, auch wenn es sich um „private Gefälligkeiten" gehandelt habe (vgl. BFH-Urteil vom 7.9.1995, V R 25/94, BStBl. 1996 II S. 109);
- die entgeltliche Unterlassung von Wettbewerb über einen längeren Zeitraum von z. B. fünf Jahren, wobei die vereinbarte Vergütung bereits ein Indiz für das wirtschaftliche Gewicht der Tätigkeit darstellt (vgl. BFH-Urteil vom 13.11.2003, V R 59/02, BStBl. 2004 II S. 472); nicht erforderlich ist ein enger Zusammenhang mit einer anderen Tätigkeit des Steuerpflichtigen oder die Absicht, in weiteren Fällen gegen Vergütung ein Wettbewerbsverbot einzugehen;
- der nicht nur vorübergehende, sondern auf Dauer angelegte Verkauf einer Vielzahl von Gegenständen über eine Internet-Plattform; die Beurteilung der Nachhaltigkeit hängt nicht von einer bereits beim Einkauf vorhandenen Wiederverkaufsabsicht ab (vgl. BFH-Urteil vom 26.4.2012, V R 2/11, BStBl. II S. 634);
- der planmäßige, wiederholte und mit erheblichem Organisationsaufwand verbundene Verkauf einer Vielzahl fremder Gebrauchsgegenstände über eine elektronische Handelsplattform; dieser Einstufung steht nicht entgegen, dass die Tätigkeit nur für kurze Dauer und ohne Gewinn ausgeübt wird und ein Wareneinkauf nicht festgestellt werden kann (vgl. BFH-Urteil vom 12.8.2015, XI R 43/13, BStBl. II S. 919).

[2] Nicht nachhaltig als Unternehmer wird dagegen tätig:

- ein Angehöriger einer Automobilfabrik, der von dieser unter Inanspruchnahme des Werksangehörigenrabatts fabrikneue Automobile erwirbt und diese nach einer Behaltefrist von mehr als einem Jahr wieder verkauft (vgl. BFH-Urteil vom 18.7.1991, V R 86/87, BStBl. II S. 776),
- ein Briefmarken- oder Münzsammler, der aus privaten Neigungen sammelt, soweit er Einzelstücke veräußert (wegtauscht), die Sammlung teilweise umschichtet oder die Sammlung ganz oder teilweise veräußert (vgl. BFH-Urteile vom 29.6.1987, X R 23/82, BStBl. II S. 744, und vom 16.7.1987, X R 48/82, BStBl. II S. 752) und

– wer ein Einzelunternehmen zu dem Zweck erwirbt, es unmittelbar in eine Personengesellschaft einzubringen, begründet keine unternehmerische Betätigung, weil damit regelmäßig keine auf gewisse Dauer angelegte geschäftliche Tätigkeit entfaltet wird (vgl. BFH-Urteil vom 15.1.1987, V R 3/77, BStBl. II S. 512).

(7) [1]Bei der Vermietung von Gegenständen, die ihrer Art nach sowohl für unternehmerische als auch für nichtunternehmerische Zwecke verwendet werden können (z. B. sog. Freizeitgegenstände), sind alle Umstände ihrer Nutzung zu prüfen, um festzustellen, ob sie tatsächlich zur nachhaltigen Erzielung von Einnahmen verwendet werden (vgl. EuGH-Urteil vom 26.9.1996, C-230/94, Enkler).[1)] [2]Die nur gelegentliche Vermietung eines derartigen, im Übrigen privat genutzten Gegenstands (z. B. Wohnmobil, Segelboot) durch den Eigentümer ist keine unternehmerische Tätigkeit. [3]Bei der Beurteilung, ob zur nachhaltigen Erzielung von Einnahmen vermietet wird, kann ins Gewicht fallen, dass

– nur ein einziger, seiner Art nach für die Freizeitgestaltung geeigneter Gegenstand angeschafft wurde,
– dieser überwiegend für private eigene Zwecke oder für nichtunternehmerische Zwecke des Ehegatten genutzt worden ist,
– der Gegenstand nur mit Verlusten eingesetzt und weitestgehend von dem Ehegatten finanziert und unterhalten wurde,
– er nur für die Zeit der tatsächlichen Vermietung versichert worden war und
– weder ein Büro noch besondere Einrichtungen (z. B. zur Unterbringung und Pflege des Gegenstands) vorhanden waren

(vgl. BFH-Urteil vom 12.12.1996, V R 23/93, BStBl. 1997 II S. 368).

Tätigkeit zur Erzielung von Einnahmen

(8) [1]Die Tätigkeit muss auf die Erzielung von Einnahmen gerichtet sein. [2]Die Absicht, Gewinn zu erzielen, ist nicht erforderlich. [3]Eine Tätigkeit zur Erzielung von Einnahmen liegt vor, wenn diese im Rahmen eines Leistungsaustauschs ausgeübt wird. [4]Die Unternehmereigenschaft setzt grundsätzlich voraus, dass Lieferungen oder sonstige Leistungen gegen Entgelt bewirkt werden. [5]Bei einem vorübergehenden Verzicht auf Einnahmen kann in der Regel nicht bereits eine unentgeltliche nichtunternehmerische Tätigkeit angenommen werden (vgl. BFH-Urteil vom 7.7.2005, V R 78/03, BStBl. II S. 849). [6]Zur Unternehmereigenschaft bei Vorbereitungshandlungen für eine beabsichtigte unternehmerische Tätigkeit, die nicht zu Umsätzen führt, vgl. Abschnitt 2.6 Abs. 1 bis 4.

(9) [1]Die entgeltliche Tätigkeit eines Kommanditisten als Mitglied eines Beirats, dem vor allem Zustimmungs- und Kontrollrechte übertragen sind, ist als unternehmerisch zu beurteilen (vgl. BFH-Urteil vom 24.8.1994, XI R 74/93, BStBl. 1995 II S. 150). [2]Dies gilt auch für die Tätigkeit einer GmbH als Liquidator einer GmbH & Co. KG, deren Geschäfte sie als alleiniger persönlich haftender Gesellschafter geführt hatte, wenn hierfür ein Sonderentgelt vereinbart wurde (vgl. BFH-Urteil vom 8.11.1995, V R 8/94, BStBl. 1996 II S. 176).

---

1) DStR 1996, 1686.

2.4 Forderungskauf und Forderungseinzug

(1) [1]Infolge des Urteils des EuGH vom 26.6.2003, C-305/01, MKG-Kraftfahrzeuge-Factoring, BStBl. 2004 II S. 688,[1)] ist der Forderungskauf, bei dem der Forderungseinzug durch den Forderungskäufer in eigenem Namen und für eigene Rechnung erfolgt, wie folgt zu beurteilen: [2]Im Falle des echten Factoring liegt eine unternehmerische Tätigkeit des Forderungskäufers (Factor) vor, wenn seine Dienstleistung im Wesentlichen darin besteht, dass der Forderungsverkäufer (Anschlusskunde) von der Einziehung der Forderung und dem Risiko ihrer Nichterfüllung entlastet wird (vgl. Rn. 49 und 52 des EuGH-Urteils vom 26.6.2003, C-305/01, a.a.O.). [3]Im Falle des unechten Factoring (der Anschlusskunde wird auf Grund eines dem Factor zustehenden Rückgriffsrechts bei Ausfall der Forderung nicht vom Ausfallrisiko der abgetretenen Forderung entlastet) gilt das Gleiche, wenn der Factor den Forderungseinzug übernimmt (vgl. Rn. 52 und 54 des EuGH-Urteils vom 26.6. 2003, C-305/01, a.a.O.). [4]Zur Übertragung zahlungsgestörter Forderungen mit Übernahme des Ausfallrisikos durch den Erwerber vgl. jedoch Absatz 8.

(2) [1]Im Falle des Forderungskaufs ohne Übernahme des tatsächlichen Forderungseinzugs durch den Forderungskäufer (Forderungseinzug durch den Forderungsverkäufer in eigenem Namen und für fremde Rechnung) übt der Forderungskäufer unabhängig davon, ob ihm ein Rückgriffsrecht gegen den Forderungsverkäufer zusteht oder nicht, zwar unter den weiteren Voraussetzungen des § 2 Abs. 1 UStG eine unternehmerische Tätigkeit aus; diese ist jedoch keine Factoringleistung im Sinne des o.g. EuGH-Urteils. [2]Dies gilt insbesondere für die Abtretung von Forderungen in den Fällen der stillen Zession, z.B. zur Sicherung im Zusammenhang mit einer Kreditgewährung, oder für den entsprechend gestalteten Erwerb von Forderungen „a forfait", z.B. bei Transaktionen im Rahmen sog. „Asset-Backed-Securities (ABS)"-Modelle. [3]Der Einzug einer Forderung durch einen Dritten in fremdem Namen und für fremde Rechnung (Inkasso) fällt ebenfalls nicht unter den Anwendungsbereich des EuGH-Urteils vom 26.6.2003, C-305/01, MKG-Kraftfahrzeuge-Factoring, BStBl. 2004 II S. 688;[2)] es liegt gleichwohl eine unternehmerische Tätigkeit vor.

Forderungsverkäufer

(3) [1]Beim Forderungskauf mit Übernahme des tatsächlichen Einzugs und ggf. des Ausfallrisikos durch den Forderungskäufer (Absatz 1 Sätze 2 und 3) erbringt der Forderungsverkäufer (Anschlusskunde) mit der Abtretung seiner Forderung keine Leistung an den Factor (BFH-Urteil vom 4.9.2003, V R 34/99, BStBl. 2004 II S. 667). [2]Vielmehr ist der Anschlusskunde Empfänger einer Leistung des Factors. [3]Die Abtretung seiner Forderung vollzieht sich im Rahmen einer nicht steuerbaren Leistungsbeistellung. [4]Dies gilt nicht in den Fällen des Forderungskaufs ohne Übernahme des tatsächlichen Einzugs der Forderung durch den Forderungskäufer (Absatz 2 Sätze 1 und 2). [5]Die Abtretung einer solchen Forderung stellt einen nach § 4 Nr. 8 Buchstabe c UStG

---

1) DStR 2003, 1253.
2) DStR 2003, 1253.

steuerfreien Umsatz im Geschäft mit Forderungen dar. [6]Mit dem Einzug der abgetretenen Forderung (Servicing) erbringt der Forderungsverkäufer dann keine weitere Leistung an den Forderungskäufer, wenn er auf Grund eines eigenen, vorbehaltenen Rechts mit dem Einzug der Forderung im eigenen Interesse tätig wird. [7]Beruht seine Tätigkeit dagegen auf einer gesonderten Vereinbarung, ist sie regelmäßig als Nebenleistung zu dem nach § 4 Nr. 8 Buchstabe c UStG steuerfreien Umsatz im Geschäft mit Forderungen anzusehen.

Forderungskäufer

(4) [1]Der wirtschaftliche Gehalt der Leistung des Factors (Absatz 1 Sätze 2 und 3, Absatz 3 Sätze 1 bis 3) besteht im Wesentlichen im Einzug von Forderungen. [2]Die Factoringleistung fällt in den Katalog der Leistungsbeschreibungen des § 3a Abs. 4 Satz 2 Nr. 6 Buchstabe a UStG (vgl. Abschnitt 3a.9 Abs. 17). [3]Die Leistung ist von der Steuerbefreiung nach § 4 Nr. 8 Buchstabe c UStG ausgenommen und damit grundsätzlich steuerpflichtig. [4]Eine ggf. mit der Factoringleistung einhergehende Kreditgewährung des Factors an den Anschlusskunden ist regelmäßig von untergeordneter Bedeutung und teilt daher als unselbständige Nebenleistung das Schicksal der Hauptleistung (vgl. BFH-Urteil vom 15.5.2012, XI R 28/10, BStBl. 2015 II S. 966). [5]Abweichend davon kann die Kreditgewährung jedoch dann als eigenständige Hauptleistung zu beurteilen sein, wenn sie eine eigene wirtschaftliche Bedeutung hat. [6]Hiervon ist insbesondere auszugehen, wenn die Forderung in mehreren Raten oder insgesamt nicht vor Ablauf eines Jahres nach der Übertragung fällig ist oder die Voraussetzungen des Abschnitts 3.11 Abs. 1 erfüllt sind.

(5) [1]Beim Forderungskauf ohne Übernahme des tatsächlichen Forderungseinzugs erbringt der Forderungskäufer keine Factoringleistung (vgl. Absatz 2 Sätze 1 und 2). [2]Der Forderungskauf stellt sich in diesen Fällen, sofern nicht lediglich eine Sicherungsabtretung vorliegt, umsatzsteuerrechtlich damit insgesamt als Rechtsgeschäft dar, bei dem der Forderungskäufer neben der Zahlung des Kaufpreises einen Kredit gewährt und der Forderungsverkäufer als Gegenleistung seine Forderung abtritt, auch wenn der Forderungskauf zivilrechtlich, handels- und steuerbilanziell nicht als Kreditgewährung, sondern als echter Verkauf („true sale“) zu betrachten ist. [3]Damit liegt ein tauschähnlicher Umsatz mit Baraufgabe vor (vgl. § 3 Abs. 12 Satz 2 UStG). [4]Umsatzsteuerrechtlich ist es ohne Bedeutung, ob die Forderungen nach Handels- und Ertragsteuerrecht beim Verkäufer oder beim Käufer zu bilanzieren sind. [5]Die Kreditgewährung in den Fällen der Sätze 1 bis 4 und des Absatzes 4 Sätze 5 und 6 ist nach § 4 Nr. 8 Buchstabe a UStG steuerfrei; sie kann unter den Voraussetzungen des § 9 Abs. 1 UStG als steuerpflichtig behandelt werden. [6]Zur Ermittlung der Bemessungsgrundlage vgl. Abschnitt 10.5 Abs. 6.

Bemessungsgrundlage Factoringleistung/Vorsteuerabzug

(6) [1]Bemessungsgrundlage für die Factoringleistung (Absatz 1 Sätze 2 und 3, Absatz 3 Sätze 1 bis 3) ist grundsätzlich die Differenz zwischen dem Nennwert der dem Factor abgetretenen Forderungen und dem Betrag, den der Factor seinem Anschlusskunden als Preis für diese Forderungen zahlt, abzüglich der in dem Differenzbetrag enthaltenen Umsatzsteuer (§ 10 UStG). [2]Wird für diese Leistung zusätzlich oder ausschließlich eine Gebühr gesondert verein-

bart, gehört diese zur Bemessungsgrundlage. [3]Bei Portfolioverkäufen ist es nicht zu beanstanden, wenn eine nach Durchschnittwerten bemessene Gebühr in Ansatz gebracht wird. [4]Der Umsatz unterliegt dem allgemeinen Steuersatz, § 12 Abs. 1 UStG. [5]Ist beim Factoring unter den in Absatz 4 Sätze 5 und 6 genannten Voraussetzungen eine Kreditgewährung als eigenständige Hauptleistung anzunehmen, gehört der Teil der Differenz, der als Entgelt für die Kreditgewährung gesondert vereinbart wurde, nicht zur Bemessungsgrundlage der Factoringleistung. [6]Der Verkäufer der Forderung kann unter den Voraussetzungen des § 15 UStG den Vorsteuerabzug aus der Leistung des Käufers der Forderung in Anspruch nehmen, soweit die verkaufte Forderung durch einen Umsatz des Verkäufers der Forderung begründet wurde, der bei diesem den Vorsteuerabzug nicht ausschließt.

Übertragung zahlungsgestörter Forderungen

(7) [1]Eine Forderung (bestehend aus Rückzahlungs- und Zinsanspruch) ist insgesamt zahlungsgestört, wenn sie, soweit sie fällig ist, ganz oder zu einem nicht nur geringfügigen Teil seit mehr als 90 Tagen nicht ausgeglichen wurde. [2]Eine Forderung ist auch zahlungsgestört, wenn die Kündigung erfolgt ist oder die Voraussetzungen für eine Kündigung vorliegen.

(8) [1]Bei der Übertragung einer zahlungsgestörten Forderung unter Übernahme des Ausfallrisikos durch den Erwerber besteht der wirtschaftliche Gehalt in der Entlastung des Verkäufers vom wirtschaftlichen Risiko und nicht in der Einziehung der Forderung. [2]Da die Differenz zwischen dem Nennwert der übertragenen Forderung und deren Kaufpreis vorrangig auf der Beurteilung der Werthaltigkeit der Forderung beruht, stellt diese keine Vergütung dar, mit der unmittelbar eine vom Käufer erbrachte Dienstleistung entgolten werden soll. [3]Der Forderungserwerber erbringt daher keine wirtschaftliche Tätigkeit (EuGH-Urteil vom 27.10.2011, C-93/10, GFKL, BStBl. 2015 II S. 978).[1)] [4]Dies gilt selbst dann, wenn der Erwerber den Verkäufer von der weiteren Verwaltung und Vollstreckung der Forderung entlastet (BFH-Urteil vom 4.7.2013, V R 8/10, BStBl. 2015 II S. 969) oder die Beteiligten dem Forderungseinzug bei der Bemessung des Abschlages auf den Kaufpreis oder durch Vereinbarung einer gesonderten Vergütung eine nicht untergeordnete Bedeutung beimessen. [5]Der Forderungserwerber ist nicht zum Vorsteuerabzug aus den Eingangsrechnungen für den Forderungserwerb und den Forderungseinzug berechtigt (BFH-Urteil vom 26.1.2012, V R 18/08, BStBl. 2015 II S. 962). [6]Werden sowohl zahlungsgestörte als auch nicht zahlungsgestörte Forderungen in einem Portfolio übertragen, ist das Gesamtpaket für Zwecke des Vorsteuerabzuges entsprechend aufzuteilen; auf die Abschnitte 15.2b ff. wird hingewiesen. [7]Der Verkäufer erbringt mit der Abtretung oder Übertragung einer zahlungsgestörten Forderung unter Übernahme des Ausfallrisikos durch den Erwerber eine nach § 4 Nr. 8 Buchstabe c UStG steuerfreie Leistung im Geschäft mit Forderungen an den Erwerber. [8]Soweit wegen Rückbeziehung der übertragenen Forderung auf einen zurückliegenden Stichtag der Forderungsverkäufer noch die Forderung verwaltet, liegt hierin eine unselbständige Nebenleistung zum steuerfreien Forderungsverkauf, die das

[1)] DStR 2011, 2093.

rechtliche Schicksal der Hauptleistung teilt (BFH-Urteil vom 4.7.2013, V R 8/10, a. a. O.). [9]Im Falle der Übertragung einer zahlungsgestörten Forderung ohne Übernahme des Ausfallrisikos durch den Erwerber liegt eine wirtschaftliche Tätigkeit des Erwerbers vor, wenn dieser den Forderungseinzug übernimmt (vgl. Absatz 1 Satz 3; zur Bemessungsgrundlage vgl. Absatz 6).

2.5 Betrieb von Anlagen zur Energieerzeugung

(1) [1]Soweit der Betreiber einer unter § 3 EEG[1)] fallenden Anlage oder einer unter § 5 KWKG[1)] fallenden Anlage zur Stromgewinnung den erzeugten Strom ganz oder teilweise, regelmäßig und nicht nur gelegentlich in das allgemeine Stromnetz einspeist, dient diese Anlage ausschließlich der nachhaltigen Erzielung von Einnahmen aus der Stromerzeugung (vgl. BFH-Urteil vom 18.12.2008, V R 80/07, BStBl. 2011 II S. 292). [2]Eine solche Tätigkeit begründet daher – unabhängig von der Höhe der erzielten Einnahmen und unabhängig von der leistungsmäßigen Auslegung der Anlage – die Unternehmereigenschaft des Betreibers, sofern dieser nicht bereits anderweitig unternehmerisch tätig ist. [3]Ist eine solche Anlage – unmittelbar oder mittelbar – mit dem allgemeinen Stromnetz verbunden, kann davon ausgegangen werden, dass der Anlagenbetreiber eine unternehmerische Tätigkeit im Sinne der Sätze 1 und 2 ausübt. [4]Eine Unternehmereigenschaft des Betreibers der Anlage ist grundsätzlich nicht gegeben, wenn eine physische Einspeisung des erzeugten Stroms nicht möglich ist (z. B. auf Grund unterschiedlicher Netzspannungen), weil hierbei kein Leistungsaustausch zwischen dem Betreiber der Anlage und dem des allgemeinen Stromnetzes vorliegt.

Kaufmännisch-bilanzielle Einspeisung nach § 8 Abs. 2 EEG[2)]

(2) Die bei der sog. kaufmännisch-bilanziellen Einspeisung nach § 8 Abs. 2 EEG in ein Netz nach § 3 Nr. 7 EEG angebotene und nach § 16 Abs. 1 EEG vergütete Elektrizität wird umsatzsteuerrechtlich auch dann vom EEG-Anlagenbetreiber an den vergütungspflichtigen Netzbetreiber im Sinne von § 3 Nr. 8 EEG geliefert, wenn der Verbrauch tatsächlich innerhalb eines Netzes erfolgt, das kein Netz für die allgemeine Versorgung nach § 3 Nr. 7 EEG ist und das vom Anlagenbetreiber selbst oder einem Dritten, der kein Netzbetreiber im Sinne von § 3 Nr. 8 EEG ist, betrieben wird.

Wiederverkäufereigenschaft des Anlagenbetreibers

(3) [1]Betreiber von dezentralen Stromgewinnungsanlagen (z. B. Photovoltaik- bzw. Windkraftanlagen, Biogas-Blockheizkraftwerke) sind regelmäßig keine Wiederverkäufer von Elektrizität (Strom) im Sinne des § 3g UStG (vgl. Abschnitt 13b.3a Abs. 2 Sätze 3 und 4). [2]Zum Begriff des Wiederverkäufers von Elektrizität im Sinne des § 3g Abs. 1 UStG vgl. Abschnitt 3g.1 Abs. 2 und 3. [3]Besteht die Tätigkeit des Anlagenbetreibers sowohl im Erwerb als auch in der Herstellung von Strom zur anschließenden Veräußerung, ist bei der Beurteilung der Wiederverkäufereigenschaft ausschließlich das Verhältnis zwischen

---

1) **Sartorius Ergänzungsband** Nr. **833** (EEG) bzw. Nr. **834** (KWKG).
2) **Sartorius Ergänzungsband** Nr. **833**.

erworbenen und veräußerten Energiemengen maßgeblich. [4]Werden daher mehr als die Hälfte der zuvor erworbenen Strommengen weiterveräußert, erfüllt der Unternehmer die Wiederverkäufereigenschaft im Sinne des § 3g UStG. [5]Ist er danach Wiederverkäufer von Strom, fallen auch die Lieferungen der selbsterzeugten Strommengen an einen anderen Wiederverkäufer unter die Regelung des § 13b Abs. 2 Nr. 5 Buchstabe b UStG.

Beispiel:

[1]A produziert als Betreiber einer dezentralen Stromgewinnungsanlage 50 Einheiten Strom und veräußert diese 50 Einheiten insgesamt an einen anderen Anlagenbetreiber W. [2]W produziert ebenfalls 50 Einheiten Strom. [3]Die darüber hinaus erworbenen 50 Einheiten des A werden zusammen mit den selbsterzeugten 50 Einheiten (= 100 Einheiten) von W an einen Direktvermarkter (= Wiederverkäufer) veräußert.

[4]Da A ausschließlich die selbst erzeugten Strommengen veräußert und darüber hinaus keine weiteren Strommengen mit dem Ziel der Veräußerung erworben hat, ist dieser kein Wiederverkäufer im Sinne des § 3g UStG. [5]W hingegen ist Wiederverkäufer im Sinne des § 3g UStG, da er mehr als die Hälfte der zuvor erworbenen Stromeinheiten (hier: 50, mithin 100%) weiterveräußert. [6]Die gesamte Stromlieferung des W an den Direktvermarkter unterliegt daher den Regelungen des § 13b UStG. [7]Dass in der veräußerten Strommenge auch selbst produzierte Stromeinheiten enthalten sind, ist unerheblich.

Photovoltaikanlagen (Anwendung des EEG in der bis zum 31.3.2012 geltenden Fassung)[1)]

(4) [1]Für Photovoltaikanlagen, die vor dem 1.4.2012 in Betrieb genommen wurden (§ 66 Abs. 18 EEG) oder unter die Übergangsvorschrift nach § 66 Abs. 18a EEG fallen, gelten die Regelungen des EEG in der bis zum 31.3.2012 geltenden Fassung.[1)] [2]Bei der umsatzsteuerrechtlichen Behandlung dieser Photovoltaikanlagen sind die nachfolgenden Absätze 5 bis 8 zu beachten.

Direktverbrauch nach § 33 Abs. 2 EEG[2)] (Photovoltaikanlagen)

(5) [1]Nach §§ 8, 16 und 18ff. EEG ist ein Netzbetreiber zur Abnahme, Weiterleitung und Verteilung sowie Vergütung der gesamten vom Betreiber einer Anlage im Sinne des § 33 Abs. 2 EEG (installierte Leistung nicht mehr als 500 kW) erzeugten Elektrizität verpflichtet. [2]Soweit die erzeugte Energie vom Anlagenbetreiber nachweislich dezentral verbraucht wird (sog. Direktverbrauch), kann sie mit dem nach § 33 Abs. 2 EEG geltenden Betrag vergütet werden. [3]Nach § 18 Abs. 3 EEG ist die Umsatzsteuer in den im EEG genannten Vergütungsbeträgen nicht enthalten.

(6) [1]Umsatzsteuerrechtlich wird die gesamte vom Anlagenbetreiber aus solarer Strahlungsenergie erzeugte Elektrizität an den Netzbetreiber geliefert. [2]Dies gilt – entsprechend der Regelung zur sog. kaufmännisch-bilanziellen Einspeisung in Absatz 2 – unabhängig davon, wo die Elektrizität tatsächlich verbraucht wird und ob sich der Vergütungsanspruch des Anlagenbetreibers nach § 33 Abs. 1 EEG oder nach § 33 Abs. 2 EEG richtet. [3]Die Einspeisevergütung ist in jedem Fall Entgelt für Lieferungen des Anlagenbetreibers

---

1) Erneuerbare-Energien-Gesetz v. 25.10.2008, BGBl. I 2008, 2074, i. d. F. vor den Änderungen durch G v. 17.8.2012, BGBl. I 2012, 1754.

2) EEG 2021 v. 21.7.2014, BGBl. I 2014, 1066, zuletzt geänd. durch G v. 16.7.2021, BGBl. I 2021, 3026 (**Sartorius Ergänzungsband** Nr. **833**).

und kein Zuschuss. [4]Soweit der Anlagenbetreiber bei Inanspruchnahme der Vergütung nach § 33 Abs. 2 EEG Elektrizität dezentral verbraucht, liegt umsatzsteuerrechtlich eine (Rück-)Lieferung des Netzbetreibers an ihn vor.

(7) [1]Entgelt für die (Rück-)Lieferung des Netzbetreibers ist alles, was der Anlagenbetreiber für diese (Rück-)Lieferung aufwendet, abzüglich der Umsatzsteuer. [2]Entgelt für die Lieferung des Anlagenbetreibers ist alles, was der Netzbetreiber hierfür aufwendet, abzüglich der Umsatzsteuer.

Beispiel:

[1]Die Einspeisevergütung nach § 33 Abs. 1 Nr. 1 EEG beträgt für eine Anlage mit einer Leistung bis einschließlich 30 kW, die nach dem 31.12.2010 und vor dem 1.1.2012 in Betrieb genommen wurde, 28,74 Cent/kWh. [2]Nach § 33 Abs. 2 Satz 2 Nr. 1 EEG verringert sich diese Vergütung um 16,38 Cent/kWh für den Anteil des direkt verbrauchten Stroms, der 30 % der im selben Jahr durch die Anlage erzeugten Strommenge nicht übersteigt, und um 12 Cent/kWh für den darüber hinausgehenden Anteil dieses Stroms.

[3]Die Bemessungsgrundlage für die (Rück-)Lieferung des Netzbetreibers entspricht der Differenz zwischen der Einspeisevergütung nach § 33 Abs. 1 Nr. 1 EEG und der Vergütung nach § 33 Abs. 2 Satz 2 EEG; da es sich bei diesen Beträgen um Nettobeträge handelt, ist die Umsatzsteuer zur Ermittlung der Bemessungsgrundlage nicht herauszurechnen. [4]Die Vergütung nach § 33 Abs. 2 EEG beträgt im Fall eines Anteils des direkt verbrauchten Stroms von bis zu 30 % an der gesamten erzeugten Strommenge 28,74 Cent/kWh, verringert um 16,38 Cent/kWh, also 12,36 Cent/kWh. [5]Die Bemessungsgrundlage für die (Rück-)Lieferung des Netzbetreibers beträgt somit 28,74 Cent/kWh, verringert um 12,36 Cent/kWh, also 16,38 Cent/kWh.

[6]Die Bemessungsgrundlage für die Lieferung des Anlagenbetreibers umfasst neben der für den vom Anlagenbetreiber selbst erzeugten (und umsatzsteuerrechtlich gelieferten) Strom geschuldeten Vergütung von 12,36 Cent/kWh auch die Vergütung für die (Rück-)Lieferung des Netzbetreibers an den Anlagenbetreiber von 16,38 Cent/kWh (vgl. Satz 5). [7]Die Bemessungsgrundlage ergibt sich entsprechend den o. g. Grundsätzen aus der Summe dieser beiden Werte und beträgt somit 28,74 Cent/kWh.

[3]Die Lieferung des Anlagenbetreibers kann nicht – auch nicht im Wege der Vereinfachung unter Außerachtlassung der Rücklieferung des Netzbetreibers – lediglich mit der reduzierten Vergütung nach § 33 Abs. 2 EEG bemessen werden, weil der Umfang der nicht zum Vorsteuerabzug berechtigenden Nutzung der Anlage letztendlich über den Vorsteuerabzug aus der Rücklieferung abgebildet wird.

(8) [1]Der Anlagenbetreiber hat die Photovoltaikanlage unter den in Absatz 1 Sätze 1 bis 3 genannten Voraussetzungen vollständig seinem Unternehmen zuzuordnen. [2]Aus der Errichtung und dem Betrieb der Anlage steht ihm unter den allgemeinen Voraussetzungen des § 15 UStG der Vorsteuerabzug zu. [3]Der Anlagenbetreiber kann die auf die Rücklieferung entfallende Umsatzsteuer unter den allgemeinen Voraussetzungen des § 15 UStG als Vorsteuer abziehen. [4]Der Vorsteuerabzug ist somit insbesondere ausgeschlossen bei Verwendung des Stroms für nichtunternehmerische Zwecke oder zur Ausführung von Umsätzen, die unter die Durchschnittssatzbesteuerung des § 24 UStG fallen. [5]Eine unentgeltliche Wertabgabe liegt insoweit hinsichtlich des dezentral verbrauchten Stroms nicht vor. [6]Zum Vorsteuerabzug aus Baumaßnahmen, die der Unternehmer im Zusammenhang mit der Installation einer Photovoltaikanlage in Auftrag gibt, vgl. Abschnitt 15.2c Abs. 8 Beispiele 1 und 2.

Photovoltaikanlagen (Anwendung des EEG in der ab 1.4.2012 geltenden Fassung)[1]

(9) [1] Für Photovoltaikanlagen, die nach dem 31.3.2012 in Betrieb genommen wurden und nicht unter die Übergangsvorschrift nach § 66 Abs. 18a EEG fallen, gilt das EEG in der ab 1.4.2012 geltenden Fassung. [2] Bei der umsatzsteuerrechtlichen Behandlung dieser Photovoltaikanlagen sind die nachfolgenden Absätze 10 bis 16 zu beachten.

(10) [1] Die Stromlieferung des Betreibers einer Photovoltaikanlage an den Netzbetreiber umfasst umsatzsteuerrechtlich den physisch eingespeisten und den kaufmännisch-bilanziell weitergegebenen Strom. [2] Der dezentral verbrauchte Strom wird nach EEG nicht vergütet und ist nicht Gegenstand der Lieferung an den Netzbetreiber.

(11) [1] Der Betreiber einer Photovoltaikanlage ist unter den Voraussetzungen des § 15 UStG zum Vorsteuerabzug berechtigt. [2] Wird der erzeugte Strom nur zum Teil unternehmerisch (z. B. zur entgeltlichen Einspeisung) und im Übrigen im Rahmen des dezentralen Verbrauchs nichtunternehmerisch verwendet, liegt eine teilunternehmerische Verwendung vor, die grundsätzlich nur im Umfang der unternehmerischen Verwendung zum Vorsteuerabzug berechtigt (vgl. Abschnitt 15.2b Abs. 2), sofern die unternehmerische Nutzung mindestens 10% beträgt (§ 15 Abs. 1 Satz 2 UStG). [3] Zum Vorsteuerabzug aus Baumaßnahmen, die der Unternehmer im Zusammenhang mit der Installation einer Photovoltaikanlage in Auftrag gibt, vgl. Abschnitt 15.2c Abs. 8 Beispiele 1 und 2.

(12) [1] Soweit eine Photovoltaikanlage für nichtwirtschaftliche Tätigkeiten i. e. S. verwendet wird (vgl. Abschnitt 2.3 Abs. 1a), ist eine Zuordnung der Anlage zum Unternehmen nicht möglich. [2] Der Vorsteuerabzug aus der Anschaffung der Photovoltaikanlage ist insoweit ausgeschlossen. [3] Die erforderliche Vorsteueraufteilung ist nach dem Verhältnis der betreffenden Strommengen vorzunehmen;[2] zur Ermittlung der dezentral verbrauchten Strommenge vgl. Absatz 16. [4] Erhöht sich die Nutzung des dezentralen Stromverbrauchs für nichtwirtschaftliche Tätigkeiten i. e. S., unterliegt die Erhöhung der Wertabgabenbesteuerung nach § 3 Abs. 1b Satz 1 Nr. 1 UStG. [5] Bei Erhöhung der unternehmerischen Verwendung des erzeugten Stroms kommt eine Berichtigung des Vorsteuerabzugs nach § 15a UStG aus Billigkeitsgründen in Betracht (vgl. Abschnitt 15a.1 Abs. 7). [6] Zum Berichtigungszeitraum vgl. Abschnitt 15a.3 Abs. 2.

(13) [1] Besteht die nichtunternehmerische Verwendung der Photovoltaikanlage in einer unternehmensfremden (privaten) Nutzung, hat der Unternehmer ein Zuordnungswahlrecht und kann den vollen Vorsteuerabzug aus der Anschaffung der Photovoltaikanlage geltend machen, wenn die unternehmerische Nutzung mindestens 10% beträgt (§ 15 Abs. 1 Satz 2 UStG). [2] Zum Ausgleich unterliegt der dezentral (privat) verbrauchte Strom der Wertabgabenbesteuerung nach § 3 Abs. 1b Satz 1 Nr. 1 UStG.

---

[1] EEG 2021 v. 21.7.2014, BGBl. I 2014, 1066, zuletzt geänd. durch G v. 16.7.2021, BGBl. I 2021, 3026 (**Sartorius Ergänzungsband** Nr. **833**).

[2] Siehe aber BFH v. 16.11.2016 V R 1/15, DStR 2017, 101: Aufteilung nach dem Verhältnis der Marktpreise der produzierten Strom- und Wärmemengen.

(14) Stellt eine Batterie zur Speicherung des Stroms im Einzelfall umsatzsteuerrechtlich ein eigenständiges Zuordnungsobjekt dar (vgl. Abschnitt 15.2c Abs. 9), ist ein Vorsteuerabzug aus der Anschaffung oder Herstellung der Batterie nicht zulässig, wenn der gespeicherte Strom zu weniger als 10% für unternehmerische Zwecke des Anlagenbetreibers verbraucht wird (§ 15 Abs. 1 Satz 2 UStG).

(15) [1] Führt der dezentral verbrauchte Strom zu einer steuerpflichtigen unentgeltlichen Wertabgabenbesteuerung nach § 3 Abs. 1b Satz 1 Nr. 1 UStG, ist für die Bemessungsgrundlage nach § 10 Abs. 4 Satz 1 Nr. 1 UStG der fiktive Einkaufspreis im Zeitpunkt des Umsatzes maßgebend (vgl. BFH-Urteil vom 12.12.2012, XI R 3/10, BStBl. 2014 II S. 809). [2] Bezieht der Photovoltaikanlagenbetreiber von einem Energieversorgungsunternehmen zusätzlich Strom, liegt ein dem selbstproduzierten Strom gleichartiger Gegenstand vor, dessen Einkaufspreis als (fiktiver) Einkaufspreis anzusetzen ist. [3] Sofern der Betreiber seinen Strombedarf allein durch den dezentralen Verbrauch deckt, ist als fiktiver Einkaufspreis der Strompreis des Stromgrundversorgers anzusetzen. [4] Bei der Ermittlung des fiktiven Einkaufspreises ist ein ggf. zu zahlender Grundpreis anteilig mit zu berücksichtigen. [5] Die Beweis- und Feststellungslast für die Ermittlung und die Höhe des fiktiven Einkaufspreises obliegt dem Photovoltaikanlagenbetreiber.

(16) [1] Die Höhe des dezentral verbrauchten Stroms wird durch Abzug der an den Netzbetreiber gelieferten Strommenge von der insgesamt erzeugten Strommenge ermittelt. [2] Photovoltaikanlagen mit einer installierten Leistung von mehr als 10 kW bis einschließlich 1000 kW müssen nach dem EEG über eine entsprechende Messeinrichtung verfügen (z. B. Stromzähler), die die erzeugte Strommenge erfasst. [3] Bei Photovoltaikanlagen, für die diese Verpflichtung nach dem EEG nicht gilt (z. B. Photovoltaikanlagen mit einer installierten Leistung bis 10 kW), kann die erzeugte Strommenge aus Vereinfachungsgründen unter Berücksichtigung einer durchschnittlichen Volllaststundenzahl von 1000 kWh/kWp (jährlich erzeugte Kilowattstunden pro Kilowatt installierter Leistung) geschätzt werden. [4] Im Falle einer unterjährigen Nutzung (z. B. Defekt, Ausfall) ist die Volllaststundenzahl entsprechend zeitanteilig anzupassen. [5] Sofern der Anlagenbetreiber die tatsächlich erzeugte Strommenge nachweist (z. B. durch einen Stromzähler), ist dieser Wert maßgebend.

Beispiel:

[1] Photovoltaikanlagenbetreiber P lässt zum 1. 1. 01 auf dem Dach seines Einfamilienhauses eine Photovoltaikanlage mit einer Leistung von 5 kW installieren (Inbetriebnahme nach dem 31.3.2012, keine Anwendung des § 66 Abs. 18a EEG). [2] Die Anschaffungskosten betragen 10 000 € zzgl. 1900 € Umsatzsteuer. [3] P beabsichtigt bei Anschaffung ca. 20% des erzeugten Stroms privat zu verbrauchen. [4] Im Jahr 01 speist P Strom in Höhe von 3900 kWh ein. [5] P kann die insgesamt erzeugte Strommenge nicht nachweisen. [6] Zur Deckung des eigenen Strombedarfs von 4000 kWh bezieht P zusätzlich Strom von einem Energieversorgungsunternehmen zu einem Preis von 25 Cent pro kWh (Bruttopreis) zzgl. eines monatlichen Grundpreises von 6,55 € (Bruttopreis); demnach 22,66 Cent (Nettopreis) pro kWh (4000 kWh × 25 Cent + 6,55 € × 12 Monate = 1078,60 €/4000 kWh × 1,19]).

[7] P erbringt mit der Einspeisung des Stroms eine Lieferung an den Netzbetreiber. [8] Der dezentral (selbst) verbrauchte Strom wird nach EEG nicht vergütet und ist nicht Gegenstand der Lieferung an den Netzbetreiber. [9] Die Photovoltaikanlage wird teilunternehmerisch genutzt. [10] Da die nichtunternehmerische Verwendung in einer unternehmensfremden (privaten) Nut-

zung besteht, hat P das Wahlrecht, die Photovoltaikanlage vollständig seinem Unternehmen zuzuordnen und den vollen Vorsteuerbetrag in Höhe von 1900 € aus der Anschaffung geltend zu machen. [11]In diesem Fall führt der dezentrale Verbrauch zu einer unentgeltlichen Wertabgabe nach § 3 Abs. 1b Satz 1 Nr. 1 UStG, die wie folgt zu berechnen ist:
[12]Da P die insgesamt erzeugte Strommenge nicht nachweisen kann, ist diese anhand einer Volllaststundenzahl von 1000 kWh/kWp mit 5000 kWh (5 kW installierte Leistung × 1000 kWh) zu schätzen. [13]Hiervon hat P 3900 kWh eingespeist, sodass der dezentrale Verbrauch im Jahr 01 1100 kWh beträgt. [14]Als Bemessungsgrundlage ist nach § 10 Abs. 4 Satz 1 Nr. 1 UStG der fiktive Einkaufspreis maßgebend. [15]Als fiktiver Einkaufspreis ist der Netto-Strompreis in Höhe von 22,66 Cent anzusetzen. [16]Die Bemessungsgrundlage der unentgeltlichen Wertabgaben nach § 3 Abs. 1b Satz 1 Nr. 1 UStG beträgt im Jahr 01 somit rund 249 € (1100 kWh × 22,66 Cent); es entsteht Umsatzsteuer in Höhe von 47,31 € (249 € × 19%).

Kraft-Wärme-Kopplungsanlagen (KWK-Anlagen)

(17) [1]Nach § 4 Abs. 3a KWKG[1)] wird auch der sog. Direktverbrauch (dezentraler Verbrauch von Strom durch den Anlagenbetreiber oder einen Dritten) gefördert. [2]Hinsichtlich der Beurteilung des Direktverbrauchs bei KWK-Anlagen sind die Grundsätze der Absätze 6 und 7 für die Beurteilung des Direktverbrauchs bei Photovoltaikanlagen (Anwendung des EEG in der bis zum 31.3.2012 geltenden Fassung) entsprechend anzuwenden. [3]Umsatzsteuerrechtlich wird demnach auch der gesamte selbst erzeugte und dezentral verbrauchte Strom an den Netzbetreiber geliefert und von diesem an den Anlagenbetreiber zurückgeliefert. [4]Die Hin- und Rücklieferungen beim dezentralen Verbrauch von Strom liegen nur vor, wenn der Anlagenbetreiber für den dezentral verbrauchten Strom eine Vergütung nach dem EEG oder einen Zuschlag nach dem KWKG in Anspruch genommen hat. [5]Sie sind nur für Zwecke der Umsatzsteuer anzunehmen.

Bemessungsgrundlage bei dezentralem Verbrauch von Strom

(18) [1]Wird der vom Anlagenbetreiber oder von einem Dritten dezentral verbrauchte Strom nach dem KWKG vergütet, entspricht die Bemessungsgrundlage für die Lieferung des Anlagenbetreibers dem üblichen Preis zuzüglich der nach dem KWKG vom Netzbetreiber zu zahlenden Zuschläge und ggf. der sog. vermiedenen Netznutzungsentgelte (Vergütung für den Teil der Netznutzungsentgelte, der durch die dezentrale Einspeisung durch die KWK-Anlage vermieden wird, vgl. § 4 Abs. 3 Satz 2 KWKG), abzüglich einer eventuell enthaltenen Umsatzsteuer. [2]Als üblicher Preis gilt bei KWK-Anlagen mit einer elektrischen Leistung von bis zu 2 Megawatt der durchschnittliche Preis für Grundlaststrom an der Strombörse EEX in Leipzig im jeweils vorangegangenen Quartal (§ 4 Abs. 3 KWKG); für umsatzsteuerrechtliche Zwecke bestehen keine Bedenken, diesen Wert als üblichen Preis auch bei allen KWK-Anlagen zu übernehmen. [3]Die Bemessungsgrundlage für die Rücklieferung des Netzbetreibers entspricht der Bemessungsgrundlage für die Hinlieferung ohne Berücksichtigung der nach dem KWKG vom Netzbetreiber zu zahlenden Zuschläge.

[1)] Kraft-Wärme-Kopplungsgesetz v. 21.12.2015, BGBl. I 2015, 2498, zuletzt geänd. durch G v. 10.8.2021, BGBl. I 2021, 3436 (**Sartorius Ergänzungsband** Nr. **834**).

Beispiel: (Anlage mit Einspeisung ins Niederspannungsnetz des Netzbetreibers)

1. Bemessungsgrundlage der Lieferung des Anlagenbetreibers:

EEX-Referenzpreis	4,152 Cent/kWh
Vermiedene Netznutzungsentgelte	0,12 Cent/kWh
Zuschlag nach § 7 Abs. 6 KWKG	5,11 Cent/kWh
Summe	9,382 Cent/kWh.

2. Bemessungsgrundlage für die Rücklieferung des Netzbetreibers:

EEX-Referenzpreis	4,152 Cent/kWh
Vermiedene Netznutzungsentgelte	0,12 Cent/kWh
Summe	4,272 Cent/kWh.

[4]Bei der Abgabe von elektrischer Energie bestehen hinsichtlich der Anwendung der Bemessungsgrundlagen nach § 10 Abs. 4 und Abs. 5 UStG keine Bedenken dagegen, den Marktpreis unter Berücksichtigung von Mengenrabatten zu bestimmen; Abschnitt 10.7 Abs. 1 Satz 5 bleibt unberührt. [5]Ungeachtet der umsatzsteuerlichen Bemessungsgrundlage für die Hinlieferung des Anlagenbetreibers an den Netzbetreiber hat dieser keinen höheren Betrag zu entrichten als den nach dem KWKG geschuldeten Zuschlag bzw. die Vergütung nach dem EEG.

KWK-Bonus

(19) Erhält der Betreiber eines Blockheizkraftwerkes, welches unter die Übergangsvorschrift des § 66 EEG fällt, vom Netzbetreiber eine erhöhte Vergütung für den von ihm gelieferten Strom, soweit die im Blockheizkraftwerk erzeugte Wärme nach Maßgabe der Anlage 3 zum EEG in der bis zum 31.12.2011 geltenden Fassung genutzt wird (sog. KWK-Bonus), handelt es sich bei dem Bonus um ein zusätzliches gesetzlich vorgeschriebenes Entgelt für die Stromlieferung des Anlagenbetreibers an den Netzbetreiber und damit nicht um ein Entgelt von dritter Seite für die Lieferung von selbst erzeugter Wärme (vgl. BFH-Urteil vom 31.5.2017, XI R 2/14, BStBl. II S. 1024).

Entnahme von Wärme

(20) [1]Verwendet der KWK-Anlagenbetreiber selbst erzeugte Wärme für nichtunternehmerische Zwecke (unternehmensfremde und/oder nichtwirtschaftliche Tätigkeiten i. e. S.), gelten die Absätze 11 bis 13 entsprechend. [2]Sofern die nichtunternehmerische Verwendung der Wärme zu einer steuerpflichtigen unentgeltlichen Wertabgabe nach § 3 Abs. 1b Satz 1 Nr. 1 UStG führt, ist für die Bemessungsgrundlage grundsätzlich der (fiktive) Einkaufspreis für einen gleichartigen Gegenstand im Zeitpunkt des Umsatzes maßgebend (§ 10 Abs. 4 Satz 1 Nr. 1 UStG). [3]Von einem gleichartigen Gegenstand in diesem Sinne ist auszugehen, wenn die Wärme im Zeitpunkt der Entnahme für den KWK-Anlagenbetreiber ebenso erreichbar und einsetzbar ist wie die selbst erzeugte Wärme (vgl. BFH-Urteil vom 12.12.2012, XI R 3/10, BStBl. 2014 II S. 809). [4]Kann danach die selbsterzeugte Wärme im Zeitpunkt des Bedarfs ohne erheblichen Aufwand unter Berücksichtigung der individuellen Umstände am Ort des Verbrauches durch eine gleichartige, einzukaufende Wärme ersetzt und der (fiktive) Einkaufspreis ermittelt werden, ist dieser Wert anzusetzen. [5]Der Ansatz eines Fernwärmepreises setzt daher den tatsächlichen Anschluss an das Fernwärmenetz eines Energieversorgungsunternehmens voraus.

(21) [1]Einkaufspreise für andere Energieträger (z. B. Elektrizität, Heizöl oder Gas) kommen als Bemessungsgrundlage nach § 10 Abs. 4 Satz 1 Nr. 1 UStG nur dann in Betracht, wenn eine Wärmeerzeugung auf deren Basis keine aufwändigen Investitionen voraussetzt, die Inbetriebnahme der anderen Wärmeerzeugungsanlage (z. B. Heizöl-Wärmetherme) jederzeit möglich ist und der Bezug des anderen Energieträgers (z. B. Heizöl) ohne weiteres bewerkstelligt werden kann. [2]Die Einbeziehung von Wärmenutzungskonzepten (z. B. Biomasse-Container, Contracting-Vereinbarungen oder mobile Wärmespeicher) scheidet regelmäßig aus, da diese Heizmethoden aufwändige Investitionen voraussetzen und damit die so erzeugte Wärme für den KWK-Anlagenbetreiber im Zeitpunkt des Bezugs der selbsterzeugten Wärme nicht ebenso erreichbar und einsetzbar ist wie die selbsterzeugte Wärme.

(22) [1]Ist ein (fiktiver) Einkaufspreis nicht feststellbar, sind die Selbstkosten als Bemessungsgrundlage nach § 10 Abs. 4 Satz 1 Nr. 1 UStG anzusetzen (vgl. BFH-Urteil vom 12.12.2012, XI R 3/10, BStBl. 2014 II S. 809). [2]Die Selbstkosten umfassen alle vorsteuerbelasteten und nichtvorsteuerbelasteten Kosten, die für die Herstellung der jeweiligen Wärmemenge im Zeitpunkt der Entnahme unter Berücksichtigung der tatsächlichen Verhältnisse vor Ort anfallen würden. [3]Hierzu gehören neben den Anschaffungs- oder Herstellungskosten der Anlage auch die laufenden Aufwendungen, wie z. B. die Energieträgerkosten zur Befeuerung der Anlage (Erdgas etc.) oder die Aufwendungen zur Finanzierung der Anlage. [4]Wird die KWK-Anlage mit Gas aus einer eigenen Biogasanlage des Unternehmers betrieben, sind die Produktionskosten des Biogases ebenfalls in die Selbstkosten einzubeziehen. [5]Bei der Ermittlung der Selbstkosten sind die Anschaffungs- oder Herstellungskosten der Anlage auf die betriebsgewöhnliche Nutzungsdauer, die nach den ertragsteuerrechtlichen Grundsätzen anzusetzen ist, zu verteilen. [6]Die Selbstkosten sind grundsätzlich im Verhältnis der erzeugten Mengen an elektrischer und thermischer Energien in der einheitlichen Messgröße kWh aufzuteilen (sog. energetische Aufteilungsmethode). [7]Andere Aufteilungsmethoden, z. B. exergetische Allokations- oder Marktwertmethode, kommen nicht in Betracht. [8]Aus Vereinfachungsgründen ist es jedoch nicht zu beanstanden, wenn der Unternehmer die unentgeltliche Wärmeabgabe nach dem bundesweit einheitlichen durchschnittlichen Fernwärmepreis des jeweiligen Vorjahres auf Basis der jährlichen Veröffentlichungen des Bundesministeriums für Wirtschaft und Energie (sog. Energiedaten) bemisst.

Mindestbemessungsgrundlage bei der Abgabe von Wärme

(23) [1]Wird die mittels Kraft-Wärme-Kopplung erzeugte Wärme an einen Dritten geliefert, ist Bemessungsgrundlage für diese Lieferung grundsätzlich das vereinbarte Entgelt (§ 10 Abs. 1 UStG). [2]Handelt es sich bei dem Dritten um eine nahe stehende Person, ist die Mindestbemessungsgrundlage des § 10 Abs. 5 UStG zu prüfen (vgl. Abschnitt 10.7). [3]Die Bemessungsgrundlage wird nach § 10 Abs. 5 in Verbindung mit Abs. 4 Satz 1 Nr. 1 UStG bestimmt, wenn das tatsächliche Entgelt niedriger als die Kosten nach § 10 Abs. 4 Satz 1 Nr. 1 UStG ist. [4]Der Umsatz bemisst sich jedoch höchstens nach dem marktüblichen Entgelt. [5]Marktübliches Entgelt ist der gesamte Betrag, den ein Leistungsempfänger an einen Unternehmer unter Berücksichtigung der Han-

delsstufe zahlen müsste, um die betreffende Leistung zu diesem Zeitpunkt unter den Bedingungen des freien Wettbewerbs zu erhalten. [6]Daher sind für die Ermittlung des marktüblichen Entgelts (Marktpreis) die konkreten Verhältnisse am Standort des Energieverbrauches, also im Regelfall des Betriebs des Leistungsempfängers, entscheidend. [7]Die Ausführungen in Absatz 15 zum fiktiven Einkaufspreis gelten sinngemäß. [8]Ist danach ein marktübliches Entgelt nicht feststellbar, sind die Kosten nach § 10 Abs. 4 Satz 1 Nr. 1 UStG maßgeblich. [9]Auf die Anwendung der Vereinfachungsregelung nach Absatz 22 Satz 8 wird hingewiesen.

Prämien für die Direktvermarktung

(24) [1]Anstelle der Inanspruchnahme der gesetzlichen Einspeisevergütung nach dem EEG können Betreiber von Anlagen zur Produktion von Strom aus erneuerbaren Energien den erzeugten Strom auch direkt vermarkten (durch Lieferung an einen Stromhändler oder -versorger bzw. an einen Letztverbraucher oder durch Vermarktung an der Strombörse). [2]Da der erzielbare Marktpreis für den direkt vermarkteten Strom in der Regel unter der Einspeisevergütung nach dem EEG liegt, erhält der Anlagenbetreiber als Anreiz für die Direktvermarktung ab dem 1.1.2012 von dem jeweiligen Einspeisenetzbetreiber unter den Voraussetzungen des § 33g EEG in Verbindung mit Anlage 4 zum EEG eine Marktprämie einschließlich einer Managementprämie und des § 33i EEG in Verbindung mit Anlage 5 zum EEG eine Flexibilitätsprämie. [3]Die Managementprämie wird zur Abgeltung des mit der Direktvermarktung verbundenen Vermarktungsaufwandes gewährt. [4]Bei den Prämien handelt es sich jeweils um echte, nichtsteuerbare Zuschüsse. [5]Dies gilt auch, wenn der Anlagenbetreiber einen Dritten mit der Vermarktung des Stroms beauftragt, dieser Dritte neben der eigentlichen Vermarktung auch die Beantragung sowie Zahlungsabwicklung der von dem Netzbetreiber zu zahlenden Prämien übernimmt und die Prämien an den Anlagenbetreiber einschließlich des Entgelts für die Stromlieferung weiterreicht. [6]Behält der Dritte einen Teil der dem Anlagenbetreiber zustehenden Prämien für seine Tätigkeit ein, handelt es sich dabei regelmäßig um Entgeltzahlungen für eine selbständige steuerbare Leistung des Dritten.

2.6 Beginn und Ende der Unternehmereigenschaft[1)]

(1) [1]Die Unternehmereigenschaft beginnt mit dem ersten nach außen erkennbaren, auf eine Unternehmertätigkeit gerichteten Tätigwerden, wenn die spätere Ausführung entgeltlicher Leistungen beabsichtigt ist (Verwendungsabsicht) und die Ernsthaftigkeit dieser Absicht durch objektive Merkmale nachgewiesen oder glaubhaft gemacht wird. [2]In diesem Fall entfällt die Unternehmereigenschaft – außer in den Fällen von Betrug und Missbrauch – nicht rückwirkend, wenn es später nicht oder nicht nachhaltig zur Ausführung entgeltlicher Leistungen kommt. [3]Vorsteuerbeträge, die den beabsichtigten Umsätzen, bei denen der Vorsteuerabzug – auch auf Grund von Option –

[1)] Zur Gründung von Gesellschaften vgl. A 1.6 Abs. 2 UStAE. – Zur Voranmeldung in Neugründungsfällen vgl. A 18.7 UStAE.

nicht ausgeschlossen wäre, zuzurechnen sind, können dann auch auf Grund von Gesetzesänderungen nicht zurückgefordert werden (vgl. EuGH-Urteile vom 29.2.1996, C-110/94, Inzo, BStBl. II S. 655,[1)] und vom 8.6.2000, C-400/98, Breitsohl, BStBl. 2003 II S. 452,[1)] und BFH-Urteile vom 22.2.2001, V R 77/96, BStBl. 2003 II S. 426, und vom 8.3.2001, V R 24/98, BStBl. 2003 II S. 430).

(2) [1] Als Nachweis für die Ernsthaftigkeit sind Vorbereitungshandlungen anzusehen, wenn bezogene Gegenstände oder in Anspruch genommene sonstige Leistungen (Eingangsleistungen) ihrer Art nach nur zur unternehmerischen Verwendung oder Nutzung bestimmt sind oder in einem objektiven und zweifelsfrei erkennbaren Zusammenhang mit der beabsichtigten unternehmerischen Tätigkeit stehen (unternehmensbezogene Vorbereitungshandlungen). [2] Solche Vorbereitungshandlungen können insbesondere sein:
- der Erwerb umfangreichen Inventars, z. B. Maschinen oder Fuhrpark;
- der Wareneinkauf vor Betriebseröffnung;
- die Anmietung oder die Errichtung von Büro- oder Lagerräumen;
- der Erwerb eines Grundstücks;
- die Anforderung einer Rentabilitätsstudie;
- die Beauftragung eines Architekten;
- die Durchführung einer größeren Anzeigenaktion;
- die Abgabe eines Angebots für eine Lieferung oder eine sonstige Leistung gegen Entgelt.

[3] Maßgebend ist stets das Gesamtbild der Verhältnisse im Einzelfall. [4] Die in Abschnitt 15.12 Abs. 1 bis 3 und 5 dargelegten Grundsätze gelten dabei sinngemäß.

(3) [1] Insbesondere bei Vorbereitungshandlungen, die ihrer Art nach sowohl zur unternehmerischen als auch zur nichtunternehmerischen Verwendung bestimmt sein können (z. B. Erwerb eines Computers oder Kraftfahrzeugs), ist vor der ersten Steuerfestsetzung zu prüfen, ob die Verwendungsabsicht durch objektive Anhaltspunkte nachgewiesen ist. [2] Soweit Vorbereitungshandlungen ihrer Art nach typischerweise zur nichtunternehmerischen Verwendung oder Nutzung bestimmt sind (z. B. der Erwerb eines Wohnmobils, Segelschiffs oder sonstigen Freizeitgegenstands), ist bei dieser Prüfung ein besonders hoher Maßstab anzulegen. [3] Lassen sich diese objektiven Anhaltspunkte nicht an Amtsstelle ermitteln, ist zunächst grundsätzlich nicht von der Unternehmereigenschaft auszugehen. [4] Eine zunächst angenommene Unternehmereigenschaft ist nur dann nach § 164 Abs. 2, § 165 Abs. 2 oder § 173 Abs. 1 AO durch Änderung der ursprünglichen Steuerfestsetzung rückgängig zu machen, wenn später festgestellt wird, dass objektive Anhaltspunkte für die Verwendungsabsicht im Zeitpunkt des Leistungsbezugs nicht vorlagen, die Verwendungsabsicht nicht in gutem Glauben erklärt wurde oder ein Fall von Betrug oder Missbrauch vorliegt. [5] Zur Vermeidung der Inanspruchnahme erheblicher ungerechtfertigter Steuervorteile oder zur Beschleunigung des Verfahrens kann die Einnahme des Augenscheins (§ 98 AO) oder die Durchführung einer Umsatzsteuer-Nachschau (§ 27b UStG) angebracht sein.

[1)] DStR 1996, 419. – DStRE 2000, 881.

(4) [1]Die Absätze 1 bis 3 gelten entsprechend bei der Aufnahme einer neuen Tätigkeit im Rahmen eines bereits bestehenden Unternehmens, wenn die Vorbereitungshandlungen nicht in einem sachlichen Zusammenhang mit der bisherigen unternehmerischen Tätigkeit stehen. [2]Besteht dagegen ein sachlicher Zusammenhang, sind erfolglose Vorbereitungshandlungen der unternehmerischen Sphäre zuzurechnen (vgl. BFH-Urteil vom 16.12.1993, V R 103/88, BStBl. 1994 II S. 278).

(5) [1]Die Unternehmereigenschaft kann nicht im Erbgang übergehen (vgl. BFH-Urteil vom 19.11.1970, V R 14/67, BStBl. 1971 II S. 121). [2]Der Erbe wird nur dann zum Unternehmer, wenn in seiner Person die Voraussetzungen verwirklicht werden, an die das Umsatzsteuerrecht die Unternehmereigenschaft knüpft. [3]Zur Unternehmereigenschaft des Erben einer Kunstsammlung vgl. BFH-Urteil vom 24.11.1992, V R 8/89, BStBl. 1993 II S. 379, und zur Unternehmereigenschaft bei der Veräußerung von Gegenständen eines ererbten Unternehmensvermögens vgl. BFH-Urteil vom 13.1.2010, V R 24/07, BStBl. 2011 II S. 241.

(6) [1]Die Unternehmereigenschaft endet mit dem letzten Tätigwerden. [2]Der Zeitpunkt der Einstellung oder Abmeldung eines Gewerbebetriebs ist unbeachtlich. [3]Unternehmen und Unternehmereigenschaft erlöschen erst, wenn der Unternehmer alle Rechtsbeziehungen abgewickelt hat, die mit dem (aufgegebenen) Betrieb in Zusammenhang stehen (BFH-Urteil vom 21.4.1993, XI R 50/90, BStBl. II S. 696; vgl. auch BFH-Urteil vom 19.11.2009, V R 16/08, BStBl. 2010 II S. 319). [4]Die spätere Veräußerung von Gegenständen des Betriebsvermögens oder die nachträgliche Vereinnahmung von Entgelten gehören noch zur Unternehmertätigkeit. [5]Eine Einstellung der gewerblichen oder beruflichen Tätigkeit liegt nicht vor, wenn den Umständen zu entnehmen ist, dass der Unternehmer die Absicht hat, das Unternehmen weiterzuführen oder in absehbarer Zeit wiederaufleben zu lassen; es ist nicht erforderlich, dass laufend Umsätze bewirkt werden (vgl. BFH-Urteile vom 13.12.1963, V 77/61 U, BStBl. 1964 III S. 90, und vom 15.3.1993, V R 18/89, BStBl. II S. 561). [6]Eine Gesellschaft besteht als Unternehmer so lange fort, bis alle Rechtsbeziehungen, zu denen auch das Rechtsverhältnis zwischen der Gesellschaft und dem Finanzamt gehört, beseitigt sind (vgl. BFH-Urteile vom 21.5.1971, V R 117/67, BStBl. II S. 540, und vom 18.11.1999, V R 22/99, BStBl. 2000 II S. 241). [7]Die Unternehmereigenschaft einer GmbH ist weder von ihrem Vermögensstand noch von ihrer Eintragung im Handelsregister abhängig. [8]Eine aufgelöste GmbH kann auch noch nach ihrer Löschung im Handelsregister Umsätze im Rahmen ihres Unternehmens ausführen (vgl. BFH-Urteil vom 9.12.1993, V R 108/91, BStBl. 1994 II S. 483). [9]Zum Sonderfall des Ausscheidens eines Gesellschafters aus einer zweigliedrigen Personengesellschaft (Anwachsen) vgl. BFH-Urteil vom 18.9.1980, V R 175/74, BStBl. 1981 II S. 293.

2.7 Unternehmen

(1) [1]Zum Unternehmen gehören sämtliche Betriebe oder berufliche Tätigkeiten desselben Unternehmers. [2]Organgesellschaften sind – unter Berücksichtigung der Einschränkungen in § 2 Abs. 2 Nr. 2 Sätze 2 bis 4 UStG

(vgl. Abschnitt 2.9) – Teile des einheitlichen Unternehmens eines Unternehmers. [3]Innerhalb des einheitlichen Unternehmens sind steuerbare Umsätze grundsätzlich nicht möglich; zu den Besonderheiten beim innergemeinschaftlichen Verbringen vgl. Abschnitt 1a.2.[1)]

(2) [1]In den Rahmen des Unternehmens fallen nicht nur die Grundgeschäfte, die den eigentlichen Gegenstand der geschäftlichen Betätigung bilden, sondern auch die Hilfsgeschäfte (vgl. BFH-Urteil vom 24.2.1988, X R 67/82, BStBl. II S. 622). [2]Zu den Hilfsgeschäften gehört jede Tätigkeit, die die Haupttätigkeit mit sich bringt (vgl. BFH-Urteil vom 28.10.1964, V 227/62 U, BStBl. 1965 III S. 34). [3]Auf die Nachhaltigkeit der Hilfsgeschäfte kommt es nicht an (vgl. BFH-Urteil vom 20.9.1990, V R 92/85, BStBl. 1991 II S. 35). [4]Ein Verkauf von Vermögensgegenständen fällt somit ohne Rücksicht auf die Nachhaltigkeit in den Rahmen des Unternehmens, wenn der Gegenstand zum unternehmerischen Bereich des Veräußerers gehörte. [5]Bei einem gemeinnützigen Verein fallen Veräußerungen von Gegenständen, die von Todes wegen erworben sind, nur dann in den Rahmen des Unternehmens, wenn sie für sich nachhaltig sind (vgl. BFH-Urteil vom 9.9.1993, V R 24/89, BStBl. 1994 II S. 57).

2.8 Organschaft

Allgemeines

(1) [1]Organschaft nach § 2 Abs. 2 Nr. 2 UStG liegt vor, wenn eine juristische Person nach dem Gesamtbild der tatsächlichen Verhältnisse finanziell, wirtschaftlich und organisatorisch in ein Unternehmen eingegliedert ist. [2]Es ist nicht erforderlich, dass alle drei Eingliederungsmerkmale gleichermaßen ausgeprägt sind. [3]Organschaft kann deshalb auch gegeben sein, wenn die Eingliederung auf einem dieser drei Gebiete nicht vollständig, dafür aber auf den anderen Gebieten um so eindeutiger ist, so dass sich die Eingliederung aus dem Gesamtbild der tatsächlichen Verhältnisse ergibt (vgl. BFH-Urteil vom 23.4.1964, V 184/61 U, BStBl. III S. 346, und vom 22.6.1967, V R 89/66, BStBl. III S. 715). [4]Von der finanziellen Eingliederung kann weder auf die wirtschaftliche noch auf die organisatorische Eingliederung geschlossen werden (vgl. BFH-Urteile vom 5.12.2007, V R 26/06, BStBl. 2008 II S. 451, und vom 3.4.2008, V R 76/05, BStBl. II S. 905). [5]Die Organschaft umfasst nur den unternehmerischen Bereich der Organgesellschaft. [6]Liegt Organschaft vor, sind die eingegliederten Organgesellschaften (Tochtergesellschaften) ähnlich wie Angestellte des Organträgers (Muttergesellschaft) als unselbständig anzusehen; Unternehmer ist der Organträger. [7]Eine Gesellschaft kann bereits zu einem Zeitpunkt in das Unternehmen des Organträgers eingegliedert sein, zu dem sie selbst noch keine Umsätze ausführt, dies gilt insbesondere für eine Auffanggesellschaft im Rahmen des Konzepts einer „übertragenden Sanierung" (vgl. BFH-Urteil vom 17.1.2002, V R 37/00, BStBl. II S. 373). [8]War die seit dem Abschluss eines Gesellschaftsvertrags bestehende Gründergesell-

[1)] Zur Besteuerung von Verwaltungsgemeinschaften siehe BayLfSt v. 27.4.2020 – S 7106.1.1 – 21/4 St 33, DStR 2020, 1131.

schaft einer später in das Handelsregister eingetragenen GmbH nach dem Gesamtbild der tatsächlichen Verhältnisse finanziell, wirtschaftlich und organisatorisch in ein Unternehmen eingegliedert, besteht die Organschaft zwischen der GmbH und dem Unternehmen bereits für die Zeit vor der Eintragung der GmbH in das Handelsregister (vgl. BFH-Urteil vom 9.3.1978, V R 90/74, BStBl. II S. 486).

(2) [1]Organträger kann jeder Unternehmer sein. [2]Auch eine juristische Person des öffentlichen Rechts kann Organträger sein, wenn und soweit sie unternehmerisch tätig ist (vgl. BFH-Urteil vom 2.12.2015, V R 67/14, BStBl. 2017 II S. 560, und Abschnitt 2.11 Abs. 20). [3]Die die Unternehmereigenschaft begründenden entgeltlichen Leistungen können auch gegenüber einer Gesellschaft erbracht werden, mit der als Folge dieser Leistungstätigkeit eine organschaftliche Verbindung besteht (vgl. BFH-Urteil vom 9.10.2002, V R 64/99, BStBl. 2003 II S. 375; vgl. aber Absatz 6 Sätze 5 und 6). [4]Als Organgesellschaften kommen regelmäßig nur juristische Personen des Zivil- und Handelsrechts in Betracht (vgl. BFH-Urteil vom 20.12.1973, V R 87/70, BStBl. 1974 II S. 311). [5]Eine Personengesellschaft kann ausnahmsweise wie eine juristische Person als eingegliedert im Sinne des § 2 Abs. 2 Nr. 2 UStG anzusehen sein, wenn die finanzielle Eingliederung wie bei einer juristischen Person zu bejahen ist (siehe dazu Absatz 5a). [6]Eine GmbH, die an einer KG als persönlich haftende Gesellschafterin beteiligt ist, kann grundsätzlich nicht als Organgesellschaft in das Unternehmen dieser KG eingegliedert sein (BFH-Urteil vom 14.12.1978, V R 85/74, BStBl. 1979 II S. 288). [7]Dies gilt auch in den Fällen, in denen die übrigen Kommanditisten der KG sämtliche Gesellschaftsanteile der GmbH halten (vgl. BFH-Urteil vom 19.5.2005, V R 31/03, BStBl. II S. 671). [8]Ist jedoch die KG mehrheitlich an der Komplementär-GmbH beteiligt, kann die GmbH als Organgesellschaft in die KG eingegliedert sein, da die KG auf Grund ihrer Gesellschafterstellung sicherstellen kann, dass ihr Wille auch in der GmbH durchgesetzt wird (vgl. auch Abschnitt 2.2 Abs. 6 Beispiel 2). [9]Personen, die keine Unternehmer im Sinne des § 2 Abs. 1 UStG sind, können weder Organträger noch Organgesellschaft sein (vgl. BFH-Urteile vom 2.12.2015, V R 67/14, a. a. O., und vom 10.8.2016, XI R 41/14, BStBl. 2017 II S. 590).

(3) [1]Die Voraussetzungen für die umsatzsteuerliche Organschaft sind nicht identisch mit den Voraussetzungen der körperschaftsteuerlichen und gewerbesteuerlichen Organschaft. [2]Eine gleichzeitige Eingliederung einer Organgesellschaft in die Unternehmen mehrerer Organträger (sog. Mehrmütterorganschaft) ist nicht möglich (vgl. BFH-Urteile vom 30.4.2009, V R 3/08, BStBl. 2013 II S. 873, und vom 3.12.2015, V R 36/13, BStBl. 2017 II S. 563).

(4) Weder das Umsatzsteuergesetz noch das Unionsrecht sehen ein Wahlrecht für den Eintritt der Rechtsfolgen einer Organschaft vor (vgl. BFH-Urteile vom 29.10.2008, XI R 74/07, BStBl. 2009 II S. 256).

Finanzielle Eingliederung

(5) [1]Unter der finanziellen Eingliederung einer juristischen Person ist der Besitz der entscheidenden Anteilsmehrheit an der Organgesellschaft zu verstehen, die es dem Organträger ermöglicht, durch Mehrheitsbeschlüsse seinen

Willen in der Organgesellschaft durchzusetzen (Eingliederung mit Durchgriffsrechten, vgl. BFH-Urteil vom 2.12.2015, V R 15/14, BStBl. 2017 II S. 553). [2]Entsprechen die Beteiligungsverhältnisse den Stimmrechtsverhältnissen, ist die finanzielle Eingliederung gegeben, wenn die Beteiligung mehr als 50% beträgt, sofern keine höhere qualifizierte Mehrheit für die Beschlussfassung in der Organgesellschaft erforderlich ist (vgl. BFH-Urteil vom 1.12.2010, XI R 43/08, BStBl. 2011 II S. 600). [3]Im Interesse der Rechtsklarheit sind Stimmbindungsvereinbarungen oder Stimmrechtsvollmachten grundsätzlich ohne Bedeutung. [4]Stimmbindungsvereinbarungen und Stimmrechtsvollmachten können bei der Prüfung der finanziellen Eingliederung nur zu berücksichtigen sein, wenn sie sich ausschließlich aus Regelungen der Satzung wie etwa bei einer Einräumung von Mehrfachstimmrechten („Geschäftsanteil mit Mehrstimmrecht") ergeben (BFH-Urteil vom 2.12.2015, V R 25/13, BStBl. 2017 II S. 547).

(5a) [1]Die finanzielle Eingliederung einer Personengesellschaft setzt voraus, dass Gesellschafter der Personengesellschaft neben dem Organträger nur Personen sind, die nach § 2 Abs. 2 Nr. 2 UStG in das Unternehmen des Organträgers finanziell eingegliedert sind, so dass die erforderliche Durchgriffsmöglichkeit selbst bei der stets möglichen Anwendung des Einstimmigkeitsprinzips gewährleistet ist (vgl. BFH-Urteile vom 2.12.2015, V R 25/13, BStBl. 2017 II S. 547, und vom 3.12.2015, V R 36/13, BStBl. 2017 II S. 563). [2]Für die nach Satz 1 notwendige Beteiligung des Organträgers sind mittelbare Beteiligungen ausreichend. [3]Absatz 5b gilt entsprechend.

Beispiel 1:

[1]Gesellschafter einer GmbH & Co. KG sind die Komplementär-GmbH und eine weitere GmbH als Kommanditistin. [2]Die A-AG hält an beiden GmbHs jeweils einen Anteil von mehr als 50%.

[3]Alle Gesellschafter der GmbH & Co. KG sind finanziell in das Unternehmen der A-AG eingegliedert. [4]Damit ist auch die GmbH & Co. KG in das Unternehmen der A-AG finanziell eingegliedert.

Beispiel 2:

[1]Gesellschafter einer GmbH & Co. KG sind die Komplementär-GmbH K1 sowie die GmbH K2 und eine weitere Person P (Beteiligungsquote 0,1%) als Kommanditisten. [2]Die A-AG hält an K1 und K2 jeweils einen Anteil von mehr als 50%. [3]An P ist die A-AG nicht beteiligt.

[4]Da nicht alle Gesellschafter der GmbH & Co. KG finanziell in das Unternehmen der A-AG eingegliedert sind, ist auch die GmbH & Co. KG nicht finanziell in das Unternehmen der A-AG eingegliedert.

(5b) [1]Eine finanzielle Eingliederung setzt eine unmittelbare oder mittelbare Beteiligung des Organträgers an der Organgesellschaft voraus. [2]Es ist ausreichend, wenn die finanzielle Eingliederung mittelbar über eine unternehmerisch oder nichtunternehmerisch tätige Tochtergesellschaft des Organträgers erfolgt. [3]Eine nichtunternehmerisch tätige Tochtergesellschaft wird dadurch jedoch nicht Bestandteil des Organkreises. [4]Ist eine Kapital- oder Personengesellschaft nicht selbst an der Organgesellschaft beteiligt, reicht es für die finanzielle Eingliederung nicht aus, dass nur ein oder mehrere Gesellschafter auch mit Stimmenmehrheit an der Organgesellschaft beteiligt sind (vgl. BFH-Urteile vom 22.4.2010, V R 9/09, BStBl. 2011 II S. 597, vom 1.12.2010, XI R 43/08, BStBl. 2011 II S. 600, und vom 24.8.2016, V R 36/15, BStBl. 2017 II S. 595). [5]In diesem Fall ist keine der beiden Gesellschaften in das Gefüge des anderen Unternehmens eingeordnet, sondern es handelt sich vielmehr um gleich geordnete Schwestergesellschaften. [6]Dies gilt auch dann, wenn die Beteiligung eines Gesellschafters an einer Kapitalgesellschaft ertragsteuerlich zu dessen Sonderbetriebsvermögen bei einer Personengesellschaft gehört. [7]Das Fehlen einer eigenen unmittelbaren oder mittelbaren Beteiligung der Gesellschaft kann nicht durch einen Beherrschungsvertrag und Gewinnabführungsvertrag ersetzt werden (BFH-Urteil vom 1.12.2010, XI R 43/08, a. a. O.).

Wirtschaftliche Eingliederung

(6)[1)] [1]Wirtschaftliche Eingliederung bedeutet, dass die Organgesellschaft nach dem Willen des Unternehmers im Rahmen des Gesamtunternehmens, und zwar in engem wirtschaftlichen Zusammenhang mit diesem, wirtschaftlich tätig ist (vgl. BFH-Urteil vom 22.6.1967, V R 89/66, BStBl. III S. 715). [2]Voraussetzung für eine wirtschaftliche Eingliederung ist, dass die Beteiligung an der Kapitalgesellschaft dem unternehmerischen Bereich des Anteileigners zugeordnet werden kann (vgl. Abschnitt 2.3 Abs. 2). [3]Sie kann bei entsprechend deutlicher Ausprägung der finanziellen und organisatorischen Eingliederung bereits dann vorliegen, wenn zwischen dem Organträger und der Organgesellschaft auf Grund gegenseitiger Förderung und Ergänzung mehr als nur unerhebliche wirtschaftliche Beziehungen bestehen (vgl. BFH-Urteil vom 29.10.2008, XI R 74/07, BStBl. 2009 II S. 256), insbesondere braucht dann die Organgesellschaft nicht vom Organträger abhängig zu sein (vgl. BFH-Urteil vom 3.4.2003, V R 63/01, BStBl. 2004 II S. 434). [4]Die wirtschaftliche Eingliederung kann sich auch aus einer Verflechtung zwischen den Unternehmensbereichen verschiedener Organgesellschaften ergeben (vgl. BFH-Urteil vom 20.8.2009, V R 30/06, BStBl. 2010 II S. 863). [5]Beruht die wirtschaftliche Eingliederung auf Leistungen des Organträgers gegenüber seiner Organgesellschaft, müssen jedoch entgeltliche Leistungen vorliegen, denen für das Unternehmen der Organgesellschaft mehr als nur unwesentliche Bedeutung zukommt (vgl. BFH-Urteile vom 18.6.2009, V R 4/08, BStBl. 2010 II S. 310, und vom 6.5.2010, V R 26/09, BStBl. II S. 1114). [6]Stellt der Organträger für eine von der Organgesellschaft bezogene Leistung unentgeltlich Material bei, reicht dies zur Begründung der wirtschaftlichen Eingliederung nicht aus (vgl. BFH-Urteil vom 20.8.2009, V R 30/06, a. a. O.). [7]Zu einer wirtschaftlichen Eingliederung durch Darlehen kann es nur kommen, wenn diese im Rahmen eines Unternehmens gewährt werden (vgl. BFH-Beschluss vom 13.11.2019, V R 30/18, BStBl. 2021 II S. 248).

(6a) [1]Für die Frage der wirtschaftlichen Verflechtung kommt der Entstehungsgeschichte der Tochtergesellschaft eine wesentliche Bedeutung zu. [2]Die Unselbständigkeit einer hauptsächlich im Interesse einer anderen Firma ins Leben gerufenen Produktionsfirma braucht nicht daran zu scheitern, dass sie einen Teil ihrer Erzeugnisse auf dem freien Markt absetzt. [3]Ist dagegen eine Produktionsgesellschaft zur Versorgung eines bestimmten Markts gegründet

1) A 2.8 Abs. 6 Satz 7 angef. durch BMF v. 17.12.2021, BStBl. I 2021, 2504.

worden, kann ihre wirtschaftliche Eingliederung als Organgesellschaft auch dann gegeben sein, wenn zwischen ihr und der Muttergesellschaft Warenlieferungen nur in geringem Umfange oder überhaupt nicht vorkommen (vgl. BFH-Urteil vom 15.6.1972, V R 15/69, BStBl. II S. 840).

(6b) [1]Bei einer Betriebsaufspaltung in ein Besitzunternehmen (z.B. Personengesellschaft) und eine Betriebsgesellschaft (i. d. R. Kapitalgesellschaft) und Verpachtung des Betriebsvermögens durch das Besitzunternehmen an die Betriebsgesellschaft steht die durch die Betriebsaufspaltung entstandene Betriebsgesellschaft im Allgemeinen in einem Abhängigkeitsverhältnis zum Besitzunternehmen (vgl. BFH-Urteile vom 28.1.1965, V 126/62 U, BStBl. III S. 243 und vom 17.11.1966, V 113/65, BStBl. 1967 III S. 103). [2]Auch wenn bei einer Betriebsaufspaltung nur das Betriebsgrundstück ohne andere Anlagegegenstände verpachtet wird, kann eine wirtschaftliche Eingliederung vorliegen (BFH-Urteil vom 9.9.1993, V R 124/89, BStBl. 1994 II S. 129).

(6c) [1]Die wirtschaftliche Eingliederung wird jedoch nicht auf Grund von Liquiditätsproblemen der Organtochter beendet (BFH-Urteil vom 19.10. 1995, V R 128/93). [2]Die wirtschaftliche Eingliederung auf Grund der Vermietung eines Grundstücks, das die räumliche und funktionale Geschäftstätigkeit der Organgesellschaft bildet, entfällt nicht bereits dadurch, dass für das betreffende Grundstück Zwangsverwaltung und Zwangsversteigerung angeordnet wird (vgl. BMF-Schreiben vom 1.12.2009, BStBl. I S. 1609). [3]Eine Entflechtung vollzieht sich erst im Zeitpunkt der tatsächlichen Beendigung des Nutzungsverhältnisses zwischen dem Organträger und der Organgesellschaft.

Organisatorische Eingliederung

(7) [1]Die organisatorische Eingliederung setzt voraus, dass die mit der finanziellen Eingliederung verbundene Möglichkeit der Beherrschung der Tochtergesellschaft durch die Muttergesellschaft in der laufenden Geschäftsführung tatsächlich wahrgenommen wird (BFH-Urteil vom 28.1.1999, V R 32/98, BStBl. II S. 258). [2]Es kommt darauf an, dass der Organträger die Organgesellschaft durch die Art und Weise der Geschäftsführung beherrscht und seinen Willen in der Organgesellschaft durchsetzen kann. [3]Nicht ausreichend ist, dass eine vom Organträger abweichende Willensbildung in der Organgesellschaft ausgeschlossen ist (BFH-Urteile vom 8.8.2013, V R 18/13, BStBl. 2017 II S. 543, und vom 2.12.2015, V R 15/14 BStBl. 2017 II S. 553). [4]Der aktienrechtlichen Abhängigkeitsvermutung aus § 17 AktG kommt keine Bedeutung im Hinblick auf die organisatorische Eingliederung zu (vgl. BFH-Urteil vom 3.4.2008, V R 76/05, BStBl. II S. 905). [5]Nicht ausschlaggebend ist, dass die Organgesellschaft in eigenen Räumen arbeitet, eine eigene Buchhaltung und eigene Einkaufs- und Verkaufsabteilungen hat, da dies dem Willen des Organträgers entsprechen kann (vgl. BFH-Urteil vom 23.7.1959, V 176/55 U, BStBl. III S. 376). [6]Zum Wegfall der organisatorischen Eingliederung bei Anordnung der Zwangsverwaltung und Zwangsversteigerung für ein Grundstück vgl. BMF-Schreiben vom 1.12.2009, BStBl. I S. 1609.[1)]

[1)] Nichtanwendungserlass zu BFH v. 29.1.2009 V R 67/07, BStBl. II 2009, 1029.

(8) [1]Die organisatorische Eingliederung setzt in aller Regel die personelle Verflechtung der Geschäftsführungen des Organträgers und der Organgesellschaft voraus (BFH-Urteile vom 3.4.2008, V R 76/05, BStBl. II S. 905, vom 28.10.2010, V R 7/10, BStBl. 2011 II S. 391 und vom 2.12.2015, V R 15/14, BStBl. 2017 II S. 553). [2]Dies ist z. B. bei einer Personenidentität in den Leitungsgremien beider Gesellschaften gegeben (vgl. BFH-Urteile vom 17.1.2002, V R 37/00, BStBl. II S. 373, und vom 5.12.2007, V R 26/06, BStBl. II S. 451). [3]Für das Vorliegen einer organisatorischen Eingliederung ist es jedoch nicht in jedem Fall erforderlich, dass die Geschäftsführung der Muttergesellschaft mit derjenigen der Tochtergesellschaft vollständig personenidentisch ist. [4]So kann eine organisatorische Eingliederung z. B. auch dann vorliegen, wenn nur einzelne Geschäftsführer des Organträgers Geschäftsführer der Organgesellschaft sind (vgl. BFH-Urteil vom 28.1.1999, V R 32/98, BStBl. II S. 258). [5]Ob dagegen eine organisatorische Eingliederung vorliegt, wenn die Tochtergesellschaft über mehrere Geschäftsführer verfügt, die nur zum Teil auch in dem Leitungsgremium der Muttergesellschaft vertreten sind, hängt von der Ausgestaltung der Geschäftsführungsbefugnis in der Tochtergesellschaft ab. [6]Ist in der Organgesellschaft eine Gesamtgeschäftsführungsbefugnis vereinbart und werden die Entscheidungen durch Mehrheitsbeschluss getroffen, kann eine organisatorische Eingliederung nur vorliegen, wenn die personenidentischen Geschäftsführer über die Stimmenmehrheit verfügen. [7]Bei einer Stimmenminderheit der personenidentischen Geschäftsführer oder bei Einzelgeschäftsführungsbefugnis der fremden Geschäftsführer sind zusätzliche institutionell abgesicherte Maßnahmen erforderlich, um eine Beherrschung der Organgesellschaft durch den Organträger sicherzustellen. [8]Eine organisatorische Eingliederung kann z.B. in Fällen der Geschäftsführung in der Organgesellschaft mittels Geschäftsführungsbefugnis vorliegen, wenn zumindest einer der Geschäftsführer auch Geschäftsführer des Organträgers ist und der Organträger über ein umfassendes Weisungsrecht gegenüber der Geschäftsführung der Organgesellschaft verfügt sowie zur Bestellung und Abberufung aller Geschäftsführer der Organgesellschaft berechtigt ist (vgl. BFH-Urteil vom 7.7.2011, V R 53/10, BStBl. 2013 II S. 218). [9]Alternativ kann auch bei Einzelgeschäftsführungsbefugnis des fremden Geschäftsführers ein bei Meinungsverschiedenheiten eingreifendes, aus Gründen des Nachweises und der Inhaftungnahme schriftlich vereinbartes Letztentscheidungsrecht des personenidentischen Geschäftsführers eine Beherrschung der Organgesellschaft durch den Organträger sicherstellen. [10]Hingegen kann durch die personelle Verflechtung von Aufsichtsratsmitgliedern keine organisatorische Eingliederung hergestellt werden.

(9) [1]Neben dem Regelfall der personellen Verflechtung der Geschäftsführungen des Organträgers und der Organgesellschaft kann sich die organisatorische Eingliederung aber auch daraus ergeben, dass Mitarbeiter des Organträgers als Geschäftsführer der Organgesellschaft tätig sind (vgl. BFH-Urteil vom 20.8.2009, V R 30/06, BStBl. 2010 II S. 863). [2]Die Berücksichtigung von Mitarbeitern des Organträgers bei der organisatorischen Eingliederung beruht auf der Annahme, dass ein Mitarbeiter des Organträgers dessen Weisungen bei der Geschäftsführung der Organgesellschaft auf Grund eines zum Organträger

bestehenden Anstellungsverhältnisses und einer sich hieraus ergebenden persönlichen Abhängigkeit befolgen wird und er bei weisungswidrigem Verhalten vom Organträger als Geschäftsführer der Organgesellschaft uneingeschränkt abberufen werden kann (vgl. BFH-Urteil vom 7.7.2011, V R 53/10, BStBl. 2013 II S. 218). 3 Demgegenüber reicht es nicht aus, dass ein Mitarbeiter des Mehrheitsgesellschafters nur Prokurist bei der vermeintlichen Organgesellschaft ist, während es sich beim einzigen Geschäftsführer der vermeintlichen Organgesellschaft um eine Person handelt, die weder Mitglied der Geschäftsführung noch Mitarbeiter des Mehrheitsgesellschafters ist (vgl. BFH-Urteil vom 28.10.2010, V R 7/10, BStBl. 2011 II S. 391).

(10) 1 In Ausnahmefällen kann eine organisatorische Eingliederung auch ohne personelle Verflechtung in den Leitungsgremien des Organträgers und der Organgesellschaft vorliegen. 2 Voraussetzung für diese schwächste Form der organisatorischen Eingliederung ist jedoch, dass institutionell abgesicherte unmittelbare Eingriffsmöglichkeiten in den Kernbereich der laufenden Geschäftsführung der Organgesellschaft gegeben sind (BFH-Urteil vom 3.4.2008, V R 76/05, BStBl. II S. 905). 3 Der Organträger muss durch schriftlich fixierte Vereinbarungen (z. B. Geschäftsführerordnung, Konzernrichtlinie, Anstellungsvertrag) in der Lage sein, gegenüber Dritten seine Entscheidungsbefugnis nachzuweisen und den Geschäftsführer der Organgesellschaft bei Verstößen gegen seine Anweisungen haftbar zu machen (BFH-Urteile vom 5.12.2007, V R 26/06, BStBl. 2008 II S. 451, und vom 12.10.2016, XI R 30/14, BStBl. 2017 II S. 597). 4 Hat die Organgesellschaft mit dem Organträger einen Beherrschungsvertrag nach § 291 AktG abgeschlossen oder ist die Organgesellschaft nach §§ 319, 320 AktG in die Gesellschaft des Organträgers eingegliedert, ist von dem Vorliegen einer organisatorischen Eingliederung auszugehen, da der Organträger in diesen Fällen berechtigt ist, dem Vorstand der Organgesellschaft nach Maßgabe der §§ 308 bzw. 323 Abs. 1 AktG Weisungen zu erteilen. 5 Soweit rechtlich zulässig, muss sich dieses Weisungsrecht jedoch grundsätzlich auf die gesamte unternehmerische Sphäre der Organgesellschaft erstrecken. 6 Aufsichtsrechtliche Beschränkungen stehen der Annahme einer organisatorischen Eingliederung nicht entgegen. 7 Eine organisatorische Eingliederung durch Beherrschungsvertrag wird jedoch erst ab dem Zeitpunkt seiner Eintragung in das Handelsregister begründet, da dieser konstitutive Wirkung zukommt (vgl. BFH-Urteil vom 10.5.2017, V R 7/16, BStBl. II S. 1261).

(10a) 1 Die organisatorische Eingliederung kann auch über eine Beteiligungskette zum Organträger vermittelt werden. 2 Die in den Absätzen 7 bis 10 enthaltenen Regelungen kommen grundsätzlich auch in diesen Fällen zur Anwendung. 3 Sofern sichergestellt ist, dass der Organträger die Organgesellschaften durch die Art und Weise der Geschäftsführung beherrscht, ist es jedoch ausreichend, wenn die der organisatorischen Eingliederung dienenden Maßnahmen zwischen zwei Organgesellschaften ergriffen werden. 4 Dies gilt auch dann, wenn diese Maßnahmen nicht der Struktur der finanziellen Eingliederung folgen (z. B. bei Schwestergesellschaften). 5 Es ist zudem ausreichend, wenn die organisatorische Eingliederung mittelbar über eine unternehmerisch oder nichtunternehmerisch tätige Tochtergesellschaft des Organträgers erfolgt. [6]Eine nichtunternehmerisch tätige Tochtergesellschaft wird dadurch jedoch nicht zum Bestandteil des Organkreises.

Beispiel 1:

[1]Der Organträger O ist zu 100% an der Tochtergesellschaft T 1 beteiligt. [2]Die Geschäftsführungen von O und T 1 sind personenidentisch. [3]T 1 ist zu 100% an der Enkelgesellschaft E beteiligt. [4]Einziger Geschäftsführer der E ist ein bei der Tochtergesellschaft T 1 angestellter Mitarbeiter.

[5]Die Tochtergesellschaft T 1 ist aufgrund der personenidentischen Geschäftsführungen organisatorisch in das Unternehmen des Organträgers O eingegliedert. [6]Dies gilt auch für die Enkelgesellschaft E, da durch das Anstellungsverhältnis des Geschäftsführers bei T 1 sichergestellt ist, dass der Organträger O die Enkelgesellschaft E beherrscht.

Beispiel 2:

[1]Der Organträger O ist zu 100% an der Tochtergesellschaft T 1 beteiligt, die als Finanzholding kein Unternehmer i. S. d. § 2 UStG ist. [2]Die Geschäftsführungen von O und T 1 sind personenidentisch. [3]T 1 ist zu 100% an der grundsätzlich unternehmerisch tätigen Enkelgesellschaft E beteiligt. [4]Aufgrund eines abgeschlossenen Beherrschungsvertrages i. S. d. § 291 AktG beherrscht T 1 die E.

[5]Die Enkelgesellschaft E ist organisatorisch in das Unternehmen des Organträgers O eingegliedert. [6]Auf Grund der personenidentischen Geschäftsführungen von O und T 1 sowie des zwischen T 1 und E abgeschlossenen Beherrschungsvertrags ist sichergestellt, dass der Organträger O die Enkelgesellschaft E beherrscht. [7]Die nichtunternehmerisch tätige Tochtergesellschaft T 1 wird hierdurch jedoch nicht zum Bestandteil des Organkreises.

Beispiel 3:

[1]Der Organträger O ist zu 100% an den Tochtergesellschaften T 1 und T 2 beteiligt. [2]Die Geschäftsführungen von O und T 1 sind personenidentisch. [3]Einziger Geschäftsführer der T 2 ist ein bei der Tochtergesellschaft T 1 angestellter Mitarbeiter.

[4]Die Tochtergesellschaft T 1 ist aufgrund der personenidentischen Geschäftsführungen organisatorisch in das Unternehmen des Organträgers O eingegliedert. [5]Dies gilt auch für die Tochtergesellschaft T 2, da durch das Anstellungsverhältnis des Geschäftsführers bei T 1 sichergestellt ist, dass der Organträger O die Tochtergesellschaft T 2 beherrscht.

Beispiel 4:

[1]Der im Ausland ansässige Organträger O unterhält im Inland eine Zweigniederlassung. [2]Daneben ist er zu 100% an der im Inland ansässigen Tochtergesellschaft T 1 beteiligt. [3]Einziger Geschäftsführer der T 1 ist der bei O angestellte Leiter der inländischen Zweigniederlassung.

[4]Die Tochtergesellschaft T 1 ist organisatorisch in das Unternehmen des Organträgers O eingegliedert. [5]Durch das Anstellungsverhältnis des Geschäftsführers bei O ist sichergestellt, dass der Organträger O die Tochtergesellschaft T 1 beherrscht. [6]Die Wirkungen der Organschaft sind jedoch auf Innenleistungen zwischen den im Inland gelegenen Unternehmensteilen beschränkt.

(11) [1]Weder das mit der finanziellen Eingliederung einhergehende Weisungsrecht durch Gesellschafterbeschluss noch eine vertragliche Pflicht zur regelmäßigen Berichterstattung über die Geschäftsführung stellen eine institutionell abgesicherte unmittelbare Eingriffsmöglichkeit in den Kernbereich der laufenden Geschäftsführung der Organgesellschaft im Sinne des Absatzes 10 dar und reichen daher nicht zur Begründung einer organisatorischen Eingliederung aus (vgl. BFH-Urteil vom 2.12.2015, V R 15/14, BStBl. 2017 II S. 553). [2]Auch Zustimmungsvorbehalte zugunsten der Gesellschafterversammlung z. B. aufgrund einer Geschäftsführungsordnung können für sich betrachtet keine organisatorische Eingliederung begründen (vgl. BFH-Urteil vom 7.7.2011, V R 53/10, BStBl. 2013 II S. 218). [3]Dasselbe gilt für Zustimmungserfordernisse bei außergewöhnlichen Geschäften (vgl. BFH-Urteil vom 3.4.2008, V R 76/05, BStBl. II S. 905) oder das bloße Recht zur Bestellung oder Abberufung von Geschäftsfüh-

rern ohne weiter gehende personelle Verflechtungen über das Geschäftsführungsorgan (vgl. BFH-Urteil vom 7.7.2011, V R 53/10, a. a. O.). [4]Ebenso kann sich eine organisatorische Eingliederung nicht allein daraus ergeben, dass eine nicht geschäftsführende Gesellschafterversammlung und ein gleichfalls nicht geschäftsführender Beirat ausschließlich mit Mitgliedern des Mehrheitsgesellschafters besetzt sind, vertragliche Bedingungen dem Mehrheitsgesellschafter „umfangreiche Beherrschungsmöglichkeiten" sichern und darüber hinaus dieselben Büroräume benutzt und das komplette Rechnungswesen durch gemeinsames Personal erledigt werden (vgl. BFH-Urteil vom 28.10.2010, V R 7/10, BStBl. 2011 II S. 391).

Insolvenzverfahren

(12) [1]Mit der Insolvenzeröffnung über das Vermögen des Organträgers oder der Organgesellschaft endet die Organschaft (vgl. BFH-Urteil vom 15.12.2016, V R 14/16, BStBl. 2017 II S. 600). [2]Dies gilt jeweils auch bei Bestellung eines Sachwalters im Rahmen der Eigenverwaltung nach §§ 270 ff. InsO. [3]Wird im Rahmen der Anordnung von Sicherungsmaßnahmen über das Vermögen des Organträgers oder der Organgesellschaft ein vorläufiger Insolvenzverwalter bestellt, endet die Organschaft mit dessen Bestellung bereits vor Eröffnung des Insolvenzverfahrens, wenn der vorläufige Insolvenzverwalter den maßgeblichen Einfluss auf den Schuldner erhält und eine Beherrschung der Organgesellschaft durch den Organträger nicht mehr möglich ist. [4]Dies ist insbesondere der Fall, wenn der vorläufige Insolvenzverwalter wirksame rechtsgeschäftliche Verfügungen des Schuldners aufgrund eines Zustimmungsvorbehalts nach § 21 Abs. 2 Nr. 2 Alt. 2 InsO verhindern kann (vgl. BFH-Urteile vom 8.8.2013, V R 18/13, BStBl. 2017 II S. 543, vom 3.7.2014, V R 32/13, BStBl. 2017 II S. 666, und vom 24.8.2016, V R 36/15, BStBl. 2017 II S. 595). [5]Die Sätze 1 bis 4 gelten auch in den Fällen, in denen für den Organträger und die Organgesellschaft ein personenidentischer Sachwalter, vorläufiger Insolvenzverwalter oder Insolvenzverwalter bestellt wird. [6]Hingegen beenden weder die Anordnung der vorläufigen Eigenverwaltung beim Organträger noch die Anordnung der vorläufigen Eigenverwaltung bei der Organgesellschaft eine Organschaft, wenn das Insolvenzgericht lediglich bestimmt, dass ein vorläufiger Sachwalter bestellt wird sowie eine Anordnung gemäß § 21 Abs. 2 Satz 1 Nr. 3 InsO erlässt (vgl. BFH-Urteil vom 27.11.2019, XI R 35/17, BStBl. 2021 II S. 252). [7]Satz 6 gilt nicht für vorläufige Eigenverwaltungsverfahren, die nach dem 31.12.2020 angeordnet wurden, es sei denn, diese fallen unter die Anwendung des § 5 Abs. 1 COVID-19-Insolvenzaussetzungsgesetz (COVInsAG).[1)]

2.9 Beschränkung der Organschaft auf das Inland[2)]

Allgemeines

(1) [1]Die Wirkungen der Organschaft sind nach § 2 Abs. 2 Nr. 2 Satz 2 UStG auf Innenleistungen zwischen den im Inland gelegenen Unternehmensteilen beschränkt. [2]Sie bestehen nicht im Verhältnis zu den im Ausland gele-

[1)] G v. 27.3.2020, BGBl. I 2020, 569, geänd. durch G v. 15.2.2021, BGBl. I 2021, 237.
[2)] Hinweis auf A 1a.2 Abs. 8 UStAE.

genen Unternehmensteilen sowie zwischen diesen Unternehmensteilen. [3]Die im Inland gelegenen Unternehmensteile sind nach § 2 Abs. 2 Nr. 2 Satz 3 UStG als ein Unternehmen zu behandeln.

(2) [1]Der Begriff des Unternehmens in § 2 Abs. 1 Satz 2 UStG bleibt von der Beschränkung der Organschaft auf das Inland unberührt. [2]Daher sind grenzüberschreitende Leistungen innerhalb des Unternehmens, insbesondere zwischen dem Unternehmer, z. B. Organträger oder Organgesellschaft, und seinen Betriebsstätten (Abschnitt 3a.1 Abs. 3) oder umgekehrt – mit Ausnahme von Warenbewegungen auf Grund eines innergemeinschaftlichen Verbringens (vgl. Abschnitt 1a.2) – nicht steuerbare Innenumsätze.

Im Inland gelegene Unternehmensteile

(3) Im Inland gelegene Unternehmensteile im Sinne der Vorschrift sind

1. der Organträger, sofern er im Inland ansässig ist,
2. die im Inland ansässigen Organgesellschaften des in Nummer 1 bezeichneten Organträgers,
3. die im Inland gelegenen Betriebsstätten, z. B. Zweigniederlassungen, des in Nummer 1 bezeichneten Organträgers und seiner im Inland und Ausland ansässigen Organgesellschaften,
4. die im Inland ansässigen Organgesellschaften eines Organträgers, der im Ausland ansässig ist,
5. die im Inland gelegenen Betriebsstätten, z. B. Zweigniederlassungen, des im Ausland ansässigen Organträgers und seiner im Inland und Ausland ansässigen Organgesellschaften.

(4) [1]Die Ansässigkeit des Organträgers und der Organgesellschaften beurteilt sich danach, wo sie ihre Geschäftsleitung haben. [2]Im Inland gelegene und vermietete Grundstücke sind wie Betriebsstätten zu behandeln.

(5) [1]Die im Inland gelegenen Unternehmensteile sind auch dann als ein Unternehmen zu behandeln, wenn zwischen ihnen keine Innenleistungen ausgeführt werden. [2]Das gilt aber nicht, soweit im Ausland Betriebsstätten unterhalten werden (vgl. Absätze 6 und 8).

Organträger im Inland

(6) [1]Ist der Organträger im Inland ansässig, umfasst das Unternehmen die in Absatz 3 Nr. 1 bis 3 bezeichneten Unternehmensteile. [2]Es umfasst nach Absatz 2 auch die im Ausland gelegenen Betriebsstätten des Organträgers. [3]Unternehmer und damit Steuerschuldner im Sinne des § 13a Abs. 1 Satz 1 UStG ist der Organträger. [4]Hat der Organträger Organgesellschaften im Ausland, gehören diese umsatzsteuerrechtlich nicht zum Unternehmen des Organträgers. [5]Die Organgesellschaften im Ausland können somit im Verhältnis zum Unternehmen des Organträgers und zu Dritten sowohl Umsätze ausführen als auch Leistungsempfänger sein. [6]Bei der Erfassung von steuerbaren Umsätzen im Inland sowie bei Anwendung der Steuerschuldnerschaft des Leistungsempfängers (vgl. Abschnitte 13b.1 und 13b.11) und des Vorsteuer-Vergütungsverfahrens sind sie jeweils für sich als im Ausland ansässige Unternehmer anzusehen. [7]Im Ausland gelegene Betriebsstätten von Organgesellschaften im Inland

sind zwar den jeweiligen Organgesellschaften zuzurechnen, gehören aber nicht zum Unternehmen des Organträgers (vgl. Absatz 2). [8]Leistungen zwischen den Betriebsstätten und dem Organträger oder anderen Organgesellschaften sind daher keine Innenumsätze.

Beispiel 1:

[1]Der im Inland ansässige Organträger O hat im Inland eine Organgesellschaft T 1, in Frankreich eine Organgesellschaft T 2 und in der Schweiz eine Betriebsstätte B. [2]O versendet Waren an T 1, T 2 und B.

[3]Zum Unternehmen des O (Unternehmer) gehören T 1 und B. [4]Zwischen O und T 1 sowie zwischen O und B liegen nicht steuerbare Innenleistungen vor. [5]O bewirkt an T 2 steuerbare Lieferungen, die unter den Voraussetzungen der § 4 Nr. 1 Buchstabe b, § 6a UStG als innergemeinschaftliche Lieferungen steuerfrei sind.

Beispiel 2:

[1]Sachverhalt wie Beispiel 1. [2]T 2 errichtet im Auftrag von T 1 eine Anlage im Inland. [3]Sie befördert dazu Gegenstände aus Frankreich zu ihrer Verfügung in das Inland.

[4]T 2 bewirkt eine steuerbare und steuerpflichtige Werklieferung (§ 13b Abs. 2 Nr. 1 UStG) an O. [5]O schuldet die Steuer für diese Lieferung nach § 13b Abs. 5 Satz 1 UStG. [6]Die Beförderung der Gegenstände in das Inland ist kein innergemeinschaftliches Verbringen (vgl. Abschnitt 1a.2 Abs. 10 Nr. 1).

Beispiel 3:

[1]Sachverhalt wie in Beispiel 1, aber mit der Abweichung, dass B die (schweizerische) Betriebsstätte der im Inland ansässigen Organgesellschaft T 1 ist. [2]O versendet Waren an B und an T 1. [3]T 1 versendet die ihr von O zugesandten Waren an B.

[4]O bewirkt an B steuerbare Lieferungen, die unter den Voraussetzungen der § 4 Nr. 1 Buchstabe a, § 6 UStG als Ausfuhrlieferungen steuerfrei sind. [5]Zwischen O und T 1 sowie T 1 und B werden durch das Versenden von Waren nicht steuerbare Innenleistungen bewirkt.

Organträger im Ausland

(7) [1]Ist der Organträger im Ausland ansässig, ist die Gesamtheit der in Absatz 3 Nr. 4 und 5 bezeichneten Unternehmensteile als ein Unternehmen zu behandeln. [2]In diesem Fall gilt nach § 2 Abs. 2 Nr. 2 Satz 4 UStG der wirtschaftlich bedeutendste Unternehmensteil im Inland als der Unternehmer und damit als der Steuerschuldner im Sinne des § 13a Abs. 1 Nr. 1 UStG. [3]Wirtschaftlich bedeutendster Unternehmensteil im Sinne des § 2 Abs. 2 Nr. 2 Satz 4 UStG kann grundsätzlich nur eine im Inland ansässige Organgesellschaft sein. [4]Hat der Organträger mehrere Organgesellschaften im Inland, kann der wirtschaftlich bedeutendste Unternehmensteil nach der Höhe des Umsatzes bestimmt werden, sofern sich die in Betracht kommenden Finanzämter nicht auf Antrag der Organgesellschaften über einen anderen Maßstab verständigen. [5]Diese Grundsätze gelten entsprechend, wenn die im Inland gelegenen Unternehmensteile nur aus rechtlich unselbständigen Betriebsstätten bestehen. [6]Bereitet die Feststellung des wirtschaftlich bedeutendsten Unternehmensteils Schwierigkeiten oder erscheint es aus anderen Gründen geboten, kann zugelassen werden, dass der im Ausland ansässige Organträger als Bevollmächtigter für den wirtschaftlich bedeutendsten Unternehmensteil dessen steuerliche Pflichten erfüllt. [7]Ist der Organträger ein ausländisches Versicherungsunternehmen im Sinne des VAG, gilt als wirtschaftlich bedeutendster Unternehmensteil im Inland die Niederlassung, für die nach § 68 Abs. 2

VAG[1)] ein Hauptbevollmächtigter bestellt ist; bestehen mehrere derartige Niederlassungen, gilt Satz 4 entsprechend.

(8) [1]Unterhalten die im Inland ansässigen Organgesellschaften Betriebsstätten im Ausland, sind diese der jeweiligen Organgesellschaft zuzurechnen, gehören aber nicht zur Gesamtheit der im Inland gelegenen Unternehmensteile. [2]Leistungen zwischen den Betriebsstätten und den anderen Unternehmensteilen sind daher keine Innenumsätze.

(9) [1]Der Organträger und seine im Ausland ansässigen Organgesellschaften bilden jeweils gesonderte Unternehmen. [2]Sie können somit an die im Inland ansässigen Organgesellschaften Umsätze ausführen und Empfänger von Leistungen dieser Organgesellschaften sein. [3]Auch für die Erfassung der im Inland bewirkten steuerbaren Umsätze sowie für die Anwendung des Vorsteuer-Vergütungsverfahrens gelten sie einzeln als im Ausland ansässige Unternehmer. [4]Die im Inland gelegenen Organgesellschaften und Betriebsstätten sind als ein gesondertes Unternehmen zu behandeln.

Beispiel 1:

[1]Der in Frankreich ansässige Organträger O hat im Inland die Organgesellschaften T 1 (Jahresumsatz 2 Mio. €) und T 2 (Jahresumsatz 1 Mio. €) sowie die Betriebsstätte B (Jahresumsatz 2 Mio. €). [2]In Belgien hat O noch eine weitere Organgesellschaft T 3. [3]Zwischen T 1, T 2 und B finden Warenlieferungen statt. [4]O und T 3 versenden Waren an B (§ 3 Abs. 6 UStG).
[5]T 1, T 2 und B bilden das Unternehmen im Sinne von § 2 Abs. 2 Nr. 2 Satz 3 UStG. [6]T 1 ist als wirtschaftlich bedeutendster Unternehmensteil der Unternehmer. [7]Die Warenlieferungen zwischen T 1, T 2 und B sind als Innenleistungen nicht steuerbar. [8]T 1 hat die von O und T 3 an B versandten Waren als innergemeinschaftlichen Erwerb zu versteuern.

Beispiel 2:

[1]Sachverhalt wie Beispiel 1. [2]T 3 führt im Auftrag von T 2 eine sonstige Leistung im Sinne des § 3a Abs. 2 UStG aus.
[3]Es liegt eine Leistung an einen Unternehmer vor, der sein Unternehmen im Inland betreibt. [4]Die Leistung ist daher nach § 3a Abs. 2 UStG steuerbar und steuerpflichtig. [5]T 1 als Unternehmer und umsatzsteuerrechtlicher Leistungsempfänger schuldet die Steuer nach § 13b Abs. 5 UStG.

Beispiel 3:

[1]Der Organträger O in Frankreich hat die Organgesellschaften T 1 in Belgien und T 2 in den Niederlanden. [2]Im Inland hat er keine Organgesellschaft. [3]T 1 hat im Inland die Betriebsstätte B 1 (Jahresumsatz 500 000 €), T 2 die Betriebsstätte B 2 (Jahresumsatz 300 000 €). [4]O hat abziehbare Vorsteuerbeträge aus der Anmietung einer Lagerhalle im Inland.
[5]B 1 und B 2 bilden das Unternehmen im Sinne von § 2 Abs. 2 Nr. 2 Satz 3 UStG. [6]B 1 ist als wirtschaftlich bedeutendster Unternehmensteil der Unternehmer. [7]O kann die abziehbaren Vorsteuerbeträge im Vorsteuer-Vergütungsverfahren geltend machen.

Beispiel 4:

[1]Der in Japan ansässige Organträger O hat in der Schweiz die Organgesellschaft T und im Inland die Betriebsstätte B. [2]O und T versenden Waren an B und umgekehrt. [3]Außerdem hat O abziehbare Vorsteuerbeträge aus der Anmietung einer Lagerhalle im Inland.
[4]B gehört einerseits zum Unternehmen des O (§ 2 Abs. 1 Satz 2 UStG) und ist andererseits nach § 2 Abs. 2 Nr. 2 Satz 3 UStG ein Unternehmen im Inland. [5]Die bei der Einfuhr der an B versandten Waren anfallende Einfuhrumsatzsteuer ist unter den Voraussetzungen des § 15 UStG bei B als Vorsteuer abziehbar. [6]Soweit B an O Waren versendet, werden Innenleistun-

1) Versicherungsaufsichtsgesetz v. 1.4.2015, BGBl. I 2015, 434, zuletzt geänd. durch G v. 10.8.2021, BGBl. I 2021, 3436 (**Wirtschaftsgesetze** Nr. **90**).

gen bewirkt, die deshalb nicht steuerbar sind. 7 Die Lieferungen von B an T sind steuerbar und unter den Voraussetzungen der § 4 Nr. 1 Buchstabe a und § 6 UStG als Ausfuhrlieferungen steuerfrei. 8 O kann die abziehbaren Vorsteuerbeträge im Vorsteuer-Vergütungsverfahren geltend machen, da mit Japan Gegenseitigkeit besteht und somit eine Vergütung nach § 18 Abs. 9 Satz 4 UStG nicht ausgeschlossen ist (vgl. Abschnitt 18.11 Abs. 4).

2.10 Unternehmereigenschaft und Vorsteuerabzug bei Vereinen,[1] Forschungsbetrieben und ähnlichen Einrichtungen

Unternehmereigenschaft[2]

(1)[3], [4] 1 Soweit Vereine Mitgliederbeiträge vereinnahmen, um in Erfüllung ihres satzungsmäßigen Gemeinschaftszwecks die Gesamtbelange ihrer Mitglieder wahrzunehmen, ist ein Leistungsaustausch nicht gegeben (vgl. BFH-Urteil vom 12.4.1962, V 134/59 U, BStBl. III S. 260, und Abschnitt 1.4 Abs. 1). 2 In Wahrnehmung dieser Aufgaben sind die Vereine daher nicht Unternehmer (vgl. BFH-Urteile vom 28.11.1963, II 181/61 U, BStBl. 1964 III S. 114, und vom 30.9.1965, V 176/63 U, BStBl. III S. 682, und Abschnitt 2.3 Abs. 1a). 3 Das Gleiche gilt für Einrichtungen, deren Aufgaben ausschließlich durch Zuschüsse finanziert werden, die nicht das Entgelt für eine Leistung darstellen, z. B. Forschungsbetriebe. 4 Vereinnahmen Vereine, Forschungsbetriebe oder ähnliche Einrichtungen neben echten Mitgliederbeiträgen und Zuschüssen auch Entgelte für Lieferungen oder sonstige Leistungen, sind sie nur insoweit Unternehmer, als ihre Tätigkeit darauf gerichtet ist, nachhaltig entgeltliche Lieferungen oder sonstige Leistungen zu bewirken. 5 Daher ist eine nach der Verordnung (EWG) Nr. 2137/85 vom 25.7.1985 (ABl. EG Nr. L 199 S. 1) gegründete Europäische wirtschaftliche Interessenvereinigung (EWIV), die gegen Entgelt Lieferungen von Gegenständen oder Dienstleistungen an ihre Mitglieder oder an Dritte bewirkt, Unternehmer (vgl. Artikel 5 der MwStVO).[5] 6 Der unternehmerische Bereich umfasst die gesamte zur Ausführung der entgeltlichen Leistungen entfaltete Tätigkeit einschließlich aller unmittelbar hierfür dienenden Vorbereitungen. 7 Diese Beurteilung gilt ohne Rücksicht auf die Rechtsform, in der die Tätigkeit ausgeübt wird. 8 Der umsatzsteuerrechtliche Unternehmerbegriff stellt nicht auf die Rechtsform ab (vgl. Abschnitt 2.1 Abs. 1). 9 Außer Vereinen, Stiftungen, Genossenschaften können auch z. B. Kapitalgesellschaften oder Personengesellschaften einen nichtunternehmerischen Bereich besitzen (vgl. BFH-Urteil vom 20.12.1984, V R 25/76, BStBl. 1985 II S. 176). 10 Sog. Hilfsgeschäfte, die der Betrieb des nichtunternehmerischen Bereichs bei Vereinen und Erwerbsgesellschaften mit sich bringt, sind auch dann als nicht steuerbar zu behandeln,

---

[1] Zu Sportvereinen vgl. A 1.4, A 2.1 Abs. 6, A 4.12.11, A 4.22.2 u. A 12.9 Abs. 6 ff. UStAE.

[2] Zum unternehmerischen Bereich einer Forstbetriebsgemeinschaft in der Rechtsform eines wirtschaftlichen Vereins vgl. BFH v. 18.6.2009 V R 77/07, BFH/NV 2009, 1912.

[3] Vgl. aber BFH v. 9.8.2007 V R 27/04, DStR 2007, 1719 (Flugzeugüberlassung durch Luftsportverein) u. v. 29.10.2008 XI R 59/07, DStRE 2009, 292 (entgeltliche Leistungen an Vereinsmitglieder).

[4] Zu Geschäftsführungs- und Vertretungsleistungen von Vereinsvorständen vgl. BFH v. 14.5.2008 XI R 70/07, BStBl. II 2008, 912.

[5] **Steuergesetze** Nr. **550a**.

wenn sie wiederholt oder mit einer gewissen Regelmäßigkeit ausgeführt werden. [11]Als Hilfsgeschäfte in diesem Sinne sind z. B. anzusehen:

1. Veräußerungen von Gegenständen, die im nichtunternehmerischen Bereich eingesetzt waren, z. B. der Verkauf von gebrauchten Kraftfahrzeugen, Einrichtungsgegenständen und Altpapier,
2. Überlassung des Telefons an im nichtunternehmerischen Bereich tätige Arbeitnehmer zur privaten Nutzung,
3. Überlassung von im nichtunternehmerischen Bereich eingesetzten Kraftfahrzeugen an Arbeitnehmer zur privaten Nutzung.

Gesonderter Steuerausweis und Vorsteuerabzug

(2) [1]Einrichtungen im Sinne des Absatzes 1, die außerhalb des unternehmerischen Bereichs tätig werden, sind insoweit nicht berechtigt, Rechnungen mit gesondertem Steuerausweis auszustellen. [2]Ein trotzdem ausgewiesener Steuerbetrag wird nach § 14c Abs. 2 UStG geschuldet. [3]Der Leistungsempfänger ist nicht berechtigt, diesen Steuerbetrag als Vorsteuer abzuziehen. [4]Zur Möglichkeit einer Rechnungsberichtigung vgl. Abschnitt 14c.2 Abs. 3 und 5.

(3) [1]Unter den Voraussetzungen des § 15 UStG können die Einrichtungen die Steuerbeträge abziehen, die auf Lieferungen, sonstige Leistungen, den innergemeinschaftlichen Erwerb oder die Einfuhr von Gegenständen für den unternehmerischen Bereich entfallen (vgl. Abschnitt 15.2b Abs. 2). [2]Abziehbar sind danach z. B. auch Steuerbeträge für Umsätze, die nur dazu dienen, den unternehmerischen Bereich in Ordnung zu halten oder eine Leistungssteigerung in diesem Bereich herbeizuführen. [3]Maßgebend sind die Verhältnisse im Zeitpunkt des Umsatzes an die Einrichtung.

(4) [1]Für Gegenstände, die zunächst nur im unternehmerischen Bereich verwendet worden sind, später aber zeitweise dem nichtunternehmerischen Bereich überlassen werden, bleibt der Vorsteuerabzug erhalten. [2]Die nichtunternehmerische Verwendung unterliegt aber nach § 3 Abs. 9a Nr. 1 UStG der Umsatzsteuer. [3]Auch eine spätere Überführung in den nichtunternehmerischen Bereich beeinflusst den ursprünglichen Vorsteuerabzug nicht; sie ist eine steuerbare Wertabgabe nach § 3 Abs. 1b Nr. 1 UStG.

(5) [1]Ist ein Gegenstand oder eine sonstige Leistung sowohl für die unternehmerischen als auch für die nichtunternehmerischen Tätigkeiten der Einrichtung bestimmt, kann der Vorsteuerabzug grundsätzlich nur insoweit in Anspruch genommen werden, als die Aufwendungen hierfür der unternehmerischen Tätigkeit zuzurechnen sind (vgl. BFH-Urteil vom 3.3.2011, V R 23/10, BStBl. 2012 II S. 74, Abschnitt 15.2b Abs. 2). [2]Hinsichtlich der Änderung des Nutzungsumfangs vgl. Abschnitte 3.3, 3.4 und 15a.1 Abs. 7.

Erleichterungen beim Vorsteuerabzug

(6) [1]Wegen der Schwierigkeiten bei der sachgerechten Zuordnung der Vorsteuern und bei der Versteuerung der unentgeltlichen Wertabgaben kann das Finanzamt auf Antrag folgende Erleichterungen gewähren:

[2]Die Vorsteuern, die teilweise dem unternehmerischen und teilweise dem nichtunternehmerischen Bereich zuzurechnen sind, werden auf diese Bereiche nach dem Verhältnis aufgeteilt, das sich aus folgender Gegenüberstellung ergibt:

1. Einnahmen aus dem unternehmerischen Bereich abzüglich der Einnahmen aus Hilfsgeschäften dieses Bereichs
   und
2. Einnahmen aus dem nichtunternehmerischen Bereich abzüglich der Einnahmen aus Hilfsgeschäften dieses Bereichs.

[3] Hierzu gehören alle Einnahmen, die der betreffenden Einrichtung zufließen, insbesondere die Einnahmen aus Umsätzen, z. B. Veranstaltungen, Gutachten, Lizenzüberlassungen, sowie die Mitgliederbeiträge, Zuschüsse, Spenden usw. [4] Das Finanzamt kann hierbei anordnen, dass bei der Gegenüberstellung das Verhältnis des laufenden, eines früheren oder mehrerer Kalenderjahre zu Grunde gelegt wird. [5] Falls erforderlich, z. B. bei Zugrundelegung des laufenden Kalenderjahres, kann für die Voranmeldungszeiträume die Aufteilung zunächst nach dem Verhältnis eines anderen Zeitraums zugelassen werden. [6] Außerdem können alle Vorsteuerbeträge, die sich auf die sog. Verwaltungsgemeinkosten beziehen, z. B. die Vorsteuern für die Beschaffung des Büromaterials, einheitlich in den Aufteilungsschlüssel einbezogen werden, auch wenn einzelne dieser Vorsteuerbeträge an sich dem unternehmerischen oder dem nichtunternehmerischen Bereich ausschließlich zuzurechnen wären. [7] Werden in diese Aufteilung Vorsteuerbeträge einbezogen, die durch die Anschaffung, die Herstellung, den innergemeinschaftlichen Erwerb oder die Einfuhr einheitlicher Gegenstände, ausgenommen Fahrzeuge im Sinne des § 1b Abs. 2 UStG, angefallen sind, z. B. durch den Ankauf eines für den unternehmerischen und den nichtunternehmerischen Bereich bestimmten Computers, braucht der Anteil der nichtunternehmerischen Verwendung des Gegenstands nicht als unentgeltliche Wertabgabe im Sinne des § 3 Abs. 9a Nr. 1 UStG versteuert zu werden. [8] Dafür sind jedoch alle durch die Verwendung oder Nutzung dieses Gegenstands anfallenden Vorsteuerbeträge in die Aufteilung einzubeziehen. [9] Bei einer nachträglichen Erhöhung des Anteils der nichtunternehmerischen Verwendung des Gegenstands ist nur der entsprechende Erhöhungsanteil als unentgeltliche Wertabgabe zu versteuern (vgl. Abschnitt 3.4 Abs. 2 Satz 4). [10] Die Versteuerung der Überführung eines solchen Gegenstands in den nichtunternehmerischen Bereich als unentgeltliche Wertabgabe (§ 3 Abs. 1b Satz 1 Nr. 1 UStG) bleibt unberührt.

(7) [1] Das Finanzamt kann im Einzelfall ein anderes Aufteilungsverfahren zulassen. [2] Zum Beispiel kann es gestatten, dass die teilweise dem unternehmerischen Bereich zuzurechnenden Vorsteuern, die auf die Anschaffung, Herstellung und Unterhaltung eines Gebäudes entfallen, insoweit als das Gebäude dauernd zu einem feststehenden Anteil für Unternehmenszwecke verwendet wird, entsprechend der beabsichtigten bzw. tatsächlichen Verwendung und im Übrigen nach dem in Absatz 6 bezeichneten Verfahren aufgeteilt werden.

Beispiel:

[1] Bei einem Vereinsgebäude, das nach seiner Beschaffenheit dauernd zu 75 % als Gastwirtschaft und im Übrigen mit wechselndem Anteil für unternehmerische und nichtunternehmerische Vereinszwecke verwendet wird, können die nicht ausschließlich zurechenbaren Vorsteuern von vornherein zu 75 % als abziehbar behandelt werden. [2] Der restliche Teil von 25 % kann entsprechend dem jeweiligen Einnahmeverhältnis (vgl. Absatz 6) in einen abziehbaren und einen nichtabziehbaren Teil aufgeteilt werden.

(8) [1]Ein vereinfachtes Aufteilungsverfahren ist nur unter dem Vorbehalt des jederzeitigen Widerrufs zu genehmigen und kann mit Auflagen verbunden werden. [2]Es darf nicht zu einem offensichtlich unzutreffenden Ergebnis führen. [3]Außerdem muss sich die Einrichtung verpflichten, das Verfahren mindestens für fünf Kalenderjahre anzuwenden. [4]Ein Wechsel des Verfahrens ist jeweils nur zu Beginn eines Besteuerungszeitraums zu gestatten.

(9) Beispiele zur Unternehmereigenschaft und zum Vorsteuerabzug:

Beispiel 1:

[1]Ein Verein hat die Aufgabe, die allgemeinen ideellen und wirtschaftlichen Interessen eines Berufsstands wahrzunehmen (Berufsverband). [2]Er dient nur den Gesamtbelangen aller Mitglieder. [3]Die Einnahmen des Berufsverbands setzen sich ausschließlich aus Mitgliederbeiträgen zusammen.
[4]Der Berufsverband wird nicht im Rahmen eines Leistungsaustauschs tätig. [5]Er ist nicht Unternehmer. [6]Ein Vorsteuerabzug kommt nicht in Betracht.

Beispiel 2:

[1]Der in Beispiel 1 bezeichnete Berufsverband übt seine Tätigkeit in gemieteten Räumen aus. [2]Im Laufe des Jahres hat er seine Geschäftsräume gewechselt, weil die bisher genutzten Räume vom Vermieter selbst beansprucht wurden. [3]Für die vorzeitige Freigabe der Räume hat der Verein vom Vermieter eine Abstandszahlung erhalten. [4]Die übrigen Einnahmen des Vereins bestehen ausschließlich aus Mitgliederbeiträgen.
[5]Hinsichtlich seiner Verbandstätigkeit, die außerhalb eines Leistungsaustauschs ausgeübt wird, ist der Verein nicht Unternehmer. [6]Bei der Freigabe der Geschäftsräume gegen Entgelt liegt zwar ein Leistungsaustausch vor. [7]Die Leistung des Vereins ist aber nicht steuerbar, weil die Geschäftsräume nicht im Rahmen eines Unternehmens genutzt worden sind. [8]Der Verein ist nicht berechtigt, für die Leistung eine Rechnung mit gesondertem Ausweis der Steuer zu erteilen. [9]Ein Vorsteuerabzug kommt nicht in Betracht.

Beispiel 3:

[1]Der in Beispiel 1 bezeichnete Berufsverband betreibt neben seiner nicht steuerbaren Verbandstätigkeit eine Kantine, in der seine Angestellten gegen Entgelt beköstigt werden. [2]Für die Verbandstätigkeit und die Kantine besteht eine gemeinsame Verwaltungsstelle. [3]Der Kantinenbetrieb war in gemieteten Räumen untergebracht. [4]Der Verein löst das bisherige Mietverhältnis und mietet neue Kantinenräume. [5]Vom bisherigen Vermieter erhält er für die Freigabe der Räume eine Abstandszahlung. [6]Die Einnahmen des Vereins bestehen aus Mitgliederbeiträgen, Kantinenentgelten und der vom Vermieter gezahlten Abstandszahlung.
[7]Der Verein ist hinsichtlich seiner nicht steuerbaren Verbandstätigkeit nicht Unternehmer. [8]Nur im Rahmen des Kantinenbetriebs übt er eine unternehmerische Tätigkeit aus. [9]In den unternehmerischen Bereich fällt auch die entgeltliche Freigabe der Kantinenräume. [10]Diese Leistung ist daher steuerbar, aber als eine der Vermietung eines Grundstücks gleichzusetzende Leistung nach § 4 Nr. 12 Satz 1 Buchstabe a UStG steuerfrei (vgl. EuGH-Urteil vom 15.12. 1993, C-63/92 Lubbock Fine, BStBl. 1995 II S. 480). [11]Die Vorsteuerbeträge, die dieser Leistung zuzurechnen sind, sind nicht abziehbar. [12]Lediglich die den Kantinenumsätzen zuzurechnenden Vorsteuern können abgezogen werden.
[13]Wendet der Verein eine Vereinfachungsregelung an, kann er die Vorsteuern, die den Kantinenumsätzen ausschließlich zuzurechnen sind, z. B. den Einkauf der Kantinenwaren und des Kantineninventars, voll abziehen. [14]Die für die gemeinsame Verwaltungsstelle angefallenen Vorsteuern, z. B. für Büromöbel und Büromaterial, sind nach dem Verhältnis der Einnahmen aus Mitgliederbeiträgen und der Freigabe der Kantinenräume zu den Einnahmen aus dem Kantinenbetrieb aufzuteilen. [15]Die Verwendung der Büromöbel der gemeinsamen Verwaltungsstelle für den nichtunternehmerischen Bereich braucht in diesem Fall nicht als unentgeltliche Wertabgabe nach § 3 Abs. 9a Nr. 1 UStG versteuert zu werden.

Beispiel 4:

[1]Ein Verein, der ausschließlich satzungsmäßige Gemeinschaftsaufgaben wahrnimmt, erzielt außer echten Mitgliederbeiträgen Einnahmen aus gelegentlichen Verkäufen von im Verein an-

gefallenem Altmaterial und aus der Erstattung von Fernsprechkosten für private Ferngespräche seiner Angestellten.

[2] Die Altmaterialverkäufe und die Überlassung des Telefons an die Angestellten unterliegen als Hilfsgeschäfte zur nichtunternehmerischen Tätigkeit nicht der Umsatzsteuer. [3] Der Verein ist nicht Unternehmer. [4] Ein Vorsteuerabzug kommt nicht in Betracht.

Beispiel 5:

[1] Mehrere juristische Personen des öffentlichen Rechts gründen eine GmbH zu dem Zweck, die Möglichkeiten einer Verwaltungsvereinfachung zu untersuchen. [2] Die Ergebnisse der Untersuchungen sollen in einem Bericht zusammengefasst werden, der allen interessierten Verwaltungsstellen auf Anforderung kostenlos zu überlassen ist. [3] Die Tätigkeit der GmbH wird ausschließlich durch echte Zuschüsse der öffentlichen Hand finanziert. [4] Weitere Einnahmen erzielt die GmbH nicht.

[5] Die Tätigkeit der GmbH vollzieht sich außerhalb eines Leistungsaustauschs. [6] Die GmbH ist nicht Unternehmer und daher nicht zum Vorsteuerabzug berechtigt.

Beispiel 6:

[1] Die im Beispiel 5 bezeichnete GmbH verwendet für ihre Aufgabe eine Datenverarbeitungsanlage. [2] Die Kapazität der Anlage ist mit den eigenen Arbeiten nur zu 80 % ausgelastet. [3] Um die Kapazität der Anlage voll auszunutzen, überlässt die GmbH die Anlage einem Unternehmer gegen Entgelt zur Benutzung. [4] Die Einnahmen der GmbH bestehen außer dem Benutzungsentgelt nur in Zuschüssen der öffentlichen Hand.

[5] Die entgeltliche Überlassung der Datenverarbeitungsanlage ist eine nachhaltige Tätigkeit zur Erzielung von Einnahmen. [6] Insoweit ist die GmbH Unternehmer. [7] Die Leistung unterliegt der Umsatzsteuer. [8] Die Unternehmereigenschaft erstreckt sich nicht auf die unentgeltliche Forschungstätigkeit der GmbH.

[9] Für die Überlassung der Datenverarbeitungsanlage sind von der GmbH Rechnungen mit gesondertem Ausweis der Steuer zu erteilen. [10] Die Vorsteuern für die Anschaffung und Nutzung der Datenverarbeitungsanlage sind nur im Umfang der Verwendung für die unternehmerische Tätigkeit abzugsfähig (vgl. Abschnitt 15.2b Abs. 2). [11] Außerdem können die der entgeltlichen Überlassung der Datenverarbeitungsanlage zuzurechnenden Vorsteuerbeträge, insbesondere in dem Bereich der Verwaltungsgemeinkosten, abgezogen werden.

[12] Bei Anwendung einer Vereinfachungsregelung kann die GmbH die Vorsteuern für die Verwaltungsgemeinkosten sowie die durch die Anschaffung und Nutzung der Datenverarbeitungsanlage angefallenen Vorsteuerbeträge nach dem Verhältnis der Einnahmen aus der Überlassung der Anlage an den Unternehmer zu den öffentlichen Zuschüssen auf den unternehmerischen und den nichtunternehmerischen Bereich aufteilen.

Beispiel 7:

[1] Mehrere Industriefirmen oder juristische Personen des öffentlichen Rechts gründen gemeinsam eine GmbH zum Zwecke der Forschung. [2] Die Forschungstätigkeit wird vorwiegend durch echte Zuschüsse der Gesellschafter finanziert. [3] Außerdem erzielt die GmbH Einnahmen aus der Verwertung der Ergebnisse ihrer Forschungstätigkeit, z. B. aus der Vergabe von Lizenzen an ihren Erfindungen.

[4] Die Vergabe von Lizenzen gegen Entgelt ist eine nachhaltige Tätigkeit zur Erzielung von Einnahmen. [5] Mit dieser Tätigkeit erfüllt die GmbH die Voraussetzungen für die Unternehmereigenschaft. [6] Die vorausgegangene Forschungstätigkeit steht mit der Lizenzvergabe in unmittelbarem Zusammenhang. [7] Sie stellt die Vorbereitungshandlung für die unternehmerische Verwertung der Erfindungen dar und kann daher nicht aus dem unternehmerischen Bereich der GmbH ausgeschieden werden (vgl. auch BFH-Urteil vom 30.9.1965, V 176/63 U, BStBl. III S. 682). [8] Auf das Verhältnis der echten Zuschüsse zu den Lizenzeinnahmen kommt es bei dieser Beurteilung nicht an. [9] Unter den Voraussetzungen des § 15 UStG ist die GmbH in vollem Umfange zum Vorsteuerabzug berechtigt. [10] Außerdem hat sie für ihre Leistungen Rechnungen mit gesondertem Steuerausweis zu erteilen.

[11] Dies gilt nicht, soweit die GmbH in einem abgrenzbaren Teilbereich die Forschung ohne die Absicht betreibt, Einnahmen zu erzielen.

Beispiel 8:

[1] Einige Wirtschaftsverbände haben eine GmbH zur Untersuchung wirtschafts- und steuerrechtlicher Grundsatzfragen gegründet. [2] Zu den Aufgaben der GmbH gehört auch die Erstellung von Gutachten auf diesem Gebiet gegen Entgelt. [3] Die Einnahmen der GmbH setzen sich zusammen aus echten Zuschüssen der beteiligten Verbände und aus Vergütungen, die für die Gutachten von den Auftraggebern gezahlt worden sind.
[4] Die Erstellung von Gutachten ist eine nachhaltige Tätigkeit zur Erzielung von Einnahmen. [5] Die GmbH übt diese Tätigkeit als Unternehmer aus. [6] In der Regel wird davon auszugehen sein, dass die Auftraggeber Gutachten bei der GmbH bestellen, weil sie annehmen, dass die GmbH auf Grund ihrer Forschungstätigkeit über besondere Kenntnisse und Erfahrungen auf dem betreffenden Gebiet verfügt. [7] Die Auftraggeber erwarten, dass die von der GmbH gewonnenen Erkenntnisse in dem Gutachten verwertet werden. [8] Die Forschungstätigkeit steht hiernach mit der Tätigkeit als Gutachter in engem Zusammenhang. [9] Sie ist daher in den unternehmerischen Bereich einzubeziehen. [10] Vorsteuerabzug und gesonderter Steuerausweis wie im Beispiel 7.

Beispiel 9:

[1] Eine Industriefirma unterhält ein eigenes Forschungslabor. [2] Darin werden die im Unternehmen hergestellten Erzeugnisse auf Beschaffenheit und Einsatzfähigkeit untersucht und neue Stoffe entwickelt. [3] Die Entwicklungsarbeiten setzen eine gewisse Grundlagenforschung voraus, die durch echte Zuschüsse der öffentlichen Hand gefördert wird. [4] Die Firma ist verpflichtet, die Erkenntnisse, die sie im Rahmen des durch öffentliche Mittel geförderten Forschungsvorhabens gewinnt, der Allgemeinheit zugänglich zu machen.
[5] Die Firma übt mit ihren Lieferungen und sonstigen Leistungen eine unternehmerische Tätigkeit aus. [6] Auch die Grundlagenforschung soll dazu dienen, die Verkaufstätigkeit zu steigern und die Marktposition zu festigen. [7] Obwohl es insoweit an einem Leistungsaustausch fehlt, steht die Grundlagenforschung in unmittelbarem Zusammenhang mit der unternehmerischen Tätigkeit. [8] Die Grundlagenforschung wird daher im Rahmen des Unternehmens ausgeübt. [9] Vorsteuerabzug und gesonderter Steuerausweis wie im Beispiel 7.

2.11 Juristische Personen des öffentlichen Rechts (§ 2 Abs. 3 UStG)[1)]

Allgemeines[2)]

(1) [1] Juristische Personen des öffentlichen Rechts im Sinne von § 2 Abs. 3 UStG sind insbesondere die Gebietskörperschaften (Bund, Länder, Gemeinden, Gemeindeverbände, Zweckverbände), die öffentlich-rechtlichen Religionsgemeinschaften, die Innungen, Handwerkskammern, Industrie- und Handelskammern und sonstige Gebilde, die auf Grund öffentlichen Rechts eigene Rechtspersönlichkeit besitzen. [2] Dazu gehören neben Körperschaften auch Anstalten und Stiftungen des öffentlichen Rechts, z. B. Rundfunkanstalten des öffentlichen Rechts. [3] Zur Frage, unter welchen Voraussetzungen kirchliche Orden juristische Personen des öffentlichen Rechts sind, vgl. das BFH-Urteil

---

1) Zum Vorsteuerabzug vgl. A 15.19 UStAE.

2) Zu Klein- und Kleinstvermietungen im Bereich der Hochschulen siehe BayLfSt v. 13.2.2008, DStR 2008, 619. – Zur Übernahme der öff. Abfallentsorgung durch GmbH siehe BFH v. 3.12.2007 V R 63/05, BFH/NV 2008, 996, zur Entsorgung von Abwasser durch AG siehe BFH v. 8.11.2007 V R 20/05, BStBl. II 2009, 483. – Zur Grundstücksverwaltung durch eine jur. Person des öff. Rechts siehe BFH v. 20.8.2009 V R 70/05, BStBl. II 2017, 825. – Zur Vermietung von Standplatzflächen durch eine Gemeinde siehe BFH v. 24.1.2008 V R 12/05, BStBl. II 2009, 60, v. 3.3.2011 V R 23/10, BStBl. II 2012, 74, und v. 13.2.2014 V R 5/13, BStBl. II 2017, 846. – Zur Unternehmereigenschaft einer jur. Person des öff. Rechts grds. siehe BFH v. 15.12.2016 V R 44/15, DStR 2017, 656.

vom 8.7.1971, V R 1/68, BStBl. 1972 II S. 70. [4]Auf ausländische juristische Personen des öffentlichen Rechts ist die Vorschrift des § 2 Abs. 3 UStG analog anzuwenden. [5]Ob eine solche Einrichtung eine juristische Person des öffentlichen Rechts ist, ist grundsätzlich nach deutschem Recht zu beurteilen. [6]Das schließt jedoch nicht aus, dass für die Bestimmung öffentlich-rechtlicher Begriffe die ausländischen Rechtssätze mit herangezogen werden.

(2) [1]Die Gesamtheit aller Betriebe gewerblicher Art im Sinne von § 1 Abs. 1 Nr. 6, § 4 KStG und aller land- und forstwirtschaftlichen Betriebe stellt das Unternehmen der juristischen Person des öffentlichen Rechts dar (vgl. BFH-Urteil vom 18.8.1988, V R 194/83, BStBl. II S. 932). [2]Das Unternehmen erstreckt sich auch auf die Tätigkeitsbereiche, die nach § 2 Abs. 3 Satz 2 UStG als unternehmerische Tätigkeiten gelten. [3]Nur die in diesen Betrieben und Tätigkeitsbereichen ausgeführten Umsätze unterliegen der Umsatzsteuer. [4]Andere Leistungen sind nicht steuerbar, auch wenn sie nicht in Ausübung öffentlicher Gewalt bewirkt werden, es sei denn, die Behandlung als nicht steuerbar würde zu größeren Wettbewerbsverzerrungen führen (vgl. BFH-Urteil vom 11.6.1997, XI R 33/94, BStBl. 1999 II S. 418).

(3) [1]Eine Tätigkeit, die der Erfüllung von Hoheitsaufgaben dient, ist steuerbar, wenn sie nicht von einer juristischen Person des öffentlichen Rechts, sondern von Unternehmern des privaten Rechts (z. B. von sog. beliehenen Unternehmern) ausgeübt wird (vgl. BFH-Urteile vom 10.11.1977, V R 115/74, BStBl. 1978 II S. 80, und vom 18.1.1995, XI R 71/93, BStBl. II S. 559). [2]Ein mit der Durchführung einer hoheitlichen Pflichtaufgabe betrauter Unternehmer ist als Leistender an den Dritten anzusehen, wenn er bei der Ausführung der Leistung diesem gegenüber – unabhängig von der öffentlich-rechtlichen Berechtigung – im eigenem Namen und für eigene Rechnung auftritt, leistet und abrechnet (BFH-Urteil vom 28.2.2002, V R 19/01, BStBl. 2003 II S. 950). [3]Durch den Leistungsaustausch zwischen dem beauftragten Unternehmer und dem Dritten wird das weiterhin bestehende Leistungsverhältnis zwischen dem Unternehmer und dem Hoheitsträger sowie die hoheitliche Ausübung der Tätigkeit durch den Hoheitsträger nicht berührt. [4]Zur umsatzsteuerrechtlichen Beurteilung, wenn der Hoheitsträger dagegen zulässigerweise nur die tatsächliche Durchführung seiner gesetzlichen Pflichtaufgabe auf den eingeschalteten Unternehmer überträgt und dieser entsprechend den öffentlich-rechtlichen Vorgaben als Erfüllungsgehilfe des Hoheitsträgers auftritt, vgl. BMF-Schreiben vom 27.12.1990, BStBl. 1991 I S. 81.

(4)[1)] [1]Für die Frage, ob ein Betrieb gewerblicher Art vorliegt, ist auf § 1 Abs. 1 Nr. 6 und § 4 KStG in der jeweils geltenden Fassung abzustellen. [2]Die zu diesen Vorschriften von Rechtsprechung und Verwaltung für das Gebiet der Körperschaftsteuer entwickelten Grundsätze sind anzuwenden (vgl. insbesondere R 4.1 KStR).[2)] [3]Über die Anwendung der Umsatzgrenzen von

---

[1)] Zum Auskunftsanspruch eines Konkurrenten zur Besteuerung öff.-rechtl. Einrichtungen siehe EuGH v. 8.6.2006 C-430/04, DStR 2006, 1082, und BFH v. 5.10.2006 VII R 24/03, BStBl. II 2007, 243. – Zur Unternehmereigenschaft einer Gemeinde bei Einsatz eines mit Werbeaufdrucken versehenen Fahrzeugs (auch ohne die Erreichung der Umsatzgrenze von *30 678 €*) siehe BFH v. 17.3.2010 XI R 17/08, BStBl. II 2017, 828.

[2)] Nr. **100.**

130 000 € (R 4.1 Abs. 4 KStR) und 35 000 € (R 4.1 Abs. 5 KStR) ist bei der Umsatzsteuer und bei der Körperschaftsteuer einheitlich zu entscheiden.

(5) Die Frage, ob ein land- und forstwirtschaftlicher Betrieb vorliegt, ist unabhängig von einer Umsatzgrenze nach den gleichen Merkmalen zu beurteilen, die grundsätzlich auch bei der Durchschnittssatzbesteuerung nach § 24 UStG maßgebend sind (vgl. § 24 Abs. 2 UStG, Abschnitt 24.1 Abs. 2).

(6) Auch wenn die Voraussetzungen eines Betriebs gewerblicher Art oder eines land- und forstwirtschaftlichen Betriebs nicht gegeben sind, gelten die in § 2 Abs. 3 Satz 2 Nr. 2 bis 5 UStG bezeichneten Tätigkeitsbereiche als unternehmerische Tätigkeiten (zu § 2 Abs. 3 Satz 2 Nr. 4 UStG vgl. Absätze 7 bis 11).

Vermessungs- und Katasterbehörden

(7) [1]Bei den Vermessungs- und Katasterbehörden unterliegen nach Sinn und Zweck des § 2 Abs. 3 Satz 2 Nr. 4 UStG solche Tätigkeiten der Umsatzsteuer, die ihrer Art nach auch von den in fast allen Bundesländern zugelassenen öffentlich bestellten Vermessungsingenieuren ausgeführt werden. [2]Die Vorschrift beschränkt sich auf hoheitliche Vermessungen, deren Ergebnisse zur Fortführung des Liegenschaftskatasters bestimmt sind (Teilungsvermessungen, Grenzfeststellungen und Gebäudeeinmessungen). [3]Nicht dazu gehören hoheitliche Leistungen, wie z. B. die Führung und Neueinrichtung des Liegenschaftskatasters. [4]Die entgeltliche Erteilung von Auszügen aus dem Liegenschaftskataster durch Vermessungs- und Katasterbehörden gilt nach § 2 Abs. 3 Satz 2 Nr. 4 UStG als unternehmerische Tätigkeit, soweit in dem betreffenden Bundesland nach den jeweiligen landesrechtlichen Gegebenheiten eine entgeltliche Erteilung von Auszügen aus dem Liegenschaftskataster auch durch öffentlich bestellte Vermessungsingenieure rechtlich und technisch möglich ist. [5]Dies gilt jedoch nicht, soweit öffentlich bestellte Vermessungsingenieure nach den jeweiligen landesrechtlichen Bestimmungen lediglich als Erfüllungsgehilfen der Vermessungs- und Katasterbehörden tätig werden. [6]Soweit Gemeinden entgeltlich Auszüge aus dem Liegenschaftskataster erteilen, gelten sie als Vermessungs- und Katasterbehörden i. S. v. § 2 Abs. 3 Satz 2 Nr. 4 UStG. [7]Der Umsatzsteuer unterliegen nur Leistungen an Dritte, dagegen nicht unentgeltliche Wertabgaben, z. B. Vermessungsleistungen für den Hoheitsbereich der eigenen Trägerkörperschaft.

(8) [1]Die Unternehmereigenschaft erstreckt sich nicht auf die Amtshilfe, z. B. Überlassung von Unterlagen an die Grundbuchämter und Finanzämter. [2]Keine Amtshilfe liegt vor, wenn Leistungen an juristische Personen des öffentlichen Rechts ausgeführt werden, denen nach Landesgesetzen keine Vermessungsaufgaben als eigene Aufgaben obliegen.

(9) [1]Wirtschaftliche Tätigkeiten der Kataster- und Vermessungsbehörden fallen nicht unter § 2 Abs. 3 Satz 2 Nr. 4 UStG. [2]Sie sind – ebenso wie Vermessungsleistungen anderer Behörden – nach § 2 Abs. 3 Satz 1 UStG steuerbar, sofern die körperschaftsteuerlichen Voraussetzungen eines Betriebs gewerblicher Art vorliegen. [3]Wirtschaftliche Tätigkeiten sind z. B. der Verkauf von Landkarten, Leistungen auf dem Gebiet der Planung wie Anfertigung von Bebauungsplänen, und ingenieurtechnische Vermessungsleistungen.

(10) [1]Die Vorsteuerbeträge, die dem unternehmerischen Bereich zuzuordnen sind, können unter den Voraussetzungen des § 15 UStG abgezogen werden. [2]Für Vorsteuerbeträge, die sowohl dem unternehmerischen als auch dem nichtunternehmerischen Bereich zuzuordnen sind, beurteilt sich der Vorsteuerabzug nach Abschnitt 15.19 Abs. 3.

(11) [1]Aus Vereinfachungsgründen bestehen keine Bedenken, wenn die insgesamt abziehbaren Vorsteuerbeträge mit 1,9% der Bemessungsgrundlage für die steuerpflichtigen Vermessungsumsätze ermittelt werden. [2]Die Verwendung der Anlagegegenstände für nichtunternehmerische Zwecke ist dann nicht als Wertabgabe nach § 3 Abs. 9a Nr. 1 UStG zu versteuern. [3]Bei einer Änderung der Anteile an der Verwendung der Anlagegegenstände für unternehmerische und nichtunternehmerische Tätigkeiten (vgl. Abschnitt 2.3 Abs. 1a) kommt auch keine Vorsteuerberichtigung nach § 15a UStG aus Billigkeitsgründen in Betracht (vgl. Abschnitt 15a.1 Abs. 7). [4]Dagegen ist die Veräußerung von Gegenständen, die ganz oder teilweise für den unternehmerischen Bereich bezogen wurden, der Umsatzsteuer zu unterwerfen. [5]An die Vereinfachungsregelung ist die jeweilige Vermessungs- und Katasterbehörde für mindestens fünf Kalenderjahre gebunden. [6]Ein Wechsel ist nur zum Beginn eines Kalenderjahres zulässig.

Einzelfälle

(12) [1]Betreibt eine Gemeinde ein Parkhaus, kann ein Betrieb gewerblicher Art auch dann anzunehmen sein, wenn sie sich mit einer Benutzungssatzung der Handlungsformen des öffentlichen Rechts bedient (BFH-Urteil vom 10.12.1992, V R 3/88, BStBl. 1993 II S. 380). [2]Überlässt sie hingegen auf Grund der Straßenverkehrsordnung Parkplätze durch Aufstellung von Parkscheinautomaten gegen Parkgebühren, handelt sie insoweit nicht als Unternehmer im Sinne des Umsatzsteuerrechts (BFH-Urteil vom 27.2.2003, V R 78/01, BStBl. 2004 II S. 431; zur Rechtslage nach § 2b UStG vgl. Abschnitt 2b.1 Absatz 5).

(13) [1]Gemeindliche Kurverwaltungen, die Kurtaxen und Kurförderungsabgaben erheben, sind in der Regel Betriebe gewerblicher Art (vgl. BFH-Urteil vom 15.10.1962, I 53/61 U, BStBl. III S. 542). [2]Sofern die Voraussetzungen von R 4.1 Abs. 4 und 5 KStR[1)] gegeben sind, unterliegen die Gemeinden mit den durch die Kurtaxe abgegoltenen Leistungen der Umsatzsteuer. [3]Die Kurförderungsabgaben (Fremdenverkehrsbeiträge A) sind dagegen nicht als Entgelte für Leistungen der Gemeinden zu betrachten und nicht der Steuer zu unterwerfen.

(14) [1]Die staatlichen Materialprüfungsanstalten oder Materialprüfungsämter üben neben ihrer hoheitlichen Tätigkeit vielfach auch Tätigkeiten wirtschaftlicher Natur, z. B. entgeltliche Untersuchungs-, Beratungs- und Begutachtungsleistungen für private Auftraggeber, aus. [2]Unter den Voraussetzungen von R 4.1 Abs. 4 und 5 KStR[1)] sind in diesen Fällen Betriebe gewerblicher Art anzunehmen.

[1)] Nr. **100**.

(15) [1]Die Gestellung von Personal durch juristische Personen des öffentlichen Rechts gegen Erstattung der Kosten stellt grundsätzlich einen Leistungsaustausch dar, sofern die gestellende juristische Person Arbeitgeber bleibt. [2]Ob dieser Leistungsaustausch der Umsatzsteuer unterliegt, hängt nach § 2 Abs. 3 UStG davon ab, ob die Personalgestellung im Rahmen eines Betriebs gewerblicher Art im Sinne von § 1 Abs. 1 Nr. 6, § 4 KStG vorgenommen wird.

Beispiel 1:

[1]Eine juristische Person des öffentlichen Rechts setzt Bedienstete ihres Hoheitsbereichs in eigenen Betrieben gewerblicher Art ein.
[2]Es handelt sich um einen nicht steuerbaren Vorgang (Innenleistung).

Beispiel 2:

[1]Eine juristische Person des öffentlichen Rechts stellt Bedienstete aus ihrem Hoheitsbereich an den Hoheitsbereich einer anderen juristischen Person des öffentlichen Rechts ab.
[2]Es handelt sich um einen nicht steuerbaren Vorgang.

Beispiel 3:

[1]Eine juristische Person des öffentlichen Rechts stellt Bedienstete aus ihrem Hoheitsbereich an Betriebe gewerblicher Art anderer juristischer Personen des öffentlichen Rechts ab.
[2]Die Personalgestellung ist nicht durch hoheitliche Zwecke veranlasst, sondern dient wirtschaftlichen Zielen. [3]Sie ist insgesamt als Betrieb gewerblicher Art zu beurteilen, sofern die Voraussetzungen von R 4.1 Abs. 4 und 5 KStR[1)] gegeben sind. [4]Es liegen in diesem Fall steuerbare Leistungen vor.

Beispiel 4:

[1]Eine juristische Person des öffentlichen Rechts stellt Bedienstete aus ihrem Hoheitsbereich an privatrechtliche Unternehmer ab.
[2]Beurteilung wie zu Beispiel 3.

Beispiel 5:

[1]Eine juristische Person des öffentlichen Rechts stellt Bedienstete aus ihrem Hoheitsbereich an einen als gemeinnützig anerkannten eingetragenen Verein ab, der nicht unternehmerisch tätig ist. [2]Mitglieder des Vereins sind neben der gestellenden Person des öffentlichen Rechts weitere juristische Personen des öffentlichen Rechts, Verbände und sonstige Einrichtungen.
[3]Beurteilung wie zu Beispiel 3.

Beispiel 6:

[1]Eine juristische Person des öffentlichen Rechts stellt Bedienstete aus einem ihrer Betriebe gewerblicher Art an den Hoheitsbereich einer anderen juristischen Person des öffentlichen Rechts ab.
[2]Es ist eine steuerbare Leistung im Rahmen des Betriebs gewerblicher Art anzunehmen, wenn die Personalkostenerstattung unmittelbar dem Betrieb gewerblicher Art zufließt. [3]Die Personalgestellung kann jedoch dem hoheitlichen Bereich zugerechnet werden, sofern der Bedienstete zunächst in den Hoheitsbereich zurückberufen und von dort abgestellt wird und der Erstattungsbetrag dem Hoheitsbereich zufließt.

Beispiel 7:

[1]Eine juristische Person des öffentlichen Rechts stellt Bedienstete aus einem ihrer Betriebe gewerblicher Art an einen Betrieb gewerblicher Art einer anderen juristischen Person des öffentlichen Rechts oder an einen privatrechtlichen Unternehmer ab.
[2]Es liegt eine steuerbare Leistung im Rahmen des Betriebs gewerblicher Art vor.

Beispiel 8:

[1]Eine juristische Person des öffentlichen Rechts stellt Bedienstete aus einem ihrer Betriebe gewerblicher Art an den eigenen Hoheitsbereich ab.

---

1) Nr. **100**.

[2] Die Überlassung des Personals ist dann nicht als steuerbare Wertabgabe im Sinne von § 3 Abs. 9a Nr. 2 UStG anzusehen, wenn beim Personaleinsatz eine eindeutige und leicht nachvollziehbare Trennung zwischen dem unternehmerischen Bereich (Betrieb gewerblicher Art) und dem Hoheitsbereich vorgenommen wird.

(16) Betriebe von juristischen Personen des öffentlichen Rechts, die vorwiegend zum Zwecke der Versorgung des Hoheitsbereichs der juristischen Person des öffentlichen Rechts errichtet worden sind (Selbstversorgungsbetriebe), sind nur dann Betriebe gewerblicher Art, wenn bezüglich der Umsätze an Dritte die Voraussetzung von R 4.1 Abs. 5 KStR[1)] erfüllt ist.

(17) Eine von einem Bundesland eingerichtete sog. „Milchquoten-Verkaufsstelle“, die Anlieferungs-Referenzmengen an Milcherzeuger überträgt, handelt bei dieser Tätigkeit nicht als Unternehmer (vgl. BFH-Urteil vom 3.7.2008, V R 40/04, BStBl. 2009 II S. 208).

Gemeindliche Schwimmbäder[1)]

(18) [1] Wird ein gemeindliches Schwimmbad sowohl für das Schulschwimmen (nichtwirtschaftliche Tätigkeit i. e. S.) als auch für den öffentlichen Badebetrieb genutzt, ist unabhängig davon, welche Nutzung überwiegt, die Nutzung für den öffentlichen Badebetrieb grundsätzlich als wirtschaftlich selbständige Tätigkeit im Sinne des § 4 Abs. 1 KStG anzusehen. [2] Die wirtschaftliche Tätigkeit ist unter der Voraussetzung von R 4.1 Abs. 5 KStR[2)] ein Betrieb gewerblicher Art. [3] Vorsteuerbeträge, die durch den Erwerb, die Herstellung sowie die Verwendung des Schwimmbades anfallen, sind nach § 15 UStG nur abziehbar, soweit sie auf die Verwendung für den öffentlichen Badebetrieb entfallen (vgl. Abschnitt 15.2b Abs. 2). [4] Ist der öffentliche Badebetrieb nicht als Betrieb gewerblicher Art zu behandeln, weil die Voraussetzungen von R 4.1 Abs. 5 KStR[2)] nicht erfüllt sind, rechnet die Gesamttätigkeit des gemeindlichen Schwimmbades zum nichtunternehmerischen Hoheitsbereich mit der Folge, dass ein Vorsteuerabzug nicht in Betracht kommt. [5] In den Fällen, die der Übergangsregelung nach § 27 Abs. 16 UStG unterliegen, ist die Verwendung des Gegenstands für hoheitliche Zwecke (Schulschwimmen) unabhängig davon, ob den Schulen das Schwimmbad zeitweise ganz überlassen wird (vgl. BFH-Urteil vom 31.5.2001, V R 97/98, BStBl. II S. 658, Abschnitt 4.12.11) oder das Schulschwimmen während des öffentlichen Badebetriebs stattfindet (vgl. BFH-Urteil vom 10.2.1994, V R 33/92, BStBl. II S. 668, Abschnitt 4.12.6 Abs. 2 Nr. 10), nach § 3 Abs. 9a Nr. 1 UStG als steuerbare und steuerpflichtige Wertabgabe zu behandeln, sofern der Erwerb oder die Herstellung des Schwimmbades auch insoweit zum Vorsteuerabzug berechtigt hat. [6] Bemessungsgrundlage für die unentgeltliche Wertabgabe sind nach § 10 Abs. 4 Satz 1 Nr. 2 UStG die durch die Überlassung des Schwimmbades für das Schulschwimmen entstandenen Ausgaben des Unternehmers für die Erbringung der sonstigen Leistung; vgl. Abschnitt 10.6 Abs. 3. [7] Die Wertabgabe kann nach den im öffentlichen Badebetrieb erhobenen Eintrittsgeldern bemessen werden (vgl. Abschnitt 10.7 Abs. 1 Sätze 4 bis 7).

---

1) Hinweis auf A 3.4 Abs. 6 UStAE.

2) Nr. **100.**

Eigenjagdverpachtung

(19) [1]Eine juristische Person des öffentlichen Rechts wird mit der Verpachtung ihrer Eigenjagd im Rahmen ihres bestehenden land- und forstwirtschaftlichen Betriebs nach § 2 Abs. 3 UStG gewerblich oder beruflich tätig. [2]Dies gilt unabhängig davon, dass die Umsätze aus der Jagdverpachtung nicht der Durchschnittssatzbesteuerung nach § 24 UStG unterliegen (vgl. BFH-Urteil vom 22.9.2005, V R 28/03, BStBl. 2006 II S. 280).

Betriebe in privatrechtlicher Form

(20) [1]Von den Betrieben gewerblicher Art einer juristischen Person des öffentlichen Rechts sind die Betriebe zu unterscheiden, die in eine privatrechtliche Form (z. B. AG, GmbH) gekleidet sind. [2]Solche Eigengesellschaften sind grundsätzlich selbständige Unternehmer. [3]Sie können jedoch nach den umsatzsteuerrechtlichen Vorschriften über die Organschaft unselbständig sein, und zwar auch gegenüber der juristischen Person des öffentlichen Rechts. [4]Da Organschaft die Eingliederung in ein Unternehmen voraussetzt, kann eine Gesellschaft nur dann Organgesellschaft einer juristischen Person des öffentlichen Rechts sein, wenn sie in den Unternehmensbereich dieser juristischen Person des öffentlichen Rechts eingegliedert ist. [5]Die finanzielle Eingliederung wird in diesen Fällen nicht dadurch ausgeschlossen, dass die Beteiligung an der Organgesellschaft nicht im Unternehmensbereich, sondern im nichtunternehmerischen Bereich der juristischen Person des öffentlichen Rechts verwaltet wird. [6]Eine wirtschaftliche Eingliederung in den Unternehmensbereich ist gegeben, wenn die Organgesellschaft Betrieben gewerblicher Art oder land- und forstwirtschaftlichen Betrieben der juristischen Person des öffentlichen Rechts wirtschaftlich untergeordnet ist. [7]Zur Organträgerschaft einer juristischen Person des öffentlichen Rechts vgl. Abschnitt 2.8 Abs. 2 Satz 2. [8]Tätigkeiten, die der Erfüllung öffentlich-rechtlicher Aufgaben dienen, können grundsätzlich eine wirtschaftliche Eingliederung in den Unternehmensbereich nicht begründen.

Zu § 2b UStG

2b.1 Juristische Personen des öffentlichen Rechts (§ 2b UStG)

(1) Zur Anwendung des § 2b UStG vgl. BMF-Schreiben vom 16. Dezember 2016, BStBl. I S. 1451.

(2) Zur Einstufung einer juristischen Person des privaten Rechts als sonstige Einrichtung des öffentlichen Rechts nach dem EuGH-Urteil vom 29.10. 2015, C-174/14, Saudaçor,[1)] vgl. BMF-Schreiben vom 18.9.2019, BStBl. I S. 921.

(3) Zur gesonderten Prüfung möglicher größerer Wettbewerbsverzerrungen bei § 2b Abs. 3 Nr. 2 UStG vgl. BMF-Schreiben vom 14.11.2019, BStBl. I S. 1140.

[1)] MwStR 2016, 24.

(4) Die Kreishandwerkerschaften gelten mit der Ausübung der Geschäftsführung der Innungen hinsichtlich der Anwendung des § 2b UStG nicht als Unternehmer im Sinne des § 2 UStG.

(5) Die Überlassung unselbständiger Parkbuchten auf öffentlich-rechtlich gewidmeten Straßen gegen Gebühren (Parkscheinautomaten) ist als hoheitliche Tätigkeit zur Ordnung des ruhenden Verkehrs nach § 2b UStG nicht umsatzsteuerbar (zur Rechtslage nach § 2 Abs. 2 UStG vgl. Abschnitt 2.11 Abs. 12 Satz 2).

(6) [1] Die durch die Landwirtschaftskammern und andere juristische Personen des öffentlichen Rechts auf öffentlich-rechtlicher Grundlage durchgeführten nachhaltigen und entgeltlichen Tätigkeiten im Zusammenhang mit (Landes-)Weinprämierungen führen zu größeren Wettbewerbsverzerrungen im Sinne von § 2b Abs. 1 Satz 2 UStG. [2] Sie werden damit unternehmerisch ausgeübt.

(7) Die privatrechtliche Ausgestaltung der Leistung führt, auch in den Fällen des Anschluss- und Benutzungszwangs, dazu, dass kein Handeln im Rahmen der öffentlichen Gewalt im Sinne des § 2b Abs. 1 Satz 1 UStG vorliegt.

(8) [1] Für eine Anwendung des § 2b Abs. 3 Nummer 1 UStG müssen die gesetzlichen Grundlagen so gefasst sein, dass die von einer juristischen Person des öffentlichen Rechts benötigte Leistung ausschließlich von einer anderen juristischen Person des öffentlichen Rechts erbracht werden darf (vgl. dazu Rz. 41 des BMF-Schreibens vom 16.12.2016, BStBl. I S. 1451). [2] Nicht ausreichend ist zum Beispiel die gesetzliche Regelung eines allgemein gehaltenen Kooperationsgebots, das im Nachgang durch untergesetzliche Regelungen, vertragliche Vereinbarungen oder die tatsächliche Verwaltungspraxis ausgefüllt wird.

(9) [1] Hoheitliche Hilfsgeschäfte, die der nichtunternehmerische Bereich einer juristischen Person des öffentlichen Rechts mit sich bringt, sind grundsätzlich nicht steuerbar. [2] Da große Hoheitsbereiche oftmals entsprechend viele Hilfsgeschäfte tätigen, führt auch deren große Anzahl grundsätzlich nicht zu einer nachhaltigen wirtschaftlichen Betätigung und damit zur Steuerbarkeit. [3] Dies kann jedoch ausnahmsweise der Fall sein, wenn das Auftreten der juristischen Person des öffentlichen Rechts am Markt wegen der Vielzahl ihrer Umsätze und des daraus resultierenden Handelns dem eines professionellen Händlers derart gleicht, dass eine Nichtsteuerbarkeit zu einer Wettbewerbsverzerrung führen würde. [4] Wegen weiterer Einzelheiten siehe Rz. 19 und 20 des BMF-Schreibens vom 16.12.2016, BStBl. I S. 1451.

(10) Zur Behandlung der Konzessionsabgabe unter § 2b UStG vgl. BMF-Schreiben vom 5.8.2020, BStBl. I S. 669.

(11) Zur Behandlung der Anwendungsfragen des § 2b UStG in Zusammenhang mit dem Friedhofs- und Bestattungswesen vgl. BMF-Schreiben vom 23.11.2020, BStBl. I S. 1335.

Zu § 3 UStG

3.1 Lieferungen und sonstige Leistungen

Lieferungen[1)]

(1) [1]Eine Lieferung liegt vor, wenn die Verfügungsmacht an einem Gegenstand verschafft wird. [2]Gegenstände im Sinne des § 3 Abs. 1 UStG sind körperliche Gegenstände (Sachen nach § 90 BGB, Tiere nach § 90a BGB), Sachgesamtheiten und solche Wirtschaftsgüter, die im Wirtschaftsverkehr wie körperliche Sachen behandelt werden, z.B. Elektrizität, Wärme und Wasserkraft; zur Übertragung von Gesellschaftsanteilen vgl. Abschnitt 3.5 Abs. 8. [3]Eine Sachgesamtheit stellt die Zusammenfassung mehrerer selbständiger Gegenstände zu einem einheitlichen Ganzen dar, das wirtschaftlich als ein anderes Verkehrsgut angesehen wird als die Summe der einzelnen Gegenstände (vgl. BFH-Urteil vom 25.1.1968, V 161/64, BStBl. II S. 331). [4]Ungetrennte Bodenerzeugnisse, z.B. stehende Ernte, sowie Rebanlagen können selbständig nutzungsfähiger und gegenüber dem Grund und Boden eigenständiger Liefergegenstand sein (vgl. BFH-Urteil vom 8.11.1995, XI R 63/94, BStBl. 1996 II S. 114). [5]Rechte sind dagegen keine Gegenstände, die im Rahmen einer Lieferung übertragen werden können; die Übertragung von Rechten stellt eine sonstige Leistung dar (vgl. BFH-Urteil vom 16.7.1970, V R 95/66, BStBl. II S. 706).

(2)[2)] [1]Die Verschaffung der Verfügungsmacht beinhaltet den von den Beteiligten endgültig gewollten Übergang von wirtschaftlicher Substanz, Wert und Ertrag eines Gegenstands vom Leistenden auf den Leistungsempfänger (vgl. BFH-Urteile vom 18.11.1999, V R 13/99, BStBl. 2000 II S. 153, und vom 16.3.2000, V R 44/99, BStBl. II S. 361). [2]Der Abnehmer muss faktisch in der Lage sein, mit dem Gegenstand nach Belieben zu verfahren, insbesondere ihn wie ein Eigentümer zu nutzen und veräußern zu können (vgl. BFH-Urteil vom 12.5.1993, XI R 56/90, BStBl. II S. 847). [3]Die Übertragung dieser Befugnis verlangt weder, dass der Leistungsempfänger physisch über den Gegenstand verfügt, noch, dass der Gegenstand physisch zu ihm befördert und/oder physisch von ihm empfangen wird (vgl. EuGH-Urteil vom 20.6.2018, C-108/17, Enteco Baltic).[3)] [4]Keine Lieferung, sondern eine sonstige Leistung ist danach die entgeltlich eingeräumte Bereitschaft zur Verschaffung der Verfügungsmacht (vgl. BFH-Urteil vom 25.10.1990, V R 20/85, BStBl. 1991 II S. 193). [5]Die Verschaffung der Verfügungsmacht ist ein Vorgang vorwiegend tatsächlicher Natur, der in der Regel mit dem bürgerlich-rechtlichen Eigentumsübergang verbunden ist, aber nicht notwendigerweise verbunden sein muss (vgl. BFH-Urteil vom 16.4.2008, XI R 56/06, BStBl. II S. 909, und EuGH-Urteil vom 18.7.2013, C-78/12,

---

1) Zur Überlassung von Werbefahrzeugen an Kommunen usw. siehe OFD Karlsruhe v. 19.2.2015 S 7100 K. 16, BeckVerw 296049, sowie BFH v. 16.4.2008 XI R 56/06, BStBl. II 2008, 909, und v. 17.3.2010 XI R 17/08, BStBl. II 2017, 828.

2) A 3.1 Abs. 2 Satz 3 eingef., bish. Sätze 3 bis 5 werden Sätze 4 bis 6 durch BMF v. 17.12.2021, BStBl. I 2021, 2504.

3) DStRE 2018, 1196.

Evita-K).[1] [6]Zu Ausnahmefällen, in denen der Lieferer zivilrechtlich nicht Eigentümer des Liefergegenstands ist und darüber hinaus beabsichtigt, den gelieferten Gegenstand vertragswidrig nochmals an einen anderen Erwerber zu liefern, vgl. BFH-Urteil vom 8.9.2011, V R 43/10, BStBl. 2014 II S. 203.

(3) [1]An einem zur Sicherheit übereigneten Gegenstand wird durch die Übertragung des Eigentums noch keine Verfügungsmacht verschafft. [2]Entsprechendes gilt bei der rechtsgeschäftlichen Verpfändung eines Gegenstands (vgl. BFH-Urteil vom 16.4.1997, XI R 87/96, BStBl. II S. 585). [3]Zur Verwertung von Sicherungsgut vgl. Abschnitt 1.2. [4]Dagegen liegt eine Lieferung vor, wenn ein Gegenstand unter Eigentumsvorbehalt verkauft und übergeben wird. [5]Bei einem Kauf auf Probe (§ 454 BGB) wird die Verfügungsmacht erst nach Billigung des Angebots durch den Empfänger verschafft (vgl. BFH-Urteil vom 6.12.2007, V R 24/05, BStBl. 2009 II S. 490, Abschnitt 13.1 Abs. 6 Sätze 1 und 2). [6]Dagegen wird bei einem Kauf mit Rückgaberecht die Verfügungsmacht mit der Zusendung der Ware verschafft (vgl. Abschnitt 13.1 Abs. 6 Satz 3). [7]Beim Kommissionsgeschäft (§ 3 Abs. 3 UStG) liegt eine Lieferung des Kommittenten an den Kommissionär erst im Zeitpunkt der Lieferung des Kommissionsguts an den Abnehmer vor (vgl. BFH-Urteil vom 25.11.1986, V R 102/78, BStBl. 1987 II S. 278). [8]Gelangt das Kommissionsgut bei der Zurverfügungstellung an den Kommissionär im Wege des innergemeinschaftlichen Verbringens vom Ausgangs- in den Bestimmungsmitgliedstaat, kann die Lieferung jedoch nach dem Sinn und Zweck der Regelung bereits zu diesem Zeitpunkt als erbracht angesehen werden (vgl. Abschnitt 1a.2 Abs. 7).

Sonstige Leistungen[2]

(4) [1]Sonstige Leistungen sind Leistungen, die keine Lieferungen sind (§ 3 Abs. 9 Satz 1 UStG). [2]Als sonstige Leistungen kommen insbesondere in Betracht: Dienstleistungen, Gebrauchs- und Nutzungsüberlassungen – z.B. Vermietung, Verpachtung, Darlehensgewährung, Einräumung eines Nießbrauchs, Einräumung, Übertragung und Wahrnehmung von Patenten, Urheberrechten, Markenzeichenrechten und ähnlichen Rechten –, Reiseleistungen im Sinne des § 25 Abs. 1 UStG, Übertragung immaterieller Wirtschaftsgüter wie z.B. Firmenwert, Kundenstamm oder Lebensrückversicherungsverträge (vgl. EuGH-Urteil vom 22.10.2009, C-242/08, Swiss Re Germany Holding, BStBl. 2011 II S. 559),[3] der Verzicht auf die Ausübung einer Tätigkeit (vgl. BFH-Urteile vom 6.5.2004, V R 40/02, BStBl. II S. 854, vom 7.7.2005, V R 34/03, BStBl. 2007 II S. 66, und vom 24. 8. 06, V R 19/05, BStBl. 2007 II S. 187) oder die entgeltliche Unterlassung von Wettbewerb (vgl. BFH-Urteil vom 13.11.2003, V R 59/02, BStBl. 2004 II S. 472). [3]Die Bestellung eines Nießbrauchs oder eines Erbbaurechts ist eine Duldungsleistung in der Form der Dauerleistung im Sinne von § 3 Abs. 9 Satz 2 UStG (vgl. BFH-Urteil vom 20.4.1988, X R 4/80, BStBl. II S. 744). [4]Zur Behandlung des sog.

---

[1] DStRE 2014, 167.

[2] Zu Umsätzen aus sog. Mailingaktionen als einheitliche sonstige Leistung siehe BFH v. 15.10.2009 XI R 52/06, BStBl. II 2010, 869.

[3] DStR 2009, 2245.

Quotennießbrauchs vgl. BFH-Urteil vom 28.2.1991, V R 12/85, BStBl. II S. 649.

(5) Zur Abgrenzung zwischen Lieferungen und sonstigen Leistungen vgl. Abschnitt 3.5.

3.2 Unentgeltliche Wertabgaben

(1) [1]Unentgeltliche Wertabgaben aus dem Unternehmen sind, soweit sie in der Abgabe von Gegenständen bestehen, nach § 3 Abs. 1b UStG den entgeltlichen Lieferungen und, soweit sie in der Abgabe oder Ausführung von sonstigen Leistungen bestehen, nach § 3 Abs. 9a UStG den entgeltlichen sonstigen Leistungen gleichgestellt. [2]Solche Wertabgaben sind sowohl bei Einzelunternehmern als auch bei Personen- und Kapitalgesellschaften sowie bei Vereinen und bei unternehmerisch tätigen juristischen Personen des öffentlichen Rechts möglich. [3]Sie umfassen im Wesentlichen die Tatbestände, die bis zum 31.3.1999 als Eigenverbrauch nach § 1 Abs. 1 Nr. 2 Buchstaben a und b UStG 1993, als sog. Gesellschafterverbrauch nach § 1 Abs. 1 Nr. 3 UStG 1993, sowie als unentgeltliche Sachzuwendungen und sonstige Leistungen an Arbeitnehmer nach § 1 Abs. 1 Nr. 1 Satz 2 Buchstabe b UStG 1993 der Steuer unterlagen. [4]Die zu diesen Tatbeständen ergangene Rechtsprechung des BFH ist sinngemäß weiter anzuwenden.

(2) [1]Für unentgeltliche Wertabgaben im Sinne des § 3 Abs. 1b UStG ist die Steuerbefreiung für Ausfuhrlieferungen ausgeschlossen (§ 6 Abs. 5 UStG; vgl. BFH-Urteil vom 19.2.2014, XI R 9/13, BStBl. II S. 597). [2]Bei unentgeltlichen Wertabgaben im Sinne des § 3 Abs. 9a Nr. 2 UStG entfällt die Steuerbefreiung für Lohnveredelungen an Gegenständen der Ausfuhr (§ 7 Abs. 5 UStG). [3]Die übrigen Steuerbefreiungen sowie die Steuerermäßigungen sind auf unentgeltliche Wertabgaben anzuwenden, wenn die in den §§ 4 und 12 UStG bezeichneten Voraussetzungen vorliegen. [4]Eine Option zur Steuerpflicht nach § 9 UStG kommt allenfalls bei unentgeltlichen Wertabgaben nach § 3 Abs. 1b Satz 1 Nr. 3 UStG an einen anderen Unternehmer für dessen Unternehmen in Betracht. [5]Über eine unentgeltliche Wertabgabe, die in der unmittelbaren Zuwendung eines Gegenstands oder in der Ausführung einer sonstigen Leistung an einen Dritten besteht, kann nicht mit einer Rechnung im Sinne des § 14 UStG abgerechnet werden. [6]Die vom Zuwendenden oder Leistenden geschuldete Umsatzsteuer kann deshalb vom Empfänger nicht als Vorsteuer abgezogen werden. [7]Zur Bemessungsgrundlage bei unentgeltlichen Wertabgaben vgl. Abschnitt 10.6.

3.3 Den Lieferungen gleichgestellte Wertabgaben

Allgemeines

(1) [1]Die nach § 3 Abs. 1b UStG einer entgeltlichen Lieferung gleichgestellte Entnahme oder unentgeltliche Zuwendung eines Gegenstands aus dem Unternehmen setzt die Zugehörigkeit des Gegenstands zum Unternehmen voraus. [2]Die Zuordnung eines Gegenstands zum Unternehmen richtet sich nicht nach ertragsteuerrechtlichen Merkmalen, also nicht nach der Einordnung als Betriebs- oder Privatvermögen. [3]Maßgebend ist, ob der Unterneh-

mer den Gegenstand dem unternehmerischen oder dem nichtunternehmerischen Tätigkeitsbereich zugewiesen hat (vgl. BFH-Urteil vom 21.4.1988, V R 135/83, BStBl. II S. 746). [4]Zum nichtunternehmerischen Bereich gehören sowohl nichtwirtschaftliche Tätigkeiten i. e. S. als auch unternehmensfremde Tätigkeiten (vgl. Abschnitt 2.3 Abs. 1a). [5]Bei Gegenständen, die sowohl unternehmerisch als auch unternehmensfremd genutzt werden sollen, hat der Unternehmer unter den Voraussetzungen, die durch die Auslegung des Tatbestandsmerkmals „für sein Unternehmen" in § 15 Abs. 1 UStG zu bestimmen sind, grundsätzlich die Wahl der Zuordnung (vgl. BFH-Urteil vom 3.3.2011, V R 23/10, BStBl. 2012 II S. 74). [6]Beträgt die unternehmerische Nutzung jedoch weniger als 10%, ist die Zuordnung des Gegenstands zum Unternehmen unzulässig (§ 15 Abs. 1 Satz 2 UStG). [7]Kein Recht auf Zuordnung zum Unternehmen besteht auch, wenn der Unternehmer bereits bei Leistungsbezug beabsichtigt, die bezogene Leistung ausschließlich und unmittelbar für eine steuerbare unentgeltliche Wertabgabe im Sinne des § 3 Abs. 1b oder 9a UStG zu verwenden (vgl. BFH-Urteil vom 9.12.2010, V R 17/10, BStBl. 2012 II S. 53). [8]Zum Vorsteuerabzug beim Bezug von Leistungen sowohl für Zwecke unternehmerischer als auch nichtunternehmerischer Tätigkeit vgl. im Übrigen Abschnitt 15.2b und 15.2c.

Berechtigung zum Vorsteuerabzug für den Gegenstand oder seine Bestandteile (§ 3 Abs. 1b Satz 2 UStG)

(2) [1]Die Entnahme eines dem Unternehmen zugeordneten Gegenstands wird nach § 3 Abs. 1b UStG nur dann einer entgeltlichen Lieferung gleichgestellt, wenn der entnommene oder zugewendete Gegenstand oder seine Bestandteile zum vollen oder teilweisen Vorsteuerabzug berechtigt haben. [2]Falls an einem Gegenstand (z. B. Pkw), der ohne Berechtigung zum Vorsteuerabzug erworben wurde, nach seiner Anschaffung Arbeiten ausgeführt worden sind, die zum Einbau von Bestandteilen geführt haben und für die der Unternehmer zum Vorsteuerabzug berechtigt war, unterliegen bei einer Entnahme des Gegenstands nur diese Bestandteile der Umsatzbesteuerung. [3]Bestandteile eines Gegenstands sind diejenigen gelieferten Gegenstände, die auf Grund ihres Einbaus ihre körperliche und wirtschaftliche Eigenart endgültig verloren haben und die zu einer dauerhaften, im Zeitpunkt der Entnahme nicht vollständig verbrauchten Werterhöhung des Gegenstands geführt haben (z. B. eine nachträglich in einen Pkw eingebaute Klimaanlage). [4]Dienstleistungen (sonstige Leistungen) einschließlich derjenigen, für die zusätzlich kleinere Lieferungen von Gegenständen erforderlich sind (z. B. Karosserie- und Lackarbeiten an einem Pkw), führen nicht zu Bestandteilen des Gegenstands (vgl. BFH-Urteile vom 18.10.2001, V R 106/98, BStBl. 2002 II S. 551, und vom 20.12.2001, V R 8/98, BStBl. 2002 II S. 557).

(3) [1]Der Einbau eines Bestandteils in einen Gegenstand hat nur dann zu einer dauerhaften, im Zeitpunkt der Entnahme nicht vollständig verbrauchten Werterhöhung des Gegenstands geführt, wenn er nicht lediglich zur Werterhaltung des Gegenstands beigetragen hat. [2]Unterhalb einer gewissen Bagatellgrenze liegende Aufwendungen für den Einbau von Bestandteilen führen nicht zu einer dauerhaften Werterhöhung des Gegenstands (vgl. BFH-Urteil vom 18.10.2001, V R 106/98, BStBl. 2002 II S. 551).

(4) [1]Aus Vereinfachungsgründen wird keine dauerhafte Werterhöhung des Gegenstands angenommen, wenn die vorsteuerentlasteten Aufwendungen für den Einbau von Bestandteilen weder 20 % der Anschaffungskosten des Gegenstands noch einen Betrag von 1000 € übersteigen. [2]In diesen Fällen kann auf eine Besteuerung der Bestandteile nach § 3 Abs. 1b Satz 1 Nr. 1 i. V. m. Satz 2 UStG bei der Entnahme eines dem Unternehmen zugeordneten Gegenstands, den der Unternehmer ohne Berechtigung zum Vorsteuerabzug erworben hat, verzichtet werden. [3]Werden an einem Wirtschaftsgut mehrere Bestandteile in einem zeitlichen oder sachlichen Zusammenhang eingebaut, handelt es sich nicht um eine Maßnahme, auf die in der Summe die Bagatellregelung angewendet werden soll. [4]Es ist vielmehr für jede einzelne Maßnahme die Vereinfachungsregelung zu prüfen.

Beispiel:

[1]Ein Unternehmer erwirbt am 1.7.01 aus privater Hand einen gebrauchten Pkw für 10 000 € und ordnet ihn zulässigerweise seinem Unternehmen zu. [2]Am 1.3.02 lässt er in den Pkw nachträglich eine Klimaanlage einbauen (Entgelt 2500 €) und am 1.8.02 die Windschutzscheibe erneuern (Entgelt 500 €). [3]Für beide Leistungen nimmt der Unternehmer den Vorsteuerabzug in Anspruch. [4]Am 1.3.03 entnimmt der Unternehmer den Pkw in sein Privatvermögen (Aufschlag nach „Schwacke-Liste" auf den Marktwert des Pkw im Zeitpunkt der Entnahme für die Klimaanlage 1500 €, für die Windschutzscheibe 50 €).

[5]Das aufgewendete Entgelt für den nachträglichen Einbau der Windschutzscheibe beträgt 500 €, also weniger als 20 % der ursprünglichen Anschaffungskosten des Pkw, und übersteigt auch nicht den Betrag von 1000 €. [6]Aus Vereinfachungsgründen wird für den Einbau der Windschutzscheibe keine dauerhafte Werterhöhung des Gegenstands angenommen.

[7]Das aufgewendete Entgelt für den nachträglichen Einbau der Klimaanlage beträgt 2500 €, also mehr als 20 % der ursprünglichen Anschaffungskosten des Pkw. [8]Mit dem Einbau der Klimaanlage in den Pkw hat diese ihre körperliche und wirtschaftliche Eigenart endgültig verloren und zu einer dauerhaften, im Zeitpunkt der Entnahme nicht vollständig verbrauchten Werterhöhung des Gegenstands geführt. [9]Die Entnahme der Klimaanlage unterliegt daher nach § 3 Abs. 1b Satz 1 Nr. 1 i. V. m. Satz 2 UStG mit einer Bemessungsgrundlage nach § 10 Abs. 4 Satz 1 Nr. 1 UStG i. H. v. 1500 € der Umsatzsteuer.

[5]Die vorstehende Bagatellgrenze gilt auch für entsprechende unentgeltliche Zuwendungen eines Gegenstands im Sinne des § 3 Abs. 1b Satz 1 Nr. 2 und 3 UStG.

Entnahme von Gegenständen (§ 3 Abs. 1b Satz 1 Nr. 1 UStG)[1)]

(5) [1]Eine Entnahme eines Gegenstands aus dem Unternehmen im Sinne des § 3 Abs. 1b Satz 1 Nr. 1 UStG liegt nur dann vor, wenn der Vorgang bei entsprechender Ausführung an einen Dritten als Lieferung – einschließlich Werklieferung – anzusehen wäre. [2]Ein Vorgang, der Dritten gegenüber als sonstige Leistung – einschließlich Werkleistung – zu beurteilen wäre, erfüllt zwar die Voraussetzungen des § 3 Abs. 1b Satz 1 Nr. 1 UStG nicht, kann aber nach § 3 Abs. 9a Nr. 2 UStG steuerbar sein (vgl. Abschnitt 3.4). [3]Das gilt auch insoweit, als dabei Gegenstände, z. B. Materialien, verbraucht werden (vgl. BFH-Urteil vom 13.2.1964, V 99/63 U, BStBl. III S. 174). [4]Der Grundsatz der Einheitlichkeit der Leistung (vgl. Abschnitt 3.10) gilt auch für die unentgeltlichen Wertabgaben (vgl. BFH-Urteil vom 3.11.1983, V R 4/73, BStBl. 1984 II S. 169).

---

1) Hinweis auf A 4.28.1 Abs. 5 i. V. m. Abs. 4 UStAE.

(6) [1]Wird ein dem Unternehmen dienender Gegenstand während der Dauer einer nichtunternehmerischen Verwendung auf Grund äußerer Einwirkung zerstört, z.B. Totalschaden eines Personenkraftwagens infolge eines Unfalls auf einer Privatfahrt, liegt keine Entnahme eines Gegenstands aus dem Unternehmen vor. [2]Das Schadensereignis fällt in den Vorgang der nichtunternehmerischen Verwendung und beendet sie wegen Untergangs der Sache. [3]Eine Entnahmehandlung ist in Bezug auf den unzerstörten Gegenstand nicht mehr möglich (vgl. BFH-Urteile vom 28.2.1980, V R 138/72, BStBl. II S. 309, und vom 28.6.1995, XI R 66/94, BStBl. II S. 850).

(7) [1]Bei einem Rohbauunternehmer, der für eigene Wohnzwecke ein schlüsselfertiges Haus mit Mitteln des Unternehmens errichtet, ist Gegenstand der Entnahme das schlüsselfertige Haus, nicht lediglich der Rohbau (vgl. BFH-Urteil vom 3.11.1983, V R 4/73, BStBl. 1984 II S. 169). [2]Entscheidend ist nicht, was der Unternehmer in der Regel im Rahmen seines Unternehmens herstellt, sondern was im konkreten Fall Gegenstand der Wertabgabe des Unternehmens ist (vgl. BFH-Urteil vom 21.4.1988, V R 135/83, BStBl. II S. 746). [3]Wird ein Einfamilienhaus für unternehmensfremde Zwecke auf einem zum Betriebsvermögen gehörenden Grundstück errichtet, überführt der Bauunternehmer das Grundstück in aller Regel spätestens im Zeitpunkt des Baubeginns in sein Privatvermögen. [4]Dieser Vorgang ist unter den Voraussetzungen des § 3 Abs. 1b Satz 2 UStG eine nach § 4 Nr. 9 Buchstabe a UStG steuerfreie Lieferung im Sinne des § 3 Abs. 1b Satz 1 Nr. 1 UStG.

(8) [1]Die unentgeltliche Übertragung eines Betriebsgrundstücks durch einen Unternehmer auf seine Kinder unter Anrechnung auf deren Erb- und Pflichtteil ist – wenn nicht die Voraussetzungen des § 1 Abs. 1a UStG vorliegen (vgl. Abschnitt 1.5) – eine steuerfreie Lieferung im Sinne des § 3 Abs. 1b Satz 1 Nr. 1 UStG, auch wenn das Grundstück auf Grund eines mit den Kindern geschlossenen Pachtvertrages weiterhin für die Zwecke des Unternehmens verwendet wird und die Kinder als Nachfolger des Unternehmers nach dessen Tod vorgesehen sind (vgl. BFH-Urteil vom 2.10.1986, V R 91/78, BStBl. 1987 II S. 44). [2]Die unentgeltliche Übertragung des Miteigentums an einem Betriebsgrundstück durch einen Unternehmer auf seinen Ehegatten ist eine nach § 4 Nr. 9 Buchstabe a UStG steuerfreie Wertabgabe des Unternehmers, auch wenn das Grundstück weiterhin für die Zwecke des Unternehmens verwendet wird. [3]Hinsichtlich des dem Unternehmer verbleibenden Miteigentumsanteils liegt keine unentgeltliche Wertabgabe im Sinne des § 3 Abs. 1b oder Abs. 9a UStG vor (vgl. BFH-Urteile vom 6.9.2007, V R 41/05, BStBl. 2008 II S. 65, und vom 22.11.2007, V R 5/06, BStBl. 2008 II S. 448). [4]Zur Vorsteuerberichtigung nach § 15a UStG vgl. Abschnitt 15a.2 Abs. 6 Nr. 3 und zur Bestellung eines lebenslänglichen unentgeltlichen Nießbrauchs an einem unternehmerisch genutzten bebauten Grundstück vgl. BFH-Urteil vom 16.9.1987, X R 51/81, BStBl. 1988 II S. 205.

Sachzuwendungen an das Personal (§ 3 Abs. 1b Satz 1 Nr. 2 UStG)

(9) [1]Zuwendungen von Gegenständen (Sachzuwendungen) an das Personal für dessen privaten Bedarf sind auch dann steuerbar, wenn sie unentgeltlich sind, d. h. wenn sie keine Vergütungen für die Dienstleistung des Arbeitnehmers darstellen (vgl. hierzu Abschnitt 1.8). [2]Abs. 1 Sätze 7 und 8 bleiben unberührt.

Andere unentgeltliche Zuwendungen (§ 3 Abs. 1b Satz 1 Nr. 3 UStG)[1)]

(10) [1]Unentgeltliche Zuwendungen von Gegenständen, die nicht bereits in der Entnahme von Gegenständen oder in Sachzuwendungen an das Personal bestehen, werden Lieferungen gegen Entgelt gleichgestellt. [2]Ausgenommen sind Geschenke von geringem Wert und Warenmuster für Zwecke des Unternehmens. [3]Der Begriff „unentgeltliche Zuwendung" im Sinne von § 3 Abs. 1b Satz 1 Nr. 3 UStG setzt nicht lediglich die Unentgeltlichkeit einer Lieferung voraus, sondern verlangt darüber hinaus, dass der Zuwendende dem Empfänger zielgerichtet einen Vermögensvorteil verschafft (vgl. BFH-Urteile vom 14.5.2008, XI R 60/07, BStBl. II S. 721,[2)] und vom 10.8.2017, V R 3/16, BStBl. II S. 1264). [4]Voraussetzung für die Steuerbarkeit ist, dass der Gegenstand oder seine Bestandteile zum vollen oder teilweisen Vorsteuerabzug berechtigt haben (§ 3 Abs. 1b Satz 2 UStG). [5]Mit der Regelung soll ein umsatzsteuerlich unbelasteter Endverbrauch vermieden werden. [6]Gleichwohl entfällt die Steuerbarkeit nicht, wenn der Empfänger die zugewendeten Geschenke in seinem Unternehmen verwendet. [7]Gegenstände des Unternehmens, die der Unternehmer aus unternehmensfremden (privaten) Gründen abgibt, sind als Entnahmen nach § 3 Abs. 1b Satz 1 Nr. 1 UStG zu beurteilen (vgl. Absätze 5 bis 8). [8]Gegenstände des Unternehmens, die der Unternehmer aus unternehmerischen Gründen abgibt, sind als unentgeltliche Zuwendungen nach § 3 Abs. 1b Satz 1 Nr. 3 UStG zu beurteilen. [9]Hierzu gehört die Abgabe von neuen oder gebrauchten Gegenständen insbesondere zu Werbezwecken, zur Verkaufsförderung oder zur Imagepflege, z.B. Sachspenden an Vereine oder Schulen, Warenabgaben anlässlich von Preisausschreiben, Verlosungen usw. zu Werbezwecken. [10]Nicht steuerbar ist dagegen die Gewährung unentgeltlicher sonstiger Leistungen aus unternehmerischen Gründen (vgl. Abschnitt 3.4 Abs. 1). [11]Hierunter fällt z.B. die unentgeltliche Überlassung von Gegenständen, die im Eigentum des Zuwendenden verbleiben und die der Empfänger später an den Zuwendenden zurückgeben muss.

(11) [1]Die Abgabe von Geschenken von geringem Wert ist nicht steuerbar. [2]Derartige Geschenke liegen vor, wenn die Anschaffungs- oder Herstellungskosten der dem Empfänger im Kalenderjahr zugewendeten Gegenstände insgesamt 35 € (Nettobetrag ohne Umsatzsteuer) nicht übersteigen. [3]Dies kann bei geringwertigen Werbeträgern (z.B. Kugelschreiber, Feuerzeuge, Kalender usw.) unterstellt werden.

(12) [1]Bei Geschenken über 35 €, für die nach § 15 Abs. 1a UStG i.V.m. § 4 Abs. 5 Satz 1 Nr. 1 EStG kein Vorsteuerabzug vorgenommen werden kann, entfällt nach § 3 Abs. 1b Satz 2 UStG eine Besteuerung der Zuwendungen. [2]Deshalb ist zunächst anhand der ertragsteuerrechtlichen Regelungen (vgl. R 4.10 Abs. 2 bis 4 EStR)[3)] zu prüfen, ob es sich bei einem abgegebenen

---

1) Zum Vorsteuerabzug bei Repräsentationsaufwendungen vgl. A 15.6 UStAE.

2) Zum Vorsteuerabzug aus Dritten zugutekommenden Leistungen siehe aber BFH v. 16.12.2020 XI R 26/20 (XI R 28/17), DStR 2021, 1167, als Nachfolgeentscheidung zu EuGH v. 16.9.2020 C-528/19, MwStR 2020, 927 (Rspr.-Änderung).

3) Nr. **1.**

Gegenstand begrifflich um ein „Geschenk“ handelt. [3]Insbesondere setzt ein Geschenk eine unentgeltliche Zuwendung an einen Dritten voraus. [4]Die Unentgeltlichkeit ist nicht gegeben, wenn die Zuwendung als Entgelt für eine bestimmte Gegenleistung des Empfängers anzusehen ist. [5]Falls danach ein Geschenk vorliegt, ist weiter zu prüfen, ob hierfür der Vorsteuerabzug nach § 15 Abs. 1a UStG ausgeschlossen ist (vgl. Abschnitt 15.6 Abs. 4 und 5). [6]Nur wenn danach der Gegenstand oder seine Bestandteile zum vollen oder teilweisen Vorsteuerabzug berechtigt haben, kommt eine Besteuerung als unentgeltliche Wertabgabe in Betracht.

(13) [1]Warenmuster sind ausdrücklich von der Steuerbarkeit ausgenommen. [2]Ein Warenmuster ist ein Probeexemplar eines Produkts, durch das dessen Absatz gefördert werden soll und das eine Bewertung der Merkmale und der Qualität dieses Produkts ermöglicht, ohne zu einem anderen als dem mit solchen Werbeumsätzen naturgemäß verbundenen Endverbrauch zu führen (vgl. EuGH-Urteil vom 30.9.2010, C-581/08, EMI Group,[1)] und BFH-Urteil vom 12.12.2012, XI R 36/10, BStBl. 2013 II S. 412). [3]Ist das Probeexemplar ganz oder im Wesentlichen identisch mit dem im allgemeinen Verkauf erhältlichen Produkt, kann es sich gleichwohl um ein Warenmuster handeln, wenn die Übereinstimmung mit dem verkaufsfertigen Produkt für die Bewertung durch den potenziellen oder tatsächlichen Käufer erforderlich ist und die Absicht der Absatzförderung des Produkts im Vordergrund steht. [4]Die Abgabe eines Warenmusters soll in erster Linie nicht dem Empfänger den Kauf ersparen, sondern ihn oder Dritte zum Kauf anregen. [5]Ohne Bedeutung ist, ob Warenmuster einem anderen Unternehmer für dessen unternehmerische Zwecke oder einem Endverbraucher zugewendet werden. [6]Nicht steuerbar ist die Abgabe sog. Probierpackungen im Getränke- und Lebensmitteleinzelhandel (z. B. die kostenlose Abgabe von losen oder verpackten Getränken und Lebensmitteln im Rahmen von Verkaufsaktionen, Lebensmittelprobierpackungen, Probepackungen usw.) an Endverbraucher.

(14) [1]Unentgeltlich abgegebene Verkaufskataloge, Versandhauskataloge, Reisekataloge, Werbeprospekte und -handzettel, Veranstaltungsprogramme und -kalender usw. dienen der Werbung, insbesondere der Anbahnung eines späteren Umsatzes. [2]Eine (private) Bereicherung des Empfängers ist damit regelmäßig nicht verbunden. [3]Dies gilt auch für Anzeigenblätter mit einem redaktionellen Teil (z. B. für Lokales, Vereinsnachrichten usw.), die an alle Haushalte in einem bestimmten Gebiet kostenlos verteilt werden. [4]Bei der Abgabe derartiger Erzeugnisse handelt es sich nicht um unentgeltliche Zuwendungen im Sinne des § 3 Abs. 1b Satz 1 Nr. 3 UStG.

(15) [1]Die unentgeltliche Abgabe von Werbe- und Dekorationsmaterial, das nach Ablauf der Werbe- oder Verkaufsaktion vernichtet wird oder bei dem Empfänger nicht zu einer (privaten) Bereicherung führt (z. B. Verkaufsschilder, Preisschilder, sog. Displays), an andere Unternehmer (z. B. vom Hersteller an Großhändler oder vom Großhändler an Einzelhändler) dient ebenfalls der Werbung bzw. Verkaufsförderung. [2]Das Gleiche gilt für sog. Verkaufshilfen oder -ständer (z. B. Suppenständer, Süßwarenständer), die z. B. von Herstellern

1) DStR 2010, 2030.

oder Großhändlern an Einzelhändler ohne besondere Berechnung abgegeben werden, wenn beim Empfänger eine Verwendung dieser Gegenstände im nichtunternehmerischen Bereich ausgeschlossen ist. [3]Bei der Abgabe derartiger Erzeugnisse handelt es sich nicht um unentgeltliche Zuwendungen im Sinne des § 3 Abs. 1b Satz 1 Nr. 3 UStG. [4]Dagegen handelt es sich bei der unentgeltlichen Abgabe auch nichtunternehmerisch verwendbarer Gegenstände, die nach Ablauf von Werbe- oder Verkaufsaktionen für den Empfänger noch einen Gebrauchswert haben (z.B. Fahrzeuge, Spielzeug, Sport- und Freizeitartikel), um unentgeltliche Zuwendungen im Sinne des § 3 Abs. 1b Satz 1 Nr. 3 UStG.

(16) Ein Set – bestehend aus Blutzuckermessgerät, Stechhilfe und Teststreifen –, das über Ärzte, Schulungszentren für Diabetiker und sonstige Laboreinrichtungen unentgeltlich an die Patienten abgegeben wird, ist kein Warenmuster im Sinne des § 3 Abs. 1b Satz 1 Nr. 3 UStG (vgl. BFH-Urteil vom 12.12.2012, XI R 36/10, BStBl. 2013 II S. 412); vgl. im Übrigen Abschnitt 15.2b Abs. 2.

(17) [1]Wenn der Empfänger eines scheinbar kostenlos abgegebenen Gegenstands für den Erhalt dieses Gegenstands tatsächlich eine Gegenleistung erbringt, ist die Abgabe dieses Gegenstands nicht als unentgeltliche Zuwendung nach § 3 Abs. 1b Satz 1 Nr. 3 UStG, sondern als entgeltliche Lieferung nach § 1 Abs. 1 Nr. 1 UStG steuerbar. [2]Die Gegenleistung des Empfängers kann in Geld oder in Form einer Lieferung bzw. sonstigen Leistung bestehen (vgl. § 3 Abs. 12 UStG).

Einzelfälle

(18) [1]Falls ein Unternehmer dem Abnehmer bei Abnahme einer bestimmten Menge zusätzliche Stücke desselben Gegenstands ohne Berechnung zukommen lässt (z.B. elf Stücke zum Preis von zehn Stücken), handelt es sich bei wirtschaftlicher Betrachtung auch hinsichtlich der zusätzlichen Stücke um eine insgesamt entgeltliche Lieferung. [2]Ähnlich wie bei einer Staffelung des Preises nach Abnahmemengen hat in diesem Fall der Abnehmer mit dem Preis für die berechneten Stücke die unberechneten Stücke mitbezahlt. [3]Wenn ein Unternehmer dem Abnehmer bei Abnahme einer bestimmten Menge zusätzlich andere Gegenstände ohne Berechnung zukommen lässt (z.B. bei Abnahme von 20 Kühlschränken wird ein Mikrowellengerät ohne Berechnung mitgeliefert), handelt es sich bei wirtschaftlicher Betrachtungsweise ebenfalls um eine insgesamt entgeltliche Lieferung.

(19) Eine insgesamt entgeltliche Lieferung ist auch die unberechnete Abgabe von Untersetzern (Bierdeckel), Saugdecken (Tropfdeckchen), Aschenbechern und Gläsern einer Brauerei oder eines Getränkevertriebs an einen Gastwirt im Rahmen einer Getränkelieferung, die unberechnete Abgabe von Autozubehörteilen (Fußmatten, Warndreiecke) und Pflegemitteln usw. eines Fahrzeughändlers an den Käufer eines Neuwagens oder die unberechnete Abgabe von Schuhpflegemitteln eines Schuhhändlers an einen Schuhkäufer.

(20) In folgenden Fällen liegen ebenfalls regelmäßig entgeltliche Lieferungen bzw. einheitliche entgeltliche Leistungen vor:

- unberechnete Übereignung eines Mobilfunk-Geräts (Handy) von einem Mobilfunk-Anbieter an einen neuen Kunden, der gleichzeitig einen längerfristigen Netzbenutzungsvertrag abschließt,
- Sachprämien von Zeitungs- und Zeitschriftenverlagen an die Neuabonnenten einer Zeitschrift, die ein längerfristiges Abonnement abgeschlossen haben,
- [1]Sachprämien an Altkunden für die Vermittlung von Neukunden. [2]Der Sachprämie steht eine Vermittlungsleistung des Altkunden gegenüber,
- Sachprämien eines Automobilherstellers an das Verkaufspersonal eines Vertragshändlers, wenn dieses Personal damit für besondere Verkaufserfolge belohnt wird.

3.4 Den sonstigen Leistungen gleichgestellte Wertabgaben[1)·2)]

(1) [1]Die unentgeltlichen Wertabgaben im Sinne des § 3 Abs. 9a UStG umfassen alle sonstigen Leistungen, die ein Unternehmer im Rahmen seines Unternehmens für eigene, außerhalb des Unternehmens liegende Zwecke oder für den privaten Bedarf seines Personals ausführt. [2]Sie erstrecken sich auf alles, was seiner Art nach Gegenstand einer sonstigen Leistung im Sinne des § 3 Abs. 9 UStG sein kann. [3]Nicht steuerbar ist dagegen die Gewährung unentgeltlicher sonstiger Leistungen aus unternehmerischen Gründen. [4]Zu den unentgeltlichen sonstigen Leistungen für den privaten Bedarf des Personals im Sinne des § 3 Abs. 9a UStG vgl. Abschnitt 1.8.

(2) [1]Eine Wertabgabe im Sinne von § 3 Abs. 9a Nr. 1 UStG setzt voraus, dass der verwendete Gegenstand dem Unternehmen zugeordnet ist und die unternehmerische Nutzung des Gegenstands zum vollen oder teilweisen Vorsteuerabzug berechtigt hat. [2]Zur Frage der Zuordnung zum Unternehmen gilt Abschnitt 3.3 Abs. 1 entsprechend; vgl. dazu auch Abschnitt 15.2b Abs. 2. [3]Wird ein dem Unternehmen zugeordneter Gegenstand, bei dem kein Recht zum Vorsteuerabzug bestand (z. B. ein von einer Privatperson erworbener Computer), für nichtunternehmerische Zwecke genutzt, liegt eine sonstige Leistung im Sinne von § 3 Abs. 9a Nr. 1 UStG nicht vor. [4]Ändern sich bei einem dem unternehmerischen Bereich zugeordneten Gegenstand die Verhältnisse für den Vorsteuerabzug durch Erhöhung der Nutzung für nichtwirtschaftliche Tätigkeiten i. e. S., ist eine unentgeltliche Wertabgabe nach § 3 Abs. 9a Nr. 1 UStG zu versteuern. [5]Ändern sich die Verhältnisse durch Erhöhung der Nutzung für unternehmerische Tätigkeiten, kann eine Vorsteuerberichtigung nach § 15a UStG in Betracht kommen (vgl. Abschnitt 15a.1 Abs. 7). [6]Bei einer teilunternehmerischen Nutzung von Grundstücken sind die Absätze 5a bis 8 zu beachten.

(3) [1]Unter den Tatbestand des § 3 Abs. 9a Nr. 1 UStG fällt grundsätzlich auch die private Nutzung eines unternehmenseigenen Fahrzeugs durch den Unternehmer oder den Gesellschafter (vgl. BFH-Urteil vom 5.6.2014, XI R 2/12, BStBl. 2015 II S. 785). [2]Die Verwendung eines dem Unternehmen

[1)] Zum Aufwendungseigenverbrauch beim Halten von Rennpferden siehe BFH v. 2.7.2008 XI R 66/06, BStBl. II 2009, 206.

[2)] Zur Steuerbarkeit einer Kfz-Überlassung an Handelsvertreter siehe BFH v. 12.5.2009 V R 24/08, BStBl. II 2010, 854.

zugeordneten Pkw für Fahrten des Unternehmers zwischen Wohnung und Betriebsstätte erfolgt nicht für Zwecke außerhalb des Unternehmens und unterliegt damit nicht der Wertabgabenbesteuerung nach § 3 Abs. 9a Nr. 1 UStG (vgl. BFH-Urteil vom 5.6.2014, XI R 36/12, BStBl. 2015 II S. 43).

(4) [1] Umsatzsteuer aus den Anschaffungskosten unternehmerisch genutzter Telekommunikationsgeräte (z. B. von Telefonanlagen nebst Zubehör, Faxgeräten, Mobilfunkeinrichtungen) kann der Unternehmer unter den Voraussetzungen des § 15 UStG in voller Höhe als Vorsteuer abziehen. [2] Die unternehmensfremde (private) Nutzung dieser Geräte unterliegt nach § 3 Abs. 9a Nr. 1 UStG der Umsatzsteuer (vgl. Abschnitt 15.2c). [3] Bemessungsgrundlage sind die Ausgaben für die jeweiligen Geräte (vgl. Abschnitt 10.6 Abs. 3). [4] Nicht zur Bemessungsgrundlage gehören die Grund- und Gesprächsgebühren (vgl. BFH-Urteil vom 23.9.1993, V R 87/89, BStBl. 1994 II S. 200). [5] Die auf diese Gebühren entfallenden Vorsteuern sind in einen abziehbaren und einen nicht abziehbaren Anteil aufzuteilen (vgl. Abschnitt 15.2c).

(5) Der Einsatz betrieblicher Arbeitskräfte für unternehmensfremde (private) Zwecke zu Lasten des Unternehmens (z. B. Einsatz von Betriebspersonal im Privatgarten oder im Haushalt des Unternehmers) ist grundsätzlich eine steuerbare Wertabgabe nach § 3 Abs. 9a Nr. 2 UStG (vgl. BFH-Urteil vom 18.5.1993, V R 134/89, BStBl. II S. 885).

Teilunternehmerische Nutzung von Grundstücken

(5a) [1] Ist der dem Unternehmen zugeordnete Gegenstand ein Grundstück – insbesondere ein Gebäude als wesentlicher Bestandteil eines Grundstücks – und wird das Grundstück teilweise für unternehmensfremde (private) Tätigkeiten genutzt, so dass der Vorsteuerabzug nach § 15 Abs. 1b UStG insoweit ausgeschlossen ist (vgl. Abschnitt 15.6a), entfällt eine Wertabgabenbesteuerung nach § 3 Abs. 9a Nr. 1 UStG. [2] Sofern sich später der Anteil der unternehmensfremden Nutzung des dem Unternehmensvermögen insgesamt zugeordneten Grundstücks im Sinne des § 15 Abs. 1b UStG erhöht, erfolgt eine Berichtigung nach § 15a Abs. 6a UStG (vgl. Abschnitt 15.6a Abs. 5) und keine Wertabgabenbesteuerung nach § 3 Abs. 9a Nr. 1 UStG. [3] Wird das Grundstück nicht für unternehmensfremde, sondern für nichtwirtschaftliche Tätigkeiten i. e. S. verwendet (z. B. für ideelle Zwecke eines Vereins, vgl. Abschnitt 2.3 Abs. 1a), ist insoweit eine Zuordnung nach § 15 Abs. 1 UStG nicht möglich (vgl. BFH-Urteil vom 3.3.2011, V R 23/10, BStBl. 2012 II S. 74, Abschnitt 15.2b Abs. 2). [4] Erhöht sich später der Anteil der Nutzung des Grundstücks für nichtwirtschaftliche Tätigkeiten i. e. S., erfolgt eine Wertabgabenbesteuerung nach § 3 Abs. 9a Nr. 1 UStG. [5] Vermindert sich später der Anteil der Nutzung des Grundstücks für nichtwirtschaftliche Tätigkeiten i. e. S., kann der Unternehmer aus Billigkeitsgründen eine Berichtigung entsprechend § 15a Abs. 1 UStG vornehmen (vgl. Abschnitt 15a.1 Abs. 7).

(6) [1] Überlässt eine Gemeinde eine Mehrzweckhalle unentgeltlich an Schulen, Vereine usw., handelt es sich um eine Nutzung für nichtwirtschaftliche Tätigkeiten i. e. S. (vgl. Abschnitt 2.3 Abs. 1a); insoweit ist eine Zuordnung der Halle zum Unternehmen nach § 15 Abs. 1 UStG nicht möglich (vgl. Abs. 5a Satz 3 sowie Abschnitt 15.2b Abs. 2) und dementsprechend keine unentgeltliche Wertabgabe zu besteuern. [2] Das gilt nicht, wenn die Halle ausnahmsweise

zur Anbahnung späterer Geschäftsbeziehungen mit Mietern für kurze Zeit unentgeltlich überlassen wird (vgl. BFH-Urteil vom 28.11.1991, V R 95/86, BStBl. 1992 II S. 569). [3]Auf Grund eines partiellen Zuordnungsverbots liegt auch keine unentgeltliche Wertabgabe vor, wenn Schulen und Vereine ein gemeindliches Schwimmbad unentgeltlich nutzen können (vgl. Abschnitt 2.11 Abs. 18). [4]Die Mitbenutzung von Kurparkanlagen, die eine Gemeinde unternehmerisch nutzt, durch Personen, die nicht Kurgäste sind, führt bei der Gemeinde nicht zu einer steuerbaren unentgeltlichen Wertabgabe (vgl. BFH-Urteil vom 18.8.1988, V R 18/83, BStBl. II S. 971), ggf. ist jedoch insoweit kein Vorsteuerabzug möglich (vgl. Abschnitt 15.19). [5]Es liegt auch keine unentgeltliche Wertabgabe vor, wenn eine Gemeinde ein Parkhaus den Benutzern zeitweise (z. B. in der Weihnachtszeit) gebührenfrei zur Verfügung stellt, wenn damit neben dem Zweck der Verkehrsberuhigung auch dem Parkhausunternehmen dienende Zwecke (z. B. Kundenwerbung) verfolgt werden (vgl. BFH-Urteil vom 10.12.1992, V R 3/88, BStBl. 1993 II S. 380).

Wertabgabenbesteuerung nach § 3 Abs. 9a Nr. 1 UStG bei teilunternehmerisch genutzten Grundstücken, die die zeitlichen Grenzen des § 27 Abs. 16 UStG erfüllen

(7) [1]Die Verwendung von Räumen in einem dem Unternehmen zugeordneten Gebäude für Zwecke außerhalb des Unternehmens kann eine steuerbare oder nicht steuerbare Wertabgabe sein. [2]Diese Nutzung ist nur steuerbar, wenn die unternehmerische Nutzung anderer Räume zum vollen oder teilweisen Vorsteuerabzug berechtigt hat (vgl. BFH-Urteile vom 8.10.2008, XI R 58/07, BStBl. 2009 II S. 394, und vom 11.3.2009, XI R 69/07, BStBl. II S. 496). [3]Ist die unentgeltliche Wertabgabe steuerbar, kommt die Anwendung der Steuerbefreiung nach § 4 Nr. 12 UStG nicht in Betracht (vgl. Abschnitt 4.12.1 Abs. 1 und 3).

Beispiel 1:

[1]U hat ein Zweifamilienhaus, in dem er eine Wohnung steuerfrei vermietet und die andere Wohnung für eigene Wohnzwecke nutzt, insgesamt seinem Unternehmen zugeordnet.

[2]U steht hinsichtlich der steuerfrei vermieteten Wohnung kein Vorsteuerabzug zu (§ 15 Abs. 2 Satz 1 Nr. 1 UStG). [3]Die private Nutzung ist keine steuerbare unentgeltliche Wertabgabe im Sinne des § 3 Abs. 9a Nr. 1 UStG, da der dem Unternehmen zugeordnete Gegenstand nicht zum vollen oder teilweisen Vorsteuerabzug berechtigt hat.

Beispiel 2:

[1]U ist Arzt und nutzt in seinem Einfamilienhaus, das er zulässigerweise insgesamt seinem Unternehmen zugeordnet hat, das Erdgeschoss für seine unternehmerische Tätigkeit und das Obergeschoss für eigene Wohnzwecke. [2]Er erzielt nur steuerfreie Umsätze im Sinne des § 4 Nr. 14 UStG, die den Vorsteuerabzug ausschließen.

[3]U steht kein Vorsteuerabzug zu. [4]Die private Nutzung des Obergeschosses ist keine steuerbare unentgeltliche Wertabgabe im Sinne des § 3 Abs. 9a Nr. 1 UStG, da das dem Unternehmen zugeordnete Gebäude hinsichtlich des unternehmerisch genutzten Gebäudeteils nicht zum Vorsteuerabzug berechtigt hat.

Beispiel 3:

[1]U ist Schriftsteller und nutzt in seinem ansonsten für eigene Wohnzwecke genutzten Einfamilienhaus, das er insgesamt seinem Unternehmen zugeordnet hat, ein Arbeitszimmer für seine unternehmerische Tätigkeit.

[2]U steht hinsichtlich des gesamten Gebäudes der Vorsteuerabzug zu. [3]Die private Nutzung der übrigen Räume ist eine unentgeltliche Wertabgabe im Sinne des § 3 Abs. 9a Nr. 1 UStG,

da der dem Unternehmen zugeordnete Gegenstand hinsichtlich des unternehmerisch genutzten Gebäudeteils zum Vorsteuerabzug berechtigt hat. [4]Die unentgeltliche Wertabgabe ist steuerpflichtig.

[4]Das gilt auch, wenn die Nutzung für Zwecke außerhalb des Unternehmens in der unentgeltlichen Überlassung an Dritte besteht.

Beispiel 4:

[1]U hat ein Haus, in dem er Büroräume im Erdgeschoss steuerpflichtig vermietet und die Wohnung im Obergeschoss unentgeltlich an die Tochter überlässt, insgesamt seinem Unternehmen zugeordnet.
[2]U steht hinsichtlich des gesamten Gebäudes der Vorsteuerabzug zu. [3]Die Überlassung an die Tochter ist eine steuerbare unentgeltliche Wertabgabe im Sinne des § 3 Abs. 9a Nr. 1 UStG, weil das dem Unternehmen zugeordnete Gebäude hinsichtlich des unternehmerisch genutzten Gebäudeteils zum Vorsteuerabzug berechtigt hat. [4]Die unentgeltliche Wertabgabe ist steuerpflichtig.

Beispiel 5:

[1]U hat ein Zweifamilienhaus, das er im Jahr 01 zu 50 % für eigene unternehmerische Zwecke und zum Vorsteuerabzug berechtigende Zwecke (Büroräume) nutzt und zu 50 % steuerfrei vermietet, insgesamt seinem Unternehmen zugeordnet. [2]Ab dem Jahr 04 nutzt er die Büroräume ausschließlich für eigene Wohnzwecke.
[3]U steht ab dem Jahr 01 nur hinsichtlich der Büroräume der Vorsteuerabzug zu; für den steuerfrei vermieteten Gebäudeteil ist der Vorsteuerabzug hingegen ausgeschlossen. [4]Ab dem Jahr 04 unterliegt die Nutzung der Büroräume zu eigenen Wohnzwecken des U als steuerbare unentgeltliche Wertabgabe im Sinne des § 3 Abs. 9a Nr. 1 UStG der Umsatzsteuer, da das dem Unternehmen zugeordnete Gebäude hinsichtlich der vorher als Büro genutzten Räume zum Vorsteuerabzug berechtigt hat. [5]Die unentgeltliche Wertabgabe ist steuerpflichtig. [6]Eine Änderung der Verhältnisse im Sinne des § 15a UStG liegt nicht vor.

(8) [1]Verwendet ein Gemeinschafter seinen Miteigentumsanteil, welchen er seinem Unternehmen zugeordnet und für den er den Vorsteuerabzug beansprucht hat, für nichtunternehmerische Zwecke, ist diese Verwendung eine steuerpflichtige unentgeltliche Wertabgabe im Sinne des § 3 Abs. 9a Nr. 1 UStG.

Beispiel:

[1]U und seine Ehefrau E erwerben zu 25 % bzw. 75 % Miteigentum an einem unbebauten Grundstück, das sie von einem Generalunternehmer mit einem Einfamilienhaus bebauen lassen. [2]U nutzt im Einfamilienhaus einen Raum, der 9 % der Fläche des Gebäudes ausmacht für seine unternehmerische Tätigkeit. [3]Die übrigen Räume des Hauses werden durch U und E für eigene Wohnzwecke genutzt. [4]U macht 25 % der auf die Baukosten entfallenden Vorsteuern geltend.
[5]Durch die Geltendmachung des Vorsteuerabzuges aus 25 % der Baukosten gibt U zu erkennen, dass er seinen Miteigentumsanteil in vollem Umfang seinem Unternehmen zugeordnet hat. [6]U kann daher unter den weiteren Voraussetzungen des § 15 UStG 25 % der auf die Baukosten entfallenden Vorsteuern abziehen. [7]Soweit U den seinem Unternehmen zugeordneten Miteigentumsanteil für private Zwecke nutzt (16 % der Baukosten), muss er nach § 3 Abs. 9a Nr. 1 UStG eine unentgeltliche Wertabgabe versteuern.

[2]Zur Wertabgabe bei der Übertragung von Miteigentumsanteilen an Grundstücken vgl. Abschnitt 3.3 Abs. 8.

3.5 Abgrenzung zwischen Lieferungen und sonstigen Leistungen

Allgemeine Grundsätze

(1) Bei einer einheitlichen Leistung, die sowohl Lieferungselemente als auch Elemente einer sonstigen Leistung enthält, richtet sich die Einstufung als Lie-

ferung oder sonstige Leistung danach, welche Leistungselemente aus der Sicht des Durchschnittsverbrauchers und unter Berücksichtigung des Willens der Vertragsparteien den wirtschaftlichen Gehalt der Leistungen bestimmen (vgl. BFH-Urteil vom 19.12.1991, V R 107/86, BStBl. 1992 II S. 449, und BFH-Urteil vom 21.6.2001, V R 80/99, BStBl. 2003 II S. 810).

(2)[1] Lieferungen sind z. B.:

1. der Verkauf von Standard-Software und sog. Updates auf Datenträgern;
2. die Anfertigung von Kopien, wenn sich die Tätigkeit auf die bloße Vervielfältigung von Dokumenten beschränkt (vgl. EuGH-Urteil vom 11.2.2010, C-88/09, Graphic Procédé)[2] oder wenn hieraus zugleich neue Gegenstände (Bücher, Broschüren) hergestellt und den Abnehmern an diesen Gegenständen Verfügungsmacht verschafft wird (vgl. BFH-Urteil vom 19.12.1991, V R 107/86, BStBl. 1992 II S. 449);
3. die Überlassung von Offsetfilmen, die unmittelbar zum Druck von Reklamematerial im Offsetverfahren verwendet werden können (vgl. BFH-Urteil vom 25.11.1976, V R 71/72, BStBl. 1977 II S. 270);
4. [1]die Abgabe von Basissaatgut an Züchter im Rahmen sog. Vermehrerverträge sowie die Abgabe des daraus gewonnenen sog. zertifizierten Saatguts an Landwirte zur Produktion von Konsumgetreide oder an Handelsunternehmen. [2]Zur Anwendung der Durchschnittssatzbesteuerung nach § 24 UStG vgl. Abschnitte 24.1 und 24.2;
5. [1]die Entwicklung eines vom Kunden belichteten Films sowie die Bearbeitung von auf physischen Datenträgern oder auf elektronischem Weg übersandten Bilddateien, wenn gleichzeitig Abzüge angefertigt werden oder dem Kunden die bearbeiteten Bilder auf einem anderen Datenträger übergeben werden. [2]In diesen Fällen stellt das Entwickeln des Films und das Bearbeiten der Bilder eine unselbständige Nebenleistung zu einer einheitlichen Werklieferung dar;
6. [1]die Übertragung von Miteigentumsanteilen (Bruchteilseigentum) an einem Gegenstand im Sinne des § 3 UStG (vgl. BFH-Urteil vom 18.2.2016, V R 53/14, BStBl. 2019 II S. 333) – siehe auch für Anlagegold Abschnitt 25c.1. [2]Zur Übertragung eines Miteigentumsanteils zur Sicherheit vgl. Abschnitt 3.1 Abs. 3 Satz 1 und Abschnitt 1.2 Abs. 1. [3]Die Gemeinschafter einer nicht selbst unternehmerisch tätigen Bruchteilsgemeinschaft (vgl. Abschnitt 15.2b Abs. 1) können über ihren Anteil an dem Gegenstand ohne Zwischenerwerb durch die Gemeinschaft verfügen und ihn veräußern (BFH-Urteil vom 28.8.2014, V R 49/13, BStBl. 2021 II S. 825).

(3) Sonstige Leistungen sind z. B.:

1. die Übermittlung von Nachrichten zur Veröffentlichung;
2. *(aufgehoben)*
3. die Überlassung von Lichtbildern zu Werbezwecken (vgl. BFH-Urteil vom 12.1.1956, V 272/55 S, BStBl. III S. 62);

---

[1] A 3.5 UStAE Abs. 2 Nr. 6 Satz 3 angef. durch BMF v. 27.10.2021, BStBl. I 2021, 2137, anzuwenden in allen offenen Fällen.

[2] DStRE 2010, 623.

4. die Überlassung von Konstruktionszeichnungen und Plänen für technische Bauvorhaben sowie die Überlassung nicht geschützter Erfahrungen und technischer Kenntnisse (vgl. BFH-Urteil vom 18.5.1956, V 276/55 U, BStBl. III S. 198);
5. die Veräußerung von Modellskizzen (vgl. BFH-Urteil vom 26.10.1961, V 307/59);
6. die Übertragung eines Verlagsrechts (vgl. BFH-Urteil vom 16.7.1970, V R 95/66, BStBl. II S. 706);
7. die Überlassung von Know-how und von Ergebnissen einer Meinungsumfrage auf dem Gebiet der Marktforschung (vgl. BFH-Urteil vom 22.11.1973, V R 164/72, BStBl. 1974 II S. 259);
8. [1]die Überlassung von nicht standardisierter Software, die speziell nach den Anforderungen des Anwenders erstellt wird oder die eine vorhandene Software den Bedürfnissen des Anwenders individuell anpasst. [2]Gleiches gilt für die Übertragung von Standard-Software oder Individual-Software auf elektronischem Weg (z. B. über Internet);
9. die Überlassung sendefertiger Filme durch einen Filmhersteller im Sinne von § 94 UrhG[1)] – sog. Auftragsproduktion – (vgl. BFH-Urteil vom 19.2.1976, V R 92/74, BStBl. II S. 515);
10. die Überlassung von Fotografien zur Veröffentlichung durch Zeitungs- oder Zeitschriftenverlage (vgl. BFH-Urteil vom 12.5.1977, V R 111/73, BStBl. II S. 808);
11. die Entwicklung eines vom Kunden belichteten Films sowie die Bearbeitung von auf physischen Datenträgern oder auf elektronischem Weg übersandten Bilddateien;
12. die Herstellung von Fotokopien, wenn über das bloße Vervielfältigen hinaus weitere Dienstleistungen erbracht werden, insbesondere Beratung des Kunden oder Anpassung, Umgestaltung oder Verfremdung des Originals (vgl. EuGH-Urteil vom 11.2.2010, C-88/09, Graphic Procédé);[2)]
13. [1]Nachbaugebühren im Sinne des § 10a Abs. 2 ff. SortSchG, die ein Landwirt dem Inhaber des Sortenschutzes zu erstatten hat, werden als Entgelt für eine sonstige Leistung des Sortenschutzinhabers gezahlt, welche in der Duldung des Nachbaus durch den Landwirt besteht. [2]Bei der Überlassung von Vorstufen- oder Basissaatgut im Rahmen von sog. Vertriebsorganisationsverträgen handelt es sich ebenfalls um eine sonstige Leistung des Sortenschutzinhabers, welche in der Überlassung des Rechts, eine Saatgutsorte zu produzieren und zu vermarkten, und der Überlassung des hierzu erforderlichen Saatguts besteht. [3]Zur Anwendung der Durchschnittssatzbesteuerung nach § 24 UStG vgl. Abschnitte 24.1 und 24.3;
14. die entgeltliche Überlassung von Eintrittskarten (vgl. BFH-Urteil vom 3.6.2009, XI R 34/08, BStBl. 2010 II S. 857);

---

1) **Habersack** Nr. **65**.
2) DStRE 2010, 623.

15. [1] die Abgabe eines sog. Mobilfunk-Startpakets ohne Mobilfunkgerät. [2] Leistungsinhalt ist hierbei die Gewährung eines Anspruchs auf Abschluss eines Mobilfunkvertrags einschließlich Zugang zu einem Mobilfunknetz. [3] Zur Abgabe von Startpaketen mit Mobilfunkgerät vgl. BMF-Schreiben vom 3.12.2001, BStBl. I S. 1010. [4] Zur Behandlung von Einzweckguthabenkarten in der Telekommunikation vgl. BMF-Schreiben vom 24.9.2012, BStBl. I S. 947;
16. der Verkauf einer Option und der Zusammenbau einer Maschine (vgl. Artikel 8 und 9 der MwStVO);[1)]
17. der An- und Verkauf in- und ausländischer Banknoten und Münzen im Rahmen von Sortengeschäften (Geldwechselgeschäft) (vgl. BFH-Urteil vom 19.5.2010, XI R 6/09, BStBl. 2011 II S. 831);
18. die entgeltliche Überlassung von Transporthilfsmitteln im Rahmen reiner Tauschsysteme (z. B. Euro-Flachpaletten und Euro-Gitterboxpaletten; vgl. BMF-Schreiben vom 5.11.2013, BStBl. I S. 1386).

(4) [1] Die Überlassung von Matern, Klischees und Abzügen kann sowohl eine Lieferung als auch eine sonstige Leistung sein (vgl. BFH-Urteile vom 13.10.1960, V 299/58 U, BStBl. 1961 III S. 26, und vom 14.2.1974, V R 129/70, BStBl. II S. 261). [2] Kauft ein Unternehmer von einem Waldbesitzer Holz und beauftragt dieser den Holzkäufer mit der Fällung, Aufarbeitung und Rückung des Holzes (sog. Selbstwerbung), kann sowohl ein tauschähnlicher Umsatz (Waldarbeiten gegen Lieferung des Holzes mit Baraufgabe) als auch eine bloße Holzlieferung in Betracht kommen (vgl. BFH-Urteil vom 19.2.2004, V R 10/03, BStBl. II S. 675).

Lieferungen und sonstige Leistungen bei Miet- und Leasingverträgen

(5) [1] Werden Gegenstände im Leasingverfahren überlassen, ist die Übergabe des Gegenstands durch den Leasinggeber an den Leasingnehmer nur dann eine Lieferung, wenn:

1. der Vertrag ausdrücklich eine Klausel zum Übergang des Eigentums an diesem Gegenstand vom Leasinggeber auf den Leasingnehmer enthält und
2. aus den – zum Zeitpunkt der Vertragsunterzeichnung und objektiv zu beurteilenden – Vertragsbedingungen deutlich hervorgeht, dass das Eigentum am Gegenstand automatisch auf den Leasingnehmer übergehen soll, wenn der Vertrag bis zum Vertragsablauf planmäßig ausgeführt wird.

[2] Eine ausdrückliche Klausel zum Eigentumsübergang liegt auch vor, wenn der Vertrag eine Kaufoption für den Gegenstand enthält. [3] Bei einer im Vertrag enthaltenen – formal zwar völlig unverbindlichen – Kaufoption ist die zweite Voraussetzung erfüllt, wenn angesichts der finanziellen Vertragsbedingungen die Optionsausübung zum gegebenen Zeitpunkt in Wirklichkeit als einzig wirtschaftlich rationale Möglichkeit für den Leasingnehmer erscheint. [4] Der Vertrag darf dem Leasingnehmer keine echte wirtschaftliche Alternative in dem Sinne bieten, dass er zu dem Zeitpunkt, an dem er eine Wahl zu treffen hat, je nach Interessenlage den Gegenstand erwerben, zurückgeben oder wei-

---

1) **Steuergesetze** Nr. **550a.**

ter mieten kann. [5]Dies kann z. B. dann der Fall sein, wenn nach dem Vertrag zu dem Zeitpunkt, zu dem die Option ausgeübt werden darf, die Summe der vertraglichen Raten dem Verkehrswert des Gegenstands einschließlich der Finanzierungskosten entspricht und der Leasingnehmer wegen der Ausübung der Option nicht zusätzlich eine erhebliche Summe entrichten muss (vgl. EuGH-Urteil vom 4.10.2017, C-164/16, Mercedes-Benz Financial Services UK Ltd., BStBl. 2020 II S. 179).[1)] [6]Eine erhebliche Summe ist im Sinne des Satzes 5 zu entrichten, wenn der zusätzlich zu entrichtende Betrag 1 Prozent des Verkehrswertes des Gegenstandes im Zeitpunkt der Ausübung der Option übersteigt. [7]Für die Überlassung eines Gegenstands außerhalb des Leasingverfahrens (z. B. Mietverträge im Sinne des § 535 BGB mit Recht zum Kauf) gelten die Sätze 1 bis 5 sinngemäß.

(6) Erfolgt bei einer grenzüberschreitenden Überlassung eines Leasing-Gegenstands (sog. Cross-Border-Leasing) die Zuordnung dieses Gegenstands auf Grund eines Rechts eines anderen Mitgliedstaates ausnahmsweise abweichend von Absatz 5 bei dem im Inland ansässigen Vertragspartner, ist dieser Zuordnung zur Vermeidung von endgültigen Steuerausfällen zu folgen; ist die Zuordnung abweichend von Absatz 5 bei dem im anderen Mitgliedstaat ansässigen Vertragspartner erfolgt, kann dieser gefolgt werden, wenn der Nachweis erbracht wird, dass die Überlassung in dem anderen Mitgliedstaat der Besteuerung unterlegen hat.

(7) [1]Die Annahme einer Lieferung nach den Grundsätzen der Absätze 5 und 6 setzt voraus, dass die Verfügungsmacht an dem Gegenstand bei dem Unternehmer liegt, der den Gegenstand überlässt. [2]In den Fällen, in denen der Überlassung des Gegenstands eine zivilrechtliche Eigentumsübertragung vom späteren Nutzenden des Gegenstands an den überlassenden Unternehmer vorausgeht (z. B. beim sog. sale-and-lease-back), ist daher zu prüfen, ob die Verfügungsmacht an dem Gegenstand sowohl im Rahmen dieser Eigentumsübertragung, als auch im Rahmen der nachfolgenden Nutzungsüberlassung jeweils tatsächlich übertragen wird und damit eine Hin- und Rücklieferung stattfindet oder ob dem der Nutzung vorangehenden Übergang des zivilrechtlichen Eigentums an dem Gegenstand vielmehr eine bloße Sicherungs- und Finanzierungsfunktion zukommt, so dass insgesamt eine Kreditgewährung vorliegt (vgl. BFH-Urteil vom 9.2.2006, V R 22/03, BStBl. II S. 727). [3]Diese Prüfung richtet sich nach dem Gesamtbild der Verhältnisse des Einzelfalls, d. h. den konkreten vertraglichen Vereinbarungen und deren jeweiliger tatsächlicher Durchführung unter Berücksichtigung der Interessenlage der Beteiligten. [4]Von einem Finanzierungsgeschäft ist insbesondere auszugehen, wenn die Vereinbarungen über die Eigentumsübertragung und über das Leasingverhältnis bzw. über die Rückvermietung in einem unmittelbaren sachlichen Zusammenhang stehen und eine Ratenkauf- oder Mietkaufvereinbarung geschlossen wird, auf Grund derer das zivilrechtliche Eigentum mit Ablauf der Vertragslaufzeit wieder auf den Nutzenden zurückfällt oder den Überlassenden zur Rückübertragung des Eigentums verpflichtet. [5]Daher ist z. B. bei einer nach Absatz 5 als Lieferung zu qualifizierenden Nutzungsüberlassung mit

---

[1)] DStR 2017, 2215.

vorangehender Eigentumsübertragung auf den Überlassenden (sog. sale-and-Mietkauf-back) ein Finanzierungsgeschäft anzunehmen.

Beispiel 1:

[1] Der Hersteller von Kopiergeräten H und die Kopierervermietungsgesellschaft V schließen einen Kaufvertrag über die Lieferung von Kopiergeräten, wobei das zivilrechtliche Eigentum auf die Vermietungsgesellschaft übergeht. [2] Gleichzeitig verpflichtet sich V, dem Hersteller H die Rückübertragung der Kopiergeräte nach Ablauf von 12 Monaten anzudienen, H macht regelmäßig von seinem Rücknahmerecht Gebrauch. [3] Zur endgültigen Rückübertragung bedarf es eines weiteren Vertrags, in dem die endgültigen Rückgabe – und Rücknahmekonditionen einschließlich des Rückkaufpreises festgelegt werden. [4] Während der „Vertragslaufzeit" von 12 Monaten vermietet die Vermietungsgesellschaft die Kopiergeräte an ihre Kunden.
[5] Umsatzsteuerrechtlich liegen zwei voneinander getrennt zu beurteilende Lieferungen i. S. d. § 3 Abs. 1 UStG vor. [6] Die Verfügungsmacht an den Kopiergeräten geht zunächst auf V über und fällt nach Ablauf von 12 Monaten bei regelmäßigem Ablauf durch einen neuen Vertragsabschluss wieder an H zurück.

Beispiel 2:

[1] Wie Beispiel 1, wobei V nunmehr einen weiteren Vertrag mit der Leasinggesellschaft L zur Finanzierung des Geschäfts mit H schließt. [2] Hiernach verkauft V die Kopiergeräte an L weiter und least sie gleichzeitig von L zurück, die sich ihrerseits unwiderruflich zur Rückübertragung des Eigentums nach Ablauf des Leasingzeitraums verpflichtet. [3] Das zivilrechtliche Eigentum wird übertragen und L ermächtigt V, die geleasten Kopiergeräte im Rahmen des Vermietungsgeschäfts für ihre Zwecke zu nutzen. [4] Die Laufzeit des Vertrags beschränkt sich auf 12 Monate und die für die spätere Bestimmung des Rückkaufpreises maßgebenden Konditionen werden bereits jetzt vereinbart.
[5] In der Veräußerung der Kopiergeräte von H an V und deren Rückübertragung nach 12 Monaten liegen entsprechend den Ausführungen zum Ausgangsfall zwei voneinander zu trennende Lieferungen vor.
[6] Die Übertragung des zivilrechtlichen Eigentums an den Kopiergeräten durch V an L dient dagegen lediglich der Besicherung der Refinanzierung des V bei L. [7] Es findet keine Übertragung von Substanz, Wert und Ertrag der Kopiergeräte statt. [8] Die Gesamtbetrachtung aller Umstände und vertraglichen Vereinbarungen des Einzelfalls führt zu dem Ergebnis, dass insgesamt nur eine Kreditgewährung von L an V vorliegt. [9] Im Gegensatz zum Ausgangsfall wird die Verfügungsmacht an den Kopiergeräten nicht übertragen.

Beispiel 3:

[1] Wie Beispiel 1, wobei die Leasinggesellschaft L dem zuvor zwischen H und V geschlossenen Kaufvertrag mit Rückandienungsverpflichtung in Form von Nachtragsvereinbarungen beitritt, bevor die Kopiergeräte von H an V ausgeliefert werden. [2] Infolge des Vertragsbeitritts wird L schuldrechtlich neben V Vertragspartnerin der späteren Kauf- und Rückkaufverträge mit H. [3] Über die Auslieferung der Kopiergeräte rechnet H mit L ab, welche anschließend einen Leasingvertrag bis zum Rückkauftermin mit V abschließt. [4] Im Unternehmen der V werden die Kopiergeräte den Planungen entsprechend ausschließlich für Vermietungszwecke genutzt. [5] Zum Rückkauf-Termin nach 12 Monaten werden die Geräte gemäß den vereinbarten Konditionen von V an H zurückgegeben.
[6] Die Vorstellungen der Beteiligten H, V und L sind bei der gebotenen Gesamtbetrachtung darauf gerichtet, V unmittelbar die Verfügungsmacht an den Geräten zu verschaffen, während L lediglich die Finanzierung des Geschäfts übernehmen soll. [7] Mit der Übergabe der Geräte werden diese deshalb durch H an V geliefert. [8] Es findet mithin weder eine (Weiter-)Lieferung der Geräte von V an L noch eine Rückvermietung der Geräte durch L an V statt. [9] L erbringt vielmehr eine sonstige Leistung in Form der Kreditgewährung an V. [10] Die Rückübertragung der Geräte an H nach Ablauf der 12 Monate führt zu einer Lieferung von V an H.

[6] Ist ein sale-and-lease-back-Geschäft hingegen maßgeblich darauf gerichtet, dem Verkäufer und Leasingnehmer eine vorteilhafte bilanzielle Gestaltung zu

ermöglichen und hat dieser die Anschaffung des Leasinggegenstandes durch den Käufer und Leasinggeber überwiegend mitfinanziert, stellt das Geschäft keine Lieferung mit nachfolgender Rücküberlassung und auch keine Kreditgewährung dar, sondern eine steuerpflichtige sonstige Leistung nach § 3 Abs. 9 Satz 1 UStG, die in der Mitwirkung des Käufers und Leasinggebers an einer bilanziellen Gestaltung des Verkäufers und Leasingnehmers besteht (vgl. BFH-Urteil vom 6.4.2016, V R 12/15, BStBl. 2017 II S. 188).

(7a) [1]Bei der Beschaffung von Investitionsgütern kommt es häufig zu einem Dreiecksverhältnis, bei dem der Kunde (künftiger Leasingnehmer) zunächst einen Kaufvertrag über den Liefergegenstand mit dem Lieferanten und anschließend einen Leasingvertrag mit dem Leasing-Unternehmen abschließt. [2]Durch Eintritt in den Kaufvertrag (sog. Bestelleintritt) verpflichtet sich das Leasing-Unternehmen zur Zahlung des Kaufpreises und erlangt den Anspruch auf Übertragung des zivilrechtlichen Eigentums an dem Gegenstand. [3]Für die Frage, von wem in diesen Fällen der Leasing-Gegenstand geliefert und von wem er empfangen wird, ist darauf abzustellen, wer aus dem schuldrechtlichen Vertragsverhältnis, das dem Leistungsaustausch zugrunde liegt, berechtigt und verpflichtet ist (vgl. Abschnitt 2.1 Abs. 3 und Abschnitt 15.2b Abs. 1). [4]Maßgebend dafür sind die Vertragsverhältnisse im Zeitpunkt der Leistungsausführung. [5]Bis zur Ausführung der Leistung können die Vertragspartner mit umsatzsteuerlicher Wirkung ausgetauscht werden, z. B. durch einen Bestelleintritt oder jede andere Form der Vertragsübernahme. [6]Vertragsänderungen nach Ausführung der Leistung sind dagegen umsatzsteuerlich unbeachtlich. [7]Das bedeutet:

1. [1]Tritt das Leasing-Unternehmen vor der Lieferung des Leasing-Gegenstandes an den Kunden in den Kaufvertrag ein, liefert der Lieferant den Leasing-Gegenstand an das Leasing-Unternehmen, weil dieses im Zeitpunkt der Lieferung aus dem Kaufvertrag berechtigt und verpflichtet ist. [2]Die körperliche Übergabe des Leasing-Gegenstandes an den Kunden steht dabei einer Lieferung an das Leasing-Unternehmen nicht entgegen (§ 3 Abs. 1 UStG). [3]Das sich anschließende Leasing-Verhältnis zum Kunden führt je nach ertragsteuerlicher Zurechnung des Leasing-Gegenstandes zu einer Vermietungsleistung oder einer weiteren Lieferung (Absatz 5).
2. [1]Tritt dagegen das Leasing-Unternehmen in den Kaufvertrag ein, nachdem der Kunde bereits die Verfügungsmacht über den Leasing-Gegenstand erhalten hat (sog. nachträglicher Bestelleintritt), liegt eine Lieferung des Lieferanten an den Kunden vor. [2]Diese wird durch den Bestelleintritt des Leasing-Unternehmens nicht nach § 17 Abs. 2 Nr. 3 UStG rückgängig gemacht. [3]Bei dem anschließenden Leasing-Verhältnis zwischen dem Kunden und dem Leasing-Unternehmen handelt es sich um ein sale-and-lease-back-Geschäft, das nach dem Gesamtbild der Verhältnisse des Einzelfalls entweder als Lieferung des Kunden an das Leasing-Unternehmen („sale") mit anschließender sonstiger Leistung des Leasing-Unternehmens an den Kunden („lease-back") oder insgesamt als Kreditgewährung des Leasing-Unternehmens an den Kunden zu beurteilen ist (vgl. Absatz 7). [4]Zwischen dem Lieferanten und dem Leasing-Unternehmen liegt dagegen keine umsatzsteuerrechtlich relevante Leistung vor. [5]Eine nur im Innenverhältnis

zwischen dem Lieferanten und dem Leasing-Unternehmen bestehende Rahmenvereinbarung zur Absatzfinanzierung hat im Regelfall keine Auswirkungen auf die umsatzsteuerlichen Lieferbeziehungen.

Übertragung von Gesellschaftsanteilen

(8) [1]Die Übertragung von Anteilen an Personen- oder Kapitalgesellschaften (Gesellschaftsanteile, vgl. Abschnitt 4.8.10) ist als sonstige Leistung zu beurteilen (vgl. EuGH-Urteil vom 26.5.2005, C-465/03, Kretztechnik).[1)] [2]Dies gilt entsprechend bei der Übertragung von Wertpapieren anderer Art, z. B. Fondsanteilen oder festverzinslichen Wertpapieren; zur Steuerbarkeit bei der Übertragung von Gesellschaftsanteilen und bei der Ausgabe nichtverbriefter Genussrechte vgl. Abschnitte 1.1 Abs. 15, 1.5 Abs. 9 und 1.6 Abs. 2. [3]Ist das übertragene Recht in einem Papier verbrieft, kommt es nicht darauf an, ob das Papier effektiv übertragen oder in einem Sammeldepot verwahrt wird.

3.6 Abgrenzung von Lieferungen und sonstigen Leistungen bei der Abgabe von Speisen und Getränken

(1) [1]Verzehrfertig zubereitete Speisen können sowohl im Rahmen einer ggf. ermäßigt besteuerten Lieferung als auch im Rahmen einer nicht ermäßigt besteuerten sonstigen Leistung abgegeben werden. [2]Die Abgrenzung von Lieferungen und sonstigen Leistungen richtet sich dabei nach allgemeinen Grundsätzen (vgl. Abschnitt 3.5). [3]Nach Artikel 6 Abs. 1 MwStVO[2)] gilt die Abgabe zubereiteter oder nicht zubereiteter Speisen und/oder von Getränken zusammen mit ausreichenden unterstützenden Dienstleistungen, die deren sofortigen Verzehr ermöglichen, als sonstige Leistung. [4]Die Abgabe von Speisen und/oder Getränken ist nur eine Komponente der gesamten Leistung, bei der der Dienstleistungsanteil qualitativ überwiegt. [5]Ob der Dienstleistungsanteil qualitativ überwiegt, ist nach dem Gesamtbild der Verhältnisse des Umsatzes zu beurteilen. [6]Bei dieser wertenden Gesamtbetrachtung aller Umstände des Einzelfalls sind nur solche Dienstleistungen zu berücksichtigen, die sich von denen unterscheiden, die notwendig mit der Vermarktung der Speisen verbunden sind (vgl. Absatz 3). [7]Dienstleistungselemente, die notwendig mit der Vermarktung von Lebensmitteln verbunden sind, bleiben bei der vorzunehmenden Prüfung unberücksichtigt (vgl. Absatz 2). [8]Ebenso sind Dienstleistungen des speiseabgebenden Unternehmers oder Dritter, die in keinem Zusammenhang mit der Abgabe von Speisen stehen (z. B. Vergnügungsangebote in Freizeitparks, Leistungen eines Pflegedienstes oder Gebäudereinigungsleistungen außerhalb eigenständiger Cateringverträge), nicht in die Prüfung einzubeziehen.

(2) [1]Insbesondere folgende Elemente sind notwendig mit der Vermarktung verzehrfertiger Speisen verbunden und im Rahmen der vorzunehmenden Gesamtbetrachtung nicht zu berücksichtigen:
- Darbietung von Waren in Regalen;
- Zubereitung der Speisen;

---

1) DStR 2005, 965.
2) **Steuergesetze** Nr. **550a**.

– Transport der Speisen und Getränke zum Ort des Verzehrs einschließlich der damit in Zusammenhang stehenden Leistungen wie Kühlen oder Wärmen, der hierfür erforderlichen Nutzung von besonderen Behältnissen und Geräten sowie der Vereinbarung eines festen Lieferzeitpunkts;
– übliche Nebenleistungen (z. B. Verpacken, Beigabe von Einweggeschirr oder -besteck);
– Bereitstellung von Papierservietten;
– Abgabe von Senf, Ketchup, Mayonnaise, Apfelmus oder ähnlicher Beigaben;
– Bereitstellung von Abfalleimern an Kiosken, Verkaufsständen, Würstchenbuden usw.;
– Bereitstellung von Einrichtungen und Vorrichtungen, die in erster Linie dem Verkauf von Waren dienen (z. B. Verkaufstheken und -tresen sowie Ablagebretter an Kiosken, Verkaufsständen, Würstchenbuden usw.);
– bloße Erstellung von Leistungsbeschreibungen (z. B. Speisekarten oder -pläne);
– allgemeine Erläuterung des Leistungsangebots;
– Einzug des Entgelts für Schulverpflegung von den Konten der Erziehungsberechtigten.

[2]Die Abgabe von zubereiteten oder nicht zubereiteten Speisen mit oder ohne Beförderung, jedoch ohne andere unterstützende Dienstleistungen, stellt stets eine Lieferung dar (Artikel 6 Abs. 2 MwStVO).[1)] [3]Die Sicherstellung der Verzehrfertigkeit während des Transports (z. B. durch Warmhalten in besonderen Behältnissen) sowie die Vereinbarung eines festen Zeitpunkts für die Übergabe der Speisen an den Kunden sind unselbständiger Teil der Beförderung und daher nicht gesondert zu berücksichtigen. [4]Die Abgabe von Waren aus Verkaufsautomaten ist stets eine Lieferung.

(3) [1]Nicht notwendig mit der Vermarktung von Speisen verbundene und damit für die Annahme einer Lieferung schädliche Dienstleistungselemente liegen vor, soweit sich der leistende Unternehmer nicht auf die Ausübung der Handels- und Verteilerfunktion des Lebensmitteleinzelhandels und des Lebensmittelhandwerks beschränkt (vgl. BFH-Urteil vom 24.11.1988, V R 30/83, BStBl. 1989 II S. 210). [2]Insbesondere die folgenden Elemente sind nicht notwendig mit der Vermarktung von Speisen verbunden und daher im Rahmen der Gesamtbetrachtung zu berücksichtigen:
– Bereitstellung einer die Bewirtung fördernden Infrastruktur (vgl. Absatz 4);
– Servieren der Speisen und Getränke;
– Gestellung von Bedienungs-, Koch- oder Reinigungspersonal;
– Durchführung von Service-, Bedien- oder Spülleistungen im Rahmen einer die Bewirtung fördernden Infrastruktur oder in den Räumlichkeiten des Kunden;
– Nutzungsüberlassung von Geschirr oder Besteck;
– Überlassung von Mobiliar (z. B. Tischen und Stühlen) zur Nutzung außerhalb der Geschäftsräume des Unternehmers;

---

1) **Steuergesetze** Nr. **550a**.

- Reinigung bzw. Entsorgung von Gegenständen, wenn die Überlassung dieser Gegenstände ein berücksichtigungsfähiges Dienstleistungselement darstellt (vgl. BFH-Urteil vom 10.8.2006, V R 55/04, BStBl. 2007 II S. 480);
- individuelle Beratung bei der Auswahl der Speisen und Getränke;
- Beratung der Kunden hinsichtlich der Zusammenstellung und Menge von Mahlzeiten für einen bestimmten Anlass.

[3] Erfüllen die überlassenen Gegenstände (Geschirr, Platten etc.) vornehmlich Verpackungsfunktion, stellt deren Überlassung kein berücksichtigungsfähiges Dienstleistungselement dar. [4] In diesem Fall ist auch die anschließende Reinigung bzw. Entsorgung der überlassenen Gegenstände bei der Gesamtbetrachtung nicht zu berücksichtigen.

Bereitstellung einer die Bewirtung fördernden Infrastruktur

(4) [1] Die Bereitstellung einer die Bewirtung fördernden Infrastruktur stellt ein im Rahmen der Gesamtbetrachtung zu berücksichtigendes Dienstleistungselement dar. [2] Zu berücksichtigen ist dabei insbesondere die Bereitstellung von Vorrichtungen, die den bestimmungsgemäßen Verzehr der Speisen und Getränke an Ort und Stelle fördern sollen (z. B. Räumlichkeiten, Tische und Stühle oder Bänke, Bierzeltgarnituren). [3] Auf die Qualität der zur Verfügung gestellten Infrastruktur kommt es nicht an. [4] Daher genügt eine Abstellmöglichkeit für Speisen und Getränke mit Sitzgelegenheit für die Annahme einer sonstigen Leistung (vgl. BFH-Urteil vom 30.6.2011, V R 18/10, BStBl. 2013 II S. 246). [5] Daneben sind beispielsweise die Bereitstellung von Garderoben und Toiletten in die Gesamtbetrachtung einzubeziehen. [6] Eine in erster Linie zur Förderung der Bewirtung bestimmte Infrastruktur muss nicht einer ausschließlichen Nutzung durch die verzehrenden Kunden vorbehalten sein. [7] Duldet der Unternehmer daneben eine Nutzung durch andere Personen, steht dies einer Berücksichtigung nicht entgegen. [8] Vorrichtungen, die nach ihrer Zweckbestimmung im Einzelfall nicht in erster Linie dazu dienen, den Verzehr von Speisen und Getränken zu erleichtern (z. B. Stehtische und Sitzgelegenheiten in den Wartebereichen von Kinofoyers sowie die Bestuhlung in Kinos, Theatern und Stadien, Parkbänke im öffentlichen Raum, Nachttische in Kranken- und Pflegezimmern), sind nicht zu berücksichtigen (vgl. BFH-Urteil vom 30.6.2011, V R 3/07, BStBl. 2013 II S. 241). [9] Dies gilt auch dann, wenn sich an diesen Gegenständen einfache, behelfsmäßige Vorrichtungen befinden, die den Verzehr fördern sollen (z. B. Getränkehalter, Ablagebretter). [10] Nicht zu berücksichtigen sind außerdem behelfsmäßige Verzehrvorrichtungen, wie z. B. Verzehrtheken ohne Sitzgelegenheit oder Stehtische. [11] Sofern die Abgabe der Speisen und Getränke zum Verzehr vor Ort erfolgt, kommt es jedoch nicht darauf an, dass sämtliche bereitgestellte Einrichtungen tatsächlich genutzt werden. [12] Vielmehr ist das bloße Zur-Verfügung-Stellen ausreichend. [13] In diesem Fall ist auf sämtliche Vor-Ort-Umsätze der allgemeine Steuersatz anzuwenden. [14] Für die Berücksichtigung einer die Bewirtung fördernden Infrastruktur ist die Zweckabrede zum Zeitpunkt des Vertragsabschlusses maßgeblich. [15] Bringt der Kunde zum Ausdruck, dass er eine Speise vor Ort verzehren will, nimmt diese anschließend jedoch mit, bleibt es bei der Anwendung des allgemeinen Umsatzsteuersatzes. [16] Werden Speisen sowohl unter Einsatz von nicht zu berücksichtigenden Infrastrukturelementen (z. B. in Wartebereí-

chen von Kinos) als auch hiervon getrennt in Gastronomiebereichen abgegeben, ist eine gesonderte Betrachtung der einzelnen Bereiche vorzunehmen.

(5) [1] Die in Absatz 3 genannten Elemente sind nur dann zu berücksichtigen, wenn sie dem Kunden vom speiseabgebenden Unternehmer im Rahmen einer einheitlichen Leistung zur Verfügung gestellt werden und vom Leistenden ausschließlich dazu bestimmt wurden, den Verzehr von Lebensmitteln zu erleichtern (vgl. BFH-Urteil vom 30.6.2011, V R 18/10, BStBl. 2013 II S. 246). [2] Von Dritten erbrachte Dienstleistungselemente sind grundsätzlich nicht zu berücksichtigen. [3] Voraussetzung für eine Nichtberücksichtigung ist, dass der Dritte unmittelbar gegenüber dem verzehrenden Kunden tätig wird. [4] Etwas anderes gilt aber, wenn dem Leistenden durch den Dritten der Art nach ein Mitbenutzungsrecht in Form von Verfügungs- und Dispositionsmöglichkeiten an dessen Dienstleistungselementen (z. B. Verzehrvorrichtungen) zugestanden worden ist (vgl. BFH-Urteil vom 3.8.2017, V R 15/17, BStBl. 2021 II S. 403). [5] Maßgebend sind immer die Umstände des jeweiligen Einzelfalls. [6] Dabei ist – ggf. unter Berücksichtigung der getroffenen Vereinbarungen – zu prüfen, inwieweit augenscheinlich von einem Dritten erbrachte Dienstleistungselemente dem speiseabgebenden Unternehmer zuzurechnen sind. [7] Leistet der Dritte an diesen Unternehmer und dieser wiederum an den Kunden, handelt es sich um ein Dienstleistungselement des speiseabgebenden Unternehmers, das im Rahmen der Gesamtbetrachtung zu berücksichtigen ist.

(6) [1] Die in den Absätzen 1 bis 5 dargestellten Grundsätze gelten gleichermaßen für Imbissstände wie für Verpflegungsleistungen in Kindertagesstätten, Schulen und Kantinen, Krankenhäusern, Pflegeheimen oder ähnlichen Einrichtungen, bei Leistungen von Catering-Unternehmen (Partyservice) und Mahlzeitendiensten („Essen auf Rädern"). [2] Sie gelten ebenso für unentgeltliche Wertabgaben. [3] Ist der Verzehr durch den Unternehmer selbst als sonstige Leistung anzusehen, liegt eine unentgeltliche Wertabgabe nach § 3 Abs. 9a Nr. 2 UStG vor, die dem allgemeinen Steuersatz unterliegt. [4] Für unentgeltliche Wertabgaben nach § 3 Abs. 1b UStG – z. B. Entnahme von Nahrungsmitteln durch einen Gastwirt zum Verzehr in einer von der Gaststätte getrennten Wohnung – kommt der ermäßigte Steuersatz in Betracht. [5] Auf die jährlich im BStBl. Teil I veröffentlichten Pauschbeträge für unentgeltliche Wertabgaben (Sachentnahmen)[1)] wird hingewiesen (vgl. Abschnitt 10.6 Abs. 1 Satz 8).

Beispiel 1:

[1] Der Betreiber eines Imbissstandes gibt verzehrfertige Würstchen, Pommes frites usw. an seine Kunden in Pappbehältern oder auf Mehrweggeschirr ab. [2] Der Kunde erhält dazu eine Serviette, Einweg- oder Mehrwegbesteck und auf Wunsch Ketchup, Mayonnaise oder Senf. [3] Der Imbissstand verfügt über eine Theke, an der Speisen im Stehen eingenommen werden können. [4] Der Betreiber hat vor dem Stand drei Stehtische aufgestellt. [5] 80 % der Speisen werden zum sofortigen Verzehr abgegeben. [6] 20 % der Speisen werden zum Mitnehmen abgegeben.

[7] Unabhängig davon, ob die Kunden die Speisen zum Mitnehmen oder zum Verzehr an Ort und Stelle erwerben, liegen insgesamt begünstigte Lieferungen im Sinne des § 12 Abs. 2 Nr. 1 UStG vor. [8] Die erbrachten Dienstleistungselemente (Bereitstellung einfachster Verzehrvorrichtungen wie einer Theke und Stehtischen sowie von Mehrweggeschirr) führen bei einer wertenden Gesamtbetrachtung des Vorgangs auch hinsichtlich der vor Ort verzehrten Speisen nicht zur

---

1) Für **2020** siehe BMF v. 27.8.2020, BStBl. I 2020, 867, für **2021** siehe BMF v. 15.6.2021, BStBl. I 2021, 811.

Annahme einer sonstigen Leistung (vgl. BFH-Urteil vom 8.6.2011, XI R 37/08, BStBl. 2013 II S. 238, und vom 30.6.2011, V R 35/08, BStBl. 2013 II S. 244). [9] Die Qualität der Speisen und die Komplexität der Zubereitung haben auf die Beurteilung des Sachverhalts keinen Einfluss.

Beispiel 2:

[1] Wie Beispiel 1, jedoch verfügt der Imbissstand neben den Stehtischen über aus Bänken und Tischen bestehende Bierzeltgarnituren, an denen die Kunden die Speisen einnehmen können.

[2] Soweit die Speisen zum Mitnehmen abgegeben werden, liegen begünstigte Lieferungen im Sinne des § 12 Abs. 2 Nr. 1 UStG vor. [3] Soweit die Speisen zum Verzehr vor Ort abgegeben werden, liegen nicht begünstigte sonstige Leistungen im Sinne des § 3 Abs. 9 UStG vor. [4] Mit der Bereitstellung der Tische und der Sitzgelegenheiten wird die Schwelle zum Restaurationsumsatz überschritten (vgl. BFH-Urteil vom 30.6.2011, V R 18/10, BStBl. 2013 II S. 246). [5] Auf die tatsächliche Inanspruchnahme der Sitzgelegenheiten kommt es nicht an. [6] Maßgeblich ist die Absichtserklärung des Kunden, die Speisen vor Ort verzehren zu wollen.

Beispiel 3:

[1] Der Catering-Unternehmer A verabreicht in einer Schule auf Grund eines mit dem Schulträger geschlossenen Vertrags verzehrfertig angeliefertes Mittagessen. [2] A übernimmt mit eigenem Personal die Ausgabe des Essens, die Reinigung der Räume sowie der Tische, des Geschirrs und des Bestecks.

[3] Es liegen nicht begünstigte sonstige Leistungen im Sinne des § 3 Abs. 9 UStG vor. [4] Neben den Speisenlieferungen werden Dienstleistungen erbracht, die nicht notwendig mit der Vermarktung von Speisen verbunden sind (Bereitstellung von Verzehrvorrichtungen, Reinigung der Räume sowie der Tische, des Geschirrs und des Bestecks) und die bei Gesamtbetrachtung des Vorgangs das Lieferelement qualitativ überwiegen.

Beispiel 4:

[1] Ein Schulverein bietet in der Schule für die Schüler ein Mittagessen an. [2] Das verzehrfertige Essen wird von dem Catering-Unternehmer A dem Schulverein in Warmhaltebehältern zu festgelegten Zeitpunkten angeliefert und anschließend durch die Mitglieder des Schulvereins an die Schüler ausgegeben. [3] Das Essen wird von den Schülern in einem Mehrzweckraum, der über Tische und Stühle verfügt, eingenommen. [4] Der Schulverein übernimmt auch die Reinigung der Räume sowie der Tische, des Geschirrs und des Bestecks.

[5] Der Catering-Unternehmer A erbringt begünstigte Lieferungen im Sinne des § 12 Abs. 2 Nr. 1 UStG, da sich seine Leistung auf die Abgabe von zubereiteten Speisen und deren Beförderung ohne andere unterstützende Dienstleistungen beschränkt.

[6] Der Schulverein erbringt sonstige Leistungen im Sinne des § 3 Abs. 9 UStG. [7] Neben den Speisenlieferungen werden Dienstleistungen erbracht, die nicht notwendig mit der Vermarktung von Speisen verbunden sind (Bereitstellung von Verzehrvorrichtungen, Reinigung der Räume sowie der Tische, des Geschirrs und des Bestecks) und die bei Gesamtbetrachtung des Vorgangs das Lieferelement qualitativ überwiegen. [8] Bei Vorliegen der weiteren Voraussetzungen können die Umsätze dem ermäßigten Steuersatz nach § 12 Abs. 2 Nr. 8 UStG unterliegen.

Beispiel 5:

[1] Wie Beispiel 4, jedoch beliefert der Catering-Unternehmer A den Schulverein mit Tiefkühlgerichten. [2] Er stellt hierfür einen Tiefkühlschrank und ein Auftaugerät (Regeneriertechnik) zur Verfügung. [3] Die Endbereitung der Speisen (Auftauen und Erhitzen) sowie die Ausgabe erfolgt durch den Schulverein.

[4] Der Catering-Unternehmer A erbringt begünstigte Lieferungen im Sinne des § 12 Abs. 2 Nr. 1 UStG. [5] Die Bereitstellung der Regeneriertechnik stellt eine Nebenleistung zur Speisenlieferung dar.

Beispiel 6:

[1] Ein Unternehmer beliefert ein Krankenhaus mit Mittag- und Abendessen für die Patienten. [2] Er bereitet die Speisen nach Maßgabe eines mit dem Leistungsempfänger vereinbarten Speiseplans in der Küche des auftraggebenden Krankenhauses fertig zu. [3] Die Speisen werden zu festgelegten Zeitpunkten in Großgebinden an das Krankenhauspersonal übergeben, das den

Transport auf die Stationen, die Portionierung und Ausgabe der Speisen an die Patienten sowie die anschließende Reinigung des Geschirrs und Bestecks übernimmt.
[4]Es liegen begünstigte Lieferungen im Sinne des § 12 Abs. 2 Nr. 1 UStG vor, da sich die Leistung des Unternehmers auf die Abgabe von zubereiteten Speisen ohne andere unterstützende Dienstleistungen beschränkt. [5]Die durch das Krankenhauspersonal erbrachten Dienstleistungselemente sind bei der Beurteilung des Gesamtvorgangs nicht zu berücksichtigen.

Beispiel 7:

[1]Sachverhalt wie im Beispiel 6. [2]Ein Dritter ist jedoch verpflichtet, das Geschirr und Besteck in der Küche des Krankenhauses zu reinigen.
[3]Soweit dem Unternehmer die durch den Dritten erbrachten Spülleistungen nicht zuzurechnen sind, beschränkt sich seine Leistung auch in diesem Fall auf die Abgabe von zubereiteten Speisen ohne andere unterstützende Dienstleistungen. [4]Es liegen daher ebenfalls begünstigte Lieferungen an das Krankenhaus vor.

Beispiel 8:

[1]Ein Unternehmer bereitet mit eigenem Personal die Mahlzeiten für die Patienten in der angemieteten Küche eines Krankenhauses zu, transportiert die portionierten Speisen auf die Stationen und reinigt das Geschirr und Besteck. [2]Die Ausgabe der Speisen an die Patienten erfolgt durch das Krankenhauspersonal.
[3]Es liegen begünstigte Lieferungen im Sinne des § 12 Abs. 2 Nr. 1 UStG vor. [4]Die Reinigung des Geschirrs und Bestecks ist im Rahmen der Gesamtbetrachtung nicht zu berücksichtigen, da die Überlassung dieser Gegenstände kein berücksichtigungsfähiges Dienstleistungselement darstellt.

Beispiel 9:

[1]Eine Metzgerei betreibt einen Partyservice. [2]Nachdem der Unternehmer die Kunden bei der Auswahl der Speisen, deren Zusammenstellung und Menge individuell beraten hat, bereitet er ein kalt-warmes Buffet zu. [3]Die fertig belegten Platten und Warmhaltebehälter werden von den Kunden abgeholt oder von der Metzgerei zu den Kunden geliefert. [4]Die leeren Platten und Warmhaltebehälter werden am Folgetag durch den Metzger abgeholt und gereinigt.
[5]Es liegen begünstigte Lieferungen im Sinne des § 12 Abs. 2 Nr. 1 UStG vor, da sich die Leistung des Unternehmers auf die Abgabe von zubereiteten Speisen, ggf. deren Beförderung sowie die Beratung beschränkt. [6]Die Überlassung der Platten und Warmhaltebehälter besitzt vornehmlich Verpackungscharakter und führt bei der Gesamtbetrachtung des Vorgangs auch zusammen mit dem zu berücksichtigenden Dienstleistungselement „Beratung" nicht zu einem qualitativen Überwiegen der Dienstleistungselemente. [7]Da die Platten und Warmhaltebehälter vornehmlich Verpackungsfunktion besitzen, ist deren Reinigung nicht zu berücksichtigen.

Beispiel 10:

[1]Sachverhalt wie Beispiel 9, zusätzlich verleiht die Metzgerei jedoch Geschirr und/oder Besteck, das vor Rückgabe vom Kunden zu reinigen ist.
[2]Es liegen nicht begünstigte sonstige Leistungen im Sinne des § 3 Abs. 9 UStG vor. [3]Das Geschirr erfüllt in diesem Fall keine Verpackungsfunktion. [4]Mit der Überlassung des Geschirrs und des Bestecks in größerer Anzahl tritt daher ein Dienstleistungselement hinzu, durch das der Vorgang bei Betrachtung seines Gesamtbildes als nicht begünstigte sonstige Leistung anzusehen ist. [5]Unerheblich ist dabei, dass das Geschirr und Besteck vom Kunden gereinigt zurückgegeben wird (vgl. BFH-Urteil vom 23.11.2011, XI R 6/08, BStBl. 2013 II S. 253).

Beispiel 11:

[1]Der Betreiber eines Partyservice liefert zu einem festgelegten Zeitpunkt auf speziellen Wunsch des Kunden zubereitete, verzehrfertige Speisen in warmem Zustand für eine Feier seines Auftraggebers an. [2]Er richtet das Buffet her, indem er die Speisen in Warmhaltevorrichtungen auf Tischen des Auftraggebers anordnet und festlich dekoriert.
[3]Es liegen nicht begünstigte sonstige Leistungen im Sinne des § 3 Abs. 9 UStG vor. [4]Die Überlassung der Warmhaltevorrichtungen erfüllt zwar vornehmlich eine Verpackungsfunktion. [5]Sie führt bei der vorzunehmenden Gesamtbetrachtung des Vorgangs zusammen mit

den zu berücksichtigenden Dienstleistungselementen (Herrichtung des Buffets, Anordnung und festliche Dekoration) jedoch zu einem qualitativen Überwiegen der Dienstleistungselemente.

Beispiel 12:

[1] Der Betreiber eines Partyservice liefert auf speziellen Wunsch des Kunden zubereitete, verzehrfertige Speisen zu einem festgelegten Zeitpunkt für eine Party seines Auftraggebers an. [2] Der Auftraggeber erhält darüber hinaus Servietten, Einweggeschirr und -besteck. [3] Der Betreiber des Partyservice hat sich verpflichtet, das Einweggeschirr und -besteck abzuholen und zu entsorgen.
[4] Es liegen nicht begünstigte sonstige Leistungen im Sinne des § 3 Abs. 9 UStG vor. [5] Bei der vorzunehmenden Gesamtbetrachtung des Vorgangs überwiegen die zu berücksichtigenden Dienstleistungselemente (Überlassung von Einweggeschirr und -besteck in größerer Anzahl zusammen mit dessen Entsorgung) das Lieferelement qualitativ.

Beispiel 13:

[1] Wie Beispiel 12, jedoch entsorgt der Kunde das Einweggeschirr und -besteck selbst.
[2] Es liegen begünstigte Lieferungen im Sinne des § 12 Abs. 2 Nr. 1 UStG vor. [3] Da der Kunde die Entsorgung selbst übernimmt, beschränkt sich die Leistung des Unternehmers auf die Abgabe von zubereiteten Speisen und deren Beförderung ohne andere unterstützende Dienstleistungen.

Beispiel 14:

[1] Ein Mahlzeitendienst übergibt Einzelabnehmern verzehrfertig zubereitetes Mittag- und Abendessen in Warmhaltevorrichtungen auf vom Mahlzeitendienst zur Verfügung gestelltem Geschirr, auf dem die Speisen nach dem Abheben der Warmhaltehaube als Einzelportionen verzehrfertig angerichtet sind. [2] Dieses Geschirr wird – nach einer Vorreinigung durch die Einzelabnehmer – zu einem späteren Zeitpunkt vom Mahlzeitendienst zurückgenommen und endgereinigt.
[3] Es liegen begünstigte Lieferungen im Sinne des § 12 Abs. 2 Nr. 1 UStG vor. [4] Da das Geschirr vornehmlich eine Verpackungsfunktion erfüllt, überwiegt seine Nutzungsüberlassung sowie Endreinigung das Lieferelement nicht qualitativ. [5] Auf das Material oder die Form des Geschirrs kommt es dabei nicht an.

Beispiel 15:

[1] Ein Mahlzeitendienst übergibt Einzelabnehmern verzehrfertig zubereitetes Mittag- und Abendessen in Transportbehältnissen und Warmhaltevorrichtungen, die nicht dazu bestimmt sind, dass Speisen von diesen verzehrt werden. [2] Die Ausgabe der Speisen auf dem Geschirr der Einzelabnehmer und die anschließende Reinigung des Geschirrs und Bestecks in der Küche der Einzelabnehmer übernimmt der Pflegedienst des Abnehmers. [3] Zwischen Mahlzeiten- und Pflegedienst bestehen keine Verbindungen.
[4] Es liegen begünstigte Lieferungen im Sinne des § 12 Abs. 2 Nr. 1 UStG vor, da sich die Leistung des Mahlzeitendienstes auf die Abgabe von zubereiteten Speisen und deren Beförderung ohne andere unterstützende Dienstleistungen beschränkt. [5] Die Leistungen des Pflegedienstes sind bei der Beurteilung des Gesamtvorgangs nicht zu berücksichtigen.

Beispiel 16:[1)]

[1] Verschiedene Unternehmer bieten in einem zusammenhängenden Teil eines Einkaufszentrums diverse Speisen und Getränke an. [2] In unmittelbarer Nähe der Stände befinden sich Tische und Stühle, die von allen Kunden der Unternehmer gleichermaßen genutzt werden können (sog. „Food Court“). [3] Für die Rücknahme des Geschirrs stehen Regale bereit, die von allen Unternehmern genutzt werden.
[4] Soweit die Speisen zum Mitnehmen abgegeben werden, liegen begünstigte Lieferungen im Sinne des § 12 Abs. 2 Nr. 1 UStG vor. [5] Soweit die Speisen zum Verzehr vor Ort abgegeben werden, liegen nicht begünstigte sonstige Leistungen im Sinne des § 3 Abs. 9 UStG vor. [6] Maßgeblich ist die Absichtserklärung des Kunden, die Speisen mitnehmen oder vor Ort

---

1) Zur Abgrenzung siehe auch BFH v. 26.8.2021 V R 42/20, DStR 2021, 2785.

verzehren zu wollen. [7]Die gemeinsam genutzte Infrastruktur ist allen Unternehmern zuzurechnen. [8]Einer Berücksichtigung beim einzelnen Unternehmer steht nicht entgegen, dass die Tische und Stühle auch von Personen genutzt werden, die keine Speisen oder Getränke verzehren.

3.7 Vermittlung oder Eigenhandel

(1) [1]Ob jemand eine Vermittlungsleistung erbringt oder als Eigenhändler tätig wird, ist nach den Leistungsbeziehungen zwischen den Beteiligten zu entscheiden. [2]Maßgebend für die Bestimmung der umsatzsteuerrechtlichen Leistungsbeziehungen ist grundsätzlich das Zivilrecht; ob der Vermittler gegenüber dem Leistungsempfänger oder dem Leistenden tätig wird, ist insoweit ohne Bedeutung. [3]Entsprechend der Regelung des § 164 Abs. 1 BGB liegt danach eine Vermittlungsleistung umsatzsteuerrechtlich grundsätzlich nur vor, wenn der Vertreter – Vermittler – das Umsatzgeschäft erkennbar im Namen des Vertretenen abgeschlossen hat. [4]Das gilt jedoch nicht, wenn durch das Handeln in fremdem Namen lediglich verdeckt wird, dass der Vertreter und nicht der Vertretene das Umsatzgeschäft ausführt (vgl. BFH-Urteile vom 25.6.1987, V R 78/79, BStBl. II S. 657, vom 29.9.1987, X R 13/81, BStBl. 1988 II S. 153, und vom 10.8.2016, V R 4/16, BStBl. 2017 II S. 135). [5]Dies kann der Fall sein, wenn dem Vertreter von dem Vertretenen Substanz, Wert und Ertrag des Liefergegenstands vor der Weiterlieferung an den Leistungsempfänger übertragen worden ist (BFH-Urteil vom 16.3.2000, V R 44/99, BStBl. II S. 361). [6]Dem Leistungsempfänger muss beim Abschluss des Umsatzgeschäfts nach den Umständen des Falls bekannt sein, dass er zu einem Dritten in unmittelbare Rechtsbeziehungen tritt (vgl. BFH-Urteil vom 21.12. 1965, V 241/63 U, BStBl. 1966 III S. 162); dies setzt nicht voraus, dass der Name des Vertretenen bei Vertragsabschluss genannt wird, sofern er feststellbar ist (vgl. BFH-Urteil vom 16.3.2000, V R 44/99, BStBl. II S. 361). [7]Werden Zahlungen für das Umsatzgeschäft an den Vertreter geleistet, ist es zur Beschränkung des Entgelts auf die Vermittlungsprovision nach § 10 Abs. 1 Satz 5 UStG erforderlich, dass der Vertreter nicht nur im Namen, sondern auch für Rechnung des Vertretenen handelt (vgl. auch Absatz 7 und Abschnitt 10.4).

(2) [1]Werden beim Abschluss von Verträgen über die Vermittlung des Verkaufs von Kraftfahrzeugen vom Kraftfahrzeughändler die vom Zentralverband Deutsches Kraftfahrzeuggewerbe e.V. (ZDK) empfohlenen Vertragsmuster „Vertrag über die Vermittlung eines privaten Kraftfahrzeugs" (Stand: 2019) und „Verbindlicher Vermittlungsauftrag zum Erwerb eines neuen Kraftfahrzeuges" (Stand: 2017) nebst „Allgemeinen Geschäftsbedingungen" verwendet, ist die Leistung des Kraftfahrzeughändlers als Vermittlungsleistung anzusehen, wenn die tatsächliche Geschäftsabwicklung den Voraussetzungen für die Annahme von Vermittlungsleistungen entspricht (vgl. Absatz 1). [2]Unschädlich ist jedoch, dass ein Kraftfahrzeughändler einem Gebrauchtwagenverkäufer die Höhe des über den vereinbarten Mindestverkaufspreis hinaus erzielten Erlöses nicht mitteilt (vgl. BFH-Urteil vom 27.7.1988, X R 40/82, BStBl. II S. 1017). [3]Entscheidend – insbesondere in Verbindung mit Neuwagengeschäften – ist, dass mit der Übergabe des Gebrauchtfahrzeugs an den Kraftfahrzeughändler das volle Verkaufsrisiko nicht auf diesen übergeht. [4]Nicht gegen die Annahme eines Vermittlungsgeschäfts spricht die Aufnahme einer Ver-

einbarung in einen Neuwagenkaufvertrag, wonach dem Neuwagenkäufer, der ein Gebrauchtfahrzeug zur Vermittlung übergeben hat, in Höhe der Preisuntergrenze des Gebrauchtfahrzeugs ein zinsloser Kredit bis zu einem bestimmten Termin, z. B. sechs Monate, eingeräumt wird.

(3) [1]Bei einem sog. Minusgeschäft wird der Kraftfahrzeughändler nicht als Vermittler tätig. [2]Ein Minusgeschäft ist gegeben, wenn ein Kraftfahrzeughändler den bei einem Neuwagengeschäft in Zahlung genommenen Gebrauchtwagen unter dem vereinbarten Mindestverkaufspreis verkauft, den vereinbarten Mindestverkaufspreis aber auf den Kaufpreis für den Neuwagen voll anrechnet (vgl. BFH-Urteil vom 29.9.1987, X R 13/81, BStBl. 1988 II S. 153). [3]Das Gleiche gilt für Fälle, bei denen im Kaufvertrag über den Neuwagen vorgesehen ist, dass der Kraftfahrzeughändler einen Gebrauchtwagen unter Anrechnung auf den Kaufpreis des Neuwagens „in Zahlung nimmt" und nach der Bezahlung des nicht zur Verrechnung vorgesehenen Teils des Kaufpreises und der Hingabe des Gebrauchtwagens der Neuwagenverkauf endgültig abgewickelt ist, ohne Rücksicht darauf, ob der festgesetzte Preis für den Gebrauchtwagen erzielt wird oder nicht (vgl. BFH-Urteil vom 25.6.1987, V R 78/79, BStBl. II S. 657). [4]Zur Besteuerung der Umsätze von Gebrauchtfahrzeugen (Differenzbesteuerung) vgl. Abschnitt 25a.1.

(4) [1]Die Abgabe von Autoschmierstoffen durch Tankstellen und Kraftfahrzeug-Reparaturwerkstätten ist wie folgt zu beurteilen: Wird lediglich ein Ölwechsel (Ablassen und Entsorgung des Altöls, Einfüllen des neuen Öls) vorgenommen, liegt eine Lieferung von Öl vor. [2]Wird die Lieferung im fremden Namen und für fremde Rechnung ausgeführt, handelt es sich um eine Vermittlungsleistung. [3]Das im Rahmen einer Inspektion im eigenen Namen abgegebene Motoröl ist jedoch Teil einer einheitlichen sonstigen Leistung (vgl. BFH-Urteil vom 30.9.1999, V R 77/98, BStBl. 2000 II S. 14).

(5) [1]Kraftfahrzeugunternehmer, z. B. Tankstellenagenten, Kraftfahrzeug-Reparaturwerkstätten, entnehmen für eigene unternehmerische Zwecke Kraft- und Schmierstoffe und stellen hierfür Rechnungen aus, in denen zum Ausdruck kommt, dass sie diese Waren im Namen und für Rechnung der betreffenden Mineralölgesellschaft an sich selbst veräußern. [2]Grundsätzlich ist davon auszugehen, dass Bestellungen, die ein Handelsvertreter bei dem Unternehmer für eigene Rechnung macht, in der Regel keinen Anspruch auf Handelsvertreterprovisionen nach § 87 Abs. 1 HGB begründen. [3]Ist jedoch etwas anderes vereinbart und sind Provisionszahlungen auch für eigene Bestellungen in dem betreffenden Handelszweig üblich, und steht ferner fest, dass der Handelsvertreter nicht zu besonderen Preisen bezieht, kann gleichwohl ein Provisionsanspruch des Vertreters begründet sein. [4]Bei dieser Sachlage ist das zivilrechtlich gewollte In-sich-Geschäft mit Provisionsanspruch auch umsatzsteuerrechtlich als solches anzuerkennen.

(6) [1]Der Versteigerer, der Gegenstände im eigenen Namen versteigert, wird als Eigenhändler behandelt und bewirkt Lieferungen. [2]Dabei macht es umsatzsteuerrechtlich keinen Unterschied aus, ob der Versteigerer die Gegenstände für eigene Rechnung oder für die Rechnung eines anderen, des Einlieferers, versteigert. [3]Wenn der Auktionator jedoch Gegenstände im fremden Namen und für fremde Rechnung, d. h. im Namen und für Rechnung

des Einlieferers, versteigert, führt er lediglich Vermittlungsleistungen aus. [4]Für die umsatzsteuerrechtliche Beurteilung kommt es entscheidend darauf an, wie der Auktionator nach außen den Abnehmern (Ersteigerern) gegenüber auftritt. [5]Der Versteigerer kann grundsätzlich nur dann als Vermittler (Handelsmakler) anerkannt werden, wenn er bei der Versteigerung erkennbar im fremden Namen und für fremde Rechnung auftritt. [6]Das Handeln des Auktionators im fremden Namen und für fremde Rechnung muss in den Geschäfts- und Versteigerungsbedingungen oder an anderer Stelle mit hinreichender Deutlichkeit zum Ausdruck kommen. [7]Zwar braucht dem Ersteigerer nicht sogleich bei Vertragsabschluss der Name des Einlieferers mitgeteilt zu werden. [8]Er muss aber die Möglichkeit haben, jederzeit den Namen und die Anschrift des Einlieferers zu erfahren (vgl. BFH-Urteil vom 24.5.1960, V 152/58 U, BStBl. III S. 374).

(7) [1]Unternehmer, die im eigenen Laden – dazu gehören auch gemietete Geschäftsräume – Waren verkaufen, sind umsatzsteuerrechtlich grundsätzlich als Eigenhändler anzusehen. [2]Vermittler kann ein Ladeninhaber nur sein, wenn zwischen demjenigen, von dem er die Ware bezieht, und dem Käufer unmittelbare Rechtsbeziehungen zustande kommen. [3]Auf das Innenverhältnis des Ladeninhabers zu seinem Vertragspartner, der die Ware zur Verfügung stellt, kommt es für die Frage, ob Eigenhandels- oder Vermittlungsgeschäfte vorliegen, nicht entscheidend an. [4]Wesentlich ist das Außenverhältnis, d. h. das Auftreten des Ladeninhabers dem Kunden gegenüber. [5]Wenn der Ladeninhaber eindeutig vor oder bei dem Geschäftsabschluss zu erkennen gibt, dass er in fremdem Namen und für fremde Rechnung handelt, kann seine Vermittlereigenschaft umsatzsteuerrechtlich anerkannt werden. [6]Deshalb können bei entsprechender Ausgestaltung des Geschäftsablaufs auch beim Verkauf von Gebrauchtwaren in Secondhandshops Vermittlungsleistungen angenommen werden (vgl. auch Abschnitt 25a.1). [7]Die für Verkäufe im eigenen Laden aufgestellten Grundsätze sind auch auf Fälle anwendbar, in denen der Ladeninhaber nicht liefert, sondern wegen der Art des Betriebs seinen Kunden gegenüber lediglich sonstige Leistungen erbringt (BFH-Urteil vom 9.4.1970, V R 80/66, BStBl. II S. 506). [8]Beim Bestehen einer echten Ladengemeinschaft sind die o. a. Grundsätze nicht anzuwenden. [9]Eine echte Ladengemeinschaft ist anzuerkennen, wenn mehrere Unternehmer in einem Laden mehrere Betriebe unterhalten und dort Waren in eigenem Namen und für eigene Rechnung verkaufen. [10]In einem solchen Fall handelt es sich um verschiedene Unternehmer, die mit den Entgelten der von ihnen bewirkten Lieferungen zur Umsatzsteuer heranzuziehen sind, ohne dass die Umsätze des einen dem anderen zugerechnet werden dürfen (vgl. BFH-Urteil vom 6.3.1969, V 23/65, BStBl. II S. 361).

(8) [1]Die Grundsätze über den Verkauf im eigenen Laden (vgl. Absatz 7) gelten nicht für den Verkauf von Waren, z. B. Blumen, Zeitschriften, die durch Angestellte eines anderen Unternehmers in Gastwirtschaften angeboten werden (vgl. BFH-Urteil vom 7.6.1962, V 214/59 U, BStBl. III S. 361). [2]Werden in Gastwirtschaften mit Genehmigung des Gastwirts Warenautomaten aufgestellt, liefert der Aufsteller die Waren an die Benutzer der Automaten. [3]Der Gastwirt bewirkt eine steuerpflichtige sonstige Leistung an den Aufsteller, die

darin besteht, dass er die Aufstellung der Automaten in seinen Räumen gestattet. [4] Entsprechendes gilt für die Aufstellung von Spielautomaten in Gastwirtschaften. [5] Als Unternehmer, der den Spielautomat in eigenem Namen und für eigene Rechnung betreibt, ist in der Regel der Automatenaufsteller anzusehen (vgl. BFH-Urteil vom 24.9.1987, V R 152/78, BStBl. 1988 II S. 29).

(9) [1] Mit dem Verkauf von Eintrittskarten, die z. B. ein Reisebüro vom Veranstalter zu Festpreisen (ohne Ausweis einer Provision) oder von Dritten erworben hat und mit eigenen Preisaufschlägen weiterveräußert, erbringt das Reisebüro keine Vermittlungsleistung, wenn nach der Vertragsgestaltung das Reisebüro das volle Unternehmerrisiko trägt. [2] Dies ist der Fall, wenn das Reisebüro die Karten nicht zurückgeben kann.

(10) Zu den Grundsätzen des Handelns von sog. Konsolidierern bei postvorbereitenden Leistungen vgl. BMF-Schreiben vom 13.12.2006, BStBl. 2007 I S. 119.

3.8 Werklieferung, Werkleistung[1)]

(1)[2)] [1] Eine Werklieferung liegt vor, wenn der Werkhersteller für das Werk einen fremden Gegenstand be- oder verarbeitet und dafür selbstbeschaffte Stoffe verwendet, die nicht nur Zutaten oder sonstige Nebensachen sind (vgl. BFH-Urteil vom 22.8.2013, V R 37/10, BStBl. 2014 II S. 128). [2] Besteht das Werk aus mehreren Hauptstoffen, bewirkt der Werkunternehmer bereits dann eine Werklieferung, wenn er nur einen Hauptstoff oder einen Teil eines Hauptstoffs selbst beschafft hat, während alle übrigen Stoffe vom Besteller beigestellt werden. [3] Verwendet der Werkunternehmer bei seiner Leistung keinerlei selbstbeschaffte Stoffe oder nur Stoffe, die als Zutaten oder sonstige Nebensachen anzusehen sind, handelt es sich um eine Werkleistung. [4] Unter Zutaten und sonstigen Nebensachen im Sinne des § 3 Abs. 4 Satz 1 UStG sind Lieferungen zu verstehen, die bei einer Gesamtbetrachtung aus der Sicht des Durchschnittsbetrachters nicht das Wesen des Umsatzes bestimmen (vgl. BFH-Urteil vom 9.6.2005, V R 50/02, BStBl. 2006 II S. 98). [5] Für die Frage, ob es sich um Zutaten oder sonstige Nebensachen handelt, kommt es daher nicht auf das Verhältnis des Werts der Arbeit oder des Arbeitserfolgs zum Wert der vom Unternehmer beschafften Stoffe an, sondern darauf, ob diese Stoffe ihrer Art nach sowie nach dem Willen der Beteiligten als Hauptstoffe oder als Nebenstoffe bzw. Zutaten des herzustellenden Werks anzusehen sind (vgl. BFH-Urteil vom 28.5.1953, V 22/53 U, BStBl. III S. 217). [6] Die Unentbehrlichkeit eines Gegenstands allein macht diesen noch nicht zu einem Hauptstoff. [7] Kleinere technische Hilfsmittel, z. B. Nägel, Schrauben, Splinte usw., sind in aller Regel Nebensachen. [8] Beim Austausch eines unbrauchbar gewordenen Teilstücks, dem eine gewisse selbständige Bedeutung zukommt,

---

1) Zur Umsatzbesteuerung in der Bauwirtschaft vgl. BMF v. 12.10.2009, BStBl. I 2009, 1292, mit Merkblatt USt M2.

2) A 3.8 UStAE Abs. 1 Satz 1 neugef. durch BMF v. 1.10.2020, BStBl. I 2020, 983, anzuwenden in allen offenen Fällen, mit Nichtbeanstandungsregelung (auch für Vorsteuerabzug und Fälle des § 13b UStG) für **vor dem 1.7.2021** (BMF v. 11.3.2021, BStBl. I 2021, 380) entstandene gesetzliche Umsatzsteuer, wenn Unternehmer Lieferungen nach A 3.8 Abs. 1 Satz 1 a. F. behandelt haben.

z. B. Kurbelwelle eines Kraftfahrzeugs, kann nicht mehr von einer Nebensache gesprochen werden (vgl. BFH-Urteil vom 25.3.1965, V 253/63 U, BStBl. III S. 338). [9]Haupt- oder Nebenstoffe sind Werkstoffe, die gegenständlich im fertigen Werk enthalten sein müssen. [10]Elektrizität, die bei der Herstellung des Werks verwendet wird, ist kein Werkstoff (vgl. BFH-Urteil vom 8.7.1971, V R 38/68, BStBl. 1972 II S. 44).

(2) [1]Bei Werklieferungen scheiden Materialbeistellungen des Bestellers aus dem Leistungsaustausch aus. [2]Das Material, das der Besteller dem Auftragnehmer zur Bewirkung der Werklieferung beistellt, geht nicht in die Verfügungsmacht des Werkherstellers über (vgl. BFH-Urteil vom 17.1.1957, V 157/55 U, BStBl. III S. 92). [3]Die beigestellte Sache kann ein Hauptstoff sein, die Beistellung kann sich aber auch auf Nebenstoffe oder sonstige Beistellungen, z. B. Arbeitskräfte, Maschinen, Hilfsstoffe wie Elektrizität, Kohle, Baustrom und Bauwasser oder ähnliche Betriebsmittel, beziehen (vgl. BFH-Urteil vom 12.3.1959, V 205/56 S, BStBl. III S. 227), nicht dagegen auf die Bauwesenversicherung. [4]Gibt der Auftraggeber zur Herstellung des Werks den gesamten Hauptstoff hin, liegt eine Materialgestellung vor (vgl. BFH-Urteil vom 10.9.1959, V 32/57 U, BStBl. III S. 435).

(3) [1]Es gehört grundsätzlich zu den Voraussetzungen für das Vorliegen einer Materialbeistellung, dass das beigestellte Material im Rahmen einer Werklieferung für den Auftraggeber be- oder verarbeitet wird. [2]Der Werkunternehmer muss sich verpflichtet haben, die ihm überlassenen Stoffe ausschließlich zur Herstellung des bestellten Werks zu verwenden (vgl. BFH-Urteil vom 17.1.1957, V 157/55 U, BStBl. III S. 92). [3]Auf das Erfordernis der Stoffidentität kann verzichtet werden, wenn die anderen Voraussetzungen für die Materialbeistellung zusammen gegeben sind, der Auftragnehmer den vom Auftraggeber zur Verfügung gestellten Stoff gegen gleichartiges und gleichwertiges Material austauscht und der Austausch wirtschaftlich geboten ist (vgl. BFH-Urteile vom 10.2.1966, V 105/63, BStBl. III S. 257, und vom 3.12.1970, V R 122/67, BStBl. 1971 II S. 355). [4]Eine Materialbeistellung ist jedoch zu verneinen, wenn der beigestellte Stoff ausgetauscht wird und der mit der Herstellung des Gegenstands beauftragte Unternehmer den Auftrag weitergibt (BFH-Urteil vom 21.9.1970, V R 76/67, BStBl. 1971 II S. 77).

(4) [1]Eine Materialbeistellung liegt nicht vor, wenn der Werkunternehmer an der Beschaffung der Werkstoffe als Kommissionär (§ 3 Abs. 3 UStG) mitgewirkt hat. [2]In diesem Fall umfasst die Lieferung des Werkunternehmers auch die beschafften Stoffe. [3]Eine Materialbeistellung ist aber anzunehmen, wenn der Werkunternehmer nur als Agent oder Berater an der Stoffbeschaffung beteiligt ist und dementsprechend zwischen dem Lieferer und dem Besteller der Werkstoffe unmittelbare Rechtsbeziehungen begründet werden. [4]Die Annahme einer Materialbeistellung hat zur Folge, dass der Umsatz des Werkunternehmers sich nicht auf die vom Besteller eingekauften Stoffe erstreckt. [5]Wenn dagegen unmittelbare Rechtsbeziehungen zwischen dem Lieferer der Werkstoffe und dem Werkunternehmer und eine Werklieferung dieses Unternehmers an den Besteller vorliegen, ist davon auszugehen, dass eine Lieferung der Stoffe vom Lieferer an den Werkunternehmer und eine Werklieferung dieses Unternehmers an den Besteller vorliegt. [6]In einem solchen

Fall schließt die Werklieferung den vom Werkunternehmer beschafften Stoff ein.

(5) Zur umsatzsteuerrechtlichen Behandlung der Beistellung von Personal zu sonstigen Leistungen vgl. Abschnitt 1.1 Abs. 6 und 7.

(6) [1]Reparaturen beweglicher körperlicher Gegenstände können in Form einer Werklieferung oder Werkleistung erbracht werden. [2]Nach ständiger EuGH- und BFH-Rechtsprechung ist für die Abgrenzung zwischen Lieferung und sonstiger Leistung das Wesen des Umsatzes aus Sicht des Durchschnittsverbrauchers zu bestimmen. [3]Im Rahmen einer Gesamtbetrachtung ist zu entscheiden, ob die charakteristischen Merkmale einer Lieferung oder einer sonstigen Leistung überwiegen (vgl. EuGH-Urteile vom 2.5.1996, C-231/94, Faaborg-Gelting Linien, BStBl. 1998 II S. 282,[1)] und vom 17.5.2001, C-322/99 und 323/99, Fischer und Brandenstein,[1)] sowie BFH-Urteil vom 9.6.2005, V R 50/02, BStBl. 2006 II S. 98). [4]Das Verhältnis des Wertes der Arbeit oder des Arbeitserfolges zum Wert der vom Unternehmer beschafften Stoffe ist allein kein ausschlaggebendes Abgrenzungskriterium. [5]Es kann lediglich einen Anhaltspunkt für die Einstufung des Umsatzes als Werklieferung oder Werkleistung darstellen (vgl. EuGH-Urteil vom 29.3.2007, C-111/05, Aktiebolaget NN).[2)] [6]Sofern nach diesen sowie den in den Absätzen 1 bis 4 dargestellten Abgrenzungskriterien nicht zweifelsfrei entschieden werden kann, ob die Reparaturleistung als Werklieferung oder Werkleistung zu qualifizieren ist, kann von einer Werklieferung ausgegangen werden, wenn der Entgeltanteil, der auf das bei der Reparatur verwendete Material entfällt, mehr als 50% des für die Reparatur berechneten Gesamtentgelts beträgt.

3.9 Lieferungsgegenstand bei noch nicht abgeschlossenen Werklieferungen[3)]

(1) [1]Wird über das Vermögen eines Unternehmers vor Lieferung des auf einem fremden Grundstück errichteten Bauwerks das Insolvenzverfahren eröffnet und lehnt der Insolvenzverwalter die weitere Erfüllung des Werkvertrags nach § 103 InsO[4)] ab, ist neu bestimmter Gegenstand der Werklieferung das nicht fertiggestellte Bauwerk (vgl. BFH-Urteil vom 2.2.1978, V R 128/76, BStBl. II S. 483, zum Werkunternehmer-Konkurs). [2]Wird über das Vermögen des Bestellers eines Werks vor dessen Fertigstellung das Insolvenzverfahren eröffnet und lehnt der Insolvenzverwalter die weitere Erfüllung des Werkvertrags ab, beschränkt sich der Leistungsaustausch zwischen Werkunternehmer und Besteller auf den vom Werkunternehmer gelieferten Teil des Werks, der nach § 105 InsO nicht mehr zurückgefordert werden kann (vgl. BFH-Beschluss vom 24.4.1980, V S 14/79, BStBl. II S. 541, zum Besteller-Konkurs).

---

1) DStR 1996, 2005. – DStRE 2001, 715.

2) IStR 2007, 401.

3) Vgl. auch A 2.1 Abs. 7 UStAE und BMF v. 12.10.2009, BStBl. I 2009, 1292, mit Merkblatt USt M2.

4) **Habersack** Nr. **110.**

(2)[1] Die Ausführungen in Absatz 1 gelten entsprechend, wenn der Werkunternehmer aus anderen Gründen die Arbeiten vorzeitig und endgültig einstellt (vgl. BFH-Urteil vom 28.2.1980, V R 90/75, BStBl. II S. 535).

(3) Zur Entstehung der Steuer in diesen Fällen vgl. Abschnitt 13.2.

3.10 Einheitlichkeit der Leistung

Allgemeine Grundsätze

(1) [1] Ob von einer einheitlichen Leistung oder von mehreren getrennt zu beurteilenden selbständigen Einzelleistungen auszugehen ist, hat umsatzsteuerrechtlich insbesondere Bedeutung für die Bestimmung des Orts und des Zeitpunkts der Leistung sowie für die Anwendung von Befreiungsvorschriften und des Steuersatzes. [2] Es ist das Wesen des fraglichen Umsatzes zu ermitteln, um festzustellen, ob der Unternehmer dem Abnehmer mehrere selbständige Hauptleistungen oder eine einheitliche Leistung erbringt (vgl. EuGH-Urteil vom 4.9.2019, C-71/18, KPC Herning).[2] [3] Dabei ist auf die Sicht des Durchschnittsverbrauchers abzustellen (vgl. BFH-Urteile vom 31.5.2001, V R 97/98, BStBl. II S. 658, und vom 14.2.2019, V R 22/17, BStBl. II S. 350).

(2) [1] In der Regel ist jede Lieferung und jede sonstige Leistung als eigene selbständige Leistung zu betrachten (vgl. EuGH-Urteil vom 25.2.1999, C-349/96, CPP,[3] und BFH-Urteil vom 14.2.2019, V R 22/17, BStBl. II S. 350). [2] Deshalb können zusammengehörige Vorgänge nicht bereits als einheitliche Leistung angesehen werden, weil sie einem einheitlichen wirtschaftlichen Ziel dienen. [3] Wenn mehrere, untereinander gleichzuwertende Faktoren zur Erreichung dieses Ziels beitragen und aus diesem Grund zusammengehören, ist die Annahme einer einheitlichen Leistung nur gerechtfertigt, wenn die einzelnen Faktoren so ineinandergreifen, dass sie bei natürlicher Betrachtung hinter dem Ganzen zurücktreten. [4] Dass die einzelnen Leistungen auf einem einheitlichen Vertrag beruhen und für sie ein Gesamtentgelt entrichtet wird, reicht ebenfalls noch nicht aus, sie umsatzsteuerrechtlich als Einheit zu behandeln. [5] Entscheidend ist der wirtschaftliche Gehalt der erbrachten Leistungen (vgl. BFH-Urteil vom 24.11. 1994, V R 30/92, BStBl. 1995 II S. 151). [6] Die dem Leistungsempfänger aufgezwungene Koppelung mehrerer Leistungen allein führt nicht zu einer einheitlichen Leistung (vgl. BFH-Urteil vom 13.7.2006, V R 24/02, BStBl. II S. 935).

(3) [1] Allerdings darf ein einheitlicher wirtschaftlicher Vorgang umsatzsteuerrechtlich nicht in mehrere Leistungen aufgeteilt werden (vgl. BFH-Urteil vom 14.2.2019, V R 22/17, BStBl. II S. 350). [2] Dies gilt auch dann, wenn sich die Abnehmer dem leistenden Unternehmer gegenüber mit einer solchen Aufspaltung einverstanden erklären (vgl. BFH-Urteile vom 20.10.1966, V 169/ 63, BStBl. 1967 III S. 159, und vom 12.12.1969, V R 105/69, BStBl. 1970 II S. 362). [3] Auch der Umstand, dass beide Bestandteile im Wirtschaftsleben auch getrennt erbracht werden, rechtfertigt allein keine Aufspaltung des Vorgangs,

---

[1] Zur Zurechnung vgl. A 2.1 Abs. 3, A 13.2 Satz 2 Nr. 1 und A 15.2 Abs. 15 UStAE.
[2] DStRE 2019, 1399.
[3] DStRE 1999, 271.

wenn es dem durchschnittlichen Verbraucher gerade um die Verbindung beider Elemente geht (vgl. BFH-Urteil vom 10.1.2013, V R 31/10, BStBl. II S. 352). [4]Zur Qualifizierung einer einheitlichen Leistung, die sowohl Lieferungselemente als auch Elemente sonstiger Leistungen aufweist, vgl. Abschnitt 3.5.

(4) [1]Voraussetzung für das Vorliegen einer einheitlichen Leistung anstelle mehrerer selbständiger Leistungen ist stets, dass es sich um Tätigkeiten desselben Unternehmers handelt. [2]Entgeltliche Leistungen verschiedener Unternehmer sind auch dann jeweils für sich zu beurteilen, wenn sie gegenüber demselben Leistungsempfänger erbracht werden und die weiteren Voraussetzungen für das Vorliegen einer einheitlichen Leistung erfüllt sind. [3]Eine einheitliche Leistung kann, im Gegensatz zur Beurteilung bei Leistungen mehrerer Unternehmer, allerdings im Verhältnis von Organträger und Organgesellschaft vorliegen (vgl. BFH-Urteil vom 29.10.2008, XI R 74/07, BStBl. 2009 II S. 256).

Abgrenzung von Haupt- und Nebenleistung

(5) [1]Nebenleistungen teilen umsatzsteuerrechtlich das Schicksal der Hauptleistung (vgl. jedoch Abschnitt 4.12.10 Satz 1 zum Aufteilungsgebot bei der Vermietung und Verpachtung von Grundstücken mit Betriebsvorrichtungen und Abschnitt 12.16 Abs. 8 zum Aufteilungsgebot bei Beherbergungsumsätzen). [2]Das gilt auch dann, wenn für die Nebenleistung ein besonderes Entgelt verlangt und entrichtet wird (vgl. BFH-Urteil vom 28.4.1966, V 158/63, BStBl. III S. 476). [3]Eine Leistung ist grundsätzlich dann als Nebenleistung zu einer Hauptleistung anzusehen, wenn sie im Vergleich zu der Hauptleistung nebensächlich ist, mit ihr eng – im Sinne einer wirtschaftlich gerechtfertigten Abrundung und Ergänzung – zusammenhängt und üblicherweise in ihrem Gefolge vorkommt (vgl. BFH-Urteil vom 10.9.1992, V R 99/88, BStBl. 1993 II S. 316). [4]Davon ist insbesondere auszugehen, wenn die Leistung für den Leistungsempfänger keinen eigenen Zweck, sondern das Mittel darstellt, um die Hauptleistung des Leistenden unter optimalen Bedingungen in Anspruch zu nehmen (vgl. BFH-Urteil vom 14.2.2019, V R 22/17, BStBl. II S. 350). [5]Gegenstand einer Nebenleistung kann sowohl eine unselbständige Lieferung von Gegenständen als auch eine unselbständige sonstige Leistung sein.

Hin- und Rückgabe von Transporthilfsmitteln und Warenumschließungen gegen Pfandgeld

(5a) [1]Die Hingabe des Transporthilfsmittels gegen Pfandgeld ist als eigenständige Lieferung zu beurteilen. [2]Warenumschließungen teilen im Gegensatz hierzu stets das Schicksal der Hauptleistung. [3]Bei Rückgabe und Rückzahlung des Pfandgeldes liegen sowohl bei Transporthilfsmitteln als auch bei Warenumschließungen Entgeltminderungen vor. [4]Zur Anwendung der Vereinfachungsregelung bei Rückgabe von Transporthilfsmitteln bzw. Warenumschließungen vgl. Abschnitt 10.1 Abs. 8. [5]Zur Abgrenzung zwischen Transporthilfsmitteln und Warenumschließungen vgl. BMF-Schreiben vom 20.10.2014, BStBl. I S. 1372, und zur Überlassung des Transporthilfsmittels im Rahmen reiner Tauschsysteme vgl. Abschnitt 3.5 Abs. 3 Nr. 18.

Einzelfälle

(6)[1] Einzelfälle zur Abgrenzung einer einheitlichen Leistung von mehreren Hauptleistungen und zur Abgrenzung von Haupt- und Nebenleistung:

1. zur Einheitlichkeit der Leistung bei Erbringung der üblichen Baubetreuung im Rahmen von Bauherrenmodellen vgl. BMF-Schreiben vom 27.6.1986, BStBl. I S. 352, und BFH-Urteil vom 10.9.1992, V R 99/88, BStBl. 1993 II S. 316;
2. zur Einheitlichkeit der Leistung bei der Nutzungsüberlassung von Sportanlagen und anderen Anlagen, vgl. Abschnitt 4.12.11 und BMF-Schreiben vom 17.4.2003, BStBl. I S. 279;
3. die Verschaffung von Versicherungsschutz oder die entgeltliche Garantiezusage durch einen Kraftfahrzeughändler im Zusammenhang mit einer Fahrzeuglieferung ist keine unselbständige Nebenleistung zur Fahrzeuglieferung, sondern eine eigenständige Leistung, vgl. BFH-Urteile vom 9.10.2002, V R 67/01, BStBl. 2003 II S. 378, und vom 14.11.2018, XI R 16/17, BStBl. 2021 II S. 461;
4. zur Qualifizierung der Lieferung von Saatgut und dessen Einsaat bzw. der Lieferung von Pflanzen und deren Einpflanzen durch denselben Unternehmer als jeweils selbständige Hauptleistungen vgl. BFH-Urteile vom 9.10.2002, V R 5/02, BStBl. 2004 II S. 470, und vom 25.6.2009, V R 25/07, BStBl. 2010 II S. 239;[2]
5. [1]bei der Überlassung von Grundstücksteilen zur Errichtung von Strommasten für eine Überlandleitung, der Einräumung des Rechts zur Überspannung der Grundstücke und der Bewilligung einer beschränkten persönlichen Dienstbarkeit zur dinglichen Sicherung dieser Rechte handelt es sich um eine nach § 4 Nr. 12 Satz 1 Buchstabe a UStG steuerbefreite einheitliche sonstige Leistung. [2]Eine damit im Zusammenhang stehende Duldung der Verursachung baubedingter Flur- und Aufwuchsschäden stellt im Verhältnis hierzu eine Nebenleistung dar. [3]Das gilt auch dann, wenn Zahlungen sowohl an den Grundstückseigentümer, z. B. für die Rechtseinräumung, als auch an den Pächter, z. B. für die Flur- und Aufwuchsschäden, erfolgen (vgl. BFH-Urteil vom 11.11.2004, V R 30/04, BStBl. 2005 II S. 802);
6. die unentgeltliche Abgabe von Hardwarekomponenten im Zusammenhang mit dem Abschluss eines längerfristigen Netzbenutzungsvertrags ist eine unselbständige Nebenleistung zu der (einheitlichen) Telekommunikationsleistung (vgl. Abschnitt 3.3 Abs. 20) oder der auf elektronischem Weg erbrachten sonstigen Leistung; bei der Entrichtung einer Zuzahlung ist diese regelmäßig Entgelt für die Lieferung des Wirtschaftsguts;

---

[1] A 3.10 UStAE Abs. 6 Nr. 3 neugef. durch BMF v. 11.5.2021, BStBl. I 2021, 781, anzuwenden auf nach dem 31.12.2022 abgegebene Garantiezusagen, die Anwendung auf vor dem 1.1.2023 abgegebene Garantiezusagen wird nicht beanstandet; gilt branchenunabhängig (BMF v. 18.10.2021, BStBl. I 2021, 2142).

[2] Zu Pflanzenlieferungen für eine Gartenanlage als Teil einer einheitlichen komplexen Leistung siehe aber BFH v. 14.2.2019 V R 22/17, BStBl. II 2019, 350.

7. die Übertragung und spätere Rückübertragung von Wertpapieren oder Emissionszertifikaten nach dem TEHG im Rahmen von Pensionsgeschäften (§ 340b HGB) ist jeweils gesondert als sonstige Leistung zu beurteilen;
8. bei der Verwaltung fremden Vermögens, die zwar entsprechend hierzu vereinbarter allgemeiner Anlagerichtlinien oder -strategien, jedoch im eigenen Ermessen und ohne vorherige Einholung von Einzelfallweisungen des Kunden erfolgt (Portfolioverwaltung), beinhaltet die einheitliche sonstige Leistung der Vermögensverwaltung auch die in diesem Rahmen erforderlichen Transaktionsleistungen bei Wertpapieren, vgl. EuGH-Urteil vom 19.7.2012, C-44/11, Deutsche Bank, BStBl. II S. 945,[1] und BFH-Urteil vom 11.10.2012, V R 9/10, BStBl. 2014 II S. 279;
9. zur Einheitlichkeit der Leistung bei betriebsärztlichen Leistungen nach § 3 ASiG vgl. BMF-Schreiben vom 4.5.2007, BStBl. I S. 481;
10. zur Frage der Einheitlichkeit der Leistung bei Leistungen, die sowohl den Charakter bzw. Elemente einer Grundstücksüberlassung als auch anderer Leistungen aufweisen, vgl. Abschnitt 4.12.5;
11. zu Gegenstand und Umfang der Werklieferung eines Gebäudes vgl. BFH-Urteil vom 24.1.2008, V R 42/05, BStBl. II S. 697;
12. zum Vorliegen einer einheitlichen Leistung bei der Lieferung eines noch zu bebauenden Grundstücks vgl. BFH-Urteil vom 19.3.2009, V R 50/07, BStBl. II S. 78;
13. zu Verpflegungsleistungen als Nebenleistungen zu Übernachtungsleistungen, vgl. BFH-Urteil vom 15.1.2009, V R 9/06, BStBl. 2010 II S. 433, zum Aufteilungsgebot bei Beherbergungsumsätzen vgl. jedoch Abschnitt 12.16 Abs. 8;
14. Zahlungen der Hersteller/Händler an Finanzierungsinstitute zum Ausgleich von vergünstigten Kredit- bzw. Leasinggeschäften können Entgeltzahlungen für eine Leistung eigener Art des Finanzierungsinstituts an den Hersteller/Händler oder Entgelt von dritter Seite für die Finanzierungsleistung des Instituts an den Abnehmer darstellen, vgl. BMF-Schreiben vom 28.9.2011, BStBl. I S. 935, und vom 24.9.2013, BStBl. I S. 1219, vgl. auch BFH-Urteil vom 24.2.2021, XI R 15/19, BStBl. II S. 729;
15. dient ein Insolvenzverfahren der Befriedigung sowohl von Verbindlichkeiten des zum Vorsteuerabzug berechtigten Unternehmers wie auch von dessen Privatverbindlichkeiten, erbringt der Insolvenzverwalter eine einheitliche Leistung, aus der der Unternehmer nur zum anteiligen Vorsteuerabzug berechtigt ist (vgl. BFH-Urteil vom 15.4.2015, V R 44/14, BStBl. II S. 679; vgl. auch Abschnitt 15.2b Abs. 3 Sätze 11 und 12);
16. zur Aufteilung eines Gesamtentgelts für die Nutzung von Saunaleistungen in Schwimmbädern vgl. BMF-Schreiben vom 18.12.2019, BStBl. I S. 1396;

---

[1] DStR 2012, 1061.

17. zur Abgrenzung von Nebenleistung und selbstständiger Lieferung für Fälle, in denen Formen, Modelle oder Werkzeuge zur Herstellung steuerfrei ausgeführter Gegenstände benötigt wurden, vgl. BMF-Schreiben vom 27.11.1975, BStBl. I S. 1126.

3.11 Kreditgewährung im Zusammenhang mit anderen Umsätzen

Inhalt des Leistungsaustauschs

(1) [1]Im Falle der Kreditgewährung im Zusammenhang mit einer Lieferung oder sonstigen Leistung erbringt der leistende Unternehmer grundsätzlich jeweils eigene selbständige Leistungen. [2]Die naturgemäße Verbindung des Kreditgeschäfts zu der Lieferung oder sonstigen Leistungen reicht für sich genommen für die Annahme einer einheitlichen Leistung nicht aus. [3]Ob mehrere, voneinander unabhängige Leistungen oder eine einheitliche Gesamtleistung vorliegen, ist im konkreten Einzelfall unter Beachtung der in Abschnitt 3.10 dargelegten objektiven Abgrenzungskriterien zu beurteilen. [4]Anhaltspunkte, die für die Annahme mehrerer selbständiger Leistungen sprechen, sind dabei u. a.:

– gesonderte Vereinbarung von Lieferung oder sonstiger Leistung und Kreditgewährung;
– eigenständige Bildung von Leistungspreisen;
– gesonderte Rechnungsstellung.

[5]Bei der Kreditgewährung im Rahmen von Public-Private-Partnership-Projekten ist von zwei getrennt zu beurteilenden Leistungen auszugehen, wenn Werklieferung und Finanzierung nicht so aufeinander abgestimmt sind, dass es die Verflechtung beider Komponenten nicht möglich machen würde, nur eine der beiden Leistungen in Anspruch zu nehmen (vgl. BFH-Urteil vom 13.11.2013, XI R 24/11, BStBl. 2017 II S. 1147). [6]Zur Kreditgewährung im Zusammenhang mit einem Forderungskauf vgl. Abschnitt. 2.4.

(2) *(aufgehoben)*

(3) Als Entgelt für gesonderte Kreditleistungen können in entsprechender Anwendung des Absatzes 1 z. B. angesehen werden:

1. [1]Stundungszinsen. [2]Sie werden berechnet, wenn dem Leistungsempfänger, der bei Fälligkeit der Kaufpreisforderung nicht zahlen kann, gestattet wird, die Zahlung zu einem späteren Termin zu leisten;

2. [1]Zielzinsen. [2]Sie werden erhoben, wenn dem Leistungsempfänger zur Wahl gestellt wird, entweder bei kurzfristiger Zahlung den Barpreis oder bei Inanspruchnahme des Zahlungsziels einen höheren Zielpreis für die Leistung zu entrichten. [3]Für die Annahme einer Kreditleistung reicht jedoch die bloße Gegenüberstellung von Barpreis und Zielpreis nicht aus; es müssen vielmehr die in Absatz 1 genannten Voraussetzungen erfüllt sein.

(4) [1]Kontokorrentzinsen sind stets Entgelt für eine Kreditgewährung, wenn zwischen den beteiligten Unternehmern ein echtes Kontokorrentverhältnis im Sinne des § 355 HGB vereinbart worden ist, bei dem die gegenseitigen Forderungen aufgerechnet werden und bei dem der jeweilige Saldo an die Stelle der einzelnen Forderungen tritt. [2]Besteht kein echtes Kontokorrent-

verhältnis, können die neben dem Entgelt für die Lieferung erhobenen Zinsen nur dann als Entgelt für eine Kreditleistung behandelt werden, wenn entsprechende Vereinbarungen (vgl. Absatz 2) vorliegen.

(5) [1]Bietet ein Unternehmer in seinen Zahlungsbedingungen die Gewährung eines Nachlasses (Skonto, Rabatt) auf den ausgezeichneten Preis bei vorzeitiger Zahlung an und macht der Leistungsempfänger davon Gebrauch, führt der Preisnachlass zu einer Entgeltminderung. [2]Nimmt der Leistungsempfänger jedoch keinen Preisnachlass in Anspruch und entrichtet den Kaufpreis erst mit Ablauf der Zahlungsfrist, bewirkt der Unternehmer in Höhe des angebotenen Preisnachlasses keine Kreditleistung (vgl. BFH-Urteil vom 28.1.1993, V R 43/89, BStBl. II S. 360).

Beispiel:

[1]Ein Unternehmer liefert eine Ware für 1000 € (einschließlich Umsatzsteuer), zahlbar nach 6 Wochen. [2]Bei Zahlung innerhalb von 10 Tagen wird ein Skonto von 3% des Kaufpreises gewährt. [3]Der Leistungsempfänger zahlt nach 6 Wochen den vollen Kaufpreis von 1000 €. [4]Der Unternehmer darf seine Leistung nicht in eine steuerpflichtige Warenlieferung i. H. v. 970 € (einschließlich Umsatzsteuer) und eine steuerfreie Kreditleistung i. H. v. 30 € aufteilen.

Steuerfreiheit der Kreditgewährung

(6) [1]Ist die Kreditgewährung als selbständige Leistung anzusehen, fällt sie unter die Steuerbefreiung nach § 4 Nr. 8 Buchstabe a UStG. [2]Unberührt bleibt die Möglichkeit, unter den Voraussetzungen des § 9 UStG auf die Steuerbefreiung zu verzichten.

Entgeltminderungen

(7) [1]Entgeltminderungen, die sowohl auf steuerpflichtige Umsätze als auch auf die im Zusammenhang damit erbrachten steuerfreien Kreditgewährungen entfallen, sind anteilig dem jeweiligen Umsatz zuzuordnen. [2]Deshalb hat z. B. bei Uneinbringlichkeit von Teilzahlungen der Unternehmer die Steuer für die Warenlieferung entsprechend ihrem Anteil zu berichtigen (§ 17 Abs. 2 Nr. 1 i. V. m. Abs. 1 UStG). [3]Bei der Zuordnung der Entgeltminderung zu den steuerpflichtigen und steuerfreien Umsätzen kann nach Abschnitt 22.6 Abs. 20 und 21 verfahren werden. [4]Fällt eine Einzelforderung, die in ein Kontokorrent im Sinne des § 355 HGB eingestellt wurde, vor der Anerkennung des Saldos am Ende eines Abrechnungszeitraums ganz oder zum Teil aus, mindert sich dadurch das Entgelt für die der Forderung zu Grunde liegende Warenlieferung.

Auswirkungen auf den Vorsteuerabzug des leistenden Unternehmers

(8) [1]Die den steuerfreien Kreditgewährungen zuzurechnenden Vorsteuerbeträge sind unter den Voraussetzungen des § 15 Abs. 2 und 3 UStG vom Abzug ausgeschlossen. [2]Das gilt auch für solche Vorsteuerbeträge, die lediglich in mittelbarem wirtschaftlichem Zusammenhang mit diesen Umsätzen stehen, z. B. Vorsteuerbeträge, die im Bereich der Gemeinkosten anfallen. [3]Vorsteuerbeträge, die den Kreditgewährungen nur teilweise zuzurechnen sind, hat der Unternehmer nach den Grundsätzen des § 15 Abs. 4 UStG in einen abziehbaren und einen nichtabziehbaren Teil aufzuteilen (vgl. im Übrigen Abschnitte 15.16 ff.). [4]Die Vorschrift des § 43 UStDV kann auf die den Kreditgewährungen zuzurechnenden Vorsteuerbeträge nicht angewendet werden.

[5] Werden die Kredite im Zusammenhang mit einer zum Vorsteuerabzug berechtigenden Lieferung oder sonstigen Leistung an einen Unternehmer gewährt, ist es jedoch nicht zu beanstanden, wenn aus Vereinfachungsgründen die Vorsteuern abgezogen werden, die den Kreditgewährungen nicht ausschließlich zuzurechnen sind.

Beispiel:

[1] Ein Maschinenhersteller M liefert eine Maschine an den Unternehmer U in Österreich. [2] Für die Entrichtung des Kaufpreises räumt M dem U einen Kredit ein, der als selbständige Leistung zu behandeln ist.

[3] Die Lieferung der Maschine ist nach § 4 Nr. 1 Buchstabe b, § 6a UStG steuerfrei und berechtigt zum Vorsteuerabzug. [4] Die Kreditgewährung ist nach § 3a Abs. 2 UStG in Deutschland nicht steuerbar und schließt nach § 15 Abs. 2 und 3 UStG den Vorsteuerabzug aus. [5] Aus Vereinfachungsgründen kann jedoch M die Vorsteuern, die der Kreditgewährung nicht ausschließlich zuzurechnen sind, z. B. Vorsteuern im Bereich der Verwaltungsgemeinkosten, in vollem Umfang abziehen.

3.12 Ort der Lieferung

(1) [1] Lieferungen gelten – vorbehaltlich der Sonderregelungen in den §§ 3c bis 3g UStG – nach § 3 Abs. 6 Satz 1 UStG grundsätzlich dort als ausgeführt, wo die Beförderung oder Versendung an den Abnehmer oder in dessen Auftrag an einen Dritten (z. B. an einen Lohnveredeler oder Lagerhalter) beginnt. [2] Dies gilt sowohl für Fälle, in denen der Unternehmer selbst oder ein von ihm beauftragter Dritter den Gegenstand der Lieferung befördert oder versendet als auch für Fälle, in denen der Abnehmer oder ein von ihm beauftragter Dritter den Gegenstand bei dem Lieferer abholt (Abholfall). [3] Auch der sog. Handkauf ist damit als Beförderungs- oder Versendungslieferung anzusehen.

(2) [1] Eine Beförderungslieferung im Sinne des § 3 Abs. 6 Satz 1 UStG setzt voraus, dass der liefernde Unternehmer, der Abnehmer oder ein unselbständiger Erfüllungsgehilfe den Gegenstand der Lieferung befördert. [2] Eine Beförderung liegt auch vor, wenn der Gegenstand der Lieferung mit eigener Kraft fortbewegt wird, z. B. bei Kraftfahrzeugen auf eigener Achse, bei Schiffen auf eigenem Kiel (vgl. BFH-Urteil vom 20.12.2006, V R 11/06, BStBl. 2007 II S. 424). [3] Die Bewegung eines Gegenstands innerhalb des Unternehmens, die lediglich der Vorbereitung des Transports dient, stellt keine Beförderung an den Abnehmer im Sinne des § 3 Abs. 6 Satz 1 UStG dar. [4] Befördert im Falle eines Kommissionsgeschäfts (§ 3 Abs. 3 UStG) der Kommittent das Kommissionsgut mit eigenem Fahrzeug an den im Ausland ansässigen Kommissionär, liegt eine Lieferung im Inland nach § 3 Abs. 6 Satz 1 UStG nicht vor, weil die – anschließende – Übergabe des Kommissionsguts an den Verkaufskommissionär keine Lieferung im Sinne des § 3 Abs. 1 UStG ist (vgl. BFH-Urteil vom 25.11.1986, V R 102/78, BStBl. 1987 II S. 278, Abschnitt 3.1 Abs. 2). [5] Zur Ausnahmeregelung bei innergemeinschaftlichen Kommissionsgeschäften vgl. Abschnitt 1a.2 Abs. 7.

(3)[1)] [1] Eine Versendungslieferung im Sinne des § 3 Abs. 6 Satz 1 UStG setzt voraus, dass der Gegenstand an den Abnehmer oder in dessen Auftrag an ei-

[1)] A 3.12 UStAE Abs. 3 Sätze 5 u. 8 neugef. durch BMF v. 10.12.2021, BStBl. I 2021, 2492; Anwendungsregelung siehe Anlage 8.

nen Dritten versendet wird, d.h. die Beförderung durch einen selbständigen Beauftragten ausgeführt oder besorgt wird. [2]Die Versendung beginnt mit der Übergabe des Gegenstands an den Beauftragten. [3]Der Lieferer muss bei der Übergabe des Gegenstands an den Beauftragten alles Erforderliche getan haben, um den Gegenstand an den bereits feststehenden Abnehmer, der sich grundsätzlich aus den Versendungsunterlagen ergibt, gelangen zu lassen. [4]Von einem feststehenden Abnehmer ist auszugehen, wenn er zwar dem mit der Versendung Beauftragten im Zeitpunkt der Übergabe des Gegenstands nicht bekannt ist, aber mit hinreichender Sicherheit leicht und einwandfrei aus den unstreitigen Umständen, insbesondere aus Unterlagen abgeleitet werden kann (vgl. BFH-Urteil vom 30.7.2008, XI R 67/07, BStBl. 2009 II S. 552). [5]Gleiches gilt, wenn der Abnehmer den Liefergegenstand bei Beginn der Versendung bereits verbindlich bestellt oder bezahlt hat (vgl. BFH-Urteil vom 16.11.2016, V R 1/16, BStBl. 2017 II S. 1079) und § 6b UStG bereits dem Grunde nach keine Anwendung findet bzw. von Seiten des liefernden Unternehmers und späteren Erwerbers § 6b UStG keine Anwendung finden soll; eine nur wahrscheinliche Begründung einer Abnehmerstellung ohne tatsächliche Abnahmeverpflichtung reicht nicht aus (vgl. BFH-Urteil vom 20.10.2016, V R 31/15, BStBl. 2017 II S. 1076). [6]Dem Tatbestand, dass der Abnehmer feststeht, steht nicht entgegen, dass der Gegenstand von dem mit der Versendung Beauftragten zunächst in ein inländisches Lager des Lieferanten gebracht und erst nach Eingang der Zahlung durch eine Freigabeerklärung des Lieferanten an den Abnehmer herausgegeben wird (vgl. BFH-Urteil vom 30.7.2008, XI R 67/07, a.a.O.). [7]Entscheidend ist, dass der Lieferant im Zeitpunkt der Übergabe des Gegenstands an den Beauftragten die Verfügungsmacht dem zu diesem Zeitpunkt feststehenden Abnehmer verschaffen will. [8]Unter der Bedingung, dass der Abnehmer bereits bei Beginn der Versendung feststeht, kann eine Versendungslieferung auch dann vorliegen, wenn der Liefergegenstand nach dem Beginn der Versendung für kurze Zeit in einem Auslieferungs- oder Konsignationslager, welches nicht in den Anwendungsbereich der Konsignationslagerregelung nach § 6b UStG fällt, gelagert wird (vgl. BFH-Urteile vom 20.10.2016, V R 31/15, a.a.O., und vom 16.11.2016, V R 1/16, a.a.O.; vgl. auch Abschnitt 1a.2 Abs. 6 Sätze 4 bis 9).

(4) [1]Der Ort der Lieferung bestimmt sich nicht nach § 3 Abs. 6 UStG, wenn der Gegenstand der Lieferung nach dem Beginn der Beförderung oder nach der Übergabe des Gegenstands an den Beauftragten vom Lieferer noch einer Behandlung unterzogen wird, die seine Marktgängigkeit ändert. [2]In diesen Fällen wird nicht der Liefergegenstand, sondern ein Gegenstand anderer Wesensart befördert. [3]Das ist insbesondere dann der Fall, wenn Gegenstand der Lieferung eine vom Lieferer errichtete ortsgebundene Anlage oder eine einzelne Maschine ist, die am Bestimmungsort fundamentiert oder funktionsfähig gemacht wird, indem sie in einen Satz bereits vorhandener Maschinen eingefügt und hinsichtlich ihrer Arbeitsgänge auf diese Maschinen abgestimmt wird. [4]Das Gleiche gilt für Einbauten, Umbauten und Anbauten bei Maschinen (Modernisierungsarbeiten) sowie für Reparaturen. [5]Da die einzelnen Teile einer Maschine ein Gegenstand anderer Marktgängigkeit sind als die

ganze Maschine, ist § 3 Abs. 6 UStG auch dann nicht anzuwenden, wenn die einzelnen Teile einer Maschine zum Abnehmer befördert werden und dort vom Lieferer zu der betriebsfertigen Maschine zusammengesetzt werden. [6]Ob die Montagekosten dem Abnehmer gesondert in Rechnung gestellt werden, ist unerheblich. [7]Dagegen bestimmt sich der Ort der Lieferung nach § 3 Abs. 6 UStG, wenn eine betriebsfertig hergestellte Maschine lediglich zum Zweck eines besseren und leichteren Transports in einzelne Teile zerlegt und dann von einem Monteur des Lieferers am Bestimmungsort wieder zusammengesetzt wird. [8]Zur betriebsfertigen Herstellung beim Lieferer gehört in der Regel ein dort vorgenommener Probelauf. [9]Ein nach der Wiederzusammensetzung beim Abnehmer vom Lieferer durchgeführter erneuter Probelauf ist unschädlich. [10]§ 3 Abs. 6 UStG ist auch dann anzuwenden, wenn die Bearbeitung oder Verarbeitung, die sich an die Beförderung oder Versendung des Liefergegenstands anschließt, vom Abnehmer selbst oder in seinem Auftrag von einem Dritten vorgenommen wird.

(5) Erstreckt sich der Gegenstand einer Werklieferung auf das Gebiet verschiedener Staaten (z. B. bei der Errichtung von Verkehrsverbindungen, der Verlegung von Telefon- und Glasfaserkabeln sowie von Elektrizitäts-, Gas- und Wasserleitungen), kann diese Werklieferung verschiedene Lieferorte haben, auf die die Bemessungsgrundlage jeweils aufzuteilen ist (vgl. EuGH-Urteil vom 29.3.2007, C-111/05, Aktiebolaget NN).[1)]

(6) [1]Wird der Gegenstand der Lieferung nicht befördert oder versendet, ist § 3 Abs. 7 UStG anzuwenden. [2]§ 3 Abs. 7 Satz 1 UStG gilt insbesondere für Fälle, in denen die Verfügungsmacht z. B. durch Vereinbarung eines Besitzkonstituts (§ 930 BGB), durch Abtretung des Herausgabeanspruchs (§ 931 BGB) oder durch Übergabe von Traditionspapieren (Ladescheine, Lagerscheine, Konnossemente, §§ 444, 475c, 647 HGB) verschafft wird. [3]§ 3 Abs. 7 Satz 2 UStG bestimmt den Lieferort für die Fälle des § 3 Abs. 6 Satz 5 UStG, in denen mehrere Unternehmer über denselben Gegenstand Umsatzgeschäfte abschließen und diese Geschäfte dadurch erfüllen, dass der Gegenstand der Lieferungen unmittelbar vom ersten Unternehmer an den letzten Abnehmer befördert oder versendet wird (Reihengeschäft, vgl. Abschnitt 3.14).

(7)[2)] [1]§ 3 Abs. 6 und 7 UStG regeln den Lieferort und damit zugleich auch den Zeitpunkt der Lieferung (vgl. BFH-Urteil vom 6.12.2007, V R 24/05, BStBl. 2009 II S. 490, Abschnitt 13.1 Abs. 2 und 6); dies gilt hinsichtlich der Verschaffung der Verfügungsmacht auch in den Fällen einer Beförderungs- oder Versendungslieferung nach § 3 Abs. 6 Satz 1 UStG, in denen der Liefergegenstand nach dem Beginn der Beförderung oder Versendung für kurze Zeit in einem Auslieferungs- oder Konsignationslager, welches nicht in den Anwendungsbereich der Konsignationslagerregelung nach § 6b UStG fällt, gelagert wird. [2]Die Anwendbarkeit von § 3 Abs. 6 und 7 UStG setzt dabei voraus, dass tatsächlich eine Lieferung zu Stande gekommen ist.

[1)] IStR 2007, 401.

[2)] A 3.12 UStAE Abs. 7 Satz 1 2. Halbs. neugef. durch BMF v. 10.12.2021, BStBl. I 2021, 2492; Anwendungsregelung siehe Anlage 8.

3.13 Lieferort in besonderen Fällen (§ 3 Abs. 8 UStG)[1)]

(1) [1] § 3 Abs. 8 UStG regelt den Ort der Lieferung in den Fällen, in denen der Gegenstand der Lieferung bei der Beförderung oder Versendung aus dem Drittlandsgebiet in das Inland gelangt und der Lieferer oder sein Beauftragter Schuldner der Einfuhrumsatzsteuer ist. [2] Unabhängig von den Lieferkonditionen ist maßgeblich, wer nach den zollrechtlichen Vorschriften Schuldner der Einfuhrumsatzsteuer ist. [3] Abweichend von § 3 Abs. 6 UStG gilt der Ort der Lieferung dieses Gegenstands als im Inland gelegen. [4] Der Ort der Lieferung bestimmt sich auch dann nach § 3 Abs. 8 UStG, wenn der Lieferer Schuldner der Einfuhrumsatzsteuer ist, diese jedoch nach der EUStBV[2)] nicht erhoben wird. [5] Die örtliche Zuständigkeit eines Finanzamts für die Umsatzsteuer im Ausland ansässiger Unternehmer richtet sich vorbehaltlich einer abweichenden Zuständigkeitsvereinbarung (§ 27 AO) nach § 21 Abs. 1 Satz 2 AO[3)] i. V. m. der UStZustV.[3)]

(2)[4)] [1] Entrichtet der Lieferer die Steuer für die Einfuhr des Gegenstands, wird diese Steuer unter Umständen von einer niedrigeren Bemessungsgrundlage als dem Veräußerungsentgelt erhoben. [2] In diesen Fällen wird durch die Verlagerung des Orts der Lieferung in das Inland erreicht, dass der Umsatz mit der Steuer belastet wird, die für die Lieferung im Inland in Betracht kommt.

Beispiel 1:

[1] Der Unternehmer B in Bern liefert Gegenstände, die er mit eigenem Lkw befördert, an seinen Abnehmer K in Köln. [2] K lässt die Gegenstände in den freien Verkehr überführen und entrichtet dementsprechend die Einfuhrumsatzsteuer (Lieferkondition „unversteuert und unverzollt").

[3] Ort der Lieferung ist Bern (§ 3 Abs. 6 UStG). [4] K kann die entstandene Einfuhrumsatzsteuer als Vorsteuer abziehen, da die Gegenstände für sein Unternehmen in das Inland eingeführt worden sind.

Beispiel 2:

[1] Wie Beispiel 1, jedoch lässt B die Gegenstände in den freien Verkehr überführen und entrichtet dementsprechend die Einfuhrumsatzsteuer (Lieferkondition „verzollt und versteuert").

[2] Der Ort der Lieferung gilt als im Inland gelegen (§ 3 Abs. 8 UStG). [3] B hat den Umsatz im Inland zu versteuern. [4] Er ist zum Abzug der Einfuhrumsatzsteuer als Vorsteuer berechtigt, da die Gegenstände für sein Unternehmen eingeführt worden sind.

[3] In den Fällen des Reihengeschäfts kann eine Verlagerung des Lieferorts nach § 3 Abs. 8 UStG nur für die Beförderungs- oder Versendungslieferung in Betracht kommen (vgl. Abschnitt 3.14 Abs. 15 und 16).

(3) § 3 Abs. 8 UStG ist nicht anzuwenden, wenn der Ort für die Lieferung von Erdgas oder Elektrizität nach § 3g UStG zu bestimmen ist (vgl. Abschnitt 3g.1 Abs. 6 Sätze 5 und 6).

---

1) Zum zentralisierten Vertrieb von Kleinsendungen aus dem Drittland (Schuldner der EUSt i. S. d. § 3 Abs. 8 UStG) siehe BFH v. 21.3.2007 V R 32/05, BStBl. II 2008, 153, und BMF v. 1.2.2008, BStBl. I 2008, 295.

2) **Zölle und Verbrauchsteuern** Nr. **455**.

3) **Steuergesetze** Nr. **800** bzw. Nr. **519**.

4) Zum Abzug der EUSt als Vorsteuer vgl. A 15.8 UStAE.

3.14 Reihengeschäfte

Begriff des Reihengeschäfts (§ 3 Abs. 6 Satz 5 UStG)

(1) [1]Umsatzgeschäfte im Sinne des § 3 Abs. 6 Satz 5 UStG, die von mehreren Unternehmern über denselben Gegenstand abgeschlossen werden und bei denen dieser Gegenstand im Rahmen einer Beförderung oder Versendung unmittelbar vom ersten Unternehmer (Ort der Lieferung des ersten Unternehmers) an den letzten Abnehmer gelangt, werden nachfolgend als Reihengeschäfte bezeichnet. [2]Ein besonderer Fall des Reihengeschäfts ist das innergemeinschaftliche Dreiecksgeschäft im Sinne des § 25b Abs. 1 UStG (vgl. Abschnitt 25b.1).

(2) [1]Bei Reihengeschäften werden im Rahmen einer Warenbewegung (Beförderung oder Versendung) mehrere Lieferungen ausgeführt, die in Bezug auf den Lieferort und den Lieferzeitpunkt jeweils gesondert betrachtet werden müssen. [2]Die Beförderung oder Versendung des Gegenstands ist nur einer der Lieferungen zuzuordnen (§ 3 Abs. 6 Satz 5 UStG). 3Diese ist die Beförderungs- oder Versendungslieferung; nur bei ihr kommt die Steuerbefreiung für Ausfuhrlieferungen (§ 6 UStG) oder für innergemeinschaftliche Lieferungen (§ 6a UStG) in Betracht. [4]Bei allen anderen Lieferungen in der Reihe findet keine Beförderung oder Versendung statt (ruhende Lieferungen). [5]Sie werden entweder vor oder nach der Beförderungs- oder Versendungslieferung ausgeführt (§ 3 Abs. 7 Satz 2 UStG). [6]Umsatzgeschäfte, die von mehreren Unternehmern über denselben Gegenstand abgeschlossen werden und bei denen keine Beförderung oder Versendung stattfindet (z. B. Grundstückslieferungen oder Lieferungen, bei denen die Verfügungsmacht durch Vereinbarung eines Besitzkonstituts oder durch Abtretung des Herausgabeanspruchs verschafft wird), können nicht Gegenstand eines Reihengeschäfts sein.

(3) [1]Die Beförderung oder Versendung kann durch den Lieferer, den Abnehmer oder einen vom Lieferer oder vom Abnehmer beauftragten Dritten durchgeführt werden (§ 3 Abs. 6 Satz 1 UStG). [2]Ein Beförderungs- oder Versendungsfall liegt daher auch dann vor, wenn ein an einem Reihengeschäft beteiligter Abnehmer den Gegenstand der Lieferung selbst abholt oder abholen lässt (Abholfall). [3]Beauftragter Dritter kann z. B. ein Lohnveredelungsunternehmer oder ein Lagerhalter sein, der jeweils nicht unmittelbar in die Liefervorgänge eingebunden ist. [4]Beauftragter Dritter ist nicht der selbständige Spediteur, da der Transport in diesem Fall dem Auftraggeber zugerechnet wird (Versendungsfall).

(4) [1]Das unmittelbare Gelangen im Sinne des § 3 Abs. 6 Satz 5 UStG setzt grundsätzlich eine Beförderung oder Versendung durch einen am Reihengeschäft beteiligten Unternehmer voraus; diese Voraussetzung ist bei der Beförderung oder Versendung durch mehrere beteiligte Unternehmer (sog. gebrochene Beförderung oder Versendung) nicht erfüllt. [2]Der Gegenstand der Lieferung gelangt auch dann unmittelbar an den letzten Abnehmer, wenn die Beförderung oder Versendung an einen beauftragten Dritten ausgeführt wird, der nicht unmittelbar in die Liefervorgänge eingebunden ist, z. B. an einen Lohnveredeler oder Lagerhalter. [3]Im Fall der vorhergehenden Be- oder Ver-

arbeitung des Gegenstands durch einen vom Lieferer beauftragten Dritten ist Gegenstand der Lieferung der be- oder verarbeitete Gegenstand.

Beispiel 1:

[1] Der Unternehmer D 1 in Köln bestellt bei dem Großhändler D 2 in Hamburg eine dort nicht vorrätige Maschine. [2] D 2 gibt die Bestellung an den Hersteller DK in Dänemark weiter. [3] DK befördert die Maschine mit eigenem Lkw unmittelbar nach Köln und übergibt sie dort D 1.

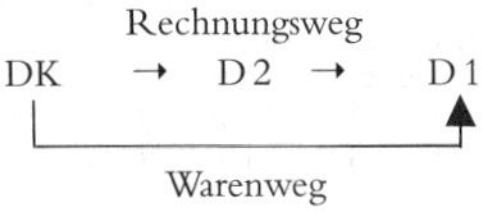

[4] Es liegt ein Reihengeschäft im Sinne des § 3 Abs. 6 Satz 5 UStG vor, da mehrere Unternehmer über dieselbe Maschine Umsatzgeschäfte abschließen und die Maschine im Rahmen einer Beförderung unmittelbar vom ersten Unternehmer (DK) an den letzten Abnehmer (D 1) gelangt.

Beispiel 2:

[1] Sachverhalt wie Beispiel 1. [2] D 2 weist DK an, die Maschine zur Zwischenlagerung an einen von D 1 benannten Lagerhalter (L) nach Hannover zu befördern.

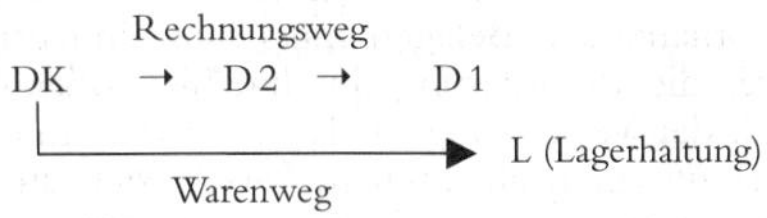

[3] Es liegt wie im Beispiel 1 ein Reihengeschäft im Sinne des § 3 Abs. 6 Satz 5 UStG vor, da mehrere Unternehmer über dieselbe Maschine Umsatzgeschäfte abschließen und die Maschine unmittelbar vom ersten Unternehmer (DK) an einen vom letzten Abnehmer (D 1) benannten Lagerhalter (L) befördert wird. [4] Mit der auftragsgemäßen Übergabe der Maschine an den Lagerhalter ist die Voraussetzung des unmittelbaren Gelangens an den letzten Abnehmer erfüllt.

Ort der Lieferungen (§ 3 Abs. 6 und Abs. 7 UStG)

(5) [1] Für die in einem Reihengeschäft ausgeführten Lieferungen ergeben sich die Lieferorte sowohl aus § 3 Abs. 6 als auch aus § 3 Abs. 7 UStG. [2] Im Fall der Beförderungs- oder Versendungslieferung gilt die Lieferung dort als ausgeführt, wo die Beförderung oder Versendung an den Abnehmer oder in dessen Auftrag an einen Dritten beginnt (§ 3 Abs. 6 Satz 1 UStG). [3] In den Fällen der ruhenden Lieferungen ist der Lieferort nach § 3 Abs. 7 Satz 2 UStG zu bestimmen.

(6) [1] Die ruhenden Lieferungen, die der Beförderungs- oder Versendungslieferung vorangehen, gelten an dem Ort als ausgeführt, an dem die Beförderung oder Versendung des Gegenstands beginnt. [2] Die ruhenden Lieferungen, die der Beförderungs- oder Versendungslieferung nachfolgen, gelten an dem Ort als ausgeführt, an dem die Beförderung oder Versendung des Gegenstands endet.

Beispiel:

[1] Der Unternehmer B 1 in Belgien bestellt bei dem ebenfalls in Belgien ansässigen Großhändler B 2 eine dort nicht vorrätige Ware. [2] B 2 gibt die Bestellung an den Großhändler D 1 in

Frankfurt weiter. [3]D 1 bestellt die Ware beim Hersteller D 2 in Köln. [4]D 2 befördert die Ware von Köln mit eigenem Lkw unmittelbar nach Belgien und übergibt sie dort B 1.

Rechnungsweg

D2 → D1 → B2 → B1

Warenweg

[5]Bei diesem Reihengeschäft werden nacheinander drei Lieferungen (D 2 an D 1, D 1 an B 2 und B 2 an B 1) ausgeführt. [6]Die erste Lieferung D 2 an D 1 ist die Beförderungslieferung. [7]Der Ort der Lieferung liegt nach § 3 Abs. 6 Satz 5 i. V. m. Satz 1 UStG in Deutschland (Beginn der Beförderung). [8]Die zweite Lieferung D 1 an B 2 und die dritte Lieferung B 2 an B 1 sind ruhende Lieferungen. [9]Für diese Lieferungen liegt der Lieferort nach § 3 Abs. 7 Satz 2 Nr. 2 UStG jeweils in Belgien (Ende der Beförderung), da sie der Beförderungslieferung folgen.

Zuordnung der Beförderung oder Versendung (§ 3 Abs. 6 Satz 6 UStG)

(7) [1]Die Zuordnung der Beförderung oder Versendung zu einer der Lieferungen des Reihengeschäfts ist davon abhängig, ob der Gegenstand der Lieferung durch den ersten Unternehmer, den letzten Abnehmer oder einen mittleren Unternehmer in der Reihe befördert oder versendet wird. [2]Die Zuordnungsentscheidung muss einheitlich für alle Beteiligten getroffen werden. [3]Aus den vorhandenen Belegen muss sich eindeutig und leicht nachprüfbar ergeben, wer die Beförderung durchgeführt oder die Versendung veranlasst hat. [4]Im Fall der Versendung ist dabei auf die Auftragserteilung an den selbständigen Beauftragten abzustellen. [5]Sollte sich aus den Geschäftsunterlagen nichts anderes ergeben, ist auf die Frachtzahlerkonditionen abzustellen.

(8) [1]Wird der Gegenstand der Lieferung durch den ersten Unternehmer in der Reihe befördert oder versendet, ist seiner Lieferung die Beförderung oder Versendung zuzuordnen. [2]Wird der Liefergegenstand durch den letzten Abnehmer befördert oder versendet, ist die Beförderung oder Versendung der Lieferung des letzten Lieferers in der Reihe zuzuordnen.[1)]

Beispiel:

[1]Der Unternehmer SP aus Spanien bestellt eine Maschine bei dem Unternehmer D 1 in Kassel. [2]D 1 bestellt die Maschine seinerseits bei dem Großhändler D 2 in Bielefeld. [3]D 2 wiederum gibt die Bestellung an den Hersteller F in Frankreich weiter.

Rechnungsweg

F → D2 → D1 → SP

Warenweg

a) [1]F lässt die Maschine durch einen Beförderungsunternehmer von Frankreich unmittelbar nach Spanien an SP transportieren.
[2]Bei diesem Reihengeschäft werden nacheinander drei Lieferungen (F an D 2, D 2 an D 1 und D 1 an SP) ausgeführt. [3]Die Versendung ist der ersten Lieferung F an D 2 zuzuordnen, da F als erster Unternehmer in der Reihe die Maschine versendet. [4]Der Ort der Lieferung liegt nach § 3 Abs. 6 Satz 5 i. V. m. Satz 1 UStG in Frankreich (Beginn der Versendung). [5]Die zweite Lieferung D 2 an D 1 und die dritte Lieferung D 1 an SP sind ruhende Lieferungen. [6]Für diese Lieferungen liegt der Lieferort nach § 3 Abs. 7 Satz 2 Nr. 2 UStG

---

1) Siehe hierzu aber BFH v. 11.8.2011 V R 3/10, DStR 2011, 2047, mit dem Hinweis auf EuGH v. 16.12.2010 C-430/09, Euro-Tyre-Holding, DStR 2011, 23.

jeweils in Spanien (Ende der Versendung), da sie der Versendungslieferung folgen. [7]D 2 und D 1 müssen sich demnach in Spanien steuerlich registrieren lassen.

b) [1]SP holt die Maschine mit eigenem Lkw bei F in Frankreich ab und transportiert sie unmittelbar nach Spanien.

[2]Bei diesem Reihengeschäft werden nacheinander drei Lieferungen (F an D 2, D 2 an D 1 und D 1 an SP) ausgeführt. [3]Die Beförderung ist der dritten Lieferung D 1 an SP zuzuordnen, da SP als letzter Abnehmer in der Reihe die Maschine befördert (Abholfall). [4]Der Ort der Lieferung liegt nach § 3 Abs. 6 Satz 5 i. V. m. Satz 1 UStG in Frankreich (Beginn der Beförderung). [5]Die erste Lieferung F an D 2 und die zweite Lieferung D 2 an D 1 sind ruhende Lieferungen. [6]Für diese Lieferungen liegt der Lieferort nach § 3 Abs. 7 Satz 2 Nr. 1 UStG ebenfalls jeweils in Frankreich (Beginn der Beförderung), da sie der Beförderungslieferung vorangehen. [7]D 2 und D 1 müssen sich demnach in Frankreich steuerlich registrieren lassen.

(9) [1]Befördert oder versendet ein mittlerer Unternehmer in der Reihe den Liefergegenstand, ist dieser zugleich Abnehmer der Vorlieferung und Lieferer seiner eigenen Lieferung. [2]In diesem Fall ist die Beförderung oder Versendung nach § 3 Abs. 6 Satz 6 1. Halbsatz UStG grundsätzlich der Lieferung des vorangehenden Unternehmers zuzuordnen (widerlegbare Vermutung). [3]Der befördernde oder versendende Unternehmer kann jedoch anhand von Belegen, z. B. durch eine Auftragsbestätigung, das Doppel der Rechnung oder andere handelsübliche Belege und Aufzeichnungen nachweisen, dass er als Lieferer aufgetreten und die Beförderung oder Versendung dementsprechend seiner eigenen Lieferung zuzuordnen ist (§ 3 Abs. 6 Satz 6 2. Halbsatz UStG).

(10) [1]Aus den Belegen im Sinne des Absatzes 9 muss sich eindeutig und leicht nachprüfbar ergeben, dass der Unternehmer die Beförderung oder Versendung in seiner Eigenschaft als Lieferer getätigt hat und nicht als Abnehmer der Vorlieferung. [2]Hiervon kann regelmäßig ausgegangen werden, wenn der Unternehmer unter der USt-IdNr. des Mitgliedstaates auftritt, in dem die Beförderung oder Versendung des Gegenstands beginnt, und wenn er auf Grund der mit seinem Vorlieferanten und seinem Auftraggeber vereinbarten Lieferkonditionen Gefahr und Kosten der Beförderung oder Versendung übernommen hat. [3]Den Anforderungen an die Lieferkonditionen ist genügt, wenn handelsübliche Lieferklauseln (z. B. Incoterms) verwendet werden. [4]Wird die Beförderung oder Versendung der Lieferung des mittleren Unternehmers zugeordnet, muss dieser die Voraussetzungen der Zuordnung nachweisen (z. B. über den belegmäßigen und den buchmäßigen Nachweis der Voraussetzungen für seine Ausfuhrlieferung – §§ 8 bis 17 UStDV – oder innergemeinschaftliche Lieferung – §§ 17a bis 17c UStDV).

Beispiel:

[1]Der Unternehmer SP aus Spanien bestellt eine Maschine bei dem Unternehmer D 1 in Kassel. [2]D 1 bestellt die Maschine seinerseits bei dem Großhändler D 2 in Bielefeld. [3]D 2 wiederum gibt die Bestellung an den Hersteller D 3 in Dortmund weiter. [4]D 2 lässt die Maschine durch einen Transportunternehmer bei D 3 abholen und sie von Dortmund unmittelbar nach Spanien transportieren. [5]Dort übergibt sie der Transportunternehmer an SP. [6]Alle Beteiligten treten unter der USt-IdNr. ihres Landes auf.

Rechnungsweg

D 3 → D 2 → D 1 → SP

Warenweg

a) [1] Es werden keine besonderen Lieferklauseln vereinbart.
[2] Bei diesem Reihengeschäft werden nacheinander drei Lieferungen (D 3 an D 2, D 2 an D 1 und D 1 an SP) ausgeführt. [3] Die Versendung ist der ersten Lieferung D 3 an D 2 zuzuordnen, da D 2 als mittlerer Unternehmer in der Reihe die Maschine mangels besonderer Lieferklauseln in seiner Eigenschaft als Abnehmer der Lieferung des D 3 transportieren lässt. [4] Der Ort der Lieferung liegt nach § 3 Abs. 6 Satz 5 i. V. m. Satz 1 UStG in Deutschland (Beginn der Versendung). [5] Die zweite Lieferung D 2 an D 1 und die dritte Lieferung D 1 an SP sind ruhende Lieferungen. [6] Für diese Lieferungen liegt der Lieferort nach § 3 Abs. 7 Satz 2 Nr. 2 UStG jeweils in Spanien (Ende der Versendung), da sie der Versendungslieferung folgen; sie sind daher nach spanischem Recht zu beurteilen. [7] D 2 und D 1 müssen sich demnach in Spanien steuerlich registrieren lassen.

b) [1] Es werden folgende Lieferklauseln vereinbart: D 2 vereinbart mit D 1 „Lieferung frei Haus Spanien (Lieferklausel DDP)" und mit D 3 „Lieferung ab Werk Dortmund (Lieferklausel EXW)". [2] Die vereinbarten Lieferklauseln ergeben sich sowohl aus der Rechnungsdurchschrift als auch aus der Buchhaltung des D 2.
[3] Bei diesem Reihengeschäft werden nacheinander drei Lieferungen (D 3 an D 2, D 2 an D 1 und D 1 an SP) ausgeführt. [4] Die Versendung kann in diesem Fall der zweiten Lieferung D 2 an D 1 zugeordnet werden, da D 2 als mittlerer Unternehmer in der Reihe die Maschine in seiner Eigenschaft als Lieferer versendet. [5] Er tritt unter seiner deutschen USt-IdNr. auf und hat wegen der Lieferklauseln DDP mit seinem Kunden und EXW mit seinem Vorlieferanten Gefahr und Kosten des Transports übernommen. [6] Darüber hinaus kann D 2 nachweisen, dass die Voraussetzungen für die Zuordnung der Versendung zu seiner Lieferung erfüllt sind. [7] Der Ort der Lieferung liegt nach § 3 Abs. 6 Satz 5 i. V. m. Satz 1 UStG in Deutschland (Beginn der Versendung). [8] Die erste Lieferung D 3 an D 2 und die dritte Lieferung D 1 an SP sind ruhende Lieferungen. [9] Da die erste Lieferung der Versendungslieferung vorangeht, gilt sie nach § 3 Abs. 7 Satz 2 Nr. 1 UStG ebenfalls als in Deutschland ausgeführt (Beginn der Versendung). [10] Für die dritte Lieferung liegt der Lieferort nach § 3 Abs. 7 Satz 2 Nr. 2 UStG in Spanien (Ende der Versendung), da sie der Versendungslieferung folgt; sie ist daher nach spanischem Recht zu beurteilen. [11] D 1 muss sich demnach in Spanien steuerlich registrieren lassen. [12] Die Registrierung von D 2 in Spanien ist nicht erforderlich.

(10a) [1] Zum Nachweis der Zuordnung der Beförderung oder Versendung zur Lieferung des Unternehmers gehört ggf. auch die Vorlage einer schriftlichen Vollmacht zum Nachweis der Abholberechtigung. [2] Das Finanzamt hat die Möglichkeit, beim Vorliegen konkreter Zweifel im Einzelfall diesen Nachweis zu überprüfen. [3] Somit kann der Unternehmer in Zweifelsfällen ggf. zur Vorlage einer Vollmacht, die den Beauftragten berechtigt hat, den Liefergegenstand abzuholen, sowie zur Vorlage der Legitimation des Ausstellers der Vollmacht aufgefordert werden. [4] Bestehen auf Grund von Ermittlungen der ausländischen Steuerverwaltung Zweifel an der tatsächlichen Existenz des vorgeblichen Abnehmers, können vom Unternehmer nachträglich vorgelegte Belege und Bestätigungen nur dann anerkannt werden, wenn die Existenz des Abnehmers im Zeitpunkt der nachträglichen Ausstellung dieser Unterlagen nachgewiesen werden kann und auch dessen Unternehmereigenschaft zum Zeitpunkt der Lieferung feststeht.

(11) *(aufgehoben)*

Auf das Inland beschränkte Warenbewegungen

(12) [1] Die Grundsätze der Absätze 1 bis 10 finden auch bei Reihengeschäften Anwendung, bei denen keine grenzüberschreitende Warenbewegung stattfindet. [2] Ist an solchen Reihengeschäften ein in einem anderen Mitgliedstaat oder im Drittland ansässiger Unternehmer beteiligt, muss er sich wegen der im Inland steuerbaren Lieferung stets im Inland steuerlich registrieren lassen.

Beispiel:

[1]Der Unternehmer D 1 aus Essen bestellt eine Maschine bei dem Unternehmer B in Belgien. [2]B bestellt die Maschine seinerseits bei dem Großhändler D 2 in Bielefeld. [3]D 2 lässt die Maschine durch einen Beförderungsunternehmer von Bielefeld unmittelbar nach Essen an D 1 transportieren.

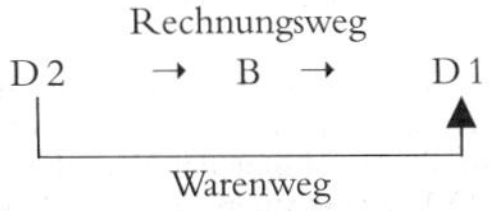

[4]Bei diesem Reihengeschäft werden nacheinander zwei Lieferungen (D 2 an B und B an D 1) ausgeführt. [5]Die Versendung ist der ersten Lieferung D 2 an B zuzuordnen, da D 2 als erster Unternehmer in der Reihe die Maschine versendet. [6]Der Ort der Lieferung liegt nach § 3 Abs. 6 Satz 5 i. V. m. Satz 1 UStG in Bielefeld (Beginn der Versendung). [7]Die zweite Lieferung B an D 1 ist eine ruhende Lieferung. [8]Für diese Lieferung liegt der Lieferort nach § 3 Abs. 7 Satz 2 Nr. 2 UStG in Essen (Ende der Versendung), da sie der Versendungslieferung folgt. [9]B muss sich in Deutschland bei dem zuständigen Finanzamt registrieren lassen und seine Lieferung zur Umsatzbesteuerung erklären.

Innergemeinschaftliche Lieferung und innergemeinschaftlicher Erwerb

(13) [1]Im Rahmen eines Reihengeschäfts, bei dem die Warenbewegung im Inland beginnt und im Gebiet eines anderen Mitgliedstaates endet, kann mit der Beförderung oder Versendung des Liefergegenstands in das übrige Gemeinschaftsgebiet nur **eine** innergemeinschaftliche Lieferung im Sinne des § 6a UStG bewirkt werden. [2]Die Steuerbefreiung nach § 4 Nr. 1 Buchstabe b UStG kommt demnach nur bei der Beförderungs- oder Versendungslieferung zur Anwendung. [3]Beginnt die Warenbewegung in einem anderen Mitgliedstaat und endet sie im Inland, ist von den beteiligten Unternehmern nur derjenige Erwerber im Sinne des § 1a UStG, an den die Beförderungs- oder Versendungslieferung ausgeführt wird.

Beispiel:

[1]Der Unternehmer B 1 in Belgien bestellt bei dem ebenfalls in Belgien ansässigen Großhändler B 2 eine dort nicht vorrätige Ware. [2]B 2 gibt die Bestellung an den Großhändler D 1 in Frankfurt weiter. [3]D 1 bestellt die Ware beim Hersteller D 2 in Köln. [4]Alle Beteiligten treten unter der USt-IdNr. ihres Landes auf.

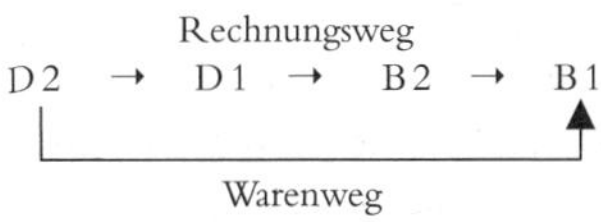

a) [1]D 2 befördert die Ware von Köln mit eigenem Lkw unmittelbar nach Belgien und übergibt sie dort B 1.
[2]Es werden nacheinander drei Lieferungen (D 2 an D 1, D 1 an B 2 und B 2 an B 1) ausgeführt. [3]Die erste Lieferung D 2 an D 1 ist die Beförderungslieferung. [4]Der Ort der Lieferung liegt nach § 3 Abs. 6 Satz 5 i. V. m. Satz 1 UStG in Deutschland (Beginn der Beförderung). [5]Die Lieferung ist im Inland steuerbar und steuerpflichtig, da D 1 ebenfalls mit deutscher USt-IdNr. auftritt. [6]Der Erwerb der Ware unterliegt bei D 1 der Besteuerung des innergemeinschaftlichen Erwerbs in Belgien, weil die Warenbewegung dort endet (§ 3d Satz 1 UStG). [7]Solange D 1 eine Besteuerung des innergemeinschaftlichen Erwerbs in Belgien nicht nachweisen kann, hat er einen innergemeinschaftlichen Erwerb in Deutsch-

land zu besteuern (§ 3d Satz 2 UStG). [8]Die zweite Lieferung D 1 an B 2 und die dritte Lieferung B 2 an B 1 sind ruhende Lieferungen. [9]Für diese Lieferungen liegt der Lieferort nach § 3 Abs. 7 Satz 2 Nr. 2 UStG jeweils in Belgien (Ende der Beförderung), da sie der Beförderungslieferung folgen. [10]Beide Lieferungen sind nach belgischem Recht zu beurteilen. [11]D 1 muss sich in Belgien umsatzsteuerlich registrieren lassen.

[12]Würde D 1 mit belgischer USt-IdNr. auftreten, wäre die Lieferung des D 2 an D 1 als innergemeinschaftliche Lieferung steuerfrei, wenn D 2 die Voraussetzungen hierfür nachweist.

b) [1]D 1 befördert die Ware von Köln mit eigenem Lkw unmittelbar nach Belgien an B 1 und tritt hierbei in seiner Eigenschaft als Abnehmer der Vorlieferung auf.
[2]Da D 1 in seiner Eigenschaft als Abnehmer der Vorlieferung auftritt, ist die Beförderung der ersten Lieferung (D 2 an D 1) zuzuordnen (§ 3 Abs. 6 Satz 6 UStG). [3]Die Beurteilung entspricht daher der von Fall a.

c) [1]B 2 befördert die Ware von Köln mit eigenem Lkw unmittelbar nach Belgien an B 1 und tritt hierbei in seiner Eigenschaft als Abnehmer der Vorlieferung auf.
[2]Da B 2 in seiner Eigenschaft als Abnehmer der Vorlieferung auftritt, ist die Beförderung der zweiten Lieferung (D 1 an B 2) zuzuordnen (§ 3 Abs. 6 Satz 6 UStG). [3]Diese Lieferung ist die Beförderungslieferung. [4]Der Ort der Lieferung liegt nach § 3 Abs. 6 Satz 5 i. V. m. Satz 1 UStG in Deutschland (Beginn der Beförderung). [5]Die Lieferung ist bei Nachweis der Voraussetzungen des § 6a UStG als innergemeinschaftliche Lieferung nach § 4 Nr. 1 Buchstabe b UStG steuerfrei. [6]Der Erwerb der Ware unterliegt bei B 2 der Besteuerung des innergemeinschaftlichen Erwerbs in Belgien, weil die Warenbewegung dort endet (§ 3d Satz 1 UStG). [7]Die erste Lieferung D 2 an D 1 und die dritte Lieferung B 2 an B 1 sind ruhende Lieferungen. [8]Der Lieferort für die erste Lieferung liegt nach § 3 Abs. 7 Satz 2 Nr. 1 UStG in Deutschland (Beginn der Beförderung), da sie der Beförderungslieferung vorangeht. [9]Sie ist eine steuerbare und steuerpflichtige Lieferung in Deutschland. [10]Der Lieferort für die dritte Lieferung liegt nach § 3 Abs. 7 Satz 2 Nr. 2 UStG in Belgien (Ende der Beförderung), da sie der Beförderungslieferung folgt. [11]Sie ist nach belgischem Recht zu beurteilen.

d) [1]B 1 holt die Ware bei D 2 in Köln ab und befördert sie von dort mit eigenem Lkw nach Belgien.
[2]Die Beförderung ist in diesem Fall der dritten Lieferung (B 2 an B 1) zuzuordnen, da der letzte Abnehmer die Ware selbst befördert (Abholfall). [3]Diese Lieferung ist die Beförderungslieferung. [4]Der Ort der Lieferung liegt nach § 3 Abs. 6 Satz 5 i. V. m. Satz 1 UStG in Deutschland (Beginn der Beförderung). [5]Die Lieferung des B 2 ist bei Nachweis der Voraussetzungen des § 6a UStG als innergemeinschaftliche Lieferung nach § 4 Nr. 1 Buchstabe b UStG steuerfrei. [6]Der Erwerb der Ware unterliegt bei B 1 der Besteuerung des innergemeinschaftlichen Erwerbs in Belgien, weil die innergemeinschaftliche Warenbewegung dort endet (§ 3d Satz 1 UStG). [7]Die erste Lieferung D 2 an D 1 und die zweite Lieferung D 1 an B 2 sind ruhende Lieferungen. [8]Für diese Lieferungen liegt der Lieferort nach § 3 Abs. 7 Satz 2 Nr. 1 UStG jeweils in Deutschland (Beginn der Beförderung), da sie der Beförderungslieferung vorangehen. [9]Beide Lieferungen sind steuerbare und steuerpflichtige Lieferungen in Deutschland. [10]D 2, D 1 und B 2 müssen ihre Lieferungen zur Umsatzbesteuerung erklären.

Warenbewegungen im Verhältnis zum Drittland

(14) [1]Im Rahmen eines Reihengeschäfts, bei dem die Warenbewegung im Inland beginnt und im Drittlandsgebiet endet, kann mit der Beförderung oder Versendung des Liefergegenstands in das Drittlandsgebiet nur eine Ausfuhrlieferung im Sinne des § 6 UStG bewirkt werden. [2]Die Steuerbefreiung nach § 4 Nr. 1 Buchstabe a UStG kommt demnach nur bei der Beförderungs- oder Versendungslieferung zur Anwendung.

Beispiel:

[1]Der russische Unternehmer R bestellt eine Werkzeugmaschine bei dem Unternehmer S aus der Schweiz. [2]S bestellt die Maschine bei D 1 in Frankfurt, der die Bestellung an den Herstel-

ler D 2 in Stuttgart weitergibt. [3]S holt die Maschine in Stuttgart ab und befördert sie mit eigenem Lkw unmittelbar nach Russland zu R.

Rechnungsweg

D2 → D1 → S → R

Warenweg

[4]Bei diesem Reihengeschäft werden drei Lieferungen (D 2 an D 1, D 1 an S und S an R) ausgeführt. [5]Die Beförderung ist nach § 3 Abs. 6 Sätze 5 und 6 UStG der zweiten Lieferung D 1 an S zuzuordnen, da S als mittlerer Unternehmer in der Reihe offensichtlich in seiner Eigenschaft als Abnehmer der Vorlieferung auftritt. [6]Ort der Beförderungslieferung ist nach § 3 Abs. 6 Satz 5 i. V. m. Satz 1 UStG Stuttgart (Beginn der Beförderung). [7]Die Lieferung ist bei Nachweis der Voraussetzungen des § 6 UStG als Ausfuhrlieferung nach § 4 Nr. 1 Buchstabe a UStG steuerfrei. [8]Die erste Lieferung D 2 an D 1 und die dritte Lieferung S an R sind ruhende Lieferungen. [9]Der Lieferort für die erste Lieferung liegt nach § 3 Abs. 7 Satz 2 Nr. 1 UStG in Deutschland (Beginn der Beförderung), da sie der Beförderungslieferung vorangeht. [10]Sie ist eine steuerbare und steuerpflichtige Lieferung in Deutschland. [11]Die Steuerbefreiung für Ausfuhrlieferungen kommt bei ruhenden Lieferungen nicht in Betracht. [12]Der Lieferort für die dritte Lieferung liegt nach § 3 Abs. 7 Satz 2 Nr. 2 UStG in Russland (Ende der Beförderung), da sie der Beförderungslieferung folgt.

[13]Holt im vorliegenden Fall R die Maschine selbst bei D 2 in Stuttgart ab und befördert sie mit eigenem Lkw nach Russland, ist die Beförderung der dritten Lieferung (S an R) zuzuordnen. [14]Ort der Beförderungslieferung ist nach § 3 Abs. 6 Satz 5 i. V. m. Satz 1 UStG Stuttgart (Beginn der Beförderung). [15]Die Lieferung ist bei Nachweis der Voraussetzungen des § 6 UStG als Ausfuhrlieferung nach § 4 Nr. 1 Buchstabe a UStG steuerfrei. [16]Die erste Lieferung (D 2 an D 1) und die zweite Lieferung (D 1 an S) sind als ruhende Lieferungen jeweils in Deutschland steuerbar und steuerpflichtig, da sie der Beförderungslieferung vorangehen (§ 3 Abs. 7 Satz 2 Nr. 1 UStG). [17]S muss seine Lieferung beim zuständigen Finanzamt in Deutschland zur Umsatzbesteuerung erklären.

(15) [1]Gelangt im Rahmen eines Reihengeschäfts der Gegenstand der Lieferungen aus dem Drittlandsgebiet in das Inland, kann eine Verlagerung des Lieferorts nach § 3 Abs. 8 UStG nur für die Beförderungs- oder Versendungslieferung in Betracht kommen. [2]Dazu muss derjenige Unternehmer, dessen Lieferung im Rahmen des Reihengeschäfts die Beförderung oder Versendung zuzuordnen ist, oder sein Beauftragter zugleich auch Schuldner der Einfuhrumsatzsteuer sein.

(16) Gelangt der Gegenstand der Lieferungen im Rahmen eines Reihengeschäfts aus dem Drittlandsgebiet in das Inland und hat ein Abnehmer in der Reihe oder dessen Beauftragter den Gegenstand der Lieferung eingeführt, sind die der Einfuhr in der Lieferkette vorausgegangenen Lieferungen nach § 4 Nr. 4b UStG steuerfrei.

Beispiel:

[1]Der deutsche Unternehmer D bestellt bei dem französischen Unternehmer F Computerteile. [2]Dieser bestellt die Computerteile seinerseits bei dem Hersteller S in der Schweiz. [3]S befördert die Teile im Auftrag des F unmittelbar an D nach Deutschland.

Rechnungsweg

S → F → D

Warenweg

a) [1]D lässt die Teile zur Überlassung zum zoll- und steuerrechtlich freien Verkehr abfertigen, nachdem ihm S die Computerteile übergeben hat.

[2]Bei diesem Reihengeschäft werden zwei Lieferungen (S an F und F an D) ausgeführt. [3]Die Beförderung ist nach § 3 Abs. 6 Satz 5 und Satz 1 UStG der ersten Lieferung S an F zuzuordnen, da S als erster Unternehmer in der Reihe die Computerteile selbst befördert. [4]Lieferort ist nach § 3 Abs. 6 Satz 5 i. V. m. Satz 1 UStG die Schweiz (Beginn der Beförderung). [5]Die Lieferung des S unterliegt bei der Einfuhr in Deutschland der deutschen Einfuhrumsatzsteuer. [6]Eine Verlagerung des Lieferorts nach § 3 Abs. 8 UStG kommt nicht in Betracht, da S als Lieferer der Beförderungslieferung nicht zugleich Schuldner der Einfuhrumsatzsteuer ist. [7]Die zweite Lieferung (F an D) ist eine ruhende Lieferung. [8]Sie gilt nach § 3 Abs. 7 Satz 2 Nr. 2 UStG in Deutschland als ausgeführt (Ende der Beförderung), da sie der Beförderung nachfolgt. [9]F führt eine nach § 4 Nr. 4b UStG steuerfreie Lieferung aus, da seine Lieferung in der Lieferkette der Einfuhr durch den Abnehmer D vorausgeht. [10]Erteilt F dem D eine Rechnung mit gesondertem Steuerausweis, kann D lediglich die geschuldete Einfuhrumsatzsteuer als Vorsteuer abziehen. [11]Ein Abzug der in einer solchen Rechnung des F gesondert ausgewiesenen Steuer als Vorsteuer kommt für D nur dann in Betracht, wenn diese Steuer gesetzlich geschuldet ist. [12]Kann F den Nachweis nicht erbringen, dass sein Folgeabnehmer D die Computerteile zur Überlassung zum zoll- und steuerrechtlich freien Verkehr abgefertigt hat, muss er die Lieferung an D als steuerpflichtig behandeln. [13]Die Umsatzsteuer ist dann gesetzlich geschuldet und D kann in diesem Fall die in der Rechnung des F gesondert ausgewiesene Umsatzsteuer nach § 15 Abs. 1 Satz 1 Nr. 1 UStG neben der *von ihm* entstandenen Einfuhrumsatzsteuer nach § 15 Abs. 1 Satz 1 Nr. 2 UStG als Vorsteuer abziehen, vgl. Abschnitt 15.8 Abs. 10 Satz 3.

b) [1]Die Computerteile werden bereits bei Grenzübertritt für F zur Überlassung zum zoll- und steuerrechtlich freien Verkehr abgefertigt.

[2]Es liegt wie im Fall a) ein Reihengeschäft vor, bei dem die (Beförderungs-)Lieferung des S an F mit Beginn der Beförderung in der Schweiz (§ 3 Abs. 6 Satz 5 i. V. m. Satz 1 UStG) und die ruhende Lieferung des F an D am Ende der Beförderung in Deutschland ausgeführt wird (§ 3 Abs. 7 Satz 2 Nr. 2 UStG). [3]Im Zeitpunkt der Überlassung zum zoll- und steuerrechtlich freien Verkehr hat F die Verfügungsmacht über die eingeführten Computerteile, weil die Lieferung von S an ihn bereits in der Schweiz und seine Lieferung an D erst mit der Übergabe der Waren an D im Inland als ausgeführt gilt. [4]Die angefallene Einfuhrumsatzsteuer kann daher von F als Vorsteuer abgezogen werden. [5]Die Lieferung des F an D ist nicht nach § 4 Nr. 4b UStG steuerfrei, da sie innerhalb der Lieferkette der Einfuhr nachgeht. [6]Erteilt F dem D eine Rechnung mit gesondertem Steuerausweis, kann D diese unter den allgemeinen Voraussetzungen des § 15 UStG als Vorsteuer abziehen.

(17) Die Absätze 14 bis 16 gelten entsprechend, wenn bei der Warenbewegung vom Inland in das Drittlandsgebiet (oder umgekehrt) das Gebiet eines anderen Mitgliedstaates berührt wird.

Reihengeschäfte mit privaten Endabnehmern

(18) [1]An Reihengeschäften können auch Nichtunternehmer als letzte Abnehmer in der Reihe beteiligt sein. [2]Die Grundsätze der Absätze 1 bis 10 und Absatz 19 Satz 1 sind auch in diesen Fällen anzuwenden. [3]Wenn der letzte Abnehmer im Rahmen eines Reihengeschäfts, bei dem die Warenbewegung im Inland beginnt und im Gebiet eines anderen Mitgliedstaates endet (oder umgekehrt), nicht die subjektiven Voraussetzungen für die Besteuerung des innergemeinschaftlichen Erwerbs erfüllt und demzufolge nicht mit einer USt-IdNr. auftritt, ist § 3c UStG zu beachten, wenn der letzten Lieferung in der Reihe die Beförderung oder Versendung zugeordnet wird; dies gilt nicht, wenn der private Endabnehmer den Gegenstand abholt.

Beispiel:

[1]Der niederländische Privatmann NL kauft für sein Einfamilienhaus in Venlo Möbel beim Möbelhaus D 1 in Köln. [2]D 1 bestellt die Möbel bei der Möbelfabrik D 2 in Münster. [3]D 2

versendet die Möbel unmittelbar zu NL nach Venlo. [4]D 1 und D 2 treten jeweils unter ihrer deutschen USt IdNr. auf.

Rechnungsweg

D 2 → D 1 → NL (Privatperson)

Warenweg

[5]Bei diesem Reihengeschäft werden nacheinander zwei Lieferungen (D 2 an D 1 und D 1 an NL) ausgeführt. [6]Die erste Lieferung D 2 an D 1 ist die Versendungslieferung, da D 2 als erster Unternehmer in der Reihe den Transport durchführen lässt. [7]Der Ort der Lieferung liegt nach § 3 Abs. 6 Satz 5 i. V. m. Satz 1 UStG in Deutschland (Beginn der Versendung). [8]Die Lieferung ist im Inland steuerbar und steuerpflichtig, da D 1 ebenfalls mit deutscher USt-IdNr. auftritt. [9]Der Erwerb der Ware unterliegt bei D 1 der Besteuerung des innergemeinschaftlichen Erwerbs in den Niederlanden, weil die innergemeinschaftliche Warenbewegung dort endet (§ 3d Satz 1 UStG). [10]Solange D 1 einen innergemeinschaftlichen Erwerb in den Niederlanden nicht nachweisen kann, hat er einen innergemeinschaftlichen Erwerb in Deutschland zu besteuern (§ 3d Satz 2 UStG). [11]Die zweite Lieferung D 1 an NL ist eine ruhende Lieferung. [12]Die Lieferung des D 1 an NL fällt deshalb nicht unter die Regelung des § 3c UStG. [13]Der Lieferort für diese Lieferung liegt nach § 3 Abs. 7 Satz 2 Nr. 2 UStG in den Niederlanden (Ende der Versendung), da sie der Versendungslieferung folgt. [14]Die Lieferung ist nach niederländischem Recht zu beurteilen. [15]D 1 muss sich in den Niederlanden umsatzsteuerlich registrieren lassen.

[16]Würde D 1 mit niederländischer USt-IdNr. auftreten, wäre die Lieferung des D 2 an D 1 als innergemeinschaftliche Lieferung steuerfrei, wenn D 2 die Voraussetzungen hierfür nachweist.

[17]Würde die Versendung im vorliegenden Fall allerdings der zweiten Lieferung (D 1 an NL) zuzuordnen sein, wäre diese Lieferung nach § 3c UStG zu beurteilen, da der Gegenstand vom Lieferer in einen anderen Mitgliedstaat versendet wird und der Abnehmer NL als Privatperson nicht zu den in § 1a Abs. 1 Nr. 2 UStG genannten Personen gehört.

Vereinfachungsregelungen

(19) [1]Ist die Zuordnung der Beförderung oder Versendung zu einer der Lieferungen von einem an dem Reihengeschäft beteiligten Unternehmer auf Grund des Rechts eines anderen Mitgliedstaates ausnahmsweise abweichend von den Absätzen 7 bis 10 vorgenommen worden, ist es nicht zu beanstanden, wenn dieser Zuordnung gefolgt wird. [2]Bei einer gebrochenen Beförderung oder Versendung aus einem anderen Mitgliedstaat ins Drittlandsgebiet ist die Behandlung als Reihengeschäft nicht zu beanstanden, wenn der erste Unternehmer den Liefergegenstand aus dem Mitgliedstaat des Beginns der Beförderung oder Versendung (Abgangsmitgliedstaat) nur zum Zweck der Verschiffung ins Drittlandsgebiet in das Inland befördert oder versendet, aufgrund des Rechts des Abgangsmitgliedstaats die Behandlung als Reihengeschäft vorgenommen worden ist und der Unternehmer, dessen Lieferung bei Nichtannahme eines Reihengeschäfts im Inland steuerbar wäre, dies nachweist.

3.15 Dienstleistungskommission (§ 3 Abs. 11 UStG)

(1) [1]Wird ein Unternehmer (Auftragnehmer) in die Erbringung einer sonstigen Leistung eingeschaltet und handelt er dabei im eigenen Namen und für fremde Rechnung (Dienstleistungskommission), gilt diese sonstige Leistung als an ihn und von ihm erbracht. [2]Dabei wird eine Leistungskette fingiert. [3]Sie behandelt den Auftragnehmer als Leistungsempfänger und zugleich Leis-

tenden. [4]Die Dienstleistungskommission erfasst die Fälle des sog. Leistungseinkaufs und des sog. Leistungsverkaufs. [5]Ein sog. Leistungseinkauf liegt vor, wenn ein von einem Auftraggeber bei der Beschaffung einer sonstigen Leistung eingeschalteter Unternehmer (Auftragnehmer) für Rechnung des Auftraggebers im eigenen Namen eine sonstige Leistung durch einen Dritten erbringen lässt. [6]Ein sog. Leistungsverkauf liegt vor, wenn ein von einem Auftraggeber bei der Erbringung einer sonstigen Leistung eingeschalteter Unternehmer (Auftragnehmer) für Rechnung des Auftraggebers im eigenen Namen eine sonstige Leistung an einen Dritten erbringt.

(2) [1]Die Leistungen der Leistungskette, d.h. die an den Auftragnehmer erbrachte und die von ihm ausgeführte Leistung, werden bezüglich ihres Leistungsinhalts gleich behandelt.[1)] [2]Die Leistungen werden zum selben Zeitpunkt erbracht. [3]Im Übrigen ist jede der beiden Leistungen unter Berücksichtigung der Leistungsbeziehung gesondert für sich nach den allgemeinen Regeln des UStG zu beurteilen. [4]Dies gilt z.B. in den Fällen des Verzichts auf die Steuerbefreiung nach § 9 UStG (Option). [5]Fungiert ein Unternehmer bei der Erbringung einer steuerfreien sonstigen Leistung als Strohmann für einen Dritten („Hintermann"), liegt ein Kommissionsgeschäft nach § 3 Abs. 11 UStG vor mit der Folge, dass auch die Besorgungsleistung des Hintermanns steuerfrei zu behandeln ist (vgl. BFH-Urteil vom 22.9.2005, V R 52/01, BStBl. II S. 278).

(3)[2)] [1]Personenbezogene Merkmale der an der Leistungskette Beteiligten sind weiterhin für jede Leistung innerhalb einer Dienstleistungskommission gesondert in die umsatzsteuerrechtliche Beurteilung einzubeziehen. [2]Dies kann z.B. für die Anwendung von Steuerbefreiungsvorschriften von Bedeutung sein (vgl. z.B. § 4 Nr. 19 Buchstabe a UStG) oder für die Bestimmung des Orts der sonstigen Leistung, wenn er davon abhängig ist, ob die Leistung an einen Unternehmer oder einen Nichtunternehmer erbracht wird. [3]Besorgt ein Unternehmer für Dritte Leistungen, für die die Befreiungsvorschrift des § 4 Nr. 20 Buchstabe a UStG zur Anwendung kommt, ist auch die Besorgungsleistung an die Abnehmer nach § 4 Nr. 20 Buchstabe a UStG steuerbefreit, vgl. BFH-Urteil vom 25.4.2018, XI R 16/16, BStBl. 2021 II S. 457. [4]Die Steuer kann nach § 13 UStG für die jeweilige Leistung zu unterschiedlichen Zeitpunkten entstehen; z.B. wenn der Auftraggeber der Leistung die Steuer nach vereinbarten und der Auftragnehmer die Steuer nach vereinnahmten Entgelten berechnet. [5]Außerdem ist z.B. zu berücksichtigen, ob die an der Leistungskette Beteiligten Nichtunternehmer, Kleinunternehmer (§ 19 UStG), Land- und Forstwirte, die für ihren Betrieb die Durchschnittssatzbesteuerung nach § 24 UStG anwenden, sind.

Beispiel:

[1]Der Bauunternehmer G besorgt für den Bauherrn B die sonstige Leistung des Handwerkers C, für dessen Umsätze die Umsatzsteuer nach § 19 Abs. 1 UStG nicht erhoben wird.

[2]Das personenbezogene Merkmal – Kleinunternehmer – des C ist nicht auf den Bauunternehmer G übertragbar. [3]Die Leistung des G unterliegt dem allgemeinen Steuersatz.

---

1) Zur Steuerfreiheit von Besorgungsleistungen i.Z.m. Opern-Eintrittskarten siehe BFH v. 25.4.2018 XI R 16/16, BStBl. II 2021, 457.

2) A 3.15 UStAE Abs. 3 neugef. durch BMF v. 9.6.2021, BStBl. I 2021, 780, anzuwenden in allen offenen Fällen.

(4) [1]Die zivilrechtlich vom Auftragnehmer an den Auftraggeber erbrachte Besorgungsleistung bleibt umsatzsteuerrechtlich ebenso wie beim Kommissionsgeschäft nach § 3 Abs. 3 UStG unberücksichtigt. [2]Der Auftragnehmer erbringt im Rahmen einer Dienstleistungskommission nicht noch eine (andere) Leistung (Vermittlungsleistung). [3]Der Auftragnehmer darf für die vereinbarte Geschäftsbesorgung keine Rechnung erstellen. [4]Eine solche Rechnung, in der die Umsatzsteuer offen ausgewiesen ist, führt zu einer Steuer nach § 14c Abs. 2 UStG.

(5) [1]Erbringen Sanierungsträger, die ihre Aufgaben nach § 159 Abs. 1 BauGB[1)] im eigenen Namen und für Rechnung der auftraggebenden Körperschaften des öffentlichen Rechts (Gemeinden) als deren Treuhänder erfüllen, Leistungen nach § 157 BauGB und beauftragen sie zur Erbringung dieser Leistungen andere Unternehmer, gelten die von den beauftragten Unternehmern erbrachten Leistungen als an den Sanierungsträger und von diesem an die treugebende Gemeinde erbracht. [2]Satz 1 gilt entsprechend für vergleichbare Leistungen der Entwicklungsträger nach § 167 BauGB.

(6) Beispiele zur sog. Leistungseinkaufskommission:

Beispiel 1:

[1]Der im Inland ansässige Spediteur G besorgt für den im Inland ansässigen Unternehmer B im eigenen Namen und für Rechnung des B die inländische Beförderung eines Gegenstands von München nach Berlin. [2]Die Beförderungsleistung bewirkt der im Inland ansässige Unternehmer C.

[3]Da G in die Erbringung einer Beförderungsleistung eingeschaltet wird und dabei im eigenen Namen, jedoch für fremde Rechnung handelt, gilt diese Leistung als an ihn und von ihm erbracht.

B ◄———————— G ◄———————— C

Beförderungsleistung Beförderungsleistung

[4]Die Leistungskette wird fingiert. [5]Die zivilrechtlich vereinbarte Geschäftsbesorgungsleistung ist umsatzsteuerrechtlich unbeachtlich.

[6]C erbringt an G eine im Inland steuerpflichtige Beförderungsleistung (§ 3a Abs. 2 UStG). [7]G hat gegenüber B ebenfalls eine im Inland steuerpflichtige Beförderungsleistung (§ 3a Abs. 2 UStG) abzurechnen.

Beispiel 2:

[1]Der im Inland ansässige Spediteur G besorgt für den in Frankreich ansässigen Unternehmer F im eigenen Namen und für Rechnung des F die Beförderung eines Gegenstands von Paris nach München. [2]Die Beförderungsleistung bewirkt der im Inland ansässige Unternehmer C. [3]G und C verwenden jeweils ihre deutsche, F seine französische USt-IdNr.

F ◄———————— G ◄———————— C

Beförderungsleistung Beförderungsleistung

[4]Die Leistungskette wird fingiert. [5]Die zivilrechtlich vereinbarte Geschäftsbesorgungsleistung ist umsatzsteuerrechtlich unbeachtlich.

[6]C erbringt an G eine in Deutschland steuerbare Beförderungsleistung (§ 3a Abs. 2 UStG). [7]G hat gegenüber F eine nach § 3a Abs. 2 UStG in Frankreich steuerbare Beförderungsleistung abzurechnen. [8]Die Verwendung der französischen USt-IdNr. durch F hat auf die Ortsbestimmung keine Auswirkung.

Beispiel 3:

[1]Der private Endverbraucher E beauftragt das im Inland ansässige Reisebüro R mit der Beschaffung der für die Reise notwendigen Betreuungsleistungen durch das Referenzunter-

---

[1)] **Sartorius** Nr. **300**.

nehmen D mit Sitz im Drittland. [2] R besorgt diese sonstige Leistung im eigenen Namen, für Rechnung des E.
[3] Da R in die Erbringung einer sonstigen Leistung eingeschaltet wird und dabei im eigenen Namen, jedoch für fremde Rechnung handelt, gilt diese Leistung als an ihn und von ihm erbracht.

E ◄——————— R ◄——————— D

[4] Die Leistungskette wird fingiert. [5] Die zivilrechtlich vereinbarte Geschäftsbesorgungsleistung ist umsatzsteuerrechtlich unbeachtlich. [6] Die Leistungen der Leistungskette, d. h. die an R erbrachte und die von R ausgeführte Leistung, werden bezüglich des Leistungsinhalts gleich behandelt. [7] Im Übrigen ist jede der beiden Leistungen unter Berücksichtigung der Leistungsbeziehungen gesondert für sich nach den allgemeinen Regeln des UStG zu beurteilen (vgl. Absatz 2).
[8] Die von D an R erbrachte Betreuungsleistung wird grundsätzlich an dem Ort ausgeführt, von dem aus der Leistungsempfänger sein Unternehmen betreibt (§ 3a Abs. 2 UStG). [9] Sie stellt aber eine Reisevorleistung im Sinne des § 25 Abs. 1 Satz 5 UStG dar, da sie dem Reisenden unmittelbar zugute kommt. [10] Die Leistung wird nach § 3a Abs. 8 Satz 1 UStG als im Drittland ausgeführt behandelt. [11] R erbringt nach § 3 Abs. 11 UStG ebenfalls eine Betreuungsleistung. [12] Es handelt sich nach § 25 Abs. 1 Satz 1 UStG um eine Reiseleistung. [13] Diese Leistung wird nach § 25 Abs. 1 Satz 4 in Verbindung mit § 3a Abs. 1 UStG an dem Ort ausgeführt, von dem aus R sein Unternehmen betreibt. [14] Sie ist steuerbar, aber nach § 25 Abs. 2 Satz 1 UStG steuerfrei, da die ihr zuzurechnende Reisevorleistung im Drittlandsgebiet bewirkt wurde (vgl. BFH-Urteil vom 2. März 2006, V R 25/03, BStBl. II S. 788).

(7) Beispiele zur sog. Leistungsverkaufskommission:

Kurzfristige Vermietung von Ferienhäusern

Beispiel 1:

[1] Der im Inland ansässige Eigentümer E eines in Belgien belegenen Ferienhauses beauftragt G mit Sitz im Inland, im eigenen Namen und für Rechnung des E Mieter für kurzfristige Ferienaufenthalte in seinem Ferienhaus zu besorgen.
[2] Da G in die Erbringung sonstiger Leistungen (kurzfristige – steuerpflichtige – Vermietungsleistungen nach § 4 Nr. 12 Satz 2 UStG) eingeschaltet wird und dabei im eigenen Namen, jedoch für fremde Rechnung handelt, gelten die Leistungen als an ihn und von ihm erbracht.

E ———————► G ———————► Mieter

kurzfristige Vermietungsleistungen — Reiseleistungen

[3] Die Leistungskette wird fingiert. [4] Die zivilrechtlich vereinbarte Geschäftsbesorgungsleistung ist umsatzsteuerrechtlich unbeachtlich.
[5] Die Vermietungsleistungen des E an G sind im Inland nicht steuerbar (§ 3a Abs. 3 Nr. 1 Satz 2 Buchstabe a UStG).
[6] G erbringt an die Mieter Reiseleistungen im Sinne des § 25 UStG. [7] Die Leistungen sind nach § 25 Abs. 1 Satz 4 in Verbindung mit § 3a Abs. 1 UStG steuerbar und mangels Steuerbefreiung steuerpflichtig.

Beispiel 2:

[1] Sachverhalt wie in Beispiel 1, jedoch befindet sich das Ferienhaus des E in der Schweiz.
[2] Die Vermietungsleistungen des E an G sind im Inland nicht steuerbar. [3] Die sonstigen Leistungen werden nach § 3a Abs. 3 Nr. 1 Satz 2 Buchstabe a UStG in der Schweiz ausgeführt (Belegenheitsort). [4] G erbringt an die Mieter steuerbare Reiseleistungen, die nach § 25 Abs. 2 UStG steuerfrei sind, weil die Reisevorleistungen im Drittlandsgebiet bewirkt werden.

Beispiel 3:

[1] Sachverhalt wie in Beispiel 1, jedoch liegt das Ferienhaus des E im Inland.
[2] Die Vermietungsleistungen des E an G sind im Inland steuerbar (§ 3a Abs. 3 Nr. 1 Satz 2 Buchstabe a UStG) und als kurzfristige Vermietungsleistungen (§ 4 Nr. 12 Satz 2 UStG)

steuerpflichtig. [3]G erbringt an die Mieter steuerbare und steuerpflichtige Reiseleistungen im Sinne des § 25 UStG. [4]G ist nach § 25 Abs. 4 UStG nicht berechtigt, die in den Rechnungen des E ausgewiesenen Steuerbeträge als Vorsteuer abzuziehen.

Leistungen in der Kreditwirtschaft

Beispiel 4:

[1]Ein nicht im Inland ansässiges Kreditinstitut K (ausländischer Geldgeber) beauftragt eine im Inland ansässige GmbH G mit der Anlage von Termingeldern im eigenen Namen für fremde Rechnung bei inländischen Banken.

[2]Da G als Unternehmer in die Erbringung einer sonstigen Leistung (Kreditgewährungsleistung im Sinne des § 4 Nr. 8 Buchstabe a UStG) eingeschaltet wird und dabei im eigenen Namen, jedoch für fremde Rechnung handelt, gilt die Leistung als an sie und von ihr erbracht.

K →	G →	inländische Banken
Anlage von Termingeldern (steuerfreie Kreditgewährung)	Anlage von Termingeldern (steuerfreie Kreditgewährung)	

[3]Die Leistungskette wird fingiert. [4]Die zivilrechtlich vereinbarte Geschäftsbesorgungsleistung ist umsatzsteuerrechtlich unbeachtlich.

[5]K erbringt an G und G an die inländischen Banken durch die Kreditgewährung im Inland steuerbare (§ 3a Abs. 2 UStG), jedoch steuerfreie Leistungen (§ 4 Nr. 8 Buchstabe a UStG).

Vermietung beweglicher körperlicher Gegenstände

Beispiel 5:

[1]Ein im Inland ansässiger Netzbetreiber T beauftragt eine im Inland ansässige GmbH G mit der Vermietung von Telekommunikationsanlagen (ohne Einräumung von Nutzungsmöglichkeiten von Übertragungskapazitäten) im eigenen Namen für fremde Rechnung an den im Ausland ansässigen Unternehmer U.

[2]Da G als Unternehmer in die Erbringung einer sonstigen Leistung (Vermietung beweglicher körperlicher Gegenstände) eingeschaltet wird und dabei im eigenen Namen, jedoch für fremde Rechnung handelt, gilt die Leistung als an sie und von ihr erbracht.

T →	G →	U
Vermietung	Vermietung	

[3]Die Leistungskette wird fingiert. [4]Die zivilrechtlich vereinbarte Geschäftsbesorgungsleistung ist umsatzsteuerrechtlich unbeachtlich. [5]Die Leistungen der Leistungskette, d. h. die an G erbrachte und die von G ausgeführte Leistung, werden bezüglich des Leistungsinhalts gleich behandelt. [6]Im Übrigen ist jede der beiden Leistungen unter Berücksichtigung der Leistungsbeziehungen gesondert für sich nach den allgemeinen Regeln des UStG zu beurteilen (vgl. Absatz 2).

[7]T erbringt an G durch die Vermietung beweglicher körperlicher Gegenstände im Inland steuerbare (§ 3a Abs. 2 UStG) und, soweit keine Steuerbefreiung greift, steuerpflichtige Leistungen.

[8]G erbringt an den im Ausland ansässigen U durch die Vermietung beweglicher körperlicher Gegenstände nicht im Inland steuerbare (§ 3a Abs. 2 UStG) Leistungen.

3.16 Leistungsbeziehungen bei der Abgabe werthaltiger Abfälle

(1) [1]Beauftragt ein Abfallerzeuger oder -besitzer einen Dritten mit der ordnungsgemäßen Entsorgung seines Abfalls, erbringt der Dritte mit der Übernahme und Erfüllung der Entsorgungspflicht eine sonstige Leistung im Sinne von § 3 Abs. 9 UStG, sofern der Entsorgung eine eigenständige wirtschaftliche Bedeutung zukommt. [2]Ist dem zur Entsorgung überlassenen Abfall ein

wirtschaftlicher Wert beizumessen (sog. werthaltiger Abfall), liegt ein tauschähnlicher Umsatz (Entsorgungsleistung gegen Lieferung des Abfalls) – ggf. mit Baraufgabe – vor, wenn nach den übereinstimmenden Vorstellungen der Vertragspartner

– der überlassene Abfall die Höhe der Barvergütung für die Entsorgungsleistung oder
– die übernommene Entsorgung die Barvergütung für die Lieferung des Abfalls

beeinflusst hat (vgl. Abschnitt 10.5 Abs. 2).

Entsorgungsleistung von eigenständiger wirtschaftlicher Bedeutung

(2) [1]Eine Entsorgungsleistung von eigenständiger wirtschaftlicher Bedeutung liegt vor, wenn Vereinbarungen über die Aufarbeitung oder Entsorgung der Abfälle getroffen wurden. [2]Nicht ausreichend ist, dass sich der Entsorger allgemein zur Einhaltung abfallrechtlicher Normen (z. B. Einhaltung vorgeschriebener Verwertungsquoten) verpflichtet hat oder ein Entsorgungsnachweis ausgestellt wird. [3]Leistet der Entsorger dem Abfallerzeuger oder -besitzer eine Vergütung für den gelieferten Abfall, ohne dass der Entsorgungsleistung eine eigenständige wirtschaftliche Bedeutung zukommt, ist von einer bloßen Abfalllieferung durch den Abfallerzeuger/-besitzer an den Entsorger auszugehen. [4]Haben Abfälle einen positiven Marktwert und werden sie unmittelbar in Produktionsprozessen z. B. als Roh- oder Brennstoff eingesetzt, steht im Falle ihrer Veräußerung nicht die Entsorgungsleistung im Vordergrund, selbst wenn die Stoffe ihre Abfalleigenschaft noch nicht verloren haben. [5]Gleiches gilt für bereits sortenrein gesammelte Produktionsabfälle. [6]Auch beim Handel mit derartigen Produkten liegt keine Entsorgungsleistung vor.

Beeinflussung der Barvergütung

(3) [1]Auch wenn der Entsorgungsleistung eine eigenständige wirtschaftliche Bedeutung zukommt, ist aus Vereinfachungsgründen eine zum tauschähnlichen Umsatz führende Beeinflussung der Barvergütung durch den überlassenen Abfall grundsätzlich nur anzunehmen,

1. wenn die Beteiligten ausdrücklich hierauf gerichtete Vereinbarungen getroffen, also neben dem Entsorgungsentgelt einen bestimmten Wert für eine bestimmte Menge der überlassenen Abfälle vereinbart haben, oder
2. die wechselseitige Beeinflussung auf Grund der getroffenen Vereinbarungen offensichtlich ist. [2]Hiervon ist nur in folgenden Fällen auszugehen:
   a) [1]Es wird vertraglich die Anpassung des ursprünglich ausdrücklich vereinbarten Entsorgungsentgelts an sich ändernde Marktverhältnisse für den übernommenen Abfall ausbedungen (sog. Preisanpassungsklauseln). [2]Preisanpassungsklauseln, die nur Auswirkungen für zukünftige Umsätze haben, sind insoweit ohne Bedeutung.

   Beispiel 1:

   [1]Unternehmer U1 übernimmt gegenüber dem Reifenservice R die Entsorgung von Altreifen. [2]R zahlt U1 einen Preis von 2,– € je übernommenen Altreifen. [3]Bei einer Veränderung des Preisindexes von Stahl oder Gummigranulat im Vergleich zu den Verhältnissen bei Vertragsabschluss sind beide Beteiligten berechtigt, diesen Preis um 50% der Indexveränderung anzupassen.

b) Das nach Art und Menge bestimmte Entsorgungsentgelt ändert sich in Abhängigkeit von der Qualität der überlassenen Abfälle.

Beispiel 2:

[1] Unternehmer U2 übernimmt gegenüber dem Bauunternehmer B die Entsorgung von Baustellenmischabfällen. [2] Die Beteiligten vereinbaren einen Grundpreis von 250,– € je Fuhre, welcher sich ab einem bestimmten Metall- und Folienanteil im Abfall um 50,– € reduziert.

c) Es wird eine (Mehr-)Erlösverteilungsabrede getroffen.

Beispiel 3:

[1] Unternehmer U3 übernimmt gegenüber dem Reifenhersteller R die Entsorgung von Fehlproduktionen und Materialresten für 80,– € je Tonne. [2] Die Beteiligten verabreden, dass R an den von U3 bei der Veräußerung von daraus gewonnenem Gummigranulat und Stahl erzielten Erlösen zu 25% beteiligt wird.

Vereinfachungsregelung

(4) Sofern in den unter Absatz 3 Nr. 2 genannten Fällen weder die Barvergütung einen Betrag von 50,– € je Umsatz noch die entsorgte Menge ein Gewicht von 100 kg je Umsatz übersteigt, ist das Vorliegen eines tauschähnlichen Umsatzes aus Vereinfachungsgründen nicht zu prüfen.

Beispiel 1:

[1] U1 übernimmt die Entsorgung des bei der Buchhaltungsfirma B anfallenden Altpapiers. [2] Er entsorgt dort eine Menge von max. 20 kg Altpapier und berechnet hierfür 10,– €. [3] Da die für B entsorgte Menge das Gewicht von 100 kg je Abholung nicht übersteigt und die Entgelte hierfür 50,– € je Abholung nicht übersteigen, ist es aus Vereinfachungsgründen nicht zu beanstanden, wenn die Beteiligten keinen tauschähnlichen Umsatz angenommen und nur die Entsorgungsleistung des U1 der Besteuerung unterworfen haben.

Beispiel 2:

[1] U2 betreibt einen Abholservice für bestimmten Schrott und unbrauchbare Haushaltsgeräte, wie Waschmaschinen, Wäschetrockner und Geschirrspüler. [2] Er bietet seinen Service privaten Haushalten kostenlos an. [3] Daneben führt er unentgeltlich Altkleidersammlungen in Wohngebieten durch. [4] Soweit das Gewicht des Abfalls je Abholung und Haushalt 100 kg nicht übersteigt, ist es aus Vereinfachungsgründen nicht zu beanstanden, wenn die Beteiligten ohne weitere Prüfung nur eine Entsorgungsleistung annehmen, die jedoch mangels Entgelt nicht steuerbar ist.

Einzelfälle

(5) [1] Ein tauschähnlicher Umsatz liegt insbesondere **nicht** vor,

1. im Falle sog. Umleersammeltouren (z.B. Leerung von Altpapiertonnen, Austausch bzw. Leerpumpen von Altölsammelbehältern), bei denen die Menge des im Einzelfall abgelieferten Abfalls und seine Zusammensetzung und Qualität nicht festgestellt werden; hier ist davon auszugehen, dass eine wechselseitige Beeinflussung von Barvergütung und Entsorgungsleistung und damit ein tauschähnlicher Umsatz nicht vorliegt.
2. in den Fällen, in denen die Werthaltigkeit von zur Entsorgung überlassenen Abfällen erst später festgestellt werden kann, ohne dass sich hierdurch Auswirkungen auf die Höhe der Vergütung bereits getätigter Umsätze ergeben; eine Berücksichtigung der Werthaltigkeit der Abfälle beim Abschluss zukünftiger Entsorgungsverträge ist für bereits ausgeführte Umsätze unschädlich.

3. wenn Nebenerzeugnisse oder Abfälle im Rahmen von Gehaltslieferungen im Sinne des § 3 Abs. 5 UStG zurückgenommen werden; hier fehlt es an einer Lieferung von Abfall.

Beispiel 1:

[1] U1 liefert zum Preis von 4,10 € je Dezitonne Zuckerrüben an die Zuckerfabrik Z und behält sich die Rückgabe der bei der Zuckerproduktion anfallenden Rübenschnitzel für Fütterungszwecke vor. [2] Es handelt sich lediglich um eine (Gehalts-)Lieferung des U1 an Z (Entgelt 4,10 € je Dezitonne). [3] Z erbringt keine Lieferung von Abfall in Form von Rübenschnitzeln, weil diese nicht am Leistungsaustausch teilgenommen haben und somit nicht Gegenstand der Gehaltslieferung des U1 geworden sind.

4. wenn das angekaufte Material ohne weitere Behandlung marktfähig (z. B. an einer Rohstoffbörse handelbar) ist, auch keiner gesetzlichen Entsorgungsverpflichtung mehr unterliegt und damit seine Eigenschaft als Abfall verloren hat. [2] Da in diesem Fall das Material nur noch den Status eines normalen Handelsguts hat, kann davon ausgegangen werden, dass ggf. erforderliche Transport- oder Sortierleistungen ausschließlich im eigenen unternehmerischen Interesse des Erwerbers ausgeführt werden und keine Entsorgungsleistung vorliegt.

Beispiel 2:

[1] U2 erwirbt von verschiedenen Entsorgern unsortierte Altbleche, welche er nach Reinigung und Zerkleinerung einer elektrolytischen Entzinnung unterzieht. [2] Das dabei gewonnene Eisen veräußert U2 an Stahlbearbeitungsbetriebe, das anfallende Zinn an Zinnhütten.

[3] Bei dem von U2 aus dem Altblechabfall zurück gewonnenen Zinn und Eisen handelt es sich um Rohstoffe für die weiterverarbeitende Industrie, die keiner gesetzlichen Entsorgungspflicht (mehr) unterliegen und deshalb nicht als Abfall anzusehen sind. [4] Zwischen U2 und seinen Abnehmern finden keine tauschähnlichen Umsätze, sondern ausschließlich Rohstofflieferungen statt.

5. wenn bei der Entsorgung der Abfälle die werthaltigen Bestandteile (z. B. Edelmetalle) im Eigentum des Abfallerzeugers verbleiben und Barvergütungen für diese Entsorgungsleistungen gesondert abgerechnet werden.

(6) Für die Annahme eines tauschähnlichen Umsatzes ist es nicht erforderlich, dass beide Beteiligte Unternehmer sind bzw. die Abgabe des Abfalls im unternehmerischen Bereich erfolgt; dies ist jedoch für die ggf. erforderliche gegenseitige Rechnungsstellung sowie für die Steuerschuldnerschaft nach § 13b Abs. 2 Nr. 7 i. V. mit Abs. 5 Satz 1 UStG von Bedeutung, wenn der überlassene Abfall zu den Gegenständen i. S. der Anlage 3 zum UStG gehört (vgl. Abschnitt 13b.4).

(7) [1] Im Falle eines tauschähnlichen Umsatzes ist der Wert des hingegebenen Abfalls Bemessungsgrundlage für die erbrachte Entsorgungsleistung. [2] Bemessungsgrundlage für die Lieferung des Abfalls ist der Wert der Gegenleistung (Entsorgungsleistung). [3] Baraufgaben sind zu berücksichtigen; eine ggf. enthaltene Umsatzsteuer ist stets herauszurechnen (vgl. Abschnitt 10.5). [4] Der maßgebliche Zeitpunkt für die Ermittlung des Wertes der gelieferten Abfälle ist der Zeitpunkt der Übergabe an den Entsorger. [5] Dabei ist nicht auf die einzelnen Inhaltsstoffe abzustellen, d. h. der Wert muss dem Abfall im Zeitpunkt der Überlassung als solchem zukommen. [6] Spätere Bearbeitungsschritte (Bündelung, Sortierung, Aufbereitung usw.) durch den

Entsorger sind bei der Wertermittlung außer Betracht zu lassen. [7]Es bestehen keine Bedenken, dem zwischen den Beteiligten vereinbarten Wert der zur Entsorgung übergebenen Abfälle auch für umsatzsteuerrechtliche Zwecke zu folgen, sofern dieser Wert nicht offensichtlich unzutreffend erscheint.

(8) [1]Verändert sich der Marktpreis für die zu entsorgenden Abfälle nach Abschluss des Entsorgungs- und Liefervertrags, hat dies zunächst keine Auswirkung auf die Ermittlung der Bemessungsgrundlagen für die tauschähnlichen Umsätze und die Rechnungsstellung. [2]Für diese Zwecke ist vielmehr so lange auf den im Zeitpunkt des Vertragsabschlusses maßgeblichen Wert abzustellen, bis dieser durch eine Vertragsänderung oder durch Änderung der Bemessungsgrundlage, z. B. auf Grund einer vereinbarten Preisanpassungsklausel oder einer vereinbarten Mehr- oder Mindererlösbeteiligung, angepasst wird.

3.17 Einzweck- und Mehrzweck-Gutscheine

Definition und Abgrenzung von Gutscheinen

(1) [1]Gutscheine im Sinne des § 3 Abs. 13 UStG sind solche Instrumente, die vom Berechtigten ganz oder teilweise anstelle einer regulären Geldzahlung als Gegenleistung zur Einlösung gegen Gegenstände oder sonstige Leistungen verwendet werden können. [2]Diese Instrumente können körperlicher Art sein (z. B. Papierdokumente oder Plastikkarten) oder in elektronischer Form bestehen. [3]Ein Gutschein im Sinne des § 3 Abs. 13 UStG kann auch dann vorliegen, wenn der auf dem Gutschein aufgedruckte Nennwert nicht zur vollständigen Begleichung der Leistung ausreicht und der Gutscheininhaber im Zeitpunkt der Inanspruchnahme des Gutscheins eine Zuzahlung leisten muss. [4]§ 3 Abs. 13 UStG findet keine Anwendung bei Instrumenten, die den Inhaber lediglich zu einem Preisnachlass oder zu einer Preiserstattung beim Erwerb von Gegenständen oder Dienstleistungen berechtigen, aber nicht das Recht verleihen, solche Gegenstände oder sonstige Leistungen auch tatsächlich zu erhalten (vgl. § 3 Abs. 13 Satz 2 UStG, Abschnitt 17.2). [5]Gutscheine für Warenproben oder Muster lösen grundsätzlich kein Entgelt aus und stellen keinen Gutschein i. S. d. § 3 Abs. 13 UStG dar. [6]Briefmarken, Fahrscheine, Eintrittskarten für Kinos und Museen sowie vergleichbare Instrumente fallen ebenfalls nicht in den Anwendungsbereich des § 3 Abs. 13 UStG. [7]Kann das Zahlungsinstrument jederzeit und voraussetzungslos gegen den ursprünglich gezahlten bzw. den noch nicht verwendeten Betrag zurückgetauscht werden, ist von einer Guthabenkarte im Unterschied zu einer Gutscheinkarte und damit von einem bloßen Zahlungsmittel auszugehen. [8]Ein Zahlungsdienst i. S. d. Richtlinie (EU) 2015/2366 des Europäischen Parlaments und des Rates vom 25. November 2015 über Zahlungsdienste im Binnenmarkt, zur Änderung der Richtlinien 2002/65/EG, 2009/110/EG und 2013/36/EU und der Verordnung (EU) Nr. 1093/2010 sowie zur Aufhebung der Richtlinie 2007/64/EG gilt auch nicht als Gutschein i. S. d. § 3 Abs. 13 UStG. [9]Aussteller des Gutscheins ist derjenige, der den Gutschein im eigenen Namen ausgestellt hat. [10]Der Verkauf eines Gutscheins zwischen Unternehmern wird im Folgenden als Übertragung bezeichnet. [11]Der Verkauf eines Gutscheins an Kunden wird im Folgenden als Ausgabe bezeichnet.

Einzweck-Gutscheine i. S. d. § 3 Abs. 14 UStG

(2) [1] Ein Einzweck-Gutschein nach § 3 Abs. 14 Satz 1 UStG ist dadurch gekennzeichnet, dass der Ort der Lieferung oder sonstigen Leistung, zu deren Bezug der Gutschein berechtigt, sowie die geschuldete Umsatzsteuer, bei dessen Ausgabe bzw. erstmaliger Übertragung durch den Aussteller des Gutscheins feststehen. [2] Für die Annahme eines Einzweck-Gutscheins ist die Identität des leistenden Unternehmers anzugeben sowie die Leistung dahingehend zu konkretisieren, dass der steuerberechtigte Mitgliedstaat und der auf die Leistung entfallende Steuersatz und damit der zutreffende Steuerbetrag mit Sicherheit bestimmt werden können. [3] Zudem muss zur zutreffenden Bestimmung des Orts der sonstigen Leistung, deren Ortsbestimmung vom Status des Empfängers abhängt, feststehen, ob der Leistungsempfänger ein Unternehmer ist und diese für sein Unternehmen bezieht. [4] Der Leistungsgegenstand muss für die Annahme eines Einzweck-Gutscheins zumindest im Hinblick auf die Gattung des jeweiligen Leistungsgegenstands auf dem Gutschein angegeben sein. [5] Unter Gattung ist in diesem Zusammenhang die Gesamtheit von Arten von Waren oder sonstigen Leistungen zu verstehen, die in ihren wesentlichen Eigenschaften derart übereinstimmen, dass hieraus der zutreffende Steuersatz eindeutig bestimmbar ist. [6] Der Gutschein soll vom Aussteller sichtbar als Einzweck-Gutschein gekennzeichnet werden. [7] Grundlage dieser Kennzeichnung ist die rechtliche Einordnung des Gutscheins durch den leistenden Unternehmer. [8] Auf die rechtliche Einordnung und die darauf basierende Kennzeichnung dürfen der Aussteller des Gutscheins sowie die nachfolgenden Unternehmer der Leistungskette vertrauen. [9] Dies gilt nicht, soweit die Unternehmer der Leistungskette Kenntnis hatten oder nach der Sorgfalt eines ordentlichen Kaufmannes hätten Kenntnis haben müssen, dass die rechtliche Einordnung bzw. die Kennzeichnung des Gutscheins als Einzweck-Gutschein zu Unrecht erfolgt ist.

Beispiel 1:

[1] Eine Parfümerie mit mehreren Filialen in Deutschland gibt einen Gutschein zur Einlösung gegen alle im Sortiment befindlichen Parfümartikel im Wert von 20 € an einen Kunden für 20 € aus. [2] Der Gutschein ist in einer beliebigen Filiale der Parfümerie in Deutschland einlösbar. [3] Es handelt sich um einen Einzweck-Gutschein. [4] Der Leistungsort ist in entsprechender Anwendung des § 3 Abs. 7 Satz 1 UStG hinsichtlich des steuerberechtigten Mitgliedstaates hinreichend bestimmt (= Deutschland). [5] Somit kann die geschuldete Umsatzsteuer bei Ausgabe des Gutscheins ermittelt werden.

[10] Es kann sich auch dann um einen Einzweck-Gutschein handeln, wenn der Gutschein zum Bezug mehrerer, genau bezeichneter Einzelleistungen berechtigt. [11] In diesen Fällen ist der Gesamtbetrag im jeweiligen Verhältnis der Einzelleistungen aufzuteilen.

Beispiel 2:

[1] Ein Restaurant in München gibt im Januar 01 einen Gutschein im Wert von 150 € (2 Essen im Restaurant inklusive zwei alkoholfreie Getränke für 2 Personen im Wert von 100 € sowie das Buch „Der Restaurant-Guide" im Wert von 50 €; der Restaurantgutschein berechtigt ausschließlich zum Verzehr an Ort und Stelle) zu einem Preis von 100 € an eine Privatperson aus. [2] Der Gutschein wird im April 01 vom Gutscheininhaber in diesem Restaurant eingelöst. [3] Es handelt sich um einen Einzweck-Gutschein. [4] Das Restaurant muss in diesem Fall den erhaltenen Gesamtbetrag von 100 € im Verhältnis 100/150 zu 19 % und 50/150 zu 7 % aufteilen.

[12]Die Umsatzsteuer für die durch den Einzweck-Gutschein geschuldete Leistung entsteht bei Besteuerung nach vereinbarten Entgelten im Zeitpunkt der Ausgabe des Gutscheins. [13]Wird ein Gutschein vor Ausgabe an einen anderen Unternehmer übertragen, entsteht die Umsatzsteuer insoweit im Übertragungszeitpunkt. [14]Die spätere Gutscheineinlösung, also die tatsächliche Lieferung bzw. Leistungserbringung, ist für die umsatzsteuerliche Würdigung nicht mehr relevant, da diese nicht als unabhängiger Umsatz gilt. [15]Sollte eine Zuzahlung durch den Gutscheininhaber bei Einlösung des Gutscheins erfolgen, so ist lediglich die bislang noch nicht versteuerte Differenz zu versteuern.

Beispiel 3:

[1]Ein Kunde A erwirbt anlässlich einer Werbeaktion im Januar 01 beim örtlichen Elektroeinzelhändler B in Cottbus einen Gutschein im Wert von 50 € für 40 €. [2]Der Gutschein berechtigt zum Erwerb eines Elektroartikels in dem Geschäft des B. [3]A erwirbt im April 01 ein Lautsprecher-System bei B im Gesamtwert von 350 € und begleicht den Rechnungsbetrag unter Anrechnung seines Gutscheins im Wert von 50 € durch die Zuzahlung von 300 € in bar. [4]Es handelt sich um einen Einzweck-Gutschein. [5]Die Bemessungsgrundlage für den Umsatz des B beträgt gem. § 10 Abs. 1 Satz 1 UStG im Zeitpunkt der Ausgabe des Gutscheins im Januar 01 40 € abzüglich USt. [6]Im April 01 hat B noch einen Umsatz in Höhe von 300 € abzüglich USt zu versteuern.

Einzweck-Gutscheine in Vertriebsketten (Handeln im eigenen Namen)

(3) [1]Stellt der leistende Unternehmer einen Einzweck-Gutschein aus und überträgt ihn auf einen anderen Unternehmer, der ihn im eigenen Namen an den Kunden ausgibt, gilt auch der ausgebende Unternehmer als Leistender der auf dem Gutschein bezeichneten Leistung. [2]Maßgeblicher Zeitpunkt für die Besteuerung der Leistungsfiktion des leistenden Unternehmers an den ausgebenden Unternehmer ist derjenige, in dem der ausstellende und leistende Unternehmer den Gutschein an den ausgebenden Unternehmer überträgt. [3]Maßgeblicher Zeitpunkt für die Besteuerung der Leistungsfiktion des ausgebenden Unternehmers ist die Ausgabe des Gutscheins an den Kunden; dies gilt unabhängig davon, ob der ausgebende Unternehmer im eigenen Namen, aber für fremde Rechnung auftritt oder ob er im eigenen Namen und für eigene Rechnung tätig wird.

Beispiel 1:

[1]A ist Fahrradhersteller und überträgt im Januar 01 an den Gutscheinhändler B 10 Gutscheine über E-Bikes im Wert von jeweils 3500 € für jeweils 2500 €. [2]B gibt einen der Gutscheine im März 01 im eigenen Namen an den Radfahrer R zum Preis von 3000 € aus. [3]R löst den Gutschein bei A im April 01 ein. [4]A hat im Januar 01 einen Umsatz von 25 000 € abzüglich USt zu versteuern. [5]B hat im März 01 einen Umsatz von 3000 € abzüglich USt zu versteuern.

[4]Stellt ein Unternehmer im eigenen Namen einen Einzweck-Gutschein mit der versprochenen Leistung aus, erbringt die darin bezeichnete Leistung jedoch nicht selbst, wird der spätere Leistungserbringer so behandelt, als habe er die in dem Gutschein genannte Leistung an den Gutscheinaussteller erbracht. [5]Maßgeblicher Zeitpunkt der Leistungsfiktion und damit der Besteuerung beider Leistungen ist der Zeitpunkt der Ausgabe des Gutscheins an den Kunden. [6]Der Gutscheinaussteller muss dem letztendlich leistenden Unternehmer zur fristgerechten Versteuerung mitteilen, zu welchem Zeitpunkt und in welcher Höhe Einzweck-Gutscheine an Kunden ausgegeben wurden.

Beispiel 2:

[1] Der Unternehmer B betreibt ein Gutscheinportal, auf dem er Gutscheine anbietet, mit denen Fahrräder des Herstellers A erworben werden können. [2] A und B haben im Januar 01 vereinbart, dass B die E-Bike-Gutscheine jeweils im Wert von 3500 € für 3000 € an Kunden ausgibt. [3] B hat an A für jeden ausgegebenen Gutschein 2500 € weiterzuleiten. [4] B verkauft einen der Gutscheine im April 01 im eigenen Namen an den Radfahrer R. [5] R löst den Gutschein bei A im Juni 01 ein. [6] A und B haben ihren Umsatz jeweils im April 01 zu versteuern, A in Höhe von 2500 € abzüglich USt und B in Höhe von 3000 € abzüglich USt.

Einzweck-Gutscheine in Vertriebsketten (Handeln im fremden Namen)

(4) [1] Gibt ein Unternehmer einen Einzweck-Gutschein im fremden Namen aus, wird er nicht Teil der Leistungskette. [2] Vielmehr gilt die Ausgabe des Gutscheins an den Kunden als Leistung desjenigen, in dessen Namen der Unternehmer handelt. [3] Der ausgebende Unternehmer muss dem leistenden Unternehmer zur fristgerechten Versteuerung mitteilen, zu welchem Zeitpunkt Einzweck-Gutscheine an Kunden ausgegeben wurden, da der leistende Unternehmer zu diesem Zeitpunkt die fiktiv erbrachte Leistung zu versteuern hat. [4] Der leistende Unternehmer hat als Bruttowert den vom Vermittler vereinnahmten Preis anzusetzen. [5] Der ausgebende Unternehmer erbringt eine Vermittlungsleistung (vgl. Abschnitt 3.7).

Beispiel:

[1] Der Unternehmer B betreibt ein Gutscheinportal, auf dem er Büchergutscheine im Namen und für Rechnung des Buchhändlers A anbietet. [2] Diese Gutscheine können in dem Buchladen des A eingelöst werden. [3] B hat mit A vereinbart, im Falle eines ausgegebenen Gutscheins 20 % des Gutscheinwerts als Vermittlungsprovision einzubehalten und den Rest an A weiterzuleiten. [4] B erstellt gegenüber A monatliche Abrechnungen über die veräußerten Gutscheine und gibt diese zusammen mit seiner eigenen Provisionsabrechnung an A weiter. [5] Kunde C erwirbt im Januar 01 einen Büchergutschein des A auf der Internetseite des B. [6] C bezahlt hierfür 10 € an B. [7] A muss im Januar 01 für den Verkauf eines Buchs 10 € abzüglich 7 % USt versteuern. [8] B muss für die Vermittlung des Gutscheins 2 € abzüglich 19 % USt versteuern.

Bestimmung des Leistungsorts bei Einzweck-Gutscheinen

(5) [1] Berechtigt der Einzweck-Gutschein den Leistungsempfänger zum Bezug einer Lieferung nach § 3 Abs. 1 UStG, so bestimmt sich der Ort der fiktiven Lieferung aufgrund fehlender Warenbewegung im Zeitpunkt der Ausgabe bzw. erstmaligen Übertragung in entsprechender Anwendung des § 3 Abs. 7 Satz 1 UStG. [2] Die Anwendung der Steuerbefreiung nach § 4 Nr. 1 Buchstabe a oder b UStG kommt daher nicht in Betracht. [3] Bezieht sich die Ausgabe bzw. erstmalige Übertragung eines Einzweck-Gutscheins auf die Erbringung einer sonstigen Leistung nach § 3 Abs. 9 UStG, so bestimmt sich der Leistungsort im Zeitpunkt der Ausgabe bzw. erstmaligen Übertragung nach den allgemeinen Regelungen des § 3a Abs. 1 – vorbehaltlich der Absätze 2 bis 8 – sowie der §§ 3b und 3e UStG. [4] Für eine genaue Ortsbestimmung bei der Ausgabe bzw. erstmaligen Übertragung eines Einzweck-Gutscheins muss daher bei sonstigen Leistungen, deren Ortsbestimmung vom Status des Empfängers abhängt, feststehen, ob der Empfänger der sonstigen Leistung ein Unternehmer ist und diese für sein Unternehmen bezieht. [5] Abschnitt 3a.2 Abs. 11a gilt entsprechend. [6] Handelt ein Unternehmer bei der Ausgabe bzw.

Übertragung eines Einzweck-Gutscheins erkennbar im Namen des ausstellenden oder eines übertragenden Unternehmers, wird er nicht Teil der Leistungskette, sondern erbringt im Zeitpunkt der Ausgabe bzw. Übertragung eine Vermittlungsleistung. [7]Der Ort dieser Vermittlungsleistung bestimmt sich nach den allgemeinen Regelungen des § 3a Abs. 2 UStG.

Bemessungsgrundlage bei Einzweck-Gutscheinen

(6) [1]Wird ein Einzweck-Gutschein entgeltlich übertragen bzw. ausgegeben, bestimmt sich die Bemessungsgrundlage nach den allgemeinen Vorschriften des § 10 Abs. 1 UStG.

Beispiel 1:

[1]Kunde C erwirbt einen Büchergutschein bei Händler B für die Buchhandlung des A. [2]Der Gutschein hat einen Wert von 60 €. [3]Er wird für 50 € verkauft. [4]Damit beträgt die Bemessungsgrundlage des B 50 € abzüglich USt, also 46,73 €.

[2]Diese Grundsätze gelten auch in Vertriebsketten, bei denen jeder Unternehmer die Gutscheine im eigenen Namen überträgt bzw. ausgibt. [3]Bemessungsgrundlage ist auf jeder Stufe das vereinbarte Entgelt.

Beispiel 2:

[1]Unternehmer A überträgt im Januar 01 einen Büchergutschein für 80 € an Unternehmer B. [2]A verzichtet auf Vorgaben zum Endverkaufspreis der Gutscheine. [3]B bietet den Gutschein im eigenen Namen für 90 € inklusive Umsatzsteuer an. [4]B gibt den Gutschein im April 01 an einen Kunden aus. [5]A muss den Umsatz von 80 € abzüglich USt im Januar 01 versteuern. [6]B muss den Umsatz von 90 € abzüglich USt im April 01 versteuern.

[4]Bei der unentgeltlichen Übertragung bzw. Ausgabe eines Einzweck-Gutscheins ist aufgrund der fiktiven Leistung bei Vorliegen der allgemeinen Voraussetzungen von einer unentgeltlichen Wertabgabe auszugehen. [5]Bemessungsgrundlage ist nach § 10 Abs. 4 Satz 1 UStG der im Zeitpunkt der Übertragung bzw. Ausgabe maßgebende Einkaufspreis, subsidiär der Selbstkostenpreis.

Nichteinlösung von Einzweck-Gutscheinen

(7) [1]Sollte ein Einzweck-Gutschein vom Gutscheininhaber nicht (innerhalb der Gültigkeitsdauer) eingelöst werden und somit verfallen, ergeben sich hieraus allein keine weiteren umsatzsteuerlichen Folgen, da die ursprüngliche Leistung bereits bei Übertragung bzw. Ausgabe des Gutscheins als erbracht gilt und demzufolge in diesem Zeitpunkt zu versteuern ist. [2]Eine Änderung der Bemessungsgrundlage nach § 17 Abs. 1 UStG kommt nur dann in Betracht, wenn das Entgelt ausnahmsweise zurückgezahlt wird.

Beispiel 1:

[1]Kunde A kauft beim Unternehmer B am 31. Januar 01 einen in seinem Bekleidungsgeschäft in Stuttgart einzulösenden Gutschein für Textilien in Höhe von 50 € für 40 €. [2]Der Gutschein unterliegt der regelmäßigen Verjährung. [3]A löst den Gutschein bis zum 31. Dezember 04 nicht ein. [4]B hat im Januar 01 eine fiktive Lieferung in Höhe von 40 € abzüglich USt zu versteuern. [5]Die Nichteinlösung führt nicht zu einer Minderung der Bemessungsgrundlage.

Beispiel 2:

[1]Der Unternehmer G betreibt ein Gutscheinportal, auf dem er Gutscheine verschiedener Unternehmen im fremden Namen anbietet. [2]Privatperson A erwirbt im Januar 01 einen Gutschein des Unternehmers B im Wert von 100 € für einen Fallschirmsprung und bezahlt

hierfür 100 € an G. [3] G hat mit B vereinbart, im Falle eines veräußerten Gutscheins 20 % des Gutscheinwerts als Vermittlungsprovision einzubehalten und den Rest an B weiterzuleiten. [4] B hat im Januar 01 für den Verkauf des Gutscheins 100 € abzüglich USt zu versteuern, soweit er seine Umsätze nach vereinbarten Entgelten versteuert. [5] G muss im Januar 01 20 € abzüglich USt versteuern. [6] G hat in seinen Allgemeinen Geschäftsbedingungen mit den einzelnen Unternehmern, so auch mit B, geregelt, den vereinnahmten Gutscheinpreis abzüglich der Vermittlungsprovision erst bei Einlösung des Gutscheins auszuschütten. [7] Hierfür muss B dem G innerhalb einer bestimmten Frist mitteilen, wann ein Kunde seinen Gutschein eingelöst hat. [8] Erfolgt diese Mitteilung nicht oder wird der Gutschein nicht eingelöst, werden die von G vereinnahmten Gelder nicht an B weitergeleitet. [9] A löst seinen Gutschein nicht ein. [10] Zu einer Rückzahlung des Gutscheinwerts kommt es nicht. [11] Eine Änderung der Bemessungsgrundlage nach § 17 Abs. 1 UStG kommt daher für die fiktiv erbrachte Leistung des B an A nicht in Betracht. [12] G hat den bei ihm verbleibenden Betrag in Höhe von 80 € abzüglich USt als zusätzliches Entgelt für die an B erbrachte Vermittlungsleistung zu versteuern. [13] Der Vorsteuerabzug des B in Bezug auf die Vermittlungsleistung des G erhöht sich entsprechend.

Remonetarisierbarkeit von Einzweck-Gutscheinen

(8) [1] Wird ein Einzweck-Gutschein zurückgegeben und erhält der Kunde den Gutscheinwert ausnahmsweise zurückerstattet, so wird der ursprüngliche Umsatz rückgängig gemacht. [2] Die Umsatzsteuer ist nach § 17 Abs. 2 Nr. 3 UStG beim Gutscheinaussteller, beim leistenden Unternehmer sowie ggf. beim Kommissionär zu berichtigen.

Mehrzweck-Gutscheine i. S. d. § 3 Abs. 15 UStG

(9) [1] Ein Mehrzweck-Gutschein liegt dann vor, wenn zum Zeitpunkt der Übertragung bzw. Ausgabe des Gutscheins der Ort der Leistung und/oder der leistende Unternehmer und/oder der Leistungsgegenstand noch nicht endgültig feststehen und daher die geschuldete Umsatzsteuer nicht bestimmbar ist. [2] Bei einem Mehrzweck-Gutschein gilt die Lieferung der Gegenstände oder die Erbringung der sonstigen Leistung erst im Zeitpunkt der tatsächlichen Erbringung der Leistung als erbracht. [3] Die Ausgabe eines Mehrzweck-Gutscheins und alle bis dahin erfolgten Übertragungen sind steuerlich unbeachtlich. [4] Es handelt sich insbesondere auch dann um einen Mehrzweck-Gutschein, wenn sich der Gutschein gegen Leistungen eintauschen lässt, die dem ermäßigten oder dem Regelsteuersatz unterliegen. [5] In diesen Fällen lässt sich die geschuldete Umsatzsteuer zum Zeitpunkt der Gutscheinübertragung oder Ausgabe noch nicht abschließend bestimmen. [6] Der Gutschein soll vom Aussteller sichtbar als Mehrzweck-Gutschein gekennzeichnet werden. [7] Grundlage dieser Kennzeichnung ist die rechtliche Einordnung des Gutscheins durch den leistenden Unternehmer. [8] Auf die rechtliche Einordnung und die darauf basierende Kennzeichnung dürfen der Aussteller des Gutscheins sowie die nachfolgenden übertragenden und der ausgebende Unternehmer der Leistungskette vertrauen. [9] Dies gilt nicht, soweit die Unternehmer der Leistungskette Kenntnis hatten oder nach der Sorgfalt eines ordentlichen Kaufmannes hätten Kenntnis haben müssen, dass die rechtliche Einordnung bzw. die Kennzeichnung des Gutscheins als Mehrzweck-Gutschein zu Unrecht erfolgt ist.

Beispiel 1:

[1] Eine Parfümerie mit europaweiten Filialen veräußert einen Gutschein zur Einlösung gegen alle im Sortiment befindlichen Parfümerieartikel im Wert von 20 € an einen Kunden für 20 €. [2] Der Gutschein kann in einer beliebigen Filiale eingelöst werden. [3] In diesen Fällen

steht im Zeitpunkt der Ausgabe des Gutscheins noch nicht abschließend fest, in welchem Mitgliedstaat der Gutschein eingelöst wird. 4 Demzufolge steht die gesetzlich geschuldete Umsatzsteuer zu diesem Zeitpunkt noch nicht fest. 5 Es handelt sich um einen Mehrzweck-Gutschein.

Beispiel 2:

1 Ein Kunde erwirbt in einem Kaufhaus in München im Rahmen einer Werbeaktion einen Gutschein im Wert von 50 € für 45 €. 2 Der Gutschein berechtigt den Kunden, diesen sowohl in der Lebensmittel- als auch in der Haushaltsgeräteabteilung einzulösen. 3 Es handelt sich um einen Mehrzweck-Gutschein, da sich zum Zeitpunkt der Gutscheinausgabe zwar der Leistungsort (München), nicht aber die geschuldete Umsatzsteuer bestimmen lässt.

Mehrzweck-Gutscheine in Vertriebsketten (Handeln im fremden und im eigenen Namen)

(10) 1 Die Übertragung und Ausgabe eines Mehrzweck-Gutscheins in der Vertriebskette stellt lediglich einen Tausch von Zahlungsmitteln dar. 2 Der erkennbar im Namen des ausstellenden/übertragenden Unternehmers handelnde Vermittler erbringt im Zeitpunkt der Übertragung und Ausgabe eine grundsätzlich steuerbare Vermittlungsleistung. 3 Eine grundsätzlich steuerbare Leistung an den ausstellenden/übertragenden Unternehmer liegt auch dann vor, wenn die Mittelperson Gutscheine im eigenen Namen ausgibt.

Beispiel:

1 Eine deutsche Parfümerie A überträgt Gutscheine im Wert von jeweils 50 € im Januar 01 an den Unternehmer B zum Preis von jeweils 40 €. 2 Mit den Gutscheinen können sowohl Waren, die dem Regelsteuersatz, als auch Waren, die dem ermäßigten Steuersatz unterliegen, erworben werden. 3 A und B vereinbaren, dass B die Gutscheine im eigenen Namen zum Preis von 45 € an Kunden ausgibt. 4 B gibt im Februar 01 einen Gutschein an den Kunden C aus. 5 C löst den Gutschein im April 01 ein und erwirbt eine Ware zum Regelsteuersatz. 6 B hat im Februar 01 einen Umsatz in Höhe von 5 € abzüglich USt zu versteuern. 7 A hat im April 01 einen Umsatz von 45 € abzüglich USt zu versteuern.

Bestimmung des Leistungsorts bei Mehrzweck-Gutscheinen

(11) 1 Bei einem Mehrzweck-Gutschein unterliegt erst bei dessen Einlösung die tatsächliche Lieferung oder die tatsächliche Erbringung der sonstigen Leistung der Umsatzsteuer; über diese Leistung ist dann nach den allgemeinen Regelungen abzurechnen. 2 Die Ausgabe eines Mehrzweck-Gutscheins und alle bis dahin erfolgten Übertragungen sind umsatzsteuerlich unbeachtlich. 3 Richtet sich der Mehrzweck-Gutschein auf die Ausführung einer Lieferung, so bestimmt sich der Ort der Lieferung nach den allgemeinen Bestimmungen (§ 3 Abs. 5a UStG). 4 Richtet sich der Mehrzweck-Gutschein auf die Erbringung einer sonstigen Leistung, so bestimmt sich der Ort der sonstigen Leistung nach den Vorschriften des § 3a Abs. 1 UStG vorbehaltlich der Absätze 2 bis 8 und der §§ 3b und 3e UStG. 5 Handelt ein Unternehmer bei der Ausgabe oder der Übertragung von Mehrzweck-Gutscheinen erkennbar im Namen des ausstellenden/übertragenden Unternehmers, erbringt er als Vermittler im Zeitpunkt der Übertragung und Ausgabe eine grundsätzlich steuerbare Vermittlungsleistung. 6 Der Ort der Vermittlungsleistung bestimmt sich nach § 3a Abs. 2 UStG.

Beispiel:

1 F hat als Franchisegeber in Deutschland ein erfolgreiches Franchisesystem im Fast-Food-Bereich aufgebaut. 2 Gutscheinportal G stellt Gutscheine im fremden Namen für F und seine

Franchisenehmer aus. [3]Der Gutschein berechtigt zum Erwerb von zwei Burgern zum Preis von einem Burger. [4]Der Gutschein kann bei F und seinen Franchisenehmern eingelöst werden. [5]F und G haben vereinbart, dass G die Gutscheine für den Preis von 2 € an Kunden ausgibt und hierfür eine Vergütung in Höhe von jeweils 0,50 € für seine Vermittlungsleistung erhalten soll. [6]G erstellt gegenüber F monatliche Abrechnungen über die Anzahl der ausgegebenen Gutscheine. [7]Kunde K erwirbt Ende April 01 bei G einen solchen Gutschein zum Preis von 2 € und löst ihn im Juni 01 beim Franchisenehmer N ein. [8]Es handelt sich um einen Mehrzweck-Gutschein, weil sowohl die Identität des leistenden Unternehmers als auch der Umsatzsteuersatz zum Zeitpunkt der Ausgabe des Gutscheins noch nicht feststehen. [9]G erbringt eine Vermittlungsleistung an F, welche im April 01 in Deutschland (vgl. § 3a Abs. 2 UStG) bei Übergabe an den Kunden als ausgeführt gilt und hat diese in Höhe von 0,50 € abzüglich USt zu versteuern. [10]N hat im Juni 01 für den Verkauf der Burger 2 € abzüglich USt zu versteuern.

Bemessungsgrundlage bei Mehrzweck-Gutscheinen

(12) [1]Die Bemessungsgrundlage bei Mehrzweck-Gutscheinen bestimmt sich nach den Regelungen in § 10 Abs. 1 Satz 2 UStG. [2]Wird ein Mehrzweck-Gutschein, der über Vertriebsketten übertragen wurde, vom Gutscheininhaber eingelöst und liegen beim leistenden Unternehmer im Zeitpunkt der Einlösung keine Angaben über die Höhe der vom Kunden an den letzten Unternehmer in der Vertriebskette gezahlten Gegenleistung vor, bemisst sich das Entgelt nach § 10 Abs. 1 Satz 6 UStG. [3]Haben der leistende Unternehmer und der gutscheinausgebende Unternehmer keine Vereinbarungen über die Höhe der Vergütung für die Vermittlungsleistung getroffen, ergibt sich diese aus der Differenz zwischen dem Gutscheinausgabepreis und dem Einkaufspreis des gutscheinausgebenden Unternehmers.

Beispiel 1:

[1]Der Unternehmer B erwirbt im Buch- und Geschenkartikelladen des A in München einen Gutschein über einen Wert von 20 € für 10 €. [2]Mit den Gutscheinen können sowohl Waren, die dem Regelsteuersatz, als auch Waren, die dem ermäßigten Steuersatz unterliegen, erworben werden. [3]B verkauft den Gutschein für 15 € an den Kunden C weiter. [4]C löst den Gutschein ein und erwirbt eine Ware im Wert von 20 € zum Regelsteuersatz. [5]Kennt A den Verkaufspreis von B an C, beträgt die Bemessungsgrundlage für die erworbene Ware 15 € abzüglich USt. [6]Kennt A den Verkaufspreis nicht, beträgt die Bemessungsgrundlage 20 € abzüglich USt. [7]Es ist somit möglich, dass eine Umsatzsteuerbelastung beim leistenden Unternehmer A verbleibt.

Beispiel 2:

[1]Der Unternehmer B erwirbt im April 01 im Buch- und Geschenkartikelladen des A in München 10 Gutscheine über einen Wert von jeweils 20 € für 100 €. [2]Mit den Gutscheinen können sowohl Waren, die dem Regelsteuersatz, als auch Waren, die dem ermäßigten Steuersatz unterliegen, erworben werden. [3]A und B vereinbaren, dass die Gutscheine im Rahmen einer Werbeaktion höchstens für jeweils 15 € an Kunden ausgegeben werden. [4]B gibt einen der Gutscheine im Mai 01 für 14 € an den Kunden C aus. [5]C löst den Gutschein im Juni 01 bei A ein und erwirbt eine Ware im Wert von 20 € zum Regelsteuersatz. [6]Indem A dem B einen maximalen Verkaufspreis an den Kunden vorgegeben hat, ist dieser Preis für die Ermittlung der Bemessungsgrundlage zugrunde zu legen, da er dem leistenden Unternehmer A bekannt ist. [7]A hat im Juni 01 einen Umsatz in Höhe von 15 € abzüglich USt zu versteuern. [8]Aufgrund der Vorgabe des maximalen Verkaufspreises ist für die Bemessungsgrundlage weder der Wert des Gutscheins noch der tatsächliche Verkaufspreis, sondern der vorgegebene maximale Verkaufspreis maßgebend. [9]B hat im Mai 01 für seine Vermittlungsleistung 4 € abzüglich USt zu versteuern. [10]Das ergibt sich aus der Differenz zwischen dem Gutscheinausgabepreis in Höhe von 14 € und dem Einkaufspreis des B in Höhe von 10 €.

[4]Bei der unentgeltlichen Übertragung bzw. Ausgabe eines Mehrzweck-Gutscheins ist im Zeitpunkt der tatsächlichen Erbringung der Leistung bei Vorliegen der allgemeinen Voraussetzungen von einer unentgeltlichen Wertabgabe auszugehen. [5]Dies gilt auch in dem Fall, in dem der leistende Unternehmer einen anderen Unternehmer mit der unentgeltlichen Ausgabe eines Gutscheins beauftragt. [6]Die Bemessungsgrundlage ist nach den allgemeinen Regelungen in § 10 Abs. 4 Satz 1 UStG zu bestimmen. [7]Gibt ein Unternehmer, der nicht personenidentisch mit dem leistenden Unternehmer ist, einen Mehrzweck-Gutschein aus eigener Entscheidung für unternehmensfremde (private) Zwecke unentgeltlich aus, handelt es sich um eine Entnahme eines Zahlungsmittels, die nicht Gegenstand einer unentgeltlichen Wertabgabe ist. [8]Umsatzsteuerrelevant ist in diesen Fällen allein die tatsächliche Lieferung oder sonstige Leistung durch den die Leistung erbringenden Unternehmer an den Empfänger des unentgeltlich ausgegebenen Mehrzweck-Gutscheins. [9]Dieser Umsatz ist grundsätzlich mit dem Betrag zu bemessen, den der ausgebende Unternehmer beim Einkauf des Gutscheins aufgewendet hat (§ 10 Abs. 1 Satz 2 UStG). [10]Hat der die Leistung erbringende Unternehmer von diesem Betrag und der unentgeltlichen Gutscheinausgabe keine Kenntnis, ist die tatsächliche Lieferung oder sonstige Leistung nach § 10 Abs. 1 Satz 6 UStG mit dem Gutscheinwert zu versteuern.

Beispiel 3:

[1]Der Unternehmer A betreibt ein Hotel, in dem er am Wochenende ein Brunchbuffet anbietet. [2]A überträgt an den Unternehmer B, der ein Gutscheinportal betreibt, Gutscheine im Wert von jeweils 50 € für 25 €. [3]Die Gutscheine können sowohl für die Übernachtungsleistung als auch für das Buffet eingelöst werden. [4]B gibt einen Gutschein für unternehmensfremde (private) Zwecke an seinen Freund C unentgeltlich ab. [5]C löst den Gutschein bei A für eine Übernachtung ein. [6]Ist dem A bekannt, dass B den Gutschein unentgeltlich ausgegeben hat, so hat A im Zeitpunkt der Einlösung des Gutscheins die von B erhaltenen 25 € abzüglich USt zu versteuern. [7]Hat A keine Kenntnis von der unentgeltlichen Gutscheinausgabe, richtet sich die Bemessungsgrundlage für seine an C erbrachte Leistung nach § 10 Abs. 1 Satz 6 UStG und beträgt damit 50 € abzüglich USt.

Nichteinlösung von Mehrzweck-Gutscheinen

(13) [1]Sollte ein Mehrzweck-Gutschein vom Gutscheininhaber nicht (innerhalb der Gültigkeitsdauer) eingelöst werden und somit verfallen, ergeben sich hieraus keine umsatzsteuerlichen Konsequenzen, da bei einem Mehrzweck-Gutschein die tatsächliche Leistungserbringung durch den leistenden Unternehmer erst in dem Zeitpunkt erfolgt, in dem der Gutschein eingelöst wird. [2]Die Nichteinlösung des Gutscheins hat allerdings Auswirkung auf die Bemessungsgrundlage einer Vermittlungsleistung, wenn der auf den leistenden Unternehmer entfallende Entgeltanteil bei Nichteinlösung beim Vermittler verbleibt und das Entgelt für die Vermittlungsleistung sich erhöht.

Beispiel:

[1]Der Unternehmer G betreibt ein Gutscheinportal, auf dem er Gutscheine verschiedener Unternehmen im fremden Namen anbietet. [2]Privatperson A erwirbt im Januar 01 einen Gutschein des Unternehmers B im Wert von 100 € für eine Übernachtung in einem seiner weltweit gelegenen Hotels und bezahlt hierfür 100 € an G. [3]G hat mit B vereinbart, im Falle eines veräußerten Gutscheins 20% des Gutscheinwerts als Vermittlungsprovision einzubehalten und den Rest an B weiterzuleiten. [4]G muss im Januar 01 20 € abzüglich USt versteuern. [5]G hat in seinen Allgemeinen Geschäftsbedingungen mit den einzelnen Unternehmern, so

auch mit B, geregelt, den vereinnahmten Gutscheinpreis abzüglich der Vermittlungsprovision erst bei Einlösung des Gutscheins auszuschütten. [6]Hierfür muss B dem G innerhalb einer bestimmten Frist mitteilen, wann ein Kunde seinen Gutschein eingelöst hat. [7]Erfolgt diese Mitteilung nicht oder wird der Gutschein nicht eingelöst, werden die von G vereinnahmten Gelder nicht an B weitergeleitet. [8]A löst seinen Gutschein nicht ein. [9]Den vereinnahmten Gutscheinpreis erhält B von G nicht. [10]G hat den bei ihm verbleibenden Betrag in Höhe von 80 € abzüglich USt als zusätzliches Entgelt für die an B erbrachte Vermittlungsleistung zu versteuern. [11]Der Vorsteuerabzug des B in Bezug auf die Vermittlungsleistung des G erhöht sich entsprechend. [12]B erbringt keine Leistung und hat somit auch keinen Umsatz zu versteuern.

Remonetarisierbarkeit von Mehrzweck-Gutscheinen

(14) Wird ein Mehrzweck-Gutschein zurückgegeben und erhält der Kunde ausnahmsweise den Gutscheinwert zurückerstattet, so ergeben sich hieraus keine umsatzsteuerlichen Auswirkungen, da lediglich ein Rücktausch von Zahlungsmitteln erfolgt.

3.18[1)] Einbeziehung von Betreibern elektronischer Schnittstellen in fiktive Lieferketten

(1) [1]§ 3 Abs. 3a Sätze 1 und 2 UStG regelt die Einbeziehung von Betreibern elektronischer Schnittstellen in fiktive Lieferketten. [2]Nach § 3 Abs. 3a Satz 1 UStG werden Unternehmer, die mittels ihrer elektronischen Schnittstelle Lieferungen von Gegenständen durch einen nicht im Gemeinschaftsgebiet ansässigen Unternehmer an einen Nichtunternehmer (siehe Abschnitt 3a.1 Abs. 1) unterstützen, deren Beförderung oder Versendung im Gemeinschaftsgebiet beginnt und endet, so behandelt, als ob sie diese Gegenstände für ihr Unternehmen selbst erhalten und geliefert hätten. [3]Gleiches gilt nach § 3 Abs. 3a Satz 2 UStG für die Unterstützung von Fernverkäufen von aus dem Drittlandsgebiet eingeführten Gegenständen in Sendungen mit einem Sachwert von höchstens 150 € mittels einer elektronischen Schnittstelle. [4]Während tatsächlich lediglich ein einziges Verkaufsgeschäft vorliegt, werden für umsatzsteuerliche Zwecke zwei Lieferungen fingiert, indem eine (erste) Lieferung von dem Unternehmer an den Betreiber der elektronischen Schnittstelle sowie eine (zweite) Lieferung von dem Betreiber der elektronischen Schnittstelle an den Enderwerber angenommen werden. [5]Die Regelungen des § 3 Abs. 3a Satz 1 und Satz 2 UStG gelten für unterschiedliche Erwerberkreise. [6]In den Fällen des § 3 Abs. 3a Satz 1 UStG muss es sich bei dem Empfänger der Liefergegenstände um eine Person im Sinne des § 3a Abs. 5 Satz 1 UStG (insbesondere kein Unternehmer, für dessen Unternehmen die Leistung bezogen wird) handeln. [7]Dagegen kann ein Erwerber in den Fällen des § 3 Abs. 3a Satz 2 UStG ein in § 3a Abs. 5 Satz 1 UStG bezeichneter Empfänger oder eine in § 1a Abs. 3 Nr. 1 UStG genannte Person sein, die weder die maßgebende Erwerbsschwelle überschreitet noch auf ihre Anwendung verzichtet (vgl. § 3 Abs. 3a Sätze 4 und 5 UStG); Abschnitt 3c.1 Abs. 2 Sätze 3 bis 6 gelten insoweit entsprechend.

(2) [1]Von § 3 Abs. 3a Satz 1 UStG werden sowohl Fälle erfasst, in denen die Beförderung oder Versendung im gleichen EU-Mitgliedstaat beginnt und endet, als auch solche, in denen Beginn und Ende der Beförderung oder Ver-

[1)] A 3.18 UStAE angef. durch BMF v. 1.4.2021, BStBl. I 2021, 629, anzuwenden mWv 1.7.2021.

sendung in verschiedenen EU-Mitgliedstaaten liegen. [2]Der liefernde Unternehmer muss im Drittlandsgebiet ansässig sein. [3]Lieferungen von im Gemeinschaftsgebiet ansässigen Unternehmern fallen nicht unter diese Vorschrift. [4]Ein Unternehmer ist auch dann im Gemeinschaftsgebiet ansässig, wenn er im Drittlandsgebiet seinen Sitz oder seine Geschäftsleitung, im Gemeinschaftsgebiet aber eine Betriebsstätte hat. [5]Wie beim Reihengeschäft nach § 3 Abs. 6a Satz 1 UStG kann dabei die Warenbewegung nur einer der Lieferungen zugeordnet werden, um insbesondere den Lieferort bestimmen zu können, weshalb nach § 3 Abs. 6b UStG die fiktive Lieferung des Betreibers der elektronischen Schnittstelle als die bewegte Lieferung zu behandeln ist.

Beispiel 1:

[1]Ein in Südkorea ansässiger Händler H veräußert über eine elektronische Schnittstelle Handyzubehör an eine Privatperson in Frankreich. [2]Die Ware wird aus einem inländischen Lager eines anderen Unternehmers an den Wohnsitz der Privatperson in Frankreich versendet. [3]Der Betreiber der elektronischen Schnittstelle überschreitet die Umsatzschwelle von 10 000 € (§ 3c Abs. 4 Satz 1 UStG) bzw. verzichtet auf die Anwendung des § 3c Abs. 4 Satz 1 UStG (§ 3c Abs. 4 Satz 2 UStG).

[4]Es werden eine Lieferung des H an den Betreiber der elektronischen Schnittstelle und eine Lieferung des Betreibers der elektronischen Schnittstelle an die Privatperson nach § 3 Abs. 3a Satz 1 UStG fingiert. [5]Die Warenbewegung wird nach § 3 Abs. 6b UStG der Lieferung des Betreibers der elektronischen Schnittstelle zugeschrieben. [6]Die Lieferung des H an den Betreiber der elektronischen Schnittstelle ist gemäß § 3 Abs. 7 Satz 2 Nr. 1 UStG im Inland steuerbar, aber nach § 4 Nr. 4c UStG steuerbefreit (vgl. Abschnitt 4.4c.1). [7]Die Ortsbestimmung der Lieferung des Betreibers der elektronischen Schnittstelle an die Privatperson richtet sich nach § 3c Abs. 1 UStG. [8]Danach ist der Ort der Lieferung der Ort, an dem sich der Gegenstand bei Beendigung der Versendung an die Privatperson befindet (hier: Frankreich). [9]Der Betreiber der elektronischen Schnittstelle kann das besondere Besteuerungsverfahren im Sinne des § 18j UStG (vgl. Abschnitt 18j.1) in Anspruch nehmen und den Umsatz darüber erklären. [10]Andernfalls hat der Betreiber der elektronischen Schnittstelle den Umsatz im Bestimmungsland (hier: Frankreich) im allgemeinen Besteuerungsverfahren (Artikel 250 bis 261 MwStSystRL) zu erklären.

Beispiel 2:

[1]Ein in Südkorea ansässiger Händler H veräußert über eine elektronische Schnittstelle Handyzubehör an eine im Inland ansässige Privatperson. [2]Die Ware wird aus einem inländischen Lager eines anderen Unternehmers an den Wohnsitz der Privatperson versendet.

[3]Es werden eine Lieferung des H an den Betreiber der elektronischen Schnittstelle und eine Lieferung des Betreibers der elektronischen Schnittstelle an die Privatperson nach § 3 Abs. 3a Satz 1 UStG fingiert. [4]Die Warenbewegung wird nach § 3 Abs. 6b UStG der Lieferung des Betreibers der elektronischen Schnittstelle zugeschrieben. [5]Die Lieferung des H an den Betreiber der elektronischen Schnittstelle ist gemäß § 3 Abs. 7 Satz 2 Nr. 1 UStG im Inland steuerbar, aber nach § 4 Nr. 4c UStG steuerbefreit (vgl. Abschnitt 4.4c.1). [6]Die Lieferung des Betreibers der elektronischen Schnittstelle an die Privatperson ist gemäß § 3 Abs. 6 Satz 1 UStG im Inland steuerbar und steuerpflichtig. [7]§ 3c Abs. 1 UStG findet keine Anwendung, weil die Ware nicht aus dem Gebiet eines EU-Mitgliedstaates in das Gebiet eines anderen EU-Mitgliedstaates gelangt (vgl. § 3c Abs. 1 Satz 2 UStG). [8]Der Betreiber der elektronischen Schnittstelle kann das besondere Besteuerungsverfahren im Sinne des § 18j UStG (vgl. Abschnitt 18j.1) in Anspruch nehmen und den Umsatz darüber erklären. [9]Andernfalls hat der Betreiber der elektronischen Schnittstelle den Umsatz in Deutschland im allgemeinen Besteuerungsverfahren (§ 18 Abs. 1 bis 4 UStG) zu erklären.

Beispiel 3:

[1]Ein im Inland ansässiger Händler H veräußert über eine elektronische Schnittstelle Handyzubehör an eine Privatperson in Frankreich. [2]Die Ware wird aus einem Lager im Inland an den Wohnsitz der Privatperson in Frankreich versendet. [3]H überschreitet die Umsatzschwelle von 10 000 € (§ 3c Abs. 4 Satz 1 UStG) bzw. verzichtet auf die Anwendung des § 3c Abs. 4 Satz 1 UStG (§ 3c Abs. 4 Satz 2 UStG).

[4] Nach § 3 Abs. 3a Satz 1 UStG wird keine Lieferung zwischen dem Betreiber der elektronischen Schnittstelle und der Privatperson fingiert, da H im Gemeinschaftsgebiet ansässig ist. [5] § 3 Abs. 3a Satz 2 UStG findet keine Anwendung, da die Ware nicht aus dem Drittlandsgebiet eingeführt wurde. [6] Für die Lieferung des H an die Privatperson findet § 3c Abs. 1 UStG Anwendung. [7] Der Ort der Lieferung ist der Ort, an dem sich der Gegenstand bei Beendigung der Versendung an die Privatperson befindet (hier: Frankreich). [8] H kann das besondere Besteuerungsverfahren nach § 18j UStG (vgl. Abschnitt 18j.1) in Anspruch nehmen und den Umsatz darüber erklären. [9] Andernfalls hat H den Umsatz im Bestimmungsland (hier: Frankreich) im allgemeinen Besteuerungsverfahren (Artikel 250 bis 261 MwStSystRL) zu erklären.

Beispiel 4:

[1] Ein im Inland ansässiger Händler H veräußert über eine elektronische Schnittstelle Handyzubehör an eine im Inland ansässige Privatperson. [2] Die Ware wird aus einem Fulfillment-Center in Polen an den Wohnsitz der Privatperson versendet. [3] H überschreitet die Umsatzschwelle von 10 000 € (§ 3c Abs. 4 Satz 1 UStG) bzw. verzichtet auf die Anwendung des § 3c Abs. 4 Satz 1 UStG (§ 3c Abs. 4 Satz 2 UStG) und nimmt an dem besonderen Besteuerungsverfahren nach § 18j UStG teil.

[4] Nach § 3 Abs. 3a Satz 1 UStG wird keine Lieferung zwischen dem Betreiber der elektronischen Schnittstelle und der Privatperson fingiert, da H im Gemeinschaftsgebiet ansässig ist. [5] § 3 Abs. 3a Satz 2 UStG findet keine Anwendung, da die Ware nicht aus dem Drittlandsgebiet eingeführt wird. [6] Für die Lieferung des H an die Privatperson findet § 3c Abs. 1 UStG Anwendung. [7] Der Ort der Lieferung ist der Ort, an dem sich der Gegenstand bei Beendigung der Versendung an die Privatperson befindet (hier: Inland). [8] Der Händler hat die Umsätze über das besondere Besteuerungsverfahren nach § 18j UStG (vgl. Abschnitt 18j.1) zu erklären.

(3) [1] Dem Begriff der elektronischen Schnittstelle im Sinne des § 3 Abs. 3a Sätze 1 und 2 UStG ist ein sehr weites Verständnis zugrunde zu legen, so dass in den Anwendungsbereich der Vorschriften nicht nur elektronische Marktplätze, Plattformen oder Portale fallen, sondern auch alle anderen vergleichbaren elektronischen Handelsplätze. [2] Wann von einer Unterstützung im Sinne des § 3 Abs. 3a Satz 1 und 2 UStG auszugehen ist, ist in Artikel 5b MwStVO[1)] geregelt. [3] Demnach unterstützt ein Unternehmer eine Lieferung im Sinne des § 3 Abs. 3a Satz 1 UStG oder einen Fernverkauf im Sinne des § 3 Abs. 3a Satz 2 UStG mittels seiner elektronischen Schnittstelle, wenn er es einem Erwerber und einem Lieferer, der über diese elektronische Schnittstelle Gegenstände zum Verkauf anbietet, ermöglicht, in Kontakt zu treten, woraus eine Lieferung von Gegenständen über diese elektronische Schnittstelle an den Erwerber resultiert. [4] Ein Unternehmer unterstützt eine solche Lieferung dann nicht, wenn kumulativ die folgenden Voraussetzungen erfüllt sind:

1. der Unternehmer legt weder unmittelbar noch mittelbar irgendeine der Bedingungen für die Lieferung der Gegenstände fest,
2. der Unternehmer ist weder unmittelbar noch mittelbar an der Autorisierung der Abrechnung mit dem Erwerber bezüglich der getätigten Zahlung beteiligt und
3. der Unternehmer ist weder unmittelbar noch mittelbar an der Bestellung oder Lieferung der Gegenstände beteiligt.

[5] Die Merkmale der folgenden Auflistung können darauf hindeuten, dass im Sinne des Satzes 4 Nr. 1 ein Unternehmer eine elektronische Schnittstelle betreibt, für die er die Bedingungen für die Lieferung der Gegenstände festlegt (diese Auflistung ist nicht als kumulativ und nicht als erschöpfend zu betrachten):

---

1) **Steuergesetze** Nr. **550a**.

- Die elektronische Schnittstelle ist Eigentümer oder Verwalter der technischen Plattform, über die die Gegenstände geliefert werden.
- Die elektronische Schnittstelle legt Regeln für die Auflistung und den Verkauf von Gegenständen über ihre Plattform fest.
- Die elektronische Schnittstelle ist Eigentümer der Daten des Erwerbers in Verbindung mit der Lieferung.
- Die elektronische Schnittstelle stellt die technische Lösung für die Erteilung der Bestellung oder die Einleitung des Kaufs bereit (z. B. durch Platzierung der Gegenstände in einem Warenkorb).
- Die elektronische Schnittstelle organisiert bzw. verwaltet die Übermittlung des Angebots, die Annahme des Auftrags oder die Bezahlung der Gegenstände.
- Die elektronische Schnittstelle legt die Bedingungen fest, unter denen der Lieferer oder der Erwerber die Kosten für die Rücksendung der Gegenstände zu tragen hat.
- Die elektronische Schnittstelle schreibt dem zugrunde liegenden Lieferer eine oder mehrere spezifische Zahlungsmethoden, Lager- oder Erfüllungsbedingungen oder Versand- oder Liefermethoden vor, die zur Erfüllung des Geschäfts verwendet werden müssen.
- Die elektronische Schnittstelle hat das Recht, die Zahlung des Erwerbers für den zugrundeliegenden Lieferer zu bearbeiten oder einzubehalten oder den Zugriff auf die Beträge in anderer Weise einzuschränken.
- Die elektronische Schnittstelle ist in der Lage, eine Gutschrift für den Umsatz ohne Zustimmung oder Genehmigung des zugrundeliegenden Lieferers auszustellen, falls die Gegenstände nicht ordnungsgemäß empfangen wurden.
- Die elektronische Schnittstelle bietet Kundendienst, Unterstützung bei der Rücksendung oder dem Umtausch von Gegenständen oder Beschwerde- oder Streitbeilegungsverfahren für Lieferer und/oder deren Erwerber.
- Die elektronische Schnittstelle hat das Recht, den Preis festzulegen, zu dem die Gegenstände verkauft werden, z. B. indem sie im Rahmen eines Kundenbindungsprogramms einen Rabatt anbietet, die Preisgestaltung kontrolliert oder beeinflusst.

[6]Die Merkmale der folgenden Auflistung können darauf hindeuten, dass im Sinne des Satzes 4 Nr. 2 eine elektronische Schnittstelle an der Autorisierung der Abrechnung beteiligt ist (diese Auflistung ist nicht als kumulativ und nicht als erschöpfend zu betrachten):

- Über die elektronische Schnittstelle werden dem Erwerber Informationen zur Zahlung wie der zu zahlende Preis, seine Zusammensetzung, etwaige zusätzliche Gebühren, Zahlungsfristen, Zahlungsmodalitäten usw. bereitgestellt.
- Die elektronische Schnittstelle leitet das Verfahren ein, über das dem Erwerber die Zahlung in Rechnung gestellt wird.
- Die elektronische Schnittstelle erfasst bzw. erhält vom Erwerber Zahlungsdaten bzw. Informationen wie Kredit-/Debitkartennummer, Gültigkeit der Karte, Sicherheitscode, Name und/oder Konto des Zahlungsinhabers, Informationen zum in digitaler Währung oder Kryptowährung geführten Konto, Informationen zur digitalen Brieftasche usw.

– Die elektronische Schnittstelle zieht die Zahlung für die gelieferten Gegenstände ein und leitet sie dann an den zugrundeliegenden Lieferer weiter.
– Die elektronische Schnittstelle verbindet den Erwerber mit einem Dritten, der die Zahlung entsprechend den Anweisungen der elektronischen Schnittstelle verarbeitet (Tätigkeiten eines Unternehmers, der die Zahlung nur ohne jede andere Beteiligung an der Lieferung verarbeitet, sind von der Bestimmung des fiktiven Lieferers ausgeschlossen).

[7]Die Merkmale der folgenden Auflistung können darauf hindeuten, dass im Sinne des Satzes 4 Nr. 3 ein Unternehmer, der eine elektronische Schnittstelle betreibt, an der Bestellung oder Lieferung der Gegenstände beteiligt ist (diese Auflistung ist nicht als kumulativ und nicht als erschöpfend zu betrachten):
– Die elektronische Schnittstelle stellt das technische Instrument für die Erteilung der Bestellung durch den Erwerber bereit (in der Regel der Warenkorb/der Kaufabwicklungsvorgang).
– Die elektronische Schnittstelle übermittelt dem Erwerber und dem zugrundeliegenden Lieferer die Bestätigung und/oder die Einzelheiten der Bestellung.
– Die elektronische Schnittstelle stellt dem zugrundeliegenden Lieferer eine Gebühr oder Provision auf der Grundlage des Werts der Bestellung in Rechnung.
– Die elektronische Schnittstelle übermittelt die Genehmigung, mit der Lieferung der Gegenstände zu beginnen, oder weist den zugrundeliegenden Lieferer oder einen Dritten an, die Gegenstände zu liefern.
– Die elektronische Schnittstelle erbringt Fulfillment-Dienstleistungen für den zugrundeliegenden Lieferer.
– Die elektronische Schnittstelle organisiert die Lieferung der Gegenstände.
– Die elektronische Schnittstelle übermittelt dem Erwerber Einzelheiten zur Zustellung.

[8]§ 3 Abs. 3a UStG findet auch keine Anwendung auf Unternehmer, die lediglich eine der folgenden Leistungen anbieten:
1. die Verarbeitung von Zahlungen im Zusammenhang mit der Lieferung von Gegenständen,
2. die Auflistung von Gegenständen oder die Werbung für diese oder
3. die Weiterleitung oder Vermittlung von Erwerbern an andere elektronische Schnittstellen, über die Gegenstände zum Verkauf angeboten werden, ohne dass eine weitere Einbindung in die Lieferung besteht.

(4) [1]Ein Fernverkauf im Sinne des § 3 Abs. 3a Satz 2 UStG ist die Lieferung eines Gegenstands, der durch den Lieferer oder für dessen Rechnung aus dem Drittlandsgebiet an einen Erwerber in einem EU-Mitgliedstaat befördert oder versendet wird, einschließlich jener Lieferung, an deren Beförderung oder Versendung der Lieferer indirekt beteiligt ist (§ 3 Abs. 3a Satz 4 UStG). [2]Die Lieferkettenfiktion nach § 3 Abs. 3a Satz 2 UStG gilt unabhängig von der Ansässigkeit des liefernden Unternehmers. [3]Lieferungen von Gas, Elektrizität, Wärme und Kälte sind keine bewegten Lieferungen und sind deshalb nicht vom Begriff des Fernverkaufs im Sinne des § 3 Abs. 3a Satz 2 UStG erfasst. [4]Erwerber im Sinne des § 3 Abs. 3a Satz 2 UStG sind Nichtunternehmer (siehe Abschnitt 3a.1 Abs. 1) sowie Unternehmer, die nur steuerfreie – nicht zum Vorsteuerabzug berechtigende – Umsätze ausführen, Kleinunter-

nehmer, pauschalierende Land- und Forstwirte und juristische Personen, die nicht Unternehmer sind oder den Gegenstand nicht für das Unternehmen erwerben. [5]Im Hinblick auf die in § 1a Abs. 3 Nr. 1 UStG genannten Personen ist der Erwerberkreis auf diejenigen Personen beschränkt, die weder die maßgebende Erwerbsschwelle im Sinne des § 1a Abs. 3 Nr. 2 UStG überschreiten, noch auf ihre Anwendung nach § 1a Abs. 4 UStG verzichten. [6]Sofern die Beförderung oder Versendung im Gebiet eines anderen EU-Mitgliedstaates endet, ist die von diesem EU-Mitgliedstaat festgesetzte Erwerbsschwelle maßgebend (vgl. Abschnitt 1a.1 Abs. 2). [7]Die Erwerbsschwellen in den anderen EU-Mitgliedstaaten betragen nach nicht amtlicher Veröffentlichung der EU-Kommission zum 1.4.2018:

– Belgien:	11 200 €,
– Bulgarien:	20 000 BGN,
– Dänemark:	80 000 DKK,
– Estland:	10 000 €,
– Finnland:	10 000 €,
– Frankreich:	10 000 €,
– Griechenland:	10 000 €,
– Irland:	41 000 €,
– Italien:	10 000 €,
– Kroatien:	77 000 HKR,
– Lettland:	10 000 €,
– Litauen:	14 000 €,
– Luxemburg:	10 000 €,
– Malta:	10 000 €,
– Niederlande:	10 000 €,
– Österreich:	11 000 €,
– Polen:	50 000 PLN,
– Portugal:	10 000 €,
– Rumänien:	34 000 RON,
– Schweden:	90 000 SEK,
– Slowakei:	14 000 €,
– Slowenien:	10 000 €,
– Spanien:	10 000 €,
– Tschechien:	326 000 CZK,
– Ungarn:	10 000 €,
– Zypern:	10 251 €.

[8]Folgende Fälle sind gemäß Artikel 5a MwStVO[1)] als indirekte Beteiligung des Lieferers am Versand oder der Beförderung der Gegenstände anzusehen:

1. die Versendung oder Beförderung der Gegenstände wird vom Lieferer als Unterauftrag an einen Dritten vergeben, der die Gegenstände an den Erwerber transportiert oder transportieren lässt;

2. die Versendung oder Beförderung der Gegenstände erfolgt durch einen Dritten, der Lieferer trägt jedoch entweder die gesamte oder die teilweise Verantwortung für die Lieferung der Gegenstände an den Erwerber;

---

1) **Steuergesetze** Nr. 550a.

3. der Lieferer stellt dem Erwerber die Transportkosten in Rechnung, zieht diese ein und leitet sie dann an einen Dritten weiter, der die Versendung oder Beförderung der Waren übernimmt;
4. der Lieferer bewirbt in jeglicher Weise gegenüber dem Erwerber die Zustelldienste eines Dritten, stellt den Kontakt zwischen dem Erwerber und einem Dritten her oder übermittelt einem Dritten auf andere Weise die Informationen, die dieser für die Zustellung der Gegenstände an den Erwerber benötigt.

Beispiel 1:

[1] Ein in Südkorea ansässiger Händler H veräußert über eine elektronische Schnittstelle Handyzubehör (Sachwert: 50 €) an eine im Inland ansässige Privatperson. [2] Die Ware wird von H aus einem Lager in Südkorea an den Wohnsitz der Privatperson versendet. [3] Die Zollanmeldung in Deutschland erfolgt durch den Betreiber der elektronischen Schnittstelle, welcher im Inland ansässig ist und das besondere Besteuerungsverfahren nach § 18k UStG (vgl. Abschnitt 18k.1) in Anspruch nimmt.
[4] Nach § 3 Abs. 3a Satz 2 UStG werden eine Lieferung des H an den Betreiber der elektronischen Schnittstelle und eine Lieferung des Betreibers der elektronischen Schnittstelle an die im Inland ansässige Privatperson fingiert. [5] Die Einfuhr der Waren ist nach § 5 Abs. 1 Nr. 7 UStG steuerfrei. [6] Die Warenbewegung wird nach § 3 Abs. 6b UStG der Lieferung des Betreibers der elektronischen Schnittstelle zugeschrieben. [7] Die Lieferung des H an den Betreiber der elektronischen Schnittstelle ist daher nach § 3 Abs. 7 Satz 2 Nr. 1 UStG im Inland nicht steuerbar. [8] Die Lieferung des Betreibers der elektronischen Schnittstelle an die Privatperson ist im Inland nach § 3c Abs. 3 Satz 1 UStG steuerbar und steuerpflichtig (vgl. Abschnitt 3c.1 Abs. 4). [9] Der Betreiber der elektronischen Schnittstelle hat diesen Umsatz im besonderen Besteuerungsverfahren nach § 18k UStG zu erklären (vgl. Abschnitt 18k.1).

Beispiel 2:

[1] Ein im Inland ansässiger Händler H veräußert über eine elektronische Schnittstelle Handyzubehör (Sachwert: 60 €) an eine im Inland ansässige Privatperson. [2] Die Ware wird aus einem Lager in der Schweiz an den Wohnsitz der Privatperson versendet. [3] Die Zollanmeldung in Deutschland erfolgt durch den Betreiber der elektronischen Schnittstelle, welcher das besondere Besteuerungsverfahren nach § 18k UStG (vgl. Abschnitt 18k.1) in Anspruch nimmt.
[4] Nach § 3 Abs. 3a Satz 2 UStG werden eine Lieferung des H an den Betreiber der elektronischen Schnittstelle und eine Lieferung des Betreibers der elektronischen Schnittstelle an die im Inland ansässige Privatperson fingiert. [5] Die Einfuhr der Ware ist nach § 5 Abs. 1 Nr. 7 UStG steuerfrei. [6] Die Warenbewegung wird nach § 3 Abs. 6b UStG der Lieferung durch den Betreiber der elektronischen Schnittstelle zugeschrieben. [7] Die Lieferung des H an den Betreiber der elektronischen Schnittstelle ist daher nach § 3 Abs. 7 Satz 2 Nr. 1 UStG im Inland nicht steuerbar. [8] Die Lieferung des Betreibers der elektronischen Schnittstelle an die Privatperson ist im Inland nach § 3c Abs. 3 Satz 1 UStG steuerbar und steuerpflichtig. [9] Der Betreiber der elektronischen Schnittstelle hat diesen Umsatz im besonderen Besteuerungsverfahren nach § 18k UStG zu erklären (vgl. Abschnitt 18k.1).

(5) [1] Nach § 3 Abs. 6b UStG wird im Falle des § 3 Abs. 3a UStG die Lieferung des Betreibers der elektronischen Schnittstelle an den Erwerber als die bewegte Lieferung behandelt. [2] Bei der Bestimmung der Warenbewegung geht § 3 Abs. 6b UStG als speziellere Vorschrift der Regelung des § 3 Abs. 6a UStG vor.

Beispiel:

[1] Eine in Italien ansässige Privatperson K bestellt Handyzubehör (Sachwert: 50 €) bei dem im Inland ansässigen Händler D über die elektronische Schnittstelle des im Inland ansässigen Betreibers B. [2] D bestellt die Ware seinerseits bei dem in Südkorea ansässigen Händler H. [3] H versendet die Ware direkt an K. [4] Die Zollanmeldung in Deutschland erfolgt durch den Spediteur S in indirekter Vertretung des H.

[5] Nach § 3 Abs. 3a Satz 2 UStG werden eine Lieferung des D an den Betreiber der elektronischen Schnittstelle B und eine Lieferung des Betreibers der elektronischen Schnittstelle B an die in Italien ansässige Privatperson K fingiert. [6] Außerdem liegt eine Lieferung von H an D vor. [7] Bei der Bestimmung der Warenbewegung geht § 3 Abs. 6b UStG als speziellere Vorschrift der Regelung des § 3 Abs. 6a UStG vor. [8] Die Warenbewegung wird daher nach § 3 Abs. 6b UStG der Lieferung durch den Betreiber der elektronischen Schnittstelle B zugeschrieben. [9] Der Ort dieser Lieferung liegt nach § 3c Abs. 2 UStG in Italien. [10] Die Lieferungen des H an D und die fingierte Lieferung des D an B sind als ruhende Lieferungen gemäß § 3 Abs. 7 Satz 2 Nr. 1 UStG im Inland nicht steuerbar.

(6) [1] Jedes einzelne Packstück stellt grundsätzlich eine Sendung im Sinne des § 3 Abs. 3a Satz 2 UStG dar. [2] Gegenstände, die zusammen in demselben Packstück verpackt und gleichzeitig vom selben Versender (z.B. zugrundeliegender Lieferer oder möglicherweise elektronische Schnittstelle, die als fiktiver Lieferer handelt) an denselben Empfänger (z.B. Erwerber in der EU) unter einem Beförderungsvertrag (z.B. Luftfrachtbrief, CMR, Postsendung nach Weltpostvertrag mit S-10 Barcode) versandt werden, gelten als eine einzige Sendung. [3] Gegenstände, die von ein und derselben Person getrennt bestellt, aber zusammen in demselben Packstück versandt werden, werden ebenfalls als eine einzige Sendung betrachtet. [4] Gegenstände, die vom selben Versender an denselben Empfänger versandt und getrennt bestellt und geliefert werden, gelten auch dann, wenn sie am selben Tag, aber in gesonderten Packstücken beim Postbetreiber oder Expresskurierdienstleister des Bestimmungsorts ankommen, als getrennte Sendungen.

(7) Sachwert im Sinne des § 3 Abs. 3a Satz 2 UStG ist der Preis der Waren selbst beim sog. Verkauf zur Ausfuhr in das Zollgebiet der Union ohne Transport- und Versicherungskosten, sofern sie nicht im Preis enthalten und nicht gesondert auf der Rechnung ausgewiesen sind, sowie alle anderen Steuern und Abgaben, die von den Zollbehörden anhand der einschlägigen Dokumente ermittelt werden können.

Beispiel 1:

[1] Der Rechnungsbetrag setzt sich aus dem Preis für die Ware und den Beförderungskosten zusammen:

Preis für die Ware auf der Rechnung:	140,00 €
Beförderungskosten auf der Rechnung:	20,00 €
Rechnungsbetrag insgesamt:	160,00 €

[2] Der Sachwert der Ware beträgt 140,00 €.

Beispiel 2:

[1] Der Rechnungsbetrag beinhaltet die Beförderungskosten. [2] Es ist anhand der Rechnung oder sonstiger Unterlagen nicht erkennbar, ob und in welcher Höhe Beförderungskosten im Rechnungspreis enthalten sind:

Rechnungsbetrag insgesamt:	160,00 €

[3] Der Sachwert der Ware beträgt 160,00 €.

Beispiel 3:

[1] Der Rechnungsbetrag setzt sich aus dem Preis für die Ware, den Beförderungskosten und der Umsatzsteuer zusammen:

Preis für die Ware auf der Rechnung:	140,00 €
Beförderungskosten auf der Rechnung:	20,00 €
Umsatzsteuer (19 %) auf der Rechnung:	30,40 €
Rechnungsbetrag insgesamt:	190,40 €

[2] Der Sachwert der Ware beträgt 140,00 €.

Beispiel 4:

[1] Der Rechnungsbetrag setzt sich aus dem Preis für die Ware, den Beförderungskosten und der drittländischen Umsatzsteuer zusammen:

Preis für die Ware auf der Rechnung:	140,00 €
Rechnungsbetrag insgesamt:	195,00 €

[2] Der Sachwert der Ware beträgt auch in diesem Fall 140,00 €.

Zu § 3a UStG (§ 1 UStDV)

3a.1 Ort der sonstigen Leistung bei Leistungen an Nichtunternehmer

(1) [1] Der Ort der sonstigen Leistung bestimmt sich nach § 3a Abs. 1 UStG nur bei Leistungen an

– Leistungsempfänger, die nicht Unternehmer sind,
– Unternehmer, wenn die Leistung nicht für ihr Unternehmen bezogen wird (vgl. Abschnitt 3a.2 Abs. 11a) und es sich nicht um eine juristische Person handelt,
– sowohl unternehmerisch als auch nicht unternehmerisch tätige juristische Personen, wenn die Leistung für den privaten Bedarf des Personals bestimmt ist, oder
– nicht unternehmerisch tätige juristische Personen, denen keine USt-IdNr. erteilt worden ist

(Nichtunternehmer); maßgebend für diese Beurteilung ist der Zeitpunkt, in dem die Leistung an den Leistungsempfänger erbracht wird (vgl. Artikel 25 der MwStVO).[1)] [2] Der Leistungsort bestimmt sich außerdem nur nach § 3a Abs. 1 UStG, wenn kein Tatbestand des § 3a Abs. 3 bis 8 UStG, des § 3b UStG oder des § 3e UStG vorliegt. [3] Maßgeblich ist grundsätzlich der Ort, von dem aus der Unternehmer sein Unternehmen betreibt (bei Körperschaften, Personenvereinigungen oder Vermögensmassen ist dabei der Ort der Geschäftsleitung maßgeblich). [4] Das ist der Ort, an dem die Handlungen zur zentralen Verwaltung des Unternehmens vorgenommen werden; hierbei werden der Ort, an dem die wesentlichen Entscheidungen zur allgemeinen Leitung des Unternehmens getroffen werden, der Ort seines satzungsmäßigen Sitzes und der Ort, an dem die Unternehmensleitung zusammenkommt, berücksichtigt. [5] Kann danach der Ort, von dem aus der Unternehmer sein Unternehmen betreibt, nicht mit Sicherheit bestimmt werden, ist der Ort, an dem die wesentlichen Entscheidungen zur allgemeinen Leitung des Unternehmens getroffen werden, vorrangiger Anknüpfungspunkt. [6] Allein aus dem Vorliegen einer Postanschrift kann nicht geschlossen werden, dass sich dort der Ort befindet, von dem aus der Unternehmer sein Unternehmen betreibt (vgl. Artikel 10 der MwStVO).[2)] [7] Wird die Leistung tatsächlich von einer Betriebsstätte erbracht, ist dort der Leistungsort (vgl. Absatz 2 und 3). [8] Verfügt eine natürliche Person weder über einen Unternehmenssitz noch über eine Betriebsstätte, kommen als Leistungsort der Wohnsitz des leistenden Unternehmers oder der Ort seines gewöhnlichen Aufenthalts in Betracht. [9] Als Wohnsitz einer natürlichen Person gilt der im Melderegister oder in einem

---

[1)] **Steuergesetze** Nr. **550a.**

[2)] Siehe auch BFH v. 7.2.2019 V B 68/18, BFH/NV 2019, 595.

ähnlichen Register eingetragene Wohnsitz oder der Wohnsitz, den die betreffende Person bei der zuständigen Steuerbehörde angegeben hat, es sei denn, es liegen Anhaltspunkte dafür vor, dass diese Eintragung nicht die tatsächlichen Gegebenheiten widerspiegelt (vgl. Artikel 12 der MwStVO). [10] Als gewöhnlicher Aufenthaltsort einer natürlichen Person gilt der Ort, an dem diese aufgrund persönlicher und beruflicher Bindungen gewöhnlich lebt. [11] Liegen die beruflichen Bindungen einer natürlichen Person in einem anderen Land als dem ihrer persönlichen Bindungen oder gibt es keine beruflichen Bindungen, bestimmt sich der gewöhnliche Aufenthaltsort nach den persönlichen Bindungen, die enge Beziehungen zwischen der natürlichen Person und einem Wohnort erkennen lassen (vgl. Artikel 13 der MwStVO). [12] Als gewöhnlicher Aufenthalt im Inland ist stets und von Beginn an ein zeitlich zusammenhängender Aufenthalt von mehr als sechs Monaten Dauer anzusehen; kurzfristige Unterbrechungen bleiben unberücksichtigt. [13] Dies gilt nicht, wenn der Aufenthalt ausschließlich zu Besuchs-, Erholungs-, Kur- oder ähnlichen privaten Zwecken genommen wird und nicht länger als ein Jahr dauert. [14] Der Ort einer einheitlichen sonstigen Leistung liegt nach § 3a Abs. 1 UStG auch dann an dem Ort, von dem aus der Unternehmer sein Unternehmen betreibt, wenn einzelne Leistungsteile nicht von diesem Ort aus erbracht werden (vgl. BFH-Urteil vom 26.3.1992, V R 16/88, BStBl. II S. 929).

(2) [1] Der Ort einer Betriebsstätte ist nach § 3a Abs. 1 Satz 2 UStG Leistungsort, wenn die sonstige Leistung von dort ausgeführt wird, d. h. die sonstige Leistung muss der Betriebsstätte tatsächlich zuzurechnen sein. [2] Dies ist der Fall, wenn die für die sonstige Leistung erforderlichen einzelnen Arbeiten ganz oder überwiegend durch Angehörige oder Einrichtungen der Betriebsstätte ausgeführt werden. [3] Es ist nicht erforderlich, dass das Umsatzgeschäft von der Betriebsstätte aus abgeschlossen wurde. [4] Wird ein Umsatz sowohl an dem Ort, von dem aus der Unternehmer sein Unternehmen betreibt, als auch von einer Betriebsstätte ausgeführt, ist der Leistungsort nach dem Ort zu bestimmen, an dem die sonstige Leistung überwiegend erbracht wird.

(3)[1)] [1] Betriebsstätte im Sinne des Umsatzsteuerrechts ist jede feste Geschäftseinrichtung oder Anlage, die der Tätigkeit des Unternehmers dient. [2] Eine solche Einrichtung oder Anlage kann aber nur dann als Betriebsstätte angesehen werden, wenn sie über einen ausreichenden Mindestbestand an Personal- und Sachmitteln verfügt, der für die Erbringung der betreffenden Dienstleistungen erforderlich ist. [3] Außerdem muss die Einrichtung oder Anlage einen hinreichenden Grad an Beständigkeit sowie eine Struktur aufweisen, die von der personellen und technischen Ausstattung her eine autonome Erbringung der jeweiligen Dienstleistungen ermöglicht (vgl. hierzu EuGH-Urteile vom 4.7.1985, C-168/84 Berkholz, vom 2.5.1996, C-231/94, Faaborg-Gelting Linien,[2)] vom 17.7.1997, C-190/95, ARO Lease,[2)] und vom 20.2.1997, C-260/95, DFDS,[2)] und Artikel 11 der MwStVO).[3)] [4] Eine solche

---

[1)] Zum Begriff der Betriebsstätte bzw. festen Niederlassung im Umsatzsteuerrecht siehe BFH v. 29.4.2020 XI R 3/18, DStR 2020, 1792; siehe auch EuGH v. 7.5.2020 C-547/18, DStR 2020, 1047.

[2)] DStR 1996, 1005. – DStRE 1997, 725. – DStRE 1997, 342.

[3)] **Steuergesetze** Nr. **550a**.

beständige Struktur liegt z. B. vor, wenn die Einrichtung über eine Anzahl von Beschäftigten verfügt, von hier aus Verträge abgeschlossen werden können, Rechnungslegung und Aufzeichnungen dort erfolgen und Entscheidungen getroffen werden, z. B. über den Wareneinkauf. [5] Betriebsstätte kann auch eine Organgesellschaft im Sinne des § 2 Abs. 2 Nr. 2 UStG sein. [6] Der Ort sonstiger Leistungen, die an Bord eines Schiffes tatsächlich von einer dort belegenen Betriebsstätte erbracht werden, bestimmt sich nach § 3a Abs. 1 Satz 2 UStG. [7] Hierzu können z. B. Leistungen in den Bereichen Friseurhandwerk, Kosmetik, Massage und Landausflüge gehören.

(4) Die Leistungsortbestimmung nach § 3a Abs. 1 UStG kommt z. B. in folgenden Fällen in Betracht:

- Reiseleistungen (§ 25 Abs. 1 Satz 4 UStG);
- Reisebetreuungsleistungen von angestellten Reiseleitern (vgl. BFH-Urteil vom 23.9.1993, V R 132/99, BStBl. 1994 II S. 272);
- Leistungen der Testamentsvollstrecker (vgl. EuGH-Urteil vom 6.12.2007, C-401/06, Kommission/Deutschland);[1]
- Leistungen der Notare, soweit sie nicht Grundstücksgeschäfte beurkunden (vgl. Abschnitt 3a.3 Abs. 6 und 8) oder nicht selbständige Beratungsleistungen an im Drittlandsgebiet ansässige Leistungsempfänger erbringen (vgl. Abschnitt 3a.9 Abs. 11);
- die in § 3a Abs. 4 Satz 2 UStG bezeichneten sonstigen Leistungen, wenn der Leistungsempfänger Nichtunternehmer und innerhalb der EG ansässig ist (vgl. jedoch Abschnitt 3a.14);
- sonstige Leistungen im Rahmen einer Bestattung, soweit diese Leistungen als einheitliche Leistungen (vgl. Abschnitt 3.10) anzusehen sind (vgl. Artikel 28 der MwStVO).[2]

(5) Zur Sonderregelung für den Ort der sonstigen Leistung nach § 3a Abs. 6 UStG wird auf Abschnitt 3a.14 verwiesen.

3a.2 Ort der sonstigen Leistung bei Leistungen an Unternehmer und diesen gleichgestellte juristische Personen

(1) [1] Voraussetzung für die Anwendung des § 3a Abs. 2 UStG ist, dass der Leistungsempfänger

- ein Unternehmer ist und die Leistung für sein Unternehmen bezogen hat (vgl. im Einzelnen Absätze 8 bis 12),
- eine nicht unternehmerisch tätige juristische Person ist, der eine USt-IdNr. erteilt worden ist (einem Unternehmer gleichgestellte juristische Person; vgl. Absatz 7), oder
- eine sowohl unternehmerisch als auch nicht unternehmerisch tätige juristische Person ist und die Leistung für den unternehmerischen oder den nicht unternehmerischen Bereich, nicht aber für den privaten Bedarf des Personals, bezogen hat; vgl. im Einzelnen Absätze 13 bis 15

(Leistungsempfänger im Sinne des § 3a Abs. 2 UStG); maßgebend für diese Beurteilung ist der Zeitpunkt, in dem die Leistung erbracht wird (vgl. Arti-

---

[1] DStRE 2008, 1387.
[2] **Steuergesetze** Nr. **550a.**

kel 25 der MwStVO).[1)] 2 Der Leistungsort bestimmt sich nur dann nach § 3a Abs. 2 UStG, wenn kein Tatbestand des § 3a Abs. 3 Nr. 1, 2, 3 Buchstabe b und Nr. 5, Abs. 6 Satz 1 Nr. 1, Abs. 7 und Abs. 8 UStG, des § 3b Abs. 1 Sätze 1 und 2 UStG oder des § 3e UStG vorliegt.

(2) 1 Als Leistungsempfänger im umsatzsteuerrechtlichen Sinn ist grundsätzlich derjenige zu behandeln, in dessen Auftrag die Leistung ausgeführt wird (vgl. Abschnitt 15.2b Abs. 1). 2 Aus Vereinfachungsgründen ist bei steuerpflichtigen Güterbeförderungen, steuerpflichtigen selbständigen Nebenleistungen hierzu und bei der steuerpflichtigen Vermittlung der vorgenannten Leistungen, bei denen sich der Leistungsort nach § 3a Abs. 2 UStG richtet, der Rechnungsempfänger auch als Leistungsempfänger anzusehen.

Beispiel:

1 Der in Deutschland ansässige Unternehmer U versendet Güter per Frachtnachnahme an den Unternehmer D mit Sitz in Dänemark. 2 Die Güterbeförderungsleistung ist für unternehmerische Zwecke des D bestimmt.

3 Bei Frachtnachnahmen wird regelmäßig vereinbart, dass der Beförderungsunternehmer die Beförderungskosten dem Empfänger der Sendung in Rechnung stellt und dieser die Beförderungskosten bezahlt. 4 Der Rechnungsempfänger der innergemeinschaftlichen Güterbeförderung ist als Empfänger der Beförderungsleistung und damit als Leistungsempfänger anzusehen, auch wenn er den Transportauftrag nicht unmittelbar erteilt hat.

3 Hierdurch wird erreicht, dass diese Leistungen in dem Staat besteuert werden, in dem der Rechnungsempfänger umsatzsteuerlich erfasst ist.

(3) 1 Nach § 3a Abs. 2 UStG bestimmt sich der Leistungsort maßgeblich nach dem Ort, von dem aus der Leistungsempfänger sein Unternehmen betreibt; zur Definition vgl. Abschnitt 3a.1 Abs. 1. 2 Wird die Leistung tatsächlich an eine Betriebsstätte (vgl. Abschnitt 3a.1 Abs. 3) erbracht, ist dort der Leistungsort (vgl. hierzu im Einzelnen Absätze 4 und 6). 3 Verfügt eine natürliche Person weder über einen Unternehmenssitz noch über eine Betriebsstätte, kommen als Leistungsort der Wohnsitz des Leistungsempfängers oder der Ort seines gewöhnlichen Aufenthalts in Betracht (vgl. Artikel 21 der MwStVO).[1)] 4 Zu den Begriffen „Sitz“, „Wohnsitz“ und „Ort des gewöhnlichen Aufenthalts“ vgl. Abschnitt 3a.1 Abs. 1.

(4)[2)] 1 Die sonstige Leistung kann auch an eine Betriebsstätte des Leistungsempfängers ausgeführt werden (zum Begriff der Betriebsstätte vgl. Abschnitt 3a.1 Abs. 3); eine Betriebsstätte kann nur angenommen werden, wenn sie einen hinreichenden Grad an Beständigkeit sowie eine Struktur aufweist, die es ihr von der personellen und technischen Ausstattung her erlaubt, Dienstleistungen, die an sie für ihren eigenen Bedarf erbracht werden, zu empfangen und zu verwenden. 2 Dies ist der Fall, wenn die Leistung ausschließlich oder überwiegend für die Betriebsstätte bestimmt ist, also dort verwendet werden soll (vgl. Artikel 21 Abs. 2 der MwStVO).[1)] 3 In diesem Fall ist es nicht erforderlich, dass der Auftrag von der Betriebsstätte aus an den leistenden Unternehmer erteilt wird, der die sonstige Leistung durchführt, z. B.

---

1) **Steuergesetze** Nr. **550a**.

2) Zum Begriff der Betriebsstätte bzw. festen Niederlassung im Umsatzsteuerrecht siehe BFH v. 29.4.2020 XI R 3/18, DStR 2020, 1792; siehe auch EuGH v. 7.5.2020 C-547/18, DStR 2020, 1047.

Verleger, Werbeagentur, Werbungsmittler; auch ist unerheblich, ob das Entgelt für die Leistung von der Betriebsstätte aus bezahlt wird.

Beispiel:

[1] Ein Unternehmen mit Sitz im Inland unterhält im Ausland Betriebsstätten. [2] Durch Aufnahme von Werbeanzeigen in ausländischen Zeitungen und Zeitschriften wird für die Betriebsstätten geworben. [3] Die Anzeigenaufträge werden an ausländische Verleger durch eine inländische Werbeagentur im Auftrag des im Inland ansässigen Unternehmens erteilt.

[4] Die ausländischen Verleger und die inländische Werbeagentur unterliegen mit ihren Leistungen für die im Ausland befindlichen Betriebsstätten nicht der deutschen Umsatzsteuer.

[4] Kann der leistende Unternehmer weder anhand der Art der von ihm erbrachten sonstigen Leistung noch ihrer Verwendung ermitteln, ob und ggf. an welche Betriebsstätte des Leistungsempfängers die Leistung erbracht wird, hat er anhand anderer Kriterien, insbesondere des mit dem Leistungsempfänger geschlossenen Vertrags, der vereinbarten Bedingungen für die Leistungserbringung, der vom Leistungsempfänger verwendeten USt-IdNr. und der Bezahlung der Leistung festzustellen, ob die von ihm erbrachte Leistung tatsächlich für eine Betriebsstätte des Leitungsempfängers bestimmt ist (vgl. Artikel 22 Abs. 1 Unterabs. 2 der MwStVO). [5] Kann der leistende Unternehmer anhand dieser Kriterien nicht bestimmen, ob die Leistung tatsächlich an eine Betriebsstätte des Leistungsempfängers erbracht wird, oder ist bei Vereinbarungen über eine oder mehrere sonstige Leistungen nicht feststellbar, ob diese Leistungen tatsächlich vom Sitz oder von einer bzw. mehreren Betriebsstätten des Leistungsempfängers genutzt werden, kann der Unternehmer davon ausgehen, dass der Leistungsort an dem Ort ist, von dem aus der Leistungsempfänger sein Unternehmen betreibt (vgl. Artikel 22 Abs. 1 Unterabs. 3 der MwStVO). [6] Zur Regelung in Zweifelsfällen vgl. Absatz 6.

(5) Bei Werbeanzeigen in Zeitungen und Zeitschriften und bei Werbesendungen in Rundfunk und Fernsehen oder im Internet ist davon auszugehen, dass sie ausschließlich oder überwiegend für im Ausland belegene Betriebsstätten bestimmt und daher im Inland nicht steuerbar sind, wenn die folgenden Voraussetzungen erfüllt sind:

1. Es handelt sich um
   a) fremdsprachige Zeitungen und Zeitschriften, um fremdsprachige Rundfunk- und Fernsehsendungen oder um fremdsprachige Internet-Seiten oder
   b) deutschsprachige Zeitungen und Zeitschriften oder um deutschsprachige Rundfunk- und Fernsehsendungen, die überwiegend im Ausland verbreitet werden.
2. Die im Ausland belegenen Betriebsstätten sind in der Lage, die Leistungen zu erbringen, für die geworben wird.

(5a) [1] Wird eine in § 3a Abs. 5 Satz 2 UStG bezeichnete sonstige Leistung an einen Leistungsempfänger im Sinne des § 3a Abs. 2 UStG (siehe Absatz 1) an Orten wie Telefonzellen, Kiosk-Telefonen, WLAN-Hot-Spots, Internetcafés, Restaurants oder Hotellobbys erbracht und muss der Leistungsempfänger an diesem Ort physisch anwesend sein, damit ihm der leistende Unternehmer die sonstige Leistung erbringen kann, gilt der Leistungsempfänger insoweit als an diesem Ort ansässig (vgl. Artikel 24a Abs. 1 MwStVO).[1)] [2]Werden diese Leistungen an Bord eines Schiffs, eines Flugzeugs oder in einer Eisenbahn während des innerhalb des Gemeinschaftsgebiets stattfindenden Teils einer Personenbeförderung (vgl. § 3e Abs. 2 UStG) erbracht, gilt abweichend von § 3a Abs. 2 UStG der Abgangsort des jeweiligen Beförderungsmittels im Gemeinschaftsgebiet als Leistungsort (vgl. Artikel 24a Abs. 2 MwStVO).

(6) [1]Bei einer einheitlichen sonstigen Leistung (vgl. Abschnitt 3.10 Abs. 1 bis 4) ist es nicht möglich, für einen Teil der Leistung den Ort der Betriebsstätte und für den anderen Teil den Sitz des Unternehmens als maßgebend anzusehen und die Leistung entsprechend aufzuteilen. [2]Ist die Zuordnung zu einer Betriebsstätte nach den Grundsätzen des Absatzes 4 zweifelhaft und verwendet der Leistungsempfänger eine ihm von einem anderen EU-Mitgliedstaat erteilte USt-IdNr., kann davon ausgegangen werden, dass die Leistung für die im EU-Mitgliedstaat der verwendeten USt-IdNr. belegene Betriebsstätte bestimmt ist. [3]Entsprechendes gilt bei der Verwendung einer deutschen USt-IdNr.

(7) [1]Für Zwecke der Bestimmung des Leistungsorts werden nach § 3a Abs. 2 Satz 3 UStG nicht unternehmerisch tätige juristische Personen, denen für die Umsatzbesteuerung innergemeinschaftlicher Erwerbe eine USt-IdNr. erteilt wurde – die also für umsatzsteuerliche Zwecke erfasst sind –, einem Unternehmer gleichgestellt. [2]Hierunter fallen insbesondere juristische Personen des öffentlichen Rechts, die ausschließlich hoheitlich tätig sind, aber auch juristische Personen, die nicht Unternehmer sind (z. B. eine Holding, die ausschließlich eine bloße Vermögensverwaltungstätigkeit ausübt). [3]Ausschließlich nicht unternehmerisch tätige juristische Personen, denen eine USt-IdNr. erteilt worden ist, müssen diese gegenüber dem leistenden Unternehmer verwenden, damit dieser die Leistungsortregelung des § 3a Abs. 2 UStG anwenden kann; Absatz 9 Sätze 4 bis 10 gilt entsprechend. [4]Verwendet die nicht unternehmerisch tätige juristische Person als Leistungsempfänger keine USt-IdNr., hat der leistende Unternehmer nachzufragen, ob ihr eine solche Nummer erteilt worden ist.

Beispiel:

[1]Der in Belgien ansässige Unternehmer U erbringt an eine juristische Person des öffentlichen Rechts J mit Sitz in Deutschland eine Beratungsleistung. [2]J verwendet für diesen Umsatz keine USt-IdNr. [3]Auf Nachfrage teilt J dem U mit, ihr sei keine USt-IdNr. erteilt worden.
[4]Da J angegeben hat, ihr sei keine USt-IdNr. erteilt worden, kann U davon ausgehen, dass die Voraussetzungen des § 3a Abs. 2 Satz 3 UStG nicht erfüllt sind. [5]Der Ort der Beratungsleistung des U an J liegt in Belgien (§ 3a Abs. 1 UStG).

[5]Zur Bestimmung des Leistungsorts bei sonstigen Leistungen an juristische Personen, die sowohl unternehmerisch als auch nicht unternehmerisch tätig sind, vgl. Absätze 13 bis 15.

(8) [1]Voraussetzung für die Anwendung der Ortsbestimmung nach § 3a Abs. 2 Satz 1 UStG ist, dass die Leistung für den unternehmerischen Bereich des Leistungsempfängers ausgeführt worden ist. [2]Hierunter fallen auch Leistungen an einen Unternehmer, soweit diese Leistungen für die Erbringung

---

1) **Steuergesetze** Nr. **550a.**

von der Art nach nicht steuerbaren Umsätzen (z. B. Geschäftsveräußerungen im Ganzen) bestimmt sind. [3]Wird eine der Art nach in § 3a Abs. 2 UStG erfasste sonstige Leistung sowohl für den unternehmerischen als auch für den nicht unternehmerischen Bereich des Leistungsempfängers erbracht, ist der Leistungsort einheitlich nach § 3a Abs. 2 Satz 1 UStG zu bestimmen (vgl. Artikel 19 Abs. 3 der MwStVO).[1)] [4]Zur Bestimmung des Leistungsorts bei sonstigen Leistungen an juristische Personen, die sowohl unternehmerisch als auch nicht unternehmerisch tätig sind, vgl. Absätze 13 bis 15.

(9) [1]§ 3a Abs. 2 UStG regelt nicht, wie der leistende Unternehmer nachzuweisen hat, dass sein Leistungsempfänger Unternehmer ist, der die sonstige Leistung für den unternehmerischen Bereich bezieht. [2]Bezieht ein im Gemeinschaftsgebiet ansässiger Unternehmer eine sonstige Leistung, die der Art nach unter § 3a Abs. 2 UStG fällt, für seinen unternehmerischen Bereich, muss er die ihm von dem EU-Mitgliedstaat, von dem aus er sein Unternehmen betreibt, erteilte USt-IdNr. für diesen Umsatz gegenüber seinem Auftragnehmer verwenden; wird die Leistung tatsächlich durch eine Betriebsstätte des Leistungsempfängers bezogen, ist die der Betriebsstätte erteilte USt-IdNr. zu verwenden (vgl. Artikel 55 Abs. 1 der MwStVO).[1)] [3]Satz 2 gilt entsprechend für einen Unternehmer,
– der nur steuerfreie Umsätze ausführt, die zum Ausschluss vom Vorsteuerabzug führen,
– für dessen Umsätze Umsatzsteuer nach § 19 Abs. 1 UStG nicht erhoben wird oder
– der die Leistung zur Ausführung von Umsätzen verwendet, für die die Steuer nach den Durchschnittssätzen des § 24 UStG festgesetzt wird,

und der weder zur Besteuerung seiner innergemeinschaftlichen Erwerbe verpflichtet ist, weil er die Erwerbsschwelle nicht überschreitet, noch zur Erwerbsbesteuerung nach § 1a Abs. 4 UStG optiert hat. [4]Verwendet der Leistungsempfänger gegenüber seinem Auftragnehmer eine ihm von einem Mitgliedstaat erteilte USt-IdNr., kann dieser regelmäßig davon ausgehen, dass der Leistungsempfänger Unternehmer ist und die Leistung für dessen unternehmerischen Bereich bezogen wird (vgl. Artikel 18 Abs. 1 und Artikel 19 Abs. 2 der MwStVO;[1)] zu den Leistungen, die ihrer Art nach aber mit hoher Wahrscheinlichkeit nicht für das Unternehmen bezogen werden, siehe im Einzelnen Absatz 11a); dies gilt auch dann, wenn sich nachträglich herausstellt, dass die Leistung vom Leistungsempfänger tatsächlich für nicht unternehmerische Zwecke verwendet worden ist. [5]Voraussetzung ist, dass der leistende Unternehmer nach § 18e UStG von der Möglichkeit Gebrauch gemacht hat, sich die Gültigkeit einer USt-IdNr. eines anderen EU-Mitgliedstaates sowie den Namen und die Anschrift der Person, der diese Nummer erteilt wurde, durch das BZSt bestätigen zu lassen (vgl. Artikel 18 Abs. 1 Buchst. a der MwStVO).

Beispiel:

[1]Der Schreiner S mit Sitz in Frankreich erneuert für den Unternehmer U mit Sitz in Freiburg einen Aktenschrank. [2]U verwendet für diesen Umsatz seine deutsche USt-IdNr. [3]Bei einer Betriebsprüfung stellt sich im Nachhinein heraus, dass U den Aktenschrank für seinen privaten Bereich verwendet.

[1)] **Steuergesetze** Nr. **550a.**

4 Der Leistungsort für die Reparatur des Schranks ist nach § 3a Abs. 2 UStG in Deutschland. 5 Da U gegenüber S seine USt-IdNr. verwendet hat, gilt die Leistung als für das Unternehmen des U bezogen. 6 Unbeachtlich ist, dass der Aktenschrank tatsächlich von U für nicht unternehmerische Zwecke verwendet wurde. 7 U ist für die Leistung des S Steuerschuldner (§ 13b Abs. 1 und Abs. 5 Satz 1 UStG). 8 U ist allerdings hinsichtlich der angemeldeten Steuer nicht zum Vorsteuerabzug berechtigt, da die Leistung nicht für unternehmerische Zwecke bestimmt ist.

6 Hat der Leistungsempfänger noch keine USt-IdNr. erhalten, eine solche Nummer aber bei der zuständigen Behörde des EU-Mitgliedstaats, von dem aus er sein Unternehmen betreibt oder eine Betriebsstätte unterhält, beantragt, bleibt es dem leistenden Unternehmer überlassen, auf welche Weise er den Nachweis der Unternehmereigenschaft und der unternehmerischen Verwendung führt (vgl. Artikel 18 Abs. 1 Buchst. b der MwStVO).[1)] 7 Dieser Nachweis hat nur vorläufigen Charakter. 8 Für den endgültigen Nachweis bedarf es der Vorlage der dem Leistungsempfänger erteilten USt-IdNr.; dieser Nachweis kann bis zur letzten mündlichen Verhandlung vor dem Finanzgericht geführt werden. 9 Verwendet ein im Gemeinschaftsgebiet ansässiger Leistungsempfänger gegenüber seinem Auftragnehmer keine USt-IdNr., kann dieser grundsätzlich davon ausgehen, dass sein Leistungsempfänger ein Nichtunternehmer ist oder ein Unternehmer, der die Leistung für den nicht unternehmerischen Bereich bezieht, sofern ihm keine anderen Informationen vorliegen (vgl. Artikel 18 Abs. 2 der MwStVO); in diesem Fall bestimmt sich der Leistungsort nach § 3a Abs. 1 UStG, soweit kein Tatbestand des § 3a Abs. 3 bis 8 UStG, des § 3b UStG oder des § 3e UStG vorliegt.

(10) 1 Verwendet der Leistungsempfänger eine USt-IdNr., soll dies grundsätzlich vor Ausführung der Leistung erfolgen und in dem jeweiligen Auftragsdokument schriftlich festgehalten werden. 2 Der Begriff „Verwendung" einer USt-IdNr. setzt ein positives Tun des Leistungsempfängers, in der Regel bereits bei Vertragsabschluss, voraus. 3 So kann z.B. auch bei mündlichem Abschluss eines Auftrags zur Erbringung einer sonstigen Leistung eine Erklärung über die Unternehmereigenschaft und den unternehmerischen Bezug durch Verwendung einer bestimmten USt-IdNr. abgegeben und dies vom Auftragnehmer aufgezeichnet werden. 4 Es reicht ebenfalls aus, wenn bei der erstmaligen Erfassung der Stammdaten eines Leistungsempfängers zusammen mit der für diesen Zweck erfragten USt-IdNr. zur Feststellung der Unternehmereigenschaft und des unternehmerischen Bezugs zusätzlich eine Erklärung des Leistungsempfängers aufgenommen wird, dass diese USt-IdNr. bei allen künftigen – unternehmerischen – Einzelaufträgen verwendet werden soll. 5 Eine im Briefkopf eingedruckte USt-IdNr. oder eine in einer Gutschrift des Leistungsempfängers formularmäßig eingedruckte USt-IdNr. reicht allein *nicht aus, um die* Unternehmereigenschaft und den unternehmerischen Bezug der zu erbringenden Leistung zu dokumentieren. 6 Ein positives Tun liegt auch dann vor, wenn der Leistungsempfänger (Erwerber bzw. Empfänger der Dienstleistung) die Erklärung über die Unternehmereigenschaft und den unternehmerischen Bezug objektiv nachvollziehbar vorgenommen hat und der Leistungsbezug vom Leistungsempfänger in zutreffender Weise erklärt worden

1) **Steuergesetze** Nr. **550a.**

ist, der leistende Unternehmer seinen Meldepflichten nach § 18a UStG nachgekommen ist und die Rechnung über die Leistung einen Hinweis auf die USt-IdNr., die nach § 18a Abs. 7 UStG in der Zusammenfassenden Meldung angegeben wurde, enthält. 7 Unschädlich ist es im Einzelfall, wenn der Leistungsempfänger eine USt-IdNr. erst nachträglich verwendet oder durch eine andere ersetzt. 8 In diesem Fall muss ggf. die Besteuerung in dem einen EU-Mitgliedstaat rückgängig gemacht und in dem anderen EU-Mitgliedstaat nachgeholt und die übermittelte ZM berichtigt werden. 9 In einer bereits erteilten Rechnung sind die USt-IdNr. des Leistungsempfängers (vgl. § 14a Abs. 1 UStG) und ggf. ein gesonderter Steuerausweis (vgl. § 14 Abs. 4 Nr. 8 und § 14c Abs. 1 UStG) zu berichtigen. 10 Die nachträgliche Angabe oder Änderung einer USt-IdNr. als Nachweis der Unternehmereigenschaft und des unternehmerischen Bezugs ist der Umsatzsteuerfestsetzung nur zu Grunde zu legen, wenn die Steuerfestsetzung in der Bundesrepublik Deutschland noch änderbar ist.

(11) 1 Ist der Leistungsempfänger im Drittlandsgebiet ansässig, kann der Nachweis der Unternehmereigenschaft durch eine Bescheinigung einer Behörde des Sitzstaates geführt werden, in der diese bescheinigt, dass der Leistungsempfänger dort als Unternehmer erfasst ist. 2 Die Bescheinigung sollte inhaltlich der Unternehmerbescheinigung nach § 61a Abs. 4 UStDV entsprechen (vgl. Abschnitt 18.14 Abs. 7). 3 Kann der Leistungsempfänger den Nachweis nicht anhand einer Bescheinigung nach Satz 1 und 2 führen, bleibt es dem leistenden Unternehmer überlassen, auf welche Weise er nachweist, dass der im Drittlandsgebiet ansässige Leistungsempfänger Unternehmer ist (vgl. Artikel 18 Abs. 3 der MwStVO).[1]

(11a) 1 Erbringt der Unternehmer sonstige Leistungen, die unter § 3a Abs. 2 UStG fallen können, die ihrer Art nach aber mit hoher Wahrscheinlichkeit nicht für das Unternehmen, sondern für den privaten Gebrauch einschließlich des Gebrauchs durch das Personal des Unternehmers bestimmt sind, ist es – abweichend von den Absätzen 9 und 11 – als Nachweis der unternehmerischen Verwendung dieser Leistung durch den Leistungsempfänger nicht ausreichend, wenn dieser gegenüber dem leistenden Unternehmer für diesen Umsatz seine USt-IdNr. verwendet bzw. seinen Status als Unternehmer nachweist. 2 Vielmehr muss der leistende Unternehmer über ausreichende Informationen verfügen, die eine Verwendung der sonstigen Leistung für die unternehmerischen Zwecke dieses Leistungsempfängers bestätigen. 3 Als ausreichende Information ist in der Regel eine Erklärung des Leistungsempfängers anzusehen, in der dieser bestätigt, dass die bezogene sonstige Leistung für sein Unternehmen bestimmt ist.
4 Sonstige Leistungen im Sinne des Satzes 1 sind insbesondere:
- Krankenhausbehandlungen und ärztliche Heilbehandlungen,
- von Zahnärzten und Zahntechnikern erbrachte sonstige Leistungen,
- persönliche und häusliche Pflegeleistungen,
- sonstige Leistungen im Bereich der Sozialfürsorge und der sozialen Sicherheit,

[1] **Steuergesetze** Nr. **550a.**

- Betreuung von Kindern und Jugendlichen,
- Erziehung von Kindern und Jugendlichen, Schul- und Hochschulunterricht,
- Nachhilfeunterricht für Schüler oder Studierende,
- sonstige Leistungen im Zusammenhang mit sportlicher Betätigung einschließlich der entgeltlichen Nutzung von Anlagen wie Turnhallen und vergleichbaren Anlagen,
- Wetten, Lotterien und sonstige Glücksspiele mit Geldeinsatz,
- Herunterladen von Filmen und Musik,
- Bereitstellen von digitalisierten Texten einschließlich Büchern, ausgenommen Fachliteratur,
- Abonnements von Online-Zeitungen und -Zeitschriften, mit Ausnahme von Online-Fachzeitungen und -Fachzeitschriften,
- Online-Nachrichten einschließlich Verkehrsinformationen und Wettervorhersagen,
- Beratungsleistungen in familiären und persönlichen Angelegenheiten,
- Beratungsleistungen im Zusammenhang mit der persönlichen Einkommensteuererklärung und Sozialversicherungsfragen.

(12) [1]Erbringt der leistende Unternehmer gegenüber einem im Drittlandsgebiet ansässigen Auftraggeber eine in § 3a Abs. 4 Satz 2 UStG bezeichnete Leistung, muss der leistende Unternehmer grundsätzlich nicht prüfen, ob der Leistungsempfänger Unternehmer oder Nichtunternehmer ist, da der Leistungsort – unabhängig vom Status des Leistungsempfängers – im Drittlandsgebiet liegt (§ 3a Abs. 2 UStG oder § 3a Abs. 4 Satz 1 UStG). [2]Dies gilt nicht für die in § 3a Abs. 5 Satz 2 Nr. 1 und 2 UStG bezeichneten Leistungen, bei denen die Nutzung oder Auswertung im Inland erfolgt, so dass der Leistungsort nach § 3a Abs. 6 Satz 1 Nr. 3 UStG im Inland liegen würde, wenn der Leistungsempfänger kein Unternehmer wäre (vgl. Abschnitt 3a.14). [3]Eine Prüfung der Unternehmereigenschaft entfällt auch bei Vermittlungsleistungen gegenüber einem im Drittlandsgebiet ansässigen Auftraggeber, wenn der Ort der vermittelten Leistung im Drittlandsgebiet liegt, da der Ort der Vermittlungsleistung – unabhängig vom Status des Leistungsempfängers – in solchen Fällen immer im Drittlandsgebiet liegt (§ 3a Abs. 2 UStG, § 3a Abs. 3 Nr. 1 oder 4 UStG).

(13) [1]Bei Leistungsbezügen juristischer Personen des privaten Rechts, die sowohl unternehmerisch als auch nicht unternehmerisch tätig sind, kommt es für die Frage der Ortsbestimmung nicht darauf an, ob die Leistung für das Unternehmen ausgeführt worden ist (vgl. EuGH-Urteil vom 17.3.2021, C-459/19, Wellcome Trust).[1)] [2]Absatz 14 Sätze 2 bis 7 gilt entsprechend.

(14) [1]*Bei Leistungs*bezügen juristischer Personen des öffentlichen Rechts, die hoheitlich und unternehmerisch tätig sind, kommt es für die Frage der Ortsbestimmung nicht darauf an, ob die Leistung für den unternehmerischen oder den hoheitlichen Bereich ausgeführt worden ist; bei den Gebietskörperschaften Bund und Länder ist stets davon auszugehen, dass sie sowohl hoheitlich als auch unternehmerisch tätig sind. [2]Der Leistungsort bestimmt sich

---

[1)] DStR 2021, 721.

in diesen Fällen – unabhängig davon, ob die Leistung für den hoheitlichen oder den unternehmerischen Bereich bezogen wird – nach § 3a Abs. 2 Sätze 1 und 3 UStG. [3]Ausgeschlossen sind nur die der Art nach unter § 3a Abs. 2 UStG fallenden sonstigen Leistungen, die für den privaten Bedarf des Personals der juristischen Person des öffentlichen Rechts bestimmt sind. [4]Ist einer in Satz 1 genannten juristischen Person des öffentlichen Rechts eine USt-IdNr. erteilt worden, ist diese USt-IdNr. auch dann zu verwenden, wenn die bezogene Leistung ausschließlich für den hoheitlichen Bereich oder sowohl für den unternehmerischen als auch für den hoheitlichen Bereich bestimmt ist. [5]Haben die Gebietskörperschaften Bund und Länder für einzelne Organisationseinheiten (z.B. Ressorts, Behörden und Ämter) von der Vereinfachungsregelung in Abschnitt 27a.1 Abs. 3 Sätze 4 und 5 Gebrauch gemacht, ist für den einzelnen Leistungsbezug stets die jeweilige, der einzelnen Organisationseinheit erteilte USt-IdNr. zu verwenden, unabhängig davon, ob dieser Leistungsbezug für den unternehmerischen Bereich, für den hoheitlichen Bereich oder sowohl für den unternehmerischen als auch für den hoheitlichen Bereich erfolgt. [6]Dies gilt auch dann, wenn die einzelne Organisationseinheit ausschließlich hoheitlich tätig ist und ihr eine USt-IdNr. nur für Zwecke der Umsatzbesteuerung innergemeinschaftlicher Erwerbe erteilt wurde.

Beispiel:

[1]Der in Luxemburg ansässige Unternehmer U erbringt an eine ausschließlich hoheitlich tätige Behörde A eines deutschen Bundeslandes B eine Beratungsleistung. [2]B hat neben dem hoheitlichen Bereich noch einen Betrieb gewerblicher Art, der für umsatzsteuerliche Zwecke erfasst ist. [3]A ist eine gesonderte USt-IdNr. für Zwecke der Besteuerung innergemeinschaftlicher Erwerbe erteilt worden.

[4]Der Leistungsort für die Leistung des U an A richtet sich nach § 3a Abs. 2 Sätze 1 und 3 UStG und liegt in Deutschland. [5]A hat die ihr für Zwecke der Besteuerung innergemeinschaftlicher Erwerbe erteilte USt-IdNr. zu verwenden.

[7]Bezieht eine sowohl unternehmerisch als auch hoheitlich tätige juristische Person des öffentlichen Rechts die sonstige Leistung für den privaten Bedarf ihres Personals, hat sie weder die ihr für den unternehmerischen Bereich noch die ihr für Zwecke der Umsatzbesteuerung innergemeinschaftlicher Erwerbe erteilte USt-IdNr. zu verwenden.

(15) [1]Soweit inländische und ausländische Rundfunkanstalten untereinander entgeltliche sonstige Leistungen ausführen, gelten hinsichtlich der Umsatzbesteuerung solcher grenzüberschreitender Leistungen die allgemeinen Regelungen zum Leistungsort. [2]Der Leistungsort bestimmt sich bei grenzüberschreitenden Leistungen der Rundfunkanstalten nach § 3a Abs. 2 UStG, wenn die die Leistung empfangende Rundfunkanstalt

– Unternehmer ist und die Leistung entweder ausschließlich für den unternehmerischen oder sowohl für den unternehmerischen als auch den nicht unternehmerischen Bereich bezogen wurde oder
– eine juristische Person des öffentlichen Rechts ist, die sowohl nicht unternehmerisch (hoheitlich) als auch unternehmerisch tätig ist, sofern die Leistung nicht für den privaten Bedarf des Personals bezogen wird,
– *eine einem Unternehmer* gleichgestellte juristische Person ist (siehe Absatz 1).

(16) 1 Grundsätzlich fallen unter die Ortsregelung des § 3a Abs. 2 UStG alle sonstigen Leistungen an einen Leistungsempfänger im Sinne des § 3a Abs. 2 UStG, soweit sich nicht aus § 3a Abs. 3 Nr. 1, 2, 3 Buchstabe b und Nr. 5, Abs. 7 und Abs. 8, § 3b Abs. 1 Sätze 1 und 2 und § 3e UStG eine andere Ortsregelung ergibt. 2 Sonstige Leistungen, die unter die Ortsbestimmung nach § 3a Abs. 2 UStG fallen, sind insbesondere:

- Arbeiten an beweglichen körperlichen Gegenständen und die Begutachtung dieser Gegenstände,
- alle Vermittlungsleistungen, soweit diese nicht unter § 3a Abs. 3 Nr. 1 UStG fallen,
- Leistungen, die in § 3a Abs. 4 Satz 2 und Abs. 5 Satz 2 UStG genannt sind,
- die langfristige Vermietung eines Beförderungsmittels,
- Güterbeförderungen, einschließlich innergemeinschaftlicher Güterbeförderungen sowie der Vor- und Nachläufe zu innergemeinschaftlichen Güterbeförderungen (Beförderungen eines Gegenstands, die in dem Gebiet desselben Mitgliedstaats beginnt und endet, wenn diese Beförderung unmittelbar einer innergemeinschaftlichen Güterbeförderung vorangeht oder folgt),
- das Beladen, Entladen, Umschlagen und ähnliche mit einer Güterbeförderung im Zusammenhang stehende selbständige Leistungen;
- 1 Planung, Gestaltung sowie Aufbau, Umbau und Abbau von Ständen im Zusammenhang mit Messen und Ausstellungen (vgl. EuGH-Urteil vom 27.10.2011, C-530/09, Inter-Mark Group, BStBl. 2012 II S. 160).[1] 2 Unter die „Planung" fallen insbesondere Architektenleistungen, z. B. Anfertigung des Entwurfs für einen Stand. 3 Zur „Gestaltung" zählt z. B. die Leistung eines Gartengestalters oder eines Beleuchtungfachmannes".

(17) Zu den sonstigen Leistungen, die unter § 3a Abs. 2 Satz 1 UStG fallen, gehören auch sonstige Leistungen, die im Zusammenhang mit der Beantragung oder Vereinnahmung der Steuer im Vorsteuer-Vergütungsverfahren (§ 18 Abs. 9 UStG) stehen (vgl. auch Artikel 27 der MwStVO).[2]

(18) Wird ein Gegenstand im Zusammenhang mit einer Ausfuhr oder einer Einfuhr grenzüberschreitend befördert und ist der Leistungsort für diese Leistung unter Anwendung von § 3a Abs. 2 UStG im Inland, ist dieser Umsatz unter den weiteren Voraussetzungen des § 4 Nr. 3 UStG steuerfrei (§ 4 Nr. 3 Satz 1 Buchstabe a UStG), auch wenn bei dieser Beförderung das Inland nicht berührt wird.

(19)[3] Nicht unter die Ortsregelung des § 3a Abs. 2 UStG fallen folgende sonstigen Leistungen:

- Sonstige Leistungen im Zusammenhang mit einem Grundstück (§ 3a Abs. 3 Nr. 1 UStG, vgl. Abschnitt 3a.3),
- die kurzfristige Vermietung von Beförderungsmitteln (§ 3a Abs. 3 Nr. 2 und Abs. 7 UStG; vgl. Abschnitte 3a.5 Abs. 1 bis 6 und 3a.14 Abs. 4),
- die Einräumung der Eintrittsberechtigung zu kulturellen, künstlerischen, wissenschaftlichen, unterrichtenden, sportlichen, unterhaltenden oder ähn-

---

[1] DStR 2011, 2145.

[2] **Steuergesetze** Nr. **550a.**

[3] A 3a.2 UStAE Abs. 19 geänd. durch BMF v. 9.6.2021, BStBl. I 2021, 778, anzuwenden in allen offenen Fällen.

lichen Veranstaltungen, wie Messen und Ausstellungen, sowie die damit zusammenhängenden sonstigen Leistungen (§ 3a Abs. 3 Nr. 5 UStG; vgl. Abschnitt 3a.7a),
- die Abgabe von Speisen und Getränken zum Verzehr an Ort und Stelle (Restaurationsleistungen) nach § 3a Abs. 3 Nr. 3 Buchstabe b UStG (vgl. Abschnitt 3a.6 Abs. 8 und 9) und nach § 3e UStG (vgl. Abschnitt 3e.1),
- Personenbeförderungen (§ 3b Abs. 1 Sätze 1 und 2 UStG; vgl. Abschnitt 3b.1).

3a.3 Ort der sonstigen Leistung im Zusammenhang mit einem Grundstück

(1) § 3a Abs. 3 Nr. 1 UStG gilt sowohl für sonstige Leistungen an Nichtunternehmer (siehe Abschnitt 3a.1 Abs. 1) als auch an Leistungsempfänger im Sinne des § 3a Abs. 2 UStG (siehe Abschnitt 3a.2 Abs. 1).

(2) [1] Für den Ort einer sonstigen Leistung – einschließlich Werkleistung – im Zusammenhang mit einem Grundstück ist die Lage des Grundstücks entscheidend. [2] Der Grundstücksbegriff im Sinne des Umsatzsteuerrechts ist ein eigenständiger Begriff des Unionsrechts; er richtet sich nicht nach dem zivilrechtlichen Begriff eines Grundstücks. [3] Unter einem Grundstück im Sinne des § 3a Abs. 3 Nr. 1 UStG ist zu verstehen:
- ein bestimmter über- oder unterirdischer Teil der Erdoberfläche, an dem Eigentum und Besitz begründet werden kann,
- jedes mit oder in dem Boden über oder unter dem Meeresspiegel befestigte Gebäude oder jedes derartige Bauwerk, das nicht leicht abgebaut oder bewegt werden kann,
- jede Sache, die einen wesentlichen Bestandteil eines Gebäudes oder eines Bauwerks bildet, ohne die das Gebäude oder das Bauwerk unvollständig ist, wie zum Beispiel Türen, Fenster, Dächer, Treppenhäuser und Aufzüge,
- [1] Sachen, Ausstattungsgegenstände oder Maschinen, die auf Dauer in einem Gebäude oder einem Bauwerk installiert sind, und die nicht bewegt werden können, ohne das Gebäude oder das Bauwerk zu zerstören oder erheblich zu verändern. [2] Die Veränderung ist immer dann unerheblich, wenn die betreffenden Sachen einfach an der Wand hängen und wenn sie mit Nägeln oder Schrauben so am Boden oder an der Wand befestigt sind, dass nach ihrer Entfernung lediglich Spuren oder Markierungen zurück bleiben (z. B. Dübellöcher), die leicht überdeckt oder ausgebessert werden können.

(3) [1] Die sonstige Leistung muss nach Sinn und Zweck der Vorschrift in engem Zusammenhang mit einem ausdrücklich bestimmten Grundstück stehen. [2] Ein enger Zusammenhang ist beispielsweise gegeben, wenn sich die sonstige Leistung nach den tatsächlichen Umständen überwiegend auf die Bebauung, Verwertung, Nutzung oder Unterhaltung des Grundstücks selbst bezieht. [3] Hierzu gehört auch die Eigenverwaltung, die sich auf den Betrieb von Geschäfts-, Industrie- oder Wohnimmobilien durch oder für den Eigentümer des Grundstücks bezieht, mit Ausnahme von Portfolio-Management in Zusammenhang mit Eigentumsanteilen an Grundstücken.

(3a) [1]Das Grundstück selbst muss zudem Gegenstand der sonstigen Leistung sein. [2]Dies ist u. a. dann der Fall, wenn ein ausdrücklich bestimmtes Grundstück insoweit als wesentlicher Bestandteil einer sonstigen Leistung anzusehen ist, als es einen zentralen und unverzichtbaren Bestandteil dieser sonstigen Leistung darstellt (vgl. EuGH-Urteil vom 27.6.2013, C-155/12, RR Donnelley Global Turnkey Solutions Poland).[1)]

(4) [1]Zu den in § 4 Nr. 12 UStG der Art nach bezeichneten sonstigen Leistungen (§ 3a Abs. 3 Nr. 1 Satz 2 Buchstabe a UStG), gehört die Vermietung und die Verpachtung von Grundstücken. [2]Zum Begriff der Vermietung und Verpachtung von Grundstücken vgl. Abschnitt 4.12.1. [3]Es kommt nicht darauf an, ob die Vermietungs- oder Verpachtungsleistung nach § 4 Nr. 12 UStG steuerfrei ist. [4]Unter § 3a Abs. 3 Nr. 1 Satz 2 Buchstabe a UStG fallen auch:

1. die Vermietung von Wohn- und Schlafräumen, die ein Unternehmer bereithält, um kurzfristig Fremde zu beherbergen,
2. die Vermietung von Plätzen, um Fahrzeuge abzustellen,
3. die Überlassung von Wasser- und Bootsliegeplätze für Sportboote (vgl. BFH-Urteil vom 8.10.1991, V R 46/88, BStBl. 1992 II S. 368),
4. die kurzfristige Vermietung auf Campingplätzen,
5. die entgeltliche Unterbringung auf einem Schiff, das für längere Zeit auf einem Liegeplatz befestigt ist (vgl. BFH-Urteil vom 7.3.1996, V R 29/95, BStBl. II S. 341),
6. die Überlassung von Wochenmarkt-Standplätzen an Markthändler (vgl. BFH-Urteil vom 24.1.2008, V R 12/05, BStBl. 2009 II S. 60),
7. die Einräumung des Nutzungsrechts an einem Grundstück oder einem Grundstücksteil einschließlich der Gewährung von Fischereirechten und Jagdrechten, der Benutzung einer Straße, einer Brücke oder eines Tunnels gegen eine Mautgebühr und der selbständigen Zugangsberechtigung zu Warteräumen auf Flugplätzen gegen Entgelt,
8. die Umwandlung von Teilnutzungsrechten – sog. Timesharing – von Grundstücken oder Grundstücksteilen (vgl. EuGH-Urteil vom 3.9.2009, C-37/08, RCI Europe)[2)] und
9. die Überlassung von Räumlichkeiten für Aufnahme- und Sendezwecke von inländischen und ausländischen Rundfunkanstalten des öffentlichen Rechts untereinander.

[5]Das gilt auch für die Vermietung und Verpachtung von Maschinen und Vorrichtungen aller Art, die zu einer Betriebsanlage gehören, wenn sie wesentliche Bestandteile eines Grundstücks sind.

(5) [1]*Die Überlassung von* Camping-, Park- und Bootsliegeplätzen steht auch dann im Zusammenhang mit einem Grundstück, wenn sie nach den Grundsätzen des BFH-Urteils vom 4.12.1980, V R 60/79, BStBl. 1981 II S. 231, bürgerlich-rechtlich nicht auf einem Mietvertrag beruht. [2]Vermieten Unternehmer Wohnwagen, die auf Campingplätzen aufgestellt sind und aus-

---

[1)] MwStR 2013, 405.
[2)] DStR 2009, 2003.

schließlich zum stationären Gebrauch als Wohnung überlassen werden, ist die Vermietung als sonstige Leistung im Zusammenhang mit einem Grundstück anzusehen (§ 3a Abs. 3 Nr. 1 UStG). [3]Dies gilt auch in den Fällen, in denen die Wohnwagen nicht fest mit dem Grund und Boden verbunden sind und deshalb auch als Beförderungsmittel verwendet werden könnten. [4]Maßgebend ist nicht die abstrakte Eignung eines Gegenstands als Beförderungsmittel. [5]Entscheidend ist, dass die Wohnwagen nach dem Inhalt der abgeschlossenen Mietverträge nicht als Beförderungsmittel, sondern zum stationären Gebrauch als Wohnungen überlassen werden. [6]Das gilt ferner in den Fällen, in denen die Vermietung der Wohnwagen nicht die Überlassung des jeweiligen Standplatzes umfasst und die Mieter deshalb über die Standplätze besondere Verträge mit den Inhabern der Campingplätze abschließen müssen.

(6) Zu den Leistungen der in § 4 Nr. 12 UStG bezeichneten Art zählen auch die Überlassung von Grundstücken und Grundstücksteilen zur Nutzung auf Grund eines auf Übertragung des Eigentums gerichteten Vertrages oder Vorvertrages (§ 4 Nr. 12 Satz 1 Buchstabe b UStG) sowie die Bestellung und Veräußerung von Dauerwohnrechten und Dauernutzungsrechten (§ 4 Nr. 12 Satz 1 Buchstabe c UStG).

(7) [1]Zu den sonstigen Leistungen im Zusammenhang mit der Veräußerung oder dem Erwerb von Grundstücken (§ 3a Abs. 3 Nr. 1 Satz 2 Buchstabe b UStG) gehören beispielsweise die sonstigen Leistungen der Grundstücksmakler und Grundstückssachverständigen sowie der Notare bei der Beurkundung von Grundstückskaufverträgen und anderen Verträgen, die auf die Veränderung von Rechten an einem Grundstück gerichtet sind; dies gilt auch dann, wenn die Veränderung des Rechts an dem Grundstück tatsächlich nicht erfolgt. [2]Bei juristischen Dienstleistungen ist zu prüfen, ob diese im Zusammenhang mit Grundstücksübertragungen oder mit der Begründung oder Übertragung von bestimmten Rechten an Grundstücken stehen (siehe Absatz 9 Nummer 9 sowie Absatz 10 Nummer 7).

(8) [1]Zu den sonstigen Leistungen, die der Erschließung von Grundstücken oder der Vorbereitung oder der Ausführung von Bauleistungen dienen (§ 3a Abs. 3 Nr. 1 Satz 2 Buchstabe c UStG), gehören z. B. die Leistungen der Architekten, Bauingenieure, Vermessungsingenieure, Bauträgergesellschaften, Sanierungsträger sowie der Unternehmer, die Abbruch- und Erdarbeiten ausführen. [2]Voraussetzung ist, dass die Leistung in engem Zusammenhang mit einem ausdrücklich bestimmten Grundstück erbracht wird, d. h. dass beispielsweise bei Ingenieur- oder Planungsleistungen der Standort des Grundstücks zum Zeitpunkt der Erbringung der Dienstleistung bereits feststeht. [3]Dazu gehören ferner:

1. Wartungs-, Renovierungs- und Reparaturarbeiten an einem Gebäude oder an Gebäudeteilen einschließlich Abrissarbeiten, Verlegen von Fließen und Parkett sowie Tapezieren, Errichtung von auf Dauer angelegten Konstruktionen, wie Gas-, Wasser- oder Abwasserleitungen,
2. die Installation oder Montage von Maschinen oder Ausrüstungsgegenständen, soweit diese wesentlichen Bestandteile des Grundstücks sind,
3. Bauaufsichtsmaßnahmen,

4. Leistungen zum Aufsuchen oder Gewinnen von Bodenschätzen,
5. die Begutachtung und die Bewertung von Grundstücken, auch zu Versicherungszwecken und zur Ermittlung des Grundstückswerts,
6. die Vermessung von Grundstücken,
7. die Errichtung eines Baugerüsts und
8. die Überlassung von Personal, insbesondere bei der Einschaltung von Subunternehmern, wenn gleichzeitig eine bestimmte Leistung oder ein bestimmter Erfolg des überlassenen Personals im Zusammenhang mit einem Grundstück geschuldet wird (vgl. Abschnitt 3a.9 Abs. 18a).

(9) In engem Zusammenhang mit einem Grundstück stehen auch:

1. die Einräumung dinglicher Rechte, z. B. dinglicher Nießbrauch, Dienstbarkeiten, Erbbaurechte; zu den sonstigen Leistungen, die dabei ausgeführt werden, siehe Nummer 9 sowie Absatz 10 Nummer 7;
2. die Vermittlung von Vermietungen von Grundstücken, nicht aber die Vermittlung der kurzfristigen Vermietung von Zimmern in Hotels, Gaststätten oder Pensionen, von Fremdenzimmern, Ferienwohnungen, Ferienhäusern und vergleichbaren Einrichtungen;

2a. die Verwaltung von Grundstücken und Grundstücksteilen (z. B. Mietzinsverwaltung, Buchhaltung und Verwaltung der laufenden Ausgaben). [2]Hiervon ausgenommen ist die Portfolioverwaltung im Zusammenhang mit Eigentumsanteilen an Grundstücken, selbst wenn das Portfolio Grundstücke enthält;

2b. die Bearbeitung landwirtschaftlicher Grundstücke, einschließlich sonstiger Leistungen wie Landbestellung, Säen, Bewässerung, Düngung;

3. Lagerung von Gegenständen, wenn dem Empfänger dieser sonstigen Leistung ein Recht auf Nutzung eines ausdrücklich bestimmten Grundstücks oder eines Teils desselben gewährt wird (vgl. EuGH-Urteil vom 27.6.2013, C-155/12, RR Donnelley Global Turnkey Solutions Poland);[1)]
4. Reinigung von Gebäuden oder Gebäudeteilen;
5. Wartung und Überwachung von auf Dauer angelegten Konstruktionen, wie Gas-, Wasser- oder Abwasserleitungen;
6. Wartung und Überwachung von Maschinen oder Ausrüstungsgegenständen, soweit diese wesentliche Bestandteile des Grundstücks sind. [2]Hiervon umfasst sind auch Leistungen, die nicht vollständig vor Ort erbracht werden (z. B. Fälle der Fernwartung), sofern der Schwerpunkt der Wartungsdienstleistung vor Ort erbracht wird;
7. grundstücksbezogene Sicherheitsleistungen;
8. Leistungen bei der Errichtung eines Windparks im Zusammenhang mit einem ausdrücklich bestimmten Grundstück, insbesondere Studien und Untersuchungen zur Prüfung der Voraussetzungen zur Errichtung eines Windparks sowie für bereits genehmigte Windparks, ingenieurtechnische und gutachterliche Leistungen sowie Planungsleistungen im Rahmen der

---

1) MwStR 2013, 405.

Projektzertifizierung (z. B. gutachterliche Stellungnahmen im Genehmigungsverfahren und standortbezogene Beratungs-, Prüf- und Überwachungsleistungen bei Projektzertifizierungen), die parkinterne Verkabelung einschließlich Umspannplattform sowie der parkexterne Netzanschluss zur Stromabführung an Land einschließlich Konverterplattform;

9. [1] sonstige Leistungen juristischer Art im Zusammenhang mit Grundstücksübertragungen sowie mit der Begründung oder Übertragung von bestimmten Rechten an Grundstücken oder dinglichen Rechten an Grundstücken (unabhängig davon, ob diese Rechte einem körperlichen Gegenstand gleichgestellt sind), selbst wenn die zugrunde liegende Transaktion, die zur rechtlichen Veränderung an dem Grundstück führt, letztendlich nicht stattfindet. [2] Zu den bestimmten Rechten an Grundstücken zählen z. B. das Miet- und Pachtrecht. [3] Die Erbringung sonstiger Leistungen juristischer Art ist nicht auf bestimmte Berufsgruppen beschränkt. [4] Erforderlich ist jedoch, dass die Dienstleistung mit einer zumindest beabsichtigten Veränderung des rechtlichen Status des Grundstücks zusammenhängt. [5] Zu den sonstigen Leistungen im Sinne der Sätze 1 bis 4 zählen z. B.:
   - das Aufsetzen eines Vertrags über den Verkauf oder den Kauf eines Grundstücks und das Verhandeln der Vertragsbedingungen sowie damit in Zusammenhang stehende Beratungsleistungen (z. B. Finanzierungsberatung, Erstellung einer Due Diligence), sofern diese als unselbständige Nebenleistungen anzusehen sind;
   - die sonstigen Leistungen der Notare bei der Beurkundung von Grundstückskaufverträgen und anderen Verträgen, die auf die Veränderung von Rechten an einem Grundstück gerichtet sind, unabhängig davon, ob sie zwingend einer notariellen Beurkundung bedürfen;
   - die Beratung hinsichtlich einer Steuerklausel in einem Grundstücksübertragungsvertrag;
   - das Aufsetzen und Verhandeln der Vertragsbedingungen eines sale-and-lease-back-Vertrags über ein Grundstück oder einen Grundstücksteil sowie damit in Zusammenhang stehende Beratungsleistungen (z. B. Finanzierungsberatung), sofern diese als unselbständige Nebenleistungen anzusehen sind;
   - das Aufsetzen und Verhandeln von Miet- und Pachtverträgen über ein bestimmtes Grundstück oder einen bestimmten Grundstücksteil;
   - die rechtliche Prüfung bestehender Miet- oder Pachtverträge im Hinblick auf den Eigentümerwechsel im Rahmen einer Grundstücksübertragung.

(10) Folgende Leistungen stehen nicht im engen Zusammenhang mit einem Grundstück bzw. das Grundstück stellt bei diesen Leistungen keinen zentralen und unverzichtbaren Teil dar:

1. Erstellung von Bauplänen für Gebäude und Gebäudeteile, die keinem bestimmten Grundstück oder Grundstücksteil zugeordnet werden können;
2. Installation oder Montage, Arbeiten an sowie Kontrolle und Überwachung von Maschinen oder Ausstattungsgegenständen, die kein wesentlicher Bestandteil eines Grundstücks sind bzw. werden;

3. Portfolio-Management in Zusammenhang mit Eigentumsanteilen an Grundstücken;
4. der Verkauf von Anteilen und die Vermittlung der Umsätze von Anteilen an Grundstücksgesellschaften sowie Beratungsleistungen hinsichtlich des Abschlusses eines Kaufvertrags über Anteile an einer Grundstücksgesellschaft (Share Deal);
5. die Veröffentlichung von Immobilienanzeigen, z. B. durch Zeitungen;
6. die Finanzierung und Finanzierungsberatung im Zusammenhang mit dem Erwerb eines Grundstücks und dessen Bebauung;
7. [1]sonstige Leistungen juristischer Art, mit Ausnahme der unter Absatz 9 Nummer 9 genannten sonstigen Leistungen, einschließlich Beratungsleistungen betreffend die Vertragsbedingungen eines Grundstücksübertragungsvertrags, die Durchsetzung eines solchen Vertrags oder den Nachweis, dass ein solcher Vertrag besteht, sofern diese Leistungen nicht speziell mit der Übertragung von Rechten an Grundstücken zusammenhängen. [2]Zu diesen Leistungen gehören z. B.
   - die Rechts- und Steuerberatung in Grundstückssachen;
   - die Erstellung von Mustermiet- oder -pachtverträgen ohne Bezug zu einem konkreten Grundstück;
   - die Beratung zur Akquisitionsstruktur einer Transaktion (Asset Deal oder Share Deal);
   - die Prüfung der rechtlichen Verhältnisse eines Grundstücks (Due Diligence);
   - die Durchsetzung von Ansprüchen aus einer bereits vorgenommenen Übertragung von Rechten an Grundstücken;
8. Planung, Gestaltung sowie Aufbau, Umbau und Abbau von Ständen im Zusammenhang mit Messen und Ausstellungen (vgl. EuGH-Urteil vom 27.10.2011, C-530/09, Inter-Mark Group, BStBl. 2012 II S. 160);[1)]
9. Lagerung von Gegenständen auf einem Grundstück, wenn hierfür zwischen den Vertragsparteien kein bestimmter Teil eines Grundstücks zur ausschließlichen Nutzung festgelegt worden ist;
10. Werbeleistungen, selbst wenn sie die Nutzung eines Grundstücks einschließen;
11. Zurverfügungstellen von Gegenständen oder Vorrichtungen, mit oder ohne Personal für deren Betrieb, mit denen der Leistungsempfänger Arbeiten im Zusammenhang mit einem Grundstück durchführt (z. B. Vermietung eines Baugerüsts), wenn der leistende Unternehmer mit dem Zurverfügungstellen keinerlei Verantwortung für die Durchführung der genannten Arbeiten übernimmt;
12. Leistungen bei der Errichtung eines Windparks, die nicht im Zusammenhang mit einem ausdrücklich bestimmten Grundstück stehen, insbesondere die Übertragung von Rechten im Rahmen der öffentlich-rechtlichen Projektverfahren sowie von Rechten an in Auftrag gegebenen Studien und Untersuchungen, Planungsarbeiten und Konzeptionsleistungen (z. B.

---

1) DStR 2011, 2145.

Ermittlung der Eigentümer oder Abstimmung mit Versorgungsträgern), Projektsteuerungsarbeiten wie Organisation, Terminplanung, Kostenplanung, Kostenkontrolle und Dokumentation (z. B. im Zusammenhang mit der Kabelverlegung, Gleichstromübertragung und Anbindung an das Umspannwerk als Leistungsbündel bei der Netzanbindung);

13. die Einräumung der Berechtigung, auf einem Golfplatz Golf zu spielen (vgl. BFH-Urteil vom 12.10.2016, XI R 5/14, BStBl. 2017 II S. 500).

3a.4 Ort der sonstigen Leistung bei Messen, Ausstellungen und Kongressen

(1) [1]Bei der Überlassung von Standflächen auf Messen und Ausstellungen an die Aussteller handelt es sich um sonstige Leistungen im Zusammenhang mit einem Grundstück. [2]Diese Leistungen werden im Rahmen eines Vertrages besonderer Art (vgl. Abschnitt 4.12.6 Abs. 2 Nr. 1) dort ausgeführt, wo die Standflächen liegen (§ 3a Abs. 3 Nr. 1 UStG). [3]Die vorstehenden Ausführungen gelten entsprechend für folgende Leistungen an die Aussteller:

1. Überlassung von Räumen und ihren Einrichtungen auf dem Messegelände für Informationsveranstaltungen einschließlich der üblichen Nebenleistungen;
2. Überlassung von Parkplätzen auf dem Messegelände.

[4]Übliche Nebenleistungen sind z. B. die Überlassung von Mikrofonanlagen und Simultandolmetscheranlagen sowie Bestuhlungsdienste, Garderobendienste und Hinweisdienste.

(2) [1]In der Regel erbringen Unternehmer neben der Überlassung von Standflächen usw. eine Reihe weiterer Leistungen an die Aussteller. [2]Es kann sich dabei insbesondere um folgende sonstige Leistungen handeln:

1. [1]Technische Versorgung der überlassenen Stände. [2]Hierzu gehören z. B.
   a) Herstellung der Anschlüsse für Strom, Gas, Wasser, Wärme, Druckluft, Telefon, Telex, Internetzugang und Lautsprecheranlagen,
   b) die Abgabe von Energie, z. B. Strom, Gas, Wasser und Druckluft, wenn diese Leistungen umsatzsteuerrechtlich Nebenleistungen zur Hauptleistung der Überlassung der Standflächen darstellen.
2. [1]Planung, Gestaltung sowie Aufbau, Umbau und Abbau von Ständen. [2]Unter die „Planung" fallen insbesondere Architektenleistungen, z. B. Anfertigung des Entwurfs für einen Stand. [3]Zur „Gestaltung" zählt z. B. die Leistung eines Gartengestalters oder eines Beleuchtungsfachmannes;
3. Überlassung von Standbauteilen und Einrichtungsgegenständen, einschließlich Miet-System-Ständen;
4. Standbetreuung und Standbewachung;
5. Reinigung von Ständen;
6. Überlassung von Garderoben und Schließfächern auf dem Messegelände;
7. Überlassung von Eintrittsausweisen einschließlich Eintrittskarten;
8. Überlassung von Telefonapparaten, Telefaxgeräten und sonstigen Kommunikationsmitteln zur Nutzung durch die Aussteller;

9. Überlassung von Informationssystemen, z. B. von Bildschirmgeräten oder Lautsprecheranlagen, mit deren Hilfe die Besucher der Messen und Ausstellungen unterrichtet werden sollen;
10. Schreibdienste und ähnliche sonstige Leistungen auf dem Messegelände;
11. Beförderung und Lagerung von Ausstellungsgegenständen wie Exponaten und Standausrüstungen;
12. Übersetzungsdienste;
13. Eintragungen in Messekatalogen, Aufnahme von Werbeanzeigen usw. in Messekatalogen, Zeitungen, Zeitschriften usw., Anbringen von Werbeplakaten, Verteilung von Werbeprospekten und ähnliche Werbemaßnahmen;
14. Besuchermarketing;
15. Vorbereitung und Durchführung von Foren und Sonderschauen, von Pressekonferenzen, von Eröffnungsveranstaltungen und Ausstellerabenden;
16. Gestellung von Hosts und Hostessen.

[3] Handelt es sich um eine einheitliche Leistung – sog. Veranstaltungsleistung – (vgl. Abschnitt 3.10 und EuGH-Urteil vom 9.3.2006, C-114/05, Gillan Beach),[1)] bestimmt sich der Ort dieser sonstigen Leistung nach § 3a Abs. 2 UStG, wenn der Leistungsempfänger ein Leistungsempfänger im Sinne des § 3a Abs. 2 UStG ist (siehe Abschnitt 3a.2 Abs. 1); zum Leistungsort bei Veranstaltungsleistungen im Zusammenhang mit Messen und Ausstellungen, wenn die Veranstaltungsleistung ausschließlich im Drittlandsgebiet genutzt oder ausgewertet wird, vgl. Abschnitt 3a.14 Abs. 5. [4] Ist in derartigen Fällen der Leistungsempfänger ein Nichtunternehmer (siehe Abschnitt 3a.1 Abs. 1), richtet sich der Leistungsort nach § 3a Abs. 3 Nr. 3 Buchstabe a UStG. [5] Eine Veranstaltungsleistung im Sinne von Satz 3 kann dann angenommen werden, wenn neben der Überlassung von Standflächen zumindest noch drei weitere Leistungen der in Satz 2 genannten Leistungen vertraglich vereinbart worden sind und auch tatsächlich erbracht werden. [6] Werden nachträglich die Erbringung einer weiteren Leistung oder mehrerer weiterer Leistungen zwischen Auftragnehmer und Auftraggeber vereinbart, gilt dies als Vertragsergänzung und wird in die Beurteilung für das Vorliegen einer Veranstaltungsleistung einbezogen. [7] Werden im Zusammenhang mit der Veranstaltungsleistung auch Übernachtungs- und/oder Verpflegungsleistungen erbracht, sind diese stets als eigenständige Leistungen zu beurteilen.

(2a) [1] Die Absätze 1 und 2 gelten entsprechend bei der Überlassung eines Kongresszentrums oder Teilen hiervon einschließlich des Veranstaltungsequipments an einen Veranstalter. [2] Gleiches gilt für die Überlassung von Flächen in einem Hotel (Konferenz-, Seminar- oder Tagungsräume) einschließlich der Konferenztechnik.

(3) Werden die in Absatz 2 Satz 2 bezeichneten sonstigen Leistungen nicht im Rahmen einer einheitlichen Leistung im Sinne des Absatzes 2 Satz 5, sondern als selbständige Leistungen einzeln erbracht, gilt Folgendes:

---

1) DStRE 2006, 816.

1. Der Leistungsort der in Absatz 2 Satz 2 Nr. 1 Buchstabe a sowie Nr. 4 bis 6, 9 und 10 bezeichneten sonstigen Leistungen richtet sich nach § 3a Abs. 1 oder 2 UStG.
2. Der Leistungsort der in Absatz 2 Satz 2 Nr. 2 bezeichneten Leistungen richtet sich nach § 3a Abs. 1, 2 (vgl. Abschnitt 3a.2 Abs. 16), 3 Nr. 3 Buchstabe a (vgl. Abschnitt 3a.6 Abs. 7) oder 4 Sätze 1 und 2 Nr. 2 UStG (vgl. Abschnitt 3a.9 Abs. 8a).
3. Der Leistungsort der in Absatz 2 Satz 2 Nr. 3 bezeichneten Leistungen richtet sich nach § 3a Abs. 1, 2 (vgl. Abschnitt 3a.2 Abs. 16) oder 4 Sätze 1 und 2 Nr. 10 UStG (vgl. Abschnitt 3a.9 Abs. 19).
4. Der Leistungsort der in Absatz 2 Satz 2 Nr. 7 bezeichneten Leistungen richtet sich nach § 3a Abs. 3 Nr. 3 Buchstabe a oder Nr. 5 UStG.
5. Der Leistungsort der in Absatz 2 Satz 2 Nr. 8 bezeichneten sonstigen Leistungen richtet sich nach § 3a Abs. 2 oder 5 Sätze 1 und 2 Nr. 1 und Abs. 6 Satz 1 Nr. 3 UStG.
6. Der Leistungsort der in Absatz 2 Satz 2 Nr. 11 bezeichneten Beförderungsleistungen richtet sich nach § 3a Abs. 2 und 8 Sätze 1 und 3, § 3b Abs. 1 oder 3 UStG.
7. Der Leistungsort der in Absatz 2 Satz 2 Nr. 11 bezeichneten Lagerung von Ausstellungsgegenständen richtet sich nach § 3a Abs. 2 und 8 Sätze 1 und 3 oder § 3b Abs. 2 UStG.
8. Der Leistungsort der in Absatz 2 Satz 2 Nr. 12 bezeichneten Übersetzungsleistungen richtet sich nach § 3a Abs. 1, 2, 4 Sätze 1 und 2 Nr. 3 und Abs. 6 Satz 1 Nr. 2 UStG.
9. Der Leistungsort der in Absatz 2 Satz 2 Nr. 13 bezeichneten Werbeleistungen richtet sich nach § 3a Abs. 1, 2, 4 Sätze 1 und 2 Nr. 2 und Abs. 6 Satz 1 Nr. 2 UStG.
10. Der Leistungsort der in Absatz 2 Satz 2 Nr. 14 und 15 bezeichneten Leistungen richtet sich grundsätzlich nach § 3a Abs. 1 oder 2 UStG; soweit es sich um Werbeleistungen handelt, kommt auch die Ortsbestimmung nach § 3a Abs. 4 Sätze 1 und 2 Nr. 2 und Abs. 6 Satz 1 Nr. 2 UStG in Betracht.
11. Der Leistungsort der in Absatz 2 Satz 2 Nr. 16 bezeichneten Gestellung von Personal richtet sich nach § 3a Abs. 1, 2, 4 Sätze 1 und 2 Nr. 7 oder Abs. 6 Satz 1 Nr. 2 UStG.

Sonstige Leistungen ausländischer Durchführungsgesellschaften

(4) [1]Im Rahmen von Messen und Ausstellungen werden auch Gemeinschaftsausstellungen durchgeführt, z. B. von Ausstellern, die in demselben ausländischen Staat ansässig sind. [2]Vielfach ist in diesen Fällen zwischen dem Veranstalter und den Ausstellern ein Unternehmen eingeschaltet, das im eigenen Namen die Gemeinschaftsausstellung organisiert (sog. Durchführungsgesellschaft). [3]In diesen Fällen erbringt der Veranstalter die in den Absätzen 1 und 2 bezeichneten sonstigen Leistungen an die zwischengeschaltete Durchführungsgesellschaft. [4]Diese erbringt die sonstigen Leistungen an die an der Gemeinschaftsausstellung beteiligten Aussteller. [5]Für die umsatzsteuerliche

Behandlung der Leistungen der Durchführungsgesellschaft gelten die Ausführungen in den Absätzen 1 bis 3 entsprechend. [6]Zur Steuerschuldnerschaft des Leistungsempfängers bei Leistungen im Ausland ansässiger Durchführungsgesellschaften vgl. Abschnitt 13b.10 Abs. 3.

(5) [1]Einige ausländische Staaten beauftragen mit der Organisation von Gemeinschaftsausstellungen keine Durchführungsgesellschaft, sondern eine staatliche Stelle, z. B. ein Ministerium. [2]Im Inland werden die ausländischen staatlichen Stellen vielfach von den Botschaften oder Konsulaten der betreffenden ausländischen Staaten vertreten. [3]Im Übrigen werden Gemeinschaftsausstellungen entsprechend den Ausführungen in Absatz 4 durchgeführt. [4]Hierbei erheben die ausländischen staatlichen Stellen von den einzelnen Ausstellern ihres Landes Entgelte, die sich in der Regel nach der beanspruchten Ausstellungsfläche richten. [5]Bei dieser Gestaltung sind die ausländischen staatlichen Stellen als Unternehmer im Sinne des § 2 Abs. 3 UStG anzusehen. [6]Die Ausführungen in Absatz 4 gelten deshalb für die ausländischen staatlichen Stellen entsprechend.

(6) Ist die Festlegung des Leistungsortes bei Veranstaltungsleistungen im Sinne des Absatzes 2 auf Grund des Rechts eines anderen Mitgliedstaates ausnahmsweise abweichend von Absatz 2 vorgenommen worden, ist es nicht zu beanstanden, wenn dieser Ortsregelung gefolgt wird.

(7) Zur Übergangsregelung bei der Anwendung des Leistungsortes bei Veranstaltungsleistungen im Zusammenhang mit Messen und Ausstellungen, vgl. Abschnitt II Nr. 1 des BMF-Schreibens vom 4.2.2011, BStBl. I S. 162.

3a.5 Ort der Vermietung eines Beförderungsmittels

Allgemeines

(1) [1]Der Ort der Vermietung eines Beförderungsmittels ist insbesondere von der Dauer der Vermietung abhängig. [2]Dabei richtet sich die Dauer der Vermietung nach der tatsächlichen Dauer der Nutzungsüberlassung; wird der Zeitraum der Vermietung auf Grund höherer Gewalt verlängert, ist dieser Zeitraum bei der Abgrenzung einer kurzfristigen von einer langfristigen Vermietung nicht zu berücksichtigen (vgl. Artikel 39 Abs. 1 Unterabs. 3 der MwStVO).[1)] [3]Wird ein Beförderungsmittel mehrfach unmittelbar hintereinander an denselben Leistungsempfänger für einen Zeitraum vermietet, liegt eine kurzfristige Vermietung grundsätzlich nur dann vor, wenn der ununterbrochene Vermietungszeitraum von nicht mehr als 90 Tagen bzw. 30 Tagen insgesamt nicht überschritten wird (vgl. Artikel 39 Abs. 1 Unterabs. 1 und 2 und Abs. 2 Unterabs. 1 und 2 der MwStVO). [4]Wird ein Beförderungsmittel *zunächst kurzfristig und anschließend* über einen als langfristig geltenden Zeitraum an denselben Leistungsempfänger vermietet, sind die beiden Vermietungszeiträume abweichend von Satz 3 getrennt voneinander zu betrachten, sofern diese vertraglichen Regelungen nicht zur Erlangung steuerrechtlicher Vorteile erfolgten (vgl. Artikel 39 Abs. 2 Unterabs. 3 der MwStVO). [5]Werden aufeinander folgende Verträge über die Vermietung von Beförderungsmitteln

---

1) **Steuergesetze** Nr. **550a.**

geschlossen, die tatsächlich unterschiedliche Beförderungsmittel betreffen, sind die jeweiligen Vermietungen gesondert zu betrachten, sofern diese vertraglichen Regelungen nicht zur Erlangung steuerrechtlicher Vorteile erfolgten (vgl. Artikel 39 Abs. 3 der MwStVO).

(2) [1] Als Beförderungsmittel sind Gegenstände anzusehen, deren Hauptzweck auf die Beförderung von Personen und Gütern zu Lande, zu Wasser oder in der Luft gerichtet ist und die sich auch tatsächlich fortbewegen (vgl. Artikel 38 Abs. 1 der MwStVO).[1)] [2] Zu den Beförderungsmitteln gehören auch Auflieger, Sattelanhänger, Fahrzeuganhänger, Eisenbahnwaggons, Elektro-Caddywagen, Transportbetonmischer, Segelboote, Ruderboote, Paddelboote, Motorboote, Sportflugzeuge, Segelflugzeuge, Wohnmobile, Wohnwagen (vgl. jedoch Abschnitt 3a.3 Abs. 5) sowie landwirtschaftliche Zugmaschinen und andere landwirtschaftliche Fahrzeuge, Fahrzeuge, die speziell für den Transport von kranken oder verletzten Menschen konzipiert sind, und Rollstühle und ähnliche Fahrzeuge für kranke und körperbehinderte Menschen, mit mechanischen oder elektronischen Vorrichtungen zur Fortbewegung (vgl. Artikel 38 Abs. 2 der MwStVO). [3] Keine Beförderungsmittel sind z. B. Bagger, Planierraupen, Bergungskräne, Schwertransportkräne, Transportbänder, Gabelstapler, Elektrokarren, Rohrleitungen, Ladekräne, Schwimmkräne, Schwimmrammen, Container, militärische Kampffahrzeuge, z. B. Kriegsschiffe – ausgenommen Versorgungsfahrzeuge –, Kampfflugzeuge, Panzer, und Fahrzeuge, die dauerhaft stillgelegt worden sind (vgl. Artikel 38 Abs. 3 der MwStVO). [4] Unabhängig hiervon kann jedoch mit diesen Gegenständen eine Beförderungsleistung ausgeführt werden. [5] Als Vermietung von Beförderungsmitteln gilt auch die Überlassung von betrieblichen Kraftfahrzeugen durch Arbeitgeber an ihre Arbeitnehmer zur privaten Nutzung sowie die Überlassung eines Rundfunk- oder Fernsehübertragungswagens oder eines sonstigen Beförderungsmittels inländischer und ausländischer Rundfunkanstalten des öffentlichen Rechts untereinander.

(3) [1] Wird eine Segel- oder Motoryacht oder ein Luftfahrzeug ohne Besatzung verchartert, ist eine Vermietung eines Beförderungsmittels anzunehmen. [2] Bei einer Vercharterung mit Besatzung ohne im Chartervertrag festgelegte Reiseroute ist ebenfalls eine Vermietung eines Beförderungsmittels anzunehmen. [3] Dagegen ist eine Beförderungsleistung anzunehmen, wenn die Yacht oder das Luftfahrzeug mit Besatzung an eine geschlossene Gruppe vermietet wird, die mit dem Vercharterer vorher die Reiseroute festgelegt hat, diese Reiseroute aber im Verlauf der Reise ändern oder in anderer Weise auf den Ablauf der Reise Einfluss nehmen kann. [4] Das gilt auch, wenn nach dem Chartervertrag eine bestimmte Beförderung geschuldet wird und der Unternehmer diese unter eigener Verantwortung vornimmt, z. B. bei einer vom Vercharterer organisierten Rundreise mit Teilnehmern, die auf Ablauf und nähere Ausgestaltung der Reise keinen Einfluss haben.

(4) [1] Überlässt der Unternehmer (Arbeitgeber) seinem Personal (Arbeitnehmer) ein erworbenes Fahrzeug auch zur privaten Nutzung (Privatfahrten, Fahrten zwischen Wohnung und erster Tätigkeitsstätte sowie Familien-

---

[1)] **Steuergesetze** Nr. **550a.**

heimfahrten aus Anlass einer doppelten Haushaltsführung), ist dies regelmäßig als entgeltliche Vermietung eines Beförderungsmittels anzusehen (vgl. Abschnitt 15.23 Abs. 8 bis 11). [2]Der Leistungsort dieser Leistung bestimmt sich nach § 3a Abs. 3 Nr. 2 UStG. [3]Sofern ausnahmsweise eine unentgeltliche Überlassung im Sinne des § 3 Abs. 9a Nr. 1 UStG vorliegt (vgl. Abschnitt 15.23 Abs. 12), bestimmt sich deren Leistungsort ebenfalls nach § 3a Abs. 3 Nr. 2 UStG.

Kurzfristige Vermietung eines Beförderungsmittels

(5) [1]Die Ortsbestimmung des § 3a Abs. 3 Nr. 2 Satz 1 und 2 UStG gilt für die kurzfristige Vermietungsleistung von Beförderungsmitteln sowohl an Nichtunternehmer (siehe Abschnitt 3a.1 Abs. 1) als auch an Leistungsempfänger im Sinne des § 3a Abs. 2 UStG (siehe Abschnitt 3a.2 Abs. 1). [2]Zum Ort der kurzfristigen Fahrzeugvermietung zur Nutzung im Drittlandsgebiet vgl. Abschnitt 3a.14 Abs. 4; zum Ort der kurzfristigen Vermietung eines Beförderungsmittels durch einen im Drittlandsgebiet ansässigen Unternehmer zur Nutzung im Inland vgl. Abschnitt 3a.14 Abs. 1 und 2.

(6) [1]Leistungsort bei der kurzfristigen Vermietung eines Beförderungsmittels ist regelmäßig der Ort, an dem das Beförderungsmittel dem Leistungsempfänger tatsächlich zur Verfügung gestellt wird, das ist der Ort, an dem das Beförderungsmittel dem Leistungsempfänger übergeben wird (vgl. Artikel 40 der MwStVO).[1)] [2]Eine kurzfristige Vermietung liegt vor, wenn die Vermietung über einen ununterbrochenen Zeitraum von nicht mehr als 90 Tagen bei Wasserfahrzeugen und von nicht mehr als 30 Tagen bei anderen Beförderungsmitteln erfolgt.

Beispiel:

[1]Das Bootsvermietungsunternehmen B mit Sitz in Düsseldorf vermietet an den Unternehmer U eine Yacht für drei Wochen. [2]Die Übergabe der Yacht erfolgt an der Betriebsstätte des B in einem italienischen Adriahafen.

[3]Der Leistungsort für die Vermietungsleistung des B an U ist in Italien, dem Ort, an dem das vermietete Boot tatsächlich von B an U übergeben wird.

Langfristige Vermietung eines Beförderungsmittels

(7) Die Ortsbestimmung des § 3a Abs. 3 Nr. 2 Satz 3 UStG gilt nur für sonstige Leistungen an Nichtunternehmer (siehe Abschnitt 3a.1 Abs. 1).

(8) [1]Leistungsort bei der langfristigen Vermietung eines Beförderungsmittels ist regelmäßig der Ort, an dem der Leistungsempfänger seinen Wohnsitz, seinen gewöhnlichen Aufenthaltsort oder einen Sitz hat. [2]Zur Definition des Wohnsitzes und des gewöhnlichen Aufenthaltsorts vgl. Abschnitt 3a.1 Abs. 1 *Sätze 9 und 10*. [3]Der Leistungsempfänger gilt an dem Ort als ansässig bzw. hat dort seinen Wohnsitz oder gewöhnlichen Aufenthaltsort, der vom leistenden Unternehmer unter Darlegung von zwei in Satz 4 genannten, sich nicht widersprechenden Beweismitteln als Leistungsort bestimmt worden ist (vgl. Artikel 24c MwStVO).[1)] [4]Als Beweismittel gelten insbesondere (vgl. Artikel 24e MwStVO):

[1)] **Steuergesetze** Nr. **550a.**

1. die Rechnungsanschrift des Leistungsempfängers;
2. Bankangaben, wie der Ort, an dem das bei der unbaren Zahlung der Gegenleistung verwendete Bankkonto geführt wird, oder die der Bank vorliegende Rechnungsanschrift des Leistungsempfängers;
3. die Zulassungsdaten des vom Leistungsempfänger gemieteten Beförderungsmittels, wenn dieses in dem Staat, in dem es genutzt wird, zugelassen sein muss, oder vergleichbare Informationen;
4. sonstige für die Vermietung wirtschaftlich wichtige Informationen.

[5] Liegen Hinweise vor, dass der leistende Unternehmer den Ort nach Satz 3 falsch oder missbräuchlich festgelegt hat, kann das für den leistenden Unternehmer zuständige Finanzamt die Vermutungen widerlegen (vgl. Artikel 24d Abs. 2 MwStVO). [6] Eine langfristige Vermietung liegt vor, wenn die Vermietung über einen ununterbrochenen Zeitraum von mehr als 90 Tagen bei Wasserfahrzeugen und von mehr als 30 Tagen bei anderen Beförderungsmitteln erfolgt.

Beispiel:

[1] Ein österreichischer Staatsbürger mit Wohnsitz in Salzburg tritt eine private Deutschlandreise in München an und mietet ein Kraftfahrzeug bei einem Unternehmer mit Sitz in München für zwei Monate. [2] Das Fahrzeug soll ausschließlich im Inland genutzt werden.
[3] Es handelt sich um eine langfristige Vermietung. [4] Der Leistungsort ist deshalb nach § 3a Abs. 3 Nr. 2 Satz 3 UStG zu bestimmen. [5] Die Vermietung des Kraftfahrzeugs durch einen im Inland ansässigen Unternehmer ist insgesamt in Österreich am Wohnsitz des Leistungsempfängers steuerbar, auch wenn das vermietete Beförderungsmittel während der Vermietung nicht in Österreich, sondern ausschließlich im Inland genutzt wird.

(8a) Wird die langfristige Vermietung eines Beförderungsmittels an einen Nichtunternehmer (siehe Abschnitt 3a.1 Abs. 1) erbracht, der in verschiedenen Ländern ansässig ist oder seinen Wohnsitz in einem Land und seinen gewöhnlichen Aufenthaltsort in einem anderen Land hat, ist

1. bei Leistungen an eine nicht unternehmerisch tätige juristische Person, der keine USt-IdNr. erteilt worden ist, der Leistungsort vorrangig an dem Ort, an dem die Handlungen zur zentralen Verwaltung der juristischen Person vorgenommen werden, soweit keine Anhaltspunkte dafür vorliegen, dass die Leistung an deren Betriebsstätte genutzt oder ausgewertet wird (vgl. Artikel 24 Buchstabe a MwStVO),[1)]
2. bei Leistungen an eine natürliche Person der Leistungsort vorrangig an deren gewöhnlichem Aufenthaltsort (siehe Abschnitt 3a.1 Abs. 1 Sätze 10 bis 14), soweit keine Anhaltspunkte dafür vorliegen, dass die Leistung an deren Wohnsitz genutzt oder ausgewertet wird (vgl. Artikel 24 Buchstabe b MwStVO).

(9) [1] Werden Beförderungsmittel langfristig durch einen im Drittlandsgebiet ansässigen Unternehmer an Nichtunternehmer zur Nutzung im Inland vermietet, bestimmt sich der Leistungsort bei der Vermietung nach § 3a Abs. 6 Satz 1 Nr. 1 UStG; vgl. hierzu Abschnitt 3a.14 Abs. 1 und 2. [2] Der Ort der langfristigen Vermietung von Beförderungsmitteln an Leistungsempfänger im Sinne des § 3a Abs. 2 UStG (siehe Abschnitt 3a.2 Abs. 1) richtet sich nach § 3a Abs. 2 UStG.

---

1) **Steuergesetze** Nr. **550a**.

Langfristige Vermietung eines Sportbootes

(10) Die Ortsbestimmung des § 3a Abs. 3 Nr. 2 Satz 4 UStG gilt nur für sonstige Leistungen an Nichtunternehmer (siehe Abschnitt 3a.1 Abs. 1).

(11) [1]Der Leistungsort bei der langfristigen Vermietung von Sportbooten an Nichtunternehmer richtet sich grundsätzlich nach dem Ort, an dem der Leistungsempfänger seinen Wohnsitz oder Sitz hat; die Absätze 7 bis 9 sind anzuwenden. [2]Abweichend hiervon richtet sich der Leistungsort aber nach dem Ort, an dem das Sportboot dem Leistungsempfänger tatsächlich zur Verfügung gestellt, d.h. es ihm übergeben wird (§ 3a Abs. 3 Nr. 2 Satz 4 UStG), wenn sich auch der Sitz, die Geschäftsleitung oder eine Betriebsstätte des leistenden Unternehmers an diesem Ort befindet.

Beispiel:

[1]Das Bootsvermietungsunternehmen B mit Sitz in Düsseldorf vermietet an den Nichtunternehmer N mit Wohnsitz in Köln eine Yacht für vier Monate. [2]Die Übergabe der Yacht erfolgt an der Betriebsstätte des B in einem italienischen Adriahafen.
[3]Der Leistungsort für die Vermietungsleistung des B an N ist in Italien, dem Ort, an dem das vermietete Boot tatsächlich von B an N übergeben wird, da sich an dem Übergabeort auch eine Betriebsstätte des B befindet.

(12) Sportboote im Sinne des § 3a Abs. 3 Nr. 2 Satz 4 UStG sind unabhängig von der Antriebsart sämtliche Boote mit einer Rumpflänge von 2,5 bis 24 Metern, die ihrer Bauart nach für Sport- und Freizeitzwecke bestimmt sind, insbesondere Segelyachten, Motoryachten, Segelboote, Ruderboote, Paddelboote oder Motorboote.

3a.6 Ort der Tätigkeit

(1) [1]Die Regelung des § 3a Abs. 3 Nr. 3 UStG gilt nur für sonstige Leistungen, die in einem positiven Tun bestehen. [2]Bei diesen Leistungen bestimmt sich der Leistungsort nach dem Ort, an dem die sonstige Leistung tatsächlich bewirkt wird (vgl. EuGH-Urteil vom 9.3.2006, C-114/05, Gillan Beach).[1)] [3]Der Ort, an dem der Erfolg eintritt oder die sonstige Leistung sich auswirkt, ist ohne Bedeutung (BFH-Urteil vom 4.4.1974, V R 161/72, BStBl. II S. 532). [4]Dabei kommt es nicht entscheidend darauf an, wo der Unternehmer, z.B. Künstler, im Rahmen seiner Gesamttätigkeit überwiegend tätig wird; vielmehr ist der jeweilige Umsatz zu betrachten. [5]Es ist nicht erforderlich, dass der Unternehmer im Rahmen einer Veranstaltung tätig wird.

Leistungen nach § 3a Abs. 3 Nr. 3 Buchstabe a UStG

(2)[2)] [1]§ 3a Abs. 3 Nr. 3 Buchstabe a UStG gilt nur für sonstige Leistungen an Nichtunternehmer (siehe Abschnitt 3a.1 Abs. 1). [2]Die Regelung ist auch anzuwenden beim Verkauf von Eintrittskarten für kulturelle, künstlerische, wissenschaftliche, unterrichtende, sportliche, unterhaltende oder ähnliche Veranstaltungen durch einen anderen Unternehmer als den Veranstalter. [3]Durch den Verkauf von Eintrittskarten wird dem Erwerber das Recht auf Zu-

---

1) DStRE 2006, 816.

2) A 3a.6 UStAE Abs. 2 Satz 4 geänd. durch BMF v. 9.6.2021, BStBl. I 2021, 778, anzuwenden in allen offenen Fällen.

gang zu der jeweiligen Veranstaltung verschafft. [4]Die Vermittlung von Eintrittskarten fällt nicht unter § 3a Abs. 3 Nr. 3 Buchstabe a UStG (siehe Abschnitt 3a.7a Abs. 3 Satz 2).

(2a) [1]Zu den unter § 3a Abs. 3 Nr. 3 Buchstabe a UStG fallenden sonstigen Leistungen eines auftretenden Künstlers gehören auch die Leistungen von Gastspielagenturen, die den auftretenden Künstler im eigenen Namen und als eigene Leistung am Markt anbieten. [2]Es ist nicht erforderlich, dass eine Leistung nach § 3a Abs. 3 Nr. 3 Buchstabe a UStG höchstpersönlich erbracht wird (vgl. BFH-Urteil vom 1.3.2018, V R 25/17, BStBl. II S. 555). [3]Der Leistungsort für die Vermittlung von Künstlern richtet sich bei Leistungsempfängern im Sinne des § 3a Abs. 2 UStG (siehe Abschnitt 3a.2 Abs. 1) nach § 3a Abs. 2 UStG und bei Leistungen an Nichtunternehmer (siehe Abschnitt 3a.1 Abs. 1) nach § 3a Abs. 3 Nr. 4 in Verbindung mit Nr. 3 Buchstabe a UStG.

(3) [1]Leistungen, die im Zusammenhang mit Leistungen im Sinne des § 3a Abs. 3 Nr. 3 Buchstabe a UStG unerlässlich sind, werden an dem Ort erbracht, an dem diese Leistungen tatsächlich bewirkt werden. [2]Hierzu können auch tontechnische Leistungen im Zusammenhang mit künstlerischen oder unterhaltenden Leistungen gehören (EuGH-Urteil vom 26.9.1996, C-327/94, Dudda, BStBl. 1998 II S. 313).[1)]

(4) [1]Insbesondere bei künstlerischen und wissenschaftlichen Leistungen ist zu beachten, dass sich im Falle der reinen Übertragung von Nutzungsrechten an Urheberrechten und ähnlichen Rechten (vgl. Abschnitt 3a.9 Abs. 1 und 2 sowie Abschnitt 12.7) der Leistungsort nicht nach § 3a Abs. 3 Nr. 3 Buchstabe a UStG richtet. [2]Der Leistungsort bestimmt sich nach § 3a Abs. 1 UStG (vgl. Abschnitt 3a.1) oder nach § 3a Abs. 4 Sätze 1 und 2 Nr. 1 UStG (vgl. Abschnitt 3a.9 Abs. 1 und 2).

(5) [1]Die Frage, ob bei einem wissenschaftlichen Gutachten eine wissenschaftliche Leistung nach § 3a Abs. 3 Nr. 3 Buchstabe a UStG oder eine Beratungsleistung vorliegt, ist nach dem Zweck zu beurteilen, den der Auftraggeber mit dem von ihm bestellten Gutachten verfolgt. [2]Eine wissenschaftliche Leistung im Sinne des § 3a Abs. 3 Nr. 3 Buchstabe a UStG setzt voraus, dass das erstellte Gutachten nicht auf Beratung des Auftraggebers gerichtet ist; dies ist der Fall, wenn das Gutachten nach seinem Zweck keine konkrete Entscheidungshilfe für den Auftraggeber darstellt. [3]Soll das Gutachten dem Auftraggeber dagegen als Entscheidungshilfe für die Lösung konkreter technischer, wirtschaftlicher oder rechtlicher Fragen dienen, liegt eine Beratungsleistung vor. [4]Der Leistungsort bestimmt sich bei Leistungen an Nichtunternehmer (siehe Abschnitt 3a.1 Abs. 1) nach § 3a Abs. 1 oder 4 Satz 1 UStG.

Beispiel 1:

[1]Ein Hochschullehrer hält im Auftrag eines ausschließlich nicht unternehmerisch tätigen Verbandes, dem für Umsatzsteuerzwecke keine USt-IdNr. erteilt worden ist, auf einem Fachkongress einen Vortrag. [2]Inhalt des Vortrags ist die Mitteilung und Erläuterung der von ihm auf seinem Forschungsgebiet, z. B. Maschinenbau, gefundenen Ergebnisse. [3]Zugleich händigt

---

1) DStR 1996, 1688.

der Hochschullehrer allen Teilnehmern ein Manuskript seines Vortrags aus. [4]Vortrag und Manuskript haben nach Inhalt und Form den Charakter eines wissenschaftlichen Gutachtens. [5]Sie sollen allen Teilnehmern des Fachkongresses zur Erweiterung ihrer beruflichen Kenntnisse dienen.
[6]Der Leistungsort bestimmt sich nach § 3a Abs. 3 Nr. 3 Buchstabe a UStG.

Beispiel 2:

[1]Ein Wirtschaftsforschungsunternehmen erhält von einer inländischen juristischen Person des öffentlichen Rechts, die nicht unternehmerisch tätig und der keine USt-IdNr. erteilt worden ist, den Auftrag, in Form eines Gutachtens Struktur- und Standortanalysen für die Errichtung von Gewerbebetrieben zu erstellen.
[2]Auch wenn das Gutachten nach wissenschaftlichen Grundsätzen erstellt worden ist, handelt es sich um eine Beratung, da das Gutachten zur Lösung konkreter wirtschaftlicher Fragen verwendet werden soll. [3]Der Leistungsort bestimmt sich nach § 3a Abs. 1 UStG.

(5a) Die Einräumung der Berechtigung, auf einem Golfplatz Golf zu spielen, ist als sportliche Leistung nach § 3a Abs. 3 Nr. 3 Buchstabe a UStG anzusehen (vgl. BFH-Urteil vom 12.10.2016, XI R 5/14, BStBl. 2017 II S. 500).

(6) [1]Eine sonstige Leistung, die darin besteht, der Allgemeinheit gegen Entgelt die Benutzung von Geldspielautomaten zu ermöglichen, die in Spielhallen aufgestellt sind, ist als unterhaltende oder ähnliche Tätigkeit nach § 3a Abs. 3 Nr. 3 Buchstabe a UStG anzusehen (vgl. EuGH-Urteil vom 12.5.2005, C-452/03, RAL (Channel Islands) u. a.).[1)] [2]Für die Benutzung von Geldspielautomaten außerhalb von Spielhallen richtet sich der Leistungsort nach § 3a Abs. 1 UStG (vgl. EuGH-Urteil vom 4.7.1985, 168/84, Berkholz).

(7) [1]Eine Leistung im Sinne des § 3a Abs. 3 Nr. 3 Buchstabe a UStG liegt – unbeschadet Abschnitt 3a.9 Abs. 8a – auch bei der Planung, Gestaltung sowie dem Aufbau, Umbau und Abbau von Ständen im Zusammenhang mit Messen und Ausstellungen vor, wenn dieser Stand für eine bestimmte Messe oder Ausstellung im Bereich der Kultur, der Künste, des Sports, der Wissenschaften, des Unterrichts, der Unterhaltung oder einem ähnlichen Gebiet bestimmt ist (vgl. EuGH-Urteil vom 27.10.2011, C-530/09, Inter-Mark Group, BStBl. 2012 II S. 160).[2)] [2]Zum Ort der sonstigen Leistung bei Messen und Ausstellungen vgl. im Übrigen Abschnitt 3a.4.

Leistungen nach § 3a Abs. 3 Nr. 3 Buchstabe b UStG

(8) § 3a Abs. 3 Nr. 3 Buchstabe b UStG gilt sowohl für sonstige Leistungen an Nichtunternehmer (siehe Abschnitt 3a.1 Abs. 1) als auch an Leistungsempfänger im Sinne des § 3a Abs. 2 UStG (siehe Abschnitt 3a.2 Abs. 1).

(9) [1]Bei der Abgabe von Speisen und Getränken zum Verzehr an Ort und Stelle (Restaurationsleistung) richtet sich der Leistungsort nach dem Ort, an dem diese Leistung tatsächlich erbracht wird (§ 3a Abs. 3 Nr. 3 Buchstabe b UStG). [2]Die Restaurationsleistung muss aber als sonstige Leistung anzusehen sein; zur Abgrenzung zwischen Lieferung und sonstiger Leistung bei der Abgabe von Speisen und Getränken wird auf die BMF-Schreiben vom 16.10. 2008, BStBl. I S. 949, und vom 29.3.2010, BStBl. I S. 330, verwiesen. [3]Die

---

1) IStR 2005, 415.
2) DStR 2011, 2145.

Ortsregelung gilt nicht für Restaurationsleistungen an Bord eines Schiffs, in einem Luftfahrzeug oder in einer Eisenbahn während einer Beförderung im Inland oder im übrigen Gemeinschaftsgebiet. [4]In diesen Fällen bestimmt sich der Leistungsort nach § 3e UStG (vgl. Abschnitt 3e.1).

Leistungen nach § 3a Abs. 3 Nr. 3 Buchstabe c UStG

(10) [1]Bei Arbeiten an beweglichen körperlichen Gegenständen und bei der Begutachtung dieser Gegenstände für Nichtunternehmer (siehe Abschnitt 3a.1 Abs. 1) bestimmt sich der Leistungsort nach dem Ort, an dem der Unternehmer tatsächlich die Leistung ausführt (§ 3a Abs. 3 Nr. 3 Buchstabe c UStG). [2]Ist der Leistungsempfänger ein Leistungsempfänger im Sinne des § 3a Abs. 2 UStG (siehe Abschnitt 3a.2 Abs. 1), richtet sich der Leistungsort nach § 3a Abs. 2 UStG (vgl. Abschnitt 3a.2). [3]Zum Leistungsort bei Arbeiten an beweglichen körperlichen Gegenständen und bei der Begutachtung dieser Gegenstände, wenn diese Leistungen im Drittlandsgebiet genutzt oder ausgewertet werden, vgl. § 3a Abs. 8 Satz 1 UStG und Abschnitt 3a.14 Abs. 5.

(11) [1]Als Arbeiten an beweglichen körperlichen Gegenständen sind insbesondere Werkleistungen in Gestalt der Bearbeitung oder Verarbeitung von beweglichen körperlichen Gegenständen anzusehen. [2]Hierzu ist grundsätzlich eine Veränderung des beweglichen Gegenstands erforderlich. [3]Wartungsleistungen an Anlagen, Maschinen und Kraftfahrzeugen können als Werkleistungen angesehen werden. [4]Verwendet der Unternehmer bei der Be- oder Verarbeitung eines Gegenstands selbstbeschaffte Stoffe, die nicht nur Zutaten oder sonstige Nebensachen sind, ist keine Werkleistung, sondern eine Werklieferung gegeben (§ 3 Abs. 4 UStG). [5]Baut der leistende Unternehmer die ihm vom Leistungsempfänger sämtlich zur Verfügung gestellten Teile einer Maschine nur zusammen und wird die zusammengebaute Maschine nicht Bestandteil eines Grundstücks, bestimmt sich der Ort der sonstigen Leistung nach § 3a Abs. 3 Nr. 3 Buchstabe c UStG (vgl. Artikel 8 und 34 der MwStVO),[1] wenn der Leistungsempfänger ein Nichtunternehmer ist.

(12) [1]Bei der Begutachtung beweglicher körperlicher Gegenstände durch Sachverständige hat § 3a Abs. 3 Nr. 3 Buchstabe c UStG Vorrang vor § 3a Abs. 4 Satz 1 und 2 Nr. 3 UStG. [2]Wegen der Leistungen von Handelschemikern vgl. Abschnitt 3a.9 Abs. 12 Satz 3.

(13)[2] *(aufgehoben)*

3a.7 Ort der Vermittlungsleistung

(1) [1]Unter den Begriff Vermittlungsleistung fallen sowohl Vermittlungsleistungen, die im Namen und für Rechnung des Empfängers der vermittelten Leistung erbracht werden, als auch Vermittlungsleistungen, die im Namen und für Rechnung des Unternehmers erbracht werden, der die vermittelte Leistung ausführt (vgl. Artikel 30 der MwStVO).[1] [2]Der Leistungsort einer Vermitt-

[1] ***Steuergesetze*** *Nr.* ***550a***.

[2] A 3a.6 UStAE Zwischenüberschrift und Abs. 13 aufgeh. durch BMF v. 9.6.2021, BStBl. I 2021, 778, anzuwenden in allen offenen Fällen (siehe FN zu A 3a.7a UStAE).

lungsleistung bestimmt sich nur bei Leistungen an Nichtunternehmer (siehe Abschnitt 3a.1 Abs. 1) nach § 3a Abs. 3 Nr. 4 UStG. [3]Hierunter fällt auch die Vermittlung der kurzfristigen Vermietung von Zimmern in Hotels, Gaststätten oder Pensionen, von Fremdenzimmern, Ferienwohnungen, Ferienhäusern und vergleichbaren Einrichtungen an Nichtunternehmer (vgl. Artikel 31 Buchst. b der MwStVO). [4]Bei Leistungen an einen Unternehmer oder an eine gleichgestellte juristische Person (siehe Abschnitt 3a.2 Abs. 1) richtet sich der Leistungsort nach § 3a Abs. 2 UStG (vgl. Artikel 31 Buchst. a der MwStVO), bei der Vermittlung von Vermietungen von Grundstücken nach § 3a Abs. 3 Nr. 1 UStG. [5]Zur Abgrenzung der Vermittlungsleistung vom Eigenhandel vgl. Abschnitt 3.7.

(2) [1]Die Vermittlung einer nicht steuerbaren Leistung zwischen Nichtunternehmern wird an dem Ort erbracht, an dem die vermittelte Leistung ausgeführt wird (vgl. EuGH-Urteil vom 27.5.2004, C-68/03, Lipies).[1)] [2]Bei der Werbung von Mitgliedschaften liegt keine Vermittlung eines Umsatzes vor, weil die Begründung der Mitgliedschaft in einem Verein keinen Leistungsaustausch darstellt; der Leistungsort dieser Leistung richtet sich bei Leistungen an Nichtunternehmer (siehe Abschnitt 3a.1 Abs. 1) nicht nach § 3a Abs. 3 Nr. 4 UStG, sondern nach § 3a Abs. 1 UStG (vgl. BFH-Urteil vom 12.12.2012, XI R 30/10, BStBl. 2013 II S. 348), bei Leistungen an einen Leistungsempfänger im Sinne des § 3a Abs. 2 UStG (siehe Abschnitt 3a.2 Abs. 1) nach § 3a Abs. 2 UStG.

3a.7a[2)] Ort der Veranstaltung

(1) [1]§ 3a Abs. 3 Nr. 5 UStG gilt nur für Leistungen an einen Leistungsempfänger im Sinne des § 3a Abs. 2 UStG (siehe Abschnitt 3a.2 Abs. 1). [2]Die Regelung ist auch anzuwenden, wenn ein anderer Unternehmer als der Veranstalter auf eigene oder auf Rechnung des Veranstalters Eintrittsberechtigungen an einen Unternehmer für dessen unternehmerischen Bereich oder an eine einem Unternehmer gleichgestellte juristische Person einräumt. [3]Werden die in der Vorschrift genannten sonstigen Leistungen an Nichtunternehmer (siehe Abschnitt 3a.1 Abs. 1) erbracht, richtet sich der Leistungsort nach § 3a Abs. 3 Nr. 3 Buchstabe a UStG (siehe Abschnitt 3a.6 Abs. 2 Satz 2). [4]Eine Veranstaltung im Sinne des § 3a Abs. 3 Nr. 5 UStG erfordert die physische Anwesenheit des Leistungsempfängers bei dieser; die Vorschrift gilt daher nicht in Fällen der Online-Teilnahme des Leistungsempfängers.

(2) [1]Zu den Eintrittsberechtigungen gehören insbesondere (vgl. Artikel 32 Abs. 1 und 2 der MwStVO)[3)]

[1)] DStRE 2004, 987.

[2)] A 3a.7a UStAE eingef. durch BMF v. 9.6.2021, BStBl. I 2021, 778, anzuwenden in allen offenen Fällen mit Nichtbeanstandungsregelung (BMF v. 19.8.2021, BStBl. I 2021, 1088): Für vor dem 1.1.2022 ausgeführte, für die Öffentlichkeit nicht allgemein zugängliche Leistungen kann A 3a.6 UStAE Abs. 13 Satz 3 Nr. 3 u. Beispiel 2 a. F. angewendet werden (gilt nicht für A 3a.7a Abs. 1 Satz 4 UStAE).

[3)] **Steuergesetze** Nr. **550a**.

1. das Recht auf Zugang zu Darbietungen, Theateraufführungen, Zirkusvorstellungen, Freizeitparks, Konzerten, Ausstellungen sowie zu anderen ähnlichen kulturellen Veranstaltungen, auch wenn das Entgelt in Form eines Abonnements oder eines Jahresbeitrags entrichtet wird;
2. das Recht auf Zugang zu Sportveranstaltungen, wie Spiele und Wettkämpfe gegen Entgelt, auch wenn das Entgelt in Form einer Zahlung für einen bestimmten Zeitraum oder eine festgelegte Anzahl von Veranstaltungen in einem Betrag erfolgt;
3. [1] das Recht auf Zugang zu Veranstaltungen auf dem Gebiet des Unterrichts und der Wissenschaft, wie beispielsweise Konferenzen und Seminare. [2] Dies gilt unabhängig davon, ob der Unternehmer selbst oder ein Arbeitnehmer an der Veranstaltung teilnimmt und das Entgelt vom Unternehmer (Arbeitgeber) entrichtet wird.

[2] Zu den Eintrittsberechtigungen für Messen, Ausstellungen und Kongresse gehören insbesondere Leistungen, für die der Leistungsempfänger Kongress-, Teilnehmer- oder Seminarentgelte entrichtet, sowie damit im Zusammenhang stehende Nebenleistungen, wie z. B. Beförderungsleistungen, Vermietung von Fahrzeugen oder Unterbringung, wenn diese Leistungen vom Veranstalter der Messe, der Ausstellung oder des Kongresses zusammen mit der Einräumung der Eintrittsberechtigung als einheitliche Leistung (vgl. Abschnitt 3.10) angeboten werden. [3] Zu den mit den in § 3a Abs. 3 Nr. 5 UStG genannten Veranstaltungen zusammenhängenden sonstigen Leistungen gehören auch die Nutzung von Garderoben und von sanitären Einrichtungen gegen gesondertes Entgelt (vgl. Artikel 33 der MwStVO).

(3) [1] Nicht unter § 3a Abs. 3 Nr. 5 UStG fällt die Berechtigung zur Nutzung von Räumlichkeiten, wie beispielsweise Turnhallen oder anderen Räumen, gegen Entgelt (vgl. Artikel 32 Abs. 3 der MwStVO).[1)] [2] Auch die Vermittlung von Eintrittsberechtigungen fällt nicht unter § 3a Abs. 3 Nr. 5 UStG; der Leistungsort dieser Umsätze richtet sich bei Leistungen an einen Leistungsempfänger im Sinne des § 3a Abs. 2 UStG (siehe Abschnitt 3a.2 Abs. 1) nach § 3a Abs. 2 UStG, bei Leistungen an einen Nichtunternehmer (siehe Abschnitt 3a.1 Abs. 1) nach § 3a Abs. 3 Nr. 4 UStG.

3a.8 Ort der in § 3a Abs. 4 Satz 2 UStG bezeichneten sonstigen Leistungen

Bei der Bestimmung des Leistungsorts für die in § 3a Abs. 4 Satz 2 UStG bezeichneten Leistungen sind folgende Fälle zu unterscheiden:

1. Ist der Empfänger der sonstigen Leistung ein Nichtunternehmer (siehe Abschnitt 3a.1 Abs. 1) und hat er seinen Wohnsitz oder Sitz außerhalb des Gemeinschaftsgebiets (vgl. Abschnitt 1.10 Abs. 1), wird die sonstige Leistung dort ausgeführt, wo der Empfänger seinen Wohnsitz oder Sitz hat (§ 3a Abs. 4 Satz 1 UStG).
2. [1] Ist der Empfänger der sonstigen Leistung ein Nichtunternehmer (siehe Abschnitt 3a.1 Abs. 1) und hat er seinen Wohnsitz oder Sitz innerhalb des Ge-

---

1) **Steuergesetze** Nr. **550a**.

meinschaftsgebiets (vgl. Abschnitt 1.10 Abs. 1), wird die sonstige Leistung dort ausgeführt, wo der leistende Unternehmer sein Unternehmen betreibt. [2]Insoweit verbleibt es bei der Regelung des § 3a Abs. 1 UStG (vgl. jedoch § 3a Abs. 6 Satz 1 Nr. 2 UStG und Abschnitt 3a.14 Abs. 1 und 3).

2a. Wird die sonstige Leistung an einen Nichtunternehmer (siehe Abschnitt 3a.1 Abs. 1) erbracht, der in verschiedenen Ländern ansässig ist oder seinen Wohnsitz in einem Land und seinen gewöhnlichen Aufenthaltsort in einem anderen Land hat, ist

   a) bei Leistungen an eine nicht unternehmerisch tätige juristische Person, der keine USt-IdNr. erteilt worden ist, der Leistungsort vorrangig an dem Ort, an dem die Handlungen zur zentralen Verwaltung der juristischen Person vorgenommen werden, soweit keine Anhaltspunkte dafür vorliegen, dass die Leistung an deren Betriebsstätte genutzt oder ausgewertet wird (vgl. Artikel 24 Buchstabe a MwStVO),[1)]

   b) bei Leistungen an eine natürliche Person der Leistungsort vorrangig an deren gewöhnlichem Aufenthaltsort (siehe Abschnitt 3a.1 Abs. 1 Sätze 10 bis 14), soweit keine Anhaltspunkte dafür vorliegen, dass die Leistung an deren Wohnsitz genutzt oder ausgewertet wird (vgl. Artikel 24 Buchstabe b MwStVO).

3. Ist der Empfänger der sonstigen Leistung ein Leistungsempfänger im Sinne des § 3a Abs. 2 UStG (siehe Abschnitt 3a.2 Abs. 1), wird die sonstige Leistung dort ausgeführt, wo der Empfänger sein Unternehmen betreibt bzw. die juristische Person ihren Sitz hat (§ 3a Abs. 2 UStG; vgl. Abschnitt 3a.2).

3a.9 Leistungskatalog des § 3a Abs. 4 Satz 2 Nr. 1 bis 10 UStG

Patente, Urheberrechte, Markenrechte

(1) Sonstige Leistungen im Sinne des § 3a Abs. 4 Satz 2 Nr. 1 UStG ergeben sich u. a. auf Grund folgender Gesetze:[2)]

1. Gesetz über Urheberrecht und verwandte Schutzrechte;
2. Gesetz über die Wahrnehmung von Urheberrechten und verwandten Schutzrechten;
3. Patentgesetz;
4. Markenrechtsreformgesetz;
5. Gesetz über das Verlagsrecht;
6. Gebrauchsmustergesetz.

(2) [1]*Hinsichtlich der Leistungen* auf dem Gebiet des Urheberrechts vgl. Abschnitt 3a.6 Abs. 4. [2]Außerdem sind die Ausführungen in Abschnitt 12.7 zu beachten. [3]Bei der Auftragsproduktion von Filmen wird auf die Rechtsprechung des BFH zur Abgrenzung zwischen Lieferung und sonstiger Leistung

---

1) **Steuergesetze** Nr. **550a**.

2) **Habersack** bzw. **Habersack Ergänzungsband** (E) Nr. **65** (UrhG), Nr. **65a** (UrhWG – E), Nr. **70** (PatG – E), Nr. **72** (MarkenG), Nr. **66** (VerlG – E) und Nr. **71** (GebrMG – E).

hingewiesen (vgl. BFH-Urteil vom 19.2.1976, V R 92/74, BStBl. II S. 515). [4]Die Überlassung von Fernsehübertragungsrechten und die Freigabe eines Berufsfußballspielers gegen Ablösezahlung sind als ähnliche Rechte im Sinne des § 3a Abs. 4 Satz 2 Nr. 1 UStG anzusehen.

Werbung, Öffentlichkeitsarbeit, Werbungsmittler, Werbeagenturen

(3) [1]Unter dem Begriff „Leistungen, die der Werbung dienen" im Sinne des § 3a Abs. 4 Satz 2 Nr. 2 UStG sind die Leistungen zu verstehen, die bei den Werbeadressaten den Entschluss zum Erwerb von Gegenständen oder zur Inanspruchnahme von sonstigen Leistungen auslösen sollen (vgl. BFH-Urteil vom 24.9.1987, V R 105/77, BStBl. 1988 II S. 303). [2]Unter den Begriff fallen auch die Leistungen, die bei den Werbeadressaten ein bestimmtes außerwirtschaftliches, z. B. politisches, soziales, religiöses Verhalten herbeiführen sollen. [3]Es ist nicht erforderlich, dass die Leistungen üblicherweise und ausschließlich der Werbung dienen.

(4) Zu den Leistungen, die der Werbung dienen, gehören insbesondere:

1. [1]**die Werbeberatung.** [2]Hierbei handelt es sich um die Unterrichtung über die Möglichkeiten der Werbung;
2. [1]**die Werbevorbereitung und die Werbeplanung.** [2]Bei ihr handelt es sich um die Erforschung und Planung der Grundlagen für einen Werbeeinsatz, z. B. die Markterkundung, die Verbraucheranalyse, die Erforschung von Konsumgewohnheiten, die Entwicklung einer Marktstrategie und die Entwicklung von Werbekonzeptionen;
3. [1]**die Werbegestaltung.** [2]Hierzu zählen die graphische Arbeit, die Abfassung von Werbetexten und die vorbereitenden Arbeiten für die Film-, Funk- und Fernsehproduktion;
4. [1]**die Werbemittelherstellung.** [2]Hierzu gehört die Herstellung oder Beschaffung der Unterlagen, die für die Werbung notwendig sind, z. B. Reinzeichnungen und Tiefdruckvorlagen für Anzeigen, Prospekte, Plakate usw., Druckstöcke, Bild- und Tonträger, einschließlich der Überwachung der Herstellungsvorgänge;
5. [1]**die Werbemittlung** (vgl. Absatz 7). [2]Der Begriff umfasst die Auftragsabwicklung in dem Bereich, in dem die Werbeeinsätze erfolgen sollen, z. B. die Erteilung von Anzeigenaufträgen an die Verleger von Zeitungen, Zeitschriften, Fachblättern und Adressbüchern sowie die Erteilung von Werbeaufträgen an Funk- und Fernsehanstalten und an sonstige Unternehmer, die Werbung durchführen;
6. [1]**die Durchführung von Werbung.** [2]Hierzu gehören insbesondere die Aufnahmen von Werbeanzeigen in Zeitungen, Zeitschriften, Fachblättern, auf Bild- und Tonträgern und in Adressbüchern, die sonstige Adresswerbung, z. B. Zusatzeintragungen oder hervorgehobene Eintragungen, die Beiheftung, Beifügung oder Verteilung von Prospekten oder sonstige Formen der Direktwerbung, das Anbringen von Werbeplakaten und Werbetexten an Werbeflächen, Verkehrsmitteln usw., das Abspielen von Werbefilmen in Filmtheatern oder die Ausstrahlung von Werbesendungen im Fernsehen oder Rundfunk.

(5) [1]Zeitungsanzeigen von Unternehmern, die Stellenangebote enthalten, ausgenommen Chiffreanzeigen, und sog. Finanzanzeigen, z.B. Veröffentlichung von Bilanzen, Emissionen, Börsenzulassungsprospekten usw., sind Werbeleistungen. [2]Zeitungsanzeigen von Nichtunternehmern, z.B. Stellengesuche, Stellenangebote von juristischen Personen des öffentlichen Rechts für den hoheitlichen Bereich, Familienanzeigen, Kleinanzeigen, sind dagegen als nicht der Werbung dienend anzusehen.

(6) [1]Unter Leistungen, die der Öffentlichkeitsarbeit dienen, sind die Leistungen zu verstehen, durch die Verständnis, Wohlwollen und Vertrauen erreicht oder erhalten werden sollen. [2]Es handelt sich hierbei in der Regel um die Unterrichtung der Öffentlichkeit über die Zielsetzungen, Leistungen und die soziale Aufgeschlossenheit staatlicher oder privater Stellen. [3]Die Ausführungen in den Absätzen 3 und 4 gelten entsprechend.

(7) Werbungsmittler ist, wer Unternehmern, die Werbung für andere durchführen, Werbeaufträge für andere im eigenen Namen und für eigene Rechnung erteilt (vgl. Absatz 4 Nr. 5).

(8) [1]Eine Werbeagentur ist ein Unternehmer, der neben der Tätigkeit eines Werbungsmittlers weitere Leistungen, die der Werbung dienen, ausführt. [2]Bei den weiteren Leistungen handelt es sich insbesondere um Werbeberatung, Werbeplanung, Werbegestaltung, Beschaffung von Werbemitteln und Überwachung der Werbemittelherstellung (vgl. Absatz 4 Nr. 1 bis 4).

(8a) Eine Leistung im Sinne des § 3a Abs. 4 Satz 2 Nr. 2 UStG liegt auch bei der Planung, Gestaltung sowie Aufbau, Umbau und Abbau von Ständen im Zusammenhang mit Messen und Ausstellungen vor, wenn dieser Stand für Werbezwecke verwendet wird (vgl. EuGH-Urteil vom 27.10.2011, C-530/09, Inter-Mark Group, BStBl. 2012 II S. 160).[1)]

Beratungs- und Ingenieurleistungen

(9) [1]§ 3a Abs. 4 Satz 2 Nr. 3 UStG[2)] ist z.B. bei folgenden sonstigen Leistungen anzuwenden, wenn sie Hauptleistungen sind: Rechts-, Steuer- und Wirtschaftsberatung. [2]Nicht unter § 3a Abs. 4 Satz 2 Nr. 3 UStG fallen Beratungsleistungen, wenn die Beratung nach den allgemeinen Grundsätzen des Umsatzsteuerrechts nur als Nebenleistung, z.B. zu einer Werklieferung, zu beurteilen ist.

(10)[3)] [1]Bei Rechtsanwälten, Patentanwälten, Steuerberatern und Wirtschaftsprüfern fallen alle berufstypischen Leistungen unter § 3a Abs. 4 Satz 2 Nr. 3 UStG. [2]Zur Beratungstätigkeit gehören daher z.B. bei einem Rechtsanwalt die Prozessführung, bei einem Wirtschaftsprüfer auch die im Rahmen von Abschlussprüfungen erbrachten Leistungen. [3]Keine berufstypische Leistung eines Rechtsanwaltes oder Steuerberaters ist die Tätigkeit als Testamentsvollstrecker oder Nachlasspfleger (vgl. BFH-Urteil vom 3.4.2008, V R 62/05, BStBl. II S. 900).

---

1) DStR 2011, 2145.

2) Unter § 3a Abs. 4 Nr. 3 UStG fallen auch Leistungen von Aufsichtsratsmitgliedern, Dolmetschern und Übersetzern.

3) Zum Leistungsort für Beratungsleistungen bei der Personalsuche vgl. BFH v. 18.6.2009 V R 57/07, BStBl. II 2010, 83.

(11) [1] § 3a Abs. 4 Satz 2 Nr. 3 UStG erfasst auch die selbständigen Beratungsleistungen der Notare. [2] Sie erbringen jedoch nur dann selbständige Beratungsleistungen, wenn die Beratungen nicht im Zusammenhang mit einer Beurkundung stehen. [3] Das sind insbesondere die Fälle, in denen sich die Tätigkeit der Notare auf die Betreuung der Beteiligten auf dem Gebiet der vorsorgenden Rechtspflege, insbesondere die Anfertigung von Urkundsentwürfen und die Beratung der Beteiligten beschränkt (vgl. § 24 BNotO[1)] und *§§ 145 und 147 Abs. 2 KostO*[2)]).

(12) [1] Unter § 3a Abs. 4 Satz 2 Nr. 3 UStG fallen auch die Beratungsleistungen von Sachverständigen. [2] Hierzu gehören z. B. die Anfertigung von rechtlichen, wirtschaftlichen und technischen Gutachten, soweit letztere nicht in engem Zusammenhang mit einem Grundstück (§ 3a Abs. 3 Nr. 1 UStG und Abschnitt 3a.3 Abs. 3) oder mit beweglichen Gegenständen (§ 3a Abs. 3 Nr. 3 Buchstabe c UStG und Abschnitt 3a.6 Abs. 12) stehen, sowie die Aufstellung von Finanzierungsplänen, die Auswahl von Herstellungsverfahren und die Prüfung ihrer Wirtschaftlichkeit. [3] Leistungen von Handelschemikern sind als Beratungsleistungen im Sinne des § 3a Abs. 4 Satz 2 Nr. 3 UStG zu beurteilen, wenn sie Auftraggeber neben der chemischen Analyse von Warenproben insbesondere über Kennzeichnungsfragen beraten.

(13) [1] Ingenieurleistungen sind alle sonstigen Leistungen, die zum Berufsbild eines Ingenieurs gehören, also nicht nur beratende Tätigkeiten; die Ausübung von Ingenieurleistungen ist dadurch gekennzeichnet, Kenntnisse und bestehende Prozesse auf konkrete Probleme anzuwenden sowie neue Kenntnisse zu erwerben und neue Prozesse zur Lösung dieser und neuer Probleme zu entwickeln (vgl. EuGH-Urteil vom 7.10.2010, C-222/09, Kronospan Mielec, und BFH-Urteil vom 13.1.2011, V R 63/09, BStBl. II S. 461). [2] Es ist nicht erforderlich, dass der leistende Unternehmer Ingenieur ist. [3] Nicht hierzu zählen Ingenieurleistungen in engem Zusammenhang mit einem Grundstück (vgl. Abschnitt 3a.3 Abs. 3 und 8). [4] Die Anpassung von Software an die besonderen Bedürfnisse des Abnehmers gehört zu den sonstigen Leistungen, die von Ingenieuren erbracht werden, oder zu denen, die Ingenieurleistungen ähnlich sind (vgl. EuGH-Urteil vom 27.10.2005, C-41/04, Levob Verzekeringen und OV Bank).[3)] [5] Ebenso sind Leistungen eines Ingenieurs, die in Forschungs- und Entwicklungsarbeiten, z. B. im Umwelt- und Technologiebereich, bestehen, Ingenieurleistungen im Sinne des § 3a Abs. 4 Satz 2 Nr. 3 UStG (vgl. EuGH-Urteil vom 7.10.2010, C-222/09, Kronospan Mielec).

(14) Zu den unter § 3a Abs. 4 Satz 2 Nr. 3 UStG fallenden sonstigen Leistungen der Übersetzer gehören auch die Übersetzungen von Texten (vgl. Artikel 41 der MwStVO),[4)] soweit es sich nicht um urheberrechtlich geschützte Übersetzungen handelt (vgl. auch Abschnitt 12.7 Abs. 12).

---

1) Bundesnotarordnung i. d. F. v. 24.2.1961, BGBl. I 1961, 97, zuletzt geänd. durch G v. 21.12.2021, BGBl. II 2021, 1282 (**Habersack Nr. 98a**).

2) Siehe jetzt Gerichts- und Notarkostengesetz (GNotKG) v. 23.7.2013, BGBl. I 2013, 2586, zuletzt geänd. durch G v. 10.8.2021, BGBl. I 2021, 3436 (**Habersack Nr. 119**).

3) DStRE 2006, 41.

4) **Steuergesetze** Nr. **550a.**

Datenverarbeitung

(15) [1]Unter Datenverarbeitung im Sinne des § 3a Abs. 4 Satz 2 Nr. 4 UStG ist die manuelle, mechanische oder elektronische Speicherung, Umwandlung, Verknüpfung und Verarbeitung von Daten zu verstehen. [2]Hierzu gehören insbesondere die Automatisierung von gleichförmig wiederholbaren Abläufen, die Sammlung, Aufbereitung, Organisation, Speicherung und Wiedergewinnung von Informationsmengen sowie die Verknüpfung von Datenmengen oder Datenstrukturen mit der Verarbeitung dieser Informationen auf Grund computerorientierter Verfahren. [3]Die Erstellung von Datenverarbeitungsprogrammen (Software) ist keine Datenverarbeitung im Sinne von § 3a Abs. 4 Satz 2 Nr. 4 UStG (vgl. aber Abschnitt 3a.12).

Überlassung von Informationen

(16) [1]§ 3a Abs. 4 Satz 2 Nr. 5 UStG behandelt die Überlassung von Informationen einschließlich gewerblicher Verfahren und Erfahrungen, soweit diese sonstigen Leistungen nicht bereits unter § 3a Abs. 4 Satz 2 Nr. 1, 3 und 4 UStG fallen. [2]Gewerbliche Verfahren und Erfahrungen können im Rahmen der laufenden Produktion oder der laufenden Handelsgeschäfte gesammelt werden und daher bei einer Auftragserteilung bereits vorliegen, z.B. Überlassung von Betriebsvorschriften, Unterrichtung über Fabrikationsverbesserungen, Unterweisung von Arbeitern des Auftraggebers im Betrieb des Unternehmers. [3]Gewerbliche Verfahren und Erfahrungen können auch auf Grund besonderer Auftragsforschung gewonnen werden, z.B. Analysen für chemische Produkte, Methoden der Stahlgewinnung, Formeln für die Automation. [4]Es ist ohne Belang, in welcher Weise die Verfahren und Erfahrungen übermittelt werden, z.B. durch Vortrag, Zeichnungen, Gutachten oder durch Übergabe von Mustern und Prototypen. [5]Unter die Vorschrift fällt die Überlassung aller Erkenntnisse, die ihrer Art nach geeignet sind, technisch oder wirtschaftlich verwendet zu werden. [6]Dies gilt z.B. auch für die Überlassung von Know-how und von Ergebnissen einer Meinungsumfrage auf dem Gebiet der Marktforschung (vgl. BFH-Urteil vom 22.11.1973, V R 164/72, BStBl. 1974 II S. 259) sowie für die Überlassung von Informationen durch Journalisten oder Pressedienste, soweit es sich nicht um die Überlassung urheberrechtlich geschützter Rechte handelt (vgl. Abschnitt 12.7 Abs. 9 bis 11). [7]Bei den sonstigen Leistungen der Detektive handelt es sich um Überlassungen von Informationen im Sinne des § 3a Abs. 4 Satz 2 Nr. 5 UStG. [8]Dagegen stellt die Unterrichtung des Erben über den Erbfall durch einen Erbenermittler keine Überlassung von Informationen dar (vgl. BFH-Urteil vom 3.4.2008, V R 62/05, BStBl. II S. 900).

Finanzumsätze[1)]

(17) [1]Wegen der Bank-, Finanz- und Versicherungsumsätze, die in § 4 Nr. 8 Buchstabe a bis h und Nr. 10 UStG bezeichnet sind, vgl. Abschnitte 4.8.1 bis 4.8.13 und Abschnitte 4.10.1 und 4.10.2. [2]Die Verweisung auf § 4 Nr. 8 Buchstabe a bis h und Nr. 10 UStG in § 3a Abs. 4 Satz 2 Nr. 6 Buch-

---

1) Zum Leistungsort bei bankmäßiger Vermögensverwaltung vgl. BFH v. 11.10.2007 V R 22/04, BStBl. II 2008, 993.

stabe a UStG erfasst auch die dort als nicht steuerfrei bezeichneten Leistungen. [3]Zu den unter § 3a Abs. 4 Satz 2 Nr. 6 UStG fallenden Umsätzen gehört auch die Vermögensverwaltung mit Wertpapieren (vgl. EuGH-Urteil vom 19.7.2012, C-44/11, Deutsche Bank, BStBl. II S. 945,[1)] und BFH-Urteil vom 11.10.2012, V R 9/10, BStBl. 2014 II S. 279).

Edelmetallumsätze

(18) [1]Zu den sonstigen Leistungen im Geschäft mit Platin nach § 3a Abs. 4 Satz 2 Nr. 6 Buchstabe b UStG gehört auch der börsenmäßige Handel mit Platinmetallen (Palladium, Rhodium, Iridium, Osmium, Ruthenium). [2]Dies gilt jedoch nicht für Geschäfte mit Platinmetallen, bei denen die Versorgungsfunktion der Verarbeitungsunternehmen im Vordergrund steht. [3]Hierbei handelt es sich um Warengeschäfte.

Personalgestellung

(18a) [1]Unter einer Gestellung von Personal ist die entgeltliche Überlassung von weiterhin beim leistenden Unternehmer angestellten Arbeitnehmern an einen Dritten zu verstehen, welcher das Personal für seine Zwecke einsetzt. [2]Dabei muss der Leistungsempfänger in der Lage sein, das Personal entsprechend seines Weisungsrechts einzusetzen. [3]Die Verantwortung für die Durchführung der Arbeiten muss beim Leistungsempfänger liegen. [4]Schuldet hingegen der leistende Unternehmer den Eintritt eines bestimmten Erfolges oder Ereignisses, steht nicht die Überlassung des Personals, sondern die Ausführung einer anderen Art der Leistung im Vordergrund (zu den sonstigen Leistungen im Zusammenhang mit einem Grundstück vgl. Abschnitt 3a.3 Abs. 8).

Vermietung von beweglichen körperlichen Gegenständen

(19) Eine Vermietung von beweglichen körperlichen Gegenständen im Sinne des § 3a Abs. 4 Satz 2 Nr. 10 UStG liegt z. B. vor, wenn ein bestehender Messestand oder wesentliche Bestandteile eines Standes im Zusammenhang mit Messen und Ausstellungen an Aussteller vermietet werden und die Vermietung ein wesentliches Element dieser Dienstleistung ist (vgl. EuGH-Urteil vom 27.10.2011, C-530/09, Inter-Mark Group, BStBl. 2012 II S. 160).[2)]

3a.9a Ort der sonstigen Leistungen auf dem Gebiet der Telekommunikation, der Rundfunk- und Fernsehdienstleistungen und der auf elektronischem Weg erbrachten sonstigen Leistungen

Ort der Leistungen

(1)[3)] [1]Bei der Bestimmung des Leistungsorts für die in § 3a Abs. 5 Satz 2 UStG bezeichneten Leistungen (Telekommunikations-, Rundfunk- und Fernsehdienstleistungen und auf elektronischem Weg erbrachte sonstige Leistungen) sind folgende Fälle zu unterscheiden:

---

1) DStR 2012, 1601.

2) DStR 2011, 2145.

3) A 3a.9a UStAE Abs. 1 Satz 1 Nr. 1 Satz 2 neugef. durch BMF v. 1.4.2021, BStBl. I 2021, 629, anzuwenden mWv 1.7.2021.

1. [1]Ist der Empfänger der sonstigen Leistung ein Nichtunternehmer (siehe Abschnitt 3a.1 Abs. 1), wird die sonstige Leistung vorbehaltlich des Satzes 2 dort ausgeführt, wo der Empfänger seinen Wohnsitz, gewöhnlichen Aufenthaltsort oder Sitz hat (§ 3a Abs. 5 Satz 1 UStG). [2]Wird die sonstige Leistung von einem Unternehmer erbracht, der in nur einem EU-Mitgliedstaat ansässig ist, bestimmt sich der Leistungsort insoweit nach § 3a Abs. 1 UStG, wenn der Gesamtbetrag der Entgelte der in § 3a Abs. 5 Satz 2 UStG bezeichneten sonstigen Leistungen an in anderen EU-Mitgliedstaaten ansässige Nichtunternehmer sowie der innergemeinschaftlichen Fernverkäufe (Abschnitt 3c.1 Abs. 2 Satz 1) insgesamt 10 000 € im vorangegangenen Kalenderjahr nicht überschritten hat und im laufenden Kalenderjahr nicht überschreitet (§ 3a Abs. 5 Satz 3 UStG); für die Beurteilung des Leistungsorts im Besteuerungszeitraum 2021 sind auch die vorgenannten sonstigen Leistungen und innergemeinschaftlichen Fernverkäufe einzubeziehen, die im Kalenderjahr 2020 und im ersten Halbjahr 2021 ausgeführt wurden; eine zeitanteilige Aufteilung der Umsatzschwelle von 10 000 € ist im Kalenderjahr 2021 nicht vorzunehmen.

Beispiel:

[1]Der im Inland ansässige Unternehmer U erbringt in den Jahren 2020 und 2021 in § 3a Abs. 5 Satz 2 UStG bezeichnete sonstige Leistungen an in anderen EU-Mitgliedstaaten ansässige Nichtunternehmer im folgenden Wert:

im Kalenderjahr 2020:	3 000 €
im ersten Halbjahr 2021:	5 000 €
im zweiten Halbjahr 2021:	2 000 €

[2]Außerdem versendet U in den Jahren 2020 und 2021 Waren im folgenden Wert an in anderen EU-Mitgliedstaaten ansässige Nichtunternehmer:

im Kalenderjahr 2020:	6 000 €
im ersten Halbjahr 2021:	20 000 €
im zweiten Halbjahr 2021:	5 000 €

[3]Im vorangegangenen Kalenderjahr 2020 wurde die ab dem 1.7.2021 maßgebliche Umsatzschwelle von 10 000 € nicht überschritten. [4]Da die ab dem 1.7.2021 auch für innergemeinschaftliche Fernverkäufe maßgebliche Umsatzschwelle von 10 000 € für das Kalenderjahr 2021 jedoch bereits im ersten Halbjahr überschritten wurde, kommt es ab dem 1.7.2021 ab dem ersten Umsatz zur Ortsverlagerung in den EU-Mitgliedstaat, in dem der Empfänger ansässig ist. [5]Die innergemeinschaftlichen Fernverkäufe vor dem 1.7.2021 sind zu berücksichtigen, unabhängig davon, ob die Ortsbestimmung nach § 3c UStG in der bis zum 30.6.2021 geltenden Fassung aufgrund des Überschreitens der Lieferschwelle zur Anwendung kam. [6]U hat demnach alle in § 3a Abs. 5 Satz 2 UStG bezeichneten sonstigen Leistungen an in anderen EU-Mitgliedstaaten ansässige Nichtunternehmer sowie innergemeinschaftlichen Fernverkäufe ab dem 1.7.2021 in den EU-Mitgliedstaaten zu versteuern, in denen die Empfänger ansässig sind, und kann dafür das besondere Besteuerungsverfahren nach § 18j UStG (vgl. Abschnitt 18j.1) in Anspruch nehmen.

[3]Sobald der Gesamtbetrag nach Satz 2 im laufenden Kalenderjahr überschritten wird, verlagert sich der Leistungsort an den Ort nach Satz 1; dies gilt bereits für den Umsatz, der zur Überschreitung des Gesamtbetrags führt. [4]Satz 2 gilt nicht, wenn der leistende Unternehmer gegenüber dem Finanzamt bis zur Unanfechtbarkeit der Steuerfestsetzung (§ 18 Abs. 3 und 4 UStG, vgl. Abschnitt 19.2 Abs. 6), bzw. solange ein Vorbehalt der Nachprüfung nach § 164 AO besteht (vgl. Abschnitt 9.1 Abs. 3 Satz 1), erklärt, dass er auf die Anwendung von § 3a Abs. 5 Satz 3 UStG verzichtet; diese Erklärung gilt vom Beginn des Kalenderjahres an, für das der Unternehmer

sie abgegeben hat, und bindet ihn für mindestens zwei Kalenderjahre (§ 3a Abs. 5 Sätze 4 und 5 UStG). [5]Die Erklärung ist an keine besondere Form gebunden; sie gilt auch als abgegeben, wenn der leistende Unternehmer die Voraussetzungen nach § 3a Abs. 5 Satz 3 UStG erfüllt, jedoch weiterhin die Regelung nach § 3a Abs. 5 Satz 1 UStG anwendet. [6]Nach Ablauf der Zweijahresfrist kann der Unternehmer die Erklärung nach Satz 4 mit Wirkung zu einem vom Unternehmer festgelegten Zeitpunkt widerrufen; der Widerruf ist spätestens bis zur Unanfechtbarkeit der Steuerfestsetzung des Kalenderjahres, für das er gelten soll, bzw. solange ein Vorbehalt der Nachprüfung nach § 164 AO besteht, zu erklären.

2. Ist der Empfänger der sonstigen Leistung ein Leistungsempfänger im Sinne des § 3a Abs. 2 UStG (siehe Abschnitt 3a.2 Abs. 1), wird die sonstige Leistung dort ausgeführt, wo der Empfänger sein Unternehmen betreibt bzw. die juristische Person ihren Sitz hat (§ 3a Abs. 2 UStG; vgl. Abschnitt 3a.2).

[2]Der leistende Unternehmer kann regelmäßig davon ausgehen, dass ein im Inland oder im übrigen Gemeinschaftsgebiet ansässiger Leistungsempfänger ein Nichtunternehmer ist, wenn dieser dem leistenden Unternehmer keine USt-IdNr. mitgeteilt hat (vgl. Artikel 18 Abs. 2 Unterabs. 2 MwStVO).[1)]

(2) Wird eine in § 3a Abs. 5 Satz 2 UStG bezeichnete sonstige Leistung an einen Nichtunternehmer (siehe Abschnitt 3a.1 Abs. 1) erbracht, der in verschiedenen Ländern ansässig ist oder seinen Wohnsitz in einem Land und seinen gewöhnlichen Aufenthaltsort in einem anderen Land hat, ist – vorbehaltlich § 3a Abs. 5 Satz 3 UStG und der Absätze 3 bis 7 –

1. bei Leistungen an eine nicht unternehmerisch tätige juristische Person, der keine USt-IdNr. erteilt worden ist, der Leistungsort vorrangig an dem Ort, an dem die Handlungen zur zentralen Verwaltung der juristischen Person vorgenommen werden, soweit keine Anhaltspunkte dafür vorliegen, dass die Leistung an deren Betriebsstätte genutzt oder ausgewertet wird (vgl. Artikel 24 Buchstabe a MwStVO),[1)]
2. bei Leistungen an eine natürliche Person der Leistungsort vorrangig an deren gewöhnlichem Aufenthaltsort (siehe Abschnitt 3a.1 Abs. 1 Sätze 10 bis 14), soweit keine Anhaltspunkte dafür vorliegen, dass die Leistung an deren Wohnsitz genutzt oder ausgewertet wird (vgl. Artikel 24 Buchstabe b MwStVO).

(3) [1]Wird eine in § 3a Abs. 5 Satz 2 UStG bezeichnete sonstige Leistung an einen Nichtunternehmer (siehe Abschnitt 3a.1 Abs. 1) an Orten wie Telefonzellen, Kiosk-Telefonen, WLAN-Hot-Spots, Internetcafés, Restaurants oder Hotellobbys erbracht, und muss der Leistungsempfänger an diesem Ort physisch anwesend sein, damit ihm der leistende Unternehmer die sonstige Leistung erbringen kann, gilt der Leistungsempfänger als an diesem Ort ansässig (vgl. Artikel 24a Abs. 1 MwStVO).[1)] [2]Werden diese Leistungen an Bord eines Schiffs, eines Flugzeugs oder in einer Eisenbahn während des innerhalb des Gemeinschaftsgebiets stattfindenden Teils einer Personenbeförderung (vgl. § 3e Abs. 2 UStG) erbracht, gilt der Abgangsort des jeweiligen Beförderungsmittels im Gemeinschaftsgebiet als Leistungsort (vgl. Artikel 24a Abs. 2 MwStVO).

[1)] **Steuergesetze** Nr. **550a.**

(4) [1] Wird eine in § 3a Abs. 5 Satz 2 UStG bezeichnete sonstige Leistung an einen Nichtunternehmer (siehe Abschnitt 3a.1 Abs. 1)

1. über dessen Festnetzanschluss erbracht, gilt der Leistungsempfänger an dem Ort als ansässig, an dem sich dieser Anschluss befindet (vgl. Artikel 24b Abs. 1 Buchstabe a MwStVO);[1)]
2. über ein mobiles Telekommunikationsnetz erbracht, gilt der Leistungsempfänger in dem Land als ansässig, das durch den Ländercode der bei Inanspruchnahme dieser Leistung verwendeten SIM-Karte bezeichnet wird (vgl. Artikel 24b Abs. 1 Buchstabe b MwStVO);

   Beispiel:

   [1] Der Unternehmer A mit Sitz in Hannover schließt einen Vertrag über die Erbringung von Telekommunikationsleistungen (Übertragung von Signalen, Schrift, Bild, Ton oder Sprache via Mobilfunk) mit der im Inland ansässigen Privatperson P ab, die für ein Jahr beruflich eine Tätigkeit in Russland ausübt; P hat dort eine Wohnung angemietet. [2] Danach werden an P nur Telekommunikationsleistungen erbracht, wenn sie von Russland aus ihr Handy benutzt. [3] Das Handy wird mit der von A ausgegebenen deutschen SIM-Karte verwendet. [4] Das Entgelt wird über Prepaid-Karten von P an A entrichtet. [5] Eine Verwendung des Guthabens auf der Prepaid-Karte für Telekommunikationsdienstleistungen außerhalb Russlands ist vertraglich ausgeschlossen.

   [6] Der Leistungsort für die von A erbrachten Telekommunikationsleistungen liegt in Deutschland, weil eine deutsche SIM-Karte verwendet wird. [7] Unbeachtlich ist, an welchem Ort P seinen Wohnsitz oder seinen gewöhnlichen Aufenthaltsort hat. [8] Absatz 5 bleibt unberührt;

3. [1] erbracht, für die ein Decoder oder ein ähnliches Gerät, eine Programm- oder Satellitenkarte verwendet wird, gilt der Leistungsempfänger an dem Ort als ansässig, an dem sich der Decoder oder das ähnliche Gerät befindet. [2] Ist dieser Ort unbekannt, gilt der Leistungsempfänger an dem Ort als ansässig, an den die Programm- oder Satellitenkarte vom leistenden Unternehmer zur Verwendung gesendet worden ist (vgl. Artikel 24b Abs. 1 Buchstabe c MwStVO).

(5) [1] Wird die Leistung unter anderen als den in den Absätzen 3 und 4 genannten Bedingungen erbracht, gilt die Vermutung, dass der Leistungsempfänger an dem Ort ansässig ist oder seinen Wohnsitz oder seinen gewöhnlichen Aufenthaltsort hat, der vom leistenden Unternehmer unter Darlegung von zwei sich nicht widersprechenden Beweismitteln nach Absatz 6 Satz 2 als solcher bestimmt worden ist (vgl. Artikel 24b Abs. 1 Buchstabe d MwStVO).[1)] [2] Unbeschadet dessen gilt bei Verwendung eines Beweismittels nach Absatz 6 Satz 2 Nr. 1 bis 5, das von einer an der Erbringung der sonstigen Leistungen beteiligten Person erbracht wurde, bei der es sich weder um den leistenden Unternehmer noch um den Leistungsempfänger handelt, die Vermutung, dass der Leistungsempfänger an dem Ort ansässig ist, den der leistende Unternehmer auf Grundlage dieses Beweismittels bestimmt; vorausgesetzt, dass der Gesamtbetrag der Entgelte der sonstigen Leistungen nach Satz 1, die ein leistender Unternehmer von seinem Sitz oder seiner Betriebsstätte in einem Mitgliedstaat erbringt, insgesamt 100 000 € im vorangegangenen Kalenderjahr nicht überschritten hat und im laufenden Kalenderjahr nicht über-

---

[1)] **Steuergesetze** Nr. **550a.**

schreitet (vgl. Artikel 24b Abs. 2 MwStVO). [3] Sobald dieser Betrag in einem Kalenderjahr überschritten wird, gilt Satz 2 so lange nicht mehr, bis die in Satz 2 festgelegten Bedingungen wieder erfüllt sind (vgl. Artikel 24b Abs. 3 MwStVO).

(6) [1] Der leistende Unternehmer kann die in den Absätzen 3 und 4 genannten Vermutungen widerlegen, wenn er durch drei sich nicht widersprechende Beweismittel nachweisen kann, dass der Leistungsempfänger seinen Sitz, seinen Wohnsitz oder seinen gewöhnlichen Aufenthaltsort an einem anderen Ort als dem nach den Absätzen 3 und 4 genannten Ort hat (vgl. Artikel 24d Abs. 1 MwStVO).[1)] [2] Als Beweismittel gelten insbesondere (vgl. Artikel 24f MwStVO):

1. die Rechnungsanschrift des Leistungsempfängers;
2. die Internet-Protokoll-Adresse (IP-Adresse) des von dem Leistungsempfänger verwendeten Geräts oder jedes Verfahren der Geolokalisierung;
3. Bankangaben, wie der Ort, an dem das bei der unbaren Zahlung der Gegenleistung verwendete Bankkonto geführt wird, oder die der Bank vorliegende Rechnungsanschrift des Leistungsempfängers;
4. der Mobilfunk-Ländercode (Mobile Country Code – MCC) der Internationalen Mobilfunk-Teilnehmerkennung (International Mobile Subscriber Identity – IMSI), der auf der von dem Dienstleistungsempfänger verwendeten SIM-Karte (Teilnehmer-Identifikationsmodul – Subscriber Identity Module) gespeichert ist;
5. der Ort des Festnetzanschlusses des Dienstleistungsempfängers, über den ihm die Dienstleistung erbracht wird;
6. sonstige für die Leistungserbringung wirtschaftlich wichtige Informationen.

(7) Das für den leistenden Unternehmer zuständige Finanzamt kann die Vermutungen nach den Absätzen 3 bis 5 widerlegen, wenn ihm Hinweise vorliegen, dass der leistende Unternehmer den Leistungsort falsch oder missbräuchlich festgelegt hat.

Beispiel:

[1] Der Unternehmer A mit Sitz in Hannover schließt einen Vertrag über die Erbringung von Telekommunikationsleistungen (Übertragung von Signalen, Schrift, Bild, Ton oder Sprache) mit der Privatperson P ab. [2] Nach den Vertragsvereinbarungen werden an P Telekommunikationsleistungen über den Festnetzanschluss des P in Spanien sowie über mobile Netze erbracht, bei denen P eine deutsche SIM-Karte verwendet. [3] P gibt als Rechnungsadresse die Adresse der ihm gehörenden Ferienwohnung in Spanien an. [4] Die für die Telekommunikationsleistungen in Rechnung gestellten Beträge werden von A über das von P angegebene Konto einer Bank in Spanien abgewickelt. [5] A sieht als Leistungsort entsprechend der Beweismittel Spanien an.

[6] Bei einer Betriebsprüfung stellt das Finanzamt des A fest, dass die mobil erbrachten Telekommunikationsleistungen des A über das Handy des P mit deutscher SIM-Karte erbracht wurden (vgl. Absatz 4 Nr. 2). [7] Absatz 5 ist von A falsch angewendet worden. [8] Als Leistungsort gilt danach insoweit Deutschland.

(8) Wird an einen Nichtunternehmer (siehe Abschnitt 3a.1 Abs. 1) neben der kurzfristigen Vermietung von Wohn- und Schlafräumen oder Campingplätzen noch eine in § 3a Abs. 5 Satz 2 UStG bezeichnete sonstige Leistung

---

1) **Steuergesetze** Nr. **550a.**

erbracht, gilt diese Leistung als am Ort der Vermietungsleistung erbracht (vgl. Artikel 31c MwStVO).[1)]

Besteuerungsverfahren und Aufzeichnungspflichten

(9) Zum Besteuerungsverfahren bei Leistungen im Sinne des § 3a Abs. 5 UStG, die im Rahmen der Regelungen nach § 18 Abs. 4c, 4d, 4e oder § 18h UStG erbracht werden, vgl. Abschnitt 3a.16 Abs. 8 bis 10 sowie die Abschnitte 18.7a, 18.7b und 18h.1, zu den Aufzeichnungspflichten zu den vorgenannten Leistungen vgl. Abschnitt 22.3a.

3a.10 Sonstige Leistungen auf dem Gebiet der Telekommunikation

(1) [1]Als sonstige Leistungen auf dem Gebiet der Telekommunikation im Sinne des § 3a Abs. 5 Satz 2 Nr. 1 UStG sind die Leistungen anzusehen, mit denen die Übertragung, die Ausstrahlung oder der Empfang von Signalen, Schrift, Bild und Ton oder Informationen jeglicher Art über Draht, Funk, optische oder sonstige elektromagnetische Medien ermöglicht und gewährleistet werden, einschließlich der damit im Zusammenhang stehenden Abtretung und Einräumung von Nutzungsrechten an Einrichtungen zur Übertragung, zur Ausstrahlung oder zum Empfang. [2]Der Ort dieser Telekommunikationsdienstleistungen bestimmt sich nach § 3a Abs. 5 Satz 1 UStG, wenn der Leistungsempfänger ein Nichtunternehmer (siehe Abschnitt 3a.1 Abs. 1) ist. [3]Für den per Telekommunikation übertragenen Inhalt bestimmt sich der Ort der sonstigen Leistung grundsätzlich nach der Art der Leistung (vgl. auch Absatz 4). [4]Hierbei ist der Grundsatz der Einheitlichkeit der Leistung zu beachten (vgl. hierzu Abschnitt 3.10).

(2) [1]Zu den sonstigen Leistungen im Sinne des Absatzes 1 gehören insbesondere:

1. [1]Die Übertragung von Signalen, Schrift, Bild, Ton, Sprache oder Informationen jeglicher Art
   a) via Festnetz;
   b) via Mobilfunk;
   c) via Satellitenkommunikation;
   d) via Internet.

   [2]Hierzu gehören auch Videoübertragungen und Schaltungen von Videokonferenzen;
2. [1]die Bereitstellung von Leitungskapazitäten oder Frequenzen im Zusammenhang mit der Einräumung von Übertragungskapazitäten
   a) *im Festnetz;*
   b) im Mobilfunknetz;
   c) in der Satellitenkommunikation;
   d) im Rundfunk- und Fernsehnetz;
   e) beim Kabelfernsehen.

[1)] **Steuergesetze** Nr. **550a.**

[2]Dazu gehören auch Kontroll- und Überwachungsmaßnahmen im Zusammenhang mit der Einräumung von Übertragungskapazitäten zur Sicherung der Betriebsbereitschaft durch Fernüberwachung oder Vor-Ort-Service;

3. [1]die Verschaffung von Zugangsberechtigungen zu
   a) den Festnetzen;
   b) den Mobilfunknetzen;
   c) der Satellitenkommunikation;
   d) dem Internet;
   e) dem Kabelfernsehen.

   [2]Hierzu gehört auch die Überlassung von sog. „Calling-Cards", bei denen die Telefongespräche, unabhängig von welchem Apparat sie geführt werden, über die Telefonrechnung für den Anschluss im Heimatland abgerechnet werden;
4. [1]die Vermietung und das Zurverfügungstellen von Telekommunikationsanlagen im Zusammenhang mit der Einräumung von Nutzungsmöglichkeiten der verschiedenen Übertragungskapazitäten. [2]Dagegen handelt es sich bei der Vermietung von Telekommunikationsanlagen ohne Einräumung von Nutzungsmöglichkeiten von Übertragungskapazitäten um die Vermietung beweglicher körperlicher Gegenstände im Sinne des § 3a Abs. 4 Satz 2 Nr. 10 UStG;
5. die Einrichtung von „voice-mail-box-Systemen".

[2]Zu den Telekommunikationsdienstleistungen gehören beispielsweise:

1. Festnetz- und Mobiltelefondienste zur wechselseitigen Ton-, Daten- und Videoübertragung einschließlich Telefondienstleistungen mit bildgebender Komponente (Videofonie);
2. über das Internet erbrachte Telefondienstleistungen einschließlich VoIP-Dienstleistungen (Voice over Internet Protocol);
3. Sprachspeicherung (Voicemail), Anklopfen, Rufumleitung, Anruferkennung, Dreiwegeanruf und andere Anrufverwaltungsdienste;
4. Personenrufdienste (sog. Paging-Dienste);
5. Audiotextdienste;
6. Fax, Telegrafie und Fernschreiben;
7. der Zugang zum Internet und World Wide Web;
8. private Netzanschlüsse für Telekommunikationsverbindungen zur ausschließlichen Nutzung durch den Dienstleistungsempfänger.

(3) [1]Von den Telekommunikationsleistungen im Sinne des § 3a Abs. 5 Satz 2 Nr. 1 UStG sind u. a. die über globale Informationsnetze (z. B. Online-Dienste, Internet) entgeltlich angebotenen Inhalte der übertragenen Leistungen zu unterscheiden. [2]Hierbei handelt es sich um gesondert zu beurteilende selbständige Leistungen, deren Art für die umsatzsteuerrechtliche Beurteilung maßgebend ist.

(4) [1]Nicht zu den Telekommunikationsleistungen im Sinne des § 3a Abs. 5 Satz 2 Nr. 1 UStG gehören insbesondere:

1. Angebote im Bereich Onlinebanking und Datenaustausch;
2. Angebote zur Information (Datendienste, z. B. Verkehrs-, Wetter-, Umwelt- und Börsendaten, Verbreitung von Informationen über Waren und Dienstleistungsangebote);
3. Angebote zur Nutzung des Internets oder weiterer Netze (z. B. Navigationshilfen);
4. Angebote zur Nutzung von Onlinespielen;
5. Angebote von Waren und Dienstleistungen in elektronisch abrufbaren Datenbanken mit interaktivem Zugriff und unmittelbarer Bestellmöglichkeit.

[2] Der Inhalt dieser Leistungen kann z. B. in der Einräumung, Übertragung und Wahrnehmung von bestimmten Rechten (§ 3a Abs. 4 Satz 2 Nr. 1 UStG), in der Werbung und Öffentlichkeitsarbeit (§ 3a Abs. 4 Satz 2 Nr. 2 UStG), in der rechtlichen, wirtschaftlichen und technischen Beratung (§ 3a Abs. 4 Satz 2 Nr. 3 UStG), in der Datenverarbeitung (§ 3a Abs. 4 Satz 2 Nr. 4 UStG), in der Überlassung von Informationen (§ 3a Abs. 4 Satz 2 Nr. 5 UStG) oder in einer auf elektronischem Weg erbrachten sonstigen Leistung (§ 3a Abs. 5 Satz 2 Nr. 3 UStG) bestehen.

(5) [1] Die Anbieter globaler Informationsnetze (sog. Online-Anbieter) erbringen häufig ein Bündel sonstiger Leistungen an ihre Abnehmer. [2] Zu den sonstigen Leistungen der Online-Anbieter auf dem Gebiet der Telekommunikation im Sinne des § 3a Abs. 5 Satz 2 Nr. 1 UStG gehören insbesondere:

1. Die Einräumung des Zugangs zum Internet;
2. die Ermöglichung des Bewegens im Internet;
3. die Übertragung elektronischer Post (E-Mail) einschließlich der Zeit, die der Anwender zur Abfassung und Entgegennahme dieser Nachrichten benötigt, sowie die Einrichtung einer Mailbox.

(6) Die Leistungen der Online-Anbieter sind wie folgt zu beurteilen:

1. Grundsätzlich ist jede einzelne sonstige Leistung gesondert zu beurteilen.
2. [1] Besteht die vom Online-Anbieter als sog. „Zugangs-Anbieter" erbrachte sonstige Leistung allerdings vornehmlich darin, dem Abnehmer den Zugang zum Internet oder das Bewegen im Internet zu ermöglichen (Telekommunikationsleistung im Sinne des § 3a Abs. 5 Satz 2 Nr. 1 UStG), handelt es sich bei daneben erbrachten sonstigen Leistungen zwar nicht um Telekommunikationsleistungen. [2] Sie sind jedoch Nebenleistungen, die das Schicksal der Hauptleistung teilen.

   Beispiel:

   [1] Der Zugangs-Anbieter Z ermöglicht dem Abnehmer A entgeltlich den Zugang zum Internet, ohne eigene Dienste anzubieten. [2] Es wird lediglich eine Anwenderunterstützung (Navigationshilfe) zum Bewegen im Internet angeboten.

   [3] Die Leistung des Z ist insgesamt eine Telekommunikationsleistung im Sinne des § 3a Abs. 5 Satz 2 Nr. 1 UStG.

3. Erbringt der Online-Anbieter dagegen als Zugangs- und sog. Inhalts-Anbieter („Misch-Anbieter") neben den Telekommunikationsleistungen im Sinne des § 3a Abs. 5 Satz 2 Nr. 1 UStG weitere sonstige Leistungen, die nicht als Nebenleistungen zu den Leistungen auf dem Gebiet der Tele-

kommunikation anzusehen sind, handelt es sich insoweit um selbständige Hauptleistungen, die gesondert zu beurteilen sind.

Beispiel:

[1] Der Misch-Anbieter M bietet die entgeltliche Nutzung eines Online-Dienstes an. [2] Der Anwender B hat die Möglichkeit, neben dem Online-Dienst auch die Zugangsmöglichkeit für das Internet zu nutzen. [3] Neben der Zugangsberechtigung zum Internet werden Leistungen im Bereich des Datenaustausches angeboten.

[4] Bei den Leistungen des M handelt es sich um selbständige Hauptleistungen, die gesondert zu beurteilen sind.

(7) [1] Wird vom Misch-Anbieter für die selbständigen Leistungen jeweils ein gesondertes Entgelt erhoben, ist es den jeweiligen Leistungen zuzuordnen. [2] Wird ein einheitliches Entgelt entrichtet, ist es grundsätzlich auf die jeweils damit vergüteten Leistungen aufzuteilen. [3] Eine Aufteilung des Gesamtentgelts ist allerdings nicht erforderlich, wenn die sonstigen Leistungen insgesamt an demselben Ort ausgeführt werden. [4] Dies gilt nicht, wenn die erbrachten Leistungen teilweise dem ermäßigten Steuersatz unterliegen oder steuerfrei sind.

Beispiel:

[1] Der Privatmann C mit Sitz in Los Angeles zahlt an den Misch-Anbieter M mit Sitz in München ein monatliches Gesamtentgelt. [2] C nutzt zum einen den Zugang zum Internet und zum anderen die von M im Online-Dienst angebotene Leistung, sich über Waren und Dienstleistungsangebote zu informieren.

[3] Die Nutzung des Zugangs zum Internet ist eine Telekommunikationsleistung im Sinne des § 3a Abs. 5 Satz 2 Nr. 1 UStG. [4] Dagegen ist die Information über Waren und Dienstleistungsangebote eine auf elektronischem Weg erbrachte sonstige Leistung im Sinne des § 3a Abs. 5 Satz 2 Nr. 3 UStG. [5] Eine Aufteilung des Gesamtentgelts ist allerdings nicht erforderlich, da die sonstigen Leistungen insgesamt nach § 3a Abs. 5 Satz 1 UStG am Wohnsitz des C in Los Angeles bzw. bei Vorliegen der Voraussetzungen des § 3a Abs. 5 Satz 3 UStG insgesamt am Unternehmenssitz des M in München erbracht werden.

(8) [1] Ist ein einheitlich entrichtetes Gesamtentgelt aufzuteilen, kann die Aufteilung im Schätzungswege vorgenommen werden. [2] Das Aufteilungsverhältnis der Telekommunikationsleistungen im Sinne des § 3a Abs. 5 Satz 2 Nr. 1 UStG und der übrigen sonstigen Leistungen bestimmt sich nach den Nutzungszeiten für die Inanspruchnahme der einzelnen sonstigen Leistungen durch die Anwender. [3] Das Finanzamt kann gestatten, dass ein anderer Aufteilungsmaßstab verwendet wird, wenn dieser Aufteilungsmaßstab nicht zu einem unzutreffenden Ergebnis führt.

Beispiel:

[1] Der Misch-Anbieter M führt in den Voranmeldungszeiträumen Januar bis März sowohl Telekommunikationsleistungen als auch sonstige Leistungen im Sinne des § 3a Abs. 4 UStG aus, für die er ein einheitliches Gesamtentgelt vereinnahmt hat.

[2] Das Gesamtentgelt kann entsprechend dem Verhältnis der jeweils genutzten Einzelleistungen zur gesamten Anwendernutzzeit aufgeteilt werden.

3a.11 Rundfunk- und Fernsehdienstleistungen[1)]

(1) [1] Rundfunk- und Fernsehdienstleistungen sind Rundfunk- und Fernsehprogramme, die auf der Grundlage eines Sendeplans über Kommunika-

---

1) Zum Leistungsort bei Bezug von sog. Katalogleistungen im nichtunternehmerischen Bereich (öff.-rechtl. Rundfunkanstalt) vgl. BFH v. 10.12.2009 XI R 62/06, BStBl. II 2010, 436.

tionsnetze, wie Kabel, Antenne oder Satellit, durch einen Mediendiensteanbieter unter dessen redaktioneller Verantwortung der Öffentlichkeit zum zeitgleichen Anhören oder Ansehen verbreitet werden (vgl. Artikel 6b Abs. 1 MwStVO).[1)] [2]Dies gilt auch dann, wenn die Verbreitung gleichzeitig über das Internet oder ein ähnliches elektronisches Netz erfolgt. [3]Der Ort dieser Rundfunk- und Fernsehdienstleistungen bestimmt sich nach § 3a Abs. 5 Satz 1 UStG, wenn der Leistungsempfänger ein Nichtunternehmer (siehe Abschnitt 3a.1 Abs. 1) ist.

(2) [1]Ein Rundfunk- und Fernsehprogramm, das nur über das Internet oder ein ähnliches elektronisches Netz verbreitet und nicht zeitgleich durch herkömmliche Rundfunk- oder Fernsehdienstleister übertragen wird, gehört nicht zu den Rundfunk- und Fernsehdienstleistungen, sondern gilt als auf elektronischem Weg erbrachte sonstige Leistung (§ 3a Abs. 5 Satz 2 Nr. 3 UStG). [2]Die Bereitstellung von Sendungen und Veranstaltungen aus den Bereichen Politik, Kultur, Kunst, Sport, Wissenschaft und Unterhaltung ist ebenfalls eine auf elektronischem Weg erbrachte sonstige Leistung (vgl. Abschnitt 3a.12 Abs. 3 Nr. 8). [3]Hierunter fällt der Web-Rundfunk, der ausschließlich über das Internet oder ähnliche elektronische Netze und nicht gleichzeitig über Kabel, Antenne oder Satellit verbreitet wird.

(2a) Nicht zu den Rundfunk- und Fernsehdienstleistungen im Sinne des § 3a Abs. 5 Satz 2 Nr. 2 UStG gehören insbesondere:

1. die Bereitstellung von Informationen über bestimmte auf Abruf erhältliche Programme;
2. die Übertragung von Sende- oder Verbreitungsrechten;
3. das Leasing von Geräten und technischer Ausrüstung zum Empfang von Rundfunk- und Fernsehdienstleistungen.

(3) Zum Leistungsort bei sonstigen Leistungen inländischer und ausländischer Rundfunkanstalten des öffentlichen Rechts untereinander vgl. Abschnitt 3a.2 Abs. 15.

3a.12 Auf elektronischem Weg erbrachte sonstige Leistungen

Anwendungsbereich

(1) [1]Eine auf elektronischem Weg erbrachte sonstige Leistung im Sinne des § 3a Abs. 5 Satz 2 Nr. 3 UStG ist eine Leistung, die über das Internet oder ein elektronisches Netz, einschließlich Netze zur Übermittlung digitaler Inhalte, erbracht wird und deren Erbringung auf Grund der Merkmale der sonstigen Leistung in hohem Maße auf Informationstechnologie angewiesen ist; d. h. die Leistung ist im Wesentlichen automatisiert, wird nur mit minimaler menschlicher Beteiligung erbracht und wäre ohne Informationstechnologie nicht möglich (vgl. Artikel 7 sowie Anhang I der MwStVO).[1)] [2]Maßgeblich ist insoweit, ob eine „menschliche Beteiligung" den eigentlichen Leistungsvorgang betrifft. [3]Deshalb stellen weder die (ursprüngliche) Inbetriebnahme noch die Wartung des elektronischen Systems eine wesentliche „menschliche Beteiligung" dar.

[1)] **Steuergesetze** Nr. **550a.**

[4]Auf Leistungselemente, welche nur der Vorbereitung und der Sicherung der Hauptleistung (z.B. Gewährung des Zugangs zu einer Online-Community) dienen, kommt es dabei nicht an. [5]Die menschliche Betätigung durch die Nutzer ist nicht zu berücksichtigen. [6]Eine auf elektronischem Weg erbrachte Dienstleistung ist nicht deshalb ausgeschlossen, weil dieselbe Leistung auch ohne Internetnutzung denkbar wäre; maßgeblich ist insoweit, wie die Ausführung der Leistung tatsächlich geschieht (vgl. BFH-Urteil vom 1.6.2016, XI R 29/14, BStBl. II S. 905). [7]Der Ort der auf elektronischem Weg erbrachten sonstigen Leistung bestimmt sich nach § 3a Abs. 5 Satz 1 UStG, wenn der Leistungsempfänger ein Nichtunternehmer (siehe Abschnitt 3a.1 Abs. 1) ist.

(2) Auf elektronischem Weg erbrachte sonstige Leistungen umfassen im Wesentlichen:

1. Digitale Produkte, wie z.B. Software und zugehörige Änderungen oder Updates;
2. Dienste, die in elektronischen Netzen eine Präsenz zu geschäftlichen oder persönlichen Zwecken vermitteln oder unterstützen (z.B. Website, Webpage);
3. von einem Computer automatisch generierte Dienstleistungen über das Internet oder ein elektronisches Netz auf der Grundlage spezifischer Dateneingabe des Leistungsempfängers;
4. sonstige automatisierte Dienstleistungen, für deren Erbringung das Internet oder ein elektronisches Netz erforderlich ist (z.B. Dienstleistungen, die von Online-Markt-Anbietern erbracht und die z.B. über Provisionen und andere Entgelte abgerechnet werden).

(3) Auf elektronischem Weg erbrachte sonstige Leistungen sind insbesondere:

1. [1]Bereitstellung von Websites, Webhosting, Fernwartung von Programmen und Ausrüstungen.
   [2]Hierzu gehören z.B. die automatisierte Online-Fernwartung von Programmen, die Fernverwaltung von Systemen, das Online-Data-Warehousing (Datenspeicherung und -abruf auf elektronischem Weg), Online-Bereitstellung von Speicherplatz nach Bedarf;
2. [1]Bereitstellung von Software und deren Aktualisierung.
   [2]Hierzu gehört z.B. die Gewährung des Zugangs zu oder das Herunterladen von Software (wie z.B. Beschaffungs- oder Buchhaltungsprogramme, Software zur Virusbekämpfung) und Updates, Bannerblocker (Software zur Unterdrückung der Anzeige von Webbannern), Herunterladen von Treibern (z.B. Software für Schnittstellen zwischen PC und Peripheriegeräten wie z.B. Drucker), automatisierte Online-Installation von Filtern auf Websites und automatisierte Online-Installation von Firewalls;
3. Bereitstellung von Bildern, wie z.B. die Gewährung des Zugangs zu oder das Herunterladen von Desktop-Gestaltungen oder von Fotos, Bildern und Bildschirmschonern;

4. [1]Bereitstellung von Texten und Informationen.
[2]Hierzu gehören z. B. E-Books und andere elektronische Publikationen, Abonnements von Online-Zeitungen und Online-Zeitschriften, Web-Protokolle und Website-Statistiken, Online-Nachrichten, Online-Verkehrsinformationen und Online-Wetterberichte, Online-Informationen, die automatisch anhand spezifischer vom Leistungsempfänger eingegebener Daten etwa aus dem Rechts- und Finanzbereich generiert werden (z. B. regelmäßig aktualisierte Börsendaten), Werbung in elektronischen Netzen und Bereitstellung von Werbeplätzen (z. B. Bannerwerbung auf Websites und Webpages);

5. [1]Bereitstellung von Datenbanken, wie z. B. die Benutzung von Suchmaschinen und Internetverzeichnissen einschließlich der Sammlung und Bereitstellung von Mitgliederprofilen (vgl. BFH-Urteil vom 1.6.2016, XI R 29/14, BStBl. II S. 905). [2]Eine „Datenbank" ist eine Sammlung von Werken, Daten und anderen unabhängigen Elementen, die systematisch oder methodisch angeordnet und einzeln mit elektronischen Mitteln oder auf andere Weise zugänglich sind;

6. Bereitstellung von Musik (z. B. die Gewährung des Zugangs zu oder das Herunterladen von Musik auf PC, Mobiltelefone usw. und die Gewährung des Zugangs zu oder das Herunterladen von Jingles, Ausschnitten, Klingeltönen und anderen Tönen);

7. [1]Bereitstellung von Filmen und Spielen, einschließlich Glücksspielen und Lotterien.
[2]Hierzu gehören z. B. die Gewährung des Zugangs zu oder das Herunterladen von Filmen und die Gewährung des Zugangs zu automatisierten Online-Spielen, die nur über das Internet oder ähnliche elektronische Netze laufen und bei denen die Spieler räumlich voneinander getrennt sind;

8. [1]Bereitstellung von Sendungen und Veranstaltungen aus den Bereichen Politik, Kultur, Kunst, Sport, Wissenschaft und Unterhaltung.
[2]Hierzu gehört z. B. der Web-Rundfunk, der ausschließlich über das Internet oder ähnliche elektronische Netze verbreitet und nicht gleichzeitig auf herkömmlichem Weg ausgestrahlt wird. [3]Hierzu gehört auch die Bereitstellung von über ein Rundfunk- oder Fernsehnetz, das Internet oder ein ähnliches elektronisches Netz verbreitete Rundfunk- oder Fernsehsendungen, die der Nutzer zum Anhören oder Anschauen zu einem von ihm bestimmten Zeitpunkt aus einem von dem Mediendiensteanbieter bereitgestelltem Programm auswählt, wie Fernsehen auf Abruf oder Video-on-Demand (vgl. Artikel 7 Abs. 2 Buchstabe f und Anhang I Nr. 4 Buchstabe g MwStVO);[1)]

8a. die Erbringung von Audio- und audiovisuellen Inhalten über Kommunikationsnetze, die weder durch einen Mediendiensteanbieter noch unter dessen redaktioneller Verantwortung erfolgt (vgl. Artikel 7 Abs. 2 Buchstabe f und Anhang I Nr. 4 Buchstabe h MwStVO);[1)]

---

1) **Steuergesetze** Nr. **550a.**

8b. die Weiterleitung von Audio- und audiovisuellen Inhalten eines Mediendiensteanbieters über Kommunikationsnetze durch einen anderen Unternehmer als den Mediendiensteanbieter (vgl. Artikel 7 Abs. 2 Buchstabe f und Anhang I Nr. 4 Buchstabe i MwStVO);[1)]

9. [1] Erbringung von Fernunterrichtsleistungen.

   [2] Hierzu gehört z. B. der automatisierte Unterricht, der auf das Internet oder ähnliche elektronische Netze angewiesen ist, auch sog. virtuelle Klassenzimmer. [3] Dazu gehören auch Arbeitsunterlagen, die vom Schüler online bearbeitet und anschließend ohne menschliches Eingreifen automatisch korrigiert werden;

10. Online-Versteigerungen (soweit es sich nicht bereits um Web-Hosting-Leistungen handelt) über automatisierte Datenbanken und mit Dateneingabe durch den Leistungsempfänger, die kein oder nur wenig menschliches Eingreifen erfordern (z. B. Online-Marktplatz, Online-Einkaufsportal);

11. Internet-Service-Pakete, die mehr als nur die Gewährung des Zugangs zum Internet ermöglichen und weitere Elemente umfassen (z. B. Nachrichten, Wetterbericht, Reiseinformationen, Spielforen, Web-Hosting, Zugang zu Chatlines usw.).

(4) Von den auf elektronischem Weg erbrachten sonstigen Leistungen sind die Leistungen zu unterscheiden, bei denen es sich um Lieferungen oder um andere sonstige Leistungen im Sinne des § 3a UStG handelt.

(5) Insbesondere in den folgenden Fällen handelt es sich um Lieferungen, so dass keine auf elektronischem Weg erbrachten sonstigen Leistungen vorliegen:

1. Lieferungen von Gegenständen nach elektronischer Bestellung und Auftragsbearbeitung;
2. Lieferungen von CD-ROM, Disketten und ähnlichen körperlichen Datenträgern;
3. Lieferungen von Druckerzeugnissen wie Büchern, Newsletter, Zeitungen und Zeitschriften;
4. Lieferungen von CD, Audiokassetten, Videokassetten und DVD;
5. Lieferungen von Spielen auf CD-ROM.

(6) In den folgenden Fällen handelt es sich um andere als auf elektronischem Weg erbrachte sonstige Leistungen im Sinne des § 3a Abs. 5 Satz 2 Nr. 3 UStG, d. h. Dienstleistungen, die zum wesentlichen Teil durch Menschen erbracht werden, wobei das Internet oder ein elektronisches Netz nur als Kommunikationsmittel dient:

1. [1] Data-Warehousing – offline –. [2] Der Leistungsort richtet sich nach § 3a Abs. 1 oder 2 UStG.
2. [1] Versteigerungen herkömmlicher Art, bei denen Menschen direkt tätig werden, unabhängig davon, wie die Gebote abgegeben werden – z. B.

---

1) **Steuergesetze** Nr. **550a.**

persönlich, per Internet oder per Telefon –. [2]Der Leistungsort richtet sich nach § 3a Abs. 1 oder 2 UStG.

3. [1]Fernunterricht, z.B. per Post. [2]Der Leistungsort richtet sich nach § 3a Abs. 2 oder 3 Nr. 3 Buchstabe a UStG.
4. [1]Reparatur von EDV-Ausrüstung. [2]Der Leistungsort richtet sich nach § 3a Abs. 2 oder 3 Nr. 3 Buchstabe c UStG (vgl. Abschnitt 3a.6 Abs. 10 und 11).
5. [1]Zeitungs-, Plakat- und Fernsehwerbung (§ 3a Abs. 4 Satz 2 Nr. 2 UStG; vgl. Abschnitt 3a.9 Abs. 3 bis 5). [2]Der Leistungsort richtet sich nach § 3a Abs. 1, 2 oder 4 Satz 1 UStG.
6. [1]Beratungsleistungen von Rechtsanwälten und Finanzberatern usw. per E-Mail (§ 3a Abs. 4 Satz 2 Nr. 3 UStG; vgl. Abschnitt 3a.9 Abs. 9 bis 13). [2]Der Leistungsort richtet sich nach § 3a Abs. 1, 2 oder 4 Satz 1 UStG.
7. [1]Anpassung von Software an die besonderen Bedürfnisse des Abnehmers (§ 3a Abs. 4 Satz 2 Nr. 3 UStG, vgl. Abschnitt 3a.9 Abs. 13). [2]Der Leistungsort richtet sich nach § 3a Abs. 1, 2 oder 4 Satz 1 UStG.
8. [1]Internettelefonie (§ 3a Abs. 5 Satz 2 Nr. 1 UStG). [2]Der Leistungsort richtet sich nach § 3a Abs. 2 oder 5 Satz 1 UStG.
9. [1]Kommunikation, wie z.B. E-Mail (§ 3a Abs. 5 Satz 2 Nr. 1 UStG). [2]Der Leistungsort richtet sich nach § 3a Abs. 2 oder 5 Satz 1 UStG.
10. [1]Telefon-Helpdesks (§ 3a Abs. 5 Satz 2 Nr. 1 UStG). [2]Der Leistungsort richtet sich nach § 3a Abs. 2 oder 5 Satz 1 UStG.
11. [1]Videofonie, d.h. Telefonie mit Video-Komponente (§ 3a Abs. 5 Satz 2 Nr. 1 UStG). [2]Der Leistungsort richtet sich nach § 3a Abs. 2 oder 5 Satz 1 UStG.
12. [1]Zugang zum Internet und World Wide Web (§ 3a Abs. 5 Satz 2 Nr. 1 UStG). [2]Der Leistungsort richtet sich nach § 3a Abs. 2 oder 5 Satz 1 UStG.
13. [1]Rundfunk- und Fernsehdienstleistungen über das Internet oder ein ähnliches elektronisches Netz bei gleichzeitiger Übertragung der Sendung auf herkömmlichem Weg (§ 3a Abs. 5 Satz 2 Nr. 2 UStG, vgl. Abschnitt 3a.11). [2]Der Leistungsort richtet sich nach § 3a Abs. 2 oder 5 Satz 1 UStG.
14. [1]Online gebuchte Eintrittskarten für kulturelle, künstlerische, wissenschaftliche, unterrichtende, sportliche, unterhaltende oder ähnliche Veranstaltungen. [2]Der Leistungsort richtet sich nach § 3a Abs. 3 Nr. 3 Buchstabe a oder Nr. 5 UStG.
15. [1]Online gebuchte Beherbergungsleistungen. [2]Der Leistungsort richtet sich nach § 3a Abs. 3 Nr. 1 UStG.
16. [1]Online gebuchte Vermietung von Beförderungsmitteln. [2]Der Leistungsort richtet sich nach § 3a Abs. 2, 3 Nr. 2, Abs. 6 Satz 1 Nr. 1 oder Abs. 7 UStG.

17. [1]Online gebuchte Restaurationsleistungen. [2]Der Leistungsort richtet sich nach § 3a Abs. 3 Nr. 3 Buchstabe b oder § 3e UStG.
18. [1]Online gebuchte Personenbeförderungen. [2]Der Leistungsort richtet sich nach § 3b Abs. 1 Satz 1 und 2 UStG.
19. [1]Die Online-Vermittlung von online gebuchten Leistungen. [2]Der Leistungsort richtet sich nach § 3a Abs. 2 oder 3 Nr. 1 und 4 UStG.

(7), (8) *(aufgehoben)*

3a.13 Gewährung des Zugangs zu Erdgas- und Elektrizitätsnetzen und die Fernleitung, die Übertragung oder die Verteilung über diese Netze sowie damit unmittelbar zusammenhängende sonstige Leistungen

(1) [1]Bei bestimmten sonstigen Leistungen im Zusammenhang mit Lieferungen von Gas über das Erdgasnetz, von Elektrizität über das Elektrizitätsnetz oder von Wärme oder Kälte über Wärme- oder Kältenetze (§ 3a Abs. 4 Satz 2 Nr. 14 UStG) richtet sich der Leistungsort bei Leistungen an im Drittlandsgebiet ansässige Nichtunternehmer (siehe Abschnitt 3a.1 Abs. 1) regelmäßig nach § 3a Abs. 4 Satz 1 UStG. [2]Zu diesen Leistungen gehören die Gewährung des Zugangs zu Erdgas-, Elektrizitäts-, Wärme- oder Kältenetzen, die Fernleitung, die Übertragung oder die Verteilung über diese Netze sowie andere mit diesen Leistungen unmittelbar zusammenhängende Leistungen in Bezug auf Gas für alle Druckstufen und in Bezug auf Elektrizität für alle Spannungsstufen sowie in Bezug auf Wärme und auf Kälte.

(2) Zu den mit der Gewährung des Zugangs zu Erdgas-, Elektrizitäts-, Wärme- oder Kältenetzen und der Fernleitung, der Übertragung oder der Verteilung über diese Netze unmittelbar zusammenhängenden Umsätzen gehören insbesondere Serviceleistungen wie Überwachung, Netzoptimierung, Notrufbereitschaften.

(3) Der Ort der Vermittlung von unter § 3a Abs. 4 Satz 2 Nr. 14 UStG fallenden Leistungen bestimmt sich grundsätzlich nach § 3a Abs. 2 und 3 Nr. 4 UStG.

3a.14 Sonderfälle des Orts der sonstigen Leistung

Nutzung und Auswertung bestimmter sonstiger Leistungen im Inland (§ 3a Abs. 6 UStG)

(1) Die Sonderregelung des § 3a Abs. 6 UStG betrifft sonstige Leistungen, die von einem im Drittlandsgebiet ansässigen Unternehmer oder von einer dort belegenen Betriebsstätte erbracht und im Inland genutzt oder ausgewertet werden.

(2) Die Ortsbestimmung richtet sich nur bei der kurzfristigen Vermietung eines Beförderungsmittels an Leistungsempfänger im Sinne des § 3a Abs. 2 UStG (siehe Abschnitt 3a.2 Abs. 1) oder an Nichtunternehmer (siehe Abschnitt 3a.1 Abs. 1) und bei langfristiger Vermietung an Nichtunternehmer nach § 3a Abs. 6 Satz 1 Nr. 1 UStG.

Beispiel:

[1] Der Privatmann P mit Wohnsitz in der Schweiz mietet bei einem in der Schweiz ansässigen Autovermieter S einen Personenkraftwagen für ein Jahr; das Fahrzeug soll ausschließlich im Inland genutzt werden.

[2] Der Ort der Leistung bei der langfristigen Vermietung des Beförderungsmittels richtet sich nach § 3a Abs. 3 Nr. 2 Satz 3 UStG (vgl. Abschnitt 3a.5 Abs. 7 bis 9). [3] Da der Personenkraftwagen im Inland genutzt wird, ist die Leistung jedoch nach § 3a Abs. 6 Satz 1 Nr. 1 UStG als im Inland ausgeführt zu behandeln. [4] Steuerschuldner ist S (§ 13a Abs. 1 Nr. 1 UStG).

(3) [1] § 3a Abs. 6 Satz 1 Nr. 2 UStG gilt nur für Leistungen an im Inland ansässige juristische Personen des öffentlichen Rechts, wenn diese Nichtunternehmer sind (siehe Abschnitt 3a.1 Abs. 1). [2] Die Leistungen eines Aufsichtsratmitgliedes werden am Sitz der Gesellschaft genutzt oder ausgewertet. [3] Sonstige Leistungen, die der Werbung oder der Öffentlichkeitsarbeit dienen (vgl. Abschnitt 3a.9 Abs. 4 bis 8), werden dort genutzt oder ausgewertet, wo die Werbung oder Öffentlichkeitsarbeit wahrgenommen werden soll. [4] Wird eine sonstige Leistung sowohl im Inland als auch im Ausland genutzt oder ausgewertet, ist darauf abzustellen, wo die Leistung überwiegend genutzt oder ausgewertet wird.

Beispiel 1:

[1] Die Stadt M (ausschließlich nicht unternehmerisch tätige juristische Person des öffentlichen Rechts ohne USt-IdNr.) im Inland platziert im Wege der Öffentlichkeitsarbeit eine Anzeige für eine Behörden-Service-Nummer über einen in der Schweiz ansässigen Werbungsmittler W in einer deutschen Zeitung.

[2] Die Werbeleistung der deutschen Zeitung an W ist im Inland nicht steuerbar (§ 3a Abs. 2 UStG). [3] Der Ort der Leistung des W an M liegt nach § 3a Abs. 6 Satz 1 Nr. 2 UStG im Inland. [4] Steuerschuldner für die Leistung des W ist M (§ 13b Abs. 5 Satz 1 UStG).

Beispiel 2:

[1] Die im Inland ansässige Rundfunkanstalt R (ausschließlich nicht unternehmerisch tätige juristische Person des öffentlichen Rechts ohne USt-IdNr.) verpflichtet für ihren nicht unternehmerischen Bereich

1. den in Norwegen ansässigen Künstler N für die Aufnahme und Sendung einer künstlerischen Darbietung;
2. den in der Schweiz ansässigen Journalisten S, Nachrichten, Übersetzungen und Interviews auf Tonträgern und in Manuskriptform zu verfassen.

[2] N und S räumen R das Nutzungsrecht am Urheberrecht ein. [3] Die Sendungen werden sowohl in das Inland als auch in das Ausland ausgestrahlt.

[4] Die Leistungen des N und des S sind in § 3a Abs. 4 Satz 2 Nr. 1 UStG bezeichnete sonstige Leistungen. [5] Der Ort dieser Leistungen liegt im Inland, da sie von R hier genutzt werden (§ 3a Abs. 6 Satz 1 Nr. 2 UStG). [6] Es kommt nicht darauf an, wohin die Sendungen ausgestrahlt werden. [7] Steuerschuldner für die Leistungen des N und des S ist R (§ 13b Abs. 5 Satz 1 UStG).

(3a)[1)] [1] *§ 3a Abs. 6 Satz* 1 Nr. 3 UStG gilt für Leistungen an Nichtunternehmer. [2] Roamingleistungen, die von einem in einem Drittland ansässigen Mobilfunkbetreiber an seine Kunden, die ebenfalls in diesem Drittland ansässig sind bzw. dort ihren Wohnsitz oder gewöhnlichen Aufenthalt haben, erbracht werden und die es diesen Kunden ermöglichen, das inländische Mobilfunknetz, in dem sie sich vorübergehend aufhalten, zu nutzen, sind als Dienstleis-

[1)] A 3a.14 Abs. 3a eingef. durch BMF v. 17.12.2021, BStBl. I 2021, 2504.

tungen anzusehen, die im Inland genutzt oder ausgewertet werden (vgl. EuGH-Urteil vom 15.4.2021, C-593/19, SK Telecom). [3]Für die Behandlung als im Inland ausgeführte Roamingleistung ist es unbeachtlich, welcher steuerlichen Behandlung die Roamingleistung nach dem nationalen Steuerrecht des Drittlands unterliegt (vgl. EuGH-Urteil vom 15.4.2021, C-593/19, SK Telecom).

Kurzfristige Fahrzeugvermietung zur Nutzung im Drittlandsgebiet (§ 3a Abs. 7 UStG)

(4) [1]Die Sonderregelung des § 3a Abs. 7 UStG betrifft ausschließlich die kurzfristige Vermietung eines Schienenfahrzeugs, eines Kraftomnibusses oder eines ausschließlich zur Güterbeförderung bestimmten Straßenfahrzeugs, die an einen im Drittlandsgebiet ansässigen Unternehmer oder an eine dort belegene Betriebsstätte eines Unternehmers erbracht wird, das Fahrzeug für dessen Unternehmen bestimmt ist und im Drittlandsgebiet auch tatsächlich genutzt wird. [2]Wird eine sonstige Leistung sowohl im Inland als auch im Drittlandsgebiet genutzt, ist darauf abzustellen, wo die Leistung überwiegend genutzt wird.

Beispiel:

[1]Der im Inland ansässige Unternehmer U vermietet an einen in der Schweiz ansässigen Mieter S einen Lkw für drei Wochen. [2]Der Lkw wird von S bei U abgeholt. [3]Der Lkw wird ausschließlich in der Schweiz genutzt.

[4]Der Ort der Leistung bei der kurzfristigen Vermietung des Beförderungsmittels richtet sich grundsätzlich nach § 3a Abs. 3 Nr. 2 Satz 1 und 2 UStG (vgl. Abschnitt 3a.5 Abs. 1 bis 6). [5]Da der Lkw aber nicht im Inland, sondern in der Schweiz genutzt wird, ist die Leistung nach § 3a Abs. 7 UStG als in der Schweiz ausgeführt zu behandeln.

Sonstige im Drittlandsgebiet ausgeführte Leistungen an Unternehmer

(5) [1]§ 3a Abs. 8 UStG gilt nur für sonstige Leistungen an Leistungsempfänger im Sinne des § 3a Abs. 2 UStG (siehe Abschnitt 3a.2 Abs. 1). [2]Güterbeförderungsleistungen, im Zusammenhang mit einer Güterbeförderung stehende Leistungen wie Beladen, Entladen, Umschlagen oder ähnliche mit der Beförderung eines Gegenstands im Zusammenhang stehende Leistungen (vgl. § 3b Abs. 2 UStG und Abschnitt 3b.2), Arbeiten an und Begutachtungen von beweglichen körperlichen Gegenständen (vgl. Abschnitt 3a.6 Abs. 11), Reisevorleistungen im Sinne des § 25 Abs. 1 Satz 5 UStG und Veranstaltungsleistungen im Zusammenhang mit Messen und Ausstellungen (vgl. Abschnitt 3a.4 Abs. 2 Sätze 2, 3, 5 und 6) werden regelmäßig im Drittlandsgebiet genutzt oder ausgewertet, wenn sie tatsächlich ausschließlich dort in Anspruch genommen werden können. [3]Ausgenommen hiervon sind Leistungen, die in einem der in § 1 Abs. 3 UStG genannten Gebiete (insbesondere Freihäfen) erbracht werden. [4]Die Regelung gilt nur in den Fällen, in denen der Leistungsort für die in § 3a Abs. 8 Satz 1 UStG genannten Leistungen unter Anwendung von § 3a Abs. 2 UStG im Inland liegen würde und

- der leistende Unternehmer für den jeweiligen Umsatz Steuerschuldner nach § 13a Abs. 1 Nr. 1 UStG wäre, oder
- der Leistungsempfänger für den jeweiligen Umsatz Steuerschuldner nach § 13b Abs. 1 oder Abs. 2 und Abs. 5 Satz 1 UStG wäre.

3a.15 Ort der sonstigen Leistung bei Einschaltung eines Erfüllungsgehilfen

Bedient sich der Unternehmer bei Ausführung einer sonstigen Leistung eines anderen Unternehmers als Erfüllungsgehilfen, der die sonstige Leistung im eigenen Namen und für eigene Rechnung ausführt, ist der Ort der Leistung für jede dieser Leistungen für sich zu bestimmen.

Beispiel:

[1] Die ausschließlich hoheitlich tätige juristische Person des öffentlichen Rechts P mit Sitz im Inland, der keine USt-IdNr. zugeteilt worden ist, erteilt dem Unternehmer F in Frankreich den Auftrag, ein Gutachten zu erstellen, das P in ihrem Hoheitsbereich auswerten will. [2] F vergibt bestimmte Teilbereiche an den Unternehmer U im Inland und beauftragt ihn, die Ergebnisse seiner Ermittlungen unmittelbar P zur Verfügung zu stellen.
[3] Die Leistung des U wird nach § 3a Abs. 2 UStG dort ausgeführt, wo F sein Unternehmen betreibt; sie ist daher im Inland nicht steuerbar. [4] Der Ort der Leistung des F an P ist nach § 3a Abs. 1 UStG zu bestimmen; die Leistung ist damit ebenfalls im Inland nicht steuerbar.

3a.16 Besteuerungsverfahren bei sonstigen Leistungen

Leistungsort in der Bundesrepublik Deutschland

(1) [1] Bei im Inland erbrachten sonstigen Leistungen ist grundsätzlich der leistende Unternehmer der Steuerschuldner, wenn er im Inland ansässig ist; auf die Möglichkeit der Steuerschuldnerschaft des Leistungsempfängers (§ 13b UStG) wird hingewiesen (vgl. hierzu Abschnitt 13b.1). [2] Die Umsätze sind im allgemeinen Besteuerungsverfahren nach § 16 und § 18 Abs. 1 bis 4 UStG zu versteuern.

(2) Ist der leistende Unternehmer im Ausland ansässig, schuldet der Leistungsempfänger nach § 13b Abs. 5 Satz 1 UStG die Steuer, wenn er ein Unternehmer oder eine juristische Person ist (vgl. hierzu Abschnitt 13b.1).

(3) Ist der Empfänger einer sonstigen Leistung weder ein Unternehmer noch eine juristische Person, hat der leistende ausländische Unternehmer diesen Umsatz im Inland im allgemeinen Besteuerungsverfahren nach § 16 und § 18 Abs. 1 bis 4 UStG zu versteuern.

Leistungsort in anderen EU-Mitgliedstaaten

(4) Grundsätzlich ist der Unternehmer, der sonstige Leistungen in einem anderen EU-Mitgliedstaat ausführt, in diesem EU-Mitgliedstaat Steuerschuldner der Umsatzsteuer (Artikel 193 MwStSystRL).[1)]

(5) Liegt der Ort einer sonstigen Leistung, bei der sich der Leistungsort nach § 3a Abs. 2 UStG bestimmt, in einem EU-Mitgliedstaat, und ist der leistende Unternehmer dort nicht ansässig, schuldet der Leistungsempfänger die Umsatzsteuer, wenn er in diesem EU-Mitgliedstaat als Unternehmer für Umsatzsteuerzwecke erfasst ist oder eine nicht steuerpflichtige juristische Person mit USt-IdNr. ist (vgl. Artikel 196 MwStSystRL).[1)]

---

1) **Steuergesetze** Nr. **550.**

(6) [1] Ist der Leistungsempfänger Steuerschuldner, darf in der Rechnung des in einem anderen EU-Mitgliedstaat ansässigen leistenden Unternehmers keine Umsatzsteuer im Rechnungsbetrag gesondert ausgewiesen sein. [2] In der Rechnung ist auf die Steuerschuldnerschaft des Leistungsempfängers besonders hinzuweisen.

(7) Steuerpflichtige sonstige Leistungen nach § 3a Abs. 2 UStG, für die der in einem anderen Mitgliedstaat ansässige Leistungsempfänger die Steuer dort schuldet, hat der leistende Unternehmer in der Voranmeldung und der Umsatzsteuererklärung für das Kalenderjahr (§ 18b Satz 1 Nr. 2 UStG) und in der ZM (§ 18a UStG) anzugeben.

Besonderes Besteuerungsverfahren für im Ausland ansässige Unternehmer, die vor dem 1.7.2021 sonstige Leistungen nach § 3a Abs. 5 UStG erbringen[1)]

(8)[1)] Nicht im Gemeinschaftsgebiet ansässige Unternehmer, die vor dem 1.7.2021 im Gemeinschaftsgebiet als Steuerschuldner Telekommunikationsdienstleistungen, Rundfunk- und Fernsehdienstleistungen und/oder sonstige Leistungen auf elektronischem Weg an in der EU ansässige Nichtunternehmer (siehe Abschnitt 3a.1 Abs. 1) erbringen (§ 3a Abs. 5 UStG), können sich abweichend von § 18 Abs. 1 bis 4 UStG unter bestimmten Bedingungen dafür entscheiden, nur in einem EU-Mitgliedstaat erfasst zu werden (§ 18 Abs. 4c UStG); wegen der Einzelheiten vgl. Abschnitt 18.7a.

(9)[1)] Im übrigen Gemeinschaftsgebiet ansässige Unternehmer (Abschnitt 13b.11 Abs. 1 Satz 2), die vor dem 1.7.2021 im Inland als Steuerschuldner Telekommunikationsdienstleistungen, Rundfunk- und Fernsehdienstleistungen und/oder sonstige Leistungen auf elektronischem Weg an im Inland ansässige Nichtunternehmer (siehe Abschnitt 3a.1 Abs. 1) erbringen (§ 3a Abs. 5 UStG), können sich abweichend von § 18 Abs. 1 bis 4 UStG unter bestimmten Bedingungen dafür entscheiden, an dem besonderen Besteuerungsverfahren teilzunehmen (§ 18 Abs. 4e UStG); wegen der Einzelheiten vgl. Abschnitt 18.7b.

Besonderes Besteuerungsverfahren für im Inland ansässige Unternehmer, die vor dem 1.7.2021 sonstige Leistungen nach § 3a Abs. 5 UStG erbringen[2)]

(10)[2)] Im Inland ansässige Unternehmer (Abschnitt 18h.1 Abs. 8), die vor dem 1.7.2021 in einem anderen EU-Mitgliedstaat Telekommunikationsdienstleistungen, Rundfunk- und Fernsehdienstleistungen und/oder sonstige Leistungen auf elektronischem Weg an in diesem EU-Mitgliedstaat ansässige Nichtunternehmer (siehe Abschnitt 3a.1 Abs. 1) erbringen (§ 3a Abs. 5 UStG), für die sie dort die Umsatzsteuer schulden und Umsatzsteuererklärungen abzugeben haben, können sich unter bestimmten Bedingungen dafür entscheiden, an dem besonderen Besteuerungsverfahren teilzunehmen (§ 18h UStG); wegen der Einzelheiten vgl. Abschnitt 18h.1.

[1)] A 3a.16 UStAE Zwischenüberschrift, Abs. 8 und Abs. 9 neugef. durch BMF v. 1.4.2021, *BStBl. I 2021, 629, anzuwenden* mWv 1.7.2021.

[2)] A 3a.16 UStAE Zwischenüberschrift und Abs. 10 neugef. durch BMF v. 1.4.2021, BStBl. I 2021, 629, anzuwenden mWv 1.7.2021.

Besonderes Besteuerungsverfahren für von nicht im Gemeinschaftsgebiet ansässigen Unternehmern erbrachte sonstige Leistungen[1)]

(11)[1)] Nicht im Gemeinschaftsgebiet ansässige Unternehmer, die nach dem 30.6.2021 als Steuerschuldner sonstige Leistungen an in der EU ansässige Nichtunternehmer (siehe Abschnitt 3a.1 Abs. 1) erbringen, können sich abweichend von § 18 Abs. 1 bis 4 UStG unter bestimmten Bedingungen dafür entscheiden, an dem besonderen Besteuerungsverfahren teilzunehmen (§ 18i UStG); wegen der Einzelheiten vgl. Abschnitt 18i.1.

Besonderes Besteuerungsverfahren für von im Gemeinschaftsgebiet, nicht aber im Mitgliedstaat des Verbrauchs ansässigen Unternehmern erbrachte sonstige Leistungen[1)]

(12)[1)] Im Gemeinschaftsgebiet ansässige Unternehmer, die nach dem 30.6.2021 in einem anderen EU-Mitgliedstaat sonstige Leistungen an Nichtunternehmer (siehe Abschnitt 3a.1 Abs. 1) erbringen, können sich abweichend von § 18 Abs. 1 bis 4 UStG unter bestimmten Bedingungen dafür entscheiden, an dem besonderen Besteuerungsverfahren teilzunehmen (§ 18j UStG); wegen der Einzelheiten vgl. Abschnitt 18j.1.

Zu § 3b UStG
(§§ 2 bis 7 UStDV)

3b.1 Ort einer Personenbeförderung und Ort einer Güterbeförderung, die keine innergemeinschaftliche Güterbeförderung ist

(1) Die Ortsbestimmung des § 3b Abs. 1 Sätze 1 und 2 UStG (Personenbeförderung) ist bei sonstigen Leistungen sowohl an Nichtunternehmer (siehe Abschnitt 3a.1 Abs. 1) als auch an Leistungsempfänger im Sinne des § 3a Abs. 2 UStG (siehe Abschnitt 3a.2 Abs. 1) anzuwenden.

(2) [1]Der Ort einer Personenbeförderung liegt dort, wo die Beförderung tatsächlich bewirkt wird (§ 3b Abs. 1 Satz 1 UStG). [2]Hieraus folgt für diejenigen Beförderungsfälle, in denen der mit der Beförderung beauftragte Unternehmer (Hauptunternehmer) die Beförderung durch einen anderen Unternehmer (Subunternehmer) ausführen lässt, dass sowohl die Beförderungsleistung des Hauptunternehmers als auch diejenige des Subunternehmers dort ausgeführt werden, wo der Subunternehmer die Beförderung bewirkt. [3]Die Sonderregelung über die Besteuerung von Reiseleistungen (§ 25 Abs. 1 UStG) bleibt jedoch unberührt.

Beispiel:
[1]Der Reiseveranstalter A veranstaltet im eigenen Namen und für eigene Rechnung einen Tagesausflug. [2]Er befördert die teilnehmenden Reisenden (Nichtunternehmer) jedoch nicht selbst, sondern bedient sich zur Ausführung der Beförderung des Omnibusunternehmers B. [3]Dieser bewirkt an A eine Beförderungsleistung, indem er die Beförderung im eigenen Namen, unter eigener Verantwortung und für eigene Rechnung durchführt.

---

1) A 3a.16 UStAE Zwischenüberschrift, Abs. 11 und 12 angef. durch BMF v. 1.4.2021, BStBl. I 2021, 629, anzuwenden mWv 1.7.2021.

[4]Der Ort der Beförderungsleistung des B liegt dort, wo dieser die Beförderung bewirkt. [5]Für A stellt die Beförderungsleistung des B eine Reisevorleistung dar. [6]A führt deshalb umsatzsteuerrechtlich keine Beförderungsleistung, sondern eine sonstige Leistung im Sinne des § 25 Abs. 1 UStG aus. [7]Diese sonstige Leistung wird dort ausgeführt, von wo aus A sein Unternehmen betreibt (§ 3a Abs. 1 UStG).

(3) [1]Die Ortsbestimmung des § 3b Abs. 1 Satz 3 UStG (Güterbeförderung) ist nur bei Güterbeförderungen, die keine innergemeinschaftlichen Güterbeförderungen im Sinne des § 3b Abs. 3 UStG sind, an Nichtunternehmer (siehe Abschnitt 3a.1 Abs. 1) anzuwenden. [2]Der Leistungsort liegt danach dort, wo die Beförderung tatsächlich bewirkt wird. [3]Der Ort einer Güterbeförderung, die keine innergemeinschaftliche Güterbeförderung ist, an einen Leistungsempfänger im Sinne des § 3a Abs. 2 UStG (siehe Abschnitt 3a.2 Abs. 1) richtet sich nach § 3a Abs. 2 UStG. [4]Zum Leistungsort bei Güterbeförderungen, die im Drittlandsgebiet genutzt oder ausgewertet werden, vgl. § 3a Abs. 8 Satz 1 UStG und Abschnitt 3a.14 Abs. 5.

Grenzüberschreitende Beförderungen

(4) [1]Grenzüberschreitende Beförderungen – Personenbeförderungen sowie Güterbeförderungen an Nichtunternehmer (siehe Abschnitt 3a.1 Abs. 1) mit Ausnahme der innergemeinschaftlichen Güterbeförderungen im Sinne des § 3b Abs. 3 UStG – sind in einen steuerbaren und einen nicht steuerbaren Leistungsteil aufzuteilen (§ 3b Abs. 1 Satz 2 UStG). [2]Die Aufteilung unterbleibt jedoch bei grenzüberschreitenden Beförderungen mit kurzen in- oder ausländischen Beförderungsstrecken, wenn diese Beförderungen entweder insgesamt als steuerbar oder insgesamt als nicht steuerbar zu behandeln sind (siehe auch Absätze 7 bis 17). [3]Wegen der Auswirkung der Sonderregelung des § 1 Abs. 3 Satz 1 Nr. 2 und 3 UStG auf Beförderungen – in der Regel i.V.m. den §§ 4, 6 oder 7 UStDV – wird auf die Absätze 11 und 13 bis 17 verwiesen.

(5) [1]Bei einer Beförderungsleistung, bei der nur ein Teil der Leistung steuerbar ist und bei der die Umsatzsteuer für diesen Teil auch erhoben wird, ist Bemessungsgrundlage das Entgelt, das auf diesen Teil entfällt. [2]Bei Personenbeförderungen im Gelegenheitsverkehr mit Kraftomnibussen, die nicht im Inland zugelassen sind und die bei der Ein- oder Ausreise eine Grenze zu einem Drittland überqueren, ist ein Durchschnittsbeförderungsentgelt für den Streckenanteil im Inland maßgebend (vgl. Abschnitte 10.8 und 16.2). [3]In allen übrigen Fällen ist das auf den steuerbaren Leistungsteil entfallende tatsächlich vereinbarte oder vereinnahmte Entgelt zu ermitteln (vgl. hierzu Absatz 6). [4]Das Finanzamt kann jedoch Unternehmer, die nach § 4 Nr. 3 UStG steuerfreie Umsätze bewirken, von der Verpflichtung befreien, die Entgelte für die vorbezeichneten steuerfreien Umsätze und die Entgelte für nicht steuerbare Beförderungen getrennt aufzuzeichnen (vgl. Abschnitt 22.6 Abs. 18 und 19).

(6) [1]Wird bei einer Beförderungsleistung, die sich nicht nur auf das Inland erstreckt und bei der kein Durchschnittsbeförderungsentgelt maßgebend ist, ein Gesamtpreis vereinbart oder vereinnahmt, ist der auf den inländischen Streckenanteil entfallende Entgeltanteil anhand dieses Gesamtpreises zu ermitteln. [2]Hierzu gilt Folgendes:

1. [1]Grundsätzlich ist vom vereinbarten oder vereinnahmten Nettobeförderungspreis auszugehen. [2]Zum Nettobeförderungspreis gehören nicht die Umsatzsteuer für die Beförderungsleistung im Inland und die für den nicht steuerbaren Leistungsanteil in anderen Staaten zu zahlende Umsatzsteuer oder ähnliche Steuer. [3]Sofern nicht besondere Umstände (wie z.B. tarifliche Vereinbarungen im internationalen Eisenbahnverkehr) eine andere Aufteilung rechtfertigen, ist der Nettobeförderungspreis für jede einzelne Beförderungsleistung im Verhältnis der Längen der inländischen und ausländischen Streckenanteile – einschließlich sog. Leerkilometer – aufzuteilen (vgl. BFH-Urteil vom 12.3.1998, V R 17/93, BStBl. II S. 523). [4]Unter Leerkilometer sind dabei nur die während der Beförderungsleistung ohne zu befördernde Personen zurückgelegten Streckenanteile zu verstehen. [5]Die Hin- bzw. Rückfahrt vom bzw. zum Betriebshof – ohne zu befördernde Personen – ist nicht Teil der Beförderungsleistung und damit auch nicht bei der Aufteilung der Streckenanteile zu berücksichtigen. [6]Das auf den inländischen Streckenanteil entfallende Entgelt kann nach folgender Formel ermittelt werden:

$$\text{Entgelt für den inländischen Streckenanteil} = \frac{\text{Nettobeförderungspreis für die Gesamtstrecke} \times \text{Anzahl der km des inländischen Streckenanteils}}{\text{Anzahl der km der Gesamtstrecke}}$$

2. [1]Bei Personenbeförderungen ist es nicht zu beanstanden, wenn zur Ermittlung des auf den inländischen Streckenanteil entfallenden Entgelts nicht vom Nettobeförderungspreis ausgegangen wird, sondern von dem für die Gesamtstrecke vereinbarten oder vereinnahmten Bruttobeförderungspreis, z.B. Gesamtpreis einschließlich der im Inland und im Ausland erhobenen Umsatzsteuer oder ähnlichen Steuer. [2]Für die Entgeltsermittlung kann in diesem Falle die folgende geänderte Berechnungsformel dienen:

$$\text{Bruttoentgelt (Entgelt zuzüglich Umsatzsteuer) für den inländischen Streckenanteil} = \frac{\text{Bruttobeförderungspreis für die Gesamtstrecke} \times \text{Anzahl der km des inländischen Streckenanteils}}{\text{Anzahl der km der Gesamtstrecke}}$$

[3]Innerhalb eines Besteuerungszeitraumes muss bei allen Beförderungen einer Verkehrsart, z.B. bei Personenbeförderungen im Gelegenheitsverkehr mit Kraftfahrzeugen, nach ein und derselben Methode verfahren werden.

Verbindungsstrecken im Inland

(7) [1]Zu den Verbindungsstrecken im Inland nach § 2 UStDV gehören insbesondere diejenigen Verbindungsstrecken von nicht mehr als 30 km Länge, für die in den folgenden Abkommen und Verträgen Erleichterungen für den Durchgangsverkehr vereinbart worden sind:

1. Deutsch-Schweizerisches Abkommen vom 5.2.1958, Anlage III (BGBl. 1960 II S. 2162), geändert durch Vereinbarung vom 15.5.1981 (BGBl. II S. 211);

2. Deutsch-Österreichisches Abkommen vom 14.9.1955, Artikel 1 Abs. 1 (BGBl. 1957 II S. 586);
3. Deutsch-Österreichisches Abkommen vom 14.9.1955, Artikel 1 (BGBl. 1957 II S. 589);
4. Deutsch-Österreichischer Vertrag vom 6.9.1962, Anlage II (BGBl. 1963 II S. 1280), zuletzt geändert durch Vereinbarung vom 3.12.1981 (BGBl. 1982 II S. 28);
5. Deutsch-Österreichischer Vertrag vom 17.2.1966, Artikel 1 und 14 (BGBl. 1967 II S. 2092);
6. Deutsch-Niederländischer Vertrag vom 8.4.1960, Artikel 33 (BGBl. 1963 II S. 463).

[2]Bei diesen Strecken ist eine Prüfung, ob sie den nächsten oder verkehrstechnisch günstigsten Weg darstellen, nicht erforderlich. [3]Bei anderen Verbindungsstrecken muss diese Voraussetzung im Einzelfall geprüft werden.

(8) [1]§ 2 UStDV umfasst die grenzüberschreitenden Personen- und Güterbeförderungen, die von im Inland oder im Ausland ansässigen Unternehmern bewirkt werden, mit Ausnahme der Personenbeförderungen im Linienverkehr mit Kraftfahrzeugen. [2]Bei grenzüberschreitenden Beförderungen im Passagier- und Fährverkehr mit Wasserfahrzeugen hat § 7 Abs. 2, 3 und 5 UStDV Vorrang (vgl. Absätze 15 bis 17).

Verbindungsstrecken im Ausland

(9) Zu den Verbindungsstrecken im Ausland nach § 3 UStDV gehören insbesondere diejenigen Verbindungsstrecken von nicht mehr als 10 km Länge, die in den in Absatz 7 und in den nachfolgend aufgeführten Abkommen und Verträgen enthalten sind:

1. Deutsch-Österreichischer Vertrag vom 17.2.1966, Artikel 1 (BGBl. 1967 II S. 2086);
2. Deutsch-Belgischer Vertrag vom 24.9.1956, Artikel 12 (BGBl. 1958 II S. 263);
3. Deutsch-Schweizerischer Vertrag vom 25.4.1977, Artikel 5 (BGBl. 1978 II S. 1201).

(10) [1]Der Anwendungsbereich des § 3 UStDV umfasst die grenzüberschreitenden Personen- und Güterbeförderungen, die von im Inland oder im Ausland ansässigen Unternehmern durchgeführt werden, mit Ausnahme der Personenbeförderungen im Linienverkehr mit Kraftfahrzeugen. [2]Bei grenzüberschreitenden Beförderungen im Passagier- und Fährverkehr mit Wasserfahrzeugen hat § 7 Abs. 2, 3 und 5 UStDV Vorrang (vgl. Absätze 15 bis 17).

Anschlussstrecken im Schienenbahnverkehr

(11) [1]Im Eisenbahnverkehr enden die Beförderungsstrecken der nationalen Eisenbahnverwaltungen in der Regel an der Grenze des jeweiligen Hoheitsgebiets. [2]In Ausnahmefällen betreiben jedoch die Eisenbahnverwaltungen kurze Beförderungsstrecken im Nachbarstaat bis zu einem dort befindlichen vertraglich festgelegten Gemeinschafts- oder Betriebswechselbahnhof (Anschlussstrecken). [3]Bei Personenbeförderungen im grenzüberschreitenden Eisenbahnver-

kehr sind die nach § 4 UStDV von inländischen Eisenbahnverwaltungen im Ausland betriebenen Anschlussstrecken als inländische Beförderungsstrecken und die von ausländischen Eisenbahnverwaltungen im Inland betriebenen Anschlussstrecken als ausländische Beförderungsstrecken anzusehen. [4]Ferner gelten bei Personenbeförderungen Schienenbahnstrecken in den in § 1 Abs. 3 UStG bezeichneten Gebieten als inländische Beförderungsstrecken.

(12)[1)] *(aufgehoben)*

Straßenstrecken in den in § 1 Abs. 3 UStG bezeichneten Gebieten

(13) [1]Bei grenzüberschreitenden Personenbeförderungen mit Kraftfahrzeugen, die von im Inland oder im Ausland ansässigen Unternehmern von und zu den in § 1 Abs. 3 UStG bezeichneten Gebieten sowie zwischen diesen Gebieten bewirkt werden, sind die Streckenanteile in diesen Gebieten nach § 6 UStDV als inländische Beförderungsstrecken anzusehen. [2]Damit sind diese Beförderungen insgesamt steuerbar und mangels einer Befreiungsvorschrift auch steuerpflichtig.

Kurze Strecken im grenzüberschreitenden Verkehr mit Wasserfahrzeugen

(14) [1]Bei grenzüberschreitenden Beförderungen im Passagier- und Fährverkehr mit Wasserfahrzeugen jeglicher Art, die lediglich im Inland und in den in § 1 Abs. 3 UStG bezeichneten Gebieten ausgeführt werden, sind nach § 7 Abs. 1 UStDV die Streckenanteile in den in § 1 Abs. 3 UStG bezeichneten Gebieten als inländische Beförderungsstrecken anzusehen. [2]Hieraus ergibt sich, dass diese Beförderungen insgesamt steuerbar sind. [3]Unter die Regelung fallen insbesondere folgende Sachverhalte:

1. Grenzüberschreitende Beförderungen zwischen Hafengebieten im Inland und Freihäfen.

   Beispiel:
   Ein Unternehmer befördert mit seinem Schiff Personen zwischen dem Freihafen Cuxhaven und dem übrigen Cuxhavener Hafengebiet.

2. Grenzüberschreitende Beförderungen, die zwischen inländischen Häfen durchgeführt werden und bei denen neben dem Inland lediglich die in § 1 Abs. 3 UStG bezeichneten Gebiete durchfahren werden.

   Beispiel:
   [1]Ein Unternehmer befördert mit seinem Schiff Touristen zwischen den ostfriesischen Inseln und benutzt hierbei den Seeweg nördlich der Inseln. [2]Bei den Fahrten wird jedoch die Hoheitsgrenze nicht überschritten.

(15) Für grenzüberschreitende Beförderungen im Passagier- und Fährverkehr mit Wasserfahrzeugen jeglicher Art, die zwischen inländischen Häfen durchgeführt werden, bei denen jedoch nicht lediglich das Inland und die in § 1 Abs. 3 UStG bezeichneten Gebiete, sondern auch das übrige Ausland berührt werden, enthält § 7 Abs. 2 UStDV folgende Sonderregelungen:

---

1) A 3b.1 UStAE Zwischenüberschrift und Abs. 12 aufgeh. durch BMF v. 1.4.2021, BStBl. I 2021, 629, anzuwenden mWv 1.7.2021.

1. [1]Ausländische Beförderungsstrecken sind als inländische Beförderungsstrecken anzusehen, wenn die ausländischen Streckenanteile außerhalb der in § 1 Abs. 3 UStG bezeichneten Gebiete jeweils nicht mehr als 10 km betragen (§ 7 Abs. 2 Satz 1 Nr. 1 UStDV). [2]Die Vorschrift ist im Ergebnis eine Ergänzung des § 7 Abs. 1 UStDV.

   Beispiel:

   [1]Ein Unternehmer befördert Touristen mit seinem Schiff zwischen den Nordseeinseln und legt dabei nicht mehr als 10 km jenseits der Hoheitsgrenze zurück.

   [2]Die Beförderungen im Seegebiet bis zur Hoheitsgrenze sind ohne Rücksicht auf die Länge der Beförderungsstrecke steuerbar. [3]Die Beförderungen im Seegebiet jenseits der Hoheitsgrenze sind ebenfalls steuerbar, weil die Beförderungsstrecke hier nicht länger als 10 km ist.

2. [1]Inländische Streckenanteile sind als ausländische Beförderungsstrecken anzusehen und Beförderungsleistungen, die auf die in § 1 Abs. 3 UStG bezeichneten Gebiete entfallen, sind nicht wie Umsätze im Inland zu behandeln, wenn bei der einzelnen Beförderung
   a) der ausländische Streckenanteil außerhalb der in § 1 Abs. 3 UStG bezeichneten Gebiete länger als 10 km und
   b) der Streckenanteil im Inland und in den in § 1 Abs. 3 UStG bezeichneten Gebieten nicht länger als 20 km

   sind (§ 7 Abs. 2 Satz 1 Nr. 2 UStDV). [2]Die Beförderungen sind deshalb insgesamt nicht steuerbar.

(16) [1]Keine Sonderregelung besteht für die Fälle, in denen die ausländischen Streckenanteile außerhalb der in § 1 Abs. 3 UStG bezeichneten Gebiete jeweils länger als 10 km und die Streckenanteile im Inland und in den vorbezeichneten Gebieten jeweils länger als 20 km sind. [2]In diesen Fällen ist deshalb die jeweilige Beförderungsleistung in einen steuerbaren Teil und einen nicht steuerbaren Teil aufzuteilen. [3]Bei der Aufteilung ist zu beachten, dass Beförderungen in den in § 1 Abs. 3 UStG bezeichneten Gebieten steuerbar sind, wenn sie für unternehmensfremde Zwecke des Auftraggebers ausgeführt werden oder eine sonstige Leistung im Sinne von § 3 Abs. 9a Nr. 2 UStG vorliegt.

Beispiel:

[1]Ein Unternehmer befördert mit seinem Schiff Touristen auf die hohe See hinaus. [2]Der Streckenanteil vom Hafen bis zur Hoheitsgrenze hin und zurück beträgt 50 km. [3]Der Streckenanteil jenseits der Hoheitsgrenze beträgt 12,5 km.

[4]Die Beförderung ist zu 80% steuerbar und zu 20% nicht steuerbar.

(17) [1]Bei grenzüberschreitenden Beförderungen im Passagier- und Fährverkehr mit Wasserfahrzeugen für die Seeschifffahrt nach § 7 Abs. 3 UStDV handelt es sich um folgende Beförderungen:

1. Beförderungen, die zwischen ausländischen Seehäfen durchgeführt werden und durch das Inland oder durch die in § 1 Abs. 3 UStG bezeichneten Gebiete führen.

   Beispiel:

   [1]*Ein Unternehmer* befördert Touristen mit seinem Schiff von Stockholm durch den Nord-Ostsee-Kanal nach London. [2]Die Strecke durch den Nord-Ostsee-Kanal ist als ausländischer Streckenanteil anzusehen.

2. [1]Beförderungen, die zwischen einem inländischen Seehafen und einem ausländischen Seehafen durchgeführt werden. [2]Inländische Seehäfen sind nach § 7 Abs. 4 UStDV auch die Freihäfen und die Insel Helgoland.[1)]

Beispiel 1:

Beförderungen im Passagier- und Fährverkehr zwischen Kiel und Oslo (Norwegen) oder Göteborg (Schweden).

Beispiel 2:

Beförderungen im Rahmen von Kreuzfahrten, die zwar in ein und demselben inländischen Seehafen beginnen und enden, bei denen aber zwischendurch mindestens ein ausländischer Seehafen angelaufen wird.

[2]Die Regelung des § 7 Abs. 3 UStDV hat zur Folge, dass die Beförderungen insgesamt nicht steuerbar sind. [3]Das gilt auch für die Gewährung von Unterbringung und Verpflegung sowie die Erbringung sonstiger – im Zusammenhang mit der Reise stehender – Dienstleistungen an die beförderten Personen, soweit diese Leistungen erforderlich sind, um die Personenbeförderung planmäßig durchführen und optimal in Anspruch nehmen zu können (vgl. BFH-Urteile vom 1.8.1996, V R 58/94, BStBl. 1997 II S. 160, und vom 2.3.2011, XI R 25/09, BStBl. II S. 737).

(18) Bei Beförderungen von Personen mit Schiffen auf dem Rhein zwischen Basel (Rhein-km 170) und Neuburgweier (Rhein-km 353) über insgesamt 183 km ist hinsichtlich der einzelnen Streckenanteile wie folgt zu verfahren:

1. Streckenanteil zwischen der Grenze bei Basel (Rhein-km 170) und Breisach (Rhein-km 227) über insgesamt 57 km:

   [1]Die Beförderungen erfolgen hier auf dem in Frankreich gelegenen Rheinseitenkanal. [2]Sie unterliegen deshalb auf diesem Streckenanteil nicht der deutschen Umsatzsteuer.

2. Streckenanteil zwischen Breisach (Rhein-km 227) und Straßburg (Rhein-km 295) über insgesamt 68 km:

   a) [1]Hier werden die Beförderungen auf einzelnen Streckenabschnitten (Schleusen und Schleusenkanälen) von zusammen 34 km auf französischem Hoheitsgebiet durchgeführt. [2]Die Beförderungen unterliegen insoweit nicht der deutschen Umsatzsteuer.

   b) [1]Auf einzelnen anderen Streckenabschnitten von zusammen 34 km finden die Beförderungen auf dem Rheinstrom statt. [2]Die Hoheitsgrenze zwischen Frankreich und der Bundesrepublik Deutschland wird durch die Achse des Talwegs bestimmt. [3]Bedingt durch den Verlauf der Fahrrinne und mit Rücksicht auf den übrigen Verkehr muss die Schifffahrt häufig die Hoheitsgrenze überfahren. [4]In der Regel wird der Verkehr je zur Hälfte (= 17 km) auf deutschem und französischem Hoheitsgebiet abgewickelt.

3. Streckenanteil zwischen Straßburg (Rhein-km 295) und der Grenze bei Neuburgweier (Rhein-km 353) über insgesamt 58 km:

[1)] Zu Personenbeförderungen zwischen inländischen Seehäfen und der Insel Helgoland vgl. § 4 Nr. 6 Buchst. d UStG.

[1]Die Hoheitsgrenze im Rhein wird auch hier durch die Achse des Talwegs bestimmt. [2]Deshalb ist auch hier davon auszugehen, dass die Beförderungen nur zur Hälfte (= 29 km) im Inland stattfinden.

3b.2 Ort der Leistung, die im Zusammenhang mit einer Güterbeförderung steht

(1) [1]Die Ortsregelung des § 3b Abs. 2 UStG ist nur bei Leistungen an Nichtunternehmer (siehe Abschnitt 3a.1 Abs. 1) anzuwenden. [2]Werden mit der Beförderung eines Gegenstands in Zusammenhang stehende Leistungen an einen Leistungsempfänger im Sinne des § 3a Abs. 2 UStG (siehe Abschnitt 3a.2 Abs. 1) erbracht, richtet sich der Leistungsort nach § 3a Abs. 2 UStG. [3]Zum Leistungsort bei Leistungen, die im Zusammenhang mit einer Güterbeförderung stehen und die im Drittlandsgebiet genutzt oder ausgewertet werden, vgl. § 3a Abs. 8 Satz 1 UStG und Abschnitt 3a.14 Abs. 5.

(2) [1]Für den Ort einer Leistung, die im Zusammenhang mit einer Güterbeförderung steht (§ 3b Abs. 2 UStG), gelten die Ausführungen in Abschnitt 3a.6 Abs. 1 sinngemäß. [2]Bei der Anwendung der Ortsregelung kommt es nicht darauf an, ob die Leistung mit einer rein inländischen, einer grenzüberschreitenden oder einer innergemeinschaftlichen Güterbeförderung im Zusammenhang steht.

(3) [1]Die Regelung des § 3b Abs. 2 UStG gilt für Umsätze, die selbständige Leistungen sind. [2]Sofern das Beladen, das Entladen, der Umschlag, die Lagerung oder eine andere sonstige Leistung Nebenleistungen zu einer Güterbeförderung darstellen, teilen sie deren umsatzsteuerliches Schicksal.

3b.3 Ort der innergemeinschaftlichen Güterbeförderung

(1) [1]§ 3b Abs. 3 UStG ist nur anzuwenden, wenn die innergemeinschaftliche Beförderung eines Gegenstands (innergemeinschaftliche Güterbeförderung) an einen Nichtunternehmer (siehe Abschnitt 3a.1 Abs. 1) erfolgt. [2]In diesen Fällen wird die Leistung an dem Ort ausgeführt, an dem die Beförderung des Gegenstands beginnt (Abgangsort). [3]Wird eine innergemeinschaftliche Güterbeförderung an einen Leistungsempfänger im Sinne des § 3a Abs. 2 UStG (siehe Abschnitt 3a.2 Abs. 1) ausgeführt, richtet sich der Leistungsort nach § 3a Abs. 2 UStG.

(2) [1]Eine innergemeinschaftliche Güterbeförderung liegt nach § 3b Abs. 3 Satz 1 UStG vor, wenn sie in dem Gebiet von zwei verschiedenen EU-Mitgliedstaaten beginnt (Abgangsort) und endet (Ankunftsort). [2]Eine Anfahrt des Beförderungsunternehmers zum Abgangsort ist unmaßgeblich. [3]Entsprechendes gilt für den Ankunftsort. [4]Die Voraussetzungen einer innergemeinschaftlichen Güterbeförderung sind für jeden Beförderungsauftrag gesondert zu prüfen; sie müssen sich aus den im Beförderungs- und Speditionsgewerbe üblicherweise verwendeten Unterlagen (z. B. schriftlicher Speditionsauftrag oder Frachtbrief) ergeben. [5]Für die Annahme einer innergemeinschaftlichen Güterbeförderung ist es unerheblich, ob die Beförderungsstrecke ausschließlich über Gemeinschaftsgebiet oder auch über Drittlandsgebiet führt (vgl. Absatz 4 Beispiel 2).

(3) [1]Die deutschen Freihäfen gehören unionsrechtlich zum Gebiet der Bundesrepublik Deutschland (Artikel 5 MwStSystRL).[1)] [2]Deshalb ist eine innergemeinschaftliche Güterbeförderung auch dann gegeben, wenn die Beförderung in einem deutschen Freihafen beginnt und in einem anderen EU-Mitgliedstaat endet oder umgekehrt.

(4) Beispielsfälle für innergemeinschaftliche Güterbeförderungen:

Beispiel 1:

[1]Die Privatperson P aus Deutschland beauftragt den deutschen Frachtführer F, Güter von Spanien nach Deutschland zu befördern.

[2]Bei der Beförderungsleistung des F handelt es sich um eine innergemeinschaftliche Güterbeförderung, weil der Transport in einem EU-Mitgliedstaat beginnt und in einem anderen EU-Mitgliedstaat endet. [3]Der Ort dieser Beförderungsleistung liegt in Spanien, da die Beförderung der Güter in Spanien beginnt (§ 3b Abs. 3 UStG). [4]F ist Steuerschuldner in Spanien (Artikel 193 MwStSystRL; vgl. auch Abschnitt 3a.16 Abs. 4). [5]Die Abrechnung richtet sich nach den Regelungen des spanischen Umsatzsteuerrechts.

Beispiel 2:

[1]Die Privatperson P aus Italien beauftragt den in der Schweiz ansässigen Frachtführer F, Güter von Deutschland über die Schweiz nach Italien zu befördern.

[2]Bei der Beförderungsleistung des F handelt es sich um eine innergemeinschaftliche Güterbeförderung, weil der Transport in zwei verschiedenen EU-Mitgliedstaaten beginnt und endet. [3]Der Ort dieser Leistung bestimmt sich nach dem inländischen Abgangsort (§ 3b Abs. 3 UStG). [4]Die Leistung ist in Deutschland steuerbar und steuerpflichtig. [5]Unbeachtlich ist dabei, dass ein Teil der Beförderungsstrecke auf das Drittland Schweiz entfällt (vgl. Absatz 2 Satz 5). [6]Der leistende Unternehmer F ist Steuerschuldner (§ 13a Abs. 1 Nr. 1 UStG) und hat den Umsatz im Rahmen des allgemeinen Besteuerungsverfahrens (§ 18 Abs. 1 bis 4 UStG) zu versteuern (vgl. hierzu Abschnitt 3a.16 Abs. 3).

3b.4 Ort der gebrochenen innergemeinschaftlichen Güterbeförderung

(1) [1]Eine gebrochene Güterbeförderung liegt vor, wenn einem Beförderungsunternehmer für eine Güterbeförderung über die gesamte Beförderungsstrecke ein Auftrag erteilt wird, jedoch bei der Durchführung der Beförderung mehrere Beförderungsunternehmer nacheinander mitwirken. [2]Liegen Beginn und Ende der gesamten Beförderung in den Gebieten verschiedener EU-Mitgliedstaaten, ist hinsichtlich der Beförderungsleistung des Beförderungsunternehmers an den Auftraggeber eine gebrochene innergemeinschaftliche Güterbeförderung nach § 3b Abs. 3 UStG gegeben, wenn der Auftraggeber ein Nichtunternehmer (siehe Abschnitt 3a.1 Abs. 1) ist. [3]Die Beförderungsleistungen der vom Auftragnehmer eingeschalteten weiteren Beförderungsunternehmer sind für sich zu beurteilen. [4]Da es sich insoweit jeweils um Leistungen an einen anderen Unternehmer für dessen unternehmerischen Bereich handelt, richtet sich der Leistungsort für diese Beförderungsleistungen nicht nach § 3b Abs. 1 Sätze 1 bis 3 oder Abs. 3 UStG, sondern nach § 3a Abs. 2 UStG.

Beispiel 1:

[1]Die in Deutschland ansässige Privatperson P beauftragt den in Frankreich ansässigen Frachtführer S, Güter von Paris nach Rostock zu befördern. [2]S befördert die Güter von Paris nach

---

[1)] **Steuergesetze** Nr. **550**.

Aachen und beauftragt für die Strecke von Aachen nach Rostock den in Köln ansässigen Unterfrachtführer F mit der Beförderung. [3]Dabei teilt S im Frachtbrief an F den Abgangsort und den Bestimmungsort der Gesamtbeförderung mit. [4]S verwendet gegenüber F seine französische USt-IdNr.

[5]Die Beförderungsleistung des S an seinen Auftraggeber P umfasst die Gesamtbeförderung von Paris nach Rostock. [6]Die Leistung ist in Deutschland nicht steuerbar, da der Abgangsort in Frankreich liegt (§ 3b Abs. 3 UStG).

[7]Die Beförderungsleistung des F von Aachen nach Rostock an seinen Auftraggeber S ist keine innergemeinschaftliche Güterbeförderung, sondern eine inländische Güterbeförderung. [8]Da aber S Unternehmer ist und den Umsatz zur Ausführung von Umsätzen, also für den unternehmerischen Bereich verwendet, ist der Leistungsort in Frankreich (§ 3a Abs. 2 UStG). [9]Steuerschuldner der französischen Umsatzsteuer ist der Leistungsempfänger S, da der leistende Unternehmer F nicht in Frankreich ansässig ist (vgl. Artikel 196 MwStSystRL, vgl. auch Abschnitt 3a.16 Abs. 5). [10]In der Rechnung an S darf keine französische Umsatzsteuer enthalten sein (vgl. hierzu Abschnitt 3a.16 Abs. 6); auf die Steuerschuldnerschaft des Leistungsempfängers S ist in der Rechnung hinzuweisen.

Beispiel 2:

[1]Die deutsche Privatperson P beauftragt den in Deutschland ansässigen Frachtführer S, Güter von Amsterdam nach Dresden zu befördern. [2]S beauftragt den in den Niederlanden ansässigen Unterfrachtführer F, die Güter von Amsterdam nach Venlo zu bringen. [3]Dort übernimmt S die Güter und befördert sie weiter nach Dresden. [4]Dabei teilt S im Frachtbrief an F den Abgangsort und den Bestimmungsort der Gesamtbeförderung mit. [5]S verwendet gegenüber F seine deutsche USt-IdNr.

[6]Die Beförderungsleistung des S an seinen Auftraggeber P umfasst die Gesamtbeförderung von Amsterdam nach Dresden und ist eine innergemeinschaftliche Güterbeförderung. [7]Die Leistung ist in Deutschland nicht steuerbar, der Leistungsort ist am Abgangsort in den Niederlanden (§ 3b Abs. 3 UStG). [8]Steuerschuldner in den Niederlanden ist der leistende Unternehmer S (Artikel 193 MwStSystRL).

[9]Die Beförderungsleistung des F an seinen Auftraggeber S von Amsterdam nach Venlo ist keine innergemeinschaftliche Güterbeförderung, sondern eine inländische Güterbeförderung in den Niederlanden. [10]Da S Unternehmer ist und den Umsatz zur Ausführung von Umsätzen, also für den unternehmerischen Bereich verwendet, ist der Leistungsort in Deutschland (§ 3a Abs. 2 UStG). [11]Steuerschuldner in Deutschland ist der Leistungsempfänger S (§ 13b Abs. 1 und Abs. 5 Satz 1 UStG). [12]F darf in der Rechnung an S die deutsche Umsatzsteuer nicht gesondert ausweisen.

(2) [1]Wird bei Vertragsabschluss einer gebrochenen innergemeinschaftlichen Güterbeförderung eine „unfreie Versendung“ bzw. „Nachnahme der Fracht beim Empfänger“ vereinbart, trägt der Empfänger der Frachtsendung die gesamten Beförderungskosten. [2]Dabei erhält jeder nachfolgende Beförderungsunternehmer die Rechnung des vorhergehenden Beförderungsunternehmers über die Kosten der bisherigen Teilbeförderung. [3]Der letzte Beförderungsunternehmer rechnet beim Empfänger der Ware über die Gesamtbeförderung ab. [4]In diesen Fällen ist jeder Rechnungsempfänger als Leistungsempfänger im Sinne des § 3b Abs. 3 bzw. des § 3a Abs. 2 UStG anzusehen (vgl. Abschnitt 3a.2 Abs. 2).

Beispiel:

[1]Die deutsche Privatperson P beauftragt den deutschen Frachtführer S, Güter von Potsdam nach Bordeaux zu befördern. [2]Die Beförderungskosten sollen dem Empfänger (Privatperson) A in Bordeaux in Rechnung gestellt werden (Frachtnachnahme). [3]S befördert die Güter zu seinem Unterfrachtführer F in Paris und stellt diesem seine Kosten für die Beförderung bis Paris in Rechnung. [4]F befördert die Güter nach Bordeaux und berechnet dem Empfänger A die Kosten der Gesamtbeförderung. [5]Bei Auftragserteilung wird angegeben, dass F gegenüber S seine französische USt-IdNr. verwendet.

[6] Als Leistungsempfänger des S ist F anzusehen, da S gegenüber F abrechnet und F die Frachtkosten des S als eigene Schuld übernommen hat. [7] Als Leistungsempfänger von F ist A anzusehen, da F gegenüber A abrechnet (vgl. Abschnitt 3a.2 Abs. 2).
[8] Die Beförderungsleistung des S an F umfasst die Beförderung von Potsdam nach Paris. [9] Die Leistung ist in Frankreich steuerbar, da der Leistungsempfänger F Unternehmer ist und den Umsatz zur Ausführung von Umsätzen, also für den unternehmerischen Bereich verwendet (§ 3a Abs. 2 UStG). [10] Steuerschuldner der französischen Umsatzsteuer ist der Leistungsempfänger F, da der leistende Unternehmer S nicht in Frankreich ansässig ist (vgl. Artikel 196 MwStSystRL, vgl. auch Abschnitt 3a.16 Abs. 5). [11] In der Rechnung an F darf keine französische Umsatzsteuer enthalten sein (vgl. hierzu Abschnitt 3a.16 Abs. 6); auf die Steuerschuldnerschaft des F ist in der Rechnung hinzuweisen.
[12] Da F gegenüber A die gesamte Beförderung abrechnet, ist F so zu behandeln, als ob er die Gesamtbeförderung von Potsdam nach Bordeaux erbracht hätte. [13] Die Leistung ist als innergemeinschaftliche Güterbeförderung in Deutschland steuerbar und steuerpflichtig (§ 3b Abs. 3 UStG). [14] Steuerschuldner der deutschen Umsatzsteuer ist der leistende Unternehmer F (§ 13a Abs. 1 Nr. 1 UStG; vgl. auch Abschnitt 3a.16 Abs. 3).

Zu § 3c UStG

3c.1[1)] Ort der Lieferung beim Fernverkauf

(1) [1] § 3c Abs. 1 UStG verlagert den Ort der Lieferung eines innergemeinschaftlichen Fernverkaufs gemäß dem Bestimmungslandprinzip an den Ort, an dem sich der Gegenstand bei Beendigung der Beförderung oder Versendung an den Erwerber befindet, sofern nicht der Ausschlusstatbestand des § 3c Abs. 4 Satz 1 UStG greift. [2] Im Falle des § 3c Abs. 4 Satz 1 UStG verlagert sich der Ort der Lieferung eines innergemeinschaftlichen Fernverkaufs nicht an den Ort, an dem sich der Gegenstand bei Beendigung der Beförderung oder Versendung an den Erwerber befindet, sondern es verbleibt bei der Regelung des § 3 Abs. 6 Satz 1 UStG. [3] Abschnitt 3a.9a Abs. 1 Satz 1 Nr. 1 Sätze 2 bis 4 und 6 gelten entsprechend; Abschnitt 3a.9a Abs. 1 Satz 1 Nr. 1 Satz 5 gilt entsprechend unter der Maßgabe, dass die Erklärung als abgegeben gilt, wenn der liefernde Unternehmer die Voraussetzungen nach § 3c Abs. 4 Satz 1 UStG erfüllt, jedoch weiterhin die Regelung nach § 3c Abs. 1 UStG anwendet.

Beispiel 1:
[1] Ein im Inland ansässiger Händler veräußert über die eigene Internetseite einen Fernseher an eine Privatperson in Frankreich. [2] Die Ware wird aus seinem Lager im Inland an den Wohnsitz der Privatperson in Frankreich versendet. [3] Der Händler überschreitet die Umsatzschwelle von 10 000 € nicht und verzichtet nicht auf die Anwendung des § 3c Abs. 4 Satz 1 UStG (§ 3c Abs. 4 Satz 2 UStG).
[4] Die Lieferung des Händlers an die Privatperson ist gemäß § 3 Abs. 6 Satz 1 UStG im Inland steuerbar und steuerpflichtig. [5] § 3c Abs. 1 UStG ist nach § 3c Abs. 4 Satz 1 UStG nicht anzuwenden, weil der Händler nur in einem EU-Mitgliedstaat ansässig ist und die Umsatzschwelle nicht überschreitet.

Beispiel 2:
[1] Sachverhalt wie Beispiel 1. [2] Der Händler überschreitet jedoch die Umsatzschwelle von 10 000 € (§ 3c Abs. 4 Satz 1 UStG) bzw. verzichtet auf die Anwendung des § 3c Abs. 4 Satz 1 UStG (§ 3c Abs. 4 Satz 2 UStG).
[3] Auf die Lieferung des Händlers an die Privatperson ist § 3c Abs. 1 UStG anzuwenden. [4] Der Ort der Lieferung ist der Ort, an dem sich der Gegenstand bei Beendigung der Versendung an die

---

1) A 3c.1 UStAE neugef. durch BMF v. 1.4.2021, BStBl. I 2021, 629, anzuwenden mWv 1.7.2021.

Privatperson befindet (hier: Frankreich). [5] Der Händler kann das besondere Besteuerungsverfahren im Sinne des § 18j UStG (vgl. Abschnitt 18j.1) in Anspruch nehmen und den Umsatz darüber erklären. [6] Andernfalls hat der Händler den Umsatz im Bestimmungsland (hier: Frankreich) im allgemeinen Besteuerungsverfahren (Artikel 250 bis 261 MwStSystRL) zu erklären.

Beispiel 3:

[1] Ein in Südkorea ansässiger Händler veräußert über die eigene Internetseite einen Fernseher an eine Privatperson in Frankreich. [2] Die Ware wird aus dem Lager seiner Betriebsstätte im Inland an den Wohnsitz der Privatperson in Frankreich versendet. [3] Der Händler überschreitet die Umsatzschwelle von 10 000 € nicht und verzichtet nicht auf die Anwendung des § 3c Abs. 4 Satz 1 UStG (§ 3c Abs. 4 Satz 2 UStG).

[4] Die Lieferung des Händlers an die Privatperson ist gemäß § 3 Abs. 6 Satz 1 UStG im Inland steuerbar und steuerpflichtig. [5] § 3c Abs. 1 UStG ist nach § 3c Abs. 4 Satz 1 UStG nicht anzuwenden, weil der Händler eine Betriebsstätte in nur einem EU-Mitgliedstaat hat und die Umsatzschwelle nicht überschreitet.

Beispiel 4:

[1] Sachverhalt wie Beispiel 3. [2] Der Händler überschreitet jedoch die Umsatzschwelle von 10 000 € (§ 3c Abs. 4 Satz 1 UStG) bzw. verzichtet auf die Anwendung des § 3c Abs. 4 Satz 1 UStG (§ 3c Abs. 4 Satz 2 UStG).

[3] Auf die Lieferung des Händlers an die Privatperson ist § 3c Abs. 1 UStG anzuwenden. [4] Der Ort der Lieferung ist der Ort, an dem sich der Gegenstand bei Beendigung der Versendung an die Privatperson befindet (hier: Frankreich). [5] Der Händler kann das besondere Besteuerungsverfahren im Sinne des § 18j UStG (vgl. Abschnitt 18j.1) in Anspruch nehmen und den Umsatz darüber erklären. [6] Andernfalls hat der Händler den Umsatz im Bestimmungsland (hier: Frankreich) im allgemeinen Besteuerungsverfahren (Artikel 250 bis 261 MwStSystRL) zu erklären.

Beispiel 5:

[1] Ein im Inland ansässiger Händler H veräußert über die eigene Internetseite Handyzubehör an eine im Inland ansässige Privatperson. [2] Die Ware wird aus seinem Lager in Frankreich an den Wohnsitz der Privatperson versendet. [3] H verzichtet auf die Anwendung von § 3c Abs. 4 Satz 1 UStG und nimmt an dem besonderen Besteuerungsverfahren nach § 18j UStG (vgl. Abschnitt 18j.1) teil.

[4] Auf die Lieferung des Händlers an die Privatperson ist § 3c Abs. 1 UStG anzuwenden. [5] Der Ort der Lieferung ist der Ort, an dem sich der Gegenstand bei Beendigung der Versendung an die Privatperson befindet (hier: Inland). [6] Der Händler hat die Umsätze über das besondere Besteuerungsverfahren im Sinne des § 18j UStG (vgl. Abschnitt 18j.1) zu erklären.

(2) [1] Ein innergemeinschaftlicher Fernverkauf ist die Lieferung eines Gegenstands, der durch den Lieferer oder für dessen Rechnung aus dem Gebiet eines EU-Mitgliedstaates in das Gebiet eines anderen EU-Mitgliedstaates oder aus dem übrigen Gemeinschaftsgebiet in die in § 1 Abs. 3 UStG bezeichneten Gebiete an eine in § 1a Abs. 3 Nr. 1 UStG genannte Person oder eine Person nach § 3a Abs. 5 Satz 1 UStG – unter direkter oder indirekter Beteiligung – befördert oder versendet wird. [2] Lieferungen von Gas, Elektrizität, Wärme und Kälte sind keine bewegten Lieferungen und sind deshalb nicht vom Begriff des innergemeinschaftlichen Fernverkaufs im Sinne des § 3c Abs. 1 Satz 2 UStG erfasst. [3] Erwerber im Sinne des Satzes 1 sind daher Nichtunternehmer (siehe Abschnitt 3a.1 Abs. 1) sowie Unternehmer, die nur steuerfreie – nicht zum Vorsteuerabzug berechtigende – Umsätze ausführen, Kleinunternehmer, pauschalierende Land- und Forstwirte und juristische Personen, die nicht Unternehmer sind oder den Gegenstand nicht für das Unternehmen erwerben. [4] Im Hinblick auf die in § 1a Abs. 3 Nr. 1 UStG genannten Personen ist der Erwerberkreis auf diejenigen Personen beschränkt, die weder die maßgebende Erwerbsschwelle im Sinne des § 1a Abs. 3 Nr. 2 UStG überschreiten, noch auf ihre

Anwendung nach § 1a Abs. 4 UStG verzichten (vgl. zu den Erwerbsschwellen in den EU-Mitgliedstaaten Abschnitt 3.18 Abs. 4 Satz 7). [5] Sofern die Beförderung oder Versendung im Gebiet eines anderen EU-Mitgliedstaates endet, ist die von diesem EU-Mitgliedstaat festgesetzte Erwerbsschwelle maßgebend. [6] Als indirekte Beteiligung des Lieferers am Versand oder der Beförderung der Gegenstände sind die in Abschnitt 3.18 Abs. 4 Satz 8 genannten Fälle anzusehen.

Beispiel:

[1] Händler H aus Köln verkauft Waren über die eigene Internetseite an eine Privatperson in Belgien. [2] Die Waren werden durch eine Spedition zum Kunden transportiert. [3] H stellt dem Kunden die Transportkosten in Rechnung und leitet sie nach Zahlung an die Spedition weiter.

[4] Da H seinem Kunden die Transportkosten berechnet und der Spedition weiterleitet, ist von einer indirekten Beteiligung am Transport auszugehen und es liegt ein innergemeinschaftlicher Fernverkauf von Gegenständen vor. [5] Der Lieferort verlagert sich damit nach § 3c Abs. 1 UStG nach Belgien, wenn H die Umsatzschwelle von 10 000 € überschreitet oder überschritten hat (§ 3c Abs. 4 Satz 1 UStG) bzw. auf die Anwendung des § 3c Abs. 4 Satz 1 UStG verzichtet (§ 3c Abs. 4 Satz 2 UStG).

(3) [1] § 3c Abs. 2 UStG verlagert den Ort der Lieferung eines Fernverkaufs eines Gegenstands, der aus dem Drittlandsgebiet in einen anderen EU-Mitgliedstaat als den, in dem die Beförderung oder Versendung des Gegenstands an den Erwerber endet, eingeführt wird, an den Ort, an dem sich der Gegenstand bei Beendigung der Beförderung oder Versendung an den Erwerber befindet. [2] Absatz 2 Sätze 3 bis 6 und Abschnitt 3.18 Abs. 4 Sätze 1 bis 8 gelten entsprechend.

Beispiel:

[1] Ein in Südkorea ansässiger Händler H veräußert über die eigene Internetseite Handyzubehör (Sachwert: 200 €) an eine Privatperson in Frankreich. [2] Die Ware wird durch H aus dem Lager in Südkorea nach Deutschland versendet, wo die Zollanmeldung erfolgt. [3] Von dort aus wird die Ware weiter an den Wohnsitz der Privatperson in Frankreich versendet.

[4] Da die Ware aus dem Drittlandsgebiet in einen anderen EU-Mitgliedstaat (hier: Deutschland) als den, in dem die Beförderung oder Versendung des Gegenstandes an den Erwerber endet (hier: Frankreich), eingeführt wird, verlagert sich der Ort nach § 3c Abs. 2 Satz 1 UStG an den Ort, an dem sich der Gegenstand bei Beendigung der Beförderung oder Versendung an den Erwerber befindet (hier: Frankreich). [5] H hat den Umsatz im Bestimmungsland (hier: Frankreich) im allgemeinen Besteuerungsverfahren (Artikel 250 bis 261 MwStSystRL) zu erklären.

(4) [1] § 3c Abs. 3 Satz 1 UStG verlagert den Ort der Lieferung eines Fernverkaufs eines Gegenstands, der aus dem Drittlandsgebiet in den EU-Mitgliedstaat, in dem die Beförderung oder Versendung des Gegenstands an den Erwerber endet, eingeführt wird, in diesen EU-Mitgliedstaat, sofern die Steuer auf diesen Gegenstand gemäß dem besonderen Besteuerungsverfahren *nach § 18k UStG* (vgl. Abschnitt 18k.1) zu erklären ist.

Beispiel 1:

[1] Ein in Südkorea ansässiger Händler H veräußert über die eigene Internetseite Handyzubehör (Sachwert: 50 €) an eine im Inland ansässige Privatperson. [2] Die Ware wird aus seinem Lager in Südkorea an den Wohnsitz der Privatperson versendet. [3] Die Zollanmeldung in Deutschland erfolgt durch den Spediteur S in indirekter Vertretung des H. [4] H nimmt das besondere Besteuerungsverfahren nach § 18k UStG (vgl. Abschnitt 18k.1) nicht in Anspruch.

[5] Da die Zollanmeldung für Rechnung des H erfolgt, schuldet H die Einfuhrumsatzsteuer, die er unter den allgemeinen Voraussetzungen des § 15 UStG als Vorsteuer abziehen kann. [6] Die

Lieferung des H an die Privatperson ist gemäß § 3 Abs. 8 UStG im Inland steuerbar und steuerpflichtig. [7]H hat den Umsatz im Inland im allgemeinen Besteuerungsverfahren (§ 18 Abs. 1 bis 4 UStG) zu erklären. [8]§ 3c Abs. 3 Satz 1 UStG ist nicht anzuwenden, weil H das besondere Besteuerungsverfahren nach § 18k UStG nicht in Anspruch nimmt.

Beispiel 2:

[1]Sachverhalt wie Beispiel 1. [2]H nimmt jedoch durch einen im Inland ansässigen Vertreter das besondere Besteuerungsverfahren nach § 18k UStG (vgl. Abschnitt 18k.1) in Anspruch.
[3]Die Einfuhr der Waren ist gemäß § 5 Abs. 1 Nr. 7 UStG steuerfrei. [4]Die Lieferung des H an die Privatperson ist im Inland nach § 3c Abs. 3 Satz 1 UStG steuerbar und steuerpflichtig. [5]H hat diesen Umsatz im besonderen Besteuerungsverfahren nach § 18k UStG zu erklären (vgl. Abschnitt 18k.1).

Beispiel 3:

[1]Sachverhalt wie Beispiel 1. [2]Die Zollanmeldung in Deutschland erfolgt jedoch durch die Privatperson oder durch einen Post- oder Kurierdienstleister im Namen und für Rechnung der Privatperson.
[3]Da die Zollanmeldung im Namen der Privatperson erfolgt, schuldet die Privatperson die Einfuhrumsatzsteuer, weshalb § 3 Abs. 8 UStG keine Anwendung findet. [4]Die Lieferung des H an die Privatperson ist im Inland nicht steuerbar, da sich der Ort der Lieferung nach § 3 Abs. 6 Satz 1 UStG in Südkorea befindet. [5]§ 3c Abs. 3 Satz 1 UStG ist nicht anzuwenden, weil H das besondere Besteuerungsverfahren nach § 18k UStG nicht in Anspruch nimmt.

Beispiel 4:

[1]Ein im Inland ansässiger Händler H veräußert Handyzubehör (Sachwert: 60 €) über die eigene Internetseite an eine im Inland ansässige Privatperson. [2]Die Ware wird aus seinem Lager in der Schweiz an den Wohnsitz der Privatperson versendet. [3]Die Zollanmeldung in Deutschland erfolgt durch H. [4]Der Unternehmer nimmt das besondere Besteuerungsverfahren nach § 18k UStG (vgl. Abschnitt 18k.1) in Anspruch.
[5]Auf die Lieferung des H an die Privatperson ist § 3c Abs. 3 Satz 1 UStG anzuwenden. [6]Der Ort der Lieferung ist der Ort, an dem sich der Gegenstand bei Beendigung der Versendung an die Privatperson befindet (hier: Inland). [7]Die Einfuhr der Ware ist nach § 5 Abs. 1 Nr. 7 UStG steuerfrei. [8]H hat die Umsätze über das besondere Besteuerungsverfahren im Sinne des § 18k UStG (vgl. Abschnitt 18k.1) zu erklären.

[2]Durch § 3c Abs. 3 Satz 3 UStG wird sichergestellt, dass bei einem Fernverkauf nach § 3 Abs. 3a Satz 2 UStG die Ortsverlagerung auch dann eintritt, wenn der Umsatz nicht in dem besonderen Besteuerungsverfahren nach § 18k UStG zu erklären ist sowie ein Unternehmer oder dessen Beauftragter Schuldner der Einfuhrumsatzsteuer sein sollte.

Beispiel 5:

[1]Ein in Südkorea ansässiger Händler H veräußert über eine elektronische Schnittstelle Handyzubehör (Sachwert: 50 €) an eine im Inland ansässige Privatperson. [2]Die Ware wird aus einem Lager in Südkorea an den Wohnsitz der Privatperson versendet. [3]Die Zollanmeldung in Deutschland erfolgt durch den Spediteur S in indirekter Vertretung des H. [4]Der Betreiber der elektronischen Schnittstelle nimmt das besondere Besteuerungsverfahren nach § 18k UStG (vgl. Abschnitt 18k.1) nicht in Anspruch.
[5]Nach § 3 Abs. 3a Satz 2 UStG werden eine Lieferung des H an den Betreiber der elektronischen Schnittstelle und eine Lieferung des Betreibers der elektronischen Schnittstelle an die im Inland ansässige Privatperson fingiert. [6]Da die Zollanmeldung für Rechnung des H erfolgt, schuldet H die Einfuhrumsatzsteuer. [7]Die Warenbewegung wird nach § 3 Abs. 6b UStG der Lieferung des Betreibers der elektronischen Schnittstelle zugeschrieben. [8]Zum Abzug der Einfuhrumsatzsteuer als Vorsteuer ist H nicht berechtigt, da er eine ruhende Lieferung in Südkorea bewirkt und daher *die anschließende Einfuhr im Zuge* der bewegten Lieferung nicht für sein Unternehmen ausgeführt wird (siehe Abschnitt 15.8 Abs. 4). [9]Vorsteuerabzugsberechtigt ist der Betreiber der elektronischen Schnittstelle, der die bewegte Lieferung ausführt und dabei so zu behandeln ist, als

ob er den Gegenstand für sein Unternehmen selbst erhalten und geliefert hätte. [10] Voraussetzung ist, dass H ihm den Beleg für den Vorsteuerabzug aushändigt (vgl. Abschnitt 15.8 Abs. 7). [11] Die Lieferung des H an den Betreiber der elektronischen Schnittstelle ist gemäß § 3 Abs. 7 Satz 2 Nr. 1 UStG im Inland nicht steuerbar. [12] Die Lieferung des Betreibers der elektronischen Schnittstelle an die Privatperson ist im Inland nach § 3c Abs. 3 Satz 3 UStG steuerbar und steuerpflichtig. [13] § 3 Abs. 8 UStG findet keine Anwendung, da die Lieferung des H an den Betreiber der elektronischen Schnittstelle unbewegt ist und der Betreiber der elektronischen Schnittstelle nicht die Einfuhrumsatzsteuer schuldet.

(5) Nach § 3c Abs. 5 UStG kommt es zu keiner Verlagerung des Orts der Lieferung an den Bestimmungsort, wenn
- ein neues Fahrzeug geliefert wird,
- ein Gegenstand, der mit oder ohne probeweise Inbetriebnahme durch den Lieferer oder für dessen Rechnung montiert oder installiert geliefert wird,
- auf die Lieferung eines Gegenstands die Differenzbesteuerung nach § 25a Abs. 1 oder 2 UStG angewendet wird oder
- verbrauchsteuerpflichtige Waren an eine in § 1a Abs. 3 Nr. 1 UStG genannte Person geliefert werden.

Zu § 3d UStG

3d.1 Ort des innergemeinschaftlichen Erwerbs

(1) [1] Die Beurteilung der Frage, in welchem Mitgliedstaat die Beförderung eines Gegenstands endet, ist im Wesentlichen das Ergebnis einer Würdigung der tatsächlichen Umstände. [2] Beim Erwerb einer Yacht können die Angaben in einem „T2L"-Versandpapier im Sinne des Artikels 205 UZK-IA[1)] sowie ein im Schiffsregister eingetragener Heimathafen Anhaltspunkte sein (vgl. BFH-Urteil vom 20.12.2006, V R 11/06, BStBl. 2007 II S. 424).

(2) [1] Der EU-Mitgliedstaat, in dem der innergemeinschaftliche Erwerb bewirkt wird oder als bewirkt gilt, nimmt seine Besteuerungskompetenz unabhängig von der umsatzsteuerlichen Behandlung des Vorgangs im EU-Mitgliedstaat des Beginns der Beförderung oder Versendung des Gegenstands wahr. [2] Dabei ist unbeachtlich, ob der Umsatz bereits im EU-Mitgliedstaat des Beginns der Beförderung oder Versendung besteuert wurde. [3] Etwaige Anträge auf Berichtigung einer vom Abgangsstaat festgesetzten Steuer werden von diesem Staat nach dessen nationalen Vorschriften bearbeitet (vgl. Artikel 16 der MwStVO).[2)]

(3) Zur Verwendung einer USt-IdNr. vgl. Abschnitt 3a.2 Abs. 10.

(4) [1] Entsteht die Umsatzsteuer für einen innergemeinschaftlichen Erwerb im Inland nur auf Grund der Verwendung einer von Deutschland erteilten USt-IdNr. nach § 3d Satz 2 UStG, ist der Abzug dieser Umsatzsteuer als Vorsteuer ausgeschlossen (vgl. Abschnitt 15.10 Abs. 2 Satz 2). [2] Eine Entlastung von dieser Umsatzsteuer ist dem Unternehmer ausschließlich durch den Nachweis möglich, dass der Erwerb in dem Gebiet eines anderen Mitglied-

---

1) **Zölle und Verbrauchsteuern** Nr. **8**.
2) **Steuergesetze** Nr. **550a**.

staats besteuert worden ist oder nach § 25b Abs. 3 UStG als besteuert gilt (vgl. § 17 Abs. 2 Nr. 4 UStG). [3]In der Wahl der Mittel der Nachweisführung im Sinne des § 3d Satz 2 UStG ist der Unternehmer grundsätzlich frei. [4]Eine Besteuerung im Mitgliedstaat der Beendigung der Beförderung oder Versendung ist insbesondere dann nachgewiesen, wenn anhand der steuerlichen Aufzeichnungen des Unternehmers nachvollziehbar ist, dass der Umsatz in eine von ihm in diesem Mitgliedstaat abgegebene Steuererklärung eingeflossen ist und dort zu einer Besteuerung geführt hat.

Zu § 3e UStG

3e.1 Ort der Lieferung und der Restaurationsleistung während einer Beförderung an Bord eines Schiffs, in einem Luftfahrzeug oder in der Eisenbahn (§ 3e UStG)

[1]Der Ort der Lieferung von Gegenständen sowie der Ort der Abgabe von Speisen und Getränken zum Verzehr an Ort und Stelle (Restaurationsleistung) während einer Beförderung an Bord eines Schiffs, in einem Luftfahrzeug oder in der Eisenbahn ist grundsätzlich nach § 3e UStG im Inland belegen, wenn die Beförderung im Inland beginnt bzw. der Abgangsort des Beförderungsmittels im Inland belegen ist und die Beförderung im Gemeinschaftsgebiet endet bzw. der Ankunftsort des Beförderungsmittels im Gemeinschaftsgebiet belegen ist. [2]Ausgenommen sind dabei lediglich Lieferungen und Restaurationsleistungen während eines Zwischenaufenthalts eines Schiffs im Drittland, bei dem die Reisenden das Schiff, und sei es nur für kurze Zeit, verlassen können, sowie während des Aufenthalts des Schiffs im Hoheitsgebiet dieses Staates. [3]Lieferungen von Gegenständen und Restaurationsleistungen auf einem Schiff während eines solchen Zwischenaufenthalts und im Verlauf der Beförderung im Hoheitsgebiet dieses Staates, unterliegen der Besteuerungskompetenz des Staates, in dem der Zwischenaufenthalt erfolgt (vgl. EuGH-Urteil vom 15.9.2005, C-58/04, Köhler, BStBl. 2007 II S. 150,[1] sowie BFH-Urteil vom 20.12.2005, V R 30/02, BStBl. 2007 II S. 139). [4]Gilt der Abgangsort des Beförderungsmittels nicht als Ort der Lieferung oder Restaurationsleistung, bestimmt sich dieser nach § 3 Abs. 6 bis 8 UStG bzw. nach § 3a Abs. 3 Nr. 3 Buchstabe b UStG (vgl. Abschnitt 3a.6 Abs. 9). [5]Snacks, kleine Süßigkeiten und Getränke, die an Bord eines Flugzeugs während einer Beförderung innerhalb des Gemeinschaftsgebiets gegen gesondertes Entgelt abgegeben werden, werden nach § 3e UStG am Abgangsort des Flugzeugs geliefert; eine Nebenleistung zur Flugbeförderung liegt nicht vor (vgl. BFH-Urteil vom 27.2.2014, V R 14/13, BStBl. II S. 869).

Zu § 3f UStG[2]

3f.1 *(aufgehoben)*

[1] *DStR 2005, 1283.*

[2] § 3f UStG aufgeh. durch G v. 12.12.2019, BGBl. I 2019, 2451, mWv 18.12.2019; A 3f.1 UStAE aufgeh. durch BMF v. 15.12.2020, BStBl. I 2020, 1374.

Zu § 3g UStG

3g.1 Ort der Lieferung von Gas oder Elektrizität[1)]

Allgemeines

(1) [1]§ 3g UStG ist in Bezug auf Gas für alle Druckstufen und in Bezug auf Elektrizität für alle Spannungsstufen anzuwenden. [2]Bezüglich der Lieferung von Gas ist die Anwendung auf Lieferungen über das Erdgasnetz beschränkt und findet z. B. keine Anwendung auf den Verkauf von Gas in Flaschen oder die Befüllung von Gastanks mittels Tanklastzügen. [3]Zum Erdgasnetz gehören auch die Erdgasspeicheranlagen, deren Zugang ausschließlich über eine Erdgasleitung erfolgt, die fest und dauerhaft an das Erdgasverteil- bzw. Erdgasübertragungsnetz angeschlossen ist. [4]Zur Steuerbarkeit von Umsätzen im Zusammenhang mit der Abgabe von Energie durch einen Netzbetreiber vgl. Abschnitt 1.7.

Wiederverkäufer

(2) [1]Bei der Lieferung von Gas über das Erdgasnetz oder Elektrizität ist danach zu unterscheiden, ob diese Lieferung an einen Unternehmer, dessen Haupttätigkeit in Bezug auf den Erwerb dieser Gegenstände in deren Lieferung besteht und dessen eigener Verbrauch dieser Gegenstände von untergeordneter Bedeutung ist (sog. Wiederverkäufer von Gas oder Elektrizität) oder an einen anderen Abnehmer erfolgt. [2]Die Haupttätigkeit des Unternehmers in Bezug auf den Erwerb von Gas über das Erdgasverteilungsnetz oder von Elektrizität besteht dann in deren Lieferung, d. h. im Wiederverkauf dieser Gegenstände, wenn der Unternehmer mehr als die Hälfte der von ihm erworbenen Menge weiterveräußert. [3]Lieferungen von Elektrizität, die als Nebenleistung erfolgen (vgl. Abschnitt 4.12.1 Abs. 5 Satz 3), gelten nicht als weiterveräußert in diesem Sinne. [4]Zur Wiederverkäufereigenschaft eines Betreibers von dezentralen Stromgewinnungsanlagen vgl. Abschnitt 2.5 Abs. 3. [5]Der eigene Gas- bzw. Elektrizitätsverbrauch des Unternehmers ist von untergeordneter Bedeutung, wenn nicht mehr als 5% der erworbenen Menge zu eigenen (unternehmerischen sowie nichtunternehmerischen) Zwecken verwendet wird. [6]Die Bereiche „Gas" und „Elektrizität" sind dabei getrennt, jedoch für das gesamte Unternehmen im Sinne des § 2 UStG zu beurteilen. [7]In der Folge werden grenzüberschreitende Leistungen zwischen Unternehmensteilen, die als nicht steuerbare Innenumsätze zu behandeln sind und die nach § 3g Abs. 3 UStG auch keinen Verbringungstatbestand erfüllen, in diese Betrachtung einbezogen. [8]Außerdem ist damit ein *Unternehmer,* der z. B. nur im Bereich „Elektrizität" mehr als die Hälfte der von ihm erworbenen Menge weiterveräußert und nicht mehr als 5% zu eigenen Zwecken verwendet, diese Voraussetzungen aber für den Bereich „Gas" nicht erfüllt, nur für Lieferungen an ihn im Bereich „Elektrizität" als Wiederverkäufer anzusehen.

[1)] Zur Erweiterung auf Lieferung von Wärme und Kälte vgl. Art. 38 und 39 MwStSystRL i. d. F. der RL 2009/162/EU (**Steuergesetze** Nr. **550**).

(3) [1] Maßgeblich sind die Verhältnisse im vorangegangenen Kalenderjahr. [2] Verwendet der Unternehmer zwar mehr als 5%, jedoch nicht mehr als 10% der erworbenen Menge an Gas oder Elektrizität zu eigenen Zwecken, ist weiterhin von einer untergeordneten Bedeutung auszugehen, wenn die im Mittel der vorangegangenen drei Jahre zu eigenen Zwecken verbrauchte Menge 5% der in diesem Zeitraum erworbenen Menge nicht überschritten hat. [3] Im Unternehmen selbst erzeugte Mengen bleiben bei der Beurteilung unberücksichtigt. [4] Ob die selbst erzeugte Menge veräußert oder zum eigenen Verbrauch im Unternehmen verwendet wird, ist daher unbeachtlich. [5] Ebenso ist die veräußerte Energiemenge, die selbst erzeugt wurde, hinsichtlich der Beurteilung der Wiederverkäufereigenschaft aus der Gesamtmenge der veräußerten Energie auszuscheiden; auch sie beeinflusst die nach Absatz 2 Sätze 1 und 2 einzuhaltenden Grenzwerte nicht. [6] Sowohl hinsichtlich der erworbenen als auch hinsichtlich der veräußerten Menge an Energie ist wegen der Betrachtung des gesamten Unternehmens darauf abzustellen, ob die Energie von einem anderen Unternehmen erworben bzw. an ein anderes Unternehmen veräußert worden ist. [7] Netzverluste bleiben bei der Ermittlung der Menge der zu eigenen Zwecken verwendeten Energie außer Betracht. [8] Anderer Abnehmer ist ein Abnehmer, der nicht Wiederverkäufer ist.

Ort der Lieferung von Gas oder Elektrizität

(4) [1] Bei der Lieferung von Gas oder Elektrizität an einen Wiederverkäufer gilt entweder der Ort, von dem aus dieser sein Unternehmen betreibt, oder – wenn die Lieferung an eine Betriebsstätte des Wiederverkäufers ausgeführt wird – der Ort dieser Betriebsstätte als Ort der Lieferung. [2] Eine Lieferung erfolgt an eine Betriebsstätte, wenn sie ausschließlich oder überwiegend für diese bestimmt ist; Abschnitt 3a.2 Abs. 4 gilt sinngemäß. [3] Dementsprechend ist auf die Bestellung durch und die Abrechnung für Rechnung der Betriebsstätte abzustellen. [4] Es kommt nicht darauf an, wie und wo der Wiederverkäufer die gelieferten Gegenstände tatsächlich verwendet. [5] Somit gilt diese Regelung auch für die für den eigenen Verbrauch des Wiederverkäufers gelieferte Menge. [6] Dies ist insbesondere von Bedeutung bei der Verwendung für eigene Zwecke in eigenen ausländischen Betriebsstätten und ausländischen Betriebsstätten des Organträgers; auch insoweit verbleibt es bei der Besteuerung im Sitzstaat, soweit nicht unmittelbar an die ausländische Betriebsstätte geliefert wird.

(5) [1] Bei der Lieferung von Gas oder Elektrizität an einen anderen Abnehmer wird grundsätzlich auf den Ort des tatsächlichen Verbrauchs dieser Gegenstände abgestellt. [2] Das ist regelmäßig der Ort, wo sich der Zähler des Abnehmers befindet. [3] Sollte der andere Abnehmer die an ihn gelieferten Gegenstände nicht tatsächlich verbrauchen (z.B. bei Weiterverkauf von Überkapazitäten), wird insoweit für die Lieferung an diesen Abnehmer der Verbrauch nach § 3g Abs. 2 Satz 2 UStG dort fingiert, wo dieser sein Unternehmen betreibt oder eine Betriebsstätte hat, an die die Gegenstände geliefert werden. [4] Im Ergebnis führt dies dazu, dass im Falle des Weiterverkaufs von Gas über das Erdgasnetz oder Elektrizität für den Erwerb dieser Gegenstände stets das Empfängerortprinzip gilt. [5] Da Gas und Elektrizität allenfalls in begrenztem Umfang gespeichert werden, steht regelmäßig bereits bei Abnahme von Gas über das Erdgasnetz oder Elektrizität fest, in welchem Umfang ein Wiederverkauf erfolgt.

Innergemeinschaftlicher Erwerb, innergemeinschaftliches Verbringen sowie Einfuhr von Gas oder Elektrizität

(6) [1]Durch die spezielle Ortsregelung für die Lieferung von Gas über das Erdgasnetz oder Elektrizität wird klargestellt, dass Lieferungen dieser Gegenstände keine bewegten Lieferungen sind. [2]Daraus folgt, dass weder eine Ausfuhrlieferung nach § 6 UStG noch eine innergemeinschaftliche Lieferung nach § 6a UStG vorliegen kann. [3]Bei Lieferungen von Gas über das Erdgasnetz und von Elektrizität unter den Bedingungen von § 3g Abs. 1 oder 2 UStG liegt weder ein innergemeinschaftliches Verbringen noch ein innergemeinschaftlicher Erwerb vor. [4]Die Einfuhr von Gas über das Erdgasnetz oder von Elektrizität ist nach § 5 Abs. 1 Nr. 6 UStG steuerfrei. [5]§ 3g UStG gilt auch im Verhältnis zum Drittlandsgebiet; die Anwendung von § 3 Abs. 8 UStG ist demgegenüber mangels Beförderung oder Versendung ausgeschlossen. [6]Die Lieferung von Gas über das Erdgasnetz und von Elektrizität aus dem Drittlandsgebiet in das Inland ist damit im Inland steuerbar und steuerpflichtig; die Steuerschuldnerschaft des Leistungsempfängers unter den Voraussetzungen des § 13b Abs. 2 Nr. 5 Buchstabe a und Abs. 5 Satz 1 UStG ist zu beachten (vgl. Abschnitt 13b.1 Abs. 2 Nr. 7 Buchstabe a und Abschnitt 13b.3a Abs. 1). [7]Die Lieferung von Gas über das Erdgasnetz und von Elektrizität aus dem Inland in das Drittlandsgebiet ist eine im Inland nicht steuerbare Lieferung.

Zu § 4 Nr. 1 UStG
(§§ 8 bis 17c UStDV)

4.1.1 Ausfuhrlieferungen und Lohnveredelungen an Gegenständen der Ausfuhr

Auf die Abschnitte 6.1 bis 6.12 und 7.1 bis 7.4 wird hingewiesen.

4.1.2 Innergemeinschaftliche Lieferungen

Allgemeines

(1) Auf die Abschnitte 6a.1 bis 6a.8 wird hingewiesen.

Zusammenfassende Meldung – Allgemeines

(2) [1]Gemäß § 4 Nr. 1 Buchstabe b UStG ist die Steuerfreiheit der innergemeinschaftlichen Lieferung davon abhängig, dass der Unternehmer seiner gesetzlichen Pflicht zur Abgabe einer Zusammenfassenden Meldung (ZM) *gemäß § 18a UStG nachkommt* und diese im Hinblick auf die jeweilige Lieferung richtig und vollständig ist. [2]Gibt der Unternehmer die ZM nicht richtig, vollständig oder fristgerecht ab, erfüllt er die Voraussetzung für die Steuerbefreiung nicht. [3]Die Feststellung, dass die Voraussetzungen nicht erfüllt sind, kann immer erst nachträglich getroffen werden, da die Abgabe einer ZM zu einer innergemeinschaftlichen Lieferung immer erst später, nämlich bis zum 25. Tag nach Ablauf jedes Meldezeitraums, in dem die innergemeinschaftliche Lieferung ausgeführt wurde, erfolgt.

Zusammenfassende Meldung – Berichtigung

(3) [1]Die Pflicht zur Berichtigung einer fehlerhaften ZM nach § 18a Abs. 10 UStG bleibt gemäß § 4 Nr. 1 Buchstabe b UStG unberührt. [2]Eine fehlerhafte ZM ist gemäß § 18a Abs. 10 UStG innerhalb eines Monats zu berichtigen, wenn der Unternehmer nachträglich erkennt, dass die von ihm abgegebene ZM unrichtig oder unvollständig ist. [3]Auf § 18a Abs. 7 Satz 2 UStG wird hingewiesen. [4]Berichtigt der Unternehmer die fehlerhafte ZM für den Meldezeitraum, in dem die betreffende Lieferung ausgeführt wurde, nicht, ist die Steuerbefreiung für die betreffende Lieferung nachträglich zu versagen. [5]Eine Berichtigung von Fehlern in einer anderen ZM als der ursprünglichen, führt zu keinem Aufleben der Steuerfreiheit für die betreffende Lieferung.

Beispiel:

[1]Der in Deutschland ansässige Unternehmer U liefert an einen französischen Kraftwerksbetreiber A am 10.2.2020 eine Maschine im Wert von 50 000 €. [2]A hat gegenüber U seine französische USt-IdNr. bei Auftragserteilung verwendet. [3]In der ZM für Februar 2020 gibt U versehentlich durch einen fehlerhaften Abgleich im Buchhaltungssystem an, Gegenstände im Wert von 5000 € an A geliefert zu haben. [4]U entdeckt den Fehler zufällig am 10.6.2020 und meldet in der ZM Juni 2020, die er am 5.7.2020 an das BZSt übermittelt, dass er an A Waren im Wert von 45 000 € geliefert hat. [5]Zwar liegen die übrigen Voraussetzungen für eine steuerfreie innergemeinschaftliche Lieferung vor, allerdings hat U für Februar 2020 eine falsche ZM in Bezug auf die Lieferung an A abgegeben. [6]Da er den Fehler nicht in der ursprünglichen ZM für Februar 2020 berichtigt hat, sondern in der ZM für Juni 2020, ist die Steuerfreiheit insgesamt zu versagen. [7]Würde U sowohl die ZM für Februar 2020, als auch Juni 2020 noch innerhalb der Monatsfrist des § 18a Abs. 10 UStG berichtigen, würde die Steuerfreiheit wiederaufleben.

Zu § 4 Nr. 2 UStG
(§ 18 UStDV)

4.2.1 Umsätze für die Seeschifffahrt und für die Luftfahrt

Auf die Abschnitte 8.1 bis 8.3 wird hingewiesen.

Zu § 4 Nr. 3 UStG
(§§ 19 bis 21 UStDV)

4.3.1 Allgemeines

(1) [1]Die Steuerbefreiung nach § 4 Nr. 3 UStG setzt voraus, dass die in der Vorschrift bezeichneten Leistungen umsatzsteuerrechtlich selbständig zu beurteilende Leistungen sind. [2]Ist eine Leistung nur eine unselbständige Nebenleistung zu einer Hauptleistung, teilt sie deren umsatzsteuerrechtliches Schicksal (vgl. Abschnitt 3.10 Abs. 5). [3]Vortransporte zu sich anschließenden Luftbeförderungen sind keine unselbständigen Nebenleistungen. [4]Hingegen ist die Beförderung im Eisenbahngepäckverkehr als unselbständige Nebenleistung zur Personenbeförderung anzusehen. [5]Zum Eisenbahngepäckverkehr zählt auch der „Auto-im-Reisezugverkehr".

(2) Das Finanzamt kann die Unternehmer von der Verpflichtung befreien, die Entgelte für Leistungen, die nach § 4 Nr. 3 UStG steuerfrei sind, und die Entgelte für nicht steuerbare Umsätze, z. B. für Beförderungen im Ausland, getrennt aufzuzeichnen (vgl. Abschnitt 22.6 Abs. 18 und 19).

4.3.2 Grenzüberschreitende Güterbeförderungen

(1) [1]Eine grenzüberschreitende Beförderung von Gegenständen, die im Zusammenhang mit einer Ausfuhr, einer Durchfuhr oder einer Einfuhr steht, ist unter den Voraussetzungen des § 4 Nr. 3 Satz 1 Buchstabe a und Sätze 2 bis 4 UStG steuerfrei (vgl. Abschnitte 4.3.3 und 4.3.4). [2]Sie liegt vor, wenn sich eine Güterbeförderung sowohl auf das Inland als auch auf das Ausland erstreckt (§ 3b Abs. 1 Satz 4 UStG). [3]Zu den grenzüberschreitenden Beförderungen im Allgemeinen vgl. Abschnitt 3b.1. [4]Grenzüberschreitende Beförderungen sind grundsätzlich auch die Beförderungen aus einem Freihafen in das Inland oder vom Inland in einen Freihafen (§ 1 Abs. 2 UStG); Güterbeförderungen vom Inland in einen Freihafen sind jedoch nicht nach § 4 Nr. 3 Buchstabe a Doppelbuchstabe aa UStG als grenzüberschreitende Beförderungen, die sich unmittelbar auf Gegenstände der Ausfuhr beziehen, steuerfrei, wenn der Beförderungsunternehmer nicht das nach der Weiterverschiffung der Güter vorgesehene Transportziel im Drittlandsgebiet nachweisen kann, auch wenn das Transportziel des Güterbeförderungsunternehmers (Freihafen) selbst – zumindest nach den Regelungen des nationalen Rechts – nach § 1 Abs. 2 Satz 1 in Verbindung mit Abs. 2a Satz 1 UStG als Drittlandsgebiet gilt. [5]Wird ein Gegenstand im Zusammenhang mit einer Ausfuhr oder einer Einfuhr grenzüberschreitend befördert und ist der Leistungsort für diese Leistung unter Anwendung von § 3a Abs. 2 UStG im Inland, ist dieser Umsatz unter den weiteren Voraussetzungen des § 4 Nr. 3 UStG steuerfrei (§ 4 Nr. 3 Satz 1 Buchstabe a UStG), auch wenn bei dieser Beförderung das Inland nicht berührt wird.

(2) [1]Beförderungen im internationalen Eisenbahnfrachtverkehr sind Güterbeförderungen, auf die die „Einheitlichen Rechtsvorschriften für den Vertrag über die internationale Eisenbahnbeförderung von Gütern (CIM)“ anzuwenden sind. [2]Die Rechtsvorschriften sind im Anhang B des Übereinkommens über den internationalen Eisenbahnverkehr (COTIF) vom 9.5.1980 (BGBl. 1985 II S. 225), geändert durch Protokoll vom 3.6.1999 (BGBl. 2002 II S. 2221), enthalten. [3]Sie finden auf Sendungen von Gütern Anwendung, die mit durchgehendem Frachtbrief zur Beförderung auf einem Schienenwege aufgegeben werden, der das Inland und mindestens einen Nachbarstaat berührt.

(3) [1]Für die Befreiung nach § 4 Nr. 3 Satz 1 Buchstabe a UStG ist es unerheblich, auf welche Weise die Beförderungen durchgeführt werden, z. B. mit Kraftfahrzeugen, Luftfahrzeugen, Eisenbahnen, Seeschiffen, Binnenschiffen oder durch Rohrleitungen. [2]Auf Grund der Definition des Beförderungsbegriffs in § 3 Abs. 6 Satz 2 UStG sind auch das Schleppen und Schieben stets als Beförderung anzusehen.

(4)[1] [1]Ein Frachtführer, der die Beförderung von Gegenständen übernommen hat, bewirkt auch dann eine Beförderungsleistung, wenn er die Beförderung nicht selbst ausführt, sondern sie von einem oder mehreren anderen Frachtführern (Unterfrachtführern) ausführen lässt. [2]In diesen Fällen hat er die Stellung eines Hauptfrachtführers, für den der oder die Unterfrachtführer ebenfalls Beförderungsleistungen bewirken. [3]Beförderungsleistungen können grenzüberschreitend sein. [4]Die Beförderungsleistungen des Hauptfrachtführers sowie der Unterfrachtführer, deren Leistungen sich sowohl auf das Inland als auch auf das Ausland erstrecken, sind grenzüberschreitend. [5]Zur Anwendung der Steuerbefreiung bei grenzüberschreitenden Beförderungen und anderen Leistungen, die sich unmittelbar auf Gegenstände der Ausfuhr oder Durchfuhr beziehen (§ 4 Nr. 3 Satz 1 Buchstabe a Doppelbuchstabe aa UStG), in Haupt- und Unterfrachtführerkonstellationen vgl. Abschnitt 4.3.4 Abs. 3.

(5) [1]Spediteure sind in den Fällen des Selbsteintritts der Spedition zu festen Kosten – Übernahmesätzen – sowie des Sammelladungsverkehrs umsatzsteuerrechtlich als Beförderer anzusehen. [2]Der Fall eines Selbsteintritts liegt vor, wenn der Spediteur die Beförderung selbst ausführt (§ 458 HGB). [3]Im Fall der Spedition zu festen Kosten – Übernahmesätzen – hat sich der Spediteur mit dem Auftraggeber über einen bestimmten Satz der Beförderungskosten geeinigt (§ 459 HGB). [4]Der Fall eines Sammelladungsverkehrs ist gegeben, wenn der Spediteur die Versendung des Gegenstands zusammen mit den Gegenständen anderer Auftraggeber bewirkt, und zwar auf Grund eines für seine Rechnung über eine Sammelladung geschlossenen Frachtvertrags (§ 460 HGB).

(6) [1]Im Güterfernverkehr mit Kraftfahrzeugen ist verkehrsrechtlich davon auszugehen, dass den Frachtbriefen jeweils besondere Beförderungsverträge zu Grunde liegen und dass es sich bei der Durchführung dieser Verträge jeweils um selbständige Beförderungsleistungen handelt. [2]Dementsprechend ist auch umsatzsteuerrechtlich jede frachtbriefmäßig gesondert behandelte Beförderung als selbständige Beförderungsleistung anzusehen.

4.3.3 Grenzüberschreitende Güterbeförderungen und andere sonstige Leistungen, die sich auf Gegenstände der Einfuhr beziehen

(1) [1]Die Steuerbefreiung nach § 4 Nr. 3 Satz 1 Buchstabe a Doppelbuchstabe bb UStG kommt insbesondere für folgende sonstige Leistungen in Betracht:

1. für grenzüberschreitende Güterbeförderungen und Beförderungen im internationalen Eisenbahnfrachtverkehr (vgl. Abschnitt 4.3.2) bis zum ersten Bestimmungsort in der Gemeinschaft (vgl. Absatz 8 Beispiel 1);

---

[1] A 4.3.2 UStAE Abs. 4 neugef. durch BMF v. 6.2.2020, BStBl. I 2020, 235, anzuwenden in allen offenen Fällen, mit Nichtbeanstandungsregelung für **vor dem 1.1.2022** (BMF v. *14.10.2020, BStBl. I 2020, 1043*) ausgeführte Umsätze (§ 4 Nr. 3 Buchst. a UStG), wenn A 4.3.2 Abs. 4 a. F. angewendet wird; Satz 5 neugef., Satz 6 aufgeh. durch BMF v. 27.9.2021, BStBl. I 2021, 1810, anzuwenden auf **nach dem 31.12.2021** ausgeführte Umsätze.

2. für Güterbeförderungen, die nach vorangegangener Beförderung nach Nr. 1 nach einem weiteren Bestimmungsort in der Gemeinschaft durchgeführt werden, z.B. Beförderungen auf Grund einer nachträglichen Verfügung oder Beförderungen durch Rollfuhrunternehmer vom Flughafen, Binnenhafen oder Bahnhof zum Empfänger (vgl. Absatz 8 Beispiele 2 und 3);
3. für den Umschlag und die Lagerung von eingeführten Gegenständen (vgl. Absatz 8 Beispiele 1 bis 6);
4. für handelsübliche Nebenleistungen, die bei grenzüberschreitenden Güterbeförderungen oder bei den in den Nummern 2 und 3 bezeichneten Leistungen vorkommen, z.B. Wiegen, Messen, Probeziehen oder Anmelden zur Abfertigung zum freien Verkehr;
5. für die Besorgung der in den Nummern 1 bis 4 bezeichneten Leistungen;
6. für Vermittlungsleistungen, für die die Steuerbefreiung nach § 4 Nr. 5 UStG nicht in Betracht kommt, z.B. für die Vermittlung von steuerpflichtigen Lieferungen, die von einem Importlager im Inland ausgeführt werden (vgl. Absatz 8 Beispiele 5 und 6).

[2] Die Steuerbefreiung setzt nicht voraus, dass die Leistungen an einen ausländischen Auftraggeber bewirkt werden. [3] Die Leistungen sind steuerfrei, wenn sie sich auf Gegenstände der Einfuhr beziehen und soweit die Kosten für die Leistungen in der Bemessungsgrundlage für diese Einfuhr enthalten sind.

(2) [1] Da die Steuerbefreiung für jede Leistung, die sich auf Gegenstände der Einfuhr bezieht, in Betracht kommen kann, braucht nicht geprüft zu werden, ob es sich um eine Beförderung, einen Umschlag oder eine Lagerung von Einfuhrgegenständen oder um handelsübliche Nebenleistungen dazu handelt. [2] Voraussetzung für die Steuerbefreiung ist, dass die Kosten für die Leistungen in der Bemessungsgrundlage für die Einfuhr enthalten sind. [3] Diese Voraussetzung ist in den Fällen erfüllt, in denen die Kosten einer Leistung nach § 11 Abs. 1 oder 2 und/oder 3 Nr. 3 und 4 UStG Teil der Bemessungsgrundlage für die Einfuhr geworden sind (vgl. Absatz 8 Beispiele 1, 2 und 4 bis 6). [4] Dies ist auch bei Gegenständen der Fall, deren Einfuhr nach den für die Einfuhrbesteuerung geltenden Vorschriften befreit ist (z.B. Umzugs- oder Messegut).

(3) [1] Der leistende Unternehmer hat im Geltungsbereich des UStG durch Belege nachzuweisen, dass die Kosten für die Leistung in der Bemessungsgrundlage für die Einfuhr enthalten sind (§ 20 Abs. 2 und 3 UStDV). [2] Aus Vereinfachungsgründen wird jedoch bei Leistungen an ausländische Auftraggeber auf den Nachweis durch Belege verzichtet, wenn das Entgelt für die einzelne Leistung weniger als 100 € beträgt und sich aus der Gesamtheit der beim leistenden Unternehmer vorhandenen Unterlagen keine berechtigten Zweifel daran ergeben, dass die Kosten für die Leistung Teil der Bemessungsgrundlage für die Einfuhr sind.

(4) Als Belege für den in Absatz 3 bezeichneten Nachweis kommen in Betracht:

1. zollamtliche Belege, und zwar
   a) [1]ein Stück der Zollanmeldung – auch ergänzende Zollanmeldung – mit der Festsetzung der Einfuhrabgaben und gegebenenfalls auch der Zollquittung. [2]Diese Belege können als Nachweise insbesondere in den Fällen dienen, in denen der leistende Unternehmer, z.B. der Spediteur, selbst die Abfertigung der Gegenstände, auf die sich seine Leistung bezieht, zum freien Verkehr beantragt,
   b) [1]ein Beleg mit einer Bestätigung der Zollstelle, dass die Kosten für die Leistung in die Bemessungsgrundlage für die Einfuhr einbezogen worden sind. [2]Für diesen Beleg soll von den deutschen Zollstellen eine Bescheinigung nach vorgeschriebenem Muster verwendet werden. [3]Die Zollstelle erteilt die vorbezeichnete Bestätigung auf Antrag, und zwar auch auf anderen im Beförderungs- und Speditionsgewerbe üblichen Papieren. [4]Diese Papiere müssen jedoch alle Angaben enthalten, die das Muster vorsieht. [5]Auf Absatz 8 Beispiele 2 und 4 bis 6 wird hingewiesen. [6]Sind bei der Besteuerung der Einfuhr die Kosten für die Leistung des Unternehmers geschätzt worden, genügt es für den Nachweis, dass der geschätzte Betrag in den Belegen angegeben ist. [7]Bescheinigungen entsprechenden Inhalts von Zollstellen anderer EU-Mitgliedstaaten sind ebenfalls anzuerkennen;
2. andere Belege
   [1]In den Fällen, in denen die Kosten für eine Leistung nach § 11 Abs. 1 und 2 und/oder 3 Nr. 3 und 4 UStG Teil der Bemessungsgrundlage für die Einfuhr geworden sind, genügt der eindeutige Nachweis hierüber. [2]Als Nachweisbelege kommen in diesen Fällen insbesondere der schriftliche Speditionsauftrag, das im Speditionsgewerbe übliche Bordero, ein Doppel des Versandscheins, ein Doppel der Rechnung des Lieferers über die Lieferung der Gegenstände oder der vom Lieferer ausgestellte Lieferschein in Betracht (vgl. Absatz 8 Beispiele 1, 5 und 6). [3]Erfolgt die Beförderung und die Zollabfertigung durch verschiedene Beauftragte, wird als ausreichender Nachweis auch eine Bestätigung eines Verzollungsspediteurs auf einem der in Satz 2 genannten Belege anerkannt, wenn der Verzollungsspediteur in dieser eigenhändig unterschriebenen Bestätigung versichert, dass es sich bei den beförderten Gegenständen um Gegenstände der Einfuhr handelt, die zollamtlich abgefertigt wurden und die Beförderungskosten (des Beförderungsspediteurs) in der Bemessungsgrundlage für die Einfuhrumsatzsteuer enthalten sind. [4]Die Belege können auch auf elektronischem Weg übermittelt werden; bei einer elektronischen Übermittlung eines Belegs ist eine Unterschrift nicht erforderlich, sofern erkennbar ist, dass die elektronische Übermittlung im Verfügungsbereich des Ausstellers begonnen hat. [5]Abschnitt 6a.4 Abs. 3 Satz 2 und Abs. 6 ist entsprechend anzuwenden;
3. Fotokopien
   Fotokopien können nur in Verbindung mit anderen beim leistenden Unternehmer vorhandenen Belegen als ausreichend anerkannt werden, wenn sich aus der Gesamtheit der Belege keine ernsthaften Zweifel an der Erfassung der Kosten bei der Besteuerung der Einfuhr ergeben.

(5) [1]Bei der Inanspruchnahme der Steuerbefreiung ist es aus Vereinfachungsgründen nicht zu beanstanden, wenn der Unternehmer den in § 20 Abs. 2 UStDV vorgeschriebenen Nachweis durch einen Beleg erbringt, aus dem sich eindeutig und leicht nachprüfbar ergibt, dass im Zeitpunkt seiner Leistungserbringung die Einfuhrumsatzsteuer noch nicht entstanden ist. [2]Hierfür kommen beispielsweise die vom Lagerhalter im Rahmen der vorübergehenden Verwahrung oder eines bewilligten Zolllagerverfahrens zu führenden Bestandsaufzeichnungen sowie das im Seeverkehr übliche Konnossement in Betracht. [3]Im Übrigen ist Absatz 4 sinngemäß anzuwenden.

(6) [1]Ist bei einer Beförderung im Eisenbahnfrachtverkehr, die im Anschluss an eine grenzüberschreitende Beförderung oder Beförderung im internationalen Eisenbahnfrachtverkehr bewirkt wird, der Absender im Ausland außerhalb der Gebiete im Sinne des § 1 Abs. 3 UStG ansässig und werden die Beförderungskosten von diesem Absender bezahlt, kann der Nachweis über die Einbeziehung der Beförderungskosten in die Bemessungsgrundlage für die Einfuhr aus Vereinfachungsgründen durch folgende Bescheinigungen auf dem Frachtbrief erbracht werden:

„**Bescheinigungen für Umsatzsteuerzwecke**

1. Bescheinigung des im Gemeinschaftsgebiet ansässigen Beauftragten des ausländischen Absenders

   Nach meinen Unterlagen handelt es sich um Gegenstände der Einfuhr. Die Beförderungskosten werden von

   ____

   (Name und Anschrift des ausländischen Absenders)

   bezahlt.

   ______________ ______________

   (Ort und Datum) (Unterschrift)

2. Bescheinigung der Zollstelle (zu Zollbeleg-Nr. …)
   Bei der Ermittlung der Bemessungsgrundlage für die Einfuhr (§ 11 UStG) wurden die Beförderungskosten bis

   ____

   (Bestimmungsort im Gemeinschaftsgebiet)

   entsprechend der Anmeldung erfasst.

   ______________ ______________

   (Ort und Datum) (Unterschrift und Dienststempel)“

[2]Der in der Bescheinigung Nummer 1 angegebene ausländische Absender muss der im Frachtbrief angegebene Absender sein. [3]Als Beauftragter des ausländischen Absenders kommt insbesondere ein im Gemeinschaftsgebiet ansässiger Unternehmer in Betracht, der im Namen und für Rechnung des ausländischen Absenders die Weiterbeförderung der eingeführten Gegenstände über Strecken, die ausschließlich im Gemeinschaftsgebiet gelegen sind, veranlasst. [4]Die Bescheinigung kann auch auf elektronischem Weg übermittelt werden; bei einer elektronischen Übermittlung der Bescheinigung ist eine Unterschrift nicht erforderlich, sofern erkennbar ist, dass die elektronische Übermittlung im Verfügungsbereich des Ausstellers begonnen hat. [5]Abschnitt 6a.4 Abs. 3 Satz 2 und Abs. 6 ist entsprechend anzuwenden.

(7) [1]Bei grenzüberschreitenden Beförderungen von einem Drittland in das Gemeinschaftsgebiet werden die Kosten für die Beförderung der eingeführten Gegenstände bis zum ersten Bestimmungsort im Gemeinschaftsgebiet in die Bemessungsgrundlage für die Einfuhrumsatzsteuer einbezogen (§ 11 Abs. 3 Nr. 3 UStG). [2]Beförderungskosten zu einem weiteren Bestimmungsort im Gemeinschaftsgebiet sind ebenfalls einzubeziehen, sofern dieser weitere Bestimmungsort im Zeitpunkt des Entstehens der Einfuhrumsatzsteuer bereits feststeht (§ 11 Abs. 3 Nr. 4 UStG). [3]Dies gilt auch für die auf inländische oder innergemeinschaftliche Beförderungsleistungen und andere sonstige Leistungen entfallenden Kosten im Zusammenhang mit einer Einfuhr (vgl. Absatz 8 Beispiele 2 und 3).

(8) Beispiele zur Steuerbefreiung für sonstige Leistungen, die sich auf Gegenstände der Einfuhr beziehen und steuerbar sind:

Beispiel 1:

[1]Der Lieferer L mit Sitz in Lübeck liefert aus Norwegen kommende Gegenstände an den Abnehmer A in Mailand, und zwar „frei Bestimmungsort Mailand". [2]Im Auftrag und für Rechnung des L werden die folgenden Leistungen bewirkt:

[3]Der Reeder R befördert die Gegenstände bis Lübeck. [4]Die Weiterbeförderung bis Mailand führt der Spediteur S mit seinem Lastkraftwagen aus. [5]Den Umschlag vom Schiff auf den Lastkraftwagen bewirkt der Unternehmer U.

[6]A beantragt bei der Ankunft der Gegenstände in Mailand deren Abfertigung zur Überlassung zum zollrechtlich freien Verkehr. [7]Bemessungsgrundlage für die Einfuhr ist der Zollwert. [8]Das ist regelmäßig der Preis (Artikel 70 UZK). [9]In den Preis hat L auf Grund der Lieferkondition „frei Bestimmungsort Mailand" auch die Kosten für die Leistungen von R, S und U einkalkuliert.

[10]Bei der grenzüberschreitenden Güterbeförderung des R von Norwegen nach Lübeck, der Anschlussbeförderung des S von Lübeck bis Mailand und der Umschlagsleistung des U handelt es sich um Leistungen, die sich auf Gegenstände der Einfuhr beziehen. [11]R, S und U weisen jeweils anhand des von L empfangenen Doppels der Lieferrechnung die Lieferkondition „frei Bestimmungsort Mailand" nach. [12]Ferner ergibt sich aus der Lieferrechnung, dass L Gegenstände geliefert hat, bei deren Einfuhr der Preis Bemessungsgrundlage ist. [13]Dadurch ist nachgewiesen, dass die Kosten für die Leistungen des R, des S und des U in der Bemessungsgrundlage für die Einfuhr enthalten sind. [14]R, S und U können deshalb für ihre Leistungen, sofern sie auch den buchmäßigen Nachweis führen, die Steuerbefreiung nach § 4 Nr. 3 Satz 1 Buchstabe a Doppelbuchstabe bb UStG in Anspruch nehmen. [15]Der Nachweis kann auch durch die in Absatz 4 Nr. 2 bezeichneten Belege erbracht werden.

Beispiel 2:

[1]Sachverhalt wie im Beispiel 1, jedoch mit Abnehmer A in München und der Liefervereinbarung „frei Grenze". [2]A hat die Umschlagskosten und die Beförderungskosten von Lübeck bis München gesondert angemeldet. [3]Ferner hat A der Zollstelle die für den Nachweis der Höhe der Umschlags- und Beförderungskosten erforderlichen Unterlagen vorgelegt. [4]In diesem Falle ist Bemessungsgrundlage für die Einfuhr nach § 11 Abs. 1 und 3 Nr. 3 und 4 UStG der Zollwert der Gegenstände frei Grenze zuzüglich darin noch nicht enthaltener Umschlags- und Beförderungskosten bis München (= weiterer Bestimmungsort im Gemeinschaftsgebiet).

[5]Wie im Beispiel 1 ist die grenzüberschreitende Güterbeförderung des R von Norwegen nach Lübeck nach § 4 Nr. 3 Satz 1 Buchstabe a Doppelbuchstabe bb UStG steuerfrei. [6]Die Anschlussbeförderung des S von Lübeck bis München und die Umschlagsleistung des U sind ebenfalls Leistungen, die sich auf Gegenstände der Einfuhr beziehen. [7]Die Kosten für die Leistungen sind in die Bemessungsgrundlage für die Einfuhr einzubeziehen, da der weitere Bestimmungsort im Gemeinschaftsgebiet im Zeitpunkt des Entstehens der Einfuhrumsatzsteuer bereits feststeht (§ 11 Abs. 3 Nr. 4 UStG). [8]Die Leistungen sind deshalb ebenfalls nach § 4 Nr. 3 Satz 1 Buchstabe a Doppelbuchstabe bb UStG steuerfrei.

Beispiel 3:

[1]Der in Deutschland ansässige Unternehmer U beauftragt den niederländischen Frachtführer F, Güter von New York nach München zu befördern. [2]F beauftragt mit der Beförderung per Schiff bis Rotterdam den niederländischen Reeder R. [3]In Rotterdam wird die Ware umgeladen und von F per LKW bis München weiterbefördert. [4]F beantragt für U bei der Einfuhr in die Niederlande, die Ware erst im Bestimmungsland Deutschland zur Überlassung zum zoll- und steuerrechtlichen freien Verkehr für U abfertigen zu lassen (sog. T 1-Versandverfahren). [5]Diese Abfertigung erfolgt bei einem deutschen Zollamt.
[6]Die Beförderungsleistung des F von New York nach München ist eine grenzüberschreitende Güterbeförderung. [7]Die Einfuhr der Ware in die Niederlande wird dort nicht besteuert, da die Ware unter zollamtlicher Überwachung im T 1-Verfahren nach Deutschland verbracht wird. [8]Die Kosten für die Beförderung bis München (= erster Bestimmungsort im Gemeinschaftsgebiet) werden in die Bemessungsgrundlage der deutschen Einfuhrumsatzsteuer einbezogen (§ 11 Abs. 3 Nr. 3 UStG). [9]Die Beförderungsleistung des F an U ist in Deutschland steuerbar (§ 3a Abs. 2 Satz 1 UStG), jedoch nach § 4 Nr. 3 Satz 1 Buchstabe a Doppelbuchstabe bb UStG steuerfrei. [10]Die Beförderungsleistung des R an den Frachtführer F ist in Deutschland nicht steuerbar (§ 3a Abs. 2 Satz 1 UStG).

Beispiel 4:

[1]Der Lieferer L in Odessa liefert Gegenstände an den Abnehmer A mit Sitz in München für dessen Unternehmen zu der Lieferbedingung „ab Werk". [2]Der Spediteur S aus Odessa übernimmt im Auftrag des A die Beförderung der Gegenstände von Odessa bis München zu einem festen Preis – Übernahmesatz –. [3]S führt die Beförderung jedoch nicht selbst durch, sondern beauftragt auf seine Kosten (franco) den Binnenschiffer B mit der Beförderung von Odessa bis Passau und der Übergabe der Gegenstände an den Empfangsspediteur E. [4]Dieser führt ebenfalls im Auftrag des S auf dessen Kosten den Umschlag aus dem Schiff auf den Lastkraftwagen und die Übergabe an den Frachtführer F durch. [5]F führt die Weiterbeförderung im Auftrag des S von Passau nach München durch. [6]Der Abnehmer A beantragt in München die Abfertigung zum freien Verkehr und rechnet den Übernahmesatz unmittelbar mit S ab. [7]Mit dem zwischen S und A vereinbarten Übernahmesatz sind auch die Kosten für die Leistungen des B, des E und des F abgegolten.
[8]Bei der Leistung des S handelt es sich um eine Spedition zu festen Kosten (vgl. Abschnitt 4.3.2 Abs. 5). [9]S bewirkt damit eine sonstige Leistung (grenzüberschreitende Güterbeförderung von Odessa bis München), die insgesamt steuerbar (§ 3a Abs. 2 Satz 1 UStG), aber steuerfrei ist (§ 4 Nr. 3 Satz 1 Buchstabe a Doppelbuchstabe bb UStG). [10]Der Endpunkt dieser Beförderung ist der erste Bestimmungsort im Gemeinschaftsgebiet im Sinne des § 11 Abs. 3 Nr. 3 UStG. [11]Nach dieser Vorschrift sind deshalb die Kosten für die Beförderung des S bis München in die Bemessungsgrundlage für die Einfuhr einzubeziehen. [12]Über die Leistung des S an A sind die Kosten der Leistungen von B, E und F in der Bemessungsgrundlage für die Einfuhr enthalten.
[13]Die Beförderung des B von Odessa bis Passau ist als grenzüberschreitende Güterbeförderung insgesamt nicht steuerbar (§ 3a Abs. 2 Satz 1 UStG), da S seinen Sitz im Drittlandsgebiet hat. [14]Die Umschlagsleistung des E und die Beförderung des F von Passau bis München sind zwar Leistungen, die sich auf Gegenstände der Einfuhr beziehen, jedoch ebenfalls nicht steuerbar.

Beispiel 5:

[1]Der im Inland ansässige Handelsvertreter H ist damit betraut, Lieferungen von Nicht-Unionswaren für den im Inland ansässigen Unternehmer U zu vermitteln. [2]Um eine zügige Auslieferung der vermittelten Gegenstände zu gewährleisten, hat U die Gegenstände bereits vor der Vermittlung in das Inland einführen und auf ein Zolllager des H bringen lassen. [3]Nachdem H die Lieferung der Gegenstände vermittelt hat, entnimmt er sie aus dem Zolllager in den freien Verkehr und sendet sie dem Abnehmer zu. [4]Mit der Entnahme der Gegenstände aus dem Zolllager entsteht die Einfuhrumsatzsteuer. [5]Die Vermittlungsprovision des H und die an H gezahlten Lagerkosten sind in die Bemessungsgrundlage für die Einfuhr (§ 11 Abs. 3 Nr. 3 UStG) einzubeziehen. [6]H weist dies durch einen zollamtlichen Beleg nach. [7]Die Vermittlungsleistung des H fällt nicht unter die Steuerbefreiung des § 4 Nr. 5 UStG. [8]H kann

jedoch für die Vermittlung die Steuerbefreiung nach § 4 Nr. 3 Satz 1 Buchstabe a Doppelbuchstabe bb UStG in Anspruch nehmen, sofern er den erforderlichen buchmäßigen Nachweis führt. [9] Dasselbe gilt für die Lagerung.

Beispiel 6:

[1] Sachverhalt wie im Beispiel 5, jedoch werden die Gegenstände nicht auf ein Zolllager verbracht, sondern sofort zum freien Verkehr abgefertigt und von H außerhalb eines Zolllagers gelagert. [2] Im Zeitpunkt der Abfertigung stehen die Vermittlungsprovision und die Lagerkosten des H noch nicht fest. [3] Die Beträge werden deshalb nicht in die Bemessungsgrundlage für die Einfuhr einbezogen.

[4] Die Leistungen des H sind weder nach § 4 Nr. 5 UStG noch nach § 4 Nr. 3 Satz 1 Buchstabe a Doppelbuchstabe bb UStG steuerfrei.

[5] Falls die erst nach der Abfertigung zum freien Verkehr entstehenden Kosten (Vermittlungsprovision und Lagerkosten) bereits bei der Abfertigung bekannt sind, sind diese Kosten in die Bemessungsgrundlage für die Einfuhr einzubeziehen (§ 11 Abs. 3 Nr. 3 UStG). [6] Die Rechtslage ist dann dieselbe wie in Beispiel 5.

(9) Beförderungen aus einem Freihafen in das Inland sowie ihre Besorgung sind von der Steuerbefreiung ausgenommen, wenn sich die beförderten Gegenstände in einer zollamtlich bewilligten Freihafen-Veredelung (§ 12b EUStBV)[1)] oder in einer zollamtlich besonders zugelassenen Freihafenlagerung (§ 12a EUStBV) befunden haben (§ 4 Nr. 3 Satz 1 Buchstabe a Doppelbuchstabe bb Satz 2 UStG).

4.3.4 Grenzüberschreitende Beförderungen und andere sonstige Leistungen, die sich unmittelbar auf Gegenstände der Ausfuhr oder der Durchfuhr beziehen

(1) [1] Die Steuerbefreiung nach § 4 Nr. 3 Satz 1 Buchstabe a Doppelbuchstabe aa UStG kommt insbesondere für folgende sonstige Leistungen in Betracht:

1. für grenzüberschreitende Güterbeförderungen und Beförderungen im internationalen Eisenbahnfrachtverkehr (vgl. Abschnitt 4.3.2) ins Drittlandsgebiet;
2. für inländische und innergemeinschaftliche Güterbeförderungen, die einer Beförderung nach Nr. 1 vorangehen, z. B. Beförderungen durch Rollfuhrunternehmer vom Absender zum Flughafen, Binnenhafen oder Bahnhof oder Beförderungen von leeren Transportbehältern, z. B. Containern, zum Beladeort;
3. für den Umschlag und die Lagerung von Gegenständen vor ihrer Ausfuhr oder während ihrer Durchfuhr;
4. für die handelsüblichen Nebenleistungen, die bei Güterbeförderungen aus dem Inland in das Drittlandsgebiet oder durch das Inland oder bei den in den Nummern 1 bis 3 bezeichneten Leistungen vorkommen, z. B. Wiegen, Messen oder Probeziehen;
5. für die Besorgung der in den Nummern 1 bis 4 bezeichneten Leistungen.

---

1) **Steuergesetze** Nr. **518.**

[2]Die Leistungen müssen sich unmittelbar auf Gegenstände der Ausfuhr oder der Durchfuhr beziehen. [3]Eine Ausfuhr liegt vor, wenn ein Gegenstand in das Drittlandsgebiet verbracht wird. [4]Dabei ist nicht Voraussetzung, dass der Gegenstand im Drittlandsgebiet verbleibt. [5]Es ist unbeachtlich, ob es sich um eine Beförderung, einen Umschlag oder eine Lagerung oder um eine handelsübliche Nebenleistung zu diesen Leistungen handelt. [6]Auch die Tätigkeit einer internationalen Kontroll- und Überwachungsgesellschaft, deren „Bescheinigung über die Entladung und Einfuhr" von Erzeugnissen in das Drittland Voraussetzung für eine im Inland zu gewährende Ausfuhrerstattung ist, steht in unmittelbarem Zusammenhang mit Gegenständen der Ausfuhr (vgl. BFH-Urteil vom 10.11.2010, V R 27/09, BStBl. 2011 II S. 557).

(2) Folgende sonstige Leistungen sind nicht als Leistungen anzusehen, die sich unmittelbar auf Gegenstände der Ausfuhr oder der Durchfuhr beziehen:

1. [1]Vermittlungsleistungen im Zusammenhang mit der Ausfuhr oder der Durchfuhr von Gegenständen. [2]Diese Leistungen können jedoch nach § 4 Nr. 5 UStG steuerfrei sein (vgl. Abschnitt 4.5.1);
2. [1]Leistungen, die sich im Rahmen einer Ausfuhr oder einer Durchfuhr von Gegenständen nicht auf diese Gegenstände, sondern auf die Beförderungsmittel beziehen, z. B. die Leistung eines Gutachters, die sich auf einen verunglückten Lastkraftwagen – und nicht auf seine Ladung – bezieht, oder die Überlassung eines Liegeplatzes in einem Binnenhafen. [2]Für Leistungen, die für den unmittelbaren Bedarf von Seeschiffen oder Luftfahrzeugen, einschließlich ihrer Ausrüstungsgegenstände und ihrer Ladungen, bestimmt sind, kann jedoch die Steuerbefreiung nach § 4 Nr. 2, § 8 Abs. 1 Nr. 5 oder Abs. 2 Nr. 4 UStG in Betracht kommen (vgl. Abschnitt 8.1 Abs. 7 und Abschnitt 8.2 Abs. 7).

(3)[1)] [1]Die Steuerbefreiung kommt grundsätzlich nur für die Leistung des Hauptfrachtführers, nicht aber für die Leistungen der Unterfrachtführer in Betracht, da diese die Beförderungsleistungen nicht unmittelbar an den Versender oder den Empfänger der Gegenstände erbringen, sondern an den Hauptfrachtführer (vgl. EuGH-Urteil vom 29.6.2017, C-288/16, L.C.).[2)] [2]Versender ist der liefernde Unternehmer; Empfänger ist der Abnehmer des Gegenstandes. [3]In Fällen, in denen ein Versender (z. B. ein Händler) oder Empfänger (z. B. Nichtunternehmer oder Unternehmer) einen Hauptfrachtführer (z. B. einen Logistikdienstleister) mit der grenzüberschreitenden Beförderung von Gegenständen beauftragt, dieser hierzu einen Unterfrachtführer (z. B. ein Speditionsunternehmen) beauftragt und neben der Beförderung dieser Gegenstände, z. B. in einem Container oder einem Paket, auch Gegenstände grenzüberschreitend befördert werden, für die der Hauptfrachtführer selbst liefernder Unternehmer und damit Versender ist (gemischte Sendung), kommt

---

[1)] A 4.3.4 UStAE Abs. 3 eingef., bish. Abs. 3 bis 8 werden Abs. 4 bis 9 durch BMF v. 27.9.2021, BStBl. I 2021, 1810, anzuwenden auf **nach dem 31.12.2021** ausgeführte Umsätze.

[2)] DStRE 2018, 366.

die Steuerbefreiung grundsätzlich nur für die grenzüberschreitende Beförderung des Unterfrachtführers hinsichtlich der Gegenstände in Betracht, für die der Hauptfrachtführer selbst Versender ist. [4]Die grenzüberschreitende Beförderungsleistung des Unterfrachtführers für die Gegenstände, für die der Hauptfrachtführer jedoch nicht selbst Versender ist, ist wegen der fehlenden Unmittelbarkeit nicht von der Steuerbefreiung umfasst (vgl. EuGH-Urteil vom 29.6.2017, C-288/16, L.C.). [5]Die Beförderungsleistung bei solch einer gemischten Sendung ist entsprechend in einen steuerpflichtigen und steuerfreien Teil aufzuteilen. [6]Es wird jedoch nicht beanstandet, wenn diese Leistung, auch für Zwecke des Vorsteuerabzugs, insgesamt als steuerpflichtig behandelt wird. [7]Der Unternehmer (Hauptfrachtführer) muss für die Anwendung der Steuerbefreiung durch Belege nachweisen, dass er im Sinne von § 4 Nr. 3 Buchstabe a Doppelbuchstabe aa UStG begünstigte Leistungen unmittelbar an den Versender oder den Empfänger erbringt, etwa durch eine beleghafte Erklärung über eine Versendereigenschaft. [8]In Fällen, in denen sich herausstellt, dass die Angaben über die Eigenschaft als Versender unzutreffend waren, kann die Steuerbefreiung zur Vermeidung von Unbilligkeiten gleichwohl gewährt werden, wenn der Unternehmer keine Kenntnis davon hatte und auch nicht mit der Sorgfalt eines ordentlichen Kaufmanns erkennen konnte, dass die Angaben des Versenders unzutreffend waren. [9]Werden grenzüberschreitende Beförderungsleistungen oder sonstige begünstigte Leistungen im Namen eines Unternehmers, jedoch für Rechnung eines anderen Unternehmers beauftragt und vom ersten Unternehmer die Versendereigenschaft bestätigt, ist davon auszugehen, dass diese Angabe unzutreffend ist. [10]Zur Frage der Steuerbefreiung bei Leistungen im Bereich des Be- und Entladens eines Seeschiffes auf einer vorhergehenden Stufe vgl. Abschnitt 8.1 Abs. 1 Sätze 4 und 5.

(4) [1]Als Gegenstände der Ausfuhr oder der Durchfuhr sind auch solche Gegenstände anzusehen, die sich vor der Ausfuhr im Rahmen einer Bearbeitung oder Verarbeitung im Sinne des § 6 Abs. 1 Satz 2 UStG oder einer Lohnveredelung im Sinne des § 7 UStG befinden. [2]Die Steuerbefreiung erstreckt sich somit auch auf sonstige Leistungen, die sich unmittelbar auf diese Gegenstände beziehen.

(5) [1]Bei grenzüberschreitenden Güterbeförderungen und anderen sonstigen Leistungen, einschließlich Besorgungsleistungen, die sich unmittelbar auf Gegenstände der Ausfuhr oder der Durchfuhr beziehen, hat der leistende Unternehmer im Geltungsbereich des UStG die Ausfuhr oder Wiederausfuhr der Gegenstände durch Belege eindeutig und leicht nachprüfbar nachzuweisen (§ 20 Abs. 1 und 3 UStDV). [2]Bei grenzüberschreitenden Güterbeförderungen kommen insbesondere die vorgeschriebenen Frachturkunden (z. B. Frachtbrief, Konnossement), der schriftliche Speditionsauftrag, das im Speditionsgewerbe übliche Bordero, ein Doppel des Versandscheins oder im EDV-gestützten Ausfuhrverfahren (ATLAS-Ausfuhr) die durch die AfZSt per EDIFACT-Nachricht übermittelte Statusmeldung über die Erlaubnis des Ausgangs „STA" als Nachweisbelege in Betracht. [3]Bei anderen sonstigen Leistungen kommen als Ausfuhrbelege insbesondere Belege mit einer Ausfuhrbestätigung der den Ausgang aus dem Zollgebiet der Gemeinschaft überwachenden

Grenzzollstelle, Versendungsbelege oder sonstige handelsübliche Belege in Betracht (§§ 9 bis 11 UStDV, vgl. Abschnitte 6.6 bis 6.8). [4]Die sonstigen handelsüblichen Belege können auch von den Unternehmern ausgestellt werden, die für die Lieferung die Steuerbefreiung für Ausfuhrlieferungen (§ 4 Nr. 1 Buchstabe a, § 6 UStG) oder für die Bearbeitung oder Verarbeitung die Steuerbefreiung für Lohnveredelungen an Gegenständen der Ausfuhr (§ 4 Nr. 1 Buchstabe a, § 7 UStG) in Anspruch nehmen. [5]Diese Unternehmer müssen für die Inanspruchnahme der vorbezeichneten Steuerbefreiungen die Ausfuhr der Gegenstände nachweisen. [6]Anhand der bei ihnen vorhandenen Unterlagen können sie deshalb einen sonstigen handelsüblichen Beleg, z. B. für einen Frachtführer, Umschlagbetrieb oder Lagerhalter, ausstellen. [7]Die Belege können auch auf elektronischem Weg übermittelt werden; bei einer elektronischen Übermittlung der Belege ist eine Unterschrift nicht erforderlich, sofern erkennbar ist, dass die elektronische Übermittlung im Verfügungsbereich des Ausstellers des Belegs begonnen hat. [8]Abschnitt 6a.4 Abs. 3 Satz 2 und Abs. 6 ist entsprechend anzuwenden.

(6) Bei Vortransporten, die mit Beförderungen im Luftfrachtverkehr aus dem Inland in das Drittlandsgebiet verbunden sind, ist der Nachweis der Ausfuhr oder Wiederausfuhr als erfüllt anzusehen, wenn sich aus den Unterlagen des Unternehmers eindeutig und leicht nachprüfbar ergibt, dass im Einzelfall

1. die Vortransporte auf Grund eines Auftrags bewirkt worden sind, der auch die Ausführung der nachfolgenden grenzüberschreitenden Beförderung zum Gegenstand hat,
2. die Vortransporte als örtliche Rollgebühren oder Vortransportkosten abgerechnet worden sind und
3. die Kosten der Vortransporte wie folgt ausgewiesen worden sind:
   a) im Luftfrachtbrief – oder im Sammelladungsverkehr im Hausluftfrachtbrief – oder
   b) in der Rechnung an den Auftraggeber, wenn die Rechnung die Nummer des Luftfrachtbriefs – oder im Sammelladungsverkehr die Nummer des Hausluftfrachtbriefs – enthält.

(7) [1]Ist bei einer Beförderung im Eisenbahnfrachtverkehr, die einer grenzüberschreitenden Beförderung oder einer Beförderung im internationalen Eisenbahnfrachtverkehr vorausgeht, der Empfänger oder der Absender im Ausland außerhalb der Gebiete im Sinne des § 1 Abs. 3 UStG ansässig und werden die Beförderungskosten von diesem Empfänger oder Absender bezahlt, kann die Ausfuhr oder Wiederausfuhr aus Vereinfachungsgründen durch folgende Bescheinigung auf dem Frachtbrief nachgewiesen werden:

„**Bescheinigung für Umsatzsteuerzwecke**

Nach meinen Unterlagen bezieht sich die Beförderung unmittelbar auf Gegenstände der Ausfuhr oder der Durchfuhr (§ 4 Nr. 3 Satz 1 Buchstabe a Doppelbuchstabe aa UStG).

Die Beförderungskosten werden von ______________________________

(Name und Anschrift des ausländischen Empfängers oder Absenders)

bezahlt.

______________________ ______________________

(Ort und Datum) (Unterschrift)“

[2]Der in der vorbezeichneten Bescheinigung angegebene ausländische Empfänger oder Absender muss der im Frachtbrief angegebene Empfänger oder Absender sein. [3]Die Bescheinigung kann auch auf elektronischem Weg übermittelt werden; bei einer elektronischen Übermittlung der Bescheinigung ist eine Unterschrift nicht erforderlich, sofern erkennbar ist, dass die elektronische Übermittlung im Verfügungsbereich des Ausstellers des Belegs begonnen hat. [4]Abschnitt 6a.4 Abs. 3 Satz 2 und Abs. 6 ist entsprechend anzuwenden.

(8) [1]Bei einer Güterbeförderung, die einer grenzüberschreitenden Güterbeförderung vorangeht, kann die Ausfuhr oder die Wiederausfuhr aus Vereinfachungsgründen durch folgende Bescheinigung des auftraggebenden Spediteurs/Hauptfrachtführers oder des auftraggebenden Lieferers auf dem schriftlichen Transportauftrag nachgewiesen werden:

„**Bescheinigung für Umsatzsteuerzwecke**

Ich versichere, dass ich die im Auftrag genannten Gegenstände nach … (Ort im Drittlandsgebiet) versenden werde. Die Angaben habe ich nach bestem Wissen und Gewissen auf Grund meiner Geschäftsunterlagen gemacht, die im Gemeinschaftsgebiet nachprüfbar sind.

______________________ ______________________

(Ort und Datum) (Unterschrift)“

[2]Rechnen der Spediteur/Hauptfrachtführer bzw. der auftraggebende Lieferer und der Unterfrachtführer durch Gutschrift (§ 14 Abs. 2 Satz 2 UStG) ab, kann die Bescheinigung nach Satz 1 auch auf der Gutschrift erfolgen. [3]Auf die eigenhändige Unterschrift des auftraggebenden Spediteurs/Frachtführers bzw. des auftraggebenden Lieferers kann verzichtet werden, wenn die für den Spediteur/Hauptfrachtführer bzw. den auftraggebenden Lieferer zuständige Oberfinanzdirektion bzw. oberste Landesfinanzbehörde dies genehmigt hat und in dem Transportauftrag oder der Gutschrift auf die Genehmigungsverfügung bzw. den Genehmigungserlass unter Angabe von Datum und Aktenzeichen hingewiesen wird. [4]Die Belege können auch auf elektronischem Weg über mittelt werden; bei einer elektronischen Übermittlung der Bescheinigung nach Satz 1 ist eine Unterschrift nicht erforderlich, sofern erkennbar ist, dass die elektronische Übermittlung im Verfügungsbereich des Spediteurs/Hauptfrachtführers bzw. des auftraggebenden Lieferers begonnen hat. [5]Abschnitt 6a.4 Abs. 3 Satz 2 und Abs. 6 ist entsprechend anzuwenden.

(9)[1)] [1]Eine grenzüberschreitende Beförderung zwischen dem Inland und einem Drittland liegt auch vor, wenn die Güterbeförderung vom Inland über

---

1) A 4.3.4 UStAE Abs. 8 Sätze 2 und 6 geänd., Beispiel Sätze 6, 8 und 10 neugef., früheres Beispiel 2 aufgeh. durch BMF v. 6.2.2020, BStBl. I 2020, 235, anzuwenden in allen offenen *Fällen, mit Nichtbeanstandungsregelung* für **vor dem 1.1.2022** (BMF v. 14.10.2020, BStBl. I 2020, 1043) ausgeführte Umsätze (§ 4 Nr. 3 Buchst. a UStG), wenn A 4.3.2 Abs. 4 a. F. angewendet wird.

einen anderen EU-Mitgliedstaat in ein Drittland durchgeführt wird. [2]Befördert in diesem Fall ein Unternehmer die Güter auf einer Teilstrecke vom Inland in das übrige Gemeinschaftsgebiet, ist diese Leistung nach § 4 Nr. 3 Satz 1 Buchstabe a Doppelbuchstabe aa UStG steuerfrei. [3]Der Unternehmer hat die Ausfuhr der Güter durch Belege nachzuweisen (§ 4 Nr. 3 Sätze 3 und 4 UStG i. V. m. § 20 Abs. 1 und 3 UStDV). [4]Der Beleg kann auch auf elektronischem Weg übermittelt werden; bei einer elektronischen Übermittlung des Belegs ist eine Unterschrift nicht erforderlich, sofern erkennbar ist, dass die elektronische Übermittlung im Verfügungsbereich des Ausstellers begonnen hat. [5]Abschnitt 6a.4 Abs. 3 Satz 2 und Abs. 6 ist entsprechend anzuwenden. [6]Wird der Nachweis nicht erbracht, ist die Güterbeförderung steuerpflichtig.

Beispiel:

[1]Die in der Schweiz ansässige Privatperson P beauftragt den in Deutschland ansässigen Frachtführer F, Güter von Mainz nach Istanbul (Türkei) zu befördern. [2]F beauftragt den deutschen Unterfrachtführer F1 mit der Beförderung von Mainz nach Bozen (Italien) und den italienischen Unterfrachtführer F2 mit der Beförderung von Bozen nach Istanbul. [3]Dabei kann F2 die Ausfuhr in die Türkei durch Belege nachweisen, F1 dagegen nicht.

[4]Die Beförderungsleistung des F an seinen Leistungsempfänger P umfasst die Gesamtbeförderung von Mainz nach Istanbul. [5]Nach § 3b Abs. 1 Sätze 2 und 3 UStG ist nur der Teil der Leistung steuerbar, der auf den inländischen Streckenanteil entfällt. [6]Dieser Teil der Leistung ist nach § 4 Nr. 3 Satz 1 Buchstabe a Doppelbuchstabe aa UStG allerdings steuerfrei, da sich diese Güterbeförderung unmittelbar auf Gegenstände der Ausfuhr bezieht und unmittelbar an den Versender erbracht wird.

[7]Der Ort der Beförderungsleistung des Unterfrachtführers F1 an den Frachtführer F bestimmt sich nach dem Ort, von dem aus F sein Unternehmen betreibt (§ 3a Abs. 2 Satz 1 UStG). [8]Die Leistung des F1 ist nicht steuerfrei, da F1 keinen belegmäßigen Nachweis nach § 20 Abs. 1 und Abs. 3 UStDV erbringen kann und zudem keine unmittelbare Beförderung für den Versender P erbringt. [9]Steuerschuldner ist der leistende Unternehmer F1 (§ 13a Abs. 1 Nr. 1 UStG).

[10]Die Beförderungsleistung des Unterfrachtführers F2 an den Frachtführer F ist in Deutschland steuerbar (§ 3a Abs. 2 Satz 1 UStG) und aufgrund der fehlenden Unmittelbarkeit der Beförderungsleistung für den Versender P steuerpflichtig.

4.3.5 Ausnahmen von der Steuerbefreiung

(1) [1]Die Steuerbefreiung nach § 4 Nr. 3 UStG (vgl. Abschnitte 4.3.3 und 4.3.4) ist ausgeschlossen für die in § 4 Nr. 8, 10, 11 und 11b UStG bezeichneten Umsätze. [2]Dadurch wird bei Umsätzen des Geld- und Kapitalverkehrs, bei Versicherungsumsätzen und bei Post-Universaldienstleistungen eine Steuerbefreiung mit Vorsteuerabzug in anderen als in den in § 15 Abs. 3 Nr. 1 Buchstabe b und Nr. 2 Buchstabe b UStG bezeichneten Fällen vermieden. [3]Die Regelung hat jedoch nur Bedeutung für umsatzsteuerrechtlich selbständige Leistungen.

(2) [1]Von der Steuerbefreiung nach § 4 Nr. 3 UStG sind ferner Bearbeitungen oder Verarbeitungen von Gegenständen einschließlich Werkleistungen im Sinne des § 3 Abs. 10 UStG ausgeschlossen. [2]Diese Leistungen können jedoch z. B. unter den Voraussetzungen des § 4 Nr. 1 Buchstabe a, § 7 UStG steuerfrei sein.

4.3.6 Buchmäßiger Nachweis

[1]Die jeweiligen Voraussetzungen der Steuerbefreiung nach § 4 Nr. 3 UStG müssen vom Unternehmer buchmäßig nachgewiesen sein (§ 21 UStDV). [2]Hierfür gelten die Ausführungen zum buchmäßigen Nachweis bei Ausfuhrlieferungen in Abschnitt 6.10 Abs. 1 bis 5 entsprechend. [3]Regelmäßig soll der Unternehmer Folgendes aufzeichnen:

1. die Art und den Umfang der sonstigen Leistung – bei Besorgungsleistungen einschließlich der Art und des Umfangs der besorgten Leistung –,
2. den Namen und die Anschrift des Auftraggebers,
3. den Tag der sonstigen Leistung,
4. das vereinbarte Entgelt oder das vereinnahmte Entgelt und den Tag der Vereinnahmung und
5. a) die Einbeziehung der Kosten für die Leistung in die Bemessungsgrundlage für die Einfuhr, z.B. durch Hinweis auf die Belege im Sinne des § 20 Abs. 2 UStDV (vgl. Abschnitt 4.3.3 Abs. 3 und 4), oder
   b) die Ausfuhr oder Wiederausfuhr der Gegenstände, auf die sich die Leistung bezogen hat, z.B. durch Hinweis auf die Ausfuhrbelege (vgl. Abschnitt 4.3.4 Abs. 4 bis 6 und 8).

Zu § 4 Nr. 4 UStG

4.4.1 Lieferungen von Gold an Zentralbanken

[1] Unter die Steuerbefreiung nach § 4 Nr. 4 UStG fallen Goldlieferungen an die Deutsche Bundesbank und die Europäische Zentralbank. [2] Die Steuerbefreiung erstreckt sich ferner auf Goldlieferungen, die an Zentralbanken anderer Staaten oder an die den Zentralbanken entsprechenden Währungsbehörden anderer Staaten bewirkt werden. [3] Es ist hierbei nicht erforderlich, dass das gelieferte Gold in das Ausland gelangt. [4] Liegen für Goldlieferungen nach § 4 Nr. 4 UStG auch die Voraussetzungen der Steuerbefreiung für Anlagegold (§ 25c Abs. 1 und 2 UStG) vor, geht die Steuerbefreiung des § 25c Abs. 1 und 2 UStG der Steuerbefreiung des § 4 Nr. 4 UStG vor.

Zu § 4 Nr. 4a UStG

4.4a.1 Umsatzsteuerlagerregelung

Zur Umsatzsteuerlagerregelung (§ 4 Nr. 4a UStG) vgl. BMF-Schreiben vom 28.1.2004, BStBl. I S. 242.

Zu § 4 Nr. 4b UStG

4.4b.1 Steuerbefreiung für die einer Einfuhr vorangehenden Lieferungen von Gegenständen

[1] Nach § 4 Nr. 4b UStG ist die einer Einfuhr vorangehende Lieferung (Einfuhrlieferung) von der Umsatzsteuer befreit, wenn der Abnehmer oder dessen Beauftragter den Gegenstand einführt. [2] Die Steuerbefreiung gilt für Lieferungen von Nicht-Unionswaren, die sich in einem besonderen Zollverfahren nach Artikel 210 UZK[1] befinden (vgl. im Einzelnen BMF-Schreiben vom 28.1.2004, BStBl. 2004 I S. 242). [3] Zu den Nicht-Unionswaren gehören nach Artikel 5 Nr. 24 UZK auch Waren, die aus der gemeinsamen Be- oder Verarbeitung von Unions- und Nicht-Unionsware entstehen.

---

[1] **Zölle und Verbrauchsteuern** Nr. 1.

Beispiel:

[1] Eine im Drittland gefertigte Glasscheibe wird von Unternehmer A bei der Ankunft in Deutschland in die aktive Veredelung übergeführt. [2] Die Glasscheibe wird anschließend in einen Kunststoffrahmen, der sich im freien Verkehr befindet, eingebaut. [3] Die Glasscheibe einschließlich Kunststoffrahmen wird danach im Rahmen des aktiven Veredelungsverkehrs an Unternehmer B veräußert, der die gesamte Scheibe in sein Produkt (Fahrzeug) einbaut. [4] Unternehmer B fertigt die Fahrzeuge, die nicht in das Drittland ausgeführt werden, zum freien Verkehr ab und entrichtet die fälligen Einfuhrabgaben (Zoll und Einfuhrumsatzsteuer).

[5] Nach Artikel 256 Abs. 1 Buchstabe a UZK werden grundsätzlich nur Nicht-Unionswaren in das Verfahren der aktiven Veredelung übergeführt. [6] Durch das „Hinzufügen" von Nicht-Unionswaren (hier die Glasscheibe) verlieren die Unionswaren (hier der verwendete Glasrahmen) allerdings ihren zollrechtlichen Status „Unionswaren" und werden zu Nicht-Unionswaren.

[7] Wird das Endprodukt (hier die gerahmte Glasscheibe) im Rahmen eines weiteren Verfahrens der aktiven Veredelung an einen Abnehmer veräußert, der das Endprodukt in ein neues Produkt (z. B. ein Fahrzeug) einbaut, und gelangt das Wirtschaftsgut in diesem Zusammenhang in den Wirtschaftskreislauf der EU (z. B. durch Abfertigung zur Überlassung zum zoll- und steuerrechtlich freien Verkehr), entstehen Einfuhrabgaben.

[8] Soweit der Unternehmer, der den Gegenstand eingeführt hat, zum Vorsteuerabzug berechtigt ist, kann er unter den weiteren Voraussetzungen des § 15 UStG die entstandene Einfuhrumsatzsteuer als Vorsteuer abziehen (§ 15 Abs. 1 Satz 1 Nr. 2 UStG).

[9] Die Lieferung des im Rahmen der aktiven Veredelung bearbeiteten und gelieferten Gegenstands (hier die gerahmte Glasscheibe) ist nach § 4 Nr. 4b UStG umsatzsteuerfrei, wenn der Abnehmer der Lieferung oder dessen Beauftragter den Gegenstand einführt.

Zu § 4 Nr. 4c UStG

4.4c.1[1)] Steuerbefreiung der Lieferung im Sinne des § 3 Abs. 3a Satz 1 UStG an einen Unternehmer

[1] Wird ein Gegenstand, dessen Beförderung oder Versendung im Gemeinschaftsgebiet beginnt und endet, durch einen nicht im Gemeinschaftsgebiet ansässigen Unternehmer an einen Nichtunternehmer (siehe Abschnitt 3a.1 Abs. 1) geliefert und wird dies durch einen Unternehmer mittels seiner elektronischen Schnittstelle unterstützt, so wird dieser Unternehmer nach § 3 Abs. 3a Satz 1 UStG behandelt, als ob er diesen Gegenstand für sein Unternehmen selbst erhalten und geliefert hätte (vgl. Abschnitt 3.18 Abs. 1). [2] Die gemäß § 3 Abs. 3a Satz 1 UStG fingierte Lieferung des nicht im Gemeinschaftsgebiet ansässigen Unternehmers an den Unternehmer, der den Gegenstand im Gemeinschaftsgebiet weiterliefert (Betreiber der elektronischen Schnittstelle), wird nach § 4 Nr. 4c UStG von der Umsatzsteuer befreit. [3] Zur Frage, wann ein Unternehmer eine Lieferung im Sinne des § 3 Abs. 3a Satz 1 UStG unterstützt, und zum Begriff „elektronische Schnittstelle" wird auf Abschnitt 3.18 Abs. 3 verwiesen.

Zu § 4 Nr. 5 UStG
(§ 22 UStDV)

4.5.1 Steuerfreie Vermittlungsleistungen[2)]

(1) [1] Die Vermittlungsleistung erfordert ein Handeln in fremdem Namen und für fremde Rechnung. [2] Der Wille, in fremdem Namen zu handeln und unmit-

---

1) A 4.4c.1 UStAE eingef. durch BMF v. 1.4.2021, BStBl. I 2021, 629, anzuwenden mWv 1.7.2021.

2) Zur Abgrenzung Vermittlung/Eigenhandel vgl. A 3.7 UStAE; zum Ort der Vermittlungsleistungen vgl. § 3a Abs. 3 Nr. 4, Abs. 4 Nr. 10 UStG.

telbare Rechtsbeziehungen zwischen dem leistenden Unternehmer und dem Leistungsempfänger herzustellen, muss hierbei den Beteiligten gegenüber deutlich zum Ausdruck kommen (vgl. BFH-Urteil vom 19.1.1967, V 52/63, BStBl. III S. 211). [3]Für die Annahme einer Vermittlungsleistung reicht es aus, dass der Unternehmer nur eine Vermittlungsvollmacht – also keine Abschlussvollmacht – besitzt (vgl. § 84 HGB). [4]Zum Begriff der Vermittlungsleistung vgl. Abschnitt 3.7 Abs. 1.

(2) [1]Die Steuerbefreiung des § 4 Nr. 5 UStG erstreckt sich nicht auf die als handelsübliche Nebenleistungen bezeichneten Tätigkeiten, die im Zusammenhang mit Vermittlungsleistungen als selbständige Leistungen vorkommen. [2]Nebenleistungen sind daher im Rahmen des § 4 Nr. 5 UStG nur dann steuerfrei, wenn sie als unselbständiger Teil der Vermittlungsleistung anzusehen sind, z. B. die Übernahme des Inkasso oder der Entrichtung der Einfuhrabgaben durch den Vermittler. [3]Für die selbständigen Leistungen, die im Zusammenhang mit den Vermittlungsleistungen ausgeübt werden, kann jedoch gegebenenfalls Steuerbefreiung nach § 4 Nr. 2 UStG oder nach § 4 Nr. 3 UStG in Betracht kommen.

(3) Für die Steuerbefreiung nach § 4 Nr. 5 Satz 1 Buchstabe a UStG wird zu der Frage, welche der vermittelten Umsätze unter die Befreiungsvorschriften des § 4 Nr. 1 Buchstabe a, Nr. 2 bis 4b sowie Nr. 6 und 7 UStG fallen, auf die Abschnitte 1.9, 3.13, 4.1.1 bis 4.4b.1, 4.6.1, 4.6.2, 4.7.1, 6.1 bis 6.12 und 7.1 bis 8.3 hingewiesen.

(4) Bei der Vermittlung von grenzüberschreitenden Personenbeförderungen mit Luftfahrzeugen oder Seeschiffen (§ 4 Nr. 5 Satz 1 Buchstabe b UStG) ist es unerheblich, wenn kurze ausländische Streckenanteile als Beförderungsstrecken im Inland oder kurze Streckenanteile im Inland als Beförderungsstrecken im Ausland anzusehen sind (vgl. Abschnitt 3b.1 Abs. 7 bis 18).

(5) [1]Nicht unter die Befreiungsvorschrift des § 4 Nr. 5 UStG fällt die Vermittlung der Lieferungen, die im Anschluss an die Einfuhr an einem Ort im Inland bewirkt werden. [2]Hierbei handelt es sich insbesondere um die Fälle, in denen der Gegenstand nach der Einfuhr gelagert und erst anschließend vom Lager aus an den Abnehmer geliefert wird. [3]Für die Vermittlung dieser Lieferungen kann jedoch die Steuerbefreiung nach § 4 Nr. 3 Satz 1 Buchstabe a Doppelbuchstabe bb UStG in Betracht kommen (vgl. Abschnitt 4.3.3 Abs. 1 Satz 1 Nr. 6).

(6) Zur Möglichkeit der Steuerbefreiung von Ausgleichszahlungen an Handelsvertreter nach § 89b HGB vgl. BFH-Urteil vom 25.6.1998, V R 57/97, BStBl. 1999 II S. 102.

4.5.2 Vermittlungsleistungen der Reisebüros

(1) [1]Die Steuerbefreiung nach § 4 Nr. 5 UStG erstreckt sich auch auf steuerbare Vermittlungsleistungen der Reisebüros. [2]Ausgenommen von der Befreiung sind jedoch die in § 4 Nr. 5 Satz 2 UStG bezeichneten Vermittlungsleistungen (vgl. hierzu Absatz 5). [3]Die Befreiung kommt insbesondere für Vermittlungsleistungen in Betracht, bei denen die Reisebüros als Vermittler für die so genannten Leistungsträger, z. B. Beförderungsunternehmer, auf-

treten. [4]Zu Abgrenzungsfragen beim Zusammentreffen von Vermittlungsleistungen und Reiseleistungen vgl. Abschnitt 25.1 Abs. 5.

(2) Die Steuerbefreiung für Vermittlungsleistungen an einen Leistungsträger kommt in Betracht, wenn das Reisebüro die Vermittlungsprovision nicht vom Leistungsträger oder einer zentralen Vermittlungsstelle überwiesen erhält, sondern in der vertraglich zulässigen Höhe selbst berechnet und dem Leistungsträger nur den Preis abzüglich der Provision zahlt.

(3) [1]Zum Ort der Leistung bei der Vermittlung von Unterkünften siehe Abschnitte 3a.3 Abs. 9 und 3a.7 Abs. 1. [2]Liegt danach der Ort nicht im Inland, ist die Vermittlungsleistung nicht steuerbar. [3]§ 4 Nr. 5 Satz 1 Buchstabe c UStG kommt daher für diese Vermittlungsleistungen nicht in Betracht.

(4) [1]Die Vermittlung einer Reiseleistung im Sinne des § 25 UStG für einen im Inland ansässigen Reiseveranstalter ist steuerpflichtig, auch wenn sich die betreffende Reiseleistung aus einer oder mehreren in § 4 Nr. 5 Satz 1 Buchstabe b und c UStG bezeichneten Leistungen zusammensetzt. [2]Es liegt jedoch keine Vermittlung einer Reiseleistung im Sinne des § 25 Abs. 1 UStG, sondern eine Vermittlung von Einzelleistungen durch das Reisebüro vor, soweit der Reiseveranstalter die Reiseleistung mit eigenen Mitteln erbringt. [3]Das gilt auch, wenn die vermittelten Leistungen in einer Summe angeboten werden und die Reisebüros für die Vermittlung dieser Leistungen eine einheitliche Provision erhalten.

(5) [1]Die Ausnahmeregelung des § 4 Nr. 5 Satz 2 UStG betrifft alle Unternehmer, die Reiseleistungen für Reisende vermitteln. [2]Es kommt nicht darauf an, ob sich der Unternehmer als Reisebüro bezeichnet. [3]Maßgebend ist vielmehr, ob er die Tätigkeit eines Reisebüros ausübt. [4]Da die Reisebüros die Reiseleistungen in der Regel im Auftrag der Leistungsträger und nicht im Auftrag der Reisenden vermitteln, fällt im Allgemeinen nur die Vermittlung solcher Tätigkeiten unter die Ausnahmeregelung, für die das Reisebüro dem Reisenden ein gesondertes Entgelt berechnet. [5]Das ist z. B. dann der Fall, wenn der Leistungsträger die Zahlung einer Vergütung an das Reisebüro ausgeschlossen hat und das Reisebüro daher dem Reisenden von sich aus einen Zuschlag zu dem vom Leistungsträger für seine Leistung geforderten Entgelt berechnet. [6]Das Gleiche trifft auf die Fälle zu, in denen das Reisebüro dem Reisenden für eine besondere Leistung gesondert Kosten berechnet, wie z. B. Telefon- oder Telefaxkosten, Visabeschaffungsgebühren oder besondere Bearbeitungsgebühren. [7]Für diese Leistungen scheidet die Steuerbefreiung auch dann aus, wenn sie im Zusammenhang mit nicht steuerbaren oder steuerfreien Vermittlungsleistungen an einen Leistungsträger bewirkt werden.

Beispiel:

[1]Das Reisebüro vermittelt dem Reisenden einen grenzüberschreitenden Flug. [2]Gleichzeitig vermittelt es im Auftrag des Reisenden die Erteilung des Visums. [3]Die Steuerbefreiung des § 4 Nr. 5 UStG kann in diesem Fall nur für die Vermittlung des Fluges in Betracht kommen.

(6) [1]Erhält ein Reisebüro eine Zahlung von einem Luftverkehrsunternehmen, das die dem Reisenden vermittelte grenzüberschreitende Personenbeförderung im Luftverkehr erbringt, obwohl eine Vermittlungsprovision nicht vereinbart wurde (z. B. im Rahmen des sog. Nullprovisionsmodells oder

einer sog. Incentive-Vereinbarung), ist im Einzelfall auf Basis der vertraglichen Vereinbarungen zu prüfen, welche Leistungen des Reisebüros mit der Zahlung vergütet werden. [2]Zahlungen des Luftverkehrsunternehmens für die Bereitschaft des Reisebüros, die Erbringung von Leistungen des Luftverkehrsunternehmens in besonderem Maß zu fördern und in Kundengesprächen bevorzugt anzubieten, sind Entgelt für eine steuerpflichtige Vertriebsleitung eigener Art des Reisebüros gegenüber dem Luftverkehrsunternehmen. [3]Erhält ein Reisebüro, das grenzüberschreitende Personenbeförderungsleistungen im Luftverkehr im Auftrag des Luftverkehrsunternehmens vermittelt, von diesem für den Flugscheinverkauf ein Entgelt, und erhebt es daneben einen zusätzlichen Betrag vom Reisenden (z.B. sog. Service-Fee), erbringt es beim Flugscheinverkauf eine nach § 4 Nr. 5 Satz 1 Buchstabe b UStG steuerfreie Vermittlungsleistung an das Luftverkehrsunternehmen und gleichzeitig eine Vermittlungsleistung an den Reisenden (vgl. im Einzelnen Abschnitt 10.1 Abs. 9).

(7) [1]Firmenkunden-Reisebüros erbringen mit ihren Leistungen an Firmenkunden hauptsächlich Vermittlungsleistungen und nicht eine einheitliche sonstige Leistung der Kundenbetreuung. [2]Wesen des Vertrags zwischen Firmenkunden-Reisebüro und Firmenkunden ist die effiziente Vermittlung von Reiseleistungen unter Beachtung aller Vorgaben des Firmenkunden. [3]Hierzu gehört insbesondere auch die Einhaltung der kundeninternen Reisekosten-Richtlinie und die erleichterte Reisebuchung mittels Online-Buchungsplattformen. [4]Das Entgelt wird in erster Linie für die Vermittlung der Reiseleistung des Leistungsträgers und nicht für eine gesonderte Betreuungsleistung gezahlt.

(8) [1]Das Firmenkunden-Reisebüro wird nicht (nur) im Auftrag des jeweiligen Leistungsträgers tätig. [2]Es tritt regelmäßig als Vermittler im Namen und für Rechnung des Firmenkunden auf. [3]Die Vermittlungsleistung des Reisebüros ist gemäß Absatz 5 Satz 4 steuerpflichtig, wenn dem Kunden für die Vermittlung der Tätigkeit ein gesondertes Entgelt berechnet wird. [4]Das betrifft insbesondere Fälle, in denen das Reisebüro dem Kunden für eine besondere Leistung gesondert Kosten berechnet (z.B. besondere Bearbeitungsgebühren).

(9) [1]Eine von einem Reisebüro an einen Reiseveranstalter erbrachte Leistung ist auch dann noch als Vermittlungsleistung anzusehen, wenn der Reisende von der Reise vertragsgemäß zurücktritt und das Reisebüro in diesem Fall vom Reiseveranstalter nur noch ein vermindertes Entgelt (sog. Stornoprovision) für die von ihm erbrachte Leistung erhält.

4.5.3 Verkauf von Flugscheinen durch Reisebüros oder Tickethändler („Consolidator")

(1) [1]Bei Verkäufen von Flugscheinen sind grundsätzlich folgende Sachverhalte zu unterscheiden:

1. [1]Der Linienflugschein wird von einem lizenzierten IATA-Reisebüro verkauft und das Reisebüro erhält hierfür eine Provision. [2]Der Linienflugschein enthält einen Preiseindruck, der dem offiziellen IATA-Preis entspricht. [3]Der Kunde erhält sofort oder auch später eine Gutschrift in Höhe

des gewährten Rabattes. [4]Die Abrechnung erfolgt als „Nettopreisticket", so dass keine übliche Vermittlungsprovision vereinbart wird. [5]Die Flugscheine werden mit einem am Markt durchsetzbaren Aufschlag auf den Festpreis an den Reisenden veräußert. [6]Der Festpreis liegt in der Regel deutlich unter dem um die Provision geminderten offiziellen Ticketpreis. [7]Erfolgt die Veräußerung über einen Vermittler („Consolidator"), erhöht sich der Festpreis um einen Gewinnzuschlag des Vermittlers. [8]Die Abrechnung erfolgt dann über eine sog. „Bruttoabrechnung".

2. [1]Bei „IT-Flugscheinen" (Linientickets mit einem besonderen Status) darf der Flugpreis nicht im Flugschein ausgewiesen werden, da er nur im Zusammenhang mit einer Pauschalreise (Kombination des Flugs mit einer anderen Reiseleistung, z. B. Hotel) gültig ist. [2]Der Verkauf des Flugscheins an den Kunden mit einem verbundenen, zusätzlichen Leistungsgutschein (Voucher) erfolgt in einem Gesamtpaket zu einem Pauschalpreis. [3]Sind sich der Kunde und der Verkäufer der Leistung aber einig, dass der Leistungsgutschein wertlos ist (Null-Voucher), handelt es sich wirtschaftlich um den Verkauf eines günstigen Fluges und nicht um eine Pauschalreise.
3. [1]„Weichwährungstickets" sind Flugscheine mit regulärem Preiseindruck (IATA-Tarif). [2]Allerdings lautet der Flugpreis nicht auf Euro, sondern wird in einer beliebigen „weicheren" Währung ausgedruckt. [3]Dabei wird der Flugschein entweder unmittelbar im „Weichwährungsland" erworben oder in Deutschland mit einem fingierten ausländischen Abflugort ausgestellt und der für den angeblichen Abflugort gültige, günstigere Preis zu Grunde gelegt.
4. [1]Charterflugscheine unterlagen bis zur Änderung der luftfahrtrechtlichen Bestimmungen den gleichen Beschränkungen wie „IT-Flugscheine", d. h. nur die Bündelung der Flugleistung mit einer/mehreren anderen touristischen Leistungen führte zu einem gültigen Ticket. [2]Die Umgehung der luftfahrtrechtlichen Beschränkungen wurde über die Ausstellung von „Null-Vouchers" erreicht. [3]Nach der Aufhebung der Beschränkungen ist der Verkauf von einzelnen Charterflugscheinen ohne Leistungsgutschein (sog. Nur-Flüge) zulässig.

[2]Die Veräußerung dieser Flugscheine an den Kunden erfolgt entweder unmittelbar über Reisebüros oder über einen oder mehrere zwischengeschaltete Tickethändler („Consolidator"). [3]Die eigentliche Beförderung kommt zwischen der Fluggesellschaft und dem Kunden zustande. [4]Kennzeichnend ist in allen Sachverhalten, dass die Umsätze Elemente eines Eigengeschäfts (Veranstalterleistung) sowie eines Vermittlungsgeschäfts enthalten.

(2) [1]Aus Vereinfachungsgründen kann der Verkauf von Einzeltickets für *grenzüberschreitende* Flüge (Linien- oder Charterflugschein) vom Reisebüro im Auftrag des Luftverkehrsunternehmens an die Kunden als steuerfreie Vermittlungsleistung nach § 4 Nr. 5 Satz 1 Buchstabe b UStG behandelt werden. [2]Gleiches gilt für die Umsätze des Consolidators, der in den Verkauf der Einzeltickets eingeschaltet worden ist. [3]Die Vereinfachungsregelung findet ausschließlich Anwendung beim Verkauf von Einzelflugtickets durch Reisebüros und Tickethändler. [4]Sobald diese ein „Paket" von Flugtickets erwerben und mit anderen Leistungen (z. B. Unterkunft und Verpflegung) zu einer Pauschal-

reise verbinden, handelt es sich um eine Reiseleistung, deren Umsatzbesteuerung sich nach § 25 UStG richtet. [5]Können nicht alle Reisen aus diesem „Paket" veräußert werden und werden daher Flugtickets ohne die vorgesehenen zusätzlichen Leistungen veräußert, sind die Voraussetzungen einer Vermittlungsleistung im Sinne des Satzes 1 nicht erfüllt, da insoweit das Reisebüro bzw. der Tickethändler auf eigene Rechnung und eigenes Risiko tätig wird. [6]Nachträglich (rückwirkend) kann diese Leistung nicht in eine Vermittlungsleistung umgedeutet werden. [7]Die Versteuerung richtet sich in diesen Fällen daher weiterhin nach § 25 UStG. [8]Reisebüros/Tickethändler müssen deshalb beim Erwerb der Flugtickets entscheiden, ob sie die Flugtickets einzeln „veräußern" oder zusammen mit anderen Leistungen in einem „Paket" anbieten wollen. [9]Der Nachweis hierüber ist entsprechend den Regelungen des § 25 Abs. 5 Nr. 2 i. V. m. § 22 Abs. 2 Nr. 1 UStG zu führen.

(3) Erhebt das Reisebüro beim Verkauf eines Einzeltickets vom Reisenden zusätzlich Gebühren (z. B. sog. Service-Fee), liegt insoweit eine Vermittlungsleistung vor (vgl. Abschnitt 10.1 Absatz 9 Nr. 1 und 4).

(4) Wird dem Flugschein eine zusätzliche „Leistung" des Reisebüros oder des Consolidators ohne entsprechenden Gegenwert (z. B. Null-Voucher) hinzugefügt, handelt es sich bei dem wertlosen Leistungsgutschein um eine unentgeltliche Beigabe.

(5) [1]Das Reisebüro bzw. der Consolidator hat die Voraussetzungen der steuerfreien Vermittlungsleistung im Einzelnen nachzuweisen. [2]Dabei muss dem Käufer des Flugscheins deutlich werden, dass sich die angebotene Leistung auf die bloße Vermittlung der Beförderung beschränkt und die Beförderungsleistung tatsächlich von einem anderen Unternehmer (der Fluggesellschaft) erbracht wird.

(6) [1]Steht ein Ticketverkauf dagegen im Zusammenhang mit anderen Leistungen, die vom leistenden Unternehmer erbracht werden (Transfer, Unterkunft, Verpflegung usw.), liegt in der Gesamtleistung eine eigenständige Veranstaltungsleistung, die unter den Voraussetzungen des § 25 UStG der Margenbesteuerung unterworfen wird. [2]Dabei kommt es nicht auf die Art des Flugscheins (Linien- oder Charterflugschein) an.

4.5.4 Buchmäßiger Nachweis

(1) [1]Der Unternehmer hat den Buchnachweis eindeutig und leicht nachprüfbar zu führen. [2]Wegen der allgemeinen Grundsätze wird auf die Ausführungen zum buchmäßigen Nachweis bei Ausfuhrlieferungen hingewiesen (vgl. Abschnitt 6.10 Abs. 1 bis 3).

(2) [1]In § 22 Abs. 2 UStDV ist geregelt, welche Angaben der Unternehmer für die Steuerbefreiung des § 4 Nr. 5 UStG aufzeichnen soll. [2]Zum Nachweis der Richtigkeit dieser buchmäßigen Aufzeichnung sind im Allgemeinen schriftliche Angaben des Auftraggebers oder schriftliche Bestätigungen mündlicher Angaben des Auftraggebers durch den Unternehmer über das Vorliegen der maßgeblichen Merkmale erforderlich. [3]Außerdem kann dieser Nachweis durch geeignete Unterlagen über das vermittelte Geschäft geführt werden, wenn daraus der Zusammenhang mit der Vermittlungsleistung, z. B. durch ein Zweitstück der Verkaufs- oder Versendungsunterlagen, hervorgeht.

(3) [1]Bei einer mündlich vereinbarten Vermittlungsleistung kann der Nachweis auch dadurch geführt werden, dass der Vermittler, z. B. das Reisebüro, den Vermittlungsauftrag seinem Auftraggeber, z. B. dem Beförderungsunternehmer, auf der Abrechnung oder dem Überweisungsträger bestätigt. [2]Das kann z. B. in der Weise geschehen, dass der Vermittler in diesen Unterlagen den vom Auftraggeber für die vermittelte Leistung insgesamt geforderten Betrag angibt und davon den einbehaltenen Betrag unter der Bezeichnung „vereinbarte Provision" ausdrücklich absetzt.

(4) [1]Zum buchmäßigen Nachweis gehören auch Angaben über den vermittelten Umsatz (§ 22 Abs. 2 Nr. 1 UStDV). [2]Im Allgemeinen ist es als ausreichend anzusehen, wenn der Unternehmer die erforderlichen Merkmale in seinen Aufzeichnungen festhält. [3]Bei der Vermittlung der in § 4 Nr. 5 Satz 1 Buchstabe a UStG bezeichneten Umsätze sollen sich daher die Aufzeichnungen auch darauf erstrecken, dass der vermittelte Umsatz unter eine der Steuerbefreiungen des § 4 Nr. 1 Buchstabe a, Nr. 2 bis 4b sowie Nr. 6 und 7 UStG fällt. [4]Dementsprechend sind in den Fällen des § 4 Nr. 5 Satz 1 Buchstaben b und c UStG auch der Ort und in den Fällen des Buchstabens b zusätzlich die Art des vermittelten Umsatzes aufzuzeichnen. [5]Bei der Vermittlung von Einfuhrlieferungen genügen Angaben darüber, dass der Liefergegenstand im Zuge der Lieferung vom Drittlandsgebiet in das Inland gelangt ist. [6]Einer Unterscheidung danach, ob es sich hierbei um eine Lieferung im Drittlandsgebiet oder um eine unter § 3 Abs. 8 UStG fallende Lieferung handelt, bedarf es für die Inanspruchnahme der Steuerbefreiung des § 4 Nr. 5 UStG aus Vereinfachungsgründen nicht.

Zu § 4 Nr. 6 UStG

4.6.1 Leistungen der Eisenbahnen des Bundes

Bei den Leistungen der Eisenbahnen des Bundes handelt es sich insbesondere um die Überlassung von Anlagen und Räumen, um Personalgestellungen und um Lieferungen von Betriebsstoffen, Schmierstoffen und Energie.

4.6.2 Steuerbefreiung für Restaurationsumsätze an Bord von Seeschiffen

[1]Die Steuerbefreiung nach § 4 Nr. 6 Buchstabe e UStG umfasst die entgeltliche und unentgeltliche Abgabe von Speisen und Getränken zum Verzehr an Bord von Seeschiffen, sofern diese eine selbständige sonstige Leistung ist. [2]Nicht befreit ist die Lieferung von Speisen und Getränken. [3]Zur Abgrenzung vgl. Abschnitt 3.6.

Zu § 4 Nr. 7 UStG

4.7.1 Leistungen an Vertragsparteien des Nordatlantikvertrages, NATO-Streitkräfte, diplomatische Missionen und zwischenstaatliche Einrichtungen

(1) [1]Die Steuerbefreiung nach § 4 Nr. 7 Satz 1 Buchstabe a UStG betrifft insbesondere wehrtechnische Gemeinschaftsprojekte der NATO-Partner, bei

denen der Generalunternehmer im Inland ansässig ist. [2]Die Leistungen eines Generalunternehmers sind steuerfrei, wenn die Verträge so gestaltet und durchgeführt werden, dass der Generalunternehmer seine Leistungen unmittelbar an jeden einzelnen der beteiligten Staaten ausführt. [3]Diese Voraussetzungen sind auch dann erfüllt, wenn beim Abschluss und bei der Durchführung der Verträge das Bundesamt für Ausrüstung, Informationstechnik und Nutzung der Bundeswehr oder eine von den beteiligten Staaten geschaffene Einrichtung im Namen und für Rechnung der beteiligten Staaten handelt.

(2) [1]Die Steuerbefreiung nach § 4 Nr. 7 Satz 1 Buchstabe a UStG umfasst auch Lieferungen von Rüstungsgegenständen an andere NATO-Partner. [2]Für diese Lieferungen kann auch die Steuerbefreiung für Ausfuhrlieferungen nach § 4 Nr. 1 Buchstabe a, § 6 Abs. 1 UStG in Betracht kommen (vgl. Abschnitt 6.1).

(3) [1]Nach § 4 Nr. 7 Satz 1 Buchstabe b UStG sind Lieferungen und sonstige Leistungen an die im Gebiet eines anderen Mitgliedstaats stationierten NATO-Streitkräfte befreit. [2]Dabei darf es sich nicht um die Streitkräfte dieses Mitgliedstaates handeln (z. B. Lieferungen an die belgischen Streitkräfte in Belgien). [3]Begünstigt sind Leistungsbezüge, die für unmittelbare amtliche Zwecke der Streitkraft selbst und für den persönlichen Gebrauch oder Verbrauch durch Angehörige der Streitkraft bestimmt sind. [4]Die Steuerbefreiung kann nicht für Leistungen an den einzelnen Soldaten in Anspruch genommen werden, sondern nur, wenn die Beschaffungsstelle der im übrigen Gemeinschaftsgebiet stationierten Streitkraft Auftraggeber und Rechnungsempfänger der Leistung ist.

(4) [1]Die Steuerbefreiung nach § 4 Nr. 7 Satz 1 UStG gilt nicht für die Lieferungen neuer Fahrzeuge im Sinne des § 1b Abs. 2 und 3 UStG. [2]In diesen Fällen richtet sich die Steuerbefreiung nach § 4 Nr. 1 Buchstabe b, § 6a UStG.

(5) [1]Die Steuerbefreiung nach § 4 Nr. 7 Satz 1 Buchstabe b bis d UStG setzt voraus, dass der Gegenstand der Lieferung in das Gebiet des anderen Mitgliedstaates befördert oder versendet wird. [2]Die Beförderung oder Versendung ist durch einen Beleg entsprechend § 17a oder § 17b UStDV nachzuweisen. [3]Eine Steuerbefreiung kann nur für Leistungsbezüge gewährt werden, die noch für mindestens sechs Monate zum Gebrauch oder Verbrauch im übrigen Gemeinschaftsgebiet bestimmt sind.

(6) [1]Für die genannten Einrichtungen und Personen ist die Steuerbefreiung nach § 4 Nr. 7 Satz 1 Buchstabe b bis d UStG – abgesehen von den beleg- und buchmäßigen Nachweiserfordernissen – von den Voraussetzungen und Beschränkungen abhängig, die im Gastmitgliedstaat gelten. [2]Bei Lieferungen und sonstigen Leistungen an Organe oder sonstige Organisationseinheiten (z. B. Außenstellen oder Vertretungen) von zwischenstaatlichen Einrichtungen gelten die umsatzsteuerlichen Privilegien des Mitgliedstaates, in dem sich diese Einrichtungen befinden. [3]Der Unternehmer hat durch eine von der zuständigen Behörde des Gastmitgliedstaates erteilte Bestätigung (Sichtvermerk) nachzuweisen, dass die für die Steuerbefreiung in dem Gastmitgliedstaat geltenden Voraussetzungen und Beschränkungen eingehalten sind. [4]Die Gastmitgliedstaaten können zur Vereinfachung des Bestätigungsverfahrens bestimmte Ein-

richtungen von der Verpflichtung befreien, einen Sichtvermerk der zuständigen Behörde einzuholen. 5 In diesen Fällen tritt an die Stelle des Sichtvermerks eine Eigenbestätigung der Einrichtung, in der auf die entsprechende Genehmigung (Datum und Aktenzeichen) hinzuweisen ist. 6 Für die von der zuständigen Behörde des Gastmitgliedstaates zu erteilende Bestätigung bzw. die Eigenbestätigung der begünstigten Einrichtung ist ein Vordruck nach amtlich vorgeschriebenem Muster zu verwenden (vgl. BMF-Schreiben vom 23. Juni 2011, BStBl. I S. 677, und Artikel 51 i. V. m. Anhang II der MwStVO).[1)]

(7) 1 Die Voraussetzungen der Steuerbefreiung müssen vom Unternehmer im Geltungsbereich des UStG buchmäßig nachgewiesen werden. 2 Die Voraussetzungen müssen eindeutig und leicht nachprüfbar aus der Buchführung zu ersehen sein. 3 Der Unternehmer soll den Nachweis bei Lieferungen entsprechend § 17d Abs. 2 UStDV und bei sonstigen Leistungen entsprechend § 13 Abs. 2 UStDV führen. 4 Kann der Unternehmer den beleg- und buchmäßigen Nachweis nicht, nicht vollständig oder nicht zeitnah führen, ist grundsätzlich davon auszugehen, dass die Voraussetzungen der Steuerbefreiung nicht erfüllt sind. 5 Etwas anderes gilt ausnahmsweise dann, wenn auf Grund der vorliegenden Belege und der sich daraus ergebenden tatsächlichen Umstände objektiv feststeht, dass die Voraussetzungen der Steuerbefreiung vorliegen (vgl. auch BFH-Urteil vom 5.7.2012, V R 10/10, BStBl. 2014 II S. 539).

Zu § 4 Nr. 8 UStG

4.8.1 Vermittlungsleistungen im Sinne des § 4 Nr. 8 und 11 UStG

1 Die in § 4 Nr. 8 und 11 UStG bezeichneten Vermittlungsleistungen setzen die Tätigkeit einer Mittelsperson voraus, die nicht den Platz einer der Parteien des zu vermittelnden Vertragsverhältnisses einnimmt und deren Tätigkeit sich von den vertraglichen Leistungen, die von den Parteien dieses Vertrages erbracht werden, unterscheidet. 2 Zweck der Vermittlungstätigkeit ist, das Erforderliche zu tun, damit zwei Parteien einen Vertrag schließen, an dessen Inhalt der Vermittler kein Eigeninteresse hat. 3 Es genügt, wenn der jeweilige Vermittler zu den Parteien eine mittelbare Verbindung über andere Steuerpflichtige unterhält, die selbst in unmittelbarer Verbindung zu einer dieser Parteien stehen (vgl. BFH-Urteil vom 28.5.2009, V R 7/08, BStBl. II 2010, S. 80). 4 Die Mittlertätigkeit kann darin bestehen, einer Vertragspartei Gelegenheit zum Abschluss eines Vertrages nachzuweisen, mit der anderen Partei Kontakt aufzunehmen oder über die Einzelheiten der gegenseitigen Leistungen zu verhandeln, wobei sich die Tätigkeit auf ein einzelnes Geschäft, das vermittelt werden soll, beziehen muss. 5 Die spezifischen und wesentlichen Funktionen einer Vermittlung sind auch erfüllt, wenn ein Unternehmer einem Vermittler am Abschluss eines Vertrages potentiell interessierte Personen nachweist und hierfür eine sog. „Zuführungsprovision" erhält (vgl. BFH-Urteil vom 28.5.2009, V R 7/08, a. a. O.). 6 Nicht steuerfrei sind hingegen Leistungen, die keinen spezifischen und wesentlichen Bezug zu einzelnen Vermittlungsgeschäften aufweisen, sondern allenfalls dazu dienen, als Sub-

---

1) **Steuergesetze** Nr. **550a.**

unternehmer den Versicherer bei den ihm selbst obliegenden Aufgaben zu unterstützen, ohne Vertragsbeziehungen zu den Versicherten zu unterhalten (vgl. BFH-Urteil vom 28.5.2009, V R 7/08, a. a. O.). 7 Wer lediglich einen Teil der mit einem zu vermittelnden Vertragsverhältnis verbundenen Sacharbeit übernimmt oder lediglich einem anderen Unternehmer Vermittler zuführt und diese betreut, erbringt insoweit keine steuerfreie Vermittlungsleistung (vgl. BFH-Urteil vom 14.5.2014, XI R 13/11, BStBl. II S. 734). 8 Die Steuerbefreiung einer Vermittlungsleistung setzt nicht voraus, dass es tatsächlich zum Abschluss des zu vermittelnden Vertragsverhältnisses gekommen ist. 9 Unbeschadet dessen erfüllen bloße Beratungsleistungen den Begriff der Vermittlung nicht (vgl. EuGH-Urteil vom 21.6.2007, C-453/05, Ludwig).[1)] 10 Auch die Betreuung, Überwachung oder Schulung von nachgeordneten selbständigen Vermittlern kann zur berufstypischen Tätigkeit eines Bausparkassenvertreters, Versicherungsvertreters oder Versicherungsmaklers nach § 4 Nr. 11 UStG oder zu Vermittlungsleistungen der in § 4 Nr. 8 UStG bezeichneten Art gehören. 11 Dies setzt aber voraus, dass der Unternehmer, der die Leistung der Betreuung, Überwachung und Schulung übernimmt, durch Prüfung eines jeden Vertragsangebots mittelbar auf eine der Vertragsparteien einwirken kann. 12 Dabei ist auf die Möglichkeit abzustellen, eine solche Prüfung im Einzelfall durchzuführen (vgl. BFH-Urteil vom 3.8.2017, V R 19/16, BStBl. II S. 1207).

4.8.2 Gewährung und Vermittlung von Krediten

(1) 1 Gewährt ein Unternehmer im Zusammenhang mit einer Lieferung oder sonstigen Leistung einen Kredit, ist diese Kreditgewährung nach § 4 Nr. 8 Buchstabe a UStG steuerfrei, wenn sie als selbständige Leistung anzusehen ist. 2 Entgelte für steuerfreie Kreditleistungen können Stundungszinsen, Zielzinsen und Kontokorrentzinsen sein (vgl. Abschnitt 3.11 Abs. 3 und 4). 3 Als Kreditgewährung ist auch die Kreditbereitschaft anzusehen, zu der sich ein Unternehmer vertraglich bis zur Auszahlung des Darlehens verpflichtet hat. 4 Zur umsatzsteuerrechtlichen Behandlung von Krediten, die im eigenen Namen, aber für fremde Rechnung gewährt werden, siehe Abschnitt 3.15.

(2) 1 Werden bei der Gewährung von Krediten Sicherheiten verlangt, müssen zur Ermittlung der Beleihungsgrenzen der Sicherungsobjekte, z. B. Grundstücke, bewegliche Sachen, Warenlager, deren Werte festgestellt werden. 2 Die dem Kreditgeber hierdurch entstehenden Kosten, insbesondere Schätzungsgebühren und Fahrtkosten, werden dem Kreditnehmer bei der Kreditgewährung in Rechnung gestellt. 3 Mit der Ermittlung der Beleihungsgrenzen der Sicherungsobjekte werden keine selbständigen wirtschaftlichen Zwecke verfolgt. 4 Diese Tätigkeit dient vielmehr lediglich dazu, die Kreditgewährung zu ermöglichen. 5 Dieser unmittelbare, auf wirtschaftlichen Gegebenheiten beruhende Zusammenhang rechtfertigt es, in der Ermittlung des Wertes der Sicherungsobjekte eine Nebenleistung zur Kreditgewährung zu sehen und sie damit als steuerfrei nach § 4 Nr. 8 Buchstabe a UStG zu behandeln (BFH-Urteil vom 9.7.1970, V R 32/70, BStBl. II S. 645).

---

1) DStR 2007, 1160.

(3) Zur umsatzsteuerrechtlichen Behandlung des Factoring siehe Abschnitt 2.4.

(4) [1]Die Darlehenshingabe der Bausparkassen durch Auszahlung der Baudarlehen auf Grund von Bausparverträgen ist als Kreditgewährung nach § 4 Nr. 8 Buchstabe a UStG steuerfrei. [2]Die Steuerfreiheit umfasst die gesamte Vergütung, die von den Bausparkassen für die Kreditgewährung vereinnahmt wird. [3]Darunter fallen außer den Zinsbeträgen auch die Nebengebühren, wie z.B. die Abschluss- und die Zuteilungsgebühren. [4]Steuerfrei sind ferner die durch die Darlehensgebühr und durch die Kontogebühr abgegoltenen Leistungen der Bausparkasse (BFH-Urteil vom 13.2.1969, V R 68/67, BStBl. II S. 449). [5]Dagegen sind insbesondere die Herausgabe eines Nachrichtenblatts, die Bauberatung und Bauaufsicht steuerpflichtig, weil es sich dabei um selbständige Leistungen neben der Kreditgewährung handelt.

(5) Die Vergütungen, die dem Pfandleiher nach § 10 Abs. 1 Nr. 2 der Verordnung über den Geschäftsbetrieb der gewerblichen Pfandleiher zustehen, sind Entgelt für eine nach § 4 Nr. 8 Buchstabe a UStG steuerfreie Kreditgewährung (BFH-Urteil vom 9.7.1970, V R 32/70, BStBl. II S. 645).

(6) Hat der Kunde einer Hypothekenbank bei Nichtabnahme des Hypothekendarlehens, bei dessen vorzeitiger Rückzahlung oder bei Widerruf einer Darlehenszusage oder Rückforderung des Darlehens als Folge bestimmter, vom Kunden zu vertretender Ereignisse im Voraus festgelegte Beträge zu zahlen (sog. Nichtabnahme- bzw. Vorfälligkeitsentschädigungen), handelt es sich – soweit nicht Schadensersatz vorliegt – um Entgelte für nach § 4 Nr. 8 Buchstabe a UStG steuerfreie Kreditleistungen (BFH-Urteil vom 20.3.1980, V R 32/76, BStBl. II S. 538).

(7) [1]Eine nach § 4 Nr. 8 Buchstabe a UStG steuerfreie Kreditgewährung liegt nicht vor, wenn jemand einem Unternehmer Geld für dessen Unternehmen oder zur Durchführung einzelner Geschäfte gegen Beteiligung nicht nur am Gewinn, sondern auch am Verlust zur Verfügung stellt. [2]Eine Beteiligung am Verlust ist mit dem Wesen des Darlehens, bei dem die hingegebene Geldsumme zurückzuzahlen ist, unvereinbar (BFH-Urteil vom 19.3.1970, V R 137/69, BStBl. II S. 602).

(8) [1]Vereinbart eine Bank mit einem Kreditvermittler, dass dieser in die Kreditanträge der Kreditkunden einen höheren Zinssatz einsetzen darf, als sie ohne die Einschaltung eines Kreditvermittlers verlangen würde (sog. Packing), ist die Zinsdifferenz das Entgelt für eine Vermittlungsleistung des Kreditvermittlers gegenüber der Bank (BFH-Urteil vom 8.5.1980, V R 126/76, BStBl. II S. 618). [2]Die Leistung ist als Kreditvermittlung nach § 4 Nr. 8 *Buchstabe a UStG steuerfrei.*

(9) Eine vorab erstellte Finanzanalyse der Kundendaten durch den Vermittler, in der Absicht den Kunden bei der Auswahl des Finanzproduktes zu unterstützen bzw. das für ihn am besten passende Finanzprodukt auswählen zu können, kann, wenn sie ähnlich einer Kaufberatung das Mittel darstellt, um die Hauptleistung Kreditvermittlung in Anspruch zu nehmen, als unselbständige Nebenleistung (vgl. hierzu Abschnitt 3.10 Abs. 5) zur Kreditvermittlung angesehen werden.

4.8.3 Gesetzliche Zahlungsmittel

(1)[1] [1]Von der Steuerfreiheit für die Umsätze von gesetzlichen Zahlungsmitteln (kursgültige Münzen und Banknoten) und für die Vermittlung dieser Umsätze sind solche Zahlungsmittel ausgenommen, die wegen ihres Metallgehalts oder ihres Sammlerwerts umgesetzt werden. [2]Hierdurch sollen gesetzliche Zahlungsmittel, die als Waren gehandelt werden, auch umsatzsteuerrechtlich als Waren behandelt werden.

(2) [1]Bei anderen Münzen als Goldmünzen, deren Umsätze nach § 25c UStG steuerbefreit sind, und bei Banknoten ist davon auszugehen, dass sie wegen ihres Metallgehalts oder ihres Sammlerwerts umgesetzt werden, wenn sie mit einem höheren Wert als ihrem Nennwert umgesetzt werden. [2]Die Umsätze dieser Münzen und Banknoten sind nicht von der Umsatzsteuer befreit.

(3) [1]Das Sortengeschäft (Geldwechselgeschäft) bleibt von den Regelungen der Absätze 1 und 2 unberührt. [2]Dies gilt auch dann, wenn die fremde Währung auf Wunsch des Käufers in kleiner Stückelung (kleine Scheine oder Münzen) ausgezahlt und hierfür ein vom gültigen Wechselkurs abweichender Kurs berechnet wird oder Verwaltungszuschläge erhoben werden.

(3a) [1]Sog. virtuelle Währungen (Kryptowährungen, z.B. Bitcoin) werden den gesetzlichen Zahlungsmitteln gleichgestellt, soweit diese sog. virtuellen Währungen von den an der Transaktion Beteiligten als alternatives vertragliches und unmittelbares Zahlungsmittel akzeptiert worden sind und keinem anderen Zweck als der Verwendung als Zahlungsmittel dienen (vgl. EuGH-Urteil vom 22.10.2015, C-264/14, Hedqvist, BStBl. 2018 II S. 211). [2]Dies gilt nicht für virtuelles Spielgeld (sog. Spielwährungen oder Ingame-Währungen, insbesondere in Onlinespielen).

(4) [1]Die durch Geldspielautomaten erzielten Umsätze sind keine Umsätze von gesetzlichen Zahlungsmitteln. [2]Die Steuerbefreiung nach § 4 Nr. 8 Buchstabe b UStG kommt daher für diese Umsätze nicht in Betracht (BFH-Urteil vom 4.2.1971, V R 41/69, BStBl. II S. 467).

4.8.4 Umsätze im Geschäft mit Forderungen

(1) Unter die Steuerbefreiung nach § 4 Nr. 8 Buchstabe c UStG fallen auch die Umsätze von aufschiebend bedingten Geldforderungen (BFH-Urteil vom 12.12.1963, V 60/61 U, BStBl. 1964 III S. 109).

(2) Die Veräußerung eines Bausparvorratsvertrags ist als einheitliche Leistung anzusehen, die in vollem Umfang nach § 4 Nr. 8 Buchstabe c UStG steuerfrei ist.

(3) Zur Steuerbefreiung bei der Veräußerung von Kapitallebensversicherungen auf dem Zweitmarkt vgl. BFH-Urteil vom 5.9.2019, V R 57/17, BStBl. 2020 II S. 356.

---

[1] Gilt auch für „Platinum Nobles“ (Isle of Man), vgl. Art. 45 MwStVO (**Steuergesetze** Nr. **550a**).

(4) Zur umsatzsteuerrechtlichen Behandlung des Factoring siehe Abschnitt 2.4.

(5) [1] Zu den Umsätzen im Geschäft mit Forderungen gehören auch die Optionsgeschäfte mit Geldforderungen. [2] Gegenstand dieser Optionsgeschäfte ist das Recht, bestimmte Geldforderungen innerhalb einer bestimmten Frist zu einem festen Kurs geltend machen oder veräußern zu können. [3] Unter die Steuerbefreiung fallen auch die Optionsgeschäfte mit Devisen.

(6) [1] Bei Geschäften mit Warenforderungen (z. B. Optionen im Warentermingeschäft) handelt es sich ebenfalls um Umsätze im Geschäft mit Forderungen (vgl. BFH-Urteil vom 30.3.2006, V R 19/02, BStBl. 2007 II S. 68). [2] Optionsgeschäfte auf Warenterminkontrakte sind nur dann nach § 4 Nr. 8 Buchstabe c UStG steuerfrei, wenn die Optionsausübung nicht zu einer Warenlieferung führt.

(7) Ein Umsatz im Geschäft mit Forderungen wird nicht ausgeführt, wenn lediglich Zahlungsansprüche (z. B. Zahlungsansprüche nach der EU-Agrarreform (GAP-Reform) für land- und forstwirtschaftliche Betriebe) zeitweilig oder endgültig übertragen werden (vgl. BFH-Urteil vom 30.3.2011, XI R 19/10, BStBl. II S. 772).

4.8.5 Einlagengeschäft

(1) Zu den nach § 4 Nr. 8 Buchstabe d UStG steuerfreien Umsätzen im Einlagengeschäft gehören z. B. die Verwahrung des Kontoguthabens, die Kontoführung, Kontenauflösungen, Kontensperrungen, die Veräußerung von Heimsparbüchsen und sonstige mittelbar mit dem Einlagengeschäft zusammenhängende Leistungen, die durch Kontogebühren oder durch den Einbehalt negativer Einlagezinsen aus der Einlage des Leistungsempfängers vergütet werden.

(2) Die von Bausparkassen und anderen Instituten erhobenen Gebühren für die Bearbeitung von Wohnungsbauprämienanträgen sind Entgelte für steuerfreie Umsätze im Einlagengeschäft im Sinne des § 4 Nr. 8 Buchstabe d UStG.

4.8.6 Inkasso von Handelspapieren

Handelspapiere im Sinne des § 4 Nr. 8 Buchstabe d UStG sind Wechsel, Schecks, Quittungen oder ähnliche Dokumente im Sinne der „Einheitlichen Richtlinien für Inkassi – ERI 522“ der Internationalen Handelskammer.

4.8.7 Zahlungs-, Überweisungs- und Kontokorrentverkehr

(1) [1] Nach § 4 Nr. 8 Buchstabe d UStG steuerfreie Leistungen im Rahmen des Kontokorrentverkehrs sind z. B. die Veräußerung von Scheckheften, der Firmeneindruck auf Zahlungs- und Überweisungsvordrucken und die Anfertigung von Kontoabschriften und Fotokopien. [2] Die Steuerfreiheit der Umsätze im Zahlungsverkehr hängt nicht davon ab, dass der

Unternehmer ein Kreditinstitut im Sinne des § 1 Abs. 1 Satz 1 KWG[1]) betreibt (vgl. BFH-Urteil vom 27.8.1998, V R 84/97, BStBl. 1999 II S. 106).

(2) [1] Umsätze im Überweisungsverkehr liegen nur dann vor, wenn die erbrachten Dienstleistungen eine Weiterleitung von Geldern bewirken und zu rechtlichen und finanziellen Änderungen führen (vgl. BFH-Urteil vom 13.7.2006, V R 57/04, BStBl. 2007 II S. 19). [2] Es liegt kein nach § 4 Nr. 8 Buchstabe d UStG steuerfreier Umsatz vor, wenn für eine Bank, die Geldausgabeautomaten betreibt, Dienstleistungen erbracht werden, die darin bestehen, diese Automaten aufzustellen und zu warten, sie mit Bargeld zu befüllen und mit Hard- und Software zum Einlesen der Geldkartendaten auszustatten, Autorisierungsanfragen wegen Bargeldabhebungen an die Bank weiterzuleiten, die die verwendete Geldkarte ausgegeben hat, die gewünschte Bargeldauszahlung vorzunehmen und einen Datensatz über die Auszahlungen zu generieren (vgl. EuGH-Urteil vom 3.10.2019, C-42/18, Cardpoint,[2]) und BFH-Urteil vom 13.11.2019, V R 30/19, BStBl. 2020 II S. 522). [3] Leistungen eines Rechenzentrums (Rechenzentrale) an Banken können nur dann nach § 4 Nr. 8 Buchstabe d UStG steuerfrei sein, wenn diese Leistungen ein im Großen und Ganzen eigenständiges Ganzes sind, das die spezifischen und wesentlichen Funktionen der Leistungen des § 4 Nr. 8 Buchstabe d UStG erfüllt. [4] Besteht ein Leistungspaket aus diversen Einzelleistungen, die einzeln vergütet werden, können nicht einzelne dieser Leistungen zu nach § 4 Nr. 8 Buchstabe d UStG steuerfreien Leistungen zusammengefasst werden. [5] Unerheblich für die Anwendung der Steuerbefreiung nach § 4 Nr. 8 Buchstabe d UStG auf Leistungen eines Rechenzentrums an die Bank ist die inhaltliche Vorgabe der Bank, dass das Rechenzentrum für die Ausführung der Kundenanweisung keine dispositive Entscheidung zu treffen hat (vgl. BFH-Urteil vom 12.6.2008, V R 32/06, BStBl. II S. 777). [6] Die Steuerbefreiung nach § 4 Nr. 8 Buchstabe d UStG gilt für die Leistungen der Banken und der Rechenzentren dagegen nicht, wenn sie die ihnen übertragenen Vorgänge sämtlich nur technisch abwickeln (vgl. BFH-Urteil vom 16.11.2016, XI R 35/14, BStBl. 2017 II S. 327).

4.8.8[3]) Umsätze im Geschäft mit Wertpapieren

(1) [1] Zu den Umsätzen im Geschäft mit Wertpapieren gehören auch die Optionsgeschäfte mit Wertpapieren (vgl. BFH-Urteil vom 30.3.2006, V R 19/02, BStBl. 2007 II S. 68). [2] Gegenstand dieser Optionsgeschäfte ist das Recht, eine bestimmte Anzahl von Wertpapieren innerhalb einer bestimmten Frist jederzeit zu einem festen Preis fordern (Kaufoption) oder liefern (Verkaufsoption) zu können. [3] Die Steuerbefreiung nach § 4 Nr. 8 Buchstabe e UStG umfasst sowohl den Abschluss von Optionsgeschäften als auch die Übertragung von Optionsrechten.

---

[1]) Kreditwesengesetz i.d.F. v. 9.9.1998, BGBl. I 1998, 2776, zuletzt geänd. durch G v. 10.8.2021, BGBl. I 2021, 3436 (**Wirtschaftsgesetze Nr. 145**).

[2]) *DStR 2019, 2200.*

[3]) Zur umsatzsteuerrechtlichen Behandlung der Leistungen von Börsen und anderen Handelsplattformen für Finanzprodukte siehe BMF v. 3.5.2021, BStBl. I 2021, 713.

(2)[1] Zu den Umsätzen im Geschäft mit Wertpapieren gehören auch die sonstigen Leistungen im Emissionsgeschäft, z. B. die Übernahme und Platzierung von Neuemissionen und die Börseneinführung von Wertpapieren.

(3) Zur Vermittlung von erstmalig ausgegebenen Anteilen vgl. Abschnitt 4.8.10 Abs. 4 i. V. m. Abschnitt 1.6 Abs. 2.

(4) Zur Frage der Beschaffung von Anschriften von Wertpapieranlegern gilt Abschnitt 4.8.1 entsprechend.

(5) Die Erfüllung der Meldepflichten nach § 22 WpHG[2] durch ein Zentralinstitut oder ein anderes Kreditinstitut für den Meldepflichtigen ist nicht nach § 4 Nr. 8 Buchstabe e UStG steuerfrei.

(6) [1] Eine steuerfreie Vermittlungsleistung kommt auch in den Fällen der von einem Wertpapieremittenten, z. B. einer Fondsgesellschaft, gezahlten Bestands- und Kontinuitätsprovisionen in Betracht, in denen – bezogen auf den einzelnen Kunden – die im Depotbestand enthaltenen Wertpapiere nicht ausschließlich durch das depotführende Kreditinstitut vermittelt wurden. [2] Überträgt ein Kunde sein Depot auf ein anderes Kreditinstitut und hat dieses bei Depotübergang noch keine der im übertragenen Depot befindlichen Wertpapiere an diesen Kunden bis dahin vermittelt, stellen auch die für die übertragenen Wertpapiere an das aufnehmende Kreditinstitut gezahlten Bestands- und Kontinuitätsprovisionen Entgelt für steuerfreie Vermittlungsleistungen dar, wenn
- die Bestands- und Kontinuitätsprovisionen ausschließlich auf der Grundlage der zwischen Emittent und aufnehmendem Kreditinstitut abgeschlossenen Vertriebsvereinbarung gezahlt werden,
- neben der Vertriebsleistung keine weitere Leistung zwischen Emittent und aufnehmendem Kreditinstitut erbracht wird,
- der Emittent auch nach Depotüberträgen – bezogen auf die gesamten Wertpapierbestände – in der Summe die gleichen Bestands- und Kontinuitätsprovisionen an die Kreditinstitute zahlt, mit denen eine Vertriebsvereinbarung besteht, und
- der Zahlung der Bestands- und Kontinuitätsprovisionen immer eine zuvor getätigte Vertriebsleistung eines Kreditinstituts vorausgeht.

[3] Satz 2 gilt entsprechend, wenn nur einzelne Wertpapiere in ein Depot eines anderen Kreditinstituts übertragen werden.

4.8.9 Verwahrung und Verwaltung von Wertpapieren

(1) [1] Bei der Abgrenzung der steuerfreien Umsätze im Geschäft mit Wertpapieren von der steuerpflichtigen Verwahrung und Verwaltung von Wertpapieren gilt Folgendes: [2] Die Leistung des Unternehmers (Kreditinstitut) ist *grundsätzlich steuerfrei, wenn* das Entgelt dem Emittenten in Rechnung gestellt wird. [3] Sie ist grundsätzlich steuerpflichtig, wenn sie dem Depotkunden in Rechnung gestellt wird. [4] Zu den steuerpflichtigen Leistungen gehören z. B. auch die Depotunterhaltung, das Inkasso von fremden Zins- und Dividenden-

[1] A 4.8.8 Abs. 2 neugef. durch BMF v. 17.12.2021, BStBl. I 2021, 2504.

[2] Wertpapierhandelsgesetz i. d. F. v. 9.9.1998, BGBl. I 1998, 2708, zuletzt geänd. durch G v. 10.8.2021, BGBl. I 2021, 3436 (**Wirtschaftsgesetze** Nr. **152**).

scheinen, die Ausfertigung von Depotauszügen, von Erträgnis-, Kurswert- und Steuerkurswertaufstellungen sowie die Informationsübermittlung von Kreditinstituten an Emittenten zur Führung des Aktienregisters bei Namensaktien.

(2) [1]Bei der Vermögensverwaltung (Portfolioverwaltung) nimmt eine Bank einerseits die Vermögensverwaltung und andererseits Transaktionen vor. [2]Dabei handelt es sich um eine einheitliche Leistung der Vermögensverwaltung (vgl. Abschnitt 3.10 Abs. 1 und 3), die nicht nach § 4 Nr. 8 Buchstabe e UStG steuerfrei ist. [3]Eine Aufspaltung dieser wirtschaftlich einheitlichen Leistung ist nicht möglich (vgl. EuGH-Urteile vom 25.2.1999, C-349/96, CPP,[1)] und vom 19.7.2012, C-44/11, Deutsche Bank, BStBl. II S. 945,[1)] und BFH-Urteil vom 11.10.2012, V R 9/10, BStBl. 2014 II S. 279). [4]Zur Abgrenzung der Vermögensverwaltung von der Verwaltung von Investmentvermögen (§ 4 Nr. 8 Buchstabe h UStG) siehe Abschnitt 4.8.13.

4.8.10 Gesellschaftsanteile

(1) [1]Zu den Anteilen an Gesellschaften gehören insbesondere die Anteile an Kapitalgesellschaften, z. B. GmbH-Anteile, die Anteile an Personengesellschaften, z. B. OHG-Anteile, und die stille Beteiligung (§ 230 HGB). [2]Zur Steuerbarkeit bei der Ausgabe von Gesellschaftsanteilen vgl. Abschnitt 1.6 Abs. 2.

(2) [1]Erwirbt jemand treuhänderisch Gesellschaftsanteile und verwaltet diese gegen Entgelt, werden ihm dadurch keine Gesellschaftsanteile verschafft. [2]Die Tätigkeit ist deshalb grundsätzlich steuerpflichtig. [3]Dies gilt auch dann, wenn sich der Unternehmer treuhänderisch an einer Anlagegesellschaft beteiligt und deren Geschäfte führt (vgl. BFH-Urteil vom 29.1.1998, V R 67/96, BStBl. II S. 413). [4]Eine Befreiung nach § 4 Nr. 8 Buchstabe h UStG kommt nur in Betracht, wenn der Unternehmer nach den Vorschriften des KAGB[2)] tätig geworden ist.

(3) [1]Zum Begriff der Vermittlung siehe Abschnitt 4.8.1. [2]Eine unmittelbare Beauftragung durch eine der Parteien des vermittelnden Vertrages ist nicht erforderlich (vgl. BFH-Urteil vom 20.12.2007, V R 62/06, BStBl. 2008 II S. 641). [3]Marketing- und Werbeaktivitäten, die darin bestehen, dass sich ein Vertriebsunternehmen nur in allgemeiner Form an die Öffentlichkeit wendet, sind mangels Handelns gegenüber individuellen Vertragsinteressenten keine Vermittlung nach § 4 Nr. 8 Buchstabe f UStG (BFH-Urteil vom 6.12.2007, V R 66/05, BStBl. 2008 II S. 638). [4]Keine Vermittlungsleistung erbringt ein Unternehmer, der einem mit dem Vertrieb von Gesellschaftsanteilen betrauten Unternehmer Abschlussvertreter zuführt und diese betreut (BFH-Urteil vom 23.10.2002, V R 68/01, BStBl. 2003 II S. 618). [5]Die Steuerfreiheit für die Vermittlung nach § 4 Nr. 8 Buchstabe f UStG setzt eine Tätigkeit voraus, die einzelne Vertragsabschlüsse fördert. [6]Eine der Art nach geschäftsführende Leitung einer Vermittlungsorganisation ist keine derartige Vermittlung (vgl. BFH-Urteil vom 20.12.2007, V R 62/06, BStBl. 2008 II S. 641).

[1)] *DStRE 1999, 271. – DStR* 2012, 1601.

[2)] Kapitalanlagegesetzbuch v. 4.7.2013, BGBl. I 2013, 1981, zuletzt geänd. durch G v. 10.8.2021, BGBl. I 2021, 3483 (**Wirtschaftsgesetze Nr. 142**).

(4) Die Vermittlung von erstmalig ausgegebenen Gesellschaftsanteilen (zur Ausgabe von Gesellschaftsanteilen vgl. Abschnitt 1.6 Abs. 2) ist steuerbar und nach § 4 Nr. 8 Buchstabe f UStG steuerfrei (vgl. EuGH-Urteil vom 27.5.2004, C-68/03, Lipjes).[1]

(5) Die Vermittlung der Mitgliedschaften in einem Idealverein ist nicht nach § 4 Nr. 8 Buchstabe f UStG steuerfrei (vgl. BFH-Urteil vom 27.7.1995, V R 40/93, BStBl. II S. 753).

4.8.11 Übernahme von Verbindlichkeiten

[1]Der Begriff „Übernahme von Verbindlichkeiten" erfasst lediglich Geldverbindlichkeiten im Bereich von Finanzdienstleistungen. [2]Die Übernahme anderer Verpflichtungen, wie beispielsweise die Renovierung einer Immobilie, ist vom Anwendungsbereich des § 4 Nr. 8 Buchstabe g UStG ausgeschlossen (vgl. EuGH-Urteil vom 19.4.2007, C-455/05, Velvet & Steel Immobilien).[2] [3]Nach § 4 Nr. 8 Buchstabe g UStG ist die Übernahme von Verbindlichkeiten, soweit hierin nicht lediglich – wie im Regelfall – eine Entgeltzahlung zu sehen ist (vgl. Abschnitt 1.1 Abs. 3 und BFH-Urteil vom 31.7.1969, V R 149/66, BStBl. 1970 II S. 73), steuerfrei, z. B. Übernahme von Einlagen bei der Zusammenlegung von Kreditinstituten.

4.8.12 Übernahme von Bürgschaften und anderen Sicherheiten

(1)[3] [1]Als andere Sicherheiten, deren Übernahme nach § 4 Nr. 8 Buchstabe g UStG steuerfrei ist, sind z. B. Garantieverpflichtungen (vgl. BFH-Urteile vom 14.12.1989, V R 125/84, BStBl. 1990 II S. 401, vom 24.1.1991, V R 19/87, BStBl. II S. 539 – Zinshöchstbetragsgarantie und Liquiditätsgarantie –, und vom 22.10.1992, V R 53/89, BStBl. 1993 II S. 318 – Ausbietungsgarantie und Vermietungsgarantie –) und Kautionsversicherungen (vgl. Abschnitt 4.10.1 Abs. 2 Satz 3) anzusehen. [2]Der umsatzsteuerbare Verzicht auf eine Garantie ist steuerfrei, wenn die Einräumung dieser Garantie nach § 4 Nr. 8 Buchstabe g UStG steuerfrei ist oder – bei Entgeltlichkeit – steuerfrei wäre (vgl. BFH-Urteil vom 15.4.2015, V R 46/13, BStBl. II S. 947). [3]Umsätze, die keine Finanzdienstleistungen sind, sind vom Anwendungsbereich des § 4 Nr. 8 Buchstabe g UStG ausgeschlossen (vgl. Abschnitt 4.8.11 Sätze 1 und 2). [4]Zur Garantiezusage eines Kraftfahrzeughändlers vgl. Abschnitt 4.10.1 Abs. 4 Satz 3.

(2) [1]Ein Garantieversprechen ist nach § 4 Nr. 8 Buchstabe g UStG steuerfrei, wenn es ein vom Eigenverhalten des Garantiegebers unabhängiges Risiko abdeckt; diese Voraussetzung liegt nicht vor, wenn lediglich garantiert wird, eine aus einem anderen Grund geschuldete Leistung vertragsgemäß auszuführen (vgl. BFH-Urteil vom 14.12.1989, V R 125/84, BStBl. 1990 II S. 401). [2]Leistungen persönlich haftender Gesellschafter, für die eine unabhängig vom Gewinn bemessene Haftungsvergütung gezahlt wird, sind nicht

---

[1] DStR 2004, 987.

[2] DStRE 2007, 1519.

[3] A 4.8.12 UStAE Abs. 1 Satz 4 neugef. durch BMF v. 11.5.2021, BStBl. I 2021, 781, zur Anwendung siehe FN zu A 4.10.1 Abs. 4 UStAE.

nach § 4 Nr. 8 Buchstabe g UStG steuerfrei, weil ein ggf. haftender Gesellschafter über seine Geschäftsführungstätigkeit unmittelbaren Einfluss auf das Gesellschaftsergebnis – und damit auf die Frage, ob es zu einem Haftungsfall kommt – hat.

(3) Bei den im Rahmen der Einlagensicherung von den jeweiligen Sicherungseinrichtungen an ihre Mitglieder erbrachten Präventiv- und Sicherungsmaßnahmen handelt es sich unter den weiteren Voraussetzungen des § 4 Nr. 8 Buchstabe a (Kreditgewährung) und Buchstabe g (Bürgschaften, Garantiezusagen und -verpflichtungen) UStG um steuerfreie Leistungen.

4.8.13 Verwaltung von Investmentvermögen und von Versorgungseinrichtungen

Allgemeines und Begriffsbestimmungen

(1) [1]Die Steuerbefreiung nach § 4 Nr. 8 Buchstabe h UStG erstreckt sich auf die Verwaltung von OGAW im Sinne des § 1 Abs. 2 KAGB, die Verwaltung von AIF im Sinne des § 1 Abs. 3 KAGB, die mit OGAW vergleichbar sind, und die Verwaltung von Versorgungseinrichtungen im Sinne des Versicherungsaufsichtsgesetzes (siehe Absatz 22). [2]Nicht unter die Steuerbefreiung fallen Leistungen der Vermögensverwaltung mit Wertpapieren, bei der die mit den Leistungen beauftragte Bank auf Grund eigenen Ermessens über den Kauf und Verkauf von Wertpapieren entscheidet und diese Entscheidung durch den Kauf und Verkauf der Wertpapiere vollzieht (vgl. EuGH-Urteil vom 19.7.2012, C-44/11, Deutsche Bank, BStBl. II S. 945,[1)] und BFH-Urteil vom 11.10.2012, V R 9/10, BStBl. 2014 II S. 279).

(2) [1]OGAW sind Investmentvermögen, die die Anforderungen der sog. OGAW-Richtlinie (Richtlinie 2009/65/EG des Europäischen Parlaments und des Rates vom 13. Juli 2009 zur Koordinierung der Rechts- und Verwaltungsvorschriften betreffend bestimmte OGAW, ABl. EU 2009 Nr. L 302/32) erfüllen (§ 1 Abs. 2 KAGB).[2)] [2]AIF sind alle Investmentvermögen, die keine OGAW sind (§ 1 Abs. 3 KAGB). [3]Unter AIF fallen somit alle geschlossenen Investmentvermögen und alle offenen Investmentvermögen, die nicht als OGAW gelten. [4]Ein Investmentvermögen ist nach § 1 Abs. 1 Satz 1 KAGB jeder Organismus für gemeinsame Anlagen, der von einer Anzahl von Anlegern Kapital einsammelt, um es nach einer festgelegten Anlagestrategie zum Nutzen dieser Anleger zu investieren und der kein operativ tätiges Unternehmen außerhalb des Finanzsektors ist. [5]Eine Anzahl von Anlegern ist gegeben, wenn die Anlagebedingungen, die Satzung oder der Gesellschaftsvertrag des Organismus für gemeinsame Anlagen die Anzahl möglicher Anleger nicht auf einen Anleger begrenzen (§ 1 Abs. 1 Satz 2 KAGB). [6]Inländische Investmentvermögen sind Investmentvermögen, die dem inländischen Recht unterliegen (§ 1 Abs. 7 KAGB). [7]EU-Investmentvermögen sind Investmentvermögen, die dem Recht eines anderen Mitgliedstaates des

---

1) DStR 2012, 1601.

2) Kapitalanlagegesetzbuch v. 4.7.2013, BGBl. I 2013, 1981, zuletzt geänd. durch G v. 10.8.2021, BGBl. I 2021, 3483 (**Wirtschaftsgesetze** Nr. **142**).

Abkommens über den Europäischen Wirtschaftsraum unterliegen (§ 1 Abs. 8 KAGB). [8]Ausländische AIF sind AIF, die dem Recht eines Drittstaates unterliegen (§ 1 Abs. 9 KAGB).

(3) [1]Offene inländische Investmentvermögen dürfen unter den Voraussetzungen des § 91 KAGB[1)] in Form eines Sondervermögens, einer Investmentaktiengesellschaft mit veränderlichem Kapital oder einer offenen Investmentkommanditgesellschaft gebildet werden. [2]Geschlossene inländische Investmentvermögen dürfen nach § 139 KAGB als Investmentaktiengesellschaft mit fixem Kapital oder als geschlossene Investmentkommanditgesellschaft aufgelegt werden. [3]Sondervermögen sind inländische offene Investmentvermögen in Vertragsform, die von einer Verwaltungsgesellschaft, z. B. der Kapitalverwaltungsgesellschaft im Sinne des § 17 Abs. 2 Nr. 1 KAGB, für Rechnung der Anleger nach Maßgabe des KAGB und den Anlagebedingungen, nach denen sich das Rechtsverhältnis der Verwaltungsgesellschaft zu den Anlegern bestimmt, verwaltet werden (§ 1 Abs. 10 KAGB).

(4) [1]Kapitalverwaltungsgesellschaften sind Unternehmen mit satzungsmäßigem Sitz und Hauptverwaltung im Inland, deren Geschäftsbetrieb darauf gerichtet ist, inländische Investmentvermögen, EU-Investmentvermögen oder ausländische AIF zu verwalten (§ 17 Abs. 1 Satz 1 KAGB).[1)] [2]Je nach Art des verwalteten Investmentvermögens bestehen Kapitalverwaltungsgesellschaften in zwei Ausprägungen. [3]OGAW-Kapitalverwaltungsgesellschaften sind Kapitalverwaltungsgesellschaften nach § 17 KAGB, die mindestens einen OGAW verwalten oder zu verwalten beabsichtigen (§ 1 Abs. 15 KAGB). [4]AIF-Kapitalverwaltungsgesellschaften sind Kapitalverwaltungsgesellschaften nach § 17 KAGB, die mindestens einen AIF verwalten oder zu verwalten beabsichtigen (§ 1 Abs. 16 KAGB). [5]Kapitalverwaltungsgesellschaften, die vom Investmentvermögen oder im Namen des Investmentvermögens bestellt sind und auf Grund dieser Bestellung für die Verwaltung des Investmentvermögens verantwortlich sind (externe Kapitalverwaltungsgesellschaften, § 17 Abs. 2 Nr. 1 KAGB), dürfen neben der kollektiven Vermögensverwaltung (§ 1 Abs. 19 Nr. 24 KAGB) von OGAW bzw. AIF nur die Dienstleistungen und Nebendienstleistungen nach § 20 Abs. 2 bzw. Abs. 3 KAGB erbringen. [6]Sie dürfen jedoch nicht ausschließlich die in § 20 Abs. 2 Nr. 1 bis 4 KAGB bzw. § 20 Abs. 3 Nr. 1 bis 6 KAGB genannten Leistungen erbringen, ohne auch die kollektive Vermögensverwaltung zu erbringen (§ 20 Abs. 4 KAGB).

(5) [1]Die OGAW-Kapitalverwaltungsgesellschaft hat sicherzustellen, dass für jeden von ihr verwalteten OGAW eine Verwahrstelle beauftragt wird, die ein zugelassenes Kreditinstitut im Sinne des § 68 Abs. 2 KAGB ist (§ 68 Abs. 1 Satz 1 KAGB);[1)] die AIF-Kapitalverwaltungsgesellschaft muss nach § 80 Abs. 1 *Satz 1 KAGB dafür* sorgen, dass eine Verwahrstelle im Sinne des § 80 Abs. 2 oder 3 KAGB beauftragt wird. [2]Die Verwahrstelle ist neben den Verwahraufgaben nach § 72 KAGB bzw. § 81 KAGB zu sonstigen Aufgaben nach Maßgabe der §§ 74 bis 79 KAGB bzw. der §§ 83 bis 89a KAGB verpflichtet. [3]Nach Artikel 22 Abs. 3 Buchstaben a und b der OGAW-Richtlinie muss die Verwahrstelle u. a. dafür sorgen, dass die Ausgabe und die Rücknahme sowie

---

1) **Wirtschaftsgesetze** Nr. **142.**

die Berechnung des Wertes der Anteile nach den gesetzlichen Vorschriften oder Vertragsbedingungen erfolgt. [4]Für OGAW-Kapitalverwaltungsgesellschaften bestimmt § 76 Abs. 1 Nr. 1 KAGB demgemäß, dass die Verwahrstelle im Rahmen ihrer Kontrollfunktion sicherzustellen hat, dass die Ausgabe und Rücknahme von Anteilen und die Ermittlung des Wertes der Anteile den Vorschriften des KAGB und den Anlagebedingungen entsprechen. [5]Die Ausgabe und die Rücknahme der Anteile hat die Verwahrstelle selbst vorzunehmen (§ 71 Abs. 1 Satz 1 KAGB). [6]Die Bewertung des Werts eines inländischen OGAW je Anteil oder Aktie wird entweder von der Verwahrstelle unter Mitwirkung der OGAW-Kapitalverwaltungsgesellschaft oder nur von der OGAW-Kapitalverwaltungsgesellschaft vorgenommen (§ 212 KAGB). [7]Hinsichtlich der Bestimmungen für die Verwahrstellen von AIF-Kapitalverwaltungsgesellschaften wird auf die Vorschriften für AIF-Verwahrstellen (§§ 80 bis 90 KAGB) verwiesen.

(6) [1]Die Kapitalverwaltungsgesellschaft kann unter den Bedingungen des § 36 Abs. 1 KAGB[1)] Aufgaben, die für die Durchführung der Geschäfte wesentlich sind, zum Zwecke einer effizienteren Geschäftsführung auf ein anderes Unternehmen (Auslagerungsunternehmen) auslagern. [2]So muss das Auslagerungsunternehmen z. B. über ausreichende Ressourcen für die Ausführung der ihm übertragenen Aufgaben verfügen und die Personen, die die Geschäfte des Auslagerungsunternehmens tatsächlich leiten, müssen zuverlässig sein und über ausreichende Erfahrung verfügen (§ 36 Abs. 1 Satz 1 Nr. 2 KAGB). [3]Eine weitere Bedingung ist, dass die Auslagerung die Wirksamkeit der Beaufsichtigung der Kapitalverwaltungsgesellschaft in keiner Weise beeinträchtigen darf; insbesondere darf sie weder die Kapitalverwaltungsgesellschaft daran hindern, im Interesse ihrer Anleger zu handeln, noch darf sie verhindern, dass das Investmentvermögen im Interesse der Anleger verwaltet wird (§ 36 Abs. 1 Satz 1 Nr. 5 KAGB). [4]Das Auslagerungsunternehmen darf die ihm übertragenen ausgelagerten Aufgaben unter den Bedingungen des § 36 Abs. 6 KAGB weiter übertragen (Unterauslagerung).

(7) [1]Die Verwahrstelle darf der Kapitalverwaltungsgesellschaft aus den zu einem inländischen OGAW bzw. AIF gehörenden Konten nur die für die Verwaltung des inländischen OGAW bzw. AIF zustehende Vergütung und den ihr zustehenden Ersatz von Aufwendungen auszahlen (§§ 79 Abs. 1 und 89a Abs. 1 KAGB).[1)] [2]Werden die zu einem inländischen AIF gehörenden Konten bei einer anderen Stelle nach § 83 Abs. 6 Satz 2 KAGB geführt, bedarf die Auszahlung der der AIF-Kapitalverwaltungsgesellschaft für die Verwaltung des inländischen AIF zustehenden Vergütung und des ihr zustehenden Ersatzes von Aufwendungen der Zustimmung der Verwahrstelle (§ 89a Abs. 1 Satz 2 KAGB).

Investmentvermögen, deren Verwaltung unter die Umsatzsteuerbefreiung nach § 4 Nr. 8 Buchstabe h UStG fällt (sog. begünstigte Investmentvermögen)

(8) [1]Steuerbegünstigt können inländische Investmentvermögen, EU-Investmentvermögen und ausländische AIF sein. [2]Investmentvermögen, die die Anforderungen der OGAW-Richtlinie erfüllen, stellen grundsätzlich steuer-

[1)] **Wirtschaftsgesetze** Nr. **142.**

begünstigte Investmentvermögen dar. [3]Darüber hinaus können auch AIF in den Anwendungsbereich der Steuerbefreiung fallen, sofern sie mit OGAW vergleichbar sind (vgl. EuGH-Urteil vom 9.12.2015, C-595/13, Fiscale Eenheid X).[1)] [4]Die Vergleichbarkeit mit OGAW setzt insbesondere folgende kumulativ zu erfüllende Kriterien voraus:

1. [1]die AIF unterliegen einer vergleichbaren besonderen staatlichen Aufsicht (vgl. BFH-Urteil vom 5.9.2019, V R 2/16, BStBl. 2020 II S. 109). [2]AIF, die nach KAGB reguliert sind, unterliegen dieser vergleichbaren Aufsicht grundsätzlich,
2. die AIF sprechen den gleichen Anlegerkreis an (Kleinanleger, vgl. EuGH-Urteile vom 4.5.2006, C-169/04, Abbey National, BStBl. 2010 II S. 567,[2)] und vom 28.6.2007, C-363/05, JP Morgan Fleming Claverhouse Investment Trust und The Association of Investment Trust Companies, BStBl. 2010 II S. 573),[2)]
3. die AIF unterliegen den gleichen Wettbewerbsbedingungen (unterliegen vergleichbaren Pflichten und Kontrollen),
4. die AIF haben Anteilsrechte an mehrere Anleger ausgegeben,
5. der Ertrag der Anlage hängt von den Ergebnissen der Anlage ab, die die Verwalter im Laufe des Zeitraums, in dem die Anteilsinhaber diese Anteilsrechte innehaben, getätigt haben,
6. die Anteilsinhaber haben Anrecht auf die vom AIF erzielten Gewinne und auf den Gewinn infolge einer Wertsteigerung ihres Anteils und tragen das Risiko, das mit der Verwaltung des darin gesammelten Vermögens einhergeht, und
7. [1]die Anlage des gesammelten Vermögens erfolgt nach dem Grundsatz der Risikomischung zum Zwecke der Risikostreuung. [2]Der Grundsatz gilt regelmäßig als erfüllt, wenn das Vermögen in mindestens drei Vermögensgegenständen mit unterschiedlichen Anlagerisiken angelegt ist. [3]Hierbei sind die Anlagenfristen des KAGB zu beachten.

Beispiel:

[1]Ein Investmentvermögen, das bis zu 30 % in physischem Gold angelegt ist und darüber hinaus ausschließlich 1 : 1-Zertifikate von mindestens drei unterschiedlichen Emittenten erwirbt, die alle die Entwicklung des Goldpreises abbilden, kann nicht als Risikogemischt angesehen werden. [2]Es werden zwar mindestens drei Vermögensgegenstände für das Investmentvermögen erworben, jedoch bilden alle Vermögensgegenstände das gleiche Anlagerisiko ab. [3]Der Anleger erleidet einen hohen Verlust, wenn der Goldpreis sinkt.

(9) [1]Offene inländische Spezial-AIF mit festen Anlagebedingungen im Sinne des § 284 KAGB sowie vergleichbare EU-Investmentvermögen und *ausländische AIF können unabhängig* von den in Absatz 8 Satz 4 Nummern 2 bis 4 genannten Bestimmungen begünstigte Investmentvermögen darstellen. [2]Begünstigt können auch geschlossene Investmentvermögen sein, soweit solche geschlossenen Investmentvermögen die Kriterien nach Absatz 8 Satz 4 erfüllen (vgl. EuGH-Urteil vom 28.6.2007, C-363/05, JP Morgan

1) MwStR 2016, 109.
2) IStR 2006, 381. – IStR 2007, 708.

Fleming Claverhouse Investment Trust und The Association of Investment Trust Companies, BStBl. 2010 II S. 573).[1]

Verwaltung von Investmentvermögen

(10) [1]Die Steuerbefreiung umfasst lediglich Tätigkeiten der Verwaltung; andere Tätigkeiten als die Verwaltung, insbesondere Tätigkeiten der Verwahrung von Vermögensgegenständen des Investmentvermögens sowie sonstige Aufgaben nach Maßgabe der §§ 72 bis 79 KAGB[2] bzw. der §§ 81 bis 89a KAGB, sind nicht steuerbegünstigt.

(11) [1]Die Anwendung der Steuerbefreiung setzt das Vorliegen eines steuerbaren Leistungsaustauschs voraus. [2]Die Steuerbefreiung ist unabhängig davon anzuwenden, in welcher Rechtsform der Leistungserbringer auftritt. [3]Für die Steuerbefreiung ist auch unerheblich, dass § 36 Abs. 1 Satz 1 Nr. 3 KAGB[2] (Auslagerung) verlangt, dass bei der Übertragung der Portfolioverwaltung ein für Zwecke der Vermögensverwaltung oder Finanzportfolioverwaltung zugelassenes oder registriertes Unternehmen, das der Aufsicht unterliegt, benannt wird.

Verwaltung des Investmentvermögens durch eine externe Kapitalverwaltungsgesellschaft

(12) [1]Bei einem Investmentvermögen in der Form eines Sondervermögens erfüllt die Kapitalverwaltungsgesellschaft durch die Verwaltung des Investmentvermögens ihre gegenüber den Anlegern auf Grund des Investmentvertrags bestehenden Verpflichtungen. [2]Dabei können die zum Investmentvermögen gehörenden Vermögensgegenstände nach Maßgabe der Vertragsbedingungen im Eigentum der Kapitalverwaltungsgesellschaft oder im Miteigentum der Anleger stehen. [3]Es liegt eine Verwaltungsleistung gegenüber den Anlegern als Leistungsempfänger vor. [4]Bei einem Investmentvermögen in der Form einer Investmentgesellschaft (§ 1 Abs. 11 KAGB),[2] das eine externe Kapitalverwaltungsgesellschaft mit der Verwaltung und Anlage ihrer Mittel bestellt hat, wird die Kapitalverwaltungsgesellschaft ausschließlich auf Grund der vertraglichen Vereinbarung zwischen ihr und der Investmentgesellschaft tätig. [5]Es liegt eine Verwaltungsleistung gegenüber der Investmentgesellschaft als Leistungsempfänger vor.

Investmentvermögen in Form einer intern verwalteten Investmentgesellschaft

(13) [1]Hat das Investmentvermögen die Organisationsform einer Investmentaktiengesellschaft im Sinne des KAGB[2] oder einer Investmentkommanditgesellschaft im Sinne des KAGB, ist der Anleger Aktionär bzw. Gesellschafter. [2]Seine konkrete Rechtsstellung richtet sich nach gesellschaftsrechtlichen Regelungen und der Satzung bzw. dem Gesellschaftsvertrag der Investmentgesellschaft. [3]Soweit keine separate schuldrechtliche Vereinbarung über die Erbringung einer besonderen Verwaltungsleistung besteht, ist insofern kein Leistungsaustausch zwischen der Investmentgesellschaft und ihren Aktionären bzw. Gesellschaf-

---

[1] IStR 2007, 708.
[2] **Wirtschaftsgesetze** Nr. **142.**

tern anzunehmen. 4 Der Anspruch auf die Verwaltungsleistung ergibt sich aus der Gesellschafterstellung. 5 Die Verwaltung des Investmentvermögens durch die Investmentgesellschaft ist insoweit ein nicht steuerbarer Vorgang.

Auslagerung von Verwaltungstätigkeiten durch eine Kapitalverwaltungsgesellschaft

(14) 1 Beauftragt eine Kapitalverwaltungsgesellschaft einen Dritten mit der Verwaltung des Investmentvermögens, erbringt dieser eine Leistung gegenüber der Kapitalverwaltungsgesellschaft, indem er die ihr insoweit obliegende Pflicht erfüllt. 2 Der Dritte wird ausschließlich auf Grund der vertraglichen Vereinbarung zwischen ihm und der Kapitalverwaltungsgesellschaft tätig, so dass er auch nur ihr gegenüber zur Leistung verpflichtet ist.

Auslagerung von Verwaltungstätigkeiten bei Investmentgesellschaften

(15) 1 Beauftragt eine intern verwaltete Investmentaktiengesellschaft bzw. eine intern verwaltete Investmentkommanditgesellschaft einen Dritten mit der Wahrnehmung von Aufgaben, erbringt der Dritte ihr gegenüber eine Leistung, da grundsätzlich der intern verwalteten Investmentgesellschaft die Anlage und die Verwaltung ihrer Mittel obliegt. 2 Beauftragt eine extern verwaltete Investmentgesellschaft eine Kapitalverwaltungsgesellschaft mit der Verwaltung und Anlage ihrer Mittel, ist die Kapitalverwaltungsgesellschaft Vertragspartnerin des von ihr mit bestimmten Verwaltungstätigkeiten beauftragten Dritten. 3 Dieser erbringt somit auch nur gegenüber der Kapitalverwaltungsgesellschaft und nicht gegenüber der Investmentgesellschaft eine Leistung.

Ausgelagerte Verwaltungstätigkeiten als Gegenstand der Steuerbefreiung

(16) 1 Für Tätigkeiten im Rahmen der Verwaltung von Investmentvermögen, die nach § 36 Abs. 1 KAGB[1] auf ein anderes Unternehmen ausgelagert worden sind, kann ebenfalls die Steuerbefreiung in Betracht kommen. 2 Zur steuerfreien Verwaltung gehören auch Dienstleistungen der administrativen und buchhalterischen Verwaltung von Investmentvermögen durch einen außen stehenden Verwalter, wenn sie ein im Großen und Ganzen eigenständiges Ganzes bilden und für die Verwaltung dieses Investmentvermögens spezifisch und wesentlich sind. 3 Rein materielle oder technische Dienstleistungen, die in diesem Zusammenhang erbracht werden, wie z.B. die Zurverfügungstellung eines Datenverarbeitungssystems, fallen nicht unter die Steuerbefreiung. 4 Ob die Dienstleistungen der administrativen und buchhalterischen Verwaltung von Investmentvermögen durch einen außen stehenden Verwalter ein im Großen und Ganzen eigenständiges Ganzes bilden, ist danach zu beurteilen, ob die übertragenen Aufgaben für die Durchführung der Geschäfte der Kapitalverwaltungsgesellschaft/Investmentgesellschaft unerlässlich sind und ob der außen stehende Verwalter die Aufgaben eigenverantwortlich auszuführen hat. 5 Vorbereitende Handlungen, bei denen sich die Kapitalverwaltungsgesellschaft/Investmentgesellschaft eine abschließende Entscheidung vorbehält, bilden regelmäßig nicht ein im Großen und Ganzen

[1] **Wirtschaftsgesetze** Nr. **142**.

eigenständiges Ganzes. [6]Demgegenüber fallen Leistungen, die in der Abgabe von Empfehlungen zum An- und Verkauf von Vermögenswerten (z.B. Wertpapiere oder Immobilien) gegenüber einer Kapitalverwaltungsgesellschaft bestehen, unter die Steuerbefreiung, wenn eine enge Verbindung zu der spezifischen Tätigkeit einer Kapitalverwaltungsgesellschaft besteht. [7]Davon ist auszugehen, wenn die Empfehlung für den Kauf oder Verkauf von Vermögenswerten konkret an den rechtlichen und tatsächlichen Erfordernissen der jeweiligen Wertpapieranlage ausgerichtet ist, die Empfehlung für den Kauf oder Verkauf von Vermögenswerten auf Grund ständiger Beobachtung des Fondsvermögens erteilt wird und auf einem stets aktuellen Kenntnisstand über die Zusammenstellung des Vermögens beruht (vgl. BFH-Urteil vom 11.4.2013, V R 51/10, BStBl. II S. 877, EuGH-Urteil vom 7.3.2013, C-275/11, GfBk, BStBl. II S. 900).[1)]

(17) [1]Für die Beurteilung der Steuerbefreiung ist im Übrigen grundsätzlich ausschließlich die Art der ausgelagerten Tätigkeiten maßgebend und nicht die Eigenschaft des Unternehmens, das die betreffende Leistung erbringt. [2]§ 36 KAGB[2)] ist insoweit für die steuerliche Beurteilung der Auslagerung ohne Bedeutung. [3]Soweit Aufgaben der Kapitalverwaltungsgesellschaft/Investmentgesellschaft von den Verwahrstellen wahrgenommen oder auf diese übertragen werden, die zu den administrativen Tätigkeiten der Kapitalverwaltungsgesellschaft/Investmentgesellschaft und nicht zu den Tätigkeiten als Verwahrstelle gehören, kann die Steuerbefreiung auch dann in Betracht kommen, wenn sie durch die Verwahrstellen wahrgenommen werden.

Steuerfreie Verwaltungstätigkeiten

(18) Insbesondere folgende Tätigkeiten der Verwaltung von Investmentvermögen durch die Kapitalverwaltungsgesellschaft, die Investmentaktiengesellschaft, die Investmentkommanditgesellschaft oder die Verwahrstelle sind steuerfrei nach § 4 Nr. 8 Buchstabe h UStG:

1. Portfolioverwaltung,
2. Risikomanagement,
3. Ausübung des Sicherheitenmanagements (Verwalten von Sicherheiten, sog. Collateral Management, das im Rahmen von Wertpapierleihgeschäften nach § 200 Abs. 2 KAGB[2)] Aufgabe der OGAW-Kapitalverwaltungsgesellschaft ist),
4. Folgende administrative Leistungen, soweit sie nicht dem Anteilsvertrieb dienen:
   a) Gesetzlich vorgeschriebene und im Rahmen der Fondsverwaltung vorgeschriebene Rechnungslegungsdienstleistungen (u. a. Fondsbuchhaltung und die Erstellung von Jahresberichten und sonstiger Berichte),
   b) Bewertung und Preisfestsetzung (Ermittlung und verbindliche Festsetzung des Anteilspreises),
   c) Überwachung und Einhaltung der Rechtsvorschriften (u. a. Kontrolle der Anlagegrenzen und der Marktgerechtigkeit [Fonds-Controlling]),

---

1) MwStR 2013, 121.
2) **Wirtschaftsgesetze** Nr. **142.**

d) Ausgabe und Rücknahme von Anteilen (diese Aufgabe wird nach § 71 Abs. 1 KAGB von der Verwahrstelle ausgeführt),

e) Führung des Anteilinhaberregisters,

f) Beantwortung von Kundenanfragen und Übermittlung von Informationen an Kunden, auch für potentielle Neukunden,

g) Tätigkeiten im Zusammenhang mit der Gewinnausschüttung,

h) Erstellung von Kontraktabrechnungen (einschließlich Versand und Zertifikate, ausgenommen Erstellung von Steuererklärungen),

i) Führung gesetzlich vorgeschriebener und im Rahmen der Fondsverwaltung vorgeschriebener Aufzeichnungen,

j) die aufsichtsrechtlich vorgeschriebene Prospekterstellung.

(19) [1] Wird von einem außen stehenden Dritten, auf den Verwaltungsaufgaben übertragen wurden, nur ein Teil der Leistungen aus dem vorstehenden Leistungskatalog erbracht, kommt die Steuerbefreiung nur in Betracht, wenn die erbrachte Leistung ein im Großen und Ganzen eigenständiges Ganzes bildet und für die Verwaltung von Investmentvermögen spezifisch und wesentlich ist. [2] Leistungen, die in der Abgabe von Empfehlungen zum An- und Verkauf von Vermögenswerten (z. B. Wertpapiere oder Immobilien) gegenüber einer Kapitalverwaltungsgesellschaft bestehen, können unter die Steuerbefreiung fallen (vgl. Absatz 16 Sätze 6 und 7). [3] Für eine administrative Leistung nach Absatz 18 Nr. 4 Buchstabe e bis j kommt im Fall der Auslagerung auf einen außen stehenden Dritten die Steuerbefreiung nur in Betracht, wenn die Leistung von dem Dritten gemeinsam mit einer der in Absatz 18 Nr. 4 Buchstabe a bis d aufgeführten administrativen Leistungen erbracht wird. [4] Erbringt eine Kapitalverwaltungsgesellschaft, eine Investmentaktiengesellschaft, eine Investmentkommanditgesellschaft oder eine Verwahrstelle Verwaltungsleistungen bezüglich des ihr nach dem KAGB[1)] zugewiesenen Investmentvermögens, kann die Steuerbefreiung unabhängig davon in Betracht kommen, ob ggf. nur einzelne Verwaltungsleistungen aus dem vorstehenden Leistungskatalog erbracht werden.

Steuerpflichtige Tätigkeiten im Zusammenhang mit der Verwaltung

(20) Insbesondere folgende Tätigkeiten können nicht als Tätigkeiten der Verwaltung von Investmentvermögen angesehen werden und fallen daher nicht unter die Steuerbefreiung nach § 4 Nr. 8 Buchstabe h UStG, soweit sie nicht Nebenleistungen zu einer nach Absatz 18 steuerfreien Tätigkeit sind (zur allgemeinen Abgrenzung von Haupt- und Nebenleistung vgl. Abschnitt 3.10):

1. Erstellung von Steuererklärungen,
2. Tätigkeiten im Zusammenhang mit der Portfolioverwaltung wie allgemeine Rechercheleistungen – sofern diese nicht unselbständige Nebenleistungen zu Beratungsleistungen mit konkreten Kauf- oder Verkaufsempfehlungen für Vermögenswerte (z. B. Wertpapiere oder Immobilien) sind –, insbesondere

---

1) **Wirtschaftsgesetze** Nr. **142.**

   a) die planmäßige Beobachtung der Wertpapiermärkte,
   b) die Beobachtung der Entwicklungen auf den Märkten,
   c) das Analysieren der wirtschaftlichen Situation in den verschiedenen Währungszonen, Staaten oder Branchen,
   d) die Prüfung der Gewinnaussichten einzelner Unternehmen,
   e) die Aufbereitung der Ergebnisse dieser Analysen,
3. Beratungsleistungen ohne konkrete Kauf- oder Verkaufsempfehlungen,
4. Tätigkeiten im Zusammenhang mit dem Anteilsvertrieb, wie z. B. die Erstellung von Werbematerialien,
5. Tätigkeiten im Zusammenhang mit der tatsächlichen Bewirtschaftung gehaltener Immobilien, insbesondere ihre Vermietung, die Verwaltung der bestehenden Mietverhältnisse, die Beauftragung Dritter mit Instandhaltungsmaßnahmen sowie deren Überwachung und Überprüfung (vgl. EuGH-Urteil vom 9.12.2015, C-595/13 Fiscale Eenheid X).[1)]

Andere steuerpflichtige Tätigkeiten

(21) [1]Nicht nach § 4 Nr. 8 Buchstabe h UStG steuerfrei sind insbesondere alle Leistungen der Verwahrstelle als Verwahr- oder Kontrollstelle gegenüber der Kapitalverwaltungsgesellschaft. [2]Dies sind insbesondere folgende Leistungen:

1. Verwahrung der Vermögensgegenstände des Investmentvermögens; hierzu gehören z. B.:
   a) die Verwahrung der zu einem Investmentvermögen gehörenden Wertpapiere, Einlagenzertifikate und Bargeldbestände in gesperrten Depots und Konten,
   b) die Verwahrung von als Sicherheiten für Wertpapiergeschäfte oder Wertpapier-Pensionsgeschäfte verpfändeten Wertpapieren oder abgetretenen Guthaben bei der Verwahrstelle oder unter Kontrolle der Verwahrstelle bei einem geeigneten Kreditinstitut,
   c) die Übertragung der Verwahrung von zu einem Investmentvermögen gehörenden Wertpapieren an eine Wertpapiersammelbank oder an eine andere in- oder ausländische Bank,
   d) die Unterhaltung von Geschäftsbeziehungen mit Drittverwahrern;
2. Leistungen zur Erfüllung der Zahlstellenfunktion,
3. Einzug und Gutschrift von Zinsen und Dividenden,
4. Mitwirkung an Kapitalmaßnahmen (Corporate Actions) und der Stimmrechtsausübung (Proxy Voting),
5. Abwicklung des Erwerbs und Verkaufs der Vermögensgegenstände, inklusive Abgleich der Geschäftsdaten mit dem Broker (Broker-Matching); hierbei handelt es sich nicht um Verwaltungstätigkeiten, die von der Kapitalverwaltungsgesellschaft auf die Verwahrstelle übertragen werden könnten, sondern um Tätigkeiten der Verwahrstelle im Rahmen der Verwahrung der Vermögensgegenstände;

---

1) MwStR 2016, 109.

6. Leistungen der Kontrolle und Überwachung, die gewährleisten, dass die Verwaltung des Investmentvermögens nach den entsprechenden gesetzlichen Vorschriften erfolgt, wie insbesondere
   a) Kontrolle der Ermittlung und der verbindlichen Feststellung des Anteilspreises,
   b) Kontrolle der Ausgabe und Rücknahme von Anteilen,
   c) Erstellung aufsichtsrechtlicher Meldungen, z.B. Meldungen, zu denen die Verwahrstelle verpflichtet ist.

Verwaltung von Versorgungseinrichtungen

(22) [1]Nach § 4 Nr. 8 Buchstabe h UStG ist die Verwaltung von Versorgungseinrichtungen, welche Leistungen im Todes- oder Erlebensfall, bei Arbeitseinstellung oder bei Minderung der Erwerbstätigkeit vorsehen, steuerfrei (§ 1 Abs. 2 VAG).1) [2]Die Versorgungswerke der Ärzte, Apotheker, Architekten, Notare, Rechtsanwälte, Steuerberater bzw. Steuerbevollmächtigten, Tierärzte, Wirtschaftsprüfer und vereidigten Buchprüfer sowie Zahnärzte zählen zu den Versorgungseinrichtungen im Sinne des § 1 Abs. 2 VAG; Pensionsfonds sind Versorgungseinrichtungen im Sinne des § 236 Abs. 1 VAG. [3]Damit sind die unmittelbaren Verwaltungsleistungen durch Unternehmer an die auftraggebenden Versorgungseinrichtungen steuerfrei. [4]Voraussetzung für die Steuerbefreiung ist jedoch nicht, dass die Versorgungseinrichtungen der Versicherungsaufsicht unterliegen. [5]Einzelleistungen an die jeweilige Versorgungseinrichtung, die keine unmittelbare Verwaltungstätigkeit darstellen (z.B. Erstellung eines versicherungsmathematischen Gutachtens), fallen dagegen nicht unter die Steuerbefreiung nach § 4 Nr. 8 Buchstabe h UStG. [6]Zu weiteren Einzelheiten, insbesondere bei Unterstützungskassen, vgl. BMF-Schreiben vom 18.12.1997, BStBl. I S. 1046. [7]Bei Leistungen zur Durchführung des Versorgungsausgleichs nach dem Gesetz über den Versorgungsausgleich (Versorgungsausgleichsgesetz – VersAusglG)2) handelt es sich abweichend von diesem BMF-Schreiben um typische und somit steuerfreie Verwaltungsleistungen.

Vermögensverwaltung

(23) [1]Bei der Vermögensverwaltung (Portfolioverwaltung) nimmt eine Bank einerseits die Vermögensverwaltung und andererseits Transaktionen vor (vgl. Abschnitt 4.8.9 Abs. 2). [2]Die Steuerbefreiung nach § 4 Nr. 8 Buchstabe h UStG kommt in Betracht, soweit tatsächlich begünstigte Investmentvermögen verwaltet werden (vgl. Absätze 1 bis 19).

4.8.14 Amtliche Wertzeichen

[1]Durch die Worte „zum aufgedruckten Wert“ wird zum Ausdruck gebracht, dass die Steuerbefreiung nach § 4 Nr. 8 Buchstabe i UStG für die im Inland gültigen amtlichen Wertzeichen nur in Betracht kommt, wenn die Wertzeichen zum aufgedruckten Wert geliefert werden. [2]Zum aufgedruck-

---

1) Versicherungsaufsichtsgesetz v. 1.4.2015, BGBl. I 2015, 434, zuletzt geänd. durch G v. 10.8.2021, BGBl. I 2021, 3436 (**Wirtschaftsgesetze** Nr. **90**).

2) G v. 3.4.2009, BGBl. I 2009, 700, zuletzt geänd. durch G v. 12.5.2021, BGBl. I 2021, 1085 (**Habersack** Nr. **48**).

ten Wert gehören auch aufgedruckte Sonderzuschläge, z. B. Zuschlag bei Wohlfahrtsmarken. 3 Werden die Wertzeichen mit einem höheren Preis als dem aufgedruckten Wert gehandelt, ist der Umsatz insgesamt steuerpflichtig. 4 Lieferungen der im Inland postgültigen Briefmarken sind auch dann steuerfrei, wenn diese zu einem Preis veräußert werden, der unter ihrem aufgedruckten Wert liegt.

Zu § 4 Nr. 9 UStG

4.9.1 Umsätze, die unter das Grunderwerbsteuergesetz[1)] fallen[2)·3)]

(1) 1 Zu den Umsätzen, die unter das GrEStG fallen (grunderwerbsteuerbare Umsätze), gehören insbesondere die Umsätze von unbebauten und bebauten Grundstücken. 2 Für die Grunderwerbsteuer können mehrere von dem Grundstückserwerber mit verschiedenen Personen – z. B. Grundstückseigentümer, Bauunternehmer, Bauhandwerker – abgeschlossene Verträge als ein einheitliches, auf den Erwerb von fertigem Wohnraum gerichtetes Vertragswerk anzusehen sein (BFH-Urteile vom 27.10.1982, II R 102/81, BStBl. 1983 II S. 55, und vom 27.10.1999, II R 17/99, BStBl. 2000 II S. 34). 3 Dieser dem GrEStG unterliegende Vorgang wird jedoch nicht zwischen dem Grundstückserwerber und den einzelnen Bauunternehmern bzw. Bauhandwerkern verwirklicht (BFH-Urteile vom 7.2.1991, V R 53/85, BStBl. II S. 737, vom 29.8.1991, V R 87/86, BStBl. 1992 II S. 206, und vom 10.9.1992, V R 99/88, BStBl. 1993 II S. 316). 4 Die Leistungen der Architekten, der einzelnen Bauunternehmer und der Bauhandwerker sind mit dem der Grunderwerbsteuer unterliegenden Erwerbsvorgang nicht identisch und fallen daher auch nicht unter die Umsatzsteuerbefreiung nach § 4 Nr. 9 Buchstabe a UStG (vgl. auch BFH-Beschluss vom 30.10.1986, V B 44/86, BStBl. 1987 II S. 145, und BFH-Urteil vom 24.2.2000, V R 89/98, BStBl. II S. 278). 5 Ein nach § 4 Nr. 9 Buchstabe a UStG insgesamt steuerfreier einheitlicher Grundstücksumsatz kann nicht nur bei der Veräußerung eines bereits bebauten Grundstücks vorliegen, sondern auch dann, wenn derselbe Veräußerer in zwei getrennten Verträgen ein Grundstück veräußert und die Pflicht zur Erstellung eines schlüsselfertigen Bürohauses und Geschäftshauses übernimmt. 6 Leistungsgegenstand ist in diesem Fall ein noch zu bebauendes Grundstück (BFH-Urteil vom 19.3.2009, V R 50/07, BStBl. 2010 II S. 78).

(2) Unter die Steuerbefreiung nach § 4 Nr. 9 Buchstabe a UStG fallen z. B. auch:

1. die Bestellung von Erbbaurechten (BFH-Urteile vom 28.11.1967, II 1/64, BStBl. 1968 II S. 222, und vom 28.11.1967, II R 37/66, BStBl. 1968 II S. 223) und die Übertragung von Erbbaurechten (BFH-Urteil vom 5.12. 1979, II R 122/76, BStBl. 1980 II S. 136),

---

1) **Steuergesetze** Nr. **600.** – Zum Entgelt bei steuerpflichtigen Grundstücksumsätzen vgl. A 10.1 Abs. 7 UStAE.

2) Die Doppelbelastung mit USt und GrESt verstößt nicht gegen Art. 33 Abs. 1 RL 77/388/ EWG (= Art. 401 MwStSystRL); vgl. EuGH v. 27.11.2008 C-156/08, Vollkommer, DStR *2009, 223.*

3) Keine USt-Freiheit bei Verzicht auf Ankaufsrecht an Grundstück; vgl. BFH v. 3.9.2008 XI R 54/07, BStBl. II 2009, 499.

2. die Übertragung von Miteigentumsanteilen an einem Grundstück,
3. die Lieferung von auf fremdem Boden errichteten Gebäuden nach Ablauf der Miet- oder Pachtzeit (vgl. Abschnitt F II des BMF-Schreibens vom 23.7.1986, BStBl. I S. 432),
4. die Übertragung eines Betriebsgrundstückes zur Vermeidung einer drohenden Enteignung (BFH-Urteil vom 24.6.1992, V R 60/88, BStBl. II S. 986),
5. die Umsätze von Grundstücken und von Gebäuden nach dem Sachenrechtsbereinigungsgesetz, und
6. die Entnahme von Grundstücken, unabhängig davon, ob damit ein Rechtsträgerwechsel verbunden ist.

4.9.2 Umsätze, die unter das Rennwett- und Lotteriegesetz[1)] fallen

(1) [1]Die Leistungen der Buchmacher im Wettgeschäft sind nach § 4 Nr. 9 Buchstabe b UStG umsatzsteuerfrei, weil sie der Rennwettsteuer unterliegen. [2]Zum Entgelt für diese Leistungen zählt alles, was der Wettende hierfür aufwendet. [3]Dazu gehören auch der von den Buchmachern zum Wetteinsatz erhobene Zuschlag und die Wettscheingebühr, weil ihnen keine besonderen selbständig zu beurteilenden Leistungen des Buchmachers gegenüberstehen. [4]Auch wenn die Rennwettsteuer lediglich nach dem Wetteinsatz bemessen wird, erstreckt sich daher die Umsatzsteuerbefreiung auf die gesamte Leistung des Buchmachers.

(2) [1]Buchmacher, die nicht selbst Wetten abschließen, sondern nur vermitteln, sind mit ihrer Vermittlungsleistung, für die sie eine Provision erhalten, nicht nach § 4 Nr. 9 Buchstabe b UStG von der Umsatzsteuer befreit. [2]Die Tätigkeit von Vertretern, die die Wetten für einen Buchmacher entgegennehmen, fällt nicht unter § 4 Nr. 9 Buchstabe b UStG (vgl. EuGH-Beschluss vom 14.5.2008, C-231/07 und C-232/07, Tiercé Ladbrocke).

(3) [1]Im Inland veranstaltete öffentliche Lotterien unterliegen der Lotteriesteuer. [2]Schuldner der Lotteriesteuer ist der Veranstalter der Lotterie. [3]Lässt ein Wohlfahrtsverband eine ihm genehmigte Lotterie von einem gewerblichen Lotterieunternehmen durchführen, ist Veranstalter der Verband. [4]Der Lotterieunternehmer kann die Steuerbefreiung nach § 4 Nr. 9 Buchstabe b UStG nicht in Anspruch nehmen (BFH-Urteil vom 10.12.1970, V R 50/67, BStBl. 1971 II S. 193).

(4) [1]Spiele, die dem Spieler lediglich die Möglichkeit einräumen, seinen Geldeinsatz wiederzuerlangen (sog. Fun-Games), fallen nicht unter die Steuerbefreiung des § 4 Nr. 9 Buchstabe b UStG (BFH-Urteil vom 29.5.2008, V R 7/06, BStBl. 2009 II S. 64). [2]Das gilt auch für den Betrieb von Geldspielautomaten (BFH-Urteil vom 10.11.2010, XI R 79/07, BStBl. 2011 II S. 311).[2)]

[1)] **Steuergesetze** Nr. **630**.

[2)] Vgl. auch EuGH v. 10.6.2010 C-58/09, Leo-Libera, DStR 2010, 943, BFH v. 22.4.2010 V R 26/08, BStBl. II 2010, 883, und v. 11.12.2019 XI R 13/18, BStBl. II 2020, 296.

Zu § 4 Nr. 10 UStG

4.10.1 Versicherungsleistungen[1)]

(1) Die Befreiungsvorschrift betrifft auch Leistungen aus Versicherungs- und Rückversicherungsverträgen, die wegen Fehlens der in § 1 Abs. 1 bis 4 VersStG[2)] genannten Voraussetzungen nicht der Versicherungsteuer unterliegen.

(2) [1] Nicht befreit sind Versicherungsleistungen, die aus anderen Gründen nicht unter das VersStG fallen. [2] Hierbei handelt es sich um Leistungen aus einem Vertrag, durch den der Versicherer sich verpflichtet, für den Versicherungsnehmer Bürgschaft oder sonstige Sicherheit zu leisten (§ 2 Abs. 2 VersStG). [3] Hierunter sind insbesondere die Kautionsversicherungen (Bürgschafts- und Personenkautionsversicherungen) zu verstehen (vgl. BFH-Urteil vom 13.7. 1972, V R 33/68). [4] Es kann jedoch die Steuerbefreiung nach § 4 Nr. 8 Buchstabe g UStG in Betracht kommen (vgl. Abschnitt 4.8.12).

(3) [1] Übernimmt bei der durch eine Beteiligungsklausel im Versicherungsvertrag offengelegten Mitversicherung eines Risikos durch mehrere Versicherer (sog. offene Mitversicherung) der führende Versicherer die bei Begründung und Abwicklung der Mitversicherungsverträge anfallenden Verwaltungsaufgaben (sog. Führungsleistungen) gegen einen erhöhten Anteil aus dem Versicherungsentgelt (sog. Führungsprovision), liegt darin eine steuerbare und steuerpflichtige sonstige Leistung an den/die Mitversicherer. [2] Hierbei handelt es sich nicht um Leistungen auf Grund eines Versicherungsverhältnisses im Sinne des VersStG (BFH-Urteil vom 24.4.2013, XI R 7/11, BStBl. II S. 648).

(4)[3)] [1] Die Dienstleistung eines von einem Kraftfahrzeughändler unabhängigen Wirtschaftsteilnehmers, die darin besteht, gegen Zahlung eines Pauschalbetrags mechanische Ausfälle bestimmter Teile eines Gebrauchtfahrzeugs zu versichern, stellt einen nach § 4 Nr. 10 Buchstabe a UStG steuerfreien Versicherungsumsatz dar (vgl. EuGH-Urteil vom 16.7.2015, C-584/13, Mapfre asistencia und Mapfre warranty).[4)] [2] Zur Verschaffung von Versicherungsschutz durch einen Kraftfahrzeughändler vgl. Abschnitt 3.10 Abs. 6 Nr. 3 und Abschnitt 4.10.2 Abs. 1 Satz 1. [3] Die entgeltliche Garantiezusage eines Kraftfahrzeughändlers, mit der dieser als Garantiegeber im Garantiefall eine Geldleistung verspricht, ist eine Leistung auf Grund eines Versicherungsverhältnisses im Sinne des VersStG, die nach § 4 Nr. 10 Buchstabe a UStG steuerfrei ist (vgl. BFH-Urteil vom 14.11.2018, XI R 16/17, BStBl. 2021 II S. 461); Gleiches gilt für das Versprechen einer Reparaturleistung durch den Garantiegeber (vgl. BMF-Schreiben vom 11.5.2021, BStBl. I S. 781).

---

1) Übertragung von Versicherungsverträgen ist eine nicht steuerbefreite sonstige Leistung; vgl. EuGH v. 22.10.2009 C-242/08, Swiss Re Germany, BStBl. II 2011, 559, auf Vorlage des BFH v. 16.4.2008 XI R 54/06, BStBl. II 2008, 772.

2) **Steuergesetze** Nr. **620**.

3) A 4.10.1 UStAE Abs. 4 Satz 3 neugef. durch BMF v. 11.5.2021, BStBl. I 2021, 781, anzuwenden auf nach dem 31.12.2022 abgegebene Garantiezusagen, die Anwendung auf vor *dem 1.1.2023 abgegebene Garantiezusagen* wird nicht beanstandet; gilt branchenunabhängig (BMF v. 18.10.2021, BStBl. I 2021, 2142).

4) MwStR 2017, 762.

4.10.2 Verschaffung von Versicherungsschutz

(1) [1]Die Verschaffung eines Versicherungsschutzes liegt vor, wenn der Unternehmer mit einem Versicherungsunternehmen einen Versicherungsvertrag zugunsten eines Dritten abschließt (vgl. BFH-Urteil vom 9.10.2002, V R 67/01, BStBl. 2003 II S. 378). [2]Der Begriff Versicherungsschutz umfasst alle Versicherungsarten. [3]Hierzu gehören z.B. Lebens-, Kranken-, Unfall-, Haftpflicht-, Rechtsschutz-, Diebstahl-, Feuer- und Hausratversicherungen. [4]Unter die Steuerbefreiung fällt auch die Besorgung einer Transportversicherung durch den Unternehmer, der die Beförderung der versicherten Gegenstände durchführt; das gilt nicht für die Haftungsversicherung des Spediteurs, auch wenn diese dem Kunden in Rechnung gestellt wird.

(2) [1]Durch den Versicherungsvertrag muss der begünstigte Dritte – oder bei Lebensversicherungen auf den Todesfall der Bezugsberechtigte – das Recht erhalten, im Versicherungsfall die Versicherungsleistung zu fordern. [2]Unerheblich ist es, ob dieses Recht unmittelbar gegenüber dem Versicherungsunternehmen oder mittelbar über den Unternehmer geltend gemacht werden kann. [3]Bei der Frage, ob ein Versicherungsverhältnis vorliegt, ist von den Grundsätzen des VersStG auszugehen. [4]Ein Vertrag, der einem Dritten (Arbeitnehmer oder Vereinsmitglied) lediglich die Befugnis einräumt, einen Versicherungsvertrag zu günstigeren Konditionen abzuschließen, verschafft keinen unmittelbaren Anspruch des Dritten gegen das Versicherungsunternehmen und demnach keinen Versicherungsschutz nach § 4 Nr. 10 Buchstabe b UStG. [5]Auch in der Übernahme weiterer Aufgaben für das Versicherungsunternehmen (insbesondere Beitragsinkasso und Abwicklung des Geschäftsverkehrs) liegt kein Verschaffen von Versicherungsschutz. [6]Für diese Tätigkeit kommt auch eine Steuerbefreiung nach § 4 Nr. 11 UStG nicht in Betracht.

Zu § 4 Nr. 11 UStG

4.11.1 Bausparkassenvertreter, Versicherungsvertreter, Versicherungsmakler[1)]

(1) [1]Die Befreiungsvorschrift des § 4 Nr. 11 UStG enthält eine ausschließliche Aufzählung der begünstigten Berufsgruppen. [2]Sie kann auf andere Berufe, z.B. Bankenvertreter, auch wenn sie ähnliche Tätigkeitsmerkmale aufweisen, nicht angewendet werden (vgl. BFH-Urteil vom 16.7.1970, V R 138/69, BStBl. II S. 709). [3]Die Begriffe des Versicherungsvertreters und Versicherungsmaklers sind richtlinienkonform nach dem Unionsrecht und nicht handelsrechtlich im Sinne von § 92 und § 93 HGB auszulegen (vgl. BFH-Urteil vom 6.9.2007, V R 50/05, BStBl. 2008 II S. 829).

(2) [1]Die Befreiung erstreckt sich auf alle Leistungen, die in Ausübung der begünstigten Tätigkeiten erbracht werden. [2]Sie ist weder an eine bestimmte Rechtsform des Unternehmens gebunden, noch stellt sie darauf ab, dass die

---

1) Zur Untervermittlung von Versicherungsverträgen siehe EuGH v. 3.4.2008 C-124/07, J.C.M. Beheer, BB 2008, 1152, und BFH v. 28.5.2009 V R 7/08, BStBl. II 2010, 80.

begünstigten Tätigkeiten im Rahmen der gesamten unternehmerischen Tätigkeit überwiegen. [3]Unter die Befreiung fällt z.B. auch ein Kreditinstitut, das Bauspar- oder Versicherungsverträge vermittelt; zum Begriff der Vermittlung siehe Abschnitt 4.8.1. [4]Zu der Tätigkeit der Kreditinstitute als Bausparkassenvertreter gehört auch die im Zusammenhang mit dieser Tätigkeit übernommene Bewilligung und Auszahlung der Bauspardarlehen. [5]Der Wortlaut der Vorschrift „aus der Tätigkeit als" erfordert, dass die Umsätze des Berufsangehörigen für seinen Beruf charakteristisch, d.h. berufstypisch, sind. [6]Auch die Betreuung, Überwachung oder Schulung von nachgeordneten selbständigen Vermittlern kann zur berufstypischen Tätigkeit eines Bausparkassenvertreters, Versicherungsvertreters oder Versicherungsmaklers gehören, wenn der Unternehmer, der diese Leistungen übernimmt, durch Prüfung eines jeden Vertragsangebots mittelbar auf eine der Vertragsparteien einwirken kann. [7]Dabei ist auf die Möglichkeit abzustellen, eine solche Prüfung im Einzelfall durchzuführen. [8]Die Zahlung erfolgsabhängiger Vergütungen (sog. Superprovisionen) ist ein Beweisanzeichen, dass berufstypische Leistungen erbracht werden (vgl. BFH-Urteil vom 9.7.1998, V R 62/97, BStBl. 1999 II S. 253). [9]Sog. „Backoffice-Tätigkeiten", die darin bestehen, gegen Vergütung Dienstleistungen für ein Versicherungsunternehmen zu erbringen, stellen keine zu Versicherungsumsätzen gehörenden Dienstleistungen im Sinne des § 4 Nr. 11 UStG dar, die von Versicherungsmaklern oder Versicherungsvertretern erbracht werden (vgl. EuGH-Urteil vom 3.3.2005, C-472/03, Arthur Andersen[1]) und BFH-Urteil vom 3.8.2017, V R 19/16, BStBl. II S. 1207). [10]Nach dem Wortlaut der Vorschrift sind die Hilfsgeschäfte von der Steuerbefreiung ausgeschlossen (vgl. BFH-Urteil vom 11.4.1957, V 46/56 U, BStBl. III S. 222). [11]Es kann jedoch die Steuerbefreiung nach § 4 Nr. 28 UStG in Betracht kommen (vgl. Abschnitt 4.28.1). [12]Versicherungsmakler, die nach § 34d Abs. 1 Satz 8 GewO gegenüber Dritten, die nicht Verbraucher sind, beratend tätig werden (Honorarberatung), erbringen keine steuerfreie Leistung nach § 4 Nr. 11 UStG.

(3) Bestandspflegeleistungen in Form von nachwirkender Vertragsbetreuung, z.B. durch Hilfen bei Modifikationen oder Abwicklung von Verträgen, die gegen Bestandspflegeprovision erbracht werden, sind berufstypisch und somit nach § 4 Nr. 11 UStG steuerfrei.

Zu § 4 Nr. 11b UStG

4.11b.1 Umsatzsteuerbefreiung für Post-Universaldienstleistungen

Begünstigte Leistungen

(1) [1]Unter die Steuerbefreiung nach § 4 Nummer 11b UStG fallen nur bestimmte Post-Universaldienstleistungen. [2]Post-Universaldienstleistungen sind ein Mindestangebot an Postdienstleistungen, die flächendeckend im gesamten Gebiet der Bundesrepublik Deutschland in einer bestimmten Qualität und zu einem erschwinglichen Preis erbracht werden (§ 11 Postgesetz – PostG).[2])

---

[1]) *DStR 2005, 467.*
[2]) PostG v. 22.12.1997, BGBl. I 1997, 3294, zuletzt geänd. durch VO v. 18.1.2021, BGBl. I 2021, 2 (**Sartorius** Nr. **910**).

[3] Inhalt, Umfang und Qualitätsmerkmale von Post-Universaldienstleistungen sind in der Post-Universaldienstleistungsverordnung (PUDLV)[1)] festgelegt.

(2)[2)] Unter die Steuerbefreiung nach § 4 Nr. 11b UStG fallen nur folgende Post-Universaldienstleistungen:

1. [1] Die Beförderung von Briefsendungen bis zu einem Gewicht von 2000 Gramm. [2] Briefsendungen sind adressierte schriftliche Mitteilungen; Mitteilungen, die den Empfänger nicht mit Namen bezeichnen, sondern lediglich mit einer Sammelbezeichnung von Wohnung oder Geschäftssitz versehen sind, gelten nicht als adressiert und sind dementsprechend keine Briefsendungen (§ 4 Nr. 2 Sätze 1 und 3 PostG).
   [3] Briefsendungen sind nur dann der Art nach begünstigte Post-Universaldienstleistungen, wenn die Qualitätsmerkmale des § 2 PUDLV erfüllt sind:
   a) [1] Bundesweit müssen mindestens 12 000 stationäre Einrichtungen vorhanden sein, in denen Verträge über Briefbeförderungsleistungen abgeschlossen und abgewickelt werden können. [2] In allen Gemeinden mit mehr als 2000 Einwohnern muss mindestens eine stationäre Einrichtung vorhanden sein; dies gilt in der Regel auch für Gemeinden, die gemäß landesplanerischen Vorgaben zentralörtliche Funktionen haben. [3] In Gemeinden mit mehr als 4000 Einwohnern und Gemeinden, die gemäß landesplanerischen Vorgaben zentralörtliche Funktionen haben, ist grundsätzlich zu gewährleisten, dass in zusammenhängend bebauten Gebieten eine stationäre Einrichtung in maximal 2000 Metern für die Kunden erreichbar ist. [4] Bei Veränderungen der stationären Einrichtungen ist frühzeitig, mindestens zehn Wochen vor der Maßnahme, das Benehmen mit der zuständigen kommunalen Gebietskörperschaft herzustellen. [5] Daneben muss in allen Landkreisen mindestens je Fläche von 80 Quadratkilometern eine stationäre Einrichtung vorhanden sein. [6] Alle übrigen Orte müssen durch einen mobilen Postservice versorgt werden. [7] Die Einrichtungen müssen werktäglich nachfragegerecht betriebsbereit sein.
   b) [1] Briefkästen müssen so ausreichend vorhanden sein, dass die Kunden in zusammenhängend bebauten Wohngebieten in der Regel nicht mehr als 1000 Meter zurückzulegen haben, um zu einem Briefkasten zu gelangen. [2] Briefkästen sind jeden Werktag sowie bedarfsgerecht jeden Sonn- und Feiertag so zu leeren, dass die in Buchstabe c genannten Qualitätsmerkmale eingehalten werden können. [3] Dabei sind die Leerungszeiten der Briefkästen an den Bedürfnissen des Wirtschaftslebens zu orientieren; die Leerungszeiten und die nächste Leerung sind auf den Briefkästen anzugeben. [4] Briefkästen im Sinne der Sätze 1 und 2 sind auch andere zur Einlieferung von Briefsendungen geeignete Vorrichtungen.
   c) [1] Von den an einem Werktag eingelieferten inländischen Briefsendungen müssen – mit Ausnahme der Sendungen, die eine Mindesteinliefe-

---

[1)] PUDLV v. 15.12.1999, BGBl. I 1999, 2418, zuletzt geänd. durch G v. 7.7.2005, BGBl. I 2005, 1970 (**Sartorius Ergänzungsband** Nr. **910a**).

[2)] A 4.11b.1 UStAE Abs. 2 Nr. 6 angef. durch BMF v. 28.9.2021, BStBl. I 2021, 1858, anzuwenden in allen offenen Fällen.

rungsmenge von 50 Stück je Einlieferungsvorgang voraussetzen – im Jahresdurchschnitt mindestens 80% an dem ersten auf den Einlieferungstag folgenden Werktag und 95% bis zum zweiten auf den Einlieferungstag folgenden Werktag ausgeliefert werden. [2]Im grenzüberschreitenden Briefverkehr mit Mitgliedstaaten der Europäischen Union gelten die im Anhang der Richtlinie 97/67/EG des Europäischen Parlaments und des Rates vom 15.12.1997 über gemeinsame Vorschriften für die Entwicklung des Binnenmarktes der Postdienste der Gemeinschaft und die Verbesserung der Dienstequalität (ABl. EG 1998 Nr. L 15 S. 14) in der jeweils geltenden Fassung festgelegten Qualitätsmerkmale. [3]Wird der Anhang dieser Richtlinie geändert, gelten die Qualitätsmerkmale in der geänderten Fassung vom ersten Tage des dritten auf die Veröffentlichung der Änderung folgenden Monats an.

d) [1]Briefsendungen sind zuzustellen, sofern der Empfänger nicht durch Einrichtung eines Postfaches oder in sonstiger Weise erklärt hat, dass er die Sendungen abholen will. [2]Die Zustellung hat an der in der Anschrift genannten Wohn- oder Geschäftsadresse durch Einwurf in eine für den Empfänger bestimmte und ausreichend aufnahmefähige Vorrichtung für den Empfang von Briefsendungen oder durch persönliche Aushändigung an den Empfänger zu erfolgen. [3]Kann eine Sendung nicht gemäß Satz 2 zugestellt werden, ist sie nach Möglichkeit einem Ersatzempfänger auszuhändigen, soweit keine gegenteilige Weisung des Absenders oder Empfängers vorliegt. [4]Ist die Wohn- oder Geschäftsadresse des Empfängers nur unter unverhältnismäßigen Schwierigkeiten zu erreichen oder fehlt eine geeignete und zugängliche Vorrichtung für den Empfang von Briefsendungen, kann der Empfänger von der Zustellung ausgeschlossen werden. [5]Der Betroffene ist von dem beabsichtigten Ausschluss zu unterrichten.

e) Die Zustellung hat mindestens einmal werktäglich zu erfolgen (vgl. BFH-Urteil vom 2.3.2016, V R 20/15, BStBl. II S. 548).

2. [1]Die Beförderung von adressierten Büchern, Katalogen, Zeitungen und Zeitschriften, bis zu einem Gewicht von 2000 Gramm. [2]Die Beförderung muss durch Unternehmer erfolgen, die die Beförderung von Briefsendungen (vgl. vorstehende Nr. 1) oder die Beförderung von adressierten Paketen bis zu einem Gewicht von 20 Kilogramm durchführen (vgl. § 1 Abs. 1 Nr. 1 und 3 PUDLV in Verbindung mit § 4 Nr. 1 Buchstabe c PostG).
[3]Für das Vorliegen einer Post-Universaldienstleistung gelten für die Beförderung von adressierten Büchern und Katalogen die Qualitätsmerkmale für Briefsendungen (§ 2 PUDLV) entsprechend (vgl. vorstehende Nummer 1 Satz 3).
[4]Die Beförderung von Zeitungen und Zeitschriften ist nur dann der Art nach eine begünstigte Post-Universaldienstleistung, wenn die Qualitätsmerkmale des § 4 PUDLV erfüllt sind:

a) Zeitungen und Zeitschriften sind im Rahmen des betrieblich Zumutbaren bedarfsgerecht zu befördern.

b) [1]Zeitungen und Zeitschriften sind zuzustellen, sofern der Empfänger nicht durch Einrichtung eines Postfaches oder in sonstiger Weise erklärt hat, dass er die Sendungen abholen will. [2]Die Zustellung hat an der in der Anschrift genannten Wohn- oder Geschäftsadresse durch Einwurf in eine für den Empfänger bestimmte und ausreichend aufnahmefähige Vorrichtung für den Empfang von Zeitungen und Zeitschriften oder durch persönliche Aushändigung an den Empfänger zu erfolgen. [3]Kann eine Sendung nicht gemäß Satz 2 zugestellt werden, ist sie nach Möglichkeit einem Ersatzempfänger auszuhändigen, soweit keine gegenteilige Weisung des Absenders oder Empfängers vorliegt. [4]Ist die Wohn- oder Geschäftsadresse des Empfängers nur unter unverhältnismäßigen Schwierigkeiten zu erreichen oder fehlt eine geeignete und zugängliche Vorrichtung für den Empfang von Zeitungen und Zeitschriften, kann der Empfänger von der Zustellung ausgeschlossen werden. [5]Der Betroffene ist von dem beabsichtigten Ausschluss zu unterrichten.

c) Die Zustellung hat mindestens einmal werktäglich zu erfolgen (vgl. BFH-Urteil vom 2.3.2016, V R 20/15, a. a. O.).

3. [1]Die Beförderung von adressierten Paketen bis zu einem Gewicht von 10 Kilogramm.
[2]Die Beförderung von adressierten Paketen ist nur dann der Art nach eine begünstigte Post-Universaldienstleistung, wenn die Qualitätsmerkmale des § 3 PUDLV erfüllt sind:

a) Für die Bereitstellung von Einrichtungen, in denen Verträge über Paketbeförderungsleistungen abgeschlossen und abgewickelt werden können, gelten die Qualitätsmerkmale für Briefsendungen (§ 2 Nr. 1 PUDLV) entsprechend (vgl. vorstehende Nummer 1 Satz 3 Buchstabe a).

b) [1]Von den an einem Werktag eingelieferten inländischen Paketen müssen im Jahresdurchschnitt mindestens 80 % bis zum zweiten auf den Einlieferungstag folgenden Werktag ausgeliefert werden. [2]Im grenzüberschreitenden Paketverkehr mit Mitgliedstaaten der Europäischen Union gelten die im Anhang der Richtlinie 97/67/EG des Europäischen Parlaments und des Rates vom 15.12.1997 über gemeinsame Vorschriften für die Entwicklung des Binnenmarktes der Postdienste der Gemeinschaft und die Verbesserung der Dienstequalität (ABl. EG 1998 Nr. L 15 S. 14) in der jeweils geltenden Fassung festgelegten Qualitätsmerkmale. [3]Wird der Anhang dieser Richtlinie geändert, gelten die Qualitätsmerkmale in der geänderten Fassung vom ersten Tage des dritten auf die Veröffentlichung der Änderung folgenden Monats an.

c) [1]Pakete sind zuzustellen, sofern der Empfänger nicht erklärt hat, dass er die Sendungen abholen will. [2]Die Zustellung hat an der in der Anschrift genannten Wohn- oder Geschäftsadresse durch persönliche Aushändigung an den Empfänger oder einen Ersatzempfänger zu erfolgen, soweit keine gegenteilige Weisung des Absenders oder Empfängers vorliegt.

d) Die Zustellung hat mindestens einmal werktäglich zu erfolgen (vgl. BFH-Urteil vom 2.3.2016, V R 20/15, a. a. O.).

4. [1] Einschreibsendungen; Einschreibsendungen sind Briefsendungen, die pauschal gegen Verlust, Entwendung oder Beschädigung versichert sind und gegen Empfangsbestätigung ausgehändigt werden (§ 1 Abs. 2 Nr. 1 PUDLV).
   [2] Für das Vorliegen einer Post-Universaldienstleistung gelten die Qualitätsmerkmale für Briefsendungen (§ 2 PUDLV) entsprechend (vgl. vorstehende Nummer 1 Satz 3).
5. [1] Wertsendungen; Wertsendungen sind Briefsendungen, deren Inhalt in Höhe des vom Absender angegebenen Wertes gegen Verlust, Entwendung oder Beschädigung versichert ist (§ 1 Abs. 2 Nr. 2 PUDLV).
   [2] Für das Vorliegen einer Post-Universaldienstleistung gelten die Qualitätsmerkmale für Briefsendungen (§ 2 PUDLV) entsprechend (vgl. vorstehende Nummer 1 Satz 3).
6. Förmliche Zustellungen von Schriftstücken von Gerichten oder Verwaltungsbehörden auf der Grundlage der Prozessordnungen und der Gesetze, die die Verwaltungszustellungen regeln, entsprechend einer seitens der Bundesnetzagentur zu diesem Zweck erteilten Lizenz, wenn sich der Lizenznehmer verpflichtet, diese Zustellungen im gesamten Bundesgebiet anzubieten (vgl. EuGH-Urteil vom 16.10.2019, C-4/18 und C-5/18, Winterhoff u. a.[1]) sowie BFH-Urteile vom 6.2.2020, V R 36/19 (V R 30/15), BStBl. 2021 II S. 790, und vom 6.2.2020, V R 37/19 (V R 8/16), BStBl. 2021 II S. 792.

(3) [1] Weitere Voraussetzung für das Vorliegen einer der Art nach begünstigten Post-Universaldienstleistung ist für die unter Absatz 2 genannten Leistungen, dass der Preis für diese Leistungen erschwinglich sein muss. [2] Der Preis gilt als erschwinglich, wenn er dem realen Preis für die durchschnittliche Nachfrage eines Privathaushalts nach der jeweiligen Post-Universaldienstleistung entspricht. [3] Dies ist bei Briefsendungen bis zu einem Gewicht von 1000 Gramm bis zu einer Einlieferungsmenge von weniger als 50 Sendungen grundsätzlich das nach § 19 PostG genehmigte Entgelt, wenn der Unternehmer auf diesem Markt marktbeherrschend ist. [4] Bei allen anderen Post-Universaldienstleistungen, die nicht dieser Entgeltsgenehmigungspflicht unterliegen, ist dies das Entgelt, das der Unternehmer für die jeweilige Einzelleistung an Privathaushalte allgemein festgelegt hat. [5] Als genehmigtes Entgelt ist auch das um 1% verminderte Entgelt anzusehen, das der Leistungsempfänger für unter Absatz 2 genannte begünstigte Briefsendungen entrichtet, für die die Freimachung mittels einer Frankiermaschine (sog. Freistempler) durch den Leistungsempfänger erfolgt. [6] Soweit eine Entgeltsminderung jedoch aus anderen Gründen gewährt wird, z. B. weil die Briefsendungen unmittelbar beim Anbieter der Post-Universaldienstleistung eingeliefert werden müssen, liegen die Voraussetzungen für die Steuerbefreiung nicht vor (vgl. nachfolgend unter Absatz 7).

Begünstigter Unternehmerkreis

(4) [1] Begünstigt können alle Unternehmer sein, die die in Absatz 2 genannten Leistungen selbst erbringen; hierzu gehören auch Unternehmenszusam-

---

1) DStRE 2020, 27.

menschlüsse. [2]Voraussetzung ist, dass sie sich verpflichten, alle Post-Universaldienstleistungsbereiche bzw. einen einzelnen der in Absatz 2 genannten Post-Universaldienstleistungsbereiche ständig und flächendeckend im gesamten Gebiet der Bundesrepublik Deutschland anzubieten.

Beispiel 1:

[1]Der Postdienstleistungsanbieter P verpflichtet sich, ständig anzubieten, Briefsendungen bis zu einem Gewicht von 2000 Gramm im gesamten Gebiet der Bundesrepublik Deutschland durchzuführen. [2]Die Voraussetzungen des § 2 PUDLV sind erfüllt.
[3]Die Durchführung der Briefsendungen bis zu einem Gewicht von 2000 Gramm ist unter den weiteren Voraussetzungen des § 4 Nr. 11b UStG steuerfrei.

Beispiel 2:

[1]Der Postdienstleistungsanbieter P verpflichtet sich, ständig anzubieten, Briefsendungen bis zu einem Gewicht von 2000 Gramm sowie Paketsendungen bis zu einem Gewicht von 5 Kilogramm im gesamten Gebiet der Bundesrepublik Deutschland durchzuführen. [2]Die Voraussetzungen der §§ 2 und 3 PUDLV sind erfüllt.
[3]Die Durchführung der Briefsendungen bis zu einem Gewicht von 2000 Gramm durch P ist unter den weiteren Voraussetzungen des § 4 Nr. 11b UStG steuerfrei. [4]Die Durchführung der Paketsendungen bis zu einem Gewicht von 5 Kilogramm ist dagegen steuerpflichtig, da P sich nicht verpflichtet hat, den gesamten Bereich der Paketsendungen bis zu einem Gewicht von 10 Kilogramm anzubieten.

Beispiel 3:

[1]Der Postdienstleistungsanbieter P verpflichtet sich, ständig anzubieten, Briefsendungen bis zu einem Gewicht von 1000 Gramm im gesamten Gebiet der Bundesrepublik Deutschland durchzuführen. [2]Die Voraussetzungen der §§ 2 und 3 PUDLV sind erfüllt.
[3]Die Durchführung der Briefsendungen bis zu einem Gewicht von 1000 Gramm ist steuerpflichtig, da P sich nicht verpflichtet hat, den gesamten Bereich der Briefsendungen bis zu einem Gewicht von 2000 Gramm anzubieten.

Beispiel 4:

[1]Der Postdienstleistungsanbieter P verpflichtet sich, ständig anzubieten, Briefsendungen bis zu einem Gewicht von 1000 Gramm im gesamten Gebiet der Bundesrepublik Deutschland und Briefsendungen mit einem Gewicht von mehr als 1000 Gramm bis zu einem Gewicht von 2000 Gramm nur in Nordrhein-Westfalen durchzuführen. [2]Die Voraussetzungen der §§ 2 und 3 PUDLV sind erfüllt.
[3]Die Durchführung der Briefsendungen ist insgesamt steuerpflichtig, da P sich nicht verpflichtet hat, den gesamten Bereich der Briefsendungen bis zu einem Gewicht von 2000 Gramm ständig und flächendeckend im gesamten Gebiet der Bundesrepublik Deutschland anzubieten.

Der Art nach nicht unter die Steuerbefreiung fallende Leistungen

(5) Nicht unter die Steuerbefreiung fallen folgende in § 1 PUDLV genannte Leistungen:

1. Die Beförderung von Paketsendungen mit einem Gewicht von mehr als 10 Kilogramm,
2. die Beförderung von adressierten Büchern, Katalogen, Zeitungen und Zeitschriften mit einem Gewicht von jeweils mehr als 2 Kilogramm,
3. Expresszustellungen; Expresszustellungen sind Briefsendungen, die so bald wie möglich nach ihrem Eingang bei einer Zustelleinrichtung des leistenden Unternehmers durch besonderen Boten zugestellt werden (§ 1 Abs. 2 Nummer 4 PUDLV),

4. Nachnahmesendungen; Nachnahmesendungen sind Briefsendungen, die erst nach Einziehung eines bestimmten Geldbetrages an den Empfänger ausgehändigt werden (§ 1 Abs. 2 Nr. 3 PUDLV).

(6) [1] Ausdrücklich sind auch Leistungen, deren Bedingungen zwischen den Vertragsparteien individuell vereinbart werden, nicht steuerfrei (§ 4 Nr. 11b Satz 3 Buchstabe a UStG). [2] Hierunter fallen auch Leistungen eines Postdienstleistungsanbieters an einen im eigenen Namen und für eigene Rechnung auftretenden sog. Konsolidierer, der Inhaber einer postrechtlichen Lizenz gem. § 51 Abs. 1 Satz 2 Nr. 5 PostG ist und Briefsendungen eines oder mehrerer Absender bündelt und vorsortiert in die Briefzentren des Postdienstleistungsanbieters einliefert, wenn der Postdienstleistungsanbieter dem Konsolidierer nachträglich Rabatte auf die festgelegten Entgelte für einzelne Briefsendungen gewährt.

Beispiel 1:

[1] Der Konsolidierer K liefert an einem Tag 1000 Briefsendungen des Absenders A vereinbarungsgemäß beim Postdienstleistungsanbieter P ein. [2] K tritt gegenüber P im eigenen Namen und für eigene Rechnung auf. [3] Das Standardporto für eine Briefsendung beträgt 0,80 €. [4] K erhält für die Einlieferung von P einen Rabatt in Höhe von 21 %.

[5] Die von P an K erbrachte Postdienstleistung ist steuerpflichtig. [6] Eine Steuerbefreiung ist wegen individueller Vereinbarungen zwischen den Vertragsparteien ausgeschlossen (§ 4 Nr. 11b Satz 3 Buchstabe a UStG).

[3] Tritt der Konsolidierer gegenüber dem Postdienstleistungsanbieter im Namen und für Rechnung der Absender auf, so dass die Postdienstleistung vom Postdienstleistungsanbieter gegenüber dem Absender der Briefsendung erbracht wird, und gewährt der Postdienstleistungsanbieter dem Absender über den Konsolidierer nachträglich einen Rabatt, fällt die Leistung ebenfalls nicht unter die Steuerbefreiung nach § 4 Nr. 11b UStG.

Beispiel 2:

[1] Der Konsolidierer K liefert an einem Tag 1000 Briefsendungen des Absenders A vereinbarungsgemäß beim Postdienstleistungsanbieter P ein. [2] K tritt gegenüber P im Namen und für Rechnung des A auf. [3] Das Standardporto für eine Briefsendung beträgt 0,80 €. [4] K erhält für die Einlieferung von P einen Rabatt in Höhe von 21 %. [5] K gewährt dem A einen Rabatt in Höhe von 8 %. [6] Die Rabatte werden bereits im Zeitpunkt der Ausführung der sonstigen Leistung gewährt.

[7] Die von P an A erbrachte Postdienstleistung ist steuerpflichtig. [8] Der Rabatt in Höhe von 21 % mindert das Entgelt für die von P an A erbrachte Postdienstleistung. [9] § 4 Nr. 11b Satz 3 Buchstabe a UStG schließt eine Steuerbefreiung aus.

[4] Zur Behandlung von Leistungen eines sog. Konsolidierers wird im Übrigen auf das BMF-Schreiben vom 13.12.2006 (BStBl. 2007 I S. 119) verwiesen.

(7) [1] Nicht unter die Steuerbefreiung fallen außerdem nach § 4 Nr. 11b Satz 3 Buchstabe b UStG sog. AGB-Leistungen

a) mit nach den Allgemeinen Geschäftsbedingungen eines Anbieters festgelegten Qualitätsmerkmalen, die von den festgelegten Qualitätsmerkmalen (vgl. Absatz 2) abweichen,

Beispiel:

[1] *Der Postdienstleistungsanbieter* P befördert den einzelnen Standardbrief bis 20 Gramm für ein Entgelt von 0,45 €. [2] In seinen Allgemeinen Geschäftsbedingungen bietet er an, Standardbriefe ab einer Einlieferungsmenge von 50 Stück für ein Entgelt von 0,40 € zu

befördern, wenn die Briefe beim Anbieter unmittelbar eingeliefert werden. [3]Der Kunde K macht hiervon Gebrauch und liefert 100 Standardbriefe ein. [4]P stellt K ein Entgelt von 40 € in Rechnung.
[5]Die Beförderung der 100 Standardbriefe zu einem Entgelt von 40 € ist steuerpflichtig. [6]Die Steuerbefreiung nach § 4 Nr. 11b UStG kann nicht in Anspruch genommen werden, weil die Standardbriefe zwingend bei einer stationären Einrichtung des P eingeliefert werden müssen und nicht in einen Briefkasten eingeworfen werden können. [7]Es liegt somit keine begünstigte Post-Universaldienstleistung vor.

und/oder

b) zu nach den Allgemeinen Geschäftsbedingungen eines Anbieters festgelegten Tarifen, die zwar grundsätzlich für jedermann zugänglich sind, aber nicht für den durchschnittlichen Nachfrager eines Privathaushalts bestimmt sind.

Beispiel:
[1]Der Postdienstleistungsanbieter P befördert den einzelnen Standardbrief bis 20 Gramm für ein Entgelt von 0,45 €. [2]In seinen Allgemeinen Geschäftsbedingungen bietet er an, Standardbriefe ab einer Einlieferungsmenge von 50 Stück für ein Entgelt von 0,40 € zu befördern. [3]Der Kunde K macht hiervon Gebrauch und liefert 100 Standardbriefe ein. [4]P stellt K ein Entgelt von 40 € in Rechnung.
[5]Die Beförderung der 100 Standardbriefe zu einem Entgelt von 40 € ist steuerpflichtig. [6]Die Steuerbefreiung nach § 4 Nr. 11b UStG kann nicht in Anspruch genommen werden, weil das Entgelt für die Einlieferung der 100 Standardbriefe von dem Entgelt für die Einlieferung von bis zu 50 Standardbriefen abweicht und der zugrunde liegende Tarif damit nicht für den durchschnittlichen Nachfrager eines Privathaushalts bestimmt ist.

[2]Hierzu gehört auch der Versand von sog. Postvertriebsstücken (Zeitungen und Zeitschriften), bei denen das Entgelt dasjenige unterschreitet, das für die Einzelsendung festgelegt ist,

bzw.

c) zu günstigeren Preisen als den nach § 19 PostG genehmigten Entgelten.

Beispiel:
[1]Der Postdienstleistungsanbieter P befördert den einzelnen Standardbrief bis 20 Gramm für ein nach § 19 PostG von der Bundesnetzagentur genehmigtes Entgelt von 0,45 €. [2]In seinen Allgemeinen Geschäftsbedingungen bietet er an, Standardbriefe ab einer Einlieferungsmenge von 50 Stück für ein Entgelt von 0,40 € zu befördern. [3]Der Kunde K macht hiervon Gebrauch und liefert 100 Standardbriefe ein. [4]P stellt K ein Entgelt von 40 € in Rechnung.
[5]Die Beförderung der 100 Standardbriefe zu einem Entgelt von 40 € ist steuerpflichtig. [6]Die Steuerbefreiung nach § 4 Nr. 11b UStG kann nicht in Anspruch genommen werden, weil das Entgelt für die Einlieferung der 100 Standardbriefe von dem nach § 19 PostG von der Bundesnetzagentur genehmigten Entgelt für die Einlieferung von bis zu 50 Standardbriefen abweicht.

[2]Eine Steuerbefreiung kommt für diese Leistungen schon deshalb nicht in Betracht, weil es sich hierbei nicht um Post-Universaldienstleistungen im Sinne des Artikel 3 der 1. Post-Richtlinie und damit auch im Sinne des § 11 PostG und der PUDLV handelt, da die darin genannten Qualitätsmerkmale nicht erfüllt werden. [3]Unbeachtlich ist, aus welchen Gründen das nach den Allgemeinen Geschäftsbedingungen vorgesehene niedrigere Entgelt vereinbart wurde. [4]So ist z. B. die Beförderung von Paketen und Büchern nicht steuerfrei, wenn diese mit einem Leitcode auf der Sendung eingeliefert werden und hierfür eine Entgeltsminderung gewährt wird.

(8)[1] *(aufgehoben)*

(9) [1] Nicht unter die Steuerbefreiung nach § 4 Nummer 11b UStG fällt auch die Transportversicherung für einen Brief. [2] Diese Leistung ist keine Nebenleistung zur Briefsendung, sondern eine eigenständige Leistung, die unter die Steuerbefreiung nach § 4 Nr. 10 Buchstabe a UStG fällt.

Feststellung des Vorliegens der Voraussetzungen der Steuerbefreiung

(10) [1] Die Feststellung, dass die Voraussetzungen für die Anwendung der Steuerbefreiung erfüllt sind, trifft nicht das für den Postdienstleister zuständige Finanzamt, sondern das Bundeszentralamt für Steuern (§ 4 Nummer 11b Satz 2 UStG). [2] Hierzu muss der Unternehmer, der die Steuerbefreiung für alle oder für Teilbereiche der unter die Begünstigung fallenden Leistungen (vgl. Absatz 2) in Anspruch nehmen will, einen entsprechenden formlosen Antrag beim Bundeszentralamt für Steuern (BZSt), An der Küppe 1, 53225 Bonn, stellen. [3] Der Antragsteller hat in seinem Antrag darzulegen, für welche Leistungen er die Steuerbefreiung in Anspruch nehmen will. [4] Hierzu muss er erklären, dass er sich verpflichtet, die genannten Leistungen flächendeckend zu erbringen und im Einzelnen nachweisen, dass die weiteren Voraussetzungen für das Vorliegen einer Post-Universaldienstleistung bei den von ihm zu erbringenden Leistungen erfüllt sind. [5] Dabei hat der Antragsteller seine unternehmerische Konzeption für sein Angebot an Post-Universaldienstleistungen darzulegen.

(11) Stellt das BZSt fest, dass die Voraussetzungen für die Steuerbefreiung vorliegen, erteilt es hierüber dem Antragsteller eine entsprechende Bescheinigung.

(12) Stellt sich im Nachhinein heraus, dass die Voraussetzungen für die Bescheinigung nicht oder nicht mehr vorliegen, nimmt sie das Bundeszentralamt für Steuern – ggf. auch rückwirkend – zurück.

Anwendung

(13) Soweit das BMF-Schreiben vom 13.12.2006 (BStBl. 2007 I S. 119) diesem Abschnitt entgegensteht, ist es nicht mehr anzuwenden.

(14) Liegen für Leistungen nach § 4 Nr. 11b UStG auch die Voraussetzungen der Steuerbefreiung für Leistungen im Zusammenhang mit Gegenständen der Ausfuhr (§ 4 Nr. 3 Satz 1 Buchstabe a Doppelbuchstabe aa UStG) vor, geht die Steuerbefreiung des § 4 Nr. 11b UStG dieser Steuerbefreiung vor.

Zu § 4 Nr. 12 UStG

4.12.1 Vermietung und Verpachtung von Grundstücken[2]

(1) [1] Zum Begriff des Grundstücks vgl. im Einzelnen Abschnitt 3a.3 Abs. 2 Sätze 2 und 3. [2] Die Frage, ob eine Vermietung oder Verpachtung eines Grundstücks im Sinne des § 4 Nr. 12 Satz 1 Buchstabe a UStG vorliegt, richtet

---

[1] A 4.11b.1 UStAE Abs. 8 aufgeh. durch BMF v. 28.9.2021, BStBl. I 2021, 1858, *anzuwenden in allen offenen Fällen.*

[2] Zu Vermietungsumsätzen juristischer Personen des öff. Rechts vgl. BFH v. 20.12.2007 V R 70/05, BStBl. II 2008, 454.

sich nicht nach den Vorschriften des nationalen Zivilrechts, sondern nach Unionsrecht (BFH-Urteile vom 8.11.2012, V R 15/12, BStBl. 2013 II S. 455, und vom 28.5.2013, XI R 32/11, BStBl. 2014 II S. 411). [3]Danach setzt die Vermietung eines Grundstücks voraus, dass dem Mieter vom Vermieter auf bestimmte Zeit gegen eine Vergütung das Recht eingeräumt wird, das Grundstück so in Besitz zu nehmen, als ob er dessen Eigentümer wäre, und jede andere Person von diesem Recht auszuschließen. [4]Für die Beurteilung, ob eine bestimmte Vereinbarung als „Vermietung" in diesem Sinne zu behandeln ist, sind alle Umstände des Einzelfalls, vor allem der tatsächlich verwirklichte Sachverhalt zu berücksichtigen. [5]Maßgebend ist insoweit der objektive Inhalt des Vorgangs, unabhängig von der Bezeichnung, die die Parteien ihm gegeben haben (vgl. EuGH-Urteil vom 16.12.2010, C-270/09, Macdonald Resorts Limited).[1)] [6]Diese Voraussetzungen gelten auch für die Verpachtung eines Grundstücks (vgl. EuGH-Urteil vom 6.12.2007, C-451/06, Walderdorff)[2)] und die hierdurch typischerweise eingeräumten Berechtigungen an dem Grundstück zur Ausübung einer sachgerechten und nachhaltigen Bewirtschaftung. [7]Der Vermietung eines Grundstücks gleichzusetzen ist der Verzicht auf Rechte aus dem Mietvertrag gegen eine Abstandszahlung (vgl. EuGH-Urteil vom 15.12.1993, C-63/92, Lubbock Fine, BStBl. 1995 II S. 480, und Abschnitt 1.3 Abs. 13).[3)] [8]Eine Dienstleistung, die darin besteht, dass eine Person, die ursprünglich kein Recht an einem Grundstück hat, aber gegen Entgelt die Rechte und Pflichten aus einem Mietvertrag über dieses Grundstück übernimmt, ist nicht von der Umsatzsteuer befreit (vgl. EuGH-Urteile vom 9.10.2001, C-409/98, Mirror Group,[4)] und C-108/99, Cantor Fitzgerald International).[4)]

(2) [1]Für die Vermietung eines Grundstücks ist es nicht erforderlich, dass die vermietete Grundstücksfläche bereits im Zeitpunkt des Abschlusses des Mietvertrags bestimmt ist. [2]Der Mietvertrag kann auch über eine zunächst unbestimmte, aber bestimmbare Grundstücksfläche (z. B. Fahrzeugabstellplatz) geschlossen werden. [3]Die spätere Konkretisierung der Grundstücksfläche kann durch den Vermieter oder den Mieter erfolgen. [4]Die Dauer des Vertragsverhältnisses ist ohne Bedeutung. [5]Auch die kurzfristige Gebrauchsüberlassung eines Grundstücks kann daher die Voraussetzungen einer Vermietung erfüllen. [6]Die Dauer der Gebrauchsüberlassung muss nicht von vornherein festgelegt sein. [7]Auch vertragliche Beschränkungen des an der Mietsache bestehenden Nutzungsrechts schließen nicht aus, dass es sich um ein ausschließliches Nutzungsrecht handelt (vgl. EuGH-Urteil vom 18.11.2004, C-284/03, Temco Europe).

(3) [1]Die Steuerbefreiung nach § 4 Nr. 12 Satz 1 Buchstabe a UStG gilt nicht nur für die Vermietung und die Verpachtung von ganzen Grundstücken, sondern auch für die Vermietung und die Verpachtung von Grundstücksteilen. [2]Hierzu gehören insbesondere Gebäude und Gebäudeteile wie Stockwerke, Wohnungen und einzelne Räume (vgl. BFH-Urteil vom 8.10.1991,

---

1) DStR 2011, 119.
2) IStR 2008, 110.
3) Siehe auch BFH v. 22.5.2019 XI R 20/17, BFH/NV 2019, 1256.
4) DStRE 2002, 40. – DStRE 2002, 38.

V R 89/86, BStBl. 1992 II S. 108). [3]Auch räumlich abgrenzbare und individualisierte Grundstücksparzellen fallen hierunter (vgl. BFH-Urteile vom 21.6.2017, V R 3/17, BStBl. 2018 II S. 372, und V R 4/17, BStBl. 2018 II S. 370). [4]Die Steuerbefreiung erstreckt sich in der Regel auch auf mitvermietete oder mitverpachtete Einrichtungsgegenstände, z.B. auf das bewegliche Büromobiliar oder das bewegliche Inventar eines Seniorenheims (vgl. BFH-Urteil vom 11.11.2015, V R 37/14, BStBl. 2017 II S. 1259); vgl. aber Abschnitt 4.12.10 zur Vermietung und Verpachtung von Betriebsvorrichtungen. [5]Zur Vermietung von Abstellflächen für Fahrzeuge vgl. Abschnitt 4.12.2. [6]Steuerfrei ist auch die Überlassung von Werkdienstwohnungen durch Arbeitgeber an Arbeitnehmer (vgl. BFH-Urteile vom 30.7.1986, V R 99/76, BStBl. II S. 877, und vom 7.10.1987, V R 2/79, BStBl. 1988 II S. 88), wenn sie mehr als sechs Monate dauert (vgl. Abschnitt 4.12.9 Abs. 1 Satz 2). [7]Wegen der Überlassung von Räumen einer Pension an Saison-Arbeitnehmer vgl. aber Abschnitt 4.12.9 Abs. 2 Satz 3. [8]Soweit die Verwendung eines dem Unternehmen zugeordneten Grundstücks/Gebäudes für nichtunternehmerische Zwecke steuerbar ist und die Übergangsregelung nach § 27 Abs. 16 UStG Anwendung findet (vgl. auch Abschnitt 3.4 Abs. 6 bis 8), ist diese nicht einer steuerfreien Grundstücksvermietung im Sinne des § 4 Nr. 12 Satz 1 Buchstabe a UStG gleichgestellt (vgl. BFH-Urteil vom 24.7.2003, V R 39/99, BStBl. 2004 II S. 371, und BMF-Schreiben vom 13.4.2004, BStBl. I S. 469).

(4) [1]Eine Grundstücksvermietung liegt regelmäßig nicht vor bei der Vermietung von Baulichkeiten, die nur zu einem vorübergehenden Zweck mit dem Grund und Boden verbunden und daher keine Bestandteile des Grundstücks sind (vgl. BFH-Urteil vom 15.12.1966, V 252/63, BStBl. 1967 III S. 209). [2]Steuerpflichtig kann hiernach insbesondere die Vermietung von Büro- und Wohncontainern, Baubuden, Kiosken, Tribünen und ähnlichen Einrichtungen sein. [3]Allerdings stellt die Vermietung eines Gebäudes, das aus Fertigteilen errichtet wird, die so in das Erdreich eingelassen werden, dass sie weder leicht demontiert noch leicht versetzt werden können, die Vermietung eines Grundstücks dar, auch wenn dieses Gebäude nach Beendigung des Mietvertrags entfernt und auf einem anderen Grundstück wieder verwendet werden soll (vgl. EuGH-Urteil vom 16.1.2003, C-315/00, Maierhofer).[1)] [4]Gleiches gilt für die Verpachtung eines Hausboots einschließlich der dazugehörenden Liegefläche und Steganlage, wenn das Hausboot mit nicht leicht zu lösenden Befestigungen, die am Ufer oder auf dem Grund eines Gewässers angebracht sind, ortsfest gehalten wird und an einem abgegrenzten und identifizierbaren Liegeplatz im Gewässer liegt sowie vertraglich und tatsächlich auf Dauer ausschließlich ortsfest und damit wie ein mit einem Grundstück fest verbundenes Gebäude genutzt wird (vgl. EuGH-Urteil vom 15.11.2012, C-532/11, Leichenich, BStBl. 2013 II S. 891).[2)] [5]Steuerpflichtig ist hingegen die Vermietung beweglicher Gegenstände wie z.B. Zelte, Wohnanhänger und Mobilheime (vgl. EuGH-Urteil vom 3.7.1997, C-60/96, Kommission); vgl. aber Abschnitt 4.12.3 zur Vermietung von Campingflächen.

---

1) DStRE 2003, 237.
2) SteuK 2013, 39.

(5)[1] [1]Zu den nach § 4 Nr. 12 Satz 1 UStG steuerfreien Leistungen der Vermietung und Verpachtung von Grundstücken gehören auch die damit in unmittelbarem wirtschaftlichen Zusammenhang stehenden üblichen Nebenleistungen (BFH-Urteil vom 9.12.1971, V R 84/71, BStBl. 1972 II S. 203). [2]Dies sind Leistungen, die im Vergleich zur Grundstücksvermietung bzw. -verpachtung nebensächlich sind, mit ihr eng zusammenhängen und in ihrem Gefolge üblicherweise vorkommen. [3]Als Nebenleistungen sind in der Regel die Lieferung von Wärme, die Versorgung mit Wasser, auch mit Warmwasser, die Überlassung von Waschmaschinen, die Flur- und Treppenreinigung, die Treppenbeleuchtung sowie die Lieferung von Strom durch den Vermieter anzusehen (vgl. BFH-Urteil vom 15.1.2009, V R 91/07, BStBl. II S. 615, und EuGH-Urteile vom 11.6.2009, C-572/07, EuGHE I S. 4983,[2] und vom 27.9.2012, C-392/11, Field Fisher Waterhouse).[3] [4]Eine Nebenleistung zur Wohnungsvermietung ist in der Regel auch die von dem Vermieter einer Wohnanlage vertraglich übernommene Balkonbepflanzung (BFH-Urteil vom 9.12.1971, V R 84/71, BStBl. 1972 II S. 203). [5]Keine Nebenleistungen sind die Lieferungen von Heizgas und Heizöl.

(6) *(aufgehoben)*

4.12.2 Vermietung von Plätzen für das Abstellen von Fahrzeugen

(1) [1]Die Vermietung von Plätzen für das Abstellen von Fahrzeugen ist nach § 4 Nr. 12 Satz 2 UStG umsatzsteuerpflichtig. [2]Als Plätze für das Abstellen von Fahrzeugen kommen Grundstücke einschließlich Wasserflächen (vgl. BFH-Urteil vom 8.10.1991, V R 46/88, BStBl. 1992 II S. 368, und EuGH-Urteil vom 3.3.2005, C-428/02, Fonden Marselisbarg Lystbådehavn)[4] oder Grundstücksteile in Betracht. [3]Die Bezeichnung des Platzes und die bauliche oder technische Gestaltung (z. B. Befestigung, Begrenzung, Überdachung) sind ohne Bedeutung. [4]Auch auf die Dauer der Nutzung als Stellplatz kommt es nicht an. [5]Die Stellplätze können sich im Freien (z. B. Parkplätze, Parkbuchten, Bootsliegeplätze) oder in Parkhäusern, Tiefgaragen, Einzelgaragen, Boots- und Flugzeughallen befinden. [6]Auch andere Flächen (z. B. landwirtschaftliche Grundstücke), die aus besonderem Anlass (z. B. Sport- und Festveranstaltung) nur vorübergehend für das Abstellen von Fahrzeugen genutzt werden, gehören zu den Stellplätzen in diesem Sinne.

(2) [1]Als Fahrzeuge sind vor allem Beförderungsmittel anzusehen. [2]Das sind Gegenstände, deren Hauptzweck auf die Beförderung von Personen und Gütern zu Lande, zu Wasser oder in der Luft gerichtet ist und die sich auch tatsächlich fortbewegen. [3]Hierzu gehören auch Fahrzeuganhänger sowie Elektro-Caddywagen. [4]Tiere (z. B. Reitpferde) können zwar Beförderungsmittel sein, sie fallen jedoch nicht unter den Fahrzeugbegriff. [5]Der Begriff

---

[1] Zur Vermietung von Standplätzen auf Wochenmärkten siehe BFH v. 24.1.2008 V R 12/05, BStBl. II 2009, 60.

[2] DStR 2009, 1260.

[3] Zu Mietnebenleistungen als grds. von der Vermietung getrennt zu beurteilenden Leistungen des Vermieters siehe EuGH v. 16.4.2015 C-42/14, DStR 2015, 888.

[4] DStRE 2005, 658.

des Fahrzeugs nach § 4 Nr. 12 Satz 2 UStG geht jedoch über den Begriff des Beförderungsmittels hinaus. [6]Als Fahrzeuge sind auch Gegenstände anzusehen, die sich tatsächlich fortbewegen, ohne dass die Beförderung von Personen und Gütern im Vordergrund steht. [7]Hierbei handelt es sich insbesondere um gewerblich genutzte Gegenstände (z. B. Bau- und Ladekräne, Bagger, Planierraupen, Gabelstapler, Elektrokarren), landwirtschaftlich genutzte Gegenstände (z. B. Mähdrescher, Rübenernter) und militärisch genutzte Gegenstände (z. B. Panzer, Kampfflugzeuge, Kriegsschiffe).

(3) [1]Eine Vermietung von Plätzen für das Abstellen von Fahrzeugen liegt vor, wenn dem Fahrzeugbesitzer der Gebrauch einer Stellfläche überlassen wird. [2]Auf die tatsächliche Nutzung der überlassenen Stellfläche als Fahrzeugstellplatz durch den Mieter kommt es nicht an. [3]§ 4 Nr. 12 Satz 2 UStG gilt auch für die Vermietung eines Parkplatz-Grundstücks, wenn der Mieter dort zwar nicht selbst parken will, aber entsprechend der Vereinbarung im Mietvertrag das Grundstück Dritten zum Parken überlässt (vgl. BFH-Urteil vom 30.3.2006, V R 52/05, BStBl. II S. 731). [4]Die Vermietung ist steuerfrei, wenn sie eine Nebenleistung zu einer steuerfreien Leistung, insbesondere zu einer steuerfreien Grundstücksvermietung nach § 4 Nr. 12 Satz 1 UStG ist. [5]Für die Annahme einer Nebenleistung ist es unschädlich, wenn die steuerfreie Grundstücksvermietung und die Stellplatzvermietung zivilrechtlich in getrennten Verträgen vereinbart werden. [6]Beide Verträge müssen aber zwischen denselben Vertragspartnern abgeschlossen sein. [7]Die Verträge können jedoch zu unterschiedlichen Zeiten zustande kommen. [8]Für die Annahme einer Nebenleistung ist ein räumlicher Zusammenhang zwischen Grundstück und Stellplatz erforderlich. [9]Dieser Zusammenhang ist gegeben, wenn der Platz für das Abstellen des Fahrzeugs Teil eines einheitlichen Gebäudekomplexes ist oder sich in unmittelbarer Nähe des Grundstücks befindet (z. B. Reihenhauszeile mit zentralem Garagengrundstück).

Beispiel 1:

[1]Vermieter V und Mieter M schließen über eine Wohnung und einen Fahrzeugstellplatz auf dem gleichen Grundstück zwei Mietverträge ab.

[2]Die Vermietung des Stellplatzes ist eine Nebenleistung zur Wohnungsvermietung. [3]Das gilt auch, wenn der Vertrag über die Stellplatzvermietung erst zu einem späteren Zeitpunkt abgeschlossen wird.

Beispiel 2:

[1]Ein Vermieter vermietet an eine Gemeinde ein Bürogebäude und die auf dem gleichen Grundstück liegenden und zur Nutzung des Gebäudes erforderlichen Plätze zum Abstellen von Fahrzeugen.

[2]Die Vermietung der Fahrzeugstellplätze ist als Nebenleistung zur Vermietung des Bürogebäudes anzusehen.

Beispiel 3:

[1]Vermieter V schließt mit dem Mieter M1 einen Wohnungsmietvertrag und mit dem im Haushalt von M1 lebenden Sohn M2 einen Vertrag über die Vermietung eines zur Wohnung gehörenden Fahrzeugstellplatzes ab.

[2]Die Vermietung des Stellplatzes ist eine eigenständige steuerpflichtige Leistung. [3]Eine *Nebenleistung liegt nicht* vor, weil der Mieter der Wohnung und der Mieter des Stellplatzes verschiedene Personen sind. [4]Ohne Bedeutung ist, dass M2 im Haushalt von M1 lebt.

Beispiel 4:

[1] Eine GmbH vermietet eine Wohnung. [2] Der Geschäftsführer der GmbH vermietet seine im Privateigentum stehende Garage im gleichen Gebäudekomplex an denselben Mieter.
[3] Da die Mietverträge nicht zwischen denselben Personen abgeschlossen sind, liegen zwei selbständig zu beurteilende Leistungen vor.

Beispiel 5:

[1] Vermieter V1 eines Mehrfamilienhauses kann keine eigenen Stellplätze anbieten. [2] Zur besseren Vermietung seiner Wohnungen hat er mit seinem Nachbarn V2 einen Rahmenvertrag über die Vermietung von Fahrzeugstellplätzen abgeschlossen. [3] Dieser vermietet die Stellplätze unmittelbar an die Wohnungsmieter.
[4] Es bestehen zwei Leistungsbeziehungen zu den Wohnungs- und Stellplatzmietern. [5] Die Stellplatzvermietung durch V2 ist als selbständige Leistung steuerpflichtig. [6] Gleiches gilt, wenn V1 den Rahmenvertrag mit V2 aus baurechtlichen Verpflichtungen zur Bereitstellung von Parkflächen abschließt.

Beispiel 6:

[1] Ein Grundstückseigentümer ist gegenüber einem Wohnungsvermieter V verpflichtet, auf einem in seinem Eigentum befindlichen Nachbargrundstück die Errichtung von Fahrzeugstellplätzen für die Mieter des V zu dulden (Eintragung einer dinglichen Baulast im Grundbuch). [2] V mietet die Parkflächen insgesamt an und vermietet sie an seine Wohnungsmieter weiter.
[3] Die Vermietung der Stellplätze durch den Grundstückseigentümer an V ist steuerpflichtig. [4] Die Weitervermietung der in räumlicher Nähe zu den Wohnungen befindlichen Stellplätze ist eine Nebenleistung zur Wohnungsvermietung des V.

Beispiel 7:

[1] Eine Behörde einer Gebietskörperschaft vermietet im Rahmen eines Betriebes gewerblicher Art Wohnungen und zu den Wohnungen gehörige Fahrzeugstellplätze. [2] Die Vermietung der Wohnung wird durch Verwaltungsvereinbarung einer anderen Behörde der gleichen Gebietskörperschaft übertragen. [3] Die Stellplatzmietverträge werden weiterhin von der bisherigen Behörde abgeschlossen.
[4] Da die Behörden der gleichen Gebietskörperschaft angehören, ist auf der Vermieterseite Personenidentität bei der Vermietung der Wohnung und der Stellplätze gegeben. [5] Die Stellplatzvermietungen sind Nebenleistungen zu den Wohnungsvermietungen.

4.12.3 Vermietung von Campingflächen

(1) [1] Die Leistungen der Campingplatzunternehmer sind als Grundstücksvermietungen im Sinne des § 4 Nr. 12 Satz 1 UStG anzusehen, wenn sie darauf gerichtet sind, dem Benutzer des Campingplatzes den Gebrauch einer bestimmten, nur ihm zur Verfügung stehenden Campingfläche zu gewähren (vgl. Abschnitt 4.12.1 Abs. 2). [2] Die Dauer der Überlassung der Campingfläche ist für die Frage, ob eine Vermietung vorliegt, ohne Bedeutung.

(2) [1] Die Überlassung einer Campingfläche ist nur dann steuerfrei, wenn sie nicht kurzfristig ist, d.h., wenn die tatsächliche Gebrauchsüberlassung mehr als sechs Monate beträgt (vgl. BFH-Urteil vom 13.2.2008, XI R 51/06, BStBl. 2009 II S. 63).

Beispiel 1:

[1] Eine Campingfläche wird auf unbestimmte Dauer vermietet. [2] Der Vertrag kann monatlich gekündigt werden.
[3] Die Vermietung ist als langfristig anzusehen und somit steuerfrei. [4] Endet die tatsächliche Gebrauchsüberlassung jedoch vor Ablauf von sechs Monaten, handelt es sich insgesamt um eine steuerpflichtige kurzfristige Vermietung.

Beispiel 2:

[1] Eine Campingfläche wird für drei Monate vermietet. [2] Der Mietvertrag verlängert sich automatisch um je einen Monat, wenn er nicht vorher gekündigt wird.

[3] Die Vermietung ist als kurzfristig anzusehen und somit steuerpflichtig. [4] Dauert die tatsächliche Gebrauchsüberlassung jedoch mehr als sechs Monate, handelt es sich insgesamt um eine steuerfreie langfristige Vermietung.

[2] Zur Anwendung des ermäßigten Steuersatzes auf Umsätze aus der kurzfristigen Vermietung von Campingflächen siehe Abschnitt 12.16.

(3) [1] Die vom Campingplatzunternehmer durch die Überlassung von üblichen Gemeinschaftseinrichtungen gewährten Leistungen sind gegenüber der Vermietung der Campingfläche von untergeordneter Bedeutung. [2] Sie sind als Nebenleistungen anzusehen, die den Charakter der Hauptleistung als Grundstücksvermietung nicht beeinträchtigen. [3] Zu den üblichen Gemeinschaftseinrichtungen gehören insbesondere Wasch- und Duschräume, Toiletten, Wasserzapfstellen, elektrische Anschlüsse, Vorrichtungen zur Müllbeseitigung, Kinderspielplätze. [4] Die Nebenleistungen fallen unter die Steuerbefreiung für die Grundstücksvermietung. [5] Dies gilt auch dann, wenn für sie ein besonderes Entgelt berechnet wird. [6] Die vom Campingplatzunternehmer durch die Überlassung von Wasserzapfstellen, Abwasseranschlüssen und elektrischen Anschlüssen erbrachten Leistungen sind in den Fällen nicht als Nebenleistungen steuerfrei, in denen die Einrichtungen nicht für alle Benutzer gemeinschaftlich, sondern gesondert für einzelne Benutzer bereitgestellt werden und es sich um Betriebsvorrichtungen im Sinne von § 4 Nr. 12 Satz 2 UStG handelt (vgl. BFH-Urteil vom 28.5.1998, V R 19/96, BStBl. 2010 II S. 307). [7] Bei den Lieferungen von Strom, Wärme und Wasser durch den Campingplatzunternehmer ist entsprechend den Regelungen in Abschnitt 4.12.1 Abs. 5 und 6 zu verfahren.

(4) [1] Leistungen, die nicht durch die Überlassung von üblichen Gemeinschaftseinrichtungen erbracht werden, sind nicht als Nebenleistungen anzusehen. [2] Es handelt sich hier in der Regel um Leistungen, die darin bestehen, dass den Benutzern der Campingplätze besondere Sportgeräte, Sportanlagen usw. zur Verfügung gestellt werden wie z. B. Segelboote, Wasserski, Reitpferde, Tennisplätze, Minigolfplätze, Hallenbäder, Saunabäder. [3] Derartige Leistungen sind umsatzsteuerrechtlich gesondert zu beurteilen. [4] Die Überlassung von Sportgeräten fällt nicht unter die Steuerbefreiung nach § 4 Nr. 12 Satz 1 Buchstabe a UStG. [5] Das Gleiche gilt für die Überlassung von Sportanlagen (BFH-Urteil vom 31.5.2001, V R 97/98, BStBl. II S. 658). [6] Wird für die bezeichneten Leistungen und für die Vermietung der Campingfläche ein Gesamtentgelt berechnet, ist dieses Entgelt im Schätzungswege aufzuteilen.

4.12.4 Abbau- und Ablagerungsverträge

[1] Verträge, durch die der Grundstückseigentümer einem anderen gestattet, die im Grundstück vorhandenen Bodenschätze, z. B. Sand, Kies, Kalk, Torf, abzubauen, sind unter den in Abschnitt 4.12.1 Abs. 1 genannten Voraussetzungen in der Regel als Pachtverträge anzusehen und von der Umsatzsteuer befreit (vgl. BFH-Urteil vom 28.6.1973, V R 7/72, BStBl. II S. 717). [2] Verträge über die entgeltliche Überlassung von Grundstücken zur Ablage-

rung von Abfällen – z. B. Überlassung eines Steinbruchs zur Auffüllung mit Klärschlamm – sind unter den in Abschnitt 4.12.1 Abs. 1 genannten Voraussetzungen in der Regel als Mietverträge anzusehen und von der Umsatzsteuer befreit. [3]Dies gilt auch dann, wenn sich das Entgelt nicht nach der Nutzungsdauer, sondern nach der Menge der abgelagerten Abfälle bemisst.

4.12.5 Gemischte Verträge

(1) [1]Ein gemischter Vertrag liegt vor, wenn die Leistungsvereinbarung sowohl Elemente einer Grundstücksüberlassung als auch anderer Leistungen umfasst. [2]Bei einem solchen Vertrag ist nach den allgemeinen Grundsätzen des Abschnitts 3.10 Absätze 1 bis 4 zunächst zu prüfen, ob es sich um eine einheitliche Leistung oder um mehrere selbständige Leistungen handelt. [3]Liegen mehrere selbständige Leistungen vor, ist zu prüfen, ob diese nach den Grundsätzen von Haupt- und Nebenleistung (vgl. Abschnitt 3.10 Abs. 5) einheitlich zu beurteilen sind.

(2) [1]Liegt nach Absatz 1 eine einheitlich zu beurteilende Leistung vor, ist für die Steuerbefreiung nach § 4 Nr. 12 Satz 1 Buchstabe a UStG entscheidend, ob das Vermietungselement der Leistung ihr Gepräge gibt (vgl. BFH-Urteile vom 31.5.2001, V R 97/98, BStBl. II S. 658, und vom 24.1.2008, V R 12/05, BStBl. 2009 II S. 60). [2]In diesem Fall ist die Leistung insgesamt steuerfrei. [3]Eine Aufteilung des Entgelts in einen auf das Element der Grundstücksüberlassung und einen auf den Leistungsteil anderer Art entfallenden Teil ist nicht zulässig. [4]Dies kann z. B. die Vermietung von Standflächen bei Kirmesveranstaltungen oder auf Wochenmärkten betreffen, wenn die Überlassung der Standplätze als wesentliches Leistungselement prägend ist und darüber hinaus erbrachte Leistungen als Nebenleistungen anzusehen sind. [5]Zur Abgrenzung gegenüber insgesamt steuerpflichtigen Leistungen vgl. Abschnitt 4.12.6 Abs. 2.

4.12.6 Verträge besonderer Art[1)]

(1) [1]Ein Vertrag besonderer Art liegt vor, wenn die Gebrauchsüberlassung des Grundstücks gegenüber anderen wesentlicheren Leistungen zurücktritt und das Vertragsverhältnis ein einheitliches, unteilbares Ganzes darstellt (vgl. BFH-Urteile vom 19.12.1952, V 4/51 U, BStBl. 1953 III S. 98, und vom 31.5.2001, V R 97/98, BStBl. II S. 658). [2]Bei einem Vertrag besonderer Art kommt die Steuerbefreiung nach § 4 Nr. 12 UStG weder für die gesamte Leistung noch für einen Teil der Leistung in Betracht.

(2) Verträge besonderer Art liegen z. B. in folgenden Fällen vor:

1. Der Veranstalter einer Ausstellung überlässt den Ausstellern unter besonderen Auflagen Freiflächen in Hallen zur Schaustellung gewerblicher Erzeugnisse.

[1)] Zur USt-Freiheit der langfristigen Vermietung einer Turnhalle samt Betriebsvorrichtungen ohne weitere Leistungen siehe BFH v. 17.12.2008 XI R 23/08, BStBl. II 2010, 208.

2., 3. *(aufgehoben)*

4. Ein Hausbesitzer überlässt Prostituierten Zimmer und erbringt zusätzliche Leistungselemente, die die Ausübung des Gewerbes der Bewohnerinnen fördern und die der Gesamtleistung das Gepräge geben (vgl. BFH-Urteil vom 17.12.2014, XI R 16/11, BStBl. 2015 II S. 427).

5. Ein Unternehmer übernimmt neben der Raumüberlassung die Lagerung und Aufbewahrung von Gütern – Lagergeschäft §§ 467 ff. HGB – (vgl. BFH-Urteil vom 14.11.1968, V 191/65, BStBl. 1969 II S. 120).

6. Ein Hausbesitzer überlässt die Außenwandflächen oder Dachflächen des Gebäudes zu Reklamezwecken (vgl. BFH-Urteil vom 23.10.1957, V 153/55 U, BStBl. III S. 457).

7. Eine Gemeinde gestattet einem Unternehmer, auf öffentlichen Wegen und Plätzen Anschlagtafeln zu errichten und auf diesen Wirtschaftswerbung zu betreiben (BFH-Urteil vom 31.7.1962, I 283/61 U, BStBl. III S. 476).

8. Ein Unternehmer gestattet die Benutzung eines Sportplatzes oder eines Schwimmbads (Sportanlage) gegen Eintrittsgeld (vgl. BFH-Urteil vom 31.5.2001, V R 97/98, BStBl. II S. 658).

9. Ein Golfclub stellt vereinsfremden Spielern seine Anlage gegen Entgelt (sog. Greenfee) zur Verfügung (vgl. BFH-Urteil vom 9.4.1987, V R 150/78, BStBl. II S. 659).

10. Vereinen oder Schulen werden einzelne Schwimmbahnen zur Verfügung gestellt (vgl. BFH-Urteile vom 10.2.1994, V R 33/92, BStBl. II S. 668, und vom 31.5.2001, V R 97/98, BStBl. II S. 658).

11. Zwischen denselben Beteiligten werden ein Tankstellenvertrag – Tankstellenagenturvertrag – und ein Tankstellenmietvertrag – Vertrag über die Nutzung der Tankstelle – abgeschlossen, die beide eine Einheit bilden, wobei die Bestimmungen des Tankstellenvertrags eine beherrschende und die des Mietvertrags eine untergeordnete Rolle spielen (BFH-Urteile vom 5.2.1959, V 138/57 U, BStBl. III S. 223, und vom 21.4.1966, V 200/63, BStBl. III S. 415).

12. [1] Betreiber eines Alten- oder Pflegeheims erbringen gegenüber pflegebedürftigen Heiminsassen umfassende medizinische und pflegerische Betreuung und Versorgung. [2] Die nach § 4 Nr. 12 Satz 1 Buchstabe a UStG steuerfreie Vermietung von Grundstücken tritt hinter diese Leistungen zurück (vgl. BFH-Urteil vom 21.4.1993, XI R 55/90, BStBl. 1994 II S. 266). [3] Für die Leistungen der Alten- oder Pflegeheimbetreiber kann die Steuerbefreiung nach § 4 Nr. 16 Satz 1 Buchstabe c, d oder l UStG in Betracht kommen.

13. Schützen wird gestattet, eine überdachte Schießanlage zur Ausübung des Schießsports gegen ein Eintrittsgeld und ein nach Art und Anzahl der abgegebenen Schüsse bemessenes Entgelt zu nutzen (vgl. BFH-Urteile vom *24.6.1993*, *V R 69/92*, BStBl. 1994 II S. 52, und vom 31.5.2001, V R 97/98, BStBl. II S. 658).

14. Ein Gastwirt räumt das Recht zum Aufstellen eines Zigarettenautomaten in seiner Gastwirtschaft ein (vgl. EuGH-Urteil vom 12.6.2003, C-275/01, Sinclair Collins).[1)]
15. Der Eigentümer einer Wasserfläche räumt ein Fischereirecht ein, ohne die Grundstücksfläche unter Ausschluss anderer zu überlassen (vgl. EuGH-Urteil vom 6.12.2007, C-451/06, Walderdorff).[2)]
16. [1]Eine Einrichtung stellt ihren Bewohnern aufgrund eines Wohn- und Betreuungsvertrags, der unter das Wohn- und Betreuungsvertragsgesetz (WBVG)[3)] fällt, Wohnraum, Pflege- und Betreuungsleistungen und ggf. Verpflegung als Teil der Betreuungsleistung zur Verfügung. [2]Die nach § 4 Nr. 12 Satz 1 Buchstabe a UStG steuerfreie Vermietung von Grundstücken tritt hinter diese Leistungen zurück. [3]Für die Umsätze aus diesen Wohn- und Betreuungsverträgen kommt insgesamt die Steuerbefreiung nach § 4 Nr. 16 Satz 1 Buchstabe h UStG in Betracht.

4.12.7 Kaufanwartschaftsverhältnisse

[1]Nach § 4 Nr. 12 Satz 1 Buchstabe b UStG ist die Überlassung von Grundstücken und Grundstücksteilen zur Nutzung auf Grund von Kaufanwartschaftsverhältnissen steuerfrei. [2]Der hierbei zu Grunde liegende Kaufanwartschaftsvertrag und der gleichzeitig abgeschlossene Nutzungsvertrag sehen in der Regel vor, dass dem Kaufanwärter das Grundstück bis zur Auflassung zur Nutzung überlassen wird. [3]Vielfach liegt zwischen der Auflassung und der Eintragung des neuen Eigentümers in das Grundbuch eine längere Zeitspanne, in der das bestehende Nutzungsverhältnis zwischen den Beteiligten auch nach der Auflassung fortgesetzt wird und in der der Kaufanwärter bis zur Eintragung in das Grundbuch die im Nutzungsvertrag vereinbarte Nutzungsgebühr weiter zahlt. [4]In diesen Fällen ist davon auszugehen, dass die Nutzungsgebühren auch in der Zeit zwischen Auflassung und Grundbucheintragung auf Grund des – stillschweigend verlängerten – Nutzungsvertrags entrichtet werden und damit nach § 4 Nr. 12 Satz 1 Buchstabe b UStG steuerfrei sind.

4.12.8 Dingliche Nutzungsrechte

(1) [1]Unter die Steuerbefreiung nach § 4 Nr. 12 Satz 1 Buchstabe c UStG fallen insbesondere der Nießbrauch (§ 1030 BGB), die Grunddienstbarkeit (§ 1018 BGB), die beschränkte persönliche Dienstbarkeit (§ 1090 BGB) sowie das Dauerwohnrecht und das Dauernutzungsrecht (§ 31 WoEigG),[4)] wenn die Bestellung solcher dinglicher Nutzungsrechte vom Begriff der Vermietung und Verpachtung nach Abschnitt 4.12.1 umfasst wird. [2]Danach ist z. B. die entgeltliche Bestellung eines unwiderruflich eingeräumten dinglichen Nutzungsrechts zur Durchführung von Ausgleichsmaßnahmen nach den Naturschutzgesetzen nicht nach § 4 Nr. 12 UStG befreit (vgl. BFH-Urteile

---

1) DStRE 2003, 874.

2) IStR 2008, 110.

3) WBVG v. 29.7.2009, BGBl. I 2009, 2319, zuletzt geänd. durch G v. 30.11.2019, BGBl. I 2019, 1948 (**Habersack Ergänzungsband** Nr. **30a**).

4) **Habersack** Nr. **37**.

vom 8.11.2012, V R 15/12, BStBl. 2013 II S. 455, und vom 28.5.2013, XI R 32/11, BStBl. 2014 II S. 411). [3]Es fallen nur jene dinglichen Nutzungsrechte unter die Steuerbefreiung, die – wie z.B. die Einräumung des Wegerechts – dem Inhaber ein Nutzungsrecht an dem Grundstück geben (vgl. BFH-Urteil vom 24.2.2005, V R 45/02, BStBl. 2007 II S. 61).

(2) [1]Bei der Überlassung von Grundstücksteilen zur Errichtung von Strommasten für eine Überlandleitung, der Einräumung des Rechts zur Überspannung der Grundstücke und der Bewilligung einer beschränkten persönlichen Dienstbarkeit zur dinglichen Sicherung dieser Rechte handelt es sich um eine einheitliche sonstige Leistung, die nach § 1 Abs. 1 Nr. 1 UStG steuerbar und nach § 4 Nr. 12 Satz 1 Buchstabe a UStG steuerfrei ist. [2]Der Bewilligung der Grunddienstbarkeit kommt neben der Vermietung und Verpachtung der Grundstücke in diesem Fall kein eigenständiger umsatzsteuerlicher Gehalt zu, da sie nur der Absicherung der Rechte aus dem Miet- bzw. Pachtvertrag dient. [3]Die vorstehenden Grundsätze gelten z.B. auch bei der Überlassung von Grundstücken zum Verlegen von Erdleitungen (z.B. Erdgas- oder Elektrizitätsleitungen) oder bei der Überlassung von Grundstücken für Autobahn- oder Eisenbahntrassen (vgl. BFH-Urteil vom 11.11.2004, V R 30/04, BStBl. 2005 II S. 802).

4.12.9 Beherbergungsumsätze

(1) [1]Die nach § 4 Nr. 12 Satz 2 UStG steuerpflichtige Vermietung von Wohn- und Schlafräumen, die ein Unternehmer zur kurzfristigen Beherbergung von Fremden bereithält, setzt kein gaststättenähnliches Verhältnis voraus. [2]Entscheidend ist vielmehr die Absicht des Unternehmers, die Räume nicht auf Dauer und damit nicht für einen dauernden Aufenthalt im Sinne der §§ 8 und 9 AO zur Verfügung zu stellen (BFH-Beschluss vom 18.1.1973, V B 47/72, BStBl. II S. 426). [3]Die halbstündige oder stundenweise Überlassung von Zimmern in einem „Stundenhotel" ist keine Beherbergung im Sinne von § 4 Nr. 12 Satz 2 UStG und daher steuerfrei (vgl. BFH-Urteil vom 24.9.2015, V R 30/14, BStBl. 2017 II S. 132).

(2) [1]Hat ein Unternehmer den einen Teil der in einem Gebäude befindlichen Räume längerfristig, den anderen Teil nur kurzfristig vermietet, ist die Vermietung nur insoweit steuerfrei, als er die Räume eindeutig und leicht nachprüfbar zur nicht nur vorübergehenden Beherbergung von Fremden bereitgehalten hat (vgl. BFH-Urteil vom 9.12.1993, V R 38/91, BStBl. 1994 II S. 585). [2]Bietet der Unternehmer dieselben Räume wahlweise zur langoder kurzfristigen Beherbergung von Fremden an, sind sämtliche Umsätze steuerpflichtig (vgl. BFH-Urteil vom 20.4.1988, X R 5/82, BStBl. II S. 795). [3]Steuerpflichtig ist auch die Überlassung von Räumen einer Pension an Saison-Arbeitnehmer (Kost und Logis), wenn diese Räume wahlweise zur kurzfristigen Beherbergung von Gästen oder des Saison-Personals bereitgehalten werden (BFH-Urteil vom 13.9.1988, V R 46/83, BStBl. II S. 1021). [4]Zur Anwendung des ermäßigten Steuersatzes auf Umsätze aus der kurzfristigen Vermietung von Wohn- und Schlafräumen siehe Abschnitt 12.16.

4.12.10 Vermietung und Verpachtung von Betriebsvorrichtungen[1)]

[1]Die Vermietung und Verpachtung von Betriebsvorrichtungen ist selbst dann nach § 4 Nr. 12 Satz 2 UStG steuerpflichtig, wenn diese wesentliche Bestandteile des Grundstücks sind (vgl. BFH-Urteil vom 28.5.1998, V R 19/96, BStBl. 2010 II S. 307). [2]Der Begriff der „Maschinen und sonstigen Vorrichtungen aller Art, die zu einer Betriebsanlage gehören (Betriebsvorrichtungen)", ist in § 4 Nr. 12 Satz 2 UStG in gleicher Weise auszulegen wie für das Bewertungsrecht (BFH-Urteil vom 16.10.1980, V R 51/76, BStBl. 1981 II S. 228). [3]Im Bewertungsrecht sind die Betriebsvorrichtungen von den Gebäuden, den einzelnen Teilen eines Gebäudes und den Außenanlagen des Grundstücks, z. B. Umzäunungen, Bodenbefestigungen, abzugrenzen. [4]Liegen dabei alle Merkmale des Gebäudebegriffs vor, kann das Bauwerk keine Betriebsvorrichtung sein (BFH-Urteil vom 15.6.2005, II R 67/04, BStBl. II S. 688). [5]Ein Bauwerk ist als Gebäude anzusehen, wenn es Menschen, Tieren oder Sachen durch räumliche Umschließung Schutz gegen Witterungseinflüsse gewährt, den Aufenthalt von Menschen gestattet, fest mit dem Grund und Boden verbunden, von einiger Beständigkeit und ausreichend standfest ist (BFH-Urteil vom 28.5.2003, II R 41/01, BStBl. II S. 693). [6]Zu den Betriebsvorrichtungen gehören hiernach neben Maschinen und maschinenähnlichen Anlagen alle Anlagen, die – ohne Gebäude, Teil eines Gebäudes oder Außenanlage eines Gebäudes zu sein – in besonderer und unmittelbarer Beziehung zu dem auf dem Grundstück ausgeübten Gewerbebetrieb stehen, d. h. Anlagen, durch die das Gewerbe unmittelbar betrieben wird (BFH-Urteil vom 11.12.1991, II R 14/89, BStBl. 1992 II S. 278). [7]Die Überlassung eines landwirtschaftlichen Betriebs mit aus Rebflächen bestehenden landwirtschaftlichen Grundflächen kann nicht als Vermietung und Verpachtung von Vorrichtungen oder Maschinen eingestuft werden (vgl. EuGH-Urteil vom 28.2.2019, C-278/18, Sequeira Mesquita).[2)] [8]Wegen der Einzelheiten zum Begriff der Betriebsvorrichtungen und zur Abgrenzung zum Gebäudebegriff wird auf den gleich lautenden Ländererlass vom 5.6.2013, BStBl. I S. 734, hingewiesen.[3)]

4.12.11 Nutzungsüberlassung von Sportanlagen und anderen Anlagen[4)]

(1) [1]Die Überlassung von Sportanlagen durch den Sportanlagenbetreiber an Endverbraucher ist eine einheitliche steuerpflichtige Leistung (vgl. BFH-Urteil vom 31.5.2001, V R 97/98, BStBl. II S. 658, siehe auch Abschnitt 3.10). [2]Dies gilt auch für die Überlassung anderer Anlagen an Endverbraucher. [3]Die Absätze 2 bis 4 sind insoweit nicht anzuwenden.

---

1) Siehe hierzu auch BFH v. 26.5.2021 V R 22/20, DStR 2021, 2010, zur Vorlage an den EuGH (Rs. C-516/21).

2) MwStR 2019, 212.

3) Sog. Abgrenzungserlass (**Steuererlasse** Nr. **200** § 68/1).

4) Zur entgeltlichen Überlassung eines Fußballstadions siehe EuGH v. 22.1.2015 C-55/14, Stade Luc Varenne, MwStR 2015, 172.

(2) [1]Überlässt ein Unternehmer eine gesamte Sportanlage einem anderen Unternehmer als Betreiber zur Überlassung an Dritte (sog. Zwischenvermietung), ist die Nutzungsüberlassung an diesen Betreiber in eine steuerfreie Grundstücksüberlassung und eine steuerpflichtige Vermietung von Betriebsvorrichtungen aufzuteilen (vgl. BFH-Urteil vom 11.3.2009, XI R 71/07, BStBl. 2010 II S. 209). [2]Nach den Vorschriften des Bewertungsrechts und damit auch nach § 4 Nr. 12 UStG (vgl. Abschnitt 4.12.10) sind bei den nachstehend aufgeführten Sportanlagen insbesondere folgende Einrichtungen als Grundstücksteile bzw. Betriebsvorrichtungen anzusehen:

1. Sportplätze und Sportstadien
   a) Grundstücksteile:
   Überdachungen von Zuschauerflächen, wenn sie nach der Verkehrsauffassung einen Raum umschließen und dadurch gegen Witterungseinflüsse Schutz gewähren, allgemeine Beleuchtungsanlagen, Einfriedungen, allgemeine Wege- und Platzbefestigungen, Kassenhäuschen – soweit nicht transportabel –, Kioske, Umkleideräume, Duschen im Gebäude, Toiletten, Saunen, Unterrichts- und Ausbildungsräume, Übernachtungsräume für Trainingsmannschaften.
   b) Betriebsvorrichtungen:
   besonders hergerichtete Spielfelder – Spielfeldbefestigung, Drainage, Rasen, Rasenheizung –, Laufbahnen, Sprunggruben, Zuschauerwälle, Zuschauertribünen – soweit nicht Grundstücksteil nach Buchstabe a –, spezielle Beleuchtungsanlagen, z. B. Flutlicht, Abgrenzungszäune und Sperrgitter zwischen Spielfeld und Zuschaueranlagen, Anzeigetafeln, Schwimm- und Massagebecken, Küchen- und Ausschankeinrichtungen.
2. Schwimmbäder (Frei- und Hallenbäder)
   a) Grundstücksteile:
   Überdachungen von Zuschauerflächen unter den unter Nummer 1 Buchstabe a bezeichneten Voraussetzungen, Kassenhäuschen – soweit nicht transportabel –, Kioske, allgemeine Wege- und Platzbefestigungen, Duschräume, Toiletten, technische Räume, allgemeine Beleuchtungsanlagen, Emporen, Galerien.
   b) Betriebsvorrichtungen:
   Schwimmbecken, Sprunganlagen, Duschen im Freien und im Gebäude, Rasen von Liegewiesen, Kinderspielanlagen, Umkleidekabinen, Zuschauertribünen – soweit nicht Grundstücksteil nach Nummer 1 Buchstabe a –, technische Ein- und Vorrichtungen, Einrichtungen der Saunen, der Solarien und der Wannenbäder, spezielle Beleuchtungsanlagen, Bestuhlung der Emporen und Galerien.
3. Tennisplätze und Tennishallen
   a) Grundstücksteile:
   Überdachungen von Zuschauerflächen unter den unter Nummer 1 Buchstabe a bezeichneten Voraussetzungen, Open-Air-Hallen, allgemeine Beleuchtungsanlagen, Duschen, Umkleideräume, Toiletten.

b) Betriebsvorrichtungen:
besonders hergerichtete Spielfelder – Spielfeldbefestigung mit Unterbau bei Freiplätzen, spezielle Oberböden bei Hallenplätzen –, Drainage, Bewässerungsanlagen der Spielfelder, Netz mit Haltevorrichtungen, Schiedsrichterstühle, freistehende Übungswände, Zuschauertribünen – soweit nicht Grundstücksteil nach Nummer 1 Buchstabe a –, Einfriedungen der Spielplätze, Zuschauerabsperrungen, Brüstungen, Traglufthallen, spezielle Beleuchtungsanlagen, Ballfangnetze, Ballfanggardinen, zusätzliche Platzbeheizung in Hallen.

4. Schießstände

a) Grundstücksteile:
allgemeine Einfriedungen.

b) Betriebsvorrichtungen:
Anzeigevorrichtungen, Zielscheibenanlagen, Schutzvorrichtungen, Einfriedungen als Sicherheitsmaßnahmen.

5. Kegelbahnen

a) Grundstücksteile:
allgemeine Beleuchtungsanlagen.

b) Betriebsvorrichtungen:
Bahnen, Kugelfangeinrichtungen, Kugelrücklaufeinrichtungen, automatische Kegelaufstelleinrichtungen, automatische Anzeigeeinrichtungen, spezielle Beleuchtungsanlagen, Schallisolierungen.

6. Squashhallen

a) Grundstücksteile:
Zuschauertribünen, allgemeine Beleuchtungsanlagen, Umkleideräume, Duschräume, Toiletten.

b) Betriebsvorrichtungen:
Trennwände zur Aufteilung in Boxen – soweit nicht tragende Wände –, besondere Herrichtung der Spielwände, Ballfangnetze, Schwingböden, Bestuhlung der Zuschauertribünen, spezielle Beleuchtungsanlagen.

7. Reithallen

a) Grundstücksteile:
Stallungen – einschließlich Boxenaufteilungen und Futterraufen –, Futterböden, Nebenräume, allgemeine Beleuchtungsanlagen, Galerien, Emporen.

b) *Betriebsvorrichtungen:*
spezieller Reithallenboden, Befeuchtungseinrichtungen für den Reithallenboden, Bande an den Außenwänden, spezielle Beleuchtungsanlagen, Tribünen – soweit nicht Grundstücksteil nach Nummer 1 Buchstabe a –, Richterstände, Pferdesolarium, Pferdewaschanlage, Schmiede – technische Einrichtungen –, Futtersilos, automatische Pferdebewegungsanlage, sonstiges Zubehör wie Hindernisse, Spiegel, Geräte zur Aufarbeitung des Bodens, Markierungen.

8. Turn-, Sport- und Festhallen, Mehrzweckhallen
   a) Grundstücksteile:
      Galerien, Emporen, Schwingböden in Mehrzweckhallen, allgemeine Beleuchtungsanlagen, Duschen, Umkleidekabinen und -räume, Toiletten, Saunen, bewegliche Trennwände.
   b) Betriebsvorrichtungen:
      Zuschauertribünen – soweit nicht Grundstücksteil nach Nummer 1 Buchstabe a –, Schwingböden in reinen Turn- und Sporthallen, Turngeräte, Bestuhlung der Tribünen, Galerien und Emporen, spezielle Beleuchtungsanlagen, Kücheneinrichtungen, Ausschankeinrichtungen, Bühneneinrichtungen, Kühlsystem bei Nutzung für Eissportzwecke.
9. Eissportstadien, -hallen, -zentren
   a) Grundstücksteile:
      Unterböden von Eislaufflächen, Eisschnellaufbahnen und Eisschießbahnen, Unterböden der Umgangszonen und des Anschnallbereichs, allgemeine Beleuchtungsanlagen, Klimaanlagen im Hallenbereich, Duschräume, Toiletten, Umkleideräume, Regieraum, Werkstatt, Massageräume, Sanitätsraum, Duschen, Heizungs- und Warmwasserversorgungsanlagen, Umschließungen von Trafostationen und Notstromversorgungsanlagen – wenn nicht Betriebsvorrichtung nach Buchstabe b –, Überdachungen von Zuschauerflächen unter den unter Nummer 1 Buchstabe a bezeichneten Voraussetzungen, Emporen und Galerien, Kassenhäuschen – soweit nicht transportabel –, Kioske, allgemeine Wege- und Platzbefestigungen, Einfriedungen, Ver- und Entsorgungsleitungen.
   b) Betriebsvorrichtungen:
      Oberböden von Eislaufflächen, Eisschnellaufbahnen und Eisschießbahnen, Schneegruben, Kälteerzeuger, Schlittschuh schonender Bodenbelag, Oberbodenbelag des Anschnallbereichs, spezielle Beleuchtungsanlagen, Lautsprecheranlagen, Spielanzeige, Uhren, Anzeigetafeln, Abgrenzungen, Sicherheitseinrichtungen, Sperrgitter zwischen Spielfeld und Zuschauerbereich, Massagebecken, Transformatorenhäuser oder ähnliche kleine Bauwerke, die Betriebsvorrichtungen enthalten und nicht mehr als 30 qm Grundfläche haben, Trafo und Schalteinrichtungen, Notstromaggregat, Zuschauertribünen – soweit nicht Grundstücksteil nach Nummer 1 Buchstabe a –, Bestuhlung der Zuschauertribünen, der Emporen und Galerien, Küchen- und Ausschankeinrichtungen.
10. Golfplätze
    a) Grundstücksteile:
       Einfriedungen, soweit sie nicht unmittelbar als Schutzvorrichtungen dienen, allgemeine Wege- und Platzbefestigungen, Kassenhäuschen – soweit nicht transportabel –, Kioske, Klubräume, Wirtschaftsräume, *Büros, Aufenthaltsräume*, Umkleideräume, Duschräume, Toiletten, Verkaufsräume, Caddy-Räume, Lager- und Werkstatträume.

b) Betriebsvorrichtungen:
besonders hergerichtete Abschläge, Spielbahnen, roughs und greens (Spielbefestigung, Drainage, Rasen), Spielbahnhindernisse, Übungsflächen, Einfriedungen, soweit sie unmittelbar als Schutzvorrichtungen dienen, Abgrenzungseinrichtungen zwischen Spielbahnen und Zuschauern, Anzeige- und Markierungseinrichtungen oder -gegenstände, Unterstehhäuschen, Küchen- und Ausschankeinrichtungen, Bewässerungsanlagen – einschließlich Brunnen und Pumpen – und Drainagen, wenn sie ausschließlich der Unterhaltung der für das Golfspiel notwendigen Rasenflächen dienen.

(3) [1] Für die Aufteilung bei der Überlassung einer gesamten Sportanlage an einen anderen Unternehmer als Betreiber zur Überlassung an Dritte (sog. Zwischenvermietung) in den steuerfreien Teil für die Vermietung des Grundstücks (Grund und Boden, Gebäude, Gebäudeteile, Außenanlagen) sowie in den steuerpflichtigen Teil für die Vermietung der Betriebsvorrichtungen sind die jeweiligen Verhältnisse des Einzelfalles maßgebend. [2] Bei der Aufteilung ist im Regelfall von dem Verhältnis der Herstellungs- bzw. Anschaffungskosten der Grundstücke zu denen der Betriebsvorrichtungen auszugehen. [3] Zu berücksichtigen sind hierbei die Nutzungsdauer und die kalkulatorischen Zinsen auf das eingesetzte Kapital. [4] Die Aufteilung ist erforderlichenfalls im Schätzungswege vorzunehmen. [5] Der Vermieter kann das Aufteilungsverhältnis aus Vereinfachungsgründen für die gesamte Vermietungsdauer beibehalten und – soweit eine wirtschaftliche Zuordnung nicht möglich ist – auch der Aufteilung der Vorsteuern zu Grunde legen.

Beispiel:

[1] Ein Unternehmer überlässt ein Hallenbad einem anderen Unternehmer als Betreiber, der die gesamte Sportanlage zur Überlassung an Dritte für einen Zeitraum von 10 Jahren nutzt. [2] Die Herstellungs- bzw. Anschaffungskosten des Hallenbads haben betragen:

Grund und Boden	1 Mio. €
Gebäude	2 Mio. €
Betriebsvorrichtungen	3 Mio. €
insgesamt	6 Mio. €

[3] Bei den Gebäuden wird von einer Nutzungsdauer von 50 Jahren und einer AfA von 2 %, bei den Betriebsvorrichtungen von einer Nutzungsdauer von 20 Jahren und einer AfA von 5 % ausgegangen. [4] Die kalkulatorischen Zinsen werden mit 6 % angesetzt. [5] Es ergibt sich:

	AfA	Zinsen	Gesamt
Grund und Boden	–	60 000	60 000
Gebäude	40 000	120 000	160 000
insgesamt	40 000	180 000	220 000
Betriebsvorrichtungen	150 000	180 000	330 000

[6] Die Gesamtsumme von AfA und Zinsen beträgt danach 550 000 €. [7] Davon entfallen auf den Grund und Boden sowie auf die Gebäude 220 000 € (2/5) und auf die Betriebsvorrichtungen 330 000 € (3/5).
[8] Die Umsätze aus der Überlassung des Hallenbads sind zu zwei Fünfteln nach § 4 Nr. 12 Satz 1 Buchstabe a UStG steuerfrei und zu drei Fünfteln steuerpflichtig.

(4) [1] Bei der Nutzungsüberlassung anderer Anlagen mit vorhandenen Betriebsvorrichtungen beurteilt sich die Leistung aus der Sicht eines Durch-

schnittsverbrauchers unter Berücksichtigung der vorgesehenen Art der Nutzung, wie sie sich aus Unterlagen des leistenden Unternehmers ergibt (z.B. aus dem Mietvertrag), und hilfsweise aus der Ausstattung der überlassenen Räumlichkeiten. [2] Dies gilt beispielsweise bei der Nutzungsüberlassung von Veranstaltungsräumen an einen Veranstalter für Konzerte, Theateraufführungen, Hochzeiten, Bürger- und Vereinsversammlungen und sonstige Veranstaltungen (vgl. BMF-Schreiben vom 17.4.2003, BStBl. I S. 279). [3] Hierbei ist von folgenden Grundsätzen auszugehen:

1. [1] Umfasst die Nutzungsüberlassung von Räumen auch die Nutzung vorhandener Betriebsvorrichtungen, auf die es einem Veranstalter bei der vorgesehenen Art der Nutzung nicht ankommt, weil er in erster Linie die Räumlichkeiten als solche nutzen will, ist die Leistung als steuerfreie Grundstücksüberlassung anzusehen. [2] Die Überlassung der vorhandenen Betriebsvorrichtungen bleibt dann umsatzsteuerrechtlich unberücksichtigt. [3] Die Umsatzsteuerbefreiung der Grundstücksüberlassung umfasst auch die mit der Grundstücksüberlassung in unmittelbarem wirtschaftlichem Zusammenhang stehenden üblichen Nebenleistungen. [4] Zusatzleistungen mit aus Sicht eines Durchschnittsverbrauchers eigenständigem wirtschaftlichem Gewicht sind als weitere Hauptleistungen umsatzsteuerrechtlich separat zu beurteilen.

Beispiel:

[1] Ein Anlagenbetreiber überlässt seine Veranstaltungshalle einschließlich der vorhandenen Betriebsvorrichtungen zur Durchführung einer schriftlichen Leistungsprüfung einer Schulungseinrichtung. [2] Der Schulungseinrichtung kommt es auf die Nutzung des Raumes und nicht auf die Nutzung der Betriebsvorrichtungen an.

[3] Der Anlagenbetreiber erbringt an die Schulungseinrichtung eine steuerfreie Grundstücksüberlassung.

2. [1] Überlässt ein Anlagenbetreiber Veranstaltungsräume mit Betriebsvorrichtungen (z.B. vorhandener Bestuhlung, Bühne, speziellen Beleuchtungs- oder Lautsprecheranlagen und anderen Einrichtungen mit Betriebsvorrichtungscharakter), die für die vorgesehene Art der Nutzung regelmäßig benötigt werden, ist die Leistung des Anlagenbetreibers in aller Regel in eine steuerfreie Grundstücksvermietung und in eine steuerpflichtige Vermietung von Betriebsvorrichtungen aufzuteilen. [2] Eine andere Beurteilung ergibt sich lediglich in den Ausnahmefällen, in denen ein Durchschnittsverbraucher die Leistungselemente als eine einheitliche Leistung ansieht und die Grundstücksvermietung gegenüber anderen Leistungen derart in den Hintergrund tritt, dass die Raumüberlassung aus seiner Sicht – wie die Überlassung von Sportanlagen zur sportlichen Nutzung durch Endverbraucher – keinen leistungsbestimmenden Bestandteil mehr ausmacht. [3] In diesen Fällen liegt insgesamt eine umsatzsteuerpflichtige Leistung eigener Art vor.

Beispiel:

[1] Ein Betreiber überlässt seine Veranstaltungshalle an einen Veranstalter zur Durchführung einer Ausstellung. [2] Dem Veranstalter kommt es auch darauf an, vorhandene Betriebsvorrichtungen zu nutzen.

[3] Der Betreiber erbringt an den Veranstalter eine sonstige Leistung, die in eine steuerfreie Grundstücksvermietung und in eine steuerpflichtige Vermietung von Betriebsvorrichtun-

gen aufzuteilen ist. [4]Die Nutzungsüberlassung des Veranstalters an die Ausstellungsteilnehmer ist – soweit sie gegen Entgelt erbracht wird – nach den Grundsätzen des BFH-Urteils vom 31.5.2001, V R 97/98, BStBl. II S. 658, eine einheitliche steuerpflichtige Leistung (vgl. Abschnitte 3a.4 und 4.12.6 Abs. 2 Nr. 1).

Zu § 4 Nr. 13 UStG

4.13.1 Wohnungseigentümergemeinschaften

(1) [1]Das WoEigG[1)] unterscheidet zwischen dem Sondereigentum der einzelnen und dem gemeinschaftlichen Eigentum aller Wohnungs- und Teileigentümer (§ 1 WoEigG). [2]Gemeinschaftliches Eigentum sind das Grundstück sowie die Teile, Anlagen und Einrichtungen eines Gebäudes, die nicht im Sondereigentum eines Mitglieds der Gemeinschaft oder im Eigentum eines Dritten stehen. [3]Das gemeinschaftliche Eigentum wird in der Regel von der Gemeinschaft der Wohnungseigentümer verwaltet (§ 21 WoEigG).

(2) [1]Im Rahmen ihrer Verwaltungsaufgaben erbringen die Wohnungseigentümergemeinschaften neben nicht steuerbaren Gemeinschaftsleistungen, die den Gesamtbelangen aller Mitglieder dienen, auch steuerbare Sonderleistungen an einzelne Mitglieder. [2]Die Wohnungseigentümergemeinschaften erheben zur Deckung ihrer Kosten von ihren Mitgliedern (Wohnungs- und Teileigentümern) Umlagen, insbesondere für

- Lieferungen von Wärme (Heizung), Wasser und Strom;
- Waschküchen- und Waschmaschinenbenutzung;
- Verwaltungsgebühren (Entschädigung für den Verwalter der Gemeinschaft);
- Hausmeisterlohn;
- Instandhaltung und Instandsetzung des gemeinschaftlichen Eigentums;
- Flurbeleuchtung;
- Schornsteinreinigung;
- Feuer- und Haftpflichtversicherung;
- Müllabfuhr;
- Straßenreinigung;
- Entwässerung.

[3]Diese Umlagen sind das Entgelt für steuerbare Sonderleistungen der Wohnungseigentümergemeinschaften an ihre Mitglieder. [4]Hinsichtlich der verschiedenartigen Lieferungen und sonstigen Leistungen liegen jeweils selbständige Umsätze der Wohnungseigentümergemeinschaften an ihre Mitglieder vor, die nach § 4 Nr. 13 UStG steuerfrei sind. [5]Die Instandhaltung, Instandsetzung und Verwaltung des Sondereigentums der Mitglieder oder des Eigentums Dritter fallen nicht unter die Befreiungsvorschrift. [6]Zu den ähnlichen Gegenständen wie Wärme, deren Lieferung an die Mitglieder der Gemeinschaft steuerfrei ist, gehören nicht Kohlen, Koks, Heizöl und Gas.

[1)] Wohnungseigentumsgesetz – WEG – v. 12.1.2021, BGBl. I 2021, 34 (**Habersack** Nr. **37**).

Zu § 4 Nr. 14 UStG

4.14.1 Anwendungsbereich und Umfang der Steuerbefreiung

Anwendungsbereich

(1)[1] [1]Kriterium für die Abgrenzung der Anwendungsbereiche von § 4 Nr. 14 Buchstabe a und Buchstabe b UStG ist weniger die Art der Leistung als vielmehr der Ort ihrer Erbringung. [2]Während Leistungen nach § 4 Nr. 14 Buchstabe b UStG aus einer Gesamtheit von ärztlichen Heilbehandlungen in Einrichtungen mit sozialer Zweckbestimmung bestehen, ist § 4 Nr. 14 Buchstabe a UStG auf Leistungen anzuwenden, die außerhalb von Krankenhäusern oder ähnlichen Einrichtungen im Rahmen eines persönlichen Vertrauensverhältnisses zwischen Patienten und Behandelndem, z. B. in Praxisräumen des Behandelnden, in der Wohnung des Patienten oder an einem anderen Ort erbracht werden (vgl. EuGH-Urteil vom 6.11.2003, C-45/01, Dornier).[2]

(2) [1]Neben dem Kriterium der Heilbehandlung (vgl. Absatz 4) muss für die Anwendung der Steuerbefreiung des § 4 Nr. 14 Buchstabe a UStG auch eine entsprechende Befähigung des Unternehmers vorliegen. [2]Diese ergibt sich aus der Ausübung eines der in § 4 Nr. 14 Buchstabe a Satz 1 UStG bezeichneten Katalogberufe oder einer ähnlichen heilberuflichen Tätigkeit (vgl. Abschnitt 4.14.4 Abs. 6 und 7).

(3) [1]Krankenhausbehandlungen und ärztliche Heilbehandlungen nach § 4 Nr. 14 Buchstabe b UStG zeichnen sich dadurch aus, dass sie in Einrichtungen mit sozialer Zweckbestimmung, wie der des Schutzes der menschlichen Gesundheit, erbracht werden. [2]Krankenhausbehandlungen und ärztliche Heilbehandlungen umfassen in Anlehnung an die im Fünften Buch Sozialgesetzbuch (SGB V – Gesetzliche Krankenversicherung)[3] bzw. Elften Buch Sozialgesetzbuch (SGB XI – Soziale Pflegeversicherung)[3] und im Strafvollzugsgesetz (StVollzG)[4] definierten Leistungen u. a. Leistungen der Diagnostik, Befunderhebung, Vorsorge, Rehabilitation, Geburtshilfe und Hospizleistungen (vgl. Abschnitt 4.14.5 Abs. 1 ff.).

Umfang der Steuerbefreiung

(4) [1]Unter Beachtung der Rechtsprechung des Europäischen Gerichtshofs sind „ärztliche Heilbehandlungen" ebenso wie „Heilbehandlungen im Bereich der Humanmedizin" Tätigkeiten, die zum Zweck der Vorbeugung, Diagnose, Behandlung und, soweit möglich, der Heilung von Krankheiten oder Gesundheitsstörungen bei Menschen vorgenommen werden. [2]Die befreiten Leistungen müssen dem Schutz der Gesundheit des Betroffenen dienen (EuGH-

[1] Siehe aber BFH v. 18.12.2019 XI R 23/19, DStR 2020, 563, als Nachfolgeentscheidung zu EuGH v. 18.9.2019 C-700/17, DStR 2019, 1972.
[2] *DStR 2004, 99.*
[3] **Aichberger SGB** Nr. **5** bzw. Nr. **11.**
[4] **Habersack Ergänzungsband** Nr. **91.**

Urteile vom 14.9.2000, C-384/98, D.,[1] vom 20.11.2003, C-212/01, Unterpertinger,[1] und vom 20.11.2003, C-307/01, d'Ambrumenil und Dispute Resolution Services).[1] [3]Dies gilt unabhängig davon, um welche konkrete heilberufliche Leistung es sich handelt (Untersuchung, Attest, Gutachten usw.), für wen sie erbracht wird (Patient, Gericht, Sozialversicherung o. a.) und wer sie erbringt (freiberuflicher oder angestellter Arzt, Heilpraktiker, Physiotherapeut oder Unternehmer, der ähnliche heilberufliche Tätigkeiten ausübt, bzw. Krankenhäuser, Kliniken usw.). [4]Heilberufliche Leistungen sind daher nur steuerfrei, wenn bei der Tätigkeit ein therapeutisches Ziel im Vordergrund steht. [5]Nicht unter die Befreiung fallen Tätigkeiten, die nicht Teil eines konkreten, individuellen, der Diagnose, Behandlung, Vorbeugung und Heilung von Krankheiten oder Gesundheitsstörungen dienenden Leistungskonzeptes sind. [6]Neben (Zahn-)Ärzten und Psychotherapeuten dürfen lediglich Heilpraktiker als Angehörige der Heilberufe eigenverantwortlich körperliche oder seelische Leiden behandeln. [7]Das gilt auch für die auf das Gebiet der Physiotherapie beschränkten Heilpraktiker (vgl. BVerwG-Urteil vom 26.8.2009, 3 C 19.08, BVerwGE 134 S. 345). [8]Für Leistungen aus der Tätigkeit von Gesundheitsfachberufen kommt die Steuerbefreiung grundsätzlich nur in Betracht, wenn sie aufgrund ärztlicher Verordnung bzw. einer Verordnung eines Heilpraktikers oder im Rahmen einer Vorsorge- oder Rehabilitationsmaßnahme durchgeführt werden (vgl. BFH-Urteil vom 7.7.2005, V R 23/04, BStBl. II S. 904). [9]Behandlungen durch Angehörige von Gesundheitsfachberufen im Anschluss/Nachgang einer Verordnung eines Arztes oder Heilpraktikers sind grundsätzlich nicht als steuerfreie Heilbehandlung anzusehen, sofern für diese Anschlussbehandlungen keine neue Verordnung vorliegt.

(5) Danach sind z. B. folgende Tätigkeiten keine Heilbehandlungsleistungen:

1. die schriftstellerische oder wissenschaftliche Tätigkeit, auch soweit es sich dabei um Berichte in einer ärztlichen Fachzeitschrift handelt;
2. die Vortragstätigkeit, auch wenn der Vortrag vor Ärzten im Rahmen einer Fortbildung gehalten wird;
3. die Lehrtätigkeit;
4. die Lieferungen von Hilfsmitteln, z. B. Kontaktlinsen, Schuheinlagen;
5. die entgeltliche Nutzungsüberlassung von medizinischen Großgeräten;
6. die Erstellung von Alkohol-Gutachten, Zeugnissen oder Gutachten über das Sehvermögen, über Berufstauglichkeit, in Versicherungsangelegenheiten oder in Unterbringungssachen (vgl. z. B. BFH-Beschluss vom 31.7. 2007, V B 98/06, BStBl. 2008 II S. 35, und BFH-Urteil vom 8.10.2008, V R 32/07, BStBl. 2009 II S. 429), Einstellungsuntersuchungen, Untersuchungsleistungen wie z. B. Röntgenaufnahmen zur Erstellung eines umsatzsteuerpflichtigen Gutachtens (vgl. hierzu auch BMF-Schreiben vom 8.11.2001, BStBl. I S. 826, BMF-Schreiben vom 4.5.2007, BStBl. I S. 481, und EuGH-Urteil vom 20.11.2003, C-307/01, d'Ambrumenil und Dispute Resolution Services);[2]

---

[1] IStR 2000, 594. – DStRE 2004, 44. – DStRE 2004, 47.
[2] DStRE 2004, 47.

6a. [1]Meldungen eines Arztes zur reinen Dokumentation von Patientendaten, wenn diese Meldungen keine Auswirkungen auf die Heilbehandlung eines bestimmten Patienten haben (vgl. BFH-Urteil vom 9.9.2015, XI R 31/13, n.v.). [2]Steuerfrei sind dagegen Meldungen, z.B. zur klinischen Krebsregistrierung nach § 65c Abs. 6 SGB V, bei denen nach der Auswertung der übermittelten Daten eine patientenindividuelle Rückmeldung an den Arzt erfolgt und hierdurch weitere im Einzelfall erforderliche Behandlungsmaßnahmen getroffen werden können. [3]Dies gilt auch für Meldungen zum Abschluss der Behandlung. [4]Als patientenindividuell ist auch eine pseudonymisierte Rückmeldung anzusehen, wenn der Arzt auf Grund des Inhalts und Bezugs der Rückmeldung eine konkrete Behandlungsentscheidung für den von der Rückmeldung individuell betroffenen Patienten vornehmen kann;

7. kosmetische Leistungen von Podologinnen/Podologen in der Fußpflege;

8.[1)] [1]ästhetisch-plastische Leistungen, soweit ein therapeutisches Ziel nicht im Vordergrund steht. [2]Indiz hierfür kann sein, dass die Kosten regelmäßig nicht durch Krankenversicherungen übernommen werden (vgl. BFH-Urteil vom 17.7.2004, V R 27/03, BStBl. II S. 862);

9. [1]Leistungen zur Prävention und Selbsthilfe im Sinne des § 20 SGB V, die keinen unmittelbaren Krankheitsbezug haben, weil sie lediglich „den allgemeinen Gesundheitszustand verbessern und insbesondere einen Beitrag zur Verminderung sozial bedingter Ungleichheiten von Gesundheitschancen erbringen" sollen – § 20 Abs. 1 Satz 2 SGB V – (vgl. BFH-Urteil vom 7.7.2005, V R 23/04, BStBl. II S. 904). [2]Etwas anderes gilt, wenn die entsprechenden Maßnahmen im Rahmen einer medizinischen Behandlung – auf Grund ärztlicher Anordnung oder mithilfe einer Vorsorge- oder Rehabilitationsmaßnahme – durchgeführt werden, z.B. auf Grund der von Betriebsärzten vorgenommenen und auf medizinischen Feststellungen der Betriebsärzte beruhenden Sammelüberweisung von Arbeitnehmern zur Teilnahme an Raucherentwöhnungsseminaren (vgl. BFH-Urteil vom 26.8.2014, XI R 19/12, BStBl. 2015 II S. 310);

10. Supervisionsleistungen (vgl. BFH-Urteil vom 30.6.2005, V R 1/02, BStBl. II S. 675);

11. die Durchführung einer Leichenschau, soweit es sich um die zweite Leichenschau oder weitere handelt sowie das spätere Ausstellen der Todesbescheinigung als Genehmigung zur Feuerbestattung;

12. die bloße Überlassung von Praxis- und Operationsräumen nebst Ausstattung sowie die Gestellung von Personal durch einen Arzt an andere Ärzte (vgl. BFH-Urteil vom 18.3.2015, XI R 15/11, BStBl. II S. 1058).

(5a) [1]Als ärztliche Verordnung gilt im Allgemeinen sowohl das Kassenrezept als auch das Privatrezept; bei Rezepten von Heilpraktikern handelt es sich durchweg um Privatrezepte. [2]Eine Behandlungsempfehlung durch einen Arzt

---

1) Zu medizinisch indizierten ästhetischen Operationen siehe EuGH v. 21.3.2013 C-91/12, PFC Clinic, DStR 2013, 757.

oder Heilpraktiker, z.B. bei Antritt des Aufenthalts in einem „Kur"-Hotel, gilt nicht als für die Steuerbefreiung ausreichende Verordnung.

(6) [1] Hilfsgeschäfte sind nicht nach § 4 Nr. 14 UStG steuerfrei. [2] Es kann jedoch die Steuerbefreiung nach § 4 Nr. 28 UStG in Betracht kommen (vgl. Abschnitt 4.28.1).

4.14.2 Tätigkeit als Arzt

(1) [1] Tätigkeit als Arzt im Sinne von § 4 Nr. 14 Buchstabe a UStG ist die Ausübung der Heilkunde unter der Berufsbezeichnung „Arzt" oder „Ärztin". [2] Zur Ausübung der Heilkunde gehören Maßnahmen, die der Feststellung, Heilung oder Linderung von Krankheiten, Leiden oder Körperschäden beim Menschen dienen. [3] Auch die Leistungen der vorbeugenden Gesundheitspflege (z.B. prophylaktische Impfungen und Vorsorgeuntersuchungen) gehören zur Ausübung der Heilkunde; dabei ist es unerheblich, ob die Leistungen gegenüber Einzelpersonen oder Personengruppen bewirkt werden. [4] Zum Umfang der Steuerbefreiung siehe Abschnitt 4.14.1.

(2) [1] Leistungen eines Arztes aus dem Betrieb eines Krankenhauses oder einer anderen Einrichtung im Sinne des § 4 Nr. 14 Buchstabe b UStG sind auch hinsichtlich der ärztlichen Leistung nur dann befreit, wenn die in § 4 Nr. 14 Buchstabe b UStG bezeichneten Voraussetzungen erfüllt sind (vgl. BFH-Urteil vom 18.3.2004, V R 53/00, BStBl. II S. 677).[1)] [2] Heilbehandlungsleistungen eines selbständigen Arztes, die in einem Krankenhaus erbracht werden (z.B. Belegarzt), sowie die selbständigen ärztlichen Leistungen eines im Krankenhaus angestellten Arztes (z.B. in der eigenen Praxis im Krankenhaus), sind demgegenüber nach § 4 Nr. 14 Buchstabe a UStG steuerfrei.

(3) [1] Die im Zusammenhang mit einem Schwangerschaftsabbruch nach § 218a StGB[2)] stehenden ärztlichen Leistungen stellen umsatzsteuerfreie Heilbehandlungsleistungen dar; dies gilt auch für die nach den §§ 218b, 219 StGB vorgesehene Sozialberatung durch einen Arzt. [2] Bei den sonstigen Leistungen eines Arztes im Zusammenhang mit Empfängnisverhütungsmaßnahmen handelt es sich um umsatzsteuerfreie Heilbehandlungsleistungen. [3] Die sonstigen ärztlichen Leistungen bei Schwangerschaftsabbrüchen und Empfängnisverhütungsmaßnahmen sind auch steuerfrei, wenn sie von Einrichtungen nach § 4 Nr. 14 Buchstabe b UStG ausgeführt werden.

(4) [1] Sonstige Leistungen eines Arztes im Zusammenhang mit Fruchtbarkeitsbehandlungen, z.B. das Einfrieren (Kryokonservierung) und Lagern von Eizellen oder Spermien, sind umsatzsteuerfreie Heilbehandlungsleistungen. [2] Steuerfrei ist auch die weitere Lagerung der vom Arzt im Rahmen einer Fruchtbarkeitsbehandlung eingefrorenen Eizellen oder Spermien, wenn damit ein therapeutischer Zweck verfolgt wird, z.B. zur Herbeiführung einer weiteren Schwangerschaft bei einer andauernden organisch bedingten Sterili-

---

1) Siehe aber BFH v. 18.12.2019 XI R 23/19, DStR 2020, 553, als Nachfolgeentscheidung zu EuGH v. 18.9.2019 C-700/17, DStR 2019, 1972.

2) Strafgesetzbuch i. d. F. v. 13.11.1998, BGBl. I 1998, 3322, zuletzt geänd. durch G v. 22.11.2021, BGBl. I 2021, 4906 (**Habersack** Nr. **85**).

tät. ³Steuerpflichtig ist hingegen die vorsorgliche Lagerung von Eizellen oder Spermien ohne medizinischen Anlass, wie z. B. das sog. Social Freezing (vgl. BFH-Urteil vom 29.7.2015, XI R 23/13, BStBl. 2017 II S. 733). ⁴Die bloße Lagerung eingefrorener Eizellen oder Spermien durch dritte Unternehmer, wie z. B. Kryobanken, die nicht auch die vorhergehende oder die sich ggf. anschließende Fruchtbarkeitsbehandlung erbringen, ist regelmäßig umsatzsteuerpflichtig. ⁵Die Sätze 1 bis 4 gelten entsprechend, wenn die sonstigen Leistungen im Rahmen einer Fruchtbarkeitsbehandlung von Einrichtungen nach § 4 Nr. 14 Buchstabe b UStG erbracht werden.

4.14.3 Tätigkeit als Zahnarzt

(1) ¹Tätigkeit als Zahnarzt im Sinne von § 4 Nr. 14 Buchstabe a UStG ist die Ausübung der Zahnheilkunde unter der Berufsbezeichnung „Zahnarzt" oder „Zahnärztin". ²Als Ausübung der Zahnheilkunde ist die berufsmäßige, auf zahnärztlich wissenschaftliche Kenntnisse gegründete Feststellung und Behandlung von Zahn-, Mund- und Kieferkrankheiten anzusehen. ³Ausübung der Zahnheilkunde ist auch der Einsatz einer intraoralen Videokamera eines CEREC-Gerätes für diagnostische Zwecke.

(2) ¹Die Lieferung oder Wiederherstellung von Zahnprothesen, anderen Waren der Zahnprothetik sowie kieferorthopädischen Apparaten und Vorrichtungen ist von der Steuerbefreiung ausgeschlossen, soweit die bezeichneten Gegenstände im Unternehmen des Zahnarztes hergestellt oder wiederhergestellt werden. ²Dabei ist es unerheblich, ob die Arbeiten vom Zahnarzt selbst oder von angestellten Personen durchgeführt werden.

(3) ¹Füllungen (Inlays), Dreiviertelkronen (Onlays) und Verblendschalen für die Frontflächen der Zähne (Veneers) aus Keramik sind Zahnprothesen im Sinne der Unterposition 9021 29 00 des Zolltarifs, auch wenn sie vom Zahnarzt computergesteuert im sog. CEREC-Verfahren hergestellt werden (vgl. BFH-Urteil vom 28.11.1996, V R 23/95, BStBl. 1999 II S. 251). ²Zur Herstellung von Zahnprothesen und kieferorthopädischen Apparaten gehört auch die Herstellung von Modellen, Bissschablonen, Bisswällen und Funktionslöffeln. ³Hat der Zahnarzt diese Leistungen in seinem Unternehmen erbracht, besteht insoweit auch dann Steuerpflicht, wenn die übrigen Herstellungsarbeiten von anderen Unternehmern durchgeführt werden.

(4) ¹Lassen Zahnärzte Zahnprothesen und andere Waren der Zahnprothetik außerhalb ihres Unternehmens fertigen, stellen sie aber Material, z. B. Gold und Zähne, bei, ist die Beistellung einer Herstellung gleichzusetzen. ²Die Lieferung der Zahnprothesen durch den Zahnarzt ist daher hinsichtlich des beigestellten Materials steuerpflichtig.

(5) ¹Die Zahnärzte sind berechtigt, Pauschbeträge oder die tatsächlich entstandenen Kosten gesondert zu berechnen für

1. Abformmaterial zur Herstellung von Kieferabdrücken,
2. Hülsen zum Schutz beschliffener Zähne für die Zeit von der Präparierung *der Zähne* bis zur Eingliederung der Kronen,
3. nicht individuell hergestellte provisorische Kronen,

4. Material für direkte Unterfütterungen von Zahnprothesen und
5. Versandkosten für die Übersendung von Abdrücken usw. an das zahntechnische Labor.

[2]Die Pauschbeträge oder die berechneten tatsächlichen Kosten gehören zum Entgelt für steuerfreie zahnärztliche Leistungen. [3]Steuerpflichtig sind jedoch die Lieferungen von im Unternehmen des Zahnarztes individuell hergestellten provisorischen Kronen und die im Unternehmen des Zahnarztes durchgeführten indirekten Unterfütterungen von Zahnprothesen.

(6) Als Entgelt für die Lieferung oder Wiederherstellung des Zahnersatzes usw. sind die Material- und zahntechnischen Laborkosten anzusetzen, die der Zahnarzt nach § 9 GOZ neben den Gebühren für seine ärztliche Leistung berechnen kann.

(7) [1]Wird der Zahnersatz teils durch einen selbständigen Zahntechniker, teils im Unternehmen des Zahnarztes hergestellt, ist der Zahnarzt nur mit dem auf sein Unternehmen entfallenden Leistungsanteil steuerpflichtig. [2]Bei der Ermittlung des steuerpflichtigen Leistungsanteils sind deshalb die Beträge nicht zu berücksichtigen, die der Zahnarzt an den selbständigen Zahntechniker zu zahlen hat.

(8) [1]Die Überlassung von kieferorthopädischen Apparaten (Zahnspangen) und Vorrichtungen, die der Fehlbildung des Kiefers entgegenwirken, ist Teil der steuerfreien Heilbehandlung. [2]Steuerpflichtige Lieferungen von kieferorthopädischen Apparaten können jedoch nicht schon deshalb ausgeschlossen werden, weil Zahnärzte sich das Eigentum daran vorbehalten haben (vgl. BFH-Urteil vom 23.10.1997, V R 36/96, BStBl. 1998 II S. 584).

(8a) [1]Umsätze aus der professionellen Zahnreinigung sind umsatzsteuerfreie Heilbehandlungsleistungen, weil sie zur zahnmedizinischen Prophylaxe gehören. [2]Werden derartige Leistungen nicht von Zahnärzten, sondern von einem Angehörigen eines ähnlichen Heilberufs erbracht, ist für die Steuerbefreiung eine ärztliche Verordnung/Indikation erforderlich. [3]Von den umsatzsteuerfreien Zahnreinigungen abzugrenzen sind Maßnahmen aus ästhetischen Gründen wie Bleaching, sofern diese nicht dazu dienen, die negativen Folgen einer vorherigen steuerfreien Heilbehandlung zu beseitigen (vgl. BFH-Urteil vom 19.3.2015, V R 60/14, BStBl. II S. 946).

(9) Die Steuerfreiheit für die Umsätze der Zahnärzte gilt auch für die Umsätze der Dentisten.

4.14.4 *Tätigkeit* als Heilpraktiker, Physiotherapeut, Hebamme sowie als Angehöriger ähnlicher Heilberufe

Tätigkeit als Heilpraktiker

(1) Die Tätigkeit als Heilpraktiker im Sinne des § 4 Nr. 14 Buchstabe a UStG ist die berufsmäßige Ausübung der Heilkunde am Menschen – ausgenommen Zahnheilkunde – durch den Inhaber einer Erlaubnis nach § 1 Abs. 1 des Heilpraktikergesetzes.

Tätigkeit als Physiotherapeut

(2) [1] Die Tätigkeit eines Physiotherapeuten im Sinne des § 4 Nr. 14 Buchstabe a UStG besteht darin, Störungen des Bewegungssystems zu beheben und die sensomotorische Entwicklung zu fördern. [2] Ein Teilbereich der Physiotherapie ist die Krankengymnastik. [3] Die Berufsbezeichnung des Krankengymnasten ist mit Einführung des Masseur- und Physiotherapeutengesetzes – MPhG – durch die Bezeichnung „Physiotherapeut" ersetzt worden. [4] Zu den Heilmethoden der Physiotherapie kann u. a. die Hippotherapie gehören (vgl. BFH-Urteil vom 30.1.2008, XI R 53/06, BStBl. II S. 647).

Tätigkeit als Hebamme

(3) [1] Die Tätigkeit einer Hebamme bzw. eines Entbindungspflegers im Sinne des § 4 Nr. 14 Buchstabe a UStG umfasst die eigenverantwortliche Betreuung, Beratung und Pflege der Frau von Beginn der Schwangerschaft an, bei der Geburt, im Wochenbett und in der gesamten Stillzeit. [2] Eine ärztliche Verordnung ist für die Umsatzsteuerbefreiung dieser Tätigkeit nicht erforderlich.

(4) [1] Zu den steuerfreien Leistungen einer Hebamme gehören u. a. die Aufklärung und Beratung zu den Methoden der Familienplanung, die Feststellung der Schwangerschaft, die Schwangerschaftsvorsorge der normal verlaufenden Schwangerschaft mit deren notwendigen Untersuchungen sowie Veranlassung von Untersuchungen, Vorbereitung auf die Elternschaft, Geburtsvorbereitung, die eigenverantwortliche kontinuierliche Betreuung der Gebärenden und Überwachung des Fötus mit zu Hilfenahme geeigneter Mittel (Geburtshilfe) bei Spontangeburten (Entbindung), Pflege und Überwachung im gesamten Wochenbett von Wöchnerin und Kind, Überwachung der Rückbildungsvorgänge, Hilfe beim Stillen/Stillberatung, Rückbildungsgymnastik und Beratung zur angemessenen Pflege und Ernährung des Neugeborenen. [2] Unter die Steuerbefreiung fallen auch die Leistungen als Beleghebamme.

(5) Die Leistungen im Rahmen der Entbindung in von Hebammen geleiteten Einrichtungen können unter den weiteren Voraussetzungen des § 4 Nr. 14 Buchstabe b Satz 2 Doppelbuchstabe ff UStG steuerfrei sein (vgl. Abschnitt 4.14.5 Abs. 19).

Tätigkeit als Angehöriger ähnlicher heilberuflicher Tätigkeiten

(6) [1] Neben den Leistungen aus der Tätigkeit als (Zahn-)Arzt oder (Zahn-) Ärztin und aus den in § 4 Nr. 14 Buchstabe a Satz 1 UStG genannten nichtärztlichen Heil- und Gesundheitsfachberufen können auch die Umsätze aus der Tätigkeit von nicht ausdrücklich genannten Heil- und Gesundheitsfachberufen unter die Steuerbefreiung fallen. [2] Dies gilt jedoch nur dann, wenn es sich um eine einem Katalogberuf ähnliche heilberufliche Tätigkeit handelt und die sonstigen Voraussetzungen dieser Vorschrift erfüllt sind. [3] Für die Frage, ob eine ähnliche heilberufliche Tätigkeit vorliegt, ist entscheidendes Kriterium die Qualifikation des Behandelnden (vgl. EuGH-Urteil vom 27.6.2006, C-443/04, Solleveld).[1)] [4] Die Steuerbefreiung der Umsätze aus heilberuflicher Tätig-

---

1) DStRE 2007, 377.

keit im Sinne von § 4 Nr. 14 Buchstabe a UStG setzt voraus, dass es sich um ärztliche oder arztähnliche Leistungen handeln muss, und dass diese von Personen erbracht werden, die die erforderlichen beruflichen Befähigungsnachweise besitzen (vgl. BFH-Urteil vom 12.8.2004, V R 18/02, BStBl. 2005 II S. 227). [5] Grundsätzlich kann vom Vorliegen der Befähigungsnachweise ausgegangen werden, wenn die heilberufliche Tätigkeit in der Regel von Sozialversicherungsträgern finanziert wird, d. h., wenn ein Großteil der Träger der gesetzlichen Krankenkassen eine Kostentragung in ihrer Satzung regelt (vgl. BVerfG-Urteil vom 29.10.1999, 2 BvR 1264/90, BStBl. 2000 II S. 155, und BFH-Urteil vom 8.3.2012, V R 30/09, BStBl. II S. 623). [6] Auf die ertragsteuerliche Auslegung des § 18 EStG kommt es für die Frage der Umsatzsteuerfreiheit nach § 4 Nr. 14 Buchstabe a UStG nicht an, da diese Norm unter Berücksichtigung der MwStSystRL und damit nicht nach einkommensteuerrechtlichen Grundsätzen auszulegen ist.

(7) [1] Ein Beruf ist einem der im Gesetz genannten Katalogberufe ähnlich, wenn das typische Bild des Katalogberufs mit seinen wesentlichen Merkmalen dem Gesamtbild des zu beurteilenden Berufs vergleichbar ist. [2] Dazu gehören die Vergleichbarkeit der jeweils ausgeübten Tätigkeit nach den sie charakterisierenden Merkmalen, die Vergleichbarkeit der Ausbildung und die Vergleichbarkeit der Bedingungen, an die das Gesetz die Ausübung des zu vergleichenden Berufs knüpft (BFH-Urteil vom 29.1.1998, V R 3/96, BStBl. II S. 453). [3] Dies macht vergleichbare berufsrechtliche Regelungen über Ausbildung, Prüfung, staatliche Anerkennung sowie staatliche Erlaubnis und Überwachung der Berufsausübung erforderlich.

(8) [1] Das Fehlen einer berufsrechtlichen Regelung ist für sich allein kein Hinderungsgrund für die Befreiung. [2] Als Nachweis der beruflichen Befähigung für eine ärztliche oder arztähnliche Leistung ist grundsätzlich auch die Zulassung des jeweiligen Unternehmers bzw. die regelmäßige Zulassung seiner Berufsgruppe nach § 124 Abs. 2 SGB V[1)] durch die zuständigen Stellen der gesetzlichen Krankenkassen anzusehen. [3] Ist weder der jeweilige Unternehmer selbst noch – regelmäßig – seine Berufsgruppe nach § 124 Abs. 2 SGB V durch die zuständigen Stellen der gesetzlichen Krankenkassen zugelassen, kann Indiz für das Vorliegen eines beruflichen Befähigungsnachweises die Aufnahme von Leistungen der betreffenden Art in den Leistungskatalog der gesetzlichen Krankenkassen (§ 92 SGB V) sein (vgl. BFH-Urteil vom 11.11.2004, V R 34/02, BStBl. 2005 II S. 316).

(9) [1] Darüber hinaus kommen nach § 4 Nr. 14 UStG steuerfreie Leistungen auch dann in Betracht, wenn eine Rehabilitationseinrichtung auf Grund eines Versorgungsvertrags nach § 11 Abs. 2, §§ 40, 111 SGB V mit Hilfe von Fachkräften Leistungen der Rehabilitation erbringt. [2] In diesem Fall sind regelmäßig sowohl die Leistungen der Rehabilitationseinrichtung als auch die Leistungen der Fachkräfte an die Rehabilitationseinrichtung steuerfrei, soweit sie die im Versorgungsvertrag benannte Qualifikation besitzen (vgl. BFH-Urteil vom 25.11.2004, V R 44/02, BStBl. 2005 II S. 190). [3] Leistungen im Rahmen von Rehabilitationssport und Funktionstraining, die im Sinne des § 64 Abs. 1

---

1) **Aichberger SGB** Nr. **5.**

Nr. 3 und 4 SGB IX[1] in Verbindung mit der „Rahmenvereinbarung über den Rehabilitationssport und das Funktionstraining" erbracht werden, können nach § 4 Nr. 14 UStG steuerfrei sein (vgl. BFH-Urteil vom 30.4.2009, V R 6/07, BStBl. II S. 679).

(9a) [1] Der berufliche Befähigungsnachweis kann sich auch aus dem Abschluss eines Integrierten Versorgungsvertrags nach §§ 140a ff. SGB V[1] zwischen dem Berufsverband des Leistungserbringers und den gesetzlichen Kassen ergeben. [2] Dies setzt voraus, dass der Leistungserbringer Mitglied des Berufsverbands ist, der Integrierte Versorgungsvertrag Qualitätsanforderungen für diese Leistungserbringer aufstellt und der Leistungserbringer diese Anforderungen auch erfüllt (vgl. BFH-Urteile vom 8.3.2012, V R 30/09, BStBl. II S. 623 und vom 26.7.2017, XI R 3/15, BStBl. 2018 II S. 793).

(10) [1] Bei Einschaltung von Subunternehmern gilt Folgendes: [2] Wird eine ärztliche oder arztähnliche Leistung in der Unternehmerkette erbracht, müssen bei jedem Unternehmer in der Kette die Voraussetzungen nach § 4 Nr. 14 Buchstabe a UStG geprüft werden.

(11)[2] [1] Eine ähnliche heilberufliche Tätigkeit nach § 4 Nr. 14 Buchstabe a Satz 1 UStG üben z.B. aus:

1. Dental-Hygienikerinnen und Dental-Hygieniker im Auftrag eines Zahnarztes (vgl. BFH-Urteil vom 12.10.2004, V R 54/03, BStBl. 2005 II S. 106);
2. Diätassistentinnen und Diätassistenten (Diätassistentengesetz – DiätAssG –);
3. Ergotherapeutinnen und Ergotherapeuten (Ergotherapeutengesetz – ErgThG –);
4. [1] Krankenschwestern, Gesundheits- und Krankenpflegerinnen und Gesundheits- und Krankenpfleger, Gesundheits- und Kinderkrankenpflegerinnen und Gesundheits- und Kinderkrankenpfleger (Krankenpflegegesetz – KrPflG –) sowie Altenpflegerinnen und Altenpfleger (Altenpflegegesetz – AltpflG –). [2] Sozialpflegerische Leistungen (z. B. Grundpflege und hauswirtschaftliche Versorgung) sind nicht nach § 4 Nr. 14 UStG steuerfrei. [3] Es kann jedoch die Steuerbefreiung nach § 4 Nr. 16 UStG in Betracht kommen (vgl. Abschnitt 4.16.5 Abs. 6);
5. Logopädinnen und Logopäden (Gesetz über den Beruf des Logopäden – LogopG –);
6. [1] Masseurinnen und medizinische Bademeisterinnen und Masseure und medizinische Bademeister (Masseur- und Physiotherapeutengesetz – MPhG –). [2] Die Steuerbefreiung kann von den genannten Unternehmern u. a. für die medizinische Fußpflege und die Verabreichung von medizinischen Bädern, Unterwassermassagen, Fangopackungen (BFH-Urteil vom 24.1.1985, IV R 249/82, BStBl. II S. 676) und Wärmebestrahlungen in Anspruch genommen werden. [3] Das gilt auch dann, wenn diese Verabreichungen selbständige Leistungen und nicht Hilfstätigkeiten zur Heilmassage darstellen;

---

[1] **Aichberger SGB** Nr. **9.**

[2] A 4.14.4 UStAE Abs. 11 Nr. 14 angef. durch BMF v. 12.3.2021, BStBl. I 2021, 380, an*zuwenden in allen offenen Fällen*; für vor dem 1.4.2021 ausgeführte Umsätze wird es nicht beanstandet, wenn der Unternehmer seine Leistungen abweichend von Abschnitt 4.14.4 Abs. 11 Nr. 14 UStAE umsatzsteuerpflichtig behandelt.

7. auf dem Gebiet der Humanmedizin selbständig tätige medizinisch-technische Assistentinnen für Funktionsdiagnostik und medizinisch-technische Assistenten für Funktionsdiagnostik (Gesetz über technische Assistenten der Medizin – MTAG – vgl. BFH-Urteil vom 29.1.1998, V R 3/96, BStBl. II S. 453);
8. Dipl. Oecotrophologinnen und Dipl. Oecotrophologen (Ernährungsberatende) im Rahmen einer medizinischen Behandlung (vgl. BFH-Urteile vom 10.3.2005, V R 54/04, BStBl. II S. 669, und vom 7.7.2005, V R 23/04, BStBl. II S. 904);
9. Orthoptistinnen und Orthoptisten (Orthoptistengesetz – OrthoptG –);
10. Podologinnen und Podologen (Podologengesetz – PodG –);
11. Psychologische Psychotherapeutinnen und Psychologische Psychotherapeuten sowie Kinder- und Jugendlichenpsychotherapeutinnen und Kinder- und Jugendlichenpsychotherapeuten (Psychotherapeutengesetz – PsychThG –);
12. Rettungsassistentinnen und Rettungsassistenten (Rettungsassistentengesetz – RettAssG – in der bis zum 31.12.2014 geltenden Fassung (BGBl. 2013 I S. 1348)) bzw. Notfallsanitäterinnen und Notfallsanitäter (Notfallsanitätergesetz – NotSanG –);
13. Sprachtherapeutinnen und Sprachtherapeuten, die staatlich anerkannt und nach § 124 Abs. 2 SGB V zugelassen sind;
14. Apothekerinnen und Apotheker, die im Rahmen des Modellvorhabens nach § 132j SGB V Grippeschutzimpfungen durchführen, oder die nach § 5 Abs. 10 Satz 2 Nr. 2 Betäubungsmittel-Verschreibungsverordnung Substitutionsmittel dem Patienten zum unmittelbaren Verbrauch überlassen.

[2]Personen, die eine Ausbildung in einem nichtärztlichen Heil- und Gesundheitsfachberuf absolviert haben, verfügen im Regelfall bereits dann über die erforderliche Berufsqualifikation zur Erbringung steuerfreier Heilbehandlungsleistungen nach § 4 Nr. 14 Buchstabe a UStG, wenn sie die nach dem jeweiligen Berufszulassungsgesetz vorgesehene staatliche Prüfung mit Erfolg abgelegt haben (vgl. BFH-Urteil vom 7.2.2013, V R 22/12, BStBl. 2014 II S. 126). [3]Satz 2 gilt nicht, soweit Personen im Sinne des Satzes 1 Nr. 4 im Rahmen von Modellvorhaben nach § 63 Abs. 3c SGB V tätig werden.

(12) Keine ähnliche heilberufliche Tätigkeit nach § 4 Nr. 14 Buchstabe a Satz 1 UStG üben z. B. aus:

1. Fußpraktikerinnen und Fußpraktiker, weil sie vorwiegend auf kosmetischem Gebiet tätig werden;
2. Heileurythmistinnen und Heileurythmisten (BFH-Urteil vom 11.11.2004, V R 34/02, BStBl. 2005 II S. 316); etwas anderes gilt, wenn diese den Nachweis ihrer beruflichen Qualifikation durch die Teilnahmeberechtigung an einem Vertrag zur Integrierten Versorgung erbringen (vgl. Absatz 9a);
3. Krankenpflegehelferinnen und Krankenpflegehelfer (BFH-Urteil vom 26.8. 1993, V R 45/89, BStBl. II S. 887);
4. Logotherapeutinnen und Logotherapeuten (BFH-Urteil vom 23.8.2007, V R 38/04, BStBl. 2008 II S. 37);

5. Kosmetikerinnen und Kosmetiker (BFH-Urteil vom 2.9.2010, V R 47/09, BStBl. 2011 II S. 195);
6. Vitalogistinnen und Vitalogisten.

(12a) [1]Medizinisch indizierte osteopathische Leistungen stellen Heilbehandlungen i. S. d. § 4 Nr. 14 Buchstabe a UStG dar, wenn sie von einem Arzt oder Heilpraktiker mit einer entsprechenden Zusatzausbildung erbracht werden. [2]Auch Physiotherapeuten oder Masseure bzw. medizinische Bademeister mit entsprechender Zusatzausbildung können umsatzsteuerfreie osteopathische Leistungen erbringen, sofern eine ärztliche Verordnung bzw. eine Verordnung eines Heilpraktikers vorliegt.

(13) [1]Die Umsätze aus dem Betrieb einer Sauna sind grundsätzlich keine Umsätze aus der Tätigkeit eines der in § 4 Nr. 14 Buchstabe a UStG ausdrücklich genannten Berufe oder aus einer ähnlichen heilberuflichen Tätigkeit. [2]Die Verabreichung von Saunabädern ist nur insoweit nach § 4 Nr. 14 UStG umsatzsteuerfrei, als hierin eine Hilfstätigkeit zu einem Heilberuf oder einem diesen ähnlichen Beruf, z. B. als Vorbereitung oder als Nachbehandlung zu einer Massagetätigkeit, zu sehen ist (BFH-Urteile vom 21.10.1971, V R 19/71, BStBl. 1972 II S. 78, und vom 13.7.1994, XI R 90/92, BStBl. 1995 II S. 84).

4.14.5 Krankenhausbehandlungen und ärztliche Heilbehandlungen

(1) [1]Krankenhausbehandlungen und ärztliche Heilbehandlungen einschließlich der Diagnostik, Befunderhebung, Vorsorge, Rehabilitation, Geburtshilfe und Hospizleistungen sowie damit eng verbundene Umsätze, sind nach § 4 Nr. 14 Buchstabe b UStG steuerfrei, wenn sie

– von Einrichtungen des öffentlichen Rechts (§ 4 Nr. 14 Buchstabe b Satz 1 UStG) oder
– von den in § 4 Nr. 14 Buchstabe b Satz 2 Doppelbuchstabe aa bis hh UStG genannten Einrichtungen jeweils im Rahmen des von der Zulassung, dem Vertrag bzw. der Regelung nach Sozialgesetzbuch erfassten Bereichs (vgl. Absatz 24) erbracht werden.

[2]Die Behandlung der Leistungen im Maßregelvollzug durch Einrichtungen des privaten Rechts bestimmt sich nach § 4 Nr. 14 Buchstabe b Satz 2 Doppelbuchstabe ii UStG (vgl. Absatz 23).

Krankenhäuser (§ 4 Nr. 14 Buchstabe b Satz 2 Doppelbuchstabe aa UStG)

(2) Krankenhäuser sind Einrichtungen, die der Krankenhausbehandlung oder Geburtshilfe dienen, fachlich-medizinisch unter ständiger ärztlicher Leitung stehen, über ausreichende, ihrem Versorgungsauftrag entsprechende diagnostische und therapeutische Möglichkeiten verfügen und nach wissenschaftlich anerkannten Methoden arbeiten, mit Hilfe von jederzeit verfügbarem ärztlichen, Pflege-, Funktions- und medizinisch-technischen Personal darauf eingerichtet sind, vorwiegend durch ärztliche und pflegerische Hilfeleistung Krankheiten der Patienten zu erkennen, zu heilen, ihre Verschlimmerung zu

verhüten, Krankheitsbeschwerden zu lindern oder Geburtshilfe zu leisten, und in denen die Patienten untergebracht und verpflegt werden können (§ 107 Abs. 1 SGB V).[1)]

(3) [1] Krankenhäuser, die von Einrichtungen des privaten Rechts betrieben werden, unterliegen der Steuerbefreiung nach § 4 Nr. 14 Buchstabe b Satz 2 Doppelbuchstabe aa UStG, wenn sie nach § 108 SGB V[1)] zugelassen sind. [2] Dies sind somit

1. Krankenhäuser, die nach den landesrechtlichen Vorschriften als Hochschulklinik anerkannt sind,
2. Krankenhäuser, die in den Krankenhausplan eines Landes aufgenommen sind (Plankrankenhäuser), sowie
3. Krankenhäuser, die einen Versorgungsvertrag mit den Landesverbänden der Krankenkassen und den Verbänden der Ersatzkassen abgeschlossen haben.

(4)[2)] [1] Krankenhäuser, die nicht von juristischen Personen des öffentlichen Rechts betrieben werden und die weder eine Zulassung nach § 108 SGB V[1)] besitzen noch eine sonstige Einrichtung im Sinne des § 4 Nr. 14 Buchstabe b Satz 2 UStG sind, sind mit ihren in § 4 Nr. 14 Buchstabe b Satz 1 UStG genannten Leistungen steuerpflichtig. [2] Auch ihre in einer Vielzahl sonstiger Krankenhausleistungen eingebetteten ärztlichen Heilbehandlungsleistungen sind demnach von der Umsatzsteuerbefreiung ausgeschlossen (vgl. BFH-Urteil vom 18.3.2004, V R 53/00, BStBl. II S. 677). [3] Zur Anwendung der BFH-Urteile vom 23.10.2014, V R 20/14, BStBl. 2016 II S. 785, und vom 18.3. 2015, XI R 38/13, BStBl. 2016 II S. 793, vgl. BMF-Schreiben vom 6.10. 2016, BStBl. I S. 1076.

Zentren für ärztliche Heilbehandlung und Diagnostik oder Befunderhebung (§ 4 Nr. 14 Buchstabe b Satz 2 Doppelbuchstabe bb oder cc UStG)

(5) [1] In Zentren für ärztliche Heilbehandlung und Diagnostik werden durch ärztliche Leistungen Krankheiten, Leiden und Körperschäden festgestellt, geheilt oder gelindert. [2] Im Gegensatz zu Krankenhäusern wird den untersuchten und behandelten Personen regelmäßig weder Unterkunft noch Verpflegung gewährt.

(6) [1] Zentren für ärztliche Befunderhebung sind Einrichtungen, in denen durch ärztliche Leistung der Zustand menschlicher Organe, Gewebe, Körperflüssigkeiten usw. festgestellt wird. [2] Die Leistungen unterliegen nur der Steuerbefreiung, sofern ein therapeutisches Ziel im Vordergrund steht. [3] Blutalkoholuntersuchungen für gerichtliche Zwecke in Einrichtungen ärztlicher Befunderhebung sind daher nicht steuerfrei.

(7) [1] Leistungen von Zentren für ärztliche Heilbehandlung, Diagnostik oder Befunderhebung als Einrichtungen des privaten Rechts sind steuerfrei, wenn sie die Voraussetzungen nach § 4 Nr. 14 Buchstabe b Satz 2 Doppelbuchsta-

[1)] **Aichberger SGB** Nr. 5.

[2)] Zur Steuerbefreiung für private Krankenhäuser ohne Zulassung nach § 108 SGB V siehe FG Nds. v. 2.3.2020, DStR 2021, 983, zur Vorlage an den EuGH (Rs. C-228/20).

be bb UStG erfüllen. [2]Die Befreiung setzt hiernach entweder eine Teilnahme an der ärztlichen Versorgung nach § 95 SGB V[1)] oder die Anwendung der Regelungen nach § 115 SGB V voraus. [3]Eine Teilnahme an der vertragsärztlichen Versorgung nach § 95 SGB V ist auch dann gegeben, wenn eine Einrichtung nach § 13 des Schwangerschaftskonfliktgesetzes mit einer kassenärztlichen Vereinigung eine Vergütungsvereinbarung nach § 75 Abs. 9 SGB V abgeschlossen hat. [4]Die Anforderung an die Steuerbefreiung gilt auch dann als erfüllt, wenn eine diagnostische Leistung von einer Einrichtung erbracht wird, die auf Grundlage einer durch die gesetzlichen Krankenversicherung abgeschlossenen vertraglichen Vereinbarung an der Heilbehandlung beteiligt worden ist. [5]Dies gilt insbesondere für labordiagnostische Typisierungsleistungen, die im Rahmen der Vorbereitung einer Stammzellentransplantation zur Suche nach einem geeigneten Spender für die Behandlung einer lebensbedrohlich erkrankten Person erbracht und durch das Zentrale Knochenmarkspender-Register Deutschland beauftragt werden. [6]Die vertragliche Regelung zwischen dem Spitzenverband der gesetzlichen Krankenversicherung und dem Zentralen Knochenmarkspender-Register Deutschland schließt auch labordiagnostische Typisierungsleistungen von durch zugelassene Spenderdateien beauftragte Labore mit ein.

Einrichtungen von klinischen Chemikern und Laborärzten

(8) Klinische Chemiker sind Personen, die den von der Deutschen Gesellschaft für Klinische Chemie e. V. entwickelten Ausbildungsgang mit Erfolg beendet haben und dies durch die von der genannten Gesellschaft ausgesprochene Anerkennung nachweisen.

(9)[2)] [1]Leistungen klinischer Chemiker beruhen, wie auch Leistungen von Laborärzten, nicht auf einem persönlichen Vertrauensverhältnis zu den Patienten. [2]Eine Steuerbefreiung kommt deshalb insbesondere nur nach § 4 Nr. 14 Buchstabe b Satz 2 Doppelbuchstabe bb oder cc UStG in Betracht, sofern die Leistungen im Rahmen einer Heilbehandlung erbracht werden. [3]Erforderlich ist damit eine Teilnahme an der ärztlichen Versorgung nach § 95 SGB V,[1)] die Anwendung der Regelungen nach § 115 SGB V, ein Vertrag oder eine Beteiligung an der Versorgung nach § 34 SGB VII.[3)]

Medizinische Versorgungszentren

(10) [1]Medizinische Versorgungszentren sind rechtsformunabhängige fachlich übergreifende ärztlich geleitete Einrichtungen, in denen Ärzte – mit verschiedenen Facharzt- oder Schwerpunktbezeichnungen – als Angestellte oder Vertragsärzte tätig sind (§ 95 Abs. 1 SGB V).[1)] [2]Medizinische Versorgungszentren, die an der vertragsärztlichen Versorgung nach § 95 SGB V teilnehmen, erbringen steuerfreie Leistungen nach § 4 Nr. 14 Buchstabe b Satz 2 Doppelbuchstabe bb UStG. [3]Die an einem medizinischen Versorgungszentrum als selbständige Unternehmer tätigen Ärzte erbringen dagegen steuer-

[1)] **Aichberger SGB** Nr. **5.**

[2)] *Siehe aber BFH v. 18.12.2019* XI R 23/19, DStR 2020, 553, als Nachfolgeentscheidung zu EuGH v. 18.9.2019 C-700/17, DStR 2019, 1972.

[3)] **Aichberger SGB** Nr. **7.**

freie Leistungen im Sinne des § 4 Nr. 14 Buchstabe a Satz 1 UStG, wenn sie ihre Leistungen gegenüber dem medizinischen Versorgungszentrum erbringen. [4]Zu den Leistungen von Einrichtungen, mit denen Verträge nach §§ 73b, 73c oder 140a SGB V bestehen, vgl. Abschnitt 4.14.9.

Einrichtungen nach § 115 SGB V[1)]

(11) Die Regelungen des § 115 SGB V beziehen sich auf Verträge und Rahmenempfehlungen zwischen Krankenkassen, Krankenhäusern und Vertragsärzten, deren Ziel in der Gewährleistung einer nahtlosen ambulanten und stationären Heilbehandlung gegenüber dem Leistungsempfänger besteht.

(12) [1]Hierunter fallen insbesondere Einrichtungen, in denen Patienten durch Zusammenarbeit mehrerer Vertragsärzte ambulant oder stationär versorgt werden (z. B. Praxiskliniken). [2]Zu den Leistungen von Einrichtungen, mit denen Verträge nach §§ 73b, 73c oder 140a SGB V[1)] bestehen, vgl. Abschnitt 4.14.9.

(13) Des Weiteren gehören zum Kreis der nach § 4 Nr. 14 Buchstabe b Satz 2 Doppelbuchstabe bb UStG anerkannten Einrichtungen alle Einrichtungen des Vierten Abschnitts des Vierten Kapitels SGB V, für die die Regelung nach § 115 SGB V[1)] anzuwenden sind, z. B. auch Hochschulambulanzen nach § 117 SGB V, Psychiatrische Institutsambulanzen nach § 118 SGB V und Sozialpädiatrische Zentren nach § 119 SGB V.

Einrichtungen der gesetzlichen Unfallversicherung (§ 4 Nr. 14 Buchstabe b Satz 2 Doppelbuchstabe cc UStG)

(14) [1]Einrichtungen, die von den Trägern der gesetzlichen Unfallversicherung nach § 34 SGB VII[2)] an der Versorgung beteiligt worden sind, erbringen als anerkannte Einrichtung nach § 4 Nr. 14 Buchstabe b Satz 2 Doppelbuchstabe cc UStG steuerfreie Heilbehandlungen im Sinne des § 4 Nr. 14 Buchstabe b Satz 1 UStG. [2]Die Beteiligung von Einrichtungen an der Durchführung von Heilbehandlungen bzw. der Versorgung durch Träger der gesetzlichen Unfallversicherungen nach § 34 SGB VII kann auch durch Verwaltungsakt erfolgen.

Vorsorge- und Rehabilitationseinrichtungen (§ 4 Nr. 14 Buchstabe b Satz 2 Doppelbuchstabe dd UStG)

(15) Vorsorge- oder Rehabilitationseinrichtungen sind fachlich-medizinisch unter ständiger ärztlicher Verantwortung und unter Mitwirkung von besonders geschultem Personal stehende Einrichtungen, die der stationären Behandlung der Patienten dienen, um eine Schwächung der Gesundheit zu beseitigen oder einer Gefährdung der gesundheitlichen Entwicklung eines Kindes entgegenzuwirken (Vorsorge) oder eine Krankheit zu heilen, ihre Verschlimmerung zu verhüten oder Krankheitsbeschwerden zu lindern oder im Anschluss an eine Krankenhausbehandlung den dabei erzielten Behandlungserfolg zu sichern oder zu festigen (Rehabilitation), wobei Leistungen der aktivierenden Pflege nicht von den Krankenkassen übernommen werden dürfen (vgl. § 107 Abs. 2 SGB V).

[1)] **Aichberger SGB** Nr. **5.**
[2)] **Aichberger SGB** Nr. **7.**

(16) Vorsorge- oder Rehabilitationseinrichtungen, mit denen ein Versorgungsvertrag nach § 111 SGB V[1] besteht, sind mit ihren medizinischen Leistungen zur Vorsorge oder Leistungen zur medizinischen Rehabilitation einschließlich der Anschlussheilbehandlung, die eine stationäre Behandlung, aber keine Krankenhausbehandlung erfordern, nach § 4 Nr. 14 Buchstabe b Satz 2 Doppelbuchstabe dd UStG steuerfrei.

Einrichtungen des Müttergenesungswerks oder gleichartige Einrichtungen (§ 4 Nr. 14 Buchstabe b Satz 2 Doppelbuchstabe dd UStG)

(17) Einrichtungen des Müttergenesungswerks oder gleichartige Einrichtungen oder für Vater-Kind-Maßnahmen geeignete Einrichtungen, mit denen ein Versorgungsvertrag nach § 111a SGB V[1] besteht, sind mit ihren stationären medizinischen Leistungen zur Vorsorge oder Rehabilitation für Mütter und Väter nach § 4 Nr. 14 Buchstabe b Satz 2 Doppelbuchstabe dd UStG steuerfrei.

Medizinische Rehabilitationseinrichtungen (§ 4 Nr. 14 Buchstabe b Satz 2 Doppelbuchstabe ee UStG)

(18) [1] Nach § 4 Nr. 14 Buchstabe b Satz 2 Doppelbuchstabe ee UStG gelten Rehabilitationsdienste und Rehabilitationseinrichtungen, mit denen Verträge nach § 38 SGB IX[2] (Rehabilitation und Teilhabe behinderter Menschen) bestehen, als anerkannte Einrichtungen. [2] Dies gilt auch für ambulante Rehabilitationseinrichtungen, die Leistungen nach § 40 Abs. 1 SGB V[1] erbringen und mit denen Verträge unter Berücksichtigung von § 38 SGB IX bestehen (§ 2 Abs. 3 der Richtlinie des Gemeinsamen Bundesausschusses über Leistungen zur medizinischen Rehabilitation).

Einrichtungen zur Geburtshilfe (§ 4 Nr. 14 Buchstabe b Satz 2 Doppelbuchstabe ff UStG)

(19) [1] Von Hebammen geleitete Einrichtungen zur Geburtshilfe, z. B. Geburtshäuser und Entbindungsheime, erbringen mit der Hilfe bei der Geburt und der Überwachung des Wochenbettverlaufs sowohl ambulante wie auch stationäre Leistungen. [2] Werden diese Leistungen von Einrichtungen des privaten Rechts erbracht, unterliegen sie der Steuerbefreiung, wenn für sie nach § 4 Nr. 14 Buchstabe b Satz 2 Doppelbuchstabe ff UStG Verträge nach § 134a SGB V[1] gelten. [3] Verträge dieser Art dienen der Regelung und Versorgung mit Hebammenhilfe. [4] Die Steuerbefreiung ist unabhängig von einer sozialversicherungsrechtlichen Abrechnungsfähigkeit dieser Leistung.

Hospize (§ 4 Nr. 14 Buchstabe b Satz 2 Doppelbuchstabe gg UStG)

(20) [1] Hospize dienen der Begleitung eines würdevolleren Sterbens. [2] Leistungen in und von Hospizen werden sowohl ambulant als auch stationär ausgeführt.

(21) [1] Stationäre und teilstationäre Hospizleistungen fallen unter die Befreiungsvorschrift nach § 4 Nr. 14 Buchstabe b Satz 2 Doppelbuchstabe gg UStG,

---

[1] **Aichberger SGB** Nr. **5.**
[2] **Aichberger SGB** Nr. **9.**

sofern sie von Einrichtungen des Privatrechts erbracht werden, mit denen Verträge nach § 39a Abs. 1 SGB V[1] bestehen. [2]Diese Verträge regeln Zuschüsse zur stationären oder teilstationären Versorgung in Hospizen, in denen palliativ-medizinische Behandlungen erbracht werden, wenn eine ambulante Versorgung im eigenen Haushalt ausgeschlossen ist.

(22) [1]Ambulante Hospizleistungen, die unter der fachlichen Verantwortung von Gesundheits- und Krankenpflegern oder anderen vergleichbar qualifizierten medizinischen Fachkräften erbracht werden, unterliegen der Steuerbefreiung nach § 4 Nr. 14 Buchstabe a UStG. [2]Das Gleiche gilt für Leistungen der spezialisierten ambulanten Palliativversorgung nach § 37b SGB V.[1]

Dialyseeinrichtungen (§ 4 Nr. 14 Buchstabe b Satz 2 Doppelbuchstabe hh UStG)

(22a) Einrichtungen, die nicht bereits nach § 95 SGB V als Dialysezentren zugelassen sind, mit denen aber Verträge nach § 127 in Verbindung mit § 126 Abs. 3 SGB V[1] über die Erbringung nichtärztlicher Dialyseleistungen bestehen, sind mit ihren entsprechenden Dialyseleistungen nach § 4 Nr. 14 Buchstabe b Satz 2 Doppelbuchstabe hh UStG von der Umsatzsteuer befreit.

Maßregelvollzug (§ 4 Nr. 14 Buchstabe b Satz 2 Doppelbuchstabe ii UStG)

(23) [1]Die Umsätze von Krankenhäusern des Maßregelvollzugs, die von juristischen Personen des öffentlichen Rechts betrieben werden, sind nach § 4 Nr. 14 Buchstabe b Satz 1 UStG umsatzsteuerfrei. [2]Einrichtungen des privaten Rechts, denen im Wege der Beleihung die Durchführung des Maßregelvollzugs übertragen wird und die nicht über eine Zulassung nach § 108 SGB V[1] verfügen, sind mit ihren Leistungen nach § 4 Nr. 14 Buchstabe b Satz 2 Doppelbuchstabe ii UStG ebenfalls von der Umsatzsteuer befreit, wenn es sich um Einrichtungen nach § 138 Abs. 1 Satz 1 StVollzG[2] handelt. [3]Hierunter fallen insbesondere psychiatrische Krankenhäuser und Entziehungsanstalten, in denen psychisch kranke oder suchtkranke Straftäter behandelt und untergebracht werden. [4]Neben den ärztlichen Behandlungsleistungen umfasst die Steuerbefreiung auch die Unterbringung, Verpflegung und Verwahrung der in diesen Einrichtungen untergebrachten Personen.

Beschränkung der Steuerbefreiungen

(24) [1]Leistungen nach § 4 Nr. 14 Buchstabe b UStG sind sowohl im Bereich gesetzlicher Versicherungen steuerfrei als auch bei Vorliegen eines privaten Versicherungsschutzes. [2]Die Steuerbefreiung für Einrichtungen im Sinne des § 4 Nr. 14 Buchstabe b Satz 2 Doppelbuchstabe aa bis hh UStG wird jedoch jeweils auf den Bereich der Zulassung, des Vertrages bzw. der Regelung nach Sozialgesetzbuch beschränkt.

Beispiel:
Eine Einrichtung ohne Zulassung nach § 108 SGB V, mit der ein Versorgungsvertrag nach § 111 SGB V besteht, kann keine steuerfreien Krankenhausbehandlungen erbringen.

---

[1] **Aichberger SGB** Nr. **5**.

[2] Strafvollzugsgesetz v. 16.3.1976, BGBl. I 581, 2088, 1977 I, 436, zuletzt geänd. durch G v. 5.10.2021, BGBl. I 2021, 4607 (**Habersack Ergänzungsband** Nr. **91**).

(25) [1]Die Steuerbefreiung beschränkt sich allerdings nicht auf den „Umfang“ z.B. des im Rahmen der Zulassung vereinbarten Leistungspakets. [2]Sofern z.B. ein nach § 108 SGB V[1)] zugelassenes Krankenhaus Leistungen erbringt, die über den Leistungskatalog der gesetzlichen Krankenversicherung hinausgehen (z.B. Chefarztbehandlung, Doppel- oder Einzelzimmerbelegung), fallen auch diese unter die Steuerbefreiung nach § 4 Nr. 14 Buchstabe b UStG.

4.14.6 Eng mit Krankenhausbehandlungen und ärztlichen Heilbehandlungen verbundene Umsätze

(1) [1]Als eng mit Krankenhausbehandlungen und ärztlichen Heilbehandlungen nach § 4 Nr. 14 Buchstabe b UStG verbundene Umsätze sind Leistungen anzusehen, die für diese Einrichtungen nach der Verkehrsauffassung typisch und unerlässlich sind, regelmäßig und allgemein beim laufenden Betrieb vorkommen und damit unmittelbar oder mittelbar zusammenhängen (vgl. BFH-Urteil vom 1.12.1977, V R 37/75, BStBl. 1978 II S. 173). [2]Die Umsätze dürfen nicht im Wesentlichen dazu bestimmt sein, den Einrichtungen zusätzliche Einnahmen durch Tätigkeiten zu verschaffen, die in unmittelbarem Wettbewerb zu steuerpflichtigen Umsätzen anderer Unternehmer stehen (vgl. EuGH-Urteil vom 1.12.2005, C-394/04 und C-395/04, Ygeia).[2)]

(2)[3)] Unter diesen Voraussetzungen können zu den eng verbundenen Umsätzen gehören:

1. die stationäre oder teilstationäre Aufnahme von Patienten, deren ärztliche und pflegerische Betreuung einschließlich der Lieferungen der zur Behandlung erforderlichen Medikamente;
2. die Behandlung und Versorgung ambulanter Patienten;
3. [1]die Abgabe von individuell für den einzelnen Patienten in einer Apotheke des Krankenhauses hergestellten Arzneimitteln, wenn diese im Rahmen einer ambulant in den Räumen dieses Krankenhauses durchgeführten Heilbehandlung verwendet werden; auf die sozialrechtliche Ermächtigungsform für die ambulante Heilbehandlung kommt es nicht an (vgl. BFH-Urteil vom 24.9.2014, V R 19/11, BStBl. 2016 II S. 781). [2]Eine Behandlung im selben Gebäude ist nicht erforderlich. [3]Für die Steuerbefreiung ist die Abgabe von patientenindividuell hergestellten Arzneimitteln durch die Krankenhausapotheke eines Krankenhauses zur Behandlung eines Patienten in einem Krankenhaus desselben Unternehmers an einem anderen Standort unschädlich;
4. die Lieferungen von Körperersatzstücken und orthopädischen Hilfsmitteln, soweit sie unmittelbar mit einer Leistung im Sinne des § 4 Nr. 14 Buchstabe b UStG in Zusammenhang stehen;
5. die Überlassung von Einrichtungen (z.B. Operationssaal, Röntgenanlage, medizinisch-technische Großgeräte) und die damit verbundene Gestellung von medizinischem Hilfspersonal durch Einrichtungen nach § 4 Nr. 14

---

1) ***Aichberger SGB*** Nr. ***5.***
2) DStRE 2006, 86.
3) Siehe ergänzend OFD Ffm v. 7.12.2017 – S 7170 A – 92 – St 16, UR 2018, 370.

Buchstabe b UStG an andere Einrichtungen dieser Art, an angestellte Ärzte für deren selbständige Tätigkeit und an niedergelassene Ärzte zur Mitbenutzung;

6. *(aufgehoben)*
7. die Gestellung von Ärzten und von medizinischem Hilfspersonal durch Einrichtungen nach § 4 Nr. 14 Buchstabe b UStG an andere Einrichtungen dieser Art;
8. [1] die Lieferungen von Gegenständen des Anlagevermögens, z. B. Röntgeneinrichtungen, Krankenfahrstühle und sonstige Einrichtungsgegenstände. [2] Zur Veräußerung des gesamten Anlagevermögens siehe jedoch Absatz 3 Nummer 11;
9. die Erstellung von ärztlichen Gutachten gegen Entgelt, sofern ein therapeutischer Zweck im Vordergrund steht.

(3)[1] Nicht zu den eng verbundenen Umsätzen gehören insbesondere:

1. die entgeltliche Abgabe von Speisen und Getränken an Besucher;
2. die Lieferungen von Arzneimitteln an das Personal oder Besucher sowie die Abgabe von Medikamenten gegen gesondertes Entgelt an ehemals ambulante oder stationäre Patienten zur Überbrückung;
3. [1] die Arzneimittellieferungen einer Krankenhausapotheke an Krankenhäuser anderer Träger (BFH-Urteil vom 18.10.1990, V R 76/89, BStBl. 1991 II S. 268) sowie die entgeltlichen Medikamentenlieferungen an ermächtigte Ambulanzen des Krankenhauses, an Polikliniken, an Institutsambulanzen, an sozialpädiatrische Zentren – soweit es sich in diesen Fällen nicht um nicht steuerbare Innenumsätze des Trägers der jeweiligen Krankenhausapotheke handelt – und an öffentliche Apotheken. [2] Auch die Steuerbefreiung nach § 4 Nr. 18 UStG kommt insoweit nicht in Betracht;
4. die Abgabe von nicht patientenindividuell hergestellten Medikamenten zur unmittelbaren Anwendung durch ermächtigte Krankenhausambulanzen an Patienten während der ambulanten Behandlung sowie die Abgabe von Medikamenten durch Krankenhausapotheken an Patienten im Rahmen der ambulanten Behandlung im Krankenhaus;
5. die in Abschnitt 4.14.1 Abs. 5 Nr. 6 genannten Leistungen;
6. [1] ästhetisch-plastische Leistungen, soweit ein therapeutisches Ziel nicht im Vordergrund steht. [2] Indiz hierfür kann sein, dass die Kosten regelmäßig nicht durch Krankenversicherungen übernommen werden (vgl. BFH-Urteil vom 17.7.2004, V R 27/03, BStBl. II S. 862);
7. Leistungen zur Prävention und Selbsthilfe im Sinne des § 20 SGB V,[2] die *keinen unmittelbaren* Krankheitsbezug haben, weil sie lediglich „den allgemeinen Gesundheitszustand verbessern und insbesondere einen Beitrag zur Verminderung sozial bedingter Ungleichheiten von Gesundheitschancen erbringen" sollen – § 20 Abs. 1 Satz 2 SGB V – (vgl. BFH-Urteil vom 7.7.2005, V R 23/04, BStBl. II S. 904);

---

[1] Siehe ergänzend OFD Ffm v. 7.12.2017 – S 7170 A – 92 – St 16, UR 2018, 370.
[2] **Aichberger SGB** Nr. **5.**

8. Supervisionsleistungen (vgl. BFH-Urteil vom 30.6.2005, V R 1/02, BStBl. II S. 675);
9. [1]die Leistungen der Zentralwäschereien (vgl. BFH-Urteil vom 18.10. 1990, V R 35/85, BStBl. 1991 II S. 157). [2]Dies gilt sowohl für die Fälle, in denen ein Krankenhaus in seiner Wäscherei auch die Wäsche anderer Krankenhäuser reinigt, als auch für die Fälle, in denen die Wäsche mehrerer Krankenhäuser in einer verselbständigten Wäscherei gereinigt wird. [3]Auch die Steuerbefreiung nach § 4 Nr. 18 UStG kommt nicht in Betracht;
10. die Telefongestellung an Patienten, die Vermietung von Fernsehgeräten und die Unterbringung und Verpflegung von Begleitpersonen (EuGH-Urteil vom 1.12.2005, C-394/04 und C-395/04, Ygeia);[1)]
11. [1]die Veräußerung des gesamten beweglichen Anlagevermögens und der Warenvorräte nach Einstellung des Betriebs (BFH-Urteil vom 1.12.1977, V R 37/75, BStBl. 1978 II S. 173). [2]Es kann jedoch die Steuerbefreiung nach § 4 Nr. 28 UStG in Betracht kommen.

4.14.7 Rechtsform des Unternehmers

Tätigkeit als Arzt, Zahnarzt, Heilpraktiker, Physiotherapeut, Hebamme oder ähnliche heilberufliche Tätigkeit (§ 4 Nr. 14 Buchstabe a UStG)

(1) [1]Werden Leistungen aus der Tätigkeit als Arzt, Zahnarzt, Heilpraktiker oder aus einer anderen heilberuflichen Tätigkeit im Sinne des § 4 Nr. 14 Buchstabe a UStG erbracht, kommt es für die Steuerbefreiung nach dieser Vorschrift nicht darauf an, in welcher Rechtsform der Unternehmer die Leistung erbringt (vgl. BFH-Urteile vom 4.3.1998, XI R 53/96, BStBl. 2000 II S. 13, und vom 26.9.2007, V R 54/05, BStBl. 2008 II S. 262). [2]Auch ein in der Rechtsform einer GmbH & Co. KG betriebenes Unternehmen kann bei Vorliegen der Voraussetzungen die Steuerbefreiung nach § 4 Nr. 14 UStG in Anspruch nehmen (vgl. Beschluss des BVerfG vom 10.11.1999, 2 BvR 2861/93, BStBl. 2000 II S. 160). [3]Die Steuerbefreiung hängt im Wesentlichen davon ab, dass es sich um ärztliche oder arztähnliche Leistungen handelt und dass diese von Personen erbracht werden, die die erforderlichen beruflichen Befähigungsnachweise besitzen (vgl. EuGH-Urteil vom 10.9.2002, C-141/00, Kügler).[2)] [4]Die Leistungen können auch mit Hilfe von Arbeitnehmern, die die erforderliche berufliche Qualifikation aufweisen, erbracht werden (vgl. BFH-Urteil vom 1.4.2004, V R 54/98, BStBl. II S. 681, für eine Stiftung).

(2) Die Umsätze einer Personengesellschaft aus einer heilberuflichen Tätigkeit sind auch dann nach § 4 Nr. 14 Buchstabe a UStG steuerfrei, wenn die Gesellschaft daneben eine Tätigkeit im Sinne des § 15 Abs. 1 Nr. 1 EStG ausübt und ihre Einkünfte deshalb ertragsteuerlich als Einkünfte aus Gewerbebetrieb nach § 15 Abs. 3 Nr. 1 EStG zu qualifizieren sind (vgl. BFH-Urteil vom 13.7.1994, XI R 90/92, BStBl. 1995 II S. 84).

[1)] DStRE 2006, 286.
[2)] DStRE 2002, 1196.

(3) 1 Der Befreiung von Heilbehandlungen im Bereich der Humanmedizin steht nicht entgegen, wenn diese im Rahmen von Verträgen der hausarztzentrierten Versorgung nach § 73b SGB V[1)] oder der besonderen ambulanten ärztlichen Versorgung nach § 73c SGB V bzw. nach anderen sozialrechtlichen Vorschriften erbracht werden. 2 Zu den Leistungen von Einrichtungen, mit denen Verträge nach §§ 73b, 73c oder 140a SGB V bestehen, vgl. Abschnitt 4.14.9.

Krankenhausbehandlungen und ärztliche Heilbehandlungen (§ 4 Nr. 14 Buchstabe b UStG)

(4) Neben Leistungen, die unmittelbar von Ärzten oder anderen Heilkundigen unter ärztlicher Aufsicht erbracht werden, umfasst der Begriff ärztliche Heilbehandlung auch arztähnliche Leistungen, die u. a. in Krankenhäusern unter der alleinigen Verantwortung von Personen, die keine Ärzte sind, erbracht werden (vgl. EuGH-Urteil vom 6.11.2003, C-45/01, Dornier).[2)]

(5) 1 Begünstigte Leistungserbringer können Einrichtungen des öffentlichen Rechts (§ 4 Nr. 14 Buchstabe b Satz 1 UStG) oder Einrichtungen des privaten Rechts, die nach § 4 Nr. 14 Buchstabe b Satz 2 UStG mit Einrichtungen des öffentlichen Rechts in sozialer Hinsicht, insbesondere hinsichtlich der Bedingungen, vergleichbar sind, sein. 2 Der Begriff „Einrichtung" umfasst dabei auch natürliche Personen. 3 Als privatrechtliche Einrichtungen sind auch Einrichtungen anzusehen, die in der Form privatrechtlicher Gesellschaften betrieben werden, deren Anteile nur von juristischen Personen des öffentlichen Rechts gehalten werden.

4.14.8 Praxis- und Apparategemeinschaften

(1) 1 Steuerbefreit werden sonstige Leistungen von Gemeinschaften, deren Mitglieder ausschließlich Angehörige der in § 4 Nr. 14 Buchstabe a UStG bezeichneten Berufe und/oder Einrichtungen im Sinne des § 4 Nr. 14 Buchstabe b UStG sind, soweit diese Leistungen für unmittelbare Zwecke der Ausübung der Tätigkeit nach § 4 Nr. 14 Buchstabe a oder b UStG verwendet werden und die Gemeinschaft von ihren Mitgliedern lediglich die genaue Erstattung des jeweiligen Anteils an den gemeinsamen Kosten fordert. 2 Als Gemeinschaften gelten nur Einrichtungen, die als Unternehmer im Sinne des § 2 UStG anzusehen sind.

(2) 1 Die Leistungen von Gemeinschaften nach § 4 Nr. 14 Buchstabe d UStG bestehen u. a. in der Zurverfügungstellung von medizinischen Einrichtungen, Apparaten und Geräten. 2 Des Weiteren führen die Gemeinschaften beispielsweise mit eigenem medizinisch-technischen Personal Laboruntersuchungen, Röntgenaufnahmen und andere medizinisch-technische Leistungen an ihre Mitglieder aus.

(3) 1 Voraussetzung für die Steuerbefreiung ist, dass die Leistungen von den Mitgliedern unmittelbar für ihre nach § 4 Nr. 14 Buchstabe a oder b UStG

---

1) **Aichberger SGB** Nr. **5.**
2) DStRE 2004, 99.

steuerfreien Umsätze verwendet werden. [2]Übernimmt die Gemeinschaft für ihre Mitglieder z. B. die Buchführung, Rechtsberatung oder die Tätigkeit einer ärztlichen Verrechnungsstelle, handelt es sich um Leistungen, die nur mittelbar zur Ausführung von steuerfreien Heilbehandlungsleistungen bezogen werden und deshalb nicht von der Umsatzsteuer nach § 4 Nr. 14 Buchstabe d UStG befreit sind. [3]Die Anwendung der Steuerbefreiung setzt allerdings nicht voraus, dass die Leistungen stets allen Mitgliedern gegenüber erbracht werden (vgl. EuGH-Urteil vom 11.12.2008, C-407/07, Stichting Centraal Begeleidingsorgaan voor de Intercollegiale Toetsing).[1)]

(4) [1]Für die Steuerbefreiung ist es unschädlich, wenn die Gemeinschaft den jeweiligen Anteil der gemeinsamen Kosten des Mitglieds direkt im Namen des Mitglieds mit den Krankenkassen abrechnet. [2]Die Leistungsbeziehung zwischen Gemeinschaft und Mitglied bleibt weiterhin bestehen. [3]Der verkürzte Abrechnungsweg kann als Serviceleistung angesehen werden, die als unselbständige Nebenleistung das Schicksal der Hauptleistung teilt.

(5) Auch Laborleistungen gemäß § 25 Abs. 3 des Bundesmantelvertrags-Ärzte, wonach die Laborgemeinschaft für den Arzt die auf ihn entfallenden Analysekosten gegenüber der zuständigen Kassenärztlichen Vereinigung abrechnet, erfüllen hinsichtlich der dort geforderten „genauen Erstattung des jeweiligen Anteils an den gemeinsamen Kosten" die Voraussetzung des § 4 Nr. 14 Buchstabe d UStG.

(6) [1]Beschafft und überlässt die Gemeinschaft ihren Mitgliedern Praxisräume, ist dieser Umsatz nicht nach § 4 Nr. 14 Buchstabe d UStG befreit. [2]Vielmehr handelt es sich hierbei um sonstige Leistungen, die in der Regel unter die Steuerbefreiung für die Vermietung von Grundstücken nach § 4 Nr. 12 Satz 1 Buchstabe a UStG fallen.

(7) [1]Die Befreiung darf nach Artikel 132 Abs. 1 Buchstabe f MwStSystRL[2)] nicht zu einer Wettbewerbsverzerrung führen. [2]Sie kann sich deshalb nur auf die sonstigen Leistungen der ärztlichen Praxis- und Apparategemeinschaften beziehen, nicht aber auf Fälle, in denen eine Gemeinschaft für ihre Mitglieder z. B. die Buchführung, die Rechtsberatung oder die Tätigkeit einer ärztlichen Verrechnungsstelle übernimmt.

(8) [1]Leistungen der Gemeinschaft an Nicht-Mitglieder sind von der Befreiung nach § 4 Nr. 14 Buchstabe d UStG ausgeschlossen. [2]Das gilt auch dann, wenn ein Leistungsempfänger, der nicht Mitglied ist, der Gemeinschaft ein Darlehen oder einen Zuschuss gegeben hat.

4.14.9 Leistungen von Einrichtungen mit Versorgungsverträgen nach §§ 73b, 73c oder 140a SGB V[3)]

(1) Im Rahmen eines Versorgungsvertrags nach §§ 73b, 73c oder 140a SGB V[3)] wird die vollständige bzw. teilweise ambulante und/oder stationäre Versorgung der Mitglieder der jeweiligen Krankenkasse auf eine Einrichtung

---

[1)] *DStRE 2009, 110.*
[2)] **Steuergesetze** Nr. **550.**
[3)] **Aichberger SGB** Nr. **5.**

im Sinne der §§ 73b Abs. 4, 73c Abs. 3 oder 140b Abs. 1 SGB V übertragen mit dem Ziel, eine bevölkerungsbezogene Flächendeckung der Versorgung zu ermöglichen.

(2) Einrichtungen im Sinne der §§ 73b Abs. 4, 73c Abs. 3 und 140b Abs. 1 SGB V,[1] die Leistungen nach § 4 Nr. 14 Buchstabe a und b UStG erbringen, führen nach § 4 Nr. 14 Buchstabe c UStG steuerfreie Umsätze aus, soweit mit ihnen Verträge

- zur hausarztzentrierten Versorgung nach § 73b SGB V,
- zur besonderen ambulanten ärztlichen Versorgung nach § 73c SGB V oder
- zur integrierten Versorgung nach § 140a SGB V

bestehen.

(3) Zu den Einrichtungen nach § 73b Abs. 4 SGB V[1] zählen:

- vertragsärztliche Leistungserbringer, die an der hausärztlichen Versorgung nach § 73 Abs. 1a SGB V teilnehmen, und deren Gemeinschaften;
- Gemeinschaften, die mindestens die Hälfte der an der hausärztlichen Versorgung teilnehmenden Allgemeinärzte des Bezirks einer Kassenärztlichen Vereinigung vertreten;
- Träger von Einrichtungen, die eine hausarztzentrierte Versorgung nach § 73b Abs. 1 SGB V durch vertragsärztliche Leistungserbringer, die an der hausärztlichen Versorgung nach § 73 Abs. 1a SGB V teilnehmen, anbieten;
- Kassenärztliche Vereinigungen, soweit Gemeinschaften von vertragsärztlichen Leistungserbringern, die an der hausärztlichen Versorgung nach § 73 Abs. 1a SGB V teilnehmen, sie hierzu ermächtigt haben.

(4) Zu den Einrichtungen nach § 73c Abs. 3 SGB V[1] zählen:

- vertragsärztliche Leistungserbringer;
- Gemeinschaften vertragsärztlicher Leistungserbringer;
- Träger von Einrichtungen, die eine besondere ambulante Versorgung nach § 73c Abs. 1 SGB V durch vertragsärztliche Leistungserbringer anbieten;
- Kassenärztliche Vereinigungen.

(5) Zu den Einrichtungen nach § 140b Abs. 1 SGB V[1] zählen:

- einzelne, zur vertragsärztlichen Versorgung zugelassene Ärzte und Zahnärzte und einzelne sonstige, nach dem Vierten Kapitel des SGB V zur Versorgung der Versicherten berechtigte Leistungserbringer;
- Träger zugelassener Krankenhäuser, soweit sie zur Versorgung berechtigt sind, Träger von stationären Vorsorge- und Rehabilitationseinrichtungen, soweit mit ihnen ein Versorgungsvertrag nach § 111 SGB V besteht, Träger von ambulanten Rehabilitationseinrichtungen;
- *Träger von Einrichtungen nach* § 95 Abs. 1 Satz 2 SGB V (medizinische Versorgungszentren);
- Träger von Einrichtungen, die eine integrierte Versorgung nach § 140a SGB V durch zur Versorgung der Versicherten nach dem Vierten Kapitel des SGB V berechtigte Leistungserbringer anbieten (sog. Managementgesellschaften);

---

[1] **Aichberger SGB** Nr. **5**.

– Pflegekassen und zugelassene Pflegeeinrichtungen auf der Grundlage des § 92b SGB XI;[1)]
– Gemeinschaften der vorgenannten Leistungserbringer und deren Gemeinschaften;
– Praxiskliniken nach § 115 Abs. 2 Satz 1 Nr. 1 SGB V.

(6) [1] Gemeinschaften der in Absatz 3 bis 5 genannten Einrichtungen sind z.B. Managementgesellschaften, die als Träger dieser Einrichtungen nicht selbst Versorger sind, sondern eine Versorgung durch dazu berechtigte Leistungserbringer anbieten. [2] Sie erbringen mit der Übernahme der Versorgung von Patienten und dem „Einkauf" von Behandlungsleistungen Dritter sowie der Einhaltung vereinbarter Ziele und Qualitätsstandards steuerfreie Leistungen, wenn die beteiligten Leistungserbringer die jeweiligen Heilbehandlungsleistungen unmittelbar mit dem Träger abrechnen. [3] In diesen Fällen ist die Wahrnehmung von Managementaufgaben als unselbständiger Teil der Heilbehandlungsleistung der Managementgesellschaften gegenüber der jeweiligen Krankenkasse anzusehen. [4] Sofern in einem Vertrag zur vollständigen bzw. teilweisen ambulanten und/oder stationären Versorgung der Mitglieder der Krankenkasse jedoch lediglich Steuerungs-, Koordinierungs- und/oder Managementaufgaben von der Krankenkasse auf die Managementgesellschaft übertragen werden, handelt es sich hierbei um eine Auslagerung von Verwaltungsaufgaben. [5] Diese Leistungen gegenüber der jeweiligen Krankenkasse stellen keine begünstigten Heilbehandlungen dar und sind steuerpflichtig.

Zu § 4 Nr. 15 UStG

4.15.1[2)] *(aufgehoben)*

Zu § 4 Nr. 16 UStG

4.16.1 Anwendungsbereich und Umfang der Steuerbefreiung

Anwendungsbereich

(1) [1] § 4 Nr. 16 UStG selbst enthält nur eine allgemeine Definition der Betreuungs- und Pflegeleistungen. [2] Welche Leistungen letztlich im Einzelnen in den Anwendungsbereich der Steuerbefreiung fallen, ergibt sich aus der Definition der nach § 4 Nr. 16 Satz 1 Buchstaben a bis l UStG begünstigten Einrichtungen. [3] Soweit diese im Rahmen ihrer sozialrechtlichen Anerkennung Betreuungs- und Pflegeleistungen ausführen (vgl. auch Absatz 8 und 9), fallen ihre Leistungen in den Anwendungsbereich der Steuerbefreiung.

(2) Die mit dem Betrieb von Einrichtungen zur Betreuung oder Pflege körperlich, geistig oder seelisch hilfsbedürftiger Personen eng verbundenen Leistungen sind nach § 4 Nr. 16 Satz 1 Buchstabe a UStG steuerfrei, wenn sie von Einrichtungen des öffentlichen Rechts erbracht werden.

---

1) **Aichberger SGB** Nr. **11**.
2) A 4.15.1 UStAE aufgeh. durch BMF v. 15.12.2020, BStBl. I 2020, 1374.

(3)[1] [1]Ferner sind die Betreuungs- oder Pflegeleistungen nach § 4 Nr. 16 Satz 1 Buchstaben b bis l UStG steuerfrei, wenn sie von anderen anerkannten Einrichtungen mit sozialem Charakter im Sinne des Artikels 132 Abs. 1 Buchstabe g MwStSystRL[2] erbracht werden. [2]Dabei umfasst der Begriff „Einrichtungen" unabhängig von der Rechts- oder Organisationsform des Leistungserbringers sowohl natürliche als auch juristische Personen. [3]Als andere Einrichtungen sind auch Einrichtungen anzusehen, die in der Form privatrechtlicher Gesellschaften betrieben werden, deren Anteile nur von juristischen Personen des öffentlichen Rechts gehalten werden. [4]Für die Anerkennung eines Unternehmers als eine Einrichtung mit sozialem Charakter reicht es für sich allein nicht schon aus, dass der Unternehmer lediglich als Subunternehmer für eine anerkannte Einrichtung tätig ist. [5]Ein Zeitarbeitsunternehmen, das anerkannten Pflegeeinrichtungen staatlich geprüfte Pflegekräfte zur Verfügung stellt, ist selbst keine Einrichtung mit sozialem Charakter (vgl. EuGH-Urteil vom 12.3.2015, C-594/13, „go fair" Zeitarbeit, BStBl. II S. 980).

Umfang der Steuerbefreiung an hilfsbedürftige Personen

(4) [1]Die Steuerbefreiung erfasst sowohl Betreuungs- als auch Pflegeleistungen für hilfsbedürftige Personen. [2]Hilfsbedürftig sind alle Personen, die auf Grund ihres körperlichen, geistigen oder seelischen Zustands der Betreuung oder Pflege bedürfen. [3]Der Betreuung oder Pflege bedürfen Personen, die krank, behindert oder von einer Behinderung bedroht sind. [4]Dies schließt auch Personen mit ein, bei denen ein Grundpflegebedarf oder eine erhebliche Einschränkung der Alltagskompetenz (§ 45a SGB XI),[3] besteht. [5]Hilfsbedürftig sind darüber hinaus auch Personen, denen Haushaltshilfe nach dem KVLG 1989, dem ALG oder dem SGB VII[4] gewährt wird, etwa im Fall der Arbeitsunfähigkeit nach § 10 Abs. 1 KVLG 1989.

Umfang der Steuerbefreiung bei Leistungen auch an nicht hilfsbedürftige Personen

(5) [1]Soweit Pflege- oder Betreuungsleistungen in stationären Einrichtungen in geringem Umfang auch an nicht hilfsbedürftige Personen erbracht werden, ist die Inanspruchnahme der Steuerbefreiung nicht zu beanstanden. [2]Von einem geringen Umfang ist auszugehen, wenn die Leistungen in nicht mehr als 10% der Fälle an nicht hilfsbedürftige Personen erbracht werden. [3]Die Steuerbefreiung gilt dann insgesamt für die mit dem Betrieb eines Altenheims oder Pflegeheims eng verbundenen Umsätze, auch wenn hier in geringem Umfang bereits Personen aufgenommen werden, die nicht betreuungs- oder pflegebedürftig sind.

Umfang der Steuerbefreiung bei Betreuungs- und Pflegeleistungen

(6) [1]*Die Steuerbefreiung* umfasst die mit dem Betrieb von Einrichtungen zur Betreuung oder Pflege körperlich, geistig oder seelisch hilfsbedürftiger

---

[1] Zur umsatzsteuerrechtlichen Behandlung von Gutachtertätigkeiten im Auftrag des MDK siehe BFH v. 24.2.2021 XI R 30/20 (XI R 11/17), DStR 2021, 1534, als Nachfolgeentscheidung zu EuGH v. 8.10.2020 C-657/19, MwStR 2020, 1059 (Rspr.-Änderung).

[2] **Steuergesetze** Nr. **550**.

[3] **Aichberger SGB** Nr. **11**.

[4] **Aichberger SGB** Nr. **30/20** (KVLG), Nr. **30/10** (ALG), Nr. **7** (SGB VII).

Personen eng verbundenen Umsätze, unabhängig davon, ob diese Leistungen ambulant oder stationär erbracht werden. [2]Werden die Leistungen stationär erbracht, kommt es zudem nicht darauf an, ob die Personen vorübergehend oder dauerhaft aufgenommen werden.

(7) [1]Unter den Begriff der Betreuung oder Pflege fallen z.B. die in § 36 Abs. 1 SGB XI[1)] bzw. § 64b SGB XII[2)] aufgeführten körperbezogenen Pflegemaßnahmen und pflegerischen Betreuungsmaßnahmen sowie Hilfen bei der Haushaltsführung; bei teilstationärer oder stationärer Aufnahme gilt dies auch für die Unterbringung und Verpflegung. [2]Auch in den Fällen, in denen eine Einrichtung im Sinne von § 4 Nr. 16 UStG für eine hilfsbedürftige Person ausschließlich Leistungen der hauswirtschaftlichen Versorgung erbringt, handelt es sich um mit dem Betrieb von Einrichtungen zur Betreuung oder Pflege eng verbundene und somit steuerfreie Leistungen.

Beschränkung der Steuerbefreiung

(8) [1]Leistungen nach § 4 Nr. 16 UStG sind sowohl im Bereich gesetzlicher Versicherungen steuerfrei als auch bei Vorliegen eines privaten Versicherungsschutzes. [2]Nach § 4 Nr. 16 Satz 2 UStG sind Betreuungs- oder Pflegeleistungen, die von den in § 4 Nr. 16 Satz 1 UStG genannten Einrichtungen erbracht werden, befreit, soweit es sich ihrer Art nach um Leistungen handelt, auf die sich die Anerkennung, der Vertrag oder die Vereinbarung nach Sozialrecht oder die Vergütung jeweils bezieht.

Beispiel 1:

[1]Ein Unternehmer erbringt Haushaltshilfeleistungen im Rahmen eines Vertrages nach § 132 SGB V mit der Krankenkasse A an eine hilfsbedürftige Person. [2]Daneben erbringt er die identischen Haushaltshilfeleistungen an hilfsbedürftige Privatpersonen, an hilfsbedürftige Privatversicherte sowie an die Krankenkasse B. [3]Ein Vertrag nach § 132 SGB V besteht mit der Krankenkasse B nicht. [4]Der Unternehmer stellt eine begünstigte Einrichtung nach § 4 Nr. 16 Satz 1 Buchstabe b UStG dar. [5]Somit sind die gesamten Haushaltshilfeleistungen im Sinne des § 132 SGB V steuerfrei.

Beispiel 2:

Ein Unternehmer, der Leistungen in verschiedenen Bereichen erbringt, z.B. neben einem nach § 72 SGB XI zugelassenen Pflegeheim auch einen Integrationsfachdienst betreibt, hat die Voraussetzung für die Steuerbefreiung für beide Bereiche gesondert nachzuweisen (Vereinbarung nach § 194 SGB IX).

(9) [1]Die Steuerbefreiung beschränkt sich allerdings nicht auf den „Umfang" z.B. des im Rahmen der Zulassung vereinbarten Leistungspakets. [2]Sofern z.B. eine nach § 72 SGB XI[1)] zugelassene Pflegeeinrichtung Leistungen erbringt, die über den Leistungskatalog der gesetzlichen Krankenversicherung hinausgehen (z.B. tägliche Hilfe beim Baden anstatt nur einmal wöchentlich), fallen auch diese unter die Steuerbefreiung nach § 4 Nr. 16 Satz 1 Buchstabe c UStG.

4.16.2 Nachweis der Voraussetzungen

(1) [1]Die Voraussetzungen für die Steuerbefreiung, dass die Leistungen an hilfsbedürftige Personen erbracht wurden, müssen für jede betreute oder ge-

[1)] **Aichberger SGB** Nr. **11**.
[2)] **Aichberger SGB** Nr. **12**.

pflegte Person beleg- und buchmäßig nachgewiesen werden. [2]Hierzu gehören insbesondere

- der Nachweis der Pflegebedürftigkeit und ihrer voraussichtlichen Dauer durch eine Bestätigung der Krankenkasse, der Pflegekasse, des Sozialhilfeträgers, des Gesundheitsamts oder durch ärztliche Verordnung;
- der Nachweis der Kosten des Falls durch Rechnungen und der Höhe der Kostenerstattung der gesetzlichen Träger der Sozialversicherung oder Sozialhilfe durch entsprechende Abrechnungsunterlagen;
- die Aufzeichnung des Namens und der Anschrift der hilfsbedürftigen Person;
- die Aufzeichnung des Entgelts für die gesamte Betreuungs- oder Pflegeleistung und der Höhe des Kostenersatzes durch den Träger der Sozialversicherung oder Sozialhilfe für den einzelnen Fall;
- die Summe der gesamten Fälle eines Kalenderjahres;
- die Summe der Fälle dieses Jahres mit überwiegender Kostentragung durch die Träger der Sozialversicherung oder Sozialhilfe.

[3]Übernimmt eine anerkannte und zugelassene Pflegeeinrichtung als Kooperationspartner einer anderen Einrichtung einen Teil des Pflegeauftrags für eine zu pflegende Person, kann für beide Einrichtungen die Steuerbefreiung nach § 4 Nr. 16 UStG in Betracht kommen.

(2) [1]Als Nachweis über die Hilfsbedürftigkeit der gepflegten oder betreuten Personen kommen ferner andere Belege/Aufzeichnungen, die als Nachweis eines Betreuungs- und Pflegebedarfs geeignet sind und oftmals bereits auf Grund sozialrechtlicher Vorgaben vorhanden sind, z. B. Betreuungstagebücher und Pflegeleistungsaufzeichnungen der Pflegekräfte, in Betracht. [2]Ferner kann sich der Pflegebedarf insbesondere aus der Anerkennung eines Pflegegrads nach den §§ 14 oder 15 SGB XI[1)] oder aus einem diesbezüglichen Ablehnungsbescheid ergeben.

4.16.3 Einrichtungen nach § 4 Nr. 16 Satz 1 Buchstabe l UStG

(1) Sofern Betreuungs- oder Pflegeleistungen an hilfsbedürftige Personen von Einrichtungen erbracht werden, die nicht nach Sozialrecht anerkannt sind und mit denen weder ein Vertrag noch eine Vereinbarung nach Sozialrecht besteht, sind diese nach § 4 Nr. 16 Satz 1 Buchstabe l UStG steuerfrei, wenn im vorangegangenen Kalenderjahr die Betreuungs- oder Pflegekosten in mindestens 25 % der Fälle dieser Einrichtung von den gesetzlichen Trägern der Sozialversicherung, den Trägern der Sozialhilfe, den Trägern der Eingliederungshilfe nach § 94 SGB IX[2)] oder der für die Durchführung der Kriegsopferversorgung zuständigen Versorgungsverwaltung einschließlich der Träger der Kriegsopferfürsorge ganz oder zum überwiegenden Teil vergütet worden sind.

(2) [1]Eine Vergütung der Betreuungs- oder Pflegeleistungen aus Geldern des Persönlichen Budgets (§ 29 SGB IX)[2)] durch die hilfsbedürftige Person

---

[1)] **Aichberger SGB** Nr. **11**.
[2)] **Aichberger SGB** Nr. **9**.

als mittelbare Vergütung ist nicht in die Ermittlung der Sozialgrenze bei der erbringenden Einrichtung mit einzubeziehen. [2] Auch Betreuungs- und Pflegeleistungen von Einrichtungen (Subunternehmer), die diese gegenüber begünstigten Einrichtungen erbringen, sind nicht begünstigt, sofern diese nicht selbst eine begünstigte Einrichtung nach § 4 Nr. 16 UStG sind.

(3) [1] Für die Ermittlung der 25%-Grenze nach § 4 Nr. 16 Satz 1 Buchstabe l UStG müssen die Betreuungs- und Pflegekosten im vorangegangenen Kalenderjahr in mindestens 25% der Fälle von den gesetzlichen Trägern der Sozialversicherung, den Trägern der Sozialhilfe, den Trägern der Eingliederungshilfe nach § 94 SGB IX[1)] oder der für die Durchführung der Kriegsopferversorgung zuständigen Versorgungsverwaltung einschließlich der Träger der Kriegsopferfürsorge ganz oder zum überwiegenden Teil vergütet worden sein. [2] Für die Auslegung des Begriffs „Fälle" ist von der Anzahl der hilfsbedürftigen Personen im Laufe eines Kalendermonats auszugehen. [3] Bei der stationären oder teilstationären Unterbringung in einer Einrichtung gilt daher die Aufnahme einer Person innerhalb eines Kalendermonats als ein „Fall". [4] Bei der Erbringung ambulanter Betreuungs- oder Pflegeleistungen gelten alle Leistungen für eine Person in einem Kalendermonat als ein „Fall". [5] Werden von einem Unternehmer mehrere verschiedenartige Einrichtungen im Sinne des § 4 Nr. 16 Satz 1 UStG betrieben, sind die im Laufe eines Kalendermonats betreuten oder gepflegten Personen zur Ermittlung der Gesamtzahl der Fälle jeder Einrichtung gesondert zuzuordnen.

(4) [1] Die Kosten eines „Falls" werden von den gesetzlichen Trägern der Sozialversicherung, Sozialhilfe, Eingliederungshilfe nach § 94 SGB IX,[1)] Kriegsopferfürsorge oder der für die Durchführung der Kriegsopferversorgung zuständigen Versorgungsverwaltung zum überwiegenden Teil getragen, wenn sie die Kosten des Falls allein oder gemeinsam zu mehr als 50% übernehmen. [2] Der Zeitpunkt der Kostenerstattung ist dabei ohne Bedeutung. [3] Kostenzuschüsse oder Kostenerstattungen anderer Einrichtungen (z. B. private Krankenkassen, Beihilfestellen für Beamte, Wohlfahrtsverbände) sind den eigenen Aufwendungen der hilfsbedürftigen Person zuzurechnen.

(5) [1] Für die Ermittlung der 25%-Grenze sind die Verhältnisse des Vorjahres maßgebend. [2] Nimmt der Unternehmer seine Tätigkeit im Laufe eines Kalenderjahres neu auf, ist auf die voraussichtlichen Verhältnisse des laufenden Jahres abzustellen.

(6) [1] Schulungskurse und Beratungen, die Pflegeeinrichtungen im Auftrag der Pflegekassen durchführen, sind eng mit den Pflegeleistungen verbundene Umsätze. [2] Sie werden grundsätzlich nicht als „Fall" angesehen und bei der Berechnung der 25%-Grenze außen vor gelassen. [3] Diese Umsätze sind danach steuerfrei, wenn im vorangegangenen Kalenderjahr mindestens 25% der Fälle der Einrichtung ganz oder zum überwiegenden Teil von der Sozialversicherung, Sozialhilfe, Eingliederungshilfe (SGB IX Teil 2),[1)] Kriegsopferfürsorge oder der für die Durchführung der Kriegopferversorgung zuständigen Versorgungsverwaltung getragen worden sind.

---

1) **Aichberger SGB** Nr. **9**.

4.16.4 Leistungen der Altenheime, Pflegeheime und Altenwohnheime

Altenheime (§ 4 Nr. 16 Satz 1 Buchstabe l UStG)

(1) Altenheime sind Einrichtungen, in denen ältere Menschen, die grundsätzlich nicht pflegebedürftig, aber zur Führung eines eigenen Hausstands außerstande sind, Unterkunft, Verpflegung und Betreuung erhalten.

(2) Die Inanspruchnahme der Steuerbefreiung nach § 4 Nr. 16 Satz 1 Buchstabe l UStG für Betreuungs- oder Pflegeleistungen an hilfsbedürftige Personen durch private Altenheime setzt grundsätzlich voraus, dass die Leistungen im vorangegangenen Kalenderjahr in 25% der Fälle von den gesetzlichen Trägern der Sozialversicherung oder der Sozialhilfe oder der für die Durchführung der Kriegsopferversorgung zuständigen Versorgungsverwaltung einschließlich der Träger der Kriegsopferfürsorge ganz oder zum überwiegenden Teil vergütet worden sind.

Pflegeheime (§ 4 Nr. 16 Satz 1 Buchstaben c oder d UStG)

(3) Stationäre Pflegeeinrichtungen (Pflegeheime) sind selbständige wirtschaftliche Einrichtungen, in denen Pflegebedürftige unter ständiger Verantwortung einer ausgebildeten Pflegefachkraft gepflegt werden und ganztägig (vollstationär) oder nur tagsüber oder nur nachts (teilstationär) untergebracht und verpflegt werden (§ 71 Abs. 2 SGB XI).[1]

(4) Die Betreuungs- oder Pflegeleistungen an hilfsbedürftige Personen in stationären Pflegeeinrichtungen sind nach § 4 Nr. 16 Satz 1 Buchstabe c bzw. d UStG steuerfrei, wenn mit den Einrichtungen ein Versorgungsvertrag nach § 72 SGB XI[1] besteht bzw. diese zur Heimpflege nach § 26 Abs. 5 in Verbindung mit § 44 SGB VII[2] bestimmt oder die Voraussetzungen nach § 4 Nr. 16 Satz 1 Buchstabe l UStG erfüllt sind.

Altenwohnheime

(5) [1] Beim Betrieb eines Altenwohnheims ist grundsätzlich nur von einer nach § 4 Nr. 12 UStG steuerfreien Vermietungsleistung auszugehen. [2] Wird mit den Bewohnern eines Altenwohnheims ein Vertrag über die Aufnahme in das Heim geschlossen, der neben der Wohnraumüberlassung auch Leistungen zur Betreuung oder Pflege vorsieht, wobei die Betreuungs- und Pflegeleistungen die Wohnraumüberlassung aber nicht überlagern, handelt es sich um zwei getrennt voneinander zu betrachtende Leistungen. [3] Auch in diesem Fall ist die Wohnraumüberlassung grundsätzlich nach § 4 Nr. 12 UStG steuerfrei. [4] Werden daneben eigenständige Leistungen der Betreuung oder Pflege erbracht, können diese unter den Voraussetzungen des § 4 Nr. 16 UStG steuerfrei sein (vgl. BFH-Urteil vom 4.5.2011, XI R 35/10, BStBl. II S. 836).

---

[1] **Aichberger SGB** Nr. **11.**
[2] **Aichberger SGB** Nr. **7.**

4.16.5 Weitere Betreuungs- und/oder Pflegeeinrichtungen

Haushaltshilfeleistungen (§ 4 Nr. 16 Satz 1 Buchstaben b, d, i oder l UStG)

(1) Haushaltshilfe erhalten Personen, denen z.B. wegen einer Krankenhausbehandlung und ggf. weiterer Voraussetzungen die Weiterführung des Haushalts nicht möglich ist.

(2) [1]Haushaltshilfeleistungen sind nach § 4 Nr. 16 Satz 1 Buchstabe b UStG steuerfrei, wenn diese von Einrichtungen erbracht werden, mit denen ein Vertrag nach § 132 SGB V[1)] besteht. [2]Hierunter fallen insbesondere Umsätze, die eine Einrichtung durch Gestellung von Haushaltshilfen im Sinne des § 38 SGB V erzielt (vgl. BFH-Urteil vom 30.7.2008, XI R 61/07, BStBl. 2009 II S. 68).

(3) [1]Auch die Haushaltshilfeleistungen von Einrichtungen, die hierzu nach § 26 Abs. 5 in Verbindung mit § 42 SGB VII[2)] (Haushaltshilfe und Kinderbetreuung) bestimmt sind (§ 4 Nr. 16 Satz 1 Buchstabe d UStG) oder mit denen ein Vertrag nach § 8 Abs. 3 Satz 2 SVLFGG[3)] (Inanspruchnahme anderer geeigneter Personen, Einrichtungen oder Unternehmen zur Gewährung von häuslicher Krankenpflege, Betriebs- und Haushaltshilfe) über die Gewährung von Leistungen

- nach den §§ 10 und 11 KLVG 1989[4)] (Betriebs- und Haushaltshilfe in der landwirtschaftlichen Krankenversicherung wegen Krankheit, einer medizinischen Vorsorge- oder Rehabilitationsleistung oder Schwangerschaft und Entbindung),
- nach den §§ 10, 36, 37 und 39 ALG[5)] (Betriebs- und Haushaltshilfe in der Alterssicherung der Landwirte bei medizinischer Rehabilitation, bei Arbeitsunfähigkeit, Schwangerschaft und Kuren, bei Tod und in anderen Fällen) oder
- nach § 54 Abs. 2 SGB VII (Betriebs- oder Haushaltshilfe in der landwirtschaftlichen Unfallversicherung)

besteht (§ 4 Nr. 16 Satz 1 Buchstabe i UStG) sind steuerfrei. [2]Zudem sind Haushaltshilfeleistungen steuerfrei, wenn die Voraussetzungen des § 4 Nr. 16 Satz 1 Buchstabe l UStG erfüllt sind.

(4) [1]Für die Leistungen aus der Gestellung von Betriebshelfern kann die Steuerbefreiung nach § 4 Nr. 27 Buchstabe b UStG unter den dortigen Voraussetzungen in Betracht kommen.

Leistungen der häuslichen Pflege (§ 4 Nr. 16 Satz 1 Buchstabe c, i oder l UStG)

(5) [1]Einrichtungen, die Leistungen zur häuslichen Pflege und Betreuung sowie zur hauswirtschaftlichen Versorgung erbringen, sind mit ihren Leistun-

---

[1)] **Aichberger SGB** Nr. **5.**

[2)] **Aichberger SGB** Nr. **7.**

[3)] Gesetz zur Errichtung der Sozialversicherung für Landwirtschaft, Forsten und Gartenbau (SVLFGG) v. 12.4.2012, BGBl. I 2012, 579, zuletzt geänd. durch G v. 12.6.2020, BGBl. I *2020, 1248.*

[4)] **Aichberger SGB** Nr. **30/210.**

[5)] **Aichberger SGB** Nr. **30/10.**

gen steuerfrei, wenn mit ihnen die Krankenkasse einen Vertrag nach § 132a SGB V[1] (Versorgung mit häuslicher Krankenpflege) bzw. die zuständige Pflegekasse einen Vertrag nach § 77 SGB XI[1] (Häusliche Pflege durch Einzelpersonen) geschlossen hat oder mit ihnen ein Versorgungsvertrag

- nach § 72 SGB XI (zugelassene Pflegeeinrichtungen – § 4 Nr. 16 Satz 1 Buchstabe c UStG) bzw.
- nach § 8 Abs. 3 Satz 2 SVLFGG (Inanspruchnahme anderer geeigneter Personen, Einrichtungen oder Unternehmen zur Gewährung von häuslicher Krankenpflege, Betriebs- und Haushaltshilfe – § 4 Nr. 16 Satz 1 Buchstabe i UStG) über die Gewährung von Leistungen nach § 8 KVLG 1989 i. V. m. § 37 SGB V besteht,
- oder wenn sie hierzu nach § 26 Abs. 5 in Verbindung mit §§ 32 bzw. 44 SGB VII[1] (Leistungen bei Pflegebedürftigkeit durch häusliche Krankenpflege bzw. Pflege) bestimmt sind (§ 4 Nr. 16 Satz 1 Buchstabe c UStG)

bzw. wenn die Voraussetzungen nach § 4 Nr. 16 Satz 1 Buchstabe l UStG erfüllt sind. [2]Unter die Steuerbefreiung fallen auch die von diesen Einrichtungen erbrachten Pflegeberatungsleistungen nach §§ 7a bzw. 37 Abs. 3 SGB XI.

(6) [1]Häusliche Krankenpflege kann die auf Grund ärztlicher Verordnung erforderliche Grund- und Behandlungspflege sowie die hauswirtschaftliche Versorgung umfassen. [2]Nach § 4 Nr. 16 UStG sind aber nur die Grundpflegeleistungen und die hauswirtschaftliche Versorgung befreit. [3]Dabei fallen auch isolierte hauswirtschaftliche Versorgungsleistungen, die an hilfsbedürftige Personen erbracht werden, unter diese Steuerbefreiung. [4]Leistungen der Behandlungspflege können aber unter den weiteren Voraussetzungen des § 4 Nr. 14 UStG steuerfrei sein (vgl. Abschnitt 4.14.4 Abs. 11 Nr. 4).

Leistungen der Integrationsfachdienste (§ 4 Nr. 16 Satz 1 Buchstabe e UStG)

(7) [1]Integrationsfachdienste sind Dienste Dritter, die bei der Durchführung der Maßnahmen zur Teilhabe schwer behinderter Menschen am Arbeitsleben, um die Erwerbsfähigkeit des genannten Personenkreises herzustellen oder wiederherzustellen, beteiligt sind. [2]Sie können unter weiteren Voraussetzungen auch zur beruflichen Eingliederung von behinderten Menschen, die nicht schwer behindert sind, tätig werden (§ 192 Abs. 1 und 4 SGB IX).[2] [3]Sie können zur Teilhabe (schwer-)behinderter Menschen am Arbeitsleben (Aufnahme, Ausübung und Sicherung einer möglichst dauerhaften Beschäftigung) beteiligt werden, indem sie die (schwer-)behinderten Menschen beraten, unterstützen und auf geeignete Arbeitsplätze vermitteln, sowie die Arbeitgeber informieren, beraten und ihnen Hilfe leisten (§ 193 SGB IX). [4]Anders als bei den Leistungen der Arbeitsvermittlungsagenturen steht hier die Betreuung behinderter Menschen zur Eingliederung ins Arbeitsleben im Vordergrund.

(8) [1]Die Inanspruchnahme der Steuerbefreiung nach § 4 Nr. 16 Satz 1 Buchstabe e UStG für Leistungen der Integrationsfachdienste setzt voraus, dass

---

[1] **Aichberger SGB** Nr. **5, 7** bzw. **11.**
[2] **Aichberger SGB** Nr. **9.**

diese im Auftrag der Integrationsämter oder der Rehabilitationsträger tätig werden und mit ihnen eine Vereinbarung nach § 194 SGB IX[1)] besteht. [2]Für die Inanspruchnahme der Steuerbefreiung nach § 4 Nr. 16 Satz 1 Buchstabe e UStG kommt es ausschließlich darauf an, dass das Integrationsamt mit dem Integrationsfachdienst eine Vereinbarung abgeschlossen hat, in der dieser als Integrationsfachdienst benannt ist. [3]Wenn diese (Grund-)Vereinbarung besteht, sind alle Tätigkeiten des Integrationsfachdienstes im Rahmen des gesetzlichen Auftrages (§ 193 SGB IX) steuerbefreit. [4]Dabei ist es unerheblich, wer den konkreten Auftrag im Einzelfall erteilt (z. B. Integrationsamt, Rehabilitationsträger oder Träger der Arbeitsverwaltung).

Leistungen der Werkstätten für behinderte Menschen (§ 4 Nr. 16 Satz 1 Buchstabe f UStG)

(9) [1]Eine Werkstatt für behinderte Menschen ist eine Einrichtung zur Teilhabe behinderter Menschen am Arbeitsleben und zur Eingliederung in das Arbeitsleben. [2]Eine solche Werkstatt steht allen behinderten Menschen offen, sofern erwartet werden kann, dass sie spätestens nach Teilnahme an Maßnahmen im Berufsbildungsbereich wenigstens ein Mindestmaß wirtschaftlich verwertbarer Arbeitsleistungen erbringen werden (§ 219 Abs. 1 und 2 SGB IX).[1)] [3]Behinderte Menschen, die die Voraussetzungen für die Beschäftigung in der Werkstatt nicht erfüllen, sollen in Einrichtungen oder Gruppen betreut und gefördert werden, die der Werkstatt angegliedert sind (§ 219 Abs. 3 SGB IX).

(10) [1]Die nach dem Sozialgesetzbuch an Werkstätten für behinderte Menschen und deren angegliederten Betreuungseinrichtungen gezahlten Pflegegelder sind als Entgelte für die Betreuungs-, Beköstigungs-, Beherbergungs- und Beförderungsleistungen dieser Werkstätten anzusehen (vgl. Abschnitt 4.18.1 Abs. 11). [2]Diese Leistungen sind nach § 4 Nr. 16 Satz 1 Buchstabe f UStG befreit, wenn sie von Werkstätten bzw. deren Zusammenschlüssen erbracht werden, die nach § 225 SGB IX[1)] anerkannt sind.

(11) Zur umsatzsteuerlichen Behandlung der Umsätze im Werkstattbereich wird auf Abschnitt 12.9 Abs. 4 Nr. 4 hingewiesen.

Angebote zur Unterstützung im Alltag (§ 4 Nr. 16 Satz 1 Buchstabe g UStG)

(12) [1]Angebote zur Unterstützung im Alltag sind zum einen Angebote, in denen Helferinnen und Helfer unter pflegefachlicher Anleitung die Betreuung von Pflegebedürftigen mit allgemeinem oder mit besonderem Betreuungsbedarf in Gruppen oder im häuslichen Bereich übernehmen sowie pflegende Angehörige und vergleichbar nahestehende Pflegepersonen entlasten und beratend unterstützen (Betreuungsangebote sowie Angebote zur Entlastung von Pflegenden, § 45a Abs. 1 Satz 2 Nr. 1 und Nr. 2 SGB XI).[2)] [2]Das sind z. B. Betreuungsgruppen für Pflegebedürftige mit demenzbedingten Fähigkeitsstörungen, mit geistigen Behinderungen oder mit psychischen Erkran-

---

[1)] **Aichberger SGB** Nr. 9.
[2)] **Aichberger SGB** Nr. 11.

kungen, Helferinnen- und Helferkreise zur stundenweisen Entlastung pflegender Angehöriger im häuslichen Bereich, die Tagesbetreuung in Kleingruppen oder die Einzelbetreuung durch anerkannte Helferinnen und Helfer oder familienentlastende Dienste. [3]Angebote zur Unterstützung im Alltag sind zum anderen Angebote, die dazu dienen, die Pflegebedürftigen bei der Bewältigung von allgemeinen oder pflegebedingten Anforderungen des Alltags oder im Haushalt, insbesondere der Haushaltsführung, oder bei der eigenverantwortlichen Organisation individuell benötigter Hilfeleistungen zu unterstützen (Angebote zur Entlastung im Alltag, § 45a Abs. 1 Satz 2 Nr. 3 SGB XI). [4]Das sind z. B. Alltagsbegleiterinnen und -begleiter oder Angebote für haushaltsnahe Dienstleistungen.

(13) [1]Solche Angebote zur Unterstützung im Alltag werden z. B. von ambulanten Pflegediensten, von Wohlfahrtsverbänden, Betroffenenverbänden, Nachbarschaftshäusern, Kirchengemeinden und anderen Organisationen und Vereinen erbracht, aber auch von Einzelpersonen. [2]Umsätze von Einrichtungen sind nach § 4 Nr. 16 Satz 1 Buchstabe g UStG steuerfrei, soweit sie Leistungen erbringen, die landesrechtlich als Angebote zur Unterstützung im Alltag nach § 45a SGB XI[1)] anerkannt oder zugelassen sind.

Eingliederungshilfe- und Sozialhilfeleistungen (§ 4 Nr. 16 Satz 1 Buchstabe h UStG)

(14) [1]Die Träger der Eingliederungshilfe nach § 94 SGB IX[2)] und der Sozialhilfe sind für alle Vertragsangelegenheiten der Leistungserbringer im Bereich Eingliederungshilfe und Sozialhilfe zuständig. [2]Neben dem Abschluss von Rahmenvereinbarungen mit den Vereinigungen der Leistungserbringer werden auch individuelle Leistungs- und Vergütungsvereinbarungen nach § 123 SGB IX oder nach § 76 SGB XII[3)] geschlossen.

(15) [1]Im Bereich Eingliederungshilfe (SGB IX Teil 2)[2)] werden mit den Leistungserbringern nach §§ 123 ff. SGB IX ausschließlich Verträge über die Erbringung der Fachleistungen der Eingliederungshilfe (z. B. Assistenzleistungen) an Menschen mit wesentlichen Behinderungen (§ 99 SGB IX) abgeschlossen. [2]Im Bereich des SGB XII[3)] werden nach §§ 75 ff. SGB XII insbesondere Verträge für die folgenden Leistungsbereiche abgeschlossen:
- Leistungen der Hilfe zur Pflege (§§ 61 ff. SGB XII [7. Kapitel]);
- Leistungen zur Überwindung besonderer sozialer Schwierigkeiten (§§ 67 ff. SGB XII [8. Kapitel]).

(16) Leistungserbringer, die Vereinbarungen nach § 123 SGB IX[2)] oder nach § 76 SGB XII[3)] mit den Trägern der Eingliederungshilfe und der Sozialhilfe geschlossen haben, sind nach § 4 Nr. 16 Satz 1 Buchstabe h UStG begünstigte Einrichtungen.

Interdisziplinäre Frühförderstellen (§ 4 Nr. 16 Satz 1 Buchstabe j UStG)

(17) [1]Interdisziplinäre Frühförderstellen sind familien- und wohnortnahe Dienste und Einrichtungen, die der Früherkennung, Behandlung und Förde-

---

1) **Aichberger SGB** Nr. **11.**
2) **Aichberger SGB** Nr. **9.**
3) **Aichberger SGB** Nr. **12.**

rung von Kindern dienen, um in interdisziplinärer Zusammenarbeit von qualifizierten medizinisch-therapeutischen und pädagogischen Fachkräften eine drohende oder bereits eingetretene Behinderung zum frühestmöglichen Zeitpunkt zu erkennen und die Behinderung durch gezielte Förder- und Behandlungsmaßnahmen auszugleichen oder zu mildern. [2]Leistungen durch interdisziplinäre Frühförderstellen werden in der Regel in ambulanter, einschließlich mobiler Form erbracht (§ 3 Frühförderungsverordnung).

(18) Die Leistungen der interdisziplinären Frühförderstellen sind nach § 4 Nr. 16 Satz 1 Buchstabe j UStG steuerfrei, wenn die Stellen auf der Grundlage einer Landesrahmenempfehlung nach § 2 Frühförderungsverordnung als fachlich geeignet anerkannt sind.

(19) Leistungen der sozialpädiatrischen Zentren (§ 4 Frühförderungsverordnung, § 119 SGB V),[1)] die Leistungen zur Früherkennung und Frühförderung behinderter oder von Behinderung bedrohter Kinder erbringen, können unter den weiteren Voraussetzungen nach § 4 Nr. 14 Buchstabe b Satz 2 Doppelbuchstabe. bb UStG steuerfrei sein.

Rechtliche Betreuungsleistungen (§ 4 Nr. 16 Satz 1 Buchstabe k UStG)

(20) [1]Rechtliche Betreuung erhalten volljährige Personen, die ihre Angelegenheiten auf Grund einer psychischen Krankheit oder einer körperlichen, geistigen oder seelischen Behinderung ganz oder teilweise nicht besorgen können. [2]Rechtliche Betreuungsleistungen nach §§ 1896 ff. BGB sind nach § 4 Nr. 16 Satz 1 Buchstabe k UStG steuerfrei, wenn sie von Einrichtungen erbracht werden, denen die rechtliche Betreuung nach § 1896 BGB durch einen Betreuungsbeschluss übertragen wurde. [3]Der Begriff „Einrichtungen" erfasst – unabhängig von der Rechts- oder Organisationsform des Leistungserbringers – sowohl natürliche als auch juristische Personen. [4]Nicht unter die Steuerbefreiung des § 4 Nr. 16 Satz 1 Buchstabe k UStG fallen Leistungen, die nach § 1908i Abs. 1 Satz 1 in Verbindung mit § 1835 Abs. 3 BGB vergütet werden (Dienste, die zum Gewerbe oder Beruf des Betreuers gehören), da es sich bei ihnen nicht um Betreuungsleistungen im eigentlichen Sinne handelt; z. B. wenn der Betreuer Rechtsanwalt ist und den Betreuten in einem Prozess vertritt oder wenn er Steuerberater ist und die Steuererklärung für den Betreuten erstellt (vgl. BFH-Urteil vom 25.4.2013, V R 7/11, BStBl. II S. 976). [5]Zu rechtlichen Betreuungsleistungen für Kinder und Jugendliche vgl. auch Abschnitt 4.25.2 Abs. 7 ff.

Sonstige Betreuungs- oder Pflegeleistungen (§ 4 Nr. 16 Satz 1 Buchstabe l UStG)

(21) [1]Zu den begünstigten Leistungen zählen auch Leistungen zur Betreuung hilfsbedürftiger Personen zum Erwerb und Erhalt praktischer Kenntnisse und Fähigkeiten, die erforderlich und geeignet sind, Menschen mit Behinderungen oder von Behinderung bedrohten Menschen die für sie erreichbare Teilhabe am Leben in der Gemeinschaft zu ermöglichen, z. B. die Unterrichtung im Umgang mit dem Langstock als Orientierungshilfe für blinde Menschen. [2]Zu den begünstigten Leistungen zählen auch Leistungen

[1)] **Aichberger SGB** Nr. 5.

der Eingliederungshilfe für Menschen mit Behinderungen, für die mit den Leistungserbringern keine Vereinbarungen nach § 123 SGB IX[1] geschlossen wurden. [3]Zur umsatzsteuerlichen Behandlung der Leistungen von Gebärdensprachdolmetschern vgl. BMF-Schreiben vom 1.2.2016, BStBl. I S. 219. [4]Auch Pflegeberatungsleistungen nach § 7a SGB XI,[2] sofern diese nicht bereits Teil der Betreuungs- oder Pflegeleistung einer Einrichtungen zur häuslichen Pflege sind, sind als Betreuungsleistungen anzusehen.

4.16.6 Eng verbundene Umsätze

(1) [1]Als eng mit dem Betrieb von Einrichtungen zur Betreuung oder Pflege körperlich, geistig oder seelisch hilfsbedürftiger Personen verbundene Umsätze sind Leistungen anzusehen, die für diese Einrichtungen nach der Verkehrsauffassung typisch und unerlässlich sind, regelmäßig und allgemein beim laufenden Betrieb vorkommen und damit unmittelbar oder mittelbar zusammenhängen (vgl. BFH-Urteil vom 1.12.1977, V R 37/75, BStBl. 1978 II S. 173). [2]Die Umsätze dürfen nicht im Wesentlichen dazu bestimmt sein, den Einrichtungen zusätzliche Einnahmen durch Tätigkeiten zu verschaffen, die in unmittelbarem Wettbewerb zu steuerpflichtigen Umsätzen anderer Unternehmer stehen (vgl. EuGH-Urteil vom 1.12.2005, C-394/04 und C-395/04, EuGHE I S. 10373).[3]

(2) Unter diesen Voraussetzungen können zu den eng verbundenen Umsätzen gehören:

1. die stationäre oder teilstationäre Aufnahme von hilfsbedürftigen Personen, deren Betreuung oder Pflege einschließlich der Lieferungen der zur Betreuung oder Pflege erforderlichen Medikamente und Hilfsmittel z.B. Verbandsmaterial;
2. die (ambulante) Betreuung, Pflege oder hauswirtschaftliche Versorgung (Einkaufen, Kochen, Verpflegen, Reinigen der Wohnung, Waschen der Kleidung) hilfsbedürftiger Personen (vgl. BFH-Urteil vom 22.4.2004, V R 1/98, BStBl. II S. 849);
3. [1]die Lieferungen von Gegenständen, die im Wege der Arbeitstherapie hergestellt worden sind, sofern kein nennenswerter Wettbewerb zu den entsprechenden Unternehmen der gewerblichen Wirtschaft besteht. [2]Ein solcher Wettbewerb ist anzunehmen, wenn für den Absatz der im Wege der Arbeitstherapie hergestellten Gegenstände geworben wird;
4. die Gestellung von Personal durch Einrichtungen nach § 4 Nr. 16 Satz 1 UStG an andere Einrichtungen dieser Art;
5. Verpflegungsleistungen, die durch Werkstätten für behinderte Menschen an die Menschen mit Behinderung erbracht werden.

(3) Nicht zu den eng verbundenen Umsätzen gehören insbesondere:

1. die entgeltliche Abgabe von Speisen und Getränken an Besucher;

---

[1] **Aichberger SGB** Nr. **9.**
[2] **Aichberger SGB** Nr. **11.**
[3] DStRE 2006, 286.

2. die Telefongestellung an hilfsbedürftige Personen, die Vermietung von Fernsehgeräten und die Unterbringung und Verpflegung von Begleitpersonen (EuGH-Urteil vom 1.12.2005, C-394/04 und C-395/04, Ygeia);[1)]
3. [1] die Veräußerung des gesamten beweglichen Anlagevermögens und der Warenvorräte nach Einstellung des Betriebs (BFH-Urteil vom 1.12.1977, V R 37/75, BStBl. 1978 II S. 173). [2] Es kann jedoch die Steuerbefreiung nach § 4 Nr. 28 UStG in Betracht kommen;
4. die Abgabe von Medikamenten und Hilfsmitteln gegen gesondertes Entgelt an ehemals stationär oder teilstationär untergebrachte körperlich, geistig oder seelisch hilfsbedürftige Personen.

Zu § 4 Nr. 17 UStG

4.17.1 Menschliche Organe, menschliches Blut und Frauenmilch

(1) [1] Unter den Begriff „menschliches Blut" fallen sowohl Vollblut als auch Blutbestandteile, wie z.B. Blutzellen und Blutplasma. [2] Die Steuerbefreiung für die Lieferung von menschlichem Blut setzt weiter voraus, dass die Lieferung unmittelbar zu den dem Gemeinwohl dienenden Tätigkeiten beiträgt, d.h. unmittelbar für Gesundheitsleistungen oder zu therapeutischen Zwecken eingesetzt wird. [3] In den Anwendungsbereich der Steuerbefreiung fallen danach Frischblutkonserven, Vollblutkonserven, Serum- und Plasmakonserven, Serumaugentropfen und Konserven zellulärer Blutbestandteile, z.B. Thrombozytenkonzentrat und Erythrozytenkonzentrat. [4] Die Steuerbefreiung für die Lieferung von menschlichem Blut umfasst nicht die Lieferung von aus menschlichem Blut gewonnenem Blutplasma, wenn dieses Blutplasma nicht unmittelbar für therapeutischen Zwecke, sondern ausschließlich zur Herstellung von Arzneimitteln bestimmt ist (vgl. EuGH-Urteil vom 5.10.2016, C-412/15, TMD, BStBl. 2017 II S. 505).[2)]

(2) [1] Nicht unter die Befreiung fallen die aus Mischungen von humanem Blutplasma hergestellten Plasmapräparate. [2] Hierzu gehören insbesondere: Faktoren-Präparate, Humanalbumin, Fibrinogen, Immunglobuline. [3] Dies gilt ebenso für die Lieferung allogener menschlicher Knochen, welche als Teil des Skeletts nicht unter den Begriff „Organe" fallen.

(3) Für die Steuerfreiheit der Lieferungen von Frauenmilch ist es ohne Bedeutung, ob die Frauenmilch bearbeitet, z.B. gereinigt, erhitzt, tiefgekühlt, getrocknet, wird.

(4) Liegen für die Lieferungen nach § 4 Nr. 17 Buchstabe a UStG auch die Voraussetzungen einer Ausfuhrlieferung (§ 4 Nr. 1 Buchstabe a, § 6 UStG) bzw. einer innergemeinschaftlichen Lieferung (§ 4 Nr. 1 Buchstabe b, § 6a UStG) vor, geht die Steuerbefreiung des § 4 Nr. 17 Buchstabe a UStG diesen Steuerbefreiungen vor.

---

1) DStRE 2006, 286.
2) MwStR 2016, 999.

4.17.2 Beförderung von kranken und verletzten Personen

(1) [1]Ein Fahrzeug (Kraft-, Luft- und Wasserfahrzeug) ist für die Beförderung von kranken und verletzten Personen besonders eingerichtet, wenn es durch die vorhandenen Einrichtungen die typischen Merkmale eines Krankenfahrzeugs aufweist, z. B. Liegen, Spezialsitze. [2]Spezielle Einrichtungen für die Beförderung von Kranken und Verletzten können u. a. auch eine Bodenverankerung für Rollstühle, eine Auffahrrampe sowie eine seitlich ausfahrbare Trittstufe sein. [3]Bei Fahrzeugen, die nach dem Fahrzeugschein als Krankenkraftwagen anerkannt sind (§ 4 Abs. 6 PBefG),[1)] ist stets davon auszugehen, dass sie für die Beförderung von kranken und verletzten Personen besonders eingerichtet sind. [4]Serienmäßige Personenkraftwagen, die lediglich mit blauem Rundumlicht und Einsatzhorn, sog. Martinshorn, ausgerüstet sind, erfüllen die Voraussetzungen nicht (BFH-Urteil vom 16.11.1989, V R 9/85, BStBl. 1990 II S. 255). [5]Die Ausstattung mit einer Trage und einer Grundausstattung für „Erste Hilfe" reicht nicht aus.

(2) [1]Für die Inanspruchnahme der Steuerbefreiung nach § 4 Nr. 17 Buchstabe b UStG ist es nicht erforderlich, dass das verwendete Fahrzeug für die Beförderung von kranken und verletzten Personen dauerhaft besonders eingerichtet ist; das Fahrzeug muss aber im Zeitpunkt der begünstigten Beförderung nach seiner Bauart und Ausstattung speziell für die Beförderung verletzter und kranker Personen bestimmt sein (vgl. BFH-Urteil vom 12.8.2004, V R 45/03, BStBl. 2005 II S. 314). [2]Bei der Beförderung mit Fahrzeugen, die zum Zweck einer anderweitigen Verwendung umgerüstet werden können, sind die Voraussetzungen für jede einzelne Fahrt, z. B. mittels eines Fahrtenbuchs, nachzuweisen. [3]Befördert der Unternehmer neben kranken oder verletzten Personen in einem hierfür besonders eingerichteten Fahrzeug weitere Personen, ist das auf die Beförderung der weiteren Personen entfallende Entgelt steuerpflichtig; ein für steuerfreie und steuerpflichtige Beförderungsleistungen einheitliches Entgelt ist aufzuteilen.

(3) Die Steuerbefreiung gilt nicht nur für die Beförderung von akut erkrankten und verletzten Personen, sondern auch für die Beförderung von Personen, die körperlich oder geistig behindert und auf die Benutzung eines Rollstuhls angewiesen sind (vgl. BFH-Urteil vom 12.8.2004, V R 45/03, BStBl. 2005 II S. 314).

(4) [1]Nach § 4 Nr. 17 Buchstabe b UStG sind bestimmte Beförderungsleistungen befreit. [2]Dabei ist es nicht erforderlich, dass die Beförderungen auf Grund eines Beförderungsvertrages ausgeführt werden oder dass der Empfänger der umsatzsteuerlichen Leistung und die beförderte Person identisch sind. [3]Es können deshalb auch die Beförderungen von kranken oder verletzten Personen im Rahmen von Dienstverträgen über den Betrieb einer Rettungswache befreit werden (vgl. BFH-Urteil vom 18.1.1995, XI R 71/93, BStBl. II S. 559).

---

1) Personenbeförderungsgesetz i. d. F. v. 8.8.1990, BGBl. I 1990, 1690, zuletzt geänd. durch G v. 16.4.2021, BGBl. I 2021, 822 (**Sartorius** Nr. **950**).

(5) [1]Die Leistungen der Notfallrettung umfassen sowohl Leistungen der Lebensrettung und Betreuung von Notfallpatienten als auch deren Beförderung. [2]Die lebensrettenden Maßnahmen i. e. S. werden regelmäßig durch selbständige Ärzte erbracht, die sich dazu gegenüber dem beauftragten Unternehmen verpflichtet haben und insoweit als Unternehmer im Sinne des § 2 UStG tätig werden. [3]Die Leistungen dieser Ärzte sind nach § 4 Nr. 14 Buchstabe a UStG steuerfrei. [4]Die vom beauftragten Unternehmer am Einsatzort erbrachten lebensrettenden Maßnahmen im weiteren Sinne können unter den Voraussetzungen des § 4 Nr. 14 Buchstabe a oder b UStG steuerfrei sein. [5]Die Beförderung von Notfallpatienten in dafür besonders eingerichteten Fahrzeugen ist steuerfrei nach § 4 Nr. 17 Buchstabe b UStG. [6]Wird der Verletzte im Anschluss an eine Notfallrettung in ein Krankenhaus befördert, stellen die lebensrettenden Maßnahmen, die der Vorbereitung der Transportfähigkeit des Patienten dienen, eine einheitliche Leistung dar, die nach § 4 Nr. 17 Buchstabe b UStG steuerfrei ist.

(6) [1]Werden Leistungen zur Sicherstellung der Einsatzbereitschaft der Rettungsmittel und des Personals (sog. Vorhalteleistungen) von demselben Unternehmer erbracht, der die Beförderung von Notfallpatienten als Hauptleistung ausführt, teilen die Vorhalteleistungen als Nebenleistungen das Schicksal der Hauptleistung. [2]Eine Steuerbefreiung nach § 4 Nr. 17 Buchstabe b UStG kommt hingegen nicht in Betracht, wenn Vorhalteleistungen und Hauptleistungen von verschiedenen Unternehmern erbracht werden.

Zu § 4 Nr. 18 UStG

(§ 23 UStDV)[1)]

4.18.1 Wohlfahrtseinrichtungen

(1) Amtlich anerkannte Verbände der freien Wohlfahrtspflege sind nur die in § 23 UStDV aufgeführten Vereinigungen.

(2) Ob ein Unternehmer ausschließlich und unmittelbar gemeinnützigen, mildtätigen oder kirchlichen Zwecken dient, ist nach den §§ 52 bis 68 AO zu beurteilen.[2)]

(3) [1]Ein Unternehmer verfolgt steuerbegünstigte Zwecke unmittelbar, wenn er sie selbst verwirklicht. [2]Unmittelbar gemeinnützigen Zwecken können Leistungen aber auch dann dienen, wenn sie an einen Empfänger bewirkt werden, der seinerseits ausschließlich gemeinnützige oder wohltätige Zwecke verfolgt (BFH-Urteil vom 8.7.1971, V R 1/68, BStBl. 1972 II S. 70).

(4) [1]Als Mitgliedschaft im Sinne des § 4 Nr. 18 UStG ist nicht nur die unmittelbare Mitgliedschaft in einem amtlich anerkannten Wohlfahrtsverband anzusehen. [2]Auch bei einer nur mittelbaren Mitgliedschaft kann die Steuerbefreiung in Betracht kommen. [3]Als mittelbare Mitgliedschaft ist die Mitgliedschaft bei einer der freien Wohlfahrtspflege dienenden Körperschaft oder Personenvereinigung anzusehen, die ihrerseits einem amtlich anerkannten

---

1) § 23 UStDV aufgeh. durch G v. 12.12.2019, BGBl. I 2019, 2451, mWv 1.1.2020.
2) Vgl. auch AEAO zu §§ 55 bis 68 AO (Nr. **800**).

Wohlfahrtsverband als Mitglied angeschlossen ist (z. B. Werkstätten für behinderte Menschen als Mitglieder einer Wohlfahrtseinrichtung, die Mitglied eines amtlich anerkannten Wohlfahrtsverbandes ist). [4]Die mittelbare Mitgliedschaft bei einem amtlich anerkannten Wohlfahrtsverband reicht daher aus, wenn auch die übrigen Voraussetzungen des § 4 Nr. 18 UStG gegeben sind, um die Steuerbefreiung nach dieser Vorschrift in Anspruch zu nehmen.

(5) [1]Ob eine Leistung dem nach der Satzung, Stiftung oder sonstigen Verfassung begünstigten Personenkreis unmittelbar zugute kommt, ist unabhängig davon zu prüfen, wer Vertragspartner der Wohlfahrtseinrichtung und damit Leistungsempfänger im Rechtssinne ist. [2]Liefert ein Unternehmer z. B. Gegenstände, mit deren Herstellung Schwerversehrte aus arbeitstherapeutischen Gründen beschäftigt werden, gegen Entgelt an die auftraggebenden Firmen, sind diese Umsätze nicht nach § 4 Nr. 18 UStG steuerfrei.

(6) [1]Leistungen einer Einrichtung der Wohlfahrtspflege an andere steuerbegünstigte Körperschaften oder Behörden sind nicht nach § 4 Nr. 18 UStG steuerfrei, wenn sie nicht unmittelbar, sondern allenfalls mittelbar hilfsbedürftigen Personen im Sinne der §§ 53, 66 AO zugute kommen (vgl. BFH-Urteile vom 7.11.1996, V R 34/96, BStBl. 1997 II S. 366, und vom 30.4.2009, V R 3/08, BStBl. 2013 II S. 873). [2]Deshalb sind z. B. die Übernahme von Verwaltungsaufgaben und die Nutzungsüberlassung von Telefonanlagen steuerpflichtig. [3]Dagegen kommt die Steuerfreiheit für personenbezogene Leistungen wie z. B. die Aufnahme vom Sozialamt zugewiesener Personen in einem Obdachlosenheim in Betracht (vgl. BFH-Urteil vom 7.11.1996, V R 34/96, a. a. O.).

(7) [1]Die Steuerfreiheit für die Beherbergung, Beköstigung, ausgenommen die Abgabe von alkoholischen Getränken, und die üblichen Naturalleistungen an Personen, die bei den begünstigten Leistungen tätig sind, kommt nur dann in Betracht, wenn diese Sachzuwendungen als Vergütung für geleistete Dienste gewährt werden. [2]Diese Voraussetzung ist erfüllt, wenn der Arbeitnehmer nach dem Arbeitsvertrag, den mündlichen Abreden oder nach den sonstigen Umständen des Arbeitsverhältnisses (z. B. faktische betriebliche Übung) neben dem Barlohn einen zusätzlichen Lohn in Form der Sachzuwendungen erhält. [3]Unschädlich ist es hierbei, wenn die Beteiligten aus verrechnungstechnischen Gründen einen Bruttogesamtlohn bilden und hierauf die Sachzuwendungen anrechnen. [4]Die Sachzuwendungen werden jedoch nicht als Vergütung für geleistete Dienste gewährt, wenn sie auf den Barlohn des Arbeitnehmers angerechnet werden. [5]Die Sachzuwendungen haben hier nicht die Eigenschaft eines Arbeitslohnes. [6]Vielmehr liegt ein besonderer Umsatz an den Arbeitnehmer vor, der nicht unter die Befreiung des § 4 Nr. 18 UStG fällt (vgl. BFH-Urteil vom 3.3.1960, V 103/58 U, BStBl. III S. 169).

(8) [1]Die Umsätze der Altenheime von Körperschaften, die einem Wohlfahrtsverband als Mitglied angeschlossen sind, sind unter den in § 4 Nr. 18 UStG genannten Voraussetzungen steuerfrei, wenn die Körperschaft der freien Wohlfahrtspflege dient. [2]Diese Voraussetzung kann auch dann erfüllt sein, wenn die in dem Altenheim aufgenommenen Personen nicht wirtschaftlich, sondern körperlich oder geistig hilfsbedürftig sind, denn die Wohlfahrtspflege

umfasst nicht nur die Sorge für das wirtschaftliche, sondern u. a. auch für das gesundheitliche Wohl (BFH-Urteil vom 20.11.1969, V R 40/66, BStBl. 1970 II S. 190).

(9) [1]Gemeinnützige Studentenwerke, die Mitglieder eines amtlich anerkannten Wohlfahrtsverbands sind, können für ihre in Mensa- und Cafeteria-Betrieben getätigten Umsätze von Speisen und Getränken an Studenten die Steuerbefreiung nach § 4 Nr. 18 UStG in Anspruch nehmen. [2]Dies gilt für die entgeltliche Abgabe von alkoholischen Getränken nur dann, wenn damit das Warenangebot ergänzt wird und dieser Anteil im vorangegangenen Kalenderjahr nicht mehr als 5 % des Gesamtumsatzes betragen hat. [3]Wegen der Anwendung des ermäßigten Steuersatzes bei der entgeltlichen Abgabe von Speisen und Getränken an Nichtstudierende vgl. Abschnitt 12.9 Abs. 4 Nr. 6.

(10) [1]Die Kolpinghäuser sind zwar Mitglieder des Deutschen Caritasverbandes, sie dienen jedoch nicht der freien Wohlfahrtspflege, weil die Aufnahme in den Kolpinghäusern ohne Rücksicht auf die Bedürftigkeit der aufzunehmenden Personen erfolgt. [2]Die Befreiungsvorschrift des § 4 Nr. 18 UStG ist daher auf die Kolpinghäuser nicht anzuwenden.

(11) [1]Die nach dem SGB XII[1)] an Werkstätten für behinderte Menschen gezahlten Pflegegelder sind als Entgelte für die Betreuungs-, Beköstigungs-, Beherbergungs- und Beförderungsleistungen dieser Werkstätten anzusehen. [2]Diese Leistungen sind unter den Voraussetzungen des § 4 Nr. 18 UStG umsatzsteuerfrei. [3]Zur umsatzsteuerlichen Behandlung der Leistungen der Werkstätten für behinderte Menschen bzw. deren Zusammenschlüssen vgl. auch Abschnitt 4.16.5 Abs. 9 und 10. [4]Zur Frage der Behandlung der Umsätze im Werkstattbereich wird auf Abschnitt 12.9 Abs. 4 Nr. 4 hingewiesen.

(12) [1]Gemeinnützige und mildtätige Organisationen führen vielfach Krankenfahrten mit Personenkraftwagen durch, die für die Beförderung von Kranken nicht besonders eingerichtet sind (vgl. Abschnitt 4.17.2). [2]Auf diese Fahrten kann die Steuerbefreiung nach § 4 Nr. 18 UStG keine Anwendung finden, weil die Voraussetzungen der Wohlfahrtspflege im Sinne des § 66 Abs. 2 AO nicht erfüllt sind.[2)] [3]Die Leistungen unterliegen dem allgemeinen Steuersatz, sofern nicht die Steuerermäßigung nach § 12 Abs. 2 Nr. 10 UStG zum Tragen kommt (vgl. Abschnitt 12.9 Abs. 4 Nr. 3 und Abschnitt 12.13 Abs. 8).

(13) [1]Arzneimittellieferungen einer Krankenhausapotheke an Krankenhäuser anderer Träger kommen nicht unmittelbar dem nach der Satzung, Stiftung oder sonstigen Verfassung des Trägers der Apotheke begünstigten Personenkreis zugute (BFH-Urteil vom 18.10.1990, V R 76/89, BStBl. 1991 II S. 268). [2]Die Umsätze sind daher nicht nach § 4 Nr. 18 UStG steuerfrei. [3]Gleiches gilt für die Leistungen der Wäscherei eines Krankenhauses an Krankenhäuser oder Heime anderer Träger (vgl. BFH-Urteil vom 18.10.1990, V R 35/85,

---

1) ***Aichberger SGB*** *Nr.* ***12.***

2) Zu Behindertenfahrdiensten siehe BFH v. 15.9.2011 V R 16/11, BFH/NV 2012, 354.

BStBl. 1991 II S. 157). [4]Auch die Steuerbefreiung nach § 4 Nr. 14 Buchstabe b UStG kommt in beiden Fällen nicht in Betracht (vgl. Abschnitt 4.14.6 Abs. 3 Nr. 3 und 9).

(14) [1]Zur umsatzsteuerrechtlichen Behandlung von Leistungen im Rahmen der rechtlichen Betreuung vgl. Abschnitt 4.16.5 Abs. 20.

(15) [1]Die Voraussetzung des § 4 Nr. 18 Satz 1 Buchstabe c UStG gilt auch als erfüllt, wenn das Entgelt für die in Betracht kommende Leistung von den zuständigen Behörden genehmigt ist oder das genehmigte Entgelt nicht übersteigt (vgl. BFH-Urteil vom 17.2.2009, XI R 67/06, BStBl. 2013 II S. 967). [2]Dementsprechend erfüllen auch die im Rahmen des außergerichtlichen Verbraucherinsolvenzverfahrens gezahlten Fallpauschalen, die sich der Höhe nach an die im Rechtsanwaltsvergütungsgesetz (RVG) geregelte Beratungshilfevergütung anlehnen, die Voraussetzungen des § 4 Nr. 18 Buchstabe c UStG.

Zu § 4 Nr. 19 UStG

4.19.1 Blinde

(1) Der Unternehmer hat den Nachweis der Blindheit in der gleichen Weise wie bei der Einkommensteuer für die Inanspruchnahme eines Pauschbetrags nach § 33b EStG i. V. m. § 65 EStDV zu führen.

(2) [1]Bei der Frage nach den beschäftigten Arbeitnehmern kommt es nach dem Sinn und Zweck der Steuerbefreiung nicht auf die Anzahl der Arbeitnehmer schlechthin, sondern auf ihre zeitliche Arbeitsleistung an. [2]Die Umsätze von Blinden sind daher auch dann steuerfrei, wenn mehr als zwei Teilzeitkräfte beschäftigt werden, sofern ihre Beschäftigungszeit – bezogen jeweils auf den Kalendermonat – diejenige von zwei ganztägig beschäftigten Arbeitnehmern nicht übersteigt.

(3) [1]Die Einschränkung der Steuerbefreiung für die Lieferungen von Mineralöl und Alkoholerzeugnissen in den Fällen, in denen der Blinde für diese Waren Energiesteuer oder Alkoholsteuer zu entrichten hat, ist insbesondere für blinde Tankstellenunternehmer von Bedeutung, denen nach § 7 EnergieStG ein Lager für Energieerzeugnisse bewilligt ist. [2]Der Begriff Mineralöl richtet sich nach § 1 Abs. 2 und 3 EnergieStG.[1)] [3]Hiernach fallen unter diesen Begriff vor allem Vergaserkraftstoffe, Dieselkraftstoffe, Flüssiggase (Autogase). [4]Der Begriff Alkoholerzeugnisse richtet sich nach § 1 Alkoholsteuergesetzes (AlkStG).[2)] [5]Bei einer Erhöhung der Energiesteuer oder Alkoholsteuer können die entsprechenden Waren einer Nachsteuer unterliegen. [6]Wenn blinde Unternehmer lediglich eine solche Nachsteuer zu entrichten haben, entfällt die Steuerbefreiung nicht.

(4) Liegen für die Lieferungen durch einen in § 4 Nr. 19 Buchstabe a UStG genannten Unternehmer auch die Voraussetzungen einer Ausfuhrlieferung (§ 4 Nr. 1 Buchstabe a, § 6 UStG) bzw. einer innergemeinschaftlichen

---

[1)] **Zölle und Verbrauchsteuern** Nr. **330.**
[2)] **Zölle und Verbrauchsteuern** Nr. **310.**

Lieferung (§ 4 Nr. 1 Buchstabe b, § 6a UStG) vor, geht die Steuerbefreiung des § 4 Nr. 19 Buchstabe a UStG diesen Steuerbefreiungen vor.

4.19.2 Blindenwerkstätten

(1) [1]Blindenwerkstätten sind Betriebe, in denen ausschließlich Blindenwaren hergestellt und in denen bei der Herstellung andere Personen als Blinde nur mit Hilfs- oder Nebenarbeiten beschäftigt werden. [2]Die Unternehmer sind im Besitz eines Anerkennungsbescheids auf Grund des Blindenwarenvertriebsgesetzes vom 9.4.1965 (BGBl. I S. 311) in der bis zum 13.9.2007 geltenden Fassung (BGBl. I S. 2246).

(2) [1]Welche Waren als Blindenwaren und Zusatzwaren anzusehen sind, bestimmt sich nach § 2 des Blindenwarenvertriebsgesetzes vom 9.4.1965 (BGBl. I S. 311) in der bis zum 13.9.2007 geltenden Fassung (BGBl. I S. 2246) und nach den §§ 1 und 2 der zu diesem Gesetz ergangenen Durchführungsverordnung vom 11.8.1965 (BGBl. I S. 807), geändert durch die Verordnung vom 10.7.1991 (BGBl. I S. 1491) in der bis zum 13.9.2007 geltenden Fassung (BGBl. I S. 2246). [2]Unter die Steuerbefreiung fallen auch die Umsätze von solchen Blindenwaren, die nicht in der eigenen Blindenwerkstätte hergestellt sind.

(3) Liegen für die Lieferungen durch einen in § 4 Nr. 19 Buchstabe b UStG genannten Unternehmer auch die Voraussetzungen einer Ausfuhrlieferung (§ 4 Nr. 1 Buchstabe a, § 6 UStG) bzw. einer innergemeinschaftlichen Lieferung (§ 4 Nr. 1 Buchstabe b, § 6a UStG) vor, geht die Steuerbefreiung des § 4 Nr. 19 Buchstabe b UStG diesen Steuerbefreiungen vor.

Zu § 4 Nr. 20 UStG

4.20.1 Theater

(1)[1)] [1]Ein Theater im Sinne des § 4 Nr. 20 UStG wendet sich in der Regel an eine unbestimmte Zahl von Zuschauern und hat die Aufgabe, der Öffentlichkeit Theaterstücke in künstlerischer Form nahezubringen (BVerwG-Urteil vom 31.7.2008, 9 B 80/07).[2)] [2]Danach können Umsätze eines Theaters nur vorliegen, wenn Personen in irgendeiner Weise auf einer Bühne vor einem Publikum ein Stück zur Aufführung bringen oder eine für Zuschauer bestimmte Aufführung durch eine Person erfolgt (vgl. BFH-Urteile vom 4.5.2011, XI R 44/08, BStBl. II 2014 S. 200, und vom 10.1. 2013, V R 31/10, BStBl. II S. 352). [3]Wenn z.B. so viele künstlerische und technische Kräfte und die zur Aufführung von Theaterveranstaltungen notwendigen technischen Voraussetzungen unterhalten werden, dass die Durchführung eines Spielplans aus eigenen Kräften möglich ist (BFH-Urteil vom 14.11.1968, V 217/64, BStBl. 1969 II S. 274), liegt ein Theater vor. [4]Es genügt,

---

[1)] A 4.20.1 UStAE Abs. 1 und 2 neugef. durch BMF v. 12.11.2020, BStBl. I 2020, 1265, *anzuwenden in allen offenen Fällen*, zur Übergangsregelung für **vor dem 1.1.2021** ausgeführte Umsätze siehe Anlage 8.

[2)] NJW 2009, 793.

dass ein Theater die künstlerischen und technischen Kräfte nur für die Spielzeit eines Stückes verpflichtet. 5 Ein eigenes oder gemietetes Theatergebäude braucht nicht vorhanden zu sein (BFH-Urteil vom 24.3.1960, V 158/58 U, BStBl. III S. 277). 6 Unter die Befreiungsvorschrift fallen deshalb auch die Theatervorführungen in einem Fernsehstudio, und zwar unabhängig davon, ob die Theatervorführung unmittelbar übertragen oder aufgezeichnet wird.

(2)[1)] 1 Zu den Theatern gehören auch Freilichtbühnen, Wanderbühnen, Zimmertheater, Heimatbühnen, Puppen-, Marionetten- und Schattenspieltheater sowie literarische und politische Kabaretts, wenn sie die in Absatz 1 bezeichneten Voraussetzungen erfüllen. 2 Theatervorführungen sind auch Aufführungen der Pantomime und Tanzkunst, der Kleinkunst, des Varietés (u. a. Zauberei, Artistik und Bauchrednerei), der Eisrevuen sowie Mischformen von Sprech-, Musik- und Tanzdarbietungen (vgl. BFH-Urteile vom 4.5. 2011, XI R 44/08, BStBl. II 2014 S. 200, und vom 10.1.2013, V R 31/10, BStBl. II S. 352). 3 Filmvorführungen fallen nicht unter die Steuerbefreiung. 4 Dasselbe gilt für reine Autorenlesungen vor Publikum (vgl. BFH-Urteil vom 25.2.2015, XI R 35/12, BStBl. II S. 677).

(3)[1)] 1 Befreit sind die eigentlichen Theaterleistungen einschließlich der damit üblicherweise verbundenen Nebenleistungen. 2 Als Theaterleistungen sind auch solche Leistungen anzusehen, die gegenüber einem gastgebenden Theater ausgeführt werden, z. B. zur Verfügung stellen eines Ensembles. 3 Zu den Nebenleistungen gehören insbesondere die Aufbewahrung der Garderobe, der Verkauf von Programmen und die Vermietung von Operngläsern. 4 Die Abgabe von Speisen und Getränken bei Theatervorstellungen ist keine nach § 4 Nr. 20 Buchstabe a UStG steuerfreie Nebenleistung (BFH-Urteile vom 14.5.1998, V R 85/97, BStBl. 1999 II S. 145, vom 21.4.2005, V R 6/03, BStBl. II S. 899, und vom 18.8.2005, V R 20/03, BStBl. II S. 910). 5 Bei einer Veranstaltung, bei der kulinarische und künstlerische Elemente untrennbar gleichwertig nebeneinander angeboten werden und aus Sicht des Durchschnittsverbrauchers gerade dieses Kombinationserlebnis im Vordergrund steht, liegt eine einheitliche sonstige Leistung eigener Art vor; diese unterliegt dem allgemeinen Steuersatz nach § 12 Abs. 1 UStG (vgl. BFH-Urteil vom 13.6.2018, XI R 2/16, BStBl. II S. 678, sowie Abschnitt 12.5 Abs. 2 Satz 10). 6 Der Betrieb einer Theatergaststätte und die Vermietung oder Verpachtung eines Theaters oder eines Nebenbetriebs, z. B. Gaststätte, Kleiderablage, sind steuerpflichtig, sofern nicht besondere Befreiungsvorschriften, z. B. § 4 Nr. 12 UStG, anzuwenden sind.

(4) 1 Veranstalter ist derjenige, der im eigenen Namen die organisatorischen Maßnahmen dafür trifft, dass die Theatervorführung abgehalten werden kann, wobei er die Umstände, den Ort und die Zeit der Darbietung selbst bestimmt. 2 Werden bei Theatervorführungen mehrere Veranstalter tätig, kann jeder Veranstalter die Steuerbefreiung des § 4 Nr. 20 Buchstabe b UStG unter den Voraussetzungen dieser Vorschrift in Anspruch nehmen. 3 Bei Tournee-Ver-

[1)] Zur Steuerfreiheit von Besorgungsleistungen i. Z. m. Opern-Eintrittskarten siehe BFH v. 25.4.2018 XI R 16/16, BStBl. II 2021, 457, und A 3.15 Abs. 3 UStAE.

anstaltungen kann deshalb die Steuerbefreiung sowohl dem Tournee-Veranstalter als auch dem örtlichen Veranstalter zustehen.

4.20.2 Orchester, Kammermusikensembles und Chöre

(1) [1]Zu den Orchestern, Kammermusikensembles und Chören gehören alle Musiker- und Gesangsgruppen, die aus zwei oder mehr Mitwirkenden bestehen. [2]Artikel 132 Abs. 1 Buchstabe n MwStSystRL[1]) ist dahin auszulegen, dass der Begriff der „anderen ... anerkannten Einrichtungen" als Einzelkünstler auftretende Solisten und Dirigenten nicht ausschließt (vgl. auch EuGH-Urteil vom 3.4.2003, C-144/00, BStBl. II S. 679).[2]) [3]Demnach ist auch die Leistung eines einzelnen Orchestermusikers gegenüber dem Orchester, in dem er tätig ist, als kulturelle Dienstleistung eines Solisten anzusehen (vgl. BFH-Urteile vom 18.2.2010, V R 28/08, BStBl. II S. 876, und vom 22.8.2019, V R 14/17, BStBl. 2020 II S. 720). [4]Auf die Art der Musik kommt es nicht an; auch Unterhaltungsmusik kann unter die Vorschrift fallen. [5]Unter Konzerten sind Aufführungen von Musikstücken zu verstehen, bei denen Instrumente und/oder die menschliche Stimme eingesetzt werden (BFH-Urteil vom 26.4.1995, XI R 20/94, BStBl. II S. 519).

(2) Zur umsatzsteuerlichen Behandlung von Konzerten, bei denen mehrere Veranstalter tätig werden, wird auf Abschnitt 4.20.1 Abs. 4 hingewiesen.

4.20.3 Museen und Denkmäler der Bau- und Gartenbaukunst

(1)[3]) [1]Museen im Sinne des § 4 Nr. 20 Buchstabe a UStG sind wissenschaftliche Sammlungen und Kunstsammlungen. [2]Deren Umsätze sind steuerfrei, wenn die Einrichtungen die Voraussetzungen des § 4 Nr. 20 Buchstabe a Sätze 1 und 2 UStG erfüllen. [3]Ob eine Sammlung wissenschaftlich ist, richtet sich nach dem Gesamtbild der Umstände, z.B. danach, ob die Sammlung nach wissenschaftlichen Gesichtspunkten zusammengestellt oder geordnet ist und ob sie entsprechend durch Beschriftungen und/oder Kataloge erläutert wird. [4]Als Gegenstände derartiger Sammlungen kommen auch technische Gegenstände wie Luftfahrzeuge in Betracht (vgl. BFH-Urteil vom 19.5.1993, V R 110/88, BStBl. 1993 II S 779).

(2)[1]) [1]Als Museen können auch Kunstausstellungen in Betracht kommen. [2]Hierbei muss es sich um Kunstsammlungen handeln, die ausgestellt und dadurch der Öffentlichkeit zum Betrachten und zu den damit verbundenen kulturellen und bildenden Zwecken zugänglich gemacht werden. [3]Es kann sich dabei auch um die Kunstsammlung einer anderen Person handeln. [4]Die Sammlungen können auch eigens für die Ausstellung zusammengestellt sein. [5]Es kommt nicht darauf an, ob Sonderausstellungen entweder komplett aus den Sammlungsbeständen anderer Einrichtungen oder privater Leihgeber zu-

---

[1]) **Steuergesetze** Nr. **550**.

[2]) IStR 2003, 309.

[3]) *A 4.20.3 UStAE Abs. 1* Satz 2 eingef., bish. Sätze 2 und 3 werden Sätze 3 und 4, Abs. 2 Sätze 3 bis 7 eingef., bish. Sätze 3 und 4 werden Sätze 8 und 9 durch BMF v. 28.6.2021, BStBl. I 2021, 868, anzuwenden in allen offenen Fällen.

sammengestellt sind oder aber nur zu einem geringen Anteil aus der eigenen Sammlung bestückt werden. [6]Aus dem Begriff der Sammlung folgt ferner kein Erfordernis der Dauerhaftigkeit (vgl. BFH-Urteil vom 22.11.2018, V R 29/17, BStBl. 2021 II S. 495). [7]Daher können auch Ausstellungen, welche nur für eine begrenzte Zeit besichtigt werden können (sog. Wanderausstellungen), sowie Sammlungen vergänglicher Gegenstände (wie beispielsweise Eis- oder Sandskulpturen) grundsätzlich hierunter fallen, sofern es sich bei den ausgestellten Objekten um Kunstwerke handelt. [8]Kunstausstellungen, die Verkaufszwecken dienen und damit gewerbliche Ziele verfolgen, können demgegenüber nicht als Museen angesehen werden. [9]Verkäufe von sehr untergeordneter Bedeutung beeinträchtigen die Eigenschaft der Kunstausstellung als Kunstsammlung dagegen nicht.

(3) [1]Steuerfrei sind insbesondere die Leistungen der Museen, für die als Entgelte Eintrittsgelder erhoben werden, und zwar auch insoweit, als es sich um Sonderausstellungen, Führungen und Vorträge handelt. [2]Die Steuerbefreiung erfasst auch die bei diesen Leistungen üblichen Nebenleistungen, z.B. den Verkauf von Katalogen und Museumsführern und die Aufbewahrung der Garderobe. [3]Weitere typische Museumsleistungen sind das Dulden der Anfertigung von Reproduktionen, Abgüssen und Nachbildungen sowie die Restaurierung und Pflege von Kunstwerken in Privatbesitz, die von den Museen im Interesse der Erhaltung dieser Werke für die Allgemeinheit vorgenommen werden. [4]Der Verkauf von Kunstpostkarten, Fotografien, Dias, Plakaten, Klischees, Reproduktionen, Abgüssen, Nachbildungen, Farbdrucken und Bildbänden ist nur dann als typische Museumsleistung steuerfrei, wenn

1. es sich um Darstellungen von Objekten des betreffenden Museums handelt,
2. das Museum die genannten Gegenstände selbst herstellt oder herstellen lässt und
3. diese Gegenstände ausschließlich in diesem Museum vertrieben werden.

[5]Der Verkauf von Literatur, die in Beziehung zu der Sammlung des betreffenden Museums steht, ist bei Vorliegen der Voraussetzungen zu Satz 4 Nummern 2 und 3 ebenfalls steuerfrei. [6]Die Veräußerung von Museumsobjekten sowie von Altmaterial ist dagegen von der Steuerbefreiung nach § 4 Nr. 20 UStG ausgeschlossen. [7]Es kann jedoch die Steuerbefreiung nach § 4 Nr. 28 UStG in Betracht kommen (vgl. Abschnitt 4.28.1).

(4) [1]Denkmäler der Baukunst sind Bauwerke, die nach denkmalpflegerischen Gesichtspunkten als schützenswerte Zeugnisse der Architektur anzusehen sind. [2]Hierzu gehören z.B. Kirchen, Schlösser, Burgen und Burgruinen. [3]Auf eine künstlerische Ausgestaltung kommt es nicht an. [4]Zu den Denkmälern der Gartenbaukunst gehören z.B. Parkanlagen mit künstlerischer Ausgestaltung.

4.20.4 Zoologische Gärten und Tierparks

(1) [1]Zoologische Gärten im Sinne der Befreiungsvorschrift sind auch Aquarien und Terrarien. [2]Sog. Vergnügungsparks sind keine begünstigten Einrichtungen; das gilt auch für Delfinarien, die auf dem Gelände zoolo-

gischer Gärten von anderen Unternehmern in eigener Regie betrieben werden (BFH-Urteil vom 20.4.1988, X R 20/82, BStBl. II S. 796).

(2) [1]Die Umsätze der zoologischen Gärten und Tierparks sind unter der Voraussetzung steuerfrei, dass es sich um typische Leistungen der bezeichneten Einrichtungen handelt. [2]Typische Umsätze sind insbesondere:

1. Zurschaustellung von Tieren;
2. Erteilung der Erlaubnis zum Fotografieren;
3. Verkauf von Ansichtskarten, Fotografien und Dias mit Zoo- und Tierparkmotiven;
4. Verkauf von Zoo- und Tierparkführern;
5. Verkauf von Tierfutter an die Besucher zum Füttern der zur Schau gestellten Tiere;
6. Verkauf von Tieren, wenn der Verkauf den Aufgaben der zoologischen Gärten und Tierparks dient oder mit dem Betrieb dieser Einrichtung zwangsläufig verbunden ist, z. B. Verkauf zum Zweck der Zurschaustellung in einem anderen zoologischen Garten oder Tierpark, Verkauf zum Zweck der Zucht oder Verkauf zum Zweck der Verjüngung des Tierbestandes.

(3) Insbesondere folgende Umsätze der zoologischen Gärten und Tierparks sind für diese nicht typisch und fallen deshalb nicht unter die Steuerbefreiung:

1. Umsätze in den Gaststättenbetrieben;
2. Verkauf von Gebrauchsartikeln, z. B. Zeitungen, und anderen als den in Absatz 2 Satz 2 Nr. 3 bezeichneten Andenken;
3. Duldung der Jagd in einem Tierpark;
4. Verkauf von Wildbret, Fellen, Jagdtrophäen und Abwurfstangen;
5. Überlassung besonderer Vergnügungseinrichtungen, z. B. Kleinbahnen, Autoscooter, Boote, Minigolfplätze;
6. [1]Verkauf von Gegenständen des Anlagevermögens, ausgenommen die in Absatz 2 Satz 2 Nr. 6 bezeichneten Umsätze von Tieren. [2]Es kann jedoch die Steuerbefreiung nach § 4 Nr. 28 UStG in Betracht kommen (vgl. Abschnitt 4.28.1).

4.20.5 Bescheinigungsverfahren

(1) [1]Für die Erteilung der Bescheinigung der zuständigen Landesbehörde[1)] gilt Abschnitt 4.21.5 Abs. 2, 3 und 6 entsprechend. [2]Gastieren ausländische Theater und Orchester im Inland an verschiedenen Orten, genügt eine Bescheinigung der Landesbehörde, in deren Zuständigkeitsbereich das ausländische Ensemble erstmalig im Inland tätig wird.[2)]

(2) *(aufgehoben)*

---

1) Vgl. hierzu BVerwG v. 4.5.2006 10 C 10/05, DStRE 2006, 1476, und v. 11.10.2006 10 C 7/05, NJW 2007, 711 u. 10 C 4/06, NJW 2007, 714.

2) Zur Bescheinigung nach § 4 Nr. 20 Buchst. a Satz 2 UStG (hier Orchestermusiker) vgl. BFH v. 18.2.2010 V R 28/08, BStBl. II 2010, 876.

Zu § 4 Nr. 21 UStG

4.21.1 Ersatzschulen

Der Nachweis, dass für den Betrieb der Ersatzschule eine staatliche Genehmigung oder landesrechtliche Erlaubnis vorliegt, kann durch eine Bescheinigung der Schulaufsichtsbehörde geführt werden.

4.21.2 Ergänzungsschulen und andere allgemein bildende oder berufsbildende Einrichtungen

(1) [1]Zu den allgemein bildenden oder berufsbildenden Einrichtungen gehören u. a. auch Fernlehrinstitute, Fahrlehrerausbildungsstätten, Heilpraktiker-Schulen, Kurse zur Erteilung von Nachhilfeunterricht für Schüler und Repetitorien, die Studierende auf akademische Prüfungen vorbereiten. [2]Zum Begriff der allgemein bildenden Einrichtung wird auf das Urteil des BVerwG vom 3.12.1976, VII C 73.75, BStBl. 1977 II S. 334, hingewiesen. [3]Berufsbildende Einrichtungen sind Einrichtungen, die Leistungen erbringen, die ihrer Art nach den Zielen der Berufsaus- oder Berufsfortbildung dienen. [4]Sie müssen spezielle Kenntnisse und Fertigkeiten vermitteln, die zur Ausübung bestimmter beruflicher Tätigkeiten notwendig sind (BFH-Urteil vom 18.12. 2003, V R 62/02, BStBl. 2004 II S. 252). [5]Auf die Rechtsform des Trägers der Einrichtung kommt es nicht an. [6]Es können deshalb auch natürliche Personen oder Personenzusammenschlüsse begünstigte Einrichtungen betreiben, wenn neben den personellen auch die organisatorischen und sächlichen Voraussetzungen vorliegen, um einen Unterricht zu ermöglichen.

(2)[1)] [1]Der Unternehmer ist Träger einer Bildungseinrichtung, wenn er selbst entgeltliche Unterrichtsleistungen gegenüber seinen Vertragspartnern (z. B. Schüler, Studenten, Berufstätige oder Arbeitgeber) anbietet. [2]Dies erfordert ein festliegendes Lehrprogramm und Lehrpläne zur Vermittlung eines Unterrichtsstoffs für die Erreichung eines bestimmten Lehrgangsziels sowie geeignete Unterrichtsräume oder -vorrichtungen. [3]Der Betrieb der Bildungseinrichtung muss auf eine gewisse Dauer angelegt sein. [4]Die Einrichtung braucht im Rahmen ihres Lehrprogramms keinen eigenen Lehrstoff anzubieten. [5]Daher reicht es aus, wenn sich die Leistung auf eine Unterstützung des Schul- oder Hochschulangebots bzw. auf die Verarbeitung oder Repetition des von der Schule angebotenen Stoffs beschränkt. [6]Die Veranstaltung einzelner Vorträge oder einer Vortragsreihe erfüllt dagegen nicht die Voraussetzungen einer Unterrichtsleistung. [7]Unschädlich ist jedoch die Einbindung von Vorträgen in ein Lehrprogramm für die Befreiung der Unterrichtsleistungen des Trägers der Bildungseinrichtung.

(3) [1]Die Vorbereitung auf einen Beruf umfasst die berufliche Ausbildung, die berufliche Fortbildung und die berufliche Umschulung; die Dauer der

---

[1)] Zur Definition des Begriffs „Unterricht" siehe BFH v. 25.10.2018 XI B 57/18, BFH/NV 2019, 130.

jeweiligen Maßnahme ist unerheblich (vgl. Art. 44 der MwStVO).[1] ²Dies sind unter anderem Maßnahmen zur Aktivierung und beruflichen Eingliederung im Sinne von § 45 SGB III[2] mit Ausnahme von § 45 Abs. 4 Satz 3 Nr. 2 und Abs. 7 SGB III, Weiterbildungsmaßnahmen entsprechend den Anforderungen der §§ 179, 180 SGB III, Aus- und Weiterbildungsmaßnahmen (einschließlich der Berufsvorbereitung und der blindentechnischen und vergleichbaren speziellen Grundausbildung zur beruflichen Eingliederung von Menschen mit Behinderung) im Sinne von § 112 SGB III sowie berufsvorbereitende, berufsbegleitende bzw. außerbetriebliche Maßnahmen nach §§ 48, 130 SGB III, §§ 51, 53 SGB III, §§ 75, 76 SGB III bzw. § 49 SGB III, die von der Bundesagentur für Arbeit und – über § 16 SGB II[3] – den Trägern der Grundsicherung für Arbeitsuchende nach §§ 6, 6a SGB II gefördert werden. ³Mit ihrer Durchführung beauftragen die Bundesagentur für Arbeit und die Träger der Grundsicherung für Arbeitsuchende nach §§ 6, 6a SGB II in manchen Fällen gewerbliche Unternehmen oder andere Einrichtungen, z. B. Berufsverbände, Kammern, Schulen, anerkannte Werkstätten für behinderte Menschen, die über geeignete Ausbildungsstätten verfügen. ⁴Es ist davon auszugehen, dass die genannten Unternehmen und andere Einrichtungen die von der Bundesagentur für Arbeit und den Trägern der Grundsicherung für Arbeitsuchende nach §§ 6, 6a SGB II geförderten Ausbildungs-, Fortbildungs- und Umschulungsmaßnahmen im Rahmen einer berufsbildenden Einrichtung im Sinne des § 4 Nr. 21 Buchstabe a UStG erbringen.

(3a) ¹Die nach § 43 AufenthG[4] erbrachten Leistungen (Integrationskurse) dienen als Maßnahme der Eingliederung in den Arbeitsmarkt dem Erwerb ausreichender Kenntnisse der deutschen Sprache. ²Diese Maßnahmen fallen daher unter die Steuerbefreiung des § 4 Nr. 21 Buchst. a UStG, wenn sie von einem vom Bundesamt für Migration und Flüchtlinge zur Durchführung der Integrationskurse zugelassenen Kursträger erbracht werden.

(4) ¹Die Aufgaben der Integrationsfachdienste (§§ 192 ff. SGB IX)[5] entsprechen in Teilbereichen den in § 45 SGB III[2] genannten Tätigkeiten, gehen jedoch insgesamt darüber hinaus. ²Da eine Trennung der einzelnen Aufgaben nicht möglich ist, kommt eine Steuerbefreiung nach § 4 Nr. 21 UStG für die Leistungen der Integrationsfachdienste insgesamt nicht in Betracht; auf die Ausführungen in Abschnitt 4.16.5 Abs. 7 und 8 wird hingewiesen.

(5) ¹Eine Einrichtung, die Unterricht für das Erlernen des Umgangs mit Computern erteilt (z. B. Grundkurse für die Erstellung von Textdokumenten), erbringt unmittelbar dem Schul- und Bildungszweck dienende Leistungen. ²Sie kann somit die Voraussetzungen des § 4 Nr. 21 UStG erfüllen.

(6)[6] ¹Fahrschulen können grundsätzlich nicht als allgemein bildende oder berufsbildende Einrichtungen beurteilt werden (BFH-Urteil vom 14.3.1974,

---

[1] **Steuergesetze** Nr. **550a**.
[2] **Aichberger SGB** Nr. 3.
[3] **Aichberger SGB** Nr. 2.
[4] AufenthG v. 25.2.2008, BGBl. I 2008, 162 (**Sartorius** Nr. **565**).
[5] ***Aichberger SGB*** *Nr. 9*.
[6] Zur USt-Befreiung von Kursen „Sofortmaßnahmen am Unfallort" siehe BFH v. 10.1.2008 V R 52/06, DStRE 2008, 445.

V R 54/73, BStBl. II S. 527).[1] ²Eine Steuerfreiheit der Umsätze nach § 4 Nr. 21 UStG kann aber insoweit in Betracht kommen, als Fahrschulen Lehrgänge zur Ausbildung für die Fahrerlaubnis der Klassen C, CE, D, DE, D1, D1E, T und L durchführen, da diese Leistungen in der Regel der Berufsausbildung dienen. ³Eine Fahrerlaubnis der Klassen C, CE, D, DE, D1 und D1E darf nur erteilt werden, wenn der Bewerber bereits die Fahrerlaubnis der Klasse B besitzt oder die Voraussetzungen für deren Erteilung erfüllt hat (§ 9 Fahrerlaubnis-Verordnung). ⁴Eine Steuerbefreiung kommt deshalb auch in Betracht, wenn der Fahrschüler im Rahmen seiner Ausbildung zeitgleich neben den Klassen C und CE die Fahrerlaubnis der Klasse B erwerben möchte; die Ausbildungsleistung, die auf die Klasse B entfällt, ist aber steuerpflichtig. ⁵Als Lehrgang ist die dem einzelnen Fahrschüler gegenüber erbrachte Leistung anzusehen. ⁶Bei Fahrschulen gelten als Bescheinigung im Sinne des § 4 Nr. 21 Buchstabe a Doppelbuchstabe bb UStG für den Nachweis, dass sie ordnungsgemäß auf einen Beruf vorbereiten:

- die nach dem 31.12.2017 erteilte Fahrschulerlaubnis (§ 26 Abs. 1 FahrlG) in den Fahrlehrerlaubnisklassen CE und DE oder
- die vor dem 1.1.2018 ausgestellte Fahrschulerlaubnisurkunde, die zur Ausbildung zum Erwerb der Fahrerlaubnis der Klasse 2 bzw. 3 (ausgestellt bis zum 31.12.1998) bzw. der Fahrerlaubnisklassen C, CE, D, DE, D1, D1E, T und L (ausgestellt ab Januar 1999) berechtigt oder
- bei Fahrschulen, die bei Inkrafttreten des FahrlG alter Fassung bestanden und die Fahrschulerlaubnis somit nach § 69 FahrlG als erteilt gilt, eine Bescheinigung der zuständigen Landesbehörde, welche die Angabe enthält, dass die Fahrschulerlaubnis für die Ausbildung zum Erwerb der Klasse 2 berechtigt.

⁷Die Anerkennung von Fahrschulen als berufsbildende Einrichtungen gemäß § 4 Nr. 21 Buchstabe a Doppelbuchstabe bb erstreckt sich auch auf Lehrgänge zum Erwerb der Grundqualifikation nach § 4 Abs. 1 Nr. 1 BKrFQG,[2] der beschleunigten Grundqualifikation nach § 4 Abs. 2 BKrFQG sowie die in § 5 BKrFQG vorgeschriebenen Weiterbildungskurse. ⁸Bei nach § 7 Abs. 2 BKrFQG anerkannten Ausbildungsstätten gilt die durch eine nach Landesrecht zuständige Behörde erfolgte staatliche Anerkennung als Ausbildungsstätte im Sinne von § 7 Abs. 1 Nr. 5 BKrFQG ebenfalls als Bescheinigung im Sinne des § 4 Nr. 21 Buchstabe a Doppelbuchstabe bb UStG. ⁹Unter die Steuerbefreiung fallen auch die Leistungen von Fahrschulen, die zur Ausbildung gegenüber Mitgliedern der Freiwilligen Feuerwehren, der nach Landesrecht anerkannten Rettungsdienste und der technischen Hilfsdienste sowie des Katastrophenschutzes erbracht werden und zum Führen von Einsatzfahrzeugen bis zu einer zulässigen Gesamtmasse von 7,5t berechtigen.

(7) ¹Eine „Jagdschule", die Schulungen zur Vorbereitung auf die Jägerprüfung durchführt, ist keine allgemein bildende oder berufsbildende Einrichtung

---

[1] Siehe BFH v. 23.5.2019 V R 7/19 (V R 38/16), DStR 2019, 1748, zuvor EuGH v. 14.3.2019 C 449/17, DStR 2019, 620, zum Begriff „Schul- und Hochschulunterricht" iSd Art. 132 Abs. 1 Buchst. i und j MwStSystRL.

[2] Berufskraftfahrer-QualifikationsG v. 14.8.2006, BGBl. I 2006, 1958, zuletzt geänd. durch G v. 26.11.2020, BGBl. I 2020, 2575 (**Straßenverkehrsrecht** Nr. **10d**).

im Sinne des § 4 Nr. 21 UStG. [2]Eine Steuerbefreiung nach dieser Vorschrift kommt daher nicht in Betracht (BFH-Urteil vom 18.12.2003, V R 62/02, BStBl. 2004 II S. 252).

(8) [1]Ballett- und Tanzschulen können als allgemein bildende oder berufsbildende Einrichtungen beurteilt werden. [2]Eine Steuerfreiheit der Umsätze von Ballett- und Tanzschulen nach § 4 Nr. 21 UStG kommt insoweit in Betracht, als vergleichbare Leistungen in Schulen erbracht werden und die Leistungen nicht der bloßen Freizeitgestaltung dienen. [3]Steuerfrei können demnach insbesondere Kurse der tänzerischen Früherziehung und Kindertanzen für Kinder ab 3 Jahren und klassischer Ballettunterricht sein. [4]Unter Kurse, die von ihrer Zielsetzung auf reine Freizeitgestaltung gerichtet sind, fallen z. B. Kurse, die sich an Eltern von Schülern richten, um die Wartezeit während des Unterrichts der Kinder sinnvoll zu nutzen, Kurse für Senioren oder Kurse für allgemein am Tanz interessierte Menschen (vgl. BFH-Urteil vom 24.1.2008, V R 3/05, BStBl. 2012 II S. 267). [5]Kurse für allgemein am Tanz interessierte Menschen können z. B. spezielle Hochzeits- und Crashkurse sein.

4.21.3 Erteilung von Unterricht durch selbständige Lehrer an Schulen und Hochschulen[1)·2)]

(1) [1]Die Steuerbefreiung nach § 4 Nr. 21 Buchstabe b UStG gilt für Personen, die als freie Mitarbeiter an Schulen, Hochschulen oder ähnlichen Bildungseinrichtungen (z. B. Volkshochschulen) Unterricht erteilen. [2]Auf die Rechtsform des Unternehmers kommt es nicht an. [3]Daher ist die Vorschrift auch anzuwenden, wenn Personenzusammenschlüsse oder juristische Personen beauftragt werden, an anderen Bildungseinrichtungen Unterricht zu erteilen.

(2) [1]Eine Unterrichtstätigkeit liegt vor, wenn Kenntnisse im Rahmen festliegender Lehrprogramme und Lehrpläne vermittelt werden. [2]Die Tätigkeit muss regelmäßig und für eine gewisse Dauer ausgeübt werden. [3]Sie dient Schul- und Bildungszwecken unmittelbar, wenn sie den Schülern und Studenten tatsächlich zugute kommt. [4]Auf die Frage, wer Vertragspartner der den Unterricht erteilenden Personen und damit Leistungsempfänger im Rechtssinne ist, kommt es hierbei nicht an. [5]Einzelne Vorträge fallen nicht unter die Steuerbefreiung.

(2a) (Fach-)Autoren erbringen mit der Erstellung von Lehrbriefen keine unmittelbare Unterrichtstätigkeit; hierbei fehlt es an der Einflussnahme durch den persönlichen Kontakt mit den Studenten.

(3) [1]Der Unternehmer hat in geeigneter Weise nachzuweisen, dass er an einer Hochschule, Schule oder Einrichtung im Sinne des § 4 Nr. 21 Buchstabe a UStG tätig ist. [2]Dient die Einrichtung verschiedenartigen Bildungszwecken, hat er nachzuweisen, dass er in einem Bereich tätig ist, der eine

---

1) Zur USt-Pflicht von (beruflichen) Fortbildungsseminaren selbstständiger Referenten und zur Bescheinigung nach § 4 Nr. 21 Buchst. b UStG siehe BFH v. 17.4.2008 V R 58/05, DStR 2008, 1329.

2) Zum Umfang der Steuerbefreiung für selbstständige Lehrer siehe EuGH v. 28.1.2010 C-473/08, Ingenieurbüro Eulitz, DStR 2010, 218, auch zur gemeinschaftsrechtswidrigen Umsetzung durch § 4 Nr. 21 Buchst. b UStG („Privatunterricht").

ordnungsgemäße Berufs- oder Prüfungsvorbereitung gewährleistet (begünstigter Bereich). [3]Der Nachweis ist durch eine Bestätigung der Bildungseinrichtung zu führen, aus der sich ergibt, dass diese die Voraussetzungen des § 4 Nr. 21 Buchstabe a Doppelbuchstabe bb UStG erfüllt und die Unterrichtsleistung des Unternehmers im begünstigten Bereich der Einrichtung erfolgt. [4]Auf die Bestätigung wird verzichtet, wenn die Unterrichtsleistungen an folgenden Einrichtungen erbracht werden:

1. Hochschulen im Sinne der §§ 1 und 70 des Hochschulrahmengesetzes;[1)]
2. öffentliche allgemein- und berufsbildende Schulen, z. B. Gymnasien, Realschulen, Berufsschulen;
3. als Ersatzschulen nach Artikel 7 Abs. 4 GG staatlich genehmigte oder nach Landesrecht erlaubte Schulen.

(4) [1]Die Bestätigung soll folgende Angaben enthalten:
– Bezeichnung und Anschrift der Bildungseinrichtung,
– Name und Anschrift des Unternehmers,
– Bezeichnung des Fachs, des Kurses oder Lehrgangs, in dem der Unternehmer unterrichtet,
– Unterrichtszeitraum und
– Versicherung über das Vorliegen einer Bescheinigung nach § 4 Nr. 21 Buchstabe a Doppelbuchstabe bb UStG für den oben bezeichneten Unterrichtsbereich.

[2]Erteilt der Unternehmer bei einer Bildungseinrichtung in mehreren Fächern, Kursen oder Lehrgängen Unterricht, können diese in einer Bestätigung zusammengefasst werden. [3]Sie sind gesondert aufzuführen. [4]Die Bestätigung ist für jedes Kalenderjahr gesondert zu erteilen. [5]Erstreckt sich ein Kurs oder Lehrgang über den 31. Dezember eines Kalenderjahrs hinaus, reicht es für den Nachweis aus, wenn nur eine Bestätigung für die betroffenen Besteuerungszeiträume erteilt wird. [6]Der Unterrichtszeitraum muss in diesem Falle beide Kalenderjahre benennen.

(5) [1]Die Bildungseinrichtung darf dem bei ihr tätigen Unternehmer nur dann eine Bestätigung erteilen, wenn sie selbst über eine Bescheinigung der zuständigen Landesbehörde verfügt. [2]Bei der Bestimmung der zuständigen Landesbehörde gilt Abschnitt 4.21.5 Abs. 3 entsprechend. [3]Es ist daher nicht zu beanstanden, wenn der Bestätigung eine Bescheinigung der Behörde eines anderen Bundeslands zu Grunde liegt. [4]Erstreckt sich die Bescheinigung der Landesbehörde für die Bildungseinrichtung nur auf einen Teilbereich ihres Leistungsangebots, darf die Bildungseinrichtung dem Unternehmer nur dann eine Bestätigung erteilen, soweit er bei ihr im begünstigten Bereich unterrichtet. [5]Erteilt die Bildungseinrichtung dem Unternehmer eine Bestätigung, obwohl sie selbst keine Bescheinigung der zuständigen Landesbehörde besitzt, oder erteilt die Bildungseinrichtung eine Bestätigung für einen Tätigkeitsbereich, für den die ihr erteilte Bescheinigung der zuständigen Landesbehörde nicht gilt, ist die Steuerbefreiung für die Unterrichtsleistung des Unternehmers zu versagen. [6]Sofern eine Bestätigung bzw. Zulassung gemäß Ab-

[1)] HRG i. d. F. v. 19.1.1999, BGBl. I 1999, 18, zuletzt geänd. durch G v. 15.11.2019, BGBl. I 2019, 1622 (**Sartorius** Nr. **500**).

schnitt 4.21.5 Abs. 5 vorliegt, tritt diese an die Stelle der Bescheinigung der zuständigen Landesbehörde.

4.21.4 Unmittelbar dem Schul- und Bildungszweck dienende Leistungen

(1) [1]Leistungen dienen dem Schul- und Bildungszweck dann unmittelbar, wenn dieser gerade durch die jeweils in Frage stehende Leistung erfüllt wird (BFH-Urteil vom 26.10.1989, V R 25/84, BStBl. 1990 II S. 98). [2]Für die Steuerbefreiung nach § 4 Nr. 21 Buchstabe a UStG ist ausreichend, dass die darin bezeichneten Leistungen ihrer Art nach den Zielen der Berufsaus- oder der Berufsfortbildung dienen. [3]Es ist unerheblich, wem gegenüber sich der Unternehmer zivilrechtlich zur Ausführung dieser Leistungen verpflichtet hat. [4]Stellt der Unternehmer im Rahmen der Erteilung des Unterrichts Lehrkräfte oder für den Unterricht geeignete Räume zur Verfügung, fallen auch diese Leistungen unter die Steuerbefreiung nach § 4 Nr. 21 Buchstabe a UStG (vgl. BFH-Urteil vom 10.6.1999, V R 84/98, BStBl. II S. 578). [5]Auf die Ziele der Personen, welche die Einrichtungen besuchen, kommt es nicht an. [6]Unerheblich ist deshalb, ob sich die Personen, an die sich die Leistungen der Einrichtung richten, tatsächlich auf einen Beruf oder eine Prüfung vor einer juristischen Person des öffentlichen Rechts vorbereiten (BFH-Urteil vom 3.5.1989, V R 83/84, BStBl. II S. 815). [7]Entscheidend sind vielmehr die Art der erbrachten Leistungen und ihre generelle Eignung als Schul- oder Hochschulunterricht. [8]Deshalb ist es auch ohne Belang, wie hoch der Anteil der Schüler ist, die den Unterricht tatsächlich im Hinblick auf eine Berufsausbildung oder eine Prüfungsvorbereitung besuchen oder später tatsächlich den entsprechenden Beruf ergreifen (vgl. BFH-Urteil vom 24.1.2008, V R 3/05, BStBl. 2012 II S. 267).

(1a) [1]Für die Annahme eines Schul- und Bildungszwecks ist entscheidend, ob vergleichbare Leistungen in Schulen erbracht werden und ob die Leistungen der bloßen Freizeitgestaltung dienen. [2]Die Bescheinigung der zuständigen Landesbehörde, dass eine Einrichtung auf einen Beruf oder eine vor einer juristischen Person des öffentlichen Rechts abzulegende Prüfung ordnungsgemäß vorbereitet, kann ein Indiz dafür sein, dass Leistungen, die tatsächlich dem Anforderungsprofil der Bescheinigung entsprechen, nicht den Charakter einer bloßen Freizeitgestaltung haben, sofern keine gegenteiligen Anhaltspunkte vorliegen; vgl. Abschnitt 4.21.5 Abs. 2 Satz 4. [3]Solche gegenteiligen Anhaltspunkte, die zur Annahme reiner Freizeitgestaltungen führen, können sich z.B. aus dem Teilnehmerkreis oder aus der thematischen Zielsetzung der Unterrichtsleistung ergeben. [4]Unterrichtsleistungen, die von ihrer Zielsetzung auf reine Freizeitgestaltung gerichtet sind, sind von der Steuerbefreiung nach § 4 Nr. 21 UStG ausgeschlossen (vgl. BFH-Urteil vom 24.1.2008, V R 3/05, BStBl. 2012 II S. 267).

(2) [1]Die Lieferungen von Lehr- und Lernmaterial dienen nicht unmittelbar dem Schul- und Bildungszweck. [2]Sie sind nur insoweit steuerfrei, als es sich um Nebenleistungen handelt. [3]Eine Nebenleistung liegt in diesen Fällen vor, wenn das den Lehrgangsteilnehmern überlassene Lehr- und Lernmaterial inhaltlich den Unterricht ergänzt, zum Einsatz im Unterricht bestimmt ist, von

von der Schule oder der Bildungseinrichtung oder dem Lehrer für diese Zwecke selbst entworfen worden ist und bei Dritten nicht bezogen werden kann (vgl. BFH-Urteil vom 12.12.1985, V R 15/80, BStBl. 1986 II S. 499).

(3) [1]Leistungen, die sich auf die Unterbringung und Verpflegung von Schülern beziehen, dienen dem Schul- und Bildungszweck im Regelfall nicht unmittelbar, sondern nur mittelbar (BFH-Urteil vom 17.3.1981, VIII R 149/76, BStBl. II S. 746). [2]Diese Leistungen können aber unter den Voraussetzungen des § 4 Nr. 23 UStG steuerfrei sein.

4.21.5 Bescheinigungsverfahren für Ergänzungsschulen und andere allgemein bildende oder berufsbildende Einrichtungen

(1) [1]Träger von Ergänzungsschulen und anderen allgemein bildenden oder berufsbildenden Einrichtungen benötigen, sofern sie keine Ersatzschule im Sinne des § 4 Nr. 21 Buchstabe a Doppelbuchstabe aa UStG betreiben, nach § 4 Nr. 21 Buchstabe a Doppelbuchstabe bb UStG eine Bescheinigung der zuständigen Landesbehörde.[1)] [2]Aus dieser Bescheinigung muss sich ergeben, dass die Leistungen des Unternehmers auf einen Beruf oder auf eine vor einer juristischen Person des öffentlichen Rechts abzulegende Prüfung ordnungsgemäß vorbereiten. [3]Die Sätze 1 und 2 gelten entsprechend, wenn der Träger der Einrichtung kein Unternehmer oder eine in § 4 Nr. 22 UStG bezeichnete Einrichtung ist.

(2) [1]Die für die Erteilung der Bescheinigung zuständige Landesbehörde kann nicht nur vom Unternehmer, sondern auch von Amts wegen eingeschaltet werden (vgl. BVerwG-Urteil vom 4.5.2006, 10 C 10.05);[2)] hierüber ist der Unternehmer zu unterrichten. [2]Die Bescheinigung ist zwingend zu erteilen, wenn die gesetzlichen Voraussetzungen für die Steuerbefreiung vorliegen (vgl. BVerwG-Urteil vom 4.5.2006, 10 C 10.05). [3]Die zuständige Landesbehörde befindet darüber, ob und für welchen Zeitraum die Bildungseinrichtung auf einen Beruf oder eine vor einer juristischen Person des öffentlichen Rechts abzulegende Prüfung ordnungsgemäß vorbereitet. [4]Die entsprechende Bescheinigung bindet die Finanzbehörden insoweit als Grundlagebescheid nach § 171 Abs. 10 in Verbindung mit § 175 Abs. 1 Satz 1 Nr. 1 AO (vgl. BFH-Urteil vom 20.8.2009, V R 25/08, BStBl. 2010 II S. 15); das schließt nicht aus, dass die Finanzbehörden bei der zuständigen Landesbehörde eine Überprüfung der Bescheinigung anregen. [5]Die Finanzbehörden entscheiden jedoch in eigener Zuständigkeit, ob die Voraussetzungen für die Steuerfreiheit im Übrigen vorliegen. [6]Dazu gehören insbesondere die Voraussetzungen einer allgemein bildenden oder berufsbildenden Einrichtung (BFH-Urteil vom 3.5.1989, V R 83/84, BStBl. II S. 815). [7]Eine für zurückliegende Zeiträume erteilte Bescheinigung kann nur unter den Voraussetzungen des § 171 Abs. 10 AO eine Ablaufhemmung auslösen (vgl. AEAO zu § 171,

---

[1)] Zur Bescheinigung für Leistungen zur beruflichen Orientierung siehe BVerwG v. 12.6.2013 9 C 4/12, DVBl. 2013, 1193 (Rspr.-Änderung).

[2)] DStRE 2006, 1476. – Nachweise weiterer BVerwG-Rspr. zitiert bei A 4.20.5 Satz 1 UStAE.

Nr. 6.1, 6.2 und 6.5).[1] 8 Die zuständige Landesbehörde kann darauf in der Bescheinigung hinweisen. 9 Die konkrete Feststellung, für welche Umsatzsteuerfestsetzung die Bescheinigung bzw. deren Aufhebung von Bedeutung ist, trifft die Finanzbehörde.

(3) 1 Erbringt der Unternehmer die dem Schul- und Bildungszweck dienenden Leistungen in mehreren Bundesländern, ist eine Bescheinigung der zuständigen Behörde des Bundeslands, in dem der Unternehmer steuerlich geführt wird, als für umsatzsteuerliche Zwecke ausreichend anzusehen. 2 Werden die Leistungen ausschließlich außerhalb dieses Bundeslands ausgeführt, genügt eine Bescheinigung der zuständigen Behörde eines der Bundesländer, in denen der Unternehmer tätig wird. 3 Erbringen Unternehmer Leistungen im Sinne des § 4 Nr. 21 Buchstabe a UStG im Rahmen eines Franchisevertrags, muss jeder Franchisenehmer selbst bei der für ihn zuständigen Landesbehörde die Ausstellung einer Bescheinigung nach § 4 Nr. 21 Buchstabe a Doppelbuchstabe bb UStG beantragen.

(4) Werden Leistungen erbracht, die verschiedenartigen Bildungszwecken dienen, ist der Begünstigungsnachweis im Sinne des § 4 Nr. 21 Buchstabe a Doppelbuchstabe bb UStG durch getrennte Bescheinigungen, bei Fernlehrinstituten z. B. für jeden Lehrgang, zu führen.

(5) 1 Bestätigt die Bundesagentur für Arbeit bzw. der Träger der Grundsicherung für Arbeitsuchende nach §§ 6, 6a SGB II,[2] dass für eine bestimmte berufliche Bildungsmaßnahme gemäß Abschnitt 4.21.2 Abs. 3 die gesetzlichen Voraussetzungen vorliegen, so gilt diese Bestätigung als Bescheinigung im Sinne des § 4 Nr. 21 Buchst. a Doppelbuchst. bb UStG, wenn die nach dieser Vorschrift für die Erteilung der Bescheinigung zuständige Landesbehörde – generell oder im Einzelfall – sich mit der Anerkennung einverstanden erklärt hat und von der Bundesagentur für Arbeit bzw. dem Träger der Grundsicherung für Arbeitsuchende nach §§ 6, 6a SGB II hierauf in der Bestätigung hingewiesen wird. 2 Das Gleiche gilt für Maßnahmen der Berufseinstiegsbegleitung im Rahmen der BMBF-Initiative „Abschluss und Anschluss – Bildungsketten bis zum Ausbildungsabschluss". 3 Auch die Zulassung eines Trägers zur Durchführung von Integrationskursen gemäß Abschnitt 4.21.2 Abs. 3a durch das Bundesamt für Migration und Flüchtlinge gilt als Bescheinigung im Sinne des § 4 Nr. 21 Buchst. a Doppelbuchst. bb UStG, wenn aus der Zulassung ersichtlich ist, dass sich die zuständige Landesbehörde – generell oder im Einzelfall – mit der Zulassung durch das Bundesamt für Migration und Flüchtlinge einverstanden erklärt hat. 4 Das gilt auch für die Zulassung eines Trägers sowie für die Zulassung von Maßnahmen zur beruflichen Weiterbildung sowie von Maßnahmen zur Aktivierung und beruflichen Eingliederung durch fachkundige Stellen nach § 176 SGB III,[3] wenn aus der Zulassung ersichtlich ist, dass die fachkundige Stelle von der Deutschen Akkreditierungsstelle GmbH (DAkkS) als Zertifizierungsstelle anerkannt wurde und sich auch die zuständige Landesbehörde – generell oder im Einzelfall –

[1] Nr. **800**.
[2] **Aichberger SGB** Nr. 2.
[3] **Aichberger SGB** Nr. 3.

mit der Zulassung durch die fachkundige Stelle einverstanden erklärt hat. [5]Liegen die Voraussetzungen der Sätze 1 bis 4 vor, so tritt die Bestätigung bzw. Zulassung an die Stelle der Bescheinigung der zuständigen Landesbehörde und bindet die Finanzbehörden insoweit ebenfalls als Grundlagenbescheid nach § 171 Abs. 10 in Verbindung mit § 175 Abs. 1 Satz 1 Nr. 1 AO.

(6) [1]Die Bescheinigung durch eine nach Landesrecht zuständige untergeordnete Behörde gilt als eine nach § 4 Nr. 21 Buchstabe a Doppelbuchstabe bb UStG erforderliche Bescheinigung der zuständigen Landesbehörde. [2]Das Gleiche gilt für die staatliche Anerkennung der Bildungseinrichtungen durch eine nach Landesrecht zuständige Behörde, wenn diese Anerkennung inhaltlich der Bescheinigung der zuständigen Landesbehörde entspricht.

Zu § 4 Nr. 22 UStG

4.22.1 Veranstaltung wissenschaftlicher und belehrender Art

(1) [1]Volkshochschulen sind Einrichtungen, die auf freiwilliger, überparteilicher und überkonfessioneller Grundlage Bildungsziele verfolgen. [2]Begünstigt sind auch Volkshochschulen mit gebundener Erwachsenenbildung. [3]Das sind Einrichtungen, die von einer festen politischen, sozialen oder weltanschaulichen Grundeinstellung ausgehen, im Übrigen aber den Kreis der Hörer nicht ausdrücklich einengen (BFH-Urteil vom 2.8.1962, V 37/60 U, BStBl. III S. 458).

(2) Veranstaltungen wissenschaftlicher oder belehrender Art sind solche, die als Erziehung von Kindern und Jugendlichen, als Schul- oder Hochschulunterricht, als Ausbildung, Fortbildung oder berufliche Umschulung zu qualifizieren sind (vgl. BFH-Urteil vom 27.4.2006, V R 53/04, BStBl. 2007 II S. 16).

(3) [1]Begünstigt sind nach § 4 Nr. 22 Buchstabe a UStG nur Leistungen, die von den im Gesetz genannten Unternehmern erbracht werden und in Vorträgen, Kursen und anderen Veranstaltungen wissenschaftlicher oder belehrender Art bestehen. [2]Es handelt sich hierbei um eine abschließende Aufzählung, die nicht im Auslegungswege erweitert werden kann. [3]Vergleichbare Tätigkeiten der bei den begünstigten Unternehmern tätigen externen Dozenten fallen nicht hierunter (vgl. BFH-Beschluss vom 12.5.2005, V B 146/03, BStBl. II S. 714). [4]Sie können unter den Voraussetzungen des § 4 Nr. 21 UStG steuerfrei sein (vgl. Abschnitt 4.21.3). [5]Beherbergung und Beköstigung sind grundsätzlich nur unter den Voraussetzungen des § 4 Nr. 23 UStG steuerfrei (vgl. BFH-Urteil vom 7.10.2010, V R 12/10, BStBl. 2011 II S. 303).

(4)[1)] *[1]Zu den in* § 4 Nr. 22 Buchstabe a UStG bezeichneten Veranstaltungen belehrender Art gehört auf dem Gebiet des Sports die Erteilung von Sportunterricht, z. B. die Erteilung von Schwimm-, Tennis-, Reit-, Segel- und Skiunterricht. [2]Tanzkurse stellen nur dann Sportunterricht dar, wenn die Teilnehmer das Tanzen als Tanzsportler in erster Linie als Wettkampf zwi-

---

[1)] Zur USt-Freiheit von Golfeinzelunterricht durch angestellte Golflehrer nach Unionsrecht siehe BFH v. 2.3.2011 XI R 21/09, DStR 2011, 1179.

schen Paaren bzw. Formationen im Rahmen des Vereins- bzw. Leistungssports betreiben (vgl. BFH-Urteil vom 27.4.2006, a. a. O.). 3 Der Sportunterricht ist steuerfrei, soweit er von einem Sportverein im Rahmen eines Zweckbetriebes im Sinne des § 67a AO[1)] durchgeführt wird.[2)] 4 Ein bestimmter Stunden- und Stoffplan sowie eine von den Teilnehmern abzulegende Prüfung sind nicht erforderlich. 5 Die Steuerbefreiung gilt unabhängig davon, ob der Sportunterricht Mitgliedern des Vereins oder anderen Personen erteilt wird.

4.22.2 Andere kulturelle und sportliche Veranstaltungen

(1) Als andere kulturelle Veranstaltungen kommen z. B. Musikwettbewerbe und Trachtenfeste in Betracht.

(2)[3)] 1 Eine sportliche Veranstaltung ist die organisatorische Maßnahme einer begünstigten Einrichtung, die es aktiven Sportlern erlaubt, Sport zu treiben. 2 Eine bestimmte Organisationsform oder -struktur ist für die Veranstaltung nicht notwendig (vgl. BFH-Urteil vom 25.7.1996, V R 7/95, BStBl. 1997 II S. 154).[4)] 3 Es ist auch nicht erforderlich, dass Publikum teilnimmt oder ausschließlich Mitglieder sich betätigen. 4 Deshalb können schon das bloße Training, Sportkurse und Sportlehrgänge eine sportliche Veranstaltung sein. 5 Eine sportliche Veranstaltung liegt auch vor, wenn ein Sportverein im Rahmen einer anderen Veranstaltung eine sportliche Darbietung präsentiert. 6 Die andere Veranstaltung braucht nicht notwendigerweise die sportliche Veranstaltung eines Sportvereins zu sein (BFH-Urteil vom 4.5.1994, XI R 109/90, BStBl. II S. 886). 7 Zu sportlichen Veranstaltungen, die gemeinnützige Sportvereine gegen Mitgliederbeiträge durchführen, vgl. BMF-Schreiben vom 4.2.2019, BStBl. I S. 115.

(3) 1 Sportreisen sind als sportliche Veranstaltung anzusehen, wenn die sportliche Betätigung wesentlicher und notwendiger Bestandteil der Reise ist (z. B. Reise zum Wettkampfort). 2 Reisen, bei denen die Erholung der Teilnehmer im Vordergrund steht (Touristikreisen), zählen dagegen nicht zu den sportlichen Veranstaltungen, selbst wenn anlässlich der Reise auch Sport getrieben wird.

(4) 1 Eine sportliche Veranstaltung ist nicht gegeben, wenn sich die organisatorische Maßnahme auf Sonderleistungen für einzelne Personen beschränkt. 2 Dies liegt vor, wenn die Maßnahme nur eine Nutzungsüberlassung von Sportgegenständen bzw. -anlagen oder bloße konkrete Dienstleistungen, wie z. B. die Beförderung zum Ort der sportlichen Betätigung oder ein spezielles Training für einzelne Sportler zum Gegenstand hat (BFH-Urteil vom

---

1) Vgl. AEAO zu § 67a AO (Nr. **800**).

2) Bei Fahrsicherheitstraining durch gemeinnützigen Verein ist die USt-Befreiung zweifelhaft; siehe BFH v. 10.7.2012 V B 33/12, DStR 2012, 1856.

3) Zur USt-Freiheit der Leistungen eines gemeinnützigen Golf-Clubs nach Gemeinschaftsrecht siehe BFH v. 3.4.2008 V R 74/07, DStR 2008, 1481.

4) Zur Überlassung vereinseigener Golfanlagen an Mitglieder sowie zu Mitgliedsbeiträgen und Aufnahmegebühren als umsatzsteuerliches Entgelt siehe BFH v. 11.10.2007 V R 69/06, *DStRE 2008, 303.* – *Siehe auch BFH v. 20.3.2014 V R 4/13,* DStR 2014, 1539. – Siehe nunmehr EuGH v. 10.12.2020 C-488/18, Golfclub Schloss Igling, DStR 2020, 2869, zur Umsatzbesteuerung von Vereinen, auf Vorlage des BFH v. 21.6.2018 V R 20/17, BStBl. II 2018, 558.

25.7.1996, V R 7/95, BStBl. 1997 II S. 154). [3]Auch die Genehmigung von Wettkampfveranstaltungen oder von Trikotwerbung sowie die Ausstellung oder Verlängerung von Sportausweisen durch einen Sportverband sind keine sportlichen Veranstaltungen im Sinne des § 4 Nr. 22 Buchstabe b UStG; wegen der Anwendung des ermäßigten Steuersatzes vgl. Abschnitt 12.9 Abs. 4 Nr. 1. [4]Die Verwaltung von Sporthallen sowie das Einziehen der Hallenmieten einschließlich des Mahnwesens und Vollstreckungswesens durch einen gemeinnützigen Verein gegen Entgelt einer Stadt ist ebenfalls keine sportliche Veranstaltung nach § 4 Nr. 22 Buchstabe b UStG (BFH-Urteil vom 5.8.2010, V R 54/09, BStBl. 2011 II S. 191).

(5) [1]Teilnehmergebühren sind Entgelte, die gezahlt werden, um an den Veranstaltungen aktiv teilnehmen zu können, z.B. Startgelder und Meldegelder. [2]Soweit das Entgelt für die Veranstaltung in Eintrittsgeldern der Zuschauer besteht, ist die Befreiungsvorschrift nicht anzuwenden.

Zu § 4 Nr. 23 UStG

4.23.1 Beherbergung und Beköstigung von Jugendlichen

(1) [1]Die Steuerbefreiung nach § 4 Nr. 23 UStG ist davon abhängig, dass die Aufnahme der Jugendlichen zu Erziehungs-, Ausbildungs- oder Fortbildungszwecken erfolgt. [2]Sie hängt nicht davon ab, in welchem Umfang und in welcher Organisationsform die Aufnahme von Jugendlichen zu den genannten Zwecken betrieben wird; die Tätigkeit muss auch nicht der alleinige Gegenstand oder der Hauptgegenstand des Unternehmens sein (BFH-Urteil vom 24.5.1989, V R 127/84, BStBl. II S. 912).

(2) [1]Die Erziehungs-, Ausbildungs- oder Fortbildungsleistungen müssen dem Unternehmer, der die Jugendlichen aufgenommen hat, selbst obliegen. [2]Dabei ist es nicht erforderlich, dass der Unternehmer die Leistungen allein erbringt. [3]Er kann die ihm obliegenden Leistungen zur Gänze selbst oder teilweise durch Beauftragte erbringen. [4]Für die Steuerbefreiung nach § 4 Nr. 23 UStG ist es auch ausreichend, wenn der leistende Unternehmer konkrete Erziehungs-, Ausbildungs- oder Fortbildungszwecke, z.B. in seiner Satzung, festschreibt und den Leistungsempfänger vertraglich verpflichtet, sich im Rahmen seines Aufenthaltes an diesen pädagogischen Grundsätzen zu orientieren. [5]Der leistende Unternehmer erbringt auch in diesen Fällen – zumindest mittelbar – Leistungen im Sinne des § 4 Nr. 23 UStG, die über Beherbergungs- und Verpflegungsleistungen hinausgehen. [6]Der Unternehmer, der Jugendliche für Erziehungszwecke bei sich aufnimmt, muss eine Einrichtung auf dem Gebiet *der Kinder- und Jugendbetreuung* oder der Kinder- und Jugenderziehung im Sinne des Artikels 132 Abs. 1 Buchstabe h oder i MwStSystRL[1)] unterhalten. [7]Daher können – unter Beachtung der übrigen Voraussetzungen des § 4 Nr. 23 UStG – die Steuerbefreiung nur Einrichtungen des öffentlichen Rechts auf dem Gebiet der Kinder- und Jugendbetreuung sowie der Kinder- und Jugenderziehung oder vergleichbare privatrechtliche Einrichtungen in Anspruch

---

1) **Steuergesetze** Nr. **550.**

nehmen (BFH-Urteil vom 28.9.2000, V R 26/99, BStBl. 2001 II S. 691); dies gilt entsprechend für Einrichtungen, die Jugendliche für die sonstigen in § 4 Nr. 23 Satz 1 UStG genannten Zwecke aufnehmen. [8]Vergleichbare privatrechtliche Einrichtungen sind insbesondere Kinder- und Jugendhilfeeinrichtungen, die als solche formal durch staatliche Einrichtungen anerkannt sind oder deren Kosten überwiegend von hierfür zuständigen Einrichtungen des öffentlichen Rechts übernommen werden. [9]Hierzu gehören nicht Einrichtungen, die im Rahmen des Hotel- und Gaststättengewerbes der Aufnahme von Kindern oder Jugendlichen dienen und die dafür nach § 45 Abs. 1 Satz 2 Nr. 3 SGB VIII einer Erlaubnis nicht bedürfen. [10]Die Leistungen im Zusammenhang mit der Aufnahme müssen dem in § 4 Nr. 23 UStG genannten Personenkreis tatsächlich zu Gute kommen. [11]Auf die Frage, wer Vertragspartner des Unternehmers und damit Leistungsempfänger im Rechtssinne ist, kommt es nicht an. [12]Dem Kantinenpächter einer berufsbildenden oder schulischen Einrichtung steht für die Abgabe von Speisen und Getränken an Schüler und Lehrpersonal die Steuerbefreiung nach § 4 Nr. 23 UStG nicht zu, weil er allein mit der Bewirtung der Schüler diese nicht zur Erziehung, Ausbildung oder Fortbildung bei sich aufnimmt (vgl. BFH-Beschluss vom 26.7.1979, V B 15/79, BStBl. II S. 721). [13]Dasselbe gilt für derartige Leistungen eines Schulfördervereins (vgl. BFH-Urteil vom 12.2.2009, V R 47/07, BStBl. II S. 677). [14]Die Befreiung ist aber möglich, wenn die Beköstigung im Rahmen der Aufnahme der Jugendlichen zu den begünstigten Zwecken zum Beispiel von der Bildungseinrichtung selbst erbracht wird. [15]Davon ausgenommen ist die Abgabe von alkoholischen Getränken. [16]Leistungen der Beherbergung und Beköstigung während kurzfristiger Urlaubsaufenthalte oder Fahrten, die von Sport- und Freizeitangeboten geprägt sind, stellen keine Aufnahme zu Erziehungs-, Ausbildungs- oder Fortbildungszwecken dar (vgl. BFH-Urteile vom 12.5.2009, V R 35/07, BStBl. II S. 1032, und vom 30.7.2008, V R 66/06, BStBl. 2010 II S. 507). [17]Fahrten, die nach § 11 SGB VIII[1)] ausgeführt werden, können unter den Voraussetzungen des § 4 Nr. 25 UStG steuerfrei sein.

(3) [1]Der Begriff „Aufnahme" ist nicht an die Voraussetzung gebunden, dass die Jugendlichen Unterkunft während der Nachtzeit und volle Verpflegung erhalten. [2]Es genügt außerdem, wenn die Aufnahme so lange andauert, dass der im Gesetz vorausgesetzte Erziehungs- oder Bildungszweck erreicht werden kann. [3]Zu den begünstigten Leistungen gehören neben der Beherbergung und Beköstigung insbesondere die Beaufsichtigung der häuslichen Schularbeiten und die Freizeitgestaltung durch Basteln, Spiele und Sport (BFH-Urteil vom 19.12.1963, V 102/61 U, BStBl. 1964 III S. 110). [4]Sowohl die Erziehungs-, Ausbildungs- und Fortbildungsleistung als auch die damit zusammenhängenden Unterbringungs- und Verpflegungsleistungen sind bei Vorliegen der weiteren Voraussetzungen des § 4 Nr. 23 UStG als einheitliche Leistung zu befreien.

(4) [1]Die Erziehungs-, Ausbildungs- und Fortbildungszwecke umfassen nicht nur den beruflichen Bereich, sondern die gesamte geistige, sittliche und körperliche Erziehung und Fortbildung von Jugendlichen (vgl. BFH-Urteil vom

---

[1)] **Aichberger SGB** Nr. **8.**

21.11.1974, II R 107/68, BStBl. 1975 II S. 389). [2]Vorbehaltlich von Absatz 2 Satz 16 gehört hierzu u. a. auch die sportliche Erziehung. [3]Die Befreiungsvorschrift kommt deshalb sowohl bei von einer anerkannten Kinder- und Jugendhilfeeinrichtung durchgeführten Sportlehrgängen für Berufssportler als auch bei solchen für Amateursportler in Betracht.

(5) Hinsichtlich des Begriffs der Vergütung für geleistete Dienste wird auf Abschnitt 4.18.1 Abs. 7 hingewiesen.

(6) [1]§ 4 Nr. 23 Satz 4 UStG regelt, dass diese Steuerbefreiungsvorschrift nicht gilt, soweit eine Leistung der Jugendhilfe nach SGB VIII[1)] erbracht wird. [2]Die Leistungen nach § 2 Abs. 2 SGB VIII (Abschnitt 4.25.1 Abs. 1 Satz 2) und die Inobhutnahme nach § 42 SGB VIII sind somit nur unter den Voraussetzungen des § 4 Nr. 25 UStG steuerfrei.

Zu § 4 Nr. 24 UStG

4.24.1 Jugendherbergswesen

(1) Nach Satz 1 der Vorschrift des § 4 Nr. 24 UStG sind folgende Unternehmer begünstigt:

1. das Deutsche Jugendherbergswerk, Hauptverband für Jugendwandern und Jugendherbergen e. V. (DJH), und die ihm angeschlossenen Landes-, Kreis- und Ortsverbände;
2. kommunale, kirchliche und andere Träger von Jugendherbergen, die dem DJH als Mitglied angeschlossen sind und deren Häuser im Deutschen Jugendherbergsverzeichnis als Jugendherbergen ausgewiesen sind;
3. die Pächter der Jugendherbergen, die von den in den Nummern 1 und 2 genannten Unternehmern unterhalten werden;
4. die Herbergseltern, soweit sie einen Teil der Jugendherberge, insbesondere die Kantine, auf eigene Rechnung betreiben.

(2) Die in Absatz 1 genannten Unternehmer erbringen folgende Leistungen:

1. die Beherbergung und die Beköstigung in Jugendherbergen einschließlich der Lieferung von Lebensmitteln und alkoholfreien Getränken außerhalb der Tagesverpflegung (Zusatz- und Wanderverpflegung);
2. die Durchführung von Freizeiten, Wanderfahrten und Veranstaltungen, die dem Sport, der Erholung oder der Bildung dienen;
3. die Lieferungen von Schlafsäcken und die Überlassung von Schlafsäcken und Bettwäsche zum Gebrauch;
4. die Überlassung von Rucksäcken, Fahrrädern und Fotoapparaten zum Gebrauch;
5. die Überlassung von Spiel- und Sportgeräten zum Gebrauch sowie die Gestattung der Telefonbenutzung in Jugendherbergen;
6. die Lieferungen von Wanderkarten, Wanderbüchern und von Ansichtskarten mit Jugendherbergsmotiven;

---

1) **Aichberger SGB** Nr. **8.**

7. die Lieferungen von Jugendherbergsverzeichnissen, Jugendherbergskalendern, Jugendherbergsschriften und von Wimpeln und Abzeichen mit dem Emblem des DJH oder des Internationalen Jugendherbergswerks (IYHF);
8. die Lieferungen der für den Betrieb von Jugendherbergen erforderlichen und vom Hauptverband oder von den Landesverbänden zentral beschafften Einrichtungsgegenstände.

(3) [1]Die in Absatz 2 bezeichneten Leistungen dienen unmittelbar den Satzungszwecken der begünstigten Unternehmer und sind daher steuerfrei, wenn

1. [1]die Leistungen in den Fällen des Absatzes 2 Nr. 1 bis 6 an folgende Personen bewirkt werden:
   a) Jugendliche; Jugendliche in diesem Sinne sind alle Personen vor Vollendung des 27. Lebensjahres,
   b) andere Personen, wenn sie sich in der Ausbildung oder Fortbildung befinden und Mitglied einer geführten Gruppe sind,
   c) Leiter und Betreuer von Gruppen, deren Mitglieder die in den Buchstaben a und b genannten Jugendlichen oder andere Personen sind,
   d) [1]wandernde Familien mit Kindern. [2]Hierunter fallen alle Inhaber von Familienmitgliedsausweisen in Begleitung von eigenen oder anderen minderjährigen Kindern.

   [2]Soweit die Leistungen in geringem Umfang auch an andere Personen erbracht werden, ist die Inanspruchnahme der Steuerbefreiung nicht zu beanstanden. [3]Von einem geringen Umfang ist auszugehen, wenn die Leistungen an diese Personen nicht mehr als 2% der in Absatz 2 Nr. 1 bis 6 bezeichneten Leistungen betragen;[1)]
2. die Leistungen im Fall des Absatzes 2 Nr. 8 an die in Absatz 1 genannten Unternehmer bewirkt werden.

[2]Die Steuerfreiheit der in Absatz 2 Nr. 7 bezeichneten Leistungen ist nicht von der Lieferung an bestimmte Personen oder Einrichtungen abhängig.

(4) Hinsichtlich des Begriffs der Vergütung für geleistete Dienste wird auf Abschnitt 4.18.1 Abs. 7 hingewiesen.

(5) [1]Nach § 4 Nr. 24 Satz 2 UStG gilt die Steuerbefreiung auch für andere Vereinigungen, die gleiche Aufgaben unter denselben Voraussetzungen erfüllen. [2]Hierbei ist es insbesondere erforderlich, dass die Unterkunftsstätten der anderen Vereinigungen nach der Satzung und ihrer tatsächlichen Durchführung überwiegend Jugendlichen dienen. [3]Zu den hiernach begünstigten „anderen Vereinigungen" gehören der Touristenverein „Natur Freunde Deutschlands Verband für Umweltschutz, sanften Tourismus, Sport und Kultur Bundesgruppe Deutschland e. V." und die ihm angeschlossenen Landesverbände, Bezirke und Ortsgruppen sowie die Pächter der von diesen Unternehmern unterhaltenen Naturfreundehäuser. [4]Die Absätze 2 bis 4 gelten entsprechend.

---

1) Siehe auch BFH v. 10.8.2016 V R 11/15, BStBl. II 2018, 113, sowie AEAO Nr. 3 Satz 2 zu § 68 Nr. 1 AO (Nr. **800**).

Zu § 4 Nr. 25 UStG

4.25.1 Leistungen im Rahmen der Kinder- und Jugendhilfe

(1) [1]Die Steuerbefreiungsvorschrift des § 4 Nr. 25 Satz 1 UStG umfasst die Leistungen der Jugendhilfe nach § 2 Abs. 2 SGB VIII[1)] und die Inobhutnahme nach § 42 SGB VIII. [2]Unter § 2 Abs. 2 SGB VIII fallen folgende Leistungen:

1. Angebote der Jugendarbeit, der Jugendsozialarbeit und des erzieherischen Kinder- und Jugendschutzes (§§ 11 bis 14 SGB VIII);
2. Angebote zur Förderung der Erziehung in der Familie (§§ 16 bis 21 SGB VIII);
3. Angebote zur Förderung von Kindern in Tageseinrichtungen und in Tagespflege (§§ 22 bis 25 SGB VIII);
4. Hilfe zur Erziehung und ergänzende Leistungen (§§ 27 bis 35, 36, 37, 39, 40 SGB VIII);
5. Hilfe für seelisch behinderte Kinder und Jugendliche und ergänzende Leistungen (§§ 35a bis 37, 39, 40 SGB VIII);
6. Hilfe für junge Volljährige und Nachbetreuung (§ 41 SGB VIII).

[3]Mit Wirkung vom 1.11.2015 wurde der Inobhutnahme von ausländischen Kindern und Jugendlichen nach § 42 Abs. 1 Nr. 3 SGB VIII die vorläufige Inobhutnahme von ausländischen Kindern und Jugendlichen nach unbegleiteter Einreise nach § 42a SGB VIII vorgeschaltet. [4]Da es sich hierbei ebenfalls um Leistungen der Jugendhilfe handelt, sind diese Leistungen nach § 42a SGB VIII unter den weiteren Voraussetzungen des § 4 Nr. 25 UStG ebenso wie die Leistungen der Inobhutnahme nach § 42 SGB VIII umsatzsteuerfrei.

Begünstigte Leistungserbringer

(2) [1]Die vorgenannten Leistungen sind steuerfrei, wenn sie durch Träger der öffentlichen Jugendhilfe (§ 69 SGB VIII)[1)] oder andere Einrichtungen mit sozialem Charakter erbracht werden. [2]Der Begriff der „anderen Einrichtung mit sozialem Charakter" entspricht der Formulierung der maßgeblichen unions-rechtlichen Grundlage (Artikel 132 Abs. 1 Buchstabe h MwStSystRL).[2)] [3]Auf der Grundlage der dort eingeräumten Befugnis der Mitgliedstaaten sind insoweit anerkannt:

1. von der zuständigen Jugendbehörde anerkannte Träger der freien Jugendhilfe (§ 75 Abs. 1 SGB VIII), die Kirchen und Religionsgemeinschaften des öffentlichen Rechts sowie die amtlich anerkannten Verbände der freien Wohlfahrtspflege nach § 23 UStDV;
2. [1]bestimmte weitere Einrichtungen soweit sie
   a) [1]für ihre Leistungen eine im SGB VIII geforderte Erlaubnis besitzen. [2]Insoweit handelt es sich um die Erlaubnistatbestände des § 43 SGB VIII

[1)] **Aichberger SGB** Nr. **8.**

[2)] **Steuergesetze** Nr. **550.**

(Erlaubnis zur Kindertagespflege), § 44 Abs. 1 Satz 1 SGB VIII (Erlaubnis zur Vollzeitpflege), § 45 Abs. 1 Satz 1 SGB VIII (Erlaubnis für den Betrieb einer Einrichtung, in der Kinder oder Jugendliche ganztägig oder für einen Teil des Tages betreut werden oder Unterkunft erhalten) und § 54 SGB VIII (Erlaubnis zur Übernahme von Pflegschaften oder Vormundschaften durch rechtsfähige Vereine). [3]Eine Betriebserlaubnis, die einer Einrichtung nach § 45 SGB VIII erteilt wurde, gilt auch als Erlaubnis für eine sonstige Wohnform im Sinne des § 48a Abs. 2 SGB VIII, wenn sie in der Erlaubnis ausdrücklich aufgeführt ist. [4]Das gilt auch bei einem Wechsel einer sonstigen Wohnform im Sinne des § 48a Abs. 2 SGB VIII, wenn die zuständige Behörde bestätigt hat, dass die Einrichtung ihrer Anzeigepflicht nachgekommen ist und der Unternehmer die für die Tätigkeit notwendige Eignung besitzt. [5]Die Ausführungen zur Wirkung der Betriebserlaubnis in den Sätzen 3 und 4 gelten sinngemäß auch für einen Unternehmer, der vom Träger einer Jugendhilfeeinrichtung mit der pädagogischen Leitung dieser Einrichtung beauftragt wurde,

b) [1]für ihre Leistungen einer Erlaubnis nach SGB VIII nicht bedürfen. [2]Dies sind die in § 44 Abs. 1 Satz 2 SGB VIII geregelten Fälle der Vollzeitpflege sowie der Betrieb einer Einrichtung nach § 45 SGB VIII, allerdings nur, wenn es sich um eine Jugendfreizeiteinrichtung, eine Jugendausbildungseinrichtung, eine Jugendherberge oder ein Schullandheim im Sinne des § 45 Abs. 1 Satz 2 Nr. 1 SGB VIII oder um ein landesgesetzlich der Schulaufsicht unterstehendes Schülerheim im Sinne des § 45 Abs. 1 Satz 2 Nr. 2 SGB VIII handelt. [3]Ausgenommen sind somit die Einrichtungen im Sinne des § 45 Abs. 1 Satz 2 Nr. 3 SGB VIII, die außerhalb der Jugendhilfe liegende Aufgaben für Kinder oder Jugendliche wahrnehmen,

c) [1]Leistungen erbringen, die im vorangegangenen Kalenderjahr ganz oder zum überwiegenden Teil von Trägern der öffentlichen Jugendhilfe (§ 69 SGB VIII), anerkannten Trägern der freien Jugendhilfe (§ 75 Abs. 1 SGB VIII), Kirchen und Religionsgemeinschaften des öffentlichen Rechts oder amtlich anerkannten Verbänden der freien Wohlfahrtspflege nach § 23 UStDV vergütet wurden. [2]Eine Vergütung durch die zuvor genannten Träger und Einrichtungen ist aber nur dann gegeben, wenn der Leistungserbringer von diesen unmittelbar bezahlt wird. [3]Die Vergütung ist nicht um eine eventuelle Kostenbeteiligung nach §§ 90 ff. SGB VIII, z. B. der Eltern, zu mindern,

d) [1]Leistungen der Kindertagespflege erbringen, für die die Einrichtungen nach § 23 Abs. 3 SGB VIII geeignet sind und aufgrund dessen nach § 24 i. V. m. § 23 Abs. 1 SGB VIII vermittelt werden können. [2]Da der Befreiungstatbestand insoweit allein darauf abstellt, dass die Einrichtung nach § 23 Abs. 3 SGB VIII als Tagespflegeperson geeignet ist, greift die Steuerbefreiung somit auch in den Fällen, in denen die Leistung „privat", also ohne Vermittlung durch das Jugendamt, nachgefragt wird.

[2]Der Begriff „Einrichtungen" umfasst dabei auch natürliche Personen. [3]Für die Anerkennung eines Unternehmers als eine Einrichtung mit sozialem

Charakter reicht es für sich allein nicht schon aus, dass der Unternehmer lediglich als Subunternehmer für eine nach § 4 Nr. 25 Satz 2 Buchstabe b UStG anerkannte Einrichtung tätig ist.

Leistungsberechtigte/-adressaten

(3) [1]Das SGB VIII[1)] unterscheidet Leistungsberechtigte und Leistungsadressaten. [2]Leistungen der Jugendhilfe – namentlich im Eltern-Kind-Verhältnis – sind meist nicht personenorientiert, sondern systemorientiert. [3]Sie zielen nicht nur auf die Verhaltensänderung einer bestimmten Person ab, sondern auf die Änderung bzw. Verbesserung des Eltern-Kind-Verhältnisses. [4]Deshalb sind leistungsberechtigte Personen

- in der Regel die Eltern,

darüber hinaus

- Kinder im Rahmen der Förderung in Tageseinrichtungen und in Tagespflege,
- Kinder und Jugendliche als Teilnehmer an Veranstaltungen der Jugendarbeit (§ 11 SGB VIII),
- Kinder und Jugendliche im Rahmen der Eingliederungshilfe für seelisch Behinderte (§ 35a SGB VIII),
- junge Volljährige im Rahmen von Veranstaltungen der Jugendarbeit (§ 11 SGB VIII) und von Hilfe für junge Volljährige (§ 41 SGB VIII).

[5]Leistungsadressaten sind bei Hilfen für Eltern regelmäßig auch Kinder und Jugendliche.

(4) [1]§ 4 Nr. 25 UStG verzichtet zudem auf eine eigenständige Definition des „Jugendlichen". [2]Umsatzsteuerbefreit können daher auch Leistungen an Personen über 27 Jahren sein, z. B. Angebote der Jugendarbeit (§ 11 SGB VIII),[1)] die nach § 11 Abs. 4 SGB VIII in angemessenem Umfang auch Personen einbeziehen, die das 27. Lebensjahr vollendet haben.

(5)–(9) *(aufgehoben)*

4.25.2 Eng mit der Jugendhilfe verbundene Leistungen

Durchführung von kulturellen und sportlichen Veranstaltungen

(1) Steuerfrei ist nach § 4 Nr. 25 Satz 3 Buchstabe a UStG auch die Durchführung von kulturellen und sportlichen Veranstaltungen, wenn die Darbietungen von den von der Jugendhilfe begünstigten Personen (vgl. Abschnitt 4.25.1 Absätze 3 und 4) selbst erbracht oder die Einnahmen überwiegend zur Deckung der Kosten verwendet werden und diese Leistungen in engem Zusammenhang mit den in § 4 Nr. 25 Satz 1 UStG bezeichneten *Leistungen* (vgl. Abschnitt 4.25.1 Abs. 1 und 2) stehen.

(2) [1]In § 4 Nr. 25 Satz 3 Buchstabe a UStG wird auf „die von der Jugendhilfe begünstigten Personen" abgestellt. [2]Danach ist die Einbeziehung von Eltern in die Durchführung von kulturellen und sportlichen Veranstaltungen für die Steuerbefreiung unschädlich, sofern diese Leistungen in engem Zusammenhang mit den Leistungen der Jugendhilfe stehen.

[1)] **Aichberger SGB** Nr. **8.**

Beherbergung, Beköstigung und die üblichen Naturalleistungen

(3) [1] Nach § 4 Nr. 25 Satz 3 Buchstabe b UStG sind auch die Beherbergung, Beköstigung und die üblichen Naturalleistungen steuerfrei, die diese Einrichtungen den Empfängern der Jugendhilfeleistungen und Mitarbeitern in der Jugendhilfe sowie den bei den Leistungen nach § 4 Nr. 25 Satz 1 UStG tätigen Personen als Vergütung für die geleisteten Dienste gewähren. [2] Davon ausgenommen ist die Abgabe von alkoholischen Getränken. [3] Hinsichtlich des Begriffs der Vergütung für geleistete Dienste wird auf Abschnitt 4.18.1 Abs. 7 hingewiesen.

(4) Durch das Abstellen auf den „Empfänger der Jugendhilfeleistungen" wird auch insoweit eine steuerfreie Einbeziehung von Eltern ermöglicht.

Leistungen von Vormündern und Ergänzungspflegern

(5) Von der Umsatzsteuer sind nach § 4 Nr. 25 Satz 3 Buchstabe c UStG auch die Leistungen befreit, die von einer Einrichtung erbracht werden, die als Vormund nach § 1773 BGB oder als Ergänzungspfleger nach § 1909 BGB bestellt worden ist, es sei denn, es handelt sich um Leistungen, die nach § 1835 Abs. 3 BGB vergütet werden.

(6) Für alle Pflegschaften gelten die Vorschriften über die Vormundschaft nach § 1915 BGB entsprechend; hinsichtlich der von nicht mittellosen Pfleglingen zu zahlenden Vergütung gilt eine Sonderregelung zur Berechnung der Vergütung abweichend von § 3 Abs. 1 bis 3 Vormünder- und Betreuervergütungsgesetz (§ 1915 Abs. 1 Satz 2 BGB).

(7) [1] Die Ergänzungspflegschaft nach § 1909 BGB dient – wie die Vormundschaft – der Fürsorge für Minderjährige, wenn deren Angelegenheiten in Teilbereichen nicht von dem Sorgeberechtigten (Eltern oder Vormund) besorgt werden können. [2] Die Ergänzungspflegschaft kann sich, der Betreuung vergleichbar, auf die gesamte Personen- oder Vermögenssorge oder auf einzelne Angelegenheiten dieser Teilbereiche beziehen. [3] Wird die Pflegschaft in Teilbereichen wahrgenommen, bleibt die sorgerechtliche Zuständigkeit der Eltern oder des Vormunds in den übrigen Angelegenheiten bestehen. [4] So kann z. B. Eltern, die ihr Kind vernachlässigen, nur die Personensorge entzogen und einem Ergänzungspfleger übertragen werden; die Vermögenssorge bleibt in diesem Fall bei den Eltern. [5] Andererseits kann auch die Ergänzungspflegschaft für Vermögensangelegenheiten des Minderjährigen erforderlich sein, insbesondere in den Fällen des § 1909 Abs. 1 Satz 2 BGB in Verbindung mit § 1638 Abs. 1 BGB.

(7a) [1] Als eine Form der Ergänzungspflegschaft fallen auch die Leistungen, die von einer Einrichtung erbracht werden, die als Umgangspfleger nach § 1684 Abs. 3 BGB bestellt worden ist, unter die Steuerbefreiung nach § 4 Nr. 25 Satz 3 Buchstabe c UStG. [2] Für die Umgangspflegschaft, die als ein Sonderfall der Pflegschaft den Umgang zwischen Eltern(-teil) und Kind regelt, sind ebenfalls die Regelungen über die Pflegschaft (§§ 1909 ff. BGB) entsprechend anzuwenden (vgl. § 1915 Abs. 1 Satz 1 BGB).

(8) [1] Die sonstigen Pflegschaften des BGB sind mit der Vormundschaft und Ergänzungspflegschaft nicht vergleichbar, da diese nicht auf die Fürsorge für

Minderjährige gerichtet sind und somit bei ihnen der spezifisch soziale Charakter nicht gegeben ist. [2]Für die Leistungen im Rahmen der sonstigen Pflegschaften des BGB wird deshalb keine Umsatzsteuerbefreiung gewährt. [3]Unter die sonstigen Pflegschaften fallen die Abwesenheitspflegschaft für abwesende Volljährige (§ 1911 BGB) und die Nachlasspflegschaft (§§ 1960 ff. BGB) sowie die Sammlungspflegschaft (§ 1914 BGB). [4]Sie betreffen nur die Verwaltung von Vermögen und haben keinen spezifischen Bezug auf Minderjährige, für die die elterlichen Sorgeberechtigten ersetzt werden müssen. [5]Des Weiteren zählen hierzu die Pflegschaft für einen unbekannten Beteiligten nach § 1913 BGB und die Pflegschaft für eine Leibesfrucht nach § 1912 BGB, die ebenfalls in der Regel nur die Verwaltung von Vermögen betreffen.

(9) [1]Auch Verfahrenspfleger oder -beistände üben keine den rechtlichen Betreuern (vgl. Abschnitt 4.16.5 Abs. 20) oder Vormündern vergleichbare Tätigkeit aus, da sie lediglich in Gerichtsverfahren auftreten und dort die Interessen der betroffenen Person vertreten. [2]Deshalb wird auch für diese Tätigkeiten keine Umsatzsteuerbefreiung gewährt. [3]Bei den Verfahrenspflegern oder -beiständen ist der Gegenstand der Leistung begrenzt, z. B. nur auf die Stellungnahme zu der Frage, wer das Sorgerecht erhalten soll. [4]Eine umfassende Personen- oder Vermögenssorge wird hingegen nicht wahrgenommen.

Reiseleistungen im Drittland

(10) Liegen für Leistungen nach § 4 Nr. 25 UStG auch die Voraussetzungen der Steuerbefreiung für Reiseleistungen im Drittland (§ 25 Abs. 2 UStG) vor, geht die Steuerbefreiung des § 4 Nr. 25 UStG der Steuerbefreiung nach § 25 Abs. 2 UStG vor.

Zu § 4 Nr. 26 UStG

4.26.1 Ehrenamtliche Tätigkeit

(1) [1]Für die Steuerbefreiung nach § 4 Nr. 26 Buchstabe a und Buchstabe b UStG ist das Vorliegen einer ehrenamtlichen Tätigkeit erforderlich (vgl. BFH-Urteil vom 17.12.2015, V R 45/14, BStBl. 2017 II S. 658). [2]Hierzu rechnen neben den in einem Gesetz ausdrücklich als solche genannten Tätigkeiten auch die, die man im allgemeinen Sprachgebrauch herkömmlicherweise als ehrenamtlich bezeichnet (vgl. BFH-Urteil vom 27.7.1972, V R 33/72, BStBl. II S. 844) oder die dem materiellen Begriffsinhalt der Ehrenamtlichkeit entsprechen (vgl. BFH-Urteil vom 14.5.2008, XI R 70/07, BStBl. II S. 912, und vom 20.8.2009, V R 32/08, BStBl. 2010 II S. 88). [3]Die Annahme der Ehrenamtlichkeit kraft gesetzlicher Regelung erfordert die Benennung in einem materiellen oder formellen Gesetz. [4]Eine Ehrenamtlichkeit kraft gesetzlicher Regelung ist allerdings nicht anzunehmen, wenn es sich um eine Bestimmung in einer im Bereich der Selbstverwaltung erlassenen Satzung handelt (vgl. BFH-Urteil vom 17.12.2015, V R 45/14, a. a. O.). [5]Die Tätigkeit im Aufsichtsrat einer Volksbank wird im allgemeinen Sprachgebrauch herkömmlicherweise nicht als ehrenamtlich bezeichnet (vgl. BFH-Urteil vom 20.8.2009, V R 32/08, a. a. O.). [6]Ergibt sich die Bezeichnung „ehrenamtlich" weder aus einem Gesetz noch lässt sich ein diesbezüglicher Sprachgebrauch

ermitteln, bedarf es einer Bestimmung des materiellen Begriffsinhalts. [7] Im öffentlich-rechtlichen Bereich ist darunter die unentgeltliche Mitwirkung natürlicher Personen bei der Erfüllung öffentlicher Aufgaben zu verstehen, die auf Grund behördlicher Bestellung außerhalb eines haupt- oder nebenamtlichen Dienstverhältnisses stattfindet und für die lediglich eine Entschädigung besonderer Art gezahlt wird (vgl. BFH-Urteil vom 16.12.1987, X R 7/82, BStBl. 1988 II S. 384). [8] Wenn eine Tätigkeit für den hoheitlichen Bereich einer juristischen Person des öffentlichen Rechts (vgl. Abschnitt 4.26.1 Abs. 2 Satz 1) in einem anderen Gesetz oder im allgemeinen Sprachgebrauch als ehrenamtlich bezeichnet wird, kann grundsätzlich vom Vorliegen der Befreiungsvoraussetzungen ausgegangen werden, es sei denn, die Anwendung des Begriffs der Ehrenamtlichkeit auf die Tätigkeit ist mit der gebotenen engen Auslegung des Begriffs der Ehrenamtlichkeit ausnahmsweise nicht mehr vereinbar, insbesondere wenn sie in einem Umfang ausgeführt wird, bei dem die Annahme einer beruflichen Ausübung nicht mehr ausgeschlossen werden kann. [9] Für den nicht-öffentlichen Bereich kommt es nach dem materiellen Begriffsinhalt hingegen auf das Fehlen eines eigennützigen Erwerbsstrebens, die fehlende Hauptberuflichkeit und den Einsatz für eine fremdnützig bestimmte Einrichtung an. [10] Danach kann sowohl die Tätigkeit eines Ratsmitgliedes im Aufsichtsrat einer kommunalen Eigengesellschaft (BFH-Urteil vom 4.5.1994, XI R 86/92, BStBl. II S. 773) als auch die Tätigkeit in Gremien der berufsständischen Kammern und Verbände eine ehrenamtliche Tätigkeit im Sinne der Befreiungsvorschrift sein. [11] Liegt ein eigennütziges Erwerbsstreben oder eine Hauptberuflichkeit vor bzw. wird der Einsatz nicht für eine fremdnützig bestimmte Einrichtung erbracht, kann unabhängig von der Höhe der Entschädigung nicht von einer ehrenamtlichen Tätigkeit ausgegangen werden. [12] Das ist insbesondere dann der Fall, wenn der Zeitaufwand der Tätigkeit auf eine hauptberufliche Teilzeit- oder sogar Vollzeitbeschäftigung hindeutet. [13] Ein Entgelt, das nicht lediglich im Sinne einer Entschädigung für Zeitversäumnis oder eines Verdienstausfalls gezahlt wird, sondern sich an der Qualifikation des Tätigen und seiner Leistung orientiert, steht dem Begriff der ehrenamtlichen Tätigkeit entgegen.

(2) [1] Die ehrenamtlichen Tätigkeiten für juristische Personen des öffentlichen Rechts fallen nur dann unter § 4 Nr. 26 Buchstabe a UStG, wenn sie für deren nichtunternehmerischen Bereich ausgeführt werden. [2] Es muss sich also um die Ausübung einer ehrenamtlichen Tätigkeit für den öffentlich-rechtlichen Bereich handeln. [3] Wird die ehrenamtliche Tätigkeit für den Betrieb gewerblicher Art einer Körperschaft des öffentlichen Rechts ausgeübt, kann sie deshalb nur unter den Voraussetzungen des § 4 Nr. 26 Buchstabe b UStG steuerfrei belassen werden (BFH-Urteil vom 4.4.1974, V R 70/73, BStBl. II S. 528).

(3) Die Mitwirkung von Rechtsanwälten in Rechtsberatungsdiensten ist keine ehrenamtliche Tätigkeit, weil die Rechtsanwälte in diesen Fällen nicht außerhalb ihres Hauptberufs tätig werden.

(4) [1] Geht in Fällen des § 4 Nr. 26 Buchstabe b UStG das Entgelt über einen Auslagenersatz und eine angemessene Entschädigung für Zeitversäumnis hinaus, besteht in vollem Umfang Steuerpflicht. [2] Was als angemessene Ent-

schädigung für Zeitversäumnis anzusehen ist, muss nach den Verhältnissen des Einzelfalls beurteilt werden; dabei ist eine Entschädigung in Höhe von bis zu 50 € je Tätigkeitsstunde regelmäßig als angemessen anzusehen, sofern die Vergütung für die gesamten ehrenamtlichen Tätigkeiten im Sinne des § 4 Nr. 26 Buchstabe b UStG den Betrag von 17 500 € im Jahr nicht übersteigt. [3]Zur Ermittlung der Grenze von 17 500 € ist auf die tatsächliche Höhe der Aufwandsentschädigung im Vorjahr sowie die voraussichtliche Höhe der Aufwandsentschädigung im laufenden Jahr abzustellen. [4]Ein (echter) Auslagenersatz, der für die tatsächlich entstandenen und nachgewiesenen Aufwendungen der ehrenamtlichen Tätigkeit vergütet wird, bleibt bei der Berechnung der Betragsgrenzen unberücksichtigt. [5]Als Auslagenersatz im Sinne des Satzes 4 werden beispielsweise auch ein Fahrtkostenersatz nach den pauschalen Kilometersätzen oder auch Verpflegungsmehraufwendungen anerkannt, sofern sie lohnsteuerlich ihrer Höhe nach als Reisekosten angesetzt werden könnten (vgl. R 9.4 Abs. 1 LStR).[1)]

(5) [1]Eine vom tatsächlichen Zeitaufwand unabhängige z. B. laufend gezahlte pauschale bzw. monatliche oder jährlich laufend gezahlte pauschale Vergütung sowie ein gesondert gezahltes Urlaubs-, Weihnachts- bzw. Krankheitsgeld stehen dem Charakter einer Entschädigung für Zeitversäumnis entgegen und führen zur Nichtanwendbarkeit der Befreiungsvorschrift mit der Folge, dass sämtliche für diese Tätigkeit gezahlten Vergütungen – auch soweit sie daneben in Auslagenersatz oder einer Entschädigung für Zeitaufwand bestehen – der Umsatzsteuer unterliegen. [2]Dies gilt für eine pauschal gezahlte Aufwandsentschädigung nicht, wenn der Vertrag, die Satzung oder der Beschluss eines laut Satzung hierzu befugten Gremiums zwar eine Pauschale vorsieht, aber zugleich festgehalten ist, dass der ehrenamtlich Tätige durchschnittlich eine bestimmte Anzahl an Stunden pro Woche/Monat/Jahr für die fremdnützig bestimmte Einrichtung tätig ist und die in Absatz 4 genannten Betragsgrenzen nicht überschritten werden. [3]Der tatsächliche Zeitaufwand ist glaubhaft zu machen. [4]Aus Vereinfachungsgründen kann die Steuerbefreiung auch ohne weitere Prüfung gewährt werden, wenn der Jahresgesamtbetrag der Entschädigungen den Freibetrag nach § 3 Nr. 26 EStG nicht übersteigt. [5]In diesen Fällen bedarf es lediglich der Angabe der Tätigkeiten und der Höhe der dabei erhaltenen Entschädigungen.

Beispiel 1:

[1]Ein ehrenamtlich Tätiger, der für seine Ehrenamtstätigkeit (1 Stunde/Woche) eine pauschale Entschädigung für Zeitversäumnis in Höhe von 120 € monatlich und zusätzlich für eine weitere ehrenamtliche Tätigkeit (ca. 20 Stunden/Jahr) eine jährliche Entschädigung für Zeitversäumnis in Höhe von 500 € erhält, kann die Steuerbefreiung nach § 4 Nr. 26 Buchstabe b UStG – auch ohne zusätzliche Nachweise – in Anspruch nehmen, da der Jahresgesamtbetrag seiner Entschädigungen (1940 €) den Freibetrag nach § 3 Nr. 26 EStG nicht übersteigt. [2]Ein daneben gezahlter Auslagenersatz für tatsächlich entstandene Aufwendungen bleibt bei der Berechnung der Betragsgrenzen unberücksichtigt.

Beispiel 2:

[1]Ein ehrenamtlich Tätiger, der für seine ehrenamtliche Tätigkeit (7 Stunden/Woche) eine pauschale monatliche Entschädigung für Zeitversäumnis in Höhe von 1200 € erhält und in

---

1) Nr. **20**.

acht Wochen im Jahr seine Tätigkeit auf Grund Urlaub/Krankheit nicht ausübt, hat einen durchschnittlichen Stundensatz in Höhe von rund 46 € (44 Wochen je 7 Stunden, Gesamtvergütung 14 400 €). 2 Eine weitere ehrenamtliche Tätigkeit wird durch ihn nicht ausgeübt. 3 Die Steuerbefreiung kann gewährt werden, da die Vergütung nicht mehr als 50 € je Tätigkeitsstunde beträgt und die Grenze von 17 500 € nicht übersteigt.

Zu § 4 Nr. 27 UStG

4.27.1 Gestellung von Personal durch religiöse und weltanschauliche Einrichtungen

(1) 1 Die Steuerbefreiung nach § 4 Nr. 27 Buchstabe a UStG umfasst die Gestellung von selbständigem, nicht beim leistenden Unternehmer abhängig beschäftigtem Personal, wie z. B. die Gestellung von Mitgliedern oder Angehörigen der Einrichtungen sowie die Gestellung abhängig beschäftigter Arbeitnehmer. 2 Unter den Begriff religiöse und weltanschauliche Einrichtungen fallen alle Einrichtungen, die den Schutz des Artikels 4 Abs. 1 und 2 GG und des Artikels 140 GG in Verbindung mit Artikel 137 der deutschen Verfassung vom 11.8.1919 (Weimarer Verfassung) in Anspruch zu nehmen berechtigt sind. 3 Hierunter fallen z. B. Kirchen in der Rechtsform einer juristischen Person des öffentlichen Rechts, geistliche Genossenschaften oder Mutterhäuser.

(2) 1 Die Voraussetzung, dass die Personalgestellung für bestimmte unter § 4 Nr. 27 Buchstabe a UStG genannte Tätigkeiten erfolgt, ist erfüllt, wenn die Einrichtung, der das Personal gestellt wird, steuerfreie Leistungen nach § 4 Nr. 14 Buchstabe b, Nr. 16, 18, 21, 22 Buchstabe a sowie Nr. 23 und 25 UStG erbringt, und wenn die überlassene Person in diesem steuerbegünstigten Bereich tätig wird. 2 In Betracht kommen insbesondere die Gestellung von Gesundheits- und Krankenpflegern oder Altenpflegern an Krankenhäuser oder Altenheime sowie die Gestellung von Lehrern an Schulen zur Erteilung von Unterricht. 3 Dies gilt für die Erteilung von Unterricht jeder Art, also nicht nur für die Erteilung von Religionsunterricht. 4 Wird Personal für Zwecke geistlichen Beistands, z. B. für Zwecke des Abhaltens von Gottesdiensten, gestellt, muss die aufnehmende Einrichtung keine weiteren Voraussetzungen erfüllen.

4.27.2 Gestellung von land- und forstwirtschaftlichen Arbeitskräften sowie Gestellung von Betriebshelfern

(1) 1 Steuerfrei sind insbesondere Leistungen land- und forstwirtschaftlicher Selbsthilfeeinrichtungen – Betriebshilfsdienste- und Dorfhelferinnendienste –, die in der Regel in der Rechtsform eines eingetragenen Vereins betrieben werden. 2 Die Vorschrift des § 4 Nr. 27 Buchstabe b UStG unterscheidet zwischen unmittelbaren Leistungen an land- und forstwirtschaftliche Betriebe und Leistungen an die gesetzlichen Träger der Sozialversicherung.

Unmittelbare Leistungen an land- und forstwirtschaftliche Betriebe

(2) 1 Die Steuerbefreiung für unmittelbare Leistungen an land- und forstwirtschaftliche Betriebe kann nur von juristischen Personen des privaten oder

öffentlichen Rechts – z. B. eingetragenen Vereinen oder Genossenschaften – beansprucht werden, nicht aber von Einzelunternehmern oder Personengesellschaften. [2]Befreit ist nur die Gestellung land- und forstwirtschaftlicher Arbeitskräfte. [3]Die Arbeitskräfte müssen unmittelbar land- und forstwirtschaftlichen Unternehmern für deren land- und forstwirtschaftliche Betriebe im Sinne des § 24 Abs. 2 UStG gestellt werden. [4]Indessen hängt die Steuerbefreiung nicht davon ab, ob die Kosten für die Ersatzkräfte von den gesetzlichen Trägern der Sozialversicherung erstattet werden.

(3) [1]Der Unternehmer hat nachzuweisen, dass die Arbeitskräfte für einen land- und forstwirtschaftlichen Betrieb mit höchstens drei Vollarbeitskräften gestellt worden sind. [2]Dieser Nachweis kann durch eine schriftliche Bestätigung des betreffenden Land- und Forstwirts geführt werden. [3]Darüber hinaus ist nachzuweisen, dass die gestellte Arbeitskraft den Ausfall des Betriebsinhabers oder eines voll mitarbeitenden Familienangehörigen wegen Krankheit, Unfalls, Schwangerschaft, eingeschränkter Erwerbsfähigkeit oder Todes überbrückt. [4]Für diesen Nachweis sind entsprechende Bescheinigungen oder Bestätigungen Dritter – z. B. ärztliche Bescheinigungen, Bescheinigungen der Krankenhäuser und Heilanstalten oder Bestätigungen der Sozialversicherungsträger – erforderlich.

Leistungen an die gesetzlichen Träger der Sozialversicherung

(4) [1]Die Steuerbefreiung des § 4 Nr. 27 Buchstabe b UStG umfasst weiterhin die Gestellung von Betriebshelfern an die gesetzlichen Träger der Sozialversicherung (Berufsgenossenschaften, Krankenkassen, Rentenversicherungsträger, landwirtschaftliche Alterskassen). [2]Diese Träger sind verpflichtet, ihren Mitgliedern in bestimmten Notfällen – z. B. bei einem Arbeitsunfall, einem Krankenhausaufenthalt oder einer Heilanstaltspflege – Betriebshilfe zu gewähren. [3]Sie bedienen sich dabei anderer Unternehmer – z. B. der Betriebshilfsdienste und der Dorfhelferinnendienste – und lassen sich von diesen die erforderlichen Ersatzkräfte zur Verfügung stellen. [4]Die Unternehmer, die Ersatzkräfte zur Verfügung stellen, erbringen damit steuerfreie Leistungen an die gesetzlichen Träger der Sozialversicherung. [5]Auf die Rechtsform des Unternehmens kommt es dabei nicht an. [6]Unter die Steuerbefreiung fällt auch die „Selbstgestellung" eines Einzelunternehmers, der seine Betriebshelferleistungen gegenüber einem Träger der Sozialversicherung erbringt.

(5) [1]Die Steuerbefreiung nach Absatz 4 ist nicht anwendbar, wenn es die gesetzlichen Träger der Sozialversicherung ihren Mitgliedern überlassen, die Ersatzkräfte selbst zu beschaffen, und ihnen lediglich die dadurch entstandenen Kosten erstatten. [2]In diesen Fällen kann aber die Steuerbefreiung für unmittelbare Leistungen an land- und forstwirtschaftliche Betriebe (Absätze 2 und 3) in Betracht kommen.

Zu § 4 Nr. 28 UStG

4.28.1 Lieferung bestimmter Gegenstände

(1) [1]Nach § 4 Nr. 28 UStG ist die Lieferung von Gegenständen befreit, die der Unternehmer ausschließlich für Tätigkeiten verwendet, die nach § 4 Nr. 8

bis 27 und 29 UStG steuerfrei sind (vgl. BFH-Urteil vom 21.9.2016, V R 43/15, BStBl. 2017 II S. 1203). [2]Diese Voraussetzungen müssen während des gesamten Verwendungszeitraumes vorgelegen haben.

Beispiel:

Ein Arzt veräußert Einrichtungsgegenstände, die ausschließlich seiner nach § 4 Nr. 14 UStG steuerfreien Tätigkeit gedient haben.

[3]§ 4 Nr. 28 UStG ist weder unmittelbar noch entsprechend auf sonstige Leistungen anwendbar (vgl. BFH-Urteil vom 26.4.1995, XI R 75/94, BStBl. II S. 746).

(2) [1]Aus Vereinfachungsgründen kann die Steuerbefreiung nach § 4 Nr. 28 UStG auch in den Fällen in Anspruch genommen werden, in denen der Unternehmer die Gegenstände in geringfügigem Umfang (höchstens 5%) für Tätigkeiten verwendet hat, die nicht nach § 4 Nr. 8 bis 27 und 29 UStG befreit sind. [2]Voraussetzung hierfür ist jedoch, dass der Unternehmer für diese Gegenstände darauf verzichtet, einen anteiligen Vorsteuerabzug vorzunehmen.

(3) [1]Nach § 4 Nr. 28 UStG ist auch die Lieferung von Gegenständen befreit, für die der Vorsteuerabzug nach § 15 Abs. 1a UStG ausgeschlossen ist. [2]Die Steuerbefreiung kommt hiernach nur in Betracht, wenn im Zeitpunkt der Lieferung die Vorsteuer für die gesamten Anschaffungs- oder Herstellungskosten einschließlich der Nebenkosten und der nachträglichen Anschaffungs- oder Herstellungskosten nicht abgezogen werden konnte.

Beispiel:

[1]Ein Unternehmer veräußert im Jahr 2 Einrichtungen seines Gästehauses. [2]Ein Vorsteuerabzug aus den Anschaffungs- und Herstellungskosten, die auf die Einrichtungen entfallen, war im Jahr 01 nach § 15 Abs. 1a UStG ausgeschlossen. [3]Die Lieferung der Einrichtungsgegenstände im Jahr 02 ist hiernach steuerfrei.

(4) [1]Die Lieferung von Gegenständen ist auch dann nach § 4 Nr. 28 UStG befreit, wenn die anteiligen Anschaffungs- oder Herstellungskosten in der Zeit bis zum 31.3.1999 als Repräsentationsaufwendungen der Besteuerung des Eigenverbrauchs unterworfen waren und für die Zeit nach dem 31.3.1999 eine Vorsteuerberichtigung nach § 17 Abs. 1 i. V.m. Abs. 2 Nr. 5 UStG vorgenommen wurde.[1)] [2]Die Steuerbefreiung kommt hiernach nur in Betracht, wenn im Zeitpunkt der Lieferung der Vorsteuerabzug aus der Anschaffung, Herstellung oder Einfuhr des Gegenstands im Ergebnis durch die Besteuerung als Eigenverbrauch oder durch die Vorsteuerberichtigung nach § 17 UStG vollständig ausgeglichen worden ist. [3]Dies bedeutet, dass die Steuer für den Eigenverbrauch und die Vorsteuerberichtigung angemeldet und entrichtet sein muss. [4]Im Übrigen wird auf das BFH-Urteil vom 2.7.2008, XI R 60/06, BStBl. 2009 II S. 167 hingewiesen.

Beispiel:

[1]Der Unternehmer U hat ein Segelschiff für 100 000 € zuzüglich Umsatzsteuer erworben. [2]Er verkauft es im Kalenderjahr 2004. [3]Bis zum 31.3.1999 hat er die Aufwendungen für das Schiff als Repräsentationsaufwendungen der Eigenverbrauchsbesteuerung nach § 1 Abs. 1 Nr. 2 Buchstabe c UStG 1993 unterworfen. [4]Für die Zeit nach dem 31.3.1999 bis zum

---

1) Vgl. A 15.6 UStAE.

31.12.2003 nimmt er eine Vorsteuerberichtigung nach § 17 Abs. 1 in Verbindung mit Abs. 2 Nr. 5 UStG vor. [5]Die Steuer für den Aufwendungseigenverbrauch und die Vorsteuerberichtigung nach § 17 UStG ist vollständig entrichtet worden. [6]Das Schiff ist mit Ablauf des 31.12.2003 vollständig abgeschrieben.
[7]Der Verkauf im Kalenderjahr 2004 ist nach § 4 Nr. 28 UStG steuerfrei.

(5) Absatz 4 gilt entsprechend für die Lieferungen im Sinne des § 3 Abs. 1b Satz 1 Nr. 1 UStG.

(6) Liegen für die Lieferungen von Gegenständen nach § 4 Nr. 28 UStG durch den Unternehmer auch die Voraussetzungen einer Ausfuhrlieferung (§ 4 Nr. 1 Buchstabe a, § 6 UStG) bzw. einer innergemeinschaftlichen Lieferung (§ 4 Nr. 1 Buchstabe b, § 6a UStG) vor, geht die Steuerbefreiung des § 4 Nr. 28 UStG diesen Steuerbefreiungen vor.

(7) § 4 Nr. 28 UStG ist auch dann anwendbar, wenn der Abzug der Vorsteuer aus den Anschaffungskosten der gelieferten Gegenstände in unmittelbarer Anwendung der MwStSystRL nach § 15 Abs. 2 Satz 1 Nr. 1 UStG ausgeschlossen war (vgl. BFH-Urteil vom 16.5.2012, XI R 24/10, BStBl. 2013 II S. 52).

Zu § 4a UStG
(§ 24 UStDV)

4a.1 Vergütungsberechtigte

Vergütungsberechtigte nach § 4a Abs. 1 UStG sind:

1. Körperschaften, Personenvereinigungen und Vermögensmassen im Sinne des KStG, die ausschließlich und unmittelbar gemeinnützige, mildtätige oder kirchliche Zwecke verfolgen (§§ 51 bis 68 AO), und
2. juristische Personen des öffentlichen Rechts.

4a.2 Voraussetzungen für die Vergütung

(1) [1]Die Voraussetzungen für die Vergütung (§ 4a Abs. 1 UStG) sind nicht erfüllt, wenn die Lieferung des Gegenstands an den Vergütungsberechtigten nicht der Umsatzsteuer unterlegen hat. [2]Dies ist z. B. der Fall bei steuerfreien Lieferungen, bei Lieferungen durch Privatpersonen sowie bei unentgeltlichen Lieferungen, zu denen insbesondere Sachspenden gehören. [3]Unbeachtlich ist, ob die der Lieferung an den Vergütungsberechtigten vorausgegangene Lieferung umsatzsteuerpflichtig gewesen ist.

(2) [1]Ist in der Rechnung ein zu niedriger Steuerbetrag ausgewiesen, ist nur dieser Betrag zu vergüten. [2]Bei einem zu hohen Steuerausweis wird die Vergütung nur bis zur Höhe der für den betreffenden Umsatz gesetzlich vorgeschriebenen Steuer gewährt. [3]Ausgeschlossen ist die Vergütung der Steuer außerdem in den Fällen eines unberechtigten Steuerausweises nach § 14c Abs. 2 UStG, z. B. bei Lieferungen durch Privatpersonen oder durch Kleinunternehmer im Sinne des § 19 Abs. 1 UStG.

(3) [1]Die Vergütung kann erst beantragt werden, wenn der Kaufpreis einschließlich Umsatzsteuer für den erworbenen Gegenstand in voller Höhe ge-

zahlt worden ist. [2] Abschlags- oder Teilzahlungen genügen nicht. [3] Bei einem vorher eingeführten Gegenstand ist es erforderlich, dass die für die Einfuhr geschuldete Einfuhrumsatzsteuer entrichtet ist. [4] Schuldet die juristische Person die Steuer für den innergemeinschaftlichen Erwerb, muss diese entrichtet worden sein.

(4) [1] Die Vergütung ist nur zu gewähren, wenn der ausgeführte Gegenstand im Drittlandsgebiet (§ 1 Abs. 2a Satz 3 UStG) verbleibt und dort zu humanitären, karitativen oder erzieherischen Zwecken verwendet wird. [2] Der Vergütungsberechtigte muss diese Zwecke im Drittlandsgebiet nicht selbst – z. B. mit eigenen Einrichtungen und Hilfskräften – erfüllen. [3] Es reicht aus, wenn der Gegenstand einem Empfänger im Drittlandsgebiet übereignet wird – z. B. einer nationalen oder internationalen Institution –, der ihn dort zu den begünstigten Zwecken verwendet.

(5) [1] Ist die Verwendung der ausgeführten Gegenstände zu den nach § 4a Abs. 1 Satz 1 Nr. 5 UStG begünstigten Zwecken vorgesehen (vgl. Absatz 9), kann die Vergütung schon beansprucht werden, wenn die Gegenstände zunächst im Drittlandsgebiet – z. B. in einem Freihafen – eingelagert werden. [2] Nicht zu gewähren ist die Vergütung bei einer zugelassenen vorübergehenden Freihafenlagerung nach § 12a EUStBV.[1)] [3] Werden Gegenstände im Anschluss an eine vorübergehende Freihafenlagerung einer begünstigten Verwendung im Drittlandsgebiet zugeführt, kann die Vergütung von diesem Zeitpunkt an beansprucht werden.

(6) [1] Humanitär im Sinne des § 4a Abs. 1 Satz 1 Nr. 5 UStG ist nicht nur die Beseitigung und Milderung besonderer Notlagen, sondern auch die Verbesserung der wirtschaftlichen und sozialen Verhältnisse und der Umweltbedingungen. [2] Karitative Zwecke werden verfolgt, wenn anderen selbstlose Hilfe gewährt wird. [3] Erzieherischen Zwecken (vgl. Abschnitt 4.23.1 Abs. 4) dienen auch Gegenstände, die für die berufliche und nichtberufliche Aus- und Weiterbildung einschließlich der Bildungsarbeit auf politischem, weltanschaulichem, künstlerischem und wissenschaftlichem Gebiet verwendet werden. [4] Es ist davon auszugehen, dass die steuerbegünstigten Zwecke im Sinne der §§ 52 bis 54 AO zugleich auch den in § 4a Abs. 1 Satz 1 Nr. 5 UStG bezeichneten Verwendungszwecken entsprechen.

(7) [1] Die ausgeführten Gegenstände brauchen nicht für Gruppen von Menschen verwendet zu werden; sie können auch Einzelpersonen im Drittlandsgebiet überlassen werden. [2] Eine Vergütung kann deshalb z. B. für die Versendung von Lebensmitteln, Medikamenten oder Bekleidung an Privatpersonen in Betracht kommen.

(8) Bei Körperschaften, die steuerbegünstigte Zwecke verfolgen, stehen der Erwerb oder die Einfuhr und die Ausfuhr im Rahmen eines Zweckbetriebs (§§ 65 bis 68 AO) dem Anspruch auf Vergütung nicht entgegen.

(9) Eine Vergütung der Umsatzsteuer ist ausgeschlossen, wenn der Vergütungsberechtigte die Gegenstände vor der Ausfuhr in das Drittland im Inland genutzt hat.

---

1) **Steuergesetze** Nr. **518.**

4a.3 Nachweis der Voraussetzungen

(1) [1]Das Vorliegen der Voraussetzungen für die Steuervergütung ist durch Belege nachzuweisen (§ 4a Abs. 1 Satz 1 Nr. 7 UStG, § 24 Abs. 2 und 3 UStDV). [2]Als Belege für den Ausfuhrnachweis (vgl. § 24 Abs. 2 UStDV) kommen insbesondere Frachtbriefe, Konnossemente, Posteinlieferungsscheine oder deren Doppelstücke sowie Spediteurbescheinigungen in Betracht (vgl. Abschnitte 6.5 bis 6.9).

(2) Für den buchmäßigen Nachweis der Voraussetzungen (vgl. § 24 Abs. 3 UStDV) ist folgendes zu beachten:

1. Zur Bezeichnung des Lieferers genügt es im Allgemeinen, seinen Namen aufzuzeichnen.
2. [1]Wird der Gegenstand von dem Vergütungsberechtigten selbst zu begünstigten Zwecken verwendet, ist als Empfänger die Anschrift der betreffenden Stelle des Vergütungsberechtigten im Drittlandsgebiet anzugeben. [2]Werden ausgeführte Gegenstände von Hilfskräften des Vergütungsberechtigten im Drittlandsgebiet Einzelpersonen übergeben – z. B. Verteilung von Lebensmitteln, Medikamenten und Bekleidung –, ist lediglich der Ort aufzuzeichnen, an dem die Übergabe vorgenommen wird.
3. Bei Zweifeln über den Verwendungszweck im Drittlandsgebiet kann die begünstigte Verwendung durch eine Bestätigung einer staatlichen Stelle oder einer internationalen Organisation nachgewiesen werden.
4. [1]Statt des Ausfuhrtags kann auch der Kalendermonat aufgezeichnet werden, in dem der Gegenstand ausgeführt worden ist. [2]Bei einer vorübergehenden Freihafenlagerung, an die sich eine begünstigte Verwendung der ausgeführten Gegenstände im Drittlandsgebiet anschließt (vgl. Abschnitt 4a.2 Abs. 5), ist zusätzlich der Zeitpunkt (Tag oder Kalendermonat) des Beginns der begünstigten Verwendung aufzuzeichnen.
5. Zum Nachweis, dass die Umsatzsteuer bezahlt oder die Einfuhrumsatzsteuer entrichtet wurde, ist in den Aufzeichnungen auf die betreffende Rechnung und den Zahlungsbeleg bzw. auf den Beleg über die Einfuhrumsatzsteuer (vgl. Abschnitt 15.11 Abs. 1 Satz 2 Nr. 2) hinzuweisen.
6. [1]Ändert sich die Umsatzsteuer – z. B. durch die Inanspruchnahme eines Skontos, durch die Gewährung eines nachträglichen Rabatts, durch eine Preisherabsetzung oder durch eine Nachberechnung –, sind der Betrag der Entgeltänderung und der Betrag, um den sich die Umsatzsteuer erhöht oder vermindert, aufzuzeichnen. [2]Ist die Festsetzung der Einfuhrumsatzsteuer nachträglich geändert worden, muss neben dem Betrag, um den sich die Einfuhrumsatzsteuer verringert oder erhöht hat, ggf. der Betrag aufgezeichnet werden, um den sich die Bemessungsgrundlage der Einfuhrumsatzsteuer geändert hat. [3]Aufzuzeichnen sind darüber hinaus erlassene oder erstattete Einfuhrumsatzsteuerbeträge.

4a.4 Antragsverfahren

(1) [1]Die Vergütung ist nur auf Antrag zu gewähren (§ 4a Abs. 1 Satz 1 UStG). [2]Bestandteil des Vergütungsantrags ist eine Anlage, in der die Ausfuhren einzeln aufzuführen sind. [3]In der Anlage sind auch nachträgliche Minderungen von Vergütungsansprüchen anzugeben, die der Vergütungsberechtigte bereits mit früheren Anträgen geltend gemacht hat.

(2) [1]Der Vergütungsantrag einschließlich Anlage (vgl. BMF-Schreiben vom 5.11.2019, BStBl. I S. 1041) ist bei dem Finanzamt einzureichen, in dessen Bezirk der Vergütungsberechtigte seinen Sitz hat. [2]Der Antrag ist bis zum Ablauf des Kalenderjahrs zu stellen, das dem Kalenderjahr folgt, in dem der Gegenstand in das Drittlandsgebiet gelangt ist (§ 24 Abs. 1 Satz 1 UStDV). [3]Die Antragsfrist kann nicht verlängert werden (Ausschlussfrist). [4]Bei Versäumung der Antragsfrist kann unter den Voraussetzungen des § 110 AO allenfalls Wiedereinsetzung in den vorigen Stand gewährt werden. [5]Ist der ausgeführte Gegenstand zunächst im Rahmen einer zugelassenen Freihafenlagerung nach § 12a EUStBV[1)] vorübergehend in einem Freihafen gelagert worden, ist für die Antragsfrist der Zeitpunkt des Beginns der begünstigten Verwendung des Gegenstands maßgebend.

4a.5 Wiedereinfuhr von Gegenständen

[1]Wiedereingeführte Gegenstände, für die bei der Ausfuhr eine Vergütung nach § 4a UStG gewährt worden ist, sind nicht als Rückwaren einfuhrumsatzsteuerfrei (§ 12 Nr. 3 EUStBV).[1)] [2]Vergütungsberechtigte müssen deshalb bei der Wiedereinfuhr von Gegenständen erklären, ob der betreffende Gegenstand zur Verwendung für humanitäre, karitative oder erzieherische Zwecke in das Drittlandsgebiet ausgeführt und dafür die Vergütung beansprucht worden ist.

Zu § 4b UStG

4b.1 Steuerbefreiung beim innergemeinschaftlichen Erwerb von Gegenständen

(1) [1]Die Steuerbefreiung nach § 4b UStG setzt einen innergemeinschaftlichen Erwerb voraus. [2]Durch § 4b Nr. 1 und 2 UStG ist der innergemeinschaftliche Erwerb bestimmter Gegenstände, deren Lieferung im Inland steuerfrei wäre, von der Umsatzsteuer befreit. [3]Danach ist steuerfrei insbesondere der innergemeinschaftliche Erwerb von:

a) Gold durch Zentralbanken – z. B. durch die Deutsche Bundesbank – (Abschnitt 4.4.1),
b) gesetzlichen Zahlungsmitteln, die nicht wegen ihres Metallgehalts oder ihres Sammlerwerts umgesetzt werden (Abschnitt 4.8.3 Abs. 1);
c) Wasserfahrzeugen, die nach ihrer Bauart dem Erwerb durch die Seeschifffahrt oder der Rettung Schiffbrüchiger dienen (Abschnitt 8.1 Abs. 2).

---

1) **Steuergesetze** Nr. **518.**

(2) [1]Nach § 4b Nr. 3 UStG ist der innergemeinschaftliche Erwerb der Gegenstände, deren Einfuhr steuerfrei wäre, von der Steuer befreit. [2]Der Umfang dieser Steuerbefreiung ergibt sich zu einem wesentlichen Teil aus der EUStBV.

(3) [1]§ 4b Nr. 4 UStG befreit den innergemeinschaftlichen Erwerb von Gegenständen, die der Unternehmer für Umsätze verwendet, für die der Ausschluss vom Vorsteuerabzug nach § 15 Abs. 3 UStG nicht eintritt (z. B. für steuerfreie innergemeinschaftliche Lieferungen, steuerfreie Ausfuhrlieferungen oder nicht umsatzsteuerbare Lieferungen im Drittlandsgebiet). [2]Es wird jedoch nicht beanstandet, wenn in diesen Fällen der innergemeinschaftliche Erwerb steuerpflichtig behandelt wird.

Zu § 6 UStG
(§§ 8 bis 11 und 13 bis 17 UStDV)

6.1 Ausfuhrlieferungen[1)]

(1) [1]Hat der Unternehmer den Gegenstand der Lieferung in das Drittlandsgebiet außerhalb der in § 1 Abs. 3 UStG bezeichneten Gebiete befördert oder versendet, braucht der Abnehmer kein ausländischer Abnehmer zu sein (§ 6 Abs. 1 Satz 1 Nr. 1 UStG). [2]Die Steuerbefreiung kann deshalb in diesen Ausfuhrfällen z. B. auch für die Lieferungen an Abnehmer in Anspruch genommen werden, die ihren Wohnort oder Sitz im Inland oder in den in § 1 Abs. 3 UStG bezeichneten Gebieten haben. [3]Das gilt auch für Lieferungen, bei denen der Unternehmer den Gegenstand auf die Insel Helgoland oder in das Gebiet von Büsingen befördert oder versendet hat, weil diese Gebiete umsatzsteuerrechtlich nicht zum Inland im Sinne des § 1 Abs. 2 Satz 1 UStG gehören und auch nicht zu den in § 1 Abs. 3 UStG bezeichneten Gebieten zählen.

(2) [1]Hat der Abnehmer den Gegenstand der Lieferung in das Drittlandsgebiet – außerhalb der in § 1 Abs. 3 UStG bezeichneten Gebiete – befördert oder versendet (Abholfall), muss er ein ausländischer Abnehmer sein (§ 6 Abs. 1 Satz 1 Nr. 2 UStG). [2]Zum Begriff des ausländischen Abnehmers wird auf Abschnitt 6.3 hingewiesen.

(3) [1]Haben der Unternehmer oder der Abnehmer den Gegenstand der Lieferung in die in § 1 Abs. 3 UStG bezeichneten Gebiete, d. h. in einen Freihafen oder in die Gewässer oder Watten zwischen der Hoheitsgrenze und der jeweiligen Basislinie (vgl. Abschnitt 1.9 Abs. 3) befördert oder versendet, kommt die Steuerbefreiung (§ 6 Abs. 1 Satz 1 Nr. 3 UStG) in Betracht, wenn *der Abnehmer ein* Unternehmer ist, der den Gegenstand für Zwecke seines Unternehmens erworben hat (vgl. Abschnitt 15.2b) und dieser nicht ausschließlich oder nicht zum Teil für eine nach § 4 Nr. 8 bis 27 und 29 UStG steuerfreie Tätigkeit verwendet werden soll. [2]Bei der Lieferung eines einheitlichen Gegenstands, z. B. eines Kraftfahrzeugs, ist im Allgemeinen davon aus-

---

1) Zur Steuerbefreiung für Ausfuhrlieferungen trotz Nichterfüllung der Nachweispflichten vgl. BFH v. 19.11.2009 V R 8/09, BFH/NV 2010, 1141; siehe auch A 6.11 UStAE.

zugehen, dass der Abnehmer den Gegenstand dann für Zwecke seines Unternehmens erwirbt, wenn der unternehmerische Verwendungszweck zum Zeitpunkt des Erwerbs überwiegt. [3]Bei der Lieferung von vertretbaren Sachen, die der Abnehmer sowohl für unternehmerische als auch für nichtunternehmerische Zwecke erworben hat, ist der Anteil, der auf den unternehmerischen Erwerbszweck entfällt, durch eine Aufteilung entsprechend den Erwerbszwecken zu ermitteln. [4]Bei ausländischen Abnehmern, die keine Unternehmer sind, muss der Gegenstand in das übrige Drittlandsgebiet gelangen.

(3a) [1]Die sog. gebrochene Beförderung oder Versendung des Gegenstands der Lieferung durch mehrere Beteiligte (Lieferer und Abnehmer bzw. in deren Auftrag jeweils ein Dritter) ist für die Annahme der Steuerbefreiung einer Ausfuhrlieferung unschädlich, wenn der Abnehmer zu Beginn des Transports feststeht (vgl. Abschnitt 3.12 Abs. 3 Satz 4 ff.) und der Transport ohne nennenswerte Unterbrechung erfolgt. [2]Der liefernde Unternehmer muss nachweisen, dass ein zeitlicher und sachlicher Zusammenhang zwischen der Lieferung des Gegenstands und seiner Beförderung oder Versendung sowie ein kontinuierlicher Ablauf dieses Vorgangs gegeben sind. [3]In den Fällen, in denen der Abnehmer den Gegenstand der Lieferung im Rahmen seines Teils der Lieferstrecke in das Drittlandsgebiet befördert oder versendet, müssen die Voraussetzungen des § 6 Abs. 1 Satz 1 Nr. 2 UStG erfüllt sein.

(4) Liegt ein Reihengeschäft vor, kann nur die Beförderungs- oder Versendungslieferung (vgl. Abschnitt 3.14 Abs. 14) unter den Voraussetzungen des § 6 UStG als Ausfuhrlieferung steuerfrei sein.

(5) [1]Der Gegenstand der Lieferung kann durch einen Beauftragten oder mehrere Beauftragte vor der Ausfuhr sowohl im Inland als auch in einem anderen EU-Mitgliedstaat bearbeitet oder verarbeitet worden sein. [2]Es kann sich nur um Beauftragte des Abnehmers oder eines folgenden Abnehmers handeln. [3]Erteilt der liefernde Unternehmer oder ein vorangegangener Lieferer den Bearbeitungs- oder Verarbeitungsauftrag, ist die Ausführung dieses Auftrags ein der Lieferung des Unternehmers vorgelagerter Umsatz. [4]Gegenstand der Lieferung des Unternehmers ist in diesem Fall der bearbeitete oder verarbeitete Gegenstand und nicht der Gegenstand vor seiner Bearbeitung oder Verarbeitung. [5]Der Auftrag für die Bearbeitung oder Verarbeitung des Gegenstands der Lieferung kann auch von einem Abnehmer erteilt worden sein, der kein ausländischer Abnehmer ist.

(6) Besondere Regelungen sind getroffen worden:

1. für Lieferungen von Gegenständen der Schiffsausrüstung an ausländische Binnenschiffer (vgl. BMF-Schreiben vom 19.6.1974, BStBl. I S. 438);
2. für Fälle, in denen Formen, Modelle oder Werkzeuge zur Herstellung steuerfrei ausgeführter Gegenstände benötigt wurden (vgl. BMF-Schreiben vom 27.11.1975, BStBl. I S. 1126).

(7) Die Steuerbefreiung für Ausfuhrlieferungen (§ 4 Nr. 1 Buchstabe a, § 6 UStG) kommt nicht in Betracht, wenn für die Lieferung eines Gegenstands *in das Drittlandsgebiet* auch die Voraussetzungen der Steuerbefreiungen nach § 4 Nr. 17, 19 oder 28 oder nach § 25c Abs. 1 und 2 UStG vorliegen.

6.2 Elektronisches Ausfuhrverfahren (Allgemeines)

(1) [1]Seit 1.7.2009 besteht EU-einheitlich die Pflicht zur Teilnahme am elektronischen Ausfuhrverfahren (Artikel 326 UZK-IA).[1)] [2]In Deutschland steht hierfür das IT-System ATLAS-Ausfuhr zur Verfügung. [3]Die Pflicht zur Abgabe elektronischer Anmeldungen betrifft alle Anmeldungen unabhängig vom Beförderungsweg (Straßen-, Luft-, See-, Post- und Bahnverkehr).

(2) [1]Die Ausfuhrzollstelle (AfZSt) überführt die elektronisch angemeldeten Waren in das Ausfuhrverfahren und übermittelt der angegebenen Ausgangszollstelle (AgZSt) vorab die Angaben zum Ausfuhrvorgang. [2]Über das europäische IT-System AES (Automated Export System)/ECS (Export Control System) kann die AgZSt, unabhängig davon, in welchem Mitgliedstaat sie sich befindet, anhand der Registriernummer der Ausfuhranmeldung (MRN) den Ausfuhrvorgang aufrufen und den körperlichen Ausgang der Waren überwachen. [3]Die AgZSt vergewissert sich unter anderem, dass die gestellten Waren den angemeldeten entsprechen, und überwacht den körperlichen Ausgang der Waren aus dem Zollgebiet der Gemeinschaft. [4]Der körperliche Ausgang der Waren ist der AfZSt durch die AgZSt mit der „Ausgangsbestätigung/Kontrollergebnis" unmittelbar anzuzeigen. [5]Weder im nationalen noch im europäischen Zollrecht existiert eine Differenzierung zwischen Beförderungs- und Versendungsfällen. [6]Für alle elektronisch angemeldeten Waren übersendet die AgZSt der AfZSt die Nachricht „Ausgangsbestätigung/Kontrollergebnis".

(3) [1]Der Nachrichtenaustausch zwischen den Teilnehmern und den Zolldienststellen wird im IT-Verfahren ATLAS mit EDIFACT-Nachrichten durchgeführt, die auf EDIFACT-Nachrichtentypen basieren. [2]Die (deutsche) AfZSt erledigt den Ausfuhrvorgang auf Basis der von der AgZSt übermittelten „Ausgangsbestätigung" dadurch, dass sie dem Ausführer/Anmelder elektronisch den „Ausgangsvermerk" (Artikel 334 UZK-IA)[1)] als PDF-Dokument (vgl. Anlage 1 zum BMF-Schreiben vom 3.5.2010, BStBl. I S. 499) übermittelt. [3]Der „Ausgangsvermerk" beinhaltet die Daten der ursprünglichen Ausfuhranmeldung, ergänzt um die zusätzlichen Feststellungen und Ergebnisse der AgZSt. [4]Der belegmäßige Nachweis der Ausfuhr wird daher zollrechtlich in allen Fällen (Beförderungs- und Versendungsfällen) durch den „Ausgangsvermerk" erbracht.

(4) [1]Von dem seit 1.7.2009 geltenden elektronischen Nachrichtenaustauschverfahren sind – aus zollrechtlicher Sicht – Abweichungen nur zulässig

1. [1]im Ausfall- und Sicherheitskonzept (erkennbar am Stempelabdruck „ECS/AES Notfallverfahren"). [2]Hier wird das Exemplar Nr. 3 des Einheitspapiers, ein Handelsbeleg oder ein Verwaltungspapier als schriftliche Ausfuhranmeldung verwendet,
2. [1]bei der Ausfuhr mit mündlicher oder konkludenter Anmeldung (in Fällen von geringer wirtschaftlicher Bedeutung). [2]Hier wird ggf. ein sonstiger handelsüblicher Beleg als Ausfuhranmeldung verwendet.

---

1) **Zölle und Verbrauchsteuern** Nr. 8.

[2]Nur in diesen Fällen wird die vom Ausführer/Anmelder vorgelegte Ausfuhranmeldung von der AgZSt auf der Rückseite mit Dienststempelabdruck versehen.

(5) [1]Geht die Nachricht „Ausgangsbestätigung/Kontrollergebnis" der AgZSt bei der AfZSt – aus welchen Gründen auch immer – nicht ein, kann das Ausfuhrverfahren nicht automatisiert mit dem PDF-Dokument „Ausgangsvermerk" erledigt werden. [2]Das Gemeinschaftszollrecht sieht in diesen Fällen eine Überprüfung des Ausfuhrvorgangs vor (Artikel 334 und 335 UZK-IA).[1)] [3]Sofern der Ausfuhrvorgang weder verwaltungsintern noch durch den Anmelder/Ausführer geklärt werden kann, wird die ursprüngliche Ausfuhranmeldung für ungültig erklärt. [4]Wird durch die Recherchen der AgZSt der Ausgang bestätigt, erstellt die AfZSt einen per EDIFACT-Nachricht übermittelten „Ausgangsvermerk". [5]Legt der Anmelder/Ausführer einen sog. Alternativnachweis vor, erstellt die AfZSt ebenfalls einen per EDIFACT-Nachricht übermittelten „Alternativ-Ausgangsvermerk" (vgl. Anlage 2 zum BMF-Schreiben vom 3.5.2010, BStBl. I S. 499).

6.3 Ausländischer Abnehmer

(1) Ausländische Abnehmer sind Personen mit Wohnort oder Sitz im Ausland (§ 1 Abs. 2 Satz 2 UStG) – also auch auf Helgoland oder in der Gemeinde Büsingen – mit Ausnahme der in § 1 Abs. 3 UStG bezeichneten Gebiete (z.B. in den Freihäfen).

(2) [1]Wer ausländischer Abnehmer ist, bestimmt sich bei einer natürlichen Person nach ihrem Wohnort. [2]Es ist unbeachtlich, welche Staatsangehörigkeit der Abnehmer hat. [3]Wohnort ist der Ort, an dem der Abnehmer für längere Zeit Wohnung genommen hat und der nicht nur auf Grund subjektiver Willensentscheidung, sondern auch bei objektiver Betrachtung als der örtliche Mittelpunkt seines Lebens anzusehen ist (BFH-Urteil vom 31.7.1975, V R 52/74, BStBl. 1976 II S. 80). [4]Der Begriff des Wohnorts ist nicht mit den in §§ 8 und 9 AO verwendeten Begriffen des Wohnsitzes und des gewöhnlichen Aufenthalts inhaltsgleich. [5]Eine Wohnsitzbegründung im Inland und im Ausland ist gleichzeitig möglich; dagegen kann ein Abnehmer jeweils nur einen Wohnort im Sinne des § 6 Abs. 2 Satz 1 Nr. 1 UStG haben. [6]Die zeitliche Dauer eines Aufenthalts ist ein zwar wichtiges, aber nicht allein entscheidendes Kriterium für die Bestimmung des Wohnorts. [7]Daneben müssen die sonstigen Umstände des Aufenthalts, insbesondere sein Zweck, in Betracht gezogen werden. [8]Arbeitnehmer eines ausländischen Unternehmers, die lediglich zur Durchführung eines bestimmten, zeitlich begrenzten Auftrags in das Inland kommen, ohne hier objektiv erkennbar den örtlichen Mittelpunkt ihres Lebens zu begründen, bleiben daher ausländische Abnehmer, auch wenn ihr Aufenthalt im Inland von längerer Dauer ist (BFH-Urteil vom 31.7.1975, a.a.O.). [9]Personen, die ihren Wohnort vom Inland in das Ausland mit Ausnahme der in § 1 Abs. 3 UStG bezeichneten Gebiete verlegen oder zurückverlegen, sind bis zu ihrer tatsächlichen Ausreise (Grenzübergang) keine ausländischen Abnehmer (BFH-Urteil vom 14.12.1994, XI R 70/93, BStBl. 1995 II S. 515). [10]Eine nach § 6 Abs. 1 Satz 1 Nr. 2 oder Nr. 3 Buchstabe b

UStG steuerfreie Ausfuhrlieferung kann an sie nur nach diesem Zeitpunkt erbracht werden. [11] Maßgebend für den Zeitpunkt der Lieferung ist das Erfüllungsgeschäft und nicht das Verpflichtungsgeschäft. [12] Zum Nachweis des Wohnorts des Abnehmers bei Ausfuhrlieferungen im nichtkommerziellen Reiseverkehr vgl. Abschnitt 6.11 Abs. 11.

(3) Bei Abnehmern mit wechselndem Aufenthalt ist wie folgt zu verfahren:

1. [1] Deutsche Auslandsbeamte, die ihren Wohnort im staatsrechtlichen Ausland haben, sind ausländische Abnehmer. [2] Das Gleiche gilt für deutsche Auslandsvertretungen, z. B. Botschaften, Gesandtschaften, Konsulate, für Zweigstellen oder Dozenturen des Goethe-Instituts im Ausland, für im Ausland errichtete Bundeswehrdienststellen und im Ausland befindliche Bundeswehr-Einsatzkontingente, wenn sie das Umsatzgeschäft im eigenen Namen abgeschlossen haben.
2. Ausländische Diplomaten, die in der Bundesrepublik Deutschland akkreditiert sind, sind keine ausländischen Abnehmer.
3. [1] Ausländische Touristen, die sich nur vorübergehend im Inland aufhalten, verlieren auch bei längerem Aufenthalt nicht ihre Eigenschaft als ausländische Abnehmer. [2] Das Gleiche gilt für Ausländer, die sich aus beruflichen Gründen vorübergehend im Inland aufhalten, wie z. B. ausländische Künstler und Angehörige von Gastspiel-Ensembles.
4. [1] Ausländische Gastarbeiter verlegen mit Beginn ihres Arbeitsverhältnisses ihren Wirkungskreis vom Ausland in das Inland. [2] In der Regel sind sie daher bis zu ihrer endgültigen Ausreise nicht als ausländische Abnehmer anzusehen. [3] Ausländische Studenten sind in gleicher Weise zu behandeln.
5. Arbeitnehmer eines ausländischen Unternehmers, die nur zur Durchführung eines bestimmten zeitlich begrenzten Auftrags in das Inland kommen, bleiben ausländische Abnehmer (vgl. Absatz 2 Satz 8).
6. Mitglieder der in der Bundesrepublik Deutschland stationierten ausländischen Truppen und die im Inland wohnenden Angehörigen der Mitglieder sind keine ausländischen Abnehmer.

6.4 Ausschluss der Steuerbefreiung bei der Ausrüstung und Versorgung bestimmter Beförderungsmittel[1)·2)]

(1) [1] Die Steuerbefreiung für Ausfuhrlieferungen ist bei der Lieferung eines Gegenstands, der zur Ausrüstung oder Versorgung nichtunternehmerischer Beförderungsmittel bestimmt ist, insbesondere in den Fällen ausgeschlossen, in denen der ausländische Abnehmer – und nicht der Lieferer – den Liefergegenstand in das Drittlandsgebiet befördert oder versendet hat (§ 6 Abs. 3 UStG). [2] Zu den Gegenständen zur Ausrüstung eines privaten Kraftfahrzeugs gehören alle Kraftfahrzeugteile einschließlich Kraftfahrzeug-Ersatzteile und Kraftfahrzeug-Zubehörteile. [3] Werden diese Teile im Rahmen einer Werklieferung

---

1) Zum Ausschluss der Steuerbefreiung bei unentgeltlicher Wertabgabe vgl. § 6 Abs. 5 UStG und A 3.2 Abs. 2 UStAE.

2) Zu privaten Zwecken dienenden Beförderungsmitteln vgl. Art. 47 MwStVO (**Steuergesetze** Nr. **550a**).

geliefert, ist die Steuerbefreiung für Ausfuhrlieferungen nicht nach § 6 Abs. 3 UStG ausgeschlossen. [4] Für diese Werklieferungen kommt die Steuerbefreiung für Ausfuhrlieferungen nach § 6 Abs. 1 UStG in Betracht. [5] Zu den Gegenständen zur Versorgung eines privaten Kraftfahrzeugs gehören Gegenstände, die zum Verbrauch in dem Kraftfahrzeug bestimmt sind, z. B. Treibstoff, Motoröl, Bremsflüssigkeit, Autowaschmittel und Autopflegemittel, Farben und Frostschutzmittel. [6] Für Liefergegenstände, die zur Ausrüstung oder Versorgung eines privaten Wasserfahrzeugs oder eines privaten Luftfahrzeugs bestimmt sind, gelten die Ausführungen in den Sätzen 2 bis 5 entsprechend.

(2) [1] Unter § 6 Abs. 3 UStG fallen auch die Lieferungen, bei denen der Unternehmer den Gegenstand, der zur Ausrüstung oder Versorgung eines nichtunternehmerischen Beförderungsmittels, z. B. eines Sportbootes, bestimmt ist, in die in § 1 Abs. 3 UStG bezeichneten Gebiete befördert oder versendet hat (Fall des § 6 Abs. 1 Satz 1 Nr. 3 Buchstabe b UStG). [2] In diesem Fall ist die Steuerbefreiung für Ausfuhrlieferungen stets ausgeschlossen.

(3) In den Fällen des § 6 Abs. 3 UStG, in denen das Beförderungsmittel den Zwecken des Unternehmens des ausländischen Abnehmers dient und deshalb die Steuerbefreiung für Ausfuhrlieferungen nicht ausgeschlossen ist, hat der Lieferer den Gewerbezweig oder Beruf des Abnehmers und den Verwendungszweck des Beförderungsmittels zusätzlich aufzuzeichnen (vgl. Abschnitt 6.10 Abs. 7).

(4) [1] Die Ausnahmeregelung des § 6 Abs. 3 UStG findet nach ihrem Sinn und Zweck nur auf diejenigen Lieferungen Anwendung, bei denen die Gegenstände zur Ausrüstung oder Versorgung des eigenen Beförderungsmittels des Abnehmers oder des von ihm mitgeführten fremden Beförderungsmittels bestimmt sind. [2] Die Regelung gilt jedoch nicht für Lieferungen von Ausrüstungsgegenständen und Versorgungsgegenständen, die ein Unternehmer zur Weiterlieferung oder zur Verwendung in seinem Unternehmen, z. B. für Reparaturen, erworben hat.

Beispiel 1:

[1] Der Unternehmer U verkauft 100 Pkw-Reifen an den ausländischen Abnehmer K, der einen Kraftfahrzeughandel und eine Kraftfahrzeugwerkstatt betreibt. [2] K holt die Reifen mit eigenem Lastkraftwagen im Inland ab. [3] Die Reifen sind zur Weiterveräußerung oder zur Verwendung bei Kraftfahrzeugreparaturen bestimmt.

[4] Es liegt eine Lieferung im Sinne des § 6 Abs. 1 Satz 1 Nr. 2 UStG vor. [5] Gleichwohl findet § 6 Abs. 3 UStG keine Anwendung. [6] Die Lieferung ist deshalb steuerfrei, wenn U den Ausfuhrnachweis und den buchmäßigen Nachweis geführt hat.

Beispiel 2:

[1] Sachverhalt wie im Beispiel 1. [2] U versendet jedoch die Reifen zur Verfügung des K in einen Freihafen.

[3] Es liegt eine Lieferung im Sinne des § 6 Abs. 1 Satz 1 Nr. 3 Buchstabe a UStG vor. [4] Für sie gilt die rechtliche Beurteilung wie im Beispiel 1.

6.5 Ausfuhrnachweis (Allgemeines)

(1) [1] Der Unternehmer hat die Ausfuhr durch Belege nachzuweisen (§ 6 Abs. 4 UStG und §§ 8 bis 11 UStDV). [2] Die Vorlage der Belege reicht jedoch für die Annahme einer Ausfuhrlieferung nicht in jedem Fall aus. [3] Die

geforderten Unterlagen bilden nur die Grundlage einer sachlichen Prüfung auf die inhaltliche Richtigkeit der Angaben (BFH-Urteil vom 14.12.1994, XI R 70/93, BStBl. 1995 II S. 515). [4]Für die Führung des Ausfuhrnachweises hat der Unternehmer in jedem Falle die Grundsätze des § 8 UStDV zu beachten (Mussvorschrift). [5]Für die Form und den Inhalt des Ausfuhrnachweises enthalten die §§ 9 bis 11 UStDV Mussvorschriften. [6]Der Unternehmer kann den Ausfuhrnachweis nur in besonders begründeten Einzelfällen auch abweichend von diesen Vorschriften führen, wenn

1. sich aus der Gesamtheit der Belege die Ausfuhr eindeutig und leicht nachprüfbar ergibt (§ 8 Abs. 1 Satz 2 UStDV) und
2. die buchmäßig nachzuweisenden Voraussetzungen eindeutig und leicht nachprüfbar aus der Buchführung zu ersehen sind (§ 13 Abs. 1 Satz 2 UStDV).

[7]Zu den besonders begründeten Einzelfällen gehören z. B. Funktionsstörungen der elektronischen Systeme der Zollverwaltung. [8]Kann der Unternehmer den beleg- und buchmäßigen Nachweis nicht, nicht vollständig oder nicht zeitnah führen, ist grundsätzlich davon auszugehen, dass die Voraussetzungen für die Steuerbefreiung nicht erfüllt sind. [9]Etwas anderes gilt im Falle der Nichteinhaltung einer formellen Anforderung ausnahmsweise dann, wenn nach objektiven Kriterien zweifelsfrei feststeht, dass die materiell-rechtlichen Voraussetzungen für die Steuerfreiheit der Ausfuhrlieferung vorliegen, insbesondere, wenn objektiv erkennbar feststeht, dass der Gegenstand der Lieferung das Gemeinschaftsgebiet tatsächlich verlassen hat (Grundsatz der Steuerneutralität und Grundsatz der Verhältnismäßigkeit, vgl. EuGH-Urteile vom 17.10. 2019, C-653/18, Unitel Sp,[1)] vom 28.3.2019, C-275/18, Vinš,[2)] und vom 8.11.2018, C-495/17, Cartrans Spedition,[3)] und BFH-Urteil vom 12.3.2020, V R 20/19, BStBl. II S. 608). [10]Allerdings kann sich der liefernde Unternehmer nicht auf die Grundsätze steuerlicher Neutralität und der Verhältnismäßigkeit berufen, wenn

1. sich der liefernde Unternehmer vorsätzlich an einer das Funktionieren des gemeinsamen Mehrwertsteuersystems gefährdenden Steuerhinterziehung beteiligt hat bzw. davon Kenntnis hatte oder nach der Sorgfalt eines ordentlichen Kaufmanns hätte haben müssen, dass der von ihm bewirkte Umsatz mit einer Steuerhinterziehung des Erwerbers zu Lasten eines Mitgliedstaates verknüpft war und er nicht alle ihm zur Verfügung stehenden, zumutbaren Maßnahmen ergriffen hat, um diese zu verhindern (vgl. EuGH-Urteile vom 17.10.2019, C-653/18, Unitel Sp, vom 28.3.2019, C-275/18, Vinš, und vom 8.11.2018, C-495/17, Cartrans Spedition, und BFH-Urteil vom 12.3.2020, V R 2019, a. a. O.), oder
2. der Verstoß gegen die formellen Anforderungen den sicheren Nachweis verhindert, dass die materiell-rechtlichen Voraussetzungen für die Steuerbefreiung erfüllt wurden (vgl. EuGH-Urteile vom 17.10.2019, C-653/18, Unitel Sp, vom 28.3.2019, C-275/18, Vinš, und vom 8.11.2018, C-495/17, Cartrans Spedition, und BFH-Urteil vom 12.9.2020, V R 20/19, a. a. O.).

---

1) DStR 2019, 2254.
2) MwStR 2019, 486.
3) DStRE 2019, 633.

(2) [1]Die Angaben in den Belegen für den Ausfuhrnachweis müssen im Geltungsbereich des UStG nachprüfbar sein. [2]Es genügt, wenn der Aussteller der Belege die Geschäftsunterlagen, auf denen die Angaben in den Belegen beruhen, dem Finanzamt auf Verlangen im Geltungsbereich des UStG vorlegt. [3]Die Regelung in § 10 Abs. 1 Satz 1 Nr. 2 Buchstabe b Doppelbuchstabe ff UStDV bleibt unberührt. [4]Die Ausfuhrbelege müssen sich im Besitz des Unternehmers befinden. [5]Sie sind nach § 147 Abs. 3 Satz 1 AO zehn Jahre aufzubewahren. [6]Diese Aufbewahrungsfrist kann sich nach § 147 Abs. 3 Satz 5 AO verlängern.

(3) [1]Der Ausfuhrnachweis kann als Bestandteil des buchmäßigen Nachweises noch bis zur letzten mündlichen Verhandlung vor dem Finanzgericht über eine Klage gegen die erstmalige endgültige Steuerfestsetzung oder den Berichtigungsbescheid geführt werden (BFH-Urteil vom 28.2.1980, V R 118/76, BStBl. II S. 415). [2]Das gilt nicht, wenn das Finanzgericht für die Vorlage des Ausfuhrnachweises eine Ausschlussfrist gesetzt hat.

(4) [1]Ausfuhrbelege können nach § 147 Abs. 2 AO auch auf solchen Datenträgern aufbewahrt werden, bei denen das Verfahren den Grundsätzen ordnungsmäßiger Buchführung entspricht und sichergestellt ist, dass bei der Lesbarmachung die Wiedergabe mit den empfangenen Ausfuhrbelegen bildlich übereinstimmt. [2]Als solche bildlich wiedergabefähige Datenträger kommen neben Bildträgern (z. B. Mikrofilm oder Mikrokopie) insbesondere auch die maschinell lesbaren Datenträger (z. B. Diskette, Magnetband, Magnetplatte, elektro-optische Speicherplatte) in Betracht, soweit auf diesen eine Veränderung bzw. Verfälschung nicht möglich ist (vgl. BMF-Schreiben vom 1.2.1984, BStBl. I S. 155, und vom 28.11.2019, BStBl. I S. 1269). [3]Unternehmer, die ihre Geschäftspapiere unter Beachtung der in den vorbezeichneten BMF-Schreiben festgelegten Verfahren aufbewahren, können mit Hilfe der gespeicherten Daten oder mikroverfilmten Unterlagen den Ausfuhrnachweis erbringen. [4]Wird kein zugelassenes Verfahren angewendet, gelten Ausdrucke oder Fotokopien für sich allein nicht als ausreichender Ausfuhrnachweis. [5]Sie können nur in Verbindung mit anderen Belegen als Ausfuhrnachweis anerkannt werden, wenn sich aus der Gesamtheit der Belege die Ausfuhr des Gegenstands zweifelsfrei ergibt.

(5) Die Bescheide des Hauptzollamts Hamburg-Jonas über die Ausfuhrerstattung werden als Belege für den Ausfuhrnachweis anerkannt.

(6) [1]Aus den im Steuerrecht allgemein geltenden Grundsätzen der Verhältnismäßigkeit und des Vertrauensschutzes ergibt sich, dass die Steuerfreiheit einer Ausfuhrlieferung nicht versagt werden darf, wenn der liefernde Unternehmer die Fälschung des Ausfuhrnachweises, den der Abnehmer ihm vorlegt, auch bei Beachtung der Sorgfalt eines ordentlichen Kaufmanns nicht hat erkennen können (BFH-Urteil vom 30.7.2008, V R 7/03, BStBl. 2010 II S. 1075). [2]Ob die Grundsätze des Vertrauensschutzes die Gewährung der Steuerbefreiung gebieten, obwohl die Voraussetzungen einer Ausfuhrlieferung nicht erfüllt sind, kann nur im Billigkeitsverfahren entschieden werden. [3]Hat der liefernde Unternehmer alle ihm zu Gebote stehenden zumutbaren Maßnahmen ergriffen, um sicherzustellen, dass die von ihm getätigten Umsätze

nicht zu einer Beteiligung an einer Steuerhinterziehung führen, ist das Verwaltungsermessen hinsichtlich der Gewährung einer Billigkeitsmaßnahme auf Null reduziert (vgl. BFH-Urteil vom 30.7.2008, V R 7/03, a. a. O.).

6.6 Ausfuhrnachweis in Beförderungsfällen

(1) In Beförderungsfällen (vgl. Abschnitt 3.12 Abs. 2) ist die Ausfuhr wie folgt nachzuweisen (§ 9 UStDV):

1. bei einer Ausfuhr außerhalb des gVV/Unionsversandverfahrens oder des Versandverfahrens mit Carnet TIR
   a) [1]in Fällen, in denen die Ausfuhranmeldung im EDV-gestützten Ausfuhrverfahren (ATLAS-Ausfuhr) auf elektronischem Weg erfolgt, mit dem durch die AfZSt an den Anmelder/Ausführer per EDIFACT-Nachricht übermittelten PDF-Dokument „Ausgangsvermerk" (vgl. Anlage 1 zum BMF-Schreiben vom 3.5.2010, BStBl. I S. 499 und Abschnitt 6.7a). [2]Dies gilt unabhängig davon, ob der Gegenstand der Ausfuhr vom Unternehmer oder vom Abnehmer befördert oder versendet wird. [3]Hat der Unternehmer statt des Ausgangsvermerks einen von der AfZSt erstellten „Alternativ-Ausgangsvermerk" (vgl. Anlage 2 zum BMF-Schreiben vom 3.5.2010, BStBl. I S. 499), gilt dieser als Ausfuhrnachweis. [4]Liegt dem Unternehmer weder ein „Ausgangsvermerk" noch ein „Alternativ-Ausgangsvermerk" vor, kann er den Belegnachweis entsprechend Absatz 6 führen. [5]Die Unternehmen haben die mit der Zollverwaltung ausgetauschten EDIFACT-Nachrichten zu archivieren (§ 147 Abs. 1 Nr. 4a in Verbindung mit Abs. 2 und 3 AO). [6]Das Ausfuhrbegleitdokument (ABD) ist nicht als Ausfuhrnachweis geeignet, weil es von der AgZSt weder abgestempelt noch zurückgegeben wird. [7]Ein nachträglich von einer ausländischen Grenzzollstelle abgestempeltes ABD ist als Ausfuhrnachweis geeignet,
   b) [1]in Fällen, in denen die Ausfuhranmeldung nicht im elektronischen Ausfuhrverfahren durchgeführt werden kann (im Ausfall- und Sicherheitskonzept), wird das Exemplar Nr. 3 der Ausfuhranmeldung (= Exemplar Nr. 3 des Einheitspapiers – Einheitspapier Ausfuhr/Sicherheit, Zollvordruck 033025 oder Einheitspapier, Zollvordruck 0733 mit Sicherheitsdokument, Zollvordruck 033023) als Nachweis der Beendigung des zollrechtlichen Ausfuhrverfahrens verwendet. [2]Dieser Beleg wird als Nachweis für Umsatzsteuerzwecke anerkannt, wenn die Ausfuhrbestätigung durch einen Vermerk (Dienststempelabdruck der Grenzzollstelle mit Datum) auf der Rückseite des Exemplars Nr. 3 der Ausfuhranmeldung angebracht ist. [3]Dieser Beleg muss im Fall des Ausfallkonzepts außerdem den Stempelabdruck „ECS/AES Notfallverfahren" tragen, da im Ausfallkonzept stets alle anstelle einer elektronischen Ausfuhranmeldung verwendeten schriftlichen Ausfuhranmeldungen mit diesem Stempelabdruck versehen werden,
   c) [1]in Fällen, in denen die Ausfuhranmeldung nicht im elektronischen Ausfuhrverfahren erfolgt (bei Ausfuhren mit mündlicher oder konkludenter Anmeldung in Fällen von geringer wirtschaftlicher Bedeutung

bzw. bei Ausfuhranmeldungen bis zu einem Warenwert von 1000 €), wird auf andere Weise als mit dem Exemplar Nr. 3 der Ausfuhranmeldung (= Exemplar Nr. 3 des Einheitspapiers) der Ausgang der Ware überwacht. [2]Wird hierfür ein handelsüblicher Beleg (z.B. Frachtbrief, Rechnung, Lieferschein) verwendet, wird er als Nachweis für Umsatzsteuerzwecke anerkannt, wenn die Ausfuhrbestätigung durch einen Vermerk (Dienststempelabdruck der Grenzzollstelle mit Datum) auf der Rückseite angebracht ist. [3]In diesem Beleg müssen in jedem Fall Name und Anschrift des liefernden Unternehmers, die handelsübliche Bezeichnung und die Menge des ausgeführten Gegenstands, der Ort und der Tag der Ausfuhr sowie die Ausfuhrbestätigung der zuständigen Grenzzollstelle enthalten sein;

2. bei einer Ausfuhr im gVV/Unionsversandverfahren[1)] oder im Versandverfahren mit Carnet TIR[1)]

   a) [1]Ausfuhr nach Absatz 1 Nr. 1 Buchstabe a: durch das von der AfZSt übermittelte oder erstellte Dokument „Ausgangsvermerk“, wenn das EDV-gestützte Ausfuhrverfahren erst nach Eingang der Kontrollergebnisnachricht/des Rückscheins oder Trennabschnitts im Versandverfahren (Beendigung des Versandverfahrens) durch die Abgangsstelle, die in diesen Fällen als AgZSt handelt, beendet wurde. [2]Dies gilt nur, wenn das EDV-gestützte Ausfuhrverfahren von einer deutschen Abgangsstelle (AgZSt) beendet wurde, oder

   b) [1]Ausfuhr nach Absatz 1 Nr. 1 Buchstabe b: durch eine Ausfuhrbestätigung der Abgangsstelle, die bei einer Ausfuhr im Versandverfahren (gVV/Unionsversandverfahren oder Carnet TIR) nach Eingang der Kontrollergebnisnachricht erteilt wird, sofern das Versandverfahren EDV-gestützt eröffnet wurde. [2]Bei einer Ausfuhr im Versandverfahren (gVV/Unionsversandverfahren oder Carnet TIR), das nicht EDV-gestützt eröffnet wurde, wird die Ausfuhrbestätigung nach Eingang des Rückscheins (Exemplar Nr. 5 des Einheitspapiers im gVV/Unionsversandverfahren) bzw. nach Eingang der Bescheinigung über die Beendigung im Carnet TIR (Trennabschnitt) erteilt, sofern sich aus letzterer die Ausfuhr ergibt.

(2) [1]Das Unionsversandverfahren[1)] dient der Erleichterung des innergemeinschaftlichen Warenverkehrs, und der Erleichterung des Warenverkehrs zwischen EU-Mitgliedstaaten und den Drittstaaten Andorra und San Marino, während das gemeinsame Versandverfahren[1)] den Warenverkehr zwischen EU-Mitgliedstaaten und den EFTA-Ländern (Island, Liechtenstein, Norwegen und Schweiz) erleichtert. [2]Beide Verfahren werden im Wesentlichen einheitlich abgewickelt. [3]Bei Ausfuhren im Rahmen dieser Verfahren werden die Grenzzollstellen grundsätzlich nicht eingeschaltet. [4]Die Waren sind der Abgangsstelle per Teilnehmernachricht (E_DEC_DAT/Versandanmeldung) oder Internetversandanmeldung über das System ATLAS-Versand anzumelden. [5]Die Abgangsstelle überlässt – nach Prüfung der Anmeldung – die Waren in

---

1) Gemeinsames Versandverfahren EU-EFTA (**Zölle und Verbrauchsteuern** Nr. **40**); Unionsversandverfahren gem. Art. 226ff. UZK (ebd. Nr. **1**); TIR-Übereinkommen (ebd. Nr. **160**).

das gVV/Unionsversandverfahren und händigt dem Hauptverpflichteten ein Versandbegleitdokument (VBD) aus. [6]Die Bestimmungsstelle leitet der Abgangsstelle nach Gestellung der Waren die Eingangsbestätigung und die Kontrollergebnisnachricht zu. [7]Die Abgangsstelle schließt hierauf das Ausfuhrverfahren im Rahmen ihrer Eigenschaft als Ausgangszollstelle durch einen manuellen Datenabgleich ab. [8]Bestehen auf Grund von Unstimmigkeiten in der Kontrollergebnisnachricht (oder Exemplar Nr. 5 des Einheitspapiers im gVV/Unionsversandverfahren bzw. Bescheinigung über die Beendigung im Carnet TIR (Trennabschnitt)) der Bestimmungs(zoll)stelle Zweifel an der tatsächlich erfolgten Ausfuhr der Waren, kann der Ausfuhrnachweis für den entsprechenden Ausfuhrvorgang nur durch Alternativnachweise (z. B. Drittlandsverzollungsbeleg) geführt werden. [9]Die Teilnehmernachricht, die Internetversandanmeldung oder das VBD sind in diesem Zusammenhang nicht als Ausfuhrnachweise geeignet.

(3) [1]Die Ausfuhrbestätigung der den Ausgang des Gegenstands aus dem Gemeinschaftsgebiet überwachenden Grenzzollstelle oder der Abgangsstelle kann sich auf einem üblichen Geschäftsbeleg, z. B. Lieferschein, Rechnungsdurchschrift, Versandbegleitdokument oder der Ausfuhranmeldung (Exemplar Nr. 3 des Einheitspapiers) befinden. [2]Es kann auch ein besonderer Beleg, der die Angaben des § 9 UStDV enthält, oder ein dem Geschäftsbeleg oder besonderen Beleg anzustempelnder Aufkleber verwendet werden.

(4) [1]Die deutschen Zollstellen wirken auf Antrag bei der Erteilung der Ausfuhrbestätigung wie folgt mit:

1. Mitwirkung der Grenzzollstelle außerhalb des EDV-gestützten Ausfuhrverfahrens

   [1]Die Grenzzollstelle prüft die Angaben in dem vom Antragsteller vorgelegten Beleg und bescheinigt auf Antrag den körperlichen Ausgang der Waren durch einen Vermerk. [2]Der Vermerk erfolgt durch einen Dienststempelabdruck, der den Namen der Zollstelle und das Datum enthält. [3]Das nach der Verfahrensanweisung ATLAS Kapitel 8.2.6 Abs. 8 behandelte Exemplar Nr. 3 des Einheitspapiers Ausfuhr/Sicherheit (EPAS) dient grundsätzlich nur als Nachweis der Beendigung des zollrechtlichen Ausfuhrverfahrens. [4]In den Fällen, in denen das Exemplar Nr. 3 durch die letzte Zollstelle oder – wenn die Waren im Eisenbahn-, Post-, Luft- oder Seeverkehr ausgeführt werden – durch die für den Ort der Übernahme der Ausfuhrsendung durch die Beförderungsgesellschaften bzw. Postdienste zuständige Ausgangszollstelle behandelt wird, kann das Exemplar Nr. 3 als Ausfuhrnachweis für Umsatzsteuerzwecke (Ausfuhrbestätigung der Grenzzollstelle im Sinne von § 9 UStDV) verwendet werden. [5]Eines gesonderten Antrags bedarf es nicht.

2. *Mitwirkung der Abgangsstelle* bei Ausfuhren im gVV/Unionsversandverfahren[1)] oder im Versandverfahren mit Carnet TIR[1)]

   [1]Bei Ausfuhren im gVV/Unionsversandverfahren oder im Versandverfahren mit Carnet TIR wird, wenn diese Verfahren nicht bei einer Grenzzollstelle beginnen, die Ausfuhrbestätigung der Grenzzollstelle ersetzt durch

---

[1)] Gemeinsames Versandverfahren EU-EFTA (**Zölle und Verbrauchsteuern** Nr. **40**); Unionsversandverfahren gem. Art. 226 ff. UZK (ebd. Nr. **1**).

a) eine Ausgangsbestätigung der Ausfuhrzollstelle bei einer Ausfuhr im EDV-gestützten Ausfuhrverfahren mit einem in Deutschland erzeugten Dokument „Ausgangsvermerk" (unter Beachtung von Absatz 1 Nr. 2 Buchstabe a), oder

b) eine Ausfuhrbestätigung (§ 9 Abs. 3 UStDV) der Abgangsstelle, die bei einer Ausfuhr im gVV/Unionsversandverfahren nach Eingang der Kontrollergebnisnachricht/des Rückscheins oder Trennabschnitts erteilt wird (siehe unter Absatz 1 Nr. 2 Buchstabe b).

2 Die Ausfuhrbestätigung wird von der Abgangsstelle in den Fällen des Satzes 1 mit folgendem Vermerk erteilt: „Ausgeführt mit Versandanmeldung MRN/mit Carnet TIR VAB-Nr. … vom …". 3 Der Vermerk muss Ort, Datum, Unterschrift und Dienststempelabdruck enthalten. 4 Die Sätze 1 bis 3 gelten sinngemäß für im Rahmen des Ausfallkonzepts für ATLAS-Versand erstellte Versandanmeldungen auf Basis des Einheitspapiers (vgl. Absatz 1 Nr. 1 Buchstabe b Satz 2).

2 Die den Ausgang des Ausfuhrgegenstands aus dem Gemeinschaftsgebiet überwachenden Grenzzollstellen (Ausgangszollstellen) anderer EU-Mitgliedstaaten bescheinigen im Ausfall- und Sicherheitskonzept (vgl. Abschnitt 6.2 Abs. 4 Satz 1 Nr. 1) auf Antrag den körperlichen Ausgang der Waren ebenfalls durch einen Vermerk auf der Rückseite des Exemplars Nr. 3 der Ausfuhranmeldung (= Exemplar Nr. 3 des Einheitspapiers).

(4a) 1 Bei der Ausfuhr von Fahrzeugen im Sinne des § 1b Abs. 2 Nr. 1 UStG (vgl. Abschnitt 1b.1), die zum bestimmungsmäßigen Gebrauch im Straßenverkehr einer Zulassung bedürfen, muss der Beleg nach § 9 Abs. 1 UStDV (vgl. Absätze 1 bis 3) immer auch die Fahrzeug-Identifikationsnummer im Sinne des § 6 Abs. 5 Nr. 5 FZV[1] enthalten (§ 9 Abs. 2 Satz 1 Nr. 1 UStDV), unabhängig davon, ob das Fahrzeug mit Hilfe eines Beförderungsmittels oder auf eigener Achse ausgeführt wird. 2 Ob das ausgeführte Fahrzeug zum bestimmungsmäßigen Gebrauch im Straßenverkehr einer Zulassung bedarf, richtet sich dabei nach § 3 Abs. 1 und 2 Nr. 1 in Verbindung mit § 2 Nr. 1 und 3 FZV. 3 Außerdem muss der Unternehmer bei der Ausfuhr eines solchen Fahrzeugs nach § 9 Abs. 2 Satz 1 Nr. 2 UStDV grundsätzlich zusätzlich über eine Bescheinigung über die Zulassung, die Verzollung oder die Einfuhrbesteuerung im Drittland verfügen; Absatz 6 Sätze 4 und 5 gilt entsprechend. 4 Dies gilt nach § 9 Abs. 2 Satz 2 UStDV jedoch nicht in den Fällen, in denen das Fahrzeug

1. mit einem Ausfuhrkennzeichen ausgeführt wird, das im Beleg nach § 9 Abs. 1 UStDV aufgeführt ist, oder
2. nicht im Sinne der FZV auf öffentlichen Straßen in Betrieb gesetzt worden ist (vgl. § 3 und §§ 16 bis 19 FZV) und nicht auf eigener Achse in das Drittlandsgebiet ausgeführt wird.

(5) Bei einer Werklieferung an einem beweglichen Gegenstand, z. B. bei dem Einbau eines Motors in ein Kraftfahrzeug, kann der Ausfuhrnachweis

---

[1] Fahrzeug-Zulassungsverordnung v. 3.2.2011, BGBl. I 2011, 139, zuletzt geänd. durch G v. 12.7.2021, BGBl. I 2021, 3091 (**Straßenverkehrsrecht** Nr. **2.3**).

auch dann als erbracht angesehen werden, wenn die Grenzzollstelle oder Abgangsstelle die Ausfuhr des tatsächlich in das Drittlandsgebiet gelangten Gegenstands, z. B. des Kraftfahrzeugs, bestätigt und sich aus der Gesamtheit der vorliegenden Unterlagen kein ernstlicher Zweifel ergibt, dass die verwendeten Stoffe mit dem ausgeführten Gegenstand in das Drittlandsgebiet gelangt sind.

(6)[1] [1] Ist der Nachweis der Ausfuhr durch Belege mit einer Bestätigung der Grenzzollstelle oder der Abgangsstelle nicht möglich oder nicht zumutbar, z. B. bei der Ausfuhr von Gegenständen im Reiseverkehr an Flughäfen, an denen die Zollverwaltung nicht im gesamten Transit- bzw. Sicherheitsbereich präsent ist, durch die Kurier- und Poststelle des Auswärtigen Amts oder durch Transportmittel der Bundeswehr oder der Stationierungstruppen, kann der Unternehmer den Ausfuhrnachweis auch durch andere Belege führen. [2] Als Ersatzbelege können insbesondere Bescheinigungen amtlicher Stellen der Bundesrepublik Deutschland anerkannt werden; amtliche Stellen der Bundesrepublik Deutschland im Bestimmungsland können aber keine Ausfuhrbescheinigungen für Kraftfahrzeuge erteilen. [3] Grundsätzlich sind anzuerkennen:

1. Bescheinigungen des Auswärtigen Amts oder des Bundesamts für Auswärtige Angelegenheiten einschließlich der diplomatischen oder konsularischen Vertretungen der Bundesrepublik Deutschland im Bestimmungsland,
2. Bescheinigungen der Bundeswehr einschließlich ihrer im Drittlandsgebiet stationierten Truppeneinheiten,
3. Belege über die Verzollung oder Einfuhrbesteuerung durch außergemeinschaftliche Zollstellen oder beglaubigte Abschriften davon,
4. Transportbelege der Stationierungstruppen, z. B. Militärfrachtbriefe, und
5. Abwicklungsscheine.

[4] Nachweise in ausländischer Sprache können grundsätzlich nur in Verbindung mit einer amtlich anerkannten Übersetzung anerkannt werden. [5] Bei Einfuhrverzollungsbelegen aus dem Drittlandsgebiet in englischer Sprache kann im Einzelfall auf eine amtliche Übersetzung verzichtet werden. [6] Zahlungsnachweise oder Rechnungen (Artikel 335 Abs. 4 Buchstabe b und c UZK-IA)[2] können grundsätzlich nicht als Nachweise anerkannt werden. [7] Können die materiell-rechtlichen Voraussetzungen für die Inanspruchnahme der Steuerbefreiung anhand objektiver Kriterien zweifelsfrei nachgewiesen werden, gebietet es der Grundsatz der steuerlichen Neutralität, dass die Steuerbefreiung für die Ausfuhrlieferung zu gewähren ist, selbst wenn der liefernde Unternehmer bestimmten formellen Anforderungen nicht genügen konnte (vgl. EuGH-Urteile vom 17.10.2019, C-653/18, Unitel Sp,[3] vom 28.3.2019, C-275/18, *Vinš,*[4] *vom* 8.11.2018, C-495/17, Cartrans Spedition,[5] und BFH-Urteil vom 12.3.2020, V R 20/19, BStBl. II S. 608).

---

[1] A 6.6 UStAE Abs. 6 Satz 3 Nr. 1 neugef. durch BMF v. 27.9.2021, BStBl. I 2021, 1812, anzuwenden in allen offenen Fällen.

[2] **Zölle und Verbrauchsteuern** Nr. **8.**

[3] DStR 2019, 2254.

[4] MwStR 2019, 486.

[5] DStRE 2019, 633.

(7) [1]In Beförderungsfällen, bei denen der Unternehmer den Gegenstand der Lieferung in eine Freizone (Freihäfen Bremerhaven und Cuxhaven; vgl. Abschnitt 1.9 Abs. 1) befördert, ist die Beschaffung der Bestätigung bei den den Ausgang aus dem Gemeinschaftsgebiet überwachenden Zollämtern an der Freihafengrenze wegen der großen Anzahl der Beförderungsfälle nicht zumutbar. [2]Als Ausfuhrnachweis kann deshalb ein Beleg anerkannt werden, der neben den in § 9 Abs. 1 Satz 1 Nr. 2 Buchstaben a bis c UStDV bezeichneten Angaben Folgendes enthält:

1. einen Hinweis darauf, dass der Unternehmer den Gegenstand in eine Freizone befördert hat;
2. eine Empfangsbestätigung des Abnehmers oder seines Beauftragten mit Datum, Unterschrift, Firmenstempel und Bezeichnung des Empfangsorts. [2]Die Empfangsbestätigung kann auch auf elektronischem Weg übermittelt werden; bei einer elektronischen Übermittlung der Empfangsbestätigung ist eine Unterschrift nicht erforderlich, sofern erkennbar ist, dass die elektronische Übermittlung im Verfügungsbereich des Abnehmers begonnen hat. [3]Abschnitt 6a.4 Abs. 3 Satz 2 und Abs. 6 ist entsprechend anzuwenden;

[3]Als Belege kommen alle handelsüblichen Belege, insbesondere Lieferscheine, Kaiempfangsscheine oder Rechnungsdurchschriften, in Betracht. [4]Soweit sie die erforderlichen Angaben nicht enthalten, sind sie entsprechend zu ergänzen oder mit Hinweisen auf andere Belege zu versehen, aus denen sich die notwendigen Angaben ergeben.

6.7 Ausfuhrnachweis in Versendungsfällen

(1) In den Versendungsfällen (vgl. Abschnitt 3.12 Abs. 3) muss der Ausfuhrnachweis, sofern die Ausfuhranmeldung im EDV-gestützten Ausfuhrverfahren (ATLAS-Ausfuhr) auf elektronischem Weg erfolgt, durch den „Ausgangsvermerk" bzw. „Alternativ-Ausgangsvermerk" geführt werden; Abschnitt 6.6 Abs. 1 Nr. 1 Buchstabe a gilt entsprechend.

(1a) [1]Bei allen anderen Ausfuhranmeldungen muss der Ausfuhrnachweis durch Versendungsbelege oder durch sonstige handelsübliche Belege geführt werden. [2]Versendungsbelege sind neben dem Eisenbahnfrachtbrief insbesondere der Luftfrachtbrief, der Einlieferungsschein für im Postverkehr beförderte Sendungen (vgl. Abschnitt 6.9 Abs. 5), das zur Auftragserteilung an einen Kurierdienst gefertigte Dokument (vgl. Abschnitt 6.9 Abs. 6), das Konnossement, der Ladeschein sowie deren Doppelstücke, wenn sich aus ihnen die grenzüberschreitende Warenbewegung ergibt. [3]Zum Begriff der sonstigen handelsüblichen Belege vgl. Absatz 2. [4]Die bei der Abwicklung eines Ausfuhrgeschäfts anfallenden Geschäftspapiere, z. B. Rechnungen, Auftragsschreiben, Lieferscheine oder deren Durchschriften, Kopien und Abschriften von Versendungsbelegen, Spediteur-Übernahmebescheinigungen, Frachtabrechnungen, sonstiger Schriftwechsel, können als Ausfuhrnachweis in Verbindung mit anderen Belegen anerkannt werden, wenn sich aus der Gesamtheit der Belege die Angaben nach § 10 Abs. 1 Satz 1 Nr. 2 UStDV eindeutig und leicht nachprüfbar ergeben. [5]Unternehmer oder Abnehmer, denen Belege über die Ausfuhr eines Gegenstands, z. B. Versendungsbelege oder sonstige handelsübliche Belege, ausgestellt worden sind, obwohl sie diese für Zwecke des Ausfuhrnachweises nicht benötigen, können die Belege mit einem Übertragungsvermerk versehen und an den Unternehmer, der die Lieferung bewirkt hat, zur Führung des Ausfuhrnachweises weiterleiten. [6]Ist der Versendungsbeleg ein Frachtbrief (z. B. CMR-Frachtbrief), muss dieser vom Absender als Auftraggeber des Frachtführers, also dem Versender des Liefergegenstands, unterzeichnet sein (beim CMR-Frachtbrief in Feld 22). [7]Der Auftraggeber kann hierbei von einem Dritten vertreten werden (z. B. Lagerhalter); es reicht aus, dass die Berechtigung des Dritten, den Frachtbrief zu unterschreiben, glaubhaft gemacht wird (z. B. durch Vorliegen eines Lagervertrages). [8]Beim Eisenbahnfrachtbrief kann die Unterschrift auch durch einen Stempelaufdruck oder einen maschinellen Bestätigungsvermerk ersetzt werden. [9]Die Unterschrift eines zur Besorgung des Warentransports eingeschalteten Dritten (z. B. ein Spediteur) ist nicht erforderlich. [10]Der Versendungsbeleg kann auch auf elektronischem Weg übermittelt werden; bei einer elektronischen Übermittlung des Versendungsbelegs ist eine Unterschrift nicht erforderlich, sofern erkennbar ist, dass die elektronische Übermittlung im Verfügungsbereich des Übermittlers begonnen hat. [11]Abschnitt 6a.4 Abs. 6 ist entsprechend anzuwenden.

(2) [1]Ist ein Spediteur, Frachtführer oder Verfrachter mit der Beförderung oder Versendung des Gegenstands in das Drittlandsgebiet beauftragt worden, soll der Unternehmer in den Fällen des Absatzes 1a die Ausfuhr durch eine Ausfuhrbescheinigung nach vorgeschriebenem Muster nachweisen. [2]Die Bescheinigung muss vom Spediteur nicht eigenhändig unterschrieben worden sein, wenn die für den Spediteur zuständige Landesfinanzbehörde die Verwendung des Unterschriftsstempels (Faksimile) oder einen Ausdruck des Namens der verantwortlichen Person genehmigt hat und auf der Bescheinigung auf die Genehmigungsverfügung der Landesfinanzbehörde unter Angabe von Datum und Aktenzeichen hingewiesen wird. [3]Die Bescheinigung kann auch auf elektronischem Weg übermittelt werden; bei einer elektronischen Übermittlung der Bescheinigung ist eine Unterschrift nicht erforderlich, sofern erkennbar ist, dass die elektronische Übermittlung im Verfügungsbereich des Spediteurs begonnen hat. [4]Abschnitt 6a.4 Abs. 3 Satz 2 und Abs. 6 ist entsprechend anzuwenden. [5]Anstelle der Ausfuhrbescheinigung des Spediteurs, Frachtführers oder Verfrachters kann der Unternehmer den Ausfuhrnachweis im Ausfall- und Sicherheitskonzept (vgl. Abschnitt 6.2 Abs. 4 Satz 1 Nr. 1) auch mit dem Exemplar Nr. 3 des Einheitspapiers führen, wenn diese mit einem Ausfuhrvermerk der Ausgangszollstelle versehen sind (vgl. Abschnitt 6.6 Abs. 4 Satz 1 Nr. 1 Sätze 3 bis 5).

(2a) [1]Ist eine Ausfuhr elektronisch angemeldet worden und ist es dem Unternehmer nicht möglich oder nicht zumutbar, den Ausfuhrnachweis mit dem „Ausgangsvermerk" oder dem „Alternativ-Ausgangsvermerk" zu führen, kann der Unternehmer die Ausfuhr mit den in § 10 Abs. 1 Satz 1 Nr. 2 UStDV genannten Belegen nachweisen. [2]In diesen Fällen muss der Beleg zusätzlich zu den nach § 10 Abs. 1 Satz 1 Nr. 2 UStDV erforderlichen Angaben die Versendungsbezugsnummer der Ausfuhranmeldung nach Artikel 226 UZK-IA[1)] und Artikel 1 Nr. 22 UZK-DA[1)] (MRN) enthalten. [3]An den Nachweis des Unternehmers, dass ein Ausnahmefall im Sinne des § 10 Abs. 3 UStDV vorliegt, sind keine erhöhten Anforderungen zu stellen. [4]Die Regelung in § 10 Abs. 3 UStDV betrifft hauptsächlich diejenigen Fälle, in denen ein anderer als der liefernde Unternehmer die Ausfuhr elektronisch anmeldet; die Sätze 1 bis 3 gelten jedoch auch in den Fällen, in denen das Ausfuhrverfahren nach Ablauf von 150 Tagen zollrechtlich für ungültig erklärt worden ist, weil eine ordnungsgemäße Beendigung des Ausfuhrverfahrens nicht möglich war. [5]Ein Beleg nach § 10 Abs. 1 Satz 1 Nr. 2 UStDV, der in den Fällen des § 10 Abs. 3 UStDV nicht die richtige MRN enthält, ist nicht als Ausfuhrnachweis anzuerkennen. [6]Eine unrichtige MRN kann jedoch korrigiert werden.

(3) [1]Die Regelung in § 10 Abs. 4 UStDV betrifft hauptsächlich diejenigen Fälle, in denen der selbständige Beauftragte, z.B. der Spediteur mit Sitz im Drittlandsgebiet oder die Privatperson, die in § 10 Abs. 1 Satz 1 Nr. 2 Buchstabe b Doppelbuchstabe ff UStDV vorgesehene Versicherung über die Nachprüfbarkeit seiner Angaben im Gemeinschaftsgebiet nicht abgeben kann. [2]An den Nachweis des Unternehmers, dass ein Ausnahmefall im Sinne des § 10 Abs. 4 UStDV vorliegt, sind keine erhöhten Anforderungen zu stellen.

(4) [1]Bei der Ausfuhr von Fahrzeugen im Sinne des § 1b Abs. 2 Nr. 1 UStG (vgl. Abschnitt 1b.1), die zum bestimmungsmäßigen Gebrauch im Straßenverkehr einer Zulassung bedürfen, muss der Beleg nach § 10 Abs. 1 UStDV (vgl. Absätze 1 und 2) immer auch die Fahrzeug-Identifikationsnummer im Sinne des § 6 Abs. 5 Nr. 5 FZV[2)] enthalten (§ 10 Abs. 2 Satz 1 Nr. 1 UStDV), unabhängig davon, ob das Fahrzeug mit Hilfe eines Beförderungsmittels oder auf eigener Achse ausgeführt wird. [2]Ob das ausgeführte Fahrzeug zum bestimmungsmäßigen Gebrauch im Straßenverkehr einer Zulassung bedarf, richtet sich dabei nach § 3 Abs. 1 und 2 Nr. 1 in Verbindung mit § 2 Nr. 1 und 3 FZV. [3]Außerdem muss der Unternehmer bei der Ausfuhr eines solchen Fahrzeugs nach § 10 Abs. 2 Satz 1 Nr. 2 UStDV grundsätzlich zusätzlich über eine Bescheinigung über die Zulassung, die Verzollung oder die Einfuhrbesteuerung im Drittland verfügen; Abschnitt 6.6 Abs. 6 Sätze 4 und 5 gilt entsprechend. [4]Dies gilt gemäß § 10 Abs. 2 Satz 2 UStDV jedoch nicht in den Fällen, in denen das Fahrzeug

1. mit einem Ausfuhrkennzeichen ausgeführt wird, das im Beleg nach § 10 Abs. 1 UStDV aufgeführt ist, oder
2. nicht im Sinne der FZV auf öffentlichen Straßen in Betrieb gesetzt worden ist (§ 3 und §§ 16 bis 19 FZV) und nicht auf eigener Achse in das Drittlandsgebiet ausgeführt wird.

6.7a Ausgangsvermerke als Ausfuhrnachweis

[1]Neben dem allgemeinen „Ausgangsvermerk" und dem „Alternativ-Ausgangsvermerk" (vgl. Abschnitt 6.6 Abs. 1 Nr. 1 Buchstabe a und Abschnitt 6.7

---

1) ***Zölle und Verbrauchsteuern*** Nr. **8** bzw. **4**.

2) Fahrzeug-Zulassungsverordnung v. 3.2.2011, BGBl. I 2011, 139, zuletzt geänd. durch G v. 12.7.2021, BGBl. I 2021, 3091 (**Straßenverkehrsrecht** Nr. **2.3**).

Abs. 1) werden folgende Ausgangsvermerke, die im EDV-gestützten Ausfuhrverfahren ATLAS durch die AfZSt an den Anmelder/Ausführer übermittelt werden, als Ausfuhrnachweis anerkannt:

1. Ausgangsvermerk auf Grund einer monatlichen Sammelanmeldung nach Artikel 167 und 182 UZK,[1] sowie 225 UZK-IA,[1] soweit sich aus den begleitenden Dokumenten und aus der Buchführung die Ausfuhr der Ware eindeutig und leicht nachprüfbar ergibt,
2. Ausgangsvermerk auf Grund einer nachträglichen Ausfuhranmeldung im Ausfallverfahren,
3. Ausgangsvermerk auf Grund einer rückwirkenden Ausfuhranmeldung nach Artikel 337 UZK-IA und
4. Ausgangsvermerk auf Grund einer nachträglichen Ausfuhranmeldung bei vorheriger ganz oder teilweise unrichtiger Ausfuhranmeldung.

[2]Zu den Mustern dieser Ausgangsvermerke siehe Anlagen 1 bis 4 des BMF-Schreibens vom 23.1.2015 (BStBl. I S. 144).

6.8 Ausfuhrnachweis in Bearbeitungs- und Verarbeitungsfällen

(1) [1]Wenn der Gegenstand der Lieferung vor der Ausfuhr durch einen Beauftragten des Abnehmers bearbeitet oder verarbeitet worden ist (vgl. Abschnitt 6.1 Abs. 5), muss der Beleg über den Ausfuhrnachweis die in § 11 Abs. 1 UStDV aufgeführten zusätzlichen Angaben enthalten. [2]Dieser Beauftragte kann zu diesem Zweck den Beleg mit einem die zusätzlichen Angaben enthaltenden Übertragungsvermerk versehen oder die zusätzlichen Angaben auf einem gesonderten Beleg machen. [3]Er kann auch auf Grund der bei ihm vorhandenen Geschäftsunterlagen, z. B. Versendungsbeleg, Ausfuhrbescheinigung des beauftragten Spediteurs oder Bestätigung der den Ausgang aus dem Gemeinschaftsgebiet überwachenden Grenzzollstelle, dem Unternehmer eine kombinierte Ausfuhr- und Bearbeitungsbescheinigung nach vorgeschriebenem Muster ausstellen.

(2) [1]Ist der Gegenstand der Lieferung nacheinander durch mehrere Beauftragte des Abnehmers und/oder eines nachfolgenden Abnehmers bearbeitet oder verarbeitet worden, muss aus den Belegen des Unternehmers die von jedem Beauftragten vorgenommene Bearbeitung oder Verarbeitung ersichtlich sein. [2]In der Regel wird der Unternehmer den Nachweis hierüber durch eine Ausfuhr- und Bearbeitungsbescheinigung des Beauftragten des Abnehmers führen können, dem er den Gegenstand der Lieferung übergeben oder übersandt hat. [3]Der Beauftragte kann in der Ausfuhrbescheinigung nicht nur die von ihm selbst vorgenommene Bearbeitung oder Verarbeitung, sondern auch die Bearbeitung oder Verarbeitung nachfolgender Beauftragter sowie deren Namen und Anschrift angeben. [4]Der Unternehmer kann sich aber auch die verschiedenen Bearbeitungen oder Verarbeitungen durch gesonderte Bescheinigung der einzelnen Beauftragten bestätigen lassen.

---

[1] **Zölle und Verbrauchsteuern** Nr. **1** bzw. **8.**

(3) [1] Der Beleg nach Absatz 1 bzw. die Bescheinigung nach Absatz 1 oder Absatz 2 können auch auf elektronischem Weg übermittelt werden; bei einer elektronischen Übermittlung des Belegs bzw. der Bescheinigung ist eine Unterschrift nicht erforderlich, sofern erkennbar ist, dass die elektronische Übermittlung im Verfügungsbereich des Ausstellers begonnen hat. [2] Abschnitt 6a.4 Abs. 3 Satz 2 und Abs. 6 ist entsprechend anzuwenden.

6.9 Sonderregelungen zum Ausfuhrnachweis

Lieferungen im Freihafen

(1) [1] In einem Freihafen ausgeführte Lieferungen von Gegenständen, die sich im Zeitpunkt der Lieferung einfuhrumsatzsteuerrechtlich im freien Verkehr befinden (§ 1 Abs. 3 Satz 1 Nr. 4 Buchstabe b UStG), sind wie steuerfreie Ausfuhrlieferungen zu behandeln, wenn die Gegenstände bei Ausführung der Lieferungen in das Drittlandsgebiet außerhalb der in § 1 Abs. 3 UStG bezeichneten Gebiete gelangen. [2] Da eine Ausfuhr nicht vorliegt, kann kein Ausfuhrnachweis geführt werden. [3] Es genügt, dass der Unternehmer die vorbezeichneten Voraussetzungen glaubhaft macht. [4] Auch das Fehlen des buchmäßigen Nachweises ist in diesen Fällen zur Vermeidung von unbilligen Härten nicht zu beanstanden. [5] Eine entsprechende Regelung ist für die Fälle des Freihafen-Veredelungsverkehrs und der Freihafenlagerung (§ 1 Abs. 3 Satz 1 Nr. 4 Buchstabe a UStG) nicht erforderlich, weil in diesen Fällen keine steuerbaren Lieferungen vorliegen (vgl. Abschnitt 1.12 Abs. 3).

Versendungen nach Grenzbahnhöfen oder Güterabfertigungsstellen

(2) [1] Werden Liefergegenstände von einem Ort im Inland nach einem Grenzbahnhof oder einer Güterabfertigungsstelle eines deutschen Eisenbahnunternehmens im Drittlandsgebiet versendet, kann der Ausfuhrnachweis mit Hilfe des verwendeten Frachtbriefes, des Frachtbriefdoppels oder mit der von dem Eisenbahnunternehmen ausgestellten Bescheinigung zu Umsatzsteuerzwecken geführt werden. [2] Im Drittlandsgebiet liegen die folgenden Grenzbahnhöfe oder Güterabfertigungsstellen:
Basel Bad Bf,
Basel Bad Gbf,
Bremerhaven Nordhafen (ohne Carl-Schurz-Gelände) und
Schaffhausen.
[3] Als Grenzbahnhof im Drittlandsgebiet ist auch der Bahnhof Bremerhaven Kaiserhafen (ohne Ladebezirk Industriestammgleis Speckenbüttel) anzusehen. [4] Bei diesem Bahnhof liegen zwar die Gebäude im Inland, die jeweiligen Be- und Entladestellen befinden sich jedoch im Freihafen. [5] Über den Bahnhof Bremerhaven Kaiserhafen können auch Liefergegenstände versandt werden, bei denen als Bestimmungsort Privatgleisanschlüsse, private Ladestellen oder Freiladegleise im Inland angegeben sind. [6] Es liegt deshalb keine Ausfuhr vor, wenn einer dieser Gleisanschlüsse, eine dieser Ladestellen oder eines dieser Ladegleise Bestimmungsort ist.

(3) [1] Werden Liefergegenstände aus dem Inland nach einem Grenzbahnhof oder einer Güterabfertigungsstelle im Inland versendet, liegt keine Ausfuhr

vor. [2]Die verwendeten Frachtbriefe oder Frachtbriefdoppel kommen deshalb als Ausfuhrbelege nicht in Betracht. [3]Lediglich bei Versendungen nach dem Bahnhof Cuxhaven ist es möglich, Liefergegenstände durch zusätzliche Angabe des Anschlusses in den Freihafen zu versenden. [4]Die Bezeichnungen hierfür lauten

1. Cuxhaven, Anschluss Amerika-Bahnhof Gleise 1 und 2,
2. Cuxhaven, Anschluss Amerika-Bahnhof Lentzkai Gleise 9 und 10.

[5]Frachtbriefe oder Frachtbriefdoppel, in denen einer der bezeichneten Anschlüsse als Bestimmungsort angegeben ist, können deshalb als Ausfuhrnachweis anerkannt werden.

(4) [1]In den Fällen, in denen Gegenstände nach ihrer Ankunft auf einem Grenzbahnhof oder einer Güterabfertigungsstelle im Inland weiter in das Drittlandsgebiet befördert oder versendet werden, gelten für die Führung des Ausfuhrnachweises die allgemeinen Regelungen (vgl. Abschnitte 6.5 bis 6.7). [2]Jedoch ist Folgendes zu beachten:

1. [1]Auf folgenden Grenzbahnhöfen im Inland besteht auch eine Güterabfertigungsstelle der Schweizerischen Bundesbahnen (SBB):
   Konstanz, SBB
   und Singen (Hohentwiel), SBB.
   [2]Werden Liefergegenstände von diesen Gemeinschaftsbahnhöfen zu einem Bestimmungsort in der Schweiz versendet und zu diesem Zweck an den Güterabfertigungsstellen der SBB aufgegeben, kann der Ausfuhrnachweis auch mit Hilfe des Frachtbriefs oder Frachtbriefdoppels der SBB geführt werden.
2. [1]Auf dem Grenzbahnhof Waldshut kann die Güterabfertigungsstelle der Eisenbahnen des Bundes beim Güterverkehr mit der Schweiz die Abfertigungsarbeiten für die SBB erledigen. [2]Satz 2 der Nummer 1 gilt deshalb für diese Fälle entsprechend.

Postsendungen

(5) [1]Bei Postsendungen kommen als Ausfuhrnachweise in Betracht:

1. Versendungsbelege, und zwar
   a) [1]der Einlieferungsbeleg für eingeschriebene Briefsendungen einschließlich eingeschriebener Päckchen, für Briefe mit Wertangabe und für gewöhnliche Briefe mit Nachnahme sowie der Einlieferungsschein für Filialkunden bzw. die Einlieferungsliste (Auftrag zur Beförderung Ausland) für Vertragskunden für Postpakete (Wertpakete und gewöhnliche Postpakete). [2]Die Bescheinigung wird erteilt auf den Einlieferungsbelegen bzw. -scheinen, im Einlieferungsbuch, auf Belegen des Absenders, die im Aufdruck mit dem Einlieferungsbeleg bzw. -schein, der Einlieferungsliste oder dem Einlieferungsbuch im Wesentlichen übereinstimmen, und – bei gewöhnlichen Postpaketen – auch auf vom Absender vorbereiteten Bescheinigungen,
   b) die Versandbestätigung für gewöhnliche Päckchen auf vom Absender vorbereiteten Bescheinigungen;

2. andere Belege, und zwar

a) [1] die von der AfZSt mit Dienststempelabdruck und von der AgZSt mit einem Dienststempelabdruck, der den Namen der Zollstelle und das Datum enthält, versehene und dem Beteiligten zurückgegebene bzw. zurückgesandte Ausfuhranmeldung (Exemplar Nr. 3 des Einheitspapiers) im Ausfall- und Sicherheitskonzept (Abschnitt 6.2 Abs. 4 Satz 1 Nr. 1). [2] Der Anmelder ist jedoch von der Vorlage einer schriftlichen Ausfuhranmeldung nach Artikel 141 Abs. 4 UZK-DA[1)] unter Einschränkung des Artikels 142 UZK-DA insbesondere in folgenden Fällen befreit:

aa) bei Postsendungen (Pakete oder Päckchen, Artikel 1 Nr. 24 UZK-DA), die zu kommerziellen Zwecken bestimmte Waren enthalten, bis zu einem Wert von 1000 €;

bb) bei Postsendungen mit Waren zu nichtkommerziellen Zwecken (Artikel 1 Nr. 21 UZK-DA);

cc) bei Briefsendungen (Artikel 1 Nr. 26 UZK-DA).

[3] In diesen Fällen kann deshalb der Ausfuhrnachweis nicht mit Hilfe der Ausfuhranmeldung (Exemplar Nr. 3 des Einheitspapiers) geführt werden,

b) [1] leicht nachprüfbare innerbetriebliche Versendungsunterlagen in Verbindung mit den Aufzeichnungen in der Finanzbuchhaltung. [2] Dieser Nachweis kommt bei der Ausfuhr von Gegenständen in gewöhnlichen Briefen, für die eine Ausfuhranmeldung nicht erforderlich ist, in Betracht. [3] Diese Regelung trägt dem Umstand Rechnung, dass bei diesen Ausfuhrsendungen der Ausfuhrnachweis weder nach Nummer 1 noch nach Nummer 2 Buchstabe a geführt werden kann.

[2] Erfolgt die Versendung in ATLAS-Ausfuhr, gilt Abschnitt 6.6 Abs. 1 Nr. 1 Buchstaben a und b entsprechend.

Kurierdienste

(6) [1] Grundsätzlich sind an die schriftliche Auftragserteilung an den Unternehmer, der Kurierdienstleistungen erbringt, die gleichen Anforderungen zu stellen wie an einen Posteinlieferungsschein. [2] Ein Unternehmer erbringt eine Kurierdienstleistung, wenn er adressierte Sendungen in einer Weise befördert, dass entweder einzelne nachgewiesene Sendungen im Interesse einer schnellen und zuverlässigen Beförderung auf dem Weg vom Absender zum Empfänger ständig begleitet werden und die Begleitperson die Möglichkeit hat, jederzeit auf die einzelne Sendung zuzugreifen und die erforderlichen Dispositionen zu treffen, oder eine Kontrolle des Sendungsverlaufs durch den Einsatz elektronischer Kontroll- und Steuerungssysteme jederzeit möglich ist (sog. tracking and tracing). [3] Im Einzelnen sollen folgende Angaben vorhanden sein:

– Name und Anschrift des Ausstellers des Belegs;
– Name und Anschrift des Absenders;
– Name und Anschrift des Empfängers;
– handelsübliche Bezeichnung und Menge der beförderten Gegenstände;
– Tag der Einlieferung der beförderten Gegenstände beim Unternehmer.

[1)] **Zölle und Verbrauchsteuern** Nr. **4.**

[4]Aus Vereinfachungsgründen kann bzgl. der Angaben zur handelsüblichen Bezeichnung, Menge und Wert der beförderten Gegenstände auf die Rechnung des Auftraggebers durch Angabe der Rechnungsnummer verwiesen werden, wenn auf dieser die Nummer des Versendungsbelegs angegeben ist. [5]Überwacht ein Transportunternehmen den Sendungsverlauf elektronisch, wird für Zwecke des Ausfuhrnachweises nicht zwischen den Leistungen von Kurierdiensten und anderen Transportunternehmen (Spediteure/Frachtführer) unterschieden. [6]Erfolgt die Versendung in ATLAS-Ausfuhr, gilt Abschnitt 6.6 Abs. 1 Nr. 1 Buchstaben a und b entsprechend.

Druckerzeugnisse

(7) [1]Bücher, Zeitungen, Zeitschriften und sonstige Druckerzeugnisse werden vielfach als Sendungen zu ermäßigtem Entgelt oder als Sendungen zu ermäßigtem Entgelt in besonderem Beutel („M"-Beutel) in das Drittlandsgebiet versandt. [2]Bei diesen Sendungen kann der Ausfuhrnachweis nicht durch Versendungsbelege geführt werden. [3]Die Ausfuhr kann deshalb durch leicht nachprüfbare innerbetriebliche Versendungsunterlagen in Verbindung mit den Aufzeichnungen in der Finanzbuchhaltung nachgewiesen werden. [4]Innerbetriebliche Versendungsunterlagen können sein:

1. bei Lieferungen von Büchern in das Drittlandsgebiet
   a) Auslieferungslisten oder Auslieferungskarteien mit Versanddaten, nach Nummern oder alphabetisch geordnet;
   b) Durchschriften von Rechnungen oder Lieferscheinen, nach Nummern oder alphabetisch geordnet;
   c) Postausgangsbücher oder Portobücher;
2. bei Lieferungen von Zeitungen, Zeitschriften und sonstigen periodisch erscheinenden Druckschriften in das Drittlandsgebiet
   a) Fortsetzungskarteien oder Fortsetzungslisten mit Versanddaten – in der Regel nur bei geringer Anzahl von Einzellieferungen –;
   b) Fortsetzungskarteien oder Fortsetzungslisten ohne Versanddaten – bei Massenversand häufig erscheinender Zeitschriften –, und zwar entweder in Verbindung mit Strichvermerken auf den Karteikarten oder in Verbindung mit maschinell erstellten Aufklebeadressen;
   c) Durchschriften von Rechnungen, nach Nummern oder alphabetisch geordnet;
   d) Postausgangsbücher oder Portobücher – nicht bei Massenversand –.

[5]Die bezeichneten Versendungsunterlagen können unter den Voraussetzungen *des § 146* Abs. 5 *und* des § 147 Abs. 2 AO auch auf Datenträgern geführt werden.

(8) [1]In den Fällen des Absatzes 7 soll durch Verweisungen zwischen den Versendungsunterlagen und der Finanzbuchhaltung der Zusammenhang zwischen den jeweiligen Lieferungen und den dazugehörigen Entgelten leicht nachprüfbar nachgewiesen werden. [2]Dazu dienen in der Regel die Nummern oder die Daten der Rechnungen oder der Lieferscheine, die auf den Debitorenkonten und auf den Auslieferungslisten, Auslieferungskarteien oder

sonstigen Versendungsunterlagen zu vermerken sind. [3]Zulässig ist auch jedes andere System gegenseitiger Hinweise, sofern es die leichte Nachprüfbarkeit gewährleistet.

(9) [1]Werden Bücher, Zeitungen und Zeitschriften von einem Vertreter des Unternehmers, z.B. von einem sog. Auslieferer, gelagert und auf Weisung des Unternehmers an Abnehmer im Drittlandsgebiet versendet, kann der Unternehmer die Ausfuhr in der Regel durch eine Ausfuhrbestätigung seines Lieferers oder des Vertreters, die auf innerbetrieblichen Versendungsunterlagen beruhen kann, nachweisen. [2]Es bestehen keine Bedenken, Ausfuhrbestätigungen des versendenden Vertreters auch ohne Angabe des Tages der Versendung als ausreichenden Ausfuhrnachweis anzuerkennen, wenn nach der Gesamtheit der beim Unternehmer vorliegenden Unterlagen kein ernstlicher Zweifel an der Ausfuhr der Gegenstände besteht. [3]Die Ausfuhrbestätigung des versendenden Vertreters kann auch auf elektronischem Weg übermittelt werden; bei einer elektronischen Übermittlung der Ausfuhrbestätigung ist eine Unterschrift nicht erforderlich, sofern erkennbar ist, dass die elektronische Übermittlung im Verfügungsbereich des Ausstellers begonnen hat. [4]Abschnitt 6a.4 Abs. 3 Satz 2 und Abs. 6 ist entsprechend anzuwenden.

(10) Erfolgt die Versendung der genannten Druckerzeugnisse in ATLAS-Ausfuhr, gilt Abschnitt 6.6 Abs. 1 Nr. 1 Buchstaben a und b entsprechend.

(11)–(13) *(aufgehoben)*

Ausfuhranmeldungen im Rahmen der einzigen Bewilligung

(14) [1]Mit Wirkung vom 1.1.2009 wurden die Vorschriften über die Binnengrenzen überschreitende Abfertigungsmöglichkeiten im Rahmen einer sog. einzigen Bewilligung auch auf das Ausfuhrverfahren ausgedehnt (Verordnung [EG] Nr. 1192/2008 der Kommission vom 17.11.2008, ABl. EU 2008 Nr. L 329). [2]Mit dieser zentralisierten Zollabwicklung werden der Ort, an dem sich die Waren befinden und der Ort, an dem die Ausfuhranmeldung abgegeben wird, Mitgliedstaaten übergreifend entkoppelt.

(15) [1]Ein Unternehmen, das von mehreren Warenorten in der EU seine Ausfuhren tätigt, kann die Ausfuhrsendung zentral in dem Mitgliedstaat anmelden, in dem sich seine Hauptbuchhaltung befindet. [2]Für den Nachrichtenaustausch im EDV-gestützten Ausfuhrsystem bedeutet dies, dass der elektronische Ausfuhrvorgang in dem Mitgliedstaat begonnen und erledigt wird, in dem die ursprüngliche elektronische Anmeldung abgegeben wurde und zwar unabhängig davon, in welchem Mitgliedstaat sich die Waren im Anmeldezeitpunkt befanden. [3]Bei Ausfuhranmeldungen, die im Rahmen der „ausländischen" einzigen Bewilligung bei einer für den Ausführer/Anmelder zuständigen AfZSt in Deutschland abgegeben werden, müssen zwar in allen Mitgliedstaaten die Anmelder/Ausführer gemäß Artikel 334 UZK-IA[1)] über den körperlichen Ausgang der Waren per EDIFACT-Nachricht unterrichtet werden; ob – wie in Deutschland – dazu zusätzlich noch ein PDF-Dokument beigefügt wird, obliegt der Entscheidung der Mitgliedstaaten.

[1)] **Zölle und Verbrauchsteuern** Nr. 8.

Beispiel 1:

[1] Ein Unternehmen hat seine Hauptbuchhaltung in den Niederlanden und unterhält Warenorte in den Niederlanden und in Deutschland. [2] Die Ausfuhranmeldung erfolgt über das niederländische IT-System DSU auch für die in Deutschland befindlichen Waren. [3] Im deutschen IT-System ATLAS-Ausfuhr kann von der für den Warenort zuständigen AfZSt kein PDF-Dokument „Ausgangsvermerk" erzeugt werden.
[4] In diesen Fällen ist die von der ausländischen Zolldienststelle erhaltene EDIFACT-Nachricht über den körperlichen Ausgang der Waren als Beleg im Sinne des § 9 Abs. 1 UStDV oder des § 10 Abs. 1 UStDV und als Nachweis für Umsatzsteuerzwecke anzuerkennen, wenn der Unternehmer zusammen mit der Nachricht über Aufzeichnungen/Dokumentationen verfügt, dass er diese von der ausländischen Zolldienststelle erhalten hat. [5] Zusätzlich muss der Unternehmer die Verbindung der Nachricht mit der entsprechenden Ausfuhranmeldung bei der ausländischen Zolldienststelle aufzeichnen.

[4] Bei Ausfuhranmeldungen, die im Rahmen der „deutschen" einzigen Bewilligung bei einer für den Ausführer/Anmelder zuständigen AfZSt in einem anderen Mitgliedstaat abgegeben werden, erhält der Ausführer/Anmelder für alle Waren, die er über das deutsche IT-System ATLAS angemeldet hat, ein PDF-Dokument „Ausgangsvermerk".

Beispiel 2:

[1] Ein Unternehmen hat seine Hauptbuchhaltung in Deutschland und unterhält Warenorte in den Niederlanden und in Deutschland. [2] Die Ausfuhranmeldung erfolgt über das deutsche IT-System ATLAS-Ausfuhr auch für die in den Niederlanden befindlichen Waren. [3] Anhand der Angabe in Feld 15a (Ausfuhr-/Versendungsland) des Ausgangsvermerks ist für die deutschen Finanzämter erkennbar, dass sich die Waren im Anmeldezeitpunkt in einem anderen Mitgliedstaat befanden.

Abgabe der Ausfuhranmeldung in einem Mitgliedstaat des übrigen Gemeinschaftsgebiets

(16) Wurde die Ausfuhranmeldung zulässigerweise ohne einzige Bewilligung in einem Mitgliedstaat des übrigen Gemeinschaftsgebiets abgegeben, gilt Folgendes:

1. Hat die ausländische Zolldienststelle der von ihr übermittelten elektronischen Nachricht (z.B. EDIFACT-Nachricht) das PDF-Dokument „Ausgangsvermerk" beigefügt, ist der Ausfuhrnachweis mit diesem Ausgangsvermerk, der den Regelungen in § 9 Abs. 1 Satz 1 Nr. 1 UStDV und § 10 Abs. 1 Satz 1 Nr. 1 UStDV entspricht, zu führen.
2. Wurde dem Ausführer von der ausländischen Zolldienststelle lediglich eine elektronische Nachricht übersandt, ist der Ausfuhrnachweis wie folgt zu führen und unter folgenden Voraussetzungen anzuerkennen:
   a) der Unternehmer weist den körperlichen Ausgang der Waren mit der von der ausländischen Zolldienststelle erhaltenen elektronischen Nachricht nach,
   b) er verfügt über Aufzeichnungen/Dokumentationen, dass er die Nachricht von der ausländischen Zolldienststelle erhalten hat,
   c) er zeichnet die Verbindung der Nachricht mit der entsprechenden Ausfuhranmeldung bei der ausländischen Zolldienststelle auf und
   d) es bestehen keine Zweifel bezüglich des ordnungsgemäßen Ausgangs der Waren aus dem Zollgebiet der EU.

6.10 Buchmäßiger Nachweis

(1) Der Unternehmer hat die Ausfuhr – neben dem Ausfuhrnachweis (vgl. Abschnitt 6.5 Abs. 1) – buchmäßig nachzuweisen (§ 6 Abs. 4 UStG und § 13 UStDV).

(2) [1]Der buchmäßige Nachweis muss grundsätzlich im Geltungsbereich des UStG geführt werden. [2]Steuerlich zuverlässigen Unternehmern kann jedoch gestattet werden, die Aufzeichnungen über den buchmäßigen Nachweis im Ausland vorzunehmen und dort aufzubewahren. [3]Voraussetzung ist hierfür, dass andernfalls der buchmäßige Nachweis in unverhältnismäßiger Weise erschwert würde und dass die erforderlichen Unterlagen den deutschen Finanzbehörden jederzeit auf Verlangen im Geltungsbereich des UStG vorgelegt werden. [4]Der Bewilligungsbescheid ist unter einer entsprechenden Auflage und unter dem Vorbehalt jederzeitigen Widerrufs zu erteilen.

(3) [1]Aus dem Grundsatz, dass die buchmäßig nachzuweisenden Voraussetzungen eindeutig und leicht nachprüfbar aus der Buchführung zu ersehen sein müssen (§ 13 Abs. 1 UStDV), ergibt sich, dass die erforderlichen Aufzeichnungen laufend und unmittelbar nach Ausführung des jeweiligen Umsatzes vorgenommen werden müssen. [2]Der Unternehmer muss den buchmäßigen Nachweis der steuerfreien Ausfuhrlieferung (§ 6 Abs. 4 UStG in Verbindung mit § 13 UStDV) bis zu dem Zeitpunkt führen, zu dem er die Umsatzsteuer-Voranmeldung für die Ausfuhrlieferung zu übermitteln hat (vgl. BFH-Urteil vom 28.8.2014, V R 16/14, BStBl. 2015 II S. 46). [3]Der Unternehmer kann fehlende oder fehlerhafte Aufzeichnungen eines rechtzeitig erbrachten Buchnachweises bis zum Schluss der letzten mündlichen Verhandlung vor dem Finanzgericht nach den für Rechnungsberichtigungen geltenden Grundsätzen ergänzen oder berichtigen (BFH-Urteil vom 28.5.2009, V R 23/08, BStBl. 2010 II S. 517).

(3a)[1] Wird der Buchnachweis weder rechtzeitig geführt noch zulässigerweise ergänzt oder berichtigt, kann die Ausfuhrlieferung gleichwohl steuerfrei sein, wenn auf Grund der objektiven Beweislage feststeht, dass die Voraussetzungen des § 6 Abs. 1 bis Abs. 3a UStG vorliegen (BFH-Urteil vom 28.5.2009, V R 23/08, BStBl. 2010 II S. 517).

(4) [1]Der Inhalt und der Umfang des buchmäßigen Nachweises sind in Form von Mussvorschriften geregelt (§ 13 Abs. 2 bis 7 UStDV). [2]Der Unternehmer kann den Nachweis aber in besonders begründeten Einzelfällen auch in anderer Weise führen. [3]Er muss jedoch in jedem Fall die Grundsätze des § 13 Abs. 1 UStDV beachten.

(5) [1]Bei der Aufzeichnung der Menge und der handelsüblichen Bezeichnung des Gegenstands der Lieferung sind Sammelbezeichnungen, z. B. Lebensmittel oder Textilien, in der Regel nicht ausreichend (vgl. Abschnitt 14.5 Abs. 15). [2]Aus der Aufzeichnung der Art und des Umfangs einer etwaigen Bearbeitung oder Verarbeitung vor der Ausfuhr (vgl. Abschnitt 6.1 Abs. 5) sollen auch der Name und die Anschrift des mit der Bearbeitung oder Ver-

[1] Siehe auch FM Schl-H Kurzinfo USt Nr. 2015/05 v. 12.8.2015, StEd 2015, 590, mit Anlage Arbeitspapier der EU-Kommission v. 14.11.1995 XXI/1667/94 endg.

arbeitung Beauftragten, die Bezeichnung des betreffenden Auftrags sowie die Menge und handelsübliche Bezeichnung des ausgeführten Gegenstands hervorgehen. [3] Als Grundlage dieser Aufzeichnungen können die Belege dienen, die der Unternehmer über die Bearbeitung oder Verarbeitung erhalten hat (vgl. Abschnitt 6.8). [4] Die Aufzeichnung der Fahrzeug-Identifikationsnummer bei der Lieferung eines Fahrzeugs im Sinne des § 1b Abs. 2 UStG nach § 13 Abs. 2 Nr. 1 UStDV und die Aufzeichnung der MRN nach § 13 Abs. 2 Nr. 7 UStDV sind unerlässlich.

(6) [1] Befördert oder versendet der Unternehmer oder der Abnehmer den Gegenstand der Lieferung in die in § 1 Abs. 3 UStG bezeichneten Gebiete, muss sich aus der Angabe des Berufs oder des Gewerbezweigs des Abnehmers dessen Unternehmereigenschaft sowie aus der Angabe des Erwerbszwecks des Abnehmers dessen Absicht, den Gegenstand für sein Unternehmen zu verwenden, ergeben. [2] Bei Lieferungen, deren Gegenstände nach Art und/oder Menge nur zur Verwendung in dem Unternehmen des Abnehmers bestimmt sein können, genügt neben der Aufzeichnung des Berufs oder Gewerbezweigs des Abnehmers die Angabe der Art und Menge der gelieferten Gegenstände. [3] In Zweifelsfällen kann der Erwerbszweck durch eine Bestätigung des Abnehmers nachgewiesen werden. [4] Bei Lieferungen an juristische Personen des öffentlichen Rechts ist davon auszugehen, dass die Lieferungen für deren hoheitlichen und nicht für deren unternehmerischen Bereich ausgeführt worden sind, sofern nicht der Unternehmer anhand von Aufzeichnungen und Belegen, z.B. durch eine Bescheinigung des Abnehmers, das Gegenteil nachweist. [5] Wenn der Abnehmer kein Unternehmer ist, muss sich aus den Aufzeichnungen der Bestimmungsort im übrigen Drittlandsgebiet ergeben.

(7) Bei den in § 6 Abs. 3 UStG bezeichneten Lieferungen von Gegenständen, die zur Ausrüstung oder Versorgung eines Beförderungsmittels bestimmt sind (vgl. Abschnitt 6.4), muss der Unternehmer zusätzlich zu den in § 13 Abs. 2 UStDV bezeichneten Angaben Folgendes aufzeichnen (§ 13 Abs. 6 UStDV):

1. den Gewerbezweig oder Beruf des ausländischen Abnehmers zum Nachweis der Unternehmereigenschaft des Abnehmers und

2. [1] den Zweck, dem das ausgerüstete oder versorgte Beförderungsmittel dient, zum Nachweis des unternehmerischen Verwendungszwecks. [2] Es genügt die Angabe der Art des Beförderungsmittels, wenn es seiner Art nach nur unternehmerischen Zwecken dienen kann, z.B. Lastkraftwagen, Reiseomnibus, Frachtschiff. [3] Bei anderen Beförderungsmitteln, z.B. Personenkraftwagen, Krafträdern, Sport- und Vergnügungsbooten oder Sportflugzeugen, ist davon auszugehen, dass sie nichtunternehmerischen Zwecken dienen, es sei denn, dass nach der Gesamtheit der bei dem Unternehmer befindlichen Unterlagen kein ernstlicher Zweifel daran besteht, dass das Beförderungsmittel den Zwecken des Unternehmens des Abnehmers dient. [4] Eine Bescheinigung des Abnehmers über den Verwendungszweck des Beförderungsmittels reicht wegen der fehlenden Nachprüfungsmöglichkeit in der Regel nicht aus.

(8) Zum Buchnachweis beim nichtkommerziellen Reiseverkehr vgl. Abschnitt 6.11 Abs. 16.

6.11 Ausfuhrlieferungen im nichtkommerziellen Reiseverkehr[1), 2), 3)]

Allgemeines

(1) [1]Bei den Ausfuhrlieferungen im nichtkommerziellen Reiseverkehr (§ 6 Abs. 3a UStG) handelt es sich um Fälle, in denen der Abnehmer Waren zu nichtunternehmerischen Zwecken erwirbt und im persönlichen Reisegepäck in das Drittlandsgebiet verbringt. [2]Voraussetzung für die Steuerbefreiung ist, dass der Gesamtwert der Lieferung einschließlich Umsatzsteuer 50 € übersteigt. [3]Zum „persönlichen Reisegepäck" gehören diejenigen Gegenstände, die der Abnehmer bei einem Grenzübertritt mit sich führt, z. B. das Handgepäck oder die in einem von ihm benutzten Fahrzeug befindlichen Gegenstände, sowie das anlässlich einer Reise aufgegebene Handgepäck. [4]Als Reise sind auch Einkaufsfahrten und der Berufsverkehr anzusehen. [5]Ein Fahrzeug, seine Bestandteile und sein Zubehör sind kein persönliches Reisegepäck. [6]Keine Ausfuhr im Reiseverkehr liegt vor, wenn der Käufer die Ware durch einen Spediteur, durch Bahn oder Post oder durch einen sonstigen Frachtführer in ein Drittland versendet.

Wertgrenze

(2) Ausfuhrlieferungen im nichtkommerziellen Reiseverkehr sind erst dann von der Umsatzsteuer befreit, wenn der Gesamtwert der Lieferung einschließlich Umsatzsteuer 50 € übersteigt (Wertgrenze).

(3) [1]Für die Feststellung, ob die Wertgrenze überschritten wurde, ist der Rechnungsbetrag maßgeblich (vgl. Artikel 48 Satz 1 MwStVO). [2]Der Rechnungsbetrag kann neben dem Entgelt und dem auf das Entgelt entfallenden Steuerbetrag u. a. auch Kosten für Nebenleistungen (z. B. für Beförderung oder für Warenumschließungen) enthalten, die in die Ermittlung der Wertgrenze mit einzubeziehen sind (vgl. Abschnitt 10.1 Abs. 3). [3]Pfandgeld auf Warenumschließungen, das dem Abnehmer bei der Lieferung berechnet wird, ist grundsätzlich Teil des Entgelts für die Lieferung (Nebenleistungen zur Hauptleistung; vgl. Abschnitt 3.10 Abs. 5a Satz 2). [4]Unabhängig davon, ob einzelne Liefergegenstände von der Steuerbefreiung für Ausfuhrlieferungen ausgeschlossen sind (z. B. Gegenstände, die zur Ausrüstung oder Versorgung nichtunternehmerischer Beförderungsmittel bestimmt sind; § 6 Abs. 3 UStG), werden diese jedoch bei der Ermittlung der Wertgrenze berücksichtigt.

(4) [1]Werden mehrere Gegenstände von ein und demselben Unternehmer an ein und denselben Abnehmer geliefert, darf der Gesamtwert der Lieferung

---

1) Vordruckmuster und Merkblatt vgl. BMF v. 10.1.2020, BStBl. I 2020, 186.

2) Zu Verkäufen von „Duty-Free-Waren" im Transitbereich vgl. BFH v. 3.11.2005 V R 63/02, BStBl. II 2006, 337.

3) Zum Vertrauensschutz für Ausfuhrlieferer vgl. EuGH v. 21.2.2008 C-271/06, Netto-Supermarkt, DStR 2008, 450, und BFH v. 30.7.2008 V R 7/03, BStBl. II 2010, 1075.

nur dann zugrunde gelegt werden, wenn alle diese Gegenstände auf einer gemeinsamen Rechnung aufgeführt sind (vgl. Artikel 48 Satz 2 MwStVO).[1] [2]Eine Zusammenfassung mehrerer einzelner Rechnungen, um dadurch die Wertgrenze von 50 € zu überschreiten, ist nicht zulässig.

(5) [1]Bei nachträglichen Entgeltminderungen ist für die Beurteilung der Wertgrenze zu unterscheiden: Pfandrückgaben bleiben aus Vereinfachungsgründen unberücksichtigt. [2]Nachträgliche Teilrückabwicklungen (etwa bei Reklamation, Umtausch gegen Barauszahlung) sind demgegenüber zu berücksichtigen.

(6) [1]Bei Einzweckgutscheinen im Sinne des § 3 Abs. 14 Satz 1 UStG kommt die Steuerbefreiung für Ausfuhrlieferungen im nichtkommerziellen Reiseverkehr – unabhängig von der Überschreitung der Wertgrenze – nicht in Betracht (ruhende Lieferung). [2]Die Ausgabe oder erstmalige Übertragung eines Mehrzweckgutscheins im Sinne des § 3 Abs. 15 Satz 1 UStG stellt keine umsatzsteuerbare Lieferung dar. [3]Bei einem Mehrzweckgutschein gilt die Lieferung des Gegenstandes erst im Zeitpunkt der tatsächlichen Lieferung (= Einlösung) als erbracht. [4]Die Wertgrenze ist daher auch für Mehrzweckgutscheine anzuwenden, die vor dem 1.1.2020 ausgegeben, aber erst nach dem 31.12.2019 eingelöst werden.

Beispiel:

[1]Kauf eines Mehrzweckgutscheins am 23.12.2019 in Höhe von 20 €; Einlösung des Gutscheins für den Kauf einer CD zum Rechnungsbetrag von 20 € am 4.1.2020. [2]Die Ausgabe des Mehrzweckgutscheins am 23.12.2019 ist umsatzsteuerlich unbeachtlich. [3]Erst mit Einlösung des Gutscheins am 4.1.2020 wird die tatsächliche Lieferung erbracht. [4]Die Steuerbefreiung kommt mangels Überschreiten der Wertgrenze nicht in Betracht.

Ausfuhrnachweis

(7) [1]Die Verbringung des Liefergegenstands in das Drittlandsgebiet muss grundsätzlich durch eine Ausfuhrbestätigung der den Ausgang des Gegenstands aus dem Gemeinschaftsgebiet überwachenden Grenzzollstelle eines EU-Mitgliedstaats (Ausgangszollstelle) nachgewiesen werden (§ 9 Abs. 1 Satz 1 Nr. 2 UStDV, Abschnitt 6.6 Abs. 3). [2]Die Ausfuhrbestätigung erfolgt durch einen Sichtvermerk der Ausgangszollstelle der Gemeinschaft auf der vorgelegten Rechnung oder dem vorgelegten Ausfuhrbeleg. [3]Unter Sichtvermerk ist der Dienststempelabdruck der Ausgangszollstelle mit Namen der Zollstelle und Datum zu verstehen.

(8) [1]Als ausreichender Ausfuhrnachweis ist grundsätzlich ein Beleg (Rechnung oder ein entsprechender Beleg) anzuerkennen, der mit einem gültigen Stempelabdruck der Ausgangszollstelle versehen ist. [2]Das gilt auch dann, wenn *außer dem Stempelabdruck* keine weiteren Angaben, z. B. Datum und Unterschrift, gemacht wurden oder wenn auf besonderen Ausfuhrbelegen die vordruckmäßig vorgesehenen Ankreuzungen fehlen. [3]Entscheidend ist, dass sich aus dem Beleg die Abfertigung des Liefergegenstands zur Ausfuhr durch die Ausgangszollstelle erkennen lässt. [4]Ist der Ausfuhrnachweis durch Belege mit einer Bestätigung der Grenzzollstelle nicht möglich oder nicht zumutbar,

---

[1] **Steuergesetze** Nr. **550a**.

kann der Nachweis im begründeten Einzelfall auch durch geeignete Alternativbelege geführt werden (vgl. Abschnitt 6.6 Abs. 6).

(9) [1]Der Ausfuhrbeleg (Rechnung oder entsprechender Beleg) muss u. a. auch die handelsübliche Bezeichnung und die Menge des ausgeführten Gegenstands enthalten. [2]Handelsüblich ist dabei jede im Geschäftsverkehr für einen Gegenstand allgemein verwendete Bezeichnung, z. B. auch Markenbezeichnungen. [3]Handelsübliche Sammelbezeichnungen, z. B. Baubeschläge, Büromöbel, Kurzwaren, Spirituosen, Tabakwaren, Waschmittel, sind ausreichend. [4]Dagegen reichen Bezeichnungen allgemeiner Art, die Gruppen verschiedener Gegenstände umfassen, z. B. Geschenkartikel, nicht aus (vgl. Abschnitt 14.5 Abs. 15). [5]Die im Ausfuhrbeleg verwendete handelsübliche Bezeichnung von Gegenständen ist nicht zu beanstanden, wenn die Ausgangszollstelle anhand der Angaben im Ausfuhrbeleg die Ausfuhr dieser Gegenstände bestätigt. [6]Damit ist ausreichend belegt, dass die Gegenstände im Ausfuhrbeleg so konkret bezeichnet worden sind, dass die Ausgangszollstelle in der Lage war, die Abfertigung dieser Gegenstände zur Ausfuhr zu bestätigen.

Nachweis der Ausfuhrfrist

(10) [1]Der Unternehmer hat die Einhaltung der Ausfuhrfrist (§ 6 Abs. 3a Nr. 2 UStG) durch Angabe des Tags der Ausfuhr im Ausfuhrbeleg nachzuweisen. [2]Fehlt auf dem Ausfuhrbeleg die Angabe des Ausfuhrtags (z. B. in den Fällen des Absatzes 2), muss der Unternehmer den Tag der Ausfuhr durch andere überprüfbare Unterlagen nachweisen.

Abnehmernachweis

(11) [1]Außer der Ausfuhr der Gegenstände hat der Unternehmer durch einen Beleg nachzuweisen, dass der Abnehmer im Zeitpunkt der Lieferung seinen Wohnort im Drittlandsgebiet hatte. [2]Wohnort ist der Ort, an dem der Abnehmer für längere Zeit seine Wohnung hat und der als der örtliche Mittelpunkt seines Lebens anzusehen ist. [3]Als Wohnort in diesem Sinne gilt der Ort, der im Reisepass oder in einem anderen in der Bundesrepublik Deutschland anerkannten Grenzübertrittspapier (insbesondere Personalausweis) eingetragen ist. [4]Der Unternehmer kann sich hiervon durch Einsichtnahme in das vom Abnehmer vorgelegte Grenzübertrittspapier überzeugen. [5]Aus dem Ausfuhrbeleg (Rechnung oder entsprechender Beleg) müssen sich daher der Name und die Anschrift des Abnehmers ergeben (Land, Wohnort, Straße und Hausnummer). [6]Ist die Angabe der vollständigen Anschrift des Abnehmers zum Beispiel auf Grund von Sprachproblemen nicht möglich, genügt neben dem Namen des Abnehmers die Angabe des Landes, in dem der Abnehmer wohnt, und die Angabe der Nummer des Reisepasses oder eines anderen anerkannten Grenzübertrittspapiers.

(12) [1]Im Ausfuhrbeleg bestätigt die Ausgangszollstelle außer der Ausfuhr, dass die Angaben zum Namen und zur Anschrift des Abnehmers mit den Eintragungen in dem vorgelegten Pass oder sonstigen Grenzübertrittspapier desjenigen übereinstimmen, der den Gegenstand in seinem Reisegepäck in das Drittlandsgebiet verbringt (§ 17 UStDV). [2]Ist aus dem aus-

ländischen Grenzübertrittspapier nicht die volle Anschrift, sondern nur das Land und der Wohnort oder nur das Land ersichtlich, erteilen die Ausgangszollstellen auch in diesen Fällen die Abnehmerbestätigung. [3]Derartige Abnehmerbestätigungen sind als ausreichender Belegnachweis anzuerkennen. [4]Absatz 8 Sätze 2 und 4 sind für Abnehmerbestätigungen entsprechend anzuwenden.

(13) [1]Die Abnehmerbestätigung wird von den deutschen Grenzzollstellen in folgenden Fällen trotz Vorlage eines gültigen Grenzübertrittspapiers des Ausführers nicht erteilt:

1. Die Angaben über den ausländischen Abnehmer in dem vorgelegten Beleg stimmen nicht mit den Eintragungen in dem vorgelegten Pass oder sonstigen Grenzübertrittspapier des Ausführers überein.
2. [1]Der Ausführer weist einen in einem Drittland ausgestellten Pass vor, in dem ein Aufenthaltstitel im Sinne des Aufenthaltsgesetzes für einen drei Monate übersteigenden Aufenthalt in der Bundesrepublik Deutschland oder in einem anderen EU-Mitgliedstaat eingetragen ist, wenn diese Erlaubnis noch nicht abgelaufen ist oder nach ihrem Ablauf noch kein Monat vergangen ist. [2]Entsprechendes gilt bei der Eintragung: „Aussetzung der Abschiebung (Duldung)". [3]Die Abnehmerbestätigung wird jedoch nicht versagt, wenn der Ausführer einen in einem Drittland ausgestellten Pass vorweist, in dem ein Aufenthaltstitel im Sinne des Aufenthaltsgesetzes durch eine Auslandsvertretung eines anderen EU-Mitgliedstaates für die Dauer von 180 Tagen eingetragen ist und mit dem kein Titel für einen gewöhnlichen Aufenthalt oder Wohnsitz in diesem anderen EU-Mitgliedstaat erworben wurde. [4]Die Abnehmerbestätigung wird ebenfalls nicht versagt, wenn der Ausführer einen Pass vorweist, in dem zwar eine Aufenthaltserlaubnis eingetragen ist, die formell noch nicht abgelaufen ist, er aber gleichzeitig eine Abmeldebestätigung vorlegt, die mindestens sechs Monate vor der erneuten Ausreise ausgestellt worden ist oder der Ausführer nur eine Aufenthaltserlaubnis in der Form des Sichtvermerks (Visum) einer Auslandsvertretung der Bundesrepublik Deutschland oder eines anderen Mitgliedstaats besitzt, die zu mehrmaligen Einreisen in die Gemeinschaft, dabei jedoch nur zu einem Aufenthalt von bis zu maximal drei Monaten pro Halbjahr berechtigt (sog. Geschäftsvisum). [5]Die Gültigkeit solcher Geschäftsvisa kann bis zu zehn Jahre betragen.
3. Der Ausführer weist einen ausländischen Personalausweis vor, der in einem Drittland ausgestellt worden ist, dessen Staatsangehörige nur unter Vorlage eines Passes und nicht lediglich unter Vorlage eines Personalausweises in die Bundesrepublik Deutschland einreisen dürfen.
4. [1]Der Ausführer weist einen deutschen oder einen in einem anderen EU-Mitgliedstaat ausgestellten Personalausweis vor. [2]Bei Vorlage des deutschen Personalausweises wird die Abnehmerbestätigung jedoch in den Fällen erteilt, in denen der Inhaber des Ausweises ein Bewohner Helgolands oder der Gemeinde Büsingen ist.
5. [1]Der Ausführer weist einen deutschen oder einen in einem anderen EU-Mitgliedstaat ausgestellten Pass vor, ohne seinen im Drittland befind-

lichen Wohnort durch Eintragung in den Pass oder durch eine besondere Bescheinigung nachweisen zu können; als eine solche Bescheinigung ist auch ein Aufenthaltstitel eines Drittlands mit mindestens noch einjähriger Gültigkeitsdauer anzusehen. [2]Bei Vorlage eines deutschen Passes wird die Abnehmerbestätigung jedoch in den Fällen erteilt, in denen der Inhaber des Passes ein Bewohner Helgolands oder der Gemeinde Büsingen ist.

6. Der Ausführer ist erkennbar ein Mitglied einer nicht in einem Drittland, sondern in der Bundesrepublik Deutschland oder in einem anderen EU-Mitgliedstaat stationierten Truppe, eines in diesen Gebieten befindlichen Gefolges oder deren Angehöriger.
7. [1]Der Ausführer legt einen vom Auswärtigen Amt ausgestellten amtlichen Pass (Diplomaten-, Ministerial- oder Dienstpass) vor. [2]Bei Diplomaten- und Dienstpässen mit eingetragenem Dienstort in einem Drittland kann die Abnehmerbestätigung erteilt werden, wenn der Ausführer nachweist, dass er die Auslandsmission bereits in der Vergangenheit angetreten hat (Einreisestempel des Drittstaates, Reisepass mit entsprechendem Wohnorteintrag, durch eine besondere Bescheinigung oder durch ein Dokument über den diplomatischen oder konsularischen Aufenthalt im Ausland, das auch in den Diplomaten- oder Dienstpass eingetragen oder eingeklebt sein kann).

[2]In diesen Fällen kann mit Hilfe des Grenzübertrittspapiers nicht der Nachweis erbracht werden, dass der Wohnort des Abnehmers in einem Drittland liegt. [3]Die deutsche Grenzzollstelle bestätigt dann lediglich die Ausfuhr des Gegenstands der Lieferung. [4]Ferner vermerkt sie auf dem Ausfuhrbeleg den Grund dafür, warum sie die Richtigkeit des Namens und der Anschrift des ausländischen Abnehmers nicht bestätigen kann.

(14) [1]Ist der Abnehmernachweis durch eine Bestätigung der Grenzzollstelle nicht möglich oder nicht zumutbar, bestehen keine Bedenken, auch eine entsprechende Bestätigung einer amtlichen Stelle der Bundesrepublik Deutschland im Wohnsitzstaat des Abnehmers, z. B. einer diplomatischen oder konsularischen Vertretung der Bundesrepublik Deutschland oder einer im Drittlandsgebiet stationierten Truppeneinheit der Bundeswehr, als ausreichend anzuerkennen. [2]Aus dieser Bestätigung muss hervorgehen, dass die Angaben über den ausländischen Abnehmer – Name und Anschrift – im Zeitpunkt der Lieferung zutreffend waren. [3]Eine Ersatzbestätigung einer Zollstelle im Drittlandsgebiet kommt dagegen nicht in Betracht. [4]Die Erteilung von Ersatzbestätigungen durch Auslandsvertretungen der Bundesrepublik Deutschland ist gebührenpflichtig und unterliegt besonderen Anforderungen.

Ausfuhr- und Abnehmerbescheinigung

(15) [1]Für den Ausfuhrbeleg im Sinne des § 17 UStDV soll ein Vordruck nach vorgeschriebenem Muster (vgl. Anlage 2 der Anlage zum BMF-Schreiben vom 10.1.2020, BStBl. I S. 186) verwendet werden. [2]Es bestehen keine Bedenken, wenn die in den Abschnitten B und C des Musters enthaltenen Angaben nicht auf einem besonderen Vordruck, sondern, z. B. durch Stempel-

aufdruck, auf einer Rechnung angebracht werden, sofern aus dieser Rechnung der Lieferer, der ausländische Abnehmer und der Gegenstand der Lieferung ersichtlich sind.

Buchnachweis

(16) [1] Neben dem belegmäßigen Ausfuhr- und Abnehmernachweis müssen sich die Voraussetzungen der Steuerbefreiung auch eindeutig und leicht nachprüfbar aus der Buchführung ergeben (§ 13 UStDV). [2] Grundlage des buchmäßigen Nachweises ist grundsätzlich der Beleg mit der Ausfuhr- und Abnehmerbestätigung der Ausgangszollstelle. [3] Hat die Ausgangszollstelle die Ausfuhr der Gegenstände sowie die Angaben zum Abnehmer in dem vorgelegten Beleg bestätigt, sind die in dem Beleg enthaltenen Angaben (z.B. hinsichtlich der handelsüblichen Bezeichnung der Gegenstände und der Anschrift des Abnehmers) insoweit auch als ausreichender Buchnachweis anzuerkennen. [4] Dies gilt auch dann, wenn zum Beispiel bei Sprachproblemen anstelle der vollständigen Anschrift lediglich das Land und die Passnummer aufgezeichnet werden.

Merkblatt

(17) Weitere Hinweise enthält das Merkblatt zur Umsatzsteuerbefreiung für Ausfuhrlieferungen im nichtkommerziellen Reiseverkehr, Stand Januar 2020 (Anlage zum BMF-Schreiben vom 10.1.2020, BStBl. I S. 186).

6.12 Gesonderter Steuerausweis bei Ausfuhrlieferungen

[1] Zu den Folgen eines gesonderten Steuerausweises bei Ausfuhrlieferungen vgl. Abschnitt 14c.1 Abs. 1 Satz 5 Nr. 3 und zur Möglichkeit der Berichtigung vgl. Abschnitt 14c.1 Abs. 7. [2] Bei Ausfuhren im nichtkommerziellen Reiseverkehr vgl. Abschnitt 14c.1 Abs. 8.

Zu § 6a UStG

(§§ 17a bis 17c UStDV)[1]

6a.1 Innergemeinschaftliche Lieferungen

(1) [1] Eine innergemeinschaftliche Lieferung setzt eine im Inland steuerbare Lieferung (§ 1 Abs. 1 Nr. 1 UStG) voraus. [2] Gegenstand der Lieferung muss ein körperlicher Gegenstand sein, der vom liefernden Unternehmer, vom Abnehmer oder von einem vom liefernden Unternehmer oder vom Abnehmer beauftragten Dritten in das übrige Gemeinschaftsgebiet befördert oder versendet wird (§ 3 Abs. 6 Satz 1 UStG). [3] Das Vorliegen einer innergemeinschaftlichen Lieferung kommt nicht in Betracht für Lieferungen von Gas über das Erdgasnetz und von Elektrizität im Sinne des § 3g UStG. [4] Werklieferungen (§ 3 Abs. 4 UStG) können unter den Voraussetzungen des § 3 Abs. 6 Satz 1 UStG innergemeinschaftliche Lieferungen sein.

---

[1] **Ab 1.1.2020:** §§ 17a bis 17d UStDV; neuer § 17a UStDV eingef. durch G v. 12.12. 2019, BGBl. I 2019, 2451.

(2) [1]Bei Reihengeschäften (§ 3 Abs. 6a Satz 1 UStG) kommt die Steuerbefreiung einer innergemeinschaftlichen Lieferung nur für die Lieferung in Betracht, der die Beförderung oder Versendung des Liefergegenstands zuzurechnen ist. [2]Im Rahmen eines Reihengeschäfts, bei dem die Warenbewegung im Inland beginnt und im Gebiet eines anderen Mitgliedstaates endet, kann daher mit der Beförderung oder Versendung des Liefergegenstands in das übrige Gemeinschaftsgebiet nur eine innergemeinschaftliche Lieferung im Sinne des § 6a UStG bewirkt werden. [3]Die Steuerbefreiung kommt demnach nur bei der Beförderungs- oder Versendungslieferung zur Anwendung (vgl. Abschnitt 3.14 Abs. 13).

(2a) Die Steuerbefreiung für innergemeinschaftliche Lieferungen (§ 4 Nr. 1 Buchstabe b, § 6a UStG) kommt nicht in Betracht, wenn für die Lieferung eines Gegenstands in das übrige Gemeinschaftsgebiet auch die Voraussetzungen der Steuerbefreiungen nach § 4 Nr. 17, 19 oder 28 oder nach § 25c Abs. 1 und 2 UStG vorliegen.

(3) [1]Die Person/Einrichtung, die eine steuerfreie innergemeinschaftliche Lieferung bewirken kann, muss ein Unternehmer sein, der seine Umsätze nach den allgemeinen Vorschriften des Umsatzsteuergesetzes besteuert (sog. Regelversteuerer). [2]Auf Umsätze von Kleinunternehmern, die nicht gemäß § 19 Abs. 2 UStG zur Besteuerung nach den allgemeinen Vorschriften des Umsatzsteuergesetzes optiert haben, auf Umsätze im Rahmen eines land- und forstwirtschaftlichen Betriebs, auf die die Durchschnittssätze gemäß § 24 UStG angewendet werden, und auf Umsätze, die der Differenzbesteuerung gemäß § 25a UStG unterliegen, findet die Steuerbefreiung nach § 4 Nr. 1 Buchstabe b, § 6a UStG keine Anwendung (vgl. § 19 Abs. 1 Satz 4, § 24 Abs. 1 Satz 2, § 25a Abs. 5 Satz 2 und § 25a Abs. 7 Nr. 3 UStG).

(4) Die Steuerbefreiung einer innergemeinschaftlichen Lieferung erstreckt sich auf das gesamte Entgelt, das für die Lieferung vereinbart oder vereinnahmt worden ist.

(5) Abschnitt 6.1 Abs. 6 Nr. 2 ist entsprechend anzuwenden.

Beförderung oder Versendung in das übrige Gemeinschaftsgebiet (§ 6a Abs. 1 Satz 1 Nr. 1 UStG)

(6) [1]Das Vorliegen einer innergemeinschaftlichen Lieferung setzt voraus, dass der Unternehmer, der Abnehmer oder ein vom liefernden Unternehmer oder vom Abnehmer beauftragter Dritter den Gegenstand der Lieferung in das übrige Gemeinschaftsgebiet befördert oder versendet hat. [2]Eine Beförderungslieferung liegt vor, wenn der liefernde Unternehmer, der Abnehmer oder ein von diesen beauftragter unselbständiger Erfüllungsgehilfe den Gegenstand der Lieferung befördert. [3]Befördern ist jede Fortbewegung eines Gegenstands (§ 3 Abs. 6 Satz 2 UStG). [4]Eine Versendungslieferung liegt vor, wenn die Beförderung durch einen selbständigen Beauftragten ausgeführt oder besorgt wird. [5]Zu den weiteren Voraussetzungen einer Beförderungs- oder Versendungslieferung vgl Abschnitt 3.12 Abs. 2 bzw. Abs. 3.

(7) [1]Das übrige Gemeinschaftsgebiet umfasst die unionsrechtlichen Inlandsgebiete der EU-Mitgliedstaaten mit Ausnahme des Inlands der Bundesrepublik

Deutschland im Sinne des § 1 Abs. 2 Satz 1 UStG. [2]Zu den einzelnen Gebieten des übrigen Gemeinschaftsgebiets vgl. Abschnitt 1.10.

(8) [1]Die Beförderung oder Versendung des Gegenstands der Lieferung „in das übrige Gemeinschaftsgebiet" erfordert, dass die Beförderung oder Versendung im Inland beginnt und im Gebiet eines anderen Mitgliedstaats endet. [2]Der Liefergegenstand muss somit das Inland der Bundesrepublik Deutschland physisch verlassen haben und tatsächlich in das übrige Gemeinschaftsgebiet gelangt, d. h. dort physisch angekommen sein. [3]Die sog. gebrochene Beförderung oder Versendung durch mehrere Beteiligte (Lieferer und Abnehmer bzw. in deren Auftrag jeweils ein Dritter) ist für die Annahme der Steuerbefreiung einer innergemeinschaftlichen Lieferung unschädlich, wenn der Abnehmer zu Beginn des Transports feststeht (vgl. Abschnitt 3.12 Abs. 3 Satz 4 ff.) und der Transport ohne nennenswerte Unterbrechung erfolgt. [4]Der liefernde Unternehmer muss nachweisen, dass ein zeitlicher und sachlicher Zusammenhang zwischen der Lieferung des Gegenstands und seiner Beförderung oder Versendung sowie ein kontinuierlicher Ablauf dieses Vorgangs gegeben sind. [5]Hat der Empfänger einer innergemeinschaftlichen Lieferung (Abnehmer) im Bestimmungsmitgliedstaat in seiner Mehrwertsteuererklärung den Erwerb des Gegenstands als innergemeinschaftlichen Erwerb erklärt, kann dies nur ein zusätzliches Indiz dafür darstellen, dass der Liefergegenstand tatsächlich das Inland physisch verlassen hat. [6]Ein maßgeblicher Anhaltspunkt für das Vorliegen einer innergemeinschaftlichen Lieferung ist dies jedoch nicht.

Empfänger (= Abnehmer) der Lieferung (§ 6a Abs. 1 Satz 1 Nr. 2 UStG)

(9) Empfänger einer innergemeinschaftlichen Lieferung können nur folgende Personen sein:

1. Unternehmer, die den Gegenstand der Lieferung für ihr Unternehmen erworben haben;
2. juristische Personen, die nicht Unternehmer sind oder die den Gegenstand der Lieferung nicht für ihr Unternehmen erworben haben oder
3. bei der Lieferung eines neuen Fahrzeugs auch jeder andere Erwerber.

(10) [1]Der Abnehmer im Sinne des § 6a Abs. 1 Satz 1 Nr. 2 UStG muss der Empfänger der Lieferung bzw. der Abnehmer des Gegenstands der Lieferung sein. [2]Das ist regelmäßig diejenige Person/Einrichtung, der der Anspruch auf die Lieferung zusteht und gegen die sich der zivilrechtliche Anspruch auf Zahlung des Kaufpreises richtet.

(11) [1]Eine Person/Einrichtung, die den Gegenstand für ihr Unternehmen erwirbt, muss zum Zeitpunkt der Lieferung Unternehmer sein. [2]Es ist nicht erforderlich, dass dieser Unternehmer im Ausland ansässig ist. [3]Es kann sich auch um einen im Inland ansässigen Unternehmer handeln. [4]Unerheblich ist auch, ob es sich (ggf. nach dem Recht eines anderen Mitgliedstaates) bei dem Abnehmer um einen Kleinunternehmer, um einen Unternehmer, der ausschließlich steuerfreie den Vorsteuerabzug ausschließende Umsätze ausführt, oder um einen Land- und Forstwirt handelt, der seine Umsätze nach einer Pauschalregelung besteuert.

(12) [1]Von der Unternehmereigenschaft des Abnehmers kann regelmäßig ausgegangen werden, wenn dieser gegenüber dem liefernden Unternehmer mit einer ihm von einem anderen Mitgliedstaat erteilten, im Zeitpunkt der Lieferung gültigen USt-IdNr. auftritt. [2]Nicht ausreichend ist es, wenn die USt-IdNr. im Zeitpunkt des Umsatzes vom Abnehmer lediglich beantragt wurde. [3]Die USt-IdNr. muss vielmehr im Zeitpunkt des Umsatzes gültig sein.

(13) Von einem Erwerb des Gegenstands für das Unternehmen des Abnehmers kann regelmäßig ausgegangen werden, wenn der Abnehmer mit einer ihm von einem anderen Mitgliedstaat erteilten, im Zeitpunkt der Lieferung gültigen USt-IdNr. auftritt und sich aus der Art und Menge der erworbenen Gegenstände keine berechtigten Zweifel an der unternehmerischen Verwendung ergeben.

(14) [1]Die Lieferung kann auch an eine juristische Person, die nicht Unternehmer ist oder die den Gegenstand nicht für ihr Unternehmen erwirbt, bewirkt werden. [2]Es kann sich um eine juristische Person des öffentlichen oder des privaten Rechts handeln. [3]Die juristische Person kann im Ausland (z. B. eine ausländische Gebietskörperschaft, Anstalt oder Stiftung des öffentlichen Rechts oder ein ausländischer gemeinnütziger Verein) oder im Inland ansässig sein. [4]Von der Eigenschaft der juristischen Person als zur Erwerbsbesteuerung verpflichteter Abnehmer kann nur dann ausgegangen werden, wenn sie gegenüber dem liefernden Unternehmer mit einer ihr von einem anderen Mitgliedstaat erteilten, im Zeitpunkt der Lieferung gültigen USt-IdNr. auftritt.

(15) [1]Bei der Lieferung eines neuen Fahrzeugs kommt es auf die Eigenschaft des Abnehmers nicht an. [2]Hierbei kann es sich auch um Privatpersonen handeln. [3]Zum Begriff der neuen Fahrzeuge vgl. § 1b UStG und Abschnitt 1b.1.

Besteuerung des innergemeinschaftlichen Erwerbs in einem anderen Mitgliedstaat (§ 6a Abs. 1 Satz 1 Nr. 3 UStG)

(16) [1]Zu den Voraussetzungen einer innergemeinschaftlichen Lieferung gehört nach § 6a Abs. 1 Satz 1 Nr. 3 UStG, dass der Erwerb des Gegenstands der Lieferung beim Abnehmer in einem anderen Mitgliedstaat den Vorschriften der Umsatzbesteuerung (Besteuerung des innergemeinschaftlichen Erwerbs; kurz: Erwerbsbesteuerung) unterliegt. [2]Die Steuerbefreiung für innergemeinschaftliche Lieferungen kommt daher für andere Gegenstände als verbrauchsteuerpflichtige Waren und neue Fahrzeuge nicht in Betracht, wenn der Abnehmer Kleinunternehmer, Unternehmer, der ausschließlich steuerfreie den Vorsteuerabzug ausschließende Umsätze ausführt, Land- oder Forstwirt ist, der seine Umsätze nach einer Pauschalregelung versteuert, oder eine nicht unternehmerische juristische Personen ist und die innergemeinschaftlichen Erwerbe dieses Abnehmerkreises im Bestimmungsmitgliedstaat des gelieferten Gegenstands nicht der Mehrwertsteuer unterliegen, weil im Bestimmungsmitgliedstaat die dortige Erwerbsschwelle vom Abnehmer nicht überschritten wird und er dort auch nicht zur Besteuerung seiner innergemeinschaftlichen Erwerbe optiert hat.

Beispiel 1:

[1]Das in Deutschland ansässige Saatgutunternehmen D liefert am 3.3.01 Saatgut an einen in Frankreich ansässigen Landwirt F, der dort mit seinen Umsätzen der Pauschalregelung für Land- und Forstwirte unterliegt. [2]Das Saatgut wird durch einen Spediteur im Auftrag des D vom Sitz des D zum Sitz des F nach Amiens befördert. [3]Das Entgelt für das Saatgut beträgt 2000 €. [4]F hat außer dem Saatgut im Jahr 01 keine weiteren innergemeinschaftlichen Erwerbe getätigt und in Frankreich auch nicht zur Besteuerung der innergemeinschaftlichen Erwerbe optiert. [5]F hat gegenüber D keine französische USt-IdNr. verwendet. [6]Die Lieferung des D ist nicht als innergemeinschaftliche Lieferung zu behandeln, weil F mit seinem Erwerb in Frankreich nicht der Besteuerung des innergemeinschaftlichen Erwerbs unterliegt, da er unter die Pauschalregelung für Land- und Forstwirte fällt, die Erwerbsschwelle nicht überschreitet und er auf deren Anwendung nicht verzichtet hat sowie F keine USt-IdNr. gegenüber D verwendet hat. [7]Die Lieferung des D ist als inländische Lieferung steuerbar und steuerpflichtig.

Beispiel 2:

[1]Der in Deutschland ansässige Weinhändler D, dessen Umsätze nicht der Durchschnittssatzbesteuerung (§ 24 UStG) unterliegen, liefert am 1.4.01 fünf Kisten Wein an den in Limoges (Frankreich) ansässigen Versicherungsvertreter F (nicht zum Vorsteuerabzug berechtigter Unternehmer). [2]D befördert die Ware mit eigenem Lkw nach Limoges. [3]Das Entgelt für die Lieferung beträgt 1500 €. [4]F hat gegenüber D seine französische USt-IdNr. verwendet. [5]F hat außer dem Wein im Jahr 01 keine weiteren innergemeinschaftlichen Erwerbe getätigt.

[6]Für D ist die Lieferung des Weins als verbrauchsteuerpflichtige Ware eine innergemeinschaftliche Lieferung, weil der Wein aus dem Inland nach Frankreich gelangt, der Abnehmer ein Unternehmer ist und mit der Verwendung seiner USt-IdNr. zum Ausdruck bringt, dass er die Ware für sein Unternehmen erwirbt und den Erwerb in Frankreich der Besteuerung des innergemeinschaftlichen Erwerbs zu unterwerfen hat. [7]Da F seine französische USt-IdNr. verwendet, kann D davon ausgehen, dass der Wein für das Unternehmen des F erworben wird. [8]Unbeachtlich ist, ob F in Frankreich die Erwerbsschwelle überschritten hat oder nicht (vgl. analog für Deutschland § 1a Abs. 5 i. V. m. Abs. 3 UStG). [9]Unbeachtlich ist auch, ob F in Frankreich tatsächlich einen innergemeinschaftlichen Erwerb erklärt oder nicht. [10]Indem F gegenüber D seine USt-IdNr. verwendet hat, sind zudem die Voraussetzungen des § 6a Abs. 1 Satz 1 Nr. 4 UStG erfüllt.

(17) Durch die Regelung des § 6a Abs. 1 Satz 1 Nr. 3 UStG, nach der der Erwerb des Gegenstands in einem anderen Mitgliedstaat der Erwerbsbesteuerung unterliegen muss, wird sichergestellt, dass die Steuerbefreiung für innergemeinschaftliche Lieferungen in den Fällen nicht anzuwenden ist, in denen die in Absatz 16 bezeichneten Ausschlusstatbestände vorliegen.

(18) [1]Die Voraussetzung des § 6a Abs. 1 Satz 1 Nr. 3 UStG ist erfüllt, wenn der Abnehmer gegenüber dem liefernden Unternehmer mit einer ihm von einem anderen Mitgliedstaat erteilten, im Zeitpunkt der Lieferung gültigen USt-IdNr. auftritt (vgl. BFH-Beschluss vom 5.2.2004, V B 180/03 n. v.). [2]Hiermit gibt der Abnehmer zu erkennen, dass er den Gegenstand steuerfrei erwerben will, weil der Erwerb in dem anderen Mitgliedstaat den dortigen Besteuerungsvorschriften unterliegt. [3]Es ist nicht erforderlich, dass der Erwerb des Gegenstands dort tatsächlich besteuert wird.

Beispiel:

[1]Der deutsche Computer-Händler H verkauft dem spanischen Abnehmer S einen Computer. [2]S lässt den Computer von seinem Beauftragten, dem in Frankreich ansässigen F abholen. [3]F tritt im Abholungszeitpunkt mit seiner ihm in Frankreich erteilten USt-IdNr. auf, die H als Abnehmer-USt-IdNr. aufzeichnet. [4]S verwendet gegenüber H keine USt-IdNr. [5]Die

Voraussetzung des § 6a Abs. 1 Satz 1 Nr. 3 UStG ist im vorliegenden Fall nicht erfüllt, weil der Abnehmer S gegenüber dem liefernden Unternehmer H nicht eine ihm von einem anderen Mitgliedstaat erteilte USt-IdNr. verwendet. [6]Die USt-IdNr. des F als Beauftragter des S kann für Zwecke des § 6a Abs. 1 Satz 1 Nr. 3 UStG keine Verwendung finden.

[4]Die Voraussetzung, dass der Erwerb des Gegenstands der Erwerbsbesteuerung unterliegt, ist auch erfüllt, wenn der innergemeinschaftliche Erwerb in dem anderen Mitgliedstaat steuerfrei ist oder dem sog. Nullsatz (Steuerbefreiung mit Vorsteuerabzug) unterliegt.

Verwendung einer von einem anderen Mitgliedstaat erteilten gültigen Umsatzsteuer-Identifikationsnummer (§ 6a Abs. 1 Satz 1 Nr. 4 UStG)

(19) [1]§ 6a Abs. 1 Satz 1 Nr. 4 UStG bestimmt, dass eine innergemeinschaftliche Lieferung nur vorliegt, wenn der Abnehmer gegenüber dem Unternehmer eine ihm von einem anderen Mitgliedstaat erteilte gültige USt-IdNr. verwendet. [2]Zum Begriff der Verwendung vgl. Abschnitt 3a.2 Abs. 10 Sätze 2 bis 10. [3]Die nachträgliche Verwendung einer im Zeitpunkt der Lieferung gültigen USt-IdNr. durch den Abnehmer entfaltet für Zwecke der Steuerbefreiung Rückwirkung. [4]Die (ausländische) USt-IdNr. muss nicht durch den Mitgliedstaat erteilt worden sein, in dem die Beförderung oder Versendung endet. [5]Die Regelung des § 3d Satz 2 UStG ist zu beachten. [6]Wurde eine USt-IdNr. gegenüber dem Unternehmer verwendet, die von dem Mitgliedstaat erteilt wurde, in dem die Beförderung oder Versendung beginnt, liegt tatbestandlich keine innergemeinschaftliche Lieferung vor. [7]Erteilt die Steuerverwaltung eines anderen Mitgliedstaates einem Organkreis nur eine USt-IdNr., ist diese bei der Verwendung durch die Organgesellschaft gegenüber einem inländischen Unternehmer anzuerkennen.

Bearbeitung oder Verarbeitung vor der Beförderung oder Versendung in das übrige Gemeinschaftsgebiet (§ 6a Abs. 1 Satz 2 UStG)

(20) [1]Der Gegenstand der Lieferung kann durch Beauftragte vor der Beförderung oder Versendung in das übrige Gemeinschaftsgebiet bearbeitet oder verarbeitet worden sein. [2]Der Ort, an dem diese Leistungen tatsächlich erbracht werden, kann sich im Inland, im Drittland oder in einem anderen Mitgliedstaat mit Ausnahme des Bestimmungsmitgliedstaats befinden. [3]Die genannten Leistungen dürfen unter den Voraussetzungen des § 6a Abs. 1 Satz 2 UStG nur von einem Beauftragten des Abnehmers oder eines folgenden Abnehmers erbracht werden. [4]Erteilt der liefernde Unternehmer oder ein vorangegangener Lieferer den Bearbeitungs- oder Verarbeitungsauftrag, ist die Ausführung dieses Auftrags ein der innergemeinschaftlichen Lieferung des Unternehmers vorgelagerter Umsatz. [5]Gegenstand der Lieferung des Unternehmers ist in diesem Fall der bearbeitete oder verarbeitete Gegenstand und nicht der Gegenstand vor seiner Bearbeitung oder Verarbeitung.

Beispiel 1:

[1]Das in Italien ansässige Textilverarbeitungsunternehmen I hat bei einer in Deutschland ansässigen Weberei D1 Stoffe zur Herstellung von Herrenanzügen bestellt. [2]D1 soll die Stoffe auftragsgemäß nach Italien befördern, nachdem sie von einer in Deutschland ansässigen Färberei D2 gefärbt worden sind. [3]D2 erbringt die Färbearbeiten im Auftrag von I.

[4]D1 erbringt mit der Lieferung der Stoffe an I eine innergemeinschaftliche Lieferung.[1)] Gegenstand dieser Lieferung sind die ungefärbten Stoffe. [5]Das Einfärben der Stoffe vor ihrer Beförderung nach Italien stellt eine Bearbeitung im Sinne von § 6a Abs. 1 Satz 2 UStG dar, die unabhängig von der innergemeinschaftlichen Lieferung des D1 zu beurteilen ist. [6]Voraussetzung hierfür ist allerdings, dass I (und nicht D1) den Auftrag zu der Verarbeitung erteilt hat.

Beispiel 2:

[1]Wie Beispiel 1; die Stoffe werden jedoch vor ihrer Beförderung durch D1 in Belgien von dem dort ansässigen Unternehmen B (im Auftrag des I) eingefärbt. [2]Zu diesem Zweck transportiert D1 die Stoffe zunächst nach Belgien und nach ihrer Einfärbung von dort nach Italien.

[3]D1 erbringt auch in diesem Falle eine im Inland steuerbare innergemeinschaftliche Lieferung an I. [4]Die Be- oder Verarbeitung des Liefergegenstands kann auch in einem anderen Mitgliedstaat als dem des Beginns oder Endes der Beförderung oder Versendung erfolgen.

Innergemeinschaftliches Verbringen als innergemeinschaftliche Lieferung (§ 6a Abs. 2 UStG)

(21) [1]Als innergemeinschaftliche Lieferung gilt nach § 6a Abs. 2 UStG auch das einer Lieferung gleichgestellte Verbringen eines Gegenstands (§ 3 Abs. 1a UStG). [2]Zu den Voraussetzungen eines innergemeinschaftlichen Verbringens vgl. Abschnitt 1a.2. [3]Ebenso wie bei einer innergemeinschaftlichen Lieferung nach § 6a Abs. 1 UStG ist auch bei einem innergemeinschaftlichen Verbringen nach § 6a Abs. 2 UStG die Steuerbefreiung davon abhängig, dass der Vorgang in dem anderen Mitgliedstaat der Erwerbsbesteuerung unterliegt und das Verbringen in der ZM gemäß § 4 Nr. 1 Buchstabe b UStG zutreffend erklärt wird. [4]Die Absätze 16 bis 18 sowie Abschnitt 4.1.2 sind entsprechend anzuwenden.

6a.2 Nachweis der Voraussetzungen der Steuerbefreiung für innergemeinschaftliche Lieferungen

Allgemeines

(1) [1]Nach § 6a Abs. 3 Satz 1 UStG muss der liefernde Unternehmer die Voraussetzungen für das Vorliegen einer innergemeinschaftlichen Lieferung im Sinne von § 6a Abs. 1 und 2 UStG nachweisen. [2]Nach § 17d Abs. 1 Satz 1 UStDV hat der Unternehmer die Voraussetzungen der Steuerbefreiung der innergemeinschaftlichen Lieferung einschließlich der USt-IdNr. des Abnehmers buchmäßig nachzuweisen; die Voraussetzungen müssen eindeutig und leicht nachprüfbar aus der Buchführung zu ersehen sein (sog. Buchnachweis; § 17d Abs. 1 Satz 2 UStDV). [3]Unter einem Buchnachweis ist ein Nachweis durch Bücher oder Aufzeichnungen in Verbindung mit Belegen zu verstehen. [4]Der Buchnachweis verlangt deshalb stets mehr als den bloßen Nachweis entweder nur durch Aufzeichnungen oder nur durch Belege. [5]Belege werden durch die entsprechenden und erforderlichen Hinweise bzw. Bezugnahmen in den stets notwendigen Aufzeichnungen Bestandteil der Buchführung und damit des Buchnachweises, so dass beide eine Einheit bilden.

---

1) *Anm. d. Red.:* Hier fehlt der Satzzähler im amtl. Text.

(2) [1]Die §§ 17a (Gelangensvermutung bei innergemeinschaftlichen Lieferungen in Beförderungs- und Versendungsfällen), 17b UStDV (Gelangensnachweis bei innergemeinschaftlichen Lieferungen in Beförderungs- und Versendungsfällen) und 17c UStDV (Nachweis bei innergemeinschaftlichen Lieferungen in Bearbeitungs- oder Verarbeitungsfällen) regeln, mit welchen Belegen der Unternehmer den Nachweis zu führen hat. [2]Werden die Voraussetzungen von § 17a UStDV erfüllt, wird widerlegbar vermutet, dass der Gegenstand der Lieferung in das übrige Gemeinschaftsgebiet befördert oder versendet wurde. [3]Besteht keine Vermutung nach § 17a UStDV, hat der Unternehmer nach § 17b Abs. 1 UStDV bei innergemeinschaftlichen Lieferungen durch Belege nachzuweisen, dass er oder der Abnehmer den Gegenstand der Lieferung in das übrige Gemeinschaftsgebiet befördert oder versendet hat. [4]Die Voraussetzung muss sich aus den Belegen eindeutig und leicht nachprüfbar ergeben (sog. Belegnachweis). [5]Hinsichtlich der übrigen Voraussetzungen des § 6a Abs. 1 UStG (z. B. Unternehmereigenschaft des Abnehmers, Verpflichtung des Abnehmers zur Erwerbsbesteuerung im Bestimmungsmitgliedstaat), die auch nachgewiesen werden müssen, enthält die UStDV keine besonderen Regelungen für den Belegnachweis.

(3) [1]Grundsätzlich hat allein der Unternehmer die Feststellungslast für das Vorliegen der Voraussetzungen der Steuerbefreiung zu tragen. [2]Die Finanzverwaltung ist nicht an seiner Stelle verpflichtet, die Voraussetzungen der Steuerbefreiung nachzuweisen. [3]Insbesondere ist die Finanzverwaltung nicht verpflichtet, auf Verlangen des Unternehmers ein Auskunftsersuchen an die Finanzverwaltung im Zuständigkeitsbereich des vermeintlichen Abnehmers der innergemeinschaftlichen Lieferung zu stellen (vgl. EuGH-Urteil vom 27.9.2007, C-184/05, Twoh International, BStBl. 2009 II S. 83).[1)] [4]Kann der Unternehmer den beleg- und buchmäßigen Nachweis nicht, nicht vollständig oder nicht zeitnah führen, ist deshalb grundsätzlich davon auszugehen, dass die Voraussetzungen der Steuerbefreiung einer innergemeinschaftlichen Lieferung (§ 6a Abs. 1 und 2 UStG) nicht erfüllt sind. [5]Etwas anderes gilt ausnahmsweise dann, wenn – trotz der Nichterfüllung, der nicht vollständigen oder der nicht zeitnahen Erfüllung des Buchnachweises – auf Grund der vorliegenden Belege und der sich daraus ergebenden tatsächlichen Umstände objektiv feststeht, dass die Voraussetzungen des § 6a Abs. 1 und 2 UStG vorliegen. [6]Damit kann ein zweifelsfreier Belegnachweis Mängel beim Buchnachweis heilen. [7]Dient der Verstoß gegen die Nachweispflichten nach § 6a Abs. 3 UStG aber dazu, die Identität des Abnehmers der innergemeinschaftlichen Lieferung zu verschleiern, um diesem im Bestimmungsmitgliedstaat eine Mehrwertsteuerhinterziehung zu ermöglichen, kann der Unternehmer die Steuerbefreiung für die innergemeinschaftliche Lieferung auch nicht aufgrund des objektiven Nachweises ihrer Voraussetzungen in Anspruch nehmen (vgl. BFH-Urteile vom 17.2.2011, V R 30/10, BStBl. II S. 769, und vom 11.8.2011, V R 19/10, BStBl. 2012 II S. 156, sowie EuGH-Urteil vom 7.12.2010, C-285/09, R., BStBl. 2011 II S. 846).[2)] [8]Das Gleiche gilt, wenn sich ein Unternehmer

[1)] IStR 2007, 745.
[2)] DStR 2010, 2572.

wissentlich an einem „strukturierten Verfahrensablauf" beteiligt, der darauf abzielt, die Besteuerung des innergemeinschaftlichen Erwerbs im Bestimmungsmitgliedstaat durch Vortäuschen einer differenzbesteuerten Lieferung zu verdecken (vgl. BFH-Urteil vom 11.8.2011, V R 19/10, a. a. O.).

(4) Sind Mängel im Buch- und/oder Belegnachweis festgestellt worden und hat das Finanzamt z. B. durch ein bereits erfolgtes Auskunftsersuchen an den Bestimmungsmitgliedstaat die Kenntnis erlangt, dass der Liefergegenstand tatsächlich in das übrige Gemeinschaftsgebiet gelangt ist, ist auch diese Information in die objektive Beweislage einzubeziehen.

(5) [1]Der Unternehmer ist nicht von seiner grundsätzlichen Verpflichtung entbunden, den Beleg- und Buchnachweis vollständig und rechtzeitig zu führen. [2]Nur unter dieser Voraussetzung kann der Unternehmer die Vertrauensschutzregelung nach § 6a Abs. 4 UStG in Anspruch nehmen (vgl. Abschnitt 6a.8 Abs. 1 bis 4). [3]An die Nachweispflichten sind besonders hohe Anforderungen zu stellen, wenn der (angeblichen) innergemeinschaftlichen Lieferung eines hochwertigen Gegenstands (z. B. eines hochwertigen PKW) ein Barkauf mit Beauftragten zu Grunde liegt (vgl. BFH-Urteil vom 14.11. 2012, XI R 17/12, BStBl. 2013 II S. 407).

Voraussetzungen des Beleg- und Buchnachweises nach den §§ 17a bis 17d UStDV[1)]

(6)[1)] [1]Die §§ 17a bis 17d UStDV regeln im Einzelnen, wie der Unternehmer die Nachweise der Steuerbefreiung einer innergemeinschaftlichen Lieferung zu führen hat. [2]Während gemäß § 17a UStDV bei Vorliegen der Voraussetzungen widerlegbar vermutet wird, dass der Gegenstand der Lieferung in das übrige Gemeinschaftsgebiet befördert oder versendet wurde, gilt bei Erfüllung der Voraussetzungen von § 17b UStDV der Belegnachweis als erbracht (siehe Absatz 8). [3]Zwischen § 17a UStDV einerseits und §§ 17b bzw. 17c UStDV anderseits besteht kein Vorrangverhältnis. [4]Der Unternehmer kann den Belegnachweis entweder nach § 17a UStDV oder nach § 17b UStDV führen. [5]§ 17b Abs. 1 UStDV bestimmt in Form einer Generalklausel (Mussvorschrift), dass der Unternehmer im Geltungsbereich des UStG durch Belege nachzuweisen hat, dass er oder der Abnehmer den Liefergegenstand in das übrige Gemeinschaftsgebiet befördert oder versendet hat. [6]Dies muss sich aus den Belegen leicht und eindeutig nachprüfbar ergeben. [7]Der Unternehmer muss den Belegnachweis einer innergemeinschaftlichen Lieferung nicht zwingend mit einer Gelangensbestätigung nach § 17b Abs. 2 Nr. 2 UStDV oder mit den in § 17b Abs. 3 UStDV aufgeführten weiteren Nachweismöglichkeiten führen. [8]Die Gelangensbestätigung ist eine mögliche Form des Belegnachweises, mit dem die Voraussetzungen der Steuerbefreiung einer innergemeinschaftlichen Lieferung für die Finanzverwaltung eindeutig und leicht nachprüfbar sind. [9]Gleiches gilt auch für die in § 17b Abs. 3 UStDV aufgeführten Belege, mit denen der Unternehmer anstelle der Gelangensbestätigung die Steuerbefreiung einer innergemeinschaftlichen Lieferung nachweisen

---

[1)] Zum Nachweis für das Vorliegen einer innergemeinschaftlichen Lieferung siehe auch BFH v. 26.6.2019 V R 38/18, BStBl. II 2020, 112.

kann. [10]Dem Unternehmer steht es frei, den Belegnachweis mit allen geeigneten Belegen und Beweismitteln zu führen, aus denen sich das Gelangen des Liefergegenstands in das übrige Gemeinschaftsgebiet an den umsatzsteuerrechtlichen Abnehmer in der Gesamtschau nachvollziehbar und glaubhaft ergibt.

(7)[1)] § 17d Abs. 1 UStDV setzt voraus, dass auch in der Person des Abnehmers die Voraussetzungen für die Inanspruchnahme der Steuerbefreiung durch den liefernden Unternehmer vorliegen müssen und bestimmt, dass der Unternehmer die ausländische USt-IdNr. des Abnehmers buchmäßig nachzuweisen, d. h. aufzuzeichnen hat.

(8)[1)] [1]Führt der Unternehmer den Belegnachweis anhand der in § 17b Abs. 2 und 3 UStDV geregelten Nachweismöglichkeiten, ist der belegmäßige Nachweis als erfüllt anzuerkennen. [2]Das Fehlen einer der in den Vorschriften des § 17b Abs. 2 und 3 UStDV aufgeführten Voraussetzungen führt jedoch nicht zwangsläufig zur Versagung der Steuerbefreiung. [3]Der jeweils bezeichnete Nachweis kann auch durch andere Belege – z. B. durch die auf den Rechnungen ausgewiesene Anschrift des Leistungsempfängers als Belegnachweis des Bestimmungsorts nach § 17b Abs. 2 Nr. 2 Buchstabe c UStDV – erbracht werden. [4]Diese können nur dann als Nachweise anerkannt werden, wenn

1. sich aus der Gesamtheit der Belege die innergemeinschaftliche Lieferung eindeutig und leicht nachprüfbar ergibt (§ 17b Abs. 1 Satz 2 UStDV) und
2. die buchmäßig nachzuweisenden Voraussetzungen eindeutig und leicht nachprüfbar aus der Buchführung zu ersehen sind (§ 17d Abs. 1 UStDV).

(9) Abschnitt 6.5 Abs. 2 bis 4 ist entsprechend anzuwenden.

6a.3 Belegnachweis in Beförderungs- und Versendungsfällen – Allgemeines

Allgemeine Anforderungen an die Belegnachweise

(1) [1]Der Unternehmer kann den Belegnachweis nach § 17a und b UStDV erforderlichenfalls bis zum Schluss der mündlichen Verhandlung vor dem Finanzgericht nachholen. [2]Mit einer Rechnung nach § 17b Abs. 2 Nr. 1 UStDV, die nicht auf die Steuerfreiheit der innergemeinschaftlichen Lieferung hinweist, und/oder einer nicht gegenüber dem liefernden Unternehmer abgegebenen Spediteurversicherung nach Abschnitt 6a.5 Abs. 9 und 10, die den Unternehmer auch nicht namentlich bezeichnet, kann der Belegnachweis nach § 17b Abs. 2 Nr. 1 und Abs. 3 Satz 1 Nr. 2 UStDV nicht geführt werden (vgl. BFH-Urteile vom 12.5.2011, V R 46/10, BStBl. II S. 957, und vom 14.11.2012, XI R 8/11 zu § 17a UStDV a. F.).[1)] [3]In Fällen der innergemeinschaftlichen Lieferung eines Fahrzeugs im Sinne des § 1b Abs. 2 UStG müssen die Belege nach § 17b Abs. 2 Nr. 2 UStDV bzw. nach § 17b Abs. 3 Satz 1 UStDV zusätzlich die Fahrzeug-Identifikationsnummer des Fahrzeugs enthalten.

---

1) MwStR 2013, 165.

Bestimmungsort im übrigen Gemeinschaftsgebiet

(2) [1]Die Begriffe des Orts des Erhalts des Liefergegenstands bzw. des Orts des Endes der Beförderung des Liefergegenstands im übrigen Gemeinschaftsgebiet in § 17b Abs. 2 Satz 1 Nr. 2 Buchstabe c UStDV sind dahingehend zu verstehen, dass aus den Belegen der jeweilige EU-Mitgliedstaat, in den der gelieferte Gegenstand im Rahmen der innergemeinschaftlichen Lieferung gelangt, und der dort belegene Bestimmungsort des Liefergegenstands (z. B. Stadt, Gemeinde) hervorgehen. [2]Mit einer Bescheinigung des Kraftfahrt-Bundesamtes, wonach ein vorgeblich innergemeinschaftlich geliefertes Fahrzeug nicht in Deutschland für den Straßenverkehr zugelassen ist, kann der Nachweis, dass ein Fahrzeug das Inland verlassen hat bzw. in das übrige Gemeinschaftsgebiet befördert worden ist, nicht geführt werden. [3]Die Risiken hinsichtlich der Voraussetzungen einer innergemeinschaftlichen Lieferung, die sich daraus ergeben, dass der Lieferer die Beförderung oder Versendung der Sache dem Erwerber überlässt, trägt grundsätzlich der liefernde Unternehmer. [4]So kann der Unternehmer nicht mit Erfolg einwenden, er habe z. B. als Zwischenhändler in einem Reihengeschäft ein berechtigtes wirtschaftliches Interesse daran, den endgültigen Bestimmungsort des Liefergegenstands nicht nachzuweisen, um den Endabnehmer nicht preisgeben zu müssen, zumal die Regelungen über die Nachweise bei der Inanspruchnahme der Steuerbefreiung für innergemeinschaftliche Lieferungen keine Sonderregelungen für Reihengeschäfte vorsehen. [5]Auch ein Einwand des liefernden Unternehmers, dass er im Falle der Beförderung oder Versendung durch den Abnehmer in einem Reihengeschäft keine verlässlichen Nachweise über den Bestimmungsort des Gegenstands führen könne, weil dieser ihm nur bekannt sein könne, wenn er selbst den Transportauftrag erteilt habe, ist nicht durchgreifend.

(3) [1]Entspricht der Ort des Erhalts des Gegenstands im übrigen Gemeinschaftsgebiet bzw. der Ort des Endes der Beförderung des Gegenstands im übrigen Gemeinschaftsgebiet nicht den Angaben des Abnehmers, ist dies nicht zu beanstanden, wenn es sich bei dem tatsächlichen Ort um einen Ort im übrigen Gemeinschaftsgebiet handelt. [2]Zweifel über das Gelangen des Gegenstands in das übrige Gemeinschaftsgebiet gehen zu Lasten des Steuerpflichtigen.

6a.3a Belegnachweis in Beförderungs- und Versendungsfällen – Gelangensvermutung

Allgemeines

(1) [1]*Nach § 17a Abs. 1 UStDV* wird bei Vorliegen der Voraussetzungen vermutet, dass der Gegenstand der Lieferung in das übrige Gemeinschaftsgebiet befördert oder versendet wurde. [2]§ 17a Abs. 1 UStDV beinhaltet zwei Sachverhaltsvarianten, die zu unterschiedlichen Anforderungen beim Belegnachweis führen. [3]Während § 17a Abs. 1 Nr. 1 UStDV den Fall der Beförderung oder Versendung durch den Unternehmer oder durch einen von ihm beauftragten Dritten regelt, gilt § 17a Abs. 1 Nr. 2 UStDV für alle übrigen Fälle (z. B. Abholfall durch den Abnehmer). [4]Der Unternehmer kann anstatt

der Voraussetzungen des § 17a UStDV den Belegnachweis auch nach den in § 17b bzw. § 17c UStDV statuierten Regelungen erbringen.

Belege

(2) [1] § 17a Abs. 2 UStDV benennt die notwendigen Belege und verweist hierzu unter anderem auf die in § 17b Abs. 3 Satz 1 Nr. 3 UStDV benannten Beförderungsbelege (vgl. hierzu Abschnitt 6a.5 Abs. 11) und die in § 17b Abs. 3 Satz 1 Nr. 1 Buchstabe a UStDV aufgeführten Versendungsbelege (vgl. hierzu Abschnitt 6a.5 Abs. 1 und 2). [2] Die Gelangensvermutung erfordert immer mindestens zwei Belege, die von unterschiedlichen Parteien ausgestellt wurden und die zudem vom Unternehmer und Abnehmer unabhängig sind.

Widerlegbare Vermutung

(3) [1] Gemäß § 17a Abs. 3 UStDV kann das Finanzamt eine nach Absatz 1 bestehende Vermutung widerlegen. [2] Die Vermutung ist widerlegt, wenn das Finanzamt (z. B. anhand vorliegender Unterlagen oder Belege) feststellt, dass die Gegenstände beispielsweise nicht in das übrige Gemeinschaftsgebiet gelangt sind, sodass keine innergemeinschaftliche Lieferung vorliegt. [3] Kann das Finanzamt nachweisen, dass Belege unzutreffende Angaben enthalten oder gefälscht sind, steht es dem Unternehmer frei, durch andere Belege im Sinne von § 17a Abs. 2 UStDV das Gelangen in das übrige Gemeinschaftsgebiet zu belegen.

6a.4 Belegnachweis in Beförderungs- und Versendungsfällen – Gelangensbestätigung

Allgemeines

(1) Nach § 17b Abs. 2 Satz 1 UStDV gilt in den Fällen, in denen der Unternehmer oder der Abnehmer den Gegenstand der Lieferung in das übrige Gemeinschaftsgebiet befördert oder versendet hat, insbesondere ein Nachweis, den der Unternehmer hierüber wie folgt führt, als eindeutig und leicht nachprüfbar:

1. durch das Doppel der Rechnung (§§ 14, 14a UStG) und
2. [1] durch eine Bestätigung des Abnehmers, dass der Gegenstand der Lieferung in das übrige Gemeinschaftsgebiet gelangt ist (Gelangensbestätigung).[1)] [2] Diese Bestätigung hat folgende Angaben zu enthalten:
   a) den Namen und die Anschrift des Abnehmers,
   b) die Menge des Gegenstands der Lieferung und die handelsübliche Bezeichnung einschließlich der Fahrzeug-Identifikationsnummer bei Fahrzeugen im Sinne des § 1b Abs. 2 UStG,
   c) im Fall der Beförderung oder Versendung durch den Unternehmer oder im Fall der Versendung durch den Abnehmer den Ort und den Monat des Erhalts des Gegenstands im übrigen Gemeinschaftsgebiet und im Fall der Beförderung des Gegenstands durch den Abnehmer den Ort und den Monat des Endes der Beförderung des Gegenstands im übrigen Gemeinschaftsgebiet,

1) Anlagen 1–3 zum UStAE (Nr. **500** Anl. 1–Anl. 3).

d) das Ausstellungsdatum der Bestätigung sowie

e) [1] die Unterschrift des Abnehmers oder eines von ihm zur Abnahme Beauftragten. [2] Bei einer elektronischen Übermittlung der Gelangensbestätigung ist eine Unterschrift nicht erforderlich, sofern erkennbar ist, dass die elektronische Übermittlung im Verfügungsbereich des Abnehmers oder des Beauftragten begonnen hat.

Unterschrift des Abnehmers

(2) [1] Die Gelangensbestätigung muss u. a. die Unterschrift des Abnehmers enthalten. [2] Die Unterschrift des Abnehmers kann auch von einem von dem Abnehmer zur Abnahme des Liefergegenstands Beauftragten oder von einem zur Vertretung des Abnehmers Berechtigten geleistet werden. [3] Dies kann z. B. ein Arbeitnehmer des Abnehmers sein, ein selbständiger Lagerhalter, der für den Abnehmer die Ware entgegennimmt, ein anderer Unternehmer, der mit der Warenannahme beauftragt wurde, oder in einem Reihengeschäft der tatsächliche (letzte) Abnehmer am Ende der Lieferkette. [4] Sofern an der Vertretungsberechtigung für das Leisten der Unterschrift des Abnehmers im konkreten Einzelfall Zweifel bestehen, ist der Nachweis der Vertretungsberechtigung zu führen. [5] Dieser Nachweis kann sich aus der Gesamtschau mit anderen Unterlagen, die dem liefernden Unternehmer vorliegen, ergeben (unter anderem Lieferauftrag, Bestellvorgang, Firmenstempel des Abnehmers auf der Gelangensbestätigung). [6] Ein mit dem Warentransport beauftragter selbständiger Dritter kann für Zwecke der Gelangensbestätigung nicht zur Abnahme der Ware beauftragt sein.

(3) [1] Bei einer elektronischen Übermittlung der Gelangensbestätigung ist eine Unterschrift nach Absatz 2 nicht erforderlich, sofern erkennbar ist, dass die elektronische Übermittlung im Verfügungsbereich des Abnehmers oder des Beauftragten begonnen hat (§ 17b Abs. 2 Nr. 2 Buchstabe e Satz 2 UStDV). [2] Von der Erkennbarkeit des Beginns der elektronischen Übermittlung im Verfügungsbereich des Abnehmers ist insbesondere auszugehen, wenn bei der elektronischen Übermittlung der Gelangensbestätigung keine begründeten Zweifel daran bestehen, dass die Angaben dem Abnehmer zugerechnet werden können (z. B. Absenderangabe und Datum der Erstellung der E-Mail in dem sog. Header-Abschnitt der E-Mail, Nutzung einer im Zusammenhang mit dem Abschluss oder der Durchführung des Liefervertrags bekannt gewordenen E-Mail-Adresse, Verwendung eines zuvor zwischen dem Unternehmer und dem Abnehmer vereinbarten elektronischen Verfahrens). [3] Eine bei der Übermittlung der Gelangensbestätigung verwendete E-Mail-Adresse muss dem liefernden Unternehmer nicht bereits vorher bekannt gewesen sein. [4] Für die Erkennbarkeit des Übermittlungsbeginns im Verfügungsbereich des Abnehmers ist es unschädlich, wenn die E-Mail-Adresse eine Domain enthält, die nicht auf den Ansässigkeitsmitgliedstaat des Abnehmers oder auf den Bestimmungsmitgliedstaat der Lieferung hinweist.

Sammelbestätigung

(4) [1] Die Gelangensbestätigung kann als Sammelbestätigung ausgestellt werden. [2] In dieser können Umsätze aus bis zu einem Quartal zusammengefasst werden (§ 17b Abs. 2 Nr. 2 Sätze 2 und 3 UStDV). [3] Es ist somit nicht

erforderlich, die Gelangensbestätigung für jeden einzelnen Liefergegenstand auszustellen. [4]Bei Lieferungen, die mehrere Gegenstände umfassen, oder bei Rechnungen, in denen einem Abnehmer gegenüber über mehrere Lieferungen abgerechnet wird, ist es regelmäßig ausreichend, wenn sich die Gelangensbestätigung auf die jeweilige Gesamtlieferung bzw. auf die Sammelrechnung bezieht. [5]Die Sammelbestätigung nach einem Quartal ist auch bei der Pflicht zur monatlichen Übermittlung von Umsatzsteuer-Voranmeldungen zulässig.

Beispiel 1:

[1]Der deutsche Unternehmer U hat mit einem dänischen Unternehmer K eine ständige Geschäftsbeziehung und liefert in den Monaten Juli bis September Waren, über die in insgesamt 150 Rechnungen abgerechnet wird. [2]K kann in einer einzigen Gelangensbestätigung den Erhalt der Waren unter Bezugnahme auf die jeweiligen Rechnungsnummern bestätigen. [3]Als Zeitpunkt des Warenerhalts kann der jeweilige Monat angegeben werden.

Beispiel 2:

[1]Der deutsche Unternehmer U hat an den italienischen Unternehmer K am 10. Januar, 20. Februar und 30. Juni eines Jahres Lieferungen ausgeführt. [2]K kann die Lieferungen des 10. Januar und des 20. Februar in einer Gelangensbestätigung zusammenfassen. [3]Für die Lieferung am 30. Juni muss eine weitere Gelangensbestätigung (oder ein anderer Beleg als die Gelangensbestätigung) ausgestellt werden, weil diese Lieferung außerhalb des ersten Quartals liegt.

Formen der Gelangensbestätigung

(5) [1]Die Gelangensbestätigung kann in jeder die erforderlichen Angaben enthaltenen Form erbracht werden; sie kann auch aus mehreren Dokumenten bestehen, aus denen sich die geforderten Angaben insgesamt ergeben (§ 17b Abs. 2 Satz 4 UStDV); eine gegenseitige Bezugnahme in den entsprechenden Dokumenten ist dabei nicht erforderlich. [2]Die Bestätigung muss sich also keineswegs zwingend aus einem einzigen Beleg ergeben. [3]Sie kann z. B. auch aus einer Kombination des Lieferscheins mit einer entsprechenden Bestätigung über den Erhalt des Liefergegenstands bestehen. [4]Sie kann auch aus einer Kopie der Rechnung über die innergemeinschaftliche Lieferung, ergänzt um die weiteren erforderlichen Angaben, bestehen. [5]In den Fällen der Versendung des Gegenstands der innergemeinschaftlichen Lieferung durch den Unternehmer oder durch den Abnehmer können die Angaben der Gelangensbestätigung auch auf einem Versendungsbeleg enthalten sein. [6]Eine dem Muster der Anlagen 1 bis 3[1)] inhaltlich entsprechende Gelangensbestätigung ist als Beleg im Sinne des § 17b Abs. 2 Satz 1 Nr. 2 UStDV anzuerkennen. [7]Die Gelangensbestätigung oder die die Gelangensbestätigung bildenden Dokumente können danach auch in englischer oder französischer Sprache abgefasst werden; entsprechende Nachweise in anderen Sprachfassungen bedürfen einer amtlich beglaubigten Übersetzung. [8]Auch die Verwendung des Musters einer Gelangensbestätigung bedeutet nicht, dass die Gelangensbestätigung zwingend ein einziger Beleg sein muss. [9]Das Muster soll lediglich verdeutlichen, welche Angaben für eine Gelangensbestätigung erforderlich sind.

---

1) Nr. **500** Anl. 1–Anl. 3.

Beispiel 1:

[1] Der deutsche Unternehmer U hat einem französischen Unternehmer K am 5. Dezember 01 einen Büroschrank geliefert. [2] K hat den Schrank mit eigenem Lkw abgeholt und nach Paris transportiert. [3] Das Ende der Beförderung war am 7. Dezember 01. [4] U hat K am 10. Januar 02 über die Lieferung eine Rechnung mit der Nr. 1234 ausgestellt.
[5] K kann U das Gelangen des Schranks nach Frankreich sinngemäß wie folgt bestätigen: „Die Beförderung der mit Rechnung Nummer 1234 vom 10. Januar 02 abgerechneten Waren endete im Dezember 01 in Paris".

Beispiel 2:

[1] Der deutsche Unternehmer U hat einem polnischen Unternehmer K in der Zeit vom 10. Januar bis 30. März 02 Waren geliefert, die jeweils bar bezahlt und von einem von K beauftragten Frachtführer nach Warschau transportiert wurden (Verschaffung der Verfügungsmacht durch Übergabe der Ware an den von K beauftragten Frachtführer). [2] Es wurden insgesamt zehn Lieferungen getätigt bzw. zehn Transporte nach Warschau durchgeführt. [3] Drei Transporte endeten am 14., 20. und 24. Januar 02. [4] Vier Transporte endeten am 5., 9., 15. und 25. Februar 02. [5] Die restlichen drei Transporte endeten am 10. und 23. März sowie am 5. April des Jahres 02. [6] U hat K über jede Lieferung eine Rechnung mit den Nummern X1 bis X10 ausgestellt, wobei die ersten drei Rechnungen auf Tage im Januar 02, die folgenden vier Rechnungen auf Tage im Februar 02 und die restlichen drei Rechnungen auf Tage im April 02 datiert sind.
[7] K kann U das Gelangen der Liefergegenstände nach Polen, z.B. durch Übersendung einer E-Mail (vgl. Absatz 6), als Sammelbestätigung (vgl. Absatz 4) sinngemäß wie folgt bestätigen: „Ich habe die mit den Rechnungen Nr. X1 bis X3 abgerechneten Waren im Monat Januar 02, die mit den Rechnungen X4 bis X7 abgerechneten Waren im Monat Februar 02, die mit Rechnungen X8 und X9 abgerechneten Waren im März 02 und die mit Rechnung X10 abgerechneten Waren im April 02 in Warschau erhalten."

(6) [1] Die Gelangensbestätigung kann auf elektronischem Weg, z.B. per E-Mail, ggf. mit PDF- oder Textdateianhang, per Computer-Telefax oder Fax-Server, per Web-Download oder im Wege des elektronischen Datenaustauschs (EDI) übermittelt werden; eine wirksame elektronische Übermittlung ist auch dann möglich, wenn der Ort der elektronischen Übermittlung nicht mit dem Ort des Gelangens des Liefergegenstands im übrigen Gemeinschaftsgebiet übereinstimmt. [2] Eine auf elektronischem Weg erhaltene Gelangensbestätigung kann für umsatzsteuerliche Zwecke auch in ausgedruckter Form aufbewahrt werden. [3] Wird die Gelangensbestätigung per E-Mail übersandt, soll, um den Nachweis der Herkunft des Dokuments vollständig führen zu können, auch die E-Mail archiviert werden, die für umsatzsteuerliche Zwecke ebenfalls in ausgedruckter Form aufbewahrt werden kann. [4] Die GoBD (vgl. BMF-Schreiben vom 28.11.2019, BStBl. I S. 1296) bleiben unberührt.

6a.5 Belegnachweis in Beförderungs- und Versendungsfällen – Andere Belege als die Gelangensbestätigung

Versendungsbeleg in Versendungsfällen (Frachtbrief, Konnossement)

(1) [1] Nach § 17b Abs. 3 Satz 1 Nr. 1 Buchstabe a UStDV kann der Unternehmer in den Fällen, in denen er oder der Abnehmer den Gegenstand der Lieferung in das übrige Gemeinschaftsgebiet versendet hat, den Nachweis der innergemeinschaftlichen Lieferung wie folgt führen: durch einen Ver-

sendungsbeleg, insbesondere durch einen handelsrechtlichen Frachtbrief, der vom Auftraggeber des Frachtführers unterzeichnet ist und die Unterschrift des Empfängers als Bestätigung des Erhalts des Gegenstands der Lieferung enthält, durch ein Konnossement oder durch Doppelstücke des Frachtbriefs oder des Konnossements. [2]Abschnitt 6a.4 Abs. 5 Satz 1 ist entsprechend anzuwenden.

(2) [1]Die Unterschrift eines zur Besorgung des Warentransports eingeschalteten Dritten (z.B. eines Spediteurs) ist nicht erforderlich. [2]Ist der Versendungsbeleg ein Frachtbrief (z.B. CMR-Frachtbrief), muss dieser vom Absender als Auftraggeber des Frachtführers, also dem Versender des Liefergegenstands, unterzeichnet sein (beim CMR-Frachtbrief in Feld 22). [3]Der Auftraggeber kann hierbei von einem Dritten vertreten werden (z.B. Lagerhalter); es reicht aus, dass die Berechtigung des Dritten, den Frachtbrief zu unterschreiben, glaubhaft gemacht wird (z.B. durch Vorliegen eines Lagervertrages). [4]Beim internationalen Eisenbahnfrachtbrief (CIM-Frachtbrief) wird die Unterschrift regelmäßig durch einen Stempelaufdruck oder einen maschinellen Bestätigungsvermerk ersetzt; dies ist grundsätzlich ausreichend. [5]Hinsichtlich der Unterschrift des Empfängers (z.B. beim CMR-Frachtbrief in Feld 24) sind die Regelungen in Abschnitt 6a.4 Abs. 2 entsprechend anzuwenden. [6]Bei Frachtbriefen in Form des Seawaybill oder Airwaybill kann von einer Unterschrift des Auftraggebers des Frachtführers abgesehen werden. [7]Hinsichtlich der Ausstellung des Versendungsbelegs als Sammelbestätigung und der Form der Ausstellung sind die Regelungen in Abschnitt 6a.4 Abs. 4 bis 6 entsprechend anzuwenden. [8]Bei der Lieferung eines Fahrzeugs im Sinne des § 1b Abs. 2 UStG muss der Versendungsbeleg zusätzlich die Fahrzeug-Identifikationsnummer enthalten.

Anderer handelsüblicher Beleg als ein Versendungsbeleg in Versendungsfällen (Spediteurbescheinigung)

(3) [1]Nach § 17b Abs. 3 Satz 1 Nr. 1 Buchstabe b UStDV kann der Unternehmer in den Fällen, in denen er oder der Abnehmer den Gegenstand der Lieferung in das übrige Gemeinschaftsgebiet versendet hat, den Nachweis der innergemeinschaftlichen Lieferung wie folgt führen: durch einen anderen handelsüblichen Beleg als einen Versendungsbeleg nach Absatz 1 und 2, insbesondere mit einer Bescheinigung des beauftragten Spediteurs (Spediteurbescheinigung). [2]Diese Bescheinigung hat folgende Angaben zu enthalten:

1. den Namen und die Anschrift des mit der Beförderung beauftragten Unternehmers sowie das Ausstellungsdatum,
2. den Namen und die Anschrift des liefernden Unternehmers sowie des Auftraggebers der Versendung,
3. die Menge des Gegenstands der Lieferung und dessen handelsübliche Bezeichnung,
4. den Empfänger des Gegenstands der Lieferung und den Bestimmungsort im übrigen Gemeinschaftsgebiet,
5. den Monat, in dem die Beförderung des Gegenstands der Lieferung im übrigen Gemeinschaftsgebiet geendet hat,

6. eine Versicherung des mit der Beförderung beauftragten Unternehmers, dass die Angaben in dem Beleg auf Grund von Geschäftsunterlagen gemacht wurden, die im Gemeinschaftsgebiet nachprüfbar sind, sowie
7. die Unterschrift des mit der Beförderung beauftragten Unternehmers.

(4) [1]Eine dem Muster der Anlage 4[1)] entsprechende, vollständig und richtig ausgefüllte Spediteurbescheinigung ist als Beleg im Sinne des § 17b Abs. 3 Satz 1 Nr. 1 Buchstabe b UStDV anzuerkennen. [2]Abschnitt 6a.4 Abs. 5 Satz 1 und Abschnitt 6.7 Abs. 2 Satz 2 gelten entsprechend. [3]Bei einer elektronischen Übermittlung des Belegs an den liefernden Unternehmer ist eine Unterschrift des mit der Beförderung beauftragten Unternehmers nicht erforderlich, sofern erkennbar ist, dass die elektronische Übermittlung im Verfügungsbereich des mit der Beförderung beauftragten Unternehmers begonnen hat. [4]Abschnitt 6a.4 Abs. 3 bis 6 ist entsprechend anzuwenden.

Versendungsprotokoll in Versendungsfällen

(5) [1]Nach § 17b Abs. 3 Satz 1 Nr. 1 Buchstabe c UStDV kann der Unternehmer in den Fällen, in denen er oder der Abnehmer den Gegenstand der Lieferung in das übrige Gemeinschaftsgebiet versendet hat, den Nachweis der innergemeinschaftlichen Lieferung wie folgt führen: durch eine schriftliche oder elektronische Auftragserteilung und ein von dem mit der Beförderung Beauftragten (z.B. Kurierdienstleister) erstelltes Protokoll, das den Transport lückenlos bis zur Ablieferung beim Empfänger nachweist. [2]Hinsichtlich der Ausstellung des Versendungsprotokolls als Sammelbestätigung und der Form der Ausstellung sind die Regelungen in Abschnitt 6a.4 Abs. 4 bis 6 entsprechend anzuwenden. [3]Abweichend von Satz 1 kann der Unternehmer aus Vereinfachungsgründen bei der Versendung eines oder mehrerer Gegenstände, deren Wert insgesamt 500 € nicht übersteigt, den Nachweis der innergemeinschaftlichen Lieferung wie folgt führen: durch eine schriftliche oder elektronische Auftragserteilung und durch einen Nachweis über die Entrichtung der Gegenleistung für die Lieferung des Gegenstands oder der Gegenstände.

(6) [1]Für eine schriftliche oder elektronische Auftragserteilung sind inhaltlich die folgenden Angaben ausreichend:
- Name und Anschrift des Ausstellers des Belegs;
- Name und Anschrift des Absenders;
- Name und Anschrift des Empfängers;
- handelsübliche Bezeichnung und Menge der beförderten Gegenstände;
- Tag der Abholung bzw. Übernahme der beförderten Gegenstände durch den mit der Beförderung beauftragten Unternehmer.

[2]Aus Vereinfachungsgründen kann bezüglich der Angaben zur handelsüblichen Bezeichnung und Menge der beförderten Gegenstände auf die Rechnung über die Lieferung durch Angabe der Rechnungsnummer verwiesen werden, wenn auf dieser die Nummer des Versendungsbelegs angegeben ist. [3]Eine schriftliche oder elektronische Auftragserteilung kann darin bestehen, dass der liefernde Unternehmer mit dem mit der Beförderung beauftragten Unternehmer eine schriftliche Rahmenvereinbarung über periodisch zu er-

[1)] Nr. **500** Anl. 4.

bringende Warentransporte abgeschlossen hat oder schriftliche Bestätigungen des mit der Beförderung beauftragten Unternehmers über den Beförderungsauftrag vorliegen, wie z. B. Einlieferungslisten oder Versandquittungen. [4]Aus dem von dem mit der Beförderung beauftragten Unternehmer erstellten Protokoll, das den Warentransport nachvollziehbar bis zu Ablieferung beim Empfänger nachweist (sog. tracking-and-tracing-Protokoll) muss sich der Monat und der Ort des Endes der Beförderung im übrigen Gemeinschaftsgebiet ergeben. [5]Ein Nachweis der Bestätigung des Empfängers, die Ware erhalten zu haben (z. B. Nachweis der Unterschrift des Empfängers gegenüber dem örtlichen Frachtführer), ist nicht erforderlich. [6]Der liefernde Unternehmer kann das Protokoll über den Warentransport, wenn es ihm in elektronischer Form zur Verfügung gestellt wird, elektronisch oder in Form eines Ausdrucks aufbewahren. [7]Bei einer elektronischen Aufbewahrung des Protokolls ist Abschnitt 6a.4 Abs. 6 entsprechend anzuwenden.

Empfangsbescheinigung eines Postdienstleisters in Versendungsfällen

(7) [1]Nach § 17b Abs. 3 Satz 1 Nr. 1 Buchstabe d UStDV kann der Unternehmer in den Fällen von Postsendungen, in denen er oder der Abnehmer den Gegenstand der Lieferung in das übrige Gemeinschaftsgebiet versendet hat und in denen eine Belegnachweisführung nach § 17b Abs. 3 Satz 1 Nr. 1 Buchstabe c UStDV nicht möglich ist, den Nachweis wie folgt führen: durch eine Empfangsbescheinigung eines Postdienstleisters über die Entgegennahme der an den Abnehmer adressierten Postsendung und den Nachweis über die Bezahlung der Lieferung. [2]Abschnitt 6a.4 Abs. 5 Satz 1 ist entsprechend anzuwenden. [3]Eine Belegnachweisführung nach § 17b Abs. 3 Satz 1 Nr. 1 Buchstabe c UStDV gilt auch dann als möglich, wenn der mit der Beförderung Beauftragte (z. B. ein Kurierdienstleister) kein nachvollziehbares Protokoll, das den Transport bis zur Ablieferung beim Empfänger nachweist, sondern z. B. nur ein Protokoll bis zur Übergabe der Waren an den letzten Unterfrachtführer zur Verfügung stellt; in diesen Fällen kann der Belegnachweis damit nicht mit einer Empfangsbescheinigung eines Postdienstleisters nach § 17b Abs. 3 Satz 1 Nr. 1 Buchstabe d UStDV geführt werden.

(8) [1]Für eine Empfangsbescheinigung des Postdienstleisters über die Entgegennahme der Postsendung an den Abnehmer sind die folgenden Angaben ausreichend:
- Name und Anschrift des Ausstellers des Belegs;
- Name und Anschrift des Absenders;
- Name und Anschrift des Empfängers;
- handelsübliche Bezeichnung und Menge der beförderten Gegenstände;
- Tag der Abholung bzw. Übernahme der beförderten Gegenstände durch den mit der Beförderung beauftragten Postdienstleister.

[2]Die Angaben in der Empfangsbescheinigung über den Empfänger und die gelieferten Gegenstände können durch einen entsprechenden Verweis auf die Rechnung, einen Lieferschein oder entsprechende andere Dokumente über die Lieferung ersetzt werden. [3]Der Zusammenhang zwischen der Empfangsbescheinigung des Postdienstleisters und der jeweiligen Rechnung über die innergemeinschaftliche Lieferung muss, ggf. durch ein gegenseitiges Verweissystem, leicht nachprüfbar sein. [4]Der Nachweis der Bezahlung des Liefer-

gegenstands ist grundsätzlich mit Hilfe des entsprechenden Kontoauszugs oder im Fall einer Barzahlung mit einem Doppel der Zahlungsquittierung zu führen. [5] Als Bezahlung des Liefergegenstands gilt bei verbundenen Unternehmen auch die Verrechnung über ein internes Abrechnungssystem (sog. inter company clearing). [6] In diesen Fällen ist der Nachweis in entsprechender Form zu führen.

Andere Bescheinigung des Spediteurs in Versendungsfällen im Auftrag des Abnehmers (Spediteurversicherung)

(9) Nach § 17b Abs. 3 Satz 1 Nr. 2 UStDV kann der Unternehmer bei der Versendung des Gegenstands der Lieferung durch den Abnehmer den Nachweis der innergemeinschaftlichen Lieferung wie folgt führen: durch einen Nachweis über die Entrichtung der Gegenleistung für die Lieferung des Gegenstands von einem Bankkonto des Abnehmers sowie durch eine Bescheinigung des beauftragten Spediteurs (Spediteurversicherung), die folgende Angaben zu enthalten hat:

1. den Namen und die Anschrift des mit der Beförderung beauftragten Unternehmers sowie das Ausstellungsdatum,
2. den Namen und die Anschrift des liefernden Unternehmers sowie des Auftraggebers der Versendung,
3. die Menge des Gegenstands der Lieferung und die handelsübliche Bezeichnung,
4. den Empfänger des Gegenstands der Lieferung und den Bestimmungsort im übrigen Gemeinschaftsgebiet,
5. eine Versicherung des mit der Beförderung beauftragten Unternehmers, den Gegenstand der Lieferung an den Bestimmungsort im übrigen Gemeinschaftsgebiet zu befördern, sowie
6. die Unterschrift des mit der Beförderung beauftragten Unternehmers; Abschnitt 6.7 Abs. 2 Satz 2 gilt entsprechend.

(10) [1] Der liefernde Unternehmer hat den Nachweis der Bezahlung des Liefergegenstands von einem Bankkonto des Abnehmers zu führen. [2] Das Bankkonto des Abnehmers kann ein ausländisches oder inländisches Konto (z. B. auch ein inländisches Konzernverrechnungskonto) sein; als Bezahlung des Liefergegenstands gilt bei verbundenen Unternehmen auch die Verrechnung über ein internes Abrechnungssystem (sog. inter company clearing). [3] Neben dem Nachweis über die Bezahlung des Liefergegenstands hat der liefernde Unternehmer den Nachweis in Form der Spediteurversicherung zu führen. [4] Der Nachweis mit einer Spediteurversicherung kommt nur in den Fällen in Betracht, in denen der Abnehmer den Liefergegenstand versendet. [5] Eine dem Muster der Anlage 5[1)] entsprechende, vollständig und richtig ausgefüllte Spediteurversicherung ist als Beleg im Sinne des § 17b Abs. 3 Satz 1 Nr. 2 UStDV anzuerkennen. [6] Bestehen in den Fällen der Versendung des Liefergegenstands im Auftrag des Abnehmers begründete Zweifel daran, dass der Liefergegenstand tatsächlich in das übrige Gemeinschaftsgebiet gelangt ist,

---

1) Nr. **500** Anl. 5.

hat der Unternehmer den Nachweis der innergemeinschaftlichen Lieferung mit anderen Mitteln als der Spediteurversicherung, z. B. mit der Gelangensbestätigung nach Abschnitt 6a.4 oder einem der anderen Belege nach § 17b Abs. 3 UStDV zu führen.

Bestätigung der Abgangsstelle in Beförderungsfällen im Unionsversandverfahren

(11) [1]Nach § 17b Abs. 3 Satz 1 Nr. 3 UStDV kann der Unternehmer bei der Beförderung des Gegenstands der Lieferung im Unionsversandverfahren in das übrige Gemeinschaftsgebiet den Nachweis der innergemeinschaftlichen Lieferung wie folgt führen: durch eine Bestätigung der Abgangsstelle über die innergemeinschaftliche Lieferung, die nach Eingang des Beendigungsnachweises für das Versandverfahren erteilt wird, sofern sich daraus die Lieferung in das übrige Gemeinschaftsgebiet ergibt. [2]Diese Nachweismöglichkeit ist auch in den Fällen der Versendung des Gegenstands der Lieferung zulässig.

EMCS-Eingangsmeldung bei der Lieferung verbrauchsteuerpflichtiger Waren in Beförderungsfällen

(12) [1]Nach § 17b Abs. 3 Satz 1 Nr. 4 Buchstabe a UStDV kann der Unternehmer bei der Beförderung verbrauchsteuerpflichtiger Waren unter Steueraussetzung und Verwendung des IT-Verfahrens EMCS (Excise Movement and Control System – EDV-gestütztes Beförderungs- und Kontrollsystem für verbrauchsteuerpflichtige Waren) den Nachweis der innergemeinschaftlichen Lieferung wie folgt führen: durch die von der zuständigen Behörde des anderen Mitgliedstaats (Bestimmungsmitgliedstaates) validierte EMCS-Eingangsmeldung. [2]Diese Nachweismöglichkeit ist auch in den Fällen der Versendung verbrauchsteuerpflichtiger Waren zulässig.

(13) Als Nachweis der innergemeinschaftlichen Lieferung nach Absatz 12 ist eine nach den Anforderungen der Tabelle 6 in Anhang I der Verordnung (EG) Nr. 684/2009 der Kommission vom 24.7.2009 zur Durchführung der Richtlinie 2008/118/EG des Rates in Bezug auf die EDV-gestützten Verfahren für die Beförderung verbrauchsteuerpflichtiger Waren unter Steueraussetzung (ABl. EU 2009 Nr. L 197 S. 24; vgl. Anlage 6)[1)] vollständig und richtig ausgefüllte Eingangsmeldung anzuerkennen.

Dritte Ausfertigung des vereinfachten Begleitdokuments bei Lieferung verbrauchsteuerpflichtiger Waren des steuerrechtlich freien Verkehrs in Beförderungsfällen

(14) [1]Nach § 17b Abs. 3 Satz 1 Nr. 4 Buchstabe b UStDV kann der Unternehmer bei der Beförderung verbrauchsteuerpflichtiger Waren des steuerrechtlich freien Verkehrs den Nachweis der innergemeinschaftlichen Lieferung wie folgt führen: durch die dritte Ausfertigung des vereinfachten Begleitdokuments, das dem zuständigen Hauptzollamt für Zwecke der Verbrauchsteuerentlastung vorzulegen ist. [2]Diese Nachweismöglichkeit ist auch in den Fällen der Versendung verbrauchsteuerpflichtiger Waren zulässig.

[1)] Nr. **500** Anl. 6.

(15) Eine nach dem Muster des im Anhang zu der Verordnung (EWG) Nr. 3649/92 der Kommission vom 17.12.1992 über ein vereinfachtes Begleitdokument für die Beförderung von verbrauchsteuerpflichtigen Waren, die sich bereits im steuerrechtlich freien Verkehr des Abgangsmitgliedstaats befinden, (ABl. EG 1992 Nr. L 369 S. 17) enthaltenen Begleitdokuments vollständig und richtig ausgefüllte dritte Ausfertigung (3. Ausfertigung; vgl. Anlage 7)[1)] ist als Beleg im Sinne von Absatz 14 anzuerkennen.

Zulassung des Fahrzeugs auf den Erwerber bei Beförderung durch den Abnehmer

(16) Nach § 17b Abs. 3 Satz 1 Nr. 5 UStDV kann der Unternehmer bei der innergemeinschaftlichen Lieferung von Fahrzeugen, die durch den Abnehmer befördert werden und für die eine Zulassung für den Straßenverkehr erforderlich ist, den Nachweis der innergemeinschaftlichen Lieferung wie folgt führen: durch einen Nachweis über die Zulassung des Fahrzeugs auf den Erwerber im Bestimmungsmitgliedstaat der Lieferung; dabei ist eine einfache Kopie der Zulassung ausreichend.

(17) [1]Der Nachweis der Zulassung muss die Fahrzeug-Identifikationsnummer enthalten. [2]Ein Nachweis der Zulassung des Fahrzeugs im übrigen Gemeinschaftsgebiet auf eine andere Person als den Erwerber, d.h. den Abnehmer der Lieferung, ist kein ausreichender Nachweis.

6a.6 Belegnachweis in Bearbeitungs- oder Verarbeitungsfällen

[1]In Bearbeitungs- oder Verarbeitungsfällen im Zusammenhang mit innergemeinschaftlichen Lieferungen hat der liefernde Unternehmer den Belegnachweis durch Belege nach § 17b UStDV zu führen, die zusätzlich die in § 11 Abs. 1 Nr. 1 bis 4 UStDV bezeichneten Angaben enthalten (§ 17c Satz 2 UStDV). [2]Abschnitt 6.8 ist entsprechend anzuwenden.

6a.7 Buchmäßiger Nachweis

(1) [1]Zur Führung des Buchnachweises muss der liefernde Unternehmer die ausländische USt-IdNr. des Abnehmers aufzeichnen (§ 17d Abs. 1 UStDV). [2]Darüber hinaus muss er den Namen und die Anschrift des Abnehmers aufzeichnen (§ 17d Abs. 2 Nr. 1 UStDV). [3]Zu den erforderlichen Voraussetzungen der Steuerbefreiung gehört auch die Unternehmereigenschaft des Abnehmers. [4]Diese muss der liefernde Unternehmer nachweisen (§ 17d Abs. 1 UStDV in Verbindung mit § 6a Abs. 1 Satz 1 Nr. 2 Buchstabe a UStG). [5]Die Aufzeichnung der ausländischen USt-IdNr. allein reicht hierfür *nicht aus, weil sich aus ihr nicht* ergibt, wer der tatsächliche Leistungsempfänger ist. [6]Die Beteiligten eines Leistungsaustausches – und somit auch der Abnehmer – ergeben sich regelmäßig aus den zivilrechtlichen Vereinbarungen. [7]Handelt jemand im fremden Namen, kommt es darauf an, ob er hierzu Vertretungsmacht hat. [8]Der Unternehmer muss daher die Identität des Abnehmers (bzw. dessen Vertretungsberechtigten), z.B. durch Vorlage des Kauf-

---

1) Nr. **500** Anl. 7.

vertrags, nachweisen. [9]Handelt ein Dritter im Namen des Abnehmers, muss der Unternehmer auch die Vollmacht des Vertretungsberechtigten nachweisen, weil beim Handeln im fremden Namen die Wirksamkeit der Vertretung davon abhängt, ob der Vertretungsberechtigte Vertretungsmacht hat (vgl. zu den Anforderungen an die Vollmacht zum Nachweis der Abholberechtigung Abschnitt 3.14 Abs. 10a).

(2) [1]Die nach § 17d Abs. 1 Satz 1 UStDV buchmäßig nachzuweisende USt-IdNr. des Abnehmers bezeichnet die gültige ausländische USt-IdNr. des Abnehmers im Sinne des Abschnitts 6a.1 Abs. 10. [2]Wenn der liefernde Unternehmer die gültige USt-IdNr. des Abnehmers nicht aufzeichnen bzw. im Bestätigungsverfahren beim BZSt nicht erfragen kann, weil ihm eine unrichtige USt-IdNr. genannt worden ist, steht nicht objektiv fest, an welchen Abnehmer die Lieferung bewirkt wurde. [3]Im Übrigen steht nicht entsprechend § 6a Abs. 1 Satz 1 Nr. 3 UStG fest, dass der Erwerb des Gegenstands in dem anderen Mitgliedstaat der Erwerbsbesteuerung unterliegt. [4]In einem solchen Fall liegen die Voraussetzungen für die Inanspruchnahme der Steuerbefreiung für eine innergemeinschaftliche Lieferung nicht vor. [5]Zu einer etwaigen Gewährung von Vertrauensschutz in diesen Fällen vgl. Abschnitt 6a.8.

(3) Hat der Unternehmer eine im Zeitpunkt der Lieferung gültige ausländische USt-IdNr. des Abnehmers im Sinne des Abschnitts 6a.1 Abs. 10 aufgezeichnet, kann

– die Feststellung, dass der Adressat einer Lieferung den Gegenstand nicht zur Ausführung entgeltlicher Umsätze verwendet hat,
– die Feststellung, der Empfänger der Lieferung habe die mit Hilfe der bezogenen Lieferungen ausgeführten Umsätze nicht versteuert, oder
– die Mitteilung eines anderen Mitgliedstaates, bei dem Abnehmer handele es sich um einen „missing trader“,

für sich genommen nicht zu dem Schluss führen, nicht der Vertragspartner, sondern eine andere Person sei Empfänger der Lieferung gewesen.

(4) Für die Unternehmereigenschaft des Abnehmers ist es auch unerheblich, ob dieser im Bestimmungsmitgliedstaat des Gegenstands der Lieferung seine umsatzsteuerlichen Pflichten erfüllt.

(5) [1]Regelmäßig ergibt sich aus den abgeschlossenen zivilrechtlichen Vereinbarungen, wer bei einem Umsatz als Leistender und wer als Leistungsempfänger anzusehen ist. [2]Allerdings kommt unter vergleichbaren Voraussetzungen eine von den „vertraglichen Vereinbarungen“ abweichende Bestimmung des Leistungsempfängers in Betracht, wenn bei einer innergemeinschaftlichen Lieferung nach den konkreten Umständen des Falles für den liefernden Unternehmer erkennbar eine andere Person als sein „Vertragspartner“ unter dessen Namen auftritt, und bei denen der liefernde Unternehmer mit der Nichtbesteuerung des innergemeinschaftlichen Erwerbs rechnet oder rechnen muss.

(6) [1]Der Inhalt und der Umfang des buchmäßigen Nachweises sind in Form von Mussvorschriften geregelt (§ 17d Abs. 2 bis 4 UStDV). [2]Der Unternehmer kann den Nachweis aber auch in anderer Weise führen. [3]Er muss jedoch in jedem Fall die Grundsätze des § 17d Abs. 1 UStDV beachten.

(7) [1]Der buchmäßige Nachweis muss grundsätzlich im Geltungsbereich des UStG geführt werden. [2]Steuerlich zuverlässigen Unternehmern kann jedoch gestattet werden, die Aufzeichnungen über den buchmäßigen Nachweis im Ausland vorzunehmen und dort aufzubewahren. [3]Voraussetzung ist hierfür, dass andernfalls der buchmäßige Nachweis in unverhältnismäßiger Weise erschwert würde und dass die erforderlichen Unterlagen den deutschen Finanzbehörden jederzeit auf Verlangen im Geltungsbereich des UStG vorgelegt werden. [4]Der Bewilligungsbescheid ist unter einer entsprechenden Auflage und unter dem Vorbehalt jederzeitigen Widerrufs zu erteilen. [5]Die zuständige Finanzbehörde kann unter den Voraussetzungen des § 146 Abs. 2a und 2b AO auf schriftlichen Antrag des Unternehmers bewilligen, dass die elektronischen Aufzeichnungen über den buchmäßigen Nachweis im Ausland geführt und aufbewahrt werden.

(8) [1]Aus dem Grundsatz, dass die buchmäßig nachzuweisenden Voraussetzungen eindeutig und leicht nachprüfbar aus der Buchführung zu ersehen sein müssen (§ 17d Abs. 1 UStDV), ergibt sich, dass die erforderlichen Aufzeichnungen grundsätzlich laufend und unmittelbar nach Ausführung des jeweiligen Umsatzes vorgenommen werden sollen. [2]Der buchmäßige Nachweis darf um den gegebenenfalls später eingegangenen Belegnachweis vervollständigt werden. [3]Der Unternehmer muss den buchmäßigen Nachweis der steuerfreien innergemeinschaftlichen Lieferung bis zu dem Zeitpunkt führen, zu dem er die Umsatzsteuer-Voranmeldung für die innergemeinschaftliche Lieferung zu übermitteln hat. [4]Der Unternehmer kann fehlende oder fehlerhafte Aufzeichnungen eines rechtzeitig erbrachten Buchnachweises bis zum Schluss der letzten mündlichen Verhandlung vor dem Finanzgericht ergänzen oder berichtigen.

(9) [1]Bei der Aufzeichnung der Menge und der handelsüblichen Bezeichnung des Gegenstands der Lieferung sind Sammelbezeichnungen, z. B. Lebensmittel oder Textilien, in der Regel nicht ausreichend (vgl. Abschnitt 14.5 Abs. 15). [2]Die Aufzeichnung der Fahrzeug-Identifikationsnummer bei der Lieferung eines Fahrzeugs im Sinne von § 1b Abs. 2 UStG nach § 17d Abs. 2 Nr. 4 UStDV ist unerlässlich. [3]Aus der Aufzeichnung der Art und des Umfangs einer etwaigen Bearbeitung oder Verarbeitung vor der Beförderung oder Versendung in das übrige Gemeinschaftsgebiet sollen auch der Name und die Anschrift des mit der Bearbeitung oder Verarbeitung Beauftragten, die Bezeichnung des betreffenden Auftrags sowie die Menge und handelsübliche Bezeichnung des gelieferten Gegenstands hervorgehen. [4]Als Grundlage dieser Aufzeichnungen können die Belege dienen, die der Unternehmer über die Bearbeitung oder Verarbeitung erhalten hat.

6a.8 Gewährung von Vertrauensschutz

(1)[1)] [1]Nach § 6a Abs. 4 UStG ist eine Lieferung, die der Unternehmer als steuerfreie innergemeinschaftliche Lieferung behandelt hat, obwohl die Voraussetzungen nach § 6a Abs. 1 UStG nicht vorliegen, gleichwohl als steuerfrei anzusehen, wenn die Inanspruchnahme der Steuerbefreiung auf unrichtigen

1) Keine Anwendung des § 6a Abs. 4 UStG bei unvollständigem Belegnachweis; vgl. BFH v. 14.11.2012 XI R 8/11, BFH/NV 2013, 596.

Angaben des Abnehmers beruht und der Unternehmer die Unrichtigkeit dieser Angaben auch bei Beachtung der Sorgfalt eines ordentlichen Kaufmanns nicht erkennen konnte. [2] In diesem Fall schuldet der Abnehmer die entgangene Steuer. [3] Die Frage, ob der Unternehmer die Unrichtigkeit der Angaben des Abnehmers auch bei Sorgfalt eines ordentlichen Kaufmanns nicht erkennen konnte, stellt sich erst dann, wenn der Unternehmer seinen Nachweispflichten nach §§ 17a ff. UStDV vollständig nachgekommen ist. [4] Entscheidend dabei ist, dass die vom Unternehmer vorgelegten Nachweise (buch- und belegmäßig) eindeutig und schlüssig auf die Ausführung einer innergemeinschaftlichen Lieferung hindeuten und dass der Unternehmer bei der Nachweisführung – insbesondere mit Blick auf die Unrichtigkeit der Angaben – der Sorgfaltspflicht des ordentlichen Kaufmanns genügte und in gutem Glauben war. [5] Die Steuerbefreiung nach § 6a Abs. 4 Satz 1 UStG setzt voraus, dass der Unternehmer den Nachweispflichten nach § 6a Abs. 3 UStG in Verbindung mit §§ 17a ff. UStDV als Voraussetzung für die Steuerbefreiung nach § 6a Abs. 4 Satz 1 UStG ihrer Art nach vollständig nachkommt. [6] Maßgeblich ist hierfür die formelle Vollständigkeit, nicht aber auch die inhaltliche Richtigkeit der Beleg- und Buchangaben, da § 6a Abs. 4 Satz 1 UStG das Vertrauen auf unrichtige Abnehmerangaben schützt (vgl. BFH-Urteil vom 12.5.2011, V R 46/10, BStBl. II S. 957).

(2) [1] „Abnehmer" im Sinne des § 6a Abs. 4 Satz 2 UStG ist derjenige, der den Unternehmer durch falsche Angaben getäuscht hat, d. h. derjenige, der gegenüber dem Unternehmer als (vermeintlicher) Erwerber aufgetreten ist. [2] Dieser schuldet die entgangene Steuer und die Steuer ist gegen ihn festzusetzen und ggf. zu vollstrecken (ggf. im Wege der Amtshilfe, da es sich bei den Betroffenen in der Regel um nicht im Inland ansässige Personen handelt). [3] Der (vermeintliche) Abnehmer im Sinne des § 6a Abs. 4 Satz 2 UStG muss nicht notwendigerweise mit der im Beleg- und Buchnachweis des Unternehmers als Leistungsempfänger dokumentierten Person übereinstimmen. [4] Liegen die Voraussetzungen für die Gewährung von Vertrauensschutz vor, ist eine Lieferung, die der Unternehmer als steuerfreie innergemeinschaftliche Lieferung behandelt hat, obwohl die Voraussetzungen nach § 6a Abs. 1 UStG nicht vorliegen, auch dann als steuerfrei anzusehen, wenn eine Festsetzung der Steuer nach § 6a Abs. 4 Satz 2 UStG gegen den Abnehmer nicht möglich ist, z. B. weil dieser sich dem Zugriff der Finanzbehörde entzogen hat.

(3) Die örtliche Zuständigkeit des Finanzamts für die Festsetzung der entgangenen Steuer ergibt sich aus § 21 Abs. 1 AO und der UStZustV.[1)]

(4) [1] Der gute Glaube im Sinne des § 6a Abs. 4 UStG bezieht sich allein auf unrichtige Angaben über die in § 6a Abs. 1 UStG bezeichneten Voraussetzungen (Unternehmereigenschaft des Abnehmers, Verwendung des Lieferungsgegenstands für sein Unternehmen, körperliche Warenbewegung in den anderen Mitgliedstaat). [2] Er bezieht sich nicht auch auf die Richtigkeit der nach § 6a Abs. 3 UStG in Verbindung mit §§ 17a ff. UStDV vom Unternehmer zu erfüllenden Nachweise (vgl. BFH-Urteil vom 12.5.2011, V R 46/10, BStBl. II S. 957).

---

1) **Steuergesetze** Nr. **519.**

(5) [1]Die Erfüllung des Beleg- und Buchnachweises gehört zu den Sorgfaltspflichten eines ordentlichen Kaufmanns. [2]Deshalb stellt sich die Frage, ob der Unternehmer die Unrichtigkeit der Angaben des Abnehmers auch bei Sorgfalt eines ordentlichen Kaufmanns nicht erkennen konnte, erst dann, wenn der Unternehmer seinen Nachweispflichten nach §§ 17a bis 17d UStDV vollständig nachgekommen ist. [3]Allerdings kann die Gewährung von Vertrauensschutz im Einzelfall in Betracht kommen, wenn der Unternehmer eine unrichtige USt-IdNr. aufgezeichnet hat, dies jedoch auch bei Beachtung der Sorgfalt eines ordentlichen Kaufmanns nicht erkennen konnte (z. B. weil der Bestimmungsmitgliedstaat die USt-IdNr. des Abnehmers rückwirkend für ungültig erklärt hat). [4]Der Unternehmer trägt die Feststellungslast, dass er die Sorgfalt eines ordentlichen Kaufmanns beachtet hat.

(6) [1]War die Unrichtigkeit einer USt-IdNr. erkennbar und hat der Unternehmer dies nicht erkannt (z. B. weil das Bestätigungsverfahren nicht oder zu einem späteren Zeitpunkt als dem des Umsatzes durchgeführt wird), genügt dies nicht der Sorgfaltspflicht eines ordentlichen Kaufmanns. [2]Gleiches gilt in Fällen, in denen der Abnehmer oder dessen Beauftragter den Gegenstand der Lieferung befördert und der liefernde Unternehmer die Steuerbefreiung in Anspruch nimmt, ohne über eine schriftliche Versicherung des Abnehmers zu verfügen, den Gegenstand der Lieferung in einen anderen Mitgliedstaat befördern zu wollen.

(7) [1]An die Nachweispflichten sind besonders hohe Anforderungen zu stellen, wenn der vermeintlichen innergemeinschaftlichen Lieferung ein Barkauf zu Grunde liegt. [2]In Fällen dieser Art ist es dem Unternehmer auch zumutbar, dass er sich über den Namen, die Anschrift des Abnehmers und ggf. über den Namen, die Anschrift und die Vertretungsmacht eines Vertreters des Abnehmers vergewissert und entsprechende Belege vorlegen kann. [3]Wird der Gegenstand der Lieferung von einem Vertreter des Abnehmers beim liefernden Unternehmer abgeholt, reicht die alleinige Durchführung eines qualifizierten Bestätigungsverfahrens nach § 18e UStG über die vom Abnehmer verwendete USt-IdNr. nicht aus, um den Sorgfaltspflichten eines ordentlichen Kaufmanns zu genügen. [4]Auffällige Unterschiede zwischen der Unterschrift des Abholers unter der Empfangsbestätigung auf der Rechnung und der Unterschrift auf dem vorgelegten Personalausweis können Umstände sein, die den Unternehmer zu besonderer Sorgfalt hinsichtlich der Identität des angeblichen Vertragspartners und des Abholers veranlassen müssen (vgl. BFH-Urteil vom 14.11.2012, XI R 17/12, BStBl. 2013 II S. 407).

(8) [1]Die Vertrauensschutzregelung ist auf Fälle, in denen der Abnehmer in sich widersprüchliche oder unklare Angaben zu seiner Identität macht, von *vornherein nicht* anwendbar. [2]Bei unklarer Sachlage verstößt es stets gegen die einem ordentlichen Kaufmann obliegenden Sorgfaltspflichten, wenn der liefernde Unternehmer diese Unklarheiten bzw. Widersprüchlichkeiten aus Unachtsamkeit gar nicht erkennt oder im Vertrauen auf diese Angaben die weitere Aufklärung unterlässt. [3]Für einen Vertrauensschutz ist nur dort Raum, wo eine Täuschung des liefernden Unternehmers festgestellt werden kann.

(9) [1]Für die Inanspruchnahme des Vertrauensschutzes nach § 6a Abs. 4 Satz 1 UStG muss der Lieferer in gutem Glauben handeln und alle Maßnah-

men ergreifen, die vernünftigerweise verlangt werden können, um sicherzustellen, dass der von ihm getätigte Umsatz nicht zu seiner Beteiligung an einer Steuerhinterziehung führt. [2]Dabei sind alle Gesichtspunkte und tatsächlichen Umstände umfassend zu berücksichtigen. [3]Danach kann sich die zur Steuerpflicht führende Bösgläubigkeit auch aus Umständen ergeben, die nicht mit den Beleg- und Buchangaben zusammenhängen (vgl. BFH-Urteil vom 25.4.2013, V R 28/11, BStBl. II S. 656).

Zu § 6b UStG

6b.1[1)] Lieferung in ein Lager im Sinne des § 6b UStG im Gemeinschaftsgebiet (Konsignationslagerregelung)

Allgemeines

(1) [1]§ 6b UStG beinhaltet eine Vereinfachungsregelung für Lieferungen in ein Lager zu Abrufzwecken im Gemeinschaftsgebiet (Konsignationslagerregelung). [2]Lager im Sinne des § 6b UStG (vgl. Artikel 17a Abs. 1 MwStSystRL) sind Warenlager, in welche der liefernde Unternehmer oder ein von ihm beauftragter Dritter Gegenstände aus dem Gebiet eines Mitgliedstaates (Abgangsmitgliedstaat) in das Gebiet eines anderen Mitgliedstaates (Bestimmungsmitgliedstaat) in einen zum Verbleib gedachten Bestand und zur Entnahme nach eigenem Ermessen durch einen dem liefernden Unternehmer bekannten Erwerber befördert oder versendet. [3]Für die Anwendung der Konsignationslagerregelung müssen dem Unternehmer aufgrund einer vertraglichen Vereinbarung im Sinne des Absatzes 3 zum Beginn der Beförderung oder Versendung die folgenden Angaben des Erwerbers bekannt sein:
– der vollständige Name,
– die vollständige Adresse,
– die dem Erwerber vom Bestimmungsmitgliedstaat erteilte USt-IdNr.

(2) [1]Die Vereinfachungsregelung nach § 6b UStG kommt nicht in Betracht, wenn der Unternehmer im Bestimmungsmitgliedstaat ansässig ist, d. h. wenn er dort seinen Sitz, seine Geschäftsleitung oder eine Betriebsstätte (vgl. Abschnitt 3a.1 Abs. 3) oder in Ermangelung eines Sitzes, einer Geschäftsleitung oder einer Betriebsstätte seinen Wohnsitz oder gewöhnlichen Aufenthalt hat. [2]Dies gilt unabhängig davon, ob eine der vorgenannten Ansässigkeitsformen am Liefergeschehen beteiligt ist. [3]Bereits ein im Eigentum des Unternehmers befindliches Lager oder ein durch den Unternehmer angemietetes oder gepachtetes Lager, welches mit eigenen Mitteln (z. B. mit eigenem Personal), aus dem Bestimmungsmitgliedstaat betrieben wird, begründet eine solche Ansässigkeit. [4]Eine alleinige Registrierung für mehrwertsteuerliche Zwecke im Bestimmungsmitgliedstaat begründet jedoch noch keine Ansässigkeit.

(3) [1]Die vertragliche Vereinbarung mit dem dem liefernden Unternehmer bekannten späteren Erwerber muss die Verschaffung der Verfügungsmacht zu einem späteren Zeitpunkt als dem der Beendigung der Beförderung oder Versendung vorsehen. [2]Ausreichend ist ein (Rahmen-)Vertrag, der die Modalitäten bestimmt, unter denen der Erwerber zur Entnahme der im Bestand des

---

1) A 6b.1 UStAE eingef. durch BMF v. 10.12.2021, BStBl. I 2021, 2492; Anwendungsregelung siehe Anlage 8.

Lagers befindlichen Waren berechtigt, aber nicht verpflichtet, ist. [3]Hat der spätere Erwerber vor dem Zeitpunkt der Entnahme des Liefergegenstandes diesen bereits verbindlich bestellt oder bezahlt, kann die Vereinfachungsregelung nach § 6b UStG unter den übrigen Voraussetzungen angewendet werden, wenn der liefernde Unternehmer und der spätere Erwerber deren Anwendung z. B. in einem Rahmenvertrag vereinbaren. [4]Für Fälle, in denen § 6b UStG bereits dem Grunde nach keine Anwendung findet, gelten die Regelungen in Abschnitt 1a.2 Abs. 6 Satz 6 bzw. Abschnitt 3.12 Abs. 3 Satz 8 sowie Abs. 7 Satz 1; in den Fällen des § 6b Abs. 3 und 6 UStG sind die Regelungen in Abschnitt 1a.2 Abs. 6 Satz 6 bzw. Abschnitt 3.12 Abs. 3 Satz 8 sowie Abs. 7 Satz 1 jedoch nicht anzuwenden.

Beispiel:

[1]Beim belgischen Automobilhersteller Z mit Sitz in Belgien werden im Februar 02 Motorenteile von einem deutschen Zulieferer A mit Sitz in Köln eingelagert, die Z zuvor bei A verbindlich bestellt hat. [2]Nach einem entsprechenden Rahmenvertrag soll die Vereinfachungsregelung nach § 6b UStG Anwendung finden und die Verfügungsmacht an den Motorenteilen erst im Zeitpunkt der Entnahme durch Z auf Z übergehen. [3]Aufgrund erheblicher Produktionsverzögerungen erfolgt die Entnahme der Motorenteile durch Z erst im März 03. [4]Bereits am Tag nach Ablauf der 12-Monatsfrist im Februar 03 tritt die Rechtsfolge nach § 6b Abs. 3 UStG ein, sodass die Beförderung oder Versendung durch A als das einer innergemeinschaftlichen Lieferung gleichgestellte Verbringen nach § 6b Abs. 3 UStG in Verbindung mit § 6a Abs. 2 und § 3 Abs. 1a Satz 1 UStG gilt. [5]A muss sich spätestens im Zeitpunkt, in dem das Ereignis (am Tag nach Ablauf der 12-Monatsfrist) eintritt, unverzüglich im Bestimmungsmitgliedstaat für Mehrwertsteuerzwecke registrieren lassen und die Erteilung einer USt-IdNr. beantragen (vgl. Absätze 15 und 17).

[5]Für ein Lager im Sinne des § 6b UStG können auch Vereinbarungen mit mehreren bekannten Erwerbern geschlossen werden. [6]Sind entsprechende Vereinbarungen mit mehreren Erwerbern geschlossen, muss für jeden Erwerber entsprechend des § 22 Abs. 4f und 4g UStG sichergestellt sein, dass die Gegenstände dem jeweiligen Erwerber eindeutig und klar zugeordnet werden können. [7]Zur Ersetzung eines Erwerbers siehe Absatz 6.

(4) [1]Ein Lager im Sinne des § 6b UStG kann zum Beispiel ein Konsignationslager oder ein Auslieferungslager sein. [2]Ein Lager nach Satz 1, in welches die Gegenstände der Lieferung gelangen, muss nicht zwingend ein Lager im Sinne eines Gebäudes sein. [3]Eine Zwischenlagerung der Gegenstände in einem Lager im Sinne des § 6b UStG kann an jedem räumlich und physisch bestimmbaren Ort erfolgen, für den ein vorhandener Inhaber gegeben ist und für den die eingelagerten Gegenstände der Art und Menge nach bestimmbar sind. [4]Die Angaben müssen mit den Aufzeichnungen nach § 22 Abs. 4f UStG übereinstimmen. [5]Hierzu zählen sowohl ortsfeste Behälterlager für körperliche Gegenstände in flüssigem oder gasförmigem Aggregatzustand, z. B. ortsfeste Tanklager (oberirdisch oder unterirdisch), als auch jeder andere räumlich und physisch bestimmbare Ort (z. B. Eisenbahnwaggons, Container, Trailer oder Binnenschiffe), wenn hinreichend nachgewiesen wird, dass es sich um ein Lager im Sinne des § 6b UStG handelt (vgl. hierzu § 22 Abs. 4f Nr. 6 UStG). [6]Für eine leichte und eindeutige Nachprüfbarkeit muss daher für jeden Zeitpunkt bis zur Entnahme mit hinreichender Sicherheit leicht und einwandfrei aus den Aufzeichnungen im Sinne des § 22 Abs. 4f UStG erkennbar sein, wo sich die Gegenstände bis zum Zeitpunkt der Entnahme durch den Erwerber befinden.

Erwerber (= Abnehmer) der Lieferung (§ 6b Abs. 1 UStG)

(5) [1] Erwerber einer Lieferung nach § 6b Abs. 1 UStG kann nur sein, wer im Zeitpunkt des Abschlusses der Vereinbarung nach § 6b Abs. 1 Nr. 1 UStG Unternehmer ist und die Gegenstände für sein Unternehmen erwerben will. [2] Auch ein Kommissionär kann als berechtigter Erwerber fungieren. [3] Ein Sitz, eine Geschäftsleitung oder eine Betriebsstätte (vgl. Abschnitt 3a.1 Abs. 3) oder in Ermangelung eines Sitzes, einer Geschäftsleitung oder einer Betriebsstätte ein Wohnsitz oder gewöhnlicher Aufenthalt im Bestimmungsmitgliedstaat ist nicht Voraussetzung. [4] Der dem liefernden Unternehmer bekannte und zur Entnahme der Gegenstände berechtigte Erwerber muss zum Zwecke der Inanspruchnahme der Konsignationslagerregelung die ihm vom Bestimmungsmitgliedstaat erteilte USt-IdNr. verwenden. [5] Hinsichtlich der Auslegung des Begriffs der Verwendung der von einem anderen Mitgliedsstaat erteilten und gültigen USt-IdNr. siehe Abschnitt 3a.2 Abs. 10 Sätze 2 bis 10. [6] Die Verwendung einer anderen als vom Bestimmungsmitgliedstaat erteilten USt-IdNr. schließt die Anwendung des § 6b UStG hingegen aus.

Wechsel des Erwerbers (§ 6b Abs. 5 UStG)

(6) [1] Wird der berechtigte Erwerber durch einen anderen Erwerber innerhalb von 12 Monaten ersetzt, müssen alle Voraussetzungen des Absatzes 1 Satz 3 erfüllt sein. [2] Die vertragliche Vereinbarung für die Substitution muss zudem bereits am Tag des Wirksamwerdens des Erlöschens der bisherigen Vereinbarung wirksam abgeschlossen sein. [3] Es ist auch möglich, dass der neue Erwerber nur über einen Teil der sich im Lager im Sinne des § 6b UStG befindlichen Gegenstände eine Vereinbarung abschließt. [4] Auch hier gelten die Regelungen der klaren und eindeutigen Identifizierbarkeit der Gegenstände (vgl. Absatz 3 Satz 6). [5] Durch den Wechsel eines Erwerbers wird die 12-Monatsfrist nach § 6b Abs. 3 UStG (vgl. auch Absatz 15 Satz 2) nicht verlängert. [6] Die Frist beginnt im Zeitpunkt der ersten Ankunft der Waren im Lager (Einlagerung) im anderen Mitgliedstaat, in den sie versendet oder befördert wurden (vgl. Absatz 15 Satz 2). [7] Eine im Rahmen der Substitution erfolgende Beförderung durch den Unternehmer an einen anderen Lagerort im Bestimmungsmitgliedstaat bleibt unschädlich und verlängert nicht die 12-Monatsfrist nach § 6b Abs. 3 UStG (vgl. auch Absatz 15 Satz 2). [8] Wegen der Melde- und Aufzeichnungspflichten im Falle eines Wechsels des Erwerbers wird auf die Abschnitte 18a.1 und 18a.3 sowie 22.3b verwiesen.

Beispiel 1:

[1] Der deutsche Zulieferer A befördert im Rahmen einer Lagerabrufvereinbarung mit Unternehmer B (berechtigter Erwerber) ab Februar 01 Motorenteile in ein Lager in Frankreich. [2] Im September desselben Jahres ändern Zulieferer A und Unternehmer B ihre Vereinbarung für den Teil der Motorenteile, die von Unternehmer B noch nicht entnommen wurden. [3] Diese Motorenteile verbleiben im Lager. [4] Gleichzeitig schließt Zulieferer A mit Unternehmer C (weiterer berechtigter Erwerber) eine Vereinbarung über die noch im Lager befindlichen Motorenteile ab. [5] C entnimmt diese Motorenteile im November und Dezember 01. [6] Im Februar 01 hat A die Beförderung der Motorenteile aufzuzeichnen und in der ZM die verwendete USt-IdNr. des Unternehmers B anzugeben. [7] Auch der Lagerhalter muss im *Februar 01 die Ankunft der Waren im* Bestand registrieren. [8] Für die entnommenen Motorenteile durch Unternehmer B gilt jeweils im Zeitpunkt der Entnahme für A die Annahme einer innergemeinschaftlichen Lieferung und für B die eines innergemeinschaftlichen Erwerbes

(§ 6b Abs. 2 UStG). [9] Ab dem Zeitpunkt der Änderung der Vereinbarung im September 01 tritt die Rechtsfolge des § 6b Abs. 2 UStG für A und B nicht mehr ein. [10] Die Ersetzung des B durch C nach § 6b Abs. 5 UStG ist von A nach § 22 Abs. 4f UStG aufzuzeichnen und in der ZM anzugeben. [11] C hat seine ihm vom Bestimmungsmitgliedstaat erteilte USt-IdNr. gegenüber A zu verwenden. [12] Bei Entnahme der Motorenteile durch C im November und Dezember 01 tritt die Rechtsfolge des § 6b Abs. 2 UStG ein.

Beispiel 2:

[1] Sachverhalt wie in Beispiel 1, jedoch erfolgt die neue Vereinbarung mit Unternehmer C erst im Oktober 01. [2] Alle Ausführungen in Beispiel 1 Sätze 1 bis 9 finden analog Anwendung. [3] Die Vereinbarung mit C im Oktober 01 stellt jedoch für die bereits im Lager befindlichen Motorenteile keine wirksame Ersetzung im Sinne des § 6b Abs. 5 UStG dar, da die vertragliche Vereinbarung mit dem neuen Erwerber C nicht bereits am Tag des Wirksamwerdens des Erlöschens der bisherigen Vereinbarung mit B abgeschlossen war. [4] Die Beförderung oder Versendung durch A in sein Lager gilt am Tag des Wegfalls der Voraussetzungen nach § 6b Abs. 1 UStG im September 01 als ein einer innergemeinschaftlichen Lieferung gleichgestelltes Verbringen nach § 6b Abs. 6 in Verbindung mit § 6a Abs. 2 und § 3 Abs. 1a Satz 1 UStG. [5] A unterliegt somit einer unverzüglichen Registrierungspflicht im Bestimmungsmitgliedstaat.

Gelangen eines Gegenstandes aus dem Abgangsmitgliedstaat in den Bestimmungsmitgliedstaat

(7) [1] Die Beförderung (vgl. § 3 Abs. 6 Satz 2 UStG) oder Versendung (vgl. § 3 Abs. 6 Satz 3 UStG) in den Bestimmungsmitgliedstaat muss durch den Unternehmer oder durch einen von ihm beauftragten Dritten erfolgen. [2] Übernimmt der spätere Erwerber den Transport, darf dies für die Anwendung der Konsignationslagerregelung nur ausdrücklich und erkennbar im Namen des liefernden Unternehmers erfolgen, und ohne dass dem späteren Erwerber bereits die Verfügungsmacht an dem Gegenstand verschafft wird. [3] Hiervon kann regelmäßig ausgegangen werden, wenn entsprechende Vereinbarungen z. B. in einem Rahmenvertrag aufgenommen wurden.

(8) [1] Bei dem Gegenstand, der vom Erwerber aus dem Lager im Sinne des § 6b UStG entnommen wird, muss es sich um denselben Gegenstand handeln, der aus dem Abgangsmitgliedstaat in das Lager im Sinne des § 6b UStG im Bestimmungsmitgliedstaat befördert oder versendet worden ist. [2] Die Verwendung des Gegenstandes vor Entnahme durch den Erwerber für eine Werklieferung oder Werkleistung (vgl. Abschnitt 3.8) des Unternehmers führt zum Ausschluss der Vereinfachungsregelung nach § 6b UStG.

(9) Für den Ort der Lieferung im Sinne des § 6b Abs. 1 UStG gilt Abschnitt 3.12 Abs. 1 Satz 1 entsprechend.

(10) Bestimmungsmitgliedstaat und Abgangsmitgliedstaat sind die unionsrechtlichen Inlandsgebiete der übrigen EU-Mitgliedstaaten und das Inland der Bundesrepublik Deutschland im Sinne des § 1 Abs. 2 Satz 1 UStG (vgl. Abschnitt 1.10).

(11) [1] *Für Lieferungen* eines im *Drittland* ansässigen Unternehmers aus einem Mitgliedstaat in ein Lager im Sinne des § 6b UStG in einem anderen Mitgliedstaat (Bestimmungsmitgliedstaat) kann die Konsignationslagerregelung angewendet werden. [2] Voraussetzung ist die Registrierung für mehrwertsteuerliche Zwecke des Unternehmers im Abgangsmitgliedstaat. [3] Auf die tatsächliche Ansässigkeit der Vertragsparteien ist nicht abzustellen. [4] Der Unternehmer kann auch Gegenstände, die zur Einlagerung und Entnahme durch einen oder mehrere berechtigte(n) Erwerber in einem Lager im Sinne des § 6b UStG

bestimmt sind, aus verschiedenen anderen Mitgliedstaaten in das Lager im Sinne des § 6b UStG im Bestimmungsmitgliedstaat befördern oder versenden.

(12) Eine Kombination der Steuerbefreiung nach § 5 Abs. 1 Nr. 3 UStG (Einfuhr mit anschließender steuerfreier innergemeinschaftlicher Lieferung) mit einer Beförderung/Versendung in ein Lager im Sinne des § 6b UStG ist nicht möglich, da es hier an einer unmittelbar ausgeführten innergemeinschaftlichen Lieferung fehlt.

Verbleiben im Bestimmungsmitgliedstaat

(13) [1]Die Konsignationslagerregelung setzt ein Verbleiben des Liefergegenstandes im Bestimmungsmitgliedstaat vom Zeitpunkt der Einlagerung bis zur Entnahme durch den Erwerber voraus. [2]Eine der Entnahme des Liefergegenstandes aus dem Lager im Sinne des § 6b UStG nachfolgende Lieferung des Erwerbers über die Grenzen des Bestimmungsmitgliedstaates hinaus, ist unschädlich. [3]Die Beförderung oder Versendung in ein anderes im Bestimmungsmitgliedstaat gelegenes Lager im Sinne des § 6b UStG vor Entnahme aus dem ursprünglichen Lager durch den Erwerber führt ebenfalls nicht zum Ausschluss dieser Regelung. [4]Die Beförderung oder Versendung in ein Lager im Sinne des § 6b UStG in einem anderen als dem vereinbarten Mitgliedstaat setzt eine Rücklieferung (§ 6b Abs. 4 UStG) voraus (vgl. Absatz 18). [5]Erfolgt der Verzicht auf die Rücklieferung und werden die Gegenstände unmittelbar in einen weiteren Mitgliedstaat oder ins Drittland befördert oder versendet, tritt die Rechtsfolge nach § 6b Abs. 6 UStG ein.

Reihengeschäfte

(14) Bei Reihengeschäften (§ 3 Abs. 6a UStG) kommt die Vereinfachungsregelung nach § 6b UStG nicht in Betracht, da bei Reihengeschäften im Rahmen der Warenbewegung dem Erwerber bereits die Verfügungsmacht an dem Gegenstand der Lieferung verschafft wird.

12-Monatsfrist (§ 6b Abs. 3 UStG)

(15) [1]Die Vereinfachungsregelung nach § 6b UStG setzt eine Entnahme des Gegenstandes aus dem Lager im Sinne des § 6b UStG durch den berechtigten Erwerber binnen eines Zeitraums von 12 Monaten voraus (12-Monatsfrist nach § 6b Abs. 3 UStG). [2]Der Zeitraum von 12 Monaten beginnt am Tag nach Beendigung des Warentransportes im Bestimmungsmitgliedstaat (Einlagerung im Lager). [3]Für die Berechnung der Frist gelten die Grundsätze der Artikel 2 und 3 der Verordnung (EWG, Euratom) Nr. 1182/71 vom 3.6.1971; § 108 Abs. 1 AO findet insoweit keine Anwendung. [4]Der Unternehmer hat die Einhaltung der Frist durch Angabe des Tags der Einlagerung und des Tags der Entnahme (Lieferung im Sinne des § 6b Abs. 2 UStG) nachzuweisen. [5]Der Inhalt und der Umfang der Aufzeichnungspflichten ergibt sich aus § 22 Abs. 4f UStG.

Beispiel:

[1]*Der deutsche Zulieferer* A befördert im Rahmen einer Lagerabrufvereinbarung mit Unternehmer B (berechtigter Erwerber) ab Januar 01 Motorenteile in ein Lager in Frankreich. [2]Ein Warentransport beginnt am Donnerstag, 14.1.01, von Deutschland nach Frankreich und trifft

am selben Tag am Lagerort in Frankreich ein. [3]Die Motorenteile werden ebenfalls am 14.1.01 eingelagert. [4]Die 12-Monatsfrist beginnt nach Artikel 3 Abs. 1 Unterabs. 2 der Verordnung (EWG, Euratom) Nr. 1182/71 vom 3.6.1971 am Freitag, 15.1.01. [5]Grundsätzlich würde diese nach Artikel 3 Abs. 2 Buchstabe c der Verordnung (EWG, Euratom) Nr. 1182/71 vom 3.6.1971 am Sonnabend, 15.1.02, enden, aufgrund Artikel 2 Abs. 1 Unterabs. 2 der Verordnung (EWG, Euratom) Nr. 1182/71 vom 3.6.1971 endet diese am Montag, 17.1.02. [6]Die Rechtsfolge nach § 6b Abs. 3 UStG tritt somit am Tag nach Ablauf der 12-Monatsfrist am Dienstag, 18.1.02 ein (siehe Absatz 17).

(16) [1]Aus Vereinfachungsgründen wird es für Waren besonderer Form (Flüssigkeiten, Gase, Schüttgüter) nicht beanstandet, wenn für Zwecke der Fristberechnung das Verfahren FIFO „First in – First out" angewendet wird. [2]Dieses Verfahren kann auch für andere identische und eindeutig identifizierbare Waren, die nicht als Massengüter anzusehen sind, zur Anwendung kommen. [3]Für identische Waren verschiedener liefernder Unternehmen in einem Lager im Sinne des § 6b UStG ist das Verfahren auf den Bestand eines jeden liefernden Unternehmers gesondert anzuwenden.

(17) [1]Wird die Lagerfrist nach § 6b Abs. 3 UStG überschritten und liegt keine der Voraussetzungen des § 6b Abs. 6 UStG vor, ist für die Waren am Tag nach Ablauf der 12-Monatsfrist ein einer innergemeinschaftlichen Lieferung gleichgestelltes Verbringen im Sinne des § 6a Abs. 2 in Verbindung mit § 3 Abs. 1a UStG anzunehmen. [2]Hieraus ergibt sich für den Unternehmer die Pflicht zur unverzüglichen Registrierung in dem Mitgliedstaat, in dem sich das Lager im Sinne des § 6b UStG befindet. [3]Dies gilt auch dann, wenn das im Bestimmungsmitgliedstaat einem innergemeinschaftlichen Erwerb gleichgestellte Verbringen steuerbefreit wäre. [4]Gegebenenfalls besteht, in Abhängigkeit von den Bestimmungen in dem Mitgliedstaat, in dem sich das Lager im Sinne des § 6b UStG befindet, die Möglichkeit, einen Fiskalvertreter zu beauftragen. [5]Bemessungsgrundlage für das der innergemeinschaftlichen Lieferung und dem innergemeinschaftlichen Erwerb gleichgestellte Verbringen ist der Einkaufspreis zuzüglich der Nebenkosten für den Gegenstand oder mangels eines Einkaufspreises die Selbstkosten, jeweils zum Zeitpunkt des Umsatzes und ohne Umsatzsteuer (§ 10 Abs. 4 Satz 1 Nr. 1 UStG).

Beispiel:

[1]Sachverhalt wie in Beispiel 1 zu Absatz 6, jedoch entnimmt Unternehmer C die Waren erst im April 02. [2]Alle Ausführungen in Absatz 6 Beispiel 1 Sätze 1 bis 11 finden analog Anwendung. [3]Jedoch wurde für die verbliebenen Motorenteile im Lager die 12-Monatsfrist überschritten (siehe § 6b Abs. 3 UStG), sodass am Tag nach Ablauf des Zeitraums von 12 Monaten die Beförderung oder Versendung durch A als das einer innergemeinschaftlichen Lieferung gleichgestellte Verbringen nach § 6b Abs. 3 UStG in Verbindung mit § 6a Abs. 2 und § 3 Abs. 1a Satz 1 UStG gilt. [4]A muss sich spätestens im Zeitpunkt, in dem das Ereignis (am Tag nach Ablauf der 12-Monatsfrist) eintritt, unverzüglich im Bestimmungsmitgliedstaat für Mehrwertsteuerzwecke registrieren lassen und die Erteilung einer USt-IdNr. beantragen. [5]*Nur dann und bei Vorliegen der übrigen* tatbestandlichen Voraussetzungen, etwa der Abgabe einer zutreffenden ZM, kann eine Steuerbefreiung im Sinne des § 4 Nr. 1 Buchstabe b UStG für dieses innergemeinschaftliche Verbringen nach § 6b Abs. 3 in Verbindung mit § 6a Abs. 2 UStG vorliegen.

Rückausnahme durch Rücklieferung (§ 6b Abs. 4 UStG)

(18) [1]Nach § 6b Abs. 4 UStG gilt § 6b Abs. 3 UStG in den Fällen nicht, in denen der Unternehmer die beabsichtigte Lieferung nicht bewirkt hat und der Gegenstand binnen 12 Monaten (zur Fristberechnung vgl. Absatz 15) nach

Einlagerung im Lager im Sinne des § 6b UStG im Bestimmungsmitgliedstaat in den Abgangsmitgliedstaat zurückbefördert bzw. -versendet wird und der Beginn der Rückbeförderung bzw. -versendung (Rücklieferung) nach § 22 Abs. 4f Nr. 14 UStG aufgezeichnet worden ist. [2]Wegen der Meldepflichten im Falle einer Rücklieferung wird auf die Abschnitte 18a.1 und 18a.3 verwiesen.

Ausschluss der Vereinfachungsregelung (§ 6b Abs. 6 UStG)

(19) [1]Die Fiktion nach § 6b Abs. 2 UStG findet nach ihrem Sinn und Zweck nur auf diejenigen Lieferungen Anwendung, für die die Voraussetzungen nach § 6b Abs. 1 und 5 UStG innerhalb von 12 Monaten nach Ende der Beförderung oder Versendung in den Bestimmungsmitgliedsstaat vorliegen. [2]Durch die Nichterfüllung einer dieser Voraussetzungen kann der liefernde Unternehmer erreichen, dass die Vereinfachungsregelung nach § 6b UStG keine Anwendung findet. [3]Die Anwendung der Regelung ist gegenstandsbezogen. [4]Ein Ausschluss der Vereinfachungsregelung für eine bestimmte Lieferung eines oder mehrerer Gegenstände führt daher nicht zur grundsätzlichen Versagung der Regelung für weitere Lieferungen von Gegenständen in ein Lager im Sinne des § 6b UStG.

(20) [1]Unter § 6b Abs. 6 Satz 2 UStG fallen Lieferungen, bei denen ein anderer Erwerber als der nach § 6b Abs. 1 Nr. 1 oder Abs. 5 UStG die Verfügungsmacht an dem Gegenstand erhält. [2]Die Voraussetzungen nach § 6b Abs. 1 und 5 UStG gelten an dem Tag vor der Lieferung als nicht mehr erfüllt. [3]In diesem Fall liegt stets ein einer innergemeinschaftlichen Lieferung gleichgestelltes Verbringen vor.

(21) [1]Nach § 6b Abs. 6 Satz 3 UStG kommt § 6b Abs. 2 UStG ebenfalls nicht zur Anwendung, wenn der Gegenstand der Lieferung vor der Lieferung oder bei Lieferung in einen anderen Mitgliedstaat als den Abgangsmitgliedstaat oder in das Drittland befördert oder versendet wird. [2]Vielmehr liegt in diesem Fall am Tag vor der Beförderung oder Versendung ein einer innergemeinschaftlichen Lieferung gleichgestelltes Verbringen vor. [3]Soll ein sich bereits in einem Lager im Sinne des § 6b UStG im Bestimmungsmitgliedstaat befindlicher Gegenstand vor Lieferung aus diesem Lager in ein in einem anderen Mitgliedstaat gelegenes Lager im Sinne des § 6b UStG befördert oder versendet werden, bedarf es zur Vermeidung der Ausschlussregelung des § 6b Abs. 6 Satz 3 in Verbindung mit Satz 2 UStG einer Rücklieferung nach § 6b Abs. 4 UStG in den Abgangsmitgliedstaat (vgl. Absätze 13 und 18).

(22) [1]In den Fällen des § 6b Abs. 6 Satz 4 UStG, in denen der Gegenstand nach dem Ende der Beförderung oder Versendung in das Lager im Sinne des § 6b UStG und vor dem Zeitpunkt der Lieferung durch Zerstörung, Verlust oder Diebstahl verloren geht, ist die Anwendung des § 6b Abs. 2 UStG grundsätzlich ausgeschlossen. [2]Die Voraussetzungen nach § 6b Abs. 1 und 5 UStG gelten an dem Tag, an dem die Zerstörung, der Verlust oder der Diebstahl festgestellt wird, als nicht mehr erfüllt. [3]Gewöhnliche, branchenübliche, sich aus den Erfahrungen der letzten Lagerungsjahre ergebende Mengenverluste von Gegenständen, die aufgrund ihrer Beschaffenheit oder infolge unvorhersehbarer Umstände nach dem Ende der Beförderung oder Versendung

und vor dem Zeitpunkt der Lieferung entstanden sind, gelten als sog. „kleine Verluste", für die § 6b Abs. 6 Satz 4 UStG keine Anwendung findet. [4]Von „kleinen Verlusten" ist im Regelfall auszugehen, wenn diese wert- oder mengenmäßig weniger als 5% des Gesamtbestands (Freigrenze) der identischen Gegenstände betragen, der an dem Tag der Zerstörung, des Verlustes oder des Diebstahls oder, falls ein solcher Tag nicht bestimmt werden kann, an dem Tag, an dem die Zerstörung oder das Fehlen der Gegenstände erkannt worden ist, festgestellt wurde.

Beispiel:

[1]Der deutsche Zulieferer A befördert im Rahmen einer Lagerabrufvereinbarung mit Unternehmer B (berechtigter Erwerber) ab Februar 01 5000 Motorenteile in ein Lager im Sinne des § 6b UStG in Frankreich. [2]Am 2.10.01 werden 6000 Motorenteile bei einem Diebstahl entwendet und im Rahmen der Inventur stellt A im Dezember 01 fest, dass von den jährlich gelieferten 60 000 Motorenteilen 300 Stück durch Rost unbrauchbar geworden sind. [3]Am Tag der Inventur befinden sich noch 10 000 Motorenteile im Lager. [4]Aus den Unterlagen des A ist zu entnehmen, dass in den Jahren 00 und 01 bereits jährlich 300 bis 400 Motorenteile selbige Mängel durch Verrostung aufgewiesen haben.

[5]Im Februar 01 hat A die Beförderung der 5 000 Motorenteile aufzuzeichnen und in der ZM die verwendete USt-IdNr. des Unternehmers B anzugeben. [6]Für die 6 000 entwendeten Motorenteile tritt am 2.10.01 die Rechtsfolge nach § 6b Abs. 6 Satz 4 UStG ein und die Lieferung gilt als ein einer innergemeinschaftlichen Lieferung gleichgestelltes Verbringen nach § 6b Abs. 6 in Verbindung mit § 6a Abs. 2 und § 3 Abs. 1a Satz 1 UStG. [7]A unterliegt für die 6000 Motorenteile somit einer unverzüglichen Registrierungspflicht im Bestimmungsmitgliedstaat und muss die Erteilung einer USt-IdNr. beantragen. [8]Für den im Dezember 01 im Rahmen der Inventur festgestellten Verlust der 300 Motorenteile tritt aus Vereinfachungsgründen (weniger als 5% des Gesamtbestandes der am Tag der Feststellung im Lager befindlichen identischen Gegenstände) die Rechtsfolge des § 6b Abs. 6 UStG nicht ein. [9]A unterläge nur für die 300 Motorenteile nicht einer Registrierungspflicht im Bestimmungsmitgliedstaat. [10]A ist bereits durch den Diebstahl im Bestimmungsland zur Registrierung verpflichtet, eine Meldung für den „kleinen" Verlust der 300 Motorenteile muss nicht erfolgen.

(23) [1]Für alle in den Absätzen 19 bis 22 eintretenden Fälle, in denen ein einer innergemeinschaftlichen Lieferung gleichgestelltes Verbringen anzunehmen ist, sind Absatz 17 Sätze 2 bis 5 entsprechend anzuwenden; zur Anwendung der Steuerbefreiung nach § 4 Nr. 1 Buchstabe b UStG gelten die Grundsätze des Beispiels in Absatz 17 entsprechend. [2]Die steuerliche Registrierung im Bestimmungsmitgliedstaat ist bis zum Erhalt der USt-IdNr. anhand geeigneter Unterlagen nachzuweisen.

Konsequenzen des Austritts des Vereinigten Königreichs Großbritannien und Nordirland aus der Europäischen Union

(24) [1]Das Vereinigte Königreich Großbritannien und Nordirland ist mit Ablauf des 31.12.2020 Drittlandsgebiet. [2]Allerdings wird Nordirland für die Umsatzbesteuerung des Warenverkehrs auch nach dem 31.12.2020 als zum Gemeinschaftsgebiet gehörig behandelt; vgl. Abschnitt 1.10 Abs. 3. [3]Die Absätze 1 bis 23 gelten demnach nicht für die Lieferung gemäß § 6b UStG, deren Warentransport durch Beförderung oder Versendung nach dem 31.12.2020 in das oder aus dem Vereinigten Königreich Großbritannien (ohne Nordirland) erfolgt. [4]Für die Entnahme der Waren, die vor dem 1.1.2021 eingelagert wurden und für die die Voraussetzungen nach § 6b Abs. 1 UStG vorliegen, wird bei einer Entnahme nach dem 31.12.2020 im Zeitpunkt der Entnahme die Lieferung an den Erwerber einer innergemeinschaftlichen Lie-

ferung (§ 6a UStG) gleichgestellt, unabhängig davon, ob das Lager im Sinne des § 6b UStG in dem Vereinigten Königreich Großbritannien (ohne Nordirland) oder in Deutschland belegen ist. [5]Für die entsprechenden Lieferungen können keine Angaben in der ZM gemacht werden. [6]Es sind jedoch die Aufzeichnungen entsprechend § 22 Abs. 4f und 4g UStG vorzuhalten und aufzubewahren. [7]Für einen Gegenstand, der vor dem 1.1.2021 im Rahmen der Konsignationslagerregelung aus dem Vereinigten Königreich Großbritannien (ohne Nordirland) in ein Lager im Sinne des § 6b UStG in einen Bestimmungsmitgliedstaat befördert oder versendet worden ist, für den der liefernde Unternehmer die beabsichtigte Lieferung nicht innerhalb der Frist bewirkt hat und der Gegenstand binnen 12 Monaten (zur Fristberechnung vgl. Absatz 15) nach Einlagerung im Bestimmungsmitgliedstaat in den Abgangsmitgliedstaat zurückbefördert oder -versendet wird (siehe § 6b Abs. 4 UStG), gelten die Regelungen für Ausfuhrlieferungen im Sinne des § 6 UStG. [8]Für Fälle im Sinne des § 6b Abs. 6 UStG, deren Warenbeförderung oder -versendung aus dem oder in das Vereinigte(n) Königreich Großbritanniens (ohne Nordirland) vor dem 1.1.2021 endet, gilt Satz 3 entsprechend. [9]Für Waren, die nicht innerhalb der 12-Monatsfrist (letzter Stichtag: 31.12.2021) durch den Erwerber entnommen wurden, wird aus Vereinfachungsgründen auf eine Anwendung des § 6b Abs. 3 UStG verzichtet, sofern sich aus den Aufzeichnungen nach § 22 Abs. 4f und 4g UStG ergibt, dass sich die Gegenstände weiterhin im Vereinigten Königreich Großbritannien (ohne Nordirland) befinden und keine Anzeichen für einen Betrug vorliegen. [10]Darüber hinausgehende zusätzliche Verpflichtungen bestehen nicht.

6b.2[1)] Nachweis der Voraussetzungen der Konsignationslagerregelung nach § 6b UStG

Nachweise (Allgemeines)

(1) Wegen des Belegnachweises und der Aufzeichnungspflichten im Zeitpunkt der Entnahme der Waren (§ 6b Abs. 2 UStG) wird auf Abschnitt 22.3b verwiesen.

(2) Hinsichtlich der Verpflichtungen zur Abgabe der ZM siehe Abschnitte 4.1.2 Abs. 2 und 3, 18a.1 Abs. 1 und 2, 18a.2 Abs. 7 und 18a.3 Abs. 1 und 2.

Zu § 7 UStG
(§§ 12 und 13 UStDV)

7.1 Lohnveredelung an Gegenständen der Ausfuhr

(1) [1]Die Befreiungstatbestände in § 7 Abs. 1 Satz 1 Nr. 1 und 2 UStG entsprechen den Befreiungstatbeständen bei der Steuerbefreiung für Ausfuhrlieferungen in § 6 Abs. 1 Satz 1 Nr. 1 und 2 UStG. [2]Die Ausführungen in Abschnitt 6.1 Abs. 1 und 2 gelten deshalb entsprechend.

---

1) A 6b.2 UStAE eingef. durch BMF v. 10.12.2021, BStBl. I 2021, 2492; Anwendungsregelung siehe Anlage 8.

(1a) [1]Hat der Unternehmer den zu bearbeitenden oder zu verarbeitenden Gegenstand in die in § 1 Abs. 3 UStG bezeichneten Gebiete, d.h. in einen Freihafen oder in die Gewässer oder Watten zwischen der Hoheitsgrenze und der jeweiligen Strandlinie (vgl. Abschnitt 1.9 Abs. 3) befördert oder versendet, liegt bei ausländischen Auftraggebern (§ 7 Abs. 2 UStG) eine Lohnveredelung nach § 7 Abs. 1 Satz 1 Nr. 3 Buchstabe a UStG vor. [2]Bei Auftraggebern, die im Inland oder in den bezeichneten Gebieten nach § 1 Abs. 3 UStG ansässig sind, liegt eine Lohnveredelung nach § 7 Abs. 1 Satz 1 Nr. 3 Buchstabe b UStG vor, wenn der Auftraggeber den bearbeiteten oder verarbeiteten Gegenstand für Zwecke seines Unternehmens verwendet (vgl. Abschnitt 15.2b). [3]Der Auftraggeber erwirbt im Allgemeinen den zu bearbeitenden oder zu verarbeitenden Gegenstand für Zwecke seines Unternehmens, wenn der beabsichtigte unternehmerische Verwendungszweck im Zeitpunkt des Beginns der Beförderung oder Versendung überwiegt. [4]Bei der Be- oder Verarbeitung von vertretbaren Sachen, die der Auftraggeber sowohl für unternehmerische als auch für nichtunternehmerische Zwecke verwendet, ist der Anteil, der auf den unternehmerischen Erwerbszweck entfällt, durch eine Aufteilung entsprechend den Erwerbszwecken zu ermitteln.

(2) [1]Voraussetzung für die Steuerbefreiung bei jedem der Befreiungstatbestände ist, dass der Auftraggeber den zu bearbeitenden oder zu verarbeitenden Gegenstand zum Zwecke der Bearbeitung oder Verarbeitung in das Gemeinschaftsgebiet eingeführt oder zu diesem Zweck in diesem Gebiet erworben hat (§ 7 Abs. 1 Satz 1 UStG). [2]Die Bearbeitung oder Verarbeitung braucht nicht der ausschließliche Zweck für die Einfuhr oder für den Erwerb zu sein. [3]Die Absicht, den Gegenstand bearbeiten oder verarbeiten zu lassen, muss jedoch bei dem Auftraggeber bereits zum Zeitpunkt der Einfuhr oder des Erwerbs bestehen. [4]Eine Einfuhr durch den Auftraggeber liegt auch dann vor, wenn dieser den zu bearbeitenden oder zu verarbeitenden Gegenstand von dem Unternehmer im Drittlandsgebiet abholen lässt.

(3) [1]Die Voraussetzung der Einfuhr eines Gegenstands zum Zwecke seiner Bearbeitung oder Verarbeitung ist insbesondere in den folgenden Fällen als erfüllt anzusehen:

1. Der Gegenstand wurde in einer zollamtlich bewilligten aktiven Veredelung – einschließlich einer Ausbesserung – veredelt.

Beispiel 1:

[1]Der im Inland ansässigen Weberei W ist von der zuständigen Zollstelle eine aktive Veredelung (Artikel 256 UZK)[1)] mit Garnen zum Verweben für den in der Schweiz ansässigen Trachtenverein (nicht unternehmerisch tätiger Auftraggeber) S bewilligt worden. [2]*S versendet zu diesem Zweck Garne* an W. [3]Die Garne werden zollamtlich zur aktiven Veredelung abgefertigt. [4]Für ihre Einfuhr werden keine Einfuhrabgaben erhoben. [5]W verwebt die Garne, meldet die hergestellten Gewebe zur Wiederausfuhr an und sendet sie an S in die Schweiz zurück.

2. [1]Der eingeführte Gegenstand wurde in die Überlassung zum zollrechtlich freien Verkehr übergeführt. [2]Die Einfuhrumsatzsteuer ist entstanden.

---

1) **Zölle und Verbrauchsteuern** Nr. 1.

Beispiel 2:

[1] Der in der Schweiz ansässige Auftraggeber S (Nichtunternehmer) beauftragt die im Inland ansässige Weberei W mit dem Verweben von Garnen. [2] S versendet zu diesem Zweck Garne an W. [3] Da es sich auf Grund des vorliegenden Präferenznachweises um eine zollfreie Einfuhr handelt und W zum Vorsteuerabzug berechtigt ist, wird keine aktive Veredelung bewilligt. [4] W verwebt die Garne und sendet die Gewebe an S in die Schweiz zurück. [5] Die für die Einfuhr der Garne entstandene Einfuhrumsatzsteuer kann W als Vorsteuer abziehen (vgl. Abschnitt 15.8 Abs. 8).

3. Das Bestimmungsland hat für die Wiedereinfuhr des bearbeiteten oder verarbeiteten Gegenstands Einfuhrabgaben, z. B. Zoll oder Einfuhrumsatzsteuer, erhoben.

Beispiel 3:

[1] Der im Drittlandsgebiet wohnhafte Kfz-Besitzer K hat seinen Personenkraftwagen zur Reparatur durch eine Kraftfahrzeugwerkstatt im Inland eingeführt. [2] Die Reparatur besteht in einer Werkleistung. [3] Der Kraftwagen ist bei der Einfuhr konkludent (Artikel 139 Abs. 1 UZK-DA)[1)] in die vorübergehende Verwendung (Artikel 250 UZK)[1)] übergeführt worden. [4] Die Einfuhr in das Inland kann deshalb nicht durch zollamtliche Belege einer deutschen Zollstelle nachgewiesen werden. [5] Das Wohnsitzland hat jedoch bei der Wiedereinfuhr des reparierten Kraftfahrzeugs Einfuhrabgaben erhoben.

[2] Wegen des in den in Satz 1 Nummern 1 bis 3 genannten Sachverhalten zu führenden buchmäßigen Nachweises wird auf Abschnitt 7.3 Abs. 2 hingewiesen.

(4) [1] Bei Beförderungsmitteln und Transportbehältern, die ihrer Art nach von einem ausländischen Auftraggeber nur für unternehmerische Zwecke verwendet werden können – z. B. Binnenschiffe für gewerbliche Zwecke, Eisenbahnwagen, Container, Kraftomnibusse, Lastkraftwagen, Anhänger, Tankauflieger, Tanksattelschlepper und Tankcontainer – kann unterstellt werden, dass sie nicht nur zu Transportzwecken, sondern regelmäßig auch zur Wartung, Reinigung und Instandsetzung eingeführt werden. [2] In diesen Fällen braucht deshalb der Einfuhrzweck nicht nachgewiesen zu werden.

(5) [1] Die Voraussetzung des Erwerbs im Gemeinschaftsgebiet zum Zwecke der Bearbeitung oder Verarbeitung ist bei einem Gegenstand insbesondere als erfüllt anzusehen, wenn

1. das Bestimmungsland für die Einfuhr des bearbeiteten oder verarbeiteten Gegenstands Einfuhrabgaben, z. B. Zoll, Einfuhrumsatzsteuer, erhoben hat, die nach dem Wert des eingeführten Gegenstands, einschließlich der durch die Bearbeitung oder Verarbeitung eingetretenen Wertsteigerung, berechnet worden sind, oder
2. der Gegenstand unmittelbar vom Lieferer an den beauftragten Unternehmer oder – im Falle der Bearbeitung oder Verarbeitung durch mehrere Beauftragte – vom vorangegangenen Beauftragten an den nachfolgenden Beauftragten gelangt ist.

[2] Zum buchmäßigen Nachweis wird auf Abschnitt 7.3 Abs. 2 hingewiesen.

(6) [1] In der Regel liegt keine Einfuhr zum Zwecke der Bearbeitung oder Verarbeitung vor, wenn ein Gegenstand, der in das Inland gelangt ist, hier

---

1) **Zölle und Verbrauchsteuern** Nr. 4 bzw **1**.

wider Erwarten reparaturbedürftig geworden und deshalb bearbeitet oder verarbeitet worden ist. [2]Die Steuerbefreiung kommt hiernach z.B. nicht in Betracht, wenn ein im Drittlandsgebiet zugelassenes Kraftfahrzeug während einer Fahrt im Inland unerwartet repariert werden musste. [3]Entsprechendes gilt, wenn ein Gegenstand, z.B. ein Kraftwagen, den ein ausländischer Abnehmer im Inland erworben hat, hier vor der Ausfuhr genutzt wurde und während dieser Zeit wider Erwarten repariert werden musste.

(7) [1]Der bearbeitete oder verarbeitete oder – im Falle der Werkleistung nach § 3 Abs. 10 UStG – der überlassene Gegenstand kann durch einen weiteren Beauftragten oder mehrere weitere Beauftragte des Auftraggebers oder eines folgenden Auftraggebers vor der Ausfuhr bearbeitet oder verarbeitet worden sein. [2]Die Ausführungen in Abschnitt 6.1 Abs. 5 gelten hierzu entsprechend.

7.2 Ausfuhrnachweis[1)]

(1) [1]Die für den Ausfuhrnachweis bei Ausfuhrlieferungen maßgebenden Vorschriften sind entsprechend anzuwenden. [2]Auf die Ausführungen in den Abschnitten 6.5 bis 6.8 wird hingewiesen. [3]Hat der Unternehmer einen anderen Unternehmer (Subunternehmer) mit der Bearbeitung oder Verarbeitung beauftragt und befördert oder versendet dieser den bearbeiteten, verarbeiteten oder überlassenen Gegenstand in das Drittlandsgebiet, kann die Ausfuhr in diesen Fällen durch eine Versandbestätigung nachgewiesen werden. [4]Die Versandbestätigung des versendenden Vertreters kann auch auf elektronischem Weg übermittelt werden; bei einer elektronischen Übermittlung der Versandbestätigung ist eine Unterschrift nicht erforderlich, sofern erkennbar ist, dass die elektronische Übermittlung im Verfügungsbereich des Ausstellers begonnen hat. [5]Abschnitt 6a.4 Abs. 3 Satz 2 und Abs. 6 ist entsprechend anzuwenden.

(2) Beziehen sich die Bearbeitungen oder Verarbeitungen auf Binnenschiffe, die gewerblichen Zwecken dienen, Eisenbahnwagen oder Container ausländischer Auftraggeber (vgl. Abschnitt 7.1 Abs. 4), kann der Unternehmer den Nachweis der Ausfuhr dadurch erbringen, dass er neben dem Namen und der Anschrift des ausländischen Auftraggebers und des Verwenders, wenn dieser nicht der Auftraggeber ist, Folgendes aufzeichnet:

1. bei Binnenschiffen, die gewerblichen Zwecken dienen, den Namen und den Heimathafen des Schiffes,
2. bei Eisenbahnwagen das Kennzeichen der ausländischen Eisenbahnverwaltung und die Nummer des Eisenbahnwagens und
3. bei Containern das Kennzeichen des Behälters.

(3) [1]Wird der Nachweis der Einfuhr zum Zwecke der Bearbeitung oder Verarbeitung durch Hinweis auf die Belege über die Bezahlung der Einfuhrabgaben des Bestimmungslandes geführt (vgl. Abschnitt 7.3 Abs. 2 Nr. 3), kann dieser Nachweis zugleich als Ausfuhrnachweis angesehen werden.

---

1) Zur Mitwirkung der Zolldienststellen vgl. BMF v. 16.10.1997 IV C 4 – S 7134 – 78/97, UR 1998, 37, geänd. durch BMF v. 21.6.2006 IV A 6 – S 7134 – 21/06.

[2]Eines weiteren Nachweises für die Ausfuhr bedarf es in diesen Fällen nicht mehr.

7.3 Buchmäßiger Nachweis

(1) [1]Die Ausführungen zum buchmäßigen Nachweis bei Ausfuhrlieferungen in Abschnitt 6.10 Abs. 1 bis 6 gelten entsprechend. [2]Ist der Gegenstand durch mehrere Unternehmer – Beauftragte – nacheinander bearbeitet oder verarbeitet worden (vgl. Abschnitt 7.1 Abs. 7), muss jeder dieser Unternehmer die Voraussetzungen der Steuerbefreiung einschließlich der Einfuhr oder des Erwerbs im Gemeinschaftsgebiet zum Zwecke der Bearbeitung oder Verarbeitung buchmäßig nachweisen.

(2) Der Nachweis der Einfuhr oder des Erwerbs für Zwecke der Bearbeitung und Verarbeitung muss in den Fällen des Abschnitts 7.1 Abs. 3 und 5 wie folgt geführt werden:

1. in den Fällen der aktiven Lohnveredelung (vgl. Abschnitt 7.1 Abs. 3 Satz 1 Nr. 1) durch Hinweis auf die zollamtlichen Belege über die Anmeldung der Waren zur Veredelung und über die Abmeldung der Waren aus der Veredelung;
2. [1]in den Fällen der Einfuhrbesteuerung (vgl. Abschnitt 7.1 Abs. 3 Satz 1 Nr. 2) durch Hinweis auf den zollamtlichen Beleg über die Entstehung der Einfuhrumsatzsteuer. [2]Im Falle der Bearbeitung oder Verarbeitung durch mehrere Unternehmer – Beauftragte – genügt bei den nachfolgenden Beauftragten ein Hinweis auf eine Bescheinigung des vorangegangenen Beauftragten, worin dieser die Entstehung der Einfuhrumsatzsteuer bestätigt hat;
3. in den Fällen der Erhebung von Einfuhrabgaben durch das Bestimmungsland (vgl. Abschnitt 7.1 Abs. 3 Satz 1 Nr. 3 und Abs. 5 Satz 1 Nr. 1) durch Hinweis auf die bei dem Unternehmer vorhandenen Belege oder ihre beglaubigten Abschriften über die Bezahlung der Einfuhrabgaben des Bestimmungslands;
4. in den Fällen, in denen der im Gemeinschaftsgebiet erworbene Gegenstand unmittelbar vom Lieferer an den Unternehmer – Beauftragten – oder von dem vorangegangenen Beauftragten an den nachfolgenden Beauftragten gelangt ist (vgl. Abschnitt 7.1 Abs. 5 Satz 1 Nr. 2), durch Hinweis auf die Durchschrift der Ausfuhrbestätigung für Umsatzsteuerzwecke in Bearbeitungs- oder Verarbeitungsfällen.

(3) [1]Bei der Bearbeitung, z.B. Wartung, Reinigung oder Instandsetzung, eines Kraftfahrzeuges eines ausländischen Auftraggebers kann der Unternehmer den Nachweis der Einfuhr des Kraftfahrzeuges zum Zwecke dieser Bearbeitung auch in anderer Weise führen. [2]In Betracht kommen z.B. Hinweise auf eine schriftliche Anmeldung des Auftraggebers zur Reparatur oder auf eine Bescheinigung einer ausländischen Behörde, dass das Kraftfahrzeug bei einem Unfall im Drittlandsgebiet beschädigt worden ist. [3]Diese Regelung gilt jedoch *nur dann, wenn nach* den Umständen des Einzelfalls keine ernsthaften Zweifel daran bestehen, dass der Auftraggeber das Kraftfahrzeug zum Zwecke der Bearbeitung eingeführt hat.

7.4 Abgrenzung zwischen Lohnveredelungen im Sinne des § 7 UStG und Ausfuhrlieferungen im Sinne des § 6 UStG

[1]Die Steuerbefreiung für Ausfuhrlieferungen kommt für Werklieferungen an eingeführten oder im Gemeinschaftsgebiet erworbenen Gegenständen – anders als die Steuerbefreiung nach § 4 Nr. 1 Buchstabe a, § 7 UStG bei Werkleistungen (Lohnveredelungen) – ohne Rücksicht darauf in Betracht, zu welchem Zweck die Gegenstände eingeführt oder erworben worden sind. [2]Deshalb ist für die Frage, ob für einen Umsatz Steuerfreiheit gewährt werden kann, insbesondere bei Reparaturen beweglicher körperlicher Gegenstände häufig von entscheidender Bedeutung, ob der Umsatz eine Werklieferung (§ 3 Abs. 4 UStG) oder eine Werkleistung darstellt. [3]Zur Abgrenzung zwischen Werklieferung und Werkleistung allgemein und bei Reparaturen beweglicher körperlicher Gegenstände vgl. Abschnitt 3.8.

Zu § 8 UStG
(§ 18 UStDV)

8.1 Umsätze für die Seeschifffahrt

(1) [1]Die Steuerbefreiung nach § 4 Nr. 2, § 8 Abs. 1 UStG ist grundsätzlich davon abhängig, dass die Umsätze unmittelbar an Betreiber eines Seeschiffes oder an die Gesellschaft zur Rettung Schiffbrüchiger bewirkt werden. [2]Die Lieferung eines Wasserfahrzeuges im Sinne des § 8 Abs. 1 Nr. 1 UStG ist auch dann umsatzsteuerfrei, wenn die Lieferung an einen Unternehmer erfolgt, der das Wasserfahrzeug zum Zweck der Überlassung an einen Betreiber eines Seeschiffes oder die Gesellschaft zur Rettung Schiffbrüchiger zu deren ausschließlicher Nutzung erwirbt und diese Zweckbestimmung im Zeitpunkt der Lieferung endgültig feststeht und vom liefernden Unternehmer nachgewiesen wird (vgl. EuGH-Urteil vom 19.7.2012, C-33/11, A). [3]Die Steuerbefreiung kann sich nicht auf Umsätze auf den vorhergehenden Stufen erstrecken, wenn im Zeitpunkt dieser Leistungen deren endgültige Verwendung für den Bedarf eines konkreten, eindeutig identifizierbaren Seeschiffes ihrem Wesen nach nicht feststeht; steht jedoch im Zeitpunkt der Leistung deren endgültige Verwendung für den Bedarf eines solchen Seeschiffes fest und ist die endgültige Zweckbestimmung der Leistung bereits aufgrund der Befolgung der steuerlichen Buchführungs- und Aufzeichnungspflichten (Beleg- und Buchnachweis) sowie der Befolgung der Aufbewahrungspflichten und nicht erst durch besondere Kontroll- und Überwachungsmechanismen nachvollziehbar, kann sich die Steuerbefreiung auch auf vorhergehende Stufen erstrecken (vgl. EuGH-Urteile vom 14.9.2006, C-181/04 bis C-183/04, Elmeka,[1] und vom *19.7.2012, C-33/11, A).* [4]*Auch* Dienstleistungen im Bereich des Beladens und Entladens eines Seeschiffes können steuerfrei sein, wenn sie nicht unmittelbar an den Betreiber eines Seeschiffes, sondern auf einer vorhergehenden Stufe erbracht werden, wie etwa eine von einem Unterauftragnehmer an einen Auftraggeber erbrachte Be- oder Entladeleistung, die dieser dann einem Speditions- oder Transportunternehmen weiterberechnet. [5]Auch

---

[1] HFR 2006, 1171.

können Be- und Entladedienstleistungen steuerfrei sein, die an den Verfügungsberechtigten der Schiffsladung, etwa deren Ausführer oder Einführer, erbracht werden (vgl. EuGH-Urteil vom 4.5.2017, C-33/16, A, BStBl. II S. 1027).[1] [6]Unter den Begriff „Betreiber" fallen unter Berücksichtigung des unionsrechtlichen Umfangs der Befreiung von Umsätzen für die Seeschifffahrt sowohl Reeder als auch Bereederer von Seeschiffen, sofern die Leistungen unmittelbar dem Erwerb durch die Seeschifffahrt dienen. [7]Die Eigentumsverhältnisse sind für die Steuerbefreiung insoweit unerheblich. [8]Eine Zwischenlagerung von Lieferungsgegenständen im Sinne des § 8 Abs. 1 UStG ist ebenfalls unschädlich. [9]Chartervergütungen, die von Linienreedereien geleistet werden, die wiederum Bereederungsverträge mit Reedereien abschließen, sind als Gegenleistung für steuerbefreite Umsätze für die Seeschifffahrt anzusehen.

(2)[2] [1]Bei den begünstigten Schiffen (§ 8 Abs. 1 Nr. 1 UStG) muss es sich um bereits vorhandene Wasserfahrzeuge handeln, die nach ihrer Bauart dem Erwerb durch die Seeschifffahrt oder der Rettung Schiffbrüchiger dienen; maßgebend ist die zolltarifliche Einordnung. [2]Ein Wasserfahrzeug ist ab dem Zeitpunkt seiner Abnahme durch den Besteller als „vorhanden" anzusehen. [3]Zu den vorbezeichneten Schiffen gehören insbesondere Seeschiffe der Handelsschifffahrt, seegehende Fahrgast- und Fährschiffe, Fischereifahrzeuge und Schiffe des Seeschifffahrtshilfsgewerbes, z. B. Seeschlepper und Bugsierschiffe. [4]Nicht dazu gehören Wassersportfahrzeuge (vgl. BFH-Urteil vom 13.2.1992, V R 141/90, BStBl. II S. 576) und Behördenfahrzeuge. [5]Weitere Voraussetzung für die Steuerbefreiung ist, dass die nach ihrer Bauart begünstigten Wasserfahrzeuge auch tatsächlich ausschließlich oder überwiegend in der Erwerbsseeschifffahrt oder zur Rettung Schiffbrüchiger eingesetzt werden.[3] [6]Als Erwerbsseeschifffahrt ist die Schifffahrt seewärts des Küstenmeeres im Sinne des Seerechtsübereinkommens der Vereinten Nationen vom 10.12.1982 (BGBl. 1994 II S. 1798) und die Küstenfischerei nach Absatz 5 anzusehen. [7]Zur seewärtigen Abgrenzung veröffentlicht jeder Küstenstaat Seekarten oder Verzeichnisse geographischer Koordinaten (vgl. Art. 16 des Seerechtsübereinkommens der Vereinten Nationen, Bekanntmachung der Proklamation der Bundesregierung über die Ausweitung des deutschen Küstenmeeres vom 11.11.1994, BGBl. 1994 I S. 3428). [8]Die seewärtige Begrenzung des Küstenmeeres der Bundesrepublik Deutschland verläuft im Wesentlichen in einem Abstand von 12 Seemeilen, gemessen von der Niedrigwasserlinie und den geraden Basislinien und ergibt sich aus den Seegrenzkarten 2920 und 2921 (Bundesamt für Seeschifffahrt und Hydrographie). [9]In den Fällen der Reise-, Zeit-, Slot- und Bareboat-Vercharterung handelt es sich jeweils um eine steuerfreie Vercharterung eines Wasserfahrzeuges für die Seeschifffahrt nach

---

[1] MwStR 2017, 578.

[2] A 8.1 UStAE Abs. 2 Satz 1 und Sätze 5–7 neugef., neuer Satz 8 eingef., bish. Sätze 8–10 werden Sätze 9–11 durch BMF v. 15.6.2020, BStBl. I 2020, 580, anzuwenden in allen offenen Fällen, mit Übergangsregelung für **vor dem 1.1.2021** ausgeführte Umsätze: Anwendung der bish. Fassungen von Abs. 2 und 5, Anwendung bish. Abs. 4: **bis 31.3.2021** (BMF v. *18.12.2020, BStBl. I 2021*, 64).

[3] Lieferung selbsthebender Offshore-Bohreinheiten ist kein steuerbefreiter Umsatz für die Seeschifffahrt, siehe EuGH v. 20.6.2019 C-291/18, MwStR 2019, 695.

§ 4 Nr. 2, § 8 Abs. 1 Nr. 1 UStG. [10] Wesentliches Merkmal dieser Verträge ist das Zurverfügungstellen eines Schiffes bzw. von Schiffsraum. [11] Lediglich die Beförderung im Rahmen von Stückgutverträgen wird als Güterbeförderung angesehen, deren Behandlung sich nach §§ 3a, 3b, 4 Nr. 3 UStG (vgl. Abschnitte 3b.3, 4.3.2 bis 4.3.4) richtet.

(3) Zu den Gegenständen der Schiffsausrüstung (§ 8 Abs. 1 Nr. 2 UStG) gehören:

1. die an Bord eines Schiffes zum Gebrauch mitgeführten in der Regel beweglichen Gegenstände, z. B. optische und nautische Geräte, Drahtseile und Tauwerk, Persenninge, Werkzeug und Ankerketten, nicht aber Transportbehälter, z. B. Container,
2. das Schiffszubehör, z. B. Rettungsboote und andere Rettungsvorrichtungen, Möbel, Wäsche und anderes Schiffsinventar, Seekarten und Handbücher, sowie
3. Teile von Schiffen und andere Gegenstände, die in ein bestimmtes nach § 8 Abs. 1 Nr. 1 UStG begünstigtes Wasserfahrzeug eingebaut werden sollen oder die zum Ersatz von Teilen oder zur Reparatur eines begünstigten Wasserfahrzeugs bestimmt sind; Absatz 2 Sätze 1 und 2 gilt entsprechend.

(4)[1)] Gegenstände zur Versorgung von Schiffen (§ 8 Abs. 1 Nr. 3 Satz 1 UStG) sind die technischen Verbrauchsgegenstände – z. B. Treibstoffe, Schmierstoffe, Farbe oder Putzwolle –, die sonstigen zum Verbrauch durch die Besatzungsmitglieder und die Fahrgäste bestimmten Gegenstände – z. B. Proviant, Genussmittel, Toilettenartikel, Zeitungen und Zeitschriften – und die Waren für Schiffsapotheken, Bordkantinen sowie Bordläden, wenn diese üblicherweise für den Gebrauch oder Verbrauch durch die Besatzungsmitglieder oder die Fahrgäste an Bord bestimmt sind.

(5)[2)] [1] Küstenfischerei (§ 8 Abs. 1 Nr. 3 Satz 2 UStG) ist die Fischerei, die in dem Gebiet des Küstenmeeres (vgl. Absatz 2 Satz 6) durchgeführt wird. [2] Unter Bordproviant sind die ausschließlich zum Verbrauch an Bord durch Besatzung und Passagiere bestimmten Waren (Mundvorrat) zu verstehen.

(6) [1] Bei der Versorgung ausländischer Kriegsschiffe (§ 8 Abs. 1 Nr. 4 UStG) kann davon ausgegangen werden, dass die Voraussetzung für die Steuerbefreiung stets erfüllt ist. [2] Bei der Versorgung von Kriegsschiffen der Bundeswehr ist die Voraussetzung durch einen Bestellschein, der die erforderlichen Angaben enthält, nachzuweisen. [3] Zu dem Begriff „Gegenstände zur Versorgung von Schiffen" gelten die Ausführungen in Absatz 4 entsprechend.

(7)[3)] [1] Zu den in § 8 Abs. 1 Nr. 5 UStG bezeichneten sonstigen Leistungen gehören, wenn die Voraussetzungen des Absatzes 1 erfüllt sind, insbesondere:

[1)] A 8.1 UStAE Abs. 4 neugef. durch BMF v. 26.3.2021, BStBl. I 2021, 385, anzuwenden auf nach dem 31.3.2021 ausgeführte Umsätze.

[2)] A 8.1 UStAE Abs. 5 Satz 1 neugef. durch BMF v. 15.6.2020, BStBl. I 2020, 580, anzuwenden in allen offenen Fällen, mit Übergangsregelung für **vor dem 1.1.2021** ausgeführte Umsätze (s. FN zu Abs. 2).

[3)] A 8.1 UStAE Abs. 7 Satz 2 geänd. durch BMF v. 22.7.2021, BStBl. I 2021, 1023, anzuwenden auf nach dem 31.12.2020 ausgeführte Umsätze, mit Übergangsregelung für **vor dem 1.10.2021** ausgeführte Umsätze, siehe Anlage 8.

1. [1]die Leistungen des **Schiffsmaklers,** soweit es sich hierbei nicht um Vermittlungsleistungen handelt. [2]Der Schiffsmakler vermittelt im Allgemeinen den Abschluss von Seefrachtverträgen. [3]Sein Aufgabenbereich bestimmt sich jedoch nicht allein nach den Vorschriften über den Handelsmakler (§§ 93ff. HGB). [4]Nach der Verkehrsauffassung und Verwaltungsübung ist vielmehr davon auszugehen, dass er, im Gegensatz zum Handelsmakler, nicht nur von Fall zu Fall tätig wird, sondern auch ständig mit der Betreuung eines Schiffs betraut sein kann;
2. [1]die Leistungen des **Havariekommissars.** [2]Dieser ist in der Regel als Schadensagent für Versicherer, Versicherungsnehmer, Versicherte oder Beförderungsunternehmer tätig. [3]Er hat hauptsächlich die Aufgabe, die Interessen seines Auftraggebers wahrzunehmen, wenn bei Beförderungen Schäden an den Beförderungsmitteln oder ihren Ladungen eintreten;
3. [1]die Leistungen des **Schiffsbesichtigers.** [2]Dieser ist ein Sachverständiger, der Schiffe und Ladungen besichtigt oder der auf Wunsch der Beteiligten bei Schiffshavarien oder Ladungsschäden Gutachten über Ursache, Art und Umfang der Schäden anfertigt;
4. [1]die Leistungen des **Güterbesichtigers.** [2]Dieser ist ein Sachverständiger, der zu einer Güterbesichtigung im Falle von Transportschäden aus Anlass einer Güterbeförderung berufen ist. [3]Eine amtliche Bestellung ist nicht zu fordern;
5. [1]die Leistungen des **Dispacheurs.** [2]Seine Tätigkeit besteht in der Feststellung und Verteilung von Schäden in den Fällen der großen Havarie (§ 595 HGB);
6. [1]die Leistungen der **Hafenbetriebe.** [2]Hierzu gehören alle Unternehmen, die Leistungen erbringen, die in unmittelbarem Zusammenhang mit der Zweckbestimmung eines Hafens stehen;
7. [1]das **Schleppen.** [2]Diese Leistung wird auf Grund eines Dienst- oder Werkvertrags, z.B. Assistieren beim Ein- und Auslaufen, Einschleppen eines Schiffes in den Hafen, Verholen eines Schiffes innerhalb des Hafens, oder auf Grund eines Frachtvertrags im Sinne des § 527 HGB (Fortbewegung eines unbemannten Schiffes) bewirkt;
8. [1]das **Lotsen.** [2]Diese Leistung liegt vor, wenn ein Schiff auf See oder Wasserstraßen von einem orts- und schifffahrtskundigen Berater geleitet wird, der dieser Tätigkeit berufsmäßig auf Grund behördlicher Zulassung oder eines Lotsenpatents nachgeht;
9. [1]das **Bergen.** [2]Hierunter fallen alle Leistungen für ein Schiff, seine Besatzung oder Ladung, die den Anspruch auf Berge- oder Hilfslohn begründen (vgl. § 574 HGB);
10. [1]die **selbständigen Nebenleistungen** zu den in den Nummern 1 bis 8 bezeichneten Leistungen. [2]Haupt- und Nebenleistungen können von verschiedenen Unternehmern bewirkt werden;
11. [1]die Personalgestellung im Rahmen des sog. **Crew-Management.** [2]Dagegen fallen die Personalbewirtschaftungsleistungen schon deshalb nicht unter die Steuerbefreiung, weil sie nicht unmittelbar an Unternehmer der

Seeschifffahrt erbracht werden. [3]Die Personalvermittlung ist nach § 4 Nr. 5 UStG steuerfrei (vgl. Absatz 8);

12. die Vermietung (Leasing), das Be- und Entladen, das Lagern und die Reparatur von Seetransport-Containern, wenn sie für den unmittelbaren Bedarf der Schiffsladung bestimmt sind;
13. die **bewaffnete Sicherheitsbegleitung.**

[2]Im Übrigen ist Abschnitt 8.2 Abs. 7 und Abs. 8 auf die Umsätze für die Seeschifffahrt entsprechend anzuwenden.

(8) [1]Vermittlungsleistungen sind keine Leistungen für den unmittelbaren Bedarf der begünstigten Schiffe. [2]Das gilt auch dann, wenn sie von im Absatz 7 genannten Unternehmern erbracht werden. [3]Die Vermittlung der in § 8 UStG bezeichneten Umsätze ist jedoch unter den Voraussetzungen des § 4 Nr. 5 UStG steuerfrei.

(9) Sonstige Leistungen, die sich unmittelbar auf Gegenstände beziehen, die in das Drittlandsgebiet verbracht werden, oder die sich auf Gegenstände der Einfuhr in das Gebiet eines Mitgliedstaates der Europäischen Gemeinschaft beziehen, aber keine Leistungen für den unmittelbaren Bedarf der in § 8 Abs. 1 Nr. 1 und 2 UStG bezeichneten Wasserfahrzeuge darstellen, können nach § 4 Nr. 3 UStG unter den dort genannten Voraussetzungen steuerfrei sein.

8.2 Umsätze für die Luftfahrt

(1) Abschnitt 8.1 Abs. 1 bis 3 ist auf Umsätze für die Luftfahrt entsprechend anzuwenden.

(2) [1]Die Steuerbefreiung nach § 8 Abs. 2 Nr. 1 UStG ist davon abhängig, dass der Unternehmer nur in unbedeutendem Umfang nach § 4 Nr. 17 Buchstabe b UStG steuerfreie, auf das Inland beschränkte Beförderungen mit Luftfahrzeugen durchführt (vgl. Abschnitt 4.17.2). [2]Der Unternehmer führt dann steuerfreie, auf das Inland beschränkte Beförderungen mit Luftfahrzeugen in unbedeutendem Umfang durch, wenn die Entgelte für diese Umsätze im vorangegangenen Kalenderjahr nicht mehr als 1% der Entgelte seiner im jeweiligen Zeitraum ausgeführten Personenbeförderungen im Binnenluftverkehr und im internationalen Luftverkehr betragen oder die Anzahl der Flüge, bei denen nach § 4 Nr. 17 Buchstabe b UStG steuerfreie, auf das Inland beschränkte Beförderungen ausgeführt werden, im vorangegangenen Kalenderjahr nicht mehr als 1% der Gesamtzahl der ausgeführten Flüge des Unternehmers im Personenverkehr beträgt.

(3) [1]Von den Beförderungen im internationalen Luftverkehr im Sinne des § 8 Abs. 2 Nr. 1 UStG sind die Beförderungen zu unterscheiden, die sich ausschließlich auf das Inland erstrecken (Binnenluftverkehr). [2]Die Frage, welcher der beiden Verkehre überwiegt, bestimmt sich nach der Höhe der Entgelte für die Personen- und Güterbeförderungen im Luftverkehr. [3]Übersteigen bei einem Unternehmer, der ausschließlich – oder mit einem Unternehmensteil oder auch nur im Rahmen von Hilfsumsätzen – entgeltlichen Luftverkehr betreibt, die Entgelte für die Beförderungen im internationalen

Luftverkehr die Entgelte für die Beförderungen im Binnenluftverkehr, kommt für die Lieferungen usw. von Luftfahrzeugen, die zum Einsatz bei diesem Unternehmer bestimmt sind, die Steuerbefreiung in Betracht. [4]Auf den Zweck, für den das einzelne Flugzeug bestimmt ist oder verwendet wird – Einsatz im internationalen Luftverkehr oder im Binnenluftverkehr –, kommt es nicht an. [5]Bei den Luftverkehrsunternehmern mit Sitz im Ausland ist davon auszugehen, dass sie im Rahmen ihres entgeltlichen Luftverkehrs überwiegend internationalen Luftverkehr betreiben und nur in unbedeutendem Umfang nach § 4 Nr. 17 Buchstabe b UStG steuerfreie, auf das Inland beschränkte Beförderungen durchführen. [6]Bei den Luftverkehrsunternehmern mit Sitz im Inland kann diese Voraussetzung als erfüllt angesehen werden, wenn sie in der für den Besteuerungszeitraum maßgeblichen im Bundessteuerblatt veröffentlichten Liste aufgeführt sind.[1)] [7]Die Liste wird jeweils zu Beginn eines Kalenderjahres neu herausgegeben, soweit bis zu diesem Zeitpunkt Änderungen eingetreten sind. [8]Das Vorliegen einer aktiven Betriebsgenehmigung durch das Luftfahrtbundesamt kann ein Indiz dafür sein, dass das betreffende Unternehmen in die Liste aufgenommen werden kann, ist aber keine materiell-rechtliche Voraussetzung für die Anwendung der Steuerbefreiung nach § 8 Abs. 2 UStG.

(4)[2)] [1]Bis zur Aufnahme eines Unternehmers in die in Absatz 3 bezeichnete Liste gilt Folgendes: Haben die zuständigen Landesfinanzbehörden bei einem Unternehmer festgestellt, dass er im entgeltlichen Luftverkehr überwiegend internationalen Luftverkehr betreibt und nur in unbedeutendem Umfang nach § 4 Nr. 17 Buchstabe b UStG steuerfreie, auf das Inland beschränkte Beförderungsleistungen erbringt, erteilt das zuständige Finanzamt dem Unternehmer hierüber einen schriftlichen bis zum Ablauf des Kalenderjahres befristeten Bescheid. [2]Der Unternehmer kann anderen Unternehmern Ablichtungen oder Abschriften des Bescheids des Finanzamts übersenden und sie auf diese Weise unterrichten. [3]Die anderen Unternehmer sind berechtigt, diese Ablichtungen oder Abschriften bis zum Beginn des neuen Kalenderjahres für die Führung des buchmäßigen Nachweises zu verwenden.

(5) [1]Das Finanzamt prüft einmal jährlich, ob der in die Liste aufgenommene Unternehmer die Voraussetzungen hierfür noch erfüllt. [2]Ist der Unternehmer danach in die nächste Liste nicht mehr aufzunehmen, können andere Unternehmer aus Vereinfachungsgründen bei Umsätzen, die sie bis zum Beginn des neuen Kalenderjahres bewirken, noch davon ausgehen, dass der Unternehmer im entgeltlichen Luftverkehr überwiegend internationalen Luftverkehr betreibt und nur in unbedeutendem Umfang nach § 4 Nr. 17 Buchstabe b UStG steuerfreie, auf das Inland beschränkte Beförderungen durchführt.

(6)[3)] [1]Bezüglich der Begriffe „Ausrüstungsgegenstände" und „Versorgungsgegenstände" gelten die Ausführungen in Abschnitt 8.1 Abs. 3 und 4 entspre-

---

[1)] Ab **1.1.2021** siehe BMF v. 4.12.2020, BStBl. I 2020, 1340, ab **1.1.2022** siehe BMF v. 9.12.2021, BStBl. I 2021, 2489.

[2)] So die amtliche Satzzählung in Abs. 4.

[3)] *A 8.2 UStAE* Abs. 6 Satz 4 aufgeh. durch BMF v. 22.7.2021, BStBl. I 2021, 1023, anzuwenden auf nach dem 31.12.2020 ausgeführte Umsätze, mit Übergangsregelung für **vor dem 1.10.2021** ausgeführte Umsätze, siehe Anlage 8.

chend. [2]Jedoch ist es nicht erforderlich, dass der Unternehmer die Gegenstände zur Ausrüstung oder Versorgung eines bestimmten Luftfahrzeuges liefert. [3]Bei speziell nur für die Luftfahrt zu verwendenden Containern (z. B. für einen bestimmten Flugzeugtyp angefertigte Container) handelt es sich um Ausrüstungsgegenstände im Sinne von § 8 Abs. 2 Nr. 2 UStG.

(7)[1)] Zu den sonstigen Leistungen im Sinne des § 8 Abs. 2 Nr. 4 UStG gehören insbesondere:

1. die Duldung der Benutzung des Flughafens und seiner Anlagen einschließlich der Erteilung der Start- und Landeerlaubnis;
2. die Reinigung von Luftfahrzeugen;
3. die Umschlagsleistungen auf Flughäfen;
4. die Leistungen der Havariekommissare, soweit sie bei Beförderungen im Luftverkehr anlässlich von Schäden an den Beförderungsmitteln oder ihren Ladungen tätig werden (vgl. Abschnitt 8.1 Abs. 7 Satz 1 Nr. 2);
5. die mit dem Flugbetrieb zusammenhängenden sonstigen Leistungen auf Flughäfen, z. B. das Schleppen von Flugzeugen;
6. die sog. Standby-Leistungen selbständiger Piloten bei Vorliegen der sonstigen Voraussetzungen des § 8 Abs. 2 Nr. 4 UStG und
7. [1]die Leistungen für Zwecke der Luftsicherheitskontrollen zur Überprüfung von Fluggästen und deren Gepäck an eine Luftsicherheitsbehörde (§ 5 LuftSiG in Verbindung mit § 29 LuftVG)[2)] oder an einen zur Wahrnehmung der Luftsicherheitskontrollen Beliehenen (§ 16a LuftSiG). [2]Dies gilt auch für die Aufwendungen für den Erwerb, die Nutzung und die Erhaltung von Sicherheitseinrichtungen zur Fluggast- und Gepäckkontrolle (z. B. Körper- oder Gepäckscanner) und den Einkauf von Security-Leistungen.

(8)[1)] [1]Nicht befreit nach § 4 Nr. 2, § 8 Abs. 2 Nr. 4 UStG sind insbesondere die folgenden sonstigen Leistungen:

1. [1]die Vermittlung von befreiten Umsätzen. [2]Es kann jedoch die Steuerbefreiung nach § 4 Nr. 5 UStG in Betracht kommen (vgl. Abschnitt 4.5.1 Abs. 3);
2. die Vermietung von Hallen für Werftbetriebe auf Flughäfen;
3. die Leistungen zu Kontrollzwecken des Flughafen- und Bodenpersonals sowie sonstige Bodendienstleistungen (z. B. die Reinigung des Flughafens), soweit sie nicht nach Absatz 7 Nr. 7 begünstigt sind;
4. die Beherbergung und Beköstigung von Besatzungsmitgliedern eines Luftfahrzeuges;
5. die Beförderung von Besatzungsmitgliedern, z. B. mit einem Taxi, vom Flughafen zum Hotel und zurück;

[1)] A 8.2 UStAE neuer Abs. 7 eingef., bish. Abs. 7 wird Abs. 8 und neugef. durch BMF v. 22.7.2021, BStBl. I 2021, 1023, anzuwenden auf nach dem 31.12.2020 ausgeführte Umsätze, mit Übergangsregelung für **vor dem 1.10.2021** ausgeführte Umsätze, siehe Anlage 8.

[2)] Luftverkehrsgesetz i. d. F. v. 10.5.2007, BGBl. I 2007, 698, zuletzt geänd. durch G v. 10.8.2021, BGBl. I 2021, 3436 (**Sartorius Ergänzungsband** Nr. **975**).

6. die Beherbergung und Beköstigung von Passagieren bei Flugunregelmäßigkeiten und
7. die Beförderung von Passagieren und des Fluggepäcks, z. B. mit einem Kraftfahrzeug, zu einem Ausweichflughafen.

8.3 Buchmäßiger Nachweis

(1) [1]Der Unternehmer hat die Voraussetzungen der Steuerbefreiung buchmäßig nachzuweisen. [2]Hierzu gelten die Ausführungen zu den Ausfuhrlieferungen entsprechend (vgl. Abschnitt 6.10 Abs. 1 bis 4).

(2) [1]Der Unternehmer soll nach § 18 UStDV neben den in § 13 Abs. 2 Nr. 1 bis 4 UStDV bezeichneten Angaben auch aufzeichnen, für welchen Zweck der Gegenstand der Lieferung oder die sonstige Leistung bestimmt ist. [2]Es genügt der Hinweis auf Urkunden, z. B. auf ein Schiffszertifikat, oder auf Belege, wenn sich aus diesen Unterlagen der Zweck eindeutig und leicht nachprüfbar ergibt. [3]In Zweifelsfällen kann der begünstigte Zweck durch eine Bestätigung desjenigen, bei dem er verwirklicht werden soll, nachgewiesen werden. [4]Soll der begünstigte Zweck bei einem Dritten verwirklicht werden (vgl. Abschnitt 8.1 Abs. 1 und Abschnitt 8.2 Abs. 1), sollen auch der Name und die Anschrift dieses Dritten aufgezeichnet sein.

(3) [1]Bei Reihengeschäften können ausländische Unternehmer in der Reihe den buchmäßigen Nachweis in der Regel nicht im Geltungsbereich des UStG erbringen. [2]In diesen Fällen ist zur Vermeidung von Unbilligkeiten das Fehlen des Nachweises nicht zu beanstanden.

Zu § 9 UStG

9.1 Verzicht auf Steuerbefreiungen (§ 9 Abs. 1 UStG)[1)]

(1) [1]Ein Verzicht auf Steuerbefreiungen (Option) ist nur in den Fällen des § 4 Nr. 8 Buchstaben a bis g, Nr. 9 Buchstabe a, Nr. 12, 13 oder 19 UStG zulässig. [2]Der Unternehmer hat bei diesen Steuerbefreiungen die Möglichkeit, seine Entscheidung für die Steuerpflicht bei jedem Umsatz einzeln zu treffen. [3]Zu den Aufzeichnungspflichten wird auf Abschnitt 22.2 Abs. 4 hingewiesen.

(2) [1]Der Verzicht auf die Steuerbefreiung ist in den Fällen des § 19 Abs. 1 Satz 1 UStG nicht zulässig (§ 19 Abs. 1 Satz 4 UStG). [2]Für Unternehmer, die ihre Umsätze aus land- und forstwirtschaftlichen Betrieben nach den Vorschriften des § 24 UStG versteuern, findet § 9 UStG keine Anwendung (§ 24 Abs. 1 Satz 2 UStG). [3]Ferner ist § 9 UStG in den Fällen der unentgeltlichen Wertabgabe nach § 3 Abs. 1b Satz 1 Nr. 1 und 2 UStG nicht anzuwenden.[2)]

[1)] *Zum Vorsteuerabzug aus den Herstellungskosten einer in 1993/1994 errichteten und stpfl. vermieteten Sporthalle vgl. BFH v. 11.3.2009 XI R 71/07, BStBl. II 2010, 209.*

[2)] Hinweis auf A 3.2 Abs. 2 UStAE.

(3) [1]Die Erklärung zur Option nach § 9 UStG sowie die Rücknahme dieser Option sind zulässig, solange die Steuerfestsetzung für das Jahr der Leistungserbringung anfechtbar oder auf Grund eines Vorbehalts der Nachprüfung nach § 164 AO noch änderbar ist (vgl. BFH-Urteile vom 19.12.2013, V R 6/12, BStBl. 2017 II S. 837, und V R 7/12, BStBl. 2017 II S. 841). [2]Im Rahmen einer Geschäftsveräußerung im Ganzen kommt eine Option grundsätzlich nicht in Betracht. [3]Gehen die Parteien jedoch im Rahmen des notariellen Kaufvertrags übereinstimmend von einer Geschäftsveräußerung im Ganzen aus und beabsichtigen sie lediglich für den Fall, dass sich ihre rechtliche Beurteilung später als unzutreffend herausstellt, eine Option zur Steuerpflicht, gilt diese vorsorglich und im Übrigen unbedingt im notariellen Kaufvertrag erklärte Option als mit Vertragsschluss wirksam. [4]Weitere Einschränkungen ergeben sich für Umsätze im Sinne des § 4 Nr. 9 Buchstabe a UStG aus § 9 Abs. 3 UStG (vgl. hierzu Abschnitt 9.2 Abs. 8 und 9). [5]An eine besondere Form ist die Ausübung des Verzichts auf Steuerbefreiung nicht gebunden. [6]Die Option erfolgt, indem der leistende Unternehmer den Umsatz als steuerpflichtig behandelt. [7]Dies geschieht regelmäßig, wenn er gegenüber dem Leistungsempfänger mit gesondertem Ausweis der Umsatzsteuer abrechnet. [8]Der Verzicht kann auch in anderer Weise (durch schlüssiges Verhalten) erklärt werden, soweit aus den Erklärungen oder sonstigen Verlautbarungen, in die das gesamte Verhalten einzubeziehen ist, der Wille zum Verzicht eindeutig hervorgeht.

(4) [1]Unter den in Absatz 3 genannten Voraussetzungen kann der Verzicht auch wieder rückgängig gemacht werden. [2]Sind für diese Umsätze Rechnungen oder Gutschriften mit gesondertem Steuerausweis erteilt worden, entfällt die Steuerschuld nur, wenn die Rechnungen oder Gutschriften berichtigt werden (vgl. § 14c Abs. 1 Satz 3 UStG und Abschnitt 14c.1 Abs. 11). [3]Einer Zustimmung des Leistungsempfängers zur Rückgängigmachung des Verzichts bedarf es grundsätzlich nicht.

(5) [1]Voraussetzung für einen Verzicht auf die Steuerbefreiungen der in § 9 Abs. 1 UStG genannten Umsätze ist, dass steuerbare Umsätze von einem Unternehmer im Rahmen seines Unternehmens an einen Unternehmer für dessen Unternehmen ausgeführt werden bzw. eine entsprechende Verwendungsabsicht besteht, auch wenn es, z. B. bei erfolglosen Vorbereitungshandlungen, tatsächlich nicht zu einem Verwendungsumsatz kommt (BFH-Urteil vom 17.5.2001, V R 38/00, BStBl. 2003 II S. 434; vgl. Abschnitt 2.6 Abs. 1). [2]Diese Verwendungsabsicht muss der Unternehmer, der von dem Verzicht auf die Steuerbefreiung Gebrauch machen möchte, objektiv belegen und in gutem Glauben erklären (BFH-Urteil vom 22.3.2001, V R 46/00, BStBl. 2003 II S. 433, vgl. Abschnitt 15.12). [3]Eine Option ist nicht zulässig, soweit der leistende Unternehmer den Gegenstand der Leistung oder der Leistungsempfänger die erhaltene Leistung zulässigerweise anteilig nicht seinem Unternehmen zugeordnet hat oder zuordnen konnte (vgl. BFH-Urteile vom 20.7.1988, X R 6/80, BStBl. II S. 915, und vom 28.2.1996, XI R 70/90, BStBl. II S. 459). [4]Wegen der Grundsätze für die Zuordnung einer Leistung zum Unternehmen wird auf Abschnitt 15.2c verwiesen.

(6)[1] [1]Der Verzicht auf die Steuerbefreiung kann bei der Lieferung vertretbarer Sachen sowie bei aufteilbaren sonstigen Leistungen auf deren Teile begrenzt werden (Teiloption). [2]Eine Teiloption kommt z. B. bei der Gebäudelieferung, insbesondere bei unterschiedlichen Nutzungsarten der Gebäudeteile, in Betracht. [3]Unter Zugrundelegung unterschiedlicher wirtschaftlicher Funktionen ist auch eine Aufteilung nach räumlichen Gesichtspunkten (nicht dagegen eine bloße quotale Aufteilung) möglich (vgl. BFH-Urteil vom 26.6. 1996, XI R 43/90, BStBl. 1997 II S. 98, und vom 24.4.2014, V R 27/13, BStBl. II S. 732). [4]Bei der Lieferung von Gebäuden oder Gebäudeteilen und dem dazugehörigen Grund und Boden kann die Option für eine Besteuerung nur zusammen für die Gebäude oder Gebäudeteile und den dazugehörigen Grund und Boden ausgeübt werden (EuGH-Urteil vom 8.6.2000, C-400/98, Breitsohl, BStBl. 2003 II S. 452).[2] [5]Sind bei der Vermietung an mehrere Personen die einzelnen Gemeinschafter als Leistungsempfänger anzusehen (vgl. Abschnitt 15.2b Abs. 1), kann der Vermieter nur insoweit optieren, als der Vermietungsumsatz an einen unternehmerisch tätigen Gemeinschafter ausgeführt wird (vgl. BFH-Urteil vom 1.2.2001, V R 79/99, BStBl. 2008 II S. 495).

9.2 Einschränkung des Verzichts auf Steuerbefreiungen (§ 9 Abs. 2 und 3 UStG)

(1) [1]Der Verzicht auf die in § 9 Abs. 2 UStG genannten Steuerbefreiungen ist nur zulässig, soweit der Leistungsempfänger das Grundstück ausschließlich für Umsätze verwendet oder zu verwenden beabsichtigt, die den Vorsteuerabzug nach § 15 Abs. 1 UStG nicht ausschließen. [2]Unter den Begriff des Grundstücks fallen nicht nur Grundstücke insgesamt, sondern auch selbständig nutzbare Grundstücksteile (z. B. Wohnungen, gewerbliche Flächen, Büroräume, Praxisräume). [3]Soweit der Leistungsempfänger das Grundstück oder einzelne Grundstücksteile ausschließlich für Umsätze verwendet, die zum Vorsteuerabzug berechtigen, kann auf die Steuerbefreiung des einzelnen Umsatzes weiterhin verzichtet werden. [4]Werden mehrere Grundstücksteile räumlich oder zeitlich unterschiedlich genutzt, ist die Frage der Option bei jedem Grundstücksteil gesondert zu beurteilen. [5]Dabei ist es unschädlich, wenn die Verwendung der Grundstücksteile zivilrechtlich in einem einheitlichen Vertrag geregelt ist. [6]Ein vereinbartes Gesamtentgelt ist, ggf. im Schätzungswege, aufzuteilen.

Beispiel 1:

[1]V 1 errichtet ein Gebäude mit mehreren Wohnungen und vermietet es insgesamt an V 2. [2]Dieser vermietet die Wohnungen an Privatpersonen weiter.
[3]Die Vermietung des Gebäudes durch V 1 an V 2 und die Vermietung der Wohnungen durch V 2 an die Privatpersonen sind nach § 4 Nr. 12 Satz 1 Buchstabe a UStG steuerfrei. [4]V 1 kann auf die Steuerbefreiung nicht verzichten, weil sein Mieter das Gebäude für steuerfreie Umsätze verwendet, die den Vorsteuerabzug ausschließen (§ 9 Abs. 2 UStG). [5]V 2 kann auf die Steuerbefreiung nicht verzichten, weil er nicht an Unternehmer vermietet (§ 9 Abs. 1 UStG).

---

[1] *A 9.1 UStAE* Abs. 6 Satz 5 angef. durch BMF v. 27.10.2021, BStBl. I 2021, 2137, anzuwenden in allen offenen Fällen.
[2] DStRE 2000, 881.

Beispiel 2:

[1]V 1 errichtet ein Gebäude und vermietet es an V 2. [2]Dieser vermietet es an eine Gemeinde zur Unterbringung der Gemeindeverwaltung weiter.

[3]Die Vermietung des Gebäudes durch V 1 an V 2 und die Weitervermietung durch V 2 an die Gemeinde sind nach § 4 Nr. 12 Satz 1 Buchstabe a UStG steuerfrei. [4]V 1 kann auf die Steuerbefreiung nicht verzichten, weil V 2 das Gebäude für steuerfreie Umsätze verwendet, die den Vorsteuerabzug ausschließen (§ 9 Abs. 2 UStG). [5]V 2 kann auf die Steuerbefreiung nicht verzichten, weil das Gebäude von der Gemeinde für nichtunternehmerische Zwecke genutzt wird (§ 9 Abs. 1 UStG).

Beispiel 3:

[1]V 1 errichtet ein gewerblich zu nutzendes Gebäude mit Einliegerwohnung und vermietet es insgesamt an V 2. [2]Dieser betreibt in den gewerblichen Räumen einen Supermarkt. [3]Die Einliegerwohnung vermietet V 2 an seinen angestellten Hausmeister.

[4]Die Vermietung des Gebäudes durch V 1 an V 2 und die Vermietung der Wohnung durch V 2 an den Hausmeister sind nach § 4 Nr. 12 Satz 1 Buchstabe a UStG steuerfrei. [5]V 1 kann bei der Vermietung der gewerblichen Räume auf die Steuerbefreiung verzichten, weil V 2 diese Räume ausschließlich für Umsätze verwendet, die zum Vorsteuerabzug berechtigen (§ 9 Abs. 2 UStG). [6]Bei der Vermietung der Einliegerwohnung kann V 1 auf die Steuerbefreiung nicht verzichten, weil V 2 die Wohnung für steuerfreie Umsätze verwendet, die den Vorsteuerabzug ausschließen (§ 9 Abs. 2 UStG). [7]V 2 kann bei der Vermietung der Einliegerwohnung nicht auf die Steuerbefreiung verzichten, weil der Hausmeister kein Unternehmer ist (§ 9 Abs. 1 UStG).

Beispiel 4:

[1]V errichtet ein mehrgeschossiges Gebäude und vermietet es wie folgt:

- die Räume des Erdgeschosses an eine Bank;
- die Räume im 1. Obergeschoss an einen Arzt;
- die Räume im 2. Obergeschoss an einen Rechtsanwalt;
- die Räume im 3. Obergeschoss an das städtische Schulamt.

[2]Die Vermietungsumsätze des V sind von der Umsatzsteuer befreit (§ 4 Nr. 12 Satz 1 Buchstabe a UStG). [3]Die Geschosse des Gebäudes sind selbständig nutzbare Grundstücksteile. [4]Die Frage der Option ist für jeden Grundstücksteil gesondert zu prüfen.

- Erdgeschoss
  [5]V kann auf die Steuerbefreiung nicht verzichten, weil die Bank die Räume für grundsätzlich steuerfreie Umsätze (§ 4 Nr. 8 UStG) verwendet, die den Vorsteuerabzug ausschließen (§ 9 Abs. 2 UStG).
- 1. Obergeschoss
  [6]V kann auf die Steuerbefreiung nicht verzichten, weil der Arzt die Räume für grundsätzlich steuerfreie Umsätze (§ 4 Nr. 14 UStG) verwendet, die den Vorsteuerabzug ausschließen (§ 9 Abs. 2 UStG).
- 2. Obergeschoss
  [7]V kann auf die Steuerbefreiung verzichten, weil der Rechtsanwalt die Räume ausschließlich für Umsätze verwendet, die zum Vorsteuerabzug berechtigen (§ 9 Abs. 2 UStG).
- 3. Obergeschoss
  [8]V kann auf die Steuerbefreiung nicht verzichten, weil die Stadt die Räume nicht unternehmerisch nutzt (§ 9 Abs. 1 UStG).

Beispiel 5:

[1]V 1 errichtet ein mehrgeschossiges Gebäude und vermietet es an V 2. [2]Dieser vermietet das Gebäude wie im Beispiel 4 weiter.

[3]Die Vermietung des Gebäudes durch V 1 an V 2 und die Weitervermietung durch V 2 sind nach § 4 Nr. 12 Satz 1 Buchstabe a UStG steuerfrei. [4]V 2 kann, wie in Beispiel 4 dargestellt, nur bei der Vermietung des 2. Obergeschosses an den Rechtsanwalt auf die Steuerbefreiung verzichten (§ 9 Abs. 2 UStG). [5]V 1 kann bei der Vermietung des 2. Obergeschosses auf die Steuerbefreiung verzichten, wenn V 2 von seiner Optionsmöglichkeit Gebrauch macht.

[6]V 2 verwendet das 2. Obergeschoss in diesem Fall für steuerpflichtige Umsätze. [7]Bei der Vermietung der übrigen Geschosse kann V 1 auf die Steuerbefreiung nicht verzichten, weil V 2 diese Geschosse für steuerfreie Umsätze verwendet, die den Vorsteuerabzug ausschließen (§ 9 Abs. 2 UStG).

Beispiel 6:

[1]V errichtet ein zweistöckiges Gebäude und vermietet es an den Zahnarzt Z. [2]Dieser nutzt das Obergeschoss als Wohnung und betreibt im Erdgeschoss seine Praxis. [3]Einen Raum im Erdgeschoss nutzt Z ausschließlich für die Anfertigung und Wiederherstellung von Zahnprothesen.

[4]Die Vermietung des Gebäudes durch V an Z ist von der Umsatzsteuer befreit (§ 4 Nr. 12 Satz 1 Buchstabe a UStG). [5]Die Geschosse des Gebäudes und auch die Räume im Erdgeschoss sind selbständig nutzbare Grundstücksteile. [6]Die Frage der Option ist für jeden Grundstücksteil gesondert zu prüfen.

– Erdgeschoss

  [7]V kann auf die Steuerbefreiung insoweit nicht verzichten, als Z die Räume für seine grundsätzlich steuerfreie zahnärztliche Tätigkeit (§ 4 Nr. 14 Buchstabe a Satz 1 UStG) verwendet, die den Vorsteuerabzug ausschließt (§ 9 Abs. 2 UStG). [8]Dagegen kann V auf die Steuerbefreiung insoweit verzichten, als Z einen Raum zur Anfertigung und Wiederherstellung von Zahnprothesen, also ausschließlich zur Erbringung von steuerpflichtigen und damit den Vorsteuerabzug nicht ausschließenden Umsätzen verwendet (§ 4 Nr. 14 Buchstabe a Satz 2 UStG).

– Obergeschoss

  [9]V kann auf die Steuerbefreiung nicht verzichten, weil Z die Räume nicht unternehmerisch nutzt (§ 9 Abs. 1 UStG).

(2) [1]Die Option ist unter den Voraussetzungen des Absatzes 1 auch dann zulässig, wenn der Leistungsempfänger ein Unternehmer ist, der Reiseleistungen erbringt (§ 25 UStG) oder die Differenzbesteuerung für die Umsätze von beweglichen körperlichen Gegenständen anwendet (§ 25a UStG). [2]Die Option ist nicht zulässig, wenn der Leistungsempfänger ein Unternehmer ist, der das Grundstück für Umsätze verwendet, für die er seine abziehbaren Vorsteuerbeträge nach Durchschnittssätzen entsprechend den Sonderregelungen nach §§ 23, 23a UStG berechnet, oder der seine Umsätze nach den Durchschnittssätzen für land- und forstwirtschaftliche Betriebe nach § 24 UStG versteuert (vgl. BFH-Urteil vom 1.3.2018, V R 35/17, BStBl. 2020 II S. 749). [3]Dasselbe gilt, wenn der Leistungsempfänger ein Unternehmer ist, bei dem die Umsatzsteuer nach § 19 Abs. 1 Satz 1 UStG nicht erhoben wird.

(3) [1]Verwendet der Leistungsempfänger das Grundstück bzw. einzelne Grundstücksteile nur in sehr geringem Umfang für Umsätze, die den Vorsteuerabzug ausschließen (Ausschlussumsätze), ist der Verzicht auf Steuerbefreiung zur Vermeidung von Härten weiterhin zulässig. [2]Eine geringfügige Verwendung für Ausschlussumsätze kann angenommen werden, wenn im Falle der steuerpflichtigen Vermietung die auf den Mietzins für das Grundstück bzw. für den Grundstücksteil entfallende Umsatzsteuer im Besteuerungszeitraum (Kalenderjahr, § 16 Abs. 1 Satz 2 UStG) höchstens zu 5% vom Vorsteuerabzug ausgeschlossen wäre (Bagatellgrenze). [3]Für die Vorsteueraufteilung durch den Leistungsempfänger (Mieter) gelten die allgemeinen Grundsätze (vgl. Abschnitte 15.16 bis 15.18).

Beispiel 1:

[1]V vermietet das Erdgeschoss eines Gebäudes an den Schönheitschirurgen S. [2]Neben den steuerpflichtigen Leistungen (Durchführung von plastischen und ästhetischen Operationen) bewirkt S auch in geringem Umfang steuerfreie Heilbehandlungsleistungen (§ 4 Nr. 14 Buch-

stabe a UStG). [3]Die Aufteilung der sowohl mit den steuerpflichtigen als auch mit den steuerfreien Umsätzen in wirtschaftlichem Zusammenhang stehenden Vorsteuerbeträge nach ihrer wirtschaftlichen Zuordnung führt im Besteuerungszeitraum zu einem Vorsteuerausschluss von 3%.
[4]Die Vermietung des Erdgeschosses von V an S ist nach § 4 Nr. 12 Satz 1 Buchstabe a UStG steuerfrei. [5]V kann auf die Steuerbefreiung verzichten, weil S das Erdgeschoss nur in geringfügigem Umfang für Umsätze verwendet, die den Vorsteuerabzug ausschließen.

Beispiel 2:
[1]V vermietet an den Autohändler A einen Ausstellungsraum. [2]A vermietet den Ausstellungsraum jährlich für zwei Wochen an ein Museum zur Ausstellung von Kunst.
[3]Die Vermietung des Ausstellungsraums durch V an A und die Weitervermietung durch A sind nach § 4 Nr. 12 Satz 1 Buchstabe a UStG steuerfrei. [4]Da A den Ausstellungsraum im Besteuerungszeitraum lediglich an 14 von 365 Tagen (ca. 4%) zur Ausführung von Umsätzen verwendet, die den Vorsteuerabzug ausschließen, kann V auf die Steuerbefreiung der Vermietung des Ausstellungsraums verzichten. [5]A kann auf die Steuerbefreiung nicht verzichten, weil das Museum den Ausstellungsraum für steuerfreie Umsätze (§ 4 Nr. 20 Buchstabe a UStG) verwendet, die den Vorsteuerabzug ausschließen (§ 9 Abs. 2 UStG).

(4) [1]Der Unternehmer hat die Voraussetzungen für den Verzicht auf die Steuerbefreiungen nachzuweisen. [2]Der Nachweis ist an keine besondere Form gebunden. [3]Er kann sich aus einer Bestätigung des Mieters, aus Bestimmungen des Mietvertrags oder aus anderen Unterlagen ergeben. [4]Ständig wiederholte Bestätigungen des Mieters über die Verwendung des Grundstücks bzw. Grundstücksteils sind nicht erforderlich, solange beim Mieter keine Änderungen bei der Verwendung des Grundstücks zu erwarten sind. [5]Im Einzelfall kann es aber erforderlich sein, vom Mieter zumindest eine jährliche Bestätigung einzuholen.

(5) [1]§ 9 Abs. 2 UStG in der ab 1.1.1994 geltenden Fassung ist nicht anzuwenden, wenn das auf dem Grundstück errichtete Gebäude vor dem 1.1. 1998 fertig gestellt wird und wenn mit der Errichtung des Gebäudes vor dem 11.11.1993 begonnen wurde. [2]Unter dem Beginn der Errichtung eines Gebäudes ist der Zeitpunkt zu verstehen, in dem einer der folgenden Sachverhalte als Erster verwirklicht worden ist:

1. Beginn der Ausschachtungsarbeiten,
2. Erteilung eines spezifizierten Bauauftrags an den Bauunternehmer oder
3. Anfuhr nicht unbedeutender Mengen von Baumaterial auf dem Bauplatz.

[3]Vor diesem Zeitpunkt im Zusammenhang mit der Errichtung eines Gebäudes durchgeführte Arbeiten oder die Stellung eines Bauantrags sind noch nicht als Beginn der Errichtung anzusehen. [4]Dies gilt auch für die Arbeiten zum Abbruch eines Gebäudes, es sei denn, dass unmittelbar nach dem Abbruch des Gebäudes mit der Errichtung eines neuen Gebäudes begonnen *wird.* [5]*Hiervon ist stets auszugehen,* wenn der Steuerpflichtige die Entscheidung zu bauen für sich bindend und unwiderruflich nach außen hin erkennbar macht. [6]Dies kann z.B. durch eine Abbruchgenehmigung nachgewiesen werden, die nur unter der Auflage erteilt wurde, zeitnah ein neues Gebäude zu errichten.

(6) [1]Wird durch einen Anbau an einem Gebäude oder eine Aufstockung eines Gebäudes ertragsteuerlich ein selbständiges Wirtschaftsgut hergestellt, ist auf dieses Wirtschaftsgut die seit dem 1.1.1994 geltende Rechtslage anzu-

wenden. [2]Diese Rechtslage gilt auch, wenn ein Gebäude nachträglich durch Herstellungsarbeiten so umfassend saniert oder umgebaut wird, dass nach ertragsteuerlichen Grundsätzen ein anderes Wirtschaftsgut entsteht (vgl. H 7.3 EStH zu R 7.3 EStR).[1)] [3]Die Ausführungen in den Sätzen 1 und 2 sind jedoch in den Fällen nicht anzuwenden, in denen die Herstellungsarbeiten vor dem 11.11.1993 begonnen haben und vor dem 1.1.1998 abgeschlossen werden. [4]Die Einschränkung der Optionsmöglichkeiten ab 1.1.1994 hat keine Auswirkungen auf einen für die Errichtung des Gebäudes in Anspruch genommenen Vorsteuerabzug.

(7) [1]Durch die Veräußerung eines Grundstücks wird die Frage, ob der Verzicht auf die in § 9 Abs. 2 UStG genannten Steuerbefreiungen zulässig ist, nicht beeinflusst. [2]Für Grundstücke mit Altbauten gilt daher, auch wenn sie veräußert werden, die Rechtslage vor dem 1.1.1994. [3]Zu beachten sind aber weiterhin die Grundsätze des BMF-Schreibens vom 29.5.1992, BStBl. I S. 378, zum Missbrauch rechtlicher Gestaltungsmöglichkeiten (§ 42 AO);[2)] vgl. auch BFH-Urteil vom 14.5.1992, V R 12/88, BStBl. II S. 931.

(8) Ein Verzicht auf die Steuerbefreiung nach § 9 Abs. 1 UStG bei Lieferungen von Grundstücken (§ 4 Nr. 9 Buchstabe a UStG) im Zwangsversteigerungsverfahren durch den Vollstreckungsschuldner an den Ersteher ist bis zur Aufforderung zur Abgabe von Geboten im Versteigerungstermin zulässig.

(9)[3)] [1]Der Verzicht auf die Umsatzsteuerbefreiung der Lieferung eines Grundstücks außerhalb eines Zwangsversteigerungsverfahrens kann nur in dem dieser Grundstückslieferung zu Grunde liegenden notariell zu beurkundenden Vertrag erklärt werden. [2]Ein späterer Verzicht auf die Umsatzsteuerbefreiung ist unwirksam, auch wenn er notariell beurkundet wird (vgl. BGH-Urteil vom 21.10.2015, XI R 40/13, BStBl. 2017 II S. 852). [3]Gleiches gilt für die Rücknahme des Verzichts auf die Umsatzsteuerbefreiung.

Zu § 10 UStG
(§ 25 UStDV)

10.1 Entgelt

(1) [1]Der Begriff des Entgelts in § 10 Abs. 1 UStG gilt sowohl für die Besteuerung nach vereinbarten Entgelten (§ 16 Abs. 1 UStG) als auch für die Besteuerung nach vereinnahmten Entgelten (§ 20 UStG). [2]Zwischen den beiden Besteuerungsarten besteht insoweit kein Unterschied, als auch bei der Besteuerung nach vereinbarten Entgelten grundsätzlich nur das zu versteuern ist, was für die Lieferung oder sonstige Leistung tatsächlich vereinnahmt wird (vgl. BFH-Urteile vom 2.4.1981, V R 39/79, BStBl. II S. 627, und vom 10.11.1983, V R 91/80, BStBl. 1984 II S. 120). [3]Wegen der Änderung der Bemessungsgrundlage vgl. Abschnitte 17.1 und 17.2.

---

1) Nr. 1.

2) Siehe auch BFH v. 9.11.2006 V R 43/04, BStBl. II 2007, 344 (Sparkassen-/Bankenmodell).

3) Zum Widerruf des Verzichts auf die Steuerbefreiung nach § 4 Nr. 9 Buchst. a außerhalb notarieller Urkunde siehe BFH v. 2.7.2021 XI R 22/19, DStR 2021, 2584.

(2) [1]Das Entgelt ist auch dann Bemessungsgrundlage, wenn es dem objektiven Wert der bewirkten Leistung nicht entspricht. [2]Eine Ausnahme besteht für unentgeltliche oder verbilligte Leistungen durch Unternehmer an ihr Personal, von Vereinigungen an ihre Mitglieder und von Einzelunternehmern an ihnen nahe stehende Personen; vgl. Abschnitte 1.8, 10.6 und 10.7. [3]Liefert eine Kapitalgesellschaft einer Tochtergesellschaft einen Gegenstand zu einem überhöhten Preis, bildet dieser grundsätzlich selbst dann das Entgelt im Sinne des § 10 Abs. 1 UStG, wenn ein Teil der Gegenleistung ertragsteuerrechtlich als verdeckte Gewinnausschüttung zu beurteilen ist (BFH-Urteil vom 25.11. 1987, X R 12/87, BStBl. 1988 II S. 210).

(3) [1]Der Umfang des Entgelts beschränkt sich nicht auf die bürgerlichrechtlich bestimmte oder bestimmbare Gegenleistung für eine Leistung, sondern erstreckt sich auf alles, was der Leistungsempfänger tatsächlich für die an ihn bewirkte Leistung aufwendet. [2]Dazu gehören auch Nebenkosten des Leistenden, die er vom Leistungsempfänger einfordert (vgl. BFH-Urteil vom 16.3.2000, V R 16/99, BStBl. II S. 360). [3]Verlangt der Leistende für die Annahme einer Bezahlung mit Kredit- oder Geldkarte, dass der Leistungsempfänger ihm oder einem anderen Unternehmer hierfür einen Betrag entrichtet und wird der von diesem Empfänger zu zahlende Gesamtpreis durch die Zahlungsweise nicht beeinflusst, ist dieser Betrag Bestandteil der Bemessungsgrundlage für seine Leistung (vgl. Artikel 42 der MwStVO).[1)] [4]Vereinbaren die Beteiligten rechtsirrtümlich die Gegenleistung ohne Umsatzsteuer, ist der ursprünglich vereinbarte Betrag in Entgelt und darauf entfallende Umsatzsteuer aufzuteilen (vgl. BFH-Urteil vom 20.1.1997, V R 28/95, BStBl. II S. 716). [5]Neben dem vereinbarten Preis einer Leistung können auch zusätzliche Aufwendungen des Leistungsempfängers Leistungsentgelt sein, wenn der Leistungsempfänger sie zugunsten des Leistenden für die Leistung erbringt (vgl. BFH-Urteil vom 13.12.1995, XI R 16/95, BStBl. 1996 II S. 208). [6]Wenn der Leistungsempfänger die Leistung irrtümlich doppelt bezahlt oder versehentlich zu viel zahlt, ist der Gesamtbetrag Entgelt im Sinne des § 10 Abs. 1 Satz 2 UStG (vgl. BFH-Urteil vom 19.7.2007, V R 11/05, BStBl. II S. 966). [7]Es kommt nicht darauf an, ob der Leistungsempfänger gewillt ist, die vom Leistenden zu erbringende oder erbrachte Leistung anzunehmen, und ob er auf sie Wert legt oder nicht (vgl. BFH-Urteil vom 28.1.1988, V R 112/86, BStBl. II S. 473). [8]Vertragsstrafen, die wegen Nichterfüllung oder wegen nicht gehöriger Erfüllung geleistet werden, haben Schadensersatzcharakter (vgl. Abschnitt 1.3 Abs. 3). [9]Auch Verzugszinsen, Fälligkeitszinsen, Prozesszinsen und Nutzungszinsen sind nicht Teil des Entgelts, sondern Schadensersatz (vgl. Abschnitt 1.3 Abs. 6). [10]Wegen der Behandlung der Teilzahlungszuschläge vgl. Abschnitt 3.11. [11]Das erhöhte Beförderungsentgelt, das Personenbeförderungsunternehmer von sog. Schwarzfahrern erheben, ist regelmäßig kein Entgelt für die Beförderungsleistung oder eine andere steuerbare Leistung des Beförderungsunternehmers (BFH-Urteil vom 25.11.1986, V R 109/78, BStBl. 1987 II S. 228). [12]Als Entgelt für die Lieferung sind auch die dem Abnehmer vom Lieferer berechneten Beförderungskosten anzusehen. [13]Bei einer

---

[1)] **Steuergesetze** Nr. **550a.**

unfreien Versendung im Sinne des § 40 UStDV gehören jedoch die Kosten für die Beförderung oder deren Besorgung nicht zum Entgelt für die vom Absender ausgeführte Lieferung. [14]Bei Versendungen per Nachnahme ist als Entgelt für die gelieferte Ware der vom Empfänger entrichtete Nachnahmebetrag – ohne Umsatzsteuer – anzusehen, der auch die Zahlkarten- oder Überweisungsgebühr einschließt (vgl. BFH-Urteil vom 13.12.1973, V R 57/72, BStBl. 1974 II S. 191). [15]Beim Pfandleihgeschäft sind die notwendigen Kosten der Verwertung, die der Pfandleiher einbehalten darf, nicht Entgelt innerhalb eines Leistungsaustauschs (vgl. BFH-Urteil vom 9.7.1970, V R 32/70, BStBl. II S. 645). [16]Zahlungen im Rahmen einer sog. Erlöspoolung, die nicht leistungsbezogen sind, fehlt der Entgeltcharakter (BFH-Urteil vom 28.2.1974, V R 55/72, BStBl. II S. 345). [17]Auch die Übernahme von Schulden kann Entgelt sein (vgl. Abschnitt 1.6 Abs. 2).

(4) [1]Eine Lieferung oder sonstige Leistung eines Unternehmers wird nur mit der Bemessungsgrundlage versteuert, die sich auf Grund der von ihm vereinnahmten Gegenleistung ergibt. [2]Umsatzsteuerrechtlich macht es keinen Unterschied, ob der Besteller eines Werks, das sich als mangelhaft erweist, das Werk behält und statt der Minderung Schadensersatz wegen Nichterfüllung verlangt (vgl. BFH-Urteil vom 16.1.2003, V R 72/01, BStBl. II S. 620). [3]Weicht der vom Leistungsempfänger aufgewendete Betrag im Einzelfall von dem vom Unternehmer vereinnahmten Betrag ab, ist von den Aufwendungen des Abnehmers für die Lieferung oder sonstige Leistung auszugehen. [4]Bei der Abtretung einer Forderung unter dem Nennwert bestimmt sich deshalb das Entgelt für die der abgetretenen Forderung zu Grunde liegende Leistung nach den tatsächlichen Aufwendungen des Leistungsempfängers (vgl. BFH-Urteil vom 27.5.1987, X R 2/81, BStBl. II S. 739). [5]Wegen der Steuer- und Vorsteuerberichtigung in diesen Fällen wird auf Abschnitt 17.1 Abs. 6 verwiesen.

(5) [1]Zum Entgelt gehören auch freiwillig an den Unternehmer gezahlte Beträge, z. B. Trinkgelder, wenn zwischen der Zahlung und der Leistung des Unternehmers eine innere Verknüpfung besteht (vgl. BFH-Urteil vom 17.2.1972, V R 118/71, BStBl. II S. 405). [2]Der im Gaststätten- und Beherbergungsgewerbe erhobene Bedienungszuschlag ist Teil des vom Unternehmer vereinnahmten Entgelts, auch wenn das Bedienungspersonal den Zuschlag nicht abführt, sondern vereinbarungsgemäß als Entlohnung für seine Dienste zurückbehält (vgl. BFH-Urteil vom 19.8.1971, V R 74/68, BStBl. 1972 II S. 24). [3]Dagegen rechnen die an das Bedienungspersonal gezahlten freiwilligen Trinkgelder nicht zum Entgelt für die Leistungen des Unternehmers.

(6) [1]Geschäftskosten dürfen das Entgelt nicht mindern. [2]Dies gilt auch für Provisionen, die der Unternehmer an seinen Handelsvertreter oder Makler für die Vermittlung des Geschäfts zu zahlen hat. [3]Mit Ausnahme der auf den Umsatz entfallenden Umsatzsteuer rechnen zum Entgelt auch die vom Unternehmer geschuldeten Steuern (Verbrauch- und Verkehrsteuern), öffentlichen Gebühren und Abgaben, auch wenn diese Beträge offen auf den Leistungsempfänger überwälzt werden. [4]Diese Abgaben können auch nicht als durchlaufende Posten im Sinne des § 10 Abs. 1 Satz 6 UStG behandelt werden (vgl. BFH-Urteil vom 4.6.1970, V R 92/66, V R 10/67, BStBl. II S. 648, sowie Abschnitt 10.4).

(7) [1] Als Entgelt im Sinne des § 10 Abs. 1 Satz 2 UStG kommen auch Zahlungen des Leistungsempfängers an Dritte in Betracht, sofern sie für Rechnung des leistenden Unternehmers entrichtet werden und im Zusammenhang mit der Leistung stehen. [2] Dies gilt jedoch nicht für diejenigen Beträge, die der Leistungsempfänger im Rahmen eines eigenen Schuldverhältnisses mit einem Dritten aufwenden muss, damit der Unternehmer seine Leistung erbringen kann (vgl. BFH-Urteil vom 22.2.1968, V 84/64, BStBl. II S. 463). [3] Nicht zum Entgelt nach § 10 UStG gehören auch öffentlich-rechtliche Abgaben, die der Leistungsempfänger auf Grund eigener Verpflichtung schuldet, auch wenn sie durch die bezogenen Leistungen veranlasst sind (vgl. zu Sozialversicherungsbeiträgen BFH-Urteil vom 25.6.2009, V R 37/08, BStBl. II S. 873). [4] Zahlt eine Rundfunkanstalt zugunsten ihrer freien Mitarbeiter Beiträge an die Pensionskasse für freie Mitarbeiter der Deutschen Rundfunkanstalten, gehören auch die Beträge zum Entgelt für die Leistungen der Mitarbeiter (vgl. BFH-Urteil vom 9.10.2002, V R 73/01, BStBl. 2003 II S. 217). [5] Erfüllt der Leistungsempfänger durch seine Zahlungen an einen Dritten sowohl eine eigene Verbindlichkeit als auch eine Schuld des leistenden Unternehmers, weil beide im Verhältnis zu dem Dritten Gesamtschuldner sind, rechnen die Zahlungen nur insoweit zum Entgelt, wie die Schuldbefreiung des leistenden Unternehmers für diesen von wirtschaftlichem Interesse ist und damit für ihn einen Wert darstellt. [6] Bei einer Grundstücksveräußerung gehört die gesamtschuldnerisch von Erwerber und Veräußerer geschuldete Grunderwerbsteuer auch dann nicht zum Entgelt für die Grundstücksveräußerung, wenn die Parteien des Grundstückskaufvertrags vereinbaren, dass der Erwerber die Grunderwerbsteuer allein zu tragen hat, weil der Erwerber mit der Zahlung der vertraglich übernommenen Grunderwerbsteuer eine ausschließlich eigene Verbindlichkeit begleicht. [7] Gleiches gilt hinsichtlich der vom Käufer zu tragenden Kosten der Beurkundung des Kaufvertrags und der Auflassung, der Eintragung ins Grundbuch und der zu der Eintragung erforderlichen Erklärungen (§ 448 Abs. 2 BGB), vgl. BFH-Urteil vom 9.11.2006, V R 9/04, BStBl. 2007 II S. 285.

(8) [1] Wird das Pfandgeld für Warenumschließungen dem Abnehmer bei jeder Lieferung berechnet, ist es Teil des Entgelts für die Lieferung. [2] Bei Rücknahme des Leerguts und Rückzahlung des Pfandbetrags liegt eine Entgeltminderung vor. [3] Dabei wird es nicht beanstandet, wenn der Unternehmer die ausgezahlten Pfandgelder für Leergut unabhängig von dem Umfang der Vollgutlieferungen des jeweiligen Besteuerungszeitraums als Entgeltminderungen behandelt. [4] Es muss jedoch sichergestellt sein, dass die Entgeltminderungen in sachgerechter Weise (z. B. durch Aufteilung im gleichen Verhältnis wie bei den Vollgutlieferungen) den geltenden Steuersätzen zugeordnet werden. [5] Aus Vereinfachungsgründen kann dem Unternehmer auf Antrag auch folgendes Verfahren genehmigt werden:

1. [1] Die bei der Warenlieferung jeweils in Rechnung gestellten und bei Rückgabe des Leerguts dem Abnehmer zurückgewährten Pfandbeträge bleiben bei der laufenden Umsatzbesteuerung zunächst unberücksichtigt. [2] Der Unternehmer hat spätestens am Schluss jedes Kalenderjahrs den Pfandbetragssaldo, der sich aus dem Unterschiedsbetrag zwischen den den Abnehmern

im Laufe des jeweiligen Abrechnungszeitraums berechneten und den zurückgewährten Pfandbeträgen ergibt, auf Grund seiner Aufzeichnungen zu ermitteln. [3]Dabei bleibt jedoch ein bereits versteuerter Saldovortrag, z. B. aus dem Vorjahr, außer Betracht. [4]Ein sich danach ergebender Überschuss an berechneten Pfandbeträgen ist zusammen mit den Umsätzen des betreffenden letzten Voranmeldungszeitraums der Umsatzsteuer zu unterwerfen. [5]Bei diesem Pfandbetragssaldo handelt es sich um einen Nettobetrag – ohne Umsatzsteuer –. [6]Der Abnehmer kann die auf den Pfandbetragssaldo entfallende Steuer als Vorsteuer abziehen, wenn sie ihm gesondert in Rechnung gestellt ist. [7]Ergibt sich ein Pfandbetragssaldo zugunsten des Abnehmers, liegt bei diesem – seine Unternehmereigenschaft vorausgesetzt – eine steuerpflichtige Lieferung von Leergut vor. [8]Der Unternehmer, der dieses Verfahren beantragt, muss die bei den einzelnen Lieferungen berechneten und bei Rückgabe des Leerguts zurückgewährten Pfandbeträge – nach Abnehmern getrennt – gesondert von den sonstigen Entgelten aufzeichnen. [9]Die Aufzeichnungen müssen eindeutig und leicht nachprüfbar sein und fortlaufend geführt werden (vgl. § 63 Abs. 1 UStDV, § 146 AO). [10]Aus ihnen muss gegebenenfalls zu ersehen sein, wie sich die Pfandbeträge auf verschiedene Steuersätze verteilen (§ 22 Abs. 2 Nr. 1 UStG). [11]Für den Abnehmer muss aus der Rechnung klar ersichtlich sein, dass für die in Rechnung gestellten Pfandbeträge Umsatzsteuer nicht berechnet worden ist.

2. [1]Abweichend von dem unter Nummer 1 geregelten Verfahren kann der Unternehmer in jeder einzelnen Rechnung die Leergutrücknahme mit der Vollgutlieferung verrechnen und nur den verbleibenden Netto-Rechnungsbetrag der Umsatzsteuer unterwerfen. [2]Einen sich möglicherweise zum Jahresende ergebenden Pfandbetragssaldo zugunsten des Abnehmers hat in diesem Fall weder der Lieferer noch der Abnehmer zu ermitteln und zu versteuern. [3]Auch gesonderte Aufzeichnungen über die Pfandbeträge sind nicht erforderlich.

[6]Bei den folgenden Abwicklungsarten ist zunächst ein Entgelt für die Überlassung der Warenumschließung nicht gegeben:

1. [1]Für den jeweiligen Abnehmer wird ein Leergutkonto geführt, auf dem der Lieferer das hingegebene und zurückgenommene Leergut mengenmäßig festhält. [2]Über den Saldo wird periodisch, häufig aber erst bei Lösung des Vertragsverhältnisses abgerechnet.
2. [1]Die Pfandbeträge für Leergutabgänge und Leergutzugänge werden vom Lieferer auf einem besonderen Konto verbucht und auch – nachrichtlich – in den jeweiligen Rechnungen ausgewiesen, ohne aber in die Rechnungssumme einbezogen zu werden. [2]Von Zeit zu Zeit wird über das Leergut abgerechnet.
3. [1]Der Lieferer erhebt mit jeder Lieferung einen Kautionsbetrag, z. B. 1 oder 2 Ct. je Flasche. [2]Diese Beträge dienen der Ansammlung eines Kautionsguthabens zugunsten des Abnehmers. [3]Die Verbuchung erfolgt auf einem besonderen Konto. [4]Daneben werden die Leergutbewegungen mengenmäßig festgehalten. [5]Über das Leergut wird in der Regel bei Auflösung der Vertragsbeziehungen abgerechnet.

[7] In diesen Fällen kommt ein von der vorangegangenen Warenlieferung losgelöster selbständiger Leistungsaustausch erst im Zeitpunkt der Leergutabrechnung zustande. [8] Die Annahme eines nicht steuerbaren Schadensersatzes scheidet aus, weil der Zahlung des Kunden eine Leistung des Unternehmers gegenübersteht. [9] Die dargestellten Vereinfachungsregelungen gelten sinngemäß auch für die Hin- und Rückgabe von Transporthilfsmitteln. [10] Zur Behandlung von Transporthilfsmitteln vgl. Abschnitt 3.10 Abs. 5a und zur Abgrenzung zwischen Transporthilfsmitteln und Warenumschließungen vgl. BMF-Schreiben vom 20.10.2014, BStBl. I S. 1372.

(9) Hinsichtlich des Entgelts für die Vermittlung von grenzüberschreitenden Personenbeförderungsleistungen im Luftverkehr durch Reisebüros gilt:

1. [1] Die Vermittlung grenzüberschreitender Beförderungen von Personen im Luftverkehr gegenüber einem Reisenden ist steuerpflichtig, soweit die vermittelte Leistung auf das Inland entfällt (§ 3b Abs. 1, § 4 Nr. 5 Satz 2 UStG). [2] Abschnitt 4.5.3 Abs. 2 ist in diesen Fällen nicht anwendbar, weil das Reisebüro nicht im Auftrag des Luftverkehrsunternehmens tätig wird. [3] Soweit die vermittelte Leistung nicht auf das Inland entfällt, ist deren Vermittlung nicht steuerbar.
2. [1] Das Entgelt für eine Vermittlungsleistung im Sinne der Nummer 1 ist in einen steuerpflichtigen und einen nicht steuerbaren Teil aufzuteilen. [2] Die Umsatzsteuer ist aus der anteiligen Zahlung des Reisenden herauszurechnen. [3] Der Vorsteuerabzug ist auch hinsichtlich des nicht steuerbaren Teils dieser Vermittlungsleistung nicht ausgeschlossen.
3. [1] Erhält ein Reisebüro von einem Luftverkehrsunternehmen, das die dem Reisenden vermittelte Personenbeförderungsleistung erbringt, eine Zahlung, ohne von diesem ausdrücklich zur Vermittlung beauftragt zu sein (z. B. im Rahmen eines sog. Nullprovisionsmodells oder einer sog. Incentive-Vereinbarung), ist im Einzelfall auf Basis der vertraglichen Vereinbarungen zu prüfen, welche Leistungen des Reisebüros mit der Zahlung vergütet werden. [2] Zahlungen des Luftverkehrsunternehmens für die Bereitschaft des Reisebüros, die Erbringung von Leistungen des Luftverkehrsunternehmens in besonderem Maß zu fördern und in Kundengesprächen bevorzugt anzubieten, sind Entgelt für eine steuerpflichtige Vertriebsleistung eigener Art des Reisebüros gegenüber dem Luftverkehrsunternehmen.
4. Erhält ein Reisebüro, das grenzüberschreitende Personenbeförderungsleistungen im Luftverkehr im Auftrag des Luftverkehrsunternehmens vermittelt, von diesem für den Flugscheinverkauf ein Entgelt, und erhebt es daneben einen zusätzlichen Betrag vom Reisenden, erbringt es beim Flugscheinverkauf eine nach § 4 Nr. 5 Satz 1 Buchstabe b UStG steuerfreie Vermittlungsleistung an das Luftverkehrsunternehmen und gleichzeitig eine nach Maßgabe der Nummer 1 anteilig steuerpflichtige Vermittlungsleistung an den Reisenden.
5. Soweit eine vom Luftverkehrsunternehmen gezahlte Vergütung auf den vom Reisenden erhobenen Preis angerechnet wird, mindert sich die Bemessungsgrundlage für die Leistung gegenüber dem Reisenden entsprechend.

6. [1]Unter der Voraussetzung, dass der Unternehmer bei allen Vermittlungsleistungen im Sinne der Nummer 1 entsprechend verfährt, ist es nicht zu beanstanden, wenn der steuerpflichtige Teil einer Vermittlungsleistung im Sinne der Nummer 1 wie folgt ermittelt wird:
   - bei der Vermittlung von grenzüberschreitenden Beförderungen von Personen im Luftverkehr von bzw. zu Beförderungszielen im übrigen Gemeinschaftsgebiet (sog. EU-Flüge) mit 25% des Entgelts für die Vermittlungsleistung,
   - bei der Vermittlung von grenzüberschreitenden Beförderungen von Personen im Luftverkehr von bzw. zu Beförderungszielen außerhalb des übrigen Gemeinschaftsgebiets (sog. Drittlandsflüge) mit 5% des Entgelts für die Vermittlungsleistung.

   [2]Zwischen- oder Umsteigehalte gelten dabei nicht als Beförderungsziele. [3]Dieser vereinfachte Aufteilungsmaßstab gilt nicht, soweit das vom Reisenden erhobene Entgelt auf andere als die in Nummer 1 bezeichneten Leistungen entfällt (z. B. auf die Vermittlung von Unterkunft oder Mietwagen).

(10) [1]Zur Bemessungsgrundlage in den Fällen der Steuerschuldnerschaft des Leistungsempfängers nach § 13b UStG vgl. Abschnitt 13b.13. [2]Zur Bemessungsgrundlage bei Leistungen im Rahmen sog. Public-Private-Partnerships (PPP) im Bundesfernstraßenbau vgl. BMF-Schreiben vom 3.2.2005, BStBl. I S. 414. [3]Zur Bemessungsgrundlage im Fall des Direktverbrauchs nach § 33 Abs. 2 EEG[1)] vgl. Abschnitt 2.5.

(11) [1]Erbringt ein Unternehmer im Rahmen eines Gesamtverkaufspreises zwei oder mehrere unterschiedlich zu besteuernde Lieferungen oder sonstige Leistungen, ist der einheitliche Preis sachgerecht auf die einzelnen Leistungen aufzuteilen. [2]Dabei hat der Unternehmer grundsätzlich die einfachstmögliche sachgerechte Aufteilungsmethode zu wählen (vgl. BFH-Beschluss vom 3.4.2013, V B 125/12, BStBl. 2013 II S. 973 und BFH-Urteil vom 30.6. 2011, V R 44/10, BStBl. II S. 1003). [3]Bestehen mehrere sachgerechte, gleich einfache Aufteilungsmethoden, kann der Unternehmer zwischen diesen Methoden frei wählen. [4]Bietet der Unternehmer die im Rahmen des Gesamtverkaufspreises erbrachten Leistungen auch einzeln an, ist der Gesamtverkaufspreis grundsätzlich nach dem Verhältnis der Einzelverkaufspreise aufzuteilen. [5]Daneben sind auch andere Aufteilungsmethoden wie das Verhältnis des Wareneinsatzes zulässig, sofern diese gleich einfach sind und zu sachgerechten Ergebnissen führen. [6]Die Aufteilung nach den betrieblichen Kosten ist keine gleich einfache Aufteilungsmethode und danach nicht zulässig. [7]Nach den vorstehenden Grundsätzen ist auch zu verfahren, wenn das Entgelt für eine einheitliche Leistung für Zwecke der Umsatzsteuer auf unterschiedlich besteuerte Leistungsbestandteile aufzuteilen ist, z. B. bei grenzüberschreitenden Personenbeförderungen i. S. von § 3b Abs. 1 Satz 2 UStG oder bei der Vermietung von Grundstücken mit aufstehenden Betriebsvorrichtungen nach § 4 Nr. 12 Satz 2 UStG. [8]Zur Aufteilung eines pauschalen Gesamtpreises/Gesamtentgelts

---

1) **Sartorius Ergänzungsband** Nr. **833**.

– für unterschiedlich besteuerte Dienstleistungen auf dem Gebiet der Telekommunikation siehe Abschnitt 3a.10 Abs. 7 und 8,
– für grenzüberschreitende Personenbeförderungen siehe Abschnitt 3b.1 Abs. 6,
– für die Vermietung von Sportanlagen zusammen mit den darauf befindlichen Betriebsvorrichtungen siehe Abschnitt 4.12.11 Abs. 3,
– für die Vermittlung von grenzüberschreitenden Personenbeförderungsleistungen im Luftverkehr durch Reisebüros siehe Abschnitt 10.1 Abs. 9,
– für Beherbergungsleistungen zusammen mit nicht von der Steuerermäßigung nach § 12 Abs. 2 Nr. 11 Satz 1 UStG erfassten Leistungen siehe Abschnitt 12.16 Abs. 11 und 12.

[9] Zu den Aufzeichnungspflichten vgl. Abschnitt 22.2 Abs. 6.

(12)[1)] Für die befristete Anwendung des ermäßigten Umsatzsteuersatzes für Restaurations- und Verpflegungsdienstleistungen mit Ausnahme der Abgabe von Getränken ist es nicht zu beanstanden, wenn zur Aufteilung des Gesamtkaufpreises von sogenannten Kombiangeboten aus Speisen inklusive Getränken (z. B. Buffet, All-Inclusive-Angeboten) der auf die Getränke entfallende Entgeltanteil mit 30 % des Pauschalpreises angesetzt wird.

10.2 Zuschüsse

Allgemeines

(1) [1] Zahlungen unter den Bezeichnungen „Zuschuss, Zuwendung, Beihilfe, Prämie, Ausgleichsbetrag u. ä." (Zuschüsse) können entweder

1. Entgelt für eine Leistung an den Zuschussgeber (Zahlenden);
2. (zusätzliches) Entgelt eines Dritten oder
3. echter Zuschuss

sein. [2] Der Zahlende ist Leistungsempfänger, wenn er für seine Zahlung eine Leistung vom Zahlungsempfänger erhält. [3] Der Zahlende kann ein Dritter sein (§ 10 Abs. 1 Satz 2 UStG), der selbst nicht Leistungsempfänger ist.

Zuschüsse als Entgelt für Leistungen an den Zahlenden

(2) [1] Zuschüsse sind Entgelt für eine Leistung an den Zahlenden,

1. wenn ein Leistungsaustauschverhältnis zwischen dem leistenden Unternehmer (Zahlungsempfänger) und dem Zahlenden besteht (vgl. dazu Abschnitte 1.1 bis 1.6);
2. wenn ein unmittelbarer Zusammenhang zwischen der erbrachten Leistung und dem Zuschuss besteht, d. h. wenn der Zahlungsempfänger seine Leistung – insbesondere bei gegenseitigen Verträgen – erkennbar um der Gegenleistung willen erbringt;
3. wenn der Zahlende einen Gegenstand oder einen sonstigen Vorteil erhält, auf Grund dessen er als Empfänger einer Lieferung oder sonstigen Leistung angesehen werden kann;

[1)] A 10.1 UStAE Abs. 12 angef. durch BMF v. 2.7.2020, BStBl. I 2020, 610, anzuwenden in allen Fällen **ab 1.7.2020 bis 31.12.2022** (BMF v. 3.6.2021, BStBl. I 2021, 777).

4. wenn (beim Zahlenden oder am Ende der Verbraucherkette) ein Verbrauch im Sinne des gemeinsamen Mehrwertsteuerrechts vorliegt.

[2] Ob die Leistung des Zahlungsempfängers derart mit der Zahlung verknüpft ist, dass sie sich auf den Erhalt einer Gegenleistung (Zahlung) richtet, ergibt sich aus den Vereinbarungen des Zahlungsempfängers mit dem Zahlenden, z. B. den zu Grunde liegenden Verträgen oder den Vergaberichtlinien (vgl. BFH-Urteil vom 13.11.1997, V R 11/97, BStBl. 1998 II S. 169). [3] Die Zwecke, die der Zahlende mit den Zahlungen verfolgt, können allenfalls Aufschlüsse darüber geben, ob der erforderliche unmittelbare Zusammenhang zwischen Leistung und Zahlung vorliegt. [4] Die Annahme eines Leistungsaustauschs setzt weder auf der Seite des Zahlenden noch auf der Seite des Zahlungsempfängers rechtlich durchsetzbare Ansprüche voraus (vgl. BFH-Urteile vom 23.2.1989, V R 141/84, BStBl. II S. 638, und vom 9.10.2003, V R 51/02, BStBl. 2004 II S. 322). [5] Zuwendungen im Rahmen von Vertragsnaturschutzmaßnahmen, die für die Bearbeitung von Flächen des Zuwendungsgebers erfolgen, werden im Rahmen eines Leistungsaustauschs gezahlt; erfolgt die Zuwendung dagegen für eigene Flächen des Land- und Forstwirts, liegt im Allgemeinen ein nicht der Umsatzsteuer unterliegender echter Zuschuss vor. [6] Zahlungen für die Übernahme der Erfüllung von Aufgaben einer juristischen Person des öffentlichen Rechts, zu deren Ausführung sich die Parteien in einem gegenseitigen Vertrag verpflichtet haben, erfolgen grundsätzlich im Rahmen eines Leistungsaustauschs. [7] Die Zuwendung erfolgt in diesem Fall nicht lediglich zur Subventionierung aus strukturpolitischen, volkswirtschaftlichen oder allgemeinpolitischen Gründen, wenn der Zuwendungsgeber damit auch eigene wirtschaftliche Interessen verfolgt. [8] Gewährt eine juristische Person des öffentlichen Rechts in diesem Zusammenhang eine als „Starthilfe" bezeichnete Zuwendung neben der Übertragung des für die Durchführung der Aufgabe erforderlichen Vermögens zu einem symbolischen Kaufpreis, ist diese Zuwendung Entgelt für die Entbindung aus der Durchführung der öffentlichen Aufgabe (vgl. BFH-Urteil vom 21.4.2005, V R 11/03, BStBl. 2007 II S. 63). [9] Besteht aufgrund eines Rechtsverhältnisses ein unmittelbarer Zusammenhang zwischen der Leistung des Zahlungsempfängers und der Zahlung, ist die Zahlung Entgelt für die Leistung des Zahlungsempfängers.

Beispiel 1:

Zuschüsse einer Gemeinde an einen eingetragenen Verein, z. B. eine Werbegemeinschaft zur vertragsgemäßen Durchführung einer Werbeveranstaltung in der Vorweihnachtszeit.

Beispiel 2:

[1] Ein Bauherr errichtet ein Geschäftshaus mit einer Tiefgarage und verpflichtet sich gegenüber der Stadt, einen Teil der Stellplätze der Allgemeinheit zur Verfügung zu stellen. [2] Er erhält dafür ein Entgelt von der Stadt (vgl. BFH-Urteil vom 13.11.1997, V R 11/97, a. a. O.).

Beispiel 3:

Anfertigung von Auftragsgutachten gegen Entgelt, wenn der öffentliche Auftraggeber das Honorar für das Gutachten und nicht dafür leistet, die Tätigkeit des Zahlungsempfängers *zu ermöglichen oder allgemein zu fördern*; zum Leistungsaustausch bei der Durchführung von Forschungsvorhaben, zu der die öffentliche Hand Zuwendungen bewilligt hat, vgl. BFH-Urteil vom 23.2.1989, V R 141/84, a. a. O.

Beispiel 4:

[1] Eine Gemeinde bedient sich zur Erfüllung der ihr nach Landesrecht obliegenden Verpflichtung zur Abwasserbeseitigung einschließlich der Errichtung der dafür benötigten Bauwerke eines Unternehmers. [2] Dieser erlangt dafür u. a. einen vertraglichen Anspruch auf die Fördermittel, die der Gemeinde zustehen.

[3] Der Unternehmer erbringt eine steuerbare Leistung an die Gemeinde. [4] Ein für Rechnung der Gemeinde vom Land an den Unternehmer gezahlter Investitionszuschuss für die Errichtung der Kläranlage ist Entgelt (vgl. BFH-Urteil vom 20.12.2001, V R 81/99, BStBl. 2003 II S. 213).

Zuschüsse als zusätzliches Entgelt eines Dritten[1)]

(3) [1] Zusätzliches Entgelt im Sinne des § 10 Abs. 1 Satz 2 UStG sind solche Zahlungen, die der leistende Unternehmer (Zahlungsempfänger) von einem anderen als dem Leistungsempfänger für die Lieferung oder sonstige Leistung erhält. [2] Ein zusätzliches Entgelt kommt in der Regel nur dann in Betracht, wenn ein unmittelbarer Leistungsaustausch zwischen dem Zahlungsempfänger und dem zahlenden Dritten zu verneinen ist (vgl. BFH-Urteil vom 20.2.1992, V R 107/87, BStBl. II S. 705). [3] Der Dritte ist in diesen Fällen nicht Leistungsempfänger. [4] Ein zusätzliches Entgelt liegt vor, wenn der Leistungsempfänger einen Rechtsanspruch auf die Zahlung hat, die Zahlung in Erfüllung einer öffentlich-rechtlichen Verpflichtung gegenüber dem Leistungsempfänger oder zumindest im Interesse des Leistungsempfängers gewährt wird (vgl. BFH-Urteil vom 25.11.1986, V R 109/78, BStBl. 1987 II S. 228). [5] Diese Zahlung gehört unabhängig von der Bezeichnung als „Zuschuss" zum Entgelt, wenn der Zuschuss dem Abnehmer des Gegenstands oder dem Dienstleistungsempfänger zugutekommt, der Zuschuss gerade für die Lieferung eines bestimmten Gegenstands oder die Erbringung einer bestimmten sonstigen Leistung gezahlt wird und mit der Verpflichtung der den Zuschuss gewährenden Stelle zur Zuschusszahlung das Recht des Zahlungsempfängers (des Leistenden) auf Auszahlung des Zuschusses einhergeht, wenn er einen steuerbaren Umsatz bewirkt hat (vgl. BFH-Urteil vom 9.10.2003, V R 51/02, BStBl. 2004 II S. 322).

Beispiel 1:

[1] Die BA gewährt einer Werkstatt für behinderte Menschen pauschale Zuwendungen zu den Sach-, Personal- und Beförderungskosten, die für die Betreuung und Ausbildung der behinderten Menschen entstehen.

[2] Die Zahlungen sind Entgelt von dritter Seite für die Leistungen der Werkstatt für behinderte Menschen (Zahlungsempfänger) an die behinderten Menschen, da der einzelne behinderte Mensch auf diese Zahlungen einen Anspruch hat.

Beispiel 2:

[1] Ein Bundesland gewährt einem Studentenwerk einen Zuschuss zum Bau eines Studentenwohnheims. [2] Der Zuschuss wird unmittelbar dem Bauunternehmer ausgezahlt.

[3] Es liegt Entgelt von dritter Seite für die Leistung des Bauunternehmers an das Studentenwerk vor.

[6] Wird das Entgelt für eine Leistung des Unternehmers wegen der Insolvenz des Leistungsempfängers uneinbringlich und zahlt eine Bank, die zu dem Leis-

---

1) Hinweis auf A 14.10 Abs. 1 UStAE.

tungsempfänger Geschäftsbeziehungen unterhalten hat, an den Unternehmer gegen Abtretung der Insolvenzforderung einen Betrag, der sich – unter Berücksichtigung von Gewährleistungsansprüchen – an der Höhe des noch nicht bezahlten Entgelts orientiert, kann diese Zahlung Entgelt eines Dritten für die Leistung des Unternehmers sein (vgl. BFH-Urteil vom 19.10.2001, V R 48/00, BStBl. 2003 II S. 210, zur Abtretung einer Konkursforderung).

(4) [1]Nicht zum zusätzlichen Entgelt gehören hingegen Zahlungen eines Dritten dann, wenn sie dem leistenden Unternehmer (Zahlungsempfänger) zu dessen Förderung und nicht überwiegend im Interesse des Leistungsempfängers gewährt werden. [2]Die Abgrenzung von zusätzlichem Entgelt und echtem Zuschuss wird somit nach der Person des Bedachten und nach dem Förderungsziel vorgenommen (BFH-Urteil vom 8.3.1990, V R 67/89, BStBl. II S. 708). [3]Ist die Zahlung des Dritten an den Zahlungsempfänger ein echter Zuschuss, weil sie zur Förderung des Zahlungsempfängers gewährt wird, ist es unbeachtlich, dass der Zuschuss auch dem Leistungsempfänger zugutekommt, weil er nicht das Entgelt aufzubringen hat, das der Zahlungsempfänger – ohne den Zuschuss – verlangen müsste (vgl. BFH-Urteil vom 9.10.1975, V R 88/74, BStBl. 1976 II S. 105).

(5) [1]Ein zusätzliches Entgelt ist anzunehmen, wenn die Zahlung die Entgeltzahlung des Leistungsempfängers ergänzt und sie damit preisauffüllenden Charakter hat. [2]Die Zahlung dient der Preisauffüllung, wenn sie den erklärten Zweck hat, das Entgelt für die Leistung des Zahlungsempfängers an den Leistungsempfänger auf die nach Kalkulationsgrundsätzen erforderliche Höhe zu bringen und dadurch das Zustandekommen eines Leistungsaustauschs zu sichern oder wenigstens zu erleichtern (vgl. BFH-Urteil vom 24.8.1967, V 31/64, BStBl. III S. 717). [3]Die von Versicherten der gesetzlichen Krankenkassen nach § 31 Abs. 3 SGB V[1)] zu entrichtende Zuzahlung bei der Abgabe von Arzneimitteln ist Entgelt von dritter Seite für die Lieferung des Arzneimittels durch die Apotheke an die Krankenkasse. [4]Hinsichtlich der den Verlagen zugewendeten Druckkostenzuschüsse bei der Vervielfältigung und Verbreitung von Druckwerken gilt:

1. [1]Der Druckkostenzuschuss des Autors an den Verlag ist grundsätzlich Entgelt für die Leistung des Verlags an den Autor, wenn zwischen dem Verlag und dem Autor ein Leistungsaustauschverhältnis z.B. auf Grund eines Verlagsvertrags besteht (vgl. BFH-Urteil vom 21.10.2015, XI R 22/13, BStBl. 2018 II S. 612). [2]Dabei ist es unerheblich, ob der Autor den Druckkostenzuschuss aus eigenen Mitteln oder mit Fördermitteln finanziert. [3]Zahlt der Dritte die Fördermittel für den Autor unmittelbar an den Verlag, liegt ein verkürzter Zahlungsweg vor.
2. Der Druckkostenzuschuss eines Dritten an den Verlag, der nicht im Namen und für Rechnung des Autors gewährt wird, ist grundsätzlich dann Entgelt von dritter Seite für die Leistung des Verlags an den Autor, wenn zwischen dem Verlag und dem Autor ein Leistungsaustauschverhältnis z. B. auf Grund eines Verlagsvertrags besteht.

[1)] **Aichberger SGB** Nr. **5.**

3. Druckkostenzuschüsse eines Dritten an den Verlag sind grundsätzlich dann Entgelt für die Leistung des Verlags an den Dritten, wenn zwischen dem Verlag und dem Dritten ein Leistungsaustauschverhältnis z.B. auf Grund eines gegenseitigen Vertrags besteht.

[5]Entgelt von dritter Seite liegt auch dann vor, wenn der Zahlungsempfänger in pauschalierter Form das erhalten soll, was ihm vom Begünstigten (Leistungsempfänger) für die Leistung zustünde, wobei eine Kostendeckung nicht erforderlich ist (vgl. BFH-Urteil vom 26.6.1986, V R 93/77, BStBl. II S. 723). [6]Wegen der Rechnungserteilung bei der Vereinnahmung von Entgelten von dritter Seite vgl. Abschnitt 14.10 Abs. 1. [7]Liefert der Vermittler eines Mobilfunkvertrags im eigenen Namen an den Kunden ein Mobilfunkgerät oder einen sonstigen Elektronikartikel und gewährt das Mobilfunkunternehmen dem Vermittler auf Grund vertraglicher Vereinbarung eine von der Abgabe des Mobilfunkgeräts oder sonstigen Elektronikartikels abhängige Provision bzw. einen davon abhängigen Provisionsbestandteil, handelt es sich bei dieser Provision oder diesem Provisionsbestandteil insoweit nicht um ein Entgelt für die Vermittlungsleistung an das Mobilfunkunternehmen, sondern um ein von einem Dritten gezahltes Entgelt im Sinne des § 10 Abs. 1 Satz 2 UStG für die Lieferung des Mobilfunkgeräts oder des sonstigen Elektronikartikels (vgl. BFH-Urteil vom 16.10.2013, XI R 39/12, BStBl. 2014 II S. 1024). [8]Dies gilt unabhängig von der Höhe einer von dem Kunden zu leistenden Zuzahlung.

(6) [1]Nach den vorstehenden Grundsätzen ist auch dann zu verfahren, wenn bei der Einschaltung von Unternehmern in die Erfüllung hoheitlicher Aufgaben einer juristischen Person des öffentlichen Rechts der eingeschaltete Unternehmer einen eigenen gesetzlichen oder sonstigen Anspruch auf die Zahlung hat. [2]Auch wenn es nach den Vergabebedingungen im Ermessen des Zuwendungsgebers steht, ob er die Mittel der juristischen Person des öffentlichen Rechts oder unmittelbar dem eingeschalteten Unternehmer gewährt, ist entscheidend, dass der Unternehmer einen eigenen Anspruch auf die Zuwendung hat (vgl. BMF-Schreiben vom 27.12.1990, BStBl. 1991 I S. 81).

Beispiel 1:

[1]Erstattung von Fahrgeldausfällen für die unentgeltliche Beförderung schwer behinderter Menschen im öffentlichen Personenverkehr nach §§ 145 ff. SGB IX.[1)]

[2]Die erstatteten Fahrgeldausfälle sind Entgelt eines Dritten, da die Zahlungen das Fahrgeld abgelten sollen, das die begünstigten Personen ansonsten als Leistungsempfänger entsprechend dem geltenden Tarif hätten aufwenden müssen. [3]Nicht entscheidungserheblich ist, dass die Erstattungen pauschaliert erfolgen. [4]Maßgeblich ist vielmehr, dass die Zuwendungen nach einem Prozentsatz der Fahrgeldeinnahmen berechnet werden und damit in geschätzter Höhe die erbrachten Beförderungsleistungen abgelten sollen. [5]Inwieweit mit der Erstattung eine *Äquivalenz von Leistung und Gegenleistung* erreicht wird, ist nicht entscheidend (vgl. BFH-Urteil vom 26.6.1986, BStBl. II S. 723).

Beispiel 2:

[1]Eine Gemeinde bedient sich zur Erfüllung ihrer hoheitlichen Aufgaben im Bereich der Abfallwirtschaft einer GmbH. [2]Die GmbH übernimmt die Errichtung und den Betrieb von Entsorgungseinrichtungen. [3]Hierfür gewährt das Land Zuwendungen, die nach den För-

1) **Aichberger SGB** Nr. **9.**

derrichtlinien von den abfallbeseitigungspflichtigen Gemeinden oder den mit der Abfallbeseitigung beauftragten privaten Unternehmern beantragt werden können.

a) [1] Die Gemeinde ist Antragstellerin.
[2] Das Land zahlt die Zuwendungen an die antragstellende Gemeinde aus. [3] Die Gemeinde reicht die Gelder an die GmbH weiter.
[4] Die GmbH erbringt steuerbare und steuerpflichtige Leistungen (Errichtung und Betrieb der Entsorgungseinrichtungen) an die Gemeinde. [5] Zum Entgelt für diese Leistungen gehören auch die von der Gemeinde an die GmbH weitergeleiteten Zuwendungen des Landes.
[6] Selbst wenn das Land auf Antrag der Gemeinde die Mittel direkt an die GmbH überwiesen hätte, wären diese Teile des Entgelts für die Leistungen der GmbH.

b) [1] Die GmbH ist Antragstellerin.
[2] Das Land zahlt die Zuwendungen an die antragstellende GmbH aus.
[3] Die GmbH erbringt auch in diesem Fall steuerbare und steuerpflichtige Leistungen an die Gemeinde. [4] Die Zahlungen des Landes an die GmbH sind zusätzliches Entgelt eines Dritten für die Leistungen der GmbH an die Gemeinde, da die Zahlungen im Interesse der Gemeinde geleistet werden.

Echte Zuschüsse

(7) [1] Echte Zuschüsse liegen vor, wenn die Zahlungen nicht auf Grund eines Leistungsaustauschverhältnisses erbracht werden (vgl. BFH-Urteile vom 28.7.1994, V R 19/92, BStBl. 1995 II S. 86, und vom 13.11.1997, V R 11/97, BStBl. 1998 II S. 169). [2] Das ist der Fall, wenn die Zahlungen nicht an bestimmte Umsätze anknüpfen, sondern unabhängig von einer bestimmten Leistung gewährt werden, weil z. B. der leistende Unternehmer (Zahlungsempfänger) einen Anspruch auf die Zahlung hat oder weil in Erfüllung einer öffentlich-rechtlichen Verpflichtung bzw. im überwiegenden öffentlich-rechtlichen Interesse an ihn gezahlt wird (vgl. BFH-Urteile vom 24.8.1967, V 31/64, BStBl. III S. 717, und vom 25.11.1986, V R 109/78, BStBl. 1987 II S. 228). [3] Echte Zuschüsse liegen auch vor, wenn der Zahlungsempfänger die Zahlungen lediglich erhält, um ganz allgemein in die Lage versetzt zu werden, überhaupt tätig zu werden oder seine nach dem Gesellschaftszweck obliegenden Aufgaben erfüllen zu können. [4] So sind Zahlungen echte Zuschüsse, die vorrangig dem leistenden Zahlungsempfänger zu seiner Förderung aus strukturpolitischen, volkswirtschaftlichen oder allgemeinpolitischen Gründen gewährt werden (BFH-Urteil vom 13.11.1997, V R 11/97, a. a. O.). [5] Dies gilt auch für Beihilfen in der Landwirtschaft, durch die Strukturveränderungen oder Verhaltensänderungen z. B. auf Grund von EG-Marktordnungen gefördert werden sollen. [6] Ebenso stellen Marktprämie einschließlich Managementprämie (§ 33g EEG) bzw. Flexibilitätsprämie (§ 33i EEG) echte, nichtsteuerbare Zuschüsse dar, vgl. Abschnitt 2.5 Abs. 24. [7] Vorteile in Form von Subventionen, Beihilfen, Förderprämien, Geldpreisen und dergleichen, die ein Unternehmer als Anerkennung oder zur Förderung seiner im allgemeinen Interesse liegenden Tätigkeiten ohne Bindung an bestimmte Umsätze erhält, sind kein Entgelt (vgl. BFH-Urteil vom 6.8.1970, V R 94/68, BStBl. II S. 730). [8] Die bloße technische Anknüpfung von Förderungsmaßnahmen an eine Leistung des Zahlungsempfängers führt nicht dazu, dass die Förderung als zusätzliches Entgelt für die Leistung zu beurteilen ist, wenn das Förderungsziel nicht die Subvention der Preise zugunsten der Abnehmer (Leistungsempfänger), sondern die Subvention des Zahlungsempfängers ist (vgl. BFH-Urteil vom 8.3.1990, V R 67/89, BStBl. II S. 708).

Beispiel 1:

[1] Zuschüsse, die die BA bestimmten Unternehmern zu den Löhnen und Ausbildungsvergütungen oder zu den Kosten für Arbeitserprobung und Probebeschäftigung gewährt.
[2] Damit erbringt die BA weder als Dritter zusätzliche Entgelte zugunsten der Vertragspartner des leistenden Unternehmers, noch erfüllt sie als dessen Leistungsempfänger eigene Entgeltverpflichtungen.

Beispiel 2:

[1] Zuschüsse, die von den gesetzlichen Trägern der Grundsicherung für Arbeitssuchende für die Teilnehmer an Arbeitsgelegenheiten mit Mehraufwandsentschädigung zur Abdeckung des durch die Ausübung des Zusatzjobs entstehenden tatsächlichen Mehraufwands gezahlt werden, sind echte Zuschüsse. [2] Ein unmittelbarer Zusammenhang zwischen einer erbrachten Leistung und der Zuwendung besteht nicht.

Beispiel 3:

[1] Für die Einrichtung von Zusatzjobs können den Arbeitsgelegenheiten mit Mehraufwandsentschädigung die entstehenden Kosten von den gesetzlichen Trägern der Grundsicherung für Arbeitssuchende erstattet werden. [2] Die Erstattung kann sowohl Sach- als auch Personalkosten umfassen und pauschal ausgezahlt werden.
[3] Diese Maßnahmekostenpauschale stellt einen echten Zuschuss an die Arbeitsgelegenheit dar, sie soll ihre Kosten für die Einrichtung und die Durchführung der Zusatzjobs abdecken. [4] Ein individualisierbarer Leistungsempfänger ist nicht feststellbar.

Beispiel 4:

[1] Qualifizierungsmaßnahmen, die eine Arbeitsgelegenheit mit Mehraufwandsentschädigung selbst oder von einem externen Weiterbildungsträger durchführen lässt.
[2] Qualifizierungsmaßnahmen, die von der Arbeitsgelegenheit selbst durchgeführt werden und bei denen deren eigenunternehmerisches Interesse im Vordergrund steht, sind keine Leistungen im umsatzsteuerrechtlichen Sinn; ebenso begründet die Vereinbarung zur Durchführung von Qualifizierungsmaßnahmen, bei denen deren eigenunternehmerisches Interesse im Vordergrund steht, durch externe Weiterbildungsträger keinen Vertrag zugunsten Dritter. [3] Die von den gesetzlichen Trägern der Grundsicherung für Arbeitssuchende insoweit geleisteten Zahlungen sind kein Entgelt für eine Leistung der Arbeitsgelegenheit gegenüber diesen Trägern oder dem Weiterzubildenden, sondern echte Zuschüsse. [4] Für die Beurteilung der Leistungen der externen Weiterbildungsträger gelten die allgemeinen umsatzsteuerrechtlichen Grundsätze.

Beispiel 5:

[1] Zuwendungen des Bundes und der Länder nach den vom Bundesministerium des Innern (BMI) herausgegebenen Grundsätzen zur Regelung von Kriterien und Höhe der Förderung des Deutschen Olympischen Sportbundes – Bereich Leistungssport – sowie den vom BMI entworfenen Vereinbarungs-/Vertragsmuster, die bundesweit zur Weiterleitung der Bundeszuwendung bei der Förderung der Olympiastützpunkte und Bundesleistungszentren verwendet werden sollen, zu den Betriebs- und Unterhaltskosten ausgewählter Sportstätten.
[2] Im Allgemeinen liegt kein Leistungsaustausch zwischen dem Träger der geförderten Sportstätte und dem Träger des Olympiastützpunkts vor, auch wenn Nutzungszeiten für einen bestimmten Personenkreis in den Zuwendungsbedingungen enthalten sind, denn die Zuwendungen werden im Regelfall für die im allgemeinen Interesse liegende Sportförderung zur Verfügung gestellt. [3] *Dies gilt auch für die Förderung des Leistungssports.* [4] Die normierten Auflagen für den Zuwendungsempfänger reichen für die Annahme eines Leistungsaustauschverhältnisses nicht aus. [5] Sie haben lediglich den Zweck, den Zuwendungsgeber über den von ihm erhofften und erstrebten Nutzen des Projekts zu unterrichten und die sachgerechte Verwendung der eingesetzten Fördermittel sicherzustellen und werden daher als echte Zuschüsse gewährt.

Zuwendungen aus öffentlichen Kassen

(8) [1] Ob Zuwendungen aus öffentlichen Kassen echte Zuschüsse sind, ergibt sich nicht aus der haushaltsrechtlichen Erlaubnis zur Ausgabe, sondern allein aus

dem Grund der Zahlung (vgl. BFH-Urteile vom 27.11.2008, V R 8/07, BStBl. 2009 II S. 397, und vom 18.12.2008, V R 38/06, BStBl. 2009 II S. 749). [2]Werden Zuwendungen aus öffentlichen Kassen ausschließlich auf der Grundlage des Haushaltsrechts in Verbindung mit den dazu erlassenen Allgemeinen Nebenbestimmungen vergeben, liegen in der Regel echte Zuschüsse vor.[1)] [3]Denn die in den Allgemeinen Nebenbestimmungen normierten Auflagen für den Zuwendungsempfänger reichen grundsätzlich für die Annahme eines Leistungsaustauschverhältnisses nicht aus. [4]Sie haben den Sinn, den Zuwendungsgeber über den von ihm erhofften und erstrebten Nutzen des Projekts zu unterrichten und die sachgerechte Verwendung der eingesetzten Fördermittel sicherzustellen. [5]Grund der Zahlung ist in diesen Fällen die im überwiegenden öffentlichen Interesse liegende Förderung des Zuwendungsempfängers, nicht der Erwerb eines verbrauchsfähigen Vorteils durch den Zuwendungsgeber.

(9) [1]Wird die Bewilligung der Zuwendungen über die Allgemeinen Nebenbestimmungen hinaus mit besonderen Nebenbestimmungen verknüpft, kann ein Leistungsaustauschverhältnis vorliegen. [2]Besondere Nebenbestimmungen sind auf den jeweiligen Einzelfall abgestellte Regelungen, die Bestandteil jeder Zuwendung sein können und im Zuwendungsbescheid oder -vertrag besonders kenntlich zu machen sind. [3]Dort können Auflagen und insbesondere Vorbehalte des Zuwendungsgebers hinsichtlich der Verwendung des Tätigkeitsergebnisses geregelt sein, die auf einen Leistungsaustausch schließen lassen. [4]Entsprechendes gilt für vertraglich geregelte Vereinbarungen. [5]Denn bei Leistungen, zu denen sich die Vertragsparteien in einem gegenseitigen Vertrag verpflichtet haben, liegt grundsätzlich ein Leistungsaustausch vor (vgl. BFH-Urteil vom 18.12.2008, V R 38/06, BStBl. 2009 II S. 749). [6]Regelungen zur technischen Abwicklung der Zuwendung und zum haushaltsrechtlichen Nachweis ihrer Verwendung sind umsatzsteuerrechtlich regelmäßig unbeachtlich (vgl. BFH-Urteil vom 28.7.1994, V R 19/92, BStBl. 1995 II S. 86).

(10) [1]Zuwendungen, die zur Projektförderung oder zur institutionellen Förderung auf der Grundlage folgender Nebenbestimmungen gewährt werden, sind grundsätzlich als nicht der Umsatzsteuer unterliegende echte Zuschüsse zu beurteilen:

1. Nebenbestimmungen für Zuwendungen auf Kostenbasis des Bundesministeriums für Bildung und Forschung (BMBF) an Unternehmen der gewerblichen Wirtschaft für Forschungs- und Entwicklungsvorhaben (NKBF-98); diese gelten z.B. auch im Geschäftsbereich des Bundesministeriums für Wirtschaft und Energie (BMWi) und des Bundesministeriums für Umwelt, Naturschutz und nukleare Sicherheit (BMU);
2. Allgemeine Nebenbestimmungen für Zuwendungen zur Projektförderung (ANBest-P) – Anlage 2 der VV zu § 44 BHO;
3. Allgemeine Nebenbestimmungen für Zuwendungen zur Projektförderung an Gebietskörperschaften und Zusammenschlüsse von Gebietskörperschaften (ANBest-GK) – Anlage 3 der VV zu § 44 BHO;

---

1) Siehe aber BFH v. 18.12.2019 XI R 31/17, BFH/NV 2020, 565 (Zuschüsse einer Stadt an Fremdenverkehrsverein).

4. Besondere Nebenbestimmungen für Zuwendungen des BMBF zur Projektförderung auf Ausgabenbasis (BNBest-BMBF 98); diese gelten z. B. auch im Geschäftsbereich des BMWi und des BMU;
5. Allgemeine Nebenbestimmungen für Zuwendungen zur Projektförderung auf Kostenbasis (ANBest-P-Kosten) – Anlage 4 der VV zu § 44 BHO;
6. Allgemeine Nebenbestimmungen für Zuwendungen zur institutionellen Förderung (ANBest-I) – Anlage 1 der VV zu § 44 BHO;
7. Finanzstatut für Forschungseinrichtungen der Hermann von Helmholtz-Gemeinschaft Deutscher Forschungszentren e. V. (FinSt-HZ);
8. Nebenbestimmungen für Zuwendungen auf Kostenbasis des Bundesministeriums für Bildung und Forschung an gewerbliche Unternehmen für Forschungs- und Entwicklungsvorhaben (NKBF 2017); diese gelten z. B. auch im Geschäftsbereich des BMWi und des BMU;
9. Nebenbestimmungen für Zuwendungen auf Ausgabenbasis (NABF); diese gelten z. B. auch im Geschäftsbereich des BMWi und des BMU.

[2]Entsprechendes gilt für Zuwendungen, die nach Richtlinien und Nebenbestimmungen zur Förderung bestimmter Vorhaben gewährt werden, die inhaltlich den o. a. Förderbestimmungen entsprechen (z. B. Zuwendungen im Rahmen der Programme der Biotechnologie- und Energieforschung sowie zur Förderung des Forschungs- und Entwicklungspersonals in der Wirtschaft). [3]Diese Beurteilung schließt im Einzelfall eine Prüfung nicht aus, ob auf Grund zusätzlicher Auflagen oder Bedingungen des Zuwendungsgebers oder sonstiger Umstände ein steuerbarer Leistungsaustausch zwischen dem Zuwendungsgeber und dem Zuwendungsempfänger begründet worden ist. [4]Dabei ist bei Vorliegen entsprechender Umstände auch die Frage des Entgelts von dritter Seite zu prüfen. [5]Eine Prüfung kommt insbesondere in Betracht, wenn die Tätigkeit zur Erfüllung von Ressortaufgaben des Zuwendungsgebers durchgeführt wird und deshalb z. B. folgende zusätzliche Vereinbarungen getroffen wurden (vgl. auch BFH-Urteile vom 23.2. 1989, V R 141/84, BStBl. II S. 638, und vom 28.7.1994, V R 19/92, BStBl. 1995 II S. 86):

1. Vorbehalt von Verwertungsrechten für den Zuwendungsgeber;
2. Zustimmungsvorbehalt des Zuwendungsgebers für die Veröffentlichung der Ergebnisse;
3. fachliche Detailsteuerung durch den Zuwendungsgeber;
4. Vollfinanzierung bei Zuwendungen an Unternehmen der gewerblichen Wirtschaft.

[6]Die Vorbehalte sprechen nicht für einen Leistungsaustausch, wenn sie lediglich dazu dienen, die Tätigkeit zu optimieren und die Ergebnisse für die Allgemeinheit zu sichern. [7]Nach den vorstehenden Grundsätzen ist auch bei der umsatzsteuerlichen Beurteilung von Zuwendungen zur Projektförderung sowie zur institutionellen Förderung auf Grund entsprechender Bestimmungen der Bundesländer zu verfahren.

10.3 Entgeltminderungen

(1) [1]Entgeltminderungen liegen vor, wenn der Leistungsempfänger bei der Zahlung Beträge abzieht, z. B. Skonti, Rabatte, Preisnachlässe usw., oder wenn dem Leistungsempfänger bereits gezahlte Beträge zurückgewährt werden, ohne dass er dafür eine Leistung zu erbringen hat. [2]Hierbei ist der Abzugsbetrag oder die Rückzahlung in Entgelt und Umsatzsteuer aufzuteilen (vgl. BFH-Urteil vom 28.5.2009, V R 2/08, BStBl. II S. 870). [3]Auf die Gründe, die für die Ermäßigung des Entgelts maßgebend waren, kommt es nicht an (vgl. BFH-Urteil vom 21.3.1968, V R 85/65, BStBl. II S. 466). [4]Die Pflicht des Unternehmers, bei nachträglichen Änderungen des Entgelts die Steuer bzw. den Vorsteuerabzug zu berichtigen, ergibt sich aus § 17 UStG. [5]Eine Entgeltminderung liegt grundsätzlich auch vor, wenn ein in der Leistungskette beteiligter Unternehmer einem nicht unmittelbar nachfolgenden Abnehmer einen Teil des von diesem gezahlten Leistungsentgelts erstattet oder ihm gegenüber einen Preisnachlass gewährt. [6]Erstattet danach der erste Unternehmer in einer Leistungskette dem Endverbraucher einen Teil des von diesem ge-zahlten Leistungsentgelts oder gewährt er ihm einen Preisnachlass, mindert sich dadurch grundsätzlich die Bemessungsgrundlage des ersten Unternehmers an seinen unmittelbaren Abnehmer (vgl. EuGH-Urteil vom 24.10.1996, C-317/94, Elida Gibbs, BStBl. 2004 II S. 324).[1)] [7]Auf die Abschnitte 17.1 und 17.2 wird hingewiesen.

(2) [1]Eine Entgeltminderung kann vorliegen, wenn der Erwerber einer Ware Mängel von sich aus beseitigt und dem Lieferer die entstandenen Kosten berechnet. [2]Zur Frage, ob in derartigen Fällen ein Schadensersatz vorliegt, vgl. Abschnitt 1.3 Abs. 1. [3]Wird jedoch von den Vertragspartnern von vornherein ein pauschaler Abzug vom Kaufpreis vereinbart und dafür vom Erwerber global auf alle Ansprüche aus der Sachmängelhaftung des Lieferers verzichtet, erbringt der Käufer eine entgeltliche sonstige Leistung (vgl. BFH-Urteil vom 15.12.1966, V R 83/64, BStBl. 1967 III S. 234). [4]Zuwendungen, die ein Lieferant seinem Abnehmer für die Durchführung von Werbemaßnahmen gewährt, sind regelmäßig als Preisnachlass zu behandeln, wenn und soweit keine Verpflichtung zur Werbung besteht, der Werber die Werbung im eigenen Interesse am Erfolg der Werbemaßnahme ausführt und die Gewährung des Zuschusses nicht losgelöst von der Warenlieferung, sondern mit dieser eng verknüpft ist (vgl. BFH-Urteil vom 5.8.1965, V 144/62 U, BStBl. III S. 630). [5]Werbeprämien, die den Abnehmern für die Werbung eines neuen Kunden gewährt werden, mindern daher nicht das Entgelt (vgl. BFH-Urteil vom 7.3.1995, XI R 72/93, BStBl. II S. 518). [6]Entsprechendes gilt bei der Überlassung von Prämienbüchern durch eine Buchgemeinschaft an ihre Mitglieder für die Werbung neuer Mitglieder (vgl. BFH-Urteil vom 17.12.1959, V 251/58 U, BStBl. 1960 III S. 97). [7]Soweit einem Altabonnenten eine Prämie als Belohnung für die Verlängerung seines eigenen Belieferungsverhältnisses gewährt wird, liegt eine Entgeltminderung vor (vgl. BFH-Urteil vom 7.3.1995, XI R 73/93, a. a. O.). [8]Die Teilnahme eines Händlers an einem Verkaufswettbewerb seines Lieferanten, dessen Gegenstände die vertriebenen Produkte sind, begründet regelmäßig keinen besonderen Leistungsaustausch,

---

1) IStR 1996, 583.

die Zuwendung des Preises kann jedoch als Preisnachlass durch den Lieferanten zu behandeln sein (BFH-Urteil vom 9.11.1994, XI R 81/92, BStBl. 1995 II S. 277). [9] Gleiches gilt für die Zuwendung eines Lieferanten an einen Abnehmer als Belohnung für Warenbezüge in einer bestimmten Größenordnung (vgl. BFH-Urteil vom 28.6.1995, XI R 66/94, BStBl. II S. 850). [10] Hat der leistende Unternehmer eine Vertragsstrafe wegen nicht gehöriger Erfüllung an den Leistungsempfänger zu zahlen, liegt darin keine Entgeltminderung (vgl. Abschnitt 1.3 Abs. 3). [11] Die nach der Milch-Garantiemengen-Verordnung erhobene Abgabe mindert nicht das Entgelt für die Milchlieferungen des Erzeugers.

(3) Eine Minderung des Kaufpreises einer Ware liegt nicht vor, wenn der Käufer vom Verkäufer zur Ware einen Chip erhält, der zum verbilligten Bezug von Leistungen eines Dritten berechtigt, und der Kunde den vereinbarten Kaufpreis für die Ware unabhängig davon, ob er den Chip annimmt, zu zahlen hat und die Rechnung über den Warenkauf diesen Kaufpreis ausweist (BFH-Urteil vom 11.5.2006, V R 33/03, BStBl. II S. 699, und vgl. Abschnitt 17.2 Abs. 8).

(4) Sog. Preisnachlässe, die von Verkaufsagenten eingeräumt werden, sind wie folgt zu behandeln:

Beispiel 1:

[1] Der Agent räumt den Abnehmern mit Zustimmung der Lieferfirma einen Preisnachlass vom Listenpreis zu Lasten seiner Provision ein. [2] Der Lieferer erteilt dem Abnehmer eine Rechnung über den geminderten Preis. [3] Dem Agenten wird auf Grund der vereinbarten „Provisionsklausel" nur die um den Preisnachlass gekürzte Provision gutgeschrieben.

[4] In diesem Fall hat der Lieferer nur den vom Abnehmer aufgewendeten Betrag zu versteuern.

[5] Der vom Agenten eingeräumte Preisnachlass ist ihm nicht in Form eines Provisionsverzichts des Agenten als Entgelt von dritter Seite zugeflossen. [6] Das Entgelt für die Leistung des Agenten besteht in der ihm gutgeschriebenen, gekürzten Provision.

Beispiel 2:

[1] Der Agent räumt den Preisnachlass ohne Beteiligung der Lieferfirma zu Lasten seiner Provision ein. [2] Der Lieferer erteilt dem Abnehmer eine Rechnung über den vollen Listenpreis und schreibt dem Agenten die volle Provision nach dem Listenpreis gut. [3] Der Agent gewährt dem Abnehmer den zugesagten Preisnachlass in bar, durch Gutschrift oder durch Sachleistungen, z. B. kostenlose Lieferung von Zubehör o. Ä.

[4] In diesem Fall mindert der vom Agenten eingeräumte Preisnachlass weder das Entgelt der Lieferfirma noch die Provision des Agenten (vgl. BFH-Urteil vom 27.2.2014, V R 18/11, BStBl. 2015 II S. 306, und Abschnitt 17.2 Abs. 7). [5] Der Agent ist nicht berechtigt, dem Abnehmer eine Abrechnung über den Preisnachlass mit Ausweis der Umsatzsteuer zu erteilen und einen entsprechenden Vorsteuerabzug vorzunehmen, weil zwischen ihm und dem Abnehmer kein Leistungsaustausch stattfindet (vgl. auch BFH-Beschluss vom 14.4.1983, V B 28/81, BStBl. II S. 393).

(5) Sog. Preisnachlässe, die ein Zentralregulierer seinen Anschlusskunden für den Bezug von Waren von bestimmten Lieferanten gewährt, mindern nicht die Bemessungsgrundlage für die Leistungen, die der Zentralregulierer gegenüber den Lieferanten erbringt, und führen dementsprechend auch nicht zu einer Berichtigung des Vorsteuerabzuges beim Anschlusskunden aus den Warenbezügen (BFH-Urteil vom 3.7.2014, V R 3/12, BStBl. 2015 II S. 307).

(6) [1] Wechselvorzinsen (Wechseldiskont), die dem Unternehmer bei der Weitergabe (Diskontierung) eines für seine Lieferung oder sonstige Leistung in

Zahlung genommenen Wechsels abgezogen werden, mindern das Entgelt für seinen Umsatz (vgl. BFH-Urteil vom 27.10.1967, V 206/64, BStBl. 1968 II S. 128). [2]Dies gilt auch für die bei Prolongation eines Wechsels berechneten Wechselvorzinsen. [3]Dagegen sind die Wechselumlaufspesen (Diskontspesen) Kosten des Zahlungseinzugs, die das Entgelt nicht mindern (vgl. BFH-Urteil vom 29.11.1955, V 79/55 S, BStBl. 1956 III S. 53). [4]Hat der Unternehmer für seine steuerpflichtige Leistung eine Rechnung mit gesondertem Steuerausweis im Sinne des § 14 Abs. 2 UStG erteilt und unterlässt er es, seinem Abnehmer die Entgeltminderung und die darauf entfallende Steuer mitzuteilen, schuldet er die auf den Wechseldiskont entfallende Steuer nach § 14c Abs. 1 UStG. [5]Gewährt der Unternehmer im Zusammenhang mit einer Lieferung oder sonstigen Leistung einen Kredit, der als gesonderte Leistung anzusehen ist (vgl. Abschnitt 3.11 Abs. 1 und 2), und hat er über die zu leistenden Zahlungen Wechsel ausgestellt, die vom Leistungsempfänger akzeptiert werden, mindern die bei der Weitergabe der Wechsel berechneten Wechselvorzinsen nicht das Entgelt für die Lieferung oder sonstige Leistung.

(7) [1]Der vom Hersteller eines Arzneimittels den gesetzlichen Krankenkassen zu gewährende gesetzliche Rabatt führt beim Hersteller zu einer Minderung des Entgelts für seine Lieferung an den Zwischenhändler oder die Apotheke. [2]Gleiches gilt bei der verbilligten Abgabe des Arzneimittels durch die in der Lieferkette beteiligten Unternehmer. [3]Die Erstattung des Abschlags durch den Hersteller ist in diesem Fall Entgelt von dritter Seite für die Lieferung des Arzneimittels.[1)] [4]Verzichtet eine Apotheke, die nicht nach § 43b SGB V[2)] zum Einzug der Zuzahlung nach § 31 Abs. 3 SGB V verpflichtet ist, auf diese Zuzahlung, mindert sich insoweit die Bemessungsgrundlage für die Lieferung an die jeweilige Krankenkasse. [5]Gleiches gilt bei der Gewährung von Boni auf erhobene Zuzahlungen. [6]Wegen der Änderung des für die ursprüngliche Lieferung geschuldeten Umsatzsteuerbetrags sowie des in Anspruch genommenen Vorsteuerabzugs vgl. Abschnitt 17.1. [7]Zahlungen des Herstellers auf Grundlage des § 1 des Gesetzes über Rabatte für Arzneimittel (AMRabG)[3)] an die Unternehmen der privaten Krankenversicherung und an die Träger der Kosten in Krankheits-, Pflege- und Geburtsfällen nach beamtenrechtlichen Vorschriften mindern ebenfalls die Bemessungsgrundlage für die gelieferten Arzneimittel (vgl. BFH-Urteil vom 8.2.2018, V R 42/15, BStBl. II S. 676).

10.4 Durchlaufende Posten

(1) [1]Durchlaufende Posten gehören nicht zum Entgelt (§ 10 Abs. 1 Satz 5 UStG). [2]Sie liegen vor, wenn der Unternehmer, der die Beträge vereinnahmt und verauslagt, im Zahlungsverkehr lediglich die Funktion einer Mittelsperson ausübt, ohne selbst einen Anspruch auf den Betrag gegen den Leistenden zu haben und auch nicht zur Zahlung an den Empfänger verpflichtet zu sein. [3]Ob der Unternehmer Beträge im Namen und für Rechnung eines anderen

---

1) Zum Herstellerrabatt als Entgeltbestandteil des innergemeinschaftlichen Erwerbs von Arzneimitteln siehe BFH v. 10.12.2020 V R 34/18, BStBl. II 2021, 576.

2) ***Aichberger SGB** Nr. 5.*

3) G v. 22.12.2010, BGBl. I 2010, 2262, zuletzt geänd. durch G v. 9.12.2020, BGBl. I 2020, 2870.

vereinnahmt und verauslagt, kann nicht nach der wirtschaftlichen Betrachtungsweise entschieden werden. [4]Es ist vielmehr erforderlich, dass zwischen dem Zahlungsverpflichteten und dem, der Anspruch auf die Zahlung hat (Zahlungsempfänger), unmittelbare Rechtsbeziehungen bestehen (vgl. BFH-Urteil vom 24.2.1966, V 135/63, BStBl. III S. 263). [5]Liegen solche unmittelbaren Rechtsbeziehungen mit dem Unternehmer vor, sind Rechtsbeziehungen ohne Bedeutung, die zwischen dem Zahlungsempfänger und der Person bestehen, die an den Unternehmer leistet oder zu leisten verpflichtet ist (vgl. BFH-Urteil vom 2.3.1967, V 54/64, BStBl. III S. 377).

(2) [1]Unmittelbare Rechtsbeziehungen setzen voraus, dass der Zahlungsverpflichtete und der Zahlungsempfänger jeweils den Namen des anderen und die Höhe des gezahlten Betrags erfahren (vgl. BFH-Urteil vom 4.12.1969, V R 104/66, BStBl. 1970 II S. 191). [2]Dieser Grundsatz findet jedoch regelmäßig auf Abgaben und Beiträge keine Anwendung. [3]Solche Beträge können auch dann durchlaufende Posten sein, wenn die Mittelsperson dem Zahlungsempfänger die Namen der Zahlungsverpflichteten und die jeweilige Höhe der Beträge nicht mitteilt (vgl. BFH-Urteil vom 11.8.1966, V 13/64, BStBl. III S. 647). [4]Kosten (Gebühren und Auslagen), die Rechtsanwälte, Notare und Angehörige verwandter Berufe bei Behörden und ähnlichen Stellen für ihre Auftraggeber auslegen, können als durchlaufende Posten auch dann anerkannt werden, wenn dem Zahlungsempfänger Namen und Anschriften der Auftraggeber nicht mitgeteilt werden. [5]Voraussetzung ist, dass die Kosten nach Kosten(Gebühren-)ordnungen berechnet werden, die den Auftraggeber als Kosten(Gebühren-)schuldner bestimmen (vgl. BFH-Urteil vom 24.8.1967, V 239/64, BStBl. III S. 719). [6]Zur umsatzsteuerrechtlichen Behandlung von Deponiegebühren vgl. BMF-Schreiben vom 11.2.2000, BStBl. I S. 360. [7]Zu durchlaufenden Posten im Rahmen von postvorbereitenden sonstigen Leistungen von Konsolidierern an die Deutsche Post AG vgl. BMF-Schreiben vom 13.12.2006, BStBl. 2007 I S. 119. [8]Die von den gesetzlichen Trägern der Grundsicherung für Arbeitssuchende gezahlte Mehraufwandsentschädigung ist bei der Auszahlung durch die Arbeitsgelegenheit bei dieser als durchlaufender Posten zu beurteilen.

(3) [1]Steuern, öffentliche Gebühren und Abgaben, die vom Unternehmer geschuldet werden, sind bei ihm keine durchlaufenden Posten, auch wenn sie dem Leistungsempfänger gesondert berechnet werden (vgl. BFH-Urteil vom 4.6. 1970, V R 10/67, BStBl. II S. 648, und Abschnitt 10.1 Abs. 6). [2]Dementsprechend sind z.B. Gebühren, die im Rahmen eines Grundbuchabrufverfahrens vom Notar geschuldet werden, bei diesem keine durchlaufenden Posten, auch wenn sie als verauslagte Gerichtskosten in Rechnung gestellt werden dürfen.

(4) [1]Die Annahme eines durchlaufenden Postens scheidet auch aus, wenn der Unternehmer die Beträge gesamtschuldnerisch mit dem Empfänger seiner Leistung schuldet.[1)] [2]Die Weiterberechnung der nach *§ 2 ABMG*[2)] geschulde-

---

1) Siehe aber BFH v. 3.7.2014 V R 1/14, DStR 2014, 2126, zu Gebühren für eine zweite Leichenschau als durchlaufende Posten.

2) Siehe jetzt § 2 Bundesfernstraßenmautgesetz (BFStrMG) v. 12.7.2011, BGBl. I 2011, 1378, zuletzt geänd. durch G v. 8.6.2021, BGBl. I 2021, 1603.

ten Mautbeträge kann daher weder zwischen verschiedenen Gesamtschuldnern der Maut noch durch einen Mautschuldner gegenüber einem anderen Leistungsempfänger als durchlaufender Posten erfolgen.

10.5 Bemessungsgrundlage beim Tausch und bei tauschähnlichen Umsätzen

Allgemeines

(1)[1] [1]Beim Tausch und bei tauschähnlichen Umsätzen gilt der Wert jedes Umsatzes als Entgelt für den anderen Umsatz. [2]Der Wert des anderen Umsatzes wird durch den subjektiven Wert für die tatsächlich erhaltene und in Geld ausdrückbare Gegenleistung bestimmt. [3]Subjektiver Wert ist derjenige, den der Leistungsempfänger der Leistung beimisst, die er sich verschaffen will und deren Wert dem Betrag entspricht, den er zu diesem Zweck aufzuwenden bereit ist (vgl. BFH-Urteil vom 16.4.2008, XI R 56/06, BStBl. II S. 909, und EuGH-Urteil vom 2.6.1994, C-33/93, Empire Stores). [4]Dieser Wert umfasst alle Ausgaben einschließlich der Nebenleistungen, die der Empfänger der jeweiligen Leistung aufwendet, um diese Leistung zu erhalten (vgl. BFH-Urteile vom 1.8.2002, V R 21/01, BStBl. 2003 II S. 438, und vom 16.4.2008, XI R 56/06, a.a.O.; zu Versandkosten vgl. z.B. EuGH-Urteil vom 3.7.2001, C-380/99, Bertelsmann).[2] [5]Soweit der Leistungsempfänger konkrete Aufwendungen für die von ihm erbrachte Gegenleistung getätigt hat, ist daher der gemeine Wert (§ 9 BewG) dieser Gegenleistung nicht maßgeblich. [6]Hat er keine konkreten Aufwendungen für seine Gegenleistung getätigt, ist das Entgelt für die Leistung gem. § 162 AO zu schätzen (vgl. BFH-Urteil vom 25.4.2018, XI R 21/16, BStBl. II S. 505). [7]Wird ein Geldbetrag zugezahlt, handelt es sich um einen Tausch oder tauschähnlichen Umsatz mit Baraufgabe. [8]In diesen Fällen ist der Wert der Sachleistung um diesen Betrag zu mindern. [9]Wird im Rahmen eines tauschähnlichen Umsatzes Kapital zinslos oder verbilligt zur Nutzung überlassen, richtet sich der Wert dieses Vorteils nach den allgemeinen Vorschriften des BewG (§§ 13 bis 16 BewG).[3] [10]Danach ist ein einjähriger Betrag der Nutzung mit 5,5% des Darlehens zu ermitteln (vgl. BFH-Urteil vom 28.2.1991, V R 12/85, BStBl. II S. 649).

Materialabfall und werthaltige Abfälle

(2) [1]Zum Entgelt für eine Werkleistung oder eine Werklieferung kann neben der vereinbarten Barvergütung auch der bei der Werkleistung oder Werklieferung anfallende Materialabfall gehören, den der Leistungsempfänger dem leistenden Unternehmer überlässt. [2]Das gilt insbesondere, wenn Leis-

---

[1] A 10.5 UStAE Abs. 1 Satz 6 neugef., Satz 7 aufgeh., bish. Sätze 8 bis 11 werden Sätze 7 bis 10 durch BMF v. 28.8.2020, BStBl. I 2020, 928, anzuwenden in allen offenen Fällen; zur **bis 1.1.2022** begrenzten Anwendung der bisherigen Regelungen siehe Anlage 8. – Vgl. BFH v. 30.9.2008 XI B 74/08, BFH/NV 2008, 2066 (tauschähnlicher Umsatz beim Reinigen von Toilettenanlagen gegen Entgelt).

[2] DStRE 2001, 936.

[3] **Steuergesetze** Nr. **200.**

tungsempfänger und leistender Unternehmer sich darüber einig sind, dass die Barvergütung kein hinreichender Gegenwert für die Werkleistung oder die Werklieferung ist. [3]Der Wert des Materialabfalls kann auch dann anteilige Gegenleistung für die Werkleistung oder die Werklieferung sein, wenn über den Verbleib des Materialabfalls keine besondere Vereinbarung getroffen worden ist. [4]Die Vermutung, dass in diesem Fall die Höhe der vereinbarten Barvergütung durch den überlassenen Materialabfall beeinflusst worden ist, besteht insbesondere, wenn es sich um wertvollen Materialabfall handelt (vgl. BFH-Urteil vom 15.12.1988, V R 24/88, BStBl. 1989 II S. 252). [5]Übernimmt bei der Entsorgung werthaltiger Abfälle der Unternehmer (Entsorger) die vertraglich geschuldete industrielle Aufbereitung und erhält er die Verwertungs- und Vermarktungsmöglichkeit über die im Abfall enthaltenen Wertstoffe, bleibt der Charakter der Leistung als Entsorgungsleistung ungeachtet des durch den Entsorger erzielten Preises für die Wertstoffe unberührt. [6]Der Wert des Wertstoffs ist Bemessungsgrundlage für die erbrachte Entsorgungsleistung, ggf. – je nach Marktlage – abzüglich bzw. zuzüglich einer Baraufgabe. [7]Die für die Höhe der Baraufgabe maßgebenden Verhältnisse ergeben sich dabei regelmäßig aus den vertraglichen Vereinbarungen und Abrechnungen. [8]Bemessungsgrundlage für die Lieferung des Unternehmers, der den werthaltigen Abfall abgibt, ist der Wert der Gegenleistung (Entsorgungsleistung) ggf. – je nach Marktlage – abzüglich bzw. zuzüglich einer Baraufgabe. [9]Zu tauschähnlichen Umsätzen bei der Abgabe von werthaltigen Abfällen vgl. Abschnitt 3.16. [10]Beginnt die Beförderung oder Versendung an den Abnehmer (Entsorger) in einem anderen EU-Mitgliedstaat, kann die Leistung des liefernden Unternehmers als innergemeinschaftliche Lieferung steuerfrei sein. [11]Der Entsorger hat einen betragsmäßig identischen inneremeinschaftlichen Erwerb des werthaltigen Abfalls der Umsatzbesteuerung in Deutschland zu unterwerfen, wenn hier die Entsorgung des Abfalls erfolgt.

Austauschverfahren in der Kraftfahrzeugwirtschaft

(3)[1)] [1]Die Umsätze beim Austauschverfahren in der Kraftfahrzeugwirtschaft sind in der Regel Tauschlieferungen mit Baraufgabe (vgl. BFH-Urteil vom 3.5.1962, V 298/59 S, BStBl. III S. 265). [2]Der Lieferung eines aufbereiteten funktionsfähigen Austauschteils (z. B. Motor, Aggregat, Achse, Benzinpumpe, Kurbelwelle, Vergaser) durch den Unternehmer der Kraftfahrzeugwirtschaft stehen eine Geldzahlung und eine Lieferung des reparaturbedürftigen Kraftfahrzeugteils (Altteils) durch den Kunden gegenüber. [3]Als Entgelt für die Lieferung des Austauschteils sind demnach die vereinbarte Geldzahlung und der subjektive Wert des Altteils, jeweils abzüglich der darin enthaltenen Umsatzsteuer, anzusetzen (vgl. BFH-Urteil vom 25.4.2018, XI R 21/16, BStBl. II S. 505). [4]Dabei können die Altteile mit einem Durchschnittswert von 10% des sog. Bruttoaustauschentgelts bewertet werden. [5]Als Bruttoaustauschentgelt ist der Betrag anzusehen, den der Endabnehmer für den Erwerb eines dem zurückgegebenen Altteil entsprechenden Austauschteils abzüglich Umsatzsteu-

[1)] A 10.5 UStAE Abs. 3 Satz 3 neugef. durch BMF v. 28.8.2020, BStBl. I 2020, 928, anzuwenden in allen offenen Fällen; zur **bis 1.1.2022** begrenzten Anwendung der bisherigen Regelungen siehe Anlage 8.

er, jedoch ohne Abzug eines Rabatts zu zahlen hat. [6]Der Durchschnittswert ist danach auf allen Wirtschaftsstufen gleich. [7]Er kann beim Austauschverfahren sowohl für Personenkraftwagen als auch für andere Kraftfahrzeuge, insbesondere auch Traktoren, Mähdrescher und andere selbst fahrende Arbeitsmaschinen im Sinne des § 3 Abs. 2 Nr. 1 Buchstabe a FZV,1) angewandt werden. [8]Setzt ein Unternehmer bei der Abrechnung an Stelle des Durchschnittswerts andere Werte an, sind die tatsächlichen Werte der Umsatzsteuer zu unterwerfen. [9]Zur Vereinfachung der Abrechnung (§ 14 UStG) und zur Erleichterung der Aufzeichnungspflichten (§ 22 UStG) kann wie folgt verfahren werden:

1. [1]Die Lieferungen von Altteilen durch die am Kraftfahrzeug-Austauschverfahren beteiligten Unternehmer werden nicht zur Umsatzsteuer herangezogen. [2]Soweit der Endabnehmer des Austauschteils ein Land- und Forstwirt ist und seine Umsätze nach § 24 UStG nach Durchschnittssätzen versteuert, ist der Lieferer des Austauschteils, z. B. Reparaturwerkstatt, verpflichtet, über die an ihn ausgeführte Lieferung des Altteils auf Verlangen eine Gutschrift nach § 14 Abs. 2 Sätze 3 und 4 UStG zu erteilen (vgl. Nummer 2 Satz 2 Buchstabe a Beispiel 2).
2. [1]Bei der Lieferung des Austauschteils wird der Wert des zurückgegebenen Altteils in allen Fällen von den Lieferern – Hersteller, Großhändler, Reparaturwerkstatt – als Teil der Bemessungsgrundlage berücksichtigt. [2]Dabei ist Folgendes zu beachten:
   a) [1]In der Rechnung über die Lieferung des Austauschteils braucht der Wert des Altteils nicht in den Rechnungsbetrag einbezogen zu werden. [2]Es genügt, dass der Unternehmer den auf den Wert des Altteils entfallenden Steuerbetrag angibt.

Beispiel 1:

1 Austauschmotor	1000,– €
+ Umsatzsteuer (19%)	190,– €
+ Umsatzsteuer (19%) auf den Wert des Altteils von 100 € (10% von 1000 €)	19,– €
	1209,– €

Beispiel 2:

(Lieferung eines Austauschteils an einen Landwirt, der § 24 UStG anwendet)

1 Austauschmotor	1000,– €
+ Umsatzsteuer (19%)	190,– €
+ Umsatzsteuer (19%) auf den Wert des Altteils von 100 € (10% von 1000 €)	19,– €
	1209,– €
./. Gutschrift 10,7% ./. Umsatzsteuer auf den Wert des Altteils (100 €)	10,70 €
	1198,30 €

1) Fahrzeug-Zulassungsverordnung v. 3.2.2011, BGBl. I 2011, 139, zuletzt geänd. durch G v. 12.7.2021, BGBl. I 2021, 3091 (**Straßenverkehrsrecht** Nr. **2.3**).

b) [1]Der Lieferer der Austauschteile – Hersteller, Großhändler, Reparaturwerkstatt – hat die auf die Werte der Altteile entfallenden Steuerbeträge gesondert aufzuzeichnen. [2]Am Schluss des Voranmeldungs- und des Besteuerungszeitraums ist aus der Summe dieser Steuerbeträge die Summe der betreffenden Entgeltteile zu errechnen.

c) Der Lieferungsempfänger muss, sofern er auf der Eingangsseite die Entgelte für empfangene steuerpflichtige Lieferungen und sonstige Leistungen und die darauf entfallenden Steuerbeträge nicht getrennt voneinander, sondern nach § 63 Abs. 5 UStDV in einer Summe aufzeichnet, die um die Steuer auf die Werte der Altteile verminderten Bruttorechnungsbeträge (nach den vorstehenden Beispielen 1190 €) und die auf die Werte der Altteile entfallenden Steuerbeträge getrennt voneinander aufzeichnen.

(4)[1)] [1]Nimmt ein Kraftfahrzeughändler beim Verkauf eines Kraftfahrzeugs einen Gebrauchtwagen in Zahlung und leistet der Käufer in Höhe des Differenzbetrags eine Zuzahlung, liegt ein Tausch mit Baraufgabe vor. [2]Zum Entgelt des Händlers gehört neben der Zuzahlung auch der subjektive Wert des in Zahlung genommenen gebrauchten Fahrzeugs. [3]Der subjektive Wert ergibt sich aus dem individuell vereinbarten Verkaufspreis zwischen dem Kraftfahrzeughändler und dem Käufer abzüglich der vom Käufer zu leistenden Zuzahlung. [4]Denn dies ist der Wert, den der Händler dem Gebrauchtwagen beimisst und den er bereit ist, hierfür aufzuwenden (vgl. Abs. 1 Sätze 2 bis 4).

(5)[1)] *(aufgehoben)*

Forderungskauf

(6) [1]Der Forderungskauf ohne Übernahme des Forderungseinzugs stellt einen tauschähnlichen Umsatz dar, bei dem der Forderungskäufer eine Baraufgabe leistet, vgl. Abschnitt 2.4 Abs. 5 Sätze 1 bis 3. [2]Die Baraufgabe des Forderungskäufers ist der von ihm ausgezahlte Betrag. [3]Der Wert der Leistung des Forderungskäufers besteht aus dem Wert für die Kreditgewährung, welcher durch die Gebühr und den Zins bestimmt wird, sowie dem bar aufgegebenen Betrag. [4]Der Wert der Leistung des Forderungsverkäufers besteht aus dem Kaufpreis, d. h. dem (Brutto-)Nennwert der abgetretenen Forderung zzgl. der darauf entfallenden Umsatzsteuer. [5]Dementsprechend ist Bemessungsgrundlage für die Leistung des Forderungsverkäufers der Wert des gewährten Kredits – dieser wird regelmäßig durch die vereinbarten Gebühren und Zinsen bestimmt – zzgl. des vom Käufer gezahlten Auszahlungsbetrags. [6]Bemessungsgrundlage für die Leistung des Forderungskäufers ist der Wert der übertragenen Forderung – dieser entspricht dem Bruttoverkaufspreis der Forderung, abzüglich der selbst geleisteten Baraufgabe in Höhe des Auszahlungsbetrags.

[1)] A 10.5 UStAE Abs. 4 neugef., Abs. 5 aufgeh. durch BMF v. 28.8.2020, BStBl. I 2020, 928, anzuwenden in allen offenen Fällen; zur **bis 1.1.2022** begrenzten Anwendung der bisherigen Regelungen siehe Anlage 8.

Beispiel:

[1] V hat eine Forderung über 1 190 000 € gegenüber einem Dritten, die er an den Erwerber K veräußert und abtritt. [2] Der Einzug der Forderung verbleibt bei V. [3] Sowohl V als auch K machen von der Möglichkeit der Option nach § 9 UStG Gebrauch. [4] K zahlt dem V den Forderungsbetrag (1 190 000 €) zuzüglich Umsatzsteuer (226 100 €) und abzüglich einer vereinbarten Gebühr von 5950 €, also 1 410 150 €.

[5] Da der Einzug der Forderung nicht vom Erwerber der Forderung übernommen wird, erbringt K keine Factoringleistung, sondern eine grundsätzlich nach § 4 Nr. 8 Buchstabe a UStG steuerfreie Kreditgewährung. [6] Die Leistung des V besteht in der Abtretung seiner Forderung; auch diese Leistung ist grundsätzlich nach § 4 Nr. 8 Buchstabe c UStG steuerfrei.

[7] Da sowohl V als auch K für ihre Leistung zur Steuerpflicht optiert haben, sind die Bemessungsgrundlagen für ihre Leistungen wie folgt zu ermitteln:

[8] Bemessungsgrundlage für die Leistung des V ist der Wert des gewährten Kredits – dieser wird durch die vereinbarte Gebühr i. H. v. 5950 € bestimmt – zuzüglich des vom Käufer gezahlten Auszahlungsbetrags i. H. v. 1 410 150 €, abzüglich der darin enthaltenen Umsatzsteuer von 226 100 €. [9] Im Ergebnis ergibt sich somit eine Bemessungsgrundlage in Höhe des Bruttowerts der abgetretenen Forderung von 1 190 000 €.

[10] Bemessungsgrundlage für die Leistung des Forderungskäufers ist der Wert der übertragenen Forderung – dieser entspricht dem Bruttoverkaufspreis der Forderung von 1 416 100 €, abzüglich der selbst geleisteten Baraufgabe in Höhe des Auszahlungsbetrags von 1 410 150 €. [11] Im Ergebnis ergibt sich dabei eine Bemessungsgrundlage in Höhe der vereinbarten Gebühr, abzüglich der darin enthaltenen Umsatzsteuer, also 5000 €.

10.6 Bemessungsgrundlage bei unentgeltlichen Wertabgaben

(1) [1] Bei den einer Lieferung gleichgestellten Wertabgaben im Sinne des § 3 Abs. 1b UStG (vgl. Abschnitt 3.3) ist bei der Ermittlung der Bemessungsgrundlage grundsätzlich vom Einkaufspreis zuzüglich der Nebenkosten für den Gegenstand oder für einen gleichartigen Gegenstand im Zeitpunkt der Entnahme oder Zuwendung auszugehen (§ 10 Abs. 4 Satz 1 Nr. 1 UStG). [2] Dieser fiktive Einkaufspreis entspricht in der Regel dem – auf der Handelsstufe des Unternehmers ermittelbaren – Wiederbeschaffungspreis im Zeitpunkt der Entnahme. [3] Bei im eigenen Unternehmen hergestellten Gegenständen ist ebenfalls grundsätzlich der fiktive Einkaufspreis maßgebend. [4] Ist der hergestellte Gegenstand eine Sonderanfertigung, für die ein Marktpreis nicht ermittelbar ist, oder lässt sich aus anderen Gründen ein Einkaufspreis am Markt für einen gleichartigen Gegenstand nicht ermitteln, sind die Selbstkosten zum Zeitpunkt des Umsatzes anzusetzen (vgl. BFH-Urteil vom 12.12.2012, XI R 3/10, BStBl. 2014 II S. 809). [5] Diese umfassen alle durch den betrieblichen Leistungsprozess bis zum Zeitpunkt der Entnahme oder Zuwendung entstandenen Ausgaben; dabei sind auch die nicht zum Vorsteuerabzug berechtigenden Kosten in die Bemessungsgrundlage einzubeziehen. [6] Bei der Ermittlung der Selbstkosten sind die Anschaffungs- oder Herstellungskosten des Unternehmensgegenstandes, soweit dieser der Fertigung des unentgeltlich zugewendeten Gegenstandes gedient hat, auf die betriebsgewöhnliche Nutzungsdauer, die nach den ertragsteuerrechtlichen Grundsätzen anzusetzen ist, zu verteilen. [7] Die auf die Wertabgabe entfallende Umsatzsteuer gehört nicht zur Bemessungsgrundlage. [8] Zu den Pauschbeträgen für unentgeltliche Wertabgaben (Sachentnahmen) 2021 vgl. BMF-Schreiben vom 15.6.2021, BStBl. I S. 811. [9] Zur Frage der Bemessungsgrund-

lage der unentgeltlichen Wertabgabe von Wärme, die durch eine KWK-Anlage erzeugt wird, vgl. Abschnitt 2.5 Abs. 20 bis 22.

(1a)[1)] [1]Bei der Ermittlung der Bemessungsgrundlage nach den Grundsätzen des Absatzes 1 Sätze 1 bis 6 ist auch zu berücksichtigen, ob Gegenstände zum Zeitpunkt der unentgeltlichen Wertabgabe aufgrund ihrer Beschaffenheit nicht mehr oder nur noch stark eingeschränkt verkehrsfähig sind. [2]Hiervon ist bei Lebensmitteln auszugehen, wenn diese kurz vor Ablauf des Mindesthaltbarkeitsdatums stehen oder die Verkaufsfähigkeit als Frischware, wie Backwaren, Obst und Gemüse, wegen Mängeln nicht mehr gegeben ist. [3]Dies gilt auch für Non-Food-Artikel mit Mindesthaltbarkeitsdatum wie beispielsweise Kosmetika, Drogerieartikel, pharmazeutische Artikel, Tierfutter oder Bauchemieprodukte wie Silikon oder Beschichtungen sowie Blumen und andere verderbliche Waren. [4]Bei anderen Gegenständen ist die Verkehrsfähigkeit eingeschränkt, wenn diese aufgrund von erheblichen Material- oder Verpackungsfehlern (z.B. Befüllungsfehler, Falschetikettierung, beschädigte Retouren) oder fehlender Marktgängigkeit (z.B. Vorjahresware oder saisonale Ware wie Weihnachts- oder Osterartikel) nicht mehr oder nur noch schwer verkäuflich sind. [5]Werden solche Gegenstände im Rahmen einer unentgeltlichen Wertabgabe abgegeben (z.B. Hingabe als Spende), kann eine im Vergleich zu noch verkehrsfähiger Ware geminderte Bemessungsgrundlage angesetzt werden. [6]Die Minderung ist im Umfang der Einschränkung der Verkehrsfähigkeit vorzunehmen, so dass der Ansatz einer Bemessungsgrundlage von 0 € nur bei wertloser Ware (z.B. Lebensmittel und Non-Food-Artikel kurz vor Ablauf des Mindesthaltbarkeitsdatums oder bei Frischwaren, bei denen die Verkaufsfähigkeit nicht mehr gegeben ist) in Betracht kommt. [7]Eine eingeschränkte Verkehrsfähigkeit liegt insbesondere nicht vor, wenn Neuware ohne jegliche Beeinträchtigung aus wirtschaftlichen oder logistischen Gründen aus dem Warenverkehr ausgesondert wird. [8]Auch wenn diese Neuware ansonsten vernichtet werden würde, weil z.B. Verpackungen beschädigt sind, bei Bekleidung deutliche Spuren einer Anprobe erkennbar sind oder Ware verschmutzt ist, ohne dass sie beschädigt ist, führt dies nicht dazu, dass die Neuware ihre Verkaufsfähigkeit vollständig verliert. [9]Auch in diesen Fällen ist ein fiktiver Einkaufspreis anhand objektiver Schätzungsunterlagen zu ermitteln.

(2) [1]Im Fall einer nach § 3 Abs. 1b Satz 1 Nr. 1 i.V.m. Satz 2 UStG steuerpflichtigen Entnahme eines Gegenstands, den der Unternehmer ohne Berechtigung zum Vorsteuerabzug erworben hat und an dem Arbeiten ausgeführt worden sind, die zum Vorsteuerabzug berechtigt und zum Einbau von Bestandteilen geführt haben (vgl. Abschnitt 3.3 Abs. 2 bis 4), ist Bemessungsgrundlage nach § 10 Abs. 4 Satz 1 Nr. 1 UStG der Einkaufspreis der Bestandteile im Zeitpunkt der Entnahme (Restwert). [2]Ob ein nachträglich z.B. in einen Pkw eingebauter Bestandteil im Zeitpunkt der Entnahme des Pkw noch einen Restwert hat, lässt sich im Allgemeinen unter Heranziehung anerkannter Marktübersichten für den Wert gebrauchter Pkw (z.B. sog. „Schwacke-

---

1) Siehe auch BMF v. 18.3.2021, BStBl. I 2021, 628, zum **Verzicht** auf die Besteuerung einer unentgeltlichen Wertabgabe bei Sachspenden von Einzelhändlern an steuerbegünstigte Organisationen **vom 1.3.2020 bis 31.12.2021.**

Liste" oder vergleichbare Übersichten von Automobilclubs) beurteilen. [3]Wenn insoweit kein Aufschlag auf den – im Wesentlichen nach Alter und Laufleistung bestimmten – durchschnittlichen Marktwert des Pkw im Zeitpunkt der Entnahme üblich ist, scheidet der Ansatz eines Restwertes aus.

(3) [1]Bei den einer sonstigen Leistung gleichgestellten Wertabgaben im Sinne des § 3 Abs. 9a UStG (vgl. Abschnitt 3.4) bilden die bei der Ausführung der Leistung entstandenen Ausgaben die Bemessungsgrundlage (§ 10 Abs. 4 Satz 1 Nr. 2 und 3 UStG). [2]Soweit ein Gegenstand für die Erbringung der sonstigen Leistung verwendet wird, zählen hierzu auch die Anschaffungs- und Herstellungskosten für diesen Gegenstand. [3]Diese sind gleichmäßig auf einen Zeitraum zu verteilen, der dem Berichtigungszeitraum nach § 15a UStG für diesen Gegenstand entspricht (vgl. EuGH-Urteil vom 14.9.2006, C-72/05, Wollny, BStBl. 2007 II S. 32).[1)] [4]In diese Ausgaben sind – unabhängig von der Einkunftsermittlungsart – die nach § 15 UStG abziehbaren Vorsteuerbeträge nicht einzubeziehen. [5]Besteht die Wertabgabe in der Verwendung eines Gegenstands (§ 3 Abs. 9a Nr. 1 UStG), sind nach § 10 Abs. 4 Satz 1 Nr. 2 UStG aus der Bemessungsgrundlage solche Ausgaben auszuscheiden, die nicht zum vollen oder teilweisen Vorsteuerabzug berechtigt haben. [6]Dabei ist es unerheblich, ob das Fehlen des Abzugsrechts darauf zurückzuführen ist, dass

a) für die Leistung an den Unternehmer keine Umsatzsteuer geschuldet wird oder
b) die Umsatzsteuer für die empfangene Leistung beim Unternehmer nach § 15 Abs. 1a oder 2 UStG vom Vorsteuerabzug ausgeschlossen ist oder
c) die Aufwendungen in öffentlichen Abgaben (Steuern, Gebühren oder Beiträgen) bestehen.

[7]Zur Bemessungsgrundlage zählen auch Ausgaben, die aus Zuschüssen finanziert worden sind.

(4) Zur Bemessungsgrundlage
– bei unentgeltlichen Leistungen an das Personal vgl. Abschnitt 1.8;
– bei nichtunternehmerischer Verwendung eines dem Unternehmen (teilweise) zugeordneten Fahrzeugs vgl. Abschnitt 15.23.

(5) [1]Bei der privaten Nutzung von Freizeitgegenständen ist nur der Teil der Ausgaben zu berücksichtigen, der zu den Gesamtausgaben im selben Verhältnis steht wie die Dauer der tatsächlichen Verwendung des Gegenstands für unternehmensfremde Zwecke zur Gesamtdauer seiner tatsächlichen Verwendung (vgl. BFH-Urteil vom 24.8.2000, V R 9/00, BStBl. 2001 II S. 76). [2]Das ist der Fall, wenn der Unternehmer über den Gegenstand – wie ein Endverbraucher – nach Belieben verfügen kann und ihn nicht (zugleich) für unternehmerische Zwecke bereithält oder bereithalten muss.

Beispiel:

[1]Ein Unternehmer vermietet eine dem Unternehmensvermögen zugeordnete Yacht im Kalenderjahr an insgesamt 49 Tagen. [2]Er nutzte seine Yacht an insgesamt 7 Tagen für eine private Segeltour. [3]Die gesamten vorsteuerbelasteten Ausgaben im Kalenderjahr betragen 28 000 €. [4]In der übrigen Zeit stand sie ihm für private Zwecke jederzeit zur Verfügung.

---

1) DStR 2006, 1746.

[5] Als Bemessungsgrundlage bei der unentgeltlichen Wertabgabe werden von den gesamten vorsteuerbelasteten Ausgaben (28 000 €) die anteiligen auf die private Verwendung entfallenden Ausgaben im Verhältnis von 56 Tagen der tatsächlichen Gesamtnutzung zur Privatnutzung von 7 Tagen angesetzt. [6] Die Umsatzsteuer beträgt demnach 665 € (7/56 von 28 000 € = 3500 €, darauf 19 % Umsatzsteuer).

10.7 Mindestbemessungsgrundlage (§ 10 Abs. 5 UStG)

(1) [1] Die Mindestbemessungsgrundlage gilt nur für folgende Umsätze:

1. Umsätze der in § 10 Abs. 5 Nr. 1 UStG genannten Vereinigungen an ihre Anteilseigner, Gesellschafter, Mitglieder und Teilhaber oder diesen nahestehende Personen (vgl. Beispiele 2 und 3);
2. Umsätze von Einzelunternehmern an ihnen nahestehende Personen;
3. Umsätze von Unternehmern an ihr Personal oder dessen Angehörige auf Grund des Dienstverhältnisses (vgl. Abschnitt 1.8).

[2] Als „nahestehende Personen" sind Angehörige im Sinne des § 15 AO sowie andere Personen und Gesellschaften anzusehen, zu denen ein Anteilseigner, Gesellschafter usw. eine enge rechtliche, wirtschaftliche oder persönliche Beziehung hat. [3] Ist das für die genannten Umsätze entrichtete Entgelt niedriger als die nach § 10 Abs. 4 UStG in Betracht kommenden Werte oder Ausgaben für gleichartige unentgeltliche Leistungen, sind als Bemessungsgrundlage die Werte oder Ausgaben nach § 10 Abs. 4 UStG anzusetzen (vgl. Abschnitt 10.6). [4] Die Anwendung der Mindestbemessungsgrundlage setzt voraus, dass die Gefahr einer Steuerhinterziehung oder -umgehung besteht (vgl. BFH-Urteil vom 8.10.1997, XI R 8/86, BStBl. II S. 840, und EuGH-Urteil vom 29.5.1997, C-63/96, Skripalle, BStBl. II S. 841). [5] Hieran fehlt es, wenn das vereinbarte Entgelt dem marktüblichen Entgelt entspricht oder der Unternehmer seine Leistung in Höhe des marktüblichen Entgelts versteuert (vgl. BFH-Urteil vom 7.10.2010, V R 4/10, BStBl. 2016 II S. 181). [6] Insoweit ist der Umsatz höchstens nach dem marktüblichen Entgelt zu bemessen. [7] Marktübliches Entgelt ist der gesamte Betrag, den ein Leistungsempfänger an einen Unternehmer unter Berücksichtigung der Handelsstufe zahlen müsste, um die betreffende Leistung zu diesem Zeitpunkt unter den Bedingungen des freien Wettbewerbs zu erhalten. [8] Dies gilt auch bei Dienstleistungen z. B. in Form der Überlassung von Leasingfahrzeugen an Arbeitnehmer. [9] Sonderkonditionen für besondere Gruppen von Kunden oder Sonderkonditionen für Mitarbeiter und Führungskräfte anderer Arbeitgeber haben daher keine Auswirkung auf das marktübliche Entgelt. [10] Das marktübliche Entgelt wird durch im Einzelfall gewährte Zuschüsse nicht gemindert. [11] Das Vorliegen und die Höhe eines die Mindestbemessungsgrundlage mindernden marktüblichen Entgelts ist vom Unternehmer darzulegen.

Beispiel 1:

Fall	Vereinbartes Entgelt	Marktübliches Entgelt	Wert nach § 10 Abs. 4 UStG	Bemessungsgrundlage
1	10	20	15	15
2	12	10	15	12
3	12	12	15	12
4	10	12	15	12

Beispiel 2:

[1] Eine KG überlässt einem ihrer Gesellschafter einen firmeneigenen Personenkraftwagen zur privaten Nutzung. [2] Sie belastet in der allgemeinen kaufmännischen Buchführung das Privatkonto des Gesellschafters im Kalenderjahr mit 2400 €. [3] Der auf die private Nutzung des Pkw entfallende Anteil an den zum Vorsteuerabzug berechtigten Ausgaben (z. B. Anschaffungs- oder Herstellungskosten verteilt auf den maßgeblichen Berichtigungszeitraum nach § 15a UStG, Kraftstoff, Öl, Reparaturen) beträgt jedoch 3600 €.

a) [1] Die marktübliche Miete für den Pkw beträgt 4500 € für das Kalenderjahr.
[2] Das vom Gesellschafter durch Belastung seines Privatkontos entrichtete Entgelt ist niedriger als die Bemessungsgrundlage nach § 10 Abs. 4 Satz 1 Nr. 2 UStG sowie als das marktübliche Entgelt. [3] Nach § 10 Abs. 5 Satz 1 1. Halbsatz UStG ist deshalb die Pkw-Überlassung mit 3600 € zu versteuern.

b) [1] Die marktübliche Miete für den Pkw beträgt 1800 € für das Kalenderjahr.
[2] Das vom Gesellschafter durch Belastung seines Privatkontos entrichtete Entgelt übersteigt zwar nicht die Bemessungsgrundlage nach § 10 Abs. 4 Satz 1 Nr. 2 UStG, jedoch das niedrigere marktübliche Entgelt. [3] Nach § 10 Abs. 5 Satz 2 UStG ist daher die Pkw-Überlassung mit dem vereinbarten Entgelt in Höhe von 2400 € zu versteuern.

c) [1] Die marktübliche Miete für den Pkw beträgt 2800 € für das Kalenderjahr.
[2] Das marktübliche Entgelt bildet die Höchstgrenze für die Mindestbemessungsgrundlage. [3] Da das vereinbarte Entgelt unter dem marktüblichen Entgelt liegt, kommt nach § 10 Abs. 5 Satz 1 2. Halbsatz UStG das marktübliche Entgelt in Höhe von 2800 € zum Ansatz.

Beispiel 3:

[1] Ein Verein gestattet seinen Mitgliedern und auch Dritten die Benutzung seiner Vereinseinrichtungen gegen Entgelt. [2] Das von den Mitgliedern zu entrichtende Entgelt ist niedriger als das von Dritten zu zahlende Entgelt.

a) [1] Der Verein ist nicht als gemeinnützig anerkannt.
[2] Es ist zu prüfen, ob die bei der Überlassung der Vereinseinrichtungen entstandenen Ausgaben das vom Mitglied gezahlte Entgelt übersteigen. [3] Ist dies der Fall, sind nach § 10 Abs. 5 Nr. 1 UStG grundsätzlich die Ausgaben als Bemessungsgrundlage anzusetzen. [4] Übersteigen die Ausgaben das von den Dritten zu zahlende Entgelt, ist dieses (marktübliche) Entgelt die Bemessungsgrundlage. [5] Bei einem Ansatz der Mindestbemessungsgrundlage erübrigt sich die Prüfung, ob ein Teil der Mitgliederbeiträge als Entgelt für Sonderleistungen anzusehen ist.

b) [1] Der Verein ist als gemeinnützig anerkannt.
[2] Mitglieder gemeinnütziger Vereine dürfen im Gegensatz zu Mitgliedern anderer Vereine nach § 55 Abs. 1 Nr. 1 AO keine Gewinnanteile und in ihrer Eigenschaft als Mitglieder auch keine sonstigen Zuwendungen aus Mitteln des Vereins erhalten. [3] Erbringt der Verein an seine Mitglieder Sonderleistungen gegen Entgelt, braucht aus Vereinfachungsgründen eine Ermittlung der Ausgaben und ggf. des marktüblichen Entgelts erst dann vorgenommen zu werden, wenn die Entgelte offensichtlich nicht kostendeckend sind.

(2) [1] Die Mindestbemessungsgrundlage nach § 10 Abs. 5 Nr. 2 UStG findet keine Anwendung, wenn die Leistung des Unternehmers an sein Personal nicht zur Befriedigung persönlicher Bedürfnisse des Personals erfolgt, sondern durch betriebliche Erfordernisse bedingt ist, weil dann keine Leistung „auf Grund des Dienstverhältnisses" vorliegt (vgl. zur verbilligten Überlassung von Arbeitskleidung BFH-Urteile vom 27.2.2008, XI R 50/07, BStBl. 2009 II S. 426, und vom 29.5.2008, V R 12/07, BStBl. 2009 II S. 428). [2] Auch die entgeltliche Be*förderung von Arbeitnehmern* zur Arbeitsstätte ist keine Leistung „auf Grund des Dienstverhältnisses", wenn für die Arbeitnehmer keine zumutbaren Mög-

lichkeiten bestehen, die Arbeitsstätte mit öffentlichen Verkehrsmitteln zu erreichen (vgl. BFH-Urteil vom 15.11.2007, V R 15/06, BStBl. 2009 II S. 423). [3]Vgl. im Einzelnen Abschnitt 1.8 Abs. 4 und Abs. 6 Satz 5.

(3) Wegen der Rechnungserteilung in den Fällen der Mindestbemessungsgrundlage vgl. Abschnitt 14.9.

(4) Zur Mindestbemessungsgrundlage in den Fällen des § 13b Abs. 2 UStG vgl. Abschnitt 13b.13 Abs. 1.

(5) Zur Mindestbemessungsgrundlage im Fall der Lieferung von Wärme, die durch eine KWK-Anlage erzeugt wird, vgl. Abschnitt 2.5 Abs. 23.

(6) [1]Der Anwendung der Mindestbemessungsgrundlage steht nicht entgegen, dass über eine ordnungsgemäß erbrachte Leistung an einen vorsteuerabzugsberechtigten Unternehmer abgerechnet wird (vgl. BFH-Urteil vom 24.1.2008, V R 39/06, BStBl. 2009 II S. 786). [2]Die Mindestbemessungsgrundlage ist jedoch bei Leistungen an einen zum vollen Vorsteuerabzug berechtigten Unternehmer dann nicht anwendbar, wenn der vom Leistungsempfänger in Anspruch genommene Vorsteuerabzug keiner Vorsteuerberichtigung nach § 15a UStG unterliegt (vgl. BFH-Urteil vom 5.6.2014, XI R 44/12, BStBl. 2016 II S. 187). [3]Dies ist der Fall, wenn die bezogene Leistung der Art nach keinem Berichtigungstatbestand des § 15a UStG unterfällt. [4]Bei der Lieferung von Strom und Wärme an einen zum vollen Vorsteuerabzug berechtigten Unternehmer findet die Mindestbemessungsgrundlage keine Anwendung, wenn die Leistung im Zeitpunkt der Lieferung verbraucht wird. [5]Abnehmer, die ihre Vorsteuern nach Durchschnittssätzen entsprechend den Sonderregelungen nach §§ 23, 23a und 24 UStG ermitteln, sind keine zum vollen Vorsteuerabzug berechtigte Unternehmer.

(7)[1)] Die Mindestbemessungsgrundlage nach § 10 Abs. 5 UStG findet auch bei der Bestimmung der Bemessungsgrundlage bei Einzweck- und Mehrzweck-Gutscheinen i. S. d. § 3 Abs. 13 bis 15 UStG (vgl. hierzu Abschnitt 3.17 Abs. 6 und Abs. 12) Anwendung.

10.8 Durchschnittsbeförderungsentgelt

[1]Bei der Beförderungseinzelbesteuerung wird aus Vereinfachungsgründen als Bemessungsgrundlage ein Durchschnittsbeförderungsentgelt angesetzt (§ 10 Abs. 6 UStG). [2]Das Durchschnittsbeförderungsentgelt beträgt 4,43 Cent je Personenkilometer (§ 25 UStDV). [3]Auf diese Bemessungsgrundlage ist der allgemeine Steuersatz (§ 12 Abs. 1 UStG) anzuwenden. [4]Der Unternehmer kann nach Ablauf des Besteuerungszeitraums anstelle der Beförderungseinzelbesteuerung die Berechnung der Steuer nach § 16 Abs. 1 und 2 UStG beantragen (§ 16 Abs. 5b UStG), vgl. Abschnitt 18.8 Abs. 3.

[1)] A 10.7 UStAE Abs. 7 angef., durch BMF v. 2.11.2020, BStBl. I 2020, 1121, anzuwenden auf **nach dem 31.12.2018** ausgestellte Gutscheine. Es wird – auch für Zwecke des Vorsteuerabzugs – nicht beanstandet, wenn **ab dem 1.1.2019 und vor dem 2.2.2021** ausgestellte Gutscheine von den Beteiligten nicht entsprechend den Vorgaben dieses BMF-Schreibens behandelt worden sind.

Zu § 12 UStG

12.1 Steuersätze (§ 12 Abs. 1 und 2 UStG)[1)·2)·3)·4)·5)]

(1) [1] Nach § 12 UStG bestehen für die Besteuerung nach den allgemeinen Vorschriften des UStG zwei Steuersätze:

	allgemeiner Steuersatz	ermäßigter Steuersatz
vom 1.1.1968 bis 30.6.1968	10%	5%
vom 1.7.1968 bis 31.12.1977	11%	5,5%
vom 1.1.1978 bis 30.6.1979	12%	6%
vom 1.7.1979 bis 30.6.1983	13%	6,5%
vom 1.7.1983 bis 31.12.1992	14%	7%
vom 1.1.1993 bis 31.3.1998	15%	7%
vom 1.4.1998 bis 31.12.2006	16%	7%
vom 1.1.2007 bis 30.6.2020	19%	7%
vom 1.7.2020 bis 31.12.2020	16%	5%
ab 1.1.2021	19%	7%

[2] Zur Anwendung des ermäßigten Steuersatzes auf die in der Anlage 2 des UStG aufgeführten Gegenstände vgl. das BMF-Schreiben vom 5.8.2004, BStBl. I S. 638.[6)] [3] Zur Frage des anzuwendenden Steuersatzes in besonderen Fällen wird auf folgende Regelungen hingewiesen:

1. Lieferung sog. Kombinationsartikel, vgl. BMF-Schreiben vom 21.3.2006, BStBl. I S. 286;
2. Umsätze mit getrockneten Schweineohren, vgl. BMF-Schreiben vom 16.10.2006, BStBl. I S. 620;
3. Lieferung von Pflanzen und damit in Zusammenhang stehende sonstige Leistungen, vgl. BMF-Schreiben vom 4.2.2010, BStBl. I S. 214;
4. Legen von Hauswasseranschlüssen, vgl. BMF-Schreiben vom 4.2.2021, BStBl. I S. 312;

---

1) Zur befristeten Absenkung
– des allgemeinen Steuersatzes von 19% auf 16% (§ 28 Abs. 1 UStG),
– des ermäßigten Steuersatzes von 7% auf 5% (§ 28 Abs. 2 UStG) sowie
– des Steuersatzes für land- und forstwirtschaftliche Betriebe nach § 24 Abs. 1 Satz 1 Nr. 2 UStG von 19% auf 16% (§ 28 Abs. 3 UStG),
vom 1.7.2020 bis zum 31.12.2020 vgl. BMF v. 30.6.2020, BStBl. I 2020, 584, ergänzt durch BMF v. 4.11.2020, BStBl. I 2020, 1129.

2) Zur Abgrenzung von Lieferungen und sonstigen Leistungen bei der Abgabe von Speisen und Getränken siehe A 3.6 UStAE.

3) Zum Verkauf von Kontaktlisten als ermäßigt zu besteuernde Druckerzeugnisse vgl. BFH v. 13.5.2009 XI R 75/07, BStBl. II 2009, 865.

4) Zur Anwendung des ab 1.1.2010 geltenden ermäßigten Steuersatzes für Beherbergungsleistungen (§ 12 Abs. 2 Nr. 11 UStG) vgl. BMF v. 5.3.2010, BStBl. I 2010, 259.

5) Zum Steuersatz auf Umsätze aus dem Verkauf von Messekatalogen siehe BFH v. 14.6.2016 VII R 12/15, BFH/NV 2016, 1594.

*6) Zu **Sammlermünzen*** siehe für **Kj. 2021** BMF v. 2.12.2020, BStBl. I 2020, 1339 (Gold u. Silber), für **Kj. 2022** BMF v. 1.12.2021, BStBl. I 2021, 2485; BMF v. 7.1.2005, BStBl. I 2005, 75 (unedle Metalle).

5. Umsätze mit Gehhilfe-Rollatoren, vgl. BMF-Schreiben vom 11.8.2011, BStBl. I S. 824;
6. Umsätze mit Hörbüchern, vgl. BMF-Schreiben vom 1.12.2014, BStBl. I S. 1605;
7. Umsätze mit Kunstgegenständen und Sammlungsstücken, vgl. BMF-Schreiben vom 18.12.2014, BStBl. 2015 I S. 44;
8. Umsätze mit Fotobüchern, vgl. BMF-Schreiben vom 20.4.2016, BStBl. I S. 483.

4 Bestehen Zweifel, ob eine beabsichtigte Lieferung oder ein beabsichtigter innergemeinschaftlicher Erwerb eines Gegenstands unter die Steuermäßigung nach § 12 Abs. 2 Nr. 1 oder 13 UStG fällt, haben die Lieferer und die Abnehmer bzw. die innergemeinschaftlichen Erwerber die Möglichkeit, bei der zuständigen Dienststelle des Bildungs- und Wissenschaftszentrums der Bundesfinanzverwaltung eine unverbindliche Zolltarifauskunft für Umsatzsteuerzwecke (uvZTA) einzuholen. 5 UvZTA können auch von den Landesfinanzbehörden (z. B. den Finanzämtern) beantragt werden (vgl. Rz. 8 des BMF-Schreibens vom 5.8.2004, a. a. O., und des BMF-Schreibens vom 23.10.2006, BStBl. I S. 622).[1)] 6 Das Vordruckmuster mit Hinweisen zu den Zuständigkeiten für die Erteilung von uvZTA steht auf den Internetseiten der Zollabteilung des Bundesministeriums der Finanzen (http://www.zoll.de) unter der Rubrik Formulare und Merkblätter zum Ausfüllen und Herunterladen bereit. 7 Zu den für land- und forstwirtschaftliche Betriebe geltenden Durchschnittssätzen vgl. § 24 Abs. 1 UStG. 8 Zur Abgrenzung von Lieferungen und sonstigen Leistungen bei der Abgabe von Speisen und Getränken vgl. Abschnitt 3.6.

(2) 1 Anzuwenden ist jeweils der Steuersatz, der in dem Zeitpunkt gilt, in dem der Umsatz ausgeführt wird. 2 Zu beachten ist der Zeitpunkt des Umsatzes besonders bei

1. der Änderung (Anhebung oder Herabsetzung) der Steuersätze,
2. der Einführung oder Aufhebung von Steuervergünstigungen (Steuerbefreiungen und Steuerermäßigungen) sowie
3. der Einführung oder Aufhebung von steuerpflichtigen Tatbeständen.

(3) 1 Bei einer Änderung der Steuersätze sind die neuen Steuersätze auf Umsätze anzuwenden, die von dem Inkrafttreten der jeweiligen Änderungsvorschrift an bewirkt werden. 2 Auf den Zeitpunkt der Vereinnahmung des Entgelts kommt es für die Frage, welchem Steuersatz eine Leistung oder Teilleistung unterliegt, ebenso wenig an wie auf den Zeitpunkt der Rechnungserteilung. 3 Auch in den Fällen der Istversteuerung (§ 20 UStG) und der Istversteuerung von Anzahlungen (§ 13 Abs. 1 Nr. 1 Buchstabe a Satz 4 UStG) ist entscheidend, wann der Umsatz bewirkt wird. 4 Das gilt unabhängig davon, wann die Steuer nach § 13 Abs. 1 Nr. 1 UStG entsteht.

(4) 1 Für Leistungen, die in wirtschaftlich abgrenzbaren Teilen (Teilleistungen, vgl. Abschnitt 13.4) geschuldet werden, können bei einer Steuersatzände-

---

1) Geänd. durch BMF v. 6.2.2008, UR 2008, 281.

rung unterschiedliche Steuersätze in Betracht kommen. [2]Vor dem Inkrafttreten der Steuersatzänderung bewirkte Teilleistungen sind nach dem bisherigen Steuersatz zu versteuern. [3]Auf die danach bewirkten Teilleistungen ist der neue Steuersatz anzuwenden.

Zu § 12 Abs. 2 Nr. 3 UStG

12.2 Vieh- und Pflanzenzucht (§ 12 Abs. 2 Nr. 3 UStG)[1)]

(1) [1]Die Steuerermäßigung nach § 12 Abs. 2 Nr. 3 UStG gilt für sonstige Leistungen, die in der Aufzucht und dem Halten von Vieh, in der Anzucht von Pflanzen oder in der Teilnahme an Leistungsprüfungen für Tiere bestehen. [2]Hierunter fällt nicht die Klauen- oder Hufpflege (vgl. BFH-Urteil vom 16.1.2014, V R 26/13, BStBl. II S. 350). [3]Sie kommt für alle Unternehmer in Betracht, die nicht § 24 UStG anwenden.

(2) [1]Unter Vieh sind solche Tiere zu verstehen, die als landwirtschaftliche Nutztiere in Nummer 1 der Anlage 2 des UStG aufgeführt sind; hierzu gehören außerdem Pferde, sofern sie der landwirtschaftlichen Erzeugung dienen (vgl. BFH-Urteil vom 10.9.2014, XI R 33/13, BStBl. 2015 II S. 720). [2]Nicht begünstigt sind die Aufzucht und das Halten anderer Tiere, z. B. von Katzen oder Hunden.

(3) [1]Das Einstellen und Betreuen von Reitpferden, die von ihren Eigentümern zur Ausübung von Freizeitsport genutzt werden, fällt nicht unter den Begriff „Halten von Vieh" im Sinne des § 12 Abs. 2 Nr. 3 UStG und ist deshalb nicht mit dem ermäßigten, sondern mit dem allgemeinen Steuersatz zu versteuern (BFH-Urteil vom 22.1.2004, V R 41/02, BStBl. II S. 757). [2]Gleiches gilt für Pferde, die zu gewerblichen Zwecken genutzt werden (z. B. durch Berufsreiter oder Reitlehrer), sowie für alle anderen Pferde, die ebenfalls nicht zu land- und forstwirtschaftlichen Zwecken genutzt werden (vgl. BFH-Urteil vom 10.9.2014, XI R 33/13, BStBl. 2015 II S. 720). [3]Die Steuerermäßigung nach § 12 Abs. 2 Nr. 8 UStG bleibt bei Vorliegen der Voraussetzungen unberührt; zu den Voraussetzungen des § 24 UStG vgl. Abschnitt 24.3 Abs. 12.

(4) [1]Eine Anzucht von Pflanzen liegt vor, wenn ein Pflanzenzüchter einem Unternehmer (Kostnehmer) junge Pflanzen – in der Regel als Sämlinge bezeichnet – überlässt, damit dieser sie auf seinem Grundstück einpflanzt, pflegt und dem Pflanzenzüchter auf Abruf zurückgibt. [2]Die Hingabe der Sämlinge an den Kostnehmer stellt keine Lieferung dar (BFH-Urteil vom 19.7.1962, V 145/59 U, BStBl. III S. 543). [3]Dementsprechend kann auch die Rückgabe der aus den Sämlingen angezogenen Pflanzen nicht als Rücklieferung angesehen werden. [4]Die Tätigkeit des Kostnehmers ist vielmehr eine begünstigte sonstige Leistung.

---

1) Zum Steuersatz für die Lieferung von Pflanzen und damit in Zusammenhang stehende sonstige Leistungen vgl. BFH v. 25.6.2009 V R 25/07, BStBl. II 2010, 239, und BMF v. 4.2.2010, BStBl. I 2010, 214. Siehe aber auch BFH v. 14.2.2019 V R 22/17, BStBl. II 2019, 350 (Pflanzenlieferungen für eine Gartenanlage als komplexe einheitliche Leistung).

(5) [1]Leistungsprüfungen für Tiere sind tierzüchterische Veranstaltungen, die als Wettbewerbe mit Prämierung durchgeführt werden, z. B. Tierschauen, Pferderennen oder Pferdeleistungsschauen (Turniere). [2]Der ermäßigte Steuersatz nach § 12 Abs. 2 Nr. 3 UStG ist auf Entgelte anzuwenden, die dem Unternehmer platzierungsunabhängig für die Teilnahme an solchen Leistungsprüfungen zufließen (z. B. Antrittsgelder), insbesondere auf Zahlungen, die den Prämien im Sinne des Abschnitts 12.3 Abs. 3 Satz 1 Nr. 8 entsprechen, sowie platzierungsunabhängige Preisgelder; zu den grundsätzlichen Voraussetzungen für einen Leistungsaustausch vgl. Abschnitt 1.1 Abs. 24. [3]Für die Inanspruchnahme der Steuerermäßigung nach § 12 Abs. 2 Nr. 3 UStG ist es jedoch nicht Voraussetzung, dass es sich bei dem geprüften Tier um ein Zuchttier handelt. [4]Nach dieser Vorschrift ist nur die Teilnahme an Tierleistungsprüfungen begünstigt. [5]Für die Veranstaltung dieser Prüfungen kann jedoch der ermäßigte Steuersatz nach § 12 Abs. 2 Nr. 4 oder 8 UStG oder Steuerfreiheit nach § 4 Nr. 22 Buchstabe b UStG in Betracht kommen.

Zu § 12 Abs. 2 Nr. 4 UStG

12.3 Vatertierhaltung, Förderung der Tierzucht usw. (§ 12 Abs. 2 Nr. 4 UStG)

(1) [1]§ 12 Abs. 2 Nr. 4 UStG betrifft nur Leistungen, die einer für landwirtschaftliche Zwecke geeigneten Tierzucht usw. zu dienen bestimmt sind (vgl. BFH-Urteil vom 17.11.1966, V 20/65, BStBl. 1967 III S. 164). [2]Die Leistungen müssen den begünstigten Zwecken unmittelbar dienen. [3]Diese Voraussetzung ist nicht erfüllt bei Lieferungen von Impfstoffen durch die Pharmaindustrie an Tierseuchenkassen, Trächtigkeitsuntersuchungen bei Zuchttieren, Maßnahmen der Unfruchtbarkeitsbekämpfung, Kaiserschnitt, Geburtshilfe und bei der Klauenpflege (vgl. BFH-Urteil vom 16.1.2014, V R 26/13, BStBl. I S. 350).

(2) [1]Entgelte für Leistungen, die unmittelbar der Vatertierhaltung dienen, sind insbesondere:

1. Deckgelder;
2. Umlagen (z. T. auch Mitgliederbeiträge genannt), die nach der Zahl der deckfähigen Tiere bemessen werden;
3. Zuschüsse, die nach der Zahl der gedeckten Tiere oder nach sonstigen mit den Umsätzen des Unternehmers (Vatertierhalters) verknüpften Maßstäben bemessen werden (zusätzliche Entgelte von dritter Seite nach § 10 Abs. 1 Satz 2 UStG).

[2]Die kurzfristige Einstallung von Pferden zum Zwecke der Bedeckung ist auch dann eine unselbständige Nebenleistung zu der ermäßigt zu besteuernden Hauptleistung Bedeckung, wenn die Halter der Pferde nicht landwirtschaftliche Pferdeeigentümer sind. [3]In den Fällen der langfristigen Einstallung sind die Pensions- und die Deckleistung zwei selbständige Hauptleistungen. [4]Die Pensionsleistung unterliegt dem allgemeinen Steuersatz, sofern das einge-

stallte Tier keiner land- und forstwirtschaftlichen Erzeugertätigkeit dient (vgl. Abschnitt 12.2 Abs. 3). [5]Dies gilt auch für den Zeitraum, in dem die Deckleistung erbracht wird. [6]Die Deckleistung ist nach § 12 Abs. 2 Nr. 4 UStG ermäßigt zu besteuern.

(3) [1]Entgelte für Leistungen, die unmittelbar der Förderung der Tierzucht dienen, sind insbesondere:

1. Gebühren für Eintragungen in Zuchtbücher, zu denen z. B. Herdbücher, Leistungsbücher und Elite-Register gehören;
2. Gebühren für die Zuchtwertschätzung von Zuchttieren;
3. Gebühren für die Ausstellung und Überprüfung von Abstammungsnachweisen (einschließlich der damit verbundenen Blutgruppenbestimmungen), für Kälberkennzeichnung durch Ohrmarken und für die Bereitstellung von Stall- und Gestütbüchern;
4. Entgelte für prophylaktische und therapeutische Maßnahmen nach tierseuchenrechtlichen Vorschriften bei Zuchttieren (z. B. die staatlich vorgeschriebenen Reihenuntersuchungen auf Tuberkulose, Brucellose und Leukose, die jährlichen Impfungen gegen Maul- und Klauenseuche, Maßnahmen zur Bekämpfung der Aujeszkyschen Krankheit, Leistungen zur Verhütung, Kontrolle und Tilgung bestimmter transmissibler spongiformer Enzephalopathien (TSE) auch an toten Zuchttieren sowie Bekämpfungsprogramme von IBR (Infektiöse Bovine Rhinitis)/IVB (Infektiöse Bovine Vulvovaginitis) und BVD (Bovine Virus Diarrhoe) oder die Behandlung gegen Dassellarven) sowie die Entgelte für die Ausstellung von Gesundheitszeugnissen bei Zuchttieren;
5. Entgelte für die Durchführung von Veranstaltungen, insbesondere Versteigerungen, auf denen Zuchttiere mit Abstammungsnachweis abgesetzt werden (z. B. Standgelder, Kataloggelder und Impfgebühren), sowie Provisionen für die Vermittlung des An- und Verkaufs von Zuchttieren im Rahmen solcher Absatzveranstaltungen (vgl. BFH-Urteil vom 18.12.1996, XI R 19/96, BStBl. 1997 II S. 334);
6. [1]Entgelte, die von Tierzüchtern oder ihren Angestellten für die Teilnahme an Ausstellungen und Lehrschauen, die lediglich die Tierzucht betreffen, zu entrichten sind (z. B. Eintritts-, Katalog- und Standgelder). [2]Der ermäßigte Steuersatz ist auch anzuwenden, wenn mit den Ausstellungen oder Lehrschauen Material- und Eignungsprüfungen verbunden sind;
7. unechte Mitgliederbeiträge, die von Tierzuchtvereinigungen für Leistungen der vorstehenden Art erhoben werden;
8. Züchterprämien, wenn sie ausnahmsweise die umsatzsteuerrechtlich Leistungsentgelte darstellen (vgl. BFH-Urteile vom 2.10.1969, V R 163/66, BStBl. 1970 II S. 111, und vom 6.8.1970, V R 94/68, BStBl. II S. 730); zur Nichtsteuerbarkeit vgl. Abschnitt 10.2 Abs. 7 Satz 7;
9. *Entgelte* für die Lieferung von Embryonen an Tierzüchter zum Einsetzen in deren Tiere sowie die unmittelbar mit dem Einsetzen der Embryonen in Zusammenhang stehenden Leistungen.

[2]Zuchttiere im Sinne dieser Vorschrift sind Tiere der in der Nummer 1 der Anlage 2 des UStG aufgeführten Nutztierarten sowie Pferde, die in Beständen stehen, die zur Vermehrung bestimmt sind und deren Identität gesichert ist. [3]Aus Vereinfachungsgründen kommt es nicht darauf an, ob das Einzeltier tatsächlich zur Zucht verwendet wird. [4]Es genügt, dass das Tier einem zur Vermehrung bestimmten Bestand angehört. [5]Zuchttiere sind auch Reit- und Rennpferde sowie die ihrer Nachzucht dienenden Pferde. [6]Wallache sind Zuchttiere, wenn sie die Voraussetzungen des § 2 Nr. 11 TierZG erfüllen (vgl. BFH-Urteil vom 18.12.1996, XI R 19/96, a. a. O.). [7]Die Steuerermäßigung ist auf Eintrittsgelder, die bei Pferderennen, Pferdeleistungsschauen (Turnieren) und ähnlichen Veranstaltungen erhoben werden, nicht anzuwenden. [8]Bei gemeinnützigen Vereinen, z. B. Rennvereinen oder Reit- und Fahrvereinen, kann hierfür jedoch der ermäßigte Steuersatz unter den Voraussetzungen des § 12 Abs. 2 Nr. 8 Buchstabe a UStG in Betracht kommen.

(4) Unmittelbar der künstlichen Tierbesamung dienen nur

1. die Besamungsleistung, z. B. durch Besamungsgenossenschaften, Tierärzte oder Besamungstechniker, und
2. die Tiersamenlieferung an Tierhalter zur Besamung ihrer Tiere.

(5) Entgelte für Leistungen, die unmittelbar der Leistungs- und Qualitätsprüfung in der Tierzucht und in der Milchwirtschaft dienen, sind insbesondere:

1. Entgelte für Milchleistungsprüfungen bei Kühen, Ziegen oder Schafen einschließlich der Untersuchungen der Milchbestandteile;
2. Entgelte für Mastleistungsprüfungen bei Rindern, Schweinen, Schafen und Geflügel;
3. Entgelte für Eierleistungsprüfungen bei Geflügel;
4. Entgelte für die Prüfung der Aufzuchtleistung bei Schweinen;
5. Entgelte für Leistungsprüfungen bei Pferden, z. B. Nenn- und Startgelder bei Pferdeleistungsschauen (Turnieren) oder Rennen;
6. Entgelte für Leistungsprüfungen bei Brieftauben, z. B. Korb- und Satzgelder;
7. Entgelte für Milch-Qualitätsprüfungen, insbesondere für die Anlieferungskontrolle bei den Molkereien;
8. unechte Mitgliederbeiträge, die von Kontrollverbänden oder sonstigen Vereinigungen für Leistungen der vorstehenden Art erhoben werden.

(6) [1]Nebenleistungen teilen umsatzsteuerrechtlich das Schicksal der Hauptleistung. [2]Zu Nebenleistungen vgl. Abschnitt 3.10 Abs. 5. [3]Begünstigte Nebenleistungen liegen z. B. vor, wenn bei einer tierseuchen-prophylaktischen Impfung von Zuchttieren Impfstoffe eingesetzt werden, oder wenn im Rahmen einer Besamungsleistung Tiersamen und Arzneimittel abgegeben werden, die bei der künstlichen Tierbesamung erforderlich sind. [4]Die Kontrolle des Erfolgs einer künstlichen Besamung (z. B. mittels Ultraschall-Scannertechnik) kann eine Nebenleistung zur Besamungsleistung sein.

Zu § 12 Abs. 2 Nr. 6 UStG

12.4 Umsätze der Zahntechniker und Zahnärzte (§ 12 Abs. 2 Nr. 6 UStG)

(1) [1]Der ermäßigte Steuersatz nach § 12 Abs. 2 Nr. 6 UStG ist auf alle sonstigen Leistungen aus der Tätigkeit als Zahntechniker und auf die Lieferungen von Zahnersatz einschließlich der unentgeltlichen Wertabgaben anzuwenden (vgl. BFH-Urteil vom 24.10.2013, V R 14/12, BStBl. 2014 II S. 286). [2]Begünstigt sind auch Lieferungen von halbfertigen Teilen von Zahnprothesen. [3]Die Steuerermäßigung setzt nicht voraus, dass der Zahntechniker als Einzelunternehmer tätig wird. [4]Begünstigt sind auch Leistungen der zahntechnischen Labors, die in der Rechtsform einer Gesellschaft – z.B. OHG, KG oder GmbH – betrieben werden.

(2) [1]Bei den Zahnärzten umfasst die Steuerermäßigung die Leistungen, die nach § 4 Nr. 14 Buchstabe a Satz 2 UStG von der Steuerbefreiung ausgeschlossen sind. [2]Es handelt sich um die Lieferung oder Wiederherstellung von Zahnprothesen (aus Unterpositionen 9021 21 und 9021 29 00 des Zolltarifs) und kieferorthopädischen Apparaten (aus Unterposition 9021 10 des Zolltarifs), soweit sie der Zahnarzt in seinem Unternehmen hergestellt oder wiederhergestellt hat. [3]Dabei ist es unerheblich, ob die Arbeiten vom Zahnarzt selbst oder von angestellten Personen ausgeführt werden. [4]Zur Abgrenzung der steuerfreien Umsätze von den dem ermäßigten Steuersatz unterliegenden Prothetikumsätzen vgl. Abschnitt 4.14.3.

(3) [1]Dentisten stehen den Zahnärzten gleich. [2]Sie werden deshalb in § 12 Abs. 2 Nr. 6 UStG nicht besonders genannt.

(4) Hilfsgeschäfte, wie z.B. der Verkauf von Anlagegegenständen, Bohrern, Gips und sonstigem Material, unterliegen nicht dem ermäßigten Steuersatz (vgl. auch BFH-Urteil vom 28.10.1971, V R 101/71, BStBl. 1972 II S. 102).

Zu § 12 Abs. 2 Nr. 7 UStG
(§ 30 UStDV)

12.5 Eintrittsberechtigung für Theater, Konzerte, Museen usw. (§ 12 Abs. 2 Nr. 7 Buchstabe a UStG)

(1)[1)] [1]Begünstigt sind die in § 12 Abs. 2 Nr. 7 Buchstabe a UStG bezeichneten Leistungen, wenn sie nicht unter die Befreiungsvorschrift des § 4 Nr. 20 Buchstabe a UStG fallen. [2]Die Begriffe Theater und Konzert sowie auch der Umfang der ermäßigt zu besteuernden Leistungen ausübender Künstler sind nach den Merkmalen abzugrenzen, die für die Steuerbefreiung maßgebend sind. [3]Zum Museumsbegriff wird auf Absatz 6 verwiesen. [4]Artikel 98 Abs. 1 und 2 in Verbindung mit Anhang III Nr. 7 und 9

[1)] A 12.5 UStAE Abs. 1 neugef. durch BMF v. 12.11.2020, BStBl. I 2020, 1265, anzuwenden in allen offenen Fällen, zur Übergangsregelung für **vor dem 1.1.2021** ausgeführte Umsätze siehe Anlage 8; Satz 2 neugef., Satz 3 eingef., bish. Sätze 3 bis 8 werden Sätze 4 bis 9 durch BMF v. 28.6.2021, BStBl. I 2021, 868, anzuwenden in allen offenen Fällen.

MwStSystRL[1] erfasst sowohl die Leistungen einzelner ausübender Künstler als auch die Leistungen der zu einer Gruppe zusammengeschlossenen Künstler (vgl. EuGH-Urteil vom 23.10.2003, C-109/02, Kommission/Deutschland, BStBl. 2004 II S. 337, 482).[2] 5 Die Leistungen von Dirigenten können dem ermäßigten Steuersatz nach § 12 Abs. 2 Nr. 7 Buchstabe a UStG unterliegen; nicht dagegen die Leistungen von Regisseuren (soweit nicht umsatzsteuerfrei), Bühnen- und Kostümbildnern (vgl. aber Abschnitt 12.7 Abs. 19), Tontechnikern, Beleuchtern, Maskenbildnern, Souffleusen, Cuttern oder Kameraleuten. 6 Die Tätigkeit eines Hochzeits- oder Trauerredners stellt grundsätzlich keine künstlerische Tätigkeit dar. 7 Ist die Tätigkeit jedoch als die eines ausübenden Künstlers anzusehen, kann der ermäßigte Steuersatz anzuwenden sein. 8 Dies ist dann der Fall, wenn die künstlerische Leistung von einer eigenschöpferischen Leistung des Künstlers geprägt wird, in der seine besondere Gestaltungskraft zum Ausdruck kommt. 9 Gegen eine künstlerische Tätigkeit spricht bei einer Redetätigkeit die Beschränkung auf eine schablonenartige Wiederholung anhand eines Redegerüstes (vgl. BFH-Urteil vom 3.12.2015, V R 61/14, BStBl. 2020 II S. 797).

(2)[3] 1 Die Steuerermäßigung erstreckt sich auch auf die Veranstaltung von Theatervorführungen und Konzerten. 2 Eine Veranstaltung setzt nicht voraus, dass der Veranstalter und der Darbietende verschiedene Personen sind. 3 Die Theatervorführung bzw. das Konzert müssen den eigentlichen Zweck der Veranstaltung ausmachen (vgl. BFH-Urteil vom 26.4.1995, XI R 20/94, BStBl. II S. 519). 4 Zum Begriff Theater/Theatervorführungen gilt Abschnitt 4.20.1 entsprechend. 5 Als Konzerte sind musikalische und gesangliche Aufführungen durch einzelne oder mehrere Personen anzusehen. 6 Das bloße Abspielen eines Tonträgers durch einen Diskjockey ist kein Konzert. 7 Jedoch kann eine „Techno"-Veranstaltung ein Konzert im Sinne des § 12 Abs. 2 Nr. 7 Buchstabe a UStG sein (BFH-Urteile vom 18.8.2005, V R 50/04, BStBl. 2006 II S. 101, und vom 23.7.2020, V R 17/17, BStBl. 2021 II S. 406). 8 Pop- und Rockkonzerte, die den Besuchern die Möglichkeit bieten, zu der im Rahmen des Konzerts dargebotenen Musik zu tanzen, können Konzerte sein (vgl. BFH-Urteil vom 26.4.1995, XI R 20/94, a.a.O.). 9 Begünstigt ist auch die Veranstaltung von Mischformen zwischen Theatervorführung und Konzert (vgl. BFH-Urteil vom 26.4.1995, XI R 20/94, a.a.O.). 10 Leistungen anderer Art, die in Verbindung mit diesen Veranstaltungen erbracht werden, müssen von so untergeordneter Bedeutung sein, dass dadurch der Charakter der Veranstaltungen als Theatervorführung oder Konzert nicht beeinträchtigt wird (für eine sog. Dinner-Show siehe BFH-Urteile vom 10.1.2013, V R 31/10, a.a.O., und vom 13.6.2018, XI R 2/16, BStBl. II S. 678). 11 Nicht begünstigt sind nach dieser Vorschrift z. B. gesangliche, kabarettistische oder tänzerische Darbietungen im Rahmen einer Tanzbelustigung, einer sportlichen Veranstaltung oder zur Unterhaltung der Besucher von Gaststätten.

(3) 1 Der ausübende Künstler hat nicht zu unterscheiden, ob seine Leistung im Rahmen einer nicht begünstigten Tanzveranstaltung oder eines begünstig-

---

[1] **Steuergesetze** Nr. **550**.

[2] DStRE 2003, 1411.

[3] A 12.5 UStAE Abs. 2 neugef. durch BMF v. 12.11.2020, BStBl. I 2020, 1265, anzuwenden in allen offenen Fällen, zur Übergangsregelung für **vor dem 1.1.2021** ausgeführte Umsätze siehe Anlage 8.

ten Konzertes dargeboten wird, es sei denn, er selbst wird als Veranstalter tätig. [2]Seine Leistung an einen Veranstalter kann unabhängig von dem für die Veranstaltung selbst anzuwendenden Steuersatz ermäßigt zu besteuern sein.

(4) [1]Werden bei Theatervorführungen und Konzerten mehrere Veranstalter tätig, kann nur der Veranstalter die Steuerermäßigung in Anspruch nehmen, der die Eintrittsberechtigung verschafft. [2]Bei Tournee-Veranstaltungen steht deshalb die Steuerermäßigung regelmäßig nur dem örtlichen Veranstalter zu. [3]Dem ermäßigten Steuersatz unterliegen ebenfalls die Umsätze von Ticket-Eigenhändlern aus dem Verkauf von Eintrittsberechtigungen. [4]Auf Vermittlungsleistungen ist die Steuerermäßigung hingegen nicht anzuwenden (vgl. BFH-Urteil vom 3.11.2011, V R 16/09, BStBl. 2012 II S. 378).

(5) Nicht begünstigt nach § 12 Abs. 2 Nr. 7 Buchst. a UStG sind die Leistungen der Gastspieldirektionen, welche im eigenen Namen Künstler verpflichten und im Anschluss daran das von diesen dargebotene Programm an einen Veranstalter in einem gesonderten Vertrag verkaufen.

(6)[1)] [1]Bei der Bestimmung des Museumsbegriffs in § 12 Abs. 2 Nr. 7 Buchstabe a UStG ist die grundlegende Begriffsdefinition in § 4 Nr. 20 Buchstabe a Satz 4 UStG zu beachten (vgl. Abschnitt 4.20.3 Abs. 1 und 2). [2]Die Steuersatzermäßigung in § 12 Abs. 2 Nr. 7 Buchstabe a UStG erfasst nur die Eintrittsberechtigung für die in § 4 Nr. 20 Buchstabe a Satz 4 UStG genannten wissenschaftlichen Sammlungen und Kunstsammlungen, sofern das Museum die Voraussetzungen des § 4 Nr. 20 Buchstabe a Sätze 1 und 2 UStG nicht erfüllt (vgl. BFH-Urteil vom 22.11.2018, V R 29/17, BStBl. 2021 II S. 495).

12.6 Überlassung von Filmen und Filmvorführungen (§ 12 Abs. 2 Nr. 7 Buchstabe b UStG)

(1) [1]Nach § 12 Abs. 2 Nr. 7 Buchstabe b UStG sind die Überlassung von Filmen zur Auswertung und Vorführung sowie die Filmvorführungen begünstigt, wenn die Filme vor dem 1.1.1970 erstaufgeführt wurden. [2]Sind die Filme nach dem 31.12.1969 erstaufgeführt worden, kommt die Begünstigung nur in Betracht, wenn die Filme nach § 6 Abs. 3 Nr. 1 bis 5 JÖSchG oder nach § 14 Abs. 2 Nr. 1 bis 5 JuSchG vom 23.7.2002 (BGBl. I S. 2730, 2003 I S. 476)[2)] in der jeweils geltenden Fassung gekennzeichnet sind. [3]Begünstigt sind danach auch die mit „Nicht freigegeben unter achtzehn Jahren" gekennzeichneten Filme.

(2) [1]Die Überlassung von Filmen zur Auswertung und Vorführung fällt zugleich unter § 12 Abs. 2 Nr. 7 Buchstabe c UStG (vgl. Abschnitt 12.7). [2]Das Senden von Spielfilmen durch private Fernsehunternehmen oder Hotelbesitzer, z.B. im Rahmen des Pay-TV (Abruf-Fernsehen), ist weder nach Buchstabe b noch nach Buchstabe c des § 12 Abs. 2 Nr. 7 UStG begünstigt (vgl. BFH-Urteil vom 26.1.2006, V R 70/03, BStBl. II S. 387). [3]Ebenso fällt die Vorführung eines oder mehrerer Filme oder Filmausschnitte in einem zur alleinigen Nutzung durch den Leistungsempfänger überlassenen Raum (z.B. Einzelkabinen in

---

[1)] *A 12.5 UStAE Abs. 6* angef. durch BMF v. 28.6.2021, BStBl. I 2021, 868, anzuwenden in allen offenen Fällen.

[2)] **Sartorius** Nr. **400**.

Erotikläden) nicht unter die Steuerermäßigung nach § 12 Abs. 2 Nr. 7 Buchstabe b UStG (vgl. EuGH-Urteil vom 18.3.2010, C-3/09, Erotic Center).[1)]

(3) [1]Bei begünstigten Filmvorführungen ist der ermäßigte Steuersatz auf die Eintrittsgelder anzuwenden. [2]Die Aufbewahrung der Garderobe und der Verkauf von Programmen sind als Nebenleistungen ebenfalls begünstigt. [3]Andere Umsätze – z. B. die Abgabe von Speisen und Getränken oder Hilfsumsätze – fallen nicht unter diese Steuerermäßigung (vgl. BFH-Urteile vom 7.3.1995, XI R 46/93, BStBl. II S. 429, und vom 1.6.1995, V R 90/93, BStBl. II S. 914). [4]Werbeleistungen durch Vorführungen von Werbefilmen sowie Lichtbildervorführungen, auch sog. Dia-Multivisionsvorführungen, sind keine begünstigten Filmvorführungen (vgl. BFH-Urteil vom 10.12.1997, XI R 73/96, BStBl. 1998 II S. 222).

(4) [1]Mit Filmen bespielte Videokassetten, DVDs und Blue-ray Discs sind als Filme anzusehen. [2]Ihre Überlassung an andere Unternehmer zur Vorführung oder Weitervermietung ist unter den Voraussetzungen des Absatzes 1 eine begünstigte Überlassung von Filmen zur Auswertung. [3]Die Vermietung zur Verwendung im nichtöffentlichen – privaten – Bereich durch den Mieter ist dagegen nicht nach § 12 Abs. 2 Nr. 7 Buchstaben b oder c begünstigt (vgl. BFH-Urteil vom 29.11.1984, V R 96/84, BStBl. 1985 II S. 271).

12.7 Einräumung, Übertragung und Wahrnehmung urheberrechtlicher Schutzrechte (§ 12 Abs. 2 Nr. 7 Buchstabe c UStG)

Allgemeines

(1) [1]Nach § 12 Abs. 2 Nr. 7 Buchstabe c UStG sind sonstige Leistungen begünstigt, deren wesentlicher Inhalt in der Einräumung, Übertragung und Wahrnehmung von Rechten nach dem UrhG besteht. [2]Ob dies der Fall ist, bestimmt sich nach dem entsprechend der vertraglichen Vereinbarung erzielten wirtschaftlichen Ergebnis. [3]Hierfür ist neben dem vertraglich vereinbarten Leistungsentgelt maßgebend, für welchen Teil der Leistung die Gegenleistung im Rahmen des Leistungsaustausches erbracht wird (vgl. BFH-Urteil vom 14.2.1974, V R 129/70, BStBl. II S. 261). [4]Nicht ausschlaggebend ist die Leistungsbezeichnung in der Rechnung, z. B. „Übertragung von Nutzungsrechten" oder „künstlerische Tätigkeit". [5]Ist eine nicht begünstigte Lieferung anzunehmen, ändert eine Aufsplittung des Rechnungsbetrags in Honorar und Lieferung daran nichts. [6]Nicht begünstigt sind z. B. Leistungen auf dem Gebiet der Meinungs-, Sozial-, Wirtschafts-, Markt-, Verbraucher- und Werbeforschung, weil der Hauptinhalt dieser Leistungen nicht in einer Rechtsübertragung, sondern in der Ausführung und Auswertung demoskopischer Erhebungen usw. besteht. [7]Das Gleiche gilt für die Überlassung von Programmen für Anlagen der elektronischen Datenverarbeitung (Software) zum Betrieb von EDV-Anlagen. [8]Wenn der wirtschaftliche Gehalt der Überlassung des Computerprogramms überwiegend auf seine Anwendung für die Bedürfnisse des Leistungsempfängers gerichtet ist, ist die hiermit verbundene

---

1) HFR 2010, 679.

Übertragung urheberrechtlicher Nutzungsrechte Bestandteil einer einheitlichen wirtschaftlichen Gesamtleistung, die nicht in der Übertragung urheberrechtlicher Schutzrechte, sondern in der Überlassung von Software zur Benutzung besteht. [9] Die Einräumung oder Übertragung von urheberrechtlichen Befugnissen stellt dazu nur eine Nebenleistung dar. [10] Dagegen unterliegt die Überlassung von urheberrechtlich geschützten Computerprogrammen dem ermäßigten Steuersatz, wenn dem Leistungsempfänger die in § 69c Satz 1 Nr. 1 bis 4 UrhG[1)] bezeichneten Rechte auf Vervielfältigung und Verbreitung nicht nur als Nebenfolge eingeräumt werden (vgl. BFH-Urteil vom 27.9.2001, V R 14/01, BStBl. 2002 II S. 114). [11] Dabei ist von den vertraglichen Vereinbarungen und den tatsächlichen Leistungen auszugehen. [12] Ergänzend ist auf objektive Beweisanzeichen (z. B. die Tätigkeit des Leistungsempfängers, die vorhandenen Vertriebsvorbereitungen und Vertriebswege, die wirkliche Durchführung der Vervielfältigung und Verbreitung sowie die Vereinbarungen über die Bemessung und Aufteilung des Entgelts) abzustellen (vgl. BFH-Urteile vom 25.11.2004, V R 4/04, BStBl. 2005 II S. 415, und vom 25.11.2004, V R 25/04, 26/04, BStBl. 2005 II S. 419). [13] Bei Standort- und Biotopkartierungen ist Hauptinhalt der Leistung nicht die Übertragung von Urheberrechten, sondern die vertragsgemäße Durchführung der Untersuchungen und die Erstellung der Kartierung. [14] Die entgeltliche Nutzungsüberlassung von digitalen Informationsquellen (z. B. Datenbanken und elektronische Zeitschriften, Bücher und Nachschlagewerke) durch Bibliotheken kann der Einräumung, Übertragung und Wahrnehmung von Patenten, Urheberrechten, Markenrechten und ähnlichen Rechten, wie z. B. Gebrauchs- und Verlagsrechten nicht gleichgestellt werden. [15] Die Steuerermäßigung gilt auch nicht für Leistungen, mit denen zwar derartige Rechtsübertragungen verbunden sind, die jedoch nach ihrem wirtschaftlichen Gehalt als Lieferungen oder elektronische Dienstleistungen anzusehen sind (vgl. BFH-Urteil vom 3.12.2015, V R 43/13, BStBl. 2016 II S. 858). [16] Zur Frage der Abgrenzung zwischen Lieferung und sonstiger Leistung vgl. Abschnitt 3.5.

(2) [1] Zu den Rechten, deren Einräumung, Übertragung und Wahrnehmung begünstigt sind, gehören nicht nur die Urheberrechte nach dem ersten Teil des UrhG (§§ 1 bis 69g), sondern alle Rechte, die sich aus dem Gesetz ergeben. [2] Urheberrechtlich geschützt sind z. B. auch die Darbietungen ausübender Künstler (vgl. Absätze 19 bis 21). [3] Dem ermäßigten Steuersatz unterliegen außerdem die Umsätze der Verwertungsgesellschaften, die nach dem *Urheberrechtswahrnehmungsgesetz*[2)] Nutzungsrechte, Einwilligungsrechte oder Vergütungsansprüche wahrnehmen.

(3) [1] Urheber ist nach § 7 UrhG[1)] der Schöpfer des Werks. [2] Werke im urheberrechtlichen Sinn sind nach § 2 Abs. 2 UrhG nur persönliche geistige Schöpfungen. [3] Zu den urheberrechtlich geschützten Werken der Literatur, Wissenschaft und Kunst gehören nach § 2 Abs. 1 UrhG insbesondere

---

[1)] Urhebergesetz v. 9.9.1965, BGBl. I 1965, 1273, zuletzt geänd. durch G v. 23.6.2021, BGBl. I 2021, 1858 (**Habersack** Nr. **65**).

[2)] Siehe jetzt Verwertungsgesellschaftengesetz (VGG) v. 24.5.2016, BGBl. I 2016, 1190, zuletzt geänd. durch G v. 31.5.2021, BGBl. I 2021, 1204 (**Habersack Ergänzungsband** Nr. **65a**).

1. Sprachwerke, wie Schriftwerke, Reden und Computerprogramme (vgl. Absätze 1 und 6 bis 14);
2. Werke der Musik (vgl. Absatz 15);
3. pantomimische Werke einschließlich der Werke der Tanzkunst;
4. Werke der bildenden Künste einschließlich der Werke der Baukunst und der angewandten Kunst und Entwürfe solcher Werke (vgl. Absätze 16 und 17);
5. Lichtbildwerke einschließlich der Werke, die ähnlich wie Lichtbildwerke geschaffen werden (vgl. Absatz 18);
6. Filmwerke einschließlich der Werke, die ähnlich wie Filmwerke geschaffen werden;
7. Darstellungen wissenschaftlicher oder technischer Art, wie Zeichnungen, Pläne, Karten, Skizzen, Tabellen und plastische Darstellungen.

(4) [1]Der Urheber hat das ausschließliche Recht, sein Werk zu verwerten. [2]Dabei wird zwischen der Verwertung in körperlicher Form und der öffentlichen Wiedergabe in unkörperlicher Form unterschieden. [3]Das Recht der Verwertung eines Werks in körperlicher Form umfasst nach § 15 Abs. 1 UrhG[1)] insbesondere

1. das Vervielfältigungsrecht (§ 16 UrhG),
2. das Verbreitungsrecht (§ 17 UrhG) und
3. das Ausstellungsrecht (§ 18 UrhG).

[4]Zum Recht der öffentlichen Wiedergabe gehören nach § 15 Abs. 2 UrhG insbesondere

1. das Vortrags-, Aufführungs- und Vorführungsrecht (§ 19 UrhG),
2. das Recht der öffentlichen Zugänglichmachung (§ 19a UrhG),
3. das Senderecht (§ 20 UrhG),
4. das Recht der Wiedergabe durch Bild- und Tonträger (§ 21 UrhG) und
5. das Recht der Wiedergabe von Funksendungen und der Wiedergabe von öffentlicher Zugänglichmachung (§ 22 UrhG).

(5) [1]Der Urheber kann nach § 31 Abs. 1 UrhG[1)] einem anderen das Recht einräumen, das Werk auf einzelne oder alle Nutzungsarten zu nutzen. [2]Dieses Nutzungsrecht kann als einfaches oder ausschließliches Recht eingeräumt und außerdem räumlich, zeitlich oder inhaltlich beschränkt werden.

Schriftsteller

(6) [1]Für Schriftsteller kommt die Steuerermäßigung in Betracht, soweit sie einem anderen Nutzungsrechte an urheberrechtlich geschützten Werken einräumen. [2]Zu den geschützten Sprachwerken gehören z. B. Romane, Epen, Sagen, Erzählungen, Märchen, Fabeln, Novellen, Kurzgeschichten, Essays, Satiren, Anekdoten, Biographien, Autobiographien, Reiseberichte, Aphorismen, Traktate, Gedichte, Balladen, Sonette, Oden, Elegien, Epigramme, Liedtexte, Bühnenwerke aller Art, Libretti, Hörspiele, Drehbücher, wissenschaftliche Bücher, Abhandlungen und Vorträge, Forschungsberichte, Denkschriften,

1) **Habersack** Nr. **65.**

Kommentare zu politischen und kulturellen Ereignissen sowie Reden und Predigten (vgl. aber Absatz 13).

(7) [1] Mit der Veräußerung des Originals eines Werks, z. B. des Manuskripts eines Sprachwerks, wird nach § 44 Abs. 1 UrhG[1)] im Zweifel dem Erwerber ein Nutzungsrecht nicht eingeräumt. [2] Auf die bloße Lieferung eines Manuskripts ist deshalb grundsätzlich der allgemeine Steuersatz anzuwenden. [3] Eine nach § 12 Abs. 2 Nr. 7 Buchstabe c UStG begünstigte sonstige Leistung ist nur dann anzunehmen, wenn zugleich mit der Veräußerung des Werkoriginals dem Erwerber auf Grund einer besonderen Vereinbarung Nutzungsrechte an dem Werk eingeräumt werden.

(8) [1] Der Schriftsteller, der im Rahmen einer Veranstaltung seine Werkausgaben signiert oder Autogramme gibt und dafür vom Veranstalter – z. B. Verleger oder Buchhändler – ein Entgelt erhält, erbringt eine sonstige Leistung, die dem allgemeinen Steuersatz unterliegt. [2] Das Gleiche gilt grundsätzlich auch dann, wenn der Schriftsteller aus seinen Werken liest oder mit bestimmten Personengruppen – z. B. Lesern, Politikern, Schriftstellern, Buchhändlern – Gespräche oder Aussprachen führt. [3] Wird die Lesung oder das Gespräch von einer Rundfunk- und Fernsehanstalt – z. B. in einem Studio – veranstaltet und gesendet, führt der Schriftsteller eine Leistung aus, deren wesentlicher Inhalt in der Einräumung urheberrechtlicher Nutzungsrechte – u. a. des Senderechts – besteht und auf die deshalb der ermäßigte Steuersatz anzuwenden ist. [4] Dabei ist es unerheblich, ob die Lesung oder das Gespräch zugleich mit der Aufnahme gesendet (Live-Sendung) oder zunächst auf Bild- und Tonträger aufgenommen und später gesendet wird. [5] Das Gleiche gilt, wenn nur Teile oder Ausschnitte gesendet werden oder eine Sendung unterbleibt.

Journalisten, Presseagenturen

(9) [1] Zu den begünstigten Leistungen der Journalisten gehören u. a. Kommentare zu politischen, kulturellen, wissenschaftlichen, wirtschaftlichen, technischen und religiösen Ereignissen und Entwicklungen, Kunstkritiken einschließlich Buch-, Theater-, Musik-, Schallplatten- und Filmkritiken sowie Reportagen, die über den bloßen Bericht hinaus eine kritische Würdigung vornehmen. [2] Nicht urheberrechtlich geschützt sind z. B. Tatsachennachrichten und Tagesneuigkeiten, es sei denn, sie haben durch eine individuelle Formgebung Werkcharakter erlangt.

(10) [1] Zur Vermeidung von Abgrenzungsschwierigkeiten wird aus Vereinfachungsgründen zugelassen, dass Journalisten grundsätzlich auf ihre Leistungen aus journalistischer Tätigkeit insgesamt den ermäßigten Steuersatz anwenden. [2] Nur die Journalisten, die lediglich Daten sammeln und ohne redaktionelle Bearbeitung weiterleiten – z. B. Kurs- und Preisnotierungen, Börsennotizen, Wettervorhersagen, Rennergebnisse, Fußball- und andere Sportergebnisse, Theater-, Opern- und Kinospielpläne sowie Ausstellungs- und Tagungspläne –, haben ihre Leistungen nach dem allgemeinen Steuersatz zu versteuern.

(11) Bei den Leistungen der Pressedienste und -agenturen, deren wesentlicher Inhalt in der Einräumung oder Übertragung der Verwertungsrechte – z. B. Vervielfältigungsrecht, Verbreitungsrecht, Senderecht – an dem in den sog. Pressediensten enthaltenen Material besteht, ist Folgendes zu beachten:

1. [1]Die Bilderdienste sind nach § 2 Abs. 1 Nr. 5 und § 72 UrhG[1)] geschützt. [2]Die Einräumung oder Übertragung von Verwertungsrechten an dem Bildmaterial führt deshalb stets zur Anwendung des ermäßigten Steuersatzes (vgl. Absatz 18).
2. [1]Bei sonstigen Pressediensten kann der Anteil der urheberrechtlich geschützten Beiträge – insbesondere Namensberichte, Aufsätze und redaktionell besonders aufgemachte Nachrichten – unterschiedlich sein. [2]Die Vereinfachungsregelung in Absatz 10 gilt entsprechend.

Übersetzungen und andere Bearbeitungen

(12) [1]Die Übersetzer fremdsprachiger Werke – z.B. Romane, Gedichte, Schauspiele, wissenschaftliche Bücher und Abhandlungen – räumen urheberrechtliche Nutzungsrechte ein, wenn die Werke in der Übersetzung z.B. veröffentlicht oder aufgeführt werden. [2]Unerheblich ist es, ob ein Sprachwerk einzeln – z.B. als Buch – oder in Sammlungen – z.B. Zeitschriften, Zeitungen, Kalendern, Almanachen – veröffentlicht wird. [3]Entsprechendes gilt für andere Bearbeitungen urheberrechtlich geschützter Werke, sofern sie persönliche geistige Schöpfungen des Bearbeiters sind, z.B. für die Dramatisierung eines Romans oder einer Novelle, für die Episierung eines Bühnenstücks, einer Ballade oder eines Gedichts, für die Umgestaltung eines Romans, einer Kurzgeschichte, einer Anekdote oder eines Bühnenstücks zu einer Ballade oder einem Gedicht, für die Umwandlung eines Schauspiels, eines Romans oder einer Novelle in ein Opernlibretto oder ein Musical, für die Fortsetzung eines literarischen Werks, für die Verwendung einer literarischen Vorlage – Roman, Novelle, Schauspiel usw. – für Comicstrips – Comics – sowie für das Schreiben eines Filmdrehbuchs nach einer Vorlage und die Verfilmung. [4]Die Übertragung von Senderechten an Übersetzungen von Nachrichtensendungen in die Deutsche Gebärdensprache unterliegt dem ermäßigten Steuersatz nach § 12 Abs. 2 Nr. 7 Buchstabe c UStG (vgl. BFH-Urteil vom 18.8. 2005, V R 42/03, BStBl. 2006 II S. 44).

Vorträge, Reden, Gutachten, technische Darstellungen

(13) [1]Vorträge und Reden sind zwar urheberrechtlich geschützte Sprachwerke. [2]Wer einen Vortrag oder eine Rede hält, räumt damit jedoch einem anderen keine urheberrechtlichen Nutzungsrechte ein. [3]Das Gleiche gilt für Vorlesungen, das Abhalten von Seminaren, die Erteilung von Unterricht sowie die Beteiligung an Aussprachen. [4]Urheberrechtliche Nutzungsrechte werden auch dann nicht eingeräumt, wenn z.B. der Inhalt oder der Text eines Vortrags oder einer Rede in schriftlicher Wiedergabe dem Veranstalter oder den Teilnehmern übergeben wird. [5]Eine steuerermäßigte Einräumung von urheberrechtlichen Nutzungsrechten liegt aber insoweit vor, als ein Vortrag oder eine Rede – z.B. in einer Fachzeitschrift oder als Sonderdruck – veröffentlicht wird. [6]Außerdem kommt der ermäßigte Steuersatz z.B. dann in Betracht, wenn Vorträge oder Unterrichtsveranstaltungen von Rundfunk- und Fernsehanstalten gesendet werden.

[1)] **Habersack** Nr. **65.**

(14) [1]Die Übergabe eines Gutachtens oder einer Studie ist regelmäßig nicht mit der Einräumung urheberrechtlicher Nutzungsrechte verbunden, auch wenn das Werk urheberrechtlichen Schutz genießt. [2]Das gilt auch, wenn sich der Auftraggeber vorsorglich das Recht der alleinigen Verwertung und Nutzung einräumen lässt. [3]Werden im Zusammenhang mit der Erstellung eines Gutachtens oder einer Studie auch Urheberrechte zur Vervielfältigung und Verbreitung des Gutachtens oder der Studie übertragen, ist auf diese Gesamtleistung der allgemeine Steuersatz anzuwenden, wenn der Schwerpunkt der Leistung nicht in der Übertragung der Urheberrechte liegt, sondern in der Erstellung des Gutachtens oder der Studie im eigenständigen Interesse des Auftraggebers. [4]Entgeltliche Leistungen auf Grund von Forschungs- und Entwicklungsaufträgen unterliegen, sofern sie nicht im Rahmen eines Zweckbetriebs (§§ 65 und 68 Nr. 9 AO)[1] erbracht werden, stets insgesamt der Umsatzsteuer nach dem allgemeinen Steuersatz. [5]Das gilt auch dann, wenn hinsichtlich der Forschungs- und Entwicklungsergebnisse eine Übertragung urheberrechtlicher Nutzungsrechte vereinbart wird und die Forschungs- und Entwicklungsergebnisse in der Form von Berichten, Dokumentationen usw. tatsächlich veröffentlicht werden. [6]Die Übertragung urheberrechtlicher Nutzungsrechte ist in diesen Fällen lediglich eine Nebenleistung und muss somit bei der umsatzsteuerrechtlichen Beurteilung unbeachtet bleiben. [7]Zu den geschützten Werken im Sinne des § 2 Abs. 1 Nr. 1 UrhG[2] können auch Sprachwerke gehören, in die ausschließlich handwerkliche, technische und wissenschaftliche Kenntnisse und Erfahrungen eingeflossen sind, z. B. technische Darstellungen und Handbücher, Darstellungen und Erläuterungen technischer Funktionen, Bedienungs- und Gebrauchsanleitungen sowie Wartungs-, Pflege- und Reparaturanleitungen. [8]Voraussetzung hierfür ist, dass es sich um persönliche geistige Schöpfungen handelt, die eine individuelle Eigenart aufweisen. [9]Es genügt, dass die individuelle Prägung in der Form und Gestaltung des Werks zum Ausdruck kommt.

Werke der Musik

(15) [1]Die Urheber von Musikwerken erbringen mit der Einräumung urheberrechtlicher Nutzungsrechte an ihren Werken steuerbegünstigte Leistungen. [2]Urheberrechtlichen Schutz genießt auch elektronische Musik. [3]Zu den urheberrechtlich geschützten Musikwerken bzw. Bearbeitungen gehören außerdem z. B. Klavierauszüge aus Orchesterwerken, Potpourris, in denen nicht nur verschiedene Musikstücke oder Melodien aneinandergereiht sind, die Instrumentierungen von Melodien und die Orchesterbearbeitungen von Klavierstücken.

Werke der bildenden Künste und der angewandten Kunst

(16) [1]Mit der vertraglichen Vereinbarung über die Vervielfältigung und Verbreitung von Werken der bildenden Künste – z. B. in Büchern und Zeitschriften, auf Kalendern, Postkarten und Kunstblättern sowie mit Diapositiven – werden urheberrechtliche Nutzungsrechte eingeräumt. [2]Der Graphiker, der einem Galeristen oder Verleger das Recht überträgt, Originalgraphiken zu

[1] Vgl. auch AEAO zu § 65 AO (Nr. **800**).
[2] **Habersack** Nr. **65.**

drucken und zu vertreiben, erbringt eine begünstigte Leistung. [3]Das Gleiche gilt z. B. für die Einräumung des Rechts zur Herstellung und zum Vertrieb künstlerischer Siebdrucke – sog. Serigraphien –, die vom Künstler signiert und nummeriert werden. [4]Urheberrechtlichen Schutz genießen auch die Werke der Karikaturisten, Cartoonisten und Pressezeichner. [5]Das Folgerecht, das bei der Weiterveräußerung eines Originals der bildenden Künste entsteht (§ 26 UrhG),[1)] zählt nicht zu den urheberrechtlichen Nutzungs- und Verwertungsrechten. [6]Zur Nichtsteuerbarkeit vgl. Abschnitt 1.1 Abs. 21.

(17) [1]Für die Frage, ob Leistungen der Gebrauchsgraphiker und der Graphik-Designer ermäßigt zu besteuern sind, ist aus Vereinfachungsgründen auf die dem Leistungsaustausch zugrunde liegende zivilrechtliche Vereinbarung abzustellen, sofern dies nicht zu offensichtlich unzutreffenden steuerlichen Ergebnissen führt. [2]Gehen die Vertragspartner ausweislich der zwischen ihnen geschlossenen Vereinbarung einvernehmlich von der Einräumung urheberrechtlicher Nutzungsrechte an einem Muster oder einem Entwurf aus, ist der ermäßigte Steuersatz anzuwenden. [3]Ein Tätowierer erbringt mit dem Aufbringen einer Tätowierung keine begünstigte Leistung (vgl. BFH-Urteil vom 23.7.1998, V R 87/97, BStBl. II S. 641).

Lichtbildwerke und Lichtbilder

(18) [1]Urheberrechtlich geschützt sind Lichtbildwerke und Werke, die ähnlich wie Lichtbildwerke geschaffen werden. [2]Lichtbilder und Erzeugnisse, die ähnlich wie Lichtbilder hergestellt werden, sind nach § 72 UrhG[1)] den Lichtbildwerken urheberrechtlich praktisch gleichgestellt. [3]Dem ermäßigten Steuersatz unterliegen deshalb insbesondere die Leistungen der Bildjournalisten (Bildberichterstatter), Bildagenturen (vgl. Absatz 11 Nr. 1), Kameramänner und Foto-Designer. [4]Übergibt der Fotograf seinem Auftraggeber nur die bestellten Positive oder Bilddateien – z. B. Passbilder, Familien- oder Gruppenaufnahmen –, geht die Rechtsübertragung in der nicht begünstigten Lieferung auf. [5]Das Gleiche gilt für die Herstellung und Überlassung von Luftbildaufnahmen für planerische Zwecke – z. B. Landesplanung, Natur- und Umweltschutz oder Erfassung und Bilanzierung der Flächennutzung –, für Zwecke der Geodäsie – z. B. auch fotografische Messbilder (Fotogramme) nach dem Verfahren der Fotogrammetrie – oder für bestimmte wissenschaftliche Zwecke – z. B. auf dem Gebiet der Archäologie –, selbst wenn damit auch urheberrechtliche Nutzungsrechte übertragen werden.

Darbietungen ausübender Künstler

(19) 1Außer den Werken der Literatur, Wissenschaft und Kunst sind auch die Darbietungen ausübender Künstler urheberrechtlich geschützt. [2]Diese *Schutzrechte sind in* §§ 74 ff. UrhG[1)] abschließend aufgeführt (verwandtes Schutzrecht). [3]Ausübender Künstler ist nach § 73 UrhG, wer ein Werk vorträgt oder aufführt oder hierbei künstlerisch mitwirkt. [4]Zu den ausübenden Künstlern zählen insbesondere Schauspieler, Sänger, Musiker, Tänzer, Dirigenten, Kapellmeister, Regisseure und Spielleiter sowie Bühnen- und Kostümbildner (vgl. BMF-Schreiben vom 7.2.2014, BStBl. I S. 273). [5]Aus-

---

1) **Habersack** Nr. **65.**

übende Künstler sind z. B. auch Tonmeister, die bei Aufführungen elektronischer Musik mitwirken. [6] Im Einzelfall kann auch der Beleuchter ein ausübender Künstler sein.

(20) [1] Nach § 79 UrhG kann der ausübende Künstler die ihm durch §§ 77 und 78 UrhG[1)] gewährten Rechte und Ansprüche übertragen. [2] Begünstigte Leistungen ausübender Künstler liegen z. B. in folgenden Fällen vor:

1. Musikwerke – z. B. Opern, Operetten, Musicals, Ballette, Chorwerke, Gesänge, Messen, Kantaten, Madrigale, Motetten, Orgelwerke, Sinfonien, Kammermusikwerke, Solokonzerte, Lieder, Chansons, Spirituals und Jazz –, Bühnenwerke – z. B. Schauspiele, Schauspielszenen, Mysterienspiele, Fastnachtsspiele, Kabarettszenen, Varietészenen und die Bühnenfassung einer Erzählung – sowie Hörspiele und Hörspielfassungen von Sprachwerken werden
   a) im Studio oder Sendesaal einer Rundfunk- und Fernsehanstalt aufgeführt, auf Bild- und Tonträger aufgenommen und gesendet oder
   b) im Studio eines Tonträgerherstellers – z. B. eines Schallplattenproduzenten – aufgeführt, auf Tonträger aufgenommen und vervielfältigt.
2. Öffentliche Aufführungen von Musikwerken und Bühnenwerken – z. B. in einem Konzertsaal oder Theater – werden
   a) von einer Rundfunk- und Fernsehanstalt veranstaltet, auf Bild- und Tonträger aufgenommen und – z. B. als Live-Sendung – gesendet oder
   b) von einem Tonträgerhersteller veranstaltet, auf Tonträger aufgenommen – sog. Live-Mitschnitt – und vervielfältigt.
3. Fernsehfilme werden von einer Fernsehanstalt oder in ihrem Auftrag von einem Filmproduzenten hergestellt.
4. Vorführfilme – Spielfilme – werden von einem Filmproduzenten hergestellt.
5. Darbietungen ausübender Künstler – z. B. die Rezitation von Gedichten und Balladen, das Vorlesen einer Novelle, der Vortrag von Liedern, das Spielen eines Musikwerks – werden in einem Studio auf Bild- und Tonträger aufgenommen und von einer Rundfunk- und Fernsehanstalt gesendet oder von einem Tonträgerhersteller vervielfältigt.
6. Darbietungen ausübender Künstler – z. B. Sänger, Musiker, Schauspieler, Tänzer – im Rahmen von Rundfunk- und Fernsehsendungen – z. B. in Shows und sonstigen Unterhaltungssendungen, in Quizveranstaltungen sowie bei Sportsendungen und Diskussionsveranstaltungen – werden auf Bild- und Tonträger aufgenommen und gesendet.

(21) [1] Mit der Darbietung eines ausübenden Künstlers ist nicht in jedem Fall eine Einwilligung zu ihrer Verwertung oder eine Übertragung urheberrechtlicher Nutzungsrechte verbunden. [2] Eine Einräumung, Übertragung oder Wahrnehmung urheberrechtlicher Schutzrechte liegt auch dann nicht vor, wenn die Darbietung zur Dokumentation, für Archivzwecke oder z. B. zum wissenschaftlichen Gebrauch mitgeschnitten wird. [3] Hat ein an eine Agentur gebundener Künstler dieser sein Recht der Funksendung und der öffentlichen

---

1) **Habersack** Nr. **65.**

Wiedergabe zur ausschließlichen Verwertung übertragen und stellt die Agentur den Künstler vertragsgemäß einer Rundfunk- oder Fernsehanstalt für die Mitwirkung in einer Rundfunk- oder Fernsehsendung zur Verfügung, ist Hauptinhalt der Leistung der Agentur gegenüber der Rundfunk- und Fernsehanstalt die Einräumung von urheberrechtlichen Nutzungsrechten, auf die der ermäßigte Steuersatz nach § 12 Abs. 2 Nr. 7 Buchstabe c UStG anzuwenden ist. [4]Soweit die Voraussetzungen nach § 12 Abs. 2 Nr. 7 Buchstabe c UStG nicht vorliegen, kann auch eine Steuerermäßigung nach § 12 Abs. 2 Nr. 7 Buchstabe a UStG in Betracht kommen, vgl. Abschnitt 12.5 Abs. 1.

(22) [1]Kann ein urheberrechtlich geschütztes Werk, z. B. ein Sprachwerk, vom Auftraggeber nur durch die Ausnutzung von Rechten an diesem Werk bestimmungsgemäß verwendet werden und werden ihm daher die entsprechenden Nutzungsrechte eingeräumt oder übertragen, bildet die Einräumung oder Übertragung urheberrechtlicher Nutzungsrechte den wesentlichen Inhalt der Leistung. [2]Die Herstellung des Werks geht als Vorstufe für die eigentliche Leistung in dieser auf, und zwar auch dann, wenn das Werkoriginal dem Auftraggeber überlassen wird.

Beispiel 1:

[1]Bei der Überlassung von urheberrechtlich geschützten Kopiervorlagen für Unterrichtszwecke ist wesentlicher Inhalt der Leistung die Übertragung urheberrechtlicher Nutzungsrechte. [2]Das gilt auch für die Überlassung von Kopiervorlagen an Personen, die diese nicht selbst für Unterrichtszwecke verwenden, z. B. an Buchhändler.

Beispiel 2:

[1]Bei der Erarbeitung urheberrechtlich geschützter technischer Dienstvorschriften (Benutzungsunterlagen) für den Hersteller eines Produkts stellt die Überlassung des Manuskripts oder druckfertiger Vorlagen zur Verwertung – z. B. zur Vervielfältigung – lediglich eine unselbständige Nebenleistung zur Hauptleistung dar, die in der Übertragung urheberrechtlicher Nutzungsrechte besteht. [2]Wird jedoch vertraglich neben der Erarbeitung einer Dienstvorschrift auch die Lieferung der benötigten Druckexemplare dieses Werks vereinbart, liegt eine einheitliche Hauptleistung (Lieferung) vor, in der die Einarbeitung der Dienstvorschrift als unselbständige Nebenleistung aufgeht. [3]Auf diese Lieferung ist aber nach § 12 Abs. 2 Nr. 1 UStG i. V. m. Nr. 49 der Anlage 2 des UStG ebenfalls der ermäßigte Steuersatz anzuwenden.

Beispiel 3:

[1]Die Erstellung von urheberrechtlich geschütztem technischen Schulungsmaterial – Lehrtafeln, Lehrfilme, bei denen der Auftragnehmer im urheberrechtlichen Sinne Hersteller des Lehrfilms ist, Diapositive – ist nach ihrem wesentlichen Inhalt auch dann eine unter § 12 Abs. 2 Nr. 7 Buchstabe c UStG fallende sonstige Leistung, wenn der erstellte Entwurf, die Druck- oder Kopiervorlagen, das Filmwerk oder die Diapositive dem Auftraggeber übergeben werden.
[2]Wird bei der Erstellung von Lehrtafeln zusätzlich zur Übertragung urheberrechtlicher Nutzungsrechte auch die Herstellung und Lieferung der benötigten Exemplare (Vervielfältigungsstücke) übernommen, liegt eine nicht unter § 12 Abs. 2 Nr. 7 Buchstabe c UStG fallende Werklieferung vor, auf die nach § 12 Abs. 1 UStG der allgemeine Steuersatz anzuwenden ist.

(23) [1]Die Gestattung der Herstellung von Aufnahmen von Sportveranstaltungen ist keine nach § 12 Abs. 2 Nr. 7 Buchstabe c UStG begünstigte Übertragung urheberrechtlicher Nutzungsrechte, da ein urheberrechtlich geschütztes Werk erst mit der Herstellung der Aufnahmen entsteht. [2]Vielmehr willigt der Veranstalter hierdurch in Eingriffe ein, die er auf Grund außerhalb des Urheberrechts bestehender Rechte verbieten könnte (z. B. durch Ausübung

des Hausrechts). [3]Wenn der Veranstalter des Sportereignisses die Aufnahmen selbst herstellt und die daran bestehenden Urheberrechte verwertet, sind die Umsätze aus der Verwertung von Rechten an Laufbildern nach § 12 Abs. 2 Nr. 7 Buchstabe c UStG ermäßigt zu besteuern (Absatz 3 Satz 3 Nr. 6).

12.8 Zirkusunternehmen, Schausteller und zoologische Gärten (§ 12 Abs. 2 Nr. 7 Buchstabe d UStG)

(1) [1]Zirkusvorführungen sind auch die von den Zirkusunternehmen veranstalteten Tierschauen. [2]Begünstigt sind auch die üblichen Nebenleistungen, z.B. der Verkauf von Programmen und die Aufbewahrung der Garderobe. [3]Bei Fernsehaufzeichnungen und -übertragungen ist die Leistung des Zirkusunternehmens sowohl nach Buchstabe c als auch nach Buchstabe d des § 12 Abs. 2 Nr. 7 UStG begünstigt. [4]Nicht begünstigt sind Hilfsgeschäfte, wie z.B. Veräußerungen von Anlagegegenständen. [5]Für den Verkauf der in Nummer 1 der Anlage 2 des UStG bezeichneten Tiere kommt jedoch die Steuerermäßigung nach § 12 Abs. 2 Nr. 1 UStG in Betracht.

(2) [1]Als Leistungen aus der Tätigkeit als Schausteller gelten Schaustellungen, Musikaufführungen, unterhaltende Vorstellungen oder sonstige Lustbarkeiten, die auf Jahrmärkten, Volksfesten, Schützenfesten oder ähnlichen Veranstaltungen erbracht werden (§ 30 UStDV). [2]Begünstigt sind tätigkeits- und nicht personenbezogene Leistungen, die voraussetzen, dass der jeweilige Umsatz auf einer ambulanten, d.h. ortsungebunden ausgeführten schaustellerischen Leistung beruht (vgl. BFH-Urteil vom 25.11.1993, V R 59/91, BStBl. 1994 II S. 336). [3]Dabei reicht es aus, wenn diese Leistungen vom Unternehmer im eigenen Namen mit Hilfe seiner Arbeitnehmer oder sonstiger Erfüllungsgehilfen (z.B. engagierte Schaustellergruppen) an die Besucher der Veranstaltungen ausgeführt werden (vgl. BFH-Urteil vom 18.7.2002, V R 89/01, BStBl. 2004 II S. 88). [4]Unter die Steuerermäßigung fällt auch die Gewährung von Eintrittsberechtigungen zu Stadt- oder Dorffesten, die nur einmal jährlich durchgeführt werden und bei denen die schaustellerischen Leistungen ausschließlich mit Hilfe von sonstigen Erfüllungsgehilfen erbracht werden (vgl. BFH-Urteil vom 5.11.2014, XI R 42/12, BStBl. 2017 II S. 849). [5]Ähnliche Veranstaltungen können auch durch den Schausteller selbst organisierte und unter seiner Regie stattfindende Eigenveranstaltungen sein (vgl. BFH-Urteil vom 25.11.1993, V R 59/91, a.a.O.). [6]Ortsgebundene Schaustellungsunternehmen – z.B. Märchenwaldunternehmen, Vergnügungsparks – sind mit ihren Leistungen nicht begünstigt (vgl. BFH-Urteile vom 22.10.1970, V R 67/70, BStBl. 1971 II S. 37, vom 22.6.1972, V R 36/71, BStBl. II S. 684, vom 25.11.1993, V R 59/91, a.a.O., und vom 2.8.2018, V R 6/16, BStBl. 2019 II S. 293, und EuGH-Urteil vom 9.9.2021, C-406/20, Phantasialand).[1)] [7]Zu den begünstigten Leistungen (§ 30 UStDV) gehören auch die Leistungen der Schau- und Belustigungsgeschäfte, der Fahrgeschäfte aller Art – Karussells, Schiffschaukeln, Achterbahnen usw. –, der Schießstände sowie die Ausspielungen. [8]Nicht begünstigt sind Warenlieferungen, sofern sie nicht unter § 12 Abs. 2 Nr. 1 UStG fallen, und Hilfsgeschäfte.

---

1) DStR 2021, 2199.

(3) [1]Die Steuerermäßigung kommt für die Leistungen der zoologischen Gärten in Betracht, die nicht unter § 4 Nr. 20 Buchstabe a UStG (vgl. Abschnitt 4.20.4) fallen. [2]Zoologische Gärten sind z. B. auch Aquarien und Terrarien, nicht dagegen Delphinarien (vgl. BFH-Urteil vom 20.4.1988, X R 20/82, BStBl. II S. 796). [3]Für Tierparks gilt die Steuerermäßigung nicht; ihre Umsätze können aber nach § 4 Nr. 20 Buchstabe a UStG steuerfrei sein. [4]Tierpark in diesem Sinn ist eine Anlage, in der weniger Tierarten als in zoologischen Gärten, diese aber in Herden oder Zuchtgruppen auf großen Flächen gehalten werden.

(4) [1]Zu den Umsätzen, die unmittelbar mit dem Betrieb der zoologischen Gärten verbunden sind, gehören nur Leistungen, auf die der Betrieb eines zoologischen Gartens im eigentlichen Sinn gerichtet ist, in denen sich also dieser Betrieb verwirklicht (BFH-Urteil vom 4.12.1980, V R 60/79, BStBl. 1981 II S. 231). [2]Hierunter fallen insbesondere die Umsätze, bei denen die Entgelte in Eintrittsgeldern bestehen, einschließlich etwaiger Nebenleistungen (z. B. Abgabe von Wegweisern und Lageplänen). [3]Nicht zu den begünstigten Umsätzen gehören z. B. Hilfsumsätze und die entgeltliche Überlassung von Parkplätzen an Zoobesucher.

Zu § 12 Abs. 2 Nr. 8 UStG[1)]

12.9 Gemeinnützige, mildtätige und kirchliche Einrichtungen (§ 12 Abs. 2 Nr. 8 Buchstabe a UStG)

Allgemeines

(1) [1]Begünstigt nach § 12 Abs. 2 Nr. 8 Buchstabe a UStG sind die Leistungen der Körperschaften, die gemeinnützige, mildtätige oder kirchliche Zwecke im Sinne der §§ 51 bis 68 AO verfolgen. [2]Die abgabenrechtlichen Vorschriften gelten auch für Betriebe gewerblicher Art von juristischen Personen des öffentlichen Rechts. [3]Es ist nicht erforderlich, dass der gesamte unternehmerische Bereich einer juristischen Person des öffentlichen Rechts gemeinnützigen Zwecken dient. [4]Wenn bereits für andere Steuern (vgl. z. B. § 5 Abs. 1 Nr. 9 KStG) darüber entschieden ist, ob und gegebenenfalls in welchen Bereichen das Unternehmen steuerbegünstigte Zwecke verfolgt, ist von dieser Entscheidung im Allgemeinen auch für Zwecke der Umsatzsteuer auszugehen. [5]Ist diese Frage für andere Steuern nicht entschieden worden, sind die Voraussetzungen für die Steuerermäßigung nach § 12 Abs. 2 Nr. 8 Buchstabe a UStG besonders zu prüfen. [6]Der ermäßigte Steuersatz nach § 12 Abs. 2 Nr. 8 Buchstabe a UStG kommt nicht nur für entgeltliche Leistungen der begünstigten Körperschaften in Betracht, sondern auch für unentgeltliche Wertabgaben an den eigenen nichtunternehmerischen Bereich, wenn diese aus Tätigkeitsbereichen erfolgen, die nicht nach § 12 Abs. 2 Nr. 8 Buchstabe a Sätze 2 und 3 UStG einer Besteuerung mit dem allgemeinen Steuersatz unterliegen (vgl. Abschnitt 3.2 Abs. 2 Satz 3).

---

1) Zu Anforderungen an die Vereinssatzung (Vermögensbindung) vgl. BFH v. 23.7.2009 V R 20/08, BStBl. II 2010, 719 und BMF v. 7.7.2010, BStBl. I 2010, 630.

(2) [1]Die auf Grund des Reichssiedlungsgesetzes von den zuständigen Landesbehörden begründeten oder anerkannten gemeinnützigen Siedlungsunternehmen sind nur begünstigt, wenn sie alle Voraussetzungen der Gemeinnützigkeit im Sinne der AO erfüllen. [2]Dem allgemeinen Steuersatz unterliegen die Leistungen insbesondere dann, wenn in der Satzung oder dem Gesellschaftsvertrag die Ausschüttung von Dividenden vorgesehen ist. [3]Von Hoheitsträgern zur Ausführung hoheitlicher Aufgaben, z. B. im Bereich der Müll- und Abwasserbeseitigung, eingeschaltete Kapitalgesellschaften sind wegen fehlender Selbstlosigkeit (§ 55 AO) nicht gemeinnützig tätig.

Wirtschaftlicher Geschäftsbetrieb, Zweckbetrieb

(3)[1)] [1]Die Steuerermäßigung gilt nicht für die Leistungen, die im Rahmen eines wirtschaftlichen Geschäftsbetriebs ausgeführt werden. [2]Der Begriff des wirtschaftlichen Geschäftsbetriebs ist in § 14 AO bestimmt. [3]Nach § 64 AO bleibt die Steuervergünstigung für einen wirtschaftlichen Geschäftsbetrieb jedoch bestehen, soweit es sich um einen Zweckbetrieb im Sinne der §§ 65 bis 68 AO handelt. [4]Für die Annahme eines Zweckbetriebs ist nach § 65 AO vor allem erforderlich, dass der wirtschaftliche Geschäftsbetrieb zu den nicht begünstigten Betrieben derselben oder ähnlichen Art nicht in größerem Umfang in Wettbewerb treten darf, als es bei der Erfüllung der steuerbegünstigten Zwecke unvermeidbar ist. [5]Liegt nach den §§ 66 bis 68 AO ein Zweckbetrieb vor, müssen die allgemeinen Voraussetzungen des § 65 AO für die Annahme eines Zweckbetriebs nicht erfüllt sein (vgl. BFH-Urteile vom 18.1.1995, V R 139–142/92, BStBl. II S. 446, und vom 25.7.1996, V R 7/95, BStBl. 1997 II S. 154). [6]Ist nach den Grundsätzen des § 14 AO lediglich Vermögensverwaltung gegeben, wird die Steuerermäßigung ebenfalls nicht ausgeschlossen.

(4) Folgende Regelungen zur Abgrenzung von wirtschaftlichen Geschäftsbetrieben und Zweckbetrieben sind zu beachten:

1. [1]Die Tätigkeit der Landessportbünde im Rahmen der Verleihung des Deutschen Sportabzeichens und des Deutschen Jugendsportabzeichens stellt einen Zweckbetrieb im Sinne des § 65 AO dar. [2]Entsprechendes kann bei gemeinnützigen Sportverbänden für die Genehmigung von Wettkampfveranstaltungen der Sportvereine sowie für die Ausstellung oder Verlängerung von Sportausweisen für Sportler gelten.
2. [1]Die Herstellung und Veräußerung von Erzeugnissen, die in der 2. Stufe der Blutfraktionierung gewonnen werden – Plasmaderivate wie Albumin, Globulin, Gerinnungsfaktoren –, durch die Blutspendedienste des Deutschen Roten Kreuzes sind ein nicht begünstigter wirtschaftlicher Geschäftsbetrieb (§§ 14 und 64 Abs. 6 Nr. 3 AO). [2]Bei der Veräußerung von Produkten der 1. Fraktionierungsstufe handelt es sich stets um Lieferungen im Rahmen eines Zweckbetriebs.
3. [1]Krankenfahrten, die von gemeinnützigen und mildtätigen Organisationen ausgeführt werden, erfüllen nicht die Voraussetzungen des § 66 Abs. 2

---

1) *Zu steuerbaren Leistungen eines Sportvereins siehe auch BFH v. 20.3.2014 V R 4/13, DStR 2014, 1539. – Zu Leistungen einer Pferdepension durch Verein siehe BFH v. 10.8.2016 V R 14/15, DStR 2017, 152 (weder USt-befreit noch -begünstigt).*

AO und finden deshalb nicht im Rahmen einer Einrichtung der Wohlfahrtspflege statt. [2]Die Annahme eines Zweckbetriebs nach § 65 AO scheidet aus Wettbewerbsgründen aus, so dass die Krankenfahrten als wirtschaftlicher Geschäftsbetrieb im Sinne der §§ 64 und 14 AO zu behandeln sind. [3]Krankenfahrten sind Fahrten von Patienten, für die ein Arzt die Beförderung in einem Personenkraftwagen, Mietwagen oder Taxi verordnet hat. [4]Zur Steuerbefreiung vgl. Abschnitte 4.17.2 und 4.18.1 Abs. 12. [5]Zur Steuerermäßigung nach § 12 Abs. 2 Nr. 10 UStG vgl. Abschnitt 12.13 Abs. 8.

4.[1)] [1]Bei den Werkstätten für behinderte Menschen umfasst der Zweckbetrieb (§ 68 Nr. 3 Buchstabe a AO) auch den eigentlichen Werkstattbereich. [2]Im Werkstattbereich werden in der Regel keine nach § 4 Nr. 16 Satz 1 Buchstabe f oder Nr. 18 UStG steuerfreien Umsätze ausgeführt. [3]Die steuerpflichtigen Umsätze unterliegen nach Maßgabe der Absätze 8 bis 15 dem ermäßigten Steuersatz. [4]Die den Werkstätten für behinderte Menschen in Rechnung gestellten Umsatzsteuerbeträge, die auf Leistungen entfallen, die andere Unternehmer für den Werkstattbetrieb ausgeführt haben, können deshalb nach § 15 Abs. 1 UStG in vollem Umfang als Vorsteuern abgezogen werden. [5]Eine Aufteilung der Vorsteuerbeträge in einen abziehbaren und einen nicht abziehbaren Teil entfällt. [6]Das gilt insbesondere auch insoweit, als Investitionen für den Werkstattbereich – z. B. Neubau oder Umbau, Anschaffung von Einrichtungsgegenständen oder Maschinen – vorgenommen werden.

5. [1]Als Zweckbetrieb werden nach § 68 Nr. 6 AO die von den zuständigen Behörden genehmigten Lotterien und Ausspielungen steuerbegünstigter Körperschaften anerkannt, wenn der Reinertrag unmittelbar und ausschließlich zur Förderung gemeinnütziger, mildtätiger oder kirchlicher Zwecke verwendet wird. [2]Eine nachhaltige Tätigkeit im Sinne des § 14 AO und des § 2 Abs. 1 Satz 3 UStG liegt auch dann vor, wenn Lotterien oder Ausspielungen jedes Jahr nur einmal veranstaltet werden. [3]Deshalb ist auch in diesen Fällen grundsätzlich ein Zweckbetrieb gegeben, für dessen Umsätze der ermäßigte Steuersatz in Betracht kommt. [4]Soweit öffentliche Lotterien und Ausspielungen von steuerbegünstigten Körperschaften der Lotteriesteuer unterliegen (vgl. §§ 17 und 18 RennwLottG),[2)] sind die daraus erzielten Umsätze nach § 4 Nr. 9 Buchstabe b UStG steuerfrei.

6. [1]Mensa- und Cafeteria-Betriebe, die von gemeinnützigen Studentenwerken unterhalten werden, werden nach Maßgabe des § 66 AO als Zweckbetriebe angesehen. [2]Speisen- und Getränkeumsätze, die in diesen Betrieben an Nichtstudierende ausgeführt werden, unterliegen deshalb nach Abs. 9 Satz 3 Nr. 1 dem ermäßigten Steuersatz. [3]Nichtstudierender ist, wer nach dem jeweiligen Landesstudentenwerks- bzw. Landeshochschulgesetz nicht unter den begünstigten Personenkreis des Studenten-

---

[1)] Zu Umsätzen eines gemeinnützigen Vereins aus dem Betrieb eines Bistros und einer öff. Toilette siehe BFH v. 23.7.2019 XI R 2/17, DStR 2019, 2476, Vb. eingelegt (Az. BVerfG 1 BvR 2837/19).

[2)] **Steuergesetze** Nr. **630**.

werks fällt, insbesondere Hochschulbedienstete, z. B. Hochschullehrer, wissenschaftliche Räte, Assistenten und Schreibkräfte sowie Studentenwerksbedienstete und Gäste. 4 Dies gilt z. B. auch für die Umsätze von alkoholischen Flüssigkeiten, sofern diese das Warenangebot des Mensa- und Cafeteria-Betriebs ergänzen und lediglich einen geringen Teil des Gesamtumsatzes ausmachen. 5 Als geringer Anteil am Gesamtumsatz wird es angesehen, wenn diese Umsätze im vorangegangenen Kalenderjahr nicht mehr als 5% des Gesamtumsatzes betragen haben. 6 Wegen der Steuerbefreiung für die Umsätze in Mensa- und Cafeteria-Betrieben vgl. Abschnitt 4.18.1 Abs. 9.

7.[1)] 1 Die kurzfristige Vermietung von Wohnräumen und Schlafräumen an Nichtstudierende durch ein Studentenwerk ist ein selbständiger wirtschaftlicher Geschäftsbetrieb, wenn sie sich aus tatsächlichen Gründen von den satzungsmäßigen Leistungen abgrenzen lässt. 2 Dieser wirtschaftliche Geschäftsbetrieb ist kein Zweckbetrieb. 3 Zur Anwendung der Steuerermäßigung nach § 12 Abs. 2 Nr. 11 UStG vgl. Abschnitt 12.16.

8. Die entgeltliche Überlassung von Kfz durch einen „Carsharing"-Verein an seine Mitglieder ist kein Zweckbetrieb (vgl. BFH-Urteil vom 12.6.2008, V R 33/05, BStBl. 2009 II S. 221).

9. Die nicht nur gelegentliche Erbringung von Geschäftsführungs- und Verwaltungsleistungen für einem Verein angeschlossene Mitgliedsvereine stellt keinen Zweckbetrieb dar (vgl. BFH-Urteil vom 29.1.2009, V R 46/06, BStBl. II S. 560).

10. Die Verwaltung von Sporthallen sowie das Einziehen der Hallenmieten einschließlich des Mahn- und Vollstreckungswesens durch einen gemeinnützigen Verein gegen Entgelt im Namen und für Rechnung einer Stadt ist kein begünstigter Zweckbetrieb (vgl. BFH-Urteil vom 5.8.2010, V R 54/09, BStBl. 2011 II S. 191).

(5) 1 Nach § 68 Nr. 7 AO sind kulturelle Einrichtungen und Veranstaltungen einer steuerbegünstigten Körperschaft unabhängig von einer Umsatz- oder Einkommensgrenze als Zweckbetrieb zu behandeln. 2 Die Umsätze von Speisen und Getränken sowie die Werbung gehören nicht zum Zweckbetrieb.

(6) 1 Nach § 67a Abs. 1 AO sind sportliche Veranstaltungen eines Sportvereins ein Zweckbetrieb, wenn die Einnahmen einschließlich Umsatzsteuer 45 000 € im Jahr nicht übersteigen. 2 Das gilt unabhängig davon, ob bezahlte Sportler im Sinne des § 67a Abs. 3 AO teilnehmen oder nicht. 3 Die Umsätze von Speisen und Getränken sowie die Werbung anlässlich einer sportlichen Veranstaltung gehören nicht zum Zweckbetrieb. 4 Ein nach § 67a Abs. 2 und 3 AO körperschaftsteuerrechtlich wirksamer Verzicht auf die Anwendung des § 67a Abs. 1 Satz 1 AO gilt auch für Zwecke der Umsatzsteuer. 5 Wegen weiterer Einzelheiten zur Behandlung sportlicher Veranstaltungen vgl. AEAO zu § 67a.[2)]

[1)] Ebenso für Jugendherbergen: Der ermäßigte USt-Satz gilt nicht für allein reisende Erwachsene; siehe *BFH* v. *10.8.2016* V R 11/15, BStBl. II 2018, 113; siehe auch AEAO Nr. 3 zu § 68 Nr. 1 AO (Nr. **800**).

[2)] Nr. **800**.

(7) [1]Eine steuerbegünstigte sportliche oder kulturelle Veranstaltung im Sinne der §§ 67a, 68 Nr. 7 AO kann auch dann vorliegen, wenn ein Sport- oder Kulturverein in Erfüllung seiner Satzungszwecke im Rahmen einer Veranstaltung einer anderen Person oder Körperschaft eine sportliche oder kulturelle Darbietung erbringt. [2]Die Veranstaltung, bei der die sportliche oder kulturelle Darbietung präsentiert wird, braucht keine steuerbegünstigte Veranstaltung zu sein (vgl. BFH-Urteil vom 4.5.1994, XI R 109/90, BStBl. II S. 886).

Ermäßigter Steuersatz bei Leistungen der Zweckbetriebe steuerbegünstigter Körperschaften

(8) [1]Die umsatzsteuerliche Begünstigung eines wirtschaftlichen Geschäftsbetriebs nach § 12 Abs. 2 Nr. 8 UStG kann auch dann gewährt werden, wenn sich die Auswirkungen auf den Wettbewerb, die von den Umsätzen eines wirtschaftlichen Geschäftsbetriebs ausgehen, nicht auf das zur Erfüllung des steuerbegünstigten Zwecks unvermeidbare Maß beschränken. [2]Voraussetzung ist jedoch, dass sich ein derartiger Geschäftsbetrieb in seiner Gesamtrichtung als ein Zweckbetrieb darstellt, mit dem erkennbar darauf abgezielt wird, die satzungsmäßigen Zwecke der Körperschaft zu verwirklichen. [3]Die Anwendung der Steuerermäßigungsvorschrift des § 12 Abs. 2 Nr. 8 Buchstabe a UStG kann daher nicht lediglich von einer gesetzlichen Zugehörigkeitsfiktion zum begünstigten Bereich einer Körperschaft abhängig gemacht werden. [4]Vielmehr ist es erforderlich, dass auch die ausgeführten Leistungen von ihrer tatsächlichen Ausgestaltung her und in ihrer Gesamtrichtung dazu bestimmt sind, den in der Satzung bezeichneten steuerbegünstigten Zweck der Körperschaft selbst zu verwirklichen. [5]Insoweit gilt allein der Betrieb eines steuerbegünstigten Zweckbetriebs selbst nicht als steuerbegünstigter Zweck. [6]Die Regelung des § 12 Abs. 2 Nr. 8 Buchstabe a Satz 3 UStG zielt darauf ab, Wettbewerbsverzerrungen durch die Inanspruchnahme des ermäßigten Steuersatzes auf den unionsrechtlich zulässigen Umfang zu beschränken und dadurch missbräuchlichen Gestaltungen zu begegnen: [7]Nur soweit die Körperschaft mit den Leistungen ihrer in §§ 66 bis 68 AO bezeichneten Zweckbetriebe ihre steuerbegünstigten satzungsgemäßen Zwecke selbst verwirklicht, kommt der ermäßigte Steuersatz uneingeschränkt zur Anwendung. [8]Für die übrigen Umsätze gilt dies nur, wenn der Zweckbetrieb nicht in erster Linie der Erzielung zusätzlicher Einnahmen dient, die in unmittelbarem Wettbewerb mit dem allgemeinen Steuersatz unterliegenden Leistungen anderer Unternehmer ausgeführt werden (vgl. BFH-Urteil vom 5.8.2010, V R 54/09, BStBl. 2011 II S. 191); ist diese Voraussetzung nicht erfüllt, unterliegen die übrigen Leistungen des Zweckbetriebs dem allgemeinen Steuersatz.

Zweckbetriebe, die nicht in erster Linie der Erzielung zusätzlicher Einnahmen dienen

(9)[1)] [1]Nach § 65 AO als Zweckbetriebe anerkannte wirtschaftliche Geschäftsbetriebe gewährleisten bereits, dass sie auch hinsichtlich der Umsätze, mit deren Ausführung selbst sie ausnahmsweise nicht auch ihre satzungsmäßi-

1) Zu individuellem Verbraucherschutz als Zweckbetrieb siehe aber BFH v. 26.8.2021 V R 5/19, DStR 2021, 2895 (gegen A 12.9 Abs. 9 UStAE).

gen Zwecke verwirklichen, zu nicht begünstigten Betrieben derselben oder ähnlicher Art nicht in größerem Umfang in Wettbewerb treten, als es zur Erfüllung der steuerbegünstigten Zwecke unvermeidbar ist und sie damit nicht in erster Linie der Erzielung zusätzlicher Einnahmen durch die Ausführung von Umsätzen dienen, die in unmittelbarem Wettbewerb mit dem allgemeinen Steuersatz unterliegenden Leistungen anderer Unternehmer ausgeführt werden. [2]Der ermäßigte Steuersatz ist daher auf Zweckbetriebe nach § 65 AO uneingeschränkt anwendbar. [3]Gleiches gilt für folgende, als Zweckbetriebe anerkannte wirtschaftliche Geschäftsbetriebe:

1. Einrichtungen der Wohlfahrtspflege im Sinne des § 66 AO, denn diese dürfen nach Abs. 2 dieser Vorschrift nicht des Erwerbs wegen ausgeübt werden;
2. in § 68 Nr. 1 Buchstabe a AO aufgeführte Alten-, Altenwohn- und Pflegeheime, Erholungsheime oder Mahlzeitendienste, denn diese müssen mindestens zwei Drittel ihrer Leistungen gegenüber den in § 53 AO genannten Personen erbringen (§ 66 Abs. 3 AO), um Zweckbetrieb sein zu können;
3. Selbstversorgungseinrichtungen nach § 68 Nr. 2 AO, denn diese dürfen höchstens 20% ihrer Leistungen an Außenstehende erbringen, um als Zweckbetrieb anerkannt zu werden.

Leistungen, mit deren Ausführung selbst lediglich steuerbegünstigte Zwecke verwirklicht werden

(10) [1]Auch die satzungsmäßig erbrachten Leistungen der folgenden als Katalog-Zweckbetriebe anerkannten wirtschaftlichen Geschäftsbetriebe unterliegen, sofern sie nicht bereits unter eine Steuerbefreiungsvorschrift fallen, weiterhin dem ermäßigten Steuersatz, weil mit ihrer Ausführung selbst die steuerbegünstigten Zwecke der Körperschaft unmittelbar verwirklicht werden:

1. [1]Krankenhäuser. [2]Umsätze auf dem Gebiet der Heilbehandlung sind Leistungen, mit deren Ausführung selbst der steuerbegünstigte Zweck eines in § 67 AO bezeichneten Zweckbetriebs verwirklicht wird (vgl. AEAO zu § 67);[1)]
2. [1]Sportvereine. [2]Die z.B. als Eintrittsgeld für die von den Vereinen durchgeführten sportlichen Veranstaltungen erhobenen Beträge sind Entgelte für Leistungen, mit deren Ausführung selbst die steuerbegünstigten Zwecke eines in § 67a AO bezeichneten Zweckbetriebs verwirklicht werden. [3]Dies gilt nicht, wenn die Besteuerungsgrenze des § 67a Abs. 1 AO überschritten wurde und im Falle des Verzichts auf deren Anwendung hinsichtlich der in § 67a Abs. 3 Satz 2 AO genannten Veranstaltungen;
3. [1]Kindergärten, Kinder-, Jugend- und Studenten- oder Schullandheime. [2]Mit der Ausführung der Betreuungs- oder Beherbergungsumsätze selbst werden die steuerbegünstigten Zwecke der in § 68 Nr. 1 Buchstabe b AO bezeichneten Zweckbetriebe verwirklicht;[2)]
4. [1]Einrichtungen für Beschäftigungs- und Arbeitstherapie. [2]Mit der Ausführung der auf Grund ärztlicher Indikation außerhalb eines Beschäftigungsverhältnisses erbrachten Therapie-, Ausbildungs- oder Förderungsleistungen

---

[1)] Nr. **800**.
[2)] Siehe auch AEAO Nr. 3 zu § 68 Nr. 1 AO (Nr. **800**).

selbst wird der steuerbegünstigte Zweck eines in § 68 Nr. 3 Buchstabe b AO bezeichneten Zweckbetriebs verwirklicht;

5. [1]Einrichtungen zur Durchführung der Blindenfürsorge, der Fürsorge für Körperbehinderte, der Fürsorgeerziehung und der freiwilligen Erziehungshilfe. [2]Mit der Ausführung der gegenüber diesem Personenkreis erbrachten Leistungen auf dem Gebiet der Fürsorge selbst werden die steuerbegünstigten Zwecke der in § 68 Nr. 4 und 5 AO bezeichneten Zweckbetriebe verwirklicht;
6. [1]Kulturelle Einrichtungen, wie Museen, Theater, Konzerte und Kunstausstellungen. [2]Die z. B. als Eintrittsgeld erhobenen Beträge sind Entgelt für Leistungen, mit deren Ausführung selbst die steuerbegünstigten Zwecke eines in § 68 Nr. 7 AO bezeichneten Zweckbetriebs verwirklicht werden;
7. [1]Volkshochschulen u. ä. Einrichtungen. [2]Mit der Durchführung von Lehrveranstaltungen selbst werden die steuerbegünstigten Zwecke der in § 68 Nr. 8 AO bezeichneten Zweckbetriebe verwirklicht; soweit dabei den Teilnehmern Beherbergungs- oder Beköstigungsleistungen erbracht werden, vgl. BFH-Urteil vom 8.3.2012, V R 14/11, BStBl. II S. 630 sowie die Ausführungen in Absatz 11;
8.[1)] [1]Wissenschafts- und Forschungseinrichtungen, deren Träger sich überwiegend aus Zuwendungen der öffentlichen Hand oder Dritter oder aus der Vermögensverwaltung finanzieren. [2]Mit der Ausführung von Forschungsumsätzen selbst werden die steuerbegünstigten Zwecke der in § 68 Nr. 9 AO bezeichneten Forschungseinrichtungen verwirklicht. [3]Dies gilt auch für die Auftragsforschung. [4]Die Steuerermäßigung kann nicht in Anspruch genommen werden für Tätigkeiten, die sich auf die Anwendung gesicherter wissenschaftlicher Erkenntnisse beschränken, für die Übernahme von Projekttätigkeiten sowie für wirtschaftliche Tätigkeiten ohne Forschungsbezug.

[2]Sofern besondere Ausgestaltungsformen gemeinnütziger Zwecke nach den allgemeinen abgabenrechtlichen Regelungen ebenfalls bestimmten Katalogzweckbetrieben zugeordnet werden, besteht kein Anlass, hiervon umsatzsteuerrechtlich abzuweichen. [3]So werden beispielsweise mit Leistungen wie „Betreutes Wohnen", „Hausnotrufleistungen", „Betreute Krankentransporte" selbst die in § 66 AO bezeichneten steuerbegünstigten Zwecke verwirklicht. [4]Werden derartige Leistungen von wirtschaftlichen Geschäftsbetrieben, die nach §§ 66 oder 68 Nr. 1 AO als Zweckbetrieb anerkannt sind, satzungsmäßig ausgeführt, fallen auch sie in den Anwendungsbereich des ermäßigten Steuersatzes. [5]Hinsichtlich der übrigen Umsätze der genannten Zweckbetriebe gelten die Ausführungen in Absatz 11.

Leistungen, mit deren Ausführung selbst nicht steuerbegünstigte *Zwecke verwirklicht werden*

(11) [1]Vorbehaltlich der Regelungen der Absätze 12 bis 14 unterliegen von Zweckbetrieben ausgeführte Leistungen, mit deren Ausführung selbst nicht

[1)] Zum ermäßigten Steuersatz für Wissenschafts- und Forschungszweckbetriebe siehe BFH v. 26.9.2019 V R 16/18, DStR 2019, 2586 (Finanzierung durch Mitteltransfer ohne eigene Gegenleistung, Zweckbetrieb nur für notwendige Nebentätigkeiten zur Eigen- und Grundlagenforschung).

steuerbegünstigte Zwecke verwirklicht werden, nur dann dem ermäßigten Steuersatz, wenn der Zweckbetrieb insgesamt nicht in erster Linie der Erzielung von zusätzlichen Einnahmen durch die Ausführung von Umsätzen dient, die in unmittelbarem Wettbewerb mit dem allgemeinen Steuersatz unterliegenden Leistungen anderer Unternehmer ausgeführt werden. [2] Einnahmen aus derartigen Umsätzen werden zusätzlich erzielt, wenn die Umsätze nicht lediglich Hilfsumsätze (Abschnitt 19.3 Abs. 2 Sätze 4 und 5) sind (zusätzliche Einnahmen). [3] Ein Zweckbetrieb dient in erster Linie der Erzielung zusätzlicher Einnahmen, wenn mehr als 50% seiner gesamten steuerpflichtigen Umsätze durch derartige (zusätzliche und wettbewerbsrelevante) Leistungen erzielt werden. [4] Leistungen sind dann nicht wettbewerbsrelevant, wenn sie auch bei allen anderen Unternehmern dem ermäßigten Steuersatz unterliegen (z. B. die Lieferungen von Speisen oder seit dem 1.1.2010 Beherbergungsleistungen). [5] Umsatzsteuerfreie Umsätze sowie umsatzsteuerrechtlich als nicht steuerbare Zuschüsse zu beurteilende Zuwendungen sind – unabhängig von einer ertragsteuerrechtlichen Beurteilung als Betriebseinnahmen – keine zusätzlichen Einnahmen im Sinne des Satzes 3. [6] Aus Vereinfachungsgründen kann davon ausgegangen werden, dass ein Zweckbetrieb nicht in erster Linie der Erzielung zusätzlicher Einnahmen dient, wenn der Gesamtumsatz im Sinne des § 19 Abs. 3 UStG des Zweckbetriebs die Besteuerungsgrenze des § 64 Abs. 3 AO insgesamt nicht übersteigt. [7] Da sich bei Leistungen gegenüber in vollem Umfang zum Vorsteuerabzug berechtigten Unternehmen kein Wettbewerbsvorteil ergibt, ist es nicht zu beanstanden, wenn diese Umsätze bei der betragsmäßigen Prüfung unberücksichtigt bleiben.

Einzelfälle

(12) [1] Bei **Werkstätten für behinderte Menschen** (§ 68 Nr. 3 Buchstabe a AO) gehören sowohl der Verkauf von Waren, die in einer Werkstätte für behinderte Menschen selbst hergestellt worden sind, als auch die Umsätze von Handelsbetrieben, die nach § 225 SGB IX[1)] als zusätzlicher Arbeitsbereich, zusätzlicher Betriebsteil oder zusätzliche Betriebsstätte einer Werkstatt für behinderte Menschen anerkannt sind, sowie sonstige Leistungen, sofern sie in die Anerkennung nach § 225 SGB IX einbezogen sind, zum Zweckbetrieb. [2] Für die Frage, ob der Zweckbetrieb in erster Linie der Erzielung von zusätzlichen Einnahmen dient, gelten die folgenden Ausführungen für Zweckbetriebe nach § 68 Nr. 3 Buchstabe c AO entsprechend.

(13) [1] **Inklusionsbetriebe** im Sinne von § 215 Abs. 1 SGB IX[1)] unterliegen weder nach § 215 SGB IX noch nach § 68 Nr. 3 Buchstabe c AO bestimmten Voraussetzungen in Bezug auf die Ausführung ihrer Leistungen; sie können dementsprechend mit der Ausführung ihrer Leistungen selbst keinen steuerbegünstigten Zweck erfüllen. [2] Daher ist bei Überschreiten der Besteuerungsgrenze (§ 64 Abs. 3 AO) grundsätzlich zu prüfen, ob die Einrichtung in erster Linie der Erzielung von zusätzlichen Einnahmen dient. [3] Dies ist regelmäßig der Fall,

– wenn die besonders betroffenen schwerbehinderten Menschen im Sinne des § 215 Abs. 1 SGB IX oder die psychisch kranken beschäftigten Men-

---

1) **Aichberger SGB** Nr. 9.

schen im Sinne des § 215 Abs. 4 SGB IX nicht als Arbeitnehmer der Einrichtung beschäftigt sind, sondern lediglich z. B. von Zeitarbeitsfirmen entliehen werden; dies gilt nicht, soweit die entliehenen Arbeitnehmer über die nach § 68 Nr. 3 Buchstabe c AO erforderliche Quote hinaus beschäftigt werden, oder

– wenn die Einrichtung von anderen Unternehmern in die Erbringung von Leistungen lediglich zwischengeschaltet wird oder sich zur Erbringung eines wesentlichen Teils der Leistung anderer Subunternehmer bedient, die nicht selbst steuerbegünstigt sind.

[4] Anhaltspunkte dafür, dass ein Zweckbetrieb nach § 68 Nr. 3 Buchstabe c AO in erster Linie der Erzielung zusätzlicher Einnahmen durch Steuervorteile dient, sind insbesondere:

– Fehlen einer nach Art und Umfang der erbrachten Leistungen erforderlichen Geschäftseinrichtung;
– Nutzung des ermäßigten Steuersatzes als Werbemittel, insbesondere zur Anbahnung von Geschäftsverbindungen zu nicht vorsteuerabzugsberechtigten Leistungsempfängern;
– Erbringung von Leistungen fast ausschließlich gegenüber nicht vorsteuerabzugsberechtigten Leistungsempfängern;
– das Fehlen von medizinisch, psychologisch, pädagogisch oder anderweitig spezifiziert geschultem Personal, welches im Hinblick auf die besonderen Belange der besonders betroffenen schwerbehinderten Menschen geeignet ist, deren Heranführung an das Erwerbsleben zu fördern, bzw. die Unterlassung gleichwertiger Ersatzmaßnahmen;
– die Beschäftigung der besonders betroffenen schwerbehinderten Menschen nicht im eigentlichen Erwerbsbereich der Einrichtung, sondern überwiegend in Hilfsfunktionen.

[5] Aus Vereinfachungsgründen können diese Anhaltspunkte unberücksichtigt bleiben, wenn der Gesamtumsatz der Einrichtung (§ 19 Abs. 3 UStG) den für Kleinunternehmer geltenden Betrag von 22 000 € im Jahr (Kleinunternehmergrenze, § 19 Abs. 1 UStG) je Beschäftigtem, der zu der Gruppe der besonders betroffenen schwerbehinderten Menschen im Sinne des § 215 Abs. 1 SGB IX[1] oder der psychisch kranken beschäftigten Menschen im Sinne des § 215 Abs. 4 SGB IX zählt, nicht übersteigt, oder wenn der durch die Anwendung des ermäßigten Steuersatzes im Kalenderjahr erzielte Steuervorteil insgesamt den um Zuwendungen Dritter gekürzten Betrag nicht übersteigt, welchen die Einrichtung im Rahmen der Beschäftigung aller besonders betroffenen schwerbehinderten Menschen im Sinne des § 215 Abs. 1 SGB IX oder der psychisch kranken beschäftigten Menschen im Sinne des § 215 Abs. 4 SGB IX in diesem Zeitraum zusätzlich aufwendet. [6] Vorbehaltlich des Nachweises höherer tatsächlicher Aufwendungen kann als zusätzlich aufgewendeter Betrag die um Lohnzuschüsse Dritter gekürzte Summe der Löhne und Gehälter, die an die besonders betroffenen schwerbehinderten Menschen im Sinne des § 215 Abs. 1 SGB IX und an die psychisch kranken beschäftigten Menschen im Sinne des § 215 Abs. 4 SGB IX ausgezahlt wird, zu Grunde

---

[1] **Aichberger SGB** Nr. **9**.

gelegt werden. [7]Als erzielter Steuervorteil gilt die Differenz zwischen der Anwendung des allgemeinen Steuersatzes und der Anwendung des ermäßigten Steuersatzes auf den ohne Anwendung der Steuerermäßigung nach § 12 Abs. 2 Nr. 8 UStG dem allgemeinen Steuersatz unterliegenden Teil des Gesamtumsatzes der Einrichtung.

(14) [1]**Behördlich genehmigte Lotterien und Ausspielungen** können mit dem Verkauf ihrer Lose selbst regelmäßig nicht den gemeinnützigen Zweck eines Zweckbetriebs nach § 68 Nr. 6 AO verwirklichen, da sie lediglich den Reinertrag dafür zu verwenden haben. [2]Aus Vereinfachungsgründen kann jedoch auch bei Überschreiten der Besteuerungsgrenze des § 64 Abs. 3 AO davon ausgegangen werden, dass der Zweckbetrieb nicht in erster Linie der Erzielung zusätzlicher Einnahmen dient, wenn der Gesamtpreis der Lose je genehmigter Lotterie oder Ausspielung zu ausschließlich gemeinnützigen, mildtätigen oder kirchlichen Zwecken 40 000 € (§ 18 RennwLottG)[1)] nicht überschreitet. [3]Die nicht nach § 4 Nr. 9 Buchstabe b UStG steuerfreien Leistungen nicht gemeinnütziger Lotterieveranstalter unterliegen auch dann dem allgemeinen Steuersatz, wenn die Reinerlöse für steuerbegünstigte Zwecke verwendet werden.

(15) [1]Für die Anwendung der Absätze 8 ff. ist das Gesamtbild der Verhältnisse im Einzelfall maßgebend. [2]Bei der Prüfung der betragsmäßigen Nichtaufgriffsgrenzen sowie bei der Gegenüberstellung der zusätzlichen Einnahmen zu den übrigen Einnahmen ist dabei auf die Verhältnisse des abgelaufenen Kalenderjahres sowie auf die voraussichtlichen Verhältnisse des laufenden Kalenderjahres abzustellen.

12.10 Zusammenschlüsse steuerbegünstigter Einrichtungen (§ 12 Abs. 2 Nr. 8 Buchstabe b UStG)

[1]Die Steuerermäßigung nach § 12 Abs. 2 Nr. 8 Buchstabe b UStG für Leistungen von nichtrechtsfähigen Personenvereinigungen oder Gemeinschaften steuerbegünstigter Körperschaften wird unter folgenden Voraussetzungen gewährt:

1. Alle Mitglieder der nichtrechtsfähigen Personenvereinigung oder Gemeinschaft müssen steuerbegünstigte Körperschaften im Sinne der §§ 51 ff. AO sein.
2. Alle Leistungen müssten, falls sie anteilig von den Mitgliedern der Personenvereinigung oder der Gemeinschaft ausgeführt würden, nach § 12 Abs. 2 Nr. 8 Buchstabe a UStG ermäßigt zu besteuern sein.

[2]Eine Personenvereinigung oder Gemeinschaft kann somit für ihre Leistungen nur dann die Umsatzsteuerermäßigung nach § 12 Abs. 2 Nr. 8 Buchstabe b UStG beanspruchen, wenn sie sich auf steuerbegünstigte Bereiche, z. B. Zweckbetriebe, erstreckt. [3]Daneben kann jedoch mit den wirtschaftlichen Geschäftsbetrieben, die nicht Zweckbetriebe sind, z. B. Vereinsgaststätten, jeweils eine gesonderte Personenvereinigung oder Gemeinschaft gebildet werden, deren Leistungen der Umsatzsteuer nach dem allgemeinen Steuersatz

---

[1)] **Steuergesetze** Nr. **630.**

unterliegen. [4]Bestehen begünstigte und nicht begünstigte Personenvereinigungen oder Gemeinschaften nebeneinander, müssen u. a. die für Umsatzsteuerzwecke erforderlichen Aufzeichnungen dieser Zusammenschlüsse voneinander getrennt geführt werden. [5]Die Steuerermäßigung ist ausgeschlossen, wenn eine Personenvereinigung oder Gemeinschaft auch Zweckbetriebe, für deren Leistungen der ermäßigte Steuersatz nach § 12 Abs. 2 Nr. 8 Buchstabe a Satz 3 UStG auch nur teilweise ausgeschlossen ist, oder wirtschaftliche Geschäftsbetriebe umfasst, die keine Zweckbetriebe sind, z. B. Gemeinschaft aus der kulturellen Veranstaltung des einen und dem Bewirtungsbetrieb des anderen gemeinnützigen Vereins. [6]Auch bei gemeinschaftlichen Sportveranstaltungen darf durch die Zurechnung der anteiligen Einnahmen der Personenvereinigung oder der Gemeinschaft bei keinem Vereinigungs- oder Gemeinschaftsmitglied ein wirtschaftlicher Geschäftsbetrieb entstehen, der nicht Zweckbetrieb ist.

Zu § 12 Abs. 2 Nr. 9 UStG

12.11 Schwimm- und Heilbäder, Bereitstellung von Kureinrichtungen (§ 12 Abs. 2 Nr. 9 UStG)

(1) [1]Unmittelbar mit dem Betrieb der Schwimmbäder verbundene Umsätze liegen insbesondere vor bei

1. der Benutzung der Schwimmbäder, z. B. durch Einzelbesucher, Gruppen oder Vereine (gegen Eintrittsberechtigung oder bei Vermietung des ganzen Schwimmbads an einen Verein);
2. ergänzenden Nebenleistungen, z. B. Benutzung von Einzelkabinen;
3. der Erteilung von Schwimmunterricht;
4. notwendigen Hilfsleistungen, z. B. Vermietung von Schwimmgürteln, Handtüchern und Badekleidung, Aufbewahrung der Garderobe, Benutzung von Haartrocknern.

[2]Ein Schwimmbad im Sinne des § 12 Abs. 2 Nr. 9 UStG muss dazu bestimmt und geeignet sein, eine Gelegenheit zum Schwimmen zu bieten. [3]Dies setzt voraus, dass insbesondere die Wassertiefe und die Größe des Beckens das Schwimmen oder andere sportliche Betätigungen ermöglichen (vgl. BFH-Urteil vom 28.8.2014, V R 24/13, BStBl. 2015 II S. 194). [4]Die sportliche Betätigung muss nicht auf einem bestimmten Niveau oder in einer bestimmten Art und Weise, etwa regelmäßig oder organisiert oder im Hinblick auf die Teilnahme an sportlichen Wettkämpfen, ausgeübt werden. [5]Die Steuerermäßigung nach § 12 Abs. 2 Nr. 9 UStG scheidet aus, wenn die Überlassung des Schwimmbads mit weiteren, nicht begünstigten Einrichtungen im Rahmen einer eigenständigen Leistung besonderer Art erfolgt (vgl. BMF-Schreiben vom 18.12.2019, BStBl. I S. 1396, und BFH-Urteil vom 8.9.1994, V R 88/92, BStBl. II S. 959).

(2) [1]Nicht unmittelbar mit dem Betrieb eines Schwimmbads verbunden und deshalb nicht begünstigt sind u. a. die Abgabe von Reinigungsbädern, die Lieferungen von Seife und Haarwaschmitteln, die Vermietung von Liegestühlen und Strandkörben, die Zurverfügungstellung von Unterhaltungseinrich-

tungen – Minigolf, Tischtennis und dgl. – und die Vermietung oder Verpachtung einzelner Betriebsteile, wie z. B. die Vermietung eines Parkplatzes, einer Sauna oder von Reinigungsbädern. [2]Das Gleiche gilt für die Parkplatzüberlassung, die Fahrradaufbewahrung sowie für die Umsätze in Kiosken, Milchbars und sonstigen angegliederten Wirtschaftsbetrieben.

(3) [1]Die Verabreichung eines Heilbads im Sinne des § 12 Abs. 2 Nr. 9 UStG muss der Behandlung einer Krankheit oder einer anderen Gesundheitsstörung und damit dem Schutz der menschlichen Gesundheit dienen (vgl. BFH-Urteil vom 12.5.2005, V R 54/02, BStBl. 2007 II S. 283). [2]Davon ist auszugehen, wenn das Heilbad im Einzelfall nach § 4 der Richtlinie des Gemeinsamen Bundesausschusses über die Verordnung von Heilmitteln in der vertragsärztlichen Versorgung (Heilmittel-Richtlinie/HeilM-RL in der jeweils geltenden Fassung) in Verbindung mit dem sog. Heilmittelkatalog als Heilmittel verordnungsfähig ist, unabhängig davon, ob eine Verordnung tatsächlich vorliegt. [3]Die Heilmittel-Richtlinie und der Katalog verordnungsfähiger Heilmittel nach § 92 Abs. 6 SGB V (Zweiter Teil der Heilmittel-Richtlinie) stehen auf den Internetseiten des Gemeinsamen Bundesausschusses unter – Informationsarchiv – Richtlinien – (https://www.g-ba.de/informationen/richtlinien/12/) zum Herunterladen bereit. [4]Als verordnungsfähig anerkannt sind danach beispielsweise Peloidbäder und -packungen, Inhalationen, Elektrotherapie, Heilmassage, Heilgymnastik und Unterwasserdruckstrahl-Massagen. [5]Für diese Maßnahmen kommt eine Steuerermäßigung nach § 12 Abs. 2 Nr. 9 UStG in Betracht, sofern sie im Einzelfall nicht nach § 4 Nr. 14 UStG steuerfrei sind. [6]Nicht verordnungsfähig und somit keine Heilbäder im Sinne des § 12 Abs. 2 Nr. 9 UStG sind nach § 5 der Heilmittel-Richtlinie u. a. folgende in der Anlage zu der Richtlinie aufgeführte Maßnahmen:

1. Maßnahmen, deren therapeutischer Nutzen nach Maßgabe der Verfahrensordnung des Gemeinsamen Bundesausschusses (VerfO) nicht nachgewiesen ist, z. B. Höhlen-/Speläotherapie, nicht-invasive Magnetfeldtherapie, Fußreflexzonenmassage, Akupunkturmassage und Atlas-Therapie nach Arlen;
2. Maßnahmen, die der persönlichen Lebensführung zuzuordnen sind, z. B.:
   a) Massage des ganzen Körpers (Ganz- bzw. Vollmassagen), Massage mittels Geräten sowie Unterwassermassage mittels automatischer Düsen, sofern es sich nicht um eine Heilmassage handelt;
   b) Teil- und Wannenbäder, soweit sie nicht nach den Vorgaben des Heilmittelkataloges verordnungsfähig sind;
   c) Sauna, römisch-irische und russisch-römische Bäder;
   d) Schwimmen und Baden, auch in Thermal- und Warmwasserbädern – hier kommt allerdings eine Ermäßigung nach § 12 Abs. 2 Nr. 9 Satz 1 Alternative 1 UStG in Betracht;
   e) Maßnahmen, die der Veränderung der Körperform (z. B. Bodybuilding) oder dem Fitness-Training dienen.

[7]*Keine* Heilbäder sind außerdem z. B. sog. Floating-Bäder, Heubäder, Schokobäder, Kleopatrabäder, Aromabäder, Meerwasserbäder, Lichtbehandlungen, Garshan und Reiki.

(4) [1]Die Verabreichung von Heilbädern setzt eine Abgabe des Heilbades unmittelbar an den Kurgast voraus. [2]An dieser Voraussetzung fehlt es, wenn Kurbetriebe Heilwasser nicht an Kurgäste, sondern an Dritte – z. B. an Sozialversicherungsträger – liefern, die das Wasser zur Verabreichung von Heilbädern in ihren eigenen Sanatorien verwenden. [3]Das Gleiche gilt, wenn Heilwässer nicht unmittelbar zur Anwendung durch den Kurgast abgegeben werden. [4]Für die Abgrenzung gegenüber den nicht begünstigten Leistungen der Heilbäder gelten im Übrigen die Absätze 1 und 2 entsprechend.

(5) [1]Bei der Bereitstellung von Kureinrichtungen handelt es sich um eine einheitliche Gesamtleistung, die sich aus verschiedenartigen Einzelleistungen (z. B. die Veranstaltung von Kurkonzerten, das Gewähren von Trinkkuren sowie das Überlassen von Kurbädern, Kurstränden, Kurparks und anderen Kuranlagen oder -einrichtungen zur Benutzung) zusammensetzt. [2]Eine aufgrund der Kommunalabgabengesetze der Länder oder vergleichbarer Regelungen erhobene Kurtaxe kann aus Vereinfachungsgründen als Gegenleistung für eine in jedem Fall nach § 12 Abs. 2 Nr. 9 UStG ermäßigt zu besteuernde Leistung angesehen werden. [3]Eine andere Bezeichnung als „Kurtaxe" (z. B. Kurbeitrag oder -abgabe) ist unschädlich. [4]Voraussetzung für die Anwendung der Steuerermäßigung ist, dass die Gemeinde als Kur-, Erholungs- oder Küstenbadeort anerkannt ist. [5]Nicht begünstigt sind Einzelleistungen, wie z. B. die Gebrauchsüberlassung einzelner Kureinrichtungen oder -anlagen und die Veranstaltung von Konzerten, Theatervorführungen oder Festen, für die neben der Kurtaxe ein besonderes Entgelt zu zahlen ist.

Zu § 12 Abs. 2 Nr. 10 UStG

12.12 *(aufgehoben)*

12.13 Begünstigte Verkehrsarten

(1) Die einzelnen nach § 12 Abs. 2 Nr. 10 UStG begünstigten Verkehrsarten sind grundsätzlich nach dem Verkehrsrecht abzugrenzen.

Verkehr mit Schienenbahnen

(2)[1)] [1]Schienenbahnen sind die Vollbahnen – Haupt- und Nebenbahnen – und die Kleinbahnen sowie die sonstigen Eisenbahnen, z. B. Anschlussbahnen und Straßenbahnen. [2]Als Straßenbahnen gelten auch Hoch- und Untergrundbahnen, Schwebebahnen und ähnliche Bahnen besonderer Bauart (§ 4 Abs. 2 PBefG).[2)] [3]Zu den Schienenbahnen gehören auch Kleinbahnen in Tierparks und Ausstellungen (BFH-Urteil vom 14.12.1951, II 176/51 U, BStBl. 1952 III S. 22) sowie Bergbahnen.

---

1) Zur Absenkung des Steuersatzes für die Personenbeförderung im Schienenbahnfernverkehr ab 1.1.2020 siehe BMF v. 21.1.2020, BStBl. I 2020, 197.

2) Personenbeförderungsgesetz i. d. F. v. 8.8.1990, BGBl. I 1990, 1690, zuletzt geänd. durch G v. 16.4.2021, BGBl. I 2021, 822 (**Sartorius** Nr. **950**).

Verkehr mit Oberleitungsomnibussen

(3) Oberleitungsomnibusse sind nach § 4 Abs. 3 PBefG[1)] elektrisch angetriebene, nicht an Schienen gebundene Straßenfahrzeuge, die ihre Antriebsenergie einer Fahrleitung entnehmen.

Genehmigter Linienverkehr mit Kraftfahrzeugen

(4) [1]Linienverkehr mit Kraftfahrzeugen ist eine zwischen bestimmten Ausgangs- und Endpunkten eingerichtete regelmäßige Verkehrsverbindung, auf der Fahrgäste an bestimmten Haltestellen ein- und aussteigen können. [2]Er setzt nicht voraus, dass ein Fahrplan mit bestimmten Abfahrts- und Ankunftszeiten besteht oder Zwischenhaltestellen eingerichtet sind (§ 42 PBefG).[1)] [3]Als Linienverkehr gilt auch die Beförderung von

1. Berufstätigen zwischen Wohnung und Arbeitsstelle (Berufsverkehr);
2. Schülern zwischen Wohnung und Lehranstalt (Schülerfahrten; hierzu gehören z.B. Fahrten zum Schwimmunterricht, nicht jedoch Klassenfahrten);
3. Kindern zwischen Wohnung und Kindergarten (Kindergartenfahrten);
4. Personen zum Besuch von Märkten (Marktfahrten);
5. Theaterbesuchern.

[4]Linienverkehr kann mit Kraftomnibussen und mit Personenkraftwagen sowie in besonderen Ausnahmefällen auch mit Lastkraftwagen betrieben werden.

(5) [1]Beförderungen im Linienverkehr mit Kraftfahrzeugen sind jedoch nur dann begünstigt, wenn der Linienverkehr genehmigt ist oder unter die Freistellungsverordnung zum PBefG[1)] fällt oder eine genehmigungsfreie Sonderform des Linienverkehrs im Sinne der Verordnung (EWG) Nr. 684/92 vom 16.3.1992 (ABl. EG Nr. L 74 S. 1) darstellt. [2]Über die Genehmigung muss eine entsprechende Genehmigungsurkunde oder eine einstweilige Erlaubnis der zuständigen Genehmigungsstelle vorliegen. [3]Eine begünstigte Personenbeförderungsleistung setzt nicht voraus, dass sie durch den Genehmigungsinhaber (§ 2 Abs. 1 PBefG) mit eigenbetrieblichen Kraftomnibussen erbracht wird. [4]Hinsichtlich des Leistungsverhältnisses zwischen Auftraggeber und Subunternehmer ist im Einzelfall zu prüfen, ob es sich um eine nicht begünstigte Gestellungsleistung, wie z.B. die Anmietung eines Busses, oder um eine begünstigungsfähige Beförderungsleistung, z.B. auf Grund eines Betriebsführungsübertragungsvertrages, handelt. [5]Nur der Genehmigungsinhaber kann auf die von ihm erbrachten Beförderungsleistungen den ermäßigten Umsatzsteuersatz anwenden. [6]Eine Genehmigung für den Mietomnibusverkehr ist nicht ausreichend. [7]Im Falle der Betriebsübertragung nach § 2 Abs. 2 PBefG gelten die vom Betriebsführungsberechtigten ausgeführten Beförderungsleistungen als solche im genehmigten Linienverkehr, sofern die Betriebsübertragung von der zuständigen Behörde (§ 11 PBefG) genehmigt worden ist. [8]Für bestimmte Beförderungen im Linienverkehr sieht die Freistellungs-

[1)] Personenbeförderungsgesetz i. d. F. v. 8.8.1990, BGBl. I 1990, 1690, zuletzt geänd. durch G v. 16.4.2021, BGBl. I 2021, 822 (**Sartorius** Nr. **950**).

verordnung zum PBefG von dem Erfordernis einer Genehmigung für den Linienverkehr ab. [9] Hierbei handelt es sich um Beförderungen durch die Streitkräfte oder durch die Polizei mit eigenen Kraftfahrzeugen sowie um die folgenden Beförderungen, wenn von den beförderten Personen selbst ein Entgelt nicht zu entrichten ist:

1. Beförderungen von Berufstätigen mit Kraftfahrzeugen zu und von ihrer Eigenart nach wechselnden Arbeitsstellen, insbesondere Baustellen, sofern nicht ein solcher Verkehr zwischen gleichbleibenden Ausgangs- und Endpunkten länger als ein Jahr betrieben wird;
2. Beförderungen von Berufstätigen mit Kraftfahrzeugen zu und von Arbeitsstellen in der Land- und Forstwirtschaft;
3. Beförderungen mit Kraftfahrzeugen durch oder für Kirchen oder sonstigen Religionsgesellschaften zu und von Gottesdiensten;
4. Beförderungen mit Kraftfahrzeugen durch oder für Schulträger zum und vom Unterricht;
5. Beförderungen von Kranken wegen einer Beschäftigungstherapie oder zu sonstigen Behandlungszwecken durch Krankenhäuser oder Heilanstalten mit eigenen Kraftfahrzeugen;
6. Beförderungen von Berufstätigen mit Personenkraftwagen von und zu ihren Arbeitsstellen;
7. Beförderungen von körperlich, geistig oder seelisch behinderten Personen mit Kraftfahrzeugen zu und von Einrichtungen, die der Betreuung dieser Personenkreise dienen;
8. Beförderungen von Arbeitnehmern durch den Arbeitgeber zu betrieblichen Zwecken zwischen Arbeitsstätten desselben Betriebes;
9. Beförderungen mit Kraftfahrzeugen durch oder für Kindergartenträger zwischen Wohnung und Kindergarten.

[10] Diese Beförderungen sind wie genehmigter Linienverkehr zu behandeln. [11] Ebenso zu behandeln sind die nach der Verordnung (EWG) Nr. 684/92 genehmigungsfreien Sonderformen des grenzüberschreitenden Linienverkehrs, der der regelmäßigen ausschließlichen Beförderung bestimmter Gruppen von Fahrgästen dient, wenn der besondere Linienverkehr zwischen dem Veranstalter und dem Verkehrsunternehmer vertraglich geregelt ist. [12] Zu den Sonderformen des Linienverkehrs zählen insbesondere:

1. die Beförderung von Arbeitnehmern zwischen Wohnort und Arbeitsstätte;
2. die Beförderung von Schülern und Studenten zwischen Wohnort und Lehranstalt;
3. die Beförderung von Angehörigen der Streitkräfte und ihren Familien zwischen Herkunftsland und Stationierungsort.

[13] Der Verkehrsunternehmer muss neben der in Satz 7 genannten vertraglichen Regelung die Genehmigung für Personenbeförderungen im Linien-, Pendel- oder Gelegenheitsverkehr mit Kraftomnibussen durch den Niederlassungsstaat erhalten haben, die Voraussetzungen der gemeinschaftlichen Rechtsvorschriften über den Zugang zum Beruf des Personenkraftverkehrsunternehmers im innerstaatlichen und grenzüberschreitenden Verkehr sowie die Rechtsvor-

schriften über die Sicherheit im Straßenverkehr für Fahrer und Fahrzeuge erfüllen. [14]Der Nachweis über das Vorliegen einer genehmigungsfreien Sonderform des Linienverkehrs nach der Verordnung (EWG) Nr. 684/92 kann durch die Vorlage des zwischen dem Veranstalter und dem Verkehrsunternehmer abgeschlossenen Beförderungsvertrags erbracht werden.

(6) [1]Keine Beförderungsleistung liegt vor, wenn ein Kraftfahrzeug unbemannt – auf Grund eines Miet- oder Leihvertrags – zur Durchführung von Beförderungen im genehmigten Linienverkehr zur Verfügung gestellt wird. [2]Diese Leistung ist deshalb nicht begünstigt.

Verkehr mit Taxen

(7)[1)] [1]Verkehr mit Taxen ist nach § 47 Abs. 1 PBefG[2)] die Beförderung von Personen mit Personenkraftwagen, die der Unternehmer an behördlich zugelassenen Stellen bereithält und mit denen er Fahrten zu einem vom Fahrgast bestimmten Ziel ausführt. [2]Der Unternehmer kann Beförderungsaufträge auch während einer Fahrt oder am Betriebssitz entgegennehmen. [3]Das der Abgrenzung zum Linien- und Ausflugsfahrtenverkehr dienende Merkmal der Bestimmung des Fahrtziels durch den Fahrgast ist auch dann erfüllt, wenn nicht die zu befördernde Person persönlich, sondern eine andere, ihrer Sphäre (der „Fahrgastseite") zuzurechnende Person das Fahrtziel vorgibt oder mitteilt und dabei Auftraggeber und/oder Rechnungsadressat des Taxiunternehmers ist (z. B. bei Transferleistungen für Reisebüros). [4]Personenkraftwagen sind Kraftfahrzeuge, die nach ihrer Bauart und Ausstattung zur Beförderung von nicht mehr als 9 Personen – einschließlich Führer – geeignet und bestimmt sind (§ 4 Abs. 4 Nr. 1 PBefG). [5]Der Verkehr mit Taxen bedarf der Genehmigung. [6]Über die Genehmigung wird eine besondere Urkunde erteilt. [7]Eine begünstigte Personenbeförderungsleistung setzt nicht voraus, dass sie durch den Genehmigungsinhaber mit eigenbetriebenen Taxen erbracht wird (vgl. BFH-Urteil vom 23.9.2015, V R 4/15, BStBl. 2016 II S. 494). [8]Deshalb kann die Steuerermäßigung auch dann anzuwenden sein, wenn der leistende Unternehmer über keine eigene Genehmigung nach dem PBefG verfügt und die Personenbeförderung durch einen Subunternehmer durchführen lässt, der eine entsprechende Genehmigung besitzt. [9]Ist im Gebiet einer Gemeinde der Verkehr mit Pkw allgemein unzulässig, kann ein umsatzsteuerrechtlich begünstigter Verkehr mit Taxen auch ohne Personenkraftwagen (z. B. mit Pferdefuhrwerken) vorliegen, wenn die übrigen Merkmale des Taxenverkehrs in vergleichbarer Form gegeben sind. [10]Maßgeblich ist, ob die durchgeführten Beförderungen dem Leitbild des Verkehrs mit Taxen im Sinne von § 47 PBefG als Beförderung von Personen mit Wagen entsprechen, die der Unternehmer an öffentlich zugänglichen Stellen bereithält und mit denen er Fahrten zu einem vom Fahrgast bestimmten Ziel ausführt. [11]Zu prüfen ist auch, ob allgemeine Beförderungsentgelte (Tarife) oder jeweils speziell ausgehandelte Beförderungspreise vorliegen (vgl. BFH-Urteil vom 13.11.2019, V R 9/18, BStBl. 2021 II S. 540).

[1)] A 12.13 UStAE Abs. 7 Sätze 9 bis 11 angef. durch BMF v. 2.7.2021, BStBl. I 2021, 918, anzuwenden in allen offenen Fällen.

[2)] Personenbeförderungsgesetz i. d. F. v. 8.8.1990, BGBl. I 1990, 1690, zuletzt geänd. durch G v. 16.4.2021, BGBl. I 2021, 822 (**Sartorius** Nr. **950**).

(8) [1]Grundsätzlich nicht begünstigt ist der Verkehr mit Mietwagen (BFH-Urteile vom 30.10.1969, V R 99/69, BStBl. 1970 II S. 78, vom 2.7.2014, XI R 22/10, BStBl. 2015 II S. 416 und XI R 39/10, BStBl. 2015 II S. 421, und BVerfG-Beschluss vom 11.2.1992, 1 BvL 29/87, BVerfGE 85, 238). [2]Der Mietwagenverkehr unterscheidet sich im Wesentlichen vom Taxenverkehr dadurch, dass nur Beförderungsaufträge ausgeführt werden dürfen, die am Betriebssitz oder in der Wohnung des Unternehmers eingegangen sind (§ 49 Abs. 4 PBefG).[1)] [3]Führt ein Mietwagenunternehmer hingegen Krankenfahrten mit hierfür nicht besonders eingerichteten Fahrzeugen durch (vgl. Abschnitt 4.17.2) und beruhen diese steuerpflichtigen Leistungen auf mit Krankenkassen geschlossenen Sondervereinbarungen, die ebenfalls für Taxiunternehmer gelten, ist die Steuerermäßigung bei Vorliegen der weiteren Voraussetzungen anwendbar (vgl. BFH-Urteil vom 2.7.2014, XI R 39/10, a. a. O.). [4]Liegt in diesem Fall der Beförderungsleistung eines Mietwagenunternehmers eine nur für Mietwagenunternehmen geltende Sondervereinbarung zu Grunde, kann die Steuerermäßigung zur Anwendung kommen, wenn der Unternehmer nachweist, dass im selben räumlichen Geltungsbereich eine hinsichtlich Beförderungsentgelt und Transportpflicht inhaltsgleiche Sondervereinbarung für Taxiunternehmer gilt. [5]Die Gleichartigkeit dieser für Mietwagen- bzw. Taxiunternehmer geltenden Sondervereinbarungen kann für den Bereich der Krankenfahrten aus Vereinfachungsgründen in solchen Fällen regelmäßig unterstellt werden, in denen dem Mietwagenunternehmer ein Nachweis gleichartiger Sondervereinbarungen (z. B. über den Verband) praktisch nicht möglich ist oder in denen keine Vergleichsmöglichkeit besteht. [6]Die entgeltliche Überlassung von Kfz durch einen Carsharing-Verein an seine Mitglieder ist nicht begünstigt (BFH-Urteil vom 12.6.2008, V R 33/05, BStBl. 2009 II S. 221).

Verkehr mit Drahtseilbahnen und sonstigen mechanischen Aufstiegshilfen

(9) [1]Zu den Drahtseilbahnen gehören Standseilbahnen und andere Anlagen, deren Fahrzeuge von Rädern oder anderen Einrichtungen getragen und durch ein oder mehrere Seile bewegt werden, Seilschwebebahnen, deren Fahrzeuge von einem oder mehreren Seilen getragen und/oder bewegt werden (einschließlich Kabinenbahnen und Sesselbahnen) und Schleppaufzüge, bei denen mit geeigneten Geräten ausgerüstete Benutzer durch ein Seil fortbewegt werden (vgl. Artikel 1 Abs. 3 der Richtlinie 2000/9/EG vom 20.3. 2000, ABl. EG 2000 Nr. L 106, S. 21). [2]Zu den sonstigen mechanischen Aufstiegshilfen gehören auch Seilschwebebahnen, Sessellifte und Skilifte.

(10) [1]Nicht begünstigt ist grundsätzlich der Betrieb einer Sommer- oder Winterrodelbahn. [2]Ebenso unterliegen die mit einer sog. „Coaster-Bahn“ erbrachten Umsätze, bei denen die Fahrtkunden auf schienengebundenen Schlitten zu Tal fahren, nicht dem ermäßigten Steuersatz, da es sich umsatzsteuerrechtlich insoweit nicht um Beförderungsleistungen handelt (vgl. BFH-Urteil vom 20.2.2013, XI R 12/11, BStBl. II S. 645).

---

1) Personenbeförderungsgesetz i. d. F. v. 8.8.1990, BGBl. I 1990, 1690, zuletzt geänd. durch G v. 16.4.2021, BGBl. I 2021, 822 (**Sartorius** Nr. **950**).

Genehmigter Linienverkehr mit Schiffen

(10a) [1]Hinsichtlich des Linienverkehrs mit Schiffen gelten die Regelungen in Absatz 4 sinngemäß. [2]Die Steuerermäßigung gilt damit insbesondere nicht für Floßfahrten, Wildwasserrafting-Touren oder für andere Leistungen zur Ausübung des Wassersports. [3]Ebenso sind organisierte Schiffsfahrten mit angeschlossener Tanz-, Verkaufs- oder einer ähnlichen Veranstaltung, Sonderfahrten wie z. B. Sommernachts- oder Feiertagsfahrten, die Vercharterung von Schiffen inklusive Besatzung zum Transport geschlossener Gesellschaften (z. B. anlässlich von Betriebsausflügen oder von privaten Feiern) sowie Rundfahrten, bei denen Anfangs- und Endpunkt identisch sind und kein Zwischenhalt angeboten wird, nicht begünstigt. [4]Personenbeförderungen im Linienverkehr mit Schiffen sind nur dann begünstigt, wenn der Linienverkehr genehmigt ist. [5]Soweit die verkehrsrechtlichen Bestimmungen des Bundes und der Länder kein Genehmigungsverfahren vorsehen, ist von einer stillschweigenden Genehmigung des Linienverkehrs auszugehen. [6]Erbringt der Unternehmer neben der Beförderung im Linienverkehr mit Schiffen weitere selbständige Einzelleistungen wie z. B. Restaurationsleistungen (vgl. Abschnitt 3.6), sind die Einzelleistungen umsatzsteuerlich jeweils für sich zu beurteilen.

Fährverkehr

(10b) [1]Fährverkehr ist der Übersetzverkehr mit Schiffen zwischen zwei festen Anlegestellen (z. B. bei Flussquerungen oder im Verkehr zwischen dem Festland und Inseln). [2]Die Anwendung der Steuerermäßigung ist nicht vom Vorliegen einer Genehmigung abhängig.

Nebenleistungen

(11) [1]Der ermäßigte Steuersatz erstreckt sich auch auf die Nebenleistungen zu einer begünstigten Hauptleistung. [2]Als Nebenleistung zur Personenbeförderung ist insbesondere die Beförderung des Reisegepäcks des Reisenden anzusehen. [3]Zum Reisegepäck gehören z. B. die Gegenstände, die nach der EVO und nach den Einheitlichen Rechtsvorschriften für den Vertrag über die internationale Eisenbahnbeförderung von Personen (CIV), Anhang A zum Übereinkommen über den internationalen Eisenbahnverkehr (COTIF) vom 9.5.1980 in der Fassung vom 3.6.1999 (BGBl. 2002 II S. 2140), als Reisegepäck befördert werden. [4]Nebenleistung zur Personenbeförderung ist auch der Transport von Personenkraftwagen, Krafträdern und anderen Fahrzeugen. [5]Dies gilt nicht, wenn Schwerpunkt der Fährleistung, wie z. B. beim Transport von Lkw, die Güterbeförderung ist.

12.14 Begünstigte Beförderungsstrecken

(1) Unter Gemeinde im Sinne des § 12 Abs. 2 Nr. 10 Buchstabe b Doppelbuchstabe aa UStG ist die politische Gemeinde zu verstehen.

(2) [1]Beförderungsstrecke (§ 12 Abs. 2 Nr. 10 Buchstabe b Doppelbuchstabe bb UStG) ist die Strecke, auf der der Beförderungsunternehmer einen Fahrgast oder eine Mehrzahl von Fahrgästen auf Grund eines Beförderungsvertrags oder mehrerer Beförderungsverträge befördert oder, z. B. durch einen Subunternehmer, befördern lässt. [2]Werden mehrere Beförderungsverträge

abgeschlossen, erbringt der Beförderungsunternehmer eine entsprechende Zahl von Beförderungsleistungen, von denen jede für sich zu beurteilen ist. [3]Nur eine Beförderungsleistung liegt vor, wenn der Beförderungsunternehmer mit einer Mehrzahl von Personen bzw. zur Beförderung einer Mehrzahl von Personen einen Beförderungsvertrag abgeschlossen hat. [4]Maßgebliche Beförderungsstrecke ist in diesem Fall die vom Beförderungsunternehmer aufgrund des Beförderungsvertrages zurückgelegte Strecke. [5]Sie beginnt mit dem Einstieg der ersten und endet mit dem Ausstieg der letzten beförderten Person innerhalb einer Fahrtrichtung. [6]Bei grenzüberschreitenden Beförderungen ist nur die Länge des auf das Inland entfallenden Teils der Beförderungsstrecke maßgebend. [7]Bei der Bemessung dieses Streckenanteils sind die §§ 2 bis 7 UStDV zu beachten.

(3) [1]Maßgebliche Beförderungsstrecke ist bei Ausgabe von Fahrausweisen grundsätzlich die im Fahrausweis ausgewiesene Tarifentfernung, sofern die Beförderungsleistung nur auf Beförderungsstrecken im Inland durchgeführt wird. [2]Bei Fahrausweisen für grenzüberschreitende Beförderungen ist die Tarifentfernung der auf das Inland entfallenden Beförderungsstrecke unter Berücksichtigung der §§ 2 bis 7 UStDV maßgebend. [3]Vorstehende Grundsätze gelten auch für die Fälle, in denen der Fahrgast die Fahrt unterbricht oder auf ein anderes Verkehrsmittel desselben Beförderers umsteigt. [4]Wird eine Umwegkarte gelöst, ist der gefahrene Umweg bei Ermittlung der Länge der Beförderungsstrecke zu berücksichtigen. [5]Bei Bezirkskarten, Netzkarten, Streifenkarten usw. ist als maßgebliche Beförderungsstrecke die längste Strecke anzusehen, die der Fahrgast mit dem Fahrausweis zurücklegen kann. [6]Zwei getrennte Beförderungsstrecken liegen vor, wenn ein Fahrausweis ausgegeben wird, der zur Hin- und Rückfahrt berechtigt.

(4) [1]Verkehrsunternehmer haben sich vielfach zu einem Verkehrsverbund zusammengeschlossen. [2]Ein solcher Verbund bezweckt die Ausgabe von durchgehenden Fahrausweisen, die den Fahrgast zur Inanspruchnahme von Beförderungsleistungen verschiedener, im Verkehrsverbund zusammengeschlossener Beförderungsunternehmer berechtigen (Wechselverkehr). [3]In diesen Fällen bewirkt jeder Beförderungsunternehmer mit seinem Verkehrsmittel eine eigene Beförderungsleistung unmittelbar an den Fahrgast, wenn folgende Voraussetzungen vorliegen:

1. In den Tarifen der beteiligten Beförderungsunternehmer bzw. des Verkehrsverbundes muss festgelegt sein, dass der Fahrgast den Beförderungsvertrag jeweils mit dem Beförderungsunternehmer abschließt, mit dessen Verkehrsmittel er befördert wird; ferner muss sich aus ihnen ergeben, dass die Fahrausweise im Namen und für Rechnung des jeweiligen Beförderungsunternehmers verkauft werden und dass für die von ihm durchfahrene Beförderungsstrecke seine Beförderungsbedingungen gelten.
2. Die praktische Durchführung der Beförderungen muss den Tarifbedingungen entsprechen.

(5) [1]Bei Taxifahrten sind Hin- und Rückfahrt eine einheitliche Beförderungsleistung, wenn vereinbarungsgemäß die Fahrt unterbrochen wird und der Fahrer auf den Fahrgast wartet (Wartefahrt). [2]Keine einheitliche Beförderungsleistung liegt jedoch vor, wenn das Taxi nicht auf den Fahrgast wartet,

sondern später – sei es aufgrund vorheriger Vereinbarung über den Abholzeitpunkt oder aufgrund erneuter Bestellung – wieder abholt und zum Ausgangspunkt zurückbefördert (Doppelfahrt). [3] In diesem Fall ist die Gesamtfahrtstrecke nicht zusammenzurechnen und die beiden Fahrten sind als Nahverkehrsleistungen mit dem begünstigten Steuersatz abzurechnen, wenn die als einheitliche Nahverkehrsleistung zu wertende Hinfahrt 50 km nicht überschreitet. [4] Bemessungsgrundlage für diese Taxifahrten ist das für die jeweilige Fahrt vereinbarte Entgelt; dabei ist ohne Bedeutung, ob der Fahrpreis unter Berücksichtigung unterschiedlicher Tarife für die „Leerfahrt" berechnet wird (vgl. BFH-Urteil vom 19.7.2007, V R 68/05, BStBl. 2008 II S. 208).

12.15 Beförderung von Arbeitnehmern zwischen Wohnung und Arbeitsstelle

(1) [1] Für die Beförderung von Arbeitnehmern zwischen Wohnung und Arbeitsstelle kann der ermäßigte Steuersatz nach § 12 Abs. 2 Nr. 10 UStG nur dann in Betracht kommen, wenn es sich bei den Beförderungen verkehrsrechtlich um Beförderungen im genehmigten Linienverkehr handelt (vgl. Abschnitt 12.13 Abs. 4 bis 6). [2] Bei den in Abschnitt 12.13 Abs. 5 Satz 5 bezeichneten Beförderungen ist auf Grund der Freistellung keine personenbeförderungsrechtliche Genehmigung erforderlich. [3] Gleichwohl sind diese Beförderungen umsatzsteuerrechtlich wie Beförderungen im genehmigten Linienverkehr zu behandeln (vgl. BFH-Urteil vom 11.3.1988, V R 114/83, BStBl. II S. 651). [4] Im Zweifel ist eine Stellungnahme der für die Erteilung der Genehmigung zuständigen Verkehrsbehörde einzuholen. [5] Zur genehmigungsfreien Sonderform des Linienverkehrs im Sinne der Verordnung (EWG) Nr. 684/92 vom 16.3.1992 vgl. Abschnitt 12.13 Abs. 5 Satz 7 ff.

(2) In den Fällen, in denen der Arbeitgeber selbst seine Arbeitnehmer zwischen Wohnung und Arbeitsstelle befördert, muss er in eigener Person die in Absatz 1 bezeichneten Voraussetzungen erfüllen, wenn er für die Beförderung den ermäßigten Steuersatz nach § 12 Abs. 2 Nr. 10 UStG in Anspruch nehmen will.

(3) [1] Hat der Arbeitgeber einen Beförderungsunternehmer mit der Beförderung beauftragt, liegen umsatzsteuerrechtlich einerseits eine Leistung des Beförderungsunternehmers an den Arbeitgeber, andererseits Leistungen des Arbeitgebers an jeden Arbeitnehmer vor. [2] Erfüllt der Beförderungsunternehmer die in Absatz 1 bezeichneten Voraussetzungen, ist seine Leistung als Beförderungsleistung im Sinne des § 12 Abs. 2 Nr. 10 UStG anzusehen. [3] Dabei ist davon auszugehen, dass der Beförderungsunternehmer als Genehmigungsinhaber den Verkehr auch dann im eigenen Namen, unter eigener Verantwortung und für eigene Rechnung betreibt, wenn der Arbeitgeber den Einsatz allgemein regelt, insbesondere Zweck, Ziel und Ablauf der Fahrt bestimmt. [4] Die Steuerermäßigung nach § 12 Abs. 2 Nr. 10 UStG kommt für die Beförderungsleistung des Arbeitgebers, der den Linienverkehr nicht selbst betreibt, dagegen nicht in Betracht (BFH-Urteil vom 11.3.1988, V R 30/84, BStBl. II S. 643).[1)]

---

1) Hinweis auf A 12.13 Abs. 7 UStAE.

Zu § 12 Abs. 2 Nr. 11 UStG

12.16 Umsätze aus der kurzfristigen Vermietung von Wohn- und Schlafräumen sowie aus der kurzfristigen Vermietung von Campingflächen (§ 12 Abs. 2 Nr. 11 UStG)

(1) [1]Die in § 12 Abs. 2 Nr. 11 Satz 1 UStG bezeichneten Umsätze gehören zu den nach § 4 Nr. 12 Satz 2 UStG von der Steuerbefreiung ausgenommenen Umsätzen. [2]Hinsichtlich des Merkmals der Kurzfristigkeit gelten daher die in den Abschnitten 4.12.3 Abs. 2 und 4.12.9 Abs. 1 dargestellten Grundsätze. [3]Die Anwendung des ermäßigten Steuersatzes setzt neben der Kurzfristigkeit voraus, dass die Umsätze unmittelbar der Beherbergung dienen.

(2) Sonstige Leistungen eigener Art, bei denen die Überlassung von Räumen nicht charakterbestimmend ist (z. B. Leistungen des Prostitutionsgewerbes), unterliegen auch hinsichtlich dieses Leistungsaspekts nicht der Steuerermäßigung nach § 12 Abs. 2 Nr. 11 UStG.

Vermietung von Wohn- und Schlafräumen, die ein Unternehmer zur kurzfristigen Beherbergung von Fremden bereithält

(3) [1]Die Steuerermäßigung nach § 12 Abs. 2 Nr. 11 Satz 1 UStG setzt ebenso wie § 4 Nr. 12 Satz 2 UStG eine Vermietung von Wohn- und Schlafräumen zur kurzfristigen Beherbergung voraus. [2]Hieran fehlt es bei einer Vermietung z. B. in einem „Bordell" (vgl. BFH-Urteil vom 22.8.2013, V R 18/12, BStBl. II S. 1058). [3]Auch das halbstündige oder stundenweise Überlassen von Zimmern in einem „Stundenhotel" ist keine Beherbergung im Sinne des § 12 Abs. 2 Nr. 11 Satz 1 UStG (vgl. BFH-Urteil vom 24.9.2015, V R 30/14, BStBl. 2017 II S. 132). [4]Die Steuerermäßigung für Beherbergungsleistungen umfasst sowohl die Umsätze des klassischen Hotelgewerbes als auch kurzfristige Beherbergungen in Pensionen, Fremdenzimmern, Ferienwohnungen und vergleichbaren Einrichtungen.[1)] [5]Für die Inanspruchnahme der Steuerermäßigung ist es jedoch nicht Voraussetzung, dass der Unternehmer einen hotelartigen Betrieb führt oder Eigentümer der überlassenen Räumlichkeiten ist. [6]Begünstigt ist daher beispielsweise auch die Unterbringung von Begleitpersonen in Krankenhäusern, sofern diese Leistung nicht nach § 4 Nr. 14 Buchstabe b UStG (z. B. bei Aufnahme einer Begleitperson zu therapeutischen Zwecken) steuerfrei ist.

(4) [1]Die erbrachte Leistung muss unmittelbar der Beherbergung dienen. [2]Diese Voraussetzung ist insbesondere hinsichtlich der folgenden Leistungen erfüllt, auch wenn die Leistungen gegen gesondertes Entgelt erbracht werden:
- Überlassung von möblierten und mit anderen Einrichtungsgegenständen (z. B. Fernsehgerät, Radio, Telefon, Zimmersafe) ausgestatteten Räumen;
- Stromanschluss;
- Überlassung von Bettwäsche, Handtüchern und Bademänteln;
- Reinigung der gemieteten Räume;

---

1) Die Vermietung von Ferienwohnungen, die der Unternehmer von anderen Unternehmern angemietet hat, unterliegt der Margenbesteuerung nach § 25 UStG unter Anwendung des Regelsteuersatzes; siehe BFH v. 27.3.2019 V R 10/19 (V R 60/16), BStBl. II 2021, 497. Siehe auch A 25 UStAE.

- Bereitstellung von Körperpflegeutensilien, Schuhputz- und Nähzeug;
- Weckdienst;
- Bereitstellung eines Schuhputzautomaten;
- Mitunterbringung von Tieren in den überlassenen Wohn- und Schlafräumen.

(5) Insbesondere folgende Leistungen sind keine Beherbergungsleistungen im Sinne von § 12 Abs. 2 Nr. 11 UStG und daher nicht begünstigt:

- Überlassung von Tagungsräumen;
- Überlassung von Räumen zur Ausübung einer beruflichen oder gewerblichen Tätigkeit (vgl. BFH-Urteil vom 22.8.2013, V R 18/12, BStBl. II S. 1058);
- Gesondert vereinbarte Überlassung von Plätzen zum Abstellen von Fahrzeugen;
- Überlassung von nicht ortsfesten Wohnmobilen, Caravans, Wohnanhängern, Hausbooten und Yachten;
- Beförderungen in Schlafwagen der Eisenbahnen;
- Überlassung von Kabinen auf der Beförderung dienenden Schiffen;
- Vermittlung von Beherbergungsleistungen;
- Umsätze von Tierpensionen;
- Unentgeltliche Wertabgaben (z. B. Selbstnutzung von Ferienwohnungen).

(6) Stornokosten stellen grundsätzlich nichtsteuerbaren Schadensersatz dar (vgl. EuGH-Urteil vom 18.7.2007, C-277/05, Société thermale d'Eugénie-Les-Bains).[1)]

Kurzfristige Vermietung von Campingflächen

(7) [1]Die kurzfristige Vermietung von Campingflächen betrifft Flächen zum Aufstellen von Zelten und Flächen zum Abstellen von Wohnmobilen und Wohnwagen. [2]Ebenso ist die kurzfristige Vermietung von ortsfesten Wohnmobilen, Wohncaravans und Wohnanhängern begünstigt. [3]Für die Steuerermäßigung ist es unschädlich, wenn auf der überlassenen Fläche auch das zum Transport des Zelts bzw. zum Ziehen des Wohnwagens verwendete Fahrzeug abgestellt werden kann. [4]Zur begünstigten Vermietung gehört auch die Lieferung von Strom (vgl. Abschnitt 4.12.1 Abs. 5 Satz 3). [5]Nicht unter die Steuerermäßigung fällt die entgeltliche Überlassung von Bootsliegeplätzen (vgl. EuGH-Urteil vom 19.12.2019, C-715/18, Segler-Vereinigung Cuxhaven,[2)] und BFH-Urteil vom 24.6.2020, V R 47/19, BStBl. II S. 853).

Leistungen, die nicht unmittelbar der Vermietung dienen

(8) [1]Nach § 12 Abs. 2 Nr. 11 Satz 2 UStG gilt die Steuerermäßigung nicht für Leistungen, die nicht unmittelbar der Vermietung dienen, auch wenn es sich um Nebenleistungen zur Beherbergung handelt und diese Leistungen mit dem Entgelt für die Vermietung abgegolten sind (Aufteilungsgebot). [2]Der Grundsatz, dass eine (unselbständige) Nebenleistung das Schicksal der Hauptleistung teilt, wird von diesem Aufteilungsgebot verdrängt. [3]Das in § 12 Abs. 2 Nr. 11 Satz 2 UStG gesetzlich normierte Aufteilungsgebot für einheitliche Leistungen geht den allgemeinen Grundsätzen zur Abgrenzung von

---

[1)] EuZW 2007, 706.
[2)] DStR 2019, 2696.

Haupt- und Nebenleistung vor (BFH-Urteil vom 24.4.2013, XI R 3/11, BStBl. 2014 II S. 86). [4]Unter dieses Aufteilungsgebot fallen insbesondere:
- Verpflegungsleistungen (z.B. Frühstück, Halb- oder Vollpension, „All inclusive“);
- Getränkeversorgung aus der Minibar;
- Nutzung von Kommunikationsnetzen (insbesondere Telefon und Internet);
- Nutzung von Fernsehprogrammen außerhalb des allgemein und ohne gesondertes Entgelt zugänglichen Programms („pay per view“);
- [1]Leistungen, die das körperliche, geistige und seelische Wohlbefinden steigern („Wellnessangebote“). [2]Die Überlassung von Schwimmbädern oder die Verabreichung von Heilbädern im Zusammenhang mit einer begünstigten Beherbergungsleistung kann dagegen nach § 12 Abs. 2 Nr. 9 Satz 1 UStG dem ermäßigten Steuersatz unterliegen;
- Überlassung von Fahrberechtigungen für den Nahverkehr, die jedoch nach § 12 Abs. 2 Nr. 10 UStG dem ermäßigten Steuersatz unterliegen können;
- Überlassung von Eintrittsberechtigungen für Veranstaltungen, die jedoch nach § 4 Nr. 20 UStG steuerfrei sein oder nach § 12 Abs. 2 Nr. 7 Buchstabe a oder d UStG dem ermäßigten Steuersatz unterliegen können;
- Transport von Gepäck außerhalb des Beherbergungsbetriebs;
- Überlassung von Sportgeräten und -anlagen;
- Ausflüge;
- Reinigung und Bügeln von Kleidung, Schuhputzservice;
- Transport zwischen Bahnhof/Flughafen und Unterkunft;
- Einräumung von Parkmöglichkeiten, auch wenn diese nicht gesondert vereinbart und vergütet werden (vgl. BFH-Urteil vom 1.3.2016, XI R 11/14, BStBl. II S. 753).

Anwendung der Steuerermäßigung in den Fällen des § 25 UStG

(9) [1]Soweit Reiseleistungen der Margenbesteuerung nach § 25 UStG unterliegen, gelten sie nach § 25 Abs. 1 Satz 3 UStG als eine einheitliche sonstige Leistung. [2]Eine Reiseleistung unterliegt als sonstige Leistung eigener Art auch hinsichtlich ihres Beherbergungsanteils nicht der Steuerermäßigung nach § 12 Abs. 2 Nr. 11 UStG. [3]Das gilt auch, wenn die Reiseleistung nur aus einer Übernachtungsleistung besteht.

Angaben in der Rechnung

(10) [1]Der Unternehmer ist nach § 14 Abs. 2 Satz 1 Nr. 1 UStG grundsätzlich verpflichtet, innerhalb von 6 Monaten nach Ausführung der Leistung eine Rechnung mit den in § 14 Abs. 4 UStG genannten Angaben auszustellen. [2]Für Umsätze aus der Vermietung von Wohn- und Schlafräumen zur kurzfristigen Beherbergung von Fremden sowie die kurzfristige Vermietung von Campingflächen besteht eine Rechnungserteilungspflicht jedoch nicht, wenn die Leistung weder an einen anderen Unternehmer für dessen Unternehmen noch an eine juristische Person erbracht wird (vgl. Abschnitt 14.1 Abs. 3 Satz 5).

(11) [1]Wird für Leistungen, die nicht von der Steuerermäßigung nach § 12 Abs. 2 Nr. 11 Satz 1 UStG erfasst werden, kein gesondertes Entgelt berechnet, ist deren Entgeltanteil zu schätzen. [2]Schätzungsmaßstab kann hierbei beispielsweise der kalkulatorische Kostenanteil zuzüglich eines angemessenen Gewinnaufschlags sein.

(12)[1] [1]Aus Vereinfachungsgründen wird es – auch für Zwecke des Vorsteuerabzugs des Leistungsempfängers – nicht beanstandet, wenn folgende in einem Pauschalangebot enthaltene nicht begünstigte Leistungen in der Rechnung zu einem Sammelposten (z.B. „Business-Package", „Servicepauschale") zusammengefasst und der darauf entfallende Entgeltanteil in einem Betrag ausgewiesen werden:
– Abgabe eines Frühstücks;
– Nutzung von Kommunikationsnetzen;
– Reinigung und Bügeln von Kleidung, Schuhputzservice;
– Transport zwischen Bahnhof/Flughafen und Unterkunft;
– Transport von Gepäck außerhalb des Beherbergungsbetriebs;
– Nutzung von Saunaeinrichtungen;
– Überlassung von Fitnessgeräten;
– Überlassung von Plätzen zum Abstellen von Fahrzeugen.[2]

[2]Es wird ebenfalls nicht beanstandet, wenn der auf diese Leistungen entfallende Entgeltanteil mit 15% des Pauschalpreises angesetzt wird. [3]Für Kleinbetragsrechnungen (§ 33 UStDV) gilt dies für den in der Rechnung anzugebenden Steuerbetrag entsprechend. [4]Die Vereinfachungsregelung gilt nicht für Leistungen, für die ein gesondertes Entgelt vereinbart wird.

Zu § 12 Abs. 2 Nr. 14 UStG

12.17[3] Digitale Medien (§ 12 Abs. 2 Nr. 14 UStG)

(1) [1]Nach § 12 Abs. 2 Nr. 14 Satz 1 UStG unterliegt die Überlassung der in Nummer 49 Buchstabe a bis e und Nummer 50 der Anlage 2 des UStG bezeichneten Erzeugnisse in elektronischer Form dem ermäßigten Steuersatz. [2]Dies gilt unabhängig davon, ob das Erzeugnis auch auf einem physischen Träger angeboten wird. [3]Von der Ermäßigung ausgenommen sind Veröffentlichungen, die vollständig oder im Wesentlichen aus Videoinhalten oder hörbarer Musik bestehen. [4]Entscheidend ist, ob die digitalen Produkte in ihrer Funktion über die gedruckter Bücher, Zeitungen oder Zeitschriften deutlich hinausgehen. [5]Die Durchsuchbarkeit, Filtermöglichkeit und Verlinkung innerhalb des digitalen Produkts schließen die Anwendung des ermäßigten Steuersatzes nicht aus. [6]Ebenfalls ausgenommen sind nach § 12 Abs. 2 Nr. 14 Satz 2 UStG Erzeugnisse, für die Beschränkungen als jugendgefährdende Trägermedien oder Hinweispflichten nach § 15 Abs. 1 bis 3 und 6 JuSchG in der jeweils geltenden Fassung bestehen, sowie Veröffentlichungen, die vollständig oder im Wesentlichen Werbezwecken, einschließlich Reisewerbung, dienen. [7]Bei einem Angebot verschiedener kombinierter Produkte zu einem einheitlichen Entgelt (sog. Bundling-Angebot) ist nach den Grundsätzen des Abschnitts 3.10 im Einzelfall zu entscheiden, ob eine einheitliche Leistung vorliegt, die einem einheitlichen Steuersatz unterliegt, oder ob ein Leistungs-

---

[1] A 12.16 Abs. 12 Satz 2 Prozentsatz geändert durch BMF v. 2.7.2020, BStBl. I 2020, 610, anzuwenden in allen Fällen **ab 1.7.2020 bis 31.12.2022** (BMF v. 3.6.2021, BStBl. I 2021, 777).

[2] *Siehe hierzu auch BFH v. 1.3.2016 XI R 11/14, BStBl. II 2016, 753.*

[3] A 12.17 eingef. durch BMF v. 17.12.2021, BStBl. I 2021, 2502, anzuwenden in allen offenen Fällen; zur Anwendungsregelung siehe Anlage 8.

bündel gegeben ist, dessen einzelne Leistungsbestandteile separat zu betrachten sind und ggf. unterschiedlichen Steuersätzen unterliegen. [8]Ob ausschließlich in elektronischer Form vertriebene Produkte dem ermäßigten Steuersatz unterliegen, kann nicht im Wege einer uvZTA (vgl. Abschnitt 12.1 Abs. 1 Satz 4) geklärt werden.

(2) [1]Dem ermäßigten Steuersatz unterliegt nach § 12 Abs. 2 Nr. 14 Satz 3 UStG auch die Bereitstellung eines Zugangs zu Datenbanken, die eine Vielzahl von elektronischen Büchern, Zeitungen oder Zeitschriften oder Teile von diesen enthalten. [2]Die Bereitstellung eines Zugangs zu einer Datenbank kann in rein elektronischer Form (z. B. über einen Online-Zugang u.ä.) oder mittels eines physischen Datenträgers (z. B. CD-Rom, DVD, USB-Stick u.ä.) erfolgen. [3]Die Bereitstellung eines Zugangs zu einer Datenbank stellt eine einheitliche Leistung dar. [4]Eine Datenbank im Sinne des § 12 Abs. 2 Nr. 14 Satz 3 UStG ist eine Sammlung von Werken, Daten und anderen unabhängigen Elementen, die systematisch oder methodisch angeordnet und einzeln mit elektronischen Mitteln zugänglich sind (vgl. Abschnitt 3a.12 Abs. 3 Nr. 5 Satz 2). [5]Erforderlich für die Begünstigung ist, dass die Datenbank eine Vielzahl von elektronischen Büchern, Zeitungen oder Zeitschriften oder Teile von diesen enthält und somit primär durch die Bereitstellung begünstigter Werke im Sinne des § 12 Abs. 2 Nr. 14 Satz 1 UStG geprägt wird. [6]Dabei ist auf die Sicht des Durchschnittsverbrauchers abzustellen. [7]Unschädlich ist, wenn die Datenbank auch oder nur andere der in Nummer 49 Buchstabe a bis e und Nummer 50 der Anlage 2 des UStG bezeichneten Erzeugnisse (z. B. Noten) in elektronischer Form enthält. [8]Datenbanken, die überwiegend andere Elemente als elektronische Bücher, Zeitungen oder Zeitschriften oder Teile von diesen enthalten, sind nicht begünstigt. [9]Ob andere Elemente als die nach § 12 Abs. 2 Nr. 14 Satz 1 UStG begünstigten überwiegen, beurteilt sich sowohl quantitativ als auch qualitativ anhand der in der Datenbank enthaltenen Elemente. [10]Die Durchsuchbarkeit, Filtermöglichkeit und Verlinkung innerhalb der Datenbank schließen die Anwendung des ermäßigten Steuersatzes nicht aus. [11]Nicht begünstigt sind Datenbanken, die Elemente im Sinne des § 12 Abs. 2 Nr. 14 Satz 2 UStG enthalten. [12]Unschädlich ist, wenn eine Datenbank Werbung enthält, ohne den Tatbestand des § 12 Abs. 2 Nr. 14 Satz 2 UStG zu erfüllen.

Beispiel 1:

[1]Eine Datenbank enthält Noten sowie kurze Hörbeispiele der einzelnen Lieder zur besseren Auffindbarkeit und bietet zusätzlich die Möglichkeit, die Noten in eine andere Tonart umzuwandeln. [2]In der Datenbank überwiegen die begünstigten Elemente (Noten) sowohl qualitativ als auch quantitativ.
[3]Der Zugang zur Datenbank unterliegt insgesamt dem ermäßigten Steuersatz.

Beispiel 2:

[1]Im Rahmen eines digitalen Office-Pakets bietet ein Verlag neben Kommentaren, Gerichtsurteilen, Aufsätzen, Gesetzestexten und Verordnungen auch Formulare zum Ausfüllen oder Tools wie Steuer- oder auch Mindestlohnrechner sowie e-Trainings, Generatoren und Online-Live-Seminare an. [2]Sowohl bei der Anzahl der in der Datenbank enthaltenen Dateien als auch bei den abgerufenen Inhalten überwiegen die begünstigten Elemente (Kommentare, Gerichtsurteile, Aufsätze, Gesetzestexte, Verordnungen und Formulare).
[3]Der Zugang zur Datenbank unterliegt insgesamt dem ermäßigten Steuersatz.

Beispiel 3:

[1] Eine Plattform bietet neben Texten auch kurze Videos, einen Chatroom mit anderen Teilnehmern und die Möglichkeit eines interaktiven Abschlusstests. [2] Bei qualitativer/quantitativer Betrachtungsweise überwiegen die nicht begünstigten Elemente.
[3] Der Zugang zur Datenbank unterliegt insgesamt nicht dem ermäßigten Steuersatz.

Beispiel 4:

[1] Im Rahmen einer Plattform zur Bereitstellung von Lehr- und Lernmedien bietet ein Verlag neben Schulbüchern, Wörterbüchern, Enzyklopädien, Handreichungen für den Unterricht, Test- und Prüfungsbögen in Textform auch kurze Erklärvideos und Hörbeispiele oder Tools für das kollaborative digitale Lernen, beispielsweise Zuweisfunktionen von Aufgaben sowie Lernstandsanzeigen und Planer zur Unterrichtsgestaltung an.
[2] Bei qualitativer/quantitativer Betrachtungsweise überwiegen die begünstigten Elemente (Schulbücher, Wörterbücher, Enzyklopädien, Handreichungen für den Unterricht, Test- und Prüfungsbögen in Textform). [3] Der Zugang zur Datenbank unterliegt insgesamt dem ermäßigten Steuersatz.

Zu § 13 UStG

13.1 Entstehung der Steuer bei der Besteuerung nach vereinbarten Entgelten

(1) [1] Bei der Besteuerung nach vereinbarten Entgelten (Sollversteuerung) entsteht die Steuer grundsätzlich mit Ablauf des Voranmeldungszeitraums, in dem die Lieferung oder sonstige Leistung ausgeführt worden ist. [2] Das gilt auch für unentgeltliche Wertabgaben im Sinne des § 3 Abs. 1b und 9a UStG. [3] Die Steuer entsteht in der gesetzlichen Höhe unabhängig davon, ob die am Leistungsaustausch beteiligten Unternehmer von den ihnen vom Gesetz gebotenen Möglichkeiten der Rechnungserteilung mit gesondertem Steuerausweis und des Vorsteuerabzugs Gebrauch machen oder nicht. [4] Für Umsätze, die ein Unternehmer in seinen Voranmeldungen nicht angibt (auch bei Rechtsirrtum über deren Steuerbarkeit), entsteht die Umsatzsteuer ebenso wie bei ordnungsgemäß erklärten Umsätzen (vgl. BFH-Urteil vom 20.1.1997, V R 28/95, BStBl. II S. 716). [5] Der Zeitpunkt der Leistung ist entscheidend, für welchen Voranmeldungszeitraum ein Umsatz zu berücksichtigen ist (vgl. BFH-Urteil vom 13.10.1960, V 294/58 U, BStBl. III S. 478). [6] Dies gilt nicht für die Istversteuerung von Anzahlungen im Sinne des § 13 Abs. 1 Nr. 1 Buchstabe a Satz 4 UStG (vgl. Abschnitt 13.5).

(2) [1] Lieferungen – einschließlich Werklieferungen – sind grundsätzlich dann ausgeführt, wenn der Leistungsempfänger die Verfügungsmacht über den zu liefernden Gegenstand erlangt. [2] Lieferungen, bei denen der Lieferort nach § 3 Abs. 6 UStG bestimmt wird, werden im Zeitpunkt des Beginns der Beförderung oder Versendung des Gegenstands ausgeführt (vgl. BFH-Urteil vom 6.12.2007, V R 24/05, BStBl. 2009 II S. 490). [3] Bei Sukzessivlieferungsverträgen ist der Zeitpunkt jeder einzelnen Lieferung maßgebend. [4] Lieferungen von Elektrizität, Gas, Wärme, Kälte und Wasser sind jedoch erst mit Ablauf des jeweiligen Ablesezeitraums als ausgeführt zu behandeln. [5] Die während des Ablesezeitraums geleisteten Abschlagszahlungen der Tarifabnehmer sind nicht als Entgelt für Teilleistungen (vgl. Abschnitt 13.4) anzusehen; sie führen jedoch bereits mit Ablauf des Voranmeldungszeitraums ihrer Vereinnahmung nach § 13 Abs. 1 Nr. 1 Buchstabe a Satz 4 UStG zur Entstehung der Steuer (vgl. Abschnitt 13.5).

(3) [1]Sonstige Leistungen, insbesondere Werkleistungen, sind grundsätzlich im Zeitpunkt ihrer Vollendung ausgeführt. [2]Bei zeitlich begrenzten Dauerleistungen, z.B. Duldungs- oder Unterlassungsleistungen (vgl. Abschnitt 3.1 Abs. 4) ist die Leistung mit Beendigung des entsprechenden Rechtsverhältnisses ausgeführt, es sei denn, die Beteiligten hatten Teilleistungen (vgl. Abschnitt 13.4) vereinbart. [3]Anzahlungen sind stets im Zeitpunkt ihrer Vereinnahmung zu versteuern (vgl. Abschnitt 13.5).

(4) [1]Eine Leasinggesellschaft, die ihrem Kunden (Mieter) eine Sache gegen Entrichtung monatlicher Leasingraten überlässt, erbringt eine Dauerleistung, die entsprechend der Vereinbarung über die monatlich zu zahlenden Leasingraten in Form von Teilleistungen (vgl. Abschnitt 13.4) bewirkt wird. [2]Die Steuer entsteht jeweils mit Ablauf des monatlichen Voranmeldungszeitraums, für den die Leasingrate zu entrichten ist. [3]Tritt die Leasinggesellschaft ihre Forderung gegen den Mieter auf Zahlung der Leasingraten an eine Bank ab, die das Risiko des Ausfalls der erworbenen Forderung übernimmt, führt die Vereinnahmung des Abtretungsentgelts nicht zur sofortigen Entstehung der Steuer für die Vermietung nach § 13 Abs. 1 Nr. 1 Buchstabe a Satz 4 UStG, weil das Abtretungsentgelt nicht zugleich Entgelt für die der Forderung zu Grunde liegende Vermietungsleistung ist. [4]Die Bank zahlt das Abtretungsentgelt für den Erwerb der Forderung, nicht aber als Dritter für die Leistung der Leasinggesellschaft an den Mieter. [5]Die Leasinggesellschaft vereinnahmt das Entgelt für ihre Vermietungsleistung vielmehr jeweils mit der Zahlung der Leasingraten durch den Mieter an die Bank, weil sie insoweit gleichzeitig von ihrer Gewährleistungspflicht für den rechtlichen Bestand der Forderung gegenüber der Bank befreit wird. [6]Dieser Vereinnahmungszeitpunkt wird in der Regel mit dem Zeitpunkt der Ausführung der einzelnen Teilleistung übereinstimmen.

(5) Nach den Grundsätzen des Absatzes 4 ist auch in anderen Fällen zu verfahren, in denen Forderungen für noch zu erbringende Leistungen oder Teilleistungen verkauft werden.

(6) [1]Bei einem Kauf auf Probe (§ 454 BGB) im Versandhandel kommt der Kaufvertrag noch nicht mit der Zusendung der Ware, sondern erst nach Ablauf der vom Verkäufer eingeräumten Billigungsfrist oder durch Überweisung des Kaufpreises zustande. [2]Erst zu diesem Zeitpunkt ist umsatzsteuerrechtlich die Lieferung ausgeführt (vgl. BFH-Urteil vom 6.12.2007, V R 24/05, BStBl. 2009 II S. 490). [3]Dagegen ist bei einem Kauf mit Rückgaberecht bereits mit der Zusendung der Ware der Kaufvertrag zustande gekommen und die Lieferung ausgeführt.

(7)[1)] [1]Eine Abmahnleistung im Sinne des Abschnitts 1.3 Abs. 16a gilt mit dem Zugang der Abmahnung beim Abgemahnten als ausgeführt. [2]Aus Vereinfachungsgründen wird es nicht beanstandet, wenn der Steuerpflichtige die Besteuerung für die Abmahnleistung in demjenigen Voranmeldungszeitraum vornimmt, in dem die Abmahnung an den Abgemahnten abgesendet wurde (vgl. BMF-Schreiben vom 1.10.2021, BStBl. I S. 1859).

---

1) A 13.1 UStAE Abs. 7 angef. durch BMF v. 1.10.2021, BStBl. I 2021, 1859, anzuwenden in allen offenen Fällen.

13.2 Sollversteuerung in der Bauwirtschaft

(1) [1]In der Bauwirtschaft werden Werklieferungen und Werkleistungen auf dem Grund und Boden der Auftraggeber im Allgemeinen nicht in Teilleistungen (vgl. Abschnitt 13.4), sondern als einheitliche Leistungen erbracht. [2]Diese Leistungen sind ausgeführt:

1. [1]Werklieferungen, wenn dem Auftraggeber die Verfügungsmacht verschafft wird. [2]Das gilt auch dann, wenn das Eigentum an den verwendeten Baustoffen nach §§ 946, 93, 94 BGB zur Zeit der Verbindung mit dem Grundstück auf den Auftraggeber übergeht. [3]Der Werklieferungsvertrag wird mit der Übergabe und Abnahme des fertiggestellten Werks erfüllt. [4]Der Auftraggeber erhält die Verfügungsmacht mit der Übergabe des fertiggestellten Werks (vgl. BFH-Urteil vom 26.2.1976, V R 132/73, BStBl. II S. 309). [5]Auf die Form der Abnahme kommt es dabei nicht an. [6]Insbesondere ist eine Verschaffung der Verfügungsmacht bereits dann anzunehmen, wenn der Auftraggeber das Werk durch schlüssiges Verhalten, z. B. durch Benutzung, abgenommen hat und eine förmliche Abnahme entweder gar nicht oder erst später erfolgen soll. [7]Wird das vertraglich vereinbarte Werk nicht fertiggestellt und ist eine Vollendung des Werks durch den Werkunternehmer nicht mehr vorgesehen, entsteht ein neuer Leistungsgegenstand. [8]Dieser beschränkt sich bei der Eröffnung eines Insolvenzverfahrens auf den vom Werkunternehmer bis zu diesem Zeitpunkt gelieferten Teil des Werks, wenn der Insolvenzverwalter die weitere Erfüllung des Werkvertrags nach § 103 InsO ablehnt (vgl. Abschnitt 3.9). [9]In diesen Fällen ist die Lieferung im Zeitpunkt der Insolvenzeröffnung bewirkt. [10]Wählt der Insolvenzverwalter die Erfüllung eines bei Eröffnung des Insolvenzverfahrens noch nicht oder nicht vollständig erfüllten Werkvertrags, wird die Werklieferung – wenn keine Teilleistungen im Sinne des § 13 Abs. 1 Nr. 1 Buchstabe a Sätze 2 und 3 UStG gesondert vereinbart worden sind – erst mit der Leistungserbringung nach Verfahrenseröffnung ausgeführt (BFH-Urteil vom 30.4.2009, V R 1/06, BStBl. 2010 II S. 138). [11]Im Falle der Kündigung des Werkvertrags wird die Leistung mit dem Tag des Zugangs der Kündigung ausgeführt. [12]Stellt der Werkunternehmer die Arbeiten an dem vereinbarten Werk vorzeitig ein, weil der Besteller – ohne eine eindeutige Erklärung abzugeben – nicht willens und in der Lage ist, seinerseits den Vertrag zu erfüllen, wird das bis dahin errichtete halbfertige Werk zum Gegenstand der Werklieferung. [13]Es wird in dem Zeitpunkt geliefert, in dem für den Werkunternehmer nach den gegebenen objektiven Umständen feststeht, dass er wegen fehlender Aussicht auf die Erlangung weiteren Werklohns nicht mehr leisten wird (vgl. BFH-Urteil vom 28.2.1980, V R 90/75, BStBl. II S. 535).
2. Sonstige Leistungen, insbesondere Werkleistungen, grundsätzlich im Zeitpunkt ihrer Vollendung, der häufig mit dem Zeitpunkt der Abnahme zusammenfallen wird.

(2) [1]Die in der Bauwirtschaft regelmäßig vor Ausführung der Leistung vereinnahmten Vorauszahlungen, Abschlagszahlungen usw. führen jedoch bereits mit Ablauf des Voranmeldungszeitraums ihrer Vereinnahmung nach § 13

Abs. 1 Nr. 1 Buchstabe a Satz 4 UStG (vgl. Abschnitt 13.5) zur Entstehung der Steuer. [2]Wird über die bereits erbrachten Bauleistungen erst einige Zeit nach Ausführung der Leistungen abgerechnet, ist das Entgelt – sofern es noch nicht feststeht – sachgerecht zu schätzen, z. B. anhand des Angebots (vgl. auch BMF-Schreiben vom 12.10.2009, BStBl. I S. 1292). [3]Weitere Hinweise enthält das Merkblatt zur Umsatzbesteuerung in der Bauwirtschaft, Stand Oktober 2009 (BMF-Schreiben vom 12.10.2009, a. a. O.).

13.3 Sollversteuerung bei Architekten und Ingenieuren

Leistungen nach der Verordnung über die Honorare für Architekten- und Ingenieurleistungen (HOAI)[1), 2)]

(1) [1]Die Leistungen der Architekten und Ingenieure, denen Leistungsbilder nach der HOAI zu Grunde liegen, werden grundsätzlich als einheitliche Leistung erbracht, auch wenn die Gesamtleistung nach der Beschreibung in der HOAI, insbesondere durch die Aufgliederung der Leistungsbilder in Leistungsphasen, teilbar ist. [2]Allein die Aufgliederung der Leistungsbilder zur Ermittlung des (Teil-)Honorars führt nicht zur Annahme von Teilleistungen im Sinne des § 13 Abs. 1 Nr. 1 Buchstabe a Satz 3 UStG (vgl. Abschnitt 13.4). [3]Nur wenn zwischen den Vertragspartnern im Rahmen des Gesamtauftrags über ein Leistungsbild zusätzliche Vereinbarungen über die gesonderte Ausführung und Honorierung einzelner Leistungsphasen getroffen werden, sind insoweit Teilleistungen anzunehmen.

(2) Absatz 1 gilt sinngemäß auch für Architekten- und Ingenieurleistungen, die nicht nach der HOAI abgerechnet werden.

Leistungen nach den Richtlinien für die Durchführung von Bauaufgaben des Bundes im Zuständigkeitsbereich der Finanzbauverwaltungen (RBBau)

(3) [1]Architekten- und Ingenieurleistungen werden entsprechend des Vertragsmusters (Teil 3/VM1/1 RBBau) vergeben. [2]Nach § 1 dieses Vertragsmusters wird der Auftragnehmer zunächst nur mit der Aufstellung der Entscheidungsunterlage – Bau – beauftragt. [3]Für diese Leistung wird das Honorar auch gesondert ermittelt. [4]Im Vertrag wird die Absichtserklärung abgegeben, dem Auftragnehmer weitere Leistungen zu übertragen, wenn die Voraussetzungen dazu gegeben sind. [5]Die Übertragung dieser weiteren Leistungen erfolgt durch gesonderte Schreiben. [6]Bei dieser Abwicklung ist das Aufstellen der Entscheidungsunterlage – Bau – als eine selbständige Leistung des Architekten oder Ingenieurs anzusehen. [7]Mit der Ausführung der ihm gesondert übertragenen weiteren Leistungen erbringt er ebenfalls eine selbständige einheitliche Gesamtleistung, es sei denn, dass die unter Absatz 1 bezeichneten Voraussetzungen für die Annahme von Teilleistungen vorliegen.

---

1) **dtv 5596 VOB/HOAI.**

2) Zum Verstoß der Mindest- und Höchstsätze der HOAI gegen EU-Recht siehe EuGH v. 4.7.2019 C-377/17, EU-Kommission/Deutschland, NVwZ 2019, 1120; s. auch EuGH v. 18.1.2022 C-261/20. HOAI jetzt idF der VO v. 2.12.2020, BGBl. I 2020, 2636.

13.4 Teilleistungen[1)]

[1] Teilleistungen setzen voraus, dass eine nach wirtschaftlicher Betrachtungsweise teilbare Leistung nicht als Ganzes, sondern in Teilen geschuldet und bewirkt wird. [2] Eine Leistung ist in Teilen geschuldet, wenn für bestimmte Teile das Entgelt gesondert vereinbart wird (§ 13 Abs. 1 Nr. 1 Buchstabe a Satz 3 UStG). [3] Vereinbarungen dieser Art werden im Allgemeinen anzunehmen sein, wenn für einzelne Leistungsteile gesonderte Entgeltabrechnungen durchgeführt werden. [4] Das Entgelt ist auch in diesen Fällen nach den Grundsätzen des § 10 Abs. 1 UStG zu ermitteln. [5] Deshalb gehören Vorauszahlungen auf spätere Teilleistungen zum Entgelt für diese Teilleistungen (vgl. BFH-Urteil vom 19.5.1988, V R 102/83, BStBl. II S. 848), die jedoch nach § 13 Abs. 1 Nr. 1 Buchstabe a Satz 4 UStG bereits mit Ablauf des Voranmeldungszeitraums ihrer Vereinnahmung zur Entstehung der Steuer führen (vgl. Abschnitt 13.5).

Beispiel 1:

In einem Mietvertrag über 2 Jahre ist eine monatliche Mietzahlung vereinbart.

Beispiel 2:

[1] Ein Bauunternehmer hat sich verpflichtet, zu Einheitspreisen (§ 4 Abs. 1 Nr. 1 VOB/A) die Maurer- und Betonarbeiten sowie den Innen- und Außenputz an einem Bauwerk auszuführen. [2] Die Maurer- und Betonarbeiten werden gesondert abgenommen und abgerechnet. [3] Der Innen- und der Außenputz werden später ausgeführt, gesondert abgenommen und abgerechnet.

[6] In den Beispielen 1 und 2 werden Leistungen in Teilen geschuldet und bewirkt.

Beispiel 3:

[1] Eine Fahrschule schließt mit ihren Fahrschülern Verträge über die praktische und theoretische Ausbildung zur Erlangung des Führerscheins ab und weist darin die Grundgebühr, den Preis je Fahrstunde und die Gebühr für die Vorstellung zur Prüfung gesondert aus. [2] Entsprechend werden die Abrechnungen durchgeführt.

[3] Die einzelnen Fahrstunden und die Vorstellung zur Prüfung sind als Teilleistungen zu behandeln, weil für diese Teile das Entgelt gesondert vereinbart worden ist. [4] Die durch die Grundgebühr abgegoltenen Ausbildungsleistungen können mangels eines gesondert vereinbarten Entgelts nicht in weitere Teilleistungen zerlegt werden (vgl. BFH-Urteil vom 21.4.1994, V R 59/92).

Beispiel 4:

[1] Ein Unternehmer wird beauftragt, in einem Wohnhaus Parkettfußböden zu legen. [2] In der Auftragsbestätigung sind die Materialkosten getrennt ausgewiesen. [3] Der Unternehmer versendet die Materialien zum Bestimmungsort und führt dort die Arbeiten aus.

[4] Gegenstand der vom Auftragnehmer auszuführenden Werklieferung ist der fertige Parkettfußboden. [5] Die Werklieferung bildet eine Einheit, die nicht in eine Materiallieferung und in eine Werkleistung zerlegt werden kann (vgl. Abschnitte 3.8 und 3.10).

Beispiel 5:

[1] Eine Gebietskörperschaft überträgt einem Bauunternehmer nach Maßgabe der VOB als Gesamtleistung die Maurer- und Betonarbeiten an einem Hausbau. [2] Sie gewährt dem Bauunter-

---

1) *Unternehmer* können sich bei ratenweise vergüteten Vermittlungsleistungen auf eine unmittelbare Anwendung von Art. 64 Abs. 1 MwStSystRL berufen; siehe BFH v. 26.6.2019 V R 8/19 (V R 51/16), DStR 2019, 1745.

nehmer auf Antrag nach Maßgabe des § 16 Abs. 1 Nr. 1 VOB/B „in Höhe des Wertes der jeweils nachgewiesenen vertragsgemäßen Leistungen" Abschlagszahlungen. [3]Die Abschlagszahlungen sind ohne Einfluss auf die Haftung und gelten nicht als Abnahme von Teilleistungen. [4]Der Bauunternehmer erteilt die Schlussrechnung erst, wenn die Gesamtleistung ausgeführt ist. [5]Die Abschlagszahlungen unterliegen der Istversteuerung (vgl. Abschnitt 13.5). [6]Soweit das Entgelt laut Schlussrechnung die geleisteten Abschlagszahlungen übersteigt, entsteht die Steuer mit Ablauf des Voranmeldungszeitraums, in dem der Bauunternehmer die gesamte, vertraglich geschuldete Werklieferung bewirkt hat. [7]Weitere Hinweise zu Teilleistungen enthält das Merkblatt zur Umsatzbesteuerung in der Bauwirtschaft, Stand Oktober 2009 (BMF-Schreiben vom 12.10.2009, BStBl. I S. 1292).

13.5 Istversteuerung von Anzahlungen

(1) [1]Nach § 13 Abs. 1 Nr. 1 Buchstabe a Satz 4 UStG entsteht die Steuer in den Fällen, in denen das Entgelt oder ein Teil des Entgelts (z. B. Anzahlungen, Abschlagszahlungen, Vorauszahlungen) vor Ausführung der Leistung oder Teilleistung gezahlt wird, bereits mit Ablauf des Voranmeldungszeitraums, in dem das Entgelt oder Teilentgelt vereinnahmt worden ist. [2]Zum Zeitpunkt der Vereinnahmung vgl. Abschnitt 13.6 Abs. 1.

(2) [1]Anzahlungen können außer in Barzahlungen auch in Lieferungen oder sonstigen Leistungen bestehen, die im Rahmen eines Tauschs oder tauschähnlichen Umsatzes als Entgelt oder Teilentgelt hingegeben werden. [2]Eine Vereinnahmung der Anzahlung durch den Leistungsempfänger wird in diesen Fällen nicht dadurch ausgeschlossen, dass diese Leistung selbst noch nicht als ausgeführt gilt und die Steuer hierfür nach § 13 Abs. 1 Nr. 1 Buchstabe a Satz 1 UStG noch nicht entstanden ist (vgl. EuGH-Urteil vom 19.12.2012, C-549/11, Orfey Bulgaria).[1)]

(3) [1]Anzahlungen führen zur Entstehung der Steuer, wenn sie für eine bestimmte Lieferung oder sonstige Leistung entrichtet werden. [2]Dies setzt voraus, dass alle maßgeblichen Elemente der künftigen Lieferung oder künftigen Dienstleistung bereits bekannt sind, insbesondere die Gegenstände oder die Dienstleistungen zum Zeitpunkt der Anzahlung genau bestimmt sind (vgl. BFH-Urteile vom 15.9.2011, V R 36/09, BStBl. 2012 II S. 365, vom 14.11.2018, XI R 27/16, n.v., und vom 10.4.2019, XI R 4/17, BStBl. II S. 635). [3]Bezieht sich eine Anzahlung auf mehrere Lieferungen oder sonstige Leistungen, ist sie entsprechend aufzuteilen. [4]Was Gegenstand der Lieferung oder sonstigen Leistung ist, muss nach den Gegebenheiten des Einzelfalls beurteilt werden. [5]Wird eine Leistung in Teilen geschuldet und bewirkt (Teilleistung), sind Anzahlungen der jeweiligen Teilleistung zuzurechnen, für die sie geleistet werden (vgl. BFH-Urteil vom 19.5.1988, V R 102/83, BStBl. II S. 848). [6]Fehlt es bei der Vereinnahmung der Zahlung noch an einer konkreten Leistungsvereinbarung, ist zu prüfen, ob die Zahlung als bloße Kreditgewährung zu betrachten ist; aus den Umständen des Einzelfalles, z. B. bei dauernder Geschäftsverbindung mit regelmäßig sich wiederholenden Aufträgen, kann sich ergeben, dass es sich dennoch um eine Anzahlung für eine künftige Leistung handelt, die zur Entstehung der Steuer führt.

---

1) MwStR 2013, 28.

(4) [1]Eine Anzahlung für eine Leistung, die voraussichtlich unter eine Befreiungsvorschrift des § 4 UStG fällt oder nicht steuerbar ist, braucht nicht der Steuer unterworfen zu werden. [2]Dagegen ist die Anzahlung zu versteuern, wenn bei ihrer Vereinnahmung noch nicht abzusehen ist, ob die Voraussetzungen für die Steuerbefreiung oder Nichtsteuerbarkeit der Leistung erfüllt werden. [3]Ergibt sich im Nachhinein, dass die Leistung nicht der Umsatzsteuer unterliegt, ist die Bemessungsgrundlage in entsprechender Anwendung des § 17 Abs. 2 Nr. 2 UStG zu berichtigen (vgl. BFH-Urteil vom 8.9.2011, V R 42/10, BStBl. 2012 II S. 248).

(5) Zur Behandlung von Anzahlungen für steuerpflichtige Reiseleistungen, für die die Bemessungsgrundlage nach § 25 Abs. 3 UStG zu ermitteln ist, vgl. Abschnitt 25.3 Abs. 5.

(6) Zur Rechnungserteilung bei der Istversteuerung von Anzahlungen vgl. Abschnitt 14.8, zum Vorsteuerabzug bei Anzahlungen vgl. Abschnitt 15.3 und zur Minderung der Bemessungsgrundlage bei Rückgewährung einer Anzahlung vgl. Abschnitt 17.1 Abs. 7.

(7) Werden Anzahlungen in fremder Währung geleistet, ist die einzelne Anzahlung nach dem im Monat der Vereinnahmung geltenden Durchschnittskurs[1)] umzurechnen (§ 16 Abs. 6 UStG); bei dieser Umrechnung verbleibt es, auch wenn im Zeitpunkt der Leistungsausführung ein anderer Durchschnittskurs gilt.

(8) Zur Behandlung von Anzahlungen für Leistungen im Sinne des § 13b UStG, wenn die Voraussetzungen für die Steuerschuld des Leistungsempfängers im Zeitpunkt der Vereinnahmungen der Anzahlungen noch nicht vorlagen, vgl. Abschnitt 13b.12 Abs. 3.

13.6 Entstehung der Steuer bei der Besteuerung nach vereinnahmten Entgelten[2)]

(1) [1]Bei der Besteuerung nach vereinnahmten Entgelten (vgl. Abschnitt 20.1) entsteht die Steuer für Lieferungen und sonstige Leistungen mit Ablauf des Voranmeldungszeitraums, in dem die Entgelte vereinnahmt worden sind. [2]Anzahlungen (vgl. Abschnitt 13.5) sind stets im Voranmeldungszeitraum ihrer Vereinnahmung zu versteuern. [3]Als Zeitpunkt der Vereinnahmung gilt bei Überweisungen auf ein Bankkonto grundsätzlich der Zeitpunkt der Gutschrift. [4]Zur Frage der Vereinnahmung bei Einzahlung auf ein gesperrtes Konto vgl. BFH-Urteile vom 27.11.1958, V 284/57 U, BStBl. 1959 III S. 64, und vom 23.4.1980, VII R 156/75, BStBl. II S. 643. [5]Vereinnahmt sind auch Beträge, die der Schuldner dem Gläubiger am Fälligkeitstag gutschreibt, wenn die Beträge dem Berechtigten von nun an zur Verwendung zur Verfügung stehen (vgl. BFH-Urteil vom 24.3.1993, X R 55/91, BStBl. II S. 499). [6]Dies gilt jedoch nicht, wenn die Beträge im Zeitpunkt der Gutschrift nicht fällig waren und das Guthaben nicht verzinst wird (vgl. BFH-Urteil vom

---

1) Monatlich veröffentlicht im BStBl. I, siehe auch die Zusammenstellungen in **Steuer*erlasse*** *Nr.* ***500*** *§ 16/6* und *§ 16/7*.

2) Zur Vereinnahmung von Entgelten für vor Eröffnung des Insolvenzverfahrens erbrachte Leistungen vgl. BFH v. 29.1.2009 V R 64/07, BStBl. II 2009, 682.

12.11.1997, XI R 30/97, BStBl. 1998 II S. 252). [7]Beim Kontokorrentverkehr ist das Entgelt mit der Anerkennung des Saldos am Ende eines Abrechnungszeitraums vereinnahmt. [8]Wird für eine Leistung ein Wechsel in Zahlung genommen, gilt das Entgelt erst mit dem Tag der Einlösung oder – bei Weitergabe – mit dem Tag der Gutschrift oder Wertstellung als vereinnahmt. [9]Ein Scheckbetrag ist grundsätzlich nicht erst mit Einlösung des Schecks, sondern bereits mit dessen Hingabe zugeflossen, wenn der sofortigen Vorlage des Schecks keine zivilrechtlichen Abreden entgegenstehen und wenn davon ausgegangen werden kann, dass die bezogene Bank im Falle der sofortigen Vorlage des Schecks den Scheckbetrag auszahlen oder gutschreiben wird (vgl. BFH-Urteil vom 20.3.2001, IX R 97/97, BStBl. II S. 482). [10]Die Abtretung einer Forderung an Zahlungs statt (§ 364 Abs. 1 BGB) führt im Zeitpunkt der Abtretung in Höhe des wirtschaftlichen Wertes, der der Forderung im Abtretungszeitpunkt zukommt, zu einem Zufluss. [11]Das Gleiche gilt bei einer zahlungshalber erfolgten Zahlungsabtretung (§ 364 Abs. 2 BGB), wenn eine fällige, unbestrittene und einziehbare Forderung vorliegt (vgl. BFH-Urteil vom 30.10.1980, IV R 97/78, BStBl. 1981 II S. 305). [12]Eine Aufrechnung ist im Zeitpunkt der Aufrechnungserklärung einer Zahlung gleichzusetzen (vgl. BFH-Urteil vom 19.4.1977, VIII R 119/75, BStBl. II S. 601).

(2) Führen Unternehmer, denen die Besteuerung nach vereinnahmten Entgelten gestattet worden ist, Leistungen an ihr Personal aus, für die kein besonderes Entgelt berechnet wird, entsteht die Steuer insoweit mit Ablauf des Voranmeldungszeitraums, in dem diese Leistungen ausgeführt worden sind.

(3)[1)] [1]Die im Zeitpunkt der Ausführung der Lieferung oder sonstigen Leistung geltenden Voraussetzungen für die Entstehung der Steuer bleiben auch dann maßgebend, wenn der Unternehmer von der Berechnung der Steuer nach vereinnahmten Entgelten zur Berechnung der Steuer nach vereinbarten Entgelten wechselt. [2]Für Umsätze, die in einem Besteuerungszeitraum ausgeführt wurden, für den dem Unternehmer die Berechnung der Steuer nach vereinnahmten Entgelten erlaubt war, gilt diese Besteuerung weiter, auch wenn in späteren Besteuerungszeiträumen ein Wechsel zur Sollversteuerung eintritt. [3]Danach entsteht die Steuer insoweit bei Vereinnahmung des Entgelts (vgl. BFH-Urteil vom 30.1.2003, V R 58/01, BStBl. II S. 817). [4]Im Falle eines bereits sollversteuerten Umsatzes bleibt der Zeitpunkt des Entstehens der Steuer auch dann unverändert, wenn der Unternehmer zur Ist-Versteuerung wechselt und das Entgelt noch nicht vereinnahmt hat.

13.7 Entstehung der Steuer in den Fällen des unrichtigen Steuerausweises

[1]*In den Fällen des unrichtigen* Steuerausweises (§ 14c Abs. 1 Satz 1 UStG, Abschnitt 14c.1) entsteht die Steuer nach § 13 Abs. 1 Nr. 3 UStG im Zeitpunkt der Ausgabe der Rechnung. [2]Weist der leistende Unternehmer oder der von ihm beauftragte Dritte in einer Rechnung über eine steuerpflichtige Leistung einen höheren Steuerbetrag aus, als der leistende Unternehmer nach

1) Zum rückwirkenden Wechsel von der Ist- zur Sollbesteuerung vgl. BFH v. 10.12.2008 XI R 1/08, BStBl. II 2009, 1026.

dem Gesetz schuldet, wird es aus Vereinfachungsgründen jedoch nicht beanstandet, wenn der Unternehmer den Mehrbetrag für den Voranmeldungszeitraum anmeldet, mit dessen Ablauf die Steuer für die zu Grunde liegende Leistung nach § 13 Abs. 1 Nr. 1 Buchstabe a oder b UStG entsteht.[1)]

Beispiel 1:

[1] Der Unternehmer U liefert im Voranmeldungszeitraum Januar 01 einen Rollstuhl (Position 8713 des Zolltarifs) für insgesamt 238 € und weist in der am 2. 2. 01 ausgegebenen Rechnung unter Anwendung des Steuersatzes 19 % eine darin enthaltene Umsatzsteuer in Höhe von 38 € gesondert aus.

[2] Die gesetzlich geschuldete Steuer in Höhe von 7 % entsteht mit Ablauf des Voranmeldungszeitraums Januar 01. [3] Der nach § 14c Abs. 1 Satz 1 UStG geschuldete Mehrbetrag entsteht im Zeitpunkt der Ausgabe der Rechnung im Februar 01. [4] Es wird jedoch nicht beanstandet, wenn der Unternehmer die in der Rechnung ausgewiesene Steuer in voller Höhe für den Voranmeldungszeitraum Januar 01 anmeldet.

13.8[2)] Entstehung der Steuer in den Fällen des § 3 Abs. 3a und § 18k UStG

[1] In den Fällen des § 3 Abs. 3a UStG entsteht die Steuer zu dem Zeitpunkt, zu dem die Zahlung angenommen wurde. [2] In den Fällen des § 18k UStG entsteht die Steuer mit Ablauf des Besteuerungszeitraums (Kalendermonat; § 16 Abs. 1e Satz 1 UStG), in dem die Lieferungen ausgeführt worden sind; die Gegenstände gelten als zu dem Zeitpunkt geliefert, zu dem die Zahlung angenommen wurde. [3] Der Zeitpunkt, zu dem die Zahlung angenommen wurde, ist der Zeitpunkt, zu dem die Zahlung bestätigt wurde oder die Zahlungsgenehmigungsmeldung oder eine Zahlungszusage des Erwerbers beim Lieferer, der die Gegenstände über eine elektronische Schnittstelle verkauft bzw. an dem besonderen Besteuerungsverfahren nach § 18k UStG teilnimmt, oder für dessen Rechnung eingeht, und zwar unabhängig davon, wann die tatsächliche Zahlung erfolgt, je nachdem, welcher Zeitpunkt der frühere ist (vgl. Artikel 41a MwStVO).[3)]

Zu § 13b UStG

(§ 30a UStDV)

13b.1 Leistungsempfänger als Steuerschuldner

(1)[4)] [1] Unternehmer und juristische Personen schulden als Leistungsempfänger für bestimmte an sie im Inland ausgeführte steuerpflichtige Umsätze die Steuer. [2] Dies gilt sowohl für im Inland ansässige als auch für im Ausland ansässige Leistungsempfänger. [3] Auch Kleinunternehmer (§ 19 UStG), pauschalversteuernde Land- und Forstwirte (§ 24 UStG) und Unternehmer, die

---

[1)] Siehe aber BFH v. 5.6.2014 XI R 44/12, BStBl. II 2016, 187, zur Anwendung der Mindestbemessungsgrundlage und zum Zeitpunkt der Steuerentstehung bei Nachberechnung.

[2)] A 13.8 UStAE eingef. durch BMF v. 1.4.2021, BStBl. I 2021, 629, anzuwenden mWv 1.7.2021.

[3)] **Steuergesetze** Nr. **550**.

[4)] A 13b.1 UStAE Abs. 1 Satz 4 Angabe geänd. durch BMF v. 23.12.2020, BStBl. I 2021, 92, anzuwenden auf nach dem 31.12.2020 ausgeführte Umsätze, mit Übergangsregelung **für nach dem 31.12.2020 und vor dem 1.4.2021** ausgeführte Leistungen, siehe Anlage 8.

ausschließlich steuerfreie Umsätze tätigen, schulden die Steuer. [4]Die Steuerschuldnerschaft erstreckt sich mit Ausnahme der in § 13b Abs. 5 Satz 11 UStG genannten Leistungen, die ausschließlich an den nichtunternehmerischen Bereich von juristischen Personen des öffentlichen Rechts erbracht werden, sowohl auf die Umsätze für den unternehmerischen als auch auf die Umsätze für den nichtunternehmerischen Bereich des Leistungsempfängers. [5]Zuständig für die Besteuerung dieser Umsätze ist das Finanzamt, bei dem der Leistungsempfänger als Unternehmer umsatzsteuerlich erfasst ist. [6]Für juristische Personen ist das Finanzamt zuständig, in dessen Bezirk sie ihren Sitz haben.

(2) [1]Für folgende steuerpflichtige Umsätze schuldet der Leistungsempfänger die Steuer:

1. Nach § 3a Abs. 2 UStG im Inland steuerpflichtige sonstige Leistungen eines im übrigen Gemeinschaftsgebiet ansässigen Unternehmers (§ 13b Abs. 1 UStG).
2. Werklieferungen im Ausland ansässiger Unternehmer (§ 13b Abs. 2 Nr. 1 UStG).

Beispiel:
[1]Der in Kiel ansässige Bauunternehmer U hat den Auftrag erhalten, in Flensburg ein Geschäftshaus zu errichten. [2]Lieferung und Einbau der Fenster lässt U von seinem dänischen Subunternehmer D aus Kopenhagen ausführen.
[3]Der im Ausland ansässige Unternehmer D erbringt im Inland eine steuerpflichtige Werklieferung an U (§ 3 Abs. 4 und 7 Satz 1 UStG). [4]Die Umsatzsteuer für diese Werklieferung schuldet U (§ 13b Abs. 5 Satz 1 in Verbindung mit Abs. 2 Nr. 1 UStG).

3. Sonstige Leistungen im Ausland ansässiger Unternehmer (§ 13b Abs. 2 Nr. 1 UStG).

Beispiel:
[1]Der in Frankreich ansässige Architekt F plant für den in Stuttgart ansässigen Unternehmer U die Errichtung eines Gebäudes in München.
[2]Der im Ausland ansässige Unternehmer F erbringt im Inland steuerpflichtige Leistungen an U (§ 3a Abs. 3 Nr. 1 UStG). [3]Die Umsatzsteuer für diese Leistung schuldet U (§ 13b Abs. 5 Satz 1 in Verbindung mit Abs. 2 Nr. 1 UStG).

4.[1)] [1]Lieferungen von sicherungsübereigneten Gegenständen durch den Sicherungsgeber an den Sicherungsnehmer außerhalb des Insolvenzverfahrens (§ 13b Abs. 2 Nr. 2 UStG). [2]§ 13b Abs. 2 Nr. 2 und Abs. 5 Sätze 1 und 7 bis 9 UStG findet keine Anwendung, wenn ein sicherungsübereigneter Gegenstand vom Sicherungsgeber unter den Voraussetzungen des § 25a UStG geliefert wird.

Beispiel:
[1]*Für den Unternehmer U in Leipzig* finanziert eine Bank B in Dresden die Anschaffung eines PKW. [2]Bis zur Rückzahlung des Darlehens lässt sich B den PKW zur Sicherheit übereignen. [3]Da U seinen Zahlungsverpflichtungen nicht nachkommt, verwertet B den PKW durch Veräußerung an einen privaten Abnehmer A.

---

1) A 13b.1 UStAE Abs. 2 Satz 1 Nr. 4 Satz 2 Angabe geänd. durch BMF v. 23.12.2020, BStBl. I 2021, 92, anzuwenden auf nach dem 31.12.2020 ausgeführte Umsätze, mit Übergangsregelung für **nach dem 31.12.2020 und vor dem 1.4.2021** ausgeführte Leistungen, siehe Anlage 8.

[4] Mit der Veräußerung des PKW durch B liegen eine Lieferung des U (Sicherungsgeber) an B (Sicherungsnehmer) sowie eine Lieferung von B an A vor (vgl. Abschnitt 1.2 Abs. 1). [5] Für die Lieferung des U schuldet B als Leistungsempfänger die Umsatzsteuer (§ 13b Abs. 5 Satz 1 in Verbindung mit Abs. 2 Nr. 2 UStG).

5. [1] Umsätze, die unter das GrEStG[1)] fallen (§ 13b Abs. 2 Nr. 3 UStG). [2] Zu den Umsätzen, die unter das GrEStG fallen, vgl. Abschnitt 4.9.1. [3] Hierzu gehören insbesondere:
   – die Umsätze von unbebauten und bebauten Grundstücken und
   – die Bestellung und Übertragung von Erbbaurechten gegen Einmalzahlung oder regelmäßig wiederkehrende Erbbauzinsen.

   [4] Da die Umsätze, die unter das GrEStG fallen, nach § 4 Nr. 9 Buchstabe a UStG steuerfrei sind, ist für die Anwendung der Steuerschuldnerschaft des Leistungsempfängers (Abnehmers) erforderlich, dass ein wirksamer Verzicht auf die Steuerbefreiung (Option) durch den Lieferer vorliegt (vgl. Abschnitte 9.1 und 9.2 Abs. 8 und 9).

   Beispiel:

   [1] Der Unternehmer U in Berlin ist Eigentümer eines Werkstattgebäudes, dessen Errichtung mit Darlehen einer Bank B finanziert wurde. [2] Da U seine Zahlungsverpflichtungen nicht erfüllt, betreibt B die Zwangsversteigerung des Grundstückes. [3] Den Zuschlag erhält der Unternehmer E. [4] Auf die Steuerbefreiung der Grundstückslieferung (§ 4 Nr. 9 Buchstabe a UStG) verzichtet U rechtzeitig (§ 9 Abs. 3 Satz 1 UStG).
   [5] Mit dem Zuschlag in der Zwangsversteigerung erbringt U an E eine steuerpflichtige Lieferung. [6] E schuldet als Leistungsempfänger die Umsatzsteuer (§ 13b Abs. 5 Satz 1 in Verbindung mit Abs. 2 Nr. 3 UStG).

6. [1] Bauleistungen, einschließlich Werklieferungen und sonstigen Leistungen im Zusammenhang mit Grundstücken, die der Herstellung, Instandsetzung, Instandhaltung, Änderung oder Beseitigung von Bauwerken dienen, mit Ausnahmen von Planungs- und Überwachungsleistungen (§ 13b Abs. 2 Nr. 4 Satz 1 UStG). [2] Als Grundstücke gelten insbesondere auch Sachen, Ausstattungsgegenstände und Maschinen, die auf Dauer in einem Gebäude oder Bauwerk installiert sind und die nicht bewegt werden können, ohne das Gebäude oder Bauwerk zu zerstören oder zu verändern (§ 13b Abs. 2 Nr. 4 Satz 2 UStG). [3] Die Veränderung muss dabei erheblich sein; Abschnitt 3a.3 Abs. 2 Satz 3 vierter Spiegelstrich Satz 2 gilt entsprechend. [4] § 13b Abs. 2 Nr. 1 UStG bleibt unberührt.
7. Lieferungen
   a) der in § 3g Abs. 1 Satz 1 UStG genannten Gegenstände eines im Ausland ansässigen Unternehmers unter den Bedingungen des § 3g UStG (vgl. Abschnitt 3g.1) und
   b) von Gas über das Erdgasnetz und von Elektrizität, die nicht unter Buchstabe a fallen.
8. [1] Übertragung von Berechtigungen nach § 3 Nr. 3 des Treibhausgas-Emissionshandelsgesetzes vom 21.7.2011 (BGBl. I S. 1475), Emissionsreduktionseinheiten nach § 2 Nr. 20 des Projekt-Mechanismen-Gesetzes, zertifizierten Emissionsreduktionen nach § 2 Nr. 21 des Projekt-Mecha-

---

[1)] **Steuergesetze** Nr. **600**.

nismen-Gesetzes sowie Gas- und Elektrizitätszertifikaten (§ 13b Abs. 2 Nr. 6 UStG). [2] Zu den Elektrizitätszertifikaten gehören insbesondere Herkunftsnachweise nach § 79 Erneuerbare-Energien-Gesetz und Regionalnachweise nach § 79a Erneuerbare-Energien-Gesetz.

9.[1)] [1] Lieferungen der in der Anlage 3 des UStG bezeichneten Gegenstände (§ 13b Abs. 2 Nr. 7 UStG). [2] § 13b Abs. 2 Nr. 7 und Abs. 5 Sätze 1 und 7 bis 9 UStG findet keine Anwendung, wenn ein in der Anlage 3 bezeichneter Gegenstand von dem liefernden Unternehmer unter den Voraussetzungen des § 25a UStG geliefert wird.

10. [1] Reinigen von Gebäuden und Gebäudeteilen (§ 13b Abs. 2 Nr. 8 UStG). [2] § 13b Abs. 2 Nr. 1 bleibt unberührt.

11.[1)] [1] Lieferungen von Gold mit einem Feingehalt von mindestens 325 Tausendstel, in Rohform oder als Halbzeug (aus Position 7108 des Zolltarifs) und von Goldplattierungen mit einem Goldfeingehalt von mindestens 325 Tausendstel (aus Position 7109) (§ 13b Abs. 2 Nr. 9 UStG). [2] § 13b Abs. 2 Nr. 9 und Abs. 5 Sätze 1 und 7 bis 9 UStG findet keine Anwendung, wenn ein in § 13b Abs. 2 Nr. 9 UStG bezeichneter Gegenstand von dem liefernden Unternehmer unter den Voraussetzungen des § 25a UStG geliefert wird.

12.[1)] [1] Lieferungen von Mobilfunkgeräten, Tablet-Computern und Spielekonsolen sowie von integrierten Schaltkreisen vor Einbau in einen zur Lieferung auf der Einzelhandelsstufe geeigneten Gegenstand, wenn die Summe der für sie in Rechnung zu stellenden Entgelte im Rahmen eines wirtschaftlichen Vorgangs mindestens 5000 € beträgt; nachträgliche Minderungen des Entgelts bleiben dabei unberücksichtigt (§ 13b Abs. 2 Nr. 10 UStG). [2] § 13b Abs. 2 Nr. 10 und Abs. 5 Sätze 1 und 7 bis 9 UStG findet keine Anwendung, wenn ein in § 13b Abs. 2 Nr. 10 UStG bezeichneter Gegenstand von dem liefernden Unternehmer unter den Voraussetzungen des § 25a UStG geliefert wird.

13.[1)] [1] Lieferungen der in der Anlage 4 des UStG bezeichneten Gegenstände, wenn die Summe der für sie in Rechnung zu stellenden Entgelte im Rahmen eines wirtschaftlichen Vorgangs mindestens 5000 € beträgt; nachträgliche Minderungen des Entgelts bleiben dabei unberücksichtigt (§ 13b Abs. 2 Nr. 11 UStG). [2] § 13b Abs. 2 Nr. 11 und Abs. 5 Sätze 1 und 7 bis 9 UStG findet keine Anwendung, wenn ein in der Anlage 4 bezeichneter Gegenstand von dem liefernden Unternehmer unter den Voraussetzungen des § 25a UStG geliefert wird.

14.[1)] [1] *Sonstige Leistungen auf* dem Gebiet der Telekommunikation (§ 13b Abs. 2 Nr. 12 Satz 1 UStG). [2] § 13b Abs. 2 Nr. 1 UStG bleibt unberührt.

[1)] A 13b.1 UStAE Abs. 2 Satz 1 Nrn. 9 Satz 2, 11 Satz 2, 12 Satz 2 und 13 Satz 2 Angabe geänd., Nr. 14 angef. durch BMF v. 23.12.2020, BStBl. I 2021, 92, anzuwenden auf nach dem 31.12.2020 ausgeführte Umsätze, mit Übergangsregelung für **nach dem 31.12.2020 und vor dem 1.4.2021** ausgeführte Leistungen, siehe Anlage 8.

[2]Der Leistungsempfänger schuldet die Steuer auch beim Tausch und bei tauschähnlichen Umsätzen.

13b.2 Bauleistungen

(1) [1]Der Begriff des Bauwerks (vgl. Abschnitt 13b.1 Abs. 2 Nr. 6) ist weit auszulegen und umfasst nicht nur Gebäude, sondern darüber hinaus sämtliche irgendwie mit dem Erdboden verbundene oder infolge ihrer eigenen Schwere auf ihm ruhende, aus Baustoffen oder Bauteilen hergestellte Anlagen (z. B. Brücken, Straßen oder Tunnel, Versorgungsleitungen, Schiffshebewerke, Windkraftanlagen). [2]In jedem Fall gelten die in Abschnitt 3a.3 Abs. 2 Satz 3 Spiegelstriche 2 bis 4 genannten Grundstücke als Bauwerke im Sinne des § 13b Abs. 2 Nr. 4 UStG.

(2) *(aufgehoben)*

(3) [1]Eine Bauleistung muss sich unmittelbar auf die Substanz des Bauwerks auswirken, d. h. es muss eine Substanzerweiterung, Substanzverbesserung, Substanzbeseitigung oder Substanzerhaltung bewirkt werden. [2]Hierzu zählen auch Erhaltungsaufwendungen (z. B. Reparaturleistungen); vgl. hierzu aber Absatz 7 Nr. 15.

(4) [1]Werden im Rahmen eines Vertragsverhältnisses mehrere Leistungen erbracht, bei denen es sich teilweise um Bauleistungen handelt, kommt es darauf an, welche Leistung im Vordergrund steht, also der vertraglichen Beziehung das Gepräge gibt. [2]Die Leistung fällt nur dann – insgesamt – unter § 13b Abs. 2 Nr. 4 Satz 1 UStG, wenn die Bauleistung als Hauptleistung anzusehen ist. [3]Ein auf einem Gesamtvertrag beruhendes Leistungsverhältnis ist jedoch aufzuteilen, wenn hierin mehrere ihrem wirtschaftlichen Gehalt nach selbständige und von einander unabhängige Einzelleistungen zusammengefasst werden (vgl. BFH-Urteil vom 24.11.1994, V R 30/92, BStBl. 1995 II S. 151).

(5) Zu den Bauleistungen gehören insbesondere auch:

1. Der Einbau von Fenstern, Türen, Bodenbelägen, Aufzügen, Rolltreppen und Heizungsanlagen sowie die Errichtung von Dächern und Treppenhäusern;
2. [1]die Werklieferungen oder der Einbau von Ausstattungsgegenständen oder Maschinenanlagen, sofern diese sich unmittelbar auf die Substanz des Bauwerks auswirken (vgl. Absatz 3). [2]Dies ist der Fall, wenn die Ausstattungsgegenstände oder Maschinenanlagen auf Dauer in einem Gebäude oder Bauwerk installiert sind und nicht bewegt werden können, ohne das Gebäude oder Bauwerk zu zerstören oder erheblich zu verändern; Abschnitt 3a.3 Abs. 2 Satz 3 vierter Spiegelstrich Satz 2 gilt entsprechend;
3. , 4. *(aufgehoben)*
5. Erdarbeiten im Zusammenhang mit der Erstellung eines Bauwerks;
6. [1]EDV- oder Telefonanlagen, die fest mit dem Bauwerk verbunden sind, in das sie eingebaut werden. [2]Die Lieferung von Endgeräten allein ist dagegen *keine Bauleistung;*
7. die Dachbegrünung eines Bauwerks;

8.[1] der Hausanschluss durch Versorgungsunternehmen (die Hausanschlussarbeiten umfassen regelmäßig Erdarbeiten, Mauerdurchbruch, Installation der Hausanschlüsse und Verlegung der Hausanschlussleitungen vom Netz des Versorgungsunternehmens zum Hausanschluss), wenn es sich um eine eigenständige Leistung handelt;
9. [1]künstlerische Leistungen an Bauwerken, wenn sie sich unmittelbar auf die Substanz auswirken und der Künstler auch die Ausführung des Werks als eigene Leistung schuldet. [2]Stellt der Künstler lediglich Ideen oder Planungen zur Verfügung oder überwacht er die Ausführung des von einem Dritten geschuldeten Werks durch einen Unternehmer, liegt keine Bauleistung vor;
10. [1]ein Reinigungsvorgang, bei dem die zu reinigende Oberfläche verändert wird. [2]Dies gilt z. B. für eine Fassadenreinigung, bei der die Oberfläche abgeschliffen oder mit Sandstrahl bearbeitet wird;
11. Werklieferungen von Photovoltaikanlagen, die auf oder an einem Gebäude oder Bauwerk installiert werden (z. B. dachintegrierte Anlagen, Auf-Dach-Anlagen oder Fassadenmontagen) oder mit dem Grund und Boden auf Dauer fest verbunden werden (Freiland-Photovoltaikanlagen).

(6) [1]Von den Bauleistungen ausgenommen sind nach § 13b Abs. 2 Nr. 4 Satz 1 UStG ausdrücklich Planungs- und Überwachungsleistungen. [2]Hierunter fallen ausschließlich planerische Leistungen (z. B. von Statikern, Architekten, Garten- und Innenarchitekten, Vermessungs-, Prüf- und Bauingenieuren), Labordienstleistungen (z. B. chemische Analyse von Baustoffen) oder reine Leistungen zur Bauüberwachung, zur Prüfung von Bauabrechnungen und zur Durchführung von Ausschreibungen und Vergaben.

(7) Insbesondere folgende Leistungen fallen nicht unter die in § 13b Abs. 2 Nr. 4 Satz 1 UStG genannten Umsätze:

1. Materiallieferungen (z. B. durch Baustoffhändler oder Baumärkte), auch wenn der liefernde Unternehmer den Gegenstand der Lieferung im Auftrag des Leistungsempfängers herstellt, nicht aber selbst in ein Bauwerk einbaut;
2. [1]Lieferungen einzelner Maschinen, die vom liefernden Unternehmer im Auftrag des Abnehmers auf ein Fundament gestellt werden. [2]Stellt der liefernde Unternehmer das Fundament oder die Befestigungsvorrichtung allerdings vor Ort selbst her, ist nach den Grundsätzen in Absatz 4 zu entscheiden, ob es sich um eine Bauleistung handelt;
3. [1]Anliefern von Beton. [2]Wird Beton geliefert und durch Personal des liefernden Unternehmers an der entsprechenden Stelle des Bauwerks lediglich abgelassen oder in ein gesondertes Behältnis oder eine Verschalung eingefüllt, liegt eine Lieferung, aber keine Werklieferung, und somit keine Bauleistung vor. [3]Dagegen liegt eine Bauleistung vor, wenn der liefernde Unternehmer den Beton mit eigenem Personal fachgerecht verarbeitet;
4. Lieferungen von Wasser und Energie;
5. [1]Zurverfügungstellen von Betonpumpen und anderen Baugeräten. [2]Das Zurverfügungstellen von Baugeräten ist dann eine Bauleistung, wenn gleichzeitig Personal für substanzverändernde Arbeiten zur Verfügung gestellt wird.

---

[1] Vgl. hierzu BMF v. 4.2.2021, BStBl. I 2021, 312.

[3] Zu den Baugeräten gehören auch Großgeräte wie Krane oder selbstfahrende Arbeitsmaschinen. [4] Das reine Zurverfügungstellen (Vermietung) von Kranen – auch mit Personal – stellt keine Bauleistung dar. [5] Eine Bauleistung liegt auch dann nicht vor, wenn Leistungsinhalt ist, einen Kran an die Baustelle zu bringen, diesen aufzubauen und zu bedienen und nach Weisung des Anmietenden bzw. dessen Erfüllungsgehilfen Güter am Haken zu befördern. [6] Ebenso liegt keine Bauleistung vor, wenn ein Baukran mit Personal vermietet wird und die mit dem Kran bewegten Materialien vom Personal des Auftraggebers befestigt oder mit dem Bauwerk verbunden werden, da nicht vom Personal des Leistungserbringers in die Substanz des Bauwerks eingegriffen wird;

6. Aufstellen von Material- und Bürocontainern, mobilen Toilettenhäusern;
7. Entsorgung von Baumaterialien (Schuttabfuhr durch Abfuhrunternehmer);
8. Aufstellen von Messeständen;
9. Gerüstbau;
10. [1] Anlegen von Bepflanzungen und deren Pflege (z.B. Bäume, Gehölze, Blumen, Rasen) mit Ausnahme von Dachbegrünungen. [2] Nicht zu den Bauleistungen im Zusammenhang mit einem Bauwerk gehören das Anlegen von Gärten und von Wegen in Gärten, soweit dabei keine Bauwerke hergestellt, instand gesetzt, geändert oder beseitigt werden, die als Hauptleistung anzusehen sind. [3] Das Anschütten von Hügeln und Böschungen sowie das Ausheben von Gräben und Mulden zur Landschaftsgestaltung sind ebenfalls keine Bauleistungen;
11. [1] Aufhängen und Anschließen von Beleuchtungen sowie das Anschließen von Elektrogeräten. [2] Dagegen ist die Installation einer Lichtwerbeanlage und die Montage und das Anschließen von Beleuchtungssystemen, z.B. in Kaufhäusern oder Fabrikhallen, eine Bauleistung;
12. [1] als Verkehrssicherungsleistungen bezeichnete Leistungen (Auf- und Abbau, Vorhaltung, Wartung und Kontrolle von Verkehrseinrichtungen, unter anderem Absperrgeräte, Leiteinrichtungen, Blinklicht- und Lichtzeichenanlagen, Aufbringung von vorübergehenden Markierungen, Lieferung und Aufstellen von transportablen Verkehrszeichen, Einsatz von fahrbaren Absperrtafeln und die reine Vermietung von Verkehrseinrichtungen und Bauzäunen). [2] Dagegen sind das Aufbringen von Endmarkierungen (sog. Weißmarkierungen) sowie das Aufstellen von Verkehrszeichen und Verkehrseinrichtungen, die dauerhaft im öffentlichen Verkehrsraum verbleiben, Bauleistungen, wenn es sich um jeweils eigenständige Leistungen handelt;
13. die Arbeitnehmerüberlassung, auch wenn die überlassenen Arbeitnehmer für den Entleiher Bauleistungen erbringen, unabhängig davon, ob die Leistungen nach dem Arbeitnehmerüberlassungsgesetz erbracht werden oder nicht;
14. die bloße Reinigung von Räumlichkeiten oder Flächen, z.B. von Fenstern;
15.[1)] [1] Reparatur- und Wartungsarbeiten an Bauwerken oder Teilen von Bauwerken, wenn das (Netto-)Entgelt für den einzelnen Umsatz nicht mehr als 500 € beträgt. [2] Wartungsleistungen an Bauwerken oder Teilen von

[1)] Vgl. detaillierte Übersicht in der Vfg. OFD Ffm v. 10.10.2012 – S 7279 A-14-St 113, DStR 2013, 363.

Bauwerken, die einen Nettowert von 500 € übersteigen, sind nur dann als Bauleistungen zu behandeln, wenn Teile verändert, bearbeitet oder ausgetauscht werden;

16. Luftdurchlässigkeitsmessungen an Gebäuden, die für die Erfüllung von *§ 6 EnEV*[1] *und Anlage 4 zur EnEV* durchgeführt werden, da sich diese Leistungen nicht auf die Substanz eines Gebäudes auswirken;
17. [1] Bebauung von eigenen Grundstücken zum Zwecke des Verkaufs; insoweit liegt eine Lieferung und keine Werklieferung vor. [2] Dies gilt auch dann, wenn die Verträge mit den Abnehmern bereits zu einem Zeitpunkt geschlossen werden, in dem diese noch Einfluss auf die Bauausführung und Baugestaltung – unabhängig vom Umfang – nehmen können.

13b.3 Bauleistender Unternehmer als Leistungsempfänger

(1) [1] Werden Bauleistungen von einem im Inland ansässigen Unternehmer im Inland erbracht, ist der Leistungsempfänger nur dann Steuerschuldner, wenn er Unternehmer ist und selbst Bauleistungen erbringt, unabhängig davon, ob er sie für eine von ihm erbrachte Bauleistung verwendet (§ 13b Abs. 5 Satz 2 UStG). [2] Der Leistungsempfänger muss derartige Bauleistungen nachhaltig erbringen oder erbracht haben. [3] Die Steuerschuldnerschaft des Leistungsempfängers gilt deshalb vor allem nicht für Nichtunternehmer sowie für Unternehmer mit anderen als den vorgenannten Umsätzen, z. B. Baustoffhändler, die ausschließlich Baumaterial liefern, oder Unternehmer, die ausschließlich Lieferungen erbringen, die unter das GrEStG fallen.

(2) [1] Ein Unternehmer erbringt zumindest dann nachhaltig Bauleistungen, wenn er mindestens 10 % seines Weltumsatzes (Summe seiner im Inland steuerbaren und nicht steuerbaren Umsätze) als Bauleistungen erbringt. [2] Unternehmer, die Bauleistungen unterhalb dieser Grenze erbringen, sind danach grundsätzlich keine bauleistenden Unternehmer. [3] Hat der Unternehmer zunächst keine Bauleistungen ausgeführt oder nimmt er seine Tätigkeit in diesem Bereich erst auf, ist er – abweichend von Absatz 1 – auch schon vor der erstmaligen Erbringung von Bauleistungen als bauleistender Unternehmer anzusehen, wenn er nach außen erkennbar mit ersten Handlungen zur nachhaltigen Erbringung von Bauleistungen begonnen hat und die Bauleistungen voraussichtlich mehr als 10 % seines Weltumsatzes im Sinne des Satzes 1 betragen werden.

(3) [1] Es ist davon auszugehen, dass die Voraussetzung nach Absatz 2 erfüllt ist, wenn dem Unternehmer das nach den abgabenrechtlichen Vorschriften für die Besteuerung seiner Umsätze zuständige Finanzamt auf Antrag oder von Amts wegen eine im Zeitpunkt der Ausführung des Umsatzes gültige Bescheinigung nach dem Vordruckmuster USt 1 TG erteilt hat; hinsichtlich dieses Musters wird auf das BMF-Schreiben vom 5.11.2019, BStBl. I S. 1041, verwiesen. [2] Zur Erteilung dieser Bescheinigung sind die Voraussetzungen in geeigneter Weise glaubhaft zu machen. [3] Aus Vereinfachungsgründen kann auf den Weltumsatz des im Zeitpunkt der Ausstellung der Bescheinigung ab-

---

[1] Energieeinsparverordnung v. 24.7.2007, BGBl. I 2007, 1519, aufgeh. und ersetzt durch GebäudeenergieG (GEG) v. 8.8.2020, BGBl. I 2020, 1728, mWv 1.11.2020 (**Sartorius Ergänzungsband** Nr. **832a**).

gelaufenen Besteuerungszeitraums abgestellt werden, für den dem Finanzamt bereits Umsatzsteuer-Voranmeldungen bzw. Umsatzsteuererklärungen für das Kalenderjahr vorliegen. [4]In den Fällen des Absatzes 2 Satz 3 muss glaubhaft gemacht werden, dass der Umfang der ausgeführten Bauleistungen zukünftig die 10%-Grenze nach Absatz 2 Satz 1 überschreiten wird.

(4) Die Gültigkeitsdauer der Bescheinigung nach Absatz 3 Satz 1 ist auf längstens drei Jahre zu beschränken; sie kann nur mit Wirkung für die Zukunft widerrufen oder zurückgenommen werden.

(5) [1]Hat das Finanzamt dem Unternehmer eine Bescheinigung nach dem Vordruckmuster USt 1 TG ausgestellt, ist er auch dann als Leistungsempfänger Steuerschuldner, wenn er diesen Nachweis gegenüber dem leistenden Unternehmer nicht – im Original oder in Kopie – verwendet oder sich herausstellt, dass der Unternehmer tatsächlich nicht mindestens 10% seines Weltumsatzes nach Absatz 1 Satz 1 als Bauleistungen erbringt oder erbracht hat. [2]Wurde die Bescheinigung mit Wirkung für die Zukunft widerrufen oder zurückgenommen, und erbringt der Leistungsempfänger nicht nachhaltig Bauleistungen, schuldet der leistende Unternehmer dann die Steuer, wenn er hiervon Kenntnis hatte oder hätte haben können. [3]Hatte der leistende Unternehmer in diesen Fällen keine Kenntnis oder hat er keine Kenntnis haben können, wird es beim leistenden Unternehmer und beim Leistungsempfänger nicht beanstandet, wenn beide einvernehmlich von einer Steuerschuldnerschaft des Leistungsempfängers ausgehen und durch diese Handhabung keine Steuerausfälle entstehen; dies gilt dann als erfüllt, wenn der Umsatz vom Leistungsempfänger in zutreffender Höhe versteuert wird.

(6)[1)] [1]Arbeitsgemeinschaften (ARGE) sind auch dann als Leistungsempfänger Steuerschuldner, wenn sie nur eine Bauleistung als Gesamtleistung erbringen. [2]Dies gilt bereits für den Zeitraum, in dem sie noch keinen Umsatz erbracht haben. [3]Soweit Gesellschafter einer ARGE Bauleistungen an die ARGE erbringen, ist die ARGE als Leistungsempfänger Steuerschuldner. [4]Bestehen Zweifel, ob die Leistung an die ARGE eine Bauleistung ist, kann § 13b Abs. 5 Satz 8 UStG (vgl. Abschnitt 13b.8) angewendet werden.

(7)[2)] [1]Erbringt bei einem Organschaftsverhältnis nur ein Teil des Organkreises (z. B. der Organträger oder eine Organgesellschaft) nachhaltig Bauleistungen, ist der Organträger nur für die Bauleistungen Steuerschuldner, die an diesen Teil des Organkreises erbracht werden. [2]Die Absätze 1 bis 5 sind auf den jeweiligen Unternehmensteil entsprechend anzuwenden. [3]Bei der Berechnung der 10%-Grenze sind nur die Bemessungsgrundlagen der Umsätze zu berücksichtigen, die dieser Teil des Organkreises erbracht hat; nicht steuerbare Innenumsätze sind dabei unbeachtlich. [4]Die Bescheinigung nach dem Vordruckmuster USt 1 TG stellt das für den Organkreis für Zwecke der Umsatzsteuer zuständige Finanzamt für alle im Inland gelegenen Unternehmens-

---

1) A 13b.3 UStAE Abs. 6 Satz 4 Angabe geänd. durch BMF v. 23.12.2020, BStBl. I 2021, 92, anzuwenden auf nach dem 31.12.2020 ausgeführte Umsätze, mit Übergangsregelung für **nach dem 31.12.2020 und vor dem 1.4.2021** ausgeführte Leistungen, siehe Anlage 8.

2) A 13b.3 UStAE Abs. 7 Sätze 4 bis 6 angef. durch BMF v. 10.2.2021, BStBl. I 2021, 314; Satz 3 neugef. durch BMF v. 27.9.2021, BStBl. I 2021, 1856, anzuwenden in allen offenen Fällen.

teile im Sinne des Abschnitts 2.9 Abs. 3 bis 5 auf Antrag oder von Amts wegen aus. [5]Der Antrag im Sinne des Satzes 4 ist von dem Organträger zu stellen; Abschnitt 2.9 Abs. 6 und 7 gilt entsprechend. [6]Der Antrag hat folgende Informationen zu enthalten:
– Steuernummer, unter der der Organkreis im Inland für Zwecke der Umsatzsteuer geführt wird,
– Name und Anschrift des Organträgers; im Falle der Ansässigkeit des Organträgers im Ausland zusätzlich Name und Anschrift des im Inland gelegenen wirtschaftlich bedeutendsten Unternehmensteils,
– Name und Anschrift der betreffenden Organgesellschaft bzw. im Inland gelegenen Betriebsstätte,
– Steuernummer, unter der die betreffende Organgesellschaft bzw. im Inland gelegene Betriebsstätte ertragsteuerlich geführt wird,
– Bezeichnung des zuständigen Finanzamts, bei dem die betreffende Organgesellschaft bzw. im Inland gelegene Betriebsstätte ertragsteuerlich geführt wird.

(8) [1]Bauträger, die ausschließlich eigene Grundstücke zum Zwecke des Verkaufs bebauen, führen eine bloße Grundstückslieferung mit der Folge aus, dass sie für an sie erbrachte, in § 13b Abs. 2 Nr. 4 Satz 1 UStG genannte Leistungen grundsätzlich nicht Steuerschuldner nach § 13b Abs. 5 Satz 2 UStG sind; § 13b Abs. 2 Nr. 1 und Abs. 5 Satz 1 erster Halbsatz UStG sowie die Absätze 3 und 5 bleiben unberührt. [2]Dies gilt auch dann, wenn die entsprechenden Kaufverträge mit den Kunden bereits zu einem Zeitpunkt geschlossen werden, in dem der Kunde noch Einfluss auf die Bauausführung und Baugestaltung – unabhängig vom Umfang – nehmen kann, unabhängig davon, ob dieser Umsatz steuerpflichtig ist oder unter die Steuerbefreiung nach § 4 Nr. 9 Buchstabe a UStG fällt (vgl. Abschnitt 13b.2 Abs. 7 Nr. 17). [3]Bei Unternehmern (Bauträgern), die sowohl Umsätze erbringen, die unter das GrEStG fallen, als auch, z. B. als Generalunternehmer, Bauleistungen im Sinne von § 13b Abs. 2 Nr. 4 Satz 1 UStG, sind die allgemeinen Grundsätze der Absätze 1 bis 7 anzuwenden.

(9) [1]Wohnungseigentümergemeinschaften sind für Bauleistungen als Leistungsempfänger nicht Steuerschuldner, wenn diese Leistungen als nach § 4 Nr. 13 UStG steuerfreie Leistungen der Wohnungseigentümergemeinschaften an die einzelnen Wohnungseigentümer weitergegeben werden. [2]Dies gilt auch dann, wenn die Wohnungseigentümergemeinschaft derartige Umsätze nach § 9 Abs. 1 UStG als steuerpflichtig behandelt.

(10) Es ist nicht erforderlich, dass die an den Leistungsempfänger erbrachten Bauleistungen mit von ihm erbrachten Bauleistungen unmittelbar zusammenhängen.

Beispiel:
[1]Der Bauunternehmer A beauftragt den Unternehmer B mit dem Einbau einer Heizungsanlage in sein Bürogebäude. [2]A bewirkt nachhaltig Bauleistungen.
[3]Der Einbau der Heizungsanlage durch B ist eine unter § 13b Abs. 2 Nr. 4 Satz 1 und Abs. 5 Satz 2 UStG fallende Werklieferung. [4]Für diesen Umsatz ist A Steuerschuldner, da er selbst nachhaltig Bauleistungen erbringt. [5]Unbeachtlich ist, dass der von B erbrachte Umsatz nicht mit den Ausgangsumsätzen des A in unmittelbarem Zusammenhang steht.

(11) Die Steuerschuldnerschaft des Leistungsempfängers nach § 13b Abs. 2 Nr. 4 Satz 1 UStG ist von Personengesellschaften (z. B. KG, GbR) und Ka-

pitalgesellschaften (AG, GmbH) nicht anzuwenden, wenn ein Unternehmer eine Bauleistung für den privaten Bereich eines (Mit-)Gesellschafters oder Anteilseigners erbringt, da es sich hierbei um unterschiedliche Personen handelt.

(12)[1] [1]Erfüllt der Leistungsempfänger die Voraussetzungen des § 13b Abs. 5 Satz 2 UStG, ist er auch dann Steuerschuldner, wenn die Leistung für den nichtunternehmerischen Bereich erbracht wird (§ 13b Abs. 5 Satz 7 UStG). [2]Ausgenommen hiervon sind Bauleistungen, die ausschließlich an den nichtunternehmerischen Bereich von juristischen Personen des öffentlichen Rechts erbracht werden, auch wenn diese im Rahmen von Betrieben gewerblicher Art unternehmerisch tätig sind und nachhaltig Bauleistungen erbringen (vgl. § 13b Abs. 5 Satz 11 UStG). [3]Absatz 1 ist auf den jeweiligen Betrieb gewerblicher Art einer juristischen Person des öffentlichen Rechts entsprechend anzuwenden, der Bauleistungen erbringt.

(13) Erbringt ein Unternehmer eine Leistung, die keine Bauleistung ist, und bezeichnet er sie dennoch in der Rechnung als Bauleistung, ist der Leistungsempfänger für diesen Umsatz nicht Steuerschuldner nach § 13b Abs. 5 UStG.

13b.3a Lieferungen von Gas, Elektrizität, Wärme oder Kälte

(1) [1]Die Steuerschuldnerschaft des Leistungsempfängers nach § 13b Abs. 2 Nr. 5 Buchstabe a in Verbindung mit Abs. 5 Satz 1 zweiter Halbsatz UStG gilt für Lieferungen von Gas über das Erdgasnetz, von Elektrizität sowie von Wärme und Kälte über ein Wärme- oder Kältenetz durch einen im Ausland ansässigen Unternehmer an einen anderen Unternehmer unter den Bedingungen des § 3g UStG. [2]Zu den Bedingungen nach § 3g UStG vgl. Abschnitt 3g.1 Abs. 1 bis 3.

(2) [1]Bei Lieferungen von Gas über das Erdgasnetz durch einen im Inland ansässigen Unternehmer ist der Leistungsempfänger Steuerschuldner nach § 13b Abs. 2 Nr. 5 Buchstabe b in Verbindung mit Abs. 5 Satz 3 UStG, wenn er ein Wiedereinkäufer von Erdgas im Sinne des § 3g UStG ist. [2]Bei Lieferungen von Elektrizität durch einen im Inland ansässigen Unternehmer ist der Leistungsempfänger Steuerschuldner nach § 13b Abs. 2 Nr. 5 Buchstabe b in Verbindung mit Abs. 5 Satz 4 UStG, wenn er und der liefernde Unternehmer Wiederverkäufer von Elektrizität im Sinne des § 3g Abs. 1 UStG sind. [3]Betreiber von dezentralen Stromgewinnungsanlagen (z. B. Photovoltaik- bzw. Windkraftanlagen, Biogas-Blockheizkraftwerke) sind regelmäßig keine Wiederverkäufer von Elektrizität im Sinne des § 3g UStG (vgl. Abschnitt 2.5 Abs. 3), wenn sie ausschließlich selbsterzeugte Elektrizität liefern. [4]Zum Begriff des Wiederverkäufers von Erdgas oder Elektrizität im Sinne des § 3g Abs. 1 UStG vgl. Abschnitt 3g.1 Abs. 2 und 3. [5]Es ist davon auszugehen, dass ein Unternehmer Wiederverkäufer von Erdgas oder Elektrizität ist, wenn er einen im Zeitpunkt der Ausführung des Umsatzes gültigen Nachweis nach dem Vordruckmuster USt 1 TH im Original oder in Kopie vorlegt; hinsichtlich dieses

[1] A 13b.3 UStAE Abs. 12 Sätze 1 und 2 Klammerzusatz geänd. durch BMF v. 23.12.2020, *BStBl. I 2021, 92,* anzuwenden auf nach dem 31.12.2020 ausgeführte Umsätze, mit Übergangsregelung für **nach dem 31.12.2020 und vor dem 1.4.2021** ausgeführte Leistungen, siehe Anlage 8.

Musters wird auf das BMF-Schreiben vom 5.11.2019, BStBl. I S. 1041, verwiesen. [6]Verwendet bei der Lieferung von Erdgas der Leistungsempfänger einen Nachweis nach dem Vordruckmuster USt 1 TH, ist er Steuerschuldner, auch wenn er im Zeitpunkt der Lieferung tatsächlich kein Wiederverkäufer von Erdgas im Sinne des § 3g UStG ist; dies gilt nicht, wenn der Leistungsempfänger einen gefälschten Nachweis nach dem Vordruckmuster USt 1 TH verwendet hat und der Vertragspartner hiervon Kenntnis hatte. [7]Bei der Lieferung von Elektrizität gilt dies entsprechend für die Verwendung eines Nachweises nach dem Vordruckmuster USt 1 TH durch den leistenden Unternehmer und/oder den Leistungsempfänger.

(3)[1)] [1]Erfüllt bei einem Organschaftsverhältnis nur ein Teil des Organkreises (z. B. der Organträger oder eine Organgesellschaft) die Voraussetzung als Wiederverkäufer nach § 3g Abs. 1 UStG, ist für Zwecke der Anwendung der Steuerschuldnerschaft des Leistungsempfängers nach § 13b Abs. 2 Nr. 5 Buchstabe b und Abs. 5 Satz 3 und 4 UStG nur dieser Teil des Organkreises als Wiederverkäufer anzusehen. [2]Absatz 2 und Abschnitt 3g.1 Abs. 2 und 3 sind insoweit nur auf den jeweiligen Unternehmensteil anzuwenden; nicht steuerbare Innenumsätze sind bei der Ermittlung der Wiederverkäufereigenschaft unbeachtlich. [3]Die Bescheinigung nach dem Vordruckmuster USt 1 TH stellt das für den Organkreis für Zwecke der Umsatzsteuer zuständige Finanzamt für alle im Inland gelegenen Unternehmensteile im Sinne des Abschnitts 2.9 Abs. 3 bis 5 auf Antrag aus. [4]Der Antrag im Sinne des Satzes 3 ist von dem Organträger zu stellen; Abschnitt 2.9 Abs. 6 und 7 sowie Abschnitt 13b.3 Abs. 7 Satz 6 gelten entsprechend.

(4)[2)] [1]Erfüllen der leistende Unternehmer und der Leistungsempfänger die Voraussetzungen des § 13b Abs. 5 Satz 3 und 4 UStG, ist der Leistungsempfänger auch dann Steuerschuldner, wenn die Leistung für den nichtunternehmerischen Bereich erbracht wird (§ 13b Abs. 5 Satz 7 UStG). [2]Ausgenommen hiervon sind die Lieferungen von Erdgas und Elektrizität, die ausschließlich an den nichtunternehmerischen Bereich von juristischen Personen des öffentlichen Rechts erbracht werden, auch wenn diese im Rahmen von Betrieben gewerblicher Art als Wiederverkäufer von Erdgas bzw. Elektrizität im Sinne von § 3g Abs. 1 UStG unternehmerisch tätig sind (vgl. § 13b Abs. 5 Satz 11 UStG). [3]Absatz 2 ist auf den jeweiligen Betrieb gewerblicher Art einer juristischen Person des öffentlichen Rechts entsprechend anzuwenden, der Wiederverkäufer von Erdgas bzw. Elektrizität im Sinne von § 3g Abs. 1 UStG ist.

(4a) Der Ausgleich von Mehr- bzw. Mindermengen Gas stellt eine Lieferung dar (vgl. Abschnitt 1.7 Abs. 5).

[1)] A 13b.3a UStAE Abs. 3 Sätze 3 u. 4 angef. durch BMF v. 10.2.2021, BStBl. I 2021, 314; Satz 2 neugef. durch BMF v. 27.9.2021, BStBl. I 2021, 1856, anzuwenden in allen offenen Fällen.

[2)] A 13b.3a UStAE Abs. 4 Sätze 1 und 2 Klammerzusatz geänd. durch BMF v. 23.12.2020, BStBl. I 2021, 92, anzuwenden auf nach dem 31.12.2020 ausgeführte Umsätze, mit Übergangsregelung für **nach dem 31.12.2020 und vor dem 1.4.2021** ausgeführte Leistungen, siehe Anlage 8.

(5) Lieferungen von Elektrizität sind auch:

1. Die Lieferung von Elektrizität aus dezentralen Stromgewinnungsanlagen durch Verteilernetzbetreiber und Übertragungsnetzbetreiber zum Zweck der Vermarktung an der Strombörse EEX.
2. [1] Die Energiebeschaffung zur Deckung von Netzverlusten. [2] Hierbei handelt es sich um physische Beschaffungsgeschäfte durch Netzbetreiber zur Deckung des Bedarfes an Netzverlustenergie.
3. [1] Der horizontale Belastungsausgleich der Übertragungsnetzbetreiber (nur Anteil physischer Ausgleich). [2] Hierbei handelt es sich um den physikalischen Ausgleich der Elektrizitätsmengen zwischen den einzelnen Regelzonen im Übertragungsnetz untereinander.
4. Die Regelenergielieferung (positiver Preis), das ist der Energiefluss zum Ausgleich des Bedarfs an Regelenergie und damit eine physische Elektrizitätslieferung.
5. Ausgleich von Mehr- bzw. Mindermengen Strom (vgl. Abschnitt 1.7 Abs. 6).

(6) Keine Lieferungen von Elektrizität sind:

1. [1] Der Bilanzkreis- und Regelzonenausgleich sowie die Bilanzkreisabrechnung. [2] Dabei handelt es sich um die Verteilung der Kosten des Regelenergieeinsatzes beim Übertragungsnetzbetreiber auf alle Bilanzkreisverantwortlichen (z.B. Händler, Lieferanten) im Rahmen der Bilanzkreisabrechnung. [3] Leistungserbringer dieser sonstigen Leistung ist stets der Übertragungsnetzbetreiber, wobei sich im Rahmen der Verteilung auf die einzelnen Bilanzkreise infolge der energetischen Über- und Unterdeckungen der Bilanzkreise positive bzw. negative (finanzielle) Abrechnungsergebnisse ergeben (vgl. auch Abschnitt 1.7 Abs. 1 Satz 1).
2. Die Netznutzung in Form der Bereitstellung und Vorhaltung des Netzes bzw. des Netzzugangs durch den Netzbetreiber (Verteilernetzbetreiber bzw. Übertragungsnetzbetreiber) gegenüber seinen Netzkunden.
3. [1] Die Regelleistung (primär, sekundär, Minutenreserve – Anteil Leistungsvorhaltung). [2] Hierbei handelt es sich um eine sonstige Leistung, die in der Bereitschaft zur Bereitstellung von Regelleistungskapazität zur Aufrechterhaltung der Systemstabilität des elektrischen Systems (Stromnetz) besteht.
4. [1] Die Regelenergielieferung (negativer Preis), bei der ein Energieversorger seine am Markt nicht mehr zu einem positiven Kaufpreis veräußerbare überschüssige Elektrizität in Verbindung mit einer Zuzahlung abgibt, um sich eigene Aufwendungen für das Zurückfahren der eigenen Produktionsanlagen zu ersparen. [2] Hier liegt keine Lieferung von Elektrizität vor, sondern eine sonstige Leistung des Abnehmers (vgl. auch Abschnitt 1.7 Abs. 1 Satz 3).

13b.4 Lieferungen von Industrieschrott, Altmetallen und sonstigen Abfallstoffen

(1) [1] Zu den in der Anlage 3 des UStG bezeichneten Gegenständen gehören:

1. [1] Unter Nummer 1 der Anlage 3 des UStG fallen nur granulierte Schlacken (Schlackensand) aus der Eisen- und Stahlherstellung im Sinne der

Unterposition 2618 00 00 des Zolltarifs. [2]Hierzu gehört granulierte Schlacke (Schlackensand), die zum Beispiel durch rasches Eingießen flüssiger, aus dem Hochofen kommender Schlacken in Wasser gewonnen wird. [3]Nicht hierzu gehören dagegen mit Dampf oder Druckluft hergestellte Schlackenwolle sowie Schaumschlacke, die man erhält, wenn man schmelzflüssiger Schlacke etwas Wasser zusetzt, und Schlackenzement.

2. [1]Unter Nummer 2 der Anlage 3 des UStG fallen nur Schlacken (ausgenommen granulierte Schlacke), Zunder und andere Abfälle der Eisen- und Stahlherstellung im Sinne der Unterposition 2619 00 des Zolltarifs. [2]Die hierzu gehörenden Schlacken bestehen entweder aus Aluminium- oder Calciumsilicaten, die beim Schmelzen von Eisenerz (Hochofenschlacke), beim Raffinieren von Roheisen oder bei der Stahlherstellung (Konverterschlacke) entstehen. [3]Diese Schlacken gehören auch dann hierzu, wenn ihr Eisenanteil zur Wiedergewinnung des Metalls ausreicht. [4]Außerdem gehören Hochofenstaub und andere Abfälle oder Rückstände der Eisen- oder Stahlherstellung hierzu, sofern sie nicht bereits von Nummer 8 der Anlage 3 des UStG (vgl. nachfolgende Nummer 8) umfasst sind. [5]Nicht hierzu gehören dagegen phosphorhaltige Schlacken (Thomasphosphat-Schlacke). [6]Bei der Lieferung von nach der Düngemittelverordnung hergestellten Konverter- und Hüttenkalken wird es aus Vereinfachungsgründen nicht beanstandet, wenn die Unternehmer übereinstimmend § 13a Abs. 1 Nr. 1 UStG angewendet haben und der Umsatz in zutreffender Höhe versteuert wurde.

3. [1]Unter Nummer 3 der Anlage 3 des UStG fallen nur Schlacken, Aschen und Rückstände (ausgenommen solche der Eisen- und Stahlherstellung), die Metalle, Arsen oder deren Verbindungen enthalten, im Sinne der Position 2620 des Zolltarifs. [2]Hierzu gehören Schlacken, Aschen und Rückstände (andere als solche der Nummern 1, 2 und 7 der Anlage 3 des UStG, vgl. Nummern 1, 2 und 7), die Arsen und Arsenverbindungen (auch Metalle enthaltend), Metalle oder deren Verbindungen enthalten und die eine Beschaffenheit aufweisen, wie sie zum Gewinnen von Arsen oder Metall oder zum Herstellen von Metallverbindungen verwendet werden. [3]Derartige Schlacken, Aschen und Rückstände fallen bei der Aufarbeitung von Erzen oder von metallurgischen Zwischenerzeugnissen (z. B. Matten) an oder stammen aus elektrolytischen, chemischen oder anderen industriellen Verfahren, die keine mechanischen Bearbeitungen einschließen. [4]Nicht hierzu gehören Aschen und Rückstände vom Verbrennen von Siedlungsabfällen, Schlämme aus Lagertanks für Erdöl (überwiegend aus solchen Ölen bestehend), chemisch einheitliche Verbindungen sowie Zinkstaub, der durch Kondensation von Zinkdämpfen gewonnen wird.

4. [1]Unter Nummer 4 der Anlage 3 des UStG fallen nur Abfälle, Schnitzel und Bruch von Kunststoffen der Position 3915 des Zolltarifs. [2]Diese Waren können entweder aus zerbrochenen oder gebrauchten Kunststoffwaren, die in diesem Zustand eindeutig für den ursprünglichen Verwendungszweck unbrauchbar sind, bestehen oder es sind Bearbeitungsabfälle (Späne, Schnitzel, Bruch usw.). [3]Gewisse Abfälle können als Formmasse, Lackrohstoffe, Füllstoffe usw. wieder verwendet werden. [4]Außerdem gehö-

ren hierzu Abfälle, Schnitzel und Bruch aus einem einzigen duroplastischen Stoff oder aus Mischungen von zwei oder mehr thermoplastischen Stoffen, auch wenn sie in Primärformen umgewandelt worden sind. [5]Hierunter fallen auch Styropor sowie gebrauchte (leere) Tonerkartuschen und Tintenpatronen, soweit diese nicht von Position 8443 des Zolltarifs erfasst sind. [6]Nicht hierzu gehören jedoch Abfälle, Schnitzel und Bruch aus einem einzigen thermoplastischen Stoff, in Primärformen umgewandelt.

5. [1]Unter Nummer 5 der Anlage 3 des UStG fallen nur Abfälle, Bruch und Schnitzel von Weichkautschuk, auch zu Pulver oder Granulat zerkleinert, der Unterposition 4004 00 00 des Zolltarifs. [2]Hierzu gehören auch zum Runderneuern ungeeignete gebrauchte Reifen sowie Granulate daraus. [3]Nicht dazu gehören zum Runderneuern geeignete gebrauchte Reifen sowie Abfälle, Bruch, Schnitzel, Pulver und Granulat aus Hartkautschuk.
6. [1]Unter Nummer 6 der Anlage 3 des UStG fallen nur Bruchglas und andere Abfälle und Scherben von Glas der Unterposition 7001 00 10 des Zolltarifs. [2]Der Begriff „Bruchglas" bezeichnet zerbrochenes Glas zur Wiederverwertung bei der Glasherstellung.
7. [1]Unter Nummer 7 der Anlage 3 des UStG fallen nur Abfälle und Schrott von Edelmetallen oder Edelmetallplattierungen sowie andere Abfälle und Schrott, Edelmetalle oder Edelmetallverbindungen enthaltend, von der hauptsächlich zur Wiedergewinnung von Edelmetallen verwendeten Art, im Sinne der Position 7112 des Zolltarifs. [2]Hierzu gehören Abfälle und Schrott, die Edelmetalle enthalten und ausschließlich zur Wiedergewinnung des Edelmetalls oder als Base zur Herstellung chemischer Erzeugnisse geeignet sind. [3]Hierher gehören auch Abfälle und Schrott aller Materialien, die Edelmetalle oder Edelmetallverbindungen von der hauptsächlich zur Wiedergewinnung von Edelmetallen verwendeten Art enthalten. [4]Hierunter fallen ebenfalls durch Zerbrechen, Zerschlagen oder Abnutzung für ihren ursprünglichen Verwendungszweck unbrauchbar gewordene alte Waren (Tischgeräte, Gold- und Silberschmiedewaren, Katalysatoren in Form von Metallgeweben usw.); ausgenommen sind daher Waren, die – mit oder ohne Reparatur oder Aufarbeiten – für ihren ursprünglichen Zweck brauchbar sind oder – ohne Anwendung eines Verfahrens zum Wiedergewinnen des Edelmetalls – zu anderen Zwecken gebraucht werden können. [5]Eingeschmolzener und zu Rohblöcken, Masseln oder ähnlichen Formen gegossener Abfall und Schrott von Edelmetallen ist als unbearbeitetes Metall einzureihen und fällt deshalb nicht unter Nummer 7 der Anlage 3 des UStG, sondern unter Nummer 1 oder 2 der Anlage 4 des UStG (vgl. § 13b Abs. 2 Nr. 11 UStG und Abschnitt 13b.7a Abs. 1 Satz 1 Nr. 1 und 2). [6]Sofern es sich um Gold handelt, kann auch § 13b Abs. 2 Nr. 9 UStG in Betracht kommen (vgl. Abschnitt 13b.6).
8. [1]Unter Nummer 8 der Anlage 3 des UStG fallen nur Abfälle und Schrott aus Eisen oder Stahl sowie Abfallblöcke aus Eisen oder Stahl der Position 7204 des Zolltarifs. [2]Hierzu gehören Abfälle und Schrott, die beim Herstellen oder beim Be- und Verarbeiten von Eisen oder Stahl anfallen, und Waren aus Eisen oder Stahl, die durch Bruch, Verschnitt, Verschleiß oder aus anderen Gründen als solche endgültig unbrauchbar sind. [3]Als Abfallblöcke

aus Eisen oder Stahl gelten grob in Masseln oder Rohblöcke ohne Gießköpfe gegossene Erzeugnisse mit deutlich sichtbaren Oberflächenfehlern, die hinsichtlich ihrer chemischen Zusammensetzung nicht den Begriffsbestimmungen für Roheisen, Spiegeleisen oder Ferrolegierungen entsprechen. [4] Hinsichtlich der Lieferung von Roheisen, Spiegeleisen und massiven stranggegossenen, nur vorgewalzten oder vorgeschmiedeten Erzeugnissen aus Eisen oder Stahl vgl. Abschnitt 13b.7a Abs. 1 Satz 1 Nr. 3.

9. [1] Unter Nummer 9 der Anlage 3 des UStG fallen nur Abfälle und Schrott aus Kupfer der Position 7404 des Zolltarifs. [2] Hierzu gehören Abfälle und Schrott, die beim Herstellen oder beim Be- und Verarbeiten von Kupfer anfallen, und Waren aus Kupfer, die durch Bruch, Verschnitt, Verschleiß oder aus anderen Gründen als solche endgültig unbrauchbar sind. [3] Außerdem gehört hierzu der beim Ziehen von Kupfer entstehende Schlamm, der hauptsächlich aus Kupferpulver besteht, das mit den beim Ziehvorgang verwendeten Schmiermitteln vermischt ist. [4] Hinsichtlich der Lieferung von Kupfer vgl. Abschnitt 13b.7a Abs. 1 Satz 1 Nr. 4.
10. [1] Unter Nummer 10 der Anlage 3 des UStG fallen nur Abfälle und Schrott aus Nickel der Position 7503 des Zolltarifs. [2] Hierzu gehören Abfälle und Schrott, die beim Herstellen oder beim Be- und Verarbeiten von Nickel anfallen, und Waren aus Nickel, die durch Bruch, Verschnitt, Verschleiß oder aus anderen Gründen als solche endgültig unbrauchbar sind. [3] Hinsichtlich der Lieferung von Nickel vgl. Abschnitt 13b.7a Abs. 1 Satz 1 Nr. 5.
11. [1] Unter Nummer 11 der Anlage 3 des UStG fallen nur Abfälle und Schrott aus Aluminium der Position 7602 des Zolltarifs. [2] Hierzu gehören Abfälle und Schrott, die beim Herstellen oder beim Be- und Verarbeiten von Aluminium anfallen, und Waren aus Aluminium, die durch Bruch, Verschnitt, Verschleiß oder aus anderen Gründen als solche endgültig unbrauchbar sind. [3] Hinsichtlich der Lieferung von Aluminium vgl. Abschnitt 13b.7a Abs. 1 Satz 1 Nr. 6.
12. [1] Unter Nummer 12 der Anlage 3 des UStG fallen nur Abfälle und Schrott aus Blei der Position 7802 des Zolltarifs. [2] Hierzu gehören Abfälle und Schrott, die beim Herstellen oder beim Be- und Verarbeiten von Blei anfallen, und Waren aus Blei, die durch Bruch, Verschnitt, Verschleiß oder aus anderen Gründen als solche endgültig unbrauchbar sind. [3] Hinsichtlich der Lieferung von Blei vgl. Abschnitt 13b.7a Abs. 1 Satz 1 Nr. 7.
13. [1] Unter Nummer 13 der Anlage 3 des UStG fallen nur Abfälle und Schrott aus Zink der Position 7902 des Zolltarifs. [2] Hierzu gehören Abfälle und Schrott, die beim Herstellen oder beim Be- und Verarbeiten von Zink anfallen, und Waren aus Zink, die durch Bruch, Verschnitt, Verschleiß oder aus anderen Gründen als solche endgültig unbrauchbar sind. [3] Hinsichtlich der Lieferung von Zink vgl. Abschnitt 13b.7a Abs. 1 Satz 1 Nr. 8.
14. [1] Unter Nummer 14 der Anlage 3 des UStG fallen nur Abfälle und Schrott aus Zinn der Position 8002 des Zolltarifs. [2] Hierzu gehören Abfälle und Schrott, die beim Herstellen oder beim Be- und Verarbeiten von Zinn anfallen, und Waren aus Zinn, die durch Bruch, Verschnitt, Verschleiß oder aus anderen Gründen als solche endgültig unbrauchbar sind. [3] Hinsichtlich der Lieferung von Zinn vgl. Abschnitt 13b.7a Abs. 1 Satz 1 Nr. 9.

15. [1]Unter Nummer 15 der Anlage 3 des UStG fallen nur Abfälle und Schrott der in den Positionen 8101 bis 8113 des Zolltarifs genannten anderen unedlen Metallen. [2]Hierzu gehören Abfälle und Schrott, die beim Herstellen oder beim Be- und Verarbeiten der genannten unedlen Metalle anfallen, sowie Waren aus diesen unedlen Metallen, die durch Bruch, Verschnitt, Verschleiß oder aus anderen Gründen als solche endgültig unbrauchbar sind. [3]Zu den unedlen Metallen zählen hierbei Wolfram, Molybdän, Tantal, Magnesium, Cobalt, Bismut (Wismut), Cadmium, Titan, Zirconium, Antimon, Mangan, Beryllium, Chrom, Germanium, Vanadium, Gallium, Hafnium, Indium, Niob (Columbium), Rhenium, Thallium und Cermet. [4]Hinsichtlich der Lieferung der vorgenannten unedlen Metalle vgl. Abschnitt 13b.7a Abs. 1 Satz 1 Nr. 10 und 11.
16. [1]Unter Nummer 16 der Anlage 3 des UStG fallen nur Abfälle und Schrott von elektrischen Primärelementen, Primärbatterien und Akkumulatoren; ausgebrauchte elektrische Primärelemente, Primärbatterien und Akkumulatoren im Sinne der Unterposition 8548 10 des Zolltarifs. [2]Diese Erzeugnisse sind im Allgemeinen als Fabrikationsabfälle erkennbar, oder sie bestehen entweder aus elektrischen Primärelementen, Primärbatterien oder Akkumulatoren, die durch Bruch, Zerstörung, Abnutzung oder aus anderen Gründen als solche nicht mehr verwendet werden können oder nicht wiederaufladbar sind, oder aus Schrott davon. [3]Ausgebrauchte elektrische Primärelemente und Akkumulatoren dienen im Allgemeinen zur Rückgewinnung von Metallen (Blei, Nickel, Cadmium usw.), Metallverbindungen oder Schlacken. [4]Unter Nummer 16 der Anlage 3 des UStG fallen insbesondere nicht mehr gebrauchsfähige Batterien und nicht mehr aufladbare Akkus.

[2]Bestehen Zweifel, ob ein Gegenstand unter die Anlage 3 des UStG fällt, haben der Lieferer und der Abnehmer die Möglichkeit, bei dem zuständigen Bildungs- und Wissenschaftszentrum der Bundesfinanzverwaltung eine unverbindliche Zolltarifauskunft für Umsatzsteuerzwecke (uvZTA) mit dem Vordruckmuster 0310 einzuholen. [3]Das Vordruckmuster mit Hinweisen zu den Zuständigkeiten für die Erteilung von uvZTA steht auf den Internetseiten der Zollabteilung des Bundesministeriums der Finanzen (http://www.zoll.de) unter der Rubrik Formulare und Merkblätter zum Ausfüllen und Herunterladen bereit. [4]UvZTA können auch von den Landesfinanzbehörden (z. B. den Finanzämtern) beantragt werden.

(2) [1]Werden sowohl Gegenstände geliefert, die unter die Anlage 3 des UStG fallen, als auch Gegenstände, die nicht unter die Anlage 3 des UStG fallen, ergeben sich unterschiedliche Steuerschuldner. [2]Dies ist auch bei der Rechnungsstellung zu beachten.

Beispiel 1:

[1]Der in München ansässige Aluminiumhersteller U liefert Schlackenzement und Schlackensand in zwei getrennten Partien an den auf Landschafts-, Tief- und Straßenbau spezialisierten Unternehmer B in Köln.

[2]Es liegen zwei Lieferungen vor. [3]Die Umsatzsteuer für die Lieferung des Schlackenzements wird vom leistenden Unternehmer U geschuldet (§ 13a Abs. 1 Nr. 1 UStG), da Schlackenzement in der Anlage 3 des UStG nicht aufgeführt ist (insbesondere fällt Schlackenzement nicht unter die Nummer 1 der Anlage 3 des UStG).

[4] Für die Lieferung des Schlackensands schuldet der Empfänger B die Umsatzsteuer (§ 13b Abs. 5 Satz 1 in Verbindung mit Abs. 2 Nr. 7 UStG).
[5] In der Rechnung ist hinsichtlich des gelieferten Schlackenzements u. a. das Entgelt sowie die hierauf entfallende Umsatzsteuer gesondert auszuweisen (§ 14 Abs. 4 Satz 1 Nr. 7 und 8 UStG). [6] Hinsichtlich des gelieferten Schlackensands ist eine Steuer nicht gesondert auszuweisen (§ 14a Abs. 5 Satz 2 UStG). [7] U ist zur Ausstellung einer Rechnung mit der Angabe „Steuerschuldnerschaft des Leistungsempfängers" verpflichtet (§ 14a Abs. 5 Satz 1 UStG).

[3] Erfolgt die Lieferung von Gegenständen der Anlage 3 des UStG im Rahmen eines Tauschs oder eines tauschähnlichen Umsatzes, gilt als Entgelt für jede einzelne Leistung der Wert der vom Leistungsempfänger erhaltenen Gegenleistung, beim Tausch oder tauschähnlichen Umsatz mit Baraufgabe ggf. abzüglich bzw. zuzüglich einer Baraufgabe (vgl. Abschnitt 10.5 Abs. 1 Sätze 5 bis 9). [4] Zum Entgelt bei Werkleistungen, bei denen zum Entgelt neben der vereinbarten Barvergütung auch der bei der Werkleistung anfallende Materialabfall gehört, vgl. Abschnitt 10.5 Abs. 2.

Beispiel 2:

[1] Der Metallverarbeitungsbetrieb B stellt Spezialmuttern für das Maschinenbauunternehmen M im Werklohn her. [2] Der erforderliche Stahl wird von M gestellt. [3] Dabei wird für jeden Auftrag gesondert festgelegt, aus welcher Menge Stahl welche Menge Muttern herzustellen ist. [4] Der anfallende Schrott verbleibt bei B und wird auf den Werklohn angerechnet.
[5] Es liegt ein tauschähnlicher Umsatz vor, bei dem die Gegenleistung für die Herstellung der Muttern in der Lieferung des Stahlschrotts zuzüglich der Barausgabe besteht (vgl. Abschnitt 10.5 Abs. 2 Sätze 1 und 8). [6] Neben der Umsatzsteuer für das Herstellen der Spezialmuttern (§ 13a Abs. 1 Nr. 1 UStG) schuldet B als Leistungsempfänger auch die Umsatzsteuer für die Lieferung des Stahlschrotts (§ 13b Abs. 5 Satz 1 in Verbindung mit Abs. 2 Nr. 7 UStG).

[5] Zur Bemessungsgrundlage bei tauschähnlichen Umsätzen bei der Abgabe von werthaltigen Abfällen, für die gesetzliche Entsorgungspflichten bestehen, vgl. Abschnitt 10.5 Abs. 2 Satz 9.

(3)[1)] [1] Werden Mischungen oder Warenzusammensetzungen geliefert, die sowohl aus in der Anlage 3 des UStG bezeichneten als auch dort nicht genannten Gegenständen bestehen, sind die Bestandteile grundsätzlich getrennt zu beurteilen. [2] Ist eine getrennte Beurteilung nicht möglich, werden Waren nach Satz 1 nach dem Stoff oder Bestandteil beurteilt, der ihnen ihren wesentlichen Charakter verleiht; die Steuerschuldnerschaft des Leistungsempfängers nach § 13b Abs. 2 Nr. 7 UStG ist demnach auf Lieferungen von Gegenständen anzuwenden, sofern der Stoff oder der Bestandteil, der den Gegenständen ihren wesentlichen Charakter verleiht, in der Anlage 3 des UStG bezeichnet ist; § 13b Abs. 5 Satz 8 UStG und Abschnitt 13b.8 bleibt unberührt. [3] Bei durch Bruch, Verschleiß oder aus ähnlichen Gründen nicht mehr gebrauchsfähigen Maschinen, Elektro- und Elektronikgeräten und Heizkesseln und Fahrzeugwracks ist aus Vereinfachungsgründen davon auszugehen, dass sie unter die Steuerschuldnerschaft des Leistungsempfängers nach § 13b Abs. 2 Nr. 7 UStG fallen; dies gilt auch für Gegenstände, für die es eine eigene Zolltarifposition gibt. [4] Unterliegt die Lieferung unbrauchbar gewordener landwirtschaftlicher

---

1) A 13b.4 UStAE Abs. 3 Satz 2 Hs. 3 geänd. durch BMF v. 23.12.2020, BStBl. I 2021, 92, anzuwenden auf nach dem 31.12.2020 ausgeführte Umsätze, mit Übergangsregelung für **nach dem 31.12.2020 und vor dem 1.4.2021** ausgeführte Leistungen, siehe Anlage 8.

Geräte der Durchschnittssatzbesteuerung nach § 24 UStG (vgl. Abschnitt 24.2 Abs. 6), findet § 13b Abs. 2 Nr. 7 UStG keine Anwendung.

(4)[1)] [1]Erfüllt der Leistungsempfänger die Voraussetzungen des § 13b Abs. 5 Satz 1 zweiter Halbsatz UStG, ist er auch dann Steuerschuldner, wenn die Leistung für den nichtunternehmerischen Bereich erbracht wird (§ 13b Abs. 5 Satz 7 UStG). [2]Ausgenommen hiervon sind Lieferungen der in der Anlage 3 des UStG bezeichneten Gegenstände, die ausschließlich an den nichtunternehmerischen Bereich von juristischen Personen des öffentlichen Rechts erbracht werden, auch wenn diese im Rahmen von Betrieben gewerblicher Art unternehmerisch tätig sind (vgl. § 13b Abs. 5 Satz 11 UStG).

13b.5 Reinigung von Gebäuden und Gebäudeteilen

(1) [1]Zu den Gebäuden gehören Baulichkeiten, die auf Dauer fest mit dem Grundstück verbunden sind. [2]Zu den Gebäudeteilen zählen insbesondere Stockwerke, Wohnungen und einzelne Räume. [3]Nicht zu den Gebäuden oder Gebäudeteilen gehören Baulichkeiten, die nur zu einem vorübergehenden Zweck mit dem Grund und Boden verbunden und daher keine Bestandteile eines Grundstücks sind, insbesondere Büro- oder Wohncontainer, Baubuden, Kioske, Tribünen oder ähnliche Einrichtungen.

(2) Unter die Reinigung von Gebäuden und Gebäudeteilen fällt insbesondere:

1. Die Reinigung sowie die pflegende und schützende (Nach-)Behandlung von Gebäuden und Gebäudeteilen (innen und außen);
2. [1]die Hausfassadenreinigung (einschließlich Graffitientfernung). [2]Dies gilt nicht für Reinigungsarbeiten, die bereits unter § 13b Abs. 2 Nr. 4 Satz 1 UStG fallen (vgl. Abschnitt 13b.2 Abs. 5 Nr. 10);
3. die Fensterreinigung;
4. die Reinigung von Dachrinnen und Fallrohren;
5. die Bauendreinigung;
6. die Reinigung von haustechnischen Anlagen, soweit es sich nicht um Wartungsarbeiten handelt;
7. die Hausmeisterdienste und die Objektbetreuung, wenn sie auch Gebäudereinigungsleistungen beinhalten.

(3) Insbesondere folgende Leistungen fallen nicht unter die in § 13b Abs. 2 Nr. 8 Satz 1 UStG genannten Umsätze:

1. Die Schornsteinreinigung;
2. die Schädlingsbekämpfung;
3. der Winterdienst, soweit es sich um eine eigenständige Leistung handelt;
4. die Reinigung von Inventar, wie Möbel, Teppiche, Matratzen, Bettwäsche, Gardinen und Vorhänge, Geschirr, Jalousien und Bilder, soweit es sich um eine eigenständige Leistung handelt;

---

1) A 13b.4 UStAE Abs. 4 Sätze 1 und 2 Klammerzusatz geänd. durch BMF v. 23.12.2020, *BStBl. I 2021, 92*, anzuwenden auf nach dem 31.12.2020 ausgeführte Umsätze, mit Übergangsregelung für **nach dem 31.12.2020 und vor dem 1.4.2021** ausgeführte Leistungen, siehe Anlage 8.

5. die Arbeitnehmerüberlassung, auch wenn die überlassenen Arbeitnehmer für den Entleiher Gebäudereinigungsleistungen erbringen, unabhängig davon, ob die Leistungen nach dem Arbeitnehmerüberlassungsgesetz erbracht werden oder nicht.

(4) [1]Werden Gebäudereinigungsleistungen von einem im Inland ansässigen Unternehmer im Inland erbracht, ist der Leistungsempfänger nur dann Steuerschuldner, wenn er Unternehmer ist und selbst nachhaltig Gebäudereinigungsleistungen erbringt, unabhängig davon, ob er sie für eine von ihm erbrachte Gebäudereinigungsleistung verwendet (§ 13b Abs. 5 Satz 5 UStG). [2]Abschnitt 13b.2 Abs. 4 und Abschnitt 13b.3 Abs. 1 bis 5, 7, 9, 11 und 13 gelten sinngemäß.

(5) Es ist nicht erforderlich, dass die an den Leistungsempfänger erbrachten Gebäudereinigungsleistungen mit von ihm erbrachten Gebäudereinigungsleistungen unmittelbar zusammenhängen.

Beispiel:

[1]Der Gebäudereiniger A beauftragt den Unternehmer B mit der Reinigung seines Bürogebäudes. [2]A bewirkt nachhaltig Gebäudereinigungsleistungen.
[3]Die Gebäudereinigungsleistung durch B ist eine unter § 13b Abs. 2 Nr. 8 Satz 1 und Abs. 5 Satz 5 UStG fallende sonstige Leistung. [4]Für diesen Umsatz ist A Steuerschuldner, da er selbst nachhaltig Gebäudereinigungsleistungen erbringt. [5]Unbeachtlich ist, dass der von B erbrachte Umsatz nicht mit den Ausgangsumsätzen des A in unmittelbarem Zusammenhang steht.

(6)[1)] [1]Erfüllt der Leistungsempfänger die Voraussetzungen des § 13b Abs. 5 Satz 5 UStG, ist er auch dann Steuerschuldner, wenn die Leistung für den nichtunternehmerischen Bereich erbracht wird (§13b Abs. 5 Satz 7 UStG). [2]Ausgenommen hiervon sind Gebäudereinigungsleistungen, die ausschließlich an den nichtunternehmerischen Bereich von juristischen Personen des öffentlichen Rechts erbracht werden, auch wenn diese im Rahmen von Betrieben gewerblicher Art unternehmerisch tätig sind und nachhaltig Gebäudereinigungsleistungen erbringen (vgl. § 13b Abs. 5 Satz 11 UStG). [3]Absatz 4 ist auf den jeweiligen Betrieb gewerblicher Art einer juristischen Person des öffentlichen Rechts entsprechend anzuwenden, der Gebäudereinigungsleistungen erbringt.

13b.6 Lieferungen von Gold mit einem Feingehalt von mindestens 325 Tausendstel

(1) [1]Unter die Umsätze nach § 13b Abs. 2 Nr. 9 UStG (vgl. Abschnitt 13b.1 Abs. 2 Nr. 11) fallen die Lieferung von Gold (einschließlich von platiniertem Gold) oder Goldlegierungen in Rohform oder als Halbzeug mit einem Feingehalt von mindestens 325 Tausendstel und Goldplattierungen mit einem Feingehalt von mindestens 325 Tausendstel und die steuerpflichtigen Lieferungen von Anlagegold mit einem Feingehalt von mindestens 995 Tausendstel nach § 25c Abs. 3 UStG. [2]Ebenfalls darunter fällt die Lieferung von Barren, die in einer zufälligen groben Verschmelzung von Schrott und verschiedenen goldhaltigen Metallgegenständen sowie verschiedenen anderen Metallen,

---

1) A 13b.5 UStAE Abs. 6 Sätze 1 und 2 Klammerzusatz geänd. durch BMF v. 23.12.2020, BStBl. I 2021, 92, anzuwenden auf nach dem 31.12.2020 ausgeführte Umsätze, mit Übergangsregelung für **nach dem 31.12.2020 und vor dem 1.4.2021** ausgeführte Leistungen, siehe Anlage 8.

Stoffen und Substanzen bestehen und die einen Goldgehalt von mindestens 325 Tausendstel haben (vgl. EuGH-Urteil vom 26.5.2016, C-550/14, Envirotec Denmark).[1)] [3]Goldplattierungen sind Waren, bei denen auf einer Metallunterlage auf einer Seite oder auf mehreren Seiten Gold in beliebiger Dicke durch Schweißen, Löten, Warmwalzen oder ähnliche mechanische Verfahren aufgebracht worden ist. [4]Zum Umfang der Lieferungen von Anlagegold vgl. Abschnitt 25c.1 Abs. 1 Satz 2, Abs. 2 und 4, zur Möglichkeit der Option zur Umsatzsteuerpflicht bei der Lieferung von Anlagegold vgl. Abschnitt 25c.1 Abs. 5.

Beispiel:

[1]Der in Bremen ansässige Goldhändler G überlässt der Scheideanstalt S in Hamburg verunreinigtes Gold mit einem Feingehalt von 500 Tausendstel. [2]S trennt vereinbarungsgemäß das verunreinigte Gold in Anlagegold und unedle Metalle und stellt aus dem Anlagegold einen Goldbarren mit einem Feingehalt von 995 Tausendstel her; das hergestellte Gold fällt unter die Position 7108 des Zolltarifs. [3]Der entsprechende Goldgewichtsanteil wird G auf einem Anlagegoldkonto gutgeschrieben; G hat nach den vertraglichen Vereinbarungen auch nach der Bearbeitung des Goldes und der Gutschrift auf dem Anlagegoldkonto noch die Verfügungsmacht an dem Gold. [4]Danach verzichtet G gegen Entgelt auf seinen Herausgabeanspruch des Anlagegolds. [5]G hat nach § 25c Abs. 3 Satz 2 UStG zur Umsatzsteuerpflicht optiert.

[6]Der Verzicht auf Herausgabe des Anlagegolds gegen Entgelt stellt eine Lieferung des Anlagegolds von G an S dar. [7]Da G nach § 25c Abs. 3 Satz 2 UStG zur Umsatzsteuerpflicht optiert hat, schuldet S als Leistungsempfänger die Umsatzsteuer für diese Lieferung (§ 13b Abs. 5 Satz 1 in Verbindung mit Abs. 2 Nr. 9 UStG).

(2)[2)] [1]Erfüllt der Leistungsempfänger die Voraussetzungen des § 13b Abs. 5 Satz 1 zweiter Halbsatz UStG, ist er auch dann Steuerschuldner, wenn die Leistung für den nichtunternehmerischen Bereich erbracht wird (§ 13b Abs. 5 Satz 7 UStG). [2]Ausgenommen hiervon sind Lieferungen von Gold in der in § 13b Abs. 2 Nr. 9 UStG bezeichneten Art, die ausschließlich an den nichtunternehmerischen Bereich von juristischen Personen des öffentlichen Rechts erbracht werden, auch wenn diese im Rahmen von Betrieben gewerblicher Art unternehmerisch tätig sind (vgl. § 13b Abs. 5 Satz 11 UStG).

13b.7 Lieferungen von Mobilfunkgeräten, Tablet-Computern, Spielekonsolen und integrierten Schaltkreisen

(1) [1]Mobilfunkgeräte sind Geräte, die zum Gebrauch mittels eines zugelassenen Mobilfunk-Netzes und auf bestimmten Frequenzen hergestellt oder hergerichtet wurden, unabhängig von etwaigen weiteren Nutzungsmöglichkeiten. [2]Hiervon werden insbesondere alle Geräte erfasst, mit denen Telekommunikationsleistungen in Form von Sprachübertragung über drahtlose Mobilfunk-Netzwerke in Anspruch genommen werden können, z. B. Telefone zur Verwendung in beliebigen drahtlosen Mobilfunk-Netzwerken (insbesondere für den zellularen Mobilfunk – Mobiltelefone – und Satellitentelefone) und mobile Datenerfassungsgeräte mit der Möglichkeit zur Verwendung in beliebigen drahtlosen Mobilfunk-Netzwerken; hierzu gehören nicht

[1)] MwStR 2016, 580.

[2)] A 13b.6 UStAE Abs. 2 Sätze 1 und 2 Klammerzusatz geänd. durch BMF v. 23.12.2020, *BStBl. I 2021, 92,* anzuwenden auf nach dem 31.12.2020 ausgeführte Umsätze, mit Übergangsregelung für **nach dem 31.12.2020 und vor dem 1.4.2021** ausgeführte Leistungen, siehe Anlage 8.

CB-Funkgeräte und Walkie-Talkies. [3]Ebenso fällt die Lieferung von kombinierten Produkten (sog. Produktbundle), d.h. gemeinsame Lieferungen von Mobilfunkgeräten und Zubehör zu einem einheitlichen Entgelt, unter die Regelung, wenn die Lieferung des Mobilfunkgeräts die Hauptleistung darstellt. [4]Die Lieferung von Geräten, die ausschließlich reine Daten übertragen, ohne diese in akustische Signale umzusetzen, fällt dagegen nicht unter die Regelung. [5]Zum Beispiel gehören daher folgende Gegenstände nicht zu den Mobilfunkgeräten im Sinne von § 13b Abs. 2 Nr. 10 UStG:

1. Navigationsgeräte;
2. Computer, soweit sie eine Sprachübertragung über drahtlose Mobilfunk-Netzwerke nicht ermöglichen (z.B. Tablet-PC);
3. mp3-Player;
4. Spielekonsolen;
5. On-Board-Units.

(1a) [1]Ein Tablet-Computer (aus Unterposition 8471 30 00 des Zolltarifs) ist ein tragbarer, flacher Computer in besonders leichter Ausführung, der vollständig in einem Touchscreen-Gehäuse untergebracht ist und mit den Fingern oder einem Stift bedient werden kann.

(1b) [1]Spielekonsolen sind Computer oder computerähnliche Geräte, die in erster Linie für Videospiele entwickelt werden. [2]Neben dem Spielen können sie weitere Funktionen bieten, z.B. Wiedergabe von Audio-CDs, Video-DVDs und Blu-ray-Discs.

(2) [1]Ein integrierter Schaltkreis ist eine auf einem einzelnen (Halbleiter-)Substrat (sog. Chip) untergebrachte elektronische Schaltung (elektronische Bauelemente mit Verdrahtung). [2]Zu den integrierten Schaltkreisen zählen insbesondere Mikroprozessoren und CPUs (Central Processing Unit, Hauptprozessor einer elektronischen Rechenanlage). [3]Die Lieferungen dieser Gegenstände fallen unter die Umsätze im Sinne von § 13b Abs. 2 Nr. 10 UStG (vgl. Abschnitt 13b.1 Abs. 2 Nr. 12), sofern sie (noch) nicht in einen zur Lieferung auf der Einzelhandelsstufe geeigneten Gegenstand (Endprodukt) eingebaut wurden; ein Gegenstand ist für die Lieferung auf der Einzelhandelsstufe insbesondere dann geeignet, wenn er ohne weitere Be- oder Verarbeitung an einen Endverbraucher geliefert werden kann. [4]Die Voraussetzungen des Satzes 3 erster Halbsatz sind immer dann erfüllt, wenn integrierte Schaltkreise unverbaut an Unternehmer geliefert werden; dies gilt auch dann, wenn unverbaute integrierte Schaltkreise auch an Letztverbraucher abgegeben werden können. [5]Wird ein integrierter Schaltkreis in einen anderen Gegenstand eingebaut oder verbaut, handelt es sich bei dem weiter gelieferten Wirtschaftsgut nicht mehr um einen integrierten Schaltkreis; in diesem Fall ist es unbeachtlich, ob der weiter gelieferte Gegenstand ein Endprodukt ist und auf der Einzelhandelsstufe gehandelt werden kann.

Beispiel:

[1]Der in Halle ansässige Chiphersteller C liefert dem in Erfurt ansässigen Computerhändler A CPUs zu einem Preis von insgesamt 20 000 €. [2]Diese werden von C an A unverbaut, d.h. ohne Einarbeitung in ein Endprodukt, übergeben. [3]A baut einen Teil der CPUs in Computer ein und bietet den Rest in seinem Geschäft zum Einzelverkauf an. [4]Im Anschluss liefert A

unverbaute CPUs in seinem Geschäft an den Unternehmer U für insgesamt 6000 €. [5] Außerdem liefert er Computer mit den eingebauten CPUs an den Einzelhändler E für insgesamt 7000 €.

[6] A schuldet als Leistungsempfänger der Lieferung des C die Umsatzsteuer nach § 13b Abs. 5 Satz 1 in Verbindung mit Abs. 2 Nr. 10 UStG, weil es sich insgesamt um die Lieferung unverbauter integrierter Schaltkreise handelt; auf die spätere Verwendung durch A kommt es nicht an.

[7] Für die sich anschließende Lieferung der CPUs von A an U schuldet U als Leistungsempfänger die Umsatzsteuer nach § 13b Abs. 5 Satz 1 in Verbindung mit Abs. 2 Nr. 10 UStG, weil es sich insgesamt um die Lieferung unverbauter integrierter Schaltkreise handelt; auf die spätere Verwendung durch U kommt es nicht an.

[8] Für die Lieferung der Computer mit den eingebauten CPUs von A an E schuldet A als leistender Unternehmer die Umsatzsteuer (§ 13a Abs. 1 Nr. 1 UStG), weil Liefergegenstand nicht mehr integrierte Schaltkreise, sondern Computer sind.

[6] Aus Vereinfachungsgründen kann die Abgrenzung der unter § 13b Abs. 2 Nr. 10 UStG fallenden integrierten Schaltkreise anhand der Unterposition 8542 31 90 des Zolltarifs vorgenommen werden; dies sind insbesondere monolithische und hybride elektronische integrierte Schaltungen mit in großer Dichte angeordneten und als eine Einheit anzusehenden passiven und aktiven Bauelementen, die sich als Prozessoren bzw. Steuer- und Kontrollschaltungen darstellen.

[7] Die Lieferungen folgender Gegenstände fallen beispielsweise nicht unter die in § 13b Abs. 2 Nr. 10 UStG genannten Umsätze, auch wenn sie elektronische Komponenten im Sinne der Sätze 1 und 2 enthalten:

1. Antennen;
2. elektrotechnische Filter;
3. Induktivitäten (passive elektrische oder elektronische Bauelemente mit festem oder einstellbarem Induktivitätswert);
4. Kondensatoren;
5. Sensoren (Fühler).

[8] Als verbaute integrierte Schaltkreise im Sinne des Satzes 5 sind insbesondere die folgenden Gegenstände anzusehen, bei denen der einzelne integrierte Schaltkreis bereits mit anderen Bauteilen verbunden wurde:

1. Platinen, die mit integrierten Schaltkreisen und ggf. mit verschiedenen anderen Bauelementen bestückt sind;
2. Bauteile, in denen mehrere integrierte Schaltkreise zusammengefasst sind;
3. zusammengesetzte elektronische Schaltungen;
4. Platinen, in die integrierte Schaltkreise integriert sind (sog. Chips on board);
5. Speicherkarten mit integrierten Schaltungen (sog. Smart Cards);
6. Grafikkarten, Flashspeicherkarten, Schnittstellenkarten, Soundkarten, Memory-Sticks.

[9] Ebenfalls nicht unter § 13b Abs. 2 Nr. 10 UStG fallen:

1. Verarbeitungseinheiten für automatische Datenverarbeitungsmaschinen, auch mit einer oder zwei der folgenden Arten von Einheiten in einem gemeinsamen Gehäuse: Speichereinheit, Eingabe- und Ausgabeeinheit (Unterposition 8471 50 00 des Zolltarifs);

2. Baugruppen zusammengesetzter elektronischer Schaltungen für automatische Datenverarbeitungsmaschinen oder für andere Maschinen der Position 8471 (Unterposition 8473 30 20 des Zolltarifs);
3. Teile und Zubehör für automatische Datenverarbeitungsmaschinen oder für andere Maschinen der Position 8471 (Unterposition 8473 30 80 des Zolltarifs).

(3) [1] Lieferungen von Mobilfunkgeräten, Tablet-Computern, Spielekonsolen und integrierten Schaltkreisen fallen nur unter die Regelung zur Steuerschuldnerschaft des Leistungsempfängers nach § 13b Abs. 2 Nr. 10 UStG, wenn der Leistungsempfänger ein Unternehmer ist und die Summe der für die steuerpflichtigen Lieferungen dieser Gegenstände in Rechnung zu stellenden Bemessungsgrundlagen mindestens 5000 € beträgt. [2] Abzustellen ist dabei auf alle im Rahmen eines zusammenhängenden wirtschaftlichen Vorgangs gelieferten Gegenstände der genannten Art. [3] Als Anhaltspunkt für einen wirtschaftlichen Vorgang dient insbesondere die Bestellung, der Auftrag, der Vertrag oder der Rahmen-Vertrag mit konkretem Auftragsvolumen. [4] Lieferungen bilden stets einen einheitlichen wirtschaftlichen Vorgang, wenn sie im Rahmen eines einzigen Erfüllungsgeschäfts geführt werden, auch wenn hierüber mehrere Aufträge vorliegen oder mehrere Rechnungen ausgestellt werden.

Beispiel:

[1] Der in Stuttgart ansässige Großhändler G bestellt am 1. 7. 01 bei dem in München ansässigen Handyhersteller H 900 Mobilfunkgeräte zu einem Preis von insgesamt 45 000 €. [2] Vereinbarungsgemäß liefert H die Mobilfunkgeräte in zehn Tranchen mit je 90 Stück zu je 4500 € an G aus.

[3] Die zehn Tranchen Mobilfunkgeräte stellen einen zusammenhängenden wirtschaftlichen Vorgang dar, denn die Lieferung der Geräte erfolgte auf der Grundlage einer Bestellung über die Gesamtmenge von 900 Stück. [4] G schuldet daher als Leistungsempfänger die Umsatzsteuer für diese zusammenhängenden Lieferungen (§ 13b Abs. 5 Satz 1 in Verbindung mit Abs. 2 Nr. 10 UStG).

[5] Keine Lieferungen im Rahmen eines zusammenhängenden wirtschaftlichen Vorgangs liegen in folgenden Fällen vor:

1. Lieferungen aus einem Konsignationslager, das der liefernde Unternehmer in den Räumlichkeiten des Abnehmers unterhält, wenn der Abnehmer Mobilfunkgeräte, Tablet-Computer, Spielekonsolen oder integrierte Schaltkreise jederzeit in beliebiger Menge entnehmen kann;
2. Lieferungen auf Grund eines Rahmenvertrags, in dem lediglich Lieferkonditionen und Preise der zu liefernden Gegenstände, nicht aber deren Menge festgelegt wird;
3. Lieferungen im Rahmen einer dauerhaften Geschäftsbeziehung, bei denen Aufträge – ggf. mehrmals täglich – schriftlich, per Telefon, per Telefax oder auf elektronischem Weg erteilt werden, die zu liefernden Gegenstände ggf. auch zusammen ausgeliefert werden, es sich aber bei den Lieferungen um voneinander unabhängige Erfüllungsgeschäfte handelt.

[6] Bei der Anwendung des Satzes 1 bleiben nachträgliche Entgeltminderungen für die Beurteilung der Betragsgrenze von 5000 € unberücksichtigt; dies gilt auch für nachträgliche Teilrückabwicklungen. [7] Ist auf Grund der vertraglichen Vereinbarungen nicht absehbar oder erkennbar, ob die Betragsgrenze von

5000 € für Lieferungen erreicht oder überschritten wird, wird es aus Vereinfachungsgründen nicht beanstandet, wenn die Steuerschuldnerschaft des Leistungsempfängers nach § 13b Abs. 2 Nr. 10 und Abs. 5 Satz 1 zweiter Halbsatz UStG angewendet wird, sofern beide Vertragspartner übereinstimmend vom Vorliegen der Voraussetzungen zur Anwendung von § 13b UStG ausgegangen sind und dadurch keine Steuerausfälle entstehen; dies gilt dann als erfüllt, wenn der Umsatz vom Leistungsempfänger in zutreffender Höhe versteuert wird.

(4)[1)] [1] Erfüllt der Leistungsempfänger die Voraussetzungen des § 13b Abs. 5 Satz 1 zweiter Halbsatz UStG, ist er auch dann Steuerschuldner, wenn die Leistung für den nichtunternehmerischen Bereich erbracht wird (§ 13b Abs. 5 Satz 7 UStG). [2] Ausgenommen hiervon sind Lieferungen von Mobilfunkgeräten, Tablet-Computern und Spielekonsolen sowie von integrierten Schaltkreisen vor Einbau in einen zur Lieferung auf der Einzelhandelsstufe geeigneten Gegenstand, die ausschließlich an den nichtunternehmerischen Bereich von juristischen Personen des öffentlichen Rechts erbracht werden, auch wenn diese im Rahmen von Betrieben gewerblicher Art unternehmerisch tätig sind (vgl. § 13b Abs. 5 Satz 11 UStG). [3] Absatz 3 ist auf den jeweiligen Betrieb gewerblicher Art einer juristischen Person des öffentlichen Rechts entsprechend anzuwenden.

13b.7a Lieferungen von Edelmetallen, unedlen Metallen und Cermets

(1) [1] Zu den in der Anlage 4 des UStG bezeichneten Gegenständen gehören vor allem Metalle in Rohform oder als Halberzeugnis, im Einzelnen sind das:

1. [1] Unter Nummer 1 der Anlage 4 des UStG fallen nur Silber (in Rohform, als Halbzeug oder als Pulver) sowie Silberplattierungen auf unedlen Metallen (in Rohform oder als Halbzeug) im Sinne der Positionen 7106 und 7107 des Zolltarifs. [2] Hierzu gehören Silber und Silberlegierungen sowie vergoldetes Silber, platiniertes Silber und mit Platinbeimetallen überzogenes Silber (z. B. palladiniertes, rhodiniertes Silber) in den verschiedenen Roh- und Halbzeugformen und in Pulverform. [3] Als Silberplattierungen gelten u. a. Waren, bei denen auf einer Metallunterlage auf einer Seite oder mehreren Seiten Silber durch Löten, Schweißen, Warmwalzen oder ähnliche mechanische Verfahren aufgebracht ist. [4] Nicht hierzu gehören gegossene, gesinterte, getriebene, gestanzte usw. Stücke in Form von Rohlingen für Schmuckwaren usw. (z. B. Fassungen, Rohlinge von Ringen, Blumen, Tiere, andere Figuren) sowie Abfälle und Schrott aus Silber (vgl. hierzu Abschnitt 13b.4 Abs. 1 Satz 1 Nr. 7).
2. [1] Unter Nummer 2 der Anlage 4 des UStG fallen nur Platin, Palladium, Rhodium, Iridium, Osmium und Ruthenium (in Rohform, als Halbzeug oder als Pulver) sowie Platinplattierungen auf unedlen Metallen, auf Silber oder auf Gold (in Rohform oder als Halbzeug) im Sinne der Posi-

---

[1)] A 13b.7 UStAE Abs. 4 Sätze 1 und 2 Klammerzusatz geänd. durch BMF v. 23.12.2020, *BStBl. I 2021, 92,* anzuwenden auf nach dem 31.12.2020 ausgeführte Umsätze, mit Übergangsregelung für **nach dem 31.12.2020 und vor dem 1.4.2021** ausgeführte Leistungen, siehe Anlage 8.

tion 7110 und der Unterposition 7111 00 00 des Zolltarifs. [2]Hierzu gehören Platin oder Platinlegierungen in Rohform oder als Halbzeug. [3]Als Platinplattierungen gelten u. a. Waren, bei denen auf einer Metallunterlage auf einer Seite oder mehreren Seiten Platin durch Löten, Schweißen, Warmwalzen oder ähnliche mechanische Verfahren aufgebracht ist. [4]Nicht hierzu gehören gegossene, gesinterte, getriebene, gestanzte usw. Stücke in Form von Rohlingen für Schmuckwaren usw. (z. B. Fassungen, Rohlinge von Ringen, Blumen, Tiere, andere Figuren) sowie Abfälle und Schrott aus Platin (vgl. hierzu Abschnitt 13b.4 Abs. 1 Satz 1 Nr. 7).

3. [1]Unter Nummer 3 der Anlage 4 des UStG fallen nur Roheisen oder Spiegeleisen (in Masseln, Blöcken oder anderen Rohformen), Körner und Pulver aus Roheisen oder Spiegeleisen, Eisen oder Stahl, Rohblöcke und andere Rohformen aus Eisen oder Stahl, Halbzeug aus Eisen oder Stahl im Sinne der Positionen 7201, 7205, 7206, 7207, 7218 und 7224 des Zolltarifs. [2]Roheisen kann in Form von Masseln, Barren oder Blöcken, auch gebrochen oder in flüssiger Form vorliegen, jedoch gehören geformte oder bearbeitete Waren (z. B. rohe oder bearbeitete Gussstücke oder Rohre) nicht hierzu. [3]Zu der Nummer 3 der Anlage 4 des UStG gehören Eisen und nicht legierter Stahl, nicht rostender Stahl und anderer legierter Stahl in Rohblöcken (Ingots) oder anderen Rohformen (auch als Halbzeug). [4]Nicht hierzu gehören radioaktive Eisenpulver (Isotope), als Arzneiwaren aufgemachte Eisenpulver, Rohre oder Behälter aus Stahl sowie Abfälle und Schrott aus Eisen oder Stahl (vgl. hierzu Abschnitt 13b.4 Abs. 1 Satz 1 Nr. 8).
4. [1]Unter Nummer 4 der Anlage 4 des UStG fallen nur nicht raffiniertes Kupfer und Kupferanoden zum elektrolytischen Raffinieren, raffiniertes Kupfer und Kupferlegierungen (in Rohform), Kupfervorlegierungen, Pulver und Flitter aus Kupfer im Sinne der Positionen 7402, 7403, 7405 und 7406 des Zolltarifs. [2]Hierzu gehören Schwarzkupfer und Blisterkupfer sowie Kupferkathoden und Kupferkathodenabschnitte (Unterposition 7403 11 00 des Zolltarifs). [3]Nicht hierzu gehören Pulver und Flitter aus Kupfer, die zubereitete Farben sind, zugeschnittener Flitter sowie Abfälle und Schrott aus Kupfer (vgl. hierzu Abschnitt 13b.4 Abs. 1 Satz 1 Nr. 9).
5. [1]Unter Nummer 5 der Anlage 4 des UStG fallen nur Nickelmatte, Nickeloxidsinter und andere Zwischenerzeugnisse der Nickelmetallurgie, Nickel in Rohform sowie Pulver und Flitter aus Nickel im Sinne der Positionen 7501, 7502 und 7504 des Zolltarifs. [2]Hierzu gehören unreine Nickeloxide, unreines Ferronickel und Nickelspeise. [3]Nicht hierzu gehören Abfälle und Schrott aus Nickel (vgl. hierzu Abschnitt 13b.4 Abs. 1 Satz 1 Nr. 10).
6. [1]Unter Nummer 6 der Anlage 4 des UStG fallen nur Aluminium in Rohform, Pulver und Flitter aus Aluminium im Sinne der Positionen 7601 und 7603 des Zolltarifs. [2]Nicht hierzu gehören Pulver und Flitter aus Aluminium, die zubereitete Farben sind, zugeschnittener Flitter sowie Abfälle und Schrott aus Aluminium (vgl. hierzu Abschnitt 13b.4 Abs. 1 Satz 1 Nr. 11).
7. [1]Unter Nummer 7 der Anlage 4 des UStG fallen nur Blei in Rohform, Pulver und Flitter aus Blei im Sinne der Position 7801 und aus der Position 7804 des Zolltarifs. [2]Hierzu gehören Blei in Rohformen in verschie-

denen Reinheitsgraden (von unreinem Blei und silberhaltigem Blei bis zum raffinierten Elektrolytblei), gegossene Anoden zum elektrolytischen Raffinieren und gegossene Stangen, die z.B. zum Walzen, Ziehen oder zum Gießen in geformte Waren bestimmt sind. [3]Nicht hierzu gehören Pulver und Flitter aus Blei, die zubereitete Farben sind, sowie Abfälle und Schrott aus Blei (vgl. hierzu Abschnitt 13b.4 Abs. 1 Satz 1 Nr. 12).

8. [1]Unter Nummer 8 der Anlage 4 des UStG fallen nur Zink in Rohform, Staub, Pulver und Flitter aus Zink im Sinne der Positionen 7901 und 7903 des Zolltarifs. [2]Hierzu gehören Zink in Rohform der verschiedenen Reinheitsgrade. [3]Nicht hierzu gehören Staub, Pulver und Flitter aus Zink, die zubereitete Farben sind, sowie Abfälle und Schrott aus Zink (vgl. hierzu Abschnitt 13b.4 Abs. 1 Satz 1 Nr. 13).
9. [1]Unter Nummer 9 der Anlage 4 des UStG fällt nur Zinn in Rohform im Sinne der Position 8001 des Zolltarifs. [2]Nicht hierzu gehören Abfälle und Schrott aus Zinn (vgl. hierzu Abschnitt 13b.4 Abs. 1 Satz 1 Nr. 14).
10. [1]Unter Nummer 10 der Anlage 4 des UStG fallen nur andere unedle Metalle in Rohform oder als Pulver aus den Positionen 8101 bis 8112 des Zolltarifs. [2]Hierzu gehören Wolfram, Molybdän, Tantal, Magnesium, Cobalt, Bismut (Wismut), Cadmium, Titan, Zirconium, Antimon, Mangan, Beryllium, Chrom, Germanium, Vanadium, Gallium, Hafnium, Indium, Niob (Columbium), Rhenium und Thallium. [3]Nicht hierzu gehören Wolfram-, Molybdän-, Tantal- und Titancarbid sowie Abfälle und Schrott aus anderen unedlen Metallen (vgl. hierzu Abschnitt 13b.4 Abs. 1 Satz 1 Nr. 15).
11. [1]Unter Nummer 11 der Anlage 4 des UStG fallen nur Cermets (Erzeugnisse aus einem keramischen und einem metallischen Bestandteil) in Rohform im Sinne der Unterposition 8113 00 20 des Zolltarifs. [2]Nicht hierzu gehören Waren aus Cermets, Cermets, die spaltbare oder radioaktive Stoffe enthalten, Plättchen, Stäbchen, Spitzen und ähnliche Formstücke für Werkzeuge aus Cermets sowie Abfälle und Schrott aus Cermets (vgl. aber Abschnitt 13b.4 Abs. 1 Satz 1 Nr. 15).

[2]Bestehen Zweifel, ob ein Gegenstand unter die Anlage 4 des UStG fällt, gilt Abschnitt 13b.4 Abs. 1 Sätze 2 bis 4 entsprechend. [3]Abschnitt 13b.4 Abs. 2 Sätze 1 bis 3 und Abs. 3 Sätze 1 und 2 gilt sinngemäß.

(2) [1]Lieferungen von Edelmetallen, unedlen Metallen und Cermets fallen nur unter die Regelung zur Steuerschuldnerschaft des Leistungsempfängers nach § 13b Abs. 2 Nr. 11 UStG, wenn der Leistungsempfänger ein Unternehmer ist und die Summe der für die steuerpflichtigen Lieferungen dieser Gegenstände in Rechnung zu stellenden Bemessungsgrundlagen im Rahmen eines wirtschaftlichen Vorgangs mindestens 5000 € beträgt. [2]Abschnitt 13b.7 Abs. 3 gilt sinngemäß.

(3)[1)] [1]Erfüllt der Leistungsempfänger die Voraussetzungen des § 13b Abs. 5 Satz 1 zweiter Halbsatz UStG, ist er auch dann Steuerschuldner, wenn die

---

[1)] A 13b.7a UStAE Abs. 3 Sätze 1 und 2 Klammerzusatz geänd. durch BMF v. 23.12.2020, *BStBl. I 2021, 92,* anzuwenden auf nach dem 31.12.2020 ausgeführte Umsätze, mit Übergangsregelung für **nach dem 31.12.2020 und vor dem 1.4.2021** ausgeführte Leistungen, siehe Anlage 8.

Leistung für den nichtunternehmerischen Bereich erbracht wird (§ 13b Abs. 5 Satz 7 UStG). [2]Ausgenommen hiervon sind Lieferungen von Edelmetallen, unedlen Metallen und Cermets, die ausschließlich an den nichtunternehmerischen Bereich von juristischen Personen des öffentlichen Rechts erbracht werden, auch wenn diese im Rahmen von Betrieben gewerblicher Art unternehmerisch tätig sind (vgl. § 13b Abs. 5 Satz 11 UStG). [3]Absatz 2 ist auf den jeweiligen Betrieb gewerblicher Art einer juristischen Person des öffentlichen Rechts entsprechend anzuwenden.

13b.7b[1)] Sonstige Leistungen auf dem Gebiet der Telekommunikation

(1) Zum Begriff der sonstigen Leistung auf dem Gebiet der Telekommunikation im Sinne des § 13b Abs. 2 Nr. 12 Satz 1 UStG wird auf Abschnitt 3a.10 verwiesen.

(2) [1]Bei diesen sonstigen Leistungen auf dem Gebiet der Telekommunikation schuldet der Leistungsempfänger die Steuer, wenn er ein Unternehmer ist, dessen Haupttätigkeit in Bezug auf den Erwerb dieser Leistungen in deren Erbringung besteht und dessen eigener Verbrauch dieser Leistungen von untergeordneter Bedeutung ist (§ 13b Abs. 5 Satz 6 erster Halbsatz UStG, sog. Wiederverkäufer). [2]Die Haupttätigkeit des Unternehmers in Bezug auf den Erwerb dieser Leistungen besteht dann in deren Erbringung, wenn der Unternehmer mehr als die Hälfte der von ihm erworbenen Leistungen weiterveräußert. [3]Der eigene Verbrauch dieser Leistungen ist von untergeordneter Bedeutung, wenn nicht mehr als 5% der erworbenen Leistungen zu eigenen (unternehmerischen sowie nichtunternehmerischen) Zwecken verwendet wird. [4]Maßgeblich sind die Verhältnisse im vorangegangenen Kalenderjahr; nimmt der Unternehmer seine Tätigkeit in diesem Bereich erst auf, ist er auch schon vor der erstmaligen Erbringung von Leistungen auf dem Gebiet der Telekommunikation als Wiederverkäufer anzusehen, wenn er nach außen erkennbar mit ersten Handlungen zur Erbringung von Leistungen auf dem Gebiet der Telekommunikation begonnen hat und mit diesen Leistungen voraussichtlich die vorgenannten Voraussetzungen erfüllen wird. [5]Verwendet der Unternehmer zwar mehr als 5%, jedoch nicht mehr als 10% der erworbenen Leistungen zu eigenen Zwecken, ist weiterhin von einer untergeordneten Bedeutung auszugehen, wenn die im Mittel der vorangegangenen drei Jahre zu eigenen Zwecken verbrauchten Leistungen 5% der in diesem Zeitraum erworbenen Leistungen nicht überschritten haben. [6]Im Unternehmen selbst erzeugte Leistungen bleiben bei der Beurteilung unberücksichtigt. [7]Ob die selbst erzeugten Leistungen veräußert oder zum eigenen Verbrauch im Unternehmen verwendet werden, ist daher unbeachtlich. [8]Ebenso sind die veräußerten Leistungen, die selbst erzeugt wurden, hinsichtlich der Beurteilung der Wiederverkäufereigenschaft aus der Gesamtheit der veräußerten Leistungen auszuscheiden; auch beeinflussen sie die nach den Sätzen 1 und 2 einzuhaltenden Grenzwerte nicht.

[1)] A 13b.7b UStAE eingef. durch BMF v. 23.12.2020, BStBl. I 2021, 92, anzuwenden auf nach dem 31.12.2020 ausgeführte Umsätze, mit Übergangsregelung für **nach dem 31.12. 2020 und vor dem 1.4.2021** ausgeführte Leistungen, siehe Anlage 8.

(3) [1] Es ist davon auszugehen, dass ein Unternehmer Wiederverkäufer nach Absatz 2 ist, wenn ihm das nach den abgabenrechtlichen Vorschriften für die Besteuerung seiner Umsätze zuständige Finanzamt auf Antrag oder von Amts wegen eine im Zeitpunkt der Ausführung des Umsatzes gültige Bescheinigung nach dem Vordruckmuster USt 1 TQ erteilt hat; hinsichtlich dieses Musters wird auf das BMF-Schreiben vom 23.12.2020, BStBl. 2021 I S. 92, verwiesen. [2] Die Gültigkeitsdauer der Bescheinigung ist auf längstens drei Jahre zu beschränken; sie kann nur mit Wirkung für die Zukunft widerrufen oder zurückgenommen werden. [3] Verwendet der Leistungsempfänger einen Nachweis nach dem Vordruckmuster USt 1 TQ – im Original oder in Kopie –, ist er Steuerschuldner, auch wenn er im Zeitpunkt der Leistung tatsächlich kein Wiederverkäufer nach Absatz 2 ist; dies gilt nicht, wenn der Leistungsempfänger einen gefälschten Nachweis nach dem Vordruckmuster USt 1 TQ verwendet hat und der leistende Unternehmer hiervon Kenntnis hatte.

(4) [1] Hat das Finanzamt dem Unternehmer eine Bescheinigung nach dem Vordruckmuster USt 1 TQ ausgestellt, ist er auch dann als Leistungsempfänger Steuerschuldner, wenn er diesen Nachweis gegenüber dem leistenden Unternehmer nicht – im Original oder in Kopie – verwendet. [2] Wurde die Bescheinigung mit Wirkung für die Zukunft widerrufen oder zurückgenommen und ist der Leistungsempfänger kein Wiederverkäufer nach Absatz 2, schuldet der leistende Unternehmer dann die Steuer, wenn er hiervon Kenntnis hatte oder hätte haben können. [3] Hatte der leistende Unternehmer in diesen Fällen keine Kenntnis oder hat er keine Kenntnis haben können, wird es beim leistenden Unternehmer und beim Leistungsempfänger nicht beanstandet, wenn beide einvernehmlich von einer Steuerschuldnerschaft des Leistungsempfängers ausgehen und durch diese Handhabung keine Steuerausfälle entstehen; dies gilt dann als erfüllt, wenn der Umsatz vom Leistungsempfänger in zutreffender Höhe versteuert wird.

(5)[1)] [1] Erfüllt bei einem Organschaftsverhältnis nur ein Teil des Organkreises (z. B. der Organträger oder eine Organgesellschaft) die Voraussetzung als Wiederverkäufer nach Absatz 2, ist für Zwecke der Anwendung der Steuerschuldnerschaft des Leistungsempfängers nach § 13b Abs. 2 Nr. 12 und Abs. 5 Satz 6 UStG nur dieser Teil des Organkreises als Wiederverkäufer anzusehen. [2] Die Absätze 2 und 3 sind insoweit nur auf den jeweiligen Unternehmensteil anzuwenden; nicht steuerbare Innenumsätze sind bei der Ermittlung der Wiederverkäufereigenschaft unbeachtlich. [3] Die Bescheinigung nach dem Vordruckmuster USt 1 TQ stellt das für den Organkreis für Zwecke der Umsatzsteuer zuständige Finanzamt für alle im Inland gelegenen Unternehmensteile im Sinne des Abschnitts 2.9 Abs. 3 bis 5 auf Antrag aus. [4] Der Antrag im Sinne des Satzes 3 ist von dem Organträger zu stellen; Abschnitt 2.9 Abs. 6 und 7 sowie Abschnitt 13b.3 Abs. 7 Satz 6 gelten entsprechend.

(6) [1] Erfüllt der Leistungsempfänger die Voraussetzungen des § 13b Abs. 5 Satz 6 erster Halbsatz UStG, ist der Leistungsempfänger auch dann Steuerschuld-

---

[1)] *A 13b.7b UStAE* Abs. 5 Sätze 3 u. 4 angef. durch BMF v. 10.2.2021, BStBl. I 2021, 314; Satz 2 neugef. durch BMF v. 27.9.2021, BStBl. I 2021, 1856, anzuwenden in allen offenen Fällen.

ner, wenn die Leistung für den nichtunternehmerischen Bereich erbracht wird (§ 13b Abs. 5 Satz 7 UStG). [2] Ausgenommen hiervon sind die sonstigen Leistungen auf dem Gebiet der Telekommunikation, die ausschließlich an den nichtunternehmerischen Bereich von juristischen Personen des öffentlichen Rechts erbracht werden, auch wenn diese im Rahmen von Betrieben gewerblicher Art als Wiederverkäufer von sonstigen Leistungen auf dem Gebiet der Telekommunikation unternehmerisch tätig sind (vgl. § 13b Abs. 5 Satz 11 UStG). [3] Absätze 2 und 3 sind auf den jeweiligen Betrieb gewerblicher Art einer juristischen Person des öffentlichen Rechts entsprechend anzuwenden, der Wiederverkäufer von sonstigen Leistungen auf dem Gebiet der Telekommunikation ist.

13b.8[1)] Vereinfachungsregelung

(1) [1] Haben der leistende Unternehmer und der Leistungsempfänger für einen an ihn erbrachten Umsatz § 13b Abs. 2 Nr. 4, Nr. 5 Buchstabe b oder Nr. 7 bis 12 in Verbindung mit Abs. 5 Satz 1 zweiter Halbsatz und Sätze 3 bis 6 UStG angewandt, obwohl dies nach Art der Umsätze unter Anlegung objektiver Voraussetzungen nicht zutreffend war, gilt der Leistungsempfänger dennoch als Steuerschuldner (§ 13b Abs. 5 Satz 8 UStG). [2] Voraussetzung ist, dass durch diese Handhabung keine Steuerausfälle entstehen. [3] Dies gilt dann als erfüllt, wenn der Umsatz vom Leistungsempfänger in zutreffender Höhe versteuert wird.

(2)[2)] § 13b Abs. 5 Satz 8 UStG gilt nicht bei einer Anwendung der Steuerschuldnerschaft des Leistungsempfängers, wenn fraglich war, ob die Voraussetzungen hierfür in der Person der beteiligten Unternehmer (z.B. die Eigenschaft als Bauleistender; vgl. dazu Abschnitt 13b.3 Abs. 1 bis 7) erfüllt sind.

13b.9 Unfreie Versendungen

[1] Zu den sonstigen Leistungen, für die der Leistungsempfänger die Steuer schuldet (vgl. Abschnitt 13b.1 Abs. 2 Nr. 3), können auch die unfreie Versendung oder die Besorgung einer solchen gehören (§§ 453 ff. HGB). [2] Eine unfreie Versendung liegt vor, wenn ein Absender einen Gegenstand durch einen Frachtführer oder Verfrachter unfrei zum Empfänger der Frachtsendung befördern oder eine solche Beförderung durch einen Spediteur unfrei besorgen lässt. [3] Die Beförderungsleistung wird nicht gegenüber dem Absender, sondern gegenüber dem Empfänger der Frachtsendung abgerechnet. [4] Nach § 30a UStDV wird der Rechnungsempfänger aus Vereinfachungsgründen unter folgenden Voraussetzungen an Stelle des Absenders zum Steuerschuldner für die Beförderungsleistung bestimmt:

1. Der Gegenstand wird durch einen im Ausland ansässigen Unternehmer befördert oder eine solche Beförderung durch einen im Ausland ansässigen Spediteur besorgt;

---

1) A 13b.8 UStAE Abs. 1 Satz 1 neugef. durch BMF v. 23.12.2020, BStBl. I 2021, 92, anzuwenden auf nach dem 31.12.2020 ausgeführte Umsätze, mit Übergangsregelung für **nach dem 31.12.2020 und vor dem 1.4.2021** ausgeführte Leistungen, siehe Anlage 8.

2) A 13b.8 UStAE Abs. 2 Satz 1 Angabe geänd. durch BMF v. 23.12.2020, BStBl. I 2021, 92, anzuwenden auf nach dem 31.12.2020 ausgeführte Umsätze, mit Übergangsregelung für **nach dem 31.12.2020 und vor dem 1.4.2021** ausgeführte Leistungen, siehe Anlage 8.

2. der Empfänger der Frachtsendung (Rechnungsempfänger) ist ein Unternehmer oder eine juristische Person des öffentlichen Rechts;
3. der Empfänger der Frachtsendung (Rechnungsempfänger) hat die Entrichtung des Entgelts für die Beförderung oder für ihre Besorgung übernommen und
4. aus der Rechnung über die Beförderung oder ihre Besorgung ist auch die in der Nummer 3 bezeichnete Voraussetzung zu ersehen.

[5] Der Rechnungsempfänger erkennt seine Steuerschuldnerschaft anhand der Angaben in der Rechnung (§ 14a UStG und § 30a Satz 1 Nr. 3 UStDV).

Beispiel:

[1] Der in Frankreich ansässige Unternehmer F versendet vereinbarungsgemäß einen Gegenstand per Frachtnachnahme durch den ebenfalls in Frankreich ansässigen Beförderungsunternehmer B von Paris nach Stuttgart an den dort ansässigen Unternehmer U. [2] B stellt dem U die Beförderungsleistung in Rechnung. [3] U verwendet gegenüber B seine deutsche USt-IdNr. [4] B erbringt eine in Deutschland steuerpflichtige innergemeinschaftliche Güterbeförderung, weil U, der als Leistungsempfänger anzusehen ist (vgl. Abschnitt 3a.2 Abs. 2), ein Unternehmer ist, der die Leistung für sein Unternehmen bezieht (§ 3a Abs. 2 Satz 1 UStG). [5] U schuldet damit auch die Umsatzsteuer für diese Beförderungsleistung (§ 13b Abs. 9 UStG, § 30a UStDV).

13b.10 Ausnahmen

(1) [1] § 13b Abs. 1 bis 5 UStG findet keine Anwendung, wenn die Leistung des im Ausland ansässigen Unternehmers in einer Personenbeförderung im Gelegenheitsverkehr mit nicht im Inland zugelassenen Kraftomnibussen besteht und bei der eine Grenze zum Drittland überschritten wird (§ 13b Abs. 6 Nr. 1 UStG). [2] Dies gilt auch, wenn die Personenbeförderung mit einem Fahrzeug im Sinne des § 1b Abs. 2 Satz 1 Nr. 1 UStG (insbesondere Taxi und Kraftomnibus) durchgeführt worden ist (§ 13b Abs. 6 Nr. 2 UStG). [3] Der Unternehmer hat diese Beförderungen im Wege der Beförderungseinzelbesteuerung (§ 16 Abs. 5 UStG, § 18 Abs. 5 UStG) oder im allgemeinen Besteuerungsverfahren zu versteuern. [4] § 13b Abs. 1 bis 5 UStG findet ebenfalls keine Anwendung, wenn die Leistung des im Ausland ansässigen Unternehmers in einer grenzüberschreitenden Personenbeförderung im Luftverkehr besteht (§ 13b Abs. 6 Nr. 3 UStG).

(2) [1] § 13b Abs. 1 bis 5 UStG findet auch keine Anwendung, wenn die Leistung des im Ausland ansässigen Unternehmers in der Einräumung der Eintrittsberechtigung für Messen, Ausstellungen und Kongresse im Inland besteht (§ 13b Abs. 6 Nr. 4 UStG). [2] Unter die Umsätze, die zur Einräumung der Eintrittsberechtigung für Messen, Ausstellungen und Kongresse gehören, fallen insbesondere Leistungen, für die der Leistungsempfänger Kongress-, Teilnehmer- oder Seminarentgelte entrichtet, sowie damit im Zusammenhang stehende Nebenleistungen, wie z. B. Beförderungsleistungen, Vermietung von Fahrzeugen oder Unterbringung, wenn diese Leistungen vom Veranstalter der Messe, der Ausstellung oder des Kongresses zusammen mit der Einräumung der Eintrittsberechtigung als einheitliche Leistung (vgl. Abschnitt 3.10) angeboten werden.

(3) [1] Im Rahmen von Messen und Ausstellungen werden auch Gemeinschaftsausstellungen durchgeführt, z. B. von Ausstellern, die in demselben ausländischen Staat ansässig sind. [2] Vielfach ist in diesen Fällen zwischen dem Ver-

anstalter und den Ausstellern ein Unternehmen eingeschaltet, das im eigenen Namen die Gemeinschaftsausstellung organisiert (Durchführungsgesellschaft). [3] In diesen Fällen erbringt der Veranstalter sonstige Leistungen an die zwischengeschaltete Durchführungsgesellschaft. [4] Diese erbringt die sonstigen Leistungen an die an der Gemeinschaftsausstellung beteiligten Aussteller. [5] § 13b Abs. 1 bis 5 UStG findet keine Anwendung, wenn die im Ausland ansässige Durchführungsgesellschaft sonstige Leistungen an im Ausland ansässige Unternehmer erbringt, soweit diese Leistung im Zusammenhang mit der Veranstaltung von Messen und Ausstellungen im Inland steht (§ 13b Abs. 6 Nr. 5 UStG). [6] Für ausländische staatliche Stellen, die mit der Organisation von Gemeinschaftsausstellungen im Rahmen von Messen und Ausstellungen beauftragt worden sind, gelten die Ausführungen in den Sätzen 1 bis 5 entsprechend, sofern die betreffende ausländische staatliche Stelle von den einzelnen Ausstellern ihres Landes Entgelte in der Regel in Abhängigkeit von der beanspruchten Ausstellungsfläche erhebt und deshalb insoweit als Unternehmer anzusehen ist.

(4) § 13b Abs. 1 bis 5 UStG findet ebenfalls keine Anwendung, wenn die Leistung des im Ausland ansässigen Unternehmers in der Abgabe von Speisen und Getränken zum Verzehr an Ort und Stelle (Restaurationsleistung) besteht, wenn diese Abgabe an Bord eines Schiffs, in einem Luftfahrzeug oder in einer Eisenbahn erfolgt (§ 13b Abs. 6 Nr. 6 UStG).

13b.11 Im Ausland bzw. im übrigen Gemeinschaftsgebiet ansässiger Unternehmer

(1) [1] Ein im Ausland ansässiger Unternehmer im Sinne des § 13b Abs. 7 UStG ist ein Unternehmer, der im Inland (§ 1 Abs. 2 UStG), auf der Insel Helgoland und in einem der in § 1 Abs. 3 UStG bezeichneten Gebiete weder einen Wohnsitz, seinen gewöhnlichen Aufenthalt, seinen Sitz, seine Geschäftsleitung noch eine Betriebsstätte hat (§ 13b Abs. 7 Satz 1 erster Halbsatz UStG); dies gilt auch, wenn der Unternehmer ausschließlich einen Wohnsitz oder einen gewöhnlichen Aufenthaltsort im Inland, aber seinen Sitz, den Ort der Geschäftsleitung oder eine Betriebsstätte im Ausland hat (§ 13b Abs. 7 Satz 1 zweiter Halbsatz UStG). [2] Ein im übrigen Gemeinschaftsgebiet ansässiger Unternehmer ist ein Unternehmer, der in den Gebieten der anderen EU-Mitgliedstaaten, die nach dem Unionsrecht als Inland dieser Mitgliedstaaten gelten, einen Wohnsitz, seinen gewöhnlichen Aufenthalt, seinen Sitz, seine Geschäftsleitung oder eine Betriebsstätte hat (§ 13b Abs. 7 Satz 2 erster Halbsatz UStG); dies gilt nicht, wenn der Unternehmer ausschließlich einen Wohnsitz oder einen gewöhnlichen Aufenthaltsort in den Gebieten der anderen EU-Mitgliedstaaten der Europäischen Union, die nach dem Unionsrecht als Inland dieser Mitgliedstaaten gelten, aber seinen Sitz, den Ort der Geschäftsleitung oder eine Betriebsstätte im Drittlandsgebiet hat (§ 13b Abs. 7 Satz 2 zweiter Halbsatz UStG). [3] Hat der Unternehmer im Inland eine Betriebsstätte (vgl. Abschnitt 3a.1 Abs. 3) und führt er einen Umsatz nach § 13b Abs. 1 oder Abs. 2 Nr. 1 oder Nr. 5 Buchstabe a UStG aus, gilt er hinsichtlich dieses Umsatzes als im Ausland oder im übrigen Gemeinschaftsgebiet ansässig, wenn die Betriebsstätte an dem Umsatz nicht beteiligt ist (§ 13b Abs. 7 Satz 3 UStG). [4] Dies ist regelmäßig dann der Fall, wenn der Unternehmer hierfür nicht die

technische und personelle Ausstattung dieser Betriebsstätte nutzt. [5]Nicht als Nutzung der technischen und personellen Ausstattung der Betriebsstätte gelten unterstützende Arbeiten durch die Betriebsstätte wie Buchhaltung, Rechnungsausstellung oder Einziehung von Forderungen. [6]Stellt der leistende Unternehmer die Rechnung über den von ihm erbrachten Umsatz aber unter Angabe der der Betriebsstätte erteilten USt-IdNr. aus, gilt die Betriebsstätte als an dem Umsatz beteiligt, so dass der Unternehmer als im Inland ansässig anzusehen ist (vgl. Artikel 53 der MwStVO).[1)] [7]Hat der Unternehmer seinen Sitz im Inland und wird ein im Inland steuerbarer und steuerpflichtiger Umsatz vom Ausland aus, z. B. von einer Betriebsstätte, erbracht, ist der Unternehmer als im Inland ansässig zu betrachten, selbst wenn der Sitz des Unternehmens an diesem Umsatz nicht beteiligt war (vgl. Artikel 54 der MwStVO).

(2) [1]Für die Frage, ob ein Unternehmer im Ausland bzw. im übrigen Gemeinschaftsgebiet ansässig ist, ist der Zeitpunkt maßgebend, in dem die Leistung ausgeführt wird (§ 13b Abs. 7 Satz 3 UStG); dieser Zeitpunkt ist auch dann maßgebend, wenn das Merkmal der Ansässigkeit im Ausland bzw. im übrigen Gemeinschaftsgebiet bei Vertragsabschluss noch nicht vorgelegen hat. [2]Unternehmer, die ein im Inland gelegenes Grundstück besitzen und steuerpflichtig vermieten, sind insoweit als im Inland ansässig zu behandeln. [3]Sie haben diese Umsätze im allgemeinen Besteuerungsverfahren zu erklären. [4]Der Leistungsempfänger schuldet nicht die Steuer für diese Umsätze. [5]Die Tatsache, dass ein Unternehmer bei einem Finanzamt im Inland umsatzsteuerlich geführt wird, ist kein Merkmal dafür, dass er im Inland ansässig ist. [6]Das Gleiche gilt grundsätzlich, wenn dem Unternehmer eine deutsche USt-IdNr. erteilt wurde. [7]Zur Frage der Ansässigkeit bei Organschaftsverhältnissen vgl. Abschnitt 2.9.

(3) [1]Ist es für den Leistungsempfänger nach den Umständen des Einzelfalls ungewiss, ob der leistende Unternehmer im Zeitpunkt der Leistungserbringung im Inland ansässig ist – z. B. weil die Standortfrage in rechtlicher oder tatsächlicher Hinsicht unklar ist oder die Angaben des leistenden Unternehmers zu Zweifeln Anlass geben –, schuldet der Leistungsempfänger die Steuer nur dann nicht, wenn ihm der leistende Unternehmer durch eine Bescheinigung des nach den abgabenrechtlichen Vorschriften für die Besteuerung seiner Umsätze zuständigen Finanzamts nachweist, dass er kein Unternehmer im Sinne des § 13b Abs. 7 Satz 1 UStG ist (§ 13b Abs. 7 Satz 5 UStG). [2]Die Bescheinigung hat der leistende Unternehmer bei dem für ihn zuständigen Finanzamt zu beantragen. [3]Soweit erforderlich hat er hierbei in geeigneter Weise darzulegen, dass er im Inland ansässig ist. [4]Die Bescheinigung nach § 13b Abs. 7 Satz 5 UStG ist vom zuständigen Finanzamt nach dem Muster USt 1 TS zu erteilen. [5]Hinsichtlich dieses Musters wird auf das BMF-Schreiben vom 5.11.2019, BStBl. I S. 1041, hingewiesen.

(4) [1]Die Gültigkeitsdauer der Bescheinigung (Absatz 3) ist auf ein Jahr beschränkt. [2]Ist nicht auszuschließen, dass der leistende Unternehmer für eine kürzere Dauer als ein Jahr im Inland ansässig bleibt, hat das Finanzamt die Gültigkeit der Bescheinigung entsprechend zu befristen.

[1)] **Steuergesetze** Nr. **550a.**

13b.12 Entstehung der Steuer beim Leistungsempfänger

(1)[1] Schuldet der Leistungsempfänger für einen Umsatz die Steuer, gilt zur Entstehung der Steuer Folgendes:

1. [1] Für die in Abschnitt 13b.1 Abs. 2 Nr. 1 bezeichneten steuerpflichtigen Umsätze entsteht die Steuer mit Ablauf des Voranmeldungszeitraums, in dem die Leistungen ausgeführt worden sind (§ 13b Abs. 1 UStG). [2] § 13 Abs. 1 Nr. 1 Buchstabe a Sätze 2 und 3 UStG gilt entsprechend (§ 13b Abs. 4 Satz 1 UStG).
2. [1] Für die in Abschnitt 13b.1 Abs. 2 Nr. 2 bis 14 bezeichneten steuerpflichtigen Umsätze entsteht die Steuer mit Ausstellung der Rechnung, spätestens jedoch mit Ablauf des der Ausführung der Leistung folgenden Kalendermonats (§ 13b Abs. 2 UStG). [2] § 13 Abs. 1 Nr. 1 Buchstabe a Sätze 2 und 3 UStG gilt entsprechend (§ 13b Abs. 4 Satz 1 UStG).

Beispiel:

[1] Der in Belgien ansässige Unternehmer B führt am 18.3.01 in Köln eine Werklieferung (Errichtung und Aufbau eines Messestandes) an seinen deutschen Abnehmer D aus. [2] Die Rechnung über diesen im Inland steuerpflichtigen Umsatz, für den D als Leistungsempfänger die Steuer schuldet, erstellt B am 15.4.01. [3] Sie geht D am 17.4.01 zu. [4] D hat monatliche Umsatzsteuer-Voranmeldungen zu übermitteln.

[5] Die Steuer entsteht mit Ablauf des Monats, in dem die Rechnung ausgestellt worden ist (§ 13b Abs. 2 Nr. 1 UStG); das ist mit Ablauf des Monats April 01. [6] D hat den Umsatz in seiner Umsatzsteuer-Voranmeldung April 01 anzumelden. [7] Dies würde auch dann gelten, wenn die Rechnung erst im Mai 01 erstellt oder erst in diesem Monat bei D angekommen wäre.

(2) Abweichend von § 13b Abs. 1 und 2 Nr. 1 UStG entsteht die Steuer für sonstige Leistungen, die dauerhaft über einen Zeitraum von mehr als einem Jahr erbracht werden, spätestens mit Ablauf eines jeden Kalenderjahres, in dem sie tatsächlich erbracht werden (§ 13b Abs. 3 UStG).

(3) [1] Wird das Entgelt oder ein Teil des Entgelts vereinnahmt, bevor die Leistung oder Teilleistung ausgeführt worden ist, entsteht insoweit die Steuer mit Ablauf des Voranmeldungszeitraums, in dem das Entgelt oder das Teilentgelt vereinnahmt worden ist (§ 13b Abs. 4 Satz 2 UStG). [2] Aus Vereinfachungsgründen ist es nicht zu beanstanden, wenn der Leistungsempfänger die Steuer auf das Entgelt oder Teilentgelt bereits in dem Voranmeldungszeitraum anmeldet, in dem die Beträge von ihm verausgabt werden. [3] Liegen die Voraussetzungen für die Steuerschuld des Leistungsempfängers im Zeitpunkt der Vereinnahmung der Anzahlungen nicht vor, schuldet der leistende Unternehmer die Umsatzsteuer. [4] Erfüllt der Leistungsempfänger im Zeitpunkt der Leistungserbringung die Voraussetzungen als Steuerschuldner, bleibt die bisherige Besteuerung der Anzahlungen beim leistenden Unternehmer bestehen (vgl. BFH-Urteil vom 21.6.2001, V R 68/00, BStBl. 2002 II S. 255). [5] In den Fällen des Abschnitts 13b.1 Abs. 2 Nr. 12 und 13 ist auch im Fall einer Anzahlungsrechnung für die Prüfung der Betragsgrenze von 5000 € auf den gesamten wirtschaftlichen Vorgang und nicht auf den Betrag in der Anzahlungsrechnung abzustellen.

---

[1] A 13b.12 UStAE Abs. 1 Nr. 2 Satz 1 geänd. durch BMF v. 23.12.2020, BStBl. I 2021, 92, anzuwenden auf nach dem 31.12.2020 ausgeführte Umsätze, mit Übergangsregelung für **nach dem 31.12.2020 und vor dem 1.4.2021** ausgeführte Leistungen, siehe Anlage 8.

13b.13 Bemessungsgrundlage und Berechnung der Steuer

(1) 1 In den Fällen, in denen der Leistungsempfänger die Steuer schuldet, ist Bemessungsgrundlage der in der Rechnung oder Gutschrift ausgewiesene Betrag (Betrag ohne Umsatzsteuer); zur Bemessungsgrundlage für steuerpflichtige Umsätze, die unter das GrEStG fallen, vgl. Abschnitt 10.1 Abs. 7 Sätze 6 und 7. 2 Die Umsatzsteuer ist von diesem Betrag vom Leistungsempfänger zu berechnen (vgl. Absatz 4 und Abschnitt 13b.14 Abs. 1). 3 Bei tauschähnlichen Umsätzen mit oder ohne Baraufgabe ist § 10 Abs. 2 Sätze 2 und 3 UStG anzuwenden. 4 Die Mindestbemessungsgrundlage nach § 10 Abs. 5 UStG ist auch bei Leistungen eines im Ausland bzw. im übrigen Gemeinschaftsgebiet ansässigen Unternehmers zu beachten. 5 Ist der Leistungsempfänger Steuerschuldner nach § 13b Abs. 5 UStG, hat er die Bemessungsgrundlage für den Umsatz nach § 10 Abs. 5 UStG zu ermitteln.

(2) Im Zwangsversteigerungsverfahren ist das Meistgebot der Berechnung als Nettobetrag zu Grunde zu legen.

(3) *(aufgehoben)*

(4) 1 Der Leistungsempfänger hat bei der Steuerberechnung den Steuersatz zu Grunde zu legen, der sich für den maßgeblichen Umsatz nach § 12 UStG ergibt. 2 Das gilt auch in den Fällen, in denen der Leistungsempfänger die Besteuerung nach § 19 Abs. 1 oder § 24 Abs. 1 UStG anwendet (§ 13b Abs. 8 UStG). 3 Ändert sich die Bemessungsgrundlage, gilt § 17 Abs. 1 Sätze 1 bis 4 UStG in den Fällen des § 13b UStG sinngemäß.

13b.14 Rechnungserteilung

(1)[1)] 1 Führt der im Inland ansässige Unternehmer Umsätze im Sinne des § 13b Abs. 2 Nr. 2 bis 12 UStG aus, für die der Leistungsempfänger nach § 13b Abs. 5 UStG die Steuer schuldet, ist er zur Ausstellung von Rechnungen verpflichtet (§ 14a Abs. 5 Satz 1 UStG), in denen die Steuer nicht gesondert ausgewiesen ist (§ 14a Abs. 5 Satz 2 UStG). 2 Auch eine Gutschrift ist eine Rechnung (§ 14 Abs. 2 Satz 3 UStG). 3 Neben den übrigen Angaben nach § 14 Abs. 4 UStG müssen die Rechnungen die Angabe „Steuerschuldnerschaft des Leistungsempfängers" enthalten (§ 14a Abs. 5 Satz 1 UStG). 4 Fehlt diese Angabe in der Rechnung, wird der Leistungsempfänger von der Steuerschuldnerschaft nicht entbunden. 5 Weist der leistende Unternehmer die Steuer in der Rechnung gesondert aus, wird diese Steuer von ihm nach § 14c Abs. 1 UStG geschuldet.

(2) 1 Der leistende Unternehmer und der Leistungsempfänger haben ein Doppel der Rechnung zehn Jahre aufzubewahren. 2 Die Aufbewahrungsfrist beginnt mit dem Schluss des Kalenderjahres, in dem die Rechnung ausgestellt worden ist (§ 14b Abs. 1 UStG).

---

1) A 13b.14 UStAE Abs. 1 Satz 1 geänd. durch BMF v. 23.12.2020, BStBl. I 2021, 92, anzuwenden auf nach dem 31.12.2020 ausgeführte Umsätze, mit Übergangsregelung für **nach dem 31.12.2020 und vor dem 1.4.2021** ausgeführte Leistungen, siehe Anlage 8.

13b.15 Vorsteuerabzug des Leistungsempfängers

(1) [1]Der Leistungsempfänger kann die von ihm nach § 13b Abs. 5 UStG geschuldete Umsatzsteuer als Vorsteuer abziehen, wenn er die Lieferung oder sonstige Leistung für sein Unternehmen bezieht und zur Ausführung von Umsätzen verwendet, die den Vorsteuerabzug nicht ausschließen. [2]Soweit die Steuer auf eine Zahlung vor Ausführung dieser Leistung entfällt, ist sie bereits abziehbar, wenn die Zahlung geleistet worden ist (§ 15 Abs. 1 Satz 1 Nr. 4 UStG).

(2) Erteilt der leistende Unternehmer dem Leistungsempfänger eine Rechnung, die entgegen § 14a Abs. 5 Satz 1 UStG nicht die Angabe „Steuerschuldnerschaft des Leistungsempfängers" enthält (vgl. Abschnitt 13b.14 Abs. 1), ist dem Leistungsempfänger dennoch der Vorsteuerabzug unter den weiteren Voraussetzungen des § 15 UStG zu gewähren, da nach § 15 Abs. 1 Satz 1 Nr. 4 UStG das Vorliegen einer Rechnung nach §§ 14, 14a UStG nicht Voraussetzung für den Abzug der nach § 13b Abs. 5 UStG geschuldeten Steuer als Vorsteuer ist.

(3) [1]Liegt dem Leistungsempfänger im Zeitpunkt der Erstellung der Voranmeldung bzw. Umsatzsteuererklärung für das Kalenderjahr, in der der Umsatz anzumelden ist, für den der Leistungsempfänger die Steuer schuldet, keine Rechnung vor, muss er die Bemessungsgrundlage ggf. schätzen. [2]Die von ihm angemeldete Steuer kann er im gleichen Besteuerungszeitraum unter den weiteren Voraussetzungen des § 15 UStG als Vorsteuer abziehen.

(4) [1]Soweit an nicht im Inland ansässige Unternehmer Umsätze ausgeführt werden, für die diese die Steuer nach § 13b Abs. 5 UStG schulden, haben sie die für Vorleistungen in Rechnung gestellte Steuer im allgemeinen Besteuerungsverfahren und nicht im Vorsteuer-Vergütungsverfahren als Vorsteuer geltend zu machen.

Beispiel:

[1]Der in Frankreich ansässige Unternehmer A wird von dem ebenfalls in Frankreich ansässigen Unternehmer B beauftragt, eine Maschine nach Frankfurt zu liefern und dort zu montieren. [2]Der Lieferort soll sich nach § 3 Abs. 7 UStG richten.

[3]In diesem Fall erbringt A im Inland eine steuerpflichtige Werklieferung an B (§ 13b Abs. 2 Nr. 1 UStG). [4]Die Umsatzsteuer für diese Werklieferung schuldet B (§ 13b Abs. 5 Satz 1 UStG). [5]Unter den weiteren Voraussetzungen des § 15 UStG kann B im allgemeinen Besteuerungsverfahren die nach § 13b Abs. 5 Satz 1 UStG geschuldete Steuer und die für Vorleistungen an ihn in Rechnung gestellte Steuer als Vorsteuer abziehen (§ 15 Abs. 1 Satz 1 Nr. 1 und 4 UStG).

[2]Für Unternehmer, die nicht im Gemeinschaftsgebiet ansässig sind und die nur Steuer nach § 13b Abs. 5 UStG, nur Steuer nach § 13b Abs. 5 und § 13a Abs. 1 Nr. 1 in Verbindung mit § 14c Abs. 1 UStG oder nur Steuer *nach § 13b Abs. 5 und § 13a Abs. 1* Nr. 4 UStG schulden, gelten die Einschränkungen des § 18 Abs. 9 Sätze 5 und 6 UStG entsprechend (§ 15 Abs. 4b UStG).[1] [3]Satz 2 gilt nicht, wenn Unternehmer, die nicht im Gemeinschaftsgebiet ansässig sind, auch steuerpflichtige Umsätze im Inland ausführen, für die sie oder ein anderer die Steuer schulden.

---

[1] Vorsteuerabzug von Drittlands-Unternehmern auch im allgemeinen Besteuerungsverfahren nur bei Gegenseitigkeit, siehe BFH v. 22.5.2019 XI R 1/18, MwStR 2019, 828.

(5) Der Unternehmer kann bei Vorliegen der weiteren Voraussetzungen des § 15 UStG den Vorsteuerabzug in der Voranmeldung oder in der Umsatzsteuererklärung für das Kalenderjahr geltend machen, in der er den Umsatz zu versteuern hat (vgl. § 13b Abs. 1 und 2 UStG).

13b.16 Steuerschuldnerschaft des Leistungsempfängers und allgemeines Besteuerungsverfahren

(1) [1]Voranmeldungen (§ 18 Abs. 1 und 2 UStG) und eine Umsatzsteuererklärung für das Kalenderjahr (§ 18 Abs. 3 und 4 UStG) haben auch Unternehmer und juristische Personen abzugeben, soweit sie als Leistungsempfänger ausschließlich eine Steuer nach § 13b Abs. 5 UStG zu entrichten haben (§ 18 Abs. 4a Satz 1 UStG). [2]Voranmeldungen sind nur für die Voranmeldungszeiträume abzugeben, in denen die Steuer für die Umsätze im Sinne des § 13b Abs. 1 und 2 UStG zu erklären ist (§ 18 Abs. 4a Satz 2 UStG). [3]Die Anwendung des § 18 Abs. 2a UStG ist ausgeschlossen.

(2) [1]Hat der im Ausland bzw. im übrigen Gemeinschaftsgebiet ansässige Unternehmer im Besteuerungszeitraum oder Voranmeldungszeitraum nur Umsätze ausgeführt, für die der Leistungsempfänger die Steuer schuldet (§ 13b Abs. 5 UStG), sind von ihm nur dann Steueranmeldungen abzugeben, wenn er selbst als Leistungsempfänger eine Steuer nach § 13b UStG schuldet, er eine Steuer nach § 14c UStG schuldet oder wenn ihn das Finanzamt hierzu besonders auffordert. [2]Das Finanzamt hat den Unternehmer insbesondere in den Fällen zur Abgabe von Steueranmeldungen aufzufordern, in denen es zweifelhaft ist, ob er tatsächlich nur Umsätze ausgeführt hat, für die der Leistungsempfänger die Steuer schuldet. [3]Eine Besteuerung des im Ausland bzw. im übrigen Gemeinschaftsgebiet ansässigen Unternehmers nach § 16 und § 18 Abs. 1 bis 4 UStG ist jedoch nur dann durchzuführen, wenn er im Inland steuerpflichtige Umsätze ausgeführt hat, für die der Leistungsempfänger die Steuer nicht schuldet.

(3) [1]Bei der Besteuerung des im Ausland bzw. im übrigen Gemeinschaftsgebiet ansässigen Unternehmers nach § 16 und § 18 Abs. 1 bis 4 UStG sind die Umsätze, für die der Leistungsempfänger die Steuer schuldet, nicht zu berücksichtigen. [2]Ferner bleiben die Vorsteuerbeträge unberücksichtigt, die im Vorsteuer-Vergütungsverfahren (§ 18 Abs. 9 UStG, §§ 59 bis 61a UStDV) vergütet wurden. [3]Die danach verbleibenden Vorsteuerbeträge sind ggf. durch Vorlage der Rechnungen und Einfuhrbelege nachzuweisen. [4]Abschnitt 15.11 Abs. 1 gilt sinngemäß. [5]Das Finanzamt hat die vorgelegten Rechnungen und Einfuhrbelege durch Stempelaufdruck oder in anderer Weise zu entwerten und dem Unternehmer zurückzusenden.

(4) Hat der im Ausland bzw. im übrigen Gemeinschaftsgebiet ansässige Unternehmer im Besteuerungszeitraum oder im Voranmeldungszeitraum nur Umsätze ausgeführt, für die der Leistungsempfänger die Steuer schuldet, und kommt deshalb das allgemeine Besteuerungsverfahren nach § 16 und § 18 Abs. 1 bis 4 UStG nicht zur Anwendung, können die nach § 15 UStG abziehbaren Vorsteuerbeträge unter den weiteren Voraussetzungen nur im Vorsteuer-Vergütungsverfahren (§ 18 Abs. 9 UStG, §§ 59 bis 61a UStDV) vergütet werden.

13b.17[1)] Aufzeichnungspflichten

[1] Neben den allgemeinen Aufzeichnungspflichten nach § 22 UStG müssen in den Fällen des § 13b Abs. 1 bis 5 UStG beim Leistungsempfänger die in § 22 Abs. 2 Nr. 1 und 2 UStG enthaltenen Angaben über die an ihn ausgeführten oder noch nicht ausgeführten Lieferungen und sonstigen Leistungen aus den Aufzeichnungen zu ersehen sein. [2] Auch der leistende Unternehmer hat diese Angaben gesondert aufzuzeichnen (§ 22 Abs. 2 Nr. 8 UStG). [3] Die Verpflichtung, zur Feststellung der Steuer und der Grundlagen ihrer Berechnung Aufzeichnungen zu machen, gilt in den Fällen der Steuerschuldnerschaft des Leistungsempfängers auch für Personen, die nicht Unternehmer sind (§ 22 Abs. 1 Satz 2 UStG); z. B. Bezug einer Leistung für den nichtunternehmerischen Bereich des Unternehmers oder den Hoheitsbereich einer juristischen Person des öffentlichen Rechts mit Ausnahme der in § 13b Abs. 5 Satz 11 UStG genannten Leistungen, die ausschließlich an den nichtunternehmerischen Bereich von juristischen Personen des öffentlichen Rechts erbracht werden.

13b.18[2)] Übergangsregelungen

[1] Zur Übergangsregelung in § 27 Abs. 4 UStG vgl. BMF-Schreiben vom 5.12.2001, BStBl. I S. 1013. [2] Zur Übergangsregelung bei der Anwendung der Erweiterung des § 13b UStG ab 1.4.2004 auf alle Umsätze, die unter das GrEStG fallen, und auf bestimmte Bauleistungen vgl. BMF-Schreiben vom 31.3.2004, BStBl. I S. 453, und vom 2.12.2004, BStBl. I S. 1129. [3] Zur Übergangsregelung bei der Anwendung der Erweiterung der Ausnahmen, in denen die Steuerschuldnerschaft des Leistungsempfängers nicht anzuwenden ist, ab 1.1.2007 bei Messen, Ausstellungen und Kongressen vgl. BMF-Schreiben vom 20.12.2006, BStBl. I S. 796. [4] Zur Übergangsregelung bei der Abgrenzung des Begriffs des Unternehmers, der selbst Bauleistungen erbringt, vgl. BMF-Schreiben vom 16.10.2009, BStBl. I S. 1298. [5] Zum Übergang auf die Anwendung der Erweiterung des § 13b UStG ab 1.1.2011 auf Lieferungen von Kälte und Wärme, Lieferungen der in der Anlage 3 des UStG bezeichneten Gegenstände und bestimmte Lieferungen von Gold sowie zur Übergangsregelung bei der Anwendung der Erweiterung des § 13b UStG ab 1.1.2011 auf Gebäudereinigungsleistungen vgl. BMF-Schreiben vom 4.2.2011, BStBl. I S. 156. [6] Zum Übergang auf die Anwendung der Erweiterung des § 13b UStG ab 1.7.2011 auf bestimmte Lieferungen von Mobilfunkgeräten und integrierten Schaltkreisen vgl. Teil II des BMF-Schreibens vom 24.6.2011, BStBl. I S. 687, und Teil II des BMF-Schreibens vom 22.9.2011, BStBl. I S. 910. [7] Zum Übergang auf die Anwendung der Erweiterung des § 13b UStG ab 1.9.2013 auf Lieferungen von Gas über das Erdgasnetz oder Elektrizität durch

---

1) A 13b.17 UStAE Satz 3 Hs. 2 geänd. durch BMF v. 23.12.2020, BStBl. I 2021, 92, anzuwenden auf nach dem 31.12.2020 ausgeführte Umsätze, mit Übergangsregelung für **nach dem 31.12.2020 und vor dem 1.4.2021** ausgeführte Leistungen, siehe Anlage 8.

2) A 13b.18 UStAE Satz 11 angef. durch BMF v. 23.3.2020, BStBl. I 2020, 288; siehe Anlage 8; Satz 12 angef. durch BMF v. 23.12.2020, BStBl. I 2021, 92, anzuwenden auf nach dem 31.12.2020 ausgeführte Umsätze, mit Übergangsregelung für **nach dem 31.12.2020 und vor dem 1.4.2021** ausgeführte Leistungen, siehe Anlage 8.

einen im Inland ansässigen Unternehmer vgl. BMF-Schreiben vom 19.9.2013, BStBl. I S. 1212. [8] Zum Übergang auf die Anwendung der Erweiterung des § 13b UStG ab 1.10.2014 auf Lieferungen von Tablet-Computern, Spielekonsolen, Edelmetallen, unedlen Metallen, Selen und Cermets sowie zur Änderung der Anwendung des § 13b UStG ab 1.10.2014 bei Bauleistungen und Gebäudereinigungsleistungen vgl. Teil II des BMF-Schreibens vom 26.9. 2014, BStBl. I S. 1297. [9] Zum Übergang auf die Anwendung der Änderung des § 13b UStG ab 1.1.2015 auf Lieferungen von Edelmetallen, unedlen Metallen und Cermets vgl. Teil II des BMF-Schreibens vom 13.3.2015, BStBl. I S. 234. [10] Zum Übergang auf die Anwendung der Änderung des § 13b UStG ab 6.11.2015 auf Lieferungen der in der Anlage 3 des UStG bezeichneten Gegenstände, auf Gebäudereinigungsleistungen, auf bestimmte Lieferungen von Gold sowie auf Lieferungen von Mobilfunkgeräten, Tablet-Computern, Spielekonsolen, integrierten Schaltkreisen, Edelmetallen, unedlen Metallen und Cermets vgl. Teil II des BMF-Schreibens vom 10.8.2016, BStBl. I S. 820. [11] Zum Übergang auf die Anwendung der Änderung des § 13b UStG ab 1.1.2020 auf Übertragungen von Gas- und Elektrizitätszertifikaten vgl. Teil II des BMF-Schreibens vom 23.3.2020, BStBl. I S. 288. [12] Zum Übergang auf die Anwendung der Änderung des § 13b UStG ab 1.1.2021 auf sonstige Leistungen auf dem Gebiet der Telekommunikation vgl. Teil II des BMF-Schreibens vom 23.12.2020, BStBl. 2021 I S. 92.

Zu § 13c UStG

13c.1 Haftung bei Abtretung, Verpfändung oder Pfändung von Forderungen

(1) [1] § 13c UStG regelt eine Haftung für die Fälle, in denen ein leistender Unternehmer (Steuerschuldner) seinen Anspruch auf die Gegenleistung für einen steuerpflichtigen Umsatz (Forderung) abtritt, der Abtretungsempfänger die Forderung einzieht oder an einen Dritten überträgt und der Steuerschuldner die in der Forderung enthaltene Umsatzsteuer bei Fälligkeit nicht oder nicht rechtzeitig entrichtet. [2] § 13c UStG umfasst auch die Fälle, in denen Forderungen des leistenden Unternehmers verpfändet oder gepfändet werden.

Tatbestandsmerkmale

(2) [1] § 13c UStG erfasst nur die Abtretung, Verpfändung oder Pfändung von Forderungen aus steuerbaren und steuerpflichtigen Umsätzen eines Unternehmers. [2] Der steuerpflichtige Umsatz muss nicht an einen anderen Unternehmer erbracht worden sein, es kann sich auch um einen steuerpflichtigen Umsatz an einen Nichtunternehmer handeln.

(3) [1] Der Haftungstatbestand umfasst grundsätzlich alle Formen der Abtretung, Verpfändung oder Pfändung von Forderungen aus diesen Umsätzen. [2] Insbesondere fällt unter § 13c UStG die Abtretung bestimmter künftiger Forderungen aus bestehenden Geschäftsverbindungen zugunsten eines Dritten im Zusammenhang mit Waren- oder Bankkrediten. [3] Hauptfälle dieser Abtretungen künftiger Forderungen sind u. a. die Sicherungsabtretung zugunsten eines Kreditgebers, einschließlich der sog. Globalzession.

(4) [1]Die Abtretung (§ 398 BGB) ist grundsätzlich nicht formbedürftig. [2]Unmittelbare Folge der Abtretung ist der Wechsel der Gläubigerstellung.

(5) Die Rechtsfolgen des § 13c UStG für die Forderungsabtretung treten auch bei der Verpfändung oder Pfändung von Forderungen ein.

(6) [1]Bei der Pfändung von Forderungen kommt eine Haftung des Vollstreckungsgläubigers in Betracht. [2]Durch die Pfändung wird eine Geldforderung beschlagnahmt (z. B. § 829 ZPO). [3]Die Pfändung ist mit der Zustellung des Beschlusses an den Drittschuldner als bewirkt anzusehen (§ 829 Abs. 3 ZPO).

(7) [1]Die Abtretung, Verpfändung oder Pfändung von Forderungen kann auf einen Teilbetrag der Gesamtforderung beschränkt werden. [2]Dabei ist die Umsatzsteuer zivilrechtlich unselbständiger Teil des abgetretenen, verpfändeten oder gepfändeten Forderungsbetrags. [3]Die Abtretung kann nicht auf einen (fiktiven) Nettobetrag ohne Umsatzsteuer beschränkt werden, vielmehr erstreckt sich die Haftung auf die im abgetretenen, verpfändeten oder gepfändeten Betrag enthaltene Umsatzsteuer. [4]Die Umsatzsteuer, für die gehaftet wird, ist somit aus dem abgetretenen, verpfändeten oder gepfändeten Forderungsbetrag heraus zu rechnen.

(8) [1]Voraussetzung für die Haftung ist, dass der Leistende ein Unternehmer im Sinne des § 2 UStG ist. [2]Zur Anwendung des § 13c UStG bei Kleinunternehmern im Sinne des § 19 UStG und land- und forstwirtschaftlichen Unternehmern, die die Durchschnittssatzbesteuerung nach § 24 UStG anwenden, vgl. Absatz 11.

(9) [1]Der Abtretungsempfänger, Pfandgläubiger oder Vollstreckungsgläubiger muss nach § 13c Abs. 1 Satz 1 in Verbindung mit Abs. 3 UStG Unternehmer im Sinne des § 2 UStG sein. [2]Kleinunternehmer im Sinne des § 19 UStG oder land- und forstwirtschaftliche Unternehmer, die die Durchschnittssatzbesteuerung nach § 24 UStG anwenden, können auch Haftungsschuldner im Sinne des § 13c UStG sein. [3]Nicht Voraussetzung für die Haftung nach § 13c UStG ist, dass die Abtretung, Verpfändung oder Pfändung der Forderung für den unternehmerischen Bereich des Abtretungsempfängers, Pfandgläubigers oder Vollstreckungsgläubigers erfolgt. [4]Pfändet z. B. ein Unternehmer eine Forderung für seinen nichtunternehmerischen Bereich, kann er als Haftungsschuldner nach § 13c UStG in Anspruch genommen werden.

(10) [1]Bei Abtretungen und Verpfändungen an Nichtunternehmer oder Pfändungen durch Nichtunternehmer kommt die Haftung nach § 13c UStG nicht in Betracht. [2]Zu den Nichtunternehmern gehören auch juristische Personen des öffentlichen Rechts, soweit nicht ein Betrieb gewerblicher Art (vgl. § 2 Abs. 3 UStG) vorliegt.

(11) [1]§ 13c UStG setzt voraus, dass der leistende Unternehmer die Steuer, bei deren Ermittlung der steuerpflichtige Umsatz ganz oder teilweise berücksichtigt wurde, für den der Anspruch auf Gegenleistung (Forderung) abgetreten, verpfändet oder gepfändet wird, zum Zeitpunkt der Fälligkeit nicht oder nicht vollständig entrichtet hat. [2]§ 13c UStG kann deshalb nicht angewendet werden, wenn sich keine zu entrichtende Steuer ergibt (z. B. bei Vorsteuerüberschüssen; bei leistenden Unternehmern, die die sog. Kleinunternehmerregelung im Sinne des § 19 UStG anwenden). [3]Bei der Abtretung, Verpfändung oder Pfändung

von Forderungen eines land- und forstwirtschaftlichen Unternehmers, der die Durchschnittssatzbesteuerung nach § 24 UStG anwendet, kommt eine Haftung in Betracht, soweit bei diesem eine Zahllast entsteht.

(12) [1] War die Umsatzsteuer, für die eine Haftung in Betracht kommen würde, in der Vorauszahlung für den maßgeblichen Voranmeldungszeitraum nicht enthalten, kommt eine Haftung nicht in Betracht. [2] Ist die in der abgetretenen, verpfändeten oder gepfändeten Forderung enthaltene Umsatzsteuer erstmals in der zu entrichtenden Steuer für das Kalenderjahr enthalten, greift die Haftung ein, wenn der leistende Unternehmer den Unterschiedsbetrag im Sinne des § 18 Abs. 4 UStG bei Fälligkeit nicht oder nicht vollständig entrichtet hat.

(13) [1] Hat der leistende Unternehmer die Vorauszahlung für den maßgeblichen Voranmeldungszeitraum vollständig entrichtet und war die in der abgetretenen, verpfändeten oder gepfändeten Forderung enthaltene Umsatzsteuer in der Vorauszahlung enthalten, haftet der Abtretungsempfänger, Pfandgläubiger oder Vollstreckungsgläubiger nicht. [2] Dies gilt auch dann, wenn sich für das entsprechende Kalenderjahr eine zu entrichtende Steuer im Sinne des § 18 Abs. 3 UStG zugunsten des Finanzamts ergibt und der Unternehmer den Unterschiedsbetrag nach § 18 Abs. 4 UStG bei Fälligkeit nicht oder nicht vollständig entrichtet hat.

(14) [1] Die Haftung greift dem Grunde nach, wenn die Steuer nicht bis zum Ablauf des Fälligkeitstags entrichtet wird. [2] Die Fälligkeit richtet sich nach § 220 Abs. 1 AO i. V. m. § 18 Abs. 1 und 4 UStG. [3] Die Anwendung von § 13c UStG kommt nicht in Betracht, wenn die Steuer innerhalb der Zahlungs-Schonfrist nach § 240 Abs. 3 AO entrichtet wird. [4] Ein bis zum Ablauf der Zahlungs-Schonfrist entrichteter Betrag ist bei der Berechnung des Haftungsbetrags zu berücksichtigen. [5] Soweit die Steuer nach diesem Zeitpunkt entrichtet wird, fallen die Voraussetzungen für den Erlass eines Haftungsbescheids (vgl. Absatz 40) ab diesem Zeitpunkt weg.

(15) Ist die umsatzsteuerrechtliche Behandlung des der Forderung zu Grunde liegenden steuerpflichtigen Umsatzes streitig und wurde in Bezug darauf bei der entsprechenden Steuerfestsetzung Aussetzung der Vollziehung gewährt, ist insoweit keine Fälligkeit gegeben (§ 13c Abs. 1 Satz 2 UStG).

(16) [1] Für die Begründung der Haftung reicht es aus, wenn der der abgetretenen, verpfändeten oder gepfändeten Forderung zu Grunde liegende Umsatz bei der Steuer berücksichtigt wurde. [2] Eine weitere Zuordnung der in der abgetretenen, verpfändeten oder gepfändeten Forderung enthaltenen Umsatzsteuer ist nicht erforderlich. [3] Deshalb kann die Haftung nicht dadurch ausgeschlossen werden, dass der leistende Unternehmer Zahlungen an das Finanzamt speziell der in den abgetretenen, verpfändeten oder gepfändeten Forderungen enthaltenen Umsatzsteuer zuordnet.

(17) [1] Wird über das Vermögen des leistenden Unternehmers das Insolvenzverfahren eröffnet, können Steuerbeträge nicht mehr festgesetzt werden, das Steuerfestsetzungsverfahren wird unterbrochen. [2] Ist die Umsatzsteuer, für die die Haftung in Betracht kommt, durch den Insolvenzverwalter bzw. den Insolvenzschuldner für Zeiträume vor Eröffnung des Insolvenzverfahrens angemel-

det worden, gilt die Umsatzsteuer nach § 41 Abs. 1 InsO[1)] insoweit als fällig im Sinne des § 13c UStG. [3]Entsprechendes gilt, wenn die Umsatzsteuer von Amts wegen zur Insolvenztabelle angemeldet worden ist. [4]Hierbei ist es unerheblich, ob der Insolvenzverwalter der Anmeldung widerspricht. [5]Nur in Fällen der Aussetzung der Vollziehung (vgl. Absatz 15) ist keine Fälligkeit im Sinne des § 13c UStG gegeben. [6]Von einer Nichtentrichtung der Steuer ist auch dann auszugehen, wenn eine Insolvenzquote zu erwarten ist. [7]Wird tatsächlich eine Zahlung durch den Insolvenzverwalter auf die angemeldete Umsatzsteuer geleistet, ist ein rechtmäßiger Haftungsbescheid zugunsten des Haftungsschuldners insoweit zu widerrufen (vgl. Absatz 40).

Vereinnahmung

(18) [1]Die Haftung setzt voraus, dass der Abtretungsempfänger, Pfandgläubiger oder Vollstreckungsgläubiger die abgetretene, verpfändete oder gepfändete Forderung ganz oder teilweise vereinnahmt hat. [2]Wurde die Forderung teilweise vereinnahmt, erstreckt sich die Haftung nur auf die Umsatzsteuer, die im tatsächlich vereinnahmten Betrag enthalten ist.

(19) [1]In den Fällen der Sicherungsabtretung gilt die Forderung durch den Abtretungsempfänger auch dann als vereinnahmt, soweit der leistende Unternehmer die Forderung selbst einzieht und den Geldbetrag an den Abtretungsempfänger weiterleitet oder soweit der Abtretungsempfänger die Möglichkeit des Zugriffs auf den Geldbetrag hat. [2]Bei der Vereinnahmung des Forderungsbetrags durch den Abtretungsempfänger selbst ist dessen Einziehungs- oder Verfügungsbefugnis an einer Forderung zu berücksichtigen.

(20) [1]Macht der Abtretungsempfänger von seiner Einziehungsbefugnis Gebrauch, ist maßgebender Rechtsgrund die mit der Abtretung verbundene Sicherungsabrede. [2]Eine Vereinnahmung durch das kontoführende Unternehmen (z.B. ein Kreditinstitut) als Abtretungsempfänger liegt in den Fällen der Sicherungsabtretung (insbesondere der Globalzession) vor, wenn dieses die Forderung unter Offenlegung der Sicherungsabrede selbst beim Schuldner der Forderung einzieht. [3]In diesem Fall entzieht es dem leistenden Unternehmer dessen Einziehungsbefugnis auf Grund der im Rahmen der Globalzession getroffenen Vereinbarungen.

(21) Eine Vereinnahmung durch den Abtretungsempfänger bzw. Gläubiger liegt darüber hinaus auch dann vor, wenn die Einziehung der Forderung durch den Abtretungsempfänger auf der Grundlage anderer Ansprüche, wie z.B. einer Einzelabrede, eines Pfandrechts oder ohne Rechtsgrundlage erfolgt.

(22) [1]Macht der Abtretungsempfänger von seiner Verfügungsbefugnis Gebrauch, ist insoweit die Abtretung für die Inhaberschaft an der Forderung maßgebend. [2]Diese begründet auch bei mittelbarer Vereinnahmung (z.B. mittels Bareinzahlung oder Überweisung von einem anderen Konto des Gläubigers nach Vereinnahmung durch den Gläubiger) das Recht auf Entzug der Verfügungsbefugnis.

(23) [1]Der Abtretungsempfänger soll nach Sinn und Zweck des § 13c UStG haften, soweit nicht mehr der leistende Unternehmer, sondern der Abtre-

---

1) **Habersack** Nr. **110.**

tungsempfänger über den eingegangenen Geldbetrag verfügen kann und daher die Verfügungsmacht über die in der abgetretenen Forderung enthaltene Umsatzsteuer hat. [2]In den Fällen der Sicherungsabtretung gilt demnach die Forderung auch dann durch den Abtretungsempfänger als vereinnahmt, wenn und soweit der leistende Unternehmer die Forderung zwar selbst einzieht, den Geldbetrag jedoch an den Abtretungsempfänger weiterleitet oder dieser die Möglichkeit des Zugriffs auf diesen Betrag hat (vgl. Absatz 19). [3]Dies betrifft insbesondere die Fälle, in denen Forderungsbeträge auf einem beim Abtretungsempfänger geführten Konto des leistenden Unternehmers eingehen. [4]Die Vereinnahmung des Forderungsbetrags durch den Abtretungsempfänger wird jedoch nicht bereits bei jedem Geldeingang auf einem bei dem Abtretungsempfänger geführten Konto des leistenden Unternehmers fingiert, dies grundsätzlich auch dann nicht, wenn sich das Konto des leistenden Unternehmers im Debet befindet, sondern nur soweit der Abtretungsempfänger die Verfügungsbefugnis erhält.

(24) [1]Die Verfügungsbefugnis am Forderungsbetrag liegt in folgenden Fällen beim Abtretungsempfänger, so dass insoweit eine Vereinnahmung durch diesen fingiert wird:

1. Das beim Abtretungsempfänger geführte Konto des leistenden Unternehmers befindet sich auch nach der Gutschrift des Forderungseingangs im Debet und es besteht keine Kreditvereinbarung („Kreditlinie", „Kreditrahmen").

Beispiel:

[1]Unternehmer A unterhält ein Kontokorrentkonto bei dem kontoführenden Unternehmen B. [2]B hat sich die Forderungen aus der Geschäftstätigkeit des A im Wege der Globalzession abtreten lassen.[3]Es besteht keine Kreditvereinbarung für das Konto des A bei B. [4]Ein Kunde des A begleicht eine Forderung i. H. v. 34 800 € durch Barzahlung; A zahlt den Betrag auf sein Konto bei B ein, welches nach der Gutschrift noch einen Saldo von 5000 € im Debet aufweist.

[5]B hat das Recht, den Betrag ausschließlich zum Ausgleich der eigenen Forderung zu verwenden und dem A insoweit eine anderweitige Verfügung zu versagen. [6]Die Forderung gilt in voller Höhe als durch B vereinnahmt.

2. Das beim Abtretungsempfänger geführte Konto des leistenden Unternehmers befindet sich auch nach der Gutschrift des Forderungseingangs im Debet und eine bestehende Kreditvereinbarung („vereinbarte Überziehung") ist ausgeschöpft.

Beispiel:

[1]Unternehmer A unterhält ein Kontokorrentkonto bei dem kontoführenden Unternehmen B. [2]B hat sich die Forderungen aus der Geschäftstätigkeit des A im Wege der Globalzession abtreten lassen. [3]Für das Konto des A bei B besteht ein Kreditrahmen von 100 000 € (sog. „vereinbarte Überziehung"). [4]Ein Kunde des A begleicht eine Forderung i. H. v. 34 800 € durch Überweisung auf das Konto des A bei B, welches nach der Gutschrift noch einen Saldo von 120 000 € im Debet aufweist.

[5]B hat das Recht, den Betrag ausschließlich zum Ausgleich der eigenen Forderung zu verwenden und dem A insoweit eine anderweitige Verfügung zu versagen. [6]Die Forderung gilt in voller Höhe als durch B vereinnahmt.

3. [1]Das beim Abtretungsempfänger geführte Konto des leistenden Unternehmers befindet sich auch nach der Gutschrift des Forderungseingangs im Debet und ein bestehender Kreditrahmen ist zwar noch nicht ausgeschöpft,

wird jedoch im unmittelbaren Zusammenhang mit dem Geldeingang eingeschränkt. [2]Das Konto des leistenden Unternehmers ist nach dieser Einschränkung (z. B. durch Kündigung oder Reduzierung des Kreditrahmens) über das vereinbarte Maß in Anspruch genommen.

Beispiel:

[1]Unternehmer A unterhält ein Kontokorrentkonto bei dem kontoführenden Unternehmen B. [2]B hat sich die Forderungen aus der Geschäftstätigkeit des A im Wege der Globalzession abtreten lassen. [3]Für das Konto des A bei B besteht ein Kreditrahmen von 100 000 € (sog. „vereinbarte Überziehung“). [4]Ein Kunde des A begleicht eine Forderung i. H. v. 34 800 € durch Überweisung auf das Konto des A bei B, welches nach der Gutschrift noch einen Saldo von 70 000 € im Debet aufweist. [5]B reduziert den vereinbarten Kreditrahmen unmittelbar nach Gutschrift des Forderungseingangs auf 50 000 €.

[6]A kann über den gutgeschriebenen Forderungsbetrag nicht mehr verfügen, da er von B zum Ausgleich der eigenen (durch die Reduzierung des Kontokorrentkredits entstandenen) Forderung verwendet worden ist und dem A kein weiterer Verfügungsrahmen auf seinem Konto verblieben ist. [7]Die Forderung gilt in voller Höhe als durch B vereinnahmt.

4. Der Abtretungsempfänger separiert den Geldbetrag nach Eingang auf dem Konto des leistenden Unternehmers auf ein anderes Konto, z. B. ein Sicherheitenerlöskonto.

Beispiel:

[1]Unternehmer A unterhält ein Kontokorrentkonto bei dem kontoführenden Unternehmen B. [2]B hat sich die Forderungen aus der Geschäftstätigkeit des A im Wege der Globalzession abtreten lassen. [3]Für das Konto des A bei B besteht ein Kreditrahmen von 100 000 € (sog. „vereinbarte Überziehung“). [4]Ein Kunde des A begleicht eine Forderung i. H. v. 34 800 € durch Überweisung auf das Konto des A bei B, welches nach der Gutschrift zunächst noch einen Saldo von 80 000 € im Debet aufweist. [5]B bucht den zunächst gutgeschriebenen Betrag auf ein Darlehnskonto des A um, welches von diesem nicht bedient worden war.

[6]A kann über den gutgeschriebenen Forderungsbetrag nach Separierung durch B nicht mehr verfügen, da er von B zum Ausgleich der eigenen (neben dem Kontokorrent bestehenden Darlehns-)Forderung verwendet worden ist. [7]Dies gilt unabhängig davon, ob dem A ein Verfügungsrahmen auf seinem Konto verblieben ist. [8]Die Forderung gilt in voller Höhe als durch B vereinnahmt.

[9]Gleiches gilt bei Umbuchung auf ein gesondertes Sicherheitenerlöskonto.

(25) [1]Bei einem Kontokorrentkonto widerspricht das kontoführende Unternehmen Verfügungen des leistenden Unternehmers regelmäßig nicht bereits bei jedem Überschreiten des vereinbarten Kreditrahmens. [2]In der Regel erfolgt ein Widerspruch erst dann, wenn die vorgenommene Anweisung den vereinbarten Kreditrahmen um mehr als 15% überschreitet. [3]In diesem Rahmen kann der leistende Unternehmer die Erfüllung seiner Kontoanweisungen vom kontoführenden Unternehmen regelmäßig noch erwarten. [4]Es ist daher nur insoweit von einem Entzug der Verfügungsbefugnis über eingehende Beträge durch das kontoführende Unternehmen auszugehen, als das Konto des leistenden Unternehmers den vereinbarten Kreditrahmen auch nach der Gutschrift des Forderungseingangs um 15% überschreitet; nur insoweit muss der leistende Unternehmer davon ausgehen, dass er über den gutgeschriebenen Betrag nicht mehr verfügen können wird.

Beispiel:

[1]Unternehmer A unterhält ein Kontokorrentkonto bei dem kontoführenden Unternehmen B. [2]B hat sich die Forderungen aus der Geschäftstätigkeit des A im Wege der Globalzession abtreten lassen. [3]Für das Konto des A bei B besteht ein Kreditrahmen von 100 000 € (sog.

„vereinbarte Überziehung"). [4] Ein Kunde des A begleicht eine Forderung i. H. v. 34 800 € durch Überweisung auf das Konto des A bei B, welches nach der Gutschrift noch einen Saldo von 110 000 € im Debet aufweist.
[5] Obwohl der Kreditrahmen des A keine weiteren Verfügungen zulässt und die Forderung damit als in voller Höhe als durch B vereinnahmt gelten könnte, ist davon auszugehen, dass A über einen Teilbetrag der gutgeschriebenen Forderung i. H. v. 5000 € noch verfügen kann, da die kontoführenden Unternehmen im Allgemeinen nur den die Kreditlinie um 15 % übersteigenden Forderungseingang zum Ausgleich der eigenen (durch ausnahmsweise geduldete Überziehung des Kontokorrentkredits entstandenen) Forderung verwenden wird und den A insoweit von einer Verfügung ausschließen. [6] Die Forderung gilt daher i. H. v. 29800 € als durch B vereinnahmt.

(26) [1] Kündigt oder reduziert das kontoführende Unternehmen die Kreditlinie zwar ganz oder teilweise, ggf. auf einen geringeren Betrag, räumt es dem leistenden Unternehmer jedoch einen gewissen Zeitraum ein, um dieses Kreditziel (vereinbarte Überziehung) zu erreichen, wird es während dieses Zeitraums auch weiterhin Verfügungen des Unternehmers zu Lasten seines Kontokorrents innerhalb des bisherigen Kreditrahmens zulassen (geduldete Überziehung). [2] In diesem Fall ist von einer Vereinnahmung durch das kontoführende Unternehmen für eigene Zwecke der Rückführung eingeräumter Kredite nur insoweit auszugehen, als die geduldete Überziehung insgesamt zu einer Verringerung des in Anspruch genommenen Kredits geführt hat. [3] Bei dieser Betrachtung ist auf den Unterschiedsbetrag abzustellen, der sich nach Gutschrift des Geldeingangs zum Kreditbetrag im Kündigungszeitpunkt ergibt.

Beispiel:
[1] Unternehmer A unterhält ein Kontokorrentkonto bei dem kontoführenden Unternehmen B. [2] B hat sich die Forderungen aus der Geschäftstätigkeit des A im Wege der Globalzession abtreten lassen. [3] Für das Konto des A bei B besteht ein Kreditrahmen von 100 000 € (sog. „vereinbarte Überziehung"), der auch vollständig ausgeschöpft ist. [3] B kündigt diesen Kreditrahmen auf 40 000 € herab, räumt dem A jedoch eine Zeitspanne von drei Monaten ein, um dieses Kreditziel zu erreichen und sagt dem A zu, Verfügungen zu Lasten dieses Kontos innerhalb des bisherigen Kreditrahmens zunächst nicht zu widersprechen. [4] Innerhalb dieses Zeitraums verzeichnet B insgesamt 348 000 € Zahlungseingänge und führt Verfügungen von insgesamt 298 000 € zu Lasten des A aus.
[5] A hat bei einem Debet von 50 000 € nach Ablauf der drei Monate nicht mehr die Möglichkeit, über die seinem Konto gutgeschriebenen Forderungseingänge zu verfügen, da sowohl der (nun i. H. v. 40 000 €) vereinbarte, als auch der üblicherweise zusätzlich geduldete Kreditrahmen (i. H. v. weiteren 15 %, hier 6000 €) ausgeschöpft ist und B diese Beträge zum Ausgleich der eigenen (durch die teilweise Kündigung des Kontokorrentkredits entstandenen) Forderung verwendet hat. [6] Wegen der Zusage von B, zunächst die Verfügungsmöglichkeit des A im bisherigen Umfang zu belassen, gelten die Forderungen nicht i. H. v. 348 000 € als durch B vereinnahmt, sondern nur im Umfang der tatsächlichen Verwendung zur Darlehensrückführung von 50 000 €. [7] Eine Haftung des B besteht dementsprechend für die in den durch B als vereinnahmt geltenden Forderungen enthaltene Umsatzsteuer von 7983 €.

(27) [1] In den Fällen des Forderungsverkaufs gilt die Forderung nicht durch den Abtretungsempfänger als vereinnahmt, soweit der leistende Unternehmer für die Abtretung der Forderung eine Gegenleistung in Geld vereinnahmt (z. B. bei entsprechend gestalteten Asset-Backed-Securities (ABS)-Transaktionen). [2] Voraussetzung ist, dass dieser Geldbetrag tatsächlich in den Verfügungsbereich des leistenden Unternehmers gelangt. [3] Davon ist nicht auszugehen, soweit dieser Geldbetrag auf ein Konto gezahlt wird, auf das der Abtretungsempfänger die Möglichkeit des Zugriffs hat. [4] Hinsichtlich der Vereinnahmung

eines Kaufpreises für eine abgetretene Forderung durch den Forderungskäufer bzw. Abtretungsempfänger gelten die Absätze 20 bis 26 entsprechend, soweit der Kaufpreis auf einem beim Forderungskäufer bzw. Abtretungsempfänger geführten Konto des leistenden Unternehmers eingeht.

(28) [1] § 13c UStG ist anzuwenden, wenn im Rahmen von Insolvenzverfahren beim leistenden Unternehmer anstelle des Abtretungsempfängers der Insolvenzverwalter die abgetretene Forderung einzieht oder verwertet (§ 166 Abs. 2 InsO).[1)] [2] Der Abtretungsempfänger vereinnahmt den vom Insolvenzverwalter eingezogenen Geldbetrag nach Abzug der Feststellungs- und Verwertungskosten (§ 170 InsO) auf Grund des durch die Abtretung begründeten Absonderungsrechts. [3] Die Absätze 18, 30 und 41 ff. sind hinsichtlich des Umfangs der Haftung entsprechend anzuwenden.

(29) [1] Vereinnahmt der Abtretungsempfänger, Pfandgläubiger oder Vollstreckungsgläubiger die Forderung und zahlt er den eingezogenen Geldbetrag ganz oder teilweise an den leistenden Unternehmer zurück, beschränkt sich die Haftung auf die im einbehaltenen Restbetrag enthaltene Umsatzsteuer. [2] Die Haftung kann nicht dadurch ausgeschlossen werden, dass der Abtretungsempfänger, Pfandgläubiger oder Vollstreckungsgläubiger an den leistenden Unternehmer einen Betrag in Höhe der auf die Forderung entfallenden Umsatzsteuer entrichtet, vielmehr beschränkt sich auch in diesem Fall die Haftung auf die im einbehaltenen Restbetrag enthaltene Umsatzsteuer.

(30) [1] Hat der Abtretungsempfänger die abgetretene Forderung ganz oder teilweise an einen Dritten abgetreten, gilt dieses Rechtsgeschäft insoweit als Vereinnahmung, d. h. der Abtretungsempfänger kann für die im Gesamtbetrag der weiter übertragenen Forderung enthaltene Umsatzsteuer in Haftung genommen werden. [2] Dies gilt unabhängig davon, welche Gegenleistung er für die Übertragung der Forderung erhalten hat. [3] Entsprechendes gilt für die Pfandgläubiger und Vollstreckungsgläubiger in den Fällen der Verpfändung und Pfändung von Forderungen.

Inanspruchnahme des Haftenden

(31) [1] Die Haftungsinanspruchnahme ist frühestens in dem Zeitpunkt zulässig, in dem die Steuer fällig war und nicht oder nicht vollständig entrichtet wurde (unter Beachtung von § 240 Abs. 3 AO). [2] Hat der Abtretungsempfänger, Pfandgläubiger oder Vollstreckungsgläubiger die Forderung zu diesem Zeitpunkt noch nicht vereinnahmt, ist der Zeitpunkt der nachfolgenden Vereinnahmung maßgebend.

(32) [1] Der Abtretungsempfänger, Pfandgläubiger oder Vollstreckungsgläubiger ist bei Vorliegen der gesetzlichen Voraussetzungen durch Haftungsbescheid in Anspruch zu nehmen. [2] Die Haftungsinanspruchnahme nach anderen Haftungstatbeständen (z. B. auf Grund §§ 69 AO, 128 HGB) bleibt unberührt.

(33) [1] Für den Erlass des Haftungsbescheids gelten die allgemeinen Regeln des § 191 AO, ohne dass dabei ein Ermessen besteht. [2] Auf ein Verschulden des leistenden Unternehmers oder des Abtretungsempfängers kommt es nicht

---

1) **Habersack** Nr. **110**.

an. [3]Bei der Inanspruchnahme des Haftungsschuldners durch Zahlungsaufforderung (Leistungsgebot) ist § 219 AO zu beachten.

(34) Der Haftungsbescheid ist durch das Finanzamt zu erlassen, das für die Umsatzsteuer des leistenden Unternehmers örtlich zuständig ist (vgl. §§ 21, 24 AO).

(35) [1]Stellt das Finanzamt fest, dass der Anspruch des leistenden Unternehmers auf Gegenleistung für einen steuerpflichtigen Umsatz im Sinne des § 1 Abs. 1 Nr. 1 UStG an einen anderen Unternehmer abgetreten, verpfändet oder gepfändet wurde, ist zu prüfen, ob die Steuer, bei deren Berechnung der Umsatz berücksichtigt worden ist, bei Fälligkeit nicht oder nicht vollständig entrichtet wurde. [2]Es ist insbesondere im Vollstreckungsverfahren und im Rahmen von Außenprüfungen auf entsprechende Haftungstatbestände zu achten und ggf. zeitnah der Erlass eines Haftungsbescheids anzuregen.

(36) [1]Das für den leistenden Unternehmer zuständige Finanzamt ist berechtigt, den Abtretungsempfänger, Pfandgläubiger oder Vollstreckungsgläubiger über den Zeitpunkt und die Höhe der vereinnahmten abgetretenen, verpfändeten oder gepfändeten Forderung zu befragen und Belege anzufordern, weil es für den Erlass des Haftungsbescheids zuständig ist. [2]Diese Befragung soll in der Regel in schriftlicher Form durchgeführt werden. [3]Es gelten die Mitwirkungspflichten im Sinne der §§ 90 ff. AO.

(37) [1]Der leistende Unternehmer hat nach § 93 AO Auskunft über den der Abtretung, Verpfändung oder Pfändung zu Grunde liegenden Umsatz (Höhe des Umsatzes und den darauf entfallenen Steuerbetrag) sowie über den Abtretungsempfänger, Pfandgläubiger oder Vollstreckungsgläubiger zu geben. [2]Es gelten die Mitwirkungspflichten im Sinne des §§ 90 ff. AO. [3]Der Abtretungsempfänger, Pfandgläubiger oder Vollstreckungsgläubiger muss vom leistenden Unternehmer so eindeutig bezeichnet werden, dass er durch das anfragende Finanzamt eindeutig und leicht identifiziert werden kann. [4]Wird keine oder keine hinreichende Antwort erteilt, kann diese mit Zwangsmitteln (§§ 328 ff. AO) durchgesetzt oder eine Außenprüfung, bzw. eine Umsatzsteuer-Nachschau (§ 27b UStG) durchgeführt werden.

(38) [1]Dem Abtretungsempfänger, Pfandgläubiger oder Vollstreckungsgläubiger soll vor Erlass eines Haftungsbescheids rechtliches Gehör gewährt werden (vgl. § 91 AO). [2]Er hat nach § 93 AO Auskunft zu geben. [3]Wird keine oder keine hinreichende Antwort erteilt, kann das für den leistenden Unternehmer zuständige Finanzamt z. B. ein Ersuchen auf Amtshilfe bei dem für den Abtretungsempfänger, Pfandgläubiger oder Vollstreckungsgläubiger örtlich zuständigen Finanzamt stellen. [4]Die Ermittlungen können auch im Rahmen einer Außenprüfung oder einer Umsatzsteuer-Nachschau nach § 27b UStG durchgeführt werden.

(39) Mit der Festsetzung der Haftungsschuld wird ein Gesamtschuldverhältnis im Sinne des § 44 AO begründet.

(40) [1]Die Rechtmäßigkeit des Haftungsbescheids richtet sich nach den Verhältnissen im Zeitpunkt seines Erlasses bzw. der entsprechenden Einspruchsentscheidung. [2]Minderungen der dem Haftungsbescheid zu Grunde liegenden Steuerschuld durch Zahlungen des Steuerschuldners nach Ergehen

einer Einspruchsentscheidung berühren die Rechtmäßigkeit des Haftungsbescheids nicht. [3]Ein rechtmäßiger Haftungsbescheid ist aber zugunsten des Haftungsschuldners zu widerrufen, soweit die ihm zu Grunde liegende Steuerschuld später gemindert worden ist.

(41) Die Haftung ist der Höhe nach auf den Betrag der im Fälligkeitszeitpunkt nicht entrichteten Steuer und auf die im vereinnahmten Betrag der abgetretenen, verpfändeten oder gepfändeten Forderung enthaltene Umsatzsteuer begrenzt (zweifache Begrenzung).

Beispiel 1:

[1]Der Unternehmer U hat auf Grund der Angaben in seiner Umsatzsteuer-Voranmeldung eine Vorauszahlung i. H. v. 20 000 € an das Finanzamt zu entrichten. [2]In der Bemessungsgrundlage für die Umsatzsteuer ist auch ein Betrag i. H. v. 100 000 € enthalten, der zivilrechtlich zuzüglich 19 000 € Umsatzsteuer an den Abtretungsempfänger A, der Unternehmer im Sinne des § 2 UStG ist, abgetreten worden ist. [3]A hat 119 000 € vereinnahmt. [4]U entrichtet bei Fälligkeit der Vorauszahlung nur einen Betrag i. H. v. 15 000 € an das Finanzamt.
[5]Eine Haftungsinanspruchnahme des A ist i. H. v. 5000 € zulässig. [6]Die Differenz zwischen der Vorauszahlung (20 000 €) und dem von U entrichteten Betrag (15 000 €) ist geringer als der in der abgetretenen Forderung enthaltene Umsatzsteuerbetrag (19 000 €).

Beispiel 2:

[1]Wie Beispiel 1. [2]U entrichtet die Vorauszahlung bei Fälligkeit nicht. [3]Das Finanzamt stellt fest, dass A die abgetretene Forderung an einen Dritten für 80 000 € zuzüglich 15 200 € Umsatzsteuer übertragen hat.
[4]Die Haftungsinanspruchnahme des A ist i. H. v. 19 000 € zulässig. [5]Die abgetretene Forderung gilt infolge der Übertragung an den Dritten als in voller Höhe vereinnahmt.

Beispiel 3:

[1]Der Unternehmer U hat auf Grund der Angaben in seiner Umsatzsteuer-Voranmeldung für den Monat Juli eine Vorauszahlung i. H. v. 20 000 € an das Finanzamt zu entrichten. [2]In der Bemessungsgrundlage für die Umsatzsteuer ist auch ein Betrag i. H. v. 100 000 € enthalten, der zivilrechtlich zuzüglich 19 000 € Umsatzsteuer an den Abtretungsempfänger A, der Unternehmer im Sinne des § 2 UStG ist, abgetreten worden ist. [3]U entrichtet bei Fälligkeit nur einen Betrag i. H. v. 5000 € an das Finanzamt. [4]Das Finanzamt stellt fest, dass A am 20. August aus der abgetretenen Forderung einen Teilbetrag i. H. v. 59 500 € erhalten hat.
[5]Der Haftungstatbestand ist frühestens zum 20. August erfüllt. [6]Der Haftungsbetrag ist der Höhe nach auf 15 000 € (20 000 € – 5000 €) begrenzt. [7]Wegen der nur teilweisen Vereinnahmung der Forderung ist A nur i. H. v. 9500 € (in dem vereinnahmten Betrag enthaltene Steuer) in Anspruch zu nehmen.

Haftungsausschluss

(42) Der Abtretungsempfänger, Pfandgläubiger oder Vollstreckungsgläubiger kann sich der Haftungsinanspruchnahme entziehen, soweit er als Dritter Zahlungen im Sinne des § 48 AO zugunsten des leistenden Unternehmers bewirkt.

(43) [1]Derartige Zahlungen soll der Abtretungsempfänger, Pfandgläubiger oder Vollstreckungsgläubiger an das für den leistenden Unternehmer örtlich zuständige Finanzamt unter Angabe der Steuernummer des Steuerschuldners leisten. [2]Insbesondere soll der Anlass der Zahlung angegeben werden sowie der Name desjenigen, für den die Zahlung geleistet wird. [3]Zusätzlich soll der Abtretungsempfänger, Pfandgläubiger oder Vollstreckungsgläubiger die Zahlung zeitraumbezogen der Vorauszahlung oder dem Unterschiedsbetrag

zuordnen, in der/dem die Umsatzsteuer aus dem der abgetretenen, verpfändeten oder gepfändeten Forderung zu Grunde liegenden Umsatz enthalten ist. [4]Die Steuerschuld des leistenden Unternehmers verringert sich um die vom Abtretungsempfänger, Pfandgläubiger oder Vollstreckungsschuldner geleisteten Zahlungen. [5]Wird die Steuer vom leistenden Unternehmer im Fälligkeitszeitpunkt entrichtet, kann der vom Abtretungsempfänger, Pfandgläubiger oder Vollstreckungsgläubiger geleistete Betrag an den leistenden Unternehmer erstattet oder mit anderen Steuerrückständen des leistenden Unternehmers verrechnet werden.

Übergangsregelung

(44) [1]§ 27 Abs. 7 UStG regelt, dass § 13c UStG auf Forderungen anzuwenden ist, die nach dem 7.11.2003 abgetreten, verpfändet oder gepfändet worden sind. [2]Wird eine nach dem 31.12.2003 entstandene Forderung vereinnahmt, die auf Grund einer Globalzession vor dem 8.11.2003 abgetreten wurde, ist § 13c UStG nicht anwendbar (vgl. BFH-Urteil vom 3.6.2009, XI R 57/07, BStBl. 2010 II S. 520).

Zu § 14 UStG
(§§ 31 bis 34 UStDV)

14.1 Zum Begriff der Rechnung

(1) [1]Nach § 14 Abs. 1 Satz 1 UStG in Verbindung mit § 31 Abs. 1 UStDV ist eine Rechnung jedes Dokument oder eine Mehrzahl von Dokumenten, mit denen über eine Lieferung oder sonstige Leistung abgerechnet wird. [2]Rechnungen im Sinne des § 14 UStG brauchen nicht ausdrücklich als solche bezeichnet zu werden. [3]Es reicht aus, wenn sich aus dem Inhalt des Dokuments ergibt, dass der Unternehmer über eine Leistung abrechnet. [4]Keine Rechnungen sind Schriftstücke, die nicht der Abrechnung einer Leistung dienen, sondern sich ausschließlich auf den Zahlungsverkehr beziehen (z. B. Mahnungen), auch wenn sie alle in § 14 Abs. 4 UStG geforderten Angaben enthalten. [5]Soweit ein Kreditinstitut mittels Kontoauszug über eine von ihm erbrachte Leistung abrechnet, kommt diesem Kontoauszug Abrechnungscharakter zu mit der Folge, dass dieser Kontoauszug eine Rechnung im Sinne des § 14 Abs. 1 Satz 1 UStG darstellt. [6]Rechnungen können auf Papier oder, vorbehaltlich der Zustimmung des Empfängers, auf elektronischem Weg übermittelt werden (vgl. Abschnitt 14.4).

(2) [1]Als Rechnung ist auch ein Vertrag anzusehen, der die in § 14 Abs. 4 UStG geforderten Angaben enthält. [2]Im Vertrag fehlende Angaben müssen in anderen Unterlagen enthalten sein, auf die im Vertrag hinzuweisen ist (§ 31 Abs. 1 UStDV). [3]Ist in einem Vertrag – z. B. in einem Miet- oder Pachtvertrag, Wartungsvertrag oder Pauschalvertrag mit einem Steuerberater – der Zeitraum, über den sich die jeweilige Leistung oder Teilleistung erstreckt, nicht angegeben, reicht es aus, wenn sich dieser aus den einzelnen Zahlungsbelegen, z. B. aus den Ausfertigungen der Überweisungsaufträge, ergibt (vgl. BFH-Beschluss vom 7.7.1988, V B 72/86, BStBl. II S. 913). [4]Die in einem Vertrag enthaltene gesonderte Inrechnungstellung der Steuer muss jedoch wie

bei jeder anderen Abrechnungsform eindeutig, klar und unbedingt sein. [5]Das ist nicht der Fall, wenn z.B. die in einem Vertrag enthaltene Abrechnung offen lässt, ob der leistende Unternehmer den Umsatz versteuern oder als steuerfrei behandeln will, und demnach die Abrechnungsvereinbarung für jeden der beiden Fälle eine wahlweise Ausgestaltung enthält (vgl. BFH-Urteil vom 4.3.1982, V R 55/80, BStBl. II S. 317).

(3) [1]Nach § 14 Abs. 2 Satz 1 Nr. 1 UStG ist der Unternehmer bei Ausführung einer steuerpflichtigen Werklieferung oder sonstigen Leistung im Zusammenhang mit einem Grundstück (vgl. Abschnitt 14.2) stets verpflichtet, innerhalb von sechs Monaten nach Ausführung der Leistung eine Rechnung auszustellen. [2]Wird in diesen Fällen das Entgelt oder ein Teil des Entgelts vor Ausführung der Leistung vereinnahmt, ist die Rechnung innerhalb von sechs Monaten nach Vereinnahmung des Entgelts oder des Teilentgelts auszustellen. [3]Die Verpflichtung zur Erteilung einer Rechnung besteht auch dann, wenn es sich beim Leistungsempfänger nicht um einen Unternehmer handelt, der die Leistung für sein Unternehmen bezieht, und ist nicht davon abhängig, ob der Empfänger der steuerpflichtigen Werklieferung oder sonstigen Leistung der Eigentümer des Grundstücks ist. [4]Die Verpflichtung zur Erteilung einer Rechnung bei steuerpflichtigen Werklieferungen oder sonstigen Leistungen im Zusammenhang mit einem Grundstück gilt auch für Kleinunternehmer im Sinne des § 19 Abs. 1 UStG und Land- und Forstwirte, die die Durchschnittssatzbesteuerung nach § 24 UStG anwenden. [5]Für steuerpflichtige sonstige Leistungen der in § 4 Nr. 12 Satz 1 und 2 UStG bezeichneten Art, die weder an einen anderen Unternehmer für dessen Unternehmen noch an eine juristische Person erbracht werden, besteht keine Rechnungserteilungspflicht. [6]Nach § 14 Abs. 2 Satz 1 Nr. 2 UStG ist der Unternehmer bei Ausführung von Lieferungen oder sonstigen Leistungen an einen anderen Unternehmer für dessen Unternehmen oder an eine juristische Person, soweit sie nicht Unternehmer ist, grundsätzlich verpflichtet, innerhalb von sechs Monaten nach Ausführung der Leistung eine Rechnung auszustellen. [7]Die Verpflichtung zur Rechnungserteilung in den Fällen des Satzes 6 entfällt, wenn die Leistungen nach § 4 Nr. 8 bis 29 UStG steuerfrei sind und den Leistungsempfänger grundsätzlich nicht zum Vorsteuerabzug berechtigen. [8]Die zusätzlichen Pflichten bei der Ausstellung von Rechnungen in besonderen Fällen nach § 14a UStG bleiben hiervon unberührt. [9]Eine Rechnung kann durch den leistenden Unternehmer selbst oder durch einen von ihm beauftragten Dritten, der im Namen und für Rechnung des Unternehmers abrechnet (§ 14 Abs. 2 Satz 4 UStG),[1)] ausgestellt werden. [10]Der Leistungsempfänger kann nicht Dritter sein. [11]Zur Rechnungsausstellung durch den Leistungsempfänger (Gutschrift, § 14 Abs. 2 Satz 2 UStG) vgl. Abschnitt 14.3. [12]Bedient sich der leistende Unternehmer zur Rechnungserstellung eines Dritten, hat der leistende Unternehmer sicher zu stellen, dass der Dritte die Einhaltung der sich aus §§ 14 und 14a UStG ergebenden formalen Voraussetzungen gewährleistet.

[1)] Zur Rechnungsausstellung durch Beauftragte/Vermittler/Dritte vgl. A 3.7 Abs. 1, A 14.4 Abs. 8, A 14.5 Abs. 6 u. A 14c.2 Abs. 4 UStAE.

(4) [1]Sog. Innenumsätze, z. B. zwischen Betriebsabteilungen desselben Unternehmens oder innerhalb eines Organkreises, sind innerbetriebliche Vorgänge. [2]Werden für sie Belege mit gesondertem Steuerausweis ausgestellt, handelt es sich umsatzsteuerrechtlich nicht um Rechnungen, sondern um unternehmensinterne Buchungsbelege. [3]Die darin ausgewiesene Steuer wird nicht nach § 14c Abs. 2 UStG geschuldet (vgl. BFH-Urteil vom 28.10.2010, V R 7/10, BStBl. 2011 II S. 391, und Abschnitt 14c.2 Abs. 2a).

(5) [1]Der Anspruch nach § 14 Abs. 2 UStG auf Erteilung einer Rechnung mit gesondert ausgewiesener Steuer steht dem umsatzsteuerrechtlichen Leistungsempfänger zu, sofern er eine juristische Person oder ein Unternehmer ist, der die Leistung für sein Unternehmen bezogen hat. [2]Hierbei handelt es sich um einen zivilrechtlichen Anspruch, der nach § 13 GVG vor den ordentlichen Gerichten geltend zu machen ist (vgl. BGH-Urteil vom 11.12.1974, VIII ZR 186/73).[1)] [3]Dieser Anspruch (Erfüllung einer aus § 242 BGB abgeleiteten zivilrechtlichen Nebenpflicht aus dem zu Grunde liegenden Schuldverhältnis) setzt voraus, dass der leistende Unternehmer zur Rechnungsausstellung mit gesondertem Steuerausweis berechtigt ist und ihn zivilrechtlich die Abrechnungslast trifft (vgl. BFH-Urteil vom 4.3.1982, V R 107/79, BStBl. II S. 309). [4]Die Verjährung richtet sich nach § 195 BGB; weiterhin gelten die allgemeinen Vorschriften des BGB über die Verjährung. [5]Ist es ernstlich zweifelhaft, ob eine Leistung der Umsatzsteuer unterliegt, kann der Leistungsempfänger die Erteilung einer Rechnung mit gesondert ausgewiesener Steuer nur verlangen, wenn der Vorgang bestandskräftig der Umsatzsteuer unterworfen wurde (vgl. BGH-Urteile vom 24.2.1988, VIII ZR 64/87,[1)] und vom 10.11.1988, VII ZR 137/87,[1)] und BFH-Urteil vom 30.3.2011, XI R 12/08, BStBl. II S. 819). [6]Zu der Möglichkeit des Leistungsempfängers, die Steuerpflicht des Vorgangs auch durch eine Feststellungsklage nach § 41 FGO klären zu lassen, vgl. BFH-Urteil vom 10.7.1997, V R 94/96, BStBl. II S. 707. [7]Nach Eröffnung des Insolvenzverfahrens ist der Anspruch auf Ausstellung einer Rechnung nach § 14 Abs. 1 UStG vom Insolvenzverwalter auch dann zu erfüllen, wenn die Leistung vor Eröffnung des Insolvenzverfahrens bewirkt wurde (vgl. BGH-Urteil vom 6.5.1981, VIII ZR 45/80,[1)] zum Konkursverfahren).

(6) [1]Für Umsätze, die nach § 1 Abs. 1 Nr. 1 UStG im Inland steuerbar sind, gelten grundsätzlich die Vorschriften zur Rechnungsausstellung nach den §§ 14, 14a UStG. [2]Ist der Unternehmer zwar nicht im Inland, aber in einem anderen Mitgliedstaat ansässig und führt er einen nach § 1 Abs. 1 Nr. 1 UStG im Inland steuerbaren Umsatz aus, für den der Leistungsempfänger die Steuer nach § 13b Abs. 5 in Verbindung mit Abs. 1 und 2 UStG schuldet, gelten für die Rechnungserteilung die Vorschriften des Mitgliedstaates, in dem der Unternehmer seinen Sitz, seine Geschäftsleitung, eine Betriebsstätte, von der aus der Umsatz ausgeführt wird, oder in Ermangelung eines Sitzes seinen Wohnsitz oder gewöhnlichen Aufenthalt hat (§ 14 Abs. 7 Satz 1 UStG). [3]Der Unternehmer ist bei Anwendung des § 14 Abs. 7 Satz 1 UStG nicht im Inland ansässig, wenn er weder seinen Sitz noch seine Geschäftsleitung, eine Betriebsstätte (vgl.

---

1) NJW 1975, 310. – NJW 1988, 2042. – NJW 1989, 302. – DB 1981, 1770.

Abschnitt 3a.1 Abs. 3), von der aus der Umsatz ausgeführt wird oder die an der Erbringung dieses Umsatzes beteiligt ist, oder in Ermangelung eines Sitzes seinen Wohnsitz oder gewöhnlichen Aufenthalt im Inland hat; dies gilt auch, wenn der Unternehmer ausschließlich einen Wohnsitz oder gewöhnlichen Aufenthaltsort im Inland, aber seinen Sitz, den Ort der Geschäftsleitung oder eine Betriebsstätte im Ausland hat. [4]Vereinbaren die am Leistungsaustausch Beteiligten, dass der Leistungsempfänger über den Umsatz abrechnet, greift der Grundsatz nach Satz 1 (§ 14 Abs. 7 Satz 2 UStG). [5]Ist der Unternehmer im Ausland ansässig und macht er von dem Besteuerungsverfahren nach § 18 Abs. 4d UStG (vgl. Abschnitt 18.7a Abs. 7) bzw. nach § 18 Abs. 4e UStG (vgl. Abschnitt 18.7b) Gebrauch, dessen Inanspruchnahme er in einem anderen Mitgliedstaat angezeigt hat, gelten nach § 14 Abs. 7 Satz 3 UStG für die in diesen Besteuerungsverfahren zu erklärenden Umsätze abweichend von § 14 Abs. 1 bis 6 UStG für die Rechnungserteilung die Vorschriften des anderen Mitgliedstaates. [6]Für im Drittlandsgebiet ansässige Unternehmer und für im Inland ansässige Unternehmer, die von dem Besteuerungsverfahren nach § 18 Abs. 4c UStG (vgl. Abschnitt 18.7a) bzw. nach § 18h UStG (vgl. Abschnitt 18h.1) Gebrauch machen, dessen Inanspruchnahme sie beim BZSt angezeigt haben, gelten die Vorschriften zur Rechnungserteilung nach § 14 Abs. 1 bis 6 UStG.

Beispiel 1:

[1]Der französische Unternehmer F erbringt an den deutschen Unternehmer D eine Unternehmensberatungsleistung. [2]F hat seinen Unternehmenssitz in Frankreich, von dem aus die Leistung erbracht wird.
[3]F erbringt an D eine sonstige Leistung, die nach § 3a Abs. 2 UStG im Inland steuerbar ist. [4]Steuerschuldner für die steuerpflichtige Leistung ist D als Leistungsempfänger nach § 13b Abs. 5 Satz 1 in Verbindung mit Abs. 1 UStG.

a) [1]F erteilt die Rechnung.
[2]F hat eine Rechnung nach den in Frankreich geltenden Vorgaben zur Rechnungserteilung auszustellen.

b) [1]F und D vereinbaren, dass D mit Gutschrift abrechnet.
[2]D hat die Gutschrift nach den in Deutschland geltenden Rechnungserteilungspflichten zu erstellen.

Beispiel 2:

[1]Wie Beispiel 1. [2]F weist in der Rechnung gesondert deutsche Umsatzsteuer aus.
[3]F hat deutsche Umsatzsteuer gesondert ausgewiesen, obwohl er diese nach deutschem Umsatzsteuergesetz nicht schuldet. [4]Solange F den unrichtigen Steuerbetrag gegenüber D nicht berichtigt, schuldet er den gesondert ausgewiesenen Steuerbetrag nach § 14c Abs. 1 UStG (vgl. Abschnitt 14c.1). [5]Auch ohne Rechnungsberichtigung durch F wird D von der Steuerschuldnerschaft des Leistungsempfängers nach § 13b Abs. 5 Satz 1 in Verbindung mit Abs. 1 UStG nicht entbunden.

14.2 Rechnungserteilungspflicht bei Leistungen im Zusammenhang mit einem Grundstück

(1) [1]Der Begriff der steuerpflichtigen Werklieferungen oder sonstigen Leistungen im Zusammenhang mit einem Grundstück (vgl. Abschnitt 14.1 Abs. 3 Sätze 1 bis 5) umfasst Bauleistungen nach § 13b Abs. 2 Nr. 4 UStG und sonstige Leistungen im Zusammenhang mit einem Grundstück im Sinne des § 3a Abs. 3 Nr. 1 UStG (vgl. Abschnitt 3a.3). [2]Sofern in den Absätzen 2 bis 4 für die Rechnungserteilungspflicht nach § 14 Abs. 2 Satz 1 Nr. 1 UStG darüber

hinaus Leistungen als im Zusammenhang mit einem Grundstück qualifiziert werden, sind hieraus keine Rückschlüsse für die Anwendung von § 3a Abs. 3 Nr. 1 und § 13b Abs. 2 Nr. 4 UStG zu ziehen.

(2) [1] Zu den Leistungen, bei denen nach § 14 Abs. 2 Satz 1 Nr. 1 UStG eine Verpflichtung zur Rechnungserteilung besteht, gehören zunächst alle Bauleistungen, bei denen der Leistungsempfänger unter den weiteren Voraussetzungen des § 13b Abs. 2 Nr. 4 UStG Steuerschuldner sein kann (vgl. Abschnitt 13b.2). [2] Weiter gehören dazu die steuerpflichtigen Werklieferungen oder sonstigen Leistungen, die der Erschließung von Grundstücken oder der Vorbereitung von Bauleistungen dienen. [3] Damit sind z. B. auch die folgenden Leistungen von der Rechnungserteilungspflicht erfasst:

– Planerische Leistungen (z. B. von Statikern, Architekten, Garten- und Innenarchitekten, Vermessungs-, Prüf- und Bauingenieuren);
– Labordienstleistungen (z. B. die chemische Analyse von Baustoffen oder Bodenproben);
– reine Leistungen der Bauüberwachung;
– Leistungen zur Prüfung von Bauabrechnungen;
– Leistungen zur Durchführung von Ausschreibungen und Vergaben;
– Abbruch- oder Erdarbeiten.

(3) [1] Die steuerpflichtige Werklieferung oder sonstige Leistung muss in engem Zusammenhang mit einem Grundstück stehen. [2] Ein enger Zusammenhang ist gegeben, wenn sich die Werklieferung oder sonstige Leistung nach den tatsächlichen Umständen überwiegend auf die Bebauung, Verwertung, Nutzung oder Unterhaltung, aber auch Veräußerung oder den Erwerb des Grundstücks selbst bezieht. [3] Es besteht bei der Erbringung u. a. folgender Leistungen eine Verpflichtung zur Erteilung einer Rechnung:

– Zurverfügungstellen von Betonpumpen oder von anderem Baugerät;
– Aufstellen von Material- oder Bürocontainern;
– Aufstellen von mobilen Toilettenhäusern;
– Entsorgung von Baumaterial (z. B. Schuttabfuhr durch ein Abfuhrunternehmen);
– Gerüstbau;
– bloße Reinigung von Räumlichkeiten oder Flächen (z. B. Fensterreinigung);
– Instandhaltungs-, Reparatur-, Wartungs- oder Renovierungsarbeiten an Bauwerken oder Teilen von Bauwerken (z. B. Klempner- oder Malerarbeiten);
– Anlegen von Grünanlagen und Bepflanzungen und deren Pflege (z. B. Bäume, Gehölze, Blumen, Rasen);
– Beurkundung von Grundstückskaufverträgen durch Notare;
– Vermittlungsleistungen der Makler bei Grundstücksveräußerungen oder Vermietungen.

(4) Sofern selbständige Leistungen vorliegen, sind folgende Leistungen keine Leistungen im Zusammenhang mit einem Grundstück, bei denen nach § 14 Abs. 2 Satz 1 Nr. 1 UStG die Verpflichtung zur Erteilung einer Rechnung besteht:

– Veröffentlichung von Immobilienanzeigen, z. B. durch Zeitungen;
– Rechts- und Steuerberatung in Grundstückssachen.

(5) [1]Alltägliche Geschäfte, die mit einem Kaufvertrag abgeschlossen werden (z. B. der Erwerb von Gegenständen durch einen Nichtunternehmer in einem Baumarkt), unterliegen nicht der Verpflichtung zur Rechnungserteilung. [2]Auch die Lieferung von Baumaterial auf eine Baustelle eines Nichtunternehmers oder eines Unternehmers, der das Baumaterial für seinen nichtunternehmerischen Bereich bezieht, wird nicht von der Verpflichtung zur Erteilung einer Rechnung umfasst.

14.3 Rechnung in Form der Gutschrift[1)]

(1) [1]Eine Gutschrift ist eine Rechnung, die vom Leistungsempfänger ausgestellt wird (§ 14 Abs. 2 Satz 2 UStG). [2]Eine Gutschrift kann auch durch eine juristische Person, die nicht Unternehmer ist, ausgestellt werden, wenn sie Leistungsempfänger ist (§ 14 Abs. 2 Satz 1 Nr. 2 in Verbindung mit Satz 2 UStG). [3]Der Leistungsempfänger kann mit der Ausstellung einer Gutschrift auch einen Dritten beauftragen, der im Namen und für Rechnung des Leistungsempfängers abrechnet (§ 14 Abs. 2 Satz 4 UStG). [4]Eine Gutschrift kann auch ausgestellt werden, wenn über steuerfreie Umsätze abgerechnet wird oder wenn beim leistenden Unternehmer nach § 19 Abs. 1 UStG die Steuer nicht erhoben wird. [5]Dies kann dazu führen, dass der Empfänger der Gutschrift unrichtig oder unberechtigt ausgewiesene Steuer nach § 14c UStG schuldet. [6]Keine Gutschrift ist die im allgemeinen Sprachgebrauch ebenso bezeichnete Korrektur einer zuvor ergangenen Rechnung.

(2) [1]Die am Leistungsaustausch Beteiligten können frei vereinbaren, ob der leistende Unternehmer oder der in § 14 Abs. 2 Satz 1 Nr. 2 UStG bezeichnete Leistungsempfänger abrechnet. [2]Die Vereinbarung hierüber muss vor der Abrechnung getroffen sein und kann sich aus Verträgen oder sonstigen Geschäftsunterlagen ergeben. [3]Sie ist an keine besondere Form gebunden und kann auch mündlich getroffen werden. [4]Die Gutschrift ist, vorbehaltlich der Regelungen des § 14a UStG, innerhalb von sechs Monaten zu erteilen (vgl. Abschnitt 14.1 Abs. 3) und hat die Angabe „Gutschrift" zu enthalten (§ 14 Abs. 4 Satz 1 Nr. 10 UStG, vgl. Abschnitt 14.5 Abs. 24). [5]Keine Gutschrift ist die im allgemeinen Sprachgebrauch ebenso bezeichnete Stornierung oder Korrektur der ursprünglichen Rechnung (vgl. Abschnitt 14c.1 Abs. 3 Satz 3). [6]Wird in einem Dokument sowohl über empfangene Leistungen (Gutschrift) als auch über ausgeführte Leistungen (Rechnung) zusammen abgerechnet, muss das Dokument die Rechnungsangabe „Gutschrift" enthalten. [7]Zudem muss aus dem Dokument zweifelsfrei hervorgehen, über welche Leistung als Leistungsempfänger bzw. leistender Unternehmer abgerechnet wird. [8]In dem Dokument sind Saldierung und Verrechnung der gegenseitigen Leistungen unzulässig.

(3) [1]Voraussetzung für die Wirksamkeit einer Gutschrift ist, dass die Gutschrift dem leistenden Unternehmer übermittelt worden ist und dieser dem ihm zugeleiteten Dokument nicht widerspricht (§ 14 Abs. 2 Satz 3 UStG).

[1)] Zur Abrechnung über nicht ausgeführte sonstige Leistung mittels Gutschrift und zu BFH v. 27.11.2019 V R 23/19 (V R 62/17), BStBl. II 2021, 542, siehe BMF v. 19.8.2021, BStBl. I 2021, 1087.

[2]Die Gutschrift ist übermittelt, wenn sie dem leistenden Unternehmer so zugänglich gemacht worden ist, dass er von ihrem Inhalt Kenntnis nehmen kann (vgl. BFH-Urteil vom 15.9.1994, XI R 56/93, BStBl. 1995 II S. 275).

(4) [1]Der leistende Unternehmer kann der Gutschrift widersprechen. [2]Mit dem Widerspruch verliert die Gutschrift die Wirkung als Rechnung. [3]Dies gilt auch dann, wenn die Gutschrift den zivilrechtlichen Vereinbarungen entspricht und die Umsatzsteuer zutreffend ausweist. [4]Es genügt, dass der Widerspruch eine wirksame Willenserklärung darstellt (vgl. BFH-Urteil vom 23.1.2013, XI R 25/11, BStBl. II S. 417). [5]Der Widerspruch wirkt – auch für den Vorsteuerabzug des Leistungsempfängers – erst in dem Besteuerungszeitraum, in dem er erklärt wird (vgl. BFH-Urteil vom 19.5.1993, V R 110/88, BStBl. II S. 779, und Abschnitt 15.2a Abs. 11). [6]Die Wirksamkeit des Widerspruchs setzt den Zugang beim Gutschriftsaussteller voraus.

14.4 Echtheit und Unversehrtheit von Rechnungen

(1) [1]Rechnungen sind auf Papier oder vorbehaltlich der Zustimmung des Rechnungsempfängers elektronisch zu übermitteln (§ 14 Abs. 1 Satz 7 UStG). [2]Die Zustimmung des Empfängers der elektronisch übermittelten Rechnung bedarf dabei keiner besonderen Form; es muss lediglich Einvernehmen zwischen Rechnungsaussteller und Rechnungsempfänger darüber bestehen, dass die Rechnung elektronisch übermittelt werden soll. [3]Die Zustimmung kann z. B. in Form einer Rahmenvereinbarung (z. B. in den Allgemeinen Geschäftsbedingungen) erklärt werden. [4]Sie kann auch nachträglich erklärt werden. [5]Es genügt aber auch, dass die Beteiligten diese Verfahrensweise tatsächlich praktizieren und damit stillschweigend billigen.

(2) [1]Eine elektronische Rechnung im Sinne des § 14 Abs. 1 Satz 8 UStG ist eine Rechnung, die in einem elektronischen Format ausgestellt und empfangen wird. [2]Der Rechnungsaussteller ist – vorbehaltlich der Zustimmung des Rechnungsempfängers – frei in seiner Entscheidung, in welcher Weise er elektronische Rechnungen übermittelt. [3]Elektronische Rechnungen können z. B. per E-Mail (ggf. mit Bilddatei- oder Textdokumentanhang) oder De-Mail (vgl. De-Mail-Gesetz vom 28.4.2011, BGBl. I S. 666), per Computer-Fax oder Fax-Server, per Web-Download oder per EDI übermittelt werden. [4]Eine von Standard-Telefax an Standard-Telefax oder von Computer-Telefax/Fax-Server an Standard-Telefax übermittelte Rechnung gilt als Papierrechnung.

(3) [1]Papier- und elektronische Rechnungen werden ordnungsgemäß übermittelt, wenn die Echtheit der Herkunft, die Unversehrtheit des Inhalts und die Lesbarkeit der Rechnung gewährleistet sind; sie sind auch inhaltlich ordnungsgemäß, wenn alle erforderlichen Angaben nach § 14 Abs. 4 und § 14a UStG enthalten sind. [2]Die Echtheit der Herkunft einer Rechnung ist gewährleistet, wenn die Identität des Rechnungsausstellers sichergestellt ist. [3]Die Unversehrtheit des Inhalts einer Rechnung ist gewährleistet, wenn die nach dem UStG erforderlichen Angaben während der Übermittlung der Rechnung nicht geändert worden sind. [4]Eine Rechnung gilt als lesbar, wenn sie für

das menschliche Auge lesbar ist; Rechnungsdaten, die per EDI-Nachrichten, XML-Nachrichten oder anderen strukturierten elektronischen Nachrichtenformen übermittelt werden, sind in ihrem Originalformat nicht lesbar, sondern erst nach einer Konvertierung.

Innerbetriebliche Kontrollverfahren

(4) Die Echtheit der Herkunft, die Unversehrtheit des Inhalts und die Lesbarkeit der Rechnung müssen, sofern keine qualifizierte elektronische Signatur verwendet oder die Rechnung per elektronischen Datenaustausch (EDI) übermittelt wird (vgl. Absätze 7 bis 10), durch ein innerbetriebliches Kontrollverfahren, das einen verlässlichen Prüfpfad zwischen Rechnung und Leistung schaffen kann, gewährleistet werden (§ 14 Abs. 1 Satz 5 und 6 UStG).

(5) [1] Als innerbetriebliches Kontrollverfahren im Sinne des § 14 Abs. 1 UStG ist ein Verfahren ausreichend, das der Unternehmer zum Abgleich der Rechnung mit seiner Zahlungsverpflichtung einsetzt, um zu gewährleisten, dass nur die Rechnungen beglichen werden, zu deren Begleichung eine Verpflichtung besteht. [2] Der Unternehmer kann hierbei auf bereits bestehende Rechnungsprüfungssysteme zurückgreifen. [3] Es werden keine technischen Verfahren vorgegeben, die der Unternehmer verwenden muss. [4] Es kann daher ein EDV-unterstütztes, aber auch ein manuelles Verfahren sein.

(6) [1] Ein innerbetriebliches Kontrollverfahren erfüllt die Anforderungen des § 14 Abs. 1 UStG, wenn es einen verlässlichen Prüfpfad beinhaltet, durch den ein Zusammenhang zwischen der Rechnung und der zu Grunde liegenden Leistung hergestellt werden kann. [2] Dieser Prüfpfad kann z. B. durch (manuellen) Abgleich der Rechnung mit vorhandenen geschäftlichen Unterlagen (z. B. Kopie der Bestellung, Auftrag, Kaufvertrag, Lieferschein oder Überweisung bzw. Zahlungsbeleg) gewährleistet werden. [3] Das innerbetriebliche Kontrollverfahren und der verlässliche Prüfpfad unterliegen keiner gesonderten Dokumentationspflicht. [4] Eine inhaltlich zutreffende Rechnung – insbesondere Leistung, Entgelt, leistender Unternehmer und Zahlungsempfänger sind zutreffend angegeben – rechtfertigt die Annahme, dass bei der Übermittlung keine die Echtheit der Herkunft oder die Unversehrtheit des Inhalts beeinträchtigenden Fehler vorgekommen sind.

Qualifizierte elektronische Signatur und elektronischer Datenaustausch (EDI)

(7)[1)] Beispiele für Technologien, die die Echtheit der Herkunft und die Unversehrtheit des Inhalts bei einer elektronischen Rechnung gewährleisten, sind zum einen eine qualifizierte elektronische Signatur oder ein qualifiziertes elektronisches Siegel im Sinne der eIDAS-VO und zum anderen der elektronische *Datenaustausch (EDI)* nach Artikel 2 der Empfehlung 94/820/EG der

---

[1)] A 14.4 UStAE Abs. 7 neugef., Abs. 8 Sätze 1 bis 3 eingef., bish. Satz 1 wird Satz 4 und neugef., bish. Satz 2 aufgeh., bish. Sätze 3 und 4 werden Sätze 5 und 6, bish. Satz 5 wird Satz 7 und neugef., bish. Sätze 6 und 7 werden Sätze 8 und 9, bish. Sätze 8 bis 10 werden Sätze 10 bis 12 und neugef., bish. Sätze 11 und 12 werden Sätze 13 und 14 durch BMF v. 27.10.2021, BStBl. I 2021, 2139, anzuwenden in allen offenen Fällen auf Sachverhalte ab dem 29.7.2017; das BMF v. 2.7.2012, BStBl. I 2017, 726, ist auf Sachverhalte nach dem 28.7.2017 nicht mehr anzuwenden.

Kommission vom 19.10.1994 über die rechtlichen Aspekte des elektronischen Datenaustauschs (ABl. EG 1994, Nr. L 338 S. 98), wenn in der Vereinbarung über diesen Datenaustausch der Einsatz von Verfahren vorgesehen ist, die die Echtheit der Herkunft und die Unversehrtheit der Daten gewährleisten (§ 14 Abs. 3 Nr. 1 und 2 UStG).

(8)[1)] [1]Das VDG regelt die nationalen Ergänzungen zu der unmittelbar anwendbaren eIDAS-VO (ABl. EU 2014 Nr. L 257 S. 73). [2]Im Sinne der eIDAS-VO ist die elektronische Signatur die elektronische Bescheinigung für eine natürliche Person und das elektronische Siegel die elektronische Bescheinigung für eine juristische Person. [3]Beide Begriffe nach der eIDAS-VO fallen unter den umsatzsteuerlichen Begriff der qualifizierten elektronischen Signatur im Sinne von § 14 Abs. 3 Nr. 1 UStG. [4]Zur Erstellung einer qualifizierten elektronischen Signatur oder eines qualifizierten elektronischen Siegels nach der eIDAS-VO wird ein qualifiziertes Zertifikat benötigt, das von einem Vertrauensdiensteanbieter ausgestellt wird und mit dem die Identität des Zertifikatsinhabers bestätigt wird (Art. 3 Nr. 14 und 29 eIDAS-VO). [5]Es ist zulässig, dass eine oder mehrere natürliche Personen im Unternehmen bevollmächtigt werden, für den Unternehmer zu signieren. [6]Eine Verlagerung der dem leistenden Unternehmer oder dem von diesem beauftragten Dritten obliegenden steuerlichen Verpflichtungen ist damit jedoch nicht verbunden. [7]Die grundlegenden Anforderungen für ein qualifiziertes Zertifikat ergeben sich für qualifizierte elektronische Signaturen aus Art. 28 Abs. 1 in Verbindung mit Anhang I eIDAS-VO und für qualifizierte elektronische Siegel aus Art. 38 Abs. 1 in Verbindung mit Anhang III eIDAS-VO, der Zertifikatsinhaber kann zusätzliche Attribute einsetzen (vgl. § 12 VDG). [8]Ein Attribut kann z. B. lauten „Frau Musterfrau ist Handlungsbevollmächtigte des Unternehmers A und berechtigt, für Unternehmer A Rechnungen bis zu einer Höhe von 100 000 € Gesamtbetrag zu unterzeichnen“. [9]Auch Vertreterregelungen und ggf. erforderliche Zeichnungsberechtigungen, die an die Unterzeichnung durch mehrere Berechtigte gekoppelt sind, können durch Attribute abgebildet werden. [10]Nach § 12 Abs. 2 VDG in Verbindung mit Anhang I Buchstabe c eIDAS-VO kann in einem qualifizierten Zertifikat für eine elektronische Signatur auf Verlangen des Zertifikatsinhabers anstelle seines Namens ein Pseudonym aufgeführt werden. [11]Das Finanzamt hat nach § 8 Abs. 2 Nr. 1 Buchstabe c VDG einen Anspruch auf Auskunft gegenüber dem Vertrauensdiensteanbieter, soweit dies zur Erfüllung der gesetzlichen Aufgaben erforderlich ist. [12]Für die Erstellung qualifizierter elektronischer Signaturen sind alle technischen Verfahren (z. B. Smart-Card, „Kryptobox“) zulässig, die den Vorgaben des VDG entsprechen. [13]Der Rechnungsaussteller kann die Rechnungen auch in einem automatisierten Massenverfahren signieren. [14]Es ist zulässig, mehrere Rech-

---

[1)] A 14.4 UStAE Abs. 7 neugef., Abs. 8 Sätze 1 bis 3 eingef., bish. Satz 1 wird Satz 4 und neugef., bish. Satz 2 aufgeh., bish. Sätze 3 und 4 werden Sätze 5 und 6, bish. Satz 5 wird Satz 7 und neugef., bish. Sätze 6 und 7 werden Sätze 8 und 9, bish. Sätze 8 bis 10 werden Sätze 10 bis 12 und neugef., bish. Sätze 11 und 12 werden Sätze 13 und 14 durch BMF v. 27.10.2021, *BStBl. I 2021, 2139*, anzuwenden in allen offenen Fällen auf Sachverhalte ab dem 29.7.2017; das BMF v. 2.7.2012, BStBl. I 2017, 726, ist auf Sachverhalte nach dem 28.7.2017 nicht mehr anzuwenden.

nungen an einen Rechnungsempfänger in einer Datei zusammenzufassen und diese Datei mit nur einer qualifizierten elektronischen Signatur an den Empfänger zu übermitteln.

(9)[1] Voraussetzung für die Anerkennung von im EDI-Verfahren übermittelten Rechnungen ist, dass über den elektronischen Datenaustausch eine Vereinbarung nach Artikel 2 der Empfehlung 94/820/EG der Kommission vom 19.10.1994 über die rechtlichen Aspekte des elektronischen Datenaustausches (ABl. EG 1994, Nr. L 338 S. 98) besteht, in der der Einsatz von Verfahren vorgesehen ist, die die Echtheit der Herkunft und die Unversehrtheit der Daten gewährleisten.

Echtheit und Unversehrtheit bei besonderen Formen der Rechnungsstellung

(10) [1]Die Absätze 1 bis 9 gelten entsprechend für Gutschriften (§ 14 Abs. 2 Satz 2 UStG), Rechnungen, die im Namen und für Rechnung des Unternehmers oder eines in § 14 Abs. 2 Satz 1 Nr. 2 UStG bezeichneten Leistungsempfängers von einem Dritten ausgestellt werden (§ 14 Abs. 2 Satz 4 UStG) sowie für Anzahlungsrechnungen (§ 14 Abs. 5 UStG). [2]Wird eine Gutschrift ausgestellt, ist der leistende Unternehmer als Gutschriftsempfänger zur Durchführung des innerbetrieblichen Kontrollverfahrens entsprechend den Absätzen 4 bis 6 verpflichtet. [3]Der Dritte ist nach §§ 93 ff. AO verpflichtet, dem Finanzamt die Prüfung des Verfahrens durch Erteilung von Auskünften und Vorlage von Unterlagen in seinen Räumen zu gestatten. [4]Der Empfänger einer elektronischen Rechnung, die mit einer qualifizierten elektronischen Signatur versehen wurde, kann die ihm nach den GoBD[2] vorgeschriebenen Prüfungsschritte auch auf einen Dritten übertragen. [5]Dies gilt insbesondere für die entsprechende Prüfung einer elektronischen Rechnung in Form einer Gutschrift mit einer qualifizierten elektronischen Signatur.

(11) Bei Fahrausweisen (§ 34 UStDV) ist es für Zwecke des Vorsteuerabzugs nicht zu beanstanden, wenn der Fahrausweis im Online-Verfahren abgerufen wird und durch das Verfahren sichergestellt ist, dass eine Belastung auf einem Konto erfolgt.

14.5 Pflichtangaben in der Rechnung[3]

(1)[4] [1]§ 14 Abs. 4 und § 14a UStG gelten nur für Rechnungen an andere Unternehmer oder an juristische Personen, soweit sie nicht Unternehmer sind, sowie an andere Leistungsempfänger, die in § 14a UStG bezeichnet sind. [2]Dabei ist es unerheblich, ob es sich um steuerpflichtige oder steuerfreie Leistungen oder um Teilleistungen handelt oder ob die Sonderregelungen nach den §§ *23 bis 25c* UStG angewendet werden. [3]Sofern eine Verpflichtung zur Ertei-

---

[1] A 14.4 UStAE Abs. 9 Klammerzusatz neugef. durch BMF v. 27.10.2021, BStBl. I 2021, 2139.

[2] BMF v. 28.11.2019, BStBl. I 2019, 1269, betr. Neufassung der GoBD.

[3] Zu Anforderungen an die Rechnung und zur Feststellungslast vgl. BFH v. 6.12.2007 V R 61/05, BStBl. II 2008, 695.

[4] A 14.5 UStAE Abs. 1 Satz 4 eingef., bish. Sätze 4 bis 12 werden Sätze 5 bis 13 durch BMF v. 1.12.2021, BStBl. I 2021, 2486, anzuwenden in allen offenen Fällen.

lung einer Rechnung besteht, muss die Rechnung alle Pflichtangaben, die sich aus § 14 Abs. 4, § 14a UStG sowie aus den §§ 33 und 34 UStDV ergeben, enthalten und die übrigen formalen Voraussetzungen des § 14 UStG erfüllen. [4]Die Angaben, die eine Rechnung enthalten muss, sollen es der Finanzverwaltung insbesondere ermöglichen, die Entrichtung der geschuldeten Steuer und das Bestehen des Vorsteuerabzugsrechts zu kontrollieren (Kontrollfunktion der Rechnung, vgl. EuGH-Urteil vom 15.9.2016, C-516/14, Barlis 06).[1)] [5]Die Gesamtheit aller Dokumente, die die nach § 14 Abs. 4 und § 14a UStG geforderten Angaben insgesamt enthalten, bildet die Rechnung. [6]In einem Dokument fehlende Angaben müssen in anderen Dokumenten enthalten sein. [7]In einem dieser Dokumente müssen mindestens das Entgelt und der Steuerbetrag angegeben werden. [8]Außerdem sind in diesem Dokument alle anderen Dokumente zu bezeichnen, aus denen sich die nach § 14 Abs. 4 und § 14a UStG erforderlichen Angaben insgesamt ergeben (§ 31 Abs. 1 UStDV). [9]Alle Dokumente müssen vom Rechnungsaussteller erstellt werden. [10]Im Fall der Gutschrift muss deshalb der Gutschriftsaussteller alle Dokumente erstellen. [11]Ist ein Dritter mit der Rechnungserstellung beauftragt (§ 14 Abs. 2 Satz 4 UStG), ist auch derjenige, der den Dritten mit der Rechnungserstellung beauftragt hat, zur Erstellung der fehlenden Dokumente berechtigt. [12]Hinsichtlich der Leistungsbeschreibung ist es zulässig, auf den vom leistenden Unternehmer erstellten Lieferschein Bezug zu nehmen. [13]Die Erteilung einer Rechnung, die nicht alle in § 14 Abs. 4 Satz 1 UStG aufgeführten Pflichtangaben enthält, gilt nicht als Ordnungswidrigkeit im Sinne des § 26a Abs. 2 Nr. 1 UStG.

Name und Anschrift des leistenden Unternehmers und des Leistungsempfängers

(2)[2)] [1]Nach § 14 Abs. 4 Satz 1 Nr. 1 UStG sind in der Rechnung der Name und die Anschrift des leistenden Unternehmers und des Leistungsempfängers jeweils vollständig anzugeben. [2]Dabei ist es nach § 31 Abs. 2 UStDV ausreichend, wenn sich auf Grund der in die Rechnung aufgenommenen Bezeichnungen der Name und die Anschrift sowohl des leistenden Unternehmers als auch des Leistungsempfängers eindeutig feststellen lassen. [3]Unter diesen Voraussetzungen kann auch die Verwendung eines Aliasnamens nach dem ProstSchG eine ausreichende Rechnungsangabe sein (siehe BMF-Schreiben vom 7.9.2021, BStBl. I S. 1591). [4]Es reicht jede Art von Anschrift, sofern der leistende Unternehmer bzw. der Leistungsempfänger unter dieser Anschrift erreichbar ist. [5]Dabei ist es unerheblich, ob die wirtschaftlichen Tätigkeiten des leistenden Unternehmers unter der Anschrift ausgeübt werden, die in der von ihm ausgestellten Rechnung angegeben ist (vgl. BFH-Urteile vom 13.6.2018, XI R 20/14, BStBl. II S. 800, und vom 21.6.2018, V R 25/15, BStBl. II S. 809, und V R 28/16, BStBl. II S. 806). [6]Maßgeblich für eine Erreichbarkeit ist der Zeitpunkt der Rechnungsausstellung (vgl. BFH-Urteil vom 5.12.2018, XI R 22/14, BStBl. 2020 II S. 418). [7]Verfügt der leistende Unternehmer bzw. der Leistungsempfänger über ein Postfach, über eine

---

[1)] *DStR 2016, 2216.*

[2)] A 14.5 UStAE Abs. 2 neuer Satz 3 eingef., bish. Sätze 3 bis 6 werden Sätze 4 bis 7 durch BMF v. 7.9.2021, BStBl. 2021, 1591, anzuwenden in allen offenen Fällen.

Großkundenadresse oder über eine c/o-Adresse, genügt die jeweilige Angabe in der Rechnung den Anforderungen des § 14 Abs. 4 Satz 1 Nr. 1 UStG an eine vollständige Anschrift.

(3) *(aufgehoben)*

(4) [1] Im Fall der umsatzsteuerlichen Organschaft kann der Name und die Anschrift der Organgesellschaft angegeben werden, wenn der leistende Unternehmer oder der Leistungsempfänger unter dem Namen und der Anschrift der Organgesellschaft die Leistung erbracht bzw. bezogen hat. [2] Entsprechendes gilt für die Angabe der Anschrift einer Zweigniederlassung, einer Betriebsstätte oder eines Betriebsteils des Unternehmers.

Steuernummer oder USt-IdNr. des leistenden Unternehmers

(5) [1] Nach § 14 Abs. 4 Satz 1 Nr. 2 UStG muss der leistende Unternehmer in der Rechnung entweder die ihm vom inländischen Finanzamt erteilte Steuernummer oder die vom BZSt erteilte USt-IdNr. angeben (vgl. BFH-Urteil vom 2.9.2010, V R 55/09, BStBl. 2011 II S. 235). [2] Wurde dem leistenden Unternehmer keine USt-IdNr. erteilt, ist zwingend die erteilte Steuernummer anzugeben. [3] Wenn das Finanzamt eine gesonderte Steuernummer für Zwecke der Umsatzbesteuerung erteilt hat (z. B. bei von der Zuständigkeit nach dem Betriebssitz abweichender Zuständigkeit nach § 21 AO), ist diese anzugeben. [4] Erteilt das Finanzamt dem leistenden Unternehmer eine neue Steuernummer (z. B. bei Verlagerung des Unternehmenssitzes), ist nur noch diese zu verwenden. [5] Es ist nicht erforderlich, dass der Unternehmer die vom Finanzamt erteilte Steuernummer um zusätzliche Angaben (z. B. Name oder Anschrift des Finanzamts, Finanzamtsnummer oder Länderschlüssel) ergänzt. [6] Im Fall der Gutschrift ist die Steuernummer bzw. die USt-IdNr. des leistenden Unternehmers und nicht die des die Gutschrift erteilenden Leistungsempfängers anzugeben. [7] Zu diesem Zweck hat der leistende Unternehmer (Gutschriftsempfänger) dem Aussteller der Gutschrift seine Steuernummer oder USt-IdNr. mitzuteilen. [8] Dies gilt auch für einen ausländischen Unternehmer, dem von einem inländischen Finanzamt eine Steuernummer oder vom BZSt eine USt-IdNr. erteilt wurde. [9] Hinsichtlich des Anspruchs natürlicher Personen auf Erteilung einer Steuernummer für Umsatzsteuerzwecke vgl. BFH-Urteil vom 23.9.2009, II R 66/07, BStBl. 2010 II S. 712, und BMF-Schreiben vom 1.7.2010, BStBl. I S. 625.

(6) [1] Leistet ein Unternehmer im eigenen Namen (Eigengeschäft) und vermittelt er einen Umsatz in fremdem Namen und für fremde Rechnung (vermittelter Umsatz), gilt für die Angabe der Steuernummer oder der USt-IdNr. Folgendes:

– [2] Für das Eigengeschäft gibt der leistende Unternehmer seine Steuernummer oder USt-IdNr. an.
– [3] Rechnet der Unternehmer über einen vermittelten Umsatz ab (z. B. Tankstellenbetreiber, Reisebüro), hat er die Steuernummer oder USt-IdNr. des leistenden Unternehmers (z. B. Mineralölgesellschaft, Reiseunternehmen) anzugeben.
– [4] Werden das Eigengeschäft und der vermittelte Umsatz in einer Rechnung aufgeführt (vgl. Abschnitt 14.10 Abs. 3), kann aus Vereinfachungs-

gründen der jeweilige Umsatz durch Kennziffern oder durch Symbole der jeweiligen Steuernummer oder USt-IdNr. zugeordnet werden. [5]Diese sind in der Rechnung oder in anderen Dokumenten (§ 31 UStDV) zu erläutern.

(7) Im Fall der umsatzsteuerlichen Organschaft muss die Organgesellschaft die ihr oder dem Organträger erteilte USt-IdNr. oder die Steuernummer des Organträgers angeben.

(8) Die Angabe der Steuernummer oder der USt-IdNr. ist vorbehaltlich der §§ 33 und 34 UStDV auch erforderlich, wenn

- beim leistenden Unternehmer die Umsatzsteuer nach § 19 Abs. 1 UStG nicht erhoben wird,
- ausschließlich über steuerfreie Umsätze abgerechnet wird,
- der Leistungsempfänger nach § 13b Abs. 1 Satz 1 Nr. 2 bis 4 UStG Steuerschuldner ist (vgl. auch § 14a Abs. 5 UStG).

(9) [1]Ein Vertrag erfüllt die Anforderung des § 14 Abs. 4 Satz 1 Nr. 2 UStG, wenn er die Steuernummer oder die USt-IdNr. des leistenden Unternehmers enthält. [2]Ist in dem Vertrag die Steuernummer angegeben und erteilt das Finanzamt dem leistenden Unternehmer eine neue Steuernummer (z.B. bei Verlagerung des Unternehmenssitzes), ist der Vertragspartner in geeigneter Weise darüber zu informieren. [3]Die leichte Nachprüfbarkeit dieser Angabe muss beim Leistungsempfänger gewährleistet sein. [4]Es ist nicht erforderlich, dass auf den Zahlungsbelegen die Steuernummer oder die USt-IdNr. des leistenden Unternehmers angegeben ist.

Fortlaufende Nummer (Rechnungsnummer)

(10) [1]Durch die fortlaufende Nummer (Rechnungsnummer) soll sichergestellt werden, dass die vom Unternehmer erstellte Rechnung einmalig ist. [2]Bei der Erstellung der Rechnungsnummer ist es zulässig, eine oder mehrere Zahlen- oder Buchstabenreihen zu verwenden. [3]Auch eine Kombination von Ziffern mit Buchstaben ist möglich. [4]Eine lückenlose Abfolge der ausgestellten Rechnungsnummern ist nicht zwingend. [5]Es ist auch zulässig, im Rahmen eines weltweiten Abrechnungssystems verschiedener, in unterschiedlichen Ländern angesiedelter Konzerngesellschaften nur einen fortlaufenden Nummernkreis zu verwenden.

(11) [1]Bei der Erstellung der Rechnungsnummer bleibt es dem Rechnungsaussteller überlassen, wie viele und welche separaten Nummernkreise geschaffen werden, in denen eine Rechnungsnummer jeweils einmalig vergeben wird. [2]Dabei sind Nummernkreise für zeitlich, geographisch oder organisatorisch abgegrenzte Bereiche zulässig, z.B. für Zeiträume (Monate, Wochen, Tage), verschiedene Filialen, Betriebsstätten einschließlich Organgesellschaften oder Bestandsobjekte. [3]Die einzelnen Nummernkreise müssen dabei nicht zwingend lückenlos sein. [4]Es muss jedoch gewährleistet sein (z.B. durch Vergabe einer bestimmten Klassifizierung für einen Nummernkreis), dass die jeweilige Rechnung leicht und eindeutig dem jeweiligen Nummernkreis zugeordnet werden kann und die Rechnungsnummer einmalig ist.

(12) [1]Bei Verträgen über Dauerleistungen ist es ausreichend, wenn diese Verträge eine einmalige Nummer enthalten (z.B. Wohnungs- oder Objekt-

nummer, Mieternummer). [2]Es ist nicht erforderlich, dass Zahlungsbelege eine gesonderte fortlaufende Nummer erhalten.

(13) [1]Im Fall der Gutschrift ist die fortlaufende Nummer durch den Gutschriftsaussteller zu vergeben. [2]Wird die Rechnung nach § 14 Abs. 2 Satz 4 UStG von einem Dritten ausgestellt, kann dieser die fortlaufende Nummer vergeben.

(14) Kleinbetragsrechnungen nach § 33 UStDV und Fahrausweise nach § 34 UStDV müssen keine fortlaufende Nummer enthalten.

Menge und Art der gelieferten Gegenstände oder Umfang und Art der sonstigen Leistung

(15)[1)·2)] [1]Die Bezeichnung der Leistung muss eine eindeutige und leicht nachprüfbare Feststellung der Leistung ermöglichen, über die abgerechnet worden ist (vgl. BFH-Urteile vom 10.11.1994, V R 45/93, BStBl. 1995 II S. 395, vom 8.10.2008, V R 59/07, BStBl. 2009 II S. 218, vom 16.1.2014, V R 28/13, BStBl. II S. 867, und vom 12.3.2020, V R 48/17, DStR S. 1846). [2]Unrichtige oder ungenaue Angaben, die eventuell auch keinen Rückschluss auf den Ort der Leistungserbringung und eine mögliche Steuerpflicht ermöglichen, genügen diesen Anforderungen nicht (vgl. BFH-Urteil vom 1.3.2018, V R 18/17, BStBl. 2021 II S. 644). [3]Bei Lieferungen kann neben der Angabe der Menge die Angabe der Art der gelieferten Gegenstände in Form einer handelsüblichen Bezeichnung erfolgen (§ 14 Abs. 4 Satz 1 Nr. 5 UStG). [4]Handelsüblich ist jede im Geschäftsverkehr für die Gegenstände allgemein verwendete Bezeichnung, die den Erfordernissen von Kaufleuten im Sinne des HGB genügt und von Unternehmern in den entsprechenden Geschäftskreisen allgemein (d. h. nicht nur gelegentlich) verwendet wird, z. B. auch eine Markenartikelbezeichnung. [5]Ob eine Bezeichnung handelsüblich ist, ist unter Berücksichtigung von Handelsstufe, Art und Inhalt der Lieferungen und dem Wert der einzelnen Gegenstände im Einzelfall zu bestimmen (zu den Anforderungen bei hochpreisigen Uhren und Armbändern vgl. BFH-Beschluss vom 29.11.2002, V B 119/02, n.v.; abgrenzend dazu im Niedrigpreissegment vgl. BFH-Urteil vom 10.7.2019, XI R 28/18, BStBl. 2021 II S. 961). [6]Bezeichnungen allgemeiner Art, die Gruppen verschiedenartiger Gegenstände umfassen, z. B. Geschenkartikel, reichen grundsätzlich nicht aus. [7]In Rechnungen über die Lieferung von Präsentkörben reicht es aus, als handelsübliche Bezeichnung des Liefergegenstandes lediglich „Präsentkorb" anzugeben. [8]Die

---

[1)] A 14.5 UStAE Abs. 15 Satz 1 Klammerzusatz neugef. durch BMF v. 18.9.2020, BStBl. I 2020, 976, anzuwenden in allen offenen Fällen; zur **Übergangsregelung** siehe Anlage 8.

[2)] *A 14.5 UStAE Abs. 15 Sätze* 5 und 6 eingef., bish. Satz 5 wird Satz 7 durch BMF v. 2.11.2020, BStBl. I 2020, 1121, anzuwenden auf **nach dem 31.12.2018** ausgestellte Gutscheine. Es wird – auch für Zwecke des Vorsteuerabzugs – nicht beanstandet, wenn **ab dem 1.1.2019 und vor dem 2.2.2021** ausgestellte Gutscheine von den Beteiligten nicht entsprechend den Vorgaben dieses BMF-Schreibens behandelt worden sind. Abs. 15 Satz 4 neugef., Sätze 5 und 6 eingef., bish. Sätze 5 bis 7 werden Sätze 7 bis 9 durch BMF v. 15.12.2020, BStBl. I 2020, 1374; neuer Satz 2 eingef., bish. Sätze 2 bis 9 werden Sätze 3 bis 10 durch BMF v. 9.9.2021, BStBl. I 2021, 1593, anzuwenden in allen offenen Fällen; Abs. 15 Sätze 3 u. 4 neugef., Satz 5 eingef., bish. Sätze 5 bis 10 werden Sätze 6 bis 11 durch BMF v. 1.12.2021, BStBl. I 2021, 2486, anzuwenden in allen offenen Fällen.

Mengen und die handelsüblichen Bezeichnungen der im Präsentkorb enthaltenen einzelnen Gegenstände brauchen in der Rechnung nicht genannt zu werden. [9]In einer Rechnung über die Übertragung bzw. Ausgabe eines Einzweck-Gutscheins nach § 3 Abs. 14 UStG ist die Bezeichnung der Gutscheinart (Einzweck-Gutschein) sowie eine kurze Beschreibung der Lieferung oder der sonstigen Leistung, zu deren Bezug der Gutschein berechtigt, ausreichend (vgl. hierzu Abschnitt 3.17 Abs. 2). [10]Bei einem Mehrzweck-Gutschein nach § 3 Abs. 15 UStG unterliegt erst bei dessen Einlösung die tatsächliche Lieferung oder die tatsächliche Erbringung der sonstigen Leistung der Umsatzsteuer (vgl. hierzu Abschnitt 3.17 Abs. 9); über diese Leistung ist dann nach den allgemeinen Regelungen abzurechnen. [11]Zur Verwendung der Geräteidentifikationsnummer als Bestandteil der handelsüblichen Bezeichnung des gelieferten Gegenstands vgl. BMF-Schreiben vom 1.4.2009, BStBl. I S. 525.

Zeitpunkt der Leistung und Vereinnahmung des Entgelts

(16)[1)] [1]Nach § 14 Abs. 4 Satz 1 Nr. 6 UStG ist in der Rechnung der Zeitpunkt der Lieferung oder sonstigen Leistung anzugeben. [2]Dies gilt auch dann, wenn das Ausstellungsdatum der Rechnung (§ 14 Abs. 4 Satz 1 Nr. 3 UStG) mit dem Zeitpunkt der Lieferung oder der sonstigen Leistung übereinstimmt; in diesen Fällen genügt eine Angabe wie z.B. „Leistungsdatum entspricht Rechnungsdatum" (vgl. BFH-Urteil vom 17.12.2008, XI R 62/07, BStBl. 2009 II S. 432). [3]Nach § 31 Abs. 4 UStDV kann als Zeitpunkt der Lieferung oder der sonstigen Leistung der Kalendermonat angegeben werden, in dem die Leistung ausgeführt wird. [4]Die Verpflichtung zur Angabe des Zeitpunkts der Lieferung oder der sonstigen Leistung besteht auch in den Fällen, in denen die Ausführung der Leistung gegen Barzahlung erfolgt. [5]Im Einzelnen gilt hierbei Folgendes:

1. Angabe des Zeitpunkts der Lieferung in einem Lieferschein:
   [1]Nach § 31 Abs. 1 UStDV kann eine Rechnung aus mehreren Dokumenten bestehen, aus denen sich die nach § 14 Abs. 4 Satz 1 UStG erforderlichen Angaben insgesamt ergeben. [2]Demzufolge können sich Rechnungsangaben auch aus einem in dem Dokument, in dem Entgelt und Steuerbetrag angegeben sind, zu bezeichnenden Lieferschein ergeben. [3]Sofern sich der nach § 14 Abs. 4 Satz 1 Nr. 6 UStG erforderliche Leistungszeitpunkt aus dem Lieferschein ergeben soll, ist es erforderlich, dass der Lieferschein neben dem Lieferscheindatum eine gesonderte Angabe des Leistungsdatums enthält. [4]Sofern das Leistungsdatum dem Lieferscheindatum entspricht, kann an Stelle der gesonderten Angabe des Leistungsdatums ein Hinweis in die Rechnung aufgenommen werden, dass das Lieferscheindatum dem Leistungsdatum entspricht.
2. Angabe des Zeitpunkts der Lieferung in den Fällen, in denen der Ort der Lieferung nach § 3 Abs. 6 UStG bestimmt wird:
   [1]In den Fällen, in denen der Gegenstand der Lieferung durch den Lieferer, den Abnehmer oder einen vom Lieferer oder vom Abnehmer beauftragten Dritten befördert oder versendet wird, gilt die Lieferung nach § 3 Abs. 6

[1)] A 14.5 Abs. 16 Satz 5 Nr. 4 Satz 6 angef. durch BMF v. 17.12.2021, BStBl. I 2021, 2504.

Satz 1 UStG dort als ausgeführt, wo die Beförderung oder Versendung an den Abnehmer oder in dessen Auftrag an einen Dritten beginnt (vgl. Abschnitt 3.12). [2]Soweit es sich um eine Lieferung handelt, für die der Ort der Lieferung nach § 3 Abs. 6 UStG bestimmt wird, ist in der Rechnung als Tag der Lieferung der Tag des Beginns der Beförderung oder Versendung des Gegenstands der Lieferung anzugeben. [3]Dieser Tag ist auch maßgeblich für die Entstehung der Steuer nach § 13 Abs. 1 Nr. 1 Buchstabe a Satz 1 UStG (vgl. Abschnitt 13.1 Abs. 1 und 2 Satz 2).

3. Angabe des Zeitpunkts der Lieferung in anderen Fällen:
   [1]In allen Fällen, in denen sich der Ort der Lieferung nicht nach § 3 Abs. 6 UStG bestimmt, ist als Tag der Lieferung in der Rechnung der Tag der Verschaffung der Verfügungsmacht anzugeben. [2]Zum Begriff der Verschaffung der Verfügungsmacht vgl. Abschnitt 3.1 Abs. 2.
4. Angabe des Zeitpunkts der sonstigen Leistung:
   [1]Nach § 14 Abs. 4 Satz 1 Nr. 6 UStG ist in der Rechnung der Zeitpunkt der sonstigen Leistung anzugeben. [2]Dies ist der Zeitpunkt, zu dem die sonstige Leistung ausgeführt ist. [3]Sonstige Leistungen sind grundsätzlich im Zeitpunkt ihrer Vollendung ausgeführt. [4]Bei zeitlich begrenzten Dauerleistungen ist die Leistung mit Beendigung des entsprechenden Rechtsverhältnisses ausgeführt, es sei denn, die Beteiligten hatten Teilleistungen vereinbart (vgl. Abschnitt 13.1 Abs. 3). [5]Bei sonstigen Leistungen, die sich über mehrere Monate oder Jahre erstrecken, reicht die Angabe des gesamten Leistungszeitraums (z. B. „1.1.01 bis 31.12.01") aus. [6]Eine Rechnung, die nur die Angabe einer Leistung „bis zum heutigen Tag" ohne Konkretisierung des Beginns des Leistungszeitraums enthält, erfüllt diese Voraussetzungen nicht (vgl. EuGH-Urteil vom 15.9.2016, C-516/14, Barlis 06).[1)]
5. Noch nicht ausgeführte Lieferung oder sonstige Leistung:
   [1]Wird über eine noch nicht ausgeführte Lieferung oder sonstige Leistung abgerechnet, handelt es sich um eine Rechnung über eine Anzahlung, in der die Angabe des Zeitpunkts der Vereinnahmung des Entgelts oder des Teilentgelts entsprechend § 14 Abs. 4 Satz 1 Nr. 6 UStG nur dann erforderlich ist, wenn der Zeitpunkt der Vereinnahmung bei der Rechnungsstellung feststeht und nicht mit dem Ausstellungsdatum der Rechnung übereinstimmt (vgl. BFH-Urteil vom 2.12.2015, V R 15/15, BStBl. 2016 II S. 486). [2]Auch in diesem Fall reicht es aus, den Kalendermonat der Vereinnahmung anzugeben. [3]Auf der Rechnung ist kenntlich zu machen, dass über eine noch nicht erbrachte Leistung abgerechnet wird (vgl. Abschnitt 14.8 Abs. 4).

(17) [1]Ist in einem Vertrag – z. B. Miet- oder Pachtvertrag, Wartungsvertrag oder Pauschalvertrag mit einem Steuerberater – der Zeitraum, über den sich die jeweilige Leistung oder Teilleistung erstreckt, nicht angegeben, reicht es aus, wenn sich dieser Zeitraum aus den einzelnen Zahlungsbelegen, z. B. aus den Überweisungsaufträgen oder den Kontoauszügen, ergibt. [2]Soweit periodisch wiederkehrende Zahlungen im Rahmen eines Dauer-

---

1) DStR 2016, 2216.

schuldverhältnisses in der Höhe und zum Zeitpunkt der vertraglichen Fälligkeiten erfolgen und keine ausdrückliche Zahlungsbestimmung vorliegt, ergibt sich der Zeitpunkt der Leistung aus Vereinfachungsgründen durch die Zuordnung der Zahlung zu der Periode, in der sie geleistet wird. [3]Dabei wird es nicht beanstandet, wenn der Zahlungsbeleg vom Leistungsempfänger ausgestellt wird.

Entgelt

(18) Nach § 14 Abs. 4 Satz 1 Nr. 7 UStG ist in der Rechnung das nach Steuersätzen und einzelnen Steuerbefreiungen aufgeschlüsselte Entgelt anzugeben.

Im Voraus vereinbarte Minderung des Entgelts

(19) [1]Zusätzlich ist jede im Voraus vereinbarte Minderung des Entgelts, sofern sie nicht bereits im Entgelt berücksichtigt ist, anzugeben. [2]Dies bedeutet im Fall der Vereinbarung von Boni, Skonti und Rabatten, bei denen im Zeitpunkt der Rechnungserstellung die Höhe der Entgeltminderung nicht feststeht, dass in der Rechnung auf die entsprechende Vereinbarung hinzuweisen ist (§ 31 Abs. 1 UStDV). [3]Dies gilt sowohl im Fall des Steuerausweises in einer Rechnung als auch im Fall des Hinweises auf eine Steuerbefreiung. [4]Da Vereinbarungen über Entgeltminderungen ebenfalls Bestandteil einer Rechnung sind, gelten die sich aus § 14 Abs. 1 Satz 2 UStG ergebenden Formerfordernisse auch für diese. [5]Sofern die Entgeltminderungsvereinbarung in dem Dokument, in dem Entgelt und Steuerbetrag angegeben sind, nicht enthalten ist, muss diese als gesondertes Dokument schriftlich beim leistenden Unternehmer und beim Leistungsempfänger oder dem jeweils beauftragten Dritten vorliegen. [6]Allerdings sind in dem Dokument, in dem das Entgelt und der darauf entfallende Steuerbetrag zusammengefasst angegeben sind, die anderen Dokumente zu bezeichnen, aus denen sich die übrigen Angaben ergeben (§ 31 Abs. 1 UStDV). [7]Bei Rabatt- und Bonusvereinbarungen ist es deshalb ausreichend, wenn in dem Dokument, das zusammengefasst die Angabe des Entgelts und des darauf entfallenden Steuerbetrags enthält, auf die entsprechende Konditionsvereinbarung hingewiesen wird. [8]Für eine leichte und eindeutige Nachprüfbarkeit ist allerdings eine hinreichend genaue Bezeichnung erforderlich. [9]Dies ist gegeben, wenn die Dokumente über die Entgeltminderungsvereinbarung in Schriftform vorhanden sind und auf Nachfrage ohne Zeitverzögerung bezogen auf die jeweilige Rechnung vorgelegt werden können. [10]Ändert sich eine vor Ausführung der Leistung getroffene Vereinbarung nach diesem Zeitpunkt, ist es nicht erforderlich, die Rechnung zu berichtigen. [11]Die Verpflichtung zur Angabe der im Voraus vereinbarten Minderungen des Entgelts bezieht sich nur auf solche Vereinbarungen, die der Leistungsempfänger gegenüber dem leistenden Unternehmer unmittelbar geltend machen kann. [12]Vereinbarungen des leistenden Unternehmers mit Dritten, die nicht Leistungsempfänger sind, müssen in der Rechnung nicht bezeichnet werden. [13]Bei Skontovereinbarungen genügt eine Angabe wie z. B. „2% Skonto bei Zahlung bis" den Anforderungen des § 14 Abs. 4 Satz 1 Nr. 7 UStG. [14]Das Skonto muss nicht betragsmäßig (weder mit dem Bruttobetrag noch mit dem Nettobetrag zzgl. USt) ausgewiesen werden. [15]Ein Belegaustausch ist bei tat-

sächlicher Inanspruchnahme der im Voraus vereinbarten Entgeltminderung nicht erforderlich (vgl. aber Abschnitt 17.1 Abs. 3 Satz 4).

Steuersatz und Steuerbetrag oder Hinweis auf eine Steuerbefreiung

(20) [1] Nach § 14 Abs. 4 Satz 1 Nr. 8 UStG ist in der Rechnung der Steuersatz sowie der auf das Entgelt entfallende Steuerbetrag oder im Fall der Steuerbefreiung ein Hinweis auf die Steuerbefreiung anzubringen. [2] Der Steuerbetrag muss vom Unternehmer für die von ihm ausgeführte steuerpflichtige Leistung nach Cent genau berechnet werden. [3] Ergibt sich bei der Steuerberechnung kein voller Centbetrag, ist der Centbetrag abzurunden, wenn die nachfolgende Ziffer höchstens 4 ist, bzw. aufzurunden, wenn die unmittelbar folgende Ziffer größer als 4 ist. [4] Bei dem Hinweis auf eine Steuerbefreiung ist es nicht erforderlich, dass der Unternehmer die entsprechende Vorschrift des UStG oder der MwStSystRL nennt. [5] Allerdings soll in der Rechnung ein Hinweis auf den Grund der Steuerbefreiung enthalten sein. [6] Dabei reicht eine Angabe in umgangssprachlicher Form aus (z. B. „Ausfuhr", zur Angabe „innergemeinschaftliche Lieferung" für den Belegnachweis vgl. BFH-Urteil vom 12.5.2011, V R 46/10, BStBl. II S. 957, und Abschnitt 6a.3 Abs. 1).

(21) [1] Die Regelung des § 32 UStDV für Rechnungen über Umsätze, die verschiedenen Steuersätzen unterliegen, gilt entsprechend, wenn in einer Rechnung neben steuerpflichtigen Umsätzen auch nicht steuerbare oder steuerfreie Umsätze aufgeführt werden. [2] Soweit Kosten für Nebenleistungen, z. B. für Beförderung, Verpackung, Versicherung, besonders berechnet werden, sind sie den unterschiedlich besteuerten Hauptleistungen entsprechend zuzuordnen. [3] Die Aufteilung ist nach geeigneten Merkmalen, z. B. nach dem Verhältnis der Werte oder Gewichte, vorzunehmen.

(22) In Rechnungen für Umsätze, auf die die Durchschnittssätze des § 24 Abs. 1 UStG anzuwenden sind, ist außer dem Steuerbetrag der für den Umsatz maßgebliche Durchschnittssatz anzugeben (§ 24 Abs. 1 Satz 5 UStG).

Hinweis auf die Aufbewahrungspflicht des Leistungsempfängers

(23) [1] Nach § 14 Abs. 4 Satz 1 Nr. 9 UStG ist der leistende Unternehmer bei Ausführung einer steuerpflichtigen Werklieferung oder sonstigen Leistung im Zusammenhang mit einem Grundstück verpflichtet, in der Rechnung auf die einem nichtunternehmerischen Leistungsempfänger nach § 14b Abs. 1 Satz 5 UStG obliegenden Aufbewahrungspflichten hinzuweisen. [2] Hierbei ist es ausreichend, wenn in der Rechnung z. B. ein allgemeiner Hinweis enthalten ist, dass ein nichtunternehmerischer Leistungsempfänger diese Rechnung zwei Jahre aufzubewahren hat. [3] Ein Hinweis auf die Aufbewahrungspflicht des Leistungsempfängers nach § 14b Abs. 1 Satz 5 UStG ist nicht erforderlich, wenn es sich bei der steuerpflichtigen Werklieferung oder sonstigen Leistung um eine Bauleistung im Sinne des § 13b Abs. 2 Nr. 4 UStG an einen anderen Unternehmer handelt, für die dieser die Umsatzsteuer schuldet, oder mit einer Kleinbetragsrechnung im Sinne des § 33 UStDV abgerechnet wird.

Gutschrift

(24) [1] Vereinbaren die am Leistungsaustausch Beteiligten, dass der in § 14 Abs. 2 Satz 1 Nr. 2 UStG bezeichnete Leistungsempfänger abrechnet (Gut-

schrift, § 14 Abs. 2 Satz 2 UStG), muss die Rechnung die Angabe „Gutschrift" enthalten (§ 14 Abs. 4 Satz 1 Nr. 10 UStG). [2]Darüber hinaus kommt die Anerkennung von Formulierungen in Betracht, die in anderen Amtssprachen für den Begriff „Gutschrift" in Artikel 226 Nr. 10a MwStSystRL[1)] der jeweiligen Sprachfassung verwendet werden (z. B. „Self-billing"; vgl. Teil II des BMF-Schreibens vom 25.10.2013, BStBl. I S. 1305). [3]Die Verwendung anderer Begriffe entspricht nicht § 14 Abs. 4 Satz 1 Nr. 10 UStG. [4]Gleichwohl ist der Vorsteuerabzug des Leistungsempfängers nicht allein wegen begrifflicher Unschärfen zu versagen, wenn die gewählte Bezeichnung hinreichend eindeutig ist (z. B. Eigenfaktura), die Gutschrift im Übrigen ordnungsgemäß erteilt wurde und keine Zweifel an ihrer inhaltlichen Richtigkeit bestehen.

14.6 Rechnungen über Kleinbeträge

(1) [1]Nach § 33 UStDV sind in Rechnungen, deren Gesamtbetrag 250 € nicht übersteigt (Kleinbetragsrechnungen), abweichend von § 14 Abs. 4 UStG nur folgende Angaben erforderlich:

- der vollständige Name und die vollständige Anschrift des leistenden Unternehmers;
- das Ausstellungsdatum;
- die Menge und die Art der gelieferten Gegenstände oder der Umfang und die Art der sonstigen Leistung und
- das Entgelt und der darauf entfallende Steuerbetrag in einer Summe sowie
- der anzuwendende Steuersatz oder
- im Fall einer Steuerbefreiung ein Hinweis darauf, dass für die Lieferung oder sonstige Leistung eine Steuerbefreiung gilt.

[2]Wird in einer Rechnung über verschiedene Leistungen abgerechnet, die verschiedenen Steuersätzen unterliegen, sind für die verschiedenen Steuersätzen unterliegenden Leistungen die jeweiligen Summen anzugeben.

(2) [1]Dabei sind die übrigen formalen Voraussetzungen des § 14 UStG zu beachten. [2]Die Grundsätze der §§ 31 (Angaben in der Rechnung) und 32 (Rechnungen über Umsätze, die verschiedenen Steuersätzen unterliegen) UStDV sind entsprechend anzuwenden.

(3) Wird über Leistungen im Sinne der §§ 3c (Ort der Lieferung in besonderen Fällen), 6a (innergemeinschaftliche Lieferung) oder 13b (Leistungsempfänger als Steuerschuldner) UStG abgerechnet, gilt § 33 UStDV nicht.

14.7 Fahrausweise als Rechnungen

(1) [1]Fahrausweise (§ 34 UStDV) sind Dokumente, die einen Anspruch auf Beförderung von Personen gewähren. [2]Dazu gehören auch Zuschlagkarten für zuschlagspflichtige Züge, Platzkarten, Bettkarten und Liegekarten. [3]Mit Fahrscheindruckern ausgestellte Fahrscheine sind auch dann Fahrausweise im Sinne des § 34 UStDV, wenn auf ihnen der Steuersatz in Verbindung mit einem Symbol angegeben ist (z. B. „V" mit dem zusätzlichen Ver-

---

1) **Steuergesetze** Nr. **550.**

merk „V = 19% USt“). [4]Keine Fahrausweise sind Rechnungen über die Benutzung eines Taxis oder Mietwagens.

(2) [1]Zeitfahrausweise (Zeitkarten) werden von den Verkehrsunternehmen in folgenden Formen ausgegeben:

1. Die Zeitkarte wird für jeden Gültigkeitszeitraum insgesamt neu ausgestellt,
2. [1]die Zeitkarte ist zweigeteilt in eine Stammkarte und eine Wertkarte oder Wertmarke. [2]Hierbei gilt die Stammkarte, die lediglich der Identitätskontrolle dient, für einen längeren Zeitraum als die jeweilige Wertkarte oder Wertmarke.

[2]Beide Formen der Zeitkarten sind als Fahrausweise anzuerkennen, wenn sie die in § 34 Abs. 1 UStDV bezeichneten Angaben enthalten. [3]Sind diese Angaben bei den unter Satz 1 Nummer 2 aufgeführten Zeitkarten insgesamt auf der Wertkarte oder der Wertmarke vermerkt, sind diese Belege für sich allein als Fahrausweise anzusehen.

(3) [1]Fahrausweise gelten nach § 34 UStDV als Rechnungen im Sinne des § 14 UStG, wenn sie mindestens die folgenden Angaben enthalten:

– den vollständigen Namen und die vollständige Anschrift des Unternehmers, der die Beförderungsleistung ausführt (§ 31 Abs. 2 UStDV ist entsprechend anzuwenden);
– das Ausstellungsdatum;
– das Entgelt und den darauf entfallenden Steuerbetrag in einer Summe;
– den anzuwendenden Steuersatz, wenn die Beförderungsleistung nicht dem ermäßigten Steuersatz nach § 12 Abs. 2 Nr. 10 UStG unterliegt;
– im Fall der Anwendung des § 26 Abs. 3 UStG ein Hinweis auf die grenzüberschreitende Beförderung im Luftverkehr.

[2]Die übrigen formalen Voraussetzungen des § 14 UStG sind zu beachten. [3]Zur Erstellung von Fahrausweisen im Online-Verfahren vgl. Abschnitt 14.4 Absatz 11. [4]Fahrausweise für eine grenzüberschreitende Beförderung im Personenverkehr und im internationalen Eisenbahn-Personenverkehr gelten nur dann als Rechnung im Sinne des § 14 UStG, wenn eine Bescheinigung des Beförderungsunternehmers oder seines Beauftragten darüber vorliegt, welcher Anteil des Beförderungspreises auf das Inland entfällt. [5]In der Bescheinigung ist der Steuersatz anzugeben, der auf den auf das Inland entfallenden Teil der Beförderungsleistung anzuwenden ist. [6]Die Ausführungen gelten für Belege im Reisegepäckverkehr entsprechend.

14.8 Rechnungserteilung bei der Istversteuerung von Anzahlungen

(1) [1]Aus Rechnungen über Zahlungen vor Ausführung der Leistung muss *hervorgehen, dass damit* Voraus- oder Anzahlungen (vgl. Abschnitt 13.5) abgerechnet werden, z.B. durch Angabe des voraussichtlichen Zeitpunkts der Leistung. [2]Unerheblich ist, ob vor Ausführung der Leistung über das gesamte Entgelt oder nur einen Teil des Entgelts abgerechnet wird. [3]Die Regelung gilt auch für die Unternehmer, die die Steuer nach § 20 UStG nach vereinnahmten Entgelten berechnen.

(2) [1]Sofern die berechneten Voraus- oder Anzahlungen nicht geleistet werden, tritt eine Besteuerung nach § 14c Abs. 2 UStG nicht ein. [2]Das gilt

auch dann, wenn der Unternehmer die Leistung nicht ausführt, es sei denn, die Leistung war von vornherein nicht beabsichtigt (vgl. BFH-Urteil vom 21.2.1980, V R 146/73, BStBl. II S. 283).

(3) [1]Über Voraus- und Anzahlungen kann auch mit Gutschriften abgerechnet werden. [2]In diesen Fällen gilt § 14 Abs. 2 Sätze 2 und 3 UStG (vgl. Abschnitt 14.3).

(4) [1]Für Rechnungen über Voraus- oder Anzahlungen ist § 14 Abs. 4 UStG sinngemäß anzuwenden (vgl. Abschnitt 14.5 ff.). [2]In Rechnungen über Lieferungen oder sonstige Leistungen, auf die eine Voraus- oder Anzahlung geleistet wurde, müssen die Gegenstände der Lieferung oder die Art der sonstigen Leistung zum Zeitpunkt der Voraus- oder Anzahlung genau bestimmt sein (vgl. BFH-Urteil vom 24.8.2006, V R 16/05, BStBl. 2007 II S. 340). [3]Statt des Zeitpunkts der Lieferung oder sonstigen Leistung (§ 14 Abs. 4 Satz 1 Nr. 6 UStG) ist der voraussichtliche Zeitpunkt oder der Kalendermonat der Leistung anzugeben (§ 31 Abs. 4 UStDV). [4]Haben die Beteiligten lediglich vereinbart, in welchem Zeitraum oder bis zu welchem Zeitpunkt die Leistung ausgeführt werden soll, ist dieser Zeitraum oder der betreffende Zeitpunkt in der Rechnung anzugeben. [5]Ist der Leistungszeitpunkt noch nicht vereinbart worden, genügt es, dass dies aus der Rechnung hervorgeht. [6]An die Stelle des Entgelts für die Lieferung oder sonstige Leistung tritt in einer Rechnung über eine Voraus- oder Anzahlung die Angabe des vor der Ausführung der Leistung vereinnahmten Entgelts oder Teilentgelts (§ 14 Abs. 4 Satz 1 Nr. 7 UStG). [7]Außerdem ist in einer Rechnung über eine Voraus- oder Anzahlung der auf das Entgelt oder Teilentgelt entfallende Umsatzsteuerbetrag auszuweisen (§ 14 Abs. 4 Satz 1 Nr. 8 UStG).

(5) [1]In einer Rechnung über Zahlungen vor Ausführung der Leistung können mehrere oder alle Voraus- oder Anzahlungen zusammengefasst werden. [2]Dabei genügt es, wenn der Unternehmer den Gesamtbetrag der vorausgezahlten Teilentgelte und die darauf entfallende Steuer angibt. [3]Rechnungen mit gesondertem Steuerausweis können schon erteilt werden, bevor eine Voraus- oder Anzahlung vereinnahmt worden ist. [4]Ist das im Voraus vereinnahmte Entgelt oder Teilentgelt niedriger als in der Rechnung angegeben, entsteht die Umsatzsteuer nur insoweit, als sie auf das tatsächlich vereinnahmte Entgelt oder Teilentgelt entfällt. [5]Einer Berichtigung der Rechnung bedarf es in diesem Falle nicht.

(6) [1]Der Unternehmer kann über die Leistung im Voraus eine Rechnung erteilen, in der das gesamte Entgelt und die Steuer für diese Leistung insgesamt gesondert ausgewiesen werden. [2]Zusätzliche Rechnungen über Voraus- oder Anzahlungen entfallen dann.

(7) [1]In einer Endrechnung, mit der ein Unternehmer über die ausgeführte Leistung insgesamt abrechnet, sind die vor der Ausführung der Leistung vereinnahmten Entgelte oder Teilentgelte sowie die hierauf entfallenden Steuerbeträge abzusetzen, wenn über diese Entgelte oder Teilentgelte Rechnungen mit gesondertem Steuerausweis erteilt worden sind (§ 14 Abs. 5 Satz 2 UStG). [2]Bei mehreren Voraus- oder Anzahlungen genügt es, wenn der Gesamtbetrag der vorausgezahlten Entgelte oder Teilentgelte und die Summe der darauf

entfallenden Steuerbeträge abgesetzt werden. [3]Statt der vorausgezahlten Entgelte oder Teilentgelte und der Steuerbeträge können auch die Gesamtbeträge der Voraus- oder Anzahlungen abgesetzt und die darin enthaltenen Steuerbeträge zusätzlich angegeben werden. [4]Wird in der Endrechnung der Gesamtbetrag der Steuer für die Leistung angegeben, braucht der auf das verbleibende restliche Entgelt entfallende Steuerbetrag nicht angegeben zu werden.

Beispiel 1:

Absetzung der einzelnen im Voraus vereinnahmten Teilentgelte und der auf sie entfallenden Steuerbeträge

Endrechnung

Errichtung einer Lagerhalle
Ablieferung und Abnahme: 10.10.01

	Summe	Preis	Entgelt	Umsatzsteuer
		7 140 000 €	6 000 000 €	1 140 000 €
./. Abschlags-zahlungen				
5.3.01	1 190 000 €		1 000 000 €	190 000 €
2.4.01	1 190 000 €		1 000 000 €	190 000 €
4.6.01	1 190 000 €		1 000 000 €	190 000 €
3.9.01	2 380 000 €	5 950 000 €	2 000 000 €	380 000 €
Verbleibende Rest-zahlung		1 190 000 €	1 000 000 €	190 000 €

Beispiel 2:

Absetzung des Gesamtbetrags der vorausgezahlten Teilentgelte und der Summe der darauf entfallenden Steuerbeträge

Endrechnung

Lieferung und Einbau eines Fahrstuhls
Ablieferung und Abnahme: 10.9.01

	Preis	Entgelt	Umsatzsteuer
	1 428 000 €	1 200 000 €	228 000 €
./. Abschlagszahlungen am 2.4. und 4.6.01	1 190 000 €	1 000 000 €	190 000 €
Verbleibende Restzahlung	238 000 €	200 000 €	38 000 €

Beispiel 3:

Absetzung des Gesamtbetrags der Abschlagszahlungen (Vorauszahlungen)

Endrechnung

Lieferung und Montage einer Heizungsanlage

Ablieferung und Abnahme: 10.7.01

Entgelt insgesamt	1 500 000 €
+ Umsatzsteuer	285 000 €
Gesamtpreis	1 785 000 €
./. Abschlagszahlungen am 1.2. und 7.5.01	1 428 000 €
Verbleibende Restzahlung	357 000 €
Darin enthaltene Umsatzsteuer	57 000 €
In den Abschlagszahlungen enthaltene Umsatzsteuer	228 000 €

Beispiel 4:

Verzicht auf die Angabe des auf das restliche Entgelt entfallenden Steuerbetrags

Endrechnung

Lieferung eines Baukrans am 20.8.01

1 Baukran	Entgelt		1 600 000 €
	+ Umsatzsteuer		304 000 €
	Preis		1 904 000 €
./. Abschlagszahlungen, geleistet am 12.3., 14.5. und 10.7.01:			
Entgelt		1 300 000 €	
+ Umsatzsteuer		247 000 €	1 547 000 €
Verbleibende Restzahlung			357 000 €

(8) Für die Erteilung der Endrechnung gelten folgende Vereinfachungen:

1. [1] Die vor der Ausführung der Leistung vereinnahmten Teilentgelte und die darauf entfallenden Steuerbeträge werden nicht vom Rechnungsbetrag abgesetzt, sondern auf der Endrechnung zusätzlich angegeben. [2] Auch hierbei können mehrere Voraus- oder Anzahlungen zusammengefasst werden.

   Beispiel 1:

   Angabe der einzelnen Anzahlungen

   Endrechnung

   Lieferung einer Entlüftungsanlage am 23.7.01

Entgelt	800 000 €
+ Umsatzsteuer	152 000 €
Preis	952 000 €

   Geleistete Anzahlungen:

	Gesamtbetrag	Entgelt	Umsatzsteuer
1.2.01:	238 000 €	200 000 €	38 000 €
5.3.01:	238 000 €	200 000 €	38 000 €
7.5.01:	238 000 €	200 000 €	38 000 €
	714 000 €	600 000 €	114 000 €

   Beispiel 2:

   Angabe der Gesamt-Anzahlungen

   Endrechnung

   Lieferung eines Baggers am 18.6.01

	Preis	Entgelt	Umsatzsteuer
1 Bagger	535 500 €	450 000 €	85 500 €

   Geleistete Anzahlungen am 13.3. und 21.5.01:

Entgelt	350 000 €
+ Umsatzsteuer	66 500 €
Gesamtbetrag	416 500 €

2. [1] Die vor der Ausführung der Leistung vereinnahmten Teilentgelte und die darauf entfallenden Steuerbeträge werden in einem Anhang der Endrechnung aufgeführt. [2] Auf diesen Anhang ist in der Endrechnung ausdrücklich hinzuweisen.

Beispiel:

Angabe der einzelnen Anzahlungen in einem Anhang zur Endrechnung

Endrechnung Nr. ..., 19.11.01

Errichtung einer Montagehalle
Ablieferung und Abnahme: 12.11.01
Montagehalle

Gesamtentgelt	6 500 000 €
+ Umsatzsteuer	1 235 000 €
Gesamtpreis	7 735 000 €

Die geleisteten Anzahlungen sind in der angefügten Zahlungsübersicht zusammengestellt.
Anhang der Rechnung Nr. ... vom 19.11.01
Zahlungsübersicht

	Gesamtbetrag	Entgelt	Umsatzsteuer
Anzahlung am 1.2.01	2 380 000 €	2 000 000 €	380 000 €
Anzahlung am 2.4.01	1 190 000 €	1 000 000 €	190 000 €
Anzahlung am 4.6.01	1 190 000 €	1 000 000 €	190 000 €
Anzahlung am 1.8.01	1 190 000 €	1 000 000 €	190 000 €
	5 950 000 €	5 000000 €	950 000 €

3. [1]Der Leistungsempfänger erhält außer der Endrechnung eine besondere Zusammenstellung der Anzahlungen, über die Rechnungen mit gesondertem Steuerausweis erteilt worden sind. [2]In der Endrechnung muss ausdrücklich auf die Zusammenstellung der Anzahlungen hingewiesen werden. [3]Die Zusammenstellung muss einen entsprechenden Hinweis auf die Endrechnung enthalten.

(9) [1]Wenn der Unternehmer ordnungsgemäß erteilte Rechnungen über Voraus- oder Anzahlungen, in denen die Steuer gesondert ausgewiesen ist, nachträglich bei der Abrechnung der gesamten Leistung widerruft oder zurücknimmt, ist er gleichwohl nach § 14 Abs. 5 Satz 2 UStG verpflichtet, in der Endrechnung die vorausgezahlten Entgelte oder Teilentgelte und die darauf entfallenden Steuerbeträge abzusetzen. [2]Dementsprechend ändert sich in diesem Falle auch an der Berechtigung des Leistungsempfängers zum Vorsteuerabzug auf Grund von Voraus- oder Anzahlungsrechnungen nichts.

(10) [1]Werden – entgegen der Verpflichtung nach § 14 Abs. 5 Satz 2 UStG – in einer Endrechnung oder der zugehörigen Zusammenstellung die vor der Leistung vereinnahmten Teilentgelte und die auf sie entfallenden Steuerbeträge nicht abgesetzt oder angegeben, hat der Unternehmer den in dieser Rechnung ausgewiesenen gesamten Steuerbetrag an das Finanzamt abzuführen. [2]Entsprechendes gilt, wenn in der Endrechnung oder der zugehörigen Zusammenstellung nur ein Teil der im Voraus vereinnahmten Teilentgelte und der auf sie entfallenden Steuerbeträge abgesetzt wird. [3]Der Teil der in der Endrechnung ausgewiesenen Steuer, der auf die vor der Leistung vereinnahmten Teilentgelte entfällt, wird in diesen Fällen zusätzlich nach § 14c Abs. 1 UStG geschuldet. [4]Der Leistungsempfänger kann jedoch nur den Teil des in der Endrechnung ausgewiesenen Steuerbetrags als Vorsteuer abziehen, der auf das nach der Ausführung der Leistung zu entrichtende restliche Entgelt entfällt. [5]Erteilt der Unternehmer dem Leistungsempfänger nachträglich eine

berichtigte Endrechnung, die den Anforderungen des § 14 Abs. 5 Satz 2 UStG genügt, kann er die von ihm geschuldete Steuer in entsprechender Anwendung des § 17 Abs. 1 UStG berichtigen.

(11) [1]Statt einer Endrechnung kann der Unternehmer über das restliche Entgelt oder den verbliebenen Restpreis eine Rechnung erteilen (Restrechnung). [2]In ihr sind die im Voraus vereinnahmten Teilentgelte und die darauf entfallenden Steuerbeträge nicht anzugeben. [3]Es ist jedoch nicht zu beanstanden, wenn zusätzlich das Gesamtentgelt (ohne Steuer) angegeben wird und davon die im Voraus vereinnahmten Teilentgelte (ohne Steuer) abgesetzt werden.

14.9 Rechnungserteilung bei verbilligten Leistungen (§ 10 Abs. 5 UStG)

(1) [1]Grundsätzlich können in einer Rechnung nur das Entgelt und der darauf entfallende Umsatzsteuerbetrag ausgewiesen werden. [2]Hiervon abweichend sind Unternehmer berechtigt und bei Ausführung einer Leistung an einen unternehmerischen Leistungsempfänger oder an eine juristische Person verpflichtet, in den folgenden Fällen die Mindestbemessungsgrundlage des § 10 Abs. 5 i. V. m. § 10 Abs. 4 UStG sowie den darauf entfallenden Steuerbetrag in einer Rechnung auszuweisen:

1. Körperschaften und Personenvereinigungen im Sinne des § 1 Abs. 1 Nr. 1 bis 5 KStG, nichtrechtsfähige Personenvereinigungen sowie Gemeinschaften führen im Inland verbilligte Lieferungen oder sonstige Leistungen an ihre Anteilseigner, Gesellschafter, Mitglieder, Teilhaber oder diesen nahe stehende Personen aus (§ 10 Abs. 5 Nr. 1 UStG).
2. Einzelunternehmer führen verbilligte Leistungen an ihnen nahe stehende Personen aus (§ 10 Abs. 5 Nr. 1 UStG).
3. Unternehmer führen verbilligte Leistungen an ihr Personal oder dessen Angehörige auf Grund des Dienstverhältnisses aus (§ 10 Abs. 5 Nr. 2 UStG).

Beispiel:

[1]Eine Gesellschaft liefert an ihren unternehmerisch tätigen Gesellschafter eine gebrauchte Maschine, deren Wiederbeschaffungskosten netto 50 000 € betragen, zu einem Kaufpreis von 30 000 €.

[2]In diesem Fall muss die Rechnung neben den übrigen erforderlichen Angaben enthalten:

Mindestbemessungsgrundlage	50 000 €
19 % Umsatzsteuer	9 500 €

[3]Der die Maschine erwerbende Gesellschafter kann unter den weiteren Voraussetzungen des § 15 UStG 9500 € als Vorsteuer abziehen.

(2) Für Land- und Forstwirte, die nach den Durchschnittssätzen des § 24 Abs. 1 bis 3 UStG besteuert werden, gilt die Regelung nicht.

14.10 Rechnungserteilung in Einzelfällen

(1) [1]Erhält ein Unternehmer für seine Leistung von einem anderen als dem Leistungsempfänger ein zusätzliches Entgelt im Sinne des § 10 Abs. 1 Satz 2 UStG (Entgelt von dritter Seite), entspricht die Rechnung den Anforderungen des § 14 Abs. 4 Satz 1 Nr. 7 und 8 UStG, wenn in ihr das Gesamtentgelt

– einschließlich der Zuzahlung – und der darauf entfallende Steuerbetrag angegeben sind. [2]Gibt der Unternehmer in der Rechnung den vollen Steuerbetrag, nicht aber das Entgelt von dritter Seite an, ist die Rechnung für Zwecke des Vorsteuerabzugs durch den Leistungsempfänger ausreichend, wenn der angegebene Steuerbetrag die für den Umsatz geschuldete Steuer nicht übersteigt.

(2) Auf folgende Regelungen wird hingewiesen:

1. Pfandgeld für Warenumschließungen,
   vgl. Abschnitt 10.1 Abs. 8;
2. Austauschverfahren in der Kraftfahrzeugwirtschaft,
   vgl. Abschnitt 10.5 Abs. 3;
3. Briefmarkenversteigerungsgeschäft, Versteigerungsgewerbe,
   vgl. Abschnitt 3.7 Abs. 6 und BMF-Schreiben vom 7.5.1971;
4. Kraft- und Schmierstofflieferungen für den Eigenbedarf der Tankstellenagenten,
   vgl. Abschnitt 3.7 Abs. 5;
5. Garantieleistungen in der Reifenindustrie,
   vgl. BMF-Schreiben vom 21.11.1974, BStBl. I S. 1021;
6. Garantieleistungen und Freiinspektionen in der Kraftfahrzeugwirtschaft,
   vgl. BMF-Schreiben vom 3.12.1975, BStBl. I S. 1132.

(3) [1]Leistungen verschiedener Unternehmer können in einer Rechnung aufgeführt werden, wenn darin über die Leistungen eines jeden Unternehmers getrennt abgerechnet wird, z. B. die Rechnung einer Tankstelle über eine eigene Reparaturleistung und über eine Kraftstofflieferung einer Mineralölgesellschaft. [2]Zur Angabe der Steuernummer oder USt-IdNr. in der Rechnung vgl. Abschnitt 14.5 Abs. 6. [3]Erfolgt die Trennung nicht zutreffend, entsteht auch Steuer nach § 14c Abs. 2 UStG.

14.11 Berichtigung von Rechnungen

(1)[1)] [1]Nach § 14 Abs. 6 Nr. 5 UStG, § 31 Abs. 5 UStDV kann eine Rechnung berichtigt werden, wenn sie nicht alle Angaben nach § 14 Abs. 4 und § 14a UStG enthält oder wenn Angaben in der Rechnung unzutreffend sind. [2]Dabei müssen nur die fehlenden oder unzutreffenden Angaben ergänzt oder berichtigt werden. [3]Die Berichtigung einer Rechnung um fehlende oder unzutreffende Angaben ist kein rückwirkendes Ereignis im Sinne von § 175 Abs. 1 Satz 1 Nr. 2 und § 233a Abs. 2a AO (§ 14 Abs. 4 Satz 4 UStG). [4]Die Berichtigung muss durch ein Dokument erfolgen, das spezifisch und eindeutig auf die Rechnung bezogen ist (vgl. BFH-Urteil vom 22.1.2020, XI R 10/17, DStR S. 1124). [5]Dies ist regelmäßig der Fall, wenn in diesem Dokument die fortlaufende Nummer der ursprünglichen Rechnung angegeben ist; eine neue Rechnungsnummer für dieses Dokument ist nicht erforderlich.

[1)] A 14.11 UStAE Abs. 1 Satz 3 Klammerzusatz angef. durch BMF v. 18.9.2020, BStBl. I 2020, 976, anzuwenden in allen offenen Fällen; zur **Übergangsregelung** siehe Anlage 8; Abs. 1 Satz 3 eingef., bish. Sätze 3 bis 7 werden Sätze 4 bis 8 durch BMF v. 17.12.2021, BStBl. I 2021, 2504.

[6]Das Dokument, mit dem die Berichtigung durchgeführt werden soll, muss die formalen Anforderungen der §§ 14 und 14a UStG erfüllen. [7]Für die Berichtigung einer Rechnung genügt die einfache Schriftform auch dann, wenn in einem notariell beurkundeten Kaufvertrag mit Umsatzsteuerausweis abgerechnet worden ist (BFH-Urteil vom 11.10.2007, V R 27/05, BStBl. 2008 II S. 438). [8]Die Rückgabe der ursprünglichen Rechnung durch den Leistungsempfänger ist nicht erforderlich (vgl. BFH-Urteil vom 25.2.1993, V R 112/91, BStBl. II S. 643).

(2) [1]Die Berichtigung einer Rechnung kann nur durch den Rechnungsaussteller selbst vorgenommen werden (vgl. BFH-Urteil vom 27.9.1979, V R 78/73, BStBl. 1980 II S. 228). [2]Lediglich in dem Fall, in dem ein Dritter mit der Ausstellung der Rechnung beauftragt wurde (§ 14 Abs. 2 Satz 4 UStG), kann die Berichtigung durch den leistenden Unternehmer selbst oder im Fall der Gutschrift durch den Gutschriftsaussteller vorgenommen werden. [3]Der Abrechnungsempfänger kann von sich aus den Inhalt der ihm erteilten Abrechnung nicht mit rechtlicher Wirkung verändern. [4]Insbesondere kann der gesonderte Ausweis der Steuer nur vom Abrechnenden vorgenommen werden. [5]Der Leistungsempfänger kann den in einer ihm erteilten Rechnung enthaltenen Gesamtkaufpreis selbst dann nicht mit rechtlicher Wirkung in Entgelt und darauf entfallende Steuer aufteilen, wenn diese Änderung der Rechnung im Beisein des leistenden Unternehmers vorgenommen wird. [6]Eine Berichtigung oder Ergänzung des Abrechnungspapiers durch den Abrechnungsempfänger ist jedoch anzuerkennen, wenn sich der Abrechnende die Änderung zu eigen macht und dies aus dem Abrechnungspapier oder anderen Unterlagen hervorgeht, auf die im Abrechnungspapier hingewiesen ist (vgl. BFH-Beschluss vom 17.4.1980, V S 18/79, BStBl. II S. 540). [7]Zu der Möglichkeit des Rechnungsempfängers, in § 14 Abs. 4 Satz 1 Nr. 5 und 6 UStG bezeichnete Angaben für Zwecke des Vorsteuerabzugs selbst zu ergänzen oder nachzuweisen, vgl. Abschnitt 15.11 Abs. 3.

(3) [1]Da der Leistungsempfänger nach § 15 Abs. 1 Satz 1 Nr. 1 UStG im Besitz einer nach §§ 14, 14a UStG ausgestellten Rechnung sein muss, kann er vom Rechnungsaussteller eine Berichtigung verlangen, wenn die Rechnung nicht diesen Anforderungen genügt und dadurch der Vorsteuerabzug beim Leistungsempfänger gefährdet würde. [2]Zum zivilrechtlichen Anspruch vgl. Abschnitt 14.1 Abs. 5.

Zu § 14a UStG

14a.1 Zusätzliche Pflichten bei der Ausstellung von Rechnungen in besonderen Fällen

(1)[1] [1]§ 14a UStG regelt die zusätzlichen Pflichten bei der Ausstellung von Rechnungen in besonderen Fällen. [2]§ 14a UStG ergänzt § 14 UStG. [3]Soweit nichts anderes bestimmt ist, bleiben die Regelungen des § 14 UStG unberührt. [4]Dies schließt die nach § 14 Abs. 4 UStG geforderten Angaben ein.

[1] A 14a.1 UStAE Abs. 1 Satz 6 2. Spiegelstrich neugef. durch BMF v. 1.4.2021, BStBl. I 2021, 629, anzuwenden mWv 1.7.2021.

[5] Entsprechend § 14 Abs. 2 Satz 2 UStG kann auch mit einer Gutschrift abgerechnet werden. [6] Zu den besonderen Fällen gehören:
- sonstige Leistungen im Sinne des § 3a Abs. 2 UStG, für die der Leistungsempfänger die Steuer nach § 13b Abs. 1 und Abs. 5 Satz 1 UStG schuldet;
- Lieferungen im Sinne des § 3c Abs. 1 UStG, wenn der Unternehmer nicht an dem besonderen Besteuerungsverfahren nach § 18j UStG (vgl. Abschnitt 18j.1) teilnimmt;
- innergemeinschaftliche Lieferungen (§ 6a UStG);
- innergemeinschaftliche Lieferungen neuer Fahrzeuge (§§ 2a, 6a UStG);
- Fälle der Steuerschuldnerschaft des Leistungsempfängers (§ 13b UStG);
- Besteuerung von Reiseleistungen (§ 25 UStG);
- Differenzbesteuerung (§ 25a UStG) und
- innergemeinschaftliche Dreiecksgeschäfte (§ 25b UStG).

(2) [1] Hat der Unternehmer seinen Sitz, seine Geschäftsleitung, eine Betriebsstätte, von der aus der Umsatz ausgeführt wird, oder in Ermangelung eines Sitzes seinen Wohnsitz oder gewöhnlichen Aufenthalt im Inland und führt er einen Umsatz in einem anderen Mitgliedstaat aus, an dem eine Betriebsstätte in diesem Mitgliedstaat nicht beteiligt ist, ist er zur Ausstellung einer Rechnung mit der Angabe „Steuerschuldnerschaft des Leistungsempfängers" verpflichtet, wenn die Steuer in dem anderen Mitgliedstaat von dem Leistungsempfänger geschuldet wird (§ 14a Abs. 1 Satz 1 UStG). [2] Dies gilt nicht, wenn eine Abrechnung durch Gutschrift im Sinne des § 14 Abs. 2 Satz 2 UStG vereinbart worden ist. [3] Absatz 6 Satz 2 gilt entsprechend. [4] Vereinbaren die am Leistungsaustausch Beteiligten, dass der Leistungsempfänger über eine sonstige Leistung im Sinne des § 3a Abs. 2 UStG abrechnet (Gutschrift, § 14 Abs. 2 Satz 2 UStG), die im Inland ausgeführt wird und für die der Leistungsempfänger die Steuer nach § 13b Abs. 1 und 5 UStG schuldet, sind Absatz 3 Sätze 2 und 3 und Absatz 6 entsprechend anzuwenden.

(3) [1] Führt der Unternehmer eine innergemeinschaftliche Lieferung (§ 6a UStG) aus, ist er nach § 14a Abs. 3 UStG verpflichtet, spätestens am 15. Tag des Monats, der auf den Monat folgt, in dem die Lieferung ausgeführt worden ist, eine Rechnung auszustellen. [2] Die gleiche Frist gilt, wenn der Unternehmer eine sonstige Leistung im Sinne des § 3a Abs. 2 UStG in einem anderen Mitgliedstaat ausführt, für die der Leistungsempfänger die Steuer schuldet (§ 14a Abs. 1 Satz 2 UStG). [3] In beiden Fällen ist in der Rechnung sowohl die USt-IdNr. des Unternehmers als auch die des Leistungsempfängers anzugeben. [4] Eine Nichteinhaltung der vorgenannten Frist stellt keine Ordnungswidrigkeit nach § 26a UStG dar. [5] Zum zivilrechtlichen Anspruch auf Erteilung einer ordnungsgemäßen Rechnung vgl. Abschnitt 14.1 Abs. 5.

(4) [1] *Der Unternehmer*, der steuerfreie innergemeinschaftliche Lieferungen (§ 4 Nr. 1 Buchstabe b, § 6a UStG) ausführt, muss in den Rechnungen auf die Steuerfreiheit hinweisen. [2] Eine Verpflichtung zur Ausstellung einer Rechnung besteht in diesen Fällen nicht nur, wenn der Abnehmer ein Unternehmer ist, der den Gegenstand der Lieferung für unternehmerische Zwecke erworben hat. [3] Sie besteht auch dann, wenn die innergemeinschaftliche Lieferung an eine juristische Person (z.B. eingetragener Verein oder Körperschaft des öffentlichen Rechts) erfolgt, die entweder kein Unternehmer ist oder den

Gegenstand der Lieferung für ihren nichtunternehmerischen Bereich erworben hat.

(5) [1]Die Verpflichtung zur Ausstellung von Rechnungen über steuerfreie Lieferungen im Sinne des § 6a UStG greift beim innergemeinschaftlichen Verbringen von Gegenständen nicht ein, weil Belege in Verbringensfällen weder als Abrechnungen anzusehen sind noch eine Außenwirkung entfalten (vgl. auch Abschnitt 14.1 Abs. 4) und deshalb keine Rechnungen im Sinne des § 14 Abs. 1 UStG sind. [2]Zur Abwicklung von Verbringensfällen hat der inländische Unternehmensteil gleichwohl für den ausländischen Unternehmensteil einen Beleg auszustellen, in dem die verbrachten Gegenstände aufgeführt sind und der die Bemessungsgrundlagen, die USt-IdNr. des inländischen Unternehmensteils und die USt-IdNr. des ausländischen Unternehmensteils enthält (z. B. in einer sog. Pro-forma-Rechnung).

(6) [1]Führt der Unternehmer eine Leistung im Sinne des § 13b Abs. 2 UStG aus, für die der Leistungsempfänger nach § 13b Abs. 5 UStG die Steuer schuldet, ist er zur Ausstellung einer Rechnung mit der Angabe „Steuerschuldnerschaft des Leistungsempfängers" verpflichtet (vgl. Abschnitt 13b.14 Abs. 1). [2]Alternativ kommen Formulierungen in Betracht, die in anderen Amtssprachen für den Begriff „Steuerschuldnerschaft des Leistungsempfängers" in Artikel 226 Nr. 11a MwStSystRL[1)] der jeweiligen Sprachfassung verwendet werden (z. B. „Reverse Charge"; vgl. Teil II des BMF-Schreibens vom 25.10.2013, BStBl. I S. 1305). [3]Zur Rechnungslegung bei in einem anderen Mitgliedstaat ansässigen Unternehmer vgl. Abschnitt 14.1 Abs. 6.

(7)[2)] [1]Der gesonderte Ausweis der Steuer ist auch in den Rechnungen des Unternehmers erforderlich, in denen er über die im Inland ausgeführten Fernverkäufe im Sinne des § 3c UStG abrechnet. [2]Nimmt der Unternehmer an dem besonderen Besteuerungsverfahren nach § 18j UStG teil, besteht keine besondere Pflicht zur Ausstellung einer Rechnung (§ 14a Abs. 2 Satz 2 UStG). [3]In diesem Fall ist die Rechnung nach den Vorschriften des Mitgliedstaates zu erteilen, in dem der Unternehmer seine Teilnahme anzeigt (§ 14 Abs. 7 Satz 3 UStG).

(8) Ein Abrechnungspapier über die innergemeinschaftliche Lieferung von neuen Fahrzeugen muss neben den Angaben des § 14 Abs. 4 UStG alle für die ordnungsgemäße Durchführung der Erwerbsbesteuerung benötigten Merkmale (§ 1b Abs. 2 und 3 UStG) enthalten.

(9) Zu den Besonderheiten bei der Rechnungserteilung im Rahmen

1. des innergemeinschaftlichen Dreiecksgeschäfts nach § 25b UStG vgl. Abschnitt 25b.1 Abs. 8,
2. der Steuerschuldnerschaft des Leistungsempfängers nach § 13b UStG vgl. Abschnitt 13b.14 Abs. 1.

(10) [1]In den Fällen der Besteuerung von Reiseleistungen nach § 25 UStG muss die Rechnung die Angabe „Sonderregelung für Reisebüros" und in den Fällen der Differenzbesteuerung nach § 25a UStG die Angabe „Ge-

[1)] **Steuergesetze** Nr. **550.**
[2)] A 14a.1 Abs. 7 neugef. durch BMF v. 17.12.2021, BStBl. I 2021, 2504.

brauchtgegenstände/Sonderregelung", „Kunstgegenstände/Sonderregelung" oder „Sammlungsstücke und Antiquitäten/Sonderregelung" enthalten (§ 14a Abs. 6 Satz 1 UStG). [2]Der Rechnungsaussteller kann anstelle der deutschen Begriffe auch Formulierungen verwenden, die in anderen Amtssprachen für die Rechnungsangaben nach Artikel 226 Nr. 13 und 14 MwStSystRL[1)] der jeweiligen Sprachfassung verwendet werden (z. B. „Margin scheme – Travel agents" für „Sonderregelung für Reisebüros", „Margin scheme – Second-hand goods" für „Gebrauchtgegenstände/Sonderregelung", „Margin scheme – Works of art" für „Kunstgegenstände/Sonderregelung" oder „Margin scheme – Collectors's items and antiques" für „Sammlungsstücke und Antiquitäten/Sonderregelung"; vgl. Teil II des BMF-Schreibens vom 25.10.2013, BStBl. I S. 1305). [3]Ein gesonderter Steuerausweis ist in den Fällen des § 25 Abs. 3 und § 25a Abs. 3 und 4 UStG unzulässig (§ 14a Abs. 6 Satz 2 UStG) und ein Vorsteuerabzug aus diesen Rechnungen ausgeschlossen.

Zu § 14b UStG

14b.1 Aufbewahrung von Rechnungen

(1)[2)] [1]Nach § 14b Abs. 1 UStG hat der Unternehmer aufzubewahren:

- ein Doppel der Rechnung, die er selbst oder ein Dritter in seinem Namen und für seine Rechnung ausgestellt hat,
- alle Rechnungen, die er erhalten oder die ein Leistungsempfänger oder in dessen Namen und für dessen Rechnung ein Dritter ausgestellt hat.

[2]Soweit der Unternehmer Rechnungen mithilfe elektronischer oder computergestützter Kassensysteme oder Registrierkassen erteilt, ist es hinsichtlich der erteilten Rechnungen im Sinne des § 33 UStDV ausreichend, wenn ein Doppel der Ausgangsrechnung (Kassenbeleg) aus den unveränderbaren digitalen Aufzeichnungen reproduziert werden kann, die auch die übrigen Anforderungen der GoBD (vgl. BMF-Schreiben vom 28.11.2019, BStBl. I S. 1269) erfüllen, insbesondere die Vollständigkeit, Richtigkeit und Zeitgerechtigkeit der Erfassung (siehe auch § 146 Abs. 1 und 4 AO). [3]Aufbewahrungspflichten nach anderen Vorschriften bleiben davon unberührt. [4]Sind bei gemeinsamem Leistungsbezug durch mehrere Personen die einzelnen Gemeinschafter als Leistungsempfänger anzusehen (vgl. Abschnitt 15.2b Abs. 1), hat einer dieser Gemeinschafter das Original der Rechnung und jeder andere unternehmerisch tätige Gemeinschafter zumindest eine Ablichtung der Rechnung aufzubewahren.

(2) [1]Die Aufbewahrungsfrist beträgt zehn Jahre und beginnt mit dem Ablauf des Kalenderjahres, in dem die Rechnung ausgestellt wird. [2]Die Aufbewahrungsfrist läuft jedoch nicht ab, soweit und solange die Unterlagen für *Steuern von Bedeutung sind*, für welche die Festsetzungsfrist noch nicht abgelaufen ist (§ 147 Abs. 3 Satz 5 AO).

[1)] **Steuergesetze** Nr. **550.**

[2)] A 14b.1 UStAE Abs. 1 Satz 3 neugef. durch BMF v. 27.10.2021, BStBl. I 2021, 2137, anzuwenden in allen offenen Fällen; Satz 2 neugef., neuer Satz 3 eingef., bish. Satz 3 wird Satz 4 durch BMF v. 16.11.2021, BStBl. I 2021, 2329, anzuwenden in allen offenen Fällen, für Zeiträume bis 31.12.2021 wird es nicht beanstandet, wenn die Aufbewahrungspflicht nach der bisherigen Regelung in A 14b.1 Abs. 1 Satz 2 erfüllt wird.

(3) Die Aufbewahrungspflichten gelten auch:
- für Fahrzeuglieferer (§ 2a UStG);
- in den Fällen, in denen der letzte Abnehmer die Steuer nach § 13a Abs. 1 Nr. 5 UStG schuldet, für den letzten Abnehmer und
- in den Fällen, in denen der Leistungsempfänger die Steuer nach § 13b Abs. 5 UStG schuldet, für den Leistungsempfänger (unabhängig davon, ob die Leistung für den unternehmerischen oder nichtunternehmerischen Bereich bezogen wurde, mit Ausnahme der in § 13b Abs. 5 Satz 10 UStG genannten Leistungen, die ausschließlich an den nichtunternehmerischen Bereich von juristischen Personen des öffentlichen Rechts erbracht werden).

(4) [1] In den Fällen des § 14 Abs. 2 Satz 1 Nr. 1 UStG hat der Leistungsempfänger die Rechnung, einen Zahlungsbeleg oder eine andere beweiskräftige Unterlage zwei Jahre aufzubewahren soweit er
- nicht Unternehmer ist oder
- Unternehmer ist, aber die Leistung für seinen nichtunternehmerischen Bereich verwendet.

[2] Als Zahlungsbelege kommen z. B. Kontobelege und Quittungen in Betracht. [3] Andere beweiskräftige Unterlagen im Sinne des § 14b Abs. 1 Satz 5 UStG können z. B. Bauverträge, Abnahmeprotokolle nach VOB oder Unterlagen zu Rechtsstreitigkeiten im Zusammenhang mit der Leistung sein, mittels derer sich der Leistende, Art und Umfang der ausgeführten Leistung sowie das Entgelt bestimmen lassen. [4] Die Verpflichtung zur Aufbewahrung gilt auch dann, wenn der leistende Unternehmer entgegen § 14 Abs. 4 Satz 1 Nr. 9 UStG in der Rechnung nicht auf die Aufbewahrungspflichten nach § 14b Abs. 1 Satz 5 UStG hingewiesen hat bzw. wenn ein Hinweis auf die Aufbewahrungspflichten des Leistungsempfängers nicht erforderlich war, weil es sich um eine Kleinbetragsrechnung im Sinne des § 33 UStDV handelt (vgl. Abschnitt 14.5 Abs. 23). [5] Für steuerpflichtige sonstige Leistungen der in § 4 Nr. 12 Sätze 1 und 2 UStG bezeichneten Art, die weder an einen anderen Unternehmer für dessen Unternehmen noch an eine juristische Person erbracht werden, besteht keine Verpflichtung des Leistungsempfängers zur Aufbewahrung von Rechnungen, Zahlungsbelegen oder anderen beweiskräftigen Unterlagen. [6] § 14b Abs. 1 Satz 4 Nr. 3 UStG geht § 14b Abs. 1 Satz 5 UStG vor.

(5) [1] Die Rechnungen müssen über den gesamten Aufbewahrungszeitraum die Anforderungen des § 14 Absatz 1 Satz 2 UStG – Echtheit der Herkunft, Unversehrtheit des Inhalts und Lesbarkeit der Rechnung – erfüllen. [2] Nachträgliche Änderungen sind nicht zulässig. [3] Sollte die Rechnung auf Thermopapier ausgedruckt sein, ist sie durch einen nochmaligen Kopiervorgang auf Papier zu konservieren, das für den gesamten Aufbewahrungszeitraum nach § 14b Absatz 1 UStG lesbar ist. [4] Dabei ist es nicht erforderlich, die ursprüngliche, auf Thermopapier ausgedruckte Rechnung aufzubewahren.

(6) [1] Die Anforderungen des Umsatzsteuergesetzes an die Aufbewahrung elektronischer Rechnungen (vgl. Abschnitt 14.4 Abs. 2) sind erfüllt, wenn durch innerbetriebliche Kontrollverfahren (vgl. Abschnitt 14.4 Absätze 4 bis 6) die Echtheit der Herkunft und die Unversehrtheit des Inhalts sichergestellt sowie die Lesbarkeit der Rechnung gewährleistet sind. [2] Wird eine elektro-

nische Rechnung mit einer qualifizierten elektronischen Signatur übermittelt, ist auch die Signatur an sich als Nachweis über die Echtheit und die Unversehrtheit der Daten aufzubewahren, selbst wenn nach anderen Vorschriften die Gültigkeit dieser Nachweise bereits abgelaufen ist.

(7) [1] Im Inland oder in einem der in § 1 Abs. 3 UStG genannten Gebiete ansässige Unternehmer sind verpflichtet, die Rechnungen im Inland oder in einem der in § 1 Abs. 3 UStG genannten Gebiete aufzubewahren (§ 14b Abs. 2 Satz 1 UStG). [2] Ein im Inland oder in einem der in § 1 Abs. 3 UStG bezeichneten Gebiete ansässiger Unternehmer ist ein Unternehmer, der in einem dieser Gebiete einen Wohnsitz, seinen Sitz, seine Geschäftsleitung oder eine Zweigniederlassung hat (§ 14b Abs. 3 UStG).

(8) [1] Bei elektronisch aufbewahrten Rechnungen (dabei muss es sich nicht um elektronisch übermittelte Rechnungen handeln) kann der im Inland oder der in einem der in § 1 Abs. 3 UStG genannten Gebiete ansässige Unternehmer die Rechnungen im Gemeinschaftsgebiet, in einem der in § 1 Abs. 3 UStG genannten Gebiete, im Gebiet von Büsingen oder auf der Insel Helgoland aufbewahren, soweit eine vollständige Fernabfrage (Online-Zugriff) der betreffenden Daten und deren Herunterladen und Verwendung durch das Finanzamt gewährleistet ist. [2] Bewahrt der Unternehmer in diesem Fall die Rechnungen nicht im Inland oder in einem der in § 1 Abs. 3 UStG genannten Gebiete auf, hat er dem für die Umsatzbesteuerung zuständigen Finanzamt den Aufbewahrungsort unaufgefordert und schriftlich mitzuteilen. [3] Will der Unternehmer die Rechnungen außerhalb des Gemeinschaftsgebiets elektronisch aufbewahren, gilt § 146 Abs. 2b AO (§ 14b Abs. 5 UStG).

(9) [1] Ein nicht im Inland oder in einem der in § 1 Abs. 3 UStG bezeichneten Gebiete ansässiger Unternehmer hat die Rechnungen im Gemeinschaftsgebiet, in einem der in § 1 Abs. 3 UStG bezeichneten Gebiete, im Gebiet von Büsingen oder auf der Insel Helgoland aufzubewahren. [2] Er ist verpflichtet, dem Finanzamt auf dessen Verlangen alle aufzubewahrenden Rechnungen und Daten oder die an deren Stelle tretenden Bild- und Datenträger unverzüglich zur Verfügung zu stellen. [3] Kommt der Unternehmer dieser Verpflichtung nicht oder nicht rechtzeitig nach, kann das Finanzamt verlangen, dass er die Rechnungen im Inland oder in einem der in § 1 Abs. 3 UStG bezeichneten Gebiete aufbewahrt. [4] Ist ein nicht im Gemeinschaftsgebiet ansässiger Unternehmer nach den Bestimmungen des Staates, in dem er ansässig ist, verpflichtet, die Rechnungen im Staat der Ansässigkeit aufzubewahren, ist es ausreichend, wenn dieser Unternehmer im Gemeinschaftsgebiet Ablichtungen der aufzubewahrenden Rechnungen aufbewahrt.

(10) [1] *Verletzt der Unternehmer* seine Aufbewahrungspflichten nach § 14b UStG, kann dies als eine Ordnungswidrigkeit im Sinne des § 26a Abs. 2 Nr. 2 UStG geahndet werden. [2] Der Anspruch auf Vorsteuerabzug nach § 15 Abs. 1 Satz 1 Nr. 1 UStG bleibt hiervon zwar unberührt, der Unternehmer trägt nach allgemeinen Grundsätzen jedoch die objektive Feststellungslast für alle Tatsachen, die den Anspruch begründen. [3] Verletzungen der GoBD (vgl. BMF-Schreiben vom 28.11.2019, BStBl. I S. 1269) wirken sich ebenfalls nicht auf den ursprünglichen Vorsteuerabzug aus, sofern die Voraussetzungen für den

Vorsteuerabzug nachgewiesen werden (vgl. Abschnitt 15.11 Abs. 1 Satz 3). [4]Sind Unterlagen für den Vorsteuerabzug unvollständig oder nicht vorhanden, kann das Finanzamt die abziehbare Vorsteuer unter bestimmten Voraussetzungen schätzen oder aus Billigkeitsgründen ganz oder teilweise anerkennen, sofern im Übrigen die Voraussetzungen für den Vorsteuerabzug vorliegen (vgl. Abschnitt 15.11 Abs. 5 bis 7).

Zu § 14c UStG

14c.1 Unrichtiger Steuerausweis (§ 14c Abs. 1 UStG)

Zu hoher Steuerausweis

(1)[1)] [1]Weist der leistende Unternehmer oder der von ihm beauftragte Dritte in einer Rechnung einen höheren Steuerbetrag aus, als der leistende Unternehmer nach dem Gesetz schuldet (unrichtiger Steuerausweis), schuldet der leistende Unternehmer auch den Mehrbetrag (§ 14c Abs. 1 Satz 1 UStG). [2]Die Rechtsfolgen treten unabhängig davon ein, ob die Rechnung alle in § 14 Abs. 4 und § 14a UStG aufgeführten Angaben enthält, die abstrakte Gefahr einer Vorsteuerinanspruchnahme ist ausreichend (vgl. BFH-Urteil vom 17.2.2011 V R 39/09, BStBl. II S. 734). [3]Dies ist jedenfalls der Fall, wenn die Rechnung den Rechnungsaussteller, den Leistungsempfänger, eine Leistungsbeschreibung sowie das Entgelt und die gesondert ausgewiesene Umsatzsteuer enthält. [4]Die Vorschrift des § 14c Abs. 1 UStG gilt für Unternehmer, die persönlich zum gesonderten Steuerausweis berechtigt sind und für eine Lieferung oder sonstige Leistung einen Steuerbetrag in der Rechnung gesondert ausgewiesen haben, obwohl sie für diesen Umsatz keine oder eine niedrigere Steuer schulden. [5]Hiernach werden von § 14c Abs. 1 UStG Rechnungen mit gesondertem Steuerausweis erfasst (vgl. BFH-Urteil vom 7.5.1981, V R 126/75, BStBl. II S. 547):

1. für steuerpflichtige Leistungen, wenn eine höhere als die dafür geschuldete Steuer ausgewiesen wurde;
2. für steuerpflichtige Leistungen in den Fällen der Steuerschuldnerschaft des Leistungsempfängers (vgl. Abschnitt 13b.14 Abs. 1 Satz 5);
3. für steuerfreie Leistungen;
4. für nicht steuerbare Leistungen (unentgeltliche Leistungen, Leistungen im Ausland und Geschäftsveräußerungen im Sinne des § 1 Abs. 1a UStG) und außerdem
5. für nicht versteuerte steuerpflichtige Leistungen, wenn die Steuer für die Leistung wegen des Ablaufs der Festsetzungsfrist (§§ 169 bis 171 AO) nicht mehr erhoben werden kann (vgl. BFH-Urteil vom 13.11.2003, V R 79/01, BStBl. 2004 II S. 375).

[6]Die zu hoch ausgewiesene Steuer wird vom Unternehmer geschuldet, obwohl der Leistungsempfänger diese Steuer nicht als Vorsteuer abziehen kann

---

[1)] A 14c.1 UStAE Abs. 1 Sätze 2 und 3 neugef. durch BMF v. 11.1.2021, BStBl. I 2021, 120, anzuwenden in allen offenen Fällen.

(vgl. BFH-Urteil vom 6.12.2007, V R 3/06, BStBl. 2009 II S. 203, Abschnitt 15.2 Abs. 1 Sätze 1 und 2). 7 Zur Steuerentstehung vgl. Abschnitt 13.7.

(2)[1] 1 Ein zu hoher Steuerausweis im Sinne des § 14c Abs. 1 UStG liegt auch vor, wenn in Rechnungen über Kleinbeträge (§ 33 UStDV) oder in Fahrausweisen (§ 34 UStDV) ein zu hoher Steuersatz angegeben ist. 2 Die Angabe einer falschen Beförderungsstrecke nach § 12 Abs. 2 Nr. 10 UStG führt für sich alleine noch nicht zu einer Steuerschuld nach § 14c Abs. 1 UStG, da diese nicht zu den Mindestangaben nach § 34 Abs. 1 UStDV gehört.

(3) 1 Die Regelung des § 14c Abs. 1 UStG ist auch auf Gutschriften (§ 14 Abs. 2 Satz 2 UStG) anzuwenden, soweit der Gutschriftsempfänger einem zu hohen Steuerbetrag nicht widerspricht (vgl. BFH-Urteil vom 23.4.1998, V R 13/92, BStBl. II S. 418). 2 Zum Widerspruch vgl. Abschnitt 14.3 Abs. 4. 3 Wird in einem Dokument der Begriff „Gutschrift" verwendet, obwohl keine Gutschrift im umsatzsteuerrechtlichen Sinne nach § 14 Abs. 2 Satz 2 UStG vorliegt (z. B. kaufmännische Gutschrift), führt allein die Bezeichnung als „Gutschrift" nicht zur Anwendung des § 14c UStG.

(4) 1 § 14c Abs. 1 UStG gilt auch, wenn der Steuerbetrag von einem zu hohen Entgelt berechnet wurde (bei verdecktem Preisnachlass vgl. BMF-Schreiben vom 28.8.2020, BStBl. I S. 928). 2 Die Folgen des § 14c Abs. 1 UStG treten nicht ein, wenn in Rechnungen für nicht steuerpflichtige Leistungen lediglich der Gesamtpreis einschließlich Umsatzsteuer in einem Betrag angegeben wird. 3 Das Gleiche gilt, wenn der für eine Leistung geschuldete Kaufpreis auf Grund einer nachträglichen Vereinbarung wirksam herabgesetzt wird. 4 Zu Anzahlungen vgl. Abschnitt 13.5 Abs. 4. 5 Sind für ein und dieselbe Leistung mehrere Rechnungen ausgestellt worden, ohne dass sie als Duplikat oder Kopie gekennzeichnet wurden, schuldet der leistende Unternehmer den hierin gesondert ausgewiesenen Steuerbetrag (vgl. BFH-Urteil vom 27.4.1994, XI R 54/93, BStBl. II S. 718). 6 Dies gilt nicht, wenn inhaltlich identische (s. § 14 Abs. 4 UStG) Mehrstücke derselben Rechnung übersandt werden. 7 Besteht eine Rechnung aus mehreren Dokumenten, sind diese Regelungen für die Dokumente in ihrer Gesamtheit anzuwenden.

Berichtigung eines zu hohen Steuerausweises

(5) 1 Der leistende Unternehmer oder der von ihm beauftragte Dritte kann den Steuerbetrag gegenüber dem Leistungsempfänger berichtigen (vgl. Absatz 7). 2 In diesem Fall ist § 17 Abs. 1 UStG entsprechend anzuwenden. 3 Die Berichtigung des geschuldeten Mehrbetrags ist folglich für den Besteuerungszeitraum vorzunehmen, in welchem dem Leistungsempfänger die *berichtigte Rechnung erteilt* wurde (vgl. BFH-Urteil vom 19.3.2009, V R 48/07, BStBl. 2010 II S. 92). 4 Wurde ein zu hoch ausgewiesener Rechnungsbetrag bereits vereinnahmt und steht dem Leistungsempfänger aus der Rechnungsberichtigung ein Rückforderungsanspruch zu, ist die Berichtigung des geschuldeten Mehrbetrags erst nach einer entsprechenden Rückzahlung an den Leistungsempfänger zulässig (vgl. BFH-Urteile vom 18.9.2008, V R

[1] A 14.c.1 Abs. 2 neugef. durch BMF v. 17.12.2021, BStBl. I 2021, 2504.

56/06, BStBl 2009 II S. 250, und vom 2.9.2010, V R 34/09, BStBl. 2011 II S. 991).[1)]

Beispiel:

[1] Ein Unternehmer berechnet für eine Lieferung die Umsatzsteuer mit 19 %, obwohl hierfür nach § 12 Abs. 2 UStG nur 7 % geschuldet werden.

Entgelt	1 000,– €
+ 19 % Umsatzsteuer	190,– €
Rechnungsbetrag	1 190,– €

[2] Wird der Rechnungsbetrag um die zu hoch ausgewiesene Steuer herabgesetzt, ergibt sich folgende berichtigte Rechnung:

Entgelt	1 000,– €
+ 7 % Umsatzsteuer	70,– €
Rechnungsbetrag	1 070,– €

[3] Diese berichtigte Rechnung ist für Zwecke der Berichtigung des Steuerbetrags nur anzuerkennen, soweit der leistende Unternehmer vom bereits vereinnahmten Rechnungsbetrag den Differenzbetrag in Höhe von 120 € (= 1190 € – 1070 €) an den Leistungsempfänger zurück gewährt.

[4] Bleibt der Rechnungsbetrag in der berichtigten Rechnung unverändert, ergibt sich die richtige Steuer durch Herausrechnen aus dem bisherigen Rechnungsbetrag:

Rechnungsbetrag mit Steuer	1 190,– €
darin enthaltene Steuer auf der Grundlage des ermäßigten Steuersatzes von 7 % = $^{7}/_{107}$	77,85 €
Rechnungsbetrag ohne Steuer	1 112,15 €

Berichtigte Rechnung:

Entgelt	1 112,15 €
+ 7 % Umsatzsteuer	77,85 €
Rechnungsbetrag	1 190,– €

[5] Diese Rechnungsberichtigung ist für Zwecke der Berichtigung des Steuerbetrags auch ohne Rückgewähr des Entgelts anzuerkennen.

(6) [1] Im Rahmen eines Organschaftsverhältnisses ist eine von der Organgesellschaft mit einem zu hohen Steuerausweis ausgestellte Rechnung durch sie oder einen von ihr beauftragten Dritten gegenüber dem Leistungsempfänger zu berichtigen. [2] Die Steuerschuldnerschaft des Organträgers für den zu hohen Steuerausweis bleibt unberührt.

(7) [1] Die Berichtigung der zu hoch ausgewiesenen Umsatzsteuer im Sinne des § 14c Abs. 1 UStG erfolgt durch Berichtigungserklärung gegenüber dem Leistungsempfänger (vgl. BFH-Urteil vom 10.12.1992, V R 73/90, BStBl. 1993 II S. 383). [2] Dem Leistungsempfänger muss eine hinreichend bestimmte, schriftliche Berichtigung tatsächlich zugehen. [3] Es können mehrere Berichtigungen in einer einzigen Korrekturmeldung zusammengefasst werden, wenn sich daraus erkennen lässt, auf welche Umsatzsteuerbeträge im Einzelnen sich die Berichtigung beziehen soll (vgl. BFH-Urteil vom 25.2.1993, V R 112/91, BStBl. II S. 643). [4] Zur Berichtigung von Rechnungen im Übrigen vgl. Abschnitt 14.11.

---

1) Bestätigt durch BFH v. 16.5.2018 XI R 28/16, DStR 2018, 1663.

(8) [1]Hat ein Unternehmer – insbesondere im Einzelhandel – über eine Lieferung an einen Abnehmer aus einem Drittland eine Rechnung mit gesondertem Steuerausweis (§ 14 Abs. 4 UStG) bzw. eine Kleinbetragsrechnung im Sinne des § 33 UStDV (z.B. einen Kassenbon mit Angabe des Steuersatzes) erteilt, schuldet er die Steuer nach § 14c Abs. 1 UStG, wenn nachträglich die Voraussetzungen für die Steuerbefreiung als Ausfuhrlieferung im nichtkommerziellen Reiseverkehr (sog. Export über den Ladentisch) erfüllt werden (vgl. im Einzelnen Abschnitt 6.11). [2]Die Steuerschuld nach § 14c Abs. 1 UStG erlischt erst, wenn der Lieferer die Rechnung wirksam berichtigt (vgl. Absatz 7). [3]Aus Vereinfachungsgründen ist die Rechnungsberichtigung entbehrlich, wenn der ausländische Abnehmer die ursprüngliche Rechnung bzw. den ursprünglichen Kassenbon an den Unternehmer zurückgibt und dieser den zurückerhaltenen Beleg aufbewahrt.

Zu niedriger Steuerausweis

(9) [1]Bei zu niedrigem Steuerausweis schuldet der Unternehmer die gesetzlich vorgeschriebene Steuer. [2]Der Unternehmer hat in diesem Fall die Steuer unter Zugrundelegung des maßgeblichen Steuersatzes aus dem Gesamtrechnungsbetrag herauszurechnen.

Beispiel:

[1]Ein Unternehmer berechnet für eine Lieferung die Steuer mit 7%, obwohl hierfür nach § 12 Abs. 1 UStG eine Steuer von 19% geschuldet wird.

Berechnetes Entgelt	400,– €
+ 7% Umsatzsteuer	28,– €
Gesamtrechnungsbetrag	428,– €
Herausrechnung der Steuer mit 19/119 ./.	68,34 €
Entgelt	359,66 €
Vom Unternehmer gesetzlich geschuldete Steuer: 19% von 359,66 € =	68,34 €

[2]Der Leistungsempfänger darf als Vorsteuer nur den in der Rechnung ausgewiesenen Steuerbetrag abziehen. [3]Es bleibt aber dem leistenden Unternehmer unbenommen, den zu niedrig ausgewiesenen Steuerbetrag zu berichtigen.

(10) [1]Hat der Leistungsempfänger entgegen § 15 Abs. 1 Satz 1 Nr. 1 UStG einen höheren Betrag als die für die Lieferung oder sonstige Leistung gesetzlich geschuldete Steuer als Vorsteuer geltend gemacht, hat er den Mehrbetrag an das Finanzamt zurückzuzahlen. [2]Die Rückzahlung ist für den Besteuerungszeitraum vorzunehmen, für den der Mehrbetrag als Vorsteuer abgezogen wurde.

(11) [1]*In den Fällen eines* unrichtigen Steuerausweises bei Umsätzen im Rahmen einer Geschäftsveräußerung an einen anderen Unternehmer für dessen Unternehmen (§ 1 Abs. 1a UStG) und bei Rückgängigmachung des Verzichts auf die Steuerbefreiung nach § 9 UStG ist die Berichtigung des geschuldeten Betrags nur zulässig, wenn die Rechnung berichtigt wird und soweit die Gefährdung des Steueraufkommens beseitigt ist (§ 14c Abs. 1 Satz 3 UStG). [2]Zur Beseitigung der Gefährdung des Steueraufkommens und zum besonderen Berichtigungsverfahren vgl. Abschnitt 14c.2.

14c.2 Unberechtigter Steuerausweis (§ 14c Abs. 2 UStG)

(1)[1] [1]Wer in einer Rechnung einen Steuerbetrag ausweist, obwohl er dazu nicht berechtigt ist (unberechtigter Steuerausweis), schuldet den ausgewiesenen Betrag (§ 14c Abs. 2 Sätze 1 und 2 UStG). [2]Dies betrifft vor allem Kleinunternehmer, bei denen die Umsatzsteuer nach § 19 Abs. 1 UStG nicht erhoben wird, gilt aber auch, wenn jemand wie ein leistender Unternehmer abrechnet und einen Steuerbetrag ausweist, obwohl er nicht Unternehmer ist oder eine Lieferung oder sonstige Leistung nicht ausführt. [3]Die Rechtsfolgen treten unabhängig davon ein, ob die Rechnung alle in § 14 Abs. 4 und § 14a UStG aufgeführten Angaben enthält (vgl. BFH-Urteile vom 17.2.2011, V R 39/09, BStBl. II S. 734, und vom 14.2.2019, V R 68/17, BStBl. 2020 II S. 65). [4]Die Anforderungen an einen unberechtigten Steuerausweis erfüllt eine Rechnung vielmehr schon dann, wenn sie den Rechnungsaussteller, den (vermeintlichen) Leistungsempfänger, eine Leistungsbeschreibung sowie das Entgelt und die gesondert ausgewiesene Umsatzsteuer enthält. [5]Die Umsatzsteuer ist bereits dann gesondert ausgewiesen, wenn die Steuer als Geldbetrag genannt und als Steuerbetrag gekennzeichnet ist. [6]Der eindeutige, klare und unbedingte Ausweis der Umsatzsteuer genügt. [7]An den Steuerausweis im Sinne von § 14c Abs. 2 UStG sind im Übrigen keine bestimmten optischen Anforderungen zu stellen. [8]Die Steuer kann auch im Rahmen eines erläuternden Hinweises gesondert ausgewiesen werden (BFH-Urteil vom 21.9.2016, XI R 4/15, BStBl. 2021 II S. 106). [9]Bei Kleinbetragsrechnungen (§ 33 UStDV) hat der angegebene Steuersatz die Wirkung des gesonderten Ausweises einer Steuer (vgl. BFH-Urteil vom 25.9.2013, XI R 41/12, BStBl. 2014 II S. 135). [10]Entsprechendes gilt für Fahrausweise (§ 34 UStDV).

(2) Von § 14c Abs. 2 UStG werden die folgenden Fälle erfasst:

1. [1]Ein Unternehmer weist in der Rechnung einen Steuerbetrag aus, obwohl er nach § 19 Abs. 1 UStG dazu nicht berechtigt ist (§ 14c Abs. 2 Satz 1 UStG). [2]Ein gesonderter Steuerausweis liegt auch vor, wenn der Rechnungsaussteller in einer Umlagenabrechnung über eine (Neben-)Leistung, z. B. Heizkostenabrechnung, den auf den jeweiligen Leistungsempfänger entfallenden Anteil am Gesamtbetrag der Kosten nicht ausschließlich als Bruttobetrag darstellt, sondern auch die anteilige Umsatzsteuer aufführt (vgl. BFH-Urteil vom 18.5.1988, X R 43/81, BStBl. II S. 752).
2. [1]Ein Unternehmer erteilt eine Rechnung mit gesondertem Steuerausweis, obwohl er eine Leistung nicht ausführt, z. B. eine Schein- oder Gefälligkeitsrechnung oder in den Fällen des Schadensersatzes. [2]Hierunter fallen nicht Rechnungen, die vor Ausführung der Leistung erteilt werden und die ihrer Aufmachung (z. B. durch die Bezeichnung) oder ihrem Inhalt nach (z. B. durch Hinweis auf einen erst in der Zukunft liegenden Zeitpunkt der Leistung) eindeutig als Vorausrechnungen erkennbar sind (vgl. BFH-Urteile vom 20.3.1980, V R 131/74, BStBl. II S. 287, vom 7.4.2011, V R 44/09,

[1] *A 14c.2 UStAE Abs. 1* Satz 4 neugef., neue Sätze 5 bis 8 eingef., bish. Sätze 5 und 6 werden Sätze 9 und 10 durch BMF v. 11.1.2021, BStBl. I 2021, 120, anzuwenden in allen offenen Fällen.

BStBl. II S. 954, und vom 6.4.2016, V R 12/15, BStBl. 2017 II S. 188). [3]Steht der Leistungszeitpunkt noch nicht fest, muss dies aus der Rechung oder aus anderen Unterlagen, auf die in der Rechnung hingewiesen wird, hervorgehen. [4]Unterbleibt nach Erteilung einer Vorausrechnung mit Steuerausweis die zunächst beabsichtigte Leistung, z. B. bei Rückgängigmachung eines Kaufvertrags, ist § 14c Abs. 2 UStG nicht anzuwenden (vgl. BFH-Urteil vom 21.2.1980, V R 146/73, BStBl. II S. 283). [5]Das gilt unabhängig davon, ob die angeforderten Voraus- oder Anzahlungen geleistet werden (vgl. Abschnitt 14.8 Abs. 2). [6]Wer dagegen eine Vorausrechung mit gesondertem Steuerausweis erteilt, obwohl bereits feststeht, dass er die darin aufgeführte Leistung nicht mehr ausführen wird, schuldet diese Steuer nach § 14c Abs. 2 UStG (vgl. BFH-Urteil vom 5.2.1998, V R 65/97, BStBl. II S. 415).

3. [1]Ein Unternehmer erteilt eine Rechnung mit gesondertem Steuerausweis, in der er statt des tatsächlich gelieferten Gegenstands einen anderen, von ihm nicht gelieferten Gegenstand aufführt, oder statt der tatsächlich ausgeführten sonstigen Leistung eine andere, von ihm nicht erbrachte Leistung angibt (unrichtige Leistungsbezeichnung). [2]Der leistende Unternehmer schuldet die gesondert ausgewiesene Steuer nach § 14c Abs. 2 UStG neben der Steuer für die tatsächlich ausgeführte Leistung (vgl. BFH-Urteil vom 8.9.1994, V R 70/91, BStBl. 1995 II S. 32).

   Beispiele:

   a) Es wird eine Büromaschine aufgeführt, während tatsächlich ein Fernsehgerät geliefert worden ist.

   b) Es werden Antriebsmotoren angegeben, während tatsächlich der Schrott solcher Motoren geliefert worden ist (vgl. BFH-Beschluss vom 21.5.1987, V R 129/78, BStBl. II S. 652).

   c) Es wird hergestelltes Mauerwerk abgerechnet, während tatsächlich ein Kranführer überlassen worden ist (vgl. BFH-Beschluss vom 9.12.1987, V B 54/85, BStBl. 1988 II S. 700).

   d) Es werden „Malerarbeiten in Büroräumen" in Rechnung gestellt, während die Malerarbeiten tatsächlich in der Wohnung des Leistungsempfängers ausgeführt worden sind.

   [3]Die in Rechnungen mit ungenauer Angabe der Leistungsbezeichnung gesondert ausgewiesenen Steuerbeträge werden dagegen nicht nach § 14c Abs. 2 UStG geschuldet. [4]Ungenaue Angaben liegen vor, wenn die Rechnungsangaben nicht so eingehend und eindeutig sind, dass sie ohne weiteres völlige Gewissheit über Art und Umfang des Leistungsgegenstands verschaffen.

   Beispiel:

   Es werden ausgeführte Bauarbeiten lediglich durch Angabe einer Baustelle und „Arbeiten wie gesehen und besichtigt" beschrieben (vgl. BFH-Beschluss vom 4.12.1987, V S 9/85, BStBl. 1988 II S. 702).

4. Ein Unternehmer erteilt eine Rechnung mit gesondertem Steuerausweis für eine Leistung, die er nicht im Rahmen seines Unternehmens ausführt, z. B. Verkauf eines Gegenstands aus dem Privatbereich.

5. [1]Ein Nichtunternehmer, z. B. eine Privatperson oder ein Hoheitsbetrieb einer juristischen Person des öffentlichen Rechts, weist in einem Doku-

ment einen Steuerbetrag gesondert aus. [2]Das gilt auch für denjenigen, der Abrechnungen dadurch in den Verkehr bringt, dass er sie einem anderen zur beliebigen Verwendung überlässt oder ein blanko unterschriebenes Papier zum Ausfüllen als Kaufvertrag aushändigt, ohne ausdrücklich den gesonderten Steuerausweis zu untersagen (vgl. auch BFH-Urteil vom 5.8.1988, X R 66/82, BStBl. II S. 1019). [3]Der Nichtunternehmer schuldet den Steuerbetrag, gleichgültig ob er eine Leistung ausführt oder nicht.

(2a) [1]Bei Umsätzen zwischen Betriebsabteilungen desselben Unternehmens oder innerhalb eines Organkreises handelt es sich nicht um steuerbare Lieferungen oder sonstige Leistungen, sondern um innerbetriebliche Vorgänge (sog. Innenumsätze). [2]Werden für sie Belege mit gesondertem Steuerausweis erteilt, sind diese Belege nicht als Rechnungen im Sinne des § 14c UStG, sondern als unternehmensinterne Buchungsbelege zu beurteilen. [3]Die darin ausgewiesene Steuer wird nicht nach § 14c Abs. 2 UStG geschuldet (vgl. BFH-Urteil vom 28.10.2010, V R 7/10, BStBl. 2011 II S. 391, und Abschnitt 14.1 Abs. 4).

(3) [1]Soweit der Aussteller der Rechnung den unberechtigten Steuerausweis gegenüber dem Belegempfänger für ungültig erklärt hat und die Gefährdung des Steueraufkommens beseitigt wurde, ist dem Schuldner des Steuerbetrags die Möglichkeit zur Berichtigung einzuräumen (§ 14c Abs. 2 Satz 3 ff. UStG). [2]Im Rahmen eines Organschaftsverhältnisses ist die Organgesellschaft oder ein von ihr beauftragter Dritter berechtigt, eine von ihr ausgestellte Rechnung mit unberechtigtem Steuerausweis gegenüber dem Belegempfänger für ungültig zu erklären. [3]Bei der Berichtigung des unberechtigten Steuerausweises ist § 17 Abs. 1 UStG entsprechend anzuwenden. [4]Auf den guten Glauben des Ausstellers der betreffenden Rechnung kommt es nicht an (vgl. BFH-Urteil vom 22.2.2001, V R 5/99, BStBl. 2004 II S. 143). [5]Die Gefährdung des Steueraufkommens ist beseitigt, wenn ein Vorsteuerabzug beim Empfänger der Rechnung nicht durchgeführt oder die geltend gemachte Vorsteuer an das Finanzamt zurückgezahlt worden ist (§ 14c Abs. 2 Satz 4 UStG). [6]Dies ist in dem Sinne zu verstehen, dass endgültig feststehen muss, dass jedwede Gefährdung des Steueraufkommens ausgeschlossen ist (BFH-Urteil vom 8.11.2016, VII R 34/15, BStBl. 2017 II S. 496). [7]Die nach § 14c Abs. 2 Satz 5 UStG erforderliche Zustimmung ist nicht von einer Rückzahlung eines vereinnahmten Betrags durch den Steuerschuldner an den Belegempfänger abhängig.

(4) [1]Steuerschuldner nach § 14c Abs. 2 UStG ist der Aussteller der Rechnung (§ 13a Abs. 1 Nr. 4 UStG). [2]Im Rahmen eines Organschaftsverhältnisses schuldet hingegen der Organträger die durch eine Organgesellschaft unberechtigt ausgewiesene Steuer. [3]Eine GmbH schuldet die Steuer nach § 14c Abs. 2 UStG, wenn ein nur zur Gesamtvertretung berechtigter Geschäftsführer ohne Mitwirkung des anderen Geschäftsführers das Abrechnungspapier mit unberechtigtem Steuerausweis erstellt, ohne den allgemeinen Rahmen des ihm übertragenen Geschäftskreises zu überschreiten (vgl. BFH-Urteil vom 28.1.1993, V R 75/88, BStBl. II S. 357). [4]Wirkt dagegen der in der Rechnung als Aussteller Bezeichnete in keiner Weise bei der Erstellung des Dokuments mit, kommt eine Inanspruchnahme nach § 14c Abs. 2 UStG nicht in

Betracht (vgl. BFH-Urteil vom 16.3.1993, XI R 103/90, BStBl. II S. 531). [5] Zur Frage der Mitwirkung sind die Grundsätze der Stellvertretung, zu denen auch die Grundsätze der Anscheins- und Duldungsvollmacht gehören, zu berücksichtigen (vgl. BFH-Urteil vom 7.4.2011, V R 44/09, BStBl. II S. 954). [6] Zur Frage, wem die Rechnung zuzurechnen ist, die ein Vermittler auf den Namen seines Auftraggebers ausgestellt hat, vgl. BFH-Urteil vom 4.3.1982, V R 59/81, BStBl. II S. 315.[1)]

(5) [1] Der Schuldner des unberechtigt ausgewiesenen Betrages hat die Berichtigung des geschuldeten Steuerbetrags bei dem für seine Besteuerung zuständigen Finanzamt gesondert schriftlich zu beantragen. [2] Diesem Antrag hat er ausreichende Angaben über die Identität des Rechnungsempfängers beizufügen. [3] Das Finanzamt des Schuldners des unberechtigt ausgewiesenen Betrags hat durch Einholung einer Auskunft beim Finanzamt des Rechnungsempfängers zu ermitteln, in welcher Höhe und wann ein unberechtigt in Anspruch genommener Vorsteuerabzug durch den Rechnungsempfänger zurückgezahlt wurde. [4] Nach Einholung dieser Auskunft teilt das Finanzamt des Schuldners des unberechtigt ausgewiesenen Betrags diesem mit, für welchen Besteuerungszeitraum und in welcher Höhe die Berichtigung des geschuldeten Steuerbetrags vorgenommen werden kann. [5] Die Berichtigung des geschuldeten Steuerbetrags ist in entsprechender Anwendung des § 17 Abs. 1 UStG für den Besteuerungszeitraum vorzunehmen, in dem die Gefährdung des Steueraufkommens beseitigt worden ist (§ 14c Abs. 2 Satz 5 UStG). [6] Wurde beim Empfänger der Rechnung kein Vorsteuerabzug vorgenommen, ist der wegen unberechtigten Steuerausweises geschuldete Betrag beim Aussteller der Rechnung für den Zeitraum zu berichtigen, in dem die Steuer nach § 13 Abs. 1 Nr. 3 UStG entstanden ist.

(6) Hat ein Kleinunternehmer eine Erklärung nach § 19 Abs. 2 Satz 1 UStG abgegeben, aber vor Eintritt der Unanfechtbarkeit der Steuerfestsetzung (vgl. Abschnitt 19.2 Abs. 2) zurückgenommen, kann er die in der Zwischenzeit erteilten Rechnungen mit gesondertem Steuerausweis und den geschuldeten unberechtigt ausgewiesenen Steuerbetrag unter den in Absatz 5 bezeichneten Voraussetzungen berichtigen.

(7)[2)] [1] Der Steueranspruch aus § 14c Abs. 2 UStG besteht vorbehaltlich Absatz 5 unabhängig davon, ob der Rechnungsempfänger die gesondert ausgewiesene Umsatzsteuer unberechtigt als Vorsteuer abgezogen hat oder nicht. [2] Es reicht aus, dass das Dokument als Abrechnung abstrakt die Gefahr begründet, vom Empfänger oder einem Dritten zur Inanspruchnahme des Vorsteuerabzugs gebraucht zu werden (vgl. BFH-Urteil vom 17.2.2011, V R 39/09, BStBl. II S. 734).

(8) Für die Berichtigung der auf Grund des unberechtigt ausgewiesenen Steuerbetrags nach § 14c Abs. 2 UStG ergangenen Steuerbescheide gelten die allgemeinen verfahrensrechtlichen Vorschriften der AO.

---

1) Zur Rechnungsausstellung durch Beauftragte/Vermittler/Dritte vgl. § 14 Abs. 2 Satz 4 UStG, A 3.7 Abs. 1, A 14.1 Abs. 3 Satz 9, A 14.4 Abs. 8 u. A 14.5 Abs. 6 UStAE.

2) A 14c.2 UStAE Abs. 7 bish. Text wird Satz 1, Satz 2 angef. durch BMF v. 11.1.2021, BStBl. I 2021, 120, anzuwenden in allen offenen Fällen.

Zu § 15 UStG
(§§ 35 bis 43 UStDV)

15.1 Zum Vorsteuerabzug berechtigter Personenkreis

(1)[1)] [1]Zum Vorsteuerabzug sind ausschließlich Unternehmer im Sinne der §§ 2 und 2a UStG im Rahmen ihrer unternehmerischen Tätigkeit berechtigt. [2]Abziehbar sind hierbei auch Vorsteuerbeträge, die vor der Ausführung von Umsätzen (vgl. BFH-Urteile vom 6.5.1993, V R 45/88, BStBl. II S. 564, und vom 16.12.1993, V R 103/88, BStBl. 1994 II S. 278) oder die nach Aufgabe des Unternehmens anfallen, sofern sie der unternehmerischen Tätigkeit zuzurechnen sind. [3]Zum Beginn und Ende der Unternehmereigenschaft vgl. Abschnitt 2.6.

(2) [1]Im Ausland ansässige Unternehmer können den Vorsteuerabzug grundsätzlich auch dann beanspruchen, wenn sie im Inland keine Lieferungen oder sonstige Leistungen ausgeführt haben (vgl. aber Abschnitt 18.11 Abs. 4 zur erforderlichen Gegenseitigkeit beim Vorsteuer-Vergütungsverfahren für Unternehmer, die nicht im Gemeinschaftsgebiet ansässig sind). [2]Auch ihnen steht der Vorsteuerabzug nur insoweit zu, als die Vorsteuerbeträge ihrer unternehmerischen Tätigkeit zuzurechnen sind. [3]Das gilt auch für die Vorsteuern, die im Zusammenhang mit den im Ausland bewirkten Umsätzen stehen. [4]Zur Frage, ob die im Ausland ansässigen Unternehmer ihre abziehbaren Vorsteuerbeträge im Vorsteuer-Vergütungsverfahren (§§ 59 bis 61a UStDV) oder im allgemeinen Besteuerungsverfahren (§ 16 und § 18 Abs. 1 bis 4 UStG) geltend zu machen haben, vgl. Abschnitt 18.15.

(3) [1]Folgende Unternehmer können ihre abziehbaren Vorsteuern ganz oder teilweise nach Durchschnittssätzen ermitteln:

1. Unternehmer bestimmter Berufs- und Gewerbezweige mit einem Vorjahresumsatz bis zu 61 356 € (§ 23 UStG, §§ 69, 70 und Anlage der UStDV);
2. Körperschaften, Personenvereinigungen und Vermögensmassen im Sinne des § 5 Abs. 1 Nr. 9 KStG mit einem Vorjahresumsatz bis zu 35 000 € (§ 23a UStG) und
3. land- und forstwirtschaftliche Betriebe (§ 24 UStG).

[2]Unterhält ein Land- und Forstwirt neben einem – der Vorsteuerpauschalierung unterliegenden – landwirtschaftlichen Betrieb einen – der Regelbesteuerung unterliegenden – Gewerbebetrieb, muss er die einzelnen Leistungsbezüge und damit die dafür in Rechnung gestellten Steuerbeträge je einem der beiden Unternehmensteile zuordnen und diese Steuerbeträge in die nach § 15 Abs. 1 UStG abziehbaren Vorsteuerbeträge und die im Rahmen der Vorsteuerpauschalierung zu berücksichtigenden Steuerbeträge aufteilen (vgl. BFH-Urteil vom 13.11.2013, XI R 2/11, BStBl. 2014 II S. 543). [3]Für diese Zuordnung kommt es darauf an, ob der Unternehmer mit den bezogenen Eingangs-

---

1) Zum Vorsteuerabzug bei Einbau einer Photovoltaikanlage siehe BFH v. 11.4.2008 V R 10/07, BStBl. II 2009, 741. – Zur Vorsteuerabzugsberechtigung eines Treuhänders siehe BFH v. 18.2.2009 V R 82/07, BStBl. II 2009, 876. – Zum Vorsteuerabzug bei Wechsel des Organträgers siehe BFH v. 13.5.2009 XI R 84/07, BStBl. II 2009, 868.

leistungen der Durchschnittssatzbesteuerung oder der Regelbesteuerung unterliegende Umsätze ausführt.

(4) Kleinunternehmer sind nicht zum Vorsteuerabzug berechtigt, wenn sie der Sonderregelung des § 19 Abs. 1 UStG unterliegen (§ 19 Abs. 1 Satz 4 UStG); dies gilt auch, wenn sie bei einem unzulässigen Ausweis der Steuer für ihre eigenen Umsätze diese Steuer nach § 14c Abs. 2 UStG schulden.

(5)[1)] [1] Unternehmer, die von der Besteuerung nach § 19 Abs. 1, §§ 23, 23a oder 24 UStG zur allgemeinen Besteuerung des UStG übergegangen sind, können den Vorsteuerabzug nach § 15 UStG für folgende Beträge vornehmen:

1. gesondert in Rechnung gestellte Steuerbeträge für Lieferungen und sonstige Leistungen, die nach dem Zeitpunkt an sie ausgeführt worden sind, zu dem sie zur allgemeinen Besteuerung übergingen;
2. Einfuhrumsatzsteuer für Gegenstände, die nach dem Zeitpunkt, zu dem sie zur allgemeinen Besteuerung übergingen, für ihr Unternehmen eingeführt worden sind;
3. die Steuer für den innergemeinschaftlichen Erwerb von Gegenständen, die nach dem Zeitpunkt für ihr Unternehmen erworben wurden, zu dem sie zur allgemeinen Besteuerung übergingen;
4. die vom Leistungsempfänger nach § 13b UStG und § 25b UStG geschuldete Steuer für Leistungen, die nach dem Zeitpunkt an sie ausgeführt worden sind, zu dem sie zur allgemeinen Besteuerung übergingen.

[2] Vom Vorsteuerabzug ausgeschlossen sind die Steuerbeträge für Umsätze, die vor dem Zeitpunkt des Übergangs zur allgemeinen Besteuerung ausgeführt worden sind. [3] Das gilt auch für Bezüge, die erstmalig nach dem Übergang zur allgemeinen Besteuerung verwendet werden. [4] Wechselt ein Landwirt, der einen Stall errichtet, vor dessen Fertigstellung von der Besteuerung nach § 24 UStG zur allgemeinen Besteuerung, können die Vorsteuerbeträge, die vor dem Wechsel angefallen sind, erst ab dem Zeitpunkt der erstmaligen Verwendung nach § 15a UStG (anteilig) geltend gemacht werden (vgl. BFH-Urteil vom 12.6.2008, V R 22/06, BStBl. 2009 II S. 165, sowie Abschnitt 15a.9 Abs. 2). [5] Auf den Zeitpunkt des Eingangs der Rechnung oder der Entrichtung der Einfuhrumsatzsteuer kommt es nicht an (vgl. BFH-Urteile vom 6.12. 1979, V R 87/72, BStBl. 1980 II S. 279, und vom 17.9.1981, V R 76/75, BStBl. 1982 II S. 198). [6] Wegen des Vorsteuerabzugs bei Zahlungen vor Ausführung des Umsatzes vgl. Abschnitt 15.3.

(6) [1] Bei einem Übergang von der allgemeinen Besteuerung zur Besteuerung nach § 19 Abs. 1, §§ 23, 23a oder 24 UStG sind umgekehrt die in Absatz 5 bezeichneten Vorsteuerbeträge nicht nach § 15 UStG abziehbar. [2] Bei Anwendung des § 23 UStG gilt dies jedoch nur für die Vorsteuerbeträge, auf die sich die Durchschnittssätze nach § 70 UStDV erstrecken.

(7) Zum Verfahren bei der Geltendmachung von Vorsteuerbeträgen aus der Beteiligung an Gesamtobjekten vgl. BMF-Schreiben vom 24.4.1992, BStBl. I S. 291.

[1)] Zum Wechsel der Besteuerungsform vgl. auch A 19.5 u. A 24.7 UStAE.

15.2 Allgemeines zum Vorsteuerabzug

(1) [1]Nach § 15 Abs. 1 Satz 1 Nr. 1 UStG ist nur die gesetzlich geschuldete Steuer für Lieferungen und sonstige Leistungen, die von einem anderen Unternehmer für das Unternehmen des Leistungsempfängers ausgeführt worden sind, als Vorsteuer abziehbar. [2]Ein Vorsteuerabzug ist damit nicht zulässig, soweit der die Rechnung ausstellende Unternehmer die Steuer nach § 14c UStG schuldet. [3]Abziehbar sind nur die Steuerbeträge, die nach dem deutschen UStG geschuldet werden (vgl. BFH-Urteile vom 2.4.1998, V R 34/97, BStBl. II S. 695, und vom 6.12.2007, V R 3/06, BStBl. 2009 II S. 203). [4]Abziehbar ist damit auch die Steuer für die Lieferungen und sonstigen Leistungen, die nach § 1 Abs. 3 UStG wie Umsätze im Inland zu behandeln sind. [5]Unternehmer, die mit ausländischen Vorsteuerbeträgen belastet wurden, haben sich wegen eines eventuellen Abzugs an den Staat zu wenden, der die Steuer erhoben hat. [6]Die EU-Mitgliedstaaten vergüten nach Maßgabe der Richtlinie 2008/9/EG des Rates vom 12.2.2008[1)] den in einem anderen Mitgliedstaat ansässigen Unternehmern die Vorsteuern in einem besonderen Verfahren und haben hierfür zentrale Erstattungsbehörden bestimmt. [7]In der Bundesrepublik Deutschland sind Anträge auf Vergütung der Vorsteuerbeträge in anderen EU-Mitgliedstaaten elektronisch über das BZSt (www.bzst.de) zu übermitteln (vgl. auch Abschnitt 18g.1).

(2)[2)] [1]Die Berechtigung zum Vorsteuerabzug aus Lieferungen und sonstigen Leistungen ist unter folgenden Voraussetzungen gegeben:

1. Die Steuer muss für eine Lieferung oder sonstige Leistung gesondert in Rechnung gestellt worden sein (vgl. Abschnitt 15.2a);
2. die Lieferung oder sonstige Leistung muss von einem Unternehmer ausgeführt worden sein (vgl. Abschnitt 15.2a Abs. 1);
3. der Leistungsempfänger muss Unternehmer und die Lieferung oder sonstige Leistung für sein Unternehmen ausgeführt worden sein (vgl. Abschnitte 15.2b und 15.2c);
4. der Leistungsempfänger ist im Besitz einer nach den §§ 14, 14a UStG ausgestellten Rechnung, in der die Angaben vollständig und richtig sind (vgl. Abschnitt 15.2a Abs. 6). [2]Wegen der Ausnahmen hiervon vgl. Abschnitt 15.2a Abs. 1a.

[2]Diese Voraussetzungen müssen insgesamt erfüllt werden. [3]Das gilt auch für Leistungsempfänger, die die Steuer für ihre Umsätze nach vereinnahmten Entgelten berechnen (§ 20 UStG). [4]Der den Vorsteuerabzug begehrende Unternehmer trägt die Feststellungslast für die Erfüllung der Anspruchsvoraussetzungen (vgl. BFH-Urteil vom 6.4.2016, V R 6/14, BStBl. 2017 II S. 577). [5]Ein Unternehmer, der alle Maßnahmen getroffen hat, die vernünftigerweise von ihm verlangt werden können, um sicherzustellen, dass seine Umsätze nicht in einen Betrug – sei es eine Umsatzsteuerhinterziehung oder ein sonstiger Betrug – einbezogen sind, kann auf die Rechtmäßigkeit dieser Umsätze

---

1) ABl. EU 2008 Nr. L 44, 33 (**Steuergesetze** Nr. **550b**).

2) *A 15.2 UStAE Abs. 2 Satz 1 Nr. 4* neuer Satz 2 angef., neue Sätze 9 und 10 eingef., bish. Sätze 9 bis 11 werden Sätze 11 bis 13 durch BMF v. 18.9.2020, BStBl. I 2020, 976, anzuwenden in allen offenen Fällen; zur **Übergangsregelung** siehe Anlage 8.

vertrauen, ohne Gefahr zu laufen, sein Recht auf Vorsteuerabzug zu verlieren. [6]Der Umstand, dass eine Lieferung an einen Unternehmer vorgenommen wird, der weder wusste noch wissen konnte, dass der betreffende Umsatz in einen vom Verkäufer begangenen Betrug einbezogen war, steht dem Vorsteuerabzug nicht entgegen (vgl. BFH-Urteil vom 19.4.2007, V R 48/04, BStBl. 2009 II S. 315). [7]Der Vorsteuerabzug ist von einem Unternehmer für den Besteuerungszeitraum geltend zu machen, in dem die Berechtigung zum Vorsteuerabzug entstanden ist; für einen späteren Besteuerungszeitraum kann die Vorsteuer nicht abgezogen werden (vgl. BFH-Urteile vom 1.12.2010, XI R 28/08, BStBl. 2011 II S. 994, und vom 13.2.2014, V R 8/13, BStBl. II S. 595). [8]Fallen Empfang der Leistung und Empfang der Rechnung zeitlich auseinander, ist der Vorsteuerabzug für den Besteuerungszeitraum zulässig, in dem erstmalig beide Voraussetzungen erfüllt sind (vgl. BFH-Urteile vom 1.7.2004, V R 33/01, BStBl. II S. 861, und vom 19.6.2013, XI R 41/10, BStBl. 2014 II S. 738). [9]Im Falle eines objektiven Nachweises einzelner materieller Voraussetzungen für den Vorsteuerabzug ohne ordnungsmäßige (berichtigte) Rechnung (vgl. Abschnitt 15.2a Abs. 1a) ist der Vorsteuerabzug in dem Zeitpunkt vorzunehmen, in dem die Leistung bezogen wurde und eine Rechnung mit offen ausgewiesener Umsatzsteuer vorlag. [10]Zum Zeitpunkt des Vorsteuerabzuges aus einer berichtigten Rechnung siehe Abschnitt 15.2a Abs. 7. [11]Die Berechtigung des Organträgers zum Vorsteuerabzug aus Eingangsleistungen auf Ebene der Organgesellschaft richtet sich nach den Verhältnissen im Zeitpunkt des Leistungsbezugs, nicht der Rechnungserteilung (vgl. BFH-Urteil vom 13.5.2009, XI R 84/07, BStBl. II S. 868). [12]Bei Zahlungen vor Empfang der Leistung vgl. aber Abschnitt 15.3. [13]Bezieht ein Unternehmer Teilleistungen (z.B. Mietleistungen) für sein Unternehmen, ist sowohl für den Leistungsbezug (§ 15 Abs. 1 Satz 1 Nr. 1 UStG) als auch für die Frage der Verwendung dieser Leistungen (§ 15 Abs. 2 UStG, vgl. Abschnitt 15.12) auf die monatlichen (Teil-)Leistungsabschnitte abzustellen (BFH-Urteil vom 9.9.1993, V R 42/91, BStBl. 1994 II S. 269).

(3) Folgende Sonderregelungen für den Vorsteuerabzug sind zu beachten:

1. [1]Nach § 15 Abs. 1a UStG sind Vorsteuerbeträge nicht abziehbar, die auf Aufwendungen entfallen, für die das Abzugsverbot des § 4 Abs. 5 Satz 1 Nr. 1 bis 4, 7 oder des § 12 Nr. 1 EStG gilt. [2]Ausgenommen von der Vorsteuerabzugsbeschränkung sind Bewirtungsaufwendungen, soweit § 4 Abs. 5 Satz 1 Nr. 2 EStG einen Abzug angemessener und nachgewiesener Aufwendungen ausschließt (vgl. auch Abschnitt 15.6 Abs. 6).
2. Nach § 15 Abs. 1b UStG sind Vorsteuerbeträge für ein dem Unternehmen zugeordnetes teilunternehmerisch genutztes Grundstück nicht abziehbar, soweit sie nicht auf die Verwendung des Grundstücks für Zwecke des Unternehmens entfallen (vgl. Abschnitt 15.6a).
3. Ein Kleinunternehmer, der der Sonderregelung des § 19 Abs. 1 UStG unterliegt, ist nicht zum Vorsteuerabzug berechtigt (§ 19 Abs. 1 Satz 4 UStG; vgl. Abschnitt 15.1 Abs. 4 bis 6 und Abschnitt 19.5).
4. [1]Ermitteln Unternehmer ihre abziehbaren Vorsteuern nach den Durchschnittssätzen des § 23 UStG, ist insoweit ein weiterer Vorsteuerabzug ausgeschlossen (§ 70 Abs. 1 UStDV; vgl. Abschnitt 15.1 Abs. 3 Satz 1 Nr. 1,

Abs. 5 und 6 sowie Abschnitte 23.1 und 23.3). [2]Dasselbe gilt für die Berechnung nach den Durchschnittssätzen des § 23a UStG (§ 23a Abs. 1 UStG; vgl. Abschnitt 15.1 Abs. 3 Satz 1 Nr. 2, Abs. 5 und 6).

5. Werden die Vorsteuerbeträge, die den im Rahmen eines land- und forstwirtschaftlichen Betriebs ausgeführten Umsätzen zuzurechnen sind, nach Durchschnittssätzen ermittelt, entfällt ein weiterer Vorsteuerabzug (§ 24 Abs. 1 Satz 3 und 4 UStG; vgl. Abschnitt 15.1 Abs. 3 Satz 1 Nr. 3, Abs. 5 und 6 sowie Abschnitt 24.7 Abs. 2 und 3).
6. Bewirkt der Unternehmer Reiseleistungen im Sinne des § 25 Abs. 1 UStG, ist er nicht berechtigt, die ihm in diesen Fällen für die Reisevorleistungen gesondert in Rechnung gestellten Steuerbeträge als Vorsteuern abzuziehen (§ 25 Abs. 4 UStG, vgl. Abschnitt 25.4).
7. Ein Wiederverkäufer, der für die Lieferung beweglicher körperlicher Gegenstände die Differenzbesteuerung des § 25a Abs. 2 UStG anwendet, kann die entstandene Einfuhrumsatzsteuer sowie die Steuer für die an ihn ausgeführte Lieferung nicht als Vorsteuer abziehen (§ 25a Abs. 5 UStG; vgl. Abschnitt 25a.1 Abs. 7).

15.2a Ordnungsmäßige Rechnung als Voraussetzung für den Vorsteuerabzug

Rechnung im Sinne der §§ 14, 14a UStG

(1) [1]Nach § 15 Abs. 1 Satz 1 Nr. 1 Satz 2 in Verbindung mit § 14 Abs. 4 Satz 1 Nr. 8 UStG muss die Steuer in einer nach den §§ 14, 14a UStG ausgestellten Rechnung gesondert ausgewiesen sein. [2]Der Begriff der Rechnung ergibt sich aus § 14 Abs. 1 UStG (vgl. auch Abschnitt 14.1). [3]Für den Vorsteuerabzug muss eine Rechnung das Entgelt und den Steuerbetrag getrennt ausweisen; die Angabe des Entgelts als Grundlage des gesondert ausgewiesenen Steuerbetrags ist damit zwingend erforderlich (vgl. Abschnitt 15.11 Abs. 4). [4]Ein gesonderter Steuerausweis liegt nicht vor, wenn die in einem Vertrag enthaltene Abrechnung offen lässt, ob der leistende Unternehmer den Umsatz steuerfrei oder steuerpflichtig (§ 9 UStG) behandeln will (vgl. Abschnitt 14.1 Abs. 2 Satz 5), oder in dem Dokument nicht durch Angaben tatsächlicher Art zum Ausdruck kommt, dass die gesondert ausgewiesene Steuer auf Lieferungen oder sonstigen Leistungen des Rechnungsausstellers an den Leistungsempfänger beruht (BFH-Urteil vom 12.6.1986, V R 75/78, BStBl. II S. 721). [5]Eine nach den §§ 14, 14a UStG ausgestellte Rechnung ist auch bei der Abrechnung der Leistung des Insolvenzverwalters an den Gemeinschuldner erforderlich. [6]Der Beschluss des Insolvenzgerichts über die Festsetzung der Vergütung ist für den Vorsteuerabzug nicht ausreichend (vgl. BFH-Urteile vom 20.2.1986, V R 16/81, BStBl. II S. 579 und vom 26.9.2012, V R 9/11, BStBl. II 2013 S. 346).

(1a)[1)] [1]Das Recht auf Vorsteuerabzug kann ausnahmsweise auch geltend gemacht werden, wenn der Unternehmer im Besitz einer Rechnung ist, die nicht

---

[1)] A 15.2a UStAE Abs. 1a eingef. durch BMF v. 18.9.2020, BStBl. I 2020, 976, anzuwenden *in allen offenen Fällen*, zur **Übergangsregelung** siehe Anlage 8; neuer Satz 8 eingef., bish. Sätze 8 und 9 werden Sätze 9 und 10 durch BMF v. 9.9.2021, BStBl. I 2021, 1593, anzuwenden in allen offenen Fällen.

alle formellen Voraussetzungen erfüllt und die auch nicht berichtigt wurde (vgl. Absatz 7). 2 Der Vorsteuerabzug ist unter Anwendung eines strengen Maßstabes auch zu gewähren, wenn die Finanzverwaltung über sämtliche Angaben verfügt, um die materiellen Voraussetzungen zu überprüfen (vgl. EuGH-Urteil vom 15.9.2016, C-516/14, Barlis 06). 3 Der Unternehmer kann daher durch objektive Nachweise belegen, dass ihm andere Unternehmer auf einer vorausgehenden Umsatzstufe tatsächlich Gegenstände oder Dienstleistungen geliefert bzw. erbracht haben, die seinen der Mehrwertsteuer unterliegenden Umsätzen dienten und für die er die Umsatzsteuer tatsächlich entrichtet hat. 4 Aus dieser Rechtsprechung folgt aber insbesondere nicht, dass ein Vorsteuerabzug gänzlich ohne Rechnung geltend gemacht werden kann (vgl. Rz. 39 ff. des BFH-Urteils vom 15.10.2019, V R 14/18, BStBl. 2020 II S. 596). 5 Der Nachweis über die tatsächliche Entrichtung der Steuer kann nämlich nur über eine Rechnung oder deren Kopie (vgl. Abschnitt 15.11. Abs. 1 Satz 4) mit offen ausgewiesener Umsatzsteuer erfolgen. 6 Ohne diesen Ausweis verbleiben Zweifel, ob und in welcher Höhe die Steuer in dem Zahlbetrag enthalten ist und damit, ob die Steuer tatsächlich entrichtet worden ist. 7 Entscheidend ist, dass die vorgelegten Beweismittel eine leichte und zweifelsfreie Feststellung der Voraussetzungen durch die Finanzbehörden ermöglichen (vgl. BFH-Urteil vom 12.3.2020, V R 48/17, BStBl. II S. 604), anderenfalls ist die Kontrollfunktion nicht erfüllt. 8 Der Leistungszeitpunkt kann sich im Einzelfall aus dem Rechnungsdatum ergeben, wenn keine Zweifel bestehen, dass die Leistung in dem Monat der Rechnungsstellung ausgeführt wurde (vgl. BFH-Urteile vom 1.3.2018, V R 18/17, BStBl. 2021 II S. 644, und vom 15.10.2019, V R 29/19 (V R 44/16), BStBl. 2021 II S. 646). 9 Solche Zweifel bestehen insbesondere, wenn das Zusammenfallen von Rechnungs- und Leistungsdatum nicht branchenüblich ist, der Rechnungsaussteller eine zeitnahe Abrechnung nicht regelmäßig durchführt oder bei der konkreten Leistung sonstige Zweifel am Zusammenfallen der Daten bestehen. 10 Es besteht keine Pflicht der Finanzbehörden, fehlende Informationen selbst von Amts wegen zu ermitteln. 11 Zweifel und Unklarheiten wirken zu Lasten des Unternehmers (vgl. Abschnitt 15.11. Abs. 3 Satz 1).

Rechnungsaussteller

(2) 1 Die Rechnung muss grundsätzlich vom leistenden Unternehmer oder vom Leistungsempfänger (Gutschrift) ausgestellt sein. 2 Ein Vorsteuerabzug ist deshalb nicht zulässig, wenn ein anderer im Namen des Leistenden oder des Leistungsempfängers eine Rechnung mit gesondertem Steuerausweis erteilt, ohne vom Leistenden oder vom Leistungsempfänger dazu beauftragt zu sein. 3 Der Rechnungsaussteller (Gutschriftsempfänger) muss mit dem leistenden Unternehmer grundsätzlich identisch sein, um eine Verbindung zwischen einer bestimmten wirtschaftlichen Transaktion und dem Rechnungsaussteller (Gutschriftsempfänger) herzustellen (vgl. BFH-Urteil vom 14.2.2019, V R 47/16, BStBl. II 2020 S. 424). 4 Zur Abrechnung durch den Vermittler vgl. BFH-Urteil vom 4.3.1982, V R 59/81, BStBl. II S. 315. 5 Der Vorsteuerabzug ist nur möglich, wenn die Rechnung die Angabe des vollständigen Namens und der vollständigen Anschrift des leistenden Unternehmers enthält, wobei es nicht erforderlich ist, dass die wirtschaftlichen Tätigkeiten des leistenden

Unternehmers unter der Anschrift ausgeübt werden, die in der von ihm ausgestellten Rechnung angegeben ist; es reicht vielmehr jede Art von Anschrift und damit auch eine Briefkastenanschrift, sofern der Unternehmer unter dieser Anschrift erreichbar ist (vgl. BFH-Urteile vom 13.6.2018, XI R 20/14, BStBl. II S. 800, und vom 21.6.2018, V R 25/15, BStBl. II S. 809, und V R 28/16, BStBl. II S. 806). [6]Maßgeblich für eine Erreichbarkeit ist der Zeitpunkt der Rechnungsausstellung. [7]Die Feststellungslast für die postalische Erreichbarkeit zu diesem Zeitpunkt trifft den den Vorsteuerabzug begehrenden Leistungsempfänger (vgl. BFH-Urteil vom 5.12.2018, XI R 22/14, BStBl. 2020 II S. 418). [8]Der Unternehmer, der die Lieferung oder sonstige Leistung ausgeführt hat, muss in der Rechnung (Abrechnungspapier) grundsätzlich mit seinem wirklichen Namen bzw. mit der wirklichen Firma angegeben sein (vgl. auch § 31 Abs. 2 UStDV). [9]Bei der Verwendung eines unzutreffenden und ungenauen Namens (z. B. Scheinname oder Scheinfirma) kann der Vorsteuerabzug ausnahmsweise zugelassen werden, wenn der tatsächlich leistende Unternehmer eindeutig und leicht nachprüfbar aus dem Abrechnungspapier ersichtlich ist (vgl. BFH-Urteil vom 7.10.1987, X R 60/82, BStBl. 1988 II S. 34). [10]Diese Ausnahmekriterien sind eng auszulegen, so dass z. B. der Vorsteuerabzug unter folgenden Umständen unzulässig ist:

1.[1)] [1]Bei Verwendung einer Scheinfirma oder eines Scheinnamens ergibt sich aus dem Abrechnungspapier kein Hinweis auf den tatsächlich leistenden Unternehmer (vgl. BFH-Urteil vom 19.10.1978, V R 39/75, BStBl. 1979 II S. 345). [2]Hinweise auf den tatsächlich leistenden Unternehmer fehlen in der Regel in Rechnungen mit willkürlich ausgesuchten Firmenbezeichnungen und/oder unzutreffenden Anschriften sowie bei Rechnungen von zwar existierenden Firmen, die aber die Leistung nicht ausgeführt haben (z. B. bei Verwendung von echten Rechnungsformularen dieser Firmen ohne ihr Wissen oder bei gefälschten Rechnungsformularen). [3]Das gilt auch, wenn der Abrechnende bereits bei der Leistungsbewirkung unter dem fremden Namen aufgetreten ist (BFH-Urteil vom 17.9.1992, V R 41/89, BStBl. 1993 II S. 205) oder wenn die als Rechnungsaussteller bezeichnete Person einen auf ihren Namen lautenden Gewerbebetrieb vortäuscht, ohne tatsächlich selber direkt oder über einen rechtsgeschäftlichen Vertreter zivilrechtliche Vertragsbeziehungen mit dem Leistungsempfänger zu unterhalten (vgl. BFH-Urteil vom 15.10.2019, V R 29/19 (V R 44/16), BStBl. 2021 II S. 646).
2. [1]Aus dem Abrechnungspapier geht der tatsächlich leistende Unternehmer nicht eindeutig hervor. [2]Dies ist beispielsweise anzunehmen, wenn nach der Abrechnung mehrere leistende Unternehmer in Betracht kommen und sich der tatsächlich leistende Unternehmer nicht zweifelsfrei ergibt. [3]Die Feststellung, welcher Leistungsbeziehung die Verschaffung der Verfügungsmacht zuzurechnen ist, ist im Wesentlichen tatsächliche Würdigung (vgl. BFH-Urteil vom 4.9.2003, V R 9, 10/02, BStBl. 2004 II S. 627). [4]Im Fall eines Strohmannverhältnisses sind die von dem (weisungsabhängigen) Strohmann bewirkten Leistungen trotz selbständigen Auftretens im Außenverhältnis dem

---

[1)] A 15.2a UStAE Abs. 2 Satz 10 Nr. 1 Satz 3 neugef. durch BMF v. 9.9.2021, BStBl. I 2021, 1593, anzuwenden in allen offenen Fällen.

Hintermann als Leistendem zuzurechnen (vgl. BFH-Urteil vom 15.9.1994, XI R 56/93, BStBl. 1995 II S. 275). [5] Ein Strohmann, der im eigenen Namen Gegenstände verkauft und bewirkt, dass dem Abnehmer die Verfügungsmacht daran eingeräumt wird, kann aber umsatzsteuerrechtlich Leistender sein (vgl. BFH-Urteil vom 28.1.1999, V R 4/98, BStBl. II S. 628, und BFH-Beschluss vom 31.1.2002, V B 108/01, BStBl. 2004 II S. 622). [6] Ein Unternehmer, der unter fremdem Namen auftritt, liefert dagegen selbst, wenn nach den erkennbaren Umständen durch sein Handeln unter fremdem Namen lediglich verdeckt wird, dass er und nicht der „Vertretene" die Lieferung erbringt (vgl. BFH-Urteil vom 4.9.2003, V R 9, 10/02, a. a. O.). [7] Im Übrigen vgl. zum Begriff des Leistenden Abschnitt 2.1 Abs. 3.

3. Aus dem Abrechnungspapier ist der tatsächlich leistende Unternehmer nur schwer zu ermitteln, also nicht leicht nachprüfbar festzustellen.
4. Der tatsächlich leistende Unternehmer ist zwar bekannt, seine Identität ergibt sich jedoch nicht aus dem Abrechnungspapier oder aus solchen Unterlagen, auf die in dem Abrechnungspapier verwiesen wird (vgl. hierzu die zur zutreffenden Leistungsbezeichnung in Rechnungen ergangenen BFH-Beschlüsse vom 4.12.1987, V S 9/85, BStBl. 1988 II S. 702, und vom 9.12.1987, V B 54/85, BStBl. 1988 II S. 700).

[11] Steuern, die dem Unternehmer von einem Lieferer oder Leistenden in Rechnung gestellt werden, der nicht Unternehmer ist, sind – obwohl sie von diesem nach § 14c Abs. 2 UStG geschuldet werden – nicht abziehbar (vgl. BFH-Urteile vom 8.12.1988, V R 28/84, BStBl. 1989 II S. 250, und vom 2.4.1998, V R 34/97, BStBl. II S. 695).

Rechnungsadressat

(3)[1)] [1] Der Vorsteuerabzug setzt grundsätzlich eine auf den Namen des umsatzsteuerlichen Leistungsempfängers lautende Rechnung mit gesondert ausgewiesener Steuer voraus. [2] Es ist jede Bezeichnung des Leistungsempfängers ausreichend, die eine eindeutige und leicht nachprüfbare Feststellung seines Namens und seiner Anschrift ermöglicht (vgl. BFH-Urteil vom 2.4.1997, V B 26/96, BStBl. II S. 443). [3] Eine andere Rechnungsadresse ist nicht zu beanstanden, wenn aus dem übrigen Inhalt der Rechnung oder aus anderen Unterlagen, auf die in der Rechnung hingewiesen wird (§ 31 Abs. 1 UStDV), Name und Anschrift des umsatzsteuerlichen Leistungsempfängers eindeutig hervorgehen (z. B. bei einer Rechnungsausstellung auf den Namen eines Gesellschafters für Leistungen an die Gesellschaft). [4] Eine Gesellschaft kann jedoch aus einer Rechnung, die nur auf einen Gesellschafter ausgestellt ist, keinen Vorsteuerabzug vornehmen, wenn die Rechnung keinen Hinweis auf die Gesellschaft als Leistungsempfänger enthält (vgl. BFH-Urteile vom 5.10.1995, V R 113/92, BStBl. 1996 II S. 111). [5] Entsprechendes gilt für Gemeinschaften (vgl. BFH-Urteil vom 23.9.2009, XI R 14/08, BStBl. 2010 II S. 243). [6] Der in einer Rechnung an die Bauherren eines Gesamtobjekts (z. B. Wohnanlage mit Eigentumswohnungen) gesondert ausgewiesene Steuerbetrag kann nach § 1 Abs. 2 der Verordnung über die gesonderte Feststellung von Besteuerungs-

[1)] A 15.2a UStAE Abs. 3 Sätze 8 und 9 neugef. durch BMF v. 27.10.2021, BStBl. I 2021, 2137, auszuwenden in allen offenen Fällen.

grundlagen nach § 180 Abs. 2 AO auf die Beteiligten verteilt und ihnen zugerechnet werden. [7]Die Bezeichnung der einzelnen Leistungsempfänger und der für sie abziehbare Steuerbetrag kann aus einer Abrechnung über das bezeichnete Gesamtobjekt abgeleitet werden (BFH-Urteil vom 27.1.1994, V R 31/91, BStBl. II S. 488). [8]Sind bei gemeinsamem Leistungsbezug durch mehrere Personen die einzelnen Gemeinschafter als Leistungsempfänger anzusehen (vgl. Abschnitt 15.2b Abs. 1), genügt für Zwecke des Vorsteuerabzugs des einzelnen Gemeinschafters grundsätzlich eine Rechnung an die Gemeinschaft, die als Angabe nach § 14 Abs. 4 Satz 1 Nr. 1 UStG nur den vollständigen Namen und die vollständige Anschrift der Gemeinschaft enthält. [9]Aus den durch die den Vorsteuerabzug begehrenden Gemeinschafter nach § 22 UStG zu führenden Aufzeichnungen müssen sich dann die Namen und die Anschriften der übrigen Gemeinschafter sowie die auf die Gemeinschafter entfallenden Anteile am Gemeinschaftsvermögen ergeben. [10]In den Fällen eines Entgelts von dritter Seite (§ 10 Abs. 1 Satz 2 UStG) ist nicht der Dritte, sondern nur der Leistungsempfänger zum Vorsteuerabzug berechtigt (vgl. auch Abschnitt 14.10 Abs. 1).

Leistungsbeschreibung

(4)[1)] [1]In der Rechnung sind als Nachweis dafür, dass die Leistung für das Unternehmen bezogen wurde, zutreffende Angaben des leistenden Unternehmers über die Menge und die Art der von ihm gelieferten Gegenstände oder den Umfang und die Art der von ihm ausgeführten sonstigen Leistungen erforderlich (vgl. Abschnitt 14.5 Abs. 15). [2]Bei Lieferungen kann die erforderliche Angabe der Art in der (unter Berücksichtigung von Handelsstufe, Art und Inhalt der Lieferung und dem Wert der einzelnen Gegenstände) zutreffenden handelsüblichen Bezeichnung der einzelnen Liefergegenstände bestehen (zu den Anforderungen bei hochpreisigen Uhren und Armbändern vgl. BFH-Beschluss vom 29.11.2002, V B 119/02, n. v.; abgrenzend dazu im Niedrigpreissegment vgl. BFH-Urteil vom 10.7.2019, XI R 28/18, BStBl. 2021 II S. 961). [3]In Zweifelsfällen ist der Unternehmer nach den allgemeinen Regeln (vgl. Absätze 5 und 6) nachweispflichtig, dass eine in der Rechnung aufgeführte Bezeichnung (z. B. bloße Gattungsbezeichnung wie „T-Shirts“ oder „Bluse“) auf der betreffenden Handelsstufe handelsüblich ist. [4]Bei sonstigen Leistungen müssen die Angaben eine eindeutige Identifizierung der abgerechneten Leistungen ermöglichen. [5]Der Umfang und die Art der erbrachten Dienstleistungen sind zu präzisieren; dies bedeutet jedoch nicht, dass die konkreten erbrachten Dienstleistungen erschöpfend beschrieben werden müssen (BFH-Urteil vom 15.10.2019, V R 29/19 (V R 44/16), BStBl. 2021 II S. 646 und EuGH-Urteil vom 15.9.2016, C-516/14, Barlis 06). [6]Allein nicht ausreichend sind allgemeine Angaben wie „Erbringung juristischer Dienstleistungen“, „Bauarbeiten“ (vgl. BFH-Urteil vom 10.11.1994, V R 45/93, BStBl. 1995 II S. 395), „Beratungsleistung“ (vgl. BFH-Beschluss vom 16.12.2008, V B 228/07, n. v.), „Werbungskosten lt. Absprache“, „Akquisitions-Aufwand“ oder „Reinigungskosten“ (vgl. BFH-Urteil vom 1.3.2018, V R 18/17, BStBl. 2021 II S. 644), da sie nicht die erforderliche Kontrollfunktion (vgl. Abschnitt 14.5 Abs. 1) erfüllen.

---

1) A 15.2a UStAE Abs. 4 neugef. durch BMF v. 1.12.2021, BStBl. I 2021, 2486, anzuwenden in allen offenen Fällen.

(5)[1] [1]Der Vorsteuerabzug kann nur auf Grund einer Rechnung geltend gemacht werden, die eine eindeutige und leicht nachprüfbare Feststellung der Leistung ermöglicht, über die abgerechnet worden ist (BFH-Urteile vom 10.11.1994, V R 45/93, BStBl. 1995 II S. 395, vom 16.1.2014, V R 28/13, BStBl. II S. 867, vom 1.3.2018, V R 18/17, BStBl. 2021 II S. 644 und vom 15.10.2019, V R 29/19 (V R 44/16), BStBl. 2021 II S. 646). [2]Eine für die Gewährung des Vorsteuerabzugs ausreichende Leistungsbezeichnung ist dann nicht gegeben, wenn die Angaben tatsächlicher Art im Abrechnungspapier unrichtig oder so ungenau sind, dass sie eine Identifizierung des Leistungsgegenstands nicht ermöglichen. [3]Den Vorsteuerabzug ausschließende

1. unrichtige Angaben liegen vor, wenn eine in der Rechnung aufgeführte Leistung tatsächlich nicht erbracht ist und auch nicht erbracht werden soll (z. B. bei Gefälligkeitsrechnungen), oder zwar eine Leistung ausgeführt ist oder ausgeführt werden soll, jedoch in der Rechnung nicht auf die tatsächliche Leistung, sondern auf eine andere hingewiesen wird (vgl. Beispielsfälle in Abschnitt 14c.2 Abs. 2 Nr. 3);
2. [1]ungenaue Angaben liegen vor, wenn die Rechnungsangaben zwar nicht unrichtig, aber nicht so eingehend und präzise sind, dass sie ohne weiteres völlige Gewissheit über Art und Umfang des Leistungsgegenstands verschaffen. [2]Dies ist regelmäßig der Fall, wenn sich anhand der Rechnung nachträglich nicht genau feststellen lässt, auf welchen gelieferten Gegenstand bzw. auf welchen beim Leistungsempfänger eingetretenen Erfolg einer sonstigen Leistung sich die gesondert ausgewiesene Steuer beziehen soll (vgl. Beispielsfälle in Abschnitt 14c.2 Abs. 2 Nr. 3). [3]Die erforderlichen Angaben müssen aus der vom leistenden Unternehmer erstellten Rechnung oder aus weiteren, ergänzenden Unterlagen hervorgehen (vgl. Absätze 1a und 7). [4]Rechnungsergänzungen durch den Leistungsempfänger können nicht berücksichtigt werden (vgl. BFH-Beschluss vom 4.12.1987, V S 9/85, BStBl. 1988 II S. 702).

Überprüfung der Rechnungsangaben

(6)[2] [1]Der Leistungsempfänger hat die in der Rechnung enthaltenen Angaben auf ihre Vollständigkeit und Richtigkeit zu überprüfen (vgl. BFH-Urteil vom 6.12.2007, V R 61/05, BStBl. 2008 II S. 695). [2]Dabei ist allerdings der Grundsatz der Verhältnismäßigkeit zu wahren. [3]Enthält die Rechnung entgegen § 14 Abs. 4 Satz 1 Nr. 2 UStG nur eine Zahlen- und Buchstabenkombination, bei der es sich nicht um die dem leistenden Unternehmer erteilte Steuernummer handelt, ist der Leistungsempfänger nach § 15 Abs. 1 Satz 1 Nr. 1 Satz 2 UStG – vorbehaltlich einer Rechnungsberichtigung – *nicht zum Vorsteuerabzug* berechtigt (BFH-Urteil vom 2.9.2010, V R 55/09, BStBl. 2011 II S. 235). [4]Die Überprüfung der Richtigkeit der Steuernummer oder der inländischen USt-IdNr. und der Rechnungsnummer ist dem Rech-

---

[1] A 15.2a UStAE Abs. 5 Satz 3 Nr. 2 Sätze 3 und 4 neugef. durch BMF v. 15.12.2020, BStBl. I 2021, 1374; Satz 1 Klammerzusatz neugef. durch BMF v. 9.9.2021, BStBl. I 2021, 1593, anzuwenden in allen offenen Fällen.

[2] A 15.2a UStAE Abs. 6 Satz 11 Klammerzusatz neugef. durch BMF v. 27.10.2021, BStBl. I 2021, 2137, anzuwenden in allen offenen Fällen.

nungsempfänger regelmäßig nicht möglich (vgl. BFH-Urteil vom 2.9.2010, V R 55/09, a.a.O.). [5]Ist eine dieser Angaben unrichtig und konnte der Unternehmer dies nicht erkennen, bleibt der Vorsteuerabzug erhalten, wenn im Übrigen die Voraussetzungen für den Vorsteuerabzug gegeben sind. [6]Unberührt davon bleibt, dass der Unternehmer nach § 15 Abs. 1 Satz 1 Nr. 1 UStG nur die gesetzlich geschuldete Steuer für Lieferungen und sonstige Leistungen eines anderen Unternehmers für sein Unternehmen als Vorsteuer abziehen kann. [7]Deshalb ist z.B. der Vorsteuerabzug zu versagen, wenn die Identität des leistenden Unternehmers mit den Rechnungsangaben nicht übereinstimmt oder über eine nicht ausgeführte Lieferung oder sonstige Leistung abgerechnet wird. [8]Hinsichtlich der übrigen nach den §§ 14, 14a UStG erforderlichen Angaben hat der Rechnungsempfänger die inhaltliche Richtigkeit der Angaben zu überprüfen. [9]Dazu gehört insbesondere, ob es sich bei der ausgewiesenen Steuer um gesetzlich geschuldete Steuer für eine Lieferung oder sonstige Leistung handelt. [10]Bei unrichtigen Angaben entfällt grundsätzlich der Vorsteuerabzug. [11]Enthält eine Rechnung Rechenfehler oder die unrichtige Angabe des Entgelts, des Steuersatzes oder des Steuerbetrags, kann ggf. der zu niedrig ausgewiesene Steuerbetrag abgezogen werden (vgl. Abschnitt 14c.1 Abs. 9 und BFH-Urteil vom 28.8.2014, V R 49/13, BStBl. 2021 II S. 825). [12]Im Fall des § 14c Abs. 1 UStG kann der Vorsteuerabzug unter den übrigen Voraussetzungen in Höhe der für die bezogene Leistung geschuldeten Steuer vorgenommen werden. [13]Ungenauigkeiten führen unter den übrigen Voraussetzungen nicht zu einer Versagung des Vorsteuerabzugs, wenn z.B. bei Schreibfehlern im Namen oder der Anschrift des leistenden Unternehmers oder des Leistungsempfängers oder in der Leistungsbeschreibung ungeachtet dessen eine eindeutige und unzweifelhafte Identifizierung der am Leistungsaustausch Beteiligten, der Leistung und des Leistungszeitpunkts möglich ist und die Ungenauigkeiten nicht sinnentstellend sind.

Berichtigte Rechnung

(7)[1)] [1]Ist eine Rechnung nicht ordnungsmäßig und kann auch kein Nachweis im Sinne von Absatz 1a geführt werden, ist sie für das Recht auf einen Vorsteuerabzug zu berichtigen (vgl. Abschnitt 14.11.). [2]Eine Rechnungsberichtigung kann auf den Zeitpunkt zurückwirken, in dem die Rechnung erstmals ausgestellt wurde (vgl. BFH-Urteil vom 20.10.2016, V R 26/15, DStR S. 2697). [3]Auch der Stornierung einer Rechnung nebst Neuausstellung einer sie ersetzenden Rechnung kann eine Rückwirkung beim Vorsteuerabzug zukommen (vgl. BFH-Urteil vom 22.1.2020, XI R 10/17, DStR S. 1124). [4]Die Rückwirkung einer Rechnungsberichtigung beim Vorsteuerabzug gilt unabhängig davon, ob die Berichtigung zum Vorteil oder zum Nachteil des Leistungsempfängers wirkt. [5]Eine Rechnung ist auch dann „unzutreffend“ im Sinne des § 31 Abs. 5 Satz 1 Buchstabe b UStDV, wenn sie im Einvernehmen aller Beteiligten vollständig rückabgewickelt und die gezahlte Umsatzsteuer zurückgezahlt wurde (vgl. BFH-Urteil vom 22.1.2020, XI R 10/17, DStR S. 1124). [6]Ein Dokument ist dann eine rückwirkend berichti-

---

1) A 15.2a UStAE Abs. 7 neugef. durch BMF v. 18.9.2020, BStBl. I 2020, 976, anzuwenden in allen offenen Fällen; zur **Übergangsregelung** siehe Anlage 8.

gungsfähige Rechnung, wenn es Angaben zum Rechnungsaussteller, zum Leistungsempfänger, zur Leistungsbeschreibung, zum Entgelt und zur gesondert ausgewiesenen Umsatzsteuer enthält. 7 Hierfür reicht es aus, dass die Rechnung diesbezügliche Angaben enthält und die Angaben nicht in so hohem Maße unbestimmt, unvollständig oder offensichtlich unzutreffend sind, dass sie fehlenden Angaben gleichstehen. 8 Sind diese Anforderungen erfüllt, entfaltet die Rechnungsberichtigung immer Rückwirkung. 9 Die Rechnung kann bis zum Schluss der letzten mündlichen Verhandlung vor dem Finanzgericht berichtigt und vorgelegt werden. 10 Kleinbetragsrechnungen nach § 33 UStDV müssen nur berichtigt werden, soweit diese Vorschrift die in Rede stehenden Angaben erfordert. 11 Zu den Einzelheiten vgl. BMF-Schreiben vom 18.9.2020, DStR S. 2131). 12 Das Recht auf Vorsteuerabzug aus einer mit Rückwirkung berichtigten Rechnung ist grundsätzlich in dem Zeitpunkt auszuüben, in dem die Leistung bezogen wurde und die ursprüngliche Rechnung vorlag. 13 Abweichend hiervon kann bei einem zu niedrigen Steuerausweis in der ursprünglichen Rechnung das Recht auf Vorsteuerabzug in Höhe der Differenz zwischen dem zu niedrigen Steuerbetrag, für den ein Vorsteuerabzug bereits vorgenommen wurde, und dem zutreffenden Steuerbetrag erst dann ausgeübt werden, wenn der Leistungsempfänger im Besitz einer Rechnung ist, die den Steuerbetrag in zutreffender Höhe ausweist. 14 Wird eine Rechnung berichtigt, die nach den vorstehenden Ausführungen nicht rückwirkend berichtigungsfähig ist, kann der Vorsteuerabzug erst zu dem Zeitpunkt in Anspruch genommen werden, in dem der Rechnungsaussteller die Rechnung berichtigt und die zu berichtigenden Angaben an den Rechnungsempfänger übermittelt hat.

Endrechnungen

(8) Hat der leistende Unternehmer in einer Endrechnung die vor Ausführung der Lieferung oder sonstigen Leistung vereinnahmten Teilentgelte und die auf sie entfallenden Steuerbeträge nicht nach § 14 Abs. 5 Satz 2 UStG abgesetzt, ist die zu hoch ausgewiesene Umsatzsteuer nicht als Vorsteuer abziehbar (BFH-Urteil vom 11.4.2002, V R 26/01, BStBl. 2004 II S. 317).

Gutschriften

(9) 1 Wird über die Lieferung oder sonstige Leistung mit einer Gutschrift abgerechnet, kommt der Vorsteuerabzug für den Leistungsempfänger nur in Betracht, wenn der leistende Unternehmer zum gesonderten Ausweis der Steuer in einer Rechnung berechtigt ist. 2 Daher kann auch in diesen Fällen der Vorsteuerabzug nicht in Anspruch genommen werden, wenn der leistende Unternehmer § 19 Abs. 1 UStG anwendet.

(10) 1 Der Vorsteuerabzug aus einer Gutschrift entfällt auch, wenn die Lieferung oder sonstige Leistung nicht steuerpflichtig ist (vgl. auch BFH-Urteil vom 31.1.1980, V R 60/74, BStBl. II S. 369). 2 Hat der Aussteller der Gutschrift die Steuer zu hoch ausgewiesen, kann er den zu hoch ausgewiesenen Steuerbetrag nicht als Vorsteuer abziehen (vgl. Absatz 6). 3 Ein Vorsteuerabzug ist ebenfalls nicht zulässig, wenn eine Gutschrift ohne das Einverständnis des Gutschriftsempfängers erteilt wird oder wenn der Leistungsempfänger eine unvollständige und daher zum Vorsteuerabzug nicht berechtigende Rechnung

(z. B. bei fehlendem gesonderten Steuerausweis) ohne ausdrückliche Anerkennung des Lieferers oder Leistenden durch eine Gutschrift ersetzt (vgl. auch Abschnitt 14.3 Abs. 1).

(11) [1]Der Vorsteuerabzug entfällt, soweit der Gutschriftsempfänger dem in der Gutschrift angegebenen Steuerbetrag widerspricht (vgl. § 14 Abs. 2 Satz 3 UStG). [2]Dieser Widerspruch wirkt auch für den Vorsteuerabzug des Gutschriftausstellers erst in dem Besteuerungszeitraum, in dem er erklärt wird (vgl. BFH-Urteil vom 19.5.1993, V R 110/88, BStBl. II S. 779). [3]Widerspricht der Gutschriftsempfänger dem übermittelten Abrechnungsdokument, verliert die Gutschrift die Wirkung einer zum Vorsteuerabzug berechtigenden Rechnung auch dann, wenn die Gutschrift den zivilrechtlichen Vereinbarungen entspricht und die Umsatzsteuer zutreffend ausweist; es genügt, dass der Widerspruch eine wirksame Willenserklärung darstellt (vgl. BFH-Urteil vom 23.1.2013, XI R 25/11, BStBl. II S. 417).

Betriebsinterne Abrechnungen

(12) [1]Steuerbeträge, die für einen Innenumsatz (z. B. zwischen Betriebsabteilungen desselben Unternehmers oder innerhalb eines Organkreises) gesondert ausgewiesen werden, berechtigen nicht zum Vorsteuerabzug (vgl. auch Abschnitt 14.1 Abs. 4). [2]Bei Sacheinlagen von bisher nichtunternehmerisch (unternehmensfremd oder nichtwirtschaftlich i. e. S., vgl. Abschnitt 2.3 Abs. 1a) verwendeten Gegenständen ist ein Vorsteuerabzug ebenfalls nicht zulässig.

15.2b Leistung für das Unternehmen

Leistungsempfänger

(1)[1)] [1]Eine Lieferung oder sonstige Leistung wird grundsätzlich an diejenige Person ausgeführt, die aus dem schuldrechtlichen Vertragsverhältnis, das dem Leistungsaustausch zu Grunde liegt, berechtigt oder verpflichtet ist (vgl. BFH-Urteil vom 28.8.2013, XI R 4/11, BStBl. 2014 II S. 282). [2]Leistungsempfänger ist somit regelmäßig der Auftraggeber oder Besteller einer Leistung. [3]Alleine die Umlage der Umsatzsteuer durch den Leistungsempfänger auf sein unternehmerisch tätiges Mitglied führt auch unter Beachtung des Grundsatzes der Neutralität der Umsatzsteuer nicht dazu, dass das Mitglied zum Leistungsempfänger wird (vgl. BFH-Urteil vom 31.5.2017, XI R 40/14, BStBl. 2021 II S. 828). [4]Saniert ein Treuhänder ein Gebäude für Zwecke einer umsatzsteuerpflichtigen Vermietung, ist der Treuhänder und nicht der Treugeber auf Grund der im Namen des Treuhänders bezogenen Bauleistungen zum Vorsteuerabzug berechtigt (BFH-Urteil vom 18.2.2009, V R 82/07, BStBl. II S. 876). [5]Wird auf einem Grundstück, an dem die Ehegatten gemeinschaftlich Miteigentümer sind, ein Bauwerk errichtet, kann statt der Ehegattengemeinschaft auch einer der Ehegatten allein Leistungsempfänger sein. [6]In

---

1) A 15.2b UStAE Abs. 1 Satz 3 eingef., bish. Sätze 3 bis 5 werden Sätze 4 bis 6, bish. Satz 6 wird Satz 7 und neugef., bish. Satz 7 aufgeh., Sätze 8 bis 10 und Satz 11 Klammerzusatz neugef. durch BMF v. 27.10.2021, BStBl. I 2021, 2137, anzuwenden in allen offenen Fällen.

derartigen Fällen muss sich schon aus der Auftragserteilung klar ergeben, wer Auftraggeber und damit Leistungsempfänger ist. [7]Bei gemeinsamem Erwerb durch mehrere Personen in Form einer nicht selbst unternehmerisch tätigen Bruchteilsgemeinschaft sind die einzelnen Gemeinschafter als Leistungsempfänger anzusehen (BFH-Urteil vom 28.8.2014, V R 49/13, BStBl. 2021 II S. 825). [8]Dies gilt für den Bezug von sonstigen Leistungen gleichermaßen, z.B. bei der Vermietung eines Ladenlokals an eine nichtunternehmerische Ehegattengemeinschaft (vgl. BFH-Urteil vom 1.2.2001, V R 79/99, BStBl. 2008 II S. 495). [9]Alleine die unentgeltliche Nutzung eines in gemeinschaftlichem Eigentum stehenden Wirtschaftsgutes durch einen Gemeinschafter begründet weder eine eigene Rechtspersönlichkeit noch eine wirtschaftliche Tätigkeit der Gemeinschaft. [10]Einem Unternehmer, der nach den vorstehenden Grundsätzen als Leistungsempfänger anzusehen ist, steht nach § 15 Abs. 1 UStG der Vorsteuerabzug zu, wenn und soweit die Leistung für sein Unternehmen ausgeführt wurde (vgl. Absatz 2 und 3). [11]Ist bei einer solchen Gemeinschaft nur ein Gemeinschafter unternehmerisch tätig und verwendet dieser einen Teil des Gegenstands ausschließlich für seine unternehmerischen Zwecke, steht ihm das Vorsteuerabzugsrecht aus den bezogenen Leistungen anteilig zu, soweit der seinem Unternehmen zugeordnete Anteil am Gegenstand seinen Miteigentumsanteil nicht übersteigt (vgl. BFH-Urteil vom 6.10.2005, V R 40/01, BStBl. 2007 II S. 13 sowie Abschnitt 15a.2 Abs. 4). [12]Die tatsächliche Durchführung muss den getroffenen Vereinbarungen entsprechen (vgl. BFH-Urteile vom 11.12.1986, V R 57/76, BStBl. 1987 II S. 233, vom 26.11.1987, V R 85/83, BStBl. 1988 II S. 158, und vom 5.10.1995, V R 113/92, BStBl. 1996 II S. 111). [13]Wird unter Missachtung des sich aus dem schuldrechtlichen Vertragsverhältnis ergebenden Anspruchs die Leistung tatsächlich an einen Dritten erbracht, kann der Dritte unabhängig von den zu Grunde liegenden Rechtsbeziehungen Leistungsempfänger sein (BFH-Urteil vom 1.6.1989, V R 72/84, BStBl. II S. 677). [14]Zur Bestimmung des Leistungsempfängers bei Leistungen im Sinne des § 3a Abs. 2 UStG vgl. Abschnitt 3a.2 Abs. 2.

Leistung für das Unternehmen

(2) [1]Ein Unternehmer, der für Zwecke des Vorsteuerabzugs als Leistungsempfänger anzusehen ist (vgl. Absatz 1), ist nach § 15 Abs. 1 UStG zum Vorsteuerabzug berechtigt, soweit er Leistungen für sein Unternehmen im Sinne des § 2 Abs. 1 UStG und damit für seine unternehmerischen Tätigkeiten zur Erbringung entgeltlicher Leistungen zu verwenden beabsichtigt (vgl. BFH-Urteil vom 27.1.2011, V R 38/09, BStBl. 2012 II S. 68). [2]Bei der Prüfung des Vorsteuerabzugs sind die Ausschlusstatbestände nach § 15 Abs. 1a, 1b und *2 UStG zu berücksichtigen* (vgl. Abschnitte 15.6, 15.6a und 15.12 bis 15.14). [3]Zwischen Eingangs- und Ausgangsleistung muss nach dem objektiven Inhalt der bezogenen Leistung ein direkter und unmittelbarer Zusammenhang bestehen (vgl. BFH-Urteil vom 11.4.2013, V R 29/10, BStBl. II S. 840; nur mittelbar verfolgte Zwecke sind unerheblich, vgl. BFH-Urteil vom 13.1.2011, V R 12/08, BStBl. 2012 II S. 61). [4]Im Hinblick auf den erforderlichen Zusammenhang ist wie folgt zu differenzieren (vgl. BFH-Urteil vom 11.4.2013, V R 29/10, a. a. O.):

1. [1]Besteht der direkte und unmittelbare Zusammenhang zu einem einzelnen Ausgangsumsatz seiner wirtschaftlichen Tätigkeit, der steuerpflichtig ist (bzw. von § 15 Abs. 3 UStG umfasst wird), kann der Unternehmer den Vorsteuerabzug in Anspruch nehmen. [2]Die für den Leistungsbezug getätigten Aufwendungen gehören dann zu den Kostenelementen dieses Ausgangsumsatzes.
2. [1]Bei einem direkten und unmittelbaren Zusammenhang zu einem Ausgangsumsatz, der mangels wirtschaftlicher Tätigkeit nicht dem Anwendungsbereich der Umsatzsteuer unterliegt oder ohne Anwendung von § 15 Abs. 3 UStG steuerfrei ist, besteht keine Berechtigung zum Vorsteuerabzug. [2]Dies gilt auch, wenn der Unternehmer eine Leistung z. B. für einen steuerfreien Ausgangsumsatz bezieht, um mittelbar seine zum Vorsteuerabzug berechtigende wirtschaftliche Gesamttätigkeit zu stärken, da der von ihm verfolgte endgültige Zweck unerheblich ist.
3. [1]Fehlt ein direkter und unmittelbarer Zusammenhang zwischen einem bestimmten Eingangsumsatz und einem oder mehreren Ausgangsumsätzen, kann der Unternehmer zum Vorsteuerabzug berechtigt sein, wenn die Kosten für die Eingangsleistung zu seinen allgemeinen Aufwendungen gehören und – als solche – Bestandteile des Preises der von ihm erbrachten Leistungen sind. [2]Derartige Kosten hängen direkt und unmittelbar mit seiner wirtschaftlichen Gesamttätigkeit zusammen und berechtigen nach Maßgabe dieser Gesamttätigkeit zum Vorsteuerabzug (vgl. Abschnitte 15.15, 15.21 und 15.22).

[5]Beabsichtigt der Unternehmer bereits bei Leistungsbezug, die bezogene Leistung nicht für seine unternehmerische Tätigkeit, sondern ausschließlich und unmittelbar für die Erbringung unentgeltlicher Wertabgaben im Sinne des § 3 Abs. 1b oder 9a UStG zu verwenden, ist er nicht zum Vorsteuerabzug berechtigt (vgl. Abschnitt 15.15 sowie BFH-Urteile vom 9.12.2010, V R 17/10, BStBl. 2012 II S. 53, und vom 26.8.2014, XI R 26/10, BStBl. 2021 II S. 881). [6]Beabsichtigt der Unternehmer bei Bezug der Leistung, diese teilweise für unternehmerische und nichtunternehmerische Tätigkeiten zu verwenden (teilunternehmerische Verwendung), ist er grundsätzlich nur im Umfang der beabsichtigten Verwendung für seine unternehmerische Tätigkeit zum Vorsteuerabzug berechtigt (vgl. BFH-Urteil vom 3.3.2011, V R 23/10, BStBl. 2012 II S. 74). [7]Eine weiter gehende Berechtigung zum Vorsteuerabzug besteht bei einer teilunternehmerischen Verwendung nur, wenn es sich bei der nichtunternehmerischen Tätigkeit um die Verwendung für Privatentnahmen im Sinne des § 3 Abs. 1b oder 9a UStG, also um Entnahmen für den privaten Bedarf des Unternehmers als natürliche Person und für den privaten Bedarf seines Personals (unternehmensfremde Tätigkeiten), handelt (vgl. Abschnitt 15.2c Abs. 2 Satz 1 Nr. 2 Buchstabe b und BFH-Urteil vom 3.3.2011, V R 23/10, a. a. O.). [8]Keine Privatentnahme in diesem Sinne ist dagegen eine Verwendung für nichtwirtschaftliche Tätigkeiten i. e. S. wie z. B. unentgeltliche Tätigkeiten eines Vereins aus ideellen Vereinszwecken oder hoheitliche Tätigkeiten einer juristischen Person des öffentlichen Rechts (vgl. Abschnitte 2.3 Abs. 1a, 2.10, 2.11, 15.19, 15.21 und 15.22 und BFH-Urteile vom 6.5.2010, V R 29/09, BStBl. II S. 885, und vom 3.3.2011, V R 23/10, a. a. O.) [9]Hinsichtlich der Änderung des Nutzungsumfangs der Eingangsumsätze vgl. Abschnitte 3.3, 3.4 und 15a.1 Abs. 6 und 7.

Schaubild:[1)]

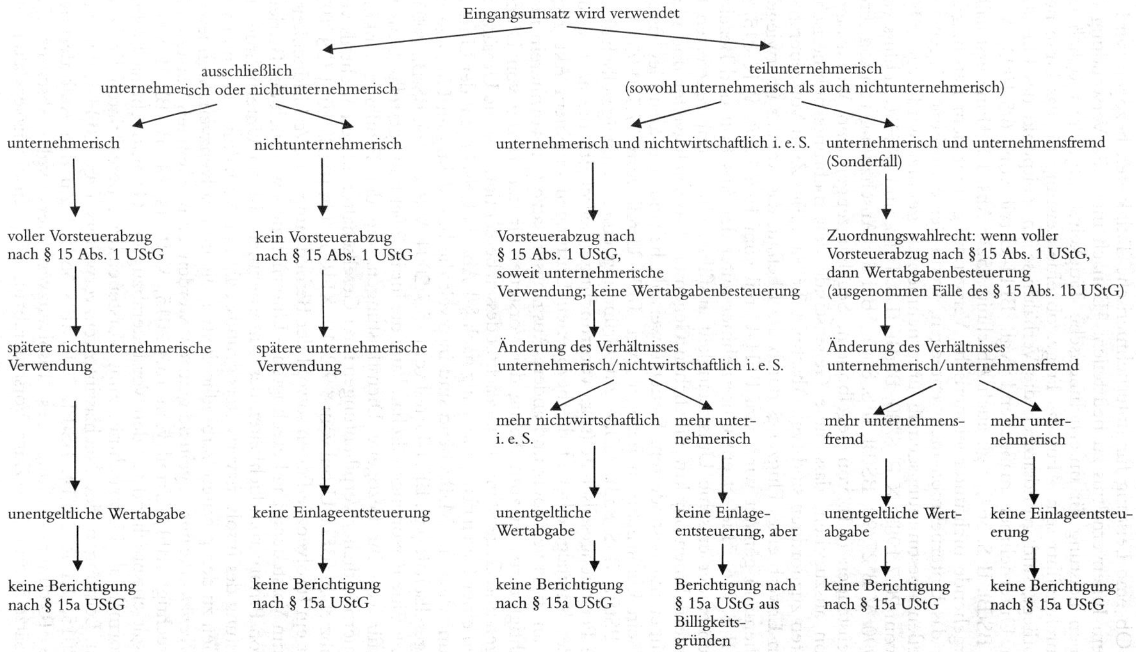

1) A 15.2b UStAE Abs. 2 Satz 8 Schaubild eingef. durch BMF v. 14.12.2018, BStBl. I 2018, 1402.

(3) [1]Ob eine Leistung für unternehmerische Tätigkeiten bezogen wird, ist nach dem Innenverhältnis zu beurteilen. [2]Danach muss die Verwendung der bezogenen Leistung für unternehmerische Tätigkeiten objektiv möglich und auch durchgeführt sein. [3]Für die Frage, ob eine Leistung für das Unternehmen vorliegt, sind grundsätzlich die Verhältnisse im Zeitpunkt des Umsatzes an den Unternehmer maßgebend (vgl. BFH-Urteil vom 6.5.1993, V R 45/88, BStBl. II S. 564); vgl. auch Abschnitt 15.2c Abs. 12. [4]Eine erstmalige vorübergehende nichtunternehmerische Verwendung steht dem Leistungsbezug für das Unternehmen nicht entgegen, wenn der erworbene Gegenstand anschließend bestimmungsgemäß unternehmerisch genutzt wird (vgl. BFH-Urteil vom 20.7.1988, X R 8/80, BStBl. II S. 1012, und BFH-Beschluss vom 21.6.1990, V B 27/90, BStBl. II S. 801). [5]Bei der Anschaffung von sog. Freizeitgegenständen (z.B. von Segelbooten, Segelflugzeugen und Wohnwagen) ist davon auszugehen, dass diese Gegenstände den nichtunternehmerischen tätigkeiten zuzuordnen sind (vgl. Abschnitt 2.6 Abs. 3). [6]Zum Vorsteuerabzug aus dem Erwerb eines Flugzeugs durch die Ehefrau, das weitaus überwiegend vom Ehemann genutzt wird, vgl. BFH-Urteil vom 19.5.1988, V R 115/83, BStBl. II S. 916. [7]Liefert ein Unternehmer unter der Anschrift und Bezeichnung, unter der er seine Umsatztätigkeit ausführt, einen ihm gelieferten für sein Unternehmen objektiv nützlichen Gegenstand sogleich weiter und rechnet darüber mit gesondertem Steuerausweis ab, behandelt er den Gegenstand als für sein Unternehmen bezogen (vgl. BFH-Urteil vom 27.7.1995, V R 44/94, BStBl. II S. 853). [8]Eine zur Gründung einer Kapitalgesellschaft errichtete Personengesellschaft (sog. Vorgründungsgesellschaft), die nach Gründung der Kapitalgesellschaft die bezogenen Leistungen in einem Akt gegen Entgelt an diese veräußert und andere Ausgangsumsätze von vornherein nicht beabsichtigt hatte, ist zum Abzug der Vorsteuer für den Bezug von Dienstleistungen und Gegenständen ungeachtet dessen berechtigt, dass die Umsätze im Rahmen einer Geschäftsveräußerung nach § 1 Abs. 1a UStG nicht der Umsatzsteuer unterliegen. [9]Maßgebend sind insoweit die beabsichtigten Umsätze der Kapitalgesellschaft (vgl. BFH-Urteil vom 15.7.2004, V R 84/99, BStBl. 2005 II S. 155). [10]Eine Personengesellschaft kann die ihr in Rechnung gestellte Umsatzsteuer für von ihr bezogene Dienstleistungen, die der Erfüllung einkommensteuerrechtlicher Verpflichtungen ihrer Gesellschafter dienen, nicht als Vorsteuer abziehen (BFH-Urteil vom 8.9.2010, XI R 31/08, BStBl. 2011 II S. 197). [11]Dient ein Insolvenzverfahren sowohl der Befriedigung von Verbindlichkeiten des – zum Vorsteuerabzug berechtigten – Unternehmers wie auch der Befriedigung von Privatverbindlichkeiten des Unternehmers, ist der Unternehmer aus der Leistung des Insolvenzverwalters grundsätzlich im Verhältnis der unternehmerischen zu den privaten Verbindlichkeiten, die im Insolvenzverfahren jeweils als Insolvenzforderungen geltend gemacht werden, zum anteiligen Vorsteuerabzug berechtigt (BFH-Urteil vom 15.4.2015, V R 44/14, BStBl. II S. 679). [12]Dies gilt entsprechend für den Vorsteuerabzug des Gesamtrechtsnachfolgers eines vormals als Unternehmer zum Vorsteuerabzug berechtigten Erblassers aus den Leistungen des Nachlassinsolvenzverwalters (vgl. BFH-Urteil vom 21.10.2015, XI R 28/14, BStBl. 2016 II S. 550). [13]Zu den Anforderungen an die Rechnungsstellung des Insolvenzverwalters vgl. Abschnitt 15.2a Abs. 1 Sätze 5 und 6. [14]Zum Vorsteuerabzug eines Insolvenzverwalters vgl.

Abschnitt 15.2d Abs. 1 Nr. 14. [15] Zum Vorsteuerabzug einer KG, die ihre Tätigkeit bereits vor Insolvenzeröffnung eingestellt hatte, vgl. Abschnitt 15.12 Abs. 1 Satz 17.

15.2c Zuordnung von Leistungen zum Unternehmen

Zuordnungsgebot, Zuordnungsverbot und Zuordnungswahlrecht

(1) [1] Wird eine Leistung ausschließlich für unternehmerische Tätigkeiten bezogen, ist sie vollständig dem Unternehmen zuzuordnen (Zuordnungsgebot). [2] Bei einer Leistung, die ausschließlich für nichtunternehmerische Tätigkeiten bezogen wird, ist eine Zuordnung zum Unternehmen hingegen ausgeschlossen (Zuordnungsverbot). [3] Erreicht der Umfang der unternehmerischen Verwendung eines einheitlichen Gegenstands nicht mindestens 10% (unternehmerische Mindestnutzung), greift das Zuordnungsverbot nach § 15 Abs. 1 Satz 2 UStG (vgl. Absätze 5 bis 7).

(2)[1)] [1] Bei einer Leistung, die sowohl für unternehmerische als auch für nichtunternehmerische Tätigkeiten bezogen wird, ist zwischen vertretbaren Sachen und sonstigen Leistungen auf der einen Seite und einheitlichen Gegenständen auf der anderen Seite zu differenzieren:

1. Lieferung vertretbarer Sachen und sonstige Leistungen:
   [1] Lieferungen vertretbarer Sachen und sonstige Leistungen sind entsprechend der beabsichtigten Verwendung aufzuteilen (Aufteilungsgebot, vgl. BFH-Urteil vom 14.10.2015, V R 10/14, BStBl. 2016 II S. 717). [2] Telefondienstleistungen bezieht ein Unternehmer nur insoweit für sein Unternehmen, als er das Telefon unternehmerisch nutzt.
2. Einheitliche Gegenstände
   Beabsichtigt der Unternehmer, einen einheitlichen Gegenstand sowohl für die unternehmerische als auch nichtunternehmerische Tätigkeit zu verwenden (teilunternehmerische Verwendung), gilt Folgendes:
   a) Teilunternehmerische nichtwirtschaftliche Verwendung i. e. S.
      [1] Besteht die nichtunternehmerische Tätigkeit in einer nichtwirtschaftlichen Tätigkeit i. e. S. (vgl. Abschnitt 2.3 Abs. 1a Satz 4), hat der Unternehmer kein Wahlrecht zur vollständigen Zuordnung (vgl. Abschnitte 2.10, 2.11, 15.19, 15.21 und 15.22 und BFH-Urteil vom 3.3.2011, V R 23/10, BStBl. 2012 II S. 74); es besteht grundsätzlich ein Aufteilungsgebot. [2] Aus Billigkeitsgründen kann der Unternehmer den Gegenstand im vollen Umfang in seinem nichtunternehmerischen Bereich belassen. [3] In diesem Fall ist eine spätere Vorsteuerberichtigung zugunsten des Unternehmers im Billigkeitswege nach Abschnitt 15a.1 Abs. 7 ausgeschlossen.
   b) Teilunternehmerische unternehmensfremde Verwendung
      [1] Besteht die nichtunternehmerische Tätigkeit in einer unternehmensfremden Verwendung (vgl. Abschnitt 2.3 Abs. 1a Satz 3, sog. Sonderfall), hat der Unternehmer ein Zuordnungswahlrecht. [2] Er kann den Gegenstand

---

1) A 15.2c UStAE Abs. 2 Satz 1 Nr. 2 Satz 5 neugef. durch BMF v. 27.10.2021, BStBl. I 2021, 2137, anzuwenden in allen offenen Fällen.

– insgesamt seiner unternehmerischen Tätigkeit zuordnen,
– in vollem Umfang in seinem nichtunternehmerischen Bereich belassen, oder
– im Umfang der tatsächlichen (ggf. zu schätzenden) unternehmerischen Verwendung seiner unternehmerischen Tätigkeit zuordnen (vgl. BFH-Urteile vom 7.7.2011, V R 42/09, BStBl. 2014 II S. 76 und V R 21/10, BStBl. 2014 II S. 81).

[3] Ein Zuordnungswahlrecht besteht nicht, wenn ein getrenntes Wirtschaftsgut im umsatzsteuerrechtlichen Sinne neu hergestellt wird. [4] Errichtet der Unternehmer daher ein ausschließlich für private Wohnzwecke zu nutzendes Einfamilienhaus als Anbau an eine Werkshalle auf seinem Betriebsgrundstück, darf er den Anbau nicht seinem Unternehmen zuordnen, wenn beide Bauten räumlich voneinander abgrenzbar sind (vgl. BFH-Urteil vom 23.9.2009, XI R 18/08, BStBl. 2010 II S. 313). [5] Soweit bei gemeinsamem Erwerb durch mehrere Personen der einzelne Gemeinschafter als Leistungsempfänger anzusehen ist (vgl. Abschnitt 15.2b Abs. 1) und Miteigentum an einem Gegenstand erwirbt, steht dem Gemeinschafter das Zuordnungswahlrecht bezogen auf seinen Anteil am Miteigentum zu. [6] Voraussetzung für die Zuordnung des Miteigentumsanteils ist, dass dieser zu mindestens 10% für das Unternehmen genutzt wird (§ 15 Abs. 1 Satz 2 UStG).

Beispiel 1:

[1] Der Arzt A hat ausschließlich nach § 4 Nr. 14 Buchstabe a UStG steuerfreie Umsätze aus Heilbehandlungsleistungen und kauft einen PKW, den er privat und unternehmerisch nutzt. [2] Der PKW wurde in vollem Umfang dem Unternehmen zugeordnet.
[3] A führt keine Umsätze aus, die zum Vorsteuerabzug berechtigen. [4] Der Vorsteuerabzug aus den Kosten der Anschaffung und Nutzung des PKW für die unternehmerische und private Verwendung ist deshalb ausgeschlossen. [5] Die private Verwendung führt zu keiner steuerbaren unentgeltlichen Wertabgabe.

Beispiel 2:

[1] Der Arzt A erbringt im Umfang von 80% seiner entgeltlichen Umsätze steuerfreie Heilbehandlungsleistungen und nimmt zu 20% steuerpflichtige plastische und ästhetische Operationen vor. [2] Er kauft einen PKW, den er je zur Hälfte privat und für seine gesamte ärztliche Tätigkeit nutzt. [3] Der PKW wurde in vollem Umfang dem Unternehmen zugeordnet.
[4] Die Vorsteuern aus der Anschaffung und Nutzung des PKW sind zu 60% (20% steuerpflichtige von 50% unternehmerischer Nutzung + 50% der Art nach steuerpflichtige Privatnutzung) abzugsfähig und zu 40% (80% steuerfreie von 50% unternehmerischer Nutzung) nicht abzugsfähig. [5] Die unentgeltliche Wertabgabe (50% Privatanteil) ist in voller Höhe steuerbar und steuerpflichtig.

[2] Aufwendungen, die im Zusammenhang mit dem Gebrauch, der Nutzung oder der Erhaltung eines einheitlichen Gegenstands stehen, der nur teilweise unternehmerisch genutzt wird, sind grundsätzlich nur in Höhe der unternehmerischen Verwendung für das Unternehmen bezogen (Aufteilungsgebot). [3] Dabei ist vorrangig zu prüfen, ob die bezogene Leistung unmittelbar für die unternehmerische oder nichtunternehmerische Nutzung des Gegenstands verwendet wird. [4] Ist eine direkte Zuordnung im Zusammenhang mit der Verwendung des Gegenstands nicht möglich, ist eine Aufteilung der Vorsteuerbeträge analog § 15 Abs. 4 UStG vorzunehmen. [5] Diese Aufteilung kann

auf einer sachgerechten Schätzung beruhen (z. B. Aufteilungsmaßstab des Vorjahres), die erforderlichenfalls im Voranmeldungsverfahren oder in der Jahreserklärung anzupassen ist. [6] Für einheitliche Gegenstände, die keine Grundstücke im Sinne des § 15 Abs. 1b UStG sind und für die der Unternehmer sein Wahlrecht zur vollständigen Zuordnung zum Unternehmen ausgeübt hat (vgl. Nr. 2 Buchstabe b), kann für Aufwendungen, die durch die Verwendung des Gegenstands anfallen, aus Vereinfachungsgründen grundsätzlich unter den übrigen Voraussetzungen des § 15 UStG der volle Vorsteuerabgzug geltend gemacht werden; im Gegenzug sind diese Aufwendungen in die Bemessungsgrundlage einer für die nicht unternehmerische Verwendung des einheitlichen Gegenstands zu besteuernden unentgeltlichen Wertabgabe einzubeziehen.

(3) [1] Die Entscheidung über die Zuordnung zum Unternehmen hat der Unternehmer zu treffen (BFH-Urteile vom 25.3.1988, V R 101/83, BStBl. II S. 649, und vom 27.10.1993, XI R 86/90, BStBl. 1994 II S. 274). [2] Wird ein nicht zum Unternehmen gehörender Gegenstand gelegentlich dem Unternehmen überlassen, können die im Zusammenhang mit dem Betrieb des Gegenstands anfallenden Vorsteuern (z. B. Vorsteuerbeträge aus Betrieb und Wartung eines nicht dem Unternehmen zugeordneten Kraftfahrzeugs) im Verhältnis der unternehmerischen zur unternehmensfremden Nutzung abgezogen werden. [3] Vorsteuerbeträge, die unmittelbar und ausschließlich auf die unternehmerische Verwendung des Kraftfahrzeugs entfallen (z. B. die Steuer für den Bezug von Kraftstoff anlässlich einer betrieblichen Fahrt mit einem privaten Kraftfahrzeug oder Vorsteuerbeträge aus Reparaturaufwendungen in Folge eines Unfalls während einer unternehmerisch veranlassten Fahrt), können unter den übrigen Voraussetzungen des § 15 UStG in voller Höhe abgezogen werden.

(4) [1] Im Fall der Zuordnung des unternehmensfremd genutzten Teils zum nichtunternehmerischen Bereich wird dieser als separater Gegenstand angesehen, der nicht „für das Unternehmen" im Sinne des § 15 Abs. 1 Satz 1 Nr. 1 UStG bezogen wird. [2] Somit entfällt der Vorsteuerabzug aus den Kosten, die auf diesen Gegenstand entfallen. [3] Zur Ermittlung des Anteils der abziehbaren Vorsteuerbeträge vgl. Abschnitt 15.17 Abs. 5 bis 8. [4] Wird dieser Gegenstand später unternehmerisch genutzt (z. B. durch Umwandlung von Wohnräumen in Büroräume), ist eine Vorsteuerberichtigung zugunsten des Unternehmers nach § 15a UStG nicht zulässig (vgl. Abschnitt 15a.1 Abs. 6). [5] Bei einer späteren Veräußerung des bebauten Grundstücks kann der Unternehmer unter den Voraussetzungen des § 9 UStG lediglich auf die Steuerbefreiung des § 4 Nr. 9 Buchstabe a UStG für die Lieferung des zu diesem Zeitpunkt unternehmerisch genutzten Teils verzichten. [6] Die Lieferung des zu diesem Zeitpunkt unternehmensfremd genutzten Teils erfolgt nicht im Rahmen des Unternehmens und ist somit nicht steuerbar. [7] Ein Gesamtkaufpreis ist entsprechend aufzuteilen. [8] Weist der Unternehmer für die Lieferung des unternehmensfremd genutzten Teils dennoch in der Rechnung Umsatzsteuer aus, schuldet er diese nach § 14c Abs. 2 UStG.

Unternehmerische Mindestnutzung nach § 15 Abs. 1 Satz 2 UStG

(5) [1] Die Lieferung, die Einfuhr oder der innergemeinschaftliche Erwerb eines Gegenstands gilt als nicht für das Unternehmen ausgeführt, wenn der Unternehmer den Gegenstand zu weniger als 10% für seine unternehmerische

Tätigkeit verwendet (unternehmerische Mindestnutzung, Zuordnungsverbot nach § 15 Abs. 1 Satz 2 UStG). [2]Geht der bezogene Gegenstand als Bestandteil in einen bereits vorhandenen Gegenstand ein, ist die unternehmerische Mindestnutzung für den Bestandteil gesondert zu prüfen.

(6) [1]Grundsätzlich prägt die Nutzung eines Gebäudes auch die Nutzung des dazugehörigen Grund und Bodens. [2]Sofern ausnahmsweise Teile des Grundstücks als eigenständige Zuordnungsobjekte anzusehen sind (vgl. Absatz 11), ist für jedes Zuordnungsobjekt die unternehmerische Mindestnutzung gesondert zu ermitteln.

(7) Nicht ausschließlich unternehmerisch genutzte Räume eines Gebäudes sind nur mit dem Anteil der tatsächlichen unternehmerischen Nutzung in die Ermittlung der unternehmerischen Mindestnutzung einzubeziehen.

Beispiel:

[1]Unternehmer U hat in seinem Einfamilienhaus ein Arbeitszimmer mit einer Nutzfläche von 12% der Gesamtnutzfläche, das er zu 50% für seine unternehmerischen Zwecke verwendet. [2]Bezogen auf das gesamte Gebäude beträgt die unternehmerische Nutzung nur 6% (50% von 12%). [3]Eine Zuordnung des Gebäudes zum Unternehmen ist nach § 15 Abs. 1 Satz 2 UStG nicht möglich (Zuordnungsverbot).

Zuordnungsschlüssel

(8) [1]Als Zuordnungsschlüssel bei teilunternehmerischer Verwendung des Zuordnungsobjekts ist der Aufteilungsschlüssel nach § 15 Abs. 4 UStG analog anzuwenden. [2]Der unternehmerische Nutzungsanteil ist danach im Wege einer sachgerechten und vom Finanzamt überprüfbaren Schätzung zu ermitteln. [3]Bei der Anschaffung oder Herstellung von Gebäuden ist der Umfang der Zuordnung auf der Basis einer räumlichen Betrachtung vorzunehmen. [4]Sachgerechter Aufteilungsmaßstab ist deshalb in der Regel das Verhältnis der Nutzflächen (vgl. Abschnitt 15.17 Abs. 7). [5]Die Anwendung eines Umsatzschlüssels als Zuordnungsschlüssel ist nur sachgerecht, wenn keine andere wirtschaftliche Zuordnung möglich ist (vgl. BFH-Urteile vom 19.7.2011, XI R 29/09, BStBl. 2012 II S. 430, XI R 29/10, BStBl. 2012 II S. 438, und XI R 21/10, BStBl. 2012 II S. 434). [6]Er kommt in Betracht, wenn bei einem Gebäude Nutzflächen nicht wesensgleich sind, wie z. B. Dach- und Innenflächen eines Gebäudes. [7]Für den Zuordnungsschlüssel ist in diesen Fällen auf das Verhältnis der Vermietungsumsätze für die Dach- und Gebäudeinnenfläche abzustellen. [8]Werden tatsächlich keine Vermietungsumsätze erzielt, sind fiktive Vermietungsumsätze anzusetzen.

Beispiel 1:

[1]Unternehmer U errichtet im Jahr 01 einen Schuppen, auf dessen Dach er eine Photovoltaikanlage zur Erzeugung von Strom betreibt (sog. „Auf-Dach-Montage"). [2]Die Herstellungskosten des Schuppens betragen 20 000 € zzgl. 3800 € Umsatzsteuer. [3]U beabsichtigt für den Innenraum des Schuppens dauerhaft keine weitere Nutzung (vgl. BFH-Urteil vom 19.7.2011, XI R 29/09, a. a. O.). [4]Den mit der Photovoltaikanlage erzeugten Strom speist U vollständig in das örtliche Stromnetz gegen Entgelt ein. [5]Für den Schuppen wäre in der betreffenden Region ein Mietpreis von 1000 € und für die Dachfläche, die für Zwecke der Photovoltaikanlage genutzt wird, von 180 € jährlich realisierbar. [6]Im Jahr 02 lässt U ein Sicherheitsschloss für 100 € zzgl. 19 € Umsatzsteuer anbringen, um den Schuppen vor unberechtigter Nutzung zu *schützen.*

[7]Da das Dach des Schuppens für die Installation der Photovoltaikanlage erforderlich ist, besteht hinsichtlich der Dachfläche ein direkter und unmittelbarer Zusammenhang mit der

unternehmerischen Tätigkeit (Verkauf von Strom). [8] Hinsichtlich der übrigen Flächen besteht ein direkter und unmittelbarer Zusammenhang zu der nichtwirtschaftlichen Tätigkeit i. e. S. des U (Leerstand des Schuppens). [9] U kann den Schuppen im Umfang des unternehmerisch verwendeten Anteils (Dachfläche) seinem Unternehmen zuordnen, sofern diese Verwendung insgesamt mindestens 10 % beträgt (§ 15 Abs. 1 Satz 2 UStG). [10] Für die Zuordnungsmöglichkeit ist die Verwendung des gesamten Gebäudes entscheidend. [11] Die Nutzflächen innerhalb des Schuppens und die Nutzfläche auf dessen Dach können dabei nicht zu einer Gesamtnutzfläche addiert werden, da sie nicht wesensgleich sind. [12] Eine Ermittlung anhand eines Flächenschlüssels ist deshalb für die Zuordnung nicht möglich. [13] Stattdessen ist in diesem Fall die Anwendung eines Umsatzschlüssels sachgerecht. [14] Da es an einer entgeltlichen Nutzung des Schuppens und der Dachfläche fehlt, ist auf das Verhältnis der fiktiven Vermietungsumsätze abzustellen. [15] U hätte für den Schuppen (Dachfläche und übrige Flächen) jährlich insgesamt 1180 € erzielen können; hiervon wären 180 € auf die Dachfläche entfallen. [16] Der Zuordnungsschlüssel beträgt somit 15,25 % (Verhältnis der fiktiven Miete für das Dach in Höhe von 180 € zur fiktiven Gesamtmiete von 1180 €). [17] U kann in Bezug auf die Herstellung des Schuppens einen Vorsteuerabzug von 579,66 € (15,25 % von 3800 €) geltend machen. [18] Das Sicherheitsschloss ist der nichtwirtschaftlichen Verwendung i. e. S. des Schuppens zuzurechnen und berechtigt deshalb nicht zum Vorsteuerabzug. [19] Die Photovoltaikanlage stellt umsatzsteuerrechtlich ein eigenständiges Zuordnungsobjekt dar (vgl. Absatz 10), welches ausschließlich unternehmerisch zur Ausführung entgeltlicher Stromlieferungen verwendet wird und deshalb zwingend dem Unternehmen zuzuordnen ist (Zuordnungsgebot).

Beispiel 2:

[1] Unternehmer U lässt das Dach seines privat genutzten Einfamilienhauses nach dem 31. Dezember 2012 (Anwendung des § 15 Abs. 1b UStG) sanieren (Werklieferung) und dort anschließend eine Photovoltaikanlage installieren, die 50 % der Dachfläche bedeckt. [2] Die Photovoltaikanlage wird zu 70 % zur Ausführung entgeltlicher Stromlieferungen verwendet. [3] Die verbleibenden 30 % des selbstproduzierten Stroms verbraucht U privat. [4] Die Sanierung des asbesthaltigen Daches ist u. a. auch für die Installation der Photovoltaikanlage erforderlich. [5] Für das Einfamilienhaus wäre in der betreffenden Region ein Mietpreis von 10 000 € und für die Dachfläche, die für Zwecke der Photovoltaikanlage genutzt wird, von 500 € jährlich realisierbar.

[6] Die Dachsanierung stellt Erhaltungsaufwand dar und ist somit einer eigenständigen Zuordnungsentscheidung zugänglich (vgl. Absatz 9). [7] Bei der Zuordnung von Erhaltungsaufwendungen ist grundsätzlich der Gebäudeteil maßgeblich, für den die Aufwendungen entstehen. [8] Die Dachsanierung ist danach dem gesamten Gebäude zuzurechnen, da das Dach mit allen Gebäudeteilen in einem einheitlichen Nutzungs- und Funktionszusammenhang steht. [9] Für die Zuordnungsmöglichkeit zum Unternehmen ist damit die Verwendung des gesamten Gebäudes entscheidend (vgl. BFH-Urteil vom 3.8.2017, V R 59/16, BStBl. II S. 1209). [10] Da das Zuordnungsobjekt ein Gegenstand ist, ist nach § 15 Abs. 1 Satz 2 UStG die unternehmerische Mindestnutzung zu prüfen. [11] Eine Ermittlung anhand eines Flächenschlüssels ist für die Zuordnung nicht möglich, weil die Dach- und Gebäudeinnenflächen nicht wesensgleich sind (vgl. Beispiel 1). [12] Stattdessen ist die Anwendung eines Umsatzschlüssels sachgerecht. [13] Da es an einer entgeltlichen Nutzung des Gebäudes und der Dachfläche fehlt, ist in diesem Fall auf das Verhältnis der fiktiven Umsätze aus der Vermietung der Dachfläche und des Gebäudes abzustellen. [14] U hätte bei einer Vermietung des Einfamilienhauses (Dachfläche und übrige Flächen) jährlich insgesamt 10 500 € erzielen können. [15] Der Umsatzschlüssel auf Basis der fiktiven Mieten beträgt somit 4,76 % (Verhältnis der fiktiven Miete für das Dach in Höhe von 500 € zur fiktiven Gesamtmiete von 10 500 €). [16] Da die Photovoltaikanlage nur zu 70 % unternehmerisch genutzt wird, beträgt der Zuordnungsschlüssel 3,33 % (70 % von 4,76 % = 3,33 %) und erreicht somit nicht die erforderliche unternehmerische Mindestnutzung im Sinne des § 15 Abs. 1 Satz 2 UStG von 10 %. [17] U ist deshalb hinsichtlich der Dachsanierung nicht zum Vorsteuerabzug berechtigt. [18] Die Photovoltaikanlage stellt umsatzsteuerrechtlich ein eigenständiges Zuordnungsobjekt dar (vgl. Absatz 10), welches unternehmerisch und unternehmensfremd verwendet wird. [19] Da die unternehmerische Mindestnutzung von 10 % überschritten ist, hat der Unternehmer die Wahl, die Photovoltaikanlage nicht, vollständig oder nur im Umfang der unternehmerischen Nutzung seinem Unternehmen zuzuordnen.

Zuordnungsobjekt

(9)[1)] [1]Objekt der Zuordnungsentscheidung des Unternehmers nach Absatz 2 Nr. 2 Buchstabe b ist grundsätzlich jeder Leistungsbezug, d.h. jeder bezogene Gegenstand und jede bezogene sonstige Leistung im Rahmen der Anschaffung oder Herstellung eines einheitlichen Gegenstands. [2]Dies gilt auch für Erhaltungsaufwendungen, weil die Vorsteuern aus der Anschaffung bzw. Herstellung eines Gegenstands und die Vorsteuern aus seinem Gebrauch und seiner Erhaltung einer getrennten umsatzsteuerrechtlichen Beurteilung unterliegen. [3]Erhaltungsaufwendungen, die nach § 6 Abs. 1 Nr. 1a EStG zu Herstellungskosten (anschaffungsnahe Herstellungskosten) umqualifiziert werden, sind umsatzsteuerlich weiterhin wie Erhaltungsaufwendungen zu behandeln.

1. (Zeitlich gestreckte) Herstellung eines einheitlichen Gegenstands:
   [1]Bezieht der Unternehmer sonstige Leistungen und Lieferungen zur Herstellung eines einheitlichen Gegenstands, ist dieser herzustellende bzw. hergestellte Gegenstand endgültiges Zuordnungsobjekt. [2]Bei dieser Zuordnung ist bereits auf die im Zeitpunkt des Bezugs bestehende Verwendungsabsicht für den fertig gestellten Gegenstand (z.B. das zu errichtende Gebäude) als Summe der im Rahmen seiner Herstellung bezogenen Leistungen abzustellen. [3]Bei Anzahlungen für eine Leistung ist entsprechend zu verfahren. [4]Nach dem Grundsatz des Sofortabzugs ist für den Vorsteuerabzug die Verwendungsabsicht im Zeitpunkt des jeweiligen Leistungsbezugs entscheidend. [5]Ändert der Unternehmer während eines zeitlich sich über einen Veranlagungszeitraum hinaus erstreckenden Herstellungsvorgangs (gestreckter Herstellungsvorgang) seine Verwendungsabsicht, führt dies aus Vereinfachungsgründen nicht zu einer sofortigen Einlage oder Entnahme der zuvor bezogenen Leistungen für die Herstellung des einheitlichen Gegenstands. [6]Zu der Frage, inwieweit der Unternehmer in diesen Fällen den fertig gestellten einheitlichen Gegenstand seinem Unternehmen zugeordnet hat, vgl. Absätze 14 bis 19.
2. Nachträgliche Herstellungskosten:
   [1]Die Begriffe Herstellungskosten und nachträgliche Herstellungskosten sind grundsätzlich nach den für das Einkommensteuerrecht geltenden Grundsätzen auszulegen. [2]Dies gilt jedoch nicht, soweit nach § 6 Abs. 1 Nr. 1a EStG Erhaltungsaufwendungen zu Herstellungskosten (anschaffungsnahe Herstellungskosten) umqualifiziert werden (vgl. Abschnitt 15.17 Abs. 6). [3]Nachträgliche Herstellungskosten sind getrennt vom ursprünglichen Herstellungsvorgang zu betrachten. [4]Sie bilden deshalb ein eigenständiges Zuordnungsobjekt, über dessen Zuordnung anhand der Tätigkeiten zu entscheiden ist, denen die nachträglichen Herstellungskosten konkret dienen oder dienen sollen. [5]Wird im Rahmen einer nachträglichen Herstellungsmaßnahme ein bestehendes Gebäude um neue Gebäudeteile erweitert (z.B. durch Aufstockung, Anbau oder Vergrößerung der Nutzflächen), ist dementsprechend für die Zuordnung der nachträglichen Herstellungskosten ausschließlich auf die Verwendungsverhältnisse in den neuen Gebäudeteilen

---

1) Zum Zuordnungswahlrecht bei sonstigen Leistungen siehe BFH v. 14.10.2015 V R 10/14, BStBl. II 2016, 717.

abzustellen. [6] Dies gilt entsprechend für Aufteilungsobjekte im Sinne des § 15 Abs. 4 UStG (vgl. Abschnitt 15.17 Abs. 7 Satz 12).

Beispiel 1:

[1] Unternehmer U ist Eigentümer eines teilunternehmerisch genutzten Gebäudes (200 qm), das er im Anschaffungsjahr 01 (nach dem Stichtag 31.12.2010 und damit Anwendung des § 15 Abs. 1b UStG) zu 50% für seine zum Vorsteuerabzug berechtigende Tätigkeit als Steuerberater (Steuerberaterpraxis im Erdgeschoss, 100 qm) und zu 50% privat (Wohnung im 1. Obergeschoss, 100 qm) nutzt. [2] U hat das Gebäude vollständig seinem Unternehmen zugeordnet.
[3] Fallvarianten:

a) [1] Im Jahr 03 wird in dem Steuerberaterbüro des U eine neue Trennwand für 1000 € zzgl. 190 € Umsatzsteuer eingezogen.
[2] Die Aufwendungen für die Trennwand sind nachträgliche Herstellungskosten und bilden ein eigenständiges Zuordnungsobjekt. [3] U nutzt die Trennwand ausschließlich unternehmerisch, da sie in einem Raum des Steuerberaterbüros eingezogen wird. [4] Die Trennwand ist deshalb dem Unternehmen des U zuzuordnen (Zuordnungsgebot). [5] U ist zum Vorsteuerabzug in Höhe von 190 € berechtigt (§ 15 Abs. 1 UStG).

b) [1] Im Jahr 03 lässt U an seiner privat genutzten Wohnung im 1. Obergeschoss eine Markise mit Motor für 3000 € zzgl. 570 € Umsatzsteuer anbauen.
[2] Die Aufwendungen für die Markise sind nachträgliche Herstellungskosten und bilden ein eigenständiges Zuordnungsobjekt. [3] U nutzt die Markise ausschließlich unternehmensfremd, da sie Teil der privaten Wohnung wird. [4] Die Markise ist deshalb nicht dem Unternehmen des U zuzuordnen (Zuordnungsverbot). [5] U ist nicht zum Vorsteuerabzug berechtigt.

c) [1] Im Jahr 03 wird das Steuerberaterbüro um einen Anbau (50 qm) erweitert. [2] Die Herstellungskosten betragen 50 000 € zzgl. 9500 € Umsatzsteuer.
[3] Die Aufwendungen für den Anbau an das Steuerberaterbüro stellen nachträgliche Herstellungskosten dar, die ein selbständiges Zuordnungsobjekt bilden. [4] U nutzt den Anbau zu 100% unternehmerisch für seine Steuerberatertätigkeit. [5] Der Anbau ist deshalb dem Unternehmen zuzuordnen (Zuordnungsgebot). [6] U ist zum Vorsteuerabzug in Höhe von 9500 € berechtigt (§ 15 Abs. 1 UStG).

d) [1] Im Jahr 03 lässt U das Dachgeschoss ausbauen. [2] Es entsteht eine neue Wohnung (100 qm), die U steuerfrei zu Wohnzwecken vermieten möchte. [3] Die Aufwendungen für den Dachausbau betragen 100 000 € zzgl. 19 000 € Umsatzsteuer.
[4] Die Aufwendungen für den Dachausbau stellen nachträgliche Herstellungskosten dar, die ein selbständiges Zuordnungsobjekt bilden. [5] Die Wohnung soll umsatzsteuerfrei zu Wohnzwecken vermietet werden und ist dem Unternehmen zuzuordnen (Zuordnungsgebot), da durch die Vermietung eine ausschließliche unternehmerische Nutzung vorliegt. [6] Der Vorsteuerabzug ist auf Grund der geplanten steuerfreien Vermietung nach § 15 Abs. 2 Satz 1 Nr. 1 UStG ausgeschlossen.

e) [1] Im Jahr 03 lässt U das Dachgeschoss ausbauen. [2] Die neue Nutzfläche von 100 qm beabsichtigt U zu 80% (80 qm) als Archiv für sein Steuerberaterbüro und zu 20% (20 qm) für einen privaten Fitnessraum zu verwenden. [3] Die Aufwendungen für den Dachausbau betragen 100 000 € zzgl. 19 000 € Umsatzsteuer.
[4] Die Aufwendungen für den Dachausbau stellen nachträgliche Herstellungskosten dar, die ein selbständiges Zuordnungsobjekt bilden. [5] Soweit U das Dachgeschoss unternehmensfremd (privater Fitnessraum) verwendet, ist der Vorsteuerabzug nach § 15 Abs. 1b UStG ausgeschlossen. [6] Für die Aufteilung ist der Flächenschlüssel des Dachgeschosses maßgebend. [7] Da U nur 80 qm von 100 qm für seine unternehmerische Tätigkeit zu verwenden beabsichtigt, ist er nur in Höhe von 15 200 € (80% von 19 000 €) zum Vorsteuerabzug berechtigt.

Beispiel 2:

[1] Wie Beispiel 1. [2] U hat das Gebäude in 01 jedoch nur im Umfang der unternehmerischen Nutzung zu 50% seinem Unternehmen zugeordnet.
[3] Lösung zu a) bis e) wie Beispiel 1.

(10) Photovoltaikanlagen, Blockheizkraftwerke und Betriebsvorrichtungen gelten unabhängig davon, ob es sich um einen wesentlichen Bestandteil des Gebäudes handelt (§ 94 BGB), als umsatzsteuerrechtlich eigenständige Zuordnungsobjekte.

(11) [1]Das Gebäude und der dazugehörige Grund und Boden sind für Zwecke der Umsatzsteuer nicht getrennt voneinander zu behandeln (EuGH-Urteil vom 8.6.2000, C-400/98, Breitsohl, BStBl. 2003 II S. 452).[1)] [2]Grundsätzlich folgt die Behandlung des Grund und Bodens der Nutzung des Gebäudes. [3]Die Nutzung des Gebäudes prägt in diesen Fällen auch die Nutzung des dazugehörigen Grund und Bodens. [4]Der Umfang des zum Gebäude gehörigen Grund und Bodens muss aber nicht immer identisch sein mit dem Umfang des gesamten Grundstücks, auf dem das Gebäude steht. [5]Sofern nach der Verkehrsanschauung Teile des Grundstücks einer eigenständigen wirtschaftlichen Nutzung unterliegen und deswegen nicht mehr von der Nutzung des Gebäudes geprägt werden, können diese Teile des Grund und Bodens ausnahmsweise ein eigenständiges Zuordnungsobjekt darstellen.

Beispiel:

[1]Unternehmer U besitzt ein privat genutztes Einfamilienhaus auf einem 10 000 qm großen Grundstück. [2]Ein Zimmer in seinem Einfamilienhaus nutzt U als Bürozimmer für seine unternehmerische Tätigkeit als Spediteur. [3]Das Zimmer entspricht flächenmäßig 5% der Gesamtfläche des Einfamilienhauses. [4]8000 qm des Grundstücks werden als Parkplatz für die unternehmerisch genutzten LKW ausgewiesen und entsprechend genutzt.

[5]Die Nutzung des Gebäudes prägt nicht die Nutzung des gesamten Grundstücks. [6]Nach der Verkehrsanschauung stellen die Parkflächen ein eigenes Wirtschaftsgut dar. [7]Das Einfamilienhaus mit dazugehörigem Grund und Boden (2000 qm) kann nicht dem Unternehmen zugeordnet werden, da die unternehmerische Nutzung weniger als 10% beträgt (Zuordnungsverbot nach § 15 Abs. 1 Satz 2 UStG). [8]Die 8000 qm des Grundstücks, die als Parkplatz genutzt werden, sind dem Unternehmen zuzuordnen, da insoweit eine ausschließliche Verwendung für die unternehmerische Tätigkeit vorliegt (Zuordnungsgebot).

Prognosezeitraum

(12) [1]Bei der Zuordnung eines einheitlichen Gegenstands handelt es sich um eine Prognoseentscheidung, die sich grundsätzlich nach der im Zeitpunkt des Leistungsbezugs beabsichtigten Verwendung für den Besteuerungszeitraum der erstmaligen Verwendung des bezogenen oder herzustellenden oder hergestellten Gegenstands richtet (vgl. auch Abschnitt 15.2b Abs. 3 Satz 3). [2]Dies gilt auch, wenn die erstmalige Verwendung des Gegenstands in einem auf den Besteuerungszeitraum der Anschaffung oder Fertigstellung folgenden Besteuerungszeitraum erfolgt. [3]Für die Zuordnung zum Unternehmen muss die Verwendungsabsicht objektiv belegt und in gutem Glauben erklärt werden (vgl. Absätze 13 bis 19).

Beispiel 1:

[1]Unternehmer U erwirbt zum 1.4.01 ein Gebäude (Jahr 01 nach dem Stichtag 31.12.2010 und damit Anwendung des § 15 Abs. 1b UStG). [2]U beabsichtigt nachweislich, das Gebäude vom 1.5.01 bis 30.6.01 zu 70% und ab dem 1.7.01 bis 31.12.01 sowie in den Folgejahren zu 50% für seine unternehmerische Tätigkeit und ansonsten für private Zwecke zu nutzen.

[1)] DStRE 2000, 881.

[3] Die beabsichtigte unternehmerische Nutzung für das Jahr der erstmaligen Verwendung beträgt im Jahr 01 als gemittelter Wert 55 % (2 Monate zu 70 % + 6 Monate zu 50 %) und überschreitet damit die unternehmerische Mindestnutzung des § 15 Abs. 1 Satz 2 UStG. [4] U kann das Gebäude somit entweder zu 0 %, zu 55 % oder zu 100 % seinem Unternehmen zuordnen. [5] Die beabsichtigte Nutzung im Folgejahr ist für die Zuordnungsentscheidung unerheblich, da nur der Besteuerungszeitraum der ersten Verwendung maßgebend ist. [6] Entscheidet sich U für eine vollständige oder teilweise Zuordnung des Gebäudes zum Unternehmen, kann sich in den Folgejahren eine Vorsteuerberichtigung nach § 15a Abs. 1 in Verbindung mit Abs. 6a UStG ergeben.

Beispiel 2:

[1] Unternehmer U erwirbt zum 1.4.01 ein Gebäude (Jahr 01 nach dem Stichtag 31.12.2010 und damit Anwendung des § 15 Abs. 1b UStG). [2] U beabsichtigt nachweislich, dieses zu 20 % für seine unternehmerische Tätigkeit und zu 80 % für private Zwecke zu verwenden. [3] Tatsächlich verwendet U das Gebäude bis zum 31.12.01 (erstmalige Verwendung 1.6.01) nur zu 5 % für seine unternehmerische Tätigkeit.

[4] U hat im Zeitpunkt des Erwerbs (1.4.01) über die Zuordnung des Gebäudes zu entscheiden. [5] Da er zu diesem Zeitpunkt das Gebäude zu mindestens 10 % unternehmerisch (§ 15 Abs. 1 Satz 2 UStG) und ansonsten für seine unternehmensfremden Tätigkeiten zu nutzen beabsichtigt, hat U ein Zuordnungswahlrecht, d. h. er kann das Gebäude zu 0 %, zu 100 % oder zu 20 % seinem Unternehmen zuordnen. [6] Ordnet U das Gebäude zu 100 % seinem Unternehmen zu, ist der Vorsteuerabzug nach § 15 Abs. 1b UStG ausgeschlossen, soweit das Gebäude für unternehmensfremde Zwecke verwendet wird. [7] Soweit die tatsächliche Verwendung von der vorgesehenen Verwendung abweicht, ist eine Berichtigung des Vorsteuerabzugs nach § 15a Abs. 6a UStG zu prüfen.

(13) [1] Wird ein einheitlicher Gegenstand von Anfang an ausschließlich nichtunternehmerisch verwendet, kann grundsätzlich davon ausgegangen werden, dass der Gegenstand nicht für das Unternehmen bezogen worden ist. [2] Wenn ein Gegenstand, für den von vornherein die Absicht zu einer dauerhaften unternehmerischen Nutzung besteht, zunächst und nur übergangsweise nichtunternehmerisch verwendet wird, kann in Ausnahmefällen jedoch ein Leistungsbezug für das Unternehmen vorliegen. [3] Bei dieser Beurteilung ist u. a. das Verhältnis der vorübergehenden nichtunternehmerischen Nutzungszeit zur Gesamtnutzungsdauer des Gegenstands von Bedeutung (vgl. EuGH-Urteil vom 19.7.2012, C-334/10, X).[1)] [4] Als Gesamtnutzungsdauer gilt in der Regel die betriebsgewöhnliche Nutzungsdauer, die nach ertragsteuerrechtlichen Grundsätzen für den Gegenstand anzusetzen ist. [5] Nur eine im Verhältnis zur Gesamtnutzungsdauer untergeordnete nichtunternehmerische Nutzungszeit ist für einen Bezug für das Unternehmen unschädlich. [6] Je länger die anfängliche nichtunternehmerische Nutzung andauert, desto höher sind die Anforderungen an den Nachweis der von vornherein bestehenden unternehmerischen Nutzungsabsicht. [7] Dies gilt insbesondere, wenn sich die anfängliche nichtunternehmerische Nutzungszeit über das erste Kalenderjahr der Nutzung hinaus erstreckt.

Beispiel 1:

[1] Verein V lässt eine Mehrzweckhalle errichten (Fertigstellung 1.1.01; Herstellungskosten 300 000 € zzgl. 57 000 € Umsatzsteuer). [2] V beabsichtigt nachweislich von Anfang an, die Halle ab dem 1.12.01 umsatzsteuerpflichtig zu vermieten, und zwar im Umfang von 50 % der Hallennutzung. [3] Bis zum 1.12.01 wird die Sporthalle vorübergehend nur für ideelle Vereinszwecke genutzt.

---

1) DStR 2012, 1551.

[4] Die bestimmungsgemäße unternehmerische Nutzung im Jahr 01 beträgt 50 %. [5] Die Mehrzweckhalle ist deshalb zu 50 % dem Unternehmen zuzuordnen. [6] Dabei ist die anfängliche ausschließliche nichtwirtschaftliche Verwendung i. e. S. unbeachtlich (vgl. BFH-Urteil vom 20.7.1988, X R 8/80, BStBl. II S. 1012). [7] Die vorübergehende nichtwirtschaftliche Verwendung i. e. S. des dem Unternehmen zugeordneten Gebäudeanteils im Jahr 01 unterliegt der Wertabgabenbesteuerung nach § 3 Abs. 9a Nr. 1 UStG (Abschnitt 3.4 Abs. 5a Satz 4).

Zeitpunkt und Dokumentation der Zuordnungsentscheidung – Auswirkungen der Zuordnungsentscheidung auf den Vorsteuerabzug und dessen Berichtigung nach § 15a UStG

(14) [1] Beabsichtigt der Unternehmer einen einheitlichen Gegenstand teilunternehmerisch sowohl für unternehmerische als auch für unternehmensfremde Tätigkeiten zu verwenden, hat der Unternehmer ein Zuordnungswahlrecht (vgl. Absatz 2 Satz 1 Nr. 2 Buchstabe b). [2] Die (vollständige oder teilweise) Zuordnung des Gegenstands zum Unternehmen erfordert aus diesem Grund eine durch Beweisanzeichen gestützte Zuordnungsentscheidung des Unternehmers. [3] In den Fällen, in denen ein einheitlicher Gegenstand für unternehmerische und nichtwirtschaftliche Tätigkeiten i. e. S. verwendet wird, bedarf es dagegen keiner Zuordnungsentscheidung, da ein grundsätzliches Aufteilungsgebot gilt. [4] Eine solche ist nur erforderlich, wenn der Unternehmer von der Billigkeitsregelung nach Absatz 2 Satz 1 Nr. 2 Buchstabe a Gebrauch macht.

(15) [1] Für die zur Herstellung des Gegenstands verwendeten Leistungen erfolgt die Zuordnung zum Unternehmen bereits beim ersten Leistungsbezug oder bzw. bei der ersten Anzahlung, unabhängig vom Vorliegen der Rechnung (vgl. Abschnitte 15.12 Abs. 1 Satz 15 und 15a.4 Abs. 2 Sätze 1 und 2). [2] Die Zuordnungsentscheidung ist im Hinblick auf die Zulässigkeit der Zuordnung nach § 15 Abs. 1 Satz 2 UStG stets mit Blick auf die beabsichtigte Nutzung des gesamten herzustellenden Gegenstands zu treffen.

(16) [1] Aus dem Grundsatz des Sofortabzugs der Vorsteuer folgt, dass die Zuordnungsentscheidung bereits bei Leistungsbezug für einen einheitlichen Gegenstand zu treffen ist (vgl. BFH-Beschluss vom 28.10.2020, XI B 26/20, n. v.). [2] Die Zuordnungsentscheidung ist jedoch eine innere Tatsache, die erst durch äußere Beweisanzeichen erkennbar wird. [3] Es bedarf daher einer Dokumentation der Zuordnungsentscheidung, die grundsätzlich in der erstmöglichen Voranmeldung vorzunehmen ist. [4] Gleichwohl kann die Zuordnungsentscheidung spätestens und mit endgültiger Wirkung noch in einer „zeitnah" erstellten Umsatzsteuererklärung für das Jahr, in das der Leistungsbezug fällt, nach außen dokumentiert werden, wenn frühere Anhaltspunkte für eine vollständige oder teilweise Zuordnung der bezogenen Leistung zum Unternehmen fehlen (vgl. BFH-Urteil vom 7.7.2011, V R 42/09, BStBl. 2014 II S. 76). [5] Eine zeitnahe gesonderte Dokumentation der Zuordnungsentscheidung liegt vor, wenn sie bis zur gesetzlichen Regelabgabefrist für Steuererklärungen (31.7. des Folgejahres, § 149 Abs. 2 Satz 1 AO) vorliegt; Fristverlängerungen für die Abgabe der Steuererklärungen haben darauf keinen Einfluss (vgl. BFH-Urteile vom 7.7.2011, V R 42/09, a. a. O., und V R 21/10, BStBl. 2014 II S. 81). [6] Bis zu diesem Zeitpunkt kann auch eine im Voranmeldungsverfahren getroffene Zuordnungsentscheidung korrigiert werden (vgl. BFH-Urteil vom 7.7.2011, V R 21/10, a. a. O.).

(17) [1]Die Geltendmachung des Vorsteuerabzugs ist regelmäßig ein gewichtiges Indiz für, die Unterlassung des Vorsteuerabzugs ein ebenso gewichtiges Indiz gegen die Zuordnung eines Gegenstands zum Unternehmen. [2]Ist ein Vorsteuerabzug nicht möglich, müssen andere Beweisanzeichen herangezogen werden (BFH-Urteil vom 31.1.2002, V R 61/96, BStBl. 2003 II S. 813). [3]Gibt es keine Beweisanzeichen für eine Zuordnung zum Unternehmen, kann diese nicht unterstellt werden (BFH-Urteile vom 28.2.2002, V R 25/96, BStBl. 2003 II S. 815; und vom 7.7.2011, V R 42/09, BStBl. 2014 II S. 76). [4]Ob andere Beweisanzeichen für die Zuordnung vorliegen, ist unter Berücksichtigung aller Gegebenheiten des Sachverhalts, zu denen die Art der betreffenden Gegenstände und der zwischen dem Erwerb der Gegenstände und ihrer Verwendung für Zwecke der wirtschaftlichen Tätigkeiten des Unternehmers liegende Zeitraum gehören, zu prüfen. [5]Hierbei kann zu berücksichtigen sein, ob der Unternehmer bei An- und Verkauf des teilunternehmerisch genutzten Gegenstands unter seinem Firmennamen auftritt oder ob er den Gegenstand betrieblich oder privat versichert hat. [6]Unter Umständen kann auch die bilanzielle und ertragsteuerrechtliche Behandlung ein Indiz für die umsatzsteuerrechtliche Behandlung sein (vgl. BFH-Urteil vom 7.7.2011, V R 42/09, a. a. O.). [7]Zwar ist die Wahrnehmung von Bilanzierungspflichten für die umsatzsteuerrechtliche Zuordnung nicht maßgeblich, jedoch kann z. B. der Umstand, dass der Unternehmer einen Gegenstand nicht als gewillkürtes Betriebsvermögen behandelt, obwohl die Voraussetzungen dafür gegeben sind, Indiz dafür sein, dass er ihn auch umsatzsteuerrechtlich nicht seinem Unternehmen zuordnen wollte (vgl. BFH-Urteil vom 31.1.2002, V R 61/96, a. a. O.). [8]Umgekehrt spricht insoweit für eine Zuordnung zum Unternehmen, als der Unternehmer einen aktivierungspflichtigen Gegenstand nur mit den Netto-Anschaffungs- oder Herstellungskosten aktiviert, weil nach § 9b Abs. 1 Satz 1 EStG der Vorsteuerbetrag nach § 15 UStG, soweit er umsatzsteuerrechtlich abgezogen werden kann, nicht zu den Anschaffungs- oder Herstellungskosten des Wirtschaftsgutes gehört (vgl. BFH-Urteil vom 7.7.2011, V R 42/09, a. a. O.).

(18) [1]Bei der Anschaffung oder Herstellung von teilunternehmerisch genutzten Grundstücken und Gebäuden ist die Zuordnung bei Leistungsbezug ebenfalls grundsätzlich in der erstmöglichen Voranmeldung zu dokumentieren. [2]Im Hinblick auf die steuerliche Bedeutung dieser Gegenstände sind an die Eindeutigkeit dieser Dokumentation erhöhte Anforderungen zu stellen. [3]Ist bei der Anschaffung oder Herstellung eines Gebäudes ein Vorsteuerabzug nach § 15 Abs. 1, 1b oder 2 UStG (teilweise) nicht möglich, kann der Unternehmer durch eine gegenüber dem Finanzamt abgegebene schriftliche Erklärung dokumentieren, in welchem Umfang er das Gebäude dem Unternehmen zugeordnet hat, wenn sich aus dem Umfang des geltend gemachten Vorsteuerabzugs nicht ergibt, mit welchem Anteil das Gebäude dem Unternehmen zugeordnet wurde. [4]Gibt es in diesem Fall keine anderen Beweisanzeichen für eine Zuordnung zum Unternehmen, kann diese nicht unterstellt werden. [5]Eine zeitnahe eindeutige Dokumentation der Zuordnungsentscheidung kann ebenfalls noch bis zur gesetzlichen Regelabgabefrist für Steuererklärungen (31.7. des Folgejahres, § 149 Abs. 2 Satz 1 AO) dem zuständigen

Finanzamt gegenüber erfolgen; Fristverlängerungen für die Abgabe der Steuererklärung haben darauf keinen Einfluss.

(19) [1]Auch bei Herstellungsvorgängen, die sich über mehr als ein Kalenderjahr erstrecken, hat der Unternehmer sein Zuordnungswahlrecht für das Gebäude ab Beginn des Herstellungsprozesses (vgl. § 27 Abs. 16 Satz 2 UStG) jeweils spätestens zum 31.7. des Folgejahres zu dokumentieren. [2]Macht der Unternehmer bis zu diesem Zeitpunkt jeweils keinen Vorsteuerabzug geltend und liegen keine anderen Beweisanzeichen für eine Zuordnung zum Unternehmen vor, kann diese nicht unterstellt werden. [3]Das Gebäude gilt dann – ggf. bis zu einer späteren Änderung der Zuordnung – insgesamt als nicht zugeordnet, so dass alle Leistungsbezüge bis zur Änderung der Zuordnung für den nichtunternehmerischen Bereich bezogen gelten und den Vorsteueranspruch ausschließen. [4]Eine Berichtigung des Vorsteuerabzuges aus den Herstellungskosten des Gebäudes nach § 15a UStG ist insoweit ausgeschlossen. [5]Die dargestellten Grundsätze gelten auch für nachträgliche Herstellungskosten, die eigenständige Zuordnungsobjekte darstellen (vgl. Absatz 9 Nr. 2). [6]Wenn sich die beabsichtigte Verwendung des Gebäudes während des Herstellungsvorgangs ändert, der Unternehmer jedoch nicht erklärt, in welchem Umfang er das Gebäude seinem Unternehmen zuordnet, sondern nur entsprechend angepasste Vorsteuerbeträge geltend macht, gilt das Gebäude aus Vereinfachungsgründen in Höhe des durchschnittlich geltend gemachten Vorsteuerabzugs als dem Unternehmen zugeordnet. [7]Beispiele zur Darstellung der Auswirkung der Zuordnungsentscheidung auf den Vorsteuerabzug und dessen Berichtigung nach § 15a UStG:

Beispiel 1:

[1]Unternehmer U beginnt im Jahr 01 mit der Errichtung eines Gebäudes, das er zu 50% für private Zwecke und zu 50% für seine vorsteuerunschädliche unternehmerische Tätigkeit zu nutzen beabsichtigt (Herstellungsjahr 01 nach dem Stichtag 31.12.2010 und damit Anwendung des § 15 Abs. 1b UStG). [2]Die Fertigstellung erfolgt im Jahr 03. [3]U verwendet das Gebäude ab dem 1.1.04 erstmalig wie beabsichtigt zu 50% privat und zu 50% vorsteuerunschädlich für unternehmerische Zwecke. [4]U erklärt vor dem 31.7.02 die vollständige Zuordnung des Gebäudes schriftlich gegenüber dem Finanzamt. [5]Während der Herstellungsphase macht U keinen Vorsteuerabzug geltend, sondern reicht zum 31.7.04 berichtigte Erklärungen für die Jahre 01 und 02 sowie eine Erklärung für das Jahr 03 ein, in denen er 50% der Vorsteuerbeträge geltend macht.

	ausgewiesene Umsatzsteuer	bis zum 31.7. des Folgejahres geltend gemachte Vorsteuer
01	40 000 €	0 €
02	20 000 €	0 €
03	30 000 €	15 000 €
Σ	90 000 €	15 000 €

[6]Das Gebäude des U soll für unternehmerische und unternehmensfremde (private) Zwecke verwendet werden. [7]U hat deshalb grundsätzlich das Wahlrecht, das Gebäude vollständig, gar nicht oder im Umfang der unternehmerischen Nutzung dem Unternehmen zuzuordnen. [8]Eine zeitnahe Dokumentation der Zuordnungsentscheidung ist bis zum 31.7. des Folgejahres möglich. [9]U hat das sich im Herstellungsprozess befindende Gebäude seinem Unternehmen zugeordnet und die Zuordnung gegenüber dem Finanzamt rechtzeitig dokumentiert. [10]U kann im Rahmen der berichtigten Jahreserklärungen für 01 und 02 und der Jahreserklärung 03 Vorsteuerbeträge geltend machen, soweit diese auf die beabsichtigte unternehmerische Nutzung entfallen (01 = 20 000 €, 02 = 10 000 €, 03 = 15 000 €). [11]Soweit eine private Ver-

wendung des Gebäudes beabsichtigt ist, greift der Vorsteuerausschluss nach § 15 Abs. 1b UStG. [12] Spätere Änderungen der Verwendung des Gebäudes können nach § 15a Abs. 6a in Verbindung mit Abs. 1 UStG berichtigt werden.

Beispiel 2:

[1] Sachverhalt wie Beispiel 1. [2] U hat aber keine schriftliche Erklärung gegenüber dem Finanzamt abgegeben, dass er das Gebäude seinem Unternehmen vollständig zuordnen möchte. [3] Die erstmaligen Jahreserklärungen für die Jahre 01, 02 und 03 reicht U erst zum 31.7.04 ein.

[4] Das Gebäude des U soll für unternehmerische und unternehmensfremde (private) Zwecke verwendet werden. [5] U hat deshalb grundsätzlich das Wahlrecht, das Gebäude vollständig, gar nicht oder im Umfang der unternehmerischen Nutzung dem Unternehmen zuzuordnen. [6] Eine zeitnahe Dokumentation der Zuordnungsentscheidung ist bis zum 31.7. des Folgejahres möglich. [7] Mit der Übermittlung der Jahreserklärungen 01 bis 03, in denen U 50% der Vorsteuerbeträge geltend macht, will U dokumentieren, dass er den unternehmerisch genutzten Gebäudeteil seinem Unternehmen zuordnet. [8] In Bezug auf den unternehmensfremd (privat) verwendeten Anteil hat U bis zum 31.7.02 bzw. bis zum 31.7.03 keine Zuordnung dokumentiert (weder Erklärung noch Vorsteuerabzug), so dass diese nicht unterstellt werden kann.

[9] Da U für die Jahre 01 und 02 bis zum 31.7. des jeweiligen Folgejahres keine Zuordnung zum Unternehmen dokumentiert hat, ist für diese Jahre ein Vorsteuerabzug nicht möglich. [10] Das unfertige Gebäude (Herstellungsvolumen aus den Jahren 01 und 02) gilt zum 1.1.03 zu 50% als in sein Unternehmen eingelegt, weil die ggf. zuvor erfolgte Zuordnung zum Unternehmen in Folge der verspäteten Dokumentation für die Jahre 01 und 02 nicht berücksichtigt werden kann. [11] Das Vorsteuervolumen für eine Berichtigung nach § 15a UStG reduziert sich deshalb auf die Vorsteuerbeträge aus dem Jahr 03 in Höhe von 15 000 €, für die die Zuordnung zum Unternehmen rechtzeitig dokumentiert worden ist.

Beispiel 3:

[1] Sachverhalt wie Beispiel 1. [2] U erklärt aber erst zum 31.7.04 die vollständige Zuordnung des Gebäudes zu seinem Unternehmen schriftlich gegenüber dem Finanzamt.

[3] U hat bis zum 31.7.02 bzw. bis zum 31.7.03 keine Zuordnung des herzustellenden Gebäudes dokumentiert. [4] Die berichtigten Erklärungen für die Jahre 01 und 02 und die schriftliche Erklärung der vollständigen Zuordnung sind erst nach dem 31.7. des jeweiligen Folgejahres beim Finanzamt eingegangen. [5] U ist deshalb nicht zum Vorsteuerabzug aus den Herstellungskosten aus den Jahren 01 und 02 berechtigt (§ 15 Abs. 1 UStG). [6] Eine Berichtigung nach § 15a UStG ist ebenfalls ausgeschlossen.

[7] Die Zuordnung der im Jahr 03 bezogenen Leistungen ist hingegen rechtzeitig bis zum 31.7. des Folgejahres dokumentiert worden. [8] U ist in Höhe des beabsichtigten unternehmerischen Nutzungsanteils von 50% zum Vorsteuerabzug aus diesen Leistungen berechtigt (15 000 €). [9] Soweit eine private Verwendung des Gebäudes beabsichtigt ist, greift der Vorsteuerausschluss nach § 15 Abs. 1b UStG.

[10] Mit seiner schriftlichen Erklärung gegenüber dem Finanzamt, das Gebäude dem Unternehmen vollständig zuzuordnen, hat U das unfertige Gebäude (Herstellungsvolumen aus den Jahren 01 und 02) zum 1.1.03 in sein Unternehmen eingelegt, weil die ggf. zuvor erfolgte Zuordnung in Folge der verspäteten Dokumentation für die Jahre 01 und 02 nicht berücksichtigt werden kann. [11] Die Vorsteuerbeträge aus den Jahren 01 und 02 sind für Zwecke der Vorsteuerberichtigung nach § 15a UStG verloren. [12] Für das Berichtigungsobjekt im Sinne des § 15a UStG sind nur die rechtzeitig zugeordneten Vorsteuerbeträge aus dem Jahr 03 in Höhe von 30 000 € maßgebend. [13] Für diese Vorsteuerbeträge ist eine unternehmerische und unternehmensfremde Nutzung von jeweils 50% berücksichtigt worden. [14] Da U in Jahr 04 das Berichtigungsobjekt im gleichen Verhältnis verwendet, liegt keine Änderung der Verhältnisse im Sinne des § 15a UStG vor.

Beispiel 4:

[1] Sachverhalt wie Beispiel 2. [2] U führt ab dem 1.1.05 zu 50% steuerfreie Umsätze aus, die nicht zum Vorsteuerabzug berechtigen.

[3] Wirtschaftsgut im Sinne des § 15a UStG ist nur der dem Unternehmen zugeordnete Gebäudeteil. [4] Es liegt eine Änderung der Verhältnisse im Sinne des § 15a Abs. 1 UStG vor, da U das Berichtigungsobjekt im Sinne des § 15a UStG bisher für zu 100 % steuerpflichtige Ausgangsumsätze verwendet hat.
§ 15a-UStG-fähige Vorsteuerbeträge (allein aus dem Jahr 03): 15 000 €
Ursprünglicher Vorsteuerabzug: 15 000 € (100 % von 15 000 €)
Zeitpunkt der erstmaligen Verwendung: 1.1.04
Dauer des Berichtigungszeitraums: 1.1.04 bis 31.12.13
Zum Vorsteuerabzug berechtigende Verwendung: 50 % (neue Nutzung: 50 % steuerpflichtig und 50 % steuerfrei)
Änderung der Verhältnisse: 50 Prozentpunkte (50 % statt bisher 100 %)
Vorsteuerberichtigung ab Jahr 05: 50 Prozentpunkte von $\frac{1}{10}$ von 15 000 € = 750 € sind zuungunsten des U zu korrigieren.

Beispiel 5:

[1] Sachverhalt wie Beispiel 2. [2] U nutzt das Gesamtgebäude ab dem 1.1.06 zu 70 % für unternehmensfremde (private) Zwecke und führt zu 50 % steuerfreie Umsätze aus, die nicht zum Vorsteuerabzug berechtigen.
[3] Es liegen ab dem Jahr 06 zwei Änderungen der Verhältnisse nach § 15a Abs. 1 in Verbindung mit Abs. 6a UStG vor, da U das Berichtigungsobjekt (den zugeordneten hälftigen Gebäudeteil) bisher zu 100 % für steuerpflichtige Tätigkeiten verwendet hat. [4] Die unternehmerische Nutzung dieses ursprünglich zugeordneten Gebäudeteils beträgt nur noch 60 %, da der Umfang der unternehmerischen Nutzung des gesamten Gebäudes auf nunmehr 30 % gesunken ist, was 60 % des zugeordneten hälftigen Teils entspricht. [5] Außerdem ist U auf Grund der steuerfreien Umsätze in Bezug auf den unternehmerisch verwendeten Gebäudeteil nur noch zu 50 % zum Vorsteuerabzug berechtigt, was 30 % des zugeordneten hälftigen Teils entspricht.
§ 15a-UStG-fähige Vorsteuerbeträge (allein aus dem Jahr 03): 15 000 €
Ursprünglicher Vorsteuerabzug: 15 000 € (100 % von 15 000 €)
Zeitpunkt der erstmaligen Verwendung: 1.1.04
Dauer des Berichtigungszeitraums: 1.1.04 bis 31.12.13
Zum Vorsteuerabzug berechtigende Verwendung: 30 % (neue Nutzung: 60 % × 50 % = 30 % steuerpflichtig, 30 % steuerfrei, 40 % unternehmensfremd)
Änderung der Verhältnisse: 70 Prozentpunkte (30 % statt bisher 100 %)
Vorsteuerberichtigung ab Jahr 06: 70 Prozentpunkte von $\frac{1}{10}$ von 15 000 € = 1050 € sind zuungunsten des U zu korrigieren.

Beispiel 6:

[1] Unternehmer U beginnt im Jahr 01 mit der Errichtung eines Gebäudes, das er zu 60 % für private Zwecke und zu 40 % für seine vorsteuerunschädliche unternehmerische Tätigkeit zu nutzen beabsichtigt (Herstellungsjahr 01 nach dem Stichtag 31.12.2010 und damit Anwendung des § 15 Abs. 1b UStG). [2] Die Fertigstellung erfolgt im Jahr 03. [3] U verwendet das Gebäude ab dem 1.1.04 erstmalig wie von Anfang an beabsichtigt zu 60 % privat und zu 40 % vorsteuerunschädlich für unternehmerische Zwecke. [4] U macht während der Herstellungsphase aus den Aufwendungen 40 % Vorsteuerabzug geltend. [5] Außer der Geltendmachung des Vorsteuerabzugs liegen keine Beweisanzeichen für eine Zuordnung zum Unternehmen vor.

	ausgewiesene Umsatzsteuer	bis zum 31.7. des Folgejahres geltend gemachte Vorsteuer
01	40 000 €	16 000 € (40 %)
02	20 000 €	8 000 € (40 %)
03	30 000 €	12 000 € (40 %)
Σ	90 000 €	36 000 € (40 %)

[6] U hat das Gebäude im Umfang seiner unternehmerischen Nutzung von 40 % seinem Unter*nehmen zugeordnet.* [7] *Durch* die Geltendmachung des Vorsteuerabzugs in Höhe von insgesamt 36 000 € hat U seine Zuordnungsentscheidung dokumentiert. [8] In Bezug auf den wie beabsichtigt unternehmensfremd verwendeten Gebäudeanteil hat U keine Zuordnung zum

Unternehmen dokumentiert. [9] Ohne Beweisanzeichen kann diese nicht unterstellt werden. [10] Die Vorsteuerbeträge in Höhe von 54 000 € können deshalb weder nach § 15 Abs. 1 UStG noch nachträglich nach § 15a UStG geltend gemacht werden. [11] Wirtschaftsgut im Sinne des § 15a UStG ist nur der dem Unternehmen zugeordnete Gebäudeteil. [12] Auf das Berichtigungsobjekt entfallen somit nur die Vorsteuerbeträge in Höhe von 36 000 € bei einer 100 % unternehmerischen vorsteuerunschädlichen Nutzung. [13] Da U in Jahr 04 das Berichtigungsobjekt ebenfalls nur unternehmerisch verwendet, liegt keine Änderung der Verhältnisse im Sinne des § 15a UStG vor.

Beispiel 7:

[1] Sachverhalt wie Beispiel 6. [2] U verwendet den unternehmerisch genutzten Gebäudeteil ab dem 1.1.05 zu 50 % für steuerfreie Umsätze, die nicht zum Vorsteuerabzug berechtigen. [3] Es liegt im Jahr 05 eine Änderung der Verhältnisse im Sinne des § 15a Abs. 1 UStG vor, da U den dem Unternehmen zugeordneten Gebäudeteil bisher zu 100 % für steuerpflichtige Umsätze genutzt hat.
§ 15a-UStG-fähige Vorsteuerbeträge: 36 000 €
Ursprünglicher Vorsteuerabzug: 36 000 € (100 % von 36 000 €)
Zeitpunkt der erstmaligen Verwendung: 1.1.04
Dauer des Berichtigungszeitraums: 1.1.04 bis 31.12.13
Zum Vorsteuerabzug berechtigende Verwendung: 50 % (neue Nutzung: 50 % steuerpflichtig und 50 % steuerfrei)
Änderung der Verhältnisse: 50 Prozentpunkte (50 % statt bisher 100 %)
Vorsteuerberichtigung ab Jahr 05: 50 Prozentpunkte von $^1/_{10}$ von 36 000 € = 1800 € sind zuungunsten des U zu korrigieren.

Beispiel 8:

[1] Sachverhalt wie Beispiel 6. [2] U nutzt das Gesamtgebäude ab dem 1. 1. 06 nur noch zu 30 % für unternehmerische Zwecke und führt zu 50 % steuerfreie Umsätze aus, die nicht zum Vorsteuerabzug berechtigen.
[3] Es liegen zwei Änderungen der Verhältnisse im Sinne des § 15a Abs. 1 in Verbindung mit Abs. 6a UStG vor, da U das Berichtigungsobjekt im Sinne des § 15a UStG bisher zu 100 % für steuerpflichtige Tätigkeiten verwendet hat. [4] Die unternehmerische Nutzung des ursprünglich zugeordneten Gebäudeteils beträgt nur noch $^3/_4$ = 75 %, da 10 % bezogen auf die bisherige unternehmerische Nutzung von 40 % nunmehr unternehmensfremd genutzt werden. [5] Außerdem ist U auf Grund der steuerfreien Umsätze in Bezug auf den unternehmerisch verwendeten Gebäudeteil nur noch zu 50 % zum Vorsteuerabzug berechtigt.
§ 15a-UStG-fähige Vorsteuerbeträge: 36 000 €
Ursprünglicher Vorsteuerabzug: 36 000 € (100 % von 36 000 €)
Zeitpunkt der erstmaligen Verwendung: 1.1.04
Dauer des Berichtigungszeitraums: 1.1.04 bis 31.12.13
Zum Vorsteuerabzug berechtigende Verwendung: 37,5 % (neue Nutzung: 75 % × $^1/_2$ = 37,5 % steuerpflichtig, 37,5 % steuerfrei, 25 % unternehmensfremd)
Änderung der Verhältnisse: 62,5 Prozentpunkte (37,5 % statt bisher 100 %)
Vorsteuerberichtigung ab Jahr 06: 62,5 Prozentpunkte von $^1/_{10}$ von 36 000 € = 2250 € sind zuungunsten des U zu korrigieren.

Beispiel 9:

[1] Unternehmer U beginnt im Jahr 01 mit der Errichtung eines Gebäudes, das er teilunternehmerisch für unternehmerische und private Zwecke zu nutzen beabsichtigt (Herstellungsjahr 01 nach dem Stichtag 31.12.2010 und damit Anwendung des § 15 Abs. 1b UStG). [2] Die Fertigstellung erfolgt im Jahr 03. [3] Während des Herstellungsvorgangs ändert sich die Verwendungsabsicht von U nachweisbar wie folgt: Im Jahr 01 beabsichtigt U, das Gebäude zu 80 %, im Jahr 02 zu 60 % und im Jahr 03 zu 70 % für seine unternehmerische vorsteuerunschädliche Tätigkeit zu verwenden. [4] Es liegen keine Beweisanzeichen einer Zuordnung über die Geltendmachung des Vorsteuerabzugs hinaus vor. [5] Die erstmalige Verwendung des Gebäudes erfolgt am 1.1.04. [6] U nutzt das Gebäude, wie im Jahr 03 beabsichtigt, zu 70 % für seine unternehmerische vorsteuerunschädliche Tätigkeit und zu 30 % privat.

	ausgewiesene Umsatzsteuer	bis zum 31.7. des Folgejahres geltend gemachte Vorsteuer
01	40 000 €	32 000 € (80 %)
02	20 000 €	12 000 € (60 %)
03	30 000 €	21 000 € (70 %)
Σ	90 000 €	65 000 € (72,22 % von 90 000 €)

[7] Das Gebäude des U soll für unternehmerische und unternehmensfremde Zwecke verwendet werden. [8] U hat deshalb grundsätzlich das Wahlrecht, das Gebäude vollständig, gar nicht oder im Umfang der unternehmerischen Nutzung dem Unternehmen zuzuordnen. [9] Da sich die beabsichtigte Verwendung des Gebäudes im Herstellungsvorgang ändert und U nicht erklärt, in welchem Umfang er das Gebäude seinem Unternehmen zuordnet, gilt das Gebäude aus Vereinfachungsgründen zu 72,22 % dem Unternehmen des U als zugeordnet.
[10] In Bezug auf den unternehmensfremd verwendeten Gebäudeanteil hat U keine Zuordnung zum Unternehmen dokumentiert. [11] Ohne Beweisanzeichen kann diese nicht unterstellt werden. [12] Die Vorsteuerbeträge in Höhe von (90 000 € abzgl. 65 000 € =) 25 000 € können deshalb weder nach § 15 Abs. 1 UStG noch nachträglich nach § 15a UStG geltend gemacht werden. [13] Wirtschaftsgut im Sinne des § 15a UStG ist nur der dem Unternehmen zugeordnete Gebäudeteil.
[14] Da die tatsächliche Verwendung von der beabsichtigten Verwendung während des Herstellungsprozesses abweicht, liegt im Zeitpunkt der erstmaligen Verwendung (70 % unternehmerisch) eine Änderung der Verhältnisse im Sinne des § 15a Abs. 1 in Verbindung mit Abs. 6a UStG vor. [15] Die geltend gemachten Vorsteuerbeträge in Höhe von 65 000 € entsprechen 100 % des zugeordneten Gebäudeteils. [16] Die unternehmerische Verwendung in Höhe von 70 % hätte U nur zu einem Vorsteuerabzug in Höhe von 63 000 € berechtigt (70 % von 90 000 €). [17] Die Verhältnisse ändern sich somit um 3,08 Prozentpunkte (63 000 € von 65 000 € = 96,92 %). [18] Da sich die Verhältnisse um weniger als 10 Prozentpunkte ändern und der Änderungsbetrag nicht 1000 € übersteigt, entfällt eine Vorsteuerberichtigung (§ 44 Abs. 2 UStDV).

Beispiel 10:

[1] Sachverhalt wie Beispiel 9. [2] U beabsichtigt in den Jahren 01 bis 03 jedoch folgende unternehmerische Verwendung des Gebäudes und macht entsprechende Vorsteuerbeträge geltend:

	ausgewiesene Umsatzsteuer	bis zum 31.7. des Folgejahres geltend gemachte Vorsteuer
01	30 000 €	21 000 € (70 %)
02	20 000 €	12 000 € (60 %)
03	40 000 €	32 000 € (80 %)
Σ	90 000 €	65 000 € (72,22 % von 90 000 €)

[3] U nutzt das gesamte Gebäude ab dem 1.1.04 zu 80 % für unternehmerische vorsteuerunschädliche Zwecke.
[4] Eine Berichtigung nach § 15a UStG ist nicht möglich, da das Gebäude nur zu 72,22 % als dem Unternehmen zugeordnet gilt und er damit bereits 100 % des berichtigungsfähigen Vorsteuervolumens ausgeschöpft hat.

Beispiel 11:

[1] Sachverhalt wie Beispiel 9. [2] U führt ab dem 1.1.05 zu 50 % steuerfreie Umsätze aus, die nicht zum Vorsteuerabzug berechtigen.
[3] Es liegt eine Änderung der Verhältnisse im Sinne des § 15a Abs. 1 UStG vor, da U bisher zu 100 % steuerpflichtige Ausgangsumsätze ausgeführt hat. [4] Der dem Unternehmen zugeordnete Gebäudeteil wurde bisher zu 96,92 % für steuerpflichtige Tätigkeiten und zu 3,08 % unternehmensfremd genutzt.
§ 15a-UStG-fähige Vorsteuerbeträge: 65 000 €
Ursprünglicher Vorsteuerabzug: 65 000 € (100 % von 65 000 €)
Zeitpunkt der erstmaligen Verwendung: 1.1.04
Dauer des Berichtigungszeitraums: 1.1.04 bis 31.12.13
Zum Vorsteuerabzug berechtigende Verwendung: 48,46 % (neue Nutzung: 48,46 % steuerpflichtig, 48,46 % steuerfrei, 3,08 % unternehmensfremd)

Änderung der Verhältnisse: 51,54 Prozentpunkte (48,46 % statt bisher 100 %)
Vorsteuerberichtigung ab Jahr 05: 51,54 Prozentpunkte von 1/10 von 65 000 € = 3350,10 € sind zuungunsten des U zu korrigieren.

Beispiel 12:

[1] Sachverhalt wie Beispiel 9. [2] U nutzt das Gesamtgebäude ab dem 1.1.06 zu 50 % für unternehmensfremde (private) Zwecke und führt zu 50 % steuerfreie Umsätze aus, die nicht zum Vorsteuerabzug berechtigen.
[3] Es liegen zwei Änderungen der Verhältnisse im Sinne des § 15a Abs. 1 in Verbindung mit Abs. 6a UStG vor, da U das Berichtigungsobjekt im Sinne des § 15a UStG bisher nur zu 3,08 % unternehmensfremd genutzt hat. [4] Die unternehmerische Nutzung des ursprünglich zugeordneten Gebäudeteils beträgt nur 69,24 %, da 22,22 % bezogen auf den zugeordneten Gebäudeteil von 72,22 % (= 30,76 %) nunmehr unternehmensfremd genutzt werden. [5] Außerdem ist U auf Grund der steuerfreien Umsätze in Bezug auf den unternehmerisch verwendeten Gebäudeteil nur noch zu 50 % zum Vorsteuerabzug berechtigt.
§ 15a-UStG-fähige Vorsteuerbeträge: 65 000 €
Ursprünglicher Vorsteuerabzug: 65 000 € (100 % von 65 000 €)
Zeitpunkt der erstmaligen Verwendung: 1.1.04
Dauer des Berichtigungszeitraums: 1.1.04 bis 31.12.13
Zum Vorsteuerabzug berechtigende Verwendung: 34,62 % (neue Nutzung: 34,62 % steuerpflichtig, 34,62 % steuerfrei, 30,76 % unternehmensfremd – 27,78 % des zu 50 % unternehmensfremd verwendeten Gebäudes sind nicht dem Unternehmen zugeordnet worden –)
Änderung der Verhältnisse: 65,38 Prozentpunkte (34,62 % statt bisher 100 %)
Vorsteuerberichtigung ab Jahr 06: 65,38 Prozentpunkte von 1/10 von 65 000 € = 4249,70 € sind zuungunsten des U zu korrigieren.

Beispiel 13:

[1] Die Gemeinde G beginnt im Jahr 01 mit der Errichtung eines Gebäudes, das sie im Jahr 01 zu 100 % für hoheitliche Zwecke zu nutzen beabsichtigt. [2] Im Jahr 02 beschließt der Gemeinderat jedoch, das Gebäude zu 50 % für vorsteuerunschädliche unternehmerische Zwecke zu nutzen. [3] Die Fertigstellung des Gebäudes erfolgt im Jahr 03. [4] Die erstmalige Verwendung erfolgt am 1.1.04 wie im Jahr 02 beschlossen zu 50 % hoheitlich und zu 50 % unternehmerisch. [5] Vorsteuerbeträge wurden entsprechend der zum jeweiligen Leistungsbezug bestehenden Verwendungsabsicht wie folgt erklärt:

	ausgewiesene Umsatzsteuer	geltend gemachte Vorsteuer
01	40 000 €	0 €
02	20 000 €	10 000 €
03	30 000 €	15 000 €
Σ	90 000 €	25 000 €

[6] Soweit G beabsichtigt, das Gebäude für nichtwirtschaftliche Tätigkeiten i. e. S. zu verwenden, ist der Vorsteuerabzug nach § 15 Abs. 1 UStG ausgeschlossen. [7] G hat deshalb kein Zuordnungswahlrecht und muss zum 31.7. des Folgejahres keine Zuordnung dokumentieren. [8] Da G im Jahr 01 beabsichtigt hat, das Gebäude zu 100 % für nichtwirtschaftliche Tätigkeiten i. e. S. zu verwenden, können die Vorsteuerbeträge aus dem Jahr 01 nachträglich nicht geltend gemacht werden. [9] Eine Berichtigung nach § 15a UStG aus Billigkeitsgründen (vgl. Abschnitt 15a.1 Abs. 7) ist insoweit ebenfalls ausgeschlossen, weil es sich vorliegend nicht um eine Erhöhung des wirtschaftlich verwendeten Teils eines bereits zugeordneten Gebäudes handelt, sondern um die erstmalige unternehmerische Zuordnung. [10] Das Gebäude wird für Zwecke des § 15a UStG wie zu 50 % (25 000 € von 50 000 €) dem Unternehmen zugeordnet behandelt, weil für die Jahre 02 und 03 ein Aufteilungsgebot gilt (vgl. Absatz 2 Satz 1 Nr. 2 Buchstabe a). [11] Das Volumen für eine Berichtigung nach den Grundsätzen des § 15a UStG beträgt 50 000 € (25 000 € auf Basis der Zuordnung und 25 000 € aus Billigkeitsgründen, vgl. Abschnitt 15a.1 Abs. 7).

Beispiel 14:

[1] Sachverhalt wie Beispiel 13. [2] G verwendet das Gebäude ab dem 1. 1. 05 zu 70 % für unternehmerische Tätigkeiten.
§ 15a-UStG-fähige Vorsteuerbeträge: 50 000 € (Vorsteuerbeträge aus den Jahren 02 und 03)

Ursprünglicher Vorsteuerabzug: 25 000 € (50 % von 50 000 €)
Zeitpunkt der erstmaligen Verwendung: 1.1.04
Dauer des Berichtigungszeitraums: 1.1.04 bis 31.12.13
Zum Vorsteuerabzug berechtigende Verwendung: 70 %
Änderung der Verhältnisse: 20 Prozentpunkte (70 % statt bisher 50 %)
Vorsteuerberichtigung ab dem Jahr 05 aus Billigkeitsgründen nach Abschnitt 15a.1 Abs. 7: 20 Prozentpunkte von $^1/_{10}$ von 50 000 € = 1000 € sind zugunsten des G zu korrigieren.
[3] Der Gegenstand gilt durch die Berichtigung aus Billigkeitsgründen zu 70 % als dem Unternehmen zugeordnet.

Beispiel 15:

[1] Die Gemeinde G beginnt im Jahr 01 mit der Errichtung eines Gebäudes, das sie in 01 zu 75 % für hoheitliche und zu 25 % für vorsteuerunschädliche unternehmerische Zwecke zu nutzen beabsichtigt. [2] Im Jahr 02 beschließt der Gemeinderat jedoch, das Gebäude zu 50 % für vorsteuerunschädliche unternehmerische Zwecke zu nutzen. [3] Die Fertigstellung des Gebäudes erfolgt im Jahr 03. [4] Die erstmalige Verwendung erfolgt am 1.1.04 wie im Jahr 02 beschlossen zu 50 % hoheitlich und zu 50 % unternehmerisch. [5] Vorsteuerbeträge wurden entsprechend der zum jeweiligen Leistungsbezug bestehenden Verwendungsabsicht wie folgt erklärt:

	ausgewiesene Umsatzsteuer	geltend gemachte Vorsteuer
01	40 000 €	10 000 € (25 %)
02	20 000 €	10 000 € (50 %)
03	30 000 €	15 000 € (50 %)
Σ	90 000 €	35 000 € (38,88 %)

[6] Soweit G beabsichtigt, das Gebäude für nichtwirtschaftliche Tätigkeiten i. e. S. zu verwenden, ist der Vorsteuerabzug nach § 15 Abs. 1 UStG ausgeschlossen. [7] G hat deshalb kein Zuordnungswahlrecht und muss bis zum 31.7. des Folgejahres keine Zuordnung dokumentieren. [8] Das Gebäude gilt aus Vereinfachungsgründen zu 38,88 % als dem Unternehmen zugeordnet. [9] Für das Jahr 04 kann aus Billigkeitsgründen wegen der Änderung der Verhältnisse um 11,12 % (50 % statt 38,88 %) eine Korrektur nach den Grundsätzen des § 15a UStG erfolgen (vgl. Abschnitt 15a.1 Abs. 7).

15.2d Regelungen zum Vorsteuerabzug in Einzelfällen

(1)[1)] Zum Vorsteuerabzug in besonderen Fällen wird auf folgende Regelungen hingewiesen:

1. Errichtung von Gebäuden auf fremdem Boden,
   vgl. BMF-Schreiben vom 23.7.1986, BStBl. I S. 432;
2. Einrichtungen, bei denen neben dem unternehmerischen auch ein nichtunternehmerischer Bereich besteht (z. B. bei juristischen Personen des öffentlichen Rechts, Vereinen),
   vgl. Abschnitte 2.10 und 15.19;
3. Garantieleistungen in der Reifenindustrie,
   vgl. BMF-Schreiben vom 21.11.1974, BStBl. I S. 1021;
4. Garantieleistungen und Freiinspektionen in der Kraftfahrzeugwirtschaft,
   vgl. BMF-Schreiben vom 3.12.1975, BStBl. I S. 1132;
5. Austauschverfahren in der Kraftfahrzeugwirtschaft,
   vgl. Abschnitt 10.5 Abs. 3;

---

1) *A 15.2d UStAE Abs. 1 Nr. 15* angef. durch BMF v. 7.9.2021, BStBl. 2021, 1591, anzuwenden in allen offenen Fällen; Nr. 11 neugef. durch BMF v. 27.10.2021, BStBl. I 2021, 2137, anzuwenden in allen offenen Fällen.

6. Einschaltung von Personengesellschaften beim Erwerb oder der Errichtung von Betriebsgebäuden der Kreditinstitute,
   vgl. BMF-Schreiben vom 29.5.1992, BStBl. I S. 378;
7. Einschaltung von Unternehmern in die Erfüllung hoheitlicher Aufgaben,
   vgl. BMF-Schreiben vom 27.12.1990, BStBl. 1991 I S. 81;
8. Essensabgabe an das Personal durch eine vom Arbeitgeber nicht selbst betriebene Kantine oder Gaststätte,
   vgl. Abschnitt 1.8 Abs. 12;
9. Vorsteuerabzug und Umsatzbesteuerung bei zwischen dem 1.4.1999 und dem 31.12.2003 angeschafften teilunternehmerisch genutzten Fahrzeugen,
   vgl. Tz. 6 des BMF-Schreibens vom 27.8.2004, BStBl. I S. 864;
10. Public-Private-Partnerships (PPP) im Bundesfernstraßenbau,
    vgl. BMF-Schreiben vom 3.2.2005, BStBl. I S. 414;
11. Vorsteuerabzug bei gemeinsamem Leistungsbezug durch mehrere Personen,
    vgl. BMF-Schreiben vom 27.10.2021, BStBl. I S. 2137;
12. Vorsteuerabzug beim Betrieb von Anlagen zur Energieerzeugung,
    vgl. Abschnitt 2.5;
13. Vorsteuerabzug bei Errichtung von Erschließungsanlagen,
    vgl. BMF-Schreiben vom 7.6.2012, BStBl. I S. 621;
14. [1]Vorsteuerabzug eines Insolvenzverwalters; ein Insolvenzverwalter kann eine Leistung im Zusammenhang mit seiner Tätigkeit entweder kraft Amtes für die Masse oder persönlich beziehen. [2]Das Recht auf Vorsteuerabzug steht der Insolvenzmasse zu, wenn der Insolvenzverwalter die Masse wirksam verpflichtet hat (vgl. BFH-Urteil vom 18.9.2019, XI R 19/17, BStBl. 2020 II S. 172);
15. Vorsteuerabzug bei der Verwendung eines Aliasnamens nach dem ProstSchG, vgl. BMF-Schreiben vom 7.9.2021, BStBl. I S. 1591.

(2) [1]Erwachsen dem Unternehmer Aufwendungen durch Beköstigung des im Unternehmen beschäftigten Personals in seinem Haushalt, gilt folgende Vereinfachungsregelung: Für die auf diese Aufwendungen entfallenden Vorsteuern kann ohne Einzelnachweis ein Betrag abgezogen werden, der sich unter Anwendung eines durchschnittlichen Steuersatzes von 7,9% auf den Wert errechnet, der bei der Einkommensteuer für die außerbetrieblichen Zukäufe als Betriebsausgabe anerkannt wird. [2]Dementsprechend kann in diesen Fällen die abziehbare Vorsteuer von 7,32% dieses Werts (Bruttobetrag) errechnet werden.

(3) Zur Minderung des Vorsteuerabzugs beim Leistungsempfänger im Zusammenhang mit Preisnachlässen und Preiserstattungen sowie der Einlösung von Gutscheinen vgl. Abschnitt 17.2 Abs. 3 und 4.

15.3 Vorsteuerabzug bei Zahlungen vor Empfang der Leistung

(1) [1] Der vorgezogene Vorsteuerabzug setzt in den Fällen des § 15 Abs. 1 Satz 1 Nr. 1 UStG bei Zahlungen vor Empfang der Leistung (§ 15 Abs. 1 Satz 1 Nr. 1 Satz 3 UStG) voraus, dass

1. eine nach §§ 14, 14a UStG ausgestellte Rechnung vorliegt und
2. die Zahlung geleistet worden ist.

[2] Der Vorsteuerabzug kommt für den Voranmeldungs- bzw. Besteuerungszeitraum in Betracht, in dem erstmalig beide Voraussetzungen erfüllt sind. [3] Voraussetzung für den Vorsteuerabzug aus Rechnungen über Lieferungen, auf die eine Anzahlung geleistet wurde, ist, dass alle maßgeblichen Elemente des Steuertatbestands, d.h. der künftigen Lieferung, bereits bekannt und somit insbesondere die Gegenstände der Lieferung zum Zeitpunkt der Anzahlung genau bestimmt sind (vgl. BFH-Urteil vom 24.8.2006, V R 16/05, BStBl. 2007 II S. 340, vgl. Abschnitt 14.8 Abs. 4 Satz 2).

(2) Hat ein Kleinunternehmer, der von der Sonderregelung des § 19 Abs. 1 UStG zur allgemeinen Besteuerung übergegangen ist, bereits vor dem Übergang Zahlungen für einen nach dem Übergang an ihn bewirkten Umsatz geleistet, kann er den vorgezogenen Vorsteuerabzug in der Voranmeldung für den ersten Voranmeldungszeitraum nach dem Übergang zur allgemeinen Besteuerung geltend machen.

(3) Für den vorgezogenen Vorsteuerabzug ist es ohne Bedeutung, ob die vor Ausführung des Umsatzes geleistete Zahlung das volle Entgelt oder nur einen Teil des Entgelts einschließt.

(4) [1] Ist der gesondert ausgewiesene Steuerbetrag höher als die Steuer, die auf die Zahlung vor der Umsatzausführung entfällt, kann vorweg nur der Steuerbetrag abgezogen werden, der in der im Voraus geleisteten Zahlung enthalten ist. [2] Das gilt auch, wenn vor der Ausführung des Umsatzes über die gesamte Leistung abgerechnet wird, die Gegenleistung aber in Teilbeträgen gezahlt wird. [3] In diesen Fällen hat daher der Unternehmer den insgesamt ausgewiesenen Steuerbetrag auf die einzelnen Teilbeträge aufzuteilen.

Beispiel:

[1] Der Unternehmer hat bereits im Januar eine Gesamtrechnung für einen im Juli zu liefernden Gegenstand über 100 000 € zuzüglich gesondert ausgewiesener Umsatzsteuer i. H. v. 19 000 €, insgesamt 119 000 €, erhalten. [2] Er leistet in den Monaten März, April und Mai Anzahlungen von jeweils 23 800 €. [3] Die Restzahlung i. H. v. 47 600 € überweist er einen Monat nach Empfang der Leistung.

[4] Der Unternehmer kann für die Voranmeldungszeiträume März, April und Mai den in der jeweiligen Anzahlung enthaltenen Steuerbetrag von 3800 € als Vorsteuer abziehen. [5] Die in der Restzahlung von 47 600 € enthaltene Vorsteuer von 7600 € kann für den Voranmeldungszeitraum Juli (zum Zeitpunkt der Umsatzausführung) abgezogen werden.

(5) [1] Aus einer Endrechnung (§ 14 Abs. 5 Satz 2 UStG) kann der Leistungsempfänger nur den Steuerbetrag als Vorsteuer abziehen, der auf die verbliebene Restzahlung entfällt. [2] Das Gleiche gilt bei der Abrechnung mit Gutschriften. [3] Ein höherer Vorsteuerabzug ist auch dann nicht zulässig, wenn in

der Endrechnung die im Voraus gezahlten Teilentgelte und die darauf entfallenden Steuerbeträge nicht oder nicht vollständig abgesetzt wurden (vgl. Abschnitt 14.8 Abs. 10). [4] Sind die Rechnungen oder Gutschriften für die im Voraus geleisteten Zahlungen im Zusammenhang mit der Erteilung der Endrechnung widerrufen oder zurückgenommen worden, ist aus der Endrechnung ebenfalls nur der auf die Restzahlung entfallende Steuerbetrag als Vorsteuer abziehbar (vgl. Abschnitt 14.8 Abs. 9).

(6) Für Anzahlungen, bei denen erst im Zeitpunkt der Leistungserbringung der Leistungsempfänger die Voraussetzungen als Steuerschuldner nach Maßgabe des § 13b UStG erfüllt, vgl. Abschnitt 13b.12 Abs. 3 Sätze 3 und 4.

15.4 Vorsteuerabzug bei Rechnungen über Kleinbeträge

(1) Für die Berechnung des Steuerbetrages aus Rechnungen bis zu einem Gesamtbetrag von 250 € (vgl. § 35 Abs. 1 UStDV) können die auf einen Voranmeldungszeitraum entfallenden Rechnungen zusammengefasst werden, soweit derselbe Steuersatz anzuwenden ist.

(2) Die Vorsteuer kann aus dem Rechnungsbetrag durch Anwendung der folgenden Formel ermittelt werden:

$$\frac{\text{Rechnungspreis} \times \text{Steuersatz}}{(100 + \text{Steuersatz})}$$

Beispiel:

Rechnungspreis 149,95 €, Steuersatz 19%

$$\frac{149{,}95\text{ €} \times 19}{(100 + 19)} = 23{,}94\text{ € Vorsteuer.}$$

(3) Der auf die Rechnung entfallende Steuerbetrag kann auch mittels eines Faktors oder eines Divisors ermittelt werden.

1. [1] Bei Verwendung eines Faktors ist folgende Formel anzuwenden:

$$\frac{\text{Rechnungspreis} \times \text{Faktor}}{100}$$

[2] Der Faktor beträgt bei einem Steuersatz von
7% = 6,54 (6,5421)
19% = 15,97 (15,9664).

Beispiel:

Rechnungspreis 149,95 €, Steuersatz 19%

$$\frac{149{,}95\text{ €} \times 15{,}97}{100} = 23{,}94\text{ € Vorsteuer.}$$

2. [1] Mit einem Divisor kann zunächst das auf den Rechnungspreis entfallende Entgelt berechnet und sodann der abziehbare Vorsteuerbetrag durch Abzug

des Entgelts vom Rechnungspreis ermittelt werden. [2]Das Entgelt wird nach folgender Formel berechnet:

$$\frac{\text{Rechnungspreis}}{\text{Divisor}}$$

[3]Der Divisor beträgt bei einem in der Rechnung angegebenen Steuersatz von

7% = 1,07
19% = 1,19.

Beispiel:

Rechnungspreis 149,95 €, Steuersatz 19%

$$\frac{149{,}95\ €}{1{,}19} = 126{,}01\ €\ \text{Entgelt}$$

149,95 € ./. 126,01 € = 23,94 € Vorsteuer.

15.5 Vorsteuerabzug bei Fahrausweisen

(1) [1]Fahrausweise und Belege im Sinne des § 34 UStDV, die für die Beförderung im Personenverkehr und im Reisegepäckverkehr ausgegeben werden, berechtigen nach § 35 Abs. 2 UStDV zum Vorsteuerabzug, soweit sie auf das Inland entfallende Beförderungsleistungen für das Unternehmen betreffen. [2]Stellt der Unternehmer seinen Arbeitnehmern Fahrausweise für die Fahrten zwischen Wohnung und regelmäßiger Arbeitsstätte zur Verfügung, sind die von den Arbeitnehmern in Anspruch genommenen Beförderungsleistungen nicht als Umsätze für das Unternehmen anzusehen. [3]Die dafür vom Unternehmer beschafften Fahrausweise berechtigen ihn daher nicht zur Vornahme des Vorsteuerabzugs.

(2) [1]Bei Zuschlagkarten ist für den Vorsteuerabzug der Steuersatz zu Grunde zu legen, der nach § 35 Abs. 2 UStDV für den dazugehörigen Fahrausweis gilt. [2]Bei Fahrausweisen für Beförderungsleistungen im grenzüberschreitenden Personenverkehr und im internationalen Eisenbahnpersonenverkehr ist die Vorsteuer aus den Angaben der in § 34 Abs. 2 UStDV bezeichneten Bescheinigung zu ermitteln. [3]Fahrausweise für Beförderungsleistungen auf ausländischen Strecken, die nach §§ 3, 4, 6 und 7 UStDV als Strecken im Inland gelten, berechtigen insoweit zum Vorsteuerabzug. [4]Umgekehrt kann auf Grund von Fahrausweisen für Beförderungsleistungen auf Strecken im Inland, die nach §§ 2, 4, 5 und 7 UStDV als ausländische Strecken gelten, ein Vorsteuerabzug nicht vorgenommen werden.

(3) Enthalten gemeinsame Fahrausweise für Beförderungsleistungen durch mehrere in einem Verkehrs- und Tarifverbund zusammengeschlossene Unternehmer keine Angaben über den Steuersatz, ist für die Berechnung der abziehbaren Vorsteuerbeträge der ermäßigte Steuersatz zu Grunde zu legen.

(4) *(aufgehoben)*

(5) [1]Bei Fahrausweisen im Luftverkehr kommt ein Vorsteuerabzug unter Zugrundelegung des ermäßigten Steuersatzes nicht in Betracht. [2]Der Abzug auf der Grundlage des allgemeinen Steuersatzes ist nur zulässig, wenn dieser Steuersatz auf dem Fahrausweis ausdrücklich angegeben ist.

(6) [1] Bei Belegen im Reisegepäckverkehr sind die Vorschriften für den Vorsteuerabzug bei Fahrausweisen entsprechend anzuwenden. [2] Zum Vorsteuerabzug berechtigen die Belege, die für die Beförderung von Reisegepäck im Zusammenhang mit einer Personenbeförderung ausgegeben werden.

(7) Keine Fahrausweise im Sinne des § 34 UStDV sind Belege über die Benutzung von Taxen, von Mietwagen oder von Kraftomnibussen außerhalb des Linienverkehrs.

(8) Zur Herausrechnung des Steuerbetrags aus dem Fahrpreis vgl. Abschnitt 15.4.

(9) Zum Vorsteuerabzug von Fahrausweisen, die im Online-Verfahren abgerufen werden, vgl. Abschnitt 14.4 Abs. 11.

15.6 Vorsteuerabzug bei Repräsentationsaufwendungen

Allgemeines

(1) [1] Nach § 15 Abs. 1a UStG sind Vorsteuerbeträge aus Leistungen für das Unternehmen (vgl. insbesondere Abschnitte 15.2a, 15.2b und 15.2c) nicht abziehbar, die auf Aufwendungen entfallen, für die das Abzugsverbot des § 4 Abs. 5 Satz 1 Nr. 1 bis 4, 7 oder des § 12 Nr. 1 EStG gilt. [2] Vom Vorsteuerausschluss ausgenommen sind Bewirtungsaufwendungen, soweit § 4 Abs. 5 Satz 1 Nr. 2 EStG einen Abzug angemessener und nachgewiesener Aufwendungen ausschließt (vgl. Absätze 6 und 7). [3] Die Regelung des § 15 Abs. 1a UStG bezieht sich nicht auf die Tatbestände des § 4 Abs. 5 Satz 1 Nr. 5, 6, 6a und 6b EStG. [4] Aus Aufwendungen im Sinne des § 4 Abs. 5 Satz 1 Nr. 6, 6a und 6b EStG für Fahrten zwischen Wohnung und Betriebsstätte, für Familienheimfahrten wegen einer aus betrieblichem Anlass begründeten doppelten Haushaltsführung, für betrieblich veranlasste Übernachtungen sowie für ein häusliches Arbeitszimmer kann der Unternehmer beim Vorliegen der übrigen Voraussetzungen des § 15 UStG den Vorsteuerabzug beanspruchen.

(2) [1] Für die Abgrenzung der nicht abziehbaren Aufwendungen gelten die ertragsteuerrechtlichen Grundsätze in R 4.10 EStR.[1)] [2] Maßgeblich ist, ob der Aufwand seiner Art nach von § 4 Abs. 5 Satz 1 Nr. 1 bis 7 EStG erfasst wird (vgl. BFH-Urteil vom 2.7.2008, XI R 66/06, BStBl. 2009 II S. 206). [3] Die tatsächliche ertragsteuerrechtliche Behandlung ist für den Bereich der Umsatzsteuer nicht bindend. [4] So führen z. B. Aufwendungen im Sinne des § 4 Abs. 5 Satz 1 Nr. 1 bis 4 und Nr. 7 EStG auch dann zum Ausschluss des Vorsteuerabzugs, wenn ihr Abzug ertragsteuerrechtlich zu Unrecht zugelassen worden ist. [5] Die Versagung des Vorsteuerabzugs für ertragsteuerrechtlich angemessene Bewirtungsaufwendungen allein wegen nicht eingehaltener Formvorschriften für den Nachweis für Betriebsausgaben (einzelne und getrennte Aufzeichnung nach § 4 Abs. 7 EStG, vgl. R 4.11 EStR) ist aber nicht zulässig. [6] Für den Vorsteuerabzug gelten die allgemeinen Voraussetzungen des § 15 UStG.

(3) [1] Bei Unternehmern, für die § 4 Abs. 5 EStG ertragsteuerrechtlich keine Bedeutung hat, weil sie keinen Gewinn zu ermitteln haben (z. B. gemeinnüt-

---

[1)] Nr. **1**.

zige Einrichtungen, die nach § 5 Abs. 1 Nr. 9 KStG von der Körperschaftsteuer befreit sind), ist für Umsatzsteuerzwecke darauf abzustellen, ob die Aufwendungen ihrer Art nach unter das Abzugsverbot des § 4 Abs. 5 Satz 1 Nr. 1 bis 4 und Nr. 7 EStG fallen. [2]Dabei ist grundsätzlich der gleiche Nachweis zu verlangen, der ertragsteuerrechtlich zu führen wäre (z. B. bei Bewirtungsaufwendungen).

Geschenke[1)]

(4) [1]Durch die Bezugnahme auf § 4 Abs. 5 Satz 1 Nr. 1 EStG wird die Umsatzsteuer für Aufwendungen für Geschenke an Personen, die nicht Arbeitnehmer des Unternehmers sind, vom Vorsteuerabzug ausgeschlossen, wenn die Anschaffungs- oder Herstellungskosten der Zuwendungen an einen Empfänger zusammengerechnet 35 € übersteigen (vgl. BFH-Urteil vom 12.12.2012, XI R 36/10, BStBl. 2013 II S. 412). [2]Für die Ermittlung der Anschaffungs- und Herstellungskosten gelten die Grundsätze in R 4.10 Abs. 3 i. V. m. R 9b Abs. 2 Satz 3 EStR.[2)] [3]Die Freigrenze ist für Umsatzsteuerzwecke auf das Kalenderjahr zu beziehen. [4]Bei der Prüfung des Überschreitens der 35 €-Grenze sind Geldgeschenke einzubeziehen. [5]Für die Abgrenzung der Geschenke von anderen Zuwendungen gelten die ertragsteuerrechtlichen Grundsätze (vgl. R 4.10 Abs. 4 EStR). [6]Der Vorsteuerausschluss und die Freigrenze gelten nicht nur für Sachgeschenke, sondern auch für Geschenke in Form anderer geldwerter Vorteile (z. B. Eintrittsberechtigungen zu kulturellen oder sportlichen Veranstaltungen).

(5) [1]Steht im Zeitpunkt des Erwerbs oder der Herstellung eines Gegenstands seine Verwendung als Geschenk noch nicht fest, kann der Vorsteuerabzug zunächst unter den allgemeinen Voraussetzungen des § 15 UStG beansprucht werden. [2]Im Zeitpunkt der Hingabe des Geschenks ist eine Vorsteuerkorrektur nach § 17 Abs. 2 Nr. 5 UStG vorzunehmen, wenn die Freigrenze von 35 € überschritten wird.

Beispiel:

[1]Der Unternehmer A schenkt seinem Geschäftskunden B im April 01 eine Uhr aus seinem Warenbestand. [2]Die Uhr hatte A im Dezember 00 für 25 € zuzüglich 4,75 € Umsatzsteuer eingekauft. [3]Im Dezember 01 erhält B von A aus Anlass des Weihnachtsfestes ein Weinpräsent, das A im Dezember 01 für 35 € zuzüglich 6,65 € Umsatzsteuer gekauft hatte. [4]Durch das zweite Geschenk werden auch die Aufwendungen für das erste Geschenk nicht abziehbar im Sinne des § 4 Abs. 5 EStG. [5]A hat in der Umsatzsteuer-Voranmeldung für Dezember 01 eine Vorsteuerberichtigung nach § 17 Abs. 2 Nr. 5 UStG vorzunehmen (Minderung der Vorsteuern um 4,75 €). [6]Die Umsatzsteuer für das zweite Geschenk ist nach § 15 Abs. 1a UStG nicht abziehbar.

Bewirtungskosten

(6) [1]Angemessene und nachgewiesene Bewirtungsaufwendungen berechtigen auch insoweit zum Vorsteuerabzug, als § 4 Abs. 5 Satz 1 Nr. 2 EStG einen Abzug als Betriebsausgaben ausschließt. [2]Voraussetzung für den Vorsteuerabzug ist damit neben den allgemeinen Voraussetzungen des § 15 UStG, dass die

---

1) Zur Abgrenzung entgeltliche Lieferungen/unentgeltliche Zuwendungen vgl. A 3.3 Abs. 10 ff. UStAE.

2) Nr. 1.

Bewirtungsaufwendungen nach der allgemeinen Verkehrsauffassung als angemessen zu beurteilen sind. [3]Soweit es sich nicht um angemessene Bewirtungsaufwendungen handelt, ist der Vorsteuerabzug mangels unternehmerischer Veranlassung des Leistungsbezugs nicht möglich.

(7) [1]Der Vorsteuerabzug aus den angemessenen Aufwendungen ist auch zulässig bei Bewirtungen von Geschäftsfreunden in unternehmenseigenen Kantinen, Casinos und Restaurants. [2]Es bestehen keine Bedenken gegen eine sachgerechte Schätzung in Anlehnung an die ertragsteuerrechtliche Vereinfachungsregelung in R 4.10 Abs. 6 EStR.[1)]

Repräsentationsaufwendungen

(8) [1]Der Ausschluss des Vorsteuerabzugs setzt nicht voraus, dass die in § 4 Abs. 5 Satz 1 Nr. 4 EStG genannten Aufwendungen im Rahmen eines andere Zwecke verfolgenden Unternehmens getätigt werden (vgl. BFH-Urteil vom 2.7.2008, XI R 66/06, BStBl. 2009 II S. 206). [2]Vorsteuerbeträge, die auf Aufwendungen für den Erwerb und den Unterhalt von Segeljachten entfallen, sind nicht abziehbar, wenn der Unternehmer die Segeljachten zwar nachhaltig und zur Erzielung von Einnahmen, jedoch ohne Gewinn-/Überschusserzielungsabsicht vermietet (vgl. BFH-Urteile vom 2.7.2008, XI R 60/06, BStBl. 2009 II S. 167, und vom 21.5.2014, V R 34/13, BStBl. II S. 914). [3]Das Halten von Rennpferden aus Repräsentationsgründen ist ein ähnlicher Zweck im Sinne des § 4 Abs. 5 Satz 1 Nr. 4 EStG (BFH-Urteil vom 2.7.2008, XI R 66/06, a. a. O.); hiermit zusammenhängende Vorsteuerbeträge sind nicht abziehbar. [4]Hingegen dient der Betrieb einer Pferdezucht in größerem Umfang mit erheblichen Umsätzen bei typisierender Betrachtung nicht in vergleichbarer Weise wie die ausdrücklich in § 4 Abs. 5 Satz 1 Nr. 4 EStG genannten Gegenstände (Jagd, Fischerei, Segel- oder Motorjacht) einer überdurchschnittlichen Repräsentation, der Unterhaltung von Geschäftsfreunden, der Freizeitgestaltung oder der sportlichen Betätigung (BFH-Urteil vom 12.2.2009, V R 61/06, BStBl. II S. 828).

15.6a Vorsteuerabzug bei teilunternehmerisch genutzten Grundstücken

(1) [1]Teilunternehmerisch genutzte Grundstücke im Sinne des § 15 Abs. 1b UStG sind Grundstücke, die sowohl unternehmerisch als auch unternehmensfremd (privat) genutzt werden. [2]Den Grundstücken gleichgestellt sind nach § 15 Abs. 1b Satz 2 UStG Gebäude auf fremdem Grund und Boden sowie Berechtigungen, für die die Vorschriften des bürgerlichen Rechts über Grundstücke gelten (z. B. Erbbaurechte). [3]§ 15 Abs. 1b UStG stellt eine Vorsteuerabzugsbeschränkung dar, die nicht das Zuordnungswahlrecht des Unternehmers nach § 15 Abs. 1 UStG berührt (vgl. Abschnitt 15.2c). [4]Soweit ein Grundstück für nichtwirtschaftliche Tätigkeiten i. e. S. verwendet wird (vgl. Abschnitt 2.3 Abs. 1a), ist die Vorsteuer bereits nach § 15 Abs. 1 UStG nicht abziehbar; für die Anwendung des § 15 Abs. 1b UStG bleibt insoweit kein Raum (vgl. BFH-Urteil vom 3.3.2011, V R 23/10, BStBl. 2012 II S. 74, Abschnitte 2.10, 2.11, 15.2b Abs. 2 und Abschnitt 15.19).

---

1) Nr. **1**.

(2)[1)] [1]Eine teilunternehmerische Verwendung im Sinne des § 15 Abs. 1b UStG liegt unter Berücksichtigung des Absatz 1 Satz 4 nur vor, wenn das dem Unternehmen zugeordnete Grundstück teilweise für unternehmensfremde Zwecke verwendet wird. [2]Hierzu gehören nur solche Grundstücksverwendungen, die ihrer Art nach zu einer unentgeltlichen Wertabgabe im Sinne des § 3 Abs. 9a Nr. 1 UStG führen können. [3]Zu einer teilweisen Verwendung für hoheitliche Zwecke vgl. Abschnitte 3.4 Abs. 6 und 15.19 Abs. 2 und 3. [4]Ist die Verwendung eines dem Unternehmen zugeordneten Grundstücks für den privaten Bedarf des Personals ausnahmsweise überwiegend durch das betriebliche Interesse des Arbeitgebers veranlasst oder als Aufmerksamkeit zu beurteilen, ist der Vorsteuerabzug ebenfalls nicht nach § 15 Abs. 1b UStG eingeschränkt, weil die in der Nutzungsüberlassung liegenden unternehmerischen Zwecke den privaten Bedarf des Personals überlagern (vgl. dazu Abschnitt 1.8 Abs. 3 und 4). [5]Eine teilunternehmerische Verwendung im Sinne des § 15 Abs. 1b UStG liegt nicht nur vor, wenn die verschiedenen Nutzungen räumlich voneinander abgegrenzt sind, sondern auch, wenn sie – wie z. B. bei Ferienwohnungen oder Mehrzweckhallen – zeitlich wechselnd stattfinden.

(3) [1]Nach § 15 Abs. 1b Satz 1 UStG ist die Steuer für die Lieferungen, die Einfuhr und den innergemeinschaftlichen Erwerb sowie für die sonstigen Leistungen im Zusammenhang mit einem Grundstück vom Vorsteuerabzug ausgeschlossen, soweit sie nicht auf die Verwendung des Grundstücks für Zwecke des Unternehmens entfällt. [2]Dem Vorsteuerausschluss unterliegen auch die wesentlichen Bestandteile des Grundstücks, z. B. Gebäude und Außenanlagen. [3]Hiervon unberührt bleiben Gegenstände, die umsatzsteuerrechtlich selbständige Zuordnungsobjekte im Sinne des § 15 Abs. 1 UStG darstellen (z. B. Photovoltaikanlage und Blockheizkraftwerk). [4]Aufgrund der Vorsteuerabzugsbeschränkung nach § 15 Abs. 1b UStG unterliegt die Verwendung eines Grundstücks für unternehmensfremde Zwecke nicht der unentgeltlichen Wertabgabenbesteuerung nach § 3 Abs. 9a Nr. 1 UStG (vgl. Abschnitt 3.4 Abs. 5a).

(4) [1]Für die Aufteilung von Vorsteuerbeträgen für Zwecke des § 15 Abs. 1b UStG gelten die Grundsätze des § 15 Abs. 4 UStG entsprechend. [2]Zur Vorsteueraufteilung bei Gebäuden vgl. Abschnitt 15.17 Abs. 5 bis 8.

(5) [1]Sofern sich die Verwendung des teilunternehmerisch genutzten Grundstücks ändert, liegt eine Änderung der Verhältnisse im Sinne des § 15a UStG vor (§ 15a Abs. 6a UStG, vgl. Abschnitt 15a.2). [2]Unter Beachtung der Bagatellgrenzen des § 44 UStDV ist eine Vorsteuerberichtigung nach § 15a UStG durchzuführen. [3]Eine Vorsteuerberichtigung nach § 15a UStG ist nur möglich, soweit das Grundstück dem Unternehmensvermögen zugeordnet worden ist (vgl. Abschnitt 15a.1 Abs. 6 Nr. 2, 4 und 5).

(6) [1]Wird ein insgesamt dem Unternehmensvermögen zugeordnetes teilunternehmerisch genutztes Grundstück, das nach § 15 Abs. 1b UStG nur teilweise zum Vorsteuerabzug berechtigt hat, veräußert, unterliegt der Umsatz im

---

[1)] *A 15.6a UStAE Abs. 2* Satz 3 neugef., Satz 4 aufgeh., bish. Sätze 5 und 6 werden Sätze 4 und 5 durch BMF v. 18.1.2021, BStBl. I 2020, 121, anzuwenden in allen offenen Fällen; das BMF-Schreiben v. 27.7.2017, BStBl. I 2017, 1239, ist anzuwenden.

vollen Umfang der Umsatzsteuer, wenn auf die Steuerbefreiung nach § 4 Nr. 9 Buchstabe a UStG wirksam verzichtet wird (§ 9 UStG, vgl. Abschnitt 9.1). [2]Es liegt insoweit eine Änderung der Verhältnisse vor, die zu einer Vorsteuerberichtigung nach § 15a UStG führt (§ 15a Abs. 8 Satz 2 UStG, vgl. Abschnitt 15a.2).

(7) Beispiele zum Vorsteuerabzug bei teilunternehmerisch genutzten Grundstücken im Sinne des § 15 Abs. 1b UStG; die Übergangsregelung nach § 27 Abs. 16 UStG findet keine Anwendung:

Beispiel 1:

[1]Unternehmer U, der nur vorsteuerunschädliche Ausgangsumsätze ausführt, lässt zum 1.1.02 ein Einfamilienhaus (EFH) fertigstellen. [2]Die Herstellungskosten betragen insgesamt 300 000 € zzgl. 57 000 € Umsatzsteuer. [3]U nutzt das Gebäude ab Fertigstellung planungsgemäß zu 40 % für seine vorsteuerunschädlichen Ausgangsumsätze und zu 60 % für private Wohnzwecke. [4]U macht einen Vorsteuerabzug in Höhe von 22 800 € (40 % von 57 000 €) bei dem zuständigen Finanzamt geltend ohne schriftlich mitzuteilen, in welchem Umfang er das Grundstück seinem Unternehmen zugeordnet hat.

[5]U hat durch die Geltendmachung des Vorsteuerabzugs in Höhe von 40 % dokumentiert, dass er in dieser Höhe das Grundstück seinem Unternehmen zugeordnet hat (vgl. Abschnitt 15.2c Abs. 17 Satz 1). [6]Da U gegenüber dem Finanzamt nicht schriftlich erklärt hat, dass er das Grundstück insgesamt seinem Unternehmen zugeordnet hat, kann diese Zuordnung zum Unternehmen nicht unterstellt werden (vgl. Abschnitt 15.2c Abs. 17 Satz 3). [7]Nach § 15 Abs. 1 Satz 1 Nr. 1 UStG sind 22 800 € (57 000 € × 40 %) als Vorsteuer abziehbar. [8]§ 15 Abs. 1b UStG findet keine Anwendung, da U den für die privaten Wohnzwecke genutzten Grundstücksanteil nicht seinem Unternehmen zugeordnet hat.

[9]Sofern der für private Wohnzwecke genutzte Grundstücksanteil später unternehmerisch genutzt wird, ist eine Vorsteuerberichtigung zu Gunsten des U nach § 15a UStG nicht zulässig, da U diesen Grundstücksanteil nicht nachweisbar seinem Unternehmen zugeordnet hat (vgl. Abschnitt 15a.1 Abs. 6). [10]Verringert sich hingegen später der Umfang der unternehmerischen Nutzung des dem Unternehmen zugeordneten Grundstücksanteils (z. B. Nutzung des gesamten Grundstücks zu 80 % für private Wohnzwecke und zu 20 % für unternehmerische Zwecke), ist unter Beachtung der Bagatellgrenzen des § 44 UStDV eine Vorsteuerberichtigung nach § 15a UStG durchzuführen. [11]Eine Wertabgabenbesteuerung nach § 3 Abs. 9a Nr. 1 UStG erfolgt nicht.

Beispiel 2:

[1]Unternehmer U, der nur vorsteuerunschädliche Ausgangsumsätze ausführt, lässt zum 1.1.02 ein Einfamilienhaus fertigstellen. [2]Die Herstellungskosten betragen insgesamt 300 000 € zzgl. 57 000 € Umsatzsteuer. [3]Die Nutzfläche des Einfamilienhauses beträgt 200 qm. [4]U nutzt das Gebäude ab Fertigstellung planungsgemäß zu 40 % für seine vorsteuerunschädlichen Ausgangsumsätze und zu 60 % für private Wohnzwecke. [5]Die laufenden Aufwendungen, die auf das gesamte Grundstück entfallen, betragen in dem Jahr 02 1500 € zzgl. 285 € Umsatzsteuer. [6]U hat dem zuständigen Finanzamt schriftlich mitgeteilt, dass er das Grundstück im vollen Umfang seinem Unternehmen zugeordnet hat.

[7]U hat das Grundstück insgesamt seinem Unternehmen zugeordnet und seine Zuordnungsentscheidung dokumentiert. [8]Da U 60 % des Gebäudes für seine privaten nichtunternehmerischen Zwecke verwendet, ist der Vorsteuerabzug nach § 15 Abs. 1b UStG nur in Höhe von *22 800 € (57 000 € × 40 %)* zulässig. [9]Da die laufenden Kosten nicht direkt der unternehmerischen bzw. privaten Nutzung des Grundstücks zugeordnet werden können, beträgt der Vorsteuerabzug aus den laufenden Aufwendungen nach Aufteilung nach dem Verhältnis der Nutzflächen 114 € (§ 15 Abs. 4 Satz 4 UStG).

Beispiel 3:

[1]Sachverhalt wie Beispiel 2. [2]Zum 1.1.05 erhöht sich

a) die unternehmerische Nutzung des Gebäudes (EFH) um 12 Prozentpunkte auf 52 %. [2]U führt wie bisher nur vorsteuerunschädliche Ausgangsumsätze aus.

b) die private Nutzung des Gebäudes (EFH) um 15 Prozentpunkte auf 75 %.

Zu a)

[1] Es liegt zum 1.1.05 eine Änderung der Verhältnisse im Sinne des § 15a Abs. 6a UStG vor, da sich die unternehmerische Nutzung erhöht hat. [2] Die Bagatellgrenzen des § 44 UStDV sind überschritten.

Jahr 05:
Insgesamt in Rechnung gestellte Umsatzsteuer: 57 000 €
Ursprünglicher Vorsteuerabzug: 22 800 € (entspricht 40 % von 57 000 €)
Zeitpunkt der erstmaligen Verwendung: 1.1.02
Dauer des Berichtigungszeitraums: 1.1.02 bis 31.12.11
Tatsächliche zum Vorsteuerabzug berechtigende Verwendung in 05: 52 %
Vorsteuerberichtigung wegen Änderung der Verhältnisse im Vergleich zum ursprünglichen Vorsteuerabzug: Vorsteuer zu 52 % statt zu 40 %
Berichtigungsbetrag: 12 Prozentpunkte von $^1/_{10}$ von 57 000 € = 684 € sind zu Gunsten des U zu korrigieren.

Zu b)

[1] Es liegt zum 1.1.05 eine Änderung der Verhältnisse im Sinne des § 15a Abs. 6a UStG vor, da sich die private Nutzung erhöht hat. [2] Die Bagatellgrenzen des § 44 UStDV sind überschritten.

Jahr 05:
Insgesamt in Rechnung gestellte Umsatzsteuer: 57 000 €
Ursprünglicher Vorsteuerabzug: 22 800 € (entspricht 40 % von 57 000 €)
Zeitpunkt der erstmaligen Verwendung: 1.1.02
Dauer des Berichtigungszeitraums: 1.1.02 bis 31.12.11
Tatsächliche zum Vorsteuerabzug berechtigende Verwendung in 05: 25 %
Vorsteuerberichtigung wegen Änderung der Verhältnisse im Vergleich zum ursprünglichen Vorsteuerabzug: Vorsteuer zu 25 % statt zu 40 %
Berichtigungsbetrag: 15 Prozentpunkte von $^1/_{10}$ von 57 000 € = 855 € sind zu Ungunsten des U zu korrigieren.

Beispiel 4:

[1] Sachverhalt wie Beispiel 2. [2] Im Jahr 06 lässt U das Einfamilienhaus um ein Dachgeschoss erweitern, welches für fremde unternehmerische Zwecke, die nicht mit der Nutzung der eigenen unternehmerisch genutzten Flächen in Zusammenhang stehen, steuerpflichtig vermietet wird. [3] Die Herstellungskosten hierfür betragen 100 000 € zzgl. 19 000 € Umsatzsteuer. [4] Das Dachgeschoss ist zum 1.7.06 bezugsfertig und hat eine Nutzfläche von 100 qm. [5] Zusätzlich lässt U im gleichen Jahr die Außenfassade neu streichen. [6] Die Aufwendungen hierfür betragen 10 000 € zzgl. 1900 € Umsatzsteuer.

[7] Der Ausbau des Dachgeschosses steht nicht in einem einheitlichen Nutzungs- und Funktionszusammenhang mit den bereits vorhandenen Flächen. [8] Es liegt deshalb ein eigenständiges Zuordnungsobjekt vor. [9] Unabhängig von der bereits bei Herstellung des Gebäudes getroffenen Zuordnungsentscheidung kann das Dachgeschoss dem Unternehmen zugeordnet werden. [10] Da U das Dachgeschoss steuerpflichtig vermietet, ist er zum Vorsteuerabzug in Höhe von 19 000 € berechtigt; es erfolgt keine Vorsteuerkürzung nach § 15 Abs. 1b UStG. [11] Der Anstrich der Außenfassade entfällt auf alle Stockwerke. [12] Nach § 15 Abs. 1b UStG berechtigt nur der Teil der Aufwendungen zum Vorsteuerabzug, der auf die unternehmerische Nutzung des Gebäudes entfällt. [13] Die Aufteilung nach § 15 Abs. 4 Satz 4 UStG erfolgt nach dem Verhältnis der Nutzflächen:
40 % von 200 qm (bisherige Nutzfläche) + 100 % von 100 qm (Dachgeschoss) = 180 qm von 300 qm (60 %)
60 % von 1900 € = 1140 € Vorsteuer

Beispiel 5:

[1] Sachverhalt wie Beispiel 2. [2] U verkauft das Grundstück zum 1.1.09 an

a) eine Privatperson steuerfrei für 400 000 €.

b) einen anderen Unternehmer und optiert nach § 9 Abs. 1 UStG zur Steuerpflicht. [2] Der Verkaufspreis beträgt 400 000 € (netto). [3] Eine Geschäftsveräußerung im Ganzen im Sinne des § 1 Abs. 1a UStG liegt nicht vor.

Zu a)

[1]Die nach § 4 Nr. 9 Buchst. a UStG steuerfreie Veräußerung führt zu einer Änderung der Verhältnisse nach § 15a Abs. 8 UStG, da das Gebäude teilweise zum Vorsteuerabzug berechtigt hat. [2]Die Bagatellgrenzen des § 44 UStDV sind überschritten.

Insgesamt in Rechnung gestellte Umsatzsteuer: 57 000 €
Ursprünglicher Vorsteuerabzug: 22 800 € (entspricht 40 % von 57 000 €)
Zeitpunkt der erstmaligen Verwendung: 1.1.02
Dauer des Berichtigungszeitraums: 1.1.02 bis 31.12.11
Tatsächliche zum Vorsteuerabzug berechtigende Verwendung im Berichtigungszeitraum:
Jahr 02 bis 08 = 40 %
Änderung der Verhältnisse:
ab Jahr 09 = 40 Prozentpunkte (0 % statt 40 %)
Vorsteuerberichtigung pro Jahr:
(57 000 €/10 Jahre = 5700 €)
Jahre 09 bis 11 = je 2280 € (5700 € × 40 %)

[3]Die Berichtigung des Vorsteuerabzugs ist für die Jahre 09 bis 11 zusammengefasst in der ersten Voranmeldung für das Kalenderjahr 09 vorzunehmen (§ 44 Abs. 3 Satz 2 UStDV).

Zu b)

[1]Die steuerpflichtige Veräußerung führt zu einer Änderung der Verhältnisse nach § 15a Abs. 8 UStG, da das Gebäude nur teilweise zum Vorsteuerabzug berechtigt hat. [2]Die Bagatellgrenzen des § 44 UStDV sind überschritten. [3]Die Umsatzsteuer für die steuerpflichtige Lieferung schuldet der Erwerber (§ 13b Abs. 2 Nr. 3 UStG).
Insgesamt in Rechnung gestellte Umsatzsteuer: 57 000 €
Ursprünglicher Vorsteuerabzug: 22 800 € (entspricht 40 % von 57 000 €)
Zeitpunkt der erstmaligen Verwendung: 1.1.02
Dauer des Berichtigungszeitraums: 1.1.02 bis 31.12.11
Tatsächliche zum Vorsteuerabzug berechtigende Verwendung im Berichtigungszeitraum:
Jahr 02 bis 08 = 40 %
Änderung der Verhältnisse:
ab Jahr 09 = 60 Prozentpunkte (100 % statt 40 %)
Vorsteuerberichtigung pro Jahr:
(57 000 €/10 Jahre = 5700 €)
Jahre 09 bis 11 = je 3420 € (5700 € × 60 %)

[4]Die Berichtigung des Vorsteuerabzugs ist für die Jahre 09 bis 11 zusammengefasst in der ersten Voranmeldung für das Kalenderjahr 09 vorzunehmen (§ 44 Abs. 3 Satz 2 UStDV).

(8) [1]Die gesetzliche Übergangsregelung nach § 27 Abs. 16 UStG gilt für teilunternehmerisch genutzte Grundstücke. [2]Sie bezieht sich auf Wirtschaftsgüter im Sinne des § 15 Abs. 1b UStG, die auf Grund eines vor dem 1.1.2011 rechtswirksam abgeschlossenen obligatorischen Vertrags oder gleichstehenden Rechtsakts angeschafft worden sind oder mit deren Herstellung vor dem 1.1.2011 begonnen worden ist. [3]Leistungen im Zusammenhang mit diesen *teilunternehmerischen Grundstücken*, die keine Anschaffungs- und Herstellungskosten darstellen und die nach dem Stichtag 31.12.2010 bezogen werden, sind in § 27 Abs. 16 UStG nicht erwähnt und fallen deshalb nicht unter die Übergangsregelung. [4]Für diese Leistungen ist der Vorsteuerabzug seit dem 1.1.2011 nur noch in Höhe des unternehmerisch genutzten Anteils möglich (§ 15 Abs. 1b UStG). [5]Für den nichtwirtschaftlich i. e. S. genutzten Anteil ist der Vorsteuerabzug bereits nach § 15 Abs. 1 UStG ausgeschlossen.

15.7 Vorsteuerabzug bei unfreien Versendungen und Güterbeförderungen

Unfreie Versendungen

(1) [1]Nach § 40 UStDV wird die Berechtigung zum Vorsteuerabzug vom Absender der Frachtsendung auf den Empfänger übertragen. [2]Die Regelung lässt keine Wahlmöglichkeit zu. [3]Liegt frachtrechtlich eine unfreie Versendung vor, ist deshalb der Absender als der eigentliche Leistungsempfänger vom Vorsteuerabzug allgemein ausgeschlossen. [4]§ 40 UStDV gilt außer bei Frachtsendungen im Rahmen von Lieferungen auch bei Versendungsaufträgen im Zusammenhang mit Materialgestellungen und Materialbeistellungen.

(2) Wird bei unfreien Versendungen das Frachtgut von dem beauftragten Spediteur nicht unmittelbar, sondern über einen Empfangsspediteur an den endgültigen Frachtempfänger versendet, gilt Folgendes:

1. [1]Zieht der Empfangsspediteur die ihm berechneten Frachtkosten (Vorkosten) in eigenem Namen ein, ist er als Empfänger der diesen Kosten zu Grunde liegenden Frachtleistungen anzusehen. [2]Er kann daher die ihm dafür gesondert in Rechnung gestellte Steuer nach § 40 Abs. 1 UStDV als Vorsteuer abziehen. [3]Der Inanspruchnahme des Vorsteuerabzugs steht nicht entgegen, dass der Empfangsspediteur die Vorkosten weiterberechnet. [4]§ 40 Abs. 1 Satz 3 Nr. 2 UStDV setzt nur voraus, dass der Frachtempfänger die Entrichtung der Frachtkosten an den Versandspediteur oder Frachtführer übernommen hat, nicht aber, dass er diese Kosten auch wirtschaftlich trägt. [5]Bei dieser Gestaltung sind die verauslagten Frachtkosten beim Empfangsspediteur Teil der Bemessungsgrundlage für seine Leistung. [6]Der endgültige Frachtempfänger ist zum Abzug der Steuer auf die gesamte Bemessungsgrundlage beim Vorliegen der Voraussetzungen des § 15 UStG berechtigt.
2. [1]Tritt der Empfangsspediteur als Vermittler auf und behandelt er dementsprechend die Vorkosten als durchlaufende Posten, werden die diesen Kosten zu Grunde liegenden Frachtleistungen an den endgültigen Frachtempfänger erbracht. [2]In diesen Fällen ist § 40 Abs. 1 UStDV auf den Empfangsspediteur nicht anwendbar. [3]Der Vorsteuerabzug steht allein dem endgültigen Frachtempfänger zu.

Güterbeförderungen

(3) [1]Als Leistungsempfänger im umsatzsteuerrechtlichen Sinn ist grundsätzlich derjenige zu behandeln, in dessen Auftrag die Leistung ausgeführt wird (vgl. Abschnitt 15.2b Abs. 1). [2]Aus Vereinfachungsgründen ist bei steuerpflichtigen Güterbeförderungen (Abschnitt 3a.2 Abs. 2), bei denen sich der Leistungsort nach § 3a Abs. 2 UStG richtet, der Rechnungsempfänger als ggf. zum Vorsteuerabzug berechtigter Leistungsempfänger anzusehen.

Beispiel:

[1]Der in Frankreich ansässige Unternehmer U versendet Güter per Frachtnachnahme an den *Unternehmer A in Deutschland.* [2]Bei Frachtnachnahmen wird regelmäßig vereinbart, dass der Beförderungsunternehmer dem Empfänger der Sendung die Beförderungskosten in Rechnung stellt und dieser die Beförderungskosten zahlt.

[3]Der Rechnungsempfänger A der innergemeinschaftlichen Güterbeförderung ist als Empfänger der Beförderungsleistung (Leistungsempfänger) im Sinne des § 3a Abs. 2 UStG anzusehen. [4]A ist ggf. zum Vorsteuerabzug berechtigt.

15.8 Abzug der Einfuhrumsatzsteuer bei Einfuhr im Inland

(1)[1)] [1]Der Unternehmer kann nach § 15 Abs. 1 Satz 1 Nr. 2 UStG die entstandene Einfuhrumsatzsteuer als Vorsteuer abziehen, wenn die Gegenstände für sein Unternehmen im Inland oder in den österreichischen Gebieten Jungholz und Mittelberg eingeführt worden sind. [2]Die Entstehung der Einfuhrumsatzsteuer ist durch einen zollamtlichen Beleg nachzuweisen (vgl. Abschnitt 15.11 Abs. 1 Satz 1 Nr. 2).

(2) [1]Die Verwirklichung des umsatzsteuerrechtlichen Einfuhrtatbestands setzt voraus, dass eine Nicht-Unionsware in das Inland verbracht wird und dieser Vorgang hier steuerbar ist, d.h., die Nicht-Unionsware in die Überlassung zum zoll- und steuerrechtlich freien Verkehr übergeführt wird. [2]Für den einfuhrumsatzsteuerrechtlichen Einfuhrtatbestand ist damit nicht allein entscheidend, dass der Gegenstand aus dem Drittland in das Inland gelangt, sondern hier auch grundsätzlich der Besteuerung unterliegt, d.h. im Regelfall eine Einfuhrumsatzsteuerschuld entsteht. [3]Danach liegt z.B. keine Einfuhr im umsatzsteuerrechtlichen Sinne vor, wenn sich die Nicht-Unionsware in einem zollrechtlichen Versandverfahren[2)] befindet.

(3) [1]Bei Einfuhren über die in § 1 Abs. 3 UStG bezeichneten Gebiete ist der Gegenstand ebenfalls erst beim Übergang in das umsatzsteuerrechtliche Inland und Überlassung zum zoll- und steuerrechtlich freien Verkehr eingeführt. [2]In diesen Fällen ist jedoch die Einfuhr im Inland für den Abzug der Einfuhrumsatzsteuer nur dann bedeutsam, wenn der eingeführte Gegenstand nicht zur Ausführung der in § 1 Abs. 3 UStG bezeichneten Umsätze verwendet wird (vgl. hierzu Abschnitt 15.9). [3]Im Allgemeinen kommt es daher hierbei nur dann auf den Übergang des Gegenstands in das umsatzsteuerrechtliche Inland an, wenn der eingeführte Gegenstand nicht schon in den in § 1 Abs. 3 UStG bezeichneten Gebieten (insbesondere im Freihafen), sondern erst im Inland einfuhrumsatzsteuerrechtlich abgefertigt wird.

(4) [1]Eine Einfuhr für das Unternehmen ist gegeben, wenn der Unternehmer den eingeführten Gegenstand im Inland zur Überlassung zum zoll- und steuerrechtlich freien Verkehr abfertigt und danach im Rahmen seiner unternehmerischen Tätigkeit zur Ausführung von Umsätzen einsetzt. [2]Diese Voraussetzung ist bei dem Unternehmer gegeben, der im Zeitpunkt der Überführung in die Überlassung zum zoll- und steuerrechtlich freien Verkehr die Verfügungsmacht über den Gegenstand besitzt (vgl. auch BFH-Urteil vom 24.4.1980, V R 52/73, *BStBl. II S. 615*). [3]Für diese Zwecke ist der Zeitpunkt der Lieferung nach der umsatzsteuerlichen Ortsbestimmung (§ 3 Abs. 6 bis 8 UStG) zu ermitteln (vgl. Absatz 5 und Abschnitt 3.12 Abs. 7). [4]Dies gilt auch beim Reihengeschäft. [5]Die der Lieferung zu Grunde gelegten Lieferklauseln (z.B. Incoterms) sind insoweit hingegen als zivilrechtliche Verpflichtungen unbeachtlich. [6]Kommt tatsächlich

---

1) Zum Schuldner der EUSt siehe auch BFH v. 22.2.2012 VII B 17/11, ZfZ 2012, 134.
2) Hinweis auf A 6.6 UStAE.

keine Lieferung zustande, gelten Absätze 11 und 12. [7]Nicht entscheidend ist, wer die Einfuhrumsatzsteuer entrichtet hat und wer den für den vorsteuerabzugsberechtigten Unternehmer eingeführten Gegenstand tatsächlich über die Grenze gebracht hat. [8]Überlässt ein ausländischer Unternehmer einem inländischen Unternehmer einen Gegenstand zur Nutzung, ohne ihm die Verfügungsmacht an dem Gegenstand zu verschaffen, ist daher der inländische Unternehmer nicht zum Abzug der Einfuhrumsatzsteuer als Vorsteuer berechtigt (vgl. BFH-Urteil vom 16.3.1993, V R 65/89, BStBl. II S. 473).

(5) [1]In den Fällen des § 3 Abs. 8 UStG steht der Abzug der Einfuhrumsatzsteuer nur dem Lieferer zu, wenn er den Gegenstand zur eigenen Verfügung im Inland zur Überlassung zum zoll- und steuerrechtlich freien Verkehr abfertigt und danach an seinen Abnehmer liefert (vgl. auch die Beispiele in Abschnitt 3.13 Abs. 2). [2]Hingegen kann nur der Abnehmer von der Abzugsberechtigung Gebrauch machen, wenn er zum Zeitpunkt der Überführung in die Überlassung zum zoll- und steuerrechtlich freien Verkehr die Verfügungsmacht innehat. [3]Personen, die lediglich an der Einfuhr mitgewirkt haben, ohne über den Gegenstand verfügen zu können (z. B. Spediteure, Frachtführer, Handelsvertreter, Zolllagerbetreiber), sind auch dann nicht abzugsberechtigt, wenn sie den eingeführten Gegenstand vorübergehend entsprechend den Weisungen ihres Auftraggebers auf Lager nehmen (vgl. BFH-Urteil vom 11.11.2015, V R 68/14, BStBl. 2016 II S. 720).

(6) *(aufgehoben)*

(7) [1]Nicht erforderlich ist, dass der Unternehmer die Einfuhrumsatzsteuer entrichtet hat. [2]Er kann sie als Vorsteuer auch dann abziehen, wenn sein Beauftragter (z. B. der Spediteur, der Frachtführer oder der Handelsvertreter) Schuldner der Einfuhrumsatzsteuer ist. [3]In diesen Fällen ist der Abzug davon abhängig, dass sich der Unternehmer den betreffenden zollamtlichen Beleg oder einen zollamtlich bescheinigten Ersatzbeleg für den Vorsteuerabzug aushändigen lässt.

(8) [1]Überlässt ein ausländischer Auftraggeber einem im Inland ansässigen Unternehmer einen Gegenstand zur Ausführung einer Werkleistung (z. B. einer Lohnveredelung) oder stellt der ausländische Auftraggeber einem im Inland ansässigen Unternehmer einen Gegenstand zur Ausführung einer Werklieferung bei, kann die auf die Einfuhr des Gegenstands entfallende Einfuhrumsatzsteuer von dem im Inland ansässigen Unternehmer als Vorsteuer abgezogen werden, wenn der Gegenstand nach Ausführung der Werkleistung oder Werklieferung in das Drittlandsgebiet zurückgelangt. [2]Entsprechend kann verfahren werden, wenn der ausländische Auftraggeber den Gegenstand nach Ausführung der Werkleistung oder Werklieferung im Inland weiterliefert und diese Lieferung nicht nach § 4 Nr. 8 ff. UStG steuerfrei ist. [3]Diese Voraussetzungen sind vom Unternehmer nachzuweisen. [4]Wird der Gegenstand nach Ausführung der Werkleistung oder Werklieferung vom ausländischen Auftraggeber im Inland für eigene Zwecke verwendet oder genutzt, kann der im Inland ansässige Unternehmer den Abzug der Einfuhrumsatzsteuer nicht vornehmen. [5]Ein von ihm bereits vorgenommener Vorsteuerabzug ist rückgängig zu machen. [6]In diesem Falle bleibt es somit bei der durch die Einfuhr entstandenen Belastung, sofern nicht der ausländische Auftraggeber hinsichtlich des eingeführten Gegenstands zum Vorsteuerabzug berechtigt ist.

(9) [1]Bei der Einfuhr eines Gegenstands, den der Unternehmer im Inland vermietet, ist nicht der Mieter, sondern der Vermieter zum Abzug der Einfuhrumsatzsteuer berechtigt (vgl. auch BFH-Urteil vom 24.4.1980, V R 52/73, BStBl. II S. 615). [2]Gleiches gilt, wenn der Gegenstand geliehen oder auf Grund eines ähnlichen Rechtsverhältnisses zur Nutzung überlassen wird (BFH-Urteil vom 16.3.1993, V R 65/89, BStBl. II S. 473).

(10) [1]Die Vorschriften des § 15 Abs. 1 Satz 1 Nr. 1 UStG und des § 15 Abs. 1 Satz 1 Nr. 2 UStG schließen sich gegenseitig aus. [2]Der Unternehmer kann somit grundsätzlich im Zusammenhang mit dem Bezug eines Gegenstands nicht zugleich eine gesondert in Rechnung gestellte Steuer und Einfuhrumsatzsteuer als Vorsteuer abziehen. [3]Lediglich in den Fällen, in denen der Leistungsempfänger den Gegenstand zum zoll- und steuerrechtlich freien Verkehr abfertigt und die Lieferung an ihn steuerpflichtig ist, weil der Lieferant die Voraussetzungen der Steuerbefreiung für die der Einfuhr vorangehende Lieferung nicht nachweist (vgl. § 4 Nr. 4b Sätze 1 und 3 UStG), kann dieser Leistungsempfänger zugleich die in Rechnung gestellte Steuer und die geschuldete Einfuhrumsatzsteuer als Vorsteuer abziehen (vgl. auch Abschnitt 3.14 Abs. 16). [4]Auch in den Fällen, in denen nicht der Unternehmer, der im Zeitpunkt der Einfuhr die Verfügungsmacht hat, sondern ein späterer Abnehmer den eingeführten Gegenstand beim Zollamt zur Überlassung zum zollrechtlich freien Verkehr abfertigen lässt, kann nur der Unternehmer den Abzug der Einfuhrumsatzsteuer geltend machen, der bei der Einfuhr verfügungsberechtigt war. [5]Zur Vermeidung von Schwierigkeiten kann der Unternehmer in diesen Fällen den eingeführten Gegenstand unmittelbar nach der Einfuhr einfuhrumsatzsteuerrechtlich zur Überlassung zum freien Verkehr abfertigen lassen.

(11) [1]Wird ein Gegenstand im Rahmen einer beabsichtigten Lieferung (§ 3 Abs. 6 oder 8 UStG) im Inland eingeführt, von dem vorgesehenen Abnehmer jedoch nicht angenommen, ist entsprechend den allgemeinen Grundsätzen der Unternehmer zum Abzug der Einfuhrumsatzsteuer berechtigt, der im Zeitpunkt der Einfuhr die Verfügungsmacht über den Gegenstand besitzt (vgl. Absatz 4). [2]Hierbei sind folgende Fälle zu unterscheiden:

1. Abfertigung des Gegenstands zur Überlassung zum zoll- und steuerrechtlich freien Verkehr auf Antrag des Abnehmers oder seines Beauftragten

   [1]Bei dieser Gestaltung ist vorgesehen, den Gegenstand im Rahmen einer Beförderungs- oder Versendungslieferung im Sinne des § 3 Abs. 6 UStG einzuführen. [2]Ob hierbei der Absender oder der vorgesehene Abnehmer im Zeitpunkt der Einfuhr als Verfügungsberechtigter anzusehen ist, hängt davon ab, wann der eingeführte Gegenstand zurückgewiesen wurde.

   a) [1]*Nimmt der vorgesehene* Abnehmer den Gegenstand von vornherein nicht an (z. B. wegen offensichtlicher Mängel, verspäteter Lieferung oder fehlenden Lieferauftrags), ist der Gegenstand nicht im Rahmen einer Lieferung eingeführt worden. [2]Wegen der sofortigen Annahmeverweigerung ist eine Lieferung nicht zu Stande gekommen. [3]In diesen Fällen ist somit der Absender während des gesamten Zeitraums der Anlieferung im Besitz der Verfügungsmacht geblieben und deshalb allein zum Abzug der Einfuhrumsatzsteuer berechtigt.

b) [1]Hat der vorgesehene Abnehmer den eingeführten Gegenstand vorerst angenommen, später jedoch zurückgewiesen (z. B. wegen erst nachher festgestellter Mängel), ist zunächst eine Lieferung zu Stande gekommen. [2]Durch die spätere Zurückweisung wird sie zwar wieder rückgängig gemacht. [3]Das ändert jedoch nichts daran, dass der Abnehmer im Zeitpunkt der Einfuhr, die als selbständiger umsatzsteuerrechtlicher Tatbestand bestehen bleibt, noch als Verfügungsberechtigter anzusehen war. [4]Die Berechtigung zum Abzug der Einfuhrumsatzsteuer steht deshalb in diesen Fällen dem vorgesehenen Abnehmer zu (vgl. auch Absatz 5). [5]Der Nachweis, dass der Gegenstand erst später zurückgewiesen wurde, kann durch einen Vermerk auf den Versandunterlagen und die Buchung als Wareneingang geführt werden.

2. Abfertigung des Gegenstandes zur Überlassung zum zoll- und steuerrechtlich freien Verkehr auf Antrag des Absenders oder seines Beauftragten
[1]Bei dieser Abwicklung beabsichtigen die Beteiligten eine Beförderungs- oder Versendungslieferung im Sinne des § 3 Abs. 8 UStG. [2]Hierbei hat der Absender im Zeitpunkt der Einfuhr die Verfügungsmacht über den Gegenstand, gleichgültig ob der vorgesehene Abnehmer den Gegenstand von vornherein oder erst später zurückweist (vgl. Absatz 5). [3]Deshalb kann stets nur der Absender die Einfuhrumsatzsteuer abziehen.

[3]Nach Satz 2 Nummer 1 und 2 ist grundsätzlich auch dann zu verfahren, wenn der Absender den eingeführten Gegenstand nach der Annahmeverweigerung durch den vorgesehenen Abnehmer im Inland an einen anderen Abnehmer liefert. [4]Ist der vorgesehene Abnehmer ausnahmsweise nicht oder nicht in vollem Umfang zum Vorsteuerabzug berechtigt (z. B. weil er kein Unternehmer ist oder vom Vorsteuerabzug ausgeschlossene Umsätze ausführt), bestehen keine Bedenken, wenn zur Vermeidung einer vom Gesetzgeber nicht gewollten Belastung die Berechtigung zum Abzug der Einfuhrumsatzsteuer dem Absender zugestanden wird.

(12) [1]Geht der eingeführte Gegenstand während des Transports an den vorgesehenen Abnehmer im Inland verloren oder wird er vernichtet, bevor eine Lieferung ausgeführt worden ist, kommt der Abzug der Einfuhrumsatzsteuer nur für den Absender in Betracht. [2]Das Gleiche gilt, wenn der Gegenstand aus einem anderen Grund nicht an den vorgesehenen Abnehmer gelangt.

(13) Werden eingeführte Gegenstände sowohl für unternehmerische als auch für unternehmensfremde Zwecke verwendet, gilt für den Abzug der Einfuhrumsatzsteuer Abschnitt 15.2c entsprechend.

15.9 Abzug der Einfuhrumsatzsteuer in den Fällen des § 1 Abs. 3 UStG

(1) [1]Abziehbar ist auch die Einfuhrumsatzsteuer für die Gegenstände, die zur Ausführung bestimmter Umsätze in den in § 1 Abs. 3 UStG bezeichneten Gebieten verwendet werden (§ 15 Abs. 1 Satz 1 Nr. 2 UStG). [2]Der Vorsteuerabzug setzt voraus, dass der Unternehmer den einfuhrumsatzsteuerrechtlich abgefertigten Gegenstand mittelbar oder unmittelbar zur Ausführung der

in § 1 Abs. 3 UStG bezeichneten Umsätze einsetzt. [3]Die Abzugsberechtigung erstreckt sich nicht nur auf die Einfuhrumsatzsteuer für die Gegenstände, die in die in § 1 Abs. 3 UStG bezeichneten Umsätze eingehen. [4]Vielmehr ist auch die Einfuhrumsatzsteuer für solche Gegenstände abziehbar, die der Unternehmer in seinem Unternehmen einsetzt, um diese Umsätze auszuführen (z. B. für betriebliche Investitionsgüter oder Hilfsstoffe, die zur Ausführung dieser Umsätze genutzt oder verwendet werden).

(2) [1]Bewirkt der Unternehmer außer Umsätzen, die unter § 1 Abs. 3 UStG fallen, auch Umsätze der gleichen Art, die nicht steuerbar sind, kann er dafür den Abzug der Einfuhrumsatzsteuer aus Vereinfachungsgründen ebenfalls in Anspruch nehmen. [2]Voraussetzung ist jedoch, dass die nicht steuerbaren Umsätze auch im Falle der Steuerbarkeit zum Vorsteuerabzug berechtigen würden.

Beispiel:

[1]Ein im Freihafen ansässiger Unternehmer beliefert einen Abnehmer mit Gegenständen, die bei diesem zum Ge- und Verbrauch im Freihafen bestimmt sind. [2]Hierbei wird ein Teil dieser Lieferung für das Unternehmen des Abnehmers, ein Teil für den nichtunternehmerischen Bereich des Abnehmers ausgeführt (§ 1 Abs. 3 Satz 1 Nr. 1 UStG). [3]Obwohl nur die für den nichtunternehmerischen Bereich ausgeführten Lieferungen sowie die Lieferungen, die vom Abnehmer ausschließlich oder zum wesentlichen Teil für eine nach § 4 Nr. 8 bis 27 und 29 UStG steuerfreie Tätigkeit verwendet werden, unter § 1 Abs. 3 UStG fallen, kann der Lieferer auch die Einfuhrumsatzsteuer für die Gegenstände abziehen, die den für das Unternehmen des Abnehmers bestimmten Lieferungen zuzuordnen sind. [4]Die gleiche Vereinfachung gilt bei sonstigen Leistungen, die der Unternehmer teils für das Unternehmen des Auftraggebers, teils für den nichtunternehmerischen Bereich des Auftraggebers (§ 1 Abs. 3 Satz 1 Nr. 2 UStG) ausführt.

(3) [1]Hat ein Unternehmer Gegenstände einfuhrumsatzsteuerrechtlich abfertigen lassen, um sie nach einer Be- oder Verarbeitung vom Freihafen aus teils in das übrige Ausland, teils im Rahmen einer zollamtlich bewilligten Freihafen-Veredelung (§ 1 Abs. 3 Satz 1 Nr. 4 Buchstabe a UStG) in das Inland zu liefern, kann er die Einfuhrumsatzsteuer in beiden Fällen abziehen. [2]Das Gleiche gilt für Gegenstände, die der Unternehmer im Freihafen zur Ausführung dieser Umsätze im eigenen Unternehmen gebraucht oder verbraucht. [3]Entsprechend kann in den Fällen einer zollamtlich besonders zugelassenen Freihafenlagerung verfahren werden.

(4) [1]Zum Abzug der Einfuhrumsatzsteuer für Gegenstände, die sich im Zeitpunkt der Lieferung einfuhrumsatzsteuerrechtlich im freien Verkehr befinden (§ 1 Abs. 3 Satz 1 Nr. 4 Buchstabe b UStG), ist der Unternehmer unabhängig davon berechtigt, ob die Gegenstände aus dem Freihafen in das übrige Ausland oder in das Inland gelangen. [2]Auch bei einem Verbleiben der Gegenstände im Freihafen oder in den anderen in § 1 Abs. 3 UStG bezeichneten Gebieten steht dem Unternehmer der Vorsteuerabzug zu. [3]Bedeutung hat diese Regelung für die Lieferungen, bei denen der Liefergegenstand nach der einfuhrumsatzsteuerrechtlichen Abfertigung vom Freihafen aus in das übrige Ausland gelangt oder von einem im Inland ansässigen Abnehmer im Freihafen abgeholt wird. [4]In den Fällen, in denen der Lieferer den Gegenstand im Rahmen einer Lieferung vom Freihafen aus in das Inland befördert oder versendet, überschneiden sich die Vorschriften des § 1 Abs. 3 Satz 1 Nr. 4 Buchstabe b UStG und des § 3 Abs. 8 UStG. [5]Für den Abzug der Einfuhrum-

satzsteuer ist die Überschneidung ohne Bedeutung, da nach beiden Vorschriften allein dem Lieferer die Abzugsberechtigung zusteht (vgl. auch Abschnitt 15.8 Abs. 5).

(5) [1]Auch bei den in § 1 Abs. 3 UStG bezeichneten Umsätzen ist der Abzug der Einfuhrumsatzsteuer davon abhängig, dass die Steuer entstanden ist. [2]Der Abzug bestimmt sich nach dem Zeitpunkt der einfuhrumsatzsteuerrechtlichen Abfertigung des Gegenstands. [3]Das gilt auch, wenn der Gegenstand nach der Abfertigung in das Inland gelangt (z. B. wenn der Unternehmer den Gegenstand in den Fällen des § 1 Abs. 3 Satz 1 Nr. 4 UStG vom Freihafen aus an einen Abnehmer im Inland liefert oder der Abnehmer den Gegenstand in den Fällen des § 1 Abs. 3 Satz 1 Nr. 4 Buchstabe b UStG im Freihafen abholt) oder wenn der Unternehmer den Gegenstand nach einer zollamtlich bewilligten Freihafen-Veredelung ausnahmsweise nicht vom Freihafen, sondern vom Inland aus an den Abnehmer liefert (z. B. ab einem Lagerplatz im Inland).

(6) [1]Sind die Voraussetzungen der Absätze 1 bis 5 nicht gegeben und liegt auch keine Einfuhr im Inland vor (vgl. Abschnitt 15.8), kann die Einfuhrumsatzsteuer für Gegenstände, die auf einem Abfertigungsplatz in einem Freihafen einfuhrumsatzsteuerrechtlich abgefertigt wurden, nicht als Vorsteuer abgezogen werden. [2]In diesen Fällen kommt daher als Entlastungsmaßnahme nur ein Erlass oder eine Erstattung der Einfuhrumsatzsteuer durch die zuständige Zollstelle in Betracht. [3]Das trifft z. B. auf Unternehmer zu, die einen einfuhrumsatzsteuerrechtlich abgefertigten Gegenstand nur zum unternehmerischen Ge- und Verbrauch im Freihafen aus dem übrigen Ausland bezogen haben. [4]Das Gleiche gilt beim Bezug von Gegenständen aus dem übrigen Ausland, wenn sie nach der einfuhrumsatzsteuerrechtlichen Abfertigung zum freien Verkehr vom Abnehmer nicht ausschließlich oder zum wesentlichen Teil für eine nach § 4 Nr. 8 bis 27 und 29 UStG steuerfreie Tätigkeit verwendet werden, sondern vom Freihafen aus wieder in das übrige Ausland verbracht werden. [5]Voraussetzung für den Erlass oder die Erstattung ist, dass die Einfuhrumsatzsteuer als Vorsteuer abgezogen werden könnte, wenn entweder eine Einfuhr in das Inland oder eine Verwendung für die in § 1 Abs. 3 UStG bezeichneten Umsätze vorgelegen hätte.

15.10 Vorsteuerabzug ohne gesonderten Steuerausweis in einer Rechnung

(1) Für den Vorsteuerabzug nach § 15 Abs. 1 Satz 1 Nr. 3 bis 5 UStG ist es nicht Voraussetzung, dass der Leistungsempfänger im Besitz einer nach §§ 14, 14a UStG ausgestellten Rechnung ist (vgl. EuGH-Urteil vom 1.4.2004, C-90/02, Bockemühl).[1)]

Abzug der Steuer für den innergemeinschaftlichen Erwerb von Gegenständen

(2) [1]Der Erwerber kann die für den innergemeinschaftlichen Erwerb geschuldete Umsatzsteuer als Vorsteuer abziehen, wenn er den Gegenstand für

[1)] DStRE 2004, 1172.

sein Unternehmen bezieht und zur Ausführung von Umsätzen verwendet, die den Vorsteuerabzug nicht ausschließen. [2]Dies gilt nicht für die Steuer, die der Erwerber schuldet, weil er gegenüber dem Lieferer eine ihm von einem anderen Mitgliedstaat als dem, in dem sich der erworbene Gegenstand am Ende der Beförderung oder Versendung befindet, erteilte USt-IdNr. verwendet und der innergemeinschaftliche Erwerb nach § 3d Satz 2 UStG deshalb im Gebiet dieses Mitgliedstaates als bewirkt gilt (vgl. BFH-Urteile vom 1.9.2010, V R 39/08, BStBl. 2011 II S. 658, und vom 8.9.2010, XI R 40/08, BStBl. 2011 II S. 661). [3]Bei Land- und Forstwirten, die der Durchschnittssatzbesteuerung unterliegen und die auf die Anwendung von § 1a Abs. 3 UStG verzichtet haben, ist der Abzug der Steuer für den innergemeinschaftlichen Erwerb als Vorsteuer durch die Pauschalierung abgegolten (vgl. BFH-Urteil vom 24.9.1998, V R 17/98, BStBl. 1999 II S. 39).

(3) [1]Das Recht auf Vorsteuerabzug der Erwerbssteuer entsteht in dem Zeitpunkt, in dem die Erwerbssteuer entsteht (§ 13 Abs. 1 Nr. 6 UStG). [2]Der Unternehmer kann damit den Vorsteuerabzug in der Voranmeldung oder Umsatzsteuererklärung für das Kalenderjahr geltend machen, in der er den innergemeinschaftlichen Erwerb zu versteuern hat.

Vorsteuerabzug bei Steuerschuldnerschaft des Leistungsempfängers

(4) Zum Vorsteuerabzug bei der Steuerschuldnerschaft des Leistungsempfängers nach § 13b UStG vgl. Abschnitt 13b.15.

Vorsteuerabzug im Rahmen eines innergemeinschaftlichen Dreiecksgeschäfts[1)]

(5) [1]Im Rahmen eines innergemeinschaftlichen Dreiecksgeschäfts wird die Steuer für die Lieferung des ersten Abnehmers an den letzten Abnehmer von diesem geschuldet (§ 25b Abs. 2 UStG, vgl. Abschnitt 25b.1 Abs. 6). [2]Der letzte Abnehmer kann diese Steuer als Vorsteuer abziehen, wenn er den Gegenstand für sein Unternehmen bezieht und soweit er ihn zur Ausführung von Umsätzen verwendet, die den Vorsteuerabzug nicht ausschließen (§ 25b Abs. 5 UStG).

15.11 Nachweis der Voraussetzungen für den Vorsteuerabzug

Aufzeichnungen und Belege

(1) [1]Die Voraussetzungen für den Vorsteuerabzug hat der Unternehmer aufzuzeichnen und durch Belege nachzuweisen. [2]Als ausreichender Beleg ist anzusehen:

1. für die von einem anderen Unternehmer gesondert in Rechnung gestellten Steuern eine nach den §§ 14, 14a UStG in Verbindung mit §§ 31 bis 34 UStDV ausgestellte Rechnung;
2. [1]für die entstandene Einfuhrumsatzsteuer ein zollamtlicher Beleg (z. B. der Einfuhrabgabenbescheid) oder ein vom zuständigen Zollamt bescheinigter

---

1) Kein Vorsteuerabzug des Zwischenhändlers bei fehlgeschlagenem innergemeinschaftlichen Dreiecksgeschäft; vgl. EuGH v. 22.4.2010 C-536/08, X, u. C-539/08, Facet Trading, DStR 2010, 926.

Ersatzbeleg (z. B. Ersatzbeleg für den Vorsteuerabzug nach amtlich vorgeschriebenem Muster). [2]Bei Einfuhren, die über das IT-Verfahren ATLAS abgewickelt werden, bestehen keine Bedenken, den Nachweis elektronisch oder bei Bedarf durch einen Ausdruck des elektronisch übermittelten Bescheids über die Einfuhrabgaben zu führen (vgl. Artikel 52 der MwStVO).[1)] [3]Bei Zweifeln über die Höhe der als Vorsteuer abgezogenen Einfuhrumsatzsteuer können die Finanzämter über das vom BZSt bereitgestellte Verfahren zur Online-Abfrage von im Verfahren ATLAS gespeicherten Einfuhrdaten entsprechende Auskünfte anfordern.

[3]Geht die Originalrechnung verloren, kann der Unternehmer den Nachweis darüber, dass ihm ein anderer Unternehmer Steuer für Lieferungen oder sonstige Leistungen gesondert in Rechnung gestellt hat, nicht allein durch Vorlage der Originalrechnung, sondern mit allen verfahrensrechtlich zulässigen Mitteln führen (BFH-Urteile vom 5.8.1988, X R 55/81, BStBl. 1989 II S. 120, vom 16.4.1997, XI R 63/93, BStBl. II S. 582, und vom 23.10.2014, V R 23/13, BStBl. 2015 II S. 313). [4]In Einzelfällen ist auch die Zweitschrift einer Rechnung oder eines Einfuhrbelegs ausreichend (vgl. BFH-Urteile vom 20.8.1998, V R 55/96, BStBl. 1999 II S. 324, und vom 19.11.1998, V R 102/96, BStBl. 1999 II S. 255, sowie Abschnitt 18.13 Abs. 4). [5]Zu den Folgen der Verletzung der Aufbewahrungspflichten nach § 14b UStG vgl. Abschnitt 14b.1 Abs. 10.

(2) Der Umfang der Aufzeichnungspflichten, die für den Unternehmer zum Vorsteuerabzug und zur Aufteilung der Vorsteuerbeträge bestehen, ergibt sich aus § 22 UStG und den §§ 63 bis 67 UStDV.

Mängel

(3)[2)] [1]Mängel im Nachweis über das Vorliegen der Voraussetzungen für den Vorsteuerabzug hat grundsätzlich der Unternehmer zu vertreten. [2]Rechnungen, die die in § 14 Abs. 4 Satz 1 Nr. 1 bis 8 und 10 UStG bezeichneten Angaben nicht vollständig enthalten, berechtigen den Unternehmer nicht zum Vorsteuerabzug, es sei denn, die Rechnungen werden vom Rechnungsaussteller nachträglich vervollständigt. [3]Enthält die Rechnung ungenaue oder unzutreffende Angaben über den leistenden Unternehmer (vgl. § 14 Abs. 4 Satz 1 Nr. 1 UStG), ist nach Abschnitt 15.2a Abs. 2 zu verfahren. [4]Bei fehlerhafter Rechnungsadresse (vgl. § 14 Abs. 4 Satz 1 Nr. 1 UStG) gelten die Ausführungen in Abschnitt 15.2a Abs. 3. [5]Sind die Angaben über den Liefergegenstand oder über Art und Umfang der ausgeführten sonstigen Leistung in einer Rechnung (§ 14 Abs. 4 Satz 1 Nr. 5 UStG) unrichtig oder ungenau, ist der Vorsteuerabzug grundsätzlich ausgeschlossen (vgl. wegen der Einzelheiten Abschnitt 15.2a Abs. 4 und 5). [6]Beim Fehlen der in § 14 Abs. 4 Satz 1 Nr. 5 und 6 UStG bezeichneten Angaben über die Menge der gelieferten Gegenstände oder den Zeitpunkt des Umsatzes bestehen keine Bedenken, wenn der

---

[1)] **Steuergesetze** Nr. **550a.**

[2)] A 15.11 UStAE Abs. 3 Sätze 8 und 9 angef. durch BMF v. 18.9.2020, BStBl. I 2020, 976, anzuwenden in allen offenen Fällen, zur **Übergangsregelung** siehe Anlage 8; Abs. 3 Satz 6 neugef. durch BMF v. 9.9.2021, BStBl. I 2021, 1593, anzuwenden in allen offenen Fällen.

Unternehmer diese Merkmale anhand der sonstigen Geschäftsunterlagen (z. B. des Lieferscheins) ergänzt oder zweifelsfrei nachweist. [7]Die Erleichterungen nach §§ 31 bis 34 UStDV bleiben unberührt. [8]Zum Vorsteuerabzug aus einer berichtigten Rechnung siehe Abschnitt 15.2a Abs. 7. [9]Zum Vorsteuerabzug ohne Rechnung, die jedenfalls alle formellen Voraussetzungen erfüllt, siehe Abschnitt 15.2a Abs. 1a und BMF-Schreiben vom 18.9.2020, DStR S. 2131).

(4) [1]Eine Rechnung, in der zwar der Bruttopreis, der Steuersatz und der Umsatzsteuerbetrag, nicht aber das Entgelt ausgewiesen sind, berechtigt grundsätzlich nicht zum Vorsteuerabzug (BFH-Urteil vom 27.7.2000, V R 55/99, BStBl. 2001 II S. 426). [2]Aus Rechnungen über Kleinbeträge (§ 33 UStDV) kann der Vorsteuerabzug vorgenommen werden, wenn der Rechnungsempfänger den Rechnungsbetrag unter Berücksichtigung des in der Rechnung angegebenen Steuersatzes selbst in Entgelt und Steuerbetrag aufteilt (§ 35 UStDV).

Schätzung und Billigkeitsmaßnahmen

(5)[1)] [1]§ 15 UStG schützt nicht den guten Glauben an die Erfüllung der Voraussetzungen für den Vorsteuerabzug (BFH-Urteil vom 30.4.2009, V R 15/07, BStBl. II S. 744). [2]Sind die Unterlagen für den Vorsteuerabzug (Rechnungen, EUSt-Belege) unvollständig oder nicht vorhanden, kann zwar der Unternehmer den Vorsteuerabzug regelmäßig nicht vornehmen (zu den Ausnahmen siehe Abschnitt 15.2a Abs. 1a). [3]Gleichwohl kann das Finanzamt den Vorsteuerabzug unter bestimmten Voraussetzungen schätzen (vgl. Absatz 6) oder aus Billigkeitsgründen anerkennen (vgl. Absatz 7), sofern im Übrigen die Voraussetzungen für den Vorsteuerabzug vorliegen. [4]Ist jedoch zu vermuten, dass der maßgebliche Umsatz an den Unternehmer nicht steuerpflichtig gewesen oder von einem unter § 19 Abs. 1 UStG fallenden Unternehmer ausgeführt worden ist, ist ein Vorsteuerabzug zu versagen.

(6) [1]Der Vorsteuerabzug ist materiell-rechtlich eine Steuervergütung. [2]Auf ihn sind daher die für die Steuerfestsetzung geltenden Vorschriften sinngemäß anzuwenden. [3]Die abziehbaren Vorsteuern sind eine Besteuerungsgrundlage im Sinne von § 199 Abs. 1, § 157 Abs. 2 und § 162 Abs. 1 AO. [4]Dem Grunde nach bestehen somit gegen eine Schätzung keine Bedenken (vgl. auch BFH-Urteil vom 12.6.1986, V R 75/78, BStBl. II S. 721). [5]Sie ist jedoch nur insoweit zulässig, als davon ausgegangen werden kann, dass vollständige Unterlagen für den Vorsteuerabzug vorhanden waren.

(7)[1)] [1]Soweit Unterlagen für den Vorsteuerabzug nicht vorhanden sind und auch nicht vorhanden waren oder soweit die Unterlagen unvollständig sind, kommt eine Anerkennung des Vorsteuerabzugs regelmäßig nur aus Billigkeitsgründen in Betracht (§ 163 AO; vgl. BFH-Urteil vom 30.4.2009, V R 15/07, BStBl. II S. 744). [2]Dabei sind folgende Grundsätze zu beachten:

1. [1]Die Gewährung von Billigkeitsmaßnahmen wegen sachlicher Härte setzt voraus, dass die Versagung des Vorsteuerabzugs im Einzelfall mit dem Sinn

[1)] A 15.11 UStAE Abs. 5 Satz 2 und Abs. 7 Satz 1 neugef. durch BMF v. 18.9.2020, BStBl. I 2020, 976, anzuwenden in allen offenen Fällen; zur **Übergangsregelung** siehe Anlage 8.

und Zweck des UStG nicht vereinbar wäre. [2]Eine Billigkeitsmaßnahme ist daher zu gewähren, wenn die Versagung des Vorsteuerabzugs in diesen Fällen einen Überhang des gesetzlichen Tatbestandes über die Wertungen des Gesetzgebers bei der Festlegung der Voraussetzungen für den Vorsteuerabzug darstellen würde (vgl. auch BFH-Urteile vom 25.7.1972, VIII R 59/68, BStBl. II S. 918, vom 26.10.1972, I R 125/70, BStBl. 1973 II S. 271, vom 15.2.1973, V R 152/69, BStBl. II S. 466, und vom 19.10.1978, V R 39/75, BStBl. 1979 II S. 345). [3]Die Nichtgewährung eines Vorsteuerabzugs kann auch sachlich unbillig sein, wenn dies den Geboten der Gleichheit und des Vertrauensschutzes, den Grundsätzen von Treu und Glauben oder dem Erfordernis der Zumutbarkeit widerspricht (vgl. BFH-Urteil vom 26.4.1995, XI R 81/93, BStBl. II S. 754). [4]Dem Unternehmer ist grundsätzlich zuzumuten, von sich aus alles zu tun, um die Mangelhaftigkeit der Unterlagen zu beseitigen. [5]An die Zumutbarkeit ist ein strenger Maßstab anzulegen. [6]Eine Billigkeitsmaßnahme ist daher erst in Betracht zu ziehen, wenn eine Vervollständigung oder nachträgliche Beschaffung der Unterlagen nicht möglich ist oder für den Unternehmer mit unzumutbaren Schwierigkeiten verbunden wäre. [7]Aber auch in einem solchen Fall ist der Unternehmer verpflichtet, an einer möglichst vollständigen Sachaufklärung mitzuwirken. [8]Unsicherheiten bei der Feststellung des Sachverhalts gehen zu seinen Lasten. [9]Die Voraussetzungen für eine Billigkeitsmaßnahme liegen nicht vor, wenn der Unternehmer über die empfangene Leistung keine ordnungsgemäße Rechnung erhalten hat (vgl. BFH-Urteil vom 12.6.1986, V R 75/78, BStBl. II S. 721).

2. [1]Im Rahmen einer Billigkeitsmaßnahme kann die Höhe des anzuerkennenden Vorsteuerabzugs durch Schätzung ermittelt werden. [2]Sind ungerechtfertigte Steuervorteile nicht auszuschließen, ist ein ausreichender Sicherheitsabschlag zu machen.

15.12 Allgemeines zum Ausschluss vom Vorsteuerabzug

(1) [1]Der allgemeine Grundsatz, dass die in § 15 Abs. 1 Satz 1 Nr. 1 bis 5 UStG bezeichneten Vorsteuern abgezogen werden können, gilt nicht, wenn der Unternehmer bestimmte steuerfreie oder bestimmte nicht steuerbare Umsätze ausführt. [2]Zu diesen Umsätzen gehören auch die entsprechenden unentgeltlichen Wertabgaben nach § 3 Abs. 1b und Abs. 9a UStG. [3]Der Ausschluss vom Vorsteuerabzug erstreckt sich nach § 15 Abs. 2 und 3 UStG auf die Steuer für die Lieferungen, die Einfuhr und den innergemeinschaftlichen Erwerb von Gegenständen, die der Unternehmer zur Ausführung der dort bezeichneten Umsätze verwendet, sowie auf die Steuer für sonstige Leistungen, die er für diese Umsätze in Anspruch nimmt. [4]Der Ausschluss vom Vorsteuerabzug erstreckt sich außerdem auf Aufwendungen für Eingangsleistungen, die der Unternehmer für Ausgangsumsätze in Anspruch nimmt, auf die unmittelbar eine Steuerbefreiung der MwStSystRL angewandt wird, wenn die Voraussetzungen des § 15 Abs. 3 UStG nicht vorliegen (vgl. BFH-Urteil vom *16.5.2012, XI* R 24/10, BStBl. 2013 II S. 52, und für den vergleichbaren Fall, dass eine nationale Steuerbefreiung in Anspruch genommen wird, die mit der MwStSystRL unvereinbar ist, vgl. EuGH-Urteil vom 26.2.2015, C-144/13,

VDP Dental Laboratory).[1] [5]Der Begriff der Verwendung einer Lieferung oder sonstigen Leistung umfasst auch die Verwendungsabsicht. [6]Das Recht auf Vorsteuerabzug des Unternehmers entsteht dem Grunde und der Höhe nach bereits im Zeitpunkt des Leistungsbezugs. [7]Im Rahmen des § 15 Abs. 2 und 3 UStG kommt es entscheidend darauf an, ob der Unternehmer im Zeitpunkt des Leistungsbezugs die Absicht hat, die Eingangsumsätze für solche Ausgangsumsätze zu verwenden, die den Vorsteuerabzug nicht ausschließen (BFH-Urteil vom 22.3.2001, V R 46/00, BStBl. 2003 II S. 433); zum Vorsteuerabzug aus allgemeinen Aufwendungen des Unternehmens siehe Abschnitt 15.16 Abs. 2a. [8]Bei jedem Leistungsbezug muss der Unternehmer über die beabsichtigte Verwendung der bezogenen Leistung sofort entscheiden (vgl. BFH-Beschluss vom 28.10.2020, XI B 26/20, n.v.). [9]Maßgeblich ist regelmäßig die erste Leistung oder die erste unentgeltliche Wertabgabe, in die die bezogene Leistung Eingang findet. [10]Bei der Zurechnung sind grundsätzlich nur Umsätze zu berücksichtigen, die nach Inanspruchnahme der vorsteuerbelasteten Leistungen ausgeführt werden sollen. [11]Die Verwendungsabsicht muss objektiv belegt (vgl. Absatz 2) und in gutem Glauben erklärt werden. [12]Es darf kein Fall von Betrug oder Missbrauch vorliegen. [13]Der Anspruch auf Vorsteuerabzug bleibt auch dann bestehen, wenn es später nicht zu den beabsichtigten Verwendungsumsätzen kommt (vgl. BFH-Urteil vom 17.5.2001, V R 38/00, BStBl. 2003 II S. 434). [14]Bei Anzahlungen für Leistungen ist die Verwendungsabsicht im Zeitpunkt der Anzahlung maßgeblich (vgl. BFH-Urteil vom 17.5.2001, V R 38/00, a.a.O.). [15]Änderungen in der Verwendungsabsicht wirken sich nur auf nachfolgende Leistungsbezüge bzw. Anzahlungen und den sich daraus ergebenden Vorsteuerabzug aus. [16]Absichtsänderungen wirken nicht zurück und führen deshalb z.B. nicht dazu, dass Steuerbeträge nachträglich als Vorsteuer abziehbar sind (vgl. BFH-Urteil vom 25.11.2004, V R 38/03, BStBl. 2005 II S. 414). [17]Im Insolvenzverfahren einer KG, die ihre Tätigkeit bereits vor Insolvenzeröffnung eingestellt hatte, ist über den Vorsteuerabzug aus der Rechnung des Insolvenzverwalters nach der früheren Unternehmenstätigkeit der KG zu entscheiden (BFH-Urteil vom 2.12.2015, V R 15/15, BStBl. 2016 II S. 486). [18]Der Verpächter eines Grundstücks ist bei vorzeitiger Auflösung einer steuerpflichtigen Verpachtung zum Abzug der ihm vom Pächter in Rechnung gestellten Steuer für dessen entgeltlichen Verzicht auf die Rechte aus einem langfristigen Pachtvertrag (vgl. Abschnitt 4.12.1 Abs. 1 Satz 7) jedenfalls dann berechtigt, wenn die vorzeitige Auflösung zu einem Zeitpunkt erfolgt, in dem das Pachtverhältnis noch besteht und eine beabsichtigte (steuerfreie) Grundstücksveräußerung noch nicht festgestellt werden kann (vgl. BFH-Urteil vom 13.12.2017, XI R 3/16, BStBl. 2018 II S. 727).

(2) [1]Die objektiven Anhaltspunkte (z.B. Mietverträge, Zeitungsinserate, Beauftragung eines Maklers, Schriftwechsel mit Interessenten, Vertriebskonzepte, Kalkulationsunterlagen), die die Verwendungsabsicht belegen, sind regelmäßig einzelfallbezogen zu betrachten. [2]Dabei ist das Gesamtbild der Verhältnisse entscheidend. [3]Behauptungen reichen nicht aus. [4]Es sind vielmehr

---

[1] MwStR 2015, 300.

konkrete Nachweise erforderlich, die einem strengen Prüfungsmaßstab unterliegen. [5]Dabei gehen Unklarheiten zu Lasten des Unternehmers. [6]Zur Behandlung von Fällen, bei denen die tatsächliche Verwendung im Zeitpunkt des Leistungsbezuges ungewiss ist, vgl. Absatz 5.

(3) [1]Vom Abzug ausgeschlossen sind nicht nur die Vorsteuerbeträge, bei denen ein unmittelbarer wirtschaftlicher Zusammenhang mit den zum Ausschluss vom Vorsteuerabzug führenden Umsätzen des Unternehmers besteht. [2]Der Ausschluss umfasst auch die Vorsteuerbeträge, die in einer mittelbaren wirtschaftlichen Verbindung zu diesen Umsätzen stehen.

Beispiel 1:

Bezieht eine Bank Werbeartikel bis 35 € je Gegenstand, für die ihr Umsatzsteuer in Rechnung gestellt wird, sind diese Vorsteuerbeträge insoweit vom Abzug ausgeschlossen, als sie den nach § 4 Nr. 8 UStG steuerfreien Umsätzen zuzuordnen sind (vgl. BFH-Urteile vom 26.7.1988, X R 50/82, BStBl. II S. 1015, und vom 4.3.1993, V R 68/89, BStBl. II S. 527).

Beispiel 2:

[1]Hat sich der Veräußerer eines unternehmerisch genutzten Grundstücks dem Erwerber gegenüber zur Demontage und zum Abtransport betrieblicher Einrichtungen verpflichtet, werden die für die Demontage bezogenen Leistungen zur Ausführung des steuerfreien Grundstücksumsatzes verwendet. [2]Die für die Transportleistungen in Rechnung gestellte Steuer ist nur mit dem gegebenenfalls geschätzten Betrag vom Vorsteuerabzug ausgeschlossen, der durch die bloße Räumung verursacht ist (vgl. BFH-Urteil vom 27.7.1988, X R 52/81, BStBl. 1989 II S. 65).

Beispiel 3:

[1]Ist eine Grundstücksvermietung beabsichtigt, kommt es darauf an, ob der Unternehmer das Grundstück steuerfrei vermieten oder auf die Steuerfreiheit der Grundstücksvermietung (§ 4 Nr. 12 Satz 1 Buchstabe a UStG) nach § 9 UStG verzichten will. [2]Im ersten Fall ist der Vorsteuerabzug nach § 15 Abs. 2 Satz 1 Nr. 1 UStG ausgeschlossen, im zweiten Fall ist die Vorsteuer abziehbar, wenn der Unternehmer die Verwendungsabsicht objektiv belegt und in gutem Glauben erklärt hat (BFH-Urteil vom 17.5.2001, V R 38/00, BStBl. 2003 II S. 434) und auch die weiteren Voraussetzungen des § 15 UStG erfüllt sind.

Beispiel 4:

Stellt eine Bank ihren Kunden und – um weitere Kunden zu gewinnen – anderen Autofahrern unentgeltlich Stellplätze zum Parken zur Verfügung, sind die Umsatzsteuern, die ihr für die Leistungen zur Errichtung und den Unterhalt des Parkhauses in Rechnung gestellt worden sind, im Verhältnis ihrer steuerfreien Umsätze an den gesamten Umsätzen im Sinne des § 1 Abs. 1 Nr. 1 UStG vom Vorsteuerabzug ausgeschlossen (BFH-Urteil vom 4.3.1993, V R 73/87, BStBl. II S. 525).

[3]Im Einzelfall können Vorsteuerbeträge mehreren gleichwertig nebeneinanderstehenden Ausgangsumsätzen wirtschaftlich zugeordnet werden.

Beispiel 5:

Vermietet ein Bauunternehmer ein Haus an einen privaten Mieter unter dem Vorbehalt, zur Förderung eigener steuerpflichtiger Umsätze das Haus bei Bedarf zu Besichtigungszwecken (als sog. Musterhaus) zu nutzen, tritt neben die Verwendung zur Ausführung steuerfreier Vermietungsumsätze die Verwendung zur Ausführung steuerpflichtiger (Bau-)Umsätze (sog. gemischte Verwendung im Sinne des § 15 Abs. 4 UStG, BFH-Urteil vom 9.9.1993, V R 42/91, BStBl. 1994 II S. 269).

Beispiel 6:

Veräußert ein Unternehmer mit seinem Namen versehene Werbeartikel an seine selbständigen Handelsvertreter zu einem Entgelt weiter, das die Anschaffungskosten erheblich unterschreitet, sind die Werbeartikel nicht ausschließlich den Ausgangslieferungen zuzuordnen, in die sie gegenständlich eingehen, sondern auch den übrigen Umsätzen des Unternehmers, für die geworben wird (BFH-Urteil vom 16.9.1993, V R 82/91, BStBl. 1994 II S. 271).

(4) Umsätze, die dem Unternehmer zur Vornahme einer Einfuhr dienen, sind für die Frage des Vorsteuerabzugs den Umsätzen zuzurechnen, für die der eingeführte Gegenstand verwendet wird.

Beispiel:

[1] Ein Arzt nimmt wegen rechtlicher Schwierigkeiten, die bei der Einfuhr eines medizinischen Geräts eingetreten sind, einen Rechtsanwalt in Anspruch. [2] Obwohl die Einfuhr der Einfuhrumsatzsteuer unterlegen hat, kann der Arzt die ihm vom Rechtsanwalt in Rechnung gestellte Steuer nicht als Vorsteuer abziehen. [3] Die Rechtsberatung ist ebenso wie das eingeführte medizinische Gerät der steuerfreien ärztlichen Tätigkeit zuzurechnen.

(5) [1] Beim Bezug von Eingangsleistungen, deren tatsächliche Verwendung ungewiss ist, weil die Verwendungsabsicht nicht durch objektive Anhaltspunkte belegt wird, ist kein Vorsteuerabzug möglich. [2] Für den Vorsteuerabzug sind ausschließlich die Erkenntnisse im Zeitpunkt des Leistungsbezugs zu Grunde zu legen. [3] Spätere Erkenntnisse über diesen Leistungsbezug haben auf die ursprüngliche Entscheidung keine Auswirkung. [4] Ein zunächst vorgenommener Vorsteuerabzug ist deshalb nach § 164 Abs. 2, § 165 Abs. 2 oder § 173 Abs. 1 AO durch Änderung der ursprünglichen Steuerfestsetzung rückgängig zu machen, wenn später festgestellt wird, dass objektive Anhaltspunkte für die Verwendungsabsicht im Zeitpunkt des Leistungsbezugs nicht vorlagen. [5] Dies gilt auch, wenn die Verwendungsabsicht nicht in gutem Glauben erklärt wurde oder ein Fall von Betrug oder Missbrauch vorliegt. [6] Für die Frage, ob ein nach § 9 Abs. 2 UStG zum Vorsteuerabzug berechtigender steuerpflichtiger Umsatz oder ein nicht zum Vorsteuerabzug berechtigender steuerfreier Umsatz vorliegt, kommt es auf die zutreffende umsatzsteuerrechtliche Beurteilung des tatsächlich verwirklichten Sachverhalts an (vgl. BFH-Urteil vom 11.3.2009, XI R 71/07, BStBl. 2010 II S. 209). [7] Geht der Unternehmer z. B. davon aus, dass nach der maßgeblichen Rechtslage im Zeitpunkt des Leistungsbezugs seine Leistung steuerpflichtig ist, während sie bei zutreffender Beurteilung ohne Recht auf Vorsteuerabzug steuerfrei ist, ist der Unternehmer nicht zum Vorsteuerabzug berechtigt. [8] Zum Vorsteuerabzug aus allgemeinen Aufwendungen des Unternehmens siehe Abschnitt 15.16 Abs. 2a.

15.13 Ausschluss des Vorsteuerabzugs bei steuerfreien Umsätzen

(1) [1] Vorsteuerbeträge für steuerfreie Umsätze sind nach § 15 Abs. 2 Satz 1 Nr. 1 UStG grundsätzlich vom Abzug ausgeschlossen. [2] Der Ausschluss erstreckt sich nicht auf die Vorsteuerbeträge, die den in § 15 Abs. 3 Nr. 1 Buchstaben a und b UStG bezeichneten steuerfreien Umsätzen zuzurechnen sind. [3] Ebenfalls nicht vom Vorsteuerabzug ausgeschlossen sind Steuerbeträge, die für bestimmte Leistungsbezüge von Unternehmern anfallen, die steuerfreie Umsätze mit Anlagegold ausführen (vgl. § 25c Abs. 4 und 5 UStG). [4] Zum Vorsteuerabzug bei einem Gebäude, das der Ausführung steuerfreier Umsätze, die den Vorsteuerabzug ausschließen, und privaten Wohnzwecken dient, vgl. Abschnitt 3.4 Abs. 7 Satz 3 Beispiel 2.

(2) [1]Unter Buchstabe a des § 15 Abs. 3 Nr. 1 UStG fallen insbesondere die Ausfuhrlieferungen (§ 4 Nr. 1 Buchstabe a, § 6 UStG), die innergemeinschaftlichen Lieferungen (§ 4 Nr. 1 Buchstabe b, § 6a UStG), die Lohnveredelungen an Gegenständen der Ausfuhr (§ 4 Nr. 1 Buchstabe a, § 7 UStG), die Umsätze für die Seeschifffahrt und für die Luftfahrt (§ 4 Nr. 2, § 8 UStG), die sonstigen Leistungen im Zusammenhang mit der Einfuhr, Ausfuhr und Durchfuhr (§ 4 Nr. 3 und 5 UStG), die Goldlieferungen an die Zentralbanken (§ 4 Nr. 4 UStG), bestimmte Umsätze im Zusammenhang mit einem Umsatzsteuerlager (§ 4 Nr. 4a UStG), bestimmte Umsätze der Eisenbahnen des Bundes (§ 4 Nr. 6 UStG), bestimmte Umsätze an im Gebiet eines anderen Mitgliedstaates ansässige NATO-Streitkräfte, ständige diplomatische Missionen und berufskonsularische Vertretungen sowie zwischenstaatliche Einrichtungen (§ 4 Nr. 7 UStG), die steuerfreien Reiseleistungen (§ 25 Abs. 2 UStG) sowie die Umsätze, die nach den in § 26 Abs. 5 UStG bezeichneten Vorschriften steuerfrei sind. [2]Wegen des Vorsteuerabzugs bei den nach § 25 Abs. 2 UStG steuerfreien sonstigen Leistungen vgl. Abschnitt 25.4.

(3) [1]Buchstabe b des § 15 Abs. 3 Nr. 1 UStG betrifft die Umsätze, die nach § 4 Nr. 8 Buchstaben a bis g, Nr. 10 oder Nr. 11 UStG steuerfrei sind. [2]Für diese Finanz- und Versicherungsumsätze tritt der Ausschluss vom Vorsteuerabzug jedoch nur dann nicht ein, wenn sie sich unmittelbar auf Gegenstände beziehen, die in das Drittlandsgebiet ausgeführt werden. [3]Die Voraussetzung „unmittelbar“ bedeutet, dass die vorbezeichneten Umsätze in direktem Zusammenhang mit dem Gegenstand der Ausfuhr stehen müssen. [4]Nicht ausreichend ist es, wenn diese Umsätze in Verbindung mit solchen betrieblichen Vorgängen des Unternehmers stehen, die ihrerseits erst dazu dienen, die Ausfuhr zu bewirken.

Beispiel 1:

[1]Der Unternehmer lässt einen Gegenstand, den er in das Drittlandsgebiet ausführt, gegen Transportschäden versichern.
[2]Der unmittelbare Zusammenhang mit dem Gegenstand der Ausfuhr ist gegeben. [3]Die nach § 4 Nr. 10 Buchstabe a UStG steuerfreie Leistung des Versicherungsunternehmers schließt daher den Vorsteuerabzug nicht aus.

Beispiel 2:

[1]Der Unternehmer nimmt einen Kredit zur Anschaffung einer Maschine in Anspruch, die er ausschließlich zur Herstellung von Exportgütern einsetzt.
[2]Der unmittelbare Zusammenhang mit dem Gegenstand der Ausfuhr ist nicht gegeben. [3]Das Kreditinstitut kann deshalb die Vorsteuerbeträge, die der nach § 4 Nr. 8 Buchstabe a UStG steuerfreien Kreditgewährung zuzurechnen sind, nicht abziehen.

[5]Eine Ausfuhr im Sinne des § 15 Abs. 3 Nr. 1 Buchstabe b UStG ist anzunehmen, wenn der Gegenstand endgültig in das Drittlandsgebiet gelangt. [6]Es braucht keine Ausfuhrlieferung nach § 6 UStG vorzuliegen. [7]Außerdem kann der Gegenstand vor der Ausfuhr bearbeitet oder verarbeitet werden. [8]Die Ausflaggung eines Seeschiffes ist keine Ausfuhr, gleichgültig in welcher Form sich dieser Vorgang vollzieht.

(4) Zum Ausschluss des Vorsteuerabzugs bei Krediten, die im Zusammenhang mit anderen Umsätzen eingeräumt werden, vgl. Abschnitt 3.11.

(5) [1]Fällt ein Umsatz sowohl unter eine der in § 15 Abs. 3 Nr. 1 Buchstabe a und Nr. 2 Buchstabe a UStG bezeichneten Befreiungsvorschriften als auch unter eine Befreiungsvorschrift, die den Vorsteuerabzug ausschließt, z. B. die innergemeinschaftliche Lieferung von Blutkonserven zu therapeutischen Zwecken, geht die Steuerbefreiung, die den Vorsteuerabzug ausschließt – im Beispiel § 4 Nr. 17 Buchstabe a UStG – der in § 15 Abs. 3 Nr. 1 Buchstabe a und Nr. 2 Buchstabe a UStG aufgeführten Befreiungsvorschrift vor (vgl. BFH-Urteil vom 22.8.2013, V R 30/12, BStBl. 2014 II S. 133). [2]Daher kann für diese Umsätze kein Vorsteuerabzug beansprucht werden. [3]Abweichend davon geht eine Befreiung nach den in § 26 Abs. 5 UStG bezeichneten Vorschriften (z. B. nach Artikel 67 Abs. 3 NATO-ZAbk) als selbständiger Befreiungstatbestand außerhalb des UStG den Befreiungstatbeständen des UStG mit der Folge vor, dass für diese Umsätze ein Ausschluss des Vorsteuerabzugs nicht eintritt.

15.14 Ausschluss des Vorsteuerabzugs bei Umsätzen im Ausland

(1) [1]Umsätze im Ausland, die steuerfrei wären, wenn sie im Inland ausgeführt würden, schließen den Vorsteuerabzug aus inländischen Leistungsbezügen grundsätzlich aus (§ 15 Abs. 2 Satz 1 Nr. 2 UStG). [2]Der Abzug entfällt unabhängig davon, ob der maßgebliche Umsatz nach dem Umsatzsteuerrecht des Staates, in dem er bewirkt wird, steuerpflichtig ist oder als steuerfreier Umsatz zum Vorsteuerabzug berechtigt, da sich der Ausschluss vom Vorsteuerabzug ausschließlich nach dem deutschen Umsatzsteuerrecht beurteilt (vgl. BFH-Urteil vom 22.8.2019, V R 14/17, BStBl. 2020 II S. 720). [3]Bei einer Grundstücksvermietung im Ausland ist nach § 15 Abs. 2 Satz 1 Nr. 2 UStG zu prüfen, ob diese steuerfrei (vorsteuerabzugsschädlich) wäre, wenn sie im Inland ausgeführt würde. [4]Dies bestimmt sich nach den Vorschriften des § 4 Nr. 12 Satz 1 Buchstabe a und des § 9 UStG. [5]Die Grundstücksvermietung wäre im Inland nicht steuerfrei gewesen, wenn der Grundstücksvermieter die Grundstücksvermietung im Ausland tatsächlich als steuerpflichtig behandelt hat und die Voraussetzungen des § 9 UStG für den Verzicht auf die Steuerbefreiung einer Grundstücksvermietung vorlagen (vgl. BFH-Urteil vom 6.5.2004, V R 73/03, BStBl. II S. 856).

(2) [1]Ausgenommen vom Ausschluss des Vorsteuerabzugs sind die Umsätze, die nach den in § 15 Abs. 3 Nr. 2 UStG bezeichneten Vorschriften steuerfrei wären. [2]Zu den in Nummer 2 Buchstabe a dieser Vorschrift aufgeführten Steuerbefreiungen vgl. Abschnitt 15.13 Abs. 2.

(3) [1]Die Umsätze, die nach § 4 Nr. 8 Buchstaben a bis g, Nr. 10 oder Nr. 11 UStG steuerfrei wären, berechtigen dann zum Vorsteuerabzug, wenn der Leistungsempfänger im Drittlandsgebiet ansässig ist (§ 15 Abs. 3 Nr. 2 Buchstabe b UStG). [2]Die Frage, ob diese Voraussetzung erfüllt ist, beurteilt sich wie folgt:

1. [1]Ist der Leistungsempfänger ein Unternehmer und die Leistung für das Unternehmen bestimmt, ist der Ort maßgebend, von dem aus der Leistungsempfänger sein Unternehmen betreibt. [2]Ist die Leistung ausschließlich oder überwiegend für eine Betriebsstätte des Leistungsempfängers bestimmt, ist auf den Ort der Betriebsstätte abzustellen.

2. [1]Ist der Leistungsempfänger kein Unternehmer, kommt es für die Ansässigkeit darauf an, wo er seinen Wohnsitz oder Sitz hat. [2]Das Gleiche gilt, wenn der Leistungsempfänger zwar unternehmerisch tätig ist, die Leistung aber für seinen nichtunternehmerischen Bereich bestimmt ist.

Beispiel:

[1]Ein Kreditinstitut in Stuttgart gewährt der in Genf gelegenen Betriebsstätte eines Unternehmens, dessen Geschäftsleitung sich in Paris befindet, ein Darlehen. [2]Das Darlehen ist zur Renovierung des Betriebsgebäudes der Genfer Betriebsstätte bestimmt.
[3]Für die Ansässigkeit des Leistungsempfängers ist der Ort der Betriebsstätte maßgebend. [4]Er liegt im Drittlandsgebiet. [5]Das Kreditinstitut kann daher die Vorsteuern abziehen, die der nicht steuerbaren Darlehensgewährung (§ 3a Abs. 2 UStG) zuzurechnen sind.
[6]Wäre das Darlehen für den in Paris gelegenen Teil des Unternehmens bestimmt, entfiele der Vorsteuerabzug.

(4) [1]Für die in § 15 Abs. 3 Nr. 2 Buchstabe b UStG bezeichneten Finanz- und Versicherungsumsätze kann der Vorsteuerabzug auch in folgenden Fällen in Anspruch genommen werden:
[2]Der Leistungsempfänger ist zwar nicht im Drittlandsgebiet, sondern im Gemeinschaftsgebiet ansässig, die an ihn ausgeführte Leistung bezieht sich aber unmittelbar auf einen Gegenstand, der in das Drittlandsgebiet ausgeführt wird (vgl. hierzu Abschnitt 15.13 Abs. 3).

Beispiel:

[1]Ein Unternehmer in Kopenhagen lässt bei einem Versicherungsunternehmen in Hamburg einen Gegenstand gegen Diebstahl versichern. [2]Den Gegenstand liefert der Unternehmer an einen Abnehmer in Russland.
[3]Die Versicherungsleistung ist nicht steuerbar (§ 3a Abs. 2 UStG). [4]Das Versicherungsunternehmen kann die dieser Leistung zuzurechnenden Vorsteuern abziehen.

15.15 Vorsteuerabzug bei Eingangsleistungen im Zusammenhang mit unentgeltlichen Leistungen

(1) [1]Beabsichtigt der Unternehmer bereits bei Leistungsbezug, die bezogene Leistung nicht für seine unternehmerische Tätigkeit, sondern ausschließlich und unmittelbar für unentgeltliche Wertabgaben im Sinne des § 3 Abs. 1b oder 9a UStG zu verwenden, ist er nicht zum Vorsteuerabzug berechtigt; nur mittelbar verfolgte Zwecke sind unerheblich (vgl. BFH-Urteil vom 9.12.2010, V R 17/10, BStBl. 2012 II S. 53, und Abschnitt 15.2b Abs. 2). [2]Fehlt ein direkter und unmittelbarer Zusammenhang zwischen einem Eingangsumsatz und einem oder mehreren Ausgangsumsätzen, kann der Unternehmer zum Vorsteuerabzug berechtigt sein, wenn die Kosten für die Eingangsleistungen zu seinen allgemeinen Aufwendungen gehören und – als solche – Bestandteile des Preises der von ihm erbrachten entgeltlichen Leistungen sind (vgl. Abschnitte 15.2b Abs. 2, 15.21 und 15.22 und BFH-Urteil vom 27.1.2011, V R 38/09, BStBl. 2012 II S. 68).

Beispiel 1:

[1]Automobilhändler A verlost unter allen Kunden im Rahmen einer Werbeaktion

a) einen Laptop und

b) eine Konzertkarte,

mit einem Einkaufspreis von jeweils 300 €, die er beide zu diesem Zweck vorher gekauft hat. [2]Sowohl die Abgabe des Laptops als auch der Konzertkarte erfolgt aus unternehmerischen Gründen; ein Geschenk im Sinne des § 4 Abs. 5 Satz 1 Nr. 1 EStG und damit ein Fall des § 15 Abs. 1a UStG liegt nicht vor (vgl. R 4.10 Abs. 4 Satz 5 Nr. 3 EStR), da die Abgabe im Rahmen einer Verlosung geschieht.

Zu a)

[1]Die Abgabe des Laptops erfolgt aus unternehmerischen Gründen und fällt der Art nach unter § 3 Abs. 1b Satz 1 Nr. 3 UStG; es handelt sich nicht um ein Geschenk von geringem Wert. [2]Da A bereits bei Leistungsbezug beabsichtigt, den Laptop für die Verlosung zu verwenden, berechtigten die Aufwendungen für den Laptop bereits nach § 15 Abs. 1 UStG nicht zum Vorsteuerabzug. [3]Dementsprechend unterbleibt eine anschließende Wertabgabenbesteuerung (§ 3 Abs. 1b Satz 2 UStG).

Zu b)

[1]Die Abgabe der Konzertkarte erfolgt aus unternehmerischen Gründen und ist daher ein der Art nach nicht steuerbarer Vorgang, da § 3 Abs. 9a UStG Wertabgaben aus unternehmerischen Gründen nicht erfasst. [2]Da es an einem steuerbaren Ausgangsumsatz fehlt, dem der Leistungsbezug direkt und unmittelbar zugeordnet werden kann, ist für den Vorsteuerabzug die Gesamttätigkeit des A maßgeblich.

Beispiel 2:

[1]Unternehmer V errichtet ein Gebäude. [2]Nach der Fertigstellung des Gebäudes soll es an den Hotelunternehmer H überlassen werden, wobei nach der vertraglichen Vereinbarung das Gebäude zunächst für ein Jahr unentgeltlich und danach für weitere 20 Jahre steuerpflichtig verpachtet werden soll.
[3]V kann aus den Herstellungskosten des Gebäudes den Vorsteuerabzug in Anspruch nehmen, da bei Leistungsbezug feststeht, dass die Eingangsleistungen ausschließlich zur Erzielung von zum Vorsteuerabzug berechtigenden Ausgangsumsätzen verwendet werden sollen.

Beispiel 3:

[1]Unternehmer V errichtet ein Gebäude. [2]Nach der Fertigstellung des Gebäudes soll es an den Hotelunternehmer H überlassen werden, wobei nach der vertraglichen Vereinbarung das Gebäude zunächst für ein Jahr unentgeltlich und danach für weitere 20 Jahre steuerfrei verpachtet werden soll.
[3]V kann aus den Herstellungskosten des Gebäudes keinen Vorsteuerabzug in Anspruch nehmen, da bei Leistungsbezug feststeht, dass die Eingangsleistungen ausschließlich zur Erzielung von nicht zum Vorsteuerabzug berechtigenden Ausgangsumsätzen verwendet werden sollen.

(2) [1]Bestimmt sich ein Vorsteuerabzug mangels direkten und unmittelbaren Zusammenhangs des Eingangsumsatzes mit einem oder mehreren Ausgangsumsätzen nach der Gesamttätigkeit des Unternehmers, ist zunächst zu prüfen, ob der Leistungsbezug (mittelbar) einer bestimmten Gruppe von Ausgangsumsätzen wirtschaftlich zugeordnet werden kann (vgl. auch Abschnitt 15.12 Abs. 3). [2]Ist dies nicht möglich, ist die Aufteilung des Vorsteuerabzugs nach der Gesamtschau des Unternehmens vorzunehmen.

Beispiel 1:

[1]Unternehmer U betreibt einen Kfz-Handel und eine Versicherungsagentur. [2]Aus der Versicherungsagentur erzielt der Unternehmer ausschließlich nach § 4 Nr. 11 UStG steuerfreie Ausgangsumsätze. [3]U lässt sich gegen Honorar eine Internet-Homepage gestalten, auf der er zu Werbezwecken und zur Kundengewinnung für seine Versicherungsagentur kostenlose Versicherungstipps gibt. [4]Auf der Internetseite findet sich auch ein Kontaktformular für Anfragen zu Versicherungsbelangen. [5]Die über das Internet kostenlos durchgeführten Beratungen sind mangels Entgelt nicht steuerbar und auch der Art nach nicht nach § 3 Abs. 9a UStG steuerbar.
[6]U ist nicht zum Vorsteuerabzug aus der Gestaltung der Internet-Homepage berechtigt, da der Leistungsbezug insoweit ausschließlich Umsätzen zuzurechnen ist, die den Vorsteuerabzug

ausschließen. 7 Auch wenn die Gestaltung der Internet-Homepage nicht direkt mit den Umsätzen aus der Vermittlung von Versicherungen zusammenhängt, dient der Internetauftritt der Förderung dieses Unternehmensbereichs.

Beispiel 2:

1 Ein Hautarzt führt sowohl nicht zum Vorsteuerabzug berechtigende (80 % Anteil am Gesamtumsatz) als auch zum Vorsteuerabzug berechtigende Umsätze (z. B. kosmetische Behandlungen; 20 % Anteil am Gesamtumsatz) aus. 2 Um für sein unternehmerisches Leistungsspektrum zu werben, lässt er eine Internet-Homepage erstellen, auf der er über die Vorbeugung und Behandlung der wichtigsten Hauterkrankungen informiert, aber auch Hautpflegetipps gibt.

3 Die Eingangsleistung wird unternehmerisch bezogen, kann aber nicht direkt und unmittelbar bestimmten Ausgangsumsätzen zugeordnet werden. 4 Soweit die Eingangsleistung auch zur Ausführung von steuerfreien Umsätzen verwendet wird, besteht nach § 15 Abs. 2 Satz 1 Nr. 1 UStG keine Berechtigung zum Vorsteuerabzug. 5 Die abziehbaren Vorsteuerbeträge sind nach § 15 Abs. 4 UStG zu ermitteln (vgl. Abschnitt 15.17). 6 Die Aufteilung der Vorsteuern hat nach Kostenzurechnungsgesichtspunkten zu erfolgen. 7 Da keine andere Form der wirtschaftlichen Zurechnung erkennbar ist, ist der Umsatzschlüssel als sachgerechte Schätzmethode anzuerkennen (§ 15 Abs. 4 Satz 3 UStG).

Beispiel 3:

1 Unternehmer U mit zur Hälfte steuerfreien, den Vorsteuerabzug ausschließenden Ausgangsumsätzen bezieht Leistungen für die Durchführung eines Betriebsausfluges. 2 Die Kosten pro Arbeitnehmer betragen

a) 80 €,

b) 200 €

Zu a)

1 Die Zuwendungen an die Arbeitnehmer im Rahmen des Betriebsausflugs sind überwiegend betrieblich veranlasste nicht steuerbare Leistungen, weil sie je Arbeitnehmer den Betrag von 110 € nicht übersteigen (vgl. Abschnitt 1.8 Abs. 4 Satz 3 Nr. 6). 2 Da die Durchführung des Betriebsausflugs keinen Wertabgabentatbestand erfüllt, fehlt es an einem steuerbaren Ausgangsumsatz, dem die Leistungsbezüge direkt und unmittelbar zugeordnet werden können. 3 Für den Vorsteuerabzug ist deshalb die Gesamttätigkeit des U maßgeblich. 4 U kann daher aus der Hälfte der Aufwendungen den Vorsteuerabzug geltend machen.

Zu b)

1 Die Zuwendungen an die Arbeitnehmer im Rahmen des Betriebsausflugs sind nicht überwiegend betrieblich veranlasste steuerbare Leistungen, weil sie je Arbeitnehmer den Betrag von 110 € übersteigen (vgl. Abschnitt 1.8 Abs. 4 Satz 3 Nr. 6). 2 Es liegt eine Mitveranlassung durch die Privatsphäre der Arbeitnehmer vor. 3 Bei Überschreiten des Betrags von 110 € besteht für U kein Anspruch auf Vorsteuerabzug, sofern die Verwendung bereits bei Leistungsbezug beabsichtigt ist. 4 Dementsprechend unterbleibt eine Wertabgabenbesteuerung. 5 Maßgeblich ist hierfür, dass sich ein Leistungsbezug zur Entnahme für unternehmensfremde Privatzwecke und ein Leistungsbezug für das Unternehmen gegenseitig ausschließen. 6 Der nur mittelbar verfolgte Zweck, das Betriebsklima zu fördern, ändert hieran nichts (vgl. BFH-Urteil vom 9.12.2010, V R 17/10, BStBl. 2012 II S. 53).

15.16 Grundsätze zur Aufteilung der Vorsteuerbeträge

(1) 1 Verwendet der Unternehmer die für sein Unternehmen gelieferten oder eingeführten Gegenstände und die in Anspruch genommenen sonstigen Leistungen sowohl für Umsätze, die zum Vorsteuerabzug berechtigen, als auch für Umsätze, die den Vorsteuerabzug nach § 15 Abs. 2 und 3 UStG ausschließen, hat er die angefallenen Vorsteuerbeträge in einen abziehbaren und einen *nicht* abziehbaren Teil aufzuteilen. 2 Die Aufteilung richtet sich allein nach der Verwendung des bezogenen Gegenstands oder der in Anspruch genommenen

sonstigen Leistung (vgl. Abschnitt 15.12 Abs. 1), nicht aber nach dem Anlass, aus dem der Unternehmer den Gegenstand oder die sonstige Leistung bezogen hat (BFH-Urteile vom 18.12.1986, V R 18/80, BStBl. 1987 II S. 280, und vom 10.4.1997, V R 26/96, BStBl. II S. 552). [3] Von der Aufteilung in einen abziehbaren und einen nicht abziehbaren Teil sind die Vorsteuerbeträge ausgenommen, die zwar der Verwendung nach für eine Aufteilung in Frage kämen, bei denen jedoch die sonstigen Voraussetzungen des § 15 UStG für den Abzug nicht vorliegen (z. B. bei fehlendem Steuerausweis in der Rechnung). [4] Außerdem scheiden die Steuerbeträge für eine Aufteilung aus, für die ein Abzugsverbot besteht (vgl. auch Abschnitt 15.2 Abs. 3). [5] Diese Vorsteuerbeträge bleiben insgesamt vom Abzug ausgeschlossen.

(2) [1] Die Aufteilung der Vorsteuern ist nach § 15 Abs. 4 UStG vorzunehmen. [2] Dies bedeutet, dass die Vorsteuern nach ihrer wirtschaftlichen Zuordnung aufzuteilen sind (vgl. Abschnitt 15.17). [3] Die Aufteilung schließt an die Grundsätze an, die sich aus § 15 Abs. 2 und 3 UStG für die Zuordnung der Vorsteuern zu den einzelnen Umsätzen des Unternehmers herleiten. [4] Dementsprechend erstreckt sich § 15 Abs. 4 UStG nicht auf die Vorsteuerbeträge, die entweder allein den zum Abzug berechtigenden Umsätzen oder allein den zum Ausschluss des Vorsteuerabzugs führenden Umsätzen zuzurechnen sind. [5] Die Abziehbarkeit der einer Umsatzart ausschließlich zurechenbaren Vorsteuerbeträge beurteilt sich daher stets nach den Vorschriften des § 15 Abs. 1 bis 3 UStG. [6] Die Aufteilung nach § 15 Abs. 4 UStG betrifft somit nur die Vorsteuerbeträge, die teils der einen und teils der anderen Umsatzart zuzuordnen sind (vgl. BFH-Urteil vom 16.9.1993, V R 82/91, BStBl. 1994 II S. 271). [7] Im Fall der Anschaffung oder Herstellung eines Gebäudes vgl. Abschnitt 15.17 Abs. 5 bis 8.

(2a) [1] Bei der Aufteilung von Vorsteuerbeträgen aus allgemeinen Aufwendungen des Unternehmens (vgl. Abschnitt 15.2b Abs. 2 Satz 4) ist regelmäßig auf das Verhältnis der gesamten Umsätze im Besteuerungszeitraum abzustellen. [2] Wird ein Aufteilungsschlüssel im Voranmeldungsverfahren vorläufig angewandt, z. B. auf der Grundlage der Umsätze des vorangegangenen Jahres, führt die Festsetzung des endgültigen, abweichenden Aufteilungsschlüssels zu einer Berichtigung der nach dem vorläufigen Aufteilungsschlüssel ermittelten Vorsteuerbeträge in der Jahresfestsetzung (vgl. BFH-Urteil vom 24.4.2013, XI R 25/10, BStBl. 2014 II S. 346).

(3) Ändern sich bei einem Wirtschaftsgut ab dem Zeitpunkt der erstmaligen Verwendung die für den ursprünglichen Vorsteuerabzug maßgebenden Verhältnisse, ist für die Berichtigung des Vorsteuerabzugs § 15a UStG maßgebend (vgl. Abschnitt 15a.2).

15.17 Aufteilung der Vorsteuerbeträge nach § 15 Abs. 4 UStG

Allgemeines

(1) [1] Eine Aufteilung der Vorsteuerbeträge nach der in § 15 Abs. 4 UStG bezeichneten Methode bezweckt eine genaue Zuordnung der Vorsteuerbeträge zu den Umsätzen, denen sie wirtschaftlich zuzurechnen sind. [2] Folgende drei Gruppen von Vorsteuerbeträgen sind zu unterscheiden:

1. [1]Vorsteuerbeträge, die in voller Höhe abziehbar sind, weil sie ausschließlich Umsätzen zuzurechnen sind, die zum Vorsteuerabzug berechtigen. [2]Das sind z. B. in einem Fertigungsbetrieb die Vorsteuerbeträge, die bei der Anschaffung von Material oder Anlagegütern anfallen. [3]Bei einem Handelsbetrieb kommen vor allem die Vorsteuerbeträge aus Warenbezügen in Betracht.
2. [1]Vorsteuerbeträge, die in voller Höhe vom Abzug ausgeschlossen sind, weil sie ausschließlich Umsätzen zuzurechnen sind, die nicht zum Vorsteuerabzug berechtigen. [2]Hierzu gehören z. B. bei steuerfreien Grundstücksverkäufen die Vorsteuerbeträge für die Leistungen des Maklers und des Notars sowie für Inserate. [3]Bei steuerfreien Vermietungen und Verpachtungen kommen vor allem die Vorsteuerbeträge in Betracht, die bei der Anschaffung oder Herstellung eines Wohngebäudes, beim Herstellungs- und Erhaltungsaufwand, bei Rechtsberatungen und der Grundstücksverwaltung anfallen.
3. [1]Übrige Vorsteuerbeträge. [2]In diese Gruppe fallen alle Vorsteuerbeträge, die sowohl mit Umsätzen, die zum Vorsteuerabzug berechtigen, als auch mit Umsätzen, die den Vorsteuerabzug ausschließen, in wirtschaftlichem Zusammenhang stehen. [3]Hierzu gehören z. B. die Vorsteuerbeträge, die mit dem Bau, der Einrichtung und der Unterhaltung eines Verwaltungsgebäudes in Verbindung stehen, das auch der Ausführung steuerfreier Umsätze im Sinne des § 4 Nr. 12 UStG dient. [4]Wegen der zugelassenen Erleichterungen bei der Aufteilung vgl. Abschnitt 15.18.

(2) [1]Für eine Aufteilung kommen nur die in Absatz 1 Satz 2 Nr. 3 bezeichneten Vorsteuerbeträge in Betracht. [2]Vor Anwendung des § 15 Abs. 4 UStG muss der Unternehmer zunächst die Vorsteuerbeträge den zum Vorsteuerabzug berechtigenden und den nicht zum Vorsteuerabzug berechtigenden Ausgangsumsätzen unmittelbar und wirtschaftlich zuordnen (Absatz 1 Satz 2 Nr. 1 und 2) sowie getrennte Aufzeichnungen führen (§ 22 Abs. 3 Satz 2 und 3 UStG; Abschnitt 22.4). [3]Jeder einzelne Leistungsbezug und jede Anzahlung ist zuzuordnen. [4]Kommt der Unternehmer dieser Zuordnungsverpflichtung nicht nach, sind die den einzelnen Bereichen zuzuordnenden Leistungsbezüge und die darauf entfallenden Vorsteuerbeträge gemäß § 162 AO im Wege der Schätzung zu ermitteln (vgl. Absatz 3). [5]Eine Einbeziehung auf derartige Leistungsbezüge entfallender Vorsteuern in die nach § 15 Abs. 4 UStG aufzuteilenden Vorsteuerbeträge kommt nicht in Betracht. [6]Die Aufteilung dieser Vorsteuern ist nach dem Prinzip der wirtschaftlichen Zurechnung durch die sog. gegenständliche Zuordnung oder nach Kostenzurechnungsgesichtspunkten vorzunehmen (vgl. BFH-Urteile vom 16.9.1993, V R 82/91, BStBl. 1994 II S. 271, und vom 10.4.1997, V R 26/96, BStBl. II S. 552). [7]Hierbei ist die betriebliche Kostenrechnung (Betriebsabrechnungsbogen, Kostenträgerrechnung) oder die Aufwands- und Ertragsrechnung in der Regel als geeigneter Anhaltspunkt heranzuziehen. [8]Zu beachten ist jedoch, dass die verrechneten Kosten und der verrechnete Aufwand nicht mit den Werten (Vorumsätzen) *übereinstimmen,* über deren Vorsteuern zu entscheiden ist. [9]Denn die Kostenrechnung erfasst nur die für die Erstellung einer Leistung notwendigen Kosten und die Aufwands- und Ertragsrechnung nur den in einer Abrechnungsperiode

entstandenen Aufwand. [10]Das betrifft insbesondere die Wirtschaftsgüter des Anlagevermögens, die in der Kostenrechnung wie in der Aufwands- und Ertragsrechnung nur mit den Abschreibungen angesetzt werden. [11]Der Unternehmer kann diese Unterlagen daher nur als Hilfsmittel verwenden.

(3) [1]Bei der nach § 15 Abs. 4 Satz 2 UStG zugelassenen Schätzung ist auf die im Einzelfall bestehenden wirtschaftlichen Verhältnisse abzustellen. [2]Hierbei ist es erforderlich, dass der angewandte Maßstab systematisch von der Aufteilung nach der wirtschaftlichen Zuordnung ausgeht. [3]Die Ermittlung der abziehbaren Vorsteuer nach dem Umsatzschlüssel ist nur zulässig, wenn keine andere Methode der wirtschaftlichen Zuordnung möglich ist (§ 15 Abs. 4 Satz 3 UStG). [4]Nur in diesen Fällen kann der nicht abziehbare Teil der einer Umsatzgruppe nicht ausschließlich zurechenbaren Vorsteuerbeträge (vgl. Absatz 1 Satz 2 Nr. 3) einheitlich nach dem Verhältnis der Umsätze, die den Vorsteuerabzug ausschließen, zu den anderen Umsätzen ermittelt werden. [5]Einfuhren und innergemeinschaftliche Erwerbe sindkeine Umsätze in diesem Sinne und daher nicht in den Umsatzschlüssel einzubeziehen.

(4) Ist die Umsatzsteuerfestsetzung für das Jahr der Anschaffung oder Herstellung eines gemischt genutzten Gegenstands formell bestandskräftig und hat der Unternehmer ein im Sinne des § 15 Abs. 4 UStG sachgerechtes Aufteilungsverfahren angewandt, ist dieser Maßstab auch für die nachfolgenden Kalenderjahre bindend (BFH-Urteil vom 2.3.2006, V R 49/05, BStBl. II S. 729).

Vorsteuerabzug bei Gebäuden

(5) [1]Für den Umfang des Vorsteuerabzugs bei Erwerb und erheblichem Umbau eines Gebäudes, das anschließend vom Erwerber für vorsteuerunschädliche und vorsteuerschädliche Verwendungsumsätze genutzt werden soll, ist vorgreiflich zu entscheiden, ob es sich bei den Umbaumaßnahmen um Erhaltungsaufwand am Gebäude oder um anschaffungsnahen Aufwand zur Gebäudeanschaffung handelt oder ob insgesamt die Herstellung eines neuen Gebäudes anzunehmen ist (vgl. BFH-Urteil vom 28.9.2006, V R 43/03, BStBl. 2007 II S. 417). [2]Vorsteuerbeträge, die einerseits den Gegenstand selbst oder aber andererseits die Erhaltung, Nutzung oder Gebrauch des Gegenstands betreffen, sind danach jeweils gesondert zu beurteilen. [3]Handelt es sich um Aufwendungen für den Gegenstand selbst (aus der Anschaffung oder Herstellung), kommt nur eine Aufteilung der gesamten auf den einheitlichen Gegenstand entfallenden Vorsteuerbeträge nach einem sachgerechten Aufteilungsmaßstab (§ 15 Abs. 4 UStG) in Betracht. [4]Der Umfang der abzugsfähigen Vorsteuerbeträge auf sog. Erhaltungsaufwendungen an dem Gegenstand kann sich hingegen danach richten, für welchen Nutzungsbereich des gemischt genutzten Gegenstands die Aufwendungen vorgenommen werden. [5]Selbst wenn Herstellungskosten eines Gebäudes aus einer Vielzahl von einzelnen Leistungsbezügen bestehen können, die für sich betrachtet einzelnen Gebäudeteilen zugeordnet werden oder auf mehrere unterschiedliche Nutzungen aufgeteilt werden könnten, muss einerseits zwischen der Verwendung des Gegenstands selbst und andererseits der Verwendung von Gegenständen und Dienstleistungen zur Erhaltung oder zum Gebrauch dieses Gegenstands

unterschieden werden. [6] Anschaffungs- oder Herstellungskosten betreffen jeweils die Anschaffung oder Herstellung eines bestimmten Gegenstands (bei einem Gebäude das einheitliche Gebäude) und nicht bestimmte Gebäudeteile. [7] Werden jedoch lediglich bestimmte Gebäudeteile angeschafft oder hergestellt, sind diese der jeweilige Gegenstand (vgl. BFH-Urteil vom 22.11.2007, V R 43/06, BStBl. 2008 II S. 770).

(6) [1] Die Begriffe der Anschaffungs- oder Herstellungskosten, der nachträglichen Anschaffungs- oder Herstellungskosten und der Erhaltungsaufwendungen sind nach den für das Einkommensteuerrecht geltenden Grundsätzen auszulegen. [2] Dies gilt jedoch nicht, soweit nach § 6 Abs. 1 Nr. 1a EStG Erhaltungsaufwendungen zu Herstellungskosten (anschaffungsnahe Herstellungskosten) umqualifiziert werden.

(7)[1)] [1] Wird ein Gebäude durch einen Unternehmer angeschafft oder hergestellt und soll dieses Gebäude sowohl für vorsteuerunschädliche als auch für vorsteuerschädliche Ausgangsumsätze verwendet werden, sind die gesamten auf die Anschaffungs- oder Herstellungskosten des Gebäudes entfallenden Vorsteuerbeträge nach § 15 Abs. 4 UStG aufzuteilen. [2] Für die Zurechnung dieser Vorsteuerbeträge ist die „prozentuale" Aufteilung der Verwendung des gesamten Gebäudes zu vorsteuerunschädlichen bzw. vorsteuerschädlichen Umsätzen maßgebend (vgl. BFH-Urteil vom 28.9.2006, V R 43/03, BStBl. 2007 II S. 417). [3] Daraus folgt regelmäßig eine Ermittlung der nicht abziehbaren Vorsteuerbeträge nach § 15 Abs. 4 UStG im Wege einer sachgerechten Schätzung. [4] Als sachgerechter Aufteilungsmaßstab kommt bei Gebäuden in der Regel die Aufteilung nach dem Verhältnis der Nutzflächen in Betracht (vgl. BFH-Urteil vom 12.3.1992, V R 70/87, BStBl. II S. 755). [5] Der Unternehmer kann eine flächenbezogene Vorsteueraufteilung nur beanspruchen, wenn diese sachgerecht ist (vgl. BFH-Urteile vom 7.7.2011, V R 36/10, BStBl. 2012 II S. 77, und vom 5.9.2013, XI R 4/10, BStBl. 2014 II S. 95, zum Fall einer Spielhalle mit Spielgeräten, die teilweise umsatzsteuerpflichtigen und teilweise umsatzsteuerfreien Zwecken dienen). [6] Weicht die Ausstattung der unterschiedlich genutzten Räume erheblich voneinander ab, ist es erforderlich, den Bauaufwand den einzelnen Verwendungsumsätzen zuzuordnen (vgl. BFH-Urteil vom 20.7.1988, X R 8/80, BStBl. II S. 1012). [7] Entsprechendes gilt zum Beispiel bei Abweichungen in der Geschosshöhe. [8] Beim Erwerb, nicht jedoch bei der Herstellung von Gebäuden kommt auch eine Vorsteueraufteilung nach dem Verhältnis der Ertragswerte zur Verkehrswertermittlung in Betracht (vgl. BFH-Urteile vom 5.2.1998, V R 101/96, BStBl. II S. 492, und vom 12.3.1998, V R 50/97, BStBl. II S. 525). [9] Die Ermittlung des nicht abziehbaren Teils der Vorsteuerbeträge nach dem Verhältnis der vorsteuerschädlichen Umsätze zu den vorsteuerunschädlichen Umsätzen ist dabei nach § 15 Abs. 4 Satz 3 UStG nur zulässig, wenn keine andere

---

[1)] Zum Aufteilungsschlüssel (Fläche oder Umsatz) siehe EuGH v. 8.11.2012 C-511/10, BLC Baumarkt, DStR 2012, 2333, und BFH v. 22.8.2013 V R 19/09, DStR 2013, 2757, sowie EuGH v. 9.6.2016 C-332/14, Wolfgang und Dr. Wilfried Rey Grundstücksgemeinschaft, DStR 2016, 1370, und BFH v. 10.8.2016 XI R 31/09, DStR 2016, 2280. – Zur Vorsteueraufteilung bei Schulsportanlagen siehe BFH v. 26.4.2018 V R 23/16, DStR 2018, 1864 (Aufteilung nach Nutzungszeiten).

wirtschaftliche Zurechnung möglich ist. [10]Eine Zurechnung der Aufwendungen zu bestimmten Gebäudeteilen nach einer räumlichen (sog. „geografischen") oder zeitlichen Anbindung oder nach einem Investitionsschlüssel (vgl. BFH-Urteil vom 18.11.2004, V R 16/03, BStBl. 2005 II S. 503) ist nicht zulässig.

Beispiel 1:

[1]U errichtet ein Wohn- und Geschäftshaus. [2]Er beabsichtigt, die Fläche des Hauses zu jeweils 50% vorsteuerunschädlich bzw. vorsteuerschädlich zu vermieten. [3]Aus der Erstellung des Fußbodenbelags im vorsteuerunschädlich verwendeten Gebäudeteil entstehen U Aufwendungen von 100 000 € zzgl. 19 000 € Umsatzsteuer.
[4]Es handelt sich um Aufwendungen für die (Neu-)Herstellung des Gebäudes („ursprüngliche" Herstellungskosten). [5]U ist unter den weiteren Voraussetzungen des § 15 UStG berechtigt, den Vorsteuerabzug aus den Aufwendungen für den Fußbodenbelag zu 50% (= 9500 €) geltend zu machen.

[11]Entsprechend ist bei nachträglichen Anschaffungs- oder Herstellungskosten zu verfahren. [12]Maßgeblich für die Vorsteueraufteilung ist in diesem Fall die beabsichtigte Verwendung des Gegenstands, der durch die nachträglichen Anschaffungs- oder Herstellungskosten entsteht.

Beispiel 2:

[1]U errichtet ein Gebäude, bestehend aus einer vorsteuerunschädlich gewerblich genutzten (EG; Anteil 50%) und einer vorsteuerschädlich zu Wohnzwecken vermieteten Einheit (1. OG; Anteil 50%). [2]Das Dachgeschoss ist noch nicht ausgebaut. [3]U ordnet das Gebäude vollständig seinem Unternehmen zu.
[4]Ein Jahr nach Errichtung des Gebäudes baut U das Dachgeschoss aus. [5]Es entstehen dabei drei separat zugängliche gleich große Einheiten, von denen eine als Wohnung und zwei als Büroteile genutzt werden (sollen). [6]Die Wohnung wird umsatzsteuerfrei und die Büroteile werden umsatzsteuerpflichtig vermietet. [7]Gleichzeitig lässt U das Treppenhaus zum Dachgeschoss erweitern.
[8]Des Weiteren lässt U eine Alarmanlage installieren, die das gesamte Gebäude sichert. [9]Zudem lässt U einen Aufzug anbauen, mit dem jede Etage erreicht werden kann. [10]Mit dem Zugewinn an Nutzfläche erhöht sich der Anteil der vorsteuerunschädlich genutzten zum vorsteuerschädlich genutzten Teil an der Gesamtfläche des ausgebauten Gebäudes von 50% auf 60%. [11]Das neu ausgebaute Gebäude ist vollständig dem Unternehmen des U zugeordnet.
[12]Die Aufwendungen für den Ausbau des Dachgeschosses, die Erweiterung des Treppenhauses, den Einbau der Alarmanlage und den Einbau des Aufzugs sind jeweils (nachträgliche) Herstellungskosten.
[13]Der Ausbau des Dachgeschosses ist eine eigenständig genutzte Erweiterung des bestehenden Gebäudes (Altflächen) und ist damit eigenständiges Aufteilungsobjekt. [14]Entsprechend der vorsteuerunschädlichen Verwendung des Dachgeschosses i. H. v. 2/3 sind die Vorsteuern aus dem Dachausbau zu 2/3 abziehbar.
[15]Die Aufwendungen für die Erweiterung des Treppenhauses sind dem Dachgeschoss zuzuordnen, da sie ausschließlich durch den Ausbau des Dachgeschosses verursacht sind. [16]Die Vorsteuern sind daher nach den Nutzungsverhältnissen des Dachgeschosses aufzuteilen.
[17]Die Aufwendungen für den Einbau der Alarmanlage sind dem gesamten Gebäude in seinen neuen Nutzungsverhältnissen zuzuordnen, da sie das gesamte Gebäude sichert. [18]Folglich sind die Vorsteuern zu 60% abziehbar.
[19]Die Aufwendungen für den Einbau des Aufzugs sind dem gesamten Gebäude mit seinen neuen Nutzungsverhältnissen und nicht ausschließlich dem Dachgeschoss zuzuordnen, da mit dem Aufzug jede Etage erreicht werden kann. [20]Die Vorsteuern sind daher zu 60% abziehbar.
[21]Die jeweiligen (nachträglichen) Herstellungskosten stellen gesonderte Berichtigungsobjekte im Sinne von § 15a Abs. 6 UStG dar.

(8) [1]Handelt es sich bei den bezogenen Leistungen um Aufwendungen, die ertragsteuerrechtlich als Erhaltungsaufwand anzusehen sind, oder um solche, die mit dem Gebrauch oder der Nutzung des Gebäudes zusammenhängen, ist

vorrangig zu prüfen, ob die bezogenen Leistungen vorsteuerunschädlich oder vorsteuerschädlich verwendeten Gebäudeteilen zugeordnet werden können.

Beispiel 1:

[1] U besitzt ein Wohn- und Geschäftshaus, dessen Fläche er zu jeweils 50% vorsteuerunschädlich bzw. vorsteuerschädlich vermietet hat. [2] In den vorsteuerunschädlich vermieteten Räumen lässt U durch den Maler M sämtliche Wände neu anstreichen.
[3] U ist aus den Aufwendungen zum Anstrich der Wände unter den weiteren Voraussetzungen des § 15 UStG in vollem Umfang zum Vorsteuerabzug berechtigt.

[2] Ist eine direkte Zurechnung des Erhaltungsaufwands oder der Aufwendungen im Zusammenhang mit dem Gebrauch zu bestimmten Gebäudeteilen nicht möglich, ist die Aufteilung der Vorsteuerbeträge nach § 15 Abs. 4 UStG vorzunehmen.

Beispiel 2:

[1] U lässt an seinem Wohn- und Geschäftshaus, dessen Fläche er zu jeweils 50% vorsteuerunschädlich bzw. vorsteuerschädlich vermietet, die Fassade neu anstreichen.
[2] Der Fassadenanstrich kann keinem zur Erzielung von vorsteuerunschädlichen bzw. vorsteuerschädlichen Ausgangsumsätzen verwendeten Gebäudeteil zugeordnet werden. [3] U kann daher unter den weiteren Voraussetzungen des § 15 UStG zu 50% aus den Aufwendungen den Vorsteuerabzug vornehmen.

15.18 Erleichterungen bei der Aufteilung der Vorsteuerbeträge

Allgemeines

(1) [1] Die Erleichterungen des § 43 UStDV erstrecken sich auf die Fälle, in denen die dort bezeichneten Umsätze den Vorsteuerabzug ausschließen würden. [2] Sie betreffen nur die Vorsteuerbeträge, die den in § 43 UStDV bezeichneten Umsätzen lediglich teilweise zuzurechnen sind. [3] Vorsteuerbeträge, die sich ausschließlich auf diese Umsätze beziehen, bleiben vom Abzug ausgeschlossen.

(2) [1] Die Erleichterungen des § 43 UStDV bestehen darin, dass die Vorsteuerbeträge, die den dort bezeichneten Umsätzen nur teilweise zuzuordnen sind, nicht in einen abziehbaren und einen nicht abziehbaren Anteil aufgeteilt werden müssen. [2] Sie sind somit voll abziehbar.

Bestimmte Umsätze von Geldforderungen

(3) § 43 Nr. 1 UStDV betrifft solche Umsätze von Geldforderungen (z. B. Wechselumsätze oder Forderungsabtretungen), denen zum Vorsteuerabzug berechtigende Umsätze des Unternehmers zu Grunde liegen.

Beispiel:

[1] Ein Unternehmer tritt eine Geldforderung, die er an einen Kunden für eine steuerpflichtige Warenlieferung hat, an einen Dritten ab, der aber den tatsächlichen Forderungseinzug nicht übernimmt.
[2] Dieser Umsatz ist nach § 4 Nr. 8 UStG unter Ausschluss des Vorsteuerabzugs steuerfrei (vgl. Abschnitt 2.4 Abs. 3 Satz 5). [3] Der Forderungsabtretung liegt jedoch die zum Vorsteuerabzug berechtigende Warenlieferung zu Grunde. [4] Der Unternehmer braucht daher die Vorsteuern, die der Forderungsabtretung nicht ausschließlich zuzurechnen sind (z. B. Vorsteuern, die im Bereich der Verwaltungsgemeinkosten angefallen sind), nicht in einen abziehbaren und einen *nicht abziehbaren Anteil* aufzuteilen. [5] Sie sind voll abziehbar.
[6] Der Unternehmer könnte in gleicher Weise verfahren, wenn er von seinem Kunden für die Warenlieferung einen Wechsel erhalten hätte, den er anschließend an einen Dritten weitergibt.

Bestimmte Umsätze von Wechseln

(4) [1]Unter § 43 Nr. 2 UStDV fallen nur Wechselumsätze. [2]Den Wechsel muss der Unternehmer für einen zum Vorsteuerabzug berechtigenden Umsatz eines Dritten von dessen Leistungsempfänger erhalten haben. [3]Außerdem muss der Unternehmer den Wechsel dafür erhalten haben, dass er den leistenden Unternehmer als Bürge oder Garantiegeber an Stelle des Leistungsempfängers befriedigt hat. [4]Schließt der Umsatz des leistenden Unternehmers den Vorsteuerabzug nach § 15 Abs. 2 und 3 UStG aus, kann die Erleichterung des § 43 UStDV für den Wechselumsatz nicht in Anspruch genommen werden (§ 43 Nr. 2 Satz 2 UStDV).

Beispiel:

[1]Der Zentralregulierer A gibt einer Bank oder einem sonstigen Empfänger einen Wechsel. [2]Dieser nach § 4 Nr. 8 UStG steuerfreie Umsatz schließt den Vorsteuerabzug aus. [3]Den Wechsel hat A von dem Leistungsempfänger B dafür erhalten, dass er dessen Zahlungsverpflichtung an den Lieferer C als Bürge beglichen hat. [4]Der Umsatz des C an B berechtigte C zum Vorsteuerabzug.

[5]A kann für seinen Wechselumsatz von der Erleichterung des § 43 UStDV Gebrauch machen.

[6]Die Auswirkungen sind die gleichen wie im Beispiel in Absatz 3.

[7]Würde der Umsatz des C an B den Vorsteuerabzug nach § 15 Abs. 2 und 3 UStG ausschließen, käme für A die Erleichterung des § 43 UStDV nicht in Betracht.

Bestimmte Hilfsumsätze

(5) [1]Für die in § 43 Nr. 3 UStDV bezeichneten Umsätze darf die Erleichterung des § 43 UStDV nur unter der Voraussetzung angewendet werden, dass es sich bei ihnen um Hilfsumsätze handelt. [2]Das ist dann der Fall, wenn diese Umsätze zur unternehmerischen Tätigkeit des Unternehmens gehören, jedoch nicht den eigentlichen Gegenstand des Unternehmens bilden. [3]Die Erleichterung ist insbesondere für folgende Hilfsumsätze von Bedeutung:

1. [1]Eintausch ausländischer Zahlungsmittel durch einen Unternehmer, der diese Beträge für seine Waren- und Dienstleistungsumsätze von seinen Kunden erhalten hat. [2]Dies gilt auch dann, wenn dieser Umsatz eine sonstige Leistung darstellt (vgl. BFH-Urteil vom 19.5.2010, XI R 6/09, BStBl. 2011 II S. 831).
2. Die Abgabe von Briefmarken im Zusammenhang mit dem Verkauf von Ansichtskarten durch Schreibwarenhändler oder Kioske.
3. Geschäftseinlagen bei Kreditinstituten von Unternehmern, soweit die Geschäftseinlagen nicht der unmittelbaren, dauerhaften und notwendigen Erweiterung der steuerbaren Tätigkeit des Unternehmens dienen (vgl. BFH-Urteil vom 19.1.2016, XI R 38/12, BStBl. 2017 II S. 567).

[4]Die Auswirkungen sind die gleichen wie im Beispiel in Absatz 3.

Verwaltungsgemeinkosten

(6) Aus Vereinfachungsgründen können bei der Aufteilung von Vorsteuerbeträgen alle Vorsteuerbeträge, die sich auf die sog. Verwaltungsgemeinkosten beziehen (z. B. die Vorsteuerbeträge für die Beschaffung des Büromaterials), nach einem einheitlichen Verhältnis ggf. schätzungsweise aufgeteilt werden, auch wenn einzelne Vorsteuerbeträge dieses Bereichs an sich bestimmten Umsätzen ausschließlich zuzurechnen wären.

15.19 Vorsteuerabzug bei juristischen Personen des öffentlichen Rechts

Allgemeines

(1) [1]Bei juristischen Personen des öffentlichen Rechts ist zwischen der umsatzsteuerrechtlich relevanten Betätigung im Unternehmen und der nichtunternehmerischen Tätigkeit zu unterscheiden (vgl. BFH-Urteil vom 3.7.2008, V R 51/06, BStBl. 2009 II S. 213). [2]Abziehbar sind Vorsteuerbeträge für Umsätze, die für den unternehmerischen Bereich der juristischen Person des öffentlichen Rechts ausgeführt werden (z. B. Lieferungen von Büromaterial für die Versorgungsbetriebe einer Stadtgemeinde) und in diesem Bereich nicht der Ausführung von Umsätzen dienen, die nach § 15 Abs. 2 und 3 UStG den Vorsteuerabzug ausschließen (Abschnitte 15.12 bis 15.15). [3]Werden dem Unternehmensbereich dienende Gegenstände später für den nichtunternehmerischen Bereich entnommen oder verwendet, liegt eine unentgeltliche Wertabgabe vor. [4]Die Einschränkung des Vorsteuerabzugs bei Repräsentationsaufwendungen nach § 15 Abs. 1a UStG (vgl. Abschnitt 15.6) gilt auch für juristische Personen des öffentlichen Rechts.

(2)[1)] [1]Der Vorsteuerabzug entfällt, wenn sich der Umsatz auf den nichtunternehmerischen Bereich bezieht (z. B. Lieferungen von Büromaschinen für die öffentliche Verwaltung einer Stadtgemeinde). [2]Werden die dem nichtunternehmerischen Bereich dienenden Gegenstände später in den unternehmerischen Bereich überführt oder dort verwendet, ist ein nachträglicher Vorsteuerabzug nicht zulässig. [3]Eine Gemeinde, die Einrichtungen (einschließlich Straßen, Wege und Plätze) sowohl für wirtschaftliche als auch für hoheitliche Zwecke verwendet, kann diese nicht in vollem Umfang ihrer wirtschaftlichen Tätigkeit zuordnen und ist deshalb nur anteilig zum Vorsteuerabzug berechtigt (zu einem Marktplatz vgl. BFH-Urteil vom 3.8.2017, V R 62/16, BStBl. 2021 II S. 109). [4]Eine Gemeinde kann keine Vorsteuern aus Herstellung und Unterhalt von Einrichtungen geltend machen, die zwar durch die Gemeinde als Teil der öffentlichen Kureinrichtungen/des Fremdenverkehrs vorgehalten werden, jedoch nach den landesrechtlichen Regelungen (z. B. Straßen- und Wegerecht) durch öffentlich-rechtliche Widmung als dem Gemeingebrauch zugänglich anzusehen bzw. einer solchen Widmung zuzuführen sind, selbst wenn die Gemeinde vom Kurgast auf der Grundlage einer Satzung einen allgemeinen Kurabgabebeitrag erhebt (vgl. BFH-Urteil vom 26.4.1990, V R 166/84, BStBl. II S. 799). [5]Die Nutzung der Einrichtungen durch den Kurgast erfolgt hier nicht im Rahmen einer über den Gemeingebrauch hinausgehenden Sondernutzung. [6]Bei Fehlen einer öffentlich-rechtlichen Widmung entfällt der Vorsteuerabzug, wenn die Einrichtung ausdrücklich (z. B. durch Gemeindeordnung) oder konkludent (z. B. durch Gewohnheitsrecht oder Ausschilderung als Spazier- oder Wanderweg) der Öffentlichkeit zur Nutzung überlassen wird und dadurch insoweit eine Sondernutzung in Zusammenhang mit einer wirtschaftlichen Tätigkeit ausgeschlossen ist.

[1)] *A 15.19 UStAE Abs. 2* Sätze 2 und 3 aufgeh., bish. Satz 4 wird Satz 2, neue Sätze 3 bis 6 angef. durch BMF v. 18.1.2021, BStBl. I 2020, 121, anzuwenden in allen offenen Fällen; das BMF-Schreiben v. 27.7.2017, BStBl. I 2017, 1239, ist anzuwenden.

Leistung für den unternehmerischen und den nichtunternehmerischen Bereich

(3) [1] Wird ein Umsatz sowohl für den unternehmerischen als auch für den nichtunternehmerischen Bereich der juristischen Person des öffentlichen Rechts ausgeführt (teilunternehmerische Verwendung), besteht eine Berechtigung zum Vorsteuerabzug nur im Umfang der beabsichtigten Verwendung für die unternehmerische Tätigkeit (vgl. BFH-Urteil vom 3.3.2011, V R 23/10, BStBl. 2012 II S. 74, und Abschnitt 15.2b Abs. 2). [2] Die auf die Eingangsleistung entfallende Steuer ist entsprechend dem Verwendungszweck in einen abziehbaren und einen nicht abziehbaren Anteil aufzuteilen (z.B. beim Bezug einheitlicher Gegenstände, bei einem gemeinsamen Bezug von Heizmaterial oder bei Inanspruchnahme eines Rechtsanwalts, der auf Grund eines einheitlichen Vertrages ständig Rechtsberatungen für beide Bereiche erbringt). [3] Maßgebend für die Aufteilung sind die Verhältnisse bei Ausführung des betreffenden Umsatzes an die juristische Person des öffentlichen Rechts. [4] Für den Vorsteuerabzug beim Bezug einheitlicher Gegenstände, die teilunternehmerisch nichtwirtschaftlich i. e. S. verwendet werden, gilt eine Billigkeitsregelung, vgl. Abschnitt 15.2c Abs. 2 Satz 1 Nr. 2 Buchstabe a. [5] Zum Vorsteuerabzug bei teilunternehmerisch genutzten Grundstücken vgl. Abschnitte 3.4 Abs. 5a, 15.2b Abs. 2 und 15.6a Abs. 1 Satz 4.

Beispiel:

[1] Eine juristische Person des öffentlichen Rechts erwirbt einen PKW, der sowohl für den Eigenbetrieb „Wasserversorgung" (unternehmerische Tätigkeit) als auch für den hoheitlichen Bereich verwendet werden soll.

[2] Der Vorsteuerabzug aus der Anschaffung des PKW ist anteilig nur insoweit zu gewähren, als der PKW für die unternehmerische Tätigkeit verwendet werden soll.

Materialbeschaffungsstellen

(4) [1] Juristische Personen des öffentlichen Rechts haben vielfach zentrale Stellen zur Beschaffung von Material für den unternehmerischen und den nichtunternehmerischen Bereich eingerichtet (z.B. für Büromaterial, Heizmittel). [2] Beim Bezug des Materials ist häufig noch nicht bekannt, in welchem Bereich es verwendet wird. [3] In diesen Fällen sind die Beschaffungsstellen dem unternehmerischen Bereich zuzurechnen, sofern der auf diesen Bereich entfallende Anteil der Beschaffungen nicht unter 10% der Gesamtbezüge liegt. [4] Gehören danach die Beschaffungsstellen zu dem unternehmerischen Bereich, kann für den Bezug des gesamten Materials der Vorsteuerabzug in Anspruch genommen werden. [5] Die spätere Überführung von Gegenständen in den nichtunternehmerischen Bereich ist nach § 3 Abs. 1b Satz 1 Nr. 1 UStG *steuerpflichtig.* [6] Eine spätere teilweise Verwendung im nichtunternehmerischen Bereich ist nach § 3 Abs. 9a Nr. 1 UStG zu versteuern (vgl. Absatz 1). [7] Für Gegenstände, die zwar im unternehmerischen Bereich verbleiben, aber dort zur Ausführung von Umsätzen verwendet werden, die nach § 15 Abs. 2 und 3 UStG den Vorsteuerabzug ausschließen, ist der Vorsteuerabzug beim Verlassen der Beschaffungsstelle rückgängig zu machen. [8] Ist die zentrale Beschaffungsstelle dem nichtunternehmerischen Bereich zuzurechnen, entfällt der Vorsteuerabzug für das von ihr bezogene Material in vollem Umfang, und

zwar auch für Gegenstände, die später im unternehmerischen Bereich verwendet werden.

Juristische Personen des öffentlichen Rechts (§ 2b UStG)

(5) Zu Fragen bezüglich Vorsteuerabzug und Vorsteuerberichtigung im Zusammenhang mit der Regelung des § 2b UStG und der Übergangsregelung des § 27 Abs. 22 UStG vgl. BMF-Schreiben vom 16.12.2016, BStBl. I S. 1451.

15.20 Vorsteuerabzug bei Überlassung von Gegenständen durch Gesellschafter an die Gesellschaft

(1) [1]Erwirbt ein Gesellschafter, der bisher nur als Gesellschafter tätig ist, einen Gegenstand und überlässt er ihn der Gesellschaft entgeltlich zur Nutzung, wird er unternehmerisch tätig. [2]Er kann die ihm beim Erwerb des Gegenstands in Rechnung gestellte Steuer unter den übrigen Voraussetzungen des § 15 UStG als Vorsteuer abziehen (vgl. Abschnitt 1.6 Abs. 7 Nr. 1). [3]Ein Abzug der auf den Erwerb des Gegenstands entfallenden Vorsteuer durch die Gesellschaft ist ausgeschlossen, weil der Gegenstand nicht für das Unternehmen der Gesellschaft geliefert worden ist. [4]Die Gesellschaft kann gegebenenfalls die Vorsteuern abziehen, die bei der Verwendung des Gegenstands in ihrem Unternehmen anfallen (z. B. der Gesellschaft in Rechnung gestellte Steuer für Reparaturen usw.). [5]Überlässt der Gesellschafter dagegen den Gegenstand unentgeltlich zur Nutzung, handelt er insoweit nicht als Unternehmer.[1)] [6]Das Gleiche gilt, wenn die Gebrauchsüberlassung einen auf Leistungsvereinigung gerichteten Vorgang darstellt (vgl. BFH-Urteil vom 24.8.1994, XI R 74/93, BStBl. 1995 II S. 150). [7]In diesen Fällen ist weder der Gesellschafter noch die Gesellschaft berechtigt, die dem Gesellschafter beim Erwerb des Gegenstands in Rechnung gestellte Steuer als Vorsteuer abzuziehen (vgl. auch BFH-Urteile vom 26.1.1984, V R 65/76, BStBl. II S. 231, und vom 18.3.1988, V R 178/83, BStBl. II S. 646, sowie BFH-Beschluss vom 9.3.1989, V B 48/88, BStBl. II S. 580).

(2) [1]Ist ein Gesellschafter bereits als Unternehmer tätig und überlässt er der Gesellschaft einen Gegenstand seines Unternehmens zur Nutzung, kann er sowohl bei entgeltlicher als auch bei unentgeltlicher Überlassung die ihm bei der Anschaffung des überlassenen Gegenstands in Rechnung gestellte Steuer als Vorsteuer abziehen (vgl. Abschnitt 1.6 Abs. 7 Nr. 2). [2]Ein Vorsteuerabzug der Gesellschaft ist insoweit ausgeschlossen.

(3) [1]Der Vorsteuerabzug nach den Absätzen 1 und 2 ist beim Gesellschafter nicht zulässig, wenn die Überlassung des Gegenstands nach § 15 Abs. 2 und 3 UStG den Abzug ausschließt. [2]Ist der Überlassung eine Verwendung des Gegenstands im Unternehmen des Gesellschafters vorausgegangen, kann eine Vorsteueraufteilung oder eine Berichtigung des Vorsteuerabzugs nach § 15a UStG in Betracht kommen (vgl. Abschnitt 15.16).

[1)] *Zum Vorsteuerabzug* des geschäftsführenden Gesellschafters einer GbR aus dem Erwerb eines Mandantenstamms siehe BFH v. 26.8.2014 XI R 26/10, DStR 2014, 2499, sowie EuGH v. 13.3.2014 C-204/13, Malburg, DStR 2014, 592.

15.21 Vorsteuerabzug aus Aufwendungen im Zusammenhang mit der Ausgabe von gesellschaftsrechtlichen Anteilen

(1) [1]Eine Personengesellschaft erbringt bei Aufnahme eines Gesellschafters gegen Bareinlage an diesen keinen steuerbaren und mithin auch keinen nach § 4 Nr. 8 Buchstabe f UStG steuerfreien Umsatz (vgl. BFH-Urteil vom 1.7.2004, V R 32/00, BStBl. II S. 1022). [2]Auch bei der Gründung einer Gesellschaft durch die ursprünglichen Gesellschafter liegt kein steuerbarer Umsatz der Gesellschaft an die Gesellschafter vor. [3]Die Ausgabe neuer Aktien zur Aufbringung von Kapital stellt keinen Umsatz dar, der in den Anwendungsbereich von Artikel 2 Abs. 1 MwStSystRL[1)] fällt. [4]Dabei kommt es nicht darauf an, ob die Ausgabe der Aktien durch den Unternehmer im Rahmen einer Börseneinführung erfolgt oder von einem nicht börsennotierten Unternehmen ausgeführt wird (vgl. EuGH-Urteil vom 26.5.2005, C-465/03, Kretztechnik).[2)]

(2) Beim Vorsteuerabzug aus Aufwendungen, die im Zusammenhang mit der Ausgabe gesellschaftsrechtlicher Beteiligungen gegen Bareinlage stehen, ist zu beachten, dass Voraussetzung für den Vorsteuerabzug nach § 15 Abs. 1 UStG u. a. ist, dass der Unternehmer eine Leistung für sein Unternehmen (vgl. Abschnitt 15.2b Abs. 2) von einem anderen Unternehmer bezogen hat und die Eingangsleistung nicht mit Umsätzen im Zusammenhang steht, die den Vorsteuerabzug nach § 15 Abs. 2 UStG ausschließen.

(3) Da die unternehmerische Tätigkeit mit dem ersten nach außen erkennbaren, auf eine Unternehmertätigkeit gerichteten Tätigwerden beginnt, wenn die spätere Ausführung entgeltlicher Leistungen beabsichtigt ist (vgl. Abschnitt 2.6 Abs. 1 Satz 1), können auch Beratungsleistungen im Zusammenhang mit der Gründung einer Gesellschaft und der Aufnahme von Gesellschaftern für das Unternehmen der Gesellschaft bezogen werden.

(4) [1]Das Recht auf Vorsteuerabzug aus den bezogenen Lieferungen und sonstigen Leistungen ist nur gegeben, wenn die hierfür getätigten Aufwendungen zu den Kostenelementen der „versteuerten", zum Vorsteuerabzug berechtigenden Ausgangsumsätze gehören (vgl. Abschnitt 15.2b Abs. 2 sowie EuGH-Urteile vom 26.5.2005, C-465/03, Kretztechnik,[2)] und vom 13.3.2008, C-437/06, Securenta).[3)] [2]In den Fällen der Aufnahme eines Gesellschafters gegen Bareinlage oder der Ausgabe neuer Aktien ist diese Voraussetzung ungeachtet der Nichtsteuerbarkeit dieser Vorgänge, also ungeachtet eines fehlenden direkten und unmittelbaren Zusammenhangs mit einem Ausgangsumsatz, vor dem Hintergrund des EuGH-Urteils vom 26.5.2005, C-465/03, Kretztechnik,[2)] für die mit den Vorgängen im Zusammenhang stehenden Eingangsleistungen erfüllt, wenn

1. die Aufnahme des Gesellschafters oder die Ausgabe neuer Aktien erfolgte, um das Kapital des Unternehmers zugunsten seiner wirtschaftlichen Tätigkeit im Allgemeinen zu stärken, und

---

1) **Steuergesetze** Nr. **550.**
2) DStR 2005, 965.
3) DStR 2008, 615.

2. die Kosten der Leistungen, die der Unternehmer in diesem Zusammenhang bezogen hat, Teil seiner allgemeinen Kosten sind und somit zu den Preiselementen seiner Produkte gehören.

(5) [1]Kosten für die Aufnahme eines Gesellschafters gegen Bareinlage, die Ausgabe von Aktien oder die Begebung von Inhaberschuldverschreibungen (vgl. BFH-Urteil vom 6.5.2010, V R 29/09, BStBl. II S. 885), die zu den allgemeinen Kosten des Unternehmers gehören, hängen somit grundsätzlich direkt und unmittelbar mit dessen wirtschaftlicher Tätigkeit zusammen. [2]Dies gilt auch für Aufwendungen des Unternehmers, die mit seiner rechtlichen Beratung im Zusammenhang mit der Aufnahme der unternehmerischen Tätigkeit oder mit einem Unternehmenskonzept entstehen.

(6) [1]Der Vorsteuerabzug ist nach den allgemeinen Grundsätzen des § 15 UStG zu gewähren. [2]In Bezug auf die mit der Ausgabe der Beteiligungen entstandenen Kosten ist daher hinsichtlich der Berechtigung zum Vorsteuerabzug Folgendes zu beachten:

1. [1]Dient die Ausgabe der Beteiligung der allgemeinen wirtschaftlichen Stärkung des Unternehmens und sind die dabei entstandenen Kosten zu Preisbestandteilen der Ausgangsumsätze geworden, gehören die Aufwendungen zu den allgemeinen Kosten, für die sich der Vorsteuerabzug nach den Verhältnissen des Besteuerungszeitraums des Leistungsbezugs bestimmt. [2]Führt der Unternehmer nicht ausschließlich zum Vorsteuerabzug berechtigende Umsätze aus, sind die abziehbaren Vorsteuern aus den im Zusammenhang mit der Gründung einer Gesellschaft, der Aufnahme eines Gesellschafters gegen Bareinlage oder die Ausgabe neuer Aktien im Zusammenhang stehenden Aufwendungen nach § 15 Abs. 4 UStG zu ermitteln (vgl. Abschnitt 15.17).
2. [1]Dienen die aus der Ausgabe der Beteiligungen zugeflossenen Mittel hingegen der Erweiterung oder Stärkung eines bestimmten Geschäftsbetriebs und sind die dabei entstandenen Kosten zu Preisbestandteilen nur bestimmter Ausgangsumsätze geworden (z. B. konkretes, aus dem Prospekt zur Ausgabe der Anteile ersichtliches Projekt), ist auf die insoweit beabsichtigte Verwendung abzustellen. [2]Maßgeblich für den Vorsteuerabzug sind die im Zeitpunkt des Leistungsbezugs für den Besteuerungszeitraum der Verwendung beabsichtigten Ausgangsumsätze (siehe BFH-Urteil vom 8.3.2001, V R 24/98, BStBl. 2003 II S. 430).
3. [1]Soweit das durch die Ausgabe von Beteiligungen beschaffte Kapital dem nichtunternehmerischen Bereich zufließt (z. B. Kapitalerhöhung durch eine Finanzholding), ist ein Vorsteuerabzug aus den damit verbundenen Aufwendungen nicht zulässig (vgl. BFH-Urteil vom 6.5.2010, V R 29/09, BStBl. II S. 885, und Abschnitt 15.2b Abs. 2). [2]In den Fällen, in denen eine Gesellschaft neben dem unternehmerischen auch einen nichtunternehmerischen Bereich unterhält, und in denen die Mittel aus der Ausgabe der Beteiligung nicht ausschließlich dem nichtunternehmerischen Bereich zufließen, sind die aus den mit der Ausgabe der Beteiligung zusammenhängenden Aufwendungen angefallenen Vorsteuerbeträge entsprechend dem Verwendungszweck in einen abziehbaren und einen nicht abziehbaren Anteil aufzuteilen. [3]Für die Aufteilung der Vorsteuerbeträge gelten die Grund-

sätze des § 15 Abs. 4 UStG entsprechend (vgl. BFH-Urteil vom 3.3.2011, V R 23/10, BStBl. 2012 II S. 74).

Beispiel:

[1] Das Unternehmen U bezieht Beratungsleistungen, die im unmittelbaren Zusammenhang mit der Ausgabe neuer Anteile zur Kapitalbeschaffung stehen. [2] U ist nur unternehmerisch tätig.

[3] Der Vorsteuerabzug richtet sich in diesem Fall nach der unternehmerischen Gesamttätigkeit, weil es sich bei der Ausgabe neuer Gesellschaftsanteile nicht um Leistungen handelt (vgl. BFH-Urteil vom 6.5.2010, V R 29/09, BStBl. II S. 885, und Abschnitt 15.2b Abs. 2). [4] Insofern liegt mangels Leistungscharakter kein konkreter Ausgangsumsatz vor, mit dem ein unmittelbarer Zusammenhang dergestalt besteht, dass die Berücksichtigung der wirtschaftlichen Gesamttätigkeit ausgeschlossen wäre.

(7) [1] Die Grundsätze dieses Abschnitts sind in den Fällen der Ausgabe von Beteiligungen gegen Sacheinlage sinngemäß anzuwenden. [2] Zur umsatzsteuerrechtlichen Behandlung der Ausgabe von Beteiligungen gegen Sacheinlage beim einbringenden Gesellschafter vgl. BFH-Urteil vom 13.11.2003, V R 79/01, BStBl. 2004 II S. 375.

15.22 Vorsteuerabzug im Zusammenhang mit dem Halten und Veräußern von gesellschaftsrechtlichen Beteiligungen

(1) [1] Wird ein Anteilseigner (insbesondere auch eine Holding) beim Erwerb einer gesellschaftsrechtlichen Beteiligung als Unternehmer tätig (vgl. Abschnitt 2.3 Abs. 2 ff.), muss er die Beteiligung seinem Unternehmen zuordnen. [2] Vorsteuern, die im Zusammenhang mit den im unternehmerischen Bereich gehaltenen gesellschaftsrechtlichen Beteiligungen anfallen, sind unter den allgemeinen Voraussetzungen des § 15 UStG abziehbar. [3] Hält der Unternehmer (z. B. eine gemischte Holding) daneben auch gesellschaftsrechtliche Beteiligungen im nichtunternehmerischen Bereich, sind Eingangsleistungen, die sowohl für den unternehmerischen Bereich als auch für den nichtunternehmerischen Bereich bezogen werden (z. B. allgemeine Verwaltungskosten der Holding, allgemeine Beratungskosten, Steuerberatungskosten usw.), für Zwecke des Vorsteuerabzugs aufzuteilen (vgl. Abschnitt 15.2b Abs. 2 und BFH-Urteil vom 9.2.2012, V R 40/10, BStBl. II S. 844). [4] Ein Recht auf Vorsteuerabzug aus Leistungen im Zusammenhang mit dem Einwerben von Kapital zur Anschaffung einer gesellschaftsrechtlichen Beteiligung besteht für den Unternehmer (insbesondere für eine Holding) jedoch nicht, soweit das eingeworbene Kapital in keinem Verhältnis zu der im unternehmerischen Bereich gehaltenen gesellschaftsrechtlichen Beteiligung steht, oder wenn die Umsätze, die dieses Recht begründen sollen, eine missbräuchliche Praxis darstellen (vgl. BFH-Urteile vom 6.4.2016, V R 6/14, BStBl. 2017 II S. 577, und vom 1.6.2016, XI R 17/11, BStBl. 2017 II S. 581).

(2) [1] Das bloße Veräußern von gesellschaftsrechtlichen Beteiligungen ist keine unternehmerische Tätigkeit (vgl. Abschnitt 2.3 Abs. 2 Satz 1). [2] Dies gilt nicht, wenn die Beteiligung im Unternehmensvermögen gehalten wird (vgl. Abschnitt 2.3 Abs. 3 Satz 5 ff.). [3] Der Abzug der Vorsteuer aus Aufwendungen, die im direkten und unmittelbaren Zusammenhang mit der Veräußerung einer gesellschaftsrechtlichen Beteiligung stehen, ist nur insofern zulässig,

als diese Veräußerung steuerbar ist und der Vorsteuerabzug nicht nach § 15 Abs. 2 UStG ausgeschlossen ist (vgl. BFH-Urteil vom 6.5.2010, V R 29/09, BStBl. II S. 885, und Abschnitt 15.2b Abs. 2). [4]Somit scheidet der Vorsteuerabzug im Fall der Veräußerung einer nicht im Unternehmensvermögen gehaltenen gesellschaftsrechtlichen Beteiligung wegen des direkten und unmittelbaren Zusammenhangs mit diesem nicht steuerbaren Umsatz aus. [5]Im Fall einer nach § 4 Nr. 8 Buchstabe e oder f UStG steuerfreien Veräußerung einer im Unternehmensvermögen gehaltenen Beteiligung scheidet der Vorsteuerabzug wegen des direkten und unmittelbaren Zusammenhangs mit dieser den Vorsteuerabzug nach § 15 Abs. 2 Satz 1 Nr. 1 UStG ausschließenden Veräußerung aus, ohne dass dafür auf die unternehmerische Gesamttätigkeit abzustellen ist (vgl. BFH-Urteil vom 27.1.2011, V R 38/09, BStBl. 2012 II S. 68).

15.23 Vorsteuerabzug und Umsatzbesteuerung bei (teil-)unternehmerisch verwendeten Fahrzeugen

(1) [1]Für die Frage der Zuordnung eines angeschafften, hergestellten, eingeführten oder innergemeinschaftlich erworbenen Fahrzeugs sind die Zuordnungsgrundsätze nach Abschnitt 15.2c zu beachten. [2]Auf die ertragsteuerrechtliche Behandlung als Betriebs- oder Privatvermögen kommt es grundsätzlich nicht an. [3]Maßgebend für die Zuordnung ist die im Zeitpunkt der Anschaffung des Fahrzeugs beabsichtigte Verwendung für den Besteuerungszeitraum der erstmaligen Verwendung (vgl. Abschnitt 15.2c Abs. 12). [4]Dabei ist auf das voraussichtliche Verhältnis der Jahreskilometer für die unterschiedlichen Nutzungen abzustellen. [5]Im Falle einer Ersatzbeschaffung kann das Aufteilungsverhältnis des Vorjahres herangezogen werden. [6]Seine Verwendungsabsicht muss der Unternehmer objektiv belegen und in gutem Glauben erklären.

(2) [1]Beträgt der Umfang der unternehmerischen Verwendung des Fahrzeugs weniger als 10% (unternehmerische Mindestnutzung), greift das Zuordnungsverbot nach § 15 Abs. 1 Satz 2 UStG. [2]Die Fahrten des Unternehmers zwischen Wohnung und Betriebsstätte sowie Familienheimfahrten wegen einer aus betrieblichem Anlass begründeten doppelten Haushaltsführung sind dabei der unternehmerischen Nutzung des Fahrzeugs zuzurechnen und unterliegen keiner Vorsteuerkürzung nach § 15 Abs. 1a UStG. [3]Maßgebend für die 10%-Grenze nach § 15 Abs. 1 Satz 2 UStG ist bei einem Fahrzeug das Verhältnis der Kilometer unternehmerischer Fahrten zu den Jahreskilometern des Fahrzeugs. [4]In Zweifelsfällen muss der Unternehmer dem Finanzamt die unternehmerische Mindestnutzung glaubhaft machen. [5]Bei sog. Zweit- oder Drittfahrzeugen von Einzelunternehmern oder sog. Alleinfahrzeugen bei einer nebenberuflichen Unternehmertätigkeit ist regelmäßig davon auszugehen, dass diese Fahrzeuge zu weniger als 10% unternehmerisch genutzt werden. [6]Das Gleiche gilt bei Personengesellschaften, wenn ein Gesellschafter mehr als ein Fahrzeug privat nutzt, für die weiteren privat genutzten Fahrzeuge.

(3) [1]Bei ausschließlich unternehmerischer Verwendung des Fahrzeugs kann der Unternehmer die auf die Anschaffung des Fahrzeugs entfallenden Vorsteuerbeträge abziehen (§ 15 Abs. 1 Satz 1 UStG), sofern kein Ausschlusstatbe-

stand nach § 15 Abs. 1a und 2 in Verbindung mit Abs. 3 UStG vorliegt. [2]Das Gleiche gilt bei teilunternehmerischer Verwendung des Fahrzeugs für unternehmensfremde (private) Tätigkeiten, wenn der Unternehmer das Fahrzeug vollständig seinem Unternehmen zuordnet. [3]In diesem Fall unterliegt die unternehmensfremde Nutzung unter den Voraussetzungen des § 3 Abs. 9a Nr. 1 UStG als unentgeltliche Wertabgabe der Besteuerung. [4]Ordnet der Unternehmer nur den unternehmerisch genutzten Fahrzeugteil seinem Unternehmen zu (unter Beachtung der unternehmerischen Mindestnutzung), darf er nur die auf diesen Teil entfallende Vorsteuer aus den Anschaffungskosten nach § 15 Abs. 1 Satz 1 UStG abziehen, wobei die erforderliche Vorsteueraufteilung nach den Grundsätzen des § 15 Abs. 4 UStG zu erfolgen hat. [5]Die auf den anderen Fahrzeugteil entfallende unternehmensfremde Nutzung unterliegt dann nicht der Wertabgabenbesteuerung nach § 3 Abs. 9a Nr. 1 UStG. [6]Bei einer teilunternehmerischen Verwendung für nichtwirtschaftliche Tätigkeiten i. e. S. (vgl. Abschnitt 2.3 Abs. 1a) gehört das Fahrzeug nur in Höhe der beabsichtigten unternehmerischen Nutzung zum Unternehmen. [7]Dementsprechend ist ein Vorsteuerabzug nur für den dem Unternehmen zugeordneten Anteil des Fahrzeugs zulässig, sofern kein Ausschlusstatbestand nach § 15 Abs. 1a und Abs. 2 in Verbindung mit Abs. 3 UStG vorliegt (vgl. Abschnitt 15.2b Abs. 2).

(4) [1]Zu Aufwendungen im Zusammenhang mit einem Fahrzeug vgl. Abschnitt 15.2c Abs. 2 Satz 2 bis 6. [2]Werden zum Gebrauch des Fahrzeugs Gegenstände bezogen, die keine vertretbaren Sachen sind, gelten für diese die allgemeinen Zuordnungsgrundsätze. [3]Aus Vereinfachungsgründen kann der Unternehmer auf das Verhältnis der unternehmerischen zur nichtunternehmerischen Nutzung des Fahrzeugs abstellen.

Beispiel:

[1]Erwirbt der Unternehmer für ein Fahrzeug, das zu weniger als 10 % für sein Unternehmen genutzt wird und deshalb nicht dem Unternehmen zugeordnet ist, z. B. einen Satz Winterreifen, können diese wie das Fahrzeug selbst nicht zugeordnet werden; ein Recht auf Vorsteuerabzug besteht insoweit nicht, es sei denn, der Unternehmer weist eine höhere unternehmerische Nutzung der Winterreifen nach. [2]Wird das Fahrzeug dagegen beispielsweise zu 40 % unternehmerisch und zu 60 % unternehmensfremd (privat) genutzt, kann der Unternehmer die Winterreifen im vollen Umfang seinem Unternehmen zuordnen (vgl. Anschnitt 15.2c Abs. 2 Satz 1 Nr. 2 Buchstabe b) und unter den Voraussetzungen des § 15 UStG den Vorsteuerabzug in voller Höhe geltend machen. [3]Der Bemessungsgrundlage der unentgeltlichen Wertabgabe kann ein Privatanteil von 60 % zu Grunde gelegt werden, ohne dass die konkreten Nutzungsverhältnisse der Winterreifen ermittelt werden müssen.

(5) [1]Die unternehmensfremde (private) Nutzung eines dem Unternehmen vollständig zugeordneten Fahrzeugs ist unter den Voraussetzungen des § 3 *Abs. 9a Nr. 1 UStG als unentgeltliche* Wertabgabe der Besteuerung zu unterwerfen. [2]Als Bemessungsgrundlage sind dabei nach § 10 Abs. 4 Satz 1 Nr. 2 UStG die Ausgaben anzusetzen, soweit sie zum vollen oder teilweisen Vorsteuerabzug berechtigt haben (vgl. Abschnitt 10.6 Abs. 3). [3]Sofern Anschaffungs- oder Herstellungskosten mindestens 500 € (Nettobetrag ohne Umsatzsteuer) betragen, sind sie gleichmäßig auf den für das Fahrzeug maßgeblichen Berichtigungszeitraum nach § 15a UStG zu verteilen. [4]Zur Ermittlung der Ausgaben, die auf die unternehmensfremde Nutzung des dem Unternehmen zugeordne-

ten Fahrzeugs entfallen, hat der Unternehmer die Wahl zwischen folgenden Methoden:

1. Kraftfahrzeuge, die zu mehr als 50% betrieblich genutzt werden
   a) 1%-Regelung
   [1] Ermittelt der Unternehmer für Ertragsteuerzwecke den Wert der Nutzungsentnahme nach der sog. 1%-Regelung nach § 6 Abs. 1 Nr. 4 Satz 2 EStG, kann er von diesem Wert aus Vereinfachungsgründen bei der Bemessungsgrundlage für die Umsatzbesteuerung der unternehmensfremden Nutzung ausgehen. [2] Für umsatzsteuerliche Zwecke erfolgt jedoch keine pauschale Kürzung des inländischen Listenpreises für Fahrzeuge mit Antrieb ausschließlich durch Elektromotoren, die ganz oder überwiegend aus mechanischen oder elektrochemischen Energiespeichern oder aus emissionsfrei betriebenen Energiewandlern gespeist werden (Elektrofahrzeuge), oder für extern aufladbare Hybridelektrofahrzeuge. [3] Für die nicht mit Vorsteuern belasteten Ausgaben kann aus Vereinfachungsgründen ein pauschaler Abschlag von 20% vorgenommen werden. [4] Der so ermittelte Betrag ist der Nettowert; die Umsatzsteuer ist mit dem allgemeinen Steuersatz hinzuzurechnen.
   b) Fahrtenbuchregelung
   [1] Setzt der Unternehmer für Ertragsteuerzwecke die private Nutzung mit den auf die Privatfahrten entfallenden Aufwendungen an, indem er die für das Fahrzeug insgesamt entstehenden Aufwendungen durch Belege und das Verhältnis der privaten zu den übrigen Fahrten durch ein ordnungsgemäßes Fahrtenbuch nachweist (§ 6 Abs. 1 Nr. 4 Satz 3 EStG), ist von diesem Wert auch bei der Ermittlung der Bemessungsgrundlage für die Umsatzbesteuerung der unternehmensfremden Nutzung auszugehen. [2] Für umsatzsteuerliche Zwecke erfolgt jedoch keine Kürzung der insgesamt entstandenen Aufwendungen um Aufwendungen, die auf das Batteriesystem bei Elektro- und Hybridelektrofahrzeugen entfallen. [3] Aus den Gesamtaufwendungen sind für Umsatzsteuerzwecke die nicht mit Vorsteuern belasteten Ausgaben in der belegmäßig nachgewiesenen Höhe auszuscheiden.

2. Kraftfahrzeuge, die nicht zu mehr als 50% betrieblich genutzt werden
   [1] Wird das Fahrzeug nicht zu mehr als 50% betrieblich genutzt, ist die Anwendung der 1%-Regelung nach § 6 Abs. 1 Nr. 4 Satz 2 EStG ausgeschlossen. [2] Der für ertragsteuerliche Zwecke nach § 6 Abs. 1 Nr. 4 Satz 1 EStG ermittelte Nutzungsanteil ist grundsätzlich auch der Umsatzbesteuerung zu Grunde zu legen. [3] Für Umsatzsteuerzwecke sind allerdings die Gesamtaufwendungen für Elektro- und Hybridelektrofahrzeugen nicht um solche Aufwendungen zu kürzen, die auf das Batteriesystem entfallen.

3. Schätzung des unternehmensfremden (privaten) Nutzungsanteils
   [1] Wendet der Unternehmer die 1%-Regelung nicht an oder werden die pauschalen Wertansätze durch die sog. Kostendeckelung auf die nachgewiesenen tatsächlichen Ausgaben begrenzt (vgl. Rdnr. 18 des BMF-Schreibens vom 18.11.2009, BStBl. I S. 1326) und liegen die Voraussetzungen zur Ermittlung nach der Fahrtenbuchregelung nicht vor (z. B. weil kein ord-

nungsgemäßes Fahrtenbuch geführt wird), ist der private Nutzungsanteil für Umsatzsteuerzwecke anhand geeigneter Unterlagen im Wege einer sachgerechten Schätzung zu ermitteln. [2]Als geeignete Unterlagen kommen insbesondere Aufzeichnungen für einen repräsentativen Zeitraum in Betracht, aus denen sich zumindest die unternehmerischen Fahrten mit Fahrtziel und gefahrenen Kilometern und die Gesamtkilometer ergeben. [3]Liegen keine geeigneten Unterlagen für eine Schätzung vor, ist der private Nutzungsanteil mit mindestens 50% zu schätzen, soweit sich aus den besonderen Verhältnissen des Einzelfalls nichts Gegenteiliges ergibt. [4]Aus den Gesamtaufwendungen sind die nicht mit Vorsteuern belasteten Ausgaben in der belegmäßig nachgewiesenen Höhe auszuscheiden.

4. Fahrzeugerwerb ohne Berechtigung zum Vorsteuerabzug
Konnte der Unternehmer bei der Anschaffung eines dem Unternehmen zugeordneten Fahrzeugs keinen Vorsteuerabzug vornehmen (z.B. Erwerb von einem Nichtunternehmer), sind nur die vorsteuerbelasteten Unterhaltskosten zur Ermittlung der Bemessungsgrundlage heranzuziehen.

(6) [1]Soweit ein Fahrzeug für nichtwirtschaftliche Tätigkeiten i. e. S. verwendet wird, entfällt grundsätzlich eine Wertabgabenbesteuerung nach § 3 Abs. 9a Nr. 1 UStG, da das Fahrzeug insoweit nicht dem Unternehmen zugeordnet werden konnte und der Vorsteuerabzug bereits nach § 15 Abs. 1 UStG ausgeschlossen ist. [2]Eine Wertabgabenbesteuerung ist jedoch vorzunehmen, wenn und soweit sich die Nutzung des Fahrzeugs für nichtwirtschaftliche Tätigkeiten i. e. S. erhöht (vgl. Abschnitt 3.4 Abs. 2). [3]Für laufende Aufwendungen ist das Aufteilungsgebot nach Absatz 4 zu beachten. [4]Bemessungsgrundlage für die Wertabgabenbesteuerung nach § 3 Abs. 9a Nr. 1 UStG sind insbesondere die Vorsteuerbeträge aus der Anschaffung, Herstellung, Einfuhr oder dem innergemeinschaftlichen Erwerb des Fahrzeugs, soweit es dem Unternehmen zugeordnet wurde. [5]Sofern die Anschaffungs- oder Herstellungskosten mindestens 500 € (Nettobetrag ohne Umsatzsteuer) betragen haben, sind sie gleichmäßig auf den für das Fahrzeug maßgeblichen Berichtigungszeitraum nach § 15a UStG zu verteilen. [6]Die Ermittlung der Erhöhung der nichtwirtschaftlichen Verwendung i. e. S. kann auf Grundlage eines ordnungsgemäß geführten Fahrtenbuchs oder anhand geeigneter Unterlagen im Wege einer sachgerechten Schätzung erfolgen. [7]Als geeignete Unterlagen kommen insbesondere Aufzeichnungen für einen repräsentativen Zeitraum in Betracht, aus denen sich zumindest die unternehmerischen Fahrten mit Fahrtziel und gefahrenen Kilometern und die Gesamtkilometer ergeben. [8]Bei Erhöhung der unternehmerischen Verwendung des Fahrzeugs kommt eine Berichtigung des Vorsteuerabzugs nach § 15a UStG zugunsten des Unternehmers aus Billigkeitsgründen in Betracht (vgl. Abschnitt *15a.1 Abs. 7).* [9]*Macht der* Unternehmer von dieser Billigkeitsmaßnahme Gebrauch, gilt das Fahrzeug auch insoweit als dem Unternehmen zugeordnet (vgl. Abschnitt 15a.1 Abs. 7 Satz 2). [10]Veräußert der Unternehmer nach Ablauf des Berichtigungszeitraums nach § 15a UStG dieses Fahrzeug, ist die Veräußerung in Höhe des für unternehmerische Tätigkeiten verwendeten Anteils im Besteuerungszeitraum der Veräußerung steuerbar; dabei darf der Umfang der Zuordnung des Fahrzeugs bei dessen Anschaffung, Erwerb oder Herstellung nicht unterschritten werden.

Beispiel 1:

[1] Der Verein V schafft zum 1.1.01 ein Fahrzeug an (Anschaffungskosten 40 000 € zzgl. 7600 € Umsatzsteuer). [2] V beabsichtigt, das Fahrzeug zu 60 % für seinen wirtschaftlichen Geschäftsbetrieb (unternehmerische Tätigkeit) und zu 40 % für seinen ideellen Bereich (nichtwirtschaftliche Tätigkeit i. e. S.) zu verwenden. [3] V führt ein ordnungsgemäßes Fahrtenbuch. [4] In den Jahren 02 bis 06 verändert sich die Nutzung des Fahrzeugs wie folgt:

02: Verwendung zu 70 % für die unternehmerische Tätigkeit und zu 30 % für die nichtwirtschaftliche Tätigkeit i. e. S.
03: Verwendung zu 65 % für die unternehmerische Tätigkeit und zu 35 % für die nichtwirtschaftliche Tätigkeit i. e. S.
04: Verwendung zu 50 % für die unternehmerische Tätigkeit und zu 50 % für die nichtwirtschaftliche Tätigkeit i. e. S.
05: Verwendung zu 80 % für die unternehmerische Tätigkeit und zu 20 % für die nichtwirtschaftliche Tätigkeit i. e. S.
06: Verwendung zu 75 % für die unternehmerische Tätigkeit und zu 25 % für die nichtwirtschaftliche Tätigkeit i. e. S.

[5] Am 1.7.06 veräußert V das Fahrzeug (vereinbartes Nettoentgelt 10 000 €).

Jahr 01:
[6] V beabsichtigt bei Anschaffung des Fahrzeugs eine unternehmerische Nutzung zu 60 %. [7] In diesem Umfang kann V das Fahrzeug dem Unternehmen zuordnen (§ 15 Abs. 1 UStG) und ist unter den weiteren Voraussetzungen des § 15 UStG in Höhe von 4560 € (7600 € × 60 %) zum Vorsteuerabzug berechtigt. [8] Der für ideelle Tätigkeiten des Vereins verwendete Anteil des Fahrzeugs kann hingegen nicht dem Unternehmen zugeordnet werden (Aufteilungsgebot) und berechtigt nicht zum Vorsteuerabzug; dieser Anteil ist für Umsatzsteuerzwecke als separater Gegenstand anzusehen.

Jahr 02:
[9] Die Bagatellgrenzen des § 44 UStDV sind überschritten. [10] Aus Billigkeitsgründen kann V eine Vorsteuerberichtigung nach § 15a UStG vornehmen:

Insgesamt in Rechnung gestellte Umsatzsteuer: 7600 €
Ursprünglicher Vorsteuerabzug: 4560 € (60 % von 7600 €)
Zeitpunkt der erstmaligen Verwendung: 1.1.01
Dauer des Berichtigungszeitraums: 1.1.01 bis 31.12.05
Aus Billigkeitsgründen zum Vorsteuerabzug berechtigende Verwendung: 70 %
Vorsteuerberichtigung aus Billigkeitsgründen im Vergleich zum ursprünglichen Vorsteuerabzug: Vorsteuer zu 70 % statt 60 %
Berichtigungsbetrag: 10 Prozentpunkte von $1/5$ von 7600 € = 152 € sind zugunsten des V zu korrigieren.

[11] Auf Grund der Vorsteuerberichtigung nach § 15a UStG aus Billigkeitsgründen gilt das Fahrzeug entsprechend der unternehmerischen Verwendung für das Jahr 02 als zu 70 % (60 % + 10 %) dem Unternehmen zugeordnet (Abschnitt 15a.1 Abs. 7 Satz 2).

Jahr 03:
[12] Eine erneute Vorsteuerberichtigung nach § 15a UStG aus Billigkeitsgründen kommt nicht in Betracht:

Insgesamt in Rechnung gestellte Umsatzsteuer: 7600 €
Ursprünglicher Vorsteuerabzug: 4560 € (60 % von 7600 €)
Zeitpunkt der erstmaligen Verwendung: 1.1.01
Dauer des Berichtigungszeitraums: 1.1.01 bis 31.12.05
Aus Billigkeitsgründen zum Vorsteuerabzug berechtigende Verwendung: 65 %
Vorsteuerberichtigung aus Billigkeitsgründen im Vergleich zum ursprünglichen Vorsteuerabzug: Vorsteuer zu 65 % statt 60 %
Berichtigungsbetrag: 5 Prozentpunkte von $1/5$ von 7600 € = 76 €.

[13] *Die Berichtigung entfällt*, da die Grenzen des § 44 Abs. 2 UStDV nicht überschritten sind.
[14] Da eine Vorsteuerberichtigung an den Grenzen des § 44 Abs. 2 UStDV scheitert, bleibt es für das Jahr 03 bei der ursprünglichen Zuordnung des Fahrzeugs zum Unternehmen in Höhe

von 60 % (vgl. Abschnitt 15a.1 Abs. 7 Satz 2). [15] Eine Entnahmebesteuerung wegen des im Verhältnis zum Vorjahr gesunkenen unternehmerischen Nutzungsumfangs kommt während des Berichtigungszeitraums nach § 15a UStG im Rahmen der Billigkeit nicht in Betracht, weil die in Abschnitt 15a.1 Abs. 7 Satz 2 angeordnete Zuordnung entsprechend dem Berichtigungsbetrag nach § 15a UStG nur eine zeitraumbezogene Korrekturgröße darstellt.

Jahr 04:
[16] Der Umfang der unternehmerischen Nutzung hat sich gegenüber dem Erstjahr vermindert (50 % statt 60 %). [17] Eine Vorsteuerberichtigung aus Billigkeitsgründen kommt daher für das Jahr 04 dem Grunde nach nicht in Betracht (Abschnitt 15a.1 Abs. 7 Satz 1) und es bleibt bei der ursprünglichen Zuordnung des Fahrzeugs zum Unternehmen in Höhe von 60 %. [18] Die auf den zugeordneten Fahrzeugteil entfallende Nutzung für nichtwirtschaftliche Tätigkeiten i. e. S. (= 10 % der Gesamtnutzung) ist als unentgeltliche Wertabgabe nach § 3 Abs. 9a Nr. 1 UStG zu versteuern (vgl. Abschnitt 3.4 Abs. 2 Satz 4). [19] Für die Bemessungsgrundlage sind die Anschaffungskosten des Fahrzeugs maßgebend, die auf 5 Jahre zu verteilen sind (§ 10 Abs. 4 Satz 1 Nr. 2 Satz 2 UStG). [20] Die Bemessungsgrundlage der unentgeltlichen Wertabgabe beträgt demnach 800 € ($^1/_5$ von 40 000 € × 10 %) und die Umsatzsteuer 152 € (800 € × 19 %).

Jahr 05:
[21] Aus Billigkeitsgründen kann V wieder eine Vorsteuerberichtigung nach § 15a UStG vornehmen:

Insgesamt in Rechnung gestellte Umsatzsteuer: 7600 €
Ursprünglicher Vorsteuerabzug: 4560 € (60 % von 7600 €)
Zeitpunkt der erstmaligen Verwendung: 1.1.01
Dauer des Berichtigungszeitraums: 1.1.01 bis 31.12.05
Aus Billigkeitsgründen zum Vorsteuerabzug berechtigende Verwendung: 80 %
Vorsteuerberichtigung aus Billigkeitsgründen im Vergleich zum ursprünglichen Vorsteuerabzug: Vorsteuer zu 80 % statt 60 %
Berichtigungsbetrag: 20 Prozentpunkte von $^1/_5$ von 7600 € = 304 € sind zugunsten des V zu korrigieren.

[22] Auf Grund der Vorsteuerberichtigung nach § 15a UStG aus Billigkeitsgründen gilt das Fahrzeug entsprechend der unternehmerischen Verwendung im Jahr 05 als zu 80 % (60 % + 20 %) dem Unternehmen zugeordnet (vgl. Abschnitt 15a.1 Abs. 7 Satz 2).

Jahr 06:
[23] Der Berichtigungszeitraum nach § 15a UStG ist am 31.12.05 abgelaufen; eine Vorsteuerberichtigung aus Billigkeitsgründen kommt daher für das Jahr 06 nicht mehr in Betracht. [24] Der Umfang der unternehmerischen Nutzung beträgt im Besteuerungszeitraum der Veräußerung (1.1.–30.6.06) 75 %. [25] Die Veräußerung des Fahrzeugs ist daher in Höhe von 75 % steuerbar. [26] Der Gesamtverkaufspreis ist entsprechend aufzuteilen. [27] Eine Entnahmebesteuerung wegen des im Verhältnis zum Vorjahr gesunkenen unternehmerischen Nutzungsumfangs kommt im Anschluss an den Berichtigungszeitraum nach § 15a UStG im Rahmen der Billigkeit nicht in Betracht, weil die in Abschnitt 15a.1 Abs. 7 Satz 2 angeordnete Zuordnung entsprechend dem Berichtigungsbetrag nach § 15a UStG nur eine zeitraumbezogene Korrekturgröße darstellt. [28] Auszugehen ist damit vom tatsächlichen unternehmerischen Nutzungsumfang. [29] Die Umsatzsteuer aus der Fahrzeugveräußerung beträgt 1425 € (75 % von 10 000 € × 19 %). [30] Weist V in der Rechnung über den Gesamtverkaufspreis Umsatzsteuer gesondert aus, schuldet er den anteiligen Umsatzsteuerbetrag, der auf den nichtwirtschaftlich i. e. S. genutzten Fahrzeugteil entfällt (25 %), nach § 14c Abs. 2 UStG.

Beispiel 2:

[1] Sachverhalt wie Beispiel 1. [2] Im Jahr 06 verwendet V das Fahrzeug allerdings nur zu 40 % für die unternehmerische Tätigkeit und zu 60 % für die nichtwirtschaftliche Tätigkeit i. e. S.

Jahr 06:
[3] Der Umfang der unternehmerischen Nutzung hat sich gegenüber dem Erstjahr vermindert (40 % statt 60 %). [4] Grundsätzlich unterliegt die Erhöhung der Verwendung für nichtwirtschaftliche Tätigkeiten i. e. S. der unentgeltlichen Wertabgabenbesteuerung nach § 3 Abs. 9a

Nr. 1 UStG. [5] Da der Berichtigungszeitraum nach § 15a UStG am 31.12.05 jedoch abgelaufen ist und die Anschaffungskosten des Fahrzeugs damit verbraucht sind, beträgt die Bemessungsgrundlage 0 € (§ 10 Abs. 4 Satz 1 Nr. 2 Satz 2 UStG). [6] Die Veräußerung des Fahrzeugs am 1.7.06 ist in Höhe von 60% steuerbar. [7] Zwar nutzt V im Besteuerungszeitraum der Veräußerung das Fahrzeug nur zu 40% für seine unternehmerischen Tätigkeiten. [8] Der Umfang der Zuordnung des Fahrzeugs bei dessen Anschaffung darf jedoch nicht unterschritten werden. [9] Die Umsatzsteuer aus der Fahrzeugveräußerung beträgt 1140 € (60% von 10 000 € × 19%). [10] Weist V in der Rechnung über den Gesamtverkaufspreis Umsatzsteuer gesondert aus, schuldet er den anteiligen Umsatzsteuerbetrag, der auf den nichtwirtschaftlich i. e. S. genutzten Fahrzeugteil entfällt (40%), nach § 14c Abs. 2 UStG.

(7) [1] Die auf die Miete, Mietsonderzahlung, Leasingraten und Unterhaltskosten entfallenden Vorsteuern eines angemieteten oder geleasten Fahrzeugs, das der Unternehmer sowohl unternehmerisch als auch für nichtunternehmerische Zwecke verwendet, sind grundsätzlich nach dem Verhältnis der unternehmerischen und nichtunternehmerischen Nutzung in einen abziehbaren und einen nichtabziehbaren Anteil aufzuteilen. [2] Das gilt sowohl für den Fall, dass die nichtunternehmerische Verwendung als Verwendung für nichtwirtschaftliche Tätigkeiten i. e. S. zu beurteilen ist, als auch für den Fall der unternehmensfremden (privaten) Verwendung. [3] Wird der Vorsteuerabzug so ermittelt, entfällt eine Wertabgabenbesteuerung nach § 3 Abs. 9a Nr. 1 UStG. [4] Aus Vereinfachungsgründen kann der Unternehmer jedoch im Fall der teilunternehmerischen unternehmensfremden (privaten) Verwendung des Fahrzeugs auch den Vorsteuerabzug aus der Miete bzw. den Leasingraten und den Unterhaltskosten vornehmen (sofern kein Ausschlusstatbestand nach § 15 Abs. 1a und 2 in Verbindung mit Abs. 3 UStG vorliegt) und die unternehmensfremde Nutzung nach den Regelungen in Absatz 5 besteuern.

Überlassung von Fahrzeugen an das Personal

(8) [1] Überlässt der Unternehmer (Arbeitgeber) seinem Personal (Arbeitnehmer) ein Fahrzeug auch zu Privatzwecken (Privatfahrten, Fahrten zwischen Wohnung und erster Tätigkeitsstätte sowie Familienheimfahrten aus Anlass einer doppelten Haushaltsführung), ist dies regelmäßig eine entgeltliche sonstige Leistung im Sinne des § 1 Abs. 1 Nr. 1 Satz 1 UStG. [2] Das Fahrzeug wird, wenn es nicht ausnahmsweise zusätzlich vom Unternehmer nichtunternehmerisch verwendet wird, durch die entgeltliche umsatzsteuerpflichtige Überlassung an das Personal ausschließlich unternehmerisch genutzt. [3] Die aus den Anschaffungskosten als auch aus den Unterhaltskosten der sog. Dienst- oder Firmenwagen anfallenden Vorsteuerbeträge können in voller Höhe abgezogen werden (§ 15 Abs. 1 Satz 1 UStG), sofern kein Ausschlusstatbestand nach § 15 Abs. 1a und 2 in Verbindung mit Abs. 3 UStG vorliegt. [4] Dies gilt auch für die Überlassung von Fahrzeugen an Gesellschafter-Geschäftsführer von Kapitalgesellschaften, wenn sie umsatzsteuerrechtlich insoweit nicht als Unternehmer anzusehen sind (vgl. Abschnitt 2.2 Abs. 2). [5] Die spätere Veräußerung und die Entnahme der Fahrzeuge unterliegen insgesamt der Umsatzsteuer, wenn sie insgesamt dem Unternehmen zugeordnet werden konnten.

(9) [1] Die Gegenleistung des Arbeitnehmers für die Fahrzeugüberlassung besteht regelmäßig in der anteiligen Arbeitsleistung, die er für die Privatnutzung des gestellten Fahrzeugs erbringt. [2] Die Überlassung des Fahrzeugs ist als Vergütung für geleistete Dienste und damit als entgeltlich anzusehen, wenn sie

im Arbeitsvertrag geregelt ist oder auf mündlichen Abreden oder sonstigen Umständen des Arbeitsverhältnisses (z. B. der faktischen betrieblichen Übung) beruht. [3]Von Entgeltlichkeit ist stets auszugehen, wenn das Fahrzeug dem Arbeitnehmer für eine gewisse Dauer und nicht nur gelegentlich zur Privatnutzung überlassen wird. [4]Zur Bestimmung des Leistungsorts bei entgeltlicher Fahrzeugüberlassung vgl. Abschnitt 3a.5 Abs. 4.

(10) [1]Bei der entgeltlichen Fahrzeugüberlassung zu Privatzwecken des Personals liegt ein tauschähnlicher Umsatz (§ 3 Abs. 12 Satz 2 UStG) vor. [2]Die Bemessungsgrundlage ist nach § 10 Abs. 2 Satz 2 in Verbindung mit Abs. 1 Satz 1 UStG der Wert der nicht durch den Barlohn abgegoltenen Arbeitsleistung. [3]Deren Wert entspricht dem Betrag, den der Arbeitgeber zu diesem Zweck aufzuwenden bereit ist (vgl. Abschnitt 10.5 Abs. 1). [4]Das sind die Gesamtausgaben für die Überlassung des Fahrzeugs. [5]Die Gesamtausgaben für die entgeltliche sonstige Leistung im Sinne des § 1 Abs. 1 Nr. 1 Satz 1 UStG umfassen auch die Ausgaben, bei denen ein Vorsteuerabzug nicht möglich ist. [6]Der so ermittelte Wert ist der Nettowert; die Umsatzsteuer ist mit dem allgemeinen Steuersatz hinzuzurechnen. [7]Treffen die Parteien Aussagen zum Wert der Arbeitsleistungen, so ist dieser Wert als Bemessungsgrundlage für die Überlassung des Fahrzeugs zu Grunde zu legen, wenn er die Ausgaben für die Fahrzeugüberlassung übersteigt.

(11) [1]Aus Vereinfachungsgründen wird es nicht beanstandet, wenn für die umsatzsteuerrechtliche Bemessungsgrundlage anstelle der Ausgaben von den lohnsteuerrechtlichen Werten ausgegangen wird. [2]Die lohnsteuerrechtlichen Werte sind als Bruttowerte anzusehen, aus denen die Umsatzsteuer herauszurechnen ist (vgl. Abschnitt 1.8 Abs. 8).

1. Besteuerung auf Grundlage der sog. 1%-Regelung

   [1]Wird der lohnsteuerrechtliche Wert der entgeltlichen Fahrzeugüberlassung für Privatfahrten und für Fahrten zwischen Wohnung und erster Tätigkeitsstätte nach § 8 Abs. 2 Satz 2 und 3 in Verbindung mit § 6 Abs. 1 Nr. 4 Satz 2 EStG mit dem vom Listenpreis abgeleiteten Pauschalwert angesetzt (vgl. R 8.1 Abs. 9 Nr. 1 LStR),[1)] kann von diesem Wert auch bei der Umsatzbesteuerung ausgegangen werden, wobei jedoch keine Kürzung des inländischen Listenpreises für Elektro- und Hybridelektrofahrzeuge vorzunehmen ist. [2]Der umsatzsteuerrechtliche Wert für Familienheimfahrten kann aus Vereinfachungsgründen für jede Fahrt mit 0,002% des Listenpreises (§ 6 Abs. 1 Nr. 4 Satz 2 EStG: für jeden Kilometer der Entfernung zwischen dem Ort des eigenen Hausstands und dem Beschäftigungsort) angesetzt werden, wobei keine Kürzung für Elektro- und Hybridelektrofahrzeuge erfolgt. [3]Der Umsatzsteuer unterliegen die auf die Familienheimfahrten entfallenden Kosten auch dann, wenn ein lohnsteuerrechtlicher Wert nach § 8 Abs. 2 Satz 5 EStG nicht anzusetzen ist. [4]Aus dem so ermittelten lohnsteuerrechtlichen Wert ist die Umsatzsteuer herauszurechnen. [5]Ein pauschaler Abschlag von 20% für nicht mit Vorsteuern belastete Ausgaben ist in diesen Fällen unzulässig.

---

1) Nr. **20**.

Beispiel 1:

[1] Ein Arbeitnehmer mit einer am 1.1.01 begründeten doppelten Haushaltsführung nutzt einen sog. Firmenwagen mit einem Listenpreis einschließlich Umsatzsteuer von 30 000 € im gesamten Jahr 02 zu Privatfahrten, zu Fahrten zur 10 km entfernten ersten Tätigkeitsstätte und zu 20 Familienheimfahrten zum 150 km entfernten Wohnsitz der Familie.
[2] Die Umsatzsteuer für die Firmenwagenüberlassung ist nach den lohnsteuerrechtlichen Werten wie folgt zu ermitteln:
– für die allgemeine Privatnutzung 1 % von 30 000 € × 12 Monate = 3600 €
– für Fahrten zwischen Wohnung und erster Tätigkeitsstätte 0,03 % von 30 000 € × 10 km × 12 Monate = 1080 €
– für Familienheimfahrten 0,002 % von 30 000 € × 150 km × 20 Fahrten = 1800 €
[3] Die Umsatzsteuer für die sonstige Leistung an den Arbeitnehmer beträgt $^{19}/_{119}$ von 6480 € = 1034,62 €.

2. Besteuerung auf der Grundlage der Fahrtenbuchregelung
[1] Wird bei der entgeltlichen Fahrzeugüberlassung an das Personal zu Privatzwecken der lohnsteuerrechtliche Nutzungswert mit Hilfe eines ordnungsgemäßen Fahrtenbuchs anhand der durch Belege nachgewiesenen Gesamtausgaben ermittelt (vgl. R 8.1 Abs. 9 Nr. 2 LStR),[1)] ist das so ermittelte Nutzungsverhältnis auch bei der Umsatzsteuer zu Grunde zu legen. [2] Die Fahrten zwischen Wohnung und erster Tätigkeitsstätte sowie die Familienheimfahrten aus Anlass einer doppelten Haushaltsführung werden umsatzsteuerrechtlich den Privatfahrten des Arbeitnehmers zugerechnet. [3] Die Gesamtausgaben für die entgeltliche sonstige Leistung im Sinne des § 1 Abs. 1 Nr. 1 Satz 1 UStG umfassen auch die Ausgaben, bei denen ein Vorsteuerabzug nicht möglich ist. [4] Für umsatzsteuerliche Zwecke erfolgt keine Kürzung der insgesamt entstandenen Aufwendungen um Aufwendungen, die auf das Batteriesystem bei Elektro- und Hybridelektrofahrzeugen entfallen.

Beispiel 2:

[1] Ein sog. Firmenwagen mit einer Jahresfahrleistung von 20 000 km wird von einem Arbeitnehmer lt. ordnungsgemäß geführtem Fahrtenbuch an 180 Tagen jährlich für Fahrten zur 10 km entfernten ersten Tätigkeitsstätte benutzt. [2] Die übrigen Privatfahrten des Arbeitnehmers belaufen sich auf insgesamt 3400 km. [3] Die gesamten Fahrzeugkosten (Nettoaufwendungen einschließlich der auf die betriebsgewöhnliche Nutzungsdauer von 6 Jahren verteilten Anschaffungs- oder Herstellungskosten) betragen 9000 €.
[4] Von den Privatfahrten des Arbeitnehmers entfallen 3600 km auf Fahrten zwischen Wohnung und erster Tätigkeitsstätte (180 Tage × 20 km) und 3400 km auf sonstige Fahrten. [5] Dies entspricht einer Privatnutzung von insgesamt 35 % (7000 km von 20 000 km).
[6] Für die umsatzsteuerrechtliche Bemessungsgrundlage ist von einem Betrag von 35 % von 9000 € = 3150 € auszugehen. [7] Die Umsatzsteuer beträgt 19 % von 3150 € = 598,50 €.

(12) [1] Von einer unentgeltlichen Fahrzeugüberlassung an das Personal zu Privatzwecken im Sinne des § 3 Abs. 9a Nr. 1 UStG (vgl. Abschnitt 1.8 Abs. 2) kann ausnahmsweise ausgegangen werden, wenn die vereinbarte private Nutzung des Fahrzeugs derart gering ist, dass sie für die Gehaltsbemessung keine wirtschaftliche Rolle spielt, und nach den objektiven Gegebenheiten eine weitergehende private Nutzungsmöglichkeit ausscheidet (vgl. BFH-Urteil vom 4.10.1984, V R 82/83, BStBl. II S. 808). [2] Danach kann Unentgeltlichkeit nur angenommen werden, wenn dem Arbeitnehmer das Fahrzeug aus besonderem Anlass oder zu einem besonderen Zweck nur gelegentlich

---

1) Nr. **20**.

(von Fall zu Fall) an nicht mehr als fünf Kalendertagen im Kalendermonat für private Zwecke überlassen wird (vgl. Rdnr. 13 Satz 2 zweiter Spiegelstrich des BMF-Schreibens vom 4.4.2018, BStBl. I S. 592). [3]Bemessungsgrundlage für die unentgeltliche Fahrzeugüberlassung für den privaten Bedarf des Personals sind die Ausgaben, soweit sie zum vollen oder teilweisen Vorsteuerabzug berechtigt haben (§ 10 Abs. 4 Satz 1 Nr. 2 UStG). [4]Aus der Bemessungsgrundlage sind somit die nicht mit Vorsteuern belasteten Ausgaben auszuscheiden. [5]Der so ermittelte Wert ist der Nettowert ohne Umsatzsteuer; die Umsatzsteuer ist mit dem allgemeinen Steuersatz hinzuzurechnen. [6]Aus Vereinfachungsgründen wird es nicht beanstandet, wenn für die umsatzsteuerrechtliche Bemessungsgrundlage von den lohnsteuerrechtlichen Werten ausgegangen wird. [7]Die lohnsteuerrechtlichen Werte sind als Bruttowerte anzusehen, aus denen die Umsatzsteuer herauszurechnen ist (vgl. Abschnitt 1.8 Abs. 8).

(13) Zu Vorsteuerabzug und Umsatzbesteuerung bei zwischen dem 1.4. 1999 und dem 31.12.2003 angeschafften teilunternehmerisch genutzten Fahrzeugen vgl. Abschnitt 15.2d Abs. 1 Nr. 9.

Zu § 15a UStG
(§§ 44 und 45 UStDV)

15a.1 Anwendungsgrundsätze

(1) [1]Nach § 15 UStG entsteht das Recht auf Vorsteuerabzug bereits im Zeitpunkt des Leistungsbezugs (vgl. Abschnitt 15.12) oder im Fall der Voraus- oder Anzahlung im Zeitpunkt der Zahlung. [2]Ändern sich bei den in Abs. 2 genannten Berichtigungsobjekten die für den ursprünglichen Vorsteuerabzug maßgebenden Verhältnisse, ist der Vorsteuerabzug zu berichtigen, wenn die Grenzen des § 44 UStDV überschritten werden (vgl. Abschnitt 15a.11). [3]Durch § 15a UStG wird der Vorsteuerabzug so berichtigt, dass er den tatsächlichen Verhältnissen bei der Verwendung des Wirtschaftsguts oder der sonstigen Leistung entspricht. [4]Als Wirtschaftsgüter im Sinne des § 15a UStG gelten die Gegenstände, an denen nach § 3 Abs. 1 UStG die Verfügungsmacht verschafft werden kann (vgl. Abschnitt 3.1 Abs. 1 Sätze 1 und 2). [5]Das Wirtschaftsgut muss aus der Sicht des Durchschnittsverbrauchers selbständig verkehrsfähig und bewertbar sein (vgl. BFH-Urteil vom 3.11.2011, V R 32/10, BStBl. 2012 II S. 525). [6]Wird das Wirtschaftsgut bzw. die sonstige Leistung nicht nur einmalig zur Ausführung von Umsätzen verwendet, kommt es auf die tatsächlichen Verwendungsverhältnisse während des gesamten im Einzelfall maßgeblichen Berichtigungszeitraums an. [7]Der Ausgleich des Vorsteuerabzugs ist grundsätzlich bei der Steuerfestsetzung für den Voranmeldungszeitraum vorzunehmen, in dem sich die Verhältnisse gegenüber den für den ursprünglichen Vorsteuerabzug maßgebenden Verhältnissen geändert haben (vgl. jedoch Abschnitt 15a.11).

(2) Berichtigungsobjekte im Sinne des § 15a UStG sind:

1. Wirtschaftsgüter, die nicht nur einmalig zur Ausführung von Umsätzen verwendet werden (§ 15a Abs. 1 UStG)

   [1]Das sind in der Regel die Wirtschaftsgüter, die ertragsteuerrechtlich abnutzbares oder nicht abnutzbares (z. B. Grund und Boden) Anlagevermögen dar-

stellen oder – sofern sie nicht zu einem Betriebsvermögen gehören – als entsprechende Wirtschaftsgüter anzusehen sind. [2]Dies können auch immaterielle Wirtschaftsgüter, die Gegenstand einer Lieferung sind (z.B. bestimmte Computerprogramme oder Mietereinbauten im Sinne des BMF-Schreibens vom 15.1.1976, BStBl. I S. 66), sein. [3]Die ertragsteuerliche Beurteilung als Anlagevermögen oder Umlaufvermögen ist umsatzsteuerrechtlich nicht entscheidend (BFH-Urteil vom 24.9.2009, V R 6/08, BStBl. 2010 II S. 315).

2. Wirtschaftsgüter, die nur einmalig zur Ausführung von Umsätzen verwendet werden (§ 15a Abs. 2 UStG)
   [1]Das sind im Wesentlichen die Wirtschaftsgüter, die ertragsteuerrechtlich Umlaufvermögen darstellen, wie z.B. die zur Veräußerung oder Verarbeitung bestimmten Wirtschaftsgüter. [2]Ertragsteuerrechtliches Anlagevermögen kann ebenfalls betroffen sein, wenn es veräußert oder entnommen wird, bevor es zu anderen Verwendungsumsätzen gekommen ist.
3. Nachträglich in ein Wirtschaftsgut eingehende Gegenstände, wenn diese Gegenstände dabei ihre körperliche und wirtschaftliche Eigenart endgültig verlieren (§ 15a Abs. 3 UStG)
   [1]Das ist der Fall, wenn diese Gegenstände nicht selbstständig nutzbar sind und mit dem Wirtschaftsgut in einem einheitlichen Nutzungs- und Funktionszusammenhang stehen. [2]Auf eine Werterhöhung bei dem Wirtschaftsgut, in das die Gegenstände eingehen, kommt es nicht an. [3]Kein Gegenstand im Sinne des § 15a Abs. 3 UStG ist ein Gegenstand, der abtrennbar ist, seine körperliche oder wirtschaftliche Eigenart behält und damit ein selbstständiges Wirtschaftsgut bleibt. [4]Werden im Rahmen einer Maßnahme mehrere Gegenstände in ein Wirtschaftsgut eingefügt bzw. sonstige Leistungen an einem Wirtschaftsgut ausgeführt, sind diese Leistungen zu einem Berichtigungsobjekt zusammenzufassen. [5]Bei der Bestimmung der 1000 €-Grenze nach § 44 Abs. 1 UStDV ist von den gesamten Vorsteuerbeträgen auszugehen, die auf die Anschaffung oder Herstellung des durch die Zusammenfassung entstandenen Berichtigungsobjekts entfallen.
4. Sonstige Leistungen an einem Wirtschaftsgut (§ 15a Abs. 3 UStG)
   [1]Es kommt nicht darauf an, ob die sonstige Leistung zu einer Werterhöhung des Wirtschaftsguts führt. [2]Maßnahmen, die lediglich der Werterhaltung dienen, fallen demnach auch unter die Berichtigungspflicht nach § 15a Abs. 3 UStG. [3]Nicht unter die Verpflichtung zur Berichtigung des Vorsteuerabzugs nach § 15a Abs. 3 UStG fallen sonstige Leistungen, die bereits im Zeitpunkt des Leistungsbezugs wirtschaftlich verbraucht werden. [4]Eine sonstige Leistung ist im Zeitpunkt des Leistungsbezugs dann nicht wirtschaftlich verbraucht, wenn ihr über den Zeitpunkt des Leistungsbezugs hinaus eine eigene Werthaltigkeit innewohnt. [5]Zur Zusammenfassung bei der Ausführung mehrerer Leistungen im Rahmen einer Maßnahme siehe Nr. 3.
5. Sonstige Leistungen, die nicht unter § 15a Abs. 3 Satz 1 UStG fallen (§ 15a Abs. 4 UStG)
   [1]Dies sind solche sonstigen Leistungen, die nicht an einem Wirtschaftsgut ausgeführt werden. [2]Die Berichtigung des Vorsteuerabzugs ist auf solche sonstigen Leistungen beschränkt, für die in der Steuerbilanz ein Aktivposten gebildet werden müsste. [3]Dies gilt jedoch nicht, soweit es sich um sonstige

Leistungen handelt, für die der Leistungsempfänger bereits für einen Zeitraum vor Ausführung der sonstigen Leistung den Vorsteuerabzug vornehmen konnte (Voraus- und Anzahlung). [4]Unerheblich ist, ob der Unternehmer nach den §§ 140, 141 AO tatsächlich zur Buchführung verpflichtet ist.

6. Nachträgliche Anschaffungs- oder Herstellungskosten (§ 15a Abs. 6 UStG)
[1]Der Begriff der nachträglichen Anschaffungs- oder Herstellungskosten ist nach den für das Einkommensteuerrecht geltenden Grundsätzen abzugrenzen. [2]Voraussetzung ist, dass die nachträglichen Aufwendungen für Berichtigungsobjekte nach § 15a Abs. 1 bis 4 UStG angefallen sind. [3]Aufwendungen, die ertragsteuerrechtlich Erhaltungsaufwand sind, unterliegen der Vorsteuerberichtigung nach § 15a Abs. 3 UStG.

(3) [1]Bei der Berichtigung des Vorsteuerabzugs ist von den gesamten Vorsteuerbeträgen auszugehen, die auf die in Absatz 2 bezeichneten Berichtigungsobjekte entfallen. [2]Dabei ist ein prozentuales Verhältnis des ursprünglichen Vorsteuerabzugs zum Vorsteuervolumen insgesamt zu Grunde zu legen.

Beispiel 1:

[1]Ein Unternehmer errichtet ein Bürogebäude. [2]Die im Zusammenhang mit der Herstellung des Gebäudes in Rechnung gestellte Umsatzsteuer beträgt in den Jahren 01 150 000 € und 02 450 000 € (insgesamt 600 000 €). [3]Die abziehbaren Vorsteuerbeträge nach § 15 UStG belaufen sich vor dem Zeitpunkt der erstmaligen Verwendung (Investitionsphase) auf 150 000 €, da der Unternehmer im Jahr 01 beabsichtigte, das Gebäude zu 100 % für zum Vorsteuerabzug berechtigende Zwecke zu verwenden, während er im Jahr 02 beabsichtigte, das Gebäude nach der Fertigstellung zu 0 % für zum Vorsteuerabzug berechtigende Zwecke zu verwenden. [4]Diese Verwendungsabsicht wurde durch den Unternehmer jeweils schlüssig dargelegt.

Insgesamt in Rechnung gestellte Umsatzsteuer:	600 000 €
Ursprünglicher Vorsteuerabzug:	150 000 €

Ermittlung eines prozentualen Verhältnisses des ursprünglichen Vorsteuerabzugs zum Vorsteuervolumen insgesamt, das für eine Berichtigung nach § 15a UStG maßgebend ist:

150 000 € : 600 000 € = 25 %

Beispiel 2:

[1]Unternehmer U schließt mit dem Fahrzeughändler H im Januar 01 einen Vertrag über die Lieferung eines Pkw ab. [2]Der Pkw soll im Juli 01 geliefert werden. [3]U leistet bei Vertragsschluss eine Anzahlung i. H. v. 20 000 € zzgl. 3800 € Umsatzsteuer. [4]Bei Lieferung des Pkw im Juli 01 leistet U die Restzahlung von 60 000 € zzgl. 11 400 € Umsatzsteuer. [5]Im Zeitpunkt der Anzahlung beabsichtigte U, den Pkw ausschließlich zur Ausführung von zum Vorsteuerabzug berechtigenden Umsätzen zu nutzen. [6]U kann die Verwendungsabsicht durch entsprechende Unterlagen nachweisen. [7]Im Zeitpunkt der Lieferung steht hingegen fest, dass U den Pkw nunmehr ausschließlich zur Erzielung von nicht zum Vorsteuerabzug berechtigenden Umsätzen verwenden will.
[8]U steht aus der Anzahlung der Vorsteuerabzug nach § 15 Abs. 1 Satz 1 Nr. 1 UStG zu, da er im Zeitpunkt der Anzahlung beabsichtigte, den Pkw für zum Vorsteuerabzug berechtigende Umsätze zu nutzen. [9]Für die Restzahlung hingegen steht U der Vorsteuerabzug nicht zu.

Insgesamt in Rechnung gestellte Umsatzsteuer:	15 200 €
Ursprünglicher Vorsteuerabzug:	3 800 €

Ermittlung eines prozentualen Verhältnisses des ursprünglichen Vorsteuerabzugs zum Vorsteuervolumen insgesamt, das für eine Berichtigung nach § 15a UStG maßgebend ist:

3800 € : 15 200 € = 25 %

(4) In die Vorsteuerberichtigung sind alle Vorsteuerbeträge einzubeziehen ohne Rücksicht auf besondere ertragsteuerrechtliche Regelungen, z. B. sofort absetzbare Beträge oder Zuschüsse, die der Unternehmer erfolgsneutral

behandelt, oder AfA, die auf die Zeit bis zur tatsächlichen Verwendung entfällt.

(5) [1]Führt die Berichtigung nach § 15a UStG zu einem erstmaligen Vorsteuerabzug, weil der Vorsteuerabzug beim Leistungsbezug nach § 15 Abs. 2 und 3 UStG ausgeschlossen war, dürfen nur die Vorsteuerbeträge angesetzt werden, für die die allgemeinen Voraussetzungen des § 15 Abs. 1 UStG vorliegen. [2]Daher sind in diesen Fällen Vorsteuerbeträge, für die der Abzug zu versagen ist, weil keine ordnungsgemäße Rechnung oder kein zollamtlicher Einfuhrbeleg vorliegt, von der Berichtigung ausgenommen (vgl. BFH-Urteil vom 12.10.2006, V R 36/04, BStBl. 2007 II S. 485). [3]Zur Frage, wie zu verfahren ist, wenn die Voraussetzungen für den Vorsteuerabzug nach § 15 UStG erst nachträglich eintreten oder sich nachträglich ändern, vgl. Abschnitt 15a.4 Abs. 2.

(6) [1]Eine Berichtigung des Vorsteuerabzugs ist nur möglich, wenn und soweit die bezogenen Leistungen im Zeitpunkt des Leistungsbezugs dem Unternehmen zugeordnet wurden (vgl. Abschnitt 15.2c). [2]§ 15a UStG ist daher insbesondere nicht anzuwenden, wenn

1. ein Nichtunternehmer Leistungen bezieht und diese später unternehmerisch verwendet werden (vgl. EuGH-Urteil vom 2.6.2005, C-378/02, Waterschap Zeeuws Vlaanderen,[1)] sowie BFH-Urteil vom 1.12.2010, XI R 28/08, BStBl. 2011 II S. 994),
2. der Unternehmer ein Wirtschaftsgut oder eine sonstige Leistung im Zeitpunkt des Leistungsbezugs seinem nichtunternehmerischen Bereich zuordnet (vgl. Abschnitt 15.2c) und das Wirtschaftsgut oder die sonstige Leistung später für unternehmerische Zwecke verwendet (vgl. EuGH-Urteil vom 11.7.1991, C-97/90, Lennartz),[2)]
3. an einem Wirtschaftsgut, das nicht dem Unternehmen zugeordnet wurde, eine Leistung im Sinne des § 15a Abs. 3 UStG ausgeführt wird, die ebenfalls nicht für das Unternehmen bezogen wird, und das Wirtschaftsgut später unternehmerisch verwendet wird,
4. nichtunternehmerisch genutzte Gebäudeteile als separater Gegenstand beim Leistungsbezug dem nichtunternehmerischen Bereich zugeordnet und später unternehmerisch genutzt werden (z. B. bei Umwandlung bisheriger Wohnräume in Büroräume) oder
5. der Unternehmer einen bezogenen Gegenstand zunächst zu weniger als 10% für sein Unternehmen nutzt und die Leistung deshalb nach § 15 Abs. 1 Satz 2 UStG als nicht für sein Unternehmen ausgeführt gilt (vgl. Abschnitt 15.2c Abs. 5 bis 7) und diese Grenze später überschritten wird.

(7) [1]Ist ein Unternehmer für einen sowohl unternehmerisch als auch nichtwirtschaftlich i. e. S. verwendeten einheitlichen Gegenstand nach § 15 Abs. 1 UStG nur für den unternehmerisch genutzten Anteil zum Vorsteuerabzug berechtigt gewesen (vgl. Abschnitte 15.2b Abs. 2 und 15.2c Abs. 2 Satz 1 Nr. 2 Buchstabe a) – unternehmerische Nutzung zu mindestens 10% vorausgesetzt,

---

1) DStRE 2005, 902.
2) DStR 1992, 752.

§ 15 Abs. 1 Satz 2 UStG – und erhöht sich die unternehmerische Nutzung dieses Gegenstands innerhalb des Berichtigungszeitraums nach § 15a Abs. 1 UStG (vgl. Abschnitt 15a.3), kann eine Vorsteuerberichtigung nach den Grundsätzen des § 15a UStG zugunsten des Unternehmers aus Billigkeitsgründen vorgenommen werden, sofern die Bagatellgrenzen des § 44 UStDV überschritten sind. [2]Macht der Unternehmer von dieser Billigkeitsmaßnahme Gebrauch, gilt der Gegenstand auch insoweit als dem Unternehmen zugeordnet.

Beispiel:
[1]Der Verein V erwirbt zum 1.1.01 einen PKW für 30 000 € zzgl. 5700 € Umsatzsteuer. [2]Der PKW wird entsprechend der von Anfang an beabsichtigten Verwendung zu 50 % für unternehmerische Tätigkeiten im Sinne des § 2 Abs. 1 UStG und zu 50 % für unentgeltliche Tätigkeiten für ideelle Vereinszwecke verwendet. [3]Die Verwendung für unternehmerische Tätigkeiten erhöht sich ab dem 1.1.03 um 20 % auf insgesamt 70 %. [4]Zum 1.1.04 wird der PKW für einen vereinbarten Nettobetrag von 10 000 € veräußert.

Jahr 01:
[5]V ist zum Vorsteuerabzug in Höhe von 2850 € (50 % von 5700 €) nach § 15 Abs. 1 UStG berechtigt. [6]Der für unentgeltliche ideelle Tätigkeiten des Vereins (nichtwirtschaftliche Tätigkeit i. e. S., vgl. Abschnitt 2.3 Abs. 1a) verwendete Anteil des PKW berechtigt nicht zum Vorsteuerabzug (vgl. Abschnitte 15.2b Abs. 2 und 15.2c Abs. 2 Satz 1 Nr. 2 Buchstabe a).

Jahr 03:
[7]Die Bagatellgrenzen des § 44 UStDV sind überschritten. [8]Aus Billigkeitsgründen kann eine Vorsteuerberichtigung nach § 15a Abs. 1 UStG vorgenommen werden.
Insgesamt in Rechnung gestellte Umsatzsteuer: 5700 €
Ursprünglicher Vorsteuerabzug: 2850 € (entspricht 50 % von 5700 €)
Zeitpunkt der erstmaligen Verwendung: 1.1.01
Dauer des Berichtigungszeitraums: 1.1.01 bis 31.12.05
Aus Billigkeitsgründen zum Vorsteuerabzug berechtigende Verwendung in 03: 70 %
Vorsteuerberichtigung aus Billigkeitsgründen im Vergleich zum ursprünglichen Vorsteuerabzug: Vorsteuer zu 70 % statt zu 50 %
Berichtigungsbetrag: 20 Prozentpunkte von $^1/_5$ von 5700 € = 228 € sind zugunsten des V zu korrigieren.

Jahr 04:
[9]Die Veräußerung des PKW ist in Höhe des für unternehmerische Tätigkeiten verwendeten Anteils im Zeitpunkt der Veräußerung steuerbar. [10]Die Umsatzsteuer beträgt 1330 € (70 % von 10 000 € × 19 %). [11]Aus Billigkeitsgründen ist auf Grund der Veräußerung auch eine Vorsteuerberichtigung nach § 15a UStG vorzunehmen. [12]Die Bagatellgrenzen des § 44 UStDV sind überschritten.
Insgesamt in Rechnung gestellte Umsatzsteuer: 5700 €
Ursprünglicher Vorsteuerabzug: 2850 € (entspricht 50 % von 5700 €)
Zeitpunkt der erstmaligen Verwendung: 1.1.01
Dauer des Berichtigungszeitraums: 1.1.01 bis 31.12.05
Tatsächliche zum Vorsteuerabzug berechtigende Verwendung im Berichtigungszeitraum:
Jahr 01 bis 03 = 50 %
Jahr 03 = 70 % (Berichtigung nach § 15a UStG aus Billigkeitsgründen)
Änderung aus Billigkeitsgründen:
ab Jahr 04 = 20 Prozentpunkte (70 % statt 50 %)
Vorsteuerberichtigung pro Jahr:
5700 € /5 Jahre × 20 % = 228 €
Jahr 04 und 05 = je 228 €
[13]Die Berichtigung des Vorsteuerabzugs in Höhe von 456 € zugunsten des V ist in der ersten Voranmeldung für das Kalenderjahr 04 vorzunehmen (§ 44 Abs. 3 Satz 2 UStDV).

15 a.2 Änderung der Verhältnisse

(1) [1] Verwendung im Sinne des § 15a UStG ist die tatsächliche Nutzung des Berichtigungsobjekts zur Erzielung von Umsätzen. [2] Als Verwendung sind auch die Veräußerung, die unentgeltliche Wertabgabe nach § 3 Abs. 1b und 9a UStG (vgl. BFH-Urteil vom 2.10.1986, V R 91/78, BStBl. 1987 II S. 44) und die teilunternehmerische Nutzung eines Grundstücks im Sinne des § 15 Abs. 1b UStG (§ 15a Abs. 6a UStG, vgl. Abschnitt 15.6a) anzusehen. [3] Unter Veräußerung ist sowohl die Lieferung im Sinne des § 3 Abs. 1 UStG, z. B. auch die Verwertung in der Zwangsvollstreckung, als auch die Übertragung immaterieller Wirtschaftsgüter zu verstehen. [4] Voraussetzung ist jedoch, dass das Wirtschaftsgut im Zeitpunkt dieser Umsätze objektiv noch verwendungsfähig ist. [5] Die Eröffnung eines Insolvenzverfahrens bewirkt allein weder tatsächlich noch rechtlich eine Änderung in der Verwendung eines Berichtigungsobjekts (vgl. BFH-Urteil vom 8.3.2012, V R 24/11, BStBl. II S. 466).

(2) [1] Für die Frage, ob eine Änderung der Verhältnisse vorliegt, sind die Verhältnisse im Zeitpunkt der tatsächlichen Verwendung im Vergleich zum ursprünglichen Vorsteuerabzug entscheidend (vgl. BFH-Urteil vom 9.2.2011, XI R 35/09, BStBl. II S. 1000). [2] Für den ursprünglichen Vorsteuerabzug ist die Verwendungsabsicht im Zeitpunkt des Leistungsbezugs entscheidend, im Fall der Anzahlung oder Vorauszahlung die im Zeitpunkt der Anzahlung oder Vorauszahlung gegebene Verwendungsabsicht (Abschnitt 15.12 Abs. 1). [3] Eine Änderung der Verhältnisse im Sinne des § 15a UStG liegt z. B. vor,

1. wenn sich auf Grund der tatsächlichen Verwendung nach § 15 Abs. 2 und 3 UStG ein höherer oder niedrigerer Vorsteuerabzug im Vergleich zum ursprünglichen Vorsteuerabzug ergibt, z. B.
   a) wenn der Unternehmer ein Berichtigungsobjekt innerhalb des Unternehmens für Ausgangsumsätze nutzt, welche den Vorsteuerabzug anders als ursprünglich ausschließen oder zulassen (vgl. BFH-Urteile vom 15.9.2011, V R 8/11, BStBl. 2012 II S. 368, und vom 19.10.2011, XI R 16/09, BStBl. 2012 II S. 371),
   b) wenn der Unternehmer einen ursprünglich ausgeübten Verzicht auf eine Steuerbefreiung (§ 9 UStG) später nicht fortführt, oder
   c) wenn sich das prozentuale Verhältnis ändert, nach dem die abziehbaren Vorsteuern ursprünglich nach § 15 Abs. 4 UStG aufgeteilt worden sind,
2. wenn das Wirtschaftsgut veräußert oder entnommen wird und dieser Umsatz hinsichtlich des Vorsteuerabzugs anders zu beurteilen ist als der ursprüngliche Vorsteuerabzug (§ 15a Abs. 8 UStG),
3. wenn der Unternehmer von der allgemeinen Besteuerung zur Nichterhebung der Steuer nach § 19 Abs. 1 UStG oder umgekehrt übergeht (§ 15a Abs. 7 UStG), ohne dass sich die Nutzung der Wirtschaftsgüter oder sonstigen Leistungen selbst geändert haben muss,
4. wenn der Unternehmer von der allgemeinen Besteuerung zur Durchschnittssatzbesteuerung nach den §§ 23, 23a und 24 UStG oder umgekehrt übergeht (§ 15a Abs. 7 UStG), ohne dass sich die Nutzung der Wirtschaftsgüter oder sonstigen Leistungen selbst geändert haben muss (zur Vorsteuerberichtigung bei Wirtschaftsgütern, die sowohl in einem gewerblichen

Unternehmensteil als auch in einem landwirtschaftlichen Unternehmensteil (§ 24 UStG) eingesetzt werden, und zum Übergang von der allgemeinen Besteuerung zur Durchschnittssatzbesteuerung nach § 24 UStG oder umgekehrt siehe Abschnitt 15a.9 Abs. 5 ff.),

5. wenn sich eine Rechtsänderung nach dem Leistungsbezug auf die Beurteilung des Vorsteuerabzugs auswirkt, z. B. bei Wegfall oder Einführung einer den Vorsteuerabzug ausschließenden Steuerbefreiung (vgl. BFH-Urteil vom 14.5.1992, V R 79/87, BStBl. II S. 983),
6. wenn sich die rechtliche Beurteilung des ursprünglichen Vorsteuerabzugs später als unzutreffend erweist, sofern die Steuerfestsetzung für das Jahr des Leistungsbezugs bestandskräftig und unabänderbar ist (Abschnitt 15a.4 Abs. 3),
7. wenn sich die Verwendung eines Grundstücks im Sinne des § 15 Abs. 1b UStG ändert (§ 15a Abs. 6a UStG, vgl. Abschnitt 15.6a),
8. wenn der Unternehmer aufgrund einer Erklärung nach § 25a Abs. 2 Satz 1 UStG von der allgemeinen Besteuerung zur Differenzbesteuerung oder umgekehrt übergeht (vgl. hierzu Abschnitt 25a.1 Abs. 7 Satz 7 ff.).

(3) Eine Geschäftsveräußerung im Sinne des § 1 Abs. 1a UStG stellt keine Änderung der Verhältnisse dar, weil der Erwerber nach § 1 Abs. 1a Satz 3 UStG an die Stelle des Veräußerers tritt (vgl. BFH-Urteile vom 6.9.2007, V R 41/05, BStBl. 2008 II S. 65, und vom 30.4.2009, V R 4/07, BStBl. II S. 863; siehe auch Abschnitt 15a.10).

(4) Die Einräumung eines Miteigentumsanteils an einem zu eigenunternehmerischen Zwecken genutztem Grundstücksteil führt zu keiner Änderung der Verhältnisse, wenn der bisherige Alleineigentümer auch als Miteigentümer in Bruchteilsgemeinschaft insoweit zum Vorsteuerabzug berechtigt bleibt, als seine eigenunternehmerische Nutzung seinen quotalen Miteigentumsanteil am Grundstück nicht übersteigt (vgl. BFH-Urteil vom 22.11.2007, V R 5/06, BStBl. 2008 II S. 448).

Besonderheiten bei der Änderung der Verhältnisse bei Wirtschaftsgütern, die nicht nur einmalig zur Ausführung von Umsätzen verwendet werden

(5) Ändern sich im Laufe eines Kalenderjahres die Verhältnisse gegenüber den für den ursprünglichen Vorsteuerabzug maßgeblichen Verhältnissen, ist maßgebend, wie das Wirtschaftsgut während des gesamten Kalenderjahres verwendet wird.

Beispiel:

[1] Ein Unternehmer erwirbt am 1.3.01 eine Maschine. [2] Er beabsichtigt, sie bis zum 30.6.01 nur zur Ausführung von zum Vorsteuerabzug berechtigenden Umsätzen und ab 1.7.01 ausschließlich zur Ausführung von Umsätzen, die den Vorsteuerabzug ausschließen, zu verwenden. [3] Am 1.10.03 veräußert der Unternehmer die Maschine steuerpflichtig.

[4] Im Jahr 01 kann der Unternehmer im Zeitpunkt des Leistungsbezuges 40 % der auf die Anschaffung der Maschine entfallenden Vorsteuern abziehen (von den 10 Monaten des Jahres 01 soll die Maschine 4 Monate, d. h. zu 40 %, für zum Vorsteuerabzug berechtigende und 6 Monate, d. h. zu 60 %, für den Vorsteuerabzug ausschließende Umsätze verwendet werden). [5] Da die Maschine im Jahr 01 planmäßig verwendet wurde, ist der Vorsteuerabzug nicht zu berichtigen.

6 Im Jahr 02 wird die Maschine nur für Umsätze verwendet, die den Vorsteuerabzug ausschließen. 7 Damit liegt eine Änderung der Verhältnisse um 40 Prozentpunkte vor. 8 Der Unternehmer muss die Vorsteuern entsprechend an das Finanzamt zurückzahlen.
9 Im Jahr 03 wird die Maschine 9 Monate für Umsätze verwendet, die den Vorsteuerabzug ausschließen. 10 Die steuerpflichtige Veräußerung am 1.10.03 ist so zu behandeln, als ob die Maschine vom 1.10. bis 31.12. für zum Vorsteuerabzug berechtigende Umsätze verwendet worden wäre. 11 Auf das ganze Kalenderjahr bezogen sind 25 % der Vorsteuern abziehbar (von den 12 Monaten des Jahres 03 berechtigt die Verwendung in 3 Monaten zum Vorsteuerabzug). 12 Gegenüber dem ursprünglichen Vorsteuerabzug haben sich somit die Verhältnisse um 15 Prozentpunkte zuungunsten geändert. 13 Der Unternehmer muss die Vorsteuern entsprechend an das Finanzamt zurückzahlen.
14 Für die restlichen Kalenderjahre des Berichtigungszeitraums ist die Veräußerung ebenfalls wie eine Verwendung für zu 100 % zum Vorsteuerabzug berechtigende Umsätze anzusehen. 15 Die Änderung der Verhältnisse gegenüber dem ursprünglichen Vorsteuerabzug beträgt somit für diese Kalenderjahre jeweils 60 Prozentpunkte. 16 Der Unternehmer hat einen entsprechenden nachträglichen Vorsteuerabzug (zum Berichtigungsverfahren in diesem Fall vgl. Abschnitt 15a.11 Abs. 4).

(6) Bei bebauten und unbebauten Grundstücken können sich die Verhältnisse insbesondere in folgenden Fällen ändern:

1. Nutzungsänderungen, insbesondere durch
   a) Übergang von einer durch Option nach § 9 UStG steuerpflichtigen Vermietung zu einer nach § 4 Nr. 12 Satz 1 Buchstabe a UStG steuerfreien Vermietung oder umgekehrt;
   b) Übergang von der Verwendung eigengewerblich genutzter Räume, die zur Erzielung zum Vorsteuerabzug berechtigender Umsätze verwendet werden, zu einer nach § 4 Nr. 12 Satz 1 Buchstabe a UStG steuerfreien Vermietung oder umgekehrt;
   c) Übergang von einer steuerfreien Vermietung nach Artikel 67 Abs. 3 NATO-ZAbk[1)] zu einer nach § 4 Nr. 12 Satz 1 Buchstabe a UStG steuerfreien Vermietung oder umgekehrt;
   d) Änderung des Vorsteueraufteilungsschlüssels bei Grundstücken, die sowohl zur Ausführung von Umsätzen, die zum Vorsteuerabzug berechtigen, als auch für Umsätze, die den Vorsteuerabzug ausschließen, verwendet werden (vgl. Abschnitte 15.16, 15.17 und 15a.4 Abs. 2);
   e) Änderung des Umfangs der teilunternehmerischen Nutzung eines Grundstücks im Sinne des § 15 Abs. 1b UStG (vgl. Abschnitt 15.6a);
2. Veräußerungen, die nicht als Geschäftsveräußerungen im Sinne des § 1 Abs. 1a UStG anzusehen sind, insbesondere
   a) nach § 4 Nr. 9 Buchstabe a UStG steuerfreie Veräußerung ganz oder teilweise eigengewerblich und vorsteuerunschädlich genutzter, ursprünglich steuerpflichtig vermieteter oder auf Grund des Artikels 67 Abs. 3 NATO-ZAbk[1)] steuerfrei vermieteter Grundstücke (vgl. auch Absatz 1);
   b) durch wirksame Option nach § 9 UStG steuerpflichtige Veräußerung ursprünglich ganz oder teilweise nach § 4 Nr. 12 Satz 1 Buchstabe a UStG steuerfrei vermieteter Grundstücke;

[1)] **Zölle und Verbrauchsteuern** Nr. **171.**

c) die entgeltliche Übertragung eines Miteigentumsanteils an einem ursprünglich teilweise steuerfrei vermieteten Grundstück auf einen Familienangehörigen, wenn die Teiloption beim Verkauf nicht in dem Verhältnis der bisherigen Nutzung ausgeübt wird (vgl. Abschnitt 9.1 Abs. 6);

3. unentgeltliche Wertabgaben, die nicht im Rahmen einer Geschäftsveräußerung nach § 1 Abs. 1a UStG erfolgen, und die steuerfrei sind, insbesondere

a) unentgeltliche Übertragung ganz oder teilweise eigengewerblich vorsteuerunschädlich genutzter, ursprünglich steuerpflichtig vermieteter oder auf Grund des Artikels 67 Abs. 3 NATO-ZAbk[1)] steuerfrei vermieteter Grundstücke, z. B. an Familienangehörige (vgl. BFH-Urteil vom 25.6. 1987, V R 92/78, BStBl. II S. 655);

b) unentgeltliche Nießbrauchsbestellung an einem entsprechend genutzten Grundstück, z. B. an Familienangehörige (vgl. BFH-Urteil vom 16.9. 1987, X R 51/81, BStBl. 1988 II S. 205);

c) unentgeltliche Übertragung des Miteigentumsanteils an einem entsprechend genutzten Grundstück, z. B. an Familienangehörige (vgl. BFH-Urteil vom 27.4.1994, XI R 85/92, BStBl. 1995 II S. 30).

(7) [1] Die Lieferung eines Gegenstands (Verschaffung der Verfügungsmacht) setzt die Übertragung von Substanz, Wert und Ertrag voraus. [2] Die Verfügungsmacht an einem Mietgrundstück ist mangels Ertragsübergangs noch nicht verschafft, solange der Lieferer dieses auf Grund seines Eigentums wie bislang für Vermietungsumsätze verwendet. [3] Das gilt auch für eine unentgeltliche Lieferung des Mietwohngrundstücks. [4] Solange die Verfügungsmacht nicht übergegangen ist, liegen keine unentgeltliche Wertabgabe und keine durch sie verursachte Änderung der Verwendungsverhältnisse im Sinne des § 15a UStG vor (BFH-Urteil vom 18.11.1999, V R 13/99, BStBl. 2000 II S. 153).

(8) [1] Steht ein Gebäude im Anschluss an seine erstmalige Verwendung für eine bestimmte Zeit ganz oder teilweise leer, ist bis zur tatsächlichen erneuten Verwendung des Wirtschaftsgutes anhand der Verwendungsabsicht (vgl. Abschnitt 15.12) zu entscheiden, ob sich die für den ursprünglichen Vorsteuerabzug maßgebenden Verhältnisse ändern. [2] Keine Änderung der Verhältnisse liegt dabei vor, wenn im Anschluss an eine zum Vorsteuerabzug berechtigende Verwendung auch künftig zum Vorsteuerabzug berechtigende Umsätze ausgeführt werden sollen (vgl. BFH-Urteil vom 25.4.2002, V R 58/00, BStBl. 2003 II S. 435). [3] Dagegen kann die Änderung der Verwendungsabsicht oder die spätere tatsächliche Verwendung zu einer Vorsteuerberichtigung führen.

(9) Veräußerung und unentgeltliche Wertabgabe nach § 3 Abs. 1b UStG eines Wirtschaftsguts, das nicht nur einmalig zur Ausführung von Umsätzen verwendet wird, nach Beginn des nach § 15a Abs. 1 UStG maßgeblichen Berichtigungszeitraums sind so anzusehen, als ob das Wirtschaftsgut bis zum Ablauf des maßgeblichen Berichtigungszeitraums (vgl. Abschnitt 15a.3) entsprechend der umsatzsteuerrechtlichen Behandlung dieser Umsätze weiterhin innerhalb des Unternehmens verwendet worden wäre.

Beispiel:

[1] Ein Betriebsgrundstück, das vom 1.1.01 bis zum 31.10.01 innerhalb des Unternehmens zur Ausführung zum Vorsteuerabzug berechtigender Umsätze verwendet worden ist, wird am 1.11.01 nach § 4 Nr. 9 Buchstabe a UStG steuerfrei veräußert.

[2] Für die Berichtigung ist die Veräußerung so anzusehen, als ob das Grundstück ab dem Zeitpunkt der Veräußerung bis zum Ablauf des Berichtigungszeitraums nur noch zur Ausführung von Umsätzen verwendet würde, die den Vorsteuerabzug ausschließen. [3] Entsprechendes gilt bei einer steuerfreien unentgeltlichen Wertabgabe nach § 3 Abs. 1b Satz 1 Nr. 3 UStG.

15a.3 Berichtigungszeitraum nach § 15a Abs. 1 UStG

Beginn und Dauer des Berichtigungszeitraums

(1) [1] Der Zeitraum, für den eine Berichtigung des Vorsteuerabzugs durchzuführen ist, beträgt grundsätzlich volle fünf Jahre ab dem Beginn der erstmaligen tatsächlichen Verwendung. [2] Er verlängert sich bei Grundstücken einschließlich ihrer wesentlichen Bestandteile, bei Berechtigungen, für die die Vorschriften des bürgerlichen Rechts über Grundstücke gelten, und bei Gebäuden auf fremdem Grund und Boden auf volle zehn Jahre (§ 15a Abs. 1 Satz 2 UStG). [3] Der Berichtigungszeitraum von zehn Jahren gilt auch für Betriebsvorrichtungen, die als wesentliche Bestandteile auf Dauer in ein Gebäude eingebaut werden (vgl. BFH-Urteil vom 14.7.2010, XI R 9/09, BStBl. II S. 1086). [4] Bei Wirtschaftsgütern mit einer kürzeren Verwendungsdauer ist der entsprechend kürzere Berichtigungszeitraum anzusetzen (§ 15a Abs. 5 Satz 2 UStG). [5] Ob von einer kürzeren Verwendungsdauer auszugehen ist, beurteilt sich nach der betriebsgewöhnlichen Nutzungsdauer, die nach ertragsteuerrechtlichen Grundsätzen für das Wirtschaftsgut anzusetzen ist. [6] § 45 UStDV ist zur Ermittlung des Beginns des Berichtigungszeitraums analog anzuwenden (vgl. Absatz 6).

(2)[1)] [1] Wird ein Wirtschaftsgut, z. B. ein Gebäude, bereits entsprechend dem Baufortschritt verwendet, noch bevor es insgesamt fertig gestellt ist, ist für jeden gesondert in Verwendung genommenen Teil des Wirtschaftsguts ein besonderer Berichtigungszeitraum anzunehmen (vgl. BFH-Urteil vom 29.4. 2020, XI R 14/19, BStBl. II S. 613). [2] Gleiches gilt, wenn ein Wirtschaftsgut im Fall einer Sanierung entsprechend dem Sanierungsfortschritt wieder in Verwendung genommen wird. [3] Diese Berichtigungszeiträume beginnen jeweils zu dem Zeitpunkt, zu dem der einzelne Teil des Wirtschaftsguts erstmalig (wieder) zur Ausführung von Umsätzen verwendet wird. [4] Der einzelnen Berichtigung sind jeweils die Vorsteuerbeträge zu Grunde zu legen, die auf den entsprechenden Teil des Wirtschaftsguts entfallen. [5] Wird dagegen ein fertiges Wirtschaftsgut nur teilweise gebraucht oder, gemessen an seiner Einsatzmöglichkeit, nicht voll genutzt, besteht ein einheitlicher Berichtigungszeitraum für das ganze Wirtschaftsgut, der mit dessen erstmaliger Verwendung beginnt. [6] Dabei ist für die nicht genutzten Teile des Wirtschaftsguts (z. B. eines Gebäudes) die Verwendungsabsicht maßgebend.

---

1) A 15a.3 UStAE Abs. 2 neuer Satz 2 eingef., bish. Satz 2 wird Satz 3 und neugef., bish. Sätze 3 bis 5 werden Sätze 4 bis 6 durch BMF v. 17.12.2021, BStBl. I 2021, 2504.

(3) [1]Steht ein Gebäude vor der erstmaligen Verwendung leer, beginnt der Berichtigungszeitraum nach § 15a Abs. 1 UStG erst mit der erstmaligen tatsächlichen Verwendung.

Beispiel:

[1]Ein Unternehmer errichtet ein Bürogebäude. [2]Die im Zusammenhang mit der Herstellung des Gebäudes in Rechnung gestellte Umsatzsteuer beträgt in den Jahren 01 100 000 € und 02 300 000 € (insgesamt 400 000 €). [3]Die abziehbaren Vorsteuerbeträge nach § 15 UStG belaufen sich vor dem Zeitpunkt der erstmaligen Verwendung auf 100 000 €, da der Unternehmer im Jahr 01 beabsichtigte und dies schlüssig dargelegt hat, das Gebäude nach Fertigstellung zu 100 % für zum Vorsteuerabzug berechtigende Zwecke zu verwenden, während er im Jahr 02 beabsichtigte, das Gebäude nach Fertigstellung zu 0 % für zum Vorsteuerabzug berechtigende Zwecke zu verwenden. [4]Das Gebäude steht nach der Investitionsphase ein Jahr leer (Jahr 03).
[5]Ab dem Jahr 04 wird das Gebäude zu 100 % für zum Vorsteuerabzug berechtigende Umsätze verwendet.
Ingesamt in Rechnung gestellte Umsatzsteuer: 400 000 €
Ursprünglicher Vorsteuerabzug (Ermittlung eines prozentualen Verhältnisses des ursprünglichen Vorsteuerabzugs zum Vorsteuervolumen insgesamt): 100 000 € (25 % von 400 000 €).
Zeitpunkt der erstmaligen Verwendung: 1.1.04
Dauer des Berichtigungszeitraums: 1.1.04 bis 31.12.13
ab Jahr 04: 100 %
Änderung der Verhältnisse:
ab Jahr 04: 75 Prozentpunkte (100 % statt 25 %)
Vorsteuerberichtigung pro Jahr:
(400 000 €/10 Jahre = 40 000 € pro Jahr)
ab Jahr 04: jährlich 30 000 € (40 000 € × 75 %) nachträglicher Vorsteuererstattungsanspruch

[2]Auch für Leistungsbezüge während des Leerstands vor der erstmaligen Verwendung richtet sich der Vorsteuerabzug nach der im Zeitpunkt des jeweiligen Leistungsbezugs gegebenen Verwendungsabsicht (vgl. Abschnitt 15.12).

(4) Wird ein dem Unternehmen zugeordnetes Wirtschaftsgut zunächst unentgeltlich überlassen, beginnt der Berichtigungszeitraum mit der unentgeltlichen Überlassung, unabhängig davon, ob die unentgeltliche Überlassung zu einer steuerbaren unentgeltlichen Wertabgabe führt.

Ende des Berichtigungszeitraums

(5) Endet der maßgebliche Berichtigungszeitraum während eines Kalenderjahres, sind nur die Verhältnisse zu berücksichtigen, die bis zum Ablauf dieses Zeitraums eingetreten sind.

Beispiel:

[1]Der Berichtigungszeitraum für ein Wirtschaftsgut endet am 31.8.01. [2]In diesem Kalenderjahr hat der Unternehmer das Wirtschaftsgut bis zum 30.6. nur zur Ausführung zum Vorsteuerabzug berechtigender Umsätze und vom 1.7. bis zum 9.10. ausschließlich zur Ausführung nicht zum Vorsteuerabzug berechtigender Umsätze verwendet. [3]Am 10.10.01 veräußert er das Wirtschaftsgut steuerpflichtig.
[4]Bei der Berichtigung des Vorsteuerabzugs für das Jahr 01 sind nur die Verhältnisse bis zum 31.8. zu berücksichtigen. [5]Da das Wirtschaftsgut in diesem Zeitraum 6 Monate für zum Vorsteuerabzug berechtigende und 2 Monate für nicht zum Vorsteuerabzug berechtigende Umsätze verwendet wurde, sind 25 % des auf das Jahr 01 entfallenden Vorsteueranteils nicht abziehbar.
[6]Die auf die Zeit ab 1.9.01 entfallende Verwendung und die Veräußerung liegen außerhalb des Berichtigungszeitraums und bleiben deshalb bei der Prüfung, inwieweit eine Änderung der Verhältnisse gegenüber dem ursprünglichen Vorsteuerabzug vorliegt, außer Betracht.

(6) Endet der Berichtigungszeitraum innerhalb eines Kalendermonats, ist das für die Berichtigung maßgebliche Ende nach § 45 UStDV zu ermitteln.

Beispiel 1:

[1] Unternehmer U hat am 10.1.01 eine Maschine angeschafft, die er zunächst wie geplant ab diesem Zeitpunkt zu 90% zur Erzielung von zum Vorsteuerabzug berechtigenden Umsätzen und zu 10% zur Erzielung von nicht zum Vorsteuerabzug berechtigenden Umsätzen verwendet. [2] Die Vorsteuern aus der Anschaffung betragen 80 000 €. [3] Ab dem 1.8.01 nutzt U die Maschine nur noch zu 10% für zum Vorsteuerabzug berechtigende Umsätze.
Insgesamt in Rechnung gestellte Umsatzsteuer: 80 000 €
Ursprünglicher Vorsteuerabzug (Ermittlung eines prozentualen Verhältnisses des ursprünglichen Vorsteuerabzugs zum Vorsteuervolumen insgesamt): 72 000 € (90% von 80 000 €)
Zeitpunkt der erstmaligen Verwendung: 10.1.01
Dauer des Berichtigungszeitraums: 1.1.01 bis 31.12.05 (nach § 45 UStDV bleibt der Januar 06 für die Berichtigung unberücksichtigt, da der Berichtigungszeitraum vor dem 16.1.06 endet; entsprechend beginnt der Berichtigungszeitraum dann mit dem 1.1.01)
Tatsächliche zum Vorsteuerabzug berechtigende Verwendung im Berichtigungszeitraum:

Jahr 01	Nutzung Januar bis Juli 01	7 × 90% = 630
	Nutzung August bis Dezember 01	5 × 10% = 50
		680 : 12 Monate = 56,7

Änderung der Verhältnisse:
Jahr 01: 33,3 Prozentpunkte (56,7% statt 90%)
ab Jahr 02: jeweils 80 Prozentpunkte (10% statt 90%)
Vorsteuerberichtigung pro Jahr:
(80 000 €/5 Jahre = 16 000 € pro Jahr)

Jahr 01 =	./. 5 328 € (16 000 € × 33,3%)
ab Jahr 02 jeweils =	./. 12 800 € (16 000 € × 80%)

Beispiel 2:

Wie Beispiel 1, nur Anschaffung und Verwendungsbeginn der Maschine am 20.1.01.
Insgesamt in Rechnung gestellte Umsatzsteuer: 80 000 €
Ursprünglicher Vorsteuerabzug (Ermittlung eines prozentualen Verhältnisses des ursprünglichen Vorsteuerabzugs zum Vorsteuervolumen insgesamt): 72 000 € (90% von 80 000 €)
Zeitpunkt der erstmaligen Verwendung: 20.1.01
Dauer des Berichtigungszeitraums: 1.2.01 bis 31.1.06 (nach § 45 UStDV ist der Januar 06 für die Berichtigung voll zu berücksichtigen, da der Berichtigungszeitraum nach dem 15.1.06 endet; entsprechend beginnt der Berichtigungszeitraum dann mit dem 1.2.01)
Tatsächliche zum Vorsteuerabzug berechtigende Verwendung im Berichtigungszeitraum:

Jahr 01	Nutzung Februar bis Juli 01	6 × 90 = 540
	Nutzung August bis Dezember 01	5 × 10 = 50
		590 : 11 Monate = 53,6

Änderung der Verhältnisse:
Jahr 01: 36,4 Prozentpunkte (53,6% statt 90%)
ab Jahr 02: jeweils 80 Prozentpunkte (10% statt 90%)
Vorsteuerberichtigung pro Jahr:
(80 000 € / 5 Jahre = 16 000 € pro Jahr)

Jahr 01 =	./. 5 338 € (16 000 € × 36,4% × $^{11}/_{12}$)
Jahre 02 bis 05 jeweils =	./. 12 800 € (16 000 € × 80%)
Jahr 06 =	./. 1 066 € (16 000 € × 80% × $^{1}/_{12}$)

(7) [1] Kann ein Wirtschaftsgut vor Ablauf des Berichtigungszeitraums wegen Unbrauchbarkeit vom Unternehmer nicht mehr zur Ausführung von Umsätzen verwendet werden, endet damit der Berichtigungszeitraum. [2] Das gilt auch für die Berichtigungszeiträume, die für eventuell angefallene nachträgliche Anschaffungs- oder Herstellungskosten bestehen. [3] Eine Veräußerung des nicht

mehr verwendungsfähigen Wirtschaftsguts als Altmaterial bleibt für die Berichtigung des Vorsteuerabzuges unberücksichtigt.

(8) [1]Wird das Wirtschaftsgut vor Ablauf des Berichtigungszeitraums veräußert oder nach § 3 Abs. 1b UStG geliefert, verkürzt sich hierdurch der Berichtigungszeitraum nicht. [2]Zur Änderung der Verhältnisse in diesen Fällen vgl. Abschnitt 15a.2 Abs. 9.

15a.4 Berichtigung nach § 15a Abs. 1 UStG

(1) [1]Die Berichtigung des Vorsteuerabzugs ist jeweils für den Voranmeldungszeitraum bzw. das Kalenderjahr vorzunehmen, in dem sich die für den ursprünglichen Vorsteuerabzug maßgebenden Verhältnisse geändert haben (vgl. Abschnitt 15a.2). [2]Dabei sind die Vereinfachungsregelungen des § 44 UStDV zu beachten (vgl. Abschnitt 15a.11). [3]Weicht die tatsächliche Verwendung von den für den ursprünglichen Vorsteuerabzug maßgebenden Verhältnissen ab, wird die Berichtigung des Vorsteuerabzugs nicht durch eine Änderung der Steuerfestsetzung des Jahres der Inanspruchnahme des Vorsteuerabzugs nach den Vorschriften der AO, sondern verteilt auf den Berichtigungszeitraum von 5 bzw. 10 Jahren pro rata temporis vorgenommen. [4]Dabei ist für jedes Kalenderjahr des Berichtigungszeitraums von den in § 15a Abs. 5 UStG bezeichneten Anteilen der Vorsteuerbeträge auszugehen. [5]Beginnt oder endet der Berichtigungszeitraum innerhalb eines Kalenderjahres, ist für diese Kalenderjahre jeweils nicht der volle Jahresanteil der Vorsteuerbeträge, sondern nur der Anteil anzusetzen, der den jeweiligen Kalendermonaten entspricht.

Beispiel:

[1]Auf ein Wirtschaftsgut mit einem Berichtigungszeitraum von 5 Jahren entfällt eine Vorsteuer von insgesamt 5000 €. [2]Der Berichtigungszeitraum beginnt am 1.4.01 und endet am 31.3.06. [3]Bei der Berichtigung ist für die einzelnen Jahre jeweils von einem Fünftel der gesamten Vorsteuer (= 1000 €) auszugehen. [4]Der Berichtigung des Jahres 01 sind 9 Zwölftel dieses Betrages (= 750 €) und der des Jahres 06 3 Zwölftel dieses Betrages (= 250 €) zu Grunde zu legen.

(2) [1]Sind die Voraussetzungen für den Vorsteuerabzug nicht schon im Zeitpunkt des Leistungsbezugs, sondern erst nach Beginn der tatsächlichen erstmaligen Verwendung erfüllt, z.B. weil die zum Vorsteuerabzug berechtigende Rechnung vor Beginn der tatsächlichen erstmaligen Verwendung noch nicht vorgelegen hat, kann die Vorsteuer erst abgezogen werden, wenn die Voraussetzungen des § 15 Abs. 1 UStG insgesamt vorliegen. [2]Auch hierbei beurteilt sich die Berechtigung zum Vorsteuerabzug nach der Verwendung im Zeitpunkt des Leistungsbezugs (vgl. Abschnitt 15.12). [3]Von diesen Verhältnissen ist auch bei der Berichtigung auszugehen. [4]Folglich ist im Zeitpunkt des erstmaligen Vorsteuerabzugs gleichzeitig eine eventuell notwendige Berichtigung für die bereits abgelaufenen Teile des Berichtigungszeitraums vorzunehmen.

Beispiel 1:

[1]Ein im Jahr 01 neu errichtetes Gebäude, auf das eine Vorsteuer von 50 000 € entfällt, wird im Jahr 02 erstmalig tatsächlich verwendet. [2]Die Rechnung mit der gesondert ausgewiesenen Steuer erhält der Unternehmer aber erst im Jahr 04. [3]Der Unternehmer hat bereits während

der Bauphase schlüssig dargelegt, dass er das Gebäude zum Vorsteuerabzug berechtigend vermieten will. [4] Das Gebäude wurde tatsächlich wie folgt verwendet:
- im Jahr 02 nur zur Ausführung zum Vorsteuerabzug berechtigender Umsätze;
- im Jahr 03 je zur Hälfte zur Ausführung zum Vorsteuerabzug berechtigender und nicht zum Vorsteuerabzug berechtigender Umsätze;
- im Jahr 04 nur zur Ausführung nicht zum Vorsteuerabzug berechtigender Umsätze.

[5] Da der Unternehmer schlüssig dargelegt hat, dass er beabsichtigt, das Gebäude nach der Fertigstellung im Jahr 02 ausschließlich für zum Vorsteuerabzug berechtigende Umsätze zu verwenden, kann er nach § 15 Abs. 1 UStG die Vorsteuer von 50 000 € voll abziehen. [6] Der Abzug ist jedoch erst im Jahr 04 zulässig. [7] Bei der Steuerfestsetzung für dieses Jahr ist dieser Abzug aber gleichzeitig insoweit zu berichtigen, als für die Jahre 03 und 04 eine Änderung der Verhältnisse gegenüber der im Zeitpunkt des Leistungsbezuges dargelegten Verwendungsabsicht eingetreten ist. [8] Diese Änderung beträgt für das Jahr 03 50 % und für das Jahr 04 100 %. [9] Entsprechend dem zehnjährigen Berichtigungszeitraum ist bei der Berichtigung für das Jahr von einem Zehntel der Vorsteuer von 50 000 € = 5000 € auszugehen. [10] Es sind für das Jahr 03 die Hälfte dieses Vorsteueranteils, also 2500 €, und für das Jahr 04 der volle Vorsteueranteil von 5000 € vom Abzug ausgeschlossen. [11] Im Ergebnis vermindert sich somit die bei der Steuerfestsetzung für das Jahr 04 abziehbare Vorsteuer von 50 000 € um (2500 € + 5000 € =) 7500 € auf 42 500 €.

Beispiel 2:

[1] Ein Unternehmer (Immobilienfonds) errichtet ein Bürogebäude. [2] Die im Zusammenhang mit der Herstellung des Gebäudes in Rechnung gestellte Umsatzsteuer beträgt in den Jahren 01 150 000 € und 02 150 000 € (insgesamt 300 000 €). [3] Für einen weiteren Leistungsbezug des Jahres 01 liegt eine nach § 14 UStG ausgestellte Rechnung mit gesondertem Ausweis der Umsatzsteuer i. H. v. 100 000 € erst in 04 vor. [4] Die insgesamt in Rechnung gestellte Umsatzsteuer beträgt somit 400 000 €.

[5] Der Unternehmer beabsichtigte im Jahr 01 eine zu 100 % und im Jahr 02 eine zu 0 % zum Vorsteuerabzug berechtigende Verwendung des Gebäudes. [6] Die Verwendungsabsicht wurde durch den Unternehmer jeweils schlüssig dargelegt. [7] Das Gebäude wird erstmals ab dem Jahr 03 verwendet, und zwar zu 0 % für zum Vorsteuerabzug berechtigende Umsätze.

[8] Die abziehbaren Vorsteuerbeträge nach § 15 UStG belaufen sich vor dem Zeitpunkt der erstmaligen Verwendung (Investitionsphase) auf 150 000 € für die in 01 bezogenen Leistungen.

Jahr 03:
Insgesamt in Rechnung gestellte Umsatzsteuer: 300 000 €
Ursprünglicher Vorsteuerabzug: 150 000 € (entspricht 50 % von 300 000 €)
Zeitpunkt der erstmaligen Verwendung: 1.1.03
Dauer des Berichtigungszeitraums: 1.1.03 bis 31.12.12
Tatsächliche zum Vorsteuerabzug berechtigende Verwendung in 03: 0 %
Vorsteuerberichtigung wegen Änderung der Verhältnisse im Vergleich zum ursprünglichen Vorsteuerabzug: Vorsteuer zu 0 % abziehbar statt zu 50 %
Berichtigungsbetrag: 50 % von $1/_{10}$ von 300 000 € = 15 000 € sind zurückzuzahlen

Jahr 04:
[9] Da der Unternehmer das Gebäude im Jahr 01 ausschließlich für zum Vorsteuerabzug berechtigende Umsätze verwenden wollte, kann er nach § 15 Abs. 1 UStG die Vorsteuer für den weiteren Leistungsbezug von 100 000 € voll abziehen. [10] Der Abzug ist erst im Jahr 04 zulässig. [11] Bei der Steuerfestsetzung für dieses Jahr ist dieser Abzug aber gleichzeitig insoweit zu berichtigen, als für die Jahre 03 und 04 eine Änderung der Verhältnisse gegenüber der im Zeitpunkt des Leistungsbezuges dargelegten Verwendungsabsicht eingetreten ist.
Berichtigung im Jahr 04:
Insgesamt in Rechnung gestellte Umsatzsteuer: 400 000 €
Ursprünglicher Vorsteuerabzug: 250 000 € (62,5 % × 400 000 €)
Tatsächliche zum Vorsteuerabzug berechtigende Verwendung in 03 und 04: 0 %
Vorsteuerberichtigung wegen Änderung der Verhältnisse im Vergleich zum ursprünglichen Vorsteuerabzug: Vorsteuer zu 0 % abziehbar statt zu 62,5 %
Berichtigungsbetrag für 03 und 04 je: 62,5 % × $1/_{10}$ × 400 000 € = 25 000 €.

[12] Für 03 erfolgte bereits eine Rückzahlung von 15 000 €. [13] Daher ist in 04 noch eine Vorsteuerberichtigung für 03 i. H. v. 10 000 € zuungunsten des Unternehmers vorzunehmen. [14] Im Ergebnis vermindert sich somit die bei der Steuerfestsetzung für das Jahr 04 abziehbare Vorsteuer von 100 000 € um (10 000 € für 03 + 25 000 € für 04 =) 35 000 € auf 65 000 €.

[5] Entsprechend ist zu verfahren, wenn der ursprünglich in Betracht kommende Vorsteuerabzug nach § 17 UStG oder deswegen zu berichtigen ist, weil später festgestellt wird, dass objektive Anhaltspunkte für die vorgetragene Verwendungsabsicht im Zeitpunkt des Leistungsbezugs nicht vorlagen, die Verwendungsabsicht nicht in gutem Glauben erklärt wurde oder ein Fall von Betrug oder Missbrauch vorliegt (vgl. Abschnitt 15.12 Abs. 5).

(3)[1) · 2)] [1] War der ursprünglich vorgenommene Vorsteuerabzug aus der Sicht des § 15 Abs. 1b bis 4 UStG sachlich unrichtig, weil der Vorsteuerabzug ganz oder teilweise zu Unrecht vorgenommen wurde oder unterblieben ist, ist die unrichtige Steuerfestsetzung nach den Vorschriften der AO zu ändern. [2] Ist eine Änderung der unrichtigen Steuerfestsetzung hiernach nicht mehr zulässig, bleibt die ihr zu Grunde liegende unzutreffende Beurteilung des Vorsteuerabzugs für alle Kalenderjahre maßgebend, in denen nach verfahrensrechtlichen Vorschriften eine Änderung der Festsetzung, in der über den Vorsteuerabzug entschieden wurde, noch möglich war. [3] Zur Unabänderbarkeit von Steuerfestsetzungen der Abzugsjahre bei der Errichtung von Gebäuden vgl. BFH-Urteil vom 5.2.1998, V R 66/94, BStBl. II S. 361. [4] Führt die rechtlich richtige Würdigung des Verwendungsumsatzes in einem noch nicht bestandskräftigen Jahr des Berichtigungszeitraums – gemessen an der tatsächlichen und nicht mehr änderbaren Beurteilung des ursprünglichen Vorsteuerabzugs – zu einer anderen Beurteilung des Vorsteuerabzugs, liegt eine Änderung der Verhältnisse vor (vgl. BFH-Urteile vom 12.6.1997, V R 36/95, BStBl. II S. 589, vom 13.11.1997, V R 140/93, BStBl. 1998 II S. 36, und vom 5.2. 1998, V R 66/94, BStBl. II S. 361). [5] Der Vorsteuerabzug kann in allen noch änderbaren Steuerfestsetzungen für die Kalenderjahre des Berichtigungszeitraums, in denen eine Änderung der Steuerfestsetzung des Vorsteuerabzugs nach verfahrensrechtlichen Vorschriften nicht mehr möglich war, sowohl zugunsten als auch zuungunsten des Unternehmers nach § 15a UStG berichtigt werden.

Beispiel 1:

[1] Im Kalenderjahr 01 (Jahr des Leistungsbezugs) wurde der Vorsteuerabzug für ein gemischt genutztes Gebäude zu 100% (= 100 000 €) gewährt, obwohl im Zeitpunkt des Leistungsbezugs beabsichtigt war, das Gebäude nach Fertigstellung zu 50% zur Ausführung nicht zum Vorsteuerabzug berechtigender Umsätze zu verwenden und somit nur ein anteiliger Vorsteuerabzug von 50 000 € hätte gewährt werden dürfen. [2] Die Steuerfestsetzung für das Kalenderjahr des Leistungsbezugs ist bereits zu Beginn des Kalenderjahres 03 abgabenrechtlich nicht mehr änderbar. [3] In den Kalenderjahren 02 bis 11 wird das Gebäude zu 50% zur Ausführung zum Vorsteuerabzug berechtigender Umsätze verwendet.
[4] Obwohl sich die tatsächliche Verwendung des Gebäudes nicht von der im Zeitpunkt des Leistungsbezugs gegebenen Verwendungsabsicht unterscheidet, sind ab dem Kalenderjahr 03 jeweils 50% von einem Zehntel des gewährten Vorsteuerabzugs von 100 000 € (= 5000 € pro Jahr) zurückzuzahlen.

---

1) Hinweis auf A 15.11 Abs. 6 und A 15.12 Abs. 5 UStAE.

2) Zur Rückforderung abgetretener Vorsteuerüberschüsse vom Zessionar vgl. BFH v. 17.3. 2009 VII R 38/08, BStBl. II 2009, 953.

Beispiel 2:

[1] Wie Beispiel 1, nur ist die Steuerfestsetzung des Kalenderjahres 01 erst ab Beginn des Kalenderjahres 05 abgabenrechtlich nicht mehr änderbar.
[2] Obwohl sich die tatsächliche Verwendung des Gebäudes nicht von der im Zeitpunkt des Leistungsbezugs gegebenen Verwendungsabsicht unterscheidet, sind ab dem Kalenderjahr 05 jeweils 50 % von einem Zehntel des zu Unrecht gewährten Vorsteuerabzugs von 100 000 € (= 5000 € pro Jahr) zurückzuzahlen. [3] Eine Berichtigung des zu Unrecht gewährten Vorsteuerabzugs für die Kalenderjahre 02 bis 04 unterbleibt.

(4) [1] Ein gewählter sachgerechter Aufteilungsmaßstab im Sinne des § 15 Abs. 4 UStG, der einem bestandskräftigen Umsatzsteuerbescheid für den entsprechenden Besteuerungszeitraum zu Grunde liegt, ist für eine mögliche Vorsteuerberichtigung nach § 15a UStG maßgebend, auch wenn ggf. noch andere sachgerechte Ermittlungsmethoden in Betracht kommen. [2] Die Bestandskraft der Steuerfestsetzung für das Erstjahr gestaltet die für das Erstjahr maßgebende Rechtslage für die Verwendungsumsätze (vgl. BFH-Urteil vom 28.9.2006, V R 43/03, BStBl. 2007 II S. 417).

15a.5 Berichtigung nach § 15a Abs. 2 UStG[1)]

(1) [1] Die Berichtigung nach § 15a Abs. 2 UStG unterliegt keinem Berichtigungszeitraum. [2] Eine Vorsteuerberichtigung ist im Zeitpunkt der tatsächlichen Verwendung durchzuführen, wenn diese von der ursprünglichen Verwendungsabsicht beim Erwerb abweicht. [3] Es ist unbeachtlich, wann das Wirtschaftsgut tatsächlich verwendet wird.

(2) Die Berichtigung ist für den Voranmeldungszeitraum bzw. das Kalenderjahr vorzunehmen, in dem das Wirtschaftsgut abweichend von der ursprünglichen Verwendungsabsicht verwendet wird.

Beispiel 1:

[1] Unternehmer U erwirbt am 1.7.01 ein Grundstück zum Preis von 2 000 000 €. [2] Der Verkäufer des Grundstücks hat im notariell beurkundeten Kaufvertrag auf die Steuerbefreiung verzichtet (§ 9 Abs. 3 Satz 2 UStG). [3] U möchte das Grundstück unter Verzicht auf die Steuerbefreiung nach § 4 Nr. 9 Buchstabe a UStG weiterveräußern, so dass er die von ihm geschuldete Umsatzsteuer nach § 15 Abs. 1 Satz 1 Nr. 4 in Verbindung mit § 13b Abs. 2 Nr. 3 UStG als Vorsteuer abzieht. [4] Am 1.7.03 veräußert er das Grundstück entgegen seiner ursprünglichen Planung an eine nichtunternehmerisch tätige juristische Person des öffentlichen Rechts, so dass für die Veräußerung des Grundstücks nicht nach § 9 Abs. 1 UStG zur Steuerpflicht optiert werden kann und diese somit nach § 4 Nr. 9 Buchstabe a UStG steuerfrei ist.
[5] Die tatsächliche steuerfreie Veräußerung schließt nach § 15 Abs. 2 UStG den Vorsteuerabzug aus und führt damit zu einer Änderung der Verhältnisse im Vergleich zu den für den ursprünglichen Vorsteuerabzug maßgebenden Verhältnissen. [6] Da das Grundstück nur einmalig zur Ausführung eines Umsatzes verwendet wird, ist der gesamte ursprüngliche Vorsteuerabzug i. H. v. 380 000 € nach § 15a Abs. 2 UStG im Zeitpunkt der Verwendung für den Besteuerungszeitraum der Veräußerung zu berichtigen. [7] Der Vorsteuerbetrag ist demnach für den Monat Juli 03 zurückzuzahlen.

Beispiel 2:

[1] Wie Beispiel 1, nur erfolgt die tatsächliche steuerfreie Veräußerung erst 18 Jahre nach dem steuerpflichtigen Erwerb des Grundstücks. [2] Das Grundstück ist zwischenzeitlich tatsächlich nicht genutzt worden.

---

1) Kein Anspruch auf Vorsteuerberichtigung von vor dem 1.1.2005 erworbenen Gegenständen des Umlaufvermögens; vgl. BFH v. 12.2.2009 V R 85/07, BStBl. II 2010, 76.

[3]Da § 15a Abs. 2 UStG keinen Berichtigungszeitraum vorsieht, muss auch hier die Vorsteuer nach § 15a Abs. 2 UStG berichtigt werden. [4]U hat den Vorsteuerbetrag i. H. v. 380 000 € für den Voranmeldungszeitraum der Veräußerung zurückzuzahlen.

15a.6 Berichtigung nach § 15a Abs. 3 UStG

Bestandteile

(1) [1]Unter der Voraussetzung, dass in ein Wirtschaftsgut (das ertragsteuerrechtlich entweder Anlagevermögen oder Umlaufvermögen ist) nachträglich ein anderer Gegenstand eingeht und dieser Gegenstand dabei seine körperliche und wirtschaftliche Eigenart endgültig verliert (Bestandteil), ist der Vorsteuerabzug bei Änderung der Verwendungsverhältnisse nach Maßgabe von § 15a Abs. 1 oder Abs. 2 UStG zu berichtigen. [2]Bestandteile sind alle nicht selbstständig nutzbaren Gegenstände, die mit dem Wirtschaftsgut in einem einheitlichen Nutzungs- und Funktionszusammenhang stehen (vgl. auch Abschnitt 3.3 Abs. 2). [3]Es kommt nicht darauf an, dass der Bestandteil zu einer Werterhöhung dieses Wirtschaftsguts geführt hat. [4]Kein Bestandteil ist ein eingebauter Gegenstand, der abtrennbar ist, seine körperliche oder wirtschaftliche Eigenart behält und damit ein selbstständiger – entnahmefähiger – Gegenstand bleibt. [5]Zum Begriff der Betriebsvorrichtungen als selbständige Wirtschaftsgüter vgl. Abschnitt 4.12.10. [6]Bestandteile können beispielsweise sein

1. Klimaanlage, fest eingebautes Navigationssystem, Austauschmotor in einem Kraftfahrzeug;
2. Klimaanlage, Einbauherd, Einbauspüle, Fenster, angebaute Balkone oder Aufzüge in einem Gebäude.

[7]In der Regel keine Bestandteile eines Kraftfahrzeugs werden beispielsweise

1. Funkgerät;
2. nicht fest eingebautes Navigationsgerät;
3. Autotelefon;
4. Radio.

(2) Maßnahmen, die auf nachträgliche Anschaffungs- oder Herstellungskosten im Sinne des § 15a Abs. 6 UStG entfallen und bei denen es sich um Bestandteile handelt, unterliegen vorrangig der Berichtigungspflicht nach § 15a Abs. 6 UStG.

(3) [1]Eine Berichtigung pro rata temporis ist nur dann vorzunehmen, wenn es sich bei dem Wirtschaftsgut, in das der Bestandteil eingegangen ist, um ein solches handelt, das nicht nur einmalig zur Erzielung von Umsätzen verwendet wird. [2]Für den Bestandteil gilt dabei ein eigenständiger Berichtigungszeitraum, dessen Dauer sich danach bestimmt, in welches Wirtschaftsgut nach § 15a Abs. 1 UStG der Bestandteil eingeht. [3]Die Verwendungsdauer des Bestandteils wird nicht dadurch verkürzt, dass der Gegenstand als Bestandteil in ein anderes Wirtschaftsgut einbezogen wird (§ 15a Abs. 5 Satz 3 UStG).

Beispiel 1:

[1]Unternehmer U lässt am 1.1.04 für 20 000 € zzgl. 3800 € gesondert ausgewiesener Umsatzsteuer einen neuen Motor in einen im Jahr 01 ins Unternehmensvermögen eingelegten Pkw

einbauen. [2]Die ihm berechnete Umsatzsteuer zieht er nach § 15 Abs. 1 Satz 1 Nr. 1 UStG als Vorsteuer ab, da die Nutzung des Pkw im Zusammenhang mit steuerpflichtigen Ausgangsumsätzen erfolgt. [3]Ab Januar 05 verwendet U den Pkw nur noch im Zusammenhang mit steuerfreien Ausgangsumsätzen, die den Vorsteuerabzug nach § 15 Abs. 2 Satz 1 Nr. 1 UStG ausschließen.

[4]Ab Januar 05 haben sich die Verwendungsverhältnisse geändert, weil der Pkw nun nicht mehr mit steuerpflichtigen, sondern mit steuerfreien Ausgangsumsätzen im Zusammenhang steht. [5]Für die Aufwendungen für den als Bestandteil des Pkw eingebauten Motor ist eine Vorsteuerberichtigung nach § 15a Abs. 3 i. V. m. Abs. 1 UStG vorzunehmen. [6]Hierfür sind die Aufwendungen unabhängig von der betriebsgewöhnlichen Nutzungsdauer des Pkw auf einen fünfjährigen Berichtigungszeitraum zu verteilen. [7]Es ergibt sich folgender Betrag, der bis zum Ablauf des Berichtigungszeitraums jährlich als Berichtigungsbetrag zurückzuzahlen ist:

Insgesamt in Rechnung gestellte Umsatzsteuer: 3800 €
Ursprünglicher Vorsteuerabzug: 3800 €
Dauer des Berichtigungszeitraums: 1.1.04 bis 31.12.08

Tatsächliche zum Vorsteuerabzug berechtigende Verwendung im Berichtigungszeitraum:
Jahr 04: 100 %
ab Jahr 05: 0 %

Änderung der Verhältnisse:
ab Jahr 05 = 100 Prozentpunkte (0 % statt 100 %)
Vorsteuerberichtigung pro Jahr ab Jahr 05:
(3800 €/5 Jahre = 760 € pro Jahr)
ab Jahr 05 = 760 € zurückzuzahlende Vorsteuer

Beispiel 2:

[1]Unternehmer U lässt am 1.1.01 für 100 000 € zzgl. 19 000 € gesondert ausgewiesener Umsatzsteuer ein neues Hallentor in ein Fabrikgebäude einbauen. [2]Die ihm in Rechnung gestellte Umsatzsteuer zieht er nach § 15 Abs. 1 Satz 1 Nr. 1 UStG als Vorsteuer ab, da die Nutzung des Gebäudes im Zusammenhang mit steuerpflichtigen Ausgangsumsätzen erfolgt. [3]Ab Januar 02 verwendet U das Gebäude nur noch im Zusammenhang mit steuerfreien Ausgangsumsätzen, die den Vorsteuerabzug nach § 15 Abs. 2 Satz 1 Nr. 1 UStG ausschließen. [4]Der Berichtigungszeitraum des Gebäudes endet am 30.6.02.

[5]Damit haben sich ab Januar 02 die Verwendungsverhältnisse sowohl für das Hallentor als auch für das Fabrikgebäude geändert. [6]Für die Aufwendungen für das als Bestandteil des Gebäudes eingebaute Hallentor ist eine Vorsteuerberichtigung nach § 15a Abs. 3 UStG vorzunehmen. [7]Hierfür sind die Aufwendungen unabhängig von der betriebsgewöhnlichen Nutzungsdauer des Gebäudes und unabhängig von der Dauer des Restberichtigungszeitraums des Gebäudes auf einen zehnjährigen Berichtigungszeitraum, der am 1.1.01 beginnt und am 31.12.10 endet, zu verteilen. [8]Unabhängig davon ist für das Fabrikgebäude der Vorsteuerabzug für den am 30.6.02 endenden Berichtigungszeitraum zu berichtigen.

[4]Eine kürzere Verwendungsdauer des Bestandteils ist zu berücksichtigen (§ 15a Abs. 5 Satz 2 UStG). [5]Soweit mehrere Leistungen Eingang in ein Wirtschaftsgut finden, sind diese Leistungen für Zwecke der Berichtigung des Vorsteuerabzugs zusammenzufassen, sofern sie innerhalb einer Maßnahme bezogen wurden (vgl. Absatz 11).

(4) Handelt es sich bei dem Wirtschaftsgut, in das der Bestandteil eingegangen ist, um ein solches, das nur einmalig zur Erzielung eines Umsatzes verwendet wird, ist die Berichtigung des Vorsteuerabzugs nach den Grundsätzen des § 15a Abs. 2 UStG vorzunehmen.

Sonstige Leistungen an einem Wirtschaftsgut

(5) [1]Unter der Voraussetzung, dass an einem Wirtschaftsgut eine sonstige Leistung ausgeführt wird, ist der Vorsteuerabzug bei Änderung der Verwen-

dungsverhältnisse nach Maßgabe von § 15a Abs. 1 oder Abs. 2 UStG zu berichtigen. [2]Unter die Berichtigungspflicht nach § 15a Abs. 3 UStG fallen nur solche sonstigen Leistungen, die unmittelbar an einem Wirtschaftsgut ausgeführt werden. [3]Es kommt nicht darauf an, ob die sonstige Leistung zu einer Werterhöhung des Wirtschaftsguts führt. [4]Auch Maßnahmen, die lediglich der Werterhaltung dienen, fallen demnach unter die Berichtigungspflicht nach § 15a Abs. 3 UStG.

(6) [1]Nicht unter die Verpflichtung zur Berichtigung des Vorsteuerabzugs nach § 15a Abs. 3 UStG fallen sonstige Leistungen, die bereits im Zeitpunkt des Leistungsbezugs wirtschaftlich verbraucht sind. [2]Eine sonstige Leistung ist im Zeitpunkt des Leistungsbezugs dann nicht wirtschaftlich verbraucht, wenn ihr über den Zeitpunkt des Leistungsbezugs hinaus eine eigene Werthaltigkeit innewohnt. [3]Leistungen, die bereits im Zeitpunkt des Leistungsbezugs wirtschaftlich verbraucht sind, werden sich insbesondere auf die Unterhaltung und den laufenden Betrieb des Wirtschaftsguts beziehen. [4]Hierzu gehören z. B. bei Grundstücken Reinigungsleistungen (auch Fensterreinigung) oder laufende Gartenpflege sowie Wartungsarbeiten z. B. an Aufzugs- oder Heizungsanlagen.

(7) [1]Soweit es sich um eine sonstige Leistung handelt, die nicht bereits im Zeitpunkt des Leistungsbezugs wirtschaftlich verbraucht ist, unterliegt diese der Berichtigungspflicht nach § 15a Abs. 3 UStG. [2]Dazu gehören auch sonstige Leistungen, die dem Gebrauch oder der Erhaltung des Gegenstands dienen. [3]Solche Leistungen sind z. B.

1. der Fassadenanstrich eines Gebäudes;
2. Fassadenreinigungen an einem Gebäude;
3. die Neulackierung eines Kraftfahrzeugs;
4. Renovierungsarbeiten (auch in gemieteten Geschäftsräumen);
5. der Neuanstrich eines Schiffs;
6. die Generalüberholung einer Aufzugs- oder einer Heizungsanlage.

(8) [1]Eine Berichtigung pro rata temporis ist nur dann vorzunehmen, wenn es sich bei dem Wirtschaftsgut im Sinne des § 15a Abs. 3 UStG um ein solches handelt, das nicht nur einmalig zur Erzielung von Umsätzen verwendet wird. [2]Dabei gilt für die an dem Wirtschaftsgut ausgeführten sonstigen Leistungen ein eigenständiger Berichtigungszeitraum, dessen Dauer sich danach bestimmt, an welchem Wirtschaftsgut nach § 15a Abs. 1 UStG die sonstige Leistung ausgeführt wird. [3]Eine kürzere Verwendungsdauer der sonstigen Leistung ist jedoch zu berücksichtigen (§ 15a Abs. 5 Satz 2 UStG).

(9) Wird ein Wirtschaftsgut, an dem eine sonstige Leistung ausgeführt wurde, veräußert oder entnommen, liegt unter den Voraussetzungen des § 15a Abs. 8 UStG eine Änderung der Verwendungsverhältnisse vor mit der Folge, dass auch der Vorsteuerabzug für die an dem Wirtschaftsgut ausgeführte sonstige Leistung nach § 15a Abs. 3 UStG zu berichtigen ist.

Beispiel 1:

[1]Unternehmer U führt als Arzt zu 50% zum Vorsteuerabzug berechtigende und zu 50% nicht zum Vorsteuerabzug berechtigende Umsätze aus. [2]Am 1.1.01 erwirbt U einen Pkw, für

den er den Vorsteuerabzug entsprechend der beabsichtigten Verwendung zu 50% vornimmt. [3] Am 1.1.03 lässt U an dem Pkw eine Effektlackierung anbringen. [4] Die darauf entfallende Vorsteuer zieht U ebenfalls zu 50% ab. [5] Am 1.1.04 veräußert U den Pkw.
[6] Die Veräußerung des Pkw ist steuerpflichtig. [7] In der Lieferung liegt eine Änderung gegenüber den für den ursprünglichen Vorsteuerabzug maßgeblichen Verhältnissen (§ 15a Abs. 8 UStG). [8] Der Vorsteuerabzug für den Pkw ist für die zwei restlichen Jahre des Berichtigungszeitraums zugunsten von U für den Monat der Veräußerung zu berichtigen.
[9] Die Veräußerung des Pkw stellt in Bezug auf die an dem Pkw ausgeführte Effektlackierung ebenfalls eine Änderung gegenüber den für den ursprünglichen Vorsteuerabzug maßgeblichen Verhältnissen dar (§ 15a Abs. 8 UStG). [10] Der Vorsteuerabzug für die sonstige Leistung ist für die restlichen vier Jahre des Berichtigungszeitraums zugunsten von U für den Monat der Veräußerung zu berichtigen (§ 15a Abs. 3 UStG, § 44 Abs. 3 Satz 2 in Verbindung mit Abs. 4 UStDV).

Beispiel 2:

[1] Unternehmer U nutzt ein Gebäude ausschließlich zur Erzielung von zum Vorsteuerabzug berechtigenden Umsätzen. [2] Am 1.1.01 lässt U die Fassade des Gebäudes streichen. [3] U nimmt entsprechend der weiter beabsichtigten Verwendung des Gebäudes den Vorsteuerabzug zu 100% vor. [4] Am 1.1.02 veräußert U das Gebäude steuerfrei.
[5] Die Veräußerung des Gebäudes stellt in Bezug auf die an dem Gebäude ausgeführte sonstige Leistung eine Änderung gegenüber den für den ursprünglichen Vorsteuerabzug maßgeblichen Verhältnissen dar (§ 15a Abs. 8 UStG). [6] Der Vorsteuerabzug für die sonstige Leistung ist für die restlichen neun Jahre des Berichtigungszeitraums zuungunsten von U für den Monat der Veräußerung zu berichtigen (§ 15a Abs. 3 UStG, § 44 Abs. 3 Satz 2 in Verbindung mit Abs. 4 UStDV).

(10) Handelt es sich um ein Wirtschaftsgut, das nur einmalig zur Erzielung eines Umsatzes verwendet wird, ist die Berichtigung nach den Grundsätzen des § 15a Abs. 2 UStG vorzunehmen.

(11) [1] Nach § 15a Abs. 3 Satz 2 UStG sind mehrere im Rahmen einer Maßnahme in ein Wirtschaftsgut eingegangene Gegenstände und/oder mehrere im Rahmen einer Maßnahme an einem Wirtschaftsgut ausgeführte sonstige Leistungen zu einem Berichtigungsobjekt zusammenzufassen. [2] Dies bedeutet, dass sämtliche im zeitlichen Zusammenhang bezogenen Leistungen, die ein Wirtschaftsgut betreffen und deren Bezug nach wirtschaftlichen Gesichtspunkten dem Erhalt oder der Verbesserung des Wirtschaftsguts dient, zu einem Berichtigungsobjekt zusammenzufassen sind. [3] Hiervon kann vorbehaltlich anderer Nachweise ausgegangen werden, wenn die verschiedenen Leistungen für ein bewegliches Wirtschaftsgut innerhalb von drei Kalendermonaten und für ein unbewegliches Wirtschaftsgut innerhalb von sechs Kalendermonaten bezogen werden. [4] Dabei sind auch Leistungen, die von verschiedenen leistenden Unternehmern bezogen worden sind, zu berücksichtigen.

Beispiel 1:

[1] Unternehmer U will eine Etage seines Geschäftshauses renovieren lassen. [2] Zu diesem Zweck beauftragt er Malermeister M mit der malermäßigen Instandhaltung der Büroräume. [3] Gleichzeitig beauftragt er Klempnermeister K mit der Renovierung der Sanitärräume auf dieser Etage, bei der auch die vorhandenen Armaturen und Sanitäreinrichtungen ausgetauscht werden sollen. [4] Die malermäßige Instandhaltung der Büroräume und die Klempnerarbeiten werden im gleichen Kalendermonat beendet.
[5] *Bei der Renovierung der Etage* des Geschäftshauses handelt es sich um eine Maßnahme. [6] Die im Rahmen der Maßnahme ausgeführten Leistungen sind nach § 15a Abs. 3 UStG zu einem Berichtigungsobjekt zusammenzufassen.

Beispiel 2:

[1] Unternehmer U beauftragt die Kfz-Werkstatt K, an seinem Pkw eine neue Lackierung anzubringen und einen neuen Motor einzubauen. [2] Beide Leistungen werden gleichzeitig ausgeführt.

[3] Beide Leistungen werden im Rahmen einer Maßnahme bezogen und sind daher zu einem Berichtigungsobjekt zusammenzufassen.

[5] Können bei einem gemischt genutzten Gebäude die innerhalb von sechs Monaten bezogenen Leistungen im Sinne des § 15a Abs. 3 UStG einem bestimmten Gebäudeteil, mit dem entweder ausschließlich vorsteuerschädliche oder vorsteuerunschädliche Ausgangsumsätze erzielt werden, direkt zugerechnet werden, bilden diese dem Gebäudeteil zuzurechnenden Leistungen jeweils ein Berichtigungsobjekt.

Beispiel 3:

[1] Unternehmer U will sein Wohn- und Geschäftshaus renovieren lassen. [2] Zu diesem Zweck beauftragt er Malermeister M mit der malermäßigen Instandsetzung der steuerpflichtig vermieteten Büroräume auf der Büroetage. [3] Gleichzeitig beauftragt er Klempnermeister K mit der Renovierung der Sanitärräume auf der steuerfrei vermieteten Wohnetage, bei der auch die vorhandenen Armaturen und Sanitäreinrichtungen ausgetauscht werden sollen. [4] Die malermäßige Instandhaltung der Büroräume und die Klempnerarbeiten werden im gleichen Kalendermonat beendet.

[5] Bei der Renovierung der Wohnetage und der Büroetage handelt es sich um jeweils eine Maßnahme. [6] Die im Rahmen der malermäßigen Instandhaltung und der Klempnerarbeiten bezogenen Leistungen stellen jeweils ein Berichtigungsobjekt dar.

[6] Für die Zusammenfassung zu einem Berichtigungsobjekt kommen hinsichtlich der an einem Gegenstand ausgeführten sonstigen Leistungen nur solche sonstigen Leistungen in Betracht, denen über den Zeitpunkt des Leistungsbezugs hinaus eine eigene Werthaltigkeit innewohnt (vgl. Absatz 6). [7] Die Grenzen des § 44 UStDV sind auf das so ermittelte Berichtigungsobjekt anzuwenden. [8] Der Berichtigungszeitraum beginnt zu dem Zeitpunkt, zu dem der Unternehmer das Wirtschaftsgut nach Durchführung der Maßnahme erstmalig zur Ausführung von Umsätzen verwendet.

Entnahme eines Wirtschaftsguts aus dem Unternehmen

(12) Wird dem Unternehmensvermögen ein Wirtschaftsgut entnommen, das bei seiner Anschaffung oder Herstellung nicht zum Vorsteuerabzug berechtigt hatte, für das aber nachträglich Aufwendungen im Sinne des § 15a Abs. 3 UStG getätigt wurden, die zum Vorsteuerabzug berechtigten, kann für diese Aufwendungen eine Vorsteuerberichtigung vorzunehmen sein.

(13) [1] Hat der Unternehmer in das Wirtschaftsgut einen anderen Gegenstand eingefügt, der dabei seine körperliche und wirtschaftliche Eigenart *endgültig verloren hat und für* den der Unternehmer zum Vorsteuerabzug berechtigt war, und hat dieser Gegenstand zu einer im Zeitpunkt der Entnahme nicht vollständig verbrauchten Werterhöhung geführt (Bestandteil nach Abschnitt 3.3 Abs. 2 Satz 3), unterliegt bei einer Entnahme des Wirtschaftsguts nur dieser Gegenstand der Umsatzbesteuerung nach § 3 Abs. 1b UStG. [2] Für eine Vorsteuerberichtigung nach § 15a Abs. 3 Satz 3 UStG ist insoweit kein Raum. [3] Eine Vorsteuerberichtigung nach § 15a Abs. 8 UStG bleibt unberührt.

(14) [1] Ist die durch den Bestandteil verursachte Werterhöhung im Zeitpunkt der Entnahme vollständig verbraucht, ist die Entnahme insgesamt nicht steuerbar. [2] In diesem Fall liegt in der Entnahme eine Änderung der Verhältnisse im Sinne des § 15a Abs. 3 Satz 3 UStG.

Beispiel:

[1] Unternehmer U erwirbt in 01 einen Pkw von einer Privatperson für 50 000 €. [2] Am 1.4.02 lässt er von einer Werkstatt für 2000 € eine Windschutzscheibe einbauen. [3] Die Vorsteuer i. H. v. 380 € macht er geltend. [4] Als er den Pkw am 31.12.04 entnimmt, hat der Wert der Windschutzscheibe den aktuellen Wert des Pkw nach der sog. Schwacke-Liste im Zeitpunkt der Entnahme nicht erhöht.

[5] Die Windschutzscheibe, für die U der Vorsteuerabzug nach § 15 Abs. 1 Satz 1 Nr. 1 UStG zustand, ist in den Pkw eingegangen und hat dabei ihre körperliche und wirtschaftliche Eigenart endgültig verloren. [6] Nur die Entnahme der Windschutzscheibe könnte steuerbar nach § 3 Abs. 1b Satz 1 Nr. 1 UStG sein, da U für einen in das Wirtschaftsgut eingegangenen Gegenstand den Vorsteuerabzug in Anspruch genommen hat. [7] Da jedoch im Zeitpunkt der Entnahme keine Werterhöhung durch den Gegenstand mehr vorhanden ist, ist die Entnahme nicht steuerbar (vgl. Abschnitt 3.3 Abs. 2 Satz 3). [8] U hat grundsätzlich eine Berichtigung des Vorsteuerabzugs nach § 15a Abs. 3 Satz 3 UStG vorzunehmen. [9] Nach § 44 Abs. 1 in Verbindung mit Abs. 4 UStDV unterbleibt jedoch eine Berichtigung, da der auf die Windschutzscheibe entfallende Vorsteuerbetrag 1000 € nicht übersteigt.

(15) [1] Hat der Unternehmer dem Wirtschaftsgut keinen Bestandteil zugefügt, hat also der eingebaute Gegenstand seine Eigenständigkeit behalten, liegen für umsatzsteuerrechtliche Zwecke zwei getrennt zu beurteilende Entnahmen vor. [2] In diesen Fällen kann die Entnahme des eingebauten Gegenstands auch zu einer Vorsteuerberichtigung führen, wenn die Entnahme anders zu beurteilen ist als die für den ursprünglichen Vorsteuerabzug maßgebliche Verwendung (§ 15a Abs. 8 UStG). [3] Eine Berichtigung nach § 15a Abs. 3 UStG scheidet insoweit aus.

(16) Soweit an dem Wirtschaftsgut eine sonstige Leistung ausgeführt wird und das Wirtschaftsgut später entnommen wird, ohne dass eine unentgeltliche Wertabgabe nach § 3 Abs. 1b Satz 1 Nr. 1 UStG zu besteuern ist, liegt ebenfalls eine Änderung der Verhältnisse vor (§ 15a Abs. 3 Satz 3 UStG).

Beispiel:

[1] U kauft am 1.5.01 einen Pkw von einer Privatperson zu einem Preis von 50 000 €. [2] Am 1.7.01 lässt er in einer Vertragswerkstatt eine Inspektion durchführen (200 € zuzüglich 38 € Umsatzsteuer), in den dafür vorgesehenen Standardschacht ein Autoradio einbauen (1500 € zuzüglich 285 € Umsatzsteuer) und den Pkw neu lackieren (7500 € zuzüglich 1425 € Umsatzsteuer). [3] U macht diese Vorsteuerbeträge ebenso wie den Vorsteuerabzug aus den laufenden Kosten geltend. [4] Am 31.12.03 entnimmt U den Pkw.

[5] Die Neulackierung des Pkw ist eine sonstige Leistung, die im Zeitpunkt des Leistungsbezugs nicht wirtschaftlich verbraucht ist (vgl. Absatz 7). [6] Die Inspektion ist bei Leistungsbezug wirtschaftlich verbraucht. [7] Das eingebaute Autoradio stellt, weil es ohne Funktionsverlust wieder entfernt werden kann, keinen Bestandteil des Pkw dar, sondern bleibt eigenständiges Wirtschaftsgut (vgl. Absatz 1).

[8] Da der Pkw nicht zum vollen oder teilweisen Vorsteuerabzug berechtigt hatte und in den Pkw kein Bestandteil eingegangen ist, ist die Entnahme des Pkw am 31.12.03 nicht nach § 3 Abs. 1b Satz 1 Nr. 1 UStG steuerbar (§ 3 Abs. 1b Satz 2 UStG). [9] Bezüglich der sonstigen Leistung „Neulackierung" ist jedoch nach § 15a Abs. 3 UStG eine Vorsteuerberichtigung durchzuführen, da der Wert der Neulackierung im Zeitpunkt der Entnahme noch nicht *vollständig verbraucht ist.* [10] Das Autoradio unterliegt als selbstständiges Wirtschaftsgut, für das der Vorsteuerabzug in Anspruch genommen wurde, der Besteuerung nach § 3 Abs. 1b Satz 1 Nr. 1 UStG. [11] Bemessungsgrundlage ist nach § 10 Abs. 4 Satz 1 Nr. 1 UStG der

Einkaufspreis zuzüglich Nebenkosten zum Zeitpunkt der Entnahme. [12]Eine Vorsteuerberichtigung nach § 15a UStG hinsichtlich der laufenden Kosten kommt nicht in Betracht.

Für die Lackierung in Rechnung gestellte Umsatzsteuer: 1425 €
Ursprünglicher Vorsteuerabzug: 1425 €
Zeitpunkt der erstmaligen Verwendung: 1.7.01
Dauer des Berichtigungszeitraums: 1.7.01 bis 30.6.06

Tatsächliche zum Vorsteuerabzug berechtigende Verwendung im Berichtigungszeitraum:
Jahr 01 bis 03 = 100 %
Änderung der Verhältnisse:
ab Jahr 04 = 100 Prozentpunkte (0 % statt 100 %)
Vorsteuerberichtigung pro Jahr:
(1425 €/5 Jahre = 285 € pro Jahr)
Jahre 04 und 05 = je 285 € (285 € × 100 %),
Jahr 06 = 142,50 € (285 € × 100 % × $^{6}/_{12}$)
[13]Die Berichtigung des Vorsteuerabzugs ist für die Jahre 04 bis 06 zusammengefasst in der Voranmeldung für Dezember 03 vorzunehmen (§ 44 Abs. 3 Satz 2 UStDV).

(17) [1]Im Fall der Entnahme eines Wirtschaftsguts, in das Bestandteile eingegangen oder an dem sonstige Leistungen ausgeführt worden sind, sind bei Prüfung der Vorsteuerberichtigung solche in das Wirtschaftsgut eingegangene Gegenstände aus dem Berichtigungsobjekt auszuscheiden, die bei der Entnahme der Umsatzbesteuerung nach § 3 Abs. 1b UStG unterliegen. [2]Die Grenzen des § 44 UStDV sind auf den entsprechend verminderten Vorsteuerbetrag anzuwenden.

Beispiel:

[1]Unternehmer U erwirbt am 1.7.01 aus privater Hand einen gebrauchten Pkw und ordnet ihn zulässigerweise seinem Unternehmen zu. [2]Am 1.3.02 lässt er in den Pkw nachträglich eine Klimaanlage einbauen (Entgelt 2500 €), am 1.4.02 die Scheiben verspiegeln (Entgelt 500 €) und am 15.8.02 eine Effektlackierung auftragen (Entgelt 4500 €). [3]Für alle drei Leistungen nimmt der Unternehmer zulässigerweise den vollen Vorsteuerabzug in Anspruch. [4]Als U am 1.3.03 den Pkw in sein Privatvermögen entnimmt, haben die vorstehend aufgeführten Arbeiten den aktuellen Wert des Pkw nach der sog. „Schwacke-Liste" für die Klimaanlage um 1500 €, für die Scheibenverspiegelung um 100 € und für die Effektlackierung um 3500 € erhöht.
[5]Die Entnahme des Pkw selbst unterliegt mangels Vorsteuerabzug bei der Anschaffung nicht der Besteuerung (§ 3 Abs. 1b Satz 2 UStG); auch eine Vorsteuerberichtigung kommt insoweit nicht in Betracht. [6]Mit dem Einbau der Klimaanlage in den Pkw hat diese ihre körperliche und wirtschaftliche Eigenart endgültig verloren und zu einer dauerhaften, im Zeitpunkt der Entnahme nicht vollständig verbrauchten Werterhöhung des Gegenstands geführt. [7]Die Entnahme der Klimaanlage unterliegt daher insoweit nach § 3 Abs. 1b Satz 1 Nr. 1 in Verbindung mit Satz 2 UStG mit einer Bemessungsgrundlage i. H. v. 1500 € der Umsatzsteuer.
[8]Hinsichtlich der Scheibenverspiegelung und der Effektlackierung entfällt eine Besteuerung nach § 3 Abs. 1b UStG, da sonstige Leistungen nicht zu Bestandteilen eines Gegenstands führen (vgl. Abschnitt 3.3 Abs. 2 Satz 4). [9]Für diese Leistungen ist allerdings zu prüfen, inwieweit eine Vorsteuerberichtigung nach § 15a Abs. 3 in Verbindung mit Abs. 8 UStG durchzuführen ist.
[10]Der Einbau der Klimaanlage, die Scheibenverspiegelung und die Effektlackierung werden im Rahmen einer Maßnahme bezogen und sind daher zu einem Berichtigungsobjekt zusammenzufassen. [11]Da die Entnahme der Klimaanlage jedoch nach § 3 Abs. 1b Satz 1 Nr. 1 UStG als eine unentgeltliche Wertabgabe zu versteuern ist, scheidet diese für Zwecke der Vorsteuerberichtigung aus dem Berichtigungsobjekt aus. [12]Die Grenze des § 44 Abs. 1 UStDV von 1000 € ist auf das verbleibende Berichtigungsobjekt anzuwenden, für das die Vorsteuerbeträge aus der Scheibenverspiegelung i. H. v. 95 € und der Effektlackierung i. H. v. 855 € insgesamt nur 950 € betragen. [13]Eine Vorsteuerberichtigung nach § 15a Abs. 3 UStG für das verbleibende Berichtigungsobjekt unterbleibt daher.

15a.7 Berichtigung nach § 15a Abs. 4 UStG

(1) [1]Eine Vorsteuerberichtigung nach § 15a Abs. 4 UStG ist vorzunehmen, wenn der Unternehmer eine sonstige Leistung bezieht, die nicht in einen Gegenstand eingeht oder an diesem ausgeführt wird und deren Verwendung anders zu beurteilen ist, als dies zum Zeitpunkt des Leistungsbezugs beabsichtigt war. [2]Sonstige Leistungen, die unter die Berichtigungspflicht nach § 15a Abs. 4 UStG fallen, sind z. B.:

1. Beratungsleistungen (z. B. für ein Unternehmenskonzept, eine Produktkonzeption);
2. gutachterliche Leistungen;
3. Anmietung eines Wirtschaftsguts;
4. Patente, Urheberrechte, Lizenzen;
5. bestimmte Computerprogramme;
6. Werbeleistungen;
7. Anzahlung für längerfristiges Mietleasing.

(2) [1]Wird die sonstige Leistung mehrfach zur Erzielung von Einnahmen verwendet, erfolgt die Vorsteuerberichtigung pro rata temporis (§ 15a Abs. 4 in Verbindung mit Abs. 5 UStG). [2]Wird die bezogene sonstige Leistung hingegen nur einmalig zur Erzielung von Umsätzen verwendet, erfolgt die Berichtigung des gesamten Vorsteuerbetrags unmittelbar für den Zeitpunkt der Verwendung.

(3) [1]Nach § 15a Abs. 4 Satz 2 UStG ist die Berichtigung des Vorsteuerabzugs bei sonstigen Leistungen, die nicht unter § 15a Abs. 3 UStG fallen, auf solche sonstigen Leistungen zu beschränken, für die in der Steuerbilanz ein Aktivierungsgebot bestünde. [2]Unerheblich ist, ob der Unternehmer nach den §§ 140, 141 AO tatsächlich zur Buchführung verpflichtet ist oder freiwillig Bücher führt oder einkommensteuerrechtlich insoweit Einkünfte erzielt, die als Überschuss der Einnahmen über die Werbungskosten ermittelt werden. [3]Eine Berichtigung des Vorsteuerabzugs kommt gemäß § 15a Abs. 4 Satz 3 UStG jedoch stets in Betracht, wenn der Leistungsempfänger für einen Zeitraum vor Ausführung der Leistung den Vorsteuerabzug vornehmen konnte (An- oder Vorauszahlungen).

(4) [1]Sonstige Leistungen sind umsatzsteuerrechtlich grundsätzlich erst im Zeitpunkt ihrer Vollendung ausgeführt (Abschnitt 13.1 Abs. 3 Satz 1). [2]Werden sonstige Leistungen im Sinne des § 15a Abs. 4 in Verbindung mit Abs. 1 UStG bereits vor ihrer Vollendung im Unternehmen des Leistungsempfängers verwendet, kommt eine Berichtigung des Vorsteuerabzugs bereits vor Leistungsbezug (Vollendung) in denjenigen Fällen in Betracht, in denen bereits vor Leistungsbezug die Voraussetzungen für den Vorsteuerabzug nach § 15 UStG gegeben sind (Zahlung vor Ausführung der Leistung). [3]Auch hier ist die Berichtigung des Vorsteuerabzugs durchzuführen, wenn sich im Zeitpunkt der Verwendung die Verhältnisse gegenüber den für den ursprünglichen Vorsteuerabzug maßgebenden Verhältnissen ändern.

Beispiel 1:

[1]Unternehmer U schließt mit dem Vermieter V einen Vertrag über die Anmietung eines Bürogebäudes (Fertigstellung vor dem 1.1.1998 und Baubeginn vor dem 1.1.1993) über eine

Laufzeit von fünf Jahren beginnend am 1.1.01. [2]Da U beabsichtigt, in den Büroräumen zum Vorsteuerabzug berechtigende Umsätze auszuführen, vermietet V das Gebäude unter Verzicht auf die Steuerbefreiung (§ 4 Nr. 12 Satz 1 Buchstabe a i. V. m. § 9 Abs. 1 und 2 UStG) zum Pauschalpreis von 1 000 000 € zzgl. 190 000 € Umsatzsteuer für die gesamte Mietlaufzeit. [3]Vereinbarungsgemäß zahlt U die vertraglich vereinbarte Miete zum Beginn der Vertragslaufzeit und macht entsprechend den Vorsteuerabzug geltend. [4]Ab dem 1.1.02 nutzt U das Gebäude bis zum Vertragsende am 31.12.05 nur noch zur Erzielung von nicht zum Vorsteuerabzug berechtigenden Umsätzen.

[5]U wäre bei bestehender Buchführungspflicht verpflichtet, für die vorausbezahlte Miete für die Jahre 02 bis 05 in der Steuerbilanz einen Rechnungsabgrenzungsposten zu bilanzieren.

[6]Bei der von V erbrachten Leistung handelt es sich nicht um Teilleistungen. [7]U ist nach § 15a Abs. 4 i. V. m. Abs. 1 UStG verpflichtet, die Vorsteuer in den Jahren 02 bis 05 um jeweils 38 000 € (190 000 €/5 Jahre) zu berichtigen.

Beispiel 2:

[1]Unternehmer U ist Chirurg und schließt mit A einen für die Zeit vom 1.1.01 bis zum 31.12.07 befristeten Leasingvertrag für ein medizinisches Gerät ab. [2]Als Leasingvorauszahlung wird ein Betrag von 100 000 € zzgl. 19 000 € Umsatzsteuer vereinbart; Teilleistungen liegen nach der vertraglichen Vereinbarung nicht vor. [3]U leistet im Januar 01 die gesamte Leasingvorauszahlung. [4]U beabsichtigt bei Zahlung, das Gerät zur Ausführung zum Vorsteuerabzug berechtigender Ausgangsumsätze (Schönheitsoperationen) zu verwenden. [5]Er macht für den Januar 01 deshalb den Vorsteuerabzug in voller Höhe geltend und nutzt das Gerät ab 1.1.01. [6]Tatsächlich kommt es ab dem 1.1.03 jedoch nur noch zur Erzielung nicht zum Vorsteuerabzug berechtigender Ausgangsumsätze. [7]Bei der Leasingvorauszahlung handelt es sich um eine Ausgabe, die nach ertragsteuerrechtlichen Grundsätzen als Rechnungsabgrenzungsposten zu bilanzieren wäre.

[8]Umsatzsteuerrechtlich ist davon auszugehen, dass es sich um eine Zahlung für eine sonstige Leistung handelt, die nicht mit der erstmaligen Verwendung verbraucht ist. [9]Der Vorsteuerabzug ist nach § 15a Abs. 4 in Verbindung mit Abs. 1 UStG pro rata temporis zu berichtigen. [10]Der Berichtigungszeitraum beträgt fünf Jahre, beginnt am 1.1.01 und endet am 31.12.05, obwohl der Leasingvertrag bis zum 31.12.07 befristet ist.

[11]U muss für die Jahre 03 bis 05 jeweils 3800 € im Rahmen der Berichtigung des Vorsteuerabzugs zurückzahlen.

Beispiel 3:

[1]Unternehmer U schließt am 1.2.01 mit Vermieter V einen Vertrag über die Anmietung eines Pavillons für die Dauer vom 1.9.01 bis zum 15.9.01 zum Preis von 7500 € zzgl. 1425 € USt. [2]Vereinbarungsgemäß zahlt U bereits bei Vertragsschluss das vereinbarte Mietentgelt und macht für den Februar 01 den Vorsteuerabzug geltend, da er beabsichtigt, in dem Pavillon zum Vorsteuerabzug berechtigende Umsätze (Veräußerung von Kraftfahrzeugen) auszuführen. [3]Tatsächlich nutzt er den Pavillon aber dann für eine Präsentation der von ihm betriebenen Versicherungsagentur.

[4]U muss den Vorsteuerabzug nach § 15a Abs. 4 i. V. m. Abs. 1 UStG berichtigen, weil die tatsächliche Verwendung von der Verwendungsabsicht abweicht. [5]U muss für das Kalenderjahr 01 1425 € Vorsteuer zurückzahlen. [6]Nach § 15a Abs. 5 Satz 2 UStG ist die kürzere Verwendungsdauer zu berücksichtigen.

15a.8 *Berichtigung nach § 15a Abs. 6 UStG*

(1) [1]Für nachträgliche Anschaffungs- oder Herstellungskosten, die an einem Wirtschaftsgut anfallen, das nicht nur einmalig zur Ausführung von Umsätzen verwendet wird, gilt ein gesonderter Berichtigungszeitraum (§ 15a Abs. 6 UStG). [2]Der Berichtigungszeitraum beginnt zu dem Zeitpunkt, zu dem der Unternehmer das in seiner Form geänderte Wirtschaftsgut erstmalig zur Ausführung von Umsätzen verwendet. [3]Die Dauer bestimmt sich nach § 15a Abs. 1 UStG und beträgt fünf bzw. zehn Jahre. [4]Der Berichtigungszeitraum

endet jedoch spätestens, wenn das Wirtschaftsgut, für das die nachträglichen Anschaffungs- oder Herstellungskosten angefallen sind, wegen Unbrauchbarkeit vom Unternehmer nicht mehr zur Ausführung von Umsätzen verwendet werden kann (§ 15a Abs. 5 Satz 2 UStG).

Beispiel:

[1] Ein am 1.7.01 erstmalig verwendetes bewegliches Wirtschaftsgut hat eine betriebsgewöhnliche Nutzungsdauer von 4 Jahren. [2] Am 31.1.03 fallen nachträgliche Herstellungskosten an, durch die aber die betriebsgewöhnliche Nutzungsdauer des Wirtschaftsguts nicht verlängert wird. [3] Der Berichtigungszeitraum für das Wirtschaftsgut selbst beträgt 4 Jahre, endet also am 30.6.05. [4] Für die nachträglichen Herstellungskosten beginnt der Berichtigungszeitraum erst am 1.2.03. [5] Er endet am 31.1.08 und dauert somit unabhängig von der betriebsgewöhnlichen Nutzungsdauer des Wirtschaftsguts 5 Jahre.

[5] Die Berichtigung ist gesondert nach den dafür vorliegenden Verhältnissen und entsprechend dem dafür geltenden Berichtigungszeitraum durchzuführen (vgl. Abschnitt 15a.4). [6] Auch hier ist von den gesamten Vorsteuerbeträgen auszugehen, die auf die nachträglichen Anschaffungs- oder Herstellungskosten entfallen (zur Ermittlung eines prozentualen Verhältnisses des ursprünglichen Vorsteuerabzugs zum Vorsteuervolumen insgesamt vgl. Abschnitt 15a.1 Abs. 3).

(2) Für nachträgliche Anschaffungs- oder Herstellungskosten, die für ein Wirtschaftsgut anfallen, das nur einmalig zur Erzielung eines Umsatzes verwendet wird, ist die Berichtigung des Vorsteuerabzugs für den Besteuerungszeitraum vorzunehmen, in dem das Wirtschaftsgut verwendet wird (vgl. Abschnitt 15a.5).

15a.9 Berichtigung nach § 15a Abs. 7 UStG

(1) Eine Änderung der Verhältnisse ist auch beim Übergang von der allgemeinen Besteuerung zur Nichterhebung der Steuer nach § 19 Abs. 1 UStG oder umgekehrt und beim Übergang von der allgemeinen Besteuerung zur Durchschnittssatzbesteuerung nach den §§ 23, 23a und 24 UStG oder umgekehrt gegeben (§ 15a Abs. 7 UStG).

(2) Vorsteuerbeträge, die vor dem Wechsel der Besteuerungsform für ein noch nicht fertig gestelltes Wirtschaftsgut angefallen sind, sind erst ab dem Zeitpunkt der erstmaligen Verwendung dieses Wirtschaftsguts nach § 15a Abs. 7 UStG zu berichtigen (vgl. BFH-Urteil vom 12.6.2008, V R 22/06, BStBl. 2009 II S. 165).

Übergang von der Regelbesteuerung zur Nichterhebung der Steuer nach § 19 Abs. 1 UStG oder umgekehrt

(3) Bei Wirtschaftsgütern und sonstigen Leistungen, die nicht nur einmalig zur Ausführung von Umsätzen verwendet werden, ist eine Berichtigung nach § 15a Abs. 1 UStG vorzunehmen, wenn im Berichtigungszeitraum auf Grund des Wechsels der Besteuerungsform eine Änderung gegenüber den für den ursprünglichen Vorsteuerabzug maßgeblichen Verhältnissen vorliegt.

Beispiel:

[1] Unternehmer U ist im Jahr 01 Regelbesteuerer. [2] Für das Jahr 02 und die Folgejahre findet die Kleinunternehmerbesteuerung Anwendung, da die Umsatzgrenzen nicht überschritten

werden und U nicht optiert. 3 Im Jahr 01 schafft U eine Maschine für 100 000 € zuzüglich 19 000 € Umsatzsteuer an. 4 Aus der Anschaffung der Maschine macht U den Vorsteuerabzug geltend, da er im Zeitpunkt der Anschaffung beabsichtigt, die Maschine für steuerpflichtige Ausgangsumsätze zu verwenden. 5 Erst am 1.7.03 kommt es zu dieser Verwendung der Maschine.

6 Da die Maschine nicht nur einmalig zur Ausführung von Umsätzen verwendet wird, ist für die Vorsteuerberichtigung § 15a Abs. 1 UStG maßgeblich. 7 Nach § 15a Abs. 7 UStG stellt der Übergang von der Regelbesteuerung zur Kleinunternehmerbesteuerung zum 1.1.02 eine Änderung der Verhältnisse dar.

8 Bei Beginn der Verwendung der Maschine (Beginn des Berichtigungszeitraums) am 1.7.03 ist U Kleinunternehmer, der nicht zum Vorsteuerabzug berechtigt ist. 9 Er muss daher eine Berichtigung pro rata temporis zuungunsten vornehmen, obwohl er die Maschine tatsächlich entsprechend seiner Verwendungsabsicht im Zeitpunkt des Leistungsbezugs verwendet. 10 Es ergibt sich gegenüber dem ursprünglichen Vorsteuerabzug von 100 % eine Abweichung von 100 Prozentpunkten (0 % statt 100 %).

(4) Bei Wirtschaftsgütern oder sonstigen Leistungen, die nur einmalig zur Ausführung eines Umsatzes verwendet werden, ist die durch den Wechsel der Besteuerungsform ausgelöste Vorsteuerberichtigung in dem Besteuerungszeitraum vorzunehmen, in dem das Wirtschaftsgut verwendet wird (§ 15a Abs. 2 Satz 2 i. V. m. Abs. 7 UStG).

Beispiel:

1 Unternehmer U ist im Jahr 01 Kleinunternehmer. 2 Er erwirbt im Jahr 01 Waren, die zur Veräußerung bestimmt sind (Umlaufvermögen). 3 Im Jahr 02 findet wegen Überschreitens der Umsatzgrenze die Kleinunternehmerregelung keine Anwendung. 4 Im Jahr 03 liegen die Voraussetzungen der Kleinunternehmerbesteuerung wieder vor und U wendet ab 03 wieder die Kleinunternehmerregelung an. 5 U veräußert die im Jahr 01 erworbenen Waren im Jahr 03.

6 Für die Vorsteuerberichtigung der Waren ist § 15a Abs. 2 UStG maßgeblich, da diese nur einmalig zur Ausführung eines Umsatzes verwendet werden. 7 Nach § 15a Abs. 7 UStG stellt der Übergang zur Regelbesteuerung grundsätzlich eine Änderung der Verhältnisse dar. 8 Maßgeblich für die Vorsteuerberichtigung sind jedoch die Verhältnisse im Zeitpunkt der tatsächlichen Verwendung der Waren. 9 Die Verwendung ist mit der Veräußerung der Waren im Jahr 03 erfolgt. 10 Im Jahr 02 findet keine Verwendung statt. 11 Daher ist die in diesem Jahr eingetretene Änderung der Besteuerungsform ohne Belang. 12 Eine Änderung der Verhältnisse gegenüber den ursprünglichen für den Vorsteuerabzug maßgebenden Verhältnissen liegt nicht vor, da U wie im Jahr 01 auch in 03 Kleinunternehmer ist. 13 Daher ist weder im Jahr 02 noch im Jahr 03 eine Berichtigung des Vorsteuerabzugs vorzunehmen.

Übergang von der Regelbesteuerung zur Durchschnittssatzbesteuerung nach den §§ 23, 23a oder 24 UStG oder umgekehrt

(5) 1 Vorsteuern aus der Anschaffung einheitlicher Gegenstände, die sowohl in einem gewerblichen Unternehmensteil (Lohnunternehmen) als auch in einem landwirtschaftlichen Unternehmensteil (§ 24 UStG) verwendet werden, sind nicht nach § 15 UStG abziehbar, soweit sie den nach § 24 UStG versteuerten Umsätzen zuzurechnen sind (§ 24 Abs. 1 Satz 4 UStG, Abschnitt 24.7 Abs. 2). 2 Werden diese Gegenstände abweichend von der bei Leistungsbezug *gegebenen Verwendungsabsicht in* einem anderen Umfang im jeweils anderen Unternehmensteil verwendet, kommt eine Berichtigung des Vorsteuerabzugs nach § 15a UStG in Betracht.

Beispiel:

1 Unternehmer U erwirbt Anfang Januar des Jahres 01 einen Mähdrescher für 200 000 € zuzüglich 38 000 € Umsatzsteuer, der zunächst zu 90 % im gewerblichen und zu 10 % im landwirtschaftlichen Unternehmensteil (§ 24 UStG) verwendet wird. 2 Ab dem Jahr 02 ändert sich dauerhaft das Nutzungsverhältnis in 50 % (Landwirtschaft) zu 50 % (Gewerbe).

[3] Im Jahr 01 sind die auf die Verwendung im gewerblichen Unternehmensteil entfallenden Vorsteuerbeträge i. H. v. 34 200 € (90% von 38 000 €) als Vorsteuer abziehbar. [4] In den Jahren 02 bis 05 sind jeweils 3040 € (40% von 7600 €) nach § 15a UStG zurückzuzahlen.

(6) [1] Eine Vorsteuerberichtigung nach § 15a UStG ist auch vorzunehmen, wenn im Zeitpunkt des Leistungsbezugs nur ein Unternehmensteil besteht, im Zeitpunkt der späteren Verwendung dann jedoch zwei Unternehmensteile bestehen und das Wirtschaftsgut in beiden Unternehmensteilen verwendet wird. [2] Ebenfalls ist die Vorsteuer zu berichtigen, wenn bei zwei Unternehmensteilen das Wirtschaftsgut erst ausschließlich in einem Teil verwendet wird und sich die Nutzung in einem Folgejahr ändert.

Beispiel 1:

[1] Unternehmer U erwirbt Anfang Januar des Jahres 01 einen Mähdrescher für 200 000 € zuzüglich 38 000 € Umsatzsteuer, der zunächst ausschließlich im gewerblichen Unternehmensteil (Lohnunternehmen) verwendet wird. [2] Ab dem Jahr 02 wird der Mähdrescher dauerhaft zu 50% im landwirtschaftlichen Unternehmensteil (§ 24 UStG) genutzt.
[3] Im Jahr 01 sind sämtliche Vorsteuern (38 000 €) abziehbar. [4] In den Jahren 02 bis 05 sind jeweils 3800 € (50% von 7600 €) nach § 15a UStG an das Finanzamt zurückzuzahlen.

Beispiel 2:

[1] Unternehmer U erwirbt Anfang Januar des Jahres 01 einen Mähdrescher für 200 000 € zuzüglich 38 000 € Umsatzsteuer, der zunächst ausschließlich im landwirtschaftlichen Unternehmensteil (§ 24 UStG) verwendet wird. [2] Ab dem Jahr 02 wird der Mähdrescher dauerhaft ausschließlich im gewerblichen Unternehmensteil (Lohnunternehmen) genutzt.
[3] Im Jahr 01 entfällt der Vorsteuerabzug (§ 24 Abs. 1 Satz 4 UStG). [4] In den Jahren 02 bis 05 erhält der Unternehmer eine Vorsteuererstattung nach § 15a UStG von jeweils 7600 € (1/5 von 38 000 €).

(7) [1] Bei der Aufgabe oder Veräußerung eines land- und forstwirtschaftlichen Betriebs kann die Vermietung/Verpachtung von zurückbehaltenen Wirtschaftsgütern, die nicht nur einmalig zur Ausführung von Umsätzen verwendet werden und deren Berichtigungszeitraum nach § 15a Abs. 1 UStG noch nicht abgelaufen ist, zu einer Änderung der Verhältnisse führen. [2] In diesen Fällen ist der Vorsteuerabzug für derartige Wirtschaftsgüter nach § 15a Abs. 1 UStG zu berichtigen.

Beispiel 1:

[1] Unternehmer U, der Landwirt ist und der nach § 24 Abs. 4 UStG zur Regelbesteuerung optiert hat, errichtet ein Stallgebäude für 500 000 € zzgl. 95 000 € Umsatzsteuer, das Anfang Januar des Jahres 01 erstmals verwendet wird. [2] Zum 1. 1. 02 veräußert er seinen Betrieb unter Zurückbehaltung dieses Stallgebäudes, das er nun nach § 4 Nr. 12 Satz 1 Buchstabe a UStG steuerfrei an den Käufer vermietet.
[3] Die auf die Errichtung des Gebäudes entfallende Vorsteuer i. H. v. 95 000 € ist abziehbar, da der Landwirt bei Errichtung des Gebäudes beabsichtigte, dieses zur Erzielung von zum Vorsteuerabzug berechtigenden Umsätzen zu verwenden. [4] Die nach § 4 Nr. 12 Satz 1 Buchstabe a UStG steuerfreie Vermietung stellt eine Änderung der Verhältnisse dar. [5] In den Jahren 02 bis 10 sind jeweils 9500 € (1/10 von 95 000 €) nach § 15a Abs. 1 UStG zurückzuzahlen.

Beispiel 2:

[1] Unternehmer U, der Landwirt ist und der die Durchschnittssatzbesteuerung nach § 24 UStG anwendet, erwirbt Anfang Januar des Jahres 01 einen Mähdrescher für 200 000 € zuzüglich 38 000 € Umsatzsteuer. [2] Zum 1.1.02 veräußert er seinen Betrieb unter Zurückbehaltung des *Mähdreschers, den er steuerpflichtig* an den Käufer vermietet.
[3] Im Zeitpunkt des Leistungsbezugs (Jahr 01) ist der Vorsteuerabzug nach § 24 Abs. 1 Satz 4 UStG ausgeschlossen. [4] In den Folgejahren wird der Mähdrescher zur Ausführung steuer-

pflichtiger Vermietungsumsätze verwendet. [5] Es liegt eine Änderung der Verhältnisse vor. [6] In den Jahren 02 bis 05 erhält der Unternehmer eine Vorsteuererstattung nach § 15a UStG von jeweils 7600 € (1/5 von 38 000 €).

15a.10 Geschäftsveräußerung im Sinne des § 1 Abs. 1a UStG und andere Formen der Rechtsnachfolge

[1] Keine Änderung der Verhältnisse im Sinne des § 15a UStG liegt z. B. in folgenden Fällen der Rechtsnachfolge vor:

1. Geschäftsveräußerung im Sinne des § 1 Abs. 1a UStG (§ 1 Abs. 1a Satz 3, § 15a Abs. 10 UStG; siehe auch Abschnitt 15a.2 Abs. 3),
2. [1] Gesamtrechtsnachfolge, da der Rechtsnachfolger in die gesamte Rechtsposition des Rechtsvorgängers eintritt. [2] Der Berichtigungszeitraum des Erblassers geht nur auf den Erben über, wenn dieser die Unternehmereigenschaft durch eine eigene Tätigkeit begründet,
3. Anwachsung beim Ausscheiden eines Gesellschafters aus einer zweigliedrigen Personengesellschaft,
4. [1] Begründung oder Wegfall eines Organschaftsverhältnisses. [2] Eine Vorsteuerberichtigung nach § 15a UStG hat aber dann zu erfolgen, wenn eine Gesellschaft mit steuerpflichtigen Umsätzen für ein Wirtschaftsgut den vollen Vorsteuerabzug erhalten hat und später auf Grund der Vorschrift des § 2 Abs. 2 Nr. 2 UStG ihre Selbstständigkeit zugunsten eines Organträgers mit nach § 15 Abs. 2 Satz 1 Nr. 1 UStG steuerfreien Umsätzen verliert und das Wirtschaftsgut im Gesamtunternehmen des Organträgers zur Ausführung von steuerpflichtigen und steuerfreien Umsätzen verwendet wird (BFH-Beschluss vom 12.5.2003, V B 211/02, V B 220/02, BStBl. II S. 784).

[2] Der maßgebliche Berichtigungszeitraum wird nicht unterbrochen. [3] Eine Vorsteuerberichtigung wegen Änderung der Verhältnisse beim Rechtsnachfolger hat nur zu erfolgen, wenn sich die Verhältnisse im Vergleich zu den beim Vorsteuerabzug des Rechtsvorgängers ursprünglich maßgebenden Verhältnissen ändern.

15a.11 Vereinfachungen bei der Berichtigung des Vorsteuerabzugs

(1) [1] § 44 UStDV enthält Regelungen zur Vereinfachung bei der Berichtigung des Vorsteuerabzugs. [2] Bei der Prüfung, ob die in § 44 UStDV aufgeführten Betragsgrenzen erreicht sind, ist jeweils auf den Gegenstand oder die bezogene sonstige Leistung abzustellen. [3] Dies gilt auch dann, wenn mehrere Gegenstände gleicher Art und Güte geliefert wurden. [4] Bei der Lieferung vertretbarer Sachen ist hingegen in der Regel auf die zwischen leistendem Unternehmer und Leistungsempfänger geschlossene vertragliche Vereinbarung abzustellen (zur Ausnahme vgl. BFH-Urteil vom 3.11.2011, V R 32/10, BStBl. 2012 II S. 525, und Abschnitt 15a.1 Abs. 1 Satz 5).

(2) [1] Die Regelung des § 44 Abs. 1 UStDV, nach der eine Berichtigung des Vorsteuerabzugs entfällt, wenn die auf die Anschaffungs- oder Herstellungskosten eines Wirtschaftsguts entfallende Vorsteuer 1000 € nicht übersteigt, gilt

für alle Berichtigungsobjekte unabhängig davon, nach welcher Vorschrift die Berichtigung des Vorsteuerabzugs vorzunehmen ist und in welchem Umfang sich die für den Vorsteuerabzug maßgebenden Verhältnisse später ändern. [2]Bei der Bestimmung der 1000 €-Grenze ist von den gesamten Vorsteuerbeträgen auszugehen, die auf die Anschaffung oder Herstellung bzw. den Bezug des einzelnen Berichtigungsobjekts entfallen. [3]Nachträgliche Anschaffungs- oder Herstellungskosten sind nicht einzubeziehen, da sie eigenständige Berichtigungsobjekte darstellen und selbstständig der 1000 €-Grenze unterliegen.

(3) [1]Nach der Vereinfachungsregelung des § 44 Abs. 2 UStDV entfällt eine Vorsteuerberichtigung, wenn die dort genannten Grenzen nicht überschritten sind. [2]Die Grenze von 10% ist in der Weise zu berechnen, dass das Aufteilungsverhältnis, das sich für das betreffende Jahr des Berichtigungszeitraums ergibt, dem Verhältnis gegenübergestellt wird, das für den ursprünglichen Vorsteuerabzug für das Berichtigungsobjekt nach § 15 UStG maßgebend war. [3]Für die absolute Grenze nach § 44 Abs. 2 UStDV von 1000 € ist der Betrag maßgebend, um den der Vorsteuerabzug für das Berichtigungsobjekt auf Grund der Verhältnisse des betreffenden Jahres des Berichtigungszeitraums tatsächlich zu berichtigen wäre. [4]Bei Berichtigungsobjekten, die nur einmalig zur Ausführung eines Umsatzes verwendet werden, gilt entsprechendes für den Zeitpunkt der tatsächlichen Verwendung des Berichtigungsobjekts.

(4) [1]Wird ein Wirtschaftsgut, das nicht nur einmalig zur Ausführung von Umsätzen verwendet wird, während des nach § 15a Abs. 1 UStG maßgeblichen Berichtigungszeitraums veräußert oder nach § 3 Abs. 1b UStG geliefert, stehen damit die Verhältnisse bis zum Ablauf des Berichtigungszeitraums fest. [2]Daher ist die Berichtigung stets für den Voranmeldungszeitraum durchzuführen, in dem die Veräußerung oder unentgeltliche Wertabgabe nach § 3 Abs. 1b UStG stattgefunden hat (§ 44 Abs. 3 Satz 2 UStDV). [3]Hierbei sind die Berichtigung für das Kalenderjahr der Veräußerung oder unentgeltlichen Wertabgabe nach § 3 Abs. 1b UStG und die Berichtigung für die noch folgenden Kalenderjahre des Berichtigungszeitraums gleichzeitig vorzunehmen. [4]Entsprechend ist zu verfahren, wenn eine sonstige Leistung entgeltlich oder durch eine Zuwendung im Sinne des § 3 Abs. 9a UStG aus dem Unternehmen ausscheidet (z. B. Veräußerung einer Lizenz).

(5) [1]Verkürzt sich der Berichtigungszeitraum deswegen, weil ein nicht nur einmalig zur Ausführung von Umsätzen dienendes Wirtschaftsgut wegen Unbrauchbarkeit vorzeitig nicht mehr zur Ausführung von Umsätzen verwendbar ist (vgl. Abschnitt 15a.3 Abs. 7), kann für die vorausgegangenen Abschnitte des Berichtigungszeitraums eine Neuberechnung des jeweiligen Berichtigungsbetrages erforderlich werden. [2]Die Unterschiede, die sich in einem solchen Fall ergeben, können aus Vereinfachungsgründen bei der Steuerfestsetzung für das letzte Kalenderjahr des verkürzten Berichtigungszeitraums berücksichtigt werden.

(6) [1]Die Vorsteuerberichtigung nach § 15a UStG ist grundsätzlich im Voranmeldungszeitraum durchzuführen, in dem die Änderung der Verhältnisse eingetreten ist. [2]Übersteigt allerdings der Betrag, um den der Vorsteuerab-

zug bei einem Wirtschaftsgut für das Kalenderjahr zu berichtigen ist, nicht 6000 €, ist nach § 44 Abs. 3 Satz 1 UStDV die Berichtigung erst im Rahmen der Steuerfestsetzung für den Besteuerungszeitraum vorzunehmen, in dem die Änderung der Verhältnisse eingetreten ist.

15a.12 Aufzeichnungspflichten für die Berichtigung des Vorsteuerabzugs

(1) [1]Nach § 22 Abs. 4 UStG hat der Unternehmer in den Fällen des § 15a UStG die Berechungsgrundlagen für den Ausgleich aufzuzeichnen, der von ihm in den in Betracht kommenden Kalenderjahren vorzunehmen ist. [2]Die Aufzeichnungspflichten des § 22 Abs. 4 UStG sind erfüllt, wenn der Unternehmer die folgenden Angaben eindeutig und leicht nachprüfbar aufzeichnet:

1. [1]die Anschaffungs- oder Herstellungskosten bzw. Aufwendungen für das betreffende Berichtigungsobjekt und die darauf entfallenden Vorsteuerbeträge. [2]Falls es sich hierbei um mehrere Einzelbeträge handelt, ist auch jeweils die Gesamtsumme aufzuzeichnen. [3]Insoweit sind auch die Vorsteuerbeträge aufzuzeichnen, die den nicht zum Vorsteuerabzug berechtigenden Umsätzen zuzurechnen sind;
2. den Zeitpunkt der erstmaligen Verwendung des Berichtigungsobjekts;
3. in den Fällen des § 15a Abs. 1 UStG die Verwendungsdauer (betriebsgewöhnliche Nutzungsdauer) im Sinne der einkommensteuerrechtlichen Vorschriften und den maßgeblichen Berichtigungszeitraum für das Berichtigungsobjekt;
4. [1]die Anteile, zu denen das Berichtigungsobjekt zur Ausführung der den Vorsteuerabzug ausschließenden Umsätze und zur Ausführung der zum Vorsteuerabzug berechtigenden Umsätze verwendet wurde. [2]In den Fällen des § 15a Abs. 1 UStG sind die Anteile für jedes Kalenderjahr des Berichtigungszeitraums aufzuzeichnen;
5. [1]bei einer Veräußerung oder unentgeltlichen Wertabgabe des Berichtigungsobjekts den Zeitpunkt und die umsatzsteuerrechtliche Behandlung dieses Umsatzes. [2]In den Fällen des § 15a Abs. 1 UStG gilt dies nur, wenn die Veräußerung oder die unentgeltliche Wertabgabe in den Berichtigungszeitraum fallen;
6. in den Fällen des § 15a Abs. 1 UStG bei einer Verkürzung des Berichtigungszeitraums wegen vorzeitiger Unbrauchbarkeit des Wirtschaftsguts die Ursache unter Angabe des Zeitpunkts und unter Hinweis auf die entsprechenden Unterlagen.

(2) Die Aufzeichnungen für das einzelne Berichtigungsobjekt sind von dem Zeitpunkt an zu führen, für den der Vorsteuerabzug vorgenommen worden ist.

(3) Die besondere Aufzeichnungspflicht nach § 22 Abs. 4 UStG entfällt insoweit, als sich die erforderlichen Angaben aus den sonstigen Aufzeichnungen oder der Buchführung des Unternehmers eindeutig und leicht nachprüfbar entnehmen lassen.

Zu § 16 UStG

16.1 Steuerberechnung

[1]Der Unternehmer hat alle im Rahmen seines Unternehmens ausgeführten Umsätze zusammenzurechnen. [2]Dem Unternehmer sind im Fall der Zwangsverwaltung über ein Grundstück des Unternehmers auch die Umsätze zuzurechnen, die der Zwangsverwalter im Rahmen seiner Verwaltungstätigkeit ausführt (vgl. BFH-Urteil vom 10.4.1997, V R 26/96, BStBl. II S. 552);[1)] zur Übermittlung von Voranmeldungen in diesen Fällen vgl. Abschnitt 18.6 Abs. 4.

16.2 Beförderungseinzelbesteuerung[2)]

(1) [1]Die Beförderungseinzelbesteuerung (§ 16 Abs. 5 UStG) setzt voraus, dass Kraftomnibusse, mit denen die Personenbeförderungen im Gelegenheitsverkehr durchgeführt werden, nicht im Inland (§ 1 Abs. 2 Satz 1 UStG) zugelassen sind. [2]Es ist nicht erforderlich, dass der Beförderer ein ausländischer Unternehmer ist. [3]Für die Besteuerung der Beförderungsleistung kommt es nicht darauf an, ob der Unternehmer Eigentümer des Kraftomnibusses ist oder ob er ihn gemietet hat. [4](Beförderungs-)Unternehmer im verkehrsrechtlichen und im umsatzsteuerrechtlichen Sinne ist derjenige, der die Beförderung im eigenen Namen, unter eigener Verantwortung und für eigene Rechnung durchführt (§ 3 Abs. 2 PBefG).[3)] [5]Führt ein Omnibusunternehmer die Beförderung mit einem gemieteten Kraftomnibus durch, geht der Beförderungsleistung eine Leistung voraus, die in der Vermietung des Kraftomnibusses besteht. [6]Es ist deshalb neben der Beförderungsleistung im Inland auch die Vermietungsleistung zu besteuern, sofern sie im Inland ausgeführt wird (vgl. Abschnitte 3a.2 und 3a.5). [7]Betreibt der Vermieter sein Unternehmen im Drittlandsgebiet, wird eine kurzfristige Vermietungsleistung als im Inland ausgeführt behandelt, soweit der Kraftomnibus im Inland genutzt wird (§ 3a Abs. 6 Satz 1 Nr. 1 UStG). [8]Ist der Vermieter im Ausland ansässig, obliegt die Besteuerung der Vermietungsleistung im Inland dem Beförderungsunternehmer als Leistungsempfänger (§ 13b Abs. 2 Nr. 1 und Abs. 5 Satz 1 UStG).

(2) [1]Personenbeförderungen im Gelegenheitsverkehr mit nicht im Inland zugelassenen Kraftomnibussen unterliegen der Beförderungseinzelbesteuerung, wenn bei der Ein- oder Ausreise eine Grenze zwischen dem Inland und dem Drittlandsgebiet (z. B. Grenze zur Schweiz) überschritten wird. [2]Führt der Unternehmer im Zusammenhang mit einer grenzüberschreitenden Beförderung von Personen weitere Personenbeförderungen im Inland durch (z. B. Sonderfahrten während des Aufenthalts einer Reisegruppe in Deutschland), unterliegen diese ebenfalls der Beförderungseinzelbesteuerung.

---

1) Zur Zwangsverwaltung von Grundstücken vgl. A 2.1 Abs. 7 UStAE und BMF v. *8.6.1992, BStBl. I 1992, 397.*

2) Zum Verfahren vgl. A 18.8 und A 18.17 UStAE.

3) **Sartorius** Nr. **950.**

(3) Kraftomnibusse sind Kraftfahrzeuge, die nach ihrer Bauart und Ausstattung zur Beförderung von mehr als neun Personen – einschließlich Führer – geeignet und bestimmt sind (§ 4 Abs. 4 Nr. 2 PBefG).[1)]

(4) [1]Der Gelegenheitsverkehr mit Kraftomnibussen umfasst die Ausflugsfahrten, die Ferienziel-Reisen und den Verkehr mit Mietomnibussen (§ 46 PBefG).[1)] [2]Ausflugsfahrten sind Fahrten, die der Unternehmer nach einem bestimmten, von ihm aufgestellten Plan und zu einem für alle Teilnehmer gleichen und gemeinsam verfolgten Ausflugszweck anbietet und ausführt (§ 48 Abs. 1 PBefG). [3]Ferienziel-Reisen sind Reisen zu Erholungsaufenthalten, die der Unternehmer nach einem bestimmten, von ihm aufgestellten Plan zu einem Gesamtentgelt für Beförderung und Unterkunft mit oder ohne Verpflegung anbietet und ausführt (§ 48 Abs. 2 PBefG). [4]Verkehr mit Mietomnibussen ist die Beförderung von Personen mit Kraftomnibussen, die nur im Ganzen zur Beförderung angemietet werden und mit denen der Unternehmer Fahrten ausführt, deren Zweck, Ziel und Ablauf der Mieter bestimmt. [5]Die Teilnehmer müssen ein zusammengehöriger Personenkreis und über Ziel und Ablauf der Fahrt einig sein (§ 49 Abs. 1 PBefG). [6]Bei den in bilateralen Abkommen mit Drittstaaten als Pendelverkehr bezeichneten Personenbeförderungen handelt es sich um Gelegenheitsverkehr.

(5) [1]Der Beförderungseinzelbesteuerung unterliegt nur der inländische Streckenanteil. [2]Inländische Streckenanteile, die nach den §§ 2 oder 5 UStDV als ausländische Beförderungsstrecken anzusehen sind, bleiben unberücksichtigt. [3]Streckenanteile, die nach den §§ 3 oder 6 UStDV als inländische Beförderungsstrecken anzusehen sind, sind in die Besteuerung einzubeziehen.

(6) [1]Personenbeförderungen, die unentgeltlich oder nicht im Rahmen eines Unternehmens durchgeführt werden, unterliegen bei entsprechendem Nachweis nicht der Umsatzsteuer. [2]Werden Schülergruppen, Studentengruppen, Jugendgruppen, kulturelle Gruppen – z. B. Theater- und Musikensembles, Chöre – oder Mitglieder von Vereinen in Kraftomnibussen befördert, die dem Schulträger, dem Träger der kulturellen Gruppe oder dem Verein gehören, kann grundsätzlich angenommen werden, dass diese Beförderungsleistungen nicht im Rahmen eines Unternehmens erbracht werden. [3]Dies gilt entsprechend, wenn der Verein, die Gruppe oder die Schule einen Kraftomnibus anmietet und anschließend die Personen mit eigenem Fahrer, im eigenen Namen, unter eigener Verantwortung und für eigene Rechnung befördert. [4]Ist der Busfahrer Angestellter des den Omnibus vermietenden Unternehmers und wird er von diesem bezahlt, ist für Zwecke der Beförderungseinzelbesteuerung von einer Personenbeförderung durch den Busunternehmer auszugehen.

(7) [1]*Die maßgebliche Zahl* der Personenkilometer ergibt sich durch Vervielfachung der Anzahl der beförderten Personen mit der Anzahl der Kilometer der im Inland zurückgelegten Beförderungsstrecke (tatsächlich im Inland durchfahrene Strecke). [2]Bei der Ermittlung der Zahl der beförderten Personen bleiben der Fahrer, der Beifahrer, Begleitpersonen, die Angestellte des Beförderers sind – z. B. Reiseleiter, Dolmetscher und Stewardessen –, sowie unent-

---

1) **Sartorius** Nr. **950.**

geltlich mitbeförderte Kleinkinder (unter 4 Jahren) außer Betracht. [3]Personen, die der Beförderer aus privaten Gründen unentgeltlich mitbefördert, z. B. Angehörige, sind demgegenüber mitzuzählen, soweit eine sonstige Leistung im Sinne von § 3 Abs. 9a Nr. 2 UStG vorliegt, die nach § 3b Abs. 1 UStG im Inland ausgeführt wird.

(8) [1]Bei der Beförderungseinzelbesteuerung dürfen Vorsteuerbeträge nicht abgesetzt werden. [2]Der Beförderungsunternehmer kann jedoch die Vergütung der Vorsteuerbeträge, die den der Beförderungseinzelbesteuerung unterliegenden Beförderungsleistungen zuzurechnen sind, im Vorsteuer-Vergütungsverfahren beantragen (§§ 59 bis 61a UStDV). [3]Ist beim Unternehmer das allgemeine Besteuerungsverfahren nach § 16 und § 18 Abs. 1 bis 4 UStG durchzuführen, kann er die Vorsteuerbeträge in diesem Verfahren geltend machen. [4]Durch die Besteuerung nach § 16 und § 18 Abs. 1 bis 4 UStG wird die Beförderungseinzelbesteuerung nicht berührt. [5]Die hierbei bereits versteuerten Umsätze sind daher, abgesehen vom Fall des Absatzes 9, nicht in das allgemeine Besteuerungsverfahren einzubeziehen.

(9) [1]Anstelle der Beförderungseinzelbesteuerung kann der Unternehmer nach Ablauf des Besteuerungszeitraumes die Besteuerung nach § 16 Abs. 1 und 2 UStG beantragen. [2]Wegen der Anrechnung der im Wege der Beförderungseinzelbesteuerung festgesetzten Steuern und des Verfahrens vgl. Abschnitt 18.8 Abs. 3.

16.3 Fahrzeugeinzelbesteuerung[1)]

(1) [1]Die Fahrzeugeinzelbesteuerung (§ 16 Abs. 5a UStG) setzt voraus, dass andere als die in § 1a Abs. 1 Nr. 2 UStG genannten Personen einen innergemeinschaftlichen Erwerb neuer Fahrzeuge bewirken. [2]Sie ist daher durchzuführen von Privatpersonen, nichtunternehmerisch tätigen Personenvereinigungen und Unternehmern, die das Fahrzeug für ihren nichtunternehmerischen Bereich beziehen. [3]Zum Begriff des neuen Fahrzeugs vgl. Abschnitt 1b.1 Sätze 2 bis 8. [4]Bei der Fahrzeugeinzelbesteuerung dürfen Vorsteuerbeträge nicht abgesetzt werden.

(2) [1]Für den innergemeinschaftlichen Erwerb neuer Fahrzeuge durch Unternehmer, die das Fahrzeug für ihren unternehmerischen Bereich erwerben, oder durch juristische Personen, die nicht Unternehmer sind oder die das Fahrzeug nicht für ihr Unternehmen erwerben (§ 1a Abs. 1 Nr. 2 UStG), ist die Fahrzeugeinzelbesteuerung nicht durchzuführen. [2]Diese Unternehmer oder juristischen Personen haben den innergemeinschaftlichen Erwerb neuer Fahrzeuge in der Voranmeldung und in der Umsatzsteuererklärung für das Kalenderjahr anzumelden.

16.4 Umrechnung von Werten in fremder Währung

(1) [1]Die Umrechnung der Werte in fremder Währung (§ 16 Abs. 6 UStG) dient der Berechnung der Umsatzsteuer und der abziehbaren Vorsteuerbe-

1) Zum Verfahren vgl. A 18.9 UStAE.

träge. 2 Kursänderungen zwischen der Ausführung der Leistung und der Vereinnahmung des Entgelts bleiben unberücksichtigt.

(2) 1 Bei der Umrechnung nach dem Tageskurs ist der Nachweis durch Bankmitteilung oder Kurszettel zu führen, weil die Bankabrechnung im Zeitpunkt der Leistung noch nicht vorliegt. 2 Aus Vereinfachungsgründen kann das Finanzamt gestatten, dass die Umrechnung regelmäßig nach den Durchschnittskursen vorgenommen wird, die das Bundesministerium der Finanzen für den Monat bekannt gegeben hat, der dem Monat vorangeht, in dem die Leistung ausgeführt oder das Entgelt vereinnahmt wird.[1)]

(3)[2)] Zur Umrechnung der Werte in fremder Währung zur Berechnung der Umsatzsteuer in den besonderen Besteuerungsverfahren nach § 18 Abs. 4c und 4d, Abs. 4e, §§ 18h, 18i, 18j und 18k UStG, vgl. Abschnitt 18.7a Abs. 3, Abschnitt 18.7b Abs. 4, Abschnitt 18h.1 Abs. 3, Abschnitt 18i.1 Abs. 4, Abschnitt 18j.1 Abs. 4 und Abschnitt 18k.1 Abs. 4.

Zu § 17 UStG

17.1 Steuer- und Vorsteuerberichtigung bei Änderung der Bemessungsgrundlage

(1) 1 Die Frage, ob sich die Bemessungsgrundlage für einen steuerpflichtigen Umsatz geändert hat, beurteilt sich nach § 10 Abs. 1 bis 5 UStG. 2 Auf die Abschnitte 10.1 bis 10.7 wird verwiesen. 3 Zur Steuer- und Vorsteuerberichtigung bei Entgeltminderungen durch Gewährung von verdeckten Preisnachlässen vgl. BMF-Schreiben vom 28.8.2020, BStBl. I S. 928.

(2) 1 Die erforderlichen Berichtigungen sind für den Besteuerungszeitraum vorzunehmen, in dem die Änderung der Bemessungsgrundlage eingetreten ist. 2 Die Berichtigungspflicht ist bereits bei der Berechnung der Vorauszahlungen zu beachten (§ 18 Abs. 1 Satz 2 UStG). 3 Vereinbaren der leistende Unternehmer und der Leistungsempfänger die vollständige oder teilweise Rückzahlung des entrichteten Entgelts, mindert sich die Bemessungsgrundlage nur, soweit das Entgelt tatsächlich zurückgezahlt wird, und zwar in dem Besteuerungszeitraum, in dem die Rückgewähr erfolgt (BFH-Urteil vom 18.9.2008, V R 56/06, BStBl. 2009 II S. 250). 4 Dies gilt entsprechend für den Fall der nachträglichen Erhöhung des Entgelts (vgl. BFH-Urteil vom 10.4.2019, XI R 4/17, BStBl. II S. 635). 5 Mindert sich der Kaufpreis auf Grund einer Mängelrüge, ändert sich die Bemessungsgrundlage im Zeitpunkt der tatsächlichen Realisierung der Ansprüche (Erfüllungsgeschäft – vgl. EuGH-Urteil vom 29.5.2001, C-86/99, Freemans).[3)]

(3) 1 Die Berichtigungspflicht besteht auch dann, wenn sich die Berichtigung der Steuer und die Berichtigung des Vorsteuerabzugs im Ergebnis ausgleichen. 2 Berechnet der Leistungsempfänger z. B. Lieferantenskonti nicht vom Gesamtpreis einschließlich Umsatzsteuer, sondern nur vom Entgelt (ohne Umsatzsteuer), hat er unabhängig von der Behandlung der Skontobeträge

---

[1)] Vgl. Zusammenstellung in **Steuererlasse** Nr. **500** § 16/6 und § 16/7.

[2)] A 16.4 UStAE Abs. 3 neugef. durch BMF v. 1.4.2021, BStBl. I 2021, 629, anzuwenden mWv 1.7.2021.

[3)] DStRE 2001, 722.

durch den Lieferanten den in Anspruch genommenen Vorsteuerabzug nach § 17 Abs. 1 Satz 2 UStG zu berichtigen. [3]Die Berichtigungspflicht ist bei einer Änderung der Bemessungsgrundlage nicht von einer Änderung des Steuerbetrags in der ursprünglichen Rechnung abhängig. [4]Ein Belegaustausch ist nur für die in § 17 Abs. 4 UStG bezeichneten Fälle vorgeschrieben. [5]Gewährt eine Genossenschaft ihren Mitgliedern eine umsatzabhängige Zusatzvergütung für die an die Genossenschaft erbrachten Lieferungen, handelt es sich um eine nachträgliche Erhöhung des Entgelts (vgl. BFH-Urteil vom 6.6.2002, V R 59/00, BStBl. 2003 II S. 214).

(4) Die Berichtigung des Vorsteuerabzugs kann unterbleiben, soweit der auf die Entgeltminderung entfallende Steuerbetrag von einem dritten Unternehmer entrichtet wird (§ 17 Abs. 1 Satz 6 UStG).

Beispiel:

[1]Die Einkaufsgenossenschaft E (Zentralregulierer) vermittelt eine Warenlieferung von A an B. [2]E wird auch in den Abrechnungsverkehr eingeschaltet. [3]Sie zahlt für B den Kaufpreis an A unter Inanspruchnahme von Skonto. [4]B zahlt an E den Kaufpreis ohne Inanspruchnahme von Skonto.

[5]Nach § 17 Abs. 1 Satz 1 UStG hat A seine Steuer zu berichtigen. [6]B braucht nach § 17 Abs. 1 Satz 6 UStG seinen Vorsteuerabzug nicht zu berichtigen, soweit E die auf den Skontoabzug entfallende Steuer an das Finanzamt entrichtet.

(5) [1]Die Pflicht zur Berichtigung der Steuer und des Vorsteuerabzugs nach § 17 Abs. 1 UStG besteht auch dann, wenn das Entgelt für eine steuerpflichtige Lieferung oder sonstige Leistung uneinbringlich geworden ist (§ 17 Abs. 2 Nr. 1 UStG). [2]Uneinbringlichkeit im Sinne des § 17 Abs. 2 UStG liegt insbesondere vor, wenn der Schuldner zahlungsunfähig ist, wenn den Forderungen die Einrede des Einforderungsverzichts entgegengehalten werden kann (vgl. BFH-Beschluss vom 10.3.1983, V B 46/80, BStBl. II S. 389) oder wenn der Anspruch auf Entrichtung des Entgelts nicht erfüllt wird und bei objektiver Betrachtung damit zu rechnen ist, dass der Leistende die Entgeltforderung ganz oder teilweise jedenfalls auf absehbare Zeit rechtlich oder tatsächlich nicht durchsetzen kann (vgl. BFH-Urteil vom 20.7.2006, V R 13/04, BStBl. 2007 II S. 22). [3]Daher berechtigen vertragliche Einbehalte zur Absicherung von Gewährleistungsansprüchen der Leistungsempfänger (z.B. sog. Sicherungseinbehalte für Baumängel) zur Steuerberichtigung, soweit dem Unternehmer nachweislich die Absicherung dieser Gewährleistungsansprüche durch Gestellung von Bankbürgschaften im Einzelfall nicht möglich war und er dadurch das Entgelt insoweit für einen Zeitraum von über zwei bis fünf Jahren noch nicht vereinnahmen kann (vgl. BFH-Urteil vom 24.10.2013, V R 31/12, BStBl. 2015 II S. 674).[1)] [4]Auch soweit der Leistungsempfänger das Bestehen oder die Höhe des vereinbarten Entgelts substantiiert bestreitet, kommt – übereinstimmend mit der Berichtigung des Vorsteuerabzugs beim Leistungsempfänger – beim Leistenden eine Berichtigung der Umsatzsteuer wegen Uneinbringlichkeit in Betracht (vgl. BFH-Urteile vom 31.5.2001, V R 71/99, BStBl. 2003 II S. 206, und vom 22.4.2004, V R 72/03, BStBl. II S. 684). [5]Eine Berichtigung kommt auch in Betracht, wenn der Leistungsempfänger

---

[1)] Siehe aber EuGH v. 28.10.2021 C-324/20, DStR 2021, 2586.

zwar nicht die Entgeltforderung selbst bestreitet, sondern mit einer vom Leistenden substantiiert bestrittenen Gegenforderung aufrechnet, und wenn bei objektiver Betrachtung damit zu rechnen ist, dass der Leistende die Entgeltforderung ganz oder teilweise jedenfalls auf absehbare Zeit nicht durchsetzen kann (vgl. BFH-Urteil vom 20.7.2006, V R 13/04, a. a. O.). [6] Die Feststellung einer vom Finanzamt angemeldeten, einen früheren Vorsteuerabzug berichtigenden Umsatzsteuer zur Insolvenztabelle hat die gleiche Wirkung wie ein inhaltsgleicher Berichtigungsbescheid im Sinne des § 17 UStG (BFH-Urteil vom 19.8.2008, VII R 36/07, BStBl. 2009 II S. 250). [7] Zur Frage der Uneinbringlichkeit beim sog. Akzeptantenwechselgeschäft vgl. BFH-Urteil vom 8.12.1993, XI R 81/90, BStBl. 1994 II S. 338. [8] Ertragsteuerrechtlich zulässige pauschale Wertberichtigungen führen nicht zu einer Berichtigung nach § 17 Abs. 2 UStG. [9] Der Gläubiger, der eine Forderung als uneinbringlich behandelt, ist nicht verpflichtet, dem Schuldner hiervon Mitteilung zu machen. [10] Das Finanzamt des Gläubigers ist jedoch berechtigt, das Finanzamt des Schuldners auf die Ausbuchung der Forderung hinzuweisen. [11] Der Vorsteuerrückzahlungsanspruch dieses Finanzamts entsteht mit Ablauf des Voranmeldungszeitraums, in dem die Uneinbringlichkeit eingetreten ist (vgl. BFH-Urteil vom 8.10.1997, XI R 25/97, BStBl. 1998 II S. 69). [12] Der Schuldner hat nach § 17 Abs. 2 Nr. 1 i. V. m. Abs. 1 Satz 2 UStG seinen Vorsteuerabzug bereits dann entsprechend zu berichtigen, wenn sich aus den Gesamtumständen, insbesondere aus einem längeren Zeitablauf nach Eingehung der Verbindlichkeit ergibt, dass er seiner Zahlungsverpflichtung gegenüber seinem Gläubiger nicht mehr nachkommen wird. [13] Wird der Anspruch des Gläubigers später ganz oder teilweise befriedigt, ist § 17 Abs. 2 Nr. 1 Satz 2 UStG anzuwenden. [14] Wird das Entgelt für eine während des Bestehens einer Organschaft bezogene Leistung nach Beendigung der Organschaft uneinbringlich, ist der Vorsteuerabzug nicht gegenüber dem bisherigen Organträger, sondern gegenüber dem im Zeitpunkt des Uneinbringlichwerdens bestehenden Unternehmen, dem früheren Organ, zu berichtigen (BFH-Urteil vom 7.12.2006, V R 2/05, BStBl. 2007 II S. 848).

(6) Bei der Abtretung einer Forderung unter dem Nennwert bestimmt sich das Entgelt nach den tatsächlichen Aufwendungen des Leistungsempfängers (vgl. Abschnitt 10.1 Abs. 4).

Beispiel:

[1] Ein Unternehmer hat auf Grund einer Lieferung eine Forderung i. H. v. 11 900 € gegen seinen zum Vorsteuerabzug berechtigten Abnehmer. [2] Er tritt diese Forderung zum Festpreis von 5750 € an ein Inkassobüro ab. [3] Das Inkassobüro kann noch 8925 € einziehen.

[4] Die Steuer des Lieferers richtet sich zunächst nach dem für die Lieferung vereinbarten Entgelt von 10 000 € (Steuer bei einem Steuersatz von 19% = 1900 €). [5] Die endgültige Steuer des Lieferers beträgt allerdings nur 1425 €, da der Abnehmer nur 8925 € aufgewandt hat (§ 10 Abs. 1 Satz 2 UStG), während die restlichen 2975 € uneinbringlich sind. [6] Eine entsprechende Minderung der Steuer nach § 17 Abs. 2 Nr. 1 in Verbindung mit § 17 Abs. 1 Satz 1 UStG von 1900 € auf 1425 € setzt jedoch voraus, dass der Lieferer die teilweise Uneinbringlichkeit der Forderung nachweist. [7] Er muss sich also Kenntnis davon verschaffen, welchen Betrag das Inkassobüro tatsächlich noch einziehen konnte. [8] Der Abnehmer hat zunächst auf Grund der ihm vom Lieferer erteilten Rechnung den Vorsteuerabzug in voller Höhe. [9] Er muss ihn jedoch von sich aus nach § 17 Abs. 2 Nr. 1 in Verbindung mit Abs. 1 Satz 2 UStG auf der Grundlage seiner tatsächlichen Zahlung an das Inkassobüro (im Beispielsfall auf 1425 €) berichtigen, da er die teilweise Uneinbringlichkeit der Forderung kennt. [10] Dies gilt entsprechend, wenn der Abnehmer weniger an das Inkassobüro zahlt, als der Lieferer für die Forde-

rung erhalten hat. [11] Zahlt der Abnehmer den vollen Rechnungsbetrag an das Inkassobüro, bleiben die Steuer des Lieferers und der Vorsteuerabzug des Abnehmers in voller Höhe bestehen.

(7)[1)] [1] Steuer- und Vorsteuerberichtigungen sind auch erforderlich, wenn für eine Leistung ein Entgelt entrichtet, die Leistung jedoch nicht ausgeführt worden ist (§ 17 Abs. 2 Nr. 2 UStG). [2] Diese Regelung steht im Zusammenhang mit der in § 13 Abs. 1 Nr. 1 Buchstabe a Satz 4 UStG vorgeschriebenen Besteuerung von Zahlungen vor Ausführung der Leistungen. [3] Die Minderung der Bemessungsgrundlage nach § 17 Abs. 2 Nr. 2 UStG erfolgt erst in dem Besteuerungszeitraum, in dem die Anzahlung oder das Entgelt zurückgewährt worden sind (vgl. BFH-Urteile vom 2.9.2010, V R 34/09, BStBl. 2011 II S. 991, und vom 15.9.2011, V R 36/09, BStBl. 2012 II S. 365).

Beispiel:

[1] Über das Vermögen eines Unternehmers, der Anzahlungen erhalten und versteuert hat, wird das Insolvenzverfahren eröffnet, bevor er eine Leistung erbracht hat. [2] Der Insolvenzverwalter lehnt die Erfüllung des Vertrages ab und gewährt die Anzahlungen zurück. [3] Der Unternehmer, der die vertraglich geschuldete Leistung nicht erbracht hat, hat die Steuer auf die Anzahlung im Besteuerungszeitraum der Rückgewähr nach § 17 Abs. 2 Nr. 2 UStG zu berichtigen. [4] Unabhängig davon hat der Unternehmer, an den die vertraglich geschuldete Leistung erbracht werden sollte, den Vorsteuerabzug in sinngemäßer Anwendung des § 17 Abs. 1 Satz 2 UStG im Besteuerungszeitraum der Rückgewähr zu berichtigen. [5] Werden Anzahlungen versteuert und ergibt sich im Nachhinein, dass die Leistung nicht der Umsatzsteuer unterliegt, ist die Bemessungsgrundlage ebenfalls nach § 17 Abs. 2 Nr. 2 UStG zu berichtigen (vgl. Abschnitt 13.5 Abs. 4 Satz 3).

(8) [1] Ob eine Rückgängigmachung einer Lieferung nach § 17 Abs. 2 Nr. 3 UStG oder eine selbständige Rücklieferung vorliegt, ist aus der Sicht des Empfängers und nicht aus der Sicht des ursprünglichen Lieferers zu beurteilen. [2] Eine Rückgängigmachung ist anzunehmen, wenn der Liefernde oder der Lieferungsempfänger das der Hinlieferung zu Grunde liegende Umsatzgeschäft beseitigt oder sich auf dessen Unwirksamkeit beruft, die zuvor begründete Erwartung des Lieferers auf ein Entgelt dadurch entfällt und der Lieferungsempfänger den empfangenen Gegenstand in Rückabwicklung des Umsatzgeschäfts zurückgibt. [3] Dagegen liegt eine einen selbständigen Umsatz auslösende Rücklieferung vor, wenn die Beteiligten ein neues Umsatzgeschäft eingehen und der Empfänger der Hinlieferung dieses dadurch erfüllt, dass er dem ursprünglichen Lieferer die Verfügungsmacht an dem gelieferten Gegenstand in Erwartung einer Gegenleistung überträgt (vgl. BFH-Urteil vom 12.11.2008, XI R 46/07, BStBl. 2009 II S. 558). [4] Wenn der Insolvenzverwalter die Erfüllung eines zur Zeit der Eröffnung des Insolvenzverfahrens vom Schuldner und seinem Vertragspartner noch nicht oder nicht vollständig erfüllten Vertrags ablehnt (§ 103 InsO) und der Lieferer infolgedessen die Verfügungsmacht an dem gelieferten Gegenstand zurückerhält, wird die Lieferung rückgängig gemacht (vgl. BFH-Urteil vom 8.5.2003, V R 20/02, BStBl. II S. 953, zum Konkursverfahren). [5] Wird die Leistung nach Vereinnahmung des Entgelts rückgängig gemacht, entsteht der Berichtigungsanspruch nach § 17

---

1) Zur Rückforderung eines abgetretenen USt-Vergütungsanspruchs bei Berichtigung der Vorsteuer nach § 17 UStG vgl. BFH v. 27.10.2009 VII R 4/08, BStBl. II 2010, 257.

Abs. 2 Nr. 3 UStG erst mit der Rückgewähr des Entgelts (vgl. BFH-Urteil vom 2.9.2010, V R 34/09, BStBl. 2011 II S. 991).

(9) [1] Zu den Aufwendungen im Sinne des § 17 Abs. 2 Nr. 5 UStG können auch AfA für abnutzbare Wirtschaftsgüter gehören, für deren Anschaffungskosten der Vorsteuerabzug gewährt wurde (vgl. BFH-Urteil vom 2.7.2008, XI R 60/06, BStBl. 2009 II S. 167). [2] § 17 Abs. 2 Nr. 5 UStG setzt – anders als § 15a UStG – nicht zwingend voraus, dass sich die Verhältnisse in Bezug auf die Verwendungsumsätze geändert haben.

(10) [1] Die Vorschrift des § 17 Abs. 1 UStG ist entsprechend anzuwenden, wenn in einer Rechnung der Steuerbetrag nach § 14c Abs. 1 UStG berichtigt wird. [2] Die Berichtigung der wegen unrichtigen Steuerausweises geschuldeten Umsatzsteuer ist in dem Besteuerungszeitraum vorzunehmen, in dem sowohl eine Rechnung mit geändertem Steuerausweis erteilt als auch bei Bestehen eines Rückzahlungsanspruchs der zu hoch ausgewiesene Rechnungsbetrag an den Leistungsempfänger zurückgezahlt wurde (vgl. Abschnitt 14c.1 Abs. 5). [3] Der Widerspruch gegen den in einer Gutschrift enthaltenen Steuerausweis wirkt deshalb erst in dem Besteuerungszeitraum, in dem er erklärt wird (vgl. BFH-Urteil vom 19.5.1993, V R 110/88, BStBl. II S. 779). [4] Die Berichtigung der Vorsteuer durch den Leistungsempfänger hingegen ist für den Besteuerungszeitraum vorzunehmen, in dem diese abgezogen wurde. [5] § 14c Abs. 1 Sätze 2 und 3 UStG betreffen nicht den Leistungsempfänger, sondern regeln nur die Voraussetzungen für die Erstattung der wegen unrichtigen Steuerausweises geschuldeten Umsatzsteuer des Steuerschuldners (vgl. BFH-Urteil vom 6.12.2007, V R 3/06, BStBl. 2009 II S. 203).

Uneinbringlichkeit im Insolvenzverfahren

(11) [1] Durch die Eröffnung des Insolvenzverfahrens über das Vermögen des leistenden Unternehmers geht nach § 80 Abs. 1 InsO die gesamte Verwaltungs- und Verfügungsbefugnis und damit auch die Empfangszuständigkeit für die offenen Forderungen auf den Insolvenzverwalter über. [2] Demzufolge kommt es zu einer Aufspaltung des Unternehmens in mehrere Unternehmensteile, zwischen denen einzelne umsatzsteuerrechtliche Berechtigungen und Verpflichtungen nicht miteinander verrechnet werden können. [3] Dabei handelt es sich um die Insolvenzmasse und das vom Insolvenzverwalter freigegebene Vermögen sowie einen vorinsolvenzrechtlichen Unternehmensteil. [4] Der Unternehmer ist auf Grund des Übergangs der Empfangszuständigkeit für die offenen Forderungen auf den Insolvenzverwalter nach § 80 Abs. 1 InsO selbst nicht mehr in der Lage, rechtswirksam Entgeltforderungen in seinem vorinsolvenzrechtlichen Unternehmensteil zu vereinnahmen. [5] Erbringt der Unternehmer, über dessen Vermögen das Insolvenzverfahren eröffnet wird, eine Leistung vor Verfahrenseröffnung, ohne das hierfür geschuldete Entgelt bis zu diesem Zeitpunkt zu vereinnahmen, tritt daher spätestens mit Eröffnung des Insolvenzverfahrens Uneinbringlichkeit im vorinsolvenzrechtlichen Unternehmensteil ein (Uneinbringlichkeit aus Rechtsgründen). [6] Der Steuerbetrag ist deshalb nach § 17 Abs. 2 Nr. 1 Satz 1 i. V. m. Absatz 1 Satz 1 UStG zu berichtigen. [7] Vereinnahmt der Insolvenzverwalter später das zunächst uneinbringlich gewordene Entgelt, ist der Umsatzsteuerbetrag nach § 17

Abs. 2 Nr. 1 Satz 2 UStG erneut zu berichtigen. [8]Diese auf Grund der Vereinnahmung entstehende Steuerberichtigung begründet eine sonstige Masseverbindlichkeit im Sinne des § 55 Abs. 1 Nr. 1 InsO (vgl. BFH-Urteile vom 9.12.2010, V R 22/10, BStBl. 2011 II S. 996, und vom 27.9.2018, V R 45/16, BStBl. 2019 II S. 356). [9]Denn der sich aus § 17 Abs. 2 Nr. 1 Satz 2 UStG ergebende Steueranspruch ist erst mit der Vereinnahmung vollständig verwirklicht und damit abgeschlossen.

Beispiel:

[1]Über das Vermögen des U wurde am 15. 7. 01 das Insolvenzverfahren eröffnet. [2]Nach dem Gutachten des Insolvenzgutachters hatte U zu diesem Zeitpunkt Forderungen aus umsatzsteuerpflichtigen Lieferungen und sonstigen Leistungen in Höhe von 119 000 €. [3]Hierin ist die Umsatzsteuer in Höhe von 19 000 € enthalten. [4]U hatte diese Umsätze in den entsprechenden Voranmeldungszeiträumen vor der Eröffnung des Insolvenzverfahrens angemeldet. [5]Der Insolvenzverwalter vereinnahmt im März 02 (nach Eröffnung des Insolvenzverfahrens) Forderungen in Höhe von 59 500 €. [6]Die restlichen Forderungen kann der Insolvenzverwalter nicht realisieren.

[7]U kann seine Forderungen zum Zeitpunkt der Eröffnung des Insolvenzverfahrens nicht mehr selbst realisieren. [8]Die Forderungen sind aus rechtlichen Gründen uneinbringlich (§ 17 Abs. 2 Nr. 1 Satz 1 i. V. m. Absatz 1 Satz 1 UStG). [9]Im Voranmeldungszeitraum der Insolvenzeröffnung ist daher eine Berichtigung der Bemessungsgrundlage um 100 000 € vorzunehmen. [10]Nach Vereinnahmung eines Teils der Forderungen durch den Insolvenzverwalter muss dieser eine – erneute – Berichtigung der Bemessungsgrundlage nach § 17 Abs. 2 Nr. 1 Satz 2 i. V. m. Absatz 1 Satz 1 UStG von 50 000 € für den Voranmeldungszeitraum der Vereinnahmung (März 02) vornehmen. [11]Die hieraus resultierende Umsatzsteuer ist als Masseverbindlichkeit vom Insolvenzverwalter zu entrichten.

(12) [1]Wird vom Insolvenzgericht ein sog. starker vorläufiger Insolvenzverwalter nach § 22 Abs. 1 InsO bestellt, ist dieser Vermögensverwalter im Sinne des § 34 Abs. 3 AO. [2]Da auf ihn die gesamte Verwaltungs- und Verfügungsbefugnis über das Vermögen des Schuldners übergeht, tritt bereits mit seiner Bestellung die Uneinbringlichkeit der Entgelte und die Aufspaltung des Unternehmens in mehrere Unternehmensteile ein und der Steuerbetrag ist nach § 17 Abs. 2 Nr. 1 Satz 1 i. V. m. Absatz 1 Satz 1 UStG zu berichtigen. [3]Vereinnahmt später der sog. starke vorläufige Insolvenzverwalter im vorläufigen Insolvenzverfahren oder der Insolvenzverwalter im eröffneten Insolvenzverfahren das uneinbringlich gewordene Entgelt für eine Leistung, die vor Bestellung des starken vorläufigen Insolvenzverwalters erbracht worden ist, ist der Umsatzsteuerbetrag nach § 17 Abs. 2 Nr. 1 Satz 2 UStG im Zeitpunkt der Vereinnahmung erneut zu berichtigen (vgl. BFH-Urteil vom 1.3.2016, XI R 21/14, BStBl. II S. 756). [4]Diese auf Grund der Vereinnahmung entstehende Steuerberichtigung begründet eine sonstige Masseverbindlichkeit im Sinne des § 55 Abs. 2 Satz 1 InsO bei Vereinnahmung durch den sog. starken vorläufigen Insolvenzverwalter bzw. eine sonstige Masseverbindlichkeit im Sinne des § 55 Abs. 1 Nr. 1 InsO bei Vereinnahmung durch den Insolvenzverwalter. [5]Wird das Insolvenzverfahren nicht eröffnet, ist die nach Satz 2 durchgeführte Berichtigung rückgängig zu machen. [6]Für Steuerbeträge aus Umsätzen, die nach der Bestellung des sog. starken vorläufigen Insolvenzverwalters erbracht worden sind, kommt hingegen keine Berichtigung des Umsatzsteuerbetrags nach § 17 Abs. 2 Nr. 1 Satz 1 in Verbindung mit Abs. 1 Satz 1 UStG in Betracht. [7]Diese Steuerbeträge gelten mit der Eröffnung des Insolvenzverfahrens als sonstige Masseverbindlichkeiten nach § 55 Abs. 2 Satz 1 InsO.

(13) [1]Die Grundsätze zur Uneinbringlichkeit aus Rechtsgründen nach den Absätzen 11 und 12 finden auch im Falle der Bestellung eines sog. schwachen vorläufigen Insolvenzverwalters mit allgemeinem Zustimmungsvorbehalt (§ 21 Abs. 2 Satz 1 Nr. 2 2. Alternative InsO) und dem Recht zum Forderungseinzug (§§ 22 Abs. 2, 23 InsO) Anwendung (vgl. BFH-Urteil vom 24.9.2014, V R 48/13, BStBl. 2015 II S. 506). [2]Gleiches gilt bei der Bestellung eines sog. schwachen vorläufigen Insolvenzverwalters mit dem Recht zum Forderungseinzug (§§ 22 Abs. 2, 23 InsO), mit allgemeinem Zustimmungsvorbehalt ohne ausdrückliches Recht zum Forderungseinzug oder wenn der schwache vorläufige Insolvenzverwalter zur Kassenführung berechtigt ist. [3]Steuerbeträge aus Umsätzen, die der Unternehmer vor Bestellung eines sog. schwachen vorläufigen Insolvenzverwalters mit in Satz 1 oder Satz 2 genannten rechtlichen Befugnissen erbracht hat, sind daher nach § 17 Abs. 2 Nr. 1 Satz 1 in Verbindung mit Abs. 1 Satz 1 UStG zu berichtigen. [4]Gleiches gilt – im Unterschied zur Bestellung des sog. starken vorläufigen Insolvenzverwalters (vgl. Abs. 12 Satz 6) – für die Steuerbeträge aus Umsätzen, die der Unternehmer danach bis zum Abschluss des Insolvenzeröffnungsverfahrens erbringt. [5]Im Anschluss an die Uneinbringlichkeit kommt es durch die Vereinnahmung des Entgelts nach § 17 Abs. 2 Nr. 1 Satz 2 UStG zu einer zweiten Berichtigung. [6]Dem steht nicht entgegen, dass die erste Berichtigung auf Grund Uneinbringlichkeit und die zweite Berichtigung auf Grund nachfolgender Vereinnahmung ggf. im selben Voranmeldungs- oder Besteuerungszeitraum zusammentreffen. [7]Die auf Grund der während des Insolvenzeröffnungsverfahrens erfolgenden Vereinnahmung entstehende Steuerberichtigung begründet eine sonstige Masseverbindlichkeit nach § 55 Abs. 4 InsO. [8]Wegen der Einzelheiten zum Anwendungsbereich des § 55 Abs. 4 InsO vgl. BMF-Schreiben vom 20.5.2015, BStBl. I S. 476, und vom 18.11.2015, BStBl. I S. 886. [9]Erfolgt die Entgeltvereinnahmung erst während des eröffneten Insolvenzverfahrens, begründet die dadurch entstehende Steuerberichtigung eine sonstige Masseverbindlichkeit im Sinne von § 55 Abs. 1 Nr. 1 InsO (vgl. Abs. 11).

(14) [1]Ungeachtet der Berichtigungspflichten wegen Uneinbringlichkeit aus Rechtsgründen (vgl. Absätze 11 bis 13) findet § 17 UStG weiterhin Anwendung, wenn der Steuerbetrag bereits vor der Bestellung des vorläufigen Insolvenzverwalters wegen Uneinbringlichkeit des Entgelts aus tatsächlichen Gründen (z. B. wegen Zahlungsunfähigkeit des Entgeltschuldners, vgl. auch Absatz 16) nach § 17 Abs. 2 Nr. 1 Satz 1 in Verbindung mit Abs. 1 Satz 1 UStG berichtigt wurde und der vorläufige Insolvenzverwalter oder der Insolvenzschuldner mit Zustimmung des schwachen vorläufigen Insolvenzverwalters das Entgelt im vorläufigen Insolvenzverfahren vereinnahmt. [2]Dann ist der hierauf *entfallende Steuerbetrag (erneut)* nach § 17 Abs. 2 Nr. 1 Satz 2 UStG zu berichtigen. [3]Diese auf Grund der Vereinnahmung entstehende Steuerberichtigung begründet bei Bestellung eines schwachen vorläufigen Insolvenzverwalters eine sonstige Masseverbindlichkeit nach § 55 Abs. 4 InsO. [4]Wird hingegen vom Insolvenzgericht ein sog. starker vorläufiger Insolvenzverwalter nach § 22 Abs. 1 InsO eingesetzt, liegen insoweit sonstige Masseverbindlichkeiten nach § 55 Abs. 2 InsO vor. [5]Denn der sich aus § 17 Abs. 2 Nr. 1 Satz 2 UStG ergebende Steueranspruch ist erst mit der Vereinnahmung vollständig verwirk-

licht, mithin im vorläufigen Insolvenzverfahren. [6]Das gilt auch, wenn die Berichtigung nach § 17 Abs. 2 Nr. 1 Satz 1 UStG während der vorläufigen Insolvenzverwaltung erfolgt und das Entgelt durch den starken vorläufigen Insolvenzverwalter vereinnahmt wird. [7]Dieser Steueranspruch ist ebenfalls als sonstige Masseverbindlichkeit nach § 55 Abs. 2 InsO zu qualifizieren.

Beispiel:

[1]U hat offene Forderungen aus umsatzsteuerpflichtigen Lieferungen in Höhe von 119 000 € gegenüber dem Leistungsempfänger S. [2]U hat diese Umsätze in den entsprechenden Voranmeldungszeiträumen angemeldet. [3]Über das Vermögen des S wird am 15.7.00 das Insolvenzverfahren eröffnet. [4]Auf Grund eines zulässigen Insolvenzeröffnungsantrages über das Vermögen des U wird vom Insolvenzgericht mit Wirkung zum 15.8.00 ein sog. schwacher vorläufiger Insolvenzverwalter bestellt. [5]U vereinnahmt mit Zustimmung des schwachen vorläufigen Insolvenzverwalters am 15.9.00 noch Forderungen gegenüber S (bzw. dem Insolvenzverwalter des S) in Höhe von 59 500 €.

[6]U hat die in den offenen Forderungen enthaltene Umsatzsteuer nach § 17 Abs. 2 Nr. 1 Satz 1 in Verbindung mit Absatz 1 Satz 1 UStG in Höhe von 19 000 € unbeschadet einer möglichen Insolvenzquote in voller Höhe spätestens im Zeitpunkt der Insolvenzeröffnung über das Vermögen des S zu berichtigen (vgl. Absatz 16 Sätze 1 und 2). [7]Die Berichtigung ist für den Voranmeldungszeitraum Juli 00 durchzuführen. [8]Nach Vereinnahmung eines Teils der Forderungen im vorläufigen Insolvenzverfahren ist eine erneute Berichtigung der Steuerbeträge nach § 17 Abs. 2 Nr. 1 Satz 2 UStG durchzuführen. [9]Die Berichtigung ist für den Voranmeldungszeitraum September 00 vorzunehmen. [10]Die hieraus resultierende Umsatzsteuer in Höhe von 9500 € stellt mit Eröffnung des Insolvenzverfahrens eine sonstige Masseverbindlichkeit nach § 55 Abs. 4 InsO dar, da es sich insoweit um Verbindlichkeiten des U aus dem Steuerschuldverhältnis handelt, die von einem schwachen vorläufigen Insolvenzverwalter oder vom Schuldner mit Zustimmung eines schwachen vorläufigen Insolvenzverwalters begründet worden sind.

(15) [1]Der Empfänger einer steuerpflichtigen Leistung, die vom Unternehmer vor Bestellung eines vorläufigen Insolvenzverwalters (vgl. Absätze 12 und 13) bzw. Eröffnung des Insolvenzverfahrens (vgl. Absatz 11) erbracht und für die das Entgelt aus Rechtsgründen uneinbringlich wurde, hat zu diesem Zeitpunkt die auf die steuerpflichtige Leistung entfallenden Vorsteuerbeträge nicht nach § 17 Abs. 2 Nr. 1 Satz 1 i. V. m. Absatz 1 Satz 1 UStG zu berichtigen. [2]Denn Zahlungsverpflichtung und Zahlungsbereitschaft des Leistungsempfängers bestehen fort und sind unabhängig von der Uneinbringlichkeit des Entgelts im vorinsolvenzrechtlichen Unternehmensteil des leistenden Unternehmers zu beurteilen.

(16) [1]Entgeltforderungen aus Lieferungen und sonstigen Leistungen, die vor Insolvenzeröffnung an den späteren Insolvenzschuldner erbracht wurden, werden im Augenblick der Bestellung eines vorläufigen Insolvenzverwalters im Sinne der Absätze 12 oder 13 – spätestens aber mit Eröffnung des Insolvenzverfahrens – unbeschadet einer möglichen Insolvenzquote in voller Höhe im Sinne des § 17 Abs. 2 Nr. 1 UStG uneinbringlich. [2]Zu diesem Zeitpunkt ist die Umsatzsteuer beim leistenden Unternehmer und dementsprechend der Vorsteuerabzug beim Leistungsempfänger nach § 17 Abs. 1 UStG zu berichtigen. [3]Dies gilt sinngemäß auch, wenn der Antrag auf Eröffnung des Insolvenzverfahrens (z. B. mangels Masse) abgewiesen wird. [4]Wird das uneinbringlich gewordene Entgelt nachträglich vereinnahmt, ist der Umsatzsteuerbetrag erneut zu berichtigen (§ 17 Abs. 2 Nr. 1 Satz 2 UStG). [5]Das gilt auch für den Fall, dass der Insolvenzverwalter die durch die Eröffnung uneinbringlich ge-

wordene Forderung erfüllt (vgl. BFH-Urteil vom 22.10.2009, V R 14/08, BStBl. 2011 II S. 988).

(17) [1] Wird auf Grund einer erfolgreichen Insolvenzanfechtung nach §§ 129 ff. InsO ein bereits entrichtetes Entgelt für eine vom Insolvenzschuldner bezogene Leistung nach Eröffnung des Insolvenzverfahrens an den Insolvenzverwalter zurückgezahlt, ist der Vorsteuerabzug nach § 17 Abs. 2 Nr. 1 Satz 2 UStG durch den Insolvenzverwalter in dem Zeitpunkt der tatsächlichen Entgeltrückgewähr zu berichtigen. [2] Der Berichtigungsanspruch nach § 17 Abs. 2 Nr. 1 Satz 2 UStG entsteht dann im Rahmen der Masseverwaltung und stellt folglich nach § 55 Abs. 1 Satz 1 InsO eine Masseverbindlichkeit dar (vgl. BFH-Urteile vom 15.12.2016, V R 26/16, BStBl. 2017 II S. 735, und vom 29.3.2017, XI R 5/16, BStBl. II S. 738).

17.2 Preisnachlässe und Preiserstattungen außerhalb unmittelbarer Leistungsbeziehungen sowie Maßnahmen zur Verkaufsförderung

Preisnachlässe und Preiserstattungen innerhalb der Leistungskette allgemein

(1) [1] Die Minderung der Bemessungsgrundlage setzt nicht voraus, dass ein Preisnachlass oder eine Preiserstattung auf allen Stufen einer Leistungskette vom ersten Unternehmer bis zum letzten Abnehmer in der jeweiligen Leistungsbeziehung erfolgt. [2] Ebenso wenig kommt es auf die Position des Unternehmers, der den Preisnachlass gewährt, oder die des begünstigten Abnehmers in der Leistungskette an. [3] Auch bei Preisnachlässen oder Preiserstattungen über einzelne Stufen einer Leistungskette hinweg dürfen aus allen Umsatzgeschäften in der Leistungskette insgesamt nur die Umsatzsteuerbeträge berücksichtigt werden, die dem vom begünstigten Abnehmer wirtschaftlich aufgewendeten Umsatzsteuerbetrag entsprechen. [4] Für Unternehmer, die auf den Produktions- und Vertriebsstufen vor der Verbrauchsstufe des begünstigten Abnehmers tätig sind, muss die Umsatzbesteuerung neutral sein. [5] Erstattet daher ein Unternehmer in einer Leistungskette einem nicht unmittelbar nachfolgenden Abnehmer (begünstigter Abnehmer) einen Teil des von diesem gezahlten Leistungsentgelts oder gewährt er ihm einen Preisnachlass, mindert sich dadurch die Bemessungsgrundlage für den Umsatz dieses Unternehmers an seinen unmittelbaren Abnehmer, wenn folgende Voraussetzungen erfüllt sind:

1. Der den Preisnachlass gewährende Unternehmer hat eine im Inland steuerpflichtige Leistung erbracht,
2. *die Leistung an* den begünstigten Abnehmer ist im Inland steuerpflichtig und
3. der den Preisnachlass gewährende Unternehmer hat das Vorliegen der vorstehenden Voraussetzungen sowie den Preisnachlass bzw. die Preiserstattung nachgewiesen (vgl. Absatz 5).

Beispiel:

[1] Hersteller A verkauft Ware an Großhändler B. [2] B verkauft die Ware an einen Zwischenhändler C. [3] C verkauft die Ware an den Einzelhändler D, der die Ware an den letzten Abnehmer der

Leistungskette E verkauft. [4] B erstattet D wegen Abnahme einer bestimmten Menge von Waren, die über ihn vertrieben wurden, nachträglich einen Teil des von D für diese Waren aufgewendeten Preises. [5] Da es weder auf die Position des B als zweiten Unternehmer noch auf die des D als vierten und damit vorletzten Abnehmer in der Leistungskette ankommt, kann B die Bemessungsgrundlage seiner Lieferung an C mindern. [6] Gleichzeitig kann bei D nur ein entsprechend geminderter Vorsteuerabzug berücksichtigt werden (vgl. Absatz 3).

(2) [1] Die Bemessungsgrundlage der Leistung des den Preisnachlass gewährenden Unternehmers wird um den Betrag des Preisnachlasses/der Preiserstattung abzüglich der Umsatzsteuer gemindert, die sich nach dem Umsatzsteuersatz berechnet, der auf den Umsatz Anwendung findet, für den der Preisnachlass/die Preiserstattung gewährt wird. [2] Der Unternehmer hat entsprechend § 17 Abs. 1 Satz 8 UStG die Minderung der Bemessungsgrundlage für den Besteuerungszeitraum vorzunehmen, in dem er den Preisnachlass gewährt hat. [3] Durch die Minderung der Bemessungsgrundlage der Leistung des den Preisnachlass gewährenden Unternehmers wird die von ihm erteilte Rechnung an seinen unmittelbaren Abnehmer nicht unrichtig. [4] Insbesondere findet in diesem Verhältnis § 14c Abs. 1 UStG keine Anwendung (vgl. Abschnitt 14c.1 Abs. 4 Satz 2 und 3). [5] Auch ein möglicher Vorsteuerabzug dieses unmittelbaren Abnehmers ändert sich durch den Preisnachlass/die Preiserstattung nicht (vgl. § 17 Abs. 1 Satz 3 UStG). [6] Die Minderung der Bemessungsgrundlage beim Unternehmer, der den Preisnachlass/die Preiserstattung gewährt, ist nicht davon abhängig, dass der den Preisnachlass/die Preiserstattung empfangende Abnehmer zum Vorsteuerabzug berechtigt ist.

(3)[1)] [1] Ist in den Fällen des Absatzes 1 Satz 5 der durch den Preisnachlass/die Preiserstattung begünstigte Abnehmer ein in vollem Umfang oder teilweise zum Vorsteuerabzug berechtigter Unternehmer und bezieht er die Leistung für sein Unternehmen, mindert sich der Vorsteuerabzug aus seinem Leistungsbezug um den in dem Preisnachlass/der Preiserstattung enthaltenen Steuerbetrag (vgl. § 17 Abs. 1 Satz 4 in Verbindung mit Satz 1 UStG), ohne dass es bei dem Unternehmer, der den Umsatz an ihn ausgeführt hat, zu einer Berichtigung der Bemessungsgrundlage kommt (vgl. § 17 Abs. 1 Satz 3 UStG). [2] Der Vorsteuerabzug ist nicht zu mindern, soweit ein Unternehmer eine innergemeinschaftliche Lieferung aus dem übrigen Gemeinschaftsgebiet in das Inland erbringt und einem in der Lieferkette nicht unmittelbar nachfolgenden Unternehmer einen Teil des von diesem gezahlten Leistungsentgelts erstattet oder einen Preisnachlass gewährt, da die Lieferung des preisnachlassgewährenden Unternehmers bereits im Inland nicht steuerbar ist und sich durch den Preisnachlass/die Preiserstattung auch nicht die Bemessungsgrundlage für den innergemeinschaftlichen Erwerb seines unmittelbaren inländischen Abnehmers gemindert hat (vgl. BFH-Urteile vom 5.6.2014, XI R 25/12, BStBl. 2017 II S. 806, und vom 4.12.2014, V R 6/13, BStBl. 2017 II S. 810).

Beispiel 1:

[1] Der spanische Hersteller A verkauft Waren an den spanischen Großhändler B. [2] B verkauft die Ware an einen deutschen Zwischenhändler C. [3] C verkauft die Ware an den deutschen

---

[1)] *Kein* grenzüberschreitender Apothekenrabatt (keine Minderung der Steuerbemessungsgrundlage), siehe EuGH v. 11.3.2021 C-802/19, DStR 2021, 667, auf Vorlage des BFH v. 6.6.2019 V R 41/17, BStBl. II 2020, 164.

Einzelhändler D, der die Ware an den letzten Abnehmer der Leistungskette E in Deutschland verkauft. [4]D löst einen von B ausgegebenen Gutschein ein. [5]Der im anderen Mitgliedstaat ansässige spanische Großhändler B erbringt eine steuerfreie innergemeinschaftliche Lieferung an den in Deutschland ansässigen Zwischenhändler C. [6]Gleichzeitig erstattet er dem deutschen Einzelhändler D einen Teil des von diesem an C gezahlten Leistungsentgelts. [7]Da die Lieferung des spanischen Großhändlers B im Inland nicht steuerbar ist und sich durch die Erstattung auch nicht die Bemessungsgrundlage für den innergemeinschaftlichen Erwerb des Zwischenhändlers C ändert, hat der deutsche Einzelhändler D seinen Vorsteuerabzug aus der Lieferung des C nicht zu mindern.

[3]Der Vorsteuerabzug des begünstigten Unternehmers ist entsprechend den Grundsätzen der o. g. BFH-Urteile ebenfalls nicht zu mindern, soweit ein Unternehmer eine Lieferung im Drittland erbringt, bei der der Liefergegenstand in das Inland gelangt, und der Unternehmer einem in der Lieferkette nicht unmittelbar nachfolgenden Abnehmer einen Preisnachlass gewährt.

Beispiel 2:

[1]Der Unternehmer S in Zürich liefert Gegenstände, die er mit eigenem Lkw befördert, an seinen Abnehmer K in Stuttgart. [2]K verkauft die Waren an den deutschen Einzelhändler B in Baden-Baden. [3]K lässt die Gegenstände in den freien Verkehr überführen und wird Schuldner der Einfuhrumsatzsteuer. [4]B löst einen von S ausgegebenen Preiserstattungsgutschein ein. [5]Ort der Lieferung für die Lieferung des S an K ist Zürich (§ 3 Abs. 6 UStG). [6]K bewirkt mit der Einfuhr der Gegenstände im Inland einen nach § 1 Abs. 1 Nr. 4 UStG steuerbaren Umsatz. [7]K ist zum Abzug der Einfuhrumsatzsteuer als Vorsteuer berechtigt, da die Gegenstände für sein Unternehmen eingeführt worden sind. [8]Der Vorsteuerabzug von B aus der Lieferung des K an ihn ist infolge der Preiserstattung durch S nicht zu mindern, da der Unternehmer S eine im Inland nicht steuerbare Lieferung gegenüber K erbringt.

Preisnachlässe und Preiserstattungen bei der Ausgabe von Gutscheinen

(4)[1)] [1]Die Grundsätze der Absätze 1 und 3 gelten insbesondere bei der Ausgabe von Preisnachlass- und Preiserstattungsgutscheinen. [2]Als Gutscheine im Sinne dieses Abschnitts und in Abgrenzung zur Gutscheindefinition in § 3 Abs. 13 UStG bzw. Abschnitt 3.17 gelten allgemein schriftlich zugesicherte Rabatt- oder Vergütungsansprüche, z. B. in Form von Coupons, die ein Unternehmer zur Förderung seiner Umsätze ausgibt und die auf der gleichen oder nachfolgenden Umsatzstufe den Leistungsempfänger berechtigen, die Leistung im Ergebnis verbilligt um den Nennwert des Gutscheins in Anspruch zu nehmen. [3]Der Nennwert des Gutscheins entspricht einem Bruttobetrag, d. h. er schließt die Umsatzsteuer ein (vgl. Abschnitt 10.3 Abs. 1). [4]Das Einlösen des Gutscheins kann in der Weise erfolgen, dass der begünstigte Abnehmer den Gutschein beim Erwerb der Leistung an Zahlungs statt einsetzt und der Zwischenhändler sich den Nennwert des Gutscheins vom Unternehmer, der den Gutschein ausgegeben hat, oder in dessen Auftrag von einem anderen vergüten lässt (Preisnachlassgutschein) oder dass der begünstigte Abnehmer direkt vom Unternehmer, der den Gutschein ausgegeben hat, oder in dessen

1) A 17.2 UStAE Abs. 4 neugef. durch BMF v. 2.11.2020, BStBl. I 2020, 1121, anzuwenden auf **nach dem 31.12.2018** ausgestellte Gutscheine. Es wird – auch für Zwecke des Vorsteuerabzugs – nicht beanstandet, wenn **ab dem 1.1.2019 und vor dem 2.2.2021** ausgestellte Gutscheine von den Beteiligten nicht entsprechend den Vorgaben dieses BMF-Schreibens behandelt worden sind.

Auftrag von einem anderen eine nachträgliche Vergütung erhält (Preiserstattungsgutschein). [5]Bei den in § 3 Abs. 13 bis 15 UStG definierten Gutscheinarten (Einzweck- und Mehrzweck-Gutscheine) handelt es sich im Gegensatz zu den Preisnachlass- bzw. Erstattungsgutscheinen um Gutscheine, die zur Einlösung gegen eine Lieferung von Gegenständen oder zur Erbringung einer sonstigen Leistung verwendet werden können. [6]Die in Abschnitt 3.17 dargestellten Grundsätze sind nicht auf Gutscheine dieses Abschnitts anzuwenden.

Nachweisführung durch den preisnachlassgewährenden Unternehmer

(5) [1]Der Unternehmer, der dem begünstigten Abnehmer einen Teil des von diesem gezahlten Leistungsentgelts erstattet oder einen Preisnachlass gewährt und dafür eine Minderung der Bemessungsgrundlage geltend macht, hat das Vorliegen der hierfür nach Absatz 1 geltenden Voraussetzungen nachzuweisen. [2]Die Nachweise können sich aus der Gesamtheit der Unterlagen ergeben, die beim Unternehmer, der den Preisnachlass/die Preiserstattung gewährt, vorliegen. [3]Mit ihnen muss sich leicht und eindeutig nachprüfen lassen, dass die Voraussetzungen für eine Minderung der Bemessungsgrundlage vorgelegen haben. [4]Desweiteren müssen sie erkennen lassen, ob eine Vorsteuerabzugsberechtigung des begünstigten Abnehmers besteht.

(6) In den Fällen von Preisnachlass- oder Preiserstattungsgutscheinen kann der Unternehmer, der diesen Gutschein ausgegeben und vergütet hat, den Nachweis nach Absatz 5 regelmäßig auch wie folgt führen:

1. [1]Durch einen Beleg über die ihn belastende Vergütung (z. B. Überweisung oder Barzahlung) des Nennwerts des Gutscheins gegenüber dem Zwischenhändler (Preisnachlassgutschein) bzw. gegenüber dem begünstigten Abnehmer (Preiserstattungsgutschein). [2]Der Beleg soll außerdem folgende Angaben enthalten:
   a) Bezeichnung (z. B. Registriernummer) des Gutscheins,
   b) Name und Anschrift des begünstigten Abnehmers,
   c) Angaben zur Vorsteuerabzugsberechtigung des begünstigten Abnehmers, und
2. [1]durch Vorlage eines Belegs des Zwischenhändlers (z. B. Kopie der Rechnung), aus dem sich ergibt, dass die Leistung an den begünstigten Abnehmer im Inland steuerpflichtig ist. [2]In den Fällen der Preisnachlassgutscheine müssen sich aus dem Beleg zudem der maßgebliche Steuersatz und der Preis, aufgegliedert nach dem vom begünstigten Abnehmer aufgewendeten Betrag und Nennwert des Gutscheins, den der begünstigte Abnehmer an Zahlungs statt hingibt, ergeben.

Nachweisführung durch den begünstigten Abnehmer

(6a) [1]Führt der Preisnachlass oder die Preiserstattung in den Fällen des Absatzes 3 Satz 2 und 3 beim vorsteuerabzugsberechtigten begünstigten Unternehmer ausnahmsweise nicht zu einer Minderung des Vorsteuerabzugs, hat *der begünstigte* Unternehmer die Voraussetzungen der Ausnahme nachzuweisen. [2]Die Nachweise können sich aus der Gesamtheit der Unterlagen ergeben, die beim begünstigten Unternehmer vorliegen. [3]Die Voraussetzungen der Ausnahme müssen sich anhand dieser Unterlagen leicht und eindeutig nachprüfen lassen. [4]Der Nachweis kann regelmäßig auch wie folgt geführt werden:

1. Durch einen Beleg über die Höhe des erhaltenen Preisnachlasses (z. B. Abrechnung des Zwischenhändlers) bzw. die vereinnahmte Preiserstattung (z. B. Überweisung oder Barzahlung), auf dem die Bezeichnung (z. B. Registriernummer eines Gutscheins) vermerkt ist,
2. durch die Rechnung des Zwischenhändlers an den begünstigten Unternehmer und
3. [1]durch die Bestätigung des den Preisnachlass/die Preiserstattung gewährenden Unternehmers, dass seine Lieferung an seinen Abnehmer im Ausland ausgeführt wurde. [2]Die Bestätigung muss zudem Angaben zur eindeutigen Identifizierung dieses Abnehmers sowie über die zwischen den Preisnachlass/die Preiserstattung gewährenden Unternehmer und dem Abnehmer abgerechnete Leistung enthalten.

Preisnachlässe außerhalb der Leistungskette und Werbemaßnahmen

(7) [1]Eine Minderung der Bemessungsgrundlage kommt nicht in Betracht, wenn nicht ein an der Leistungskette beteiligter Unternehmer, sondern lediglich ein Vermittler dem Kunden der von ihm vermittelten Leistung einen sog. Preisnachlass gewährt (BFH-Urteil vom 27.2.2014, V R 18/11, BStBl. 2015 II S. 306). [2]Danach mindern beispielsweise Preisnachlässe, die dem Abnehmer von Reiseleistungen vom Reisebüro für eine vom Reisebüro lediglich vermittelte Reise gewährt werden, nicht die Bemessungsgrundlage des Umsatzes der vom Reisebüro dem Reiseveranstalter gegenüber erbrachten Vermittlungsleistung. [3]Auch Preisnachlässe, die dem Telefonkunden vom Vermittler des Telefonanbietervertrages gewährt werden, mindern nicht die Bemessungsgrundlage des Umsatzes der vom Vermittler dem Telefonunternehmen gegenüber erbrachten Vermittlungsleistungen. [4]Da der vom Vermittler gewährte Preisnachlass nicht das Entgelt für die Leistung des Vermittlers an seinen Auftraggeber mindert, führt dieser auch nicht zu einer Berichtigung des Vorsteuerabzugs aus der vermittelten Leistung beim (End-)Kunden (vgl. BFH-Urteil vom 3.7.2014, V R 3/12, BStBl. 2015 II S. 307). [5]Zur Behandlung von Preisnachlässen bei Verkaufsagenten vgl. Abschnitt 10.3 Abs. 4 und bei Zentralregulierern vgl. Abschnitt 10.3 Abs. 5.

(8) Eine Minderung der Bemessungsgrundlage kommt ebenfalls nicht in Betracht, wenn der mit einem Gutschein verbundene finanzielle Aufwand von dem Unternehmer aus allgemeinem Werbeinteresse getragen wird und nicht einem nachfolgenden Umsatz in der Leistungskette (Hersteller – letzter Abnehmer) zugeordnet werden kann (vgl. BFH-Urteil vom 11.5.2006, V R 33/03, BStBl. II S. 699, und Abschnitt 10.3 Abs. 3).

Beispiel 1:

[1]Das Kaufhaus K verteilt Gutscheine an Kunden zum Besuch eines in dem Kaufhaus von einem fremden Unternehmer F betriebenen Frisiersalons. [2]K will mit der Maßnahme erreichen, dass Kunden aus Anlass der Gutscheineinlösung bei F das Kaufhaus aufsuchen und dort Waren erwerben.

[3]K kann keine Minderung der Bemessungsgrundlage seiner Umsätze vornehmen.

Beispiel 2:

[1]Der Automobilhersteller A erwirbt bei einem Mineralölkonzern M Gutscheine, die zum Bezug sämtlicher Waren und Dienstleistungen berechtigen, die in den Tankstellen des M angeboten werden. [2]Diese Gutscheine gibt A über Vertragshändler an seine Kunden beim Erwerb eines neuen Autos als Zugabe weiter.

[3]A kann keine Minderung seiner Umsätze vornehmen. [4]Der Kunde erhält das Auto nicht billiger, sondern lediglich die Möglichkeit, bei einem dritten Unternehmer – hier M – Leistungen zu beziehen, deren Entgelt bereits von dritter Seite entrichtet wurde.

Zu § 18 Abs. 1 bis 7 UStG[1)]
(§§ 46 bis 49 UStDV)

18.1 Verfahren bei der Besteuerung nach § 18 Abs. 1 bis 4 UStG

(1) [1]Voranmeldungen sind nach amtlich vorgeschriebenem Datensatz durch Datenfernübertragung zu übermitteln. [2]Informationen zur elektronischen Übermittlung sind unter der Internet-Adresse www.elster.de abrufbar. [3]Zur Vermeidung von unbilligen Härten hat das Finanzamt auf Antrag auf eine elektronische Übermittlung der Voranmeldungen zu verzichten und die Abgabe der Voranmeldungen nach amtlich vorgeschriebenem Vordruck in herkömmlicher Form – auf Papier oder per Telefax – zuzulassen, wenn eine elektronische Übermittlung für den Unternehmer wirtschaftlich oder persönlich unzumutbar ist. [4]Dies ist insbesondere der Fall, wenn die Schaffung der technischen Möglichkeiten für eine elektronische Übermittlung des amtlichen Datensatzes nur mit einem nicht unerheblichen finanziellen Aufwand möglich wäre oder wenn der Unternehmer nach seinen individuellen Kenntnissen und Fähigkeiten nicht oder nur eingeschränkt in der Lage ist, die Möglichkeiten der Datenfernübertragung zu nutzen (§ 150 Abs. 8 AO; vgl. BFH-Urteil vom 16.6.2020, VIII R 29/19, BStBl. 2021 II S. 290, sowie AEAO zu § 150, Nr. 4). [5]Liegt eine solche wirtschaftliche und persönliche Unzumutbarkeit nicht vor, hat das Finanzamt im Rahmen des ihm durch § 18 Abs. 1 Satz 2 UStG eingeräumten Ermessens über den Antrag des Unternehmers, die Voranmeldungen nach amtlich vorgeschriebenem Vordruck in herkömmlicher Form abgeben zu dürfen, zu entscheiden (vgl. BFH-Urteil vom 14.3.2012, XI R 33/09, BStBl. II S. 477).

(2) Die Umsatzsteuererklärung für das Kalenderjahr ist nach amtlich vorgeschriebenem Datensatz durch Datenfernübertragung zu übermitteln; Absatz 1 Sätze 2 bis 5 gilt sinngemäß.

(3) [1]Liegt eine unbillige Härte vor und gibt der Unternehmer daher die Umsatzsteuererklärung für das Kalenderjahr nach amtlich vorgeschriebenem Vordruck in herkömmlicher Form – auf Papier – ab, muss er die Umsatzsteuererklärung für das Kalenderjahr eigenhändig unterschreiben (§ 18 Abs. 3 Satz 3 UStG). [2]Ein Bevollmächtigter darf die Umsatzsteuererklärung für das

---

1) Muster der USt-Erklärung 2021 siehe BMF v. 22.12.2020, BStBl. I 2021, 74; Muster der USt-Erklärung 2022 siehe BMF v. 11.10.2021, BStBl. I 2021, 2116, und v. 23.12.2021, BStBl. I 2022, 67; Muster der USt-Voranmeldung 2021 siehe BMF v. 22.12.2020, BStBl. I 2021, 65; Muster der USt-Voranmeldung 2022 siehe BMF v. 11.10.2021, BStBl. I 2021, 2107, und v. 23.12.2021, BStBl. I 2022, 62.

Kalenderjahr nur dann unterschreiben, wenn die in § 150 Abs. 3 AO bezeichneten Hinderungsgründe vorliegen.

(4) [1]Die Umsatzsteuererklärung für das Kalenderjahr ist in der Regel bis zum 31. Juli des folgenden Kalenderjahres zu übermitteln (§ 149 Abs. 2 AO). [2]Dieser Zeitpunkt gilt – abweichend von § 18 Abs. 3 Satz 2 UStG – auch in den Fällen, in denen der Unternehmer seine gewerbliche oder berufliche Tätigkeit im Laufe des Kalenderjahres begonnen hat.

18.2 Voranmeldungszeitraum

(1) [1]Der Voranmeldungszeitraum des laufenden Kalenderjahres bestimmt sich regelmäßig nach der Steuer des Vorjahres. [2]Umsätze des Unternehmers, für die der Leistungsempfänger die Umsatzsteuer nach § 13b Abs. 5 Sätze 1 bis 5 UStG schuldet, bleiben unberücksichtigt. [3]Nach Wegfall der Voraussetzungen für eine umsatzsteuerliche Organschaft bzw. nach dem Ausscheiden einer Organgesellschaft aus einer Organschaft bestimmt sich der Voranmeldungszeitraum der bisherigen Organgesellschaft aus Vereinfachungsgründen grundsätzlich anhand der Steuer des vorangegangenen Kalenderjahrs des bisherigen Organkreises; in Neugründungsfällen vgl. Abschnitt 18.7 Abs. 1 Satz 2. [4]Soweit die bisherige Organgesellschaft einen davon abweichenden Voranmeldungszeitraum begehrt, hat sie die fiktive anteilige Steuer für das vorangegangene Kalenderjahr selbst zu ermitteln. [5]Der Voranmeldungszeitraum umfasst grundsätzlich das Kalendervierteljahr. [6]Abweichend hiervon ist Voranmeldungszeitraum der Kalendermonat, wenn die Steuer für das vorangegangene Kalenderjahr mehr als 7500 € betragen hat. [7]Der Unternehmer kann den Kalendermonat als Voranmeldungszeitraum wählen, wenn sich im vorangegangenen Kalenderjahr ein Überschuss zu seinen Gunsten von mehr als 7500 € ergeben hat. [8]Die Frist zur Ausübung des Wahlrechts nach § 18 Abs. 2a Satz 2 UStG ist nicht verlängerbar; die Möglichkeit der Dauerfristverlängerung bleibt unberührt. [9]Die Vorschriften der AO über die Wiedereinsetzung in den vorigen Stand nach § 110 AO sind anzuwenden.

(2) [1]Der Unternehmer kann von der Verpflichtung zur Übermittlung von Voranmeldungen befreit werden, wenn die Steuer für das vorangegangene Kalenderjahr nicht mehr als 1000 € betragen hat und es sich weder um einen Neugründungsfall (§ 18 Abs. 2 Satz 4 UStG) noch um den Beginn der Aufnahme der selbständigen gewerblichen oder beruflichen Tätigkeit einer Vorratsgesellschaft (§ 18 Abs. 2 Satz 5 Nr. 1 UStG) noch um die Übernahme eines Firmenmantels (§ 18 Abs. 2 Satz 5 Nr. 2 UStG) handelt. [2]Hat sich im Vorjahr kein Überschuss zugunsten des Unternehmers ergeben, ist die Befreiung grundsätzlich von Amts wegen zu erteilen. [3]Sie unterbleibt dagegen in begründeten Fällen (z. B. bei nachhaltiger Veränderung in der betrieblichen Struktur oder wenn der Steueranspruch gefährdet erscheint oder im laufenden Jahr mit einer wesentlich höheren Steuer zu rechnen ist oder in Fällen des § 18 Abs. 4a UStG). [4]Hat das vorangegangene Kalenderjahr einen Überschuss zugunsten des Unternehmers ergeben, verbleibt es von Amts wegen bei dem Kalendervierteljahr als Voranmeldungszeitraum. [5]Anträgen der Unternehmer auf Befreiung von der Verpflichtung zur Übermittlung vierteljährlicher Voranmeldungen ist in diesen Fällen jedoch regelmäßig stattzugeben.

(3) [1]Eine Änderung der Steuer des vorangegangenen Kalenderjahres ist bei der Einordnung im laufenden Kalenderjahr zu berücksichtigen, soweit sich die Änderung für dieses Kalenderjahr noch auswirkt. [2]Ergibt sich für das Vorjahr nachträglich ein Überschuss zugunsten des Unternehmers von mehr als 7500 €, ist eine monatliche Übermittlung der Voranmeldungen im laufenden Kalenderjahr nur möglich, wenn die Antragsfrist nach § 18 Abs. 2a Satz 2 UStG eingehalten wurde.

(4) [1]Für Unternehmer und juristische Personen, die ausschließlich Steuern für Umsätze nach § 1 Abs. 1 Nr. 5 UStG, § 13b Abs. 5 UStG oder § 25b Abs. 2 UStG zu entrichten haben, sowie für Fahrzeuglieferer nach § 2a UStG gelten die Ausführungen in den Absätzen 1 bis 3 entsprechend. [2]Ein Wahlrecht zur monatlichen Übermittlung von Voranmeldungen (Absatz 1 Satz 7) besteht jedoch nicht.

(5) Zur Abgabe von Voranmeldungen in Sonderfällen vgl. Abschnitt 18.6 und in Neugründungsfällen Abschnitt 18.7; zur Übermittlung von Steuererklärungen in den Besteuerungsverfahren nach § 18 Abs. 4c und 4e UStG vgl. Abschnitte 18.7a und 18.7b.

18.3 Vordrucke, die von den amtlich vorgeschriebenen Vordrucken abweichen

Für die Verwendung vom amtlichen Muster abweichender Vordrucke für Umsatzsteuererklärungen für das Kalenderjahr gilt das BMF-Schreiben vom 3.4.2012, BStBl. I S. 522.

18.4 Dauerfristverlängerung

(1) [1]Die Dauerfristverlängerung kann ohne schriftlichen Bescheid gewährt werden. [2]Der Unternehmer kann deshalb die beantragte Dauerfristverlängerung in Anspruch nehmen, solange das Finanzamt den Antrag nicht ablehnt oder die Fristverlängerung nicht widerruft. [3]Das Finanzamt hat den Antrag abzulehnen oder die Fristverlängerung zu widerrufen, wenn der Steueranspruch gefährdet erscheint, z. B. wenn der Unternehmer seine Voranmeldungen nicht oder nicht rechtzeitig übermittelt oder angemeldete Vorauszahlungen nicht entrichtet. [4]Die Regelungen zur Dauerfristverlängerung gelten auch für Unternehmer und juristische Personen, die ausschließlich Steuern für Umsätze nach § 1 Abs. 1 Nr. 5 UStG, § 13b Abs. 5 UStG oder § 25b Abs. 2 UStG zu entrichten haben, sowie für Fahrzeuglieferer nach § 2a UStG. [5]Bei diesen Unternehmern ist die Sondervorauszahlung bei der Berechnung der Vorauszahlung für den letzten Voranmeldungszeitraum des Kalenderjahres zu berücksichtigen, für den eine Voranmeldung zu übermitteln ist. [6]Zum Abzug einer Sondervorauszahlung kann eine Voranmeldung für Dezember auch dann übermittelt werden, wenn keine Umsätze anzumelden sind.

(2) [1]Der Antrag auf Dauerfristverlängerung ist nach amtlich vorgeschriebenem Datensatz durch Datenfernübertragung übermitteln. [2]Dieser Datensatz *ist auch für die* Anmeldung der Sondervorauszahlung zu verwenden. [3]Zur Vermeidung von unbilligen Härten hat das Finanzamt auf Antrag auf eine elektronische Übermittlung zu verzichten, wenn eine elektronische Übermitt-

lung des Antrags auf Dauerfristverlängerung für den Unternehmer wirtschaftlich oder persönlich unzumutbar ist (vgl. Abschnitt 18.1 Abs. 1). [4]In diesem Fall hat der Unternehmer den Antrag auf Dauerfristverlängerung nach amtlich vorgeschriebenem Vordruck in herkömmlicher Form – auf Papier oder per Telefax – zu stellen.

(3) [1]Der Antrag auf Dauerfristverlängerung muss nicht jährlich wiederholt werden, da die Dauerfristverlängerung solange als gewährt gilt, bis der Unternehmer seinen Antrag zurücknimmt oder das Finanzamt die Fristverlängerung widerruft. [2]Die Sondervorauszahlung muss dagegen von den Unternehmern, die ihre Voranmeldungen monatlich zu übermitteln haben, für jedes Kalenderjahr, für das die Dauerfristverlängerung gilt, bis zum 10. Februar berechnet, angemeldet und entrichtet werden. [3]Auf die Sondervorauszahlung finden die für die Steuern geltenden Vorschriften der AO Anwendung, z. B. die Vorschriften über die Festsetzung von Verspätungszuschlägen nach § 152 AO (vgl. BFH-Urteil vom 7.7.2005, V R 63/03, BStBl. II S. 813) und über die Verwirkung von Säumniszuschlägen nach § 240 AO.

(4) Das Finanzamt kann die Sondervorauszahlung im Einzelfall abweichend von § 47 UStDV niedriger festsetzen, wenn

1. infolge von Rechtsänderungen die vorgeschriebene Berechnung zu einem offensichtlich unzutreffenden Ergebnis führt oder
2. die Vorauszahlungen des Vorjahres durch außergewöhnliche Umsätze beeinflusst worden sind, mit deren Wiederholung nicht zu rechnen ist.

(5) [1]Die festgesetzte Sondervorauszahlung ist bei der Festsetzung der Vorauszahlung für den letzten Voranmeldungszeitraum zu berücksichtigen, für den die Fristverlängerung im jeweiligen Besteuerungszeitraum in Anspruch genommen werden konnte (vgl. § 48 Abs. 4 UStDV). [2]Die Sondervorauszahlung wird daher grundsätzlich bei der Berechnung der Vorauszahlung für den Monat Dezember abgezogen. [3]Ein nach dem Abzug der Sondervorauszahlung verbleibender Erstattungsanspruch ist mit Ansprüchen aus dem Steuerschuldverhältnis aufzurechnen (§ 226 AO), im Übrigen zu erstatten. [4]Hat der Unternehmer seine gewerbliche oder berufliche Tätigkeit im Laufe eines Kalenderjahres eingestellt, hat er den Abzug der Sondervorauszahlung bereits in der Voranmeldung für den Voranmeldungszeitraum vorzunehmen, in dem der Betrieb eingestellt oder der Beruf aufgegeben worden ist. [5]Bei einem Verzicht des Unternehmers auf die Dauerfristverlängerung und bei einem Widerruf durch das Finanzamt im Laufe des Kalenderjahres gilt Satz 1 entsprechend (vgl. BFH-Urteil vom 16.12.2008, VII R 17/08, BStBl. 2010 II S. 91).

18.5 Vereinfachte Steuerberechnung bei Kreditverkäufen

(1) Es ist nicht zu beanstanden, wenn Einzelhändler und Handwerker, die § 20 UStG nicht in Anspruch nehmen können und von der vereinfachten Verbuchung ihrer Kreditverkäufe nach R 5.2 Abs. 1 Satz 7 Buchstabe b EStR[1)] zulässigerweise Gebrauch machen, bei der Erfassung der Außenstände wie folgt verfahren:

[1)] Nr. **1**.

1. [1]Bei der Berechnung der Umsatzsteuer für einen Voranmeldungszeitraum bleiben die ausstehenden Entgelte für ausgeführte steuerpflichtige Lieferungen und sonstige Leistungen unberücksichtigt. [2]Die Zahlungseingänge aus diesen Kreditgeschäften sind wie Zahlungseingänge aus Bargeschäften in dem Voranmeldungszeitraum zu versteuern, in dem sie vereinnahmt worden sind.
2. [1]Zum 31. Dezember eines jeden Jahres hat der Unternehmer anhand der nach R 5.2 Abs. 1 Satz 7 Buchstabe b EStR geführten Kladde die ausstehenden Entgelte festzustellen und in der Voranmeldung für den Monat Dezember den Entgelten zuzurechnen. [2]Der Forderungsbestand am 31. Dezember des Vorjahres ist in dieser Voranmeldung von den Entgelten abzusetzen.

(2) [1]Ändern sich die Steuersätze im Laufe eines Kalenderjahres, sind die Außenstände am Tage vor dem Inkrafttreten der geänderten Steuersätze zu ermitteln und in der nächsten Voranmeldung den Entgelten zuzurechnen, auf die die bisherigen Steuersätze Anwendung finden. [2]In dieser Voranmeldung sind die ausstehenden Entgelte am 31. Dezember des Vorjahres von den Entgelten abzusetzen. [3]Die Entgelte, die am Tage vor dem Inkrafttreten einer Änderung des Steuersatzes ausstehen, sind in der letzten Voranmeldung des Besteuerungszeitraums von den Entgelten abzusetzen, die den geänderten Steuersätzen unterliegen.

18.6 Abgabe der Voranmeldungen in Sonderfällen

(1)[1)] [1]Unabhängig von der Regelung des § 18 Abs. 2 Satz 3 UStG kann das Finanzamt den Unternehmer von der Abgabe der Voranmeldungen befreien, z. B. wenn und soweit in bestimmten Voranmeldungszeiträumen regelmäßig keine Umsatzsteuer entsteht.

Beispiel:

[1]Ein Aufsichtsratsmitglied erhält im Monat Mai eines jeden Jahres vertragsgemäß eine leistungsabhängige Vergütung (vgl. Abschnitt 2.2 Abs. 3a).

[2]Das Finanzamt kann das Aufsichtsratsmitglied für die Monate, in denen es keine Entgelte erhält, von der Abgabe der Voranmeldungen befreien. [3]Die Befreiung ist davon abhängig zu machen, dass in den betreffenden Voranmeldungszeiträumen tatsächlich keine Umsatzsteuer entstanden ist.

[2]Eine Befreiung von der Verpflichtung zur Abgabe von Voranmeldungen kommt in Neugründungsfällen (§ 18 Abs. 2 Satz 4 UStG) nicht in Betracht.

(2) Unternehmer, die die Durchschnittssätze nach § 24 UStG anwenden, haben über die Verpflichtung nach § 18 Abs. 4a UStG hinaus – sofern sie vom Finanzamt nicht besonders aufgefordert werden – insbesondere dann Voranmeldungen abzugeben und Vorauszahlungen zu entrichten, wenn

1. Umsätze von Sägewerkserzeugnissen bewirkt werden, für die der Durchschnittssatz nach § 24 Abs. 1 Satz 1 Nr. 2 UStG gilt, oder
2. Umsätze ausgeführt werden, die unter Berücksichtigung der Vereinfachungsregelung des Abschnittes 24.6 zu einer Vorauszahlung oder einem

---

[1)] *A 18.6 UStAE Abs. 1* Satz 1 Beispiel Satz 1 neugef. durch BMF v. 8.7.2021, BStBl. I 2021, 919, mit Übergangsregelung für alle **bis einschl. 31.12.2021** ausgeführten Leistungen; siehe Anlage 8.

Überschuss führen und für die wegen der Abgabe der Voranmeldungen keine besondere Ausnahmeregelung gilt, oder

3. Steuerbeträge nach § 14c UStG geschuldet werden.

(3) [1]In den Fällen des Absatzes 2 müssen die Umsätze, die den Durchschnittssätzen nach § 24 UStG unterliegen und für die eine Steuer nicht zu entrichten ist, in den Voranmeldungen nicht aufgeführt werden. [2]Sind die in Absatz 2 Nr. 1 und 2 bezeichneten Voraussetzungen erst im Laufe des Kalenderjahres eingetreten, sind von dem in Betracht kommenden Zeitpunkt an Voranmeldungen abzugeben und Vorauszahlungen zu entrichten. [3]Auf vorausgegangene Voranmeldungszeiträume entfallende Umsatzsteuerbeträge müssen erst einen Monat nach Eingang der Umsatzsteuererklärung für das betreffende Kalenderjahr nachentrichtet werden (§ 18 Abs. 4 Satz 1 UStG). [4]In den Fällen des Absatzes 2 Nr. 2 erstreckt sich die Verpflichtung zur Abgabe der Voranmeldungen und zur Entrichtung der Vorauszahlungen auf die Voranmeldungszeiträume, für die diese Steuerbeträge geschuldet werden. [5]Die Möglichkeit, den Unternehmer unter den Voraussetzungen des § 18 Abs. 2 Satz 3 UStG von der Abgabe der Voranmeldungen zu entbinden, wird durch die vorstehende Regelung nicht berührt.

(4) Unterliegen mehrere Grundstücke der Zwangsverwaltung, ist die Umsatzsteuer grundsätzlich für jedes Grundstück gesondert zu berechnen und anzumelden (vgl. BFH-Urteil vom 18.10.2001, V R 44/00, BStBl. 2002 II S. 171).

(5) Zum Besteuerungsverfahren nach § 18 Abs. 4c UStG vgl. Abschnitte 3a.16 Abs. 8 und 18.7a; zum Besteuerungsverfahren nach § 18 Abs. 4e UStG vgl. Abschnitte 3a.16 Abs. 9 und 18.7b.

18.7 Abgabe von Voranmeldungen in Neugründungsfällen

(1)[1)] [1]Die Verpflichtung zur Abgabe monatlicher Voranmeldungen besteht für das Jahr der Aufnahme der beruflichen oder gewerblichen Tätigkeit (Neugründungsfälle) und für das folgende Kalenderjahr (§ 18 Abs. 2 Satz 4 UStG; vgl. aber Absatz 5). [2]Dies gilt auch für eine bisherige Organgesellschaft in Fällen des Wegfalls der Voraussetzungen für eine umsatzsteuerliche Organschaft bzw. des Ausscheidens der Organgesellschaft aus einer Organschaft, wenn die bisherige Organgesellschaft ihre unternehmerische Tätigkeit als eigenständiges Unternehmen – vor Eintritt in den Organkreis – erst in dem Kalenderjahr des Ausscheidens aus dem Organkreis oder in dem diesem Kalenderjahr vorangegangenen Kalenderjahr aufgenommen hat. [3]Satz 1 gilt auch ab dem Zeitpunkt des Beginns der tatsächlichen Ausübung der selbständigen gewerblichen oder beruflichen Tätigkeit einer Vorratsgesellschaft im Sinne von § 18 Abs. 2 Satz 5 Nr. 1 UStG und ab dem Zeitpunkt der Übernahme eines Firmenmantels im Sinne von § 18 Abs. 2 Satz 5 Nr. 2 UStG. [4]Neugründungsfälle, in denen auf Grund der beruflichen oder gewerblichen Tätigkeit keine Umsatzsteuer festzusetzen ist (z.B. Unternehmer mit ausschließlich

---

1) A 18.7 UStAE Abs. 1 Satz 1 Klammerzusatz geänd. durch BMF v. 16.12.2020, BStBl. I 2020, 1379; siehe FN zu Abs. 5.

steuerfreien Umsätzen ohne Vorsteuerabzug – § 4 Nr. 8 ff. UStG –, Kleinunternehmer – § 19 Abs. 1 UStG –, Land- und Forstwirte – § 24 UStG –), fallen nicht unter die Regelung des § 18 Abs. 2 Satz 4 UStG.

(2) [1]Bei Umwandlungen durch Verschmelzung (§ 2 UmwG),[1)] Spaltung (§ 123 UmwG) oder Vermögensübertragung (§ 174 UmwG) liegt eine Aufnahme der beruflichen und gewerblichen Tätigkeit vor, wenn dadurch ein Rechtsträger neu entsteht oder seine unternehmerische Tätigkeit aufnimmt. [2]Ein Formwechsel (§ 190 UmwG) führt nicht zu einem neuen Unternehmen, da der formwechselnde Rechtsträger weiter besteht (§ 202 Abs. 1 Nr. 1 UmwG). [3]Der bei einer Betriebsaufspaltung neu entstehende Rechtsträger fällt unter § 18 Abs. 2 Satz 4 UStG, wenn durch die Betriebsaufspaltung keine Organschaft begründet wird. [4]Ein Gesellschafterwechsel oder ein Gesellschafteraustritt bzw. -eintritt führt nicht zu einem Neugründungsfall.

(3) [1]Bei einem örtlichen Zuständigkeitswechsel liegt kein Neugründungsfall vor. [2]Stellt ein bestehendes Unternehmen einen Antrag auf Erteilung einer USt-IdNr., liegt allein deshalb kein Neugründungsfall vor.

(4) [1]Auch in Neugründungsfällen kann Dauerfristverlängerung (§ 18 Abs. 6 UStG i. V. m. §§ 46 bis 48 UStDV) gewährt werden. [2]Zur Dauerfristverlängerung vgl. Abschnitt 18.4.

(5)[2)] [1]Für die Besteuerungszeiträume 2021 bis 2026 gilt die generelle Verpflichtung zur Abgabe von monatlichen Voranmeldungen in Neugründungsfällen nach § 18 Abs. 2 Satz 4 UStG nicht. [2]Der Voranmeldungszeitraum richtet sich in den vorgenannten Besteuerungszeiträumen in Neugründungsfällen nach § 18 Abs. 2 Sätze 1 und 2 UStG. [3]Eine Befreiung von der Verpflichtung zur Abgabe von Voranmeldungen kommt für das Jahr der Aufnahme der gewerblichen oder beruflichen Tätigkeit und das folgende Kalenderjahr nicht in Betracht. [4]Für die Bestimmung des Voranmeldungszeitraums in dem Kalenderjahr der Aufnahme der gewerblichen oder beruflichen Tätigkeit ist die voraussichtliche Steuer dieses Jahres maßgebend; im folgenden Kalenderjahr ist die tatsächliche Steuer des Vorjahres in eine Jahressteuer umzurechnen. [5]Die voraussichtliche Steuer ist zu Beginn der gewerblichen oder beruflichen Tätigkeit vom Unternehmer zu schätzen und dem Finanzamt mitzuteilen. [6]Auch für Neugründungsfälle im Jahr 2020 gelten im Besteuerungszeitraum 2021 die vorgenannten Grundsätze, nach denen für die Bestimmung des Voranmeldungszeitraums im Besteuerungszeitraum 2021 nicht § 18 Abs. 2 Satz 4 UStG, sondern § 18 Abs. 2 Sätze 1 und 2 UStG anzuwenden ist, wobei die tatsächliche Steuer des Jahres 2020 in eine Jahressteuer umzurechnen ist. [7]Die Regelungen der Sätze 1 bis 6 gelten entsprechend in Fällen des § 18 Abs. 2a UStG; für die Anwendung des § 18 Abs. 2a UStG kommt es im Gründungsjahr auf den voraussichtlichen Überschuss und im Folgejahr auf den tatsächlichen Überschuss für das Gründungsjahr umgerechnet in einen Jahresüberschuss an. [8]Die Regelungen des Absatzes 1 zu Vorratsgesellschaften im Sinne des § 18

[1)] **Schönfelder** Nr. **52a**.

[2)] A 18.7 UStAE Abs. 5 angef. durch BMF v. 16.12.2020, BStBl. I 2020, 1379, anzuwenden auf **nach dem 31.12.2020 und vor dem 1.1.2027** endende Besteuerungs- und Voranmeldungszeiträume.

Abs. 2 Satz 5 Nr. 1 UStG und zu Firmenmänteln im Sinne des § 18 Abs. 2 Satz 5 Nr. 2 UStG bleiben hiervon unberührt.

18.7a[1)] Besteuerungsverfahren für nicht im Gemeinschaftsgebiet ansässige Unternehmer, die vor dem 1.7.2021 sonstige Leistungen nach § 3a Abs. 5 UStG erbringen

(1)[1)] [1]Nicht im Gemeinschaftsgebiet ansässige Unternehmer, die vor dem 1.7.2021 im Gemeinschaftsgebiet als Steuerschuldner Telekommunikationsdienstleistungen, Rundfunk- und Fernsehdienstleistungen und/oder sonstige Leistungen auf elektronischem Weg an in der EU ansässige Nichtunternehmer (siehe Abschnitt 3a.1 Abs. 1) erbringen (§ 3a Abs. 5 UStG), können sich abweichend von § 18 Abs. 1 bis 4 UStG unter bestimmten Bedingungen dafür entscheiden, nur in einem EU-Mitgliedstaat erfasst zu werden (§ 18 Abs. 4c UStG). [2]Macht ein Unternehmer von diesem Wahlrecht Gebrauch und entscheidet sich dafür, sich nur in Deutschland erfassen zu lassen, muss er dies dem für dieses Besteuerungsverfahren zuständigen BZSt vorbehaltlich des Satzes 3 vor Beginn des Besteuerungszeitraums, ab dessen Beginn er von diesem Besteuerungsverfahren Gebrauch macht, auf dem amtlich vorgeschriebenen, elektronisch zu übermittelnden Dokument anzeigen. [3]Erbringt der Unternehmer erstmals Leistungen im Sinne des Satzes 1, gilt die Ausübung des Wahlrechts nach Satz 1 ab dem Tag der ersten Leistungserbringung, wenn die Anzeige nach Satz 2 gegenüber dem BZSt bis zum 10. Tag des auf die erste Leistungserbringung folgenden Monats erfolgt. [4]Ändern sich die Angaben der Anzeige nach Satz 2, hat der Unternehmer dem BZSt die Änderungen bis zum 10. Tag des auf den Eintritt der Änderungen folgenden Monats auf elektronischem Weg mitzuteilen.

(2) [1]Abweichend von § 18 Abs. 1 bis 4 UStG hat der Unternehmer für jeden Besteuerungszeitraum (= Kalendervierteljahr; § 16 Abs. 1a Satz 1 UStG) eine Umsatzsteuererklärung bis zum 20. Tag nach Ablauf des Besteuerungszeitraums dem BZSt elektronisch zu übermitteln; dies gilt unabhängig davon, ob Leistungen nach Absatz 1 Satz 1 erbracht wurden oder nicht. [2]Hierbei hat er die auf den jeweiligen EU-Mitgliedstaat entfallenden Umsätze zu trennen und dem im betreffenden EU-Mitgliedstaat geltenden allgemeinen Steuersatz zu unterwerfen. [3]Der Unternehmer hat die Steuer selbst zu berechnen (§ 18 Abs. 4c Satz 1 in Verbindung mit § 16 Abs. 1a Satz 2 UStG). [4]Die Steuer ist spätestens am 20. Tag nach Ende des Besteuerungszeitraums an das BZSt zu entrichten (§ 18 Abs. 4c Satz 2 UStG).

(3) [1]Bei der Umrechnung von Werten in fremder Währung muss der Unternehmer einheitlich den von der Europäischen Zentralbank festgestellten Umrechnungskurs des letzten Tags des Besteuerungszeitraums bzw., falls für diesen Tag kein Umrechnungskurs festgelegt wurde, den für den nächsten Tag nach Ablauf des Besteuerungszeitraums festgelegten Umrechnungskurs anwenden (§ 16 Abs. 6 Sätze 4 und 5 UStG). [2]Die Anwendung eines monatlichen Durchschnittskurses entsprechend § 16 Abs. 6 Sätze 1 bis 3 UStG ist ausgeschlossen.

[1)] A 18.7a UStAE Überschrift und Abs. 1 Satz 1 neugef. durch BMF v. 1.4.2021, BStBl. I 2021, 629, anzuwenden mWv 1.7.2021.

(4) [1]Der Unternehmer hat dem BZSt bis zum 10. Tag des auf den Eintritt der Änderung folgenden Monats auf elektronischem Weg mitzuteilen, wenn er keine Telekommunikationsdienstleistungen, Rundfunk- und Fernsehdienstleistungen und/oder sonstige Leistungen auf elektronischem Weg mehr erbringt oder wenn andere Änderungen vorliegen, durch die er die Voraussetzungen für die Anwendung des Besteuerungsverfahrens nach § 18 Abs. 4c UStG nicht mehr erfüllt. [2]Das BZSt stellt durch Verwaltungsakt fest, wenn der Unternehmer nicht oder nicht mehr die Voraussetzungen für die Anwendung des Besteuerungsverfahrens nach § 18 Abs. 4c UStG erfüllt.

(5) [1]Der Unternehmer kann die Ausübung des Wahlrechts auf elektronischem Weg widerrufen. [2]Ein Widerruf ist nur bis zum Beginn eines neuen Besteuerungszeitraums mit Wirkung ab diesem Zeitraum möglich (§ 18 Abs. 4c Sätze 4 und 5 UStG). [3]Das allgemeine Besteuerungsverfahren (§ 18 Abs. 1 bis 4 UStG) und das Besteuerungsverfahren nach § 18 Abs. 4c UStG schließen sich gegenseitig nicht aus.

(6) [1]Das BZSt kann den Unternehmer von dem Besteuerungsverfahren nach § 18 Abs. 4c UStG ausschließen, wenn er seinen Verpflichtungen nach § 18 Abs. 4c Sätze 1 bis 3 UStG oder seinen Aufzeichnungspflichten (§ 22 Abs. 1 UStG und Abschnitt 22.3a Abs. 1 und 4) in diesem Verfahren wiederholt nicht oder nicht rechtzeitig nachkommt. [2]Von einem wiederholten Verstoß gegen die Verpflichtungen oder Aufzeichnungspflichten nach Satz 1 ist insbesondere dann auszugehen, wenn

1. der Unternehmer für drei unmittelbar vorausgegangene Besteuerungszeiträume an die Übermittlung der Umsatzsteuererklärung erinnert wurde und er die Umsatzsteuererklärung für jeden dieser Besteuerungszeiträume nicht bis zum 10. Tag nach der Erinnerung übermittelt hat,
2. der Unternehmer für drei unmittelbar vorausgegangene Besteuerungszeiträume an die Zahlung der Steuer erinnert wurde und er den Gesamtbetrag der Steuer nicht für jeden dieser Besteuerungszeiträume bis zum 10. Tag nach der Zahlungserinnerung entrichtet hat, es sei denn, der rückständige Betrag beträgt weniger als 100 € für jeden dieser Besteuerungszeiträume, oder
3. der Unternehmer nach einer Aufforderung zur elektronischen Zurverfügungstellung seiner Aufzeichnungen (§ 22 Abs. 1 UStG und Abschnitt 22.3a Abs. 1 und 4) und einer nachfolgenden Erinnerung die angeforderten Aufzeichnungen nicht innerhalb eines Monats nach Erteilung der Erinnerung elektronisch zur Verfügung gestellt hat.

[3]Der Ausschluss gilt ab dem Besteuerungszeitraum, der nach dem Zeitpunkt der Bekanntgabe des Ausschlusses gegenüber dem Unternehmer beginnt. [4]Die Gültigkeit des Ausschlusses endet nicht vor Ablauf von acht Besteuerungszeiträumen, die dem Zeitpunkt der Bekanntgabe des Ausschlusses gegenüber dem Unternehmer folgen (vgl. Artikel 58b Abs. 1 MwStVO).[1)]

(7)[2)] Nicht im Gemeinschaftsgebiet ansässige Unternehmer, die vor dem 1.7.2021 im Inland als Steuerschuldner ausschließlich steuerbare Telekom-

---

[1)] **Steuergesetze** Nr. **550a**.

[2)] A 18.7a UStAE Abs. 7 neugef. durch BMF v. 1.4.2021, BStBl. I 2021, 629, anzuwenden mWv 1.7.2021.

munikationsdienstleistungen, Rundfunk- und Fernsehdienstleistungen und/oder sonstige Leistungen auf elektronischem Weg an Nichtunternehmer (siehe Abschnitt 3a.1 Abs. 1) erbringen, deren Umsatzbesteuerung aber in einem dem Besteuerungsverfahren nach § 18 Abs. 4c UStG entsprechenden Verfahren in einem anderen EU-Mitgliedstaat durchgeführt wird, sind insoweit nach § 18 Abs. 4d UStG von der Verpflichtung zur Übermittlung von Voranmeldungen und der Umsatzsteuererklärung für das Kalenderjahr im Inland befreit.

(8)[1] [1]Nicht im Gemeinschaftsgebiet ansässige Unternehmer, die vor dem 1.7.2021 im Gemeinschaftsgebiet als Steuerschuldner ausschließlich Telekommunikationsdienstleistungen, Rundfunk- und Fernsehdienstleistungen und/oder sonstige Leistungen auf elektronischem Weg an in der EU ansässige Nichtunternehmer (siehe Abschnitt 3a.1 Abs. 1) erbringen und von dem Wahlrecht der steuerlichen Erfassung in nur einem EU-Mitgliedstaat Gebrauch machen, können Vorsteuerbeträge nur im Rahmen des Vorsteuer-Vergütungsverfahrens geltend machen (§ 18 Abs. 9 Satz 1 UStG in Verbindung mit § 59 Satz 1 Nr. 4 und § 61a UStDV). [2]In diesen Fällen sind die Einschränkungen des § 18 Abs. 9 Sätze 5 und 6 UStG nicht anzuwenden (§ 18 Abs. 9 Satz 7 UStG). [3]Voraussetzung ist, dass die Steuer für die Telekommunikationsdienstleistungen, Rundfunk- und Fernsehdienstleistungen und/oder sonstigen Leistungen auf elektronischem Weg entrichtet wurde und die Vorsteuerbeträge im Zusammenhang mit diesen Umsätzen stehen. [4]Für Vorsteuerbeträge im Zusammenhang mit anderen Umsätzen (z. B. elektronisch erbrachte sonstige Leistungen durch einen nicht in der Gemeinschaft ansässigen Unternehmer an einen in der Gemeinschaft ansässigen Unternehmer, der Steuerschuldner ist) gelten die Einschränkungen des § 18 Abs. 9 Sätze 5 und 6 UStG unverändert.

(9)[1] Hinsichtlich des besonderen Besteuerungsverfahrens für nicht im Gemeinschaftsgebiet ansässige Unternehmer, die nach dem 30.6.2021 sonstige Leistungen erbringen, vgl. Abschnitt 18i.1.

18.7b[2] Besteuerungsverfahren für im übrigen Gemeinschaftsgebiet ansässige Unternehmer, die vor dem 1.7.2021 sonstige Leistungen nach § 3a Abs. 5 UStG im Inland erbringen

(1)[2] [1]Im übrigen Gemeinschaftsgebiet ansässige Unternehmer (Abschnitt 13b.11 Abs. 1 Satz 2), die vor dem 1.7.2021 im Inland als Steuerschuldner Telekommunikationsdienstleistungen, Rundfunk- und Fernsehdienstleistungen und/oder sonstige Leistungen auf elektronischem Weg an im Inland ansässige Nichtunternehmer (siehe Abschnitt 3a.1 Abs. 1) erbringen (§ 3a Abs. 5 UStG), können sich abweichend von § 18 Abs. 1 bis 4 UStG unter bestimmten Bedingungen dafür entscheiden, an dem besonderen Besteuerungsverfahren nach *Titel XII Kapitel* 6 Abschnitt 3 der MwStSystRL in der Fassung von Artikel 5 Nummer 15 der Richtlinie 2008/8/EG des Rates vom 12.2.2008 zur Änderung der Richtlinie 2006/112/EG bezüglich des Ortes der Dienst-

[1] A 18.7a UStAE Abs. 8 Satz 1 neugef., Abs. 9 angef. durch BMF v. 1.4.2021, BStBl. I 2021, 629, anzuwenden mWv 1.7.2021.

[2] A 18.7b UStAE Überschrift und Abs. 1 Satz 1 neugef. durch BMF v. 1.4.2021, BStBl. I 2021, 629, anzuwenden mWv 1.7.2021.

leistung (ABl. EU 2008 Nr. L 44 S. 11)[1)] teilzunehmen (vgl. § 18 Abs. 4e UStG). [2]Dies gilt nur, wenn der Unternehmer im Inland, auf der Insel Helgoland und in einem der in § 1 Abs. 3 UStG bezeichneten Gebiete weder seinen Sitz, seine Geschäftsleitung noch eine Betriebsstätte (Abschnitt 3a.1 Abs. 3) hat. [3]Macht ein Unternehmer von dem Wahlrecht nach Satz 1 Gebrauch, muss er dies der zuständigen Stelle in dem EU-Mitgliedstaat, in dem er ansässig ist, vorbehaltlich des Satzes 4 vor Beginn des Besteuerungszeitraums, ab dessen Beginn er von dem besonderen Besteuerungsverfahren Gebrauch macht, auf dem amtlich vorgeschriebenen, elektronisch zu übermittelnden Dokument anzeigen. [4]Erbringt der Unternehmer erstmals Leistungen im Sinne des Satzes 1, gilt das besondere Besteuerungsverfahren nach Satz 1 ab dem Tag der ersten Leistungserbringung, wenn die Anzeige nach Satz 3 gegenüber der zuständigen Stelle in dem EU-Mitgliedstaat, in dem er ansässig ist, bis zum 10. Tag des auf die erste Leistungserbringung folgenden Monats erfolgt.

(2) [1]Abweichend von § 18 Abs. 1 bis 4 UStG hat der an dem besonderen Besteuerungsverfahren nach Absatz 1 teilnehmende Unternehmer für jeden Besteuerungszeitraum (= Kalendervierteljahr; § 16 Abs. 1b Satz 1 UStG) eine Umsatzsteuererklärung bis zum 20. Tag nach Ablauf des Besteuerungszeitraums nach amtlich vorgeschriebenem Datensatz durch Datenfernübertragung über die zuständige Stelle in dem EU-Mitgliedstaat, in dem er ansässig ist, zu übermitteln. [2]Der Unternehmer hat die Steuer selbst zu berechnen (§ 18 Abs. 4e Satz 1 in Verbindung mit § 16 Abs. 1b UStG). [3]Die Umsatzsteuererklärung nach Satz 1 gilt als fristgemäß übermittelt, wenn sie bis zum 20. Tag nach Ablauf des Besteuerungszeitraums der zuständigen Stelle in dem EU-Mitgliedstaat, in dem der Unternehmer ansässig ist, übermittelt worden ist und dort in bearbeitbarer Weise aufgezeichnet wurde (§ 18 Abs. 4e Satz 10 UStG). [4]Sie ist ab dem Zeitpunkt eine Steueranmeldung im Sinne des § 150 Abs. 1 Satz 3 und § 168 AO, zu dem die in ihr enthaltenen Daten von der zuständigen Stelle in dem EU-Mitgliedstaat, an die der Unternehmer die Umsatzsteuererklärung übermittelt hat, dem BZSt übermittelt und dort in bearbeitbarer Weise aufgezeichnet wurden; dies gilt entsprechend für die Berichtigung einer Umsatzsteuererklärung.

(3) [1]Die Steuer ist spätestens am 20. Tag nach Ende des Besteuerungszeitraums zu entrichten (§ 18 Abs. 4e Satz 4 UStG). [2]Die Entrichtung der Steuer erfolgt fristgemäß, wenn die Zahlung bis zum 20. Tag nach Ablauf des Besteuerungszeitraums bei der zuständigen Stelle in dem EU-Mitgliedstaat, in dem der Unternehmer ansässig ist, eingegangen ist (§ 18 Abs. 4e Satz 11 UStG). [3]§ 240 AO ist mit der Maßgabe anzuwenden, dass eine Säumnis frühestens mit Ablauf des 10. Tags nach Ablauf des auf den Besteuerungszeitraum folgenden übernächsten Monats eintritt (§ 18 Abs. 4e Satz 12 UStG).

(4) [1]Bei der Umrechnung von Werten in fremder Währung muss der Unternehmer einheitlich den von der Europäischen Zentralbank festgestellten Umrechnungskurs des letzten Tages des Besteuerungszeitraums bzw., falls für diesen Tag kein Umrechnungskurs festgelegt wurde, den für den nächsten Tag nach

---

1) **Steuergesetze** Nr. **550**.

Ablauf des Besteuerungszeitraums festgelegten Umrechnungskurs anwenden (§ 16 Abs. 6 Sätze 4 und 5 UStG). [2]Die Anwendung eines monatlichen Durchschnittskurses entsprechend § 16 Abs. 6 Sätze 1 bis 3 UStG ist ausgeschlossen.

(5) [1]Der Unternehmer kann die Ausübung des Wahlrechts nach Absatz 1 Satz 1 gegenüber der zuständigen Stelle in dem EU-Mitgliedstaat, in dem er ansässig ist, auf elektronischem Weg widerrufen. [2]Ein Widerruf ist nur bis zum Beginn eines neuen Besteuerungszeitraums mit Wirkung ab diesem Zeitraum möglich (§ 18 Abs. 4e Sätze 6 und 7 UStG). [3]Das allgemeine Besteuerungsverfahren (§ 18 Abs. 1 bis 4 UStG) und das Besteuerungsverfahren nach § 18 Abs. 4e UStG schließen sich gegenseitig nicht aus.

(6) [1]Die zuständige Stelle in dem EU-Mitgliedstaat, in dem der Unternehmer ansässig ist, kann den Unternehmer von dem Besteuerungsverfahren nach § 18 Abs. 4e UStG ausschließen, wenn er seinen Verpflichtungen nach § 18 Abs. 4e Sätze 1 bis 5 UStG oder seinen Aufzeichnungspflichten (§ 22 Abs. 1 UStG und Abschnitt 22.3a Abs. 2 und 4) in diesem Verfahren wiederholt nicht oder nicht rechtzeitig nachkommt. [2]Das Finanzamt kann die zuständige Stelle in dem EU-Mitgliedstaat, in dem der Unternehmer ansässig ist, ersuchen, den Unternehmer von dem Besteuerungsverfahren nach § 18 Abs. 4e UStG auszuschließen, wenn der Unternehmer wiederholt gegen seine Verpflichtungen oder Aufzeichnungspflichten nach Satz 1 verstößt; zum Vorliegen eines wiederholten Verstoßes gegen die Verpflichtungen oder Aufzeichnungspflichten vgl. Abschnitt 18.7a Abs. 6 Satz 2. [3]Der Ausschluss gilt ab dem Besteuerungszeitraum, der nach dem Zeitpunkt der Bekanntgabe des Ausschlusses gegenüber dem Unternehmer beginnt. [4]Die Gültigkeit des Ausschlusses endet nicht vor Ablauf von acht Besteuerungszeiträumen, die dem Zeitpunkt der Bekanntgabe des Ausschlusses gegenüber dem Unternehmer folgen (vgl. Artikel 58b Abs. 1 MwStVO).[1)]

(7)[2)] [1]Im übrigen Gemeinschaftsgebiet ansässige Unternehmer (Abschnitt 13b.11 Abs. 1 Satz 2), die vor dem 1.7.2021 im Inland als Steuerschuldner ausschließlich Telekommunikationsdienstleistungen, Rundfunk- und Fernsehdienstleistungen und/oder sonstige Leistungen auf elektronischem Weg an im Inland ansässige Nichtunternehmer (siehe Abschnitt 3a.1 Abs. 1) erbringen und von dem Wahlrecht nach § 18 Abs. 4e UStG Gebrauch machen, können Vorsteuerbeträge nur im Rahmen des Vorsteuer-Vergütungsverfahrens geltend machen (§ 59 Satz 1 Nr. 5 und § 61 UStDV). [2]Erbringen im übrigen Gemeinschaftsgebiet ansässige Unternehmer, die von dem Wahlrecht nach § 18 Abs. 4e UStG Gebrauch machen, vor dem 1.7.2021 im Inland noch andere Umsätze, für die sie im Inland die Umsatzsteuer schulden und Umsatzsteuer-Voranmeldungen und/oder Umsatzsteuererklärungen für das Kalenderjahr zu übermitteln haben, können die Vorsteuerbeträge insgesamt nur im allgemeinen Besteuerungsverfahren (§ 18 Abs. 1 bis 4 UStG) geltend gemacht werden.

(8)[2)] Hinsichtlich des besonderen Besteuerungsverfahrens für nach dem 30.6.2021 von im Gemeinschaftsgebiet, nicht aber im Mitgliedstaat des Verbrauchs ansässigen Unternehmern erbrachte sonstige Leistungen vgl. Abschnitt 18j.1.

[1)] **Steuergesetze** Nr. **550a**.

[2)] A 18.7b UStAE Abs. 7 neugef., Abs. 8 angef. durch BMF v. 1.4.2021, BStBl. I 2021, 629, anzuwenden mWv 1.7.2021.

18.8 Verfahren bei der Beförderungseinzelbesteuerung

(1) [1]Befördert ein Unternehmer Personen im Gelegenheitsverkehr mit einem Kraftomnibus, der nicht im Inland zugelassen ist, wird die Umsatzsteuer für jede einzelne Beförderungsleistung durch die zuständige Zolldienststelle berechnet und festgesetzt, wenn bei der Ein- oder Ausreise eine Grenze zwischen dem Inland und dem Drittlandsgebiet (z. B. Grenze zur Schweiz) überschritten wird (§ 16 Abs. 5, § 18 Abs. 5 UStG, Abschnitt 16.2). [2]Wird im Einzelfall geltend gemacht, dass die Voraussetzungen für eine Besteuerung nicht gegeben seien, muss dies in eindeutiger und leicht nachprüfbarer Form gegenüber der Zolldienststelle nachgewiesen werden. [3]Anderenfalls setzt die Zolldienststelle die Umsatzsteuer durch Steuerbescheid fest (§ 155 Abs. 1 AO).

(2) [1]Gegen die Steuerfestsetzung durch die Zolldienststelle ist der Einspruch gegeben (§ 347 Abs. 1 Satz 1 AO). [2]Die Zolldienststelle ist berechtigt, dem Einspruch abzuhelfen (§ 367 Abs. 3 Satz 2 AO, § 16 Abs. 5 Satz 3 UStG). [3]Hilft sie ihm nicht in vollem Umfang ab, hat sie die Sache dem für sie örtlich zuständigen Finanzamt zur weiteren Entscheidung vorzulegen. [4]Der Einspruch kann auch unmittelbar bei dem zuständigen Finanzamt eingelegt werden.

(3) [1]Anstelle der Beförderungseinzelbesteuerung kann der Unternehmer bei dem für ihn zuständigen Finanzamt die Besteuerung der Beförderungsleistungen im allgemeinen Besteuerungsverfahren (§ 18 Abs. 3 und 4 UStG) beantragen (§ 16 Abs. 5b UStG). [2]Auf die Steuer, die sich danach ergibt, wird die bei den Zolldienststellen entrichtete Umsatzsteuer angerechnet, soweit sie auf diese Beförderungsleistungen entfällt (§ 18 Abs. 5b UStG). [3]Die Höhe der anzurechnenden Umsatzsteuer ist durch Vorlage aller im Verfahren der Beförderungseinzelbesteuerung von den Zolldienststellen ausgehändigten Durchschriften der Umsatzsteuererklärung (Vordruckmuster 2603) mit allen Steuerquittungen nachzuweisen.

(4) [1]Ist das Verfahren der Beförderungseinzelbesteuerung nicht durchzuführen, weil bei der Ein- und Ausreise keine Grenze zum Drittlandsgebiet überschritten wird, ist das allgemeine Besteuerungsverfahren (§ 18 Abs. 1 bis 4 UStG) durchzuführen. [2]Zur umsatzsteuerlichen Erfassung in diesen Fällen vgl. § 18 Abs. 12 UStG und Abschnitt 18.17.

18.9 Verfahren bei der Fahrzeugeinzelbesteuerung

(1) [1]Beim innergemeinschaftlichen Erwerb neuer Fahrzeuge (§ 1b UStG) durch andere Erwerber als die in § 1a Abs. 1 Nr. 2 UStG genannten Personen hat der Erwerber für jedes erworbene neue Fahrzeug eine Steuererklärung für die Fahrzeugeinzelbesteuerung nach amtlich vorgeschriebenem Vordruck abzugeben (§ 16 Abs. 5a, § 18 Abs. 5a UStG; Abschnitt 16.3).[1)] [2]Der Erwerber hat die Steuererklärung eigenhändig zu unterschreiben und ihr die vom Lieferer ausgestellte Rechnung beizufügen. [3]§§ 167 und 168 AO sind anzuwenden.

(2) [1]Der Erwerber hat die Steuererklärung für die Fahrzeugeinzelbesteuerung innerhalb von 10 Tagen nach dem Tag des innergemeinschaftlichen Er-

---

[1)] Muster USt 1 B (USt-Erklärung für die Fahrzeugeinzelbesteuerung) und Anlage USt 1 B siehe BMF v. 1.7.2020, BStBl. I 2020, 606.

werbs (§ 13 Abs. 1 Nr. 7 UStG) abzugeben und die Steuer zu entrichten. [2] Gibt er keine Steuererklärung ab oder berechnet er die Steuer nicht richtig, kann die Finanzbehörde die Steuer – ggf. im Schätzungswege – festsetzen. [3] Der Schätzung sind regelmäßig die Mitteilungen zu Grunde zu legen, die der Finanzbehörde von den für die Zulassung oder Registrierung von Fahrzeugen zuständigen Behörden (§ 18 Abs. 10 Nr. 1 UStG) oder dem für die Besteuerung des Fahrzeuglieferers zuständigen EU-Mitgliedstaat zur Verfügung gestellt werden.

Zu § 18 Abs. 9 UStG
(Vorsteuer-Vergütungsverfahren, §§ 59 bis 62 UStDV)

18.10 Unter das Vorsteuer-Vergütungsverfahren fallende Unternehmer und Vorsteuerbeträge

(1) [1] Das Vorsteuer-Vergütungsverfahren kommt nur für Unternehmer in Betracht, die im Ausland ansässig sind; die Ansässigkeit im Ausland richtet sich nach § 59 Satz 2 UStDV. [2] Ein Unternehmer ist bereits dann im Inland ansässig, wenn er eine inländische Betriebsstätte hat und von dieser im Inland steuerbare Umsätze ausführt (vgl. EuGH-Urteil vom 25.10.2012, C-318/11 und C-319/11);[1)] die Absicht, von dort Umsätze auszuführen, ist nicht ausreichend (vgl. BFH-Urteil vom 5.6.2014, V R 50/13, BStBl. II S. 813). [3] Die Vorsteuerbeträge des im Ausland gelegenen Unternehmensteils sind in den Fällen des Satzes 2 erster Halbsatz im Rahmen des allgemeinen Besteuerungsverfahrens von der Betriebsstätte geltend zu machen. [4] Unternehmer, die ein im Inland gelegenes Grundstück besitzen und vermieten oder beabsichtigen zu vermieten, sind als im Inland ansässig zu behandeln. [5] Zur Abgrenzung des Vorsteuer-Vergütungsverfahrens vom allgemeinen Besteuerungsverfahren vgl. Abschnitt 18.15.

(2) [1] Das Vergütungsverfahren setzt voraus, dass der im Ausland ansässige Unternehmer in einem Vergütungszeitraum (vgl. Abschnitt 18.12) im Inland entweder keine Umsätze oder nur die Umsätze ausgeführt hat, die in § 59 UStDV genannt sind. [2] Sind diese Voraussetzungen erfüllt, kann die Vergütung der Vorsteuerbeträge nur im Vorsteuer-Vergütungsverfahren durchgeführt werden.

Beispiel 1:

[1] Ein im Ausland ansässiger Beförderungsunternehmer hat im Inland in den Monaten Januar bis April nur steuerfreie Beförderungen im Sinne des § 4 Nr. 3 UStG ausgeführt. [2] In denselben Monaten ist ihm für empfangene Leistungen, z. B. für Beherbergungen, Umsatzsteuer i. H. v. insgesamt 300 € in Rechnung gestellt worden.

[3] Die Vergütung der abziehbaren Vorsteuerbeträge ist im Vorsteuer-Vergütungsverfahren durchzuführen (§ 59 Satz 1 Nr. 1 UStDV).

Beispiel 2:

[1] Der im Ausland ansässige Unternehmer U hat in den Monaten Januar bis April Gegenstände aus dem Drittlandsgebiet an Abnehmer im Inland geliefert. [2] U beförderte die Gegenstände mit eigenen Fahrzeugen an die Abnehmer. [3] Bei den Beförderungen ist dem Unternehmer im Inland für empfangene Leistungen, z. B. für Beherbergungen, Umsatzsteuer i. H. v. insgesamt 300 € in Rechnung gestellt worden. [4] Schuldner der Einfuhrumsatzsteuer für die eingeführten Gegenstände war jeweils der Abnehmer. [5] U hat in den Monaten Januar bis April keine weiteren Umsätze im Inland erbracht.

---

1) DStRE 2013, 872.

[6] U erbringt in den Monaten Januar bis April keine Umsätze im Inland. [7] Der Ort seiner Lieferungen liegt im Drittlandsgebiet (§ 3 Abs. 6 UStG). [8] Die Vergütung der abziehbaren Vorsteuerbeträge ist im Vorsteuer-Vergütungsverfahren durchzuführen (§ 59 Satz 1 Nr. 1 UStDV).

Beispiel 3:

[1] Der im Ausland ansässige Unternehmer A erbringt im Jahr 01 im Inland ausschließlich steuerpflichtige Werkleistungen an den Unternehmer U. [2] Zur Ausführung der Werkleistungen ist A im Inland für empfangene Leistungen, z. B. Materialeinkauf, Umsatzsteuer i. H. v. insgesamt 1000 € in Rechnung gestellt worden.

[3] Steuerschuldner für die Leistungen des A ist U (§ 13b Abs. 5 Satz 1 UStG). [4] Die Vergütung der abziehbaren Vorsteuerbeträge des A ist im Vorsteuer-Vergütungsverfahren durchzuführen (§ 59 Satz 1 Nr. 2 UStDV).

[3] Der vergütungsberechtigte Unternehmer (Leistender) ist im Rahmen der gesetzlichen Mitwirkungspflicht (§ 90 Abs. 1 AO) verpflichtet, auf Verlangen die Leistungsempfänger zu benennen, wenn diese für seine Leistungen die Steuer nach § 13b Abs. 5 Satz 1 und 6 UStG schulden.

18.11 Vom Vorsteuer-Vergütungsverfahren ausgeschlossene Vorsteuerbeträge

(1) Sind die Voraussetzungen für die Anwendung des Vorsteuer-Vergütungsverfahrens nach § 59 UStDV nicht erfüllt, können Vorsteuerbeträge nur im allgemeinen Besteuerungsverfahren nach § 16 und § 18 Abs. 1 bis 4 UStG berücksichtigt werden.

Beispiel 1:

[1] Einem im Ausland ansässigen Unternehmer ist im Vergütungszeitraum Januar bis März Umsatzsteuer für die Einfuhr oder den Kauf von Gegenständen und für die Inanspruchnahme von sonstigen Leistungen berechnet worden. [2] Der Unternehmer führt im März im Inland steuerpflichtige Lieferungen aus.

[3] Die Vorsteuer kann nicht im Vorsteuer-Vergütungsverfahren vergütet werden. [4] Das allgemeine Besteuerungsverfahren ist durchzuführen.

Beispiel 2:

[1] Der im Ausland ansässige Unternehmer U führt an dem im Inland belegenen Einfamilienhaus eines Privatmannes Schreinerarbeiten (Werklieferungen) durch. [2] Die hierfür erforderlichen Gegenstände hat U teils im Inland erworben, teils in das Inland eingeführt. [3] Für den Erwerb der Gegenstände im Inland ist U Umsatzsteuer i. H. v. 500 € in Rechnung gestellt worden. [4] Für die Einfuhr der Gegenstände ist Einfuhrumsatzsteuer in Höhe von 250 € entstanden.

[5] Auf die Umsätze des U findet § 13b UStG keine Anwendung, da der Leistungsempfänger als Privatmann nicht Steuerschuldner wird (§ 13b Abs. 5 Satz 1 UStG). [6] Die Vorsteuerbeträge (Umsatzsteuer und Einfuhrumsatzsteuer) können daher nicht im Vorsteuer-Vergütungsverfahren vergütet werden. [7] Das allgemeine Besteuerungsverfahren ist durchzuführen.

Beispiel 3:

[1] Sachverhalt wie in Abschnitt 18.10 Abs. 2 Beispiel 2. [2] Abweichend hiervon ist U Schuldner der Einfuhrumsatzsteuer.

[3] Der Ort der Lieferungen des U liegt im Inland (§ 3 Abs. 8 UStG). [4] U schuldet die Steuer für die Lieferungen. [5] Die Vorsteuerbeträge können daher nicht im Vorsteuer-Vergütungsverfahren vergütet werden. [6] Das allgemeine Besteuerungsverfahren ist durchzuführen.

(1a)[1] [1] Nicht vergütet werden Vorsteuerbeträge, die in Rechnungen über Ausfuhrlieferungen oder innergemeinschaftliche Lieferungen gesondert ausgewiesen werden, wenn feststeht, dass die Voraussetzungen der Steuerbefreiung nach § 4 Nr. 1 Buchstabe a in Verbindung mit § 6 Abs. 1 bis 3a UStG bzw. § 4

---

[1]) A 18.11 UStAE Abs. 1a Satz 1 neugef. durch BMF v. 17.12.2021, BStBl. I 2021, 2504.

Nr. 1 Buchstabe b in Verbindung mit § 6a Abs. 1 oder Abs. 2 UStG vorliegen können, vgl. auch Abschnitt 6a.1 Abs. 19. [2]In diesen Fällen handelt es sich für die Beurteilung des Vergütungsanspruchs im Vorsteuer-Vergütungsverfahren um eine unrichtig ausgewiesene Steuer nach § 14c Abs. 1 UStG, die vom Leistungsempfänger nicht als Vorsteuer abgezogen (vgl. Abschnitt 14c.1 Abs. 1 Satz 5 Nr. 3 und Satz 6 sowie Abschnitt 15.2 Abs. 1 Sätze 1 und 2) und die demnach im Vorsteuer-Vergütungsverfahren nicht vergütet werden kann. [3]Die umsatzsteuerrechtliche Beurteilung der Lieferung des leistenden Unternehmers bleibt unberührt.

(2) [1]Reiseveranstalter sind nicht berechtigt, die ihnen für Reisevorleistungen gesondert in Rechnung gestellten Steuerbeträge als Vorsteuer abzuziehen (§ 25 Abs. 4 UStG). [2]Insoweit entfällt deshalb auch das Vorsteuer-Vergütungsverfahren.

(3) Nicht vergütet werden Vorsteuerbeträge, die mit Umsätzen im Ausland in Zusammenhang stehen, die – wenn im Inland ausgeführt – den Vorsteuerabzug ausschließen würden (vgl. Abschnitt 15.14).

Beispiel:

[1]Ein französischer Arzt besucht einen Ärztekongress im Inland. [2]Da ärztliche Leistungen grundsätzlich steuerfrei sind und den Vorsteuerabzug ausschließen, können die angefallenen Vorsteuerbeträge nicht vergütet werden.

(4)[1), 2)] [1]Einem Unternehmer, der nicht im Gemeinschaftsgebiet ansässig ist, wird die Vorsteuer nur vergütet, wenn in dem Land, in dem der Unternehmer seinen Sitz hat, keine Umsatzsteuer oder ähnliche Steuer erhoben oder im Fall der Erhebung im Inland ansässigen Unternehmern vergütet wird (sog. Gegenseitigkeit im Sinne von § 18 Abs. 9 Satz 5 UStG). [2]Unternehmer, die ihren Sitz auf den Kanarischen Inseln, in Ceuta oder in Melilla haben, sind für die Durchführung des Vorsteuer-Vergütungsverfahrens wie Unternehmer mit Sitz im Gemeinschaftsgebiet zu behandeln. [3]Hinsichtlich der Verzeichnisse der Drittstaaten, zu denen Gegenseitigkeit gegeben oder nicht gegeben ist, wird auf das BMF-Schreiben vom 15.3.2021, BStBl. I S. 381, hingewiesen. [4]Bei fehlender Gegenseitigkeit ist das Vorsteuer-Vergütungsverfahren nur durchzuführen, soweit der nicht im Gemeinschaftsgebiet ansässige Unternehmer vor dem 1.7.2021 als Steuerschuldner Umsätze nach § 3a Abs. 5 UStG im Gemeinschaftsgebiet erbracht und für diese Umsätze von dem Wahlrecht der steuerlichen Erfassung in nur einem EU-Mitgliedstaat (§ 18 Abs. 4c und 4d UStG) Gebrauch gemacht hat (vgl. Abschnitt 18.7a Abs. 8).

(5)[2)] Von der Vergütung ausgeschlossen sind bei Unternehmern, die nicht im Gemeinschaftsgebiet ansässig sind, die Vorsteuerbeträge, die auf den Bezug von Kraftstoffen entfallen (§ 18 Abs. 9 Satz 6 UStG).

18.12 Vergütungszeitraum

(1) [1]Der Vergütungszeitraum muss mindestens drei aufeinander folgende Kalendermonate in einem Kalenderjahr umfassen. [2]Es müssen nicht in jedem

---

1) A 18.11 UStAE Abs. 4 Satz 4 neugef. durch BMF v. 1.4.2021, BStBl. I 2021, 629, anzuwenden mWv 1.7.2021.

2) A 18.11 UStAE Abs. 4 Sätze 1 u. 3 und Abs. 5 geänd. durch BMF v. 15.3.2021, BStBl. I 2021, 381, anzuwenden in allen offenen Fällen.

Kalendermonat Vorsteuerbeträge angefallen sein. [3] Für den restlichen Zeitraum eines Kalenderjahres können die Monate November und Dezember oder es kann auch nur der Monat Dezember Vergütungszeitraum sein.

(2) [1] In den Vergütungsantrag für den Zeitraum nach Absatz 1 Sätze 1 und 3 können auch abziehbare Vorsteuerbeträge aufgenommen werden, die in vorangegangene Vergütungszeiträume des betreffenden Jahres fallen. [2] Hat der Unternehmer einen Vergütungsantrag für das Kalenderjahr oder für den letzten Zeitraum des Kalenderjahres gestellt, kann er für das betreffende Jahr einmalig einen weiteren Vergütungsantrag stellen, in welchem ausschließlich abziehbare Vorsteuerbeträge aufgenommen werden dürfen, die in den Vergütungsanträgen für die Zeiträume nach Absatz 1 Sätze 1 und 3 nicht enthalten sind. [3] Der weitere Vergütungsantrag nach Satz 2 wird aus Vereinfachungsgründen stets als Antrag für das betreffende Kalenderjahr behandelt, soweit die Voraussetzungen nach § 59 UStDV erfüllt sind; dies gilt unabhängig davon, welchen Vergütungszeitraum der Unternehmer in dem Antrag gewählt hat.

(3) [1] Wegen der Auswirkungen der Mindestbeträge auf den zu wählenden Vergütungszeitraum vgl. § 61 Abs. 3 und § 61a Abs. 3 UStDV. [2] Für den weiteren Vergütungsantrag nach Absatz 2 Satz 2 gelten die Mindestbeträge nach § 61 Abs. 3 Satz 3 und § 61a Abs. 3 Satz 3 UStDV entsprechend.

18.13 Vorsteuer-Vergütungsverfahren für im übrigen Gemeinschaftsgebiet ansässige Unternehmer

Antragstellung

(1) [1] Ein im übrigen Gemeinschaftsgebiet ansässiger Unternehmer, dem im Inland von einem Unternehmer für einen steuerpflichtigen Umsatz Umsatzsteuer in Rechnung gestellt worden ist, kann über die zuständige Stelle in dem Mitgliedstaat, in dem der Unternehmer ansässig ist, bei der zuständigen Behörde im Inland einen Antrag auf Vergütung dieser Steuer stellen. [2] Für die Vergütung der Vorsteuerbeträge im Vorsteuer-Vergütungsverfahren ist ausschließlich das BZSt zuständig (§ 5 Abs. 1 Nr. 8 FVG).[1)]

(2) [1] Der im übrigen Gemeinschaftsgebiet ansässige Unternehmer hat den Vergütungsantrag nach amtlich vorgeschriebenem Datensatz durch Datenfernübertragung über das in dem Mitgliedstaat, in dem der Unternehmer ansässig ist, eingerichtete elektronische Portal dem BZSt zu übermitteln (§ 61 Abs. 1 Satz 1 UStDV). [2] Der Vergütungsantrag gilt nur dann als vorgelegt, wenn der Unternehmer alle Angaben im Sinne von Abschnitt 18g.1 Abs. 4 und 5 Spiegelstriche 1 bis 8 gemacht und eine Beschreibung seiner Geschäftstätigkeit anhand harmonisierter Codes vorgenommen hat (vgl. § 61 Abs. 1 Satz 2 UStDV). [3] Eine unmittelbare Übermittlung des Vergütungsantrags von dem im übrigen Gemeinschaftsgebiet ansässigen Unternehmer an das BZSt ist nicht möglich. [4] Eine schriftliche Bescheinigung des Mitgliedstaats, in dem der Unternehmer ansässig ist, zur Bestätigung der Unternehmereigenschaft ist durch im übrigen Gemeinschaftsgebiet ansässige Unternehmer nicht beizufügen.

---

1) **Steuergesetze** Nr. **803**.

(3) [1]Die Vergütung ist binnen neun Monaten nach Ablauf des Kalenderjahres, in dem der Vergütungsanspruch entstanden ist, zu beantragen (§ 61 Abs. 2 UStDV). [2]Es handelt sich hierbei um eine Ausschlussfrist, bei deren Versäumung unter den Voraussetzungen des § 110 AO Wiedereinsetzung in den vorigen Stand gewährt werden kann (vgl. EuGH-Urteil vom 21.6.2012, C-294/11, Elsacom, BStBl. II S. 942).[1)]

(4)[2)] [1]Der Unternehmer hat die Vergütung selbst zu berechnen. [2]Dem Vergütungsantrag sind auf elektronischem Weg die Rechnungen und Einfuhrbelege als eingescannte Originale vollständig beizufügen, wenn das Entgelt für den Umsatz oder die Einfuhr mindestens 1000 €, bei Rechnungen über den Bezug von Kraftstoffen mindestens 250 € beträgt. [3]Bei begründeten Zweifeln an dem Recht auf Vorsteuerabzug in der beantragten Höhe kann das BZSt verlangen, dass die Vorsteuerbeträge – unbeschadet der Frage der Rechnungshöhe – durch Vorlage von Rechnungen und Einfuhrbelegen im Original nachgewiesen werden. [4]Vor Ablehnung eines Vergütungsantrages, der innerhalb der Antragsfrist (vgl. Absatz 3 Satz 1) gestellt wurde, dem aber nicht die Kopien der Rechnungen oder der Einfuhrdokumente beigefügt waren, ist der Unternehmer zur Vorlage der entsprechenden Kopien oder sachdienlicher Informationen aufzufordern, die die Bearbeitung dieser Anträge ermöglichen, und zwar unabhängig davon, ob die Antragsfrist für den zugrundeliegenden Vergütungszeitraum zum Zeitpunkt der Bearbeitung bereits abgelaufen ist (vgl. EuGH-Urteil vom 18.11.2020, C-371/19, Kommission/Deutschland).[3)]

(5) [1]Die beantragte Vergütung muss mindestens 400 € betragen (§ 61 Abs. 3 UStDV). [2]Das gilt nicht, wenn der Vergütungszeitraum das Kalenderjahr oder der letzte Zeitraum des Kalenderjahres ist. [3]Für diese Vergütungszeiträume muss die beantragte Vergütung mindestens 50 € betragen.

(6) Einem Unternehmer, der im Gemeinschaftsgebiet ansässig ist und Umsätze ausführt, die zum Teil den Vorsteuerabzug ausschließen, wird die Vorsteuer höchstens in der Höhe vergütet, in der er in dem Mitgliedstaat, in dem er ansässig ist, bei Anwendung eines Pro-rata-Satzes zum Vorsteuerabzug berechtigt wäre (§ 18 Abs. 9 Satz 3 UStG).

Bescheiderteilung

(7) [1]Das BZSt hat den Vergütungsantrag eines im übrigen Gemeinschaftsgebiet ansässigen Unternehmers grundsätzlich innerhalb von vier Monaten und zehn Tagen nach Eingang aller erforderlichen Unterlagen abschließend zu bearbeiten und den Vergütungsbetrag auszuzahlen. [2]Die Bearbeitungszeit verlängert sich bei Anforderung weiterer Informationen zum Vergütungsantrag durch das BZSt auf längstens acht Monate. [3]Die Fristen nach den Sätzen 1 und 2 gelten auch bei Vergütungsanträgen von Unternehmern, die auf den Kanarischen Inseln, in Ceuta oder in Melilla ansässig sind.

(8) [1]Der Bescheid über die Vergütung von Vorsteuerbeträgen ist durch Bereitstellung zum Datenabruf nach § 122a in Verbindung mit § 87a Abs. 8 AO

---

1) DStR 2012, 1272.
2) A 18.13 Abs. 4 Satz 4 angef. durch BMF v. 17.12.2021, BStBl. I 2021, 2504.
3) DStR 2020, 2671.

bekannt zu geben (§ 61 Abs. 4 Satz 1 UStDV). 2 Hat der Empfänger des Bescheids der Bekanntgabe durch Bereitstellung zum Datenabruf nicht zugestimmt, ist der Bescheid in Papierform zu versenden.

Verzinsung

(9) 1 Der nach § 18 Abs. 9 UStG zu vergütende Betrag ist zu verzinsen (§ 61 Abs. 5 UStDV). 2 Der Zinslauf beginnt grundsätzlich mit Ablauf von vier Monaten und zehn Arbeitstagen nach Eingang des Vergütungsantrags beim BZSt. 3 Übermittelt der Unternehmer Rechnungen oder Einfuhrbelege als eingescannte Originale abweichend von Absatz 4 Satz 2 nicht zusammen mit dem Vergütungsantrag, sondern erst zu einem späteren Zeitpunkt, beginnt der Zinslauf erst mit Ablauf von vier Monaten und zehn Arbeitstagen nach Eingang dieser eingescannten Originale beim BZSt. 4 Hat das BZSt zusätzliche oder weitere zusätzliche Informationen angefordert, beginnt der Zinslauf erst mit Ablauf von zehn Arbeitstagen nach Ablauf der Fristen in Artikel 21 der Richtlinie 2008/9/EG des Rates vom 12.2.2008 zur Regelung der Erstattung der Mehrwertsteuer nach der Richtlinie 2006/112/EG an nicht im Mitgliedstaat der Erstattung, sondern in einem anderen Mitgliedstaat ansässige Steuerpflichtige (ABl. EU 2008 Nr. L 44 S. 23).[1] 5 Der Zinslauf endet mit erfolgter Zahlung des zu vergütenden Betrages; die Zahlung gilt als erfolgt mit dem Tag der Fälligkeit, es sei denn, der Unternehmer weist nach, dass er den zu vergütenden Betrag später erhalten hat. 6 Wird die Festsetzung oder Anmeldung der Steuervergütung geändert, ist eine bisherige Zinsfestsetzung zu ändern; § 233a Abs. 5 AO gilt entsprechend. 7 Für die Höhe und Berechnung der Zinsen gilt § 238 AO. 8 Auf die Festsetzung der Zinsen ist § 239 AO entsprechend anzuwenden. 9 Bei der Festsetzung von Prozesszinsen nach § 236 AO sind Zinsen anzurechnen, die für denselben Zeitraum nach den Sätzen 1 bis 5 festgesetzt wurden.

(10) 1 Ein Anspruch auf Verzinsung nach Absatz 9 besteht nicht, wenn der Unternehmer einer Mitwirkungspflicht nicht innerhalb einer Frist von einem Monat nach Zugang einer entsprechenden Aufforderung des BZSt nachkommt (§ 61 Abs. 6 UStDV). 2 Dabei handelt es sich nicht um eine nicht verlängerbare Ausschlussfrist (vgl. BFH-Urteil vom 17.7.2019, V R 7/17, BStBl. 2020 II S. 177).

18.14 Vorsteuer-Vergütungsverfahren für im Drittlandsgebiet ansässige Unternehmer

Antragstellung

(1) 1 Ein im Drittlandsgebiet ansässiger Unternehmer, dem im Inland von einem Unternehmer für einen steuerpflichtigen Umsatz Umsatzsteuer in Rechnung gestellt worden ist, kann bei der zuständigen Behörde im Inland einen Antrag auf Vergütung dieser Steuer stellen. 2 Für die Vergütung der Vorsteuerbeträge im Vorsteuer-Vergütungsverfahren ist ausschließlich das BZSt zuständig (§ 5 Abs. 1 Nr. 8 FVG).[2] 3 Zum Vorliegen der Gegenseitigkeit so-

[1] **Steuergesetze** Nr. **550b**.
[2] **Steuergesetze** Nr. **803**.

wie zum Ausschluss bestimmter Vorsteuerbeträge vgl. Abschnitt 18.11 Abs. 4 und 5.

(2) [1]Der Antrag auf Vergütung der Vorsteuerbeträge ist nach amtlich vorgeschriebenem Datensatz durch Datenfernübertragung dem BZSt zu übermitteln; Absatz 4 Satz 2 und Absatz 7 Satz 1 bleiben unberührt. [2]Informationen zur elektronischen Übermittlung sind auf den Internetseiten des BZSt (www.bzst.de) abrufbar. [3]Auf Antrag hat das BZSt zur Vermeidung von unbilligen Härten auf eine elektronische Übermittlung zu verzichten und die Abgabe des Vergütungsantrags nach amtlich vorgeschriebenem Vordruck in herkömmlicher Form – auf Papier oder per Telefax – zuzulassen, wenn eine elektronische Übermittlung für den Unternehmer wirtschaftlich oder persönlich unzumutbar ist; Abschnitt 18.1 Abs. 1 Sätze 4 und 5 gelten entsprechend. [4]In diesem Fall hat der im Drittlandsgebiet ansässige Unternehmer die Vergütung nach amtlich vorgeschriebenem Vordruck beim BZSt zu beantragen und den Vergütungsantrag eigenhändig zu unterschreiben (vgl. § 61a Abs. 1 Satz 3 UStDV und BFH-Urteil vom 8.8.2013, V R 3/11, BStBl. 2014 II S. 46).

(2a) [1]In dem Antrag sind die Vorsteuerbeträge, deren Vergütung beantragt wird, im Einzelnen aufzuführen (Einzelaufstellung). [2]Es ist nicht erforderlich darzulegen, zu welcher konkreten unternehmerischen Tätigkeit die erworbenen Gegenstände oder empfangenen sonstigen Leistungen verwendet worden sind. [3]Pauschale Erklärungen, die die Art der unternehmerischen Tätigkeit erkennen lassen, reichen aus (z. B. grenzüberschreitende Güterbeförderungen im Monat Juni).

(3) Aus Gründen der Arbeitsvereinfachung wird für die Einzelaufstellung das folgende Verfahren zugelassen:

1. Bei Rechnungen, deren Gesamtbetrag 250 € nicht übersteigt und bei denen das Entgelt und die Umsatzsteuer in einer Summe angegeben sind (§ 33 UStDV):
   a) Der Unternehmer kann die Rechnungen getrennt nach Kostenarten mit laufenden Nummern versehen und sie mit diesen Nummern, den Nummern der Rechnungen und mit den Bruttorechnungsbeträgen in gesonderten Aufstellungen zusammenfassen.
   b) [1]Die in den Aufstellungen zusammengefassten Bruttorechnungsbeträge sind aufzurechnen. [2]Aus dem jeweiligen Endbetrag ist die darin enthaltene Umsatzsteuer herauszurechnen und in die Einzelaufstellung zu übernehmen. [3]Hierbei ist auf die gesonderte Aufstellung hinzuweisen.
   c) Bei verschiedenen Steuersätzen sind die gesonderten Aufstellungen getrennt für jeden Steuersatz zu erstellen.
2. Bei Fahrausweisen, in denen das Entgelt und der Steuerbetrag in einer Summe angegeben sind (§ 34 UStDV), gilt Nummer 1 entsprechend.
3. Bei Einfuhrumsatzsteuerbelegen:
   a) Der Unternehmer kann die Belege mit laufenden Nummern versehen und sie mit diesen Nummern, den Nummern der Belege und mit den in den Belegen angegebenen Steuerbeträgen in einer gesonderten Aufstellung zusammenfassen.

b) [1]Die Steuerbeträge sind aufzurechnen und in die Einzelaufstellung zu übernehmen. [2]Hierbei ist auf die gesonderte Aufstellung hinzuweisen.

4. Die gesonderten Aufstellungen sind dem BZSt zusammen mit den Rechnungen und Einfuhrbelegen (vgl. Absatz 4 Satz 2) zu übersenden.

(4) [1]Der Unternehmer hat die Vergütung selbst zu berechnen. [2]Die Vorsteuerbeträge sind durch Vorlage von Rechnungen und Einfuhrbelegen im Original nachzuweisen (§ 61a Abs. 2 Satz 3 UStDV); sie können allenfalls bis zum Ende der Antragsfrist nachgereicht werden (vgl. BFH-Urteile vom 18.1.2007, V R 23/05, BStBl. II S. 430, und vom 19.11.2014, V R 39/13, BStBl. 2015 II S. 352). [3]Kann ein Unternehmer in Einzelfällen den erforderlichen Nachweis der Vorsteuerbeträge nicht durch Vorlage von Originalbelegen erbringen, sind Zweitschriften nur anzuerkennen, wenn der Unternehmer den Verlust der Originalbelege nicht zu vertreten hat, der dem Vergütungsantrag zu Grunde liegende Vorgang stattgefunden hat und keine Gefahr besteht, dass weitere Vergütungsanträge gestellt werden (vgl. BFH-Urteil vom 20.8.1998, V R 55/96, BStBl. 1999 II S. 324). [4]Bei der Zweitausfertigung eines Ersatzbelegs für den Abzug der Einfuhrumsatzsteuer als Vorsteuer kommt es nicht darauf an, auf Grund welcher Umstände die Erstschrift des Ersatzbelegs nicht vorgelegt werden kann (vgl. BFH-Urteil vom 19.11.1998, V R 102/96, BStBl. 1999 II S. 255). [5]Hinsichtlich der Anerkennung von Rechnungen und zollamtlichen Abgabenbescheiden, die auf elektronischem Weg übermittelt wurden, vgl. Abschnitte 14.4 und 15.11 Abs. 1 Satz 2 Nr. 2 Sätze 2 und 3.

(5) [1]Die Vergütung ist binnen sechs Monaten nach Ablauf des Kalenderjahres, in dem der Vergütungsanspruch entstanden ist, zu beantragen (§ 61a Abs. 2 UStDV). [2]Die Antragsfrist ist eine Ausschlussfrist, bei deren Versäumung unter den Voraussetzungen des § 110 AO Wiedereinsetzung in den vorigen Stand gewährt werden kann.

(6) [1]Die beantragte Vergütung muss mindestens 1000 € betragen (§ 61a Abs. 3 UStDV). [2]Das gilt nicht, wenn der Vergütungszeitraum das Kalenderjahr oder der letzte Zeitraum des Kalenderjahres ist. [3]Für diese Vergütungszeiträume muss die beantragte Vergütung mindestens 500 € betragen.

(7) [1]Der Nachweis nach § 61a Abs. 4 UStDV ist nach dem Muster USt 1 TN zu führen und dem BZSt vorzulegen. [2]Hinsichtlich dieses Musters wird auf das BMF-Schreiben vom 5.11.2019, BStBl. I S. 1041, hingewiesen. [3]Die Bescheinigung muss den Vergütungszeitraum abdecken (vgl. BFH-Urteil vom 18.1.2007, V R 22/05, BStBl. II S. 426). [4]Für Vergütungsanträge, die später als ein Jahr nach dem Ausstellungsdatum der Bescheinigung gestellt werden, ist eine neue Bescheinigung vorzulegen. [5]Bei ausländischen staatlichen Stellen, die mit der Organisation von Gemeinschaftsausstellungen im Rahmen von Messen und Ausstellungen beauftragt worden und insoweit als Unternehmer anzusehen sind, ist auf die Vorlage einer behördlichen Bescheinigung (§ 61a Abs. 4 UStDV) zu verzichten. [6]Die Bindungswirkung der Unternehmerbescheinigung entfällt, wenn das BZSt bei Zweifeln an deren Richtigkeit auf Grund von Aufklärungsmaßnahmen (eigene Auskünfte des Unternehmers, Amtshilfe) Informationen erhält, aus denen hervorgeht, dass die in der Bescheinigung enthaltenen Angaben unrichtig sind (vgl. BFH-Urteil vom 14.5.2008, XI R 58/06, BStBl. II S. 831).

(8) Der Unternehmer kann den Vergütungsanspruch abtreten (§ 46 Abs. 2 und 3 AO).

(9) Im Falle der Vergütung hat das BZSt die Originalbelege durch Stempelaufdruck oder in anderer Weise zu entwerten.

Verzinsung

(10) Der nach § 18 Abs. 9 UStG zu vergütende Betrag ist nach § 233a AO zu verzinsen (vgl. BFH-Urteil vom 17.4.2008, V R 41/06, BStBl. 2009 II S. 2, und Nr. 62 des Anwendungserlasses zur AO zu § 233a AO).[1]

18.15 Vorsteuer-Vergütungsverfahren und allgemeines Besteuerungsverfahren

(1) [1]Für einen Voranmeldungszeitraum schließen sich das allgemeine Besteuerungsverfahren und das Vorsteuer-Vergütungsverfahren gegenseitig aus.[2] [2]Sind jedoch die Voraussetzungen des Vorsteuer-Vergütungsverfahrens erfüllt und schuldet der im Ausland ansässige Unternehmer ausschließlich Steuer im allgemeinen Besteuerungsverfahren nach § 13a Abs. 1 Nr. 1 in Verbindung mit § 14c Abs. 1 UStG oder § 13a Abs. 1 Nr. 4 UStG, kann die Vergütung der Vorsteuerbeträge nur im Vorsteuer-Vergütungsverfahren durchgeführt werden (vgl. § 16 Abs. 2 Satz 1 und § 18 Abs. 9 Satz 3 UStG). [3]Im Laufe eines Kalenderjahres kann zudem der Fall eintreten, dass die Vorsteuerbeträge eines im Ausland ansässigen Unternehmers abschnittsweise im Wege des Vorsteuer-Vergütungsverfahrens und im Wege des allgemeinen Besteuerungsverfahrens zu vergüten oder von der Steuer abzuziehen sind. [4]In diesen Fällen ist für jedes Kalenderjahr wie folgt zu verfahren:

1. Vom Beginn des Voranmeldungszeitraums an, in dem erstmalig das allgemeine Besteuerungsverfahren durchzuführen ist, endet insoweit die Zuständigkeit des BZSt.
2. [1]Der im Ausland ansässige Unternehmer hat seine Vorsteuerbeträge für diesen Voranmeldungszeitraum und für die weiteren verbleibenden Voranmeldungszeiträume dieses Kalenderjahres im allgemeinen Besteuerungsverfahren geltend zu machen. [2]Erfüllt der Unternehmer im Laufe des Kalenderjahres erneut die Voraussetzungen des Vorsteuer-Vergütungsverfahrens, bleibt es demnach für dieses Kalenderjahr bei der Zuständigkeit des Finanzamts; ein unterjähriger Wechsel vom allgemeinen Besteuerungsverfahren zum Vorsteuer-Vergütungsverfahren ist somit nicht möglich.
3. [1]Hat der im Ausland ansässige Unternehmer Vorsteuerbeträge, die in einem Voranmeldungszeitraum entstanden sind, für den das allgemeine Besteuerungsverfahren noch nicht durchzuführen war, nicht im Vorsteuer-Vergütungsverfahren geltend gemacht, kann er diese Vorsteuerbeträge ab dem Zeitpunkt, ab dem das allgemeine Besteuerungsverfahren anzuwenden ist, nur noch in diesem Verfahren geltend machen. [2]Beim Abzug dieser Vorsteuerbeträge von der Steuer gelten die Einschränkungen des § 18 Abs. 9 Sätze 4 bis 6 UStG sowie § 61 Abs. 3 und § 61a Abs. 3 UStDV entsprechend.

---

[1] Nr. **800**.
[2] Siehe aber BMF v. 21.5.2014, BStBl. I 2014, 863.

4. [1]Ab dem Zeitraum, ab dem erstmalig die Voraussetzungen für das allgemeine Besteuerungsverfahren vorliegen, hat der Unternehmer unter den Voraussetzungen von § 18 Abs. 2 und 2a UStG eine Voranmeldung zu übermitteln. [2]In diesem Fall sind die abziehbaren Vorsteuerbeträge durch Vorlage der Rechnung und Einfuhrbelege im Original nachzuweisen (§ 62 Abs. 2 UStDV).
5. [1]Nach Ablauf eines Kalenderjahres, in dem das allgemeine Besteuerungsverfahren durchzuführen ist, hat der im Ausland ansässige Unternehmer an das Finanzamt eine Umsatzsteuererklärung für das Kalenderjahr zu übermitteln. [2]Das Finanzamt hat die Steuer für das Kalenderjahr festzusetzen. [3]Hierbei sind die Vorsteuerbeträge nicht zu berücksichtigen, die bereits im Vorsteuer-Vergütungsverfahren vergütet worden sind (§ 62 Abs. 1 UStDV).

(2) [1]Ist bei einem im Ausland ansässigen Unternehmer das allgemeine Besteuerungsverfahren durchzuführen und ist dem Finanzamt nicht bekannt, ob der Unternehmer im laufenden Kalenderjahr bereits die Vergütung von Vorsteuerbeträgen im Vorsteuer-Vergütungsverfahren beantragt hat, hat das Finanzamt dies durch Abfrage in der Datenbank des Vorsteuer-Vergütungsverfahrens in Erfahrung zu bringen. [2]Wurde das Vorsteuer-Vergütungsverfahren beim BZSt in diesem Fall bereits durchgeführt, hat der Unternehmer die abziehbaren Vorsteuerbeträge auch im allgemeinen Besteuerungsverfahren durch Vorlage der Rechnungen und Einfuhrbelege im Original nachzuweisen (§ 62 Abs. 2 UStDV). [3]Die Belege sind zu entwerten.

18.16 Unternehmerbescheinigung für Unternehmer, die im Inland ansässig sind

(1)[1)] [1]Unternehmern, die in der Bundesrepublik Deutschland ansässig sind und die für Zwecke der steuerlichen Erfassung im Ausland oder für die Vergütung von Vorsteuerbeträgen in einem Drittstaat eine Bestätigung ihrer Unternehmereigenschaft benötigen, stellt das zuständige Finanzamt auf Antrag eine Bescheinigung nach dem Muster USt 1 TN (vgl. Abschnitt 18.14 Abs. 7) aus. [2]Das gilt auch für Organgesellschaften mit einem im Inland ansässigen Organträger sowie für Organgesellschaften und Zweigniederlassungen im Inland, die zum Unternehmen eines im Ausland ansässigen Unternehmers gehören. [3]Der Antrag im Sinne des Satzes 1 ist für alle im Inland gelegenen Unternehmensteile im Sinne des Abschnitts 2.9 Abs. 3 bis 5 von dem Organträger bei dem für den Organkreis für Zwecke der Umsatzsteuer zuständigen Finanzamt zu stellen; Abschnitt 2.9 Abs. 6 und 7 sowie Abschnitt 13b.3 Abs. 7 Satz 6 gelten entsprechend.

(2) [1]Die Bescheinigung darf für Zwecke der Vorlage im Verfahren zur Vergütung von Vorsteuerbeträgen in einem Drittstaat nur Unternehmern erteilt werden, die zum Vorsteuerabzug berechtigt sind. [2]Sie darf in den Fällen des Satzes 1 nicht erteilt werden, wenn der Unternehmer nur steuerfreie Umsätze ausführt, die den Vorsteuerabzug ausschließen, oder die Besteuerung nach § 19 Abs. 1 oder § 24 Abs. 1 UStG anwendet.

---

1) A 18.16 UStAE Abs. 1 Satz 3 neugef. durch BMF v. 10.2.2021, BStBl. I 2021, 314.

(3) [1]Unternehmern, die die Vergütung von Vorsteuerbeträgen in einem anderen Mitgliedstaat beantragen möchten, wird keine Bescheinigung nach Absatz 1 erteilt. [2]Die Bestätigung der Unternehmereigenschaft erfolgt in diesen Fällen durch das BZSt durch Weiterleitung des Vergütungsantrags an den Mitgliedstaat der Erstattung (vgl. Abschnitt 18g.1 Abs. 10).

Zu § 18 Abs. 12 UStG

18.17[1)] Umsatzsteuerliche Erfassung von im Ausland ansässigen Unternehmern, die grenzüberschreitende Personenbeförderungen mit nicht im Inland zugelassenen Kraftomnibussen durchführen

Allgemeines

(1) Die Umsatzbesteuerung grenzüberschreitender Personenbeförderungen (§ 3b Abs. 1 Satz 2 UStG) mit nicht im Inland zugelassenen Kraftomnibussen ist entweder im Verfahren der Beförderungseinzelbesteuerung (§ 16 Abs. 5 UStG) durchzuführen, wenn eine Grenze zwischen dem Inland und dem Drittlandsgebiet (z. B. Grenze zur Schweiz) überschritten wird, oder im allgemeinen Besteuerungsverfahren (§ 18 Abs. 1 bis 4 UStG), wenn keine Grenze zwischen dem Inland und dem Drittlandsgebiet überschritten wird.

Anzeigepflicht

(2) Im Ausland ansässige Unternehmer (§ 13b Abs. 7 UStG), die grenzüberschreitende Personenbeförderungen mit nicht im Inland zugelassenen Kraftomnibussen durchführen, haben dies vor der erstmaligen Ausführung derartiger auf das Inland entfallender Umsätze bei dem für die Umsatzbesteuerung nach § 21 AO zuständigen Finanzamt anzuzeigen, soweit diese Umsätze nicht der Beförderungseinzelbesteuerung (§ 16 Abs. 5 UStG) unterliegen.

(3) [1]Die Anzeige über die erstmalige Ausführung grenzüberschreitender Personenbeförderungen mit nicht im Inland zugelassenen Kraftomnibussen ist an keine Form gebunden. [2]Für die Anzeige über die Ausführung derartiger Umsätze sollte der Unternehmer den Vordruck USt 1 TU verwenden. [3]Hinsichtlich dieses Musters wird auf das BMF-Schreiben vom 5.11.2019, BStBl. I S. 1041, hingewiesen. [4]Wird das Muster USt 1 TU nicht verwendet, sind jedoch die hierin verlangten Angaben zu machen.

Bescheinigungsverfahren

(4) [1]Das für die Umsatzbesteuerung nach § 21 AO zuständige Finanzamt erteilt über die umsatzsteuerliche Erfassung des im Ausland ansässigen Unternehmers für jeden nicht im Inland zugelassenen Kraftomnibus, der für grenzüberschreitende Personenbeförderungen eingesetzt werden soll, eine gesonderte Bescheinigung (§ 18 Abs. 12 Satz 2 UStG) nach dem Muster USt 1 TV. [2]Hinsichtlich dieses Musters wird auf das BMF-Schreiben vom 5.11.2019, BStBl. I S. 1041, hingewiesen. [3]Die Gültigkeit der Bescheinigung ist auf längstens ein Jahr zu beschränken.

---

1) Siehe Merkblatt Stand 1.9.2020 (BMF v. 31.8.2020, BStBl. I 2020, 929).

(5) [1]Die Bescheinigung nach § 18 Abs. 12 Satz 2 UStG ist während jeder Fahrt im Inland mitzuführen und auf Verlangen den für die Steueraufsicht zuständigen Zolldienststellen vorzulegen (§ 18 Abs. 12 Satz 3 UStG). [2]Bei Nichtvorlage der Bescheinigung können diese Zolldienststellen eine Sicherheitsleistung nach den abgabenrechtlichen Vorschriften in Höhe der für die einzelne Beförderungsleistung voraussichtlich zu entrichtenden Steuer verlangen (§ 18 Abs. 12 Satz 4 UStG). [3]Die entrichtete Sicherheitsleistung ist im Rahmen der Umsatzsteuererklärung für das Kalenderjahr (§ 18 Abs. 3 Satz 1 UStG) auf die zu entrichtende Steuer anzurechnen (§ 18 Abs. 12 Satz 5 UStG). [4]Für die Anrechnung sind die von den Zolldienststellen ausgehändigten Durchschriften der Anordnungen von Sicherheitsleistungen (Vordruckmuster 2605) mit Quittungen vorzulegen.

Zu § 18a UStG

18a.1 Abgabe der Zusammenfassenden Meldung

(1)[1)] [1]Jeder Unternehmer im Sinne des § 2 UStG, der innergemeinschaftliche Warenlieferungen (§ 18a Abs. 6 UStG), im übrigen Gemeinschaftsgebiet steuerpflichtige sonstige Leistungen im Sinne von § 3a Abs. 2 UStG (vgl. Abschnitt 3a.2), für die der in einem anderen EU-Mitgliedstaat ansässige Leistungsempfänger die Steuer dort schuldet, oder Lieferungen im Sinne des § 25b Abs. 2 UStG im Rahmen innergemeinschaftlicher Dreiecksgeschäfte (vgl. Abschnitt 25b.1) ausgeführt hat, ist verpflichtet, dem BZSt bis zum 25. Tag nach Ablauf des Meldezeitraums eine ZM zu übermitteln. [2]Dies gilt entsprechend Absatz 6 auch für Gegenstände, die aus dem Gebiet eines Mitgliedstaates in das Gebiet eines anderen Mitgliedstaates für Zwecke einer Lieferung nach dem Ende der Beförderung oder Versendung an einen Erwerber im Sinne des § 6b UStG befördert oder versendet werden (vgl. Abschnitt 6b.1). [3]Kleinunternehmer im Sinne von § 19 Abs. 1 UStG müssen keine ZM abgeben (§ 18a Abs. 4 UStG). [4]In Abhängigkeit von den jeweiligen Voraussetzungen ist Meldezeitraum für die ZM der Kalendermonat (§ 18a Abs. 1 Satz 1 UStG), das Kalendervierteljahr (§ 18a Abs. 1 Satz 2 und Abs. 2 UStG) oder das Kalenderjahr (§ 18a Abs. 9 UStG), vgl. Abschnitt 18a.2. [5]Für einen Meldezeitraum, in dem keine der vorstehenden Lieferungen oder sonstigen Leistungen ausgeführt wurden, ist eine ZM nicht zu übermitteln.

(2) [1]Nichtselbständige juristische Personen im Sinne von § 2 Abs. 2 Nr. 2 UStG (Organgesellschaften) sind verpflichtet, eine eigene ZM für die von ihnen ausgeführten innergemeinschaftlichen Warenlieferungen (§ 18a Abs. 6 UStG), im übrigen Gemeinschaftsgebiet steuerpflichtige sonstige Leistungen im Sinne von § 3a Abs. 2 UStG (vgl. Abschnitt 3a.2), für die der in einem anderen EU-Mitgliedstaat ansässige Leistungsempfänger die Steuer dort schuldet, oder Lieferungen im Sinne des § 25b Abs. 2 UStG im Rahmen innergemeinschaftlicher Dreiecksgeschäfte zu übermitteln (§ 18a Abs. 5 Satz 4 UStG). [2]Dies gilt unabhängig davon, dass diese Vorgänge umsatzsteuerrechtlich als

---

1) A 18a.1 UStAE Abs. 1 Satz 2 eingef., bish. Sätze 2 bis 4 werden Sätze 3 bis 5 durch BMF v. 10.12.2021, BStBl. I 2021, 2492; Anwendungsregelung siehe Anlage 8.

Umsätze des Organträgers behandelt werden und in dessen Voranmeldung und Steuererklärung für das Kalenderjahr anzumelden sind. [3]Die meldepflichtigen Organgesellschaften benötigen zu diesem Zweck eine eigene USt-IdNr. (§ 27a Abs. 1 Satz 3 UStG).

(3) [1]Zur Übermittlung einer ZM nach Absatz 1 sind auch pauschalversteuernde Land- und Forstwirte verpflichtet. [2]Dies gilt unabhängig davon, dass nach § 24 Abs. 1 UStG die Steuerbefreiung für innergemeinschaftliche Warenlieferungen im Sinne von § 4 Nummer 1 Buchstabe b i. V. m. § 6a UStG keine Anwendung findet.

(4) [1]Die ZM ist nach amtlich vorgeschriebenem Datensatz durch Datenfernübertragung zu übermitteln. [2]Informationen zur elektronischen Übermittlung sind unter den Internet-Adressen www.elster.de oder www.bzst.de abrufbar. [3]Zur Vermeidung von unbilligen Härten hat das für die Besteuerung des Unternehmers zuständige Finanzamt auf Antrag auf eine elektronische Übermittlung der ZM zu verzichten und die Abgabe der ZM nach amtlich vorgeschriebenem Vordruck in herkömmlicher Form – auf Papier oder per Telefax – zuzulassen, wenn eine elektronische Übermittlung für den Unternehmer wirtschaftlich oder persönlich unzumutbar ist. [4]Dies ist insbesondere der Fall, wenn die Schaffung der technischen Möglichkeiten für eine elektronische Übermittlung des amtlichen Datensatzes nur mit einem nicht unerheblichen finanziellen Aufwand möglich wäre oder wenn der Unternehmer nach seinen individuellen Kenntnissen und Fähigkeiten nicht oder nur eingeschränkt in der Lage ist, die Möglichkeiten der Datenfernübertragung zu nutzen (§ 150 Abs. 8 AO; vgl. BFH-Urteil vom 16.6.2020, VIII R 29/19, BStBl. 2021 II S. 290, sowie AEAO zu § 150, Nr. 4).[1)] [5]Soweit das Finanzamt nach § 18 Abs. 1 Satz 2 UStG auf eine elektronische Übermittlung der Voranmeldung verzichtet hat, gilt dies auch für die Abgabe der ZM. [6]Abschnitt 18.1 Abs. 1 Satz 5 gilt sinngemäß.

18a.2 Abgabefrist

(1) [1]Die ZM ist bis zum 25. Tag nach Ablauf jedes Kalendermonats an das BZSt zu übermitteln, wenn die Summe der Bemessungsgrundlagen für innergemeinschaftliche Warenlieferungen (§ 18a Abs. 6 UStG) und Lieferungen im Sinne des § 25b Abs. 2 UStG im Rahmen von innergemeinschaftlichen Dreiecksgeschäften für das laufende Kalendervierteljahr oder für eines der vier vorangegangenen Kalendervierteljahre jeweils mehr als 50 000 € beträgt. [2]Die Regelungen über die Dauerfristverlängerung nach § 18 Abs. 6 UStG und §§ 46 bis 48 UStDV gelten nicht für die ZM.

(2) [1]Übersteigt im Laufe eines Kalendervierteljahres die Summe der Bemessungsgrundlagen für innergemeinschaftliche Warenlieferungen (§ 18a Abs. 6 UStG) und Lieferungen im Sinne des § 25b Abs. 2 UStG im Rahmen von innergemeinschaftlichen Dreiecksgeschäften 50 000 €, ist die ZM bis zum 25. Tag nach Ablauf des Kalendermonats, in dem dieser Betrag überschritten wird, zu übermitteln. [2]Wird die Betragsgrenze von 50 000 € im zweiten Kalendermonat eines Kalendervierteljahres überschritten, kann der Unternehmer

1) Nr. **800**.

eine ZM für die bereits abgelaufenen Kalendermonate dieses Kalendervierteljahres übermitteln, in der die Angaben für diese beiden Kalendermonate zusammengefasst werden, oder jeweils eine ZM für jeden der abgelaufenen Kalendermonate dieses Kalendervierteljahres. [3]Überschreitet der Unternehmer die Betragsgrenze im dritten Kalendermonat eines Kalendervierteljahres, wird es nicht beanstandet, wenn er statt einer ZM für dieses Kalendervierteljahr jeweils gesondert eine ZM für jeden der drei Kalendermonate dieses Kalendervierteljahres übermittelt.

Beispiel:
[1]Der deutsche Maschinenhersteller M liefert im Januar des Jahres 01 eine Maschine für 20 000 € und im Februar des Jahres 01 eine weitere Maschine für 35 000 € an den belgischen Unternehmer U. [2]Ferner liefert M im Februar des Jahres 01 eine Maschine für 50 000 € an den französischen Automobilhersteller A. [3]Die Rechnungsstellung erfolgte jeweils zeitgleich mit der Ausführung der Lieferungen.
[4]M ist verpflichtet, die Umsätze bis zum 25. März 01 dem BZSt zu melden. [5]Wahlweise kann er für die Monate Januar 01 und Februar 01 jeweils gesondert eine ZM übermitteln, oder er übermittelt eine ZM, in der er die Summe der Bemessungsgrundlagen der an U und A ausgeführten innergemeinschaftlichen Warenlieferungen gemeinsam für die Monate Januar 01 und Februar 01 angibt.

(3) [1]Unternehmer können die ZM auch monatlich übermitteln, wenn die Summe der Bemessungsgrundlagen für innergemeinschaftliche Warenlieferungen (§ 18a Abs. 6 UStG) und Lieferungen im Sinne des § 25b Abs. 2 UStG im Rahmen von innergemeinschaftlichen Dreiecksgeschäften weder für das laufende Kalendervierteljahr noch für eines der vier vorangegangenen Kalendervierteljahre jeweils mehr als 50 000 € beträgt. [2]Möchte der Unternehmer von dieser Möglichkeit Gebrauch machen, hat er dies dem BZSt anzuzeigen (§ 18a Abs. 1 Satz 4 UStG). [3]Der Anzeigepflicht kommt der Unternehmer nach, wenn er bei der erstmaligen Inanspruchnahme das auf dem amtlich vorgeschriebenen Vordruck für die ZM dafür vorgesehene Feld ankreuzt. [4]Die Ausübung des Wahlrechts bindet den Unternehmer bis zum Zeitpunkt des Widerrufs, mindestens aber für die Dauer von 12 Kalendermonaten. [5]Der Widerruf wird dem BZSt durch Markieren des dafür vorgesehenen Feldes auf dem amtlich vorgeschriebenen Vordruck für die ZM angezeigt. [6]Soweit in begründeten Einzelfällen ein Widerruf vor Ablauf der Ausschlussfrist von 12 Kalendermonaten notwendig werden sollte, ist dies dem BZSt schriftlich unter Angabe der Gründe mitzuteilen.

(4) Die ZM ist bis zum 25. Tag nach Ablauf jedes Kalendervierteljahres zu übermitteln, wenn steuerpflichtige sonstige Leistungen im Sinne von § 3a Abs. 2 UStG (vgl. Abschnitt 3a.2) im übrigen Gemeinschaftsgebiet ausgeführt wurden, für die der in einem anderen EU-Mitgliedstaat ansässige Leistungsempfänger die Steuer dort schuldet.

(5) Unternehmer, die hinsichtlich der Ausführung von innergemeinschaftlichen Warenlieferungen (§ 18a Abs. 6 UStG) und Lieferungen im Sinne des § 25b Abs. 2 UStG im Rahmen innergemeinschaftlicher Dreiecksgeschäfte zur monatlichen Übermittlung einer ZM verpflichtet sind, melden die im übrigen Gemeinschaftsgebiet ausgeführten steuerpflichtigen sonstigen Leistungen im Sinne von § 3a Abs. 2 UStG (vgl. Abschnitt 3a.2), für die der in einem anderen EU-Mitgliedstaat ansässige Leistungsempfänger die Steuer dort schuldet, in der ZM für den letzten Monat des Kalendervierteljahres.

(6) [1]Unternehmer, die die ZM hinsichtlich der Ausführung von innergemeinschaftlichen Warenlieferungen (§ 18a Abs. 6 UStG) und Lieferungen im Sinne des § 25b Abs. 2 UStG im Rahmen innergemeinschaftlicher Dreiecksgeschäfte monatlich übermitteln, können darin auch die steuerpflichtigen sonstigen Leistungen im Sinne von § 3a Abs. 2 UStG (vgl. Abschnitt 3a.2), die in dem entsprechenden Kalendermonat im übrigen Gemeinschaftsgebiet ausgeführt worden sind und für die der in einem anderen EU-Mitgliedstaat ansässige Leistungsempfänger die Steuer dort schuldet, monatlich angeben (§ 18a Abs. 3 Satz 1 UStG). [2]Die Ausübung dieser Wahlmöglichkeit wird dem BZSt durch die Angabe von im übrigen Gemeinschaftsgebiet ausgeführten steuerpflichtigen sonstigen Leistungen im vorstehenden Sinne, für die der in einem anderen EU-Mitgliedstaat ansässige Leistungsempfänger die Steuer dort schuldet, in der ZM für den ersten oder zweiten Kalendermonat eines Kalendervierteljahres angezeigt (§ 18a Abs. 3 Satz 2 UStG).

(7)[1)] [1]Die in den Absätzen 1 bis 5 genannten Abgabefristen gelten entsprechend, wenn neben den dort genannten Lieferungen und sonstigen Leistungen auch Gegenstände aus dem Gebiet eines Mitgliedstaates in das Gebiet eines anderen Mitgliedstaates für Zwecke einer Lieferung nach dem Ende der Beförderung oder Versendung an einen Erwerber im Sinne von § 6b UStG befördert oder versendet werden. [2]Werden in einem Meldezeitraum ausschließlich Lieferungen im Sinne von § 6b UStG ausgeführt, ist die ZM bis zum 25. Tag nach Ablauf eines Kalendervierteljahres an das BZSt zu übermitteln.

18a.3 Angaben für den Meldezeitraum

(1)[2)] [1]In der ZM sind nach § 18a Abs. 7 Nr. 1 bis 4 UStG in dem jeweiligen Meldezeitraum getrennt für jeden Erwerber oder Empfänger der dort bezeichneten Lieferungen oder sonstigen Leistungen die USt-IdNr. und die Summe der Bemessungsgrundlagen gesondert nach innergemeinschaftlichen Warenlieferungen (§ 18a Abs. 6 Nr. 1 und 2 UStG), steuerpflichtigen sonstigen Leistungen im Sinne von § 3a Abs. 2 UStG (vgl. Abschnitt 3a.2), die im übrigen Gemeinschaftsgebiet ausgeführt worden sind und für die der in einem anderen EU-Mitgliedstaat ansässige Leistungsempfänger die Steuer dort schuldet, und Lieferungen im Sinne von § 25b Abs. 2 UStG im Rahmen von innergemeinschaftlichen Dreiecksgeschäften und Beförderungen oder Versendungen im Sinne des § 6b Abs. 1 oder 4 UStG oder einen Erwerberwechsel nach § 6b Abs. 5 UStG (§ 18a Abs. 6 Nr. 3 UStG) anzugeben und entsprechend zu kennzeichnen. [2]Wird eine steuerpflichtige sonstige Leistung im vorstehenden Sinne dauerhaft über einen Zeitraum von mehr als einem Jahr erbracht, gilt § 13b Abs. 3 UStG entsprechend. [3]Unbeachtlich ist, ob der Unternehmer seine Umsätze nach vereinbarten oder nach vereinnahmten Entgelten versteuert. [4]Bei den steuerpflichtigen sonstigen Leistungen im vorstehenden Sinne und den Lieferungen im Sinne von § 25b Abs. 2 UStG im Rahmen von innergemeinschaftlichen Dreiecksgeschäften ist es zudem unbeachtlich, wann der Unternehmer die Rechnung ausgestellt hat.

---

1) A 18a.2 UStAE Abs. 7 angef. durch BMF v. 10.12.2021, BStBl. I 2021, 2492; Anwendungsregelung siehe Anlage 8.

2) A 18a.3 UStAE Abs. 1 Satz 1 neugef. durch BMF v. 10.12.2021, BStBl. I 2021, 2492; Anwendungsregelung siehe Anlage 8.

(2)[1] [1]In der ZM ist nach § 18a Abs. 7 Nr. 2a UStG in den Fällen des § 6b Abs. 1 UStG in dem jeweiligen Meldezeitraum die USt-IdNr. für jeden Erwerber im Sinne des § 6b Abs. 1 Nr. 1 und Nr. 3 UStG anzugeben. [2]Tritt innerhalb der Frist von 12 Monaten nach dem Ende der Beförderung oder Versendung des Gegenstandes im Sinne von § 6b Abs. 1 Nr. 1 UStG und vor dem Zeitpunkt der Lieferung ein anderer Unternehmer an die Stelle des Erwerbers (Erwerberwechsel nach § 6b Abs. 5 UStG) und liegen die in § 6b Abs. 5 Nr. 1 bis 3 UStG genannten Voraussetzungen vor, ist die USt-IdNr. des neuen Erwerbers in der ZM für den Meldezeitraum, in dem das Ereignis eingetreten ist, anzugeben. [3]Wird die von einem Unternehmer beabsichtigte Lieferung des in den Bestimmungsmitgliedstaat beförderten oder versendeten Gegenstandes innerhalb der 12 Monatsfrist nach Einlagerung nicht bewirkt und gelangt der Gegenstand innerhalb dieser 12-Monatsfrist in den Abgangsmitgliedstaat zurück (Rücklieferung nach § 6b Abs. 4 UStG), ist die USt-IdNr. des ursprünglich vorgesehenen Erwerbers in der ZM für den Meldezeitraum, in dem das Ereignis eingetreten ist, anzugeben.

(3) [1]Wegen der Umrechnung von Werten in fremder Währung vgl. Abschnitt 16.4. [2]Hat der Unternehmer die Rechnung für eine innergemeinschaftliche Warenlieferung, die er im letzten Monat eines Meldezeitraums ausgeführt hat, erst nach Ablauf des Meldezeitraums ausgestellt, ist für die Umrechnung grundsätzlich der Durchschnittskurs des auf den Monat der Ausführung der Lieferung folgenden Monats heranzuziehen.

18a.4 Änderung der Bemessungsgrundlage für meldepflichtige Umsätze

(1) [1]Hat sich die umsatzsteuerliche Bemessungsgrundlage für die zu meldenden Umsätze nachträglich geändert (z. B. durch Rabatte), sind diese Änderungen in dem Meldezeitraum zu berücksichtigen, in dem sie eingetreten sind. [2]Dies gilt entsprechend in den Fällen des § 17 Abs. 2 UStG (z. B. Uneinbringlichkeit der Forderung, Rückgängigmachung der Lieferung oder sonstigen Leistung). [3]Gegebenenfalls ist der Änderungsbetrag mit der jeweiligen Summe der Bemessungsgrundlagen für innergemeinschaftliche Warenlieferungen (§ 18a Abs. 6 UStG), im übrigen Gemeinschaftsgebiet ausgeführte steuerpflichtige sonstige Leistungen im Sinne von § 3a Abs. 2 UStG (vgl. Abschnitt 3a.2), für die der in einem anderen EU-Mitgliedstaat ansässige Leistungsempfänger die Steuer dort schuldet, oder für Lieferungen im Sinne von § 25b Abs. 2 UStG im Rahmen innergemeinschaftlicher Dreiecksgeschäfte zu saldieren, die im maßgeblichen Zeitraum zu melden sind. [4]Der Gesamtbetrag der zu meldenden Bemessungsgrundlagen kann negativ sein.

(2) [1]Der Gesamtbetrag der Bemessungsgrundlagen kann ausnahmsweise auf Grund von Saldierungen 0 € betragen. [2]In diesem Fall ist „0“ zu melden.

(3) Von nachträglichen Änderungen der Bemessungsgrundlage sind die Berichtigungen von Angaben zu unterscheiden, die bereits bei ihrer Meldung unrichtig oder unvollständig sind (vgl. Abschnitt 18a.5).

[1] A 18a.3 UStAE Abs. 2 eingef., bish. Abs. 2 wird Abs. 3 durch BMF v. 10.12.1021, BStBl. I 2021, 2492; Anwendungsregelung siehe Anlage 8.

18a.5 Berichtigung der Zusammenfassenden Meldung

(1) [1] Eine unrichtige oder unvollständige ZM muss gesondert für den Meldezeitraum berichtigt werden, in dem die unrichtigen oder unvollständigen Angaben erklärt wurden. [2] Wird eine unrichtige oder unvollständige ZM vorsätzlich oder leichtfertig nicht oder nicht rechtzeitig berichtigt, kann dies als Ordnungswidrigkeit mit einer Geldbuße bis zu 5000 € geahndet werden (vgl. § 26a Abs. 2 Nr. 5 UStG). [3] Rechtzeitig ist die Berichtigung, wenn sie innerhalb von einem Monat übermittelt wird (vgl. Abschnitt 18a.1 Abs. 4), nachdem der Unternehmer die Unrichtigkeit oder Unvollständigkeit erkannt hat. [4] Für die Fristwahrung ist der Zeitpunkt des Eingangs der berichtigten ZM beim BZSt maßgeblich.

(2) Eine ZM ist zu berichtigen, soweit der in einem anderen Mitgliedstaat ansässige unternehmerische Leistungsempfänger, der die Steuer dort schuldet, seine USt-IdNr. dem leistenden Unternehmer erst nach dem Bezug einer im übrigen Gemeinschaftsgebiet steuerpflichtigen sonstigen Leistung im Sinne von § 3a Abs. 2 UStG (vgl. Abschnitt 3a.2) mitgeteilt hat, und daher deren Angabe in der ZM für den Meldezeitraum zunächst unterblieben ist.

Zu § 18c UStG

18c.1 Verfahren zur Übermittlung der Meldungen nach der Fahrzeuglieferungs-Meldepflichtverordnung[1)]

(1) [1] Unternehmer im Sinne des § 2 UStG und Fahrzeuglieferer nach § 2a UStG, die neue Fahrzeuge im Sinne des § 1b Abs. 2 und 3 UStG innergemeinschaftlich geliefert haben, müssen bis zum 10. Tag nach Ablauf des Kalendervierteljahres, in dem die Lieferung ausgeführt worden ist (Meldezeitraum), dem BZSt eine Meldung übermitteln, sofern der Abnehmer der Lieferung keine USt-IdNr. eines anderen EU-Mitgliedstaates verwendet. [2] Ist dem Unternehmer die Frist für die Übermittlung der Voranmeldungen um einen Monat verlängert worden (§§ 46 bis 48 UStDV), gilt dies auch für die Übermittlung der Meldung nach der FzgLiefgMeldV.

(2) [1] Unternehmer im Sinne des § 2 UStG übermitteln dem BZSt die Meldung nach amtlich vorgeschriebenem Datensatz durch Datenfernübertragung. [2] Informationen zur elektronischen Übermittlung sind unter den Internet-Adressen www.elster.de oder www.bzst.de abrufbar. [3] Zum Verfahren bei unbilligen Härten gelten die Ausführungen in Abschnitt 18a.1 Abs. 4 Sätze 3 bis 6 sinngemäß.

(3) [1] Fahrzeuglieferer (§ 2a UStG) können die Meldung nach amtlich vorgeschriebenem Datensatz durch Datenfernübertragung übermitteln oder in herkömmlicher Form – auf Papier oder per Telefax – nach amtlich vorgeschriebenem Vordruck abgeben. [2] Informationen sind unter den Internet-Adressen www.elster.de oder www.bzst.de abrufbar.

1) FzgLiefgMeldV v. 18.3.2009, BGBl. I 2009, 630.

(4) [1] Für jedes gelieferte Fahrzeug ist ein Datensatz zu übermitteln bzw. ein Vordruck abzugeben. [2] Die Meldung muss folgende Angaben enthalten:

1. den Namen und die Anschrift des Lieferers;
2. die Steuernummer und bei Unternehmern im Sinne des § 2 UStG zusätzlich die USt-IdNr. des Lieferers;
3. den Namen und die Anschrift des Erwerbers;
4. das Datum der Rechnung;
5. den Bestimmungsmitgliedstaat;
6. das Entgelt (Kaufpreis);
7. die Art des Fahrzeugs (Land-, Wasser- oder Luftfahrzeug);
8. den Fahrzeughersteller;
9. den Fahrzeugtyp (Typschlüsselnummer);
10. das Datum der ersten Inbetriebnahme, wenn dieses vor dem Rechnungsdatum liegt;
11. den Kilometerstand (bei motorbetriebenen Landfahrzeugen), die Zahl der bisherigen Betriebsstunden auf dem Wasser (bei Wasserfahrzeugen) oder die Zahl der bisherigen Flugstunden (bei Luftfahrzeugen), wenn diese am Tag der Lieferung über Null liegen, und
12. die Kraftfahrzeug-Identifizierungs-Nummer (bei motorbetriebenen Landfahrzeugen), die Schiffs-Identifikations-Nummer (bei Wasserfahrzeugen) oder die Werknummer (bei Luftfahrzeugen).

(5) [1] Ordnungswidrig im Sinne des § 26a Abs. 2 Nr. 6 UStG handelt, wer eine Meldung nach der FzgLiefgMeldV nicht, nicht richtig, nicht vollständig oder nicht rechtzeitig übermittelt. [2] Die Ordnungswidrigkeit kann mit einer Geldbuße bis zu 5000 € geahndet werden (§ 26a Abs. 3 UStG).

Zu § 18d UStG

18d.1 Zuständigkeit und Verfahren

(1) [1] Die für die Beantwortung von Ersuchen anderer EU-Mitgliedstaaten nach der Verordnung (EU) Nr. 904/2010 (ABl. EU 2010 Nr. L 268 S. 1)[1] erforderlichen Ermittlungen werden von der Finanzbehörde durchgeführt, die nach § 21 AO auch für eine Umsatzbesteuerung des Vorgangs zuständig ist, auf den sich das Ersuchen bezieht. [2] Wenn diese Behörde nicht festgestellt werden kann, ist die Finanzbehörde zuständig, in deren Bezirk die Ermittlungshandlungen vorzunehmen sind (§ 24 AO).

(2) [1] Die Finanzbehörde kann die Vorlage der Bücher, Aufzeichnungen, Geschäftspapiere und anderer Urkunden an Amtsstelle verlangen. [2] Mit Einverständnis des Vorlagepflichtigen oder wenn die Unterlagen für eine Vorlage an Amtsstelle ungeeignet sind, können die Urkunden auch beim Vorlagepflichtigen eingesehen und geprüft werden.

---

[1] **Zölle und Verbrauchsteuern** Nr. 530.

Zu § 18e UStG

18e.1 Bestätigung einer ausländischen Umsatzsteuer-Identifikationsnummer

(1) [1]Anfragen zur Bestätigung einer ausländischen USt-IdNr. kann jeder Inhaber einer deutschen USt-IdNr. stellen. [2]Anfrageberechtigt ist auch, wer für Zwecke der Umsatzsteuer erfasst ist, aber noch keine USt-IdNr. erhalten hat. [3]In diesem Fall wird die Anfrage gleichzeitig als Antrag auf Erteilung einer USt-IdNr. behandelt.

(2) [1]Unternehmer können einfache und qualifizierte Bestätigungsanfragen schriftlich, über das Internet (www.bzst.de) oder telefonisch an das BZSt – Dienstsitz Saarlouis –, 66738 Saarlouis (Telefon-Nr.: 0228/406-1222), stellen. [2]Bei Anfragen über das Internet besteht neben der Anfrage zu einzelnen USt-IdNrn. auch die Möglichkeit, gleichzeitige Anfragen zu mehreren USt-IdNrn. durchzuführen. [3]Bei Anfragen zu einzelnen USt-IdNrn. ist der Nachweis der durchgeführten qualifizierten Bestätigungsanfrage durch die Aufbewahrung des Ausdrucks oder die Übernahme des vom BZSt übermittelten Ergebnisses in einem allgemein üblichen Format oder als Screenshot in das System des Unternehmens zu führen. [4]Bei der Durchführung gleichzeitiger Anfragen zu mehreren USt-IdNrn. über die vom BZSt zu diesem Zweck angebotene Schnittstelle kann die vom BZSt übermittelte elektronische Antwort in Form eines Datensatzes unmittelbar in das System des Unternehmens eingebunden und ausgewertet werden. [5]In diesen Fällen ist der Nachweis einer durchgeführten qualifizierten Anfrage einer USt-IdNr. über den vom BZSt empfangenen Datensatz zu führen.

(3) [1]Im Rahmen der einfachen Bestätigungsanfrage kann die Gültigkeit einer USt-IdNr., die von einem anderen EU-Mitgliedstaat erteilt wurde, überprüft werden. [2]Die Anfrage muss folgende Angaben enthalten:
- die USt-IdNr. des anfragenden Unternehmers (oder ggf. die Steuernummer, unter der er für Zwecke der Umsatzsteuer geführt wird),
- die USt-IdNr. des Leistungsempfängers, die von einem anderen EU-Mitgliedstaat erteilt wurde.

(4) [1]Im Rahmen der qualifizierten Bestätigungsanfrage werden zusätzlich zu der zu überprüfenden USt-IdNr. der Name und die Anschrift des Inhabers der ausländischen USt-IdNr. überprüft. [2]Das BZSt teilt in diesem Fall detailliert mit, inwieweit die angefragten Angaben von dem EU-Mitgliedstaat, der die USt-IdNr. erteilt hat, als zutreffend gemeldet werden. [3]Die Informationen beziehen sich jeweils auf USt-IdNr./Name/Ort/Postleitzahl/Straße des ausländischen Leistungsempfängers. [4]Anfragen zur Bestätigung mehrerer USt-IdNrn. sind – außer in Fällen des Absatzes 2 Satz 4 – schriftlich zu stellen.

(5) Erfolgt ein Anfrage telefonisch, teilt das BZSt das Ergebnis der Bestätigungsanfrage grundsätzlich schriftlich mit.

(6) *(aufgehoben)*

18e.2 Aufbau der Umsatzsteuer-Identifikationsnummern in den EU-Mitgliedstaaten

Informationen zum Aufbau der USt-IdNrn. in den EU-Mitgliedstaaten sind unter der Internet-Adresse www.bzst.de abrufbar.

18e.3[1] Bestätigungsverfahren für Betreiber elektronischer Schnittstellen im Sinne von § 25e Abs. 1 UStG

(1) [1] Betreiber elektronischer Schnittstellen im Sinne von § 25e Abs. 1 UStG (Betreiber) haften grundsätzlich nicht für die nicht entrichtete Steuer aus einer Lieferung, die mittels ihrer elektronischen Schnittstelle unterstützt wurde, wenn der liefernde Unternehmer im Zeitpunkt der Lieferung über eine nach § 27a UStG erteilte, gültige USt-IdNr. verfügt. [2] § 18e Nr. 3 UStG sieht für diese Zwecke vor, dass das BZSt Betreibern die Gültigkeit der ihnen vom liefernden Unternehmer nach § 25e Abs. 2 Satz 1 UStG mitgeteilten deutschen USt-IdNr. sowie den Namen und die Anschrift auf Anfrage bestätigt (qualifizierte Bestätigungsanfrage). [3] Voraussetzung für die Durchführung einer Bestätigungsanfrage nach § 18e Nr. 3 UStG ist, dass der Betreiber im Zeitpunkt der Anfrage im Inland steuerlich erfasst ist und über eine nach § 27a UStG erteilte, gültige USt-IdNr. verfügt. [4] Für die Durchführung von Anfragen zur Bestätigung von deutschen USt-IdNrn. durch Betreiber gilt Abschnitt 18e.1 – außer Absatz 1 Sätze 2 und 3 und Absatz 3 – entsprechend.

(2) [1] Voraussetzung für die Teilnahme am Bestätigungsverfahren nach Absatz 1 ist eine entsprechende Zulassung des Betreibers durch das nach § 21 Abs. 1 Satz 1 oder Satz 2 AO in Verbindung mit der UStZustV zuständige Finanzamt sowie eine ihm vom BZSt nach § 27a UStG erteilte, gültige USt-IdNr. [2] Der Antrag auf Zulassung ist schriftlich oder elektronisch beim zuständigen Finanzamt zu stellen. [3] Der Antrag muss folgende Angaben enthalten:
- den Namen, Vornamen des Unternehmers bzw. den Namen des Unternehmens,
- die vollständige Anschrift,
- das Geburtsdatum – nur bei natürlichen Personen –,
- die Steuernummer,
- die USt-IdNr. – soweit bereits erteilt –,
- die Bezeichnung der betriebenen elektronischen Schnittstelle(n).

[4] Darüber hinaus muss glaubhaft dargelegt werden, dass der Antragsteller die Voraussetzungen des § 25e Abs. 5 und 6 UStG erfüllt. [5] Das heißt, dass der Antragsteller die Lieferung von Gegenständen mittels einer elektronischen Schnittstelle unterstützt (vgl. § 25e Abs. 6 UStG). [6] Das Ergebnis der Prüfung des Antrags wird dem Antragsteller schriftlich mitgeteilt. [7] Soweit die Voraussetzungen für die Teilnahme am Verfahren nach § 18e Nr. 3 UStG zu einem späteren Zeitpunkt nicht mehr vorliegen, ist dies dem zuständigen Finanzamt mitzuteilen.

(3) [1] Soweit eine Organgesellschaft als Betreiber tätig ist, ist der Antrag nach Absatz 2 Sätze 1 und 2 vom Organträger für die Organgesellschaft bei dem für den Organträger zuständigen Finanzamt zu stellen; Abschnitt 2.9 Abs. 6 und 7 gilt entsprechend. [2] Der Antrag des Organträgers muss folgende Angaben enthalten:
- die Steuernummer, unter der der Organkreis im Inland für Zwecke der Umsatzsteuer geführt wird,

---

[1] A 18e.3 UStAE angef. durch BMF v. 20.4.2021, BStBl. I 2021, 705, anzuwenden mWv 1.7.2021.

– den Namen und die Anschrift des Organträgers; im Falle der Ansässigkeit des Organträgers im Ausland zusätzlich Name und Anschrift des im Inland gelegenen wirtschaftlich bedeutendsten Unternehmensteils,
– den Namen und die Anschrift der betreffenden Organgesellschaft bzw. im Inland gelegenen Betriebsstätte,
– die der Organgesellschaft vom BZSt nach § 27a Abs. 1 Satz 3 UStG erteilte USt-IdNr. (vgl. Abschnitt 27a.1 Abs. 3) – soweit bereits erteilt –,
– die Steuernummer, unter der die betreffende Organgesellschaft bzw. die im Inland gelegene Betriebsstätte ertragsteuerlich geführt wird,
– das zuständige Finanzamt, bei dem die betreffende Organgesellschaft bzw. die im Inland gelegene Betriebsstätte ertragsteuerlich geführt wird sowie
– die Bezeichnung der betriebenen elektronischen Schnittstelle(n).

3 Absatz 2 Sätze 4 bis 7 gelten entsprechend.

(4) Anträge nach den Absätzen 2 und 3 können ab dem 1. Mai 2021 gestellt werden.

Zu § 18f UStG

18f.1 Sicherheitsleistung

(1) 1 Das Finanzamt kann im Einvernehmen mit dem Unternehmer die nach § 168 Satz 2 AO erforderliche Zustimmung von einer Sicherheitsleistung abhängig machen, wenn Zweifel an der Richtigkeit der eingereichten Steueranmeldung bestehen. 2 Die Regelung gibt dem Finanzamt die Möglichkeit, trotz Prüfungsbedürftigkeit des geltend gemachten Erstattungsanspruchs die Zustimmung nach § 168 Satz 2 AO zu erteilen, wenn der Unternehmer eine Sicherheit leistet.

(2) 1 Die Regelung kann angewendet werden für Voranmeldungen (§ 18 Abs. 1 UStG) und Umsatzsteuererklärungen für das Kalenderjahr (§ 18 Abs. 3 UStG), wenn sie zu einer Erstattung angemeldeter Vorsteuerbeträge oder zu einer Herabsetzung der bisher zu entrichtenden Umsatzsteuer (§ 168 Satz 2 AO) führen, und auf Fälle, in denen die Finanzverwaltung von der Voranmeldung oder der Umsatzsteuererklärung für das Kalenderjahr des Unternehmers abweicht und dies zu einer Erstattung führt (§ 167 Abs. 1 Satz 1 AO). 2 Die Zustimmung wird erst mit der Stellung der Sicherheitsleistung wirksam (aufschiebende Bedingung).

(3) 1 Die Entscheidung des Finanzamtes, die Zustimmung nach § 168 Satz 2 AO gegen Stellung einer Sicherheitsleistung zu erteilen, ist eine Ermessensentscheidung, die dem Grundsatz der Verhältnismäßigkeit unterliegt. 2 In Fällen, in denen die bestehenden Zweifel mit einer Umsatzsteuer-Nachschau oder einer Umsatzsteuer-Sonderprüfung kurzfristig ausgeräumt werden können, ist eine Sicherheitsleistung grundsätzlich nicht angezeigt. 3 Die Vorschrift ist daher regelmäßig nur in Fällen anzuwenden, in denen die erforderliche Prüfung der Rechtmäßigkeit der geltend gemachten Erstattungsbeträge wegen der besonderen Schwierigkeiten des zu beurteilenden Sachverhalts voraussichtlich länger als sechs Wochen in Anspruch nimmt. 4 Die Anwendung der Regelung darf nicht zu einer Verzögerung bei der Prüfung des Erstattungsanspruchs führen.

(4) 1 Art und Inhalt der Sicherheitsleistung richten sich nach den §§ 241 bis 248 AO. 2 Wegen der einfacheren Handhabung soll der Bankbürgschaft eines allgemein als Steuerbürgen zugelassenen Kreditinstitutes (§ 244 Abs. 2 AO) in der Regel der Vorzug gegeben werden.

(5) 1 Die Sicherheitsleistung muss nicht zwingend in voller Höhe des zu sichernden Steueranspruchs erbracht werden. 2 Bei der Festlegung der Höhe der Sicherheitsleistung sind sowohl das Ausfallrisiko zu Lasten des Fiskus als auch die Liquidität des Unternehmers zu berücksichtigen. 3 Hinsichtlich der Einzelheiten zum Verfahren wird auf den Anwendungserlass zu den §§ 241 bis 248 AO[1] hingewiesen.

(6) Die Sicherheitsleistung ist unverzüglich zurückzugeben, wenn der zu sichernde Anspruch aus dem Steuerschuldverhältnis erloschen ist.

Zu § 18g UStG

18g.1 Vorsteuer-Vergütungsverfahren in einem anderen Mitgliedstaat für im Inland ansässige Unternehmer

Antragstellung

(1) 1 Ein im Inland ansässiger Unternehmer, dem in einem anderen Mitgliedstaat von einem Unternehmer Umsatzsteuer in Rechnung gestellt worden ist, kann über das BZSt bei der zuständigen Behörde dieses Mitgliedstaates einen Antrag auf Vergütung dieser Steuer stellen. 2 Beantragt der Unternehmer die Vergütung für mehrere Mitgliedstaaten, ist für jeden Mitgliedstaat ein gesonderter Antrag zu stellen.

(2) 1 Anträge auf Vergütung von Vorsteuerbeträgen in einem anderen Mitgliedstaat sind nach amtlich vorgeschriebenem Datensatz durch Datenfernübertragung dem BZSt zu übermitteln (§ 18g UStG). 2 Informationen zur elektronischen Übermittlung sind auf den Internetseiten des BZSt (www.bzst.de) abrufbar. 3 Der Antragsteller muss authentifiziert sein. 4 In dem Vergütungsantrag ist die Steuer für den Vergütungszeitraum zu berechnen.

(3) 1 Der Vergütungsantrag ist bis zum 30.9. des auf das Jahr der Ausstellung der Rechnung folgenden Kalenderjahres zu stellen. 2 Für die Einhaltung der Frist nach Satz 1 genügt der rechtzeitige Eingang des Vergütungsantrags beim BZSt. 3 Der Vergütungsbetrag muss mindestens 50 € betragen oder einem entsprechend in Landeswährung umgerechneten Betrag entsprechen. 4 Der Unternehmer kann auch einen Antrag für einen Zeitraum von mindestens drei Monaten stellen, wenn der Vergütungsbetrag mindestens 400 € beträgt oder einem entsprechend in Landeswährung umgerechneten Betrag entspricht.

(4)[2] Der Unternehmer hat in dem Vergütungsantrag Folgendes anzugeben:
– den Mitgliedstaat der Erstattung;
– Name und vollständige Anschrift des Unternehmers;
– eine Adresse für die elektronische Kommunikation;

---

[1] Nr. **800**.

[2] A 18g.1 UStAE Abs. 4 6. Spiegelstrich neugef. durch BMF v. 1.4.2021, BStBl. I 2021, 629, anzuwenden mWv 1.7.2021.

– eine Beschreibung der Geschäftstätigkeit des Unternehmers, für die die Gegenstände bzw. Dienstleistungen erworben wurden, auf die sich der Antrag bezieht;
– den Vergütungszeitraum, auf den sich der Antrag bezieht;
– [1]eine Erklärung des Unternehmers, dass er während des Vergütungszeitraums im EU-Mitgliedstaat der Erstattung keine Lieferungen von Gegenständen bewirkt und Dienstleistungen erbracht hat, mit Ausnahme
  a) bestimmter steuerfreier Beförderungsleistungen (vgl. § 4 Nr. 3 UStG),
  b) von Umsätzen, für die ausschließlich der Leistungsempfänger die Steuer schuldet,
  c) von innergemeinschaftlichen Erwerben und daran anschließenden Lieferungen im Sinne des § 25b Abs. 2 UStG,
  d) von vor dem 1.7.2021 erbrachten Umsätzen im Sinne des § 3a Abs. 5 UStG, sofern er von dem Wahlrecht nach § 18h Abs. 1 UStG Gebrauch gemacht hat oder von nach dem 30.6.2021 erbrachten Lieferungen im Sinne des § 3 Abs. 3a Satz 1 UStG innerhalb eines EU-Mitgliedstaates, innergemeinschaftlichen Fernverkäufen im Sinne des § 3c Abs. 1 Satz 2 und 3 UStG sowie sonstigen Leistungen an Nichtunternehmer (siehe Abschnitt 3a.1 Abs. 1), sofern er von dem Wahlrecht nach § 18j Abs. 1 UStG Gebrauch gemacht hat (vgl. Abschnitt 18j.1),
  e) von Fernverkäufen im Sinne des § 3 Abs. 3a Satz 2 und § 3c Abs. 2 und 3 UStG, sofern er von dem Wahlrecht nach § 18k Abs. 1 UStG Gebrauch gemacht hat (vgl. Abschnitt 18k.1).

  [2]Liegt eine Ausnahme nach den Buchstaben d oder e vor, beanstandet es der EU-Mitgliedstaat der Erstattung nicht, wenn der Unternehmer in dem Vergütungsantrag bestätigt, im EU-Mitgliedstaat der Erstattung keine Lieferungen von Gegenständen bewirkt und keine Dienstleistungen erbracht zu haben;
– die USt-IdNr. oder StNr. des Unternehmers;
– seine Bankverbindung (inklusive IBAN und BIC).

(5) Neben diesen Angaben sind in dem Vergütungsantrag für jeden Mitgliedstaat der Erstattung und für jede Rechnung oder jedes Einfuhrdokument folgende Angaben zu machen:
– Name und vollständige Anschrift des Lieferers oder Dienstleistungserbringers;
– außer im Falle der Einfuhr die USt-IdNr. des Lieferers oder Dienstleistungserbringers oder die ihm vom Mitgliedstaat der Erstattung zugeteilte Steuerregisternummer;
– außer im Falle der Einfuhr das Präfix des Mitgliedstaats der Erstattung;
– Datum und Nummer der Rechnung oder des Einfuhrdokuments (vgl. EuGH-Urteil vom 17.12.2020, C-346/19, Bundeszentralamt für Steuern);[1)]
– Bemessungsgrundlage und Steuerbetrag in der Währung des Mitgliedstaats der Erstattung;

1) DStR 2021, 26.

– Betrag der abziehbaren Steuer in der Währung des Mitgliedstaats der Erstattung;
– ggf. einen (in bestimmten Branchen anzuwendenden) Pro-rata-Satz;
– Art der erworbenen Gegenstände und Dienstleistungen aufgeschlüsselt nach Kennziffern:
  1 Kraftstoff;
  2 Vermietung von Beförderungsmitteln;
  3 Ausgaben für Transportmittel (andere als unter Kennziffer 1 oder 2 beschriebene Gegenstände und Dienstleistungen);
  4 Maut und Straßenbenutzungsgebühren;
  5 Fahrtkosten wie Taxikosten, Kosten für die Benutzung öffentlicher Verkehrsmittel;
  6 Beherbergung;
  7 Speisen, Getränke und Restaurantdienstleistungen;
  8 Eintrittsgelder für Messen und Ausstellungen;
  9 Luxusausgaben, Ausgaben für Vergnügungen und Repräsentationsaufwendungen;
  10 [1]Sonstiges. [2]Hierbei ist die Art der gelieferten Gegenstände bzw. erbrachten Dienstleistungen anzugeben.
– Soweit es der Mitgliedstaat der Erstattung vorsieht, hat der Unternehmer zusätzliche elektronisch verschlüsselte Angaben zu jeder Kennziffer zu machen, soweit dies auf Grund von Einschränkungen des Vorsteuerabzugs im Mitgliedstaat der Erstattung erforderlich ist.

(6) [1]Beträgt die Bemessungsgrundlage in der Rechnung oder dem Einfuhrdokument mindestens 1000 € (bei Rechnungen über Kraftstoffe mindestens 250 €), hat der Unternehmer – elektronische – Kopien der Rechnungen oder der Einfuhrdokumente dem Vergütungsantrag beizufügen, wenn der Mitgliedstaat der Erstattung dies vorsieht. [2]Die Dateianhänge zu dem Vergütungsantrag dürfen aus technischen Gründen die Größe von 5 MB nicht überschreiten.

(7) Der Unternehmer hat in dem Antrag eine Beschreibung seiner unternehmerischen Tätigkeit anhand des harmonisierten Codes vorzunehmen, wenn der Mitgliedstaat der Erstattung dies vorsieht.

(8) [1]Der Mitgliedstaat der Erstattung kann zusätzliche Angaben in dem Vergütungsantrag verlangen. [2]Informationen über die Antragsvoraussetzungen der einzelnen Mitgliedstaaten sind auf den Internetseiten des BZSt (www.bzst.de) abrufbar.

Prüfung der Zulässigkeit durch das BZSt

(9) [1]Die dem BZSt elektronisch übermittelten Anträge werden vom BZSt als für das Vorsteuer-Vergütungsverfahren zuständige Behörde auf ihre Zulässigkeit vorgeprüft. [2]Dabei hat das BZSt ausschließlich festzustellen, ob
– die vom Unternehmer angegebene USt-IdNr. bzw. StNr. zutreffend und ihm zuzuordnen ist und
– der Unternehmer ein zum Vorsteuerabzug berechtigter Unternehmer ist.

Weiterleitung an den Mitgliedstaat der Erstattung

(10) [1]Stellt das BZSt nach Durchführung der Vorprüfung fest, dass der Antrag insoweit zulässig ist (vgl. Absatz 9), leitet es diesen an den Mitgliedstaat

der Erstattung über eine elektronische Schnittstelle weiter. [2]Mit der Weitergabe des Antrags bestätigt das BZSt, dass
– die vom Unternehmer angegebene USt-IdNr. bzw. StNr. zutreffend ist und
– der Unternehmer ein zum Vorsteuerabzug berechtigter Unternehmer ist.

(11) Die Weiterleitung an den Mitgliedstaat der Erstattung hat innerhalb von 15 Tagen nach Eingang des Antrags zu erfolgen.

Übermittlung einer Empfangsbestätigung

(12) Das BZSt hat dem Antragsteller eine elektronische Empfangsbestätigung über den Eingang des Antrags zu übermitteln.

Zu § 18h UStG

18h.1[1)] Besteuerungsverfahren für im Inland ansässige Unternehmer, die vor dem 1.7.2021 sonstige Leistungen nach § 3a Abs. 5 UStG im übrigen Gemeinschaftsgebiet erbringen

(1)[1)] [1]Im Inland ansässige Unternehmer, die vor dem 1.7.2021 in einem anderen EU-Mitgliedstaat Telekommunikationsdienstleistungen, Rundfunk- und Fernsehdienstleistungen und/oder sonstige Leistungen auf elektronischem Weg an in diesem EU-Mitgliedstaat ansässige Nichtunternehmer (siehe Abschnitt 3a.1 Abs. 1) erbringen (§ 3a Abs. 5 UStG), für die sie dort die Umsatzsteuer schulden und Umsatzsteuererklärungen abzugeben haben, können sich dafür entscheiden, an dem besonderen Besteuerungsverfahren nach Titel XII Kapitel 6 Abschnitt 3 der MwStSystRL in der Fassung von Artikel 5 Nummer 15 der Richtlinie 2008/8/EG des Rates vom 12.2.2008 zur Änderung der Richtlinie 2006/112/EG bezüglich des Ortes der Dienstleistung (ABl. EU 2008 Nr. L 44 S. 11)[2)] teilzunehmen (sog. Mini-One-Stop-Shop bzw. kleine einzige Anlaufstelle). [2]Dies gilt auch für Kleinunternehmer im Sinne des § 19 UStG. [3]Im Fall der umsatzsteuerlichen Organschaft kann das Wahlrecht nach Satz 1 nur durch den Organträger ausgeübt werden. [4]Die Teilnahme an dem besonderen Besteuerungsverfahren ist nur einheitlich für alle EU-Mitgliedstaaten möglich, in denen der Unternehmer bzw. im Fall der umsatzsteuerlichen Organschaft der Organkreis keine Betriebsstätte (Abschnitt 3a.1 Abs. 3) hat. [5]Macht ein Unternehmer von dem Wahlrecht nach Satz 1 Gebrauch, muss er dies dem BZSt vorbehaltlich des Satzes 6 vor Beginn des Besteuerungszeitraums, ab dessen Beginn er von dem besonderen Besteuerungsverfahren Gebrauch macht, nach amtlich vorgeschriebenem Datensatz durch Datenfernübertragung anzeigen. [6]Erbringt der Unternehmer erstmals Leistungen im Sinne des Satzes 1, gilt das besondere Besteuerungsverfahren nach Satz 1 ab dem Tag der ersten Leistungserbringung, wenn die Anzeige nach Satz 5 gegenüber dem BZSt bis zum 10. Tag des auf die erste Leistungserbringung folgenden Monats erfolgt. [7]Ändern sich die Angaben der Anzeige nach Satz 5, hat der Unternehmer dem BZSt die Änderungen bis zum 10. Tag des auf den Eintritt der Änderungen folgenden Monats

---

[1)] A 18h.1 UStAE Überschrift und Abs. 1 Satz 1 neugef. durch BMF v. 1.4.2021, BStBl. I 2021, 629, anzuwenden mWv 1.7.2021.

[2)] **Steuergesetze** Nr. **550**.

auf elektronischem Weg mitzuteilen; Änderungen des Firmennamens und der Anschrift sind jedoch ausschließlich dem zuständigen Finanzamt zu melden.

(2) [1]Der Unternehmer hat für jeden Besteuerungszeitraum (= Kalendervierteljahr) bis zum 20. Tag nach Ablauf jedes Besteuerungszeitraums eine Umsatzsteuererklärung für jeden EU-Mitgliedstaat, in dem er das besondere Besteuerungsverfahren anwendet (vgl. Absatz 1 Satz 2), nach amtlich vorgeschriebenem Datensatz durch Datenfernübertragung dem BZSt zu übermitteln; dies gilt unabhängig davon, ob Leistungen nach Absatz 1 Satz 1 erbracht wurden oder nicht. [2]Der Unternehmer hat die Steuer selbst zu berechnen. [3]Informationen zur elektronischen Übermittlung sind auf den Internetseiten des BZSt (www.bzst.de) abrufbar. [4]Der Datenübermittler muss authentifiziert sein. [5]Die Steuer ist spätestens am 20. Tag nach Ende des Besteuerungszeitraums an das BZSt zu entrichten.

(3) [1]Die Beträge in der Umsatzsteuererklärung sind in Euro anzugeben; es sei denn, der EU-Mitgliedstaat, in dessen Gebiet der Leistungsort liegt, sieht die Angabe der Beträge in seiner Landeswährung vor. [2]In den Fällen der Angabe der Beträge in einer vom Euro abweichenden Landeswährung muss der Unternehmer bei der Umrechnung von Werten in die fremde Währung einheitlich den von der Europäischen Zentralbank festgestellten Umrechnungskurs des letzten Tags des Besteuerungszeitraums bzw., falls für diesen Tag kein Umrechnungskurs festgelegt wurde, den für den nächsten Tag nach Ablauf des Besteuerungszeitraums festgelegten Umrechnungskurs anwenden. [3]Die Anwendung eines monatlichen Durchschnittskurses ist ausgeschlossen.

(4) [1]Der Unternehmer hat dem BZSt bis zum 10. Tag des auf den Eintritt der Änderung folgenden Monats auf elektronischem Weg mitzuteilen, wenn er keine Telekommunikationsdienstleistungen, Rundfunk- und Fernsehdienstleistungen und/oder sonstige Leistungen auf elektronischem Weg mehr erbringt oder wenn andere Änderungen vorliegen, durch die er die Voraussetzungen für die Anwendung des besonderen Besteuerungsverfahrens nicht mehr erfüllt. [2]Das BZSt stellt durch Verwaltungsakt fest, wenn der Unternehmer nicht oder nicht mehr die Voraussetzungen für die Anwendung des besonderen Besteuerungsverfahrens erfüllt.

(5) [1]Der Unternehmer kann die Ausübung des Wahlrechts nach Absatz 1 Satz 1 gegenüber dem BZSt nach amtlich vorgeschriebenem Datensatz auf elektronischem Weg widerrufen. [2]Ein Widerruf ist nur bis zum Beginn eines neuen Besteuerungszeitraums mit Wirkung ab diesem Zeitraum möglich (§ 18h Abs. 1 Sätze 4 und 5 UStG).

(6) [1]Das BZSt kann den Unternehmer von dem besonderen Besteuerungsverfahren ausschließen, wenn er seinen Verpflichtungen nach Absatz 2 oder den von ihm in einem anderen EU-Mitgliedstaat zu erfüllenden Aufzeichnungspflichten entsprechend Artikel 369k MwStSystRL[1)] und Abschnitt 22.3a Abs. 3 und 4 in diesem Verfahren wiederholt nicht oder nicht rechtzeitig

[1)] **Steuergesetze** Nr. **550.**

nachkommt; zum Vorliegen eines wiederholten Verstoßes gegen die Verpflichtungen oder Aufzeichnungspflichten vgl. Abschnitt 18.7a Abs. 6 Satz 2. [2]Der Ausschluss gilt ab dem Besteuerungszeitraum, der nach dem Zeitpunkt der Bekanntgabe des Ausschlusses gegenüber dem Unternehmer beginnt. [3]Die Gültigkeit des Ausschlusses endet nicht vor Ablauf von acht Besteuerungszeiträumen, die dem Zeitpunkt der Bekanntgabe des Ausschlusses gegenüber dem Unternehmer folgen (Artikel 58b Abs. 1 MwStVO).[1)]

(7)[2)] [1]Im Inland ansässige Unternehmer, die vor dem 1.7.2021 in einem anderen EU-Mitgliedstaat ausschließlich Telekommunikationsdienstleistungen, Rundfunk- und Fernsehdienstleistungen und/oder sonstige Leistungen auf elektronischem Weg an in diesem EU-Mitgliedstaat ansässige Nichtunternehmer (siehe Abschnitt 3a.1 Abs. 1) erbringen (§ 3a Abs. 5 UStG), für die sie dort die Umsatzsteuer schulden und Umsatzsteuererklärungen abzugeben haben, und von dem Wahlrecht nach § 18h Abs. 1 UStG Gebrauch machen, können Vorsteuerbeträge in dem anderen EU-Mitgliedstaat nur im Rahmen des Vorsteuer-Vergütungsverfahrens entsprechend der Richtlinie 2008/9/EG des Rates vom 12.2.2008 zur Regelung der Erstattung der Mehrwertsteuer gemäß der Richtlinie 2006/112/EG an nicht im Mitgliedstaat der Erstattung, sondern in einem anderen Mitgliedstaat ansässige Steuerpflichtige (ABl. EU 2008 Nr. L 44 S. 23) geltend machen (vgl. § 18g UStG und Abschnitt 18g.1). [2]Erbringen im Inland ansässige Unternehmer, die von dem Wahlrecht nach § 18h Abs. 1 UStG Gebrauch machen, vor dem 1.7.2021 in einem anderen EU-Mitgliedstaat noch andere Umsätze, für die sie dort die Umsatzsteuer schulden und Umsatzsteuererklärungen abzugeben haben, können die Vorsteuerbeträge in dem anderen EU-Mitgliedstaat insgesamt nur im allgemeinen Besteuerungsverfahren (Artikel 250 bis 261 MwStSystRL)[3)] bei der zuständigen Stelle in dem anderen EU-Mitgliedstaat geltend gemacht werden.

(8) [1]Ein im Inland ansässiger Unternehmer ist ein Unternehmer, der im Inland seinen Sitz oder seine Geschäftsleitung hat oder, für den Fall, dass er im Drittlandsgebiet ansässig ist, im Inland eine Betriebsstätte (Abschnitt 3a.1 Abs. 3) hat (§ 18h Abs. 5 UStG). [2]Hat ein im Drittlandsgebiet ansässiger Unternehmer in mehreren EU-Mitgliedstaaten Betriebsstätten, kann er selbst entscheiden, in welchem EU-Mitgliedstaat er sich für Zwecke des besonderen Besteuerungsverfahrens erfassen lassen möchte. [3]Der Unternehmer ist in den Fällen des Satzes 2 an seine Entscheidung für das betreffende Kalenderjahr und die beiden darauf folgenden Kalenderjahre gebunden (vgl. Artikel 369a Abs. 2 MwStSystRL).[3)]

(9) Auf das besondere Besteuerungsverfahren sind, soweit es vom BZSt durchgeführt wird, die §§ 30, 80, 87a, 118 bis 133 und 347 bis 368 AO sowie die FGO anzuwenden.

[1)] **Steuergesetze** Nr. **550a**.

[2)] A 18h.1 UStAE Abs. 7 neugef. durch BMF v. 1.4.2021, BStBl. I 2021, 629, anzuwenden mWv 1.7.2021.

[3)] **Steuergesetze** Nr. **550**.

(10)[1] Hinsichtlich des besonderen Besteuerungsverfahrens für nach dem 30.6.2021 von im Gemeinschaftsgebiet, nicht aber im Mitgliedstaat des Verbrauchs ansässigen Unternehmern erbrachte sonstige Leistungen vgl. Abschnitt 18j.1.

Zu § 18i UStG

18i.1[2] Besonderes Besteuerungsverfahren für von nicht im Gemeinschaftsgebiet ansässigen Unternehmern erbrachte sonstige Leistungen

(1) [1]Ein nicht im Gemeinschaftsgebiet ansässiger Unternehmer, der im Gemeinschaftsgebiet nach dem 30.6.2021 als Steuerschuldner sonstige Leistungen an Nichtunternehmer (siehe Abschnitt 3a.1 Abs. 1) erbringt, kann sich unter bestimmten Bedingungen dafür entscheiden, nur in einem EU-Mitgliedstaat erfasst zu werden und an dem besonderen Besteuerungsverfahren nach § 18i UStG teilzunehmen (sog. One-Stop-Shop – Nicht-EU-Regelung). [2]Eine Teilnahme an diesem besonderen Besteuerungsverfahren ist dem Unternehmer nur einheitlich für alle EU-Mitgliedstaaten und alle Leistungen nach Satz 1 möglich. [3]Macht ein Unternehmer von dem Wahlrecht nach Satz 1 Gebrauch, muss er dies der zuständigen Finanzbehörde eines EU-Mitgliedstaates vorbehaltlich des Satzes 5 vor Beginn des Besteuerungszeitraums (§ 16 Abs. 1c Satz 1 UStG), ab dessen Beginn er von diesem besonderen Besteuerungsverfahren Gebrauch macht, nach amtlich vorgeschriebenem Datensatz durch Datenfernübertragung anzeigen. [4]Entscheidet sich der Unternehmer dafür, sich nur in Deutschland erfassen zu lassen, hat die Anzeige nach Satz 3 gegenüber dem BZSt zu erfolgen. [5]Erbringt der Unternehmer erstmals Leistungen im Sinne des Satzes 1, gilt das besondere Besteuerungsverfahren ab dem Tag der ersten Leistungserbringung, wenn die Anzeige nach Satz 3 gegenüber der zuständigen Finanzbehörde eines EU-Mitgliedstaates bis zum 10. Tag des auf die erste Leistungserbringung folgenden Monats erfolgt. [6]Ändern sich die Angaben der Anzeige nach Satz 3, hat der Unternehmer der zuständigen Finanzbehörde des EU-Mitgliedstaates, bei der er die Teilnahme an dem besonderen Besteuerungsverfahren angezeigt hat, die Änderungen bis zum 10. Tag des auf den Eintritt der Änderungen folgenden Monats auf elektronischem Weg mitzuteilen.

(2) [1]Der Unternehmer hat für jeden Besteuerungszeitraum (= Kalendervierteljahr; § 16 Abs. 1c Satz 1 UStG) eine Umsatzsteuererklärung innerhalb eines Monats nach Ablauf des Besteuerungszeitraums der Finanzbehörde, bei der er die Teilnahme an dem besonderen Besteuerungsverfahren angezeigt hat, elektronisch zu übermitteln; dies gilt auch, wenn keine Leistungen nach Absatz 1 Satz 1 erbracht wurden. [2]Hierbei hat er die auf den jeweiligen EU-Mitgliedstaat entfallenden Umsätze zu trennen und dem im betreffenden

---

[1] A 18h.1 UStAE Abs. 10 angef. durch BMF v. 1.4.2021, BStBl. I 2021, 629, anzuwenden mWv *1.7.2021*.

[2] A 18i.1 UStAE eingef. durch BMF v. 1.4.2021, BStBl. I 2021, 629, Abs. 1 u. 6 anzuwenden mWv 1.4.2021, Abs. 2 bis 5, 7 bis 9 anzuwenden mWv 1.7.2021.

EU-Mitgliedstaat geltenden Steuersatz zu unterwerfen. [3]Der Unternehmer hat die Steuer selbst zu berechnen (§ 18i Abs. 3 Satz 2 in Verbindung mit § 16 Abs. 1c Satz 2 oder 3 UStG). [4]Für den Fall, dass der Unternehmer sich entschieden hat, sich nur in Deutschland erfassen zu lassen, sind Informationen zur elektronischen Übermittlung auf den Internetseiten des BZSt (www.bzst.de) abrufbar; der Datenübermittler muss authentifiziert sein. [5]Die Steuer ist am letzten Tag des auf den Besteuerungszeitraum folgenden Monats fällig und bis dahin an die Finanzbehörde zu entrichten, bei der der Unternehmer die Teilnahme an dem besonderen Besteuerungsverfahren angezeigt hat (§ 18i Abs. 3 Satz 3 UStG). [6]Soweit der Unternehmer im Inland Leistungen nach Absatz 1 Satz 1 erbringt und an dem besonderen Besteuerungsverfahren teilnimmt, ist das allgemeine Besteuerungsverfahren (§ 18 Abs. 1 bis 4 UStG) nicht anzuwenden; das allgemeine und das besondere Besteuerungsverfahren schließen sich im Übrigen jedoch gegenseitig nicht aus. [7]Berichtigungen einer Umsatzsteuererklärung, die innerhalb von drei Jahren nach dem letzten Tag des Zeitraums nach Satz 1 vorgenommen werden, sind mit einer späteren Umsatzsteuererklärung unter Angabe des zu berichtigenden Besteuerungszeitraums anzuzeigen. [8]Hinsichtlich der im Inland steuerbaren Umsätze bleiben die allgemeinen Änderungsvorschriften der AO nach dem Drei-Jahres-Zeitraum nach Satz 7 unberührt; entsprechende Änderungen sind vorbehaltlich einer abweichenden Zuständigkeitsvereinbarung (§ 27 AO) bei dem nach § 21 Abs. 1 Satz 2 AO in Verbindung mit der UStZustV zuständigen Finanzamt zu beantragen.

(3) [1]Die Umsatzsteuererklärung nach Absatz 2 Satz 1, die der Unternehmer der zuständigen Finanzbehörde eines anderen EU-Mitgliedstaates übermittelt hat, ist ab dem Zeitpunkt eine Steueranmeldung im Sinne des § 150 Abs. 1 Satz 3 und § 168 AO, zu dem die in ihr enthaltenen Daten von der zuständigen Finanzbehörde des anderen EU-Mitgliedstaates dem BZSt übermittelt und dort in bearbeitbarer Weise aufgezeichnet wurden; dies gilt entsprechend für die Berichtigung einer Umsatzsteuererklärung nach Absatz 2 Satz 7. [2]Die Umsatzsteuererklärung nach Satz 1 gilt als fristgemäß übermittelt, wenn sie bis zum letzten Tag des auf den Besteuerungszeitraum folgenden Monats der zuständigen Finanzbehörde des anderen EU-Mitgliedstaates übermittelt worden ist und dort in bearbeitbarer Weise aufgezeichnet wurde (§ 18i Abs. 4 Satz 3 UStG). [3]Die Entrichtung der Steuer erfolgt im Falle der Umsatzsteuererklärung nach Satz 1 fristgemäß, wenn die Zahlung bis zum letzten Tag des auf den Besteuerungszeitraum folgenden Monats bei der zuständigen Finanzbehörde des anderen EU-Mitgliedstaates eingegangen ist (§ 18i Abs. 4 Satz 4 UStG). [4]§ 240 AO ist in diesen Fällen mit der Maßgabe anzuwenden, dass eine Säumnis frühestens mit Ablauf des 10. Tages nach Ablauf des zweiten auf den Besteuerungszeitraum folgenden Monats eintritt (§ 18i Abs. 4 Satz 5 UStG).

(4) [1]Die Beträge in der Umsatzsteuererklärung sind in Euro anzugeben; es sei denn, der EU-Mitgliedstaat, in dessen Gebiet der Leistungsort liegt, sieht die Angabe der Beträge in seiner Landeswährung vor. [2]In den Fällen der Angabe der Beträge in einer vom Euro abweichenden Landeswährung muss der Unternehmer bei der Umrechnung von Werten in diese Währung einheitlich den von der Europäischen Zentralbank festgestellten Umrech-

nungskurs des letzten Tags des Besteuerungszeitraums bzw., falls für diesen Tag kein Umrechnungskurs festgelegt wurde, den für den nächsten Tag nach Ablauf des Besteuerungszeitraums festgelegten Umrechnungskurs anwenden (§ 16 Abs. 6 Sätze 4 und 5 UStG). [3]Die Anwendung eines monatlichen Durchschnittskurses ist entsprechend § 16 Abs. 6 Sätze 1 und 2 UStG ausgeschlossen.

(5) [1]Der Unternehmer hat der Finanzbehörde, bei der er die Teilnahme an dem besonderen Besteuerungsverfahren angezeigt hat, bis zum 10. Tag des auf den Eintritt der Änderung folgenden Monats auf elektronischem Weg mitzuteilen, wenn er keine Leistungen im Sinne des Absatzes 1 Satz 1 mehr erbringt oder wenn andere Änderungen vorliegen, durch die er die Voraussetzungen für die Anwendung des besonderen Besteuerungsverfahrens nach § 18i UStG nicht mehr erfüllt. [2]Hat der Unternehmer die Teilnahme an dem besonderen Besteuerungsverfahren in Deutschland angezeigt, stellt das BZSt durch Verwaltungsakt fest, wenn der Unternehmer nicht oder nicht mehr die Voraussetzungen für die Anwendung des Besteuerungsverfahrens nach § 18i UStG erfüllt.

(6) [1]Der Unternehmer kann die Ausübung des Wahlrechts nach Absatz 1 Satz 1 auf elektronischem Weg widerrufen. [2]Ein Widerruf ist nur vor Beginn eines neuen Besteuerungszeitraums mit Wirkung ab diesem Zeitraum möglich (§ 18i Abs. 1 Sätze 5 und 6 UStG).

(7) [1]Die Finanzbehörde, bei der der Unternehmer die Teilnahme an dem besonderen Besteuerungsverfahren angezeigt hat, kann den Unternehmer von dem Besteuerungsverfahren nach § 18i UStG ausschließen, wenn er seinen Verpflichtungen nach § 18i Abs. 3 oder § 22 Abs. 1 UStG (Abschnitt 22.3a Abs. 3a und 4) oder den von ihm in einem anderen EU-Mitgliedstaat zu erfüllenden Aufzeichnungspflichten entsprechend Artikel 369 MwStSystRL[1)] in diesem Verfahren wiederholt nicht oder nicht rechtzeitig nachkommt. [2]Von einem wiederholten Verstoß gegen die Verpflichtungen nach Satz 1 ist insbesondere dann auszugehen, wenn

1. der Unternehmer für drei unmittelbar vorangegangene Besteuerungszeiträume an die Übermittlung der Umsatzsteuererklärung erinnert wurde und er die Umsatzsteuererklärung für jeden dieser Besteuerungszeiträume nicht bis zum 10. Tag nach der Erinnerung übermittelt hat,
2. der Unternehmer für drei unmittelbar vorangegangene Besteuerungszeiträume an die Zahlung der Steuer erinnert wurde und er den Gesamtbetrag der Steuer nicht für jeden dieser Besteuerungszeiträume bis zum 10. Tag nach der Zahlungserinnerung entrichtet hat, es sei denn, der rückständige Betrag beträgt weniger als 100 € für jeden dieser Besteuerungszeiträume, oder
3. der Unternehmer nach einer Aufforderung zur elektronischen Zurverfügungstellung seiner Aufzeichnungen (§ 22 Abs. 1 UStG und Abschnitt 22.3a Abs. 3a und 4 oder Artikel 369 MwStSystRL) und einer nachfolgenden Erinnerung die angeforderten Aufzeichnungen nicht innerhalb eines Monats nach Erteilung der Erinnerung elektronisch zur Verfügung gestellt hat.

---

1) **Steuergesetze** Nr. **550**.

[3]Ein Ausschluss kann auch erfolgen, wenn der Unternehmer über einen Zeitraum von zwei Jahren keine Umsätze nach Absatz 1 Satz 1 erbracht hat (vgl. Artikel 58a MwStVO).[1)] [4]Der Ausschluss gilt ab dem Besteuerungszeitraum, der nach dem Zeitpunkt der Bekanntgabe des Ausschlusses gegenüber dem Unternehmer beginnt; ist der Ausschluss jedoch auf eine Änderung des Ortes des Sitzes oder der Betriebsstätte zurückzuführen, ist der Ausschluss ab dem Tag dieser Änderung wirksam. [5]Der Ausschluss wegen eines wiederholten Verstoßes gegen die in Satz 1 genannten Verpflichtungen hat auch den Ausschluss von den besonderen Besteuerungsverfahren nach den §§ 18j und 18k UStG zur Folge. [6]Die Gültigkeit des Ausschlusses wegen eines wiederholten Verstoßes gegen die in Satz 1 genannten Verpflichtungen endet nicht vor Ablauf von zwei Jahren, die auf den Besteuerungszeitraum folgen, in dem der Ausschluss gegenüber dem Unternehmer bekannt gegeben wurde; innerhalb dieses Zeitraums ist auch die erstmalige oder erneute Teilnahme an den besonderen Besteuerungsverfahren nach den §§ 18i, 18j und 18k UStG nicht zulässig.

(8) [1]Ein nicht im Gemeinschaftsgebiet ansässiger Unternehmer, der im Inland als Steuerschuldner ausschließlich Leistungen nach Absatz 1 Satz 1 und ggf. weitere in § 59 Satz 1 UStDV aufgeführte Umsätze, die das Vorsteuer-Vergütungsverfahren nicht ausschließen, erbringt sowie von dem Wahlrecht der steuerlichen Erfassung in nur einem EU-Mitgliedstaat Gebrauch macht, kann Vorsteuerbeträge nur im Rahmen des Vorsteuer-Vergütungsverfahrens geltend machen (§ 16 Abs. 1c Satz 4 und § 18 Abs. 9 Satz 1 UStG in Verbindung mit § 59 Satz 1 Nr. 4 und § 61a UStDV). [2]In diesen Fällen sind die Einschränkungen des § 18 Abs. 9 Sätze 5 und 6 UStG nicht anzuwenden (§ 18 Abs. 9 Satz 8 UStG), soweit die Vorsteuerbeträge im Zusammenhang mit Leistungen nach Absatz 1 Satz 1 stehen. [3]Für Vorsteuerbeträge im Zusammenhang mit anderen Umsätzen (z.B. elektronisch erbrachte sonstige Leistungen durch einen nicht im Gemeinschaftsgebiet ansässigen Unternehmer an einen in der EU ansässigen Unternehmer, der Steuerschuldner ist) gelten die Einschränkungen des § 18 Abs. 9 Sätze 5 und 6 UStG unverändert. [4]Erbringt ein nicht im Gemeinschaftsgebiet ansässiger Unternehmer, der von dem Wahlrecht der steuerlichen Erfassung in nur einem EU-Mitgliedstaat Gebrauch macht, im Inland noch andere Umsätze, für die er im Inland die Umsatzsteuer schuldet und Umsatzsteuer-Voranmeldungen und/oder Umsatzsteuererklärungen für das Kalenderjahr zu übermitteln hat, können die Vorsteuerbeträge insgesamt nur im allgemeinen Besteuerungsverfahren (§ 18 Abs. 1 bis 4 UStG) geltend gemacht werden.

(9) Auf das besondere Besteuerungsverfahren sind, soweit die Anzeige nach Absatz 1 Satz 1 gegenüber dem BZSt erfolgt und dieses die Umsatzsteuererklärungen den zuständigen Finanzbehörden der anderen EU-Mitgliedstaaten übermittelt, die §§ 2a, 29b bis 30, 32a bis 32j, 80, 87a, 87b und der Zweite Abschnitt des Dritten Teils und der Siebente Teil der AO sowie die FGO anzuwenden.

---

1) **Steuergesetze** Nr. **550a**.

Zu § 18j UStG

18j.1[1)] Besonderes Besteuerungsverfahren für den innergemeinschaftlichen Fernverkauf, für Lieferungen innerhalb eines Mitgliedstaates über eine elektronische Schnittstelle und für von im Gemeinschaftsgebiet, nicht aber im Mitgliedstaat des Verbrauchs ansässigen Unternehmern erbrachte sonstige Leistungen

(1) [1] Ein Unternehmer, der

1. nach dem 30.6.2021 Lieferungen nach § 3 Abs. 3a Satz 1 UStG (vgl. Abschnitt 3.18 Abs. 1 bis 3) innerhalb eines EU-Mitgliedstaates oder innergemeinschaftliche Fernverkäufe nach § 3c Abs. 1 Sätze 2 und 3 UStG (vgl. Abschnitt 3c Abs. 2) im Gemeinschaftsgebiet erbringt oder
2. in der EU ansässig ist und nach dem 30.6.2021 in einem anderen EU-Mitgliedstaat sonstige Leistungen an Nichtunternehmer (siehe Abschnitt 3a.1 Abs. 1) ausführt,

für die er dort die Steuer schuldet und Umsatzsteuererklärungen abzugeben hat, kann sich dafür entscheiden, an dem besonderen Besteuerungsverfahren nach § 18j UStG teilzunehmen (sog. One-Stop-Shop – EU-Regelung). [2] Dies gilt auch für Kleinunternehmer im Sinne des § 19 UStG. [3] Im Fall der umsatzsteuerlichen Organschaft kann das Wahlrecht nach Satz 1 nur durch den Organträger ausgeübt werden. [4] Eine Teilnahme an dem besonderen Besteuerungsverfahren ist dem Unternehmer nur einheitlich für alle EU-Mitgliedstaaten und alle Umsätze nach Satz 1 möglich; dies gilt hinsichtlich sonstiger Leistungen an Nichtunternehmer nur für die EU-Mitgliedstaaten, in denen der Unternehmer bzw. im Fall der umsatzsteuerlichen Organschaft der Organkreis weder einen Sitz noch eine Betriebsstätte (Abschnitt 3a.1 Abs. 3) hat; hinsichtlich innergemeinschaftlicher Fernverkäufe ist eine umsatzsteuerliche Erfassung im allgemeinen Besteuerungsverfahren in anderen EU-Mitgliedstaaten unerheblich. [5] Macht ein Unternehmer von dem Wahlrecht nach Satz 1 Gebrauch, muss er dies der zuständigen Finanzbehörde des zuständigen EU-Mitgliedstaates (§ 18j Abs. 1 Satz 2 UStG) vorbehaltlich des Satzes 7 vor Beginn des Besteuerungszeitraums (§ 16 Abs. 1d Satz 1 UStG), ab dessen Beginn er von diesem besonderen Besteuerungsverfahren Gebrauch macht, nach amtlich vorgeschriebenem Datensatz durch Datenfernübertragung anzeigen. [6] Sofern Deutschland zuständiger EU-Mitgliedstaat ist, hat die Anzeige nach Satz 5 gegenüber dem BZSt zu erfolgen. [7] Erbringt der Unternehmer erstmals Umsätze im Sinne des Satzes 1 oder überschreitet er erstmalig die Umsatzschwelle von 10 000 € im Sinne des § 3a Abs. 5 Satz 3 und § 3c Abs. 4 Satz 1 UStG (vgl. Abschnitt 3a.9a Abs. 1 Satz 1 Nr. 1 Satz 2 und Abschnitt 3c.1 Abs. 1 Sätze 2 und 3) und hat zuvor nicht im Sinne des § 3a Abs. 5 Satz 4 und § 3c Abs. 4 Satz 2 UStG auf die Anwendung verzichtet (vgl. Abschnitt 3a.9a Abs. 1 Satz 1 Nr. 1 Sätze 4 und 5 und Abschnitt 3c.1 Abs. 1 Satz 3), gilt das

1) A 18j.1 UStAE eingef. durch BMF v. 1.4.2021, BStBl. I 2021, 629, Abs. 1, 6, 9 u. 10 anzuwenden mWv 1.4.2021, Abs. 2–5, 7, 8 u. 11 anzuwenden mWv 1.7.2021.

besondere Besteuerungsverfahren ab dem Tag der ersten Leistungserbringung, wenn die Anzeige nach Satz 5 gegenüber der zuständigen Finanzbehörde eines EU-Mitgliedstaates bis zum 10. Tag des auf die erste Leistungserbringung folgenden Monats erfolgt. [8] Ändern sich die Angaben der Anzeige nach Satz 5, hat der Unternehmer der zuständigen Finanzbehörde des EU-Mitgliedstaates, bei der er die Teilnahme an dem besonderen Besteuerungsverfahren angezeigt hat, die Änderungen bis zum 10. Tag des auf den Eintritt der Änderungen folgenden Monats auf elektronischem Weg mitzuteilen.

(2) [1] Der Unternehmer hat für jeden Besteuerungszeitraum (= Kalendervierteljahr; § 16 Abs. 1d Satz 1 UStG) eine Umsatzsteuererklärung innerhalb eines Monats nach Ablauf des Besteuerungszeitraums der Finanzbehörde, bei der er die Teilnahme an dem besonderen Besteuerungsverfahren angezeigt hat, elektronisch zu übermitteln; dies gilt auch, wenn keine Umsätze nach Absatz 1 Satz 1 erbracht wurden. [2] Hierbei hat er die auf den jeweiligen EU-Mitgliedstaat entfallenden Umsätze zu trennen und dem im betreffenden EU-Mitgliedstaat geltenden Steuersatz zu unterwerfen. [3] Der Unternehmer hat die Steuer selbst zu berechnen (§ 18j Abs. 4 Satz 2 in Verbindung mit § 16 Abs. 1d Satz 2 oder 3 UStG). [4] Für den Fall, dass Deutschland zuständiger EU-Mitgliedstaat nach Absatz 1 Satz 5 ist, sind Informationen zur elektronischen Übermittlung auf den Internetseiten des BZSt (www.bzst.de) abrufbar; der Datenübermittler muss authentifiziert sein. [5] Die Steuer ist am letzten Tag des auf den Besteuerungszeitraum folgenden Monats fällig und bis dahin an die Finanzbehörde zu entrichten, bei der der Unternehmer die Teilnahme an dem besonderen Besteuerungsverfahren angezeigt hat (§ 18j Abs. 4 Satz 3 UStG). [6] Soweit der Unternehmer im Inland Umsätze nach Absatz 1 Satz 1 erbringt und an dem besonderen Besteuerungsverfahren teilnimmt, ist das allgemeine Besteuerungsverfahren (§ 18 Abs. 1 bis 4 UStG) nicht anzuwenden; das allgemeine und das besondere Besteuerungsverfahren schließen sich im Übrigen jedoch gegenseitig nicht aus. [7] Berichtigungen einer Umsatzsteuererklärung, die innerhalb von drei Jahren nach dem letzten Tag des Zeitraums nach Satz 1 vorgenommen werden, sind mit einer späteren Umsatzsteuererklärung unter Angabe des zu berichtigenden Besteuerungszeitraums anzuzeigen. [8] Hinsichtlich der im Inland steuerbaren Umsätze bleiben die allgemeinen Änderungsvorschriften der AO nach dem Drei-Jahres-Zeitraum nach Satz 7 unberührt; entsprechende Änderungen sind vorbehaltlich einer abweichenden Zuständigkeitsvereinbarung (§ 27 AO) bei dem nach § 21 Abs. 1 Satz 1 AO oder § 21 Abs. 1 Satz 2 AO in Verbindung mit der UStZustV zuständigen Finanzamt zu beantragen.

(3) [1] Die Umsatzsteuererklärung nach Absatz 2 Satz 1, die der Unternehmer der zuständigen Finanzbehörde eines anderen EU-Mitgliedstaates übermittelt hat, ist ab dem Zeitpunkt eine Steueranmeldung im Sinne des § 150 Abs. 1 Satz 3 und § 168 AO, zu dem die in ihr enthaltenen Daten von der zuständigen Finanzbehörde des anderen EU-Mitgliedstaates dem BZSt übermittelt und dort in bearbeitbarer Weise aufgezeichnet wurden; dies gilt entsprechend für die Berichtigung einer Umsatzsteuererklärung nach Absatz 2 Satz 7. [2] Die Umsatzsteuererklärung nach Satz 1 gilt als fristgemäß übermittelt, wenn sie bis zum letzten Tag des auf den Besteuerungszeitraum folgenden Monats der zuständigen Finanzbehörde des anderen EU-Mitgliedstaates übermittelt worden

ist und dort in bearbeitbarer Weise aufgezeichnet wurde (§ 18j Abs. 5 Satz 3 UStG). [3]Die Entrichtung der Steuer erfolgt im Falle der Umsatzsteuererklärung nach Satz 1 fristgemäß, wenn die Zahlung bis zum letzten Tag des auf den Besteuerungszeitraum folgenden Monats bei der zuständigen Finanzbehörde des anderen EU-Mitgliedstaates eingegangen ist (§ 18j Abs. 5 Satz 4 UStG). [4]§ 240 AO ist in diesen Fällen mit der Maßgabe anzuwenden, dass eine Säumnis frühestens mit Ablauf des 10. Tages nach Ablauf des zweiten auf den Besteuerungszeitraum folgenden Monats eintritt (§ 18j Abs. 5 Satz 5 UStG).

(4) [1]Die Beträge in der Umsatzsteuererklärung sind in Euro anzugeben; es sei denn, der EU-Mitgliedstaat, in dessen Gebiet der Leistungsort liegt, sieht die Angabe der Beträge in seiner Landeswährung vor. [2]In den Fällen der Angabe der Beträge in einer vom Euro abweichenden Landeswährung muss der Unternehmer bei der Umrechnung von Werten in diese Währung einheitlich den von der Europäischen Zentralbank festgestellten Umrechnungskurs des letzten Tags des Besteuerungszeitraums bzw., falls für diesen Tag kein Umrechnungskurs festgelegt wurde, den für den nächsten Tag nach Ablauf des Besteuerungszeitraums festgelegten Umrechnungskurs anwenden (§ 16 Abs. 6 Sätze 4 und 5 UStG). [3]Die Anwendung eines monatlichen Durchschnittskurses entsprechend § 16 Abs. 6 Sätze 1 und 2 UStG ist ausgeschlossen.

(5) [1]Der Unternehmer hat der Finanzbehörde, bei der er die Teilnahme an dem besonderen Besteuerungsverfahren angezeigt hat, bis zum 10. Tag des auf den Eintritt der Änderung folgenden Monats auf elektronischem Weg mitzuteilen, wenn er keine Umsätze im Sinne des Absatzes 1 Satz 1 mehr erbringt oder wenn andere Änderungen vorliegen, durch die er die Voraussetzungen für die Anwendung des besonderen Besteuerungsverfahrens nach § 18j UStG nicht mehr erfüllt. [2]Hat der Unternehmer die Teilnahme an dem besonderen Besteuerungsverfahren in Deutschland angezeigt, stellt das BZSt durch Verwaltungsakt fest, wenn der Unternehmer nicht oder nicht mehr die Voraussetzungen für die Anwendung des Besteuerungsverfahrens nach § 18j UStG erfüllt.

(6) [1]Der Unternehmer kann die Ausübung des Wahlrechts nach Absatz 1 Satz 1 auf elektronischem Weg widerrufen. [2]Ein Widerruf ist nur vor Beginn eines neuen Besteuerungszeitraums mit Wirkung ab diesem Zeitraum möglich (§ 18j Abs. 1 Sätze 5 und 6 UStG).

(7) [1]Die Finanzbehörde, bei der der Unternehmer die Teilnahme an dem besonderen Besteuerungsverfahren angezeigt hat, kann den Unternehmer von dem Besteuerungsverfahren nach § 18j UStG ausschließen, wenn er seinen Verpflichtungen nach § 18j Abs. 4 oder § 22 Abs. 1 UStG (Abschnitt 22.3a Abs. 3a und 4) oder den von ihm in einem anderen EU-Mitgliedstaat zu erfüllenden Aufzeichnungspflichten entsprechend Artikel 369k MwStSystRL[1]) in diesem Verfahren wiederholt nicht oder nicht rechtzeitig nachkommt. [2]Zur Beurteilung eines wiederholten Verstoßes gegen die Verpflichtungen nach Satz 1 gilt Abschnitt 18i.1 Abs. 7 Satz 2 entsprechend. [3]Ein Ausschluss kann auch erfolgen, wenn der Unternehmer über einen Zeitraum von zwei Jahren keine Umsätze nach Absatz 1 Satz 1 erbracht hat (vgl. Artikel 58a MwStVO).[2])

---

1) **Steuergesetze** Nr. **550**.
2) **Steuergesetze** Nr. **550a**.

[4]Der Ausschluss gilt ab dem Besteuerungszeitraum, der nach dem Zeitpunkt der Bekanntgabe des Ausschlusses gegenüber dem Unternehmer beginnt; ist der Ausschluss jedoch auf eine Änderung des Ortes des Sitzes oder der Betriebsstätte oder des Ortes zurückzuführen, von dem aus die Beförderung oder Versendung von Gegenständen ausgeht, ist der Ausschluss ab dem Tag dieser Änderung wirksam. [5]Der Ausschluss wegen eines wiederholten Verstoßes gegen die in Satz 1 genannten Verpflichtungen hat auch den Ausschluss von den besonderen Besteuerungsverfahren nach den §§ 18i und 18k UStG zur Folge. [6]Die Gültigkeit des Ausschlusses wegen eines wiederholten Verstoßes gegen die in Satz 1 genannten Verpflichtungen endet nicht vor Ablauf von zwei Jahren, die auf den Besteuerungszeitraum folgen, in dem der Ausschluss gegenüber dem Unternehmer bekannt gegeben wurde; innerhalb dieses Zeitraums ist auch die erstmalige oder erneute Teilnahme an den besonderen Besteuerungsverfahren nach den §§ 18i, 18j und 18k UStG nicht zulässig.

(8) [1]Ein im Ausland ansässiger Unternehmer, der im Inland als Steuerschuldner ausschließlich Umsätze nach Absatz 1 Satz 1 und ggf. weitere in § 59 Satz 1 UStDV aufgeführte Umsätze, die das Vorsteuer-Vergütungsverfahren nicht ausschließen, erbringt sowie an dem besonderen Besteuerungsverfahren teilnimmt, kann Vorsteuerbeträge nur im Rahmen des Vorsteuer-Vergütungsverfahrens geltend machen (§ 16 Abs. 1d Satz 4 und § 18 Abs. 9 Satz 1 UStG in Verbindung mit § 59 Satz 1 Nr. 5, §§ 61 und 61a UStDV). [2]Bei nicht im Gemeinschaftsgebiet ansässigen Unternehmern sind in diesen Fällen die Einschränkungen des § 18 Abs. 9 Sätze 5 und 6 UStG nicht anzuwenden (§ 18 Abs. 9 Satz 8 UStG), soweit die Vorsteuerbeträge im Zusammenhang mit Umsätzen nach Absatz 1 Satz 1 stehen. [3]Für Vorsteuerbeträge im Zusammenhang mit anderen Umsätzen (z. B. innergemeinschaftliche Lieferung durch einen nicht im Gemeinschaftsgebiet ansässigen Unternehmer an einen in der EU ansässigen Unternehmer) gelten die Einschränkungen des § 18 Abs. 9 Sätze 5 und 6 UStG unverändert. [4]Erbringt der Unternehmer, der an dem besonderen Besteuerungsverfahren teilnimmt, im Inland noch andere Umsätze, für die er im Inland die Umsatzsteuer schuldet und Umsatzsteuer-Voranmeldungen und/oder Umsatzsteuererklärungen für das Kalenderjahr zu übermitteln hat, können die Vorsteuerbeträge insgesamt nur im allgemeinen Besteuerungsverfahren (§ 18 Abs. 1 bis 4 UStG) geltend gemacht werden. [5]Für im Inland ansässige Unternehmer, die in einem anderen EU-Mitgliedstaat ausschließlich Umsätze im Sinne des Absatz 1 Satz 1 und ggf. weitere in § 59 Satz 1 UStDV aufgeführte Umsätze, die das Vorsteuer-Vergütungsverfahren nicht ausschließen, erbringen sowie an dem besonderen Besteuerungsverfahren teilnehmen, gilt Satz 1 unter Hinweis auf die Richtlinie 2008/9/EG des Rates vom 12.2.2008 zur Regelung der Erstattung der Mehrwertsteuer gemäß der Richtlinie 2006/112/EG an nicht im Mitgliedstaat der Erstattung, sondern in einem anderen Mitgliedstaat ansässige Steuerpflichtige (ABl. EU 2008 Nr. L 44 S. 23) entsprechend (vgl. § 18g UStG und Abschnitt 18g.1). [6]Erbringen im Inland ansässige Unternehmer, die an dem besonderen Besteuerungsverfahren teilnehmen, in einem anderen EU-Mitgliedstaat noch andere Umsätze, für die sie dort die Umsatzsteuer schulden und Umsatzsteuererklärungen abzugeben haben, können die Vorsteuerbeträge in dem anderen EU-

Mitgliedstaat insgesamt nur im allgemeinen Besteuerungsverfahren (Artikel 250 bis 261 MwStSystRL)[1] bei der zuständigen Finanzbehörde in dem anderen EU-Mitgliedstaat geltend gemacht werden.

(9) [1]Ein Unternehmer ist im Inland ansässig, wenn er im Inland seinen Sitz oder seine Geschäftsleitung oder, für den Fall, dass er im Drittlandsgebiet ansässig ist, im Inland eine Betriebsstätte (Abschnitt 3a.1 Abs. 3) hat. [2]Hat ein im Drittlandsgebiet ansässiger Unternehmer in mehreren EU-Mitgliedstaaten Betriebsstätten, kann er selbst entscheiden, in welchem EU-Mitgliedstaat er sich für Zwecke des besonderen Besteuerungsverfahrens erfassen lassen möchte. [3]Hat ein im Drittlandsgebiet ansässiger Unternehmer keine Betriebsstätte im Gemeinschaftsgebiet, hat er die Teilnahme an dem besonderen Besteuerungsverfahren in dem EU-Mitgliedstaat anzuzeigen, in dem die Beförderung oder Versendung der Gegenstände beginnt. [4]Beginnt die Beförderung oder Versendung der Gegenstände teilweise in einem und teilweise in einem anderen EU-Mitgliedstaat, kann sich der im Drittlandsgebiet ansässige Unternehmer, der keine Betriebsstätte im Gemeinschaftsgebiet hat, für die Anzeige der Teilnahme an dem besonderen Besteuerungsverfahren in einem der vorgenannten EU-Mitgliedstaaten entscheiden. [5]Der im Drittlandsgebiet ansässige Unternehmer ist in den Fällen des Satzes 2 oder 4 an seine Entscheidung für das betreffende Kalenderjahr und die beiden darauffolgenden Kalenderjahre gebunden. [6]Hinsichtlich eines im übrigen Gemeinschaftsgebiet ansässigen Unternehmers vgl. Abschnitt 13b.11 Abs. 1 Satz 2.

(10) [1]Bei Organisationseinheiten der Gebietskörperschaften Bund und Länder, die durch ihr Handeln eine Erklärungspflicht begründen, obliegen der jeweiligen Organisationseinheit die Rechte und Pflichten der Absätze 1, 2, 4, 5, 6 und 8. [2]Absatz 7 gilt in Bezug auf Organisationseinheiten der Gebietskörperschaften Bund und Länder entsprechend.

(11) Auf das besondere Besteuerungsverfahren sind, soweit die Anzeige nach Absatz 1 Satz 1 gegenüber dem BZSt erfolgt und dieses die Umsatzsteuererklärungen den zuständigen Finanzbehörden der anderen EU-Mitgliedstaaten übermittelt, die §§ 2a, 29b bis 30, 32a bis 32j, 80, 87a, 87b und der Zweite Abschnitt des Dritten Teils und der Siebente Teil der AO sowie die FGO anzuwenden.

Zu § 18k UStG

18k.1[2] Besonderes Besteuerungsverfahren für Fernverkäufe von aus dem Drittlandsgebiet eingeführten Gegenständen in Sendungen mit einem Sachwert von höchstens 150 €

(1) [1]Ein Unternehmer, der nach dem 30.6.2021 als Steuerschuldner Fernverkäufe nach § 3 Abs. 3a Satz 2 (vgl. Abschnitt 3.18 Abs. 1, 3 und 4) oder § 3c Abs. 2 oder 3 UStG (vgl. Abschnitt 3c.1 Abs. 3 und 4) in Sendungen (vgl. Abschnitt 3.18 Abs. 6) mit einem Sachwert (vgl. Abschnitt 3.18 Abs. 7)

---

[1] ***Steuergesetze*** *Nr.* ***550.***

[2] A 18k.1 UStAE eingef. durch BMF v. 1.4.2021, BStBl. I 2021, 629, Abs. 1, 6, 9 bis 11 anzuwenden mWv 1.4.2021, Abs. 2 bis 5, 7, 8 u. 12 anzuwenden mWv 1.7.2021.

von höchstens 150 € im Gemeinschaftsgebiet erbringt, für die er dort die Steuer schuldet und Umsatzsteuererklärungen abzugeben hat, oder ein in seinem Auftrag handelnder im Gemeinschaftsgebiet ansässiger Vertreter kann sich dafür entscheiden, an dem besonderen Besteuerungsverfahren nach § 18k UStG teilzunehmen (sog. Import-One-Stop-Shop). [2]Dies gilt auch für Kleinunternehmer im Sinne des § 19 UStG. [3]Im Fall der umsatzsteuerlichen Organschaft kann das Wahlrecht nach Satz 1 nur durch den Organträger ausgeübt werden. [4]Eine Teilnahme an dem besonderen Besteuerungsverfahren ist nur einheitlich für alle EU-Mitgliedstaaten und alle Fernverkäufe im Sinne des Satzes 1 möglich; sie gilt ab dem Tag, an dem dem Unternehmer oder im Auftrag handelnden Vertreter die erteilte individuelle Identifikationsnummer des Unternehmers bekannt gegeben wurde (§ 18k Abs. 1 Satz 5 UStG). [5]Macht ein Unternehmer oder ein im Auftrag handelnder Vertreter von dem Wahlrecht nach Satz 1 Gebrauch, muss er dies der zuständigen Finanzbehörde des unter den Voraussetzungen des Artikels 369l Unterabs. 2 Nr. 3 MwStSystRL[1)] zuständigen EU-Mitgliedstaates vor Beginn des Besteuerungszeitraums (§ 16 Abs. 1e Satz 1 UStG) nach amtlich vorgeschriebenem Datensatz durch Datenfernübertragung anzeigen. [6]Sofern Deutschland zuständiger EU-Mitgliedstaat ist, hat die Anzeige nach Satz 5 gegenüber dem BZSt zu erfolgen. [7]Eine Teilnahme an dem besonderen Besteuerungsverfahren ist für nicht im Gemeinschaftsgebiet ansässige Unternehmer nur zulässig, wenn das Drittland, in dem sie ansässig sind, in der Durchführungsverordnung entsprechend Artikel 369m Abs. 3 MwStSystRL aufgeführt ist, oder wenn sie einen im Gemeinschaftsgebiet ansässigen Vertreter vertraglich bestellt und dies der Finanzbehörde nach Satz 5 angezeigt haben. [8]Satz 1 gilt nicht für Sendungen, die verbrauchsteuerpflichtige Waren enthalten. [9]Ändern sich die Angaben der Anzeige nach Satz 5, hat der Unternehmer oder im Auftrag handelnde Vertreter der zuständigen Finanzbehörde des EU-Mitgliedstaates, bei der er die Teilnahme an dem besonderen Besteuerungsverfahren angezeigt hat, die Änderungen bis zum 10. Tag des auf den Eintritt der Änderungen folgenden Monats auf elektronischem Weg mitzuteilen.

(2) [1]Der Unternehmer oder im Auftrag handelnde Vertreter hat für jeden Besteuerungszeitraum (= Kalendermonat; § 16 Abs. 1e Satz 1 UStG) eine Umsatzsteuererklärung innerhalb eines Monats nach Ablauf des Besteuerungszeitraums der Finanzbehörde, bei der er die Teilnahme an dem besonderen Besteuerungsverfahren angezeigt hat, elektronisch zu übermitteln; dies gilt auch, wenn keine Fernverkäufe nach Absatz 1 Satz 1 erbracht wurden. [2]Hierbei hat er die auf den jeweiligen EU-Mitgliedstaat entfallenden Umsätze zu trennen und dem im betreffenden EU-Mitgliedstaat geltenden Steuersatz zu unterwerfen. [3]Der Unternehmer oder im Auftrag handelnde Vertreter hat die Steuer selbst zu berechnen (§ 18k Abs. 4 Satz 2 in Verbindung mit § 16 Abs. 1e Satz 2 oder 3 UStG). [4]Für den Fall, dass Deutschland zuständiger EU-Mitgliedstaat nach Absatz 1 Satz 5 ist, sind Informationen zur elektronischen Übermittlung auf den Internetseiten des BZSt (www.bzst.de) abrufbar; der Datenübermittler muss authentifiziert sein. [5]Die Steuer ist am letzten Tag des

---

1) **Steuergesetze** Nr. **550**.

auf den Besteuerungszeitraum folgenden Monats fällig und bis dahin an die Finanzbehörde zu entrichten, bei der der Unternehmer oder im Auftrag handelnde Vertreter die Teilnahme an dem besonderen Besteuerungsverfahren angezeigt hat (§ 18k Abs. 4 Satz 3 UStG). 6 Soweit der Unternehmer im Inland Fernverkäufe nach Absatz 1 Satz 1 erbringt und an dem besonderen Besteuerungsverfahren teilnimmt, ist das allgemeine Besteuerungsverfahren (§ 18 Abs. 1 bis 4 UStG) nicht anzuwenden; das allgemeine und das besondere Besteuerungsverfahren schließen sich im Übrigen jedoch gegenseitig nicht aus. 7 Berichtigungen einer Umsatzsteuererklärung, die innerhalb von drei Jahren nach dem letzten Tag des Zeitraums nach Satz 1 vorgenommen werden, sind mit einer späteren Umsatzsteuererklärung unter Angabe des zu berichtigenden Besteuerungszeitraums anzuzeigen. 8 Hinsichtlich der im Inland steuerbaren Umsätze bleiben die allgemeinen Änderungsvorschriften der AO nach dem Drei-Jahres-Zeitraum nach Satz 7 unberührt; entsprechende Änderungen sind vorbehaltlich einer abweichenden Zuständigkeitsvereinbarung (§ 27 AO) bei dem nach § 21 Abs. 1 Satz 1 AO oder § 21 Abs. 1 Satz 2 AO in Verbindung mit der UStZustV zuständigen Finanzamt zu beantragen.

(3) 1 Die Umsatzsteuererklärung nach Absatz 2 Satz 1, die der Unternehmer oder im Auftrag handelnde Vertreter der zuständigen Finanzbehörde eines anderen EU- Mitgliedstaates übermittelt hat, ist ab dem Zeitpunkt eine Steueranmeldung im Sinne des § 150 Abs. 1 Satz 3 und § 168 AO, zu dem die in ihr enthaltenen Daten von der zuständigen Finanzbehörde des anderen EU-Mitgliedstaates dem BZSt übermittelt und dort in bearbeitbarer Weise aufgezeichnet wurden; dies gilt entsprechend für die Berichtigung einer Umsatzsteuererklärung nach Absatz 2 Satz 7. 2 Die Umsatzsteuererklärung nach Satz 1 gilt als fristgemäß übermittelt, wenn sie bis zum letzten Tag des auf den Besteuerungszeitraum folgenden Monats der zuständigen Finanzbehörde des anderen EU-Mitgliedstaates übermittelt worden ist und dort in bearbeitbarer Weise aufgezeichnet wurde (§ 18k Abs. 5 Satz 3 UStG). 3 Die Entrichtung der Steuer erfolgt im Falle der Umsatzsteuererklärung nach Satz 1 fristgemäß, wenn die Zahlung bis zum letzten Tag des auf den Besteuerungszeitraum folgenden Monats bei der zuständigen Finanzbehörde des anderen EU-Mitgliedstaates eingegangen ist (§ 18k Abs. 5 Satz 4 UStG). 4 § 240 AO ist in diesen Fällen mit der Maßgabe anzuwenden, dass eine Säumnis frühestens mit Ablauf des 10. Tages nach Ablauf des zweiten auf den Besteuerungszeitraum folgenden Monats eintritt (§ 18k Abs. 4 Satz 5 UStG).

(4) 1 Die Beträge in der Umsatzsteuererklärung sind in Euro anzugeben; es sei denn, der EU-Mitgliedstaat, in dessen Gebiet der Leistungsort liegt, sieht die Angabe der Beträge in seiner Landeswährung vor. 2 In den Fällen der Angabe der Beträge in einer vom Euro abweichenden Landeswährung muss der Unternehmer bei der Umrechnung von Werten in diese Währung einheitlich den von der Europäischen Zentralbank festgestellten Umrechnungskurs des letzten Tags des Besteuerungszeitraums bzw., falls für diesen Tag kein Umrechnungskurs festgelegt wurde, den für den nächsten Tag nach Ablauf des Besteuerungszeitraums festgelegten Umrechnungskurs anwenden (§ 16 Abs. 6 *Sätze 4 und 5 UStG*). 3 Die Anwendung eines monatlichen Durchschnittskurses entsprechend § 16 Abs. 6 Sätze 1 und 2 UStG ist ausgeschlossen.

(5) [1]Der Unternehmer oder im Auftrag handelnde Vertreter hat der Finanzbehörde, bei der er die Teilnahme an dem besonderen Besteuerungsverfahren angezeigt hat, bis zum 10. Tag des auf den Eintritt der Änderung folgenden Monats auf elektronischem Weg mitzuteilen, wenn der Unternehmer keine Umsätze im Sinne des Absatzes 1 Satz 1 mehr erbringt oder wenn andere Änderungen vorliegen, durch die er die Voraussetzungen für die Anwendung des besonderen Besteuerungsverfahrens nach § 18k UStG nicht mehr erfüllt. [2]Hat der Unternehmer oder im Auftrag handelnde Vertreter die Teilnahme an dem besonderen Besteuerungsverfahren in Deutschland angezeigt, stellt das BZSt durch Verwaltungsakt fest, wenn der Unternehmer nicht oder nicht mehr die Voraussetzungen für die Anwendung des Besteuerungsverfahrens nach § 18k UStG erfüllt.

(6) [1]Der Unternehmer oder im Auftrag handelnde Vertreter kann die Ausübung des Wahlrechts nach Absatz 1 Satz 1 auf elektronischem Weg widerrufen. [2]Ein Widerruf ist nur vor Beginn eines neuen Besteuerungszeitraums mit Wirkung ab diesem Zeitraum möglich (§ 18k Abs. 1 Sätze 6 und 7 UStG).

(7) [1]Die Finanzbehörde, bei der der Unternehmer oder im Auftrag handelnde Vertreter die Teilnahme an dem besonderen Besteuerungsverfahren angezeigt hat, kann den Unternehmer oder im Auftrag handelnden Vertreter von dem Besteuerungsverfahren nach § 18k UStG ausschließen, wenn dieser seinen Verpflichtungen nach § 18k Abs. 4 oder § 22 Abs. 1 UStG (Abschnitt 22.3a Abs. 3a und 4a) oder den von ihm in einem anderen EU-Mitgliedstaat zu erfüllenden Aufzeichnungspflichten entsprechend Artikel 369x MwStSystRL[1)] in diesem Verfahren wiederholt nicht oder nicht rechtzeitig nachkommt. [2]Zur Beurteilung eines wiederholten Verstoßes gegen die Verpflichtungen nach Satz 1 gilt Abschnitt 18i.1 Abs. 7 Satz 2 entsprechend; dies gilt auch hinsichtlich des im Auftrag handelnden Vertreters. [3]Ein Ausschluss kann auch erfolgen, wenn der Unternehmer über einen Zeitraum von zwei Jahren keine Umsätze nach Absatz 1 Satz 1 erbracht hat (vgl. Artikel 58a MwStVO).[2)] [4]Ein Ausschluss des im Auftrag handelnden Vertreters bewirkt auch den Ausschluss des von ihm vertretenen Unternehmers. [5]Der Ausschluss wegen eines wiederholten Verstoßes gegen die in Satz 1 genannten Verpflichtungen gilt ab dem Tag, der auf den Zeitpunkt der Bekanntgabe des Ausschlusses gegenüber dem Unternehmer oder dem im Auftrag handelnden Vertreter folgt; ist der Ausschluss jedoch auf eine Änderung des Ortes des Sitzes oder der Betriebsstätte zurückzuführen, ist der Ausschluss ab dem Tag dieser Änderung wirksam; erfolgt der Ausschluss aus anderen Gründen gilt er ab dem Besteuerungszeitraum, der nach dem Zeitpunkt der Bekanntgabe des Ausschlusses gegenüber dem Unternehmer oder dem im Auftrag handelnden Vertreter beginnt. [6]Der Ausschluss wegen eines wiederholten Verstoßes gegen die in Satz 1 genannten Verpflichtungen hat auch den Ausschluss von den besonderen Besteuerungsverfahren nach den §§ 18i und 18j UStG zur Folge; es sei denn, der Ausschluss des Unternehmers war bedingt durch einen wiederholten Verstoß gegen die in Satz 1 genannten Verpflichtungen durch den im Auftrag handelnden Vertreter. [7]Die Gültigkeit des Ausschlusses wegen eines wieder-

---

1) **Steuergesetze** Nr. **550**.
2) **Steuergesetze** Nr. **550a**.

holten Verstoßes gegen die in Satz 1 genannten Verpflichtungen endet nicht vor Ablauf von zwei Jahren, die auf den Besteuerungszeitraum folgen, in dem der Ausschluss gegenüber dem Unternehmer oder im Auftrag handelnden Vertreter bekannt gegeben wurde; innerhalb dieses Zeitraums ist auch die erstmalige oder erneute Teilnahme an den besonderen Besteuerungsverfahren nach den §§ 18i, 18j und 18k UStG nicht zulässig, es sei denn, der Ausschluss des Unternehmers war bedingt durch einen wiederholten Verstoß gegen die in Satz 1 genannten Verpflichtungen durch den im Auftrag handelnden Vertreter.

(8) [1] Ein im Ausland ansässiger Unternehmer, der im Inland als Steuerschuldner ausschließlich Fernverkäufe nach Absatz 1 Satz 1 und ggf. weitere in § 59 Satz 1 UStDV aufgeführte Umsätze, die das Vorsteuer-Vergütungsverfahren nicht ausschließen, erbringt sowie an dem besonderen Besteuerungsverfahren teilnimmt, kann Vorsteuerbeträge nur im Rahmen des Vorsteuer-Vergütungsverfahrens geltend machen (§ 16 Abs. 1e Satz 4 und § 18 Abs. 9 Satz 1 UStG in Verbindung mit § 59 Satz 1 Nr. 6, §§ 61 und 61a UStDV). [2] Bei nicht im Gemeinschaftsgebiet ansässigen Unternehmern sind in diesen Fällen die Einschränkungen des § 18 Abs. 9 Sätze 5 und 6 UStG nicht anzuwenden (§ 18 Abs. 9 Satz 8 UStG), soweit die Vorsteuerbeträge im Zusammenhang mit Fernverkäufen nach Absatz 1 Satz 1 stehen. [3] Für Vorsteuerbeträge im Zusammenhang mit anderen Umsätzen (z. B. Lieferung durch einen nicht im Gemeinschaftsgebiet ansässigen Unternehmer an einen in der EU ansässigen Unternehmer) gelten die Einschränkungen des § 18 Abs. 9 Sätze 5 und 6 UStG unverändert. [4] Erbringt der Unternehmer, der an dem besonderen Besteuerungsverfahren teilnimmt, im Inland noch andere Umsätze, für die er im Inland die Umsatzsteuer schuldet und Umsatzsteuer-Voranmeldungen und/oder Umsatzsteuererklärungen für das Kalenderjahr zu übermitteln hat, können die Vorsteuerbeträge insgesamt nur im allgemeinen Besteuerungsverfahren (§ 18 Abs. 1 bis 4 UStG) geltend gemacht werden. [5] Für im Inland ansässige Unternehmer, die in einem anderen EU-Mitgliedstaat ausschließlich Fernverkäufe im Sinne des Absatz 1 Satz 1 und ggf. weitere in § 59 Satz 1 UStDV aufgeführte Umsätze, die das Vorsteuer-Vergütungsverfahren nicht ausschließen, erbringen sowie an dem besonderen Besteuerungsverfahren teilnehmen, gilt Satz 1 unter Hinweis auf die Richtlinie 2008/9/EG des Rates vom 12.2.2008 zur Regelung der Erstattung der Mehrwertsteuer gemäß der Richtlinie 2006/112/EG an nicht im Mitgliedstaat der Erstattung, sondern in einem anderen Mitgliedstaat ansässige Steuerpflichtige (ABl. EU 2008 Nr. L 44 S. 23) entsprechend (vgl. § 18g UStG und Abschnitt 18g.1). [6] Erbringen im Inland ansässige Unternehmer, die an dem besonderen Besteuerungsverfahren teilnehmen, in einem anderen EU-Mitgliedstaat noch andere Umsätze, für die sie dort die Umsatzsteuer schulden und Umsatzsteuererklärungen abzugeben haben, können die Vorsteuerbeträge in dem anderen EU-Mitgliedstaat insgesamt nur im allgemeinen Besteuerungsverfahren (Artikel 250 bis 261 MwStSystRL)[1)] bei der zuständigen Finanzbehörde in dem anderen EU-Mitgliedstaat geltend gemacht werden.

(9) [1] Ein Unternehmer oder im Auftrag handelnder Vertreter ist im Inland ansässig, wenn er im Inland seinen Sitz oder seine Geschäftsleitung hat oder,

---

[1)] **Steuergesetze** Nr. **550**.

für den Fall, dass er im Drittlandsgebiet ansässig ist, im Inland eine Betriebsstätte (Abschnitt 3a.1 Abs. 3) hat. [2]Hat ein im Drittlandsgebiet ansässiger Unternehmer oder im Auftrag handelnder Vertreter in mehreren EU-Mitgliedstaaten Betriebsstätten, kann dieser selbst entscheiden, in welchem EU-Mitgliedstaat er sich für Zwecke des besonderen Besteuerungsverfahrens erfassen lassen möchte. [3]Der im Drittlandsgebiet ansässige Unternehmer oder im Auftrag handelnde Vertreter ist in den Fällen des Satzes 2 an seine Entscheidung für das betreffende Kalenderjahr und die beiden darauffolgenden Kalenderjahre gebunden. [4]Hinsichtlich eines im übrigen Gemeinschaftsgebiet ansässigen Unternehmers vgl. Abschnitt 13b.11 Abs. 1 Satz 2; die dortigen Ausführungen gelten für den im Auftrag handelnden Vertreter entsprechend.

(10) Ein im Auftrag handelnder Vertreter ist eine in dem Gemeinschaftsgebiet ansässige Person, die von dem Unternehmer, der Fernverkäufe von aus dem Drittlandsgebiet eingeführten Gegenständen tätigt, als Steuerschuldner (Abschnitt 13a.1) und zur Erfüllung der Verpflichtungen gemäß diesem besonderen Besteuerungsverfahren im Namen und für Rechnung des Unternehmers benannt wird.

(11) [1]Bei Organisationseinheiten der Gebietskörperschaften Bund und Länder, die durch ihr Handeln eine Erklärungspflicht begründen, obliegen der jeweiligen Organisationseinheit die Rechte und Pflichten der Absätze 1, 2, 4, 5, 6 und 8. [2]Absatz 7 gilt in Bezug auf Organisationseinheiten der Gebietskörperschaften Bund und Länder entsprechend.

(12) Auf das besondere Besteuerungsverfahren sind, soweit die Anzeige nach Absatz 1 Satz 1 gegenüber dem BZSt erfolgt und dieses die Umsatzsteuererklärungen den zuständigen Finanzbehörden der anderen EU-Mitgliedstaaten übermittelt, die §§ 2a, 29b bis 30, 32a bis 32j, 80, 87a, 87b und der Zweite Abschnitt des Dritten Teils und der Siebente Teil der AO sowie die FGO anzuwenden.

Zu § 19 UStG

19.1 Nichterhebung der Steuer[1), 2)]

(1) [1]Nach § 19 Abs. 1 UStG ist die Steuer, die ein im Inland oder in den in § 1 Abs. 3 UStG genannten Gebieten ansässiger Kleinunternehmer für seine steuerpflichtigen Umsätze schuldet, unter bestimmten Voraussetzungen nicht zu erheben. [2]Die EU-rechtlich vorgegebene Beschränkung der Regelung auf im Inland oder in den in § 1 Abs. 3 UStG genannten Gebieten ansässige Kleinunternehmer und deren in diesen Gebieten erzielten Umsätze verstößt nicht gegen die Dienstleistungsfreiheit nach Artikel 56 des Vertrags über die Arbeitsweise der Europäischen Union (vgl. EuGH-Urteil vom 26.10.2010, C-97/09, Schmelz).[3)] [3]Die Regelung bezieht sich auf die Steuer für die in § 1 Abs. 1 Nr. 1 UStG bezeichneten Lieferungen und sonstigen Leistungen

---

1) Zum Vorsteuerausschluss bei Kleinunternehmern vgl. A 15.1 Abs. 4 UStAE; zu Aufzeichnungspflichten vgl. § 65 UStDV und A 22.5 Abs. 3 UStAE.

2) Zur Missbräuchlichkeit der Aufspaltung einer unternehmerischen Tätigkeit zur mehrfachen Inanspruchnahme des § 19 UStG siehe BFH v. 11.7.2018 XI R 26/17, DStR 2018, 2575.

3) DStR 2010, 2186.

(einschließlich unentgeltliche Wertabgaben – vgl. Abschnitte 3.2 bis 3.4). [4]Die Steuer für die Einfuhr von Gegenständen (§ 1 Abs. 1 Nr. 4 UStG), für den innergemeinschaftlichen Erwerb (§ 1 Abs. 1 Nr. 5 UStG, vgl. auch Abschnitt 1a.1 Abs. 2) sowie die nach § 13a Abs. 1 Nr. 6, § 13b Abs. 5, § 14c Abs. 2 und § 25b Abs. 2 UStG geschuldete Steuer hat der Kleinunternehmer hingegen abzuführen. [5]Das gilt auch für die Steuer, die nach § 16 Abs. 5 UStG von der zuständigen Zolldienststelle im Wege der Beförderungseinzelbesteuerung erhoben wird (vgl. Abschnitt 16.2).

(2) [1]Bei der Ermittlung der in § 19 Abs. 1 UStG bezeichneten Grenzen von 22 000 € und 50 000 € ist jeweils von dem Gesamtumsatz im Sinne des § 19 Abs. 3 UStG auszugehen (vgl. Abschnitt 19.3). [2]Der Gesamtumsatz ist hier jedoch stets nach vereinnahmten Entgelten zu berechnen. [3]Außerdem ist bei der Umsatzermittlung nicht auf die Bemessungsgrundlagen im Sinne des § 10 UStG abzustellen, sondern auf die vom Unternehmer vereinnahmten Bruttobeträge. [4]In den Fällen des § 10 Abs. 4 und 5 UStG ist der jeweils in Betracht kommenden Bemessungsgrundlage ggf. die darauf entfallende Umsatzsteuer hinzuzurechnen. [5]Sofern Umsätze, für die eine andere Person als Leistungsempfänger Steuerschuldner nach § 13b Abs. 5 UStG ist, ausgeführt werden, ist dem in der Rechnung oder Gutschrift ausgewiesenen Betrag die Umsatzsteuer hinzuzurechnen.

(3) [1]Hat der Gesamtumsatz im Vorjahr die Grenze von 22 000 € überschritten, ist die Steuer für das laufende Kalenderjahr auch dann zu erheben, wenn der Gesamtumsatz in diesem Jahr die Grenze von 22 000 € voraussichtlich nicht überschreiten wird (vgl. BFH-Beschluss vom 18.10.2007, V B 164/06, BStBl. 2008 II S. 263). [2]Bei der Grenze von 50 000 € kommt es darauf an, ob der Unternehmer diese Bemessungsgröße voraussichtlich nicht überschreiten wird. [3]Maßgebend ist die zu Beginn eines Jahres vorzunehmende Beurteilung der Verhältnisse für das laufende Kalenderjahr. [4]Dies gilt auch, wenn der Unternehmer in diesem Jahr sein Unternehmen erweitert (vgl. BFH-Urteil vom 7.3.1995, XI R 51/94, BStBl. II S. 562). [5]Ist danach ein voraussichtlicher Umsatz zuzüglich der Steuer von nicht mehr als 50 000 € zu erwarten, ist dieser Betrag auch dann maßgebend, wenn der tatsächliche Umsatz zuzüglich der Steuer im Laufe des Kalenderjahres die Grenze von 50 000 € überschreitet (vgl. auch Absatz 4). [6]Bei einer Änderung der Unternehmensverhältnisse während des laufenden Kalenderjahres durch Erbfolge ist Absatz 5 zu beachten. [7]Der Unternehmer hat dem Finanzamt auf Verlangen die Verhältnisse darzulegen, aus denen sich ergibt, wie hoch der Umsatz des laufenden Kalenderjahres voraussichtlich sein wird.

(4) [1]Nimmt der Unternehmer seine gewerbliche oder berufliche Tätigkeit im Laufe eines Kalenderjahres neu auf, ist in diesen Fällen allein auf den voraussichtlichen Umsatz (vgl. Absatz 3) des laufenden Kalenderjahres abzustellen (vgl. BFH-Urteil vom 19.2.1976, V R 23/73, BStBl. II S. 400). [2]Entsprechend der Zweckbestimmung des § 19 Abs. 1 UStG ist hierbei die Grenze von 22 000 € und nicht die Grenze von 50 000 € maßgebend. [3]Es kommt somit nur darauf an, ob der Unternehmer nach den Verhältnissen des laufenden Kalenderjahres voraussichtlich die Grenze von 22 000 € nicht überschreitet (BFH-Urteil vom 22.11.1984, V R 170/83, BStBl. 1985 II S. 142).

(4a) [1]Bei einem Unternehmer, der seinen landwirtschaftlichen Betrieb verpachtet und dessen unternehmerische Betätigung im Bereich der Landwirtschaft sich in dieser Verpachtung erschöpft, so dass die Durchschnittssatzbesteuerung nach § 24 UStG nicht mehr angewendet werden kann, kann zu Beginn der Verpachtung für die Anwendung des § 19 Abs. 1 UStG aus Vereinfachungsgründen auf den voraussichtlichen Gesamtumsatz des laufenden Kalenderjahres abgestellt werden. [2]Beginnt die Verpachtung im Laufe eines Jahres, werden ebenfalls zur Vereinfachung die vor der Verpachtung erzielten Umsätze, die unter die Durchschnittssatzbesteuerung nach § 24 UStG fallen, bei der Ermittlung des Gesamtumsatzes des laufenden Jahres nicht berücksichtigt.

(5) [1]Geht ein Unternehmen im Wege der Erbfolge auf den Unternehmer über, ist zu berücksichtigen, dass er keinen Einfluss auf den Zeitpunkt der Änderung seiner Unternehmensverhältnisse hatte. [2]Zur Vermeidung einer unbilligen Härte kann daher der Unternehmer in diesen Fällen die Besteuerung für das laufende Kalenderjahr so fortführen, wie sie für den jeweiligen Teil des Unternehmens ohne Berücksichtigung der Gesamtumsatzverhältnisse anzuwenden wäre. [3]Hat z. B. der Unternehmer für sein bisheriges Unternehmen die Besteuerung nach den allgemeinen Vorschriften angewendet, der Rechtsvorgänger aber für den anderen Unternehmensteil auf Grund der dafür bestehenden Verhältnisse von § 19 Abs. 1 UStG Gebrauch gemacht, kann der Unternehmer diese beiden Besteuerungsformen bis zum Ablauf des Kalenderjahres fortführen, in dem die Erbfolge eingetreten ist. [4]Dem Unternehmer bleibt es allerdings überlassen, für das ganze Unternehmen einheitlich die Besteuerung nach den allgemeinen Vorschriften anzuwenden.

(6) [1]Bei der Ermittlung der maßgeblichen Grenzen von 22 000 € und 50 000 € bleiben die Umsätze von Wirtschaftsgütern des Anlagevermögens unberücksichtigt. [2]Das gilt sowohl bei einer Veräußerung als auch bei einer Entnahme für nichtunternehmerische Zwecke. [3]Ob ein Wirtschaftsgut des Anlagevermögens vorliegt, ist nach den für das Einkommensteuerrecht maßgebenden Grundsätzen zu beurteilen. [4]Die Ausnahme erstreckt sich auch auf entsprechende Wirtschaftsgüter, die einkommensteuerrechtlich nicht zu einem Betriebsvermögen gehören, z. B. bei der Veräußerung von Einrichtungsgegenständen durch einen nichtgewerblichen Vermieter von Ferienwohnungen.

19.2 Verzicht auf die Anwendung des § 19 Abs. 1 UStG

(1)[1)] [1]Der Unternehmer kann dem Finanzamt erklären, dass er auf die Anwendung des § 19 Abs. 1 UStG verzichtet. [2]Er unterliegt damit der Besteuerung nach den allgemeinen Vorschriften des Gesetzes. [3]Die Erklärung nach § 19 Abs. 2 Satz 1 UStG kann der Unternehmer bis zur Unanfechtbarkeit der *Steuerfestsetzung* abgeben. [4]Im Einzelnen gilt hierzu Folgendes:

1. [1]Die Erklärung gilt vom Beginn des Kalenderjahres an, für das der Unternehmer sie abgegeben hat. [2]Beginnt der Unternehmer seine gewerbliche oder berufliche Tätigkeit während des Kalenderjahres, gilt die Erklärung vom Beginn dieser Tätigkeit an.

[1)] Zum Verzicht auf die Kleinunternehmerregelung im Insolvenzfall siehe BFH v. 20.12. 2012 V R 23/11, BStBl. II 2013, 334.

2. [1]Für die Erklärung ist keine bestimmte Form vorgeschrieben. [2]Berechnet der Unternehmer in den Voranmeldungen oder in der Steuererklärung für das Kalenderjahr die Steuer nach den allgemeinen Vorschriften des UStG, ist darin grundsätzlich eine Erklärung im Sinne des § 19 Abs. 2 Satz 1 UStG zu erblicken (vgl. BFH-Urteile vom 19.12.1985, V R 167/82, BStBl. 1986 II S. 420, und vom 24.7.2013, XI R 14/11, BStBl. 2014 II S. 210). [3]Der Unternehmer kann mit einer Umsatzsteuererklärung, in der nur für einen Unternehmensteil die Steuer nach den allgemeinen Vorschriften des UStG berechnet wird, nicht rechtswirksam auf die Anwendung des § 19 Abs. 1 UStG verzichten (vgl. BFH-Urteil vom 24.7.2013, XI R 31/12, BStBl. 2014 II S. 214). [4]In Zweifelsfällen ist der Unternehmer zu fragen, welcher Besteuerungsform er seine Umsätze unterwerfen will. [5]Verbleiben Zweifel, kann eine Option zur Regelbesteuerung nicht angenommen werden (vgl. BFH-Urteile vom 24.7.2013, XI R 14/11, a. a. O., und vom 24.7.2013, XI R 31/12, a. a. O.).

(1a) [1]Nach Eröffnung des Insolvenzverfahrens steht die Befugnis, auf die Kleinunternehmerregelung zu verzichten, dem Insolvenzverwalter zu. [2]Er übt dieses Recht für das gesamte Unternehmen des Insolvenzschuldners aus (BFH-Urteil vom 20.12.2012, V R 23/11, BStBl. 2013 II S. 334).

(2) [1]Vor Eintritt der Unanfechtbarkeit der Steuerfestsetzung kann der Unternehmer die Erklärung mit Wirkung für die Vergangenheit zurücknehmen. [2]Nimmt der Unternehmer die Erklärung zurück, kann er die Rechnungen, in denen er die Umsatzsteuer gesondert ausgewiesen hat, nach § 14c Abs. 2 Sätze 3 bis 5 UStG berichtigen, vgl. dazu Abschnitt 14c.2 Abs. 6.

(3) [1]Nach Eintritt der Unanfechtbarkeit der Steuerfestsetzung bindet die Erklärung den Unternehmer mindestens für fünf Kalenderjahre (§ 19 Abs. 2 Satz 2 UStG). [2]Die Fünfjahresfrist ist vom Beginn des ersten Kalenderjahres an zu berechnen, für das die Erklärung gilt.

(4) [1]Für die Zeit nach Ablauf der Fünfjahresfrist kann der Unternehmer die Erklärung mit Wirkung vom Beginn eines Kalenderjahres an widerrufen (§ 19 Abs. 2 Satz 3 UStG). [2]Der Widerruf ist spätestens bis zur Unanfechtbarkeit der Steuerfestsetzung des Kalenderjahres, für das er gelten soll, zu erklären (§ 19 Abs. 2 Satz 4 UStG). [3]Im Falle des Widerrufs kann der Unternehmer die Rechnungen, in denen er die Umsatzsteuer gesondert ausgewiesen hat, nach § 14c Abs. 2 Sätze 3 bis 5 UStG berichtigen.

(5) [1]Hinsichtlich der Steuerfestsetzung ist zu berücksichtigen, dass die Umsatzsteuer eine Anmeldungssteuer ist. [2]Die nach § 18 Abs. 3 UStG zu übermittelnde Steuererklärung für das Kalenderjahr steht deshalb – erforderlichenfalls nach Zustimmung der Finanzbehörde – einer Steuerfestsetzung gleich (§ 168 AO). [3]Eine Steuerfestsetzung ist ferner die Festsetzung der Umsatzsteuer durch Steuerbescheid (§ 155 AO). [4]Keine Steuerfestsetzungen im Sinne des § 19 Abs. 2 Satz 1 UStG sind die Voranmeldung und die Festsetzung einer Vorauszahlung. [5]Durch ihre Unanfechtbarkeit wird deshalb die Möglichkeit, eine Erklärung nach § 19 Abs. 2 Satz 1 UStG abzugeben, nicht ausgeschlossen.

(6) [1]Eine Steuerfestsetzung ist unanfechtbar, wenn auf die Einlegung eines Rechtsbehelfs wirksam verzichtet oder ein Rechtsbehelf wirksam zurück-

genommen worden ist, wenn die Rechtsbehelfsfrist ohne Einlegung eines förmlichen Rechtsbehelfs abgelaufen oder wenn gegen den Verwaltungsakt oder die gerichtliche Entscheidung kein Rechtsbehelf mehr gegeben ist. [2]Dabei ist unter Unanfechtbarkeit die formelle Bestandskraft der erstmaligen Steuerfestsetzung zu verstehen, die auch in einer Steuerfestsetzung unter Vorbehalt der Nachprüfung oder in einer Steueranmeldung bestehen kann (vgl. BFH-Urteile vom 19.12.1985, V R 167/82, BStBl. 1986 II S. 420, und vom 11.12.1997, V R 50/94, BStBl. 1998 II S. 420).

19.3 Gesamtumsatz

(1) [1]Zum Gesamtumsatz im Sinne des § 19 Abs. 3 UStG gehören auch die vom Unternehmer ausgeführten Umsätze, die nach § 1 Abs. 3 UStG wie Umsätze im Inland zu behandeln sind, sowie die Umsätze, für die ein Anderer als Leistungsempfänger Steuerschuldner nach § 13b Abs. 5 UStG ist. [2]Zum Gesamtumsatz gehören nicht die private Verwendung eines dem Unternehmen zugeordneten Gegenstandes, die nicht nach § 3 Abs. 9a Nr. 1 UStG steuerbar ist, und die Umsätze, für die der Unternehmer als Leistungsempfänger Steuerschuldner nach § 13b Abs. 5 UStG ist. [3]Außerdem gehören die Lieferungen an den letzten Abnehmer in einem innergemeinschaftlichen Dreiecksgeschäft (§ 25b Abs. 2 UStG) nicht zum Gesamtumsatz beim letzten Abnehmer. [4]Für die Ermittlung des Gesamtumsatzes ist grundsätzlich die für die Besteuerung in Betracht kommende Bemessungsgrundlage (Abschnitte 10.1 bis 10.8) anzusetzen. [5]In den Fällen der Margenbesteuerung nach § 25 UStG sowie der Differenzbesteuerung nach § 25a UStG bestimmt sich der Gesamtumsatz abweichend von Satz 4 nach dem vereinnahmten Entgelt und nicht nach dem Differenzbetrag (vgl. EuGH-Urteil vom 29.7.2019, C-388/18, B).[1)]

(2) [1]Von den steuerbaren Umsätzen sind für die Ermittlung des Gesamtumsatzes die in § 19 Abs. 3 UStG genannten steuerfreien Umsätze abzuziehen. [2]Ob ein Umsatz als steuerfrei zu berücksichtigen ist, richtet sich nach den Vorschriften des laufenden Kalenderjahres. [3]Der Abzug ist nicht vorzunehmen, wenn der Unternehmer die in Betracht kommenden Umsätze nach § 9 UStG wirksam als steuerpflichtig behandelt hat (vgl. BFH-Urteil vom 15.10.1992, V R 91/87, BStBl. 1993 II S. 209). [4]Als Hilfsumsätze sind die Umsätze zu betrachten, die zwar zur unternehmerischen Tätigkeit des Unternehmens gehören, jedoch nicht den eigentlichen Gegenstand des Unternehmens bilden (BFH-Urteil vom 24.2.1988, X R 67/82, BStBl. II S. 622). [5]Hierzu zählen z. B.:

1. die Gewährung und Vermittlung von Krediten sowie die Umsätze von fremden Zahlungsmitteln oder Geldforderungen, z. B. Wechseln, im Zusammenhang mit Warenlieferungen;
2. der Verkauf eines Betriebsgrundstücks;
3. die Verschaffung von Versicherungsschutz für die Arbeitnehmer.

(3) [1]Die nach § 19 Abs. 3 Satz 3 UStG vorzunehmende Umrechnung des tatsächlichen Gesamtumsatzes in einen Jahresgesamtumsatz ist auch durchzu-

---

1) DStR 2019, 1685.

führen, wenn die gewerbliche oder berufliche Tätigkeit von vornherein auf einen Teil des Kalenderjahrs begrenzt war (BFH-Urteil vom 27.10.1993, XI R 86/90, BStBl. 1994 II S. 274). 2 Der Beginn der gewerblichen oder beruflichen Tätigkeit fällt mit dem Beginn des Unternehmens zusammen. 3 Bei der Umrechnung des tatsächlichen Gesamtumsatzes in einen Jahresumsatz ist deshalb das Kalenderjahr in den Zeitraum bis zum Beginn des Unternehmens und den Zeitraum danach aufzuteilen. 4 Eine Schulung des Unternehmers, die der Gründung des Unternehmens vorgeht, ist grundsätzlich noch keine gewerbliche oder berufliche Tätigkeit, die den Beginn des Unternehmens beeinflusst (vgl. BFH-Urteil vom 17.9.1998, V R 28/98, BStBl. 1999 II S. 146). 5 Die Umsätze aus der Veräußerung oder Entnahme des Anlagevermögens sind nicht in einen Jahresgesamtumsatz umzurechnen. 6 Sie sind deshalb vor der Umrechnung aus dem tatsächlichen Gesamtumsatz auszuscheiden und nach der Umrechnung des restlichen Umsatzes dem ermittelten Betrag hinzuzurechnen.

19.4 Verhältnis des § 19 zu § 24 UStG

Auf Abschnitt 19.1 Abs. 4a, Abschnitt 24.7 Abs. 4 und Abschnitt 24.8 Abs. 2 und 3 wird hingewiesen.

19.5 Wechsel der Besteuerungsform

Übergang von der Anwendung des § 19 Abs. 1 UStG zur Regelbesteuerung oder zur Besteuerung nach § 24 UStG

(1) Umsätze, die der Unternehmer vor dem Übergang zur Regelbesteuerung ausgeführt hat, fallen auch dann unter § 19 Abs. 1 UStG, wenn die Entgelte nach diesem Zeitpunkt vereinnahmt werden.

(2) Umsätze, die der Unternehmer nach dem Übergang ausführt, unterliegen der Regelbesteuerung.

(3) Zur Anwendung des § 15 UStG wird auf Abschnitt 15.1 Abs. 5, zur Anwendung des § 15a UStG wird auf Abschnitt 15a.2 Abs. 2 Satz 3 Nr. 3 und Abschnitt 15a.9 Abs. 1 bis 4 hingewiesen.

(4) Ändert sich nach dem Übergang die Bemessungsgrundlage für Umsätze, die vor dem Übergang ausgeführt worden sind, ist zu beachten, dass auf diese Umsätze § 19 Abs. 1 UStG anzuwenden ist.

(5) 1 Im Falle des Übergangs von der Anwendung des § 19 Abs. 1 UStG zur Besteuerung nach § 24 UStG gelten die Absätze 1, 2 und 4 sinngemäß. 2 Der Vorsteuerabzug regelt sich vom Zeitpunkt des Übergangs an ausschließlich nach § 24 Abs. 1 Satz 4 UStG.

Übergang von der Regelbesteuerung oder von der Besteuerung nach § 24 UStG zur Anwendung des § 19 Abs. 1 UStG

(6) 1 Umsätze, die der Unternehmer vor dem Übergang von der Regelbesteuerung zur Anwendung des § 19 Abs. 1 UStG ausgeführt hat, unterliegen der Regelbesteuerung. 2 Werden Entgelte für diese Umsätze nach dem Übergang vereinnahmt (Außenstände), gilt Folgendes:

1. [1]Hat der Unternehmer die Steuer vor dem Übergang nach vereinbarten Entgelten berechnet, waren die Umsätze bereits vor dem Übergang zu versteuern, und zwar in dem Besteuerungs- oder Voranmeldungszeitraum, in dem sie ausgeführt wurden (§ 13 Abs. 1 Nr. 1 Buchstabe a UStG). [2]Eine Besteuerung zum Zeitpunkt der Entgeltvereinnahmung entfällt.
2. Hat der Unternehmer die Steuer vor dem Übergang nach vereinnahmten Entgelten berechnet, sind die Umsätze nach dem Übergang der Regelbesteuerung zu unterwerfen, und zwar in dem Besteuerungs- oder Voranmeldungszeitraum, in dem die Entgelte vereinnahmt werden (§ 13 Abs. 1 Nr. 1 Buchstabe b UStG).

(7) [1]Umsätze, die der Unternehmer nach dem Übergang ausführt, fallen unter § 19 Abs. 1 UStG. [2]Sind Anzahlungen für diese Umsätze vor dem Übergang vereinnahmt und der Umsatzsteuer unterworfen worden, ist die entrichtete Steuer zu erstatten, sofern keine Rechnungen ausgestellt wurden, die zum Vorsteuerabzug berechtigen.

(8) Zur Anwendung des § 15 UStG wird auf Abschnitt 15.1 Abs. 6, zur Anwendung des § 15a UStG auf Abschnitt 15a.2 Abs. 2 Satz 3 Nr. 3 und Abschnitt 15a.9 Abs. 1 bis 4 hingewiesen.

(9) [1]Ändert sich nach dem Übergang die Bemessungsgrundlage für Umsätze, die vor dem Übergang ausgeführt worden sind, ist bei der Berichtigung der für diese Umsätze geschuldete Steuerbetrag (§ 17 Abs. 1 Satz 1 und Abs. 2 UStG) zu beachten, dass die Umsätze der Regelbesteuerung unterlegen haben. [2]Entsprechendes gilt für die Berichtigung von vor dem Übergang abgezogenen Steuerbeträgen nach § 17 Abs. 1 Satz 2 und Abs. 2 und 3 UStG.

(10) [1]Im Falle des Übergangs von der Besteuerung nach § 24 UStG zur Anwendung des § 19 Abs. 1 UStG gelten die Absätze 6 und 7 sinngemäß. [2]Der Vorsteuerabzug ist bis zum Zeitpunkt des Übergangs durch die Anwendung der Durchschnittssatzbesteuerung abgegolten. [3]Nach dem Zeitpunkt des Übergangs ist ein Vorsteuerabzug nicht mehr möglich.

Zu § 20 UStG

20.1 Berechnung der Steuer nach vereinnahmten Entgelten

(1) [1]Der Antrag auf Genehmigung der Besteuerung nach vereinnahmten Entgelten kann bis zum Eintritt der formellen Bestandskraft der jeweiligen Umsatzsteuer-Jahresfestsetzung gestellt werden (vgl. BFH-Urteil vom 10.12. 2008, XI R 1/08, BStBl. 2009 II S. 1026). [2]Dem Antrag kann grundsätzlich entsprochen werden, wenn der Unternehmer eine der Voraussetzungen des *§ 20 Satz 1 Nr. 1 bis 3 UStG* erfüllt. [3]Eine Genehmigung ist unter den Vorbehalt des jederzeitigen Widerrufs zu stellen und erstreckt sich wegen des Prinzips der Abschnittsbesteuerung stets auf das volle Kalenderjahr. [4]Es handelt sich um einen begünstigenden Verwaltungsakt, der unter den Voraussetzungen der §§ 130, 131 AO zurückgenommen oder widerrufen werden kann. [5]Die Istversteuerung nach § 20 Satz 1 Nr. 2 UStG kommt nur bei besonderen Härten, wie z.B. dem Überschreiten der nach § 20 Satz 1 Nr. 1 UStG bestehenden Umsatzgrenze auf Grund außergewöhnlicher und einmaliger Ge-

schäftsvorfälle, nicht aber allgemein auf Grund einer fehlenden Buchführungspflicht in Betracht (vgl. BFH-Urteil vom 11.2.2010, V R 38/08, BStBl. II S. 873). [6]Die Genehmigung der Istversteuerung nach § 20 Satz 1 Nr. 3 UStG ist nicht zu erteilen, wenn der Unternehmer für die in der Vorschrift genannten Umsätze Bücher führt. [7]Dabei ist es unerheblich, ob die Bücher auf Grund einer gesetzlichen Verpflichtung oder freiwillig geführt werden (vgl. BFH-Urteil vom 22.7.2010, V R 4/09, BStBl. 2013 II S. 590).

(2) Zur Entstehung der Steuer bei der Besteuerung nach vereinnahmten Entgelten vgl. Abschnitt 13.6, zur Rechnungserteilung bei der Istversteuerung von Anzahlungen im Fall der Besteuerung nach vereinnahmten Entgelten vgl. Abschnitt 14.8.

(3) [1]§ 20 Satz 3 UStG trifft keine von § 13 Abs. 1 Nr. 1 Buchstabe b UStG abweichende Regelung über die Entstehung der Steuer (vgl. BFH-Urteil vom 30.1.2003, V R 58/01, BStBl. II S. 817). [2]Zur Entstehung der Steuer beim Wechsel der Art der Steuerberechnung vgl. Abschnitt 13.6 Abs. 3. [3]Ein rückwirkender Wechsel von der Besteuerung nach vereinnahmten Entgelten zur Besteuerung nach vereinbarten Entgelten (§ 16 UStG) ist bis zur formellen Bestandskraft der jeweiligen Jahressteuerfestsetzung zulässig.

(4) [1]Dem Unternehmer kann die Besteuerung nach vereinnahmten Entgelten insbesondere dann gestattet werden, wenn der Gesamtumsatz (§ 19 Abs. 3 UStG) im vorangegangenen Kalenderjahr die Umsatzgrenze des § 20 Satz 1 Nr. 1 UStG nicht überschritten hat. [2]Im Jahr des Beginns der gewerblichen oder beruflichen Tätigkeit ist auf den voraussichtlichen Gesamtumsatz abzustellen. [3]In diesem Fall und wenn die gewerbliche oder berufliche Tätigkeit nur in einem Teil des vorangegangenen Kalenderjahres ausgeübt wurde, ist der Gesamtumsatz in einen Jahresumsatz umzurechnen (vgl. Abschnitt 19.3 Abs. 3).

Zu § 21a UStG

21a.1[1)] Sonderregelungen bei der Einfuhr von Sendungen mit einem Sachwert von höchstens 150 €

§ 21a UStG beinhaltet eine Sonderregelung für die Einfuhr von Sendungen mit einem Sachwert von höchstens 150 € zur Entrichtung der Einfuhrumsatzsteuer.

Beispiel:

[1]Ein in Südkorea ansässiger Händler H veräußert über die eigene Internetseite oder über eine elektronische Schnittstelle Handyzubehör (Sachwert: 50 €) an eine im Inland ansässige Privatperson. [2]Die Ware wird von H aus einem Lager in Südkorea an den Wohnsitz der Privatperson versendet. [3]Die Zollanmeldung in Deutschland erfolgt durch einen Post- oder Kurierdienstleister, welcher die Sonderregelung nach § 21a UStG in Anspruch nimmt und im Namen und für Rechnung der Privatperson handelt.

[4]Da die Zollanmeldung im Namen der Privatperson erfolgt, schuldet die Privatperson die Einfuhrumsatzsteuer und entrichtet diese bei Auslieferung der Ware an den Post- oder Kurierdienstleister. [5]Bis zum 10. Tag des auf die Einfuhr folgenden Monats hat der Post- oder Kurierdienstleister die Erklärung nach § 21a Abs. 5 Satz 1 UStG abzugeben. [6]Die Erklärung hat

1) A 21a.1 UStAE eingef. durch BMF v. 1.4.2021, BStBl. I 2021, 629, anzuwenden mWv 1.7.2021.

nach § 21a Abs. 5 Satz 3 UStG die Wirkung einer Steueranmeldung nach § 168 AO. [7]Zu dem für den Zahlungsaufschub gemäß Artikel 110 Buchstabe b UZK geltenden Termin entrichtet die gestellende Person die fällige Einfuhrumsatzsteuer an die Zollverwaltung.

Zu § 22 UStG
(§§ 63 bis 68 UStDV)

22.1 Ordnungsgrundsätze

(1) [1]Die allgemeinen Vorschriften über das Führen von Büchern und Aufzeichnungen der §§ 140 bis 148 AO gelten in Übereinstimmung mit § 63 Abs. 1 UStDV auch für die Aufzeichnungen für Umsatzsteuerzwecke. [2]Die Aufzeichnungen sind grundsätzlich im Geltungsbereich des UStG zu führen (vgl. § 146 Abs. 2 Satz 1 AO, § 14b UStG und Abschnitt 14b.1 Abs. 8ff.); abweichend können elektronische Bücher und sonstige elektronische Aufzeichnungen unter den Voraussetzungen des § 146 Abs. 2a und Abs. 2b AO im Ausland geführt und aufbewahrt werden. [3]Sie sind mit den zugehörigen Belegen für die Dauer der Aufbewahrungsfrist (§ 147 Abs. 3 AO, § 14b UStG) geordnet aufzubewahren. [4]Für auf Thermopapier erstellte Belege gilt Abschnitt 14b.1 Abs. 5 entsprechend. [5]Das Finanzamt kann jederzeit verlangen, dass der Unternehmer die Unterlagen vorlegt. [6]Zur Führung der Aufzeichnungen bei Betriebsstätten und Organgesellschaften außerhalb des Geltungsbereichs des UStG vgl. § 146 Abs. 2 Sätze 2ff. AO.

(2)[1)] [1]Die Aufzeichnungen und die zugehörigen Belege können unter bestimmten Voraussetzungen als Wiedergaben auf einem Bildträger – z.B. Mikrofilm – oder auf anderen Datenträgern – z.B. Magnetband, Magnetplatte, CD, DVD, Blu-Ray-Disc oder Flash-Speicher – aufbewahrt werden (vgl. § 147 Abs. 2 AO und AEAO zu § 147 Nr. 3 Satz 2). [2]Das bei der Aufbewahrung von Bild- oder anderen Datenträgern angewandte Verfahren muss den GoBD (vgl. BMF-Schreiben vom 28.11.2019, BStBl. I S. 1269) entsprechen. [3]Unter dieser Voraussetzung können die Originale der Geschäftsunterlagen grundsätzlich vernichtet werden. [4]Diese Aufbewahrungsformen bedürfen keiner besonderen Genehmigung. [5]Für das Lesbarmachen der nicht im Original aufbewahrten Aufzeichnungen und Geschäftsunterlagen ist § 147 Abs. 5 AO zu beachten.

(3) [1]Die Mikroverfilmung kann auch auf zollamtliche Belege angewandt werden. [2]Mikrofilmaufnahmen der Belege über Einfuhrumsatzsteuer bzw. Mikrokopien dieser Belege sind als ausreichender Nachweis für den Vorsteuerabzug nach § 15 Abs. 1 Satz 1 Nr. 2 UStG anzuerkennen. [3]Dies gilt auch für die Anerkennung von mikroverfilmten Zollbelegen zur Ausstellung von Ersatzbelegen oder zur Aufteilung zum Zwecke des Vorsteuerabzugs, wenn die vollständige oder teilweise Ungültigkeit des Originalbelegs auf der Mikrofilmaufnahme bzw. der Mikrokopie erkennbar ist.

(4) Die am Schluss eines Voranmeldungszeitraums zusammenzurechnenden Beträge (§ 63 Abs. 2 UStDV) müssen auch für den jeweiligen Besteuerungszeitraum zusammengerechnet werden.

[1)] Zur Archivierung von Rechnungen und Lieferscheinen auf CD siehe BayLfSt v. 20.1.2017 – S 0137.1.1 – 4/3 St 42, DStR 2017, 1391.

(5)[1] [1] In den Fällen des § 13a Abs. 1 Nr. 2 und 5, § 13b Abs. 5 und des § 14c Abs. 2 UStG gilt die Verpflichtung zur Führung von Aufzeichnungen auch für Personen, die nicht Unternehmer sind, in den Fällen des § 18k UStG auch für den im Auftrag handelnden Vertreter und in den Fällen des § 21a UStG für die gestellende Person (§ 22 Abs. 1 Satz 2 UStG). [2] Insoweit sind die Entgelte, Teilentgelte und die nach § 14c Abs. 2 UStG geschuldeten Steuerbeträge am Schluss eines jeden Voranmeldungszeitraums zusammenzurechnen (§ 63 Abs. 2 Satz 1 UStDV).

22.2 Umfang der Aufzeichnungspflichten

(1) [1] Der Umfang der Aufzeichnungspflichten ergibt sich aus § 22 Abs. 2 ff. UStG i. V. m. §§ 63 bis 67 UStDV. [2] Soweit die geforderten Angaben aus dem Rechnungswesen oder den Aufzeichnungen des Unternehmers für andere Zwecke eindeutig und leicht nachprüfbar hervorgehen, brauchen sie nicht noch gesondert aufgezeichnet zu werden.

(2) [1] Der Unternehmer ist sowohl bei der Sollversteuerung als auch bei der Istversteuerung verpflichtet, nachträgliche Minderungen oder Erhöhungen der Entgelte aufzuzeichnen. [2] Die Verpflichtung des Unternehmers, in den Aufzeichnungen ersichtlich zu machen, wie sich die Entgelte auf die steuerpflichtigen Umsätze, getrennt nach Steuersätzen, und auf die steuerfreien Umsätze verteilen, gilt entsprechend für nachträgliche Entgeltänderungen.

(3) [1] In den Fällen des § 17 Abs. 1 Satz 6 UStG hat der Schuldner der auf die Entgeltminderungen entfallenden Steuer – sog. Zentralregulierer – die Beträge der jeweiligen Entgeltminderungen gesondert von seinen Umsätzen aufzuzeichnen (§ 22 Abs. 2 Nr. 1 Satz 6 UStG). [2] Er hat dabei die Entgeltminderungen ggf. nach steuerfreien und steuerpflichtigen Umsätzen sowie nach Steuersätzen zu trennen.

(4) [1] Aus den Aufzeichnungen müssen die Umsätze hervorgehen, die der Unternehmer nach § 9 UStG als steuerpflichtig behandelt (§ 22 Abs. 2 Nr. 1 Satz 4 UStG). [2] Wird eine solche Leistung zusammen mit einer steuerpflichtigen Leistung ausgeführt und für beide ein einheitliches Entgelt vereinbart, kann aus Vereinfachungsgründen darauf verzichtet werden, den auf die einzelne Leistung entfallenden Entgeltteil zu errechnen und den Entgeltteil, der auf die freiwillig versteuerte Leistung entfällt, gesondert aufzuzeichnen.

(5) [1] Unternehmer, die ihre Umsätze nach vereinbarten Entgelten versteuern, haben neben den vereinbarten Entgelten auch sämtliche vor der Ausführung von Leistungen vereinnahmten Entgelte und Teilentgelte aufzuzeichnen. [2] Aufgezeichnet werden müssen nicht nur die vor der Ausführung der Leistung vereinnahmten Entgelte und Teilentgelte, für die die Steuer nach § 13 Abs. 1 Nr. 1 Buchstabe a Satz 4 UStG mit dem Ablauf des Voranmeldungszeitraums der Vereinnahmung entsteht, sondern auch die im Voraus vereinnahmten Entgelte und Teilentgelte, die auf steuerfreie Umsätze entfallen.

---

[1] A 22.1 UStAE Abs. 5 Satz 1 neugef. durch BMF v. 1.4.2021, BStBl. I 2021, 629, anzuwenden mWv 1.7.2021.

(6) [1]Soweit die für noch nicht ausgeführte steuerpflichtige Leistungen vereinnahmten Entgelte und Teilentgelte auf Umsätze entfallen, die verschiedenen Steuersätzen unterliegen, sind sie nach § 22 Abs. 2 Nr. 2 Satz 2 UStG entsprechend getrennt aufzuzeichnen. [2]Entgelte und Teilentgelte, die im Voraus für Umsätze vereinnahmt werden, die der Unternehmer nach § 9 UStG als steuerpflichtig behandelt, müssen nach § 22 Abs. 2 Nr. 2 Satz 3 UStG gesondert aufgezeichnet werden (siehe auch Absatz 4).

(7) [1]Bei Lieferungen im Sinne des § 3 Abs. 1b UStG müssen als Bemessungsgrundlage nach § 10 Abs. 4 Satz 1 Nr. 1 UStG der Einkaufspreis zuzüglich der Nebenkosten für den Gegenstand oder für einen gleichartigen Gegenstand oder mangels eines Einkaufspreises die Selbstkosten jeweils zum Zeitpunkt des Umsatzes aufgezeichnet werden. [2]Für sonstige Leistungen im Sinne des § 3 Abs. 9a UStG sind die jeweils entstandenen Ausgaben aufzuzeichnen. [3]Dabei bleiben für sonstige Leistungen im Sinne des § 3 Abs. 9a Nr. 1 UStG Ausgaben unberücksichtigt, soweit sie nicht zum vollen oder teilweisen Vorsteuerabzug berechtigt haben (§ 22 Abs. 2 Nr. 1 Satz 3 UStG). [4]Die Sätze 1 bis 3 gelten auch, sofern für die Besteuerung die Mindestbemessungsgrundlagen (§ 10 Abs. 5 UStG) in Betracht kommen. [5]Soweit der Unternehmer bei Leistungen an sein Personal von lohnsteuerlichen Werten ausgeht (vgl. Abschnitt 1.8 Abs. 8), sind diese aufzuzeichnen.

(8) [1]Die Verpflichtung des Unternehmers, die Entgelte für steuerpflichtige Lieferungen und sonstige Leistungen, die an ihn für sein Unternehmen ausgeführt sind, und die darauf entfallende Steuer aufzuzeichnen (§ 22 Abs. 2 Nr. 5 UStG), erstreckt sich auch auf nachträgliche Entgeltminderungen und die entsprechenden Steuerbeträge. [2]Werden dem Unternehmer Entgeltminderungen für steuerfreie und steuerpflichtige Umsätze gewährt, kann das Finanzamt auf Antrag gestatten, dass er sie nach dem Verhältnis dieser Umsätze aufteilt. [3]Das Gleiche gilt, wenn die Umsätze an den Unternehmer verschiedenen Steuersätzen unterliegen. [4]Eine Aufteilung nach dem Verhältnis der vom Unternehmer bewirkten Umsätze ist nicht zulässig.

(9) [1]Die Aufzeichnung der Entgelte für empfangene steuerpflichtige Leistungen (§ 22 Abs. 2 Satz 1 Nr. 5 UStG) und der Einfuhrumsatzsteuer (§ 22 Abs. 2 Nr. 6 UStG in Verbindung mit § 64 UStDV) ist nicht erforderlich, wenn der Vorsteuerabzug nach § 15 Abs. 2 und 3 UStG ausgeschlossen ist oder deshalb entfällt, weil die Steuer in den Rechnungen nicht gesondert ausgewiesen ist. [2]Hiervon werden die Aufzeichnungspflichten nach anderen Vorschriften (z.B. § 238 Abs. 1, §§ 266, 275, 276 Abs. 1 HGB, §§ 141, 143 AO) nicht berührt. [3]Das Vorsteuerabzugsrecht ist wegen der Verletzung der Aufzeichnungspflichten nicht ausgeschlossen.

(10) Körperschaften, Personenvereinigungen und Vermögensmassen im Sinne des § 5 Abs. 1 Nr. 9 KStG, insbesondere Vereine, die ihre abziehbaren Vorsteuerbeträge nach dem Durchschnittssatz des § 23a UStG berechnen, sind von den Aufzeichnungspflichten nach § 22 Abs. 2 Nr. 5 und 6 UStG befreit (§ 66a UStDV).

(11) [1]Wird im Zusammenhang mit einer Einfuhr eine Lieferung an den Unternehmer bewirkt, sind entweder die Einfuhrumsatzsteuer – insbesondere in den Fällen des § 3 Abs. 6 UStG – oder das Entgelt und die darauf entfallende

Steuer – in den Fällen des § 3 Abs. 8 UStG – aufzuzeichnen. [2]Maßgebend ist, welchen Steuerbetrag der Unternehmer als Vorsteuer abziehen kann.

(12) Wegen der weiteren Aufzeichnungspflichten

1. in den Fällen der Berichtigung des Vorsteuerabzugs nach § 15a UStG vgl. Abschnitt 15a.12;
2. bei Reiseleistungen im Sinne des § 25 Abs. 1 UStG vgl. Abschnitt 25.5;
3. bei der Differenzbesteuerung vgl. § 25a Abs. 6 UStG, Abschnitt 25a.1 Abs. 16 ff.;
4. bei der Verpflichtung zur Führung des Umsatzsteuerhefts vgl. BMF-Schreiben vom 30.4.1981, BStBl. I S. 312, und vom 17.1.1983, BStBl. I S. 105;[1)]
5. bei unternehmensinternen grenzüberschreitenden Warenbewegungen (Abschnitt 1a.2) vgl. Abschnitt 22.3 Abs. 3 bis 5;
6. *(aufgehoben)*
7. bei innergemeinschaftlichen Dreiecksgeschäften vgl. § 25b Abs. 6 UStG, Abschnitt 25b.1 Abs. 10;
8. bei der Lieferung von Zahnprothesen, die mit Hilfe eines CEREC-Geräts hergestellt werden: Die abzurechnenden Leistungen, die auf den Einsatz eines CEREC-Geräts entfallen, sind zum Zweck der Abgrenzung nach steuerfreien und steuerpflichtigen Umsätzen unter Angabe insbesondere der Leistungsnummern des Gebührenverzeichnisses der GOZ oder anderer Angaben getrennt aufzuzeichnen;
9. bei der Steuerschuldnerschaft des Leistungsempfängers vgl. § 22 Abs. 2 Nr. 8 UStG, Abschnitte 13b.17 und 22.4 Abs. 1 Satz 2 Nr. 2;
10. des/der liefernden Unternehmer(s), des Auslagerers sowie des Lagerhalters in den Fällen des § 4 Nr. 4a UStG, vgl. Rz. 47 und 48 des BMF-Schreibens vom 28.1.2004, BStBl. I S. 242;
11. in den Fällen der steuerbefreiten Leistungen an hilfsbedürftige Personen vgl. Abschnitt 4.16.2;
12. bei grenzüberschreitenden Personenbeförderungen im Luftverkehr vgl. Abschnitt 26.2 Abs. 5 Sätze 1 bis 3.

22.3 Aufzeichnungspflichten bei innergemeinschaftlichen Lieferungen, innergemeinschaftlichen sonstigen Leistungen im Sinne des § 3a Abs. 2 UStG und innergemeinschaftlichen Erwerben

(1) [1]Die allgemeinen Aufzeichnungspflichten gelten auch für innergemeinschaftliche Warenlieferungen (§ 22 Abs. 2 Nr. 1 UStG) und innergemeinschaftliche Erwerbe (§ 22 Abs. 2 Nr. 7 UStG). [2]Nach § 22 Abs. 2 Nr. 1 UStG hat der Unternehmer die Bemessungsgrundlage und die ggf. darauf entfallende Steuer für die innergemeinschaftlichen Lieferungen und für die fiktiven Lieferungen in den Fällen des innergemeinschaftlichen Verbringens von Ge-

[1)] *Siehe auch OFD Frankfurt/M. v. 22.6.2018 – S 7389 A – 2 – St 111, StEd 2018, 491: Hinweise zum USt-Heft. – Zur Befreiung von der Führung des USt-Heftes vgl. BMF v. 5.11.2019, BStBl. I 1019, 1041.*

genständen vom inländischen in den ausländischen Unternehmensteil aufzuzeichnen. [3]Aufzuzeichnen sind auch die innergemeinschaftlichen Lieferungen von neuen Fahrzeugen. [4]Nach § 22 Abs. 2 Nr. 7 UStG sind die innergemeinschaftlichen Erwerbe getrennt von den übrigen Aufzeichnungen der Bemessungsgrundlagen und Steuerbeträge aufzuzeichnen. [5]Hierunter fallen die Lieferungen im Sinne des § 1a Abs. 1 UStG und die innergemeinschaftlichen Verbringensfälle zwischen dem ausländischen und dem inländischen Unternehmensteil, die als fiktive Lieferungen gelten (vgl. Abschnitt 1a.2). [6]Zu den besonderen Aufzeichnungspflichten vgl. Absätze 3 bis 5. [7]Zu den für den Buchnachweis erforderlichen Aufzeichnungen vgl. § 17d UStDV.

(2) [1]Der Unternehmer ist auch für innergemeinschaftliche Lieferungen und innergemeinschaftliche Erwerbe verpflichtet, nachträgliche Minderungen oder Erhöhungen der Bemessungsgrundlagen aufzuzeichnen. [2]Die Verpflichtung des Unternehmers, in den Aufzeichnungen ersichtlich zu machen, wie sich die Bemessungsgrundlagen auf die steuerpflichtigen innergemeinschaftlichen Erwerbe, getrennt nach Steuersätzen, und auf die steuerfreien innergemeinschaftlichen Lieferungen verteilen, gilt entsprechend für nachträgliche Entgeltänderungen (vgl. Abschnitt 22.2 Abs. 2).

(3) [1]Der Unternehmer hat besondere Aufzeichnungspflichten in den Fällen zu beachten, in denen Gegenstände, die – ohne die Voraussetzungen für ein steuerbares Verbringen zu erfüllen – vom Inland zu seiner Verfügung (unternehmensintern) in das übrige Gemeinschaftsgebiet gelangen (§ 22 Abs. 4a UStG). [2]Der Unternehmer muss die Gegenstände in den folgenden Fällen der ihrer Art nach vorübergehenden Verwendung und der befristeten Verwendung (vgl. Abschnitt 1a.2 Abs. 9 bis 12) aufzeichnen, die im übrigen Gemeinschaftsgebiet nicht zu einer Erwerbsbesteuerung führen:

1. An den Gegenständen werden im übrigen Gemeinschaftsgebiet Arbeiten, z.B. Reparaturarbeiten, ausgeführt (§ 22 Abs. 4a Nr. 1 UStG), vgl. dazu Abschnitt 1a.2 Abs. 10 Nr. 3.
2. Die Gegenstände werden zur vorübergehenden Verwendung in das übrige Gemeinschaftsgebiet zur Ausführung sonstiger Leistungen verbracht, und der Unternehmer hat in dem Mitgliedstaat keine Zweigniederlassung (§ 22 Abs. 4a Nr. 2 UStG), vgl. dazu Abschnitt 1a.2 Abs. 10 Nr. 2 und 4.
3. [1]Das Verbringen der Gegenstände zur befristeten Verwendung in das übrige Gemeinschaftsgebiet wäre im Fall der Einfuhr uneingeschränkt steuerfrei, z.B. Ausstellungsstücke für Messen im übrigen Gemeinschaftsgebiet (§ 22 Abs. 4a Nr. 3 UStG), vgl. dazu Abschnitt 1a.2 Abs. 12. [2]Aufzuzeichnen sind auch die Fälle der vorübergehenden Verwendung eines Gegenstands bei einer Werklieferung, die im Bestimmungsmitgliedstaat steuerbar ist, wenn der Gegenstand wieder in das Inland zurückgelangt, vgl. dazu Beispiel 1 in Abschnitt 1a.2 Abs. 10 Nr. 1.

(4) Die besonderen Aufzeichnungspflichten gelten jeweils als erfüllt, wenn sich die aufzeichnungspflichtigen Angaben aus Buchführungsunterlagen, Versandpapieren, Karteien, Dateien und anderen im Unternehmen befindlichen Unterlagen eindeutig und leicht nachprüfbar entnehmen lassen.

(5) [1]Die besonderen Aufzeichnungen sind zu berichtigen, wenn der Gegenstand im Bestimmungsland untergeht oder veräußert wird oder wenn die Verwendungsfristen überschritten werden. [2]An die Stelle der besonderen Aufzeichnungen treten die allgemeinen Aufzeichnungspflichten für innergemeinschaftliche Lieferungen, vgl. dazu Abschnitt 1a.2 Abs. 13.

(6) [1]Die in § 1a Abs. 3 Nr. 1 UStG genannten Erwerber sind zur Aufzeichnung nach § 22 Abs. 2 Nr. 7 UStG verpflichtet, wenn sie die Erwerbsschwelle überschritten, zur Erwerbsbesteuerung optiert oder Gegenstände im Sinne des § 1a Abs. 5 UStG erworben haben. [2]Juristische Personen, die auch Unternehmer sind, haben die für das Unternehmen vorgenommenen Erwerbe grundsätzlich getrennt von den nicht für das Unternehmen bewirkten Erwerben aufzuzeichnen. [3]Eine entsprechende Trennung in den Aufzeichnungen ist nicht erforderlich, soweit die Steuerbeträge, die auf die für das Unternehmen vorgenommenen innergemeinschaftlichen Erwerbe entfallen, vom Vorsteuerabzug ausgeschlossen sind.

(7) Der Unternehmer hat die Erfüllung der nach § 18a Abs. 2 Satz 1 und § 18b Satz 1 Nr. 2 UStG bestehenden Verpflichtungen sicherzustellen, die Bemessungsgrundlagen für nach § 3a Abs. 2 UStG im übrigen Gemeinschaftsgebiet ausgeführte steuerpflichtige sonstige Leistungen, für die der in einem anderen Mitgliedstaat ansässige Leistungsempfänger die Steuer dort schuldet, in der Zusammenfassenden Meldung anzugeben bzw. in den Umsatzsteuer-Voranmeldungen und in der Umsatzsteuererklärung für das Kalenderjahr gesondert anzumelden.

22.3a[1)] Aufzeichnungspflichten bei Teilnahme an einem der besonderen Besteuerungsverfahren

(1) [1]Der nicht im Gemeinschaftsgebiet ansässige Unternehmer hat über die im Rahmen der Regelung nach § 18 Abs. 4c und 4d UStG vor dem 1.7.2021 getätigten Umsätze Aufzeichnungen mit ausreichenden Angaben zu führen. [2]Diese Aufzeichnungen sind dem BZSt auf Anfrage auf elektronischem Weg zur Verfügung zu stellen (§ 22 Abs. 1 Satz 4 erster Teilsatz UStG).

(2) [1]Der im übrigen Gemeinschaftsgebiet ansässige Unternehmer hat über die im Rahmen der Regelung nach § 18 Abs. 4e UStG vor dem 1.7.2021 getätigten Umsätze Aufzeichnungen mit ausreichenden Angaben zu führen. [2]Diese Aufzeichnungen sind der für das Besteuerungsverfahren zuständigen Finanzbehörde auf Anfrage auf elektronischem Weg zur Verfügung zu stellen (§ 22 Abs. 1 Satz 4 zweiter Teilsatz UStG).

(3) [1]Der im Inland ansässige Unternehmer hat über die im Rahmen der Regelung nach § 18h UStG vor dem 1.7.2021 getätigten Umsätze Aufzeichnungen mit ausreichenden Angaben zu führen. [2]Diese Aufzeichnungen sind dem BZSt und/oder der zuständigen Finanzbehörde des EU-Mitgliedstaats, in dessen Gebiet der Leistungsort liegt, auf Anfrage auf elektronischem Weg zur Verfügung zu stellen (Artikel 369 Abs. 2 Unterabs. 1 MwStSystRL).[2)]

[1)] *A 22.3a UStAE* neugef. durch BMF v. 1.4.2021, BStBl. I 2021, 629, anzuwenden mWv 1.7.2021.

[2)] **Steuergesetze** Nr. **550**.

(3a) [1]Der Unternehmer oder im Auftrag handelnde Vertreter hat über die im Rahmen der Regelungen nach §§ 18i, 18j, 18k und 21a UStG nach dem 30.6.2021 getätigten Umsätze oder Geschäftsvorgänge Aufzeichnungen mit ausreichenden Angaben zu führen. [2]Diese Aufzeichnungen sind dem BZSt, dem zuständigen Finanzamt, dem zuständigen Hauptzollamt und/oder der in einem anderen EU-Mitgliedstaat zuständigen Finanzbehörde auf Anfrage auf elektronischem Weg zur Verfügung zu stellen (§ 22 Abs. 1 Satz 4 dritter Teilsatz UStG).

(4) Aufzeichnungen mit ausreichenden Angaben im Sinne der Absätze 1 bis 3 sowie – in Bezug auf die Regelungen nach §§ 18i und 18j UStG – des Absatzes 3a enthalten folgende Informationen (vgl. Artikel 63c Abs. 1 MwStVO):[1)]

1. EU-Mitgliedstaat, in dessen Gebiet der Leistungsort liegt;
2. Art der erbrachten sonstigen Leistung oder Beschreibung und Menge der gelieferten Gegenstände;
3. Datum der Leistungserbringung;
4. Bemessungsgrundlage unter Angabe der verwendeten Währung;
5. jede anschließende Änderung der Bemessungsgrundlage;
6. anzuwendender Steuersatz;
7. Betrag der zu zahlenden Umsatzsteuer unter Angabe der verwendeten Währung;
8. Datum und Betrag der erhaltenen Zahlungen;
9. alle vor Erbringung der Leistung erhaltenen Anzahlungen;
10. falls eine Rechnung ausgestellt wurde, die darin enthaltenen Informationen;
11. in Bezug auf sonstige Leistungen die Informationen, die zur Bestimmung des Ortes verwendet werden, an dem der Empfänger ansässig ist oder seinen Wohnsitz oder gewöhnlichen Aufenthaltsort hat, und in Bezug auf Lieferungen die Informationen, die zur Bestimmung des Ortes verwendet werden, an dem die Versendung oder Beförderung der Gegenstände zum Erwerber beginnt und endet;
12. jegliche Nachweise über etwaige Rücksendungen von Gegenständen, einschließlich der Bemessungsgrundlage und des anzuwendenden Steuersatzes.

(4a) In Bezug auf die Regelung nach § 18k UStG enthalten Aufzeichnungen mit ausreichenden Angaben im Sinne des Absatzes 3a folgende Informationen (vgl. Artikel 63c Abs. 2 MwStVO):[1)]

1. EU-Mitgliedstaat, in dessen Gebiet der Lieferort liegt;
2. Beschreibung und Menge der gelieferten Gegenstände;
3. Datum der Lieferung;

[1)] **Steuergesetze** Nr. **550a**.

4. Bemessungsgrundlage unter Angabe der verwendeten Währung;
5. jede anschließende Änderung der Bemessungsgrundlage;
6. anzuwendender Steuersatz;
7. Betrag der zu zahlenden Umsatzsteuer unter Angabe der verwendeten Währung;
8. Datum und Betrag der erhaltenen Zahlungen;
9. falls eine Rechnung ausgestellt wurde, die darin enthaltenen Informationen;
10. Informationen, die zur Bestimmung des Ortes verwendet werden, an dem die Versendung oder Beförderung der Gegenstände zum Erwerber beginnt und endet;
11. Nachweise über etwaige Rücksendungen von Gegenständen, einschließlich der Bemessungsgrundlage und des anzuwendenden Steuersatzes;
12. die Bestellnummer oder die eindeutige Transaktionsnummer;
13. die eindeutige Sendungsnummer, falls der Unternehmer unmittelbar an der Lieferung beteiligt ist.

(5) Die Aufbewahrungsfrist für die Aufzeichnungen nach den Absätzen 1 bis 3a beträgt zehn Jahre (§ 147 Abs. 3 AO sowie Artikel 369 Abs. 2 Unterabs. 2, Artikel 369k Abs. 2 Unterabs. 2 und Artikel 369x Abs. 2 Unterabs. 2 MwStSystRL).[1)]

22.3b[2)] Aufzeichnungspflichten bei Lieferungen in ein Lager im Sinne des § 6b UStG

Allgemeines

(1) [1]Die allgemeinen Ordnungsgrundsätze nach Abschnitt 22.1 gelten entsprechend. [2]Für die Erfüllung der Aufzeichnungspflichten können der Unternehmer und der Erwerber einen Dritten beauftragen.

Aufzeichnungspflichten Unternehmer

(2) Der Umfang der Aufzeichnungspflichten für den Unternehmer ergibt sich aus § 22 Abs. 4f UStG.

Aufzeichnungspflichten Erwerber

(3) Der Umfang der Aufzeichnungspflichten für den Erwerber ergibt sich aus § 22 Abs. 4g UStG.

Aufzeichnungspflichten Lagerhalter

(4) [1]Die Aufzeichnungspflichten nach Absatz 1 gelten auch für einen für die Haltung eines Lagers im Sinne des § 6b UStG eingesetzten Dritten (Lagerhalter). [2]Der Umfang der Aufzeichnungspflichten für den Lagerhalter ergibt sich ebenfalls aus § 22 Abs. 4g UStG.

[1)] ***Steuergesetze** Nr. **550**.*

[2)] A 22.3b UStAE eingef. durch BMF v. 10.12.2021, BStBl. I 2021, 2492; Anwendungsregelung siehe Anlage 8.

22.4 Aufzeichnungen bei Aufteilung der Vorsteuern

(1) [1] Unternehmer, die nach § 15 Abs. 4 UStG nur teilweise zum Vorsteuerabzug berechtigt sind und die deshalb die angefallenen Vorsteuerbeträge aufzuteilen haben, brauchen außer den Vorsteuerbeträgen, die voll vom Vorsteuerabzug ausgeschlossen sind, auch die vom Vorsteuerabzug ausgeschlossenen anteiligen Vorsteuerbeträge nicht gesondert aufzuzeichnen. [2] Aufgezeichnet werden müssen aber in den Fällen, in denen Vorsteuerbeträge nur teilweise abziehbar sind,

1. die Entgelte für die betreffenden steuerpflichtigen Leistungen an den Unternehmer, die für diese Leistungen gesondert in Rechnung gestellten gesamten Steuerbeträge und die als Vorsteuern abziehbaren Teilbeträge;
2. die Entgelte für die betreffenden steuerpflichtigen Leistungen an den Unternehmer, für die der Unternehmer die Steuer nach § 13b Abs. 5 UStG schuldet, und die als Vorsteuer abziehbaren Teilbeträge;
3. die vorausgezahlten Entgelte und Teilentgelte für die betreffenden steuerpflichtigen Leistungen an den Unternehmer, die dafür gesondert in Rechnung gestellten gesamten Steuerbeträge und die als Vorsteuern abziehbaren Teilbeträge;
4. die gesamten Einfuhrumsatzsteuerbeträge für die für das Unternehmen eingeführten Gegenstände und die als Vorsteuern abziehbaren Teilbeträge sowie die Bemessungsgrundlagen für die Einfuhren oder Hinweise auf die entsprechenden zollamtlichen Belege;
5. die Bemessungsgrundlage für den innergemeinschaftlichen Erwerb von Gegenständen und die als Vorsteuern abziehbaren Teilbeträge.

(2) In den Fällen der Vorsteueraufteilung sind die Bemessungsgrundlagen für die Umsätze, die nach § 15 Abs. 2 und 3 UStG den Vorsteuerabzug ausschließen, getrennt von den Bemessungsgrundlagen der übrigen Umsätze mit Ausnahme der Einfuhren, der innergemeinschaftlichen Erwerbe und der Leistungsbezüge, für die der Unternehmer die Steuer nach § 13b Abs. 5 UStG schuldet, aufzuzeichnen, und zwar unabhängig von der allgemeinen Verpflichtung zur Trennung der Bemessungsgrundlagen nach § 22 Abs. 2 UStG.

22.5 Erleichterungen der Aufzeichnungspflichten

(1) [1] Durch § 63 Abs. 3 und 5 UStDV werden die Aufzeichnungspflichten nach § 22 Abs. 2 UStG allgemein erleichtert. [2] Den Unternehmern ist es hiernach gestattet, für ihre Umsätze und die an sie ausgeführten Umsätze die jeweiligen Bruttobeträge einschließlich der Steuer getrennt nach Steuersätzen aufzuzeichnen und am Schluss eines Voranmeldungszeitraums insgesamt in Bemessungsgrundlage und Steuer aufzuteilen. [3] Beträge für die an den Unternehmer ausgeführten Umsätze dürfen in das Verfahren der Bruttoaufzeichnung nur einbezogen werden, wenn in der jeweiligen Rechnung die Steuer in zutreffender Höhe gesondert ausgewiesen ist. [4] Die Bruttoaufzeichnung darf außerdem nicht für die Leistungen des Unternehmers vorgenommen werden, für die in den Rechnungen die Steuer zu Unrecht oder zu hoch ausgewiesen ist.

(2) Bei der Einfuhr genügt es, wenn die entstandene Einfuhrumsatzsteuer mit einem Hinweis auf einen entsprechenden zollamtlichen Beleg aufgezeichnet wird (§ 64 UStDV).

(3) [1]Kleinunternehmer im Sinne des § 19 Abs. 1 UStG müssen nur die Werte der Gegenleistungen aufzeichnen (§ 65 UStDV). [2]Als Wert der erhaltenen Gegenleistungen ist grundsätzlich der vereinnahmte Preis anzugeben.

(4) [1]Unternehmer, die ihre abziehbaren Vorsteuerbeträge nach Durchschnittssätzen (§§ 23, 23a UStG, §§ 66a, 69, 70 Abs. 1 UStDV) berechnen, brauchen die Entgelte oder Teilentgelte für die empfangenen Leistungen sowie die dafür in Rechnung gestellten Steuerbeträge nicht aufzuzeichnen. [2]Ebenso entfällt die Verpflichtung zur Aufzeichnung der Einfuhrumsatzsteuer. [3]Soweit neben den Durchschnittssätzen Vorsteuern gesondert abgezogen werden können (§ 70 Abs. 2 UStDV), gelten die allgemeinen Aufzeichnungspflichten.

(5) Land- und Forstwirte, die ihre Umsätze nach den Durchschnittssätzen des § 24 UStG versteuern, haben die Bemessungsgrundlagen für die Umsätze mit den in der Anlage 2 des UStG nicht aufgeführten Sägewerkserzeugnissen und Getränken sowie mit alkoholischen Flüssigkeiten aufzuzeichnen (§ 67 UStDV).

(6) Die Erleichterungen berühren nicht die Verpflichtung zur Aufzeichnung der Steuerbeträge, die nach § 14c UStG geschuldet werden.

22.6 Erleichterungen für die Trennung der Bemessungsgrundlagen

Grundsätze

(1) [1]Der Unternehmer kann eine erleichterte Trennung der Bemessungsgrundlagen nach Steuersätzen (§ 63 Abs. 4 UStDV) nur mit Genehmigung des Finanzamts vornehmen. [2]Das Finanzamt hat die Genehmigung schriftlich unter dem Vorbehalt des jederzeitigen Widerrufs zu erteilen. [3]In der Genehmigungsverfügung sind die zugelassenen Erleichterungen genau zu bezeichnen. [4]Eine vom Unternehmer ohne Genehmigung des Finanzamts vorgenommene erleichterte Trennung der Bemessungsgrundlagen kann aus Billigkeitsgründen anerkannt werden, wenn das angewandte Verfahren bei rechtzeitiger Beantragung hätte zugelassen werden können. [5]Eine solche Erleichterung der Aufzeichnungspflichten kommt allerdings nicht in Betracht, wenn eine Registrierkasse mit Zählwerken für mehrere Warengruppen oder eine entsprechende andere Speichermöglichkeit eingesetzt wird.

(2) [1]Entsprechende Erleichterungen können auf Antrag auch für die Trennung in steuerfreie und steuerpflichtige Umsätze sowie für nachträgliche Entgeltminderungen (vgl. Absatz 20) gewährt werden. [2]Die Finanzämter können auch andere als die in Absatz 9 ff. bezeichneten Verfahren zulassen, wenn deren steuerliches Ergebnis nicht wesentlich von dem Ergebnis einer nach Steuersätzen getrennten Aufzeichnung abweicht. [3]Ob ein abweichendes Verfahren oder ein Wechsel des Verfahrens zugelassen werden kann und wie das Verfahren ausgestaltet sein muss, hat das Finanzamt in jedem Einzelfall zu prüfen. [4]Die Anwendung des Verfahrens kann auf einen in der Gliederung des Unternehmens gesondert geführten Betrieb beschränkt werden (§ 63 Abs. 4 Satz 4 UStDV).

Aufschlagsverfahren

(3) [1]Die Aufschlagsverfahren (Absätze 9 bis 16) kommen vor allem für Unternehmer in Betracht, die nur erworbene Waren liefern, wie z. B. Lebensmitteleinzelhändler, Drogisten, Buchhändler. [2]Sie können aber auch von Unternehmern angewendet werden, die – wie z. B. Bäcker oder Fleischer – neben erworbenen Waren in erheblichem Umfang hergestellte Erzeugnisse liefern. [3]Voraussetzung ist jedoch, dass diese Unternehmer, sofern sie für die von ihnen hergestellten Waren die Verkaufsentgelte oder die Verkaufspreise rechnerisch ermitteln, darüber entsprechende Aufzeichnungen führen.

(4) [1]Eine Trennung der Bemessungsgrundlagen nach dem Verhältnis der Eingänge an begünstigten und an nicht begünstigten Waren kann nur in besonders gelagerten Einzelfällen zugelassen werden. [2]Die Anwendung brancheneinheitlicher Durchschnittsaufschlagsätze oder eines vom Unternehmer geschätzten durchschnittlichen Aufschlagsatzes kann nicht genehmigt werden. [3]Die Berücksichtigung eines Verlustabschlags für Verderb, Bruch, Schwund, Diebstahl usw. bei der rechnerischen Ermittlung der nicht begünstigten Umsätze auf Grund der Wareneingänge ist, sofern Erfahrungswerte oder andere Unterlagen über die Höhe der Verluste nicht vorhanden sind, von der Führung zeitlich begrenzter Aufzeichnungen über die eingetretenen Verluste abhängig zu machen (vgl. BFH-Urteil vom 18.11.1971, V R 85/71, BStBl. 1972 II S. 202).

(5) Die von den Unternehmern im Rahmen eines zugelassenen Verfahrens angewandten Aufschlagsätze unterliegen der Nachprüfung durch die Finanzämter.

(6) [1]In Fällen, in denen ein Unternehmen oder ein Betrieb erworben wird, sind bei der Anwendung eines Aufschlagsverfahrens (Absätze 9 bis 16) die übertragenen Warenbestände als Wareneingänge in die rechnerische Ermittlung der begünstigten und der nicht begünstigten Umsätze einzubeziehen (vgl. BFH-Urteil vom 11.6.1997, XI R 18/96, BStBl. II S. 633). [2]Diese Berechnung ist für den Voranmeldungszeitraum vorzunehmen, der nach der Übertragung der Warenbestände endet. [3]Der Unternehmer hat die bei dem Erwerb des Unternehmens oder Betriebs übernommenen Warenbestände aufzuzeichnen und dabei die Waren, deren Lieferungen nach § 12 Abs. 1 UStG dem allgemeinen Steuersatz unterliegen, von denen zu trennen, auf deren Lieferungen nach § 12 Abs. 2 Nr. 1 UStG der ermäßigte Steuersatz anzuwenden ist. [4]Die Gliederung nach den auf die Lieferungen anzuwendenden Steuersätzen kann auch im Eröffnungsinventar vorgenommen werden.

(7) [1]Dies gilt auch, wenn ein Unternehmen gegründet wird. [2]In diesem *Falle sind bei einer erleichterten* Trennung der Bemessungsgrundlagen nach den Wareneingängen die vor der Eröffnung angeschafften Waren (Warenanfangsbestand) in die rechnerische Ermittlung der begünstigten und der nicht begünstigten Umsätze für den ersten Voranmeldungszeitraum einzubeziehen. [3]Nach den Grundsätzen des Absatzes 6 ist auch in den Fällen zu verfahren, in denen ein Verfahren zur Trennung der Bemessungsgrundlagen umgestellt wird (vgl. BFH-Urteil vom 11.6.1997, XI R 18/96, BStBl. II S. 633).

(8) Wechselt der Unternehmer mit Zustimmung des Finanzamts das Aufschlagsverfahren oder innerhalb des genehmigten Aufschlagsverfahrens die aufzuzeichnende Umsatzgruppe oder wird das Verfahren zur erleichterten Trennung der Entgelte auf der Grundlage des Wareneingangs ganz oder teilweise eingestellt, sind die Warenendbestände von der Bemessungsgrundlage des letzten Voranmeldungszeitraums abzuziehen.

Anwendung tatsächlicher und üblicher Aufschläge

(9) [1]Die erworbenen Waren, deren Lieferungen dem ermäßigten Steuersatz unterliegen, sind im Wareneingangsbuch oder auf dem Wareneinkaufskonto getrennt von den übrigen Waren aufzuzeichnen, deren Lieferungen nach dem allgemeinen Steuersatz zu versteuern sind. [2]Auf der Grundlage der Wareneingänge sind entweder die Umsätze der Waren, die dem allgemeinen Steuersatz unterliegen, oder die steuerermäßigten Umsätze rechnerisch zu ermitteln. [3]Zu diesem Zweck ist im Wareneingangsbuch oder auf dem Wareneinkaufskonto für diese Waren neben der Spalte „Einkaufsentgelt" eine zusätzliche Spalte mit der Bezeichnung „Verkaufsentgelt" einzurichten. [4]Die Waren der Gruppe, für die die zusätzliche Spalte „Verkaufsentgelt" geführt wird, sind grundsätzlich einzeln und mit genauer handelsüblicher Bezeichnung im Wareneingangsbuch oder auf dem Wareneinkaufskonto einzutragen. [5]Statt der handelsüblichen Bezeichnung können Schlüsselzahlen oder Symbole verwendet werden, wenn ihre eindeutige Bestimmung aus der Eingangsrechnung oder aus anderen Unterlagen gewährleistet ist. [6]Bei der Aufzeichnung des Wareneingangs sind auf Grund der tatsächlichen oder üblichen Aufschlagsätze die tatsächlichen bzw. voraussichtlichen Verkaufsentgelte für die betreffenden Waren zu errechnen und in die zusätzliche Spalte des Wareneingangsbuchs oder des Wareneinkaufskontos einzutragen. [7]Nach Ablauf eines Voranmeldungszeitraums sind die in der zusätzlichen Spalte aufgezeichneten tatsächlichen oder voraussichtlichen Verkaufsentgelte zusammenzurechnen. [8]Die Summe bildet den Umsatz an begünstigten bzw. nicht begünstigten Waren und ist nach Hinzurechnung der Steuer unter Anwendung des in Betracht kommenden Steuersatzes von der Summe der im Voranmeldungszeitraum vereinbarten oder vereinnahmten Entgelte zuzüglich Steuer (Bruttopreise) abzusetzen. [9]Der Differenzbetrag stellt die Summe der übrigen Entgelte zuzüglich der Steuer nach dem anderen Steuersatz dar.

(10) [1]Anstelle der Aufgliederung im Wareneingangsbuch oder auf dem Wareneinkaufskonto kann auch für eine der Warengruppen ein besonderes Buch geführt werden. [2]Darin sind die begünstigten oder nicht begünstigten Waren unter ihrer handelsüblichen Bezeichnung mit Einkaufsentgelt und tatsächlichem oder voraussichtlichem Verkaufsentgelt aufzuzeichnen. [3]Statt der handelsüblichen Bezeichnung können Schlüsselzahlen oder Symbole verwendet werden (vgl. Absatz 9). [4]Die Aufzeichnungen müssen Hinweise auf die Eingangsrechnungen oder auf die Eintragungen im Wareneingangsbuch oder auf dem Wareneinkaufskonto enthalten.

(11) [1]Die Verkaufsentgelte, die beim Wareneingang besonders aufzuzeichnen sind, können bereits auf den Rechnungen nach Warenarten zusammengestellt werden. [2]Dabei genügt es, im Wareneingangsbuch, auf dem

Wareneinkaufskonto oder in einem besonderen Buch die Sammelbezeichnungen für diese Waren anzugeben und die jeweiligen Summen der errechneten Verkaufsentgelte einzutragen. [3]Zur weiteren Vereinfachung des Verfahrens können die Einkaufsentgelte von Waren mit gleichen Aufschlagsätzen in gesonderten Spalten zusammengefasst werden. [4]Die aufgezeichneten Einkaufsentgelte für diese Warengruppen sind am Schluss des Voranmeldungszeitraums zusammenzurechnen. [5]Aus der Summe der Einkaufsentgelte für die einzelne Warengruppe sind durch Hinzurechnung der Aufschläge die Verkaufsentgelte und damit rechnerisch die Umsätze an diesen Waren zu ermitteln.

(12) [1]Das Verfahren kann in der Weise abgewandelt werden, dass der Unternehmer beim Wareneingang sowohl für die begünstigten als auch für die nicht begünstigten Waren die tatsächlichen bzw. voraussichtlichen Verkaufsentgelte gesondert aufzeichnet. [2]Nach Ablauf des Voranmeldungszeitraums werden die gesondert aufgezeichneten Verkaufsentgelte für beide Warengruppen zusammengerechnet. [3]Den Summen dieser Verkaufsentgelte wird die Steuer nach dem jeweils in Betracht kommenden Steuersatz hinzugesetzt. [4]Der Gesamtbetrag der im Voranmeldungszeitraum vereinbarten oder vereinnahmten Entgelte zuzüglich Steuer (Bruttopreise) wird nach dem Verhältnis zwischen den rechnerisch ermittelten Verkaufspreisen beider Warengruppen aufgeteilt.

(13) [1]Macht der Unternehmer von der Möglichkeit des § 63 Abs. 5 UStDV Gebrauch, kann er anstelle der Einkaufsentgelte und Verkaufsentgelte die Einkaufspreise und Verkaufspreise (Entgelt und Steuerbetrag in einer Summe) aufzeichnen. [2]Außerdem kann ein Unternehmer, der die Einkaufsentgelte aufzeichnet, durch Hinzurechnung der Aufschläge und der in Betracht kommenden Steuer die Verkaufspreise errechnen und diese in seinen Aufzeichnungen statt der Verkaufsentgelte angeben.

Anwendung eines gewogenen Durchschnittsaufschlags

(14) [1]Die erworbenen Waren, deren Lieferungen dem ermäßigten Steuersatz unterliegen, sind im Wareneingangsbuch oder auf dem Wareneinkaufskonto getrennt von den übrigen Waren aufzuzeichnen, deren Lieferungen nach dem allgemeinen Steuersatz zu versteuern sind. [2]Die Umsätze der Waren, die dem allgemeinen Steuersatz unterliegen, oder die steuerermäßigten Umsätze sind auf der Grundlage der Einkaufsentgelte unter Berücksichtigung des gewogenen Durchschnittsaufschlagsatzes für die betreffende Warengruppe rechnerisch zu ermitteln. [3]Diese rechnerische Ermittlung ist grundsätzlich für die Umsatzgruppe vorzunehmen, die den geringeren Anteil am gesamten Umsatz bildet. [4]Zu der rechnerischen Umsatzermittlung sind am Schluss eines Voranmeldungszeitraums die Einkaufsentgelte der betreffenden Warengruppe zusammenzurechnen. [5]Dem Gesamtbetrag dieser Einkaufsentgelte ist der gewogene Durchschnittsaufschlag hinzuzusetzen. [6]Die Summe beider Beträge bildet den Umsatz der betreffenden Warengruppe und ist nach Hinzurechnung der Steuer unter Anwendung des in Betracht kommenden Steuersatzes von der Summe der im Voranmeldungszeitraum vereinbarten oder vereinnahmten Entgelte zuzüglich Steuer (Bruttopreise) abzusetzen. [7]Der Differenzbetrag stellt die Summe der übrigen Entgelte zuzüglich der Steuer nach dem anderen Steuersatz dar.

(15) [1]Der gewogene Durchschnittsaufschlagsatz ist vom Unternehmer festzustellen. [2]Dabei ist von den tatsächlichen Verhältnissen in mindestens drei für das Unternehmen repräsentativen Monaten eines Kalenderjahrs auszugehen. [3]Der Unternehmer ist – sofern sich die Struktur seines Unternehmens nicht ändert – berechtigt, den von ihm ermittelten gewogenen Durchschnittsaufschlagsatz für die Dauer von 5 Jahren anzuwenden. [4]Nach Ablauf dieser Frist oder im Falle einer Änderung der Struktur des Unternehmens ist der Durchschnittsaufschlagsatz neu zu ermitteln. [5]Als Strukturänderung ist auch eine wesentliche Änderung des Warensortiments anzusehen. [6]Absatz 13 gilt entsprechend.

Filialunternehmen

(16) [1]Von Filialunternehmen kann die Trennung der Bemessungsgrundlagen statt nach den vorbezeichneten Verfahren (Absätze 9 bis 15) auch in der Weise vorgenommen werden, dass die tatsächlichen Verkaufsentgelte der Waren, deren Lieferungen dem ermäßigten Steuersatz unterliegen oder nach dem allgemeinen Steuersatz zu versteuern sind, im Zeitpunkt der Auslieferung an den einzelnen Zweigbetrieb gesondert aufgezeichnet werden. [2]Eine getrennte Aufzeichnung der Wareneingänge ist in diesem Falle entbehrlich. [3]Nach Ablauf eines Voranmeldungszeitraums sind die Verkaufsentgelte für die in diesem Zeitraum an die Zweigbetriebe ausgelieferten Waren einer der gesondert aufgezeichneten Warengruppen zusammenzurechnen. [4]Die Summe dieser Verkaufsentgelte ist nach Hinzurechnung der Steuer unter Anwendung des in Betracht kommenden Steuersatzes von der Summe der im Voranmeldungszeitraum vereinbarten oder vereinnahmten Entgelte zuzüglich Steuer (Bruttopreise) abzusetzen. [5]Aus dem verbleibenden Differenzbetrag ist die Steuer unter Zugrundelegung des anderen Steuersatzes zu errechnen. [6]Absätze 12 und 13 gelten entsprechend.

Verfahren für Personen-Beförderungsunternehmen

(17) [1]Die Finanzämter können Beförderungsunternehmen, die neben steuerermäßigten Personenbeförderungen im Sinne des § 12 Abs. 2 Nr. 10 UStG auch Personenbeförderungen ausführen, die dem allgemeinen Steuersatz unterliegen, auf Antrag gestatten, die Entgelte nach dem Ergebnis von Repräsentativerhebungen dieser Unternehmen zu trennen. [2]Die repräsentativen Verkehrszählungen müssen in angemessenen Zeiträumen bzw. bei Änderungen der Verhältnisse wiederholt werden.

Verfahren für Spediteure, Frachtführer, Verfrachter, Lagerhalter, Umschlagunternehmer und dergleichen

(18) [1]Spediteuren und anderen Unternehmern, die steuerfreie Umsätze im Sinne des § 4 Nr. 3 UStG ausführen – z. B. Frachtführern, Verfrachtern, Lagerhaltern und Umschlagunternehmern –, kann auf Antrag gestattet werden, folgendes Verfahren anzuwenden:
[2]In den Aufzeichnungen brauchen grundsätzlich nur die Entgelte für steuerpflichtige Umsätze von den gesamten übrigen in Rechnung gestellten Beträgen getrennt zu werden. [3]Eine getrennte Aufzeichnung der durchlaufenden Posten sowie der Entgelte für nicht steuerbare Umsätze, die den Vorsteuerabzug nicht ausschließen, und für steuerfreie Umsätze nach § 4 Nr. 3 UStG ist

grundsätzlich nicht erforderlich. [4]Gesondert aufgezeichnet werden müssen aber die Entgelte

1. für steuerermäßigte Umsätze im Sinne des § 12 Abs. 2 UStG;
2. für die nach § 4 Nr. 1 und 2 UStG steuerfreien Umsätze;
3. für die nach § 4 Nr. 8 ff. UStG steuerfreien Umsätze und für die nicht steuerbaren Umsätze, die den Vorsteuerabzug ausschließen sowie
4. für nach § 3a Abs. 2 UStG im übrigen Gemeinschaftsgebiet ausgeführte steuerpflichtige sonstige Leistungen, für die der in einem anderen Mitgliedstaat ansässige Leistungsempfänger die Steuer dort schuldet.

[5]Unberührt bleibt die Verpflichtung des Unternehmers zur Führung des Ausfuhr- und Buchnachweises für die nach § 4 Nr. 1 bis 3 und 5 UStG steuerfreien Umsätze.

(19) Die Genehmigung dieses Verfahrens ist mit der Auflage zu verbinden, dass der Unternehmer, soweit er Umsätze bewirkt, die nach § 15 Abs. 2 und 3 UStG den Vorsteuerabzug ausschließen, die Vorsteuerbeträge nach § 15 Abs. 4 UStG diesen und den übrigen Umsätzen genau zurechnet.

Nachträgliche Entgeltminderungen

(20) [1]Unternehmer, für die eine erleichterte Trennung der Bemessungsgrundlagen zugelassen worden ist, sind berechtigt, nachträgliche Minderungen der Entgelte z.B. durch Skonti, Rabatte und sonstige Preisnachlässe nach dem Verhältnis zwischen den Umsätzen, die verschiedenen Steuersätzen unterliegen, sowie den steuerfreien und nicht steuerbaren Umsätzen eines Voranmeldungszeitraums aufzuteilen. [2]Einer besonderen Genehmigung bedarf es hierzu nicht.

(21) [1]Die Finanzämter können auch anderen Unternehmern, die in großem Umfang Umsätze ausführen, die verschiedenen Steuersätzen unterliegen, auf Antrag widerruflich Erleichterungen für die Trennung nachträglicher Entgeltminderungen gewähren. [2]Diesen Unternehmern kann ebenfalls gestattet werden, die Entgeltminderungen eines Voranmeldungszeitraums in dem gleichen Verhältnis aufzuteilen, in dem die nicht steuerbaren, steuerfreien und den verschiedenen Steuersätzen unterliegenden Umsätze des gleichen Zeitraums zueinander stehen. [3]Voraussetzung für die Zulassung dieses Verfahrens ist, dass die Verhältnisse zwischen den Umsatzgruppen innerhalb der einzelnen Voranmeldungszeiträume keine nennenswerten Schwankungen aufweisen. [4]Bei der Anwendung dieses Verfahrens kann aus Vereinfachungsgründen grundsätzlich außer Betracht bleiben, ob bei einzelnen Umsätzen tatsächlich keine Entgeltminderungen eintreten oder ob die Höhe der Entgeltminderungen bei den einzelnen Umsätzen unterschiedlich ist. [5]Soweit jedoch für bestimmte Gruppen von Umsätzen Minderungen der Entgelte in jedem Falle ausscheiden, sind diese Umsätze bei der Aufteilung der Entgeltminderungen nicht zu berücksichtigen.

Beispiel:

[1]Landwirtschaftliche Bezugs- und Absatzgenossenschaften gewähren für ihre Umsätze im Bezugsgeschäft (Verkauf von Gegenständen des landwirtschaftlichen Bedarfs), nicht jedoch für ihre Umsätze im Absatzgeschäft (Verkauf der von Landwirten angelieferten Erzeugnisse)

Warenrückvergütungen. [2]Sie haben bei einer vereinfachten Aufteilung dieser Rückvergütungen nur von den Umsätzen im Bezugsgeschäft auszugehen.

Merkblatt

(22) Weitere Hinweise enthält das Merkblatt zur erleichterten Trennung der Bemessungsgrundlagen (§ 63 Abs. 4 UStDV), Stand Mai 2009 (BMF-Schreiben vom 6.5.2009, BStBl. I S. 681).

Zu § 22f UStG[1)]

22f.1[2)] Aufzeichnungspflichten für Betreiber elektronischer Schnittstellen im Sinne von § 25e Abs. 1 UStG beim Handel mit Waren

(1) [1]Für Lieferungen eines Unternehmers, die mittels einer elektronischen Schnittstelle (vgl. Abschnitt 25e.1 Abs. 1 Satz 2) unterstützt werden und bei denen die Beförderung oder Versendung im Inland beginnt oder endet, muss der Betreiber der elektronischen Schnittstelle im Sinne von § 25e Abs. 1 UStG (Betreiber) die in § 22f Abs. 1 Satz 1 UStG aufgeführten Angaben aufzeichnen. [2]Für Lieferungen, bei denen der Betreiber einer elektronischen Schnittstelle in die fiktive Lieferkette nach § 3 Abs. 3a Sätze 1 und 2 UStG einbezogen ist, vgl. Abschnitt 22f.3 Abs. 2.

(2) [1]Für Lieferungen nach Absatz 1 Satz 1 muss der Betreiber ab dem 1.7.2021 neben den bisher in § 22f Abs. 1 Satz 1 UStG vorgesehenen Angaben zusätzlich die elektronische Adresse oder Website des liefernden Unternehmers, die Bankverbindung oder die Nummer des virtuellen Kontos des Lieferers – soweit diese bekannt ist –, eine Beschreibung des gelieferten Gegenstandes und die Bestellnummer oder die eindeutige Transaktionsnummer – soweit bekannt – aufzeichnen. [2]Als Nachweis über die steuerliche Erfassung des liefernden Unternehmers muss der Betreiber ab dem 1.7.2021 die diesem nach § 27a UStG erteilte USt-IdNr. aufzeichnen (§ 22f Abs. 1 Satz 1 Nr. 3 UStG). [3]In Fällen, in denen der liefernde Unternehmer im Inland keine steuerbaren Umsätze im allgemeinen Besteuerungsverfahren (§ 18 Abs. 1 bis 4 UStG) zu erklären hat, es daher keiner steuerlichen Erfassung im Inland bedarf und somit die Voraussetzungen für die Vergabe einer USt-IdNr. nach § 27a UStG nicht vorliegen, wird auf Abschnitt 25e.2 verwiesen. [4]Die nach § 22f Abs. 1 Sätze 2 und 3 UStG in der bis zum 30.6.2021 geltenden Fassung erteilte Bescheinigung als Nachweis über die steuerliche Erfassung des liefernden Unternehmers wird für Lieferungen, die nach dem 30.6.2021 ausgeführt werden, als Nachweis über die steuerliche Erfassung nicht mehr anerkannt. [5]Bis zum 15.8.2021 wird es jedoch nicht beanstandet, wenn der Betreiber anstelle der dem Unternehmer nach § 27a UStG erteilten USt-IdNr. die diesem nach § 22f Abs. 1 Satz 2 UStG in der bis zum 30.6.2021 geltenden Fassung erteilte Bescheinigung über die Erfassung als Steuerpflichtiger (Unternehmer) vorhält.

---

1) Zu Vordruckmustern in diesem Zusammenhang siehe zwei BMF-Schreiben v. 28.7.2021: *USt 1 TK, BStBl. I 2021, 1081;* USt 1 TL, BStBl. I 2021, 1084.

2) A 22f.1 UStAE eingef. durch BMF v. 20.4.2021, BStBl. I 2021, 705, anzuwenden mWv 1.7.2021.

(3) [1]Für die nach § 22f Abs. 1 Satz 1 Nr. 6 UStG aufzuzeichnenden Angaben zum Ort des Beginns der Beförderung oder der Versendung sowie zum Bestimmungsort gelten zur Ortbestimmung die allgemeinen Regelungen des UStG (vgl. § 3 Abs. 5a bis 8 UStG). [2]Die Ortsangabe des Bestimmungsortes ist als vollständige Anschrift aufzuzeichnen. [3]Für die Bestimmung des nach § 22f Abs. 1 Satz 1 Nr. 7 UStG aufzuzeichnenden Zeitpunkts des Umsatzes sind die Regelungen des § 3 Abs. 5a bis 8 UStG entsprechend anzuwenden. [4]Die Höhe des Umsatzes (nach § 22f Abs. 1 Satz 1 Nr. 7 UStG) bemisst sich nach dem Wert der Leistung, d. h. dem Preis, zu dem der Leistungsaustausch auf der elektronischen Schnittstelle zustande gekommen ist. [5]Entgeltminderungen sind nicht gesondert aufzuzeichnen. [6]Eine Lieferung im umsatzsteuerlichen Sinne (vgl. § 3 Abs. 1 UStG) liegt nicht vor, wenn der Empfänger der Lieferung die Ware nicht annimmt bzw. wenn der Empfänger der Lieferung die Ware in der vom Lieferer vorgegebenen Frist zurücksendet (Rückgabe).

(4) [1]Erfolgte die Registrierung beim Betreiber nicht als Unternehmer im Sinne von § 2 UStG, gelten die in § 22f Abs. 1 Satz 1 Nr. 1 und 6 bis 9 UStG enthaltenen Aufzeichnungspflichten entsprechend. [2]Als Anschrift ist die Wohn- bzw. Meldeadresse des Lieferers aufzuzeichnen. [3]Zudem ist für Zwecke der eindeutigen Identifizierung des Lieferers bei natürlichen Personen zusätzlich zu den Angaben in Sätzen 1 und 2 das Geburtsdatum aufzuzeichnen (§ 22f Abs. 2 Satz 2 UStG).

(5) [1]Die nach den Absätzen 1 bis 4 aufzuzeichnenden Angaben sind gemäß § 22f Abs. 4 Satz 1 UStG vom Ende des Jahres an, in dem der Umsatz bewirkt wurde, zehn Jahre lang aufzubewahren. [2]Auf Anforderung des Finanzamtes sind die Daten diesem elektronisch zu übermitteln. [3]Einzelheiten zur Übermittlung der Daten nach § 27 Abs. 25 Satz 1 UStG wird das Bundesministerium der Finanzen durch eine mit Zustimmung des Bundesrates zu erlassende Rechtsverordnung regeln (vgl. § 22f Abs. 5 UStG). [4]Eine Finanzbehörde kann auch dann ein Sammelauskunftsersuchen nach § 93 Abs. 1a Satz 1 AO zur Übermittlung von Daten an einen Betreiber einer elektronischen Schnittstelle stellen, wenn kein hinreichender Anlass für die Ermittlungen besteht oder andere zumutbare Maßnahmen zur Sachverhaltsaufklärung einen Erfolg versprechen würden. [5]Insoweit findet § 93 Abs. 1a Satz 2 AO keine Anwendung (vgl. § 22f Abs. 4 Satz 2 UStG). [6]Die Vorschriften der AO zu den Aufzeichnungs- und Aufbewahrungspflichten gelten entsprechend. [7]Dies gilt insbesondere für § 146 AO und GOBD (vgl. BMF-Schreiben vom 28.11.2019, BStBl. I S. 1269). [8]Verstöße gegen die bestehenden gesetzlichen Aufzeichnungs- und Aufbewahrungspflichten können nach Maßgabe der AO als Ordnungswidrigkeit (§ 379 AO) geahndet werden.

22f.2[1)] Benennung eines Empfangsbevollmächtigten im Inland in besonderen Fällen

[1]Nach § 22f Abs. 1 Satz 2 UStG müssen Unternehmer ohne Wohnsitz oder gewöhnlichen Aufenthalt, Sitz oder Geschäftsleitung im Inland, in einem

[1)] A 22f.2 UStAE eingef. durch BMF v. 20.4.2021, BStBl. I 2021, 705, anzuwenden mWv 1.7.2021.

anderen Mitgliedstaat der Europäischen Union oder in einem Staat, auf den das Abkommen über den Europäischen Wirtschaftsraum anwendbar ist, die beabsichtigen, Lieferungen über eine elektronische Schnittstelle auszuführen, die im Inland steuerpflichtig sind, dem für die Umsatzbesteuerung nach § 1 UStZustV zuständigen Finanzamt mit der Antragstellung auf steuerliche Erfassung einen Empfangsbevollmächtigten im Inland benennen. [2]Der zu benennende Empfangsbevollmächtigte muss nicht zur unbeschränkten Hilfe in Steuersachen nach § 3 StBerG befugt sein. [3]Treten die Voraussetzungen für die Benennung eines Empfangsbevollmächtigten erst zu einem späteren Zeitpunkt ein, hat die Benennung unaufgefordert und unmittelbar gegenüber dem zuständigen Finanzamt nach Satz 1 zu erfolgen. [4]§ 123 Sätze 2 und 3 AO gelten entsprechend (vgl. § 22f Abs. 1 Satz 2 UStG).

22f.3[1)] Weitere Aufzeichnungspflichten für Betreiber elektronischer Schnittstellen

(1) Unterstützt der Betreiber einer elektronischen Schnittstelle (vgl. Abschnitt 3.18 Abs. 3) die Erbringung einer sonstigen Leistung an einen Empfänger nach § 3a Abs. 5 Satz 1 UStG, ohne Teil einer fiktiven Leistungskette zu werden, muss er hierzu insbesondere folgende Angaben aufzeichnen (vgl. § 22f Abs. 3 Satz 1 UStG):

- den vollständigen Namen und die vollständige Anschrift des Leistungserbringers,
- die elektronische Adresse oder Website des Leistungserbringers,
- die Steuernummer oder USt-IdNr. des Leistungserbringers – soweit bekannt –,
- die Bankverbindung oder Nummer des virtuellen Kontos des Leistungserbringers – soweit bekannt –,
- eine Beschreibung der erbrachten Leistung,
- den Wert der erbrachten Leistung, d. h. den Preis, zu dem der Leistungsaustausch auf der elektronischen Schnittstelle zustande gekommen ist,
- den Ort und den Zeitpunkt der Erbringung der Leistung,
- die Bestellnummer oder die eindeutige Transaktionsnummer – soweit bekannt –.

(2) Unterstützt der Betreiber einer elektronischen Schnittstelle (vgl. Abschnitt 3.18 Abs. 3) die Erbringung einer Lieferung innerhalb der Gemeinschaft im Rahmen einer fiktiven Lieferkette nach § 3 Abs. 3a UStG oder wird ein Unternehmer in die Erbringung einer sonstigen Leistung, die über ein Telekommunikationsnetzwerk, eine Schnittstelle oder ein Portal erbracht wird, eingeschaltet und gilt dieser daher nach § 3 Abs. 11a UStG als im eigenen Namen und für fremde Rechnung handelnd, sind hierzu insbesondere folgende Angaben aufzuzeichnen (vgl. § 22f Abs. 3 UStG):

1. für im Rahmen der Regelungen nach §§ 18i und 18j UStG getätigte Umsätze die Angaben nach Abschnitt 22.3a Abs. 4.

---

1) A 22f.3 UStAE eingef. durch BMF v. 20.4.2021, BStBl. I 2021, 705, anzuwenden mWv 1.7.2021.

2. für nicht im Rahmen der Regelungen nach §§ 18i und 18j UStG getätigte Umsätze die Angaben nach Abschnitt 22.2 und 22.3.

(3) [1]Die Aufzeichnungen nach den Absätzen 1 und 2 sind entsprechend § 22f Abs. 4 Satz 1 UStG elektronisch und vom Ende des Jahres an, in dem der Umsatz bewirkt wurde, zehn Jahre lang aufzubewahren. [2]Auf Anforderung des Finanzamtes sind die Daten diesem elektronisch zu übermitteln. [3]Einzelheiten zur Übermittlung der Daten nach § 27 Abs. 25 Satz 2 UStG wird das Bundesministerium der Finanzen durch eine mit Zustimmung des Bundesrates zu erlassende Rechtsverordnung regeln (vgl. § 22f Abs. 5 UStG). [4]Eine Finanzbehörde kann auch dann ein Sammelauskunftsersuchen nach § 93 Abs. 1a Satz 1 AO zur Übermittlung von Daten an einen Betreiber einer elektronischen Schnittstelle stellen, wenn kein hinreichender Anlass für die Ermittlungen besteht oder andere zumutbare Maßnahmen zur Sachverhaltsaufklärung einen Erfolg versprechen würden. [5]Insoweit findet § 93 Abs. 1a Satz 2 AO keine Anwendung (vgl. § 22f Abs. 4 Satz 2 UStG). [6]Die Vorschriften der AO zu den Aufzeichnungs- und Aufbewahrungspflichten gelten entsprechend. [7]Dies gilt insbesondere für § 146 AO und die GOBD (vgl. BMF-Schreiben vom 28.11. 2019, BStBl. I S. 1269). [8]Verstöße gegen die bestehenden gesetzlichen Aufzeichnungs- und Aufbewahrungspflichten können nach Maßgabe der AO als Ordnungswidrigkeit (§ 379 AO) geahndet werden.

Zu § 23 UStG
(§§ 69, 70 UStDV, Anlage der UStDV)

23.1 Anwendung der Durchschnittssätze[1)]

(1) [1]Die in der Anlage zur UStDV festgesetzten Durchschnittssätze sind für den Unternehmer und für das Finanzamt verbindlich. [2]Insbesondere ist nicht zu prüfen, ob und ggf. inwieweit die danach ermittelte Vorsteuer von der tatsächlich entstandenen Vorsteuer abweicht. [3]Die Anwendung des Durchschnittssatzes ist deshalb auch dann nicht zu beanstanden, wenn im Einzelfall eine erhebliche Abweichung festgestellt wird (vgl. BFH-Urteil vom 11.1. 1990, V R 189/84, BStBl. II S. 405).

(2) [1]Die Durchschnittssätze können nur von solchen Unternehmern in Anspruch genommen werden, deren Umsatz im Sinne des § 69 Abs. 2 UStDV in den einzelnen in der Anlage der UStDV bezeichneten Berufs- und Gewerbezweigen im vorangegangenen Kalenderjahr 61 356 € nicht überstiegen hat und die außerdem nicht verpflichtet sind, Bücher zu führen und auf Grund jährlicher Bestandsaufnahmen regelmäßig Abschlüsse zu machen. [2]Zur Bemessungsgrundlage für die Berechnung des Vorsteuerabzuges nach Durchschnittssätzen zählen auch steuerfreie Umsätze, soweit sie nicht besonders ausgenommen sind. [3]Auf den Gesamtumsatz des Unternehmers wird nicht abgestellt.

(3) [1]Hat der Unternehmer, der einen Durchschnittssatz in Anspruch nehmen will, seine gewerbliche oder berufliche Tätigkeit nur in einem Teil des

---

1) Zu Aufzeichnungspflichten vgl. § 66 UStDV und A 22.5 Abs. 4 UStAE.

vorangegangenen Kalenderjahres ausgeübt, ist der tatsächliche Umsatz im Sinne des § 69 Abs. 2 UStDV in einen Jahresumsatz umzurechnen. [2] § 19 Abs. 3 Sätze 3 und 4 UStG ist entsprechend anzuwenden. [3] Bei Betriebseröffnungen innerhalb des laufenden Kalenderjahres ist der voraussichtliche Umsatz im Sinne des § 69 Abs. 2 UStDV dieses Jahres maßgebend (vgl. BFH-Beschluss vom 27.6.2006, V B 143/05, BStBl. II S. 732). [4] Das gilt auch dann, wenn sich nachträglich herausstellen sollte, dass der tatsächliche vom voraussichtlichen Umsatz abweicht. [5] Erwirbt ein Unternehmer ein anderes Unternehmen im Wege der Gesamtrechtsnachfolge, kann für die Berechnung des Umsatzes des vorangegangenen Kalenderjahres von einer Zusammenrechnung der Umsätze des Unternehmers und seines Rechtsvorgängers abgesehen werden (vgl. Abschnitt 19.1 Abs. 5).

23.2 Berufs- und Gewerbezweige

(1) [1] Bei den Berufs- und Gewerbezweigen, für die Durchschnittssätze festgelegt werden, handelt es sich um Gruppen von Unternehmern, bei denen hinsichtlich der Besteuerungsgrundlagen annähernd gleiche Verhältnisse vorliegen. [2] Die jeweils festgesetzten Durchschnittssätze können daher nur solche Unternehmer in Anspruch nehmen, die die wesentlichen Leistungen des Berufs- und Gewerbezweiges erbringen (vgl. BFH-Urteil vom 18.5.1995, V R 7/94, BStBl. II S. 751). [3] Der Abgrenzung der einzelnen Berufs- und Gewerbezweige liegt in den Fällen des Abschnitts A Teile I bis III und des Abschnitts B Nr. 1, 3 bis 6 der Anlage der UStDV die „Systematik der Wirtschaftszweige" Ausgabe 1961 – herausgegeben vom Statistischen Bundesamt – zu Grunde. [4] Diese Systematik kann bei Zweifelsfragen zur Abgrenzung herangezogen werden. [5] Eine unternehmerische Tätigkeit, bei der hinsichtlich der Besteuerungsgrundlagen keine annähernd gleichen Verhältnisse zu den in der Anlage der UStDV bezeichneten Berufs- und Gewerbezweigen vorliegen, kann für Zwecke des Vorsteuerabzugs nicht schätzungsweise aufgeteilt werden.

(2) [1] Die Anwendung der Durchschnittssätze wird nicht dadurch ausgeschlossen, dass die Unternehmer der in der Anlage der UStDV bezeichneten Berufs- und Gewerbezweige auch Umsätze ausführen, die üblicherweise in das Gebiet anderer Berufs- oder Gewerbezweige fallen. [2] Bei den Handelsbetrieben müssen jedoch die maßgeblichen Umsätze der in der Anlage der UStDV jeweils bezeichneten Gegenstände überwiegen. [3] In allen anderen Fällen können die Durchschnittssätze eines Berufs- oder Gewerbezweigs dann angewendet werden, wenn die maßgeblichen Umsätze aus der zusätzlichen Tätigkeit 25 % des gesamten Umsatzes aus dem jeweiligen Berufs- oder Gewerbezweig – einschließlich des Umsatzes aus der zusätzlichen Tätigkeit – nicht übersteigen. [4] Werden diese Anteile überschritten, können die in Betracht kommenden Durchschnittssätze zwar auf die Umsätze im Sinne des § 69 Abs. 2 UStDV aus der Haupttätigkeit, nicht aber auf die Umsätze aus der Nebentätigkeit angewendet werden. [5] Für die Nebentätigkeit besteht jedoch die Möglichkeit, einen anderen Durchschnittssatz in Anspruch zu nehmen, soweit die betreffende Nebentätigkeit unter einen der in der Anlage der UStDV bezeichneten Berufs- und Gewerbezweige fällt.

(3) [1]Bei den unter Abschnitt A Teil IV Nr. 2 der Anlage der UStDV genannten Berufen bedeutet die Aufnahme in die Verordnung nicht, dass die Angehörigen dieses Berufskreises stets als selbständige Unternehmer im Sinne des Umsatzsteuerrechts anzusehen sind. [2]Diese Frage ist vielmehr nach den allgemeinen Grundsätzen zu entscheiden (vgl. Abschnitt 2.2). [3]Zu den selbständigen Mitarbeitern bei Bühne, Film, Funk usw. können gehören: Aufnahmeleiter, Bühnenarchitekten, Bühnenbildner, Choreografen, Chorleiter, Conférenciers, Cutter, Dirigenten, Dramaturgen, Grafiker, Kabarettisten, Kameraleute, Kapellmeister, Kostümbildner, Lektoren, Maskenbildner, Musikarrangeure, Musikberater, Musiker, Produktionsassistenten, Produktionsleiter, Regisseure, Sänger, Schauspieler, Souffleusen, Sprecher, Standfotografen, Tänzer und Tonmeister.

(4) [1]Die Umsätze eines Hochschullehrers aus freiberuflicher Nebentätigkeit können, soweit sie nicht z.B. nach § 4 Nr. 21 UStG von der Umsatzsteuer befreit sind, nach Abschnitt A Teil IV Nr. 3 der Anlage der UStDV der Pauschalierung unterliegen. [2]Eine Nebentätigkeit zur unselbständigen Tätigkeit ist anzunehmen, wenn sie sich als Ausfluss der Hochschullehrertätigkeit darstellt. [3]Nicht als Nebentätigkeit angesehen werden kann eine Tätigkeit, die vom Arbeitgeber der Haupttätigkeit vergütet wird und mit dieser unmittelbar zusammenhängt (vgl. BFH-Urteil vom 29.1.1987, IV R 189/85, BStBl. II S. 783). [4]Die Nebentätigkeit muss von der Haupttätigkeit eindeutig abgrenzbar sein. [5]Die Beurteilung, ob es sich um eine freiberufliche Tätigkeit handelt, richtet sich nach § 18 EStG.

(5) [1]Die Grenzen zwischen den Berufen der Journalisten und Schriftsteller (Abschnitt A Teil IV Nr. 4 und 5 der Anlage der UStDV) sind nicht immer eindeutig, da auch die Grundlage des Journalistenberufs eine schriftstellerische oder dieser ähnliche Betätigung ist. [2]Der Journalist ist im Hauptberuf regelmäßig für Zeitungen oder Zeitschriften tätig. [3]Er kann jedoch auch in Nachrichten- und Korrespondenzbüros, bei Pressestellen, in der Werbung oder bei Film und Funk arbeiten. [4]Der Journalist sammelt überwiegend aktuelle Informationen und Nachrichten entweder mit Hilfe von Nachrichtenbüros oder durch Reisen, Reportagen, Umfragen usw. und verarbeitet dieses Nachrichten- und Informationsmaterial in die für den Auftraggeber erforderliche überwiegend schriftstellerische Form.

(6) Die für Schriftsteller festgesetzten Durchschnittssätze können auch von Komponisten, Liederdichtern und Librettisten angewendet werden, nicht jedoch für Übersetzer (vgl. BFH-Urteil vom 23.7.2009, V R 66/07, BStBl. II S. 86).

23.3 Umfang der Durchschnittssätze

(1) [1]Die Vorschrift des § 70 UStDV bestimmt in Verbindung mit der Anlage der UStDV den Umfang der Durchschnittssätze. [2]Der wesentliche Teil der festgesetzten Durchschnittssätze dient der Berechnung der gesamten abziehbaren Vorsteuer. [3]Soweit die Durchschnittssätze der Berechnung nur eines Teils der abziehbaren Vorsteuer dienen, sind die zusätzlich abziehbaren Vorsteuerbeträge in § 70 Abs. 2 UStDV besonders aufgeführt.

(2) [1]Zum Vorsteuerabzug beim Wechsel der Besteuerungsform wird auf Abschnitt 15.1 Abs. 5 und 6 hingewiesen. [2]Zur Berichtigung des Vorsteuerabzugs beim Wechsel der Besteuerungsform vgl. Abschnitt 15a.9.

23.4 Verfahren

(1) Zur Frage, wann eine Steuerfestsetzung unanfechtbar ist, wird auf Abschnitt 19.2 Abs. 6 verwiesen.

(2) [1]Der Antrag auf Besteuerung nach einem festgesetzten Durchschnittssatz, seine Rücknahme und sein Widerruf sind an keine bestimmte Form gebunden und können auch durch schlüssiges Verhalten vorgenommen werden (vgl. BFH-Urteil vom 11.12.1997, V R 50/94, BStBl. 1998 II S. 420). [2]Berechnet der Unternehmer zum Beispiel in den Voranmeldungen oder in der Jahreserklärung die Vorsteuer nach einem Durchschnittssatz, ist darin ein Antrag zu sehen. [3]Eines besonderen Bescheides bedarf es nur bei Ablehnung des Antrages.

(3) Ein Widerruf im Sinne des § 23 Abs. 3 Satz 2 UStG liegt nicht vor, wenn der Antrag auf Besteuerung nach Durchschnittssätzen zurückgenommen wird, bevor die Steuerfestsetzung zumindest eines Kalenderjahres, für das ein Durchschnittssatz in Anspruch genommen wurde, unanfechtbar geworden ist.

(4) [1]Der Wegfall von Voraussetzungen für die Anwendung von Durchschnittssätzen (Überschreiten der 61 356 €-Grenze oder Eintritt der Buchführungspflicht) gilt nicht als Widerruf, wenn der Unternehmer die Durchschnittssätze für das Kalenderjahr wieder in Anspruch nimmt, bei dessen Beginn die Voraussetzungen zuerst wieder vorliegen. [2]Macht der Unternehmer von dieser Möglichkeit keinen Gebrauch, gilt dies als Widerruf mit Wirkung vom Beginn des Kalenderjahres ab, für das die Durchschnittssätze zuerst nicht mehr angewendet werden durften.

Zu § 24 UStG
(§ 71 UStDV)

24.1 Umsätze im Rahmen eines land- und forstwirtschaftlichen Betriebs

Richtlinienkonforme Auslegung

(1) [1]Die Durchschnittssätze sind nach § 24 Abs. 1 Satz 1 UStG nur auf Umsätze anzuwenden, die im Rahmen eines land- und forstwirtschaftlichen Betriebs ausgeführt werden. [2]Unter Beachtung der Rechtsprechung des Europäischen Gerichtshofs ist § 24 UStG dahin auszulegen, dass solche Umsätze nur die Lieferungen selbst erzeugter landwirtschaftlicher Erzeugnisse und die landwirtschaftlichen Dienstleistungen sind, auf die die Pauschalregelung nach Art. 295 bis 305 MwStSystRL[1)] Anwendung findet, vgl. Abschnitte 24.2 und

[1)] **Steuergesetze** Nr. **550**.

24.3. [3]Andere Umsätze, die der Unternehmer im Rahmen des land- und forstwirtschaftlichen Betriebs sowie außerhalb dieses Betriebs tätigt, unterliegen der Besteuerung nach den allgemeinen Vorschriften des Gesetzes (EuGH-Urteile vom 15.7.2004, C-321/02, Harbs,[1)] und vom 26.5.2005, C-43/04, Stadt Sundern,[1)] sowie BFH-Urteile vom 25.11.2004, V R 8/01, BStBl. 2005 II S. 896, vom 22.9.2005, V R 28/03, BStBl. 2006 II S. 280, vom 12.10.2006, V R 36/04, BStBl. 2007 II S. 485, und vom 14.6.2007, V R 56/05, BStBl. 2008 II S. 158). [4]Diese Auslegung gilt auch für die Umsätze im Rahmen eines land- und forstwirtschaftlichen Nebenbetriebs (§ 24 Abs. 2 Satz 2 UStG). [5]Veräußert ein Landwirt, der neben seinem landwirtschaftlichen Erzeugerbetrieb einen nicht landwirtschaftlichen Absatzbetrieb unterhält, selbst erzeugte landwirtschaftliche Erzeugnisse (vgl. Abschnitt 24.2) an Dritte, sind auf diese Umsätze die Durchschnittssätze anzuwenden (vgl. BFH-Urteil vom 14.6.2007, V R 56/05, a. a. O.). [6]Dasselbe gilt, wenn die Lieferung der eigenen Erzeugnisse durch eine Organgesellschaft des landwirtschaftlichen Betriebs erfolgt (BFH-Urteil vom 10.8.2017, V R 64/16, BStBl. 2019 II S. 455).

Land- und forstwirtschaftlicher Betrieb

(2)[2)] [1]Einen land- und forstwirtschaftlichen Betrieb unterhält ein Unternehmer, soweit er im Rahmen der in § 24 Abs. 2 Satz 1 UStG genannten Erzeugertätigkeiten unter planmäßiger Nutzung der natürlichen Kräfte des Bodens Pflanzen und Tiere erzeugt sowie die dadurch selbst gewonnenen Erzeugnisse verwertet (vgl. BFH-Urteil vom 12.10.2006, V R 36/04, BStBl. 2007 II S. 485). [2]Die Zierfischzucht in Teichen fällt nicht unter § 24 Abs. 2 Satz 1 Nr. 1 UStG. [3]Zur Frage, inwieweit die Aufzucht von Köderfischen, Testfischen, Futterfischen und Besatzfischen in Teichen als landwirtschaftlicher Betrieb gilt, vgl. BFH-Urteil vom 13.3.1987, V R 55/77, BStBl. II S. 467. [4]Ein Substanzbetrieb (z. B. Torf-, Ton-, Lehm-, Kies- und Sandabbaubetrieb) ist kein land- und forstwirtschaftlicher Betrieb im Sinne des § 24 Abs. 2 Satz 1 UStG. [5]Die Abgrenzung der landwirtschaftlichen Tierzucht und Tierhaltung von der übrigen Tierzucht und Tierhaltung ist umsatzsteuerrechtlich nach den §§ 51 und 51a BewG[3)] vorzunehmen (§ 24 Abs. 2 Satz 1 Nr. 2 UStG). [6]Gemeinschaftliche Tierhaltung gilt nur dann als landwirtschaftlicher Betrieb im Sinne des § 24 Abs. 2 Nr. 2 UStG, wenn sämtliche Voraussetzungen des § 51a BewG erfüllt sind (vgl. BFH-Urteil vom 26.4.1990, V R 90/87, BStBl. II S. 802). [7]Ein Tierzucht- bzw. Tierhaltungsbetrieb ist kein landwirtschaftlicher Betrieb, wenn dem Unternehmer nicht in ausreichendem Umfang selbst bewirtschaftete Grundstücksflächen zur Verfügung stehen (vgl. BFH-Urteil vom 29.6.1988, X R 33/82, BStBl. II S. 922). [8]Zur Frage, ob sich die Struktur eines landwirtschaftlichen Betriebs zu der eines nicht landwirtschaftlichen verändert hat, vgl. BFH-Urteil vom 9.5.1996, V R 118/92, BStBl. II S. 550.

[1)] DStRE 2005, 353. – DStRE 2005, 841.

[2)] Zur Vieheinheiten-Obergrenze bei landw. Tierzucht- und Tierhaltungsbetrieben im USt-Recht siehe BFH v. 26.5.2021 V R 11/18, DStR 2022, 51.

[3)] **Steuergesetze** Nr. **200**.

Gewerbebetrieb kraft Rechtsform

(3) [1]Zur Anwendung der Durchschnittssatzbesteuerung auf die Umsätze von Gewerbebetrieben kraft Rechtsform (§ 24 Abs. 2 Satz 3 UStG) vgl. BMF-Schreiben vom 1.12.2009, BStBl. I S. 1611. [2]Zu den Gewerbebetrieben kraft Rechtsform gehören insbesondere Betriebe der Land- und Forstwirtschaft in der Form von Kapitalgesellschaften oder von Erwerbs- und Wirtschaftsgenossenschaften, die nach § 2 Abs. 2 GewStG als Gewerbebetriebe gelten, oder eine gewerblich geprägte Personengesellschaft im Sinne des § 15 Abs. 3 Nr. 2 EStG. [3]Personengesellschaften im Sinne des § 15 Abs. 3 Nr. 2 EStG, die sowohl gewerblich als auch land- und forstwirtschaftlich tätig sind, können die Durchschnittssätze nach § 24 UStG für solche land- und forstwirtschaftlichen Umsätze in Anspruch nehmen, die im Rahmen von abgrenzbaren Teilbereichen ausgeführt werden. [4]Es genügt, wenn eine Trennung der land- und forstwirtschaftlichen Umsätze von den gewerblichen Umsätzen durch geeignete Maßnahmen, z. B. getrennte Aufzeichnung, getrennte Lagerung der Warenbestände, möglich ist.

Aktiv bewirtschafteter Betrieb

(4) [1]Die Anwendung des § 24 UStG setzt grundsätzlich voraus, dass der landwirtschaftliche Betrieb noch bewirtschaftet wird (BFH-Urteil vom 21.4.1993, XI R 50/90, BStBl. II S. 696). [2]Leistungen, die nach Einstellung der Erzeugertätigkeit erbracht werden, unterliegen daher grundsätzlich den allgemeinen Regelungen des Umsatzsteuergesetzes. [3]Dies gilt nicht für nach Aufgabe des landwirtschaftlichen Betriebs ausgeführte Umsätze aus der Lieferung selbst erzeugter Produkte (vgl. BFH-Urteil vom 19.11.2009, V R 16/08, BStBl. 2010 II S. 319). [4]Für die Umsätze aus der Veräußerung von Gegenständen des land- und forstwirtschaftlichen Unternehmensvermögens und von immateriellen Wirtschaftsgütern, die die rechtliche Grundlage der Erzeugertätigkeit des Unternehmers darstellen, sind die Vereinfachungsregelungen in Abschnitt 24.2 Abs. 6 und Abschnitt 24.3 Abs. 9 nach Betriebsaufgabe unter den weiteren Voraussetzungen anwendbar, dass die Veräußerung des einzelnen Wirtschaftsguts im engen sachlichen Zusammenhang mit der Betriebsaufgabe erfolgt und das Wirtschaftsgut nach Einstellung der Erzeugertätigkeit nicht zur Ausführung von Umsätzen verwendet wird, die der Regelbesteuerung unterliegen. [5]Wird die landwirtschaftliche Erzeugertätigkeit in mehreren Schritten aufgegeben und werden dabei nur vorübergehend die Tierbestandsgrenzen des § 24 Abs. 2 Satz 1 Nr. 2 UStG überschritten, liegt insofern kein für die Besteuerung nach Durchschnittssätzen schädlicher Strukturwandel vor.

Verhältnis zu anderen Vorschriften des UStG

(5) [1]Nach § 1 Abs. 1a UStG unterliegen die Umsätze im Rahmen einer Geschäftsveräußerung an einen anderen Unternehmer für dessen Unternehmen nicht der Umsatzsteuer. [2]Dies gilt auch bei der Veräußerung eines land- und forstwirtschaftlichen Betriebs oder Teilbetriebs sowie bei der Einbringung eines Betriebs oder Teilbetriebs in eine Gesellschaft, und zwar auch dann, wenn einzelne Wirtschaftsgüter von der Veräußerung ausgenommen werden (vgl. BFH-Urteil vom 15.10.1998, V R 69/97, BStBl. 1999 II S. 41). [3]Eine

Geschäftsveräußerung kann auch vorliegen, wenn verpachtete Gegenstände nach Beendigung der Pacht veräußert werden (vgl. BFH-Urteil vom 10.5. 1961, V 222/58 U, BStBl. III S. 322); vgl. auch Abschnitt 1.5.

(6) Zum innergemeinschaftlichen Erwerb nach § 1a UStG bei Land- und Forstwirten, die die Durchschnittssatzbesteuerung nach § 24 UStG anwenden, vgl. Abschnitte 1a.1 Abs. 2 und 15.10 Abs. 2.

(7) Land- und Forstwirte, die die Durchschnittssatzbesteuerung nach § 24 UStG anwenden, können auch Steuerschuldner im Sinne des § 13b UStG sein (vgl. Abschnitt 13b.1 Abs. 1).

(8) Zur Anwendung der Kleinunternehmerregelung nach § 19 UStG vgl. Abschnitt 24.7 Abs. 4.

24.2 Erzeugnisse im Sinne des § 24 Abs. 1 Satz 1 UStG

(1) [1]Die Durchschnittssätze sind auf die Umsätze mit landwirtschaftlichen Erzeugnissen im Rahmen land- und forstwirtschaftlicher Betriebe anzuwenden. [2]Voraussetzung ist, dass die Erzeugnisse im Rahmen dieses land- und forstwirtschaftlichen Betriebs erzeugt worden sind. [3]Die Umsätze mit zugekauften Produkten sind von der Anwendung der Durchschnittssatzbesteuerung ausgeschlossen (vgl. BFH-Urteil vom 14.6.2007, V R 56/05, BStBl. II S. 158). [4]Als zugekaufte Produkte gelten die zum Zwecke der Weiterveräußerung erworbenen Erzeugnisse. [5]Werden nicht selbst erzeugte landwirtschaftliche Erzeugnisse im eigenen Betrieb durch urproduktive Tätigkeiten zu einem Produkt anderer Marktgängigkeit weiterverarbeitet, gelten diese hingegen als eigene Erzeugnisse. [6]Solche eigenen Erzeugnisse liegen z.B. vor, wenn nicht selbst erzeugte land- und forstwirtschaftliche Erzeugnisse (z.B. zugekaufte Samen, Zwiebeln, Knollen, Stecklinge und Pflanzen) im eigenen Betrieb bis zur Verkaufsreife kultiviert werden oder spätestens nach Ablauf von drei Monaten. [7]Diese Grundsätze finden für den Bereich der Tierzucht und Tierhaltung entsprechende Anwendung. [8]Der Erzeuger muss die Erzeugnisse im Zeitpunkt des Zukaufs den potentiell selbst erzeugten oder den zum baldigen Absatz bestimmten Waren zuordnen. [9]Dem Vorsteuerabzug kommt hierbei eine indizielle Bedeutung zu. [10]Werden die Produkte beispielsweise in einer Verkaufseinrichtung (z.B. Hofladen) präsentiert, spricht dies für eine Zuordnung zu den zum baldigen Absatz bestimmten Waren. [11]Verbleiben die ursprünglich zum baldigen Absatz bestimmten Waren länger als drei Monate im Betrieb und werden sie in dieser Zeit weiter kultiviert, handelt es sich um selbst erzeugte Produkte, deren Lieferung der Durchschnittssatzbesteuerung unterliegt. [12]Ein vorgenommener Vorsteuerabzug ist ggf. zu berichtigen.

Verarbeitungstätigkeiten

(2) [1]Den Tätigkeiten der landwirtschaftlichen Erzeugung sind die Verarbeitungstätigkeiten gleichgestellt, die der landwirtschaftliche Erzeuger mit Mitteln ausübt, die normalerweise in land-, forst- oder fischereiwirtschaftlichen Betrieben verwendet werden. [2]Dabei ist Voraussetzung, dass der landwirtschaftliche Erzeuger im Wesentlichen aus seiner land- und forstwirtschaftlichen Produktion stammende Erzeugnisse verwendet und das Enderzeugnis

seinen land- und forstwirtschaftlichen Charakter nicht verliert (so genannte erste Verarbeitungsstufe). [3]Dies kann z.B. bei der händischen Beimischung von Zutaten der Fall sein (vgl. BFH-Urteil vom 27.9.2018, V R 28/17, BStBl. 2019 II S. 383). [4]Führt die Verarbeitung zu einem Produkt der zweiten oder einer höheren Verarbeitungsstufe (z.B. Spirituosen), unterliegen die Umsätze mit diesen Erzeugnissen nicht der Durchschnittssatzbesteuerung. [5]Die Ausführung von Verarbeitungstätigkeiten durch Lohnunternehmer steht in diesem Rahmen der Annahme eines selbst erzeugten landwirtschaftlichen Erzeugnisses nicht entgegen. [6]Dies gilt in den Fällen der so genannten Umtauschmüllerei (§ 3 Abs. 10 UStG) entsprechend.

Beispiel 1:

[1]Ein Landwirt betreibt Schweinezucht. [2]Er lässt die Schweine von einem gewerblichen Lohnunternehmer schlachten und in Hälften zerlegen. [3]Die Schweinehälften liefert der Landwirt an einen fleischverarbeitenden Betrieb.
[4]Die Lieferung der Schweinehälften unterliegt der Durchschnittssatzbesteuerung. [5]Die Ausführung der Schlacht- und Zerlegearbeiten durch einen Lohnunternehmer steht dem nicht entgegen.

Beispiel 2:

[1]Ein Landwirt, der Getreide anbaut, bringt sein Getreide zu einer Mühle. [2]Er erhält vom Müller Mehl, das aus fremdem Getreide gemahlen wurde, und zahlt den Mahllohn. [3]Der Landwirt veräußert das Mehl an einen Lebensmittelhersteller.
[4]Die Lieferung des Mehls an den Lebensmittelhersteller unterliegt der Durchschnittssatzbesteuerung. [5]Unschädlich ist, dass das Mehl nicht tatsächlich aus dem vom Landwirt erzeugten Getreide gemahlen wurde.

(3) [1]Werden selbst erzeugte Produkte untrennbar mit zugekauften Produkten vermischt, unterliegt die Lieferung des Endprodukts aus Vereinfachungsgründen noch der Durchschnittssatzbesteuerung, wenn die Beimischung des zugekauften Produkts nicht mehr als 25% beträgt. [2]Maßstab ist die im Handel übliche Maßeinheit (z.B. Kilogramm bei Honig, Liter bei Wein). [3]Zugekaufte Zutaten und Nebenstoffe bleiben bei der Prüfung der 25%-Grenze nach Satz 1 außer Betracht. [4]Als Zutaten und Nebenstoffe sind insbesondere Gewürze, Konservierungsmittel, Zusatzstoffe im Sinne des Weingesetzes, die Süßreserve sowie der Deckwein im Weinbau anzusehen. [5]Gleiches gilt für die Warenumschließungen.

Beispiel 1:

[1]Ein Imker hat sich verpflichtet, 400 kg Honig zu liefern. [2]Da er nur über 350 kg selbst erzeugten Honig verfügt, kauft er 50 kg hinzu und vermischt beide Erzeugnisse.
[3]Beide Honigmengen werden untrennbar miteinander vermischt. [4]Da der Anteil des zugekauften Honigs nicht mehr als 25% des Endprodukts ausmacht, unterliegt die Lieferung der Gesamtmenge der Durchschnittssatzbesteuerung.

Beispiel 2:

[1]Ein Obstbauer hat sich verpflichtet, eine bestimmte Menge Apfelsaft in Flaschen zu liefern. [2]Da die selbst erzeugte Menge von 700 kg Äpfeln für die Produktion nicht ausreicht, kauft er 300 kg hinzu und presst den Saft aus der Gesamtmenge.
[3]Bei der Beurteilung, ob es sich noch um ein selbst erzeugtes Produkt handelt, bleiben die Flaschen als Warenumschließungen außer Betracht. [4]Da der Saft der zugekauften Äpfel untrennbar mit dem Saft der selbst erzeugten Äpfel vermischt wurde und mehr als 25% des Endprodukts beträgt, unterliegt die Lieferung des Apfelsafts nicht der Durchschnittssatzbesteuerung.

Beispiel 3:

[1] Ein Kartoffelbauer verpflichtet sich zur Lieferung von 1000 kg geschälten Kartoffeln. [2] Da er nur über 700 kg selbst erzeugter Produkte verfügt, kauft er die entsprechende Menge ungeschälter Kartoffeln hinzu. [3] Die selbst erzeugten und zugekauften Kartoffeln werden in der Schälmaschine vermischt und geschält.

[4] Da die Kartoffeln nicht untrennbar miteinander vermischt werden, unterliegt die Lieferung der selbst erzeugten Produkte ohne Rücksicht auf prozentuale Zusammensetzung der Gesamtmenge der Durchschnittssatzbesteuerung. [5] Die zugekauften Kartoffeln unterliegen der Besteuerung nach allgemeinen Regelungen. [6] Der Unternehmer trägt die Feststellungslast für die Anwendung der Durchschnittssatzbesteuerung hinsichtlich der selbst erzeugten Kartoffeln.

Beispiel 4:

[1] Ein Landwirt baut Gurken an und stellt daraus Konserven her. [2] Da er nicht über die erforderliche Menge Gurken verfügt, kauft er Gurken hinzu. [3] Er vermischt die Gurken, viertelt sie und fügt bei der Konservenproduktion Wasser, Essig, Zucker und Gewürze bei.

[4] Da es sich bei dem Endprodukt um ein Produkt der so genannten zweiten Verarbeitungsstufe handelt, unterliegt die Lieferung den allgemeinen Regelungen des Umsatzsteuergesetzes. [5] Unerheblich ist, wie hoch der prozentuale Anteil der zugekauften Gurken am Endprodukt ist.

Erzeugnisse im Sinne des § 24 Abs. 1 Satz 1 Nr. 1 UStG

(4) [1] Als forstwirtschaftliche Erzeugnisse (§ 24 Abs. 1 Satz 1 Nr. 1 UStG) kommen insbesondere in Betracht: Stammholz (Stämme und Stammteile), Schwellenholz, Stangen, Schichtholz, Industrieholz, Brennholz, sonstiges Holz (z. B. Stockholz, Pfähle, Reisig) und forstliche Nebenerzeugnisse wie Forstsamen, Rinde, Baumharz, Weihnachtsbäume, Schmuckgrün, Waldstreu, Pilze und Beeren. [2] Voraussetzung ist, dass diese Erzeugnisse im Rahmen der Forstwirtschaft anfallen. [3] Das Rücken des Holzes durch den Forstwirt im Zusammenhang mit der Holzlieferung ist als Nebenleistung anzusehen. [4] Bei Lieferungen von Erzeugnissen aus Sonderkulturen außerhalb des Waldes (z. B. Weidenbau, Baumschule, Obst- oder Weihnachtsbaumkultur, Schmuckreisig) handelt es sich nicht um Umsätze von forstwirtschaftlichen Erzeugnissen, sondern um eigenständige landwirtschaftliche Umsätze, die unter § 24 Abs. 1 Satz 1 Nr. 3 UStG fallen. [5] Zur Forstwirtschaft gehören Hoch-, Mittel- und Niederwald, Schutzwald (z. B. Wasser-, Boden-, Lawinen-, Klima-, Immissions-, Sicht- und Straßenschutzwald sowie Schutzwaldungen mit naturkundlichen Zielsetzungen und Waldungen für Forschung und Lehre), Erholungswald und Nichtwirtschaftswald (z. B. Naturparks, Nationalparks, Landschaftsschutzgebiete und Naturschutzgebiete), auch wenn die Erzeugung von Rohholz ausgeschlossen oder nicht beabsichtigt ist. [6] Holz aus Parkanlagen sowie Flurholz außerhalb des Waldes und Alleebäume, Grenzbäume u. ä. rechnen nicht zur Forstwirtschaft.

Erzeugnisse im Sinne des § 24 Abs. 1 Satz 1 Nr. 2 UStG

(5) [1] In der Anlage 2 des UStG nicht aufgeführte Sägewerkserzeugnisse (§ 24 Abs. 1 Satz 1 Nr. 2 UStG) sind insbesondere Balken, Bohlen, Kanthölzer, besäumte und unbesäumte Bretter sowie Holzwolle und Holzmehl. [2] Zu den Getränken und alkoholischen Flüssigkeiten im Sinne des § 24 Abs. 1 Satz 1 Nr. 2 UStG zählen insbesondere Wein, Obstwein Traubenmost, Frucht- und Gemüsesäfte, Alkohol und Sprit sowie vergorene, nicht zum Verzehr bestimmte Kirschmaische (BFH-Urteil vom 12.3.2008, XI R 65/06,

BStBl. II S. 532). [3]Nicht darunter fallen z.B. Trinkbranntwein, Branntweinerzeugnisse, Weinbrand, Obstschnäpse und -liköre, Milch (aus Kapitel 4 des Zolltarifs), Milchmischgetränke mit einem Anteil an Milch von mindestens 75% des Fertigerzeugnisses sowie Wasser, nicht aber Mineralwasser.

Erzeugnisse im Sinne des § 24 Abs. 1 Satz 1 Nr. 3 UStG

(6) [1]Der Durchschnittssatz nach § 24 Abs. 1 Satz 1 Nr. 3 UStG gilt insbesondere für die Umsätze der wichtigsten landwirtschaftlichen Erzeugnisse wie z.B. Getreide, Getreideerzeugnisse, Vieh, Fleisch, Milch, Obst, Gemüse und Eier. [2]Die Umsätze mit Gegenständen des land- und forstwirtschaftlichen Unternehmensvermögens (z.B. der Verkauf gebrauchter landwirtschaftlicher Geräte) unterliegen der Regelbesteuerung. [3]Aus Vereinfachungsgründen wird die Anwendung der Durchschnittssatzbesteuerung auf diese Umsätze jedoch nicht beanstandet, wenn die Gegenstände während ihrer Zugehörigkeit zum land- und forstwirtschaftlichen Unternehmensvermögen nahezu ausschließlich, d.h. zu mindestens 95%, für Umsätze verwendet wurden, die den Vorsteuerabzug nach § 24 Abs. 1 Satz 4 UStG ausschließen. [4]Zeiträume, in denen der Unternehmer gemäß § 24 Abs. 4 UStG zur Anwendung der allgemeinen Vorschriften des Umsatzsteuergesetzes optiert hatte, bleiben für Zwecke der Prüfung der 95%-Grenze außer Betracht. [5]Voraussetzung für die Anwendung der Vereinfachungsregelung ist jedoch, dass der Unternehmer für diese Gegenstände darauf verzichtet, einen anteiligen Vorsteuerabzug vorzunehmen.

Rechtsmissbrauch

(7) Es ist rechtsmissbräuchlich, wenn ein Händler und ein Landwirt die Umsätze des Landwirts durch Verkauf und Rückkauf von Tieren oder anderen landwirtschaftlichen Erzeugnissen ohne Rücksicht auf den wirtschaftlichen Gehalt der vom Landwirt erbrachten Leistung künstlich erhöhen und der Händler in den Genuss eines hierdurch erhöhten Vorsteuerabzugs zu gelangen versucht (BFH-Urteil vom 9.7.1998, V R 68/96, BStBl. II S. 637).

24.3 Sonstige Leistungen

Allgemein

(1)[1)] [1]Die Anwendung der Durchschnittssatzbesteuerung auf die im Rahmen eines land- und forstwirtschaftlichen Betriebs erbrachten sonstigen Leistungen setzt voraus,

- dass sie mit Hilfe der Arbeitskräfte des Betriebs – einschließlich der Arbeitskraft des Betriebsinhabers – erbracht werden und die dabei ggf. verwendeten Wirtschaftsgüter der normalen Ausrüstung des Betriebs zuzurechnen sind und
- dass die sonstigen Leistungen normalerweise zur landwirtschaftlichen Erzeugung beitragen.

[2]Insbesondere folgende sonstige Leistungen können bei Vorliegen der in Satz 1 genannten Voraussetzungen der Durchschnittssatzbesteuerung unterliegen:

[1)] A 24.3 UStAE Abs. 1 Satz 1 erster Spiegelstrich neugef. durch BMF v. 4.10.2021, BStBl. I 2021, 1861, anzuwenden in allen offenen Fällen.

1. Anbau-, Ernte-, Dresch-, Press-, Lese- und Einsammelarbeiten, einschließlich Säen und Pflanzen;
2. Verpackung und Zubereitung, wie beispielsweise Trocknung, Reinigung, Zerkleinerung, Desinfektion und Einsilierung landwirtschaftlicher Erzeugnisse;
3. Lagerung landwirtschaftlicher Erzeugnisse;
4. Hüten, Zucht und Mästen von Vieh;
5. Vermietung normalerweise in land-, forst- und fischwirtschaftlichen Betrieben verwendeter Mittel zu landwirtschaftlichen Zwecken;
6. technische Hilfe;
7. Vernichtung schädlicher Pflanzen und Tiere, Behandlung von Pflanzen und Böden durch Besprühen;
8. Betrieb von Be- und Entwässerungsanlagen;
9. Beschneiden und Fällen von Bäumen und andere forstwirtschaftliche Dienstleistungen.

(2)[1)] [1]Das Unionsrecht sieht für die Anwendbarkeit der Durchschnittssatzbesteuerung auf derartige land- und forstwirtschaftliche Dienstleistungen an Personen, die einer Tätigkeit der landwirtschaftlichen Erzeugung nachgehen, zwar keine betragsmäßige Beschränkung vor. [2]Dennoch können Land- und Forstwirte solche Dienstleistungen nicht in unbegrenztem Umfang unter Anwendung der Durchschnittssatzbesteuerung erbringen. [3]Die Anwendung der Durchschnittssatzbesteuerung setzt voraus, dass der Unternehmer mit seinen jeweiligen Umsätzen als landwirtschaftlicher Erzeuger handelt. [4]Hierzu zählt in gewissem Umfang auch das Erbringen land- und forstwirtschaftlicher Dienstleistungen, wenn die Erbringung der betreffenden Leistung beim Unternehmer jedenfalls typisierend zu einer Belastung mit Vorsteuer führt oder zumindest führen kann. [5]Begründet wird die landwirtschaftliche Erzeugertätigkeit allerdings nur durch die eigene Urproduktion. [6]Alleine mit der Erbringung land- und forstwirtschaftlicher Dienstleistungen wird ein Unternehmer nicht zum landwirtschaftlichen Erzeuger. [7]Nehmen die land- und forstwirtschaftlichen Dienstleistungen daher im Vergleich zur eigenen Urproduktion einen überdurchschnittlich großen Anteil an den Umsätzen des land- und forstwirtschaftlichen Betriebs ein, können diese einer neben dem land- und forstwirtschaftlichen Betrieb ausgeführten unternehmerischen Tätigkeit zuzuordnen sein.

(3) [1]Ein Anhaltspunkt für das Vorliegen einer Tätigkeit außerhalb der Land- und Forstwirtschaft kann eine im vorangegangenen Kalenderjahr überschrittene *Umsatzgrenze von* 51 500 € sein. [2]Bei der Ermittlung dieser Umsatzgrenze sind die sonstigen Leistungen an Landwirte und Nichtlandwirte zusammenzufassen. [3]Umsätze aus Vermietungs- und Verpachtungsleistungen sowie der Veräußerung von immateriellen Wirtschaftsgütern des Anlagevermögens (z. B. Zahlungsansprüche) bleiben bei der Prüfung dieser Umsatzgrenze für um-

---

1) A 24.3 UStAE Abs. 2 Sätze 4 und 7 neugef. durch BMF v. 4.10.2021, BStBl. I 2021, 1861, anzuwenden in allen offenen Fällen.

satzsteuerliche Zwecke außer Ansatz. [4]Das Überschreiten der Umsatzgrenze alleine schließt die Anwendung der Durchschnittssatzbesteuerung allerdings noch nicht aus. [5]In diesem Fall ist vielmehr anhand weiterer Kriterien zu prüfen, ob die Dienstleistungen nicht mehr dem land- und forstwirtschaftlichen Betrieb zuzurechnen sind. [6]Hierfür spricht u.a. ein unverhältnismäßig hoher Anteil der auf die Erbringung der Dienstleistungen entfallenden Arbeitszeit oder ein Maschinen- und Ausrüstungsbestand, der über die Anforderungen des eigenen Betriebs hinausgeht.

(4)[1)] [1]Der Einsatz von Arbeitskräften schließt die im land- und forstwirtschaftlichen Betrieb des Steuerpflichtigen beschäftigten Arbeitnehmer ein. [2]Ein Wirtschaftsgut ist der normalen Ausrüstung des land- und forstwirtschaftlichen Betriebs zuzurechnen, wenn es dem Grunde oder der vorhandenen Anzahl nach dem betriebsgewöhnlichen, d.h. normalen Ausrüstungsbestand des land- und forstwirtschaftlichen Betriebs des Steuerpflichtigen zuzurechnen ist und wenn es nach seiner objektiven Zweckbestimmung und der tatsächlichen Übung den vom Steuerpflichtigen ausgeübten Erzeugertätigkeiten dient. [3]Die Erbringung von sonstigen Leistungen unter Verwendung von Wirtschaftsgütern, die

- im eigenen Betrieb nicht oder nur unerheblich verwendet werden oder
- einem nicht betriebstypischen Überbestand zuzurechnen sind oder
- ausschließlich zur Erbringung von sonstigen Leistungen an Dritte vorgehalten werden

ist daher unabhängig von der Dauer oder dem Zweck der Verwendung aus dem Anwendungsbereich der Durchschnittssatzbesteuerung ausgeschlossen, da diese Mittel von vornherein nicht zum betriebsgewöhnlichen Ausrüstungsbestand des land- und forstwirtschaftlichen Betriebs gehören (vgl. BFH-Urteil vom 21.1.2015, XI R 13/13, BStBl. II S. 730). [4]Ein nicht betriebstypischer Überbestand liegt bei Erstmaschinen im Allgemeinen nicht vor. [5]Setzt der Betriebsinhaber seine eigene Arbeitskraft oder die im Betrieb beschäftigten Arbeitnehmer ganz überwiegend oder ausschließlich zur Erbringung sonstiger Leistungen an Dritte ein, unterliegen die sonstigen Leistungen nicht der Durchschnittssatzbesteuerung.

(5) [1]Ob eine sonstige Leistung normalerweise zur landwirtschaftlichen Erzeugung beiträgt, ist aus der Sicht des Leistungsempfängers zu beurteilen. [2]Ein solcher Zweck liegt vor, wenn die sonstige Leistung in der Sphäre des Leistungsempfängers unter planmäßiger Nutzung der natürlichen Kräfte des Bodens zur Erzeugung von Pflanzen und Tieren, d.h. für eine Tätigkeit der landwirtschaftlichen Erzeugung nach Anhang VII MwStSystRL,[2)] verwertet wird. [3]Es ist jedoch nicht Voraussetzung, dass der Leistungsempfänger die Erzeugertätigkeit im Rahmen eines land- und forstwirtschaftlichen Betriebs ausübt. [4]Zur landwirtschaftlichen Erzeugung gehören auch Tätigkeiten der ersten Verarbeitungsstufe, wenn im Wesentlichen selbst erzeugte landwirtschaftliche Produkte be- oder verarbeitet werden. [5]Wird die sonstige Leistung

---

[1)] *A 24.3 UStAE* Abs. 4 Satz 3 erster Spiegelstrich neugef., Sätze 4 und 5 angef. durch BMF v. 4.10.2021, BStBl. I 2021, 1861, anzuwenden in allen offenen Fällen.

[2)] **Steuergesetze** Nr. **550.**

an eine Person erbracht, die keine Tätigkeit der landwirtschaftlichen Erzeugung ausübt, ist davon auszugehen, dass die Leistung nicht zur landwirtschaftlichen Erzeugung beiträgt. [6]Betreibt der Leistungsempfänger eine Tierzucht oder Tierhaltung außerhalb eines land- und forstwirtschaftlichen Betriebs, ist diese nur dann eine Tätigkeit der landwirtschaftlichen Erzeugung, wenn sie jeweils in Verbindung mit der Bodenbewirtschaftung (vgl. Anhang VII Nr. 2 MwStSystRL) und in den Fällen der Tierhaltung außerdem nicht lediglich aus privaten Gründen zu Freizeitzwecken erfolgt. [7]Sonstige Leistungen, die beim Leistungsempfänger nicht landwirtschaftlichen Zwecken dienen, sind vom Anwendungsbereich der Durchschnittssatzbesteuerung ausgeschlossen (vgl. BFH-Urteil vom 21.1.2015, XI R 13/13, BStBl. II S. 730).

Beispiel 1:

[1]Ein pauschalierender Landwirt vermietet Wohnmobilbesitzern für die Wintermonate Stellplätze in einer ansonsten für eigenbetriebliche Zwecke genutzten Lagerhalle.
[2]Die Vermietung erfolgt zu außerlandwirtschaftlichen Zwecken. [3]Die Umsätze fallen nicht unter die Durchschnittssatzbesteuerung.

Beispiel 2:

[1]Ein pauschalierender Landwirt nimmt ein Arbeitspferd eines Waldbesitzers in Pension. [2]Der Waldbesitzer unterhält den Wald nicht im Rahmen eines Unternehmens, sondern ausschließlich zur Deckung seines privaten Bedarfs an Brennholz.
[3]Die Pensionsleistung des Landwirts, die zur Holzerzeugung des Waldbesitzers beiträgt, unterliegt der Durchschnittssatzbesteuerung, sofern die bei Erbringung der Leistung verwendeten Wirtschaftsgüter der normalen Ausrüstung des landwirtschaftlichen Betriebs zuzurechnen sind.

[8]Ein Unternehmer bezieht Bauleistungen für die Errichtung einer Lagerhalle auf einem vorher landwirtschaftlich genutzten Grundstück nicht im Rahmen seines der Durchschnittssatzbesteuerung unterliegenden landwirtschaftlichen Betriebs, wenn die Halle – wie geplant – an einen außerlandwirtschaftlichen Unternehmer vermietet wird (vgl. BFH-Urteil vom 3.12.1998, V R 48/98, BStBl. 1999 II S. 150). [9]Beweidungsleistungen im Rahmen der Wanderschäferei können der Durchschnittssatzbesteuerung unterliegen (vgl. BFH-Urteil vom 6.9.2018, V R 34/17, BStBl. 2019 II S. 344).

Vermietungsleistungen

(6) [1]Ein zur Erbringung einer Vermietungsleistung verwendetes Wirtschaftsgut, das bis zur Vermietung als zum betriebsgewöhnlichen Ausrüstungsbestand eines land- und forstwirtschaftlichen Betriebs gehörig anzusehen ist, scheidet für die Dauer der Vermietung aus diesem Kreis aus, wenn sich der Vermieter durch eine langfristige Vermietung einer Nutzungsmöglichkeit im eigenen Betrieb begibt. [2]Eine Mietdauer von mindestens 12 Monaten ist stets als langfristig anzusehen. [3]Solche Vermietungsumsätze unterliegen daher nicht der Durchschnittssatzbesteuerung.

Beispiel 1:

[1]Ein Wirtschaftsgut wird auf unbestimmte Dauer vermietet. [2]Der Vertrag kann monatlich gekündigt werden. [3]Die Vermietung ist als langfristig anzusehen und unterliegt somit nicht der Durchschnittssatzbesteuerung. [4]Endet die tatsächliche Gebrauchsüberlassung jedoch vor Ablauf von 12 Monaten, handelt es sich insgesamt nicht um eine langfristige Vermietung.

Beispiel 2:

[1] Ein Wirtschaftsgut wird für drei Monate vermietet. [2] Der Mietvertrag verlängert sich automatisch um je einen Monat, wenn er nicht vorher gekündigt wird. [3] Die Vermietung ist nicht als langfristig anzusehen. [4] Dauert die tatsächliche Gebrauchsüberlassung jedoch 12 Monate oder mehr, handelt es sich insgesamt um eine langfristige Vermietung.

Verpachtungsleistungen

(7) [1] Mit der Überlassung eines land- und forstwirtschaftlichen Betriebs, von Betriebsteilen oder einzelner Wirtschaftsgüter durch Verpachtung oder Einräumung eines Nießbrauchs wird dem Pächter bzw. Nießbrauchsberechtigten die Möglichkeit des Gebrauchs und der Fruchtziehung eingeräumt. [2] Der Verpächter bzw. Nießbrauchsverpflichtete kann die überlassenen Gegenstände für die Dauer der Pacht bzw. der Einräumung des Nießbrauchs nicht mehr für Zwecke der eigenen Erzeugertätigkeit einsetzen. [3] Mit Beginn der Überlassung scheiden die Wirtschaftsgüter aus dem normalen Ausrüstungsbestand des land- und forstwirtschaftlichen Betriebs aus. [4] Auf entsprechende Umsätze findet die Durchschnittssatzbesteuerung nach § 24 UStG daher keine Anwendung. [5] Diese sonstigen Leistungen unterliegen ohne Rücksicht darauf, ob und in welchem Umfang der Verpächter oder Nießbrauchsverpflichtete weiterhin als Land- und Forstwirt tätig ist, den allgemeinen Vorschriften des UStG.

(8) [1] Zur Verpachtung eines landwirtschaftlichen Betriebs oder Betriebsteils vgl. BFH-Urteile vom 6.12.2001, V R 6/01, BStBl. 2002 II S. 555, und vom 25.11.2004, V R 8/01, BStBl. 2005 II S. 896. [2] Die Verpachtung eines Eigenjagdbezirks durch einen Land- und Forstwirt ist kein im Rahmen des land- und forstwirtschaftlichen Betriebs ausgeführter Umsatz. [3] Sie unterliegt der Besteuerung nach den allgemeinen Vorschriften (vgl. BFH-Urteile vom 11.2.1999, V R 27/97, BStBl. II S. 378, und vom 22.9.2005, V R 28/03, BStBl. 2006 II S. 280).

Immaterielle Wirtschaftsgüter

(9) [1] Umsätze aus der zeitweiligen oder endgültigen Übertragung immaterieller Wirtschaftsgüter unterliegen nur dann der Durchschnittssatzbesteuerung, wenn sie im Rahmen der land- und forstwirtschaftlichen Erzeugertätigkeit entstanden sind. [2] Danach kann weder die Verpachtung (zeitweilige Übertragung) noch der Verkauf (endgültige Übertragung) von Zahlungsansprüchen nach der EU-Agrarreform (GAP-Reform) in den Anwendungsbereich der Durchschnittssatzbesteuerung fallen (vgl. BFH-Urteil vom 30.3.2011, XI R 19/10, BStBl. II S. 772). [3] Aus Vereinfachungsgründen wird es jedoch nicht beanstandet, wenn Umsätze aus der Veräußerung von immateriellen Wirtschaftsgütern, die die rechtliche Grundlage der Erzeugertätigkeit des Unternehmers darstellen (z.B. Brennrechte), der Durchschnittssatzbesteuerung unterworfen werden. [4] Dies gilt nicht, soweit das einzelne Wirtschaftsgut im Zeitpunkt der Veräußerung zur Ausführung von Umsätzen v erwendet wird, die der Regelbesteuerung unterliegen. [5] Zur Veräußerung *von immateriellen Wirtschaftsgütern* im Zusammenhang mit der Abgabe von Saatgut vgl. BMF-Schreiben vom 14.2.2006, BStBl. I S. 240.

Entsorgungsleistungen

(10) [1]Die Erbringung von Entsorgungsleistungen an Personen, die keiner Tätigkeit der landwirtschaftlichen Erzeugung nachgehen (z. B. die Entsorgung von Klärschlamm oder Speiseresten), unterliegt nicht der Durchschnittssatzbesteuerung. [2]Dabei ist es unerheblich, ob und inwieweit die zu entsorgenden Stoffe im land- und forstwirtschaftlichen Betrieb des Entsorgers Verwendung finden (vgl. BFH-Urteile vom 23.1.2013, XI R 27/11, BStBl. II S. 458, und vom 24.1.2013, V R 34/11, BStBl. II S. 460).

Halten von fremdem Vieh

(11) [1]Die Aufzucht und das Halten von fremdem Vieh durch Land- und Forstwirte kann den im Rahmen eines land- und forstwirtschaftlichen Betriebs ausgeführten Umsätzen zuzurechnen sein, wenn dem Unternehmer nach § 24 Abs. 2 Nr. 2 UStG für die Tierhaltung in ausreichendem Umfang selbst bewirtschaftete Grundstücksflächen zur Verfügung stehen. [2]Weitere Voraussetzung ist insbesondere, dass die Leistung in der Sphäre des Leistungsempfängers normalerweise zur landwirtschaftlichen Erzeugung beiträgt (vgl. Absatz 5).

Weitere Einzelfälle

(12)[1)] Folgende sonstige Leistungen unterliegen nicht der Durchschnittssatzbesteuerung:

– [1]Umsätze aus der Pensionshaltung von Pferden, die von ihren Eigentümern zur Ausübung von Freizeitsport oder gewerblichen Zwecken oder zu anderen nicht land- und forstwirtschaftlichen Zwecken genutzt werden (vgl. BFH-Urteile vom 13.1.2011, V R 65/09, BStBl. II S. 465, vom 10.9.2014, XI R 33/13, BStBl. 2015 II S. 720, und vom 21.1.2015, XI R 13/13, BStBl. II S. 730). [2]Dies gilt entsprechend für die Vermietung von Pferden zu Reitzwecken. [3]Die Pferdezucht oder Pferdehaltung ist seitens der Eigentümer der Pferde nur dann eine Tätigkeit der landwirtschaftlichen Erzeugung, wenn sie jeweils in Verbindung mit der Bodenbewirtschaftung und in den Fällen der Pferdehaltung außerdem nicht lediglich aus privaten Gründen zu Freizeitzwecken erfolgt (vgl. Absatz 5).
– Im Zusammenhang mit Pflanzenlieferungen erbrachte Dienstleistungen, die über den Transport und das Einbringen der Pflanze in den Boden hinausgehen (z. B. Pflege-, Planungsleistungen, Gartengestaltung), führen regelmäßig zur Annahme einer einheitlichen sonstigen Leistung, die insgesamt nach den allgemeinen Vorschriften zu besteuern ist (vgl. BMF-Schreiben vom 4.2.2010, BStBl. I S. 214, und BFH-Urteil vom 14.2.2019, V R 22/17, BStBl. II S. 350).
– Grabpflegeleistungen (vgl. BFH-Urteil vom 31.5.2007, V R 5/05, BStBl. 2011 II S. 289).
– Die Abgabe von Speisen und Getränken (z. B. in Strauß- und Besenwirtschaften).

---

1) A 24.3 UStAE Abs. 12 8. und 9. Spiegelstrich angef. durch BMF v. 4.10.2021, BStBl. I 2021, 1861, anzuwenden in allen offenen Fällen.

- Die entgeltliche Unterbringung und Verpflegung von Arbeitnehmern des land- und forstwirtschaftlichen Betriebs, da diese Leistungen überwiegend deren privaten Bedürfnissen dienen.
- Die Gestattung der Teilnahme an Treibjagden oder der Einräumung der Möglichkeit des Einzelabschusses von Wildtieren (BFH-Urteil vom 13.8. 2008, XI R 8/08, BStBl. 2009 II S. 216).
- Die Zurverfügungstellung eines Grundstücks zur Durchführung von ökologischen Ausgleichsmaßnahmen nach dem BNatSchG (vgl. BFH-Urteil vom 28.5.2013, XI R 32/11, BStBl. 2014 II S. 411).
- Die Verpflichtung zur Anlage und zum Erhalt von Dauergrünland (vgl. BFH-Urteil vom 8.2.2018, V R 55/16, BStBl. 2021 II S. 538).
- Die Überlassung von Vieheinheiten (vgl. BFH-Urteil vom 22.11.2020, V R 22/19, BStBl. 2021 II S. 544).

24.4 Steuerfreie Umsätze im Sinne des § 4 Nr. 8ff. UStG im Rahmen eines land- und forstwirtschaftlichen Betriebs

[1]Bei der Anwendung der Durchschnittssatzbesteuerung des § 24 UStG bleiben die Steuerbefreiung des § 4 Nr. 8ff. UStG unberührt. [2]Die Vorschrift des § 9 UStG ist für sie nicht anzuwenden. [3]Für diese Umsätze ist somit ein Durchschnittssatz nicht festgesetzt. [4]Ein besonderer Abzug der diesen Umsätzen zuzurechnenden Vorsteuern entfällt. [5]Diese Regelung ist insbesondere für die Verkäufe land- und forstwirtschaftlicher Grundstücke von Bedeutung, auf die auch im Rahmen des § 24 UStG die Steuerbefreiung des § 4 Nr. 9 Buchstabe a UStG anzuwenden ist.

24.5 Ausfuhrlieferungen und Umsätze im Ausland bei land- und forstwirtschaftlichen Betrieben

(1) [1]§ 24 UStG ist auch bei Umsätzen im Sinne des § 4 Nr. 1 bis 7 UStG und bei Umsätzen im Ausland anzuwenden. [2]Dies bedeutet, dass z.B. auch innergemeinschaftliche Lieferungen im Sinne des § 6a Abs. 1 UStG durch pauschalversteuernde Land- und Forstwirte unter die Besteuerung des § 24 UStG fallen. [3]Diese Umsätze sind daher steuerpflichtig. [4]Vorsteuern, die mit diesen Umsätzen in wirtschaftlichem Zusammenhang stehen, sind durch die Pauschale abgegolten. [5]Ein weiterer Vorsteuerabzug entfällt.

(2) Der für die Ausfuhrlieferungen und die Umsätze im Ausland geltende Durchschnittssatz ist auch auf solche Umsätze anzuwenden, für die ohne die Anwendung des § 24 UStG eine niedrigere oder keine Umsatzsteuer zu zahlen wäre.

24.6 Vereinfachungsregelung für bestimmte Umsätze von land- und forstwirtschaftlichen Betrieben

(1) [1]Werden im Rahmen eines pauschalierenden land- und forstwirtschaftlichen Betriebs auch der Regelbesteuerung unterliegende Umsätze ausgeführt (z.B. Lieferungen zugekaufter Erzeugnisse oder die Erbringung sonstiger Leistungen, die nicht landwirtschaftlichen Zwecken dienen, aber einen

engen Bezug zur eigenen land- und forstwirtschaftlichen Erzeugertätigkeit des Unternehmers aufweisen), können diese unter den Voraussetzungen des Absatzes 2 aus Vereinfachungsgründen in die Durchschnittssatzbesteuerung einbezogen werden. [2]Unter den gleichen Voraussetzungen kann aus Vereinfachungsgründen von der Erhebung der Steuer auf die Umsätze mit Getränken und alkoholischen Flüssigkeiten verzichtet werden.

(2) [1]Voraussetzung für die Anwendung des Absatzes 1 ist, dass die dort genannten Umsätze (Nettobetrag) voraussichtlich nicht mehr als 4000 € im laufenden Kalenderjahr betragen. [2]Weitere Voraussetzung ist, dass der Unternehmer neben den in Absatz 1 genannten Umsätzen in dem Kalenderjahr voraussichtlich keine Umsätze ausführen wird, die eine Verpflichtung zur Übermittlung einer Umsatzsteuererklärung für das Kalenderjahr nach § 18 Abs. 3 oder 4a UStG nach sich ziehen.

(3) [1]Die Vereinfachungsregelung ist auch auf die Entrichtung der Vorauszahlungen anzuwenden (vgl. hierzu Abschnitt 18.6 Abs. 3). [2]Die Pflicht zur Aufzeichnung der Umsätze, für die die Vereinfachungsregelung gilt, bleibt unberührt.

(4) [1]Die Vereinfachungsregelung umfasst nur solche sonstigen Leistungen, die ihrer Art nach in Abschnitt 24.3 Abs. 1 Satz 2 genannt oder mit den darin genannten Leistungen vergleichbar sind, die beim Leistungsempfänger aber nicht zur landwirtschaftlichen Erzeugung beitragen (z. B. Maschinenleistungen für Nichtlandwirte mit zur normalen Ausrüstung des land- und forstwirtschaftlichen Betriebs gehörenden Maschinen). [2]Die Vereinfachungsregelung umfasst daher z. B. nicht die Umsätze aus der Tätigkeit als Aufsichtsrat einer Genossenschaft, als Makler landwirtschaftlicher Versicherungen oder als landwirtschaftlicher Sachverständiger. [3]Auch Umsätze aus dem Betrieb einer Photovoltaikanlage und aus der umsatzsteuerpflichtigen Verpachtung oder Vermietung von Wirtschaftsgütern, die nicht dem normalen Ausrüstungsbestand des land- und forstwirtschaftlichen Betriebs zuzurechnen sind, weisen nicht den erforderlichen engen Bezug zur eigenen land- und forstwirtschaftlichen Erzeugertätigkeit des Unternehmers auf.

24.7 Zusammentreffen der Durchschnittssatzbesteuerung mit anderen Besteuerungsformen

(1) Führt der Unternehmer neben Umsätzen, die der Durchschnittssatzbesteuerung unterliegen, noch andere Umsätze aus, unterliegen diese grundsätzlich der Besteuerung nach den allgemeinen Vorschriften des Umsatzsteuergesetzes.

Vorsteuerabzug

(2) [1]Abziehbar im Sinne von § 15 Abs. 1 UStG sind nur die Vorsteuern, die den in die Regelbesteuerung fallenden Umsätzen zuzurechnen sind (vgl. BFH-Urteil vom 13.11.2013, XI R 2/11, BStBl. 2014 II S. 543). [2]Sind Vorsteuerbeträge teilweise diesen Umsätzen und teilweise den der Durchschnittssatzbesteuerung unterliegenden Umsätzen zuzurechnen, z. B. für den Erwerb eines einheitlichen Gegenstands, sind sie in entsprechender Anwendung des § 15 Abs. 4 UStG aufzuteilen.

Beispiel:

[1] Ein Unternehmer erwirbt einen Gegenstand und verwendet ihn zu 30% für der Durchschnittssatzbesteuerung unterliegende Umsätze und zu 70% zur Ausführung regelbesteuerter Umsätze. [2] Beträgt die beim Bezug des Gegenstands gesondert in Rechnung gestellte Steuer 2500 €, ist ein Anteil von 30% = 750 € durch die Durchschnittssatzbesteuerung nach § 24 Abs. 1 Satz 3 und 4 UStG abgegolten. [3] Der verbleibende Anteil von 70% = 1750 € ist bei Vorliegen der Voraussetzungen des § 15 UStG abziehbar (vgl. BFH-Urteil vom 16.12.1993, V R 79/91, BStBl. 1994 II S. 339). [4] Ändern sich in den folgenden Kalenderjahren die Nutzungsverhältnisse, ist eine Berichtigung des Vorsteuerabzugs nach § 15a Abs. 1 UStG zu prüfen.

(3) [1] Bezieht ein Unternehmer vertretbare Sachen im Sinne der §§ 91 ff. BGB, die er später teilweise im landwirtschaftlichen als auch im nichtlandwirtschaftlichen Unternehmensteil verwendet, sind die auf die Eingangsumsätze entfallenden Vorsteuerbeträge nach der Verwendungsabsicht aufzuteilen. [2] Weicht die spätere tatsächliche Verwendung von der ursprünglichen Absicht ab, ist eine Berichtigung des Vorsteuerabzugs nach § 15a UStG zu prüfen. [3] Dabei kommt eine Schätzung der Berichtigungsbeträge nicht in Betracht. [4] Die Aufteilung der Vorsteuerbeträge ist regelmäßig auch dann durchzuführen, wenn die für den landwirtschaftlichen Unternehmensteil angeschaffte Warenmenge relativ gering ist (vgl. BFH-Urteil vom 25.6.1987, V R 121/86, BStBl. 1988 II S. 150).

Kleinunternehmerregelung

(4) [1] Hat ein Land- und Forstwirt eine Erklärung nach § 24 Abs. 4 Satz 1 UStG nicht abgegeben, führt er aber neben den in § 24 Abs. 1 UStG bezeichneten Umsätzen auch andere Umsätze aus, sind für die Anwendung des § 19 Abs. 1 UStG bei der Ermittlung des jeweils maßgeblichen Gesamtumsatzes die land- und forstwirtschaftlichen Umsätze und die anderen Umsätze zu berücksichtigen. [2] Soweit der Unternehmer die im land- und forstwirtschaftlichen Betrieb bewirkten Umsätze nicht aufgezeichnet hat (§ 67 UStDV), sind sie nach den Betriebsmerkmalen und unter Berücksichtigung der besonderen Verhältnisse zu schätzen. [3] Die Anwendung des § 19 Abs. 1 UStG beschränkt sich auf die Umsätze außerhalb der Durchschnittssatzbesteuerung des § 24 Abs. 1 bis 3 UStG. [4] Für die Umsätze des land- und forstwirtschaftlichen Betriebs verbleibt es bei der Durchschnittssatzbesteuerung.

24.8 Verzicht auf die Durchschnittssatzbesteuerung

(1) [1] Die Erklärung des Unternehmers, dass er auf die Durchschnittssatzbesteuerung verzichtet (§ 24 Abs. 4 Satz 1 UStG), ist nicht an eine bestimmte Form gebunden. [2] Berechnet der Unternehmer in der ersten Voranmeldung des Kalenderjahres die Vorauszahlung unter Zugrundelegung der allgemeinen Vorschriften des Gesetzes, kann darin eine solche Erklärung gesehen werden. [3] Hat ein Unternehmer mehrere land- und forstwirtschaftliche Betriebe, kann er die Erklärung nur einheitlich für alle Betriebe vornehmen, unabhängig davon, wie viele Teilbetriebe im Sinne des Ertragsteuerrechts der Unternehmer hat (vgl. BFH-Urteil vom 23.4.1998, V R 64/96, BStBl. II S. 494). [4] Entsprechendes gilt für den Widerruf (§ 24 Abs. 4 Satz 3 UStG).

(2) [1]Für Umsätze im Rahmen eines land- und forstwirtschaftlichen Betriebs im Sinne des § 24 Abs. 2 UStG geht die Durchschnittssatzbesteuerung des § 24 Abs. 1 bis 3 UStG der Besteuerung nach den anderen Vorschriften des Gesetzes vor. [2]Das gilt auch in Bezug auf die Anwendung des § 19 Abs. 1 UStG. [3]Land- und Forstwirte können daher für ihre im Rahmen des land- und forstwirtschaftlichen Betriebs ausgeführten Umsätze die Regelung des § 19 Abs. 1 UStG nur in Anspruch nehmen, wenn sie nach § 24 Abs. 4 Satz 1 UStG auf die Durchschnittssatzbesteuerung des § 24 Abs. 1 bis 3 UStG verzichten. [4]Will ein Land- und Forstwirt nach dem Ausscheiden aus der Durchschnittssatzbesteuerung des § 24 Abs. 1 bis 3 UStG von § 19 Abs. 1 UStG keinen Gebrauch machen, muss er eine weitere Erklärung nach § 19 Abs. 2 Satz 1 UStG abgeben.

(3) [1]Die Erklärung nach § 24 Abs. 4 Satz 1 UStG bindet den Unternehmer grundsätzlich mindestens für fünf Kalenderjahre. [2]Bei der Veräußerung eines land- und forstwirtschaftlichen Betriebs (Geschäftsveräußerung nach § 1 Abs. 1a UStG, vgl. Abschnitt 1.5) ist der Betriebserwerber als Rechtsnachfolger des Veräußerers anzusehen und demnach an die Optionsfrist gebunden. [3]In den Fällen, in denen der Unternehmer nach dem Ausscheiden aus der Durchschnittssatzbesteuerung des § 24 Abs. 1 bis 3 UStG die Vorschrift des § 19 Abs. 1 UStG anwendet, kann er jedoch die Erklärung mit Wirkung vom Beginn eines jeden folgenden Kalenderjahres an widerrufen (§ 71 UStDV). [4]Das gilt nicht, wenn der Unternehmer nach dem Ausscheiden aus der Durchschnittssatzbesteuerung des § 24 Abs. 1 bis 3 UStG eine weitere Erklärung nach § 19 Abs. 2 Satz 1 UStG abgegeben hat. [5]In diesem Fall gilt für ihn die Bindungsfrist des § 19 Abs. 2 Satz 2 UStG.

(4)[1)] [1]Zum Vorsteuerabzug beim Wechsel der Besteuerungsform wird auf Abschnitt 15.1 Abs. 5 und 6 hingewiesen. [2]Zur Berichtigung des Vorsteuerabzugs beim Wechsel der Besteuerungsform vgl. Abschnitt 15a.9.

24.9 Ausstellung von Rechnungen bei land- und forstwirtschaftlichen Betrieben

[1]Die Regelungen der §§ 14 und 14a UStG zur Rechnungserteilung gelten auch für die im Rahmen des land- und forstwirtschaftlichen Betriebs ausgeführten Lieferungen und sonstigen Leistungen. [2]Als anzuwendender Steuersatz (§ 14 Abs. 4 Satz 1 Nr. 8 UStG) ist der für den Umsatz maßgebliche Durchschnittssatz anzugeben (§ 24 Abs. 1 Satz 5 UStG); dies gilt auch für Gutschriften. [3]Weist der Unternehmer einen höheren Steuerbetrag aus, als er im Rahmen der Durchschnittssatzbesteuerung gesondert in Rechnung stellen darf, schuldet er nach § 14c Abs. 1 UStG diesen Mehrbetrag; er hat diesen Betrag an das Finanzamt abzuführen. [4]Das Gleiche gilt, wenn in einer Gutschrift im Sinne des § 14 Abs. 2 Sätze 2 und 3 UStG ein höherer Steuerbetrag ausgewiesen worden ist. [5]Im Rahmen des § 24 UStG kann auch § 14c Abs. 2 UStG zur Anwendung kommen (vgl. Abschnitt 14c.2).

---

1) Vgl. auch A 19.5 UStAE.

Zu § 25 UStG
(§ 72 UStDV)

25.1[1)] Besteuerung von Reiseleistungen[2)]

(1) [1]§ 25 UStG findet nur Anwendung, wenn der Unternehmer für die Durchführung der Reise Gegenstände und Dienstleistungen Dritter in Anspruch nimmt und diese dem Reisenden unmittelbar zugutekommen. [2]Der Zweck der Reise ist grundsätzlich unerheblich. [3]Die Besteuerung nach § 25 UStG kann für Sprach- und Studienreisen (z. B. Auslandsaufenthalte von Schülern während der Schulferien) sowie für Studienaufenthalte im Ausland, die mit einer Reise kombiniert sind (sog. High-School-Programme), in Betracht kommen (vgl. BFH-Urteil vom 1.6.2006, V R 104/01, BStBl. 2007 II S. 142). [4]Die Vorschrift gilt für alle Unternehmer, die Reiseleistungen erbringen, ohne Rücksicht darauf, ob dies allein Gegenstand des Unternehmens ist. [5]§ 25 UStG ist bei Reiseleistungen von Unternehmern mit Sitz im Drittland und ohne feste Niederlassung im Gemeinschaftsgebiet nicht anwendbar. [6]Es sind nur Niederlassungen zu berücksichtigen, die unmittelbar am Verkauf beteiligt sind. [7]§ 25 UStG hat besondere Bedeutung für Veranstalter von Pauschalreisen (§ 651a Abs. 2 BGB). [8]Die Regelung ist jedoch unabhängig davon anzuwenden, ob die Reisebestandteile bereits als Teil eines Pauschalangebots vermarktet oder erst nach den konkreten Vorgaben des Leistungsempfängers zusammengesetzt werden. [9]§ 25 UStG ist auch anzuwenden, wenn die Reiseleistung im eigenen Namen und für fremde Rechnung ausgeführt wird (vgl. Abschnitt 3.15 Abs. 6 Beispiel 3 und Abs. 7 Beispiel 1 bis 3). [10]Grundsätzlich ist eine entgeltliche, im Inland steuerbare Leistung Voraussetzung für die Anwendung des § 25 UStG (vgl. BFH-Urteil vom 13.12.2018, V R 52/17, BStBl. 2019 II S. 345). [11]Ein Unternehmer (Arbeitgeber), der an seine Arbeitnehmer im Rahmen des Dienstverhältnisses Reisen überlässt, erbringt unter den übrigen Voraussetzungen des § 25 UStG auch Reiseleistungen (vgl. Abschnitt 25.3 Abs. 4). [12]Leistungsempfänger ist der Besteller der Reiseleistung. [13]Dieser muss nicht selbst an der Reise teilnehmen, z. B. ein Vater schenkt seiner Tochter eine Pauschalreise.

(2) [1]Für das Vorliegen einer Reiseleistung ist es grundsätzlich erforderlich, dass der Unternehmer ein Bündel von Einzelleistungen erbringt, welches zumindestens eine Beförderungs- oder Beherbergungsleistung enthält.
[2]Als Bestandteile einer Reiseleistung kommen insbesondere in Betracht:

1. Beförderung zu den einzelnen Reisezielen, Transfer;
2. Beherbergung;
3. Verpflegung;

---

1) A 25. UStAE neugef. durch BMF v. 24.6.2021, BStBl. I 2021, 857, anzuwenden in allen offenen Fällen; zur **Übergangsregelung** siehe Anlage 8.

2) Siehe BMF v. 29.1.2021, BStBl. I 2021, 250: Für **bis zum 31.12.2022** (BMF v. *1.12.2021, BStBl. I 2021,* 2488) ausgeführte Reiseleistungen von Unternehmern mit Sitz im Drittland und ohne feste Niederlassung im Gemeinschaftsgebiet wird es nicht beanstandet, wenn die Sonderregelung des § 25 UStG angewendet wird.

4. Betreuung durch Reiseleiter;
5. Durchführung von Veranstaltungen (z. B. Stadtrundfahrten, Besichtigungen, Sport- und sonstige Animationsprogramme, Landausflüge);
6. Eintrittsberechtigungen.

[3]Eigenleistungen sind bei der Prüfung, ob eine Reiseleistung gegeben ist, nicht zu berücksichtigen. [4]Eine einzelne Leistung genügt für die Anwendung des § 25 UStG nur dann, wenn es sich um eine Beherbergungsleistung handelt (vgl. EuGH-Urteil vom 19.12.2018, C-552/17, Alpenchalets Ressorts[1)] und BFH-Urteil vom 27.3.2019, V R 10/19 (V R 60/16), BStBl. 2021 II S. 497). [5]§ 25 UStG ist hingegen auf den isolierten Verkauf von Opernkarten durch ein Reisebüro nicht anzuwenden (vgl. EuGH-Urteil vom 9.12.2010, C-31/10, Minerva Kulturreisen).[1)] [6]Die Einräumung von Eintrittsberechtigungen für Messen, Ausstellungen, Seminare und Kongresse und damit im Zusammenhang erbrachte Beförderungs-, Verpflegungs- und Beherbergungsleistungen, die vom Veranstalter als einheitliche Leistung (vgl. Abschnitt 3.10) angeboten werden, sind keine Reiseleistungen.

Auftreten im eigenen oder fremden Namen

(3) [1]Für die Frage des Auftretens im eigenen Namen kommt es bei Leistungen nach § 25 UStG maßgeblich auf die zivilrechtliche Beurteilung an. [2]Die Entscheidung, ob der Unternehmer eine Leistung im eigenen Namen erbringt oder eine fremde Leistung lediglich vermittelt, ist anhand des zugrundeliegenden Rechtsverhältnisses nach dem Gesamtbild des Einzelfalls zu treffen. [3]Im Hinblick darauf, dass eine Vermittlungsleistung ein Handeln im fremden Namen erfordert, kommt es für die Abgrenzung maßgeblich darauf an, wie der Unternehmer nach außen (gegenüber dem Leistungsempfänger) auftritt. [4]Es muss somit für den Leistungsempfänger objektiv erkennbar sein, dass der Handelnde für den Geschäftsabschluss im fremden Namen auftreten will. [5]In der Regel hat dies durch die Prospektgestaltung und durch klare Hinweise außerhalb seiner AGB zu geschehen (vgl. BFH-Urteil vom 22.8.2019, V R 12/19 (V R 9/16), BStBl. 2021 II S. 498).

(4) [1]§ 25 UStG ist nicht anzuwenden, soweit der Unternehmer beim Verkauf von Reisen erkennbar im fremden Namen handelt (vgl. Abschnitt 3.7 Abs. 1). [2]Die Besteuerung der Vermittlungsleistungen richtet sich nach den allgemeinen Vorschriften des UStG. [3]Die Steuerbefreiung nach § 4 Nr. 5 UStG ist zu beachten (vgl. Abschnitt 4.5.2).

(5) [1]Reisebüros können sowohl im eigenen als auch im fremden Namen auftreten (vgl. BFH-Urteil vom 22.8.2019, V R 12/19 (V R 9/16), a. a. O.):

Auftreten von Reisebüros im eigenen Namen

1. [1]Reisebüros erbringen üblicherweise Vermittlungsleistungen, die der Regelbesteuerung unterliegen. [2]Die Bündelung von Leistungen und die eigene Preisgestaltung können jedoch auch zur Annahme von Leistungen im Sinne des § 25 UStG führen, wenn das Reisebüro gegenüber dem Reisenden im eigenen Namen auftritt.

---

1) DStR 2018, 2693. – DStR 2010, 2576.

Beispiel:

[1] Der Reiseveranstalter A hat ein Katalogangebot mit 2 Wochen Halbpension Mallorca für 799 € ausgeschrieben. [2] Das Reisebüro B übernimmt ein Kontingent von 20 Plätzen zu einem Einkaufspreis von 640 € und kalkuliert die Reise wie folgt:

Einkaufspreis	640,– €
zzgl. Transfer zum Flughafen durch Busunternehmer C	40,– €
Summe Reisevorleistungen	680,– €

[3] Reisebüro B tritt beim Verkauf der Reise im eigenen Namen auf, händigt einen Sicherungsschein (§ 651r BGB) aus und berechnet für die Reise 809 €. [4] Die auf die Reise entfallende Marge beträgt:

Verkaufspreis	809,– €
abzgl. Reisevorleistungen	680,– €
Marge des B	129,– €

[5] Reisebüro B verkauft die Reisen im eigenen Namen und für eigene Rechnung. [6] B nimmt für die Reisen die Leistungen des Reiseveranstalters A und des Busunternehmers C in Anspruch (Reisevorleistungen). [7] Reisebüro B erbringt jeweils einheitliche sonstige Leistungen, die nach § 25 UStG zu besteuern sind.

[3] Erwirbt ein Tickethändler oder ein Reisebüro ein Paket von Flugtickets, um hieraus durch Verbindung mit anderen Leistungen (z. B. Beherbergung und Verpflegung) jeweils Pauschalreisen zusammenzustellen, liegt eine Reiseleistung vor (vgl. Abschnitt 4.5.3 Abs. 2).

Auftreten von Reisebüros im fremden Namen

2. [1] Reisebüros können beim Verkauf einer Reise an einen Kunden mehrere Vermittlungsleistungen nebeneinander erbringen, wenn sie dabei erkennbar im Namen des jeweiligen Leistungserbringers oder des Reisenden agieren.

Beispiel 1:

[1] Ein Reiseveranstalter hat ein Katalogangebot mit 2 Wochen Halbpension Mallorca ohne Anreise für 850 € ausgeschrieben. [2] Das Reisebüro verkauft dem Reisenden die Reise laut Angebot im Namen des Reiseveranstalters und händigt dessen Sicherungsschein aus. [3] Zudem werden im Namen des Reisenden bei einer Fluggesellschaft wunschgemäß Hin- und Rückflug gebucht. [4] Die Bezahlungen sollen vereinbarungsgemäß vom Reisenden direkt an die Leistungserbringer erfolgen. [5] Das Reisebüro stellt dem Reisenden lediglich die Vermittlung des Fluges in Rechnung.

Beispiel 2:

Eine USA-Rundreise aus mehreren Bausteinen (Flug, Übernachtungen, Mietwagen) wird nach den im Beispiel 1 dargestellten Grundsätzen für den Reisenden zusammengestellt und im Namen der Leistungserbringer verkauft.

Beispiel 3:

[1] Das Pauschalangebot eines Reiseveranstalters für eine zweiwöchige Reise wird an den Kunden vermittelt, wobei der Rückflug des Reisenden erst nach der dritten Woche erfolgen soll. [2] Das Reisebüro vermittelt für die dritte Woche einen zusätzlichen Hotelaufenthalt. [3] Die formalen Grundsätze des Beispiels 1 sind erfüllt.

[2] Im Beispielsfall 1 liegen keine gebündelten Leistungen im Sinne der Nummer 1 vor, da der Unternehmer für beide Leistungen die Voraussetzungen einer Vermittlungsleistung erfüllt. [3] Hinsichtlich der Pauschalreise handelt er im Namen des Reiseveranstalters; bezüglich des Fluges tritt er im Namen des Reisenden auf. [4] Die Beispiele 2 und 3 sind wie der Beispielsfall 1 zu beurteilen, wenn das Reisebüro beim Vermittlungsgeschäft im Namen der jeweiligen Leistungserbringer auftritt.

Rabattgewährung durch Reisebüros

3. Gewährt ein Reisebüro, das als Vermittler für einen Reiseveranstalter handelt, dem Endverbraucher aus eigenem Antrieb und auf eigene Kosten einen Nachlass auf den Preis der vermittelten Leistung, ist dieser Vorgang umsatzsteuerrechtlich unbeachtlich (vgl. Abschnitt 17.2 Abs. 7).

(6) [1] Alle im Rahmen einer Reise erbrachten Leistungen gelten als einheitliche sonstige Leistung des Unternehmers an den Leistungsempfänger, soweit der Unternehmer gegenüber dem Leistungsempfänger im eigenen Namen auftritt und für die Durchführung der Reise Lieferungen und sonstige Leistungen Dritter (Reisevorleistungen) in Anspruch nimmt. [2] Im Rahmen einer Reise sind alle Reiseleistungen erbracht, die einem einzelnen Reisenden zugutekommen. [3] Liegen danach mehrere einheitliche sonstige Leistungen vor, können diese aus Vereinfachungsgründen als eine einheitliche sonstige Leistung behandelt werden, wenn der Unternehmer mehrere gleichartige Reisen an einen Leistungsempfänger abgibt.

Beispiel:

[1] A erwirbt für sich, seine Ehefrau und seine drei Kinder fünf Reisen vom 17. bis 31. Juli nach Mallorca. [2] Die Unterbringung erfolgt in zwei Doppel- und einem Einzelzimmer.

(7) [1] Die sonstige Leistung wird nach § 3a Abs. 1 UStG an dem Ort ausgeführt, an dem der Unternehmer seinen Sitz hat; das gilt auch für die Erbringung sonstiger Leistungen nach § 25 UStG an andere Unternehmer für deren Unternehmen. [2] Wird die sonstige Leistung von einer Betriebsstätte des Unternehmers ausgeführt, gilt der Ort der Betriebsstätte als Leistungsort. [3] Die sonstige Leistung ist nach den allgemeinen Zuordnungskriterien entweder dem Sitz des Unternehmens oder einer Betriebsstätte zuzurechnen (vgl. Abschnitt 3a.1 Abs. 2), wobei auf den Schwerpunkt der erbrachten Leistungen abzustellen ist. [4] Der Ort sonstiger Leistungen nach § 25 UStG bestimmt sich nach dem Vertrieb der Reise (vgl. EuGH-Urteil vom 20.2.1997, C-260/95, DFDS).[1)] [5] Eine Zurechnung der sonstigen Leistung an die Betriebsstätte kommt nur in Betracht, wenn diese unmittelbar am Verkauf beteiligt ist. [6] Werden einzelne Reisebestandteile vom selben Unternehmer zu unterschiedlichen Zeiten – ggf. während der Reise – und an unterschiedlichen Orten verkauft, ist der Leistungsort für die einheitliche sonstige Leistung nach § 25 UStG danach zu bestimmen, wo der Verkauf der Reise, soweit sie auf Reisevorleistungen beruht, überwiegend erfolgt.

(8) [1] § 25 UStG gilt nur bei der Inanspruchnahme von Reisevorleistungen durch den Unternehmer, nicht jedoch, soweit dieser Reiseleistungen durch den Einsatz eigener Mittel (Eigenleistungen) – z. B. eigene Beförderungsmittel, eigenes Hotel, Betreuung durch angestellte Reiseleiter – erbringt. [2] Durch die Weitergabe von Fremdleistungen innerhalb des Organkreises werden Reisevorleistungen nicht zu Eigenleistungen. [3] Die Abgrenzung zwischen Eigenleistung einerseits und in die Margenbesteuerung einzubeziehender Reisevorleistung andererseits vollzieht sich nicht aus Sicht der Reisenden, sondern

---

1) DStRE 1997, 342.

nach den tatsächlichen Umständen der Leistungserbringung (vgl. BFH-Urteil vom 1.3.2018, V R 23/17, BStBl. II S. 503). [4]Allein die Tatsache, dass der Unternehmer die volle Verantwortung für die Durchführung der Reise zu tragen hat, führt noch nicht zur Annahme von Eigenleistungen. [5]Für die Eigenleistungen gelten die allgemeinen umsatzsteuerrechtlichen Vorschriften. [6]Bei Reisen, die sich auch auf das Ausland erstrecken, unterliegen der Besteuerung daher die jeweiligen im Inland erbrachten Einzelleistungen. [7]Folgende Vorschriften sind zu beachten:

1. § 3a Abs. 1 oder Abs. 2 UStG bei Betreuung durch angestellte Reiseleiter;
2. § 3b Abs. 1 und § 26 Abs. 3 UStG für Personenbeförderungsleistungen;
3. § 3a Abs. 3 Nr. 1 Satz 2 Buchstabe a UStG für Beherbergungsleistungen;
4. § 3a Abs. 3 Nr. 3 Buchstabe a oder Abs. 2 UStG für (Land-)Ausflüge mit beispielsweise sportlichem, kulturellen oder unterhaltendem Charakter;
5. § 3a Abs. 3 Nr. 3 Buchstabe b UStG für die Abgabe von Speisen und Getränken zum Verzehr an Ort und Stelle (Restaurationsleistungen); zur Abgrenzung von Lieferungen zu Restaurationsleistungen vgl. Abschnitt 3.6; zur Abgrenzung von Haupt- und Nebenleistung vgl. Abschnitt 3.10 Abs. 6 Nr. 13.

[8]Eigene Mittel sind auch dann gegeben, wenn der Unternehmer ein Beförderungsmittel ohne Fahrzeugführer oder im Rahmen eines Gestellungsvertrags ein bemanntes Beförderungsmittel anmietet und dabei selbst sowohl Weisungsbefugnis hat als auch Verantwortung über den Einsatz des Beförderungsmittels trägt. [9]Der Unternehmer erbringt dagegen keine Reiseleistung unter Einsatz eigener Mittel, wenn er sich zur Ausführung einer Beförderung eines Unternehmers bedient, der die Beförderung in eigenem Namen und unter eigener Verantwortung ausführt. [10]Der Unternehmer bewirkt in diesem Falle eine Beförderungsleistung an den Leistungsempfänger, die bei Letzterem als Reisevorleistung anzusehen ist (vgl. auch das Beispiel in Abschnitt 3b.1 Abs. 2). [11]Die Betreuungsleistungen, die Unternehmer durch angestellte Reiseleiter erbringen, unterliegen als Leistungen mit eigenen Mitteln (Eigenleistungen) nicht der Margenbesteuerung nach § 25 Abs. 1 UStG (BFH-Urteil vom 23.9.1993 V R 132/89, BStBl 1994 II S. 272).

(9) [1]Reisevorleistungen sind alle Leistungen, die von einem Dritten erbracht werden und dem Reisenden unmittelbar zugutekommen. [2]In Betracht kommen alle Leistungen, die der Reisende in Anspruch nehmen würde, wenn er die Reise selbst zusammenstellte, insbesondere Beförderung, Beherbergung und Verpflegung.

Beispiel 1:

[1]Reiseveranstalter A verkauft eine Pauschalreise im eigenen Namen. [2]Er bedient sich für die Beförderung, Unterbringung und Verpflegung der Unternehmer X, Y und Z. [3]Insoweit sind Reisevorleistungen gegeben.

[3]Erwirbt ein Unternehmer von einem anderen Unternehmer eine nach § 25 Abs. 1 Satz 3 UStG einheitliche Reiseleistung (Kettengeschäft), sind Reisevorleistungen die einzelnen Bestandteile und nicht die einheitliche Reiseleistung.

Beispiel 2:

[1] Reiseveranstalter B verkauft die von Reiseveranstalter A erworbene Pauschalreise im eigenen Namen. [2] Reisevorleistungen sind die einzelnen Bestandteile (Beförderung, Unterbringung und Verpflegung der Unternehmer X, Y und Z).

[4] Keine Reisevorleistungen sind hingegen die folgenden Leistungen dritter Unternehmer, die dem Reisenden nur mittelbar zugutekommen:

1. Ein selbständiges Reisebüro vermittelt die Pauschalreisen des Reiseveranstalters;
2. Ein Reisebus muss während einer Reise repariert werden.

(10) [1] Die Leistungen von Zielgebietsagenturen sind in vollem Umfang als Reisevorleistungen anzusehen, wenn die Betreuung der Reisenden vor Ort dabei im Vordergrund steht (z. B. Organisation des Transfers, Animation der Reisenden, Arrangements von Ausflügen und Besichtigungen). [2] Die im Zusammenhang damit ausgeführten Verwaltungsleistungen für den Unternehmer sind unselbstständige Nebenleistungen. [3] Ist aufgrund der Einreisebestimmungen anderer Staaten für die Erteilung eines Visums die Vorlage einer Reisebestätigung (Visabestätigung) erforderlich, handelt es sich bei der in diesem Zusammenhang in Aussicht gestellten Betreuungsleistung um eine Reiseleistung nach § 25 UStG. [4] Die Betreuung während der Reise stellt eine gegenüber der bloßen Beschaffung des Touristenvisums selbstständige sonstige Leistung dar (vgl. BFH-Urteil vom 2.3.2006, V R 25/03, BStBl. II S. 788).

(11) [1] Gemischte Leistungen liegen vor, wenn der Unternehmer sowohl Leistungen mit eigenen Mitteln erbringt (vgl. Absatz 8) als auch Reisevorleistungen in Anspruch nimmt (vgl. Absatz 9). [2] In diesen Fällen ist § 25 UStG nur anwendbar, soweit der Unternehmer gegenüber dem Leistungsempfänger im eigenen Namen auftritt und Reisevorleistungen in Anspruch nimmt. [3] Für die im Rahmen einer solchen Reise erbrachten Leistungen mit eigenen Mitteln gelten die allgemeinen Vorschriften.

Beispiel:

[1] Im Rahmen einer Pauschalreise befördert der Unternehmer die Reisenden im eigenen Bus. [2] Beherbergung und Verpflegung erfolgen in einem fremden Hotel. [3] Der Unternehmer tritt gegenüber den Reisenden im eigenen Namen auf.

[4] In diesem Fall erfolgt die Besteuerung der Beförderungsleistung nach den allgemeinen Vorschriften; die Beherbergungs- und Verpflegungsleistungen unterliegen der Besteuerung nach § 25 UStG. [5] Zur Ermittlung der Bemessungsgrundlagen vgl. Abschnitt 25.3 Abs. 2.

(12) [1] Für eine einheitliche Reiseleistung im Sinne des § 25 Abs. 1 Satz 2 UStG sind die unternehmerbezogenen Steuerbefreiungen nach § 4 UStG und Steuersatzermäßigungen zu beachten. [2] Demgegenüber kommen leistungsbezogene Steuerbefreiungen und Steuersatzermäßigungen nicht in Betracht (vgl. BFH-Urteil vom 27.3.2019, V R 10/19 (V R 60/16), a. a. O.).

(13) [1] Eine Reiserücktrittskostenversicherung, deren Abschluss bei Buchung der Reise in das Belieben des Leistungsempfängers gestellt wird und für die das Versicherungsentgelt neben dem Reisepreis ggf. gesondert berechnet wird, ist eine umsatzsteuerrechtlich gesondert zu beurteilende Leistung, die nicht der Margenbesteuerung des § 25 UStG unterliegt. [2] Auch der Abschluss einer obligatorisch vom Reiseveranstalter angebotenen Reiserücktrittskostenversi-

cherung kann eine selbständige Leistung darstellen (vgl. BFH-Urteil vom 13.7.2006, V R 24/02, BStBl. II S. 935). [3]Der Umsatz kann je nach Sachverhalt entweder unter den Voraussetzungen des § 4 Nr. 10 Buchstabe b UStG (Verschaffung von Versicherungsschutz) oder unter denen des § 4 Nr. 11 UStG (Umsatz aus der Tätigkeit als Versicherungsvertreter) steuerfrei sein.

(14) [1]Tritt der Reisende vor Reisebeginn vom Reisevertrag zurück und hat er für diesen Fall eine in dem Reisevertrag vorab vereinbarte Entschädigung zu entrichten (Stornogebühr), liegt beim Reiseveranstalter echter Schadensersatz und somit kein Entgelt für eine Reise vor. [2]Dies gilt unter der Voraussetzung, dass zivilrechtlich ein Rücktrittsrecht besteht. [3]Schreibt der Unternehmer dem Reisebüro einen Anteil von Stornogebühren gut, handelt es sich hierbei um das Entgelt für Leistungen des Reisebüros. [4]Umbuchungs- und Änderungsgebühren, die der Reisende bei Änderung eines bestehenbleibenden Reisevertrags zu entrichten hat, erhöhen das für die Reise zu entrichtende Entgelt.

25.2[1)] Steuerfreiheit von Reiseleistungen nach § 25 Abs. 2 UStG

(1) [1]Nach § 25 Abs. 2 UStG ist eine Reiseleistung insgesamt steuerfrei, wenn die ihr zuzurechnenden Reisevorleistungen ausschließlich im Drittlandsgebiet bewirkt werden. [2]Zu den Reisevorleistungen können insbesondere Unterkunft, Verpflegung, Betreuung und Beförderung von Personen gehören.

Beispiel 1:

[1]Ein Reiseveranstalter bietet im eigenen Namen eine Rundreise mit dem Reisebus in den USA zu einem Pauschalpreis an. [2]Hin- und Rückreise von und nach Deutschland sind in dem Preis nicht enthalten.

[3]Die in der Beförderung der Reisenden mit dem Reisebus bestehenden Reisevorleistungen werden im Drittlandsgebiet bewirkt. [4]Da Übernachtungs- und Verpflegungsleistungen ebenfalls im Drittlandsgebiet bewirkt werden, ist die einheitliche sonstige Leistung des Veranstalters insgesamt steuerfrei.

[5]Der Ort, an dem die Reisevorleistungen bewirkt werden, bestimmt sich nach den allgemeinen Regelungen der §§ 3a ff. UStG. [6]Diese Ortsbestimmung bindet bei einem Kettengeschäft auch nachfolgende Unternehmer. [7]Werden Reisevorleistungen, deren Ort der Leistung sich nach § 3a Abs. 2 UStG bestimmen würde, ausschließlich im Drittlandsgebiet erbracht, verlagert sich der Ort nach § 3a Abs. 8 UStG ins Drittland (vgl. Abschnitt 3a.14 Abs. 5).

Beispiel 2:

[1]Ein deutscher Reiseveranstalter bietet Pauschalreisen nach Thailand im eigenen Namen an, deren Leistungsbestandteile er selbst eingekauft hat. [2]Er nimmt dabei Betreuungsleistungen eines schweizerischen Unternehmers in Anspruch, der im Reisezielgebiet keine Betriebsstätte hat und die Leistungen ausschließlich im Drittlandsgebiet ausführt.

[3]Die Betreuungsleistung des schweizerischen Unternehmers wird nach § 3a Abs. 2 in Verbindung mit Abs. 8 UStG im Drittlandsgebiet bewirkt. [4]Die Marge des deutschen Reiseveranstalters ist somit steuerfrei.

(2) Die einheitliche sonstige Leistung ist insgesamt steuerpflichtig, wenn die in Absatz 1 bezeichneten Reisevorleistungen (vgl. Abschnitt 25.1 Abs. 9) ausschließlich im Gemeinschaftsgebiet bewirkt werden.

---

1) A 25.2 UStAE neugef. durch BMF v. 24.6.2021, BStBl. I 2021, 857, anzuwenden in allen offenen Fällen; zur **Übergangsregelung** siehe Anlage 8.

Beispiel:

[1] Der deutscher Reiseveranstalter A bietet im eigenen Namen Rundreisen innerhalb des Gemeinschaftsgebiets an. [2] Er hat die Reisen von dem Reiseveranstalter B mit Sitz in Frankreich gekauft. [3] B hat die einzelnen Reisebestandteile (Beförderungs-, Betreuungs-, Beherbergungs- und Verpflegungsleistungen) von anderen Unternehmen erworben und zu einer einheitlichen Pauschalreise gebündelt. [4] Da sämtliche Reisevorleistungen im Gemeinschaftsgebiet bewirkt werden, ist die Marge des deutschen Reiseveranstalters A insgesamt steuerpflichtig.

(3) [1] Werden die Reisevorleistungen nur zum Teil im Drittlandsgebiet, im Übrigen aber im Gemeinschaftsgebiet erbracht, ist die Reiseleistung insoweit steuerfrei, als die Reisevorleistungen im Drittlandsgebiet bewirkt werden. [2] Dies gilt auch für Reisevorleistungen, die in der Beförderung von Personen bestehen. [3] Erstreckt sich somit eine Beförderung sowohl auf das Drittlandsgebiet als auch auf das Gemeinschaftsgebiet, hat der Unternehmer die gesamte Beförderungsleistung nach Maßgabe der im Drittlands- und im Gemeinschaftsgebiet zurückgelegten Strecken aufzuteilen.

Beispiel 1:

[1] Reiseveranstalter A verkauft im eigenen Namen eine Pauschalreise in die USA (Flug und Beherbergung) ab München.
[2] Die Reiseleistung des A ist insoweit steuerpflichtig, als die Personenbeförderung im Flugzeug (Reisevorleistung) im Gemeinschaftsgebiet bewirkt wird (vgl. Abschnitt 25.2 Abs. 4). [3] Der Leistungsort der übrigen Reisebestandteile liegt im Drittlandsgebiet. [4] Die Reiseleistung ist daher insoweit steuerfrei.

Beispiel 2: (Kettengeschäft)

[1] Reiseveranstalter B verkauft die von Reiseveranstalter A erworbene Pauschalreise im eigenen Namen.
[2] Die Reiseleistung des B ist wie im Beispiel 1 insoweit steuerpflichtig, als die Personenbeförderung im Flugzeug (Reisevorleistung) im Gemeinschaftsgebiet bewirkt wird. [3] Der Leistungsort der übrigen Reisebestandteile liegt im Drittlandsgebiet. [4] Die Reiseleistung ist wie im Beispiel 1 insoweit steuerfrei.

(4) [1] Erstreckt sich eine Personenbeförderung im Luftverkehr (Reisevorleistung) sowohl auf das Drittlandsgebiet als auch auf das Gemeinschaftsgebiet, kann der Empfänger der Beförderungsleistung abweichend von Absatz 3 aus Vereinfachungsgründen wie folgt verfahren:
[2] Liegt der Zielort der Personenbeförderung im Drittlandsgebiet, gilt die Beförderungsleistung insgesamt als im Drittlandsgebiet bewirkt (Zielortregelung). [3] Im Rahmen von Kettengeschäften ist die Anwendung oder Nichtanwendung der Zielortregelung für alle nachfolgenden Unternehmer bindend.

Beispiel 1:

[1] Ein Reiseveranstalter bietet im eigenen Namen eine Flugreise von Düsseldorf auf die Kanarischen Inseln zu einem Pauschalpreis an. [2] Der Reiseveranstalter wendet für alle von ihm angebotenen Reisen die Zielortregelung an.
[3] Da der Zielort der Reise im Drittlandsgebiet liegt, gilt die Beförderungsleistung insgesamt als im Drittlandsgebiet bewirkt. [4] Werden auch alle übrigen Reisevorleistungen im Drittlandsgebiet bewirkt, ist die Reiseleistung des Veranstalters insgesamt steuerfrei.

[4] Liegt der Zielort der Personenbeförderung im Gemeinschaftsgebiet, gilt die Beförderungsleistung insgesamt als im Gemeinschaftsgebiet bewirkt.

Beispiel 2:

[1] Ein Reiseveranstalter bietet im eigenen Namen eine Flugreise von Düsseldorf nach Athen zu einem Pauschalpreis an. [2] Der Reiseveranstalter wendet für alle von ihm angebotenen Reisen die Zielortregelung an.

[3] Da der Zielort der Reise im Gemeinschaftsgebiet liegt, gilt die Beförderungsleistung als im Gemeinschaftsgebiet bewirkt. [4] Werden auch alle übrigen Reisevorleistungen im Gemeinschaftsgebiet bewirkt, ist die Reiseleistung des Veranstalters insgesamt steuerpflichtig.

[5] Hin- und Rückflug sind bei der Anwendung der Vereinfachungsregelung als eine Reisevorleistung anzusehen. [6] Der Zielort bestimmt sich nach dem Hinflug. [7] Zwischenlandungen aus flugtechnischen Gründen berühren die Anwendung der Vereinfachungsregelung nicht. [8] Inländische Zu- und Abbringerflüge sind nur dann in die Zielortregelung einzubeziehen, wenn die als Reisevorleistung in Anspruch genommene Beförderungsleistung einschließlich der Zu- und Abbringerflüge nach umsatzsteuerrechtlichen Grundsätzen eine einheitliche Beförderungsleistung darstellt (vgl. Abschnitt 3.10 und BFH-Urteil vom 1.3.2018, V R 23/17, BStBl. II S. 503).

Beispiel 3:

[1] Ein Reiseveranstalter bietet im eigenen Namen eine Busreise an. [2] Diese beginnt in Zürich (Schweiz) und endet in Rom (Italien). [3] Im Reisepreis sind Hin- und Rückflug von und nach Köln-Bonn enthalten. [4] Der Reiseveranstalter wendet für alle von ihm angebotenen Reisen die Zielortregelung an.

[5] Da der Zielort des Hinflugs im Drittlandsgebiet (Schweiz) liegt, gilt die Personenbeförderung mit dem Flugzeug inklusive des Rückflugs als insgesamt im Drittlandsgebiet bewirkt. [6] Die Busreise ist in einen steuerfreien Streckenanteil im Drittlandsgebiet und einen steuerpflichtigen Anteil im Gemeinschaftsgebiet aufzuteilen.

(5) [1] Macht ein Unternehmer von der Vereinfachungsregelung nach Absatz 4 Gebrauch, muss er diese bei allen von ihm in einem Veranlagungszeitraum veranstalteten Reisen anwenden. [2] Dies gilt nicht, soweit der Unternehmer im Rahmen von Kettengeschäften an die Entscheidung des Empfängers der Beförderungsleistung gebunden ist (vgl. Absatz 4).

(6) [1] Erstreckt sich eine Personenbeförderung mit Kreuzfahrtschiffen im Seeverkehr sowohl auf das Drittlandsgebiet als auch auf das Gemeinschaftsgebiet, kann der Unternehmer abweichend von Absatz 3 von der Berücksichtigung des auf das Gemeinschaftsgebiet entfallenden Anteils der gesamten Beförderungsstrecke aus Vereinfachungsgründen absehen. [2] Im Rahmen von Kettengeschäften ist die Anwendung oder Nichtanwendung dieser Regelung für alle nachfolgenden Unternehmer bindend.

Beispiel:

[1] Ein Reiseveranstalter bietet im eigenen Namen eine siebentägige Kreuzfahrt im Mittelmeer an, die in Genua beginnt und endet.

[2] Die in der Beförderung der Reisenden bestehenden Reisevorleistungen sind als im Drittlandsgebiet erbracht anzusehen. [3] Die Reiseleistung des Veranstalters ist steuerfrei.

(7) Der Unternehmer hat bei der Abgabe einer Reiseleistung an einen anderen Unternehmer für dessen Unternehmen in der Rechnung anzugeben, in welchem Umfang die Leistungen nach § 25 Abs. 2 UStG im Drittlandsgebiet bewirkt werden (vgl. § 14 Abs. 4 Nr. 7 UStG).

(8) Liegen für nach § 25 Abs. 2 UStG steuerfreie Reiseleistungen im Drittland auch die Voraussetzungen einer Steuerbefreiung vor, die den Vorsteuerabzug ausschließt, geht diese Steuerbefreiung vor (vgl. Abschnitt 15.13 Abs. 5).

25.3[1)] Bemessungsgrundlage bei Reiseleistungen *[Fassung für Umsätze nach dem 31.12.2021]*

(1) [1] Abweichend von § 10 UStG ist die Bemessungsgrundlage die Differenz (Marge) zwischen dem Betrag, den der Leistungsempfänger entrichtet und den Aufwendungen für die Reisevorleistungen, jedoch abzüglich der Umsatzsteuer. [2] Dabei ist grundsätzlich auf die einzelne Reise abzustellen (vgl. Abschnitt 25.1 Abs. 1).

Beispiel 1:

[1] Ein Reiseveranstalter mit Sitz im Inland verkauft im eigenen Namen eine im Inland stattfindende Bahnpauschalreise. [2] Der Preis beträgt 440 € pro Person. [3] Es nehmen 40 Personen teil. [4] Der Reiseveranstalter wendet für Reisevorleistungen einschließlich Umsatzsteuer folgende Beträge auf:

1. an die Deutsche Bahn AG für Beförderungsleistungen	3 200,– €,
2. an das Hotel für Beherbergungsleistungen	12 000,– €.

[5] Die Marge ist für jeden einzelnen Reiseteilnehmer zu ermitteln, soweit nicht einzelne Leistungsempfänger im eigenen Namen für weitere Reiseteilnehmer auftreten:

Reisepreis (Aufwendungen des Reiseteilnehmers)		440,– €
./. Reisevorleistungen		
für die Beförderung	3 200,– €/40 = 80,– €	
für die Beherbergung	12 000,– €/40 = 300,– €	380,– €
Marge		60,– €
./. darin enthaltene Umsatzsteuer (19/119 = Steuersatz 19 %)		9,58 €
Bemessungsgrundlage		50,42 €

[3] Aus Vereinfachungsgründen wird es nicht beanstandet, mehrere Reisen zusammenzufassen, für die der Unternehmer einen einheitlichen Aufschlags- oder Kalkulationssatz verwendet. [4] Der Unternehmer kann ferner aus Vereinfachungsgründen bei Dritten erworbene Übernachtungs- oder Beförderungskontingente vollständig als Reisevorleistungen behandeln, auch wenn diese Kontingente nicht voll umfänglich abgerufen werden. [5] Macht ein Unternehmer von der Vereinfachungsregelung Gebrauch, muss er diese Regelung bei allen von ihm innerhalb eines Besteuerungszeitraums veranstalteten Reisen anwenden. [6] Ergeben sich dadurch negative Einzelmargen, sind diese nicht mit positiven Einzelmargen verrechenbar. [7] Macht ein Unternehmer von der Vereinfachungsregelung keinen Gebrauch, sind die nicht abgerufenen Kontingente keine Reisevorleistungen. [8] Der Vorsteuerabzug steht ihm insoweit unter den übrigen Voraussetzungen des § 15 UStG zu.

---

1) A 25.3 UStAE neugef. durch BMF v. 24.6.2021, BStBl. I 2021, 857, **anzuwenden auf Umsätze nach dem 31.12.2021;** zur bis dahin anzuwendenden Fassung von A 25.3 UStAE und zur **Übergangsregelung** siehe Anlage 8.

Beispiel 2:

[1] Der im Inland ansässige Reiseveranstalter A hat einem spanischen Hotel für sieben Nächte die Belegung von 100 Zimmern zu einem Einzelübernachtungspreis von 35 € zugesagt. [2] A muss das dafür vertraglich vereinbarte Entgelt in Höhe von 24 500 € auch dann entrichten, wenn er die gebuchten Zimmer nicht alle belegen kann. [3] A kalkuliert mit einer 100 %igen Zimmerbelegung. [4] Tatsächlich wird lediglich eine Auslastung von 80% erreicht. [5] A hat pro Reise – ggf. pro Teilnehmer – zunächst 245 € als Reisevorleistung zu berücksichtigen. [6] Sobald A alle Informationen über die tatsächliche Belegung der gebuchten Zimmer vorliegen, sind die damit zusammenhängenden Margenermittlungen zu korrigieren. [7] Es ist nicht zu beanstanden, wenn die Berichtigung der Umsatzsteuer in einem Betrag vorgenommen wird, wenn dabei keine negativen Einzelmargen entstehen.

Geplante Beherbergungsleistungen pro Reise (35,– € × 7 Tage)	245,– €
Tatsächliche Beherbergungsleistungen pro Reise (35,– € × 7 Tage × 100/80 oder 24 500,– €/80)	306,25 €
Erhöhung der Reisevorleistung = Minderung der Marge pro Reise	61,25 €
Summe der Margenminderung (61,25 € × 80 oder 24 500,– € × 20%)	4 900,– €
./. darin enthaltene Umsatzsteuer (19/119 = Steuersatz 19%)	782,35 €
Minderung Bemessungsgrundlage	4 117,65 €

[9] Werden im Abrechnungsverkehr zwischen Leistungsträgern und Reiseveranstaltern Reisevorleistungen ausgehend vom sog. Bruttowert (Verkaufspreis abzüglich Provisionen zuzüglich Umsatzsteuer auf den Provisionsbetrag) berechnet, handelt es sich bei den Provisionen regelmäßig um Entgelt- bzw. Reisevorleistungsminderungen und nicht um Vergütungen für besondere (Vermittlungs-)Leistungen. [10] Der Wert der Reisevorleistungen ist dann identisch mit dem Wert einer agenturmäßigen Nettoberechnung. [11] Die in den Abrechnungen des Leistungsträgers auf den Provisionsbetrag gesondert als Negativbetrag ausgewiesene Umsatzsteuer wird weder vom Leistungsträger noch vom Reiseveranstalter nach § 14c Abs. 2 UStG geschuldet. [12] Aufwendungen für Reisevorleistungen in fremder Währung sind nach § 16 Abs. 6 UStG in dem Zeitpunkt umzurechnen, in dem die Leistung ausgeführt oder das Entgelt oder ein Teil des Entgelts vor Ausführung der Leistung gezahlt wird.

(2) [1] Treffen bei einer Reise Leistungen des Unternehmers mit eigenen Mitteln und Leistungen Dritter zusammen (vgl. Abschnitt 25.1 Abs. 11), sind für die Berechnung der Marge die eigenen Leistungen grundsätzlich im prozentualen Verhältnis zu den Fremdleistungen auszuscheiden (vgl. Abschnitt 10.1 Abs. 11). [2] Existieren keine Einzelverkaufspreise der verschiedenen Reisebestandteile, ist das Verhältnis der Eigenleistungen zu den Fremdleistungen anhand der entstandenen Kosten (einschließlich Umsatzsteuer) festzustellen. [3] Bei der Ermittlung der Kosten der Eigenleistung sind die Gemeinkosten sowie der kalkulatorische Unternehmerlohn nicht zu berücksichtigen.

Beispiel 1:

[1] Ein Reiseveranstalter mit Sitz im Inland führt eine Buspauschalreise im Inland aus. [2] Er tritt beim Verkauf gegenüber den Leistungsempfängern im eigenen Namen auf. [3] Der Preis beträgt 600 € pro Person. [4] Der Reiseveranstalter bietet die Reisebestandteile wie folgt auch einzeln an:

– Beförderung mit dem eigenen Bus inklusive Reiseleitung	130,– €;
– Beherbergung und Beköstigung	500,– €;
– Summe der Einzelverkaufspreise	630,– €.

[5] Es nehmen 50 Personen teil. [6] Dem Unternehmer entstehen folgende Aufwendungen:

	Gesamt	Pro Reise
a) Eigenleistungen		
Beförderung mit dem eigenem Bus	4000,– €	
Betreuung durch angestellte Reiseleiter	1000,– €	
Summe der Aufwendungen für Eigenleistungen	5000,– €	100,– €
b) Reisevorleistungen		
Beherbergung und Beköstigung	20 000,– €	400,– €

[7] Die Marge errechnet sich wie folgt:

Reisepreis (Aufwendungen pro Reiseteilnehmer) 600,– €	
Eigenleistungen (600,– € × 130,– €/630,– €)	123,81 €
§ 25 UStG (600,– € × 500,– €/630,– €)	476,19 €
./. Reisevorleistungen	400,– €
Marge	76,19 €
./. darin enthaltene Umsatzsteuer (19/119 = Steuersatz 19 %)	12,16 €
Bemessungsgrundlage	64,03 €

[8] Der Unternehmer hat jede Reise mit 19 % zu versteuern:

a) Eigenleistung (123,81 € ./. abzgl. enthaltener Umsatzsteuer)	104,04 €
b) die Leistungen nach § 25 UStG	64,03 €
Bemessungsgrundlage	168,07 €

Beispiel 2:

[1] Wie Beispiel 1, jedoch verkauft der Reiseveranstalter die Reisebestandteile nicht außerhalb des Pauschalangebots.
[2] Der Pauschalpreis ist nach dem Verhältnis der Reisevorleistungen zu den Kosten der Eigenleistungen aufzuteilen.

Reisepreis (Aufwendungen pro Reiseteilnehmer)		600,– €
Eigenleistungen (100,– € × 100 %/500,– €)	20 %	120,– €
§ 25 UStG (400,– € × 100 %/500,– €)	80 %	480,– €
./. Reisevorleistungen		400,– €
Marge		80,– €
./. darin enthaltene Umsatzsteuer (19/119 = Steuersatz 19 %)		12,77 €
Bemessungsgrundlage		67,23 €

[3] Der Unternehmer hat bei jeder Reise mit 19 % zu versteuern:

a) Eigenleistung (120,– € ./. abzgl. enthaltener Umsatzsteuer)	100,84 €
b) die Leistungen nach § 25 UStG	67,23 €
Bemessungsgrundlage	168,07 €

(3) Ist die einheitliche sonstige Leistung teils steuerfrei und teils steuerpflichtig (vgl. Abschnitt 25.2 Abs. 3), ist die Bemessungsgrundlage für die unter § 25 UStG fallenden Umsätze im Verhältnis der Reisevorleistungen im Sinne des § 25 Abs. 2 UStG zu den übrigen Reisevorleistungen aufzuteilen.

Beispiel 1:

[1] Ein Reiseveranstalter mit Sitz im Inland verkauft im eigenen Namen eine Flugpauschalreise nach Moskau, die am Flughafen Köln-Bonn beginnt und endet. [2] Der Preis beträgt 1100 € pro Person. [3] Es nehmen 80 Personen teil. [4] Der Veranstalter hat die folgenden Reisevorleistungen in Anspruch genommen.

Reisevorleistungen	Gesamt	Anteil
a) Kosten für Unterkunft und Verpflegung im Hotel (einschließlich Umsatzsteuer)	60 000,– €	75 %
b) Flugkosten	20 000,– €	25 %
insgesamt	80 000,– €	100 %

[5] Von der Flugstrecke entfallen 40 % auf das Drittlandsgebiet. [6] Sofern die Vereinfachungsregelung des Abschnitts 25.2 Abs. 4 nicht angewandt wird, errechnet sich die Marge wie folgt:

Reisepreis (Aufwendungen des Reisenden)		1100,– €
./. Reisevorleistungen		1000,– €
Einzelmarge		100,– €
davon entfallen auf	steuerpflichtig	steuerfrei § 25 Abs. 2 UStG
a) die Unterkunft und Verpflegung im Drittlandsgebiet 75 % der Reisevorleistungen – steuerfrei nach § 25 Abs. 2 UStG –		75,– €
b) den Flug 25 % der Reisevorleistungen = 25,– €. Da 40 % der Flugstrecke im Drittlandsgebiet liegt, beträgt der nach § 25 Abs. 2 UStG steuerfreie Anteil;		10,– €
der steuerpflichtige Anteil (60 % von 25,– €)	15,– €	
./. darin enthaltene Umsatzsteuer (19/119 = Steuersatz 19 %)	2,40 €	
Bemessungsgrundlage	12,60 €	85,– €

[7] Wendet der Reiseveranstalter die Zielortregelung des Abschnitts 25.2 Abs. 4 an, gilt die gesamte Beförderungsleistung (Reisevorleistung) als im Drittlandsgebiet bewirkt. [8] Die Leistung ist dann nach § 25 Abs. 2 UStG insgesamt steuerfrei.

Beispiel 2:

[1] Reiseveranstalter A mit Sitz im Inland veräußert im eigenen Namen 10 identische von ihm zusammengestellte Buspauschalreisen nach Genf (Schweiz) an den inländischen Reiseveranstalter B zum Preis von insgesamt 6000 €. [2] B wiederum veräußert die Reisen zum Preis von insgesamt 8000 € an den inländischen Reiseveranstalter C. [3] Der Reiseveranstalter A hat die folgenden Reisevorleistungen in Anspruch genommen:

Reisevorleistungen	Gesamt
a) Beherbergung und Beköstigung	3900,– €
b) Beförderung	900,– €
c) selbständiger Reiseleiter	200,– €
Insgesamt	5000,– €

[4] Die Beförderungsleistung wird zu einem Drittel im Inland erbracht. [5] Die Betreuungsleistung beginnt im Inland. [6] Die Umsatzsteuer für die Reiseleistung des A ermittelt sich für jede Reise wie folgt:

Reisepreis		600,– €
./. Reisevorleistungen		500,– €
Marge		100,– €
davon entfallen im Verhältnis der Ausgaben für Reisevorleistungen für jede Reise	steuerpflichtig	steuerfrei § 25 Abs. 2 UStG
a) auf die Beherbergung und Beköstigung im Drittlandsgebiet		390,– €
b) auf die Beförderung	30,– €	60,– €
c) auf die Betreuung	20,– €	
	50,– €	450,– €
	(10 %)	(90 %)

[7] Von der Marge des A sind somit für jede Reise 10 € steuerpflichtig. [8] Hierauf entfällt eine Umsatzsteuer von 1,60 € (19/119 von 10 €). [9] A hat den Anteil der steuerfreien Marge in seiner Rechnung anzugeben (vgl. Abschnitt 25.2 Abs. 7). [10] Die Marge des B für die einzelne Reise beträgt 200 € (800 € abzüglich 600 €). [11] Hiervon ist ein Anteil von 10 % steuerpflichtig. [12] Die Umsatzsteuer beträgt 3,19 € (19/119 von 20 €).

(4) Erwirbt ein Unternehmer Reisen, die nicht am Markt weiterverkauft werden, gilt in Abhängigkeit von deren Verwendung Folgendes:

1. [1] Beabsichtigt der Unternehmer bereits beim Erwerb der Reise, die Reise nicht für seine unternehmerische Tätigkeit, sondern ausschließlich und un-

mittelbar für unentgeltliche Wertabgaben im Sinne des § 3 Abs. 9a UStG zu verwenden, ist er nicht zum Vorsteuerabzug berechtigt (vgl. Abschnitt 15.15 Abs. 1 Satz 1). [2]Es erfolgt keine Besteuerung der unentgeltlichen Wertabgabe. [3]§ 25 UStG ist nicht anwendbar (vgl. BFH-Urteil vom 13.12.2018, V R 52/17, BStBl. 2019 II S. 345).

2. [1]Beabsichtigt der Unternehmer beim Erwerb der Reise, diese für seine unternehmerische Tätigkeit zu verwenden und überlässt er die Reise stattdessen unentgeltlich an das Personal oder für unternehmensfremde Zwecke, handelt es sich um eine unentgeltliche Wertabgabe im Sinne des § 3 Abs. 9a Nr. 2 UStG. [2]Die unentgeltliche Wertabgabe ist eine Reiseleistung. [3]Als Reiseerlös ist nach § 10 Abs. 4 Satz 1 Nr. 3 UStG die Summe aus den Ausgaben für Reisevorleistungen und anteilige Gemeinkosten des Arbeitgebers anzusetzen (sog. fiktiver Reiseerlös, vgl. Abschnitt 1.8 Abs. 7 Sätze 5 und 6).
3. Überlässt ein Unternehmer eine Reise entgeltlich an die in § 10 Abs. 5 Nr. 1 und 2 UStG benannten Personen, sind Reiseerlöse die tatsächlichen Aufwendungen des Leistungsempfängers, mindestens jedoch der fiktive Reiseerlös nach Nr. 2 Satz 3.
4. [1]Werden Reisen für Zwecke des Unternehmens verwendet, z. B. für Dienstreisen von Angestellten oder als Kundengeschenke, bewirkt der Unternehmer keine Leistungen im Sinne des § 25 UStG. [2]Liegen Kundengeschenke vor, ist die ggf. ausgewiesene Umsatzsteuer – z. B. bei Eigenleistungen des Leistungserbringers – nach § 15 Abs. 1a UStG nicht als Vorsteuer abziehbar (vgl. BFH-Urteil vom 13.12.2018, V R 52/17, a. a. O.).

(5) [1]Soweit der Unternehmer den Reisepreis vor Ausführung der Leistung vereinnahmt hat, ist die Anzahlungsbesteuerung nach § 13 Abs. 1 Nr. 1 Buchstabe a Satz 4 UStG vorzunehmen. [2]Der vereinnahmte Betrag ist ggf. auf die Reiseleistung und die Eigenleistung aufzuteilen. [3]Von dem auf die Reiseleistung entfallenden Betrag sind für den Zweck der möglichst exakten Ermittlung der Besteuerungsgrundlagen kalkulierte Reisevorleistungen auch dann abzuziehen, wenn diese in dem Voranmeldungszeitraum weder erbracht, noch (An-)Zahlungen dafür geleistet wurden. [4]Planmäßig steuerfreie Leistungen sind nicht einzubeziehen. [5]Vereinnahmt der Unternehmer den Reisepreis anteilig, ist die kalkulierte steuerpflichtige Marge mit dem vereinnahmten Betrag zu multiplizieren und sodann durch den Preis der gesamten Reise zu teilen, um die anteilige Marge zu ermitteln. [6]Kann die Höhe der Bemessungsgrundlage für einen im Voranmeldungszeitraum bewirkten Umsatz oder vereinnahmten Reisepreis noch nicht endgültig berechnet werden, z. B. wegen Garantieverträgen für Reisevorleistungen oder zeitraum- und umsatzabhängiger Boni, ist sie auf Basis der Kalkulation der einzelnen Reise zu schätzen (vgl. EuGH-Urteil vom 19.12.2018, C-422/17, Skarpa Travel)[1] oder nach Erfahrungssätzen der Vorjahre zu ermitteln. [7]Die Margenermittlung ist spätestens dann zu korrigieren, wenn dem Unternehmer die dafür erforderlichen Informationen vorliegen. [8]Es ist nicht zu beanstanden, wenn die Berichtigung der Umsatzsteuer in einem Betrag vorgenommen wird, wenn dabei keine negati-

[1] MwStR 2019, 193.

ven Einzelmargen entstehen. [9]Wird die geschuldete Leistung für eine Anzahlung nicht erbracht, setzt die Berichtigung nach § 17 Abs. 2 Nr. 2 UStG die tatsächliche Rückzahlung des Entgelts voraus (vgl. BFH-Urteil vom 18.9. 2008, V R 56/06, BStBl. 2009 II S. 250), z.B. bei der Anzahlung auf nicht in Anspruch genommene Flüge (vgl. BFH-Urteil vom 15.9.2011, V R 36/09, BStBl. 2012 II S. 365).

(6) [1]Aufwendungen für Reisevorleistungen, welche sich der Unternehmer im Fall der Stornierung nicht ersparen kann, werden durch die Stornogebühr entschädigt (vgl. § 651h Abs. 2 BGB und Abschnitt 25.1 Abs. 14) und sind deshalb nicht mehr als Reisevorleistungen zu berücksichtigen; das gilt auch bei der zulässigen Pauschalierung der Stornogebühren. [2]Soweit der Unternehmer selbst infolge der Stornierung einer Reise durch den Kunden bereits bestellte Reisevorleistungen (z.B. Hotelzimmer) gegen Gebühr stornieren muss, liegen insoweit keine Reisevorleistungen vor.

25.4[1)] Vorsteuerabzug bei Reisen

(1) [1]Vom Vorsteuerabzug ausgeschlossen sind die Umsatzsteuerbeträge, die auf Reisevorleistungen entfallen, mithin auf Leistungen Dritter, die den Reisenden unmittelbar zugutekommen. [2]Umsatzsteuerbeträge, die dem Unternehmer für andere für sein Unternehmen ausgeführte Leistungen in Rechnung gestellt werden, sind dagegen unter den Voraussetzungen des § 15 UStG als Vorsteuern abziehbar. [3]Hierzu gehören z.B. Vorsteuerbeträge, die beim Erwerb von Einrichtungsgegenständen, Büromaschinen und Büromaterial sowie für die Erbringung von Eigenleistungen (z.B. die Anschaffung eines Reisebusses) anfallen. [4]Der Vorsteuerabzug steht dem Unternehmer auch zu, wenn die empfangene Leistung zwar mit der Reise unmittelbar zusammenhängt, aber dem Reisenden lediglich mittelbar zugutekommt (vgl. Abschnitt 25.1 Abs. 9 Satz 4 Nr. 1 und 2).

(2) [1]Die Berechtigung zum Vorsteuerabzug entfällt nur insoweit, als der Unternehmer Reiseleistungen bewirkt, die nach § 25 UStG der Besteuerung unterliegen. [2]Allerdings kommt es nicht darauf an, ob der Unternehmer für die steuerpflichtigen Reiseleistungen tatsächlich Umsatzsteuer zu entrichten hat. [3]Nicht beansprucht werden kann der Vorsteuerabzug deshalb auch in den Fällen, in denen es für die Reiseleistung im Sinne des § 25 Abs. 1 Satz 1 UStG an einer Bemessungsgrundlage (§ 25 Abs. 3 UStG) fehlt.

(3) [1]Ein im übrigen Gemeinschaftsgebiet ansässiger Unternehmer, der im Inland Reisevorleistungen in Anspruch nimmt, kann nach § 25 Abs. 4 Satz 1 UStG die ihm für diese Reisevorleistungen in Rechnung gestellte Steuer nicht als Vorsteuerbeträge abziehen. [2]Ebenso wenig kann eine Vergütung dieser Umsatzsteuer in dem besonderen Verfahren nach § 18 Abs. 9 UStG, §§ 59 bis 61a UStDV erfolgen. [3]Das gilt auch für eine im übrigen Gemeinschaftsgebiet belegene Betriebsstätte, soweit sie Reiseleistungen erbringt.

1) A 25.4 UStAE neugef. durch BMF v. 24.6.2021, BStBl. I 2021, 857, anzuwenden in allen offenen Fällen; zur **Übergangsregelung** siehe Anlage 8.

(4) [1]Für empfangene Leistungen, die keine Reisevorleistungen sind, ist der Vorsteuerabzug nach § 15 Abs. 3 Nr. 1 Buchstabe a UStG auch dann zulässig, wenn sie vollständig oder teilweise für die Erbringung von nach § 25 Abs. 2 UStG steuerfreien Leistungen verwendet werden. [2]Das Gleiche gilt nach § 15 Abs. 3 Nr. 2 Buchstabe a UStG für im Ausland erbrachte Umsätze, die im Inland nach § 25 Abs. 2 UStG umsatzsteuerfrei wären. [3]Durch diese Regelung wird sichergestellt, dass der Unternehmer den Vorsteuerabzug für alle empfangenen Leistungen beanspruchen kann, die wirtschaftlich den nach § 25 Abs. 2 UStG steuerfreien oder entsprechenden nicht steuerbaren Leistungen ganz oder teilweise zuzurechnen sind, z. B. die Vermittlung einer steuerfreien Reiseleistung durch einen anderen Unternehmer oder die Lieferung von Reiseprospekten und Katalogen an den Unternehmer.

(5) [1]Sowohl die Vermittlung einer Reiseleistung als auch einer Eigenleistung (z. B. grenzüberschreitende Personenbeförderungsleistungen) für einen inländischen Unternehmer wird nach § 3a Abs. 2 UStG im Inland erbracht. [2]Der Unternehmer kann die in den Rechnungen über Vermittlungsleistungen ausgewiesenen Steuern als Vorsteuerbeträge abziehen, wenn die übrigen Voraussetzungen des § 15 UStG erfüllt sind. [3]Werden für einen inländischen Unternehmer gegen eine einheitlich vom Reisepreis berechnete Provision Leistungen vermittelt, bei denen der Unternehmer sowohl Reiseleistungen als auch Eigenleistungen in Form von grenzüberschreitenden Personenbeförderungsleistungen mit Flugzeugen (eigene, konzerneigene oder gemietete Flugzeuge) ausführt, erbringen die vermittelnden Unternehmer sowohl steuerpflichtige als auch steuerfreie Vermittlungsleistungen (§ 4 Nr. 5 Buchstabe b UStG). [4]Es wird nicht beanstandet, wenn die Beteiligten in diesen Fällen die Vermittlungsleistungen einvernehmlich zu 70% als steuerpflichtig behandeln. [5]In diesen Fällen kann die auf die als steuerpflichtig behandelte Vermittlungsprovision entfallende Umsatzsteuer als Vorsteuer abgezogen werden. [6]Dies gilt auch in Fällen, in denen mit Gutschriften abgerechnet wird.

25.5[1)] Aufzeichnungspflichten bei Reiseleistungen

(1) [1]Die Aufzeichnungspflichten nach § 25 Abs. 5 UStG bestehen für jede einzelne Reiseleistung. [2]Unternehmer, die nicht ausschließlich Reiseleistungen nach § 25 UStG ausführen, müssen diese getrennt von den übrigen Umsätzen aufzeichnen. [3]Zu den übrigen Umsätzen zählen insbesondere die im Rahmen einer Reise abgegebenen Leistungen, auf die § 25 UStG nicht anzuwenden ist (z. B. Eigenleistungen vgl. Abschnitt 25.1 Abs. 8).

(2) [1]Die Aufzeichnungspflicht des Unternehmers erstreckt sich nicht nur auf die steuerpflichtigen Reiseleistungen, sondern umfasst auch die nach § 25 Abs. 2 UStG steuerfreien Reiseleistungen. [2]Diese Leistungen sind getrennt voneinander aufzuzeichnen.

[1)] A 25.5 UStAE neugef. durch BMF v. 24.6.2021, BStBl. I 2021, 857, anzuwenden in allen offenen Fällen; zur **Übergangsregelung** siehe Anlage 8.

Aufzeichnung der von den Leistungsempfängern für Reiseleistungen aufgewendeten Beträge (§ 25 Abs. 5 Nr. 1 UStG)

(3) [1] Aufgezeichnet werden muss der für die Reiseleistung vereinbarte – berechnete – Betrag einschließlich der Umsatzsteuer. [2] Ändert sich der vereinbarte Betrag, hat der Unternehmer auch den Betrag der jeweiligen Preisminderung oder Preiserhöhung aufzuzeichnen.

(4) Gibt der Unternehmer mehrere gleichartige Reisen an einen Leistungsempfänger ab (vgl. Abschnitt 25.1 Abs. 6 Satz 3), braucht er nur den Gesamtbetrag dieser Reiseleistung aufzuzeichnen.

(5) [1] Soweit der Unternehmer gemischte Leistungen (vgl. Abschnitt 25.1 Abs. 11) ausführt, die Reiseleistungen und Eigenleistungen enthalten, muss aus den Aufzeichnungen hervorgehen, auf welchen Umsatz § 25 UStG anzuwenden ist und welcher Umsatz nach den allgemeinen Vorschriften des UStG zu beurteilen ist. [2] Dazu sind neben dem für die Reise berechneten Gesamtbetrag die auf die Reiseleistung und auf Eigenleistungen entfallenden Beträge aufzuzeichnen.

Aufzeichnung der vom Unternehmer für Reisevorleistungen aufgewendeten Beträge (§ 25 Abs. 5 Nr. 2 UStG)

(6) [1] Grundsätzlich sind die für Reisevorleistungen in Rechnung gestellten Beträge einschließlich der Umsatzsteuer aufzuzeichnen. [2] Ändern sich die für Reisevorleistungen aufgewendeten Beträge, ist dies in den Aufzeichnungen festzuhalten.

(7) [1] Aus den Aufzeichnungen des Unternehmers muss grundsätzlich hervorgehen, für welche Reiseleistung die einzelne Reisevorleistung in Anspruch genommen worden ist. [2] Hat der Unternehmer die in Anspruch genommenen gleichartigen Reisevorleistungen für mehrere Reiseleistungen verwendet, ist in den Aufzeichnungen anzugeben, welche Teilbeträge davon auf die einzelnen Reiseleistungen entfallen. [3] Das Gleiche gilt, wenn dem Unternehmer mehrere unterschiedliche Reisevorleistungen, z. B. Beherbergung und Beförderung, in Rechnung gestellt werden.

Aufzeichnung der Bemessungsgrundlage für Reiseleistungen (§ 25 Abs. 5 Nr. 3 UStG)

(8) [1] Aufgezeichnet werden müssen sowohl die Bemessungsgrundlagen für steuerpflichtige Reiseleistungen als auch für steuerfreie Reiseleistungen. [2] Ändert sich die Bemessungsgrundlage für eine Reiseleistung, muss in den Aufzeichnungen angegeben werden, um welchen Betrag sich die Bemessungsgrundlage verringert oder erhöht hat.

Aufzeichnungen bei steuerpflichtigen und steuerfreien Leistungen (§ 25 Abs. 5 Nr. 4 UStG)

(9) [1] Im Drittlandsgebiet bewirkte Reisevorleistungen sind getrennt von im Gemeinschaftsgebiet bewirkten Reisevorleistungen aufzuzeichnen. [2] Wird eine Reisevorleistung sowohl im Gemeinschafts- als auch im Drittlandsgebiet bewirkt, ist ebenfalls der Aufteilungsmaßstab für die Gebietszuordnung zu do-

kumentieren, z. B. bei Beförderungsleistungen. [3]Ist nach § 25 Abs. 2 UStG nur ein Teil einer Reiseleistung steuerfrei, muss aus den Aufzeichnungen des Unternehmers sowohl die Höhe der Bemessungsgrundlage für diesen Teil der Reiseleistung als auch für den steuerpflichtigen Teil der Reiseleistung hervorgehen.

Zu § 25a UStG

25a.1 Differenzbesteuerung

Anwendungsbereich

(1)[1)] [1]§ 25a UStG enthält eine Sonderregelung für die Besteuerung der Lieferungen nach § 1 Abs. 1 Nr. 1 UStG von beweglichen körperlichen Gegenständen einschließlich Kunstgegenständen, Sammlungsstücken und Antiquitäten, sofern für diese Gegenstände kein Recht zum Vorsteuerabzug bestand. [2]Sie werden nachfolgend als Gebrauchtgegenstände bezeichnet, weil sie nach der Verkehrsauffassung bereits „gebraucht" sind. [3]Edelsteine und Edelmetalle sind nach § 25a Abs. 1 Nr. 3 UStG von der Differenzbesteuerung ausgenommen. [4]Edelsteine im Sinne der Vorschrift sind rohe oder bearbeitete Diamanten (Position 7102 Zolltarif) sowie andere Edelsteine (z. B. Rubine, Saphire, Smaragde) und Schmucksteine (Position 7103 Zolltarif). [5]Synthetische und rekonstituierte Edelsteine oder Schmucksteine (Position 7104 Zolltarif) rechnen nicht dazu. [6]Edelmetalle im Sinne der Vorschrift sind Silber (aus Positionen 7106 und 7112 Zolltarif), Gold (aus Positionen 7108 und 7112 Zolltarif) und Platin einschließlich Iridium, Osmium, Palladium, Rhodium und Ruthenium (aus Positionen 7110 und 7112 Zolltarif). [7]Edelmetalllegierungen und -plattierungen gehören grundsätzlich nicht dazu. [8]Aus Edelsteinen oder Edelmetallen hergestellte Gegenstände (z. B. Schmuckwaren, Gold- und Silberschmiedewaren) fallen nicht unter die Ausnahmeregelung. [9]Die Anwendung der Differenzbesteuerung ist jedoch ausgeschlossen, wenn die Gegenstände, die Edelmetalle oder Edelsteine enthalten, ihre ursprüngliche Funktion nicht mehr erfüllen können und nur noch wegen des Wertes, der diesen Metallen und Steinen innewohnt, gehandelt werden (vgl. EuGH-Urteil vom 11.7.2018, C-154/17, E LATS).[2)] [10]Die Differenzbesteuerung ist anwendbar auf den Handel mit sog. Kursmünzen (Sonderprägungen, die auch als gesetzliches Zahlungsmittel zugelassen sind).

(2) [1]Der Anwendungsbereich der Differenzbesteuerung ist auf Wiederverkäufer beschränkt. [2]Als Wiederverkäufer gelten Unternehmer, die im Rahmen ihrer gewerblichen Tätigkeit üblicherweise Gebrauchtgegenstände erwerben und sie danach, gegebenenfalls nach Instandsetzung, im eigenen Namen wieder verkaufen (gewerbsmäßige Händler), und die Veranstalter öffentlicher Versteigerungen, die Gebrauchtgegenstände im eigenen Namen und auf eigene oder fremde Rechnung versteigern (vgl. BFH-Urteile vom 2.3.2006, V R 35/04, BStBl. II S. 675, und vom 29.6.2011, XI R 15/10, BStBl. II

---

1) A25a.1 Abs. 1 Satz 10 angef. durch BMF v. 17.12.2021, BStBl. I 2021, 2504.
2) DStRE 2019, 314.

S. 839). [3]Der An- und Verkauf der Gebrauchtgegenstände kann auf einen Teil- oder Nebenbereich des Unternehmens beschränkt sein.

Beispiel:

[1]Ein Kreditinstitut veräußert die von Privatpersonen sicherungsübereigneten Gebrauchtgegenstände. [2]Der Verkauf der Gegenstände unterliegt der Differenzbesteuerung. [3]Das Kreditinstitut ist insoweit als Wiederverkäufer anzusehen.

(3) [1]Der Ort der Lieferung der Gegenstände an den Wiederverkäufer muss im Inland oder im übrigen Gemeinschaftsgebiet liegen. [2]Wird ein Gegenstand im Drittlandsgebiet erworben und in das Inland eingeführt, unterliegt die spätere Lieferung des Gegenstands nur unter den Voraussetzungen des § 25a Abs. 2 UStG der Differenzbesteuerung.

(4) [1]Die Anwendung der Differenzbesteuerung setzt nach § 25a Abs. 1 Nr. 2 UStG voraus, dass der Wiederverkäufer die Gebrauchtgegenstände im Rahmen einer entgeltlichen Lieferung für sein Unternehmen erworben hat (vgl. BFH-Urteil vom 18.12.2008, V R 73/07, BStBl. 2009 II S. 612). [2]Diese Voraussetzung ist nicht erfüllt, wenn der Wiederverkäufer Gegenstände aus seinem Privatvermögen in das Unternehmen eingelegt oder im Rahmen einer unentgeltlichen Lieferung nach § 3 Abs. 1b Satz 1 UStG erworben hat. [3]Der Wiederverkäufer kann die Differenzbesteuerung auch bei der Veräußerung von Gegenständen des Anlagevermögens anwenden, wenn der Wiederverkauf des Gegenstandes bei seinem Erwerb zumindest nachrangig beabsichtigt war und dieser Wiederverkauf auf Grund seiner Häufigkeit zur normalen Tätigkeit des Unternehmers gehört (vgl. BFH-Urteil vom 29.6.2011, XI R 15/10, BStBl. II S. 839). [4]Die Differenzbesteuerung ist auch dann anwendbar, wenn ein Unternehmer Gegenstände liefert, die er gewonnen hat, indem er die zuvor von ihm erworbenen Gebrauchtgegenstände, z.B. Gebrauchtfahrzeuge, zerlegt hat (vgl. EuGH-Urteil vom 18.1.2017, C-471/15, Sjelle Autogenbrug, und BFH-Urteil vom 23.2.2017, V R 37/15, BStBl. 2019 II S. 452). [5]Die Einkaufspreise der ausgebauten und weiterverkauften Einzelteile sind im Wege der sachgerechten Schätzung zu ermitteln. [6]Die Schätzungsgrundlage ist in einer Anlage zu den Wareneingangsrechnungen zu erläutern und – soweit vorhanden – durch ergänzende Unterlagen zu belegen. [7]Wird aus mehreren Einzelgegenständen, die jeweils für sich die Voraussetzungen der Differenzbesteuerung erfüllen, ein einheitlicher Gegenstand hergestellt oder zusammengestellt, unterliegt die anschließende Lieferung dieses „neuen" Gegenstandes nicht der Differenzbesteuerung.

(5) [1]Die Differenzbesteuerung setzt nach § 25a Abs. 1 Nr. 2 UStG ferner voraus, dass für die Lieferung des Gegenstands an den Wiederverkäufer Umsatzsteuer im Gemeinschaftsgebiet nicht geschuldet oder nach § 19 Abs. 1 UStG nicht erhoben oder die Differenzbesteuerung im Gemeinschaftsgebiet vorgenommen wurde. [2]Der Wiederverkäufer kann die Regelung danach anwenden, wenn er den Gegenstand im Inland oder im übrigen Gemeinschaftsgebiet erworben hat von

1. einer Privatperson oder einer juristischen Person des öffentlichen Rechts, *die nicht Unternehmer ist;*
2. einem Unternehmer aus dessen nichtunternehmerischen Bereich;

3. einem Unternehmer, der mit seiner Lieferung des Gegenstands unter eine Steuerbefreiung fällt, die zum Ausschluss vom Vorsteuerabzug führt;
4. einem Kleinunternehmer, der nach dem Recht des für die Besteuerung zuständigen Mitgliedstaates von der Steuer befreit oder auf andere Weise von der Besteuerung ausgenommen ist, oder
5. [1] einem anderen Wiederverkäufer, der auf seine Lieferung ebenfalls die Differenzbesteuerung angewendet hat (§ 25a Abs. 1 Nr. 2 Satz 2 Buchstabe b UStG). [2] Dies setzt allerdings voraus, dass für diese Lieferung die Differenzbesteuerung zu Recht angewendet wurde (vgl. BFH-Urteil vom 23.4.2009, V R 52/07, BStBl. II S. 860). [3] Die Differenzbesteuerung ist hiernach auch bei Verkäufen von Händler an Händler möglich.

[3] Der Erwerb eines Gegenstands von einem Land- und Forstwirt, der auf die Umsätze aus seinem land- und forstwirtschaftlichen Betrieb die Durchschnittssatzbesteuerung des § 24 UStG anwendet, erfüllt nicht die Voraussetzung des § 25a Abs. 1 Nr. 2 Satz 2 Buchstabe a UStG. [4] Von der Differenzbesteuerung sind Gebrauchtgegenstände ausgenommen, die im übrigen Gemeinschaftsgebiet erworben worden sind, sofern der Lieferer dort die Steuerbefreiung für innergemeinschaftliche Lieferungen angewendet hat (§ 25a Abs. 7 Nr. 1 Buchstabe a UStG).

(6) [1] Der Wiederverkäufer kann mit Beginn des Kalenderjahres, in dem er eine entsprechende Erklärung abgibt, die Differenzbesteuerung auch anwenden, wenn er

1. Kunstgegenstände, Sammlungsstücke oder Antiquitäten selbst eingeführt hat oder
2. Kunstgegenstände vom Künstler selbst oder von einem anderen Unternehmer, der kein Wiederverkäufer ist, erworben hat und dafür Umsatzsteuer geschuldet wurde.

[2] Dabei kann die Differenzbesteuerung auf einzelne Gruppen dieser Gegenstände („Kunstgegenstände“ oder „Sammlungsstücke“ oder „Antiquitäten“) beschränkt werden. [3] Die Begriffe Kunstgegenstände und Sammlungsstücke sind nach den gleichen Merkmalen wie für Zwecke der Steuerermäßigung nach § 12 Abs. 2 Nr. 12 und 13 UStG abzugrenzen (vgl. Nummern 53 und 54 sowie Nummer 49 Buchstabe f der Anlage 2 des UStG). [4] Antiquitäten sind andere Gegenstände als Kunstgegenstände und Sammlungsstücke, die mehr als 100 Jahre alt sind (Position 9706 00 00 Zolltarif).[1)]

(7) [1] Die Differenzbesteuerung für die in Absatz 6 bezeichneten Gegenstände *ist von einer formlosen* Erklärung abhängig, die spätestens bei Übermittlung der ersten Voranmeldung des Kalenderjahres beim Finanzamt einzureichen ist. [2] In der Erklärung müssen die Gegenstände bezeichnet werden, auf die sich die Differenzbesteuerung erstreckt. [3] Die Wirkung der Erklärung ist nicht auf Gegenstände beschränkt, die erst nach dem Beginn des Kalenderjahres erworben werden. [4] Sie erfasst auch Gegenstände, die vor diesem Zeitpunkt

---

1) Vgl. auch Anhang IX der MwSt-SystemRL (**Steuergesetze** Nr. **550**).

erworben wurden und erst danach veräußert werden. [5]An die Erklärung ist der Wiederverkäufer für mindestens zwei Kalenderjahre gebunden. [6]Soweit der Wiederverkäufer die Differenzbesteuerung anwendet, ist er abweichend von § 15 Abs. 1 UStG nicht berechtigt, die entstandene Einfuhrumsatzsteuer, die gesondert ausgewiesene Steuer oder die nach § 13b Abs. 5 UStG geschuldete Steuer für die an ihn ausgeführte Lieferung als Vorsteuer abzuziehen. [7]Der Übergang von der allgemeinen Besteuerung zur Differenzbesteuerung aufgrund einer Erklärung nach § 25a Abs. 2 Satz 1 UStG oder umgekehrt ist eine Änderung der für den ursprünglichen Vorsteuerabzug maßgebenden Verhältnisse i. S. d. § 15a UStG. [8]Die Berichtigung des Vorsteuerabzugs ist nach allgemeinen Grundsätzen vorzunehmen. [9]Bei einem Wirtschaftsgut, das nur einmalig zur Ausführung eines Umsatzes verwendet wird, erfolgt die Berichtigung gemäß § 15a Abs. 2 UStG für den Besteuerungszeitraum, in dem das Wirtschaftsgut unter den jeweils veränderten Verhältnissen geliefert wird. [10]In den Fällen des Übergangs von der allgemeinen Besteuerung zur Differenzbesteuerung unterbleibt eine Berichtigung, wenn der Unternehmer bei der Lieferung des Wirtschaftsguts gemäß § 25a Abs. 8 Satz 1 UStG auf die Anwendung der Differenzbesteuerung verzichtet oder nach Ablauf der Bindungsfrist des § 25a Abs. 2 Satz 2 UStG zur allgemeinen Besteuerung zurückkehrt und das Wirtschaftsgut erst danach liefert.

Bemessungsgrundlage

(8) [1]Wird ein Gebrauchtgegenstand durch den Wiederverkäufer nach § 1 Abs. 1 Nr. 1 Satz 1 UStG geliefert, ist als Bemessungsgrundlage grundsätzlich der Betrag anzusetzen, um den der Verkaufspreis den Einkaufspreis für den Gegenstand übersteigt; die in dem Unterschiedsbetrag enthaltene Umsatzsteuer ist herauszurechnen. [2]Nebenkosten, die nach dem Erwerb des Gegenstands angefallen, also nicht im Einkaufspreis enthalten sind, z. B. Reparaturkosten, mindern nicht die Bemessungsgrundlage. [3]Soweit selbst eingeführte Kunstgegenstände, Sammlungsstücke oder Antiquitäten nach § 25a Abs. 2 Satz 1 Nr. 1 UStG in die Differenzbesteuerung einbezogen werden, gilt als Einkaufspreis der nach den Vorschriften über den Zollwert ermittelte Wert des eingeführten Gegenstands zuzüglich der Einfuhrumsatzsteuer. [4]Im Fall des § 25a Abs. 2 Satz 1 Nr. 2 UStG schließt der Einkaufspreis die vom Lieferer in Rechnung gestellte Umsatzsteuer ein. [5]Wird die Bemessungsgrundlage für die Lieferung eines Kunstgegenstands nach § 25a Abs. 3 Satz 2 UStG berechnet, ist nach Absatz 11a zu verfahren.

(9) [1]Lieferungen, für die die Mindestbemessungsgrundlage (§ 10 Abs. 5 UStG) anzusetzen ist, und Lieferungen im Sinne des § 3 Abs. 1b UStG werden nach dem Unterschied zwischen dem tatsächlichen Einkaufspreis und dem Einkaufspreis zuzüglich der Nebenkosten für den Gegenstand zum Zeitpunkt des Umsatzes (§ 10 Abs. 4 Satz 1 Nr. 1 UStG) – abzüglich Umsatzsteuer – bemessen. [2]Bei den vorbezeichneten Lieferungen kommt eine Differenzbesteuerung im Normalfall allerdings im Hinblick auf § 3 Abs. 1b Satz 2 UStG nicht in Betracht, weil diese Vorschrift die Berechtigung zum vollen oder teilweisen Vorsteuerabzug voraussetzt.

(10)[1)] [1]Nimmt ein Wiederverkäufer beim Verkauf eines Neugegenstands einen Gebrauchtgegenstand in Zahlung und leistet der Käufer in Höhe der Differenz eine Zuzahlung, ist im Rahmen der Differenzbesteuerung als Einkaufspreis nach § 25a Abs. 3 UStG der tatsächliche Wert des Gebrauchtgegenstands anzusetzen. [2]Dies ist der Wert, der bei der Ermittlung des Entgelts für den Kauf des neuen Gegenstands tatsächlich zu Grunde gelegt wird. [3]Bei der Inzahlungnahme von Gebrauchtfahrzeugen in der Kraftfahrzeugwirtschaft ist nach Abschnitt 10.5 Abs. 4 zu verfahren.

(11) [1]Die Bemessungsgrundlage ist vorbehaltlich des Absatzes 12 für jeden Gegenstand einzeln zu ermitteln (Einzeldifferenz). [2]Ein positiver Unterschiedsbetrag zwischen dem Verkaufspreis – oder dem an seine Stelle tretenden Wert – und dem Einkaufspreis eines Gegenstands kann für die Berechnung der zu entrichtenden Steuer nicht mit einer negativen Einzeldifferenz aus dem Umsatz eines anderen Gegenstands oder einer negativen Gesamtdifferenz (vgl. Absatz 12) verrechnet werden. [3]Bei einem negativen Unterschiedsbetrag beträgt die Bemessungsgrundlage 0 €; dieser Unterschiedsbetrag kann auch in späteren Besteuerungszeiträumen nicht berücksichtigt werden. [4]Wird ein Gegenstand nicht im Jahr der Anschaffung veräußert, entnommen oder zugewendet, ist der noch nicht berücksichtigte Einkaufspreis im Jahr der tatsächlichen Veräußerung, Entnahme oder Zuwendung in die Berechnung der Einzeldifferenz einzubeziehen.

Besondere Bemessungsgrundlage für bestimmte Lieferungen von Kunstgegenständen („Pauschalmarge")

(11a) [1]Im Falle der Lieferung eines Kunstgegenstands ist der Betrag, nach dem sich der Umsatz bemisst, abweichend von § 25a Abs. 3 Satz 1 UStG mit 30% des Verkaufspreises anzusetzen, wenn sich der Einkaufspreis des Kunstgegenstands nicht ermitteln lässt oder der Einkaufspreis unbedeutend ist (§ 25a Abs. 3 Satz 2 UStG). [2]Die Anwendung dieser Pauschalmarge ist auf Gegenstände beschränkt, die in Nummer 53 der Anlage 2 zum UStG aufgeführt sind. [3]Auf Sammlungsstücke (Nummer 54 der Anlage 2 zum UStG) ist die Regelung nicht anwendbar. [4]Es kommt nicht darauf an, ob der Wiederverkäufer die Differenzbesteuerung kraft der Regelungen in § 25a Abs. UStG oder aufgrund einer nach § 25a Abs. 2 UStG abgegebenen Erklärung anwendet. [5]Da der Einkaufspreis eines Kunstgegenstands unter Berücksichtigung der gesetzlichen Pflichten des Unternehmers nach § 25a Abs. 6 UStG grundsätzlich aufzuzeichnen ist, liegt der Fall der Nichtermittelbarkeit des Einkaufspreises nur ausnahmsweise vor. [6]Das Vorliegen eines solchen Einzelfalles richtet sich nach dem Gesamtbild der Verhältnisse, die der Unternehmer nachzuweisen hat. [7]Dieser Nachweis gilt als erbracht, wenn der Unternehmer darlegt, dass er alle ihm zumutbaren Ermittlungsmöglichkeiten ausgeschöpft hat. [8]In Fällen, in denen der Unternehmer den ermittelbaren Einkaufspreis nicht aufgezeichnet hat oder die Nichtermittelbarkeit des Einkaufspreises des Kunstgegenstands nicht darlegen kann, erfolgt die Preisermittlung im Wege einer sachgerechten Schätzung. [9]Eine

[1)] A 25a.1 UStAE Abs. 10 Satz 3 neugef., Satz und Beispiel aufgeh. durch BMF v. 28.8.2020, BStBl. I 2020, 928, anzuwenden in allen offenen Fällen; zur **bis 1.1.2022** begrenzten Anwendung der bisherigen Regelungen siehe Anlage 8.

Nichtermittelbarkeit des Einkaufspreises liegt nicht allein schon dann vor, wenn der Unternehmer Aufwendungen für die Durchführung von Verkaufsfördermaßnahmen für von ihm in Kommission genommene Kunstgegenstände trägt.

Beispiel 1:

[1]Der Wiederverkäufer W erwirbt von einer Erbengemeinschaft den gesamten Nachlass eines Verstorbenen, in dem ein Kunstgegenstand enthalten ist. [2]Ohne Ermittlung der Einzelwerte wird für sämtliche Nachlassgegenstände ein Gesamtkaufpreis vereinbart. [3]W verkauft den Kunstgegenstand später für 2500 €.

[4]Da W den Einkaufspreis des im Nachlass enthaltenen Kunstgegenstands nicht ermittelt kann, ist bei Veräußerung des Gegenstands die Pauschalmarge anzuwenden:

Verkaufspreis	2500,00 €
davon 30 % (= Pauschalmarge)	750,00 €
darin enthaltene Umsatzsteuer (19 %)	119,75 €
Besondere Bemessungsgrundlage	630,25 €

Beispiel 2:

[1]Der Wiederverkäufer W erwirbt eine Sammlung von Kunstgegenständen als Sachgesamtheit. [2]Ohne Feststellung der Einzelwerte wird für die Sammlung ein Gesamtkaufpreis vereinbart. [3]W veräußert die Kunstgegenstände später einzeln weiter.

[4]Da W den Einkaufspreis der einzelnen Kunstgegenstände nicht ermitteln kann, ist bei Veräußerung der einzelnen Gegenstände durch W die Pauschalmarge anzuwenden.

Beispiel 3:

[1]Galerist G stellt in seinen Räumen Werke des Künstlers K aus. [2]G veräußert ein Werk im Rahmen eines Kommissionsgeschäfts (§ 3 Abs. 3 UStG) an einen Abnehmer. [3]Die Hälfte des Verkaufspreises leitet G vereinbarungsgemäß an K weiter. [4]Für seine Lieferung erteilt K dem G eine Rechnung. [5]G trägt die Aufwendungen für die Durchführung von Verkaufsfördermaßnahmen.

[6]Da G den Einkaufspreis anhand der Rechnung des K ermitteln kann, ist die Pauschalmarge nicht anwendbar. [7]Der Umsatz ist nach dem Betrag zu bemessen, um den der Verkaufspreis den Einkaufspreis übersteigt, abzüglich der Umsatzsteuer selbst. [8]Die von G getragenen Aufwendungen für die Durchführung von Verkaufsfördermaßnahmen berühren den Einkaufspreis nicht; insoweit ist G bei Vorliegen der Voraussetzungen des § 15 UStG zum Abzug der Vorsteuer berechtigt.

[10]Der Einkaufspreis eines Kunstgegenstands ist unbedeutend, wenn er den Betrag von 500 € ohne ggf. anfallende Umsatzsteuer nicht übersteigt.

(12) [1]Bei Gegenständen, deren Einkaufspreis den Betrag von 500 € nicht übersteigt, kann die Bemessungsgrundlage anstatt nach der Einzeldifferenz nach der Gesamtdifferenz ermittelt werden. [2]Die Gesamtdifferenz ist der Betrag, um den die Summe der Verkaufspreise und der Werte nach § 10 Abs. 4 Satz 1 Nr. 1 UStG die Summe der Einkaufspreise – jeweils bezogen auf den Besteuerungszeitraum – übersteigt; die in dem Unterschiedsbetrag enthaltene Umsatzsteuer ist herauszurechnen. [3]Für die Ermittlung der Verkaufs- und Einkaufspreise sind die Absätze 8 bis 10 entsprechend anzuwenden. [4]Kann ein Gegenstand endgültig nicht mehr veräußert, entnommen oder zugewendet werden (z. B. wegen Diebstahl oder Untergang), ist die Summe der Einkaufspreise entsprechend zu mindern. [5]Die Voraussetzungen für die Ermittlung der Bemessungsgrundlage nach der Gesamtdifferenz müssen grundsätzlich für jeden einzelnen Gegenstand erfüllt sein. [6]Wendet der Wiederverkäufer für eine Mehrheit von Gegenständen oder für Sachgesamtheiten einen

Gesamteinkaufspreis auf (z. B. beim Kauf von Sammlungen oder Nachlässen) und werden die Gegenstände üblicherweise später einzeln verkauft, kann wie folgt verfahren werden:

1. Beträgt der Gesamteinkaufspreis bis zu 500 €, kann aus Vereinfachungsgründen von der Ermittlung der auf die einzelnen Gegenstände entfallenden Einkaufspreise abgesehen werden.
2. [1]Übersteigt der Gesamteinkaufspreis den Betrag von 500 €, ist der auf die einzelnen Gegenstände entfallende Einkaufspreis grundsätzlich im Wege sachgerechter Schätzung zu ermitteln. [2]Die Schätzung kann auf wertbestimmende Einzelgegenstände solange beschränkt werden, bis der Gesamtbetrag für die restlichen Gegenstände 500 € oder weniger beträgt. [3]Erwirbt der Unternehmer eine Vielzahl gleichartiger Gegenstände (z. B. eine Münz- oder Briefmarkensammlung), kann sich die Schätzung des anteiligen Einkaufspreises auf die Gegenstände beschränken, deren Einkaufspreis 500 € übersteigt.

Beispiel 1:

[1]Der Antiquitätenhändler A kauft eine Wohnungseinrichtung für 3000 €. [2]Dabei ist er insbesondere an einer antiken Truhe (geschätzter anteiliger Einkaufspreis 1500 €) und einem Weichholzschrank (Schätzpreis 800 €) interessiert. [3]Die restlichen Einrichtungsgegenstände, zu denen ein Fernsehgerät (Schätzpreis 250 €) gehört, will er an einen Trödelhändler verkaufen.

[4]A muss beim Weiterverkauf der Truhe und des Weichholzschranks die Bemessungsgrundlage nach der Einzeldifferenz ermitteln. [5]Das Fernsehgerät hat er den Gegenständen zuzuordnen, für die die Bemessungsgrundlage nach der Gesamtdifferenz ermittelt wird. [6]Das Gleiche gilt für die restlichen Einrichtungsgegenstände. [7]Da ihr Anteil am Gesamtpreis 450 € beträgt, kann von einer Ermittlung der auf die einzelnen Gegenstände entfallenden Einkaufspreise abgesehen werden.

Beispiel 2:

[1]Der Münzhändler M erwirbt eine Münzsammlung für 5000 €. [2]Darin enthalten sind zwei besonders wertvolle Stücke, mit einem geschätzten anteiligen Einkaufspreis von 600 € bzw. 900 €. [3]Die Einzelwerte der übrigen Münzen liegen unter 500 €.

[4]M muss beim Weiterverkauf die Bemessungsgrundlage der beiden besonders wertvollen Münzen nach der Einzeldifferenz ermitteln. [5]Für die übrigen Stücke kann M die Gesamtdifferenzmethode anwenden. [6]Dabei kann die Summe der Einkaufspreise mit 3500 € angesetzt werden, ohne dass es einer Ermittlung des auf die einzelne Münze entfallenden Einkaufspreises bedarf.

(13) [1]Die Gesamtdifferenz kann nur einheitlich für die gesamten innerhalb eines Besteuerungszeitraums ausgeführten Umsätze ermittelt werden, die sich auf Gegenstände mit Einkaufspreisen bis zu 500 € beziehen. [2]Es ist nicht zulässig, die Gesamtdifferenz innerhalb dieser Preisgruppe auf bestimmte Arten von Gegenständen zu beschränken. [3]Für Gegenstände, deren Einkaufspreis *500 € übersteigt, ist daneben* die Ermittlung nach der Einzeldifferenz vorzunehmen. [4]Die positive Gesamtdifferenz eines Besteuerungszeitraums kann nicht mit einer negativen Einzeldifferenz verrechnet werden. [5]Ist die Gesamtdifferenz eines Besteuerungszeitraums negativ, beträgt die Bemessungsgrundlage 0 €; der negative Betrag kann nicht in späteren Besteuerungszeiträumen berücksichtigt werden. [6]Bei der Berechnung der Besteuerungsgrundlagen für die einzelnen Voranmeldungszeiträume ist entsprechend zu verfahren. [7]Allerdings können innerhalb desselben Besteuerungszeitraums negative mit

positiven Gesamtdifferenzen einzelner Voranmeldungszeiträume verrechnet werden.

(14) Ein Wechsel von der Ermittlung nach der Einzeldifferenz zur Ermittlung nach der Gesamtdifferenz und umgekehrt ist nur zu Beginn eines Kalenderjahres zulässig.

Steuersatz, Steuerbefreiungen

(15) [1]Bei der Differenzbesteuerung ist die Steuer stets mit dem allgemeinen Steuersatz zu berechnen. [2]Dies gilt auch für solche Gegenstände, für die bei der Besteuerung nach den allgemeinen Vorschriften der ermäßigte Steuersatz in Betracht käme (z. B. Bücher). [3]Wird auf eine Lieferung in das übrige Gemeinschaftsgebiet die Differenzbesteuerung angewendet, ist die Steuerbefreiung für innergemeinschaftliche Lieferungen ausgeschlossen. [4]Die übrigen Steuerbefreiungen des § 4 UStG bleiben unberührt.

Verbot des offenen Steuerausweises, Aufzeichnungspflichten

(16) [1]Das Verbot des gesonderten Ausweises der Steuer in einer Rechnung gilt auch dann, wenn der Wiederverkäufer einen Gebrauchtgegenstand an einen anderen Unternehmer liefert, der eine gesondert ausgewiesene Steuer aus dem Erwerb dieses Gegenstands als Vorsteuer abziehen könnte. [2]Liegen die Voraussetzungen für die Differenzbesteuerung vor und weist ein Wiederverkäufer für die Lieferung eines Gebrauchtgegenstands – entgegen der Regelung in § 14a Abs. 6 Satz 2 UStG – die auf die Differenz entfallende Steuer gesondert aus, schuldet er die gesondert ausgewiesene Steuer nach § 14c Abs. 2 UStG. [3]Zusätzlich zu dieser Steuer schuldet er für die Lieferung des Gegenstands die Steuer nach § 25a UStG. [4]Auf die Anwendung der Differenzbesteuerung ist in der Rechnung hinzuweisen (vgl. Abschnitt 14a.1 Abs. 10).

(17) [1]Der Wiederverkäufer, der Umsätze von Gebrauchtgegenständen nach § 25a UStG versteuert, hat für jeden Gegenstand getrennt den Verkaufspreis oder den Wert nach § 10 Abs. 4 Satz 1 Nr. 1 UStG, den Einkaufspreis und die Bemessungsgrundlage aufzuzeichnen (§ 25a Abs. 6 Satz 2 UStG). [2]Aus Vereinfachungsgründen kann er in den Fällen, in denen lediglich ein Gesamteinkaufspreis für mehrere Gegenstände vorliegt, den Gesamteinkaufspreis aufzeichnen,

1. wenn dieser den Betrag von 500 € insgesamt nicht übersteigt oder
2. soweit er nach Abzug der Einkaufspreise einzelner Gegenstände den Betrag von 500 € nicht übersteigt.

[3]Die besonderen Aufzeichnungspflichten gelten als erfüllt, wenn sich die aufzeichnungspflichtigen Angaben aus den Buchführungsunterlagen entnehmen lassen. [4]Der Wiederverkäufer hat die Aufzeichnungen für die Differenzbesteuerung getrennt von den übrigen Aufzeichnungen zu führen.

Besonderheiten im innergemeinschaftlichen Warenverkehr

(18) [1]Die Differenzbesteuerung kann vorbehaltlich des Absatzes 19 auch auf Lieferungen vom Inland in das übrige Gemeinschaftsgebiet sowie auf Fälle des innergemeinschaftlichen Verbringens (§ 1a Abs. 2 UStG) angewendet werden.

[2]Sie ist in diesem Fall stets im Inland vorzunehmen; die Regelung des § 3c UStG und die Steuerbefreiung für innergemeinschaftliche Lieferungen im Sinne von § 4 Nr. 1 Buchstabe b, § 6a UStG finden keine Anwendung.

(19) [1]Die Differenzbesteuerung ist ausgeschlossen, wenn der Wiederverkäufer ein neues Fahrzeug im Sinne von § 1b Abs. 2 und 3 UStG in das übrige Gemeinschaftsgebiet liefert. [2]Die Lieferung ist im Inland unter den Voraussetzungen des § 4 Nr. 1 Buchstabe b, § 6a UStG als innergemeinschaftliche Lieferung steuerfrei. [3]Der Erwerber des neuen Fahrzeugs hat im übrigen Gemeinschaftsgebiet einen innergemeinschaftlichen Erwerb zu besteuern.

(20) Wird bei der Lieferung eines Gegenstands vom übrigen Gemeinschaftsgebiet in das Inland die Differenzbesteuerung im übrigen Gemeinschaftsgebiet angewendet, entfällt eine Erwerbsbesteuerung im Inland.

Verzicht auf die Differenzbesteuerung

(21) [1]Ein Verzicht auf die Anwendung der Differenzbesteuerung ist bei jeder einzelnen Lieferung eines Gebrauchtgegenstands möglich. [2]Abschnitt 9.1 Abs. 3 und 4 ist sinngemäß anzuwenden. [3]Im Fall der Besteuerung nach der Gesamtdifferenz ist ein Verzicht ausgeschlossen. [4]Der Verzicht ist auch für solche Gegenstände möglich, für die der Wiederverkäufer nach § 25a Abs. 2 UStG die Anwendung der Differenzbesteuerung erklärt hat. [5]In diesem Fall kann er die entstandene Einfuhrumsatzsteuer und die ihm berechnete Umsatzsteuer frühestens in der Voranmeldung als Vorsteuer geltend machen, in der er auch die Steuer für die Lieferung anmeldet. [6]Der Verzicht auf die Differenzbesteuerung nach § 25a Abs. 8 UStG hat zur Folge, dass auf die Lieferung die allgemeinen Vorschriften des UStG anzuwenden sind.

Zu § 25b UStG

25b.1 Innergemeinschaftliche Dreiecksgeschäfte

Allgemeines

(1) [1]§ 25b UStG enthält eine Vereinfachungsregelung für die Besteuerung von innergemeinschaftlichen Dreiecksgeschäften. [2]Die Vereinfachung besteht darin, dass eine steuerliche Registrierung des mittleren Unternehmers im Bestimmungsland vermieden wird. [3]Bei einem innergemeinschaftlichen Dreiecksgeschäft werden unter Berücksichtigung der allgemeinen Regelungen für Reihengeschäfte (vgl. Abschnitt 3.14 Abs. 1 bis 10a) grundsätzlich folgende Umsätze ausgeführt:

1. eine innergemeinschaftliche Lieferung des ersten am Dreiecksgeschäft beteiligten Unternehmers (erster Lieferer) in dem Mitgliedstaat, in dem die Beförderung oder Versendung des Gegenstands beginnt (§ 3 Abs. 6 Satz 1 UStG),
2. ein innergemeinschaftlicher Erwerb des mittleren am Dreiecksgeschäft beteiligten Unternehmers (erster Abnehmer) in dem Mitgliedstaat, in dem die Beförderung oder Versendung des Gegenstands endet (§ 3d Satz 1 UStG),
3. ein innergemeinschaftlicher Erwerb des ersten Abnehmers in dem Mitgliedstaat, der dem ersten Abnehmer die von ihm verwendete USt-IdNr. erteilt hat (§ 3d Satz 2 UStG) und

4. eine (Inlands-)Lieferung des ersten Abnehmers in dem Mitgliedstaat, in dem die Beförderung oder Versendung des Gegenstands endet (§ 3 Abs. 7 Satz 2 Nr. 2 UStG).

[4] Liegt ein innergemeinschaftliches Dreiecksgeschäft vor, wird die Steuerschuld für die (Inlands-)Lieferung unter den Voraussetzungen des § 25b Abs. 2 UStG von dem ersten auf den letzten jeweils am Dreiecksgeschäft beteiligten Abnehmer übertragen. [5] Im Fall der Übertragung der Steuerschuld gilt zugleich auch der innergemeinschaftliche Erwerb dieses ersten Abnehmers als besteuert (§ 25b Abs. 3 UStG).

Begriff (§ 25b Abs. 1 UStG)

(2) [1] Ein innergemeinschaftliches Dreiecksgeschäft setzt voraus, dass drei Unternehmer (erster Lieferer, erster Abnehmer und letzter Abnehmer) über denselben Gegenstand Umsatzgeschäfte abschließen, und dieser Gegenstand unmittelbar vom Ort der Lieferung des ersten Lieferers an den letzten Abnehmer gelangt (§ 25b Abs. 1 Satz 1 Nr. 1 UStG). [2] Ein innergemeinschaftliches Dreiecksgeschäft kann auch zwischen drei unmittelbar nacheinander liefernden Unternehmern bei Reihengeschäften mit mehr als drei Beteiligten vorliegen, wenn die drei unmittelbar nacheinander liefernden Unternehmer am Ende der Lieferkette stehen. [3] Der erste Abnehmer in dem Dreiecksgeschäft ist als mittlerer Unternehmer in der Reihe zugleich Abnehmer und Lieferer. [4] Letzte Abnehmer im Dreiecksgeschäft können auch Unternehmer sein, die nur steuerfreie – nicht zum Vorsteuerabzug berechtigende – Umsätze ausführen, sowie Kleinunternehmer und pauschalierende Land- und Forstwirte. [5] Voraussetzung ist, dass sie umsatzsteuerlich in dem Mitgliedstaat erfasst sind, in dem die Beförderung oder Versendung des Gegenstands endet. [6] Letzter Abnehmer kann auch eine juristische Person des öffentlichen oder privaten Rechts sein, die nicht Unternehmer ist oder den Gegenstand nicht für ihr Unternehmen erwirbt, wenn sie in dem Mitgliedstaat, in dem die Warenbewegung endet, für Zwecke der Umsatzsteuer erfasst ist (§ 25b Abs. 1 Satz 2 UStG).

Beispiel:

[1] Der in Deutschland ansässige Unternehmer D bestellt beim in Belgien ansässigen Unternehmer B dort nicht vorrätige Werkzeugteile. [2] B gibt die Bestellung weiter an den in Luxemburg ansässigen Unternehmer L mit der Bitte, sie direkt zu D nach Deutschland auszuliefern. [3] Weil auch L die Werkzeugteile nicht am Lager hat, bestellt er sie beim in Spanien ansässigen Unternehmer SP, der sie weisungsgemäß an D versendet. [4] Alle Unternehmer treten jeweils unter der USt-IdNr. ihres Landes auf. [5] L weist nach, dass er den Gegenstand als Lieferer im Sinne von § 3 Abs. 6 Satz 6 UStG versendet hat.

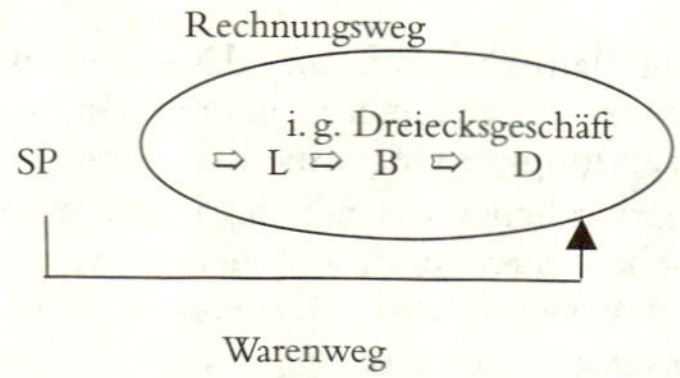

[6] Zwischen SP, L, B und D liegt ein Reihengeschäft vor. [7] Darüber hinaus ist ein innergemeinschaftliches Dreiecksgeschäft im Sinne des § 25b Abs. 1 UStG zwischen L, B und D

anzunehmen, weil L als erster am Dreiecksgeschäft beteiligter Lieferer den Gegenstand der Lieferungen versendet. [8]Die Versendung ist der ersten Lieferung im Dreiecksgeschäft (L an B) zuzuordnen, da L den Gegenstand als Lieferer im Sinne von § 3 Abs. 6 Satz 6 UStG versendet hat (vgl. Abschnitt 3.14 Abs. 7 ff.). [9]Ort der Lieferung ist nach § 3 Abs. 6 Satz 5 in Verbindung mit Satz 1 UStG Spanien (Beginn der Versendung). [10]Die Lieferung des L an B ist als innergemeinschaftliche Lieferung in Spanien steuerfrei. [11]Der Erwerb des Gegenstands unterliegt bei B grundsätzlich der Besteuerung des innergemeinschaftlichen Erwerbs in Deutschland, da die Beförderung dort endet (§ 3d Satz 1 UStG), und in Belgien, da B seine belgische USt-IdNr. verwendet (§ 3d Satz 2 UStG). [12]Die zweite Lieferung im Dreiecksgeschäft (B an D) ist eine ruhende Lieferung. [13]Lieferort ist nach § 3 Abs. 7 Satz 2 Nr. 2 UStG Deutschland, da sie der Beförderungslieferung nachfolgt. [14]SP erbringt eine ruhende Lieferung in Spanien (§ 3 Abs. 7 Satz 2 Nr. 1 UStG), die nach spanischem Recht zu beurteilen ist.

(3) [1]Weitere Voraussetzung für das Vorliegen eines innergemeinschaftlichen Dreiecksgeschäfts ist, dass die hieran beteiligten Unternehmer in jeweils verschiedenen Mitgliedstaaten für Zwecke der Umsatzsteuer erfasst sind (§ 25b Abs. 1 Satz 1 Nr. 2 UStG). [2]Die Ansässigkeit in einem dieser Mitgliedstaaten ist nicht erforderlich; maßgeblich ist vielmehr, dass der Unternehmer unter der USt-IdNr. auftritt, die ihm von einem dieser Mitgliedstaaten erteilt worden ist. [3]Treten mehrere der an dem Dreiecksgeschäft beteiligten Unternehmer unter der USt-IdNr. desselben Mitgliedstaates auf, liegt kein innergemeinschaftliches Dreiecksgeschäft vor.

Beispiel:

[1]Der in Frankfurt ansässige und umsatzsteuerlich registrierte Unternehmer D bestellt eine dort nicht vorrätige Ware bei dem in Belgien ansässigen Unternehmer B 1. [2]B 1 gibt die Bestellung weiter an den ebenfalls in Belgien ansässigen Großhändler B 2, der die Ware mit eigenem Lkw unmittelbar nach Frankfurt befördert und sie dort an D übergibt. [3]D und B 2 treten jeweils unter der USt-IdNr. ihres Landes auf. [4]B 1 tritt nicht unter seiner belgischen USt-IdNr., sondern unter seiner niederländischen USt-IdNr. auf.

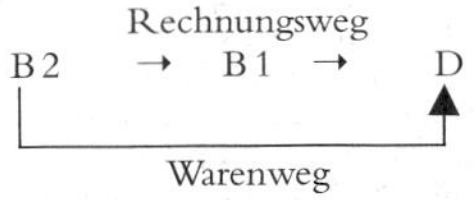

[5]Die Voraussetzung des § 25b Abs. 1 Satz 1 Nr. 2 UStG für das Vorliegen eines innergemeinschaftlichen Dreiecksgeschäfts ist erfüllt, da die drei beteiligten Unternehmer in jeweils verschiedenen Mitgliedstaaten (Deutschland, Belgien, Niederlande) für Zwecke der Umsatzsteuer erfasst sind und mit USt-IdNrn. aus verschiedenen Mitgliedstaaten auftreten. [6]Auf die Ansässigkeit von B 1 und B 2 in demselben Mitgliedstaat kommt es bei der Beurteilung nicht an.

(4) [1]Weitere Voraussetzung ist das tatsächliche Gelangen des Gegenstands der Lieferungen von einem Mitgliedstaat in einen anderen Mitgliedstaat (§ 25b Abs. 1 Satz 1 Nr. 3 UStG). [2]Diese Voraussetzung ist im Hinblick auf § 3 Abs. 8 UStG auch dann erfüllt, wenn der erste Lieferer den Gegenstand zuvor in das Gemeinschaftsgebiet eingeführt hat. [3]Gelangt der Gegenstand *allerdings aus dem Drittlandsgebiet* unmittelbar in den Mitgliedstaat des letzten Abnehmers, liegt kein innergemeinschaftliches Dreiecksgeschäft vor. [4]Der Gegenstand kann durch Beauftragte des ersten Lieferers vor der Beförderung oder Versendung in das übrige Gemeinschaftsgebiet bearbeitet oder verarbeitet worden sein. [5]Gegenstand der Lieferung ist in diesem Fall jeweils der bearbeitete oder verarbeitete Gegenstand. [6]Der Gegenstand der Lieferung kann auch an einen vom letzten Abnehmer beauftragten Dritten, z. B. einen Lohnveredelungsunternehmer oder einen Lagerhalter, befördert oder versendet werden.

(5) [1] Ein innergemeinschaftliches Dreiecksgeschäft setzt weiterhin voraus, dass der Gegenstand durch den ersten Lieferer oder den ersten Abnehmer (mittlerer Unternehmer) befördert oder versendet wird (§ 25b Abs. 1 Satz 1 Nr. 4 UStG). [2] Dies gilt für den mittleren Unternehmer allerdings nur dann, wenn er in seiner Eigenschaft als Abnehmer befördert oder versendet, d. h. wenn die Beförderung oder Versendung der Lieferung an ihn (erste Lieferung im Dreiecksgeschäft) zugeordnet wird. [3] Wird die Beförderung oder Versendung dagegen der zweiten Lieferung im Dreiecksgeschäft zugeordnet, weil der mittlere Unternehmer in seiner Eigenschaft als Lieferer auftritt, liegt kein innergemeinschaftliches Dreiecksgeschäft vor. [4] Wird der Gegenstand der Lieferungen durch den letzten Abnehmer befördert oder versendet (Abholfall), liegt ebenfalls kein innergemeinschaftliches Dreiecksgeschäft vor.

Beispiel:

[1] Der belgische Unternehmer B bestellt bei dem deutschen Unternehmer D eine Baumaschine. [2] D hat die Maschine nicht vorrätig und gibt die Bestellung weiter an den spanischen Hersteller SP. [3] Alle Beteiligten treten unter der USt-IdNr. ihres Landes auf.

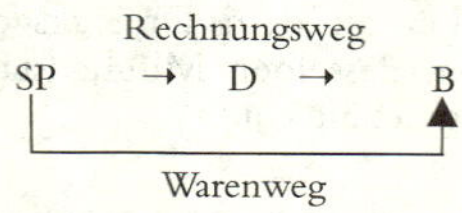

a) [1] SP befördert die Baumaschine mit eigenem Lkw nach Belgien und übergibt sie dort an B. [2] Es liegt ein innergemeinschaftliches Dreiecksgeschäft im Sinne des § 25b Abs. 1 UStG vor, weil der erste Lieferer den Gegenstand der Lieferungen befördert. [3] Die Beförderung ist der ersten Lieferung (SP an D) zuzuordnen. [4] Ort der Lieferung ist nach § 3 Abs. 6 Satz 5 in Verbindung mit Satz 1 UStG Spanien (Beginn der Beförderung). [5] Die Lieferung ist als innergemeinschaftliche Lieferung in Spanien steuerfrei. [6] Der Erwerb des Gegenstands unterliegt bei D grundsätzlich der Besteuerung des innergemeinschaftlichen Erwerbs in Belgien, da die Beförderung dort endet (§ 3d Satz 1 UStG), und in Deutschland, da D seine deutsche USt-IdNr. verwendet (§ 3d Satz 2 UStG). [7] Die zweite Lieferung (D an B) ist eine ruhende Lieferung. [8] Lieferort ist nach § 3 Abs. 7 Satz 2 Nr. 2 UStG Belgien, da sie der Beförderungslieferung nachfolgt. [9] Die Lieferung des D ist nach belgischem Recht zu beurteilen. [10] Zur weiteren Beurteilung vgl. auch das Beispiel in Absatz 7.

b) [1] B lässt die Baumaschine durch einen von ihm beauftragten Spediteur bei SP in Spanien abholen und unmittelbar nach Belgien versenden.
[2] Es liegt kein innergemeinschaftliches Dreiecksgeschäft im Sinne des § 25b Abs. 1 UStG vor, weil der letzte Abnehmer den Gegenstand der Lieferungen versendet. [3] Die Versendung ist der zweiten Lieferung (D an B) zuzuordnen. [4] Ort der Lieferung ist nach § 3 Abs. 6 Satz 5 in Verbindung mit Satz 1 UStG Spanien (Beginn der Versendung). [5] Die Lieferung ist als innergemeinschaftliche Lieferung in Spanien steuerfrei. [6] Der Erwerb des Gegenstands unterliegt bei B grundsätzlich der Besteuerung des innergemeinschaftlichen Erwerbs in Belgien, da die Versendung dort endet (§ 3d Satz 1 UStG). [7] Die erste Lieferung (SP an D) ist eine ruhende Lieferung. [8] Lieferort ist nach § 3 Abs. 7 Satz 2 Nr. 1 UStG ebenfalls Spanien, da sie der Versendungslieferung vorangeht. [9] Die Lieferung ist nach spanischem Recht zu beurteilen. [10] D muss sich demnach in Spanien steuerlich registrieren lassen.

Übertragung der Steuerschuld auf den letzten Abnehmer (§ 25b Abs. 2 UStG)

(6) [1] Im Fall eines innergemeinschaftlichen Dreiecksgeschäfts im Sinne des § 25b Abs. 1 UStG wird die Steuer für die (Inlands-)Lieferung des ersten an den letzten jeweils an dem Dreiecksgeschäft beteiligten Abnehmer von diesem letzten Abnehmer geschuldet, wenn die in § 25b Abs. 2 Nr. 1 bis 4 UStG

genannten Voraussetzungen sämtlich erfüllt sind. [2]Die Übertragung der Steuerschuld auf den letzten Abnehmer ist bei Vorliegen der Voraussetzungen zwingend vorgeschrieben. [3]Durch die Übertragung der Steuerschuld wird der letzte Abnehmer Steuerschuldner für die vom ersten Abnehmer an ihn ausgeführte Lieferung (§ 13a Abs. 1 Nr. 5 UStG).

Innergemeinschaftlicher Erwerb des ersten Abnehmers (§ 25b Abs. 3 UStG)

(7) [1]Wird die Steuerschuld auf den letzten am Dreiecksgeschäft beteiligten Abnehmer übertragen, gilt der innergemeinschaftliche Erwerb des ersten am Dreiecksgeschäft beteiligten Abnehmers nach § 25b Abs. 3 UStG als besteuert. [2]Diese fiktive Besteuerung des innergemeinschaftlichen Erwerbs bei diesem ersten Abnehmer gilt für die Erwerbsbesteuerung in dem Mitgliedstaat, in dem die Beförderung oder Versendung endet (vgl. § 3d Satz 1 UStG) und zugleich auch für die Beurteilung einer Erwerbsbesteuerung in dem Mitgliedstaat, unter dessen USt-IdNr. der erste Abnehmer auftritt (vgl. § 3d Satz 2 UStG).

Beispiel:

[1]Der belgische Unternehmer B bestellt bei dem deutschen Unternehmer D eine Baumaschine. [2]D hat die Maschine nicht vorrätig und gibt die Bestellung weiter an den spanischen Hersteller SP. [3]SP befördert die Baumaschine mit eigenem Lkw nach Belgien und übergibt sie dort an B. [4]Alle Beteiligten treten unter der USt-IdNr. ihres Landes auf. [5]D erteilt dem B eine Rechnung im Sinne des § 14a Abs. 7 UStG.

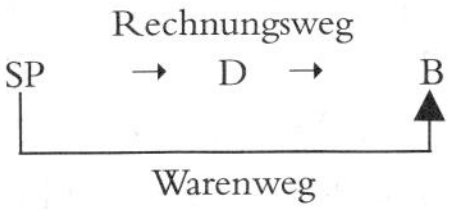

[6]Es liegt ein innergemeinschaftliches Dreiecksgeschäft im Sinne des § 25b Abs. 1 UStG vor. [7]Die Beförderung ist der ersten Lieferung (SP an D) zuzuordnen. [8]Ort der Lieferung ist nach § 3 Abs. 6 Satz 5 in Verbindung mit Satz 1 UStG Spanien (Beginn der Beförderung). [9]Die Lieferung ist als innergemeinschaftliche Lieferung in Spanien steuerfrei. [10]Der Erwerb des Gegenstands unterliegt bei D grundsätzlich der Besteuerung des innergemeinschaftlichen Erwerbs in Belgien, da die Beförderung dort endet (§ 3d Satz 1 UStG), und in Deutschland, da D seine deutsche USt-IdNr. verwendet (§ 3d Satz 2 UStG). [11]Die zweite Lieferung (D an B) ist eine ruhende Lieferung. [12]Lieferort ist nach § 3 Abs. 7 Satz 2 Nr. 2 UStG Belgien, da sie der Beförderungslieferung nachfolgt. [13]D führt demnach eine steuerbare und steuerpflichtige Lieferung in Belgien aus. [14]Da die Voraussetzungen des § 25b Abs. 2 UStG erfüllt sind, wird die Steuerschuld für die belgische (Inlands-)Lieferung des D auf B übertragen: Der Lieferung ist ein innergemeinschaftlicher Erwerb durch D vorausgegangen; D ist nicht in Belgien ansässig; D tritt gegenüber dem ersten Lieferer und dem letzten Abnehmer mit seiner deutschen USt-IdNr. auf; D hat dem B eine Rechnung im Sinne des § 14a Abs. 7 UStG erteilt; B verwendet als letzter Abnehmer eine (belgische) USt-IdNr. des Mitgliedstaates, in dem die Beförderung endet. [15]B wird Steuerschuldner für diese Lieferung des D und muss die Steuer im Rahmen seiner belgischen Steuererklärungspflichten anmelden. [16]D hat im Hinblick auf seine in Belgien ausgeführte Lieferung keinen umsatzsteuerlichen Verpflichtungen in Belgien nachzukommen. [17]Mit der wirksamen Übertragung der Steuerschuld auf B gilt auch der innergemeinschaftliche Erwerb des D in Belgien als besteuert (§ 25b Abs. 3 UStG) mit der Folge, dass D auch hierfür keinen umsatzsteuerlichen Verpflichtungen in Belgien nachkommen muss. [18]Mit der fiktiven Erwerbsbesteuerung in Belgien entfällt auch eine Besteuerung des innergemeinschaftlichen Erwerbs in D über § 3d Satz 2 UStG, sofern D seiner Erklärungspflicht nach § 18a Abs. 7 Satz 1 Nr. 4 UStG (für die ZM) nachkommt. [19]Durch die Anwendung der Vereinfachungsregelung des § 25b UStG wird vermieden, dass sich D in Belgien auf Grund dieses innergemeinschaftlichen Dreiecksgeschäfts registrieren lassen und dort Steuererklärun-

gen abgeben muss. [20] D muss in Deutschland die Erklärungspflichten nach § 18b Satz 1 UStG für die Voranmeldung und die Steuererklärung für das Kalenderjahr beachten.

Besonderheiten bei der Rechnungserteilung

(8) [1] Nach § 25b Abs. 2 Nr. 3 UStG ist materielle Voraussetzung für die Übertragung der Steuerschuld, dass der erste dem letzten jeweils am Dreiecksgeschäft beteiligten Abnehmer eine Rechnung im Sinne des § 14a Abs. 7 UStG erteilt, in der die Steuer nicht gesondert ausgewiesen ist. [2] Neben den Angaben nach § 14 Abs. 4 UStG sind in der Rechnung dieses ersten Abnehmers danach folgende zusätzliche Angaben erforderlich:

1. ein Hinweis auf das Vorliegen eines innergemeinschaftlichen Dreiecksgeschäfts, z. B. „Innergemeinschaftliches Dreiecksgeschäft nach § 25b UStG“ oder „Vereinfachungsregelung nach Artikel 141 MwStSystRL“;
2. ein Hinweis auf die Steuerschuld des letzten am Dreiecksgeschäft beteiligten Abnehmers;
3. die Angabe der USt-IdNr. des ersten am Dreiecksgeschäft beteiligten Abnehmers und
4. die Angabe der USt-IdNr. des letzten am Dreiecksgeschäft beteiligten Abnehmers.

[3] Der letzte am Dreiecksgeschäft beteiligte Abnehmer soll durch die Hinweise in der Rechnung eindeutig und leicht erkennen können, dass er letzter Abnehmer in einem innergemeinschaftlichen Dreiecksgeschäft ist und die Steuerschuld auf ihn übertragen wird.

Bemessungsgrundlage (§ 25b Abs. 4 UStG)

(9) [1] Im Fall der Übertragung der Steuerschuld nach § 25b Abs. 2 UStG auf den letzten am Dreiecksgeschäft beteiligten Abnehmer gilt für die Berechnung der geschuldeten Steuer abweichend von § 10 Abs. 1 UStG die Gegenleistung als Entgelt (Nettobetrag ohne Umsatzsteuer). [2] Die Umsatzsteuer ist auf diesen Betrag aufzuschlagen.

Aufzeichnungspflichten (§ 25b Abs. 6 UStG)

(10) [1] Neben den allgemeinen Aufzeichnungspflichten nach § 22 UStG sind bei innergemeinschaftlichen Dreiecksgeschäften vom ersten und vom letzten jeweils daran beteiligten Abnehmer zusätzliche Aufzeichnungspflichten zu erfüllen, wenn sie eine inländische USt-IdNr. verwenden (§ 25b Abs. 6 Satz 1 UStG). [2] Verwendet der erste am Dreiecksgeschäft beteiligte Abnehmer eine USt-IdNr. eines anderen Mitgliedstaates, ist er von den allgemeinen Aufzeichnungspflichten nach § 22 UStG befreit, wenn die Beförderung oder Versendung im Inland endet (§ 25b Abs. 6 Satz 2 UStG).

Zu § 25c UStG

25c.1 Besteuerung von Umsätzen mit Anlagegold

(1) [1] Steuerbefreit sind nach § 25c Abs. 1 Satz 1 UStG die Lieferungen, die Einfuhr sowie der innergemeinschaftliche Erwerb von Anlagegold. [2] Als Lieferungen von Anlagegold gelten auch:

a) die Veräußerung von ideellen Miteigentumsanteilen an einem Goldbarrenbestand oder einem Goldmünzenbestand;

b) die Veräußerung von Gewichtsguthaben an einem Goldbarrenbestand, wenn die Gewichtskonten obligatorische Rechte ausweisen;

c) die Veräußerung von Goldbarrenzertifikaten oder Goldmünzenzertifikaten;

d) die Abtretung von Ansprüchen auf Lieferung von Goldbarren oder Goldmünzen;

e) die Veräußerung von Golddarlehen und Goldswaps, durch die ein Eigentumsrecht an Anlagegold oder ein schuldrechtlicher Anspruch auf Anlagegold begründet wird;

f) die Veräußerung von Terminkontrakten und im Freiverkehr getätigten Terminabschlüssen mit Anlagegold, die zur Übertragung eines Eigentumsrechts an Anlagegold oder eines schuldrechtlichen Anspruchs auf Anlagegold führen.

[3] Steuerfrei ist auch die Vermittlung der Lieferung von Anlagegold. [4] Optionsgeschäfte mit Anlagegold und die Vermittlung derartiger Dienstleistungen fallen unter die Steuerbefreiung nach § 4 Nr. 8 Buchstabe e UStG.

(2) [1] Goldbarren und -plättchen bestehen aus Feingold von mindestens 995 Tausendsteln in firmenspezifischer typisierter eckiger Form mit eingestanzter oder geprägter Angabe des Herstellers, des Feingoldgehalts und des Gewichts; auf das Herstellungsverfahren kommt es nicht an. [2] Die Barren können mit bildlichen Darstellungen geprägt sein. [3] Goldmünzen müssen einen Goldgehalt von mindestens 900 Tausendsteln aufweisen, nach dem Jahr 1800 geprägt sein, im Ursprungsland gesetzliches Zahlungsmittel sein bzw. gewesen sein und üblicherweise zu einem Preis verkauft werden, der 180% des Goldgehalts nicht übersteigt. [4] Eine Mindestauflagenhöhe ist nicht erforderlich.

(3) [1] Die Europäische Kommission veröffentlicht jährlich vor dem 1. Dezember in der Reihe C ABl. EU ein Verzeichnis der Goldmünzen, die die Kriterien für die Steuerbefreiung erfüllen.1) [2] Für Umsätze von Goldmünzen, mit einem Goldgehalt von mindestens 900 Tausendsteln, die in dem Verzeichnis enthalten sind, gilt die Sonderregelung nach § 25c UStG während des gesamten Jahres, das auf das Jahr der Veröffentlichung folgt. [3] Bei Münzen, die nicht in dem Verzeichnis enthalten sind, hat der Unternehmer im Einzelfall zu prüfen, ob die genannten Voraussetzungen für die Behandlung als Anlagegold erfüllt sind. [4] Der Metallwert von Goldmünzen ist dabei grundsätzlich anhand des aktuellen Tagespreises für Gold zu ermitteln. [5] Maßgeblich ist der von der Londoner Börse festgestellte Tagespreis (Nachmittagsfixing) für die Feinunze Gold (1 Unze = 31,1035 Gramm). [6] Dieser in US-Dollar festgestellte Wert muss anhand der aktuellen Umrechnungskurse in Euro umgerechnet werden.

(4) Nicht zum Anlagegold gehört unverarbeitetes Gold (Industriegold), d. h. insbesondere Barren mit einem Feingoldgehalt von weniger als 995 Tausendsteln, sowie Granalien und Feingoldband in handelsüblicher Form.

---

1) Für **2021** siehe BMF v. 23.11.2020 III C 1-S 7068/10002 :002 sowie ABl. EU 2020 Nr. C 381, 5, für **2022** siehe BMF v. 15.12.2021 III 1 – S 7068/19/10002 :003 sowie ABl. EU 2020 Nr. C 446, 14 und Nr. C 505, 16.

(5) [1]Zur Umsatzsteuerpflicht kann optieren:
- ein Unternehmer, der Anlagegold herstellt oder Gold in Anlagegold umwandelt, bei der Lieferung von Anlagegold.
- ein Unternehmer, der üblicherweise Gold zu gewerblichen Zwecken liefert, bei der Lieferung von Anlagegold in Barren- oder Plättchenform.

[2]Voraussetzung für die Option ist, dass er diese Lieferung an einen anderen Unternehmer für dessen Unternehmen ausführt. [3]Kreditinstitute sind grundsätzlich als Unternehmer anzusehen. [4]Vermittelt ein Unternehmer eine Lieferung von Anlagegold, kann er nur dann für die Vermittlungsleistung zur Steuerpflicht optieren, wenn der vermittelte Umsatz zuvor vom liefernden Unternehmer als steuerpflichtig behandelt worden ist. [5]Zum Vorsteuerabzug vgl. Abschnitt 15.13 Abs. 1.

(6) Im Übrigen bleiben die Regelungen des § 18 Abs. 7 UStG, § 49 UStDV unberührt.

(7) [1]Liegen für Goldlieferungen nach § 4 Nr. 4 UStG auch die Voraussetzungen der Steuerbefreiung für Anlagegold (§ 25c Abs. 1 und 2 UStG) vor, geht die Steuerbefreiung des § 25c Abs. 1 und 2 UStG der Steuerbefreiung des § 4 Nr. 4 UStG vor. [2]Liegen für die Lieferung von Anlagegold auch die Voraussetzungen einer Ausfuhrlieferung (§ 4 Nr. 1 Buchstabe a, § 6 UStG) bzw. einer innergemeinschaftlichen Lieferung (§ 4 Nr. 1 Buchstabe b, § 6a UStG) vor, geht die Steuerbefreiung des § 25c Abs. 1 und 2 UStG diesen Steuerbefreiungen vor.

Zu § 25d UStG[1)]

25d.1 Haftung für die schuldhaft nicht abgeführte Steuer

(1) Dieser Haftungstatbestand dient der Bekämpfung des Umsatzsteuerbetrugs, insbesondere in Form von Karussellgeschäften, bei denen in den Fiskus schädigender Absicht Rechnungen mit Umsatzsteuer ausgestellt werden, um dem Rechnungsempfänger den Vorsteuerabzug zu ermöglichen, ohne die ausgewiesene und geschuldete Steuer zu entrichten.

(2) Voraussetzungen für die Haftung sind:
- [1]Die aus einem vorangegangenen Umsatz geschuldete Umsatzsteuer wurde nicht entrichtet. [2]Vorangegangener Umsatz ist auch ein Umsatz auf den Vorstufen, nicht nur der unmittelbare Eingangsumsatz des Unternehmers.
- Diese Umsatzsteuer wurde in einer Rechnung nach § 14 UStG ausgewiesen.
- Die ausgewiesene Steuer wurde vom Aussteller der Rechnung entsprechend seiner vorgefasste Absicht nicht entrichtet oder er hat sich vorsätzlich außer Stande gesetzt, diese zu entrichten.
- Der in Haftung zu nehmende Leistungsempfänger hatte bei Abschluss des Vertrages über seinen Eingangsumsatz vom vorsätzlichen Handeln des Rechnungsausstellers Kenntnis oder hätte nach der Sorgfalt eines ordentlichen Kaufmanns Kenntnis haben müssen.

---

1) § 25d UStG aufgeh. durch G 12.12.2019, BStBl. I 2019, 2451, mWv 1.1.2020.

(3) Nicht unter die Regelung fällt die unrichtig bzw. unberechtigt ausgewiesene Umsatzsteuer (§ 14c Abs. 1 und 2 UStG), da ein Vorsteuerabzug insoweit bereits nach § 15 Abs. 1 Satz 1 Nr. 1 UStG ausgeschlossen ist.

(4) Die Darlegungs- und Feststellungslast liegt grundsätzlich bei dem für den Erlass des Haftungsbescheids zuständigen Finanzamt.

(5) [1] Nach § 25d Abs. 2 UStG ist von der Kenntnis oder dem Kennenmüssen insbesondere dann auszugehen, wenn

- der Unternehmer für seinen Umsatz einen Preis in Rechnung stellt, der zum Zeitpunkt des Umsatzes unter dem marktüblichen Preis liegt, oder
- der dem Unternehmer in Rechnung gestellte Preis unter dem marktüblichen Preis liegt oder
- der dem Unternehmer in Rechnung gestellte Preis unter dem Preis liegt, der seinem Lieferanten oder anderen Lieferanten, die am Erwerb der Ware beteiligt waren, in Rechnung gestellt wurde.

[2] Marktüblich ist ein Preis, den ein Leistungsempfänger an einen Unternehmer unter Berücksichtigung der Handelsstufe zahlen müsste, um die betreffende Leistung zu diesem Zeitpunkt unter den Bedingungen des freien Wettbewerbs zu erhalten.

(6) [1] Liegen die Haftungsvoraussetzungen vor, ist der Unternehmer zunächst anzuhören (§ 91 AO). [2] Im Rahmen der Anhörung hat der Unternehmer nach § 25d Abs. 2 Satz 3 UStG Gelegenheit, die Vermutung des § 25d Abs. 2 Sätze 1 und 2 UStG zu widerlegen, in dem er nachweist, dass die Preisgestaltung betriebswirtschaftlich begründet ist. [3] Kann der Unternehmer diesen Nachweis führen, ist dessen ungeachtet von der Finanzverwaltung zu prüfen, ob die Tatbestandsmerkmale Kenntnis oder Kennenmüssen auf Grund anderer Tatsachen als der Preisgestaltung vorliegen.

(7) [1] Bis zum Abschluss der Prüfung, ob die Voraussetzungen für den Erlass eines Haftungsbescheids vorliegen, kann die Erteilung der Zustimmung zu einer Steueranmeldung zur Umsatzsteuer (Voranmeldung, Umsatzsteuererklärung für das Kalenderjahr) im Sinne von § 168 Satz 2 AO versagt werden. [2] Dies gilt entsprechend für die Festsetzung nach § 167 Abs. 1 Satz 1 AO, wenn sie zu einer Umsatzsteuererstattung führt.

(8) [1] Können die Haftungsvoraussetzungen nachgewiesen oder die Vermutung nach § 25d Abs. 2 Sätze 1 und 2 UStG nicht widerlegt werden, soll ein Haftungsbescheid erlassen werden. [2] Kommen mehrere Haftungsschuldner in Betracht, haften diese als Gesamtschuldner (§ 25d Abs. 1 Satz 2 UStG). [3] In diesen Fällen ist es erforderlich, dass die zuständigen Finanzämter der Unternehmer, die in Haftung genommen werden sollen, ihr Vorgehen untereinander abstimmen. [4] Dem für den Steuerschuldner zuständigen Finanzamt, für dessen rückständige Steuer gehaftet wird, ist jeweils ein Abdruck des Haftungsbescheids zu übersenden. [5] Der Haftungsschuldner darf auf Zahlung auch in Anspruch genommen werden, ohne dass die Vollstreckung in das bewegliche Vermögen des Ausstellers der Rechnung ohne Erfolg geblieben oder anzunehmen ist, dass die Vollstreckung aussichtslos sein wird (vgl. § 25d Abs. 5 UStG).

(9) *(aufgehoben)*

Zu § 25e UStG[1)]

25e.1[2)] Voraussetzung für die Haftung

[1] Betreiber einer elektronischen Schnittstelle im Sinne von § 25e Abs. 1 UStG (Betreiber) haften für die nicht entrichtete Steuer aus einer Lieferung von Gegenständen, die nicht unter § 3 Abs. 3a UStG fallen, wenn sie die Lieferung dieser Gegenstände mittels einer elektronischen Schnittstelle unterstützen. [2] Darunter können insbesondere die folgenden Fallgestaltungen fallen:

1. Lieferungen an einen Unternehmer, unabhängig von der Ansässigkeit des liefernden Unternehmers

Beispiel 1:

[1] Ein in Deutschland ansässiger Händler H veräußert über eine elektronische Schnittstelle Handyhüllen an einen ebenfalls in Deutschland ansässigen Unternehmer U. [2] Die Ware wird vom Sitz des H oder aus einem Lager in Deutschland an den Sitz des U in Deutschland befördert oder versendet.

[3] § 3 Abs. 3a Satz 1 UStG findet keine Anwendung, da der Empfänger der Lieferung ein Unternehmer und der Lieferer im Gemeinschaftsgebiet (hier: Deutschland) ansässig ist. [4] § 3 Abs. 3a Satz 2 UStG findet keine Anwendung, da die Ware nicht aus dem Drittlandsgebiet eingeführt wurde. [5] Für die Lieferung des H an den U findet § 3 Abs. 6 Satz 1 UStG Anwendung. [6] Die Lieferung gilt als dort ausgeführt, wo die Beförderung oder Versendung an den Abnehmer beginnt (hier: Deutschland).

Beispiel 2:

[1] Ein in der Schweiz ansässiger Händler H veräußert über eine elektronische Schnittstelle Schuhe an einen in Deutschland ansässigen Unternehmer U. [2] Die Ware wird aus einem Lager des H in Deutschland an den Sitz des U in Deutschland befördert oder versendet.

[3] § 3 Abs. 3a Satz 1 UStG findet keine Anwendung, da der Empfänger der Lieferung ein Unternehmer ist. [4] § 3 Abs. 3a Satz 2 UStG findet keine Anwendung, da die Ware nicht aus dem Drittlandsgebiet eingeführt wurde. [5] Für die Lieferung des H an den U findet § 3 Abs. 6 Satz 1 UStG Anwendung. [6] Die Lieferung gilt als dort ausgeführt, wo die Beförderung oder Versendung an den Abnehmer beginnt (hier: Deutschland).

Beispiel 3:

[1] Ein in Deutschland ansässiger Händler H veräußert über eine elektronische Schnittstelle Schuhe (Sachwert: 100 €) an einen ebenfalls in Deutschland ansässigen Unternehmer U (kein Erwerber im Sinne des § 3 Abs. 3a Satz 5 UStG) zu der Lieferkondition „verzollt und versteuert". [2] Die Ware wird aus einem Lager des H in der Schweiz an den Sitz des U in Deutschland befördert oder versendet. [3] Die Zollanmeldung in Deutschland erfolgt durch H.

[4] § 3 Abs. 3a Satz 2 UStG findet keine Anwendung, da der Empfänger der Lieferung ein Unternehmer und kein Erwerber im Sinne des § 3 Abs. 3a Satz 5 UStG ist. [5] Für die Lieferung des H an den U gilt der Ort nach § 3 Abs. 8 UStG als im Inland gelegen (hier: Deutschland).

2. Lieferungen, bei denen die Warenbewegung innerhalb des Gemeinschaftsgebietes erfolgt und der liefernde Unternehmer im Gemeinschaftsgebiet ansässig ist

Beispiel 1:

[1] Ein in Deutschland ansässiger Händler H veräußert über eine elektronische Schnittstelle Handyhüllen an eine Privatperson in Deutschland. [2] Die Ware wird aus einem Lager in Deutschland an den Wohnsitz der Privatperson in Deutschland versendet.

[1)] Zu Vordruckmustern in diesem Zusammenhang siehe zwei BMF-Schreiben v. 28.7.2021: *USt 1 TK, BStBl. I 2021, 1081*; USt 1 TL, BStBl. I 2021, 1084.

[2)] A 25e.1 UStAE eingef. durch BMF v. 20.4.2021, BStBl. I 2021, 705 anzuwenden mWv 1.7.2021.

[3] Nach § 3 Abs. 3a Satz 1 UStG wird keine Lieferung zwischen dem Betreiber der elektronischen Schnittstelle und der Privatperson fingiert, da H im Gemeinschaftsgebiet ansässig ist. [4] § 3 Abs. 3a Satz 2 UStG findet keine Anwendung, da die Ware nicht aus dem Drittlandsgebiet eingeführt wurde. [5] Für die Lieferung des H an die Privatperson findet § 3 Abs. 6 Satz 1 UStG Anwendung. [6] Die Lieferung gilt als dort ausgeführt, wo die Beförderung oder Versendung an den Abnehmer beginnt (hier: Deutschland).

Beispiel 2:

[1] Ein in Frankreich ansässiger Händler H veräußert über eine elektronische Schnittstelle Handyhüllen an eine Privatperson in Deutschland. [2] Die Ware wird aus einem Lager in Frankreich an den Wohnsitz der Privatperson in Deutschland versendet. [3] H überschreitet die Umsatzschwelle von 10 000 € (§ 3c Abs. 4 Satz 1 UStG) oder verzichtet auf die Anwendung des § 3c Abs. 4 Satz 1 UStG (§ 3c Abs. 4 Satz 2 UStG).
[4] Nach § 3 Abs. 3a Satz 1 UStG wird keine Lieferung zwischen dem Betreiber der elektronischen Schnittstelle und der Privatperson fingiert, da H im Gemeinschaftsgebiet ansässig ist. [5] § 3 Abs. 3a Satz 2 UStG findet keine Anwendung, da die Ware nicht aus dem Drittlandsgebiet eingeführt wurde. [6] Für die Lieferung des H an die Privatperson findet § 3c Abs. 1 UStG Anwendung. [7] Der Ort der Lieferung ist der Ort, an dem sich der Gegenstand bei Beendigung der Versendung an die Privatperson befindet (hier: Deutschland). [8] H kann das besondere Besteuerungsverfahren nach § 18j UStG (vgl. Abschnitt 18j.1) in Anspruch nehmen und den Umsatz darüber erklären. [9] Andernfalls hat H den Umsatz im Bestimmungsland (hier: Deutschland) im allgemeinen Besteuerungsverfahren (§ 18 Abs. 1 bis 4 UStG) zu erklären.

3. Lieferungen, bei denen die Ware vom Drittlandsgebiet in das Gemeinschaftsgebiet eingeführt wird, der Sachwert der Ware mehr als 150 € beträgt und sich der Ort der Lieferung nach § 3 Abs. 8 oder § 3c Abs. 2 UStG im Inland befindet, unabhängig von der Ansässigkeit des liefernden Unternehmers

Beispiel 1:

[1] Ein in Frankreich ansässiger Händler H veräußert über eine elektronische Schnittstelle Schuhe (Sachwert: 250 €) an eine Privatperson in Deutschland (Lieferkondition „verzollt und versteuert"). [2] Die Ware wird von H aus einem Lager in der Schweiz an den Wohnsitz der Privatperson in Deutschland versendet. [3] Die Zollanmeldung in Deutschland erfolgt durch H.
[4] § 3 Abs. 3a Satz 2 UStG findet keine Anwendung, weil der Sachwert der Schuhe 150 € übersteigt. [5] Für die Lieferung des H an die Privatperson gilt der Ort nach § 3 Abs. 8 UStG als im Inland gelegen (hier: Deutschland).

Beispiel 2:

[1] Sachverhalt wie Beispiel 1. [2] Die Zollanmeldung erfolgt jedoch durch H in Frankreich.
[3] § 3 Abs. 3a Satz 2 UStG findet keine Anwendung, weil der Sachwert der Schuhe 150 € übersteigt. [4] Der Ort der Lieferung des H an die Privatperson verlagert sich auf Grund des Fernverkaufs eines aus dem Drittlandsgebiet eingeführten Gegenstands nach § 3c Abs. 2 UStG in das Inland (hier: Deutschland), da der Gegenstand in Frankreich eingeführt wurde und die Versendung des Gegenstands an den Erwerber im Inland endet.

[3] Gemäß § 25e Abs. 5 UStG ist eine elektronische Schnittstelle im Sinne dieser Vorschrift ein elektronischer Marktplatz, eine elektronische Plattform, ein elektronisches Portal oder jeder andere vergleichbare elektronische Handelsplatz. [4] Voraussetzung für die Haftung ist, dass mittels der elektronischen Schnittstelle die Lieferung eines Gegenstandes unterstützt wird. [5] Wann vom Unterstützen einer Lieferung auszugehen ist, ist in § 25e Abs. 6 UStG geregelt. [6] § 25e Abs. 1 UStG findet keine Anwendung auf elektronische Schnitt-

stellen, die die Voraussetzungen nach § 25e Abs. 6 Satz 2 UStG kumulativ oder lediglich eine der in § 25e Abs. 6 Satz 3 UStG genannten Voraussetzungen erfüllen, wie z. B. sog. Vermittlungsmarktplätze/-plattformen, die die Funktion eines „Schwarzen Brettes" haben und über die sich Nutzer über bestehende Angebote Dritter informieren und Kontakt zu einem möglichen Vertragspartner aufnehmen können sowie Plattformen/Portale, die ausschließlich der Abwicklung von Zahlungen dienen.

25e.2[1)] Tatbestandsmerkmale für einen Haftungsausschluss

(1) [1] Der Betreiber haftet nach § 25e Abs. 1 UStG für die nicht entrichtete Steuer aus Lieferungen, die mittels seiner elektronischen Schnittstelle unterstützt wurden; dies gilt nicht in Fällen des § 3 Abs. 3a UStG. [2] Der Betreiber haftet nach § 25e Abs. 2 Satz 1 UStG insoweit nicht für die nicht entrichtete Steuer aus Lieferungen, die mittels seiner elektronischen Schnittstelle unterstützt wurden, wenn der liefernde Unternehmer im Zeitpunkt der Lieferung über eine nach § 27a UStG erteilte, gültige USt-IdNr. verfügt (vgl. § 22f Abs. 1 Satz 1 Nr. 3 UStG). [3] Auch in den Fällen, in denen der liefernde Unternehmer gegenüber dem Betreiber erklärt, dass die Voraussetzungen für die Vergabe einer USt-IdNr. durch das BZSt nach § 27a UStG an ihn nicht vorliegen, weil er im Inland keine steuerbaren Umsätze im allgemeinen Besteuerungsverfahren (§ 18 Abs. 1 bis 4 UStG) zu erklären hat, gilt § 25e Abs. 2 Satz 1 UStG entsprechend. [4] Dies trifft insbesondere auf folgende Fälle zu:

1. [1] Im übrigen Gemeinschaftsgebiet ansässige Unternehmer, die im Gemeinschaftsgebiet ausschließlich innergemeinschaftliche Fernverkäufe im Sinne des § 3c Abs. 1 Sätze 2 und 3 UStG ausführen, die im Inland nicht steuerbar sind, weil die Umsatzschwelle im Sinne des § 3c Abs. 4 Satz 1 UStG nicht überschritten wird. [2] In diesen Fällen kann der Betreiber zum Nachweis der steuerlichen Erfassung die dem liefernden Unternehmer erteilte und zum Zeitpunkt der Lieferung gültige USt-IdNr. eines anderen EU-Mitgliedstaats aufzeichnen. [3] Soweit der liefernde Unternehmer nicht über eine USt-IdNr. verfügt, hat der Betreiber in geeigneter Weise nachzuweisen, dass die von dem Unternehmer ausgeführten Lieferungen im Inland nicht steuerbar sind, weil die Umsatzschwelle im Sinne des § 3c Abs. 4 Satz 1 UStG nicht überschritten ist (z. B. durch Abgabe einer entsprechenden Erklärung durch den betreffenden Unternehmer).
2. [1] Im übrigen Gemeinschaftsgebiet ansässige Unternehmer, die im Inland ausschließlich steuerpflichtige innergemeinschaftliche Fernverkäufe nach § 3c Abs. 1 Sätze 2 und 3 UStG erbringen und diese im besonderen Besteuerungsverfahren nach § 18j UStG erklären. [2] In diesen Fällen kann der Betreiber zum Nachweis der steuerlichen Erfassung die dem liefernden Unternehmer erteilte und zum Zeitpunkt der Lieferung gültige USt-IdNr. des EU-Mitgliedstaates, bei dem er die Teilnahme an dem besonderen Besteuerungsverfahren angezeigt hat, aufzeichnen.

---

1) A 25e.2 UStAE eingef. durch BMF v. 20.4.2021, BStBl. I 2021, 705, anzuwenden mWv 1.7.2021.

3. [1]Unternehmer, die ausschließlich Lieferungen an Abnehmer im Inland ausführen, bei denen die Beförderung oder Versendung nach Abschluss des Kaufvertrages im Drittlandsgebiet beginnt (sog. Direktverkäufe), der Sachwert der Ware mehr als 150 € beträgt und für die der Ort der Lieferungen nicht nach § 3 Abs. 8 UStG oder nach § 3c Abs. 2 UStG im Inland gelegen ist bzw. keine Pflicht zur steuerlichen Erfassung im Inland besteht. [2]Auch in diesen Fällen muss der Betreiber einen entsprechenden Nachweis in geeigneter Weise vorhalten (z.B. durch Abgabe einer entsprechenden Erklärung durch den betreffenden Unternehmer).

[5]Betreiber, die ausschließlich über eine von einem anderen EU-Mitgliedstaat erteilte USt-IdNr. verfügen, können für die Prüfung der Voraussetzungen nach § 25e Abs. 2 Satz 1 UStG die dort bereitgestellten Verfahren zur Bestätigung von USt-IdNrn. der auf ihrer elektronischen Schnittstelle liefernden Unternehmer nutzen.

(2) [1]Die Befreiung aus der Haftung nach Absatz 1 tritt nicht ein, wenn der Betreiber davon Kenntnis hatte oder nach der Sorgfalt eines ordentlichen Kaufmanns hätte haben müssen, dass der liefernde Unternehmer seinen umsatzsteuerlichen Pflichten nicht oder nicht im vollen Umfang nachkommt (vgl. § 25e Abs. 2 Satz 2 UStG). [2]Unabhängig davon haftet der Betreiber in Fällen des Absatz 1 Satz 1 immer dann für die nicht entrichtete Steuer, wenn der liefernde Unternehmer im Zeitpunkt der Lieferung nicht über eine nach § 27a UStG erteilte, gültige USt-IdNr. oder der Betreiber nicht über einen Nachweis nach Absatz 1 Satz 4 verfügte. [3]In diesen Fällen kommt es auf die Kenntnis des Betreibers, ob der liefernde Unternehmer seinen steuerlichen Pflichten nachkommt, nicht an.

(3) [1]Von einer Kenntnis oder einem Kennenmüssen ist insbesondere auszugehen, wenn der Betreiber ihm offensichtliche oder bekanntgewordene Tatsachen außer Acht lässt, die auf eine umsatzsteuerliche Pflichtverletzung des liefernden Unternehmers schließen lassen. [2]Ein aktives Ausforschen ist dazu nicht erforderlich. [3]Das Kennenmüssen bezieht sich hierbei lediglich auf Sachverhalte, die dem Betreiber im Rahmen seines eigenen Unternehmens bekannt werden und auf eine umsatzsteuerliche Pflichtverletzung schlussfolgern lassen. [4]In diesen Fällen haftet der Betreiber nicht, wenn er den auf seiner elektronischen Schnittstelle tätigen Unternehmer auf die Pflichtverletzung hinweist und ihn auffordert, diese innerhalb einer Frist (längstens zwei Monate) abzustellen und der Unternehmer dieser Aufforderung nachkommt. [5]In den Fällen, in denen der Unternehmer der vorgenannten Aufforderung des Betreibers nicht nachkommt, scheidet eine Haftung nach § 25e Abs. 2 Satz 2 UStG nur aus, wenn der Betreiber den Unternehmer nach Ablauf der gesetzten Frist vom weiteren Handel auf seiner elektronischen Schnittstelle ausschließt (Sperrung aller bestehenden Accounts). [6]Gleiches gilt insbesondere für die Frage der Überschreitung der Umsatzschwelle nach Absatz 1 Satz 4 Nr. 1 und die Frage, ob die Voraussetzungen nach Absatz 1 Satz 4 Nr. 2 und 3 vorliegen. [7]In den Fällen, in denen der Unternehmer im Rahmen der vom Betreiber gesetzten Frist nicht der Aufforderung nachkommt, seine umsatzsteuerlichen Pflichten zu erfüllen und der Betreiber den betreffenden Unternehmer vom weiteren Handel auf seiner elektronischen Schnittstelle aus-

schließt (Sperrung aller bestehenden Accounts), sollte der Betreiber die Finanzverwaltung informieren.

(4) [1] Nach § 25e Abs. 3 UStG haftet der Betreiber nicht für die entstandene und nicht entrichtete Umsatzsteuer aus Lieferungen, die mittels seiner elektronischen Schnittstelle unterstützt wurden, wenn die Registrierung des Lieferers auf der elektronischen Schnittstelle nicht als Unternehmer erfolgt ist und der Betreiber den hierfür geltenden Aufzeichnungs- und Aufbewahrungspflichten nach § 22f Abs. 2 in Verbindung mit Absatz 1 Satz 1 UStG nachgekommen ist. [2] Dies gilt nach § 25e Abs. 3 Satz 2 UStG nicht in Fällen, in denen der Betreiber nachweislich nach Art, Menge oder Höhe der Umsätze Kenntnis hatte oder nach der Sorgfalt eines ordentlichen Kaufmanns hätte haben müssen, dass die Registrierung als Nichtunternehmer zu Unrecht erfolgt ist. [3] § 2 Abs. 1 UStG gilt entsprechend. [4] Für die Abgrenzung, ob es sich um eine unternehmerische Tätigkeit handelt, ist grundsätzlich nur die Tätigkeit auf der eigenen elektronischen Schnittstelle maßgebend. [5] Das Erreichen einer bestimmten Umsatzhöhe reicht für die Beurteilung der Frage, ob eine Tätigkeit unternehmerisch ausgeführt wird, allein nicht aus. [6] Unabhängig davon ist ein deutliches Anzeichen dafür, dass die Registrierung auf einer elektronischen Schnittstelle als Nichtunternehmer zu Unrecht erfolgte, wenn der mittels der elektronischen Schnittstelle erzielte Umsatz eine Höhe von 22 000 € innerhalb eines Kalenderjahres erreicht. [7] Absatz 3 Sätze 4, 5 und 7 gelten entsprechend.

25e.3[1)] Verfahren bei Vorliegen von Pflichtverletzungen

(1) [1] Liegen dem nach § 21 AO örtlich zuständigen Finanzamt Erkenntnisse vor, dass ein Unternehmer, der im Inland steuerbare Umsätze über eine elektronische Schnittstelle ausführt, seinen umsatzsteuerlichen Pflichten nicht nachkommt und andere von ihm zu veranlassende Maßnahmen keinen unmittelbaren Erfolg versprechen, ist es nach § 25e Abs. 4 Satz 1 UStG berechtigt, den betreffenden Betreiber hierüber zu informieren (Offenbarungsbefugnis). [2] Mit dem Zugang dieser Mitteilung ist dem Betreiber die Möglichkeit einzuräumen, innerhalb der vom Finanzamt gesetzten Frist auf den betreffenden Unternehmer einzuwirken, damit dieser seinen umsatzsteuerlichen Pflichten nachkommt, oder sicherzustellen, dass der Unternehmer über seine elektronische Schnittstelle keine weiteren Umsätze ausführen kann (Sperrung aller bestehenden Accounts). [3] Für die Frage, wann die Mitteilung zugegangen ist, gelten die Regelungen des § 122 AO entsprechend. [4] Umsatzsteuerliche Pflichtverletzungen nach Satz 1 sind insbesondere:

1. Abgabe unrichtiger Umsatzsteuer-Voranmeldungen/Umsatzsteuererklärungen für das Kalenderjahr,
2. Nichtabgabe von Umsatzsteuer-Voranmeldungen/Umsatzsteuererklärungen für das Kalenderjahr,
3. Nichtzahlung oder nicht vollständige Zahlung fälliger Umsatzsteuerbeträge oder

1) A 25e.3 UStAE eingef. durch BMF v. 20.4.2021, BStBl. I 2021, 705, anzuwenden mWv 1.7.2021.

4. Nichtbenennung eines Empfangsbevollmächtigten im Inland nach § 22f Abs. 1 Satz 2 UStG (vgl. Abschnitt 22f.2).

(2) [1] Weist der Betreiber innerhalb der gesetzten Frist nach, dass der betreffende Unternehmer über seine elektronische Schnittstelle keine Waren mehr anbieten kann (Sperrung aller bestehenden Accounts), wird eine Inanspruchnahme nach § 25e Abs. 4 Satz 2 UStG für die nicht entrichtete Umsatzsteuer hinfällig. [2] Wird dieser Nachweis vom Betreiber in der gesetzten Frist nicht erbracht, haftet er nach § 25e Abs. 4 Satz 2 UStG für die entstandene und nicht entrichtete Umsatzsteuer aus Umsätzen, die mittels seiner elektronischen Schnittstelle unterstützt wurden und bei denen das Rechtsgeschäft nach Zustellung der Mitteilung vom Finanzamt abgeschlossen wurde. [3] Gleiches gilt in Fällen, in denen die Registrierung beim Betreiber als Nichtunternehmer erfolgte und das nach § 21 AO örtlich zuständige Finanzamt dem Betreiber mitgeteilt hat, dass die Tätigkeit im Rahmen eines Unternehmens erfolgt.

25e.4[1)] Einleitung des Haftungsverfahrens

[1] Liegen die Voraussetzungen für eine Haftung nach § 25e Abs. 1 UStG vor, ist der Betreiber zunächst anzuhören (§ 91 Abs. 1 Satz 1 AO). [2] Die Darlegungs- und Feststellungslast der Kenntnis oder des Kennenmüssens liegt grundsätzlich bei dem für den Erlass des Haftungsbescheids zuständigen Finanzamt. [3] Zuständig für die Durchführung des Haftungsverfahrens ist das für den liefernden Unternehmer örtlich zuständige Finanzamt (§ 25e Abs. 7 UStG und § 21 AO). [4] Im Rahmen der Anhörung ist dem Betreiber Gelegenheit zu geben, die Kenntnis oder das Kennenmüssen zu widerlegen.

Zu § 26 Abs. 3 UStG

26.1 Luftverkehrsunternehmer

(1) [1] Die niedrigere Festsetzung oder der Erlass von Umsatzsteuer nach § 26 Abs. 3 UStG für grenzüberschreitende Beförderungen im Luftverkehr setzt voraus, dass die Leistungen von einem Luftverkehrsunternehmer erbracht werden. [2] Luftverkehrsunternehmer im Sinne dieser Vorschrift sind Unternehmer, die die Beförderung selbst durchführen oder die als Vertragspartei mit dem Reisenden einen Beförderungsvertrag abschließen und sich hierdurch in eigenem Namen zur Durchführung der Beförderung verpflichten. [3] Der Verkauf von Einzeltickets für grenzüberschreitende Flüge vom Reisebüro oder vom Consolidator kann unter den Voraussetzungen des Abschnitts 4.5.3 Abs. 2 als steuerfreie Vermittlungsleistung behandelt werden. [4] Das Reisebüro und der Consolidator können insoweit nicht als Luftverkehrsunternehmer angesehen werden.

(2) [1] Unter den in Absatz 1 bezeichneten Voraussetzungen können auch Veranstalter von Pauschalreisen als Luftverkehrsunternehmer angesehen werden. [2] Die niedrigere Festsetzung oder der Erlass der Umsatzsteuer nach § 26

---

1) A 25e.4 UStAE eingef. durch BMF v. 20.4.2021, BStBl. I 2021, 705, anzuwenden mWv 1.7.2021.

Abs. 3 UStG ist dann jedoch auf die Fälle beschränkt, in denen der Veranstalter die Reisenden mit seinen eigenen Mitteln befördert (vgl. Abschnitt 25.1 Abs. 8) oder Beförderungsleistungen an Unternehmer für ihr Unternehmen erbringt.

26.2 Grenzüberschreitende Beförderungen im Luftverkehr

(1) [1]Eine grenzüberschreitende Beförderung liegt vor, wenn sich eine Beförderung sowohl auf das Inland als auch auf das Ausland erstreckt (§ 3b Abs. 1 Satz 4 UStG). [2]Die niedrigere Festsetzung oder der Erlass der Umsatzsteuer nach § 26 Abs. 3 UStG kommt für folgende grenzüberschreitende Beförderungen im Luftverkehr in Betracht:

1. von einem ausländischen Flughafen zu einem Flughafen im Inland;
2. von einem Flughafen im Inland zu einem ausländischen Flughafen;
3. von einem ausländischen Flughafen zu einem ausländischen Flughafen über das Inland.

[3]Die niedrigere Festsetzung oder der Erlass der Umsatzsteuer kommt jedoch nicht in Betracht bei Beförderungen vom Inland in die nicht zum Inland gehörenden Gebiete der Bundesrepublik Deutschland (vgl. § 1 Abs. 2 UStG) und umgekehrt, z. B. Flüge zwischen Hamburg und Helgoland, sowie bei Beförderungen zwischen den nicht zum Inland gehörenden Gebieten der Bundesrepublik Deutschland über das Inland, z. B. Rundflüge von Helgoland über das Inland. [4]Der Erlass der Umsatzsteuer ist nur bezüglich der Umsatzsteuer auf grenzüberschreitende Personenbeförderung im Luftverkehr möglich; werden im Rahmen einer solchen Beförderung andere eigenständige Leistungen erbracht (vgl. z. B. BFH-Urteil vom 27.2.2014, V R 14/13, BStBl. II S. 869), die im Inland steuerbar sind, ist die Umsatzsteuer auf diese eigenständigen Leistungen nicht nach § 26 Abs. 3 UStG erlassfähig. [5]Der Begriff der grenzüberschreitenden Personenbeförderung in § 26 Abs. 3 UStG ist mit Blick auf die Ausnahmeregelung eng auszulegen. [6]Eine niedrigere Festsetzung oder der Erlass der Umsatzsteuer kommt daher für Helikopterflüge vom deutschen Festland auf Offshore-Windparks außerhalb der 12-Seemeilen-Zone nicht in Betracht.

(2) [1]Zwischenlandungen im Inland schließen die niedrigere Festsetzung oder den Erlass der Umsatzsteuer nicht aus, wenn der Fluggast mit demselben Flugzeug weiterfliegt oder wenn er deshalb in das nächste Anschlussflugzeug umsteigt, weil das erste Flugzeug seinen gebuchten Zielflughafen nicht anfliegt. [2]Wenn der Fluggast dagegen in einem Flughafen (A) im Inland seinen Flug unterbricht, d. h. seinen Aufenthalt über den nächstmöglichen Anschluss hinaus ausdehnt, und sein Zielflughafen (B) oder der nächste Flughafen, in dem er seinen Flug wiederum unterbricht (C), im Inland liegt, entfällt die niedrigere Festsetzung oder der Erlass der Umsatzsteuer für die Teilstrecke A bis B (oder C).

(3) [1]Wird der Flug unterbrochen, kann bei der Berechnung des anteiligen Entgelts für die Beförderungsleistung im Inland von der Differenz der Flugpreise zwischen dem ausländischen Flughafen und den beiden im Inland liegenden Flughäfen ausgegangen werden, z. B. Tokio-Frankfurt mit Zwischen-

aufenthalt in Hamburg; steuerpflichtig ist die Differenz der Flugpreise Tokio-Frankfurt und Tokio-Hamburg. [2]Dies kann in Einzelfällen dazu führen, dass für die im Inland erbrachte Beförderungsleistung ein Entgelt nicht anzusetzen ist.

(4) [1]Soweit die Luftverkehrsunternehmen die Flugunterbrechungen im Einzelnen nur mit erheblichem Verwaltungsaufwand ermitteln können, dürfen die anteiligen Entgelte für steuerpflichtige Beförderungsleistungen geschätzt werden. [2]Dies gilt nur, soweit keine Rechnungen mit gesondertem Steuerausweis ausgestellt worden sind. [3]Das Schätzungsverfahren ist vorab im Einvernehmen mit dem zuständigen Finanzamt festzulegen.

(5) [1]Nach § 22 Abs. 1 und Abs. 2 Nr. 1 UStG sind alle Unternehmer verpflichtet, zur Feststellung der Steuer und ihrer Berechnung Aufzeichnungen zu machen. [2]Damit sind neben inländischen auch im Ausland ansässige Luftverkehrsunternehmer verpflichtet, die Entgelte für Beförderungen von Personen im grenzüberschreitenden Luftverkehr aufzuzeichnen, für die die Umsatzsteuer nach § 26 Abs. 3 UStG erlassen oder niedriger festgesetzt werden kann, und diese Umsätze in den Unsatzsteuer-Voranmeldungen und Umsatzsteuererklärungen für das Kalenderjahr zu erklären. [3]Aus Vereinfachungsgründen wird es jedoch im Einzelfall nicht beanstandet, wenn diese Entgelte von im Ausland ansässigen Luftverkehrsunternehmern, die im Inland ausschließlich grenzüberschreitende Personenbeförderungen im Luftverkehr erbringen, nicht gesondert aufgezeichnet werden, wenn sichergestellt ist, dass die Finanzverwaltung die Höhe der auf die inländischen Streckenanteile der Beförderungsleistung entfallenden Entgelte – gegebenenfalls im Schätzungswege – ermitteln kann. [4]Die zuständige Finanzbehörde kann aus Vereinfachungsgründen auf Antrag des Luftverkehrsunternehmens diesem gestatten, von einer Angabe dieser Entgelte in der Umsatzsteuer-Voranmeldung im Hinblick auf die zu erwartende niedrigere Festsetzung bzw. den zu erwartenden Erlass des Umsatzsteuer abzusehen. [5]Erst die Angabe der auf den inländischen Streckenanteil entfallenden Umsätze grenzüberschreitender Personenbeförderungen im Luftverkehr in der dafür vorgesehenen Zeile der Umsatzsteuererklärung für das Kalenderjahr ist dann als Antrag des Unternehmers auf niedrigere Festsetzung oder auf Erlass (ganz oder teilweise) der Umsatzsteuer nach § 26 Abs. 3 UStG zu werten, soweit sich aus weiteren Angaben des Unternehmers nichts anderes ergibt. [6]Die Zustimmung der zuständigen Finanzbehörde zu einer entsprechenden Umsatzsteuererklärung für das Kalenderjahr steht einer niedrigeren Steuerfestsetzung gleich.

26.3 Beförderung über Teilstrecken durch verschiedene Luftverkehrsunternehmer

[1]Wird eine grenzüberschreitende Beförderung von mehreren aufeinander folgenden Luftverkehrsunternehmern ausgeführt, gilt sie nach dem Luftverkehrsrecht als eine einzige Beförderung, sofern sie als einheitliche Leistung vereinbart worden ist (Artikel 1 Abs. 3 Satz 1 des Montrealer Übereinkommens vom 28.5.1999, BGBl. 2004 II S. 458 und BGBl. 2004 I S. 1027). [2]Eine grenzüberschreitende Beförderung, die nach dem Luftverkehrsrecht als eine einzige Beförderung anzusehen ist, gilt auch im Sinne des § 26 Abs. 3 UStG

als eine einzige Beförderung und damit insgesamt als eine grenzüberschreitende Beförderung im Luftverkehr. [3]Den an dieser Leistung beteiligten Luftverkehrsunternehmern kann deshalb die Umsatzsteuer nach § 26 Abs. 3 UStG auch dann erlassen werden, wenn sich ihr Leistungsteil nur auf das Inland erstreckt. [4]Eine niedrigere Festsetzung oder ein Erlass der Umsatzsteuer kommt jedoch nicht in Betracht, wenn der Fluggast im Inland den Flug unterbricht, d. h. seinen Aufenthalt über den nächstmöglichen Anschluss hinaus ausdehnt (vgl. Abschnitt 26.2 Abs. 2).

26.4 Gegenseitigkeit

[1]Haben Luftverkehrsunternehmer ihren Sitz nicht in der Bundesrepublik Deutschland, kann die Umsatzsteuer in der Regel nur im Falle der Gegenseitigkeit niedriger festgesetzt oder erlassen werden (§ 26 Abs. 3 Satz 2 UStG). [2]Es ist jedoch möglich, die Umsatzsteuer auch dann niedriger festzusetzen oder zu erlassen, wenn in den Ländern dieser Unternehmer die Gegenseitigkeit nicht voll gewährleistet ist. [3]Hier kommen insbesondere die Fälle in Betracht, in denen die von deutschen Luftverkehrsunternehmern im Ausland für die einzelne Beförderungsleistung erhobene Umsatzsteuer unverhältnismäßig niedrig ist oder in denen die Voraussetzungen der Gegenseitigkeit nur in einem Teilbereich, z. B. Charterverkehr, erfüllt sind.

26.5 Zuständigkeit

Für die niedrigere Festsetzung oder den Erlass der Umsatzsteuer gilt folgende Regelung:

1. Unter den Voraussetzungen des § 26 Abs. 3 UStG kann die Umsatzsteuer für grenzüberschreitende Beförderungen im Luftverkehr niedriger festgesetzt oder erlassen werden, wenn es sich um folgende Unternehmer handelt:
   a) Luftverkehrsunternehmer mit Sitz in der Bundesrepublik Deutschland und
   b) Luftverkehrsunternehmer mit Sitz außerhalb der Bundesrepublik Deutschland, wenn die Länder, in denen sie ihren Sitz haben, in dem vom BMF herausgegebenen Verzeichnis der Länder aufgeführt sind, zu denen die Gegenseitigkeit festgestellt ist (vgl. BMF-Schreiben vom 18.4.2017, BStBl. I S. 713, Stand 1.4.2017).
2. [1]Über die Einzelfälle entscheiden bei den in Nummer 1 bezeichneten Luftverkehrsunternehmern die obersten Finanzbehörden der Länder oder die von ihnen beauftragten nachgeordneten Dienststellen. [2]Unabhängig von der Höhe des Steuerbetrages ist das BMF nicht zu beteiligen. [3]Die niedrigere Festsetzung der Steuer oder der Steuererlass kann nicht nur auf Antrag des Unternehmers, sondern auch von Amts wegen erfolgen. [4]§ 26 Abs. 3 UStG soll grundsätzlich im Festsetzungsverfahren angewandt werden, kann aber auch noch im Erhebungsverfahren Anwendung finden. [5]Die niedrigere Festsetzung der Steuer oder der Steuererlass kann nicht vor Entstehung der Steuer (§ 38 AO) ausgesprochen werden. [6]Vor Entstehung

der Steuer kann die zuständige Finanzbehörde lediglich eine verbindliche Zusage erteilen, nach der bei Erfüllung der entsprechenden Voraussetzungen nach Steuerentstehung eine niedrigere Festsetzung der Steuer oder der Steuererlass ausgesprochen werden kann. [7]Die zuständige Finanzbehörde prüft in regelmäßigen Abständen von bis zu 3 Jahren, ob der betreffende Unternehmer die Voraussetzungen der niedrigeren Steuerfestsetzung oder des Steuererlasses grundsätzlich noch erfüllt.

3. [1]Bei Luftverkehrsunternehmern mit Sitz in Ländern, die in dem Verzeichnis der Länder, zu denen die Gegenseitigkeit festgestellt ist, nicht aufgeführt sind, ist das BMF zu beteiligen. [2]Das gilt auch, wenn sich Zweifel ergeben, ob von dem Land, in dem das Luftverkehrsunternehmen seinen Sitz hat, die Voraussetzung der Gegenseitigkeit noch erfüllt wird.

Zu § 27 UStG

27.1 Übergangsvorschriften

Anwendung von § 15a UStG und § 44 UStDV

(1) [1]§ 15a UStG in der Fassung des Artikels 5 Nr. 12 des Gesetzes zur Umsetzung von EU-Richtlinien in nationales Steuerrecht und zur Änderung weiterer Vorschriften vom 9.12.2004 (Richtlinien-Umsetzungsgesetz)[1] findet nur in den Fällen Anwendung, in denen das Wirtschaftsgut nach dem 31.12.2004 angeschafft oder hergestellt bzw. die sonstige Leistung nach diesem Zeitpunkt bezogen wurde (§ 27 Abs. 11 UStG); zur zeitlichen Anwendung des § 15a Abs. 2 UStG vgl. BFH-Urteil vom 12.2.2009, V R 85/07, BStBl. 2010 II S. 76. [2]Ebenso findet die Neuregelung nur auf nach dem 31.12.2004 getätigte nachträgliche Anschaffungs- oder Herstellungskosten Anwendung. [3]Die Neuregelung des § 15a UStG gilt auch in den Fällen, in denen vor dem 1.1.2005 eine Voraus- oder Anzahlung für eine nach dem 31.12.2004 ausgeführte Leistung geleistet worden ist.

(2) [1]Die zum 1.1.2005 durch Artikel 6 Nr. 2 des Gesetzes zur Umsetzung von EU-Richtlinien in nationales Steuerrecht und zur Änderung weiterer Vorschriften vom 9.12.2004 (Richtlinien-Umsetzungsgesetz)[1] erhöhten Beträge in § 44 UStDV finden nur in den Fällen Anwendung, in denen das Wirtschaftsgut nach dem 31.12.2004 angeschafft oder hergestellt bzw. die sonstige Leistung nach diesem Zeitpunkt bezogen wurde. [2]Ebenso findet die Neuregelung nur auf nach dem 31.12.2004 getätigte nachträgliche Anschaffungs- oder Herstellungskosten Anwendung. [3]Das Gleiche gilt in den Fällen, in denen vor dem 1.1.2005 eine Voraus- oder Anzahlung für eine nach dem *31.12.2004 ausgeführte Leistung* geleistet worden ist.

(3) § 15a Abs. 3 und 4 UStG in der Fassung von Artikel 8 Nr. 1 des Ersten Gesetzes zum Abbau bürokratischer Hemmnisse insbesondere in der mittelständischen Wirtschaft vom 22.8.2006[2] findet nur in den Fällen Anwendung, in denen die Gegenstände, die in das Wirtschaftsgut eingegan-

---

[1] BGBl. I 2004, 3310.
[2] BGBl. I 2006, 1970.

gen sind, nach dem 31.12.2006 angeschafft oder hergestellt wurden bzw. in denen die sonstigen Leistungen nach dem 31.12.2006 bezogen wurden (§ 27 Abs. 12 UStG).

Anwendung von § 18 Abs. 3 UStG

(4) Die Übermittlung der Umsatzsteuererklärung für das Kalenderjahr nach amtlich vorgeschriebenem Datensatz durch Datenfernübertragung entsprechend § 18 Abs. 3 UStG in der Fassung von Artikel 4 Nr. 11 Buchstabe a des Jahressteuergesetzes 2010 vom 8.12.2010 (JStG 2010) ist für Besteuerungszeiträume anzuwenden, die nach dem 31.12.2010 enden.

Anwendung von § 27 Abs. 19 UStG

(5) Zur Anwendung von § 27 Abs. 19 UStG vgl. BMF-Schreiben vom 26.7.2017, BStBl. I S. 1001.[1)]

Anwendung von § 27 Abs. 22 UStG

(6) Zur Anwendung von § 27 Abs. 22 UStG vgl. BMF-Schreiben vom 19.4.2016, BStBl. I S. 481.

Zu § 27a UStG

27a.1 Antrag auf Erteilung der Umsatzsteuer-Identifikationsnummer

(1) [1]Der Antrag ist schriftlich unter Angabe des Namens und der Anschrift des Antragstellers, des zuständigen Finanzamtes und der Steuernummer, unter der er umsatzsteuerlich geführt wird, an das Bundeszentralamt für Steuern – Dienstsitz Saarlouis –, 66740 Saarlouis, zu richten. [2]Anträge können auch über das Internet (www.bzst.de) gestellt werden. [3]Die USt-IdNr. wird dem Antragsteller schriftlich bekannt gegeben. [4]Bei der steuerlichen Neuaufnahme kann der Unternehmer die Erteilung einer USt-IdNr. auch bei dem zuständigen Finanzamt beantragen. [5]Dieser Antrag wird, zusammen mit den erforderlichen Angaben über die Erfassung für Zwecke der Umsatzsteuer, an das BZSt weitergeleitet. [6]Jeder Unternehmer erhält nur eine USt-IdNr. [7]Wegen der Besonderheiten bei Organgesellschaften und bei juristischen Personen des öffentlichen Rechts vgl. Absatz 3. [8]Den ständigen diplomatischen Missionen und berufskonsularischen Vertretungen, zwischenstaatlichen Einrichtungen und Streitkräften anderer Vertragsparteien des Nordatlantikvertrags wird grundsätzlich keine USt-IdNr. erteilt (vgl. auch Abschnitt 1c.1).

(2) Der Unternehmer kann schriftlich unter Angabe der ggf. bereits erteilten USt-IdNr. beim Bundeszentralamt für Steuern – Dienstsitz Saarlouis –, 66740 Saarlouis, beantragen, dass die Anschrift gespeichert wird, unter der er im innergemeinschaftlichen Geschäftsverkehr auftritt (sog. Euro-Adresse).

(3) [1]Organkreise erhalten eine gesonderte USt-IdNr. für den Organträger und jede einzelne Organgesellschaft, die innergemeinschaftliche Warenliefe-

---

1) Siehe auch BFH v. 27.9.2018 V R 49/17, BStBl. II 2019, 109.

rungen (§ 18a Abs. 6 UStG), steuerpflichtige sonstige Leistungen im übrigen Gemeinschaftsgebiet im Sinne von § 3a Abs. 2 UStG (vgl. Abschnitt 3a.2), für die der in einem anderen EU-Mitgliedstaat ansässige Leistungsempfänger die Steuer dort schuldet, oder Lieferungen im Sinne von § 25b Abs. 2 UStG im Rahmen innergemeinschaftlicher Dreiecksgeschäfte ausführt. [2]Der Antrag ist vom Organträger zu stellen. [3]Der Antrag muss folgende Angaben enthalten:

– die Steuernummer, unter der der Organkreis für Zwecke der Umsatzsteuer geführt wird;
– den Namen und die Anschrift des Organträgers;
– die USt-IdNr. des Organträgers (soweit bereits erteilt);
– die Bezeichnung des Finanzamts, bei dem der Organkreis für Zwecke der Umsatzsteuer geführt wird;
– den Namen und die Anschriften der einzelnen Organgesellschaften, die am innergemeinschaftlichen Handelsverkehr teilnehmen;
– die Steuernummern, unter denen die Organgesellschaften ertragsteuerlich geführt werden;
– die Bezeichnung der zuständigen Finanzämter, bei denen die Organgesellschaften ertragsteuerlich geführt werden.

[4]Die Gebietskörperschaften Bund und Länder können für einzelne Organisationseinheiten (z. B. Ressorts, Behörden und Ämter) eine USt-IdNr. erhalten (vgl. Abschnitt 1a.1 Abs. 3). [5]Ist eine solche Organisationseinheit insgesamt nur hoheitlich tätig und hat sie bislang keine USt-IdNr. erhalten, weil sie keinen innergemeinschaftlichen Erwerb nach § 1a UStG zu besteuern hat, erhält sie nunmehr – auf Antrag – eine USt-IdNr., wenn sie diese für die Besteuerung der von ihr bezogenen sonstigen Leistungen benötigt, für die der Leistungsort nach § 3a Abs. 2 UStG im Inland liegt (vgl. Abschnitt 3a.2 Abs. 14).

Zu § 27b UStG

27b.1 Umsatzsteuer-Nachschau

(1) [1]Die Umsatzsteuer-Nachschau ist keine Außenprüfung im Sinne des § 193 AO. [2]Sie ist ein besonderes Verfahren zur zeitnahen Aufklärung möglicher steuererheblicher Sachverhalte. [3]Deshalb gelten die Vorschriften für eine Außenprüfung (§§ 193 ff. AO) nicht. [4]Die Umsatzsteuer-Nachschau wird nicht angekündigt.

(2) [1]Eine Umsatzsteuer-Nachschau kann insbesondere in folgenden Fällen angezeigt sein:

– Existenzprüfungen bei neu gegründeten Unternehmen;
– Entscheidungen im Zustimmungsverfahren nach § 168 Satz 2 AO;
– Erledigung von Auskunftsersuchen zum Vorsteuerabzug anderer Finanzämter (USt 1 KM);
– Erledigung von Amtshilfeersuchen anderer EU-Mitgliedstaaten.

[2]Mit dem Instrument der Umsatzsteuer-Nachschau sollen umsatzsteuerrechtlich erhebliche Sachverhalte festgestellt werden. [3]Solche Sachverhalte sind zum Beispiel:

– Unternehmerexistenz;
– Vorhandensein von Anlage- und Umlaufvermögen;
– einzelne Eingangs- oder Ausgangsrechnungen;
– einzelne Buchungsvorgänge;
– Verwendungsverhältnisse.

(3) Nach § 27b Abs. 1 Satz 1 UStG sind alle mit der Festsetzung und Erhebung der Umsatzsteuer betrauten Amtsträger befugt, Umsatzsteuer-Nachschauen durchzuführen.

(4) Sobald der Amtsträger
– der Öffentlichkeit nicht zugängliche Geschäftsräume betreten will,
– den Steuerpflichtigen auffordert, Aufzeichnungen, Bücher, Geschäftspapiere und andere umsatzsteuerrelevante Urkunden vorzulegen oder – wenn die Unterlagen mit Hilfe eines Datenverarbeitungssystems erstellt wurden – die gespeicherten Daten einzusehen oder
– den Steuerpflichtigen auffordert, Auskunft zu erteilen,

hat er sich auszuweisen.

(5) [1] Im Rahmen der Umsatzsteuer-Nachschau dürfen grundsätzlich nur Grundstücke und Räume betreten werden, die gewerblich oder beruflich selbständig genutzt werden; unschädlich ist, wenn sie auch zu Wohnzwecken genutzt werden. [2] Das Betreten muss dazu dienen, Sachverhalte festzustellen, die für die Umsatzbesteuerung erheblich sein können. [3] Ein Durchsuchungsrecht gewährt die Umsatzsteuer-Nachschau nicht. [4] Das bloße Betreten oder Besichtigen von Grundstücken und Räumen ist noch keine Durchsuchung. [5] Ein Betreten der Grundstücke und Räume ist während der Geschäfts- und Arbeitszeiten zulässig. [6] Die Umsatzsteuer-Nachschau kann auch außerhalb der Geschäftszeiten vorgenommen werden, wenn im Unternehmen schon oder noch gearbeitet wird. [7] Der Unternehmer hat auf Verlangen dem Amtsträger Aufzeichnungen, Bücher, Geschäftspapiere und andere Urkunden vorzulegen und Auskünfte zu erteilen. [8] Wurden die der Umsatzsteuer-Nachschau unterliegenden Sachverhalte betreffenden Unterlagen mit Hilfe eines Datenverarbeitungssystems erstellt, hat der Unternehmer dem Amtsträger auf Verlangen Einsicht in die gespeicherten Daten zu gewähren (§ 27b Abs. 2 Satz 2 UStG); es reicht nicht aus, wenn der Unternehmer nur entsprechende Papierausdrucke aus dem Datenverarbeitungssystem bereitstellt. [9] Soweit erforderlich, ist der Amtsträger befugt, das Datenverarbeitungssystem des Unternehmers zu nutzen (§ 27b Abs. 2 Satz 2 UStG). [10] Hierbei ist es dem Unternehmer freigestellt, ob er dem Amtsträger einen entsprechenden Lesezugriff einräumt oder ob er selbst bzw. eine von ihm beauftragte Person dafür sorgt, dass der Amtsträger unverzüglich Einsicht in die entsprechenden Daten erhält. [11] Zur Kostentragung durch den Unternehmer gilt § 147 Abs. 6 Satz 4 AO sinngemäß. [12] Kommt der Unternehmer seinen Mitwirkungspflichten im Rahmen der Umsatzsteuer-Nachschau nicht nach, liegt es im Ermessen des Amtsträgers, zu einer Außenprüfung nach § 193 AO überzugehen.

(6) [1] Da die Umsatzsteuer-Nachschau keine Außenprüfung im Sinne des § 193 ff. AO darstellt, finden insbesondere die §§ 147 Abs. 6 Satz 2, 201 und 202 AO keine Anwendung. [2] Ein Prüfungsbericht ist nicht zu fertigen. [3] Sollen auf Grund der Umsatzsteuer-Nachschau Besteuerungsgrundlagen ge-

ändert werden, ist dem Steuerpflichtigen rechtliches Gehör zu gewähren (§ 91 AO).

(7) [1]Der Beginn der Umsatzsteuer-Nachschau hemmt den Ablauf der Festsetzungsfrist nach § 171 Abs. 4 AO nicht. [2]Die Änderungssperre des § 173 Abs. 2 AO findet keine Anwendung. [3]Soweit eine Steuer nach § 164 AO unter dem Vorbehalt der Nachprüfung festgesetzt worden ist, muss dieser nach Durchführung der Umsatzsteuer-Nachschau nicht aufgehoben werden. [4]Im Anschluss an eine Umsatzsteuer-Nachschau ist ein Antrag auf verbindliche Zusage (§ 204 AO) nicht zulässig.

(8) [1]Ein Verwaltungsakt liegt dann vor, wenn der Amtsträger Maßnahmen ergreift, die den Steuerpflichtigen zu einem bestimmten Tun, Dulden oder Unterlassen verpflichten sollen. [2]Ein Verwaltungsakt liegt insbesondere vor, wenn der Amtsträger den Steuerpflichtigen auffordert,
- das Betreten der nicht öffentlich zugänglichen Geschäftsräume zu dulden,
- Aufzeichnungen, Bücher, Geschäftspapiere und andere umsatzsteuerrelevante Urkunden vorzulegen oder – wenn die Unterlagen mit Hilfe eines Datenverarbeitungssystems erstellt wurden – die gespeicherten Daten einzusehen oder
- Auskunft zu erteilen.

[3]Ein derartiger Verwaltungsakt ist grundsätzlich mit Zwangsmitteln nach §§ 328 ff. AO (insbesondere durch unmittelbaren Zwang nach § 331 AO) durchsetzbar.

(9) [1]Nach § 27b Abs. 3 UStG kann ohne vorherige Prüfungsanordnung (§ 196 AO) zu einer Außenprüfung nach § 193 AO übergegangen werden, wenn die bei der Umsatzsteuer-Nachschau getroffenen Feststellungen hierzu Anlass geben. [2]Da die Umsatzsteuer-Nachschau auf die Umsatzsteuer begrenzt ist, kann nach einem Übergang zu einer Außenprüfung nur die Umsatzsteuer geprüft werden. [3]Somit kommt nur die Durchführung einer Umsatzsteuer-Sonderprüfung in Betracht. [4]Die Anordnung einer darüber hinausgehenden Außenprüfung ohne Ankündigung bleibt nach § 197 Abs. 1 Satz 1 AO zulässig, wenn der Prüfungszweck durch eine vorherige Ankündigung gefährdet wird. [5]Die Entscheidung zum Übergang zu einer Umsatzsteuer-Sonderprüfung ist eine Ermessensentscheidung. [6]Der Übergang zu einer Umsatzsteuer-Sonderprüfung ist regelmäßig geboten, wenn die sofortige Sachverhaltsaufklärung (z. B. Feststellung der Besteuerungsgrundlagen, vollständige Erfassung von Umsätzen, rechtliche Beurteilung von steuerfreien Umsätzen) zweckmäßig erscheint und wenn anschließend auch die gesetzlichen Folgen einer Außenprüfung für die Steuerfestsetzung eintreten sollen. [7]*Der Übergang zu einer* Umsatzsteuer-Sonderprüfung ist dem Unternehmer bekannt zu geben. [8]Dies ist ein Verwaltungsakt, der an keine bestimmte Form gebunden ist. [9]Nach § 27b Abs. 3 Satz 2 UStG ist der Unternehmer auf diesen Übergang jedoch schriftlich hinzuweisen. [10]Die allgemeinen Grundsätze über den notwendigen Inhalt von Prüfungsanordnungen gelten entsprechend. [11]Insbesondere ist der Prüfungszeitraum und der Prüfungsumfang festzulegen. [12]Der Beginn einer Außenprüfung nach erfolgter Umsatzsteuer-Nachschau ist unter Angabe von Datum und Uhrzeit aktenkundig

zu machen. [13]Für die Durchführung der Umsatzsteuer-Sonderprüfung gelten die §§ 199 ff. AO.

(10) [1]Im Rahmen der Umsatzsteuer-Nachschau ergangene Verwaltungsakte können nach § 347 AO mit dem Einspruch angefochten werden. [2]Der Amtsträger ist berechtigt und verpflichtet, den schriftlichen Einspruch entgegenzunehmen. [3]Der Einspruch hat keine aufschiebende Wirkung und hindert daher nicht die Durchführung der Umsatzsteuer-Nachschau, es sei denn, die Vollziehung des angefochtenen Verwaltungsakts wurde ausgesetzt (§ 361 AO, § 69 FGO). [4]Mit Beendigung der Umsatzsteuer-Nachschau sind oder werden Einspruch und Anfechtungsklage gegen die Anordnung der Umsatzsteuer-Nachschau unzulässig; insoweit kommt lediglich eine Fortsetzungs-Feststellungsklage (§ 100 Abs. 1 Satz 4 FGO) in Betracht. [5]Wurden die Ergebnisse der Umsatzsteuer-Nachschau in einem Steuerbescheid berücksichtigt, muss auch dieser Bescheid angefochten werden, um ein steuerliches Verwertungsverbot zu erlangen. [6]Für die Anfechtung der Mitteilung des Übergangs zur Außenprüfung (§ 27b Abs. 3 UStG) gelten die Grundsätze für die Anfechtung einer Außenprüfungsanordnung entsprechend (vgl. AEAO zu § 196).[1)]

Zu § 29 UStG

29.1[2)] Zivilrechtliche Ausgleichsansprüche für umsatzsteuerliche Mehr- und Minderbelastungen

(1) [1]Die Vorschrift des § 29 UStG sieht für Lieferungen und sonstige Leistungen einschließlich der Teilleistungen unter bestimmten Voraussetzungen den Ausgleich umsatzsteuerlicher Mehr- und Minderbelastungen vor, die sich durch Gesetzesänderungen ergeben. [2]Den Vertragspartnern werden zivilrechtliche Ausgleichsansprüche in folgenden Fällen eingeräumt:

1. bei einer Erhöhung der umsatzsteuerlichen Belastung dem leistenden Unternehmer gegen den Leistungsempfänger und
2. bei einer Verringerung der umsatzsteuerlichen Belastung dem Leistungsempfänger gegen den leistenden Unternehmer.

[3]Das Gleiche gilt, wenn der Umsatz steuerpflichtig, steuerfrei oder nicht steuerbar wird. [4]Auf die Höhe der Belastungsänderung kommt es nicht an.

(2) Über die Berechtigung und die Höhe von Ausgleichsansprüchen nach § 29 UStG entscheiden in Streitfällen die ordentlichen Gerichte.

(3) [1]Als angemessen im Sinne des § 29 Abs. 1 Satz 1 UStG ist grundsätzlich der volle Ausgleich der umsatzsteuerlichen Mehr- oder Minderbelastung an-

---

1) Nr. **800**.

2) Zu den Auswirkungen der befristeten Absenkung
- des allgemeinen Steuersatzes von 19 % auf 16 % (§ 28 Abs. 1 UStG),
- des ermäßigten Steuersatzes von 7 % auf 5 % (§ 28 Abs. 2 UStG) sowie
- des Steuersatzes für land- und forstwirtschaftliche Betriebe nach § 24 Abs. 1 Satz 1 Nr. 2 *UStG von 19 % auf 16 %* (§ 28 Abs. 3 UStG)

vom 1.7.2020 bis zum 31.12.2020 auf Altverträge vgl. BMF v. 30.6.2020 Rz. 15, BStBl. I 2020, 584. Ergänzend siehe BMF v. 4.11.2020, BStBl. I 2020, 1129.

zusehen (vgl. BGH-Urteile vom 22.3.1972, VIII ZR 119/70, BGHZ Bd. 58 S. 292, und vom 28.6.1973, VII ZR 3/71, BGHZ Bd. 61 S. 1013). [2]Ist die Höhe der umsatzsteuerlichen Mehr- oder Minderbelastung streitig, ist § 287 Abs. 1 ZPO entsprechend anzuwenden. [3]Danach entscheidet das Gericht über die Höhe der Mehr- oder Minderbelastung unter Würdigung aller Umstände nach freier Überzeugung.

(4) [1]Ein Ausgleichsanspruch entsteht nach § 29 Abs. 1 Satz 2 UStG nicht, soweit die Vertragspartner etwas anderes vereinbart haben. [2]Der Ausschluss eines Ausgleichsanspruchs kann ausdrücklich vereinbart werden. [3]Er kann sich aber auch aus einer allgemeinen vertraglichen Vereinbarung, z. B. durch die Vereinbarung eines Festpreises, ergeben. [4]Die Vertragspartner können einen Ausgleichsanspruch entweder ganz oder teilweise ausschließen.

(5) [1]Für bestimmte Leistungsbereiche sind Entgelte – Vergütungen, Gebühren, Honorare usw. – vorgeschrieben, in denen die Umsatzsteuer für die Leistung nicht enthalten ist, z. B. nach dem RVG, der *StBGebV,*[1)] der *KostO*[1)] und der HOAI. [2]Soweit Unternehmer in diesen Fällen berechtigt sind, die für die jeweilige Leistung geschuldete Umsatzsteuer zusätzlich zu berechnen, können etwaige umsatzsteuerliche Mehr- oder Minderbelastungen von vornherein in voller Höhe ausgeglichen werden. [3]Der Geltendmachung eines Ausgleichsanspruchs nach § 29 UStG bedarf es nicht.

(6) [1]Durch § 29 Abs. 1 UStG wird der Ausgleich einer umsatzsteuerlichen Mehr- oder Minderbelastung ausschließlich für Belastungsänderungen durch das UStG 1980 geregelt. [2]Diese Ausgleichsregelung ist nach § 29 Abs. 2 UStG auf Belastungsänderungen entsprechend anzuwenden, die sich durch Änderungen des UStG ergeben. [3]Ausgleichsansprüche kommen für Leistungen bzw. Teilleistungen in Betracht, die ab dem Inkrafttreten der jeweiligen Änderungsvorschrift bewirkt werden. [4]Das gilt auch insoweit, als dafür bei der Istversteuerung Steuer vor dem Inkrafttreten der Änderungsvorschrift entstanden ist (§ 13 Abs. 1 Nr. 1 Buchstabe a Satz 4 oder Buchstabe b UStG). [5]Voraussetzung für den Ausgleichsanspruch ist, dass der Vertrag, auf dem die Leistung beruht, nicht später als vier Kalendermonate vor dem Inkrafttreten der Gesetzesänderung abgeschlossen worden ist.

29.2[2)] Anwendungszeitraum

[1]Der UStAE gilt, soweit sich aus ihm nichts anderes ergibt, für Umsätze, die nach dem 31.10.2010 ausgeführt werden. [2]Früher ergangene Anordnungen, die mit dem UStAE im Widerspruch stehen, sind nicht mehr anzuwenden.

[1)] Jetzt StBVV. – Jetzt Gerichts- und Notarkostengesetz (GNotKG).

[2)] Gilt für die Urfassung v. 1.10.2010. – Die Änderungen durch spätere BMF-Schreiben und ihre Anwendung sind mit Ausnahmen erst nach dem umfassenden Änderungsschreiben v. 15.12.2020, BStBl. I 2020, 1374, nachgewiesen.

500/Anlage 8. Anwendungsregelungen

Übersicht

1. BMF-Schreiben vom 20.8.2020, BStBl. I 2020, 671

(Änderungen in A 1.7 Abs. 1 UStAE)

V. Anwendungsregelung

Die Regelung ist in allen noch offenen Fällen anzuwenden.

Für Umsätze der Marktgebietsverantwortlichen an die Bilanzkreisverantwortlichen und der Bilanzkreisverantwortlichen an die Marktgebietsverantwortlichen im Rahmen der Bilanzkreisabrechnung, die vor **dem 1. Oktober 2021** ausgeführt wurden bzw. werden, wird es – auch für Zwecke des Vorsteuerabzugs – nicht beanstandet, wenn diese Umsätze von den Beteiligten einvernehmlich bei bilanzieller Überspeisung als sonstige Leistungen des Bilanzkreisverantwortlichen an den Marktgebietsverantwortlichen und bei bilanzieller Unterspeisung als sonstige Leistungen des Marktgebietsverantwortlichen an den Bilanzkreisverantwortlichen abgerechnet wurden bzw. werden.

2. BMF-Schreiben vom 28.8.2020, BStBl. I 2020, 928

(Änderungen in A 10.5 und A 25a.1 UStAE)

III. Anwendung

Die Grundsätze dieses Schreibens sind in allen offenen Fällen anzuwenden. Es wird hinsichtlich aller bis **vor dem 1. Januar 2022** entstandener gesetzlicher Umsatzsteuer – auch für Zwecke des Vorsteuerabzugs – nicht beanstandet, wenn die Unternehmer Tauschumsätze entsprechend der bisherigen Fassung der Abschnitte 10.5 und 25a.1 Abs. 10 UStAE behandelt haben.

3. BMF-Schreiben vom 18.9.2020, BStBl. I 2020, 976

(Änderungen in A 14.5, A 14.11, A 15.2, A 15.2a und A 15.11 UStAE)

III. Anwendung

Die Grundsätze dieses Schreibens sind in allen offenen Fällen anzuwenden.

Es wird nicht beanstandet, wenn bei **bis zum 31. Dezember 2020** übermittelten Rechnungsberichtigungen nach § 31 Abs. 5 UStDV, die nach dem BFH-Urteil vom 20. Oktober 2016, V R 26/15, Rückwirkung besitzen, der Vorsteuerabzug gleichwohl erst in dem Besteuerungszeitraum geltend gemacht wird, in dem die berichtigte Rechnung ausgestellt wird. Eine Berufung hierauf scheidet aus, wenn der Vorsteuerabzug bereits aus der ursprünglichen Rechnung gewährt wurde.

4. BMF-Schreiben vom 12.11.2020, BStBl. I 2020, 1265

(Änderungen in A 4.20.1 und A 12.5 UStAE)

Anwendung

Die Grundsätze dieses Schreibens sind in allen offenen Fällen anzuwenden. Für Umsätze, die **vor dem 1. Januar 2021** ausgeführt werden, wird es nicht beanstandet, wenn die Vertragspartner die Leistungen – auch für Zwecke des Vorsteuerabzugs – abweichend von den vorgenannten Ausführungen als umsatzsteuerpflichtig behandeln bzw. diese Umsätze dem allgemeinen Steuersatz unterwerfen.

5. BMF-Schreiben vom 23.12.2020, BStBl. I 2021, 92

(Änderungen in A 13b.1, 13b.3, 13b.3a, 13b.4, 13b.5, 13b.6, 13b.7, 13b.7a, 13b.8, 13b.12, 13b.14, 13b.17, 13b.18, Einfügung von A 13b.7b)

II. Anwendungsregelung

1. Anwendung

Die Regelungen sind auf Umsätze anzuwenden, die **nach dem 31. Dezember 2020** ausgeführt werden.

(weitere nicht abgedruckt; siehe die sehr umfangreichen Regelungen im BMF-Schreiben)

2. Übergangsregelung

Bei Leistungen, die **nach dem 31. Dezember 2020 und vor dem 1. April 2021** ausgeführt werden, ist es beim leistenden Unternehmer und beim Leistungsempfänger nicht zu beanstanden, wenn die Vertragspartner einvernehmlich noch von der Steuerschuldnerschaft des leistenden Unternehmers nach § 13a Abs. 1 Nr. 1 UStG ausgegangen sind. Voraussetzung hierfür ist, dass der Umsatz vom leistenden Unternehmer in zutreffender Höhe versteuert wird.

Dies gilt entsprechend auch in den Fällen, in denen das Entgelt oder ein Teil des Entgelts **nach dem 31. Dezember 2020 und vor dem 1. April 2021** vereinnahmt wird und die Leistung erst nach der Vereinnahmung des Entgelts oder von Teilen des Entgelts ausgeführt wird. Tz. II.1 gilt entsprechend.

6. BMF-Schreiben vom 24.6.2021, BStBl. I 2021, 857

(Neufassung von A 25.1 bis A 25.5 UStAE)

Anwendung

Die Regelungen dieses Schreibens sind mit Ausnahme der Regelungen zur Einzelmargenbildung (Abschnitt 25.3 UStAE) in allen offenen Fällen anzuwenden. Die Regelungen des **Abschnitts 25.3 UStAE sind für Umsätze nach dem 31. Dezember 2021** anzuwenden. Die **Nichtbeanstandungsregelung** für Reiseleistungen von Unternehmen mit Sitz im Drittland (BMF-Schreiben vom 29. Januar 2021 – III C 2 – S 7419/19/10002 :004 (2020/0981332), BStBl. I S. 250) besteht fort.[1] Aus Gründen des Vertrauensschutzes wird es nicht beanstandet, wenn Unternehmer auf **bis zum 31. Dezember 2021** ausgeführte Umsätze Abschnitt 25 UStAE in der am 1. Juni 2021 geltenden Fassung anwenden.

A 25.3 UStAE in der bis 31.12.2021 anzuwendenden Fassung lautet:

25.3 Bemessungsgrundlage bei Reiseleistungen

(1) [1] Abweichend von § 10 UStG ist Bemessungsgrundlage lediglich die Differenz (Marge) zwischen dem Betrag, den der Leistungsempfänger entrichtet und den Aufwendungen für die Reisevorleistungen, jedoch abzüglich der Umsatzsteuer.

Beispiel 1:

[1] Ein Reiseveranstalter mit Sitz oder Betriebsstätte im Inland führt eine Bahnpauschalreise im Inland aus. [2] Der Preis beträgt 440 € pro Person. [3] Es nehmen 40 Personen teil. [4] Der Reiseveranstalter hat für Reisevorleistungen aufzuwenden:

1. an die Deutsche Bahn AG für die Fahrt (einschließlich Umsatzsteuer)	*3 200,– €,*
2. an Hotel für Unterkunft (einschließlich Umsatzsteuer)	*12 000,– €.*

[5] Die Marge für die Leistung des Reiseveranstalters ermittelt sich wie folgt:

Reisepreis (Aufwendungen der Reiseteilnehmer)		*17 600,– €*
./. Reisevorleistungen		
für Fahrt	*3 200,– €*	
für Unterkunft	*12 000,– €*	*15 200,– €*
Marge		*2 400,– €*
./.darin enthaltene Umsatzsteuer ($^{19}/_{119}$ = Steuersatz 19 %)		*383,19 €*
Bemessungsgrundlage		*2 016,81 €*

[2] Zu den Aufwendungen für Reisevorleistungen gehören auch die Aufwendungen, die der Unternehmer auf Grund vertraglicher Vereinbarung für nicht ausgenutzte Kapazitäten (vgl. Abschnitt 25.1 Abs. 10) zahlen muss.

Beispiel 2:

Der Reiseunternehmer, der einem Hotel die Abnahme einer bestimmten Zahl von Zimmern oder auch aller Zimmer garantiert hat, muss das dafür vertraglich vereinbarte Entgelt auch dann in voller Höhe entrichten, wenn er die gebuchten Zimmer nicht alle oder nicht für den vereinbarten Abnahmezeitraum belegen kann.

---

[1] Nichtbeanstandungsregelung für Reiseleistungen dieser Unternehmen verlängert bis **31.12.2022** (BMF v. 1.12.2021, BStBl. I 2021, 2488).

[3] Werden im Abrechnungsverkehr zwischen Leistungsträgern und Reiseveranstaltern Reisevorleistungen ausgehend vom sog. Bruttowert (Verkaufspreis abzüglich Provisionen zuzüglich Umsatzsteuer auf den Provisionsbetrag) berechnet, handelt es sich bei den Provisionen regelmäßig um Entgelts- bzw. Reisevorleistungsminderungen und nicht um Vergütungen für besondere (Vermittlungs-)Leistungen. [4] Der Wert der Reisevorleistungen ist dann identisch mit dem Wert einer agenturmäßigen Nettoberechnung. [5] Die in den Abrechnungen des Leistungsträgers auf den Provisionsbetrag gesondert ausgewiesene Umsatzsteuer wird weder vom Leistungsträger noch vom Reiseveranstalter nach § 14c Abs. 2 UStG geschuldet. [6] Aufwendungen für Reisevorleistungen in fremder Währung sind nach § 16 Abs. 6 UStG in dem Zeitpunkt umzurechnen, in dem die Aufwendungen geleistet worden sind.

(2) [1] Treffen bei einer Reise Leistungen des Unternehmers mit eigenen Mitteln und Leistungen Dritter zusammen (vgl. Abschnitt 25.1 Abs. 11), sind für die Berechnung der Marge die eigenen Leistungen grundsätzlich im prozentualen Verhältnis zu den Fremdleistungen auszuscheiden. [2] Die eigenen Leistungen sind mit den dafür aufgewendeten Kosten (einschließlich Umsatzsteuer) anzusetzen.

Beispiel:

[1] Ein Reiseveranstalter mit Sitz oder Betriebsstätte im Inland führt eine Buspauschalreise im Inland aus. [2] Der Preis beträgt 600 € pro Person. [3] Es nehmen 50 Personen teil. [4] Dem Unternehmer entstehen folgende Aufwendungen:

	€	%
1. Eigenleistungen		
a) Beförderung mit eigenem Bus	*4 000,–*	
b) Betreuung am Zielort durch angestellte Reiseleiter	*1 000,–*	
Insgesamt	*5 000,–*	*20*
2. Reisevorleistungen Dritter		
Unterkunft und Verpflegung	*20 000,–*	*80*
	25 000,–	*100*

[5] Die Marge errechnet sich wie folgt:

Reisepreis (Aufwendungen der Reiseteilnehmer)	*30 000,– €*
./. 20 % für Eigenleistungen	*6 000,– €*
	24 000,– €
./. Reisevorleistungen	*20 000,– €*
Marge	*4 000,– €*
./. darin enthaltene Umsatzsteuer ($^{19}/_{119}$ = Steuersatz 19 %)	*638,66 €*
Marge = Bemessungsgrundlage	*3 361,34 €*

[6] Der Unternehmer hat mit 19 % zu versteuern:

a) seine Eigenleistung (6000 € ./. darin enthaltene Umsatzsteuer in Höhe von $^{19}/_{119}$ = Steuersatz 19 %)	*5 042,02 €*
b)die Reiseleistung	*3 361,34 €*
	8 403,36 €

[3] Die Eigenleistungen können auch in anderer Weise ermittelt werden, wenn dies zu einem sachgerechten Ergebnis führt.

(3) Ist die einheitliche sonstige Leistung teils steuerfrei und teils steuerpflichtig (vgl. Abschnitt 25.2 Abs. 3), ist die Bemessungsgrundlage für die unter § 25 UStG fallen-

den Umsätze im Verhältnis der Reisevorleistungen im Sinne des § 25 Abs. 2 UStG zu den übrigen Reisevorleistungen aufzuteilen.

Beispiel:

[1] Ein Reiseveranstalter mit Sitz oder Betriebsstätte im Inland führt von einem inländischen Flughafen eine Flugpauschalreise nach Moskau aus. [2] Der Preis beträgt 1100 € pro Person. [3] Es nehmen 80 Personen teil. [4] Der Veranstalter hat an Reisevorleistungen aufzuwenden:

	€	%
1. Flugkosten	*20 000,–*	*25*
2. Kosten für Unterkunft und Verpflegung im Hotel (einschließlich Umsatzsteuer)	*60 000,–*	*75*
Insgesamt	*80 000,–*	*100*

[5] Sofern die Vereinfachungsregelung des Abschnitts 25.2 Abs. 4 nicht angewandt wird, errechnet sich die Marge wie folgt:

Reisepreis (Aufwendungen der Reiseteilnehmer)	*88 000,– €*	
./. Reisevorleistungen	*80 000,– €*	
Gesamtmarge	*8 000,– €*	
davon entfallen		
a) auf Unterkunft und Verpflegung im Drittlandsgebiet 75 % der Reisevorleistungen – steuerfrei nach § 25 Abs. 2 UStG –		*6 000,– €*
b) auf den Flug 25 % der Reisevorleistungen = 2 000,– €. Da nur 60 % der Flugstrecke über Gemeinschaftsgebiet führt, beträgt der nach § 25 Abs. 2 UStG steuerfreie Anteil;		*800,– €*
der steuerpflichtige Anteil	*1 200,– €*	
./. darin enthaltene Umsatzsteuer ($^{19}/_{119}$ = Steuersatz 19 %)	*191,60 €*	
steuerpflichtig	*1 008,40 €*	
steuerfrei		*6 800,– €*

[6] Die Bemessungsgrundlage für die Flugpauschalreise beträgt danach für steuerfreie Umsätze 6800,– € und für steuerpflichtige Umsätze 1008,40 €.

(4) [1] Die Errechnung der Marge für die einzelne Leistung (vgl. Beispiele in den Absätzen 1 bis 3) kann bei Pauschalreisen mit erheblichen Schwierigkeiten verbunden sein. [2] Eine Zuordnung der Reisevorleistungen wird vielfach abrechnungstechnische Probleme aufwerfen. [3] § 25 Abs. 3 Satz 3 UStG sieht deshalb Erleichterungen vor. [4] Der Unternehmer hat danach die Möglichkeit, die Marge für bestimmte Gruppen von Reiseleistungen zu ermitteln. [5] Dies kann z. B. die Marge für eine in sich abgeschlossene Reise, z. B. Kreuzfahrt, oder für sämtliche Reisen während eines bestimmten Zeitraums (Saison) in einen Zielort oder ein Zielgebiet sein. [6] Er kann aber auch die Marge für seine gesamten innerhalb eines Besteuerungszeitraums bewirkten Reiseleistungen, soweit sie unter die Sonderregelung des § 25 UStG fallen, in einer Summe ermitteln.

Beispiel:

[1] Der Unternehmer hat im Kalenderjahr Reiseleistungen i. H. v. insgesamt 2 700 000 € bewirkt. [2] An touristischen Direktaufwendungen sind ihm entstanden:

	€	%
Eigenleistungen		
Beförderungen mit eigenen Bussen (davon 40 % Strecke im Inland = steuerpflichtig)	*500 000,–*	*20*
Reisevorleistungen		
1. Beförderungen mit Luftfahrzeugen		
a) über Gemeinschaftsgebiet 200 000,– €		
b) über Drittlandsgebiet 300 000,– €	*500 000,–*	*20*

	€	%
2. Unterkunft und Verpflegung in EU-Mitgliedstaaten	*1 000 000,–*	*40*
3. Unterkunft und Verpflegung in Drittländern	*500 000,–*	*20*
	2 500 000,–	*100*

[3] Die Marge errechnet sich wie folgt:

Einnahmen aus Reiseleistungen	*2 700 000,– €*
./. 20 % Eigenleistungen	*540 000,– €*
	2 160 000,– €
./. Reisevorleistungen	*2 000 000,– €*
Marge	*160 000,– €*
davon entfallen auf Reisevorleistungen im Sinne von § 25 Abs. 2 UStG (Nr. 1b und Nr. 3) = 40 % der gesamten Reisevorleistungen – steuerfrei –	*64 000,– €*
Reisevorleistungen (Nr. 1a und Nr. 2) = 60 % der gesamten Reisevorleistungen – steuerpflichtig –	*96 000,– €*
./. darin enthaltene Umsatzsteuer ($^{19}/_{119}$ = Steuersatz 19 %)	*15 327,73 €*
Bemessungsgrundlage für steuerpflichtige Reiseleistungen	*80 672,27 €*

[4] Der Unternehmer hat danach mit 19 % zu versteuern:

steuerpflichtige Reiseleistungen	*80 672,27 €*
seine Beförderungsleistung mit eigenen Bussen, soweit sie auf das Inland entfällt (40 % der Einnahmen aus den Eigenleistungen i. H. v. 540 000 € = 216 000 € ./. darin enthaltene Umsatzsteuer i. H. v. $^{19}/_{119}$ = Steuersatz 19 %)	*181 512,60 €*
	262 184,87 €

[5] Nach § 25 Abs. 2 UStG sind steuerfrei	*64 000,– €.*
[6] Nicht steuerbar sind die auf das Ausland entfallenden Beförderungsleistungen (§ 3b Abs. 1 UStG)	*324 000,– €.*

(5) Für den Unternehmer, der eine „Incentive-Reise" für sein Unternehmen erwirbt, gilt Folgendes:

1. *[1] Wird die Reise einem Betriebsangehörigen als unentgeltliche Wertabgabe im Sinne des § 3 Abs. 9a Nr. 2 UStG (vgl. Abschnitt 25.1 Abs. 2 Beispiel 3) oder gegen Entgelt überlassen, bewirkt der Unternehmer damit eine Reiseleistung, die der Besteuerung nach § 25 UStG unterliegt. [2] Im Falle einer unentgeltlichen Wertabgabe ergibt sich jedoch keine Marge, weil sich die Ausgaben nach § 10 Abs. 4 Satz 1 Nr. 3 UStG mit den Aufwendungen des Unternehmers für den Erwerb der Reise decken. [3] Das Gleiche gilt, wenn eine Barzahlung des Arbeitnehmers für die Reise die Aufwendungen des Unternehmers für den Erwerb der Reise nicht übersteigt. [4] Der Abzug der auf den Erwerb der Reise entfallenden Vorsteuer ist in diesen Fällen nach § 25 Abs. 4 UStG ausgeschlossen.*
2. *Wird die Reise nicht gegen Entgelt oder nicht als unentgeltliche Wertabgabe an Betriebsangehörige weitergegeben, sondern im Unternehmen verwendet, z. B. für Dienstreisen von Angestellten, als Kundengeschenk usw., bewirkt der Unternehmer keine Reiseleistung im Sinne des § 25 UStG.*

(6) [1] Überlässt ein Reiseveranstalter an seine Arbeitnehmer im Rahmen des Dienstverhältnisses Reisen unentgeltlich (vgl. Abschnitt 25.1 Abs. 1), ergibt sich keine Marge, weil sich die Ausgaben nach § 10 Abs. 4 Satz 1 Nr. 3 UStG mit den Aufwendungen des Reiseveranstalters für die Reise decken. [2] Das Gleiche gilt, wenn eine Zuzahlung des Arbeitnehmers für die Reise die Aufwendungen des Unternehmers nicht

übersteigt. [3] Ein Vorsteuerabzug für die Reisevorleistungen entfällt nach § 25 Abs. 4 UStG.

(7) [1] Durch die Erleichterungen bei der Ermittlung der Bemessungsgrundlage nach § 25 Abs. 3 UStG wird die Verpflichtung zur Übermittlung von Voranmeldungen nicht berührt. [2] Soweit in diesen Fällen die Höhe der Marge für die im Voranmeldungszeitraum bewirkten Umsätze noch nicht feststeht, bestehen keine Bedenken, dass der Unternehmer in der Voranmeldung als Bemessungsgrundlage geschätzte Beträge zu Grunde legt, die anhand der Kalkulation oder nach Erfahrungssätzen der Vorjahre zu ermitteln sind. [3] Das Gleiche gilt in den Fällen, in denen der Unternehmer zwar die Marge für jede einzelne Leistung ermittelt, ihm aber am Ende des Voranmeldungszeitraums die Höhe der Reisevorleistung für die in diesem Zeitraum bewirkten Leistungen noch nicht bekannt ist. [4] Es muss dabei gewährleistet sein, dass sich nach endgültiger Feststellung der Bemessungsgrundlage nicht regelmäßig höhere Abschlusszahlungen ergeben.

7. BMF-Schreiben vom 8.7.2021, BStBl. I 2021, 919

(Änderungen in A 2.2 und A 18.6 UStAE)

Anwendung

Die Regelungen dieses Schreibens sind in allen offenen Fällen anzuwenden. Zur Vermeidung von Übergangsschwierigkeiten wird es – auch für Zwecke des Vorsteuerabzugs – nicht beanstandet, wenn die bisher geltenden Regelungen in Abschnitt 2.2. Abs. 2 Satz 7 und Abs. 3 Satz 1 UStAE auf Leistungen angewendet werden, die **bis einschließlich 31. Dezember 2021** ausgeführt worden sind. Es wird ebenfalls nicht beanstandet, wenn ein Beamter oder ein politischer Mandatsträger, der eine Tätigkeit als Mitglied eines Aufsichts- oder Verwaltungsrats nicht lediglich aufgrund seiner gesellschaftlichen oder politischen Stellung, sondern aufgrund unmittelbarer Verknüpfung mit seinem Amt ausübt, trotz eines vorliegenden Vergütungsrisikos insoweit für bis 31. Dezember 2021 ausgeführte Umsätze als nicht selbstständig im Sinne des § 2 Abs. 1 Satz 1 UStG tätig beurteilt wird.

8. BMF-Schreiben vom 22.7.2021, BStBl. I 2021, 1023

(Änderungen in A 8.1 und A 8.2 UStAE)

Anwendung

Die Grundsätze dieses Schreibens sind auf alle Umsätze anzuwenden, die **nach dem 31. Dezember 2020** ausgeführt werden. Für Umsätze, die vor dem 1. Oktober 2021 ausgeführt werden, wird es, auch für Zwecke des Vorsteuerabzugs, nicht beanstandet, wenn der Unternehmer seine Leistungen abweichend von Abschnitt 8.2 Abs. 7 Nr. 7 UStAE umsatzsteuerpflichtig behandelt.

9. BMF-Schreiben vom 10.12.2021, BStBl. I 2021, 2492

(Änderungen in A 1.10, 1a.2, 3.12, 6b.1, 6b.2, 18a.1, 18a.2, 18a.3 und 22.3b UStAE)

Anwendung

Die Grundsätze dieses Schreibens sind auf alle Umsätze, die die Lieferung von Gegenständen in ein Lager im Sinne des § 6b UStG betreffen, anzuwenden, für die der Transport durch Beförderung oder Versendung **am oder nach dem 1. Januar 2020** begonnen hat. Für alle vor dem 1. Januar 2020 im Abgangsmitgliedstaat begonnenen, aber nach dem 31. Dezember 2019 im Bestimmungsmitgliedstaat endenden Lieferungen ist die Vereinfachungsregelung nicht anzuwenden.

Zum Verfahren zur Abgabe der Zusammenfassenden Meldungen nach § 18a UStG für Lieferungen im Rahmen der Konsignationslagerregelung nach § 6b UStG wird auf die Regelungen des BMF-Schreibens vom 28. Januar 2020, BStBl. I S. 224, hingewiesen.

10. BMF-Schreiben vom 17.12.2021, BStBl. I 2021, 2502

(Änderungen in A 12.17 UStAE)

Anwendung

Die Regelungen dieses Schreibens sind in allen offenen Fällen anzuwenden.

Hat der leistende Unternehmer für eine **nach dem 17. Dezember 2019 und vor dem 1. Januar 2022** ausgeführte Leistung unter Bezug auf § 12 Abs. 2 Nr. 14 UStG in einer in diesem Zeitraum ausgestellten Rechnung zu Unrecht den ermäßigten Steuersatz ausgewiesen, wird aus Vereinfachungsgründen angenommen, dass die ausgewiesene Steuer die gesetzlich geschuldete ist, wenn der Unternehmer in den Rechnungen den Umsatzsteuerausweis nicht berichtigt. Hat der leistende Unternehmer für eine **nach dem 17. Dezember 2019 und vor dem 1. Januar 2022** ausgeführte Leistung im Sinne des § 12 Abs. 2 Nr. 14 UStG in einer in diesem Zeitraum ausgestellten Rechnung einen zu hohen Steuersatz ausgewiesen und diesen Steuerbetrag abgeführt, wird es aus Vereinfachungsgründen nicht beanstandet, wenn der Unternehmer in den Rechnungen den Umsatzsteuerausweis nicht berichtigt. In diesem Fall wird es bei einem zum Vorsteuerabzug berechtigten Leistungsempfänger nicht beanstandet, wenn er aus derartigen i. S. von § 14c Abs. 1 UStG unrichtigen Rechnungen unter den übrigen Voraussetzungen des § 15 UStG einen Vorsteuerabzug auf Grundlage des ausgewiesenen Steuersatzes vornimmt. Für Umsätze, für die der Leistungsempfänger die Steuer nach § 13b UStG schuldet, gilt dies entsprechend für die vom Leistungsempfänger berechnete Steuer.

500/100. Sachregister zum Umsatzsteuer-Anwendungserlass

Die Ziffern verweisen auf die Abschnitte des UStAE, die in Klammern gesetzten Ziffern auf die Absätze innerhalb der einzelnen Abschnitte.

800. Anwendungserlass zur Abgabenordnung (AEAO)

Vom 31.1.2014 (BStBl. I 2014, 290)[1)·2)·3)]

(BMF IV A 4 – S 0062/14/10002; DOK 2014/0108334)

Geändert durch BMF-Schreiben vom 1.8.2014 (BStBl. I 2014, 1067), vom 3.11.2014 (BStBl. I 2014, 1393), vom 14.1.2015 (BStBl. I 2015, 76), vom 22.7.2015 (BStBl. I 2015, 571), vom 10.12.2015 (BStBl. I 2015, 1018), vom 26.1.2016 (BStBl. I 2016, 155),[4)] vom 23.5.2016 BStBl. I 2016, 490), vom 5.9.2016 (BStBl. I 2016, 974), vom 12.1.2017 (BStBl. I 2017, 51), vom 7.8.2017 (BStBl. I 2017, 1257), vom 6.12.2017 (BStBl. I 2017, 1603), vom 11.12.2017 (BStBl. I 2017, 1604), vom 12.1.2018 (BStBl. I 2008, 175), vom 18.1.2018 (BStBl. I 2018, 204), vom 24.1.2018 (BStBl. I 2008, 258), vom 29.5.2018 (BStBl. I 2018, 699), vom 19.6.2018 (BStBl. I 2018, 706), vom 31.1.2019 (BStBl. I 2019, 71), vom 5.4.2019 (BStBl. I 2019, 446), vom 17.6.2019 (BStBl. I 2019, 518), vom 27.9.2019 (BStBl. I 2019, 946), vom 20.12.2019 (BStBl. I 2020, 59), vom 4.5.2020 (BStBl. I 2020, 518), vom 28.5.2020 (BStBl. I 2020, 534), vom 27.8.2020 (BStBl. I 2020, 863), vom 20.1.2021 (BStBl. I 2021, 128), vom 28.1.2021 (BStBl. I 2021, 145), vom 6.8.2021 (BStBl. I 2021, 1036), vom 1.11.2021 (BGBl. I 2021, 2147), vom 4.11.2021 (BStBl. I 2021, 2156)

Nichtamtliche Inhaltsübersicht

---

1) Der neugefasste AEAO ist mit sofortiger Wirkung in allen offenen Fällen anzuwenden.
Durch die Neufassung des AEAO werden die BMF-Schreiben v. 2.1.2008, BStBl. I S. 26; v. 21.4.2008, BStBl. I S. 582; v. 17.7.2008, BStBl. I S. 694; v. 2.1.2009, BStBl. I S. 8; v. 30.7.2009, BStBl. I S. 807, S. 2; v. 22.12.2009, BStBl. 2010 I S. 9; v. 28.7.2010, BStBl. I *S. 630; v. 21.12.2010, BStBl. 2011* I S. 2; v. 17.3.2011, BStBl. I S. 241; v. 11.7.2011, BStBl. I S. 706; v. 17.1.2012, BStBl. I S. 83; v. 30.1.2012, BStBl. I S. 147; v. 15.8.2012, BStBl. I S. 850; v. 31.1.2013, BStBl. I S. 118; v. 23.7.2013, BStBl. I S. 933 und v. 1.10.2013, BStBl. I S. 1251 mit sofortiger Wirkung aufgehoben.

2) Die Satzzählung ist nicht amtlich.

3) Zum Datenschutz im Steuerverwaltungsverfahren seit dem 25.5.2021 durch die Datenschutz-Grundverordnung (DSGVO) siehe BMF v. 13.1.2020, BStBl. I 2020, 143, geänd. durch BMF v. 17.6.2021, BStBl. I 2021, 809.

4) Durch das Schreiben vom 26.1.2016 wird das BMF-Schreiben v. 11.12.1989, BStBl. I S. 470, geänd. durch BMF v. 2.1.2001, BStBl. I S. 40, aufgehoben.

[1]Ein Auseinanderfallen der örtlichen Zuständigkeiten für die Ertrags- und Umsatzbesteuerung kann allerdings zu einem erschwerten Verwaltungsvollzug führen, z. B. bei Kapitalgesellschaften mit statutarischem Sitz im Ausland und Geschäftsleitung im Inland. [2]Betroffen sind beispielsweise Fälle, in denen ein bisher im Inland ansässiges Unternehmen in eine britische „private company limited by shares" (Limited) umgewandelt wird oder eine Limited neu gegründet wird, die lediglich ihren statutarischen Sitz in Großbritannien hat, aber allein oder überwiegend im Inland unternehmerisch tätig und unbeschränkt körperschaftsteuerpflichtig ist. [3]In diesen Fällen ist im Regelfall eine Zuständigkeitsvereinbarung nach § 27 AO herbeizuführen, nach der das für die Ertragsbesteuerung zuständige ortsnahe Finanzamt auch für die Umsatzsteuer zuständig wird (vgl. auch AEAO zu § 27, Nr. 3).

AEAO zu § 24 – Ersatzzuständigkeit:

1. [1]Für den Fall, dass sich die Zuständigkeit nicht aus den anderen Vorschriften ableiten lässt, ist die Finanzbehörde zuständig, in deren Bezirk objektiv ein Anlass für eine Amtshandlung besteht. [2]Abgesehen von der Zuständigkeit für Maßnahmen zur Aufdeckung unbekannter Steuerfälle (§ 208 Abs. 1 Nr. 3 AO) ist hiernach auch die Zuständigkeit für den Erlass von Haftungsbescheiden (§§ 191, 192 AO) zu bestimmen. [3]Wegen des Sachzusammenhangs ist mithin i. d. R. das Finanzamt des Steuerpflichtigen gleichzeitig für die Heranziehung des Haftenden örtlich zuständig.

2. Kann die örtliche Zuständigkeit nicht sofort einwandfrei geklärt werden, ist bei unaufschiebbaren Maßnahmen die Zuständigkeit auf § 29 AO zu stützen.

AEAO zu § 25 – Mehrfache örtliche Zuständigkeit:

[1]Einigen sich bei mehrfacher örtlicher Zuständigkeit die Finanzbehörden auf eine der örtlich zuständigen Finanzbehörden, so handelt es sich hierbei nicht um eine Zuständigkeitsvereinbarung i. S. d. § 27 AO. [2]Der Zustimmung des Betroffenen bedarf es nicht.

AEAO zu § 26 – Zuständigkeitswechsel:

1. [1]Der Steuerpflichtige kann sich auf den Zuständigkeitswechsel nicht berufen, solange keine der beiden beteiligten Finanzbehörden von den die Zuständigkeit verändernden Tatsachen Kenntnis erlangt hat. [2]Wegen der Bedeutung der Zuständigkeit für die Steuerberechtigung ist die Kenntnis über die Umstände, die die Zuständigkeit ändern, mit Angabe des Datums aktenkundig zu machen und unverzüglich der anderen Finanzbehörde mitzuteilen.

2. [1]Die Fortführung eines bereits begonnenen Verwaltungsverfahrens durch das bisher zuständige Finanzamt ist zulässig, wenn das Finanzamt, dessen Zuständigkeit durch die veränderten Umstände begründet wird, zustimmt. [2]*Der Steuerpflichtige* soll gehört werden; er ist von der Fortführung des Verwaltungsverfahrens zu benachrichtigen.

3. [1]Bei Verlegung des Wohnsitzes in den Bezirk eines anderen Finanzamtes unter gleichzeitiger Betriebsaufgabe sind von dem bisher für Personensteuern und Betriebssteuern zuständigen Finanzamt nur die Personensteuerakten abzugeben. [2]Das bisher zuständige Finanzamt ermittelt im Wege der Amtshilfe den Gewinn aus der Zeit bis zur Betriebsaufgabe und teilt ihn dem neuen Wohnsitzfinanzamt mit.

[1] Für die Betriebsteuern bleibt grundsätzlich das Betriebsfinanzamt zuständig, auch hinsichtlich der Erhebung und etwaigen Vollstreckung. [2] Rückstände sind erforderlichenfalls im Wege der Amtshilfe beizutreiben. [3] Ausnahmsweise kommt eine Zuständigkeitsvereinbarung nach § 27 AO in Betracht, wenn sich dies als zweckmäßig erweist.

4. Zu den Auswirkungen eines Zuständigkeitswechsels auf das Rechtsbehelfsverfahren vgl. AEAO zu § 367, Nr. 1 und BMF-Schreiben vom 10.10.1995, BStBl. I S. 664.

5. Zur Behandlung von Steuerzahlungen an eine aufgrund eines Zuständigkeitswechsels nicht mehr zuständige Finanzkasse vgl. AEAO zu § 224, Nr. 3.

AEAO zu § 27 – Zuständigkeitsvereinbarung:

1.[1)] [1] Durch Vereinbarung zwischen den Finanzbehörden kann auch außer in den Fällen des § 26 Satz 2 AO die Zuständigkeit einer an sich nicht zuständigen Finanzbehörde begründet werden; Voraussetzung für diese Zuständigkeitsbegründung ist die Zustimmung des Betroffenen. [2] Das Zustimmungserfordernis ist eingefügt, um der Verfassungsbestimmung des Art. 101 Abs. 1 Satz 2 GG zu genügen, weil an die Zuständigkeit der Finanzbehörde die Zuständigkeit des Finanzgerichts anknüpft.

2. [1] Eine bestimmte Form ist für die Zustimmung des Betroffenen nicht vorgeschrieben. [2] Die Zustimmung ist bedingungsfeindlich und kann nur mit Wirkung für die Zukunft widerrufen werden.

3. Eine Zuständigkeitsvereinbarung ist insbesondere in den Fällen herbeizuführen, in denen eine zentrale Zuständigkeit nach § 21 Abs. 1 Satz 2 AO i.V.m. der UStZustV weder für den Steuerpflichtigen noch für die Finanzbehörden zweckmäßig ist.

Eine Zuständigkeitsvereinbarung, nach der das für die Ertragsbesteuerung zuständige Finanzamt auch für die Umsatzsteuer zuständig wird, ist hiernach regelmäßig herbeizuführen z. B.

a) bei Steuerpflichtigen, die ihr Unternehmen als Einzelunternehmer ausschließlich oder überwiegend im Inland betreiben und sowohl im Inland als auch im Ausland einen Wohnsitz haben;
b) bei Kapitalgesellschaften mit statutarischem Sitz im Ausland und Geschäftsleitung im Inland, die allein oder überwiegend im Inland unternehmerisch tätig sind (vgl. AEAO zu § 21).

4. Zur Zuständigkeitsvereinbarung bei Unternehmen, die Bauleistungen i. S. v. § 48 Abs. 1 Satz 3 EStG erbringen, vgl. AEAO zu § 20a, Nr. 2.

AEAO zu § 30 – Steuergeheimnis:[2)]

Inhaltsübersicht

[1)] Die Aufhebung einer Zuständigkeitsvereinbarung durch die Finanzbehörden bedarf keiner Zustimmung des Stpfl., BFH v. 12.7.2021 VI R 13/19, NWB 2021, 2649.

[2)] Zum Datenschutz im Steuerverwaltungsverfahren seit dem 25.5.2018 durch die Datenschutz-Grundverordnung (DSGVO) siehe BMF v. 13.1.2020, BStBl. I 2020, 143, geänd. durch BMF v. 17.6.2021, BStBl. I 2021, 809.

erneute Ermittlungsmaßnahmen geheilt werden kann, kommt als Folge einer fehlerhaften Maßnahme nur ausnahmsweise in Betracht, wenn die zur Fehlerhaftigkeit der Ermittlungsmaßnahme führenden Verfahrensverstöße schwerwiegend waren oder bewusst oder willkürlich begangen wurden (vgl. z.B. BVerfG-Beschluss vom 2.7.2009, 2 BvR 2225/08, NJW S. 3225; BFH-Urteile vom 4.10.2006, VIII R 53/04, BStBl. 2007 II S. 227, und vom 4.12.2012, VIII R 5/10, BStBl. 2014 II S. 220, jeweils m.w.N.).

5. Offenbarung zur Wahrnehmung von Aufsichts-, Steuerungs- und Disziplinarbefugnissen der Finanzbehörde sowie zu Ausbildungs- und Prüfungszwecken (§ 30 Abs. 4 Nr. 1a 2. Alternative AO)

5.1. Nach § 30 Abs. 2 AO geschützte Daten dürfen den jeweils zuständigen Stellen offenbart werden, soweit dies zur Wahrnehmung von Aufsichts-, Steuerungs- und Disziplinarbefugnissen der Finanzbehörde erforderlich ist (§ 29c Abs. 1 Satz 1 Nr. 6 Satz 1 AO).

Hiernach sind Mitteilungen an Disziplinarstellen der Finanzverwaltung zur Durchführung dienstrechtlicher Maßnahmen bei Angehörigen der Finanzverwaltung zulässig.

Eine Offenbarung soll allerdings nur erfolgen, wenn die mitteilende Stelle zur Überzeugung gelangt ist, dass ein schweres Dienstvergehen vorliegt, der Sachverhalt mithin nach ihrer Auffassung geeignet erscheint, eine im Disziplinarverfahren zu verhängende Maßnahme von Gewicht, d.h. grundsätzlich eine Zurückstufung oder die Entfernung aus dem Dienst, zu tragen (vgl. BVerfG-Beschluss vom 6.5.2008, 2 BvR 336/07, NJW S. 3489).

[1] Ein relevanter Verstoß gegen Dienstpflichten kann auch darin liegen, dass das in Rede stehende Delikt das Ansehen und die Funktionsfähigkeit des Beamtentums nachhaltig schädigen könnte (BVerwG-Beschluss vom 5.3.2010, 2 B 22/09, NJW S. 2229). [2] Eine Offenbarung ist regelmäßig geboten, wenn eine Steuerhinterziehung durch Beamte der Finanzverwaltung begangen und von weiteren Delikten, insbesondere von geschäftsmäßiger Hilfeleistung in Steuersachen, begleitet wird, die über einen längeren Zeitraum begangen wurden (vgl. BVerwG-Beschluss vom 5.3.2010, a.a.O.). [3] Vgl. im Übrigen auch Nr. 11.8 des AEAO zu § 30.

5.2. Nach § 30 Abs. 2 AO geschützte Daten dürfen den jeweils zuständigen Stellen offenbart werden, wenn dies der Veränderung oder Nutzung personenbezogener Daten zu Ausbildungs- und Prüfungszwecken durch die Finanzbehörde dient, soweit nicht überwiegende schutzwürdige Interessen der betroffenen Person entgegenstehen (§ 29c Abs. 1 Satz 1 Nr. 6 Satz 2 AO).

5.3. Nach § 30 Abs. 2 AO geschützte Daten dürfen in den vorgenannten Fällen nur durch Personen verarbeitet werden, die zur Wahrung des Steuergeheimnisses verpflichtet sind (§ 29c Abs. 1 Satz 3 i.V.m. § 30 Abs. 1 und 3 AO).

6. Offenbarung zur Durchführung eines Bußgeldverfahrens nach Art. 83 DSGVO (§ 30 Abs. 4 Nr. 1b AO)

Nach § 30 Abs. 2 AO geschützte Daten dürfen den für die Durchführung eines Bußgeldverfahrens nach der DSGVO zuständigen Datenschutzaufsichtsbehörden nur offenbart werden, wenn das Bußgeldverfahren die Verarbeitung personenbezogener Daten im Anwendungsbereich der AO betrifft.

7. Gesetzlich zugelassene Offenbarung (§ 30 Abs. 4 Nr. 2 AO)

[1] Auf § 30 Abs. 4 Nr. 2 AO kann eine Offenbarung nur gestützt werden, wenn die Befugnis zum Offenbaren in einem Bundesgesetz ausdrücklich enthalten ist. [2] Eine Regelung in einem Landesgesetz oder einer Kommunalsatzung oder eine Bestimmung über die allgemeine Pflicht zur Amtshilfe genügt nicht. [3] Die Befugnis kann in der AO selbst (z. B. § 31 AO), in anderen Steuergesetzen des Bundes oder in außersteuerlichen Vorschriften des Bundes enthalten sein.

Zu den außersteuerlichen Vorschriften gehören insbesondere:

- § 5 Abs. 3 des Gesetzes über den Abbau der Fehlsubventionierung im Wohnungswesen;
- § 236 Abs. 1 und § 379 Abs. 2 des Gesetzes über Verfahren in Familiensachen und in Angelegenheiten der freiwilligen Gerichtsbarkeit;
- § 88 Abs. 3 des Aufenthaltsgesetzes;
- § 197 Abs. 2 Satz 2 des Baugesetzbuches;
- § 49 des Beamtenstatusgesetzes und § 115 des Bundesbeamtengesetzes;
- § 16 Abs. 3 Satz 1 Nr. 2 und Abs. 4 des Bundesdatenschutzgesetzes;
- § 39 des Erdölbevorratungsgesetzes;
- § 17 Satz 2 des Gesetzes über das gerichtliche Verfahren in Landwirtschaftssachen;
- § 14 Abs. 4 und § 153a Abs. 1 Satz 2 der Gewerbeordnung;
- § 3 Abs. 5 des Güterkraftverkehrsgesetzes;
- § 8 Abs. 2 des Gesetzes über das Kreditwesen;
- § 6 Abs. 2 des Bundesmeldegesetzes;
- § 25 Abs. 3 des Personenbeförderungsgesetzes;
- § 7 Abs. 2 des Gesetzes über die Preisstatistik;
- § 27 Abs. 1 Satz 2 des Gesetzes zur Regelung offener Vermögensfragen;
- § 21 Abs. 4 SGB X;
- § 5 Abs. 2 bis 5 und §§ 10, 10a des Steuerberatungsgesetzes;[1)]
- § 2a Abs. 1, § 2b Abs. 1, § 4 Abs. 4, § 6 Abs. 1 und 2 und § 9 Abs. 1 bis 3 des Gesetzes über Steuerstatistiken;
- § 492 Abs. 3 StPO i. V. m. §§ 385, 399 AO;
- § 27 Abs. 5 des Unterhaltssicherungsgesetzes;
- § 3a der Verfahrensordnung für Höfesachen;
- § 32 Abs. 4 und § 35 Abs. 4 des Wohnraumförderungsgesetzes und § 2 des Wohnungsbindungsgesetzes;
- § 2 des Verwaltungsdatenverwendungsgesetzes;
- § 36 Abs. 2 der Bundesrechtsanwaltsordnung;
- § 18 Abs. 3a des Bundesverfassungsschutzgesetzes (vgl. auch § 51 Abs. 3 Satz 3 AO);
- § 6 Abs. 1 und 4 des Bundesarchivgesetzes;

---

1) Siehe auch gleich lautenden Ländererlass v. 22.7.2014, BStBl. I 2014, 1195.

– § 36a Abs. 3 der Wirtschaftsprüferordnung;
– § 64a Abs. 2 der Bundesnotarordnung;
– § 34 Abs. 2 der Patentanwaltsordnung;
– § 54 Abs. 1 Satz 4 des Gerichtskostengesetzes;
– § 40 Abs. 6 und § 46 Abs. 3 des Gerichts- und Notarkostengesetzes,
– § 6 Abs. 5 des Unterhaltsvorschussgesetzes;
– § 12 Abs. 5 Satz 4 des Sicherheitsüberprüfungsgesetzes;
– § 42 Abs. 2 des Geldwäschegesetzes (GwG);
– § 9 Abs. 2 des Gesetzes zur vorläufigen Regelung des Rechts der Industrie- und Handelskammern.

8. Europarechtlich vorgeschriebene oder zugelassene Offenbarung (§ 30 Abs. 4 Nr. 2a AO)

[1] § 30 Abs. 4 Nr. 2a AO gestattet eine Offenbarung geschützter Daten, soweit diese Offenbarung durch unmittelbar geltendes Recht der EU (Verordnungen, Durchführungsbestimmungen und sonstiges, unmittelbar geltendes Recht) zugelassen oder sogar vorgeschrieben ist. [2] Dabei ist es nicht erforderlich, dass die Durchbrechung des Steuergeheimnisses ausdrücklich bezeichnet wird.

Beispiele:

Fordert die EU-Kommission in einem beihilferechtlichen Prüfungsverfahren von Finanzbehörden Informationen über bestimmte Steuerfälle an, sind ihr diese nach der EU-Beihilfeverfahrensordnung mitzuteilen.
Soweit den Finanzbehörden im Besteuerungsverfahren Erkenntnisse über Verstöße gegen europäische Embargo-Verordnungen bekannt werden, haben sie diese den für die Verfolgung derartiger Verstöße zuständigen Behörden mitzuteilen.

[1] EU-Richtlinien und Beschlüsse im Rahmen der gemeinsamen Außen- und Sicherheitspolitik (sogenannte GASP-Beschlüsse) stellen kein unmittelbar geltendes EU-Recht dar. [2] Damit die dort enthaltenen Regelungen wirksam werden, müssen sie zuvor entweder in unmittelbar geltendes Recht der EU oder in nationales Recht umgesetzt werden. [3] Bei Umsetzung in unmittelbar geltendes EU-Recht kommt eine Offenbarungsbefugnis nach § 30 Abs. 4 Nr. 2a AO in Betracht. [4] Bei Umsetzung im Außenwirtschaftsgesetz und der Außenwirtschaftsverordnung ergibt sich die Offenbarungsbefugnis aus § 30 Abs. 4 Nr. 1 AO, da die Überwachung des grenzüberschreitenden Warenverkehrs nach § 2a Abs. 2 Satz 2 AO als Verfahren in Steuersachen gilt. [5] Bei anderweitiger Umsetzung in nationales Recht kann sich eine Offenbarungsbefugnis aus § 30 Abs. 4 Nr. 2 oder Nr. 5 AO ergeben.

9. Offenbarung bei Zustimmung des Betroffenen (§ 30 Abs. 4 Nr. 3 AO)

[1] Nach § 30 Abs. 4 Nr. 3 AO ist die Offenbarung zulässig, soweit der *Betroffene zustimmt*. [2] Betroffener ist nicht nur der Verfahrensbeteiligte selbst, sondern auch jeder Andere, dessen personenbezogene Daten durch § 30 AO geschützt werden (z.B. Geschäftsführer, Geschäftspartner, Arbeitnehmer, Empfänger von Zahlungen und anderen Vorteilen). [3] Sind mehrere Personen betroffen, so müssen alle ihre Zustimmung zur Offenbarung eines Sachverhalts erteilen. [4] Stimmen einzelne Personen nicht zu, so dürfen die geschützten Verhältnisse derjenigen, die ihre Zustimmung nicht erteilt haben, nicht offenbart werden.

10. Offenbarung zur Durchführung eines außersteuerlichen Strafverfahrens (§ 30 Abs. 4 Nr. 4 AO)

10.1. [1]Gem. § 30 Abs. 4 Nr. 4 Buchstabe a AO dürfen im Steuerstrafverfahren oder Steuerordnungswidrigkeitsverfahren gewonnene Erkenntnisse über außersteuerliche Straftaten an Gerichte und Strafverfolgungsbehörden für Zwecke der Strafverfolgung weitergeleitet werden. [2]Die Finanzbehörden können daher z. B. die Staatsanwaltschaft auch über sog. Zufallsfunde unterrichten. [3]Voraussetzung ist jedoch stets, dass die Erkenntnisse im steuerlichen Straf- oder Bußgeldverfahren selbst gewonnen wurden. [4]Kenntnisse, die bereits vorher in einem anderen Verfahren (z. B. Veranlagungs-, Außenprüfungs- oder Vollstreckungsverfahren) erlangt wurden, dürfen den Strafverfolgungsbehörden gegenüber nicht offenbart werden. [5]Sind die Tatsachen von dem Steuerpflichtigen (§ 33 AO) selbst oder der für ihn handelnden Person (§ 200 Abs. 1 AO) der Finanzbehörde mitgeteilt worden, ist die Weitergabe zur Strafverfolgung wegen nichtsteuerlicher Straftaten nur zulässig, wenn der Steuerpflichtige zum Zeitpunkt der Abgabe der Mitteilung an die Finanzbehörde die Einleitung des steuerlichen Straf- oder Bußgeldverfahrens gekannt hat, es sei denn, einer der in § 30 Abs. 4 Nr. 5 oder Abs. 5 AO geregelten Fälle läge vor.

10.2. [1]Gem. § 30 Abs. 4 Nr. 4 Buchstabe b AO ist eine Offenbarung von Kenntnissen zur Durchführung eines Strafverfahrens wegen einer nichtsteuerlichen Straftat uneingeschränkt zulässig, wenn die Tatsachen der Finanzbehörde ohne Bestehen einer steuerlichen Verpflichtung oder unter Verzicht auf ein Auskunftsverweigerungsrecht bekannt geworden sind. [2]Tatsachen sind der Finanzbehörde ohne Bestehen einer steuerlichen Verpflichtung bekannt geworden, wenn die Auskunftsperson nicht zuvor durch die Finanzbehörde zur Erteilung einer Auskunft aufgefordert worden ist. [3]Ein Verzicht auf ein Auskunftsverweigerungsrecht (siehe §§ 101 ff. AO) kann nur angenommen werden, wenn dem Berechtigten sein Auskunftsverweigerungsrecht bekannt war; dies setzt in den Fällen des § 101 AO eine Belehrung voraus.

11. Offenbarung aus zwingendem öffentlichen Interesse (§ 30 Abs. 4 Nr. 5 AO)

11.1. Eine Offenbarung ist gem. § 30 Abs. 4 Nr. 5 AO zulässig, soweit für sie ein zwingendes öffentliches Interesse besteht.

Liegt ein zwingendes öffentliches Interesse vor, macht es für die Zulässigkeit der Offenbarung keinen Unterschied, ob die Finanzbehörde aufgrund eigener Erkenntnisse von Amts wegen die zuständige Behörde informiert oder ob die zuständige Behörde unter Schilderung der Umstände, die das Vorliegen eines zwingenden öffentlichen Interesses begründen, die Finanzbehörde um Auskunft ersucht.

11.2. § 30 Abs. 4 Nr. 5 AO enthält eine beispielhafte Aufzählung von Fällen, in denen ein zwingendes öffentliches Interesse zu bejahen ist.

11.2.1. Ein zwingendes öffentliches Interesse ist nach § 30 Abs. 4 Nr. 5 Buchstabe a AO insbesondere gegeben, wenn die Offenbarung erforderlich ist

– zur **Abwehr** erheblicher Nachteile für das Gemeinwohl oder einer Gefahr für die öffentliche Sicherheit, die Verteidigung oder die nationale Sicherheit oder

– zur **Verhütung oder Verfolgung** von Verbrechen und vorsätzlichen schweren Vergehen gegen Leib und Leben oder gegen den Staat und seine Einrichtungen.

Verbrechen i. S. d. § 30 Abs. 4 Nr. 5 Buchstabe a AO sind alle Straftaten, die im Mindestmaß mit Freiheitsstrafe von einem Jahr oder darüber bedroht sind (§ 12 Abs. 1 StGB).

Als vorsätzliche schwere Vergehen gegen Leib und Leben oder gegen den Staat und seine Einrichtungen kommen nur solche Vergehen in Betracht, die eine schwerwiegende Rechtsverletzung darstellen und dementsprechend mit Freiheitsstrafe bedroht sind.

11.2.2. [1]Unter den Begriff der Wirtschaftsstraftat i. S. d. § 30 Abs. 4 Nr. 5 Buchstabe b AO fallen Straftaten nicht schon deswegen, weil sie nach § 74c GVG zur Zuständigkeit des Landgerichts gehören. [2]Es ist vielmehr in jedem Einzelfall unter Abwägung der Interessen zu prüfen, ob die besonderen Voraussetzungen des § 30 Abs. 4 Nr. 5 Buchstabe b AO gegeben sind.

11.2.3. [1]§ 30 Abs. 4 Nr. 5 Buchstabe c AO gestattet die Offenbarung zur Richtigstellung unwahrer Tatsachen, die geeignet sind, das Vertrauen in die Verwaltung erheblich zu erschüttern. [2]Diese Offenbarungsbefugnis begründet ein Abwehrrecht der Verwaltung und dient damit nicht dem Aufklärungsinteresse der Öffentlichkeit. [3]Die Verwaltung selbst hat zu entscheiden, ob und in welchem Umfang sie richtigstellen will. [4]Sie hat dabei den Grundsatz der Verhältnismäßigkeit zu wahren und sich auf die zur Richtigstellung erforderliche Offenbarung zu beschränken. [5]Eine Offenbarung zur Richtigstellung in der Öffentlichkeit verbreiteter unwahrer Tatsachen gem. § 30 Abs. 4 Nr. 5 Buchstabe c AO kommt nur im Ausnahmefall in Betracht.

11.3. Bei anderen als den in § 30 Abs. 4 Nr. 5 AO genannten Sachverhalten ist ein zwingendes öffentliches Interesse nur gegeben, wenn sie in ihrer Bedeutung einem dieser Fälle vergleichbar sind.

11.4. Die Gewerbebehörden können bei Vorliegen eines zwingenden öffentlichen Interesses für Zwecke eines Gewerbeuntersagungsverfahrens über die Verletzung steuerlicher Pflichten unterrichtet werden, die mit der Ausübung des Gewerbes, das untersagt werden soll, im Zusammenhang stehen (vgl. im Einzelnen BMF-Schreiben vom 19.12.2013, BStBl. 2014 I S. 19).

11.5. Zur Wahrung des Steuergeheimnisses gegenüber Parlamenten bzw. einem Untersuchungsausschuss des Deutschen Bundestages vgl. BMF-Schreiben vom 13.5.1987.[1)]

11.6. [1]§ 6 des SubvG,[2)] wonach Behörden von Bund und Ländern Tatsachen, die sie dienstlich erfahren und die den Verdacht eines Subventionsbetrugs (*§ 264 StGB*) begründen, den Strafverfolgungsbehörden mitzuteilen haben, stellt keine Ermächtigungsvorschrift i. S. d. § 30 Abs. 4 Nr. 2 AO dar. [2]Anzeigen an Strafverfolgungsbehörden wegen des Verdachts eines Subventionsbetrugs sind daher nur zulässig, wenn ein zwingendes öffentliches Interesse an der Offenbarung besteht (§ 30 Abs. 4 Nr. 5 Buchstabe b AO) oder die Vor-

---

1) IV A 5 – S 0130 – 35/87.

2) SubventionsG v. 29.7.1976, BGBl. I 1976, 2037.

aussetzungen des § 30 Abs. 5 AO vorliegen (vgl. AEAO zu § 30, Nr. 12). [3]Betrifft der Subventionsbetrug allerdings Investitionszulagen, so sind entsprechende Tatsachen wie bei Steuerstraftaten den Bußgeld- und Strafsachenstellen zu melden (vgl. § 14 InvZulG 2010 i. V. m. § 30 Abs. 4 Nr. 1 AO).

Nach § 31a AO besteht daneben eine Offenbarungsbefugnis gegenüber den für die Bewilligung, Gewährung, Rückforderung, Erstattung, Weitergewährung oder für das Belassen einer Subvention zuständigen Behörden und Gerichten; vgl. im Einzelnen AEAO zu § 31a, Nr. 4.3.

11.7. [1]Die Weitergabe von Informationen über Verstöße gegen die Umweltschutzbestimmungen kommt insbesondere in Betracht, wenn daran ein zwingendes öffentliches Interesse nach § 30 Abs. 4 Nr. 5 AO besteht. [2]Dies ist nicht nur zur Verfolgung der in § 30 Abs. 4 Nr. 5 Buchstaben a und b AO genannten Straftaten gegeben, sondern auch zur Verfolgung anderer Straftaten, die wegen ihrer Schwere und ihrer Auswirkungen auf die Allgemeinheit den genannten Regeltatbeständen entsprechen.

[1]Bei Verdacht eines besonders schweren Falles einer Umweltstraftat i. S. d. § 330 StGB oder einer schweren Gefährdung durch Freisetzung von Giften i. S. d. § 330a StGB ist ein zwingendes öffentliches Interesse für eine Offenbarung zu bejahen. [2]Keine Offenbarungsbefugnis besteht, wenn lediglich der abstrakte Gefährdungstatbestand einer Umweltstraftat wie etwa § 325 StGB (Luftverunreinigung), § 325a StGB (Verursachen von Lärm, Erschütterungen und nichtionisierenden Strahlen) bzw. § 326 StGB (umweltgefährdende Abfallbeseitigung) erfüllt ist.

Kann die Finanzbehörde nicht beurteilen, ob die vorgenannten Voraussetzungen für eine Weitergabe erfüllt sind, hat sie zunächst unter Anonymisierung des Sachverhalts eine sachkundige Stelle zur Klärung einzuschalten.

[1]Soweit Verstöße gegen Umweltschutzbestimmungen steuerliche Auswirkungen haben, z. B. für die Anerkennung einer Teilwertabschreibung, ergibt sich die Befugnis zur Weitergabe aus § 30 Abs. 4 Nr. 1 AO, sofern die Weitergabe zur Durchführung des Besteuerungsverfahrens erforderlich ist. [2]Sieht die Finanzbehörde die Notwendigkeit, Angaben des Steuerpflichtigen, z. B. über schadstoffbelastete Wirtschaftsgüter, zu überprüfen, kann sie den Sachverhalt einer zuständigen Fachbehörde offenbaren. [3]Die Finanzbehörde hat dabei zu prüfen, ob es ausreicht, den Sachverhalt der Fachbehörde in anonymisierter Form vorzutragen. [4]Ist die Offenbarung der Identität des Steuerpflichtigen erforderlich, soll sie die Fachbehörde darauf hinweisen, dass die Angaben des Steuerpflichtigen nach § 30 Abs. 2 Nr. 1 Buchstabe c AO weiterhin dem Steuergeheimnis unterliegen.

[1]Die Weitergabe von Erkenntnissen über Verstöße gegen Umweltschutzbestimmungen kann gleichzeitig auf mehrere Offenbarungsgründe gestützt werden. [2]Eine Weitergabe von Erkenntnissen unter dem Gesichtspunkt des zwingenden öffentlichen Interesses ist deshalb auch dann zulässig, wenn der gleiche Sachverhalt bereits nach § 30 Abs. 4 Nr. 1 AO offenbart worden ist. [3]Die Weitergabe von Informationen über Verstöße gegen die Umweltschutzbestimmungen kann nicht auf das UIG[1)] gestützt werden.

[1)] UmweltinformationsG v. 22.12.2004, BGBl. I 2004, 3704 (**Sartorius** Nr. **294**).

11.8. Zu Mitteilungen an Disziplinarstellen zur Durchführung dienstrechtlicher Maßnahmen bei Beamten und Richtern in anderen als den in Nr. 5.1 des AEAO zu § 30 genannten Fällen vgl. BMF-Schreiben vom 12.1.2018, BStBl. I S. 201.

[1] Die Regelungen in Nr. 5.1 des AEAO zu § 30 und im vorgenannten BMF-Schreiben sind bei vergleichbaren Verfehlungen sonstiger Angehöriger der Finanzverwaltung (Bedienstete, die nicht Beamte sind) entsprechend anzuwenden, soweit dies zur Ergreifung vergleichbarer arbeitsrechtlicher Maßnahmen (z. B. Abmahnung, Kündigung) führen kann. [2] Eine Steuerhinterziehung in erheblicher Höhe ist bei einem hoheitlich tätigen Bediensteten einer Finanzbehörde, der nicht Beamter ist, als wichtiger Grund zur fristlosen Kündigung an sich auch dann geeignet, wenn der Bedienstete die Hinterziehung gem. § 371 AO selbst angezeigt hat (vgl. BAG-Urteile vom 21.6.2001, 2 AZR 325/00, HFR 2003 S. 183,[1)] und vom 10.9.2009, 2 AZR 257/08,[2)] juris).

11.9. [1] Die Finanzbehörden sind verpflichtet, den für die Bekämpfung terroristischer Aktivitäten zuständigen Stellen die nach § 30 AO geschützten Verhältnisse auf deren Ersuchen mitzuteilen. [2] Für die Mitteilungen an die genannten Stellen besteht in diesen Fällen ein zwingendes öffentliches Interesse i. S. d. § 30 Abs. 4 Nr. 5 AO.

[1] Die ersuchenden Stellen haben in ihrem Ersuchen zu versichern, dass die erbetenen Daten für Ermittlungen und Aufklärungsarbeiten im Zusammenhang mit der Bekämpfung des Terrorismus erforderlich sind. [2] Eine bestimmte Form für die Auskunftsersuchen und die Erteilung der Auskünfte ist nicht erforderlich. [3] Bei Zweifeln an der Identität des Auskunftsersuchenden haben sich die Finanzbehörden vor Auskunftserteilung über die Identität des Auskunftsersuchenden auf geeignete Weise zu vergewissern.

[1] Zur Mitteilungspflicht zur Bekämpfung der Geldwäsche und der Terrorismusfinanzierung vgl. § 31b AO. [2] Zur Rückmeldung über die abschließende Verwendung der von der FIU bereitgestellten Informationen und über die Ergebnisse der Maßnahmen, die auf Grundlage dieser Informationen durchgeführt wurden vgl. § 42 Abs. 2 GwG.

11.10. [1] Werden strafrechtlich geschützte Individualrechtsgüter eines Amtsträgers oder einer gleichgestellten Person i. S. d. § 30 Abs. 3 AO verletzt, ist die Durchbrechung des Steuergeheimnisses gem. § 30 Abs. 4 Nr. 5 AO zulässig, soweit dies für die Verfolgung des Delikts erforderlich ist. [2] In Betracht kommen hierbei insbesondere:
- falsche Verdächtigung (§ 164 StGB),
- Beleidigung (§ 185 StGB),
- üble Nachrede (§ 186 StGB),
- *Verleumdung (§ 187 StGB),*
- Körperverletzung (§§ 223, 224, 229 StGB),
- Freiheitsberaubung (§ 239 StGB),
- Nötigung (§ 240 StGB),
- Bedrohung (§ 241 StGB).

---

1) AP BAT § 54 Nr. 5.
2) NZA 2010, 220.

11.11. [1] § 30 Abs. 4 Nr. 5 AO gestattet die Offenbarung der Verhältnisse eines anderen zur Verfolgung von
- Widerstand gegen Vollstreckungsbeamte (§ 113 Abs. 1 StGB),
- tätlicher Angriff auf Vollstreckungsbeamte (§ 114 StGB),
- Verstrickungsbrüchen (§ 136 Abs. 1 StGB),
- Siegelbrüchen (§ 136 Abs. 2 StGB) oder
- Vereitelung der Vollstreckung (§ 288 StGB)

im Besteuerungsverfahren durch die Finanzbehörden gegenüber Gerichten oder Strafverfolgungsbehörden. [2] Das zwingende öffentliche Interesse an der Offenbarung folgt daraus, dass sich die strafrechtlich relevanten Handlungen gegen die Gesetzmäßigkeit des Steuerverfahrens als Ganzes – Steuererhebung und Steuerverstrickung – richten.

11.12. Liegen den Finanzbehörden Erkenntnisse zu Insolvenzstraftaten i. S. d. §§ 283 bis 283c StGB oder zu Insolvenzverschleppungsstraftaten (§ 15a InsO) vor, die sie im Besteuerungsverfahren erlangt haben, so ist eine Offenbarung dieser Erkenntnisse an die Strafverfolgungsbehörden nach § 30 Abs. 4 Nr. 5 AO zulässig.

11.13. Liegen den Finanzbehörden Anhaltspunkte zu Misshandlungen von Kindern i. S. d. § 223 StGB, zu Misshandlungen von Schutzbefohlenen i. S. d. § 225 StGB oder zur gröblichen Verletzung der Fürsorge- oder Erziehungspflicht i. S. d. § 171 StGB vor, die sie im Besteuerungs- bzw. Steuerstrafverfahren erlangt haben, ist eine Offenbarung dieser Kenntnisse an die Sozialbehörden bzw. Strafverfolgungsbehörden nach § 30 Abs. 4 Nr. 5 AO zulässig.

12. Offenbarung vorsätzlich falscher Angaben (§ 30 Abs. 5 AO)

[1] Die Unterrichtung der Strafverfolgungsbehörden über vorsätzlich falsche Angaben des Betroffenen gem. § 30 Abs. 5 AO darf nur erfolgen, wenn nach Auffassung der Finanzbehörde durch die falschen Angaben ein Straftatbestand verwirklicht worden ist; die Durchführung eines Strafverfahrens wegen dieser Tat ist nicht Voraussetzung für die Zulässigkeit der Offenbarung. [2] Der Finanzbehörde obliegt die Prüfung, ob der Betroffene, sowohl in objektiver als auch in subjektiver Hinsicht, einen Straftatbestand verwirklicht hat (BFH-Urteil vom 8.2.1994, VII R 88/92, BStBl. II S. 552). [3] § 30 Abs. 5 AO lässt eine Offenbarung nur gegenüber den Strafverfolgungsbehörden zu.

13. Auskunft über Anzeigeerstatter

13.1. [1] Durch das Steuergeheimnis wird auch der Name eines Anzeigeerstatters geschützt, wenn die Anzeige eines der in § 30 Abs. 2 Nr. 1 Buchstabe a und b AO genannten Verfahren auslöst oder innerhalb eines solchen Verfahrens erstattet oder ausgewertet wird. [2] Was für die Offenbarung des Namens des Anzeigeerstatters gilt, muss in entsprechender Weise auch für die wortgetreue Offenbarung des Inhalts der Anzeige gelten. [3] Häufig wird man nämlich aus dem Inhalt einer Anzeige, sei es aus einer bestimmten Wortwahl oder aus dem Gebrauch einzelner Formulierungen, sei es aus stilistischen oder grammatikalischen Eigenheiten, aus der Schrift oder aus der Strukturierung des gesamten Textes, mit einiger Wahrscheinlichkeit Rückschlüsse auf den Verfasser der Anzeige ziehen können (vgl. BFH-Beschluss vom 28.12.2006, VII B 44/03, BFH/NV 2007 S. 853).

oder der grundsätzlichen Bedeutung entscheidungserheblicher Rechtsfragen hinzuzuziehen, ist die dortige Bearbeitungszeit ebenfalls zu berücksichtigen, soweit sie dem konkreten Auskunftsantrag individuell zuzuordnen ist.

4.4. Gebührenfestsetzung

4.4.1. [1]Die Gebühr ist durch schriftlichen Bescheid gegenüber dem Antragsteller festzusetzen; Bekanntgabevollmachten sind zu beachten. [2]Der Antragsteller hat die Gebühr innerhalb eines Monats nach Bekanntgabe dieses Bescheids zu entrichten (§ 89 Abs. 3 Satz 3 AO).

[1]Auf die Gebühr sind die Vorschriften der AO grundsätzlich sinngemäß anzuwenden (vgl. im Einzelnen AEAO zu § 1, Nr. 3). [2]Die Gebührenfestsetzung kann nach §§ 129 bis 131 AO korrigiert werden. [3]Gegen die Gebührenfestsetzung ist der Einspruch gegeben (§ 347 AO).

4.4.2. [1]Die Entscheidung über den Antrag auf verbindliche Auskunft soll bis zur Zahlung der Gebühr zurückgestellt werden, wenn der Zahlungseingang nicht gesichert erscheint. [2]In derartigen Fällen ist im Gebührenbescheid darauf hinzuweisen, dass über den Antrag auf Erteilung einer verbindlichen Auskunft erst nach Zahlungseingang entschieden wird.

4.5. Ermäßigung der Gebühr

4.5.1. [1]Die Gebühr nach § 89 Abs. 3 bis 6 AO entsteht auch für die Bearbeitung eines Antrags auf verbindliche Auskunft, der die formalen Voraussetzungen nicht erfüllt (Beispiel: der Antrag beinhaltet keine ausführliche Darlegung des Rechtsproblems oder keine eingehende Begründung des Rechtsstandpunkts des Antragstellers). [2]Vor einer Ablehnung eines Antrags aus formalen Gründen hat die Finanzbehörde den Antragsteller auf diese Mängel und auf die Möglichkeit der Ergänzung oder Rücknahme des Antrags hinzuweisen.

4.5.2. [1]Wird ein Antrag vor Bekanntgabe der Entscheidung über den Antrag auf verbindliche Auskunft zurückgenommen, kann die Gebühr ermäßigt werden (§ 89 Abs. 7 Satz 2 AO). [2]Hierbei ist wie folgt zu verfahren:

– [1]Hat die Finanzbehörde noch nicht mit der Bearbeitung des Antrags begonnen, ist die Gebühr auf Null zu ermäßigen. [2]In diesem Fall kann aus Vereinfachungsgründen bereits von der Erteilung eines Gebührenbescheids abgesehen werden.
– Hat die Finanzbehörde bereits mit der Bearbeitung des Antrags begonnen, ist der bis zur Rücknahme des Antrags angefallene Bearbeitungsaufwand angemessen zu berücksichtigen und die Gebühr anteilig zu ermäßigen.

5. Anwendung der StAuskV[1)]

5.1. Die StAuskV gilt für alle verbindlichen Auskünfte, die ab Inkrafttreten des § 89 Abs. 2 AO (12.9.2006) erteilt worden sind.

5.2. [1]§ 1 Abs. 2 Satz 1, Abs. 3 und 4 und § 2 Abs. 2 bis 4 StAuskV in der am 20.7.2017 geltenden Fassung sind erstmals auf nach dem 1.9.2017 bei der zuständigen Finanzbehörde eingegangene Anträge auf Erteilung einer ver-

---

1) Steuer-AuskunftsV v. 30.11.2007, BGBl. I 2007, 2783, zuletzt geänd. durch VO v. 12.7.2017, BGBl. I 2017, 2360 (**Steuergesetze** Nr. **800i**).

bindlichen Auskunft anzuwenden. [2]Die neuen Regelungen sind nach Ablauf der Übergangsfrist auf alle Anträge anzuwenden, die ab diesem Zeitpunkt bei der zuständigen Finanzbehörde eingehen.

5.3. Für Auskünfte mit Bindungswirkung nach Treu und Glauben, die bis zum 11.9.2006 erteilt worden sind, sind die Regelungen in Nrn. 4 und 5 des BMF-Schreibens vom 29.12.2003, BStBl. I S. 742 weiter anzuwenden.

AEAO zu § 90 – Mitwirkungspflichten der Beteiligten:

Wegen der erhöhten Mitwirkungs- und Dokumentationspflichten nach § 90 Abs. 2 und 3 AO bei Auslandssachverhalten, der Grundsätze für die Prüfung der Einkunftsabgrenzung zwischen international verbundenen Unternehmen sowie der Folgen etwaiger Pflichtverletzungen wird auf das BMF-Schreiben vom 3.12.2020, BStBl. I S. 1325 verwiesen.

AEAO zu § 91 – Anhörung Beteiligter:

1. [1]Im Besteuerungsverfahren äußert sich der Beteiligte zu den für die Entscheidung erheblichen Tatsachen regelmäßig in der Steuererklärung. [2]Will die Finanzbehörde von dem erklärten Sachverhalt zuungunsten des Beteiligten wesentlich abweichen, so muss sie den Beteiligten hiervon vor Erlass des Steuerbescheids oder sonstigen Verwaltungsakts unterrichten. [3]Der persönlichen (ggf. fernmündlichen) Kontaktaufnahme mit dem Steuerpflichtigen kommt hierbei besondere Bedeutung zu. [4]Sind die steuerlichen Auswirkungen der Abweichung nur gering, so genügt es, die Abweichung im Steuerbescheid zu erläutern.

2. Eine versehentlich unterbliebene Anhörung der Beteiligten kann nach Erlass des Steuerbescheids nachgeholt und die Fehlerhaftigkeit des Bescheids dadurch geheilt werden (§ 126 Abs. 1 Nr. 3 AO).

3. [1]Ist die erforderliche Anhörung eines Beteiligten unterblieben und dadurch die rechtzeitige Anfechtung des Verwaltungsakts versäumt worden, so ist Wiedereinsetzung in den vorigen Stand zu gewähren (§ 126 Abs. 3 i. V. m. § 110 AO). [2]Die unterlassene Anhörung ist im Allgemeinen nur dann für die Versäumung der Einspruchsfrist ursächlich, wenn die notwendigen Erläuterungen auch im Verwaltungsakt selbst unterblieben sind (BFH-Urteil vom 13.12. 1984, VIII R 19/81, BStBl. 1985 II S. 601).

4. Wegen des zwingenden öffentlichen Interesses (§ 91 Abs. 3 AO) Hinweis auf § 30 Abs. 4 Nr. 5 und § 106 AO, deren Grundsätze entsprechend anzuwenden sind.

AEAO zu § 92 – Beweismittel:

[1]Die Finanzbehörden sind verpflichtet, die Steuern nach Maßgabe der Gesetze gleichmäßig festzusetzen und zu erheben (§ 85 AO). [2]Sie müssen dazu

(Fortsetzung S. 135)

sind bestimmte Zeitpunkte, an denen etwas geschehen soll oder zu denen eine Wirkung eintritt. 3 „Fälligkeitstermine" geben das Ende einer Frist an.

2. § 108 Abs. 3 AO gilt auch für die Dreitage-Regelungen (§ 122 Abs. 2 Nr. 1, Abs. 2a, § 122a Abs. 4, § 123 Satz 2 AO; § 4 Abs. 2 VwZG), die Monats-Regelungen (§ 122 Abs. 2 Nr. 2, § 123 Satz 2 AO), die Zweiwochen-Regelung (§ 122 Abs. 4 Satz 3 AO) zum Zeitpunkt der Bekanntgabe eines Verwaltungsakts (BFH-Urteil vom 14.10.2003, IX R 68/98, BStBl. II S. 898), die Erklärungsfrist (§ 149 AO) und für die Festsetzungsfrist (vgl. BFH-Urteil vom 20.1.2016, VI R 14/15, BStBl. II S. 380).

AEAO zu § 109 – Verlängerung von Fristen:

1 § 109 AO i. d. F. des StModernG ist erstmals anzuwenden für Besteuerungszeiträume, die nach dem 31.12.2017 beginnen, und Besteuerungszeitpunkte, die nach dem 31.12.2017 liegen. 2 Für Besteuerungszeiträume, die vor dem 1.1.2018 beginnen, und Besteuerungszeitpunkte, die vor dem 1.1.2018 liegen, ist § 109 AO in der am 31.12.2016 geltenden Fassung weiterhin anzuwenden (Art. 97 § 10a Abs. 4 EGAO).

AEAO zu § 110 – Wiedereinsetzung in den vorigen Stand:

1. 1 § 110 Abs. 1 AO erfasst nur verfahrensrechtliche und materiell-rechtliche Fristen, die „einzuhalten" sind; das sind Handlungs- und Erklärungsfristen, die Beteiligte (§ 78 AO) oder Dritte gegenüber der Finanzbehörde zu wahren haben. 2 Nicht wiedereinsetzungsfähig sind dagegen die gesetzlichen Fristen, die von den Finanzbehörden als Verwaltungsträger im Verwaltungsverfahren zu beachten sind. 3 So fällt unter § 110 AO nicht der Ablauf von Festsetzungsfristen (BFH-Urteil vom 24.1.2008, VII R 3/07, BStBl. II S. 462). 4 Soweit das Gesetz eine Fristverlängerung vorsieht (§ 109 Abs. 1 AO), kommt nicht Wiedereinsetzung, sondern rückwirkende Fristverlängerung in Betracht.

2. 1 Zur Wiedereinsetzung in den vorigen Stand nach unterlassener Anhörung eines Beteiligten bzw. wegen fehlender Begründung des Verwaltungsakts (§ 126 Abs. 3 AO) vgl. AEAO zu § 91, Nr. 3 und AEAO zu § 121, Nr. 3. 2 Zur Wiedereinsetzung in den vorigen Stand nach Einspruchseinlegung bei einer unzuständigen Behörde vgl. AEAO zu § 357, Nr. 2.

3. Das Hindernis i. S. d. § 110 Abs. 2 Satz 1 AO ist weggefallen, wenn der Betroffene von der Fristversäumung Kenntnis erlangt hat oder bei Anwendung der gebotenen Sorgfalt hätte erlangen können und müssen.

4. Die Monatsfrist für den Antrag auf Wiedereinsetzung ist eine gesetzliche Frist i. S. d. § 108 AO und kann deshalb nicht nach § 109 AO verlängert werden.

5. 1 *Wiedereinsetzungsgründe* sind im Kern innerhalb der Antragsfrist gem. § 110 Abs. 2 Satz 1 AO vorzutragen. 2 Das erfordert eine substantiierte, in sich schlüssige Darstellung aller entscheidungserheblichen Umstände und Tatsachen, aus denen sich die schuldlose Verhinderung ergeben soll, innerhalb dieser Frist. 3 Es ist zulässig, dass unklare oder unvollständige Angaben nach Ablauf der Antragsfrist noch erläutert oder ergänzt werden, sofern der Kern der Wiedereinsetzungsgründe innerhalb der Antragsfrist schlüssig vorgetragen wurde. 4 Insbesondere können auch Nachweise zur Glaubhaftmachung der geltend gemachten Wiedereinsetzungsgründe nach Fristablauf beigebracht werden. [5]Nach Ablauf der Antragsfrist dürfen aber keine neuen Wiedereinsetzungsgründe mehr nachgeschoben und wesentliche Lücken in der Sachverhaltsdarstellung geschlossen werden (vgl. BFH-Urteil vom 31.1.2017, IX R 19/16, BFH/NV S. 885, m. w. N.).

6. Abweichend von § 110 Abs. 2 AO beträgt im finanzgerichtlichen Verfahren die Frist für den Antrag auf Wiedereinsetzung und die Nachholung der versäumten Rechtshandlung zwei Wochen (§ 56 Abs. 2 FGO).

AEAO zu § 111 – Amtshilfepflicht:

1. Die §§ 111 ff. AO sind auch dann anzuwenden, wenn sich Finanzbehörden untereinander Amtshilfe leisten.

2. [1]Für Verbände und berufsständische Vertretungen besteht, soweit sie nicht Behörden sind oder unterhalten, keine Beistandspflicht. [2]Sie sind jedoch ebenso wie die in § 111 Abs. 3 AO erwähnten Institutionen im Rahmen der §§ 88, 92 ff. AO zur Auskunftserteilung und Vorlage von Urkunden verpflichtet.

AEAO zu § 112 – Voraussetzungen und Grenzen der Amtshilfe:

[1]Andere Behörden, die von den Finanzbehörden im Besteuerungsverfahren um Amtshilfe ersucht werden, können die Amtshilfe nur unter den Voraussetzungen dieser Vorschrift ablehnen. [2]Die Bestimmungen des Verwaltungsverfahrensgesetzes und des SGB X über die Amtshilfe sind insoweit nicht anwendbar.

AEAO zu § 117 – Zwischenstaatliche Rechts- und Amtshilfe in Steuersachen:

1. Die Voraussetzungen, unter denen die Finanzbehörden für deutsche Besteuerungszwecke die Hilfe ausländischer Behörden in Anspruch nehmen dürfen, richten sich nach deutschem Recht, insbesondere den §§ 85 ff. AO.

2. [1]Gemäß § 117 Abs. 2 AO können die Finanzbehörden zwischenstaatliche Rechts- und Amtshilfe leisten aufgrund

a) innerstaatlich anwendbarer völkerrechtlicher Vereinbarungen. [2]Derartige Vereinbarungen enthalten vor allem die Doppelbesteuerungsabkommen und die Abkommen im Zollbereich. [3]Über den Stand der Doppelbesteuerungsabkommen veröffentlicht das BMF jährlich im BStBl. Teil I eine Übersicht;[1)]

b) innerstaatlich anwendbarer Rechtsakte der Europäischen Union (im Zollbereich und im Bereich der indirekten Steuern). [2]Als Rechtsgrundlagen kommen unmittelbar geltende Verordnungen in Betracht.[2)] [3]Hinweis auf die Verordnung (EU) Nr. 904/2010 des Rates vom 7.10.2010 über die Zusammenarbeit der Verwaltungsbehörden und die Betrugsbekämpfung auf

---

[1)] Übersicht (für 2021 BMF v. 18.2.2021, BStBl. I 2021, 265, für 2022 BMF v. 19.1.2022) *und sämtliche DBA abgedruckt in* **Doppelbesteuerungsabkommen.**

[2)] EU-VOen im Umsatzsteuer-, Zoll- und Verbrauchsteuerrecht sowie im zugehörigen Verfahrensrecht abgedruckt in **Zölle und Verbrauchsteuern.**

[5]Unter den Voraussetzungen des § 87a AO können Verwaltungsakte auch elektronisch übermittelt werden.

1.8.1. Schriftform

1.8.1.1. [1]Grundsätzlich ist die **schriftliche Bekanntgabe** eines Verwaltungsakts nur erforderlich, wenn das Gesetz sie ausdrücklich vorsieht (für Steuerbescheide, § 157 AO; für die Aufhebung des Vorbehalts der Nachprüfung, § 164 Abs. 3 AO; für Haftungs- und Duldungsbescheide, § 191 Abs. 1 AO; für Prüfungsanordnungen, § 196 AO; für verbindliche Zusagen, § 205 Abs. 1 AO; für Pfändungsverfügungen. § 309 Abs. 2 AO; für Androhung von Zwangsmitteln, § 332 Abs. 1 AO; für Einspruchsentscheidungen, § 366 AO). [2]Im Übrigen reicht die **mündliche Bekanntgabe** eines steuerlichen Verwaltungsakts aus (z.B. bei Fristverlängerungen, Billigkeitsmaßnahmen, Stundungen). [3]Aus Gründen der Rechtssicherheit sollen Verwaltungsakte aber im Allgemeinen schriftlich erteilt werden. [4]Ein mündlicher Verwaltungsakt ist ggf. schriftlich zu bestätigen (§ 119 Abs. 2 AO).

1.8.1.2. [1]Ist für einen Verwaltungsakt die Schriftform gesetzlich vorgeschrieben, wird diese auch durch Übersendung per **Telefax,** auch per Computerfax, gewahrt (BFH-Urteile vom 28.1.2014, VIII R 28/13, BStBl. II S. 552, und vom 18.3.2014, VIII R 9/10, BStBI. II S. 748). [2]Der Verwaltungsakt wird in diesem Fall nicht bereits mit vollständiger Speicherung im Empfangsgerät, sondern erst mit dem Ausdruck beim Empfänger wirksam (BFH-Urteil vom 18.3.2014, VIII R 9/10, a.a.O.). [3]Erfolgt der Ausdruck vor Ablauf der dreitägigen Frist i.S.d. § 122 Abs. 2a AO (vgl. AEAO zu § 122, Nr. 1.8.2.2), bleibt der Ablauf dieser Frist für den Zeitpunkt des Wirksamwerdens des Verwaltungsakts maßgebend.

1.8.2. Übermittlung durch die Post oder durch Telefax

1.8.2.1. [1]Der in § 122 Abs. 2 AO verwendete Begriff der „Post" ist nicht auf die Deutsche Post AG (als Nachfolgeunternehmen der Deutschen Bundespost) beschränkt, sondern umfasst alle Unternehmen, soweit sie Postdienstleistungen erbringen.[1)] [2]Wird ein schriftlicher Verwaltungsakt durch die Post übermittelt, so hängt die Wirksamkeit der Bekanntgabe nicht davon ab, dass der Tag der Aufgabe des Verwaltungsakts zur Post in den Akten vermerkt wird. [3]Um den Bekanntgabezeitpunkt berechnen zu können und im Hinblick auf die Regelung in § 169 Abs. 1 Satz 3 Nr. 1 AO ist jedoch der Tag der Aufgabe zur Post in geeigneter Weise festzuhalten.

1.8.2.2. Ein **Telefax,** auch ein Computerfax, ist kein elektronisches Dokument i.S.d. § 87a AO (vgl. AEAO zu § 87a, Nr. 4), aber ein elektronisch übermittelter Verwaltungsakt i.S.d. § 122 Abs. 2a AO (Bundestagsdrucksache 14/9000 S. 32, Begründung zu § 15 VwVfG).

1.8.3. Förmliche Bekanntgabe (Zustellung)

Zuzustellen sind:

[1)] Zur Zugangsvermutung bei Beauftragung eines privaten Postdienstleisters siehe BFH v. 14.6.2018 III R 27/17, BStBl. II 2019, 16. – Siehe auch BFH v. 22.5.2019 X B 109/18, BFH/NV 2019, 900, auch zum Erfordernis der Vorlage des Briefumschlags mit Poststempel.

- die Ladung zu dem Termin zur Abgabe der Vermögensauskunft (§ 284 Abs. 6 AO),
- die Verfügung über die Pfändung einer Geldforderung (§ 309 Abs. 2 AO),
- die Arrestanordnung (§ 324 Abs. 2 AO, § 326 Abs. 4 AO).

[1] Darüber hinaus kann die Finanzbehörde die Zustellung anordnen (§ 122 Abs. 5 Satz 1 AO). [2] Diese Anordnung stellt keinen Verwaltungsakt dar (BFH-Urteil vom 16.3.2000, III R 19/99, BStBl. II S. 520).

Wegen der Besonderheiten des Zustellungsverfahrens vgl. Nr. 3; wegen der Zustellung von Einspruchsentscheidungen vgl. AEAO zu § 366, Nr. 2.

1.8.4. Bekanntgabe an Empfänger im Ausland

[1] Mit Ausnahme der in Nr. 3.1.4.1 angeführten Staaten kann davon ausgegangen werden, dass an Empfänger (einschließlich der Bevollmächtigten; BFH-Urteil vom 1.2.2000, VII R 49/99, BStBl. II S. 334) im Ausland Steuerverwaltungsakte durch einfachen Brief, durch Telefax oder – unter den Voraussetzungen des § 87a AO – durch elektronische Übermittlung bekannt gegeben werden können. [2] Eine elektronische Bekanntgabe nach § 122a AO ist in allen Fällen zulässig (vgl. AEAO zu § 122a, Nr. 3).

Ansonsten muss nach § 123 AO, § 9 VwZG (vgl. AEAO zu § 122, Nr. 3.1.4) oder § 10 VwZG (vgl. AEAO zu § 122, Nr. 3.1.5) verfahren werden, wenn ein Verwaltungsakt an einen Empfänger im Ausland bekannt zu geben ist.

[1] Welche der bestehenden Möglichkeiten einer Auslandsbekanntgabe gewählt wird, liegt im pflichtgemäßen Ermessen (§ 5 AO) der Finanzbehörde. [2] Die Auswahl ist u. a. abhängig von den gesetzlichen Erfordernissen (z. B. Zustellung, vgl. AEAO zu § 122, Nr. 1.8.3) und von dem Erfordernis, im Einzelfall einen einwandfreien Nachweis des Zugangs des amtlichen Schreibens zu erhalten.

2. Bekanntgabe von Bescheiden

2.1. Bekanntgabe von Bescheiden an Ehegatten

2.1.1. Allgemeines

[1] Ehegatten sind im Fall der ESt-Zusammenveranlagung stets Gesamtschuldner (§ 44 AO). [2] Gem. § 155 Abs. 3 Satz 1 AO kann daher gegen sie ein zusammengefasster Steuerbescheid erlassen werden. [3] Dabei handelt es sich formal um die Zusammenfassung zweier Bescheide zu einer nur äußerlich gemeinsamen Festsetzung. [4] Dies gilt auch für die Festsetzung von Verspätungszuschlägen gegenüber zusammen veranlagten Ehegatten (BFH-Urteil vom 28.8.1987, III R 230/83, BStBl. II S. 836).

[1] Bei anderen Steuerarten sind gegenüber Ehegatten zusammengefasste Steuerbescheide nur zulässig, wenn tatsächlich Gesamtschuldnerschaft vorliegt. [2] Gesamtschuldnerschaft liegt nicht vor, wenn es sich lediglich um gleichgeartete Steuervorgänge handelt. [3] So liegen z. B. für die Grunderwerbsteuer zwei Steuerfälle vor, wenn Ehegatten gemeinschaftlich ein Grundstück erwerben. [4] An jeden Ehegatten ist für den auf ihn entfallenden Steuerbetrag ein gesonderter Steuerbescheid zu erteilen (BFH-Urteil vom 12.10.1994, II R 63/93, BStBl. 1995 II S. 174).

1990, X R 147/87 BStBl. II S. 942). [2]Der Fehler bei der Bekanntgabe wird jedoch nicht geheilt, wenn der Einspruch in der Einspruchsentscheidung als unzulässig verworfen wird (BFH-Urteil vom 25.1.1994, VIII R 45/92, BStBl. II S. 603).

4.4.5. Zusammengefasste Steuerbescheide

[1]Zusammengefasste Steuerbescheide (§ 155 Abs. 3 AO) können gegenüber mehreren Beteiligten zu verschiedenen Zeitpunkten bekannt gegeben werden. [2]Eine unterlassene oder unwirksame Bekanntgabe kann jederzeit nachgeholt werden (BFH-Urteil vom 25.5.1976, VIII R 66/74, BStBl. II S. 606); der Ablauf der Festsetzungsfrist ist zu beachten. [3]Die Wirksamkeit eines Steuerbescheids gegenüber einem Beteiligten wird nicht dadurch berührt, dass dieser Bescheid gegenüber einem anderen Beteiligten unwirksam ist. [4]Zur Bekanntgabe an Ehegatten vgl. AEAO zu § 122, Nr. 2.1.

4.5. Fehler bei förmlichen Zustellungen

4.5.1. [1]Lässt sich die formgerechte Zustellung eines Dokuments nicht nachweisen oder ist es unter Verletzung zwingender Zustellungsvorschriften zugegangen, gilt es als in dem Zeitpunkt zugestellt, in dem es dem Empfangsberechtigten tatsächlich zugegangen ist. [2]Im Fall der Zustellung eines Schriftstücks ist dies der Zeitpunkt, in dem der Empfänger das Dokument „in die Hand bekommt", und nicht bereits der Zeitpunkt, zu dem nach dem gewöhnlichen Geschehensablauf mit einer Kenntnisnahme gerechnet werden konnte (vgl. BFH-Beschluss vom 6.5.2014, GrS 2/13, BStBl. II S. 645 zu § 189 ZPO). [3]Im Fall des § 5 Abs. 5 VwZG (Zustellung eines elektronischen Dokuments; vgl. AEAO zu § 122, Nrn. 3.1.3.3 und 3.1.3.5) gilt das Dokument in dem Zeitpunkt als zugestellt, in dem der Empfänger das Empfangsbekenntnis zurückgesendet hat (§ 8 VwZG). [4]Ein Zustellungsmangel ist nach § 8 VwZG auch dann geheilt, wenn durch die Zustellung eine Klagefrist in Lauf gesetzt wird (z. B. in den Fällen der behördlich angeordneten förmlichen Zustellung einer Einspruchsentscheidung), ferner auch dann, wenn der Empfänger nachweislich nur eine Fotokopie oder eine Mehrausfertigung des Verwaltungsakts erhalten hat (vgl. BFH-Urteil vom 15.1.1991, VII R 86/89, BFH/NV 1992 S. 81).

4.5.2. [1]Zwingende Zustellungsvorschriften sind insbesondere bei der Zustellung durch die Post mit Zustellungsurkunde (vgl. AEAO zu § 122, Nr. 3.1.1) zu beachten. [2]Es müssen sowohl die Zustellungsart (z. B. Ersatzzustellung) als auch der Zustellungsort (Wohnung, Geschäftsraum) richtig durch den Postbediensteten beurkundet werden (BFH-Urteil vom 10.10.1978, VIII R 197/74, BStBl. 1979 II S. 209). [3]Das Aktenzeichen (vgl. AEAO zu § 122, Nr. 3.1.1.1) muss sowohl auf dem Briefumschlag als auch auf der Zustellungsurkunde angegeben sein (BFH-Urteil vom 24.11.1977, IV R 113/75, BStBl. 1978 II S. 467). [4]Auch ein Verstoß gegen § 10 VwZG bei der Anordnung einer öffentlichen Zustellung (vgl. AEAO zu § 122, Nr. 3.1.5) kann unter den Voraussetzungen des § 8 VwZG geheilt werden (BFH-Urteil vom 6.6.2000, VII R 55/99, BStBl. II S. 560).

4.5.3. Eine wegen Formmangels unwirksame, von der Finanzbehörde angeordnete Zustellung eines Verwaltungsakts kann nicht in eine wirksame „schlichte" Bekanntgabe i. S. d. § 122 Abs. 1 AO umgedeutet werden (BFH-

Urteile vom 25.1.1994, VIII R 45/92, BStBl. II S. 603, und vom 8.6.1995, IV R 104/94, BStBl. II S. 681).

4.6. Fehlerhafte Bekanntgabe von Grundlagenbescheiden

[1]Da ein Folgebescheid gem. § 155 Abs. 2 AO vor Erlass eines notwendigen Grundlagenbescheids ergehen kann, ist die Unwirksamkeit der Bekanntgabe eines Grundlagenbescheids für den bereits vorliegenden Folgebescheid ohne Bedeutung. [2]Erst wenn der Grundlagenbescheid wirksam bekannt gegeben worden ist, sind daraus für den Folgebescheid Folgerungen zu ziehen (§ 175 Abs. 1 Satz 1 Nr. 1 AO).

4.7. Bekanntgabe von gesonderten und einheitlichen Feststellungen an einzelne Beteiligte

4.7.1. [1]Ein Verwaltungsakt, der an mehrere Beteiligte gerichtet ist (z.B. gesonderte und einheitliche Feststellung), aber nicht allen Beteiligten bekannt gegeben wird, ist dadurch nicht unwirksam. [2]Mit der Bekanntgabe an einzelne Beteiligte ist der Verwaltungsakt als entstanden anzusehen; er hat gegenüber diesen Beteiligten Wirksamkeit erlangt und kann insgesamt nicht mehr frei, sondern nur bei Vorliegen der gesetzlichen Änderungsvorschriften geändert werden (BFH-Urteile vom 31.5.1978, I R 76/76, BStBl. II S. 600, und vom 25.11.1987, II R 227/84, BStBl. 1988 II S. 410). [3]Zur Nachholung der Bekanntgabe an die übrigen Beteiligten vgl. AEAO zu § 122, Nr. 2.5.1.

4.7.2. Die einzelnen Gesellschafter sind nicht in ihren Rechten verletzt, wenn ein gesonderter und einheitlicher Feststellungsbescheid anderen Gesellschaftern nicht oder nicht ordnungsgemäß bekannt gegeben worden ist (BFH-Urteil vom 12.12.1978, VIII R 10/76, BStBl. 1979 II S. 440).

AEAO zu § 122a – Bekanntgabe von Verwaltungsakten durch Bereitstellung zum Datenabruf:

1. [1]Durch die Datenbereitstellung von Verwaltungsakten der Landesfinanzbehörden nach § 122a AO über die Kommunikationsplattform ELSTER im Format PDF/A wird ein sicheres Verfahren verwendet, das die Vertraulichkeit und Integrität des Datensatzes gewährleistet (§ 87a Abs. 8 AO). [2]Die elektronische Benachrichtigung an die abrufberechtigte Person über die Bereitstellung der Daten zum Abruf bedarf keiner Verschlüsselung (§ 87a Abs. 1 Satz 5 AO).
2. [1]Bestreitet die zum Abruf berechtigte Person den Zugang der Benachrichtigung, trägt die Finanzbehörde die Beweislast für deren Zugang. [2]Trägt die abrufberechtigte Person substantiiert und unwiderlegbar vor, die Benachrichtigung erst nach dem in § 122a Abs. 4 Satz 1 AO fingierten Bekanntgabetag erhalten zu haben, wurden die Daten von der abrufberechtigten Person aber tatsächlich abgerufen, gilt der Verwaltungsakt an dem Tag als bekannt gegeben, an dem der Datenabruf tatsächlich erfolgt ist. [3]Gelingt der Finanzbehörde der Nachweis des Zugangs der Benachrichtigung nicht und wurden die Daten auch von keiner dazu berechtigten Person abgerufen, gilt der Verwaltungsakt als nicht zugegangen. [4]In diesem Fall ist die Bekanntgabe – vorzugsweise im schriftlichen Verfahren – zu wiederholen.
3. Eine elektronische Bekanntgabe nach § 122a AO an im Ausland ansässige Empfänger ist auch in den Fällen zulässig, in denen der Ansässigkeitsstaat in der Negativliste der Nr. 3.1.4.1 des AEAO zu § 122 aufgeführt ist.

Beispiele:

a) Verlängerung oder Erhöhung einer Stundung,
b) weitere Fristverlängerung,
c) Gewährung ergänzender Buchführungserleichterungen,
d) Erhöhung des zu erlassenden Steuerbetrages.

5. Dementsprechend bedarf es bei demselben Sachverhalt nicht des Widerrufs, wenn zu einem nicht begünstigenden rechtmäßigen Verwaltungsakt lediglich ein weiterer rechtmäßiger Verwaltungsakt hinzutritt.

Beispiele:

a) Wegen einer Steuerschuld von 2500 € sind Wertpapiere im Werte von 1500 € gepfändet worden. Es wird eine weitere Pfändung über 1000 € verfügt.
b) Die Prüfungsanordnung für eine Außenprüfung umfasst den Prüfungszeitraum 1993 bis 1995. Die Prüfungsanordnung wird auf den Besteuerungszeitraum 1996 ausgedehnt.
c) Zur Klärung eines steuerlich bedeutsamen Sachverhalts wird das Kreditinstitut X um Auskunft über die Kontenstände des Steuerpflichtigen gebeten. Im Zuge der Ermittlungen wird auch die Angabe aller baren Einzahlungen über 5000 € verlangt.

AEAO zu § 138 – Anzeigen über die Erwerbstätigkeit:

1.[1)] [1]Die Verpflichtung, die Eröffnung eines Betriebs der Land- und Forstwirtschaft, eines gewerblichen Betriebs oder einer Betriebstätte anzuzeigen, besteht nur gegenüber der Gemeinde, in der dieser Betrieb oder die Betriebstätte eröffnet wird; diese hat unverzüglich das zuständige Finanzamt zu unterrichten. [2]Freiberuflich Tätige haben die Aufnahme ihrer Erwerbstätigkeit dem Wohnsitzfinanzamt (§ 19 Abs. 1 AO, ggf. Tätigkeitsfinanzamt nach § 19 Abs. 3 AO) mitzuteilen. [3]Unter Eröffnung ist auch die Fortführung eines Betriebs oder einer Betriebstätte durch den Rechtsnachfolger oder Erwerber zu verstehen (Hinweis auf § 75 AO).

[1]Die Meldefrist beträgt einen Monat. [2]Gewerbetreibende, die nach § 14 der GewO gegenüber der zuständigen Behörde (Ordnungs- bzw. Gewerbeamt) anzeigepflichtig sind, genügen mit dieser Anzeige gleichzeitig ihrer steuerlichen Anzeigepflicht nach § 138 Abs. 1 AO. [3]Die Anzeige ist auf einem Vordruck zu erstatten, dessen Muster durch die Anlagen 1, 2 und 3 zu § 1 Satz 1 der GewAnzV vom 22.7.2014 (BGBl. I S. 1208) bestimmt worden ist. [4]Steuerpflichtige, die nicht unter die Anzeigepflicht nach der GewO fallen, können die Anzeige formlos erstatten. [5]Sie können sich auch des Vordrucks gem. der GewAnzV bedienen.

2.[2)] [1]§ 138 Abs. 2 AO verpflichtet alle Steuerpflichtigen, Auslandsbeziehungen, insbesondere Auslandsbeteiligungen innerhalb der Fristen nach § 138 Abs. 5 AO dem Finanzamt mitzuteilen. [2]Eine Verletzung dieser Verpflichtung kann als Steuergefährdung mit einem Bußgeld geahndet werden (§ 379 Abs. 2 Nr. 1 AO). [3]Näheres zu Inhalt und Form der Mitteilungen regelt das BMF-Schreiben vom 5.2.2018, BStBl. I S. 289, zuletzt geändert durch das BMF-Schreiben vom 28.12.2020, BStBl. I 2021 S. 55.

[1)] Zur erstmaligen Anwendung der elektronischen Übermittlungspflicht nach § 138 Abs. 1b Satz 2 AO ab 1.1.2021 siehe BMF v. 4.12.2020, BStBl. I 2020, 1209.

[2)] Zur zentralen Sammlung und Auswertung von Unterlagen über steuerliche Auslandsbeziehungen (IZA-Erlass) siehe BMF v. 9.9.2019, BStBl. I 2019, 907.

AEAO zu § 138a – Länderbezogener Bericht multinationaler Unternehmensgruppen:

Auf das BMF-Schreiben vom 11.7.2017, BStBl. I S. 974 wird verwiesen.

Datenquellen

[1] Das berichtende Unternehmen verwendet beim Ausfüllen des Formblatts Jahr für Jahr konsistent die gleichen Datenquellen. [2] Dem berichtenden Unternehmen ist es freigestellt, Daten aus seiner konsolidierten Unternehmensberichterstattung, aus den gesetzlich vorgesehenen Jahresabschlüssen der einzelnen Unternehmen, aus für aufsichtsrechtliche Zwecke erstellten Abschlüssen oder aus seiner internen Rechnungslegung zu verwenden.

Sekundärmechanismus

Ergänzend hierzu besteht die Verpflichtung zur Abgabe des länderbezogenen Berichts für die einbezogene inländische Konzerngesellschaft nur, sofern die folgenden Voraussetzungen erfüllt sind:

1. Die einbezogene Konzerngesellschaft hat ihre Geschäftsleitung oder ihren Sitz im Inland und
2. eine der folgenden Voraussetzungen ist erfüllt:
   a) die ausländische Konzernobergesellschaft ist in ihrem Ansässigkeitsstaat nicht zur Vorlage eines länderbezogenen Berichts verpflichtet,
   b) der Ansässigkeitsstaat der ausländischen Konzernobergesellschaft verfügt über eine geltende internationale Übereinkunft, dessen Vertragspartei die Bundesrepublik Deutschland ist, jedoch über keine geltende Vereinbarung über den Austausch der länderbezogenen Berichte zwischen den zuständigen Behörden zu dem in § 138a Abs. 6 Satz 1 AO festgelegten Zeitpunkt für die Vorlage des länderbezogenen Berichts für das Wirtschaftsjahr, oder
   c) es zu einem systemischen Versagen des Ansässigkeitsstaates der ausländischen Konzernobergesellschaft gekommen ist, über welches die einbezogene inländische Konzerngesellschaft vom Bundeszentralamt für Steuern unterrichtet wurde.

Systemisches Versagen bedeutet entweder, dass ein Staat zwar über eine geltende Vereinbarung über den Austausch der länderbezogenen Berichte zwischen den zuständigen Behörden mit der Bundesrepublik Deutschland verfügt, den automatischen Informationsaustausch (aus anderen als den in den Bestimmungen dieser Vereinbarung vorgesehenen Gründen) jedoch ausgesetzt hat, oder dass ein Staat auf andere Weise über einen längeren Zeitraum hinweg versäumt hat, die in seinem Besitz befindlichen länderbezogenen Berichte über einbezogene inländische Konzerngesellschaften der Bundesrepublik Deutschland automatisch zu übermitteln.

Die einbezogene inländische Konzerngesellschaft ist nicht zur Vorlage eines länderbezogenen Berichts verpflichtet, sofern die ausländische Konzernobergesellschaft in ihrem Ansässigkeitsstaat nicht zur Vorlage eines länderbezogenen Berichts verpflichtet ist, da die konsolidierten Umsatzerlöse im vorangegangenen Wirtschaftsjahr die in diesem anderen Staat geltende Umsatzschwelle, die im Januar 2015 etwa 750 Millionen Euro entsprach, nicht überstieg.

AEAO zu § 140 – Buchführungs- und Aufzeichnungspflichten nach anderen Gesetzen:

[1]Durch die Vorschrift werden die sog. außersteuerlichen Buchführungs- und Aufzeichnungsvorschriften, die auch für die Besteuerung von Bedeutung sind, für das Steuerrecht nutzbar gemacht. [2]In Betracht kommen einmal die allgemeinen Buchführungs- und Aufzeichnungsvorschriften des Handels-, Gesellschafts- und Genossenschaftsrechts. [3]Zum anderen fallen hierunter die Buchführungs- und Aufzeichnungspflichten für bestimmte Betriebe und Berufe, die sich aus einer Vielzahl von Gesetzen und Verordnungen ergeben. [4]Auch ausländische Rechtsnormen können eine Buchführungspflicht nach § 140 AO begründen (BFH-Urteil vom 14.11.2018, I R 81/16, BStBl. 2019 II S. 390). [5]Unmittelbar geltende Rechtsakte der Europäischen Union können ebenfalls eine Buchführungspflicht nach § 140 AO begründen. [6]Verstöße gegen außersteuerliche Buchführungs- und Aufzeichnungspflichten stehen den Verstößen gegen steuerrechtliche Buchführungs- und Aufzeichnungsvorschriften gleich. [7]Verstöße gegen die Vorschriften zur Führung von Büchern und Aufzeichnungen (§§ 140 bis 147 AO) können z. B. die Anwendung von Zwangsmitteln nach § 328 AO, eine Schätzung nach § 162 AO oder eine Ahndung nach § 379 AO zur Folge haben. [8]Die Verletzung der Buchführungspflichten ist unter den Voraussetzungen der §§ 283 und 283b StGB (sog. Insolvenzstraftaten) strafbar. [9]Aufzeichnungspflichten, die für den Gesamthaushalt einer juristischen Person des öffentlichen Rechts bestehen (Doppik), führen nicht zu einer Verpflichtung zur Buchführung für einzelne Betriebe gewerblicher Art (BMF-Schreiben vom 3.1.2013, BStBl. I S. 59).

AEAO zu § 141 – Buchführungspflicht bestimmter Steuerpflichtiger:

1. [1]Die Vorschrift findet nur Anwendung, wenn sich nicht bereits eine Buchführungspflicht nach § 140 AO ergibt. [2]Wird von dem Wahlrecht nach § 241a HGB Gebrauch gemacht, kann dennoch eine Buchführungspflicht nach § 141 AO bestehen. [3]Unter die Vorschrift fallen gewerbliche Unternehmer sowie Land- und Forstwirte,[1)] nicht jedoch Freiberufler. [4]Gewerbliche Unternehmer sind solche Unternehmer, die einen Gewerbebetrieb i. S. d. § 15 Abs. 2 oder 3 EStG bzw. des § 2 Abs. 2 oder 3 GewStG ausüben.

[1]Ausländische Unternehmen fallen unter die Vorschrift jedenfalls dann, wenn und soweit sie im Inland eine Betriebstätte unterhalten oder einen ständigen Vertreter bestellt haben (BFH-Urteil vom 14.9.1994, I R 116/93, BStBl. 1995 II S. 238). [2]Die Buchführungspflicht einer Personengesellschaft erstreckt sich auch auf das Sonderbetriebsvermögen ihrer Gesellschafter. [3]Die Gesellschafter selbst sind insoweit nicht buchführungspflichtig.

2. [1]Die Finanzbehörde kann die Feststellung i. S. d. § 141 Abs. 1 AO im Rahmen eines Steuer- oder Feststellungsbescheids oder durch einen selbständigen feststellenden Verwaltungsakt treffen. [2]Die Feststellung kann aber auch mit der Mitteilung über den Beginn der Buchführungspflicht nach

---

[1)] Zur Buchführung in land- und forstwirtschaftlichen Betrieben siehe BMF v. 15.12.1981, BStBl. I 1981, 878.

§ 141 Abs. 2 AO verbunden werden und bildet dann mit ihr einen einheitlichen Verwaltungsakt (BFH-Urteil vom 23.6.1983, IV R 3/82, BStBl. II S. 768).

3. [1]Die Buchführungsgrenzen beziehen sich grundsätzlich auf den einzelnen Betrieb (zum Begriff vgl. BFH-Urteil vom 13.10.1988, IV R 136/85, BStBl. 1989 II S. 7), auch wenn der Steuerpflichtige mehrere Betriebe der gleichen Einkunftsart hat. [2]Eine Ausnahme gilt für steuerbegünstigte Körperschaften, bei denen mehrere steuerpflichtige wirtschaftliche Geschäftsbetriebe als ein Betrieb zu behandeln sind (§ 64 Abs. 2 AO). [3]Hinsichtlich der Berechnung der Umsatzgrenze des § 141 Abs. 1 Satz 1 Nr. 1 AO wird auf den Abschnitt 19.3 UStAE[1)] verwiesen. [4]Bei einem Dauerverlustbetrieb einer juristischen Person des öffentlichen Rechts führt allein das Überschreiten der Umsatzgrenze nach § 141 Abs. 1 Satz 1 Nr. 1 AO nicht zu einer Buchführungspflicht, wenn dieser mangels Gewinnerzielungsabsicht kein gewerbliches Unternehmen darstellt (BMF-Schreiben vom 3.1.2013, BStBl. I S. 59). [5]Da die Gewinngrenze für die land- und forstwirtschaftlichen Betriebe (§ 141 Abs. 1 Satz 1 Nr. 5 AO) auf das Kalenderjahr abstellt, werden bei einem vom Kalenderjahr abweichenden Wirtschaftsjahr die zeitanteiligen Gewinne aus zwei Wirtschaftsjahren angesetzt. [6]Für die Bestimmung der Buchführungsgrenzen nach § 141 Abs. 1 Satz 1 Nr. 3 AO sind die Einzelertragswerte der im Einheitswert erfassten Nebenbetriebe bei der Ermittlung des Wirtschaftswertes der selbstbewirtschafteten Flächen nicht anzusetzen (BFH-Urteil vom 6.7.1989, IV R 97/87, BStBl. 1990 II S. 606).

4. [1]Die Finanzbehörde hat den Steuerpflichtigen auf den Beginn der Buchführungspflicht hinzuweisen. [2]Diese Mitteilung soll dem Steuerpflichtigen mindestens einen Monat vor Beginn des Wirtschaftsjahres bekannt gegeben werden, von dessen Beginn ab die Buchführungspflicht zu erfüllen ist.[2)] [3]Zur Bekanntgabe der Mitteilung über den Beginn der Buchführungspflicht bei ungeklärter Unternehmereigenschaft der Ehegatten/Lebenspartner als Miteigentümer der Nutzflächen eines landwirtschaftlichen Betriebs vgl. BFH-Urteile vom 23.1. 1986, IV R 108/85, BStBl. II S. 539, und vom 26.11.1987, IV R 22/86, BStBl. 1988 II S. 238. [4]Werden die Buchführungsgrenzen nicht mehr überschritten, so wird der Wegfall der Buchführungspflicht dann nicht wirksam, wenn die Finanzbehörde vor dem Erlöschen der Verpflichtung wiederum das Bestehen der Buchführungspflicht feststellt. [5]Beim einmaligen Überschreiten der Buchführungsgrenze soll auf Antrag nach § 148 AO Befreiung von der Buchführungspflicht bewilligt werden, wenn nicht zu erwarten ist, dass die Grenze auch später überschritten wird. [6]Bei der Prüfung, ob die in § 141 Abs. 1 Satz 1 Nr. 4 und 5 AO aufgeführten Buchführungsgrenzen überschritten werden, sind erhöhte Absetzungen für Abnutzung sowie Sonderabschreibungen unberücksichtigt zu lassen (§ 7a Abs. 6 EStG). [7]Erhöhte Absetzungen für Abnutzung sind nur insoweit dem Gewinn zuzurechnen, als diese die Absetzungsbeträge nach § 7 Abs. 1 oder 4 EStG übersteigen (§ 7a Abs. 3 EStG).

---

1) Nr. ***500***.

2) Einhaltung der Monatsfrist ist keine Wirksamkeitsvoraussetzung; vgl. BFH v. 29.3.2007 IV R 14/05, BStBl. II 2007, 816.

5. [1]Die Buchführungspflicht geht nach § 141 Abs. 3 AO kraft Gesetzes auf nachfolgende Eigentümer oder Nutzungsberechtigte über. [2]Es ist nicht Voraussetzung, dass eine der in § 141 Abs. 1 Satz 1 Nrn. 1 bis 5 AO aufgeführten Buchführungsgrenzen überschritten ist. [3]Als Eigentümer bzw. Nutzungsberechtigter kommen z. B. in Betracht: Erwerber, Erbe, Pächter, Nießbraucher. [4]Eine Übernahme des Betriebs im Ganzen liegt vor, wenn seine Identität gewahrt bleibt. [5]Dies ist der Fall, wenn die wesentlichen Grundlagen des Betriebs als einheitliches Ganzes erhalten bleiben. [6]Dies liegt nicht vor, wenn nur der landwirtschaftliche, nicht aber auch der forstwirtschaftliche Teilbetrieb übernommen wird (BFH-Urteil vom 24.2.1994, IV R 4/93, BStBl. II S. 677).

AEAO zu § 143 – Aufzeichnung des Wareneingangs:

1. [1]Zur gesonderten Aufzeichnung des Wareneingangs sind nur gewerbliche Unternehmer (vgl. AEAO zu § 141, Nr. 1) verpflichtet; Land- und Forstwirte fallen nicht unter die Vorschrift. [2]Die Aufzeichnungspflicht besteht unabhängig von der Buchführungspflicht. [3]Bei buchführenden Gewerbetreibenden genügt es, wenn sich die geforderten Angaben aus der Buchführung ergeben.

2. Besondere Aufzeichnungspflichten, die in Einzelsteuergesetzen vorgeschrieben sind (z. B. nach § 22 UStG), werden von dieser Vorschrift nicht berührt.

AEAO zu § 144 – Aufzeichnung des Warenausgangs:

[1]Zur gesonderten Aufzeichnung des Warenausgangs sind gewerbliche Unternehmer (vgl. AEAO zu § 141, Nr. 1) sowie nach § 144 Abs. 5 AO auch buchführungspflichtige Land- und Forstwirte verpflichtet. [2]Mit der Einbeziehung der buchführungspflichtigen Land- und Forstwirte in die Vorschrift soll eine bessere Überprüfung der Käufer land- und forstwirtschaftlicher Produkte (z. B. Obst- oder Gemüsehändler) ermöglicht werden. [3]Bei buchführenden Unternehmern können die Aufzeichnungspflichten im Rahmen der Buchführung erfüllt werden. [4]Besondere Aufzeichnungspflichten, z. B. nach § 22 Abs. 2 Nrn. 1 bis 3 UStG, bleiben unberührt. [5]Erleichterungen nach § 14 Abs. 6 UStG für die Ausstellung von Rechnungen (z. B. nach §§ 31, 33 UStDV) gelten für Zwecke dieser Vorschrift ausschließlich für die Erteilung eines Belegs i. S. v. § 144 Abs. 4 AO. [6]Auf die Aufzeichnungspflichten des § 144 AO finden sie keine Anwendung. [7]Bei Verstoß gegen die Aufzeichnungspflichten nach § 144 AO kann eine Ordnungswidrigkeit nach § 379 Abs. 2 Nr. 1a AO vorliegen.

AEAO zu § 146 – Ordnungsvorschriften für die Buchführung und für Aufzeichnungen:

Inhaltsübersicht

1. Allgemeines

1.1. [1]Nur der ordnungsmäßigen Buchführung kommt Beweiskraft zu (§ 158 AO). [2]Hinsichtlich von Verstößen wird auf den AEAO zu § 140 verwiesen.

1.2. Zu den Begriffen „vollständig, richtig, zeitgerecht, geordnet und unveränderbar" vgl. Rzn. 36 bis 60 des BMF-Schreibens vom 28.11.2019, BStBl. I S. 1269.[1)]

1.3. Es ist Aufgabe des Steuerpflichtigen, seine aufzeichnungs- und aufbewahrungspflichtigen Unterlagen so zu organisieren, dass bei einer zulässigen Einsichtnahme in die steuerlich relevanten Unterlagen (Daten) keine gesetzlich geschützten Bereiche tangiert werden können, zum Beispiel bei Rechtsanwälten, Steuerberatern, Ärzten usw.

1.4. Buchführungspflichtige Steuerpflichtige haben für Bargeldbewegungen ein Kassenbuch (ggf. in der Form aneinandergereihter Kassenberichte) zu führen.

2. Einzelaufzeichnungspflicht (§ 146 Abs. 1 AO)

2.1. Grundsätze der Einzelaufzeichnung

2.1.1. [1]Aufzeichnungen (z.B. nach §§ 238 ff. HGB und nach § 22 UStG) müssen unterschiedlichen steuerlichen Zwecken genügen. [2]Erfordern verschiedene Rechtsnormen gleichartige Aufzeichnungen, so ist eine mehrfache Aufzeichnung für jede Rechtsnorm nicht erforderlich (vgl. Rz. 13 des BMF-Schreibens vom 28.11.2019, BStBl. I S. 1269).[1)] [3]Die Pflicht zur Einzelaufzeichnung gilt unabhängig von der Gewinnermittlungsart. [4]Hinsichtlich der Aufzeichnungspflichten bei Steuerpflichtigen, die ihren Gewinn nach § 4 Abs. 3 EStG ermitteln, vgl. AEAO zu § 146, Nr. 2.1.7.

2.1.2. [1]Die Grundsätze ordnungsmäßiger Buchführung erfordern grundsätzlich die Aufzeichnung jedes einzelnen Geschäftsvorfalls unmittelbar nach seinem Abschluss und in einem Umfang, der einem sachverständigen Dritten in angemessener Zeit eine lückenlose Überprüfung seiner Grundlagen, seines Inhalts, seiner Entstehung und Abwicklung und seiner Bedeutung für den Betrieb ermöglicht. [2]Das bedeutet nicht nur die Aufzeichnung der in Geld bestehenden Gegenleistung, sondern auch des Inhalts des Geschäfts und des Namens des Vertragspartners. [3]Dies gilt auch für Bareinnahmen und für Barausgaben (vgl. BFH-Urteil vom 12.5.1966, IV 472/60, BStBl. III S. 371). [4]Die vorgenannten Grundsätze gelten für jeden, der eine gewerbliche, berufliche oder land- und forstwirtschaftliche Tätigkeit selbständig ausübt. [5]Der Umstand der sofortigen Zahlung rechtfertigt keine Ausnahme (vgl. BFH-Urteil vom 26.2.2004, XI R 25/02, BStBl. II S. 599).

2.1.3. [1]Die Grundaufzeichnungen müssen so beschaffen sein, dass sie jederzeit eindeutig in ihre Einzelpositionen aufgegliedert werden können. [2]Zeitnah, d.h. möglichst unmittelbar zu der Entstehung des jeweiligen Geschäftsvorfalles

---

1) *BMF v. 28.11.2019,* BStBl. I 2019, 1269, betr. Neufassung der GoBD, grds. anzuwenden auf nach dem 31.12.2019 beginnende Besteuerungszeiträume, die Anwendung auf vor dem 1.1.2020 endende Besteuerungszeiträume wird nicht beanstandet.

aufzuzeichnen sind der verkaufte, eindeutig bezeichnete Artikel, der endgültige Einzelverkaufspreis, der dazugehörige Umsatzsteuersatz und -betrag, vereinbarte Preisminderungen, die Zahlungsart, das Datum und der Zeitpunkt des Umsatzes sowie die verkaufte Menge bzw. Anzahl. [3]Die Möglichkeit zum Ausweis des Steuerbetrags in einer Summe nach § 32 UStDV in der Rechnung und die Zusammenfassung des Entgelts und des darauf entfallenden Steuerbetrags in einer Summe nach § 33 Satz 1 Nr. 4 UStDV in der Rechnung bleiben unbenommen. [4]Eine Verpflichtung zur einzelnen Verbuchung (im Gegensatz zur Aufzeichnung) eines jeden Geschäftsvorfalls besteht nicht. [5]Werden der Art nach gleiche Waren mit demselben Einzelverkaufspreis in einer Warengruppe zusammengefasst, wird dies nicht beanstandet, sofern die verkaufte Menge bzw. Anzahl ersichtlich bleibt. [6]Dies gilt entsprechend für Dienstleistungen.

2.1.4. [1]Die Pflicht zur Einzelaufzeichnung gilt grundsätzlich unabhängig davon, ob der Steuerpflichtige ein elektronisches Aufzeichnungssystem oder eine offene Ladenkasse verwendet. [2]Ein elektronisches Aufzeichnungssystem ist die zur elektronischen Datenverarbeitung eingesetzte Hardware und Software, die elektronische Aufzeichnungen zur Dokumentation von Geschäftsvorfällen und somit Grundaufzeichnungen erstellt. [3]Als elektronische Aufzeichnungssysteme gelten auch elektronische Vorsysteme mit externer Geldaufbewahrung. [4]Welche dieser elektronischen Aufzeichnungssysteme zusätzlich die besonderen Anforderungen des § 146a AO erfüllen müssen (Pflicht zur Aufzeichnung anderer Vorgänge, Schutz durch eine zertifizierte technische Sicherheitseinrichtung) bestimmt sich nach § 1 KassenSichV.[1)] [5]Als offene Ladenkasse gelten eine summarische, retrograde Ermittlung der Tageseinnahmen sowie manuelle Einzelaufzeichnungen ohne Einsatz technischer Hilfsmittel.

2.1.5. [1]Branchenspezifische Mindestaufzeichnungspflichten und Zumutbarkeitsgesichtspunkte sind zu berücksichtigen. [2]Es wird z. B. nicht beanstandet, wenn die Mindestangaben zur Nachvollziehbarkeit des Geschäftsvorfalls (vgl. AEAO zu § 146, Nr. 2.1.3) einzeln aufgezeichnet werden, nicht jedoch die Kundendaten, sofern diese nicht zur Nachvollziehbarkeit und Nachprüfbarkeit des Geschäftsvorfalls benötigt werden (vgl. Rz. 37 des BMF-Schreibens vom 28.11.2019, BStBl. I S. 1269).[2)] [3]Dies gilt auch, wenn ein elektronisches Aufzeichnungssystem eine Kundenerfassung und Kundenverwaltung zulässt, die Kundendaten aber tatsächlich nicht oder nur teilweise erfasst werden. [4]Soweit Aufzeichnungen über Kundendaten aber tatsächlich geführt werden, sind sie aufbewahrungspflichtig, sofern dem nicht gesetzliche Vorschriften entgegenstehen.

2.1.6. [1]Wird zur Erfassung von aufzeichnungspflichtigen Geschäftsvorfällen ein elektronisches Aufzeichnungssystem verwendet und fällt dieses aus (z. B. Stromausfall, technischer Defekt), ist während dieser Zeit eine Aufzeichnung *auf Papier zulässig.* [2]Die Aufzeichnungspflichten bei Verwendung einer offenen Ladenkasse gelten insoweit entsprechend (vgl. AEAO zu § 146, Nr. 3.2 und 3.3). [3]Die Ausfallzeit des elektronischen Aufzeichnungssystems ist zu do-

---

[1)] Kassensicherungsverordnung v. 26.9.2017, BGBl. I 2017, 3515, geänd. durch VO v. 30.7.2021, BGBl. I 2021, 3295 (**Steuergesetze** Nr. **800j**).

[2)] BMF v. 28.11.2019, BStBl. I 2019, 1269, betr. Neufassung der GoBD, grds. anzuwenden auf nach dem 31.12.2019 beginnende Besteuerungszeiträume, die Anwendung auf vor dem 1.1.2020 endende Besteuerungszeiträume wird nicht beanstandet.

kumentieren und soweit vorhanden durch Nachweise zu belegen (z. B. Rechnung über Reparaturleistung). [4]Bei elektronischen Aufzeichnungssystemen mit Kassenfunktion wird auf den AEAO zu § 146a, Nr. 7 verwiesen.

2.1.7. [1]Der Grundsatz der Einzelaufzeichnungspflicht gilt auch für Steuerpflichtige, die ihren Gewinn nach § 4 Abs. 3 EStG ermitteln. [2]Nach § 146 Abs. 5 Satz 1 Halbsatz 2 AO müssen die Aufzeichnungen so geführt werden, dass sie dem konkreten Besteuerungszweck entsprechen (vgl. Rz. 25 des BMF-Schreibens vom 28.11.2019, BStBl. I S. 1269).[1)] [3]Eine ordnungsgemäße Gewinnermittlung nach § 4 Abs. 3 EStG setzt voraus, dass die Höhe der Betriebseinnahmen und Betriebsausgaben durch geordnete und vollständige Belege nachgewiesen wird (BFH-Urteil vom 15.4.1999, IV R 68/98, BStBl. II S. 481). [4]Ist die Einzelaufzeichnungspflicht nicht zumutbar, muss die Einnahmeermittlung nachvollziehbar dokumentiert und überprüfbar sein.

2.2. Ausnahme von der Einzelaufzeichnungspflicht aus Zumutbarkeitsgründen

2.2.1. [1]Die Aufzeichnung jedes einzelnen Geschäftsvorfalls ist nur dann nicht zumutbar, wenn es technisch, betriebswirtschaftlich und praktisch unmöglich ist, die einzelnen Geschäftsvorfälle aufzuzeichnen (BFH-Urteil vom 12.5.1966, IV 472/60, BStBl. III S. 371). [2]Das Vorliegen dieser Voraussetzungen ist durch den Steuerpflichtigen nachzuweisen.

2.2.2. [1]Bei Verkauf von Waren an eine Vielzahl von nicht bekannten Personen gegen Barzahlung gilt die Einzelaufzeichnungspflicht nach § 146 Abs. 1 Satz 1 AO aus Zumutbarkeitsgründen nicht, wenn kein elektronisches Aufzeichnungssystem, sondern eine offene Ladenkasse verwendet wird (§ 146 Abs. 1 Satz 3 und 4 AO, vgl. AEAO zu § 146, Nr. 2.1.4). [2]Wird hingegen ein elektronisches Aufzeichnungssystem verwendet, gilt die Einzelaufzeichnungspflicht nach § 146 Abs. 1 Satz 1 AO unabhängig davon, ob das elektronische Aufzeichnungssystem und die digitalen Aufzeichnungen nach § 146a Abs. 3 AO i. V. m. der KassenSichV[2)] mit einer zertifizierten technischen Sicherheitseinrichtung zu schützen sind.

2.2.3. [1]Werden eines oder mehrere elektronische Aufzeichnungssysteme verwendet, sind diese grundsätzlich zur Aufzeichnung sämtlicher Erlöse zu verwenden. [2]Ist für einen räumlich oder organisatorisch eindeutig abgrenzbaren Bereich aus technischen Gründen oder aus Zumutbarkeitserwägungen eine Erfassung über das vorhandene elektronische Aufzeichnungssystem nicht möglich, wird es nicht beanstandet, wenn zur Erfassung dieser Geschäftsvorfälle eine offene Ladenkasse verwendet wird. [3]Soweit der Steuerpflichtige mehrere Kassen führt, sind die Anforderungen an die Aufzeichnung von baren und unbaren Geschäftsvorfällen für jede einzelne Sonder- und Nebenkasse zu beachten (vgl. BFH-Urteil vom 20.10.1971, I R 63/70, BStBl. II 1972 S. 273). [4]§ 146 Abs. 1 Sätze 2 bis 4 AO bleiben hiervon unberührt.

[1)] BMF v. 28.11.2019, BStBl. I 2019, 1269, betr. Neufassung der GoBD, grds. anzuwenden auf nach dem 31.12.2019 beginnende Besteuerungszeiträume, die Anwendung auf vor dem *1.1.2020* endende Besteuerungszeiträume wird nicht beanstandet.

[2)] Kassensicherungsverordnung v. 26.9.2017, BGBl. I 2017, 3515, geänd. durch VO v. 30.7.2021, BGBl. I 2021, 3295 (**Steuergesetze** Nr. **800j**).

2.2.4. [1]Liegen Einzeldaten einer Waage (Artikel, Gewicht bzw. Menge und Preis der Ware) einem aufzeichnungs- und aufbewahrungspflichtigen Geschäftsvorfall zugrunde, sind diese einzeln aufzuzeichnen und aufzubewahren. [2]Werden diese Einzeldaten unter Berücksichtigung von § 146 Abs. 4 AO zusätzlich in einem elektronischen Aufzeichnungssystem mit Kassenfunktion aufgezeichnet, wird es nicht beanstandet, wenn die Einzeldaten der Waage nicht zusätzlich aufbewahrt werden. [3]Verwendet der Steuerpflichtige eine offene Ladenkasse sowie eine Waage, die lediglich das Gewicht und/oder den Preis anzeigt und über die Dauer des einzelnen Wiegevorgangs hinaus über keine Speicherfunktion verfügt, wird es unter den Voraussetzungen des § 146 Abs. 1 Satz 3 AO nicht beanstandet, wenn die o. g. Einzeldaten der Waage nicht aufgezeichnet werden. [4]Erfüllt die Waage hingegen die Voraussetzung eines elektronischen Aufzeichnungssystems mit Kassenfunktion, ist die Verwendung einer offenen Ladenkasse unzulässig.

2.2.5. [1]Von einem Verkauf von Waren an eine Vielzahl nicht bekannter Personen ist auszugehen, wenn nach der typisierenden Art des Geschäftsbetriebs alltäglich Barverkäufe an namentlich nicht bekannte Kunden getätigt werden (vgl. BFH-Urteile vom 12.5.1966, IV 472/60, BStBl. III S. 371 und vom 16.12.2014, X R 29/13, BFH/NV 2015 S. 790). [2]Dies setzt voraus, dass die Identität der Käufer für die Geschäftsvorfälle regelmäßig nicht von Bedeutung ist. [3]Unschädlich ist, wenn der Verkäufer aufgrund außerbetrieblicher Gründe tatsächlich viele seiner Kunden namentlich kennt.

2.2.6. [1]Die Zumutbarkeitsüberlegungen, die der Ausnahmeregelung nach § 146 Abs. 1 Satz 3 AO zugrunde liegen, sind grundsätzlich auch auf Dienstleistungen übertragbar. [2]Es wird vor diesem Hintergrund nicht beanstandet, wenn diese Ausnahmeregelung auf Dienstleistungen angewendet wird, die an eine Vielzahl von nicht bekannten Personen gegen Barzahlung erbracht werden (vgl. AEAO zu § 146, Nr. 2.2.5) und kein elektronisches Aufzeichnungssystem verwendet wird. [3]Hierbei muss der Geschäftsbetrieb auf eine Vielzahl von Kundenkontakten ausgerichtet und der Kundenkontakt des Dienstleisters und seiner Angestellten im Wesentlichen auf die Bestellung und den kurzen Bezahlvorgang beschränkt sein. [4]Einzelaufzeichnungen sind dagegen zu führen, wenn der Kundenkontakt in etwa der Dauer der Dienstleistung entspricht und der Kunde auf die Ausübung der Dienstleistung üblicherweise individuell Einfluss nehmen kann (zur Aufzeichnung der Kundendaten vgl. AEAO zu § 146, Nr. 2.1.5). [5]Auf die Aufzeichnungserleichterung können sich Dienstleister – wie auch Einzelhändler – aber insoweit nicht berufen, als tatsächlich Einzelaufzeichnungen geführt werden (vgl. AEAO zu § 146, Nr. 2.1.2 und Nr. 2.1.3). [6]Die Mindestanforderungen an eine offene Ladenkasse (vgl. AEAO zu § 146, Nr. 3.2) bleiben unberührt.

3. Aufzeichnungspflichten bei Verwendung einer offenen Ladenkasse

3.1. Es besteht keine gesetzliche Pflicht zur Verwendung eines elektronischen Aufzeichnungssystems.

3.2. [1]Einzelaufzeichnungen können durch die vollständige und detaillierte Erfassung (vgl. AEAO zu § 146, Nr. 2.1.2 und 2.1.3) aller baren Geschäftsvorfälle in Form eines Kassenbuches erfolgen. [2]Wird ein Kassenbericht zur Ermittlung der Tageslosung verwendet, kann die Einzelaufzeichnung auch durch die geordnete (z. B. nummerierte) Sammlung aller Barbelege gewährleistet werden.

3.3. [1]Besteht aus Zumutbarkeitsgründen keine Verpflichtung zur Einzelaufzeichnung (vgl. AEAO zu § 146, Nr. 2.2.2), müssen die Bareinnahmen zumindest anhand eines Kassenberichts nachgewiesen werden. [2]Hierbei ist stets vom gezählten Kassenendbestand des jeweiligen Geschäftstages auszugehen. [3]Von diesem Kassenendbestand werden der Kassenendbestand bei Geschäftsschluss des Vortages sowie die durch Eigenbeleg zu belegenden Bareinlagen abgezogen. [4]Ausgaben und durch Eigenbeleg nachzuweisende Barentnahmen sind hinzuzurechnen.

Ein sogenanntes „Zählprotokoll" (Auflistung der genauen Stückzahl vorhandener Geldscheine und -münzen) ist nicht erforderlich (BFH-Beschluss vom 16.12.2016, X B 41/16, BFH/NV 2017 S. 310), erleichtert jedoch den Nachweis des tatsächlichen Auszählens.

3.4. [1]Kasseneinnahmen und Kassenausgaben sind täglich festzuhalten. [2]Werden Kasseneinnahmen und Kassenausgaben ausnahmsweise erst am nächsten Geschäftstag aufgezeichnet, ist dies noch ordnungsgemäß, wenn zwingende geschäftliche Gründe einer Aufzeichnung noch am gleichen Tag entgegenstehen und aus den Aufzeichnungen und Unterlagen sicher entnommen werden kann, wie sich der sollmäßige Kassenbestand entwickelt hat (vgl. BFH-Urteil vom 31.7.1974, I R 216/72, BStBl. II S. 96). [3]Bei Kassen ohne Verkaufspersonal (sog. Vertrauenskassen, wie z. B. beim Gemüseverkauf am Feldrand, Fahrscheinautomaten sowie Waren- und Dienstleistungsautomaten) wird es nicht beanstandet, wenn diese nicht täglich, sondern erst bei Leerung ausgezählt werden. [4]Kassenaufzeichnungen müssen so beschaffen sein, dass ein sachverständiger Dritter jederzeit in der Lage ist, den Sollbestand mit dem Istbestand der Geschäftskasse zu vergleichen (BFH-Urteil vom 20.9.1989, X R 39/87, BStBl. 1990 II S. 109).

3.5. Die umsatzsteuerlichen Aufzeichnungs- und Aufbewahrungspflichten bleiben unberührt.

4.[1] Verzögerungsgeld (§ 146 Abs. 2c AO)

[1]Die Festsetzung eines Verzögerungsgelds nach § 146 Abs. 2c AO in Zusammenhang mit Mitwirkungsverstößen im Rahmen von Außenprüfungen ist nicht auf Fälle beschränkt, bei denen die elektronische Buchführung im Ausland geführt und/oder aufbewahrt wird. [2]Eine mehrfache Festsetzung eines Verzögerungsgelds wegen fortdauernder Nichtvorlage derselben Unterlagen ist jedoch nicht zulässig (BFH-Beschlüsse vom 16.6.2011, IV B 120/10, BStBl. II S. 855, und vom 28.6.2011, X B 37/11, BFH/NV S. 1833). [3]Wird die Verpflichtung nach Festsetzung des Verzögerungsgelds erfüllt, so ist der Vollzug nicht einzustellen.

[1] Zur Ermessensausübung und Verhältnismäßigkeit bei der Festsetzung von Verzögerungsgeld siehe BFH v. 28.8.2012 I R 10/12, BStBl. II 2013, 266.

5. DV-gestützte Buchführung und Aufzeichnungen (§ 146 Abs. 5 AO)

[1] § 146 Abs. 5 AO enthält die gesetzliche Grundlage für die sog. „Offene-Posten-Buchhaltung" sowie für die Führung der Bücher und sonst erforderlichen Aufzeichnungen auf maschinell lesbaren Datenträgern (z. B. CD, DVD, Blu-ray-Disk, Flash-Speicher). [2] Bei einer Buchführung auf maschinell lesbaren Datenträgern (DV-gestützte Buchführung) müssen die Daten innerhalb der gesetzlichen Aufbewahrungsfrist unverzüglich lesbar gemacht werden können. [3] Es wird nicht verlangt, dass der Buchungsstoff zu einem bestimmten Zeitpunkt (z. B. zum Ende des Jahres) lesbar gemacht wird. [4] Er muss ganz oder teilweise lesbar gemacht werden, wenn die Finanzbehörde es verlangt (§ 147 Abs. 5 AO). [5] Dies gilt sinngemäß auch für sonst erforderliche Aufzeichnungen. [6] Wer seine Bücher oder sonst erforderlichen Aufzeichnungen auf maschinell lesbaren Datenträgern führt, hat die Grundsätze zur ordnungsmäßigen Führung und Aufbewahrung von Büchern, Aufzeichnungen und Unterlagen in elektronischer Form sowie zum Datenzugriff – GoBD – (BMF-Schreiben vom 28.11.2019, BStBl. I S. 1269)[1)] zu beachten.

AEAO zu § 146a – Ordnungsvorschriften für die Buchführung und für Aufzeichnungen mittels elektronischer Aufzeichnungssysteme; Verordnungsermächtigung:

Inhaltsübersicht

---

1) BMF v. 28.11.2019, BStBl. I 2019, 1269, betr. Neufassung der GoBD, grds. anzuwenden auf nach dem 31.12.2019 beginnende Besteuerungszeiträume, die Anwendung auf vor dem 1.1.2020 endende Besteuerungszeiträume wird nicht beanstandet.

1. Allgemeines und Begriffsdefinition

1.1. Elektronische Aufzeichnungssysteme

Zur Definition elektronischer Aufzeichnungssysteme vgl. AEAO zu § 146 Nr. 2.1.4.

1.2. Elektronische oder computergestützte Kassensysteme oder Registrierkassen

Die in § 1 Satz 1 KassenSichV[1] genannten „elektronischen oder computergestützten Kassensysteme oder Registrierkassen" sind für den Verkauf von Waren oder die Erbringung von Dienstleistungen und deren Abrechnung spezialisierte elektronische Aufzeichnungssysteme, die „Kassenfunktion" haben.

[1] Kassenfunktion haben elektronische Aufzeichnungssysteme dann, wenn diese der Erfassung und Abwicklung von zumindest teilweise baren Zahlungsvorgängen dienen können. [2] Dies gilt auch für vergleichbare elektronische, vor Ort genutzte Zahlungsformen (elektronisches Geld wie z. B. Geldkarte, virtuelle Konten oder Bonuspunktesysteme von Drittanbietern) sowie an Geldes statt vor Ort angenommene Gutscheine, Guthabenkarten, Bons und dergleichen. [3] Eine Aufbewahrungsmöglichkeit des verwalteten Bargeldbestandes (z. B. Kassenlade) ist nicht erforderlich.

Sofern ein elektronisches Aufzeichnungssystem mit Kassenfunktion die Erfordernisse der „Mindestanforderungen an das Risikomanagement – MaRisk" und der „Bankaufsichtlichen Anforderungen an die IT" (BAIT) der Bundesanstalt für Finanzdienstleistungsaufsicht in der jeweils geltenden Fassung erfüllt und von einem Kreditinstitut i. S. d. § 1 Absatz 1 KWG betrieben wird, unterliegt dieses nicht den Anforderungen des § 146a AO.

1.3.[2] Schutz durch eine zertifizierte technische Sicherheitseinrichtung (§ 146a Abs. 1 Satz 2 AO)

[1] Grundsätzlich ist jedes eingesetzte elektronische Aufzeichnungssystem i. S. d. § 146a AO i. V. m. § 1 Satz 1 KassenSichV[1] sowie die damit zu führenden digitalen Aufzeichnungen durch eine zertifizierte technische Sicherheitseinrichtung zu schützen. [2] Werden mehrere einzelne elektronische Aufzeichnungssysteme (z. B. Verbundwaagen, Bestellsysteme ohne Abrechnungsteil, App-Systeme) mit einem Kassensystem im Sinne von § 146a AO i. V. m. § 1 Satz 1 KassenSichV verbunden, dann wird es nicht beanstandet, wenn die damit zu führenden digitalen Aufzeichnungen mit einer zertifizierten technischen Sicherheitseinrichtung geschützt werden, die alle im Verbund befindlichen elektronischen Aufzeichnungssysteme gemeinsam nutzen.

Ein elektronisches Aufzeichnungssystem oder eine Gruppe elektronischer Aufzeichnungssysteme muss bei störungsfreier Verwendung genau einer zertifizierten technischen Sicherheitseinrichtung zugeordnet sein.

---

[1] Kassensicherungsverordnung v. 26.9.2017, BGBl. I 2017, 3515, geänd. durch VO v. 30.7.2021, BGBl. I 2021, 3295 (**Steuergesetze** Nr. **800j**).

[2] Die Verwendung elektronischer Aufzeichnungssysteme iSd § 146 AO ohne zertifizierte technische Sicherheitseinrichtung nach dem 31.12.2019 bis längstens 30.9.2020 wird nicht beanstandet (BMF v. 6.11.2019, BStBl. I 2019, 1010).

1.4. Schutzziele

Die Regelungen des § 146a AO sollen für digitale Grundaufzeichnungen, die mittels elektronischem Aufzeichnungssystem i. S. d. § 146a AO i. V. m. § 1 Satz 1 KassenSichV[1] geführt werden, Folgendes sicherstellen:
– deren Integrität,
– deren Authentizität
– und deren Vollständigkeit.

1.5. Zertifizierte technische Sicherheitseinrichtung

[1]Die Architektur der zertifizierten technischen Sicherheitseinrichtung wird durch § 146a AO i. V. m. der KassenSichV,[1] die Architektur der einzelnen Bestandteile wird durch die Technischen Richtlinien des Bundesamtes für Sicherheit in der Informationstechnik (BSI) festgelegt (insbesondere BSI TR-03153 „Technische Sicherheitseinrichtung für elektronische Aufzeichnungssysteme, Version 1.0.1“, BMF-Schreiben vom 28.2.2019, BStBl. I S. 206, BSI TR-03151 „Secure Element API (SE API), Version 1.0.1“, BMF-Schreiben vom 28.2.2019, BStBl. I S. 206, und *BSI TR-03116 „Kryptographische Vorgaben für Projekte der Bundesregierung Teil 5 – Anwendungen der Secure Element API, Stand 2020“, BMF-Schreiben vom 31.1.2020, BStBl. I S. 207).*[2] [2]Alle nachfolgenden Ausführungen dienen dem Verständnis der Funktionsweise.

1.6. Vorgang

[1]Der Begriff des Vorgangs i. S. d. KassenSichV[1] ist nachfolgend als ein zusammengehörender Aufzeichnungsprozess zu verstehen, der bei Nutzung oder Konfiguration eines elektronischen Aufzeichnungssystems eine Protokollierung durch die zertifizierte technische Sicherheitseinrichtung auslösen muss (vgl. § 2 KassenSichV). [2]Ein Vorgang kann einen oder mehrere Geschäftsvorfälle sowie andere Vorgänge umfassen (vgl. AEAO zu § 146a, Nr. 1.8 und Nr. 1.9). Aus Gründen der besseren Lesbarkeit wird der Begriff „Vorgang“ im Folgenden als Oberbegriff für Geschäftsvorfälle und andere abzusichernde Vorgänge genutzt.

1.7. Transaktion

[1]Im Rahmen der Protokollierung eines Vorgangs (vgl. AEAO zu § 146a, Nr. 3.3) muss nach § 2 KassenSichV[1] innerhalb der zertifizierten technischen Sicherheitseinrichtung mindestens eine Transaktion erzeugt werden. [2]Während der Begriff „Vorgang“ sich auf die Abläufe im Aufzeichnungssystem bezieht, beschreibt der Begriff „Transaktion“ die innerhalb der zertifizierten technischen Sicherheitseinrichtung erfolgenden Absicherungsschritte (mindestens bei Vorgangsbeginn und -ende) zum Vorgang im jeweiligen Aufzeichnungssystem.

1.8. Geschäftsvorfälle

1.8.1. Geschäftsvorfälle sind alle rechtlichen und wirtschaftlichen Vorgänge, die innerhalb eines bestimmten Zeitabschnitts den Gewinn bzw. Verlust oder die Vermögenszusammensetzung in einem Unternehmen dokumentieren oder

---

[1] Kassensicherungsverordnung v. 26.9.2017, BGBl. I 2017, 3515, geänd. durch VO v. 30.7.2021, BGBl. I 2021, 3295 (**Steuergesetze** Nr. **800j**).

[2] Siehe jetzt BMF v. 17.8.2021, BStBl. I 2021, 1041.

beeinflussen bzw. verändern (z.B. zu einer Veränderung des Anlage- und Umlaufvermögens sowie des Eigen- und Fremdkapitals führen; vgl. auch Rz. 16 des BMF-Schreibens vom 28.11.2019, BStBl. I S. 1269).[1)]

1.8.2. Beispiele für Geschäftsvorfälle, die bei elektronischen Aufzeichnungssystemen i.S.d. AEAO zu § 146a, Nr. 1.2 vorkommen können: Eingangs-/Ausgangs-Umsatz, nachträgliche Stornierung eines Umsatzes, Trinkgeld (Unternehmer, Arbeitnehmer), Gutschein (Ausgabe, Einlösung), Privatentnahme, Privateinlage, Wechselgeld-Einlage, Lohnzahlung aus der Kasse, Geldtransit.

1.9. Andere Vorgänge

1.9.1. [1]Unter anderen Vorgängen sind Aufzeichnungsprozesse zu verstehen, die nicht durch einen Geschäftsvorfall, sondern durch andere Ereignisse im Rahmen der Nutzung des elektronischen Aufzeichnungssystems ausgelöst werden und zur nachprüfbaren Dokumentation der zutreffenden und vollständigen Erfassung der Geschäftsvorfälle notwendig sind. [2]Hierunter fallen beispielsweise Trainingsbuchungen, Sofort-Stornierung eines unmittelbar zuvor erfassten Vorgangs, Belegabbrüche, erstellte Angebote, nicht abgeschlossene Geschäftsvorfälle (z.B. Bestellungen).

1.9.2. [1]Nicht alle in einer Kasse verwalteten Vorgänge sind für die Erreichung der Schutzziele erforderlich. [2]Für die Erreichung der Schutzziele nicht erforderliche Vorgänge müssen nicht abgesichert werden (z.B. Bildschirmeinstellung heller/dunkler; Überwachung der Prozessor-Temperatur etc.).

1.9.3. Abzusichernde Funktionsaufrufe (Systemfunktionen) und Ereignisse innerhalb der technischen Sicherheitseinrichtung (Audit-Daten) werden in der BSI TR-03153 definiert.

2. Sachlicher und zeitlicher Anwendungsbereich

Alle elektronischen Aufzeichnungssysteme müssen – wie bisher – den allgemeinen Ordnungsmäßigkeitsgrundsätzen entsprechen (vgl. BMF-Schreiben vom 28.11.2019, BStBl. I S. 1269).[1)]

2.1. Sachlicher Anwendungsbereich

[1]Der sachliche Anwendungsbereich der Pflicht zum Einsatz einer zertifizierten technischen Sicherheitseinrichtung wird durch § 146a Abs. 1 Satz 2 AO i.V.m. § 1 KassenSichV[2)] begrenzt (§ 146a Abs. 3 Nr. 1 AO). [2]Unabhängig davon unterliegen jedoch alle elektronischen Aufzeichnungssysteme der Einzelaufzeichnungspflicht nach § 146a Abs. 1 Satz 1 AO. [3]Die in § 1 Satz 1 KassenSichV genannten elektronischen Aufzeichnungssysteme müssen neben den allgemeinen Ordnungsmäßigkeitsgrundsätzen die besonderen Vorschriften des § 146a AO beachten. [4]§ 1 Satz 2 KassenSichV grenzt elektronische Aufzeichnungssysteme ab, die ausdrücklich nicht in den Anwendungsbereich des § 146a AO fallen.

[1)] BMF v. 28.11.2019, BStBl. I 2019, 1269, betr. Neufassung der GoBD, grds. anzuwenden auf nach dem 31.12.2019 beginnende Besteuerungszeiträume, die Anwendung auf vor dem *1.1.2020 endende Besteuerungszeiträume* wird nicht beanstandet.

[2)] Kassensicherungsverordnung v. 26.9.2017, BGBl. I 2017, 3515, geänd. durch VO v. 30.7.2021, BGBl. I 2021, 3295 (**Steuergesetze** Nr. **800j**).

2.2. Zeitlicher Anwendungsbereich

2.2.1. [1]In Art. 97 § 30 EGAO werden die Anwendungszeitpunkte der Regelungen des § 146a AO bestimmt. [2]§ 146a AO gilt erstmals für Kalenderjahre, die nach dem 31.12.2019 beginnen.

2.2.2. [1]Nach dem 25.11.2010 und vor dem 1.1.2020 angeschaffte Registrierkassen, welche die Anforderungen des BMF-Schreibens vom 26.11.2010, BStBl. I 2010, 1342 erfüllen, aber bauartbedingt nicht aufrüstbar sind, so dass sie die Anforderungen des § 146a AO nicht erfüllen, dürfen längstens bis zum 31.12.2022 weiterhin verwendet werden (Art. 97 § 30 Abs. 3 EGAO). [2]Die Nachweise des Vorliegens dieser Voraussetzungen sind für die jeweils eingesetzte Registrierkasse der Systemdokumentation beizufügen (z. B. durch eine Bestätigung des Kassenherstellers). [3]Von der Ausnahmeregelung des Art. 97 § 30 Abs. 3 EGAO sind PC-Kassensysteme nicht umfasst.

2.2.3. Registrierkassen, für die die Übergangsregelung des Art. 97 § 30 Abs. 3 EGAO gilt, unterliegen im Übergangszeitraum nicht der Mitteilungsverpflichtung nach § 146a Abs. 4 AO.

3. Die zertifizierte technische Sicherheitseinrichtung

3.1. Anforderungen an die zertifizierte technische Sicherheitseinrichtung

3.1.1. Die Anforderungen an die zertifizierte technische Sicherheitseinrichtung werden nach § 146a Abs. 3 Satz 3 AO i. V. m. § 5 Satz 1 KassenSichV[1)] durch das BSI festgelegt.

3.1.2. Vorgaben hierzu sind insbesondere in folgenden Technischen Richtlinien erfasst (vgl. auch BMF-Schreiben vom 28.2.2019, BStBl. I S. 206 und BMF-Schreiben vom 17.8.2021, BStBl. I S. 1041):
- BSI TR-03153 Technische Sicherheitseinrichtung für elektronische Aufzeichnungssysteme, Version 1.0.1,
- BSI TR-03151 Secure Element API (SE API), Version 1.0.1,
- BSI TR-03116 Kryptographische Vorgaben für Projekte der Bundesregierung Teil 5 Anwendungen der Secure Element API, Stand 2021.

3.2. Komponenten der zertifizierten technischen Sicherheitseinrichtung

3.2.1. [1]Das BSI hat in den Technischen Richtlinien Mindestanforderungen an eine zertifizierte technische Sicherheitseinrichtung festgelegt. [2]Dabei wurde – soweit möglich – auf technische Vorgaben verzichtet. [3]Insbesondere muss eine zertifizierte technische Sicherheitseinrichtung nicht notwendigerweise in einer *physikalischen Einheit verbaut* sein.

3.2.2. Mindestvorgaben werden in den Technischen Richtlinien lediglich zu den einzelnen Komponenten einer zertifizierten technischen Sicherheitseinrichtung (Sicherheitsmodul, Speichermedium und einheitliche digitale Schnittstelle) geregelt.

---

1) Kassensicherungsverordnung v. 26.9.2017, BGBl. I 2017, 3515, geänd. durch VO v. 30.7. 2021, BGBl. I 2021, 3295 (**Steuergesetze** Nr. **800j**).

3.2.3. [1]Das Sicherheitsmodul muss nach § 146a Abs. 1 AO i. V. m. § 2 KassenSichV[1)] die sichere Protokollierung von Vorgängen (vgl. AEAO zu § 146a, Nr. 1.6) gewährleisten. Durch die Technische Richtlinie BSI TR-03153 wird die Architektur des Sicherheitsmoduls vorgegeben (vgl. AEAO zu § 146a, Nr. 3.1.2).

3.2.4. Nach § 2 Satz 1 KassenSichV[1)] wird festgelegt, dass jeder Vorgang mindestens eine Transaktion in der zertifizierten technischen Sicherheitseinrichtung mit mehreren Protokollierungsschritten auslöst.

Das Sicherheitsmodul erzeugt folgende Daten (Protokolldaten):
- Zeitpunkt des Vorgangsbeginns sowie Zeitpunkt der Vorgangsbeendigung (auch bei Vorgangsabbruch),
- eindeutige und fortlaufende Transaktionsnummer,
- Prüfwert (vgl. Ziffer 3.3.4 der BSI-TR 03153),
- Seriennummer der technischen Sicherheitseinrichtung,
- Signaturzähler.

[1]Es kann optionale Protokolldaten hinzufügen. [2]Bei der Beschreibung des Ablaufs der Protokollierung (vgl. AEAO zu § 146a, Nr. 3.5) wird auf die Anwendungsdaten und auf die Protokolldaten im Einzelnen näher eingegangen.

3.2.5. [1]Die Zeitpunkte für Vorgangsbeginn und -ende (vgl. AEAO zu § 146a, Nr. 3.6.3) müssen von dem Sicherheitsmodul bereitgestellt werden. [2]Möglich sind eine interne Zeitquelle, eine externe Zeitquelle (Signed NTP) oder eine Mischform. [3]Für die Zeitquelle ist lediglich entscheidend, dass die Zeitführung im Sicherheitsmodul erfolgen muss und die Transaktionszeit streng monoton wachsend ist. [4]Hierfür ist z. B. auch ausreichend, wenn die zertifizierte technische Sicherheitseinrichtung bei Start des elektronischen Aufzeichnungssystems die interne Zeitquelle mit einer externen Zeitquelle abgleicht und danach nur noch die interne Zeitquelle verwendet.

3.2.6. [1]Das Speichermedium der zertifizierten technischen Sicherheitseinrichtung muss den Anforderungen des Kapitels 6 der Technischen Richtlinie BSI TR-03153 entsprechen. [2]Insbesondere müssen die sichere Speicherung der abgesicherten Anwendungsdaten (Log-Nachrichten) sowie deren Export ermöglicht werden. [3]Darüber hinaus werden spezielle Anforderungen an die Zuverlässigkeit des Speichermediums formuliert.

3.2.7. [1]Nicht erforderlich ist eine physikalische Identität von Sicherheitsmodul und Speichermedium. [2]Das Speichermedium kann z. B. sowohl in Form eines herkömmlichen Datenträgers (Speicherkarte o. Ä.) als auch mit einer Cloud-Speicherung erfüllt werden. [3]§ 146 Abs. 2a und 2b AO bleibt unberührt.

3.2.8. Das BSI hat in Kapitel 4 der Technischen Richtlinie BSI TR-03153 zwei Bestandteile der einheitlichen digitalen Schnittstelle der zertifizierten technischen Sicherheitseinrichtung definiert:
- Einbindungsschnittstelle
- Exportschnittstelle der zertifizierten technischen Sicherheitseinrichtung.

[1)] Kassensicherungsverordnung v. 26.9.2017, BGBl. I 2017, 3515, geänd. durch VO v. 30.7. 2021, BGBl. I 2021, 3295 (**Steuergesetze** Nr. **800j**).

3.2.9. [1]Die Einbindungsschnittstelle nach Kapitel 5.2 der Technischen Richtlinie BSI TR-03153 dient der Integration der zertifizierten technischen Sicherheitseinrichtung in das elektronische Aufzeichnungssystem (z. B. der Kommunikation des Sicherheitsmoduls mit dem elektronischen Aufzeichnungssystem). [2]Die Mindest-Funktionalitäten sind abschließend aufgeführt.

3.2.10. [1]Die Exportschnittstelle muss eine Exportfunktion bieten, die Ausgabedateien in definierter Form erzeugt (Kapitel 5 der Technischen Richtlinie BSI TR-03151). [2]Darin enthalten sind die abgesicherten Anwendungsdaten (Log-Nachrichten) in einem vorgeschriebenen Format sowie die zur Verifikation der Prüfwerte notwendigen Zertifikate.

3.3. Protokollierung von Vorgängen durch die zertifizierte technische Sicherheitseinrichtung

Als Protokollierung einer Transaktion nach § 2 KassenSichV[1)] wird der Prozess bezeichnet, mit dem die zertifizierte technische Sicherheitseinrichtung die Anwendungs- und Protokolldaten eines Vorgangs gegen nachträgliche, unerkannte Veränderungen schützt sowie Existenz und Herkunft der Aufzeichnung zu einem bestimmten Zeitpunkt bestätigt.

3.4. Anwendungs- und Protokolldaten

3.4.1. In den Prozess der Protokollierung fließen Anwendungsdaten aus dem elektronischen Aufzeichnungssystem zusätzlich zu den bereits von der zertifizierten technischen Sicherheitseinrichtung gelieferten Protokolldaten ein (vgl. AEAO zu § 146a, Nr. 3.2.4).

3.4.2. Im Einzelnen bestehen die abgesicherten Anwendungsdaten aus folgenden Informationen:

- Anwendungsdaten (Seriennummer des elektronischen Aufzeichnungssystems, Art des Vorgangs, Daten des Vorgangs),
- Protokolldaten (Seriennummer der zertifizierten technischen Sicherheitseinrichtung, Zeitpunkt der Absicherung, eindeutige und fortlaufende Transaktionsnummer, Signaturzähler, Optionale Protokolldaten),
- Prüfwert.

3.5. Ablauf der Protokollierung

Die Protokollierung (vgl. § 2 KassenSichV)[1)] erfolgt in drei Schritten:

1. Beginn der Protokollierung:
   [1]Das Aufzeichnungssystem muss unmittelbar mit Beginn eines aufzuzeichnenden Vorgangs die Protokollierung des Vorgangs in der technischen Sicherheitseinrichtung starten (vgl. Kapitel 3.3.1 der Technischen Richtlinie BSI TR-03153). [2]Dabei erfolgen u. a. zwingend die Vergabe einer eindeutigen und fortlaufenden Transaktionsnummer, die Erhöhung des Signaturzählers sowie die Erzeugung eines Prüfwertes durch die zertifizierte technische Sicherheitseinrichtung.
2. Aktualisierung der Protokollierung:
   [1]Spätestens 45 Sekunden nach einer Änderung der Daten des Vorgangs ist die Aktualisierung der Transaktion durch die zertifizierte technische Si-

[1)] Kassensicherungsverordnung v. 26.9.2017, BGBl. I 2017, 3515, geänd. durch VO v. 30.7. 2021, BGBl. I 2021, 3295 (**Steuergesetze** Nr. **800j**).

cherheitseinrichtung erforderlich (vgl. Kapitel 3.3.2 der Technischen Richtlinie BSI TR-03153 i.V.m. BSI TR-03116). [2]Die Erzeugung eines Prüfwertes durch die zertifizierte technische Sicherheitseinrichtung ist optional. [3]Die Transaktionsnummer bleibt erhalten und der Signaturzähler wird bei jeder Aktualisierung mit Prüfwertberechnung um den Wert 1 erhöht.

3. Beendigung der Protokollierung:
[1]Bei Beendigung des Vorgangs ist die Transaktion innerhalb der zertifizierten technischen Sicherheitseinrichtung zu beenden (vgl. Kapitel 3.3.3 der Technischen Richtlinie BSI TR-03153). [2]Dabei erfolgt zwingend die Erzeugung eines Prüfwertes durch die zertifizierte technische Sicherheitseinrichtung. [3]Die Transaktionsnummer bleibt erhalten und der Signaturzähler wird um den Wert 1 erhöht. [4]Erst bei diesem Protokollierungsschritt wird der Zeitpunkt der Beendigung des Vorgangs in die Protokolldaten aufgenommen.

Anschließend werden die zum Ausdruck eines Beleges i.S.d. § 6 KassenSichV[1)] erforderlichen Protokolldaten dem elektronischen Aufzeichnungssystem übermittelt (vgl. AEAO § 146a, Nr. 5).

3.6. Begriffsdefinitionen zur Protokollierung

3.6.1. Seriennummer des elektronischen Aufzeichnungssystems

[1]Die Seriennummer eines elektronischen Aufzeichnungssystems muss von dessen Hersteller eindeutig vergeben werden. [2]Die Seriennummer ist eine Zeichenfolge, die zur eindeutigen Identifizierung eines Exemplars aus einer Serie dient. [3]Zusammen mit der Information über den Hersteller wird das jeweilige elektronische Aufzeichnungssystem hierdurch eindeutig repräsentiert (vgl. Kapitel 7.3 der Technischen Richtlinie BSI TR-03153). [4]Zur Mitteilung nach § 146a Abs. 4 AO vgl. AEAO zu § 146a, Nr. 9.2.5.

3.6.2. Seriennummer der zertifizierten technischen Sicherheitseinrichtung

[1]Als Seriennummer der zertifizierten technischen Sicherheitseinrichtung muss der Hashwert des im Zertifikat enthaltenen öffentlichen Schlüssels für die Verifikation der Prüfwerte verwendet werden. [2]Die zu verwendende Hashfunktion wird von der Technischen Richtlinie BSI TR-03116 festgelegt (vgl. Kapitel 7.3 der Technischen Richtlinie BSI TR-03153). [3]Zur Mitteilung nach § 146a Abs. 4 AO vgl. Nr. 9.2.5.

3.6.3. Zeitpunkt des Vorgangsbeginns bzw. der Vorgangsbeendigung

[1]Grundsätzlich ist jeweils der Zeitpunkt entscheidend, zu dem das elektronische Aufzeichnungssystem einen Vorgang startet oder beendet. [2]Vor einer Belegausgabe oder zum Zeitpunkt eines Kassenabschlusses ist der Vorgang zwingend zu beenden. [3]Dienen z.B. miteinander verknüpfte Waagen (sog. Verbundwaagen) während eines Vorgangs lediglich der Erfassung von (Zwischen-)Wiegeergebnissen, wird es aufgrund der eichrechtlichen Besonderheiten nicht beanstandet, wenn als Beginn des Vorgangs der Beginn des Bezahlvorgangs an dem jeweiligen elektronischen Aufzeichnungssystem mit Kassenfunktion abgesichert wird.

[1)] Kassensicherungsverordnung v. 26.9.2017, BGBl. I 2017, 3515, geänd. durch VO v. 30.7. 2021, BGBl. I 2021, 3295 (**Steuergesetze** Nr. **800j**).

3.6.4. Optionale Protokolldaten

Dieses Datenfeld wurde geschaffen, um künftige Änderungen (z. B. aufgrund technischer Entwicklung) in der zertifizierten technischen Sicherheitseinrichtung abbilden zu können.

3.6.5. Art des Vorgangs

[1] Die Technischen Richtlinien wurden bzgl. der fachlichen Inhalte der abzusichernden Daten bewusst allgemein gehalten. [2] Eine Absicherung kann für verschiedenste Arten von Daten erfolgen. [3] Über die Art des Vorgangs kann eine Unterscheidung der Struktur der abzusichernden Inhalte gewährleistet werden.

3.6.6. Daten des Vorgangs

Der Inhalt der Daten des Vorgangs kann je nach Art des Vorgangs unterschiedlich definiert werden (vgl. AEAO zu § 146a, Nr. 4.2 hinsichtlich der „Digitalen Schnittstelle der Finanzverwaltung für Kassensysteme" – DSFinV-K).

3.6.6.1. Art des Vorgangs „Kassenbeleg"

[1] Für alle abgeschlossenen Vorgänge, die zu einer Belegausgabe nach § 146a Abs. 2 AO führen müssen, ist die Art des Vorgangs „Kassenbeleg" zu nutzen. [2] Dies gilt auch für abgeschlossene Vorgänge, die Geschäftsvorfälle abbilden, an denen nur der Unternehmer selbst beteiligt ist (z. B. Eigenbelege über Ein- oder Auszahlungen).

In den Daten des Vorgangs sind folgende Daten abzubilden:
- Vorgangstyp (Feld BON_TYP in der DSFinV-K),
- Bruttoumsatz je Steuersatz (Felder BRUTTO/UST_SATZ in der DSFinV-K),
- Zahlbetrag je Zahlart (Felder ZAHLART_ BETRAG/ZAHLART_TYP in DSFinV-K).

[1] Über diese Daten werden der Gesamtumsatz abgesichert und eine Kassensturzfähigkeit mit den Daten der zertifizierten technischen Sicherheitseinrichtung gewährleistet. [2] Hierfür entfallen die nach 45 Sekunden anfallenden Updates der abzusichernden Daten innerhalb der zertifizierten technischen Sicherheitseinrichtung. [3] Nähere Erläuterungen zur technischen Abbildung der Daten sind in der DSFinV-K definiert.

3.6.6.2. Art des Vorgangs „Bestellung"

[1] Lang anhaltende Bestellvorgänge (z. B. in der Gastronomie) werden als eigenständige Vorgänge realisiert. [2] Deshalb sind diese über die Art des Vorgangs „Bestellung" abzubilden. [3] In den Daten des Vorgangs sind folgende Daten abzubilden:
- Menge (Feld MENGE in der DSFinV-K),
- Bezeichnung der Ware bzw. der Leistung (Feld ARTIKELTEXT in der DSFinV-K),
- *Preis pro Einheit* (Feld BRUTTO in der DSFinV-K).

[1] Die Art des Vorgangs „Bestellung" ist auch zu nutzen, wenn innerhalb des Aufzeichnungssystems Bestellungen bis hin zur Rechnung/Zahlung in einem Vorgang abgebildet werden. [2] Der Grundsatz, dass jeder Vorgang im Aufzeichnungssystem einer Transaktion in der zertifizierten technischen Sicherheitseinrichtung entsprechen muss, findet in diesem Fall eine Ausnahme. [3] Die Erstellung der Rechnung bzw. der Bezahlvorgang sind über die Art des Vorgangs „Kassenbeleg" abzusichern.

Nähere Erläuterungen zur technischen Abbildung der Daten sind in der DSFinV-K definiert.

3.6.6.3. Art des Vorgangs „SonstigerVorgang"

[1]Die zertifizierte technische Sicherheitseinrichtung kann zur Absicherung jeglicher Daten genutzt werden. [2]Wenn ein Aufzeichnungssystem z. B. Kassenladenöffnungen ohne vorherige Bedienungen (oder Bedieneranmeldungen usw.) abbilden und absichern soll, kann als Art des Vorgangs „SonstigerVorgang" genutzt werden. [3]Diese Art des Vorgangs kommt in Betracht, wenn es sich weder um einen belegartigen Vorgang noch um Funktionsaufrufe (Systemfunktionen) und Ereignisse (Audit-Daten) der zertifizierten technischen Sicherheitseinrichtung handelt.

Bei „Sonstiger Vorgang" werden keine fachlichen Vorgaben zum Inhalt der Daten des Vorgangs definiert.

4. Einheitliche digitale Schnittstelle für steuerliche Außenprüfungen und Nachschauen

4.1. Die im AEAO zu § 146a, Nr. 3.2.10 beschriebenen abgesicherten Anwendungsdaten müssen im Rahmen einer steuerlichen Außenprüfung oder Kassen-Nachschau dem Amtsträger zur Verifikation der Protokollierung zur Verfügung gestellt werden.

4.2. [1]Darüber hinaus müssen alle mit dem elektronischen Aufzeichnungssystem aufgezeichneten Daten in einem maschinell auswertbaren Format zur Verfügung gestellt werden. [2]Die für elektronische Aufzeichnungssysteme i. S. d. § 146a Abs. 1 Satz 1 AO i. V. m. § 1 Satz 1 KassenSichV[1)] erforderlichen Daten sowie Formate werden in den „Digitalen Schnittstellen der Finanzverwaltung für elektronische Aufzeichnungssysteme" (DSFinV) definiert. [3]Diese werden über das Internetportal des Bundeszentralamtes für Steuern (BZSt) veröffentlicht.

4.3. [1]Für elektronische oder computergestützte Kassensysteme oder Registrierkassen (vgl. AEAO zu § 146a, Nr. 1.2) gilt die DSFinV-K. [2]Fällt nur ein Teilbereich der Daten eines komplexen Softwaresystems unter die DSFinV-K, bleibt die Verpflichtung zur Verfügungstellung weiterer Daten aus anderen Teilbereichen des Systems (z. B. Warenwirtschaft) unberührt.

5. Anforderung an den Beleg

5.1. [1]Die erforderlichen Mindestangaben auf einem Beleg i. S. d. § 146a AO sind in § 6 KassenSichV[1)] geregelt. [2]Alle Angaben müssen für jedermann ohne maschinelle Unterstützung lesbar oder aus einem QR-Code auslesbar und auf dem Papierbeleg oder in dem elektronischen Beleg enthalten sein. [3]Der QR-Code hat der DSFinV-K zu entsprechen.

5.2. Die Belegausgabepflicht nach § 146a Abs. 2 AO gilt unbeschadet anderer gesetzlicher Vorschriften.

5.3. [1]Die umsatzsteuerlichen Vorschriften an eine Rechnung (insbesondere § 14 Abs. 4 UStG) bleiben unberührt. [2]Ist die Erstellung einer Rechnung

[1)] Kassensicherungsverordnung v. 26.9.2017, BGBl. I 2017, 3515, geänd. durch VO v. 30.7. 2021, BGBl. I 2021, 3295 (**Steuergesetze** Nr. **800j**).

nach umsatzsteuerlichen Vorschriften nicht erforderlich, muss dennoch ein Beleg nach den Anforderungen des § 6 KassenSichV[1] erstellt werden.

5.4. Der Beleg muss mindestens folgende Angaben enthalten:

1. [1] Den vollständigen Namen und die vollständige Anschrift des leistenden Unternehmers (vgl. § 6 Nr. 1 KassenSichV).[1] [2] Aus Vereinfachungsgründen genügen die Angaben aus § 31 Abs. 2 UStDV (UStAE Abschnitt 14.5 Abs. 2).[2]
2. Das Datum der Belegausstellung und den Zeitpunkt des Vorgangsbeginns sowie den Zeitpunkt der Vorgangsbeendigung (vgl. AEAO zu § 146a, Nr. 3.6.3 „Zeitpunkt des Vorgangsbeginns bzw. der Vorgangsbeendigung“).
3. Die Menge und die Art der gelieferten Gegenstände oder den Umfang und die Art der sonstigen Leistung (vgl. auch AEAO zu § 146, Nr. 2.1.3).
4. Die Transaktionsnummer i. S. d. § 2 Satz 2 Nummer 2 KassenSichV[1] (vgl. AEAO zu § 146a, Nr. 3.5).
5. Das Entgelt und den darauf entfallenden Steuerbetrag für die Lieferung oder sonstige Leistung in einer Summe sowie den anzuwendenden Steuersatz oder im Fall einer Steuerbefreiung einen Hinweis darauf, dass für die Lieferung oder sonstige Leistung eine Steuerbefreiung gilt.
   Erfordert ein Geschäftsvorfall (vgl. AEAO zu § 146a, Nr. 1.8) nicht die Erstellung einer Rechnung i. S. d. § 14 UStG, sondern einen sonstigen Beleg (z. B. Lieferschein), wird nicht beanstandet, wenn dieser Beleg nicht den unter § 6 Satz 1 Nr. 5 KassenSichV[1] geforderten Steuerbetrag enthält.
6. Die Seriennummer des elektronischen Aufzeichnungssystems oder die Seriennummer des Sicherheitsmoduls.
   Auf dem Beleg ist die nach § 2 Satz 2 Nr. 8 KassenSichV[1] protokollierte Seriennummer anzugeben (vgl. AEAO zu § 146a, Nrn. 3.6.1, 3.6.2).
7. Betrag je Zahlungsart.
8. Signaturzähler.
9. Prüfwert.

6. Belegausgabe

6.1. Die Belegausgabepflicht hat nur derjenige zu befolgen, der Geschäftsvorfälle mit Hilfe eines elektronischen Aufzeichnungssystems i. S. d. § 146a Abs. 1 Satz 1 AO erfasst.

6.2. [1] Der Beleg kann nach § 6 Satz 3 KassenSichV[1] elektronisch oder in Papierform zur Verfügung gestellt werden. [2] Dies setzt voraus, dass die Transaktion (vgl. AEAO zu § 146a, Nr. 1.7) vor Bereitstellung des Belegs abgeschlossen wird.

6.3. [1] Eine elektronische Bereitstellung des Beleges bedarf der Zustimmung des Kunden. [2] Die Zustimmung bedarf dabei keiner besonderen Form und kann auch konkludent erfolgen. [3] Ein elektronischer Beleg gilt als bereitgestellt, wenn dem Kunden die Möglichkeit der Entgegennahme des elektroni-

---

[1] Kassensicherungsverordnung v. 26.9.2017, BGBl. I 2017, 3515, geänd. durch VO v. 30.7.2021, BGBl. I 2021, 3295 (**Steuergesetze** Nr. **800j**).

[2] Nr. **500**.

schen Belegs gegeben wird. [4]Unabhängig von der Entgegennahme durch den Kunden ist der elektronische Beleg in jedem Fall zu erstellen.

6.4. Die Sichtbarmachung eines Beleges an einem Bildschirm des Unternehmers (Terminal/Kassendisplay) allein, ohne die Möglichkeit der elektronischen Entgegennahme nach Abschluss des Vorgangs, reicht nicht aus.

6.5. [1]Ein Beleg i. S. v. § 6 KassenSichV[1)] ist nur für Geschäftsvorfälle auszugeben, an denen ein Dritter beteiligt ist. [2]Von der Belegausgabepflicht sind z. B. Entnahmen und Einlagen ausgenommen.

6.6. [1]Eine elektronische Belegausgabe muss in einem standardisierten Datenformat (z. B. JPG, PNG oder PDF) erfolgen, d. h. der Empfang und die Sichtbarmachung eines elektronischen Beleges auf dem Endgerät des Kunden müssen mit einer kostenfreien Standardsoftware möglich sein. [2]Es bestehen keine technischen Vorgaben, wie der Beleg zur Entgegennahme bereitgestellt oder übermittelt werden muss. [3]Es ist z. B. zulässig, wenn der Kunde unmittelbar über eine Bildschirmanzeige (z. B. in Form eines QR-Codes) den elektronischen Beleg entgegennehmen kann. [4]Eine Übermittlung kann auch z. B. als Download-Link, per Near-Field-Communication (NFC), per E-Mail oder direkt in ein Kundenkonto erfolgen.

6.7. [1]Die Ausgabe des Belegs muss in unmittelbarem zeitlichen Zusammenhang mit der Beendigung des Vorgangs erfolgen. [2]Dies gilt unabhängig davon, ob der Beleg in Papierform oder elektronisch bereitgestellt wird.

6.8. [1]Bei der Zurverfügungstellung eines Papierbelegs reicht das Angebot zur Entgegennahme aus, wenn zuvor der Beleg erstellt und ausgedruckt wurde. [2]Eine Pflicht zur Annahme des Belegs durch den Kunden sowie zur Aufbewahrung besteht nicht.

Es besteht keine Aufbewahrungspflicht des Belegausstellers für nicht entgegengenommene Papierbelege.

6.9. [1]Nach § 146a Abs. 2 Satz 2 AO kann bei einem Verkauf von Waren an eine Vielzahl von nicht bekannten Personen auf Antrag und mit Zustimmung der zuständigen Behörde nach § 148 AO aus Zumutbarkeitsgründen nach pflichtgemäßem Ermessen von einer Belegausgabepflicht abgesehen werden. [2]Die Möglichkeit der Befreiung besteht unter den gleichen Voraussetzungen auch bei Dienstleistungen.

[1]Eine Befreiung i. S. d. § 148 AO kann nur für den jeweiligen Einzelfall beantragt und gewährt werden. [2]Eine Befreiung kommt nur dann in Betracht, wenn nachweislich eine sachliche Härte für den einzelnen Steuerpflichtigen besteht. [3]Die mit der Belegausgabepflicht entstehenden Kosten stellen für sich allein keine sachliche Härte im Sinne des § 148 AO dar.

6.10. Die Befreiung von der Belegausgabepflicht nach § 146a Abs. 2 AO entbindet den Unternehmer nicht von dem Anspruch des Kunden auf die Ausstellung einer Quittung (§ 368 BGB).

6.11. Die Befreiung von der Belegausgabepflicht setzt voraus, dass durch die Unterdrückung der Belegausgabe die Funktion der zertifizierten technischen Sicherheitseinrichtung nicht eingeschränkt wird.

[1)] Kassensicherungsverordnung v. 26.9.2017, BGBl. I 2017, 3515, geänd. durch VO v. 30.7. 2021, BGBl. I 2021, 3295 (**Steuergesetze** Nr. **800j**).

7. Ausfall der zertifizierten technischen Sicherheitseinrichtung

7.1. [1]Ausfallzeiten und -grund einer zertifizierten technischen Sicherheitseinrichtung sind zu dokumentieren (vgl. AEAO zu § 146, Nr. 2.1.6). [2]Diese Dokumentation kann auch automatisiert durch das elektronische Aufzeichnungssystem erfolgen.

7.2. [1]Kann das elektronische Aufzeichnungssystem ohne die funktionsfähige zertifizierte technische Sicherheitseinrichtung weiterbetrieben werden, muss dieser Ausfall auf dem Beleg ersichtlich sein. [2]Dies kann durch die fehlende Transaktionsnummer oder durch eine sonstige eindeutige Kennzeichnung erfolgen.

7.3. [1]Soweit der Ausfall lediglich die zertifizierte technische Sicherheitseinrichtung betrifft, wird es nicht beanstandet, wenn das elektronische Aufzeichnungssystem bis zur Beseitigung des Ausfallgrundes weiterhin genutzt wird. [2]Die grundsätzliche Belegausgabepflicht bleibt von dem Ausfall unberührt, auch wenn nicht alle für den Beleg erforderlichen Werte (vgl. AEAO zu § 146a, Nr. 5.4) durch die zertifizierte technische Sicherheitseinrichtung zur Verfügung gestellt werden. [3]Die Belegangaben zu Datum und Uhrzeit müssen in diesem Fall von dem elektronischen Aufzeichnungssystem bereitgestellt werden.

7.4. [1]Die Belegausgabepflicht nach § 146a Abs. 2 AO entfällt lediglich bei einem vollumfänglichen Ausfall des Aufzeichnungssystems oder bei Ausfall der Druck- oder Übertragungseinheit. [2]Bei Ausfall der Druck- oder Übertragungseinheit für den elektronischen Beleg muss das Aufzeichnungssystem i. S. d. § 146a Abs. 1 Satz 1 AO i. V. m. § 1 Satz 1 KassenSichV[1)] weiterhin genutzt werden.

7.5. Der Unternehmer hat unverzüglich die jeweilige Ausfallursache zu beheben, Maßnahmen zu deren Beseitigung zu treffen und dadurch sicherzustellen, dass die Anforderungen des § 146a AO schnellstmöglich wieder eingehalten werden.

8. Elektronische Aufbewahrung der Aufzeichnungen

8.1. [1]Nach § 3 Abs. 2 KassenSichV[1)] müssen die gespeicherten Geschäftsvorfälle oder andere Vorgänge im Sinne des § 146a Abs. 1 Satz 1 AO als Transaktionen so verkettet sein, dass Lücken in den Aufzeichnungen erkennbar sind. [2]Die Verkettung ergibt sich aus der von der zertifizierten technischen Sicherheitseinrichtung verwalteten Transaktionsnummer sowie aus dem Signaturzähler.

8.2. [1]Die Überführung der abgesicherten Anwendungsdaten aus der zertifizierten technischen Sicherheitseinrichtung in ein Aufbewahrungssystem ist *zulässig, sofern dieses einen späteren* Export der Daten nach der in Kapitel 5.1 der Technischen Richtlinie BSI TR-03153 vorgeschriebenen Form ermöglicht (TAR-Files in definierter Form). [2]Nach diesem Export können die Daten auf dem Speichermedium der zertifizierten technischen Sicherheitseinrichtung gelöscht werden. [3]Es müssen zu diesem Zweck die in den Technischen Richtlinien aufgeführten Datenfelder auch im Aufbewahrungssystem vorgehalten werden. [4]Zur Erhaltung der Verkettung ist die vollständige

---

[1)] Kassensicherungsverordnung v. 26.9.2017, BGBl. I 2017, 3515, geänd. durch VO v. 30.7. 2021, BGBl. I 2021, 3295 (**Steuergesetze** Nr. **800j**).

Archivierung der Log-Nachrichten aller Absicherungsschritte (Start, Update und Beendigung des Vorgangs) erforderlich.

8.3. [1]Das Aufbewahrungssystem muss den Datenexport im jeweils zu verwendenden DSFinV-Format (vgl. AEAO zu § 146a, Nr. 4) ermöglichen, sofern über die abgesicherten Anwendungsdaten aus der zertifizierten technischen Sicherheitseinrichtung hinaus auch die übrigen Daten des Aufzeichnungssystems in das Aufbewahrungssystem überführt werden. [2]Die Pflichten nach § 147 AO bleiben unberührt.

8.4. Eine Verdichtung von Grundaufzeichnungen in dem Aufbewahrungssystem ist für die Dauer der Aufbewahrung nach § 147 Abs. 3 AO unzulässig.

9. Mitteilungspflicht nach § 146a Abs. 4 AO

9.1. Allgemeines

Die Mitteilungspflicht nach § 146a Abs. 4 AO gilt für elektronische Aufzeichnungssysteme i. S. d. § 146a Abs. 1 Satz 1 AO i. V. m. § 1 Satz 1 KassenSichV.[1)]

9.1.1. Mitteilende Person

[1]Steuerpflichtige, die mitzuteilende elektronische Aufzeichnungssysteme verwenden, haben die Mitteilungspflicht nach § 146a Abs. 4 AO zu erfüllen. [2]Diese Mitteilungspflicht kann auch durch eine bevollmächtigte Person erfüllt werden.

9.1.2. Zeitpunkt der Mitteilung

[1]Die Mitteilung nach § 146a Abs. 4 Satz 2 AO ist innerhalb eines Monats nach Anschaffung oder Außerbetriebnahme des mitzuteilenden elektronischen Aufzeichnungssystems zu erstatten. [2]Zum Datum der Anschaffung vgl. AEAO zu § 146a, Nr. 9.2.6. [3]Unter Außerbetriebnahme fällt auch der Untergang oder das Abhandenkommen des elektronischen Aufzeichnungssystems.

Hinsichtlich der Mitteilung nach § 146a Abs. 4 AO wird auf das BMF-Schreiben vom 6.11.2019 (BStBl. I S. 1010) hingewiesen.

9.1.3. Meldeart

Es sind die Meldearten Anmeldung, Abmeldung sowie Korrektur möglich und für das jeweils zu übermittelnde elektronische Aufzeichnungssystem anzugeben.

9.1.4. Betriebsstätte

[1]Das mitzuteilende elektronische Aufzeichnungssystem ist einer Betriebsstätte eindeutig zuzuordnen. [2]Die Abgabe einer Mitteilung hat getrennt für jede Betriebsstätte zu erfolgen. [3]Es können mehrere elektronische Aufzeichnungssysteme pro Betriebsstätte in einer Mitteilung übermittelt werden.

9.2. Angaben zur Mitteilung

9.2.1. Ordnungskriterium

[1]Der Steuerpflichtige hat im Zuge der Mitteilungspflicht nach § 146a Abs. 4 AO als eindeutiges Zuordnungskriterium seine Steuernummer mitzuteilen. [2]Er kann zusätzlich seine Identifikationsnummer gemäß § 139b AO übermitteln. [3]Nach der Einführung der Wirtschafts-Identifikationsnummer gemäß § 139c AO ist diese zu übermitteln.

[1)] Kassensicherungsverordnung v. 26.9.2017, BGBl. I 2017, 3515, geänd. durch VO v. 30.7. 2021, BGBl. I 2021, 3295 (**Steuergesetze** Nr. **800j**).

9.2.2. Art der zertifizierten technischen Sicherheitseinrichtung

Die Art der zertifizierten technischen Sicherheitseinrichtung nach § 146a Abs. 4 Satz 1 Nr. 3 AO setzt sich aus der Zertifizierungs-ID sowie der Seriennummer der zertifizierten technischen Sicherheitseinrichtung zusammen.

Die Anforderungen an die Seriennummer der zertifizierten technischen Sicherheitseinrichtung ergibt sich aus Punkt 7.5 der Technischen Richtlinie BSI TR-03153.

[1] Die Zertifizierungs-ID wird durch das BSI vergeben und besitzt folgendes Format: BSI-K-TR-nnnn-yyyy. [2] Hierbei bedeutet nnnn eine vierstellige Nummerierung, yyyy eine vierstellige Jahreszahl.

9.2.3. Art des verwendeten elektronischen Aufzeichnungssystems

Eine Auswahl zur Art des verwendeten elektronischen Aufzeichnungssystems wird im Meldeverfahren vorgegeben.

9.2.4. Anzahl der insgesamt eingesetzten elektronischen Aufzeichnungssysteme

Die Anzahl der insgesamt eingesetzten elektronischen Aufzeichnungssysteme je Betriebsstätte ist zu übermitteln.

[1] Jedes einzelne verwendete elektronische Aufzeichnungssystem ist in der Mitteilung aufzuführen. [2] Sollten in Verbundsystemen mehrere Geräte mit einer zertifizierten technischen Sicherheitseinrichtung verbunden sein, so ist jedes einzelne verwendete Gerät dem Finanzamt mitzuteilen. [3] Sofern einzelne elektronische Aufzeichnungssysteme ohne Kassenfunktion mit einem elektronischen Aufzeichnungssystem mit Kassenfunktion im Sinne von § 146a AO i. V. m. § 1 Satz 1 KassenSichV[1)] verbunden wurden, ist nur das elektronische Aufzeichnungssystem mit Kassenfunktion und nicht die damit verbundenen elektronischen Aufzeichnungssysteme ohne Kassenfunktion mitteilungspflichtig.

9.2.5. Seriennummer des verwendeten elektronischen Aufzeichnungssystems

[1] Die Seriennummer des elektronischen Aufzeichnungssystems ist zu übermitteln. [2] Sie ist herstellerabhängig und von der Seriennummer der zertifizierten technischen Sicherheitseinrichtung sowie der Zertifizierungs-ID zu unterscheiden. [3] Die Seriennummer muss jedes elektronische Aufzeichnungssystem i. S. d. § 146a AO i. V. m. § 1 Satz 1 KassenSichV[1)] eines Herstellers eindeutig identifizieren (vgl. AEAO zu § 146a, Nr. 3.6.1).

9.2.6. Datum der Anschaffung

[1] Das Datum der Anschaffung ist zu übermitteln. [2] Werden elektronische Aufzeichnungssysteme nicht erworben, sondern z. B. geleast oder geliehen, ist statt des Anschaffungsdatums das Datum des Leasingbeginns/Beginn des Leihvertrags/Beginn der Zurverfügungstellung zu übermitteln. [3] Die §§ 145 ff. AO bleiben unberührt.

9.2.7. Datum der Außerbetriebnahme

Das Datum der Außerbetriebnahme eines elektronischen Aufzeichnungssystems ist zu übermitteln.

[1)] Kassensicherungsverordnung v. 26.9.2017, BGBl. I 2017, 3515, geänd. durch VO v. 30.7. 2021, BGBl. I 2021, 3295 (**Steuergesetze** Nr. **800j**).

Die Mitteilung über die Außerbetriebnahme aller bisher im Betrieb eingesetzten elektronischen Aufzeichnungssysteme kann mit einer Mitteilung je Betriebsstätte insgesamt erfolgen, ohne jedes einzelne elektronische Aufzeichnungssystem einzeln aufführen zu müssen.

9.3. Korrekturmöglichkeit

9.3.1. [1]Fehlerhaft abgegebene Mitteilungen können korrigiert werden. [2]Hierzu ist das elektronische Aufzeichnungssystem eindeutig zu identifizieren und mit den richtigen Angaben zu ersetzen, damit eine eindeutige Zuordnung der richtigen Werte des zu korrigierenden Systems erfolgen kann.

9.3.2. Bei einer falsch übermittelten Betriebsstätte kann eine Mitteilung insgesamt einer neuen Betriebsstätte zugeordnet werden, ohne jedes einzelne elektronische Aufzeichnungssystem einzeln aufführen zu müssen.

10. Zertifizierung

Das Verfahren zur Zertifizierung ist in § 7 KassenSichV[1)] i. V. m. Kapitel 7.6 der BSI TR-03153, BMF-Schreiben vom 28.2.2019, BStBl. I S. 206 geregelt.

11. Verbot des gewerbsmäßigen Bewerbens und In-Verkehr-Bringens nach § 146a Abs. 1 Satz 5 AO

11.1. [1]Es ist verboten, Soft- oder Hardware zu bewerben oder in Verkehr zu bringen, die die Anforderungen des § 146a AO nicht erfüllen. [2]Bewerben ist jede schriftliche oder mündliche Äußerung, die dazu dient, jemanden zum Einsatz von Soft- oder Hardware zu bewegen. [3]Unter In-Verkehr-Bringen ist jede Handlung zu verstehen, durch die Soft- oder Hardware aus der Verfügungsgewalt einer Person in die Verfügungsgewalt einer anderen Person gelangt.

11.2. Elektronische Aufzeichnungssysteme mit Anbindungsmöglichkeit an eine zertifizierte technische Sicherheitseinrichtung und die zertifizierten technischen Sicherheitseinrichtungen können unabhängig voneinander beworben oder In-Verkehr gebracht werden.

11.3. Die Ahndung einer Verletzung nach § 146a Abs. 1 Satz 1, 2 oder 5 AO kann als Ordnungswidrigkeit nach § 379 Abs. 1 Satz 1 AO erfolgen.

11.4. Wird festgestellt, dass die nach § 146a Abs. 1 Satz 1, 2 oder 5 AO bestehenden Verpflichtungen nicht erfüllt sind, soll die für Straf- und Bußgeldsachen zuständige Stelle unterrichtet werden.

12.[2)] Rechtsfolgen bei Verstoß gegen § 146a AO

12.1. Die Befolgung der Ordnungsvorschrift § 146a AO kann nicht durch einen Verwaltungsakt angeordnet oder durch Zwangsmaßnahmen nach §§ 328 ff. AO erzwungen werden.

[1)] Kassensicherungsverordnung v. 26.9.2017, BGBl. I 2017, 3515, geänd. durch VO v. 30.7. 2021, BGBl. I 2021, 3295 (**Steuergesetze** Nr. **800j**).

[2)] Die Verwendung elektronischer Aufzeichnungssysteme iSd § 146 AO ohne zertifizierte technische Sicherheitseinrichtung nach dem 31.12.2019 bis längstens 30.9.2020 wird nicht beanstandet (BMF v. 6.11.2019, BStBl. I 2019, 1010, und v. 18.8.2020, BStBl. I 2020, 656).

12.2. [1]§ 146a Abs. 2 Satz 1 AO (Belegausgabepflicht) und § 146a Abs. 4 AO (Mitteilungspflicht) sehen Handlungspflichten vor. [2]§§ 328 ff. AO bleiben unberührt.

AEAO zu § 146b – Kassen-Nachschau:

1. [1]Die Kassen-Nachschau ist ein besonderes Verfahren zur zeitnahen Prüfung der Ordnungsmäßigkeit der Kassenaufzeichnungen und der ordnungsgemäßen Übernahme der Kassenaufzeichnungen in die Buchführung. [2]Der Kassen-Nachschau unterliegen u. a. elektronische oder computergestützte Kassensysteme oder Registrierkassen, App-Systeme, Waagen mit Registrierkassenfunktion, Taxameter, Wegstreckenzähler, Geldspielgeräte und offene Ladenkassen (summarische, retrograde Ermittlung der Tageseinnahmen sowie manuelle Einzelaufzeichnungen ohne Einsatz technischer Hilfsmittel). [3]Der Amtsträger kann u. a. zur Prüfung der ordnungsgemäßen Kassenaufzeichnungen einen sog. „Kassensturz" verlangen, da die Kassensturzfähigkeit (Soll-Ist-Abgleich) ein wesentliches Element der Nachprüfbarkeit von Kassenaufzeichnungen jedweder Form darstellt (vgl. BFH-Urteile vom 20.9.1989, X R 39/87, BStBl. 1990 II S. 109; vom 26.8.1975, VIII R 109/70, BStBl. 1976 II S. 210; vom 31.7.1974, I R 216/72, BStBl. 1975 II S. 96; vom 31.7.1969, IV R 57/67, BStBl. 1970 II S. 125). [4]Ob ein Kassensturz verlangt wird, ist eine Ermessensentscheidung, bei der die Umstände im Einzelfall zu berücksichtigen sind.

2. [1]Die Kassen-Nachschau ist keine Außenprüfung i. S. d. § 193 AO. [2]Deshalb gelten die Vorschriften für eine Außenprüfung nicht. [3]Wird eine andere Finanzbehörde mit einer Kassen-Nachschau beauftragt, findet § 195 Satz 2 AO sinngemäß Anwendung. [4]Die Kassen-Nachschau wird nicht angekündigt.

3. [1]Im Rahmen der Kassen-Nachschau dürfen Amtsträger während der üblichen Geschäfts- und Arbeitszeiten Geschäftsgrundstücke oder Geschäftsräume von Steuerpflichtigen betreten. [2]Dies schließt auch Fahrzeuge ein, die land- und forstwirtschaftlich, gewerblich oder beruflich vom Steuerpflichtigen genutzt werden. [3]Die Grundstücke, Räume oder Fahrzeuge müssen nicht im Eigentum der land- und forstwirtschaftlich, gewerblich oder beruflich tätigen Steuerpflichtigen stehen. [4]Das Betreten muss dazu dienen, Sachverhalte festzustellen, die für die Besteuerung erheblich sein können. [5]Ein Durchsuchungsrecht gewährt die Kassen-Nachschau nicht. [6]Das bloße Betreten und Besichtigen von Grundstücken und Räumen ist noch keine Durchsuchung. [7]Die Kassen-Nachschau kann auch außerhalb der Geschäftszeiten vorgenommen werden, wenn im Unternehmen noch oder schon gearbeitet wird.

4. [1]Sobald der Amtsträger der Öffentlichkeit nicht zugängliche Geschäftsräume betreten will, den Steuerpflichtigen auffordert, das elektronische Aufzeichnungssystem zugänglich zu machen oder Aufzeichnungen, Bücher sowie die für die Führung des elektronischen Aufzeichnungssystems erheblichen sonstigen Organisationsunterlagen vorzulegen, Einsichtnahme in die digitalen Daten oder deren Übermittlung über die einheitliche digitale Schnittstelle verlangt oder den Steuerpflichtigen auffordert, Auskunft zu erteilen, hat er sich auszuweisen. [2]Ist der Steuerpflichtige selbst oder sein gesetzlicher Vertreter (§ 34 AO) nicht anwesend, aber Personen, von denen angenommen werden kann, dass sie über alle wesentlichen Zugriffs- und Benutzungsrechte des Kassensystems des Steuerpflichtigen verfügen, hat der Amtsträger sich gegenüber diesen Personen auszuweisen und sie zur Mitwirkung bei der Kassen-Nachschau aufzufordern. [3]Diese Personen haben dann die Pflichten des Steuerpflichtigen zu erfüllen, soweit sie hierzu rechtlich und tatsächlich in der Lage sind (§ 35 AO). [4]Eine Beobachtung der Kassen und ihrer Handhabung in Geschäftsräumen, die der Öffentlichkeit zugänglich sind, ist ohne Pflicht zur Vorlage eines Ausweises zulässig. [5]Dies gilt z. B. auch für Testkäufe und Fragen nach dem Geschäftsinhaber. [6]Die Kassen-Nachschau muss nicht am selben Tag wie die Beobachtung der Kassen und ihrer Handhabung erfolgen.

5. [1]Die Aufforderung zur Duldung der Kassen-Nachschau ist ein Verwaltungsakt, der formlos erlassen werden kann (z. B. mündlich mit Vorzeigen des Ausweises). [2]Nachdem der Amtsträger sich ausgewiesen hat, ist der Steuerpflichtige zur Mitwirkung im Rahmen der Kassen-Nachschau verpflichtet. [3]Das Datenzugriffsrecht ergibt sich bei der Kassen-Nachschau aus § 146b Abs. 2 Satz 2 AO. [4]Der Steuerpflichtige hat nach § 146b Abs. 2 AO auf Verlangen des Amtsträgers für einen vom Amtsträger bestimmten Zeitraum Einsichtnahme in seine (digitalen) Kassenaufzeichnungen und -buchungen sowie die für die Kassenführung erheblichen sonstigen Organisationsunterlagen zu gewähren. [5]Der Amtsträger kann in diesen Fällen verlangen, dass die gespeicherten Unterlagen und Aufzeichnungen auf einem maschinell verwertbaren Datenträger zur Verfügung gestellt werden. [6]Die digitalen Aufzeichnungen der TSE und des elektronischen Aufzeichnungssystems sind über die jeweilige digitale Schnittstelle oder auf einem maschinell auswertbaren Datenträger nach den Vorgaben der jeweiligen digitalen Schnittstelle zur Verfügung zu stellen. [7]In den Fällen eines elektronischen Aufzeichnungssystems, das unter die Übergangsregelung des Art. 97 § 30 Abs. 3 EGAO fällt, kann der Amtsträger verlangen, dass die elektronischen Daten nach seinen Vorgaben auf einem maschinell auswertbaren Datenträger zur Verfügung gestellt werden. [8]Auf Anforderung des Amtsträgers sind die Verfahrensdokumentation zum eingesetzten Aufzeichnungssystem einschließlich der Informationen zur zertifizierten technischen Sicherheitseinrichtung vorzulegen, d. h. es sind Bedienungsanleitungen, Programmieranleitungen und Datenerfassungsprotokolle über durchgeführte Programmänderungen vorzulegen. [9]Darüber hinaus sind Auskünfte zu erteilen. [10]Bei Nichtanwesenheit des Steuerpflichtigen gelten die dargestellten Mitwirkungspflichten für Personen i. S. d. Nr. 4 Satz 2 des AEAO zu § 146b entsprechend.

6. [1]Zu Dokumentationszwecken ist der Amtsträger berechtigt, Unterlagen und Belege zu scannen oder zu fotografieren. [2]Sofern ein Anlass zu Beanstandungen der Kassenaufzeichnungen, -buchungen oder der zertifizierten technischen Sicherheitseinrichtung besteht, kann der Amtsträger nach § 146b Abs. 3 AO ohne vorherige Prüfungsanordnung zur Außenprüfung übergehen. [3]Die Entscheidung zum Übergang zu einer Außenprüfung ist eine Ermessensentscheidung. Anlass zur Beanstandung kann beispielsweise auch bestehen, wenn Dokumentationsunterlagen wie aufbewahrungspflichtige Betriebsanleitung oder Protokolle nachträglicher Programmänderungen nicht vorgelegt werden können. [4]Der Übergang zu einer Außenprüfung ist regelmäßig geboten, wenn die sofortige Sachverhaltsaufklärung zweckmäßig erscheint und wenn anschließend auch die gesetzlichen Folgen der Außenprüfung für die Steuerfestsetzung eintreten sollen. [5] Der Beginn einer Außenprüfung nach erfolgter Kassen-Nachschau ist unter Angabe von Datum und Uhrzeit aktenkundig zu machen. [6] Der Übergang zur Außenprüfung ist dem Steuerpflichtigen bekannt zu geben. [7] Nach § 146b Abs. 3 Satz 2 AO ist der Steuerpflichtige auf diesen Übergang schriftlich hinzuweisen. [8] Es gelten die allgemeinen Grundsätze über den notwendigen Inhalt von Prüfungsanordnungen sowie den sachlichen und zeitlichen Umfang von Außenprüfungen. [9] Bei einem sofortigen Übergang zur Außenprüfung ersetzt der schriftliche Übergangshinweis die Prüfungsanordnung. [10] Für die Bekanntgabe des Übergangs zur Außenprüfung gelten die Vorschriften für die Bekanntgabe der Prüfungsanordnung entsprechend. [11] Das gilt auch, wenn der Steuerpflichtige bei Durchführung der Kassen-Nachschau nicht anwesend ist.

7. [1] Da die Kassen-Nachschau keine Außenprüfung i. S. d. §§ 193 ff. AO darstellt, finden insbesondere § 147 Abs. 6, §§ 201 und 202 AO keine Anwendung. [2] Ein Prüfungsbericht ist nicht zu fertigen. [3] Sollen aufgrund der Kassen-Nachschau Besteuerungsgrundlagen geändert werden, ist dem Steuerpflichtigen rechtliches Gehör zu gewähren (§ 91 AO).

8. [1] Der Beginn der Kassen-Nachschau hemmt den Ablauf der Festsetzungsfrist nach § 171 Abs. 4 AO nicht. [2] Die Änderungssperre des § 173 Abs. 2 AO findet keine Anwendung. [3] Soweit eine Steuer nach § 164 AO unter dem Vorbehalt der Nachprüfung festgesetzt worden ist, muss dieser nach Durchführung der Kassen-Nachschau nicht aufgehoben werden. [4] Im Anschluss an eine Kassen-Nachschau ist ein Antrag auf verbindliche Zusage (§ 204 AO) nicht zulässig.

9. [1] Im Rahmen der Kassen-Nachschau ergangene Verwaltungsakte können nach § 347 AO mit dem Einspruch angefochten werden. [2] Der Amtsträger ist berechtigt und verpflichtet, den schriftlichen Einspruch entgegenzunehmen. [3] Der Einspruch hat keine aufschiebende Wirkung und hindert daher nicht die Durchführung der Kassen-Nachschau, es sei denn die Vollziehung des angefochtenen Verwaltungsakts wurde ausgesetzt (§ 361 AO, § 69 FGO). [4] Mit Beendigung der Kassen-Nachschau sind oder werden Einspruch und Anfechtungsklage gegen die Anordnung der Kassen-Nachschau unzulässig; insoweit kommt lediglich eine Fortsetzungs-Feststellungsklage (§ 100 Abs. 1 Satz 4 FGO) in Betracht. [5] Wurden die Ergebnisse der Kassen-Nachschau in einem Steuerbescheid berücksichtigt, muss auch dieser Bescheid angefochten werden, um ein steuerliches Verwertungsverbot zu erlangen. [6] Für die Anfechtung der Mitteilung des Übergangs zur Außenprüfung gelten die Grundsätze für die Anfechtung einer Außenprüfungsanordnung entsprechend (vgl. AEAO zu § 196).

AEAO zu § 147 – Ordnungsvorschriften für die Aufbewahrung von Unterlagen:[1)]

1. [1] Die Aufbewahrungspflicht ist Bestandteil der Buchführungs- und Aufzeichnungspflichten. [2] Wegen der Rechtsfolgen bei Verstößen vgl. AEAO zu § 140 und § 146, Nr. 1.1.

[1)] Zur Aufbewahrungspflicht bei Einnahmenüberschussrechnung und zum Dateneinsichtsrecht der Finanzbehörden siehe BFH v. 24.6.2009 VIII R 80/06, BStBl. II 2010, 452. – Zum Zugriff im Rahmen einer Außenprüfung auf Aufzeichnungen zu Barverkäufen siehe BFH v. 16.12.2014 X R 42/13, BStBl. II 2015, 519.

2. [1]Der Begriff der Aufzeichnungen in § 147 Abs. 1 Nr. 1 AO erfasst alle Aufzeichnungen, die für steuerliche Zwecke vorzunehmen sind. [2]§ 147 Abs. 1 Nr. 1 AO umfasst auch die gemäß § 90 Abs. 3 AO durch den Steuerpflichtigen geführten Aufzeichnungen. [3]Sind diese Aufzeichnungen mittels eines Datenverarbeitungssystems erstellt, so unterfallen sie im Rahmen der steuerlichen Außenprüfung auch dem Datenzugriff gemäß § 147 Abs. 6 AO.

3. [1]Den in § 147 Abs. 1 Nr. 1 AO aufgeführten Arbeitsanweisungen und sonstigen Organisationsunterlagen kommt bei DV-gestützten Buchführungen besondere Bedeutung zu. [2]Die Dokumentation hat nach Maßgabe der Grundsätze zur ordnungsmäßigen Führung und Aufbewahrung von Büchern, Aufzeichnungen und Unterlagen in elektronischer Form sowie zum Datenzugriff – GoBD – (BMF-Schreiben vom 28.11.2019, BStBl. I S. 1269) zu erfolgen.

4. [1]Bildträger i. S. d. § 147 Abs. 2 AO sind z. B. Fotokopien. [2]Als andere Datenträger kommen z. B. CD, DVD, Blu-ray-Disk, Flash-Speicher in Betracht. [3]Die Lesbarmachung von in nicht lesbarer Form aufbewahrten Unterlagen richtet sich nach § 147 Abs. 5 AO.

5. Zur Anwendung des § 147 Abs. 6 AO wird auf die Grundsätze zur ordnungsmäßigen Führung und Aufbewahrung von Büchern, Aufzeichnungen und Unterlagen in elektronischer Form sowie zum Datenzugriff – GoBD – (BMF-Schreiben vom 28.11.2019, BStBl. I S. 1269) hingewiesen.

6. Zur Aufbewahrung digitaler Unterlagen bei Bargeschäften vgl. BMF-Schreiben vom 26.11.2010, BStBl. I S. 1342.

7. [1]Wer nach §§ 140 ff. AO verpflichtet ist, Bücher oder Aufzeichnungen zu führen, hat diese Unterlagen bis zum Ablauf der inländischen Aufbewahrungsfristen (§ 147 Abs. 3 und 4 AO) unabhängig davon aufzubewahren, ob sich diese Unterlagen im Inland- oder außerhalb des Geltungsbereichs des Gesetzes befinden. [2]Dies gilt insbesondere auch dann, wenn es sich um eine eigene in das Ausland ausgelagerte Tätigkeit und dementsprechend um eigene Unterlagen des Buchführungs- bzw. Aufzeichnungspflichtigen handelt. [3]§ 146 Abs. 2 und 2a AO bleibt davon unberührt (§§ 140, 147a Abs. 2 AO).

8. [1]Stützt sich der Steuerpflichtige im Rahmen einer Beweisführung auf die Fremdvergleichsdaten aus Datenbanken, hat die Finanzbehörde im Rahmen des § 147 Abs. 6 AO während der steuerlichen Außenprüfung insbesondere das Recht, Einsicht in die für die Erstellung einer Datenbankstudie notwendigen, beim Steuerpflichtigen oder bei einem Dritten für den Steuerpflichtigen dazu gespeicherten Daten zu nehmen und das jeweilige Datenverarbeitungssystem zur Prüfung dieser Daten zu nutzen. [2]Die Finanzbehörde kann auch verlangen, dass diese Daten nach ihren Vorgaben maschinell ausgewertet oder ihr die gespeicherten Unterlagen und Aufzeichnungen auf einem maschinell verwertbaren Datenträger zur Verfügung gestellt werden.

AEAO zu § 147a – Ordnungsvorschriften für die Aufbewahrung von Unterlagen:

1. [1]In die Berechnung sind grundsätzlich alle positiven Überschusseinkünfte einzubeziehen. [2]Ein horizontaler Verlustausgleich innerhalb derselben Einkunftsart ist zulässig, jedoch sind weder Verlustvorträge noch Verlustrückträge aus anderen Jahren noch vertikale Verlustverrechnungen mit anderen Einkunftsarten zu berücksichtigen.

2. [1]Kapitaleinkünfte, die nach § 32d Abs. 1 EStG mit einem besonderen Steuersatz besteuert wurden und der abgeltenden Wirkung nach § 43 Abs. 5 EStG unterlegen haben, sind nicht in die Ermittlung der Summe der positiven Überschusseinkünfte i. S. d. § 147a Abs. 1 AO einzubeziehen. [2]Im Zusammenhang mit diesen Kapitaleinkünften stehende Aufzeichnungen und Unterlagen über Einnahmen und Werbungskosten sind nicht nach § 147a Abs. 1 AO aufbewahrungspflichtig. [3]Sofern jedoch ein Antrag auf Günstigerprüfung nach § 32d Abs. 6 EStG gestellt wird und die Prüfung ergibt, dass eine Besteuerung nach § 32a EStG günstiger ist, sind diese Einkünfte auch in die Berechnung einzubeziehen.

3. [1]Eine Einflussnahme nach § 147a Abs. 2 AO ist bereits gegeben, soweit die reine Möglichkeit der Ausübung besteht. [2]Die Möglichkeit einer Einflussnahme kann sich hierbei auch aus gesonderten Gesellschaftervereinbarungen ergeben. [3]Maßgeblich sind die tatsächlichen Verhältnisse des Einzelfalls.

4. [1]Zur Aufzeichnung der einzelnen Besteuerungsgrundlagen vgl. BMF-Schreiben vom 28.11.2019, BStBl. I S. 1269. [2]Sofern der Steuerpflichtige ein Datenverarbeitungssystem einsetzt oder die aufbewahrungspflichtigen Unterlagen mittels eines Datenverarbeitungssystems erstellt wurden, ist der Finanzverwaltung ein Zugriff nach § 147a Abs. 1 Satz 5 i. V. m. § 147 Abs. 6 AO zu gewähren. [3]Die Art des Zugriffs steht im freien Ermessen der Finanzverwaltung.

AEAO zu § 148 – Bewilligung von Erleichterungen:[1)]

[1]Die Bewilligung von Erleichterungen kann sich nur auf steuerrechtliche Buchführungs-, Aufzeichnungs- oder Aufbewahrungspflichten erstrecken. [2]§ 148 AO lässt eine dauerhafte Befreiung von diesen Pflichten nicht zu. [3]Persönliche Gründe, wie Alter und Krankheit des Steuerpflichtigen, rechtfertigen regelmäßig keine Erleichterungen (BFH-Urteil vom 14.7.1954, II 63/53 U, BStBl. III S. 253). [4]Eine Bewilligung soll nur ausgesprochen werden, wenn der Steuerpflichtige sie beantragt. [5]Die örtliche Zuständigkeit für die *Entscheidung über eine* Bewilligung nach § 148 AO richtet sich nach den allgemeinen Zuständigkeitsregelungen der §§ 17 ff. AO. [6]Sofern für einen Steuerpflichtigen verschiedene Finanzämter zuständig sind (z. B. bei einer gesonderten Feststellung oder in den Fällen des § 21 Abs. 1 Satz 2 AO i. V. m. § 1 UStZustV) und eine Bewilligung von Erleichterungen beantragt wird, die auch Steuern oder Betriebe in dem Zuständigkeitsbereich anderer Finanzäm-

---

1) Siehe auch BMF v. 18.8.2020, BStBl. I 2020, 656.

ter betrifft, sollen sich die jeweiligen Finanzämter vor Bewilligung der Erleichterung abstimmen.

AEAO zu § 149 – Abgabe der Steuererklärungen:

1. [1]§ 149 AO i. d. F. des StModernG ist erstmals anzuwenden für Besteuerungszeiträume, die nach dem 31.12.2017 beginnen, und Besteuerungszeitpunkte, die nach dem 31.12.2017 liegen. [2]Für Besteuerungszeiträume, die vor dem 1.1.2018 beginnen, und Besteuerungszeitpunkte, die vor dem 1.1.2018 liegen, ist § 149 AO in der am 31.12.2016 geltenden Fassung weiterhin anzuwenden (Art. 97 § 10a Abs. 4 EGAO).

2. [1]Ordnet die Finanzbehörde in einem der in § 149 Abs. 4 Satz 1 AO genannten Katalogfälle die Abgabe der Steuererklärung vor Ablauf der Frist nach § 149 Abs. 3 AO an, ist eine über die Nennung des jeweils erfüllten Tatbestandes hinausgehende Begründung der Anforderung nicht erforderlich. [2]Durch die gesetzliche Aufzählung in § 149 Abs. 4 Satz 1 AO ist eine Vorabanforderung für den Steuerpflichtigen und seinen Berater jeweils vorhersehbar. [3]Da der Gesetzgeber zudem bei der nicht vorhersehbaren automationsgestützten Zufallsauswahl nach § 149 Abs. 4 Satz 3 AO ausdrücklich eine individuelle Begründung der Ermessensentscheidung für verzichtbar erklärt, ist eine individuelle Begründung der Ermessensentscheidung in den Fällen des § 149 Abs. 4 Satz 1 AO erst recht nicht geboten. [4]Vorabanforderungen von Steuererklärungen nach § 149 Abs. 4 Satz 1 AO sind insoweit mit Prüfungsanordnungen in den Fällen des § 193 Abs. 1 AO vergleichbar. [5]In diesen Fällen ist eine über die Nennung des Tatbestandes hinausgehende Begründung regelmäßig nicht erforderlich (ständige Rspr.; vgl. u. a. BFH-Urteil vom 29.10. 1992, IV R 47/91, BFH/NV 1993 S. 149, m. w. N.).

3. Für steuerlich nicht beratene Steuerpflichtige, die den Gewinn aus Land- und Forstwirtschaft nach einem verlängerten Wirtschaftsjahr i. S. d. § 8c Abs. 2 Satz 2 EStDV ermitteln, endet die Steuererklärungsfrist für den Besteuerungszeitraum, in dem das verlängerte Wirtschaftsjahr endet, sieben Monate nach Ablauf des Kalenderjahres, in dem das verlängerte Wirtschaftsjahr endet.

AEAO zu § 150 – Form und Inhalt der Steuererklärungen:

1. [1]Zu den Grundsätzen für die Verwendung von Steuererklärungsvordrucken vgl. BMF-Schreiben vom 3.4.2012, BStBl. I S. 522. [2]Zur elektronischen Übermittlung von Steuererklärungen vgl. § 87a Abs. 6, § 87b Abs. 1 und 2 und § 87d AO.

2. [1]Die Umsatzsteuer-Jahreserklärung ist eine Steueranmeldung i. S. d. § 150 Abs. 1 Satz 3 AO, da der Unternehmer nach § 18 Abs. 3 UStG nach Ablauf eines Kalenderjahres eine Umsatzsteuererklärung abzugeben hat, in der er die Umsatzsteuer oder den Überschuss selbst berechnen muss. [2]Das Gleiche gilt für Umsatzsteuer-Voranmeldungen und Lohnsteueranmeldungen. [3]Wegen der Festsetzung der Steuer bei einer Steueranmeldung vgl. AEAO zu § 167, wegen der Wirkung einer Steueranmeldung vgl. AEAO zu § 168.

3. [1]Hat die Steuerverwaltung Daten, die ihr von mitteilungspflichtigen Stellen nach Maßgabe des § 93c AO übermittelt wurden, mangels abweichender Angaben des Steuerpflichtigen bei der Steuerfestsetzung unverändert übernommen, ist der Steuerpflichtige für die Richtigkeit dieser Daten nicht verantwortlich (§ 150 Abs. 7 Satz 2 AO). [2]Gleiches gilt bei der Nutzung der sogen. vorausgefüllten (elektronischen) Steuererklärung, soweit der Steuerpflichtige keine abweichenden Angaben gemacht hat. [3]Wegen der Korrekturmöglichkeit in diesen Fällen vgl. § 175b AO.

4. [1]Die Anwendung des § 150 Abs. 8 AO setzt das Vorliegen einer Härtefallregelung in den Einzelsteuergesetzen voraus. [2]§ 150 Abs. 8 AO ergänzt diese Regelungen dahingehend, dass die Finanzbehörde einem Antrag zu entsprechen hat, wenn die unbillige Härte darin besteht, dass dem Steuerpflichtigen die Erklärungsabgabe nach amtlich vorgeschriebenem Datensatz durch Datenfernübertragung wirtschaftlich oder persönlich nicht zumutbar ist. [3]Bei Vorliegen der Voraussetzungen des § 150 Abs. 8 AO besteht kein Ermessensspielraum (vgl. BFH-Urteil vom 16.6.2020, VIII R 29/19, BStBl. 2021 II S. 290).

4.1. Bei der Prüfung, ob eine Erklärungsabgabe nach amtlich vorgeschriebenem Datensatz durch Datenfernübertragung für den antragstellenden Steuerpflichtigen wirtschaftlich oder persönlich unzumutbar ist, sind alle Umstände des Einzelfalls zu berücksichtigen.

4.1.1. [1]Wirtschaftliche Unzumutbarkeit i. S. d. § 150 Abs. 8 AO liegt insbesondere vor, wenn die Schaffung der technischen Möglichkeiten für eine Datenfernübertragung des amtlich vorgeschriebenen Datensatzes nur mit einem nicht unerheblichen finanziellen Aufwand möglich wäre, wenn also die Kosten für die Schaffung der technischen Voraussetzungen in keinem wirtschaftlich sinnvollen Verhältnis mehr zu den Einkünften stehen, wegen derer die Erklärung nach amtlich vorgeschriebenem Datensatz durch Datenfernübertragung zu übermitteln ist (vgl. BFH-Urteile vom 16.6.2020, VIII R 29/17, BStBl. 2021 II S. 288 und VIII R 29/19, BStBl. 2021 II S. 290). [2]Das Fehlen der für eine elektronische Übermittlung der Steuererklärung erforderlichen Technik hingegen genügt bei wirtschaftlicher Zumutbarkeit alleine nicht, um einen Anspruch auf Befreiung von der Abgabe der Steuererklärung in elektronischer Form zu begründen (vgl. BFH-Urteil vom 14.3.2012, XI R 33/09, BStBl. II S. 477). [3]Finanzielle Verhältnisse des Steuerpflichtigen, die nicht mit den Einkünften in Zusammenhang stehen, die für die elektronische Übermittlungspflicht einer Erklärung ursächlich sind, sind bei Feststellung der Verhältnismäßigkeit nicht zu berücksichtigen (vgl. BFH-Urteil vom 16.6.2020, VIII R 29/19, a. a. O.).

4.1.2. [1]Persönliche Unzumutbarkeit i. S. d. § 150 Abs. 8 AO liegt insbesondere vor, wenn der Steuerpflichtige nach seinen individuellen Kenntnissen und Fähigkeiten nicht oder nur eingeschränkt in der Lage ist, die Möglichkeiten der Datenfernübertragung zu nutzen. [2]Dies ist z. B. der Fall, wenn der Steuerpflichtige über keinerlei Medienkompetenz verfügt und aufgrund seiner aktuellen körperlichen oder geistigen Fähigkeiten auch keinen Zugang zur Computertechnik finden kann (vgl. BFH-Urteil vom 14.3.2012, XI R 33/09, a. a. O.).

4.2. Eine (nur) für einen Veranlagungszeitraum bzw. für ein Kalenderjahr gewährte Befreiung hat keine Dauerwirkung (vgl. BFH-Urteil vom 16.6.2020, VIII R 29/17, BStBl. 2021 II S. 288).

AEAO zu § 151 – Aufnahme der Steuererklärung an Amtsstelle:

Eine Aufnahme der Steuererklärung an Amtsstelle kommt i. d. R. nur bei geschäftlich unerfahrenen oder der deutschen Sprache unkundigen Steuerpflichtigen in Betracht, die nicht fähig sind, die Steuererklärung selbst schriftlich abzugeben oder unter den Voraussetzungen des § 150 Abs. 1 Satz 2 AO elektronisch zu übermitteln, und auch nicht in der Lage sind, die Hilfe eines Angehörigen der steuerberatenden Berufe in Anspruch zu nehmen.

AEAO zu § 152 – Verspätungszuschlag:

Inhaltsübersicht

Festsetzung von Verspätungszuschlägen nach der ab 1.1.2017 geltenden Fassung

1. Zeitlicher Anwendungsbereich

§ 152 AO i. d. F. des StModernG ist erstmals für Steuererklärungen anzuwenden, die nach dem 31.12.2018 abzugeben sind; eine Verlängerung der Steuererklärungsfrist ist hierbei nicht zu berücksichtigen (Art. 97 § 8 Abs. 4 Satz 1 und 2 EGAO).

Sind Steuerpflichtige erst nach Aufforderung der Finanzbehörde zur Abgabe einer Steuererklärung verpflichtet (z. B. Erbschaft- oder Schenkungsteuererklärungen und damit zusammenhängende Feststellungserklärungen oder auch Erklärungen zur Feststellung der Einheitswerte, § 149 Abs. 1 Satz 2 AO i. V. m. § 31 Abs. 1 ErbStG, § 153 Abs. 1 oder § 28 Abs. 2 BewG), ist § 152 AO i. d. F. des StModernG anzuwenden, wenn ihnen die Aufforderung nach dem 31.12.2018 bekannt gegeben worden ist; der Zeitpunkt der Steuerentstehung oder der Feststellungszeitpunkt ist dabei unerheblich.

2. Ermessensabhängige Festsetzung von Verspätungszuschlägen

[1]Nach § 152 Abs. 1 Satz 1 AO **kann** ein Verspätungszuschlag festgesetzt werden, wenn eine gesetzliche Frist (§ 149 Abs. 2 Satz 1, Abs. 3 AO) oder eine von der Finanzbehörde bestimmte Frist (§ 149 Abs. 1 Satz 2 AO) zur Abgabe einer Steuererklärung nicht eingehalten worden ist. [2]Hierbei ist eine (ggf. rückwirkend) gewährte und eingehaltene Fristverlängerung (§ 109 AO) zu berücksichtigen. [3]Die Festsetzung eines Verspätungszuschlags kommt insbesondere in Betracht im Fall wiederholt verspäteter oder unterbliebener Erklärungsabgabe.

76/86, a.a.O.). [5] Ungewissheiten hinsichtlich der Person des Empfängers gehen zu Lasten des Steuerpflichtigen (BFH-Urteil vom 13.3.1985, I R 7/81, BStBl. 1986 II S. 318, und BFH-Beschluss vom 9.7.1986, I B 36/86, BStBl. 1987 II S. 487). [6] Ausländische Verbotsnormen führen nicht dazu, dass ein Offenlegungsverlangen von vornherein unverhältnismäßig oder unzumutbar wird (vgl. BFH-Urteil vom 16.4.1980, I R 75/78, BStBl. 1981 II S. 492). [7] § 16 AStG bleibt unberührt.

4. [1] Bei Zahlungen an ausländische Empfänger soll das Finanzamt – soweit keine Anhaltspunkte für eine straf- oder bußgeldbewehrte Vorteilszuwendung vorliegen – auf den Empfängernachweis nach § 160 AO verzichten, wenn feststeht, dass die Zahlung im Rahmen eines üblichen Handelsgeschäfts erfolgte, der Geldbetrag ins Ausland abgeflossen ist und der Empfänger nicht der deutschen Steuerpflicht unterliegt. [2] Hierzu ist der Empfänger in dem Umfang zu bezeichnen, dass dessen Steuerpflicht im Inland mit hinreichender Sicherheit ausgeschlossen werden kann. [3] Die bloße Möglichkeit einer im Inland nicht bestehenden Steuerpflicht reicht nicht aus (BFH-Urteil vom 13.3.1985, I R 7/81, BStBl. 1986 II S. 318). [4] In geeigneten Fällen ist eine Erklärung der mit dem Geschäft betrauten Personen sowie des verantwortlichen Organs des Unternehmens zu verlangen, dass ihnen keine Umstände bekannt sind, die für einen Rückfluss der Zuwendung an einen inländischen Empfänger sprechen. [5] Die Zulässigkeit der Mitteilung von Erkenntnissen deutscher Finanzbehörden im Rahmen des § 117 AO bleibt hiervon unberührt.

AEAO zu § 162 – Schätzung von Besteuerungsgrundlagen:[1)]

1. Bei der Schätzung der Besteuerungsgrundlagen in den Fällen des § 155 Abs. 2 AO handelt es sich um eine vorläufige Maßnahme des Wohnsitzfinanzamtes, der ein Grundlagenbescheid nachfolgen muss (BFH-Urteil vom 26.7. 1983, VIII R 28/79, BStBl. 1984 II S. 290).

2. Wegen der Pflicht zur Abgabe einer Steuererklärung trotz Schätzung siehe § 149 Abs. 1 Satz 4 AO.

3. Wegen der nur eingeschränkten Offenlegung der Verhältnisse von Vergleichsbetrieben vgl. AEAO zu § 30, Nr. 4.4.

4. [1] Werden die Besteuerungsgrundlagen wegen Nichtabgabe der Steuererklärung geschätzt, ist die Steuer unter Nachprüfungsvorbehalt (§ 164 AO) festzusetzen, wenn der Fall für eine eventuelle spätere Überprüfung offen gehalten werden soll. [2] Dies gilt z.B. wenn eine den Schätzungszeitraum umfassende Außenprüfung vorgesehen ist oder zu erwarten ist, dass der Steuerpflichtige nach Erlass des Bescheids die Steuererklärung nachreicht.

[1] Die unter Nachprüfungsvorbehalt stehende Steuerfestsetzung ist – sofern der Steuerpflichtige keinen Einspruch eingelegt bzw. keinen Änderungsantrag gestellt hat und auch keine Außenprüfung vorgesehen ist – bei der Veranlagung für das Folgejahr zu überprüfen. [2] Dabei sind auch die in einem eventuellen Vollstreckungsverfahren gewonnenen Erkenntnisse zu berücksichtigen.

---

1) Zur Rechtmäßigkeit von Schätzungen siehe BFH v. 15.7.2014 X R 42/12, BFH/NV 2015, 145, und v. 6.8.2018 X B 22/18, BFH/NV 2018, 1237 („Strafschätzung").

[3]Der Nachprüfungsvorbehalt ist danach grundsätzlich aufzuheben, auch wenn die Steuerfestsetzung nicht zu ändern ist.

Zur Aufhebung des Nachprüfungsvorbehalts in Fällen einer Fristsetzung nach § 364b AO vgl. AEAO zu § 364b, Nr. 2.

5. Wegen der Befugnis zur Schätzung bei Verletzung der Mitwirkungspflichten nach § 90 Abs. 2 und 3 AO wird auf das BMF-Schreiben vom 3.12.2020, BStBl. I S. 1325 verwiesen.

6. [1]Die Besteuerungsgrundlagen sind nach § 162 Abs. 1 AO unter anderem dann zu schätzen, wenn tatsächliche Anhaltspunkte dafür bestehen, dass die vom Steuerpflichtigen gemachten Angaben zu steuerpflichtigen Einnahmen oder Betriebsvermögensmehrungen unrichtig oder unvollständig sind. [2]Hat der Steuerpflichtige in einem derartigen Fall die Zustimmung zu einem Kontenabruf verweigert (§ 93 Abs. 7 Satz 1 Nr. 5 AO), sind die nach Einschätzung der Finanzbehörde nicht erklärten steuerpflichtigen Einnahmen oder Betriebsvermögensmehrungen nach § 162 Abs. 2 Satz 2 AO dritte Alternative zu schätzen. [3]In diesem Fall kann zu Lasten des Steuerpflichtigen von einem Sachverhalt ausgegangen werden, für den unter Berücksichtigung seiner Beweisnähe und seiner Verantwortung für die Aufklärung des Sachverhalts eine gewisse Wahrscheinlichkeit spricht. [4]Gleiches gilt, wenn ein mit Zustimmung des Steuerpflichtigen durchgeführter Kontenabruf keine neuen Erkenntnisse gebracht hat, z. B. bei auf ausländischen – und deswegen durch einen Kontenabruf nicht ermittelbaren – Konten zugeflossenen Einnahmen oder bei baren Einnahmen. [5]In diesen Fällen ist auch weiterhin eine Schätzung nach § 162 AO möglich, wenn Anhaltspunkte dafür vorliegen, dass die Angaben über Einnahmen oder Betriebsvermögensmehrungen nicht vollständig oder unzutreffend sind.

AEAO zu § 163 – Abweichende Festsetzung von Steuern aus Billigkeitsgründen:[1)]

1. [1]§ 163 AO regelt Billigkeitsmaßnahmen im Festsetzungsverfahren. [2]Billigkeitsmaßnahmen im Erhebungsverfahren regelt § 227 AO. [3]Die Unbilligkeit kann sich aus sachlichen oder aus persönlichen Gründen ergeben.

2. Ein Antrag auf eine Billigkeitsmaßnahme nach § 163 AO kann auch nach Eintritt der Unanfechtbarkeit der Steuerfestsetzung oder der entsprechenden gesonderten Feststellung gestellt werden.

3. [1]Die Entscheidung über eine Billigkeitsmaßnahme nach § 163 Abs. 1 AO stellt auch dann einen selbständigen Verwaltungsakt dar, wenn sie mit der Steuerfestsetzung oder der entsprechenden gesonderten Feststellung verbunden wird (§ 163 Abs. 2 AO). [2]Sie ist Grundlagenbescheid für den entsprechenden Steuer- oder Feststellungsbescheid (§ 171 Abs. 10 AO). [3]Wird eine Billigkeitsmaßnahme erst nach Erlass des hiervon betroffenen Steuer- oder Feststellungsbescheids getroffen, muss dieser Bescheid nach § 175 Abs. 1 Satz 1 Nr. 1 AO entsprechend angepasst werden.

[1)] *Zur Zuständigkeit für Billigkeitsmaßnahmen* siehe gleich lautenden Ländererlass v. 2.11.2021, BStBl. I 2021, 2154, zur Mitwirkung des BMF siehe BMF v. 2.11.2021, BStBl. I 2021, 2153.

4. [1]Eine Billigkeitsmaßnahme nach § 163 Abs. 1 AO unterliegt keiner eigenen Verjährungsfrist, sie löst hinsichtlich des Folgebescheids aber nur dann eine Ablaufhemmung nach § 171 Abs. 10 Satz 1 AO aus, wenn sie vor Ablauf der Festsetzungsfrist des Folgebescheids bei der für die Billigkeitsmaßnahme zuständigen Finanzbehörde beantragt worden ist (§ 171 Abs. 10 Satz 3 AO, vgl. auch AEAO zu § 171, Nr. 6.5). [2]Wurde der Antrag erst nach Ablauf der Festsetzungsfrist des Folgebescheids gestellt, ist es regelmäßig ermessensgerecht, die beantragte Billigkeitsmaßnahme nach § 163 Abs. 1 AO abzulehnen, wenn sie im Folgebescheid wegen Eintritts der Festsetzungsverjährung nicht berücksichtigt werden könnte; in diesen Fällen ist ggf. zu prüfen, ob ein Erlass nach § 227 AO in Betracht kommt.

5. [1]Wegen der Auswirkungen einer Billigkeitsmaßnahme bei den Steuern vom Einkommen auf die Gewerbesteuer Hinweis auf § 184 Abs. 2 AO. [2]Danach ist die niedrigere Festsetzung eines Messbetrags nach § 163 Abs. 1 Satz 1 AO nicht zulässig, wenn die Voraussetzungen dafür nicht in einer allgemeinen Verwaltungsvorschrift der Bundesregierung oder einer obersten Landesfinanzbehörde festgelegt sind.

6. Zum Einspruchsverfahren gegen die Entscheidung über eine Billigkeitsmaßnahme vgl. AEAO zu § 347, Nr. 4.

AEAO zu § 164 – Steuerfestsetzung unter Vorbehalt der Nachprüfung:

1. [1]Der Vorbehalt der Nachprüfung ist eine Nebenbestimmung i. S. d. § 120 AO. [2]Er ist im Steuerbescheid anzugeben, wenn er nicht kraft Gesetzes besteht, wie z. B. im Fall der Festsetzung einer Vorauszahlung (§ 164 Abs. 1 Satz 2 AO). [3]Im Gegensatz zur vorläufigen Steuerfestsetzung hat der Vorbehalt keine Auswirkung auf den Ablauf der Festsetzungsfrist. [4]Wegen der Wirkung einer Steueranmeldung als Vorbehaltsfestsetzung siehe § 168 AO.

2. [1]Der Vorbehalt der Nachprüfung ist zulässig bei allen Festsetzungen, für die die Vorschriften über das Steuerfestsetzungsverfahren gelten (z. B. bei Steuervergütungen, Zulagen, Prämien, gesonderten Feststellungen, Steuermessbeträgen, Zinsen, vgl. AEAO zu § 155). [2]Zum Nachprüfungsvorbehalt in Schätzungsfällen vgl. AEAO zu § 162 Nr. 4.

3. [1]Solange ein Steuerfall nicht abschließend geprüft ist, kann die spätere Überprüfung vorbehalten bleiben und die Steuer aufgrund der Angaben des Steuerpflichtigen oder aufgrund vorläufiger Überprüfung (vgl. BFH-Urteil vom 4.8.1983, IV R 79/83, BStBl. 1984 II S. 6) unter Vorbehalt der Nachprüfung festgesetzt werden. [2]Der Vorbehalt der Nachprüfung erfasst die Festsetzung insgesamt; eine Beschränkung auf Einzelpunkte oder Besteuerungsgrundlagen ist nicht zulässig. [3]Eine Begründung dafür, dass die Festsetzung unter Vorbehalt erfolgt, ist nicht erforderlich.

4. [1]Solange der Vorbehalt wirksam ist, bleibt der gesamte Steuerfall „offen“, die Steuerfestsetzung kann jederzeit – also auch nach Eintritt der Unanfechtbarkeit – und dem Umfang nach uneingeschränkt von Amts wegen oder auch auf Antrag des Steuerpflichtigen aufgehoben oder geändert werden. [2]Die Grundsätze des Vertrauensschutzes nach § 176 AO sind aber zu beachten.

[3]Dagegen wird ein aus dem Grundsatz von Treu und Glauben abgeleiteter Vertrauensschutz i. d. R. nicht bestehen (vgl. BFH-Urteil vom 29.4.2008, VIII R 75/05, BStBl. II S. 817).

5. [1]Der Steuerpflichtige hat keinen Anspruch auf unverzügliche Entscheidung über seinen Antrag. [2]Die Entscheidung kann bis zur abschließenden Prüfung des Steuerfalles – an Amtsstelle oder im Wege einer Außenprüfung – hinausgeschoben werden. [3]Sie hat jedoch in angemessener Zeit zu erfolgen. [4]Wegen des Ablaufs der Festsetzungsfrist bei Antragstellung Hinweis auf § 171 Abs. 3 AO.

6. [1]Wird eine Steuerfestsetzung mit einem behördlich angeordneten Vorbehalt der Nachprüfung geändert, so ist in dem neuen Steuerbescheid zu vermerken, ob dieser weiterhin unter Vorbehalt der Nachprüfung steht oder ob der Vorbehalt aufgehoben wird. [2]Fehlt ein derartiger Vermerk, bleibt der Nachprüfungsvorbehalt bestehen (BFH-Urteil vom 14.9.1993, VIII R 9/93, BStBl. 1995 II S. 2). [3]Steht eine Steueranmeldung einer Steuerfestsetzung unter Nachprüfungsvorbehalt gleich (§ 168 AO) und erlässt die Finanzbehörde später erstmals einen Steuerbescheid ohne eine Aussage zum Nachprüfungsvorbehalt, so entfällt dieser (BFH-Urteil vom 2.12.1999, V R 19/99, BStBl. 2000 II S. 284). [4]Die Aufhebung des Vorbehalts muss schriftlich oder in elektronischer Form (§ 87a Abs. 4 AO) ergehen und mit einer Rechtsbehelfsbelehrung versehen sein (§ 164 Abs. 3 Satz 2 AO). [5]Die Aufhebung des Nachprüfungsvorbehalts ist auch ohne abschließende Prüfung des Steuerfalles zulässig (BFH-Urteil vom 28.5.1998, V R 100/96, BStBl. II S. 502) und bedarf regelmäßig keiner Begründung (BFH-Urteil vom 10.7.1996, I R 5/96, BStBl. 1997 II S. 5). [6]Nach der Bekanntgabe der Aufhebung des Vorbehalts kann die Aufhebung oder Änderung einer Steuerfestsetzung nicht mehr auf § 164 Abs. 2 AO gestützt werden; §§ 172 ff. AO bleiben unberührt.

7. [1]Wird der Vorbehalt nicht aufgehoben, entfällt der Vorbehalt mit Ablauf der allgemeinen Festsetzungsfrist (§ 169 Abs. 2 Satz 1 AO). [2]Die Verlängerung der Festsetzungsfrist für hinterzogene oder leichtfertig verkürzte Steuern (§ 169 Abs. 2 Satz 2 AO) verlängert nicht die Wirksamkeit des Vorbehalts, es ergeben sich aber Auswirkungen auf die Ablaufhemmung nach § 171 Abs. 1 bis 6, 9 und 11 bis 14 AO.

8. Wegen des Einspruchs gegen eine Vorbehaltsfestsetzung vgl. AEAO zu § 367, Nr. 5.

9. [1]Verwaltungsakte i. S. d. § 163 Abs. 1 AO können nicht unter Vorbehalt der Nachprüfung ergehen. [2]Werden solche Verwaltungsakte aber mit einer Steuerfestsetzung unter Vorbehalt der Nachprüfung verbunden, stehen sie nach § 163 Abs. 3 Satz 1 Nr. 2 AO kraft Gesetzes unter Widerrufsvorbehalt.

AEAO zu § 165 – Vorläufige Steuerfestsetzung, Aussetzung der Steuerfestsetzung:

1. [1]Eine vorläufige Steuerfestsetzung nach § 165 Abs. 1 Satz 1 AO ist nur zulässig, soweit ungewiss ist, ob der Tatbestand verwirklicht ist, an den das Gesetz die Leistungspflicht knüpft; Zweifel bei der Auslegung des Steuergesetzes reichen nicht aus. [2]Eine Steuerfestsetzung kann demgemäß nach § 165 Abs. 1 Satz 1 AO nur im Hinblick auf ungewisse Tatsachen, nicht im Hinblick auf die steuerrechtliche Beurteilung von Tatsachen für vorläufig erklärt werden (BFH-Urteil vom 25.4.1985, IV R 64/83, BStBl. II S. 648). [3]Vorläufige Steuerfestsetzungen nach § 165 Abs. 1 Satz 1 AO sind insbesondere dann vorzunehmen, wenn eine Steuerfestsetzung unter Vorbehalt der Nachprüfung nicht zweckmäßig ist, z.B. weil keine Nachprüfung des gesamten Steuerfalles mehr zu erwarten ist oder weil sie aus Rechtsgründen nicht möglich ist (z.B. bei fortbestehender Ungewissheit nach einer Außenprüfung).

2. Die Tatsache, dass ein Doppelbesteuerungsabkommen nach seinem Inkrafttreten voraussichtlich rückwirkend anzuwenden sein wird, rechtfertigt eine vorläufige Steuerfestsetzung nach § 165 Abs. 1 Satz 2 Nr. 1 AO, um dem Steuerpflichtigen die Vorteile des Doppelbesteuerungsabkommens zu sichern.[1)]

3.[2)] Eine vorläufige Steuerfestsetzung nach § 165 Abs. 1 Satz 2 Nr. 2 oder Nr. 2a AO setzt voraus, dass die Entscheidung des Bundesverfassungsgerichts oder des Gerichtshofs der Europäischen Union bereits ergangen ist und die gesetzliche Neuregelung noch aussteht.

4.[3)] Zweifel an der Vereinbarkeit einer der Steuerfestsetzung zugrunde liegenden Rechtsnorm mit höherrangigem Recht (insbesondere mit dem Grundgesetz oder dem Europäischen Unionsrecht) rechtfertigen nur dann eine vorläufige Steuerfestsetzung nach § 165 Abs. 1 Satz 2 Nr. 3 AO, wenn dieselbe Frage Gegenstand eines Musterverfahrens bei dem Gerichtshof der Europäischen Union, dem Bundesverfassungsgericht oder einem obersten Bundesgericht ist.

Zum Rechtsschutzbedürfnis für einen Einspruch gegen eine hinsichtlich des strittigen Punktes bereits vorläufige Steuerfestsetzung vgl. AEAO zu § 350, Nr. 6.

5. [1]Nach § 165 Abs. 1 Satz 2 Nr. 4 AO kann eine Steuer vorläufig festgesetzt werden, soweit eine im Fall des Steuerpflichtigen entscheidungserhebliche Rechtsfrage Gegenstand eines Verfahrens beim Bundesfinanzhof ist. [2]Hierbei handelt es sich auch um solche Fälle, in denen eine strittige Rechtsfrage nicht nur unter verfassungsrechtlichen Aspekten zu beurteilen ist (und deretwegen bereits eine vorläufige Steuerfestsetzung nach § 165 Abs. 1 Satz 2 Nr. 3 AO erfolgt), sondern vom Bundesfinanzhof auf „einfachgesetzlichem“ Wege, d.h. durch Anwendung bzw. Auslegung des einfachen Rechts, entschieden werden könnte.

6. [1]Die Entscheidung, die Steuer vorläufig festzusetzen, steht in sämtlichen Fällen des § 165 Abs. 1 AO im Ermessen der Finanzbehörde. [2]Von der Mög-

---

1) Zum Stand der DBA am 1.1.2021 siehe BMF v. 18.2.2021, BStBl. I 2021, 265, am 1.1.2022 siehe BMF v. 19.1.2022 (**Doppelbesteuerungsabkommen** Nr. **0.1**).

2) Zu vorläufigen Festsetzungen bzw. Feststellungen bei der **Grunderwerbsteuer** siehe gleich lautenden Ländererlass v. 16.12.2015, BStBl. I 2015, 1082; zu Einsprüchen gegen **Einheitswertfeststellungen** und Festsetzungen des **Grundsteuermessbetrags** siehe Allgemeinverfügung v. 18.1.2019, BStBl. I 2019, 26, ergänzt durch Allgemeinverfügung v. 3.6.2019, BStBl. I 2019, 470; zur vorläufigen Festsetzung des **Gewerbesteuermessbetrags** siehe gleich lautenden Ländererlass v. 28.10.2016, BStBl. I 2016, 1114.

3) Zur vorläufigen Steuerfestsetzung wegen anhängiger Musterverfahren (§ 165 Abs. 1 Satz 2 AO), zur Aussetzung der Steuerfestsetzung nach § 165 Abs. 1 Satz 4 AO, zum Ruhenlassen von außergerichtlichen Rechtsbehelfsverfahren (§ 363 Abs. 2 AO) und zur Aussetzung der Vollziehung (§ 361 AO, § 69 Abs. 2 FGO) siehe BMF v. 15.1.2018, BStBl. I 2018, 2, geänd. durch BMF v. 31.1.2022, Anlage i. d. F. des BMF v. 31.1.2022.

lichkeit, eine Steuer nach § 165 Abs. 1 Satz 2 AO vorläufig festzusetzen, ist nur Gebrauch zu machen, soweit die Finanzbehörden hierzu durch BMF-Schreiben oder gleich lautende Erlasse der obersten Finanzbehörden der Länder angewiesen worden sind.

7. [1]Die Vorläufigkeit ist auf die ungewissen Voraussetzungen zu beschränken und zu begründen. [2]Die Begründung kann nachgeholt werden (§ 126 Abs. 1 Nr. 2 AO). [3]Wird eine vorläufige Steuerfestsetzung geändert, so ist in dem neuen Steuerbescheid zu vermerken, ob und inwieweit dieser weiterhin vorläufig ist oder für endgültig erklärt wird. [4]Ein ursprünglich angeordneter Vorläufigkeitsvermerk bleibt auch dann wirksam, wenn er in einem nachfolgenden Änderungsbescheid nicht ausdrücklich wiederholt wird (BFH-Urteil vom 9.9.1988, III R 191/84, BStBl. 1989 II S. 9). [5]Enthält aber der Änderungsbescheid einen Vorläufigkeitsvermerk, wird durch diesen der Umfang der Vorläufigkeit neu bestimmt (BFH-Urteile vom 19.10.1999, IX R 23/98, BStBl. 2000 II S. 282, und vom 16.6.2020, VIII R 12/17, BStBl. II S. 702). [6]Dies gilt auch, wenn ein sowohl auf § 165 Abs. 1 Satz 1 AO als auch auf § 165 Abs. 1 Satz 2 AO gestützter Vorläufigkeitsvermerk im Änderungsbescheid durch einen allein auf § 165 Abs. 1 Satz 2 AO gestützten Vorläufigkeitsvermerk ersetzt wird (BFH-Urteil vom 14.7.2015, VIII R 21/13, BStBl. 2016 II S. 371).

8. [1]Soweit wegen der Frage der Vereinbarkeit einer Rechtsnorm mit dem Grundgesetz eine Steuer nach § 165 Abs. 1 Satz 2 Nr. 3 AO vorläufig festgesetzt worden ist, sind Steuerbescheide auch dann nach § 165 Abs. 2 AO zu ändern, wenn das Bundesverfassungsgericht oder der Bundesfinanzhof die streitige Frage dadurch entscheidet, dass das Gericht die vom Vorläufigkeitsvermerk erfasste Rechtsnorm entgegen der bisherigen Verwaltungsauffassung verfassungskonform so auslegt, dass das betreffende Steuergesetz mit höherrangigem Recht vereinbar ist und diese Auslegung zu einer Steuerminderung führt (BFH-Urteil vom 30.9.2010, III R 39/08, BStBl. 2011 II S. 11). [2]Dies gilt auch, wenn der Vorläufigkeitsvermerk insoweit zusätzlich auf § 165 Abs. 1 Satz 2 Nr. 4 AO gestützt war.

Soweit eine Steuer (auch) nach § 165 Abs. 1 Satz 2 Nr. 4 AO vorläufig festgesetzt worden ist, sind die Steuerbescheide (zudem) auch dann nach § 165 Abs. 2 AO zu ändern, wenn der Bundesfinanzhof die vom Vorläufigkeitsvermerk erfasste Rechtsnorm aufgrund einfachgesetzlicher Auslegung eines Steuergesetzes entgegen der bisherigen Verwaltungsauffassung auslegt, diese Auslegung zu einer Steuerminderung führt und dieses Urteil über den entschiedenen Einzelfall hinaus anzuwenden ist.

9. [1]Die vorläufige Steuerfestsetzung kann jederzeit für endgültig erklärt werden. [2]Die Vorläufigkeit bleibt bis dahin bestehen; für den Ablauf der Festsetzungsfrist gilt § 171 Abs. 8 AO. [3]Wird die vorläufige Steuerfestsetzung nach Beseitigung der Ungewissheit geändert (§ 165 Abs. 2 Satz 2 AO), sind im Rahmen des Änderungsbetrages auch solche Fehler zu berichtigen, die nicht mit dem Grund der Vorläufigkeit zusammenhängen (BFH-Urteil vom 2.3.2000, VI R 48/97, BStBl. II S. 332).

10. [1]In den Fällen des § 165 Abs. 1 Satz 2 AO ist eine Endgültigkeitserklärung nicht erforderlich, wenn sich die Steuerfestsetzung letztlich als zutreffend erweist und der Steuerpflichtige keine Entscheidung beantragt. [2]Die Vorläufigkeit entfällt in diesem Fall mit Ablauf der – ggf. nach § 171 Abs. 8 Satz 2 AO verlängerten – Festsetzungsfrist.

11. [1] Wird die vorläufige Steuerfestsetzung auf Antrag des Steuerpflichtigen oder von Amts wegen ganz oder teilweise für endgültig erklärt, kann gegen die insoweit nunmehr endgültige Steuerfestsetzung Einspruch eingelegt und ggf. anschließend Klage erhoben werden. [2] Hinsichtlich der Auswirkungen der bisherigen Vorläufigkeit der Steuerfestsetzung ergibt sich aus § 351 Abs. 1 AO keine Anfechtungsbeschränkung (BFH-Urteil vom 30.9.2010, III R 39/08, BStBl. 2011 II S. 11). [3] Der Umfang der Anfechtbarkeit bestimmt sich dabei nicht betragsmäßig, sondern in der Wirkung der fehlenden Bestandskraft der bisherigen Vorläufigkeit. [4] In den Fällen der Vorläufigkeit nach § 165 Abs. 1 Satz 2 Nr. 3 AO beschränkt sich dieser Rechtsschutz dementsprechend auf die weitere verfassungsrechtliche Klärung dieser Rechtsfrage (BFH-Urteil vom 30.9.2010, III R 39/08, a. a. O.).

Wird durch einen Vorläufigkeitsvermerk in einem Änderungsbescheid der Umfang der Vorläufigkeit in einschränkender Weise neu bestimmt (vgl. AEAO zu § 165, Nr. 7 Sätze 5 und 6), steht dies insoweit einer Endgültigkeitserklärung gleich.

12. [1] Verwaltungsakte i. S. d. § 163 Abs. 1 AO können nicht nach § 165 AO vorläufig ergehen. [2] Werden solche Verwaltungsakte aber mit einer vorläufigen Steuerfestsetzung verbunden und ist der Grund der Vorläufigkeit auch für die Entscheidung nach § 163 Abs. 1 AO von Bedeutung, stehen sie nach § 163 Abs. 3 Satz 1 Nr. 3 AO kraft Gesetzes unter Widerrufsvorbehalt.

AEAO zu § 167 – Steueranmeldung, Verwendung von Steuerzeichen oder Steuerstemplern:

1. [1] Die Selbstberechnung der Steuer (§ 150 Abs. 1 Satz 3 AO) durch Steueranmeldung ist gesetzlich insbesondere vorgeschrieben für die Umsatzsteuer (Voranmeldung und Jahreserklärung – § 18 UStG), die Lohnsteuer (§ 41a EStG), die Kapitalertragsteuer (§ 45a EStG), den Steuerabzug nach § 48 i. V. m. § 48a EStG oder nach § 50a EStG, die Versicherungsteuer (§ 8 VersStG), die Wettsteuer (§ 18 RennwLottAB) und für die Feuerschutzsteuer (§ 8 FeuerSchStG). [2] Die Steueranmeldung ist Steuererklärung i. S. d. § 150 AO. [3] Wegen der Wirkung einer Steueranmeldung siehe § 168 AO.

2. Eine Steueranmeldung i. S. d. AO liegt nicht vor, wenn ein Gesetz zwar die Selbstberechnung der Steuer durch den Steuerpflichtigen vorschreibt, daneben aber eine förmliche Steuerfestsetzung vorsieht, z. B. § 9 KraftStDV.

3. [1] Das Anerkenntnis des zum Steuerabzug Verpflichteten, insbesondere des Arbeitgebers hinsichtlich der Lohnsteuer, steht einer Steueranmeldung und damit einer Steuerfestsetzung unter Vorbehalt der Nachprüfung gleich (§ 167 Abs. 1 Satz 3, § 168 Satz 1 AO). [2] Es ist deshalb nicht erforderlich, gegen ihn einen Haftungsbescheid zu erlassen, wenn er seiner Zahlungsverpflichtung aus dem Anerkenntnis nicht nachkommen will. [3] Der Entrichtungspflichtige kann sein Zahlungsanerkenntnis nur mit Zustimmung der Finanzbehörde ändern oder widerrufen. [4] Nach einer abschließenden Prüfung des Steuerfalls ist der Vorbehalt der Nachprüfung durch besonderen Bescheid aufzuheben (§ 164 Abs. 2 und 3 AO).

4. [1]Steueranmeldungen sind bei dem für die Besteuerung zuständigen Finanzamt abzugeben. [2]Es treten aber keine Verspätungsfolgen ein, wenn der Steuerpflichtige die Steueranmeldung und den Scheck fristgemäß bei dem für die Steuererhebung zuständigen Finanzamt einreicht.

5. [1]Gibt jemand (z. B. ein Arbeitgeber) trotz seiner gesetzlichen Verpflichtung, Steuern für Rechnung eines Dritten einzubehalten, anzumelden und abzuführen, keine Steueranmeldung ab, so kann gegen ihn ein Steuerbescheid aufgrund einer Schätzung ergehen. [2]Die Möglichkeit, einen Haftungsbescheid zu erlassen, steht dem nicht entgegen (vgl. BFH-Urteil vom 7.7.2004, VI R 171/00, BStBl. II S. 1087).

AEAO zu § 168 – Wirkung einer Steueranmeldung:

1. [1]Eine Steueranmeldung, die nicht zu einer Herabsetzung der bisher zu entrichtenden Steuer oder zu einer Steuervergütung führt, hat mit ihrem Eingang bei der Finanzbehörde die Wirkung einer Steuerfestsetzung unter Vorbehalt der Nachprüfung. [2]Wegen der daraus sich ergebenden Folgen vgl. AEAO zu § 164 AO.

Die fällige Steuer ist ohne besonderes Leistungsgebot nach Eingang der Anmeldung vollstreckbar (§ 249 Abs. 1, § 254 Abs. 1 Satz 4 AO).

2. [1]Eine erstmalige Steueranmeldung, die zu einer Steuervergütung führt (z. B. Vorsteuerüberschuss), wirkt erst dann als Steuerfestsetzung unter Vorbehalt der Nachprüfung, wenn dem Steuerpflichtigen die Zustimmung der Finanzbehörde bekannt wird (§ 168 Satz 2 AO; BFH-Urteil vom 28.2.1996, XI R 42/94, BStBl. II S. 660). [2]Bis dahin ist sie als Antrag auf Steuerfestsetzung (§ 155 Abs. 1 Satz 3 und Abs. 5 AO) anzusehen.

3. [1]Auch eine berichtigte Steueranmeldung, die zu einer Herabsetzung der bisher angemeldeten Steuer (Mindersoll) oder zu einer Erhöhung der bisher angemeldeten Steuervergütung führt, wirkt erst dann als Steuerfestsetzung unter Vorbehalt der Nachprüfung, wenn dem Steuerpflichtigen die Zustimmung der Finanzbehörde bekannt wird. [2]Bis dahin ist sie als Antrag auf Änderung der Steuerfestsetzung nach § 164 Abs. 2 Satz 2 AO zu behandeln. [3]Wegen der Änderung einer nicht mehr unter dem Vorbehalt der Nachprüfung stehenden Steuerfestsetzung vgl. AEAO zu § 168, Nr. 12.

4. [1]Die kassenmäßige Sollstellung eines Rotbetrags ist keine Zustimmung zur Anmeldung i. S. d. § 168 Satz 2 AO; sie darf dem Anmeldenden nicht mitgeteilt werden. [2]Wird der Steuerpflichtige schriftlich bzw. elektronisch über die Zustimmung unterrichtet (z. B. zusammen mit einer Abrechnungsmitteilung), ist grundsätzlich davon auszugehen, dass ihm die Zustimmung am dritten Tag nach Aufgabe zur Post bzw. nach der Absendung bekannt geworden ist. [3]Zur Fälligkeit der Erstattung vgl. AEAO zu § 220 AO.

5. [1]Die Abgabe einer berichtigten Anmeldung mit Mindersoll hat keine Auswirkungen auf den Zeitpunkt der Fälligkeit des ursprünglich angemeldeten Betrages. [2]Ebenso bleiben auf der Grundlage der ursprünglichen Steueranmeldung entstandene Säumniszuschläge unberührt (§ 240 Abs. 1 Satz 4 AO).

6. [1]Will die Finanzbehörde von der angemeldeten Steuer abweichen, so ist eine Steuerfestsetzung vorzunehmen und darüber ein Steuerbescheid zu erteilen. [2]Die abweichende Festsetzung kann unter dem Vorbehalt der Nachprüfung oder unter den Voraussetzungen des § 165 AO vorläufig vorgenommen werden.

7. [1]Nach § 18 Abs. 2 UStG ist die für einen Voranmeldungszeitraum errechnete Umsatzsteuer eine Vorauszahlung. [2]Wird eine abweichende USt-Festsetzung durchgeführt, steht diese als Vorauszahlungsbescheid nach § 164 Abs. 1 Satz 2 AO kraft Gesetzes unter Vorbehalt der Nachprüfung. [3]Dies gilt nicht bei einer von einer USt-Jahreserklärung abweichenden Festsetzung; in diesen Fällen muss die Steuerfestsetzung unter Vorbehalt der Nachprüfung besonders angeordnet und im Bescheid vermerkt werden (BFH-Urteil vom 2.12.1999, V R 19/99, BStBl. 2000 II S. 284).

8. [1]Ergibt sich durch die anderweitige Festsetzung eine höhere Zahllast als angemeldet, ist für den nachzuzahlenden Differenzbetrag eine Zahlungsfrist einzuräumen (§ 220 Abs. 2). [2]Auf § 18 Abs. 4 UStG wird hingewiesen. [3]Liegt der abweichenden Festsetzung eine Steueranmeldung mit Steuervergütung oder Mindersoll zugrunde, so ist Fälligkeitstag des gesamten Erstattungsbetrags der Tag der Bekanntgabe der anderweitigen Festsetzung (§ 220 Abs. 2 AO).

9. [1]Aus Vereinfachungsgründen kann bei Steueranmeldungen, die zu einer Steuervergütung oder zu einem Mindersoll führen, die Zustimmung allgemein erteilt werden. [2]Auch in diesem Fall stehen die Anmeldungen erst dann einer Steuerfestsetzung unter Vorbehalt der Nachprüfung gleich, wenn dem Steuerpflichtigen die Zustimmung bekannt wird. [3]Wird der Steuerpflichtige schriftlich bzw. elektronisch über die Zustimmung unterrichtet (z. B. zusammen mit einer Abrechnungsmitteilung), ist grundsätzlich davon auszugehen, dass ihm die Zustimmung am dritten Tag nach Aufgabe zur Post bzw. nach der Absendung bekannt geworden ist.

10. [1]In den Fällen, in denen keine allgemeine Zustimmung erteilt wird, ist über die Zustimmung oder Festsetzung alsbald zu entscheiden. [2]Auf die Bearbeitung in angemessener Zeit bzw. auf die rechtzeitige Mitteilung von Hinderungsgründen ist angesichts § 347 Abs. 1 Satz 2 AO besonders zu achten.

11. Wird die Zustimmung zur Steueranmeldung nicht erteilt, so ist der Antrag des Steuerpflichtigen auf Steuerfestsetzung (vgl. AEAO zu § 168, Nr. 2) bzw. auf Änderung der Steuerfestsetzung nach § 164 Abs. 2 Satz 2 AO (vgl. AEAO zu § 168, Nr. 3) durch Bescheid abzulehnen (§ 155 Abs. 1 Satz 3 AO).

12. Führt die berichtigte Anmeldung zu einer höheren Steuer oder zu einem geringeren Vergütungsbetrag, gilt Folgendes:
– Steht die bisherige Steuerfestsetzung noch unter dem Vorbehalt der Nachprüfung, bedarf es keiner Zustimmung der Finanzbehörde; die berichtigte Steueranmeldung steht bereits mit ihrem Eingang bei der Finanzbehörde einer nach § 164 Abs. 2 AO geänderten Steuerfestsetzung unter Vorbehalt der Nachprüfung gleich.
– Steht die bisherige Steuerfestsetzung nicht oder nicht mehr unter dem Vorbehalt der Nachprüfung, ist ein nach § 172 Abs. 1 Satz 1 Nr. 2 Buchstabe a AO geänderter Bescheid zu erteilen.

[1]Zu prüfen ist, ob die berichtigte Anmeldung eine Selbstanzeige (§ 371 AO) ist. [2]Wegen der Verlängerung der Festsetzungsfrist Hinweis auf § 171 Abs. 9 AO.

13. [1]Eine Steueranmeldung, die – ggf. nach Zustimmung – einer Steuerfestsetzung unter dem Vorbehalt der Nachprüfung gleichsteht, kann mit dem Einspruch angefochten werden (§ 347 Abs. 1 Satz 1 AO). [2]Wegen des Beginns der Einspruchsfrist wird auf § 355 Abs. 1 Satz 2 AO, wegen des Beginns der Zahlungsverjährung auf § 229 AO hingewiesen.

AEAO vor §§ 169 bis 171 – Festsetzungsverjährung:

1. Durch Verjährung erlöschen allgemein Ansprüche aus dem Steuerschuldverhältnis (§ 47 AO).

Das Gesetz unterscheidet zwischen der Festsetzungsverjährung (§§ 169 bis 171 AO) und der Zahlungsverjährung (§§ 228 bis 232 AO).

2. [1]Die Finanzbehörde darf die Festsetzung von Steuern, von Erstattungs- oder Vergütungsansprüchen nur vornehmen, soweit die Festsetzungsfrist noch nicht abgelaufen ist. [2]Dies gilt auch für Änderungen oder Aufhebungen von Steuerfestsetzungen sowie Berichtigungen wegen offenbarer Unrichtigkeit, gleichgültig ob zugunsten oder zuungunsten des Steuerpflichtigen. [3]Mit Ablauf der Festsetzungsfrist sind Ansprüche des Steuergläubigers, aber auch Ansprüche des Erstattungsberechtigten erloschen. [4]Zur Berichtigung (teil-)verjährter Steueransprüche im Zusammenhang mit einer Aufhebung, Änderung oder Berichtigung der Steuerfestsetzung wegen offenbarer Unrichtigkeit vgl. AEAO zu § 177, Nr. 1.

3. [1]Für den Ablauf der Festsetzungsfrist gilt § 108 Abs. 3 AO (vgl. Nr. 2 des AEAO zu § 108). [2]Fällt das Ende der Festsetzungsfrist auf einen Sonntag, einen gesetzlichen Feiertag oder einen Sonnabend, endet die Festsetzungsfrist daher erst mit dem Ablauf des nächstfolgenden Werktags.

4. Eine Festsetzung usw., die erst nach Eintritt der Festsetzungsverjährung erfolgt, ist nicht nichtig (§ 125 Abs. 1 AO), sondern nur anfechtbar, erwächst also ggf. in Bestandskraft; der Bescheid ist auch vollstreckbar.

5. Die Festsetzungsverjährung schließt Ermittlungshandlungen der Finanzbehörde im Einzelfall (§§ 88, 92 ff., 193 ff., 208 Abs. 1 Nr. 2 AO) nicht aus (vgl. BFH-Urteil vom 23.7.1985, VIII R 48/85, BStBl. 1986 II S. 433).

6. [1]Die Bestimmungen über die Festsetzungsverjährung gelten sinngemäß auch für die Festsetzung von Steuermessbeträgen (§ 184 Abs. 1 AO) und für die gesonderte Feststellung von Besteuerungsgrundlagen (§ 181 Abs. 1 AO), sowie bei allen Festsetzungen, für die die Vorschriften über das Steuerfestsetzungsverfahren anzuwenden sind (s. § 155 AO). [2]Auf steuerliche Nebenleistungen (§ 3 Abs. 4 AO) finden sie nur Anwendung, wenn dies besonders vorgeschrieben ist (§ 1 Abs. 3 Satz 2 AO), wie z. B. bei Zinsen (§ 239 AO). [3]Für die Kosten der Vollstreckung gilt die besondere Regelung des § 346 AO.

7. [1]Für Verspätungszuschläge (§ 152 AO) fehlt dagegen eine entsprechende Bestimmung (vgl. AEAO zu § 169, Nr. 5 AO). [2]Säumniszuschläge (§ 240 AO) entstehen kraft Gesetzes, sie unterliegen allein der Zahlungsverjährung (§§ 228 ff. AO).

AEAO zu § 169 – Festsetzungsfrist:

1.[1] Die Festsetzungsfrist nach § 169 Abs. 1 Satz 3 Nr. 1 AO ist nur gewahrt, wenn der vor Ablauf der Frist zur Post gegebene „Steuerbescheid" dem Empfänger nach Fristablauf tatsächlich zugeht (vgl. Beschluss des Großen Senats des BFH vom 25.11.2002, GrS 2/01, BStBl. 2003 II S. 548).

Im Fall der Bekanntgabe nach § 122a AO ist die Festsetzungsfrist nach § 169 Abs. 1 Satz 3 Nr. 1 AO gewahrt, wenn

- die vor Ablauf der Festsetzungsfrist versandte elektronische Benachrichtigung tatsächlich zugegangen ist oder
- die elektronische Benachrichtigung vor Ablauf der Festsetzungsfrist versandt worden ist, der Adressat den Zugang der Benachrichtigung bestreitet, er den Verwaltungsakt aber tatsächlich abgerufen hat. [2]Der Zeitpunkt des Abrufs des Verwaltungsakts ist dabei unerheblich.

Zu den für die Steuerfestsetzung zuständigen Finanzbehörden sind auch die für die Finanzbehörden arbeitenden Rechenzentren (§§ 2 und 17 FVG) zu zählen, wenn sie die Absendung an den Steuerpflichtigen vornehmen.

[1]Bei Steuermessbescheiden wird die Frist allein durch die Absendung der Mitteilungen an die Gemeinde (§ 184 Abs. 3 AO) nicht gewahrt. [2]Die fristgerechte Absendung der Messbescheide ist Aufgabe der Gemeinden, die insoweit für die Finanzbehörden handeln.

2. Die Festsetzungsfrist verlängert sich auf zehn Jahre, soweit eine Steuer hinterzogen, und auf fünf Jahre, soweit die Steuer leichtfertig verkürzt worden ist (§ 169 Abs. 2 Satz 2 AO).

2.1. [1]Die für den Erlass des Steuerbescheids zuständige Stelle der Finanzbehörde hat im Benehmen mit der für Straf- und Bußgeldsachen zuständigen Stelle zu prüfen, ob der objektive und subjektive Tatbestand des § 370 AO gegeben ist. [2]Eine vorherige strafgerichtliche Verurteilung ist nicht erforderlich. [3]Ebenso wenig sind Selbstanzeige (§ 371 AO), Eintritt der Strafverfolgungsverjährung oder sonstige Verfahrenshindernisse von Bedeutung. [4]An Entscheidungen im strafgerichtlichen Verfahren ist die Finanzbehörde nicht gebunden (BFH-Urteil vom 10.10.1972, VII R 117/69, BStBl. 1973 II S. 68). [5]Entsprechendes gilt bezüglich leichtfertig verkürzter Steuern (§ 378 AO).

2.2. Das Erschleichen von Investitionszulage (BFH-Urteil vom 19.12.2013, III R 25/10, BStBl. 2015 II S. 119) ist ebenso wie das Erschleichen von Eigenheimzulage (BFH-Urteil vom 12.1.2016, IX R 20/15, BStBl. 2017 II S. 21) keine Steuerhinterziehung i. S. v. § 169 Abs. 2 Satz 2 i. V. m. § 370 AO.

Gesetzlich ausdrücklich für anwendbar erklärt wurden die Vorschriften zur Steuerhinterziehung hingegen für die Arbeitnehmer-Sparzulage (§ 14 Abs. 3 Satz 1 5. VermBG), die Wohnungsbauprämie (§ 8 Abs. 2 Satz 1 WoPG), die Forschungszulage (§ 13 FZulG), die Mobilitätsprämie (§ 108 EStG) und die Altersvorsorgezulage (§ 96 Abs. 7 Satz 1 EStG).

2.3. [1]Die Verlängerung der Festsetzungsfrist für hinterzogene oder leichtfertig verkürzte Steuern verlängert nicht die Wirksamkeit eines Vorbehalts der

[1] Zur Wahrung der Festsetzungsfrist bei Übersendung eines Steuerbescheids per Telefax siehe BFH v. 28.1.2014 VIII R 28/13, BStBl. II 2014, 552.

Nachprüfung (vgl. AEAO zu § 164, Nr. 7). [2]§ 169 Abs. 2 Satz 2 AO ist auch dann anzuwenden, wenn der Steuerbescheid unter dem Vorbehalt der Nachprüfung ergangen ist; § 164 Abs. 4 Satz 2 AO regelt lediglich, dass § 169 Abs. 2 Satz 2 und § 171 Abs. 7, 8 und 10 AO bei Bestimmung des Ablaufs der für § 164 Abs. 4 Satz 1 AO maßgeblichen Frist nicht anzuwenden sind.

3. [1]Wegen der Frist für die gesonderte Feststellung von Besteuerungsgrundlagen (Feststellungsfrist) Hinweis auf § 181 Abs. 3 AO. [2]Für den Erlass von Haftungsbescheiden wird auf § 191 Abs. 3 AO hingewiesen.

4. Bei Zinsen und Kosten der Vollstreckung beträgt die Festsetzungsfrist jeweils ein Jahr (§§ 239 und 346 AO).

5. [1]Verspätungszuschläge unterliegen nicht der Festsetzungsverjährung (vgl. AEAO vor §§ 169 bis 171, Nr. 6). [2]Von der erstmaligen Festsetzung eines Verspätungszuschlags ist jedoch grundsätzlich abzusehen, wenn die Festsetzungsfrist für die Steuer abgelaufen ist. [3]Wird aber ein bereits vor Ablauf der für die Steuer geltenden Festsetzungsfrist festgesetzter Verspätungszuschlag nur aus formellen Gründen oder aufgrund einer fehlerhaften Ermessensausübung bezüglich seiner Höhe aufgehoben, ist die Festsetzung eines Verspätungszuschlags auch nach Ablauf der für die Steuer geltenden Festsetzungsfrist zulässig.

AEAO zu § 170 – Beginn der Festsetzungsfrist:

1. [1]Für den Beginn der Festsetzungsfrist kommt es darauf an, wann die Steuer (§ 37 AO) entstanden ist. [2]Der Zeitpunkt der Entstehung der Ansprüche aus dem Steuerschuldverhältnis ist in § 38 AO und in den Einzelsteuergesetzen (vgl. AEAO zu § 38, Nr. 1) geregelt. [3]Die Anlaufhemmung (§ 170 Abs. 2 bis 6 AO) schiebt den Beginn der Festsetzungsfrist hinaus.

2. [1]Wegen des Beginns der Frist für die gesonderte Feststellung von Einheitswerten Hinweis auf § 181 Abs. 3 und 4 AO. [2]Für Haftungsbescheide gilt § 191 Abs. 3 AO. [3]Bei Zinsen und Kosten der Vollstreckung ergibt sich der Beginn der Festsetzungsfrist aus § 239 Abs. 1 Satz 2 bzw. § 346 Abs. 2 Satz 2 AO. [4]Hinsichtlich der Verspätungszuschläge vgl. AEAO zu § 169, Nr. 5.

3. [1]Die Anlaufhemmung nach § 170 Abs. 2 AO gilt für sämtliche Besitz- und Verkehrsteuern, für die auf Grund allgemeiner gesetzlicher Vorschrift (z. B. § 181 Abs. 2 AO; § 25 EStG; § 14a GewStG; § 31 KStG; § 18 UStG) oder auf Grund einer Aufforderung der Finanzbehörde (§ 149 Abs. 1 Satz 2 AO) eine Steuererklärung oder eine Steueranmeldung einzureichen oder eine Anzeige zu erstatten ist; gesetzliche Vorschrift ist auch eine Rechtsverordnung (§ 4 AO). [2]Eine Berichtigungsanzeige nach § 153 Abs. 1 AO löst allerdings keine Anlaufhemmung aus (vgl. BFH-Urteil vom 22.1.1997, II B 40/96, BStBl. II S. 266).

[1]Ist der Steuerpflichtige berechtigt aber nicht verpflichtet, eine Steuererklärung abzugeben, wie z. B. bei der Antragsveranlagung nach § 46 Abs. 2 Nr. 8 EStG, greift die Anlaufhemmung nach § 170 Absatz 2 Satz 1 Nr. 1 AO nicht (BFH-Urteil vom 14.4.2011, VI R 53/10, BStBl. II S. 746). [2]Die Anlaufhemmung greift auch dann nicht, wenn eine behördliche Aufforderung zur Abgabe einer Steuererklärung dem Steuerpflichtigen erst nach dem Ablauf der Festsetzungsfrist des § 169 Abs. 2 AO zugeht oder eine Pflichtveranlagung

begründende Steuererklärung erst nach dem Ablauf der Festsetzungsfrist des § 169 Abs. 2 AO abgegeben wird (BFH-Urteil vom 28.3.2012, VI R 68/10, BStBl. II S. 711).

Die Nichtveranlagungs-Bescheinigung nach § 44a Abs. 2 Satz 1 Nr. 2 EStG hat keine Auswirkungen auf die Anlaufhemmung nach § 170 Abs. 2 Satz 1 Nr. 1 AO (vgl. BFH-Beschluss vom 15.5.2013, VI R 33/12, BStBl. 2014 II S. 238).

4. Bei Bestimmung der Anlaufhemmung nach § 170 Abs. 6 AO gilt Folgendes:

- [1] Als „Steuer" sind nur die Steuern anzusehen, die auf Kapitalerträge entfallen. [2] Hierzu gehören die Einkommensteuer, die Körperschaftsteuer und – soweit gewerbliche Einkünfte betroffen sind – die Gewerbesteuer sowie die entsprechenden Annexsteuern.
- „Kapitalerträge" sind Erträge im Sinne des § 20 EStG, unabhängig davon, ob sie nach § 20 Abs. 8 EStG zu einer anderen Einkunftsart gehören.

AEAO zu § 171 – Ablaufhemmung:

1. [1] Die Ablaufhemmung schiebt das Ende der Festsetzungsfrist hinaus. [2] Die Festsetzungsfrist endet in diesen Fällen meist nicht – wie im Normalfall – am Ende, sondern im Laufe eines Kalenderjahres. [3] Wegen der Fristberechnung Hinweis auf § 108 AO.

2. Ablaufhemmung nach § 171 Abs. 3 AO

2.1. [1] Eine Ablaufhemmung nach § 171 Abs. 3 AO setzt voraus, dass der Steuerpflichtige außerhalb des Einspruchs- oder Klageverfahrens und vor Ablauf der Festsetzungsfrist einen Antrag auf Steuerfestsetzung oder auf Aufhebung oder Änderung einer Steuerfestsetzung stellt. [2] Ist innerhalb der Festsetzungsfrist kein solcher Antrag des Steuerpflichtigen eingegangen, kann keine Wiedereinsetzung in den vorigen Stand nach § 110 Abs. 1 AO mit dem Ziel einer rückwirkenden Ablaufhemmung nach § 171 Abs. 3 AO gewährt werden (vgl. BFH-Urteil vom 24.1.2008, VII R 3/07, BStBl. II S. 462).

[1] Einem vor Ablauf der Festsetzungsfrist bei dem zuständigen Finanzamt ausdrücklich gestellten Antrag auf Steuerfestsetzung oder auf Aufhebung oder Änderung einer Steuerfestsetzung kommt die Rechtswirkung des § 171 Abs. 3 AO nur dann zu, wenn sich das vom Steuerpflichtigen verfolgte Begehren seinem sachlichen Gehalt nach zumindest in groben Zügen bereits aus dem Antrag selbst ergibt. [2] Angaben zur betragsmäßigen Auswirkung sind für die Bestimmtheit des Antrags für sich genommen nicht ausreichend. [3] Soweit dem Steuerpflichtigen – z. B. wegen insolvenzbedingt fehlender Unterlagen – genaue Angaben objektiv (noch) nicht möglich sind, muss er zur Konkretisierung seines Antrags eine substantiierte eigene Schätzung anhand der ihm zugänglichen Erkenntnisquellen vornehmen (vgl. BFH-Urteil vom 23.9.2020, XI R 1/19, BStBl. 2021 II S. 341).

2.2. [1] Die Abgabe einer gesetzlich vorgeschriebenen Steuererklärung führt für sich allein keine Ablaufhemmung nach § 171 Abs. 3 AO herbei (BFH-Urteil vom 18.6.1991, VIII R 54/89, BStBl. 1992 II S. 124, und BFH-Beschluss vom 13.2.1995, V B 95/94, BFH/NV S. 756). [2] Dies gilt hinsichtlich einer Umsatzsteuererklärung auch dann, wenn mit ihr ein Anspruch auf

Auszahlung eines Überschusses geltend gemacht wird (BFH-Urteil vom 28.8.2014, V R 8/14, BStBl. 2015 II S. 3). [3]Auch in der Kombination von Erklärungseinreichung und damit im Zusammenhang stehender Antragstellung (auf Durchführung einer Festsetzung oder Feststellung) kann kein Antrag i. S. d. § 171 Abs. 3 AO gesehen werden (BFH-Urteil vom 15.5.2013, IX R 5/11, BStBl. II S. 143).

2.3. Im Fall einer Antragsveranlagung (§ 46 Abs. 2 Nr. 8 EStG) ist die Abgabe der Einkommensteuererklärung – auch ohne gesondert ausdrücklich gestellten Antrag auf Steuerfestsetzung – ein (konkludenter) Antrag i. S. d. § 171 Abs. 3 AO (vgl. BFH-Urteil vom 20.1.2016, VI R 14/15, BStBl. II S. 380).

2.4. Anträge auf Billigkeitsmaßnahmen nach §§ 163 oder 227 AO hemmen den Fristablauf nicht nach § 171 Abs. 3 AO; eine Billigkeitsentscheidung nach § 163 AO bewirkt aber als Grundlagenbescheid eine Ablaufhemmung nach § 171 Abs. 10 AO (vgl. BFH-Urteil vom 21.9.2000, IV R 54/99, BStBl. 2001 II S. 178).

2.5. Selbstanzeigen (§§ 371, 378 Abs. 3 AO) und Berichtigungserklärungen (§ 153 AO) lösen keine Ablaufhemmung nach § 171 Abs. 3 AO aus, sie bewirken ausschließlich eine Ablaufhemmung nach § 171 Abs. 9 AO (vgl. BFH-Urteil vom 8.7.2009, VIII R 5/07, BStBl. 2010 II S. 583).

2a. [1]Die Ablaufhemmung nach § 171 Abs. 3a AO tritt auch dann ein, wenn nach Ablauf der Festsetzungsfrist ein zulässiger Rechtsbehelf eingelegt wird (§ 171 Abs. 3a Satz 1 2. Halbsatz AO). [2]Dies gilt auch dann, wenn der Rechtsbehelf nach Gewährung von Wiedereinsetzung in den vorigen Stand als fristgerecht zu behandeln ist; die Grundsätze des BFH-Urteils vom 24.1.2008, VII R 3/07, a. a. O. (vgl. AEAO zu § 171, Nr. 2) sind auf diesen Fall nicht übertragbar.

[1]§ 171 Abs. 3a Satz 3 AO hemmt den Ablauf der Festsetzungsfrist nur im Falle der gerichtlichen Kassation eines angefochtenen Bescheids (vgl. BFH-Urteil vom 5.10.2004, VII R 77/03, BStBl. 2005 II S. 122, für Haftungsbescheide). [2]Diese Ablaufhemmung gilt nicht im Fall der Aufhebung des Bescheids durch die Finanzbehörde, denn mit der Aufhebung eines Bescheids verliert er seine ablaufhemmende Wirkung. [3]Hebt die Finanzbehörde allerdings in einem Verwaltungsakt den angefochtenen Bescheid unter gleichzeitigem Erlass eines neuen Bescheids auf, ist der neue Bescheid noch innerhalb der nach § 171 Abs. 3a Satz 1 AO gehemmten Festsetzungsfrist ergangen (vgl. BFH-Urteil vom 5.10.2004, VII R 18/03, BStBl. 2005 II S. 323, für Haftungsbescheide).

3. Ablaufhemmung wegen Beginn einer Außenprüfung (§ 171 Abs. 4 AO)[1)]

3.1. [1]Der Ablauf der Festsetzungsfrist wird durch den Beginn einer Außenprüfung (vgl. AEAO zu § 198, Nrn. 1 und 2) hinausgeschoben (§ 171 Abs. 4 AO). [2]Die Ablaufhemmung tritt nicht ein, wenn eine zugrunde liegende Prüfungsanordnung unwirksam ist (BFH-Urteile vom 10.4.1987, III R 202/83, BStBl. 1988 II S. 165, und vom 17.9.1992, V R 17/86, BFH/NV 1993 S. 279).

[1)] Eine betriebsnahe Veranlagung bewirkt keine Ablaufhemmung; siehe BFH v. 6.7.1999 VIII R 17/97, BStBl. II 2000, 306, und AEAO Nr. 3 zu § 85.

3.2. [1]Eine Außenprüfung hemmt den Ablauf der Festsetzungsfrist nur für Steuern, auf die sich die Prüfungsanordnung erstreckt (BFH-Urteile vom 18.7.1991, V R 54/87, BStBl. II S. 824, und vom 25.1.1996, V R 42/95, BStBl. II S. 338). [2]Wird die Außenprüfung später auf bisher nicht einbezogene Steuern ausgedehnt, ist die Ablaufhemmung nur wirksam, soweit vor Ablauf der Festsetzungsfrist eine Prüfungsanordnung erlassen (vgl. AEAO zu § 196, Nr. 5) und mit der Außenprüfung auch insoweit ernsthaft begonnen wird (BFH-Urteil vom 2.2.1994, I R 57/93, BStBl. II S. 377).

3.3. [1]Bei einem Antrag des Steuerpflichtigen auf Verschiebung des Prüfungsbeginns (§ 197 Abs. 2 AO) wird der Ablauf der Festsetzungsfrist nach § 171 Abs. 4 Satz 1 2. Alternative AO nur gehemmt, wenn dieser Antrag für die Verschiebung ursächlich war. [2]Wird der Beginn der Außenprüfung nicht maßgeblich aufgrund eines Antrags des Steuerpflichtigen, sondern aufgrund eigener Belange der Finanzbehörde bzw. aus innerhalb deren Sphäre liegenden Gründen hinausgeschoben, läuft die Festsetzungsfrist ungeachtet des Antrags ab. [3]Hinsichtlich der inhaltlichen Anforderungen an den Antrag auf Verschiebung des Prüfungsbeginns vgl. AEAO zu § 197, Nr. 11.

3.3.1. [1]Bei einem vom Steuerpflichtigen gestellten Antrag auf zeitlich befristetes Hinausschieben des Beginns der Außenprüfung entfällt die Ablaufhemmung nach § 171 Abs. 4 Satz 1 2. Alternative AO rückwirkend, wenn die Finanzbehörde nicht vor Ablauf von zwei Jahren nach Eingang des Antrags mit der Prüfung beginnt (vgl. BFH-Urteil vom 17.3.2010, IV R 54/07, BStBl. 2011 II S. 7). [2]Stellt der Steuerpflichtige während der Zwei-Jahres-Frist einen weiteren Verschiebungsantrag, beginnt die Zwei-Jahres-Frist erneut (BFH-Urteil vom 19.5.2016, X R 14/15, BStBl. 2017 II S. 97).

3.3.2. [1]Die Ablaufhemmung entfällt dagegen nicht, wenn der Antrag keine zeitlichen Vorgaben enthielt, mithin unbefristet bzw. zeitlich unbestimmt war (Antrag auf unbefristetes Hinausschieben), z. B. weil der Steuerpflichtige beantragt hat, wegen einer noch andauernden Vor-Betriebsprüfung zunächst deren Abschluss abzuwarten. [2]In diesen Fällen endet die Festsetzungsfrist mit Ablauf von zwei Jahren, nachdem der Hinderungsgrund beseitigt ist und die Finanzbehörde hiervon Kenntnis hat, sofern nicht zuvor mit der Prüfung begonnen wurde (vgl. BFH-Urteil vom 1.2.2012, I R 18/11, BStBl. II S. 400).

3.4. [1]Der Ablauf der Festsetzungsfrist wird auch gehemmt, wenn der Steuerpflichtige die Prüfungsanordnung angefochten hat und deren Vollziehung ausgesetzt wurde (vgl. BFH-Urteile vom 25.1.1989, X R 158/87, BStBl. II S. 483, und vom 17.6.1998, IX R 65/95, BStBl. 1999 II S. 4). [2]Dies gilt unabhängig von der Dauer der Aussetzung der Vollziehung.

3.5. [1]Auch wenn die Voraussetzungen für den Eintritt der Ablaufhemmung zunächst vorgelegen haben, entfällt diese rückwirkend wieder, wenn die Außenprüfung unmittelbar nach ihrem Beginn aus Gründen, die die Finanzverwaltung zu vertreten hat, länger als sechs Monate unterbrochen wird (§ 171 Abs. 4 Satz 2 AO). [2]Eine spätere Unterbrechung der Prüfung lässt die eingetretene Ablaufhemmung dagegen unberührt (BFH-Urteil vom 16.1.1979, VIII R 149/77, BStBl. II S. 453). [3]Die Frage, ob eine Außenprüfung **unmittelbar nach ihrem Beginn** unterbrochen worden ist (§ 171 Abs. 4 Satz 2

AO), ist grundsätzlich nach den Verhältnissen im Einzelfall zu beurteilen. [4]Dabei sind neben dem zeitlichen Umfang der bereits durchgeführten Prüfungsmaßnahmen alle Umstände zu berücksichtigen, die Aufschluss über die Gewichtigkeit der Prüfungshandlungen vor der Unterbrechung geben.

Unabhängig vom Zeitaufwand ist eine Unterbrechung **unmittelbar nach Beginn** der Prüfung anzunehmen, wenn der Prüfer über Vorbereitungshand-

(Fortsetzung S. 230)

nur auf Änderungen i.S.v. § 173 Abs. 1 AO, nicht aber auf Änderungen, die aufgrund anderer Vorschriften erfolgen (vgl. BFH-Urteil vom 4.11.1992, XI R 32/91, BStBl. 1993 II S. 425).

8.2. Der Umfang der Änderungssperre richtet sich nach dem Inhalt der Prüfungsanordnung (BFH-Urteile vom 12.10.1994, XI R 75/93, BStBl. 1995 II S. 289, und vom 11.2.1998, I R 82/97, BStBl. II S. 552).

8.2.1. [1]Im Fall der Beschränkung der Außenprüfung auf bestimmte Steuerarten, Besteuerungszeiträume oder Sachverhalte (§ 194 Abs. 1 Satz 2 AO) umfasst die Änderungssperre daher nur den in der Prüfungsanordnung genannten Teil der Besteuerungsgrundlagen. [2]Wenn andererseits das tatsächliche Prüfungsverhalten über die Prüfungsanordnung hinausgeht, wird hierdurch keine Änderungssperre nach § 173 Abs. 2 AO ausgelöst (BFH-Urteil vom 11.2. 1998, I R 82/97, BStBl. II S. 552).

8.2.2. Der Eintritt der Änderungssperre ist nicht davon abhängig, ob der Außenprüfer die betreffenden Vorgänge tatsächlich geprüft hat, ob er sie aus rechtlichen Erwägungen von sich aus nicht aufgegriffen hat oder ob er sie in Übereinstimmung mit der damaligen Verwaltungsauffassung unbeanstandet gelassen hat (BFH-Urteil vom 4.2.1987, I R 58/86, BStBl. 1988 II S. 215).

8.2.3. Eine Umsatzsteuer-Sonderprüfung, durch welche auf der Grundlage eingereichter Umsatzsteuer-Voranmeldungen „insbesondere der Vorsteuerabzug" geprüft wird, bewirkt keine Änderungssperre (BFH-Urteil vom 11.11. 1987, X R 54/82, BStBl. 1988 II S. 307).

8.3. Steuerbescheide sind i.S.d. § 173 Abs. 2 AO auch dann aufgrund einer Außenprüfung ergangen, wenn diese lediglich die in einer Selbstanzeige gemachten Angaben des Steuerpflichtigen bestätigt hat (BFH-Urteil vom 4.12. 1986, IV R 312/84, BFH/NV 1987 S. 214).

8.4. Außenprüfung i.S.d. § 173 Abs. 2 AO ist jede Prüfung nach §§ 193 bis 203 AO.

[1]Eine Außenprüfung kann auch von der Steuerfahndung durchgeführt werden (§ 208 Abs. 2 Nr. 1 AO). [2]Führt die Steuerfahndung auf der Grundlage einer Prüfungsanordnung eine Außenprüfung nach den §§ 193 bis 203 AO durch, gelten uneingeschränkt die Vorschriften über die Außenprüfung. [3]Eine von der Steuerfahndung durchgeführte Außenprüfung hat dementsprechend auch im Hinblick auf die Änderungssperre des § 173 Abs. 2 AO die Wirkung einer Außenprüfung. [4]Ermittlungshandlungen der Steuerfahndung im Zusammenhang mit der Erforschung von Steuerstraftaten und Steuerordnungswidrigkeiten nach § 208 Abs. 1 Nr. 2 AO und Maßnahmen der Steuerfahndung auf der Grundlage von § 208 Abs. 1 Nr. 1 und 3 AO lassen dagegen die Änderungssperre des § 173 Abs. 2 AO nicht eintreten (BFH-Urteil vom 11.12.1997, V R 56/94, BStBl. 1998 II S. 367).

8.5. [1]Die Änderungssperre gilt auch in den Fällen, in denen eine Mitteilung nach § 202 Abs. 1 Satz 3 AO über eine ergebnislose Prüfung ergangen ist. [2]Eine solche Mitteilung ist jedoch kein Verwaltungsakt, der eine allgemeine Änderungssperre für die in der vorangegangenen Außenprüfung festgestellten Sachverhalte auslöst. [3]Sie hindert unter den Voraussetzungen des § 173 Abs. 2

AO nur die Änderung eines Steuerbescheids nach § 173 Abs. 1 AO. [4]Der Änderung des Bescheids aufgrund einer anderen Vorschrift (z. B. § 164 Abs. 2 AO) steht sie nicht entgegen (BFH-Urteile vom 29.4.1987, I R 118/83, BStBl. 1988 II S. 168, und vom 14.9.1993, VIII R 9/93, BStBl. 1995 II S. 2).

[1]Die Wirkung einer Mitteilung nach § 202 Abs. 1 Satz 3 AO hat auch der Vermerk im Prüfungsbericht, dass für den betreffenden Besteuerungszeitraum oder die betreffende Steuerart „keine Änderung" eintritt (BFH-Urteil vom 14.12.1989, III R 158/85, BStBl. 1990 II S. 283), es sei denn, dass sich der Vermerk auf einen Besteuerungszeitraum bezieht, für den die Steuer unter Vorbehalt der Nachprüfung festgesetzt ist. [2]In diesem Fall tritt die Änderungssperre erst dann ein, wenn der Vorbehalt der Nachprüfung nach § 164 Abs. 3 Satz 3 AO durch förmlichen Bescheid aufgehoben wird.

8.6. Zur Frage der Feststellung, ob Steuern hinterzogen oder leichtfertig verkürzt worden sind, vgl. AEAO zu § 169, Nr. 2.1 und 2.2.

Die Änderungssperre wird auch dann durchbrochen, wenn der Adressat des Steuerbescheids selbst nicht der Täter oder Teilnehmer der Steuerhinterziehung oder leichtfertigen Verkürzung ist (vgl. BFH-Urteil vom 14.12.1994, XI R 80/92, BStBl. 1995 II S. 293).

9. Umfang der Änderung

[1]Eine Änderung nach § 173 AO ist nur soweit zulässig, wie sich die neuen Tatsachen oder Beweismittel auswirken (punktuelle Änderung). [2]Sonstige Fehler können nur im Rahmen des § 177 AO berücksichtigt werden (vgl. AEAO zu § 177 AO).

10. Anwendung des § 173 AO in Feststellungsfällen

10.1. [1]Nach § 181 Abs. 1 Satz 1 AO gilt § 173 AO für die gesonderte Feststellung von Besteuerungsgrundlagen sinngemäß. [2]Dies bedeutet dessen Anwendung unter Beachtung der Besonderheiten des Feststellungsverfahrens (vgl. u. a. BFH-Urteil vom 24.6.2009, IV R 55/06, BStBl. II S. 950).

[1]Bei einem Feststellungsbescheid kommt es demzufolge für die Frage der Zulässigkeit einer Änderung nach § 173 Abs. 1 AO darauf an, ob die neuen Tatsachen oder Beweismittel sich zugunsten oder zuungunsten des Steuerpflichtigen auswirken, dem der Gegenstand der Feststellung zuzurechnen ist. [2]Dabei kommt es nur auf die Änderungen der festgestellten Besteuerungsgrundlagen selbst an, nicht auf die steuerlichen Auswirkungen in den Folgebescheiden (vgl. BFH-Urteil vom 24.6.2009, IV R 55/06, a. a. O.).

10.2. Hierbei ist zu unterscheiden, ob die Feststellung auf einen Betrag oder auf eine Eigenschaft/rechtliche Qualifikation lautet.

10.2.1. Lautet eine gesonderte Feststellung auf einen in Euro bemessenen Betrag (Wert, Einkünfte etc.), ist bei Anwendung des § 173 Abs. 1 AO auf die Änderungen dieses Betrags abzustellen.

[1]Erfolgt eine gesonderte Feststellung auch einheitlich (§ 179 Abs. 2 Satz 2 AO), ist hierbei nicht auf die Verhältnisse der Gesellschaft/Gemeinschaft insgesamt, sondern auf die Verhältnisse jedes einzelnen Feststellungsbeteiligten individuell abzustellen. [2]Danach ist ein Bescheid über eine gesonderte und

einheitliche Feststellung aufzuheben oder zu ändern, soweit Tatsachen oder Beweismittel nachträglich bekannt werden, die entweder zu einer Erhöhung oder – bei fehlendem groben Verschulden des Steuerpflichtigen – zu einer Minderung der Besteuerungsgrundlagen bei jedenfalls einem Feststellungsbeteiligten führen (vgl. BFH-Urteile vom 16.4.2015, IV R 2/12, BFH/NV S. 1331, und vom 10.9.2020, IV R 6/18, BStBl. 2021 II S. 197).

[1]§ 173 Abs. 1 Nr. 2 Satz 2 AO ist nach § 181 Abs. 1 Satz 1 AO bei Bescheiden über eine gesonderte und einheitliche Feststellung sinngemäß anzuwenden (vgl. BFH-Urteil vom 24.6.2009, IV R 55/06, BStBl. II S. 950). [2]Die sinngemäße Anwendung von § 173 Abs. 1 Nr. 2 Satz 2 AO ist nicht auf Fälle beschränkt, in denen gegenläufige Änderungen von Besteuerungsgrundlagen innerhalb des nämlichen Feststellungsbescheids vorzunehmen sind. [3]Die Regelung ist auch anzuwenden, wenn sich eine mit der steuermindernden neuen Tatsache zusammenhängende gegenläufige steuererhöhende Änderung aus einem anderen (Feststellungs- oder Steuer-)Bescheid ergibt (vgl. BFH-Urteil vom 10.9.2020, IV R 6/18, a. a. O.). [4]Der Zusammenhang zwischen steuererhöhenden und steuermindernden Tatsachen im Sinne von § 173 Abs. 1 Nr. 2 Satz 2 AO ist nämlich bereits gegeben, wenn der steuererhöhende Vorgang nicht ohne den steuermindernden Vorgang denkbar ist.

Beispiele:

1. Bei einer nachträglich bekannt gewordenen, steuerrechtlich beachtlichen Gewinnverteilungsabrede sind die Voraussetzungen des § 173 Abs. 1 Nr. 1 AO erfüllt, soweit sich die Gewinnanteile erhöhen. Der Bescheid ist hingegen nach § 173 Abs. 1 Nr. 2 AO zu ändern, soweit sich die Gewinnanteile verringern. Auf ein grobes Verschulden am nachträglichen Bekanntwerden einer Gewinnverteilungsabrede kommt es dabei nach § 173 Abs. 1 Nr. 2 Satz 2 AO nicht an, weil die nachträglich bekannt gewordene Gewinnverteilungsabrede zugleich bei dem Feststellungsbeteiligten, dessen Gewinnanteil sich erhöht, eine Tatsache im Sinne des § 173 Abs. 1 Nr. 1 AO ist (BFH-Urteil vom 24.6.2009, IV R 55/06, a. a. O.).
2. Wurden Sonderbetriebsausgaben eines Mitunternehmers zunächst (nur) in dessen Einkommensteuerfestsetzung als Betriebsausgaben seines Einzelunternehmens berücksichtigt und wird der Steuerbescheid später unter Wegfall dieser Ausgaben zuungunsten des Steuerpflichtigen geändert, ist der Gewinnfeststellungsbescheid für die Personengesellschaft bei nachträglichem Bekanntwerden dieser Sonderbetriebsausgaben im Feststellungsverfahren in sinngemäßer Anwendung des § 173 Abs. 1 Nr. 2 Satz 2 AO insoweit zugunsten des Mitunternehmers zu ändern. Hierfür reicht es aus, dass sich die gegenläufige Änderung (§ 173 Abs. 1 Nr. 1 AO) aus dem Einkommensteuerbescheid des nämlichen Mitunternehmers ergibt (vgl. BFH-Urteil vom 10.9.2020, IV R 6/18, a. a. O.).

10.2.2. [1]Werden zu einer Feststellung, die nicht betragsmäßige Besteuerungsgrundlagen, sondern eine Eigenschaft oder rechtliche Bewertung zum Gegenstand hat (z. B. Art der Einkünfte, Grundstücksart, Zurechnung des Grundstücks), neue Tatsachen oder Beweismittel bekannt, findet § 173 Abs. 1 Nr. 2 AO Anwendung, wenn der Steuerpflichtige die Änderung des Feststellungsbescheids begehrt, weil dann davon auszugehen ist, dass sie im Ergebnis zu einer steuerlichen Minderbelastung führt. [2]In diesem Fall ist die Änderung daher nur zulässig, wenn den Steuerpflichtigen kein grobes Verschulden am nachträglichen Bekanntwerden der Tatsachen oder Beweismittel trifft; § 173 Abs. 1 Nr. 2 Satz 2 AO bleibt unberührt. [3]§ 173 Abs. 1 Nr. 1 AO kommt dagegen zur Anwendung, wenn das Finanzamt von Amts wegen die Änderung einer Feststellung in der Annahme vornimmt, diese führe im Ergebnis zu einer steuerlichen Mehrbelastung (vgl. das zur Frage der Änderung der Artfeststellung für ein Grundstück ergangene BFH-Urteil vom 16.9.1987, II R 178/85, BStBl. 1988 II S. 174).

AEAO zu § 173a – Schreib- oder Rechenfehler bei Erstellung einer Steuererklärung:

1. § 173a AO ermöglicht eine Änderung der Steuerfestsetzung, soweit der Steuerpflichtige auf Grund eines (bei Erstellung der Steuererklärung aufgetretenen) Schreib- oder Rechenfehlers der Finanzbehörde bestimmte Tatsachen unzutreffend (d. h. fehlerhaft) mitgeteilt hat und diese Tatsachen nach den Verhältnissen zum Zeitpunkt des Erlasses des Steuerbescheids rechtserheblich waren.

Schreibfehler sind insbesondere Rechtschreibfehler, Wortverwechselungen oder Wortauslassungen oder fehlerhafte Übertragungen.

Rechenfehler sind insbesondere Fehler bei der Addition, Subtraktion, Multiplikation oder Division sowie bei der Prozentrechnung.

[1] Ein solcher Schreib- oder Rechenfehler muss durchschaubar, eindeutig oder augenfällig sein. [2] Das ist dann der Fall, wenn der Fehler bei Offenlegung des Sachverhalts für jeden unvoreingenommenen Dritten klar und deutlich als Schreib- oder Rechenfehler erkennbar ist und kein Anhaltspunkt dafür erkennbar ist, dass eine unrichtige Tatsachenwürdigung, ein Rechtsirrtum oder ein Rechtsanwendungsfehler vorliegt.

[1] Das schlichte Vergessen eines Übertrags selbst ermittelter Besteuerungsgrundlagen in die Steuererklärung ist kein Schreib- oder Rechenfehler i. S. d. § 173a AO.[1)] [2] In derartigen Fällen kann aber eine nachträglich bekannt gewordene Tatsache i. S. d. § 173 Abs. 1 AO vorliegen.

2. [1] § 173a AO ist erstmals auf Verwaltungsakte anzuwenden, die nach dem 31.12.2016 erlassen worden sind (Art. 97 § 9 Abs. 4 EGAO). [2] Für Altfälle vgl. Nr. 4 Abs. 2 des AEAO zu § 129.

AEAO zu § 174 – Widerstreitende Steuerfestsetzungen:

Inhaltsübersicht

1. Allgemeines

1.1. [1] Die Vorschrift eröffnet die Möglichkeit, Vorteile und Nachteile auszugleichen, die sich durch Steuerfestsetzungen ergeben haben, die inhaltlich einander widersprechen. [2] Sie bietet insoweit die gesetzliche Grundlage für die

1) Bestätigt von BFH v. 26.5.2020 IX R 30/19, BFH/NV 2020, 1233.

Änderung einer oder beider Festsetzungen (§ 172 Abs. 1 Satz 1 Nr. 2 Buchstabe d AO).

1.2. [1]Unter einem bestimmten Sachverhalt i. S. d. § 174 AO ist der einzelne Lebensvorgang zu verstehen, an den das Gesetz steuerliche Folgen knüpft. [2]Der Begriff erfasst nicht nur einzelne steuererhebliche Tatsachen, sondern den einheitlichen, für die Besteuerung maßgeblichen Sachverhaltskomplex (ständige BFH-Rechtsprechung; vgl. z. B. Urteil vom 16.4.2013, IX R 22/11, BStBl. 2016 II S. 432). [3]Im Rahmen des § 174 AO muss der dem geänderten sowie der dem zu ändernden Steuerbescheid zugrunde liegende Sachverhalt übereinstimmen. [4]Übereinstimmung setzt jedoch keine vollständige Identität voraus (BFH-Urteil vom 19.8.2015, X R 50/13, BStBl. 2017 II S. 15).

Mehrere Sachverhaltselemente bilden dann einen einheitlichen Lebensvorgang und Sachverhaltskomplex, wenn die betreffenden Sachverhaltselemente einen inneren Zusammenhang aufweisen (vgl. BFH-Urteil vom 12.2.2015, V R 38/13, BStBl. 2017 II S. 31 m. w. N.).

1.3. Die als Steuerfestsetzung unter dem Vorbehalt der Nachprüfung (§ 164 AO) wirkende Steueranmeldung (§ 168 AO) steht einem Steuerbescheid i. S. d. § 174 AO gleich (vgl. BFH-Urteile vom 19.12.2013, V R 5/12, BStBl. 2016 II S. 585, und V R 7/12, BStBl. 2017 II S. 841).

2. Zu § 174 Abs. 1 AO

[1]Nach § 174 Abs. 1 AO ist ein Steuerbescheid aufzuheben oder zu ändern, wenn ein bestimmter Sachverhalt mehrfach zuungunsten eines oder mehrerer Steuerpflichtiger berücksichtigt worden ist, obwohl er nur einmal hätte berücksichtigt werden dürfen. [2]Hierbei kann es sich um Fälle handeln, in denen z. B. dieselbe Einnahme irrtümlich verschiedenen Steuerpflichtigen, verschiedenen Steuern oder verschiedenen Besteuerungszeiträumen zugeordnet worden ist. [3]Auch die Fälle, in denen mehrere Finanzämter gegen denselben Steuerpflichtigen für dieselbe Steuer und denselben Besteuerungszeitraum Steuerbescheide erlassen haben, fallen hierunter.

(Fortsetzung S. 253)

rechnungsbescheids die Steueranrechnung zugunsten oder zuungunsten des Steuerpflichtigen nur dann korrigiert werden, wenn eine der Voraussetzungen der §§ 129 bis 131 oder § 218 Abs. 3 AO gegeben ist (vgl. BFH-Urteil vom 15.4.1997, VII R 100/96, BStBl. II S. 787).[1)]

4. Widerstreitende Anrechnungsverfügungen oder Abrechnungsbescheide

4.1. [1]Wird eine Anrechnungsverfügung oder ein Abrechnungsbescheid auf Grund eines Rechtsbehelfs oder auf Antrag zurückgenommen und ein für den Rechtsbehelfsführer/Antragsteller günstigerer Verwaltungsakt erlassen, können nachträglich gegenüber ihm, aber auch gegenüber anderen Personen (z. B. Ehegatte oder Lebenspartner des Steuerpflichtigen, Abtretungsempfänger, Pfandgläubiger), durch Änderung einer Anrechnungsverfügung oder eines Abrechnungsbescheids die entsprechenden steuerlichen Folgerungen gezogen werden (§ 218 Abs. 3 Satz 1 AO). [2]War Rechtsbehelfsführer/Antragsteller nicht der Steuerpflichtige, sondern ein Dritter (z. B. ein Abtretungsempfänger oder ein Pfandgläubiger), können die entsprechenden steuerlichen Folgerungen auch gegenüber dem Steuerpflichtigen nach § 218 Abs. 3 Satz 1 AO gezogen werden.

4.2. [1]Gegenüber einer Person, die im Ausgangsverfahren nicht Rechtsbehelfsführer/Antragsteller war, ist eine für sie nachteilige Korrektur ihrer Anrechnungsverfügung oder ihres Abrechnungsbescheids nach § 218 Abs. 3 AO nur dann möglich, wenn sie an dem Verfahren, das zur Aufhebung oder Änderung der fehlerhaften Anrechnungsverfügung bzw. des fehlerhaften Abrechnungsbescheids geführt hat, in entsprechender Anwendung des § 174 Abs. 5 AO beteiligt wurde. [2]Für eine wirksame Beteiligung dieser Person muss ihr auch der Verwaltungsakt bzw. im Einspruchsverfahren die Einspruchsentscheidung bekannt gegeben werden (vgl. BFH-Urteile vom 11.4.1991, V R 40/86, BStBl. II S. 605, und vom 5.5.1993, X R 111/91, BStBl. II S. 817).

Diese Person ist dabei darauf hinzuweisen, dass
- ihr die Entscheidung als Beteiligtem bekannt gegeben wird,
- die entsprechenden steuerlichen Folgerungen aus dem maßgeblichen Sachverhalt in ihrem Besteuerungsverfahren gem. § 218 Abs. 3 i. V. m. § 174 Abs. 4 und Abs. 5 AO gezogen werden und
- Einwendungen gegen die Entscheidung nur mit Anträgen oder Rechtsbehelfen gegen diesen Verwaltungsakt geltend gemacht werden können.

4.3. Welches die „entsprechenden steuerlichen Folgerungen“ sind, entscheidet sich dabei verbindlich im Ausgangsverfahren des antragstellenden bzw. einspruchsführenden Steuerpflichtigen oder Dritten.

4.4. Hinsichtlich des Antragstellers oder Rechtsbehelfsführers wird die Zahlungsverjährung nach § 231 Abs. 1 Satz 1 AO unterbrochen.

4.5. Die Zahlungsverjährungsfrist gegenüber einer Person, die im Ausgangsverfahren nicht Rechtsbehelfsführer/Antragsteller war, wird in entsprechender Anwendung des § 174 Abs. 4 Satz 3 AO unterbrochen, wenn sie vor Eintritt

1) Zu § 130 Abs. 2 Nr. 4 AO vgl. BFH v. 26.6.2007 VII R 35/06, BStBl. II 2007, 742.

der ihr gegenüber geltenden Zahlungsverjährung beteiligt wurde (vgl. AEAO zu § 218, Nr. 4.2) und ihr gegenüber die entsprechenden steuerlichen Folgen innerhalb eines Jahres nach Korrektur der Anrechnungsverfügung oder des Abrechnungsbescheids im Ausgangsverfahren gezogen werden.

4.6. § 218 Abs. 3 AO gilt ab dem 31.12.2014 für alle zu diesem Zeitpunkt noch nicht zahlungsverjährten Anrechnungsverfügungen und Abrechnungsbescheide (Art. 97 § 13a EGAO).

AEAO zu § 219 – Zahlungsaufforderung bei Haftungsbescheiden:

1. [1] Es ist zu unterscheiden zwischen der gesetzlichen Entstehung der Haftungsschuld, dem Erlass des Haftungsbescheids (§ 191 AO) und der Inanspruchnahme des Haftungsschuldners durch Zahlungsaufforderung (Leistungsgebot). [2] § 219 AO regelt nur die Zahlungsaufforderung. [3] Der Erlass des Haftungsbescheids selbst wird durch die Einschränkung in der Vorschrift nicht gehindert. [4] Die Zahlungsaufforderung darf jedoch mit dem Haftungsbescheid nur verbunden werden, wenn die Voraussetzungen des § 219 AO vorliegen. [5] Ist ein Haftungsbescheid ohne Leistungsgebot ergangen, beginnt die Zahlungsverjährung mit Ablauf des Kalenderjahres, in dem dieser Bescheid wirksam geworden ist (§ 229 Abs. 2 AO).

2. [1] § 219 AO ist Ausdruck des Grundsatzes, dass der Haftungsschuldner nur nach dem Steuerschuldner (subsidiär) für die Steuerschuld einzustehen hat. [2] Auch in den Fällen des § 219 Satz 2 AO, in denen das Gesetz eine unmittelbare Inanspruchnahme des Haftungsschuldners erlaubt, kann es der Ausübung pflichtgemäßen Ermessens entsprechen, sich zunächst an den Steuerschuldner zu halten.

AEAO zu § 220 – Fälligkeit:

1. [1] Die angemeldete Steuervergütung bzw. das angemeldete Mindersoll ist erst fällig, sobald dem Steuerpflichtigen die Zustimmung der Finanzbehörde bekannt wird (§ 220 Abs. 2 Satz 2 AO). [2] Wird der Steuerpflichtige schriftlich bzw. elektronisch über die Zustimmung unterrichtet (z. B. zusammen mit einer Abrechnungsmitteilung), ist grundsätzlich davon auszugehen, dass ihm die Zustimmung erst am dritten Tag nach Aufgabe zur Post bzw. nach der Absendung bekannt geworden ist. [3] Ergeht keine Mitteilung, wird die Zustimmung dem Steuerpflichtigen grundsätzlich mit der Zahlung (§ 224 Abs. 3 AO) der Steuervergütung bzw. des Mindersolls bekannt.

2. Zur Fälligkeit von Insolvenzforderungen vgl. AEAO zu § 251, Nr. 5.1.

AEAO zu § 224 – Leistungsort, Tag der Zahlung:

1. § 224 Abs. 2 Nr. 3 AO stellt sicher, dass Verzögerungen bei der Einziehung aufgrund einer Einzugsermächtigung nicht zu Lasten des Steuerpflichtigen gehen.

2. Die Regelungen zum Tag der Zahlung (§ 224 Abs. 2 und 3 AO) gelten nur bei wirksam geleisteten Zahlungen, d. h. wenn der geleistete Betrag den Empfänger erreicht hat.

3. [1]Ist die örtliche Zuständigkeit nach § 26 AO auf ein anderes Finanzamt übergegangen und wird eine Zahlung auf eine von dem vormals zuständigen Finanzamt festgesetzte Steuer an die vormals zuständige Finanzkasse geleistet, erlischt der Steueranspruch, sobald die Zahlung bei der unzuständigen Finanzkasse eingegangen ist und die neu zuständige Finanzkasse dem nach § 362 Abs. 2 i. V. m. § 185 BGB zustimmt. [2]Die Zustimmung der neu zuständigen Finanzkasse nach § 362 Abs. 2 i. V. m. § 185 BGB gilt allgemein als auf den Zeitpunkt des Zahlungseingangs bei der vormals zuständigen Finanzkasse erteilt.

AEAO zu § 226 – Aufrechnung:

1. [1]Für die Aufrechnung gelten die Vorschriften §§ 387 bis 396 BGB sinngemäß. [2]Eine Aufrechnung kann danach erst erklärt werden, wenn die Aufrechnungslage gegeben ist; dies bedeutet Erfüllbarkeit (d. h. abstrakte Entstehung) der Verpflichtung des Aufrechnenden (Hauptforderung) und gleichzeitige Fälligkeit seiner Forderung (Gegenforderung). [3]Das Finanzamt ist allerdings an der Aufrechnung gehindert, wenn die Durchsetzbarkeit der Gegenforderung durch Aussetzung der Vollziehung oder Stundung ausgeschlossen ist (vgl. BFH-Urteil vom 31.8.1995, VII R 58/94, BStBl. 1996 II S. 55). [4]Die Aufrechnungslage wird durch eine nachträgliche rückwirkende Stundung nicht beseitigt (BFH-Urteil vom 8.7.2004, VII R 55/03, BStBl. 2005 II S. 7).

[1]§ 215 erste Alternative BGB wird durch § 226 Abs. 2 AO ausgeschlossen. [2]Die Gegenseitigkeit von Forderungen aus dem Steuerschuldverhältnis ist gewahrt, wenn die Abgabe derselben Körperschaft zusteht (§ 226 Abs. 1 AO) oder von derselben Körperschaft verwaltet wird (§ 226 Abs. 4 AO). [3]Das Finanzamt kann daher von einem Steuerpflichtigen geforderte Erbschaftsteuer (dem Land allein zustehende Abgabe) gegen an diesen Steuerpflichtigen zu erstattenden Solidaritätszuschlag (dem Bund allein zustehende Abgabe) aufrechnen. [4]Bei der Aufrechnung durch den Steuerpflichtigen findet § 395 BGB keine Anwendung (BFH-Urteil vom 25.4.1989, VII R 105/87, BStBl. II S. 949).

2. [1]Eine Aufrechnung bewirkt nach § 226 Abs. 1 AO i. V. m. § 389 BGB, dass die Forderungen, soweit sie sich decken, in dem Zeitpunkt als erloschen gelten, in welchem sie zur Aufrechnung geeignet einander gegenüberstehen. [2]Dabei ist nicht auf die Festsetzung oder die Fälligkeit eines Steueranspruchs bzw. eines Steuererstattungsanspruchs abzustellen, sondern auf dessen abstrakte materiellrechtliche Entstehung (vgl. BFH-Urteil vom 3.5.1991, V R 105/86, BFH/NV 1992 S. 77). [3]Materiellrechtlich entstehen Ansprüche aus dem Steuerschuldverhältnis bereits mit Verwirklichung des gesetzlichen Tatbestandes, d. h. z. B. die veranlagte Einkommensteuer bereits mit Ablauf des Veranlagungszeitraumes; auf die Kenntnis des Finanzamts oder des Steuerpflichtigen über Grund und Höhe der abstrakt entstandenen Ansprüche kommt es nicht an.

[1]Das Steuererhebungsverfahren knüpft aber – anders als das Zivilrecht – nicht an die abstrakte Entstehung, sondern an die Konkretisierung des Steueranspruchs bzw. Steuererstattungsanspruchs durch dessen Festsetzung im Steuerbescheid und seine hieran anschließende Fälligkeit an (vgl. § 218 Abs. 1 AO). [2]Deshalb geht die Rückwirkung einer Aufrechnung bei der Berechnung von Zinsen und Säumniszuschlägen nicht über den Zeitpunkt der Fälligkeit der Schuld des Aufrechnenden hinaus (vgl. § 238 Abs. 1 Satz 3 und § 240 Abs. 1

Satz 5 AO). [3]Rechnet das Finanzamt mit einer Steuerforderung gegen eine später als die Steuerforderung fällig gewordene Erstattungsforderung auf, bleiben deshalb Säumniszuschläge hinsichtlich der zur Aufrechnung gestellten Steuerforderung für die Zeit vor der Fälligkeit der Erstattungsforderung bestehen.

[1]Bei der Umbuchung von Steuererstattungs- oder Steuervergütungsansprüchen, die sich aus Steueranmeldungen ergeben, gilt die Erstattung/Vergütung aus Billigkeitsgründen als am Tag des Eingangs der Steueranmeldung, frühestens jedoch als am ersten Tag des auf den Anmeldungszeitraum folgenden Monats geleistet (Wertstellung). [2]Dies gilt entsprechend, wenn die Steuererstattung oder Steuervergütung abweichend von der Steueranmeldung festgesetzt wird.

3. Soweit sich die Aufrechnungslage weder aus § 226 Abs. 1 AO aufgrund der Ertragsberechtigung noch aus § 226 Abs. 4 AO aufgrund der Verwaltungshoheit ergibt, kann in geeigneten Fällen die erforderliche Gegenseitigkeit seitens der Finanzverwaltung dadurch hergestellt werden, dass zwecks Einziehung der zu erhebende (ggf. anteilige) Anspruch an die Körperschaft, die den anderen Anspruch zu erfüllen hat, abgetreten und damit die Gläubiger-/Schuldneridentität i. S. d. § 226 Abs. 1 AO herbeigeführt wird (BFH-Urteil vom 5.9.1989, VII R 33/87, BStBl. II S. 1004).

4.[1)] Für die Erklärung der Aufrechnung ist grundsätzlich die Behörde zuständig, die den Anspruch, gegen den aufgerechnet werden soll, zu erfüllen hat.

5. [1]Liegen die Voraussetzungen für eine Aufrechnung nicht vor, bleibt die Möglichkeit einer vertraglichen Verrechnung der Forderungen. [2]Ein solcher Verrechnungsvertrag kommt z. B. dadurch zustande, dass der Unternehmer (eine Personengesellschaft) gleichzeitig mit der Umsatzsteuer-Voranmeldung dem Finanzamt die Verrechnung seines Umsatzsteuer-Erstattungsanspruchs mit der Einkommensteuer-Forderung des Finanzamts an einen der Gesellschafter anbietet und das Finanzamt dieses Angebot ausdrücklich oder stillschweigend annimmt. [3]Die Rechtswirksamkeit eines Verrechnungsvertrags ist nach den allgemeinen Rechtsgrundsätzen über den Abschluss von Verträgen zu beurteilen (BFH-Urteile vom 13.10.1972, III R 11/72, BStBl. 1973 II S. 66, vom 21.3.1978, VIII R 60/73, BStBl. II S. 606, und vom 30.10.1984, VII R 70/81, BStBl. 1985 II S. 114).

AEAO zu § 228 – Gegenstand der Verjährung, Verjährungsfrist:

1. [1]Die Zahlungsverjährung erstreckt sich auch auf Ansprüche des Steuerpflichtigen. [2]Der einheitliche Anspruch aus dem Steuerschuldverhältnis (z. B. für die Steuer eines Veranlagungszeitraums) kann bei – ggf. mehrfach – geänderter Festsetzung nicht in unterschiedliche Zahlungs- und Erstattungsansprüche aufgespalten werden, die bezogen auf die jeweils ergangenen Verwaltungsakte unterschiedlichen Verjährungsfristen unterliegen (BFH-Urteil vom 6.2.1996, VII R 50/95, BStBl. 1997 II S. 112).

2. Fällt das Ende der Verjährungsfrist auf einen Sonntag, einen gesetzlichen Feiertag oder einen Sonnabend, so endet die Verjährungsfrist erst mit dem Ablauf des nächstfolgenden Werktages (§ 108 Abs. 3 AO).

---

1) Aufrechnungserklärung des FA erfordert keine Bekanntgabe; siehe BFH v. 29.11.2012 VII B 88/12, BFH/NV 2013, 508.

3. Die Zahlungsverjährung führt zum Erlöschen des Anspruchs (§§ 47, 232 AO).

AEAO zu § 229 AO – Beginn der Verjährung:

[1] Die Zahlungsverjährung beginnt grundsätzlich mit Ablauf des Kalenderjahres, in dem der Anspruch erstmals fällig geworden ist. [2] Wird durch eine Steueranmeldung oder Steuerfestsetzung erst die Voraussetzung für die Durchsetzung des Anspruchs geschaffen, so beginnt die Verjährung auch bei früherer Fälligkeit des Anspruchs (z. B. bei den sog. Fälligkeitssteuern) nicht vor Ablauf des Kalenderjahres, in dem die Steueranmeldung oder die Festsetzung, die Aufhebung oder Änderung der Festsetzung eines Anspruchs wirksam geworden ist. [3] Dies gilt unabhängig davon, ob der Bescheid angefochten wird oder nicht.

AEAO zu § 231 – Unterbrechung der Verjährung:

1. [1] Zu den Unterbrechungstatbeständen gehört auch die schriftliche Geltendmachung eines Zahlungsanspruchs durch den Steuerpflichtigen (§ 231 Abs. 1 Satz 1 Nr. 8 AO). [2] Bei elektronischer Übermittlung kann – vorbehaltlich der Eröffnung eines entsprechenden Zugangs durch die Finanzbehörde (§ 87a Abs. 1 AO) – auf eine qualifizierte elektronische Signatur und auch auf ein Verfahren nach § 87a Abs. 3 Satz 4 und 5 AO verzichtet werden, da kein Unterschriftserfordernis besteht (vgl. AEAO zu § 87a, Nr. 3.2.4).

2. Eine dem Zahlungspflichtigen von der Finanzbehörde bekannt gegebene Maßnahme i. S. d. § 231 Abs. 1 AO unterbricht die Zahlungsverjährung auch dann, wenn es sich bei dieser Maßnahme um einen Verwaltungsakt handelt, der rechtswidrig oder nichtig oder rückwirkend aufgehoben worden ist (vgl. BFH-Beschluss vom 21.6.2010, VII R 27/08, BStBl. 2011 II S. 331).

AEAO zu § 233a[1] – Verzinsung von Steuernachforderungen und Steuererstattungen:

Inhaltsübersicht

---

[1] **§ 233a i. V. m. § 238 Abs. 1 Satz 1 AO für Verzinsungszeiträume ab 1.1.2014 verfassungswidrig,** mit Fortgeltungsanordnung bis 31.12.2018; bis 31.7.2022 muss der Gesetzgeber für Verzinsungszeiträume ab 2019 eine alle bestandskräftigen Hoheitsakte erfassende rückwirkende Neuregelung treffen, siehe BVerfG v. 8.7.2021 1 BvR 2237/14, 1 BvR 2422/17, DStR 2021, 1934. Siehe BMF v. 17.9.2021, BStBl. I 2021, 1759, geänd. durch BMF v. 3.12.2021, BStBl. I 2021, 2227.

Allgemeines

1. [1]Die Verzinsung nach § 233a AO (Vollverzinsung) soll im Interesse der Gleichmäßigkeit der Besteuerung und zur Vermeidung von Wettbewerbsverzerrungen einen Ausgleich dafür schaffen, dass die Steuern trotz gleichen gesetzlichen Entstehungszeitpunkts, aus welchen Gründen auch immer, zu unterschiedlichen Zeitpunkten festgesetzt und erhoben werden. [2]Die Verzinsung ist gesetzlich vorgeschrieben; die Zinsfestsetzung steht nicht im Ermessen der Finanzbehörde. [3]Die Zinsen werden grundsätzlich im automatisierten Verfahren berechnet, festgesetzt und zum Soll gestellt. [4]Die Zinsfestsetzung wird regelmäßig mit dem Steuerbescheid oder der Abrechnungsmitteilung verbunden.

Sachlicher und zeitlicher Geltungsbereich

2. [1]Die Verzinsung nach § 233a AO ist beschränkt auf die Festsetzung der Einkommen-, Körperschaft-, Vermögen-, Umsatz- und Gewerbesteuer (§ 233a Abs. 1 Satz 1 AO). [2]Wegen der Verzinsung des Steuervergütungsanspruchs nach § 18 Abs. 9 UStG i. V. m. §§ 59 ff. UStDV und in Fällen des Mini-one-stop-shop-Verfahrens nach § 18 Abs. 4e UStG (MOSS-Verfahren) vgl. AEAO zu § 233a, Nr. 62. [3]Von der Verzinsung ausgenommen sind die übrigen Steuern und Abgaben sowie Steuervorauszahlungen und Steuerabzugsbeträge (§ 233a Abs. 1 Satz 2 AO); vgl. auch BFH-Beschluss vom 18.9.2007, I R 15/05, BStBl. 2008 II S. 332, und BVerfG-Beschluss vom 3.9.2009, 1 BvR 1098/08, BFH/NV S. 2115. [4]Auch bei der Nachforderung von Abzugsteuern gegenüber dem Arbeitnehmer (vgl. BFH-Urteil vom 17.11.2010, I R 68/10, BFH/NV 2011 S. 737), der Festsetzung der vom Arbeitgeber übernommenen Lohnsteuer sowie der Festsetzung der Umsatzsteuer im Abzugsverfahren erfolgt keine Verzinsung nach § 233a AO. [5]Kirchensteuern werden nur verzinst, soweit die Landeskirchensteuergesetze dies vorsehen. [6]Als Einfuhrabgabe unterliegt die Einfuhrumsatzsteuer den sinngemäß geltenden Vorschriften für Zölle, weshalb ein sich bei der Festsetzung von Einfuhrumsatzsteuer ergebender Unterschiedsbetrag nicht nach § 233a AO zu verzinsen ist (BFH-Urteil vom 23.9.2009, VII R 44/08, BStBl. 2010 II S. 334). [7]Der AO lässt sich im Übrigen kein allgemeiner Grundsatz des Inhalts entnehmen, dass Ansprüche des Steuerpflichtigen aus dem Steuerschuldverhältnis auch ohne einzelgesetzliche Grundlage stets zu verzinsen sind (vgl. BFH-Urteil vom 16.12.2009, I R 48/09, BFH/NV 2010, S. 827).

[1]§ 233a AO ist bei Wegzug in einen Mitgliedstaat der EU bzw. des EWR im Lichte der Niederlassungsfreiheit nach Art. 49 AEUV europarechtskonform auszulegen. [2]Hiernach ist die Wegzugsteuer nach § 6 Abs. 1 AStG bzw. die Steuer auf Entstrickungsgewinne bei Wegzug nach § 27 Abs. 3 Nr. 3 Satz 2 UmwStG 2006, § 21 Abs. 2 Satz 1 Nr. 2 UmwStG 1995 nicht der Vollverzinsung zu unterwerfen, soweit die Steuer nach § 6 Abs. 5 AStG zinslos zu stunden ist.

Zinsschuldner/-gläubiger

3. [1]Bei der Verzinsung von Steuernachzahlungen ist der Steuerschuldner auch Zinsschuldner. [2]Schulden mehrere Personen die Steuer als Gesamtschuldner, sind sie auch Gesamtschuldner der Zinsen. [3]Bei der Verzinsung von Erstattungsansprüchen ist grundsätzlich der Gläubiger des Erstattungsanspruchs Zinsgläubiger. [4]Die Aufteilung der Zinsen nach §§ 268 ff. AO hat für die Zinsberechnung keine Bedeutung. [5]Zur Abtretung eines Anspruchs auf Erstattungszinsen vgl. AEAO zu § 46, Nr. 1.

Zinslauf

4. [1]Der Zinslauf beginnt im Regelfall 15 Monate nach Ablauf des Kalenderjahres, in dem die Steuer entstanden ist (Karenzzeit nach § 233a Abs. 2 Satz 1 AO). [2]Er endet mit Ablauf des Tages, an dem die Steuerfestsetzung wirksam wird (§ 233a Abs. 2 Satz 3 AO). [3]Sind Steuern zu verzinsen, die vor dem 1.1.1994 entstanden sind, endet der Zinslauf spätestens vier Jahre nach seinem Beginn (Art. 97 § 15 Abs. 8 EGAO). [4]Der Zeitpunkt der Zahlung oder der Fälligkeit der Steuernachforderung oder der Steuererstattung ist grundsätzlich unbeachtlich.

5. [1]Bei Steuerfestsetzungen durch Steuerbescheid endet der Zinslauf am Tag der Bekanntgabe des Steuerbescheids (§ 124 Abs. 1 Satz 1 i.V.m. § 122 AO). [2]Bei Umsatzsteuererklärungen mit einem Unterschiedsbetrag zuungunsten des Steuerpflichtigen endet der Zinslauf grundsätzlich am Tag des Eingangs der Steueranmeldung (§ 168 Satz 1 AO). [3]Bei zustimmungsbedürftigen Umsatzsteuererklärungen mit einem Unterschiedsbetrag zugunsten des Steuerpflichtigen endet der Zinslauf grundsätzlich mit Ablauf des Tages, an dem dem Steuerpflichtigen die Zustimmung der Finanzbehörde bekannt wird (vgl. AEAO zu § 168, Nrn. 3 und 4). [4]Dies gilt auch in den Fällen, in denen die Zustimmung allgemein erteilt wird (vgl. AEAO zu § 168, Nr. 9).

6. [1]Ein voller Zinsmonat (§ 238 Abs. 1 Satz 2 AO) ist erreicht, wenn der Tag, an dem der Zinslauf endet, hinsichtlich seiner Zahl dem Tag entspricht, der dem Tag vorhergeht, an dem die Frist begann (BFH-Urteil vom 24.7.1996, X R 119/92, BStBl. 1997 II S. 6). [2]Begann der Zinslauf z.B. am 1.4. und wurde die Steuerfestsetzung am 30.4. bekannt gegeben, ist bereits ein voller Zinsmonat gegeben.

7. [1]Behauptet der Steuerpflichtige, ihm sei der Steuerbescheid bzw. die erweiterte Abrechnungsmitteilung später als nach der Zugangsvermutung des § 122 Abs. 2 AO zugegangen, bleibt der ursprüngliche Bekanntgabetag für die Zinsberechnung maßgebend, wenn das Guthaben bereits erstattet wurde. [2]Gleiches gilt, wenn der Steuerbescheid bzw. die Abrechnungsmitteilung nach einem erfolglosen Bekanntgabeversuch erneut abgesandt wird und das Guthaben bereits erstattet wurde. [3]Wurde bei einer Änderung/Berichtigung einer Steuerfestsetzung vor ihrer Bekanntgabe ein Guthaben bereits erstattet, ist allerdings die Zinsfestsetzung im bekannt gegebenen Bescheid so durchzuführen, als ob das Guthaben noch nicht erstattet worden wäre.

8. [1]Für die Einkommen- und Körperschaftsteuer beträgt die Karenzzeit 23 Monate (bei Steuern, die vor dem 1.1.2010 entstehen, 21 Monate; vgl. Art. 97 § 15 Abs. 11 EGAO), wenn die Einkünfte aus Land- und Forstwirtschaft bei der erstmaligen Steuerfestsetzung für das jeweilige Jahr überwiegen (§ 233a Abs. 2 Satz 2 AO); vgl. dazu auch das BFH-Urteil vom 13.7.2006, IV R 5/05, BStBl. II S. 881. [2]Unter dieser Voraussetzung beginnt der Zinslauf für die Einkommen- und Körperschaftsteuer 2010 daher nicht bereits am 1.4.2012, sondern am 1.12.2012. [3]Eine über die Karenzzeit hinaus gewährte Frist zur Abgabe der Steuererklärung ist für die Verzinsung unbeachtlich.

9. [1]Stellt sich später heraus, dass die Einkünfte aus Land- und Forstwirtschaft die anderen Einkünfte nicht überwiegen, bleibt es gleichwohl bei der Karenzzeit von 23 Monaten. [2]Umgekehrt bleibt es bei der Karenzzeit von 15 Monaten, wenn sich später herausstellt, dass entgegen den Verhältnissen bei der erstmaligen Steuerfestsetzung die Einkünfte aus Land- und Forstwirtschaft die übrigen Einkünfte überwiegen. [3]Sind die Einkünfte aus Land- und Forstwirtschaft negativ, überwiegen die anderen Einkünfte, wenn diese positiv oder in geringerem Maße negativ sind.

10. Zinslaufbeginn bei rückwirkenden Ereignissen und Verlustrückträgen

10.1. [1]Soweit die Steuerfestsetzung auf der erstmaligen Berücksichtigung eines rückwirkenden Ereignisses oder eines Verlustrücktrags beruht, beginnt der Zinslauf nach § 233a Abs. 2a AO erst 15 Monate nach Ablauf des Kalenderjahres, in dem das rückwirkende Ereignis eingetreten oder der Verlust entstanden ist. [2]Die steuerlichen Auswirkungen eines Verlustrücktrags bzw. eines rückwirkenden Ereignisses werden daher bei der Berechnung von Zinsen nach § 233a AO erst ab einem vom Regelfall abweichenden späteren Zinslaufbeginn berücksichtigt. [3]Soweit § 10d Abs. 1 EStG entsprechend gilt bzw. Verluste nach Maßgabe des § 10d Abs. 1 EStG rücktragsfähig sind, ist § 233a Abs. 2a AO entsprechend anzuwenden (vgl. z. B. § 10b Abs. 1 Sätze 4 und 5 und § 23 Abs. 3 Satz 9 EStG).

10.2. [1]Ob ein Ereignis steuerliche Rückwirkung hat, beurteilt sich nach dem jeweils anzuwendenden Steuergesetz (BFH-Urteil vom 26.7.1984, IV R 10/83, BStBl. II S. 786). [2]Beispiele vgl. AEAO zu § 175, Nr. 2.4.

§ 233a Abs. 2a AO ist auch dann anzuwenden, wenn ein rückwirkendes Ereignis bereits bei der erstmaligen Steuerfestsetzung berücksichtigt wird.

10.2.1. [1]Bei einem zulässigen Wechsel der Veranlagungsart (Zusammenveranlagung nach bereits erfolgter Einzelveranlagung – bis VZ 2012: getrennte Veranlagung – oder umgekehrt) beruhen sowohl die Aufhebung des/der ursprünglichen Bescheide(s) als auch der Erlass der/des neuen Bescheide(s) auf einem rückwirkenden Ereignis. [2]Dies gilt unabhängig davon, ob es sich um den antragstellenden Ehegatten oder den anderen Ehegatten handelt. [3]Dass die verfahrensrechtliche Umsetzung des Wechsels der Veranlagungsart beim antragstellenden Ehegatten nicht nach § 175 Abs. 1 Satz 1 Nr. 2 AO erfolgt, steht dem nicht entgegen. [4]§ 233a Abs. 2a AO findet sowohl bei der Aufhebung der ursprünglichen Veranlagung(en) als auch beim Erlass der/des neuen Steuerbescheide(s) für beide Ehegatten Anwendung. [5]Für Lebenspartner gelten diese Regelungen ab dem Veranlagungszeitraum 2013 entsprechend.

10.3 Ausnahmen:

10.3.1. [1]Durch den erstmaligen Beschluss über eine offene Gewinnausschüttung für ein abgelaufenes Wirtschaftsjahr wurde – im Rahmen des Anrechnungsverfahrens (§ 34 Abs. 12 Nr. 1 KStG) – kein abweichender Zinslauf gem. § 233a Abs. 2a AO ausgelöst. [2]Dies gilt auch dann, wenn dieser Beschluss erst nach Ablauf des folgenden Wirtschaftsjahres gefasst wurde (BFH-Urteil vom 29.11.2000, I R 45/00, BStBl. 2001 II S. 326). [3]Um einen erstmaligen Gewinnverteilungsbeschluss in diesem Sinne handelt es sich jedoch nicht, wenn der Beschluss einen vorangegangenen Beschluss der Gesellschaft ersetzte, durch den der Gewinn des betreffenden Wirtschaftsjahres thesauriert worden war (BFH-Urteil vom 22.10.2003, I R 15/03, BStBl. 2004 II S. 398).

10.3.2. [1]Die Korrektur eines für das Betriebsvermögen am Schluss des Wirtschaftsjahres maßgebenden Wertansatzes, der sich auf die Höhe des Gewinns der Folgejahre auswirkt, löst keinen abweichenden Zinslauf gem. § 233a Abs. 2a AO aus. [2]Zur Anwendung des § 175 Abs. 1 Satz 1 Nr. 2 AO vgl. AEAO zu § 175, Nr. 2.4.

10.4. [1]Bei verdeckten Gewinnausschüttungen unter Geltung des Anrechnungsverfahrens stellt die nachträgliche Vorlage einer Bescheinigung gem. §§ 44 bis 46 KStG über anrechenbare Körperschaftsteuer, aufgrund derer Einnahmen i. S. v. § 20 Abs. 1 Nr. 3 EStG zu erfassen sind, ein rückwirkendes Ereignis dar (vgl. BFH-Urteil vom 18.4.2000, VIII R 75/98, BStBl. II S. 423; siehe auch Art. 97 § 9 Abs. 3 EGAO). [2]Der besondere Zinslauf ist dabei sowohl auf die Steuerfestsetzung als auch auf die Anrechnung anzuwenden.

10.5. [1]Der besondere Zinslauf nach § 233a Abs. 2a AO endet mit Ablauf des Tages, an dem die Steuerfestsetzung wirksam wird (§ 233a Abs. 2 Satz 3 AO). [2]Sind Steuern zu verzinsen, die vor dem 1.1.1994 entstanden sind, endet der besondere Zinslauf spätestens vier Jahre nach seinem Beginn (Art. 97 § 15 Abs. 9 EGAO). [3]§ 233a Abs. 2a AO ist erstmals anzuwenden, soweit die Verluste oder rückwirkenden Ereignisse nach dem 31.12.1995 entstanden bzw. eingetreten sind (Art. 97 § 15 Abs. 8 EGAO).

Grundsätze der Zinsberechnung

11.[1)] [1]Die Zinsen betragen für jeden vollen Monat des Zinslaufs einhalb Prozent (§ 238 Abs. 1 Satz 1 AO). [2]Für ihre Berechnung wird der zu verzinsende Betrag jeder Steuerart auf den nächsten durch fünfzig Euro teilbaren Betrag abgerundet (§ 238 Abs. 2 AO). [3]Dabei sind die zu verzinsenden Ansprüche zu trennen, wenn Steuerart, Zeitraum oder der Tag des Beginns des Zinslaufs voneinander abweichen (vgl. AEAO zu § 238, Nr. 2). [4]Zinsen sind auf volle Euro zum Vorteil des Steuerpflichtigen gerundet festzusetzen (§ 239 Abs. 2 Satz 1 AO); sie werden nur dann festgesetzt, wenn sie mindestens zehn Euro betragen (§ 239 Abs. 2 Satz 2 AO). [5]Die durch das StEuglG geänderten Regelungen in §§ 238 Abs. 2 und 239 Abs. 2 AO gelten in allen Fällen, in denen Zinsen nach dem 31.12.2001 festgesetzt werden (Art. 97 § 15 Abs. 10 EGAO); entscheidend ist damit, wann die Zinsfestsetzung bekannt gegeben wird, und nicht, wann der Zinslauf begonnen oder geendet hat.

12. [1]Für die Zinsberechnung gelten die Grundsätze der sog. Sollverzinsung. [2]Berechnungsgrundlage ist der Unterschied zwischen dem festgesetzten Soll und dem vorher festgesetzten Soll (Vorsoll). [3]Bei der Berechnung von Erstattungszinsen gelten allerdings Besonderheiten, wenn Steuerbeträge nicht oder nicht fristgerecht gezahlt wurden (§ 233a Abs. 3 Satz 3 AO).

13. [1]Es ist grundsätzlich unerheblich, ob das Vorsoll bei Fälligkeit getilgt worden ist. [2]Ggf. treten insoweit besondere Zins- und Säumnisfolgen (z. B. Stundungszinsen, Säumniszuschläge) ein. [3]Nachzahlungszinsen nach § 233a AO

[1)] Siehe BMF v. 17.9.2021, BStBl. I 2021, 1759, geänd. durch BMF v. 3.12.2021, BStBl. I 2021, 2227.

sind andererseits auch dann festzusetzen, wenn das Finanzamt vor Festsetzung der Steuer freiwillige Leistungen auf die Steuerschuld angenommen hat und hierdurch die festgesetzte Steuerschuld insgesamt erfüllt wird. [4]Voraussetzung für die Verzinsung ist lediglich, dass die Steuerfestsetzung zu einem Unterschiedsbetrag nach § 233a Abs. 3 AO führt (§ 233a Abs. 1 Satz 1 AO). [5]Wegen des zeitanteiligen Erlasses von Nachzahlungszinsen in diesen Fällen vgl. AEAO zu § 233a, Nr. 70.

Zinsberechnung bei der erstmaligen Steuerfestsetzung

14. [1]Bei der erstmaligen Steuerfestsetzung (endgültige Steuerfestsetzung, vorläufige Steuerfestsetzung, Steuerfestsetzung unter Vorbehalt der Nachprüfung) ist Berechnungsgrundlage der Unterschied zwischen dem dabei festgesetzten Soll (festgesetzte Steuer abzüglich anzurechnender Steuerabzugsbeträge und anzurechnender Körperschaftsteuer) und dem Vorauszahlungssoll. [2]Maßgebend sind die bis zum Beginn des Zinslaufs festgesetzten Vorauszahlungen (§ 233a Abs. 3 Satz 1 AO). [3]Einbehaltene und anzurechnende Steuerabzugsbeträge sind unabhängig vom Zeitpunkt der Zahlung durch den Abzugsverpflichteten zu berücksichtigen.

15. [1]Vorauszahlungen können innerhalb der gesetzlichen Fristen (z. B. § 37 Abs. 3 Satz 3 EStG) von Amts wegen oder auf Antrag des Steuerpflichtigen angepasst werden (BFH-Urteil vom 10.7.2002, X R 65/96, BFH/NV S. 1567). [2]Leistet der Steuerpflichtige vor Ablauf der Karenzzeit eine freiwillige Zahlung, ist dies als Antrag auf Anpassung der bisher festgesetzten Vorauszahlungen anzusehen. [3]Zahlungen des Steuerpflichtigen, die ohne wirksame Festsetzung der Vorauszahlungen erfolgen, sind als freiwillige Zahlungen i. S. d. Nr. 70.1 zu behandeln. [4]Eine nachträgliche Erhöhung der Vorauszahlungen zur Einkommen- oder Körperschaftsteuer erfolgt nur dann, wenn der Erhöhungsbetrag mindestens 5.000 € beträgt (§ 37 Abs. 5 Satz 2 EStG, § 31 Abs. 1 KStG; vgl. auch BFH-Urteil vom 5.6.1996, X R 234/93, BStBl. II S. 503).

16. [1]Bei der Umsatzsteuer kann der Steuerpflichtige eine Anpassung der Vorauszahlungen durch die Abgabe einer berichtigten Voranmeldung (§ 153 Abs. 1 AO) herbeiführen. [2]Die berichtigte Voranmeldung steht einer geänderten Steuerfestsetzung unter Vorbehalt der Nachprüfung gleich und bedarf keiner Zustimmung der Finanzbehörde, wenn sie zu einer Erhöhung der bisher zu entrichtenden Steuer oder einem geringeren Erstattungsbetrag führt (vgl. AEAO zu § 168, Nr. 12). [3]Eine nach Ablauf der Karenzzeit abgegebene (erstmalige oder berichtigte) Voranmeldung ist bei der Berechnung des Unterschiedsbetrages nach § 233a Abs. 3 Satz 1 AO nicht zu berücksichtigen. [4]In

(Fortsetzung S. 293)

oftmals seinen Vorsteuererstattungsanspruch in voller Höhe an den Veräußerer ab. [3]Der Veräußerer hat seine Verpflichtung, den Umsatz aus der Teilbetriebsveräußerung im zutreffenden Voranmeldungszeitraum zu berücksichtigen, verletzt, weshalb die nachträgliche Erfassung in der Jahressteuerfestsetzung eine entsprechende Nachforderung und dementsprechend Nachforderungszinsen auslöst. [4]Die Verzinsung nachträglich festgesetzter Umsatzsteuer beim Leistenden ist auch deshalb nicht unbillig, weil die zu verzinsende Umsatzsteuer für steuerbare und steuerpflichtige Leistungen unabhängig davon entsteht, ob der leistende Unternehmer sie in einer Rechnung gesondert ausweist oder beim Finanzamt voranmeldet (vgl. BFH-Urteil vom 20.1.1997, V R 28/95, BStBl. II S. 716). [5]Unbeachtlich bleibt, dass auch der Erwerber bereits im Rahmen des Voranmeldungsverfahrens eine entsprechende Vorsteuervergütung hätte erlangen können. [6]Unabhängig von der Abtretung des Erstattungsanspruchs an den Veräußerer kann der Erwerber gleichwohl in den Genuss von Erstattungszinsen nach § 233a AO gelangen.

70.2.3. [1]Werden in einer Endrechnung oder der zugehörigen Zusammenstellung die vor der Leistung vereinnahmten Teilentgelte und die auf sie entfallenden Umsatzsteuerbeträge nicht abgesetzt oder angegeben, so hat der Unternehmer den gesamten in der Endrechnung ausgewiesenen Steuerbetrag an das Finanzamt abzuführen. [2]In diesen Fällen schuldet der Unternehmer den Teil der in der Endrechnung ausgewiesenen Steuer, der auf die vor Ausführung der Leistung vereinnahmten Teilentgelte entfällt, nach § 14c Abs. 1 UStG (vgl. Abschn. 14.8 Abs. 10 Satz 1 bis 3 UStAE).[1)] [3]Erteilt der Unternehmer dem Leistungsempfänger nachträglich eine berichtigte Endrechnung, die den Anforderungen des § 14 Abs. 5 Satz 2 UStG genügt, so kann er die von ihm geschuldete Steuer in dem Besteuerungszeitraum berichtigen, in dem sowohl die berichtigte Endrechnung erteilt als auch bei Bestehen eines Rückzahlungsanspruchs der zu hoch ausgewiesene Rechnungsbetrag an den Leistungsempfänger zurückgezahlt wurde (vgl. Abschn. 14.8 Abs. 10 Satz 5 und Abschn. 17.1 Abs. 10 UStAE).[1)] [4]Hat der Unternehmer die aufgrund der fehlerhaften Endrechnung nach § 14c Abs. 1 UStG geschuldete Steuer nicht in seiner Umsatzsteuer-Voranmeldung berücksichtigt, kann die Nachforderung dieser Steuer im Rahmen der Steuerfestsetzung für das Kalenderjahr zur Festsetzung von Nachzahlungszinsen gem. § 233a AO führen, wenn der Unternehmer die Endrechnung erst in einem auf das Kalenderjahr der ursprünglichen Rechnungserteilung folgenden Kalenderjahr berichtigt und den daraus ggf. resultierenden Rückzahlungsanspruch des Leistungsempfängers erfüllt hat. [5]Die Erhebung von Nachzahlungszinsen ist in derartigen Fällen nicht sachlich unbillig (BFH-Urteil vom 19.3.2009, V R 48/07, BStBl. 2010 II S. 92).

70.2.4. [1]*Bei einer von den ursprünglichen* Steuerfestsetzungen abweichenden zeitlichen Zuordnung eines Umsatzes durch das Finanzamt, die gleichzeitig zu einer Steuernachforderung und zu einer Steuererstattung führt, kann es sachlich unbillig sein, (in Wirklichkeit nicht vorhandene) Zinsvorteile abzuschöpfen (BFH-Urteil vom 11.7.1996, V R 18/95, BStBl. 1997 II S. 259). [2]Soweit zweifelsfrei feststeht, dass der Steuerpflichtige durch die verspätete Steuerfestsetzung

---

[1)] Nr. **500**.

keinen Vorteil oder Nachteil hatte, kann durch die Verzinsung nach § 233a AO der sich aus der verspäteten Steuerfestsetzung ergebenden Steuernachforderung oder Steuererstattung kein Vorteil oder Nachteil ausgeglichen werden.

70.2.5. [1]Im Fall einer vom Steuerpflichtigen fälschlicherweise angenommenen umsatzsteuerlichen Organschaft, bei der er als vermeintlicher Organträger Voranmeldungen abgegeben hat und die gesamte Umsatzsteuer von „Organträger" und „Organgesellschaft" an das Finanzamt gezahlt hat, kommen Billigkeitsmaßnahmen nur in besonders gelagerten Ausnahmefällen in Betracht. [2]Stellt das Finanzamt im Veranlagungsverfahren fest, dass keine umsatzsteuerliche Organschaft vorliegt und daher für die „Organgesellschaft" eine eigenständige Steuerfestsetzung durchzuführen ist, führt dies bei der „Organgesellschaft" – wegen unterbliebener Voranmeldungen und Vorauszahlungen – zur Nachzahlung der kompletten Umsatzsteuer für das entsprechende Jahr; bei dem „Organträger" i. d. R. aber zu einer Umsatzsteuererstattung. [3]Die „Organgesellschaft" muss daher Nachzahlungszinsen entrichten, während der „Organträger" Erstattungszinsen erhält. [4]Da die Verzinsung nach § 233a AO den Liquiditätsvorteil des Steuerschuldners und den Nachteil des Steuergläubigers der individuellen Steuerforderung ausgleichen soll, kann eine Billigkeitsmaßnahme in Betracht kommen, wenn und soweit dieser Schuldner keine Zinsvorteile hatte oder haben konnte.

70.2.6. [1]Wird umgekehrt festgestellt, dass entgegen der ursprünglichen Annahme eine umsatzsteuerliche Organschaft vorliegt, so sind die zunächst bei der Organgesellschaft versteuerten Umsätze nunmehr in vollem Umfang dem Organträger zuzurechnen. [2]Die USt-Festsetzung gegenüber der GmbH (Organgesellschaft) ist aufzuheben, so dass i. d. R. Erstattungszinsen festgesetzt werden. [3]Sämtliche Umsätze sind dem Organträger zuzurechnen, so dass diesem gegenüber i. d. R. Nachzahlungszinsen festgesetzt werden. [4]Entstehen auf Grund der Entscheidung, dass eine umsatzsteuerliche Organschaft vorliegt, insgesamt höhere Nachzahlungszinsen als Erstattungszinsen, können die übersteigenden Nachzahlungszinsen insoweit aus sachlichen Billigkeitsgründen erlassen werden, wenn und soweit der Schuldner keine Zinsvorteile hatte oder haben konnte.

70.3. Gewinnverlagerungen

[1]Die allgemeinen Regelungen des § 233a AO sind auch bei der Verzinsung solcher Steuernachforderungen und Steuererstattungen zu beachten, die in engem sachlichen Zusammenhang zueinander stehen (z. B. bei Gewinnverlagerungen im Rahmen einer Außenprüfung). [2]Führt eine Außenprüfung sowohl zu einer Steuernachforderung als auch zu einer Steuererstattung, so ist deshalb hinsichtlich der Verzinsung nach § 233a AO grundsätzlich auf die Steueransprüche der einzelnen Jahre abzustellen, ohne auf Wechselwirkungen mit den jeweiligen anderen Besteuerungszeiträumen einzugehen. [3]Ein Erlass von Nachzahlungszinsen aus sachlichen Billigkeitsgründen kommt bei nachträglicher Zuordnung von Einkünften zu einem anderen Veranlagungszeitraum nicht in Betracht (BFH-Urteil vom 16.11.2005, X R 3/04, BStBl. 2006 II S. 155). [4]Gewinnverlagerungen und Umsatzverlagerungen (vgl. AEAO zu § 233a, Nr. 70.2.4) sind bei der Verzinsung nach § 233a AO nicht vergleichbar (vgl. BFH-Urteil vom 11.7.1996, V R 18/95, BStBl. 1997 II S. 259).

[5]Das BFH-Urteil vom 15.10.1998, IV R 69/97, HFR 1999 S. 81, betrifft nur den Sonderfall der Verschiebung von Besteuerungsgrundlagen von einem zu verzinsenden Besteuerungszeitraum in einen noch nicht der Verzinsung nach § 233a AO unterliegenden Besteuerungszeitraum.

Rechtsbehelfe

71. [1]Gegen die Zinsfestsetzung ist der Einspruch gegeben. [2]Einwendungen gegen die zugrunde liegende Steuerfestsetzung oder Anrechnung von Steuerabzugsbeträgen und Körperschaftsteuer können jedoch nicht mit dem Einspruch gegen den Zinsbescheid geltend gemacht werden. [3]Wird die Steuerfestsetzung oder die Anrechnung von Steuerabzugsbeträgen und Körperschaftsteuer geändert, sind etwaige Folgerungen für die Zinsfestsetzung nach § 233a Abs. 5 zu ziehen.

72. Gegen die Entscheidung über eine Billigkeitsmaßnahme ist ein gesonderter Einspruch gegeben, und zwar auch dann, wenn die Finanzbehörde die Billigkeitsentscheidung im Rahmen der Zinsfestsetzung getroffen hat (vgl. AEAO zu § 347, Nr. 4).

73. [1]Wird der Zinsbescheid als solcher angefochten, kommt unter den Voraussetzungen des § 361 AO bzw. des § 69 FGO die Aussetzung der Vollziehung in Betracht. [2]Wird mit dem Rechtsbehelf eine erstmalige oder eine höhere Festsetzung von Erstattungszinsen begehrt, ist mangels eines vollziehbaren Verwaltungsakts eine Aussetzung der Vollziehung nicht möglich. [3]Soweit die Vollziehung des zugrunde liegenden Steuerbescheids ausgesetzt wird, ist auch die Vollziehung des Zinsbescheids auszusetzen.

Berücksichtigung rückwirkender Ereignisse in Grundlagenbescheiden

74. [1]§ 233a Abs. 2a AO ist auch dann anzuwenden, wenn das rückwirkende Ereignis in einem für den Steuerbescheid verbindlichen Grundlagenbescheid berücksichtigt wurde. [2]Im Grundlagenbescheid sind deshalb auch entsprechende Feststellungen über die Auswirkungen eines erstmals berücksichtigten rückwirkenden Ereignisses auf die festgestellten Besteuerungsgrundlagen und den Zeitpunkt des Eintritts des rückwirkenden Ereignisses zu treffen (vgl. § 239 Abs. 3 Nr. 1 AO). [3]Gleiches gilt, wenn ein bereits bei der vorangegangen Feststellung berücksichtigtes rückwirkendes Ereignis unmittelbar Änderungen erfährt und der Feststellungsbescheid deshalb geändert wird. [4]Wird ein Feststellungsbescheid dagegen aus anderen Gründen (z.B. zur Berücksichtigung neuer Tatsachen i.S.d. § 173 AO) geändert, sind auch dann keine Feststellungen zum früher bereits berücksichtigten rückwirkenden Ereignis zu treffen, wenn sich die steuerliche Auswirkung dieses rückwirkenden Ereignisses aufgrund der erstmaligen oder abweichenden Berücksichtigung normal zu verzinsender Besteuerungsgrundlagen rechnerisch verändert.

Dies gilt im Verhältnis zwischen Gewerbesteuermessbescheid und Gewerbesteuerbescheid sowie in den Fällen des § 35b GewStG entsprechend.

AEAO zu § 234 – Stundungszinsen:

1. [1]Stundungszinsen werden für die Dauer der gewährten Stundung erhoben. [2]Die Höhe der Zinsen ändert sich nicht, wenn der Steuerpflichtige vor oder nach dem Zahlungstermin zahlt, der in der Stundungsverfügung festgelegt ist (Sollverzinsung).

[1]Eine vorzeitige Tilgung führt nicht automatisch zu einer Ermäßigung der Stundungszinsen. [2]Soweit der gestundete Anspruch allerdings mehr als einen Monat vor Fälligkeit getilgt wird, kann auf bereits festgesetzte Stundungszinsen für den Zeitraum ab Eingang der Leistung auf Antrag verzichtet werden (§ 234 Abs. 2 AO). [3]Eine verspätete Zahlung löst zusätzlich Säumniszuschläge aus.

2. [1]Wird die gestundete Steuerforderung vor Ablauf des Stundungszeitraums herabgesetzt, ist der Zinsbescheid nach § 175 Abs. 1 Satz 1 Nr. 2 AO entsprechend zu ändern. [2]Eine Aufhebung, Änderung oder Berichtigung der Steuerfestsetzung nach Ablauf der Stundung hat keine Auswirkungen auf die Stundungszinsen (§ 234 Abs. 1 Satz 2 AO). [3]Werden Vorauszahlungen gestundet, sind Stundungszinsen nur im Hinblick auf eine Änderung der Vorauszahlungsfestsetzung, nicht aber im Hinblick auf die Festsetzung der Jahressteuer herabzusetzen.

3. [1]Die Stundungszinsen werden regelmäßig zusammen mit der Stundungsverfügung durch Zinsbescheid festgesetzt. [2]Die Formvorschriften für Steuerbescheide (§ 157 Abs. 1, ggf. § 87a Abs. 4 AO) gelten entsprechend.

[1]Sofern nicht besondere Umstände des Einzelfalls eine andere Regelung erfordern, sind die Stundungszinsen zusammen mit der letzten Rate zu erheben. [2]Bei einer Aufhebung der Stundungsverfügung (Rücknahme oder Widerruf) sind auch die auf ihr beruhenden Zinsbescheide aufzuheben oder zu ändern; §§ 175 Abs. 1 Satz 1 Nr. 1, 171 Abs. 10 AO gelten gem. § 239 Abs. 1 Satz 1 AO entsprechend.

Beispiel:

Das Finanzamt hat am 10.3.2004 eine am 25.2.2004 fällige Einkommensteuerforderung von 3600 € ab Fälligkeit gestundet. Der Betrag ist in 12 gleichen Monatsraten von 300 €, beginnend am 1.4.2004 zu zahlen. Die Zinsen von 117 € sind zusammen mit der letzten Rate am 1.3.2005 zu erheben.

Das Finanzamt erfährt im August 2004, dass eine wesentliche Verbesserung der Vermögensverhältnisse des Schuldners eingetreten ist. Es widerruft deshalb die Stundung nach § 131 Abs. 2 Nr. 3 AO und stellt den gesamten Restbetrag von 2100 € zum 1.9.2004 fällig.

Der Zinsbescheid ist nach § 175 Abs. 1 Satz 1 Nr. 1 AO zu ändern. Die Zinsen i. H. v. insgesamt 85 € (gerundet nach § 239 Abs. 2 Satz 1 AO) sind zum 1.9.2004 zu erheben.

4. [1]Der Zinslauf beginnt bei den Stundungszinsen an dem ersten Tag, für den die Stundung wirksam wird (§ 238 Abs. 1 Satz 2 i. V. m. § 234 Abs. 1 Satz 1 AO). [2]Bei einer Stundung ab Fälligkeit beginnt der Zinslauf am Tag nach Ablauf der ggf. nach § 108 Abs. 3 AO verlängerten Zahlungsfrist.

Beispiele:

1. Fälligkeitstag ist der 12.3.2004 (Freitag). Der Zinslauf beginnt am 13.3.2004 (Sonnabend).
2. Fälligkeitstag ist der 13.3.2004 (Sonnabend). Die Zahlungsfrist endet nach § 108 Abs. 3 AO erst am 15.3.2004 (Montag). Der Zinslauf beginnt am 16.3.2004 (Dienstag).

Wegen der Fälligkeit der Anmeldungssteuern vgl. AEAO zu § 240, Nr. 1 Satz 2.

5. [1]Der Zinslauf endet mit Ablauf des letzten Tages, für den die Stundung ausgesprochen worden ist. [2]Ist dieser Tag ein Sonnabend, ein Sonntag oder ein gesetzlicher Feiertag, endet der Zinslauf erst am nächstfolgenden Werktag. Wegen der Berechnung vgl. AEAO zu § 238, Nr. 1.

Beispiele:

1. Die Steuer ist bis zum 26.3.2004 (Freitag) gestundet. Der Zinslauf endet am 26.3.2004.
2. Die Steuer ist bis zum 27.3.2004 (Sonnabend) gestundet. Der Zinslauf endet nach § 108 Abs. 3 AO am 29.3.2004 (Montag).

In Insolvenzverfahren endet der Zinslauf spätestens mit Eröffnung des Insolvenzverfahrens, da zu diesem Zeitpunkt die gestundete Steuerforderung fällig wird (§ 41 Abs. 1 InsO). Eine bereits erfolgte Festsetzung von Stundungszinsen ist ggf. zu korrigieren.

6. Stundungszinsen sind nur für volle Monate zu zahlen; angefangene Monate bleiben außer Ansatz (§ 238 Abs. 1 Satz 2 AO); vgl. AEAO zu § 238, Nr. 1.

Beispiele:

Ende der ursprünglichen Zahlungsfrist	Beginn des Zinslaufs	Ablauf der Stundung nach Stundungsverfügung	Ende des Zinslaufs	Voller Monat
13.5.2004 (Do)	14.5.2004 (Fr)	13.6.2004 (So)	14.6.2004 (Mo)	ja
13.5.2004 (Do)	14.5.2004 (Fr)	11.6.2004 (Fr)	11.6.2004 (Fr)	nein
31.1.2005 (Mo)	1.2.2005 (Di)	28.2.2005 (Mo)	28.2.2005 (Mo)	ja

7. [1]Zu verzinsen ist der jeweils gestundete Anspruch aus dem Steuerschuldverhältnis (§ 37 AO) mit Ausnahme der Ansprüche auf steuerliche Nebenleistungen (§ 233 Satz 2 AO). [2]Die Zinsen sind für jeden Anspruch (Einzelforderung) besonders zu berechnen. [3]Bei der Zinsberechnung sind die Ansprüche zu trennen, wenn Steuerart, Zeitraum (Teilzeitraum) oder der Tag des Beginns des Zinslaufs voneinander abweichen.

Beispiele für gesondert zu verzinsende Ansprüche:

1. Einkommensteuervorauszahlungen I/04 und II/04;
2. die erstmalige Festsetzung der Einkommensteuer 2004 durch Bescheid vom 3.5.2006 führt zu einer Abschlusszahlung i. H. v. 4290 €; nach Berichtigung einer offenbaren Unrichtigkeit (§ 129 AO) durch Steuerbescheid vom 1.6.2006 fordert das Finanzamt weitere 850 €.

8. [1]Die Kleinbetragsregelung des § 239 Abs. 2 Satz 2 AO (Zinsen unter zehn Euro werden nicht festgesetzt) ist auf die für eine Einzelforderung berechneten Zinsen anzuwenden.

Beispiel:

Es werden ab Fälligkeit jeweils für einen Monat folgende Einzelforderungen gestundet:		Zinsen:	Abgerundet (§ 239 Abs. 2 Satz 1 AO)
Einkommensteuervorauszahlung	1950,00 €	9,75 €	9,00 €
Solidaritätszuschlag	200,00 €	1,00 €	1,00 €
Umsatzsteuerabschlusszahlung	600,00 €	3,00 €	3,00 €

Zinsen werden nicht festgesetzt, da sie für keine der Einzelforderungen zehn Euro erreichen.

9. Bei Gewährung von Ratenzahlungen sind Stundungszinsen nach § 238 Abs. 2 AO wie folgt zu berechnen:

[1]Der zu verzinsende Betrag jeder Steuerart ist auf den nächsten durch fünfzig Euro zu teilenden Betrag abzurunden. [2]Ein sich durch die Abrundung ergebender Spitzenbetrag (Abrundungsrest) ist für Zwecke der Zinsberechnung bei der letzten Rate abzuziehen. [3]Bei höheren Beträgen soll die Stun-

dung i. d. R. so ausgesprochen werden, dass die Raten mit Ausnahme der letzten Rate auf durch fünfzig Euro ohne Rest teilbare Beträge festgesetzt werden.

Beispiel:

1. Variante:

Ein Anspruch i. H. v. 4215 € wird in drei Monatsraten zu 1400 €, 1400 € und 1415 € gestundet.

Raten:		Zinsen:
1. Rate	1400 €	7,00 €
2. Rate	1400 €	14,00 €
3. Rate	1415 €[1)]	21,00 €
festzusetzende Zinsen		42,00 €

1) Die Zinsberechnung erfolgt von 1.415 € ./. 15 € = 1400 €.

2. Variante:

Ein Anspruch i. H. v. 4.215 € wird in drei gleichen Monatsraten zu jeweils 1.405 € gestundet.

Raten:		Zinsen:
1. Rate	1405 €	7,02 €
2. Rate	1405 €	14,05 €
3. Rate	1405 €[1)]	20,85 €
Summe		41,92 €
festzusetzende Zinsen (abgerundet nach § 239 Abs. 2 S. 1 AO)		41,00 €

1) Die Zinsberechnung erfolgt von 1405 € ./. 15 € = 1390 €.

10. [1]Sollen mehrere Ansprüche in Raten gestundet werden, so ist bei der Festlegung der Raten möglichst zunächst die Tilgung der Ansprüche anzuordnen, für die keine Stundungszinsen erhoben werden. [2]Sodann sind die Forderungen in der Reihenfolge ihrer Fälligkeit zu ordnen; bei gleichzeitig fällig gewordenen Forderungen soll die niedrigere Forderung zuerst getilgt werden. [3]Dies gilt nicht, wenn die Sicherung der Ansprüche eine andere Tilgungsreihenfolge erfordert.

Beispiel:

Das Finanzamt stundet die Einkommensteuervorauszahlung IV/04 i. H. v. 850 € (erstmals fällig am 10.12.2004), die Einkommensteuervorauszahlung I/05 i. H. v. 300 € (erstmals fällig am 10.3.2005), die Einkommensteuer-Abschlusszahlung für 2003 i. H. v. 11 150 € (erstmals fällig 20.5.2005), die Umsatzsteuer-Abschlusszahlung für 2003 i. H. v. 7800 € (erstmals fällig am 20.5.2005) sowie Verspätungszuschläge i. H. v. 650 € (erstmals fällig am 10.6.2005) in insgesamt drei Raten.

Gestundeter Anspruch	erstmals fällig am	Betrag in €	1. Rate in € (14.7. 2005)	Rest in €	2. Rate in € (14.8. 2005)	Rest in €	3. Rate in € (14.9. 2005)	Rest in €
ESt IV/04	10.12.2004	850	850	0	–	–	–	–
ESt I/05	10.3.2005	300	300	0	–	–	–	–
ESt 2003	18.5.2005	11 150	0	11 150	0	11 150	11 150	0
USt 2003	18.5.2005	7 800	800	7 000	3 000	4 000	4 000	0
Verspätungszuschlag	10.6.2005	650	650	0	–	–	–	–
Summen		20 750	2 600	18 150	3 000	15 150	15 150	0

Zinsberechnung:

gestundeter Anspruch	Fällig am	Zahlungstermin	Betrag in €	Zinsmonate	%	Zinsen in €	Festzusetzende Zinsen in €
ESt IV/04	10.2.2004	147.2005	850	7	3,5	29,75	29,00[1)]
ESt I/05	10.3.2005	14.7.2005	300	4	2,0	6,00	0,00[2)]
ESt 2003	18.5.2005	14.9.2005	11 150	3	1,5	167,25	167,00[1)]
USt 2003	18.5.2005	14.7.2005	850	1	0,5	4,00	94,00
USt 2003	18.5.2005	14.8.2005	3 000	2	1,0	30,00	
USt 2003	18.5.2005	14.9.2005	4 000	3	1,5	60,00	
Verspätungszuschlag	10.6.2005	14.7.2005	650	–	–	–	–[3)]

1) = 29,75 € werden auf 29,00 € und 167,25 € werden auf 167 € zugunsten des Steuerpflichtigen gerundet (§ 239 Abs. 2 Satz 1 AO).
2) = Kleinbetrag unter 10 € (§ 239 Abs. 2 Satz 2 AO).
3) = Ansprüche auf steuerliche Nebenleistungen werden nicht verzinst (§ 233 Satz 2 AO).

11. [1]Auf die Erhebung von Stundungszinsen kann gemäß § 234 Abs. 2 AO im Einzelfall aus Billigkeitsgründen verzichtet werden. [2]Ein solcher Verzicht kann z.B. in Betracht kommen bei Katastrophenfällen, bei länger dauernder Arbeitslosigkeit des Steuerschuldners, bei Liquiditätsschwierigkeiten allein infolge nachweislicher Forderungsausfälle im Konkurs-/Insolvenzverfahren und in ähnlichen Fällen, im Rahmen einer Sanierung, sofern allgemein ein Zinsmoratorium gewährt wird, sowie im Hinblick auf belegbare, demnächst fällig werdende Ansprüche des Steuerschuldners aus einem Steuerschuldverhältnis, soweit hierfür innerhalb des Stundungszeitraums keine Erstattungszinsen gem. § 233a AO anfallen. [3]Auch wird eine Stundung i.d.R. dann zinslos bewilligt werden können, wenn sie einem Steuerpflichtigen gewährt wird, der bisher seinen steuerlichen Pflichten, insbesondere seinen Zahlungspflichten, pünktlich nachgekommen ist und der in der Vergangenheit nicht wiederholt Stundungen in Anspruch genommen hat; in diesen Fällen kommt ein Verzicht auf Stundungszinsen i.d.R. nur in Betracht, wenn für einen Zeitraum von nicht mehr als drei Monaten gestundet wird und der insgesamt zu stundende Betrag 5000 € nicht übersteigt. [4]Zum Rechtsbehelfsverfahren gegen die Entscheidung über eine Billigkeitsmaßnahme vgl. AEAO zu § 347, Nr. 4.

12. [1]Wird ein Anspruch auf Rückforderung von Arbeitnehmer-Sparzulage, Eigenheimzulage, Investitionszulage, Mobilitätsprämie oder Wohnungsbauprämie gestundet, so sind – da die Vorschriften über die Steuervergütung entsprechend gelten – Stundungszinsen zu erheben (§ 234 i.V.m. § 37 Abs. 1 AO). [2]Dies gilt auch für gestundete Einkommen- oder Körperschaftsteueransprüche, die auf einem Rückforderungsanspruch von Forschungszulage aus einer nach § 10 Abs. 3 FZulG geänderten Anrechnung beruhen.

AEAO zu § 235 – Verzinsung von hinterzogenen Steuern:

Inhaltsübersicht

1. Zweck und Voraussetzungen der Verzinsung

1.1. Hinterzogene Steuern sind nach § 235 AO zu verzinsen, um dem Nutznießer einer Steuerhinterziehung den steuerlichen Vorteil der verspäteten Zahlung oder der Gewährung oder Belassung von Steuervorteilen zu nehmen (BFH-Urteile vom 19.4.1989, X R 3/86, BStBl. II S. 596, und vom 27.9.1991, VI R 159/89, BStBl. 1992 II S. 163).

1.2. [1]Die Zinspflicht tritt nur ein, wenn der objektive und subjektive Tatbestand des § 370 Abs. 1 AO erfüllt und die Tat i. S. d. § 370 Abs. 4 AO vollendet ist. [2]Der Versuch einer Steuerhinterziehung (§ 370 Abs. 2 AO i. V. m. § 23 StGB) reicht zur Begründung einer Zinspflicht ebenso wenig aus wie die leichtfertige Steuerverkürzung (§ 378 AO) oder die übrigen Steuerordnungswidrigkeiten (§§ 379 ff. AO).

Von einer Steuerhinterziehung bei Vorauszahlungen ist z. B. dann auszugehen, wenn einer der folgenden Sachverhalte vorliegt:

– Der Steuerpflichtige hat einen Antrag auf Festsetzung oder Herabsetzung der Vorauszahlungen vorsätzlich mit unrichtigen oder unvollständigen Angaben gestellt und es ist hierdurch zu einer zu niedrigen Festsetzung von Vorauszahlungen gekommen.
– [1]Der Steuerpflichtige musste aufgrund der Abgabe einer vorsätzlich unrichtigen oder unvollständigen Steuererklärung damit rechnen, dass Vorauszahlungen zu niedrig festgesetzt werden, und es ist hierdurch zu einer zu niedrigen Festsetzung von Vorauszahlungen gekommen. [2]Der Steuerpflichtige musste insbesondere dann damit rechnen, dass Steuervorauszahlungen zu niedrig festgesetzt werden, wenn er bereits in der Vergangenheit Steuervorauszahlungen zu leisten hatte.

1.3. [1]Die Festsetzung von Hinterziehungszinsen setzt keine strafrechtliche Verurteilung wegen Steuerhinterziehung voraus (BFH-Urteil vom 27.8.1991, VIII R 84/89, BStBl. 1992 II S. 9). [2]Die Zinspflicht ist unabhängig von einem Steuerstrafverfahren im Rahmen des Besteuerungsverfahrens zu prüfen.

Hinterziehungszinsen sind demnach auch festzusetzen, wenn

– wirksam Selbstanzeige nach § 371 AO erstattet worden ist (z. B. durch Nachmeldung hinterzogener Umsatzsteuer in der Umsatzsteuer-Jahreserklärung),
– der Strafverfolgung Verfahrenshindernisse entgegenstehen (z. B. Tod des Täters oder Strafverfolgungsverjährung),
– das Strafverfahren wegen Geringfügigkeit eingestellt worden ist (z. B. nach § 153 StPO; § 398 AO) oder
– in anderen Fällen die Strafverfolgung beschränkt oder von der Strafverfolgung abgesehen wird (z. B. nach §§ 153a, 154, 154a StPO).

[1]An Entscheidungen im strafgerichtlichen Verfahren ist die Finanzbehörde *nicht gebunden* (BFH-Urteil vom 10.10.1972, VII R 117/69, BStBl. 1973 II S. 68). [2]Im Allgemeinen kann sich das Finanzamt die tatsächlichen Feststellungen, Beweiswürdigungen und rechtlichen Beurteilungen des Strafverfahrens zu

Eigen machen, wenn und soweit es zu der Überzeugung gelangt ist, dass diese zutreffend sind, und keine substantiierten Einwendungen gegen die Feststellungen im Strafurteil erhoben werden (vgl. BFH-Urteil vom 13.7.1994, I R 112/93, BStBl. 1995 II S. 198).

1.4. [1]Der zeitliche und sachliche Umfang der Nachentrichtungspflicht von Zinsen nach § 371 Abs. 3 AO hat keine Auswirkung auf die Berechnung und Festsetzung von Hinterziehungszinsen nach § 235 AO. [2]Daher sind Hinterziehungszinsen auch dann festzusetzen, wenn die Zahlung der Hinterziehungszinsen für die Wirksamkeit einer Selbstanzeige bzw. den Ausgang des Strafverfahrens nach § 371 Abs. 3 Satz 2 AO unerheblich ist.

2. Gegenstand der Verzinsung

2.1. Hinterziehungszinsen sind festzusetzen für

- verkürzte Steuern; darunter fallen auch keine oder zu geringe Steuervorauszahlungen und der Solidaritätszuschlag. [2]Landesgesetzlich geregelte Steuern sind nur zu verzinsen, wenn dies im Gesetz angeordnet ist,
- ungerechtfertigt erlangte Steuervorteile (z.B. zu Unrecht erlangte Steuervergütungen),
- zu Unrecht erlangte Steuervergünstigungen (z.B. Steuerbefreiungen und Steuerermäßigungen),
- ungerechtfertigt erlangte Prämien und Zulagen, auf die § 370 Abs. 1 bis 4, § 371, § 375 Abs. 1 und § 376 AO entsprechend anzuwenden sind (z.B. Wohnungsbauprämien, Arbeitnehmer-Sparzulagen, Mobilitätsprämien und Zulagen nach § 83 EStG).

Hinterziehungszinsen sind nicht festzusetzen bei erschlichener Investitionszulage und Eigenheimzulage, weil insoweit ein Subventionsbetrug und keine Steuerhinterziehung vorliegt.

2.2. Hinterziehungszinsen sind für jede Steuerart und jeden Besteuerungszeitraum (Veranlagungszeitraum, Voranmeldungszeitraum, Vorauszahlungszeitraum) oder Besteuerungszeitpunkt gesondert zu berechnen und festzusetzen.

[1]Einzelne, aufeinanderfolgende Steuerhinterziehungen sind nicht als eine Tat zu würdigen, sondern als selbständige Taten zu behandeln. [2]Das gilt auch, wenn das Finanzamt die Besteuerungsgrundlagen nach § 162 AO geschätzt hat.

2.3. [1]Wenn die Steuerhinterziehung zu keiner Nachforderung führt, erfolgt keine Zinsfestsetzung. [2]Soweit infolge Kompensation der mit der Steuerhinterziehung zusammenhängenden Besteuerungsgrundlagen mit anderen steuermindernden Besteuerungsgrundlagen (z.B. nach § 177 AO) kein Zahlungsanspruch entstanden ist, unterbleibt daher eine Zinsfestsetzung. [3]Das strafrechtliche Kompensationsverbot des § 370 Abs. 4 Satz 3 AO gilt nicht bei der Verzinsung nach § 235 AO. [4]Bemessungsgrundlage der Hinterziehungszinsen ist daher nicht die Steuer, die sich allein bei Einbeziehung der vorsätzlich verschwiegenen Besteuerungsgrundlagen in die ursprüngliche Steuerfestsetzung ergeben würde, sondern die tatsächliche Nachforderung, die sich aus dem Bescheid ergibt, in dem die bisher nicht oder unzutreffend erklärten Besteuerungsgrundlagen erstmals erfasst werden.

3. Zinsschuldner

3.1. [1]Nach § 235 Abs. 1 Satz 2 AO ist derjenige Zinsschuldner, zu dessen Vorteil die Steuern hinterzogen worden sind. [2]Durch die Vorschrift soll ausschließlich der steuerliche Vorteil des Steuerschuldners abgeschöpft werden. [3]Der steuerliche Vorteil liegt darin, dass die geschuldete Steuer erst verspätet gezahlt wird. [4]Allein der Steuerschuldner kann daher Zinsschuldner für hinterzogene Steuern i. S. d. § 235 Abs. 1 Sätze 1 und 2 AO sein, und zwar unabhängig davon, ob er an der Steuerhinterziehung beteiligt war (vgl. BFH-Urteile vom 27.6.1991, V R 9/86, BStBl. II S. 822, vom 18.7.1991, V R 72/87, BStBl. II S. 781, und vom 27.9.1991, VI R 159/89, BStBl. 1992 II S. 163).

[1]Sind Steuerschuldner Gesamtschuldner (§ 44 AO), ist jeder Gesamtschuldner auch Zinsschuldner. [2]Dies gilt auch dann, wenn bei zusammenveranlagten Ehegatten/Lebenspartnern der Tatbestand der Steuerhinterziehung nur in der Person eines der Ehegatten/Lebenspartner erfüllt ist. [3]Da in diesem Fall beide Ehegatten/Lebenspartner Schuldner der Hinterziehungszinsen sind, kann nach § 239 Abs. 1 Satz 1 i. V. m. § 155 Abs. 3 AO ein zusammengefasster Zinsbescheid an die Ehegatten/Lebenspartner ergehen (vgl. BFH-Urteil vom 13.10.1994, IV R 100/93, BStBl. 1995 II S. 484).

3.2. [1]§ 235 Abs. 1 Satz 3 AO regelt in Ergänzung des § 235 Abs. 1 Satz 2 AO nur die Fälle, in denen der Steuerschuldner nicht Zinsschuldner ist, weil die Steuern nicht zu seinem Vorteil hinterzogen worden sind. [2]In diesen Fällen ist der Entrichtungspflichtige Zinsschuldner. [3]Hinsichtlich hinterzogener Steuerabzugsbeträge ist daher nicht der Steuerschuldner, sondern der Entrichtungspflichtige Zinsschuldner, wenn dieser die Steuer zwar einbehalten, aber nicht an das Finanzamt abgeführt hat. [4]Dagegen ist der Steuerschuldner nach § 235 Abs. 1 Satz 2 AO Zinsschuldner, wenn der Entrichtungspflichtige die hinterzogene Abzugsteuer (zum Vorteil des Steuerschuldners) nicht einbehalten hat (BFH-Urteile vom 5.11.1993, VI R 16/93, BStBl. 1994 II S. 557, und vom 16.2.1996, I R 73/95, BStBl. II S. 592).

3.3. [1]Die in §§ 34, 35 AO bezeichneten Vertreter, Vermögensverwalter und Verfügungsberechtigten sind nicht Entrichtungspflichtige und nicht Schuldner der Hinterziehungszinsen (vgl. BFH-Urteile vom 18.7.1991, V R 72/87, BStBl. II S. 781, und vom 27.9.1991, VI R 159/89, BStBl. 1992 II S. 163). [2]Dieser Personenkreis kann aber sowohl für hinterzogene Steuern als auch für Hinterziehungszinsen haften (vgl. §§ 69 und 71 AO).

4. Zinslauf

4.1. Beginn des Zinslaufs

4.1.1. [1]Der Zinslauf beginnt mit dem Eintritt der Verkürzung oder der Erlangung des Steuervorteils (§ 235 Abs. 2 Satz 1 AO), d. h., sobald die Tat im strafrechtlichen Sinn vollendet ist. [2]Wären die hinterzogenen Beträge ohne die Steuerhinterziehung erst später fällig geworden, z. B. bei einer Abschlusszahlung, beginnt die Verzinsung erst mit Ablauf des Fälligkeitstags (§ 235 Abs. 2 Satz 2 AO).

4.1.2. [1]Bei **Fälligkeitssteuern** (z. B. Umsatzsteuer-Vorauszahlungen, Lohnsteuer) tritt die Verkürzung mit Ablauf des gesetzlichen Fälligkeitstags ein.

[2]Dauerfristverlängerungen sind zu berücksichtigen. [3]Dies gilt auch dann, wenn keine (Vor-)Anmeldung abgegeben wurde. [4]Bei Abgabe einer unrichtigen oder unvollständigen zustimmungsbedürftigen Steueranmeldung tritt die Verkürzung erst dann ein, wenn die Zustimmung nach § 168 Satz 2 AO dem Steuerpflichtigen bekannt geworden ist (z.B. Auszahlung oder Umbuchung des Guthabens oder Erklärung der Aufrechnung; vgl. AEAO zu § 168, Nr. 3). [5]Wäre die Steueranmeldung hingegen ohne die Steuerverkürzung nicht zustimmungsbedürftig gewesen, weil sich z.B. bei richtiger Anmeldung keine Erstattung ergeben hätte, bleibt für den Beginn des Zinslaufs der Ablauf des gesetzlichen Fälligkeitstags (ggf. unter Berücksichtigung einer Dauerfristverlängerung) maßgeblich.

Lässt sich nicht ohne weiteres feststellen, welchem Voranmeldungszeitraum hinterzogene Beträge zeitlich zuzuordnen sind, ist zugunsten des Zinsschuldners von einem Beginn des Zinslaufs mit Ablauf des letzten gesetzlichen Fälligkeitstags für das betroffene Jahr auszugehen (bei Unternehmen ohne Dauerfristverlängerung ist dies der 10.1. des jeweiligen Folgejahres, so dass der Zinslauf in diesem Fall am 11.1. beginnt).

4.1.3. Bei **Veranlagungssteuern** tritt die Verkürzung im Fall der Abgabe einer unrichtigen oder unvollständigen Steuererklärung mit dem Tag der Bekanntgabe des auf dieser Erklärung beruhenden Steuerbescheids (§§ 122, 124 AO) ein; der Beginn des Zinslaufs verschiebt sich jedoch dann auf den Ablauf des Fälligkeitstags, wenn sich bereits aufgrund dieser Erklärung eine Abschlusszahlung ergeben hatte oder wenn sich – im Falle einer festgesetzten Erstattung – ohne die Steuerhinterziehung eine Abschlusszahlung ergeben hätte (vgl. AEAO zu § 235, Nr. 4.1.1 Satz 2).

[1]Hat der Steuerpflichtige keine Steuererklärung abgegeben und ist aus diesem Grunde die Steuerfestsetzung unterblieben, so ist die Steuer zu dem Zeitpunkt verkürzt, zu dem die Veranlagungsarbeiten für das betreffende Kalenderjahr im Wesentlichen abgeschlossen waren. [2]Dieser Zeitpunkt ist zugleich Zinslaufbeginn.

[1]Hat das Finanzamt die Steuer aber zuvor wegen Nichtabgabe der Steuererklärung aufgrund geschätzter Besteuerungsgrundlagen (§ 162 AO) zu niedrig festgesetzt, tritt die Verkürzung bereits mit Bekanntgabe dieses Steuerbescheids ein. [2]In diesem Fall beginnt der Zinslauf i.d.R. mit Ablauf des Fälligkeitstags (vgl. AEAO zu § 235, Nr. 4.1.1 Satz 2).

Bei der Verzinsung von **Vorauszahlungen auf Veranlagungssteuern** beginnt der Zinslauf gesondert für jeden Vorauszahlungszeitraum mit Ablauf des jeweiligen Fälligkeitstags.

4.1.4. [1]Bei einer durch Unterlassen der Anzeige begangenen Hinterziehung von **Schenkungsteuer** beginnt der Lauf der Hinterziehungszinsen zu dem Zeitpunkt, zu dem das Finanzamt bei ordnungsgemäßer Anzeige und Abgabe der Steuererklärung die Steuer festgesetzt hätte. [2]Dieser Zeitpunkt kann unter Berücksichtigung der beim zuständigen Finanzamt durchschnittlich erforderlichen Zeit für die Bearbeitung eingegangener Schenkungsteuererklärungen bestimmt werden (BFH-Urteil vom 28.8.2019, II R 7/17, BStBl. 2020 II S. 247). [3]Diese Grundsätze gelten entsprechend auch für Fälle einer begangenen Hinterziehung von **Erbschaftsteuer.**

4.2. Ende des Zinslaufs

4.2.1. [1]Der Zinslauf endet mit der Zahlung der hinterzogenen Steuer (§ 235 Abs. 3 Satz 1 AO). [2]Erlischt der zu verzinsende Anspruch durch Aufrechnung, gilt der Tag, an dem die Schuld des Aufrechnenden fällig wird, als Tag der Zahlung (§ 238 Abs. 1 Satz 3 AO). [3]Bei der Festsetzung von Hinterziehungszinsen auf Vorauszahlungen (bei Veranlagungs- und Fälligkeitssteuern) endet der Zinslauf mit dem Zeitpunkt der Zahlung der hinterzogenen Steuer, spätestens aber mit dem Ablauf des Fälligkeitstags der Jahressteuer.

4.2.2. [1]Hinterziehungszinsen werden nicht für Zeiten festgesetzt, für die ein Säumniszuschlag entsteht, die Zahlung gestundet oder die Vollziehung ausgesetzt ist (§ 235 Abs. 3 Satz 2 AO), ohne dass es dabei auf die tatsächliche Erhebung von Säumniszuschlägen oder die Zahlung von Stundungs- und/oder Aussetzungszinsen ankommt. [2]Der Zinslauf endet daher spätestens mit Ablauf des Fälligkeitstags.

4.2.3. Wird der Steuerbescheid nach Ende des Zinslaufs aufgehoben, geändert oder nach § 129 AO berichtigt, so bleiben die bis dahin entstandenen Zinsen unberührt (§ 235 Abs. 3 Satz 3 AO).

5. Höhe der Hinterziehungszinsen

5.1. Berechnung der Hinterziehungszinsen im Allgemeinen

5.1.1. Die Hinterziehungszinsen betragen für jeden vollen Monat des Zinslaufs 0,5% (§ 238 Abs. 1 Satz 1 und 2 AO).

[1]Für die Berechnung der Zinsen wird der zu verzinsende Betrag auf den nächsten durch 50 € teilbaren Betrag abgerundet (§ 238 Abs. 2 AO). [2]Abzurunden ist jeweils der einzelne zu verzinsende Anspruch, d.h. jede einzelne hinterzogene Vorauszahlung/Voranmeldung und die Jahresabschlusszahlung jeweils für sich genommen (vgl. AEAO zu § 238, Nr. 2).

[1]Im Falle von Teilzahlungen eines zu verzinsenden Anspruchs wird nur der Gesamtbetrag gerundet. [2]Eine sich daraus ergebende Abrundungsspitze wird für Zwecke der Verzinsung bei der letzten Teilzahlung abgezogen.

Auch die Rundungsregelung und Kleinbetragsregelung hinsichtlich der Festsetzung der Zinsen gem. § 239 Abs. 2 AO sind für jeden einzelnen Zinsanspruch gesondert anzuwenden (vgl. AEAO zu § 239, Nr. 3).

5.1.2. [1]Zur Vermeidung einer Doppelverzinsung im Hinterziehungsfall sind Zinsen nach § 233a AO, die für denselben Zeitraum festgesetzt wurden, auf die festzusetzenden Hinterziehungszinsen anzurechnen (§ 235 Abs. 4 AO). [2]Im Falle der Hinterziehung von Forschungszulage sind Zinsen nach § 11 FZulG auf Hinterziehungszinsen nach § 235 AO hinsichtlich solcher Einkommen- oder Körperschaftsteueransprüche, die auf einem Rückforderungsanspruch von Forschungszulage aus einer nach § 10 Abs. 3 FZulG geänderten Anrechnung beruhen, anzurechnen, soweit sie für denselben Zeitraum auf den Rückzahlungsanspruch der Forschungszulage festgesetzt wurden.

5.2. Berechnung der Hinterziehungszinsen auf Vorauszahlungen

5.2.1. [1]Die Bemessungsgrundlage von Hinterziehungszinsen auf Vorauszahlungen entspricht grundsätzlich dem (Mehr-)Betrag, der ohne Steuerhinterziehung festgesetzt worden wäre. [2]Sie ist aber begrenzt auf die Abschlusszahlung aufgrund der Jahressteuerfestsetzung (vgl. AEAO zu § 235, Nr. 2.3). [3]Dieser Betrag ist gleichmäßig auf die hinterzogenen Vorauszahlungszeiträume des jeweiligen Kalenderjahrs zu verteilen.

5.2.2. [1]Auf Vorauszahlungen entfallen keine Zinsen gem. § 233a AO. [2]Wird die der Verzinsung nach § 233a AO unterliegende Jahressteuer erst nach Ablauf der Karenzzeit festgesetzt, überschneidet sich der Zinslauf der Hinterziehungszinsen auf Vorauszahlungen mit dem Zinslauf der Nachzahlungszinsen nach § 233a AO auf die Jahressteuer. [3]In diesen Fällen sind Zinsen gem. § 233a AO auf festzusetzende Hinterziehungszinsen auf Vorauszahlungen anzurechnen.

(Fortsetzung S 325)

schieden werden kann, ob und inwieweit Säumniszuschläge entstanden sind (ständige Rechtsprechung, vgl. z.B. BFH-Urteil vom 12.8.1999, VII R 92/98, BStBl. II S. 751). [2]Bestreitet der Steuerpflichtige nicht die Entstehung der Säumniszuschläge dem Grunde und der Höhe nach, sondern wendet er sich gegen deren Anforderung im engeren Sinne (Leistungsgebot, § 254 AO), ist sein Vorbringen als Einspruch (§ 347 AO) anzusehen. [3]Das Vorbringen des Steuerpflichtigen ist als Erlassantrag zu werten, wenn sachliche oder persönliche Billigkeitsgründe geltend gemacht werden.

AEAO zu §§ 241 bis 248 – Sicherheitsleistung:

1. [1]Die Vorschriften regeln nur die Art und das Verfahren der Sicherheitsleistung. [2]Wann und ggf. in welcher Höhe Sicherheiten zu leisten sind, ergibt sich aus anderen Vorschriften der Abgabenordnung (siehe z.B. § 109 Abs. 3, § 165 Abs. 1, §§ 221, 222, 223, 361 Abs. 2 AO) oder aus Einzelsteuergesetzen (§ 18f UStG). [3]Die Erzwingung von Sicherheiten richtet sich nach § 336 AO, ihre Verwertung nach § 327 AO. [4]Die Kosten der Sicherheitsleistung treffen den Steuerpflichtigen.

2. Die für die Bundesfinanzverwaltung bekannt gegebenen Bestimmungen über Formen der Sicherheitsleistung im Bereich der von der Zollverwaltung verwalteten Steuern und Abgaben – SiLDV – (Vorschriftensammlung Bundesfinanzverwaltung E – VSF – Kennungen S 1450 und Z 0915) sind – soweit sie Formen der Sicherheitsleistung in Verbrauchsteuerverfahren betreffen – für den Bereich der Besitz- und Verkehrsteuern entsprechend anzuwenden.

AEAO zu § 251 – Insolvenzverfahren

Inhaltsübersicht

1. Allgemeines

Ist über das Vermögen eines Steuerpflichtigen (Schuldner) das Insolvenzverfahren eröffnet worden, können die Finanzbehörden ihre Ansprüche während der Dauer des Verfahrens nur nach den Vorschriften der Insolvenzordnung geltend machen (§ 251 Abs. 2 Satz 1 AO).

Die Vorschriften der Abschnitte 57 bis 64 der Vollstreckungsanweisung (VollstrA) sind anzuwenden.

2. Voraussetzung für die Eröffnung des Verfahrens

2.1. Eröffnungsgründe

Nach § 16 InsO sind Gründe für die Eröffnung des Insolvenzverfahrens
- die Zahlungsunfähigkeit (§ 17 InsO),
- die drohende Zahlungsunfähigkeit (§ 18 InsO) und
- die Überschuldung (§ 19 InsO).

Die gleichen Eröffnungsgründe gelten auch in Nachlassinsolvenzverfahren (§ 320 InsO).

2.1.1. Zahlungsunfähigkeit

[1]Allgemeiner Eröffnungsgrund ist die Zahlungsunfähigkeit des Schuldners. [2]Sie ist in der Regel anzunehmen, wenn der Schuldner seine Zahlungen eingestellt hat (§ 17 InsO). [3]Leistet der Schuldner noch einzelne Zahlungen, bleiben aber nicht unwesentliche Verbindlichkeiten unerfüllt, ändert dies grundsätzlich nichts an der Zahlungsunfähigkeit (BGH-Urteil vom 10.7.2003, IX ZR 89/02, DB S. 2383).

Zahlungsunfähigkeit ist weiterhin regelmäßig anzunehmen, wenn der Schuldner nicht in der Lage ist, binnen drei Wochen 90% seiner fälligen Gesamtverbindlichkeiten auszugleichen (BGH-Urteil vom 24.5.2005, IX ZR 123/04, NJW S. 3062).

2.1.2. Drohende Zahlungsunfähigkeit

Bei Eigenanträgen des Schuldners ist auch die drohende Zahlungsunfähigkeit Eröffnungsgrund (§ 18 Abs. 1 InsO). [2]Der Schuldner droht zahlungsunfähig zu werden, wenn er voraussichtlich nicht in der Lage sein wird, die bestehenden Zahlungspflichten im Zeitpunkt der Fälligkeit zu erfüllen (§ 18 Abs. 2 InsO).

2.1.3. Überschuldung

[1]Bei juristischen Personen, Personengesellschaften ohne eine persönlich haftende natürliche Person ist daneben die Überschuldung ein eigenständiger Eröffnungsgrund (§ 19 InsO). [2]Eine Überschuldung liegt vor, wenn das Vermögen des Schuldners die bestehenden Verbindlichkeiten nicht mehr deckt, es sei denn, die Fortführung des Unternehmens ist nach den Umständen überwiegend wahrscheinlich (§ 19 Abs. 2 Satz 1 InsO). [3]Eine Ausnahme gilt in den Fällen des § 19 Abs. 3 Satz 2 InsO.

2.2. Eröffnungsantrag

[1]Das Insolvenzverfahren wird nur auf schriftlichen Antrag eröffnet. [2]*Antragsberechtigt sind sowohl die Gläubiger* als auch der Schuldner (§ 13 Abs. 1 Satz 2 InsO). [3]Den Antrag auf Eröffnung des Insolvenzverfahrens kann außer bei drohender Zahlungsunfähigkeit jeder Gläubiger stellen, der ein rechtliches Interesse an der Eröffnung hat und seinen Anspruch sowie den Eröffnungsgrund glaubhaft macht (§ 14 Abs. 1 InsO). [4]Das rechtliche Interesse eines Gläubigers fehlt beispielsweise dann, wenn er aufgrund eines Aussonderungsrechts innerhalb wie außerhalb des Verfahrens in gleicher Weise Befriedigung erlangen kann.

Bei vollstreckbaren Rückständen ist die Finanzbehörde im Rahmen pflichtgemäßer Ermessensausübung gehalten, bei Vorliegen eines Insolvenzgrundes einen Insolvenzantrag zu stellen.

[1]Nach § 14 Abs. 1 Satz 2 InsO wird ein Insolvenzantrag nicht alleine dadurch unzulässig, dass die Forderung erfüllt wird. [2]Ein von der Finanzbehörde gestellter Insolvenzantrag kann weiterhin trotz Tilgung der Forderungen aufrechterhalten bleiben.

2.3. Rechtsbehelfe

[1]Die Stellung eines Antrag auf Eröffnung eines Insolvenzverfahrens über das Vermögen des Schuldners durch die Finanzbehörde ist kein Verwaltungsakt, sondern stellt schlichtes hoheitliches Handeln dar, dessen Überprüfung dem Finanzgericht und nicht dem Insolvenzgericht obliegt (vgl. BFH-Beschluss vom 31.8.2011, VII B 59/11, BFH/NV S. 2105). [2]Dem Steuerpflichtigen stehen als Rechtsbehelfe hiergegen die allgemeine Leistungsklage (§ 40 Abs. 1 FGO) bzw. im vorläufigen Rechtsschutzverfahren der Antrag auf Erlass einer einstweiligen Anordnung (§ 114 FGO) zu (vgl. BFH-Beschluss vom 12.8.2011, VII B 159/10, BFH/NV S. 2104).

[1]Über den Insolvenzantrag selbst entscheidet das Insolvenzgericht. [2]Gegen eine ablehnende Entscheidung des Insolvenzgerichts über den Insolvenzantrag steht dem antragstellenden Gläubiger das Rechtsmittel der sofortigen Beschwerde zu (§ 34 Abs. 1 InsO). [3]Die Beschwerde ist binnen einer Notfrist von zwei Wochen bei dem Insolvenzgericht einzulegen (§§ 4 und 6 InsO, § 569 ZPO). [4]Die Frist beginnt mit der Verkündung der Entscheidung oder, wenn diese nicht verkündet wird, mit deren Zustellung (§ 6 Abs. 2 InsO). [5]Gegen die Entscheidung des Beschwerdegerichts ist die Rechtsbeschwerde gegeben, soweit sie zugelassen ist (§ 574 ZPO). [6]Die Rechtsbeschwerde ist binnen einer Notfrist von einem Monat nach Zustellung des Beschlusses über die sofortige Beschwerde bei dem Rechtsbeschwerdegericht einzulegen (§ 575 ZPO).

3. Insolvenzeröffnungsverfahren

3.1. Sicherungsmaßnahmen

[1]Die häufigste Sicherungsmaßnahme ist neben dem Vollstreckungsverbot die Anordnung der vorläufigen Insolvenzverwaltung gem. § 21 Abs. 2 Nr. 1 i. V. m. § 22 InsO. [2]Wird diese Anordnung mit dem Erlass eines allgemeinen Verfügungsverbots nach § 21 Abs. 2 Nr. 2 InsO verbunden, geht die Verwaltungs- und Verfügungsbefugnis über das Schuldnervermögen auf den vorläufigen Insolvenzverwalter über. [3]Aufgrund seiner umfassenden Befugnisse wird dieser als starker vorläufiger Insolvenzverwalter bezeichnet. [4]Im Besteuerungsverfahren hat der starke vorläufige Insolvenzverwalter die gleiche Stellung (§ 34 Abs. 3 AO) wie der Insolvenzverwalter im eröffneten Verfahren (vgl. AEAO zu § 251, Nr. 4.2). [5]Die vom starken vorläufigen Insolvenzverwalter begründeten Verbindlichkeiten gelten nach Verfahrenseröffnung *als Masse*verbindlichkeiten i. S. d. § 55 Abs. 2 InsO (vgl. AEAO zu § 251, Nr. 6.1). [6]Für hierauf bezogene Verwaltungsakte ist er im Insolvenzeröffnungsverfahren Bekanntgabeadressat (vgl. AEAO zu § 251, Nr. 4.3.2). [7]Mit

Bestellung des starken vorläufigen Insolvenzverwalters tritt bereits die Unterbrechungswirkung analog zu § 240 Satz 2 ZPO ein, weshalb ab diesem Zeitpunkt insbesondere keine Steuerbescheide mehr für solche Steuern erlassen werden dürfen, die vor Bestellung des starken vorläufigen Insolvenzverwalters begründet worden sind (vgl. AEAO zu § 251, Nr. 4.1.2). [8]Eine vom Schuldner vor Bestellung eines starken vorläufigen Insolvenzverwalters erteilte Empfangsvollmacht ist weiterhin zu beachten, sofern sie nicht vom starken vorläufigen Insolvenzverwalter widerrufen oder das Insolvenzverfahren eröffnet wurde.

[1]Soweit das Gericht vom Erlass eines allgemeinen Verfügungsverbots absieht und die Rechte des vorläufigen Insolvenzverwalters individuell bestimmt, handelt es sich um einen sog. schwachen vorläufigen Insolvenzverwalter. [2]Dieser ist nicht Vermögensverwalter i. S. d. § 34 Abs. 3 AO; daher obliegen die steuerlichen Pflichten, insbesondere die Steuererklärungspflicht, weiterhin dem Schuldner. [3]Steuerbescheide sind daher an den Schuldner zu richten und diesem bekannt zu geben, soweit kein Empfangsbevollmächtigter bestellt ist.

[1]Der schwache vorläufige Insolvenzverwalter kann in der Regel keine Masseverbindlichkeiten begründen (vgl. BGH-Urteil vom 18.7.2002, IX ZR 195/01, DB S. 2011). [2]Aufgrund der Regelung des § 55 Abs. 4 InsO gelten jedoch Steuerverbindlichkeiten des Schuldners, die vom vorläufigen Insolvenzverwalter oder vom Schuldner mit Zustimmung des vorläufigen Insolvenzverwalters begründet werden, nach Eröffnung des Insolvenzverfahrens als Masseverbindlichkeiten. [3]Zu Einzelheiten der Anwendung des § 55 Abs. 4 InsO siehe BMF-Schreiben vom 20.5.2015, BStBl. I S. 476, ergänzt durch BMF-Schreiben vom 18.11.2015, BStBl. I S. 886.

Aus der Bestellung eines Gutachters durch das Insolvenzgericht ergeben sich keine Auswirkungen auf das Besteuerungsverfahren des Schuldners.

3.2. Besonderheiten bei beantragter Eigenverwaltung

Zu der Möglichkeit der Vorbereitung einer Sanierung nach § 270b InsO vgl. AEAO zu § 251, Nr. 13.1.

4. Eröffnung des Verfahrens

4.1. Wirkung der Eröffnung des Verfahrens

4.1.1. Allgemeines

[1]Mit der Eröffnung des Insolvenzverfahrens verliert der Schuldner die Befugnis, sein zur Insolvenzmasse gehörendes Vermögen zu verwalten und darüber zu verfügen (§ 80 Abs. 1 InsO), sofern keine Eröffnung unter Anordnung der Eigenverwaltung erfolgt (§ 270 Abs. 1 Satz 1 InsO, vgl. AEAO zu *§ 251, Nr. 13.2). [2]Die* Verwaltungs- und Verfügungsrechte werden durch den Insolvenzverwalter ausgeübt (§ 34 Abs. 3 AO).

[1]Die Insolvenzmasse erfasst das gesamte Vermögen einschließlich der Geschäftsbücher (§ 36 Abs. 2 Nr. 1 InsO), das dem Schuldner zur Zeit der Eröffnung des Verfahrens gehört und das er während des Verfahrens erlangt (sog. Neuerwerb, § 35 InsO). [2]Nicht zur Insolvenzmasse gehören die unpfändbaren Gegenstände i. S. d. § 36 InsO, das Vermögen aus einer nach § 35 Abs. 2 InsO freigegebenen Tätigkeit (sog. insolvenzfreies Vermögen, vgl. AEAO zu § 251,

Nr. 7) und das nach Ende der Abtretungsfrist bei erteilter Restschuldbefreiung erworbene Vermögen (§ 300a Abs. 1 Satz 1 InsO).

[1]Die Eröffnung des Verfahrens hat weiter die Wirkung, dass alle im letzten Monat vor dem Eröffnungsantrag oder nach diesem Antrag durch Zwangsvollstreckung erlangten Sicherungsrechte ihre Wirksamkeit verlieren (§ 88 InsO). [2]Im Verbraucherinsolvenzverfahren (vgl. AEAO zu § 251, Nr. 12) verlängert sich die Frist nach § 88 Abs. 2 InsO auf drei Monate.

[1]Mit der Eröffnung des Verfahrens können bis zu diesem Zeitpunkt begründete Ansprüche aus dem Steuerschuldverhältnis (Insolvenzforderungen, vgl. AEAO zu § 251, Nr. 5.1) nur noch nach Maßgabe der InsO geltend gemacht werden. [2]Dies gilt auch für Ansprüche, auf die steuerliche Verfahrensvorschriften entsprechend anzuwenden sind (z. B. Rückforderung von Investitionszulage).

4.1.2. Unterbrechungswirkung (analog § 240 ZPO)

[1]Das Steuerfestsetzungsverfahren, das Rechtsbehelfsverfahren und der Lauf der Rechtsbehelfsfristen werden, soweit sie die Insolvenzmasse betreffen oder abstrakt dazu geeignet sind, sich auf zur Tabelle anzumeldende Steuerforderungen auszuwirken, analog zu § 240 ZPO unterbrochen (vgl. BFH-Urteil vom 24.8.2004, VIII R 14/02, BStBl. 2005 II S. 246). [2]Das gilt auch für Rechtsbehelfsverfahren, wenn damit eine Erstattung für die Masse begehrt wird (BFH-Urteil vom 30.7.2019, VIII R 21/16, BStBl. 2021 II S. 171).

[1]Eine Verfahrensunterbrechung tritt jedoch im Steuerfestsetzungsverfahren nicht ein, wenn keine Forderungen gegenüber der Insolvenzmasse für Zeiträume vor Insolvenzeröffnung geltend zu machen sind (z. B. im Falle einer Erstattung für die Masse; BFH-Urteil vom 13.5.2009, XI R 63, BStBl. 2010 II S. 11). [2]Hinsichtlich der Zulässigkeit des Erlasses von Steuerbescheiden wird auf Nr. 4.3.1 verwiesen.

Zur Unterbrechungswirkung bei der gesonderten und einheitlichen Feststellung von Besteuerungsgrundlagen vgl. AEAO zu § 251, Nr. 4.4.

[1]Die Ermittlungsrechte und -pflichten der Finanzbehörde (§ 88 AO) und die Mitwirkungspflichten des Schuldners, des vorläufigen Insolvenzverwalters und des Insolvenzverwalters (§ 34 Abs. 3 AO) bleiben von der Unterbrechungswirkung unberührt. [2]Die Pflicht zur handels- und steuerrechtlichen Rechnungslegung ergibt sich aus § 155 InsO.

Bei der Wiederaufnahme von unterbrochenen Rechtsbehelfsverfahren ist zwischen passiven und aktiven Verfahren zu unterscheiden.

Bei Einspruchs- und Klageverfahren, in denen Insolvenzforderungen strittig sind oder die abstrakt geeignet sind, sich auf zur Tabelle anzumeldende Steuerforderungen auszuwirken (Passiv-Verfahren), wird auf Nr. 5.3. verwiesen.

[1]Bei Einspruchsverfahren, die im Erfolgsfall zu einer Erstattung der bereits gezahlten Steuern in die Insolvenzmasse führen (Aktiv-Verfahren), fehlt es an einer gesetzlichen oder analogen Grundlage für die Aufnahme des Verfahrens durch das Finanzamt. [2]Lediglich dem Insolvenzverwalter steht die Möglichkeit zu, in analoger Anwendung des § 85 Abs. 1 Satz 1 InsO, Rechtsbehelfsverfahren aufzunehmen (BFH-Urteil vom 30.7.2019, VIII R 21/16, a. a. O.). [3]Es bleibt dem Finanzamt aber unbenommen, mit dem Insolvenzverwalter den

kann die Erteilung einer Auskunft oder die Übersendung von Kontoauszügen abgelehnt werden (vgl. BFH-Urteil vom 19.3.2013, II R 17/11, a. a. O.).

[1]Ein Auskunftsanspruch des Insolvenzverwalters allein wegen des Verdachts anfechtbarer Zahlungen auf Steuerschulden gegenüber dem Finanzamt besteht nicht (BGH-Urteil vom 13.8.2009, IX ZR 58/06, HFR 2010 S. 299). [2]Der Insolvenzverwalter muss mögliche der Anfechtung unterliegende Rechtshandlungen selbst ermitteln. [3]Das Finanzamt ist nicht verpflichtet, durch Herausgabe von Unterlagen oder durch Erteilung von Auskünften zur Ermittlung von Insolvenzanfechtungstatbeständen beizutragen.

Außersteuerliche Auskunftsrechte des Insolvenzverwalters zur Vorbereitung der Geltendmachung von Anfechtungsansprüchen nach §§ 129 ff. InsO können sich jedoch nach den jeweils einschlägigen Regelungen eines IFG ergeben, wenn der Schuldner zustimmt (§ 30 Abs. 4 Nr. 3 AO).

5. Insolvenzforderungen

5.1. Begriff

[1]Eine Insolvenzforderung ist eine zur Zeit der Eröffnung des Insolvenzverfahrens begründete Forderung des Gläubigers gegen den Schuldner (§ 38 InsO). [2]Der Zeitpunkt der steuerrechtlichen Entstehung der Forderung ist für diese Einordnung unmaßgeblich, so dass eine Abgabenforderung – unabhängig von der steuerrechtlichen Entstehung – immer dann als Insolvenzforderung anzusehen ist, wenn ihr Rechtsgrund zum Zeitpunkt der Verfahrenseröffnung bereits gelegt war bzw. der den Steueranspruch begründende Tatbestand nach den steuerrechtlichen Vorschriften bereits vor der Insolvenzeröffnung vollständig verwirklicht und damit abgeschlossen war, es sei denn, dass der Tatbestand der § 55 Abs. 2 oder 4[1)] InsO erfüllt ist.

[1]Ist die Steuerforderung im Zeitpunkt der Eröffnung des Insolvenzverfahrens noch nicht gem. § 38 AO entstanden (z. B. Eröffnung im Laufe des Umsatzsteuer-Voranmeldungszeitraums), ist nur die zum Eröffnungszeitpunkt bereits begründete Teilsteuerforderung Insolvenzforderung. [2]Der nach Eröffnung begründete Teil ist Masseforderung.

Abgabenansprüche, die lediglich begründet, aber noch nicht fällig sind, gelten im Zeitpunkt der Verfahrenseröffnung als fällig (§ 41 InsO).

Beispiel 1 (Umsatzsteuer):

Die Umsatzsteuerforderung entsteht bei Sollversteuerung erst mit Ablauf des Voranmeldungszeitraums, in dem die Leistungen ausgeführt worden sind (§ 13 Abs. 1 Nr. 1 Buchstabe a UStG). Dagegen ist sie grundsätzlich bereits begründet, soweit die Leistung erbracht ist.
Im Falle der Istversteuerung nach § 20 UStG entsteht die Umsatzsteuerforderung erst mit Ablauf des Voranmeldungszeitraums, in dem das Entgelt vereinnahmt worden ist (§ 13 Abs. 1 Nr. 1 Buchstabe b UStG). Insolvenzrechtlich begründet ist sie bereits im Zeitpunkt der Vereinnahmung des Entgelts (BFH-Urteil vom 29.1.2009, V R 64/07, BStBl. II S. 682). Das Gleiche gilt für die Anzahlungsbesteuerung nach § 13 Abs. 1 Nr. 1 Buchstabe a Satz 4 UStG.
Zur Verteilung auf die einzelnen Vermögensbereiche vgl. AEAO zu § 251, Nr. 9.2.

Beispiel 2 (Vorsteuerrückforderung):

Der Vorsteuerrückforderungsanspruch (§ 17 Abs. 1 Satz 2 i. V. m. § 17 Abs. 2 Nr. 1 UStG) entsteht ebenfalls erst mit Ablauf des Voranmeldungszeitraums. Er ist aber zur Zeit der Bestel-

---

[1)] Steuern begründen in der vorläufigen Eigenverwaltung keine Masseverbindlichkeiten; siehe BGH v. 22.11.2018 IX ZR 167/16, DStR 2019, 174.

lung eines vorläufigen Insolvenzverwalters mit Zustimmungsvorbehalt oder Bestellung eines vorläufigen Insolvenzverwalters, dem die Verwaltungs- und Verfügungsbefugnis über das Vermögen des Schuldners übertragen worden ist, begründet, weil die Uneinbringlichkeit bereits zu diesem Zeitpunkt vorlag (BMF-Schreiben vom 20.5.2015, BStBl. I S. 476). Spätestens ist der Vorsteuerrückforderungsanspruch mit der Eröffnung des Insolvenzverfahrens begründet (BFH-Urteil vom 22.10.2009, V R 14/08, BStBl. II 2011, S. 988, und vom 9.12.2010, V R 22/10, BStBl. II 2011 S. 996).

Beispiel 3 (Lohnsteuer):

Die Lohnsteuer entsteht in dem Zeitpunkt, in dem der Arbeitslohn dem Arbeitnehmer zufließt (§§ 38 Abs. 2, 41a Abs. 1 EStG). Sie ist regelmäßig auch in diesem Zeitpunkt begründet i. S. v. § 38 InsO, unabhängig davon, für welchen Zeitraum die Lohnzahlungen erfolgen.

Beispiel 4 (Rückforderung Investitionszulage):

Der Anspruch auf Rückforderung einer gewährten Investitionszulage ist vor Eröffnung des Insolvenzverfahrens begründet, wenn das zulagenbegünstigte Wirtschaftsgut vor Eröffnung des Insolvenzverfahrens bereits zulagenschädlich verwendet wurde (z. B. Veräußerung oder Umqualifizierung von Anlagevermögen in Umlaufvermögen).
Die nach Eröffnung des Insolvenzverfahrens durch den Insolvenzverwalter erfolgte zulagenschädliche Verwendung des Wirtschaftsgutes führt ebenfalls zu einer Insolvenzforderung. Der Rückforderungsanspruch war schon vor der Eröffnung begründet, weil das vom Schuldner geschaffene öffentlich-rechtliche Verhältnis zur Finanzbehörde, aus dem später der Rückforderungsanspruch entstanden ist, zum Zeitpunkt der Verfahrenseröffnung bereits bestand.

Beispiel 5 (Kraftfahrzeugsteuer):

Die auf Zeiträume vor Verfahrenseröffnung bzw. vor Bestellung eines starken vorläufigen Insolvenzverwalters entfallende Steuer gehört zu den Insolvenzforderungen. Es ist eine Aufteilung des Besteuerungszeitraums und Berechnung der Kraftfahrzeugsteuer nach Monaten, u. U. nach Tagen vorzunehmen (BFH-Urteil vom 16.11.2004, VII R 62/03, BStBl. 2005 II S. 309, und BFH-Beschluss vom 8.7.1997, VII B 89/97, BFH/NV 1998 S. 86).

Beispiel 6 (Einkommen- und Körperschaftsteuer):

Die Einkommen- und Körperschaftsteuer auf die bis zur Insolvenzeröffnung erzielten Einkünfte stellt eine Insolvenzforderung dar.
Für die Zuordnung der Einkünfte und für die Verteilung der Steuer auf die einzelnen Vermögensbereiche vgl. AEAO zu § 251, Nr. 9.1.

Verspätungszuschläge sind Insolvenzforderungen (BFH-Beschluss vom 19.1.2005, VII B 286/04, BFH/NV S. 1001), wenn sie auf Fristversäumnissen des Schuldners bis zur Insolvenzeröffnung beruhen.

Zinsen nach §§ 233 ff. AO auf Insolvenzforderungen für Zeiträume bis zur Eröffnung des Insolvenzverfahrens sind zur Insolvenztabelle anzumelden.

Säumniszuschläge und Zinsen, die seit Eröffnung des Insolvenzverfahrens auf Insolvenzforderungen entstanden sind, sowie rückständige Bußgelder und Zwangsgelder sind nachrangige Insolvenzforderungen i. S. d. § 39 InsO.

5.2. Geltendmachung von Insolvenzforderungen

[1] Insolvenzforderungen sind schriftlich beim Insolvenzverwalter anzumelden (§ 174 Abs. 1 InsO). [2] Liegt der Forderung eine Steuerstraftat des Schuldners nach §§ 370, 373 oder 374 AO zugrunde, sind neben dem Grund und dem Betrag der Forderung auch die Tatsachen, aus denen sich nach Einschätzung der Finanzbehörde eine entsprechende Steuerstraftat ergibt, anzugeben. [3] Zu *diesen Forderungen* gehören auch die entstandenen Zinsansprüche wie z. B. Hinterziehungszinsen (vgl. BFH-Urteil vom 20.3.2012, VII R 12/11, BStBl. II S. 491). [4] Im Zeitpunkt der Anmeldung zur Tabelle muss noch keine

rechtskräftige Verurteilung wegen einer Steuerstraftat vorliegen. [5]Der Insolvenzverwalter führt eine Tabelle, in die er jede angemeldete Forderung mit den in § 174 Abs. 2, 3 InsO genannten Angaben einzutragen hat (§§ 174, 175 InsO). [6]Nachrangige Insolvenzforderungen sind nur auf besondere Aufforderung durch das Insolvenzgericht hin anzumelden (§ 174 Abs. 3 InsO).

5.3. Insolvenzforderungen im Prüfungstermin; Auswirkung auf das Besteuerungsverfahren

Wegen der Auswirkungen auf das Steuerfestsetzungs- und Rechtsbehelfsverfahren ist für die weitere Bearbeitung zunächst zu unterscheiden, ob die Forderung im Prüfungstermin (§ 29 Abs. 1 Nr. 2 InsO) bestritten wurde.

5.3.1. Vom Insolvenzverwalter oder einem Gläubiger bestrittene Forderungen

Ist eine angemeldete Abgabenforderung nach Grund und Höhe im Prüfungstermin bestritten worden, was z. B. auch bei „vorläufigem Bestreiten" oder „auflösend bedingter Feststellung" gegeben ist (vgl. BFH-Beschluss vom 16.3.2016, V B 41/15, BFH/NV S. 1073), muss weiter differenziert werden, ob der Anspruch tituliert ist.

[1]Von einer „Titulierung" im insolvenzrechtlichen Sinne ist auszugehen, wenn vor Insolvenzeröffnung ein Bescheid bekannt gegeben oder eine Steueranmeldung abgegeben worden ist. [2]Arrestanordnungen sind keine Titel i. S. d. § 179 InsO.

Nicht titulierte Ansprüche sind Steuerforderungen, die im Zeitpunkt der Verfahrenseröffnung begründet (§ 38 InsO, vgl. AEAO zu § 251, Nr. 5.1) waren, für die aber bis zur Insolvenzeröffnung noch kein Steuerbescheid wirksam bekannt gegeben wurde oder für die noch keine Steueranmeldung abgegeben wurde oder diese erst nach Verfahrenseröffnung beim Finanzamt eingegangen ist.

5.3.1.1. Nicht titulierte Forderungen

[1]Wird eine nicht titulierte Forderung bestritten, stellt das Finanzamt das Bestehen der Abgabenforderung durch Feststellungsbescheid nach § 251 Abs. 3 AO fest. [2]Inhalts- und Bekanntgabeadressat ist der Bestreitende (Insolvenzverwalter oder -gläubiger; § 179 Abs. 1 InsO).

5.3.1.2. Titulierte Forderungen

[1]Wird eine titulierte Abgabenforderung bestritten, obliegt es dem Bestreitenden, den Widerspruch zu verfolgen (§ 179 Abs. 2 InsO). [2]Es bleibt dem Finanzamt unbenommen – insbesondere zur Erlangung des Stimmrechts (§ 77 InsO) –, das durch die Verfahrenseröffnung unterbrochene Verfahren selbst aufzunehmen (grundlegend BVerwG-Urteil vom 29.4.1988, 8 C 73/85, NJW 1989, S. 314 und Abschnitt 60 Abs. 7 VollstrA).[1)]

5.3.1.2.1. Nicht bestandskräftiger und nicht angefochtener Steuerbescheid

[1]War der Steuerbescheid vor Eröffnung des Verfahrens noch nicht bestandskräftig und wurde noch kein Rechtsbehelf eingelegt, ist der Lauf der Rechts-

[1)] **Steuererlasse** Nr. **800a**.

behelfsfrist durch die Eröffnung des Verfahrens unterbrochen. [2]Das Finanzamt hat dem Bestreitenden die Aufnahme des Rechtsstreits zu erklären (analog § 240 ZPO). [3]Mit der Bekanntgabe dieser Erklärung beginnt die durch die Verfahrenseröffnung unterbrochene Einspruchsfrist neu zu laufen.

Entsprechendes gilt auch für nicht bestandskräftige Bescheide, mit denen der Tabellenstreit unmittelbar im Zusammenhang steht, wie insbesondere Verlustfeststellungsbescheide oder Gewerbesteuermessbescheide, die zumindest die abstrakte Eignung haben, sich auf Insolvenzforderungen auszuwirken (vgl. Urteil des FG Köln vom 10.8.2017, 13 K 1849/13, EFG S. 1807).

[1]Legt der Bestreitende gegen den Steuerbescheid Einspruch ein, ist das Einspruchsverfahren nach den allgemeinen Vorschriften durchzuführen. [2]Ist der Einspruch begründet, ist eine (neue) Steuerberechnung an den Bestreitenden zu übersenden; die Forderungsanmeldung ist ggf. zu berichtigen. [3]Hat der Einspruch keinen Erfolg, sind der Einspruch und ein ggf. vorliegender Widerspruch gegen die Anmeldung zur Tabelle mit der Einspruchsentscheidung als unbegründet zurückzuweisen und die bestrittenen Steueransprüche als Insolvenzforderungen festzustellen (BFH-Urteil vom 23.2.2005, VII R 63/03, BStBl. II S. 591).

5.3.1.2.2. Angefochtener Steuerbescheid

[1]War der Steuerbescheid vor Eröffnung des Insolvenzverfahrens noch nicht bestandskräftig und vom Schuldner oder dem vorläufigen starken Insolvenzverwalter mit einem zulässigen Einspruch oder einer zulässigen Klage angefochten, hat der Insolvenzverwalter die Möglichkeit – ggf. nach entsprechender Aufforderung durch das Finanzamt –, das Rechtsbehelfsverfahren aufzunehmen und fortzuführen. [2]Das vom Insolvenzverwalter aufgenommene Einspruchsverfahren ist vom Finanzamt weiter zu betreiben.

Nimmt der Insolvenzverwalter trotz Aufforderung durch das Finanzamt seinen Widerspruch gegen die Forderungsanmeldung innerhalb einer angemessenen Frist nicht zurück und den Rechtsstreit von sich auch nicht auf, nimmt das Finanzamt das Einspruchsverfahren auf und führt dieses fort (BFH-Urteil vom 13.11.2007, VII R 61/06, BStBl. 2008 II S. 790).

Das Einspruchsverfahren wird in dem Verfahrensstand fortgesetzt, in dem es bei seiner Unterbrechung zum Stillstand gekommen ist.

Bei einem begründeten Einspruch ist eine Steuerberechnung an den Insolvenzverwalter zu übersenden und die Forderungsanmeldung zu berichtigen.

[1]Kann dem Einspruch in der Sache (Höhe der festgesetzten Steuer) nicht in vollem Umfang entsprochen werden, ist er durch Einspruchsentscheidung (u.U. teilweise) als unbegründet zurückzuweisen. [2]Die Einspruchsentscheidung ist dem Insolvenzverwalter als Einspruchsführer bekannt zu geben. [3]In diesen Fällen ist kein Feststellungsbescheid gem. § 251 Abs. 3 AO zu erlassen.

[1]Die Einspruchsentscheidung muss sich sowohl auf die Rechtmäßigkeit der Steuerforderung als auch auf die rechtmäßige Beanspruchung der Steuerforderung als Insolvenzforderung erstrecken. [2]Dazu ist im Tenor über den Einspruch gegen die Steuerfestsetzung und über den im Prüfungstermin erhobenen Widerspruch zu entscheiden (BFH-Urteil vom 23.2.2005, VII R 63/03, BStBl. II S. 591).

Beispiel der Tenorierung:

Der Einspruch gegen den Bescheid vom … wird als unbegründet zurückgewiesen.
Die zur Insolvenztabelle angemeldeten Forderungen werden wie folgt als Insolvenzforderungen festgestellt:
(Aufstellung der geltend gemachten Steuerforderungen nebst Säumniszuschlägen wie beim Insolvenzfeststellungsbescheid).

Soweit wegen der streitigen Steuer eine Anmeldung zur Tabelle (§ 175 InsO) vorgenommen wurde, ist die Anmeldung im Anschluss an den Erlass der Einspruchsentscheidung entsprechend zu berichtigen.

[1]Eine Verböserung in der Einspruchsentscheidung ist hingegen unzulässig, da die Verböserung einer nicht zulässigen erstmaligen Festsetzung einer Steuerschuld gleichstehen würde. [2]Die ggf. höhere Steuerforderung muss durch Anmeldung zur Insolvenztabelle geltend gemacht werden.

Falls beim Finanzgericht oder beim BFH Rechtsbehelfsverfahren anhängig sind, informiert die Finanzbehörde das Gericht über das Ergebnis des Prüfungstermins.

Wurden vor Eröffnung des Insolvenzverfahrens neben einem Steuerbescheid auch damit unmittelbar im Zusammenhang stehende Bescheide, wie insbesondere Verlustfeststellungsbescheide oder Gewerbesteuermessbescheide, die zumindest die abstrakte Eignung haben, sich auf Insolvenzforderungen auszuwirken, angefochten, können bei Streitigkeiten über Besteuerungsgrundlagen, die gleichermaßen für die festzustellende Forderung als auch die zugehörigen Bescheide von Bedeutung sind, nicht nur das durch die Insolvenzeröffnung unterbrochene Verfahren bezüglich des angefochtenen Steuerbescheids, sondern auch die unterbrochenen Verfahren für die angefochtenen zugehörigen Bescheide wieder aufgenommen werden (vgl. Urteil des FG Köln vom 10.8.2017, 13 K 1849/13, EFG S. 1807).

5.3.1.2.3. Bestandskräftiger Steuerbescheid

[1]War die Abgabenforderung vor der Eröffnung des Insolvenzverfahrens bereits bestandskräftig festgesetzt, wirkt die Bestandskraft auch gegen den Widersprechenden. [2]Diesem obliegt die Verfolgung seines Widerspruchs. [3]Dabei muss er das Verfahren in der Lage übernehmen, in der es sich bei Eröffnung des Insolvenzverfahrens befand. [4]Liegen keine Wiedereinsetzungsgründe vor und sind die Voraussetzungen der Korrekturvorschriften (insbesondere §§ 129 ff., 164, 165, 172 ff. AO) nicht erfüllt, erlässt das Finanzamt einen Feststellungsbescheid nach § 251 Abs. 3 AO und stellt die Bestandskraft der angemeldeten Forderung fest (BFH-Urteil vom 23.2.2010, VII R 48/07, BStBl. II S. 562).

5.3.2. Vom Schuldner bestrittene Forderungen

[1]Auch dem Schuldner steht das Widerspruchsrecht zu. [2]Dieser Widerspruch steht jedoch der Feststellung der Forderung nicht entgegen (§ 178 Abs. 1 Satz 2 InsO).

[1]Trotz Widerspruchs des Schuldners tritt die Rechtskraftwirkung des Tabelleneintrags ein (§ 178 Abs. 3 InsO). [2]Soweit der Schuldner die zur Tabelle angemeldete Forderung bestreitet, wirkt der Tabelleneintrag nach Insolvenzbeendigung nicht gegen den Schuldner (§ 201 Abs. 2 InsO); insbesondere ist keine Vollstreckung aus der Eintragung in die Tabelle wie aus einem vollstreckbaren Urteil gegen den Schuldner zulässig (vgl. hierzu AEAO zu § 251, Nr. 5.3.4).

[1]Im Falle einer titulierten Forderung obliegt es dem Schuldner, binnen einer Frist von einem Monat, beginnend ab dem Prüfungstermin oder im schriftlichen Verfahren mit dem Bestreiten der Forderung, den Widerspruch zu verfolgen. [2]Nach fruchtlosem Ablauf dieser Frist gilt ein Widerspruch als nicht erhoben (§ 184 Abs. 2 InsO).

Erfolgt der Widerspruch des Schuldners rechtzeitig, kann ein unterbrochenes Einspruchsverfahren vom Finanzamt gegenüber dem Schuldner fortgeführt werden (§ 184 Abs. 1 Satz 2 InsO).

[1]Haben sowohl der Insolvenzverwalter als auch der Schuldner widersprochen, ist es zulässig, den unterbrochenen Rechtsstreit sowohl gegen den Insolvenzverwalter als auch gegen den Schuldner aufzunehmen und damit denselben Rechtsstreit einmal gegen den Insolvenzverwalter auf Feststellung der Forderung zur Insolvenztabelle und zum anderen auf Feststellung der Forderung gegenüber dem Schuldner fortzuführen. [2]Es handelt sich dabei um zwei miteinander verbundene Rechtsbehelfe mit verschiedenen Rechtsbehelfsbegehren (BFH-Urteil vom 13.11.2007, VII R 61/06, BStBl. 2008 II S. 790).

Wird eine nicht titulierte Forderung vom Schuldner bestritten, kann das Finanzamt das Bestehen der Abgabenforderung durch Bescheid nach § 251 Abs. 3 AO feststellen (§ 180 Abs. 1 Satz 1 InsO). [2]Dieser Bescheid ist an den Schuldner zu richten und diesem bekannt zu geben.

Widerspricht der Schuldner der Anmeldung einer Forderung i. S. v. § 302 Nr. 1 InsO, kann das Finanzamt bis zur Aufhebung des Insolvenzverfahrens – unabhängig von einer Titulierung – einen Feststellungsbescheid i. S. v. § 251 Abs. 3 AO mit dem Ziel erlassen, die Forderung von der Restschuldbefreiung auszunehmen, wenn der Schuldner im Zusammenhang mit den angemeldeten Forderungen wegen einer Steuerstraftat nach den §§ 370, 373 oder 374 AO rechtskräftig verurteilt worden ist; ein ergangener Strafbefehl, gegen den kein Einspruch erhoben worden ist, steht einem rechtskräftigen Urteil gleich (§ 410 Abs. 3 StPO).

Erfolgt die rechtskräftige Verurteilung erst nach Beendigung des Insolvenzverfahrens, siehe AEAO zu § 251, Nr. 15.2.

5.3.3. Feststellung der Forderung zur Tabelle

Werden die angemeldeten Forderungen im Prüfungstermin weder vom Insolvenzverwalter noch von einem Insolvenzgläubiger bestritten oder wird ein erhobener Widerspruch beseitigt, so gelten sowohl die titulierten als auch die nicht titulierten Forderungen als festgestellt (§ 178 Abs. 1 InsO).

[1]Die Eintragung der Feststellung zur Tabelle wirkt gegenüber dem Insolvenzverwalter und den übrigen Insolvenzgläubigern wie ein rechtskräftiges Urteil (§ 178 Abs. 3 InsO), unabhängig davon, ob ein Steuerbescheid ergangen ist. [2]Zur Möglichkeit der Änderung eines festgestellten Tabelleneintrags vgl. AEAO zu § 251, Nr. 5.3.5.

Nach Abschluss des Insolvenzverfahrens kann der Insolvenzgläubiger aus der Eintragung in die Tabelle wie aus einem vollstreckbaren Urteil die Zwangsvollstreckung gegen den Schuldner betreiben, sofern nicht Restschuldbefreiung eingetreten ist oder noch ein Widerspruch des Schuldners (vgl. AEAO zu § 251, Nr. 5.3.2) vorliegt.

Die widerspruchslose Feststellung einer Steuerforderung zur Insolvenztabelle bewirkt zwar die Erledigung eines wegen dieser Forderung geführten Finanzrechtsstreits in der Hauptsache, beendet aber nicht zugleich die Unterbrechung (vgl. AEAO zu § 251, Nrn. 4.1.2 und 4.1.3) des finanzgerichtlichen Verfahrens (BFH-Beschluss vom 14.5.2013, X B 134/12, BStBl. II S. 585).

5.3.4. Feststellungsbescheid gem. § 251 Abs. 3 AO

Der Feststellungsbescheid nach § 251 Abs. 3 AO ist kein Steuerbescheid i. S. v. §§ 155 ff. AO. Eine Korrektur richtet sich nach den §§ 129 bis 131 AO.

5.3.5. Änderung von zur Insolvenztabelle festgestellten Steuerforderungen

[1]Der widerspruchslosen Eintragung in die Insolvenztabelle kommt dieselbe Wirkung wie der beim Bestreiten vorzunehmenden Feststellung gem. § 185 InsO i. V. m. § 251 Abs. 3 AO zu. [2]Die widerspruchslose Eintragung kann wie die Feststellung zugunsten des Schuldners unter den Voraussetzungen der §§ 130, 131 AO korrigiert werden (BFH-Urteile vom 24.11.2011, V R 13/11, BStBl. 2012 II S. 298, und vom 24.11.2011, V R 20/10, BFH/NV 2012 S. 711 zur Anwendung des § 130).

Eine Nachmeldung von Insolvenzforderungen zur Tabelle für Besteuerungszeiträume, für die bereits ein festgestellter Tabelleneintrag vorliegt, ist zulässig (vgl. BGH-Urteil vom 19.1.2012, IX ZR 4/11, ZInsO S. 488).

6. Sonstige Masseverbindlichkeiten (§ 55 InsO)

6.1. Begründung von sonstigen Masseverbindlichkeiten

[1]Die durch die Handlungen des Insolvenzverwalters oder in anderer Weise durch die Verwaltung, Verwertung und Verteilung der Insolvenzmasse nach der Eröffnung des Insolvenzverfahrens begründeten Abgabenforderungen (sonstige Masseverbindlichkeiten nach § 55 Abs. 1 InsO) sind vorweg zu begleichen (§ 53 InsO). [2]Nach der Insolvenzeröffnung sind die Abgabenansprüche begründet, wenn der einzelne (unselbständige) Besteuerungstatbestand nach der Insolvenzeröffnung vollständig verwirklicht wurde (BFH-Urteile vom 8.3.2012, V R 24/11, BStBl. II S. 466, vom 25.7.2012, VII R 29/11, BStBl. II 2013 S. 36, und vom 16.5.2013, IV R 23/11, BStBl. II S. 759). [3]Dazu gehören insbesondere

- nach Eröffnung des Insolvenzverfahrens begründete Umsatzsteuer,
- nach Eröffnung des Insolvenzverfahrens vereinnahmte Umsatzsteuer aus Umsätzen vor Eröffnung des Insolvenzverfahrens. [2]Dies gilt sowohl bei Istversteuerung (BFH-Urteil vom 29.1.2009, V R 64/07, BStBl. II S. 682) als auch bei Sollversteuerung (BFH-Urteil vom 9.12.2010, V R 22/10, *BStBl. 2011 II S. 996*),
- Umsatzsteuer aufgrund Vorsteuerberichtigung i. S. v. § 15a UStG (BFH-Urteil vom 9.2.2011, XI R 35/09, BStBl. II S. 1000, und vom 8.3.2012, V R 24/11, a. a. O.),
- [1]Einkommensteuer/Körperschaftsteuer, die sich auf Einkünfte aus der Verwaltung oder der Verwertung der Masse gründet. [2]Die Steuerschuld stellt auch dann in voller Höhe eine Masseverbindlichkeit dar, wenn der (tatsächlich) zur Masse gelangte Erlös nicht ausreicht, um die aus der Verwertungs-

handlung resultierende Einkommen-/Körperschaftsteuerforderung zu befriedigen (vgl. BFH-Urteil vom 16.5.2013, IV R 23/11, a. a. O.),
- Einkommensteuer eines in Insolvenz befindlichen Mitunternehmers, die auf seinem nach Insolvenzeröffnung begründeten Gewinnanteil beruht (vgl. BFH-Urteil vom 18.5.2010, X R 60/08, BStBl. 2011 II S. 429),
- Gewerbesteuer bei Weiterführung des Gewerbebetriebs durch den Insolvenzverwalter,
- Lohnsteuer auf nach Eröffnung des Insolvenzverfahrens ausgezahlte Arbeitslöhne,
- Kraftfahrzeugsteuer für den laufenden Entrichtungszeitraum ab der Verfahrenseröffnung und für alle danach beginnenden Entrichtungszeiträume, sofern das Fahrzeug Teil der Insolvenzmasse ist (vgl. BFH-Urteile vom 13.4.2011, II R 49/09, BStBl. II S. 944, und vom 8.9.2011, II R 54/10, BStBl. 2012 II S. 149).

Weitere Masseverbindlichkeiten sind
- Verbindlichkeiten, die von einem vorläufigen Insolvenzverwalter begründet worden sind, auf den die Verfügungsbefugnis über das Vermögen des Schuldners übergegangen ist (§ 55 Abs. 2 Satz 1 InsO) sowie
- [1] Verbindlichkeiten des Schuldners aus dem Steuerschuldverhältnis, die von einem vorläufigen Insolvenzverwalter oder vom Schuldner mit Zustimmung eines vorläufigen Insolvenzverwalters begründet worden sind (§ 55 Abs. 4 InsO). [2] Zur Anwendung des § 55 Abs. 4 InsO siehe BMF-Schreiben vom 20.5.2015, BStBl. I S. 476, ergänzt durch BMF-Schreiben vom 18.11.2015, BStBl. I S. 886.

[1] Die als Masseverbindlichkeiten entstehenden Abgabenansprüche sind durch Steuerbescheid geltend zu machen (BFH-Urteil vom 6.7.2011, II R 34/10, BFH/NV 2012, S. 10). [2] Der Insolvenzverwalter ist Bekanntgabeadressat (vgl. AEAO zu § 122, Nr. 1.4). [3] Die Masse betreffende Verwaltungsakte können grundsätzlich nicht durch die Bekanntgabe an den Schuldner wirksam werden. [4] Der Insolvenzverwalter ist verpflichtet, die entsprechenden Steuererklärungen einschließlich Steueranmeldungen abzugeben (vgl. AEAO zu § 251, Nr. 4.2).

[1] Die Ausnahme stellt das Insolvenzverfahren in Eigenverwaltung dar. [2] Hier werden die Masse betreffende Verwaltungsakte durch Bekanntgabe an den Schuldner wirksam. [3] Steuerliche Erklärungspflichten sind insoweit vom Schuldner zu erfüllen (vgl. AEAO zu § 251, Nr. 13.3).

Der Insolvenzverwalter haftet nach §§ 191, 69 i. V. m. § 34 Abs. 3 AO bei schuldhafter Verletzung seiner steuerlichen Pflichten.

Sind die Kosten des Insolvenzverfahrens gedeckt, reicht die Insolvenzmasse jedoch nicht aus, um die fälligen sonstigen Masseverbindlichkeiten zu erfüllen, hat der Insolvenzverwalter dem Insolvenzgericht die Masseunzulänglichkeit anzuzeigen (§ 208 Abs. 1 Satz 1 InsO).

[1] Die Rangfolge der Vorwegbefriedigung von Masseverbindlichkeiten richtet sich nach § 209 InsO. [2] Zunächst werden die Kosten des Insolvenzverfahrens, das sind die Gerichtskosten und die Vergütung des Insolvenzverwalters sowie *ggf.* des Gläubigerausschusses, danach die Neumasseverbindlichkeiten (Verbindlichkeiten, die nach Anzeige der Masseunzulänglichkeit begründet wurden) und schließlich die Altmasseverbindlichkeiten befriedigt.

6.2. Durchsetzung von sonstigen Masseverbindlichkeiten

[1]Werden sonstige Masseverbindlichkeiten vom Insolvenzverwalter nicht entrichtet, ist dieser zur unverzüglichen Zahlung aufzufordern. [2]Die Vollstreckung gegen die Masse richtet sich nach den allgemeinen Vorschriften der AO. [3]Grundsätzlich ist während der Dauer des Insolvenzverfahrens die Vollstreckung in die Insolvenzmasse durch Massegläubiger – vorbehaltlich § 90 Abs. 1 InsO – zulässig, weil § 89 InsO nur für Insolvenzgläubiger gilt. [4]Mit der Anzeige der Masseunzulänglichkeit greift allerdings für Massegläubiger das Vollstreckungsverbot wegen Altmasseverbindlichkeiten i. S. v. § 209 Abs. 1 Nr. 3 InsO (§ 210 InsO). [5]Ein gesetzlich verankertes Vollstreckungsverbot für Neumassegläubiger enthält die InsO nicht. [6]Der Insolvenzverwalter kann die Zahlung auf Neumasseverbindlichkeiten verweigern, sobald sich herausstellt, dass die Masse nicht zur vollen Befriedigung aller Neumassegläubiger ausreicht. [7]Für diese greift der Grundsatz der Gleichbehandlung sämtlicher Gläubiger, so dass lediglich eine quotale Befriedigung verlangt werden kann.

7. Insolvenzfreies Vermögen

[1]Übt der Schuldner eine selbständige Tätigkeit aus oder beabsichtigt er, demnächst eine solche Tätigkeit auszuüben, hat der Insolvenzverwalter ihm gegenüber zu erklären, ob Vermögen aus der selbständigen Tätigkeit zur Insolvenzmasse gehört und ob Ansprüche aus dieser Tätigkeit im Insolvenzverfahren geltend gemacht werden können, § 35 Abs. 2 Satz 1 InsO. [2]Diese Freigabeerklärung wirkt grundsätzlich erst ab ihrem Zugang beim Insolvenzschuldner (ex nunc). [3]Die Wirksamkeit der Erklärung wird dabei allerdings nicht vom Insolvenzgericht überprüft. [4]Das Amtsgericht übernimmt lediglich die Vorgaben des Insolvenzverwalters, d. h., der Zugang der Erklärung beim Schuldner ist vom Insolvenzverwalter gegenüber dem Finanzamt nachzuweisen. [5]Eine einmal erteilte Freigabeerklärung ist für den Insolvenzverwalter unwiderruflich. [6]Unterlässt der Insolvenzverwalter in Kenntnis oder bei Erkennbarkeit der selbständigen Tätigkeit des Schuldners (z. B. nach entsprechender Information durch das Finanzamt) die Abgabe der Erklärung nach § 35 Abs. 2 Satz 1 InsO, stellen die durch die selbständige Tätigkeit des Insolvenzschuldners begründeten Verbindlichkeiten Masseverbindlichkeiten nach § 55 Abs. 1 Nr. 1 InsO dar (BFH-Urteil vom 18.12.2019, XI R 10/19, BStBl. 2020 II S. 480).

Keine Masseverbindlichkeiten liegen vor, wenn der Schuldner die Tätigkeit ohne Wissen und Billigung durch den Insolvenzverwalter ausgeübt hat und die Entgelte nicht zur Insolvenzmasse gelangt sind (BFH-Urteile vom 18.5.2010, X R 11/09, BFH/NV 2010 S. 2114 und vom 6.6.2019, V R 51/17, *BStBl. 2021 II* S. 52).

[1]Steuererstattungsansprüche innerhalb dieses freigegebenen Neuerwerbes stehen immer dem Schuldner zu. [2]Das Finanzamt kann – sofern keine Aufrechnungslage besteht – nach Bekanntgabe der Freigabe solche Guthaben aus dem insolvenzfreien Neuerwerb nur noch schuldbefreiend an ihn leisten. [3]Steuerzahlungen für das insolvenzfreie Vermögen sind vom Schuldner zu leisten.

Einkommensteuernachzahlungen, die auf Einkünften aus nichtselbständiger Tätigkeit oder Renten beruhen, stellen Forderungen gegen das insolvenzfreie

Vermögen dar (BFH-Urteile vom 24.2.2011, VI R 21/10, BStBl. II S. 520 sowie vom 27.7.2011, VI R 9/11, BFH/NV S. 2111 f.).

8. Aufrechnung im Insolvenzverfahren

Für die Aufrechnung in Insolvenzfällen gelten die allgemeinen Grundsätze der § 226 AO i. V. m. §§ 387 ff. BGB, es sind jedoch die Aufrechnungsverbote der §§ 95 und 96 InsO zu beachten.

Die Steuerberechnung nach §§ 16 ff. UStG ist keine Aufrechnung, so dass sie auch nicht den Beschränkungen der §§ 94 ff. InsO unterliegt (BFH-Urteile vom 24.11.2011, V R 13/11, BStBl. 2012 II S. 298, vom 25.7.2012, VII R 30/11, BFH/NV 2013 S. 603 und vom 24.9.2014, V R 48/13, BStBl. 2015 II S. 506).

[1] War ein Gläubiger zum Zeitpunkt der Eröffnung des Insolvenzverfahrens zur Aufrechnung berechtigt, so kann die Aufrechnung auch noch im Insolvenzverfahren erklärt werden (§ 94 InsO). [2] Zur Aufrechnung im Planverfahren vgl. AEAO zu § 251, Nr. 11; zur Aufrechnung im Restschuldbefreiungsverfahren vgl. AEAO zu § 251, Nr. 15.2.

[1] Nach § 95 Abs. 1 InsO kann (noch) nicht aufgerechnet werden, wenn die aufzurechnenden Forderungen oder eine von ihnen aufschiebend bedingt oder noch nicht fällig sind. [2] Die Aufrechnung kann erst erfolgen, wenn die Voraussetzungen (Unbedingtheit oder Fälligkeit) eingetreten sind; hierbei ist die Fälligkeitsfiktion des § 41 InsO nicht anzuwenden. [3] Es gilt allein die steuerrechtliche Fälligkeit (§ 220 AO).

[1] Wird über das Vermögen des Schuldners ein Insolvenzverfahren eröffnet, werden die in diesem Zeitpunkt entstandenen Steuerforderungen des Finanzamts – vorbehaltlich spezieller steuergesetzlicher Fälligkeitsbestimmungen – fällig, ohne dass es dafür ihrer Festsetzung oder Feststellung durch Verwaltungsakt oder einer Anmeldung der Forderung zur Tabelle bedürfte (BFH-Urteil vom 4.5.2004, VII R 45/03, BStBl. II S. 815). [2] Die Befugnis, mit Haftungsansprüchen i. S. d. § 73 AO, die vor Eröffnung des Insolvenzverfahrens begründet worden sind, gegen vorinsolvenzliche Erstattungsansprüche der Organgesellschaft gem. § 226 AO aufzurechnen, besteht auch im Falle einer Insolvenz der Organgesellschaft. [3] Der vorherige Erlass eines Haftungsbescheides, die Feststellung der Haftungsforderung oder deren Anmeldung zur Insolvenztabelle ist nicht erforderlich (BFH-Urteil vom 10.5.2007, VII R 18/05, BStBl. II S. 914). [4] Entsteht der Steuererstattungsanspruch dem Grunde nach vor Erteilung der Restschuldbefreiung, so kann die Aufrechnung ungeachtet der noch nicht erfolgten Festsetzung des Steuererstattungsanspruchs bereits nach dessen Entstehung erklärt werden.

Eine Aufrechnung ist unzulässig,

– wenn ein Insolvenzgläubiger erst nach der Eröffnung des Insolvenzverfahrens etwas zur Masse schuldig geworden ist (§ 96 Abs. 1 Nr. 1 InsO),

Beispiel:

Eine vor der Verfahrenseröffnung fällige Umsatzsteuerforderung kann nicht gegen einen Vorsteuererstattungsanspruch aufgerechnet werden, der aufgrund von Umsätzen nach Er*öffnung des Insolvenzverfahrens* begründet ist.

Eine Aufrechnung ist aber zulässig, wenn die Gegenforderung und die Hauptforderung vor Verfahrenseröffnung begründet worden sind.

Beispiel:

Die Eröffnung des Insolvenzverfahrens erfolgt am 2.11.2011. [2]Die Einkommensteuer 2010 wurde als Insolvenzforderung zur Tabelle angemeldet. [2]Die nach Eröffnung des Verfahrens durchgeführte Festsetzung der Umsatzsteuer 2010 (vgl. AEAO zu § 251, Nr. 4.3.1) führte zu einer Erstattung.

Mit dem Anspruch auf Einkommensteuernachzahlung 2010 kann gegen den Umsatzsteuererstattungsanspruch 2010 aufgerechnet werden.
Wurden beide Ansprüche nach der Verfahrenseröffnung im Bereich der Insolvenzmasse begründet, ist eine Aufrechnung ebenfalls zulässig.

– wenn ein Insolvenzgläubiger die Möglichkeit der Aufrechnung durch eine anfechtbare Rechtshandlung erlangt hat (§ 96 Abs. 1 Nr. 3 InsO),

Beispiel:

Die Vorsteuer aus der Vergütung des vorläufigen Insolvenzverwalters, welche nach Insolvenzeröffnung in Rechnung gestellt wurde, kann regelmäßig mit zur Zeit der Insolvenzeröffnung bestehenden Forderungen des Finanzamts nicht aufgerechnet werden. Die Rechtshandlung, die der Vorsteuervergütung zugrunde liegt, ist in der kritischen Zeit vor Insolvenzeröffnung erfolgt und stellt daher häufig eine anfechtbare Rechtshandlung dar (vgl. BFH-Urteile vom 2.11.2010, VII R 6/10, BStBl. 2011 II S. 374, und VII R 62/10, BStBl. 2011 II S. 439).

Lagen zum Zeitpunkt der Begründung der Gegenforderung und der Hauptforderung die Anfechtungsvoraussetzungen der §§ 129 ff. InsO nicht vor, ist die Aufrechnung zulässig.

oder

– wenn ein Gläubiger, dessen Forderung aus dem insolvenzfreien Vermögen des Schuldners zu erfüllen ist, etwas zur Insolvenzmasse schuldet (§ 96 Abs. 1 Nr. 4 InsO).

Beispiel:

Der Schuldner hat aus seiner freigegebenen selbständigen Tätigkeit Umsatzsteuer in Höhe von 10.000 € zu zahlen. Gleichzeitig steht der Insolvenzmasse aus Umsätzen, die der Insolvenzverwalter getätigt hat, eine Umsatzsteuererstattung von 5000 € zu.
Eine Aufrechnung der Umsatzsteuererstattung zur Masse mit der Zahllast aus dem insolvenzfreien Vermögen ist nicht möglich.

Eine Aufrechnung eines Erstattungsanspruchs aus dem insolvenzfreien Vermögen mit Insolvenzforderungen ist aber zulässig (BFH-Beschluss vom 1.9.2010, VII R 35/08, BStBl. 2011 II S. 336).

Beispiel:

Der Schuldner erzielt nach der Insolvenzeröffnung ausschließlich Einkünfte aus einer freigegebenen selbständigen Tätigkeit i. H. v. 10 000 € und leistet Einkommensteuervorauszahlungen i. H. v. 400 €. Die Jahressteuer wird auf 150 € festgesetzt.
Der Erstattungsanspruch i. H. v. 250 € steht dem Schuldner zu, weil er die Vorauszahlungen aus dem freigegebenen Vermögen geleistet hat.
Eine Aufrechnung mit Insolvenzforderungen ist möglich.

9. Verteilung der Steuerforderungen und -erstattungsansprüche auf die insolvenz-rechtlichen Vermögensbereiche

Ansprüche aus dem Steuerschuldverhältnis können sich gegen unterschiedliche insolvenzrechtliche Vermögensbereiche (vorinsolvenzrechtlicher Vermögensteil, Insolvenzmasse, ggf. insolvenzfreies Vermögen) richten.

9.1. Einkommensteuer

[1]Die Einkommensteuer ist eine Jahressteuer, die mit Ablauf des Kalenderjahres entsteht (zur Entstehung der Einkommensteuervorauszahlungen siehe § 37 Abs. 1 EStG). [2]Die einheitlich ermittelte Jahressteuer ist grundsätzlich im Verhältnis der Einkünfte den verschiedenen insolvenzrechtlichen Vermögensbereichen zuzuordnen. [3]Die Verteilung der Einkünfte auf die einzelnen Vermögensbereiche hat nach Maßgabe der in den einzelnen Abschnitten zu berücksichtigenden Besteuerungsmerkmale insbesondere unter Beachtung der Gewinnermittlungsvorschriften (§ 4 Abs. 1 EStG oder § 4 Abs. 3 EStG) zu erfolgen (BFH-Urteil vom 9.12.2014, X R 12/12, BFH/NV 2015 S. 988). [4]Da eine konkrete Zuordnung häufig nicht möglich ist, können die Einkünfte im Schätzungswege zeitanteilig zugeordnet werden, es sei denn, dies führt zu einer offensichtlich unzutreffenden Verteilung z.B. bei Aufdeckung stiller Reserven (BFH-Urteil vom 29.3.1984, IV R 271/83, BStBl. II S. 602), Auflösung von Rückstellungen oder Einkünften aus insolvenzfreiem Vermögen. [5]Der Altersentlastungsbetrag gem. § 24a EStG wird quotal bei den entsprechenden Einkünften abgezogen (vgl. BFH-Urteil vom 27.10.2020, VIII R 19/18, BStBl. 2021 II S. 819).

Beispiel:

Das Insolvenzgericht eröffnete am 1.7.01 das Insolvenzverfahren. Der Steuerpflichtige erzielte im Jahr 01 insgesamt Einkünfte von 100 000 €. Hiervon entfallen 60 000 € auf die Veräußerung eines Grundstücks durch den Insolvenzverwalter im Oktober 01. Weitere Einkünfte i. H. v. 10 000 € entfallen auf den Gewinn aus einer vom Insolvenzverwalter freigegebenen selbstständigen Tätigkeit des Schuldners. Hinsichtlich der restlichen Einkünfte von 30 000 € ist eine Zuordnung auf Zeiträume vor Insolvenzeröffnung und nach Insolvenzeröffnung nicht möglich.
Die Verteilung hat vorrangig nach Zuordnung zu den Geschäftsvorfällen zu erfolgen, da eine zeitanteilige Verteilung aller Einkünfte hier zu einem unzutreffenden Ergebnis führen würde.

	Einkünfte	Durch vorinsolvenzrechtliches Vermögen begründet (vorinsolvenzlicher Vermögensbereich)	Durch Insolvenzmasse begründet (Insolvenzmasse)	Insolvenzfreies Vermögen
Zuordnung nach Geschäftsvorfällen	70 000 €		60 000 €	10 000 €
Zeitanteilig zugeordnet	30 000 €	15 000 €	15 000 €	0 €
Summe	**100 000 €**	**15 000 €**	**75 000 €**	**10 000 €**

9.1.1. Einzelveranlagung

Die einheitlich ermittelte Jahressteuer ist im ermittelten Verhältnis der Einkünfte (vgl. AEAO zu § 251, Nr. 9.1) den verschiedenen insolvenzrechtlichen Vermögensbereichen zuzuordnen.

Beispiel 1:

Das Insolvenzgericht eröffnete auf einen Insolvenzantrag vom 1.6.01 das Insolvenzverfahren über das Vermögen des Schuldners am 1.9.01. Der Steuerpflichtige erzielte im Jahr 01 insgesamt Einkünfte von 120 000 €. Hiervon entfallen 100 000 € auf Zeiträume vor Insolvenzeröffnung und je 10 000 € auf Einkünfte der Insolvenzmasse (einschließlich Einkünfte i. S. v. § 55 Abs. 4 InsO) und des insolvenzfreien Vermögens. Die einheitlich ermittelte Einkommensteuer beträgt insgesamt 12 000 €.

Die einheitlich ermittelte Steuer ist den insolvenzrechtlichen Vermögensbereichen im Verhältnis der Einkünfte aus den unterschiedlichen Vermögensbereichen zu der Summe der Einkünfte zuzuordnen:

$$\text{Anteiliger Steuerbetrag} = \frac{\text{anteilige Einkünfte des Vermögensbereichs}}{\text{Summe der Einkünfte}} \times \text{Gesamtsteuerbetrag}$$

	Summe	vorinsolvenzlicher Vermögensbereich	Insolvenz-masse	insolvenzfreies Vermögen
Einkünfte	120 000 €	100 000 €	10 000 €	10 000 €
Steuer	12 000 €	10 000 €	1000 €	1000 €

[1] Die einheitlich ermittelte Steuer wird in Höhe des auf den jeweiligen insolvenzrechtlichen Vermögensbereich entfallenden Betrages gegenüber diesem festgesetzt (Insolvenzmasse bzw. insolvenzfreies Vermögen) oder berechnet. [2] Vorauszahlungen und Steuerabzugsbeträge werden im Rahmen der Anrechnungsverfügung bei dem insolvenzrechtlichen Vermögensbereich berücksichtigt, aus dem sie geleistet wurden. [3] Steuererstattungsansprüche aufgrund von Steuervorauszahlungen oder Steuerabzugsbeträgen entstehen in den jeweiligen Vermögensbereichen im Zeitpunkt der Entrichtung der Steuer bzw. des Einbehalts der Steuerabzugsbeträge unter der aufschiebenden Bedingung, dass am Ende des Veranlagungszeitraums die geschuldete Steuer geringer ist als die Summe aus geleisteten Vorauszahlungen und Steuerabzugsbeträgen, vgl. § 36 Abs. 4 EStG (BFH-Urteil vom 29.1.1991, VII R 45/90, BFH/NV S. 791). [4] Eine Verrechnung von Erstattungs- mit Nachzahlungsbeträgen verschiedener Vermögensbereiche im Rahmen der Jahresveranlagung ist nicht statthaft (BFH-Urteil vom 24.2.2015, VII R 27/14, BStBl. II S. 993). [5] Die Möglichkeit einer Aufrechnung z. B. eines Guthabens im vorinsolvenzrechtlichen oder freigegebenen Vermögen mit Insolvenzforderungen unter Beachtung insbesondere der §§ 94 ff. InsO bleibt unberührt.

Beispiel 2 (Fortsetzung von Beispiel 1):

Am 10.3.01 zahlte der Schuldner 600 € Vorauszahlungen. Die festgesetzte Vorauszahlung für das II. Quartal zahlte er nicht. Am 10.9.01 und am 10.12.01 zahlte der Insolvenzverwalter jeweils 600 € Vorauszahlungen. Das Finanzamt setzte gegen den Schuldner keine Vorauszahlungen für das insolvenzfreie Vermögen fest.

	Summe	vorinsolvenzlicher Vermögensbereich	Insolvenz-masse	Insolvenzfreies Vermögen
Einkünfte	120 000 €	100 000 €	10 000 €	10 000 €
Steuer	12 000 €	10 000 €	1000 €	1000 €
Abzgl. geleistete VZ	1800 €	600 €	1200 €	0 €
Zwischensumme		9400 €	– 200 €	1000 €

Zur Tabelle sind 9400 € als Insolvenzforderung anzumelden. Die auf die Insolvenzmasse entfallende Steuer i. H. v. 1000 € ist gegenüber dem Insolvenzverwalter festzusetzen. Das sich nach Anrechnung der geleisteten Vorauszahlungen ergebende Guthaben i. H. v. 200 € ist vorbehaltlich der Aufrechnungsmöglichkeit mit weiteren Masseverbindlichkeiten an die Insolvenzmasse zu erstatten. Die auf das insolvenzfreie Vermögen entfallende Steuer i. H. v. 1000 € ist gegenüber dem Schuldner festzusetzen und der Schuldner zur Zahlung aufzufordern.

9.1.2. Zusammenveranlagung

Im Fall der Zusammenveranlagung von Ehegatten/Lebenspartnern zur Einkommensteuer wirken sich aufgrund der Gesamtschuldnerschaft (§ 44 Abs. 1

AO) die Einkünfte des nicht insolventen Ehegatten/Lebenspartners auch auf die gegenüber den jeweiligen insolvenzrechtlichen Vermögensbereichen festzusetzenden Steuern bzw. zu berechnenden und zur Tabelle anzumeldenden Steuerforderungen aus, so dass eine Verteilung der Einkünfte des nicht insolventen Ehegatten/Lebenspartners auf die unterschiedlichen insolvenzrechtlichen Vermögensbereiche zu erfolgen hat.

[1]Die Verteilung der Einkünfte des nicht insolventen Ehegatten/Lebenspartners auf den Zeitraum vor und nach Insolvenzeröffnung erfolgt zeitanteilig, es sei denn, diese Verteilung ist offensichtlich unzutreffend. [2]Die Verteilung der Einkünfte des nicht insolventen Ehegatten/Lebenspartners, die nach der Insolvenzeröffnung entstanden sind, auf die Insolvenzmasse sowie das insolvenzfreie Vermögen erfolgt im Verhältnis der Einkünfte des insolventen Ehegatten/Lebenspartners in diesen insolvenzrechtlichen Vermögensbereichen (vgl. BFH-Urteil vom 27.10.2020, VIII R 19/18, BStBl. 2021 II S. 819).

Beispiel 3:

Das Insolvenzgericht eröffnete am 1.10.01 das Insolvenzverfahren über das Vermögen des Schuldners. Der insolvente Ehegatte/Lebenspartner erzielte im Jahr 01 insgesamt Einkünfte von 120 000 €. Hiervon entfallen 100 000 € auf Zeiträume vor Insolvenzeröffnung und 15 000 € auf Einkünfte der Insolvenzmasse sowie 5000 € auf das insolvenzfreie Vermögen. Der nichtinsolvente Ehegatte/Lebenspartner erzielte 60 000 € im gesamten Jahr. Die einheitlich ermittelte Einkommensteuer beträgt insgesamt 18 000 €. Vorauszahlungen leisteten die Steuerpflichtigen sowie der Insolvenzverwalter nicht.

Die einheitlich ermittelte Steuer ist den insolvenzrechtlichen Vermögensbereichen im Verhältnis der Einkünfte aus den unterschiedlichen Vermögensbereichen zu den Gesamteinkünften beider Ehegatten/Lebenspartner zuzuordnen:

1. Schritt:

Für die Zuordnung der vorinsolvenzrechtlichen und der nachinsolvenzrechtlichen Einkünfte des nicht in Insolvenz befindlichen Ehegatten/Lebenspartners sind die Einkünfte der Ehegatten/Lebenspartner zeitanteilig zu verteilen:

<table>
<tr><th></th><th>Summe</th><th>vorinsolvenzlicher Vermögensbereich</th><th>Insolvenzmasse</th><th>Insolvenzfreies Vermögen</th></tr>
<tr><td>Einkünfte insolventer Ehegatte/Lebenspartner (s. Sachverhalt Bsp. 3)</td><td>120 000 €</td><td>100 000 €</td><td>15 000 €</td><td>5000 €</td></tr>
<tr><td>Einkünfte nicht insolventer Ehegatte/Lebenspartner</td><td>60 000 €</td><td>45 000 €</td><td colspan="2">15 000 €</td></tr>
</table>

Die vorinsolvenzrechtlichen Einkünfte des nichtinsolventen Ehegatten/Lebenspartners betragen 45 000 € (9/12 von 60 000 €).

2. Schritt:

In einem zweiten Schritt sind die nachinsolvenzrechtlichen Einkünfte des nicht in Insolvenz befindlichen Ehegatten/Lebenspartners (15 000 €) auf den Vermögensbereich Insolvenzmasse und, sofern vorhanden, auf das insolvenzfreie Vermögen zu verteilen.

Für diese Zuordnung sind die nachinsolvenzrechtlichen Einkünfte des nichtinsolventen Ehegatten/Lebenspartners nach dem Verhältnis der Einkünfte des insolventen Ehegatten/Lebenspartners in den Vermögensbereichen Insolvenzmasse und insolvenzfreies Vermögen zu verteilen.

	Summe	vorinsolvenzlicher Vermögensbereich	Insolvenzmasse	Insolvenzfreies Vermögen
Einkünfte				
insolventer Ehegatte/Lebenspartner (s. Sachverhalt)	120 000 €	100 000 €	20 000 € 15 000 € (3/4)	5000 € (1/4)
nicht insolventer Ehegatte/Lebenspartner (s. 1. Schritt)	60 000 €	45 000 €	15 000 € 11 250 € (3/4)	3750 € (1/4)
Zwischensumme	180 000 €	145 000 €	26 250 €	8750 €
Steuer	18 000 €	14 500 €	2625 €	875 €

Ergebnis zu Beispiel 3:
Insolvenzforderungen sind i. H. v. 14 500 € zur Tabelle anzumelden. Gegen den Insolvenzverwalter sind Masseforderungen i. H. v. 2625 € festzusetzen und gegen den insolventen Schuldner 875 € für den insolvenzfreien Bereich. Gegen den nicht insolventen Ehegatten/Lebenspartner ist eine Steuer i. H. v. 18 000 € festzusetzen, da er insoweit Gesamtschuldner ist.

Vorauszahlungen/anzurechnende Steuerabzugsbeträge

1 Sind Vorauszahlungen gegen den nicht insolventen Ehegatten/Lebenspartner festgesetzt und geleistet worden, sind diese Vorauszahlungen entsprechend des Zahlungszeitpunkts auf die vor- und nachinsolvenzrechtlichen Vermögensbereiche zu verteilen. 2 Die Vertretung innerhalb der nachinsolvenzrechtlichen Vermögensbereiche Insolvenzmasse und insolvenzfreies Vermögen erfolgt im Verhältnis der Einkünfte des insolventen Ehegatten/Lebenspartners in diesem Vermögensbereich. 3 Dies gilt entsprechend für die Zuordnung der anzurechnenden Steuerabzugsbeträge des nicht insolventen Ehegatten/Lebenspartners.

Beispiel 4 (Fortsetzung von Beispiel 3):
Der Schuldner leistete keine Vorauszahlungen. Am 10.12.01 zahlte der Insolvenzverwalter 600 € Vorauszahlungen. Das Finanzamt setzte gegen den Schuldner keine Vorauszahlungen für das insolvenzfreie Vermögen fest. Der nicht insolvente Ehegatte/Lebenspartner leistete Vorauszahlungen zu den jeweiligen Fälligkeitszeitpunkten i. H. v. insgesamt 400 € (jeweils 100 €).

	Summe	vorinsolvenzlicher Vermögensbereich	Insolvenzmasse	Insolvenzfreies Vermögen
Einkünfte				
insolventer Ehegatte/Lebenspartner (s. Sachverhalt)	120 000 €	100 000 €	15 000 €	5000 €
nicht insolventer Ehegatte/Lebenspartner (s. 1.+2. Schritt)	60 000 €	45 000 €	11 250 €	3750 €
Zwischensumme	180 000 €	145 000 €	26 250 €	8750 €

	Summe	vorinsolvenzlicher Vermögensbereich	Insolvenzmasse	Insolvenzfreies Vermögen
Steuer	18 000 €	14 500 €	2625 €	875 €
abzgl. geleistete VZ InsO-Schuldner	–	–	–	–
abzgl. geleistete VZ InsO-Verwalter	600 €	–	600 €	–
abzgl. geleistete VZ nicht insolventer Ehegatte/Lebenspartner	400 €	300 €	100 € → 75 € (3/4)	25 € (1/4)
Ergebnis	17 000 €	14 200 €	1950 €	850 €

600 € geleistete Vorauszahlungen sind im Bereich der Insolvenzmasse abzuziehen. Die Vorauszahlungen i. H. v. 300 €, die der nicht insolvente Ehegatte/Lebenspartner vor der Insolvenzeröffnung geleistet hatte, sind im Bereich der Insolvenzforderungen abzuziehen. Die Vorauszahlung für das IV. Quartal i. H. v. 100 € ist im Verhältnis ¾ zu ¼ (= Verhältnis der Einkünfte des insolventen Ehegatten/Lebenspartners in diesem Bereich) in den Bereichen Insolvenzmasse und insolvenzfreies Vermögen zu berücksichtigen.
Insolvenzforderungen sind i. H. v. 14 200 € zur Tabelle anzumelden. Der Insolvenzverwalter ist zur Zahlung von Masseverbindlichkeiten i. H. v. 1950 € und der Schuldner für den insolvenzfreien Bereich i. H. v. 850 € aufzufordern.
Gegenüber dem nicht insolventen Ehegatten/Lebenspartner erfolgt eine Steuerfestsetzung i. H. v. 18 000 €. Ferner ist er als Gesamtschuldner zur Zahlung von 17 000 € aufzufordern.

9.1.3. Berücksichtigung von Verlustvor- und -rückträgen

[1]Durch die Berücksichtigung des verbleibenden Verlustvortrags aus dem Vorjahr und dem Verlustrücktrag aus dem Folgejahr bei der Ermittlung des Aufteilungsquotienten wird die Herkunft der negativen Einkünfte aus Zeiträumen vor oder nach Eröffnung des Insolvenzverfahrens entsprechend der insolvenzrechtlichen Begründetheit (§ 38 InsO) berücksichtigt. [2]Zudem wird der Vorgabe des § 10d Abs. 1 und Abs. 2 EStG Rechnung getragen, wonach nicht ausgeglichene negative Einkünfte vorrangig vor Sonderausgaben, außergewöhnlichen Belastungen und sonstigen Abzugsbeträgen abzuziehen sind.

Das Antragsrecht nach § 10d Abs. 1 Satz 5 EStG (Verzicht bzw. Beschränkung des Verlustrücktrags) steht jeweils demjenigen zu, dem die Verfügungsbefugnis über den Vermögensbereich obliegt, in dem der jeweilige Verlust entstanden ist.

[1]Der zum 31.12. eines Jahres verbleibende Verlustvortrag ist vorrangig von den Einkünften des Vermögensbereichs abzuziehen, in dem er begründet worden ist. [2]Ein übersteigender verbleibender Verlustvortrag ist quotal von den vom Insolvenzverwalter erzielten Einkünften und von insolvenzfreien Einkünften abzuziehen.

Die vorstehend beschriebene Berücksichtigung der Verlustvorträge erfolgt auch in den Fällen, in denen aufgrund von § 251 Abs. 2 Satz 1 AO und § 87 InsO nur eine Berechnung des Verlustvortrags durchgeführt worden ist.

Beispiel 5:

Gegen den Insolvenzschuldner wird für 00 eine Einkommensteuer von 0 € festgesetzt. Ein Verlustvortrag wird nicht festgestellt. Im Jahr 01 erzielt der Insolvenzschuldner Einkünfte aus

Gewerbebetrieb i. S. v. § 15 EStG i. H. v. – 5000 €. Im Jahr 02, dem Jahr der Insolvenzeröffnung, erzielt der Insolvenzschuldner Einkünfte aus Gewerbebetrieb gem. § 15 EStG i. H. v. insgesamt – 40 000 €, davon entfallen – 15 000 € auf den vorinsolvenzrechtlichen Vermögensbereich und – 25 000 € auf die Insolvenzmasse.

Im folgenden Jahr erzielt der Insolvenzschuldner Einkünfte i. H. v. 30 000 €. Hiervon entfallen 3000 € auf Einkünfte der Insolvenzmasse (Einkünfte aus Gewerbebetrieb gem. § 15 EStG) sowie 27 000 € auf das insolvenzfreie Vermögen (Einkünfte aus nichtselbständiger Tätigkeit gem. § 19 EStG). Vorauszahlungen leistete der Insolvenzverwalter nicht. Die anzurechnenden Beträge sind geringer als die Jahressteuer.

Der verbleibende Verlustvortrag, der aus dem Bereich der Insolvenzmasse entstammt, ist zunächst mit den positiven Einkünften der Insolvenzmasse i. H. v. 3000 € zu verrechnen. Der danach verbleibende Verlustvortrag i. H. v. 42 000 € (Summe der anteiligen Verlustvorträge im vorinsolvenzrechtlichen Bereich sowie im Bereich der Insolvenzmasse) ist quotal (27 000 € × 20 000 €/42 000 € = 12 857 € sowie 27 000 € × 22 000 €/42 000 € = 14 143 €) mit den positiven Einkünften aus dem Bereich des insolvenzfreien Vermögens zu verrechnen.

Der vortragsfähige Verlust entwickelt sich wie folgt:

VZ	vorinsolvenzlicher Vermögensbereich	Insolvenzmasse	Insolvenzfreies Vermögen	Summe
Verlustvortrag 31.12.01	– 5000 €			– 5000 €
Einkünfte 02	– 15 000 €	– 25 000 €		
Verlustvortrag 31.12.02	– 20 000 €	– 25 000 €		– 45 000 €
Einkünfte Insolvenzmasse 03		3000 €		
Zwischensumme	– 20 000 €	– 22 000 €		– 42 000 €
Einkünfte insolvenzfreies Vermögen 03			27 000 €	
Verlustabzug	12 857 €	14 143 €	– 27 000 €	
Verlustvortrag 31.12.03	– 7143 €	– 7857 €	0 €	– 15 000 €

Der Verlustrücktrag nach § 10d Abs. 1 EStG aus dem Veranlagungszeitraum nach Insolvenzeröffnung (Folgejahr) ist zunächst von den Einkünften desjenigen Vermögensbereichs abzuziehen, in welchem im Folgejahr nicht ausgeglichene negative Einkünfte angefallen sind. Ein danach verbleibender Verlustrücktrag ist ggf. dem zweiten Vermögensbereich (Masseverbindlichkeit bzw. insolvenzfreier Bereich) zuzuordnen. Ein etwaiger Rest ist schließlich von den Einkünften abzuziehen, die auf den Zeitraum vor Eröffnung des Insolvenzverfahrens entfallen.

9.1.4. Einkommensteuererstattungen

[1] Einkommensteuererstattungen, die sich bei einer nach Insolvenzeröffnung vorgenommenen Veranlagung ergeben, stellen, soweit sie nicht ausnahmsweise dem insolvenzfreien Vermögen zuzurechnen sind, grundsätzlich Vermögenswerte der Insolvenzmasse dar (§ 35 Abs. 1 InsO). [2] Sie sind daher grundsätzlich an die Insolvenzmasse auszukehren, sofern keine Aufrechnungsmöglichkeit besteht.

Einkommensteuererstattungen, die während des Insolvenzverfahrens begründet werden und aus einer Lohnsteuerüberzahlung resultieren, gehören in vollem Umfang zur Insolvenzmasse (vgl. BFH-Beschluss vom 29.1.2010, VII B 188/09, BFH/NV S. 1243).

Hat der Schuldner nach Freigabe der selbständigen Tätigkeit Einkommensteuervorauszahlungen aus dem insolvenzfreien Vermögen geleistet und ergeben sich hieraus Einkommensteuererstattungen, fallen diese grundsätzlich in das insolvenzfreie Vermögen und sind vorbehaltlich der Aufrechnung an den Schuldner auszukehren (vgl. BFH-Urteil vom 26.11.2014, VII R 32/13, BStBl. 2015 II S. 561).

[1] Ergibt sich bei Ehegatten/Lebenspartnern bei der Zusammenveranlagung eine Steuererstattung, liegt im Gegensatz zur Gesamtschuldnerschaft bei Steuerschulden keine Gesamtgläubigerschaft vor. [2] Für die Verteilung zwischen ihnen sind die sich aus § 37 Abs. 2 AO ergebenden Grundsätze anzuwenden (vgl. AEAO zu § 37 und BMF-Schreiben vom 14.1.2015, BStBl. I S. 83). [3] Vorauszahlungen aufgrund eines an beide Ehegatten/Lebenspartner gemeinsam gerichteten Vorauszahlungsbescheids ohne individuelle Tilgungsbestimmung sind unabhängig davon, ob die Ehegatten/Lebenspartner später zusammen oder getrennt veranlagt werden, zunächst auf die festgesetzten Steuern beider Ehegatten/Lebenspartner anzurechnen (BFH-Urteil vom 22.3.2011, VII R 42/10, BStBl. II S. 607). [4] Dies gilt auch für die vom nicht insolventen Ehegatten/Lebenspartner nach Insolvenzeröffnung ohne individuelle Tilgungsbestimmung geleisteten Vorauszahlungen (BFH-Urteil vom 30.9.2008, VII R 18/08, BStBl. 2009 II S. 38).

[1] Ergibt sich aus dieser Verteilung ein Erstattungsbetrag für den insolventen Ehegatten/Lebenspartner, so ist der Erstattungsbetrag auf den vor- und nachinsolvenzlichen Zeitraum unter Berücksichtigung der sich in den Vermögensbereichen aufgrund der dort zu berücksichtigenden geleisteten Vorauszahlungen und Steuerabzugsbeträgen ggf. ergebenden Guthaben zu verteilen. [2] Zahlungen des Insolvenzverwalters werden für die Verteilung des Erstattungsbetrages nach § 37 Abs. 2 AO dem insolventen Ehegatten/Lebenspartner zugerechnet, wobei der Insolvenzverwalter ausschließlich die auf die Insolvenzmasse entfallende Steuerschuld zahlt.

Beispiel 6:

Im Rahmen einer Zusammenveranlagung von Ehegatten/Lebenspartnern, bei denen sich nur ein Ehegatte/Lebenspartner in Insolvenz befindet, ergibt sich eine Jahressteuer von 18 000 €, die i. H. v. 14 500 € auf den vorinsolvenzrechtlichen Vermögensteil und i. H. v. 3.500 € auf die Insolvenzmasse entfällt.
Folgende geleistete Vorauszahlungen sind anzurechnen:

– Schuldner		10 000 €
– Insolvenzverwalter sowie		600 €
– Nicht insolventer Ehegatte/ Lebenspartner	bis zur Insolvenzeröffnung	300 €
	nach Insolvenzeröffnung	8100 €

Vorauszahlungen und Steuerabzugsbeträge werden bei den insolvenzrechtlichen Vermögensbereichen berücksichtigt, aus denen sie geleistet wurden.

	Summe	vorinsolvenzlicher Vermögensbereich	Insolvenzmasse
Steuer	18 000 €	14 500 €	3500 €
abzgl. geleistete VZ InsO-Schuldner	10 000 €	10 000 €	–
abzgl. geleistete VZ InsO-Verwalter	600 €	–	600 €
abzgl. geleistete VZ nicht insolventer Ehegatte/Lebenspartner	8 400 €	300 €	8100 €
Zwischensumme	– 1 000 € ↙ ↘ – 515,79 € – 484,21 €	4 200 €	– 5200 € ↙ ↘ – 2779,31 € – 2420,69 €

Die Verteilung des Erstattungsbetrages auf die Ehegatten/Lebenspartner erfolgt zunächst nach § 37 Abs. 2 AO.

Die anschließende Verteilung des auf den insolventen Ehegatten/Lebenspartner entfallenden Erstattungsbetrages auf den vor- und nachinsolvenzlichen Zeitraum erfolgt unter Berücksichtigung des sich im Vermögensbereich Insolvenzmasse ergebenden Guthabens aufgrund der dort zu berücksichtigenden geleisteten Vorauszahlungen und Steuerabzugsbeträge.

1. Verteilung des Erstattungsbetrages der Veranlagung zwischen den Ehegatten/Lebenspartnern

Insolventer Ehegatte/Lebenspartner:

$$-1000\ € \times \frac{(½ \times 10\,000\ €) + 600\ € + (½ \times 8400\ €)}{19\,000\ €} = -515{,}79\ €$$

Nicht insolventer Ehegatte/Lebenspartner:

$$-1000\ € \times \frac{(½ \times 10\,000\ €) + (½ \times 8400\ €)}{19\,000\ €} = -484{,}21\ €$$

2. Verteilung des nachinsolvenzlichen Erstattungsbetrages zwischen den Ehegatten/Lebenspartnern

Insolventer Ehegatte/Lebenspartner:

$$-5200\ € \times \frac{600\ € + (½ \times 8100\ €)}{8700\ €} = -2779{,}31\ €$$

Nicht insolventer Ehegatte/Lebenspartner:

$$-5200\ € \times \frac{½ \times 8100\ €}{8700\ €} = -2420{,}69\ €$$

Die nachinsolvenzlich begründete Einkommensteuer i. H. v. 3500 € ist gegenüber dem Insolvenzverwalter festzusetzen und der sich nach Anrechnung der geleisteten Vorauszahlungen für die Insolvenzmasse ergebende Erstattungsanspruch i. H. v. 2779,31 € an diese vorbehaltlich der Aufrechnungsmöglichkeit mit Masseverbindlichkeiten zu erstatten.

Zur Insolvenztabelle ist eine Forderung i. H. v. 2263,52 € (= 2779,31 € – 515,79 €) anzumelden, die sich aus dem auf den insolventen Ehegatten/Lebenspartner aus der Veranlagung entfallenden Erstattungsbetrag i. H. v. 515,79 € unter Berücksichtigung des nachinsolvenzlichen Erstattungsbetrages i. H. v. 2779,31 € zusammensetzt. Gegenüber dem nicht insolventen Ehegatten/Lebenspartner erfolgt eine Steuerfestsetzung i. H. v. 18 000 €. Der anteilig aus der Jahresveranlagung auf diesen entfallende Erstattungsbetrag i. H. v. 484,21 € ist vorbehaltlich etwaiger Aufrechnungsmöglichkeiten zu erstatten.

9.2. Umsatzsteuer

[1]Durch die Eröffnung des Insolvenzverfahrens über das Vermögen des leistenden Unternehmers kommt es zu einer Aufspaltung des Unternehmens in mehrere selbständige Unternehmensteile. [2]Dabei handelt es sich um die Insolvenzmasse und das vom Insolvenzverwalter freigegebene Vermögen sowie einen vorinsolvenzrechtlichen Unternehmensteil. [3]Dies gilt auch in den Fällen der Eröffnung unter Anordnung der Eigenverwaltung (§ 270 Abs. 1 Satz 1, § 270f Abs. 1 InsO) sowie in den Fällen der Bestellung eines vorläufigen Insolvenzverwalters, wenn für den Schuldner ein allgemeines Verfügungsverbot angeordnet worden ist (§ 21 Abs. 2 Nr. 2 InsO). [4]Die Eingangs- und Ausgangsumsätze sind dem Unternehmensteil zuzuordnen, der sie ausgeführt hat.

Zur Wahrung des Grundsatzes der Unternehmenseinheit reicht es aus, dass die Summe der für alle Unternehmensteile insgesamt festgesetzten oder angemeldeten Umsatzsteuer der Umsatzsteuer für das gesamte Unternehmen entspricht (vgl. BFH-Urteil vom 9.12.2010, V R 22/10, BStBl. 2011 II S. 996).

Dabei können Erstattungsansprüche zugunsten eines Unternehmensteils entstehen, während sich für denselben Besteuerungszeitraum Nachforderungen gegen einen anderen Unternehmensteil ergeben können.

Zu den Einzelheiten wird insbesondere auf Abschnitt 17.1 Abs. 11 bis 16 UStAE[1)] verwiesen.

Hinsichtlich der Verwertung von Sicherungsgut wird insbesondere auf Abschnitt 1.2 UStAE[1)] verwiesen.

10. Befriedigung der Insolvenzgläubiger

[1]Die Insolvenzordnung sieht zur Befriedigung der Insolvenzgläubiger grundsätzlich die Verwertung der Insolvenzmasse und die Verteilung des Erlöses nach den Vorschriften der Insolvenzordnung vor (§§ 159 ff., 187 ff. InsO). [2]Abweichend dazu kann die Befriedigung der Gläubiger und die Verwertung der Insolvenzmasse und deren Verteilung an die Beteiligten durch einen Insolvenzplan (§§ 217 ff. InsO) geregelt werden. [3]Die Entscheidung über den Fortgang des Verfahrens (Stilllegung oder Fortführung, Verfahren nach den Vorschriften der InsO oder nach den Regelungen eines Insolvenzplanes) trifft die Gläubigerversammlung.

11. Insolvenzplan

In einem Insolvenzplan (§§ 217 ff. InsO), der vom Insolvenzverwalter – ggf. im Auftrag der Gläubigerversammlung (§ 157 InsO) – oder vom Schuldner selbst eingebracht werden kann, können abweichend von den gesetzlichen Regelungen des Insolvenzverfahrens z. B. geregelt werden:

[1)] Nr. **500**.

– die Befriedigung der Gläubiger (einschließlich der Absonderungsgläubiger),
– die Verwertung der Insolvenzmasse,
– die Verteilung der Insolvenzmasse an die Beteiligten und
– die Inanspruchnahme des Schuldners nach Verfahrensbeendigung.

Über die Wirksamkeit eines Insolvenzplans stimmen die Gläubiger in Gruppen ab, soweit ihnen gem. § 77 InsO ein Stimmrecht im Verfahren eingeräumt ist (§§ 222, 235 ff. InsO).

[1] § 225a InsO sieht für ab dem 1.3.2012 beantragte Insolvenzverfahren die Möglichkeit der Umwandlung von Gläubigerforderungen in Mitgliedschafts- oder Anteilsrechte („Debt-Equity-Swap") vor, die die zustimmende Erklärung des betroffenen Gläubigers voraussetzt. [2] Diese Zustimmung zu erteilen, obliegt der steuerverwaltenden Körperschaft (§ 252 AO). [3] Eine Zustimmung zur Umwandlung von Gläubigerforderungen in Anteils- oder Mitgliedschaftsrechte darf nur unter Beachtung der einschlägigen Vorschriften (insbesondere Haushaltsordnungen) der jeweiligen steuerverwaltenden Körperschaft erfolgen. [4] Die Voraussetzungen zum Erwerb von Beteiligungen an privatrechtlichen Unternehmen und damit zur Zustimmung zu einem derartigen Plan liegen regelmäßig nicht vor, da die unternehmerische Betätigung des Landes oder des Bundes auf die Verfolgung von wichtigen Interessen des Landes bzw. des Bundes zu beschränken ist.

Weist das Insolvenzgericht den Plan nicht zurück, hat das Finanzamt zu prüfen, ob sämtliche angemeldeten Ansprüche enthalten sind und das Finanzamt durch den Plan nicht schlechter gestellt wird, als es ohne den Plan stünde.

[1] Soweit auf Steuerforderungen, die Gegenstand des Insolvenzplans sind, verzichtet wurde, werden diese mit Bestätigung des Plans zu unvollkommenen Forderungen. [2] Sie sind zwar erfüllbar, können aber grundsätzlich gegen den Schuldner nicht mehr geltend gemacht werden. [3] Die Möglichkeit der Inanspruchnahme Dritter im Wege der Haftung bleibt bestehen, soweit nicht ein Haftungsausschluss nach § 227 Abs. 2 InsO in Betracht kommt.

[1] Ein bei Eröffnung des Insolvenzverfahrens bestehendes Aufrechnungsrecht bleibt auch dann erhalten, wenn die aufgerechnete Gegenforderung nach einem rechtskräftig bestätigten Insolvenzplan als erlassen gilt (BGH-Urteil vom 19.5.2011, IX ZR 222/08, WM S. 1182). [2] Entsteht der Steuererstattungsanspruch hingegen erst nach Eröffnung des Insolvenzverfahrens, kann gegen ihn bei vorbehaltslosen Insolvenzplänen lediglich bis zum Erreichen der Planquote mit Insolvenzforderungen unter den allgemeinen Voraussetzungen des § 226 AO aufgerechnet werden.

Auf Abschnitt 61 VollstrA wird hingewiesen.

12. Verbraucherinsolvenzverfahren nach §§ 304 ff. InsO

[1] Die nachstehenden Ausführungen gelten für nach dem 30.6.2014 beantragte Insolvenzverfahren. [2] Für vor dem 1.7.2014 beantragte Verfahren gelten die Ausführungen des AEAO zu § 251, Nr. 12 in der Fassung vom 31.1.2014, BStBl. I S. 290.

[1] Natürliche Personen, die keine selbständige gewerbliche oder freiberufliche Tätigkeit ausüben oder ausgeübt haben, können das Verbraucherinsolvenz-

– die Befriedigung der Gläubiger (einschließlich der Absonderungsgläubiger),
– die Verwertung der Insolvenzmasse,
– die Verteilung der Insolvenzmasse an die Beteiligten und
– die Inanspruchnahme des Schuldners nach Verfahrensbeendigung.

Über die Wirksamkeit eines Insolvenzplans stimmen die Gläubiger in Gruppen ab, soweit ihnen gem. § 77 InsO ein Stimmrecht im Verfahren eingeräumt ist (§§ 222, 235 ff. InsO).

[1] § 225a InsO sieht für ab dem 1.3.2012 beantragte Insolvenzverfahren die Möglichkeit der Umwandlung von Gläubigerforderungen in Mitgliedschafts- oder Anteilsrechte („Debt-Equity-Swap“) vor, die die zustimmende Erklärung des betroffenen Gläubigers voraussetzt. [2] Diese Zustimmung zu erteilen, obliegt der steuerverwaltenden Körperschaft (§ 252 AO). [3] Eine Zustimmung zur Umwandlung von Gläubigerforderungen in Anteils- oder Mitgliedschaftsrechte darf nur unter Beachtung der einschlägigen Vorschriften (insbesondere Haushaltsordnungen) der jeweiligen steuerverwaltenden Körperschaft erfolgen. [4] Die Voraussetzungen zum Erwerb von Beteiligungen an privatrechtlichen Unternehmen und damit zur Zustimmung zu einem derartigen Plan liegen regelmäßig nicht vor, da die unternehmerische Betätigung des Landes oder des Bundes auf die Verfolgung von wichtigen Interessen des Landes bzw. des Bundes zu beschränken ist.

Weist das Insolvenzgericht den Plan nicht zurück, hat das Finanzamt zu prüfen, ob sämtliche angemeldeten Ansprüche enthalten sind und das Finanzamt durch den Plan nicht schlechter gestellt wird, als es ohne den Plan stünde.

[1] Soweit auf Steuerforderungen, die Gegenstand des Insolvenzplans sind, verzichtet wurde, werden diese mit Bestätigung des Plans zu unvollkommenen Forderungen. [2] Sie sind zwar erfüllbar, können aber grundsätzlich gegen den Schuldner nicht mehr geltend gemacht werden. [3] Die Möglichkeit der Inanspruchnahme Dritter im Wege der Haftung bleibt bestehen, soweit nicht ein Haftungsausschluss nach § 227 Abs. 2 InsO in Betracht kommt.

[1] Ein bei Eröffnung des Insolvenzverfahrens bestehendes Aufrechnungsrecht bleibt auch dann erhalten, wenn die aufgerechnete Gegenforderung nach einem rechtskräftig bestätigten Insolvenzplan als erlassen gilt (BGH-Urteil vom 19.5.2011, IX ZR 222/08, WM S. 1182). [2] Entsteht der Steuererstattungsanspruch hingegen erst nach Eröffnung des Insolvenzverfahrens, kann gegen ihn bei vorbehaltslosen Insolvenzplänen lediglich bis zum Erreichen der Planquote mit Insolvenzforderungen unter den allgemeinen Voraussetzungen des § 226 AO aufgerechnet werden.

Auf Abschnitt 61 VollstrA wird hingewiesen.

12. Verbraucherinsolvenzverfahren nach §§ 304 ff. InsO

[1] Die nachstehenden Ausführungen gelten für nach dem 30.6.2014 beantragte Insolvenzverfahren. [2] Für vor dem 1.7.2014 beantragte Verfahren gelten die Ausführungen des AEAO zu § 251, Nr. 12 in der Fassung vom 31.1.2014, BStBl. I S. 290.

[1] Natürliche Personen, die keine selbständige gewerbliche oder freiberufliche Tätigkeit ausüben oder ausgeübt haben, können das Verbraucherinsolvenz-

verfahren nach §§ 304ff. InsO beantragen. [2]Dies gilt auch für Personen, die eine selbständige Tätigkeit ausgeübt haben, wenn ihre Vermögensverhältnisse überschaubar sind und gegen sie keine Forderungen aus Arbeitsverhältnissen bestehen. [3]Überschaubar sind Vermögensverhältnisse, wenn der Schuldner zu dem Zeitpunkt, zu dem der Antrag auf Eröffnung des Insolvenzverfahrens gestellt wird, weniger als 20 Gläubiger hat. [4]Forderungen aus Arbeitsverhältnissen sind nicht nur die Ansprüche der ehemaligen Arbeitnehmer selbst, sondern auch die Forderungen von Sozialversicherungsträgern und Finanzämtern (z.B. Lohnsteuerforderungen). [5]Der geschäftsführende Alleingesellschafter einer GmbH übt eine selbständige wirtschaftliche Tätigkeit aus. [6]Wird dieser für Lohnsteuerrückstände der GmbH in Haftung genommen, handelt es sich um Forderungen aus Arbeitsverhältnissen i.S.d. § 304 Abs. 1 InsO (BGH-Beschluss vom 22.9.2005, IX ZR 55/04, WM S. 918).

[1]Das Verfahren gliedert sich in drei Abschnitte. [2]Zunächst hat der Schuldner eine außergerichtliche Einigung mit seinen Gläubigern ernsthaft anzustreben (AEAO zu § 251, Nr. 12.1). [3]Gelingt ihm dies nicht, wird auf seinen Antrag ein gerichtliches Schuldenbereinigungsverfahren durchgeführt (AEAO zu § 251, Nr. 12.2). [4]Scheitert auch dies, schließt sich ein Insolvenzverfahren an (AEAO zu § 251, Nr. 12.3).

12.1. Außergerichtlicher Einigungsversuch

Der Schuldner hat den Gläubigern und damit ggf. auch dem Finanzamt zum Zweck der außergerichtlichen Einigung unter anderem z.B. ein Vermögensverzeichnis, eine Aufstellung seiner Verbindlichkeiten und Gläubiger sowie einen Plan zur Schuldenregulierung vorzulegen (vgl. § 305 Abs. 1 InsO).

[1]Das Finanzamt kann nur im Rahmen einer persönlichen Billigkeitsmaßnahme Ansprüche aus dem Steuerschuldverhältnis abweichend festsetzen, stunden oder erlassen. [2]Wird ein Erlass gewährt, erlischt der Anspruch aus dem Steuerschuldnerverhältnis gem. § 47 AO.

Zu den vom Finanzamt zu beachtenden Grundsätzen bei der Bearbeitung von Anträgen auf außergerichtliche Schuldenbereinigung i.S.v. § 305 Abs. 1 Nr. 1 InsO wird auf das BMF-Schreiben vom 27.1.2021, BStBl. I S. 152 hingewiesen.

12.2. Schuldenbereinigungsverfahren

Scheitert der ernsthafte Versuch des Schuldners, eine außergerichtliche Einigung herbeizuführen, so kann er die Eröffnung des Insolvenzverfahrens beantragen.

[1]Mit einem Antrag auf Eröffnung des Insolvenzverfahrens hat der Schuldner die in § 305 Abs. 1 InsO genannten Unterlagen und Erklärungen, insbesondere einen Schuldenbereinigungsplan, vorzulegen. [2]Bei einem inhaltlich ordnungsgemäßen Antrag erklärt das Insolvenzgericht das Insolvenzverfahren bis zur Entscheidung über den Schuldenbereinigungsplan für ruhend (§ 306 Abs. 1 Satz 1 InsO). [3]Das Insolvenzgericht stellt den vom Schuldner genannten Gläubigern gem. § 307 Abs. 1 InsO den Schuldenbereinigungsplan und die Vermögensübersicht zur Stellungnahme binnen einer Notfrist von einem Monat zu.

wenn dem Finanzamt kein Schuldenbereinigungsplan zur Stellungnahme zugestellt wurde. [3]Allerdings kann sich der Gläubiger der Wirkung des Schuldenbereinigungsplans nicht durch eine unvollständige Forderungsaufstellung, unterlassene oder unzureichende Nachbesserung des Schuldenbereinigungsplans entziehen.

[1]Das Verfahren über den Eröffnungsantrag wird wieder aufgenommen, wenn das Insolvenzgericht nach Anhörung des Schuldners zu der Überzeugung gelangt, dass der Schuldenbereinigungsplan voraussichtlich nicht angenommen wird (§ 306 Abs. 1 Satz 3 InsO) oder Einwendungen gegen den Schuldenbereinigungsplan erhoben werden, die vom Gericht nicht gem. § 309 InsO durch gerichtliche Zustimmung ersetzt werden (§ 311 InsO). [2]Ein erneuter Antrag des Schuldners ist nicht erforderlich.

[1]Soweit ein Gläubiger einen Antrag auf Eröffnung des Insolvenzverfahrens stellt und der Schuldner keinen Eigenantrag nachreicht (§ 306 Abs. 3 InsO), findet ein Schuldenbereinigungsverfahren nicht statt. [2]In diesem Fall ist – wie im Fall des Scheiterns des Schuldenbereinigungsverfahrens – ein Insolvenzverfahren durchzuführen.

Im Übrigen wird auf Abschnitt 63 VollstrA hingewiesen.[1)]

12.3. Eröffnetes Insolvenzverfahren

Grundsätzlich sind die Bestimmungen für das Regelinsolvenzverfahren anzuwenden.

[1]Auch ein Insolvenzplan kann durchgeführt werden (siehe AEAO zu § 251, Nr. 11). [2]Die Regelungen zur Eigenverwaltung gelten jedoch nicht (§ 270 Abs. 2 InsO).

Im Übrigen wird auf Abschnitt 63 VollstrA hingewiesen.[1)]

13. Eigenverwaltung

Die Vorschriften der Eigenverwaltung gelten nicht für Verbraucherinsolvenzverfahren i. S. v. §§ 304 ff. InsO (§ 270 Abs. 2 InsO).

13.1. Vorläufiges Eigenverwaltungsverfahren

[1]Stimmt das Gericht dem Antrag des Schuldners auf Anordnung der Eigenverwaltung zu (§ 270a Abs. 1 InsO), hat es einen vorläufigen Sachwalter (§ 270b Abs. 1 InsO) zu bestellen und kann vorläufige Maßnahmen nach § 21 Abs. 1 und 2 Nr. 1a, 3 bis 5 InsO anordnen. [2]Des Weiteren hat das Gericht auf Antrag des Schuldners anzuordnen, dass der Schuldner Masseverbindlichkeiten begründet. [3]§ 55 Abs. 2 InsO gilt entsprechend (§ 270c Abs. 4 InsO).

In Insolvenzverfahren, die ab dem 1.1.2021 beantragt wurden, gelten bestimmte Steuerverbindlichkeiten des Insolvenzschuldners, die vom Schuldner nach Bestellung eines vorläufigen Sachwalters begründet worden sind, nach Eröffnung des Insolvenzverfahrens als Masseverbindlichkeit (§ 55 Abs. 4 InsO).

Legt der Schuldner dem Gericht einen Insolvenzplan vor, so wird über den Plan im eröffneten Insolvenzverfahren nach den allgemeinen Vorschriften über den Insolvenzplan entschieden.

[1)] **Steuererlasse** Nr. **800a**.

[1]Die vorläufige Eigenverwaltung wird durch Bestellung eines vorläufigen Insolvenzverwalters aufgehoben. [2]Dies kann auch auf Antrag eines Insolvenzgläubigers erfolgen (§ 270e Abs. 2 InsO).

13.2. Besonderheiten bei der Vorbereitung einer Sanierung nach § 270d InsO (Schutzschirm)

[1]Bei einer angestrebten Sanierung nach § 270d InsO kann das Insolvenzgericht auf Antrag des Schuldners eine Frist zur Vorlage eines Insolvenzplans bestimmen (§ 270d Abs. 1 Satz 1 InsO). [2]Die Frist darf höchstens drei Monate betragen.

Stimmt das Gericht dem Antrag des Schuldners zu, hat es einen vorläufigen Sachwalter (§ 270b Abs. 1 InsO) zu bestellen und vorläufige Maßnahmen nach § 21 Abs. 2 Satz 1 Nr. 3 InsO anzuordnen, wenn der Schuldner dies beantragt (§ 270d Abs. 3 InsO).

13.3. Eröffnung des Insolvenzverfahrens

Auf Antrag des Schuldners oder der Gläubigerversammlung kann das Insolvenzgericht die Eigenverwaltung der Insolvenzmasse gem. §§ 270ff. InsO unter der Aufsicht eines Sachwalters anordnen, wenn dadurch nicht Gläubigerinteressen beeinträchtigt werden (z.B. durch Verfahrensverzögerung).

[1]Die insolvenzrechtlichen Vorschriften bleiben durch die Eigenverwaltung – von wenigen Ausnahmen abgesehen – unberührt. [2]Im Grunde sind nur Befugnisse des Insolvenzverwalters auf den Schuldner selbst zu übertragen. [3]Insolvenzforderungen sind schriftlich beim Sachwalter zur Tabelle anzumelden (§ 270f Abs. 2 InsO). [4]Die Forderungen können vom Schuldner, vom Sachwalter oder von anderen Insolvenzgläubigern bestritten werden; sie gelten insoweit als nicht festgestellt (§ 283 Abs. 1 InsO). [5]Zur Feststellung der bestrittenen Forderungen sind die Ausführungen des AEAO zu § 251, Nr. 5.3 entsprechend anzuwenden. [6]Die Regelung des AEAO zu § 251, Nr. 5.3.2 findet in der Eigenverwaltung keine Anwendung, da § 178 Abs. 1 Satz 2 InsO nicht gilt.

[1]Auswirkungen auf das Besteuerungsverfahren (z.B. die Veranlagungszeiträume) ergeben sich durch die Anordnung der Eigenverwaltung nicht. [2]Umsatzsteuerlich kommt es aber mit der Eröffnung des Insolvenzverfahrens zu einer Aufspaltung des Unternehmens in mehrere Unternehmensteile, zwischen denen einzelne umsatzsteuerrechtliche Berechtigungen und Verpflichtungen nicht miteinander verrechnet werden können. [3]Zu den Einzelheiten vgl. AEAO zu § 251, Nr. 9.2 sowie UStAE Abschnitt 17.1 Abs. 11.[1)] [4]Da der Schuldner im Fall der Eigenverwaltung jedoch selbst rechtsgeschäftlich mit Verfügungsbefugnis handeln kann, der Sachwalter demgegenüber nur Kontroll- und Aufsichtspflichten ausübt, ist der Schuldner selbst steuerlich als Vertreter der Insolvenzmasse i.S.v. §§ 34, 35 AO anzusehen. [5]Daher ist er Bekanntgabeadressat für alle die Insolvenzmasse betreffenden Verwaltungsakte.

Die Eigenverwaltung kann auf Antrag der Gläubigerversammlung, des Schuldners oder eines Gläubigers, der entsprechende Gründe glaubhaft zu machen hat, aufgehoben werden (§ 272 InsO).

---

1) Nr. **500**.

[1]Auf Insolvenzverfahren in Eigenverwaltung, die vor dem 1.1.2021 beantragt worden sind, sind die bis dahin geltenden Vorschriften der InsO weiter anzuwenden. [2]Insoweit ist der AEAO zu § 251 in der Fassung des BMF-Schreibens vom 21.1.2014 (BStBl. I S. 290), zuletzt geändert durch das BMF-Schreiben vom 28.1.2021 (BStBl. I S. 145), anzuwenden.

Wenn die Zahlungsunfähigkeit oder Überschuldung des Schuldners auf die COVID-19-Pandemie zurückzuführen ist, sind auf Eigenverwaltungsverfahren, die in 2021 beantragt worden sind, die §§ 270 bis 285 InsO in der bis zum 31.12.2020 geltenden Fassung weiter anzuwenden.

14. Vorgehensweise nach Aufhebung des Insolvenzverfahrens

Mit Aufhebung des Insolvenzverfahrens erhält der Schuldner die Verwaltungs- und Verfügungsbefugnis über sein Vermögen zurück.

[1]Die Aufrechnungsverbote der §§ 95 und 96 InsO gelten nicht mehr. [2]Steuererstattungsansprüche unterliegen nicht mehr dem Insolvenzbeschlag, es sei denn, es liegt eine wirksame Anordnung der Nachtragsverteilung bzw. der wirksame Vorbehalt der Nachtragsverteilung vor. [3]Mit dem Vorbehalt oder der Anordnung einer Nachtragsverteilung tritt hinsichtlich des einzelnen Erstattungsanspruchs erneut die Insolvenzbeschlagnahme ein (BFH-Urteil vom 28.2.2012, VII R 36/11, BStBl. II S. 451). [4]Soweit sich aus dem Beschluss des Insolvenzgerichts nicht ausdrücklich etwas anderes ergibt, ist anzunehmen, dass der Insolvenzbeschlag hinsichtlich aller Steuerarten fortbesteht, die bis zur Aufhebung des Insolvenzverfahrens (insolvenzrechtlich) begründet worden sind (BFH-Urteil vom 20.9.2016, VII R 10/15, BFH/NV 2017 S. 442). [5]Ein nicht hinreichend bestimmter Beschluss entfaltet keinen Insolvenzbeschlag.

[1]Steuerbescheide sind an den Steuerpflichtigen zu richten und diesem bekannt zu geben. [2]Aus diesem Grund ist für das Jahr der Insolvenzaufhebung z. B. nur eine Einkommensteuerfestsetzung durchzuführen, in der sowohl der Massezeitraum wie auch der Zeitraum nach Abschluss des Verfahrens zusammengefasst werden. [3]Der Schuldner ist auch hinsichtlich der nach Eröffnung des Insolvenzverfahrens begründeten Steuerforderungen weiterhin Steuerschuldner (vgl. BFH-Beschluss vom 23.8.1993, V B 135/91, BFH/NV 1994 S. 186). [4]Somit können die während des Bestehens des Insolvenzverfahrens begründeten Steuerschulden nach Aufhebung des Insolvenzverfahrens gegenüber dem Steuerpflichtigen geltend gemacht und auch vollstreckt werden (vgl. BFH-Urteil vom 28.11.2017, VII R 1/16, BStBl. 2018 II S. 457).

Zur Frage der Prozessführungsbefugnis des Insolvenzverwalters und der Auswirkungen auf noch anhängige Rechtsbehelfsverfahren zu Masseverbindlichkeiten bei Beendigung des Insolvenzverfahrens vgl. BFH-Urteil vom 6.7.2011, II R 34/10, BFH/NV 2012 S. 10.

Änderungen von zur Insolvenztabelle angemeldeten und festgestellten Steuerforderungen, denen der Insolvenzschuldner nicht widersprochen hat oder dessen Widerspruch beseitigt worden ist, sind nach Aufhebung des Insolvenzverfahrens nur möglich, wenn die Voraussetzungen für eine Änderung der festgestellten Forderung nach §§ 130, 131 AO vorliegen.

Schließt sich nach der Aufhebung des Insolvenzverfahrens das Restschuldbefreiungsverfahren an, kann wegen dieser Forderungen nicht vollstreckt, sondern lediglich aufgerechnet werden.

Für handschriftliche Notizen

Für handschriftliche Notizen

Für handschriftliche Notizen

Für handschriftliche Notizen

Für handschriftliche Notizen

Für handschriftliche Notizen

Für handschriftliche Notizen

Für handschriftliche Notizen

Für handschriftliche Notizen

Für handschriftliche Notizen

Für handschriftliche Notizen

Für handschriftliche Notizen

Für handschriftliche Notizen

Für handschriftliche Notizen

Für handschriftliche Notizen

Für handschriftliche Notizen

Für handschriftliche Notizen

Für handschriftliche Notizen

Für handschriftliche Notizen

Für handschriftliche Notizen

Für handschriftliche Notizen

Für handschriftliche Notizen

Für handschriftliche Notizen

Für handschriftliche Notizen

Für handschriftliche Notizen

Für handschriftliche Notizen

Für handschriftliche Notizen

Für handschriftliche Notizen

Für handschriftliche Notizen

Für handschriftliche Notizen

Für handschriftliche Notizen

Für handschriftliche Notizen

Für handschriftliche Notizen

Für handschriftliche Notizen

Für handschriftliche Notizen

Für handschriftliche Notizen